北京社会科学年鉴

Beijing Social Sciences Yearbook

2015

北京市社会科学界联合会　编

北京出版集团公司
北　京　出　版　社

图书在版编目（CIP）数据

北京社会科学年鉴. 2015 / 北京市社会科学界联合会编. — 北京：北京出版社，2015. 12
ISBN 978 - 7 - 200 - 11461 - 4

Ⅰ. ①北… Ⅱ. ①北… Ⅲ. ①社会科学—北京市—2015—年鉴 Ⅳ. ①C121 - 54

中国版本图书馆 CIP 数据核字(2015)第 159560 号

项目统筹　陶宇辰
责任编辑　陶宇辰
责任印制　宋　超
封面设计　郭　宇

北京社会科学年鉴　2015
BEIJING SHEHUI KEXUE NIANJIAN　2015
北京市社会科学界联合会　编
*
北京出版集团公司
北　京　出　版　社　出　版
（北京北三环中路 6 号）
邮政编码：100120
网　址：www. bph. com. cn
北京出版集团公司总发行
北京京华虎彩印刷有限公司
*
787 毫米 × 1092 毫米　16 开本　67. 25 印张　彩插 36 页　2360 千字
2015 年 12 月第 1 版　　2015 年 12 月第 1 次印刷
ISBN 978 - 7 - 200 - 11461 - 4
定价：220. 00 元
质量监督电话：010 - 58572393

北京市社会科学界联合会《北京社会科学年鉴》编辑部
地　　址：北京市东城区西滨河路 19 号
邮政编码：100011
联系电话：010 - 64527157
e-mail：sklwh@ vip. sina. com

《北京社会科学年鉴》编辑委员会名单

编辑说明

一、《北京社会科学年鉴》是一部全面系统记述首都北京哲学社会科学事业发展状况和学术动态的年度资料性文献学术工具书，由北京市社会科学界联合会编纂，北京市社会科学理论著作出版基金重点资助出版。

二、本年鉴高举中国特色社会主义伟大旗帜，以邓小平理论、“三个代表”重要思想、科学发展观为指导，贯彻落实习近平总书记系列重要讲话精神，坚持为人民服务、为社会主义服务的方向，坚持百花齐放、百家争鸣的方针，坚持吸取借鉴国内外优秀文化成果，解放思想、实事求是、与时俱进、开拓创新，客观翔实和较全面记述北京地区社会科学领域的基本情况，力求年鉴编纂的科学性、客观性、全面性。

三、本年鉴从2000年创刊起，每年出版一卷。当年的编纂出版记述上一年度首都北京哲学社会科学事业各方面的发展状况，收录的资料来自在京的党政机关、社会科学教学、研究和科研管理等机构。

四、本年鉴主旨：体现北京市社科联秉持“学者为本、学术为根、学会为基、繁荣学术、服务首都”的宗旨。努力为党和政府科学决策提供社会科学方面的参考，为社会科学工作者从事学术研究及教学提供资料和借鉴，为国内外了解首都北京社会科学领域的现状提供新的有价值的信息，努力促进首都北京哲学社会科学的繁荣发展。

五、本年鉴采用分类编辑法，包括文章和条目，行文力求规范、准确、简练、流畅。全书除文字表述外，配以彩色照片、表格，力求具体、形象、生动地反映首都北京社会科学的发展面貌。

六、本卷年鉴栏目设置为特载、学科综述、科研课题、获奖成果、学术活动、机构、大事记、附录。

七、为更好发挥本年鉴的作用、增进使用便利，在编纂出版纸质版的同时编纂出版电子版（CD-ROM）。

本年鉴在资料收集、编写、出版、发行过程中，得到了有关单位领导、学者、同人的大力支持，谨在此表示衷心感谢！

《北京社会科学年鉴》编辑部

2015年10月

The Editors' Notes

October 2015

1. *Beijing Social Sciences Yearbook* is an annual academic reference book of data and documents which, in an all-round and systematic way, records the development of the undertakings of philosophy and social sciences, as well as the concerning academic events in Beijing, the capital of the People's Republic of China. It is compiled by the Beijing Federation of the Social Sciences Circles, and published with the key sponsorship of Beijing Municipal Publishing Fund for Theoretical Works on Social Sciences.

2. In compiling this yearbook, we have raised high the great banner of socialism with Chinese characteristics, followed the guidance of Deng Xiaoping Theory, the important thought of "Three Represents", and the Scientific Outlook on Development, implemented the spirit of a series of important talks given by General Secretary Xi Jinping, and adhered to the orientations of serving the people and serving the socialist cause, to the implementation of the policy of "letting a hundred flowers blossom and a hundred schools of thought contend", to the absorption and reference of the excellent cultural achievements both at home and abroad, and to the principles of emancipating the minds, seeking truth from facts, advancing with the times, and blazing new trails in a pioneering spirit. We have tried to record the fundamental situations of the domains of social sciences in Beijing in an objective, accurate and comparatively comprehensive way. We have also done our utmost to be as scientific-minded, objective and comprehensive as possible in compiling this yearbook.

3. This yearbook has been compiled and published once a year since its first issue in 2000. Each volume of this yearbook records the development of the undertakings of philosophy and social sciences in the previous year in Beijing. The materials contained in this yearbook have been collected from the Party and Government departments in Beijing, and from the institutions which are engaged in the teaching, research and scientific research management of social sciences in Beijing.

4. This yearbook is intended to embody the mission of "taking the scholars, their academics and their associations as the foundation, to make academics prosperous and do a good service to Beijing", which is undertaken by the Beijing Federation of the Social Sciences Circles. In this yearbook we strive to provide the Party and Government departments with references in relation to social sciences needed in their policy-making, supply the professionals of social sciences with materials and references needed for their academic research and teaching, provide new valuable information to help people both at home and abroad to learn about the current situation in the domains of social sciences in Beijing, and promote the development and prosperity of philosophy and social sciences in Beijing.

5. This yearbook is compiled by the classification method, including articles and subject entries, and trying to make the wording normative, accurate, concise and smooth. This yearbook not only presents itself in written language, but also contains color photos and diagrams, in an attempt to reflect the development of social sciences in Beijing in a concrete, vivid and lively way.

6. The standing columns in the current volume of this yearbook are Special Reprints, Survey of Various Subjects, Lists of Research Topics, Award-Winning Academic Achievements, Academic Activities, Institutions, Chronicle and Appendix.

7. While *Beijing Social Sciences Yearbook* is compiled and published in paper edition, it is available in CD-ROM format simultaneously, so as to bring it into full play and make it more convenient to use.

We would like to express our heartfelt thanks to those leaders, scholars and colleagues of concerning institutions for their immense help in the course of data-collection, compilation, publication and distribution of this volume.

The Editorial Department of
Beijing Social Sciences Yearbook

（翻译：北京大学教授王逢鑫）

2014 年 12 月 2 日，北京市社会科学界联合会第六次代表大会在北京会议中心召开。中共中央政治局委员、北京市委书记郭金龙出席大会并作重要讲话。市委常委、宣传部部长李伟宣读了《关于北京市第十三届哲学社会科学优秀成果奖的表彰决定》并在闭幕式上讲话。会议选举市政协副主席、党组副书记沈宝昌为市社科联第六届委员会主席，选举了 21 位副主席、95 位常委、229 位委员

2014 年 10 月 30 日，北京市委宣传部、北京市中国特色社会主义理论体系研究中心、北京市社会科学界联合会共同举办“首都理论界学习十八届四中全会精神座谈会”

2014年6月26日，北京市委宣传部、北京市中国特色社会主义理论体系研究中心、北京市社会科学界联合会共同举办“首都理论界学习《习近平总书记系列重要讲话读本》座谈会”

2014年7月8日，北京市委宣传部、北京市中国特色社会主义理论体系研究中心、北京市社会科学界联合会在北京大学联合举办“马克思主义中国化论坛·2014”

2014年1月2日，北京市委宣传部、北京市中国特色社会主义理论体系研究中心、北京市社会科学界联合会共同举办“首都理论界培育和践行社会主义核心价值观研讨会”

2014年12月26日，"毛泽东与中国道路"学术研讨会暨毛泽东思想生平研究会2014年年会在北京召开

2014年9月2日，中共中央文献研究室、中国中共文献研究会联合主办"纪念邓小平诞辰110周年学术研讨会暨中国中共文献研究会年会"

2014年12月1日，为纪念朱德同志诞辰128周年，朱德思想生平研究会召开2014年年会，并召开《朱德大辞典》编辑工作座谈会

2014 年 12 月 4 日，中国社会科学院举办第二届科学社会主义论坛（2014），主题为“习近平总书记系列重要讲话与中国特色社会主义”

2014 年 11 月 22 日，中国社会科学院与人民日报社联合主办“学习贯彻习近平总书记文艺座谈会重要讲话精神　开展积极健康文艺批评”研讨会暨人民日报《文学观象》专栏作者座谈会

2014 年 9 月 26 日，中国社会科学院主办，人民出版社、中国社会科学出版社、中国社会科学院哲学研究所承办的《新大众哲学》首发式暨出版座谈会在人民大会堂召开

2014 年 5 月 20 日，北京市人大常委会组成人员组织有关人员到石景山区调研本市食品药品安全行政执法工作。市人大常委会主任杜德印参加并讲话

2014 年 3 月 27 日，北京市人大常委会副主任孙康林率全民健身法律法规执法检查组到海淀区进行检查调研

2014 年 9 月 20—21 日，北京市委党校政治学教研部、北京市人民代表大会制度理论研究会联合主办召开“民主与法治学术交流研讨会”

北京市第十三届哲学社会科学优秀成果奖评选工作自 2014 年 5 月启动至 12 月结束，共评出获奖成果 204 项，其中特等奖 4 项、一等奖 40 项、二等奖 160 项

2014 年 2 月 20 日，北京市社会科学界联合会召开“贯彻落实习近平总书记关于北京工作的重要批示精神专家研讨会”

2014 年 5 月 29 日，北京市社科联、天津市社科联、河北省社科联在京共同组织召开“2014 京津冀协同发展研讨会”

2014 年 3 月 7 日，北京市社会科学界联合会召开青年社科人才科研工作座谈会。市委研究室副主任胡雪峰作市情辅导报告

2014 年 4 月 24 日，北京市社会科学界和自然科学界联席会议专家顾问会议召开

2014 年 7 月 4 日，北京市社会科学界联合会、北京史研究会主办，北京联合大学北京学研究所、北京大学历史地理研究中心承办的"大师与古都：侯仁之与北京城"展览暨学术研讨会在北京社科活动中心举行

2014年10月22日，北京市社会科学界联合会、北京市妇女联合会首次联合举办“妇女发展与家庭和谐论坛”

2014年12月19—20日，首都经济贸易大学、北京市社会科学界联合会等单位共同举办“2014年城市国际化论坛”，主题为“全球化与信息化时代城市大数据的分析与应用”

2014年12月20日，北京市委宣传部、北京市社会科学界联合会、北京市哲学社会科学规划办公室联合主办，北京青年政治学院承办的第八届北京中青年社科理论人才“百人工程”学者论坛在北京会议中心举行

2014年11月15日，北京师范大学和北京市社会科学界联合会共同举办“2014·学术前沿论坛”，论坛主题为“中国梦：社会主义核心价值观与首都治理体系建设”

2014·学术前沿论坛选题策划会、学会专场资助评审会及部分分论坛

2014 年 10 月 10 日，北京市委宣传部、市委社工委、市科委、市科协、市社科联联合举办以“弘扬中华优秀传统文化，培育和践行社会主义核心价值观”为主题的“2014 北京社会科学普及周”

2014 北京社科普及周分会场、展览、群众现场咨询、赠书及社科普及走进基层活动

“党史讲堂”是中国中共党史学会、北京市社会科学界联合会联合主办的有关时事政治、党的建设、党的历史类活动，自 2012 年举办以来，社会影响不断扩大，已成为北京市社科普及活动的重要组成部分。2014 年分别在朝阳区来广营乡、北京会议中心和东城区第一图书馆举办了《从党的生动历史看，群众路线是党的生命线》、《在惩治腐败中加强警示教育》和《学习贯彻〈中国共产党章程〉》的辅导报告

2014 年，北京市委宣传部、北京市委社会工委和北京市社会科学界联合会继续组织开展“北京周末社区大讲堂”活动，全年组织近 200 名专家学者，深入全市各区县党政机关、街道社区、乡镇学校和文化场馆，举办讲座 462 场，直接受众约 10 万人次

2014 年 5 月 28 日，北京市社会科学界联合会与西城区委宣传部、西城区社会科学界联合会联合主办，牛街街道工委、办事处承办“2014·社科知识普及进牛街”

2014年4月23日，中国特色社会主义研究杂志社召开2014年度编委会，15位编委参加会议并对杂志建言献策

2014年12月12日，中国特色社会主义研究杂志社与北京师范大学社会学院共同举办“社会治理现代化与政府职能转变”研讨会

部分高校、科研单位开展的科研、学术活动

北京大学

“丝绸之路经济带的建设与未来”
The Silk Road Economic Belt Construction and Future
十二国智库论坛
12 Countries Think Tank Forum
主办单位：中国人民大学
承办单位：中国人民大学重阳金融研究院
首席合作媒体：人民网
Host: Renmin University of China（RUC）
Organizer: Chongyang Institute for Financial Studies,RUC（RDCY）
Chief Media Partner: People.cn

第三届吴玉章人文社会科学终身成就奖
颁奖典礼

中国人文社会科学论坛2014
法治中國
推進國家治理體系和治理能力現代化
主办单位：中国人民大学
承办单位：中国人民大学法学院

中国人民大学

WORLD PEACE FORUM
第三届世界和平论坛 追求共同安全：和平 互信 责任
The 3rd World Peace Forum In Pursuit of Common Security: Peace, Mutual Trust, and Responsibility
主办单位：清华大学
协办单位：中国人民外交学会
Organizer: Tsinghua University
Co-organizer: Chinese People's Institute of Foreign Affairs
赞助单位
王雪莲教育基金

清华五道口
TSINGHUA PBCSF
清华五道口
全球金融论坛
改革—发展新征程
TSINGHUA PBCSF
GLOBAL
FINANCE FORUM
REFORM: THE NEW ODYSSEY FOR DEVELOPMENT

华大学美术学院中国书法研究所成立仪式

清华大学

中华文化与品德教育研讨会

教育理论传播与创新学术研讨会
暨《苏霍姆林斯基教育智慧格言》《顾明远教育演讲录》首发式
主办单位

斯-欧非言语智力测验中国版
鉴定会

讲述中国与对话世界

北京师范大学

中国少数民族数学教育专业委员会成立大会暨第四届学术研讨会
中国少数民族数学教育专业委员会成立大会
暨第四届中国数学教育学术研讨会
主办：西南大学 中央民族大学
承办：西南大学数学与统计学院 教育部西南基础教育课程研究中心

“新仁学与儒学创新”学术研讨会

“考古学学科建设与发展”研讨会

国家语委“蒙文编码转换
项目结题鉴定会

中央民族大学

法治中国论坛
光明日報
中国政法大學
光明日报社与中国政法大学共建“
2014年10月26
明政智库

第五届钱端升法学研究成果奖颁奖大会暨第五届中国法治论坛
2014年12月20日・北京

第六届亚太经济与金融论坛
6th Asia-Pacific Forum on Economics and Finance
中国经济的崛起及其对世界的影响
The Rise of Chinese Economy and Its Impacts on World Economy

第十三届全国高校国际贸易学科协作组会议暨2014年中国国际贸易学科发展论
中国对外开放新阶段与培育国际竞争新优势
主办单位：全国高校国际贸易学科协作组

全国政府预算研究会成立暨"公共预算与国家治理能力提升"学术研讨会

高维相依及Copula理论、建模及应用国际研讨会

中央财经大学

第十三届WTO与中国学术年会
The 13th Annual Conference on WTO and China
中国经济新常态与世界贸易体制新发展
China's Economic New Normal and New Developments in the World Trading System
中国世界贸易组织研究会
China Society for WTO Studies

International Conference on Professional Communication in the Intercultural Context: Theory and Practice,
The Fourth Conference of the Asian-Pacific LSP and Professional Communication Association,
The Third National Conference of the Chinese Association for ESP
Beijing, June 7-8, 2014

H.E. Mr. Roberto Azevêdo, Director-General of the World Trade Organization to UIBE!
后巴厘谈判议程的确定与多边贸易体制的前景
——世界贸易组织总干事罗伯托·阿泽维多阁下演讲会
Setting of Post-Bali Agenda and Prospects for the Multilateral Trading System
——Speech Given by H.E. Mr. Roberto Azevêdo, Director-General of the World Trade Organization
中国 对外经济贸易大学
University of International Business and Economics China
中国世界贸易组织研究会
China Society for World Trade Organization Studies
2014年5月19日
May 19th, 2014

对外经济贸易大学

媒体融合——互联网时代的新机遇与新挑战高端研讨会

2014传媒高等教育国际论坛
国际化：全球战略与中国
cation

外交学院
China Foreign Affairs University
中日韩合作研究中心
Trilateral Cooperation Studies Center
中日韩合作媒体交流会
Media Dialogue on Trilateral Cooperation
主办单位：外交学院中日韩合作研究中心
Organizer: Trilateral Cooperation Studies Center, China Foreign Affairs University

2015
软实力视角下的大国外交与上海机遇
外交学院国家软实力研究中心成立两周年研讨会
主办单位：外交学院
承办单位：国家软实力研究中心
2015年1月25日 上海

建设中国—东盟命运共同体研讨会暨中国—东盟思想库网络启动大会
NACT SEMINAR ON BUILDING AN ASEAN － CHINA COMMUNITY OF COMMON DESTINY
主办：外交学院
HOST: CHINA FOREIGN AFFAIRS UNIVERSITY

外交学院

"政党与青年"国际学术研讨会
教学楼内
禁止吸烟
No Smoking

全国工会学研究会、中国工人历史与现状研究会2014年年会暨第30次全国工会理论教学讨论会

中国劳动关系学院

知识分子和文化修养
主讲人：李岚清

国家社科重大委托项目开题暨北京高精尖科技平台建设规划会议

为为为
艺学师
1954-2014
首都师范大学建校 60 周年
暨美术学院建院 50 周年美术作品展

首都师范大学

2014特大城市治理发展高层论坛

第四届资产评估新发展国际论坛
The Fourth International Forum on New Development of Valuation

2014年
中国成本研究会年会

首都经济贸易大学

北京科技大学

北京交通大学

北京工商大学

北京林业大学

中国农业大学

第二届全国休闲体育学术大会

2015体育蓝皮书研讨暨

B体育蓝皮书
LUE BOOK OF SPORTS
中国体育产业
发展报告
(2014)
ANNUAL REPORT ON DEVELOPMENT OF
SPORTS INDUSTRY IN CHINA (2014)
总顾问/肖 天 朱 虹
主 编/阮 伟 钟秉枢
社会科学文献出版社
2014版

2014年全国高校体育教育专业
学生基本功大赛— 校长论坛
主办：教育部
协办：全国高等学校体育教学指导委员会
北京市教育委员会
承办：首都体育学院
学术报告厅
2014年7月16日

首都体育学院

中共北京市委党校、北京行政学院

北京市社会科学院

中共北京市委党史研究室

北京市档案局、北京市档案馆

北京市历史学会

北京市中共党史学会

北京伦理学会

北京市教育学会

北京市学习科学学会

北京市社会科学界联合会所属学会开展学术研讨活动

北京市首都发展研究院

北京凯恩克劳斯经济研究基金会

北京新世纪跨国公司研究所

北京汇佳教育科学研究院

北京郑杭生社会发展基金会

北京市社会科学界联合会所属民办社科研究机构和基金会开展学术研讨活动

目　　录

·科研课题·

·获奖成果·

·学术活动·

哲学（含自然辩证法、逻辑学、伦理学、美学）

政治学（含思想政治工作、党建、统战）

经济学

社会学（含人口学）

法　学

历史学（含中共历史、中外史、考古）

语言学　文学

文化　艺术（含民俗）

管理学（含人才学、信息学）

综合（含新闻、国际关系、其他）

·机　构·

Contents
(Abridged)

Special Reprints

Survey of Various Subjects

Lists of Research Topics

(翻译：北京大学教授王逢鑫)

·特　　载·

中共十八届四中全会在京举行

中央政治局主持会议　中央委员会总书记习近平作重要讲话

全会听取和讨论了习近平受中央政治局委托作的工作报告

全会审议通过了《中共中央关于全面推进依法治国若干重大问题的决定》

全会号召，全党同志和全国各族人民紧密团结在以习近平同志为总书记的党中央周围，高举中国特色社会主义伟大旗帜，积极投身全面推进依法治国伟大实践，开拓进取，扎实工作，为建设法治中国而奋斗

新华社北京10月23日电　中国共产党第十八届中央委员会第四次全体会议公报

（2014年10月23日中国共产党第十八届中央委员会第四次全体会议通过）

中国共产党第十八届中央委员会第四次全体会议，于2014年10月20日至23日在北京举行。

出席这次全会的有，中央委员199人，候补中央委员164人。中央纪律检查委员会常务委员会委员和有关方面负责同志列席了会议。党的十八大代表中部分基层同志和专家学者也列席了会议。

全会由中央政治局主持。中央委员会总书记习近平作了重要讲话。

全会听取和讨论了习近平受中央政治局委托作的工作报告，审议通过了《中共中央关于全面推进依法治国若干重大问题的决定》。习近平就《决定（讨论稿）》向全会作了说明。

全会充分肯定党的十八届三中全会以来中央政治局的工作。一致认为，党的十八届三中全会以来，国际形势错综复杂，国内改革发展任务极为繁重，中央政治局全面贯彻党的十八大和十八届一中、二中、三中全会精神，高举中国特色社会主义伟大旗帜，以邓小平理论、“三个代表”重要思想、科学发展观为指导，深入贯彻习近平总书记系列重要讲话精神，团结带领全党全军全国各族人民，统筹国内国际两个大局，牢牢把握稳中求进工作总基调，保持战略定力，以全面深化改革推动各项工作，注重从思想上、制度上谋划涉及改革发展稳定、内政外交国防、治党治国治军的战略性、全局性、长远性问题。中央政治局适应经济发展新常态，创新宏观调控思路和方式，积极破解经济社会发展难题，着力保障和改善民生，基本完成党的群众路线教育实践活动，坚定不移反对腐败，有效应对各种风险挑战，各方面工作取得新成效，党和国家事业发展打开新局面。

全会高度评价长期以来特别是党的十一届三中全会以来我国社会主义法治建设取得的历史性成就，研究了全面推进依法治国若干重大问题，认为全面建成小康社会、实现中华民族伟大复兴的中国梦，全面深化改革、完善和发展中国特色社会主义制度，提高党

的执政能力和执政水平，必须全面推进依法治国。

全会提出，面对新形势新任务，我们党要更好统筹国内国际两个大局，更好维护和运用我国发展的重要战略机遇期，更好统筹社会力量、平衡社会利益、调节社会关系、规范社会行为，使我国社会在深刻变革中既生机勃勃又井然有序，实现经济发展、政治清明、文化昌盛、社会公正、生态良好，实现我国和平发展的战略目标，必须更好发挥法治的引领和规范作用。

全会强调，全面推进依法治国，必须贯彻落实党的十八大和十八届三中全会精神，高举中国特色社会主义伟大旗帜，以马克思列宁主义、毛泽东思想、邓小平理论、“三个代表”重要思想、科学发展观为指导，深入贯彻习近平总书记系列重要讲话精神，坚持党的领导、人民当家做主、依法治国有机统一，坚定不移走中国特色社会主义法治道路，坚决维护宪法法律权威，依法维护人民权益、维护社会公平正义、维护国家安全稳定，为实现“两个一百年”奋斗目标、实现中华民族伟大复兴的中国梦提供有力法治保障。

全会提出，全面推进依法治国，总目标是建设中国特色社会主义法治体系，建设社会主义法治国家。这就是，在中国共产党领导下，坚持中国特色社会主义制度，贯彻中国特色社会主义法治理论，形成完备的法律规范体系、高效的法治实施体系、严密的法治监督体系、有力的法治保障体系，形成完善的党内法规体系，坚持依法治国、依法执政、依法行政共同推进，坚持法治国家、法治政府、法治社会一体建设，实现科学立法、严格执法、公正司法、全民守法，促进国家治理体系和治理能力现代化。实现这个总目标，必须坚持中国共产党的领导，坚持人民主体地位，坚持法律面前人人平等，坚持依法治国和以德治国相结合，坚持从中国实际出发。

全会强调，党的领导是中国特色社会主义最本质的特征，是社会主义法治最根本的保证。把党的领导贯彻到依法治国全过程和各方面，是我国社会主义法治建设的一条基本经验。我国宪法确立了中国共产党的领导地位。坚持党的领导，是社会主义法治的根本要求，是党和国家的根本所在、命脉所在，是全国各族人民的利益所系、幸福所系，是全面推进依法治国的题中应有之义。党的领导和社会主义法治是一致的，社会主义法治必须坚持党的领导，党的领导必须依靠社会主义法治。只有在党的领导下依法治国、厉行法治，人民当家做主才能充分实现，国家和社会生活法治化才能有序推进。依法执政，既要求党依据宪法法律治国理政，也要求党依据党内法规管党治党。

全会明确了全面推进依法治国的重大任务，这就是：完善以宪法为核心的中国特色社会主义法律体系，加强宪法实施；深入推进依法行政，加快建设法治政府；保证公正司法，提高司法公信力；增强全民法治观念，推进法治社会建设；加强法治工作队伍建设；加强和改进党对全面推进依法治国的领导。

全会提出，法律是治国之重器，良法是善治之前提。建设中国特色社会主义法治体系，必须坚持立法先行，发挥立法的引领和推动作用，抓住提高立法质量这个关键。要恪守以民为本、立法为民理念，贯彻社会主义核心价值观，使每一项立法都符合宪法精神、反映人民意志、得到人民拥护。要把公正、公平、公开原则贯串立法全过程，完善立法体制机制，坚持立改废释并举，增强法律法规的及时性、系统性、针对性、有效性。坚持依法治国首先要坚持依宪治国，坚持依法执政首先要坚持依宪执政。健全宪法实施和监督制度，完善全国人大及其常委会宪法监督制度，健全宪法解释程序机制。完善立法体制，加强党对立法工作的领导，完善党对立法工作中重大问题决策的程序，健全有立法权的人大主导立法工作的体制机制，依法赋予设区的市地方立法权。深入推进科学立法、民主立法，完善立法项目征集和论证制度，健全立法机关主导、社会各方有序参与立法的途径和方式，拓宽公民有序参与立法途径。加强重点领域立法，加快完善体现权利公平、机会公平、规则公平的法律制度，保障公民人身权、财产权、基本政治权利等各项权利不受侵犯，保障公民经济、文化、社会等各方面权利得到落实。实现立法和改革决策相衔接，做到重大改革于法有据、立法主动适应改革和经济社会发展需要。

全会提出，法律的生命力在于实施，法律的权威也在于实施。各级政府必须坚持在党的领导下、在法治轨道上开展工作，加快建设职能科学、权责法定、执法严明、公开公正、廉洁高效、守法诚信的法治政府。依法全面履行政府职能，推进机构、职能、权限、程序、责任法定化，推行政府权力清单制度。健全依法决策机制，把公众参与、专家论证、风险评估、合法性审查、集体讨论决定确定为重大行政决策法定程序，建立行政机关内部重大决策合法性审查机制，建立重大决策终身责任追究制度及责任倒查机制。深化行政执法体制改革，健全行政执法和刑事司法衔接机制。坚持严格规范公正文明执法，依法惩处各类违法行为，加大关系群众切身利益的重点领域执法力度，建立健全行政裁量权基准制度，全面落实行政执法责任制。强化对行政权力的制约和监督，完善纠错问责机制。全面推进政务公开，坚持以公开为常态、不公开为例外原则，推进决策公开、执行公开、管理公开、服务公开、结果公开。

全会提出，公正是法治的生命线。司法公正对社会公正具有重要引领作用，司法不公对社会公正具有致命破坏作用。必须完善司法管理体制和司法权力运行机制，规范司法行为，加强对司法活动的监督，努力让人民群众在每一个司法案件中感受到公平正义。完善确保依法独立公正行使审判权和检察权的制度，建立领导干部干预司法活动、插手具体案件处理的记录、通报和责任追究制度，建立健全司法人员履行法定职责保护机制。优化司法职权配置，推动实行审判权和执行权相分离的体制改革试点，最高人民法院设立巡回法庭，探索设立跨行政区划的人民法院和人民检察院，探索建立检察机关提起公益诉讼制度。推进严格司法，坚持以事实为根据、以法律为准绳，推进以审判为中心的诉讼制度改革，实行办案质量终身负责制和错案责任倒查问责制。保障人民群众参与司法，在司法调解、司法听证、涉诉信访等司法活动中保障人民群众参与，完善人民陪审员制度，构建开放、动态、透明、便民的阳光司法机制。加强人权司法保障。加强对司法活动的监督，完善检察机关行使监督权的法律制度，加强对刑事诉讼、民事诉讼、行政诉讼的法律监督，完善人民监督员制度，绝不允许法外开恩，绝不允许办关系案、人情案、金钱案。

全会提出，法律的权威源自人民的内心拥护和真诚信仰。人民权益要靠法律保障，法律权威要靠人民维护。必须弘扬社会主义法治精神，建设社会主义法治文化，增强全社会厉行法治的积极性和主动性，形成守法光荣、违法可耻的社会氛围，使全体人民都成为社会主义法治的忠实崇尚者、自觉遵守者、坚定捍卫者。推动全社会树立法治意识，深入开展法治宣传教育，把法治教育纳入国民教育体系和精神文明创建内容。推进多层次多领域依法治理，坚持系统治理、依法治理、综合治理、源头治理，深化基层组织和部门、行业依法治理，支持各类社会主体自我约束、自我管理，发挥市民公约、乡规民约、行业规章、团体章程等社会规范在社会治理中的积极作用。建设完备的法律服务体系，推进覆盖城乡居民的公共法律服务体系建设，完善法律援助制度，健全司法救助体系。健全依法维权和化解纠纷机制，建立健全社会矛盾预警机制、利益表达机制、协商沟通机制、救济救助机制，畅通群众利益协调、权益保障法律渠道。完善立体化社会治安防控体系，保障人民生命财产安全。

全会提出，全面推进依法治国，必须大力提高法治工作队伍思想政治素质、业务工作能力、职业道德水准，着力建设一支忠于党、忠于国家、忠于人民、忠于法律的社会主义法治工作队伍。建设高素质法治专门队伍，把思想政治建设摆在首位，加强立法队伍、行政执法队伍、司法队伍建设，畅通立法、执法、司法部门干部和人才相互之间，以及与其他部门具备条件的干部和人才交流渠道，推进法治专门队伍正规化、专业化、职业化，完善法律职业准入制度，建立从符合条件的律师、法学专家中招录立法工作者、法官、检察官制度，健全从政法专业毕业生中招录人才的规范便捷机制，完善职业保障体系。加强法律服务队伍建设，增强广大律师走中国特色社会主义法治道路的自觉性和坚定性，构建社会律师、公职律师、公司律师等优势互补、结构合理的律师队伍。创新法治人才培养机制，形成完善的中国特色社会主义法学理论体系、学科体系、课程体系，推动中国特色社会主义法治理论进教材、进课堂、进头脑，培养造就熟悉和坚持中国特色社会主义法治体系的法治人才及后备力量。

全会强调，党的领导是全面推进依法治国、加快建设社会主义法治国家最根本的保证。必须加强和改进党对法治工作的领导，把党的领导贯彻到全面推进依法治国全过程。坚持依法执政，各级领导干部要带头遵守法律，带头依法办事，不得违法行使权力，更不能以言代法、以权压法、徇私枉法。健全党领导依法治国的制度和工作机制，完善保证党确定依法治国方针政策和决策部署的工作机制和程序，加强对全面推进依法治国统一领导、统一部署、统筹协调，完善党委依法决策机制。各级人大、政府、政协、审判机关、检察机关的党组织要领导和监督本单位模范遵守宪法法律，坚决查处执法犯法、违法用权等行为。加强党内法规制度建设，完善党内法规制定体制机制，形成配套完备的党内法规制度体系，运用党内法规把党要管党、从严治党落到实处，促进党员、干部带头遵守国家法律法规。提高党员干部法治思维和依法办事能力，把法治建设成效作为衡量各级领导班子和领导干部工作实绩重要内容纳入政绩考核指标体系，把能不能遵守法律、依法办事作为考查干部重要内容。推进基层治理法治化，发挥基层党组织在全面推进依法治国中的战斗堡垒作用，建立重心下移、力量下沉的法治工作机制。深入推进依法治军、从严治军，紧紧围绕党在新形势下的强军目标，构建完善的中国特色军事法治体系，提高国防和军队建设法治化水平。依法保障“一国两制”实践和推进祖国统一，保持香港、澳门长期繁荣稳定，推进祖国和平统一，依法保护港澳同胞、台湾同胞权益。加强涉外法律工作，运用法律手段维护我国主权、安全、发展利益，维护我国公民、法人在海外及外国公民、法人在我国的正当权益。

全会分析了当前形势和任务，强调全党同志要把思想和行动统一到中央关于全面深化改革、全面推进依法治国重大决策部署上来，审时度势、居安思危，既要有抓住和用好重要战略机遇期推进改革发展的战略定力，又要敏锐把握国内外环境的变化，以钉钉子精神，继续做好保持经济持续健康发展工作，继续做好改善和保障民生特别是帮扶困难群众工作，继续做好作风整改工作，继续做好从严治党工作，继续做好保持社会和谐稳定工作，为明年开局打好基础。

全会按照党章规定，决定递补中央委员会候补委员马建堂、王作安、毛万春为中央委员会委员。

全会审议并通过了中共中央纪律检查委员会关于李东生、蒋洁敏、王永春、李春城、万庆良严重违纪问题的审查报告，审议并通过了中共中央军事委员会纪律检查委员会关于杨金山严重违纪问题的审查报告，确认中央政治局之前作出的给予李东生、蒋洁敏、杨金山、王永春、李春城、万庆良开除党籍的处分。

全会号召，全党同志和全国各族人民紧密团结在以习近平同志为总书记的党中央周围，高举中国特色社会主义伟大旗帜，积极投身全面推进依法治国伟大实践，开拓进取，扎实工作，为建设法治中国而奋斗！

（原载《人民日报》2014年10月24日第1版）

习近平在庆祝全国人民代表大会成立60周年大会上发表重要讲话强调

毫不动摇坚持和完善人民代表大会制度
坚持走中国特色社会主义政治发展道路

李克强俞正声刘云山王岐山张高丽出席　张德江主持大会

本报北京9月5日电　（记者彭波）中共中央、全国人大常委会5日上午在人民大会堂隆重举行庆祝全国人民代表大会成立60周年大会。中共中央总书记、国家主席、中央军委主席习近平在大会上发表重要讲话。他强调，人民代表大会制度是中国特色社会主义制度的重要组成部分，也是支承中国国家治理体系和治理能力的根本政治制度。新形势下，我们要高举人民民主的旗帜，毫不动摇坚持人民代表大会制度，也要与时俱进完善人民代表大会制度，坚定不移走中国特色社会主义政治发展道路，继续推进社会主义民主政治建设、发展社会主义政治文明。

习近平强调，中国特色社会主义政治制度之所以行得通、有生命力、有效率，就是因为它是从中国的社会土壤中生长起来的。中国特色社会主义政治制度过去和现在一直生长在中国的社会土壤之中，未来要继续茁壮成长，也必须深深扎根于中国的社会土壤。

中共中央政治局常委李克强、俞正声、刘云山、王岐山、张高丽出席。中共中央政治局常委、全国人大常委会委员长张德江主持大会。

大会在雄壮的国歌声中开始。随后，习近平发表了重要讲话。他指出，在中国实行人民代表大会制度，是中国人民在人类政治制度史上的伟大创造，是深刻总结近代以后中国政治生活惨痛教训得出的基本结论，是中国社会100多年激越变革、激荡发展的历史结果，是中国人民翻身做主、掌握自己命运的必然选择。60年的实践充分证明，人民代表大会制度是符合中国国情和实际、体现社会主义国家性质、保证人民当家做主、保障实现中华民族伟大复兴的好制度。在新的奋斗征程上，必须充分发挥人民代表大会制度的根本政治制度作用，继续通过人民代表大会制度牢牢把国家和民族前途命运掌握在人民手中。

习近平强调，在中国，发展社会主义民主政治，保证人民当家做主，保证国家政治生活既充满活力又安定有序，关键是要坚持党的领导、人民当家做主、依法治国有机统一。人民代表大会制度是坚持党的领导、人民当家做主、依法治国有机统一的根本制度安排。坚持和完善人民代表大会制度，必须毫不动摇坚持中国共产党的领导，必须保证和发展人民当家做主，必须全面推进依法治国，必须坚持民主集中制。

习近平指出，坚持和完善人民代表大会制度，要加强和改进立法工作，确保国家发展、重大改革于法有据，努力使每一项立法都符合宪法精神、反映人民意愿、得到人民拥护。要全面落实依法治国基本方略，深化司法体制改革，不断推进科学立法、严格执法、公正司法、全民守法进程，严禁侵犯群众合法权益。要加强和改进监督工作，拓宽人民监督权力的渠道，抓紧形成不想腐、不能腐、不敢腐的有效机制，让权力在阳光下运行。要加强同人大代表和人民群众的联系，加强和改进人大工作，推进人民代表大会制度理论和实践创新。各级党委要加强和改善党对人大工作的领导，支持和保证人大及其常委会依法行使职权、开展工作。

习近平强调，设计和发展国家政治制度，必须注重历史和现实、理论和实践、形式和内容有机统一。要坚持从国情出发、从实际出发，既要把握长期形成的历史传承，又要把握走过的发展道路、积累的政治经验、形成的政治原则，还要把握现实要求、着眼解决现实问题，不能割断历史。只有扎根本国土壤、汲取充沛养分的制度，才最可靠、也最管用。

习近平指出，中国实行工人阶级领导的、以工农联盟为基础的人民民主专政的国体，实行人民代表大会制度的政体，实行中国共产党领导的多党合作和政治协商制度，实行民族区域自治制度，实行基层群众自治制度，具有鲜明的中国特色。这样一套制度安排，能够有效保证人民享有更加广泛、更加充实的权利和自由，保证人民广泛参加国家治理和社会治理；能够有效调节国家政治关系，发展充满活力的政党关系、民族关系、宗教关系、阶层关系、海内外同胞关系，形成安定团结的政治局面；能够集中力量办大事，有效促进现代化建设各项事业，促进人民生活质量和水平不断提高；能够有效维护国家独立自主，有力维护国家主权、安全、发展利益，维护中国人民和中华民族的福祉。

习近平强调，发展社会主义民主政治，是推进国家治理体系和治理能力现代化的题中应有之义。党的十八届三中全会提出的全面深化改革总目标，是两句话组成的一个整体，即完善和发展中国特色社会主义制度、推进国家治理体系和治理能力现代化。前一句规定了根本方向，我们的方向就是中国特色社会主义道路，而不是其他什么道路。后一句规定了在根本方向指引下完善和发展中国特色社会主义制度的鲜明指向。两句话都讲，才是完整的。

习近平指出，发展社会主义民主政治，关键是要增加和扩大我们的优势和特点，而不是要削弱和缩小我们的优势和特点。我们要坚持发挥党总揽全局、协调各方的领导核心作用，保证党领导人民有效治理国家，切实防止出现群龙无首、一盘散沙的现象。我们要坚持国家一切权力属于人民，既保证人民依法实行民主选举，也保证人民依法实行民主决策、民主管理、民主监督，切实防止出现选举时漫天许诺、选举后无人过问的现象。我们要坚持和完善中国共产党领导的多党合作和政治协商制度，加强社会各种力量的合作协调，切实防止出现党争纷沓、相互倾轧的现象。我们要坚持和完善民族区域自治制度，巩固平等团结互助和谐的社会主义民族关系，切实防止出现民族隔阂、民族冲突的现象。我们要坚持和完善基层群众自治制度，发展基层民主，切实防止出现人民形式上有权、实际上无权的现象。我们要坚持和完善民主集中制的制度和原则，形成治国理政的强大合力，切实防止出现相互掣肘、内耗严重的现象。我们要不断推进社会主义民主政治制度化、规范化、程序化，更好发挥中国特色社会主义政治制度的优越性，为党和国家兴旺发达、长治久安提供更加完善的制度保障。

张德江在主持大会时指出，习近平总书记的重要讲话，对于我们全面贯彻党的十八大和十八届三中全会精神，在新的历史条件下，坚定不移走中国特色社会主义政治发展道路，发展社会主义民主政治，建设社会主义法治国家，推动人民代表大会制度与时俱进，进一步动员和组织全国各族人民满怀信心地投身社会主义现代化建设，实现“两个一百年”奋斗目标，具有重大指导意义。我们一定要认真学习、深刻领会、全面贯彻讲话精神，把思想和行动统一到讲话精神上来，把讲话精神贯彻落实到党和国家各项工作中去，坚定坚持党的领导、人民当家做主、依法治国有机统一，坚持好、完善好、发展好人民代表大会制度，为把我国建设成为富强民主文明和谐的社会主义现代化国家、实现中华民族伟大复兴的中国梦做出新贡献。

在京中共中央政治局委员、中央书记处书记，全国人大常委会副委员长、国务委员、最高人民法院院长、最高人民检察院检察长，部分全国政协副主席，曾担任过全国人大常委会领导职务的老同志以及中央军委委员出席大会。

中央党政军群有关部门主要负责同志，各省、自治区、直辖市人大常委会和香港中联办、澳门中联办、全国台联主要负责同志，各民主党派中央、全国工商联负责人和无党派人士代表，全国人大常委会委员、全国人大各专门委员会组成人员，部分基层全国人大代表和部分在京第一届全国人大代表，在京全国政协常委，北京市主要负责同志，首都各界代表，中央国家机关干部职工代表，外国和有关国际组织驻华使节等约3000人出席大会。

（原载《人民日报》2014年9月6日第1版）

中共中央举行纪念邓小平同志诞辰110周年座谈会

习近平发表重要讲话强调，邓小平同志为我们擘画的社会主义现代化蓝图正在一步步变成美好现实，我们伟大的祖国正在一天天走向繁荣富强，中华民族正在一步步走向伟大复兴。我们相信，在20世纪赢得了伟大历史性胜利的中国共产党和中国人民，必将在21世纪赢得更伟大的历史性胜利

李克强张德江俞正声王岐山张高丽出席　刘云山主持

本报北京8月20日电　中共中央20日上午在人民大会堂举行座谈会，纪念邓小平同志诞辰110周年。中共中央总书记、国家主席、中央军委主席习近平发表重要讲话强调，邓小平同志为我们擘画的社会主义现代化蓝图正在一步步变成美好现实，我们伟大的祖国正在一天天走向繁荣富强，中华民族正在一步步走向伟大复兴。我们相信，在20世纪赢得了伟大历史性胜利的中国共产党和中国人民，必将在21世纪赢得更伟大的历史性胜利。

中共中央政治局常委李克强、张德江、俞正声、王岐山、张高丽出席座谈会，中共中央政治局常委刘云山主持座谈会。

习近平在讲话中回顾了邓小平同志一生的丰功伟绩，总结了邓小平同志为我国革命、建设、改革做出的卓越贡献，强调邓小平同志为中华民族独立、繁荣、振兴和中国人民解放、自由、幸福奋斗的辉煌人生和伟大贡献，将永远书写在祖国辽阔的大地之上。邓小平同志始终在人民中间，也始终在人民心间。

习近平指出，像我们党的其他老一辈革命家一样，邓小平同志之所以能够为祖国和人民建立彪炳史册的功勋，就在于他看清了世界和中国的发展大势，深刻了解中国人民和中华民族的深沉愿望，把握住中国发展的历史规律，紧紧依靠党和人民建立了前所未有的历史性伟业。

习近平强调，信念坚定，是邓小平同志一生最鲜明的政治品格，也永远是中国共产党人应该挺起的精神脊梁。革命理想高于天。没有一大批具有坚定共产主义理想的中华儿女，就没有中国共产党，也就没有新中国，更没有今天我国的发展进步。要把我国发展得更好，离不开理想信念的力量。我们共产党人锤炼党性，首要的就是坚定共产主义远大理想和中国特色社会主义共同理想，坚忍不拔、风雨无阻朝着我们的目标奋勇前进。

习近平指出，热爱人民，是邓小平同志一生最深厚的情感寄托，也永远是中国共产党人应该坚守的力量源泉。爱祖国、爱人民，是最深沉、最有力量的情感，是博大之爱。我们要始终为人民利益而奋斗，任何时候任何条件下都忠于祖国、忠于人民，脚踏实地践行党的宗旨，把自己的一生交给党和人民，为党和人民事业鞠躬尽瘁、死而后已。

习近平强调，实事求是，是邓小平同志一生最重要的思想特点，也永远是中国共产党人应该遵循的思

想方法。事实是真理的依据，实干是成就事业的必由之路。我国革命、建设、改革的历史反复证明，只有制定符合实际的政策措施，采取符合实际的工作方法，党和人民的事业才能走上正确轨道，才能取得人民满意的成效。我们要善于运用辩证唯物主义和历史唯物主义观察世界、处理问题，掌握真实情况，把握客观规律，发扬务实高效、不尚空谈的工作作风，踏踏实实把党的基本理论、基本路线、基本纲领、基本经验、基本要求贯彻落实好。

习近平指出，开拓创新，是邓小平同志一生最鲜明的领导风范，也永远是中国共产党人应该具有的历史担当。越是伟大的事业，往往越是充满艰难险阻，越是需要开拓创新。中国特色社会主义是前无古人的伟大事业，改革开放和社会主义现代化建设还有很长的路要走。在前进道路上，我们将进行许多具有新的历史特点的伟大斗争。我们要细心观察新的实践和新的发展，尊重地方、基层、群众首创精神，果断作出决策，把开拓创新作为一种常态，不断用发展着的马克思主义指导新的实践，又从实践中作出新的理论概括，敢破敢立、敢闯敢试，义无反顾把改革开放不断向前推进。

习近平强调，邓小平同志留给我们的最重要的思想和政治遗产，就是他带领党和人民开创的中国特色社会主义，就是他创立的邓小平理论。邓小平同志最鲜明的思想和实践特点，就是从实际出发、从世界大势出发、从国情出发，始终坚持我们党一贯倡导的实事求是、群众路线、独立自主。中国特色社会主义是适合中国国情、符合中国特点、顺应时代发展要求的理论和实践，所以才能取得成功，并将继续取得成功。我们的国权，我们的国格，我们的民族自尊心，我们的民族独立，关键是道路、理论、制度的独立。

习近平指出，中华民族创造了具有5000多年悠久历史的辉煌文明，中国人民在中国共产党领导下创造了建设社会主义的辉煌成就，我们应该在这个基础上继续创造。我们自己不足、不好的东西，要努力改革。外国有益、好的东西，我们要虚心学习。但是，不能全盘照搬外国，更不能接受外国不好的东西；不能妄自菲薄，不能数典忘祖。中国近代以来的全部历史告诉我们，中国的事情必须按照中国的特点、中国的实际来办，这是解决中国所有问题的正确之道。

习近平强调，邓小平同志离开我们17年来，国际形势风云变幻，国内改革发展任务艰巨繁重，在以江泽民同志为核心的党的第三代中央领导集体、以胡锦涛同志为总书记的党中央领导下，我们党团结带领全国各族人民，坚持党的十一届三中全会以来的路线方针政策不动摇，推动党和国家各项事业不断取得新的伟大成就。今天，历史的接力棒传到了我们手里，责任重于泰山。全党一定要紧密团结起来，敢于担当、埋头苦干，团结带领全国各族人民，以与时俱进、时不我待的精神不断夺取新胜利，不断完善和发展中国特色社会主义，不断为人类和平与发展的崇高事业做出新的更大的贡献。

刘云山在主持会议时说，习近平总书记重要讲话高度评价了邓小平同志和邓小平理论的历史地位和历史功绩，从信念坚定、热爱人民、实事求是、开拓创新、战略思维、坦荡无私等方面深刻阐述了邓小平同志的崇高精神风范，号召全党坚定中国特色社会主义道路自信、理论自信、制度自信，在实现“两个一百年”奋斗目标、实现中华民族伟大复兴的中国梦的征程上奋勇前进。讲话饱含着全党全国人民对邓小平同志的深厚感情，饱含着继往开来推进党和国家事业发展的责任担当，具有很强的理论性、战略性、指导性。我们要紧密结合全面深化改革和现代化建设实际，认真学习领会，切实贯彻落实。

座谈会上，中央文献研究室主任冷溶，中央党史研究室主任曲青山，中央军委委员、解放军总政治部主任张阳，四川省委书记王东明先后发言。

在京中共中央政治局委员、中央书记处书记，部分全国人大常委会、国务院、全国政协领导同志，中央党政军群有关部门、北京市、四川省委负责同志，各民主党派中央、全国工商联负责同志和无党派人士代表，邓小平同志原身边工作人员和亲属子女及家乡代表，以及出席“全国纪念邓小平同志诞辰110周年学术研讨会”的代表等出席了会议。

（原载《人民日报》2014年8月21日第1版）

首都各界隆重纪念全民族抗战爆发七十七周年

习近平发表重要讲话强调，中国人民对战争带来的苦难有着刻骨铭心的记忆，对和平有着孜孜不倦的追求。纵观世界历史，依靠武力对外侵略扩张最终都是要失败的。这是历史规律。中国将坚定不移走和平发展道路，并且希望世界各国共同走和平发展道路，让和平的阳光永远普照人类生活的星球

俞正声主持纪念仪式

本报北京7月7日电　（记者倪光辉）缅怀民族先烈丰功伟绩，凝聚和平发展正义力量。在全民族抗战爆发七十七周年之际，首都各界在中国人民抗日战争纪念馆隆重集会。中共中央总书记、国家主席、中央军委主席习近平发表重要讲话强调，中国人民对战争带来的苦难有着刻骨铭心的记忆，对和平有着孜孜不倦的追求。纵观世界历史，依靠武力对外侵略扩张最终都是要失败的。这是历史规律。中国将坚定不移走和平发展道路，并且希望世界各国共同走和平发展道路，让和平的阳光永远普照人类生活的星球。

中共中央政治局常委、全国政协主席俞正声主持纪念仪式。

卢沟桥畔，坐落在这里的中国人民抗日战争纪念馆雄伟庄严。纪念馆前的广场上，鲜艳的五星红旗高高飘扬。纪念馆正门上方悬挂着“勿忘国耻 圆梦中华”的巨幅标语。

上午10时，纪念仪式开始。中国人民解放军军乐团奏响《义勇军进行曲》。习近平等党和国家领导人同现场1000多名各界代表齐声高唱中华人民共和国国歌。“冒着敌人的炮火，前进，前进，前进进!”雄壮的歌声在广场上空回响。

国歌唱毕，现场响起深沉悠长的礼号声，全场肃立，中国人民解放军三军仪仗队行持枪礼。

习近平神情庄重，迈步走上台阶，来到“独立自由勋章”雕塑前。一名中国共产党抗战老战士和一名中国国民党抗战老战士，在两名少年儿童陪伴下也走到雕塑前。习近平按下启动按钮，为“独立自由勋章”雕塑揭幕。

伴随着庄严肃穆的乐曲，红色幕布徐徐开启，一个巨大的八角星形独立自由勋章浮雕呈现眼前。独立自由勋章是根据1955年第一届全国人民代表大会常务委员会决议，授予中国人民解放军在抗日战争时期参加革命战争有功人员的勋章。基座下方，用中文和英文镌刻着“中国人民抗日战争全面爆发纪念地”铭文。基座侧面的云纹及和平鸽纹饰栩栩如生。整座雕塑寓意中国人民为追求和平正义、捍卫民族独立自由而不畏强暴、不怕牺牲的斗争精神。

习近平在仪式上发表了重要讲话。他表示，今天，我们在这里隆重举行纪念全民族抗战爆发七十七周年仪式，目的是铭记历史、缅怀先烈、珍视和平、警示未来，坚定不移走和平发展道路，坚定不移维护世界和平。

习近平指出，1937年7月7日，日本侵略者为了达到以武力吞并全中国的罪恶野心，悍然炮轰宛平城，制造了震惊中外的卢沟桥事变。从卢沟桥事变肇始，平津危急，华北危急，中华民族危急，中华民族到了最危险的时候。在此民族危难之际，中国共产党秉持民族大义，担负起民族救亡的历史重任，呼吁建立以国共合作为基础的抗日民族统一战线，以抵抗日寇侵略、驱逐日寇出中国。

习近平强调，从那时起，大江南北，长城内外，全体中华儿女冒着敌人的炮火共赴国难，无论是正面战场，还是敌后战场，千千万万爱国将士浴血奋战、视死如归，各界民众万众一心、同仇敌忾，奏响了一曲气壮山河的抗击日本侵略的英雄凯歌，用生命和鲜血谱写了一首感天动地的反抗外来侵略的壮丽史诗。

习近平强调，我们在这里为“独立自由勋章”雕塑揭幕，就是要缅怀在争取民族独立和自由过程中英勇献身的烈士们，就是要缅怀为追求和平正义做出重要贡献的人们，告慰在那场战争中不幸遇难的同胞们。我们永远缅怀他们、铭记他们。

习近平指出，伟大的中国人民抗日战争，是中国

人民近代以来争取独立自由史册上可歌可泣的一页，是中华民族历史发展进程中饱经沧桑的一章。伟大的中国人民抗日战争，使中华民族的觉醒和团结达到了前所未有的高度。伟大的中国人民抗日战争，开辟了世界反法西斯战争的东方主战场，为挽救民族危亡、实现民族独立和人民解放，为争取世界和平的伟大事业，做出了彪炳史册的贡献。

习近平强调，历史就是历史，事实就是事实，任何人都不可能改变历史和事实。付出了巨大牺牲的中国人民，将坚定不移捍卫用鲜血和生命写下的历史。任何人想要否认、歪曲甚至美化侵略历史，中国人民和各国人民绝不答应。

习近平指出，中国人民抗日战争的胜利证明，中华民族是具有顽强生命力和非凡创造力的民族，只要我们紧密团结起来，就没有克服不了的困难。新的历史条件下，全党全国各族人民要大力弘扬伟大抗战精神，不断增强团结一心的精神纽带、自强不息的精神动力，继续朝着中华民族伟大复兴的中国梦奋勇前进，不断以坚持和发展中国特色社会主义的新成就告慰我们的前辈和英烈。

“牢记历史、珍爱和平、勿忘国耻、圆梦中华”……随后，在领誓人带领下，现场120名青年代表和120名少年儿童代表举起右拳庄严宣誓。嘹亮的冲锋号划破天际，传递出中国人民捍卫国家主权和领土完整、实现中华民族伟大复兴的中国梦，推动建设持久和平、共同繁荣和谐世界的坚定意志。

纪念仪式后，习近平等党和国家领导人和各界代表走进展厅，参观“伟大胜利——纪念中国人民抗日战争暨世界反法西斯战争胜利大型主题展览”。展览通过900余件文物、640余幅图片及大量绘画、雕塑和声光电模型等，全面展现了中国人民抗日战争气壮山河的历史画卷。

习近平仔细观看，认真听取讲解。在七七卢沟桥事变、建立抗日民主政权、高举和平发展合作旗帜等展区，习近平不时驻足，向工作人员详细询问有关情况。

参观结束后，习近平等还亲切看望了参加仪式的抗战老战士和老同志代表。

刘延东、刘奇葆、范长龙、栗战书、郭金龙、王晨、张庆黎出席纪念仪式并参观展览。

参加过抗日战争的老战士和老同志代表，抗战烈士家属代表，中央党政军群有关部门和北京市主要负责同志，各民主党派中央、全国工商联负责人和无党派人士代表，首都各界群众代表参加上述活动。

（原载《人民日报》2014年7月8日第1版）

习近平主持召开文艺工作座谈会强调

坚持以人民为中心的创作导向　创作更多无愧于时代的优秀作品

刘云山出席

本报北京10月15日电　中共中央总书记、国家主席、中央军委主席习近平15日上午在京主持召开文艺工作座谈会并发表重要讲话。他强调，文艺是时代前进的号角，最能代表一个时代的风貌，最能引领一个时代的风气。实现“两个一百年”奋斗目标、实现中华民族伟大复兴的中国梦，文艺的作用不可替代，文艺工作者大有可为。广大文艺工作者要从这样的高度认识文艺的地位和作用，认识自己所担负的历史使命和责任，坚持以人民为中心的创作导向，努力创作更多无愧于时代的优秀作品，弘扬中国精神、凝聚中国力量，鼓舞全国各族人民朝气蓬勃迈向未来。

中共中央政治局常委、中央书记处书记刘云山出席座谈会。

座谈会上，中国作协主席铁凝，中国剧协主席、上海京剧院艺术指导尚长荣，空政文工团一级编剧阎肃，中国美协副主席、中国美术学院院长许江，中国舞协主席、国家大剧院舞蹈艺术总监赵汝蘅，中国作协副主席、上海市作协副主席叶辛，中国影协主席、国家话剧院一级演员李雪健先后发言。

在认真听取大家发言后，习近平作了重要讲话，他首先表示，文艺事业是党和人民的重要事业，文艺战线是党和人民的重要战线。长期以来，广大文艺工作者致力文艺创作、表演、研究、传播，在各自领域辛勤耕耘、服务人民，取得了显著成绩，做出了重要贡献。在大家共同努力下，我国文艺园地百花竞放、硕果累累，呈现出繁荣发展的生动景象。习近平向全国文艺工作者致以诚挚的问候。

习近平指出，推动文艺繁荣发展，最根本的是要创作生产出无愧于我们这个伟大民族、伟大时代的优秀作品。文艺工作者应该牢记，创作是自己的中心任务，作品是自己的立身之本，要静下心来、精益求精搞创作，把最好的精神食粮奉献给人民。必须把创作生产优秀作品作为文艺工作的中心环节，努力创作生产更多传播当代中国价值观念、体现中华文化精神、反映中国人审美追求，思想性、艺术性、观赏性有机统一的优秀作品。

习近平强调，改革开放以来，我国文艺创作迎来了新的春天，产生了大量脍炙人口的优秀作品。同时，也不能否认，在文艺创作方面，也存在着有数量缺质量、有“高原”缺“高峰”的现象，存在着抄袭模仿、千篇一律的问题，存在着机械化生产、快餐式消费的问题。文艺不能在市场经济大潮中迷失方向，不能在为什么人的问题上发生偏差，否则文艺就没有生命力。低俗不是通俗，欲望不代表希望，单纯感官娱乐不等于精神快乐。精品之所以“精”，就在于其思想精深、艺术精湛、制作精良。文艺工作者要志存高远，随着时代生活创新，以自己的艺术个性进行创新。要坚持百花齐放、百家争鸣的方针，发扬学术民主、艺术民主，营造积极健康、宽松和谐的氛围，提倡不同观点和学派充分讨论，提倡体裁、题材、形式、手段充分发展，推动观念、内容、风格、流派切磋互鉴。

习近平指出，繁荣文艺创作、推动文艺创新，必须有大批德艺双馨的文艺名家。我国作家艺术家应该成为时代风气的先觉者、先行者、先倡者，通过更多有筋骨、有道德、有温度的文艺作品，书写和记录人民的伟大实践、时代的进步要求，彰显信仰之美、崇高之美。文艺工作者要自觉坚守艺术理想，不断提高学养、涵养、修养，加强思想积累、知识储备、文化修养、艺术训练，认真严肃地考虑作品的社会效果，讲品位，重艺德，为历史存正气，为世人弘美德，努力以高尚的职业操守、良好的社会形象、文质兼美的优秀作品赢得人民喜爱和欢迎。

习近平强调，社会主义文艺，从本质上讲，就是人民的文艺。文艺要反映好人民心声，就要坚持为人民服务、为社会主义服务这个根本方向。这是党对文艺战线提出的一项基本要求，也是决定我国文艺事业前途命运的关键。要把满足人民精神文化需求作为文艺和文艺工作的出发点和落脚点，把人民作为文艺表现的主体，把人民作为文艺审美的鉴赏家和评判者，把为人民服务作为文艺工作者的天职。

习近平指出，随着人民生活水平不断提高，人民对包括文艺作品在内的文化产品的质量、品位、风格等的要求也更高了。文学、戏剧、电影、电视、音乐、舞蹈、美术、摄影、书法、曲艺、杂技，以及民间文艺、群众文艺等各领域都要跟上时代发展、把握人民需求，以充沛的激情、生动的笔触、优美的旋律、感人的形象创作生产出人民喜闻乐见的优秀作品，让人民精神文化生活不断迈上新台阶。

习近平强调，人民是文艺创作的源头活水，一旦离开人民，文艺就会变成无根的浮萍、无病的呻吟、无魂的躯壳。能不能搞出优秀作品，最根本的决定在于是否能为人民抒写、为人民抒情、为人民抒怀。要虚心向人民学习、向生活学习，从人民的伟大实践和丰富多彩的生活中汲取营养，不断进行生活和艺术的积累，不断进行美的发现和美的创造。要始终把人民的冷暖、人民的幸福放在心中，把人民的喜怒哀乐倾注在自己的笔端，讴歌奋斗人生，刻画最美人物，坚定人们对美好生活的憧憬和信心。

习近平指出，文艺工作者要想有成就，就必须自觉与人民同呼吸、共命运、心连心，欢乐着人民的欢乐，忧患着人民的忧患，做人民的孺子牛。对人民，要爱得真挚、爱得彻底、爱得持久，就要深深懂得人民是历史创造者的道理，深入群众、深入生活，诚心诚意做人民的小学生。艺术可以放飞想象的翅膀，但一定要脚踩坚实的大地。文艺创作方法有一百条、一千条，但最根本、最关键、最牢靠的办法是扎根人民、扎根生活。应该用现实主义精神和浪漫主义情怀观照现实生活，用光明驱散黑暗，用美善战胜丑恶，让人们看到美好、看到希望、看到梦想就在前方。

习近平强调，一部好的作品，应该是把社会效益放在首位，同时也应该是社会效益和经济效益相统一的作品。文艺不能当市场的奴隶，不要沾满了铜臭气。优秀的文艺作品，最好是既能在思想上、艺术上取得成功，又能在市场上受到欢迎。

习近平指出，每个时代都有每个时代的精神。文艺是铸造灵魂的工程，文艺工作者是灵魂的工程师。好的文艺作品就应该像蓝天上的阳光、春季里的清风一样，能够启迪思想、温润心灵、陶冶人生，能够扫除颓废萎靡之风。广大文艺工作者要高扬社会主义核心价值观的旗帜，把社会主义核心价值观生动活泼、活灵活现地体现在文艺创作之中，用栩栩如生的作品形象告诉人们什么是应该肯定和赞扬的，什么是必须反对和否定的，做到春风化雨、润物无声。要把爱国主义作为文艺创作的主旋律，引导人民树立和坚持正确的历史观、民族观、国家观、文化观，增强做中国人的骨气和底气。

习近平强调，追求真善美是文艺的永恒价值。艺术的最高境界就是让人动心，让人们的灵魂经受洗礼，让人们发现自然的美、生活的美、心灵的美。我们要通过文艺作品传递真善美，传递向上向善的价值观，引导人们增强道德判断力和道德荣誉感，向往和追求讲道德、尊道德、守道德的生活。只要中华民族一代接着一代追求真善美的道德境界，我们的民族就永远健康向上、永远充满希望。

习近平指出，中华优秀传统文化是中华民族的精神命脉，是涵养社会主义核心价值观的重要源泉，也是我们在世界文化激荡中站稳脚跟的坚实根基。要结合新的时代条件传承和弘扬中华优秀传统文化，传承和弘扬中华美学精神。我们社会主义文艺要繁荣发展起来，必须认真学习借鉴世界各国人民创造的优秀文艺。只有坚持洋为中用、开拓创新，做到中西合璧、融会贯通，我国文艺才能更好发展繁荣起来。

习近平强调，各级党委要把文艺工作纳入重要议事日程，贯彻好党的文艺方针政策，把握文艺发展正确方向。要选好配强文艺单位领导班子，把那些德才兼备、能同文艺工作者打成一片的干部放到文艺工作领导岗位上来。要尊重文艺工作者的创作个性和创造性劳动，政治上充分信任，创作上热情支持，营造有利于文艺创作的良好环境。要通过深化改革、完善政策、健全体制，形成不断出精品、出人才的生动局面。要高度重视和切实加强文艺评论工作，运用历史的、人民的、艺术的、美学的观点评判和鉴赏作品，倡导说真话、讲道理，营造开展文艺批评的良好氛围。

王沪宁、刘延东、刘奇葆、许其亮、栗战书出席座谈会。

中央和国家机关有关部门、解放军总政治部负责人，各领域文艺工作者代表等参加座谈会。

（原载《人民日报》2014年10月15日第1版）

习近平在北京考察工作时强调

立足优势　深化改革　勇于开拓
在建设首善之区上不断取得新成绩

新华社北京2月26日电　中共中央总书记、国家主席、中央军委主席习近平近日在北京市考察工作时强调，建设和管理好首都，是国家治理体系和治理能力现代化的重要内容。北京要立足优势、深化改革、勇于开拓，以创新的思维、扎实的举措、深入的作风，进一步做好城市发展和管理工作，在建设首善之区上不断取得新的成绩。

习近平十分关心北京的发展。25日，他在北京市委书记郭金龙、市长王安顺陪同下，来到北京市就全面深化改革、推动首都更好发展特别是破解特大城市发展难题进行考察调研。26日，他主持召开座谈会，听取北京市工作汇报，并发表重要讲话。

中共中央政治局常委、国务院副总理张高丽出席座谈会。

25日上午，习近平首先来到北京市规划展览馆考察。多媒体专题片《不朽之城》浓缩了北京3000多年建城史和800多年建都史，《古都巨变》反映了新中国成立以来北京发生的巨大变化，北京中轴线模型、故宫模型和城市规划模型直观展示了北京的古城风韵和现代风采。习近平一一观看，并不时提问，详细了解北京地理环境、规划布局、功能定位、发展变化等情况。他指出，城市规划在城市发展中起着重要引领作用，考察一个城市首先看规划，规划科学是最大的效益，规划失误是最大的浪费，规划折腾是最大的忌讳。习近平强调，首都规划务必坚持以人为本，坚持可持续发展，坚持一切从实际出发，贯通历史现状未来，统筹人口资源环境，让历史文化与自然生态永续利用、与现代化建设交相辉映。

玉河是通惠河的重要组成部分，距今已有700多年历史。北京有关部门组织进行搬迁改造，恢复了部分古河道，并在河道两侧复建了明清风格的四合院群落，重现了水穿街巷、绿树成荫的历史风貌，改善了周围群众的居住环境。上午10时35分，习近平来到这里，察看玉河历史文化风貌保护工作展览和河堤遗址，沿河步行考察河道恢复、四合院复建情况，对这一项目给予充分肯定。他指出，历史文化是城市的灵魂，要像爱惜自己的生命一样保护好城市历史文化遗产。北京是世界著名古都，丰富的历史文化遗产是一张金名片，传承保护好这份宝贵的历史文化遗产是首都的职责，要本着对历史负责、对人民负责的精神，传承历史文脉，处理好城市改造开发和历史文化遗产保护利用的关系，切实做到在保护中发展、在发展中保护。

玉河旁的雨儿胡同东起南锣鼓巷，西至东不压桥胡同，是老北京的大杂院区。习近平沿着弯曲狭窄的通道，先后走进29号、30号大杂院，到王云凤、关世岳、吴爱霞、庄宝等4户居民家里察看，嘘寒问暖，关切询问他们工作怎么样、收入有多少、做饭烧什么、取暖怎么办、上厕所远不远？得知他们的居住、生活条件在党和政府关心下有所改善，特别是做饭用上了煤气、取暖用上了电暖气，并且有关部门已经将这片大杂院区纳入了改造规划，习近平很高兴。他表示，这一片胡同我很熟悉，今天来就是想看看老街坊，听听大家对老城区改造的想法。老城区改造要回应不同愿望和要求，工作量很大，有关部门要把工作做深做细，大家要多理解多支持，共同帮助政府把为群众办的实事办好。听说总书记来了，居民们纷纷围上来向总书记问好，习近平走上去同他们热情握手，祝他们生活越来越好。

25日下午，习近平来到北京市自来水集团第九水厂，听取水资源及污水、垃圾、雾霾治理总体情况介绍，并走进水厂综合处理车间和水质监测实验室，了解北京加强水务基础设施建设、改善城乡水环境、提高供水安全保障水平等情况。他指出，像北京这样的特大城市，环境治理是一个系统工程，必须作为重大民生实事紧紧抓在手上。大气污染防治是北京发展面临的一个最突出的问题。要坚持标本兼治和专项治理并重、常态治理和应急减排协调、本地治污和区域协调相互促进，多策并举，多地联动，全社会共同行动。要深入开展节水型城市建设，使节约用水成为每个单位、每个家庭、每个人的自觉行动。

近年来，北京市轨道交通发展迅速。习近平来到市轨道交通指挥中心，听取北京交通工作汇报，随后到调度指挥大厅，通过显示屏观看全市各轨道交通线运行情况，向工作人员了解地铁运行指挥、安全管理、客流量统计等方面的具体流程和方法。他指出，北京如何解决好海量人口的出行问题是个大难题。要把解决交通拥堵问题放在城市发展的重要位置，加快形成安全、便捷、高效、绿色、经济的综合交通体系。轨道交通特别是地铁，安全保障制度一定要严密，安全检查措施一定要严格，安全运行工作一定要严谨。

下午5时30分许，习近平来到首都博物馆参观北京历史文化展览。这个展览通过670多个文物组件展现了北京波澜壮阔的历史画卷。习近平一边认真观看、听取介绍，一边同专家交流讨论。他强调，搞历史博物展览，为的是见证历史、以史鉴今、启迪后人。要在展览的同时高度重视修史修志，让文物说话、把历史智慧告诉人们，激发我们的民族自豪感和自信心，坚定全体人民振兴中华、实现中国梦的信心和决心。

考察结束时，习近平主持召开座谈会，听取了北京市的工作汇报。他在讲话中肯定了北京市近几年来积极应对国际金融危机冲击、切实转变经济发展方式、大力加强社会建设、打响治理“城市病”攻坚战所取得的成绩，就做好北京发展和管理工作发表了重要意见。

习近平指出，建设好首都，推动北京持续健康发展，需要付出长期艰苦的努力。北京地位高、体量大、实力强、变化快、素质好，是其主要特点和优势，同时不断发展的北京又面临令人揪心的很多问题。把各方面优势发挥出来，把各种问题治理好，要处理好国家战略要求和自身发展的关系，在服务国家大局中提高发展水平。

习近平就推进北京发展和管理工作提出5点要求。一是要明确城市战略定位，坚持和强化首都全国政治中心、文化中心、国际交往中心、科技创新中心的核心功能，深入实施人文北京、科技北京、绿色北京战略，努力把北京建设成为国际一流的和谐宜居之都。二是要调整疏解非首都核心功能，优化三次产业结构，优化产业特别是工业项目选择，突出高端化、服务化、集聚化、融合化、低碳化，有效控制人口规模，增强区域人口均衡分布，促进区域均衡发展。三是要提升城市建设特别是基础设施建设质量，形成适度超前、相互衔接、满足未来需求的功能体系，遏制城市“摊大饼”式发展，以创造历史、追求艺术的高度负责精神，打造首都建设的精品力作。四是要健全城市管理体制，提高城市管理水平，尤其要加强市政设施运行管理、交通管理、环境管理、应急管理，推进城市管理目标、方法、模式现代化。五是要加大大气污染治理力度，应对雾霾污染、改善空气质量的首要任务是控制 PM2.5，要从压减燃煤、严格控车、调整产业、强化管理、联防联控、依法治理等方面采取重大举措，聚焦重点领域，严格指标考核，加强环境执法监管，认真进行责任追究。

马凯、王沪宁、汪洋、栗战书和中央有关部门负责同志分别参加上述活动。

（原载《人民日报》2014 年 2 月 27 日第 1、4 版）

习近平对北京市城市战略定位提出明确要求 北京市委召开十一届五次全会贯彻落实总书记讲话精神

习近平就推进北京发展和管理工作提出 5 点要求

一是要明确城市战略定位，坚持和强化首都全国政治中心、文化中心、国际交往中心、科技创新中心的核心功能，深入实施人文北京、科技北京、绿色北京战略，努力把北京建设成为国际一流的和谐宜居之都。

二是要调整疏解非首都核心功能，优化三次产业结构，优化产业特别是工业项目选择，突出高端化、服务化、集聚化、融合化、低碳化，有效控制人口规模，增强区域人口均衡分布，促进区域均衡发展。

三是要提升城市建设特别是基础设施建设质量，形成适度超前、相互衔接、满足未来需求的功能体系，遏制城市“摊大饼”式发展，以创造历史、追求艺术的高度负责精神，打造首都建设的精品力作。

四是要健全城市管理体制，提高城市管理水平，尤其要加强市政设施运行管理、交通管理、环境管理、应急管理，推进城市管理目标、方法、模式现代化。

五是要加大大气污染治理力度，应对雾霾污染、改善空气质量的首要任务是控制 PM2.5，要从压减燃煤、严格控车、调整产业、强化管理、联防联控、依法治理等方面采取重大举措，聚焦重点领域，严格指标考核，加强环境执法监管，认真进行责任追究。

（原载《北京日报》2014 年 2 月 27 日第 1 版）

市委召开十一届五次全会要求

以总书记讲话精神武装头脑　奋力开创首都工作新局面

郭金龙讲话　王安顺杜德印吉林出席

审议通过《中国共产党北京市第十一届委员会第五次全体会议决议》

本报讯（记者　汤一原　吴迪）　3 月 1 日至 2 日，市委召开十一届五次全会，传达、学习、贯彻习近平总书记在北京考察工作时的重要讲话精神。全会要求，深刻领会总书记讲话的重大意义，深切感悟总书记对首都人民的巨大关怀，以总书记重要讲话精神武装头脑，不断提高和升华对北京发展管理工作的认识，以更加饱满的热情、更加优良的作风，奋力开创首都工作新局面。市委书记郭金龙讲话，市委副书记、市长王安顺，市人大常委会主任杜德印，市政协主席吉林出席。会议审议通过《中国共产党北京市第十一届委员会第五次全体会议决议》。

王安顺首先传达了习近平总书记在北京考察工作时的重要讲话。

郭金龙代表市委常委会，就深入学习领会、贯彻总书记重要讲话精神讲话。他说，总书记在一个月时间内，三次对北京工作作出重要指示，具有重要的里程碑意义，必将载入首都发展的史册。总书记充分肯定了北京工作取得的成绩，使我们深受鼓舞；科学分析了北京的优势和劣势，使我们深受启发；就北京发展和管理需要重点研究解决的重大问题提出要求，是对我们的巨大鞭策；对京津冀协同发展作出战略部署，指明了我们的工作方向。总书记亲民爱民的领袖风范，赢得了全社会的一致赞誉；与人民心心相印的真挚为民情怀，值得全市党员干部特别是领导干部认真学习。总书记的重要讲话是我们做好首都工作的基本纲领，是我们履行好首都职责的根本方针，全市上下都要把学习贯彻总书记重要讲话精神作为首要政治任务，以讲话精神为指导，以总书记考察为强大动力，把我们的各项工作提高到一个新的水平。

郭金龙指出，学习贯彻总书记重要讲话精神，关键是要在事关首都发展的全局性、战略性问题上提高认识，切实把思想统一到讲话精神上来，重点要在十个方面有新认识。

一要在首都工作的特殊重要性上有新认识。时刻牢记党中央对我们的要求，时刻牢记人民群众对我们的期望，责无旁贷、心无旁骛地工作，创造一流的业绩，努力在全国发挥表率作用；时刻以兢兢业业、如履薄冰的态度，不折不扣地把每一项工作做好，把北京这座伟大的城市建设好、发展好、管理好，让党中央放心，让人民群众满意。

二要在首都城市战略定位上有新认识。努力做到想问题自觉把握城市战略定位，作决策自觉考虑到发挥首都的影响和示范作用，按照战略定位科学规划、科学建设、科学管理。作为全国政治中心，要时时处处讲政治、顾大局，在思想上、政治上和行动上始终与党中央保持高度一致；作为全国文化中心，要弘扬中华优秀传统文化、荟萃民族文化精华，努力打造中国特色社会主义先进文化之都；作为国际交往中心，要不断提高国际影响力，努力打造国际活动聚集之都；作为科技创新中心，要充分发挥科技资源优势，不断提高自主创新能力，努力打造世界高端企业总部聚集之都、世界高端人才聚集之都。

三要在控制人口无序过快增长上有新认识。当务之急是痛下决心，综合施策，坚决遏制住人口无序过快增长的势头。各区县要主动作为，深入研究人口调控的措施办法，抓好以业控人、以房管人、以证管人，把控制中心城人口过快增长作为人口调控工作的重中之重，推动中心城人口向新城、小城镇和周边地区疏解。

四要在调整疏解非首都核心功能上有新认识。处理好“舍”与“得”的关系，克服“舍不得”的思想，对不符合首都城市战略定位要求的产业要有所不为，下决心“舍”，痛下决心、壮士断腕，坚决把一般性产业特别是带有污染性质的产业清理出去；另一方面对符合首都城市战略定位的产业要有所为，更好地转方式、调结构，发展“高精尖”产业，提升首都经济发展质量和水平。

五要在提升城市建设特别是基础设施建设质量上有新认识。坚持国际一流标准，按照新的理念搞好北京城市规划，以创造历史、追求艺术的高度负责精神，打造首都精品力作；控制城乡建设用地规模和开发强度，划定城市增长边界和生态红线，遏制城市“摊大饼”式发展，同时扩大绿色空间，把青山绿水留给市民。

六要在提高城市管理水平上有新认识。正确处理“硬”和“软”的关系，既要重视各项建设，打造城市硬环境，更要重视管理，培育城市软实力；要把加强城市管理放在更加重要的位置，在严格依法管理上下功夫，集中力量解决城市管理方面的一些突出问题，建立健全具有首都特点的特大城市治理体系。

七要在保护古都风貌上有新认识。妥善处理古都保护和现代化建设的关系，一方面不断融入现代元素，使城市设施更加符合现代生活的要求；另一方面保护和弘扬优秀传统文化，延续文脉，承载乡愁。同时要处理好保护古都风貌与改善居民生活条件的关系，让广大市民能够找到记忆中的老北京。

八要在加大大气污染治理力度上有新认识。落实好清洁空气行动计划，进一步强化压减燃煤、控车减油、治污减排、清洁降尘等措施；建立大气环境承载能力监测预警机制，健全以改善环境质量为核心的生态文明建设指标体系和考核机制；加大利用科技手段治污的工作力度，力争不断取得新突破；落实大气污染联防联控工作机制，共同构建京津冀大气污染防治体系；全面加强节能、节水、节地各项工作，涵养生态环境，实现天更蓝、地更绿、水更净的目标。

九要在推动京津冀协同发展上有新认识。自觉打破自家“一亩三分地”的思维定式，跳出北京看北京，着力推动三地经济继续朝着目标同向、措施一体、作用互补、利益相连的路子走下去，努力实现一加一大于二，一加二大于三的效果。要加快京津冀区域交通一体化，加强产业对接合作和生态环境保护合作，推动教育、医疗等公共资源在区域内共建共享，通过这些措施，进一步推动区域协调发展，切实提高区域发展整体水平，着力打造现代化的新型首都经济圈。

十要在维护首都安全稳定上有新认识。坚持下先手棋、打主动仗，坚决把问题预见于未发之时、解决在萌芽之中；在重大的政治原则和大是大非面前，要旗帜鲜明，敢于亮剑，敢于发声；学习推广好“枫桥经验”，从源头上预防和减少矛盾纠纷；始终绷紧反恐防暴这根弦，严密防范暴力恐怖事件。

郭金龙指出，要按照总书记的要求，处理好多层次、多方面的关系。处理好国家战略要求和自身发展的关系，站在国家战略高度思考和认识北京工作，进一步明确工作中哪些地方要有所作为，哪些地方应有所不为，在服务国家大局中履行好自身职责，推动北京发展；处理好政府与市场的关系，通过全面深化改革，让市场在资源配置中起决定性作用，同时把政府该管的事情管住管好，创造良好发展环境，提供优质公共服务，维护社会公平正义，强化首都保障和服务功能；处理好市级和区县的关系，市级各部门要做到工作重心下移，多为区县、基层着想，各区县也要切实负起责任，做到区县主责、部门尽责，通过强化统筹协调，调动各方面积极性，形成“全市一盘棋”的发展格局。

郭金龙强调，我们要以奋发有为的精神干事业，努力创造出能够经得起实践、人民和历史检验的业绩，无愧于总书记的厚望，无愧于广大干部群众的期待，无愧于这个伟大的时代；要以敢于担当的精神攻坚克难，面对困难绝不退缩，拿出革命者的豪情，拿出过人的勇气和胆识，直面一切制约首都科学发展的难题，朝着目标奋力迈进；要以踏石留印、抓铁有痕的劲头狠抓落实，拿出“钉钉子”的精神，重实际、鼓实劲、求实效，夙夜在公、心无旁骛地抓好工作落实；要以坚定必胜的信心推进工作，坚决完成好各项重大任务，把北京建设得更好、发展得更好。

在一天半的会议和分组讨论中，与会人员认真学习领会总书记重要讲话精神，围绕如何贯彻落实好总书记重要讲话进行了热烈讨论。大家一致表示，既对首都发展充满了必胜的信心，又感到肩上的担子沉甸甸的，一定要加倍努力，全力做好首都工作，绝不辜负总书记的期望和重托。

郭金龙在总结讲话时说，在全面建成小康社会和实现中华民族伟大复兴中国梦的重要时期，习近平总书记考察北京工作并发表重要讲话，为我们做好首都工作注入了强大动力。当前和今后一个时期，摆在全市各级党组织面前的首要政治任务，就是要深入学习领会、坚决贯彻落实好总书记讲话精神。第一要深入学习、提高认识，全面系统地学深、学透、弄懂、弄通，防止片面、零散、肤浅地理解讲话精神，以更高标准、更大尺度，在更深层次上思考谋划首都发展；联系实际学以致用，认真查找差距不足，进一步明确改进工作的目标方向。第二要深化改革、破解难题，坚持问题导向，首都建设发展中的问题在哪里，人民群众的期待在哪里，改革攻坚就指向哪里，把学习贯彻总书记重要讲话的新认识转化成推动新时期首都工作的新思路、新举措、新机制。第三要改进作风、推动落实，加强统筹谋划，对重点工作作出系统安排，明确完成任务的具体方案和时间表，确保各项工作落到实处；各级领导干部要有良好精神状态，胸怀大局、敢于担当、敢于碰硬，真正把心思用在干事业上，切实将首都工作提高到一个新水平。

会议在雄壮的《国际歌》声中闭幕。

市委常委叶青纯、李士祥、牛有成、赵凤桐、傅政华、李伟、姜志刚、苟仲文、高东璐及市委委员、市委候补委员出席会议，有关方面负责人列席会议。

（原载《北京日报》2014年3月3日第1、4版）

习近平在纪念孔子诞辰两千五百六十五周年国际学术研讨会暨国际儒学联合会第五届会员大会开幕会上强调

从延续民族文化血脉中开拓前进　推进各种文明交流交融互学互鉴

习近平强调：

中国优秀传统思想文化体现着中华民族世世代代在生产生活中形成和传承的世界观、人生观、价值观、审美观等，其中最核心的内容已经成为中华民族最基本的文化基因，是中华民族和中国人民在修齐治平、尊时守位、知常达变、开物成务、建功立业过程中逐渐形成的有别于其他民族的独特标志。中国人民的理想和奋斗，中国人民的价值观和精神世界，是始终深深植根于中国优秀传统文化沃土之中的，同时又是随着历史和时代前进而不断与日俱新、与时俱进的。

新华社北京9月24日电　（记者钱彤）国家主席习近平24日在人民大会堂出席纪念“孔子诞辰2565周年国际学术研讨会暨国际儒学联合会第五届会员大会”开幕会并发表重要讲话（讲话全文见2版）。他强调，不忘历史才能开辟未来，善于继承才能善于创新。只有坚持从历史走向未来，从延续民族文化血脉中开拓前进，我们才能做好今天的事业。推进人类各种文明交流交融、互学互鉴，是让世界变得更加美丽、各国人民生活得更加美好的必由之路。

习近平在讲话中指出，这次会议以“儒学：世界和平与发展”为主题，体现了关注世界前途、人类命运的人文情怀，是一个很有现实意义的题目。世界各国人民都希望生活在祥和的氛围之中，期盼战争、暴力远离人类。世界各国人民也都希望生活在安康的环境之中，期盼饥饿、贫困远离人类。然而，现实世界并不像人们希望的那么美好，连绵战火、极度贫困依然在威胁着众多人们的生命和生存，特别是许多妇女、儿童依然在战争和贫困的阴影下苦苦挣扎。国际社会应该携手努力，一起来维护世界和平、促进共同发展。只有这样，和平才有希望，发展才有希望。

习近平强调，维护世界和平，促进共同发展，需要多管齐下、多方共济，其中很重要的一个方面就是要从思想上确立和平发展的理念。中华民族历来是一个爱好和平的民族，爱好和平的思想深深嵌入了中华民族的精神世界，今天依然是中国处理国际关系的基本理念。中国需要和平、爱好和平，也愿意尽最大努力维护世界和平，真诚帮助仍然遭受战争和贫困煎熬的人们。中国将坚定不移走和平发展道路，中国也希望世界各国都走和平发展道路，大家一起把和平发展的理念落实到自己的政策和行动之中。

习近平指出，今年是孔子诞辰2565周年。孔子创立的儒家学说，以及在此基础上发展起来的儒家思想，对中华文明产生了深刻影响，是中国传统文化的重要组成部分。儒家思想同中华民族形成和发展过程中所产生的其他思想文化一道，记载了中华民族自古以来在建设家园的奋斗中开展的精神活动、进行的理性思维、创造的文化成果，反映了中华民族的精神追求，是中华民族生生不息、发展壮大的重要滋养。中华文明，不仅对中国发展产生了深刻影响，而且对人类文明进步做出了重大贡献。

习近平强调，当今世界，人类文明无论在物质还是精神方面都取得了巨大进步，特别是物质的极大丰富是古代世界完全不能想象的。同时，当代人类也面临着许多突出的难题。要解决这些难题，不仅需要运用人类今天发现和发展的智慧和力量，而且需要运用人类历史上积累和储存的智慧和力量。中国优秀传统文化的丰富哲学思想、人文精神、教化思想、道德理念等，可以为人们认识和改造世界提供有益启迪，可以为治国理政提供有益启示，也可以为道德建设提供有益启发。对传统文化中适合于调理社会关系和鼓励人们向上向善的内容，我们要结合时代条件加以继承和发扬，赋予其新的含义。希望中国和各国学者相互交流、相互切磋，把这个课题研究好，让中国优秀传统文化同世界各国优秀文化一道造福人类。

习近平指出，正确对待不同国家和民族的文明，正确对待传统文化和现实文化，是我们必须把握好的一个重大课题。我们应该注重坚持以下原则。一是要维护世界文明多样性。我们应该维护各国各民族文明多样性，加强相互交流、相互学习、相互借鉴，而不应该相互隔膜、相互排斥、相互取代，这样世界文明之园才能生机盎然。二是要尊重各国各民族文明。本国本民族要珍惜和维护自己的思想文化，也要承认和尊重别国别民族的思想文化。不同国家、民族的思想文化各有千秋，只有姹紫嫣红之别，而无高低优劣之分。每个国家、每个民族不分强弱、不分大小，其思想文化都应该得到承认和尊重。三是要正确进行文明学习借鉴。对人类社会创造的各种文明，都应该采取学习借鉴的态度，都应该积极吸纳其中的有益成分，使人类创造的一切文明中的优秀文化基因与当代文化相适应、与现代社会相协调，把跨越时空、超越国度、富有永恒魅力、具有当代价值的优秀文化精神弘扬起来。四是要科学对待文化传统。要坚持古为今用、以古鉴今，善于把弘扬优秀传统文化和发展现实文化有机统一起来、紧密结合起来，在继承中发展，在发展中继承，坚持有鉴别地对待、有扬弃地继承，努力实现传统文化的创造性转化、创新性发展。

习近平强调，中国优秀传统思想文化体现着中华民族世世代代在生产生活中形成和传承的世界观、人生观、价值观、审美观等，其中最核心的内容已经成为中华民族最基本的文化基因，是中华民族和中国人民在修齐治平、尊时守位、知常达变、开物成务、建功立业过程中逐渐形成的有别于其他民族的独特标志。中国人民的理想和奋斗，中国人民的价值观和精神世界，是始终深深植根于中国优秀传统文化沃土之中的，同时又是随着历史和时代前进而不断与日俱新、与时俱进的。

习近平指出，在21世纪的今天，几千年来人类积累的一切理性知识和实践知识依然是人类创造性前进的重要基础。只有不断发掘和利用人类创造的一切优秀思想文化和丰富知识，我们才能更好认识世界、认识社会、认识自己，才能更好开创人类社会的未来。

开幕会由国际儒学联合会会长叶选平主持。秘鲁前总统加西亚、坦桑尼亚前总统姆卡帕分别致辞，表示孔子和儒学不仅是中国的，也是世界的。孔子和儒学不仅对中国历史发展产生了巨大作用和重要影响，而且对世界历史发展和人类文明进步也产生了积极作用和深远影响；儒家思想和儒学文化不仅在历史上产生过积极作用，对于解决当今世界共同面临的许多问题和难题，仍能提供智慧、启示、借鉴。

开幕会前，习近平会见了出席开幕会的部分外宾和国际儒学联合会负责人。

王沪宁、刘延东、栗战书、杨洁篪等出席上述活动。

国际儒学联合会会员、理事，国际儒学相关学术文化团体，国际友人及中国各界代表700多人出席开幕会。

国际儒学联合会1994年10月5日在北京成立，目前有个人会员525人，团体会员45个，遍及世界五大洲50多个国家和地区。

（原载《光明日报》2014年9月25日第1、3版）

习近平在北京大学考察时强调

青年要自觉践行社会主义核心价值观
与祖国和人民同行努力创造精彩人生

新华社北京5月4日电　（记者徐京跃、霍小光）在五四青年节这个属于青春的节日，中共中央总书记、国家主席、中央军委主席习近平来到北京大学考察。习近平代表党中央，向全国各族青年致以节日问候，向全国广大教育工作者和青年工作者致以崇高敬意。他强调，核心价值观承载着一个民族、一个国家的精神追求，是最持久、最深层的力量。广大青年要从现在做起，从自己做起，勤学、修德、明辨、笃实，使社会主义核心价值观成为自己的基本遵循，并身体力行大力将其推广到全社会去，努力在实现中国梦的伟大实践中创造自己的精彩人生。

今年是五四运动95周年，北京大学是我国新文化运动的中心和五四运动的策源地。习近平一直关心着北京大学改革发展和师生学习工作生活情况，近年多次来这里考察调研。

春天的燕园，湖光塔影，绿树婆娑。上午9时，习近平在北京大学党委书记朱善璐、校长王恩哥陪同下，首先来到北京大学人文学苑，观看人文社科成果展。展览展示了北京大学文学、历史、哲学、考古学科取得的重要学术成就和北大图书馆馆藏重要文献，包括《共产党宣言》多种译本。习近平向马克垚教授、袁行霈教授等详细了解人文社科学科发展情况，对北京大学传承和弘扬中华优秀传统文化取得的成果给予肯定。

展室北侧是一座幽静的小院，87岁的著名哲学家汤一介教授从研究室走出来欢迎总书记，习近平快步迎上去，走入研究室，同他促膝交谈。汤一介介绍了编纂大型国学丛书《儒藏》的情况，习近平问他有什么困难和需要，赞扬他勤奋严谨的治学精神。走出研究室，习近平同在庭院内的师生亲切交流。他表示，推进中国改革发展，实现现代化，需要哲学精神指引，需要历史镜鉴启迪，需要文学力量推动。文史哲研究要关注人们的精神世界，关注社会现实问题，积极回应社会关切，帮助人们更好认识自己、认识世界，确立不断前进的方向和信心。这是当代学术研究应该承担的社会责任。

成立于2010年的北京大学生物动态光学成像中心，利用最先进的生物成像和基因测序手段，从事生命科学和医学基础研究。习近平来到这里，观看多媒体演示，了解胎儿遗传疾病筛查、癌症早期诊断等新技术研究应用的情况，并通过显微镜观看动物卵细胞受精和极体细胞提取过程。习近平勉励科研人员刻苦攻关、勇于创新。中心主任、美国科学院院士谢晓亮告诉总书记，自己已决心全职回国工作，并将带领团队吸引更多海外优秀人才。习近平说，很好！现在我们国力增强了，要有凝心聚力办大事的自信，关键是要把最好的资源配置起来，让各类人才的智慧充分发挥，聚天下英才而用之，通过大家一个个人生梦、事业梦的实现，促进整个中国梦的实现。

从实验室出来，习近平沿着校园小路步入静园草坪，这里正在举行“青春中国梦，赤忱五四情——北京大学纪念五四运动95周年青春诗会”。看到总书记来了，师生们报以热烈的掌声，习近平走到他们中间。身着五四时期学生装的师生们在悠扬的小提琴曲伴奏下，朗诵着自己创作的诗歌《聆听青年》和毛泽东同志词作《沁园春·长沙》。习近平同大家一起欣赏了师生们充满激情的朗诵。习近平同师生们握手交谈，称赞他们的朗诵透着自信，表达了强烈的历史责任感和自豪感，希望他们紧跟时代，既创作出优美的文字诗篇，又创作出壮丽的人生诗篇。

10时40分，习近平来到北京大学英杰交流中心，参加师生座谈会。学校领导和师生代表先后发言，习近平边听边记，不时就有关问题提出询问，同师生们一起讨论。

在听取了大家发言后，习近平发表了重要讲话。他指出，当代大学生是可爱、可信、可贵、可为的。时间之河川流不息，每一代青年都有自己的际遇和机缘，都要在自己所处的时代条件下谋划人生、创造历史。青年是标志时代的最灵敏的晴雨表，时代的责任赋予青年，时代的光荣属于青年。广大青年对五四运动的最好纪念，就是在党的领导下，勇做走在时代前列的奋进者、开拓者、奉献者，同全国各族人民一道，担负起历史重任，让五四精神放射出更加夺目的时代光芒。

习近平强调，每个时代都有每个时代的精神，每个时代都有每个时代的价值观念。一个民族、一个国家的核心价值观必须同这个民族、这个国家的历史文化相契合，同这个民族、这个国家的人民正在进行的奋斗相结合，同这个民族、这个国家需要解决的时代问题相适应。

习近平指出，确立反映全国各族人民共同认同的价值观，关乎国家前途命运，关乎人民幸福安康。我们提出要倡导富强、民主、文明、和谐，倡导自由、平等、公正、法治，倡导爱国、敬业、诚信、友善，积极培育和践行社会主义核心价值观。社会主义核心价值观把涉及国家、社会、公民的价值要求融为一体，既体现了社会主义本质要求，继承了中华优秀传统文化，也吸收了世界文明有益成果，体现了时代精神。中华文明绵延数千年，有其独特的价值体系，我们提倡和弘扬社会主义核心价值观，必须从中汲取丰富营养，否则就不会有生命力和影响力。要在全社会牢固树立社会主义核心价值观，全体人民一起努力，通过持之以恒的奋斗，把我们的国家建设得更加富强、更加民主、更加文明、更加和谐、更加美丽，让中华民族以更加自信、更加自强的姿态屹立于世界民族之林。

习近平强调，青年的价值取向决定了未来整个社会的价值取向，而青年又处在价值观形成和确立的时期，抓好这一时期的价值观养成十分重要。这就像穿衣服扣扣子一样，如果第一粒扣子扣错了，剩余的扣子都会扣错。人生的扣子从一开始就要扣好。核心价值观的养成绝非一日之功，要坚持由易到难、由近及远，努力把核心价值观的要求变成日常的行为准则，进而形成自觉奉行的信念理念。广大青年树立和培育社会主义核心价值观，要在勤学、修德、明辨、笃实上下功夫，下得苦功夫、求得真学问，加强道德修养、注重道德实践，善于明辨是非、善于决断选择，扎扎实实干事、踏踏实实做人，立志报效祖国、服务人民，于实处用力，从知行合一上下功夫。

习近平强调指出，党中央作出了建设世界一流大学的战略决策，我们要朝着这个目标坚定不移前进，不断深化教育体制改革。办好中国的世界一流大学，必须有中国特色。各级党委和政府要高度重视高校工作，始终关心和爱护学生成长。要全面深化改革，营造公平公正的社会环境，不断激发广大青年的活力和创造力。要强化就业创业服务体系建设，支持帮助学生们迈好走向社会的第一步。教师承担着最庄严、最神圣的使命，要时刻铭记教书育人的使命，以人格魅力引导学生心灵，以学术造诣开启学生的智慧之门。

总书记的讲话，在师生们心中引起强烈共鸣，大家表示一定不辜负总书记的关怀和嘱托。

习近平离开学校时，热情的师生簇拥着争相向总书记问好，习近平向大家频频挥手致意。火一样的青春活力涌动在春天的北大校园。

王沪宁、刘延东、李源潮、栗战书、郭金龙和中央有关部门负责同志参加上述活动。

（原载《人民日报》2014 年 5 月 5 日第 1 版）

习近平在北京师范大学考察时号召全国广大教师

做党和人民满意的好老师

本报北京 9 月 9 日电　（记者彭波）9 日上午，中共中央总书记、国家主席、中央军委主席习近平在会见庆祝第三十个教师节暨全国教育系统先进集体和先进个人表彰大会受表彰代表后来到北京师范大学，看望教师学生，观摩课堂教学，进行座谈交流，向全国广大教师和教育工作者致以崇高的节日敬礼和祝贺。

习近平在考察中强调，百年大计，教育为本。教育大计，教师为本。国家繁荣、民族振兴、教育发展，需要我们大力培养造就一支师德高尚、业务精湛、结构合理、充满活力的高素质专业化教师队伍，需要涌现一大批好老师。全国广大教师要做有理想信念、有道德情操、有扎实知识、有仁爱之心的好老师，为发展具有中国特色、世界水平的现代教育，培养社会主义事业建设者和接班人做出更大贡献。各级党委和政府要坚持把教育放在优先发展的战略位置，继续大力推动教育改革发展，使我国教育越办越好、越办越强。

碧草青青，绿树成荫，北师大校园洋溢着节日的喜庆氛围。北师大前身为创建于 1902 年的京师大学堂师范馆，是国家高质量教师人才培养和高水平科学研究的重要基地，在教师教育、教育科学、文理基础学科等领域形成了自己的办学特色和优势。

上午 9 时 20 分，习近平来到学校主楼，在校党委书记刘川生、校长董奇陪同下，参观“尊师重教、筑梦未来——庆祝第三十个教师节主题展”。“教师之歌”“教师培养”“教师风采”“弘文励教”……总书记在一块块展板前驻足停留，仔细观看教师节设立 30 年来教师队伍建设取得的成就和各个时期优秀教师的感人事迹，了解教育部门加强师德建设、构建开放教师教育体系、完善教师资格制度等方面的情况。习近平充分肯定新中国成立 65 周年，特别是改革开放以来我国教育事业发展取得的成就，强调全党全社会都要更加关心教育、关心教师，要重视和支持师范院校和教师教育。

前天，北师大教授、“两弹一星”杰出贡献者、核物理学家黄祖洽院士去世，习近平闻讯后，立即表示了深切悼念，并对其亲属表示慰问。

北师大是中国心理学的发源地，也是全国心理学教学科研的重要基地。习近平来到心理学院，走进团队行为、学习困难评估、学习能力提升等实验室，仔细观看科学仪器上显示的参试者脑电波等图像和数据，了解学校心理学科发展，以及在灾后心理重建、航天员选拔、南极科考等领域转化运用心理学的情况。习近平对北师大紧密结合学校特色、面向国际科学前沿、国家重大需求的办学思路表示肯定，对他们在提高青少年儿童学习成效、推动基础教育改革等方面所做的工作表示赞赏，希望他们再接再厉，争取在探索青少年儿童学习和发展的科学规律、解决学生学习中的各种问题和障碍、促进学生全面健康发展中发挥更大作用。

为推动中西部地区教育事业发展和师资队伍建设，2010年起，我国开始实施“中小学教师国家级培训计划”，以农村教师为重点，采取骨干教师脱产研修、集中培训和远程培训相结合的方式大规模培训教师，4年来共培训教师493万人次，到今年底将完成对600多万中西部农村教师的一轮培训。

北师大是首批承担“国培计划”项目的院校之一。教九楼内，一块展板上，展示了“国培计划”总体情况和主要成果。习近平来到这里，听取情况介绍。一间教室内，来自贵州的50位小学骨干语文教师分成几个小组，正在就西部地区教师在教学中遇到的问题和困惑进行讨论，习近平走进教室，认真观看教学，同大家交流，详细了解当地办学情况和他们在北京学习生活情况。习近平强调，“国培计划”以示范引领、雪中送炭、促进发展为宗旨，为中西部农村教师提供了一个拓宽视野、更新知识、提高业务能力的专业发展平台，为中西部地区教育事业发展做了一件大好事。目前，教育短板在西部地区、农村地区、老少边穷岛地区，尤其要加大扶持力度。少年强则中国强，中西部强则中国强。他希望来自中西部农村地区的老师们，借助“国培计划”搭建的学习平台，把学到的先进教育理念和科学教学方法带回去，为推进当地基础教育改革、实施素质教育再立新功。

京师广场上，象征教师传道授业的木铎雕塑高高耸立。11时许，习近平来到英东学术会堂，亲切会见在北师大任教的院士、资深教授代表，向为教育事业发展作出重要贡献的老一辈教育工作者表示慰问。

随后，习近平同学校师生代表进行了座谈。座谈会上，北师大党委书记刘川生、化学学院院长方维海、教育学部辅导员任雅才、历史学院2011级免费师范生古丽加汗·艾买提先后发言，畅谈从事教育教学、学生辅导和学习情况。在认真听取大家发言后，习近平发表了重要讲话。他强调，教师重要，就在于教师的工作是塑造灵魂、塑造生命、塑造人的工作。一个人遇到好老师是人生的幸运，一个学校拥有好老师是学校的光荣，一个民族源源不断涌现出一批又一批好老师则是民族的希望。

习近平表示，长期以来，广大教师自觉贯彻党的教育方针，教书育人，呕心沥血，默默奉献，为国家发展和民族振兴做出了巨大贡献，赢得了全社会广泛赞誉和普遍尊重。教过我的老师很多，至今我都能记得他们的样子，他们教给我知识、教给我做人的道理，让我受益无穷。

习近平指出，学为人师，行为世范。做好老师，要有理想信念。广大教师要始终同党和人民站在一起，自觉做中国特色社会主义的坚定信仰者和忠实实践者，忠诚于党和人民的教育事业。要用好课堂讲坛，用好校园阵地，用自己的行动倡导社会主义核心价值观，用自己的学识、阅历、经验点燃学生对真善美的向往。做好老师，要有道德情操。老师对学生的影响，离不开老师的学识和能力，更离不开老师为人处世、于国于民、于公于私所持的价值观。老师是学生道德修养的镜子。好老师应该取法乎上、见贤思齐，不断提高道德修养，提升人格品质，并把正确的道德观传授给学生。

习近平强调，做好老师，要有扎实学识。扎实的知识功底、过硬的教学能力、勤勉的教学态度、科学的教学方法是老师的基本素质，其中知识是根本基础。好老师还应该是智慧型的老师，具备学习、处世、生活、育人的智慧，能够在各个方面给学生以帮助和指导。做好老师，要有仁爱之心。爱是教育的灵魂，没有爱就没有教育。好老师要用爱培育爱、激发爱、传播爱，通过真情、真心、真诚拉近同学生的距离，滋润学生的心田。好老师应该把自己的温暖和情感倾注到每一个学生身上，用欣赏增强学生的信心，用信任树立学生的自尊，让每一个学生都健康成长，让每一个学生都享受成功的喜悦。

习近平指出，我看了不少优秀教师的事迹，很多老师一生中忘了自己、把全部身心扑在学生身上，有的老师把自己有限的工资用来资助贫困学生、深恐学生失学，有的老师把自己的收入用来购买教学用具，有的老师背着学生上学、牵着学生的手过急流、走险路，有的老师拖着残疾之躯坚守在岗位上，很多事迹感人至深、催人泪下。这就是人间大爱。我们要在广大教师中、在全社会大力宣传和弘扬优秀教师的先进事迹和高尚品德。

习近平强调，各级党委和政府要从战略高度来认识教师工作的极端重要性，把加强教师队伍建设作为基础工作来抓，满腔热情关心教师，改善教师待遇，关心教师健康，维护教师权益，使教师成为最受社会尊重的职业。要加强教师教育体系建设，加大对师范院校的支持力度，不断提高教师培养培训的质量。要让全社会广泛了解教师工作的重要性和特殊性，让尊师重教蔚然成风。

习近平最后强调，今天的学生就是未来实现中华民族伟大复兴中国梦的主力军，广大教师就是打造这支中华民族“梦之队”的筑梦人。希望全国广大教师把全部精力和满腔真情献给教育事业，在教书育人的工作中不断创造新业绩。

离开学校时，闻讯赶来的师生们站满了校园道路两旁，总书记同大家热情握手，挥手致意。“总书记辛苦了！”“我们爱你！”……欢呼声、掌声、笑声此起彼伏，响彻校园。

王沪宁、刘延东、栗战书、郭金龙和中央有关部门负责同志陪同考察。

（原载《人民日报》2014年9月10日第1版）

刘奇葆在2014年度国家社科基金项目评审工作会议上强调

社科研究要着力攻关重大理论和现实问题

新华社北京5月12日电　5月12日，中共中央政治局委员、中宣部部长、全国哲学社会科学规划领导小组组长刘奇葆出席2014年度国家社科基金项目评审工作会议，强调哲学社会科学战线要紧紧围绕坚持和发展中国特色社会主义这个主题主线，坚持问题导向，紧跟学术前沿，注重成果运用，建强人才队伍，以研究回答重大理论和现实问题为主攻方向，为促进全面深化改革、推动经济社会持续健康发展提供强大智力支持和理论支承。

刘奇葆强调，要把研究阐释好习近平总书记系列重要讲话精神作为一项重大政治任务，增强人们对讲话的思想认同、理论认同和情感认同，促进用讲话精神武装头脑、指导实践、推动工作。要加强中国道路、社会主义核心价值观、社会主义民主等重大理论问题研究，加强全面深化改革、维护国家战略利益和安全等重大现实问题研究，积极推进中国特色新型哲学社会科学智库建设，更好服务党和国家事业发展。要加强基础学科研究，推进学术话语体系建设，增强我国学术的生命力、创造力和影响力。

刘奇葆强调，要加强国家社科基金管理工作，创新选题规划、立项资助、成果评估和推广应用机制，健全坚持正确导向、符合科研规律、充满生机活力的工作机制，发挥好基金对繁荣发展哲学社会科学的示范引导作用。

（原载《光明日报》2014年5月13日第3版）

中共北京市委关于培育和践行社会主义核心价值观的实施意见

（2014年5月26日）

核心价值观承载着一个民族、一个国家的精神追求，是最持久、最深层的力量。培育和践行以“富强、民主、文明、和谐，自由、平等、公正、法治，爱国、敬业、诚信、友善”为基本内容的社会主义核心价值观，是凝魂聚气、强基固本的基础工程、战略工程。为全面落实中共中央《关于培育和践行社会主义核心价值观的意见》，把社会主义核心价值观切实贯穿到首都经济社会发展的方方面面，使之内化为人们的精神追求、外化为人们的自觉行动，发挥全国文化中心的示范引领作用，现提出如下实施意见。

一、提高思想认识，进一步明确培育和践行社会主义核心价值观的重要意义、指导思想和原则要求

（一）培育和践行社会主义核心价值观的重要意义。培育和践行社会主义核心价值观，是贯彻落实习近平总书记系列讲话特别是在视察北京时的重要讲话精神，坚持和强化首都作为全国政治中心、文化中心、国际交往中心、科技创新中心的核心功能，深入实施人文北京、科技北京、绿色北京战略，建设国际一流和谐宜居之都的必然要求；是推进治理体系和治理能力现代化，努力破解制约首都可持续发展的重大问题和人民群众关心的热点难点问题，实现首都社会和谐稳定的重要保证；是巩固马克思主义在意识形态领域的指导地位，巩固全市人民团结奋斗的共同思想基础，谱写中华民族伟大复兴中国梦首都新篇章的重大战略任务。

（二）培育和践行社会主义核心价值观的指导思想。高举中国特色社会主义伟大旗帜，以邓小平理论、“三个代表”重要思想、科学发展观为指导，深入学习贯彻党的十八大和十八届三中全会精神、习近平总书记系列讲话精神，贯彻落实市委十一届四次、五次全会精神，紧紧围绕社会主义核心价值观的基本内容，注重宣传教育、示范引领、实践养成相统一，注重政策保障、制度规范、法律约束相衔接，使社会主义核心价值观融入人们生产生活和精神世界，激励全市人民为建设社会主义和谐社会的首善之区而不懈奋斗。

（三）培育和践行社会主义核心价值观的原则要求。坚持以人为本，尊重群众主体地位，关注人们利益诉求和价值愿望，促进人的全面发展；坚持以理想信念为核心，抓住世界观、人生观、价值观这个总开关，牢固树立中国特色社会主义共同理想，强化首善意识，铸牢首都市民的精神支柱；坚持联系实际，区分层次和对象，加强分类指导，找准与人们思想的共鸣点、与群众利益的交汇点，寻求“最大公约数”，做到贴近性、对象化、接地气；坚持改进创新，善于运用群众喜闻乐见的方式，搭建群众便于参与的平台，开辟群众乐于参与的渠道，积极推进理念创新、手段创新和基层工作创新，增强工作的吸引力、感染力。

二、强化首善意识，把培育和践行社会主义核心价值观贯串到国际一流的和谐宜居之都建设中

（四）用社会主义核心价值观引领首都经济社会政策制定和重大改革。要把社会主义核心价值观的要求，体现在制度设计、政策制定、行政管理、作风改进上，防止出现具体政策措施与社会主义核心价值观相背离的现象。以社会主义核心价值观为指导，谋划首都经济、政治、文化、社会和生态文明体制改革，形成有利于弘扬社会主义核心价值观的良好政策导向、利益机制和社会环境，实现全面深化改革与社会主义核心价值观建设的良性互动。

（五）把培育和践行社会主义核心价值观贯串到首都社会治理全过程。建立健全诉求表达机制、利益协调机制、矛盾调处机制、权益保障机制，最大限度促进社会和谐。直面首都可持续发展难题，以社会主义核心价值观为导向，努力破解“城市病”，积极做好北京城市建设和管理工作。修订完善首都市民公约、村规民约、学生守则、行业规范，强化行为制度约束。加强“平安北京”建设，重点整治危害首都公共秩序和市民安全的突出问题，进一步完善安全责任追溯和追究制度。加快推进政务诚信、商务诚信、社会诚信和司法公信建设，建立覆盖全社会的征信体系，鼓励守信、惩戒失信。完善企业和个人信用记录，促使企业和个人讲社会责任、讲社会效益，讲守法经营、讲公平竞争、讲诚信守约，做到经济行为、社会行为和价值导向的有机统一。

（六）把培育和践行社会主义核心价值观贯彻到首都法治建设中。要把社会主义核心价值观的相关要求上升为具体法律规定，使软要求变为硬约束，以法制建设推动社会主义核心价值观的贯彻落实。制订法治政府建设规划，严格依法行政，规范执法行为，建立健全执法监察工作机制，坚决查处执法违法、侵害群众利益和以法谋私的行为。坚持司法为民、公正司法，推进司法规范化、公开化、信息化，加强司法救助和法律援助，努力让广大市民在每一个司法案件中都感受到公平正义。全面落实北京市普法规划，培育法治文化，弘扬法治精神，增强全社会学法尊法守法用法意识，用法律的权威增强人们培育和践行社会主义核心价值观的自觉性。

三、注重立德树人，把培育和践行社会主义核心价值观融入首都国民教育全过程

（七）推动社会主义核心价值观进规划、进教材、进课堂、进学生头脑。把培育和践行社会主义核心价值观纳入全市中长期教育规划，贯串于基础教育、高等教育、职业技术教育、成人教育各领域，落实到教育教学和管理服务各环节，覆盖到所有学校和受教育者。把社会主义核心价值观纳入学生核心素养体系和学业质量标准，融入大中小学各学科课程标准、教材编写、课堂教学、考试评价和教学研究中，构建具有首都特色的课程体系和教材体系。增加优秀传统文化课程内容，分阶段有序推进优秀传统文化教育，引导青少年继承发扬中华优秀传统文化和传统美德，增强文化自信。推进中小学德育课和高校思想政治理论课建设，改进教学方法，把传授知识同陶冶情操、习惯养成结合起来，增强针对性和实效性。通过教学成果奖、学科德育精品课程评选和名师名家示范课工程、思想政治理论课教学方法改革项目实施等，在全市推广社会主义核心价值观教育教学的好经验好做法。激励广大学生在勤学、修德、明辨、笃实上下功夫，扣好人生的“第一粒扣子”，下得苦功夫、求得真学问，加强道德修养、注重道德实践，善于明辨是非、善于决断选择，扎扎实实干事、踏踏实实做人。

（八）拓展学生践行社会主义核心价值观的有效途径。注重发挥社会实践的养成作用，开发实践课程和活动课程，加强实践育人基地建设，打造大学生校外实践教育基地、高职实训基地和青少年社会实践活动基地，组织学生参加生产劳动、爱心公益、勤工俭学和科研发明、创新创造等活动。办好市、区、校三级红领巾学校、团校、军校和学生党校，深入实施社会大课堂建设工程。推动完善青少年志愿服务制度，将参加志愿服务情况纳入学生综合素质评价指标。注重校园文化建设，重视校园人文环境培育，让青少年在浓郁的校园文化氛围中受到熏陶。注重家风家规建设，引导广大家长传承弘扬家庭美德，重视言传身教，为青少年健康成长营造良好家庭环境。

（九）发挥教师队伍的主导作用。完善教师任职资格准入制度，将师德表现作为教师考核、聘任和评价的首要内容，与职称晋升和评优奖励挂钩，实行师德一票否决制。把社会主义核心价值观纳入教师教育课程体系，融入教师职前培养准入、职后培训管理的全过程。加强思想政治理论课和哲学社会科学课教师、辅导员和班主任等骨干队伍建设，注重发挥知名教授在培育和践行社会主义核心价值观中身体力行、率先垂范的作用，引导广大教师以高尚情操、丰富学识和人格魅力影响及教育学生。

四、加大宣传教育，以社会主义核心价值观凝聚首都共识

（十）用社会主义核心价值观引领社会思潮。把培育弘扬社会主义核心价值观与中国梦宣传教育结合起来，坚定人们的价值追求。发挥社科基金的导向作用，发挥首都社科理论人才密集的优势，加强社会主义核心价值观的研究阐释，加强对首都市民社会主义核心价值观践行状况的跟踪分析和对策研究，加强社会思潮和各类舆情的动态分析，及时推出有分量有影响的成果。首都各相关报刊要加大理论宣传力度，强化正面引导。组织专家学者、领导干部、百姓宣讲员走进基层开展分众化、对象化、互动化宣讲，编写通俗理论读物，组织拍摄电视专题片，采取故事化表达、形象化展示的方法，推进社会主义核心价值观大众化、通俗化。加强阵地管理，决不给错误思想提供传播空间和渠道。

（十一）发挥新闻媒体传播社会主义核心价值观的主渠道作用。全市各类新闻媒体要坚持团结稳定鼓劲、正面宣传为主，牢牢把握正确舆论导向，把社会主义核心价值观贯串到日常形势宣传、成就宣传、主题宣传、典型宣传、热点引导和舆论监督中。要在选题策划、内容制作、采编报道、版面时段安排等方面统分结合、协同实施，形成立体化宣传态势，扩大社会主义核心价值观传播的覆盖面、影响力，使社会主义核心价值观家喻户晓、深入人心。建立新闻媒体的激励和约束机制，增强新闻工作者传播社会主义核心价值观的责任意识和素质能力，将职业道德和个人品德作为新闻从业资格考评的重要内容。积极开展对外宣传，向世界讲好中国和北京故事，传播好中国和北京声音。

（十二）用社会主义核心价值观引领网络传播。适应互联网快速发展形势，善于运用网络传播规律，把社会主义核心价值观体现到网络宣传、网络文化、网络服务中，用正面声音和先进文化占领网络阵地。以新媒体为依托，充分运用各种传播手段和文化样式，使社会主义核心价值观传播持续有效地覆盖广大网民。属地新闻网站、主要商业网站要开设社会主义核心价值观专题、专栏、讨论专区和网上大讲堂。做好重大信息网上发布，回应网民关切。引导各类网站积极开发内容健康、品位高雅的网络文化产品。实施网络新闻信息从业人员资格准入管理，加强网络社会监督和网民自律，完善网络实名制和首都网站联合辟谣平台，及时清除网上有害信息，强力打击网络违法犯罪，真正让网络空间清朗起来。

（十三）创作生产体现社会主义核心价值观的优秀文化产品。发挥首都文化资源优势，把社会主义核心价值观融入文化产品、文化服务和文化活动中。实施文化精品工程，制订创作生产规划，发布年度重点项目，扶持资助重点作品，强化示范引导作用。围绕“中国梦”、爱国主义和中华优秀传统文化主题，在各门类推出一批深刻阐释社会主义核心价值观内涵、思想性艺术性观赏性俱佳的文化精品力作。加强对新兴文化业态、文化样式的引导，让不同类型文化产品都成为传播社会主义核心价值观的生动载体。加大优秀文化产品的推广力度，开展优秀文化产品展演展映展播展览展销、经典作品阅读观看等活动。加强和改进文艺评论，关注创作动态，壮大文艺评论队伍，用社会主义核心价值观引导文艺思潮。完善文化产品评价体系，规范和改进文艺评奖。实施文化名家领军工程，建设首都文化人才高地，充分发挥首都文艺工作者在弘扬社会主义核心价值观中的重要作用。加快构建现代公共文化服务体系，促进首都公共文化服务标准化、均等化建设，开展丰富多彩的文化活动，更好满足群众精神文化需求。

（十四）发挥公益广告传播社会主义核心价值观的重要作用。首都各类报刊、广播电视播出机构、互联网网站、手机运营商等大众传媒，要履行社会责任，做好传播社会主义核心价值观公益广告的刊播工作。利用全市主要道路、公共场所、建筑围挡等场所设施，开展社会主义核心价值观的公益广告宣传。各类公益广告都要体现社会主义核心价值观的要求，要加强选题规划和内容创意，形成公益广告传播先进文化、弘扬新风正气的强大声势。研究制定扶持公益广告的财政政策及评价激励制度，推进公益广告宣传的常态化、规范化。

五、注重实践养成，用社会主义核心价值观塑造北京人的良好形象

（十五）以思想道德引领战略推动全社会道德实践。弘扬首都市民热情开朗、大气开放、积极乐观、乐于助人的优良传统，以诚信建设为重点，加强社会公德、职业道德、家庭美德和个人品德教育。坚持先进典型示范引领，深入推进重大典型宣传，推荐评选“北京榜样”，做到层层举荐、周周上榜、全媒传播，引导全社会崇德向善、见贤思齐。深化公民道德宣传日活动，利用道德讲堂、道德论坛、百姓宣讲等形式，推动道德模范先进事迹进基层，实现学习宣传道德模范常态化。完善激励机制，褒奖善行义举，形成好人好报、恩将德报的正向效应。深入开展全民道德修身活动，公职人员特别是党员领导干部要为全社会作出表率，青少年要养成良好的行为习惯，社会公众人物要履行社会责任。

（十六）以志愿服务为抓手推动学雷锋活动常态化。全市广大共产党员、共青团员和机关团体要在志愿服务中发挥好示范带动作用，领导干部要带头参与志愿服务，为群众作出表率。要充分发挥北京市志愿服务联合会的重要作用，整合各类志愿服务资源，构建志愿服务网络，实现志愿者、服务对象、活动项目有效衔接。以社区为重点，以相互关爱、服务社会为主题，围绕大型活动、应急救援、环境保护、扶危济困、邻里互助等方面，围绕空巢老人、困难职工、残疾人等群体，开展多种形式的志愿服务。推进首都学雷锋志愿服务（示范）站、岗建设，打造一批终端平台，逐步形成覆盖全市的志愿服务网络。以购买志愿服务项目等形式，支持基层志愿服务常态化、社区化和专业化。健全完善志愿者招募注册和培训管理，推动志愿者服务记录和保险工作，启动志愿者星级评定，完善激励保障措施。

（十七）深化首都群众性精神文明创建活动。广泛开展诚实守信、孝老爱亲、热心公益、勤劳节俭和爱岗敬业教育，持续推进文明餐桌、文明交通、文明旅游和网络文明行动，进一步提升市民文明素质和城市文明程度。开展“美丽中国、绿色北京”、“清洁空气蓝天行动”和“节粮、节水、节电、节约钱物”等宣传教育活动。举办全民阅读活动，每年向市民推荐一批优秀阅读书目。建立和规范礼节礼仪制度，开展文明礼节礼仪教育，举办庄重简朴的仪典活动。弘扬北京精神，倡导文明新风，按照社会主义核心价值观的要求，修订首都精神文明创建管理办法和测评体系。

（十八）发挥优秀传统文化对社会主义核心价值观的重要滋养作用。利用北京文源深、文脉广、文气足、文运盛的优势，建设优秀传统文化传承体系。加大文物保护和非物质文化遗产保护力度，彰显古都文化魅力。深入挖掘和阐发中华优秀传统文化讲仁爱、重民本、守诚信、崇正义、尚和合、求大同的时代价值，重点做好创造性转化和创新性发展，使中华优秀传统文化成为涵养社会主义核心价值观的重要源泉。积极培育传统节日文化活动品牌，统筹开展“我们的节日”主题活动，培育具有浓郁京味、富有现代内涵的节日文化。重视移风易俗，创新民俗文化活动样式，形成与历史文化传统相承接、与时代发展相一致的新民俗。

（十九）发挥重要节庆日传播社会主义核心价值观的独特优势。挖掘各种重要节庆日、纪念日蕴藏的丰富教育资源，利用五四、七一、八一、十一等政治性节日，三八、五一、六一等国际性节日，中国人民抗日战争全面爆发纪念日、抗日战争胜利纪念日、南京大屠杀死难者国家公祭日，党史国史上重大事件、重要人物纪念日，举办庄重肃穆、内涵丰富的群众性庆祝和纪念活动，让人们从中感知、领悟社会主义核心价值观的精神实质。利用党和国家，以及全市办好大事、应对难事的时机，因势利导地开展各类教育活动。加强北京市爱国主义教育基地建设，开辟爱国主义教育网上阵地，形成爱国主义教育基地体系。推进公共博物馆、纪念馆、爱国主义教育基地和文化馆、图书馆、美术馆、科技馆等免费开放。积极发展北京红色旅游，开辟新的红色旅游线路。

六、加强组织领导，把培育和践行社会主义核心价值观落到实处

（二十）建立党委政府负总责、全社会齐抓共管的工作格局。全市各级党委政府要把培育和践行社会主义核心价值观的任务，作为“一把手工程”，摆上工作的重要位置，纳入议事日程，高起点统筹谋划，高标准有序推进。各区县、各部门、各单位要明确任务，落实责任。充分发挥工会、共青团、妇联等人民团体的桥梁纽带作用，大力支持民主党派和工商联开展相关工作，形成全社会共同培育和践行社会主义核心价值观的良好局面。各级党委宣传部门要切实担负起组织指导、协调推进的重要职责，积极会同有关部门采取有力措施，推动各项任务落到实处。

（二十一）党员、干部要做培育和践行社会主义核心价值观的楷模。各级领导干部要树立和发扬优良作风，严以修身、严以用权、严以律己，谋事要实、创业要实、做人要实，以人格魅力感召群众、引领风尚。要把社会主义核心价值观纳入各级党组织中心组和基层党组织“三会一课”的学习内容，纳入干部教育培训工作中。广大党员干部要把社会主义核心价值观内化为理想信念，外化为自觉行动，成为社会主义核心价值观的践行者、维护者、示范者。

（二十二）把培育和践行社会主义核心价值观的任务落实到基层。“一分部署，九分落实”。农村、社区、企业、机关、学校等基层单位要认真履行培育和践行社会主义核心价值观的重要职责，在落细落小落实上下功夫，坚持由易到难、由近及远，努力把核心价值观的要求变成日常的行为准则，进而形成自觉奉行的信念理念。各区县、各部门要加强对基层单位的分类指导，建立考核评价和激励机制。相关职能部门要配合做好政策支持，完善与工作需要相一致的保障措施，确保培育和践行社会主义核心价值观渗透到各领域、各行业和基层单位的管理之中。

（原载《北京日报》2014年5月27日第1、2版）

·学科综述·

概　　述

本栏目包含2014年度北京地区哲学社会科学15个学科的综述文章56篇，研究北京的综述文章7篇。综述作者均为首都哲学社会科学界重要学术机构的知名学者、学科带头人及有较高学术水平的研究人员。这些学科综述文章较为客观地记述并分析了本年度相关研究领域的重点研究方向、科研项目、学术活动、学术观点和学术成果。还收录了《光明日报》载“2014年度中国十大学术热点”，《北京日报》载“2014年理论学术研究观点要览”“从东方战场寻找答案——中外学者关于抗日战争研究的新进展、新观点”“2014年改革热词”等文章。

马克思主义

马克思主义经典著作研究

彭萍萍

2014年学术界对于马克思主义经典著作的研究继续深入发展，学术交流密切，取得了重要成果。6月28日，由中国社会科学院马克思主义研究院、马克思主义研究学部、华南师范大学、广州大学、广西师范大学出版社集团共同主办的“全国马克思主义青年学者论坛”在华南师范大学举行；10月18日至19日，由中央编译局、河南省委宣传部和郑州大学联合举办的“第十一届全国马克思主义论坛”在河南郑州大学举行；11月29日至30日，由中国社会科学院马克思主义研究院、马克思主义研究学部、云南农业大学、广西师范大学出版集团公司共同主办的“第七届全国马克思主义院长论坛”在云南农业大学举行。

2014年首都学术界关于马克思主义经典著作的研究状况概述如下。

一、马克思主义经典著作研究

1. 关于“巴黎手稿”的研究

关于“巴黎手稿”的研究，首先应该明确其研究对象，即“巴黎手稿”包括哪些内容。多年来学界流行的观点是把《1844年经济学哲学手稿》等同于“巴黎手稿”、认为“穆勒评注”应归入“巴黎笔记”而不属“巴黎手稿”。对此，学者有不同的意见，指出，“巴黎手稿”指的是“巴黎时期”马克思撰写的大量正面阐述和论证自己的思想的著述，包括通常被称为《1844年经济学哲学手稿》的“三份手稿”和关于詹姆斯·穆勒《政治经济学原理》一书的评注（简称“穆勒评注”）。关于把“穆勒评注”

归为“巴黎手稿”的原因，学者解释道，因为它较之其他笔记，情况非常特殊。虽然其中包含对穆勒原书的摘录，这符合有关“巴黎笔记”的标准，但问题在于，就通篇看，马克思个人的议论又占了相当大的篇幅——整部“穆勒评注”翻译成中文约3.1万余字，而马克思本人的论述近1.3万字，这在“巴黎笔记”其他部分中是绝对没有的。而如果把《1844年经济学哲学手稿》中的“三份手稿”与“穆勒评注”所阐发和论证的观点贯通起来考虑，马克思“异化”思想的连续性、渐进性和层次性就显得更为突出了。由此，学者认为研究这一时期的思想无论如何不能撇开“穆勒评注”而只关注那“三份手稿”中的内容，从而看不到“社会关系异化论”对“劳动异化论”的拓展和深化。①

在对“巴黎手稿”梳理的基础上，学者对其人性学说进行定位。学者指出，“三份手稿”于1932年发表以来引起广泛争议，其中最关键的问题是：如何看待马克思思想与人道主义的关系，或者说“巴黎手稿”阐发的异化观是不是“抽象人本学”？对此，学者认为，必须紧紧根据文本的实际内容及其论证逻辑，而不是从特定历史阶段生发的非此即彼的情绪来做出判断。根据这一立场，学者得出结论，异化劳动学说不仅蕴含着而且实现了对抽象“人本学”的超越。“巴黎手稿”中所讨论的人，不是超历史、超社会的人，而是现代社会中的“工人”、“资本家”和“土地所有者”；“异化劳动学说”中的“异化”不是抽象的哲学范畴，指的是现实生活中的四种具体的表现形式及其逻辑关系；劳动的异化不是超历史的普遍现象，其根源是在于现实的私有制社会；扬弃异化劳动的出路和途径不是理论的演绎和推导，而在于作为“私有财产积极的扬弃”的共产主义，在于无产阶级的革命实践。②

作为“巴黎手稿”的重要内容，对《1844年经济学哲学手稿》（以下简称《手稿》）的研究尤其重要。因为《手稿》写于1844年，具有马克思经济思想形成时期的特点，是一部尚不成熟的著作，因而则成为一部争议性比较大、研究热度一直不减的著作。《手稿》内容的重要性和深刻性，以及《手稿》在马克思思想发展中的地位，引起了人们的高度关注。在西方，由于人们理解的不同而形成了两种不同的看法：一种认为，《手稿》是“新的福音书”，“真正的马克思主义的启示录”，“马克思的中心著作”，“概括了马克思的全部精神的唯一文献”，“显示了马克思主义的真正隐秘的含义”，对论证“新马克思主义具有决定的意义”。西方学者试图无限度地抬高《手稿》的地位，把《手稿》同后来马克思的思想发展、同恩格斯，以及之后全部的马克思主义根本对立起来，并且用他们所理解的《手稿》来修改或重新解释马克思主义，把它说成是一个适应资产阶级意识形态要求的所谓的人道主义的马克思主义。另一种认为，《手稿》是不成熟的，其中使用的异化概念，不过是对资本主义“表示道德上的愤慨情绪”，而“不是为了分析真正的经济和社会过程以及资本主义的关系”；《手稿》不过是一种道德的而非科学的作品，是从五花八门的思想理论中拼凑而成的、没有内在联系和统一性的、没有马克思自己的明确观点的一盘大杂烩。一些西方学者试图以“正统的”马克思主义者自居，对《手稿》持否定态度，认为只有处于成熟时期的马克思著作才是真正的马克思的著作，从而抹杀《手稿》在马克思经济思想发展、马克思主义发展中的地位和意义。对此，学者指出，《手稿》是根据马克思写于1844年的三个分散的手稿进行整理，并编辑而成的，它是马克思建立无产阶级政治经济学理论体系和内容的第一次尝试。手稿的内容涉及异化劳动、私有财产关系、共产主义三个方面，集中体现的是马克思在巴黎期间转向经济学研究的重要成果。自问世以来，虽然《手稿》经历了诸多遭遇和磨难，但却磨灭不了它在马克思思想发展中的历史地位和重要价值。马克思在这部手稿中所阐述的思想、理论，日益成为人们研究马克思经济思想发展、马克思主义发展，澄清学术界关于《手稿》内容、版本、逻辑结构等纷争的具有重要历史意义和学术价值的著作。具体表现为：《手稿》的研究在唯物史观的形成中起着基础性作用；《手稿》的研究反映了马克思对哲学和经济学结合的整体研究；《手稿》是马克思经济思想发展初期的标志性著作。③

2. 关于《资本论》及其手稿的研究

关于版本的研究，有学者通过回顾英、法、德文版不同版本的文本差异，指出其不同价值。尤其是对马克思亲自修订过的法文版，更是“在原本之外有独立的科学价值”。这可以从三个方面来理解其独立科学价值。第一，《法文版》（1872—1875）和德文第2版（1872—1873）的校订时间部分重合，马克思是在修订出版德文第2版接近尾声时开始着手校订法文版。这种情况造成德文第2版中第七篇《资本的积累过程》修改较少，而相比之下法文版这部分改动较多。因此，从马克思生前亲自对德文第1版进行修订这个角度来说，法文版资本积累部分的修改是马克思对全书进行修改的必要组成部分。第二，由于法文版的校订和出版比德文第2版要晚，马克思又进一步调整篇章结构，从7篇25章改为8篇33章，这使全书脉络更为清晰，更便于读者理解。第三，法文版的原译者约瑟夫·鲁瓦的译文比较忠实于原著，但不好理解，所以马克思为了通俗起见对译文大加修改，以适应法国读者。④

关于研究对象问题，《资本论》第一版序言中讲："我要在本书研究的，是资本主义生产方式以及和它相适应的生产关系和交换关系。"对于此处的"资本主义生产方式"究竟是指什么？学界众说纷纭。有学者经过论证，指出这里所讲的"资本主义生产方式"，就是资本主义生产关系、交换关系和分配关系以及以其为基础、与其"相适应"的资本与雇佣劳动相结合的生产方式，即作为《资本论》研究对象的"资本主义生产方式"。⑤

针对《资本论》三卷的名称，学者指出第一卷《资本的生产过程》是马克思生前发表的，其名称是马克思自己确定的；第二卷《资本的流通过程》这一名称是恩格斯采纳马克思手稿确定的；第三卷《资本主义生产的总过程》这一名称是恩格斯根据基本手稿中马克思留下的标题"总过程的各种形态"而改定的。相对于前两卷的生产过程和流通过程，恩格斯看到了第三卷的理论任务。但实际改后的名称和全卷内容对应程度有所降低，基本手稿的内容确定了总过程的各种形态及其演进顺序，但对各种形态和向前转化论述不足。特别是生息资本部分，马克思的手稿更不完备，有一个部分仅仅包含议会报告摘抄和点评。对此，恩格斯也是几易其稿、颇费周折。但作为编者无权也无力改写手稿内容。但也不能因此否定恩格斯的贡献。他将前两卷标题中的"资本"在第三卷标题中扩展为"资本主义生产"，从而明确了《资本论》的研究和批判对象，也使名称更加通俗易懂，不易误解。在编辑发表《资本论》第三卷的过程中，恩格斯还改动了其他术语，压缩了某些篇章，将手稿中简短晦涩的词句改写得明白晓畅，为理解马克思手稿提供了不可或缺的帮助。⑥

关于《资本论》中两种社会必要劳动与价值决定的关系问题，学界长期争论的问题是究竟是由《资本论》第一卷中所讲的社会必要劳动时间（第一种意义必要劳动时间）决定，还是由《资本论》第三卷中所讲的另一种意义的社会必要劳动时间决定，还是由两者共同决定。其实质是：某种商品总量如果超过市场需要或少于市场需要，所影响的是价值决定还是价值实现问题。对此，学者指出，关于两种社会必要劳动时间与价值的关系的论述，主要在《资本论》第三卷第十章和第三十七章关于地租问题的《导论》中提出的，《导论》中讲："社会劳动时间可分别用在各个特殊生产领域的份额的这个数量界限，不过是价值规律本身进一步展开的表现，虽然必要劳动时间在这里包含着另一种意义"。同时说明，"如果这种分工是合乎比例的，那么，不同类产品就按照它们的价值……出售"。如果社会总劳动时间分别用在各个特殊生产领域的比例破坏了，"这种比例的破坏使商品的价值……从而使其中包含的剩余价值不能实现"。笔者在"出售"和"实现"两词下打上重点号，表明另一种意义的社会必要劳动时间所影响的是价值和剩余价值的"实现"问题，是总产品能否按价值"出售"的问题，而不是另一种意义的必要劳动时间决定价值的问题。⑦

关于货币的本质问题，《资本论》第一卷第二章《交换过程》中进一步阐述了当一般等价形式"固定在某种特殊种类的商品上"时，就结晶为货币形式。接着指出："因为其他一切商品只是货币的特殊等价物，而货币是它们的一般等价物，所以它们是作为特殊商品来同作为一般商品的货币发生关系。"这里，把货币界定为作为一般等价物的"一般商品"，而其他一切商品，是作为货币的特殊等价物的"特殊商品"。这种说明，在《资本论》和马克思的其他论著中反复讲过十多次。可是，长期以来，我国的经济学著作中，一直把货币的本质界定为作为一般等价物的"特殊商品"，颠倒了马克思的原意。

学界还对《资本论》中所谓的"马克思恩格斯问题"有所争论。这一问题指的是恩格斯在编辑出版《资本论》第二卷和第三卷的过程中是否准确把握了马克思的思路。对此，学者给出了正面的评价，并引用奥地利社会民主党人阿德勒的话，学者通过介绍马克思撰写《资本论》第二册各手稿的情况和恩格斯编辑出版《资本论》第二册刊印稿的情况，评述了《资本论》第二册刊印稿1885年出版以来将近130年里国外对恩格斯《资本论》第二册编辑工作的评价，重点分析了MEGA相关卷次的编者对恩格斯编辑工作的研究，简要概括了恩格斯编辑出版《资本论》第二册的历史贡献。都会引用列宁的下面这一段话来颂扬恩格斯编辑《资本论》的伟大贡献：整理这两卷《资本论》，是一件很费力的工作。说得很对：恩格斯出版《资本论》第2卷和第3卷，就是替他的天才朋友建立了一座庄严宏伟的纪念碑，无意中也把自己的名字不可磨灭地铭刻在上面了。的确，这两卷《资本论》是马克思和恩格斯两人的著作。列宁的话是《资本论》第二、三册出版以来对恩格斯的编辑工作最准确、最传神的评价文字。这个评价中包含了两层意思。第一，恩格斯编辑出版了《资本论》第二册和第三册，这件事情本身是恩格斯对马克思主义的巨大贡献；第二，恩格斯因为编辑出版了《资本论》第二册和第三册，无意中成为《资本论》的作者之一。⑧

还有学者以《资本论》及其手稿为语境，对生产方式的不同范畴进行考释，指出在不同的语境中，生产方式范畴具有不同的规定。这些规定或者源自物质生产中的“物”的方面即生产资料，或者源自其中的“人”的方面即劳动本身；在后者，又或者源自人的“技术的”社会关系，或者源自人的“权力的”社会关系；最后，还可以源自这些不同方面的综合作用。生产方式范畴侧重于物质生产过程的具体“式样”或“模式”，考察的是这一过程“如何进行”的问题。⑨

对《资本论》创作史的研究是国内外学术界一种重要的学术研究进路。针对长期以来学界将《资本论》创作史问题看成是一个史学问题的倾向，有学者指出，要从整体性的视角展开研究：一方面，是文本依据问题，其核心在于《马克思恩格斯全集》的版本问题；另一方面，是视野创新问题，主要来自于对《资本论》理解上所发生的变化。由此，学者指出，在《资本论》的文本框架之内，对《资本论》展开新的理解，是《资本论》在当代能够“在场”并发挥其对现代社会强大的引导功能的正确治学态度。⑩

还有学者从创作史的角度，对《资本论》的第二部手稿进行研究，指出《1861—1863 年经济学手稿》内容涉及《资本论》第1、2、3卷及《剩余价值理论》各项理论内容的制定和发展过程。马克思在这一手稿中进一步取得了丰硕的理论成果，其中最重要的是制定广义的剩余价值理论，包括平均利润、生产价格、地租、商业资本和货币资本等理论。由此指出，《1861—1863 年经济学手稿》被认为是《资本论》创作史上的第二个里程碑，体现了马克思在政治经济学史上实现的革命的极其重要的一个阶段。⑪

关于《资本论》的意义，学者指出，《资本论》发表近150年来，资本主义世界发生了巨大变化，但是它并未过时。只要资本主义和市场经济存在，揭示其神秘性和规律的《资本论》就不可能退场。作为“马克思主义百科全书”，《资本论》所蕴含的方法论和原理仍然闪烁着真理的光芒，具有重要的现实意义：（1）提供了科学的社会认识方法；（2）树立了劳动者的主体地位；（3）阐明了资本的矛盾运动；（4）揭示了市场经济的发展规律。⑫

3. 关于《马克思恩格斯全集》历史考证版（MEGA2）的研究

《马克思恩格斯全集》历史考证版（MEGA2）是关于马克思和恩格斯的出版物、手稿和通信完整的、历史考证的版本。它在尽可能全面占有马克思恩格斯文献资料的基础上，清晰完整地反映整个著作的形成过程，这就使它编辑出版的不仅包括马克思恩格斯成熟的著作，而且还包括它的写作计划、草稿、修改稿等，将对手稿的删除、补充、改写等完整地呈现出来。学者认为，这种烦琐的文本复原工程，在为研究者提供了宝贵的史料，同时也导致了某些问题。一方面，以发生的先后顺序完整再现文本的形成过程，对写作提纲、初稿、修改稿以及经授权的各个版本同等对待，赋予同样的价值，不区分马克思恩格斯对它们态度的变化，甚至将被马克思恩格斯删除的内容也收入。这虽然恢复了一个完整的马克思恩格斯原始著作的本来面目，但同时又将有价值的文本与无价值或是价值不大的文本混淆，就可能取消了某些真正有价值文献的重要性。某些在历史中存在过的手稿，它可能是各种复杂情势所导致的偶然存在，将它与定稿同等对待，有可能会降低马克思恩格斯思想的高度。另一方面，历史性建构起来的文本群可能有悖于马克思恩格斯的原意。根据 MEGA2 的编辑原则，EGA2 所收入的内容并不限于作者为马克思和恩格斯的文本，部分并非由马克思恩格斯亲笔所写成，但有证据表明是在他们的促动下写成的文稿、手稿或刊印稿同样也被收入。因此，对于研究者，科学的态度应该是以马克思对研究方法与叙述方法的区分原则为指导，准确地定位 MEGA2，在充分占有 MEGA2 所提供的海量原始材料基础上，进行仔细甄别，选择有价值、符合马克思恩格斯本人认可的材料为对象来研究马克思恩格斯的思想，而不是陷入这些原始材料，毫无选择性地利用。⑬

还有学者认为，MEGA2 已经成为对马克思和恩格斯进行科学研究的最真实可靠的文本依据。它在13个方面改变了人们的认识：(1) 马克思从19世纪40年代开始怀抱的资本主义必然灭亡的信念和憧憬，直至逝世都未改变。(2) 马克思把写作《资本论》当作自己的职责和使命；(3) 从现实情况看，马克思一定不会再去写《资本论》第3卷（即第4册），其内容为17世纪中叶以来的政治经济学史。(4)《资本论》在内容上从来没有真正完成（结束）过，因此在形式上也没有真正完成（结束）过，它是一部处于生成中的著作。(5) MEGA2第2部分使马克思经济学创作过程中的所有“空白”具有了自己的面目，从而第一次还原了他整个创作过程的全貌。(6) MEGA2第2部分恢复了许多手稿在马克思经济学理论形成过程中的（历史）地位。(7) MEGA2各卷表明，马克思在实施自己的打算（高标准要求）——让《资本论》成为“辩证的组成部分”并具有“结构上的完整性”——这一过程中，一再遭遇现实上的困难。(8) MEGA2第2部分发表的手稿在内容上和结构上都具有极大的差异。(9) 马克思于1866年作出一个双重决定：在恩格斯的催促下，他决定单独出版《资本论》第1卷，同时在阐述上进行修改，让这卷看上去更像一个“相对独立的”的卷次、“一个完善的整体”。(10) 与之前的草稿相比，《资本论》第1卷大量的实证材料意味着马克思向经验主义的一个突破。(11) MEGA2的新价值几乎一直被人忽略，其第2部分第5—10卷发表《资本论》第1卷的各个版本，才使之价值凸显。(12) MEGA2发表了马克思《资本论》第2册和第3册的全部手稿，读者第一次可以将马克思的原稿和恩格斯的编辑稿放在一起逐字逐句地对比，以形成自己的评判。(13) MEGA2第2部分为科学上的困境开创了生产性的局面。⑭

就《法兰西阶级斗争》这一历史文本而言，马克思自觉或不自觉地采取了“去人格化作者”的叙事策略，即叙事者（马克思）与历史规律的同一，换言之，文本的作者本质上就是历史规律本身，马克思也因这一叙事策略确立了自己历史科学家的地位。同样，在叙事对象上，马克思以“阶级”作为叙事对象（叙事主角），然而阶级的本质与现象均是在生产关系中确立起来的，而生产关系又植根于生产方式的内在结构之中，所以以阶级为叙事对象是切入生产方式这一历史发展核心线索的必然要求，而元叙事历史学始终都与某种历史线索的建立互为支撑。这样一来，《法兰西阶级斗争》这一叙事就从“叙事者”（历史规律）与“叙事主角”（阶级）这两个方面生成了一种洞悉过去、把握当下、展望未来的线索式的元叙事历史话语。这一点对于生成马克思的历史科学理论具有决定性的意义。——丁匡一：从叙事者与叙事对象的视点看马克思历史文本中元叙事的生成——基于《1848年至1850年的法兰西阶级斗争》的分析，载《马克思主义与现实》2014年第3期。

二、马克思主义经典作家思想研究的新进展

1. 关于科学社会主义的理论

学者指出，马克思、恩格斯是科学社会主义的伟大创立者。从文本上来说，《共产党宣言》是科学社会主义创立的标志，《资本论》是对科学社会主义的严密论证，《反杜林论》是对科学社会主义的系统阐述。马克思、恩格斯创立科学社会主义的理论逻辑是：唯物史观和剩余价值学说两大发现，使社会主义由空想变为科学。⑮

还有学者特别指出，马克思恩格斯的科学社会主义学说围绕追求社会公平这条主线而展开，并对这一思想展开了研究。指出，与以往各种形形色色的政治观点不同，马克思恩格斯的社会公平观奠基于历史唯物主义的世界观、历史观和方法论，具有革命性的内涵与价值。他们认为，现代社会公平观念根源于市场经济的商品交换关系；生产力高度发展与消除私有制是实现理想化社会公平的历史前提；非均衡发展是最终达到完整性社会公平的一般道路；建立合理的收入分配关系是促进现实社会公平的基本保障。这些宝贵思想不仅是唯物史观的重要组成部分，而且是指导中国特色社会主义建设的重要思想资源，具有深远的理论意义和现实意义。⑯

还有学者从批判的视角来分析马克思恩格斯的公平思想，认为批判是马克思恩格斯公平思想的重要方法、精神动力和理论特色，指出以批判为线索能够清晰地把握马克思恩格斯公平思想的发展脉络，即马克思恩格斯的公平思想萌发于对不公平的封建专制主义的批判；马克思恩格斯在批判资产阶级公平观的过程中揭示了资本主义社会不公平的根源，使其公平思想走向成熟；在批判形形色色小资产阶级公平观念的过程中进一步丰富和发展了公平思想。⑰

2. 关于意识形态的思想

目前学术界对于马克思恩格斯如何使用“意识形态”概念还存在争议，概括起来主要有三种观点：第一种观点认为，马克思和恩格斯仅在否定的意义上使用“意识形态”概念，即意识形态就是“虚假的意

识”或者“幻象”。持这种观点的人认为，马克思、恩格斯正是在对作为“虚假的意识”或者“幻象”的意识形态进行批判的基础上，才形成了其独特的意识形态批判理论，并阐述了他们旷世的唯物史观思想。第二种观点认为，马克思、恩格斯在“虚假的意识”和“观念的上层建筑”两种意义上使用“意识形态”概念。我国大多数学者都持有这种观点。第三种观点认为，马克思、恩格斯的“意识形态”概念是一个描述性的概念，即“在分析某一社会总体结构时，只限于指出意识形态是这一总体结构的一部分，不引入某种价值观来批判或赞扬这种意识形态，即只作客观描述，不作带有主观意向的评论”。持这种观点的学者主要在国外。

针对国内外的争论，有学者指出，马克思不是第一个使用“意识形态”这个术语的人，但他和恩格斯合作建立了第一个关于意识形态的理论。经过归纳和分析，学者从认识属性、语言属性、社会结构属性和阶级属性四个方面，概括马克思恩格斯对意识形态的描述，并指出这些描述相互贯通，可以被视作意识形态概念的“家族相似”意义组成的描述性定义。在此基础之上，学者分析了马克思恩格斯没有使用“无产阶级意识形态”这一术语的可能的原因，指出在其著作中，“意识形态”与“阶级意识”并不是两个可互换的同义词，他们从来没有把无产阶级的阶级意识与任何形式的意识形态混为一谈。[18]

对此，学者指出，“意识形态”概念虽然不是由马克思恩格斯首先提出来的，但马克思和恩格斯的《德意志意识形态》无疑是现代意识形态理论的思想家园。在《德意志意识形态》中，马克思和恩格斯首次在“虚假的意识”“幻象”的意义中使用了“意识形态”概念，揭示了意识形态与阶级利益之间的隐秘关系，阐述了他们独特的意识形态批判理论，从而开创了意识形态的现代话语。虽然恩格斯晚年对意识形态的理解出现了变化，但并没有背离他早期和马克思将意识形态作为观念的研究范式。[19]

还有学者对文化安全思想进行研究，指出在马克思、恩格斯的理论逻辑体系中，包含着丰富而深刻的文化安全思想。他们通过分析观念形态的文化特性，揭示了文化安全的客观规律；通过对意识形态领域内阶级斗争的考察，阐明了文化安全的政治意蕴；通过对资本主义生产方式世界性扩展的思考，预示了全球化背景下的文化安全挑战。由此，马克思、恩格斯构建了解释文化安全的三重视角，阐明了文化安全的基本原理和科学方法。这对于从学理上深化文化安全问题的基本认识，把握维护文化安全的基本规律，巩固维护好马克思主义在意识形态领域的指导地位，具有重要意义。[20]

3. 关于暴力革命的理论

学者指出，无论在国内还是在国外，对于马克思主义的暴力革命理论的研究和认识都存在不准确和不全面的理解。在国内，有些学者将“暴力革命”看作是马克思主义革命的唯一的和本质的手段，并有所谓马恩晚年是否放弃了“暴力革命”转向了和平转变的争论，“暴力革命”也被看作是马克思、恩格斯与其他具有空想及妥协性质的民主派和社会主义者的本质区别。在国外，暴力革命理论使得马克思主义成为恐怖主义和集权主义的代名词。通过研究马克思、恩格斯在《新莱茵报》时期的一系列文章，该学者认为，这些看法与马克思、恩格斯本人对于“暴力革命”的论述有很大偏差。在马克思、恩格斯看来，革命斗争是一个长期的历史过程，但劳动和资本之间的矛盾最终只能通过暴力革命得到“彻底的”解决。这一观点使得马克思主义常常被贴上恐怖主义的标签，甚至和雅各宾主义等同起来，这也是缺乏根据的。马克思和恩格斯认为，议会政治中达成的妥协和和解并没有真正解决社会矛盾，而是暂时掩盖了社会矛盾，随着经济和社会的发展，这个被暂时掩盖的矛盾会重新激化，从而产生新的暴力和革命，产生不必要的牺牲，欧洲19世纪以来大大小小的暴力和革命，正是由于这个原因不断产生。马克思、恩格斯所希望看到的，是通过暴力革命加剧历史的发展进程，先实现彻底的资产阶级革命，之后马上实行彻底的无产阶级革命，一举推翻资本主义社会及其所有制。从这个意义上来说，马克思、恩格斯实际上是想要通过暴力革命，将革命所产生的代价和牺牲降到最低。[21]

4. 关于对未来社会基本特征的设想

学者指出，在马克思恩格斯著作中，对社会主义社会和共产主义社会这两个名称的用法极其复杂多变，甚至指代不同。但对已经成为通行的说法，既没有必要改变，也是不能改变的。关键在于按他们各个时期的著作的本来意义去理解，而不要用后来通行的说法去理解，这样做有助于防止对他们的原意发生误解。而为了避免混淆这两个名称的不同用法，学者把代替资本主义社会的未来新社会简单地称为“未来社会”。马克思恩格斯对未来社会的这种“自由人联合体”基本特征的设想，概括为以下11个方面：（1）

社会生产力高度发展，生产力的发展水平高于资本主义社会。（2）生产资料归全社会所有，即归全体社会成员共同所有，消灭了生产资料私有制和人对人的剥削关系。（3）消灭了一切阶级和阶级差别，实现了从阶级社会到无阶级社会的转变。（4）消灭了私人劳动和社会劳动的矛盾，所有个人组成的联合体劳动的总产品就是社会产品，归共同体全体成员所有。（5）消除了使用价值和价值之间的矛盾，生产的目的是使用价值，而不是交换价值，从而也就消灭了商品货币关系，消灭了商品市场。（6）社会有计划地分配劳动时间，调节劳动职能和各种需要的适当的比例，消灭了社会生产的无政府状态。（7）消灭了必要劳动和剩余劳动的划分以及资本家无偿占有工人的剩余劳动的现象，从而也就摆脱了一部分人的财富积累以另一部分人的贫困积累为条件的现象，直接生产过程摆脱了贫困和对立的形式。（8）消灭了自由劳动时间和剩余劳动时间的对立，每个人的发展成了一切人的发展的条件。（9）改变了衡量财富的尺度，劳动时间不再是财富的尺度。（10）消灭了具有固定专业划分的自发分工（旧式分工），实行更加合理的“明智分工”。（11）科学地预见了未来社会的阶段划分，预测了各个阶段的基本特征。[22]

5. 关于民主和自由的思想

有学者指出，马克思论民主有两种视角：一是阶级统治和国家形态；二是人的解放。从阶级统治角度看，马克思把阶级属性和阶级统治规定为民主本质，认为民主制是统治阶级采取的特殊国家形态。其民主理论包括以下内容：第一，揭露资产阶级民主的虚假的普遍性、全民性，指出资产阶级民主的实质是资产阶级专政；第二，科学论述了无产阶级民主即无产阶级专政的真实内涵。阶级统治和国家形态同样是马克思分析无产阶级民主的基本框架。从人的解放的视角，马克思认为，在人的解放视阈中，民主是手段与目的的统一。首先，民主是实现无产阶级和人类解放的重要手段。其次，民主是无产阶级追求的目标，是人的解放的应有之义。从政治解放角度分析政治民主的实质和限度；从社会解放角度探讨社会民主的要义和价值。完整准确地把握民主的两种视角，有助于避免民主政治建构的错误方向。[23]

还有学者通过所有权的分析，探讨了马克思民主思想的经济向度。指出，在马克思看来，所有权关系包含着的矛盾，是理解市民社会内部分裂的关键。分析所有权关系，使马克思的政治经济学解开了市民社会内部分裂的秘密和矛盾所在，为克服国家与市民社会的分裂，为纯粹政治民主之上的经济民主指明了方向。消除市民社会的分裂，将政治解放转化为人类解放，这就是经济民主的使命所在。由此学者总结道：马克思民主思想的主要特色在于，以唯物史观为依据，政治民主的基础上突出民主的经济向度。[24]

就马克思的自由思想而言，学者指出，马克思建立的政治哲学和社会理论体系以其自由思想为基础和出发点，理解和超越自由资本主义的现代性。从博士论文关于原子偏斜运动的论述，到《论犹太人问题》关于政治解放与人类解放的论述；从《1844 年经济学哲学手稿》中的异化劳动思想，到《共产党宣言》中的自由人的联合体思想，马克思的自由思想经历了起点、形成、发展和成熟的过程。[25]

6. 关于共同富裕的思想

有学者以《资本论》《哥达纲领批判》等著作中的论述为依据，发掘马克思的共同富裕思想。指出，从狭义上来说，共同富裕是指在生产资料社会所有制基础上劳动者通过按劳分配实现的生活资料平等占有状态。其制度基础是生产资料社会所有制，物质基础是“资本主义时代的成就”即高度发展的社会生产力，实现机制是按照劳动分配生活资料。另外，共同富裕还是个历史的概念，受到共产主义社会不同发展阶段经济和社会文化条件的制约，在共产主义社会第一阶段和高级阶段共同富裕具有不同的特性。马克思共同富裕思想是研究社会主义初级阶段共同富裕的理论指导。[26]

学者进而指出，马克思语境中的共同富裕有广义和狭义之分，有阶段性目标之分，有形式上平等和事实上平等之分。从狭义上说，共同富裕是指在生产资料社会所有制基础上劳动者通过按劳分配实现的生活资料平等占有状态。从广义上说，共同富裕是指全体社会成员在生产资料社会所有制基础上通过联合劳动生产和共享社会总产品的平等状态。从阶段性上看，有共产主义社会第一阶段即社会主义社会的共同富裕，有共产主义社会高级阶段的共同富裕。从平等的角度看，社会主义的共同富裕存在着形式上的平等和事实上的不平等问题，只有到共产主义高级阶段才能实现理想状态的共同富裕。[27]

7. 关于自然观

学者指出，马克思所考察的自然，不是孤悬于社会历史之外的天然之物，而是纳入人的活动范围、作为对象性存在被社会实践中介过的人化自然。在马克思的视域里，无机界与人类历史都是一个自然历史过程，二者在历史进程中相互规定，在现实关系中相互转化，自然是人的“对象世界”，人类生活是“对象世界”的内化，社会是实践基础上人与自然的统一。就其意义而言，学者指出马克思对人与自然关系的理论洞见，是生态文明的重要哲学基础，也为现代中国的生态文明建设提供了科学的指导思想。[28]

还有学者通过分析《自然辩证法》这一经典文献，指出恩格斯在其中既将辩证法运用于对整个自然的诠释，同时也确立了整个自然规律的合辩证法性。其所体现出的思想内涵与当今生态整体主义有着更多的切近之处。因此，学者提出要以生态整体主义的视角去透视《自然辩证法》，以从中得到更多的启示。[29]

8. 关于人的局限性

刘志洪：马克思恩格斯人的局限性思想探析，载《学术论坛》2014 年第 2 期。他指出，马克思和恩格斯有着丰富而深刻的人的局限性思想。对之进行系统深入的研究，是当代马克思主义者亟须完成的使命。学者指出，在马克思和恩格斯看来，全部事物都是不完善亦即有局限的，他们时常把局限性理解为不完善性，并具体理解为缺陷、缺点、弱点、不足及其总体。

他还指出，马克思和恩格斯关于人的局限性的若干基本内容包括：（1）人的世俗局限性与宗教局限性。（2）人尤其是个人的生命局限性。（3）人的活动局限性。（4）人的局限性的两种典型样态为人的受局限性和片面性。人的局限性的根源在于不够发达的生产力和不合理的生产关系。马克思和恩格斯关于人的局限性的思考存在三个显著的特点：服从和服务于理论与实践的主要目的；立足唯物史观；鲜明的现实性。就其意义而言，学者指出这一思想具有重要的理论与实践意义。在理论上，它是人类第一次自觉地站在科学的世界观和方法论立场上对人的局限性进行思考，批判地继承和创造性地发展了前人的关于人的局限性思想，提出了诸多很具开创性的有见地的思想，初步形成了关于人的局限性的科学理论，对于新的历史时期人的局限性研究有着重要的指导和启发意义。在实践上，它是指引人们合理应对局限性的行动指南，能够引领和推动人们对自身局限性的合理应对，实际地超越和降低局限性，实现良好的存在和发展。

三、研究马克思主义经典著作的方法问题

学者指出，阅读和应用经典著作，应当按照马克思所要求的那样“按照作者写作的原样来阅读自己要加以利用的著作”。[30]

有学者指出，要原原本本研读马克思主义经典著作，至少有两点必须做到。首先，要了解经典作家为什么撰述其著作，在怎样的历史背景下、客观现实提出什么情况的具体要求必须要著述，因而还必须进一步了解马克思和恩格斯为撰述一部著作彼此是否商议、研讨过。因此，在研读一部经典本身的同时，还必须认真地阅读与该经典有关的马克思与恩格斯之间的往来书信。其次，要做到原原本本研读马克思主义经典著作，还必须结合现时代发展的具体需求。社会现实的发展中既有思想理论的需求，也有社会经济、政治、环境等各方面发展的需求。因此，必须结合社会现实发展的需求，原原本本研读马克思主义经典著作。[31]

还有学者指出，要科学对待经典著作，就必须坚持用马克思主义的立场、观点和方法来研究、评价经典著作。具体而言，第一，必须坚持历史唯物主义的态度，将之放到特定的历史条件下进行研究；第二，必须坚持实事求是、辩证的研究方法；第三，必须把著作置于整个马克思主义发展的历史脉络中进行评价。[32]

注：

①聂锦芳：《“巴黎手稿”的原始面貌》，《学习时报》，2014 年 6 月 30 日。

②聂锦芳：《“巴黎手稿”的人性学说再定位》，《学习时报》，2014 年 7 月 7 日。

③张雷声：《马克思的第一部经济学著作的手稿——〈1844 年经济学哲学手稿〉研读》，《思想理论教育导刊》，2014 年第 9 期。

④张红山：《关于〈资本论〉中价值形式部分一处文本差异的考证》，《马克思主义与现实》，2014 年第 3 期。

⑤卫兴华：《准确解读〈资本论〉的原理和方法》，《当代经济研究》，2014 年第 6 期。

⑥张红山：《恩格斯改定〈资本论〉第三卷名称》，《光明日报》，2014 年 10 月 13 日。

⑦卫兴华：《准确解读〈资本论〉的原理和方法》，《当代经济研究》，2014 年第 6 期。

⑧徐洋：《国外对恩格斯〈资本论〉第二卷编辑工作的评价》，《国外理论动态》，2014 年第 1 期。

⑨王峰明：《马克思“生产方式”范畴考释——以〈资本论〉及其手稿为语境》，《马克思主义与现

实》，2014 年第 4 期。

⑩刘新刚：《〈资本论〉创作史再研究——新文献与新视野》，《清华大学学报（哲学社会科学版）》，2014 年第 3 期。

⑪张钟朴：《〈资本论〉第二部手稿（〈1861—1863 年经济学手稿〉）——〈资本论〉创作史研究之三》，《马克思主义与现实》，2014 年第 1 期。

⑫程恩富、刘宁宁：《〈资本论〉总以新的方式登上世界舞台》，《中国社会科学报》，2015 年 1 月 20 日。

⑬王代月：《准确定位〈马克思恩格斯全集〉历史考证版（MEGA2）》，《中国社会科学报》，2014 年 1 月 13 日。

⑭付哲、张凤凤：《对〈资本论〉的新认识——写在 MEGA2 第 2 部分结束之际》，《马克思主义与现实》，2014 年第 3 期。

⑮石云霞：《马克思、恩格斯的科学社会主义思想及其当代价值》，《思想理论教育导刊》，2014 年第 5 期。

⑯谢金迪、陈文斌：《马克思恩格斯的社会公平思想及其当代意义》，《学习与探索》，2014 年第 12 期。

⑰屈胜喜：《从批判的视角看马克思恩格斯公平思想的发展脉络》，《理论界》，2014 年第 2 期。

⑱赵敦华：《“意识形态”概念的多重描述定义——再论马克思恩格斯的意识形态批判理论》，《社会科学战线》，2014 年第 7 期。

⑲郑海侠：《从马克思恩格斯到阿尔都塞：意识形态研究范式的转变》，《理论视野》，2014 年第 1 期。

⑳张安：《马克思恩格斯文化安全思想的三重视角》，《当代世界与社会主义》，2014 年第 6 期。

㉑崔爽：《马克思、恩格斯究竟如何理解“暴力革命”？——以〈新莱茵报〉的时事评论为例》，《理论视野》，2014 年第 3 期。

㉒赵家祥：《马克思恩格斯对未来社会基本特征的设想》，《马克思主义与现实》，2014 年第 6 期。

㉓唐爱军：《马克思论民主的两种视角》，《科学社会主义》，2014 年第 6 期。

㉔尹昕：《马克思民主思想的经济向度》，《中共中央党校学报》，2014 年第 3 期。

㉕刘晨光：《马克思自由思想的发展历程》，《中共中央党校学报》，2014 年第 3 期。

㉖赵学清：《马克思共同富裕思想探讨》，《中国特色社会主义研究》，2014 年第 4 期。

㉗赵学清：《马克思共同富裕思想再探讨》，《中国特色社会主义研究》，2014 年第 6 期。

㉘樊小贤：《马克思实践维度下的自然观及其对生态文明建设的导引》，《思想理论教育导刊》，2014 年第 11 期。

㉙薛勇民、路强：《自然辩证法》中的生态整体主义意蕴，《教学与研究》，2014 年第 5 期。

㉚江流：《马克思论共产主义社会的初述——对〈1848 年经济学哲学手稿〉笔记本Ⅲ〈私有财产和共产主义〉的解读》，《马克思主义研究》，2014 年第 8 期。

㉛朱传棨：《历史唯物主义的维护与发展——兼谈原原本本研读经典著作》，《理论视野》，2014 年第 10 期。

㉜王虎学：《科学对待马克思主义——从关于〈1844 年经济学哲学手稿〉的争论谈起》，《理论视野》，2014 年第 3 期。

（作者：彭萍萍，中共中央编译局编审）

马克思主义中国化

毛　胜　唐洲雁

2014 年，首都理论界、学术界继续开展马克思主义中国化与中国化马克思主义的探讨，特别是在毛泽东思想、邓小平理论、习近平总书记系列重要讲话等方面的研究中，取得了一批有质量、有影响的新成果，提出了许多有价值、有分量的新观点。下面，仅对一年来首都学者在这三个方面的研究新进展，作一个简要的综述。

一、关于毛泽东思想

首都学者认真学习习近平总书记在纪念毛泽东诞辰 120 周年座谈会上的讲话，不仅在毛泽东思想活的灵魂、正确评价毛泽东和毛泽东思想、海外毛泽东研究等方面展开深入探讨，而且就毛泽东与中华民族伟大复兴、毛泽东与马克思主义中国化、毛泽东对社会管理的探索等问题进行专题性研究，可谓既重点突出，又全面推进。

1. 关于毛泽东思想活的灵魂

习近平总书记指出，任何时候都不能动摇坚持毛泽东思想的原则，强调新形势下要坚持和运用好毛泽东思想活的灵魂，并作了深刻阐述。有学者据此指出，实事求是、群众路线和独立自主三者紧密联系，是一个用中国语言、中国风格表达的，集中体现马克思主义世界观和方法论的统一体，是毛泽东思想的精髓。坚持和运用好毛泽东思想活的灵魂，是不断推进马克思主义中国化的必然要求，是把党建设好，把中国特色社会主义推向前进的必然要求。①

有学者梳理了毛泽东思想活的灵魂的渊源、提出和发展过程，认为毛泽东对马克思主义“不是死的教条，而是活的行动指南”这个理论品格的深刻把握，是毛泽东思想活的灵魂的理论渊源。“文化大革命”结束后，邓小平提出正确认识和科学对待毛泽东与毛泽东思想的问题，强调实事求是、群众路线、独立自主在毛泽东思想中的独特地位。《关于建国以来党的若干历史问题的决议》提出和阐述了“毛泽东思想的活的灵魂”这个概念。在改革开放新时期，当代中国共产党人根据新的实践经验，为毛泽东思想活的灵魂增添了新的时代内容。习近平在纪念毛泽东诞辰120周年座谈会上的重要讲话，对毛泽东思想活的灵魂的基本内涵和时代要求，作出了全面系统的阐述。②

2. 关于正确评价毛泽东和毛泽东思想

中国社会科学院召开了以“毛泽东·毛泽东思想与当代中国”为主题的第一届毛泽东思想论坛，着重讨论了毛泽东的历史贡献和历史地位、毛泽东思想的当代价值、毛泽东思想与中国特色社会主义理论体系的关系、当前毛泽东和毛泽东思想研究及评价中的突出问题，对否定毛泽东和毛泽东思想的历史虚无主义思潮进行了有力批驳。③

有学者强调，毛泽东为中华民族的独立和振兴奋斗终生，他的功绩具有奠基性和全局性，他的影响具有长远性和深刻性。毛泽东晚年犯了严重错误，这是不能否认的客观事实，但这“终究是一个伟大的无产阶级革命家犯的错误”。在历史视域下，坚持唯物史观和辩证思维科学评析毛泽东的功绩和错误，对我们继续推进中国特色社会主义伟大事业，实现中华民族伟大复兴，具有极为重要的借鉴意义。④

还有学者指出，正确评价毛泽东和毛泽东思想的历史地位，保证党的历史的延续性，是关系到凝聚党心民心、团结一致向前看的大问题。邓小平始终站在历史的高度，实事求是地引导全党审慎而全面地评价毛泽东，使中国共产党成功地经受住了这场历史的考验。《关于建国以来党的若干历史问题的决议》集中反映了中国共产党对自己的领袖毛泽东功过是非的评价，进一步肯定了毛泽东思想的指导地位。这不但为正确对待历史提供了范例，而且对我们正确总结历史经验具有方法论的指导意义。⑤

3. 关于毛泽东与中华民族伟大复兴

全国毛泽东思想生平研究会召开了以“毛泽东与中国道路”为主题的学术研讨会，着重讨论了毛泽东等老一辈革命家为实现中华民族伟大复兴付出的智慧和心血，强调要以崇高的使命感和责任感，倍加努力地工作，用毛泽东等伟人的思想风范，激励全党全国各族人民为实现“两个一百年”目标和中华民族伟大复兴的中国梦而奋斗。

有学者指出，把中国变成“一个大强国而又使人可亲”，这是毛泽东的强国梦。对于实现强国梦的时间表，毛泽东有过多次表述，每次不尽一致，因时因势经历了一个从需要“几十年”到“很长的时间”再到“不太长时间”的变化。尽管有时毛泽东对于国家建设目标的实现过于乐观，但多数情况下态度还是十分谨慎的。可以说，毛泽东为了实现强国目标，殚精竭虑、不懈探索，领导我们党和国家制订并实施了五年计划，制定了“两步走”发展战略，全国人民为之付出巨大努力，取得了独创性的理论成果和巨大成就，为新的历史时期开创中国特色社会主义提供了宝贵经验、理论准备、物质基础。⑥

有学者强调，新中国建立之初，毛泽东及其战友就十分清楚：中国取得核心竞争力的基础是独立自主的国民经济体系。毛泽东领导下的中国共产党以高超的政治军事韬略维护了中国的独立与统一，使中国自立于世界民族之林，从而为中国经济发展、工业化建设赢得了机遇。在毛泽东的领导下，中国共产党遵循“为人民服务”的根本宗旨和调动一切积极因素建设社会主义的方针，全党上下廉政、勤政，团结全党和全国各族人民，形成最大限度的资源动员能力。初步建立起独立完整的工业体系和国民经济体系，是毛泽东及其领导下的党和国家在经济领域耕耘成果的集中体现。⑦

4. 关于毛泽东与马克思主义中国化

有学者指出，从遵义会议开始到毛泽东逝世，毛泽东一直都在探索马克思主义中国化道路。他在这条道路上有两段辉煌、一段曲折和一段严重错误。辉煌在于毛泽东坚持了理论创新的正确原则，曲折在于毛泽东渐渐脱离了中国实际，严重错误在于毛泽东完全背离了马克思主义中国化的正确原则。吸取其成功经验，避免其错误教训，对于沿着马克思主义中国化正确道路继续创新，全面推进中国特色社会主义新发展具有重要借鉴意义。⑧

有学者专题研究了毛泽东的《辩证法唯物论（讲授提纲）》在马克思主义中国化和中国马克思主义教科书史上的特殊地位，认为它不仅阐述了马克思主义哲学的基本理论，更是指导中国革命实践的方法论，在整个中国社会实际生活中，对中国共产党人、对中国革命者和进步知识分子产生过十分巨大的影响。从理论上说，它对认识论和辩证法的论述亦有独特贡献。它的理论优势在于完全脱离书斋习气，善于用马克思主义哲学理论来指导中国的新民主主义革命实践，同时其语言通俗易懂，逻辑严谨有序。⑨

5. 关于毛泽东党建思想

有学者梳理了21世纪以来“毛泽东党建思想”的研究，认为较之20世纪八九十年代，呈现出参与面广、研究范围宽、探索程度深、认识水平高的特征。不少研究者在溯源性地挖掘“毛泽东党建思想”现实应用价值的同时，推动其理论学术研究的发展，诸如毛泽东关于党的先进性、纯洁性建设和执政能力建设（“一条主线”），党的思想、组织、作风、反腐倡廉和制度建设（“五个方面”）等方面，均取得长足进展。要保证“毛泽东党建思想”研究保持继续发展势头，须注意基本概念使用的准确性及其发展阶段的特殊性，研究工作的规范化和学术化，并能在中共党史自身的系统性和整体性中把握其真谛，更好地为现实党建工作服务。⑩

有学者强调，毛泽东党建思想是马克思主义党的学说中国化的重要成果。从“如何建立一个有组织有纪律的马克思主义政党”，到“建立一个全国范围内的巩固的布尔什维克的党”，从建设一个适应革命斗争的党到建设一个适应执政建设的党，毛泽东的党建思想经历了一个复杂的演变过程。其中，很多认识都对今天党的建设的理论和实践探索有重要启示意义，集中表现在四个方面：党的建设要服务于党的中心任务，我们应保证党的团结一致，注重党的思想建设以及发展党和巩固党相结合。⑪

6. 关于毛泽东外交思想

有学者认为，和平思想是毛泽东外交思想的重要内容。毛泽东坚持独立自主的和平外交政策，反对帝国主义和霸权主义，支持被压迫人民的正义事业，主张国家不分大小强弱一律平等，积极发展与世界各国的友好关系，为新中国打开了对外交往新局面。长期以来，中国对外工作一直坚持毛泽东和平外交思想，为中国树立了良好形象，提高了中国的国际地位，也为国内发展营造了稳定良好的国际环境。⑫

有学者指出，由于特定的历史条件，毛泽东在确定中国对美关系的大政方针，以及做出重要外交决策方面，发挥着举足轻重的作用。他始终关注中美关系的微妙发展，并把它看作是新中国外交战略的重要方面。在中国革命胜利的关键时刻，毛泽东及时揭露美蒋和谈的图谋，同时为清除西方列强在华影响，采取不急于同美国等西方国家建交的方针；同时，毛泽东也做了另一种准备，即也可以在具备条件时经过谈判，在平等的基础上同美国建立外交关系，这说明毛泽东对美政策的态度是灵活的，是根据客观情况的发展而不断变化的。在最终弄清了美国对华战略意图之后，毛泽东撰写了五篇文章评美国白皮书，通过对白皮书的讨论，中国人民做好了同美国的敌视、封锁进行长期斗争的思想准备。⑬

7. 关于海外毛泽东思想研究

有学者指出，日本的毛泽东研究基本已完成由左翼思潮占主流向非左翼思潮凸显的转型。在许多日本人看来，毛泽东依然是解读当代中国的关键。综观2009—2013年日本的毛泽东研究，传统的研究机构、学术团体仍旧是研究重镇；而新成立的当代中国研究基地则反映了新的研究动向。日本学者重视史料的传统仍然保持，同时重视外来的作品；但重视实证研究，追踪历史细节，有碎片化倾向，难免出现偏颇和误区。关注日本以外的相关议题与倾向，与西方及中国的相关研究具有很强的同步性；研究与现实的联系更加紧密，更加关注新中国成立后的毛泽东，力图在新的形势下有所作为，发出声音。⑭

有学者指出，苏联和俄罗斯对毛泽东及毛泽东思想的研究，从20世纪至今经历了四个阶段，其研究、评价因两党、两国关系的变化而发生明显的变化。主要集中在对毛泽东思想的形成和发展、新民主主义革命理论、过渡时期对社会主义道路的选择、毛泽东哲学思想、毛泽东军事思想、毛泽东和毛泽东思想的历史地位等方面的研究。这些研究受政治、党际意识形态的干扰明显，要予以清醒、理性的对待。⑮

还有学者分析了《中国季刊》对毛泽东思想的

研究，认为《中国季刊》作为近现代中国学研究的重地，汇集了大批毛泽东思想研究大家的文章，其发表的文章既具有学术偏向，又反映了现实政治的发展导向。从有关毛主义独创性的争论、毛泽东的辩证法思想、毛泽东的政治思想、毛泽东的外交思想四个方面，可以看出《中国季刊》在毛泽东思想研究方面的发展过程。[16]

8. 若干专题问题研究

学者们对毛泽东思想的研究，不仅关注上述重点问题，而且开动脑筋，拓宽思路，就若干专题问题进行深入探讨，充分体现了首都学者在理论研究中的学术自觉和宽阔视野。比如，有学者认为，《毛泽东年谱（1949—1976）》的编辑出版，为研究新中国成立以后毛泽东的思想理论和工作实践、中国共产党领导社会主义革命和社会主义建设取得的历史成就和经验教训、中国特色社会主义的形成基础提供了丰富史料。并以毛泽东探索适合中国情况的社会主义建设道路、处理阶级斗争和经济建设的关系、国际战略和战争与和平、党的建设与党的群众路线等问题为案例，深入分析了《毛泽东年谱（1949—1976）》的研究价值。[17]

又如，有学者指出，尽管毛泽东当年并没有使用社会建设、社会管理等概念，但他带领全党在这方面进行的有关探索及成果是不能否定的。主要体现在：适应当时形势任务的发展，将人民群众组织和动员起来；针对前进中出现的问题及时提出正确处理人民内部矛盾的命题；把加强民生建设作为减少和化解各种矛盾的治本之策；加强群众工作和基层工作，夯实社会管理的基础。这些探索为创造性地实现由新民主主义革命向社会主义革命的转变，实现中国历史上最深刻最伟大的社会变革，团结一切可以团结的力量共同建设社会主义，创造了良好的社会环境和社会条件。[18]

二、关于邓小平理论

在邓小平诞辰110周年之际，首都学者掀起了邓小平理论研究的新热潮。一是认真学习贯彻习近平在纪念邓小平诞辰110周年座谈会上的重要讲话精神，进一步统一了思想认识；二是围绕邓小平与中国特色社会主义、邓小平外交战略等方面进行深入探讨，提出了不少有价值的见解。

1. 关于《邓小平文集（1949—1974）》和《邓小平传（1904—1974）》

经中共中央批准，由中央文献研究室编辑的《邓小平文集（1949—1974）》和撰写的《邓小平传（1904—1974）》，分别由人民出版社和中央文献出版社出版，为进一步学习和研究邓小平的思想生平提供了丰富资料。

《邓小平文集（1949—1974）》（以下简称《文集》）收入文稿406篇，是继《邓小平文选》后又一部比较系统地反映邓小平思想的综合性著作集。《文集》集中反映了邓小平在这一时期对新中国经济、政治、文化建设和民族、统战及党的建设等方面的思考，特别是集中反映了邓小平对中国社会主义建设道路的探索。对于深入研究邓小平理论，了解邓小平开创中国特色社会主义的历史和理论渊源，理解邓小平理论与毛泽东思想一脉相承、继承发展的关系，具有重要意义。有学者强调，《文集》中反映的邓小平思想不仅是他对马克思主义中国化的重要认识，也是以毛泽东为核心的党的第一代中央领导集体创新理论成果的重要组成部分。可以说，《文集》是从理论的高度对新中国成立后20多年来一系列重大实践的记录和评判，不仅展示了邓小平做出的重要贡献，也从多个方面展示了中国共产党为探索中国社会主义建设道路所取得的巨大成就和经历的艰辛曲折。[19]

《邓小平传（1904—1974）》共100余万字，记叙了邓小平从少年时代到“文化大革命”中被打倒后复出工作70年间的主要经历，反映了他为民族独立、人民解放和社会主义建设做出的重大贡献，反映了他在各个历史时期的主要思想及其发展脉络，特别是生动地反映了他始终坚持实事求是、一切从实际出发的思想品格及密切联系群众、艰苦奋斗的工作作风。有学者强调，传记不回避党内斗争，不回避邓小平的缺点和失误，实事求是地反映邓小平一生前70年的伟大业绩和思想。传记表现了一个信念坚定、乐观豁达，顾全大局、勇于担当，实事求是、独立思考，开拓创新、勇于决断，热爱人民、朴实坦荡的邓小平形象，有血有肉地揭示了邓小平崇高的革命风范和鲜明的思想性格特征。[20]

2. 学习习近平在纪念邓小平诞辰110周年座谈会上的讲话

2014年8月20日，中共中央在人民大会堂举行座谈会，纪念邓小平诞辰110周年。习近平在会上发表重要讲话，回顾了邓小平一生的丰功伟绩，总结了邓小平为革命、建设、改革做出的卓越贡献，并系统论述了邓小平崇高鲜明又独具魅力的革命风范：对共产主义远大理想和中国特色社会主义信念无比坚定的崇高品格、对人民无比热爱的伟大情怀、始终坚持实事求是的理论品质、不断开拓创新的政治勇气、高瞻远瞩的战略思维、坦荡无私的博大胸襟。[21]有学者认为，习近平总书记如此强调邓小平的革命风范，从这样六个方面做出概括，一个很重要的原因，是这些精神品格对我们今天继续推进改革开放具有重要指导意义。这六个方面是邓小平精神的高度凝练和集中反映，一下子把邓小平的伟人形象立了起来。[22]

8 月 20 日至 22 日，由中央宣传部等七家单位联合举办的"全国纪念邓小平同志诞辰 110 周年学术研讨会"在京西宾馆举行。与会代表聆听了习近平的重要讲话，进行了深入学习、讨论。刘云山出席了 21 日的开幕式并发表讲话，强调要认真贯彻习近平总书记重要讲话精神，结合改革发展稳定的新任务新要求，不断深化对邓小平理论的研究阐释，为夺取中国特色社会主义新胜利凝聚起强大精神力量，包括：紧紧围绕中国特色社会主义这个主题，进一步坚定实现中华民族伟大复兴的中国梦的信念信心；始终坚持党的思想路线，不断推进实践基础上的理论创新；深入总结改革开放的成功实践和宝贵经验，坚定不移把改革开放伟大事业推向前进；着眼于巩固全党全国各族人民团结奋斗的共同思想基础，推动全社会大力培育和弘扬社会主义核心价值观；深入研究把握马克思主义执政党建设规律，全面推进党的建设新的伟大工程。[23]

3. 关于邓小平与中国特色社会主义

有学者指出，开创中国特色社会主义，是邓小平的伟大贡献。之所以能够成功开创新道路，很重要的就是做到始终坚持解放思想、实事求是的思想路线，反映人民群众的强烈愿望，正确评价毛泽东和毛泽东思想，顺应时代潮流，充分调动各方面积极性。他创造性提出社会主义本质、社会主义初级阶段、社会主义也可以搞市场经济等重大理论观点，提出以党的基本路线为核心的关于社会主义建设的一整套相互关联的路线方针政策，从理论和实践上回答了"什么是社会主义，如何建设社会主义"的根本问题。他深刻阐述了一个真正的马克思主义者应该具有的坚定信念和科学态度。在新的历史起点上坚持和发展中国特色社会主义，首先要学习好、发扬好邓小平的思想理论和革命品格。[24]

有学者指出，邓小平在全面建设社会主义时期，对中国社会主义建设的许多重大问题作了务实、深入的思考和探索，包括：社会主义基本制度要不断调整和完善，社会主义具体制度应不拘一格；社会主义要建立在生产力发展的基础上，生产关系不能超越生产力发展的阶段，哪种生产关系有利于生产力发展，就选择哪种生产关系；按劳分配是社会主义的原则，要打破平均主义，让农民富起来；社会主义必须发展商品生产和商品交换；制订经济建设的长远规划，要以解决人民群众吃穿用问题为中心；搞经济建设要按经济规律办事，要搞一套管理制度；社会主义到共产主义社会生活中个人选择的自由不应越来越小，而应越来越丰富；等等。[25]

有学者认为，一心一意搞经济建设，坚持改革开放，坚持四项基本原则，努力实施"三步走"发展战略，用"一国两制"的方式实现祖国和平统一，完成中华民族伟大复兴的大业，这就是邓小平为我国确定的中国特色社会主义的基本思路；共同富裕是邓小平确定的中国特色社会主义基本原则的核心内容，社会主义的本质就是共同富裕。[26]

有学者指出，邓小平最早提出了"中国特色的社会主义制度"的概念，并在领导改革开放中开拓了中国特色社会主义制度建设的实践。他在南方谈话中，进一步提出了建设更加成熟、更加定型的制度体系的要求。邓小平中国特色社会主义制度建设的思想和实践不仅要解决制约党和国家事业发展的体制机制弊端问题，而且也要解决事关党和国家长治久安的制度现代化问题，是中国特色社会主义制度建设的重要组成部分，是建构系统完备、科学规范、运行有效的中国特色社会主义制度体系的奠基之作。[27]

还有学者认为，在开创中国特色社会主义的过程中，邓小平对中国的社会主义建设为什么要有"中国特色"、"中国特色"主要体现在哪些方面、如何科学地对待"中国特色"等问题进行了深入的理论思考。主要观点包括：科学社会主义事业在中国能否成功，关键在于它有无"中国特色"；建设"有中国特色的社会主义"，要搞清楚"什么是社会主义、怎样建设社会主义"这个基本问题；"中国特色"的显著标志是坚定不移"走自己的道路"；"中国特色"可以参考借鉴，但不能照搬照套。随着我国社会主义事业的日益发展，"中国特色"也在不断变化，内容越来越丰富。在新的历史条件下，我们重温邓小平关于"中国特色"的论述，必须结合新形势和新任务，深刻把握其对现实的启示意义，特别是坚定中国特色社会主义的道路自信、理论自信与制度自信，继续把坚持和发展中国特色社会主义这篇大文章写下去，沿着正确道路实现中华民族伟大复兴的中国梦。[28]

4. 关于邓小平外交战略

有学者认为，在历史转折关头，邓小平准确地判断和预测了国际形势的转变，为把党和国家的工作重心转移到经济建设上来提供了科学依据。他提出和平与发展是当今世界两大问题，至今一个也没有解决，世界格局正朝着多极化方向发展，以经济为基础、科技为先导的综合国力竞争日趋激烈，为中国争取和平的国际环境和良好的周边环境提供了思想指南，也为我国改革开放提供了科学依据。他进一步丰富和发展了独立自主的和平外交政策，强调不以社会制度、意识形态画线，努力发展正常国家关系，提出冷静观察、稳住阵脚、沉着应付、韬光养晦、有所作为的战略思想，为我国新时期外交政策确立了指导方针。[29]

有学者指出，邓小平 1977 年第三次复出之后，认真分析中美苏“大三角”战略态势的变化，科学评估中国在“大三角”中的战略地位和作用，抓住美苏矛盾这个冷战期间国际政治的主要矛盾，依据两国攻守形势及其各自对华政策的演变，适时调整了中国的对外政策特别是对美、对苏政策，实现中美建交和中苏关系正常化，进而对有关时代主题的一系列重大问题作出了新的科学判断，进一步丰富和发展了独立自主的和平外交政策，开创了中国外交的新局面。[30]

5. 若干专题问题研究

学者们从习近平有关中国梦的论述切入，对邓小平与中华民族伟大复兴这个话题进行了新的探讨。有学者指出，邓小平领导中国人民开创中国特色社会主义新时代，他第一个提出先“建设小康社会”，然后在新中国成立 100 年基本实现社会主义现代化。他开辟改革开放的中国特色社会主义道路，为实现中华民族伟大复兴奠定了正确发展方向的历史基础；创立中国特色社会主义理论体系之基的邓小平理论，为实现中华民族伟大复兴奠定了正确指导思想的历史基础；始终坚持和发展而尚未完全明确其概念的中国特色社会主义制度，为实现中华民族伟大复兴奠定了根本制度的历史基础；规划未来中国发展宏伟愿景，为实现中华民族伟大复兴奠定了正确战略目标的历史基础。[31]

邓小平与马克思主义中国化也是学者们十分关注的话题。有学者指出，邓小平始终坚持马克思列宁主义、毛泽东思想，而且强调最根本的是要坚持解放思想、实事求是，开启了科学对待马克思列宁主义、毛泽东思想的新觉醒，确立了实现马克思主义中国化第二次飞跃的一个支点；邓小平坚持把党和国家工作重心放在社会主义现代化建设上，开启了认识和解决“中国问题”的新觉醒，确立了实现马克思主义中国化第二次飞跃的另一个支点；邓小平提出“建设有中国特色社会主义”的新命题，创造性地回答了社会主义现代化建设中的基本理论问题，实现了马克思列宁主义、毛泽东思想与中国现代化建设实际相结合，创立了邓小平理论，实现了马克思主义中国化的第二次飞跃，开辟了当代中国的广阔发展前景。[32]

三、关于习近平总书记系列重要讲话精神

2014 年，首都学者在深入学习贯彻习近平总书记系列重要讲话精神的过程中，对这些讲话的时代背景、基本内涵和重大意义，特别是其对中国特色社会主义理论体系的丰富和发展，进行了系统深入的研究阐释，取得了较大进展。

1. 关于《习近平总书记系列重要讲话读本》和《习近平谈治国理政》

中央宣传部组织编写的《习近平总书记系列重要讲话读本》，由学习出版社、人民出版社出版。有学者指出，该书是在深入领会和梳理习近平总书记系列重要讲话基础上设计框架结构的，全书的主要观点和论述忠实于原著，为广大党员、干部、群众学习领会习近平总书记系列重要讲话精神提供了重要辅导材料。该书具有鲜明的特色，突出的主题，创新的内容，有机的整体，强大的威力。[33]

国务院新闻办公室会同中央文献研究室、外文出版局编辑的《习近平谈治国理政》，由外文出版社出版，收入习近平重要著作 79 篇。有学者指出，该书全面系统回答了新的时代条件下中国发展的重大理论和现实问题，是国际社会了解当代中国的重要窗口、寻找中国问题答案的一把钥匙。主要体现在：阐明当代中国的发展道路和发展走向，回答了今天的中国从哪里来、明天的中国向何处去的重大问题；提出改革发展的一系列新思路新举措，展现了中华民族伟大复兴的美好愿景；阐释以民为本、以人为本的执政理念，彰显了真挚深厚的为民情怀；展示当代中国治国理政理念的深厚历史文化底蕴，体现了吸收和借鉴人类文明有益成果的宽广视野；宣示中国走和平发展道路的坚定决心，展示了负责任大国的良好形象；语言质朴清新，故事鲜活生动，反映了中国领导人平实自然、坦诚谦和的品格。[34]

2. 关于《习近平关于党的群众路线教育实践活动论述摘编》和《习近平关于全面深化改革论述摘编》

中央文献研究室、中央党的群众路线教育实践活动领导小组办公室编辑的《习近平关于党的群众路线教育实践活动论述摘编》，由党建读物出版社、中央文献出版社出版，收入习近平关于开展党的群众路线教育实践活动的174段论述。有学者指出，这些重要论述丰富了马克思主义群众观和党的群众路线的内涵，体现了我们党加强新形势下党的自身建设、保持党的先进性和纯洁性的思想自觉和行动自觉，反映了我们党顺应人民群众期盼、锲而不舍抓作风改作风的鲜明态度和坚定决心，为扎实深入开展教育实践活动提供了重要遵循。认真学习贯彻这些重要论述，不仅对于搞好教育实践活动有直接指导意义，而且对做好全党各方面工作都有长远指导意义。[35]

中央文献研究室编辑的《习近平关于全面深化改革论述摘编》，由中央文献出版社出版，收入习近平关于全面深化改革、扩大开放的274段论述。有学者指出，这些论述涵盖广泛，思想深邃，对于我们深刻理解全面深化改革的历史必然性和现实紧迫性，充分认识全面深化改革的重要性和艰巨性，系统把握全面深化改革的内在规律和重点任务，贯彻落实好党的十八届三中全会提出的全面深化改革各项举措具有重要指导意义。[36]

3. 关于中国梦

有学者指出，中国梦生动形象地表达了全体中国人民的共同理想追求，昭示着国家富强、民族振兴、人民幸福的美好前景，反映了新一届中央领导集体的责任担当。习近平总书记关于实现中国梦的论述，进一步拓展了党的十八大精神，丰富了中国特色社会主义内涵，在中华民族伟大复兴的道路上树起了一面新的精神旗帜。[37]

有学者强调，提出中国梦，归根到底是为了凝聚全民族的力量，实现“两个一百年”的奋斗目标。而要凝聚全民族的力量，为实现民族伟大复兴的目标而奋斗，就必须尊重人民主体地位、坚持党的群众路线。[38]

还有学者认为，从历史维度看，中国梦是一整套包孕着社会主义价值理想的历史实践与社会实践；但是，从现实层面看，中国在当今世界的文化形象，则尚未充分体现出此种价值理想的感召力与认同度。中国梦的实现，不应当仅仅局限于经济的快速增长、产品的极大丰富，而更在于展示中国特色社会主义价值理想的感召力与吸引力，在于向全世界展示中华文明的现代转型为整个人类所贡献的力量。[39]

4. 若干专题问题研究

有学者指出，习近平总书记的系列讲话中有许多新概念，对党风政风，对整个社会风气都产生了很大影响。比如，他多次使用“担当”概念，把“为人民服务，担当起该担当的责任”作为自己的执政理念，具有厚重的责任感和使命感；他要求广大干部有担当精神，强调“坚持原则、敢于担当是党的干部必须具备的基本素质”，并提出领导干部敢于担当的具体标准。又比如，他多次提到“定力”，即政治定力和战略定力。政治定力就是坚定的理想信念，他要求广大党员干部有理论自信、道路自信、制度自信，坚定走中国特色社会主义道路的决心和信心；战略定力是指领导者要有长远的战略眼光，要稳得住，他强调外交工作以及推动改革的进程中，都需要领导者具备战略定力。再比如，他还常常使用“规矩”这个概念，在强调党章这个总规矩的同时，还定立新的规矩，如改进工作作风、密切联系群众的八项规定；他要求各级党组织和全体党员强化规矩意识，严明政治纪律，使党的纪律得到切实执行。习近平总书记对一些重要概念的使用，充分反映了他的做事原则和执政风格。[40]

有学者指出，习近平总书记一系列重要讲话体现着马克思主义的宽广视野，强调运用马克思主义立场、观点、方法观察和解决中国改革与发展问题；重要讲话贯穿着中国特色社会主义的主题主线，强调中国特色社会主义是全面建成小康社会、加快推进社会主义现代化、实现中华民族伟大复兴的必由之路；重要讲话高扬着时代精神，强调顺应世界潮流和时代趋势；重要讲话呼唤着人民群众的历史作用，强调在新的时代条件下人民依然是历史的创造者，群众是真正的英雄；重要讲话展现着无产阶级政治家的远见卓识，充分展现了共产党人的政治品格、无产阶级政治家的战略思维和辩证思维。[41]

有学者指出，习近平总书记对培育和弘扬社会主义核心价值观的问题进行了集中阐述。为什么要建设社会主义核心价值观，包括：核心价值观是一个民族赖以维系的精神纽带，是推动一个民族、一个国家发展进步的最深沉的力量；是一个国家的重要稳定器；是文化软实力的灵魂；是中国特色社会主义道路、理论、制度自信的重要支撑。怎样培育和弘扬社会主义核心价值观，包括：必须立足中华优秀传统文化；要把社会主义核心价值观日常化、具体化、形象化、生活化；要突出道德价值的作用；教育引导是培育和弘扬社会主义核心价值观的基础性工作；要用体制机制来保障。[42]

纵观2014年首都学者关于中国化马克思主义的研究，无论是宏观问题的广泛探讨，还是具体问题的深入分析，均有相当的进展，很多成果提出了独到的新观点，从而使本学科呈现出开拓奋进、锐意创新的良好态势。当然，学无止境，已有的成绩只能是继续前进的基础，而不能成为骄傲的资本。更何况，研究中还存在一些问题，比如有的文章显然是跟风之作，选题大而化之，论述空洞乏力。我们期待首都学者，补缺补差，更进一步，将毛泽东思想和中国特色社会主义理论体系研究扎扎实实地推向前进。

注：

①杨胜群：《坚持和运用好毛泽东思想活的灵魂》，《求是》，2014年第3期。

②毛胜：《毛泽东思想活的灵魂的渊源、提出和发展》，《红广角》，2014年第12期。

③王永浩、王宜秋：《毛泽东·毛泽东思想与当代中国——中国社会科学院第一届毛泽东思想论坛综述》，《马克思主义研究》，2014年第5期。

④陈雪薇：《历史视域下毛泽东的功绩和错误》，《历史研究》，2014年第1期。

⑤梁柱：《正确评价毛泽东是邓小平一大历史功绩》，《毛泽东邓小平理论研究》，2014年第7期。

⑥沈传亮：《毛泽东关于实现强国梦的时间表述》，《党的文献》，2014年第2期。

⑦董志凯：《毛泽东与新中国独立完整工业体系的建立及中国的现代化》，《马克思主义研究》，2014年第8期。

⑧倪德刚：《毛泽东探索马克思主义中国化道路成败评析》，《马克思主义研究》，2014年第7期。

⑨胡为雄：《毛泽东的〈辩证法唯物论（讲授提纲）〉在中国马克思主义教科书史上的特殊地位》，《毛泽东邓小平理论研究》，2014年第8期。

⑩杨德山、左锐：《新世纪以来"毛泽东党建思想"研究述评》，《教学与研究》，2014年第10期。

⑪赵淑梅：《发展、巩固与改造：毛泽东党建思想之嬗变》，《湘潭大学学报》（哲学社会科学版），2014年第6期。

⑫黄庆、张萍：《毛泽东和平外交思想的基本主张及其历史贡献》，《马克思主义研究》，2014年第6期。

⑬宫力：《新中国成立前夕毛泽东确立对美政策方针的战略考量》，《毛泽东邓小平理论研究》，2014年第10期。

⑭郑萍：《日本的毛泽东研究状况述评（2009—2013）》，《马克思主义研究》，2014年第12期。

⑮陈鹤：《苏联和俄罗斯关于毛泽东和毛泽东思想的研究》，《毛泽东研究》，2014年第1期。

⑯孙帅：《〈中国季刊〉与毛泽东思想研究》，《国外理论动态》，2014年第8期。

⑰逄先知、冯蕙：《〈毛泽东年谱（1949—1976）〉的主要特点和研究价值》，《中共党史研究》，2014年第1期。

⑱陈理：《毛泽东对社会管理的艰辛探索和主要贡献》，《党的文献》，2014年第3期。

⑲闫建琪：《邓小平探索社会主义建设道路的创造性思考——〈邓小平文集（1949—1974年）〉述要》，《党的文献》，2014年第6期。

⑳李颖：《以三大视角展现邓小平革命和建设生涯——〈邓小平传（1904—1974）〉读后》，《党的文献》，2014年第6期。

㉑习近平：《在纪念邓小平同志诞辰110周年座谈会上的讲话》，《人民日报》，2014年8月21日。

㉒冷溶：《邓小平同志的革命风范激励我们实现中国梦——学习习近平总书记在纪念邓小平同志诞辰110周年座谈会上的讲话》，《求是》，2014年第18期。

㉓刘云山：《在全国纪念邓小平同志诞辰110周年学术研讨会上的讲话》，《人民日报》，2014年8月22日。

㉔冷溶：《邓小平开创中国特色社会主义道路的伟大贡献》，《党的文献》，2014年第5期。

㉕杨胜群：《全面建设时期邓小平探索社会主义的思想认识成果》，《党的文献》，2014年第5期。

㉖龙平平：《论邓小平确定的中国特色社会主义基本思路和基本原则》，《东岳论丛》，2014年第6期。

㉗黄一兵：《邓小平与中国特色社会主义制度的创建和发展》，《中共党史研究》，2014年第8期。

㉘毛胜：《何为"中国特色"？——邓小平的理论思考及其现实启示》，《马克思主义与现实》，2014年第5期。

㉙李景治：《邓小平国际战略思想的历史贡献》，《思想理论教育导刊》，2014年第12期。

㉚董振瑞：《十二大前后中美苏"大三角"中的邓小平》，《党的文献》，2014年第6期。

㉛石仲泉：《论邓小平与中华民族伟大复兴》，

《中国延安干部学院学报》，2014 年第 3 期。

㉜贾建芳：《邓小平开启了马克思主义中国化的新觉醒》，《马克思主义与现实》，2014 年第 5 期。

㉝曲青山：《坚持和发展中国特色社会主义的最新理论成果——学习〈习近平总书记系列重要讲话读本〉》，《求是》，2014 年第 13 期。

㉞蔡名照：《全面客观认识当代中国的重要文献》，《人民日报》，2014 年 9 月 29 日。

㉟闻言：《认真学习贯彻习近平总书记重要论述，切实把党的群众路线教育实践活动开展好——学习〈习近平关于党的群众路线教育实践活动论述摘编〉》，《人民日报》，2014 年 5 月 15 日。

㊱闻言：《打好全面深化改革攻坚战的指导性文献——学习〈习近平关于全面深化改革论述摘编〉》，《人民日报》，2014 年 6 月 3 日。

㊲孙业礼：《什么是中国梦，怎样实现中国梦？——读〈习近平关于实现中华民族伟大复兴的中国梦论述摘编〉》，《求是》，2014 年第 7 期。

㊳张宏志：《坚持党的群众路线是实现中国梦的根本保障》，《前线》，2014 年第 3 期。

㊴林雅华：《中国梦的社会主义价值理想》，《中共中央党校学报》，2014 年第 2 期。

㊵孙业礼：《担当·定力·规矩——学习习近平系列讲话中的新概念、新韬略》，《党的文献》，2014 年第 2 期。

㊶辛向阳：《习近平重要讲话鲜明的政治品格》，《内蒙古社会科学》（汉文版），2014 年第 4 期。

㊷孙业礼：《核心价值观是最持久、最深沉的力量——学习习近平总书记关于社会主义核心价值观的重要论述》，《求是》，2014 年第 19 期。

（作者：毛胜，中央文献研究室副研究员；
唐洲雁，中央文献研究室研究员）

科学社会主义

李瑞琴

作为马克思主义的三大组成部分之一的科学社会主义，与当代实际紧密结合，与世界社会主义运动紧密相连。2014 年，世界金融经济危机仍未走远，全球经济增长率在 2.5% 至 3% 之间，较上年略有上升，但远低于国际金融危机爆发前的最高水平。因此，科学社会主义的研究也没有离开资本主义经济危机这个大主题。除此之外，2014 年关于科学社会主义基本理论与学科发展、关于中国特色与科学社会主义的实践、关于世界社会主义运动、关于民主社会主义的理论与实践，等等，均纳入北京市学界研究的视野。

一、科学社会主义基本理论研究

自 2008 年世界金融经济危机以来，科学社会主义不论在理论研究还是在学科建设方面，既面临着良好的机遇，又面临着严峻的挑战。学者们认为，要抓住机遇，应对挑战，就必须高度重视科学社会主义理论的研究，努力加强科学社会主义与国际共产主义运动学科的建设，推动科学社会主义在中国的发展。

1. 提升科学社会主义的指导地位

科学社会主义也称“科学共产主义”。广义的科学社会主义和马克思主义是同义语，马克思、恩格斯就曾把他们创造的“新理论”称为“科学社会主义”，列宁也曾指出：“科学社会主义学说，也就是马克思主义。”广义的科学社会主义主要由三大部分内容构成，即马克思恩格斯创立的科学社会主义、列宁主义对科学社会主义的贡献和中国共产党人对科学社会主义的发展。科学理解和全面掌握科学社会主义，既是推进科学社会主义理论研究和理论创新的内在要求，也是科学社会主义实践探索和实践创新的本质要求。①

有学者指出，马克思主义是发展着的理论，对马克思、恩格斯对资本主义发展规律认识的发展变化、对俄国社会发展道路认识的发展变化和对人的本质的认识的发展变化三个问题的历史考察表明，整个马克思主义以及它的每一个基本概念和基本原理，都不是一经形成就凝固不变、停滞不前的，而是随着时代的变化、实践的发展和科学的进步不断发展变化、与时俱进的。②

恩格斯晚年结合新的历史时代背景，对如何认识社会主义进行了深入的探索，并提出了重要的科学论断：社会主义是不断变化和改革的社会，对社会主义的认识基于历史事实和发展过程，对未来社会主义的认识只能把握起点和方向，向社会主义的过渡需要有中间环节，社会主义的最终目标是人的自由全面发展。这些宝贵的思想，对于我们科学认识和把握社会主义的本质特征及发展规律，提供了重要的理论指导。[③]

目前，科学社会主义面临着发达资本主义的重大挑战，资本主义社会比以往社会更能为科技大发展提供充足的社会条件，因而能一次又一次地掀起新科技革命浪潮。当代发达资本主义可称为社会资本主义，它从垄断资本主义那里继承了垄断性、腐朽性和垂死性，但又具有区别于垄断资本主义的新特征，显示出相当强的生命力、竞争力和调节力。由于迄今还执新科技革命的牛耳，美国还拥有相当强大的生命力、领导力和调节力，不会很快衰弱下去、一蹶不振。社会主义者必须对此有清醒的认识。[④]

有学者从科学社会主义角度，来阐述对马克思主义的“整体性”的一种领会和把握。认为马克思主义是统一和严整的科学体系，也是非常深刻的和多方面的学说。作为其三个基本组成部分的哲学、政治经济学和科学社会主义并不是三足鼎立的，而是可以主要地理解为以其哲学世界观和政治经济学作为两大理论支柱所支撑的科学社会主义学说，即用以指导无产阶级革命和社会主义建设事业，直至最终实现共产主义社会的统一的科学体系。应当以科学社会主义作为“核心”和“中轴”，来领会和把握马克思主义的“整体性”。[⑤]

有学者研究了科学社会主义视域下的生产资料所有制问题，指出生产资料所有制在马克思主义理论体系中占有重要地位。在整个生产关系中，生产资料所有制是决定性的关系，它决定了人与人之间的其他经济关系，决定了生产的目的。我国近年来在生产资料所有制方面出现了一些理论混乱，由此要搞清生产资料所有制问题是共产主义运动的“基本问题”，不要把所有制仅仅看作是财产的隶属关系；必须从所有制出发来研究分配问题，所有制决定运行机制。[⑥]

关于世界社会主义与资本主义关系的新态势，近年来，世界“两个主义”的对比态势发生了新变化，社会主义虽处低潮但处境大为改善，尤其是中国特色社会主义得到了长足的发展。金融危机虽然重创了资本主义，但其在体制内的调整作用明显。中国的发展要兼顾国内和国际两大方面。新的时期，“两个主义”呈现既斗争又合作的特征，世界多极化在曲折中发展。在处理“两个主义”的关系时必须抛弃旧的极端化思维理念，解放思想、实事求是地进行新探索、提出新思路。[⑦]

还有学者指出，发表于1848的《共产党宣言》是马克思主义诞生的标志。《宣言》至今依然是工人阶级及其政党极为宝贵的精神财富，其核心思想依然揭示着当代世界的基本矛盾。21世纪以来世界范围的“马克思热”重证着《宣言》的真理性，特别是2008年世界金融危机爆发后，有识之士认为《宣言》依然揭示着世界金融经济危机的实质。只要世界上还存在着两大对立的阶级和社会制度，人类还没有获得彻底解放，马克思主义的历史使命就没有完成，《宣言》所揭示的基本原理就仍然具有当代意义。[⑧]

2. 科学社会主义学科体系的研究

有学者指出，科学社会主义学科的命运与学科体系密切相连。从1978年以来的学科体系建设来看，在尝试时期学科体系更多的是以经典作家科学社会主义基本原理为专题进行设计的；在初步确立时期学科体系中增加了中国特色社会主义理论的基本内容和国外社会主义理论与实践的内容；在丰富和发展时期的学科体系建设肯定了此前两个时期的成果，结合当代中国和当代世界的新情况，又有所突破。综观三个时期，专家学者们在学科体系建设方面有共识，也存在着认识上的差异，学科建设是在求同存异过程中不断丰富和发展的。[⑨]

有学者指出，科学社会主义的研究对象是社会演化，学科性质属于社会演化学，逻辑起点是生产。其理论体系是以历史唯物论为基本理论框架，以对社会的经济、政治、文化、家庭的演化的考察为基本内容，以社会主义为指向。中国特色社会主义与科学社会主义有相似的地方，也有不同的地方。两者的关系可以有多种表述，比较准确的表述是指导关系。[⑩]

有学者研究了信息革命与社会主义新形态的关系指出，信息技术革命对当代资本主义和社会主义都造成了深刻的影响，使得信息资本主义已经出现、信息社会主义正在兴起。信息生产力的特征与资本主义制度具有内在的矛盾，而与信息社会主义的生产关系具有本质上的契合。作为社会主义的一种子形态，信息社会主义具有解放信息生产力的巨大优越性。当前中国特色社会主义也包含着中国特色的信息化建设，而“中国特色的信息社会主义”是集合了当代技术社会形态和经济社会形态的新视角。[⑪]

二、科学社会主义在中国的实践与发展

党的十八大以来，在坚持实事求是、解放思想等原则的指导下，党的领导集体在社会主义改革与建设的具体实践中，顺应时代发展的新要求，把对科学社会主义的认识推进到了一个新阶段。

1. 中国特色社会主义是对科学社会主义的遵循和发展

自1848年《共产党宣言》发表160多年以来，科学社会主义历经了从空想到科学，从理论到实践，从一国到多国，从一种模式到多种模式的转变，从萌芽发展走向成熟。但并非一帆风顺，也曾遭遇了挫折和低谷。因为中国特色社会主义事业的蓬勃发展，为世界社会主义注入了新的活力，如何进一步推进尤其是研究科学社会主义在当代中国特色社会主义的发展以及面临的机遇和挑战，具有十分重要的现实指导意义。[12]

有学者归纳了中国特色社会主义对科学社会主义遵循和发展的几个方面：第一，遵循科学社会主义关于共产主义发展分阶段的基本观点，发展形成我国社会主义初级阶段理论以及社会主义初级阶段的基本路线，为中国特色社会主义提供了总依据和根本指导。第二，遵循历史唯物主义的基本观点，发展了科学社会主义需要在改革开放中不断坚持、发展和完善的观点，形成改革开放的基本国策，为中国特色社会主义提供了强大动力。第三，遵循资本主义条件下提出的剩余价值学说，发展了科学社会主义要实现从以往剥削制度占统治地位的社会向彻底消灭剥削的社会这一历史跨越的观点，发展形成社会主义本质理论。第四，遵循科学社会主义关于建立公有制、实行按劳分配、坚持无产阶级领导、以工农联盟为基础结成最广泛的同盟军等基本观点，发展形成中国特色社会主义制度体系。第五，遵循科学社会主义和历史唯物主义关于建设高度发达的物质文明和精神文明、合乎自然规律地改造和利用自然、促使人实现自由而全面发展等基本观点，发展形成中国特色社会主义建设五位一体总布局和发展为了人民、发展依靠人民、发展成果由人民共享的科学发展理念。第六，遵循马克思主义社会再生产理论和列宁新经济政策理论，发展形成社会主义市场经济理论，极大丰富和发展了中国特色社会主义。[13]

在中国社会主义建设道路上，毛泽东是推动科学社会主义在中国成功实践的第一人，为科学社会主义在中国的发展并最终开创中国特色社会主义做出了卓越的重大历史贡献。他创造性地解决了在一个经济文化落后的东方大国，如何通过新民主主义革命实现向社会主义社会的逐步过渡，并在这样一个国度里运用和发展科学社会主义，探索适合中国国情的社会主义现代化道路。[14]

有学者指出，在中国特色社会主义具有的实践特色、理论特色、民族特色、时代特色中，理论特色含义非常丰富。这一特色告诉我们：中国特色社会主义是有科学理论指导的社会主义，是有规划、有设计、有制度的社会主义。中国特色社会主义鲜明地体现了科学社会主义基本原则，是科学社会主义理论逻辑和中国社会发展历史逻辑的辩证统一，是根植于中国大地、反映中国人民意愿、适应中国和时代发展进步要求的科学社会主义。中国特色社会主义的实践、民族、时代特色都包含着理论诉求，系统地勾画了中国清晰的未来图景。[15]

关于中国特色社会主义的根本和关键问题在于，党的十八大以来，以习近平为总书记的党中央为坚持和保障人民主体地位，坚持和改善党的领导，提出和实行了一系列新思想、新观点和新举措，包括坚持以民为本、以人为本，树立以人民为中心的工作导向，始终依靠人民建设中国特色社会主义；改善党的领导，加强党的建设，确保党在发展中国特色社会主义历史进程中始终成为坚强领导核心；坚持党性和人民性的统一，保持党和人民群众的血肉联系，将坚持人民主体地位和党的领导统一于中国特色社会主义伟大实践。这些战略思想抓住了中国特色社会主义的根本和关键问题，为实现国家富强、民族振兴、人民幸福的中国梦奠定了坚实基础和重要前提。[16]

2. 当代中国坚持和发展科学社会主义的基本问题

有学者认为，在当代中国坚持和发展中国特色社会主义就是坚持和发展科学社会主义，为此，有三大基本问题需要认真思考：一是建设中国特色社会主义必须坚持科学社会主义。坚持科学社会主义是历史的选择，是人民的选择，是中国特色社会主义的内在要求，是解决中国现实问题的必然要求，是应对当今复杂多变的国际局势的要求。二是坚持科学社会主义应坚持以下基本原则：必须坚持科学社会主义的两大基石即唯物史观和剩余价值理论；必须坚持科学社会主义的"两个必然""两个决不会""两个决裂"的辩证统一；必须坚持科学社会主义的阶段论；必须坚持科学社会主义的阶级分析方法。三是坚持好和发展好科学社会主义必须做到以下几点：不要忘记我们的老祖宗，多读读老祖宗的书；要靠理想信念，坚定共产主义的远大理想；要坚持推进改革开放，用新的实践创新、理论创新丰富科学社会主义的思想宝库；要靠人民群众的实践，用人民群众的首创精神、能动作用谱写科学社会主义的新篇章；要靠党的正确领导，在党的领导下办好中国的事情；要加强对世界社会主义理论和运动的研究，研究世界社会主义发展的普遍规律。深刻把握这三大基本问题，对于坚持和发展中国特色社会主义具有重要的理论意义和实践意义。[17]

有学者论述了中国特色社会主义的理论逻辑和历史逻辑指出，中国特色社会主义是科学社会主义理论逻辑和中国社会发展历史逻辑的辩证统一。中国特色社会主义的理论逻辑既表现为从横向角度探讨其构成的复杂的逻辑关系，即在中国特色社会主义发展进程中道路、理论体系、制度的内在统一，也表现为从纵向角度探讨其构成的逻辑继承和发展的关系，即与科学社会主义的一脉相承、与时俱进。中国特色社会主义的历史逻辑表现为当代中国社会发展实践，理论逻辑与历史逻辑是统一的。从而使中国特色社会主义真正是符合中国国情的社会主义，真正代表着当代中国发展进步的根本方向。[18]

关于中国特色社会主义的性质、内涵与原则，有学者指出，中国特色社会主义是中国人民在具体的实践活动中探索出来的社会主义，其根本性质仍然是科学社会主义；其内涵主要包括中国特色社会主义道路、中国特色社会主义理论体系和中国特色社会主义制度。道路是实现途径，理论体系是行动指南，制度是根本保障，三者统一于中国特色社会主义实践活动之中。践行中国特色社会主义，要坚持继承与发展的统一，原则性与灵活性的统一，道路创新、理论创新、制度创新的统一，社会、个人、自然的统一，信念与实干的统一。[19]

关于中国特色社会主义的性质和历史地位，有学者研究道，中国特色社会主义是科学社会主义发展历程中的一个“时间段”。把科学社会主义基本原则同它的具体实现形式区分开来，是理解中国特色社会主义的重要方法论。中国特色社会主义同历史上的社会主义实践是一脉相承的继承和发展的关系，不能把两者对立起来。[20]

有学者指出，要全面理解和把握中国特色社会主义的指针，党的十八大报告进一步对中国特色社会主义的本质和内涵作了科学定位，指明它既坚持了科学社会主义基本原则，又根据时代条件赋予其鲜明的中国特色。十八大以后，习近平总书记发表了一系列讲话，以鲜明而深刻的语言阐释了这一历史定位，强调中国特色社会主义是科学社会主义理论逻辑和中国社会发展历史逻辑的统一。全面坚持和把握这一科学定位，有助于我们增强对中国特色社会主义的道路自信、制度自信、理论自信，有助于我们统一认识，统一步调，在改革开放和现代化建设伟业中坚持社会主义的正确方向。[21]

3. 各种视域下的中国特色社会主义

有学者研究指出，社会主义核心价值观鲜明地体现了社会主义的本质要求。“富强、民主、文明、和谐”作为国家层面的价值目标体现了社会主义现代化的本质要求。建设富强民主文明和谐的社会主义现代化国家，实现中华民族伟大复兴，是鸦片战争以来中国人民最伟大的梦想，是中华民族的最高利益和根本利益，是中国共产党的不懈追求，也是社会主义革命、建设、改革的奋斗目标。“自由、平等、公正、法治”作为社会层面的价值取向回答了“建设什么样的社会”的重大问题，体现了社会主义社会建设的内在要求。“爱国、敬业、诚信、友善”作为个人层面的价值准则体现了培育社会主义公民的新要求，推进中国特色社会主义伟大事业，实现中华民族伟大复兴的中国梦，更加需要培育爱国、敬业、诚信、友善的社会主义公民。[22]

有学者研究了科学视域下的中国特色社会主义，指出，科学社会主义为中国特色社会主义的形成和发展提供了理论逻辑。科学社会主义有两个关键词，一个是科学，一个是社会主义。中国特色社会主义是在科学认识传统的社会主义基础上科学回答中国现实问题的理论和实践，这为我们深化认识中国特色社会主义本质提供了新的视角。[23]

还有学者比较了非科学社会主义和当代不同发展的道路指出，在特定的历史条件下，一部分后发展国家有可能走上非资本主义（社会主义）的发展道路；但不能不经历一系列中间环节和过渡阶段，在相当长的历史时期内，不可能建立起共产主义社会第一阶段那样的社会主义制度。非科学社会主义在理论上是科学社会主义的对立物；在后发展国家社会主义的实践中有相当大的影响力和广泛的市场。正因为如此，很有可能混淆后发展国家社会主义和非科学社会主义的界限。走中国特色社会主义道路，在相当长的历史阶段中，既不能和科学社会主义的理论蓝图对号入座，又不能和种种非科学社会主义同流合污，必须同具有“左”的、右的和庸俗化倾向的非科学社会主义划清界限。[24]

另有学者从民主社会主义批判中看三个自信的必

要性，指出当今的中国在以包容开放的心态走向世界的时候，却遭受了西方资本主义意识形态各种形式的入侵，其中以民主社会主义思潮尤甚，最具迷惑性。党的十八大报告中提出在中国特色社会主义的建设过程中，我们要始终坚持三个自信，即道路自信、理论自信、制度自信。这是对当前国外思潮对我国意识形态领域侵蚀现象的有力回应，是我党及全国人民对于坚持科学社会主义理想的自信体现。[25]

还有文章指出，社会主义的本质决不等于美国的“中产阶级化”，邓小平提倡的共同富裕，具有消灭剥削等前提条件；社会主义的共同富裕，与美国中产阶级的富裕不可同日而语；资本主义社会的社会福利不等于社会主义，资本主义与社会主义福利制度的出发点根本不同；不照搬苏联模式不等于简单地“告别苏联模式”，更不等于离开科学社会主义“另搞一套”。一些错误的观点企图抛开真理判断的前提，只是在价值层面对社会主义给出定义结论只能是荒谬。[26]

三、科学社会主义与世界左翼运动

2008 年世界金融经济危机以来，世界社会主义运动呈现出复兴的趋势，学者们认为，当代科学社会主义的发展出现了蓬勃兴起的迹象，不仅是社会主义国家的发展日益取得举世瞩目的成就，社会主义国家在国际事务中的地位和作用不断提高，而且在资本主义国家也开始兴起一股科学社会主义思潮，具有共产主义性质的政党和组织开始逐步活跃在资本主义国家政坛，代表本国的无产阶级表达利益诉求。

1. 当代世界社会主义的发展态势

2014 年 10 月 13—14 日，第五届世界社会主义论坛在北京开幕，15 个国家共产党和左翼党聚首北京研讨社会主义发展前景。会议的主题是“社会主义是人类必然归宿”。与会者指出，国际金融危机后，国际形势和世界格局发生巨大深刻变化。一是美国霸权从顶峰上跌落；二是欧盟各国严重衰退；三是发展中新兴市场国家异军突起；四是社会主义中国和平崛起。这说明力量对比发生重大变化。现时力量对比，仍是“西强东弱”“北强南弱”，但发展趋势则是“东升西降”“南升北降”。总的趋势是，资本主义开始有所衰落，社会主义开始有所复兴。[27]

有学者总结，当今世界社会主义呈现出新的发展趋势，总体状况大体是：世界社会主义运动开始复苏，在某些区域发展势头强劲，并表现出鲜明的地域特点，呈现出多样性和多元化发展趋势。其基本特点是：当代世界社会主义正处在历史转折时期；全球化成为世界社会主义发展的大舞台；多样性和多元化成为世界社会主义运动的常态；正确处理人与自然的关系将成为世界社会主义的重要议题；实现现代化成为 21 世纪世界社会主义的历史使命；中国特色社会主义成为世界社会主义运动的主要推动力量。[28]

关于 21 世纪世界社会主义将走向何处的前瞻性问题，有学者研究指出，社会主义的 5 个新理念是：探索性和开拓性、长期性和曲折性、世界性和民族性、一元性和多元性、规定性和开放性。继社会主义国家之后，21 世纪社会主义最有希望的地区：印度、拉美、南非和俄罗斯。发达国家的社会主义要取得重大突破，需要出现杰出的社会主义理论家和实践家。21 世纪世界社会主义的走向是：从回升到复兴。依次是：社会主义国家、发展中国家、发达资本主义国家。[29]

中国特色社会主义对世界社会主义的贡献在于，中国特色社会主义是世界社会主义发展的新阶段，对 21 世纪世界社会主义的振兴具有里程碑意义：一是开辟了世界社会主义实践发展的新道路，成功回答了经济文化比较落后的国家如何建设和发展社会主义的历史课题；二是确立了世界社会主义理论发展的新形态，中国特色社会主义理论体系也是世界范围内社会主义实践经验的理论总结和升华，代表了当今时代科学社会主义理论发展的最新水平；三是中国特色社会主义成为世界社会主义走向振兴的中流砥柱，成为代表世界社会主义运动发展最新水平和未来走向的标志性参照系。[30]

另有学者关注了 19 世纪美国空想社会主义的发展。研究指出，空想主义者的见解曾经长期支配着 19 世纪的社会主义观点。伟大的空想主义者圣西门、傅立叶和欧文等人，他们和启蒙学者一样，想建立理性和永恒正义的王国，但是他们的王国和启蒙学者的王国是有天壤之别的。19 世纪的美国作为地广人稀，没有封建传统的独特国度，是空想社会主义者理想的实验场所。由于所处的时代局限，无论是欧文主义的新谐和公社，还是傅立叶主义的法郎吉作为实际共产主义的实验是完全失败的。但是他们的实践以及“显露出来的天才的思想萌芽”，对我们研究科学社会主义，尤其是美国的社会主义运动有着重要的启示。[31]

有学者指出，直接影响资本主义世界社会主义运动未来发展空间的：一是左翼及社会主义力量本身的结构性问题；二是左翼政治议程的不确定性，缺少被社会大众认可的左翼政治议程是目前左翼及社会主义运动面临的最大挑战。迎接挑战关键要解决如何在新的时代背景下保持左翼政治的特质，如何重构全球化时代的国家与市场关系，如何重建社会团结等重大问题。[32]

有学者从全球化时代的社会主义与资本主义这一大视野出发，研究指出，世界社会主义将在迂回曲折中走向崭新的未来，对世界资本主义的观察与思考要与时俱进，不同社会制度长期共处互学互鉴是历史的必然。社会主义和资本主义国家都需要深层次的调整和改革。在和平与发展长期作为时代主题的历史条件下，谁调整得更快更好，谁取得了调整中的比较优势，谁就能处于进步发展的领先地位，就能在错综复杂的历史较量中处于不败之地。[33]

2008 年世界金融危机之后，越南、老挝、古巴、朝鲜等社会主义国家仍然保持着向上发展的趋势，但同时也面临发展中的严峻挑战。然而，各国在谋求发展中也面临严峻挑战。能否立足国情，独立自主地思考出路，采取有效措施深化改革，将决定各国社会主义事业的成败。[34]

2. 苏联剧变问题、当代俄罗斯社会主义思潮研究

李慎明主编的《苏联亡党亡国 20 年祭——俄罗斯人在诉说》（六集 DVD 党内教育参考片解说词），2014 年度又在《中华魂》刊物连载全集，各界反应热烈。这从另一侧面说明苏联剧变问题的探讨对于我党、对于中国特色社会主义极强的现实意义和深远的历史意义。

有学者认为，苏联解体过程中，宗教相关因素起到了极大的破坏性作用，回顾这段历史，使我们深刻认识到，在马克思主义基本原理的指导下，运用社会主义宗教论的最新成果对苏联宗教工作的经验教训进行认真总结，在宗教特性、宗教与社会主义关系、无神论教育以及“宗教渗透”等问题上加深理解，对于我们今天做好宗教工作，维护社会主义意识形态安全具有重要的意义。[35]

苏联社会主义革命是人类社会发展中社会主义从理论走向现实的最先尝试，其包含许多的价值观考量。苏联社会主义核心价值观的发展大致经历了三个历程：社会主义核心价值观的形成、发展与鼎盛阶段、陷入僵化与困境的阶段和解构与溃败阶段。其启示主要体现在以下几点：坚持马克思主义在意识形态领域的主导地位；必须推动党内民主建设，并以党内民主推动社会民主建设；必须把社会主义核心价值观培育与人民群众的利益紧密结合在一起；必须牢牢掌握意识形态领域的领导权。[36]

还有学者强调，苏共领导人戈尔巴乔夫推行的一条背离科学社会主义基本原则的“民主的人道的社会主义”路线，是苏联解体的直接的和主要的原因。为了推行这条错误路线，戈尔巴乔夫充分利用了历史虚无主义这一思想武器。[37]

当代俄罗斯社会及学界运用马克思主义的观点和方法分析俄罗斯现实问题的现象在悄然出现。这种现象主要表现在一些学者在评价历史人物国家和事件时所体现出的历史唯物主义方法、拟自发以社会实践为检验真理和鉴别谬误的标准外、以阶级分析方法考量当代社会 问题和以制度为基点分析当代俄罗斯发展的瓶颈等方面。[38]

苏联解体后，俄罗斯马克思主义研究陷入低谷，马克思主义图书出版出现严重困难。进入 21 世纪后，伴随俄罗斯社会发展新矛盾和新问题的出现，人们重新认识到马克思主义的当代价值和意义，马克思主义图书出版在俄罗斯得到了一定的恢复和发展。有学者撰文是对 21 世纪以来俄罗斯马克思主义文献出版状况的一个数量统计和分析，有助于国内学者了解马克思主义在当代俄罗斯的地位。[39]

苏联解体之后，马克思主义及其发展在当代俄罗斯失去了主流意识形态的社会政治地位。但是，现实裂变推动当代俄罗斯的马克思主义学者们能够客观、深入地开展有关马克思主义基本理论的学术研究，并且取得一系列重要成果。具体来讲，得到深化研究的重大理论问题主要包括：马克思主义与人道主义的关系，马克思主义与乌托邦主义的关系，马克思主义与修正主义的关系，马克思主义与布尔什维主义的关系等。通过这些研究，他们反思苏联社会主义失败的深刻原因。[40]

有学者介绍了西方马克思主义思潮对待苏联社会主义的态度，经历了从最初的支持和有保留的批评到公开强烈批判，再到彻底失望的过程。西方马克思主义者对苏联社会主义的批判是激烈而全面的，他们指责苏联的意识形态违背了马克思的基本思想，经济体制是非社会主义的，政治体制是极权主义的。西方马克思主义关于苏联社会主义的批判对社会主义国家的建设有着重要的启示意义，但也体现了其自身的偏见。[41]

3. 继续跟踪世界社会主义运动实践进程

2014 年，拉美地区智利、萨尔瓦多、哥斯达黎

加、巴拿马、哥伦比亚、玻利维亚、巴西和乌拉圭等8国举行大选，除了哥伦比亚和巴拿马依然是中右政党获胜外，左翼执政党赢得了6场大选。拉美政坛左翼占优的局面继续保持。[42]有学者早就指出，左翼力量的发展是拉美政治进程的组成部分，与拉美政治变迁有着紧密联系。21世纪以来，拉美左翼再次群体性崛起，并在多个拉美重要国家执政。左翼力量不仅成为拉美民主化进程的积极维护者，而且成为发展观念转变的主要推动者，以及地区新政治格局的积极塑造者。在新的国际形势、地区形势以及国内形势下，拉美左翼日益展现出常态化、多样化、温和化、非意识形态化和实用主义趋势，预示了拉美政治变迁的新趋势。[43]

有学者进一步指出，政治民主化对拉美地区左派政治力量的发展产生的重要影响表现为：它为拉美左派创造了全新的政治环境，既提供了合法生存和发展的政治空间，也为其战略选择设置了限制因素。以巴西劳工党、乌拉圭广泛阵线和智利社会党为代表的一些左派政党根据民主化的要求进行了调整，不仅接受了民主选举的夺权方式，而且软化了政策主张，建立了多元的政治联盟，扩大了社会基础，从而为其在21世纪初的崛起奠定了基础。[44]

拉美左翼运动的兴起，是拉美国家存在的尖锐的社会矛盾造成的，也同新自由主义在拉美国家的推行及其失败有着直接的关系。从拉美左派的政治理念、政策主张和实践活动来看，可以将拉美的左翼运动看成是世界社会主义运动的一个组成部分，拉美左翼运动的兴起使人们在国际共产主义运动低潮时期看到了世界社会主义复兴的希望。有学者关注，2013年查韦斯总统病逝，不仅改变了委内瑞拉国内政治进程和力量对比，也对政党政治格局产生一定影响。在新的历史条件下，执政的统一社会主义党执政难度加大，因而提出加强执政能力建设的新举措；反对派则利用查去世遗留的政治“空间”，积极扩大政治影响力，给执政党造成前所未有的冲击。[45]

还有学者撰文纪念一直大力推行“21世纪社会主义”的委内瑞拉已故总统乌戈·查韦斯。查韦斯不仅有着“拉美红星”“卡斯特罗第二”“反美旗手”等众多美誉，而且其在大力倡导和成功推行“21世纪社会主义”的过程中，将毛泽东思想作为“21世纪社会主义”的指导思想，带领民众学习马列著作，扩大马克思主义的影响，敢于反对西方霸权主义，向全世界普及社会主义思想，加强了委内瑞拉的意识形态建设。[46]

四、关于民主社会主义理论及其实践的研究

社会民主党作为主张民主社会主义的、世界上规模和影响最大的政党国际组织、当今资本主义世界的主要政治力量之一，长期在国际政治舞台上发挥着重要作用。2008年爆发的全球金融危机为社会党国际的发展提供了新机遇，但也面临着空前的挑战。苏东剧变、冷战结束不仅使世界社会主义运动遭受到巨大挫折，也使民主社会主义面临了一次大的冲击，多国社会党相继下台，党的影响力不同程度下降。为了改变这种局面，增强党的凝聚力和号召力，各国社会党在对纲领、理论进行变革的基础上，对党的组织进行了变革，积极探寻发挥党员和基层组织活力的新路径、新方法，并取得了显著成效，在世界政坛出现了多国社会党执政或参政的大好局面。[47]由于左右趋同，社会党大多借鉴了保守党的政策，占据中间阵地，但一旦中间派因各种原因而琵琶别抱，社会党就会“左右不是人”[48]。2012年二十四大以来，社会党国际抓住新的发展机遇，抓紧进行理论政策和组织方式的调整与革新，积极应对面临的挑战，出现了一些值得注意的新变化。一是在理论纲领上，主张发展新型民主、新的国际主义和团结一致的新文化；二是在经济政策上，提出应对金融危机的新方案；三是在组织机制上，注重机构内部的民主化建设；四是在社会基础和对外联系上，进一步向社会开放。[49]

有学者指出，以英国工党提出系统改革福利政策的“第三条道路”为标志，西欧社会民主党开始评估全球化引发的社会环境变化对福利政策的影响，试图将福利国家发展模式和新自由主义的发展模式有效结合起来，在政策的理念、途径、措施、目标等方面对福利国家模式进行全面的调整，以适应经济全球化影响下国际国内环境变化的要求。目前，福利政策的改革仍是当前社会民主党面临的首要问题。[50]

德国左翼党自2007年正式成立至今，参加了三次德国联邦议会选举，取得了令人鼓舞的成绩，扮演着维护区域稳定和世界和平、倡导环境保护和生态建设、维护公平正义和建言献策、维护妇女儿童权利等方面的重要角色。但由于其历史、利益追逐、现实考量等方面的原因，面临着党内意见不统一、力量难整合、其他党不愿意与之合作等问题。同时，民众思想越来越多元，受全球化浪潮的影响，在左翼党的努力下，其扮演的历史角色越来越重要，受社会关注度也愈发提高。左翼党能否继续赢得选民的支持，能否坐稳德国第三大党的交椅，其未来走向备受关注。[51]

有学者指出，苏联解体以后社会民主主义政党数量明显增加，但群众支持率较为低下。21 世纪以来，俄罗斯社会民主主义力量和社会主义力量开始联合。自公正俄罗斯党成立以后，俄罗斯社会民主主义政党开始慢慢崛起。未来，公正俄罗斯党将成为俄罗斯社会民主主义运动的“领头羊”，但公正俄罗斯党依旧无法动摇统一俄罗斯党“一党独大”的地位。[52]

有学者关注了捷克的左翼政党执政情况。2014 年初，由捷克社会民主党领衔的中左翼三党联合政府组阁完毕，这标志着“天鹅绒革命”后捷克左翼政党第三次上台执政。剧变以来的 25 年中，捷克左翼政党数次起落沉浮，度过了发展演变的四大阶段。作为捷克转型以来活跃于政治舞台的政治力量，左翼政党成为捷克议会两极政党格局中的一极，不仅打破了右翼独霸政坛的局面，而且成为捷克社会转型的积极推动者、社会弱势群体的利益维护者和政治代言人，在捷克社会发展过程中发挥着不可替代的作用。然而，左翼阵营内部两种不同声音的对立，成为制约捷克左翼政党进一步发展的不利因素，也直接影响着捷克政党政治的发展走向。[53]

有学者研究了日本的左翼势力，指出其主要是指以社会主义（或社会民主主义）为基本目标，以维护日本新宪法、反对日本重新武装、维护和平为基本政策的革新势力。其中日本社民党（其前身为日本社会党）、日本共产党是日本左翼势力的主要代表。苏东剧变以后，日本右翼势力日趋猖獗，日本左翼势力的发展处于低谷时期。尽管如此，日本左翼仍然是牵制保守势力特别是右翼势力的主要也是唯一的力量。目前，日本共产党在众议院拥有 8 个议席，在参议院拥有 11 个议席，地方议员数量达到 2694 名。日本社民党在众议院拥有 2 个议席，在参议院拥有 3 个议席。[54]

有学者研究认为，无论作为意识形态还是社会改良模式，民主社会主义都已经没落了。面对波澜壮阔的中国特色社会主义实践，不管在何种特殊时候以何种特殊方式出现，民主社会主义思潮都不再可能撼动中国特色社会主义的制度自信、理论自信和道路自信。从思潮泛起到实践开展，从风靡世界到销声匿迹，民主社会主义走的是一条逐步消解社会主义身份特征的异化路线，也是一条毁灭世界社会主义运动的道路。在发达资本主义国家，民主社会主义没能改良资本主义，却消灭了社会主义因素；在第三世界，民主社会主义没能发展社会主义，却巩固了资本主义制度。[55]

法国社会党在三个方面的经验教训直接影响了社会党的发展进程。一是理论方面长期纠结于革命与改良的关系，二是如何维护党的统一和处理与其他左翼政党的关系。在法国社会党的发展历史中，党内派系林立，各种思想背景的派别之间相互斗争，长期制约了社会党的发展。自从共产党分离后，社会党左边始终站着一个强大的共产党。如何处理好这两方面的关系，这往往是社会党在不同时期的政治战略的出发点。这方面，社会党既有成功的经验，也有令人灰心的教训。[56]

瑞典具有很深的社会民主主义传统，社会民主主义价值观的认同度很高。这不仅在于其具有深刻的传统文化根基，而且有着现实的认同路径：民众利益得到了切实关切是瑞典社会民主主义价值观认同的现实基础；价值观的学校教育是瑞典社会民主主义价值观认同的主体渠道；推崇“文化民主”是瑞典社会民主主义价值观认同的重要途径；强化社会融合是瑞典社会民主主义价值观认同的社会基础；推进理论创新是瑞典社会民主主义价值观认同的理论基础；加强制度建设是瑞典社会民主主义价值观认同的根本保障。[57]

五、特点与问题

纵观 2014 年度北京市科学社会主义研究，可以总结这样几个特点，同时也存在着一些问题。

1. 坚持马克思主义为指导。学界能够将历史唯物主义的观点和方法运用于研究中，将研究立足于当代世界，立足于当代金融经济危机的大背景之下，来思考科学社会主义的前景，考察世界社会主义运动、思潮、思想的性质和影响。

2. 将世界左翼运动研究置于世界社会主义运动的大视野下。纵观近年来的研究成果，学界能够将左翼运动置于苏东剧变后，社会主义复兴这样一个大主题下给予肯定。这样一种思路和研究方式，最大限度地团结了世界左翼力量。

3. 理论研究的终极目的是为了服务于实践，科学社会主义的研究也不能外。概览学界有关研究，一个鲜明的特点就是，能够从中国国情、中国特色社会主义的实际出发，将科学社会主义的理论与实践紧密结合，使中国特色社会主义始终在科学社会主义的宏观指导下发展和推进。

4. 科学社会主义是人类进步的伟大事业，世界大事的是非曲直，长短评说，有自身立场、主观特色是需要的，但是多元化世界的交流和互动必须有共同的平台和对话方式，因此，还需要将研究置于生动的、直观的、具体的国家和民族活动中；需要进一步打破东西方社会主义思想、思潮研究的各种壁垒，使科学社会主义真正成为全人类的事业。

注：

①赵曜：《提升科学社会主义的指导地位》，《党政论坛》，2014 年第 12 期。

②赵家祥：《马克思主义是发展着的理论》，《西南大学学报》（社会科学版）（重庆），2014 年第 5 期。

③蒋茜：《恩格斯晚年对如何认识社会主义的探索》，《岭南学刊》，2014 年第 5 期。

④高放：《科学社会主义面临当代发达资本主义的挑战》，《中共天津市委党校学报》，2014 年第 3 期。

⑤李崇富：《论从科学社会主义视角把握马克思主义的“整体性”》，《马克思主义研究》，2014 年第 5 期。

⑥周新城：《科学社会主义视域下的生产资料所有制问题》，《中共贵州省委党校学报》，2014 年第 4 期。

⑦肖枫：《世界社会主义与资本主义关系的新态势——兼论中国的当前对策和长远战略》，《中共宁波市委党校学报》，2014 年第 6 期。

⑧李瑞琴：《〈共产党宣言〉过时了吗》，《思想理论教育导刊》，2014 年第 10 期。

⑨王怀超、牛先锋：《科学社会主义的学科体系》，《科学社会主义》，2014 年第 4 期。

⑩李道中：《科学社会主义的研究对象、学科性质、逻辑起点和理论体系》，《科学社会主义》，2014 年第 4 期。

⑪肖峰、张坤晶：《信息革命与社会主义新形态》，《当代世界与社会主义》，2014 年第 2 期。

⑫李慎明：《当代中国特色社会主义面临的机遇与挑战》，《毛泽东思想研究》，2014 年第 3 期。

⑬李捷：《中国特色社会主义是对科学社会主义的遵循和发展》，《教学与研究》，2013 年第 12 期。

⑭李捷：《毛泽东对科学社会主义创新发展的历史贡献》，《毛泽东思想研究》，2014 年第 3 期。

⑮辛向阳：《中国特色社会主义的理论特色》，《学习论坛》，2014 年第 3 期。

⑯易艳华、罗文东：《论中国特色社会主义的根本和关键问题》，《江汉论坛》，2014 年第 3 期。

⑰王伟光：《当代中国坚持和发展科学社会主义的三大基本问题》，《马克思主义研究》，2014 年第 8 期。

⑱张雷声：《论中国特色社会主义的理论逻辑和历史逻辑》，《马克思主义研究》，2014 年第 2 期。

⑲亓静：《论中国特色社会主义的性质、内涵与原则》，《河北青年管理干部学院学报》，2014 年第 1 期。

⑳周新城：《关于中国特色社会主义的性质和历史地位的几点认识》，《学习论坛》，2014 年第 4 期。

㉑梁柱：《全面理解和把握中国特色社会主义的指针》，《新视野》，2014 年第 1 期。

㉒辛向阳：《社会主义核心价值观是社会主义本质要求》，《思想理论教育导刊》，2014 年第 9 期。

㉓闫丽娟：《科学视域下的中国特色社会主义》，《中共山西省直机关党校学报》，2014 年第 2 期。

㉔陈文通：《非科学社会主义和当代不同发展道路》，《中国延安干部学院学报》，2014 年第 5 期。

㉕李正阳：《从民主社会主义批判中看三个自信的必要性》，《全国商情（理论研究）》，2014 年第 2 期。

㉖刘书林：《社会主义的本质决不等于美国的“中产阶级化”》，《马克思主义研究 》，2014 年第 11 期。

㉗《第五届世界社会主义论坛在北京开幕》，2014 年 10 月 13 日光明网。

㉘王怀超：《当代世界社会主义的发展态势》，《当代世界与社会主义》，2014 年第 5 期。

㉙赵曜：《21 世纪世界社会主义将走向何处》，《党建》，2014 年第 1 期。

㉚姜辉：《中国特色社会主义对世界社会主义的贡献》，《中共贵州省委党校学报》，2014 年第 4 期。

㉛刘健：《19 世纪美国空想社会主义的发展》，《绵阳师范学院学报》，2014 年第 6 期。

㉜林德山、王瑾：《热话题与冷思考——世界左翼力量和社会主义运动的形势及面临的主要问题》，《当代世界与社会主义》，2014 年第 3 期。

㉝于洪君：《全球化时代的社会主义与资本主义》，《红旗文稿》，2014 年第 1 期。

㉞常欣欣、张丽琴：《金融危机后越南、老挝、古巴、朝鲜社会主义发展态势分析》，《中共福建省委党校学报》，2014 年第 4 期。

㉟白虹：《前苏联处理社会主义社会宗教问题的历史启示——以苏联解体过程中的宗教因素为视角》，《暨南学报》（哲学社会科学版），2014 年第 8 期。

㊱邱仁富：《苏共社会主义核心价值观的发展历程及其启示》，《西南石油大学学报》（社会科学版），2014 年第 4 期。

㊲陈之骅：《历史虚无主义搞乱苏联 》，《党的生活》，2014 年第 2 期。

㊳李瑞琴：《当代俄罗斯重现马克思主义分析方法》，《国外社会科学》，2014 年第 1 期。

㊴刘传友：《21 世纪以来俄罗斯马克思主义文献出版情况》，《国外理论动态》，2014 年第 4 期。

㊵林艳梅：《当代俄罗斯马克思主义的主要理论关注》，《中共中央党校学报》，2014 年第 5 期。

㊶夏鑫：《试论西方马克思主义对苏联社会主义的批判》，《宁夏社会科学》，2014 年第 3 期。

㊷《分析：社会转型对拉美政治选举格局影响深远》，2014 年 12 月 4 日新华网。

㊸袁东振：《政治变迁与拉美左翼的变动趋势》，《拉丁美洲研究》，2013 年第 5 期。

㊹方旭飞：《政治民主化与拉美左派政党的变化与调整》，《拉丁美洲研究》，2013 年第 5 期。

㊺袁东振：《当代世界："后查韦斯时代"委内瑞拉政党新变化》，2014 年 2 月 25 日人民网 · 国际频道。

㊻朱继东：《查韦斯强化意识形态建设的做法及启示》，《理论探索》，2014 年第 1 期。

㊼秦德占：《冷战结束以来多国社会党基层组织的变革与启示》，《新视野》，2014 年第 1 期。

㊽史志钦：《欧洲社会民主党的转型与困境》，《新华月报》，2014 年第 5 期。

㊾袁群、丁玮：《金融危机背景下社会党国际的新变化》，《当代世界》，2014 年第 1 期。

㊿谭鹏：《全球化时代西欧社会党的福利政策调整及启示》，《中共天津市委党校学报》，2013 年第 4 期。

51刘慧：《德国左翼党的历史、现状及未来》，《党政研究》，2014 年第 3 期。

52方婷婷：《从国家杜马选举看俄罗斯社会民主主义政党的发展轨迹》，《科学社会主义》，2014 年第 1 期。

53陈弘、王庆超：《捷克左翼政党的发展演变探析》，《社会主义研究》，2014 年第 3 期。

54朱艳圣：《在艰难中前行的日本左翼势力》，《当代世界》，2014 年第 5 期。

55曾瑞明：《民主社会主义的异化逻辑与运动结果》，《教学与研究》，2014 年第 7 期。

56林德山：《从"回避权力"到"争取权力"——法国社会党百年发展经验与教训》，《当代世界》，2014 年第 2 期。

57邹升平：《瑞典社会民主主义价值观的认同路径探析》，《理论月刊》，2014 年第 1 期。

（作者：李瑞琴，中国社会科学院研究员）

国外马克思主义

黄继锋　陈美灵

2014 年度，北京地区学者在对国外马克思主义的追踪研究，对国外马克思主义热点问题的研究，以及对代表人物思想的研究方面，都取得了显著成果。现将研究状况综述如下。

一、对国外马克思主义研究现状和趋向的分析

魏小萍在《国外马克思主义研究状况、趋势与新的端倪》一文中，对 21 世纪以来国外马克思主义的研究状况、特点和理论趋向进行了分析。她指出，目前在国际舞台上活跃的马克思主义学者和马克思主义研究队伍正处于新老更替时期，20 世纪 60 年代成长起来的一大批马克思主义学者相继退休或离世，年轻一代马克思主义研究者正在逐步成长起来。他们以学术刊物和国际学术会议为载体进行活动，这些活动具有广泛的国际交往特征，像法国的"国际马克思大会"、英国的"历史唯物主义大会"、美国的"左翼论坛"和"再思考马克思大会"等，都云集了来自世界各地的大批马克思主义研究者，并产生广泛的国际性影响。魏小萍指出，随着全球化进程的不断加速和国际学术界交往的日益频繁，东西方马克思主义学者之间的交流也不断增强。俄罗斯、东欧、越南等都加强了与西方国家的马克思主义学者之间的相互交流，而中国在双向交流方面做出了更多的努力，这种交流也改变着西方发达国家的马克思主义研究状况。一个突出的表现是，国外左翼学术界对中国马克思主

义研究的关注度与日俱增，国内学术成果在逐步走向国外。

魏小萍分析道，21 世纪以来国外马克思主义的研究呈现“超越”与“回归”两种趋向。分析的马克思主义、结构主义和后结构主义的马克思主义、法兰克福学派的文化批判理论等，都具有“超越”的趋势。这些学派代表人物不再简单地固守马克思恩格斯的经典话语，有些甚至对马克思主义的问题域进行了转换，但总体说来，他们都坚守着马克思主义关于人类社会进步、自由、平等的基本精神和价值取向。另一个趋势是回归马克思，包括重读马克思的文本学派、政治经济学学派、英美传统的马克思主义者，他们力图借助于马克思的文本或历史考证版的原始资料，对马克思的基本理论、思想以及政治经济学理论进行更加客观准确的解读，并用马克思的基本理论来认识和批判当代资本主义社会的基本矛盾及其当下的金融危机。①

张剑的文章分析了从传统西方马克思主义到当代西方马克思主义的发展趋势。他认为，当代西方马克思主义延续了西方马克思主义传统中对资本主义的激进批判，同时又吸收融合了后现代主义哲学以及自然科学的新成果，形成了与传统的西方马克思主义既相似又有差异的特点。表现出如下发展趋势：第一，逐渐与西方当代左翼激进政治思潮相合流，聚合为当代资本主义批判，其革命取向与解放规划共同推动着当代资本主义批判走向极致；第二，越来越多地吸收和融合了当代西方哲学的相关成果和自然科学的相关成果，为西方马克思主义的发展注入了新鲜血液，增强了对资本主义批判的力度。张剑进一步指出，作为西方马克思主义当代发展形态的后马克思主义，拉克劳、墨菲的“多元民主”已悄然淡出，德勒兹的“游牧政治”也逐渐褪色，而以齐泽克、巴迪欧、朗西埃、阿甘本“四条汉子”为代表的激进哲学发展势头强劲。他们都致力于在资本主义全球化时代谋求如何突破资本主义制度的铁笼，重新将“共产主义观念”祭上神坛，以一种决绝的姿态重新捍卫共产主义事业。②

张晓萌的《欧美世界马克思主义研究新热点新趋势——MEGA2 研究进展评述》，就欧美在新版《马克思恩格斯全集》历史考证版（MEGA2）的文本编辑、出版和理论研究方面取得的最新进展进行了分析。张晓萌指出，目前的 MEGA2 编辑工作最大限度地体现出国际化的趋势，欧美许多国家都广泛参与 MEGA2 的编辑、出版和研究工作。同时，随着 MEGA2 新卷次不断出版更新，马克思主义研究者获得了更加真实、确凿的历史资料，并由此形成了新的学术热点。这些热点包括：（1）关于 MEGA2 新成果和进展的追踪研究；（2）对 MEGA2 编辑原则与研究方法的热议；（3）随 MEGA2《资本论》及其手稿的陆续出版，马克思政治经济学再度受到关注，引发了“重建马克思主义经济学”“超越马克思主义政治经济学”等相关讨论；（4）关于马克思恩格斯思想之争。张晓萌指出，这些议题的出现和广受关注呈现出当今马克思主义研究的新特征，而这些变化都与 MEGA2 新资料的公开有着密切联系。总体而言，MEGA2 的出版极大地推动了欧美世界对马克思主义理论的关注，相关的讨论议题和理论热点更加丰富，大量资料的公开不仅增加了马克思主义研究的严谨性，同样增加了马克思思想研究的开放性。③学者所译介的国外学者在 MEGA2 编辑出版之后的研究成果，如卡尔—埃里希·福尔格拉夫博士的文章：《对〈资本论〉的新认识——写在 MEGA2 第 2 部分结束之际》④和米夏埃尔·海因里希的文章：《MEGA2 之后的马克思经济学批判——第 2 部分结束之际的小结》⑤等，也印证了张晓萌的分析。

二、关于国外马克思主义若干理论主题的研究

本年度研究的一个显著特点和成果体现在，学者们对国外马克思主义若干重要主题如政治哲学、拜物教理论、空间理论、文化批判、资本主义理论等进行深入探讨，同时也推动了国内学术界对相关问题的研究。

（一）*关于政治哲学的研究*。林进平高度评价布坎南《马克思与正义——对自由主义的激进批判》一书的学术地位，认为始于 20 世纪 70 年代直至今天英美关于“马克思与正义”论题的作品目不暇接，而布坎南的著作在其中起到了承前启后的作用，同时该书也是一部集此论题与分析哲学技巧于一体的力作。布坎南试图综合各种在他看来能够立足的理论观点，重构马克思关于正义的基本立场与基本观点，并将之与罗尔斯的正义论相比照，彰显双方理论的不同特点。林进平认为，布坎南的著作是解读马克思主义对正义、权利批判的一大佳作，也是从马克思与正义的关系入手把握马克思对自由主义激进批判的力作。他与其他一些学者对该论题的研究，表现了一种试图审视马克思的伦理和政治思想以及社会正义理论的重要努力。他们的探讨也带来了对马克思关于正义、权利、法律、道德、宗教和意识形态的重新思考，焕发了马克思主义的生命力，而且对于现在方兴未艾的马克思主义政治哲学的探讨也有直接的助益。林进平同时也指出，布坎南并没有阐释马克思与正义的所有关系，无法看到“正义”在马克思思想历程中的发展轨迹，且布坎南对法权观念的批判过多地停留在理想的视角上，因而弱化了历史唯物主义的根本作用。⑥段忠桥的《平等主义者的追求应是消除非自愿的劣势——G. A. 科恩的“优势获取平等”主张及其对德沃金的批评》⑦和《G. A. 科恩论阿玛蒂亚·森的“能力平等”》，⑧阐述和评价了科恩的“优势获取平等”主张及其对德沃金、阿玛蒂亚·森的“平等观”（Equality of What）的评价。认为在“什么的平等”这一问题上，科恩的“优势获取平等”是对前人研究成果的进一步超越。李义天的文章讨论了凯·尼尔森的道德理论，认为其提出的语境主义理论值得重视。根据凯·尼尔森的观点，那些决定道德具体内容和形态的物质基础与现实生活构成了道德的存在语境。语境的客观性和合理性，以及它对于道德的优先地位和决定能力，使道德即便作为一种主观的、被决定的上层建筑要素，也存在客观性和合理性。因此，马克思主义的道德观既不是纯客观主义的，也不是纯主观主义的，而是一种语境主义。⑨

（二）关于拜物教理论的研究。马克思的拜物教理论在从西方马克思主义到后马克思主义那里都有深刻的影响。夏莹在《马克思拜物教理论的双重内涵及其在西方马克思主义中的演化路径》中对此进行了分析。她认为，从理论自身的演进历史来看，拜物教研究可划分为三个不同的发展阶段：以查尔斯·德·布霍斯为代表的启蒙思想家的研究；以马克思的拜物教理论为代表的研究；弗洛伊德对拜物教的再次改造。其中后两个历史阶段的研究占据重要的地位。夏莹指出，马克思将拜物教理论从人类学研究带入哲学研究视域当中，包含两个内涵：“解蔽”的启蒙内涵与“呈现现实”的现象学内涵。卢卡奇的物化理论和本雅明的意象辩证法的观念，分别继承了马克思商品拜物教的这两个内涵。在当代西方马克思主义理论嬗变中，拜物教理论的研究则更多地吸纳了弗洛伊德的相关思想，从而使得研究的指向发生了变化：即马克思着意于“向外”关注拜物教中的“物”如何具有神秘性的问题，而弗洛伊德则着意于“向内”关注于拜物教中的人何以对物产生无休止的迷恋。当代激进左派代表人物齐泽克对于物的幽灵化的研究是这种研究转向的典型代表。⑩韩立新撰文认为，过去由于受卢卡奇和苏联教科书体系的影响，学术界对异化（Entfremdung）、拜物教（Fetischismus）、物象化（Versachlichung）、物化（Verdinglichung）等概念没有做严格的区分。但是，黑格尔和马克思都曾区分过“物象”（Sache）和“物”（Ding）概念。在马克思那里，物象化和拜物教基本上同义；物象化不同于异化，它属于一种复杂的社会关系结构；异化则是一种主客关系结构，从异化到物象化意味着早期马克思思想框架的转变。至于物化概念，虽然卢卡奇、广松涉、平子友长都讨论过，但如何定义物化还没有定论。韩立新强调，今天我们应该将这些概念区别使用。⑪

（三）关于空间理论的研究。近年来，对国外马克思主义空间理论的探寻已成为学界一个重要的学术生长点，学者们的研究也不断深入。崔丽华对“空间转向”问题进行了分析，她首先勾勒出传统空间理论的两条逻辑线索：从朴素的空间观到形而上学的空间观和人文主义思潮下的空间观，并指出传统空间理论存在的三个理论困境：二元论的倾向、社会性思考的缺失以及空间维度的弱势地位。崔丽华指出，“空间转向”的兴起既得益于20世纪以来随社会实践的不断发展，社会生活呈现出的高度流动性、共时性、互动化和网络化特征；也得益于理论本身的发展，即后现代主义思潮的兴起对历史决定论的消解、后现代地理学对空间问题的重视。崔丽华强调，空间已成为学术研究的主词，并以三种路向即结构主义路向、文化发展路向和地理学路向构成了当代“空间转向”的主线，三种路向的代表人物分别是吉登斯、詹姆逊、索亚。⑫李秀玲的文章对爱德华·索亚的空间正义思想进行了评析，指出爱德华·索亚空间思想主要体现在其空间三部曲《后现代地理学》、《第三空间》和《后大都市》，以及2010年出版的《寻找空间正义》。空间正义思想是其多年来对社会、空间和城市进行批判性后现代分析的结果，对空间正义理论和实践的探讨是索亚思想一个新的突破点。李秀玲指出，索亚对空间正义理论的贡献，主要在于他探讨了空间正义的理论基础，梳理了空间正义思想的演进，进而揭示了空间正义思想的当代意蕴，使得空间正义概念逐步明晰，创建空间正义理论的框架或思路逐渐清晰。索亚对建立空间正义理论的思考，具有开拓性意义，对当代空间正义研究有推动作用。⑬

（四）关于文化批判的研究。文化批判一直是西方马克思主义的主题之一。陈慧平在《伯明翰学派“大众文化”的三大特征及其借鉴意义》中对伯明翰学派的“大众文化”进行了深入分析。指出“大众文化”是伯明翰学派的理论内核，但由于缺乏系统化理解，导致了两种非此即彼的对立态度：或被理解为积极的左翼政治的承载物，具有革命性潜能；或被理解为消极的右翼政治的寄生物，表征着庸俗文化的泛滥。陈慧平从社会系统的高度分析了伯明翰“大众文化”的三个特征，即从环境因素着眼，大众文化的产生与发展具有情景性特征；从运行方式着眼，大众文化的内涵与外延具有辩证性特征；从结构着眼，大众文化的呈现方式与发展趋势具有开放性特征。陈慧平指出，这些特征表明了大众文化既不是纯消遣性的庸俗文化，也不是纯政治性的革命文化。她强调，今天的人类文化整体上面临“更新换代”，文化研究要取得重大进展必须从文化变迁的高度，立足于具体的社会现实，遵循辩证的原则，扎实有效地推进，这是伯明翰学派“大众文化”的借鉴意义之所在。⑭吴友军与张宇雷合著的《本杰明的现代都市文化批判思想》，探讨了法兰克福学派代表人物本杰明的都市文化批判思想。文章指出，本杰明通过对巴黎拱廊街的研究，发现了现代性文化的密码，发现了现代文化和野蛮之间的内在关联，认为这是法兰克福学派启蒙辩证法理论的先兆甚至核心。作者指出，本杰明的文化批判尤其是现代都市文化批判在法兰克福学派历史上具有重要的地位和价值，这使得本杰明成为马克思主义城市研究、城市空间文化研究的重要人物。他的理论对当代马克思主义文化研究、对于当代中国城市文化、城市空间文化研究具有重要启示意义。⑮

（五）关于资本主义理论的研究。陈慧平在《国外资本主义理论新动向》中评介了新近出现的演化的资本主义理论。文章指出，面对当前资本主义世界的各种危机，一些西方学者试图突破传统政治理念，从全新的视野来诠释资本主义的来源、本质、走向。他们认为，从当代社会的现实情况看，左派与右派的观念之争对于理解复杂且变动着的资本主义社会来说都过于简单了，有必要引入自然和历史的视角，从演化的角度来看待资本主义及其问题。该理论认为，人类社会是自然演化的产物，变化是世界的本质，资本主义就是演化过程的产物。在当代，演化迫使资本主义调整自身，从而具有了灵活的多面性特征，体现出自否性，一方面国有制在资本主义经济中发挥越来越重要的作用，另一方面资本主义民主的危机意识越来越突出。陈慧平评价说，演化理论把自然和历史视角引入对资本主义制度的研究，有值得借鉴之处，比如用动态的眼光看待资本主义，但该理论也隐含把社会主义作为广义资本主义演化的一部分的“趋同论”观点，应引起我们的警觉。⑯江阳的《合法性危机与财政危机——美国马克思主义者对马克思经济危机理论的继承与发展》评析了美国马克思主义者针对主流社会科学关于“国家调节可以使资本主义避免陷入危机”的理论主张提出的合法性危机和财政危机理论，这两种危机理论从政治矛盾的视角再次揭示资本主义必然陷入危机的趋势和逻辑。江阳认为，合法性危机与财政危机理论是美国马克思主义者对马克思经济危机理论的继承与发展，它们与马克思经济危机理论一起，为理解21世纪全球资本主义危机的发展提供了有益的理论线索。⑰

三、代表人物思想研究

（一）对西方马克思主义代表人物思想的研究。都岩的《卢卡奇青年时期对自然概念的理解》，把研究视角投向卢卡奇青年时期的思想，指出卢卡奇对“自然”概念的社会学理解是为了揭露现代科学意识具有的资本主义意识形态性质，从而打破物化意识的僵局。⑱罗松涛的《生命的辩证法——基于阿多诺的非同一性哲学思考》认为，阿多诺非同一性哲学语境中的生命辩证法具有双重意蕴：它一方面致力于揭示现代社会的物化使得个体生命经验与死亡经验成为虚假的同一；另一方面则试图在对生命的理论思考与特定的历史现状、具体的社会制度之间保持一种不可化约的辩证张力。⑲余在海和焦佩峰的《马尔库塞对现象学的接纳和批判》指出，相较于法兰克福学派其他成员，马尔库塞对现象学运动的了解更为全面，判断更为准确。一方面强调了海德格尔的一般此在现象学对胡塞尔先验现象学的突破，另一方面又对海德格尔的现象学持批判的态度，指出海德格尔仅停留于对一般此在之历史性的生存论分析，而跳过了历史此在的物质内容，因此在他那里，具体哲学最终仍是一种“先验哲学的变种”，一种“虚假的具体”。⑳魏小萍在《交往、规范与制度：哈贝马斯与马克思批判指向的比较》中指出，在哈贝马斯思想的发展进程中，与自由主义左翼学者罗尔斯逐渐趋近，而与马克思渐行渐远。马克思对资本主义的批判指向其经济关系，哈贝马斯对晚期资本主义的批判诉诸人们的交往理性，几乎没有直接触及马克思政治经济学批判研究的核心问题域。㉑王葳蕤在《阿尔都塞论马克思主义哲学的方法问题》中肯定了阿尔都塞式解读马克思的积极方面。[22]

（二）对后马克思主义代表人物思想的研究。齐泽克是当代享有世界声誉的后马克思主义思想家。李西祥在《从卑俗到崇高——论拉康之“对象 a”到齐泽克之“崇高对象”的嬗变逻辑》中分析了“卑俗”与“崇高”的逻辑嬗变，指出齐泽克意识形态理论中的崇高对象，与拉康精神分析理论中的“对象 a”关系非常密切，崇高对象就是“对象 a”在现实世界的赋形。[23]仰海峰在《物的嘲讽与主体消亡的宿命：鲍德里亚的思想主题》中，从思想史与历史的结合分析了鲍德里亚关于“物”的思想。进而指出，鲍德里亚所处的消费社会，在电子媒介的中介下，符号—物支配地位的确立形成了一个物体系的世界，对这个世界的讨论构成了鲍德里亚思想的重要主题。[24]

（三）对“东欧新马克思主义”代表人物思想的研究。科西克是捷克斯洛伐克最著名的新马克思主义代表，其著作《具体的辩证法》被认为可媲美于卢卡奇的《历史和阶级意识》。员俊雅在《科西克：辩证法何以可能把握社会历史?》中，认为对科西克而言，具有辩证思维的历史主体、批判的革命的实践和人道主义的价值追求，是辩证法把握社会历史、实现“具体总体”的三件法宝。员俊雅指出，科西克的辩证法继承了黑格尔和马克思辩证法的基本思路，即将辩证法视为一种从抽象上升到具体的认识过程。而他的创新在于，试图用辩证法把握当代工业社会人与世界的关系这一新的时代问题。[25]

注：

①魏小萍：《国外马克思主义研究状况、趋势与新的端倪》，《社会科学家》，2014 年第 1 期。

②张剑：《当代西方马克思主义重要理论问题探讨》，《马克思主义研究》，2014 年第 3 期。

③张晓萌：《欧美世界马克思主义研究新热点新趋势——MEGA2 研究进展评述》，《山东社会科学》，2014 年第 12 期。

④卡尔—埃里希·福尔格拉夫著，付哲、张凤凤译：《对〈资本论〉的新认识——写在 MEGA2 第 2 部分结束之际》，《马克思主义与现实》，2014 年第 3 期。

⑤米夏埃尔·海因里希著，朱毅译：《MEGA2 之后的马克思经济学批判——第 2 部分结束之际的小结》，《马克思主义与现实》，2014 年第 3 期。

⑥林进平：《评〈马克思与正义——对自由主义的激进批判〉》，《国外理论动态》，2014 年第 2 期。

⑦段忠桥：《平等主义者的追求应是消除非自愿的劣势——G. A. 科恩的“优势获取平等”主张及其对德沃金的批评》，《清华大学学报》，2014 年第 3 期。

⑧段忠桥：《G. A. 科恩论阿玛蒂亚·森的“能力平等”》，《哲学动态》，2014 年第 7 期。

⑨李义天：《道德之争与语境主义》，《马克思主义与现实》，2014 年第 2 期。

⑩夏莹：《马克思拜物教理论的双重内涵及其在西方马克思主义中的演化路径》，《马克思主义与现实》，2014 年第 2 期。

⑪韩立新：《异化、物象化、拜物教和物化》，《马克思主义与现实》，2014 年第 2 期。

⑫崔丽华：《传统空间理论的困境及当代“空间转向”》，《马克思主义与现实》，2014 年第 6 期。

⑬李秀玲：《空间正义理论的基础与建构——试析爱德华·索亚的空间正义思想》，《马克思主义与现实》，2014 年第 3 期。

⑭陈慧平：《伯明翰学派“大众文化”的三大特征及其借鉴意义》，《国外社会科学》，2014 年第 3 期。

⑮吴友军、张宇雷：《本杰明的现代都市文化批判思想》，《华中科技大学学报》，2014 年第 5 期。

⑯陈慧平：《国外资本主义理论新动向》，《红旗文稿》，2014 年第 24 期。

⑰江阳：《合法性危机与财政危机——美国马克思主义者对马克思经济危机理论的继承与发展》，《马克思主义与现实》，2014 年第 4 期。

⑱都岩：《卢卡奇青年时期对自然概念的理解——对〈历史与阶级意识〉及〈尾巴主义与辩证法〉中自然概念的考察》，《教学与研究》，2014 年第 4 期。

⑲罗松涛：《生命的辩证法——基于阿多诺的非同一性哲学思考》，《马克思主义与现实》，2014 年第 5 期。

⑳余在海、焦佩峰：《马尔库塞对现象学的接纳和批判》，《马克思主义与现实》，2014 年第 3 期。

㉑魏小萍：《交往、规范与制度：哈贝马斯与马克思批判指向的比较》，《马克思主义哲学》，2014 年第 9 期。

㉒王葳蕤：《阿尔都塞论马克思主义哲学的方法问题》，《教学与研究》，2014 年第 12 期。

㉓李西洋：《从卑俗到崇高——论拉康之“对象a”到齐泽克之“崇高对象”的嬗变逻辑》，《云南大学学报》（社会科学版），2014年第1期。

㉔仰海峰：《物的嘲讽与主体消亡的宿命：鲍德里亚的思想主题》，《国外社会科学》，2014年第6期。

㉕员俊雅：《科西克：辩证法何以可能把握社会历史?》，《世界哲学》，2014年第6期。

（作者：黄继锋，中国人民大学教授；
陈美灵，中国人民大学博士生）

哲　学

马克思主义哲学

王　东　王晓红

2014年，中国马克思主义哲学研究的主题，依然是改革开放新阶段、新起点的理论创新。通过对理论界一年来学术研究状况的认真梳理，发现主要探讨了以下五个具有生长点意义的重大问题：全面深化改革的理论源头和哲学基础；《资本论》哲学思想的当代阐释；中国特色社会主义哲学基础新探索；国家与改革现实问题的哲学思考；生态文明的哲学思考。

一、全面深化改革的理论源头和哲学基础

2014年是深入贯彻落实党的十八届三中全会精神、全面深化改革的开局之年，学者们围绕着改革的理论来源、改革的对象和内容、思路和方法等问题展开了深入的哲学思考。

北京大学王东教授的《系统改革论——列宁遗嘱，苏联模式，中国道路》[①]一书，通过对列宁晚年论著和苏联模式的研究，系统深入探讨了社会主义的改革源头、改革对象、改革思路等重大问题，提出了一些颇具新意的理论观点。该著作对列宁晚年思想从历史背景、形成过程、理论源头三个方面做了深入阐发，认为列宁的晚年思想是对俄国道路的理论反思，主旨是探索俄国现代化的创新性道路，列宁的晚年思想这一思考没有局限在新经济政策上，而是从经济、政治、文化三个层面展开系统探索，这是其社会主义观的制高点。该著作认为我们要推进中国特色社会主义事业发展，需要全面了解和掌握社会主义发展历史。这就要求我们从历史角度搞清楚苏联模式的发展过程。王东利用苏联解体前后解密的历史档案材料，揭示苏联模式形成过程，概括苏联模式基本特征，探讨苏联模式得失原因。在此基础上，该书聚焦当代中国改革开放事业，对中国改革的内涵和路径进行梳理和归纳，提出了一些具有参考价值的深刻见解。

该书前有黄枬森先生所作的序：富有新意的理论开掘。黄先生指出，《系统改革论》一书，是王东同志经过潜心研究，写出的一部有分量的马克思主义思想史学术专著。这部书研究的中心问题，是列宁后期的新经济政策思想，尤其是他生命最后时刻用粗线条勾画的落后俄国社会主义建设道路的总体构想。应当说，这是一个有意义的研究课题，也是一项有创新的科学成果。列宁逝世之后，特别是第二次世界大战后，出现了新的形势和新的问题。当代马克思主义发展，面临着两个最为重大、最为迫切的时代课题：一是出现了全球性的科学技术革命，给现代科学认识和社会发展，带来了一系列前所未有的新特点；二是通过改革打破过度集中的僵化苏联模式，探寻适合本国特点的，尤其是那些原先经济文化落后国家的社会主义建设道路。在深入发掘列宁的理论贡献和精神贡献方面，这本书的工作是有独创性和开拓性的，有助于我们对列宁主义的思想实质作出新的理解。

2014年1月21日是列宁逝世90周年。[②]在全面深化改革的开局之年，北京学术界结合马克思主义理论史研究，积极探索列宁思想新的时代内涵，尤其从列宁晚年领导苏俄社会主义实践思想中挖掘社会主义改革的理论资源，有助于为中国特色社会主义建设事业提供坚实的学理支撑。列宁思想研究会会长、北京大学哲学系教授王东认为，改革的最大困难之一在于盲

目、僵化的形而上学思维。中国伟大的改革实践亟待深化改革的系统理论。因此，必须继承并弘扬马克思主义经典作家的思想遗产，尤其是汲取列宁哲学思想的精华，创新改革的方法论。“深入挖掘列宁晚年思想，将为我们创新改革的新方法、新理论提供重要思想资源，有利于形成新时代的中国系统改革论。”列宁哲学思想的精髓，较集中地反映在两本哲学著作中。在《唯物主义和经验批判主义》中，列宁把唯物主义与辩证法、反映论、实践论结合起来，是“继马克思、恩格斯之后把辩证唯物主义认识论系统化的第一次重大尝试”。王东提出，在马克思主义思想视域中，发掘列宁的辩证唯物主义认识论，是确立解放思想、实事求是思想路线的重要理论来源之一。而列宁的《哲学笔记》，蕴含着系统研究辩证法、认识论的总体构想，是马克思列宁主义在当代最富有活力的重要生长点，“它启迪我们从哲学高度总结科技革命的最新成果和现代科学认识发展的大趋势，把马克思主义辩证法、认识论系统化，为探寻改革之路创造现代科学认识论和方法论”。

列宁晚年对社会主义建设道路的探索，充分展示了他运用辩证法和认识论的高超理论建构能力，在工作中显示出灵活的思想方法特色。“列宁思想方法的最大特点是原则性与灵活性相结合。”王东表示，“要通过劳动来创新国家、规范资本，开创社会主义发展新模式”。美国和西方模式的特点是在资本膨胀后，绑架国家、控制劳动；苏联模式的弊端则在于压抑生产力发展和人的本质力量的解放。“这就要求我们既要超越苏联国家垄断、国家资本化模式，又要超越美国资本垄断、资本主体化模式。”列宁晚年对社会主义建设道路的探索，在处理劳动、资本、国家三者关系方面，为我们提供了破解实践难题的重要思路。

在经济改革方面，列宁的一个突出贡献是通过实行新经济政策，解决了“市场”和“社会主义”水火不容的体制运行难题。在政治改革方面，重点是反对官僚主义和贪污受贿，让普通工人、农民积极参与对党和政府的监督。在文化建设方面，列宁认为文化落后的俄国，只有实现文化革命，吸收和改造人类历史上的思想文化成果，才能成为完全的社会主义国家。列宁晚年的政治构想贯穿了社会主义经济、政治、文化建设一体化的基本思想和“全盘改革”的原则，这无疑是我们全面深化改革过程中，制定经济社会发展战略的重要思想资源。王东指出：“我国改革的主要理论渊源和理论根据，不是资本主义，而是科学社会主义；改革之路的深刻根源首先在社会主义自身发展之中，在马克思主义之中。”只有从理论上澄清这些问题，才能使改革始终保持正确航向，彻底战胜各种错误思潮对社会主义改革实质的歪曲。

安启念说，列宁在任何时候都没有放弃自己的理想、信念、原则，但在具体“怎么做”的问题上，他无比灵活。实践对列宁具有首要的意义，这生动地体现在：战时共产主义、新经济政策的探索，是适应变化了的实践和形势的做法；推进政治、经济、社会、文化全面建设，也是新经济政策背景下针对实践中出现的新问题而采取的新做法。列宁的思想方法是他留给世界社会主义运动理论与实践的宝贵精神财富。

贾建芳表示，党的十八届三中全会强调注重改革的系统性、整体性和协同性，反映了我国全面深化改革的特点。我们正在进行一项宏大的改革系统工程，比以往任何时代都更需要系统周密的理论思维。

季正聚认为，列宁的理论创新动力来自深刻的问题意识。列宁总是带着各种问题去观察思考现实，并在解决问题中促进实践的发展，检验并创新自己的思想理论。当前，学术界要警惕历史虚无主义思潮的泛滥，它以“学术研究”的面目出现，妄图重写历史，歪曲和否定无产阶级革命历史和世界共产主义运动中的革命领袖。这种思潮本质上不敢正视历史现实，不能提出真问题，更难以解决实践难题，是不具有任何创新能力的伪学术。

程恩富认为，必须高度重视改革的方法论，坚持总体与局部相结合的系统方法、准确与依法相结合的科学方法、幸福与富强相结合的统筹方法、市场与政府相结合的双重方法、自主与开放相结合的互促方法。③

杨春贵认为全面深化改革要坚持正确的方法论：（1）正确处理改革与发展的关系，围绕实现“两个一百年”发展目标全面深化改革；（2）正确处理经济体制改革与其他体制改革的关系，以经济体制改革为重点全面协调推进各方面改革；（3）正确处理经济体制改革中政府与市场的关系，使市场在资源配置中起决定性作用和更好地发挥政府作用；（4）正确处理“项层”与“基层”的关系，把做好“顶层设计”同鼓励“基层创新”紧密结合起来。④

韩庆祥指出，要解决好改革发展稳定这一根本性或命运性问题，发挥好动力、平衡和调整三个根本机制的作用，我们的国家治理体系和治理能力就必须实现现代化：一是由过去相对注重国家管制走向注重国家法治，注重法治及制度的力量；二是由过去相对注重国家统治走向现代共治，即国家的“法”治、社会的“自”治、公民的“能”治和“德”治；三是由国家的权力管制走向国家的“能”治，即靠能力来治理。他还指出，谈论改革应当注意十大问题：改革中的“变”与“不变”、“前进”与“回归”、“进步”与“代价”、“不好的改革”与“好的改革”、“中央”与“地方”、“政府力量”与“市场力量”、“政治宣传”与“学理支撑”、“物象世界”与“观念世界”、“特殊”与“普遍”的问题。[⑤]

庞元正认为加强对全面深化改革的方法论研究，有三个重大问题尤其需要加以关注：第一，既要坚持顶层设计又要注重基层探索；第二，既要重视改革路线图的制定又要注重基础性的制度建设；第三，既要坚持系统论又要坚持重点论。[⑥]

二、《资本论》哲学思想的当代阐释

马克思主义哲学界对包括《资本论》写作手稿在内的《资本论》文本群进行了更为深入的新探索，旨在为中国特色社会主义道路的理论创新与制度创新，发掘理论来源和哲学基础。

孙熙国、尉浩对《1844 年经济学哲学手稿》与《资本论》进行了比较研究，指出马克思在《1844 年经济学哲学手稿》中所讲的“异化劳动”理论不是“人本主义的价值悬设”，而是“从当前的经济事实出发”考察现实具体劳动的结果，它同后来的资本批判理论在本质上是一致的。这主要体现在《1844 年经济学哲学手稿》中所论述的异化劳动和马克思在以《资本论》为代表的系列论著中所论述的资本，无论从历史和逻辑起点上看，还是从实质（资本对劳动过程的支配）、生产结果（资本对劳动结果的支配）、思想主旨和实践主题（无产阶级和人类的自由、发展和解放）上看，二者都是连贯而一致的。[⑦]

为纪念《1844 年经济学手稿》写作 170 周年，侯才结合哈贝马斯、阿尔都塞、阿伦特、海德格尔等人的相关评论，对《手稿》的性质、地位特别是有争议的主要问题进行某种再释和讨论。《手稿》是马克思“新唯物主义”的真正发源地和秘密，这集中体现为马克思通过《手稿》对“劳动”概念的深入探索、分析和阐释，初步而系统地创制了自己的新实践观（其形式是仍带有经济学特色的劳动观），从而为整个“新唯物主义”体系大厦奠定了最初、然而也是最重要的基础。[⑧]

王峰明、牛变秀探讨了马克思《资本论》及其手稿中的“资本”概念，指出资本（家）之为“资本（家）”的基本内涵是：（1）只要是资本，就必然会追求“价值增殖”，即追求剩余价值的生产和创造，价值增殖从而成为资本主义经济运行的客观内容，也是资本家阶级的主观目的和动机；（2）资本要实现价值增殖，就必须有“雇佣劳动”存在，就必须与工人发生“雇佣关系”，没有雇佣劳动和雇佣关系，只会发生单纯的货币量的增加，绝不会发生价值增殖；（3）雇佣劳动体现的是“死劳动”对“活劳动”，或者说“物”对“人”的一种单向度的和不平等的支配权，与分工和协作的“劳动关系”或“技术关系”不同，这种支配权作为物质生产过程中的“权力关系”，构成资本主义生产关系的实际内容。王峰明还考察了《资本论》及其手稿中的生产方式范畴。他指出，从《资本论》及其手稿来看，在不同的语境中，生产方式范畴具有不同的规定，这些规定或者源自物质生产中的“物”的方面即生产资料，或者源自其中的“人”的方面即劳动本身；在后者，又或者源自人的“技术的”社会关系，或者源自人的“权力的”社会关系；最后，还可以源自这些不同方面的综合作用。生产方式范畴侧重于物质生产过程的具体“式样”或“模式”，考察的是这一过程“如何进行”的问题。比之于生产力和生产关系，这一范畴所包含的内容更为丰富、更为具体。[⑨]

赵家祥分析了《资本论》及其手稿中的分工理论，指出分工是一种重要的社会现象，在社会生活中起着十分重要的作用。作为历史唯物主义范畴的自发分工，涵盖社会生活的经济、政治、思想文化等社会生活的各个方面，是指具有固定专业划分的社会活动形式。分工（包括劳动分工和劳动者分工）具有复杂的结构，形成了庞大的分工体系。资本主义的分工是自发分工发展的最完备的形态，它高于以前各个社会形态的分工，并把以前各个社会形态的分工包括在自身之中。在以生理自然和地理自然为基础的自然分工的基础上，随着社会生产力的发展，先后产生了三次社会大分工。它们属于生产领域的分工，即一般的分工。从原始社会后期产生的，存在于奴隶社会、封建社会和资本主义社会的分工，属于自发分工。自发分工在历史上经历了三种基本形态：自然经济分工、简单商品经济分工、资本主义分工。自发分工只是社会分工发展的一个阶段，它将被未来社会主义社会和共产主义社会的自觉分工所取代。[10]

张奎良探讨了马克思人的本质概念的演绎程序，他指出，伴随着1844年开始的哲学革命性变革，马克思同时在人的本质领域进行了一场深刻的革命：在短短一年半的时间里，先后提出了六个人的本质概念，并对其内涵进行了精湛的界说。马克思如此密集地推出人的本质概念，绝非偶然和无序，这是适应哲学革命性变革的需要，把实践注入人的本质概念的核心，同时把其他的人的本质要素按照其相互关联，有层次地、合乎逻辑地展开。回顾并揭示马克思的人的本质概念的演绎程序，有助于从逻辑和历史相统一的视角更深刻地理解人的本质的要义和实际应用价值。[11]

韩立新通过新的文献学研究，意图改变中国学界偏重以实践（主客关系）概念来说明马克思思想本质的做法，而以社会关系范畴作为解释的新坐标；强调区分黑格尔的异化概念和费尔巴哈的异化概念，提出黑格尔的异化概念才是马克思走向历史唯物主义的真实中介；否定了传统将《德意志意识形态》视为马克思思想从早期到成熟期的转折点的做法，而是将这一转折点提前到“巴黎手稿”，并提出这一转变的实质是马克思的思想框架从孤立的个人到社会关系的转变。[12]

此外，梁树发讨论了马克思主义的发展规律系统。[13]魏小萍分析了国外马克思主义研究状况、趋势与新的端倪，比较了马克思和哈贝马斯的批判指向。[14]聂锦芳探究了马克思本人哲学思想的起点，指出伊壁鸠鲁哲学是马克思哲学思想起点，处于起点上的马克思哲学思想已经具有的一定的水准和高度，不能再出现“低于起点”“起点之前”乃至偏离起点的理解、诠释和发挥等情况了。[15]仰海峰从世界性与民族性角度双重审视了现代性的构架。[16]杨学功探究了广义历史唯物主义视野中人的本质问题及其哲学意义。[17]鲁克俭在马克思文本研究背景下对“西方马克思学”进行了跟踪和梳理研究。[18]

三、中国特色社会主义哲学基础新探索

王伟光探讨了科学社会主义与中国特色社会主义的关系问题，指出，在当代中国坚持和发展中国特色社会主义就是坚持和发展科学会社会主义，有三大基本问题需要认真思考。一是建设中国特色社会主义为什么必须要坚持科学社会主义？因为它是历史的选择，是人民的选择；是中国特色社会主义的内在要求，是解决中国现实问题的必然要求；是应对当今复杂多变的国际局势的要求。二是建设中国特色社会主义我们要坚持科学社会主义的哪些基本原则？包括科学社会主义的两大基石即唯物史观和剩余价值理论、“两个必然”“两个决不会”“两个决裂”的辩证统一、阶段论、阶级分析方法等。三是建设中国特色社会主义应如何坚持好和发展好科学社会主义？第一，不要忘记我们的老祖宗，多读读老祖宗的书；第二，要靠理想信念，坚定共产主义的远大理想；再次要坚持推进改革开放，用新的实践创新、理论创新丰富科学社会主义的思想宝库；第三，要靠人民群众的实践，用人民群众的首创精神、能动作用谱写科学社会主义的新篇章；第四，要靠党的正确领导，在党的领导下办好中国的事情；最后要加强对世界社会主义理论和运动的研究，研究世界社会主义发展的普遍规律。[19]

高放分析了科学社会主义面临的当代发达资本主义的挑战。他指出，资本主义社会比以往社会更能为科技大发展提供充足的社会条件，因而能一次又一次地掀起新科技革命浪潮。当代发达资本主义可称为社会资本主义，它从垄断资本主义那里继承了垄断性、腐朽性和垂死性，但又具有区别于垄断资本主义的新特征，显示出相当强的生命力、竞争力和调节力。苏联等在与西方发达资本主义国家竞争中被打败不是科学社会主义的失败，恰恰是教条式地照搬科学社会主义或从根本上背离科学社会主义而招致的灭顶之灾。当今社会主义国家不能再采取苏联那样与发达资本主义国家对峙、对立、对抗的冷战共处的对外方针，应改为对等、对话、对流、双向交流的和平共处对外方针。要切实避免重蹈苏联覆辙，全面建成中国特色社会主义，关键是纠“左”防右，彻底纠正苏联急于求成的过“左”路线和权力过度集中的政治体制，彻底铲除封建主义余毒，同时防止西方资本主义歪风邪气的侵袭。[20]

许全兴指出，中国特色社会主义社会带有过渡性的特点，不可把特定时期的具体制度固定化、绝对化。中国特色社会主义要经历一个正、反、合的辩证历史过程，从而进到合格的比较发达的社会主义。毛泽东对中国社会主义的探索与试验是辩证发展过程中“正”的阶段，为尔后的发展做了必要的准备，奠定了基础；邓小平纠正了毛泽东晚年的错误，解放思想，实事求是，继续进行试验，初步形成了中国特色社会主义理论，其后继者进一步丰富和发展了这一理论，这是辩证发展过程中“反”的阶段；理论发展的自身逻辑和当代中国社会的现实要求需要一个“合”

的阶段，“合”不是复旧，而是在“正”“反”两阶段基础上进行综合创新。[21]

梁树发认为，中国特色社会主义事业总体布局经历了从三位一体到四位一体再到五位一体的转变。转变的客观根据是现实社会生活的变化和实践的发展，理论根据是思维方式的变化。由三位一体发展为四位一体具有思维创新的意义。由四位一体发展为五位一体尤其显示总体布局是一个开放体系。总体布局发展的实质在于社会全面和谐发展，在于社会的科学发展。这是我们党对中国特色社会主义理论体系的丰富和发展，它对中国特色社会主义实践具有直接的指导意义。[22]

郝立新指出，中国特色社会主义文化本质上是社会主义经济和政治的反映，其核心内容是社会主义核心价值体系，并通过特定观念、大众文化和日常生活表现出来；其基本特征通过实践基础、制度性质、时代特点、民族特色等方面体现出来。中国特色社会主义文化建设的基本走向是围绕实现文化强国和民族复兴的目标，在提高民族素质、传播中国价值观念、全面深化文化体制改革、扩大文化对外交流等方面推进文化繁荣发展。[23]

韩震认为，人民民主是中国特色社会主义的基本价值追求：（1）社会主义民主一直是中国共产党人倡导的价值观；（2）民主价值和制度代表着人类历史的前进方向；（3）中国道路的成功，就在于人民民主的不断扩大；（4）人民民主体现在人民的日常生活之中，体现在基层自治和民主管理之中；（5）让人民当家做主，是社会主义民主政治的本质和核心。[24]

2014 年 8 月 25 至 26 日，由新成立的中国特色社会主义理论研究会举办，中国文化研究院协办的“首届中国特色社会主义理论与实践论坛”在中央党校举行，论坛主题为“中国特色社会主义和全面深化改革”。中央党校原常务副校长郑必坚作主题报告，求是杂志社社长李捷、中央党史研究室副主任李忠杰、中央文献研究室副主任陈晋等在论坛演讲，中央编译局局长贾高建出席。来自中国特色社会主义研究会及各省级党校、社科院所、高等院校等从事中国特色社会主义理论教学研究的 120 多位专家学者参加论坛。与会人员就当前中国特色社会主义理论与实践诸多问题展开了充分的研讨和交流。[25]

为纪念邓小平 110 周年诞辰，推进邓小平所开创的中国特色社会主义研究，深化对习近平总书记系列讲话精神和十八届三中全会精神的学习研究，中央党校马克思主义理论教研部与中共四川省委党校在成都联合举办第六届中国特色社会主义论坛。本次论坛以“纪念邓小平 110 周年诞辰暨全面深化改革开放”为主题，来自全国党校系统、高校系统、社科院系统近百位专家学者参加了本次论坛。周为民、刘毅、卢中原、郭建宁、包心鉴、韩喜平、秦刚等与会学者立足当前中国发展实际，围绕“邓小平与中国特色社会主义的开创”“全面深化改革与发展中国特色社会主义”“面向‘中国问题’的马克思主义”等问题展开充分研讨。[26]

2014 年是邓小平同志诞辰 110 周年。为了继承和发展邓小平带领我们全党所开启的改革开放伟大实践，学界围绕着他的文明观、社会主义本质论、初级阶段理论等展开了深入研究。

杨金海认为，旧的资本主义文明观已经越来越不能适应时代发展的要求。邓小平同志提出的社会主义文明观为我们建构新文明观提供了唯一正确的方向。这种社会主义文明观就是“物质文明”和“精神文明”相结合的文明观。这种新文明观是在总结社会主义发展的正反两方面的历史经验、辨证性地分析批判资本主义文明观的基础上提出来的。邓小平同志的新文明观不仅对我们继续推进中国特色社会主义现代化事业有重要指导意义，而且对建构当今人类的新型文明观也有重大价值。应当增强构建人类新文明的理论自觉、理论自信和担当精神。[27]

李德顺指出，邓小平关于社会主义本质的规定，不仅科学地体现了对社会主义历史必然性在条件和过程方面的认识，同时也旗帜鲜明地阐述了社会主义的核心价值，体现了真理与价值统一的全新社会主义观。这一理论是中国特色社会主义事业的重要思想形态，需要从理论和实践的结合中加以深刻理解和阐发，以利今后的实践。[28]

吴向东认为，邓小平的社会主义本质论，将价值目标置于首位来界定社会主义，矫正了对社会主义实证化、制度化的理解，彰显了社会主义的价值维度。富强、公平、和谐是包含在其中的社会主义核心价值观。邓小平的核心价值观思想不仅是对马克思主义基本理论的继承，而且是与中国实践、中国语境相结合的产物，具有鲜明的中国特色和中国社会主义所处历史方位的特点，为我们深入理解和推进社会主义核心价值观及其研究提供了重要的思想资源和方法论。[29]

四、国家与改革现实问题的哲学思考

关于社会发展，丰子义探讨了全球化与文明的发展和建设问题，指出人类文明从远古时期各文化发源地孤立发展的状态，到古代几大文明中心的形成，再到近代以来各大文明连为一体，就是通过各个国家、民族之间日益增强的交流和交往而实现的。文明发展程度和全球化发展程度是一致的。文明意味着进步，但文明的发展又包含着深刻的内在矛盾。全球化的顺利推进，客观上要求文明的跟进，文明是全球化的内在要求。就此而言，全球化不仅仅是一个纯粹经济问题，同时是一个文明问题。他还从方法论的角度来审视了如何看待机遇的问题。[30]

关于意识形态问题，赵敦华梳理了国内外关于马克思恩格斯的意识形态理论的五类不同观点，分析了马克思恩格斯为什么没有使用“无产阶级意识形态”这一术语的可能的原因，指出马克思恩格斯从来没有把无产阶级的阶级意识与任何形式的意识形态混为一谈，对他们而言，即使与资产阶级意识形态相对立，无产阶级的阶级意识也不是任何意义上的意识形态。[31]

冷溶探讨了群众路线的由来，指出群众路线是党的生命线和根本工作路线，贯穿于党的一切工作中。它是在红军时期孕育产生的，主要创立者是毛泽东同志，同时凝结着党的集体智慧。群众路线概括了党的宗旨，提出全心全意为人民服务的思想；概括了党的领导方法和工作方法，即“从群众中来，到群众中去”；概括了党的三大作风，深刻阐述了密切联系群众的群众路线和实事求是的思想路线的关系，使群众路线理论上升到哲学高度。[32]

关于国家治理的现代化问题，刘军认为，从马克思主义国家理论的角度来看，推进中国国家治理现代化，需要从以下几个方面着手：现代国家治理的核心原则和价值目标要坚持以人为本，进而促进人的自由全面发展；现代国家治理的主体结构要从政府单一主体转变为多元复合主体；现代国家治理的主要方式要从政治统治转变为社会治理；现代国家治理的未来发展方向是走向社会自主治理。[33]

关于社会主义核心价值观问题，韩震认为，公平正义是反映中国特色社会主义制度性质的最根本的社会主义核心价值观。自古以来，“公平正义”就为许多中外思想家和仁人志士所向往，并把公平、公正看作价值理想，同时“公平正义”也反映着人民的愿望，代表着人类历史前进的方向，具有引导人类文明进步的普遍世界历史意义。公正价值观具有历史性、阶级性和相对性。在现实社会的实践活动中，实现历史进程中的过程性“公平正义”，是马克思主义特别是马克思主义中国化的特征。公正价值观与其他价值观相互支撑：公正可以促进和谐，有公正才有和谐，没有公正，就没有富强、民主、文明、和谐的社会；没有公正，也就没有法治秩序下的自由、平等生活；没有公正，就不能塑造诚信友善、勤劳敬业的人民。[34]

郭建宁认为，国无德不兴，人无德不立。要把中华优秀传统文化、中华传统美德作为涵养社会主义核心价值观的重要源泉。核心价值观其实就是一种德，既是个人的德，也是一种大德，就是国家的德，社会的德。他还探讨了文化主体性与价值观自信问题，指出文化主体性是文化传承创新的前提，中华优秀传统文化可以为认识世界和改造世界提供有益启迪，为治国理政提供有益启示，为道德建设提供有益启发。价值观自信是保持民族精神独立性的重要支撑，中国人的价值观和精神世界，始终深深植根于中华优秀传统文化之中，同时又随着时代进步而与时俱进。[35]

顾海良认为，在社会主义核心价值观教育和践行中，要勇于探索，开拓创新，担当起“明大德”及其与“守公德”“严私德”整体并进的理论研究和实践引导。[36]

五、生态文明的哲学思考

党的十八大报告将生态文明建设与经济建设、政治建设、文化建设、社会建设并列，形成了“五位一体”的总布局。党的十八届三中全会进一步提出，必须建立系统完整的生态文明制度体系，用制度保护生态环境。学界们对相关问题进行了深入的哲学思考。

陈志尚认为，为了大力推动生态文明建设，一方面，学术界应更加积极地研究“生态文明”的科学内涵，以求尽快从理论方面取得新的成果，有力助推生态文明事业的发展；另一方面，不仅要建立科学的生产观，还要建立科学的需要观、消费观。[37]

韩震认为，在构建生态文明的过程中，高等学校可以发挥重要的作用。生态文明世界观的飞跃必须以大多数人民的生活方式的认同加以体认，才能得以对象化和具体化。高等院校要为这种新的世界观转变为全社会的生活方式寻找可行的途径。人类需要把自己的欲望控制在生存和发展的需要范畴之内，减少无谓的浪费。人类需要把自己的欲望引向精神和文化的消费，即减少物质消耗，也促进人的内在性升华。[38]

洪向华、李宏伟认为，现代化建设“五位一体”中，必须把生态文明建设放在突出地位，融入经济建设、政治建设、文化建设、社会建设各方面和全过程，努力建设美丽中国，实现中华民族永续发展。为此，须从以下几方面着手：一是培育生态文明理念和意识；二是落实生态文明建设战略部署；三是完善制度，建构生态文明建设保障机制。[39]

李富君分析了威廉·莱斯的生态学马克思主义思想，指出，在对当时流行的关于生态危机性质和根源的观点进行批判的基础上，威廉·莱斯对生态问题的根源和出路作了积极探讨。在他看来，控制自然的观念是资本主义社会生态问题的最深层根源，并由此提出具体的解决方案，即变革经济发展模式，实行一种稳态的经济模式；重新评价人的物质需求，发展一种新的需求观；改变现有的消费方式等，从而在理论上奠定了以生态危机理论为重心的生态学马克思主义的理论框架。威廉·莱斯的思想不仅对西方生态学马克思主义的形成做出了决定性贡献，而且对于我们当前解决生态危机、建设生态文明也具有重要启迪。[40]

综上可知，北京的马克思主义哲学界承续了“百花齐放，百家争鸣”的生动场面，在理论创新上取得了丰硕的成果，为当前中国特色的社会主义建设起到巨大的推动作用，为 21 世纪中国的哲学创新、科学发展开掘了重要的理论源头和哲学基础。

注：

①王东：《系统改革论——列宁遗嘱，苏联模式，中国道路》，吉林人民出版社，2014 年版。

②《纪念列宁逝世 90 周年 探索列宁思想时代新内涵》，《中国社会科学报》，2014 年 1 月 20 日。

③程恩富：《改革的五大思维和工作方法》，《人民论坛》，2014 年第 4 期下。

④杨春贵：《全面深化改革要坚持正确的方法论》，《理论视野》，2014 年第 1 期。

⑤韩庆祥：《改革总目标与三个根本机制》，《新湘评论》；《谈论改革应当注意十大问题》，《人民论坛》，2014 年第 1 期上。

⑥庞元正：《全面深化改革方法论研究的三个重大问题》，《理论视野》，2014 年第 4 期。

⑦孙熙国、尉浩：《论马克思异化劳动理论与资本批判理论的统一》，《中国高校社会科学》，2014 年第 4 期。

⑧侯才：《马克思“新唯物主义”的真正诞生地和秘密——纪念〈1844 年经济学哲学手稿〉写作 170 周年》，《哲学动态》，2014 年第 8 期。

⑨牛变秀、王峰明：《“资本”究竟是什么？——基于马克思〈资本论〉及其手稿的阐释》，《学习与探索》，2014 年第 7 期；王峰明：《马克思“生产方式”范畴考释》，《马克思主义与现实》，2014 年第 4 期；《马克思生产关系概念的本质规定和历史嬗》，《哲学研究》，2014 年第 8 期；《要在生产方式的高度认识剥削问题》，《思想理论教育导刊》，2014 年第 2 期。

⑩赵家祥：《〈资本论〉及其手稿中的分工理论——基于历史唯物主义的视域》，《学习与探索》，2014 年第 7 期。

⑪张奎良：《马克思人的本质概念的演绎程序》，《马克思主义研究》，2014 年第 11 期；《马克思人的本质思想的全景展示》，《天津社会科学》，2014 年第 1 期。

⑫韩立新：《“巴黎手稿”：马克思思想从早期到成熟期的转折点》，《哲学动态》，2014 年第 7 期。

⑬梁树发：《试论马克思主义发展规律系统》，《教学与研究》，2014 年第 1 期。

⑭魏小萍：《国外马克思主义研究状况、趋势与新的端倪》，《社会科学家》2014 年第 1 期；《交往、规范与制度：哈贝马斯与马克思批判指向的比较》，《哲学研究》，2014 年第 9 期。

⑮聂锦芳：《作为马克思哲学思想起点的伊壁鸠鲁哲学》，《北京大学学报》，2014 年第 9 期。

⑯仰海峰：《现代性的构架：世界性与民族性的双重审视》，《哲学动态》，2014 年第 4 期。

⑰杨学功：《广义历史唯物主义视野中人的本质问题及其哲学意义》，《学习与探索》，2014 年第 10 期。

⑱鲁克俭：《西方马克思学在中国》，《中共天津市委党校学报》，2014 年第 5 期。

⑲王伟光：《当代中国坚持和发展科学社会主义的三大基本问题》，《马克思主义研究》，2014 年第 8 期。王伟光：《坚持和发展毛泽东思想 坚定不移地推进中国特色社会主义》，《马克思主义研究》，2014 年第 2 期；《对中国特色社会主义理论体系的丰富和发展》，《哲学动态》，2014 年第 3 期。

⑳高放：《科学社会主义面临当代发达资本主义的挑战》，《中共天津市委党校学报》，2014 年第 3 期。

㉑许全兴：《中国特色社会主义的“正反合”》，《毛泽东思想研究》，2014 年第 7 期。

㉒梁树发：《中国特色社会主义事业总体布局演变的逻辑与意义》，《马克思主义研究》，2014 年第 1 期。

㉓郝立新：《中国特色社会主义文化的本质及走

向》，《中国特色社会主义研究》，2014 年第 2 期。

㉔韩震：《人民民主是中国特色社会主义的基本价值追求》，《党建》，2014 年第 2 期。

㉕《首届中国特色社会主义理论与实践论坛综述》，《人民网》，2014 年 9 月 17 日。

㉖《第六届“中国特色社会主义论坛”综述》，《中央党校网》，2014 年 8 月 7 日。

㉗杨金海：《邓小平新文明观的世界历史意义》，《毛泽东邓小平理论研究》，2014 年第 6 期；《邓小平社会主义文明观的深远意义》，《西南交通大学学报》，2014 年第 5 期。

㉘李德顺：《邓小平论社会主义的本质与核心价值》，《中共中央党校学报》，2014 年第 10 期。

㉙吴向东：《邓小平社会主义本质论的价值维度》，《山东社会科学》，2014 年第 11 期。

㉚丰子义：《全球化与文明的发展和建设》，《山东社会科学》，2014 年第 5 期；《社会发展视域中的机遇问题》，《哲学研究》，2014 年第 3 期。

㉛赵敦华：《“意识形态”概念的多重描述定义——再论马克思恩格斯的意识形态批判理论》，《社会科学战线》，2014 年第 7 期。

㉜冷溶：《党的群众路线的由来》，《新湘评论》，2013 年第 15 期。

㉝刘军：《从马克思主义国家理论看中国国家治理现代化》，《中国特色社会主义研究》，2014 年第 5 期。

㉞韩震：《公正是社会主义核心价值追求》，《中国特色社会主义研究》，2014 年第 6 期。

㉟郭建宁：《核心价值观：社会共识“最大公约数”》，《人民论坛》，2014 年第 8 期下；《论坚持文化主体性与增强价值观自信》，《中国特色社会主义研究》，2014 年第 6 期。

㊱顾海良：《学习贯彻习近平总书记重要讲话精神 大力培育和践行社会主义核心价值观》，《思想理论教育导刊》，2014 年第 7 期。

㊲陈志尚：《深化生态文明的理论研究》，《新视野》，2014 年第 2 期。

㊳韩震：《作为世界观的生态文明与高校的使命》，《中国高等教育》，2014 年第 17 期。

㊴洪向华、李宏伟：《美丽中国“点亮”中国梦》，《经济日报》，2014 年 4 月 17 日。

㊵李富君：《控制自然的观念与生态危机的出路——威廉·莱斯的生态学马克思主义思想论析》，《郑州大学学报》，2014 年第 11 期。

（作者：王东，北京大学教授；
王晓红，中央民族大学讲师）

中国哲学

王威威

2014 年北京地区的中国哲学研究取得了众多可喜的新进展，现从学术会议、学术著作和学术论文三个方面对这一发展状况作一综述。

一、学术会议

2014 年 6 月 21 日至 22 日，由北京师范大学价值与文化研究中心、北京师范大学哲学与社会学学院、美国国际时间学会、美国威廉玛丽大学孔子学院联合举办的“2014‘《周易》与时间’国际学术研讨会”在北京师范大学召开。此次会议围绕《周易》与“时间”这一主题，具体讨论了《周易》经文与“时间”、易学哲学中的“时”、易学与历史及历史哲学、中西时间观之不同蕴意、《周易》时间哲学的特质及变化等问题。

2014 年 7 月 4 日至 6 日，由北京大学哲学系、北京大学道家研究中心共同主办的“‘混沌与秩序：道家哲学及其现代语境’学术研讨会”在北京达园宾馆召开。与会学者围绕混沌的哲学叙事与政治隐喻，名的问题，市场经济逻辑、政治自由主义与道家精神气质，自由与秩序之间的张力，新道家以及价值与秩序等议题进行了深度研讨。

2014 年 7 月 5 日至 6 日，由中国人民大学哲学院政治哲学研究中心、《中国人民大学学报》编辑部共同主办的“‘政治哲学与当代中国’学术研讨会”在中国人民大学召开。与会学者围绕如何推动政治哲学研究对现实问题的关注以及明确政治哲学的发展方向问题展开研讨。关于中国传统政治哲学的部分，孟子的性善论与当代儒家政治哲学、龚自珍的政治哲学、康有为论地方自治与国家一统及自由与容忍的关系等问题被讨论。

2014 年 9 月 24 日，国际儒学联合会与联合国教科文组织、中国孔子基金会共同举办的“纪念孔子诞辰 2565 周年国际学术研讨会暨国际儒学联合会第五届会员大会”在人民大会堂召开。国家主席习近平出席开幕大会并发表重要讲话。他强调：“不忘历史才能开辟未来，善于继承才能善于创新。优秀传统文化是一个国家、一个民族传承和发展的根本，如果丢掉了，就割断了精神命脉。我们要善于把弘扬优秀传统文化和发展现实文化有机统一起来，紧密结合起来，在继承中发展，在发展中继承。”① 本次会议主题为“儒学：世界和平与发展”，在这一主题之下设立儒学与当代经济和社会发展，儒学与当代政治和国际关系，儒学与当代文化的发展和不同文明的对话，儒学与当代学校教育和社会教育，儒学与生态环境保护，儒学与世界和地区和平，德治与法治的关系，儒学的研究、教育、普及等议题。

2014 年 11 月 22 日至 23 日，由中国人民大学与韩国高等教育财团联合主办的“国际儒学论坛·2014”在中国人民大学国学馆举行。与会学者围绕“儒家视域中的正义与和合”这一主题进行了热烈讨论。

2014 年 11 月 30 日，由中国人民大学哲学院主办的“比较哲学方法论研讨会暨中国比较哲学学会筹备会”在中国人民大学哲学院召开。专家学者围绕中国哲学能否回到其原本的状态、比较哲学能否成立、比较哲学的目的和方法、比较的客观性以及比较的出发点与结论的关系等问题展开讨论。

二、学术著作

2014 年北京地区学者出版著作的数量不多，但却有几部具有重要学术价值的佳作。这些著作的写作均建立于对中国哲学学科建构和中国哲学研究方法深刻反思的基础之上，或者提出新的概念，或者按照新的框架建构理论体系，或者致力于新问题的研究以填补学界空白。这些著作对中国哲学研究的深入开展、研究范式的创新、中国哲学理论形态当代转化的实现均有重要意义。

张立文的专著《中国哲学思潮发展史》除“前言”“绪论”外，分为五编，共四十五章。张立文提出，中国哲学史的写作不应“照着讲”“接着讲”，而应“自己讲”“讲自己”，应追究中国哲学内在逻辑演化之道、内在转生的因缘理路，寻觅中国哲学理论思维形态创新的路径。依据核心话题的转向、诠释文本的转换和人文语境的转移三大创新规则，他将中国哲学思潮的发展历程划分为先秦原创期的道德之意思潮，秦汉奠基期的天人相应思潮，魏晋南北朝发展期的有无之辩思潮，隋唐深化期的性情之原思潮，宋元明清造极期的理气心性思潮以及当代和合之辩思潮六个时期。不同时期哲学思潮的核心话题环环相扣，逐步深入，是一个系统、有序、逻辑的演化过程。在该书中，张立文对先秦至近现代中国哲学思潮的演化过程进行了清晰的梳理，对各时期各学派和代表人物的哲学创新进行了细致入微的考察，对各时期的哲学思潮如何体现时代精神、中国哲学在当代的理论思维形态以及中国哲学思潮未来走向等问题进行了深入探讨。他提出，现代新儒学不能把握中国哲学创新的标志，其核心话题、所依傍的诠释文本仍沿袭宋明理学，没有实现创新和转生。而和合学将核心话题由宋元明清的“理气心性”转换为“和合”，将诠释文本由“四书”转换为《国语》，与当今的时代精神相匹配，从而实现了中国哲学理论思维形态的创新和转生。②

陈来的《仁学本体论》是当代儒家哲学的创新之作。在绪言中，陈来提出该书的宗旨是将儒家的仁论发展为仁学的本体论。除绪言外，该书分为十二章。第一章《明体》阐明了仁本体的含义：仁为本体，是万有之本，是流行统体，是“生生之源”，是人与万物为一体。第二章《原仁上》和第三章《原仁下》梳理了先秦至两汉儒家仁说的发展线索如下：孔子将仁发展为普遍的伦理规则；孟子从内外两方面扩充了仁说；《易传》将仁发展为宇宙的根源；《礼记》突出了仁的宇宙论意义；汉儒视仁为天心、天意和气的一种形态，使之介入到宇宙论建构中。第四章至第九章阐述了宋明儒学的仁说。第四章《仁体》提出，心学家将仁体视为心性本体，理学家则突出仁体的宇宙论、形上学意涵。第五章《道体》提出，朱熹的“道体”是宇宙论概念，仁只是道体的一个阶段，明代则有学者将二者等同，从而发展为仁体论或仁学宇宙论。第六章《天心》提出，北宋儒者多从运动变化之端论天地之心，朱熹则用“仁”定义天地之心。第七章《万物一体》提出，宋代仁说将万物一体之仁视为精神境界，王阳明则认为万物一体之仁也是心的本体，并将一体性与宇宙之一气相关联，为从客观实体方面把握仁打下基础。第八章《生物之心》探讨了朱熹仁说的宇宙论根基。第九章《生气流行》提出，朱熹将“仁”发展为具有流行贯通能力的实体，广义上的仁是包含理和气的一元总体。第十章《心本实体》评述了熊十力和梁漱溟的形上学思想。第十一章《情感本体》回应了李泽厚的“情本体论”。第十二章《仁统四德》借助宋儒的“仁统四德”说，提出“新四德”即仁爱、自由、平等、公正，进而探讨了仁与自由、平等、公正的关系以及儒家美德的现代转化问题，突出了仁学本体论的当代意义。③

胡军的《中国现代直觉论》对中国现代哲学中盛行的直觉论进行了专门、系统的研究。该书分为十章。他在第一章中提出，中国现代直觉论包括以下内容：直觉是向内处理和研究人的精神生活，生命的取向、态度、途径；任何个体生命都是一个整体；对生命的把握不能采取将其看作外在对象的认知进路；直觉不是静态的，而是动态的；直觉不是借助于对语言、语词、概念的把握，而是对生命内容的深切体悟和直接切入；直觉需经过长期努力、艰苦摸索或百般计较才有可能；直觉不仅是一种方法，更是一种境界。在这一指导思想之下，该书系统揭示了直觉论在中国现代哲学中的发展轨迹，分析了梁漱溟的直觉方法，熊十力的“真的自己的觉悟”，冯友兰的“负的方法”，方东美的“人文途径”，牟宗三的“智的直觉”和唐君毅的“超越的反省法”，并探讨了他们运用直觉方法建构的各自的哲学思想体系的得与失。④

温海明认为，将儒家伦理学归结为的德性伦理学或角色伦理学均不完善，因而，他在《儒家实意伦理学》一书中提出了“儒家实意伦理”理论。“实意”发端于《大学》的“诚意”，可解释为将意念实化。“儒家实意伦理”理论认为，儒家人格的涵养来自于儒家式意念的生成、培育和维持，并从这一维度展开其理论体系。而儒家实意伦理学是对传统儒家伦理内涵的现代理论建构，是从意识的缘发端点出发说明个人在变化的世界之中的生存和运作状态。该书共分为十章，分别选取了儒家伦理的十大问题即善与缘、身与意、境与生、己与人、意与义、孝与仁、情与礼、人与权、家与国、主与民展开论述，围绕“实意”和人与他人之间的“人缘创生力”这两个中心议题，探讨了意念发动的原初状态，说明儒家式的意念实化过程的伦理学内涵。⑤

三、学术论文

2014年北京地区学者所发表的论文也有值得关注的新成果。有学者提出了新的问题，更多学者利用新的材料，从新的角度或者使用新的方法对学术界聚讼不已的问题进行了新的解释，提出了新的观点，或者对学术界争议颇多的观点进行了新的论证。从研究对象来看，各期儒学尤其是先秦儒学仍然是研究的热点，荀子的哲学思想受到特别的关注。道家哲学中，老子和庄子的研究成果比较丰富，法家思想的现实意义多有讨论。易学哲学受到重视，尤其是易经的诠释范式问题成为多位学者的研究内容。

（一）先秦儒学

李景林对孔子的“闻道”说进行了新的解释。他提出，孔门后学有圣道传承之说，孟子的圣道传承和简帛《五行》篇的圣智论有继承关系。“闻而知之者圣”和“见而知之者智”指出了文化创制演进过程中作与述的担当者，并揭示出两种知道方式；“圣始天，智始人”和“知人道曰智，知天道曰圣”则标示出圣、智的智慧内容及其所达到的精神境界。孟子强调“闻而知之者”贯通天人的原创性作用。从孔子一生行志看，《论语》中的“朝闻道”章，应当从孔门的圣道传承说的角度，用“闻而知之者圣也”来解释。⑥

廖名春借助帛书《五行》重新论证了《论语·乡党》中的“色斯举矣”的意义。在帛书《五行》中，“色”出现六次。廖名春认为，这六个“色”字应读为“譺”，训为“敬”，“色然”意为崇敬的样子，如果读为“？然”，训为惊恐的样子，均无法解通。由此来看，《论语·乡党》篇“色斯举矣”中的“色”也读为“譺”更好。⑦

匡钊研究了早期儒家的德目划分问题。他认为，早期儒家对于核心德目的选择与划分不是任意的。孔子最强调仁、智、勇，或许与他将德性分为理智与道德两类有关。后学部分地继承了这种划分，并发展出另外的德目表和以内、外为标准的德目划分方案。这一方案很大程度上掩盖了孔子对两类德性的划分，若无郭店楚简《五行》中两类精神修炼工夫的提示，后人再无法清晰看出早期儒家的两类德目类型划分。孟子将《五行》中的仁、义、礼、智四德与“四端”相联系，此四德均被视为道德德性，因而窄化了儒家对德性类型的理解，理智德性也不再被独立讨论。⑧

林存光从政治哲学的角度阐释了孟子的民本思想。他认为，从孟子民本的观点和立场来讲，人民是政治生活的最终决定性因素，君、王、王道、仁政只是实现人民真正意愿和保障民生需要之根本政治目的的手段和方法。孟子基于他对人性和政治本质的理解讨论仁政和保民，不能简单地理解为是一种维护执政当权者正当统治的权威主义国家的合法性理论。[9]

赵法生全面分析了荀子的人性论，并辨析了荀子人性论与此前儒家人性论的异同。他认为，荀子论性的内涵包括情感、欲望和认知三方面，其广义人性论涉及情性、欲性和知性三个层面。荀子吸收和改造了儒家的性情论传统，肯定血缘亲情和情感是礼乐的基础，但严格限定亲情的意义，情的内容已转向了情欲，欲望成为人性的主要内涵。荀子又将善的达成赋予知性，心能够分辨、认知和掌握道，能够控制和指引感官欲望，使之符合礼义。荀子基于欲望对人性作出了负面的评价，但通过知性的引入和分析，他从整体上给予了人性以正面的肯定。孟子将道德修养看作大体指导和转化小体的过程，荀子的成德过程是知性调控和转化欲性而使其合于道的过程，二人都期望用人性中的积极因素去转化人性中的消极因素。[10]

蒋重跃探讨了荀子的“类”与道的范畴化发展问题。他认为，荀子明确提出道可以从不同方面来认识，进而提出“类不悖，虽久同理”的观点，使道在过渡到具体时有了范畴的方式或规定。荀子的“虚壹而静”是认识各类具体事物中的道的方法；他的正名思想主张同类则同名，异类则异名，将具体事物当作类概念来对待；他提出“当簿其类然后可”的观点，主张认识要以感觉经验符合事物的类为基础，表现出经验论的哲学色彩。荀子关于“类”的思想，上接老子的道论，下启韩非的道理论，表明古代中国人有能力为思想创造一个范畴的王国。[11]

孙伟从心性论的角度辨析了郭店楚简与《荀子》思想的关系。他认为，郭店楚简强调性与心的差别，认为性是天赋予人的自然情感，而心则是通过外在的学习和实践获得指导情感的“志”。荀子同样强调性和心的差别，性是情感和欲望，而心是能动的、进行主动价值选择的主体，心中的“义”具有指导性中情感和欲望的力量。此外，郭店楚简和《荀子》的心性论均是其礼乐教化思想的基础。[12]

关于当今的儒学思想体系建构问题，梁涛提出了“新四书”和“新道统”，强调了荀子思想的重要地位。他认为，儒学的道统可以表达为“内圣外王”。早期儒学中的内圣和外王是双向互动的关系，两方面在孔子思想中并存，但孟子和荀子各取其一端，孟子走的是由内圣而外王的路线，荀子走的是由外王而内圣的路线，二者并存才是完整的儒家道统。根据新道统，需要有“新四书”，即《论语》《礼记》《孟子》和《荀子》。[13]

（二）道家及法家

在以往的《老子》研究中，“道”最受重视。曹峰认为，在《老子》中，“道”并不是顶礼膜拜的对象，得道者内心的依托不是外在的主宰，而是人自己。以此为前提，老子论述了“玄德”作用下个人主动性、积极性的充分发挥。对应到对幸福的理解上，就是通过“玄德”的作用，以“无为”的方式，让百姓获得多种可能的、最大程度的快乐。即使达致快乐的原因在价值认同上相互冲突，《老子》也加以认可。而在儒家、墨家思想中，由于对何为“至善”有单一的价值标准，可能导致有限的、排他的、自我中心的幸福观。[14]

叶树勋在综合考察《老子》通行本和简帛本的基础上提出了“玄德”思想的多重义理及其所蕴含的形而上学、政治哲学以及心性论之间的通贯性。形上世界的“玄德”意味着“道”对万物“生而弗有”的双面作用；这一作用推衍到形下的政治生活，便是指圣人效法“道”而具备“以不智治国”的“玄德”；但圣人的效法又绝非外在模仿，还蕴藏着“涤除玄鉴”的内向体认，“玄德”的工夫论意义于此展现。[15]

陈霞阐述了老子屈君伸民的政治思想。在君民关系上，老子主张限君、虚君甚至“无君”，而对“民”则有所伸张，鼓励其“自然”“自化”“自正”。这一点不同于董仲舒的“屈民而伸君，屈君而伸天”，而有“屈君伸民”的趋向。老子的“伸民”表现在维护“民”的生命、财产、选择生活方式等权利，承认“民”的主体性和自我管理的能力等方面。在现代政治哲学中，君民关系可比拟于权力与权利的关系，屈君伸民旨在约束权力，伸张权利，有民有、民治、民享的意味。[16]

陈鼓应从无情、任情和安情的角度辨析了《庄子》一书中的情论。他认为，内七篇中的“情”有情感之义，但主要为“情实”之义。“人情”是人的生命的本真情实；“天情”为自然的本真的情实；“道情”指道的真实。“人情”来自于“天情”，“天情”来自于“道情”。“人情”是“道”向人世间的落实，具有正面的、肯定的意义。但是，人在群体中会因为每个人的“成心”存在而产生是非好恶之“俗情”。“无情”即是超越负累之“俗情”，将“人情”提升到“天情”和“道情”。道情是胸怀博大的宇宙情，要以道情关注现实人生，陈鼓应用“任情”和“安情”来概括庄子的这一观念。“任情”要在激发人的创造力，而“安情”旨在群己关系中安身立命。[17]

黄克剑考察了庄子的“不言之辩”。他认为，庄子的天籁之喻把无声无闻的道启示于人，而道隐在于由地籁所指代的各种自然物中。人籁必然乖离天籁，人有“言”则必然失去道。“不言之辩”的“辩”是一种言所不及的辨识，是默契而冥证的同义语，只有在切己的、无造作、无措意的践履中方有可能。“不道之道”“不言之辩”所示重在“不道”“不言”，但“不道之道”“不言之辩”的说出也是一种“言”，这种言可称为“不言之言”或“言无言”。庄子通过“言无言”或“不言之言”提出了一种追求，即对言所能达到的“不言则齐”境地的接近。[18]

林光华从道与理的关系入手辨析了韩非子与老子思想的异同。她认为，韩非子的《解老》将老子的道转化为“理”，“理”是对具体事物之纹理特征的抽象统会，可以沟通万物。韩非子重视“理”的变动性，强调因物之性，因时而变，这一点同于老子，是其思想最具活力之处；但韩非子淡化了老子之道的自然义、朴义和无为义，在实施赏罚上忽略了自然的人情人性，因而显得僵硬。二者的差异归因于对人性的不同看法，韩非子认为人性重利，而老子认为人性本朴。[19]

宋洪兵阐发了韩非子的治吏思想及其现代启示义。他认为，韩非治吏观念的前提是“竖刁假设”。基于这一假设，政治实践过程是君臣之间基于利益与权力而形成的博弈过程，本质上是彼此各取所需、各尽其力的利益交换关系。政治力量之间的利益博弈效果，取决于博弈规则的性质：如果规则正当并合乎社会公平价值，则呈现为良性博弈；如果规则为个别利益集团所控制并以损害社会公利为目的，则呈现为恶性博弈。恶性博弈通常表现为公权力滥用的政治腐败，最终会导致社会整体道德水平下降。克服恶性博弈的策略取决于最高执政者的政治见识与决心，具体措施在于打击恶性博弈规则蔓延及其隐性制定者。[20]

彭新武探讨了法家精神的价值及缺失问题。他认为，先秦法家的崛起是变法图强、以法治替代礼治的积极努力，其与时俱进的变革精神、按规则办事的理性精神和大公无私的正义主张具有借鉴意义。但是，法家富强之路的基础是国富民穷、国强民弱的零和博弈，只有突破这一基础，发挥民众的能动性和自我意识才能真正走向富强。法家崇公抑私的观念在演化中表现出假公济私的欺骗性，导致公对私的侵吞和民众权益的萎缩，需妥善处理公与私的冲突而实现二者的统一。[21]

（三）易学哲学

赵法生通过对刚柔概念的考察来探索《易传》思想的形成过程。“刚柔”概念是早期《易传》的思想核心。《象》与《象》以爻性和爻位关系为基础，通过刚柔关系说明占筮的原则和体例，从而为卦爻辞提供了一种理性化的解释，是易学思想典范转移的标志。《系辞》分析了刚柔在六十四卦中的地位与作用，使刚柔思想上升到宇宙论层次，是从《易经》到《易传》的关键思想环节，也是阴阳思想的基础。借助今本《易传》和帛书《易传》及其他文献，可以断定是孔子将“刚柔”概念引入了《易经》诠释，并借助于建立在“刚柔”概念基础上的爻性和爻位说理性化地解释神秘的吉凶悔吝占辞，打通了天人之道，开创了《易传》推天道以明人事的思维模式，从而实现了《易经》诠释模式的转变。[22]

金春峰探讨了《周易》的义理诠释范式问题。他认为，易“十翼”、王弼、程朱及今人之种种“易”注，皆为义理易。义理易除“十翼”外，主要有“训诂式”“王弼式”和“京房易”三种范式。三种诠释范式反映出不同时代的《周易》观及诠释者的特定哲学与文化背景。[23]

王晓毅以东晋中期的“公谦之辩”及其易学背景为中心探讨了魏晋义理易学的功能。在“公”与“谦”的问题上，王坦之认为“公”胜过“谦”，袁宏认为“谦”道不是源于人类的矫情，而是天地之道的表现，与“公”德无高低之分。韩康伯认为“公”与“谦”属于不同层次，圣人与君子均须实施谦德，但二者的境界不同。王晓毅提出，纵观以王弼《周易注》为代表的义理易学在魏晋时期的实践活动，该易学流派没有实现摈弃象数派的占卜方法、通过理性分析“时位”作出决策。王弼《周易注》在东晋时期开始被士族思想界作修正性解读，开始了玄学义理易学与象数易学的再次融合过程。[24]

章伟文认为，王弼的玄学抽象思辨的背后有着深刻的历史哲学思想。王弼的“物无妄然，必由其理”肯定了社会历史法则、规律的存在；“卦者时也，爻者适时之变也”说明了如何把握历史演变规律的问题；而“情伪生变”“复归于静”揭示了历史变化的动力；“得意忘象”“以无为本”则关涉了历史本体和历史意义。[25]

蒙培元探讨了《周易》哲学的生命意义。从

《周易》的解释历史来看，庄子的“易以道阴阳”道出了《周易》的基本内容，郑玄的“三易”说和朱熹的交易说深化了阴阳的生命意义，王弼的本末说和程颐的体用论均以生命的生长和成就为理论底色，熊十力的“体用不二”说和冯友兰的人生境界说则揭示出生命本体和生命情感的问题。在《周易》哲学中，世界是一个生生创造的过程，六十四卦是生命的网络，生命的存在问题和生命的价值问题统一于生生不息的世界里。㉖

（四）宋明理学及近现代哲学

陈璧生从多角度阐述了朱熹的教化思想。他提出，朱熹主张对不同对象实施不同的教化方式：对于帝王的教化，旨在启发帝王的德性，以复兴致君尧舜的儒家理想；对于士大夫的教化，则通过重新解释和发明“四书”的义理，探求修德成圣之路，以此塑造儒士的知识共同体；对于庶民的教化，则通过对“五经”礼制的损益，设立家礼乡约来进行。㉗

杨立华重新分析了朱熹的天理观。朱熹将“天理”界说为万事万物的“所当然而不容已”和“所以然而不可易”。理是能然、必然、当然与自然的结合，而朱熹特别强调“所当然”的重要性。抽象的“所当然”只是悬空的道德律令，全无层次，在道德实践上全无意义；具体的“所当然”涵括了所以然、能然、必然、自然等层面，包含了“何以应该做这事”和“具体应该怎样做”等道理的层次，使道德实践成为可能，从而确立起实践理性。朱熹的理的内涵是以“所当然”为核心，能然、必然和自然的完整展开。而这一完整展开，也是所当然的具体化。当然与必然的统一，是所当然的具体化的一种基本形态。㉘

陶悦探讨了牟宗三体、用、果三位一体的理论架构。牟宗三特别关注康德哲学中的自由意志、智的直觉和物自身这三个概念。在康德哲学中，物自身是逻辑起点，自由意志是作为物自身的人所具有的特质，智的直觉是通达物自身的能力。牟宗三以自由意志为逻辑起点，自由意志等同于中国哲学中的自由无限心，可视为终极本体，智的直觉是自由无限心的功能，物自身是心之本体通过智的直觉创造出来的成果。分别言之，自由意志为体，智的直觉为用，物自身为果，而三者又是合一的。牟宗三改造了这三个概念的内涵，转变了三者间的关系，从而设计出一个体、用、果三位一体的理论架构。㉙

注：

①习近平：《从延续民族文化血脉中开拓前进——在纪念孔子诞辰 2565 周年国际学术研讨会暨国际儒联第五届会员大会开幕会上的讲话》，《孔子研究》，2014 年第 5 期。

②张立文：《中国哲学思潮发展史》（上、下册），人民出版社，2014 年版。

③陈来：《仁学本体论》，生活·读者·新知三联书店，2014 年版。

④胡军：《中国现代直觉论研究》，北京大学出版社，2014 年版。

⑤温海明：《儒家实意伦理学》，中国人民大学出版社，2014 年版。

⑥李景林：《孔子“闻道”说新解》，《哲学研究》，2014 年第 6 期。

⑦廖名春：《〈论语·乡党〉篇“色斯举矣”新证——兼释帛书〈五行〉篇的“色然”》，《四川大学学报》（哲学社会科学版），2014 年第 5 期。

⑧匡钊：《早期儒家的德目划分》，《哲学研究》，2014 年第 7 期。

⑨林存光：《民惟邦本：政治的民本含义——孟子民本之学的政治哲学阐释》，《四川大学学报》（哲学社会科学版），2014 年第 5 期。

⑩赵法生：《荀子人性论辨证》，《哲学研究》，2014 年第 6 期。

⑪蒋重跃：《〈荀子〉的“类”与道的范畴化发展》，《南京大学学报》（哲学·人文科学·社会科学），2014 年第 4 期。

⑫孙伟：《郭店楚简与〈荀子〉思想关系研究：以心性论为视角》，《管子学刊》，2014 年第 4 期。

⑬梁涛：《“新四书”与“新道统”——当代儒家思想体系的重建》，《北京行政学院学报》，2014 年第 3 期。

⑭曹峰：《〈老子〉的幸福观与“玄德”思想之间的关系》，《中原文化研究》，2014 年第 4 期。

⑮叶树勋：《老子“玄德”思想及其所蕴形而上下的通贯性——基于通行本与简帛本〈老子〉的综合考察》，《文史哲》，2014 年第 5 期。

⑯陈霞：《屈君伸民：老子政治思想新解》，《哲学研究》，2014 年第 5 期。

⑰陈鼓应：《庄子论情：无情、任情与安情》，《哲学研究》，2014 年第 4 期。

⑱黄克剑：《庄子“不言之辩”考绎》，《哲学研究》，2014 年第 4 期。

⑲林光华：《由“道”而“理”：从〈解老〉看

韩非子与老子之异同》，《人文杂志》，2014 年第 4 期。

⑳宋洪兵：《韩非子治吏思想的前提预设及运作思路》，《哲学研究》，2014 年第 3 期。

㉑彭新武：《法家精神：价值与缺失》，《中国人民大学学报》，2014 年第 2 期。

㉒赵法生：《〈易传〉刚柔思想的形成与易学诠释典范的转移》，《文史哲》，2014 年第 1 期。

㉓金春峰：《〈周易〉义理诠释范式简析》，《周易研究》，2014 年第 1 期。

㉔王晓毅：《从"公谦之辩"看魏晋义理易学的功能》，《周易研究》，2014 年第 6 期。

㉕章伟文：《王弼易老之学中的历史哲学》，《中国哲学史》，2014 年第 4 期。

㉖蒙培元：《〈周易〉哲学的生命意义》，《周易研究》，2014 年第 4 期。

㉗陈壁生：《理教与经教之间——朱子政治哲学中的帝王、士大夫与庶民》，《现代哲学》，2014 年第 6 期

㉘杨立华：《天理的内涵：朱子天理观的再思考》，《中国哲学史》，2014 年第 2 期。

㉙陶悦：《牟宗三"体、用、果"三位一体的理论架构》，《哲学研究》，2014 年第 12 期。

（作者：王威威，华北电力大学副教授）

西方哲学

杜丽燕

一、学术活动

2014 年 5 月 27—28 日，由北京师范大学哲学与社会学学院与莱顿大学哲学系共同举办的"亚里士多德德性伦理学"国际学术研讨会在北京师范大学成功举行。牛津大学 David Charles 教授，莱顿大学 F. A. J. de Haas 教授，乌得勒支大学 Teun Tieleman 教授，北京大学吴天岳教授、山东大学谢文郁教授、中国人民大学刘炜副教授、浙江大学陈玮副教授（希腊学者 Marianna Benetatou 因病未能赴会，其论文由陈玮副教授代为宣读）、北京师范大学廖申白教授八位学者分别作了报告。北京师范大学的部分师生以及南开大学、台湾政治大学的博士生也旁听了此次会议，并参与了其中的自由讨论。

借 2014 北京论坛召开之机，北京大学哲学系、西方古典学中心和外国哲学研究所联合举办了"2014 北京之秋中世纪哲学系列讲座"。从 11 月 3 至 13 日共有 6 次讲座，邀请国外中世纪哲学领域的著名专家学者前来参加。讲座主题涵盖了当前中世纪研究的重点主题，主要有：中世纪宇宙论与当代自然科学的比较、邓·斯各脱的认识理论、中世纪情感理论以及道德心理学、异教徒问题和自由选择问题等。

2014 年 11 月 3 日下午三时，北大哲学系邀请牛津大学的 William E. Carroll 教授在人文学苑做题为"Cosmology, Philosophy, Theology, and the Origin of the Universe"的讲座。

2014 年 11 月 6 日上午九时，北大外哲所邀请圣母大学系主席 Richard Cross 教授做题为"Cognitive Dispositions and Intelligible Species in Duns Scotus"的讲座。

2014 年 11 月 10 日上午九时，北大哲学系邀请赫尔辛基大学 Simo Knuuttila 教授作题为"On the History of the Tables in the Taxonomy of Emotions"的报告。报告地点是北京大学人文学苑。

2014 年 11 月 10 日下午三时，剑桥大学 John Marenbon 教授，在北京大学哲学系人文学苑做题为"The Problem of Paganism: a Useful Historiographical Tool or a Misleading Label?"的报告。

2014 年 11 月 11 日上午九时，弗莱堡大学（Université De Fribourg）的 Michael Sherwin 教授在北大哲学系人文学苑作题为："Love, Human and Divine: Thomas Aquinas on the psychology of love"的报告。

2014 年 11 月 13 日上午九时，美国天主教大学的 Tobias Hoffmann 教授在北京大学哲学系人文学苑做题为"Aquinas on Free Choice"的讲座。

2014 年 4 月，中国人民大学哲学院举行"胡塞尔现象学与哥德尔数学哲学"系列讲座，共有 5 讲。2014 年 10 月，举行古希腊哲学系列讲座，共 6 讲。

2014 年 11 月 15 日到 16 日，北京师范大学哲学与社会学学院举行"北京国际分析哲学研讨会"。会

议讲座内容是，讨论分析哲学在当代不同国度的发展，特别关注分析哲学史在中国的研究进展，讨论牛津分析哲学史手册的中文翻译问题。

与往年相比，2014年度西方哲学学术研讨会和论坛，就数量而言，呈下降趋势。不过，仅就举行的会议、讲座和论坛来看，与国际研究对话、接轨、并肩，逐渐成为常态，问题意识也凸现出来。这是我国西方哲学研究值得称道的地方。

二、海德格尔黑皮笔记本公开发表引发的关注

2013年底，德国乌帕塔尔（Wuppertal）大学海德格尔研究所所长彼得·特拉夫尼（Peter Trawny）向学术界通告，海德格尔1931—1975年的私人笔记（《黑皮笔记本》）即将出版，同时出版的还有彼得·特拉夫尼个人一本关于海德格尔与犹太教的新著。

《黑皮笔记本》的出版，引起国内哲学界的热切关注。有学者认为，政治是政治，学术是学术。也有学者认为，区区两页半，并不能说明海德格尔哲学与纳粹有什么关系。有学者认为，黑皮笔记本共1200页，尽管反犹内容只占《黑皮笔记本》很小比例，甚至可以少到忽略不计，但是，就是这短短的两页半，“直白地记下了海德格尔对犹太文化传统的批判态度”①。亦有学者认为，随着《黑皮笔记本》问世，海德格尔可以休矣。一时间众说纷纭。

激动的不仅仅是中国哲学界，一向淡定的西方哲学界也躁动起来。

巴黎的海德格尔思想圈激动了，他们发起抵制《黑皮笔记本》出版的活动。刘哲教授的概述将其描述为“庙宇的守卫者恐慌了”②。“海德格尔在法国哲学界地位崇高，自是不言而喻的。从萨特、梅洛·庞蒂到福柯、德里达都受其影响，德里达的著作更是被文学理论家乔治·斯坦纳（George Steiner）称为海德格尔的注脚。在巴黎一直存在海德格尔崇拜者组成的思想社团，成为其思想的‘圣杯守护者’。”③德国哲学界的反响相对含蓄，也没有法国激烈，然而，一些大报都刊登了介绍性文章。靳希平教授将其称作“漪澜”。不论如何看待海德格尔，至少有一点是可以肯定的，即海德格尔黑皮笔记本问世，使安静的哲学界热闹起来，这种关注也扩展到哲学界以外，在一段时间，知识界不少人都在谈论海德格尔的黑皮笔记本。

2014年《外国哲学》上半年期和下半年期，连续刊登海德格尔纳粹问题的讨论。

赵敦华教授的《六种观点和第四阶段：海德格尔和纳粹问题札记》④一文，直击海德格尔与纳粹关系问题。作者概括了国内外学者在此问题上的6种观点：

1. 叶秀山在《海德格尔“案件”之反思》一文中说：“无论如何，海德格尔这一年的大学校长肯定做过不少应该批判的事。”“那么还有一个严重的问题是，海德格尔的哲学思想，到底与纳粹的政治有没有直接或比较密切的联系？”叶秀山认为，海德格尔的哲学贡献主要是深刻改变了西方形而上学传统。“然而海德格尔对美国式的民主真的抱有深刻的仇恨”，“十分反对美国的‘技术’化，这本是从他哲学思想中推不出来的东西”；“反技术化”是当时一个很强的思潮，并不是海德格尔的发明。“反技术化”有弊有利。“具体到海德格尔，他的许多错误，不一定是由他的哲学思想直接带进来的。他要为他的错误承担责任，但评论他的主要根据应是他的哲学工作。”

2. 张祥龙《海德格尔传》第13、14章专门讨论“海德格尔与纳粹问题”。第13章引用不利于海德格尔的说法和事实，第14章说明那些都与他的哲学无关。张祥龙说：“概而言之，由于当时德国的精神氛围，海德格尔的思想与纳粹主义确有表面上的一些共同关注点和共同用语。但细究之下可知，纳粹主义完全没有他思想中那个至关重要的、作为方法论灵魂的解释学化的现象学的构成存在观。”

3. 陈嘉映《海德格尔哲学概论》中的看法可概括为4点：第一，“海德格尔是一个非常典型的学者……对于现实政治，他实在是个门外汉”；第二，“然而太过热心应帝王的学者，十之八九弄成不尴不尬的结局来”；第三，“但是，海德格尔之卷入纳粹运动却又不是一个偶然的失误。他一直厌恶平民运动，憧憬优秀人物主政的往昔，直到晚年仍明言不信任民主制，纳粹运动确实颇合他的口味”；第四，“海德格尔在纳粹统治期间的所言所行，虽无什么可称大智大勇之处，我们经过“文化大革命”的中国人或许也不会责之过苛”。

4. 倪梁康在《读书》“海德格尔事件感悟”专栏中“一时与永恒”一文中说，虽然不少人反对法里亚斯的书，但大批海德格尔的追随者“至少要回答哲学家马基奥里（R. Maggiori）提出的两个棘手问题：其一，‘关注着种族灭绝的现代思维，怎么能将一门对大屠杀只字不提的哲学，当作20世纪最重要的哲学？’其二，‘人们怎么还能继续是一个海德格尔者？’”倪梁康借用哈贝马斯和珀格勒在《海德格尔思维之路》的观点，把海德格尔思想分为三个层次：第一是理性批判的形而上学史，第二是评价德国人的“日耳曼观”，第三是海德格尔对纳粹的态度，他“投靠”纳粹是实际事实，但“这一态度在三四十年代有所变化”。倪梁康把这三个方面称作“哲学修养”、“政治感觉”和“纳粹实践”。他说：“即使在他的‘哲学修养’和‘纳粹实践’之间可能不存在直接关联，他们也通过海德格尔的‘政治感觉’而发生间接作用。”倪梁康说感觉到在国际现象学界“海德格尔与纳粹的关系引起的‘公愤’远不如他对胡塞尔的态度而引发的‘私怨’来得强烈”。他最近翻译胡塞尔的私人信件，作为海德格尔1933年5月1日公开参加纳粹严重伤害胡塞尔的历史证据。

5. 张汝伦在《读书》同专栏中的“哲学与实践”一文中指出，“在纳粹统治期间，甚至在纳粹上台之前，德国哲学界‘佳人作贼’者大有人在，只不过海德格尔树大招风，人们对他更为严格而已”，如包姆勒、包赫、H. 史华兹、施密特、社会学家傅莱耶和人类学家盖伦，等等。虽然“在社会生活各方面日益政治化和意识形态化的大气候下，他们早晚会向权力输诚以换取官方认可或支持的独尊地位，从而最终心甘情愿地认同纳粹政权及其意识形态”，但是，“从专业角度看，这些人都称得上是名副其实的学者，都多少还保有学者的自尊和自持”。海德格尔的校长就职演说“决不是一个要接受或迎合纳粹意识形态的人的邪辞遁词。海德格尔实际上是想要为自己的哲学利用那个机会”，以达到“领导元首”（den Führer zu füren）的最终目标。张汝论引用珀格勒的暗示说，“海德格尔政治上‘落水’是由于他哲学中缺少伦理学（实践哲学）”；但他补充：“比实践哲学更为根本的，恐怕还是哲学家本人的实践或实践理性。哲学家毕竟无法置身于生活世界之外。因此，哲学家无法回避政治。但问题是哲学家如何在哲学与政治的张力中保持其实践理性？”张汝论没有直接回答这个问题，而引用黑格尔的话说，哲学整个来说是一个危险的事业。看来，海德格尔正是这个危险的警示。

6. 孙周兴在“奥斯维辛之后思想的责任”一文中说，海德格尔30年代卷入纳粹党的活动，既是一个政治事件，也是一个思想事件。海德格尔思想是伟大的，但他的政治是反动的。海德格尔之所以战后在纳粹大屠杀这件事上至死保持沉默，按照利奥塔的解释是因为他是“一个完全希腊式的人是不会去关注灭绝犹太人的动机的”。孙周兴进一步指出，“这个纯粹希腊式的海德格尔，实在也可以给人以‘德意志（日耳曼）中心主义’的印象”，“暴露了海德格尔精神中民族主义倾向”。孙周兴又引用阿多诺提出的“奥斯维辛之后”的诗人和思想家能不能思想、如何写诗等问题。他说，海德格尔虽然在讲课时也谈到诗人和思想家的责任，但“作为思想家的海德格尔本人是否担起了这种‘思想的责任’呢？我们必得有此一问”。

赵敦华教授刊登在《外国哲学》2014年下半年期论文《何种哲学？什么罪责？——海德格尔和纳粹问题札记（之二）》[5]，依据海德格尔哲学，解释他是否要为纳粹主义承担责任、承担什么责任的问题。依据文本得出的结论是：海德格尔战后在哲学上为纳粹大屠杀进行辩护，并愿将这些文本在他死后公开发表。现在，表明海德格尔纳粹思想的文本已按照他的遗愿公开发表，以理智的忠诚的态度进行哲学讨论的人不容回避的抉择是：要么继续为海德格尔哲学推卸责任，要么表明他的哲学应承担的罪责。

汤姆·洛克莫尔教授在《关于海德格尔、反犹主义以及纳粹主义》[6]一文，结合海德格尔的“黑色笔记本”内容的出版及其相关的争论，对海德格尔的反犹主义进行了进一步的澄清。作者试图指出，在讨论海德格尔与反犹主义以及纳粹主义的关联上，目前至少有两点是明白无疑的：一点是海德格尔的反犹言论与其当时生活的德国西南部的社会背景是紧密相关的，另外就是海德格尔的理论与他对纳粹主义和国家社会主义运动的支持之间存在着内在的关联。

同一期《外国哲学》刊登了靳希平教授《一摞札记在德国思想界激起的漪澜》[7]。作者详细地介绍了黑皮笔记本的内容。

1. 哲学思想札记，命名为 Ueberlegungen，即“思索”或者“想法”（《海德格尔全集》94—96卷，已经出版）。

2. Anmerkungen，即“说明”（《海德格尔全集》97—98卷，出版中）。

3. 两卷《四册本》：Vier Hefte I：Der Feldweg，“四册本一：田间路（阡陌）”；

Vier Hefte II：Durch Ereignis zu Ding und Welt，“四册本二，通过事情之生发，去达及物与世界”（《海德格尔全集》99—100卷，出版中）。

4. Winke I，II：“暗示一、二”（《海德格尔全集》101卷，出版中）。

5. Vorläufiges I-IV：“前期准备性材料，一至四”

(《海德格尔全集》102卷，出版中)。

作者指出，海德格尔思想札记《黑皮笔记本》第一部分面世几个月来，在欧洲哲学界和思想文化界激起阵阵漪澜和骚动：海德格尔哲学是否是反犹太主义在理论上的折射，海德格尔哲学是否是“纳粹”哲学，成为人们争论的焦点。许多报纸，包括《法兰克福汇报》这类大报，都著文介绍和讨论。

德国哲学界对待海德格尔的态度，让人颇生敬意。他们冷静地指出，作为思想家的海德格尔关于30年代末和40年代初，以及战后的犹太人的状况的那些令人痛心的观点，并不能改变，或者很少能改变，海德格尔是20世纪最伟大哲学家之一的事实。为此，我们必须做好准备，不要对讨论的那些段落进行遮掩，不要陷于无意义的辩护，不要懒于思考、简单评断，或者赔礼道歉，而总是不断地认真地去面对这些观点。

也有德国学者指出，海德格尔把他自己独特的反犹太主义思想，封存在只有经他允许很少的几个人才能见到的文本之中。他并没有在他认为可能对他个人有偏见的时代公开发表它们。我们还应该看到，他认为，他关于犹太人的思想，首先不是种族主义的，不能被笃信种族主义的纳粹所理解。“并非首先是种族主义的”，并不意味着完全非种族主义的。如果人们一致同意，这里涉及的段落是“一清二楚的反犹太主义内容”的话，那么，人们就不应该忘记，这里涉及的是一种对外处于绝密状态的反犹太主义。

刘哲教授的文章《庙宇的守卫者恐慌了——海德格尔事件在法国》[⑧]，详细介绍了法国哲学界、思想界在黑皮笔记本出版后的强烈反响，令海德格尔受到谴责的完整引文如下：“浩渺（Riesigen）最隐蔽的形态之一，或许也是最古老的形态，是在计算、走私以及掺混上顽固的机灵，犹太化的无世界性正是由此被奠基。”费耶的话，也许最能代表法国人的态度：然而，这并不是一句反犹的话。“浩渺”这个概念对于20世纪30年代的海德格尔具有中心性位置。对于他而言，浩渺是今天世界的特征，他也把这个特征称为无世界性的世界。当他谈到犹太主义之无世界性很早就得以产生的根源时，他仅仅是把犹太主义视为这种浩渺的第一个牺牲品。特拉夫尼的解释完全颠倒了：好像是犹太主义成为了浩渺的根源。这是错误的。我的看法完全相反，它恰好表明海德格尔与反犹主义无涉。海德格尔把反犹主义称为“愚蠢的”和“无耻的”。在这方面他非常明确。在海德格尔的思想中，无论反犹主义还是任何相反的立场都无法被整合进去。

理查德·沃林、李旸的《国家社会主义、世界犹太集团与存在的历史——关于海德格尔的黑色笔记本》[⑨]、石剑峰的《海德格尔的反犹立场出自其哲学?》[⑩]也对海德格尔黑皮笔记本与犹太人相关的问题做了很好的探讨。

三、美国实用主义研究

实用主义哲学在中国并不热门，不仅研究者寥寥，就是相关著述也并不算多。不过有一点值得欣慰的是，到目前为止，发表的有关实用主义哲学研究的著作和论文，几乎没有泛泛、跟风之作。

尚新建教授在《实用主义是相对主义吗？——评威廉·詹姆斯的真理观》[⑪]一文指出，1907年11月28日，美国哲学学会（APA）在康乃尔大学举行年会。威廉·詹姆斯出席会议，并参加了以“真理的意义与标准”为题的专题讨论会。据博道格纳（Francesca Bordogna）教授记叙，会议焦点“完全集中于实用主义的真理概念，结果，这一概念遭到每一个与会人员的抨击——除詹姆斯外”[⑫]。令人惊讶的是，批判居然持续了百余年。时至今日，还有学者每每返回詹姆斯的真理论，或猛烈予以抨击，或竭力为其辩护，有时甚至掀起不大不小的辩论热潮。

所以如此，绝非西方哲学家好古怀旧，实乃因为实用主义的真理论牵动了哲学的重要问题。哲学家们争论的一个焦点问题是：詹姆斯的真理论是否相对主义？许多人给予肯定的回答。譬如，罗素将认识论的实用主义等同于认识论的相对主义，认为实用主义主张“真理即有用”就是主张“没有客观真理”。罗蒂明确指出，“‘相对主义’是实在论者用于称呼实用主义的传统别号”；他也认为“实用主义主张一种相对主义”，尽管对什么是“相对主义”，他与实在论者的理解有别。谢弗勒（Israel Scheffler）更是将实用主义，尤其将詹姆斯的真理论，描述为“相对主义基本原则的具体体现”。

“相对主义”是一个相当严厉的指控。一般说来，“相对主义”认为，任何思想、经验、价值等，甚至包括实在（reality），之所以成立，都是在一定程度上相对另一物而言的。推及认识论，“知识（以及/或真理）是相对的——相对于时间、地点、社会、文化、历史时代、概念图式或架构，或者，相对于个人的训练或信念——因而，所谓知识，均依赖于这些变量的一个或多个值”。其结果必然否认普遍真理的存在：既然一切观点同样有效，没有哪个享有特权，那么一切信念都可以成为真理。不同信念“相对于不同标准，可以同样为真”。一切真理都是相对的。

随后，作者以考察威廉·詹姆斯的真理学说为契机，借以证明实用主义并非相对主义，澄清人们对实用主义的种种误解。论文逐一分析、讨论并反驳“有用即真理”“真理等于证实过程”“仅有辩护，并无真理”等对詹姆斯真理论的质疑，证明实用主义一方面从新的旨趣出发重塑哲学形态，另一方面则在新的形态中竭力维护科学的严格性，捍卫真理，坚守理性的边界。作者的结论是：詹姆斯的真理论正是这种尝试的产物，是用一种新的理论范式抗拒相对主义和怀疑主义。

陈亚军教授在《古典实用主义的分野及其当代效应》[13]一文中指出，当代新实用主义的核心争论围绕“语言”与“经验”展开。此种“语言”与“经验”的分野，在古典实用主义那里早已呈现。在“哲学改造”的过程中，古典实用主义内部形成了两种不同的运思路径。一种自瓦解“心灵”入手，一种由重塑“世界”发端。前者强调“符号—语言”，显露出分析哲学的端倪；后者看重“经验”，展示了现象学—生存论的格调。二者间形成的张力，以新形态重现于新实用主义。自皮尔士由语言开始，到布兰顿以语言结束，实用主义的发展经历了“语言”和“经验”的多次轮回，其间交织着心灵与世界、语义学与实在论、分析哲学与现象学等话题和视角的分歧、互动与关联，充分显示出实用主义叙事的多样性和复杂性。

张庆熊教授《经典实用主义的问题意识——论皮尔士、詹姆斯、杜威之间的关联和区别》[14]一文，在经典实用主义的问题意识主要表现在理论与实践的关系问题上，“有用就是真理”这一命题，刻画了实用主义注重真理的实践效果的观点，但它容易被庸俗化。如何才能在理论上和实践上克服这种庸俗化的倾向，是实用主义的另一个问题意识。皮尔士的实用主义方法及其真理观来源于一种以“化学实验家”的思想方式为蓝本的科学探索理论。詹姆士把它扩展到心理学和宗教学等涉及人生的领域中。杜威在肯定詹姆士的推广工作和赞同“实用主义是一种生活哲学”的同时，也在设法消解詹姆士对实用主义思想表述的缺陷所造成的误会，特别是克服其彻底经验主义的主观主义偏向。

杨永平在《人本、实用和多元——爱默生的实用主义哲学观》[15]一文中，探讨爱默生的实用主义哲学观。作者力求从实用主义的视角，解读爱默生的作品，提炼其在本体论、认识论及实践观三方面的核心思想。作者认为，爱默生持有人本世界观、实用价值观和多元人生观。他将上帝从天堂“移居”到超验的“自我”，从关心“神”的问题转移到关心“人”的问题，把人置于世界的中心。他摒弃了传统二元对立式看待世界的模式，兼收宗教治心和科学治物两者的实用性。提倡积极行动，敢于创造，承认差异，多元包容等实用主义人生观。

孙咏的《美国实用主义：演变及其当代走向——苏珊·哈克教授访谈录》[16]、张留华的《关于推理的古典实用主义分析》[17]、杨寿堪的《杜威哲学的改造与现代哲学的转向》[18]等，均从不同角度探讨实用主义问题。总的看来，对实用主义进行文化探讨的论文较多，而探讨实用主义哲学的论文相对较少。

四、哈耶克政治哲学研究

国内哲学界对于政治哲学研究，多集中在现代，哈耶克、罗尔斯、以赛·伯林、施特劳斯等人的思想，通常是热门话题。

周濂在《哈耶克与罗尔斯论社会正义》[19]一文中指出，哈耶克一直被世人视作反对“社会正义”的旗手。而罗尔斯在1971年出版的《正义论》，为今后40年英美政治哲学奠定了重要基础。哈耶克对罗尔斯多有赞许。作者认为，这两位政治哲学的重量级人物，至少在两个重要问题上存在着亲和力。第一，强调纯粹程序正义的重要性；第二，用“无知之幕”的方法构想自己期待的社会。不过，由于哈耶克与罗尔斯对社会本质的理解不同，处理运气/命运的态度不同，反对福利国家的理由不同，对待经济自由和政治自由的观点不同，所以他们之间的分歧远不止是词语方面的，而是实质之争。文章的最终结论是，哈耶克和罗尔斯都在广义的自由主义传统中工作，原则上都会认可如下判断：个体应该自由地追求他们自己美好的生活。而政府的职能就是提供便利。相比而言，罗尔斯的理论要比哈耶克更好地实现了这一价值理想。

张彦在《走向深入：直面新自由主义的若干理论建构—兼论哈耶克的方法论个人主义》[20]一文中指出，个人主义的传统在亚当·斯密那里被清楚地阐释出来，亚当·斯密发表于1776年的名著《国富论》中是这样论述的：“他通常既不打算促进公共的利益，也不知道他自己是在什么程度上促进那种利益……他只是盘算他自己的安全……他所盘算的也只是他自己的利益。在这场合，像在其他许多场合一样，他受着一只看不见的手的指导，去尽力达到一个并非他本意想要达到的目的。也并不因为事非出于本意，就对社会有害。他追求自己的利益，往往使他能比真正出于本意的情况下更有效地促进社会的利益。”亚当·斯密方法论个人主义是新自由主义的基本架构之一，这种以“理性的”、追求最高效益的个人作为研究实体分析集体行为，也被称为“经济人假设”。哈耶克的真个人主义理论对于经济人假设给予批判。

哈耶克真个人主义有这样的内核：个人理性在理解它自身运作的能力方面有着一种逻辑上的局限，因为它永远无法离开它自身而检视它自身的动作，所以个人理性在认识社会生活的作用方面存在着极大的限度。相比“经济人假设”，哈耶克的确还原了个人有限理性。应该指出，无论在斯密那里还是在哈耶克那里，经济理性唯有一种，即个体以追求自己利益而行事。实际上，经济发展实践使各类行为主体在自我的调适中历练，人类文明发展到今天，经济理性已从单调日臻成熟，并足以做出如下四点概括：（1）“趋利”的世俗理性——指人的自然禀赋，即个体以自己利益为出发点而行事；（2）“共赢”的关系理性——指行动者认识到与他人的依存关系，故谋求在与他人合作中达到自己利益的最优格局；（3）“天择”（natural selection）的相容理性——指行动者认识到与外在环境的依存关系，为谋成功顺势而为；（4）“人择”（human selection）的进取理性——指行动者在与环境保持友好的情况下，还有凭借可靠经验和认知不断优化自身境况的人之能动性。

这样一来，从“完全理性”到“有限理性”再到“成熟理性”，有关经济理性的真知就得到了昭示：首先，成熟理性有对世俗理性很好的包容性，即市场经济鼓励身在其中的个体追求自己的利益；其次，成熟理性非曲高和寡，更非超自然，它乃是适应性进化的结果，所以可以为行动者普遍认知并拥有；再次，由于有了对“风险规避和长期回报”这两点的缜密考量，所以行动者拥有成熟理性，比单凭借世俗理性会更容易获得成功。

此外，吴丹的《哈耶克的有限民主观》[21]、庞正的《哈耶克法治思想背后的知识观探析》[22]、岳非平的《从二元主义视角剖析哈耶克自由主义理论》[23]、陈奕诺的《哈耶克自由主义法哲学思想研究》[24]、罗雪飞的《以经验主义对抗建构主义——论哈耶克的自由观》[25]等，均从不同的视角对哈耶克自由主义理论做了相应的探讨。

2014年度西方哲学研究状况显示出一个重要特征，即论文的作者处于新老交替状况。随着40后、50后老去，60后、70后成为研究的主力，80后也正在崛起。论文的质量喜忧参半。

注：

①靳希平：《一摞札记在德国思想界激起的漪澜》，《外国哲学》，2014年下半年期，商务印书馆，2014年12月。

②刘哲：《庙宇的守卫者恐慌了——海德格尔事件在法国》，《外国哲学》，2014年下半年期，商务印书馆，2014年12月。

③杨不风：《南方都市报》，2013年12月29日。

④赵敦华：《外国哲学》，2014年上半年期，商务印书馆，2014年12月。

⑤《外国哲学》，2014年下半年期，商务印书馆，2014年12月。

⑥《外国哲学》，2014年下半年期，商务印书馆，2014年12月。

⑦《外国哲学》，2014年下半年期，商务印书馆，2014年12月。

⑧刘哲：《外国哲学》，2014年下半年期，商务印书馆，2014年12月。

⑨《中国高校社会科学》，2014年第4期。

⑩《东方早报》，2014年3月5日。

⑪《中国高校社会科学》，2014年第5期。

⑫ *Bordogna, Francesca, William James at the Boundaries: Philosophy, Science, and the Geography of Knowledge*, Chicago: The University of Chicago Press, 2008, p. 137.

⑬《中国社会科学》，2014年第5期。

⑭《云南大学学报》（社会科学版），2014年第4期。

⑮《西南科技大学学报》（哲学社会科学版），2014年第2期。

⑯《广东社会科学》，2014年第2期。

⑰《华东师范大学学报》（哲学社会科学版），2014年第6期。

⑱《湖南社会科学》，2014年第2期。

⑲《哲学研究》，2014年第10期。

⑳《学术月刊》，2014年第6期。

㉑《理论观察》，2014年第1期。

㉒《甘肃政法学院学报》，2014年第2期。

㉓《徐州工程学院学报》（社会科学版），2014

年第3期。

㉔《黑龙江省政法管理干部学院学报》，2014年第3期。

㉕《中共天津市委党校学报》，2014年第3期。

（作者：杜丽燕，北京市社会科学院研究员）

科学技术哲学（自然辩证法）

张成岗　张正清　黄晓伟

2014年，科学技术哲学（自然辩证法）发展势头良好，取得了丰硕的成果。各个学会积极开展学术活动和自身建设，促进了学科国内、外交流和学术繁荣；研究领域之间的融合性日渐明显，科学哲学更注重史论结合，技术哲学与工程哲学继续关注应用领域和新技术问题，科学社会学与科技政策深挖理论资源，展示出了本领域的生命力；在京各高校与学会继续发扬积极开展学术活动与国际交流的传统。

一、学会活动

2014年1月20日，中国自然辩证法研究会2014年工作会议在北京召开。各工作委员会、专业委员会的负责人共40余人参加会议，副理事长兼秘书长尚智丛主持会议，副秘书长董春雨、唐志出席会议。会议主要讨论了各委员会汇报2013年工作总结和2014年工作计划，还讨论了第二版《自然辩证法名词》的编写分工等事项。[①]

3月5日，中国自然辩证法研究会在北京中国科技会堂举办了“培育和践行社会主义核心价值观”研讨会，主题是深刻理解和贯彻中共中央办公厅印发的《关于培育和践行社会主义核心价值观的意见》。北京大学、清华大学等北京高校、科研院所的十余位专家参加了研讨会。[②]

3月29日，中国自然辩证法研究会七届三次理事会暨2014年学术年会在北京友谊宾馆召开。本会理事及参加学术年会的专家、学者和研究生代表近200人出席会议。七届三次理事会传达了中国科协八届五次会议精神和2014年工作要点，听取和审议了吴启迪理事长所作的工作报告，按照章程增选了14名理事、6名常务理事。[③]

5月20日，北京市科学技术协会主办、北京科学史与科学社会学学会承办的市科学道德和学风建设宣讲活动“论文写作与伦理风险”在中国科学院大学雁栖湖校区举行。胡志强教授作题为“科学家的道德责任”的学术报告，任定成教授作“知识生产与学术规制”报告。[④]

9月2日，中国科协在中国科技会堂举行“科技界践行社会主义核心价值观”座谈会，会议围绕科技界如何践行社会主义核心价值观展开了讨论。中国科协党组书记尚勇出席座谈会并讲话，首都科技界代表共15人参加座谈会并发言。座谈会后发布了《科技工作者践行社会主义核心价值观倡议书》。[⑤]

11月16日，全国自然辩证法名词审定委员会在京召开自然辩证法名词（第二版）第二次审定工作会议。会议审议了名词初稿，并就相关问题进行了讨论。会议明确了本次自然辩证法名词的首次范围，与其他学科交叉名词的筛选原则，以及学科内部各领域交叉名词的确定原则，并就下一阶段的工作方案达成共识。[⑥]

12月28日，“党风学风建设与科学道德培养”研讨会暨北京自然辩证法研究会2014年会员日活动在北京石油化工学院举行。参加本次会议有来自中国人民大学、中国农业大学、中国科学院大学等单位的北京自然辩证法研究会的理事、会员等30余人。[⑦]

二、科学哲学

2014年，北京地区的科学哲学研究注重科技史与科学哲学的结合，在科技史的哲学研究和博物学等方面取得了重要成果。认知哲学和特殊科学哲学得到了更多关注，这也顺应了科学哲学发展趋势。学者们对科学与科学哲学历史发展提出了许多看法，例如对科学学科内部的分化和特殊科学哲学兴起之间的关系；科学认识任务重心的变化与科学认识论的转向；科学哲学研究从对理性与真理的研究发展到对人本身与价值的研究。

关于经典科学哲学论题，刘大椿认为科学哲学史研究的基本问题应该包括科学哲学发展各阶段典型代表人物和学派的科学哲学思想及其特点和主题转变，也应包括各分支科学哲学的发展及其历史演变和重要特征。但在常规研究中，还存在一些突出问题应当引起充分重视，例如另类科学哲学发展的定位问题，科学哲学基本问题史的拿捏问题，中国科学哲学演化的研究维度问题，科学哲学史研究目标的选择问题。[8]他还以科学哲学的历史转向以及拉卡托斯对此的反应为切入点，论述库恩与拉卡托斯对理论选择的合理性问题的思想，认为拉卡托斯的理论虽然仍存在纰漏，但捍卫了科学的合理性与规范性，相比较于库恩，是一种进步。[9]

在科学实践哲学方面，吴彤指出，科学实践哲学以海德格尔、库恩和福柯为直接先驱，一反传统科学哲学的理论优位立场和观点，提出实践为本、地方性知识和知识与权力相关的主要观点，近年来在建制上已经趋于完善。有如下特点：把科学作为一种实践活动，这使得我们意识到科学有实验室科学、产业科学、博物学等形态；指出了科学知识的本性是地方性知识；知识内在地具有权力的渗入，相反权力也内在地渗入知识；其对于规范性和自然主义的解释。他认为，从中国大陆的科学实践哲学研究现状看仍然存在诸多不足。[10]

刘孝廷等认为目前关于科学含义的理解逐渐形成了知识维、活动维、社会维、文化维等四个结构性向度。科学的历史性折射着古今科学不同的发生学范式：古代的博物学范式，近代的数理范式，当代的STS范式。STS概要式地集纳了科学不同进程的典型特征，从而形成一种现实的“真科学”的存在形态和视野，从时代高度审视着既有的全部科学。[11]

吴国盛指出，让不在场者在场、让“无”作为“有”呈现，才导致了宇宙论悖论，如果一个人试图对宇宙作一个完备的科学描述，那肯定会遭遇矛盾。“宇宙图景悖论”实际上是“大全悖论”的另外一种方式。所谓宇宙“图景”是什么？一个图景就是对一个事物的描述，就是关于该事物的“知识”。我们问一个“东西”是“什么”？我们就是在要求描述该“东西”的“图景”，就要问及关于它的“知识”。[12]

刘永谋从知识论入手，认为在20世纪下半叶，建基于主体分析学基础上的认识论开始动摇，知识论从认识论一极主导进入到泛化增生和多元并存的新阶段，他称之为“知识论的群体主义转向”，并尝试对其进行初步解读：主体分析学及其批判笛卡尔之后，认识论成为现代知识论的最主要形态。知识论是对知识本性的哲学研究，而认识论是对主体认识本性的哲学研究。[13]

段伟文对科技哲学的发展脉络进行了梳理。他指出一个世纪以前，科学被描述为寻求具有普遍性且与价值及文化无涉的知识的活动。20世纪60年代，历史主义将科学理性还原为群体性认知与共识，但也为科学知识的社会建构论等具有后现代意味的相对主义立场提供了理据。20世纪七八十年代以降，科学实在论等方面的讨论展开了更为细致的形式化辨析，侧重于认识论的一般科学哲学有了长足的发展。[14]

在特殊科学哲学研究方面，董春雨等认为亚里士多德的物理学理论满足了日常的观察经验，使得人们在很长的时间里接受了其学说；而伽利略发现的新现象导致了对亚里士多德物理学体系的颠覆，催生了牛顿物理学体系的诞生；20世纪以来，当物理学研究的对象变为无法直接看见的物体时，只能借助于理论模型来研究自然。从肉眼观察到工具观察，从观察自然到观察实验，从被动等待到主动捕捉，观察的变化是每一次物理学革命的导火索。[15]

王巍等指出布兰登对基因选择提出了两个批评，其一为“屏蔽原则”，其二为“遗传漂变”批评。“屏蔽原则”认为，自然选择直接作用的对象是高层次实体，而不是基因层次实体。此批评无效，因为基因选择论者从未否认这一点，他们仅强调自然选择的最终作用单位是基因。而“遗传漂变”批评则认为基因型层次对于自然选择的描述在经验上优于基因层次。此批评仍然无效，因为布兰登误用了“遗传漂变”的概念。[16]

刘兵指出以STS领域的研究为限，对某种将人类学的地方性知识和科学实践哲学的地方性知识相区分并给予不同评价的观点，以及科学实践哲学的一些相关看法进行了商榷，认为“地方性知识”是一种文化类型的知识，并不与普遍性构成对立，而是支持了科学的文化多元性的观点和文化相对主义。[17]

刘孝廷从博物学和数理科学比较的视角，指出莱布尼茨作为百科全书式的思想家思想的兼容并包特征，以及极力调和博物学和数理科学这两种传统的努力，其思想是数理与博物、古典与现代相交融合的产物，而正是这种融合中彰显了他的思想的独特张力。[18]

三、技术哲学与工程哲学

2014年，北京地区的技术与工程哲学研究探索了西方经典技术哲学的思想脉络，对生态、网络等问题进行了持续关注，尤其是对网络技术的研究，展示出了一系列新方向，例如流空间概念的梳理、新环境下的科学共同体、知识创新等方面，给空间研究以及技术哲学研究提供了新思路，技术伦理也一直是技术哲学的重要主题。在大数据时代，人的身份与隐私、生存的空间与方式等，都成为值得技术哲学研究者深挖的热点。

对西方经典技术哲学理论和思想探讨上，张成岗等反思和批判了技术决定论的现代性源流，工具论技术的决定论与实体论技术的决定论共同构成了技术决定论在经典技术哲学时期的完整理论版图。技术决定论遭遇的现代性困境是将技术从社会系统中抽离并加以本质主义理解，反技术本质主义的技术编史学和社会建构论是技术哲学经验转向以来的研究主流，以技术与现代性融合研究为旨归的相互建构论将引领技术哲学研究的新潮流。[19]

高亮华关注了技术与人文的关系，认为人类的导向系统由动力系统和规范系统构成，而技术与人文在人类文明中的定位则是，人文指向目的，追问人生的目的与意义；技术指向手段，追求手段的适应性。他通过对人文含义的本体论追问发现，人文的本质是让人成为人，即人文学科与教化。然而，技术与人文的关系在当今之所以引人关注，就在于技术背离了人类的目的，也就是背离了人文理想。[20]

段伟文等探讨了大数据时代的隐私问题。信息隐私是隐私在信息时代的新发展，信息隐私权指个人拥有控制或限制他人获悉或披露个人信息的权利。在网络与大数据时代，信息隐私的保护建立在对个人数据的规制之上。在不同的规制架构下，个人许可与数据使用者的责任担当日益受到重视，它们是提升消费者对信息服务信心必不可少的前提。[21]

网络时代的空间研究近年来得到大家的重视，李正风等在梳理当代空间观念的基础上，重点研究了曼纽尔·卡斯特“流空间”的概念、特征和基本结构，进而提出在信息化时代，对空间的认识应该从物理视角向社会视角、关系视角和行动者网络视角转换。[22]

胡志强等以 arXiv 知识协同创作模式为例，分析了网络信息空间中知识共生产的内涵与功能，进而指出：基于网络的科学知识生产活动已经呈现出知识发表与学术评价的开放性、知识传播与科研合作的广泛性、知识的协同创作与科学共同体的虚拟重构、知识生产与知识增长的历时性等新特征，并认为当代科学家只有注意学习和利用网络资源，才能更好地参与国际科技合作与竞争。[23]

风险研究仍然是技术哲学界关注的重要主题，崔伟奇等认为技术时代的风险不同于前技术时代的风险，它具有明显的时代特征。身居技术“座架”下的人类命运受到了前所未有的威胁，不仅自然生态系统卷入技术运动的旋涡，就连人类未来种族的延续也面临着风险的考验。他们通过对责任伦理风险观内涵的研究，用责任伦理规避技术时代的风险。[24]

王伯鲁认为文化的技术化既有助于文化目的的有效实现，也是滋生文化疾患的根源。任何技术研发活动总是在一定的社会文化环境中展开的，众多文化理念与价值诉求都直接或间接地影响着技术创造。面对技术化时代的种种挑战，我们应当充分发挥先进文化的引导与规范作用，积极探索校正技术发展方向的路径与模式。[25]他还从海德格尔的思想背景出发，厘清海德格尔关于技术本质的反思进路，探讨技术与真理、科学和西方形而上学传统之关系的一系列重要观点，力图展现出海德格尔审视科学与技术之本质的独特视域。[26]

关于工程哲学方面，如何把工程哲学与工程技术本身结合起来，仍旧是研究的重点。工程方法背后的工程哲学思想，是工程哲学研究者与工程师需要共同面对并共同发展的。李伯聪指出工程方法论是工程哲学研究中的薄弱环节，应该从四个基本关系中阐释和说明方法的基本性质、功能和意义：方法和主体的关系；方法和目的的关系；方法和结果的关系；方法和理论的关系。而工程方法又具有以下三个特征：工程方法的整体结构中包括硬件、软件和斡件；工程方法以创造和提高功效（效力、效率、效益）为基本目的和基本标准；现代工程技术方法的高度专业化特征使得其行动主体常常需要有“专业资质”。[27]

殷瑞钰认为中国工程哲学发展的重要经验之一是工程师、工程管理者、哲学工作者“三结合”，相互学习、合作研究工程哲学。开展工程方法论研究是当前工程哲学领域亟待深入研究的重要课题。本文分析了方法、方法论、工程方法、工程方法论等概念的相互关系，指出工程方法论研究应该研究体系结构、协同化、非线性相互作用和动态耦合、程序化、和谐化等问题。[28]

四、科学社会学与科技政策

2014 年北京地区的科学社会学与科技政策在理论研究上回本溯源，在应用研究上重视创新政策。STS、SSK 研究展现出自身的强大生命力，论题涉及面广，其中包括科学政策科学、科技创新、风险研究、地方性知识等维度。

风险事件的频繁发生与严重后果引起社会各界

的广泛关注。胡志强等指出决策者、专家、媒体和公众对风险的感知不同，尤其是专家与公众对风险事件的感知存在很大差异。他们总结了影响公众与专家风险感知差异的多种影响因素，对于如何克服风险沟通中的障碍、保证风险沟通顺利进行提供一些启示。[29]

李正风等指出信息技术与生产技术进一步融合，重构了传统的制造业和创新活动的边界，他们追溯创客运动发展的历史，任务创客运动的发展根植于不断扩展的全球“创客空间”网络，显示出了以开源、大众创新为特征的新型创新模式，成为数字世界真正颠覆实体世界的助推器。[30]

樊春良认为科技政策科学是在国家层面促进科技政策研究发展的一种新形式，目的是推进科技政策成为一门科学，对国家决策提供持续和系统的支持。推进 STI 政策科学的发展，要强调形成以证据为基础的政策，开展战略研究、精心设计项目，全面布局、重视人才建设，重视国际合作与交流。[31]他还以科学社会学的理论和视角，归纳分析科技政策科学的基本思想，评述美国和日本发展科技政策科学的做法，分析科技政策科学走向体制化的特点和动因，指出科技政策科学新发展的意义。[32]

尚智丛对科技奖励体系的发展与国际现状进行了简要概述，他指出，我国的科技奖励体系是以政府奖励为主导，以科技成果为主要研究对象，形成所谓项目奖。最后提出了五点建议：优化奖项设置、完善评审机制、加强奖项管理、积极拓展经费来源、增强社会团体的独立性并鼓励其发展壮大。[33]

肖广岭等基于 2001—2010 年中国知网收录的 7 种工程材料科学核心期刊产学合著论文的文献计量和社会网络分析，研究探讨了中国工程材料工业产学合作生产科技知识的总体情况，并与制药工业进行了详细比较。结果表明，除材料工业国内产学合著论文受地域限制较低外，两者在基本表现和主要特征方面总体趋同。产学合作生产科技知识切实存在，已有一定规模且日趋增强。相关研究和政策调整应见微知著、与时俱进。[34]

张明国以日本社团组织为例，探讨了交叉综合类科技社团组织服务决策的困境与对策。他指出，国家在决策方面对社团的期望值越来越高，而随着科技的发展，所面临的问题也越来越复杂，风险越来越大，交叉综合类社团的功能就越来越凸显。但是交叉类社团存在三类问题，即依托学科的地位不明、职能不硬以及生存不易。他给出的对策是从社团的体制改革上入手，另外在现有体制下，社团自身要主动参与为决策服务。[35]

李建军指出，决策咨询的核心是知识和权力的关系问题，需要通过一定的机制把决策和思想库之间的关系理顺，这样掌握知识的一方，能够对政府的决策起到监督和咨询作用。科技社团要发挥作用，首先要有独立性，科学家可以自由表达自己的意见。其次是科技社团和科学家要有担当意识，并且科学家要有能力眼光和责任心。最后，政府和社团管理部门不要急功近利，要对社团有耐心。[36]

徐治立认为科技社团的核心功能是学术上创新、交流、规范和评价，决策咨询是创新功能的一个方面，有它产生的过程和作用的机制。目前好多国家已经超越了专家治国论的阶段，科技社团并非直接对决策产生影响，而是提供咨询服务。现在政府要转移出部分职能，科技社团的服务咨询功能就能得到发展。[37]

五、学术活动与国际交流

2014 年北京地区科学哲学界的学术活动和国际交流继续向前发展。中国自然辩证法学会、北京自然辩证法学会、北京科技史与科学社会学学会等组织积极在京展开学术活动；清华大学、中国人民大学、北京师范大学、中国科学院大学等高校继续开展依托合作关系的学术活动与交流，继续发展品牌化、常态化的论坛、会议和交流项目。

2014 年，各个学会在京积极开展的学术活动，北京各个高校也投入到学术活动和国际交流中。3 月 25 日，由北京师范大学中德莱布尼茨国际研究中心主办、中国自然辩证法研究会编辑出版专业委员会协办的“2014 年莱布尼茨思想暨著作编辑学术研讨会”在京召开。国内外知名莱布尼茨专家及北师大部分博士硕士研究生共 30 余人参加了会议。[38]

3 月 30 日，由中国人民大学国家发展与战略研究院主办的“社会系统工程与国家治理体系现代化”学术研讨会在中国人民大学逸夫会堂举行。会上各位专家学者从不同的角度探讨了系统工程思想和方法的应用等问题。[39]

5 月 13 日，由中国自然辩证法研究会技术咨询工作委员会和北京化工大学科学技术与社会（STS）研究所共同举办的第二届“北京化工与社会”论坛在北京化工大学召开。论坛由中国自然辩证法研究会技术咨询工作委员会主任张明国主持，日本化学史学会秘书长、东京工业大学研究生院梶雅范教授应邀作了题为“真岛利行与日本有机化学研究传统的形成”的学术报告。[40]

5月24—25日，中国自然辩证法研究会环境哲学专业委员会主办的“全国生态伦理、生态哲学与生态文明学术研讨会”在北京举行。来自全国高校以及中国社会科学院等单位的近30位专家学者出席了本次会议。会议就生态伦理、生态哲学、生态文明的理论与实践问题展开了深入的讨论，各位学者结合自身研究方向与研究成果，在会议中进行了深度交流。[41]

5月26日，中国科学院学部主席团借全球研究理事会2014年年会在中国召开之际，发布了《追求卓越科学》宣言，国际著名的科学类杂志《科学》《自然》进行了报道和评论，《光明日报》、《经济日报》等国内主流媒体进行了重点报道，中央政府门户网站、新华社等40余家网络媒体进行了转载。清华大学、中国科学院学部科学与社会协同发展研究中心为该宣言的起草做出了积极贡献。[42]

6月14日，由北京市科协主办、北京自然辩证法研究会承办、中国人民大学国家发展与战略研究院社会系统工程研究中心协办的决策咨询沙龙“社团组织的服务决策功能”学术研讨会在中国人民大学逸夫会堂举行。出席会议有来自中国人民大学、中国社会科学院、中国科学院大学等单位的学者60多人。沙龙分为三个单元进行，各位专家学者就沙龙主题从各个角度探讨了社团组织的服务决策功能。[43]

7月3日，“清华大学—英国兰卡斯特大学STS前沿论坛”在京召开，来自中国、英国、印度的30多位STS学者参会，论坛主题是“风险、创新与社会治理——致力于可持续世界的科学与技术”，就农业生物技术、转基因食品、气候工程、社会科学与负责任的创新等方面展开了深入交流。暑期前后，清华大学还先后组织了第七届“清华大学—匹兹堡大学科学哲学暑期学院”、第二届“清华大学—伦敦政经学院（LSE）社会科学工作坊”、第一届“清华生命科学史与哲学研讨班”，吸引了来自多所京内外高校学者、研究生的参与。[44]

7月5—6日，以“人类尊严与技术理性：自我理解的可能性和挑战”为主题的“中国人民大学—荷兰乌德勒支大学第二届哲学论坛”在中国人民大学召开。马库斯教授和刘大椿教授分别作了题为“跨文化视角下的人类尊严”和“科学哲学新方向与人类价值”的主题演讲。[45]

9月13日，由北京科学史与科学社会学学会和中国科学院大学人文学院联合主办的“首届北京科学史与科学社会学青年论坛”在中国科学院大学举行，此次论坛的主题是“科学史与科学社会学研究的新趋势”。13篇论文的作者在会上作了报告，40多位青年学者和专家参加了论坛。日籍学者佐佐木力教授作为特邀专家参加了论坛。[46]

10月12日，北京自然辩证法研究会在北京市科协学术活动月期间举办了第五届“北京城市发展战略”论坛，其中13位专家就北京城市功能疏解与空间布局优化、北京水资源紧缺问题、北京生态文明建设情况等热点问题作了专题报告。[47]

11月30日，第五届北京科史哲研究生学术论坛在中国科学院自然科学史研究所举办，来自北京地区10余所院校的近200名师生参加了论坛，有关院校的20位老师受邀作为点评嘉宾或评委出席了本届论坛，搭建了北京地区科技史与科技哲学专业研究生的学术交流平台，促进了良好学术氛围的形塑和科研道德规范的养成。[48]

12月19日，“中国科学哲学研究的历史与社会”研讨会在中国社会科学院召开。会议由中国自然辩证法研究会自然辩证法史专业委员会、中国自然辩证法研究会科学技术与公共政策专业委员会、中国社会科学院哲学研究所科技哲学研究室共同承办。会议分四个单元：从自然辩证法到科学哲学、科学哲学研究的历史、科学哲学研究与社会、科学哲学研究的其他议题，与会40余名老中青年学者相聚一堂，回顾了中国科学哲学研究的历史和社会影响，探讨了中国科学哲学研究面临的挑战和出路。[49]

注：

①中国自然辩证法研究会秘书处：中国自然辩证法研究会《工作通讯》，2014年第2期。

②中国自然辩证法研究会秘书处：中国自然辩证法研究会《工作通讯》，2014年第3期。

③中国自然辩证法研究会秘书处：中国自然辩证法研究会《工作通讯》，2014年第5期。

④北京科学史与科学社会学学会网站，http：//www.bast.net.cn/art/2014/5/22/art_11724_236464.html。

⑤蒋建科：《践行社会主义核心价值观 中国科协举行座谈会》，《人民日报》，2014年9月3日。

⑥中国自然辩证法研究会秘书处：中国自然辩证法研究会《工作通讯》，2014年第12期。

⑦中国自然辩证法研究会秘书处：中国自然辩证法研究会《工作通讯》，2015年第1期。

⑧刘大椿：《科学哲学史研究的若干突出问题》，《江海学刊》，2014 年第 5 期。

⑨刘大椿、吴展昭：《从历史转向的视角看科学理论选择的合理性——评库恩与拉卡托斯的理论选择标准》，《北京科技大学学报》（社会科学版），2014 年第 3 期。

⑩中国自然辩证法研究会秘书处：中国自然辩证法研究会《工作通讯》，2014 年第 5 期。

⑪刘孝廷、史波：《STS 视野中的科学》，《自然辩证法研究》，2014 年 7 期。

⑫吴国盛：《宇宙图景悖论》，《中国经济报告》，2014 年第 8 期。

⑬刘永谋：《论知识论的群体主义转向》，《哲学研究》，2014 年第 2 期。

⑭段伟文：《科技哲学的进路重整与时代观照》，《哲学动态》，2014 年第 5 期。

⑮李书杨、董春雨：《简论观察之演化与物理学革命》，《长春大学学报》，2014 年第 9 期。

⑯陈勃杭、王巍：《对布兰登基因选择批判的反思》，《自然辩证法研究》，2014 年第 2 期。

⑰刘兵：《关于 STS 领域中对“地方性知识”理解的再思考》，《科学与社会》，2014 年第 3 期。

⑱中国自然辩证法研究会秘书处：中国自然辩证法研究会《工作通讯》，2014 年第 4 期。

⑲李勇：“第 15 届全国技术哲学学术年会综述”，中国自然辩证法研究会工作网站，http：//www.chinasdn.org.cn/n1249550/n1249731/16148296.html。

⑳李勇：“第 15 届全国技术哲学学术年会综述”，中国自然辩证法研究会工作网站，http：//www.chinasdn.org.cn/n1249550/n1249731/16148296.html。

㉑段伟文、纪长霖：《网络与大数据时代的隐私权》，《科学与社会》，2014 年第 2 期。

㉒董超、李正风：《信息时代的空间观念—对流空间概念的反思与拓展》，《自然辩证法研究》，2014 年第 2 期。

㉓丁大尉、胡志强、王衍行：《网络信息共享与当代科学知识生产的新特征——基于对 arXiv 知识共享模式的分析》，《科学学研究》，2014 年第 4 期。

㉔崔伟奇等：《约纳斯责任伦理风险观内涵研究》，《科技管理研究》，2014 年第 5 期。

㉕王伯鲁、徐文杨：《追问科学与技术——海德格尔科技思想解析》，《北京科技大学学报》（社会科学版），2014 年第 1 期。

㉖王伯鲁：《技术与文化互动问题剖析》，《西北师大学报》（社会科学版），2014 年第 5 期。

㉗李伯聪：《关于方法、工程方法和工程方法论研究的几个问题》，《自然辩证法研究》，2014 年第 10 期。

㉘殷瑞钰：《关于工程方法论研究的初步构想》，《自然辩证法研究》，2014 年第 10 期。

㉙王娟、胡志强：《专家与公众的风险感知差异》，《自然辩证法研究》，2014 年第 1 期。

㉚徐思彦，李正风：《公众参与创新的社会网络——创客运动与创客空间》，《科学学研究》，2014 年第 1 期。

㉛樊春良：《日本科技创新政策科学的实践及启示》，《中国科技论坛》，2014 年第 4 期。

㉜樊春良：《科技政策科学的思想与实践》，《科学学研究》，2014 年第 11 期。

㉝中国自然辩证法研究会秘书处：中国自然辩证法研究会《工作通讯》，2014 年第 8 期。

㉞赵正国、肖广岭：《从合著论文看中国工程材料工业知识生产的产学合作——兼与制药工业的比较》，《自然辩证法通讯》，2014 年第 2 期。

㉟中国自然辩证法研究会秘书处：中国自然辩证法研究会《工作通讯》，2014 年第 7 期。

㊱中国自然辩证法研究会秘书处：中国自然辩证法研究会《工作通讯》，2014 年第 7 期。

㊲中国自然辩证法研究会秘书处：中国自然辩证法研究会《工作通讯》，2014 年第 7 期。

㊳中国自然辩证法研究会秘书处：中国自然辩证法研究会《工作通讯》，2014 年第 4 期。

㊴中国自然辩证法研究会秘书处：中国自然辩证法研究会《工作通讯》，2014 年第 4 期。

㊵中国自然辩证法研究会秘书处：中国自然辩证法研究会《工作通讯》，2014 年第 6 期。

㊶中国自然辩证法研究会秘书处：中国自然辩证法研究会《工作通讯》，2014 年第 6 期。

㊷中国科学院学部工作局：“中国科学院学部主席团发布《追求卓越科学》宣言”，http：//www.cas.cn/xw/zyxw/yw/201405/t20140525_ 4126367.shtml。

㊸中国自然辩证法研究会秘书处：中国自然辩证法研究会《工作通讯》，2014 年第 7 期。

㊹中国自然辩证法研究会秘书处：中国自然辩证法研究会《工作通讯》，2015 年第 2 期。

㊺中国自然辩证法研究会秘书处：中国自然辩证

法研究会《工作通讯》，2014 年第 8 期。

㊻中国自然辩证法研究会秘书处：中国自然辩证法研究会《工作通讯》，2014 年第 10 期。

㊼中国自然辩证法研究会秘书处：中国自然辩证法研究会《工作通讯》，2015 年第 3 期。

㊽中国自然辩证法研究会秘书处：中国自然辩证法研究会《工作通讯》，2015 年第 2 期。

㊾中国自然辩证法研究会秘书处：中国自然辩证法研究会《工作通讯》，2015 年第 3 期。

（作者：张成岗，清华大学教授；
张正清，清华大学博士生；
黄晓伟，清华大学博士生）

伦 理 学

葛晨虹 陈伟功

一、学术活动概况

1 月 11 日，由北京师范大学哲学与社会学学院主办的“向善的生活：伦理学体系阐释的新尝试——《伦理学概论》学术思想座谈会”在北京师范大学举行。来自中国社会科学院、中国人民大学等部分高校 30 余位专家学者参加了本次座谈会。学者围绕“《伦理学概论》作为阐释伦理学体系的尝试”“当今时代的伦理学体系”“德性伦理学讨论正在呈现的意义与问题”展开了研讨。

1 月 12 日，由中国自然辩证法研究会环境哲学专业委员会、北京林业大学人文社科学院、北京林业大学生态文明研究中心、“生态和谐社会伦理范式阐释研究”课题组等共同举办的“生态和谐社会的伦理范式阐述研究”学术研讨会在北京林业大学举行。来自相关单位的 40 多名环境哲学及伦理学知名专家和学者出席了此次会议。与会专家围绕“生态和谐社会”的中心议题展开了讨论。

3 月 2 日，由中宣部主办，中国伦理学会、北京市委宣传部承办的第十一届中国公民道德论坛在北京举行。中共中央政治局委员、中宣部部长刘奇葆出席论坛并讲话，强调深入学习贯彻党的十八大和十八届三中全会精神，学习贯彻习近平总书记系列讲话精神，把培育和践行社会主义核心价值观作为凝魂聚气、强基固本的基础工程和根本任务。论坛由中宣部常务副部长雒树刚主持。教育部副部长刘利民，国家卫计委副主任崔丽，北京市委常委、宣传部部长李伟，山东省委常委、宣传部部长孙守刚，黑龙江省委常委、哈尔滨市委书记林铎，南开大学党委书记薛进文等在论坛上发言。

3 月 25 日，由儒学与中华文化复兴协同创新中心主办、山东大学儒学高等研究院承办的“社会主义核心价值观与中华优秀传统文化——学习习近平总书记系列重要讲话精神学术研讨会”在京召开。来自中国社会科学院、清华大学等单位的 20 多位学者围绕弘扬中华优秀传统文化与培育社会主义核心价值观会议主题进行了研讨。

3 月 26 日，由光明日报社、中央电视台、中国伦理学会联合主办的“以家风家教弘扬社会主义核心价值观”研讨会在京举行。与会者强调，优良的家风家教可使个人获得进入社会的基本品质，对弘扬社会主义核心价值观、促进社会和谐、实现中华民族伟大复兴中国梦，具有独特作用，应在全国逐步建立起家风家教的文化研究、宣传、践行的长效联动机制。

4 月 19 日—21 日，由清华大学新闻与传播学院新闻研究中心、中国新闻史学会外国新闻史研究委员会联合主办的第四届“全球媒介伦理圆桌会议”在清华大学召开。来自美国、南非、印度、加拿大以及中国大陆和港、台学者共 15 人发表了论文。与会学者围绕全球化与本土问题、媒介素养、媒介观与权利观等问题进行了研讨。

4 月 21—22 日，中国伦理学会与韩国伦理学会联合举办的“第 22 次韩中伦理学国际学术大会”在韩国城南市韩国学中央研究院举行，来自中国伦理学会和韩国伦理学会的近百名学者参加了本次大会。学者围绕“东西洋思想与伦理教育”的会议主题展开了讨论。

5 月 10 日，由中国伦理学会和天津社科院主办，天津社科院伦理研究所暨《道德与文明》编辑部承办的“中华传统美德与社会主义核心价值观”论坛在天津社科院召开。与会专家围绕中华传统美德与社会主义核心价值观相关问题展开了讨论，认为在培育践行社会主义核心价值观的过程中继承和弘扬优秀传统美德既是重要的学术问题，更具重大现实意义。

6月7日，“全国伦理学组织联席会议”在北京中国伦理学会会议室召开。来自全国20个省市区伦理学组织的负责人出席。中国伦理学会会长万俊人等学会领导表示：习近平总书记近年来关于道德建设的系列讲话为我国伦理学迎来了最好的发展时期，伦理学人应当有作为、有担当，成为践行社会主义核心价值观的先行者。会议通过了《全国伦理学组织联席会议章程》，以推进全国伦理学理论研究和道德实践活动的协同创新。

9月24日，纪念孔子诞辰2565周年国际学术研讨会暨国际儒学联合会第五届会员大会在人民大会堂开幕。国家主席习近平出席并发表重要讲话。习近平主席强调，不忘历史才能开辟未来，善于继承才能善于创新。推进人类各种文明交流交融、互学互鉴，是让世界变得更加美丽、各国人民生活得更加美好的必由之路。

9月29—30日，中国人民大学暨中国伦理学代表团在中心主任葛晨虹教授率领下访问俄罗斯莫斯科大学哲学系。莫大副校长兼哲学系主任米罗诺夫·弗拉基米尔·瓦西里耶维奇会见了中国代表团。双方学者进行了主题为“社会变革时期的伦理道德问题”的学术讨论。论坛由莫大伦理室主任拉津教授和中国人民大学伦理学基地主任葛晨虹教授共同主持，俄罗斯国家科学院院士、著名伦理学家古谢诺夫教授发表学术报告。20世纪后半叶中俄哲学界和伦理学界保持密切交流，本次访问即为再续前缘，加强人大与莫大以至于两国伦理学界的交流合作。

10月18—19日，由中国社会科学院应用伦理研究中心和山西师范大学政法学院共同主办的第九次全国应用伦理学研讨会在山西师范大学召开。来自全国40余所高等院校和科研单位的百余位学者参加了研讨会。学者以“应用伦理学视野中的人的问题”为主题展开了研讨。

11月15日—16日，由中国人民大学伦理学与道德建设研究中心和中国伦理学会经济伦理专业委员会共同主办的“第八届全国经济伦理学”学术研讨会在中国人民大学召开。来自国内外相关单位80余位学者参加了研讨会，学者围绕“经济伦理与社会主义核心价值观”“经济伦理与社会主义市场经济”和“企业伦理与道德资本”等主题进行了讨论。

12月4—5日，由中国科学院学部科学道德建设委员会、地学部常委会主办，学部工作局、学部道德与科技伦理研究中心承办的“生态环境伦理与可持续发展”科技伦理研讨会在云南省临沧市召开，会议旨在分析探讨科技发展引发的生态环境问题以及不同维度的环境治理机制。

12月20—21日，由北京大学信息管理系主办、东北师范大学计算机科学与信息技术学院、《现代情报》杂志社协办的“第六届国际信息资本、产权与伦理学术研讨会”在北京大学召开。学者就信息社会的公共文化服务权利、健康信息系统设计、数字化脱贫、知识产权政策、信息安全、信息技术伦理与信息素养、政府信息资源管理等热点理论、实践及教育等问题进行了讨论。

二、主要出版著作

2014年，北京伦理学研究取得了众多学术成果，其中专著、编著、译著等有近百部出版。

（一）专著

《伦理学》（修订本）（罗国杰，人民出版社）、《礼之道》（翟玉忠，中央编译出版社）、《中国传统道德概论》（陈桂蓉，社会科学文献出版社）、《康德至善论及其当代意义》（冯显德，人民出版社）、《气候博弈的伦理共识与中国选择》（华启和，社会科学文献出版社）、《他者的境域：列维纳斯伦理形而上学研究》（黄瑜，中国社会科学出版社）、《马克思主义与道德观念：道德、意识形态与历史唯物主义》（李义天，人民出版社）、《马克思制度伦理思想研究》（刘月岭，中国政法大学出版社）、《伦理批判与道德乌托邦：西方马克思主义伦理思想研究》（王雨辰，人民出版社）、《儒家实意伦理学》（温海明，中国人民大学出版社）、《科学共同体的伦理精神》（薛桂波，中国社会科学出版社）、《质料先天与人格生成：对舍勒现象学的质料价值伦理学的重构》（张任之，商务印书馆）、《欧美生态伦理思想与中国传统生态叙事》（刘卫英、王立，北京师范大学出版社）、《人格尊严及其实现：道德与法的双重考量》（刘娟，中国政法大学出版社）、《密尔对功利原则的道德哲学辩护》（刘琼豪，中国社会科学出版社）、《20世纪70年代以来英美的马克思主义伦理学研究》（张霄，北京出版社）、《中国近现代伦理启蒙》（徐嘉，中国社会科学出版社）、《中国传统儒家忠德研究》（欧阳辉纯，花木兰文化出版社）、《经济伦理学》（王露璐、汪洁，人民出版社）、《以孝治国：孝与家国伦理》（秦永洲、杨治玉，中国国际广播出版社）、《善的自由研究》（耿焰，法律出版社）、《科学共同体的伦理精神》（薛桂波，中国社会科学出版社）、《消费伦理研究：基础理论与中国实证》（赵宝春，中国人民大学出版社）、《从理学到伦理学：清末民初道德意识的转化》（黄进兴，中华书局）、《人际交往转型与人伦生态重建》（龙柏林，人民出版社）等。

（二）编著

《中国伦理学年鉴·2012年》（龚群，九州出版社）、《价值论与伦理学研究·2014年卷》（江畅，社会科学文献出版社）、《中国经济伦理学年鉴·2013》（王小锡，中国社会科学出版社）、《法律职业伦理》（冷罗生，北京师范大学出版社）、《伦理审查委员会——理论研究及实践探索》（张雪、尹梅，高等教育出版社）、《伦理学与公共事务·第6卷》（李建华，北京大学出版社）、《社会生活探索：以性伦文化等为中心》（梁景和，首都师范大学出版社）、《伦理与文明·第2辑》（贾英健，社会科学文献出版社）、《道德异乡人的“最小伦理学”：恩格尔哈特的俗世生命伦理思想》（郭玉宇，科学出版社）、《价值论与伦理学研究·2013年卷，第23届世界哲学大会专辑》（湖北省道德与文明研究中心，新华出版社）、《伦理学之后——现代西方元伦理学思想》（修订本）（孙伟平，中国社会科学出版社）、《西方伦理学选读》（曲红梅，北京邮电大学出版社）、《道德客观性及其限度——伦理学与政治哲学的边界问题研究》（王艳秀，中国社会科学出版社）等。

（三）译著

译著：《亚当·斯密全集·第1卷，道德情操论》（［英］亚当·斯密著，蒋自强等译；商务印书馆）、《媒介伦理：案例与道德推理》（［美］克利福德·G.克里斯琴斯著，孙有中等译；中国人民大学出版社）、《基督教旧约伦理学：建构神学、社会与经济的伦理三角》（［英］莱特著，黄龙光译；中央编译出版社）、《布莱克维尔〈尼各马可伦理学〉指南》（［美］克劳特主编，刘玮、陈玮译；北京大学出版社）、《恐惧与战栗：静默者约翰尼斯的辩证抒情诗》（［丹］克尔凯郭尔著，赵翔译；华夏出版社）、《自私的德性》（［美］安·兰德等著，焦晓菊译；华夏出版社）、《伦理学是什么》（［美］史蒂文·卢坡尔著，陈燕译；中国人民大学出版社）、《有道德的利己》（［英］塔拉·史密斯著，王旋、毛鑫译；华夏出版社）、《法律与伦理实证主义》（［澳］坎贝尔著，刘坤轮译；中国人民大学出版社）、《羞耻与必然性》（［英］伯纳德·威廉斯著，吴天岳译；北京大学出版社）、《基督教生命伦理学基础》（［美］祁斯特拉姆·恩格尔哈特著，孙慕义主译；中国社会科学出版社）、《伦理学与经济学》（［印］阿马蒂亚·森著，王宇、王文玉译；商务印书馆）、《有节制的生活》（［古罗马］西塞罗著，刘勃译；华夏出版社）、《西塞罗论友谊、论老年及书信集》（［古罗马］西塞罗著，梁玉兰等译；北京理工大学出版社）、《关心：伦理和道德教育的女性路径》（［美］诺丁斯著，武云雯译；北京大学出版社）、《关怀伦理学》（［美］弗吉尼亚·赫尔德著，苑莉均译；商务印书馆）、《道德的理由》（［英］雷切尔斯著，杨宗元译；中国人民大学出版社）、《恶习的美德》（［美］埃姆里斯·韦斯科特著，柯珍妮译；世界图书出版公司北京公司）、《基督教新约伦理学：探寻群体、十架与新造的伦理意境》（［美］海斯著，白陈毓华译；中央编译出版社）。

三、学术研究概述

2014年，伦理学界学者取得了诸多研究成果，其中有对传统学术问题的研究，也有新问题域的开拓。

（一）基本问题

1. 道德相对主义

道德相对主义主张，不同文化或个人的道德原则发生冲突，没有客观标准去评判它们的优劣。有学者认为，这种观点有可能剥夺或削弱我们进行道德谴责的权利和力度。任何规范性的实践原则要想具备规范有效性，如果不能获得某种普遍有效的客观性解释，就很难将其确立为指导日常生活的道德规范或规范。①核心问题是，在实践哲学领域中是否存在这类客观性？有学者主张，我们应该拒斥“道德相对主义”，道德具有相对性，道德总是特定文化中的道德。道德源自共同生活的需要和对理想生活的需要，而非源自逻辑。但在文化多样化和价值多元化的现代社会，既有多样化的个人道德，又有相对统一的公共道德。②良好社会秩序只能建立在公共道德和法制的基础上。公共道德的权威与法律的权威是互相依赖的。一个社会的道德与法律是否有权威，依赖于该社会有多少人有公德。学者认为，应辩证把握道德相对性和客观普遍性。道德相对主义在多元与一元的关系问题、工具论与目的论等关系问题上将激励我们更多理论思考。③

2. 道德可普遍化原则

学者研究指出，在非理性主义和主观主义流行于伦理学时，黑尔将可普遍化规定为道德判断的基本特征，从语言与逻辑的角度重新解释和论证了可普遍化原则，恢复了道德的客观性和普遍性。[④]学者指出，道德法则必须具备必然性和普遍有效性，这是康德道德哲学的前提预设，也是康德道德哲学的根本观点。但是否有这样的法则存在，以及这样的法则是否具有实践意义，人们长期争论。研究表明：康德预设了意志自由和目的王国，也就预设了道德法则的普遍必然性。康德的道德法则既强调了理性的优先性，又保留了经验的开放性，为道德实践行为的创造性留下了足够空间。[⑤]有学者进而指出，如气候问题的伦理困境就呼唤普遍伦理的重建。道德金律在普遍伦理的重建中被寄予了厚望。有学者认为传统金规“己所不欲，勿施于人”，需改造升级为“人所不欲，勿施于人”。[⑥]也有学者认为“己所不欲，勿施于人”作为传统智慧的结晶，很难被取代或超越，仍是处理人际关系的根本原则。也有学者从把道德承续的角度来研究道德普遍性，认为道德承续不仅是逻辑上的真概念，而且是道德生态中的客观现象。作为名副其实的伦理学研究对象，它指的是在同一民族共同体中，人们立足于当下，以所处时代的需求和价值取向为标准，对历史上或前人留下来的伦理道德精神、价值理念、规范等资源进行评估、选择并以批判继承的方式进行创造性转化，以创出相对普遍客观的道德准则。[⑦]

3. 德福问题

“道德与幸福”之一致性问题的探讨有三种形态分布趋向：指向“心灵秩序”的德性至善论；指向“行为法则”的道德自由论；指向“他者面容”的伦理责任论。[⑧]也有学者认为，从自在方面来说，德福困境是个伪命题，因为道德是为义务而义务的，而幸福概念的所有成分都是来自经验的。但是生活世界中的人又具有德福一致的信念，同时纯粹道德义务消除自身抽象性的方式要付诸生活世界，所以生活世界是德福困境命题得以成立的前提。德福困境消弭的可能性在于重拾情感主义道德哲学的价值观。[⑨]有学者认为亚里士多德的德福一致，表现为德性论从属于幸福论。孔子的德福一致，落在道德与孔颜之乐的关系上。亚里士多德在“幸福论”的框架下安顿道德，而孔子则在道德前提下安顿幸福，两者的差别直接开启了其后两千多年德福问题的两种致思进路。康德关于幸福的观点与他的义务论本质上是一致的，幸福首先是作为感性人的一个现实而必然的目标，但幸福更应该被看作是道德主体的道德活动目标。为此，幸福就与善良意志、义务和道德法则内在的相结合。将幸福纳入到道德的关联中，不是要求人为了别人的幸福而放弃自己的幸福，而是要求人在保证自己幸福的同时又能促进他人幸福。[⑩]

4. 正义论

人们往往从分配正义的角度来理解马克思的正义理论，这是按照康德—罗尔斯的思路来理解马克思的正义理论。但实际上马克思是批判地继承了黑格尔《法哲学原理》中的思想来建构自己的正义理论的。而黑格尔法哲学所关注的是共同体中人的自由和自我实现，是人和人之间的相互承认。马克思的共产主义理论作为一种正义理论就是要实现每个人的自由。有学者指出，中国特色社会主义的正义原则作为对资本主义社会与传统社会主义社会正义原则的综合超越，它应当是差异性正义原则与同一性正义原则的合理协同。[⑪]有学者还分析了效用主义的分配模式，认为这是对正义的重大挑战。[⑫]有学者分析了罗尔斯作为公平的正义，认为人们不应得基于自然天赋和资质获得的利益，因为从道德立场上看，这种应得的基础是任意的和偶然的。由此，作为公平的正义反对亚里士多德等应得论者的主张。后者理解的应得是一种前制度性应得，罗尔斯只承认制度性应得的合法性，即应得依系于制度规则，制度规则决定着应得的正当性。诺齐克和斯特恩伯格等人对罗尔斯的“反应得论证”提出批评，但是这些批评存在误解。“反应得论证”的真正问题在于：一是罗尔斯因“权宜之计”放弃对前制度性应得中关于人的自主性的考虑，而人的自主性是支撑正义理论大厦的重要支柱；二是他把制度性应得、资格和合法期望等同起来，从而混淆了它们之间的重要区别。[⑬]

（二）道德建设与治理

1. 道德治理

党的十八届三中全会提出了“创新社会治理”的战略任务，并提出了“强化道德约束”、发挥伦理在社会治理中作用的重要举措。伦理在社会治理中的作用，一是确立社会治理的正确价值导向；二是强化人的内在约束；三是调节利益关系；四是降低社会治理成本。伦理要在社会治理中发挥好作用必须与制度相互支持、相互作用。[⑭]学者们将国家提出的“开展道德领域突出问题专项教育和治理”的重大决策归纳定为“道德治理”，这是在社会转型关键时期的特殊语境下，对国家治理体系和治理能力认识的新发展。道德治理是德性的治理，以制度的德性、权力的德性和官员的德性为保障，目的在于实现善治。道德治理承担着“扬善”和“抑恶”两个方面的社会职能，发挥着调整社会生活和人们行为的社会作用。[15]有学者认为，当前道德领域突出问题与长期忽视道德信仰的培育和倡导直接相关。道德信仰是人们对社会倡导的道德标准和行为准则所持的极度信赖和遵从的稳定的心理状态及行为倾向，具有整合道德品质的功能。道德治理是道德信仰养成的现实前提；道德信仰是道德治理的精神基础。道德信仰培育，需要在正确认识和理解其极端重要性的前提下，立足于培养人对于道德的尊重和敬畏感，把创新道德教育和厉行道德治理有机地结合起来。有学者指出，新加坡在道德治理方面积累了一些经验和做法，通过对新加坡政治、经济、社会公共秩序三个方面道德治理经验的总结，可以为我国整治道德领域突出问题提供他山之石的借鉴与参考。有学者进而指出，关于政治治理，应该基于良心，而非利益或原则。[16]

2. 道德“冷漠”问题

有学者认为，当前我国道德领域突出问题之一可概为“道德冷漠症”。道德冷漠，一般是指人们的道德感、道德经验或道德判断的匮乏，它通常表现为道德敏感的丧失和道德判断的搁置、道德意志或道德勇气的缺乏，以及道义感或道德是非感的丧失。道德冷漠作为现代社会的道德症候，是现代经济的市场化、道德的功利化、社会的去道德化的结果，也是熟人社会解体、陌生社会形成、个体原子化发展的结果。[17]针对现代社会的道德冷漠症，首先，要重建公平正义的经济社会秩序，奠定道德实践的现实伦理基础；其次，要将现代市民社会塑造为道德共同体，奠定道德实践的公共性的社会基础；最后，要探索“远距离道德”的可能性，为现代社会的道德关联进行理论奠基。[18]“正当优先于善”是现代西方伦理学的一个基本观点，即个人对“善”的追求不能违反“正义的社会体系”。而在中国，一方面，由于“正当”观念缺乏和制度建设落后，个人对“善”的生活的追求，尤其是对人情关系的追求，常常无视所谓“正义的社会体系”；另一方面，由于舆论对建设“正义的社会体系”的紧迫感，导致“制度决定论”的影响无处不在，个人道德的问题往往也被归咎于制度，从而又忽视了个人道德的作用和教育。[19]

3. 诚信建设

在市场经济条件下，欺诈性道德风险是经济运行活动中一个普遍现象。人们或以诚信手段，或以欺诈的手段，来满足自己追求利益的欲望。进一步完善法制，加强自我道德修养，是我们与经济欺诈进行斗争减少道德风险的有效武器之一；重建经济诚信机制，是防范道德风险的根本所在。在反思科学契约论和委托代理理论的科研诚信观基础上，从利益相关者视角出发，科研诚信建设既不能单纯依靠科研共同体及其成员的自律，也不能单纯依靠公共机构的监督，而是应当将公众也纳入科研诚信建设的主体。[20]作为中国传统文化价值观的精华之一，儒家的诚信伦理包括诚实不欺、言行一致和诚信合一等丰富内涵，它在儒学体系中占有重要的地位，被作为求真务实价值意蕴的“常道”“常理”深刻地烙印于民族心灵之中，成为人们的立身之方、交友之道和为政之纲。诚信核心价值观具有深厚的传统文化根基，而传统儒家诚信伦理为培育和践行诚信核心价值观提供丰厚的精神滋养。必须对儒家诚信道德作创造性转换，以便更好地发挥它在培育和践行社会主义核心价值观中的积极作用。[21]

（三）中国伦理思想

1. 德治

自古以来，中华民族一直坚持“尊道而贵德”传统。周人通过“德”将天与人整合起来，并通过“配德于天”和“敬德保民”的逻辑展开，富有创见地触碰到了权力与道德的关系问题，表达了周人的历史反思意识，首开中国政治伦理之先河。[22]在周人的精神世界里，存在着两种力量的交结与撕扯：既有天帝崇拜的残余，又有人文思考的曙光；既有天命思想的纠缠，也有人文精神的觉醒。德治思想，即“运用道德的政治手段实现政治的最终道德目的”是儒家伦理价值体系中最终的价值归依。[23]以人的主体意识的发展为切入点，考察殷周之际德治思想的构建可以看出，这一时期德治思想的构建共经历了三个阶段：殷商的神本文化——人的价值主体的缺失；周初的敬德保民——人具有了独立的价值主体；西周的礼乐文化——人的类意识的觉醒。可以说，殷周之际统治阶级从神权政治转向德治与礼治，在人的主体意识的发展历程上具有划时代的意义。[24]

2. 人性论

儒家道德哲学的建构是以人性论的建构为基础的。但人性的超越性依据如何建立？有学者研究了传统人性论。皇侃是南北朝时期重要儒家学者，其性论一改魏晋以来的玄学思维模式，提出了“性者，生也”；“人生性分各有所能”等命题。[25]周敦颐认为，人的性命有本然与实然两个层面。在本然层面，人人皆直承终极大宇宙根基根据之诚而来，拥有纯粹至善的性命本然；在实然层面，人因禀受气质的差异而具有了不同的人性。前者是人成就圣人的充足资源，后者的障蔽可以超越。成圣成贤不仅可能且应当。为此人应尊道贵德，作无欲主静和思的德性涵养修为功夫。[26]朱熹的"性即理"从宇宙本体论推演出人性论，肯定人的道德本性源于宇宙本体，凸显了超越性依据与人的道德主体性的内在关联。有学者指出，儒学没有像西方宗教那样把凡俗与神圣区分开来，对于神的概念基本持一种存而不论的态度。然而，儒学承认天的概念、承认君子与圣人的区别，从而儒学也就内在包括一个神圣或超越界。有学者认为儒家伦理以利他主义为总原则。也有学者认为以"立己立人"为核心的儒家伦理观蕴含着利他利己双重因素，并在"内圣外王"的人文理想中超越了利他、利己主义，本质上是一种以正面的人性情感为价值优位的"为己之学"和"仁本主义"。[27]

3. 事功精神

儒家伦理在重视德性修养的同时，具有强烈的事功精神和淑世情怀。孔子对"仁"和义利关系的理解包含着事功内容，在评价人物时亦将事功作为重要标准之一。孔子之后，由内圣成德到外王事功进路在《大学》中得以确立，儒家的事功精神一度被遮蔽。北宋儒者在复兴儒学过程中提倡"通经达用"，力图重启儒家的事功追求并积极诉诸从政实践。南宋事功学派继承这一思潮，高举事功大旗，在与朱熹的论辩中比较完整地阐发了儒家的事功伦理。明末清初的经世之学主张仁义与事功相统一，提出了正谊谋利、明道计功的义利统一观，进一步发展了两宋儒学的事功伦理传统。[28]有学者指出，中国的社会主义是建立在中国的现实土壤和历史传统基础上的，社会主义核心价值观也绝不可能离开中华优秀传统文化的思想资源。有学者提出，张君劢以"据旧开新"的方式，将传统儒家的"善""己""性""心"四大范畴作为基本理念和理论依据，在此基础上，顺应近代社会潮流走向，掘发古代德目新意，创造出"德智主义""族群本位""民族气节"三大新范畴，建立起独特的伦理思想体系，彰显了新儒家返本开新的理论特色。张君劢对儒家传统伦理思想的掘发对于现代新儒家的伦理思想具有重要的理论价值。[29]有学者重提"源原之辨"这一概念，主要是针对目前在研究传统文化中出现的一些方法论上的问题，要实现优秀传统文化的创造性转化和创新性发展，就应做到优秀传统文化（"源"）与当代中国特色社会主义建设实践和时代要求（"原"）相整合。研究传统文化，就应该敬畏传统，与传统进行平等对话，而不是像有些学者那样，简单地将优秀传统文化与社会主义核心价值观的关系作对应研究。[30]

（四）外国伦理思想

1. 亚里士多德

在《尼各马可伦理学》第三卷中，亚里士多德对"不自愿"行动的两个条件——受强迫和无知——重新加以界定，由此推进了古代哲学对于道德责任问题的认识与探讨。亚里士多德将自愿性的焦点从柏拉图所强调的"真知识"转向行动者对于具体环境的把握与判断，并进一步转向行动者的品格。[31]有学者认为，亚里士多德继承了前亚里士多德哲学的心智方向和结果，通过一种中庸之道的伦理原则和社会平衡原则，认为善与正义的哲学理念始终是社会个体和政治共同体应当达致的自然本性。总结亚里士多德德性伦理学的特征，在于他力图在理性与经验、理性与欲望、理想与现实、灵魂与肉体、个体与整体之间寻求和保持平衡。与他的老师柏拉图相比，这种"中道"平衡的原理使其更能如实地理解人的德性实践，因而在当代德性伦理学的复兴运动中得到了更多的认同。[32]亚里士多德在幸福主义目的论的框架下，基于人类的本质及其特有生活，通过"功能论证"，论证了美德的必要性。当代西方亚里士多德主义伦理学沿袭了功能论证的路径，通过对人类特有生存方式的考察，论证了美德对于人类幸福生活的必要性。与现代道德哲学相比，亚里士多德主义伦理学对美德所作的辩护具有一定的理论和现实意义，但也面临着由现代社会运行机制带来的问题。这种辩护对于作为"类"的人来说具有合理性，对于作为个体的人来说，其说服力有限。[33]

2. 休谟

休谟人性理论中存在一基本矛盾，集中体现在他对利己主义的态度上：他在道德哲学中拒绝利己主义，但在政治哲学中却将利己作为基本的人性假设；他在政治哲学中强调法治和分权，在道德哲学中则将仁爱和同情作为道德的人性基础。[34]安斯库姆反对休谟在这一问题上的看法，认为可以通过"显白的事实"从"是"中推出"应当"。为了回应这一挑战，安斯库姆不自觉地引入了关于动机的内在主义和外在主义之分。她最终得出的结论是从"是"中可以推出日常意义上的"应当"而推不出道德意义上的

"应当"。这使得她最终主张抛弃道德意义上的"应当"而回到日常意义上的"应当"，回到德性伦理学中的概念上来。[35]有学者还分析了休谟哲学观的现象学意味，以休谟对事实推理及其必然性的分析为例说明这种现象学意味在其哲学思想中的具体体现。尽管休谟哲学具有现象学意味，但这并不意味着休谟哲学就是完全现象学化的，相反，它只是走在通向胡塞尔意义上的先验现象学的途中；不过，正是由于休谟哲学的这种现象学意味，胡塞尔才把休谟当成盟友或现象学的先驱者，并从他那里汲取思想的养分，我们也因此窥见了20世纪现象学的历史渊源。[36]

3. 康德

康德善意志概念是他的道德哲学的起点。然而，在如何理解善的意志上，学界一直众说纷纭。有学者指出，事实上，只要理解了意志作为一种实践理性和作为一种自由因果性的观念，就会发现，自律的意志概念为我们理解善的意志概念提供了最好的说明，一个善的意志就是意志在道德法则下的自律。同理，人人平等享有尊严，因此我们应该尊重人。[37]该理念被传统康德主义者们视为康德尊严思想中一个自明的命题。近年来，有学者对此提出质疑，并主张在康德哲学中"为什么要尊重人"的根据不在于人人享有尊严，相反，因为道德法则要求我们尊重人，所以每个人都享有尊严。[38]

康德虽然创立了自律论的道德哲学体系，但却受到了黑格尔的批判。黑格尔认为道德虽然是主观意志的自我规定，但人的自我意志又是受到客观的伦理关系和社会规律规定的。在《实践理性批判》中，由于意识到先验自由的实在性不能从一个思辨理性设想的理知世界获取，康德先肯定道德律令的存在，再以此出发去设定自由。康德直接肯定道德律的客观有效性，认为我们的理性可以直接意识到这一点，具有自明性。[39]对此阿多诺指出，康德这种道德命令，这种简单的绝对应当不是自明的，康德的绝对的应当其实是一种压制，是对复杂的现实条件的归约。阿多诺对康德道德哲学的批判，是为他设想伦理寻求的第三条道路做铺垫。[40]

科尔斯戈德在梳理近代以来规范性论证的四种方案中，以"实践同一性"基础上"目的王国"的创建作为沟通"绝对命令"与"道德法则"、"理论理性"与"实践理性"的中介，不仅论证了规范的正当性，而且激活与推进了康德伦理学。[41]有学者通过考察想象在《实践理性批判》中的位置，得出如下结论：第一，虽然康德明确地要求在实践理性领域中排除想象，但他实际上并没有也不可能完全把想象从他的道德哲学体系中排除出去。据此，康德伦理学不完全是形式主义的，舍勒对他的指责只有在一般和不严格的意义上才是可以接受的；第二，形式主义伦理学自身有其必要性，康德伦理学的形式主义特征一方面是他最大的贡献，但另一方面也因压抑和束缚了想象力在道德实践中的根本作用而误解了实际道德行为。[42]同晚期斯多亚派一样，康德、福柯都无一例外地以一种现时性的反思态度对待旧秩序的崩溃和新秩序的到来，并在古代的现在与当下的现在的比较中，分别从正当之善与生活之善的角度赋予其"道德"或"伦理"以深沉的历时性意义。[43]

4. 同情说

在西方主流经济学伦理中，只有明确地从自身利益出发进行的选择，才被认为是理性的选择。而为他人利益着想的心理或行为，如同情心理或行为，则因其与自利不相容而被认为是非理性的。[44]学者研究了纳斯鲍姆关于同情的理论。他认为情感通常具有意向性对象，并包含关于这个对象的评价性信念。作为一种情感，同情必然也包含认知因素，纳斯鲍姆将它们归为三个评价性判断，即关于苦难的严重性判断、关于苦难的不应得判断和一种幸福论的判断。[45]学者还研究了耿宁从儒学和现象学的角度对同情问题的讨论，认为他借助胡塞尔的同情理论刻画了同情的一般意向特征，讨论了同情在反思与前反思、自身意识与他异意识之间的理论关系。具体来说，同情是一种特殊的"他人感知"，这种感知和意向使我们得以产生理解他人的视角及意义。[46]

（五）应用伦理

1. 生命伦理

有学者认为，生命科技的发展一方面使人们对生命有了更深入、更全面的了解和认识，另一方面目前生命科技发展中的伦理困惑和道德论争，在克隆技术、人类基因研究、辅助生殖技术、人体实验、器官移植、重组DNA技术、安乐死问题，以及对有缺陷新生儿的处置等方面，表现得尤为集中和突出。[47]有学者强调，当今生命科学技术发展需要以理性为基础，构建一种全球生命伦理。生命科技发展过程中全球化趋势的外因、价值观趋同的内因、和而不同的存在形式使得构建全球生命伦理成为可能。构建全球生命伦理应当坚持生命科技研究中的底线原则，同时加强生命科技研究中的对话和交流。[48]有学者还研究了池田大作在其“佛即生命”的“生命哲学”基础之上形成的蕴含人类普遍价值之生命伦理思想，认为这种伦理思想以“生命的尊严”为核心规范，进一步在“生命的尊严”基础上拓展了人类幸福的建构以及环境伦理思想，最后又统一在世界和平价值理念之中。由此，他的生命伦理思想从“生命尊严”这一根本出发，融合了我们生活的方方面面，实现了具体层面上对伦理规范的理论考察。而池田先生“人性革命”的最终目标是通过各种具体的实践应用生命伦理规范，从而实现“生命的世纪”，完成对人类社会的根本变革。[49]

2. 环境伦理

长期以来，无论是在思想主张上，还是在行动倡导上，非人类中心主义环境伦理与人类中心主义环境伦理都存在着尖锐的对立。生态学马克思主义试图超越这种二元对立的困境，追求一种新的环境伦理，其主张实现人与自然共生、将社会正义置于环境公平的优先地位、通过环境革命建立新的生态道德、选择符合环境伦理要求的经济发展形式。[50]有学者主张，我们应坚持马克思主义视域、科学性视域、以人为本视域、现实性视域，构建中国化马克思主义的环境伦理。[51]有学者还研究了由美国的吉佛德·平肖和约翰·缪尔分别倡导的“环境保持”与“环境保护”运动，认为他们代表了两种对立的环境伦理观。前者将环境视为资源，主张“科学管理，明智使用”；后者强调保护环境。“环境保持”运动沿袭传统的人类中心主义伦理观，易被认为是环境的破坏者；而“环境保护”运动承认自然物具有“内在价值”，被认为是环境的保护者。[52]

3. 行政伦理

学者认为，行政伦理与行政道德分属于行政领域的不同研究层面，行政伦理高于行政道德；行政责任是行政学和法学的交叉研究，是一种包括行政责任、政治责任、法律责任和伦理责任的一种广义责任，行政责任伦理是行政责任与行政伦理的共同研究领域；政治伦理是政治学与伦理学的交叉研究，追求政治的正当性和合法性，以解决政治权力中的道德问题为目标，而行政伦理是工具性价值和公共性价值的统一，以实现行政价值为目标。[53]21 世纪以来中国行政伦理研究的兴起具有深刻的历史背景和现实背景。有学者认为，我国行政伦理研究以“公共性”为内核构建起了庞大的学术图景，美德伦理和规范伦理的相互交织决定着行政伦理的方向和路径，形成了“行政伦理困境”、“行政伦理失范”、“行政伦理建设”和“行政伦理法制化”四个主要论域。[54]公共行政责任伦理是全社会判断公共行政责任的公共理性，是公务员系统的组织机构及其公务员与公民个人的互动结果，是一种软性约束，具有引导人们审视和判断公共行政责任的导向功能，约束公共行政主体活动及其公务员职务行为的功能，以及稳定社会和巩固执政权的重要功能。[55]

4. 法律伦理

目前我国法治建设处在社会主义法律体系基本建成到全面建设法治体系的过渡阶段。当下法治思维与法治方式的语境之下，职业伦理应该成为调整法律职业关系的指导性理论。有学者主张，从“人本诉求”的视域来建构法律职业伦理。强调人的尊严不仅是法律的伦理总纲，更是弱者权利保护的制度基础。[56]有学者认为，法律体系承载并折射出与之相符的法律文化和社会价值，因此对法律现象与法律文化的关系进行认知是研究法律价值与法治秩序的一种进路。情与法的问题，既涉及法律品性，又关系法律解释、国家法与民间法之冲突。中国的法治秩序建构既要关注西方法律文化的根源问题，又要关注中国传统法律文化的合理内核；要立足中国国情，建设法治国家。[57]

注：

①陈真：《道德相对主义与先天道德客观主义》，《道德与文明》，2014 年第 1 期。

②刘明：《建构主义的客观性观念探析》，《道德与文明》，2014 年第 5 期。

③卢风：《道德的相对性与道德的权威》，《道德与文明》，2014 年第 1 期。

④王维先、铁省林：《黑尔的可普遍化原则及其局限》，《道德与文明》，2014 年第 1 期。

⑤潘中伟：《论康德哲学中普遍必然的道德法则》，《吉首大学学报》（社会科学版），2014 年第 6 期。

⑥郭奕鹏、王学东：《全球气候问题领域的普遍伦理与道德金律》，《道德与文明》，2014 年第 1 期。

⑦杨伟清：《“己所不欲，勿施于人”，抑或“人所不欲，勿施于人”》，《道德与文明》，2014 年第 4 期。

⑧田海平：《如何看待道德与幸福的一致性》，《道德与文明》，2014 年第 3 期。

⑨何益鑫：《孔子与亚里士多德：德福一致的两种范式及其当代意义》，《道德与文明》，2014 年第 3 期。

⑩姚云：《论幸福与道德的一致——康德幸福观》，《苏州大学学报》（哲学社会科学版），2014年第3期。

⑪王晓升：《共同体中的个人自由和自我实现——马克思正义理论的新理解》，《道德与文明》，2014年第3期。

⑫谢宝贵：《效用主义与分配正义》，《道德与文明》，2014年第5期。

⑬徐峰：《人们应得什么——罗尔斯的“反应得论证”及其困难》，《道德与文明》，2014年第6期。

⑭王莹：《社会治理创新的伦理学解读》，《道德与文明》，2014年第6期。

⑮孙欢、廖小平：《“道德治理”辨析》，《伦理学研究》，2014年第3期。

⑯赵平、李靖：《道德信仰及其培育的基本理路》，《道德与文明》，2014年第6期。

⑰邱杰：《当前治理“道德冷漠症”的理路探讨》，《道德与文明》，2014年第6期。

⑱陈伟宏、陈祥勤：《道德冷漠的原因分析及其矫治对策》，《道德与文明》，2014年第4期。

⑲丁业鹏：《“正当优先于善”与当代中国道德建设的两个问题》，《道德与文明》，2014年第3期。

⑳龚群、钱姝璇：《人性的幽暗性与欺诈性道德风险》，《道德与文明》，2014年第6期。

㉑涂可国：《儒家诚信伦理及其价值观意蕴》，《齐鲁学刊》，2014年第6期。

㉒陈瑛：《尊道贵德》，《道德与文明》，2014年第4期。

㉓关健英：《天命的纠缠与人文的觉醒——周人“德”的内涵及其思想逻辑》，《道德与文明》，2014年第2期。

㉔王曰美：《殷周之际德治思想构建的主体性探析》，《道德与文明》，2014年第1期。

㉕张波：《皇侃性情论内涵辨析》，《道德与文明》，2014年第4期。

㉖王新春：《周敦颐的人性论与德性修养理路》，《道德与文明》，2014年第5期。

㉗朱汉民、洪银香：《朱熹人性论与儒家道德哲学》，《道德与文明》，2014年第2期。

㉘李雪辰：《儒家事功伦理的发展脉络》，《道德与文明》，2014年第5期。

㉙李杨：《据旧开新：张君劢对儒家传统伦理思想的掘发和贡献》，《道德与文明》，2014年第3期。

㉚朱贻庭：《“源原之辨”与传统的继承和发展——关于继承和发展优秀传统文化的方法论思考》，《道德与文明》，2014年第5期。

㉛陈玮：《自愿、决定与品格——〈尼各马可伦理学〉第三卷论道德责任》，《道德与文明》，2014年第4期。

㉜李鹏：《亚里士多德自然主义和谐社会思想分析》，《道德与文明》，2014年第2期。

㉝何良安：《亚里士多德德性伦理学的特征——基于与苏格拉底、柏拉图哲学的比较》，《湖南社会科学》，2014年第2期。

㉞李伟斌、张李娜：《休谟对利己论的认识及其道德目的设定》，《道德与文明》，2014年第6期。

㉟须大为：《“是—应当”问题与现代道德哲学——对安斯库姆〈现代道德哲学〉的一种解读》，《道德与文明》，2014年第5期。

㊱张志平：《论休谟哲学的现象学意味：以事实推理及其必然性分析为例》，《复旦学报》（社会科学版），2014年第5期。

㊲王福玲：《为什么要尊重人——康德尊严思想之争》，《道德与文明》，2014年第5期。

㊳文贤庆：《如何理解康德的“善的意志”概念》，《道德与文明》，2014年第6期。

㊴宋希仁、姚云：《黑格尔论自律和他律的统一》，《道德与文明》，2014年第4期。

㊵甘培聪：《道德律自明性的根源：早期市民阶层的理性激情——阿多诺对康德道德律令自明性的批判》，《道德与文明》，2014年第4期。

㊶王时中：《规范的正当性如何可能——科尔斯戈德对康德伦理学的阐发路径》，《道德与文明》，2014年第4期。

㊷黄旺：《想象与形式主义的伦理学——以对〈实践理性批判〉的批判性考察为例》，《道德与文明》，2014年第5期。

㊸于江霞：《在“道德”与“伦理”之间——论康德与福柯的晚期斯多亚情结之殊异》，《道德与文明》，2014年第3期。

㊹左稀：《论同情的充要条件——纳斯鲍姆同情观研究》，《道德与文明》，2014年第2期。

㊺王嘉：《阿玛蒂亚·森论“理性的同情”》，《道德与文明》，2014年第5期。

㊻罗志达：《胡塞尔论同情的意向结构》，《哲学分析》，2014年第6期。

㊼杜振吉：《生命科技发展中的伦理困惑与道德论争》，《河南师范大学学报》（哲学社会科学版），2014 年第 6 期。

㊽李定坤、韩跃红：《当代生命科学技术发展与全球生命伦理的构建》，《湘潭大学学报》（哲学社会科学版），2014 年第 4 期。

㊾黄荟：《池田大作生命伦理思想初探》，《井冈山大学学报》（社会科学版），2014 年第 4 期。

㊿张乐民：《论生态学马克思主义的环境伦理》，《山东大学学报》（哲学社会科学版），2014 年第 4 期。

51郭亚红：《“环境保持”与“环境保护”运动的伦理论争及其当代启示》，《兰州学刊》，2014 年第 8 期。

52陈庆超：《环境美德伦理的方法论疑难辨析》，《自然辩证法研究》，2014 年第 12 期。

53李芬芬、陈建斌：《行政伦理与行政道德、行政责任及政治伦理的关系解读》，《江西社会科学》，2014 年第 3 期。

54吕同舟：《新世纪以来中国行政伦理研究的进展与展望》，《天津行政学院学报》，2014 年第 6 期。

55王忠才：《论公共行政责任伦理的内涵、特点及功能》，《党政干部学刊》，2014 年第 4 期。

56胡玉鸿：《人的尊严与弱者权利保护》，《江海学刊》，2014 年第 6 期。

57李晓：《超越概念化：法治思维视角下的法律职业伦理研究路向》，《社会科学研究》，2014 年第 6 期。

（作者：葛晨虹，中国人民大学教授；
陈伟功，北京第二外国语学院讲师）

美　学

孙　焘

本综述旨在重点总结较有影响力的活动、具有代表性的成果和观点。本次综述分两部分。第一部分是各学术单位的成果，包括学术会议与活动、学术论文、学术著作三个方面。第二部分是“中华美学精神”专题研讨会的总结梳理。

一、学术单位的成果

（一）北京大学

1. 八卷本《中国美学通史》出版

2014 年 1 月 9 日，《中国美学通史》新书发布会在京举行。《中国美学通史》系教育部文科重点研究基地重大项目成果，并得到国家出版基金资助。该书由北京大学美学与美育研究中心组织编写，叶朗任主编，朱良志任副主编。全书分先秦卷（孙焘）、汉代卷（任鹏）、魏晋南北朝卷（胡海、秦秋咀）、隋唐五代卷（汤凌云）、宋金元卷（潘立勇等）、明代卷（肖鹰）、清代卷（朱良志等）、现代卷（彭锋）共八卷，298 万字，由江苏人民出版社出版。该书的写作从 2007 年启动，前后经过六年多，以北京大学的学者为主，邀请国内高校的一批中青年学者参加。全书初稿完成后，又由叶朗、朱良志、彭锋、肖鹰等学者进行统稿。

20 世纪 80 年代以来，学术界开始尝试对中国美学的发展历史进行系统研究，出版了一批中国美学史的著作。该书的写作者试图在前辈学者和学术界已有研究成果的基础上，写出一部更具整体性和系统性的中国美学通史，力求勾勒出中国美学思想发展的内在脉络，呈现中国美学的基本精神、理论魅力和总体风貌。

《中国美学通史》的写作注意了以下几点。

（1）《中国美学通史》是关于中国历史上美学思想的发展史。美学是对审美活动的理论性思考，是表现为理论形态的审美意识，所以这部美学通史不同于审美文化史、审美风尚史等著作。

（2）中国美学史的发展，在一定程度上体现为美的核心范畴和命题的发展史。一个时代美学的核心范畴和命题的形成和发展，反映那个时代美学的基本精神和总体风貌。这部通史重视研究各个时期的重要美学概念、范畴和命题，力求通过这样的研究勾勒出一个理论形态的中国美学发展的历史。

（3）这部通史注意在历史发展过程中把握中国美学的内在逻辑线索，不同于孤立地介绍单个的美学家和单本的美学著作。

（4）中国美学的一个重要特点是它不限于少数学者在书斋中作纯学术的研究，而是与人生紧密结合，与各个门类的艺术实践紧密结合，它渗透到整个民族精神的深处。因此，这部通史既注意在哲学、宗教等相关著作中发现有价值的思想，又注意发掘艺术理论、艺术批评中所蕴含的丰富的美学思想，同时还注意到各个时代的社会生活中寻找美学理论与现实人生相互连接的各种材料，以更深一层地显示美学理论的时代特色。

（5）这部通史注意新材料的发现，同时力求以研究者独特的眼光去发现和照亮历史材料中的新的意蕴。这部通史的写作还力求体现我们这个时代的时代精神。这部通史从上古时期的商代开始，一直写到1949年，反映中国美学从上古时代到近现代的全部波动，但并不意味着把它写作过往时代历史材料的堆积。写作者力求使这部通史反映当代的理论关注点，反映当代的美学理论的追求，从而在某种程度上使它成为一部闪耀着当代光芒的美学史。①

2. 北大朱良志教授力作《南画十六观》入选“2013中国好书”

“2013中国好书”是在中宣部出版局指导下，由中央电视台科教频道和中国图书评论学会合作，创新举办的首届年度好书推介盛典。本届推选经过严格的论证、评审程序，从2013年出版的40多万册图书中精心挑选25部年度优秀图书。北京大学哲学系教授朱良志于2013年出版的《南画十六观》作为唯一一本艺术类好书入选，并得到了重点推荐。

2014年4月23日，“2013中国好书”颁奖盛典在央视一套播出。《南画十六观》颁奖词：南画，特指中国传统文人的画。《南画十六观》一书选择了黄公望、唐寅、石涛等16位大名鼎鼎的文人画作和人生，全景透视了南画的精神世界，由此探讨文人画的“真性”情。与许多专业的艺术评论不同，本书作者寓深邃思想于优美的表述之中，往往能一边勾陈大义，一边致力精微，使作品深具可读性，且多有拨云见日的妙论。

《南画十六观》由北京大学出版社推出。全书50万言，从世界各地博物馆汇集名画400余幅，由雅昌四色印刷，图片精美，文采焕然。南画者，特指中国传统文人画。本书是作者研究传统绘画的一本新作，通过对元明以来16位代表性画家如黄公望、倪云林、沈周、文徵明、徐渭、董其昌、陈洪绶、八大山人、石涛等作品和人生的研究，来探讨支配文人画发展的根本因素——生命真性问题，也就是画家如何用画作来表达对真实的看法。②

3. 北京大学“美学散步文化沙龙”系列活动

2014年6月14日，“景物斯和——彭斯艺术展暨雅集”，在北京大学燕南园51号院举行。叶朗教授在致辞中认为，作为80后的彭斯是一位有独立思想、文化品格和精神追求的青年艺术家。他的油画善于吸收中国传统绘画和中国传统艺术的营养，并将中国绘画传统带入了当代语境，同时体现了画家对生命的思考和体悟，应该引起艺术界的重视。在沙龙活动中，嘉宾们畅所欲言，一起分享了自己对彭斯的油画艺术的体会。北京大学艺术学院教授王一川最后为本次沙龙作了总结。王一川教授认为本次美学散步沙龙是一次跨媒介的学术沙龙，调动了包括绘画、音乐、文学、摄影等在内的多种媒介形式，体现了以彭斯艺术为代表的多媒介艺术的交融，彭斯的作品体现了平面化时代对深度的重新探索。

2014年8月30日，《戏剧学导论》新书发布“戏剧学研究与教育的现状和未来”学术研讨会，在北京大学燕南园51号院举行。本次会议由北京大学影视与戏剧研究中心、北大培文教育出版集团、北京大学文化产业研究院主办。《戏剧学导论》由北京大学艺术学院教授顾春芳历时4年完成，共计55万字。该书突破了以往戏剧理论只关注戏剧文学的单一视角，广泛涉及表演、导演、舞台美术、演出空间等多个领域，注重戏剧艺术在教育层面和人文层面的影响和作用；同时，还以中国美学的核心概念“意象”和“意境”为理论核心，提出了“戏剧意象”和“戏剧意境”，提升了戏剧美学的理论层次。研讨会上，来自全国的20余位专家学者以该书为基础，围绕国内戏剧学发展的现状与未来、戏剧学家与戏剧实践的关系等问题进行了深入研讨。

2014年11月30日，“美感的神圣性”研讨会在北京大学燕南园56号举行。93岁高龄的北京大学哲学系教授张世英先生首先做了演讲。他首先梳理了“美的神圣性问题”在西方哲学中的思想源流。人类中心主义把人作为世界的中心，西方现代哲学有所反思。海德格尔讲本真的美、诗意的美跟中国的意象之美是相通的。清华高等研究院杨振宁教授的演讲从物理学的最高境界，从自己人生的三个阶段的生命体验来谈美的神圣性问题。他认为，“自然的美”是真正的大美，远非渺小的人类所能完全理解的。北京大学哲学系教授徐龙飞从中世纪基督教美学的角度谈论美的神圣性。中国人民大学哲学学院牛宏宝教授谈了审美的神圣性与现代性之间的关系。北京大学哲学系杜小真教授认为美的神圣价值应该避开“实在的阴影”。中国人民大学艺术学院院长丁方教授从绘画的角度谈论自我生命体验到的神圣之美。他认为，中国作为世界山结之地，拥有象征着人类崇伟精神的物质高度。由于历史原因，蕴藏于中国山峰内的神圣能量未得到充分的彰显。如今我们站在东西方文明的历史交汇点上，再次谈论美感的神圣性时，便获得了某种超越的可能性。北京大学高等人文研究院院长杜维明教授从精神人文主义的立场谈论中国思想中“天人合一”“万物一体”的观念。在信息发达的当代，我们要有一种谦虚，有一种自觉。“天”是无所不在，无所不觉，但绝对不是无所不能。中国的“仁者以天地万物为一体”的宽广博大的精神人文主义对于全人类的生存有着重大的意义。中央美术学院教授潘公凯教授从中国美学的深处谈论了人的精神安顿的问题。中国的艺术形式，像诗、文、书、画、琴、棋，在长达数千年的历史当中起的作用有些类似于西方的教堂，协助现世的人生获得一种安顿和超越。中南大学哲学系毛宣国教授认为在东西方文化中，神圣性都是文明发展的核心内容。中国人也讲神圣性，不是宗教信仰，而更多是一种以人的自然本性和道德本性为基础的神圣性。“神”不在人的世界之外。这种美的神圣性更容易走进日常的人生。叶朗教授指出讨论“美感的神圣性”问题的根本意义，那就是张世英先生说的，我们要赋予人世以神圣性。基督宗教的美指向上帝，我们的美指向人生。美除了应讲究感性形象和形式之外，还应该具有更深层的内蕴。嘉宾对美的神圣性有不同的理解角度，但都可以说是一种灵魂的颤动，都指向一种终极的生命意义的领悟，都指向一种喜悦、平静、美好、超脱的精神状态，都指向一种超越个体生命有限存在和有限意义心灵的自由的境界。在这个时候，人不再感到孤独，生命的短暂和有限不再构成对人的精神的威胁或者重压，因为人寻找到了那个永恒存在的生命之源。叶朗最后用诗意的语言说，贝多芬的音乐启示我们，在经历命运的磨难之后，抬起眼睛，朝着天空，歌颂生命，放下心灵的负担，了解生命的意义，了解我们生存于这个世界的意义。

“美学散步”文化沙龙是由叶朗教授发起的，目的在于创造一个轻松自由的学术氛围，以美学为中心，广泛地探讨和交流有关艺术、科学、哲学、文化的各种有兴趣的问题，引发参加沙龙的朋友去追求一种更有意义、更有价值、更有情趣的人生。“美学散步”沙龙秉承北京大学悠久深厚的人文、科学传统，倡导自由的、散步的、年青的文化理念。自举办以来，曾吸引了著名物理学家李政道、台湾作家白先勇、古琴家李祥霆等国内外一流的文化翘楚参与。

4. 学者成果

朱良志教授在《北京大学学报（哲学社会科学版）》2014 年第 6 期的《如何理解黄公望“浑”的画境》中指出，中国传统文人画以浑然整全的境界为最高审美理想，这不是形式上的浑然不分，它由中国传统哲学中的浑朴思想转来，以艺术的形式来注释中国哲学中的“无分别境界”，是传统文人画追求真性理想的一种表现形式，反映出文人画重视体验、反对技巧至上的创作倾向。本文以黄公望的浑厚华滋绘画境界为对象，分析其内在的理论含义。

王一川教授在《当代文坛》2014 年第 5 期发表的《通向艺术公赏力之路》提出了“艺术公赏力”的概念。他回顾了北大学者的美学研究历程，指出第一代学者蔡元培和陈独秀等分别开辟出公民“共享”与“文学革命”道路。第二代学者邓以蛰、朱光潜和宗白华推崇去政治化的个体心灵自赏。新中国成立后朱光潜提出重新政治化的“物的形象”论。第三代学者胡经之和叶朗在改革开放时代选择再度去政治化的“审美意象”论，但也探讨从“审美意象”到“审美经济”之转变。如今回看北京大学艺术理论学统，第四代学者面临新的路径选择，须在前三代学者学统基础上进而探讨新的艺术公赏力问题。艺术理论探索的重心可从艺术群赏力和艺术自赏力转向艺术公赏力。与艺术群赏力和艺术自赏力分别体现审美社会主义与审美精英主义趣味不同，艺术公赏力体现了更加鲜明的审美公共性旨趣。

彭锋教授在《文艺研究》2014 年第 11 期发表的《美学与艺术的当代博弈》中指出，过去 30 年间，美学与艺术的关系经历了螺旋式的发展。先是在 20 世纪 80 年代，艺术领域中反美学呼声一浪高过一浪。紧接着在 90 年代，出现了针锋相对的“美的回归”的要求。随后“美的回归”与“美的滥用”进入拉锯状态。进入 21 世纪后，艺术与美学都有走向在场的趋势，它们之间的紧张关系得到了一定程度的缓解。过去 30 年，艺术的变化已经获得了足够关注，但美学的发展则很少有人注意。事实上，为了应对艺术的挑战，美学也在不断推进。新的美学理论，又给艺术展示了新的前景。美学与艺术之间的关系，不再像理论与实践那样单纯，而是一种紧张复杂的博弈。

在艺术与美学的竞争中，艺术得到了发展，我们对艺术的认识也获得了深化。

（二）北京师范大学

2014年，北京师范大学美学专业以北京师范大学美学与美育研究中心和哲学学院美学研究所为依托，在学科建设、学术研究方面保持稳健发展态势。出版专著5部，发表论文23篇，主办学术会议1次，出席国内和国际学术会议8次。具体如下。

1. 著作

刘成纪教授出版专著3部：《汉代美学中的身体问题》，花木兰文化出版社（台湾）；《镜像与流年：一个人的美学史》，北京师范大学出版社；《读懂童心》，教育科学出版社。严春友教授出版专著1部：《哲学的魅力》，中国社会科学出版社。刘成纪教授参撰“马工程”《中国美学史》（远古部分），高等教育出版社。朱会晖副教授参撰《国外哲学发展年度报告（2011—2012年）》（德国哲学部分），中国社会科学出版社。

2. 论文

刘成纪教授发表学术论文10篇，其中英文论文1篇，被中国社会科学文摘、人大复印资料、上海高校文科学报文摘等转载5篇次。

在《郑州大学学报》2014年第3期发表的《从“美”字释义看中国社会早期的审美观念》中，刘成纪指出，从历史看，中国社会早期对“美”的理解，首先建基于人的视觉经验，主要指人的形貌之美，然后才沿着从美人、美物到美事、美味的路径不断拓展其描述边界。这样，所谓“以甘为美”及由此引发的味觉本源论，并不能反映中国美学的历史实相。味觉真正被纳入“美”的表意体系，是战国至秦汉之后的事情。

在《人民日报》理论版2014年12月26日发表的《当代艺术的变局与美的未来》中，刘成纪指出，因为崇尚艺术进步而反传统，为了避免与现实重合而反美学，这两点基本可以概括现代艺术的精神诉求，由此带来的后果却相当严重。新艺术由于放弃了常规意义上的审美标准而饱受责难，但是真正严肃的现代艺术实验却往往有更高的思想目标。就审美奠基于人的自然本性来讲，美从来不会因为艺术的变局而消失，只会变换新的表现形式。当代艺术与传统的关联往往靠对传统的颠覆而为人注目，这反向证明了它对传统的高度依附性——如果失去了美这个可供反思的伟大传统，它自然也就无疾而终。

其他论文篇目如下：Dispute between ancient and modern：the core issue as regards the music theory in the Spring and Autumn Period，Seeking Truth，Volume 1，2014；《中国社会早期海洋观念的演变》，《北京师范大学学报》2014年第5期；《经典的现代价值》，《文学遗产》2014年第5期；《东汉时期的两都之争：以班固〈两都赋〉为例》，《河南大学学报》2014年第3期；《文艺创新：时代的假设性命题》，《云梦学刊》2014年第1期；《中华美学精神的神圣价值》，《光明日报》2014年12月26日；《美学与艺术的和谐共进》，《中国社会科学报》2014年12月15日；《重建美学与艺术的和谐共进关系》，《中国文化报》2014年6月24日。

严春友教授发表论文11篇。美学方面的有：《超人的哲学》，《中国教师》杂志2013年11月上半月刊；《精神生命的生成与建构》，《太原师范学院学报》2013年第6期；《决定论与非决定论之语义分析》，《山西大学学报》2014年第1期；《一场没有节目单的晚会——一个生成论或“后现代”的例子》《中国艺术报》2014年3月31日；《丹尼特多草稿理论的意义》，《北京师范大学学报》2014年第3期，等等。

3. 学术活动

2014年10月，邀请华中科技大学邓晓芒教授主持德国古典哲学经典选读课程，前后六讲，在北京哲学和美学界引起强烈反响。

2014年12月，主办“中国美学史研究：中心、边界与多样性”学术会议。作为美学史专题会议，本次会议重点涉及美学史观念和方法的变革问题。

（三）中国人民大学

张法教授从两个方面进行美学的理论研究，一是从上古文化追寻中国美学思维的源头，一是从中、西、印文化比较的角度进行比较美学的研究。

上古文化的研究方面，有如下几篇文章。

《“美”在中国文化中的起源、演进、定型及特点》（《中国人民大学学报》2014年第1期）：美字来源于远古羌族的仪式。美在羌之一支的姜族进入华夏与东南西北各方文化的互动中演进，由特殊之美而成为普遍性之美。美起源于羊人仪式整体，是人、羊、器、舞的统一，由此形成中国之美的整合性。羊人之美是在与各方文化的牛人之美、羽人之美、玉人之美等的互动中，定型为既包含特殊之美而又超越特殊之美的普遍之美。在演进过程中形成了中国之美的特点。

《玉：作为中国之美的起源、内容、特色》（《社会科学研究》，2014 年第 3 期）：玉是中国文化中特有之美，其美的观念起源于上古礼仪中的方方面面，礼器有玉，巫灵有玉，以玉通神，为王的象征，玉—神—灵的一体构成了玉之美的内在性，行礼之器与服饰之玉构成了玉之美的外显性。玉之美在理性化之后，一方面在宗教神仙上体现出来，另一方面在朝廷体系和士人体系中体现出来，而扩大到文化的一切方面，构成中国之美的特有光彩。

《器、物、象作为中国美学范畴的起源和特点》（《甘肃社会科学》，2014 年第 2 期）：器、物、象作为中国美学范畴，起源于中国独特的礼乐文化中的从彩陶、青铜开始的器物，但同时又超越了具体的器物而具有宇宙性的普遍意义。特别是器与物都不仅是物和器的物质意义，而有宇宙万物的生成意义。这一点更是在象这一范畴中体现出来，器、物、象作为一个整体把中国美学的特点呈现了出来。

《礼：中国美学起源时期的核心》（《美育学刊》，2014 年第 2 期）：中国美学起源于"美"字。美是在上古仪式的整体活动中产生的，因此，美的整体性体现在"禮"字上。"禮"字由四部分构成，即后起的"示"和原有的"豆""豈"。这四部分正好体现了上古之礼的四大结构："示"与仪式地点相关，"豆"与盛食器皿相关，"豈"与仪式中的音乐有关。这四大体系产生了上古美学的八大重要观念：象、味、玉、文、中、和、观、乐。

文化比较的角度有三篇系列文章：

《从关键词看中国哲学中的世界（宇宙）观念》（《社会科学》，2014 年第 4 期）：中国哲学关于世界（宇宙）的观念，主要有三个词汇：天地、宇宙、世界。天地一词所突出的中国型宇宙的虚实相生、现象本质合一、时空合一的特点；宇宙突出了中国型宇宙的统一性和普遍性之特点；世界一词所突出的中国型宇宙的圆转性与中国世界的家国中心的特点。

《从关键词看西方哲学中的世界（宇宙）观念》（《贵州社会科学》，2014 年第 7 期）：西方哲学关于宇宙有三个词汇：Cosmos、Uuniverse、World。Cosmos 强调西方的形式化，现象本质二分，空间管控时间的特点；Uuniverse 强调了统一性和普遍性的特征；World 体现了多元多维的特点。这些特征在当代哲学的演化，让西方哲学认为，人们得出的不是一个客观宇宙，而是一个符号宇宙，世界（宇宙）问题已经不是一个世界的客观性问题，而是一个宇宙观（符号宇宙）的问题。

《从关键词看印度哲学中的世界（宇宙）观念》（《河北学刊》2014 年第 3 期）：印度哲学中的宇宙（世界）观念，从三个关键词中体现出来：visvam、jagat、loka。Jagat 更多地体现了宇宙由幻相性而来的特征；visvam 更多地体现了宇宙由时间性而来的统一性与普遍性的特征；loka 更多地体现了宇宙的圆转性和性空特征。

二、"中华美学精神"专题研讨会[③]

为进一步贯彻落实习近平总书记重要讲话精神，2014 年 12 月 20 日，中国文艺评论家协会、中国文联文艺评论中心和北京大学联合召开"中华美学精神"专题研讨会。来自中国文联、北京大学、清华大学、中国社会科学院等单位的专家学者夏潮、仲呈祥、叶朗、李德顺、陈来、朱良志、王一川、张法、牛宏宝、刘成纪、高建平、白建春、张晶、王德胜、彭锋和庞井君等参加研讨。以下是部分发言摘录。[③]

中国文联党组成员、副主席，中国文艺评论家协会副主席夏潮指出，习近平总书记站在实现中华传统文化的创造性转化和创新型发展的战略高度，提出传承和弘扬中华美学精神的重要命题。中华美学精神具有托物言志、寓情于理，言简意赅、凝练节制，形神兼备、意境深远的特点，强调知、情、意、行相统一。中华美学精神是一个内涵深刻、内容丰富的理论命题，又是一个对现在的文化实践或者说文艺创作和文艺评论具有指导性的实践命题，亟须围绕中华美学精神的内涵、特征、内容，中华美学精神产生、丰富和发展的历程，如何发挥中华美学精神对各艺术门类创作和批评的指导作用，以及中华美学精神和西方美学在美学范式、标准和要求等方面的不同点等开展深入研究。

中国文艺评论家协会主席、中央文史馆馆员仲呈祥指出，要把中华哲学精神和美学精神的长处同西方哲学里适合中国国情的东西兼容整合，取长补短。中华美学精神是超功利的，有追求意境的写意传统，与西方古典美学强调写实不同。中华美学的写意精神和美感的神圣性相契合，与西方过度的狂欢娱乐不同。

中国政法大学（资深）教授、中国价值哲学研究会会长李德顺指出，中国的文学艺术特别注重表达和表现时所贯彻的主体理念，特别注重在艺术形式中贯彻自己的理念，这是一种主体性特别强的表达方法。近代以来，中西方美学开始交融、互补。当下的文艺创作和文艺评论实践还缺少理念上相应的支撑，我们应努力建构体现我们审美理念和审美方式的文艺理论和文艺评论。

清华大学国学研究院院长、中央文史馆馆员陈来教授着重从儒释道三家比较中阐发了“美感超越性”。他指出，从艺术表现和人生境界上应对传统文化的超功利境界兼容并蓄，不仅要积极地发扬儒家的道德境界，也注重吸收道家、佛家阐发的精神境界。中国文化还有一个特点，中国人所讲的超功利境界，要追求超功利的精神境界，可是这个境界不离生活，不是跟现实生活完全隔绝，是极高明而道中庸，不离生活而追求超功利的境界，这就是所谓“不离日用常行内，直造先天未画前”。

中国人民大学美学与现代艺术研究所所长张法教授指出，中华美学精神的提出，表明中国美学有与世界其他文化的美学不同的特点和固有精神，其特点和精神与中国悠久的历史紧密相连。首先，内蕴在远古以来的彩陶、玉器、丝绸、青铜以及夏商周秦汉以迄唐宋元明清的多种多样的艺术类型和生活方式之中。其次，内蕴在中华民族文化特点之中，中华民族在世界历史上最独特之处是从未间断地延续了下来，在其从远古各族融和中产生延续的和而不同、有容乃大的精神。其三，内蕴在中国的宇宙观和事物观里，中国的宇宙、事物、艺术都体现出虚实相生的特点。艺术亦然：文以气为主，画以气韵生动为第一。中国文化的和而不同和中国美学的韵外之致，正是与宇宙和事物的虚实结构相连而产生出来。每种文化的美学精神在其特殊面貌之后又包含和关联着普遍性，中国虚实相生结构的宇宙、事物、艺术，与现代物理学理论有很多相似和一致。认识中国美学精神，形成中国美学话语，在与世界对话中共创人类美学的丰富性，对于中华民族在当代的崛起具有重要意义。

北京大学艺术学院院长、中国文艺评论家协会副主席王一川指出，中华美学精神本身是一个在时间维度上不断演变和在空间维度上持续交融的历史性过程，有着多层面构成。首先，从族群形态看，中华美学精神可以视为中华我者与外来他者之间的长期的文化涵濡（Acculturation）的历史性成果。这样的中华美学精神本身就并非单质物，而是中华多族群生活方式的持续交融体。其次，在哲学思维上，中华美学精神的构成可以视为以道、气、阴阳及气韵生动等系列学说为特征的中华思维方式的综合作用的结果。再次，在审美习惯上，中华美学精神的构成与中华民族、特别是汉民族对那种富于“兴味蕴藉”的审美对象的偏好有关。最后，在人生境界上，中华美学精神的构成还需考虑我们这个作为多族群联合体的国家内部不同族群审美趣味之间的相互交融与共生状况，这突出地体现为一种有关人生境界的层层上升的追求，如“和而不同”等。这样理解的中华美学精神，应当为当今置身于全球化进程中的世界各民族文化贡献出中国人才有的独特美学智慧及其价值系统。

北京师范大学美学与美育研究中心主任刘成纪教授指出，中国人对美和艺术的理解不同于西方的形式分类，而是关注其内在精神的贯通。中华美学精神的本质特性包括四方面。首先，传统中国对国家属性的界定，不在其经济和军事实力，而在于文明。诗教、礼教、乐教作为审美教育，构成了华夏文教的核心，也使美学精神成为中华文化的基本精神。其次，中国美学具有类似宗教的性质。审美境界被视为人生的最高境界，宗教承诺的超验世界被给予了审美的把握。第三，中国美学在有与无、居尘与出尘之间游移的性质，使其具有鲜明的形而上品质。中华美学精神的神圣性，就在于它既向宗教式的超验之境上升，又避免了宗教的迷信和愚昧。它存在于通向信仰的途中，昭示了美作为信仰的可能性。第四，在世俗生活方面，儒、道、禅均表现出对现实生活的肯定精神，但并非因此沉沦于世俗欲望，而是标举一种雅化、诗意的生存格调。生活态度上的参与与超越，价值层面的和谐与自由，为中国美学提示了一条从物质到精神、从经验到超验的上升之路，所谓中华美学精神的“神圣”性，就是这种既立于现实又不断寻求精神超越的属性。

《求是》杂志总编室副主任、中国文艺评论家协会理事白建春指出，中华传统美学的基本精神，是通过人的完善达到社会的和谐。以人的问题为基本问题，是中国传统美学的一贯传统和鲜明特色。马克思主义经典作家把历史定义为“既定的主体的人的现实”，把促成“人的感觉的丰富性”和“具有感觉丰富性的人”，实现“每个人的自由发展是一切人自由发展的条件”的共产主义理想，视为自己最崇高的使命，也使作为其有机组成部分的美学成为科学研究“一切属人的感觉和特性的彻底解放”的学说。人的问题作为超越时空的贯穿线索，为中国传统美学的现代化和马克思主义美学的中国化打通了道路，也展现了美学回归自身的深广领域和光明前途。

中国人民大学哲学院牛宏宝教授指出，“传承和弘扬中华美学精神”是文化上“立于世界民族之林”的组成部分。“传承”是要接续中华文化和美学精神的源远流长的丰厚脉络，“弘扬”则是要在今天特殊的历史时代里，创造性地发展“中华美学精神”的独特性和具有贡献于人类的世界性价值，以打牢“我们在世界文化激荡中站稳脚跟的坚实根基”。“中华美学精神”在其漫长的涵濡中形成了有别于其他审美文化、又具有世界价值的“美的尺度”，如自然与人的和谐，真、善、美的融合等。我们应该挖掘这种“美的尺度”，助力于建设“美丽中国”，实现中华文化的伟大复兴。

中国社会科学院文学所副所长、国际美学协会主席高建平指出，习近平总书记在文艺工作座谈会上的讲话中，曾多次谈到美和美学，这是“美学的复兴”的重要信息。如何传承中华美学的丰富遗产可从以下几个方面着手。第一，对于理论研究者来说，要明确这样的立场，即认真研究中国传统美学，从传统中汲取营养，但基本的立足点还是当下的实践，要做到古为今用，洋为中用。第二，对于艺术家来说，要提倡“百花齐放”，多样化地对待传统的中华美学精神。不同的艺术种类，有着不同的对待传统中华美学精神的方式，国画与油画不同，戏曲与戏剧不同。通过中华美学精神的传承，提升当代的艺术创造，为时代、社会和人民服务。第三，无论是美学理论，还是在艺术创作、欣赏和评论中的美学实践，都要以创新引导继承，以创新态度来弘扬传统。只有通过创新，才能使传统活在当下。

首都师范大学文学院王德胜教授指出，“中华美学精神”命题的提出，一方面着力强调了当代中国文艺内在精神层面的“中华立场”，另一方面又内含着鲜明的实践性指向，将当代中国文艺实践的美学品格明确化、具体化了。当前，中国文艺要实现“不断进行美的发现和美的创造”，就不能不认真面对一个问题，即在坚守社会理想价值、提升大众精神品质的同时，如何又能够具体贴近当下生活现实、充分传递大众生活情感？也就是说，当代中国文艺实践要既超越功利生活，又不离生活功利。离开了对生活功利的具体介入，文艺创作与批评就难以深入进行“生活和艺术的积累”；没有对功利生活的精神超越，文艺实践就会陷入思想苍白化、价值平面化、趣味低俗化。

中国传媒大学张晶教授指出，中华美学精神来自于中华文明的远古，又活跃于当下中国人的审美生活之中，是中华民族集体性的审美意识的精髓和灵魂。它是一种精神实体，却并不表现为固态的形质，而是体现在中华民族的优秀审美创造的结晶体中，如文学、绘画、书法、音乐、建筑、园林等领域，使中国的文学艺术彰显出与西方的文学艺术迥然有异的独特风貌和发展轨迹。

北京大学艺术学院教授、艺术学理论系主任彭锋教授指出，中西美学精神的差异可能没有想象的那么大。考古学研究和民间调查的结果显示，人类具有共同的审美观。最近，进化论美学研究证明，人类对于美的看法具有普遍性。不过，在随后的发展演变中，中西方美学精神的差异逐渐突显出来。据法国汉学家朱利安的研究，基于希腊文化的西方美学强调固定的形，基于华夏文化的中国美学强调变动的神。美国美术史家包华石认为，中西美学观的差异，源于宇宙观的不同。随着现代社会的来临，中西方审美观的差异似乎又在变小。一般认为，这是西方向全球输出现代性的结果。西方社会的现代性进程，是一个由二元论宇宙观发展为一元论宇宙观的进程，它明显受到中国文化的影响。中国美学精神向来具有开放性和包容性。在今天这个全球化时代，如果我们能够继续保持这种开放性和包容性，就能创造出更加灿烂的审美文化。

中国文艺评论家协会副主席兼秘书长、中国文联文艺评论中心主任庞井君指出，价值论是美学的重要哲学基础，美学精神的内核就是审美价值观。中华文明强调人的自然价值。人在自然中，自然在人中，人是精致的微自然，自然是放大了的人。大自然不是人极力要征服、改造、分析、实验的对象，而是人需要敬畏、尊重、热爱、学习、融入、归依乃至真正实现自由的伟大存在和身心家园。中国人的最高生命理想不是战胜一切、唯我独尊，而是通过融入自然万物而实现伟大、自由、永恒和超越。这种价值观贯穿于从先秦到明清的历史演进和儒释道等各家哲学学说中，也广泛渗透融入社会生产生活各个领域。面对当今全球发展的困境和难题，开掘和彰显中华美学中的自然价值具有世界性的普遍意义，能为全人类走向未来、构筑新的自由自然价值体系作出中华民族独特的贡献。

注：

①以上五点引自《中国美学通史·总序》。

②来源：新华网，（2014 年 04 月 25 日），http：//news. xinhuanet. com/book/2014 - 04/25/c_ 126433408. htm。

③以下内容根据《光明日报》2014 年 12 月 26 日 11 版，《彰显中华美学精神，促进文艺繁荣兴盛——“中华美学精神”专题研讨会专家观点摘登》，编辑整理。

（作者：孙焘，北京大学研究员）

逻 辑 学

刘思培 郭佳宏

2014 年北京地区逻辑学学科的发展概况，我们将分成三部分来进行综述：一是学术活动，二是研究成果，三是教学探讨。学术活动的整理主要学校网站和学术论坛的收集，研究成果的文献主要来自中国知网（CNKI）收录的北京学者所著的中文文章，论文选取的重点是中国人民大学书报资料中心《复印报刊资料》中《逻辑学》收录的内容。

一、学术活动

1. “知识、理性和决策”工作坊

2014 年 3 月 1 日，在清华大学开展了“知识、理性和决策”工作坊活动，日本早稻田大学 Mamoru Kaneko 的报告名为“Epistemic logic approach to prediction/decision making in game situations”；清华大学的石辰威作了题目为“Knowledge and evidence”的学术报告；最后来自日本早稻田大学的 Shuige Liu 也分享了题目为“Eliminations of dominated strategies and inessential players：an abstraction process”的报告。中外学者共聚于此，分享有关知识理性决策的研究成果。

2. 语言、逻辑和互动论坛

2014 年 5 月 17 日于北京师范大学京师学堂举行了“语言、逻辑和互动论坛”。此次论坛由北京师范大学哲社学院和北京市逻辑学会共同资助，论坛的宗旨在于推动语言学和逻辑学之间的交流。论坛邀请了众多来自逻辑学和语言学方面的专家学者，进行学术报告，交流最新的成果。

3. 青年学者逻辑论坛

2014 年 7 月 4 日上午，北京市逻辑学会青年学者逻辑论坛联合北京师范大学，在北京师范大学举行了第三十二次学术报告会。阿姆斯特丹大学和斯坦福大学、清华大学的范本特姆（Johan van Benthem）作了题为“Natural Language and Logic of Agency”的报告。国内外学者进行学术讨论，促进国内逻辑学研究的新发展。

2014 年 12 月 19 日下午，北京市逻辑学会青年论坛联合清华大学—阿姆斯特丹大学逻辑学联合研究中心，于清华大学举行了第三十四次学术报告活动。香港大学教授 Dan Robins 作了题为“Later Mohist Nominalism”的报告，引发现场学者的交流讨论，促进了学术的传播发展。

4. 第四届全国批判性思维教学研讨会

2014 年 7 月 22 日至 23 日，第四届全国批判性思维教学研讨会在北京大学召开。本次会议的主题为：交流批判性思维研究和教育教学的经验成果；研讨批判性思维的理念、方法、技能及测试等问题；探讨开展批判性思维教育在中国大学的意义和路径。该研讨会由教育部高等学校文化教育指导委员会批判性思维和创新教育分指导委员会（筹）与北京大学哲学系联合举办，旨在推进批判性思维课程建设，探讨批判性思维教育在深化教育改革、推进素质教育、培养创新人才等方面的路径和价值。

其中，华中科技大学原校长、中国工程院院士李培根和美国伦斯勒理工学院认知科学系教授杨英锐为大会作特邀报告，其他院校学者们也针对“理念与实践”这一主题发表自己的看法。会议期间还召开了教育部高等学校文化教育指导委员会批判性思维和创新教育分指导委员会（筹）第一次全体委员会议，数十名委员对分指委工作提出了许多很好的建议。会议结束后，教育部高等学校文化教育指导委员会将与北京大学元培学院联合举办第 4 期全国批判思维教学培训班，共有 40 多名学员参加为期六天的教学培训。

5. “逻辑、现代性、现代主义——从中/欧的观点看”学术研讨会

2014 年 10 月 11—12 日，清华大学人文学院举行了“逻辑、现代性、现代主义——从中/欧的观点看”学术研讨会，主办单位是清华大学—阿姆斯特丹

大学逻辑联合研究中心，协办方为清华大学哲学系、阿姆斯特丹大学哲学系、北京书生研究中心。历时两天的会议，中外多名知名学者作了学术报告，分享了学术经验成果。

6. 全国现代逻辑学术研讨会

2014 年 10 月 24—26 日，由中国逻辑学会现代逻辑专业委员会主办、北京师范大学哲学与社会学学院承办的“2014 年全国现代逻辑学术研讨会”于北京师范大学举行。会议共有来自全国 50 余所高校或研究机构的近 100 师生参加，其中包括来自荷兰阿姆斯特丹大学和美国斯坦福大学的范本特姆，来自清华大学的王路和中国社会科学院刘新文以及北京师范大学江怡、逻辑学前辈杨东屏、吴家国等。本次会议设三个主题：数理逻辑、哲学逻辑与逻辑哲学、现代逻辑史。

在两天的学术讨论时间里，与会代表围绕这三个主题共进行了 37 场主题报告，其中约翰·范本特姆以“Being versus Becoming”为主题对现代逻辑的发展脉络进行了梳理，强调了信息与行动的二元性，并对那种将逻辑学视为一种由信息所引领的主体之研究的看法对于逻辑学未来之意义进行了深入探讨。

7. 逻辑学学术前沿论坛

2014 年 11 月 29 日，由北京市逻辑学会主办的北京市社科联 2014 年学术前沿论坛逻辑学会专场，在北京师范大学成功召开，会议论坛的主题是逻辑的发展和社会互动。

论坛过程中发言的专家和主题包括：中国政法大学人文学院王洪：法的不确定性与可推导性；清华大学哲学系刘奋荣：社会网络中的信念修正；北京大学哲学系范杰：Contingency and Knowing Whether；北京大学哲学系陈星群：概称句链式推理；北京联合大学信息学院周训伟：互逆蕴涵命题的建立；清华大学哲学系俞珺华：模态逻辑非自指称片段的一些性质；北京大学哲学系刘梓源：Formalizing Knowledge How；中国人民大学哲学院刘剑：名称的摹状词理论是否在二维语义学中得以成立——论查尔默斯二维语义学能否避免克里普克的批判。

8. 其他讲座综述

学术讲座活动是交流逻辑问题，分享研究成果最常见的活动形式，在此再列举高校中北京大学逻辑、语言与认知研究中心举办的部分讲座信息。

2014 年 5 月 21 日，来自荷兰阿姆斯特丹大学的 Frank Veltman 进行了题为“可分级的形容词以及主观经验词”的报告；2014 年 5 月 28 日，来自新西兰奥克兰大学哲学系的 Jeremy Seligman 带来了两场精彩讲座，分别为“Secret tweets and network discovery”（隐秘信息与微博式社交网络探索）和“Past, Present and Future: the logic and philosophy of Arthur Prior”（过去、现在与未来：Arthur Prior 的逻辑与哲学）；2014 年 6 月 4 日，来自北京师范大学哲社学院的琚凤魁进行了一次题为“Trace semantics for Regular PDL with intersection”的报告等。

二、研究成果

2014 年这一年中逻辑学界有许多优秀的研究成果被提及发表，内容主要被划分为这几个方面。

1. 数理逻辑

由周北海和傅庆芳共同撰写的《一个关于专名指称存在预设的形式刻画》① 中，作者尝试以专名指称存在预设为例，通过部分模型以及在此之上的同底扩张模型方法构造了复合模型，给出了一个既保证不同语言层次的区分又可以跨层次统一谈论原句和预设句关系的形式语义。借此，揭示了预设句与原句的 2//［2］+［0］式的真值结构，使得通常情况下关于预设的默认得到形式上的刻画和呈现，一定程度上解决了预设的真值语义学中关于元语言与对象语言和预设句与原句之间的混淆问题。

贾青所著《因果型连动结构的逻辑刻画》② 一文中，通常对连动结构（Serial Verb Construction）的经典研究方法一般都恪守“一阶逻辑 + 事件语义学”的研究框架，但其中，因果型连动结构是指那些事件之间体现因果联系的联动结构，而要刻画这种事件之间的因果联系就要借助于模态逻辑的帮助，以形式化“因果”这种具有模态性质的算子或词汇，而这就已经是一阶模态逻辑所要研究的问题了。因此，作者突破一阶逻辑和语义学的框架，将因果型连动结构的研究放到一阶模态逻辑的研究领域中去，并利用一阶模态逻辑为其构建形式系统并尝试给出因果型连动结构和途径——目的型连动结构之间的区别和联系。

杜国平的《一个命题逻辑的反驳演算系统》③ 一文中，作者受到张清宇建立的希尔伯特型的证伪公理系统的启发，建立了一个新的更具直观性的命题逻辑反驳演算系统，并对该系统的元理论问题进行研究，在此基础上，对命题逻辑反驳系统和证明系统的关系进行了进一步的探讨，得出了若干重要结果。

胡义昭的《不相交并和一阶语言的有穷模型性》④ 介绍了有穷模型性问题，人为在模型论语义下，一个公式是否具有有穷模型往往和可计算性相关。但是我们也可以仅仅从基数的角度来观察，譬如在一阶语言里，是什么样的因素强迫一个公式有或者没有有穷模型。对比于一个有穷模型的所有理论都具有有穷模型性这一事实，发现存在另外一类无穷模型，通过不相交并的方式构造出来，因而它们的所有一阶理论都有有穷模型性。作者使用不相交并这种非常弱的模型构造方式得到了一个关于一阶公式的有穷模型性比较强的结果。尽管这样的结果基本上没有扩展性，但是它对于揭示不相交并的模型构造方式和一阶语言的表达力之间的互动还是有些意义的。

2. 哲学逻辑和逻辑哲学

许春梅和刘壮虎的文章《基于 K4 的超模态逻辑》⑤先是介绍 D. M. Gabbay 在《超模态逻辑理论：模态逻辑中的模转换》一文中建立了基于任意框架上的超模态逻辑语义学以及第一个超模态逻辑。他旨在于扩充语义学，将任意框架上的超模态逻辑语义学扩充到传递框架上，并尝试构建一个 K4 以上的超模态逻辑 K4［T·，K·］，主要研究 K4、S4 超模态算子性质，特别是关于它叠置的归约问题。作者在此基础上是对超模态语义学作扩充，其创新之处就是在传递框架上讨论 K4 以上的超模态现象，通过建立起与 K4 模态逻辑间的翻译定理，从而实现了对一大类传递框架上的超模态逻辑的讨论。与超模态逻辑相同，超模态逻辑 K4 不是框架完全的。

肖波的《有限模型下的模态概率逻辑》⑥一文试图在模态逻辑语义学的基础之上，形式化地刻画如下直观思想：每一个在某一世界上有一定概率发生的事件都一定会在其可通达的某个（或者某些）可能世界上发生。而模态逻辑语义学是经典逻辑语义学的一个扩张，对“可能”“必然”等词进行了刻画，而概率从某个角度来说是对“可能”的更加精确的表示，概率被看成一种模态，概率与模态逻辑就有了联系。

王路的《句子图式—— 一种弗雷格式的解释方式》⑦一文中主要介绍了句子图式这一形式化的解释方式，它提供了一种具有普遍性的语言分析的途径和方式。句子是语言表达的基本单位，语言与语言所表达的东西是不同的。句子是语言所表达的基本单位，与它相应的是思想和真值。句子是一个整体，有构成部分，因此句子的真值依赖于句子构成部分的意谓。句子有涵义，即通常表达的意思。这一层次对于确定句子的真值也是有帮助的，尤其是在涉及内涵语境的时候。句子图式是可构造的，因而可以表达不同结构的句子。句子图式是直观的，不仅有助于我们区别语言与语言所表达的东西，而且有助于我们更好地认识不同的句子结构和层次。借助句子图式，人们不仅可以更好地解释弗雷格的思想，而且可以更好地探讨语言哲学中的问题。

陈波的文章《论蒯因的逻辑哲学》⑧主要对蒯因的逻辑哲学做了批判性的系统考察。在蒯因的自然化认识论的背景下，讨论了几个问题：蒯因关于逻辑和逻辑真理究竟说了些什么？在蒯因的逻辑哲学中存在哪些难题、困境和悖论？蒯因关于逻辑或逻辑真理本来应该再说些什么？最后阐述了对逻辑的实在论和认识论的看法。逻辑与我们生活于其中的世界，与我们关于这个世界的认知，以及与我们的语言和思维实践相关联。逻辑理论中包含着关于世界、认知、语言和思维的描述性内容。描述对于被描述者而言可真可假，所以逻辑理论也有可能出错。逻辑之所以是可修正的，其根本原因即在于此。

塔尔斯基著、刘新文译的文章《什么是逻辑概念》⑨，探讨了何谓“逻辑概念”的问题。作者借助于克莱因的厄尔兰根纲领，把普通几何学的“逻辑概念”定位为那些对空间的所有变换都保持不变的概念。作为推广，塔尔斯基详细解说了任意学科的“逻辑概念”这一概念，分析了逻辑、数学和集合论之间的关系，用学科来理解解释学科，又站在不同角度不同学科的角度来理解概念，清楚而又辩证的分析逻辑学。

余俊伟的《理解弗雷格的专名涵义》⑩论文，为理解弗雷格专名涵义提出了一种新的角度：路径观点。这一观点比较吻合弗雷格所坚持的涵义概念的若干特征，解决了弗雷格名称理论的许多极具争议的问题，如间接涵义、涵义的本体论，涵义是否有无限多层次等。对照克里普克的名称理论及其逻辑背景，论文分析了克里普克及戴维森等人对弗雷格涵义理论的批评，从路径的观点较好地回应了这些批评。

夏素敏的文章《悖论的语用学概念及其方法论意义——兼评〈逻辑悖论研究引论（ 修订版）〉》⑪介绍了悖论的相关知识，其中悖论的研究经历了并经历着从概念界定的争论到具体问题的分析，再到方法论问题讨论的过程。揭示悖论之语用学性质的语用学概念的提出，为悖论的方法论研究提供了新的视域。悖论的语用学性质集中体现在概念定义所使用的“公认”一词之中。但也正是“公认”一词最容易被误解或忽视，从而造成对整个悖论理解上的差异。悖论的方法论研究不仅限于解悖方案的研究，而且贯穿于悖论发现、分析与解决的全程。悖论之语用维度的讨论本身就是悖论方法论的组成部分，同时又是广义悖论研究形成和推动的基础。作者在文中讨论了语用学概念定义中的“公认”一词的意思和意义，并结合张建军《逻辑悖论研究引论（修订版）》及陈波新近出版的《悖论研究》，从解悖方法论到悖论方法论研究，以及广义悖论研究谈了自己的看法。

陈星群的文章《弗雷格谜题的无解性》⑫针对弗雷格谜题，作者提出了自己的解释。为真的同一陈述句 a = b 与 a = a 在认知价值上有区别，这种区别的根源是什么？弗雷格在《论涵义与指称》中试图从语义的角度来解释。这个问题后来被称作“弗雷格谜题”。其他的哲学家或是从语义方面继承弗雷格的思想，或是从语形方面来解决它。但已有的这两方面的考虑都不能解决弗雷格谜题。若某种语义理论能够解决弗雷格谜题，其自身所存在着的“高阶”弗雷格谜题将迫使它或者不能解决后者，或者会导致不同的符号无法被用于同一陈述。另一方面，从语形出发解释弗雷格谜题的方案，并不比直接规定“这两个表达式的认知价值不同”有更多的优势。从这个意义而言，弗雷格谜题是不可解的。

刘剑的《弗雷格为何不会成为新弗雷格主义者》⑬一文，介绍了弗雷格与新弗雷格主义的关系：新弗雷格主义是 20 世纪兴起的一个新学派，致力于复兴弗雷格的逻辑主义。他们的主要方法是取消或修改弗雷格系统中不一致的公理或理论。然而，根据对弗雷格文本的考察，弗雷格本人不会赞成这样的解决途径，这与他的算术哲学观不相符。因为按照新弗雷格主义的观点将外延理论与基本规律 V 取消后，不但数之间的同一性不能得到解释，甚至概念间的同一性也无法得到讨论。通过文中的分析，最后得出了弗雷格不会是一个新弗雷格主义者的结论。

杨金榜的论文《对实质蕴涵若干问题的思考》⑭，以实质蕴涵和逻辑蕴涵为对象，通过对郁慕镛教授和袁正校教授的观点进行比较，对逻辑学里的一个非常重要的概念——蕴涵进行了分析和讨论，澄清了关于实质蕴涵和逻辑蕴涵的若干误解。实质蕴涵是对蕴涵科学最基础的抽象，它限制最少，包容性最强。正如塔尔斯基所说，实质蕴涵在简便方面必定超过任何其他的蕴涵理论，这一点在今天几乎已经成为定论，同时，正是建筑在这个简单的实质蕴涵上面的逻辑学，已经证明是最复杂精细的数学推理的满意的基础。于传统逻辑，现代逻辑是无比先进的，它能够有效地解决传统逻辑无法涉足的领域，更加有效地研究推理的有效性，在现实生活、社会发展和学科建设中起到基础作用。所以，对于逻辑学者来说，搞清楚蕴涵这个根本问题是十分重要的。

文贵全在《存在基于自然种类词的后验必然真理吗？》⑮一文中，先是介绍了克里普克与普特南根据严格指示词的理论，认为有关自然种类词与科学上的摹状词是严格指示词，它们之间的同一陈述乃是形而上学的必然真理。然后，文章通过具体分析表明，自然种类词与科学上的摹状词都不能被认为是克里普克—普特南意义上的严格指示词，因此，不存在基于自然种类词的后验必然真理。

赵震的文章《可以不失表达力而又避免说谎者悖论吗？》⑯为研究提供了有效的解悖方案。我们可以建构一个逻辑 LCQ，进而证明 LCQ 的可靠性和完全性，以及它与一阶逻辑之间的关系，从而证明 LCQ 的表达力并不比一阶逻辑的表达力弱。在此基础上，构造一个真理论 TCQT，并证明 TCQT 的一致性。在 TCQT 中，通常的（T）模式的表达形式改变了，但是其本质并未改变。通过编码我们可以建构自指的句子和对角线定理，但是（T）模式并不能应用于编码名字，因此避免了说谎者悖论。（T）模式可以应用于特殊常项，但是根据语言的建构和推理规则，自指和对角线定理不成立，因此也避免了说谎者悖论。与此同时，塔尔斯基的（T）模式的本质被保留了。

3. 语言逻辑、认知逻辑和归纳逻辑

贾青和石运宝的文章《处理汉语反身代词回指照应问题的范畴类型逻辑（Bi）LLC》⑰，针对戈尔给出了处理英语反身代词回指照应问题的范畴类型逻辑系统 LLC，但汉语反身代词的复杂性使得 LLC 并不能对其加以处理，为了弥补 LLC 在处理汉语反身代词回指照应中的缺陷，我们进而对其进行修正，得到系统（Bi）LLC。汉语反身代词在回指照应问题上具有“长距离约束”、主语倾向性、“次统领约束”和先行语后置等特殊性，范畴类型逻辑系统（Bi）LLC 可以处理这些问题。

贾青和邹崇理合作的文章《晦暗语境与内涵刻画》⑱，介绍了晦暗语境这一语言现在以及可以对其进行解释的内涵逻辑。所谓的晦暗语境是指那些使得经典逻辑中与外延相关的同一替换定律失效的语言现象。由于这一语言现象的出现被归因于经典逻辑的外延性原则，因此由蒙太古、卡尔纳普等学者所创立的内涵逻辑才被应用到对晦暗语境的解释中来，以刻画表达式的内涵。而文章将在蒙太古内涵逻辑及其新近发展的基础上说明该理论在解释晦暗语境问题上的局限性并尝试利用性质基始论对现有的理论做一个改进和修正，即不再将个体看成处理内涵问题时不可再分的基始对象，而是要进一步分析个体的性质以说明晦暗语境的出现机理以及解释方式。

贾青的《形式语法生成能力的分层》[19]一文，介绍了乔姆斯基层级以及范畴类型逻辑的相关知识。其中，乔姆斯基层级是乔姆斯基在给出语法形式定义的基础上，通过对语法中的重写规则施加不同限制条件所得到的语法生成能力的层级划分。按照乔姆斯基的定义，任一语法都应该包含四个部分：由范畴所构成的非终极符号集、由语言符号串所构成的终极符号集，语法中的初始符号以及重写规则。此外，范畴类型逻辑是范畴语法的一个分支，包括传统的范畴类型逻辑和组合范畴语法，由于多模态范畴类型逻辑发展，不同方向之间相结合的趋势愈加明显，基于规则的逻辑推导与基于词库的语言学研究也在多模态范畴类型逻辑中达到了一定程度的融合。总之，作者借助乔姆斯基层级，这一层级划分方法说明形式语法，特别是范畴语法的生成能力强弱问题。

王路与周志荣的文章《真、意义与逻辑》[20]摘要介绍了一些逻辑哲学概念相关问题。“真”是西方哲学的核心概念，也是语言哲学的核心概念。但真概念是否是意义理论必不可少的基础，这是存在争议的。虽然以真概念为核心的意义理论是主流，但也有不少哲学家主张以其他概念（例如证实或确证概念）作为意义理论的基础。“意义”概念本身就是西方哲学的另外一个核心概念，对于意义概念的研究可以采取多种方法，借助真概念的方法当然是最重要的一种。这种争议体现了哲学家，尤其是语言哲学家对于意义问题的讨论往往受到其逻辑观念的影响。正是现代逻辑在不同方向上的发展为讨论意义问题以及分析语言提供了不同但便利的工具，甚至语言学家也采用了逻辑方法来研究语言。是否从逻辑出发，成为区分语言哲学与关注语言的其他哲学的重要标准。

崔佳悦与邹崇理的《从范畴类型逻辑看蒙太格语法的被动转换规则》[21]一文，以蒙太格语法对英语被动句——“结构被动句”的分析为例，从范畴语法的现代版本——范畴类型逻辑的视角来审视蒙太格语法的转换过程。蒙太格语法是对范畴语法的继承，其句法规则采纳的是“毗连运算”这种遵循范畴语法函项应用原则的操作。最终获得的结论是：范畴类型逻辑提供的工具可以证明被动句转换的合理性，蒙太格语法扩展的被动转换规则同样遵循了范畴语法的规律。

苏丽在《利普斯的心智逻辑理论》[22]一文中，介绍了人类逻辑推理的发展脉络背景，在心智模型理论和心智逻辑理论的对比下，着重介绍了利普斯的心智逻辑理论。利普斯的心智逻辑理论构造了一个近似于一阶逻辑的人类演绎推理的形式规则（ PSYCOP）系统，来描述依据命题连结词和量词变量进行的推导过程，并用 Prolog 计算机程序来模拟和检验该理论所描述的人类推理的心智过程。其中，利普斯对量词的处理的基本思想来自计算机技术，他指出为了避免传统形式规则逻辑中量词引入和消去规则的烦琐易错，采取了去量词的规则，这也是他理论的特色。对比与心智模型理论，利普斯的观点同时也面临着一些可能的缺陷。

王海若和刘靖贤合作的文章《威廉姆森的认知主义》[23]介绍了认知主义的相关知识。首先，认知主义是对模糊问题的一种解决方案，认知主义主张，模糊性源自于人类对事物本身存在状况的无知。相比而言，认知主义存在一些优点，比如：捍卫了经典逻辑和语义，将模糊性产生的根源归结于人类自身而不是语言，以及对 KK 原则强有力的批判。威廉姆森在批评语义方案的基础上，为认知主义提供了有力辩护，使其在模糊问题的研究中得到复兴。但是，在详细考察了威廉姆森的认知主义之后，可以发现，他的论证也存在一些值得质疑之处，比如，对高阶模糊问题的处理，对 K 公理的彻底接受，以及对模糊性来源的解释。

李熙的文章《为什么归纳逻辑需要所罗门诺夫先验?》[24]，整合了卡尔纳普与所罗门诺夫二者有关归纳逻辑的观念。卡尔纳普发展了归纳逻辑，他把概率看作一种证据对假设对“确证度”；所罗门诺夫用通用归纳方法进行预测，为了增强归纳逻辑的归纳预测能力以及扩展所罗门诺夫通用归纳方法的表达力。本文首先将所罗门诺夫先验概率的思想引入归纳逻辑中，在这个框架下，证明一阶逻辑版本的所罗门诺夫完全性定理，然后比较二者的优劣。在卡尔纳普的归纳逻辑中，不管正面证据有多少，对像“所有乌鸦都是黑的”这种全称句的支持度最终都为零，而在用所罗门诺夫先验改造的归纳逻辑中，可以证明，在任何可计算的世界中，“所有乌鸦都是黑的”可以得到确证，只要在那些世界上真的所有乌鸦都是黑的。在所罗门诺夫的模型中，要证明完全性定理需要记录所有的过去信息，在修改后的归纳逻辑中，我们可以只关注某种具体的模式而忽略其它无关信息并证明类似的收敛定理。我们甚至可以不用记录所有的相关信息而采用随机抽样的方法建立合理的信念。

4. 逻辑学史

杜国平的《缕清逻辑学争议脉络》[25]一文旨在梳理逻辑学争议的脉络，介绍《逻辑哲学研究》一书的内容价值。现代逻辑发展迅猛，不仅形成以命题演算、谓词演算、集合论、递归论、证明论和模型论等为基础的庞大理论体系，而且迅速渗透到其他学科，特别是语言学、计算机科学和人工智能等，带来诸如分析哲学运动的一系列变革。《逻辑哲学研究》一书对该领域一些学术争论条分缕析。全书还提出一些可供探讨的命题。如，逻辑究竟是“发现”的，还是“发明”的？“从逻辑层次上来说，在一个命题或语句中，‘明示的存在’要强于‘隐含的存在’。”这是为什么？塔斯基的真谓词是“全”的，而克里普克和古普塔等人的真谓词是“部分”的，“经典性”和“封闭性”得以保持的极大条件和极小条件分别是什么？自由逻辑和经典一阶逻辑的关系存在三种观点，即特殊片段、扩张、多值，究竟哪一种更合理？

张晓翔所著《论汉传因明的本土化倾向——以“去体留依而为喻”为视角》[26]一文，以“去体留依而为喻”为视角介绍了因明学的发展历程。印度因明传入中土以后，其本土化倾向比较明显，除了玄奘译传及创新以外，研习者的“去体留依而为喻”亦是有力证据之一。不仅符合新因明的传统、名实关系，以及中国古代人的语言特点和思维习惯，省略“喻体”的喻支依然能保证论式有效，而且也反映了陈那三支论式的弊端，以及特定的历史文化背景和因明的发展水平。陈那新因明由唐玄奘传入中土以后，虽然因明的研习主要囿于寺院，但研习的僧人和著作颇多，其影响逐渐波及佛门之外，在家众也有一些研习成果；同时也融入了中国思维方式和文化的特质，强烈地反映出汉传因明传承过程中的本土化倾向。

刘新文的文章《莱布尼茨的理想》[27]，以莱布尼茨的“普遍语言”和“理性演算”思想为基本框架，结合文献资料以及逻辑史学领域最近的研究，通过分析莱布尼茨的思想发展路线，尝试把现代逻辑思想的发展历程整理出一个简要历史。莱布尼茨是一位在逻辑沦为哲学分支时对逻辑感兴趣的最重要的数学家，他提出的“普遍语言”和“理性演算”推动了人类推理的过程，促进了逻辑代数和数理逻辑的发展，作者以综述的形式介绍了莱布尼茨的逻辑理论以及同时代逻辑学的发展。

傅光全的文章《逻辑的三次传入与汉传因明研究的逻辑转向》[28]，回顾了西方逻辑传入的历史，总结出与逻辑有关的汉传因明的研究模式大致有两种：第一种可称为“比较模式”，即比较西方逻辑和汉传因明之间的异同；第二种则为“阐释或解读模式”，即用西方逻辑的理论、方法来诠释甚至改造因明体系（如符号化、图式化等），或者说，这是一种以逻辑（元理论）研究汉传因明（对象理论）的模式。对这两种研究模式，人们在实际研究时总是不加区分地交替使用。

三、逻辑教学

逻辑学的专家学者将自己对逻辑学的认识看法与逻辑学史实践教学结合起来，对逻辑学的具体实践教学也发表了自己的科研论文。

周北海的论文《逻辑教学的“两极分化”势在必行》[29]表明，普通逻辑或逻辑导论这种逻辑知识普及课在过去时代条件下还有一些积极作用，但现在这些作用早已淡出，所以这样的课已经不合时代要求，应该淘汰。取而代之的是两极分化：彻底讲实用性，学批判性思维；真正学逻辑，学现代逻辑。这也是一种“与时俱进”，针对逻辑学的教学实际应用问题，提出自己的意见，值得我们去思考实践。

陈波的文章《关于悖论的问答》[30]主要讨论了有关悖论的各种话题。例如，对什么是悖论的理解，悖论的程度之分，悖论对各门科学的促进作用，悖论的一般认知意义，悖论的社会文化功能，以及悖论的教育学价值，还讨论了大学悖论选修课的开设问题。

陈慕泽的文章《从逻辑的角度看批判性思维》[31]是 2013 年 6 月 27 日北京市逻辑学会组织的批判性思维课程建设专题交流会上的学术交流报告的总结。作者从多年教育实践出发，阐述了开设大学逻辑通识课程的思考与认识。批判性思维至少和两个学科相关，一个是教育学，一个是逻辑学。两个学科从不同的角度关注批判性思维。教育学关注的是，批判性思维和人的一般思维素养之间的关系；逻辑学关注的是，批判性思维和人的日常逻辑思维素养之间的关系。二者有所区别，作者主要从逻辑学专业工作者的角度陈述对批判性思维的看法。

注：

①《逻辑学研究》，2014 年第 1 期。

②《逻辑学研究》，2014 年第 3 期。

③《哲学研究》，2014 年第 2 期。

④《重庆理工大学学报》（社会科学版），2014 年第 28 卷第 12 期。

⑤《湖南科技大学学报》（社会科学版），2014 年第 17 卷第 2 期。

⑥《逻辑学研究》，2014 年第 3 期。

⑦《求是杂志》，2014 年 9 月，第 41 卷第 5 期。

⑧《中国高校社会科学》，2014 年 6 月。

⑨《世界哲学》，2014 年第 3 期。

⑩《逻辑学研究》，2014 年第 4 期。

⑪《重庆理工大学学报》（社会科学版），2014 年，第 28 卷第 12 期。

⑫《湖南科技大学学报》（社会科学版），2014 年 5 月，第 17 卷第 3 期。

⑬《自然辩证法研究》，2014 年 8 月，第 30 卷第 8 期。

⑭《重庆理工大学学报》（社会科学版），2014 年，第 28 卷第 12 期。

⑮《长沙理工大学学报》（社会科学版），2014 年 1 月，第 29 卷第 1 期。

⑯《湖北大学学报》（哲学社会科学版），2014 年 3 月，第 41 卷第 2 期。

⑰《安徽大学学报》（哲学社会科学版），2014 年第 4 期。

⑱《科学技术哲学研究》，2014 年 10 月，第 31 卷第 5 期。

⑲《哲学动态》，2014 年，第 1 期。

⑳《科学·经济·社会》，2014 年，第 32 卷第 2 期。

㉑《湖北大学学报》（哲学社会科学版），2014 年 11 月，第 41 卷第 6 期。

㉒《科学技术哲学研究》，2014 年 2 月，第 31 卷第 1 期。

㉓《自然辩证法研究》，2014 年 10 月，第 30 卷第 10 期。

㉔《Studies in Logic》，Vol. 7，No. 4（2014）。

㉕《中国社会科学报》，2014 年 11 月 17 日。

㉖《南开学报》（哲学社会科学版），2014 年第 3 期。

㉗《哲学动态》，2014 年，第 12 期。

㉘《湖北大学学报》（哲学社会科学版），2014 年 5 月，第 41 卷第 3 期。

㉙《工业和信息教育化》，2014 年 3 月刊。

㉚《湖北大学学报》（哲学社会科学版），2014 年 11 月，第 41 卷第 6 期。

㉛《工业和信息教育化》，2014 年 3 月刊。

（作者：刘思培，北京师范大学硕士生；
郭佳宏，北京师范大学副教授）

宗 教 学

黄夏年

北京是我国的政治文化中心，也是中国的学术中心。宗教学研究作为当前我国正在突升的显学之一，近年来受到学术界的注意，北京的学术界也在近几十年来，对宗教的研究做出过重要的贡献。下面介绍 2014 年北京地区的学者研究宗教学的情况。

宗教学的研究在北京是强项，因为我国的马克思主义宗教学的创始地就在北京。中国社会科学院世界宗教研究所是毛泽东同志亲自提议建立的，2014 年适逢建所 50 周年，在纪念会上，学者们强调："我们今天的宗教研究，理应要有思想创新的意识，需要积极参与中华文化'大一统'的整体有机共构，在其科学体系的建设上有新的构思、新的进路、新的意识、新的方法。这种新的理论体系应该是马克思主义、毛泽东思想、邓小平理论等中国特色社会主义理论的体现、延续和发展，应该体现当今世界全球化、信息化、生态化的时代特色。总之，在努力促进人类社会发展的积极转型之际，我们的宗教研究要有勇气、接地气，要讲真实、审时度势、与时俱进，要有新思维、大手笔，真正达到一种承前启后、引领新潮的划时代突破，为早日实现中华文化复兴的中国梦做出我们义不容辞的积极贡献。"①

卓新平《马克思主义宗教观探究》②共分五章：

"研究马克思主义宗教观的基本定位和方法""马克思主义宗教观的主要表述""马克思主义宗教观的基本理论""当代马克思主义宗教观的回应""当代中国对马克思主义宗教观的正确理解与科学发展"。作者认为马克思主义经典作家关于宗教的基本观点构成了马克思主义宗教观的学说体系，其内容为马克思、恩格斯和列宁对于宗教问题的基本理解和理论阐述。中国共产党关于宗教的理论学说理应是对马克思主义宗教观的重要补充、发展、丰富和完善，形成符合当代中国国情和时代"世情"的中国马克思主义宗教观，即实现马克思主义宗教观的"中国化"、与时俱进的"当代版"。加润国《马克思主义宗教观的奠基之作——马克思〈《黑格尔法哲学批判》导言〉的宗教观研究》，认为马克思通过总结德国青年黑格尔派宗教批判运动的历史意义，从唯物主义和无神论立场揭示了宗教的本质、根源和社会功能、社会作用，使之成为马克思主义宗教观的奠基之作。金泽《宗教人类学学说史纲要》[3]以历史为轴，以学术自身发展为线，通过"定位的转变：由意识形态到文化""'荒谬'中的逻辑""图腾崇拜：最早的宗教形态?""范式的转换""由'功能'向'意义'的过渡""意义与过程""结构、文化秩序及文化的解释""用人类学眼光反思宗教人类学"诸章节，将宗教人类学的史前史、创立与演化史和主要学派代表人物的核心思想、贡献及不足娓娓道来，比较完整地揭示了宗教人类学学说史的全貌。

毛胜《毛泽东思想活的灵魂与中国宗教学研究》[4]强调毛泽东宗教观是毛泽东思想的重要组成部分，是马克思主义宗教观在中国的创造性运用和发展，是被实践证明了的关于中国宗教的正确的理论原则和经验总结。实事求是、群众路线、独立自主，是毛泽东思想活的灵魂，是毛泽东认识和处理宗教问题的根本方法。曾传辉《邓小平的宗教观》[5]指出邓小平在宗教文化论的形成、和平解放西藏决策等民族宗教问题的处理、改革开放后宗教信仰自由政策的恢复及发展方向指引，以及中国化马克思主义宗教观体系之要件铸造等方面发挥了意义深远的影响力和指导作用。

卓新平《积极引导宗教防范极端思潮》[6]指出，在反对暴恐活动和宗教极端主义思潮时，我们必须标本兼治，既要打下暴恐分子的嚣张气焰，又要从根本上正本清源，进入宗教信仰体系内进行积极引导，让主张正义、和平的宗教教义占据主流，使那些极端思想在宗教内部也没有市场。金宜久《重视对宗教极端主义问题的研究》[7]认为宗教极端主义以其基本特征而与宗教有着本质区别。该文主旨在于揭示暴力恐怖活动的根子即宗教极端主义，从而强调重视并继续开展对它的相关研究，有其不可忽视的现实意义。

北京的佛教研究的力量一直在国内占有优势，集中了国内现有学者的三分之一强。黄夏年《当代佛教论集》[8]，主要集中在三个领域：一是当代学术研究的回顾，主要对学术界曾经重视的方法论以及汉传佛教资料的重要性进行讨论；二是结合21世纪的社会发展特点和主题与佛教界的关系，谈了一些个人看法；三是针对当前佛教界的一些热点问题以及存在的不良现象发表了自己的观点。王敏庆所著《北周佛教美术研究——以长安造像为中心》[9]一书以近些年西安出土的北周佛教造像为基础资料，结合与长安密切相关的石窟材料以及其他相关材料，对长安造像的艺术特点、成因、形成时间以及影响等，得出了北周窟内壁画布局的变化折射出北朝晚期佛教艺术传播方向的改变，体现了中原佛教的逐渐成熟并向周边传播的结论。

周齐《佛教相关预测理论与实践中的矛盾及其逻辑理路之蠡测》，[10]通过梳理佛教经典中的相关内容，对佛教相关"预测"的典型认识、反对的理由及戒律、支持的说法及缘由等做了具体说明；并通过对佛教一些有关的基础义理的分析，尝试阐释了佛教在相关预测问题上的理论及实践的矛盾及其逻辑理路。张凯《〈敦煌秘笈〉羽二七一〈不知题佛经义记〉的基础研究》[11]通过对文献中提及寺僧的考证，认为其与南齐竟陵文宣王萧子良关系密切，可能是萧子良所撰二十卷《义记》（或《杂义记》）的残篇。推断《义记》创作缘起是483年由萧子良主持举行的某次义集讨论整理记录。此《义记》写本非南齐写本，而是齐后梁陈时的再抄本。伍先林《沩仰宗的禅学思想》，[12]认为临济宗倾向于由体用一如而"即体显用"和"即用显体"；沩仰宗注重由体用一如而"摄用归体"。体现在禅风的差别上，临济宗更倾向于陡彻的机锋棒喝和峻烈的机用，而沩仰宗讲究"机用圆融，方圆默契"，宗风看似更为平衍，其实是蕴含深机密用，是非常深邃和奥秘的。圣凯《明末清初律宗的传播情况与特点——以〈南山宗统〉与〈律宗灯谱〉为中心》[13]以历史地理学的统计方法探讨清初律宗的传播情况。明末清初的律宗是以如馨古心为开创，三昧寂光继起，见月读体为集大成，文海福聚为法脉余韵，区域上以北京和江苏为中心，形成古林系、千华系、圣光系、愍忠系等派系；同时，北京法源寺存在“愍忠系”与“千华系”之争，灯谱亦体现出各自的派系意识。刘立夫、汪克《慧山超海与清代沩山佛教的中兴》，[14]认为慧山超海对清代沩山佛教中兴之作用，主要集中于以下三大事业：（1）重修殿宇，再现沩山唐宋道场之规模；（2）恢复寺田，奠定清代沩山寺院经济之基础；（3）由其直系弟子厘定沩山清规，为清代沩山佛教发展提供制度保障。

班班多杰《试论宗喀巴的判教观》[15]以宗喀巴的代表作《菩提道次第广论》《入中论疏》《辨了义不了义论》等论著为依据，在国内汉语学术界首次梳理了宗喀巴判教观，如判定佛语之了义与不了义之重要意义和特定内涵、基本准量和主要内容、经典依据和最终归趣。张雅静《密教中的八大尸林》[16]将布顿大师著作中关于尸林的详细描述翻译。指出随着密教的出现和兴盛，尸林不仅成为重要的修行场所，还是各种法物的来源地。尸林的重要性被再次提升，在数量上也成为八个一组的组合，为后期密教中重要的组成部分。周广荣《佛教经咒翻译的实践与启示》，[17]通过对佛教咒语的种类、功用、翻译实例的阐述，探求其中蕴含的佛教文化意蕴，以期有裨于当代宗教经典的翻译实践与理论总结。

北京的道教研究在国内占有一定的位置。尹志华博士《清代全真道历史新探》[18]首次全面系统地论述了明末至晚清300年间全真道在全国各地传播的历史线索和特征。汪桂平《东北全真道研究》[19]对东北全真道进行了系统研究。王皓月《再论〈灵宝经〉之中“元始旧经”的含义》[20]，认为《灵宝经》具有镶嵌式结构，元始系《灵宝经》记录的是元始天尊等神格传授天界的“元始旧经”的经过和内容，即“元始旧经”为“经中之经”。章伟文《太古真人郝大通及盘山派的全真内丹心性学》，[21]指出郝大通、盘山派一系全真内丹心性理论之特色在于明体以达用，其以“重玄向上”为宗，通过明心见性，直探虚无道体；以“无为清净”为功夫，通过降心离尘、除情去欲，得本来真心、真性呈现；以“法相应感”为应物，在日用常行中体味道性之恒常，故应物、出世、证道为其教门修持的三个重要内容，构成其全真内丹心性之学“真功”“真行”的统一整体。汪桂平《明末道士马真一生平行实考》[22]考证了明末道士马真一的生平行迹，认为马真一是真实存在的历史人物，是一位佯装疯癫却修炼深厚、预言奇中的道士。其传承系统主要来自王刁山，其嫡系传人王清正曾住持北京白云观，对清初白云观的修复贡献颇大。林巧薇《北京东岳庙与明清国家祭祀关系探研》[23]认为明清两朝，北京东岳庙得到了皇室的礼敬和民众的崇奉。北京东岳庙祭祀被列入国家典制之中。北京东岳庙祭祀具有明显的“官祀”的特征，其在明清国家祭祀体制中占据着重要地位。梁景之《华北新见黄天道寺庙壁画初探》[24]以新发现黄天道寺庙壁画为主题，结合方志、宝卷等文献以及田野调查资料，对部分壁画图像做了初步的考察和解读，并对早期黄天道历史中存在的一些问题进行了分析和探讨。

北京的基督宗教研究在国内学术界里有重要的影响。洪琼《激情与宗教——霍布斯神学政治新释》[25]指出霍布斯的神学政治是以激情说为主线，从正面（基督教国家）和反面（黑暗的王国），或者说是应然（基督教国家）与实然（黑暗的王国）两个维度来系统展开的。前者的基本特征是政治、宗教、激情的同构，而后者的基本特征是政治、宗教、激情的分离。王玉鹏《牛津运动中书册派对安立甘教派身份认同的重构》[26]，指出了19世纪英国的功利主义、伊利都主义和宗教自由主义引发安立甘教派的身份认同危机。领导牛津运动的书册派试图通过回归大公传统，遵行中庸之道以重构安立甘教派的身份认同。王帅《试析俄罗斯东正教圣徒崇敬传统形成的民族动因》，[27]认为俄罗斯接纳圣徒崇敬的传统，并进一步发展和成熟除了东正教关于圣徒崇敬的神学基础和教义根据外，主要是俄罗斯的民族突出体现在三个方面：一是罗斯古代的多神教传统，二是“神圣罗斯”理念，三是俄罗斯民族的性格。冯小茫《纳粹时期德国新教中的教会斗争》[28]梳理教会斗争的三个阶段，尽可能细致深入地讨论其历史过程，并简要分析其对政教关系的启发。毛瑞方《汉语天主教文献目录编纂史概述》[29]以纵向的自晚明至今、横向的综合目录和专题目录两种类型的书目为立体纲目，考察了这些书目对天主教文献的著录情况。杨华明《尤德尔的和平主义神学》[30]通过对当代基督教神学家尤德尔的基本生平、再洗礼派历史与神学概况以及尤德尔的代表作《耶稣的政治》一书的评介，可以看到脱胎于再洗礼派的反君士坦丁主义思想的尤德尔的和平主义神学乃以“顺服”、“革命”、“合一”与“终末”为基本元素构建而成。张小燕《巴尔塔萨神学美学思想对宗教艺术探究的启示》[31]从宗教艺术维度，阐释其两大基本属性（宗教性、艺术性）的静态观察和理解，按照巴尔塔萨神学美学思想中审美过程的三个阶段：直观（观看），相遇（感知、荣耀），入迷（狂喜），进行宗教艺术可感知的物化传达与呈显的深入思考。

葛承雍《景教天使与佛教飞天比较辨识研究》，[32]通过比较辨识，认为景教经幢上两对人物造型虽与佛教随舞飘动的“飞天”有相似感，但可能出自洛阳当地惯于雕刻佛教艺术的工匠之手，最关键是景教粉本上“天使”形象走样失真变成了类似“飞天”。景教传教士不会轻易放弃神学立场改变中心形象与外在文化符号，不会套用佛教“飞天”形式去新造神祇，倘若景教符号也用佛教标签那无疑是宗教传播的失败，所以天使不可能被飞天替代，“华化”不等于“佛教化”。周伟驰著《太平天国与启示录》[33]总分五章：“由宗教革命引起的宗教战争”“别样的基督教”“太平天国与启示录”“千禧年主义及其中传”“一个基督教国家的现代化方案”。从近代西方基督教全球传教史的视野重新探讨了太平天国意识形态的基督教来源，揭示了太平天国与千禧年主义和末世论的密切关系，尤其洪秀全与启示录神学、洪仁玕与新教传教士“基督教文明观”的关系。艾菊红《身份的政治学——西双版纳傣族基督徒的身份研究》[34]目前在西双版纳傣族地区，信仰基督教的依然是这两类群体的后代。他们在傣族社会是蒙受着污名的群体，被傣族社会排斥成为社会的边缘群体。但是归信基督教却赋予了他们一个新的身份：基督徒，成为普世基督教世界中的一分子。因而这群被边缘化的傣族来说，基督教在相当程度上起到了去污名化的作用。

伊斯兰教研究在北京仍然保持着一定的优势，金宜久《伊斯兰与国际政治》，[35]本书共四编，“第一编伊斯兰教与伊斯兰复兴运动”，探讨伊斯兰教的政治活力及其自我调节问题，着重讨论伊斯兰复兴运动问题。“第二编伊斯兰世界与伊斯兰政治化”，通过探究伊斯兰教、伊斯兰文化发展的历史轨迹，考察伊斯兰世界对外来影响的反应，以此作为阐述伊斯兰复兴过渡到伊斯兰政治化的铺垫外，集中探讨伊斯兰政治化问题。“第三编国际政治与宗教极端主义”，包括三方面的内容：一是关于“伊斯兰因素”和“宗教因素问题”，二是关于宗教蜕变与宗教极端主义问题，三是关于宗教极端主义对国际政治的影响问题。“第四编伊斯兰极端势力”着重探讨在伊斯兰名义下的宗教极端势力。[36]周燮藩《当代伊斯兰教发展趋势的多维透视》，[37]认为在现代化和全球化的大背景下，决定主流伊斯兰教未来的，不是极端主义和恐怖活动，而是渗入日常生活的教育、大众传媒和现代电子通信以及通俗文化等领域。

杨桂萍、Mahmoud Zahiri 孙智伟《〈研真经〉认主思想探析》[38]对照波斯文《默格索德》及其汉译本《研真经》和英译本逐字逐句解读，力求把握其思想精髓。沙宗平、王希《简论苏赫拉瓦迪的照明哲学》[39]认为苏赫拉瓦迪在伊斯兰苏菲主义传统和以伊本·西那为代表的穆斯林逍遥派哲学的基础上，广泛吸收和摄取古代以来流传于中近东地区的各种思想和学说，并加以折中调和，创立了以精神之光的“照明”为核心的哲学体系。照明哲学不但强调神秘主义精神体验与直觉的奠基性，也同时注重人类理性的认知功能，认为真正完美的认识是二者的结合。照明哲学是一种内容完备的体系哲学，不仅涉及传统哲学的各个领域，还对灵魂复归等宗教命题提出了深刻的哲学见解。

姜英梅《伊斯兰金融中的政治问题》，[40]强调从国内政治来看，伊斯兰金融的发展程度与政府有很大关系，政府越支持，发展越顺利。从国际政治来看，西方国家对伊斯兰金融诟病以及金融反恐战的原因在于“流氓国家”和“流氓金融家”违反了西方主导的世界政治经济新秩序的规则。

研究印度宗教哲学的中心目前仍然以北京为主。黄心川《印度哲学通史》（上下册）[41]是我国当前唯一的一部印度哲学通史，作者注意使用了中国保存的许多材料，故此书在国际印度哲学界亦颇受重视。孙晶、朱明忠著《印度吠檀多哲学史》[42]（上下卷）是我国第一部论述印度吠檀多哲学的通史著作。上卷共分十章：“正统派哲学的思想始源：吠陀”“正统派哲学的思想始源：奥义书”“《薄伽梵歌》的哲学思想”“吠檀多哲学的根本经典：《梵经》”“乔荼波陀与《圣教论》”“商羯罗的哲学思想”“罗摩奴阇的限定不二论”“摩陀婆的二元论”“筏罗婆的哲学”“16世纪不二一元论派的动向”。下卷为朱明忠所著，除“绪论”外，共有三编：“第一编近代吠檀多哲学”，有六章，“近代吠檀多哲学产生的时代背景”“新吠檀多哲学的先驱者——罗姆莫罕·罗易”“戴本德拉纳特·泰戈尔的吠檀多与自然神论”“罗摩克里希那的吠檀多与‘人类宗教说’”“新吠檀多理论的奠基人——斯瓦米·维韦卡南达”“斯瓦米·阿贝德南达的‘万能吠檀多’”；“第二编民族独立运动时期的吠檀多哲学”，有七章，“民族独立运动时期的社会与思想斗争”“提拉克的‘政治吠檀多’”“甘地的哲学与吠檀多”“奥罗宾多的‘整体吠檀多’与‘整体瑜伽’”“诗人泰戈尔与吠檀多”“薄伽万·达斯的‘关于自我的科学’”“薄泰恰里耶的‘吠檀多认识论’”“罗摩那·摩诃希的‘证悟自我’哲学”；“第三编独立后的吠檀多哲学”，有七章，“独立后印度社会变革与意识形态斗争”“拉达克希南的‘精神宗教’”“斯瓦米·吉纳那南达的‘哲学的宗教’”“拉哲的‘绝对唯心主义’”“斯瓦米·兰伽纳塔南达的‘综合的永恒达摩’”“马哈德万的‘吠檀多价值论’”“新吠檀多哲学的特点与发展趋势”。朱明忠著《印度教》[43]，概述了印度教的历史，全面阐述了它的教义与经典、神灵与祭祀、礼仪与修行、哲学与道德、文学与艺术、风俗与习惯、种姓与教派等等，并且论述了它对中国思想文化之影响。成建华《从“不二论”看佛教对吠檀多哲学的影响——以乔荼波陀的〈圣教论〉为例》[44]着重从《圣教论》的表述形式、“不生说”、“不二论”以及“幻论”与中观论的联系等四个主要方面，对吠檀多哲学与大乘佛教哲学进行系统的梳理和比较研究，详细论述了早期吠檀多哲学家基于“梵—我”关系的哲学原理，在充分利用佛教概念和哲学范畴的同时，吸收并杂糅了大量大乘中观佛教的思想理论和论证方法，以建构自己的绝对无分别不二论哲学体系。

此外，对国外的地域宗教研究在我国一直是弱项，学者主要集中在北京、上海和广州几地。郭子林《古埃及国王的丧葬仪式》[45]，指出古埃及国王将宗教与世俗两个方面成功地糅合起来，通过仪式场面和坟墓中的浮雕与铭文等，宣传国王、王室家族的身份和王权统治的神圣性，宣传和强化国王的多种权力，增强民族认同和凝聚社会力量，使国王的王权统治继续下去，是以国王为首的统治阶级用于宣传王权观念或意识形态的一种手段，其在埃及长期存续有着深刻的社会文化和经济根源。

以上介绍了2014年北京地区学者研究宗教学的情况，可以看出宗教与政治的关系是北京地区宗教学研究的优势所在，这与北京地区作为政治中心的地位而决定的。其次对印度宗教的研究北京学者是强项。其他的宗教研究各有所长，佛教与基督教的研究在国内保持了一定的领先地位，道教与伊斯兰教的研究在现有的国内研究布局中占据了上风。总之，北京宗教学研究有自己的趋势，但是这些趋势现在越来越不明显，外地学者的研究正在赶超，可以预测，今后北京学者的宗教学研究将与外地学者平分，不再有更多的优势所在。

注：

①卓新平：《研究世界宗教 促进人类和平——世界宗教研究所建所50周年感言》，《世界宗教研究》，2014年第3期。

②中华书局，2013年版

③中国社会科学出版社，2013年版。

④《世界宗教研究》，2014年第5期。

⑤《世界宗教研究》，2014年第4期。

⑥《世界宗教研究》，2014年第6期。

⑦《世界宗教研究》，2014年第6期。

⑧ 宗教文化出版社，2013年版。

⑨ 社会科学文献出版社，2013年版。

⑩《世界宗教研究》，2014年第6期。

⑪《世界宗教研究》，2014年第6期。

⑫《世界宗教研究》，2014年第3期。

⑬《世界宗教研究》，2014年第5期。

⑭《世界宗教研究》，2014年第5期。

⑮《世界宗教研究》，2014年第3期。

⑯《世界宗教研究》，2014年第1期。

⑰《世界宗教研究》，2014年第4期。

⑱香港中文大学出版社，2014年版。

⑲中国社会科学出版社，2014年版。

⑳《世界宗教研究》，2014年第2期。

㉑《世界宗教研究》，2014年第6期。

㉒《世界宗教研究》，2014年第1期。

㉓《世界宗教研究》，2014年第5期。

㉔《世界宗教研究》，2014年第4期。

㉕《世界宗教研究》，2014年第4期。

㉖《世界宗教研究》，2014年第1期。

㉗《世界宗教研究》，2014年第1期。

㉘《世界宗教研究》，2014年第2期。

㉙《世界宗教研究》，2014年第3期。

㉚《世界宗教研究》，2014年第5期。

㉛《世界宗教研究》，2014年第6期。

㉜《世界宗教研究》，2014年第4期。

㉝中国社会科学出版社，2013年版。

㉞《世界宗教研究》，2014年第5期。

㉟中国社会科学出版社，2013年版。

㊱《世界宗教研究》，2014年第1期。

㊲《世界宗教研究》，2014年第6期。

㊳《世界宗教研究》，2014年第2期。

㊴《世界宗教研究》，2014 年第 4 期。
㊵《世界宗教研究》，2014 年第 5 期。
㊶大象出版社，2014 年版。
㊷中国社会科学出版社，2013 年版。
㊸福建教育出版社，2013 年版。
㊹《世界宗教研究》，2014 年第 6 期。
㊺《世界宗教研究》，2014 年第 1 期。

（作者：黄夏年，中国社会科学院编审）

经　济　学

理论经济学

卫兴华　闫　盼

2014 年学界对我国改革与发展的经济理论问题进行了广泛的研究。本文就经济“新常态”、发展混合所有制经济、政府与市场的关系、国有经济的作用与改革、收入分配不公平等几个重要理论问题的研究和不同意见进行梳理和论述。

一、怎样正确认识和适应经济“新常态”问题

2014 年，我国经济继续下行，呈现出在“新常态”下运行的特点。2014 年中央经济工作会议提出：要坚持稳中求进工作总方针，主动适应经济发展“新常态”。如何正确认识新常态，积极适应新常态，全面转入新常态，成为经济工作者、媒体和学界关注的热点问题。提出不同的见解和政策建议。

光明日报记者王斯敏和曲一琳于 2014 年 12 月 22 日在该报报道了国务院原副总理曾培炎和国家发展与改革委员会副主任朱之鑫对“新常态”的解析。曾培炎指出：从时间长度上看，新常态指的不是短期的一两年，也不是长期的二三十年，而是一个中期的概念。他认为，在经济发展新常态期间，可能呈现出几大现象：经济增速减速换挡，以更合理的速度，更高的效率，更强的韧性提升 GDP 含金量；产业链向高档迈进，创造出更多的经济附加值；二元经济结构明显改善；形成城乡统筹发展新局面；从商品输出扩大到资本输出；中等收入群体成为稳定内需的主体；中小企业和新生态成为增长新亮点。

朱之鑫提出：更大的挑战与困难就在眼前——发展面临的国内外环境更加错综复杂，在重构增长动力、转换发展方式的重大挑战面前，经济下行压力可能进一步显现。在此形势下，“新常态”这一战略判断的提出意义重大，将产生积极而切合实际指引作用。

《人民日报》评论员指出：新常态下，经济发展条件出现新的变化。生产要素的相对优势，从过去更多依靠劳动力低成本转向更多依靠人力资本质量和技术进步；市场竞争的特点，从过去以数量和价格竞争为主转向以质量型、差异化竞争为主；资源环境约束，从过去能源资源和生态空间相对宽松，转向环境承载力达到或接近上限，人民群众对良好生态环境的期待和要求迅速上升。这些新变化，要求在今后的经济发展中必须坚持以提高质量和效益为中心。[①]

《人民日报》记者引用发改委副秘书长王一鸣的见解：只要就业比较充分，物价比较稳定，居民收入同步增长，生态环保成果良好，经济增速比 7.5% 的预期目标略高或略低都是可以接受的。记者认为，与世界各国比，7% 以上的速度在全球依然名列前茅。与过去发展比，增速虽有回落，但由于经济体量更为庞大，7% 的 GDP 增量相当于甚至高于过去 10% 的增量。[②]

张建星表示：中国经济进入新常态，从高速增长转为中高速增长，经济结构不断优化升级，要素驱动转向创新驱动。要适应新常态，必须善于发现新机遇，努力寻找新动力。[③]

樊纲提出问题：中国经济增速下滑究竟是短期还是长期？是否周期性因素？他认为现在的下滑很大程度上是周期性问题，而不是潜在的增长率下滑。潜在增长率是个慢变量，非常小，在五年十年当中有变化。但是中国经济从 2007 年的 14% 的增速，2010 年的12%的增速，到现在的7%的增速，很大程度上是周期性因素。[4]

刘伟认为，中国经济新常态面临“四期叠加”状况：增长速度上的换挡期，结构调整上的阵痛期，危机之后的消化期，国际经济重组期。结构调整更多地需要供给管理。[5]

潘盛洲提出：如何正确认识经济发展新常态以及在新常态下如何推动经济发展，是一个不容易把握的重要问题。总体来看，新常态下，经济增长速度将由高速增长转为中高速增长，经济发展方式将由规模速度型粗放增长转向质量效率型集约增长，经济结构将从增量扩张为主转向调整存量、优化增量并举的方向，经济发展动力将从传统增长点转向新的增长点，整个经济将向形态更高级、分工更复杂、结构更合理的阶段演化。[6]

洪银兴提出：只有带有经济发展新阶段特征的内在必然性的状态才能称为新状态。一种经济状态成为常态，一定是合乎规律的状态。转向中高速增长是我国进入中等收入发展阶段后的基本新常态。中高速增长的新常态需要与以下三个方面新常态相互支撑。一是发展战略新常态，涉及结构再平衡战略和创新驱动发展战略。二是宏观调控新常态，涉及市场决定资源配置和明确宏观调控的合理区间。三是发展动力新常态，涉及以改善民生为着力点的消费需求拉动并与投资拉动相协调。[7]

厉以宁提出了对“新常态”的另一种见解。“怎么理解‘新常态’呢？这是相对于我国前一段时间超常的经济高速增长而言的，意指经济应逐步转入常态”。“经济的超高速增长是‘非常态’的，它不能持久，不符合经济发展规律”。所以，今天要进入新常态，就是指做我们力所能及的事，盲目追求高速增长对中国经济长期增长是不利的。他指出过高增长带来五方面不利：资源消耗过快；环境受影响，生态恶化；低效率；一些行业产能过剩；错过结构调整的最佳时期。[8]

陶然提出不同的警示性见解：中国经济增长会确定性地下降背后，仍然存在不确定性，就是我们目前很难判断未来增长会下滑到什么程度，是下滑到5%～7%的一个可容忍但质量更高的水平，还是可能会出现糟糕的情况。比如各线城市房地产泡沫崩盘，高杠杆下企业债务链断裂，金融的系统性风险蔓延，甚至爆发经济较大的震荡。虽然很多人相信，中国政府力量超强，调控能力和手段远远超过其他国家，但过高的MI/GDP比率，严重的房地产、开放区、新城建设泡沫，以及能源、原材料严重的产能过剩，不能不使人感到忧虑。如果找不到替代性的经济新增长点，依然靠国企主导的投资拉动，恐怕只能拖延而不能阻止经济危机的到来。[9]

二、对发展混合所有制经济论的不同意见

对混合所有制经济是基本经济制度的重要实现形式这一提法及其作用，学界存在不同的理解。有的认为，发展混合所有制经济就是要完全地“去国有化”或削减国企。

张文魁主张发展混合所有制经济就是要将“国企民营化”。他认为，中国过去30多年的高速增长主要是靠民营企业的壮大发展，而国有企业将会成为未来发展的桎梏，保留国企、使国企在重要行业占有主导地位已经完全没有必要。中小型国企可以通过整体出售实现完全民营化，大型和特大型国企通过发展混合所有制经济实行渐进式的民营化。[10]

张维迎认为，保持国有企业的主导地位，民营企业无法成长，实际上会污染民营企业的行为。好多民营企业通过跟国有企业搞所谓的联合，实际上是某种意义上的瓜分资产，然后跟政府搞一种特殊的关系，得到特殊的许可。那样企业家的精神就会丢失了。[11]

冯兴元提出：实行混合所有制经济，如果由国企控股，会总体上降低民资的利用效率。因此，要解放思想，使国有资本至少退出国有控股状态。民企能做的领域就不需要国企存在。[12]

民企大佬王健林提出：与国企合作搞混合所有制必须民企控股，至少相对控股。“如果国企控股，不等于我拿钱帮国企吗？那我不是有毛病吗？”[13]

王四小认为，混合所有制是社会主义基本经济制度的重要实现形式，根本立场是毫不动摇地巩固和发展公有制，同时要重视非公有制经济的作用。在发展混合所有制经济时，应该经营好、管理好国有资产，制定一系列的规章制度，严格防范国有资产的流失。[14]

张宇认为，目前我国多数企业已经具有了混合所有制的性质，下一步改革是要继续扩大混合所有制的范围和比例，形成资本所有者和劳动者利益共同体。国有企业发展混合所有制必须从实际出发，具体问题具体分析，不能一哄而上。涉及国民经济命脉的重要行业和关键领域，以及支柱产业和高新技术产业，国有资本应当绝对或相对控股；一般性行业不要求控股，进行市场化运作。[15]

邱海平指出，决定提出“积极发展混合所有制经济”的根本目的是实现公有制经济和非公有制经济的双赢，坚持“两个毫不动摇”，大力发展员工持股是其重要内容，有利于提高消费需求，拉动宏观经济的发展。其中最重要的经验和原则，就是根据国有企业的功能定位进行分类改革，不能一哄而上、一刀切和强制推行。他将国有企业分为几大类：在一般性竞争行业中经营不善的国有企业可以退出；在战略性竞争行业和战略性资源产业中，划分核心业务和非核心业务，核心业务必须由国有企业主导，维持国有资本和企业的支配性地位，同时开放非核心业务，让非公有制经济参与；在自然垄断行业和公用事业中，在政府管制下让非国有资本进入不具备自然垄断性的配套环节。⑯

季晓南认为，发展混合所有制经济的目的是更好地坚持和完善基本经济制度，而不是削弱或动摇基本经济制度。不是国有企业凭借资金和规模优势“攻城略地”，也不是民营资本对国有资本“单向混合”，更不是国有企业从竞争性领域全部退出。发展混合所有制经济应使国有资本投资运营更好地服务于国家的战略和目标，更多投向关系国家安全、国民经济命脉的重要行业和关键领域。发展混合所有制的有效途径有：一是做好顶层设计，自上而下推动；二是不等不靠，选准问题进行改革试点，拓宽路径，先易后难；三是深化垄断企业改革，开放金融、石油、电力、铁路、电信、资源开发、公用事业等领域的竞争性业务部分，允许民营资本进入；四是完善产权制度、公司管理和运营机制，同时加强监督，防止国有资产流失。⑰

周新城认为，当前我国的“私有化”主张是新自由主义泛滥的恶果。他们妖魔化国有企业，将经济发展的全部希望寄托在私营经济上，试图用发展混合所有制的机会大肆瓜分国有资产。我们可以借鉴历史的经验把发展混合经济作为国有经济引导私营经济发展的有效形式。发展社会主义公有制经济控股的混合所有制经济才是基本经济制度的实现形式，而不能将其作为颠覆基本经济制度的途径。⑱

朱继东认为，发展混合所有制不是要“私有化”。而是要巩固和加强国有企业的作用，不断增强国有经济活力、控制力和影响力。发展混合所有制经济“绝不是单向的，而应是双向甚至多向”。在这个过程中，要坚持公开透明的原则，让人民群众参与监督，防范国有资产流失及外资控制。⑲

昆仑岩提出，搞混合所有制经济是为了壮大资本实力，强化相互监督，规范法人治理，增强竞争活力。绝不是让国企出卖产权，退出阵地，搞什么“国退民进”或“中退外进”。国企搞混合所有制经济基本应是做加法而不做减法。“多元投资”“合力共进”，既可搞新项目合资合股，也可新项目吸收参股增资扩股，要避免重蹈过去一讲改革就是疯狂卖国企的教训。不能以“混合”为名行卖国企之实。他说：中石油突发广告，要100%转让东部管道公司优质国有股权，引起广大民众愤慨。⑳

三、关于政府与市场关系的研究与不同见解

十八届三中全会的决定提出：“经济体制改革是全面深化改革的重点，核心问题是处理好政府和市场的关系，是市场在资源配置中起决定作用和更好发挥政府作用。”对于这段话的理解，学界依然有不同的解读。

1. 关于政府与市场关系的不同见解

理论界对于市场与政府的定位问题存在不同意见。一种是主张深化经济体制改革的未来方向是弱化政府的职能。张维迎认为，“政府管制越多腐败越深”。政府管制会导致寻租行为的产生，从而产生腐败。他强调取消以规范市场名义但实际上是计划经济的“审批制”，审批的权利由政府转移给老百姓，“把大量的本来就该属于个人的权利归还给个人”。㉑

吴敬琏认为，“半市场、半统治”的经济存在两种可能前途。一是“政府从不应该起作用”；二是“出现国家资本主义，这种国家资本主义往往会变成权贵资本主义”。而国家资本主义是非常危险的道路。他主张强化市场的作用，弱化政府的职能。㉒

另一种是主张更好地发挥市场机制作用的同时，要加强政府的作用。程恩富、侯为民认为应发挥好政府和市场的“双重调节和互补作用”。市场调节和政府调节各有强弱点。市场调节在微观经济均衡、资源短期配置、市场信号传递、科学技术创新、局部利益驱动等方面具有很强优势，但同时也具有调节领域受限、易导致贫富分化、产业协调难度加大、现实交易成本较大的缺陷。政府调节的优势在于：宏观层面能制定和实现经济社会发展总体目标，中观层面能够化解经济发展中产业结构和区域经济发展不平衡问题，微观层面能实施必要的规制或监管。同时政府调节也存在失灵问题：偏好不当，易导致政府调节的目标偏离全社会的需求；调节程序不妥，易导致决策难以及时和灵活应对市场变动状况；调节的配套性弱，易形成政策性内耗；调节动力不足，易导致官僚作风，降低效率。政府要做好市场经济的保护者、服务者和监督者。[23]

杨承训提出：在强调充分发挥市场作用的同时，还要求强化政府的功效。市场配置资源主要是微观生产条件的分配与组合。政府宏观调控主要是规导整体经济运行，管着生产力发展的总方向、市场运行的总规划、矫正市场缺陷，促进共同富裕，实现宏观综合经济效益和可持续发展。政府也有配置资源的一些功能。[24]

林毅夫主张在经济发展和转型中既有“有效的市场”，也有“有为的政府”。一方面，完善有效的市场体系有利于按照要素禀赋所决定的比较优势进行产业、技术的选择，从而使国家具有竞争优势；另一方面，与技术、产业发展相适应的基础设施和上层制度安排的完善需要政府发挥因势利导的作用。[25]

文章《改革热点面对面》提出：处理好政府和市场的关系的核心，是处理好“两只手”的关系。市场的力量，主要是通过供求、价格、竞争等机制功能发挥作用，称之为“看不见的手”；政府的力量，主要是通过制订计划，制定产业政策、财政和货币政策、法律规制以及行政手段将资源有目的地配置到相应领域，通常称之为“看得见的手”。在经济活动中，政府不能当“运动员”参加比赛，而是要制订比赛规划，当好“裁判员”。[26]

2. 关于市场在资源配置中起“决定性”作用的不同解读

吴敬琏主张经济改革必须全面放开市场，打破政府在资源配置中起主导作用的这个最大的体制障碍。市场应该在商品市场、服务市场、土地市场、资本市场、劳动力市场等方面的资源配置中都起决定性作用。[27]

另一种观点是主张强化市场作用的同时，也要强化政府作用。胡钧认为，完善社会主义市场经济体制，要在发挥市场对资源配置起决定作用的同时，不断提高政府驾驭市场的能力。社会主义国家的政府不再是单纯的政治上层建筑，而是生产关系的重要组成部分，是经济发展的领导者、组织者。在社会主义制度中，政府与市场关系的科学定位应是：政府引领市场使它为政府的规划和产业政策的实现服务，而不仅限于弥补市场缺陷。[28]

张宇主张“强市场，强政府”，相辅相成。不认同“大市场小政府”“政府是裁判员，而不是运动员”等关于政府作用的若干观点。提出政府的强弱已成为决定一个国家国际地位和国际竞争力的决定性因素。正确界定政府的作用要把握三个维度：一是市场机制存在自身缺陷；二是我国的社会主义市场经济具有特殊性，照搬别国的经验解决不了我国的问题；三是特别强调，如果离开了社会主义基本经济制度，社会主义市场经济的根基就会被瓦解，深化改革就失去了正确的方向。他认为，市场的决定作用主要体现在微观领域。从社会发展和宏观经济的层面看，则需要强调党的领导和政府的积极作用。[29]

杜飞进主张政府和市场协调、互补。他借鉴了西方国家的历史经验，认为新自由主义有个致命的缺陷，就是只关注经济效益，忽视了社会价值和社会追求。处理政府与市场关系的核心问题，不仅是为了提高经济效益，更是为了实现社会理想。正确处理政府与市场的关系要把握三个原则：一是把“市场能有效形成价格”作为政府与市场的边界；二是把“市场机制能有效调节的经济活动”作为政府审批的边界；三是把市场不能发挥作用的领域作为政府的补位边界。[30]

刘国光、程恩富主张政府与市场的“双重调节作用”，即既要用市场调节的优良功能去抑制“国家调节失灵”，又要用国家调节的优良功能来纠正“市场调节失灵”，形成“高效市场”和“高效政府”的双高格局。政府与市场的关系问题涉及经济建设和意识形态工作的辩证关系。当前我国经济领域存在着中国特色社会主义和新自由主义思想的斗争，这是经济领域中的意识形态斗争。要警惕新自由主义的危害性。在稀土、住房等领域的开放和国内外交易问题上，由于实行了新自由主义的市场决定论政策，造成了损国损民的严重后果。[31]

张卓元提出：市场决定资源配置的范围应如何“科学界定”？他认为，它主要适用于经济领域，并不同样适用于文化、社会等领域。虽然文化、社会等领域中产业部分也需要很好地运用市场机制，但文化、社会等领域中有不少公共服务部分，如义务教育、公共文化服务、基本医疗卫生服务、居民基础养老、廉租房建设等，其资源配置不能由市场起决定作用。过去出现过上述领域也搞市场化的倾向。[32]

洪银兴主张“政府和市场都要充分有效”。明确市场对资源配置的决定性作用不能放大到不要政府作用，更不能像新自由主义认为的那样不要政府。政府和市场的边界是：市场对资源配置起决定作用，政府要更好配置公共资源。强政府可以通过产业政策和负面清单引导产业结构转型升级，通过财政和货币政策调节宏观经济运行。结构调整和创新驱动需要政府和市场的有效结合。认为“政府和市场是完全替代关系”的观点是错误的。[33]

《改革热点面对面》对将市场配置资源的“基础性”作用改为“决定性”作用给予高度评价：“两字之改对市场作用作出了全新的定位”，“是全会《决定》的一大亮点，是我国社会主义市场经济内涵的‘质’的提升”。[34]

林兆木认为，市场配置资源中的“决定性作用”和“基础性作用”，这两种表述不是矛盾和对立的，而是一致和衔接的。前者是在后者基础上发展的。“决定性作用”的表述，在理论上更对明确、到位，对于现阶段经济体制改革的指导更有针对性，是我国改革理论在新的历史条件下的重大发展。[35]

四、对国有经济的作用与改革方向的不同见解

在国有经济的地位、作用与改革问题上，理论界依然呈现出不同的见解。一种是否定国有企业的重要作用。张文魁认为，不应该要国有企业。他完全否定国有企业的作用，认为只要存在国有企业，就不可能有真正的市场经济，不会有经济的可持续增长。过去30多年的改革进程，完全可以发现没有民营化就没有市场化，“再保留这么多的国企，再使国企在重要行业占有主导地位或控制地位，已经没有必要”。中国的国有经济就是所谓的“国家资本主义”。[36]

王忠明否定国有经济的作用，认为“国有经济是共产党执政的经济基础”，是21世纪以来最大的“政治忽悠之一”。“它直接否认了旧有体制低效率的真实存在，进而否认了30多年来我党领导国企改革的必要性”。它客观上“绑架”了决策高层，模糊和动摇了国企改革的正确方向，使之错失良机。此类“政治忽悠”“左”的色彩根深蒂固，又附加了“共和国长子”的标签，结果便是近10年来国企（央企）理直气壮地搞无度扩张，联手各级政府部门构筑起挤压民营经济发展空间的各种“玻璃门”、“弹簧门”、“旋转门”乃至“铁门”，改革攻坚乏力甚至滞后和倒退，怀恋旧有体制。[37]

冯兴元不赞同做大做强国有经济。他根据天则研究所的国企报告，认为国企账目利润尽管很高，但根据测算，结论是2001—2009年实际上是亏损的。如果国企长期做大做强，它对中国全体国民造成的福利损失是巨大的。[38]

另一些学者肯定国有经济的效率、作用和地位。洪功翔梳理了国有企业低效率论、非效率论、高效率论三种实证研究的方法与观点，指出导致效率差异的根本原因在于，国有企业的效率是动态变化的，研究者使用的时间段数据不同，便得出不同的结论。进入21世纪以来，我国国有企业的经营效益明显提高，国有资产和企业利润实现了较快增长。他根据统计数字，证明国企户数减少但资产总额、营业收入、利润总额、平均工资都较快增长。他认为，众多学者关于国企并非低效率的实证研究是可信的。他通过系统研究，得出结论：无论国企“低效率论”“增长拖累论”“挤压民营经济发展空间论”，还是国有企业利润“垄断来源论”“政府利益输送论”，以及否定国有企业具有“宏观效率”论，都是为全面否定国有经济在社会主义市场经济中的基础地位和主导作用，推动国企大规模私有化营造舆论压力。这些“理论”都是经不起推敲的。要用事实说话，要旗帜鲜明地批驳在国企效率问题上的种种错误论证和观点，不能任由其扩散。[39]

王今朝、龙斧剖析了国有经济效率“低下论”的形成并产生影响的原因与根源，又运用交叉科学和整体主义方法论证伪“私有化等于高效率”的逻辑方法，并揭示“低下论”带有价值观与意识形态色彩的双重标准范式。论证了“低下论的伪逻辑方法——‘私有化等于高效率高效益’”。他指出：“私有化本身与效率效益之间从来没有简单单一因果关系。如果有，那么西方私有化市场经济下的经济发展500年仍然存在企业效率效益、通胀、危机、不均衡、破产倒闭等问题又作如何解释呢？美国企业效率不如日本高，是否因为美国私有化不如日本呢？”[40]

徐传谌、霍绪权主张“恢复和巩固以国有企业为主的公有制经济的主体地位”。社会主义国有经济与资本主义国有经济的共性有：提供公共产品；存在于自然垄断行业；有利于宏观调控；有利于国家安全和实现国家战略目标。国有企业不仅要“引进来”，更要“走出去”，提高国际竞争力。国有企业是中华民族伟大复兴的主力军团，只有巩固以国有企业为主的公有制经济的主体地位，使大规模的国有经济与市场经济更好地结合，深化国有企业改革提高国有企业国际竞争力，才能更好地发展社会主义并实现共同富裕。[41]

高粱指出，现在很多人批判“一股独大”，但是，在一些关键领域就需要国有控股，应严禁以改革为名放弃国资控股权，改变重点国企性质。做大做强国企，才是社会主义国家经济立于不败之地的支柱和基石。在此轮改革中，有些人损公肥私大发一笔也不是没有可能。[42]

李钢、何然利用工业全行业的数据，对国有经济的总控制力进行测算。得出以下结论：国有经济的比例下降；国有经济的行业分布向基础性、资本密集型的行业倾斜，大型国有企业已经成为很多行业的领头羊。应建立一批能保证整个民族长远意义的关系我国产业安全的企业，国有经济的内在稳定器功能有利于熨平经济周期，在经济形势下行时发挥经济稳定器的功效；经济过热时优化调整国有经济战略布局，实现国有资产的保值增值。[43]

夏小林批评反对“国资一股独大”的观点，认为不符合中央的改革精神。继续降低国有经济的比重会造成严重的后果，财产和收入分配的大变动不利于增长的持续和社会稳定，不利于国防安全和国家竞争力的提升。“一股独大”现象在国企和私企中都存在，以此攻击和丑化国企没有任何科学性。[44]

杨承训针对有人反对国企做“老大”、私企做“老二”的观点指出，国有经济应起主导作用。如果不区分“老大”“老二”，就没有主体和非主体之分。讲平等关系是指在市场竞争中处于平等地位；讲主体和非主体的关系是指它们对社会主义制度的不同地位和作用。如果取消国有经济的主导作用，就会改变“基本经济制度”的性质。新自由主义者将国有经济划成“垄断行业”加以贬斥，违背了“反垄断法”和“国家资产法”。这些法律中未提“垄断行业”“垄断地位”问题，而是明确提出保护国有企业的正当经营。

五、关于收入分配差距扩大的现状、原因和对策研究

2014 年 7 月 25 日，北京大学发布《中国民生发展报告》指出中国财产不平等程度在迅速升高，2012 年我国家庭净财产的基尼系数达到 0.73，顶端 1% 的家庭占有全国 1/3 的财产，而底端 25% 的家庭仅拥有 1% 的财产。家庭净财产的基尼系数是家庭财产的存量统计，不同于个人收入分配中作为流量统计的基尼系数。家庭净财产的基尼系数更能具体反映我国社会的贫富差距现象。

常凯指出，缩小收入过大差距，首先是要初次分配更加公平，而在收入分配制度的“限高、扩中、提低”策略中，提高低收入群体的收入水平，可以有多种途径，包括实施最低工资制度、劳动力市场价位指导、劳动监察制度等。但劳动者在分配中处于被动地位，工资决定权由企业方控制，无法实现初次分配的公平。应改善工资决定机制，工资分配权不应由单方独享，应是劳资协商谈判。[45]

刘国光认为，由于非劳动因素（主要是资本）参与分配，个人拥有非劳动要素的差异扩大，在少数人财产性收入不断叠加累积的情况下，初次分配的结果必然产生越来越大的收入差距，出现分配不公。资本逐利的本性迫使它们不断为占有更多剩余价值而奋斗，推动社会走向两极分化。那种让私人资本向高利行业、向关系国民经济命脉的重要部分渗透，盲目地鼓励增加“财产性收入”之类的政策，只能促使收入差距和财富差距进一步扩大。他提出解决收入差距扩大化的基本思路是：（1）坚持和完善社会主义基本制度；（2）初次分配要重视公平；（3）发挥政府的宏观调控功能，履行公共职责。[46]

乔榛、徐龙认为“自由市场化”是导致收入分配差距扩大的原因。收入分配实际上是以要素“地位”为根据的。马克思收入分配理论可提供收入分配研究新范式。人们在生产中的地位决定了各要素收入的大小，所以要加强对各要素地位的国家干预。[47]

蔡昉、王美艳认为收入差距扩大的原因有：在初次分配环节，大量剩余劳动力的存在以及生产要素价格扭曲，导致收入分配向资本而不是劳动要素倾斜。资源和生产资料等分配领域不公正不透明；在再分配环节，扭曲的制度安排和不恰当的政策取向，如社会保障和社会救助等公共服务的区别提供。[48]

易定红、张维闵、葛二标等认为当前我国的收入分配差距过大与混乱的收入分配秩序有关。收入再分配政策的作用不明显，甚至部分年份还存在“逆调节”的作用，财政支出用于公共服务的比例太低，导致收入分配格局不合理。基层政府制度外筹资、工效挂钩机制、不完善的工资集体谈判制度等，导致收入形成不合理；我国实行的分类所得税模式的个人所得税，起不到“贫富差距稳定器”的作用。[49]

陈健、胡家勇、李艳认为，收入分配差距过大的原因不在于市场化，而在于制度不健全导致的腐败和灰色收入，以及不合理的资本收入导致的收入分配扭曲和社会两极分化。收入分配改革的重点是转换政府职能：基础设施是腐败和灰色收入的高发地带，政府应降低其直接参与基础设施的程度，要更关注民生领域，改变政府偏袒资本的状况。[50]

学者们提出了分配制度的改革问题。孙艳霜主张通过分配制度改革矫正生产成果初次分配中过度向资本、资源要素倾斜。在再分配过程中，实行个人收入双向申报制度和全国统一的纳税人识别号码制度，增加高收入群体的税种，防止财产占有差距的固化。[51]

洪银兴认为，收入分配改革要从“效率性”向“公平性”转变。“权利的不公平”是导致收入差距扩大的主要症结。针对以权谋私的情况，不仅要反腐败，而且要在源头防治腐败，“不给权力设‘租’和寻‘租’”。而居民财产性收入的不平等也是收入差距扩大的另一重要原因。但不能走剥夺私人财产的老路，可以通过为居民提供更多的私人投资渠道、鼓励私人创业、保护产权及其收入、允许员工持股和鼓励企业家持股和科技入股等实现。农民可通过宅基地和土地承包权流转获得收入。[52]

厉以宁认为，收入分配制度改革应以初次分配为重点。初次分配不公平既有历史原因又有现实原因。行业垄断、差别工资、劳动力市场“买强卖弱”、二元劳动市场结构的存在导致初次分配不公平。农民处于严重的非均衡状态。他提出六点建议：一是贯彻市场调节的原则，实现公平竞争的市场环境；二是让农民成为明晰的产权主体、明确的市场主体；三是发挥工会的管制作用；四是促使低级劳工市场向高级劳工市场转变；五是鼓励自主创业，创办小微企业；六是加强职业技术教育，人力资本投入和物质资本投入实现“利润共享”。二次分配应注重社会保障城乡一体化。[53]

卫兴华提出，我国目前分配关系中存在的主要问题，不是一般的收入分配差距问题，而是收入差距过分扩大，出现贫富分化的重大问题。我国基尼系数达到0.5，有的统计达到0.6。根据胡润研究院提供的统计数字，2013年，中国百万美元的富翁增加了10万人，达到290万人，而至少拥有1亿人民币的超级富豪，增加了2500人，达到6.7万人。从近几年的统计数字看，占总人口20%的最低收入群占收入份额的4.7%，而占总人口20%的高收入群，则占总收入份额的50%。根据2010年胡润富豪榜推算，2009年，我国前1000名富豪年均收入10亿元。而全国城镇居民年均可支配收入为17775元，农村居民年均收入为5153元。差距分别为几万倍和10多万倍。改革开放以来，我国居民收入和生活水平总体上说是普遍提高了。因而这种贫富分化是相对两极分化，而非“富者愈富、穷者愈穷”的绝对两极分化。贫富分化的产生，应分清根本原因和非根本原因，主要原因和非主要原因。生产条件的分配决定收入的分配。应从所有制结构的变化、资本与劳动收入的差别探究其根源。要关注弱势群体。应遵循共同富裕的原则，促进分配公平。[54]

注：

①人民日报评论员：《坚持以提高经济发展质量和效益为中心》，《人民日报》，2014年12月15日。

②人民日报记者田俊荣、吴秋余：《新常态下这一年》，《人民日报》，2014年12月8日。

③林琳：《第十四届中国经济论坛举行》，《人民日报》，2014年12月11日。

④《中国经济学年会解读新常态》，《深圳特区报》，2014年12月14日。

⑤《北大经济国家论坛》，《人民日报》，2014年12月11日。

⑥潘盛洲：《在新常态下促进经济平稳健康发展》，《人民日报》，2014年12月18日。

⑦洪银兴：《论中高速增长新常态及其支撑常态》，《经济学动态》，2014年第11期。

⑧厉以宁：《当前经济形势的几个前沿问题》，《北京日报》，2014年10月27日。

⑨陶然：《为中国改革寻求策略共识》，《经济学家周报》，2014年12月14日。

⑩张文魁：《混合所有制浪潮下的改革路》，《新经济导刊》，2014年第10期。

⑪张维迎：《国企并不真赚钱》，《凤凰财经网》，2014年1月17日。

⑫冯兴元：《混合所有制要大胆闯》，《中国改革》，2014年第4期。

⑬陶玉华：《混合所有制：冷与热的背后》，《中国民商》，2014年第5期。

⑭王四小：《发展混合所有制经济应经营好、管理好国有资产》，《光明日报》，2014年1月23日。

⑮张宇：《国有企业新改革论》，《北京日报》，2014年2月24日。

⑯邱海平：《论混合所有制若干原则性问题》，《学术前沿》，20014年第3期（下）。

⑰季晓南：《积极推进混合所有制经济的发展》，《人民日报》，2014年11月18日。

⑱周新城：《关于巩固和完善基本经济制度的若干问题》，《学习论坛》，2014年8月。

⑲朱继东：《国企改革的红线、底线和方向》，《红旗文稿》，2014年6月10日。

⑳昆仑岩：《以卖代混必须制止》，《环球时报》，2014 年 5 月 16 日。

㉑张维迎：《管制越多腐败越深》，《资本市场》，2014 年第 4 期。

㉒吴敬琏：《经济改革亟须全面深化》，《财经界》，2014 年第 8 期。

㉓程恩富，侯为民：《市场和政府的功能强弱性及其互补作用》，《经济学家》，2014 年 11 月 2 日。

㉔杨承训：《探寻社会主义市场经济特殊规律》，《思想理论教育导刊》，2014 年第 5 期。

㉕林毅夫：《政府与市场的关系》，《中国高校社会科学》，2014 年第 1 期。

㉖《改革热点面对面》连载二：《"看不见的手"和"看得见的手"都用好》，《光明日报》，2014 年 8 月 21 日。

㉗吴敬琏：《经济改革必须打破体制障碍》，《IT 时代周刊》，2014 年第 11 期。

㉘胡钧：《科学定位：处理好政府与市场的关系》，《经济纵横》，2014 年第 7 期。

㉙张宇：《党政有为是社会主义市场经济的本质要求》，《经济导刊》，2014 年第 5 期。

㉚杜飞进：《论政府与市场》，《哈尔滨工业大学学报》（社会科学版），2014 年第 3 期。

㉛刘国光、程恩富：《全面准确理解市场与政府的关系》，《毛泽东邓小平理论研究》，2014 年第 2 期。

㉜张卓元：《当前经济改革中值得关注的几个重大问题》，《经济纵横》，2014 年第 8 期。

㉝洪银兴：《关于市场决定资源配置和更好发挥政府作用的理论说明》，《经济理论与经济管理》，2014 年第 10 期。

㉞《改革热点面对面》连载二：《"看得见的手"和"看不见的手"都用好》，《光明日报》，2014 年 8 月 21 日。

㉟《新视野》记者马相东采访林兆木：《正确认识与处理政府和市场的关系》，《新视野》，2014 年第 2 期。

㊱张文魁：《混合所有制浪潮下的改革路》，《新经济导刊》，2014 年第 10 期。

㊲王忠明：《新动力：十八届三中全会后中国民营经济展望》，《经济学家》，2014 年 2 月 15 日。

㊳冯兴元：《混合所有制要大胆闯》，《中国改革》，2014 年第 4 期。

㊴洪功翔：《国有企业效率研究进展与评述》，《经济导刊》，2014 年第 10 期。

㊵王今朝、龙斧：《中国国有企业效益效率问题的理论误区与认识论、方法论原因》，《河北经贸大学学报》，2014 年第 6 期。

㊶徐传谌、霍绪权：《论社会主义国有经济与市场经济的结合》，《财经问题研究》，2014 年第 7 期。

㊷高粱：《跨国企业非常希望中国的央企被肢解》，《国企》，2014 年第 6 期。

㊸李钢、何然：《国有经济的行业分布与控制力提升：由工业数据测度》，《改革》，2014 年第 1 期。

㊹夏小林：《国有资本"一股独大"何错之有——简论关于国企改革的若干问题》，《经济导刊》，2014 年第 6 期。

㊺常凯：《初次分配如何公平》，《人民日报》，2014 年 7 月 31 日。

㊻何海琳：《刘国光关于个人收入分配问题的思考》，《马克思主义文摘》，2014 年第 11 期。

㊼乔榛、徐龙：《马克思收入分配理论及现代启示》，《河北经贸大学学报》，2014 年第 3 期。

㊽蔡昉、王美艳：《中国面对的收入差距现实与中等收入陷阱风险》，《中国人民大学学报》，2014 年第 3 期。

㊾易定红、张维闵、葛二标：《中国收入分配秩序：问题、原因与对策》，《中国人民大学学报》，2014 年第 3 期。

㊿陈健、胡家勇、李艳：《以政府职能转变推动收入分配改革》，《河北经贸大学学报》，2014 年第 5 期。

51孙艳霜：《深化收入分配制度改革的路径研究》，《经济纵横》，2014 年第 6 期。

52洪银兴：《以新一轮改革推动新时期经济发展》，《经济纵横》，2014 年第 1 期。

53厉以宁：《收入分配制度改革应以初次分配为重点》，《理论参考》，2014 年第 3 期。

54卫兴华：《缓解贫富分化 促进分配公平》，《华南理工大学学报》，2014 年第 5 期。

（作者：卫兴华，中国人民大学教授；
闫盼，中国人民大学博士生）

宏观经济学

陈享光　郭　祎

一、宏观经济走势研究

徐朝阳通过一个多部门动态一般均衡模型，对于我国当前消费率持续下滑，经济依赖外需，但消费品零售总额持续高速增长，大量有效需求得不到满足的经济情况进行了分析。研究表明，当经济中一些重要的领域存在供给抑制政策时，其他领域的供给扩张会超过消费需求增长并导致产能过剩现象，导致了经济严重依赖外需。研究认为，供给抑制政策导致的投资结构和供给结构失衡是 2008 年以来我国经济增速大幅下滑的本质。应尽快解除各种供给抑制政策，降低社会资本进入门槛，以市场机制调节和改善社会投资和供给结构。①

刘伟对我国经济增长的新变化和新特征进行了分析，并对未来经济增长形势进行了预测。分析认为，中国经济进入新的增长阶段后，新经济约束条件发生了多方面变化，自然经济增长率出现新的长期回落。GDP 年均自然增长率，在 2020 年之前，估计在 6%—8% 之间，实际增长率正常应稳定在 7% 以上，但存在跌破 7% 的可能性。我国经济增长趋稳，滞胀压力增大，结构性失衡趋缓，但升级动力不足，承受失衡能力上升，但宏观政策局限性日益突出，调控方式转变困难。②刘伟和苏剑对 2014 年中国经济增长的特点进行了分析，并对 2015 年宏观经济态势和特点做出了判断。分析指出，2014 年中国经济出现了较高增长和较低通胀的“长缩”状态。我国经济现阶段，既存在需求疲软的恶性通缩冲击，也存在供给扩张的良性通缩冲击，可能出现通货膨胀率和经济增长率变动的多种复杂局面，不同局面对宏观调控有着不同要求。2015 年中国经济表现存在两种可能：第一，政府政策不变，物价水平低于 2014 年，经济增长率维持 2014 年水平；第二，政府刺激力度加大，通货膨胀率有所上升，经济增长率有所提高。③

刘树成分析了当前我国经济运行态势，并对未来经济走势进行了预测。分析指出，当前经济下行压力不仅没有减轻，反而加重。2015—2020 年，我国经济走势存在四种可能性：一是持续走低，二是继续走平，三是重返 10% 以上高增长，四是经济运行在 7%—9% 的合理区间正常波动。分析认为，应争取第四种可能性，把推进新型城镇化同长江经济带、京津冀经济带、丝绸之路经济带等重大区域发展相结合，构建我国经济中长期发展的新棋局。④

高培勇和钟春平对我国未来宏观经济运行态势和宏观经济政策进行了分析。分析指出，对中国宏观经济的把握，需要将宏观基本规律和决策层的理念加以综合考虑。过去 35 年，中国宏观经济波动很大，且存在着独特的政治经济周期。一方面是宏观经济基本规律在起作用，另一方面，中国独特的市场特性和决策过程也放大了中国宏观经济波动。当前中国决策层的宏观经济理念发生了明显变化，信心加强、耐心强化，通过上下限目标管理模式，有可能减缓宏观经济波动，保持宏观经济平稳的中速增长，维持物价和就业双稳定。⑤

洪银兴对我国经济发展的新常态及与新常态相互支撑的因素进行了分析。分析认为，转向中高速增长是我国进入中等收入发展阶段后的基本新常态，中高速增长的新常态要与发展战略新常态、宏观调控新常态和发展动力新常态三方面的新常态相互支撑。⑥

黄泰岩提出了经济增长的动力转型假说，对我国经济增长的动力系统进行了考察。研究指出，我国改革开放后先后完成两次经济增长动力转型，当前我国经济增长放缓的根本原因在于需要更换新引擎，实施第三次动力转型。研究认为，我国经济运行出现的一系列困难的根本原因不再是需求约束而是供给约束，要在保持经济稳定较快发展的前提下，通过构建政府与市场新型关系、形成开放型经济新优势、调整经济结构、激发市场主体活动，依靠新的制度供给、创新技术要素供给、优化结构供给、提升企业竞争力，来推进动力转型。⑦

方福前结合十八届三中全会我国全面深化改革的大背景，对我国宏观调控体系的重构进行了分析。分析认为，宏观调控的促进经济增长、增加就业、稳定物价和保持国际收支平衡的目标，要服从并服务于改革、发展和稳定的目标。宏观调控的可控性与市场在资源配置中起决定性作用的要求不相容，宏观调控目标的多重性也会导致政策目标难以实现和经济不稳定。当前宏观调控主要是解决产能过剩、结构失衡和增加就业，需求管理和供给管理并重。[8]

中国经济增长前沿课题组分析了内生增长动力缺失所导致的低效率冲击，以及现有制度缺陷对于效率改进的阻碍，以解释中国经济增速放缓条件下经济转型方向及其困难。研究指出，中国经济增长速度放缓原因在于，资本积累速度下降、人口红利消失、技术进步效应削减的“三重冲击”和要素弹性逆转、资源环境约束、需求约束、国际市场限制的“四层效应”，而维持持续增长的核心在于改善资源配置效率和释放人力资本潜力。研究认为，为了推动中国经济由高速增长向高效增长转变，要高度关注“减速治理”问题，推进传统的“纵向”政府干预机制向“横向”市场竞争机制转变，推进存量改革，消除资本配置的结构性障碍，通过市场化改革优化人力资本配置，通过体制改革打开服务业发展空间。[9]

徐现祥和梁剑雄基于中央和地方政府博弈模型，使用31个省级政府在2001—2012年政府工作报告中的增长目标和1996—2015年五年规划中的增长目标，分析了东部经济增长放缓、中央实施区域协调发展政策、省际差距缩小等现象背后的机制。在经济结构调整时期，中央政府采取了调整区域经济结构的政策，加大了对于欠发达地区的转移支付，造成了中央政府与发达地区政府之间利益冲突。发达地区政府会主动降低经济增长目标，以减少由于中央政府区域经济结构调整政策给发达地区带来的经济损失。发达地区政府的行为有利于进一步缩小地区间经济差距，却不利于经济总产出增长。实证分析表明，增长目标决定了省级经济差距的变动态势，发达地区官员策略性地放缓辖区增长目标，增长目标之外的经济增长并没有被显著放缓。[10]

二、经济增长理论与中国经验的研究

唐未兵等从理论上揭示了技术创新和技术引进对经济增长方式转变作用的不确定性，利用1996—2011年28个省区数据，运用动态面板广义矩方法分析了技术创新和技术引进与经济增长方式转变的关系。研究表明，技术创新与经济增长集约化水平显著负相关，外资技术溢出对经济增长集约化水平具有显著的正面作用，模仿创新对经济增长集约化水平有显著的正向作用。研究认为，要继续坚持通过利用外资引进技术的战略，重视模仿创新，同时加大技术创新投入和人才培养力度。[11]

李飞跃等利用1952—2008年29个地区为样本，从非正式政治关系的角度构建指标，度量地方实际政治权力和中央名义制度的权威，分析了各地区在建国初期从革命战争中继承下来的实际政治权力分布状况，研究了实际政治权力与中央名义制度之间的互动对于地区经济差距的影响。研究表明，地方实际政治权力偏向于基层干部和群众的地区，经济增长速度在20世纪五六十年代与其他地区没有明显差异，从70年代开始随着中央实际权力的弱化，开始快于其他地区。[12]

苏志庆和陈银娥以新经济增长理论为基础，构建了加入知识贸易方程的数学模型，采用比较静态分析方法研究了贸易对于技术进步和经济增长的影响。研究表明，贸易是技术进步和经济增长的原因，但贸易不能够使技术进口国实现对于出口国的赶超，贸易保护政策阻碍技术进步，降低经济福利。[13]

郑君君等从理论上分析了劳动年龄人口份额和劳动力老龄化对经济增长的影响，利用我国9个省市1995—2010年面板数据对劳动年龄人口份额与劳动力老龄化对经济增长的影响进行了实证检验。研究表明，劳动年龄人口份额对我国经济增长有正向促进作用，劳动力老龄化会对经济增长造成不利影响。[14]

邓路等利用民营企业调研数据，对民间金融、制度环境与地区经济增长的关系进行了实证检验。研究表明，地区制度环境越差，民营企业越倾向于采用民间金融融资；民间金融对于民营企业的业绩具有负面的影响，从而不利于当地经济增长；民间金融如果能够被良好的制度环境约束，其对于经济增长的负面作用会被显著削弱。[15]

杜伟等利用中国2002—2010年各省市面板数据，分别以国内发达省市和发达国家技术水平为边界，对人力资本作用于经济增长的机制进行了实证检验，并考察了人力资本作用机制的地区差异。研究表明，从全国来看，人力资本对经济增长的直接作用效果不明显，人力资本主要通过技术创新、技术模仿间接作用于经济增长；对于东部地区，人力资本对经济增长既有直接作用，也有间接作用，间接作用通过技术模仿起作用；对于中西部地区，人力资本对经济增长的直接作用不明显，人力资本是通过技术创新间接作用于经济增长。研究认为，我国现阶段的人力资本水平及其作用发挥的环境不能适应经济发展的需要，将成为今后制约中国经济持续快速健康增长的瓶颈。[16]

杨海生等利用1999—2013年地级市官员变更样本，实证考察了政策不确定性对经济增长的影响。研究表明，官员变更会通过刺激地方官员的短视性政策扩张及加剧投资者的政策不确定性预期对经济增长有显著抑制作用，不确定性预期对经济增长的负面影响更为突出；官员变更对经济增长的财政影响总体上要强于信贷影响，财政影响渠道传导的主要是政策短视性效应，而信贷影响渠道传导的主要是官员变更引发的政策不确定性预期；经济增长对官员变更有正向的刺激作用，经济增长风险是官员晋升体系中一个负向考核指标；官员变更引起的财政风险主要产生于地方官员的执政阶段，信贷风险主要是在经济运行环节中积累催生的。[17]

杜焱利用1978—2011年数据，运用阈值协整模型对我国政府消费规模与经济增长之间的关系进行了实证研究。研究表明，政府消费规模与经济增长之间存在阈值协整关系，政府消费规模对经济增长的效用始终为负，不断压缩政府消费规模有助于提升经济效益，将政府消费规模占GDP的比重控制在0.1782以下，可以更好地发挥政府消费对经济增长的促进作用。[18]

周丽丽等基于一个干中学理论模型说明了金融发展与经济增长之间相互制衡关系，通过区域收敛模型对中国区域金融发展和经济之间的内在关系及二者收敛性进行了实证检验，比较了区域部门经济增长速度和金融发展速度。研究表明，金融发展过快或过慢都不利于经济的协调和持续发展，中国金融发展速度接近经济增长速度的9倍，中国经济增长差异每降低1%，金融发展差异缩小8.79%。研究认为，要充分发挥金融发展所带来的积极作用，同时更加注意过快的金融发展所产生的负面效应。[19]

唐松基于2001—2012年中国31个省份数据，利用空间计量模型对东中西部地区金融资源配置与区域经济增长差异之间的关系进行了实证检验。研究表明，中国金融资源配置与区域经济增长差异之间存在不同程度的空间溢出效应，本地金融资源对本地经济增长的促进作用在中西部地区逐渐增大，其中中部地区促进作用最大，在东部地区逐渐下降，外地金融资源对本地经济增长负面影响在中东部地区大幅度增加，在西部地区逐渐减小。[20]

钞小静和沈坤荣基于收入差距影响劳动要素供给质量视角，在跨期模型的基础上，引入规模报酬不变的现代部门和规模报酬递减的传统部门并存的二元经济假设，分析城乡收入差距通过影响劳动力质量进而影响经济增长的机理，并使用中国1995—2012年间的省级面板数据对城乡收入差距、劳动力质量和经济增长的关系进行实证检验。研究表明，城乡收入差距会造成初始财富水平较低的农村居民无法进行人力资本投资，影响劳动力质量提高，阻碍经济增长。实证结果表明，城乡收入差距与经济增长之间存在明显负相关关系，城乡收入差距通过劳动力质量机制抑制了经济增长。[21]

郝颖等从企业层面研究了企业投资活动对于地区经济增长质量的影响，并立足于地区差异与产权制度特征，阐释了经济增长质量失衡的企业资源错配成因。研究表明，企业新增固定资产投资与当期经济增长率正相关，但不具有推动经济增长的持续性，企业技术投资对经济增长的推动具有滞后性，但增强了增长的持续性。在经济规模较小的地区，企业固定资产与权证投资降低了经济增长质量，技术投资则提升了经济增长质量。相较于中央企业与民营企业，地方国企的投资活动对经济增长质量的负面影响较大，尤其是在经济规模较小的地区。在经济发展水平较高的地区，民营企业的投资活动更多与市场机制和经济发展阶段相匹配，对经济增长质量具有提升作用。[22]

郑世林等在金融危机之后发达国家提出电信基础设施刺激计划的背景下，利用1990—2010年省级面板数据，实证分析了电信基础设施对经济增长的影响。研究采用了中国外部电信改革引起的各省电信市场集中度变化指标作为工具变量，同时选择相邻省份电信市场集中度作为工具变量进行稳健性检验，以克服电信基础设施可能存在的内生性问题。研究表明，在行业发展初期（1990—1999年），移动电话和固定电话基础设施发展共同促进了经济增长；在行业相对成熟期（2000—2010年），移动电话基础设施仍对经济增长具有显著正向影响，但边际贡献率递减，而固定电话基础设施对经济增长有显著负向影响。[23]

三、经济波动问题的研究

王国静、田国强将金融冲击引入动态随机一般均衡模型，通过贝叶斯方法估计模型的结构参数，研究金融冲击对实际经济变量和金融变量的动态影响。研究表明，金融冲击是驱动中国经济周期波动的最主要力量，在解释产出增长、投资增长、债务增长、工资增长和就业的波动方面体现出重要作用；金融冲击能够解释我国近80%的产出增长波动，金融冲击能对我国实体经济产生非常严重的影响。[24]

饶晓辉、刘方将政府生产性支出纳入生产函数，基于不完全市场构建了动态随机一般均衡模型，研究了政府生产性支出对中国经济增长和经济波动造成的影响。研究表明，政府支出会造成生产的外部性，公共资本产出份额约为10%，政府生产性支出是产出波动的重要影响因素，能解释23%的总产出波动，政府生产性支出冲击对居民消费和私人投资造成了短期“挤出”效应，长期“挤入”效应，有利于经济体系资本持续性积累。[25]

沈坤荣和孙文杰从金融发展的视角分析了资本形成水平、投资效率、储蓄向投资转化效率以及由此产生的宏观经济波动，使用中国1978—2002年的数据进行了实证检验。研究认为，投资效率低下，全要素生产率低下是影响宏观经济波动的重要原因，而且由于市场主体的“理性预期”和“学习效应”，使宏观微调产生逆向反应，迫使调控部门采取更严厉的政策，加剧经济波动。[26]

严成樑和沈超使用市场化指数表示我国的经济制度，运用1997—2009年省级面板数据考察了市场化改革对我国经济波动的影响。研究表明，市场化对我国经济波动有抑制作用，市场化水平越高，经济波动越小，市场化水平通过政府与市场关系、非国有经济的发展、产品市场的发育、市场中介组织的发育和法律制度环境、要素市场的发育程度五个方面对我国经济波动产生影响。[27]

邓翔和祝梓翔构建了包含累进型税收机制和需求扰动型政府支出的实际经济周期模型，研究政府规模对于宏观经济稳定性影响。研究表明，政府支出规模具有非稳定效应，税率的累进程度具有单调的稳定效应，税收平均规模的稳定效应取决于政府支出规模的大小。当假设政府支出具有生产性作用后，政府支出规模的稳定效应表现出不一致性。当政府支出规模处于较低水平时，政府支出具有稳定效应，随着政府规模的进一步扩大，非稳定效应又重新出现。[28]

梅冬州等通过分析1978—2008年中国省级面板数据，研究了中国经济波动与中国共产党全国代表大会之间的关系。研究表明，党代会召开与中国经济波动密切相关。党代会召开前一年，各省名义GDP增速较平时下降约3.3个百分点；党代会召开后一年，各省名义GDP增速高出平时约2.6个百分点。研究认为，党代会前后的经济波动与党代会下政府对于官员的监察力度有关。党代会召开前后，中央和地方政府面临着不同的社会压力和舆论环境，政府对于官员的监察力度在党代会召开前要大于党代会召开之后。政府监察力度在党代会前后发生变化，影响地方政府财政支出总量和结构，造成经济增速和价格水平的剧烈波动。[29]

陈国进等构建了包含灾难风险的RBC模型，区分了全要素生产率灾难、资本灾难和双重灾难三种灾难形式，分析了灾难风险因素对我国经济波动的解释能力，进而量化分析了灾难事件对于宏观经济波动的影响以及财政政策对灾后经济复苏的作用。研究指出，含灾难的RBC模型能有效解释我国宏观经济波动，双重灾难模型要优于全要素生产率灾难模型和资本灾难模型；灾难事件对于中国宏观经济的破坏程度总体上远大于美国，对产出的破坏程度稍小于对投资的破坏程度，对产出的破坏程度远大于对就业的破坏程度；适度的政府补贴能够削弱灾难事件对宏观经济的破坏程度，而在缩短灾后经济复苏时间方面效果不明显。[30]

四、财政政策的有效性与财政政策规则

周波将财政政策区分为自动稳定器、周期性和外生相机抉择财政政策三个维度，利用1992—2011年我国省级政府层面面板数据，对我国财政政策的产出稳定性效应进行了实证度量。研究表明，我国财政自动稳定器能够发挥产出稳定性作用，但是由于周期性和外生相机抉择财政政策发挥破坏稳定性作用以及财政货币政策协调失效，自动稳定器产出稳定效应收益递减且随时期推移非线性变化。[31]

储德银和李善达基于财政调整时期的内生划分方法，采用STR模型对于我国1980—2010年间财政政策对居民消费和私人投资的影响进行了实证分析，以研究我国财政政策非线性效应的实现机制和动态特征。研究表明，我国财政政策的非线性效应主要通过影响消费者预期产生作用；财政政策非凯恩斯效应在不同条件下与财政政策工具之间的搭配组合存在一定差异，当基本预算余额与潜在GDP的比例小于-0.0450时，财政收入对居民消费需求存在非凯恩斯效应，反之，财政支出表现出一定非凯恩斯效应。[32]

孙瑾和郑雅洁利用达瓦斯两国财政离散度的测算和MSVAR模型对中美、中欧财政政策协调进行了定量分析。研究表明，中欧财政政策的相关程度比中美要高，主要原因在于中国地方财政分权模式与欧元区相似，以及美元霸权地位的“资本双向流动模式”；债务危机后需要各经济体进行统一协调的财政方案，否则一个开放经济体的政策效果会被抵消；中国在国际政策协调中仍处于从属地位，受外部冲击影响较大。研究认为，要坚持长期的财政政策协调路径，将“财政赤字许可证”引入到中美、中欧经济政策谈判中，激励主要国家的财政约束。[33]

张佐敏在动态随机一般均衡框架下，利用贝叶斯和方差分解方法对我国财政规则的存在性进行检验。研究表明，完全规则或完全相机决策的财政政策调整方式在我国并不存在，但规则性确实可以对我国财政政策起到重要的解释作用。财政政策依据产出缺口和政府赤字调整的财政规则更切合我国实际，财政政策具有政府界别特征，依据规则调整的财政政策使得经济系统面临技术冲击时波动性加大。[34]

五、货币政策有效性与最优货币政策的选择

马勇和陈雨露构建了开放经济条件下新凯恩斯宏观经济模型，为考察经济开放度和货币政策有效性之间的动态关系提供了一个基于一般均衡框架的微观基础。模拟分析了货币政策有效性与经济开放度的关系，并基于 1992—2012 年季度数据对分析结果进行了实证分析和检验。研究表明，货币政策有效性随经济开放度提高而下降，随着经济开放度提高，中央银行利率变动所导致的产出效应和价格效应均出现了明显下降。[35]

王爱俭和王璟怡使用动态随机一般均衡模型，分析了宏观审慎政策的效果以及货币政策和宏观审慎政策之间的关系。研究表明，宏观审慎政策中的逆周期资本工具是福利增进的，对于稳定金融波动有积极意义，宏观审慎政策对于货币政策有辅助作用，在市场受到金融冲击的时候，辅助作用明显。研究认为，在金融稳定领域，应当以宏观审慎政策为主，货币政策有条件地进行补充；在宏观经济稳定领域，货币政策是实现宏观经济目标的最主要调控手段，宏观审慎政策有条件地补充。[36]

陈彦斌等通过引入“扭曲税”来刻画利率管制，构建了一个含有异质生产效率冲击和融资约束的动态一般均衡模型，以此来研究利率管制对总需求结构失衡的影响以及利率市场化改革的宏观经济效应。研究表明，利率管制能够刺激投资、提高总产出、促进经济增长，但加剧了总需求结构失衡程度；利率市场化改革能够增加家庭可支配收入，提高居民消费占 GDP 的比重，改善总需求结构，但利率市场化改革会提高贷款利率，投资规模因资金成本上升而大幅萎缩，融资约束使资本配置效率难以改善，进而使总产出降低。研究认为，应客观看待利率管制政策与总需求结构失衡，对利率市场化改革保持谨慎态度。[37]

喻坤等采取一致性方法测度企业投资效率发现，近年来非国有企业投资效率相对国有企业更低，进而提出了融资约束假说对这一现象进行解释，并进行了实证分析。研究表明，在外部融资依赖度越高的行业，非国有企业投资效率相对国有企业差距越大，货币政策冲击强化了国有企业和非国有企业之间的融资约束差异，国有企业不断获得扶持性信贷补贴，而非国有企业信贷资源则被相应挤出，日益严重的融资约束使非国有企业投资效率持续下降。[38]

金鹏辉等在理论模型的基础上，用银行业贷款审批条件指数测度银行过度风险承担行为，依次采用直接回归和主成分回归分析方法，分析货币政策对于银行风险承担行为的影响。研究表明，宽松的货币政策下，银行会放松贷款审批条件，承担过度风险；资本水平提高会激励银行承担更多风险，最低资本监管要求提高的政策冲击有助于抑制银行过度风险承担。[39]

裘翔和周强龙在 DNK—DSGE 框架下引入了包含影子银行的金融中介部门，研究了传统商业银行体系和影子银行体系并存环境下货币政策冲击对经济体的影响和传导过程，分析影子银行体系对于货币政策传导有效性的影响。研究表明，高风险企业和低风险企业部门会在货币政策的冲击下产生明显分化，正向利率冲击抑制了商业银行信贷并降低了低风险企业的杠杆，但引起了影子银行体系的扩张和高风险企业的加杠杆行为，负向的利率冲击则相反；影子银行呈现了明显的逆周期特征，削弱了货币政策有效性，影子银行经营者的风险偏好以及经营者、所有者之间的代理问题会对影子银行利率和宏观经济变量产生明显的影响。[40]

李祥发和冯宗宪利用时变平滑转移自回归模型，对房地产周期、固定资产周期与经济周期、CPI 周期之间的关联性，以及货币供给量和利率调整的货币政策对关联性的影响进行了实证研究。研究表明，经济增长周期、CPI 周期与房地产周期、固定资产投资周期之间存在显著区制性特征。在扩张区制，经济增长周期正向偏离长期趋势会促进房地产市场繁荣，房地产周期的波动对经济增长周期和 CPI 周期不具有显著影响，货币供给量增加对稳定经济增长、增加投资和维持房地产市场的繁荣具有积极作用，但持续和过度宽松货币政策容易引发通胀和房地产泡沫。在收缩区制，房地产周期的变动是引起 CPI 周期变动的原因，固定资产投资周期具有显著的逆经济增长周期的波动特征，政府增强了财政政策和行政调控等非货币因素对现实经济的影响，减弱了货币供给量对经济的影响。[41]

胡志鹏构建了一个涵盖居民、企业、金融机构和货币当局的动态随机一般均衡模型，基于数值模拟分析，考察了不同政策参数设定下模型稳态和动态的变化，以及货币信贷外生冲击对模型的影响，以此来研究“稳增长”和“控杠杆”双重目标下货币当局最优政策制定。研究表明，最优货币增速受到多方面因素制衡，单纯依靠货币当局使用货币政策工具来降低杠杆率的效果不理想，货币当局政策效果缺乏稳定性。研究认为，有必要减轻货币当局控杠杆的压力，通过结构性改革等措施来化解高杠杆率。[42]

张勇等将利率双轨制引入带融资溢价的新凯恩斯DSGE模型，以福利最大化为标准，分析了利率双轨制的效率、利率双轨制的改革以及与利率双轨制相配套的最优货币政策。研究表明，利率双轨制的效率不仅与融资扭曲程度相关，更取决于垄断扭曲程度；只要双轨制是有效率的，最优管制融资规模就是很高的，经济发展模式就是比较粗放的；双轨制的效率是内生决定的，政府应该不断降低垄断扭曲和融资扭曲，直到双轨制不再有效率时再取消双轨制，才能使福利损失最小；在短期，双轨制决定了货币政策主要通过管制利率来传导，管制利率对于溢价比稳态变动方向做出不同反应的相机反应规则要优于单一反应规则。[43]

卞志村和高洁超从货币政策能否使经济趋于理性预期均衡水平的视角出发，在新凯恩斯模型框架内，引入适应性学习替代传统理性预期假设，来刻画宏观经济预期形成过程。通过动态数值模拟，计算各种不同货币政策目标制下实际经济对均衡水平的偏离程度以及相应的均值和波动水平，以分析中国最优货币政策选择问题。研究表明，灵活通货膨胀目标制和混合名义收入目标制均可以成为我国最优货币政策的有效实现形式。[44]

六、通货膨胀机理及福利成本

黄正新和黄金波基于通货膨胀陷阱理论模型及生成机理，比较了央行目标函数的承诺解、欺骗解、均衡解、陷阱解的大小，通过分析附加预期的长期菲利普斯曲线函数，寻找并发现了通货膨胀陷阱区域，并对近年来我国三个连续型与间断型通货膨胀预期陷阱区域进行了实证检验。研究表明，我国公众的通货膨胀预期短期中是学习型、适应性预期，长期中是具有一定的无偏性、有效性的非完全理性预期；我国公众通货膨胀预期的非稳定性波动是一种常态，但基本处于可控状态；货币政策时间非一致性问题存在但并非显著，超常经济增长冲动、政绩导向和投资增长是通货膨胀陷阱的主导诱因。[45]

李新荣等基于2005年、2007年和2009年中国城镇居民家庭调查混合截面数据，实证分析了不同形势下居民对政府的信任程度对其通货膨胀预期的影响。实证结果表明，不同经济形势下居民的政府信任度对通货膨胀预期影响不同。经济形势平稳时，居民的政府信任程度对其预期的未来通货膨胀水平没有显著影响；在经济形势较好时，居民较高的政府信任度会导致其预期的未来通胀水平较低；在经济形势较差时，居民较高的政府信任度会导致其预期未来通胀水平较高。研究同时发现，与初中教育程度以下的居民相比，初中教育程度及以上的居民的政府信任程度对其通胀预期的影响更为显著。[46]

龙少波等利用MSIAH—VAR模型针对超额工资、外部成本、石油冲击对中国通货膨胀的影响进行了研究。研究表明，超额工资、外部成本输入、石油冲击与中国通货膨胀存在非线性关系，2003年前后各成本因素对通货膨胀的作用大小发生变化，各成本要素尤其是劳动力成本对通货膨胀的影响加大。[47]

杨子晖等采用动量一致门槛自回归等非线性模型，对中国等亚洲国家价格传导的门槛非对称机制进行了研究，从而对通过膨胀的驱动类型进行甄别。研究表明，中国物价在短期内呈现出“供需混合驱动”的特征，同时存在着由货币供应量到下游物价指数的驱动效应，而在长期面临着“成本推动型通货膨胀”风险。研究认为，中国可以实行“逆经济风”的货币政策来缓解物价短期上涨的压力，在宏观调控中不仅要考虑价格机制的传导方向，而且要依据价格传导的非对称机制“相机抉择”地实施“非对称”的调控政策进行对冲干预。[48]

李哲和赵伟基于动态一般均衡不完全信息的货币搜寻模型，估计可预期与非可预期通货膨胀的福利成本，研究信用交易对通货膨胀福利损失的影响。研究表明，信用交易一方面使购买者的需求不受当期持有货币数量的约束，减少了通货膨胀的福利损失；另一方面信用交易通过影响购买者的货币需求增加了货币交易剩余损失。通过数值模拟得到，随着信用交易规模的增加，通货膨胀的福利损失是逐渐减小的。[49]

注：

①徐朝阳：《供给抑制政策下的中国经济》，《经济研究》，2014年第7期。

②刘伟：《我国经济增长及失衡的新变化和新特

征》，《经济学动态》，2014 年第 3 期。

③刘伟、苏剑：《良性与恶性“通缩”冲击下的中国经济增长和宏观调控——对近期中国经济趋势的考察》，《经济学动态》，2014 年第 12 期。

④刘树成：《构建中国经济发展新棋局——当前和中长期经济走势分析及政策建议》，《经济学动态》，2014 年第 10 期。

⑤高培勇、钟春平：《理解中国的宏观经济政策走向——历史回顾、现实判断、理政思路与政策选择》，《经济学动态》，2014 年第 10 期。

⑥洪银兴：《论中高速增长新常态及其支撑常态》，《经济学动态》，2014 年第 11 期。

⑦黄泰岩：《中国经济的第三次动力转型》，《经济学动态》，2014 年第 2 期。

⑧方福前：《大改革视野下中国宏观调控体系的重构》，《经济理论与经济管理》，2014 年第 5 期。

⑨中国经济增长前沿课题组，张平、刘霞辉等：《中国经济增长的低效率冲击与减速治理》，《经济研究》，2014 年第 12 期。

⑩徐现祥、梁剑雄：《经济增长目标的策略性调整》，《经济研究》，2014 年第 1 期。

⑪唐未兵、傅元海、王展祥：《技术创新、技术引进与经济增长方式转变》，《经济研究》，2014 年第 7 期。

⑫李飞跃、张冬、刘明兴：《实际政治权力结构与地方经济增长：中国革命战争的长期影响》，《经济研究》，2014 年第 12 期。

⑬苏志庆、陈银娥：《知识贸易、技术进步与经济增长》，《经济研究》，2014 年第 8 期。

⑭郑君君、朱德胜、关之烨：《劳动人口、老龄化对经济增长的影响——基于中国 9 个省市的实证研究》，《中国软科学》，2014 年第 4 期。

⑮邓路、谢志华、李思飞：《民间金融、制度环境与地区经济增长》，《管理世界》，2014 年第 3 期。

⑯杜伟、杨志江、夏国平：《人力资本推动经济增长的作用机制研究》，《中国软科学》，2014 年第 8 期。

⑰杨海生、陈少凌、罗党论等：《政策不稳定性与经济增长——来自中国地方官员变更的经验证据》，《管理世界》，2014 年第 9 期。

⑱杜焱：《政府消费规模对经济增长的阈值效应》，《经济理论与经济管理》，2014 年第 8 期。

⑲周丽丽、杨刚强、江洪：《中国金融发展速度与经济增长可持续性——基于区域差异的视角》，《中国软科学》，2014 年第 2 期。

⑳唐松：《中国金融资源配置与区域经济增长差异——基于东、中、西部空间溢出效应的实证研究》，《中国软科学》，2014 年第 8 期。

㉑钞小静、沈坤荣：《城乡收入差距、劳动力质量与中国经济增长》，《经济研究》，2014 年第 6 期。

㉒郝颖、辛清泉、刘星：《地区差异、企业投资与经济增长质量》，《经济研究》，2014 年第 3 期。

㉓郑世林、周黎安、何维达：《电信基础设施与中国经济增长》，《经济研究》，2014 年第 5 期。

㉔王国静、田国强：《金融冲击和中国经济波动》，《经济研究》，2014 年第 3 期。

㉕饶晓辉、刘方：《政府生产性支出与中国的实际经济波动》，《经济研究》，2014 年第 11 期。

㉖沈坤荣、孙文杰：《投资效率、资本形成与宏观经济波动——基于金融发展视角的实证研究》，《中国社会科学》，2004 年第 6 期。

㉗严成樑、沈超：《转型时期制度变迁对我国经济波动的影响研究——市场化水平视角》，《经济理论与经济管理》，2014 年第 1 期。

㉘邓翔、祝梓翔：《政府规模与宏观经济稳定性——来自新兴市场经济的证据和 RBC 模型的分析》，《经济理论与经济管理》，2014 年第 4 期。

㉙梅冬州、王子健、雷文妮：《党代会召开、监察力度变化与中国经济波动》，《经济研究》，2014 年第 3 期。

㉚陈国进、晁江锋、武晓利等：《罕见灾难风险和中国宏观经济波动》，《经济研究》，2014 年第 8 期。

㉛周波：《基于我国省域面板的财政政策产出稳定效应研究》，《管理世界》，2014 年第 7 期。

㉜储德银、李善达：《我国财政政策非线性效应的实现机制及动态特征研究》，《经济理论与经济管理》，2014 年第 12 期。

㉝孙瑾、郑雅洁：《后危机时代中国与欧美财政政策协调研究》，《经济理论与经济管理》，2014 年第 7 期。

㉞张佐敏：《中国存在财政规则吗?》，《管理世界》，2014 年第 5 期。

㉟马勇、陈雨露：《经济开放度与货币政策有效性：微观基础与实证分析》，《经济研究》，2014 年第 3 期。

㊱王爱俭、王璟怡：《宏观审慎政策效应及其与货币政策关系研究》，《经济研究》，2014 年第 4 期。

㊲陈彦斌、陈小亮、陈伟泽：《利率管制与总需求结构失衡》，《经济研究》，2014 年第 2 期。

㊳喻坤、李治国、张晓蓉等：《企业投资效率之谜：融资约束假说与货币政策冲击》，《经济研究》，2014 年第 5 期。

㊴金鹏辉、张翔、高峰：《银行过度风险承担及货币政策与逆周期资本调节的配合》，《经济研究》，2014 年第 6 期。

㊵裘翔、周强龙：《影子银行与货币政策传导》，《经济研究》，2014 年第 5 期。

㊶李祥发、冯宗宪：《房地产周期、固定资产投资周期与经济周期的关联性——基于货币政策视角下的分析》，《经济理论与经济管理》，2014 年第 4 期。

㊷胡志鹏：《“稳增长”与“控杠杆”双重目标下的货币当局最优政策设定》，《经济研究》，2014 年第 12 期。

㊸张勇、李政军、龚六堂：《利率双轨制、金融改革与最优货币政策》，《经济研究》，2014 年第 10 期。

㊹卞志村、高洁超：《适应性学习、宏观经济预期与中国最优货币政策》，《经济研究》，2014 年第 4 期。

㊺黄正新、黄金波：《中国通货膨胀预期陷阱研究》，《经济研究》，2014 年第 11 期。

㊻李新荣、李涛、刘胜利：《政府信任与居民通货膨胀预期》，《经济研究》，2014 年第 6 期。

㊼龙少波、陈璋、张军：《超额工资、外部成本渠道与中国通货膨胀非线性关系研究——基于技术进步方式理论下的 MSIAH—VAR 模型实证分析》，《经济理论与经济管理》，2014 年第 11 期。

㊽杨子晖、周林洁、李广众：《通货膨胀的驱动类型甄别：基于价格传导的非对称性研究》，《世界经济》，2014 年第 5 期。

㊾李哲、赵伟：《信用交易与通货膨胀的福利损失——基于货币搜寻理论的视角》，《经济研究》，2014 年第 10 期。

（作者：陈享光，中国人民大学教授；
郭禕，中国人民大学博士生）

微观经济学

陈享光　钟　洲

一、微观经济基础理论研究

蔡乌赶等在强调个体异质性的基础上，探讨了个体偏好的分层特征及其形成机理。他们认为个体可以划分为三个维度：一是稳定的内层偏好，受基因的显现特征影响；二为较稳定的准内层偏好，受社会文化制度的影响；三为变化的外层偏好，受个体认知水平影响。三个层次偏好的稳定程度依次递减，越外层的偏好越不稳定，其演化速度也越快。通过一个公共品供给实验研究文化、经济制度和个体认知水平等因素对个体偏好的影响，验证了分层偏好的存在性。①

罗长林等重新讨论了预算软约束的概念。预算软约束事实上是错误预算约束。现有的基于预算软约束理论的研究存在一个共同的问题，即都将各自选择的解释性变量笼统地套用预算软约束理论，而不去考虑解释变量的特定内涵及其与被解释变量之间的特定逻辑关系。通过对具体问题的分类，文章说明任何一个以“预算软约束分析框架”分析的问题都适用于一个更成熟或更主流的分析框架，都相应存在一个“硬”的预算约束。②

张永林提出“时间复制”的概念，把网络元素纳入主体行为的内生分析，对网络信息与经济行为的内在关系进行了研究。文章通过时间复制概念把信息转化为时间，再根据时间与货币收入的内在关系构建离散和连续的网络复制经济模型，发现：在网络经济中，物质流已经转化为信息流，而每个行为主体都是信息的生产者、媒介和消费者。网络信息池与时间复制带来了更多的时间和资源配置的自由度，其产生的协同效应可以进一步优化资源配置的效率与社会价值。③

赵德起以契约的不完备性为起点解释契约作为稀缺资源在经济活动中的基本逻辑，以及契约的效率问题。他提出：为实现分成而订立的契约条款具有不完备性，它是可缔结契约区间的构成基础。信息处理能力的差异使得契约成本和收益的分成存在更多不确定性，导致可缔结契约类型增加，可缔结契约区间得以延展。契约主体获得信息能力的提升和契约的时效性则进一步保证了契约的流动性。文章还进一步构造了一个“四约束”模型以判断契约的效率变化。④

周翔等基于对“剩余索取权”、“进入权”和“虚拟产权”三种现有产权理论的综合分析，建构了基于适用模块化演进分析的产权框架。文章认为：对组织从一体化向模块化逐步演进的动态过程而言，剩余索取权与进入权分别是高效企业产权演化的起点和终点。伴随着组织演化的深入，剩余索取权会相应地向进入权的演化。而在企业从一体化向模块化演化的过程中存在一个“准模块化”的中间阶段，其突出特征是模块的定义已经明确，但界面规则尚未确定。与该中间阶段相匹配的产权为虚拟产权。虚拟产权的授予虽然不能保证代理人的投入与回报完全匹配，但是可以通过监督和分成等治理手段的结合，实现高于剩余索取权的团队激励效果。文章还探讨了产权的有效运作与产权界定模式和治理模式的匹配，认为：再界定产权时，契约设计匹配监督的治理模式，而架构设计应匹配授权的治理模式。⑤

欧阳葵等从现代社会选择理论的视角探讨收入分配问题，并利用社会福利泛函方法重新解释了 AKS 不平等度量。文章系统地讨论了如何选择社会福利标准、如何判断收入不平等程度与如何确定最优收入分配问题。证明：若要求社会 选择规则满足弱帕累托准则、序数可比性、匿名性和最低正义，社会偏好必须用罗尔斯主义表示。在此基础上，收入不平等程度可以用罗尔斯主义 AKS 指数度量。在给定总资源约束情况下，最优的收入分配 是指最有利于提高处境最差者的福利水平的收入分配。⑥

二、企业行为与绩效

徐礼伯等从企业内部社会资本和外部社会资本匹配的角度探讨了知识经济条件下企业边界的决定。文章认为，知识经济条件下，企业的能力边界与实体边界出现了分离，边界管理成为提升企业竞争力的重要途径。而企业内部社会资本和外部社会资本通过影响“内部化”与“外部化”的价值创造关系来决定企业边界的调整。其中，内部社会资本对实体边界产生直接影响，对能力边界产生间接影响，内部社会资本可以同时促进实体边界与能力边界的扩张。而外部社会资本一方面促进能力边界扩张，另一方面促进了外包，从而导致实体边界的萎缩。企业最优边界的变动和决定取决于内部社会资本与外部社会资本间的对比与匹配情况。⑦孙晓华等则探讨了企业规模与全要素生产率水平的相互关系。文章以工业企业微观数据为样本，通过企业规模分布统计分析和全要素生产率的行业比较，构建半对数模型考察企业规模对全要素生产率的影响机理，并利用 sharply 值分解测算了企业规模导致的全要素生产率差异。实证结果表明：企业规模分布和全要素生产率水平依行业不同要素密集度差异而不同，企业规模与全生产率之间呈现倒 U 型关系，但多数企业扩大规模仍然有利于生产率的提升。此外，不同行业的 sharply 值分解表明企业规模是导致工业企业全要素生产率不平衡的主要影响因素。⑧

张杰等以考察异质性企业为前提，使用泊松分布回归模型研究中国情景下竞争与创新的关系。实证结果显示：竞争和创新之间呈现显著且稳健的正向关系。然而，仅在民营企业中存在逃离竞争创新效应，即竞争只对民营企业 R&D 活动产生激励效应，而对具有垄断地位国及具有超国民待遇的外资企业均未产生激励作用。⑨肖文等对 36 个工业行业的技术创新效率进行随机前沿分析，以测算不同行业技术创新的效率，并考察政府支持和企业研发管理对技术创新效率的影响。文章将企业技术创新区分为“市场化导向”和“非市场化导向”两种类型，在此基础上分别检验政府的直接/间接支持和企业研发管理对技术创新效率的影响。实证结果表明，中国整体平均技术创新效率较低，且市场化导向的技术创新效率明显低于非市场化导向的技术创新效率。而无论是政府的直接支持还是间接支持都没有促进技术创新效率的提升，企业研发管理仅对市场化导向的技术创新效率有促进作用。⑩

逯东等实证检验和比较了省、市、县三级地方政府控制下的国有企业的政府控制权效应，指出：地方政府的政绩诉求目标是影响 国有企业的政府控制权的重要因素，但不同级别地方政府的政绩诉求 的影响存在差异。鉴于低级别政府与企业的利益更为一致，政府控制权对公司价值的损害也随着行政级别逐级下降而减弱。⑪汪立鑫等分析了竞争性行业中央企业利润最优上交比例，认为：以全社会福利最大化为目标，国有资产监督管理委员会在考虑央企利润上缴比例时要权衡两方面因素：一是利润上交的机会成本与机会收益的比较；二是利润分配所伴随的企业内部代理成本和外部融资的交易成本。文章基于代理成本理论构造一个关于中国国有企业利润最优上交比例的理论估算模型，并在此基础上对近年来一般竞争性行业的央企利润最优上交比例进行了估算。[12]

王明琳等对家族企业中的亲缘利他行为进行了实证研究，分别度量了亲缘利他行为的水平特征和结构特征。其中，水平特征的度量基于演化生物学的Hamilton亲缘系数，而结构特征的度量基于费孝通的“差序格局”概念。文章检验了利他行为水平与结构之间的交互效应，从内外两个层面检验了利他行为对代理成本的动态影响。[13]

三、垄断与规制研究

王永进等构建了一个质量内生的异质性企业理论模型，讨论上游垄断和下游产品质量选择的相互关系。根据其模型，上游垄断通过中间投入的价格或质量两条不同渠道影响下游企业产品质量选择．前者的作用与下游垄断程度有关，仅当下游垄断程度较高时，上游垄断才可能促进下游质量升级；而当下游竞争程度较高时，上游垄断会阻碍下游企业的产品质量升级。后者的作用取决于上游垄断的成因：若上游垄断源于技术优势，则上游垄断可以促进下游产品的质量升级；若上游垄断源于政府保护，则不利于下游产品质量升级。李世杰等探讨了RPM策略的实施动机，对RPM行为的规制对象与规则路径。其研究表明：将RPM策略作为排他性工具将迫使主导厂商设置一个竞争水平零售价，降低平均零售价，因此规制部门应对此进行反垄断豁免。而当上游制造商合谋实施RPM策略时将提高产品零售价格，相关行为需要被规制。特别的，制度约束下的被动全面合谋的规制对象则是制度本身，相应的救济措施是取消制度约束；而主动全面合谋情况下的规制对象是价格领导型制造商，不区分制造商类型的简单救济措施很可能是无效的。[14]

张伟等对混合所有制下双寡头垄断厂商的合作研发进行了研究。文章首先通过构建一个部分私有化的混合寡头模型讨论产权结构对合作研发及其福利影响的作用。结果显示参与合作研发厂商的研发投入水平与混合所有制厂商中的非国有产权比重呈正相关关系，而合作研发导致的消费者剩余及社会总福利与混合所有制厂商中非国有产权比重呈倒U形关系。文章在此基础上进一步分析合作研发引致产品合谋的动力机制、福利影响以及合谋的稳定性，发现当混合所有制厂商中的国有产权比重较高和较低时，混合所有制厂商都有动力与非国有厂商在产品市场进行合谋，但两种不同情形下社会总福利水平的变化存在区别：前者将提高社会总福利水平，而后者将降低社会总福利水平。此外，混合所有制下厂商所形成合谋具有较高的稳定性，其原因在于非国有产权背景下厂商维持合谋的贴现因子门槛值高于混合所有制背景下厂商维持合谋的贴现因子。[15]

陈林等对中国重化工业的自然垄断属性进行了测度。目标行业的成本函数的具体形式由以下方法给出：根据企业生产成本最小化原则与“成本次可加性”理论，构建企业生产成本最小化的数学规划问题，由该数学规划问题转换出一个超越对数形式的成本函数。文章通过计量方法对成本函数进行了估计，并比较了成本次可加性指数规模经济指标，以实证方法证明了两者的区别。[16]周耀东测算了2006—2012年中国国有资本占有率较高的代表性部门的福利损失区间，指出代表性部门的总福利损失估计约占GDP的0.79%～1.00%，总规模为每年4000亿～5000亿元。文章通过进一步分析指出福利损失是“政企不分”特殊治理规则的结果，是使用这一规则的代价。[17]

四、市场失灵与公共问题研究

王永钦等研究了信任品市场失灵背后的竞争效应与传染效应。信任品指食品、药品等在消费之后也无法确认其质量或是个人需要付出极大的成本去了解其真实质量的产品。对信任品行业而言，个别企业的丑闻可能会对整个行业带来两种相反的效应：其一为使竞争对手获益的竞争效应；其二为导致全行业信任危机的传染效应。文章通过一个拓展的古诺模型以研究信任品市场的两种效应，并通过事件研究法研究中国的食品行业的股价对丑闻的反应，以识别和量化竞争效应 和传染效应。[18]李想等利用一个包含逆向选择和道德风险的两期交易模型对国内食品药品等行业在产品质量面临的信任危机进行了经济学解释，并考察监管模式对行业信任危机的作用机理。文章发现：产生行业信任危机的根源也许并不在于企业层面的信息不对称，而是这种不对称扩大了到行业层面后的结果。追逐利润的“机会主义者”将在行业层面的信息对称时坚持高质量，但当消费者不但不清楚单家企业的类型及质量行为，甚至不清楚该行业由哪两类企业构成时，就可能转而提供低质量产品，进而引发行业信任危机。文章进一步考察 了质量检测技术 、监管覆盖面与事后惩罚三种因素的作用，发现监管覆盖面的扩大对危机的化解尤为关键。而事后惩罚、监管覆盖面与 检测水平三者可构成化解行业信任危机的有效组合。[19]

冯科等以价格管制为出发点，讨论政府管制的公平含义，其中，公平的评价标准是个体福利的变化。文章首先构建模型比较了自由市场和排队等待两种分配体系下个体的福利变化，在此基础上进一步讨论了存在黑市（二手市场）和腐败情况下个体福利的变化。分析表明，个体的福利因分配体系的不同而不同。具体而言，随着一种分配体系转向另一种分配体系，低收入者和高收入者福利变化的方向大体上是相反的。[20]

刘戒骄等将商业贿赂转化为供给方和需求方进行交易的经济学问题，运用完全理性下的商业贿赂博弈和有限理性下的演化博弈模型解释中国商业贿赂蔓延之谜。作者认为，中国商业贿赂治理的一个突出特点是对私部门（潜在行贿人）和行贿人的处罚明显弱于对公部门和受贿人的处罚。根据博弈模型的分析，从局部均衡和静态角度看，不对称处罚对行贿者提供了激励，有利于瓦解行贿者和受贿者的攻守同盟。但从一般均衡和动态角度看，不对称处罚提高了潜在行贿人的期望收益，行贿人行贿成本与违法所得的不对称将诱发更多的行贿行为。这使得不对称处罚成为是中国商业贿赂治理的一个制度性缺陷，这种不对称处罚有利于对行贿者向司法机关提供贿赂证据和线索提供激励，但行贿成本与违法所得的不对称却将诱发更多的行贿行为，成为中国商业贿赂蔓延的制度动因。[21]

李世刚等建立了一个具有异质性个体的世代交替模型，在假定存在企业家 、寻租者和工人三种职业选择情况下，运用数值模拟方法评估寻租导致的人才误配的社会成本。实证结果表明，在寻租职位的非货币吸引力比较正常区域内，这种成本大约相当于潜在产出的10% ~20%，而考虑寻租职位非货币吸引力无穷大的极端情况时，人才误配置将导致总产出可能只有潜在产出的不足1/3。[22]

五、市场结构与产业发展研究

刘小玄等从理论上界定了可竞争市场中非经济垄断的范畴。可竞争市场中的非经济垄断指在可竞争行业内各类的隐性壁垒所致的局部垄断。这种局部垄断市场的特点是，它与竞争市场相互交织，难以直接观察。往往是在大的市场环境内存在一块块具有垄断性的 独立领地，他们一般无法控制全行业的市场供给，但是能控制在这些势力范围内其势力范围内的供给。文章通过成本函数和勒纳指数两个 维度的实证分析，证明了非经济垄断长期和稳定地存在于不同所有制的企业之间，垄断者借助各种力量构筑了进入屏障，导致新进入者面临很大的隐性进入成本。[23]

傅瑜等基于互联网产业为代表的“新经济”的特点，导出技术进步与商业模式创新的市场不相容定律。文章指出互联网产业出现了技术/商业模式之间的竞争替代了产品之间竞争的现象，市场将出现单寡头竞争性垄断结构。作者认为，单寡头竞争性垄断的市场结构在市场集中度、产品差异性、市场进入/退出壁垒、在位企业数量、成本特征、厂商定价五个方面都具有其新的特征。它出现的原因在于强烈的网络效应和零运输成本两个因素，前者使大量消费者自觉地聚焦于特定虚拟市场当中，这种聚集既为主导厂商最大限度地扩大市场、实现规模经济创造条件，又有利于专门满足细分需求的厂商实现规模经济，让市场足以容纳多个厂商。[24]

陈林等基于新贸易理论的基本思路，通过构建一个两阶段动态序贯博弈的产量竞争模型，研究外资准入壁垒制度与放松外资准入壁垒的政策效应。模型分析表明：设置一定程度的外资准入壁垒是以最大化本国社会福利为目标的政府的最优决策；打破外资准入壁垒制度将带来两方面后果，一方面社会总福利会下降，其原因是原来受制度保护的企业经营受到了合资企业的冲击，经济利润大幅下降，但另一方面，消费者剩余将获得极大的提高，产品市场的消费总量将出现上升，市场价格将同时出现大幅下降。[25]

张月友基于国内关联与总关联分离的视角提出中国“产业互促悖论”：即世界经济服务化伴随世界工业和服务业关联程度增强而增强；而伴随着中国工业和服务业的关联程度的增强，中国工业化却阻碍本国服务业发展的现象。文章基于不同年份的非竞争型投入产出表，观察中间投入品的投入结构和投入密度的变化及影响，发现：包括国内和国外关联的中国第二、三产业总关联远大于剔除进口中间投入作用的国内关联；时序上，中国第二、三产业总关联不断增强，而产业间的国内关联强度与中国第二、三产业总关联呈U型关系，产业间的国内关联和总关联偏差持续扩大。[26]

吴福象等基于差异化劳动力区际流动视角，对中国产业空间布局调整问题进行了福利经济学研究。文章构建了一个由二次子效用的拟线性偏好函数构成的模型框架，从个体福利和区域福利两个维度对造成中国产业空间布局失衡的原因进行模型推演和数值模拟，揭示研究我国产业空间布局调整的客观条件和可能的路径。[27]于泽等研究了中国产业结构升级的内生动力。文章构建了一个包含需求和供给两方面因素的不平衡增长模型，通过对模型的校准和模拟，估计不同因素对我国1978—2011年结构转型的贡献大小。研究结果表明，需求方面的收入增长和供给方面的资本深化两个因素对我国结构转型的影响较大，而技术进步率差异的影响程度较小。[28]

六、宏观问题的微观基础研究

贺京同等探讨了幸福的内涵、性质与决定因素，以服务于幸福相关问题研究中幸福函数的构造。作者认为理论界对幸福的基本范畴缺乏深入研究，这使得对幸福的解释和测度出现泛化和随意化的趋势。基于效用理论的最新研究，作者提出幸福应是体验效用的一个子集，它指个体从实际结果与可接受结果的差异中获取的满足感。据此，幸福的测度更受结果的相对变化的影响，而对结果的绝对水平不敏感。为此，对幸福函数解释变量的选择应该重点考虑能反映结果变化的变量，而不应对幸福的解释和测度进行泛化和随意化。[29]

伍山林从税收制度入手分析了收入分配格局演变的微观基础，认为：对于收入分配格局来说，税收制度的影响不仅局限于分配阶段，还会通过影响微观个体决策而对生产阶段产生作用。作者通过使用分解方法和数值模拟分析收入分配微观变化向宏观结果变化的传导机制，发现：改制、税负、市场环境和生产技术等四类因素决定了企业层面的收入分配格局，这因素和投入价格一道，还通过经济结构影响宏观收入分配格局。[30]

马勇等考察了经济开放度和货币政策有效性之间动态关系的微观基础。文章基于开放条件下的新凯恩斯DSGE模型评估货币政策，通过对家庭、企业和政府部门最优化行为的刻画，为相关主体的选择行为提供了结构化的微观基础，在此基础上推导出的宏观总量方程也就具备了较为明确的微观内涵。文章进一步通过模拟分析考察了经济开放度对货币政策有效性的影响，结果表明货币政策有效性随经济开放度提高而下降的基本结论。[31]

程虹等探讨了经济增长质量理论的微观基础，认为宏观经济增长质量是经济中具体的微观产品和服务质量的加总，提出以微观产品质量为基础构建的经济增长质量理论。文章结合了产品质量与经济增长、投入产出效率、经济结构状态、福利水平和产品标准能力等指标之间的关系，构建了产品质量与经济增长质量的关系模型。根据该模型，微观产品质量影响宏观经济增长质量的关键在于通过价格、交换形成的自由竞争市场机制，引导资源流向高质量产品的生产。[32]

注：

①蔡乌赶、周小亮：《分层偏好的形成机理及其验证研究》，《经济学家》，2014年第8期。

②罗长林、邹恒甫：《预算软约束问题再讨论》，《经济学动态》，2014年第5期。

③张永林：《网络、信息池与时间复制——网络复制经济模型》，《经济研究》，2014年第2期。

④赵德起：《契约完备度视角下的契约效率理论》，《中国工业经济》，2014年第12期。

⑤周翔、吴能全、苏郁锋：《基于模块化演进的产权理论》，《中国工业经济》，2014年第10期。

⑥欧阳葵、王国成：《社会福利函数与收入不平等的度量——一个罗尔斯主义视角》，《经济研究》，2014年第2期。

⑦徐礼伯、沈坤荣：《知识经济条件下企业边界的决定：内外社会资本匹配的视角》，《中国工业经济》，2014年第10期。

⑧孙晓华、王昀：《企业规模对生产率及其差异的影响——来自工业企业微观数据的实证研究》，《中国工业经济》，2014年第5期。

⑨张杰、郑文平、翟福昕：《竞争如何影响创新：中国情景的新检验》，《中国工业经济》，2014年第11期。

⑩肖文、林高榜：《政府支持、研发管理与技术创新效率——基于中国工业行业的实证分析》，《管理世界》，2014年第4期。

⑪逯东、孙岩、周玮等：《地方政府政绩诉求、政府控制权与公司价值研究》，《经济研究》，2014年第1期。

⑫汪立鑫、刘钟元：《竞争性行业中央企业利润最优上交比例：内部代理成本与外部融资成本的权衡》，《中国工业经济》，2014年第2期。

⑬王明琳、徐萌娜、王河森：《利他行为能够降低代理成本吗？——基于家族企业中亲缘利他行为的实证研究》，《经济研究》，2014年第3期。

⑭李世杰、蔡祖国：《双因驱动下转售价格控制的规制机理研究》，《中国工业经济》，2014年第7期。

⑮张伟、于良春：《混合寡头厂商的合作研发及反垄断控制研究》，《中国工业经济》，2014年第5期。

⑯陈林、刘小玄：《自然垄断的测度模型及其应用——以中国重化工业为例》，《中国工业经济》，2014 年第 8 期。

⑰周耀东、李倩：《国有代表性部门的福利损失："特定规则"的代价》，《中国工业经济》，2014 年第 8 期。

⑱王永钦、刘思远、杜巨澜：《信任品市场的竞争效应与传染效应：理论和基于中国食品行业的事件研究》，《经济研究》，2014 年第 2 期。

⑲李想、石磊：《行业信任危机的一个经济学解释：以食品安全为例》，《经济研究》，2014 年第 1 期。

⑳冯科、胡涛：《市场均衡与价格管制的福利对比分析》，《经济学动态》，2014 年第 10 期。

㉑刘戒骄、王德华：《私部门责任与中国商业贿赂蔓延之谜》，《中国工业经济》，2014 年第 8 期。

㉒李世刚、尹恒：《寻租导致的人才误配置的社会成本有多大?》，《经济研究》，2014 年第 7 期。

㉓刘小玄、张蕊：《可竞争市场上的进入壁垒——非经济垄断的理论和实证分析》，《中国工业经济》，2014 年第 4 期。

㉔傅瑜、隋广军、赵子乐：《单寡头竞争性垄断：新型市场结构理论构建——基于互联网平台企业的考察》，《中国工业经济》，2014 年第 1 期。

㉕陈林、罗莉娅：《中国外资准人壁垒的政策效应研究——兼议上海自由贸易区改革的政策红利》，《经济研究》，2014 年第 4 期。

㉖张月友：《中国的"产业互促悖论"——基于国内关联与总关联分离视角》，《中国工业经济》，2014 年第 10 期。

㉗吴福象、蔡悦：《中国产业布局调整的福利经济学分析》，《中国社会科学》，2014 年第 2 期。

㉘于泽、章潇萌、刘凤良：《中国产业结构升级内生动力：需求还是供给》，《经济理论与经济管理》，2014 年第 3 期。

㉙贺京同、那艺、郝身永：《决策效用、体验效用与幸福》，《经济研究》，2014 年第 7 期。

㉚伍山林：《收入分配格局演变的微观基础——兼论中国税收持续超速增长》，《经济研究》，2014 年第 4 期。

㉛马勇、陈雨露：《经济开放度与货币政策有效性：微观基础与实证分析》，《经济研究》，2014 年第 3 期。

㉜程虹、李丹丹：《一个关于宏观经济增长质量的一般理论——基于微观产品质量的解释》，《武汉大学学报》（哲学社会科学版），2014 年第 3 期。

（作者：陈享光，中国人民大学教授；
钟洲，中国人民大学博士生）

国际经济学

卫兴华　何召鹏

一、中国崛起背景下的国际经济新形势与中国参与全球经济治理问题

随着中国 GDP 总量跃居世界第二位，中国在国际经济中的参与度也在不断提升，世界经济格局随着中国的崛起发生了新的变化。学界围绕中国崛起背景下的国际经济新形势，以及在此背景下中国的发展战略和参与全球经济治理的相关问题展开了深入研究。

（一）中国崛起背景下的国际经济新形势

张蕴岭认为，当今全球经济发展中的主要矛盾是迅速崛起的新兴经济体与老牌发达国家之间争夺经济主导地位的矛盾。其中，作为新兴经济体代表的中国，近年来的快速崛起改变了当今世界经济格局，中国渐渐成为国际经济活动的重要参与者。当前的国际经济形势，是中国发展的一个重要战略机遇。但也应当看到，中国的发展将会遭受一些国外势力的阻碍和干扰。中国应"练好内功"，在国际上尽快同其他国家建立起互信关系和制度化合作机制，抓住机遇，迎接挑战，实现经济的进一步腾飞。[①]杨盼盼和徐奇渊认为，世界经济的新形势表现为新兴经济体与发达经济体增长趋势的脱钩。受国际金融危机冲击较为严重的发达国家并没有顺利走出危机阴影，导致同新兴国家之间的国际收支失衡问题越发严重。这一国际经济形势有利于中国的发展。随着中国经济实力的增强以及对外经济参与度的上升，一方面可通过加强与新兴经济体之间的经济往来，为其提供市场并进行直接投资，另一方面可加强同发达国家之间的经济合作。作

为连接发达经济体与新兴发展中国家之间的桥梁，在实现两者经济良性互动的同时，提升中国的经济实力和国际地位。[②]高程认为，当前，中美关系由“注重追求相对经济收益的正和博弈”转变为“以权力竞争和相对国际影响力为目标的零和博弈”。在美国的干预下，中国同东亚其他国家的关系由原来的“互利、兼容”格局转变为“竞争、相斥”格局。面对当前周边的新格局，中国需要以国家利益为核心，在处理与周边国家的关系时坚持“共同发展、开放竞争和相互包容”的理念，主动塑造一个以我为主、具有自我扩展和深化能力的周边合作秩序，以获得与本国实力增长相称的影响力。这是中国实现民族复兴的战略需要，也只有这样才能真正实现和平崛起。[③]宋泓认为，中国已经构建了强大的自主发展能力，并可抵御外部风险和冲击。中国如果能够把握好当前的国际经济形势，就可实现经济的快速增长、产业结构的转型升级，并成功跨越“中等收入陷阱”，进入发达国家行列。[④]

（二）中国参与全球经济治理问题

裴长洪认为，全球经济治理的对象是经济问题，应从经济学的视角和方法来探讨全球经济治理问题，而公共品的需求与供给是一个分析全球经济治理的可能视角。中国要提升在全球经济治理中的地位，必须增加对公共品的供给，而实现这一目标除了需要提升国力外，还应加大对外开放力度，使经济体制更加适应全球经济治理的规则，进而全面提高公共品供给能力。[⑤]王碧珺认为，中国不论是吸引外商直接投资的数量还是对外直接投资的数量，都已位居世界前三。在全球范围内开展对外投资的过程中，中国亟须解决降低投资壁垒和保护投资安全的问题，并需提高对外投资目的国对中国国企投资模式的认可度。但当前的全球投资治理体系缺乏统一的、有约束力的规则，无法实现对全球投资的促进和保护。中国可借此机会，参与到全球投资治理体系的构建中，发出自己的声音和利益诉求，推动构建一个全球范围内的多边投资体系。[⑥]隋广军等认为，未来10～15年，中国将从经济大国逐渐升级为经济强国，中国参与全球经济治理的能力也将不断增强。中国应作为国际制度体系的深度参与者、重要建设者和共同改善者，按照参与进程的渐进性、参与方式的合作性和参与层面的国内外统筹性原则，进一步融入全球经济治理体系中，构建一个与综合实力相适应、权利和责任基本对称、发展共同利益和促进本国利益相结合的参与全球经济治理的战略框架。在提升中国国际地位的同时，推动公正合理的国际经济新秩序的建立与完善。[⑦]

二、能源消耗、环境保护与国际经济问题

能源消耗、环境保护与经济的可持续发展问题越来越受到社会各界的重视，国际经济活动也必然涉及能源与环境问题。学界在国际经济问题的大背景下，对能源、环境及经济的可持续发展问题进行了研究。

（一）能源消耗与国际经济问题

谢建国和姜珮珊研究发现，1995年以来中国能源消耗率不断提高，出口产品的总能耗量大于进口产品的总能耗量，且贸易净能耗处于递增趋势。贸易净能耗指标显示，中国是一个能源消耗的净出口国。其中，出口规模扩张是中国能源消耗增加的主要原因。但近年来的出口结构优化以及单位产值能耗量的降低，使中国出口净能耗增加趋势有所缓解，出口产品结构也逐渐向低能耗转变。因此，积极优化中国的进出口贸易结构对于降低中国的贸易能耗具有重要意义。[⑧]朱启荣研究发现，中国进出口贸易的虚拟水数量巨大，且贸易中存在2亿吨的虚拟水净流出量，这不利于中国水资源的节约。可通过调整进出口贸易结构，降低虚拟水的净流出量，实现水资源节约的目标。[⑨]崔连标等研究发现，2007年中国国际贸易隐含能源占世界能源总消耗的34%，是所有国家中贸易隐含能源出口最多的国家。世界能源消费中心正在东移，亚太地区直接能源净进口量中的53%会以贸易隐含能源形式再次出口至欧洲和北美地区。[⑩]

（二）环境保护与国际经济问题

卢进勇等研究发现，在引进外资的不同阶段，外资对环境的影响是有差别的。外商直接投资会造成工业废水排放的增加，引起地区水污染问题恶化。工业二氧化硫的排放情况，随着引资阶段的不同而有差异。在FDI引进的初级阶段，其对当地环境破坏较为严重，但随着引资结构的调整和引资质量的提升，当处于“引资高级阶段”时，外商直接投资会减少当地工业二氧化硫的排放量。这一发现有助于更加准确地把握外资对我国环境的影响效果，对于有效发挥外资在促进减排中的积极作用有一定的启发意义。[⑪]曹翔和余升国研究发现，外资虽然被认为具有更先进的技术，但流入我国的外资并不一定都会有更友好的环境保护效果；有些外资是低质量的资源攫取型企业，造成更严重的大气二氧化硫污染问题。因此，在引进外资时要注意筛选，并对外资的环境保护情况进行监管。[12]张宇和蒋殿春研究发现，外资进入显著地引起当地产业结构向污染性行业转移，造成当地环境状况恶化。虽然外资进入会增加当地政府对环境的监管，但这又会引起外资向环境监管不足的地区转移，总体上破坏了我国的环境状况。因此，减轻外资进入对我国环境的负面影响，必须加强地区之间的协调合作，共同采取有效的环境监管措施，防止外资对环境污染由监管较强的地区流向环境监管较弱的地区。[13]

三、人民币汇率对进出口贸易影响的问题

邓小华和李占风研究发现，人民币实际汇率升值将降低贸易顺差，而贬值将降低逆差。人民币实际汇率的变动对我国对外贸易的长期效应大于短期效应。从长期看，人民币汇率变动能够抑制出口、促进进口，进而调节我国的贸易收支结构。在短期内，人民币升值对我国出口贸易和进口贸易均表现出抑制作用。[14]王宇哲和张明研究发现，人民币名义有效汇率升值会降低中国出口的数量和总额。而在人民币盯住美元时期，名义有效汇率升值对出口的负面影响，比人民币对美元升值时期更加明显。因此，人民币汇率应该参考一揽子货币制订，而不是盯住美元，这样才有利于降低人民币汇率变动对中国出口的负面影响。[15]梁中华和余淼杰研究发现，人民币升值通过降低出口企业的创收能力和销售利润率两个方面严重影响出口企业的赢利能力。其中，出口企业创收能力下降是主要因素。由于依赖出口的企业多数是劳动密集度高、产品附加值低的企业，在国际市场的议价能力较低，人民币升值对其赢利能力的负面影响较大。政府应适当放慢人民币升值步伐，引导企业进行转型升级，提升产品竞争力，以抵御人民币升值带来的销售压力。[16]张翔等研究发现，在人民币汇率弹性增强的情况下，货币政策的金融加速器效应将减弱，使我国货币政策的调控获得更大空间，增加了货币政策调控的灵活性。并且汇率弹性的增强会使中国货币政策的最优策略不再随着美国货币政策一同扩张，提高了我国货币政策相对于美国货币政策的自主性。[17]

四、对外直接投资与中国经济问题

有关对外直接投资的研究主要集中在外商直接投资的技术溢出效应及对东道国经济增长质量的影响、中国对外直接投资面临的问题等方面。

（一）外商直接投资相关问题研究

陈丰龙和徐康宁研究发现，经济转型并没有显著促进外商直接投资的技术溢出。市场化程度不同的国家和地区，经济转型对外商直接投资技术溢出的影响也不同。在市场化程度较高的转型国家，经济转型并未显著促进外商直接投资的技术溢出；但在市场化程度较低的转型国家，经济转型显著加快了外商直接投资的技术溢出效应的发挥。不同市场化程度的转型国家间，外商直接投资的技术溢出呈现差异性，可能与各国的转型方式不同有关。有些国家是激进式转型，而有的国家是渐进式转型。大规模私有化是激进式转型的主要表现，这在一定程度上会阻碍外商直接投资的技术溢出效应的发挥。因此，我国在经济转型期应当警惕私有化的危害。[18]何兴强等研究发现，经济发展水平越高、基础设施越完善、人力资本水平越高，外商直接投资的技术溢出效果越明显。经济发展到一定程度才会形成较强的竞争承受能力和消化吸收能力，进而促进外商直接投资的技术溢出。完善的基础设施可使跨国公司把生产过程中的各阶段连成一体，从而减少交通运输成本和交易成本，增强本国企业对外商直接投资技术溢出的学习效应和竞争效应。当前，中国大部分地区的基础设施建设已达到充分利用外商直接投资技术溢出的条件，但人力资本水平还明显不足，因而应进一步加强人力资本投资。[19]随洪光和刘廷华研究发现，外商直接投资对于发展中国家的经济增长质量的提升具有显著的促进作用。外商直接投资提高了发展中国家的增长效率和经济发展的可持续性。投资所在地区的政府在有效利用外资方面发挥着积极作用。与非洲和拉美地区相比，亚太地区外资对经济增长质量的提升作用最明显，而拉美地区的政府干预效果最好。此外，政府作用将随着一国市场化程度的加深而逐渐降低。相比于受政府主导的外资引进形式，自由流动的外商直接投资更符合增长的一般规律。[20]孙早等研究发现，美国的对华直接投资主要涉及高技术产业，对溢出效应的控制也最为严格，对中国资本密集型工业的贡献在当期显著，滞后期则明显减弱；以追求高市场化程度为战略目标的欧盟的对华直接投资与中国工业绩效改善之间存在显著的正相关关系；东（南）亚跨国企业侧重于利用文化趋同性来降低劳动生产要素的成本，来自这一地区的对华直接投资对中国劳动密集型工业的贡献明显强于资本密集型工业。现阶段的中国，应采取差异化的引进外资战略，善于利用外资倒逼效应释放新的制度红利，才能保证外资有助于中国工业自主创新能力提升这一战略目标的实现。[21]

（二）中国对外直接投资的相关问题

乔晶和胡兵研究发现，现阶段中国的对外直接投

资规模表现为投资不足而非投资过度。中国对外直接投资在不同地区的不足程度也有差别。对欧洲投资不足程度高于对北美的投资不足，但随着时间的推移，投资不足问题有所缓解。中国对发达国家、制度质量和技术水平较高的国家或地区的投资不足程度更严重，对资源丰富国家或地区的投资不足程度较低。双边投资协定一定程度上可缓解对外直接投资不足问题。因此，妥善处理与东道主国家的经济关系、签订双边投资协定是解决我国对外直接投资不足问题的重要途径。[22]针对中国对外直接投资会削弱经合组织（OECD）成员国对外投资地位的观点，姚树洁等研究发现，中国对外投资从总体看挤占了OECD成员国的对外投资，但这一挤占效应受东道国特征的影响。在资源丰度较低、国民收入较高，以及位于亚、欧、北美洲的东道国存在显著的挤占效应。而在资源丰度较高、国民收入低的国家，特别是在非洲和拉丁美洲，中国的对外直接投资并未对OECD成员国产生挤出效应。这一理论发现有力反驳了西方学者抛出的“新殖民主义”中国对外投资威胁论。[23]毛其淋和许家云研究发现，中国对外直接投资能显著促进企业创新。对外直接投资企业的海外分支机构可通过吸收东道国的先进人才等研发要素，或与东道国进行研发合作，学习先进技术，提高自身的技术水平和创新能力。海外分支机构可通过企业内部渠道将其先进的技术成果转移到母公司，提高母公司的技术水平和创新能力。中国向高收入国家进行对外直接投资更有利于企业创新，因为向高收入发达国家直接投资与投向发展中国家相比，面临更加激烈的产品质量竞争，企业需要更多的研发投入来提升产品质量，从而有利于提高企业的技术创新能力。对外直接投资对母公司创新的促进作用具有持续性，呈现逐年递增的趋势。[24]此外，对外直接投资不仅显著提高了企业出口占销售的比例，而且提高了企业出口的概率；显著降低企业退出出口市场的风险，即倾向于延长企业出口持续期。因为对外直接投资企业在东道国设立分支机构后，为满足运营需要，会从母国购买设备、原材料等产品，从而促进母国出口。同时，一些企业对外直接投资是为了获取国外的先进技术。当企业掌握先进技术、提高自身生产效率后，也会促进其出口。因此，我国政府应鼓励和引导企业“走出去”对外直接投资，进而促进我国出口贸易快速增长。[25]蒋冠宏和蒋殿春研究发现，我国商贸服务类企业对外直接投资显著促进了企业出口；投资高收入国家的“出口效应”最为明显；企业对外直接投资的“出口效应”先上升后下降，呈现倒U型；企业对外直接投资不仅增加了出口的深度边际，也扩展了出口的广度边际。我国企业对发展中国家的直接投资并没有显著替代企业的出口。因此，可鼓励我国有实力的企业开展对发展中国家的直接投资，而不必担心损害母国的出口。[26]

五、关于对外贸易问题的研究

（一）对外贸易与中国经济问题

对外贸易问题的研究主要集中在影响我国对外贸易的因素和对外贸易对我国经济的影响两个方面。姚博认为，当一国的资本市场发展程度较低时，资本市场深化有利于降低企业的出口成本，促使出口数量和种类的增加，使该国国际贸易出现正向流动；当资本市场发展程度较高时，资本市场深化有利于降低企业的对外直接投资成本，使出口企业转向对外直接投资，制造业贸易的出口数量和种类下降，导致该国国际贸易出现逆向流动。随着资本市场发展程度的加深，一国国际贸易会出现“先正向后逆向的流动趋势，外部融资依赖性大的部门其倒U型拐点对应的资本市场深化程度也会更高”。[27]盛雯雯研究发现，随着国家金融体系的完善和金融市场的发展，企业的融资成本会逐渐下降。而企业融资成本下降会导致企业投资偏好呈现先提高后降低的趋势。因此，该国在资本密集型行业的比较优势会随着金融发展呈现先提升后下降的倒U型过程。在这一机制的作用下，资本密集型行业最终会从传统发达国家向发展中国家转移，这就解释了当前的国际分工新形态。[28]樊茂清和黄薇研究发现，经过多年发展，中国的生产活动不断向全球价值链高端攀升，中国企业在全球生产网络中的地位不断上升。随着中国人口红利的逐渐消失，劳动力成本上升，中国劳动密集型产业产品的国际竞争优势减弱，其占贸易总额的比重开始下降，对国内增加值的贡献在减少。而中国制造业和服务业领域的知识密集型产业贸易在迅速发展，说明中国企业走上了产业升级道路，未来知识密集型企业对其贸易增加值的贡献会越来越高。[29]田巍和余淼杰研究发现，中间品关税下降会显著促进企业研发。具体的影响机制是：中间品关税下降在一定程度上增加了企业利润，从而为企业扩大研发提供了必要的资金支持，并进一步促进企业对已有技术的模仿和吸收。中间品贸易自由化对中国企业研发的影响主要体现在生产过程研发的改进上，而在自主研发新产品上，中国企业的表现并不令人满意。[30]

（二）对出口贸易相关问题的研究

1. 影响我国出口贸易的因素研究

项松林等研究发现，农业剩余劳动力的转移会在一定程度上降低制造业实际工资，而实际工资降低保护了低效率的老产品出口企业不被市场淘汰。随着老产品出口企业国际市场地位的巩固，会减缓研发和出口新产品的进程，从而不利于我国新产品的生产和出口。现阶段由于受诸多因素的影响，要实现中国出口增长从以老产品为主转向以新产品为主的难度仍然较大。[31]文东伟和冼国明研究发现，企业的融资能力与企业进入出口市场正相关。企业的融资能力越强，企业更有可能进入出口市场。劳动密集度越高的企业，出口可能性和出口密集度都更高，说明中国出口依然依靠廉价劳动力的成本优势，特别是私营企业和中小型企业。但中国的体制性信贷歧视使私营企业和中小企业面临较强的融资约束，抑制了出口。在劳动力成本日益攀升的形势下，降低对私营企业的信贷歧视和增强中小型企业的融资能力，并提高私营企业和中小型企业的生产率水平，对于扩大中国的出口规模和增强中国企业的出口竞争力都具有重要的现实意义。[32]佟家栋和刘竹青研究发现，企业经济活动的地理集聚有利于企业出口，尤其是对外部融资依赖度较高的出口企业。这是因为距离上的临近克服了企业之间的信息不对称，有利于企业获取商业信贷和各种非正式融资。此外，地理集聚有利于民营企业和外资企业的出口，而对国有企业的出口影响不明显。地理集聚对不同地区企业的出口抉择影响也有差别，即有利于东部和中部地区企业的出口。[33]

2. 出口技术复杂度问题研究

鲁晓东认为，中国在出口规模激增的同时，出口技术含量仅有微弱提升，中国出口技术水平仍较低。近年来，中国出口对经济增长的作用在国内受到劳动力成本优势减弱的影响；在国外，则遭受越来越多的反倾销、反补贴歧视。这些因素都不利于中国的出口，并增加了中国过度依赖出口的经济增长模式的风险。而出口中遇到的问题归根到底是由于企业出口产品的技术水平偏低、可持续竞争力差造成的。因此，未来中国的对外开放政策应从单纯注重数量转为注重技术水平的提升，只有不断提高企业生产率，实现出口产品的技术升级，才能实现中国出口的可持续发展。[34]戴翔和金碚研究发现，制度的完善有利于出口企业更全面地融入产品的国际分工，也有利于提升企业出口的技术复杂度。分工的细化意味着交易费用的上升，而完善的制度有利于降低企业融入产品分工的交易费用。尤其是处于较高层次即技术复杂度高的生产环节，制度的完善程度更加重要。当前，在中国劳动力成本比较优势逐渐减弱的背景下，通过提高制度质量，使企业进一步融入产品国际分工体系，有利于提升中国企业出口的技术复杂度，进而提升中国在全球价值链中的地位，激发中国的国际竞争优势。[35]王孝松等研究发现，行业员工的受教育水平与外商投资企业的比重显著影响中国出口产品的技术含量。其中，行业员工的受教育水平越高，该行业出口产品的技术水平越高。外商投资企业比重高也会显著提升企业出口产品的技术水平。因为，外商投资者不再将中国仅仅作为生产基地，而是更多地作为研发基地，从而促进生产中的技术进步。因此，加大人力资本投资、鼓励外资企业在中国建立研发机构、引导出口企业向价值链高端攀升有利于提升我国出口产品的技术复杂度。[36]

注：

①张蕴岭：《中国发展战略机遇期的国际环境》，《国际经济评论》，2014 年第 2 期。

②杨盼盼、徐奇渊：《新兴经济体与发达经济体趋势脱钩：中国将发挥关键作用并受益》，《国际经济评论》，2014 年第 1 期。

③高程：《中国崛起背景下的周边格局变化与战略调整》，《国际经济评论》，2014 年第 2 期。

④宋泓：《未来 10—15 年中国拥有自主发展的新机遇》，《国际经济评论》，2014 年第 1 期。

⑤裴长洪：《全球经济治理、公共品与中国扩大开放》，《经济研究》，2014 年第 3 期。

⑥王碧珺：《中国参与全球投资治理的机遇与挑战》，《国际经济评论》，2014 年第 1 期。

⑦隋广军、陈伟光、程永林、蔡伟宏：《中国参与全球经济治理的战略：未来 10—15 年》，《改革》，2014 年第 5 期。

⑧谢建国、姜珮珊：《中国进出口贸易隐含能源消耗的测算与分解——基于投入产出模型的分析》，《经济学》（季刊），2014 年第 4 期。

⑨朱启荣：《中国外贸中虚拟水与外贸结构调整研究》，《中国工业经济》，2014 年第 2 期。

⑩崔连标、韩建宇、孙加森：《全球化背景下的国际贸易隐含能源研究》，《国际贸易问题》，2014 年第 5 期。

⑪卢进勇、杨杰、邵海燕：《外商直接投资、人

力资本与中国环境污染——基于249个城市数据的分位数回归分析》，《国际贸易问题》，2014年第4期。

⑫曹翔、余升国：《外资与内资对我国大气污染影响的比较分析——基于工业二氧化硫排放的经验分析》，《国际贸易问题》，2014年第9期。

⑬张宇、蒋殿春：《FDI、政府监管与中国水污染——基于产业结构与技术进步分解指标的实证检验》，《经济学》（季刊），2014年第1期。

⑭邓小华、李占风：《汇率变动对我国贸易收支影响研究》，《经济学动态》，2014年第7期。

⑮王宇哲、张明：《人民币升值究竟对中国出口影响几何》，《金融研究》，2014年第3期。

⑯梁中华、余淼杰：《人民币升值与中国出口企业盈利能力——基于面板数据的实证分析》，《金融研究》，2014年第7期。

⑰张翔、何平、马菁蕴：《人民币汇率弹性和我国货币政策效果》，《金融研究》，2014年第8期。

⑱陈丰龙、徐康宁：《经济转型是否促进FDI技术溢出：来自23个国家的证据》，《世界经济》，2014年第3期。

⑲何兴强、欧燕、史卫、刘阳：《FDI技术溢出与中国吸收能力门槛研究》，《世界经济》，2014年第10期。

⑳随洪光、刘廷华：《FDI是否提升了发展中东道国的经济增长质量——来自亚太、非洲和拉美地区的经验证据》，《数量经济技术经济研究》，2014年第11期。

㉑孙早、宋炜、孙亚政：《母国特征与投资动机——新时期的中国需要怎样的外商直接投资》，《中国工业经济》，2014年第2期。

㉒乔晶、胡兵：《中国对外直接投资：过度抑或不足》，《数量经济技术经济研究》，2014年第7期。

㉓姚树洁、冯根福、王攀、欧璟华：《中国是否挤占了OECD成员国的对外投资?》，《经济研究》，2014年第11期。

㉔毛其淋、许家云：《中国企业对外直接投资是否促进了企业创新》，《世界经济》，2014年第8期。

㉕毛其淋、许家云：《中国对外直接投资促进抑或抑制了企业出口?》，《数量经济技术经济研究》，2014年第9期。

㉖蒋冠宏、蒋殿春：《中国企业对外直接投资的"出口效应"》，《经济研究》，2014年第5期。

㉗姚博：《资本市场深化对国际贸易流动的影响机制研究——基于企业出口与FDI选择行为视角的分析》，《世界经济文汇》，2014年第5期。

㉘盛雯雯：《金融发展与国际贸易比较优势》，《世界经济》，2014年第7期。

㉙樊茂清、黄薇：《基于全球价值链分解的中国贸易产业结构演进研究》，《世界经济》，2014年第2期。

㉚田巍、余淼杰：《中间品贸易自由化和企业研发：基于中国数据的经验分析》，《世界经济》，2014年第6期。

㉛项松林、赵曙东、魏浩：《农业劳动力转移与发展中国家出口结构：理论与中国经验研究》，《世界经济》，2014年第3期。

㉜文东伟、冼国明：《企业异质性、融资约束与中国制造业企业的出口》，《金融研究》，2014年第4期。

㉝佟家栋、刘竹青：《地理集聚与企业的出口抉择：基于外资融资依赖角度的研究》，《世界经济》，2014年第7期。

㉞鲁晓东：《技术升级与中国出口竞争力变迁：从微观向宏观的弥合》，《世界经济》，2014年第8期。

㉟戴翔、金碚：《产品内分工，制度质量与出口技术复杂度》，《经济研究》，2014年第7期。

㊱王孝松、翟光宇、林发勤：《中国出口产品技术含量的影响因素探究》，《数量经济技术经济研究》，2014年第11期。

（作者：卫兴华，中国人民大学教授；
何召鹏，中国人民大学博士生）

宏观经济管理与政策

方　芳　汤海波

2014年是中国大改革与大调整拉开序幕的一年，也是宏观经济沿着新常态轨迹持续发展的一年。一方面，GDP增速等宏观参数在外需疲软、内需持续回落、房地产周期性调整等力量的作用下持续回落；另一方面，经济结构在消费升级、不平衡逆转以及政策调整的作用下出现较大幅度的调整，结构参数的良性调整、总体价格水平保持相对稳定以及就业状况的持续稳定，给2014年的宏观经济增加了亮色。2014年中国宏观经济最为典型的特征就是延续了2010年以来典型的“新常态”模式，这集中反映在以下四个方面：第一，在GDP增速逐季回落过程中，价格总水平保持相对稳定。这表明目前中国经济增速下滑不仅来源于需求的疲软，同时也来源于潜在增长能力的下滑，潜在GDP增速的下滑是中国经济增速下滑的内在原因之一。第二，在GDP增速与工业增加值增速持续回落的同时，就业状况保持较为良好态势，这表明中国就业已经随着经济结构的变化而发生明显质变，同时也表明中国的菲利普斯曲线在结构变异中发生漂移，宏观经济政策目标的约束函数已发生重大调整。第三，需求结构、国民经济总储蓄与总消费结构、中国总体劳动力供需结构等七大类结构参数开始发生较大变化，中国结构大调整的时代已开启。第四，中国宏观经济在相当长一段时期内将面临流动性泛滥、债务水平居高不下、“产能过剩”等问题的困扰，经济潜在系统性风险难以在短期化解。

一、关于中国经济“新常态”的讨论

2014年中国经济呈现出新常态，有几个主要特点。一是从高速增长转为中高速增长；二是经济结构不断优化升级，第三产业、消费需求逐步成为主体，城乡区域差距逐步缩小，居民收入占比上升，发展成果惠及更广大民众；三是从要素驱动、投资驱动转向创新驱动。

与改革开放30多年来接近两位数的高速增长相比，中国经济步入以中高速增长为标志的“新常态”，不仅意味着经济增速的放缓，更意味着经济增长动力的转换和经济发展方式的转变。当前我国发展仍处于重要的战略机遇期。工业化、城镇化将为经济增长提供持续动力，区域不平衡创造的发展空间依然巨大，消费结构升级潜力有待充分释放。

中国经济进入“新常态”，余斌认为应该妥善处理好经济增长过程中“量”和“质”的关系，速度应当服从质量。今年以来，经济结构伴随着投资增长的明显下降，最终消费对经济增长的贡献明显高于投资，实际上，中国经济结构已经开始逐步向以立足于消费发展的模式上转变。当然，目前整体上还比较低，包含居民消费和政府消费在内的最终消费占GDP比重对经济贡献还不到50%，但是未来这个指标会进一步提高。在供给结构中，2013年，中国第三产业增加值占GDP比重首位历史上应该是首次，或者是趋势性超过第二产业所占的比重，今年前三季度，服务业保持了更快速度的增长，占GDP的比重进一步提高。也就是说，实际上中国现在已经开始进入主要以服务业快速发展来推动经济增长的新轨道上来。如果在需求结构和供给结构中能够保持目前所出现的新变化，那么，中国经济增长将会走上一条更加可持续的、更加有利于节约资源、保护环境的轨道。①

在新的发展阶段，出现新机遇、新条件、新失衡，如何实现经济“新常态”下中国宏观调控？刘伟和苏剑认为，在“新常态”下，我国应该适度降低经济增长目标，深化改革，加快产业结构调整和自主创新，实行供给和需求双扩张的政策组合，在需求管理方面，实行货币稳健或小量紧缩、财政扩张的政策组合。就目前而言，我们不建议采取大规模的扩张性政策，而是建议采取以供给管理为主、需求管理为辅的定向“微刺激”政策体系，既保证经济增长和就业，又尽可能促进结构调整。供给管理应以改革为主；需求管理应以财政政策为主，主要体现政府的产业政策、区域经济目标等，货币政策以定向降准为主，在需求管理中起到辅助作用。②

从经济结构调整的角度，张燕生认为，我国经济结构调整正处于新旧交替的攻坚阶段，要从经济发展的阶段性特征出发，建立结构调整的新常态。首先，要牢牢把握扩大内需这一战略支点，开放创新，建立技术创新的公共服务体系，促进产学研联合创新、供应链协同创新、网络创新资源合作创新、创新链上中下游组合创新等，切实解决企业转型缺技术困境。其次，要牢牢把握城镇化蕴含的巨大机遇，加快推进户籍制度改革、基本公共服务均等化改革、就业优先和就业素质提升战略的实施，把城镇化发展作为促进产业结构转型升级的重要抓手。最后，牢牢把握开放型经济建设的关键环节，加快推进资本输出方式，带动我国全球贸易布局、投资布局、生产布局、综合物流和供应链布局的结构调整。③

二、关于城镇化与经济增长问题的讨论

党的十八届三中全会吹响了全面深化改革的号角，新型城镇化的蓝图正在徐徐展开。新型城镇化不同于以往的城镇化，它应该是以人为本、实现多数人的城镇化。为了更好地实现城镇功能的城市化，实现公共服务的均等化，促进城镇化和经济增长的协调，学界对过去以及目前的城镇化模式此进行了广泛且深入的

讨论，并为促进新型城镇化的发展提出了政策建议。

（一）城镇化促进经济增长

良性发展的城镇化，会成为中国经济增长和社会发展的强大引擎。城镇化的进一步发展必然会带来劳动生产率的提高，带来城镇公共服务和基础设施投资的扩大。在经济转型的大背景下，新型城镇化建设将成为未来经济发展的重要动力。

关于城镇化是否促进了经济增长，张远军认为城镇化是农村人口向城市聚集的过程，城镇化的本质是人口的空间转换。从实证研究的角度看，城镇化与经济增长之间存在着明显的正相关关系；从经济地理学的角度看，城市的聚集效应有利于知识溢出和技术创新，促进了生产效率的提高和交易成本的节约；从生产的角度看，城市化加快了人力资本、知识资本等生产要素的积累，提高了人均劳动生产率。在对1987—2012年间中国各省市的面板数据进行了分析处理后，张远军认为城镇化、贸易开放的确促进了省际的经济增长，但是在增长的广度和深度方面，存在着结构与地区差异。城镇化、贸易开放是促进地区经济增长的重要力量，未考虑内生性的情况下，城镇化、贸易开放的作用可能被低估。在城镇化进程中，主要通过固定资产投资、基础设施改善来刺激经济增长，人力资本、知识溢出和产业结构升级的作用还有待提升。分地区的回归结果表明城市化、贸易开放促进经济增长的作用具有空间差异性，在沿海地区的作用显著大于内陆地区。[4]

关于城镇化是如何促进经济增长的，张彧泽和胡日东认为城镇化主要从资本、劳动力、技术创新、人力资本等四个方面促进经济增长。首先，在城镇化进程中，最明显的就是人口和产业的空间聚集效应。这种聚集效应一方面反映为劳动力的聚集，城镇中存在大量的工业部门，工业部门的生产技术相对比较先进，生产率比较高，劳动力边际报酬和收入也比较高，因此城镇化会吸引农村劳动力往城镇大量转移；另一方面，城镇化进程的推进会使城镇规模壮大，城镇地域面积扩大，将占用大量的土地，迫使农民往城镇转移。其次，是人力资本和物质资本的高强度聚集。人口在城镇中大量地聚集，不仅仅带来大量的劳动力，而且城镇中有比较全面的提升劳动者素质的配套软件设施，这有助于提升劳动者素质，积累经济社会需要的人力资本，为经济增长奠定雄厚的人才基础；而且城镇化的进程是一个伴随着各种厂房、设备、住宅楼房等的建立，同时衍生出诸如物流、仓储、医疗、金融等配套服务机构的设立的过程，会聚集起大量的实物资本。最后，城镇化也会促进技术创新的研发。各种高度专业化的人才在城镇化进程中聚集起来，可以满足技术创新对人才的需求，也可以使各种人才的分工更加细化，大幅度提高劳动生产率。所以，城镇化可以极大地激发技术创新的研发。资本、劳动力、技术创新、人力资本等在城镇化进程中自发地集聚，为生产活动有条不紊地展开提供了必备条件，从而能有效地促进经济增长，也就是说城镇化对经济增长具有自发的传导效应。[5]

关于城镇化应该怎样进一步促进经济增长，柯善咨和赵曜认为在当前调结构、促发展的大背景下，不同类型的城市和地区需要推行不同的发展战略。欠发达地区应该有序地推动人口和产业的集聚，扩大作为地区增长中心的地级城市规模，积极从发达地区的大城市承接制造业，吸收滞留在低端服务业的额外劳动力，促进制造业与生产性服务业之间的关联效应。由于产业结构与城市规模的协同作用机制，成熟制造业的转移不仅应该是自东向西的区域梯度转移，同时也是从特大城市到中小规模地级城市的规模梯度转移，其中包含着成熟制造业从沿海大城市向东部和中部尚未达到最优规模的中小地级城市的转移。经济发达的大城市需要积极培育对生产性服务有更多需求的高附加值产业，向外转移标准化的、不能带来更多集聚收益的成熟产业。一些特大城市已经超过最佳规模，只有控制规模或进一步提升生产性服务业—制造业结构才能提高经济效益。当前我国若干最发达的大城市向现代高级服务业的转型不仅可以提高自身经济效益，而且可以促进承接制造业的中小城市更快地跨越门槛规模，形成专业化分工的城市群。[6]

（二）不合理的城镇化阻碍经济增长

良性发展的城镇化会促进经济的转型升级，有助于实现城镇和产业融合发展，但是我国城镇化的过程中还存在着种种误区，在实践中存在伪城镇化等现象。我国城镇化畸形发展带来的诸多弊端，不仅成为制约经济升级发展的因素，也已经成为发展新型城镇化的障碍。只有将城镇化引向改善民生、发展民生的轨道上来，这样才能使新型城镇化健康、有序、规范地发展，才能真正起到拉动内需的作用，产生“城镇化红利”。

通过构建新型城镇化健康发展评价指标体系，张占斌和黄锟对我国35个直辖市、副省级城市和省会城市的城镇化健康状况进行了评价。他们认为，第一，我国城镇化健康状况整体水平不高，且在城市之间差异不大，而二级指标在城市之间的差距比较明显。这说明，有些城市在某个领域发展质量较高，健康程度较好，但在另外一些领域发展得又很不够，健康程度很低。第二，我国城镇化健康状况呈现出显著的行政级别特征，即行政级别越高、自主性越大，城镇化健康程度越高。第三，我国城镇化健康状况呈现东部地区好于中西部地区的区域特征，但地区差异远没有城镇化率的地区差异大。第四，我国城镇化健康状况的规模特征表明，城市规模越大，城镇化健康状况越好。第五，我国城镇化健康状况的人口密度特征表明，只有具有适度人口密度的城市，城镇化健康状况才是最好的，城市人口密度过大或过小，城镇化健康状况都不会太好。[7]

从分离式城镇化的角度分析，宋立认为我国城镇化真正存在的问题不是人口城镇化落后于劳动力工业化，而是消费者城镇化落后于劳动力城镇化，出现了其他国家所没有或不明显的劳动力城镇化与消费者城镇化分离趋势。分离式城镇化在一定意义上是劳动力过剩经济体在开放条件尤其是全球化时期的或有现象，但从根本上来说是全球化和我国户籍分离制度以及高成本住房制度等结合的产物。我国现阶段的城镇化过程在一定意义上是与传统城镇化模式略有不同的新型城镇化，但就实质而论主要是劳动力城镇化，而不是完全意义上的人口城镇化。当前我国城镇化真正存在的问题，既不是人口城镇化落后于劳动力工业化，也不是劳动力城镇化落后于消费者城镇化，而是户籍制度、住房制度等制度性因素对从劳动力城镇化向消费者城镇化转变的制约和阻碍。[8]

从城镇化规模格局两极分化的角度分析，魏后凯认为近年来，中国城镇规模结构严重失调，出现了明显的两极化倾向。一方面，大城市数量和人口比重不断增加，一些特大城市规模急剧膨胀，逼近或超过区域资源环境承载能力，大城市病问题凸显；另一方面，中小城市数量和人口比重减少，中西部一些小城市和小城镇甚至出现相对萎缩迹象，城镇体系中缺乏中小城市的有力支撑。其结果是，中国城市人口规模结构有可能从正常的“金字塔”型向“倒金字塔”型转变。这种两极化倾向反映在空间格局上，就是城镇空间结构的失调。魏后凯认为，当今中国社会正由城乡二元结构转变为由城乡之间、城镇之间、城市内部三重二元结构相互叠加的多元结构。考虑到资源环境承载能力、城镇人口吸纳能力、公共设施容量、农民迁移意愿和设市工作的恢复，未来中国应推动形成以城市群为主体形态大中小城市和小城镇合理分工、协调发展、等级有序的城镇化规模格局。[9]

三、关于通货膨胀与通货紧缩问题的讨论

通货膨胀和通货紧缩对经济发展都有极大的影响和危害。一般来说，通货膨胀总是同物价上涨、货币贬值、经济增长联系在一起；而通货紧缩总是与物价下跌、货币升值、经济衰退有密切相关。通货紧缩，是一种比通货膨胀更严重、更难以解救的金融危机。当前中国经济步入“新常态”，表现出了与以往不同的经济特征。虽然经济结构得到改善、就业形势保持良好，但“新常态”下物价增速的持续回落却不能不让我们注意到通缩压力的存在。

（一）通货膨胀的预期

通过比较居民与专家对通货膨胀预期的差异，何运信等人认为，公众与专家的通货膨胀预期在统计上存在显著且持续的差异。通过研究，何运信等人得出：第一，居民和专家的预期都有历史通胀数据所没有包含的信息，两者对未来的通胀都有一定的预测能力，但专家的预期偏差要明显小于居民；第二，尽管居民和专家预期都存在短期偏差，但长期来看他们都不会系统性地高估或低估通胀；第三，从有效利用宏观经济信息的角度来看，专家吸收信息的广度和速度远强于居民，更接近理性预期；第四，流行病学模型能较好地刻画通胀预期从专家向居民的传导过程和居民预期的动态机制。[10]

通过对发达经济体系三个代表性时期通胀预期管理历史经验的分析，马文涛在从全球视角回顾了通货膨胀预期管理的历史经验，从中提炼出成功通货膨胀预期管理的基本要素，即以价格稳定为核心的政策框架、积极的反通货膨胀立场、明确的名义锚、有效沟通、灵活的汇率制度、对反通胀与稳增长的有效平衡和对金融不稳定的兼顾。除了上述要素的有效组合外，提高政策可信度同样是通胀预期管理的核心所在。据此，我国应加快金融改革，提高货币政策调控的自主性，并逐步建立以价格稳定和政府债务稳定为核心的货币财政政策的搭配方式，丰富中央银行的沟通手段，引导并塑造公众形成稳定的通胀预期。[11]

通过引入大数据视角，孙毅等人基于网络搜索行为对预期通货膨胀进行了测度，并针对网络搜索数据的特点构建了以主成分分析为核心的指数合成方法，结果表明基于网络搜索行为的通货膨胀预期指数与通货膨胀趋势高度相关。从指数的解释能力来看，由于选择领先性较强的关键词进行指数合成，所以该指数对通货膨胀具有预警预测功能。从指数应用角度来看，该研究利用网络通胀指数作为代理指标，研究了我国通货膨胀预期与实际通货膨胀之间的关系，研究结果表明，通胀预期与实际通胀具有长期稳定协整关系，且实际通胀是通胀预期的格兰杰原因，这说明我国通货膨胀预期是一种适应性预期，即对未来会通胀的预期是基于历史的真实通胀。⑫

（二）通货紧缩的威胁

Eckstein（1981）最早提出了“核心消费价格指数”（简称核心CPI）这一概念。核心CPI是指在CPI的基础上，通过统计、建模等方法去除CPI中容易受临时性、非货币因素（如自然因素、国家政策、垄断定价因素等）影响的项目，消除暂时冲击对价格的短期影响，以期反映价格水平的中长期趋势的一种指标。货币政策重点关注核心CPI，有利于中央银行识别CPI中的一些临时性因素，准确地把握未来的通货膨胀走势，从而有助于中央银行避免货币政策的失误，增强货币政策有效性。

从核心CPI来看，钮文新认为中国长期处于准通缩状态。他认为，真实CPI低于1%就属于通缩，例如当下的日本和欧洲，其大规模投放货币的重要理由就是它们真实CPI低于1%，而并非一般人理解的CPI涨幅为负。对中国而言，治理CPI的关键是抑制农业成本的不断上涨，而不是紧缩货币。管理层过去却用紧缩货币的手段压制因食品价格上涨而引发的CPI上涨。结果是：第一，中国“核心CPI”长期处于准通缩状态，尤其是当下，PPI长期处于负增长状态，这实际是“中国式通缩”，说明中国制造业的国际竞争力不断下降；第二，产业萎缩，老百姓收入提高的可能性被紧缩货币政策给打压了，同时这些年日用品、食品价格又不断地上涨，导致老百姓感觉日子过得紧巴。⑬

针对中国的通缩问题，王宇鹏和赵庆明同样认为直接根据CPI、PPI来判断一个国家或地区是否通缩或通胀并不可靠，核心CPI才是判断中国经济是否通缩比较可靠的衡量指标。衡量核心CPI主要是基于悠久性、简单性、透明性和便于公众理解性，而剔除法是目前大多数国家的央行所使用的测量核心CPI的方法。剔除法，顾名思义就是在总体价格指数中去除那些易受短期因素波动或季节因素波动的项目，主要是因为这些项目对通货膨胀的长期观察作用很小，其中最容易被剔除的项目是食品和能源类。通过使用剔除法，王宇鹏和赵庆明观察到，2014年以来，核心CPI略有下降，反映出中国经济总需求有走弱的苗头，这在出台财政政策和货币政策时是需要充分考虑的。为了避免经济进一步下滑，政府应该在三个方面下功夫：一要微调财政政策支出力度、适当提高公共财政支出比例；二要抓紧落实资金来源，强化财政政策的实施；三要调整财政支出的节奏，避免前松后紧，进一步平滑全年的支出安排。⑭

通过与1997年亚洲金融危机之后中国经历的长达五年通缩对比，许一力认为目前的PPI水平不能说明中国已经进入全面通缩的预备阶段。2013年第三产业也就是服务业的增加值占GDP比重提高到46.1%，首次超过第二产业。也就是说，目前中国的经济主体已经转变成为服务业，而PPI统计的却是制造业水平。众所周知，制造业的转型实际上带有巨大的惯性，因此其减速、停滞、去产能都会是一个漫长的过程，在这个过程中，实际上中国的经济结构正在或者说已经取得了一定的转型成效，但是这种成效在PPI上却无法得到明确的体现。因此如果单纯地以PPI数据作为判断当代中国是否进入通缩周期的标志，是肯定不对的。⑮

四、关于消费与投资问题的讨论

过去30年我国经济高速增长，主要是供给推动，随着人口红利消失和发展面临资源环境瓶颈，经济转向以创新驱动和消费拉动为主的中高速增长是必然趋势。但中高速不是不要速度，保持持续、稳定、健康的发展速度，不仅检验经济转型的成果，也是发展和民生的需要。十八大报告指出，推进经济结构战略性调整是加快转变经济发展方式的主攻方向，经济发展要更多依靠内需特别是消费需求拉动，加快建立扩大消费需求长效机制。因此，必须清楚扩大消费是调结构、稳增长的必然选择。当前我国扩大消费战略的落实首要任务应该是完善顶层设计，尽快制订全国扩大消费战略规划，使中国的消费政策从“一时一策”和“一事一策”的临时性措施向长期稳定的消费政策转变，逐步建立起扩大消费的长效机制。

（一）居民消费问题的讨论

在研究了分税制以来政府支出对居民消费的影响后，刘小川和汪利锬认为，分税制以来，政府总支出对居民消费边际倾向产生先挤入、后挤出的“倒U型”影响。在2005年，人均政府边际总支出对居民消费边际倾向产生的挤入效应达到最大值，随后转入挤出效应。每增加一单位的人均政府边际支出将会降低 0.59% ~1.25% 的人均边际居民消费倾向。在分项检验中，一般公共服务政府支出一次项和二次项均对居民消费边际倾向产生挤出效应；民生性政府支出一次项和二次项均对居民消费边际倾向产生挤入效应。经济事务性边际支出对居民消费边际倾向产生先挤入后挤出的“倒 U 型”影响。[16]

通过考察城乡人口年龄结构差异对城乡居民消费差距的影响，吴海江等人认为，城乡年龄结构差异的两项指标城乡少儿和老年人口抚养系数比与城乡居民消费差距呈现负相关关系。从核心解释变量看，城乡少儿和老年人口抚养系数比与城乡居民消费差距之间分别存在着稳健的负相关和正相关关系，并且这一影响在中国三大区域间呈现明显的差异性和规律性特征；从其他解释变量看，城乡居民收入比、物价水平比、实际利率水平比以及城乡社会保障差异与城乡居民消费差距之间呈现正相关关系，而城乡居民受教育水平差距、民生性支出和城市化水平与城乡居民消费差距之间呈现负相关关系。城乡人口年龄结构差异中，城乡老年人口抚养系数比对城乡居民消费差距的作用在理论分析与实证检验上不一致，其原因可能是现行体制下城镇老年人口的社会保障水平远远高于农村，进一步的稳健性检验也印证了这一点。[17]

通过研究封闭经济约束，陈太明和杜两省为解释居民消费过度敏感性提供了来自经济一体化的新视角。他们认为，省级居民消费存在过度敏感性，但剥离全国层面消费和收入总体波动后，敏感性会稳健地明显降低。消费过度敏感性的变动表明，省级居民消费过度敏感性主要归因于中国与其他国家之间国际商品和金融市场相对于各省份之间国内商品和金融市场的更封闭。为有效提振居民消费需求以扩大内需，亟须通过提高金融和商品贸易开放水平并拓展贸易开放的广度和深度来纠正居民消费过度敏感性，尽快完善金融体系运行机制、加快转变对外贸易发展方式、落实贸易市场多元化和产品多样化战略、降低内陆地区对外贸易的物流成本是重要政策手段。[18]

通过对乌江流域民族地区农村消费市场的研究，王山河等人认为，要促进民族地区消费市场的发展，首先，要完善农村消费市场体系，农村消费市场体系是扩大农村消费的基础条件，要不断地完善农村消费市场体系，加强农村消费市场基础设施建设，大力发展现代流通方式，优化农村消费环境，服务农村居民消费需求。其次，要切实提高农村居民收入水平，扩大农村消费，核心问题在于增强农村居民消费能力，增强消费能力，根本又在于提高农民收入水平。最后，要加快推进城镇化进程，城镇化可以提高农民收入，改善农村的消费环境，优化农民的消费结构，是发展农村消费市场的显示选择。[19]

（二）企业投资问题的讨论

关于公共投资与私人投资的关系，王延军认为，公共投资对私人投资既有正的挤入效应，又有负的挤出效应，净效应可能为正，也可能为负。资本存量对公共投资的政策效果具有重要影响，发展中国家资本存量水平较低，公共投资的挤入效应显著，而发达国家资本存量水平较高，挤出效应较为明显。公共投资是公共部门经常使用的一种财政政策，尤其是经济陷入低迷后，公共部门总是试图通过扩大公共投资，引导私人投资，扩大总需求以摆脱经济危机所带来的萧条。改革开放后，中国经济经历了不均衡的发展，东西部之间区域经济发展不平衡，公共投资的政策效果也存在较大差异，实证结果显示从整体上看公共投资对私人投资具有“挤入”效应，但由于资本存量存在差异，欠发达地区的“挤入”效应更加明显。[20]

关于企业对外投资与国内投资的关系，余官胜和杨文研究了我国企业对外直接投资对国内投资的影响。他们首先通过理论机理将影响过程分解为资金转移途径和生产转移途径，并表明资金转移途径将挤出国内投资，且这种效应的强弱取决于金融发展程度；生产转移途径的影响则取决于投资动机，横向动机企业对外直接投资挤出了国内投资，而纵向动机企业对外直接投资则促进了国内投资。进一步地，我国企业对外直接投资在总体上能促进国内投资，金融发展则在促进过程中起到了催化剂的作用；更为深入地发现较小规模的企业对外直接投资会挤出国内投资，较大规模的企业对外直接投资才能促进国内投资，这是因为生产转移的正向效应只有在企业对外直接投资达到一定规模后才能显现。[21]

五、关于房地产市场调控的讨论

房地产市场在经历多年的快速增长后，在始于 2010 年的史上最严厉的限贷限购调控政策影响下，调整开始不断加深。由于房地产调控长效机制建设即将完善，严重改变市场预期，如果说前期房地产市场投资投机性需求受到限贷限购的影响，那么近期很多放开限购的城市并未出现反弹，很大程度上就是与这种预期改变有直接关系。但房价尚未回归合理水平，房地产市场存在的深层次矛盾和问题还有待进一步解决。

（一）房价与房地产

关于预期、投机与中国城市房价泡沫的关系，高波等人认为，从时间序列来看，中国30个大中城市，2003年以前房地产泡沫较少，2005年房地产泡沫开始加速膨胀，2009年房地产泡沫膨胀剧烈，2011年房地产泡沫膨胀势头得到缓解，所有样本城市房地产泡沫演化表现出大致相似的走势。从空间来看，东部样本城市的房地产泡沫度高于中西部地区，东部地区城市住宅市场泡沫较大，长三角地区城市的房地产泡沫度最高；中西部样本城市的房地产泡沫度基本接近，中部是南昌、西部是重庆房地产泡沫最大，房地产泡沫演化表现出显著的区域差异。根据信息经济学理论，由于信息不对称、信息不充分和市场不完备，房地产市场将可能长期处于非均衡状态，产生房地产泡沫，造成市场效率损失，而依靠市场自身的力量难以校正房地产市场价格偏离均衡价格。因此，政府必须因势利导，根据不同时期和不同区域房地产市场运行的实际状况，采取动态化、差异化的房地产市场宏观调控政策，既要有一定的前瞻性，又要有适当的灵活性，适度挤压房地产泡沫，引导房地产市场逐步回归均衡状态，并寻求治理房地产泡沫的治本之策和建立健全房地产市场宏观调控的长效机制。[22]

通过研究房价变动对居民消费的影响，段忠东认为，总体上看，当房价处于低增长机制或居民收入处于高增长机制时，房价上涨对居民消费产生显著促进作用，反之，房价对居民消费的影响不明显甚至出现挤出效果；以购房首付比区分不同城市后发现，当高首付比城市的房价或居民收入处于低增长阶段，而低首付比城市的房价或收入处于高增长阶段时，房价对居民消费产生显著正向影响；可支配收入是居民消费的决定因素。因此，如果政策当局希望有效实现促消费之目标，则须在总体上将房价维持在低速增长机制，并保持居民收入较高增长。[23]

通过对中国地级市数据的经验研究，陆铭等人认为，在全球范围内，城市化水平较低的国家具有更高的房价—人均GDP比值，而在中国，城市化带来的住房需求则成为推高城市住房价格的重要原因。在控制了城市经济发展水平和城市人口规模等因素后，陆铭等人发现，外来人口（移民）占比更高的城市房价更高，表现为2000年移民占比每多出10个百分点，2005年房价就会高出8.33%。在移民占比变化更大的城市房价和房价增长率都更高，表现为2000—2005年移民占比变化每多出10个百分点，2005年房价就会高出16.17%，2000—2005年房价增长率高出18.45%。进一步的研究发现，移民占比和移民占比变化对房价的影响，主要是通过城市移民和收入水平较高的移民来实现的。[24]

（二）房地产调控与房产税

关于房地产调控的有效性，杨恒认为，随着近年来房地产业的蓬勃发展，房价一路走高，出现过热现象。政府为了应对房价过快上涨这一关系国计民生的政治性和经济性问题，出台了一系列相关调控政策，效果差强人意，收效甚微。针对房地产业“屡调屡高、屡高屡调”的怪相，杨恒认为必须要建立健全调控房地产市场的长效机制：第一，转变经济发展方式，实现产业结构升级；第二，改变单一的“功绩”评判标准，以综合指标评价地方政府工作；第三，加速保障性住房和经济适用房建设；第四，尽快成立专门调研和清理机构，提出小产权房解决方案；第五，保持房地产宏观调控的连续性和稳定性；第六，完善土地制度，改革财税体制；第七，配合人口普查建立（家庭和个人）不动产登记制度；第八，推进收入分配改革，完善财产公开制度；第九，推出优惠政策，支持二、三线城市发展。[25]

关于房产税的实施，蒋震和高培勇认为，推进房产税改革应当坚持社会矛盾最小化原则，保持房地产领域的现有税负基本稳定，考虑到广大人民群众的正常投资需求，兼顾不同类型房产，建立起税务机关直接面向自然人纳税人的征管机制，确立国家与房产所有者之间合理的增值分享机制。房产税改革宜采取“小步快走”的渐进式改革路径，依赖于现有征管手段，谋求税收征管模式的转变，“先落户、再拓展”，“先城镇、后农村”。方案选择上，宜采取“增量+高档存量”方案。免征额设计上，宜采取人均面积方案。[26]

六、关于碳排放问题的讨论

随着全球人口数量的上升和经济规模的不断增长，化石能源等常规能源的使用造成的环境问题及后果不断地为人们所重视。在此背景下，“低碳经济”应运而生，即摒弃20世纪及以前的传统增长模式，直接应用新世纪的创新技术与创新机制，通过低碳经济模式与生活方式，实现社会可持续发展。中国经济正面临着迅速实现工业化与进行结构调整、增长方式转变的双重压力。合理发展低碳经济是未来经济发展的必然趋势，也是中国实现可持续发展的必由之路。

（一）我国碳排放驱动因素的研究

关于碳排放驱动因素的研究，侯建朝和史丹以电力行业为例，认为1991—2012年，中国电力行业CO_2排放量增长了27.66亿吨。对电力行业CO_2排放增长起促进作用的因素为人均GDP、产业结构、人口总量、输配电损失量、燃料结构、居民生活电耗强度和电力净出口量，其贡献度分别为99.%、11.3%、8.1%、6.3%、3.9%、2.3%和0.4%。对电力行业CO_2排放增长起抑制作用的因素为产业部门电耗强度、发电煤耗率和电力生产结构，其贡献度分别为-15%、-11.1%和-4.6%。典型时期研究结果表明，经济增速放缓对电力生产效率和电力使用效率提升有着积极的作用。无论是区间分解还是逐年分解，结果均显示人均GDP是电力行业CO_2排放增长最主要的正向驱动因素。中国作为最大的发展中国家之一，预计未来经济还将维持较高的增长速度，随之而来的电力需求增长使得电力行业的减排面临着巨大压力。要想真正实现电力行业CO_2排放的减少，需要从电力行业产业链中发电、输配电、国际贸易和终端电力消费等环节着手，采取有利于减少CO_2排放的综合措施。[27]

（二）我国碳排放强度是否降低的研究

通过对我国碳排放强度下降的阶段性特征的研究，林伯强和毛东昕认为，中国经济还处于转型之中，经济、能源和环境之间的变化规律很有可能存在结构变化。林伯强和毛东昕探索性地对我国碳排放强度演变进行了阶段性划分，并对每一阶段碳排放强度的变化特征进行分析。结果表明，1985—2011年我国碳排放强度存在1991年、1996年和2006年3个结构突变点，形成4段不同的增长趋势。1991—1996年是我国碳排放强度下降最快的阶段，1996—2006年是经历时间最长，下降最慢的阶段。我国碳排放强度变化最重要的影响因素是生产部门能源强度的下降，且在碳排放强度的4个不同阶段中，各影响因素对碳排放强度变化的贡献率各有特点。[28]

（三）我国碳排放强度如何进一步降低的方法研究

通过构建动态可计算一般均衡（DCGE）模型，娄峰模拟分析了2007—2020年不同碳税水平、不同能源使用效率、不同碳税使用方式对二氧化碳减排强度、二氧化碳排放强度边际变化率、部门产出及其价格、经济发展、社会福利等变量的影响。研究发现，随着碳税税率的增加，单位碳税二氧化碳排放强度边际变化率呈现逐渐减小的变化趋势。相比较而言，能源使用效率越高，单位碳税的二氧化碳排放强度边际变化率越大；在能源消费环节征收破税，同时降低居民所得税税率，并保持政府财政收入中性，可以实现在减少二氧化碳排放强度的同时使得社会福利水平有所增加，从而可以实现碳税的“双重红利”效应。[29]

关于目前采用的煤炭补贴，刘伟和李虹认为，补贴引起煤炭过度消耗是导致CO_2大量排放的主要原因之一。刘伟和李虹通过价差法估算了煤炭补贴规模，分析了取消煤炭补贴的影响及其作用机制，研究结果显示，对于长期以煤炭消耗为主且肩负着巨大减排任务的中国来说，取消煤炭补贴是促进CO_2减排目标完成的一个有效途径（取消煤炭补贴可以降低单位GDP二氧化碳排放1.78%）。取消煤炭补贴有助于优化产业结构和能源消费结构，一定程度上提高能源利用效率，同时也有利于政府将煤炭补贴改革收入集中地用于社会福利再分配等。此外，取消煤炭补贴可以抑止高耗能产业过快发展，提高居民节约能源的意识，较少高耗能产品的出口。[30]

关于碳标签引领低碳消费以实现减排的方法，张露和郭晴认为，碳标签旨在向消费者传递产品在生产、加工、包装、储运、销售、使用和回收等全生命周期内各个环节二氧化碳（CO_2）的排放量，以促进厂商生产低碳产品和引导消费者购买低碳产品，实现减排目标。销售商品的碳排量占据碳排量总额的比例很大，对碳足迹进行评估可以找出产品生命周期中减少碳排量的关键环节，为实现高效减排奠定基础。因此，碳标签可观的碳减排潜力，是其能够引领低碳生产与消费、实现碳减排的逻辑依据之一。与此同时，碳标签能够为消费者作出气候友好的购买决策提供必要的信息，生产者也能够通过碳标签展示其碳减排承诺，赢得利益相关者的支持。因此，碳标签具备被生产者和消费者采纳的可能，是其能够引领低碳生产与消费、实现碳减排的逻辑依据之二。[31]

2014年中国宏观经济呈现出很多值得关注的新力量和新因素，这些新力量和新因素的出现，标志着中国宏观经济“新常态”步入新的阶段。第一，2014年房地产市场的周期性逆转是宏观经济运行中出现的新因素，未来几年中，房地产周期性调整将成为左右中国宏观经济“新常态”的重要变量。第二，大改革在党的十八届三中全会和四中全会的推动下全面拉开序幕，已对传统资源配置的政治经济运行模式带来了巨大震动，这是中国经济摆脱“新常态”，走向新增长模式的关键。第三，政府一直在倡导的“去杠杆”在2014年开始步入实质性阶段，初见成效。各种金融杠杆的回落将成为未来“新常态”的新内容。第四，“微刺激”虽然常态化，但政策效果却出现递减的迹象。宏观经济政策调控在“稳增长”中实施的传导机制已经发生根本性的变化，利用“大改革”来重构宏观经济政策的传导机制已经成为未来的核心。

2015年将是中国大改革与大调整全面推进的关键年，也是中国经济新常态全面步入“攻坚期”的一年。新常态的四个典型特征将进一步持续，2014年出现的四大新因素还将进一步扩张，宏观经济将面临更大的冲击，各类参数可能出现更多的变异和超预期的变化。增速的持续下滑、结构的持续调整、房地产进一步的周期调整以及改革力度的全面提升，决定了2015年不仅是中国经济转型承上启下的关键年，也是新常态中最艰难的一年。

注：

①余斌：《中国经济进入新常态，速度应当服从质量》，《中国发展观察》，2014年第12期。

②刘伟、苏剑：《“新常态”下的中国宏观调控》，《经济科学》，2014年第4期。

③张燕生：《结构调整新常态的特征和前景》，《中国金融》，2014年第14期。

④张远军：《城市化与中国省际经济增长：1987—2012——基于贸易开放的视角》，《金融研究》，2014年第7期。

⑤张彧泽、胡日东：《我国城镇化对经济增长传导效应研究——基于状态空间模型》，《宏观经济研究》，2014年第5期。

⑥柯善咨、赵曜：《产业结构、城市规模与中国城市生产率》，《经济研究》，2014年第4期。

⑦张占斌、黄锟：《我国新型城镇化健康状况的测度与评价——以35个直辖市、副省级城市和省会城市为例》，《经济社会体制比较》，2014年第6期。

⑧宋立：《劳动力与消费者“分离式”城镇化——劳动过剩经济体的全球化现象还是中国特色问题?》，《经济学动态》，2014年第5期。

⑨魏后凯：《中国城镇化进程中的两极化倾向与规模格局重构》，《中国工业经济》，2014年第3期。

⑩何运信、沈宏、耿中元：《居民与专家通货膨胀预期的差异及两者间关系——流行病学模型在中国的检验》，《金融研究》，2014年第5期。

⑪马文涛：《全球视角的通货膨胀预期管理：历史经验与现实启示》，《数量经济技术经济研究》，2014年第11期。

⑫孙毅、吕本富、陈航、薛添：《大数据视角的通胀预期测度与应用研究》，《管理世界》，2014年第4期。

⑬钮文新：《中国“核心CPI”长期处于准通缩状态》，《中国经济周刊》，2014年第27期。

⑭王宇鹏、赵庆明：《中国通缩了吗》，《中国经济报告》，2014年第6期。

⑮许一力：《中国离通缩有多远》，《金融博览（财富）》，2014年第11期。

⑯刘小川、汪利锬：《居民消费与最优政府支出：理论与动态估计》，《财贸经济》，2014年第7期。

⑰吴海江、何凌霄、张忠根：《中国人口年龄结构对城乡居民消费差距的影响》，《数量经济技术经济研究》，2014年第2期。

⑱陈太明、杜两省：《封闭经济约束与城乡居民消费过度敏感性变动》，《经济理论与经济管理》，2014年第1期。

⑲王山河、胡加、杜兴端：《中国农村消费市场开发与对策研究——以乌江流域民族地区为例》，中国经济出版社，2014年版。

⑳王延军：《公共投资对私人投资的政策绩效分析》，《审计研究》，2014年第3期。

㉑余官胜、杨文：《我国企业对外直接投资是促进还是挤出国内投资——影响机理与实证检验》，《国际商务》（对外经济贸易大学学报），2014年第6期。

㉒高波、王辉龙、李伟军：《预期、投机与中国城市房价泡沫》，《金融研究》，2014年第2期。

㉓段忠东：《房价变动对居民消费影响的门限测度——基于中国35个大中城市的实证研究》，《经济科学》，2014年第4期。

㉔陆铭、欧海军、陈斌开：《理性还是泡沫：对城市化、移民和房价的经验研究》，《世界经济》，2014年第1期。

㉕杨恒：《我国房地产调控有效性分析》，《宏观经济研究》，2014年第4期。

㉖蒋震、高培勇：《渐进式推进个人房产税改革》，《宏观经济研究》，2014年第6期。

㉗侯建朝、史丹：《中国电力行业碳排放变化的驱动因素研究》，《中国工业经济》，2014年第6期。

㉘林伯强、毛东昕：《中国碳排放强度下降的阶段性特征研究》，《金融研究》，2014年第8期。

㉙娄峰：《碳税征收对我国宏观经济及碳减排影响的模拟研究》，《数量经济技术经济研究》，2014 年第 10 期。

㉚刘伟、李虹：《中国煤炭补贴改革与二氧化碳减排效应研究》，《经济研究》，2014 年第 8 期。

㉛张露、郭晴：《碳标签推广的国际实践：逻辑依据与核心要素》，《宏观经济研究》，2014 年第 8 期。

（作者：方芳，中国人民大学教授；汤海波，中国人民大学研究生）

法　学

法　理　学

冯玉军　孟祥菡

一、重要的学术研讨会与著述

2014 年，全国法学理论界对大量理论与实践问题展开了广泛而深入的探讨和研究，对法治中国建设、法治与国家治理现代化、司法与多元纠纷解决机制、法律全球化、一般法律理论、法律文化与法学流派等等都有深入的讨论，取得了众多研究成果，发表了一大批研究论著。

北京地区的法理学者、专家们本着务实、创新的探索精神，也对中国法学理论研究的诸多重点、热点问题进行了深入研讨。

本年度，北京地区召开了一系列学术研讨会，主要有：

2 月 23 日，由北京大学法学院、北京大学沈宗灵法学基金举办的“正义与制度构建”研讨会在北京大学法学院召开。会议分为四个专题“正义基本理论（一）”“正义基本理论（二）”“正义与司法”“正义与社会建构”等，就正义与制度构建议题中亟待研究和解决的问题进行了深入探讨，不仅为学理研究提供了宝贵的经验，更为政策研究、制度设计贡献了重要建议，具有重大的意义。5 月 24 日，由中国人民大学法律与全球化研究中心、《Frontiers of Law in China》杂志社和国家社科基金重大项目《法治评估创新及其在中国的应用研究》课题组联合主办的“法治评估：普遍性与特殊性”国际研讨会在中国人民大学法学院成功召开。来自中国大陆、澳门地区、日本、韩国和美国等国家和地区的专家、学者和法官围绕“现代法治：普遍性与特殊性”“法治中国：法治评估的实践”“法治评估：可能性与可行性”“全球法治：世界法治指标评析”四个主题展开热烈讨论。6 月 21 日，由中国人民大学国家发展与战略研究院、中国人民大学法学院、中国人民大学法律与宗教研究中心和北京联合大学北京膜拜团体与宗教文化研究中心联合主办的“行动中的中国宗教法治——纪念《宗教事务条例》颁布十周年”学术研讨会在中国人民大学法学院召开。6 月 22 日，由中国社会科学院法学研究所和《环球法律评论》编辑部共同主办的“法治与改革”学术研讨会在京召开。与会老中青三代专家学者畅所欲言，从“法治与改革的法理”“司法体制改革”“法治与政治”“法治的历史与经验”等多个视角对“法治与改革”这一主题进行了深入的交流与探讨。7 月 6 日，由中国人民大学台湾法律问题研究所、武汉大学两岸及港澳法制研究中心、北京联合大学台湾研究院联合主办的“台湾法律问题学术研讨会”在北京静之湖酒店成功召开，会议集中讨论了“两岸协议监督条例”及“民进党冻结台独党纲”等有关议题。8 月 26—27 日，中国法学会立法学研究会 2014 年学术年会在甘肃省兰州市召开，年会以“人大制度完善与科学民主立法”“立法改革与地方立法”“党的领导与人大立法”等为主题，来自全国各地的 120 余名专家学者参加了本次会议。9 月 4 日，由中国法学会主办的第九届中国法学家论坛在北京大学隆重举行。本届论坛以“全面深化改革与法治”为主题，20 余位著名法学家发表主题演讲，为全面深化改革和推进法治中国建设献计献策。9 月 17 日下午，由中国法学会主办，中国法学会立法学研究会、中国人民大学法学院承办的“《立法法》修正案（草案）研讨会”在中国人民大学法学院召开。来自中国法学会、中国人民大学、中国政法大学、中国社会科学院、中央党校、北京师范大学等单位的专家学者围绕着《立法法》修改过程中的若干重点难点问题进行了深入的讨论和交流，对《立法法》的修改提出了诸多中肯的建议。9月25日，由中国人民大学法学院和法国图卢兹第一大学联合主办、中国人民大学法律文化研究中心承办的“中法法律、司法和法学家的对话之过去与当下”国际研讨会在中国人民大学法学院召开。与会嘉宾分别围绕“清末以来的法律交流”、“民国时期的法律文化”以及“当代的法律对话”等三个议题，就中法两国不同时期在法律领域的相互交流和相互影响展开热烈探讨。10月18日至19日，由中国法理学研究会主办，南京师范大学法学院承办的中国法理学研究会2014年年会暨“推进法治中国建设的理论与实践”学术研讨会在南京隆重召开。来自中国人民大学、北京大学、清华大学、中国社会科学院法学研究所等高校和科研机构的北京地区专家学者与会。会议围绕着“法治与法治中国建设的一般理论”、“全面推进依法治国的实践”、“法治与国家治理体系和治理能力现代化”和“司法改革与司法公正”等主题展开理论与实践层面的深入讨论。由中国社会科学院主办、中国社会科学院法学研究所承办的“依法治国与法治中国”国际研讨会11月8日至9日在中国社会科学院举行。与会中外学者围绕“法治与国家治理”“法治与宪法”“法治与司法体制改革”“法治与经济社会发展”等议题，以提交论文和大会发言的形式开展了广泛而深入的学术交流与讨论。为了全面贯彻落实《中共中央关于全面推进依法治国若干重大问题的决定》，中国法理学研究会于11月22日在北京主办了“中国特色社会主义法治理论、法治体系与法治道路”学术研讨会，山东大学法学院承办了此次会议。会议主要围绕“中国特色社会主义法治理论”“中国特色社会主义法治体系”“中国特色社会主义法治道路”三个主题展开。11月23日，由中国人民大学主办、中国人民大学法学院承办的“中国人文社会科学论坛2014”在中国人民大学逸夫会堂举行。论坛的主题是“法治中国：推进国家治理体系和治理能力现代化”，旨在进一步落实十八届四中全会精神，推进国家治理体系现代化。本次论坛包括三个分论坛，以“法治中国与社会治理”“法治中国与传统文化”“完善中国特色社会主义法学理论体系暨庆祝孙国华教授从教六十四周年”为主题，分别为全面进行社会治理和实现法治中国提供理论指导，发现传统文化对当代中国法治的启示，进一步完善中国特色社会主义法学理论体系，并向共和国法治历程的见证者——从教六十四周年且迎来九十华诞的孙国华教授致以崇高的祝贺和诚挚的敬意。12月17日，“司法判例制度比较研讨会”在中国人民大学法学院举行。本次研讨会由中国人民大学普通法中心、英中协会、中国行为法学会法律语言文化研究会共同主办，来自中国人民大学法学院、北京大学法学院、清华大学法学院、中国政法大学、北京理工大学法学院等专家学者与来自英国最高法院、伦敦皇家刑事法院、地区治安法院以及伦敦司法学院等英国法官、学者围绕着“司法判例制度的界定与比较”和“中国司法判例制度现状与完善”两个主题进行了学术交流和探讨。12月20日，由中国审判理论研究会、中国人民大学、中国政法大学、中国老年法律工作者协会联合主办的“谢觉哉法治思想研讨会”在全国政协礼堂举行。来自全国各地的专家学者、司法实务人员共一百余人围绕着谢觉哉法治思想进行了广泛而深入的交流，不仅对谢觉哉法治思想这一主题进行了全面探讨，同时还聚焦法律实务，为当前的法制建设事业提供了诸多有益的意见和建议。12月21日，中国案例法学研究会在北京大学法学院召开以“具体法治：个案公正与冤狱防范”为主题的2014年年会，本次年会由中国案例法学研究会主办，北京大学法学院承办，清华大学法学院、中央财经大学法律援助中心、北大法律信息网、北京市中闻律师事务所共同协办。12月24日，彭真民主法制思想研究学术研讨会在中国人民大学法学院举行。研讨会主题为：“贯彻落实十八届四中全会决定精神，研讨依法治国、彭真民主法制思想与人民代表大会制度”。与会专家学者学习了党的十八届四中全会精神，结合彭真同志民主法制思想，围绕法治中国建设，探讨了实现党的领导、人民当家做主和依法治国三者统一等重要问题。10月26日，中国法学会法律文书学研究会2014年学术年会在北京举行。与会代表180余人围绕法律文书公开的基础理论、文书公开的机制与内容、裁判说理与文书质量、法律文书的实证研究等专题展开了深入的研讨和交流。

除了举办和参与各种学术会议外，北京地区的学者本年度出版的著述主要有：孙国华著的《马克思主义法学与社会和谐》，朱景文主编的《中国人民大学中国法律发展报告（2013）：法学教育与研究》，朱景文著《比较法总论（第三版）》，舒国滢著《法哲学沉思录》，舒国滢主编《法学方法论论丛（第二卷）》，朱力宇主编《彭真与我国的社会主义民主法制建设——国内关于彭真民主法制思想的研究》，史彤彪著《孟德斯鸠错了?》，高其才著《司法制度与法律职业道德（第二版）》，高鸿钧、鲁楠、余盛峰著《法律全球化：中国与世界》，许身健著《法律职业伦理》，何珊君著《法社会学新探：一个学科框架与知识体系的构建》，刘作翔著《权利与规范理论——刘作翔法学文章与读书笔记选》，李林、基莫·诺迪欧主编《人权保障与法治建设：中国与芬兰的比较》，苏力主编《法律和社会科学．第13卷第1辑》，黄宗智、尤陈俊主编《历史社会法学：中国实践的法史和法理》，李林、莫纪宏等著《中国法律制度》，王立峰著《法治中国》，刘坤轮著《中国法律职业伦理教育考察》，冯玉军总主编的《朝阳大学先贤文集》（《江庸文集》、《李大钊文集》、《郁嶷文集》、《戴修瓒文集》），高全喜著《寻找现代中国：穿越法政与历史的对谈》，沈宗灵主编《法理学（第四版）》，苏力著《制度是如何形成的（增订版）》。

此外还有一系列翻译著作，主要有高鸿钧、鲁楠等译的（美）詹姆斯·J. 赫克曼、罗伯特·L. 尼尔森、李·卡巴廷根合著的《全球视野下的法治》，刘坤轮译的汤姆·坎贝尔的《法律与伦理实证主义》，尹超译的W. 布拉德利·温德尔的《法律人与法律忠诚》，苏力译的理查德·波斯纳的《波斯纳法官司法反思录》，鲁楠、王淇译的罗纳德·德沃金著的《民主是可能的吗？——新型政治辩论的诸原则》8月，李红勃、李璐怡译的本杰明·卡多佐著《法律的成长》，孙海波、王进译的安德瑞·马默著《法哲学》。

二、研究热点与创新

综观本年度，北京法理学界探讨和研究的重点与热点主要集中在以下六大方面。

（一）法治中国建设研究

李步云教授在“推进法治中国建设的理论与实践”学术研讨会上指出，全面落实依法治国，加快推进法治中国建设可以用10个标准、40个字来衡量，即法律平等、依法行政、司法独立、程序公正、法制完备、权力制衡、人权保障、法律至上、党要守法、主权在民。从全面推进的角度看又可以从八个方面来予以限定，即人大民主立法、执政党依宪执政、政府依法行政、社会依法治理、法律监督体系完善、法律服务机制健全、法治文化繁荣昌盛。[①]

有学者认为全面推进依法治国，要求进一步加强党与人民群众的血肉关系，在群众路线教育实践活动中，在法制建设方面端正认识，完善制度。地方立法制度、法院独立行使审判权、宪法监督制度和依法执政四个重要问题值得研究、改进，文章对此作了分析。[②]

有学者认为中国社会具有五个独特的社会现象，分别是几千年的人治传统，全面推进法治的制度重构、社会转型提出的棘手问题、社会发展的内在矛盾阻碍法治发展以及党的核心地位，这五个方面是我们在“法治中国”建设过程中必须考虑和认真解决的问题，都涉及如何制约和监督公权力的核心问题。文章认为法治中国建设的战略任务应当以建立健全权力制约和监督体系和深化司法体制改革为突破口，建立公开、廉洁、高效的法治政府，从而带动全方位的法治中国的建设。建立行之有效的权力制约监督体系和深化司法改革需要采取八项措施。[③]

有学者认为需要充分肯定“法治中国”的宪法意义，但也要分析其宪法上的界限，尽可能把政治话语转化为法律话语，以学术逻辑阐释“法治中国”的丰富内涵。“法治中国”的“中国”不宜直接解释为“中华人民共和国”，当我们分析法律思维与国家意识时需要考虑“中国”与“国家”的关联性。同时，“法治中国”作为政治话语，不应代替作为法律概念的“法治国家”，也不应削弱“法治国家”的规范意义。“法治中国”的实现要通过宪法治理，不能超越宪法。文章认为，在法治标准与发展问题上，过于“地方化”的思维是需要改进的，对地方“法治化”的控制也是“法治国家”应有之义，要全面树立国家法治的权威，推行“国家”法治，消除法治的地方化倾向。[④]

有学者认为“法治中国”归根究底需要完成法治的中国化，而这一进程实际上是法治的个别化，甚至只是法治个别化的一种模式；要实现“法治”的理想，中国很可能要先从建构法治的个别化模式出发，最终走向现代文明社会共通的法治社会。文章通过对英、德、法三国在近代时期所形成的不同的个别化的法治模式的分析，认为当今中国应该重返传统法治文化观念的基底，重视中国文化传统中公共权力自我约束观念的现代意义，同时锐意吸收西方主流法治国家有关法治的要义，形成一种兼容并包的、面向未来的开放性的法治观念。[5]

有学者认为十八届三中全会高度重视未来法治建设，不仅提出指导思想，还相应地作出精密的实施安排。在立法方面，其所强调的科学立法，既包括逻辑科学立法也包括社会科学立法。在要求民主立法的同时，也需要顾及到立法的专业化。在行政执法方面，对行政权的制约是关键，依法行政是法治政府的核心内涵。在司法方面，要实现在依法和公正精神指引下的独立审判。[6]

（二）法治与国家治理现代化研究

有学者认为法治是治国理政的基本方式。加快法治建设对于全面推进依法治国、促进国家治理体系和治理能力现代化具有决定性意义。文章旨在通过对国家治理体系和治理能力现代化的含义、内部结构及研究背景的全面、深入阐释，提出促进我国国家治理体系现代化建设的七大目标以及国家治理能力现代化建设的三大目标，并从目标、手段和路径三个层面分别诠释实现我国国家治理体系和治理能力现代化的基本要求。[7]

有学者就法治的可比性及其评估做了研究，认为法治是普遍性与特殊性的结合，是有界限的。法治评估都建立在可比性的基础上。在中国做法治评估的时候，类型化的处理至关重要。法治要考虑六个方面的内容：立法、行政执法、司法、非诉讼纠纷解决、法律服务及法学教育。法治评估的关键问题就是：究竟什么是法治？靠什么指标来评估法治？依据党的十八届三中全会关于治理体系和治理能力的改革目标，文章提出在法治评估中，把“治理体系指标、治理能力指标、治理效果指标”作为三个一级指标，然后每个一级指标分为若干个二级指标，对整个中国的法治发展状况做出尽可能客观、合理的评估。[8]

有学者指出法治作为一种全球性意识形态，是迄今为止人类社会所能找寻到的最优的治国理政方式。选择法治，就意味着主张规则之治、法律之治、良法之治，并认可法治是善治的价值符号。中国在迈向法治的道路上，经历了分歧、确认、追仿、彷徨等不同阶段，法治建设的徘徊反复归因于法治主义立场的摇摆模糊。法治评估是法治实践的最新形态，简约而坚定的法治主义立场是法治理论与实践有效对接的桥梁。建构中国特色社会主义法治体系，建设社会主义法治国家总目标的实现，任重而道远，关键在于法治理论的践行。[9]

有学者认为改革开放以来，我国的法治建设经历了三个阶段。从1978年到1996年，治国理念完成了向法制的转变，初步实现了社会治理的法律化和制度化。从1997年到2011年，以“依法治国”载入宪法为标志，实现了从法制到法治的第二次飞跃。从2012年至今，党的十八大乃至十八届四中全会，对全面推进依法治国做出新的战略部署，揭开了中国法治建设的新篇章。这一历程鲜明体现了法治中国建设的模式特征，展现了亮点与困难同在、机遇与挑战并存的情形。未来随着全面深化改革的推进和社会关系的变化，我国的法律体系建设和法治实践也将不断发展和完善。[10]

有学者认为国家治理的主要要素有五项：国家治理主体、国家治理客体、国家治理目标、国家治理方式、国家治理手段。国家治理在向现代化转型过程中，这些要素将发生深刻的变化，使之与传统的国家治理形成鲜明的对比。国家治理由传统国家治理向现代国家治理转型，其治理主体的主要变化是由单一向多元转型，治理客体由被动、单向向立体、主客体互动转变，治理目标由以统治秩序为本向以人为本转变，治理方式由恣意、神秘化转变为透明、规范化，治理手段由人治、权术之治转变为法治、文明之治。[11]

有学者对国家治理现代化建设中司法改革尤其是人民法院的司法改革问题予以研究，以上海法院的司法改革试点方案为例，探讨了四个如何保障的问题。人民法院进行司法改革如何保障宪法的权威，如何保障法官依法行使职权，如何保障法官队伍的稳定，如何保障法院的行政工作。文章认为人民法院的司法改革工作如果不把这四个方面的问题解决好，法院的司法改革很难成功，也难以达到预期的目标。文章建议先做好顶层设计，通过设立司法改革专门机构进行研究，提出宪法基础上的国家司法制度的全面改革设计，通过立法机关批准，统一实施，而不是以各个司法机构各行其是、各显其能、多龙治水的打乱仗的方式进行司法改革。[12]

有学者认为在国家治理体系和治理能力现代化这样的大背景下探讨司法改革，很有必要探讨司法在国家治理中的地位和作用。司法的初始功能就是定纷止争，即通过对具体案件的审理或处理来化解矛盾，解决纠纷，明确权利义务，恢复社会秩序，维护社会安定。使宪法赋予的权利得到切切实实的保障的关键在于司法，通过宪法性的诉讼来阐述宪法的要义，确认宪法的权威，落实宪法的要求，保障宪法的权利。文章还对司法在建立和维护社会主义市场经济中的作用以及规制公共权力、保障个人权利方面的作用的不足予以分析，指出我国现行法律体系缺乏对司法的界定和司法功能的定位，而这是一个很重要的问题，要把它上升到国家治理现代化的高度来认识。[13]

有学者对国家治理现代化的标准问题做了研究，文章首先讨论了如何理解国家治理体系的问题，认为国家治理体系是指实现国家治理的道路、理论、制度、政策、方法的综合体现，国家治理体系是一个历史的、结构性的概念，对于国家治理体系应结合时代的背景和要求加以理解。国家治理体系应当包括党的体系、国家（机构）体系和社会体系，治理体系的领域包括经济治理、政治治理、文化治理、环境治理、军事治理等领域。文章认为国家治理现代化的衡量标准应当符合时代的内涵和要求，符合国家治理与时俱进的价值追求。现代化的标准既要从纵向方面考量我国历史的进步方向，又要从横向方面考量世界潮流的总体走向。我国正处于社会主义初级阶段和社会的转型期，其走向现代化的标准，应当包括民主治理、法治治理、公正治理、文明治理、清廉治理和高效治理。[14]

有学者认为"把权力关进制度的笼子里"要解决两个问题：一是笼子的问题，我们需要打造什么样的笼子才能关得住权力；二是谁来关的问题，谁能把权力关进这个笼子里。这两个问题解决好了，就可以实现治官、治权（力）的目标，从而为国家治理现代化奠定必要的基础。以法治的思维治官、治权（力），这个笼子当然就是法律。在"谁来关"的问题上，存在着主体错位或缺失的问题。监察机关、检察机关在反腐败问题上不能发挥正常作用，必须依靠执政党的纪律检查委员会"清理门户"达到反腐目标。要真正做到把权力关进制度的笼子里，除了继续完善法律体系、打造好制度的笼子外，还需进一步健全制度，确保人民享有和行使把权力关进笼子里的基本权利。[15]

有学者指出公开透明制度建设与民主、法治和国家治理现代化制度建设密不可分。国家治理现代化，就是要走向"善治"。对于我国来说，向"善治"这一目标迈进的一个基础性的步骤或措施，就是加强公开透明制度建设。公开透明制度是民主、法治和国家治理现代化的基础，是让人民当家做主、治理国家的基本要求。公开透明制度是制约权力的重要措施，是实现国家稳定、可持续发展和包容性增长的保障，是加强我国法治建设的重要手段。加强公开透明制度建设也有利于我国参与国际经济合作和全球治理。[16]

有学者认为与成熟法治国家的情况不同，探索编制一套以经济社会发展为坐标、以分析法治状况与经济社会指标的相关性为核心内容的"法治国情指数"，可能有助于推进我国的法治国情研究，并服务于宏观的法治决策。"法治国情指数"既不完全等同于国内各级党政部门已经普遍开展的、主要用于工作考核的法治评价指标体系，也有别于国际上通行的单纯评价法治状况的"法治指数"。[17]

有学者认为世界法治指数和法律与发展运动关系密切，其早期实践可追溯至 1971 年美国梅里曼等人从事的法律制度定量研究。在 20 世纪 80 年代第二次法律与发展运动时期，国际政策界对法治的热情催生了世界银行治理指数与世界正义工程的世界法治指数，并产生深远影响。但国际学术界对法治指数始终存在正反两种评价。从比较法的视角来看，世界法治指数是继法系地图、国别地图之外的一种新的世界法律地图绘制方式，具有简化、歪曲、引导、暗示和传播五种特性；同时它也是全球化时代法律散播的新形式，在进口来源、散播层次、散播路径、散播解释方面具有多样性，在散播效果方面具有长期性。20 世纪 90 年代以后，法治评估及指数研究引入中国并取得长足进步，但其方法论引起法学界的反思，我们应从比较法学界对法治指数的批判分析中汲取经验和教训。[18]

（三）司法与纠纷解决机制研究

有学者认为司法体制改革若用经济体制改革"摸着石头过河"的做法，既不利于国家法制统一，也无视了国际公约和法治发达国家现成的经验。因此，从"顶层设计"的角度看，改革遵循司法规律乃是一条安全的捷径。从司法权本质上是裁判权的属性来看，司法改革无疑应该遵循证据裁判规律。遵循证据裁判规律来进行司法改革的"顶层设计"，需要考虑以下几个问题：第一，将证据制度建设作为司法改革的首要任务；第二，用证据规则来规制司法权力；第三，保护当事人的证据性诉讼权利；第四，以证据裁判原则来指导法官员额制改革；第五，证据裁判要求控辩平衡；第六，依据证据裁判原则更新司法理念。[19]

有学者认为十八届三中全会提出，今后我国的改革将采取"摸着石头过河"与"顶层设计"相结合的方式，这使得法律界对通过顶层设计进行司法改革充满了期待。所谓顶层设计，是指决策者统筹内外政策和制定国家发展战略的重要思维方法。文章认为顶层设计需要一定的条件和能力，而目前这些条件和能力不够充分，主要表现在人民是司法改革和法治建设的主体和动力，然而，改革的方案、目标、进路的确定却缺少民众的广泛参与，也并未形成普遍的共识；制度设计的科学性和系统性较低；司法改革的参与主体主要是司法机关和法律界，改革主要通过各部门的权力与利益博弈实现。一些改革往往是各机关、部门利益博弈的结果，并未充分考虑社会公共利益和民意，缺少系统性及合理性，风险和问题未得到充分论证，其发展存在较大的不确定性。[20]

有学者对司法改革取得进展和成功，有司法改革的依据、司法改革的目标、司法改革的方式方面的三盼。首先文章盼望由全国人民代表大会在中央决策的基础上作出专门的关于司法改革的决定，或者由全国人民代表大会授权全国人民代表大会常务委员会作出专门的关于司法改革的决定。这样，我国司法改革的法律依据就比较充足，也符合法治国家的基本要求。其次，盼望司法改革的目标真正以民为本，真正一切从民众利益出发，真正着眼于维护最广大人民的根本利益，真正解决中国人的问题。最后，盼望司法改革的方式是在法治轨道上推进，按照法治的理念、法治的精神、法治的方式、法治的手段来进行。[21]

有学者认为实现司法机关依法独立公正地行使职权，简言之实现司法独立，是司法规律的内在要求，对于建设法治中国，建立现代国家治理体系至关重要。文章指出司法权的性质、法治的本质、司法权在现代国家治理体系中的地位、司法机关在现代国家中的功能都要求司法独立。而在社会转型过程中，司法独立需要艰苦努力才有可能实现。深化理论研究、实现观念转变，做好带有试错机制的整体规划，扎实、有效地推进司法体制和工作机制的变革，逐步实现司法独立这两项工作对司法独立的实现非常必要。[22]

有学者认为实践中，影响人民法院、人民检察院依法独立公正行使职权的因素整体上可以归结为两大类，即司法的地方化和司法的行政化问题。文章指出司法去地方化不是要"司法垂直管理"，司法去地方化的合宪（法）路径是将这些人事提名权上提至省级党委，由省级党委决定人事提名，并由地方各级人民代表大会及其常委会予以任免即可。司法去地方化所针对的对象是司法行政性事务，而不是司法事务。文章认为司法去地方化中的人大监督问题的核心问题是，如何看待地方人民代表大会否决法检工作报告的性质及其约束力问题。[23]

有学者指出本轮司法改革由最高决策层以顶层设计方式启动，意味着权能、资源和责任将在法官、检察官等微观的主体层面重新分配。改革的初始条件、环境或对象是作为"紧密型组织"的法院行政化管理及审判的"集体决策/责任扩散"机制与各种外部因素之间通过复杂的互动或"博弈"过程而形成的脆弱均衡。决策者推进司法改革应当是出于某种政治决断，改革的内容指向"审判独立"，其归结可能是促使"司法独立"的进一步实现。[24]

有学者认为司法判例制度是一个国家或地区中涉及司法判例的选编、发布、内容、效力、引用、推翻之规则的总和。承认判例法的国家有司法判例制度，不承认判例法的国家也有司法判例制度。司法判例制度起源于自然法的发现和习惯法的传承，而且在神明裁判中留下沿革的痕迹。司法判例制度的变化受到制定法发展的影响。制定法强则判例弱，制定法弱则判例强。于是，英美法系国家和大陆法系国家的司法判例制度走上不同的发展道路。近代以来，两大法系的司法判例制度又呈现出融合的趋势。当下中国的"案例指导制度"需要改进和完善。[25]

有学者认为国际社会对检察官职业伦理的基本共识和一般要求集中体现在联合国《检察官角色指引》和国际检察官联合会《检察官专业责任守则和主要职责及权利的声明》中。于是基于这两份文件，撰文对检察官职业伦理的主要内容作法律义务和道德义务上的类型化分析，辨析道德和伦理的联系和区别，指出检察官职业伦理与检察官个人伦理、法官职业伦理以及律师职业伦理等存在的差异，抽象出检察官职业伦理以修善为指向，以修独、修睦为基本的内容结构。[26]

有学者指出申诉制度在当代世界各国受到普遍重视，逐步发展为一种新型的非诉讼救济机制，并向多种行业和领域拓展，显示出新的社会治理模式对现代传统体制、理念、程序和技术等多方面的超越与发展。同为申诉制度，我国的信访制度却面临着诸多危机。在以往的各种改革建言中，既有废除信访或取消其救济功能的主张，也有借鉴国外申诉（监察）专员制度对其进行重构的建议。新一轮信访改革推出了一系列完善信访救济功能的措施，同时也在探索以正式法律程序替代信访的思路，其中隐含着一种深刻的内在矛盾。在我国，直接移植西方申诉专员制度难以实现，但借鉴其思路，将信访作为行政性申诉救济机制加以重构，发挥其替代诉讼的功能则具有建设性和可行性。由于信访面临的困境不仅是制度设计的问题，还有着深刻的体制、文化和社会根源，因此，其改革将是一个复杂的系统工程和历史进程。在“顶层设计”难以实现的情况下，“摸着石头过河”式的渐进式改革也不失为理性之路。[27]

（四）法律全球化理论研究

有学者认为全球化是现代性的延伸，具有脱域属性。在全球化时代，法律作为社会关系的一种规则表现，亦具有脱域的特点与表现形式。在法律全球化过程中，比较法对全球化有特殊敏感性，它所具有的比较方法、多层视角、脱域取向与反思效果等理论优势，有助于形成解释法律全球化现象的新理论。但传统比较法存在的四个缺陷，即西方中心论、国家中心论、功能比较论与私法中心论阻碍了此一理论抱负的实现。20 世纪 90 年代以来，西方比较法学界正孕育一轮比较法的范式革命，而中国比较法需要从古今与中西、内部与外部、自主与开放、理论与实践、支配与解放五种关系的反思中寻找新的道路。[28]

有学者指出法律全球化表现在不同维度，既有自上而下的法律全球化，也有自下而上的法律全球化，还有新商人法那样特定领域“横行”的法律全球化。法律全球化对民族国家政治秩序和法律体制提出了挑战。当代关于法律全球化的主要理论范式对于思考如何应对这种挑战，具有重要启示，但它们也存在某些缺陷。在法律全球化中，中国既面临挑战，也面临机会，只要深化改革，推动开放，就能变被动为主动，并对构建合理的国际、跨国和全球政治与经济秩序，做出较大贡献。[29]

有学者认为法律全球化既体现为国内法律秩序的国际化，也体现为各种“超国家法”与“跨国法”的大量涌现。“超国家法”体现了高度的政治化特点。与此相对，全球跨国法一直体现出了高度去政治化与民间性的特点，发展迅猛。此种局面的形成，与近代国际法发展史所体现出的现实主义性质高度相关。然而，近十多年，“跨国法”不断反作用于国际政治与国际关系，使后者在义务性、精确性与授权性三个维度，体现出了不断法律化的特征与趋势。如果将法律化的概念由硬法扩大到软法层次，就更是如此。中国的国际战略与外交哲学，必须适应国际关系法律化的发展趋势。[30]

（五）一般法律理论研究

有学者对中国法学研究格局的流变进行了研究，认为政法法学对法律学术的影响总体上日渐式微，最多只是在大学本科甚至新生中还有些许影响，但是它对中国当代的政治法律实践仍然保持着一定的影响。在过去十多年里，法学界出现了一些学术研究的政治倾向显著偏“左”的法律学人，比如冯象的研究和政治宪法学的研究。文章对法教义学、社科法学进行了界定，认为社科法学与法教义学的关注领域有重叠却不重合。文章还对部门法学研究的社会科学转向做了研究，并讨论了社科法学的几个问题。该学者毫不掩饰对经验研究、社科法学的偏爱，指出中国的法学出路并不在于理论上的交战。[31]

有学者指出对法教义学的误解经常从“法条主义”这个概念开始，文章认为法教义学并非不关注经验知识和价值判断，而是致力于将它们“教义化”和“类型化”，以便省却今后裁判的论证负担。法教义学与社科法学两者真正的区别并不在“名分之争”，而需要从裁判理论、法概念论、法学理论三个层面来认识。法教义学坚持对于法律事业的内在态度，是一种典型的“法学内的法学”。它所主张者不外乎三点：认真对待法律规范、法律是一种规范、法学应坚持规范性研究的立场。[32]

有学者从学术史的角度剖析社科法学与法教义学二者之争背后的一些重要问题。“法教义学”虽然在中国法学界较为普遍的使用只有十来年的时间，但在德国乃至欧陆却有着悠久的传统。法教义学与社科法学所借助的理论资源存在差异，法教义学和社科法学之争，某种程度上乃是德国法学传统和美国法学传统在中国法学界的狭路相逢。文章认为对今天的中国法学研究而言，真正有助益的不是两个正在成长的学派之间那种意气化的、截然对立式的立场宣示，而是在立足于中国法律实践和充分了解对方的基础上的彼此欣赏和互鉴。[33]

有学者认为在概念法学的乌托邦被破除之后，法官如何做到既受“规范拘束”又能兼顾“个案正义”，一直以来成了法学方法论上的一个难解之谜。疑难案件的频发和社科法学的异军突起，使得法教义学陷入了一种十分尴尬的境地。由于“依法裁判论”和“自由裁量论”两种对待疑难案件的极端裁判理论，均未能成功地回答法官在落实疑难个案中的正义时又如何能受到规范的拘束，以价值判断为核心综合平衡论应运而生。通过遵循形式规则、融贯性和最小损害原则，它可以达到捍卫疑难案件裁判中法律属性的基本立场，同时又可以最大限度地确保司法判决的确定性。[34]

有学者认为古老的法学总是一个需要不断重识的

"陌生的熟人"，过往围绕什么是法学的诸种争议，多失之力求取一叶知秋之效。在本文着力建构的法学学科矩阵中，法学由教义学和非教义学（今天尤其是社会—法律研究）的知识构成，它们都是实践之知；非教义知识提供的经验证明和正当性判断，一般需在教义学设定的框架中才能转化为合法/非法的有效判断。由此矩阵宏观法学的学科地位，它不属于自然科学、社会科学和人文科学中任何一种，正是一个"襟三江而带五湖"的独立学科。[35]

有学者指出以往关于法律程序之价值的研究大体可分为基于外在价值的程序工具主义与基于固有内在价值的程序本位主义。但这两种理论都不足以说明"为什么法律程序对于法治而言是重要的"。为此，必须从构成性内在价值的角度来探讨程序与法治的关系。正确的公共行动标准是有效社会整合乃至社会存续的构成性要素，它由"正确性"与"合法性"两部分组成。在价值分歧成为常态的现代社会中，正确性要通过重构共识的机制（即商谈）来获得，而商谈的核心要素则在于程序。最低限度的法治概念就是通过程序化商谈树立正确的法律规则系统并加以实施的整全性实践，它是理由之治与规则之治的结合。因此，程序是法治乃至有效社会整合的构成性要素，离开程序，现代社会就难以存续。[36]

有学者认为由于受到"缺乏实践效果"和"与部门法知识重合"的双重怀疑，法理学的学科重要性遭受严重威胁。要想化解这种窘境，为回应实践上的怀疑论，必须重视理论对于实践的三种重要意义：即它是理解实践的先决条件、实践难题由理论争议引发、实践难题的解决是个理论工作。对于知识冗余的怀疑论，必须注意由教义理论、规范理论和元理论所组成的法学知识体系，其中的教义理论和非理想的规范理论是部门法学的组成部分，而理想的规范理论和元理论则是法理学的学科内容，因此法理学能有效区别于部门法学，知识冗余论当然就会破产。[37]

有学者指出法定权利之间的冲突并非一个伪命题，其在司法实践中颇为常见。受到立法者的有限理性、社会的变动性以及法律语言的模糊性等多重因素的影响，某些情形下权利的边界未被立法者清晰界定，并由此引发法定权利之间的冲突。权利冲突的实质是利益冲突和价值冲突。权利冲突的存在导致了法律适用的难题，法官需要借助个案中的法益衡量来确定权利边界并进而化解权利冲突。法官在进行法益衡量时，可以参考权利位阶来作出判断，然而权利位阶秩序缺乏整体确定性，仅有有限的参考价值，因此法益衡量还需诉诸比例原则。比例原则包括适当性原则、必要性原则和狭义的比例原则三项子原则。比例原则能够指引法官对权利作客观和理性的衡量，最大限度地缩小法官的裁量余地。鉴于个案中的法益衡量具有决策性质，法官必须在司法能动主义与司法克制主义之间维持恰当的平衡，在解决权利冲突时不能逾越司法的限度。[38]

（六）法律文化与法学流派研究

有学者认为家国一体观是传统中国最广泛持久的国家观，它包含两个方面：一是家与国的同构；一是家与国的共理。所谓家与国的同构是指家与国（包括法）都是一体两元主从式多样化的构成，这是它的形式结构；所谓家与国的共理是指国家政治（包括法）道德化，这是它的内涵实质，而贯通它们的是传统中国的道德文化原理。家国一体观是一种适合传统中国且至今还有影响的国家观，但它本质上仍是一种传统的臣民国家观，因此，分析其得失并加以取舍，这既是历史又是现实的课题。对当代中国而言，政治道德化不必要，但对政治和法律（包括为政者和执法者）的道德要求不能放弃，同时充实自由、民主、人权、法治等现代政治原则，以使我们从传统的臣民国家观转变为现代而又不失中国内涵的公民国家观。[39]

有学者指出现代国家的通常形态是实行人民主权的民族国家。民族国家要成为一个人民主权统领下的法治国家，意味着让祖国成为一个法治国，这预设了一套更为根本的家律法。文章尝试探讨一种关于家的政治哲学，认为家秩序包含三个根本律法：创生—养成—返本。现代中国经历了从家国天下一体蜕变为海洋律法统领的主权国家，居于主导地位的是个体本位的律法。相比起引发大量现代困境的个体秩序，家律法可以提供精神自由和社会秩序更少紧张的法治框架。[40]

有学者以法文化的视野和法哲学的方法，重新审视和揭示了传统中国法的精神，进而探讨它的哲学及其意义等相关问题。认为传统中国法的精神是道德人文，亦即在人为称首的思想指导下，以仁义为内核的重生与讲礼的对立统一。在有机宇宙观下，重生与讲礼对立统一的理想是和谐、合理、公平。如果与近代西方法相比较，传统中国法的道德人文精神存在着宗法血缘和专制等级的缺失，但更有超越宗法血缘和追求合理秩序的普适性。因此并不违背人类法律的内在使命和基本价值；而且这个精神扎根于万物有序与生生不息的自然之理，是中国人固有的世界观及其正当性所在，亦是中华文明历五千年风雨而绵延不绝的思想根源，甚至还有可能是我们创新中国法文化的思想资源和精神动力。[41]

有学者指出法经济学运动就其整体而言，呈现出学派林立，思想杂多的学术景观。它显然不是一个立场相同、步调一致的运动，而是不同学术传统并存的研究过程，其中有些研究具有互补性，有些研究则具有竞争性甚至对立性。通过法经济学 50 多年学说发展史的研究，追根溯源、条分缕析，解读和阐述基于学术传统和研究视角的不同而并立的七种法经济学流派，具有重要理论意义。[42]

有学者认为马克斯·韦伯的法律社会学中由“形式/实质非理性”和“形式/实质合理性”构成的有关法律思维类型的概念体系，同康德哲学有着紧密牵连。这种哲学思维在很大程度上影响了原本是四维的“合理性”概念体系，从而使该体系始终存在着蜕变成简洁但更为尖锐的、呈现为“形式合理性/实质非理性”这一形态的二元论的可能。对相关韦伯文本的审视印证了这一可能。韦伯有关现代法律中的核心张力的论断，因而体现为“形式合理性”和“实质非理性”之间的冲突。由于韦伯在“法律社会学”中将现代资本主义视为“核心议题”乃至“最高价值”，且认定“形式合理性”法律与之存在“选择性亲缘关系”，所以他个人倾向于“形式合理性”一侧，并将“实质非理性”的法律主张主要归因于工人运动。然而，资本主义经济的现实发展表明，资本主义同“形式合理性”法律之间的联系并非绝对。整个“法律社会学”文本都体现出韦伯将概念和观念置于经验事实之上的倾向，而这些概念和观念本身又受到韦伯自身价值取向的引导。因此，这也意味着对社会科学“客观性”的背离。[43]

有学者认为，对新法律现实主义之所以被提出的背景与意义的阐释，离不开对自 20 世纪二三十年代以来兴起的旧法律现实主义、法律过程主义、批判法学、法社会学、法经济学等流派与运动的梳理。新法律现实主义不仅延续了旧法律现实主义对事实和开放法学研究的提倡，还强调对已有的多学科方法研究成果的法律性重视，也呼吁其他学科的研究关注其研究的法律实质意义。在其推动下，传统的法学研究和利用其他学科方法展开的法学研究得以更好地渗透和合作，使得学科整合和实证法学研究更为有效地进行。[44]

注：

①李步云在中国法理学研究会 2014 年学术年会上的主题发言。参见 http：//www. chinalaw. org. cn/Column/Column _ View. aspx? ColumnID = 83&InfoID =11464

②孙国华：李亮：《全面推进依法治国中的四个重要问题》，《社会科学战线》，2014 年第 8 期。

③王晨光：《建立权力制约和监督机制是法治中国建设的关键》，《环球法律评论》，2014 年第 1 期。

④韩大元：《“法治中国”的宪法界限》，《环球法律评论》，2014 年第 1 期。

⑤林来梵：《法治的个别化模式》，《环球法律评论》，2014 年第 1 期。

⑥吕世伦、金若山：《法治中国建设的纵深发展探析：一种文本性的解读》，《南京师大学报》（社会科学版），2014 年第 2 期。

⑦应松年：《加快法治建设促进国家治理体系和治理能力现代化》，《中国法学》，2014 年第 6 期。

⑧朱景文：《法治的可比性及其评估》，《法制与社会发展》，2014 年第 5 期。

⑨张志铭、徐媛媛：《宣示法治：文本、立场与实践》，《中州学刊》，2014 年第 12 期。

⑩冯玉军：《当代中国法治的多重内涵与战略前瞻》，《人民论坛》（学术前沿），2014 年第 22 期。

⑪姜明安：《国家治理现代化过程中国家治理要素的转变》，《法制与社会发展》，2014 第 5 期。

⑫杨立新：《国家治理现代化与司法改革》，《法制与社会发展》，2014 第 5 期。

⑬卞建林：《司法在国家治理现代化中的地位和作用》，《法制与社会发展》，2014 第 5 期。

⑭陈光中：《国家治理现代化标准问题之我见》，《法制与社会发展》，2014 第 5 期。

⑮柳经纬：《“把权力关进制度的笼子里”需要解决的两个问题》，《法制与社会发展》，2014 第 5 期。

⑯余劲松：《公开透明制度建设与国家治理现代化》，《法制与社会发展》，2014 第 5 期。

⑰蒋立山：《中国法治指数设计的理论问题》，《法学家》，2014 年第 1 期。

⑱鲁楠：《世界法治指数的缘起与流变》，《环球法律评论》，2014 年第 4 期。

⑲张保生：《司法改革应遵循证据裁判规律》，《法制与社会发展》，2014 第 6 期。

⑳范愉：《我国司法改革顶层设计的条件和能力》，《法制与社会发展》，2014 年第 6 期。

㉑高其才：《司法改革三盼》，《法制与社会发展》，2014年第6期。

㉒张骐：《尊重司法规律、实现司法独立、建设法治中国》，《法制与社会发展》，2014年第6期。

㉓陈卫东：《司法“去地方化”：司法体制改革的逻辑、挑战及其应对》，《环球法律评论》，2014年第1期。

㉔王亚新、李谦：《解读司法改革：走向权能、资源与责任之新的均衡》，《清华法学》，2014年第5期。

㉕何然：《司法判例制度论要》，《中外法学》，2014年第1期。

㉖张志铭、于浩：《国际检察官职业伦理评析》，《国家检察官学院学报》，2014年第1期。

㉗范愉：《申诉机制的救济功能与信访制度改革》，《中国法学》，2014年第4期。

㉘鲁楠：《全球化时代比较法的优势与缺陷》，《中国法学》，2014第1期。

㉙高鸿均：《法律全球化的理论与实践：挑战与机会》，《求是学刊》，2014年第3期。

㉚泮伟江：《法律全球化的政治效应：国际关系的法律化》，《求是学刊》，2014年第3期。

㉛苏力：《中国法学研究格局的流变》，《法商研究》，2014年第5期。

㉜侯猛：《社科法学的传统与挑战》，《法商研究》，2014年第5期。

㉝尤陈俊：《不在场的在场：社科法学和法教义学之争的背后》，《光明日报》，2014年8月13日。

㉞孙海波：《在“规范拘束”与“个案正义”之间：论法教义学视野下的价值判断》，《法学论坛》，2014年第1期。

㉟郑永流：《重识法学：学科矩阵的建构》，《清华法学》，2014年第6期。

㊱雷磊：《法律程序为什么重要——反思现代社会中程序与法治的关系》，《中外法学》，2014年第2期。

㊲陈景辉：《法理论为什么是重要的：法学的知识框架及法理学在其中的位置》，《法学》，2014年第3期。

㊳梁迎修：《权利冲突的司法化解》，《法学研究》，2014年第2期。

㊴张中秋：《传统中国国家观新探：兼及对当代中国政治法律的意义》，《法学》，2014年第5期。

㊵张龑：《家的“律法”：祖国与主权国家之辨》，《原道》，2014年第2期。

㊶张中秋：《传统中国法的精神及其哲学》，《中国法学》，2014年第2期。

㊷冯玉军：《论当代美国法经济学的理论流派：以学术传统为视角》，《浙江工商大学学报》，2014年第4期。

㊸赖骏楠：《马克斯·韦伯“法律社会学”之重构：观念论的力量与客观性的界限》，《中外法学》，2014年第1期。

㊹邓矜婷：《新法律现实主义的最新发展与启示》，《法学家》，2014年第4期。

（作者：冯玉军，中国人民大学教授；孟祥菡，中国人民大学博士）

宪　法　学

胡锦光　杨　凡

通过对2014年北京地区宪法学相关科研成果的整理可以发现，对于制度实践的关注明显要多于对理论学理的讨论。由此可见中国宪法学者的现实关切与社会责任意识。与2013年相比，有关基本权利的研究成果略有下降，其研究热点集中在“权利保障与救济”方面。有关宪法制度方面的研究，其热点仍旧集中在司法及其体制改革领域。当然，立法、人大及议会制度也是热度不减。另外，地权与土地制度改革出现了越来越细化、越来越深入的探讨。预计宪法实施将持续受到重视，包括宪法实施的原理、宪法审查的运用等等。而宪法解释则主要因应《香港基本法》及香港法律事务之与全国人大释法之间的冲突。又宪法史的研究多体现为近现代中国宪政历程的反思，以及域外经验的启示。

一、学说

有学者对中国宪法学的研究进行了政治哲学上的思考。①其论以为，中西历史的很多情势揭示人类社会发展存在一个悖论式的政治惯性：即任何诉诸人民高于宪法、人民可以不受宪法约束的宪法观，都容易成为威权主义和极权主义政治的温床。中国宪法转型的真正问题是个人基本权利这个最根本的根本法得不到尊重和保障，个人平等对抗国家主权的制度资格在政治实践中被严重削弱。这种只强调国家主权、淡化个人主权的政治统治不是具备真正道德基础的现代政治。没有个人主权，就不会有真正的人民主权。个人主权宪法地位的实现以政治伦理理性化为前提，政治伦理理性化的实质是政治不再覆盖一切价值和伦理领域，逐渐去神圣化，全社会对政治的理解逐渐趋于职业化的理解，这就是“除魅的政治”，是严格区分国家主权和个人主权伦理界限的“理性化的政治”。而推动政治伦理理性化的深层动力来自具有自主性的社会的崛起。由此，个人主权和社会自主权的实现是中国宪法学研究应该着力的根本问题所在。真正走向法学的中国宪法学研究，必须在现代政治哲学与教义学两个层面同时达成价值共识。未来完整的中国宪法教义学必须围绕个人主权和社会自主权的现代政治价值基准，展开对现行宪法文本的反思重构和规范实践，宪法才可能在保持安定性的同时，不丢失宪法的“法性”即正义性。

有学者从“规范宪法的困境与未来”出发，探讨如何克服司法审查缺失下的宪法实施困局。[2]文章对规范宪法通过法释义学成果的累积，而在回复宪法的规范性，进而提升其稳定性和法效性，并引发人们关注宪法规范的形式理性方面的积极作用进行了总结。还在借鉴德国宪法理念的基础上提出，或许部门宪法能够成为克服司法审查制度阙如下宪法实施的困局，为目前仅停留于思想启蒙阶段的宪法释义学提供试练的实践场域，并最终反向促进宪法基本权释义学的提升，以及宪法实现的提供可能路径。

有学者运用政治宪法学的视角和方法，来讨论公民身份和公民本身的含义和渊源。并针对中国宪制道路所面对的“非常政治”与“日常政治”之间的转换困难，提出运用富有建构意义和平衡意义的“宪法政治”，来推进中国的公民身份和公民社会建设进程，寻求克服所谓“反法治激进主义”所可能造成的危害。[3]

有学者介绍了欧美宪法社会学。[4]该学者首先对“宪法社会学”做了一个基本的定义，即关于宪法的社会学研究，是宪法学与社会学交叉融合的产物，旨在发现人类政治生活中的真实规则。并认为在欧洲和北美，宪法社会学已经形成了多元化的学术传统。其中，德国的宪法社会学侧重于从政治与历史的角度切入，偏好史论结合，思辨色彩浓厚。法国的宪法社会学具有客观的、旁观者的叙事风格。英国的宪法社会学打上了判例法或不成文宪法的痕迹，致力于素描一部活生生的宪法，仿佛人类学家的调查报告。美国虽然承袭了英国的判例法制度，但美国的宪法社会学透出强烈的现实主义意味，宪法背后的经济关系、利益格局得到了凸显。

有学者探讨了作为亚洲宪法学先驱形态的所谓“国体宪法学”。[5]认为日本《明治宪法》初期所创立的以穗积八束为代表的国体宪法学，可视为亚洲宪法学的先驱形态。它以宪法解释学的样式出现，但具有政治神学的源流；它经过了实证法学的洗礼，但属于一种“非完全去政治性”的理论体系；它在一定意义上推动了西方的国家类型学在亚洲话语中的发展，也为近代东方国家在面临西方列强冲击的历史处境中安排了君主立宪主义的出路，但方法上的不彻底性与理论上的破绽，亦使其成为极端保守乃至反动的政治意识形态的婢女，并由此受到日本学界的批判与蔑弃。

还有学者提出了制宪权的理论难题。[6]其论以为，西耶斯提出制宪权理论是为了打破“宪法创制的反而创制宪法”的恶性循环，但是西耶斯的理论解决不了制宪权自身的正当性问题。施密特用决断论来避免恶性循环的发生，但却陷入了暴力革命的泥潭。阿伦特对施密特的决断论和革命论都进行了批评，她尖锐地指出，决断不是与过去的完全断裂，革命也不是凭空创造。她主张借鉴古罗马将权力与权威相区分的做法，实现“人民享有权力，制宪者具有权威”，从而为打破恶性循环提供了重要的契机。制宪权是权威，而非权力，只有如此才能避免利用制宪权来打破宪法的稳定，从而维护宪法的至上地位。

二、法史

（一）古代史

有学者阐释了传统中国的国家观。[7]认为家国一体观是传统中国最广泛持久的国家观，它包含两个方面：一是家与国的同构；一是家与国的共理。所谓家与国的同构是指家与国（包括法）都是一体两元主从式多样化的构成，这是它的形式结构；所谓家与国的共理是指国家政治（包括法）道德化，这是它的内涵实质，而贯通它们的是传统中国的道德文化原理。家国一体观是一种适合传统中国且至今还有影响的国家观，但它本质上仍是一种传统的臣民国家观。

对于当代中国而言，政治道德化不必要，但对政治和法律（包括为政者和执法者）的道德要求不能放弃，同时应该充实自由、民主、人权、法治等现代政治原则，以使我们从传统的臣民国家观转变为现代而又不失中国内涵的公民国家观。

（二）近代史

也有学者审视了近代中国宪法从所谓“边角料”到“救国良方”的实用主义过程。[8]认为19世纪前期法学意义上的Constitution伴随传教士的脚步来到中国，在长达半个世纪的“漂泊”中为汉语世界沉淀下丰厚的知识储备。统治集团和智识群体最初均视其如敝屣，后外患日窘，专制体制和传统文化之弊病暴露无遗，智识群体逐渐认同民主政制。康有为等亦在儒学中为个人权利开辟出生存空间，显示出制度移植、价值观融汇的趋向。甲午战争后，日本的“宪法”一词在为近代国人补充上“根本法”观念的同时，也使他们放弃了重塑意识形态的尝试转而致力于制度建构；清朝权贵亦从日本明治经验中获取了以“立宪”维系自身特权地位的策略启迪。

有学者考证了晚清司法权的概念。[9]其论认为，“司法权”的输入使中国古代“司法”语义发生重大嬗变，并分化为作为宪法概念的“司法”和作为诉讼法概念的“司法”，这标志着近代司法制度的形成。实践中，司法权沦为晚清政府永固皇权的工具。这表现为：三权分立宪政体制的虚建；司法权目标价值的本土化；司法独立的特殊运用；司法与司法权的混用。晚清司法权概念宪法学内涵的考证，为我们理解当下中国宪法中的司法权和司法独立原则，提供了发轫时期的历史考据。

有学者思考了天坛宪草之孔教入宪的发生机制与规范结构。[10]如其所言，“天坛宪草”之孔教入宪，既关涉最宏大的时代变换，又触及最微小之个体心灵，因此引起当时最激烈的立宪争议并泛溢于社会各界。该学者试图利用天坛制宪法的原始史料，走进制宪语境，梳理双方之共识与争议，以发现孔教入宪的历史语境、时代问题与解决方案，即孔教入宪的发生机制与规范结构。孔教入宪的制宪讨论凸显了近代立宪者对民性与国情的判断，在“民国理想”与“国民现状”的巨大“势差”中，“教”的提升、整合与支撑功能被不断强调。只要“势差”不变，“教”的发生机制就必然内嵌于宪法之中，并具体落实为可接受的宪法规范，发挥其独特的功能。而且，“教”的规范结构形成了近代中国宪法的核心功能，凸显了近代中国宪法的二元正当性以及中国近代转型的复杂与艰巨。

有学者以民初司法总长梁启超的理论与实践为视角，探寻了民国初年的司法独立。[11]论者以为，在百年前的民国初年，关于司法独立的理论探索与法政实践已经蔚为大观。1913年出任“中华民国”“司法总长”的梁启超，既阐述了司法独立的理论，也亲历了司法独立的实践。在那个特定的历史时期，梁启超以自己的关于司法独立的理论与实践，知行合一地充当了民国初年实践司法独立的典型性代表与象征性人物。作为“司法总长”的梁启超在1913年前后关于司法独立的价值定位、困境认知及其应对策略，反映了民国初年实践司法独立的特殊语境，具有重要的历史意义和思想意义；对于当下我国关于司法独立的理论及时间，亦不乏某种程度上的参考价值。

有学者重释了1787年美国宪法与美利坚共和国的构建。[12]有学者以为，《独立宣言》昭示了殖民地和英帝国“分离”的正当性，但并不必然包括现实的建国方案，这一重任要由1787年美国宪法来完成。后者要在继承《独立宣言》政治理想的前提下，完成美利坚共和国的初步构建。制宪者通过从“分离”到“统一”的政治议程转换、总统制与权力制衡等机制设置，以及宪政理念的刷新，为共和主义传统注入新的因素与活力。在此基础上，1787年美国宪法得以走出《独立宣言》，并为后来的宪政变革留下遗产。

另有学者梳理了英国议会主权的思想史。[13]其论英国宪法学叙事中的“普通法范式”影响深远，但不能完整概括英国宪制的核心特征。以“议会主权”为代表性原则的“一元民主制”是英国宪制的核心特征，是英国宪制闻名于世的基础性支撑。主张“司法至上”的柯克传统并非英国宪法学的唯一传统，近代以来的英国数代法学家一直致力于一种“议会主权”学术与制度传统的经验描述与规范论证。布莱克斯通体现了普通法学者的政治成熟，提出了英国宪法中“议会主权”的原则性要素。白芝浩和戴雪在英国成熟宪法实践的基础上完成了英国宪法的“学术法典化”，奠立了“议会主权”的宪法理论框架。二十世纪以来的詹宁斯、格里菲思、汤姆金斯等人则分别从功能主义和共和规范主义的进路推进“议会主权”的理论完善，并在当代英国宪法改革论辩中独树一帜。英国议会主权的思想演变对于支撑英国当代宪法学中的“政治宪法”传统具有核心理论意义，同时也构成深度理解英国当代宪法变革结构性争议及其走向的必要理论基础。

（三）现当代史

围绕“五四宪法”，2014 年有一系列的文章进行讨论。如“五四宪法”的历史地位与时代精神。[14]其论以为，“五四宪法”作为新中国第一部宪法，奠定了新中国基本政治和法律制度体系，为国家治理体系的建构发挥了重要作用。在 60 年的中国社会发展进程中，宪法以其特殊的功能维护政治共同体的价值共识，提供合理平衡国家、社会与公民之间关系的平台。同时，“五四宪法”所遭遇的历史命运为我们思考宪法与国家关系留下了深刻教训。回顾这段宪法历史，有助于我们认识宪法对国家治理所起到的价值引导、维护共识与保障自由的作用，进一步完善宪法保障机制与程序。

又有学者论外国宪法对 1954 年宪法制定过程的影响。[15]认为 1949 年之前的制宪权概念和理论主要继承于西方，虽没有体系化，但制宪权已经成为中国宪法学的基本概念，并经过了本土化的改造。1954 年宪法，在制宪模式、制宪程序、内容以及规范表述等方面均受到外国宪法的影响，体现了一定的开放性。同时，1954 年宪法在参考国外经验的基础上，充分结合中国国情，力求在本土与国外经验之间保持合理的平衡。

有学者则对“五四宪法”的民主主义自由观进行了讨论。[16]要而言之，积极自由与消极自由的区分是辨别不同性质自由的基本理念。“五四宪法”基本权利体现了民主主义的积极自由思想，是对近代自由主义宪法对抗国家权力的消极自由的超越，具有鲜明的现代性。它是在试图克服个人主义与个人本位前提下，参考前苏联东欧等人民民主国家宪法，结合本民族历史与现实的权利创制。人民主权消除了个人权利与国家权力的紧张，乐观唯理主义的法律实证主义反映了对国家权力的信任，通过建构法律秩序而非怀疑和抵制公权力保障个人自由。作为共同体成员资格的公民是主权的所有者，享有平等身份与地位，政治自由与社会权条款混合了两类形式的积极自由，最大化地体现了人民民主与社会主义两大宪法原则。

还有学者考察了现代政治代表的历史类型与体系结构。[17]其论认为在公法上，命令——服从这种经验性的支配现象背后隐含着特定的代表结构。从绝对君主制、立宪君主制、民主共和制三种政体形式中，可以抽取出代表的三种历史类型，它们分别是超越代表、二元代表和内在代表。在三种历史类型的背后，代表所涉及的问题逻辑显示出一定的相似性，此问题逻辑构成了代表的体系结构。在人民主权的语境下，代表的体系结构由解决授权问题的形式代表和解决公意实现问题的实质代表两个维度构成。从展示和接近公意的方式来看，实质代表又可以区分出静态代表、决断代表、竞争代表和商谈代表四个维度。代表的体系结构所涉及的各维度，可以作为分析一国宪法的具体代表结构时的参照标准。

三、权利

（一）平等权

有学者将域外有关平等权研究的最新成果翻译介绍给中国学者，如王新宇所译，美国学者玛萨·艾伯森·法曼（Martha Albertson Fineman）《经年之后，平等仍未实现——公民权、自主权与性别权利之辩》一文。[18]文章指出，尽管争取性别平等、反对权力分配中的性别歧视已经 40 多年，但植根于社会、意识形态、制度结构包括法律中的性别依附和男性主宰的政治仍然存在。为什么这么多年来，经过平等理论的建构、辩论和行动计划的实施，实现性别平等仍然是如此的虚幻呢？部分的原因就在于现行的争取性别平等的斗争受到前人形成和传承的哲学、法理观念的束缚。对此，该文提出了一个所谓“跳出性别，在人性普遍的脆弱性上建立一个更广泛的框架”。这种新的理论研究聚焦于特权和歧视，考察社会组织和制度结构在利益分配中的影响。作者认为，这种方法可促使人们在美国社会中更好地获得实质的平等权和社会权。

还有学者探寻了反歧视与平等保护的法律标准。[19]认为我国法学界缺少反歧视和平等保护的法律标准的研究，现有的研究希望从反歧视诉讼出发，由实践来界定平等权的内涵，但有必要在实践引领理论的路径之外保持理论自觉。我国未来的反歧视与平等保护可以借鉴和改造美国的差别性影响理论，以社会弱势阶层作为保护对象。在某项法律、政策或决定不具有压倒性利益的前提下，如果其对弱势阶层产生了较为严重的差别性负面影响，就应当基于差别性影响标准宣布其无效。这种改造后的差别性影响标准将直面我国社会的结构性不公这一最主要的不平等现实，同时也将避免这一标准在美国适用中所产生的问题。

（二）舆论、网络与言论自由

还有学者探讨了网络公共空间治理的法治原理。[20]如其所言，网络公共空间能够形成、传递和表达公众的意志和利益，是政治过程的初步形态，反映了社会的自由化。法治应用于网络公共空间的治理，要求建立满足不同主体需求的秩序结构，同时保障民主价值和公民的自由权。它形成建设法治社会和控制国家权力的双重治理目标，也体现了网络治理的双重结构。软法之治和硬法之治是不同的工具，它们既明确了责任主体，也充分利用了服务商和公众的参与。作为两种效力实现模式，过程控制以依法行政为核心，司法控制则是法治终端，其成效不彰影响治理效果。国家针对公民信息自由的积极义务主要是信息公开和打击谣言，针对言论自由主要承担消极义务。当以国家义务之履行检视治理行为的合宪性。

（三）财产权

有学者讨论了宪法财产权的保护范围。[21]他认为，明确宪法第13条意义上的财产权具体包括哪些权利，具有重大意义。而学界往往将私法财产权等同于宪法财产权，这一做法忽视了法律和宪法之间位阶不同。确定宪法财产权保护范围，只能通过宪法解释完成。本文从宪法保障财产权的目的出发，结合2004年宪法修改的背景，探讨哪些私法和公法权利属于宪法财产权的保护范围，并在此基础上，主张分为两个步骤，来判断一项权利是否构成宪法财产权。

有学者以公民私有财产权为视角，探讨了国家征税的宪法界限。[22]认为宪法赋予国家征税权并不等于允许国家以任何名义和强度征税。征税构成对私有财产权的限制，审查其宪法正当性需要将引导税、再分配税和财政性税收区别对待。在对财政性税收的合宪性进行个案审查时，需要解决无法查明纳税人的具体税负最终用于完成哪一项国家任务的问题。私有财产权的作用与基本权利的国家给付义务功能类似，都是满足尊严和实现自由的物质基础，但相对于前者，后者只应起辅助作用。在通常情况下，财产税对私有财产权的限制程度要大于所得税和流转税。

（四）权利保障与救济

有学者翻译了德国公法学教授安德烈亚斯·冯·阿尔诺（Andreas von Arnauld）的《欧洲基本权利保护的理论与方法——以比例原则为例》。[23]如其所译，对法律与国家的不同理解一如既往地存在于欧盟内部所有的“共同遗产”与“价值共同体”的修辞学中。德国法中法律是优先于政治的，而英国更注重保持开放的政治空间与限制司法权，近年来特别是从1985年“政府通讯总部工会雇员诉部长案”到1998年《人权法案》颁布以来，英国法已开始接纳比例原则。法国法对比例原则并不是公开地接受，而是以不同的本土标准逐步地适应欧洲标准。作者认为，由于比例原则的灵活性与可诉性，特别是出于结构性与制度性的原因，其在欧洲是必需的。而作为法院的监督标准，比例原则会强化法律的优先性，并导致民主与法治关系的结构性重组。

有学者特别提出了基本权利的立法保障。认为“立法者对基本权利的保障，不得低于最低限度，应当对基本权利的内容、限制、救济作出基本的规定，为公民行使权利提供必要条件。在一个相反的方向上，基本权利的立法保障水平，受到相对立的他人权利和公共利益的制约。对公民基本权利的立法保障，不得侵犯他人权利，立法者应当对相互冲突的基本权利进行平衡。与此同时，在基本权利与宪法规定的公共利益发生冲突的情况下，立法者也应当在两者之间进行平衡，依照比例原则，对基本权利进行适当的限制。”[24]

有学者评析了美国人身保护令制度。[25]美国的联邦人身保护令制度与其他国家的人身保护令不同，是针对联邦和州法院的定罪和量刑而依被判刑人的申请发出的。这一制度以联邦权力干涉州权，对其向来争议颇多，但由于其在保护人权方面的重要作用，尽管历经风雨，却至今仍是美国司法体制的重要部分。联邦人身保护令有独特的理论基础、适用前提和运行机制，因此对我国当前司法体制的完善有一定的借鉴意义和参考价值。

四、宪制

（一）宪制原理

有学者认为，中国宪法制度的整体设计以“团结”为其根本精神。[26]如其所论，在中国被称作“宪法”的文本，其基本的定位是相当中国式的。它不是通常的为保障人权、控制公权而设计的，而是一部实现团结一心共同奔向美好目标的团结宪章。实现“我们”的团结建构，指出“他者”的威胁性存在并团结在党的周围就是中国宪法最基本的谋划，因此，中国宪法的精神也就是团结精神。虽然它并不意味着今天的我们在价值上的一如既往的依从，但并不妨碍在尊重“八二宪法”文本的基础上提供一种解释。

有学者提出“宪法民族志”的概念，用以论证美国的宪制文化及其意义结构。[27]如其所言，美国宪法体现了一般性的宪法原理，但在具体制度和宪法文化上也呈现出了极强的独特性。借助宪法民族志的研究方法，从历史、文化和法律的整体视角，可以勾勒出美国独特宪法文化的外在形态和意义结构。而美国成文宪法的至上性、司法审查的重要性以及本土规范的至上性三大特点，乃是源于美国革命所开创的独特历史经历和政治想象。美国民众对于宪法的崇拜因其是美国革命的产物，对于法院和司法审查的信仰因其是弥合代际断裂、构建民族历史共同体的重要机构和机制，对于本民族规范的推崇因其是美国独特历史的产物，而非普遍理性的推论。因而，深入地理解美国宪法不仅仅需要研究《美国宪法》的文本，也不仅仅要求细致地分析最高法院的具体案件的判词，且要深入地理解美国宪法的历史语境，把握支撑其实践运作的潜在逻辑与信仰结构。

该学者还从制度结构、法律教义与宪法文化的角度论证了美国宪法的内在特性。[28]如其认为，在制度结构层面，美国三权分立的总统制与大多数西欧国家的议会制有很大的不同；在世界其他地方，虽然有些国家也模仿美国的总统制，但无一像美国一样成功。在法律教义层面，美国最高法院对于宪法权利的保护方式、保护范围以及特定权利的保护程度，都与欧洲非常不同。而在宪法文化层面，美国人民将《美国宪法》赋予宗教般的意义，作为国家民族认同的核心标志。

（二）基层治理

还有学者讨论了中国农村政权组织涉黑化倾向及其遏制。[29]依其所言，中国农村政权组织涉黑化倾向问题普遍且严重。村官涉黑具有通过黑恶途径非法操控选举、利用职务便利攫取非法利益、使用暴力手段形成非法控制、通过利益输送寻求政治庇护等行为特征。黑恶势力侵蚀农村政权组织在政治经济文化上都有着严重危害。农村政权组织涉黑化倾向是农村自治与民主实践问题的缩影，国家正式控制力量势弱与农村社会治安管理制度供给不足也是诱发这一现象的重要原因。在政治层面应改革村民自治的组织资源进行社区重建，在经济层面应削减村委会的经济职能，发展农村经济合作组织，在法律层面应完善村委会选举和村民自治等法律制度并加强农村社会治安管理制度供给。

（三）立法、人大及议会制度

有学者将目光投向了近几年发生的贿选事件。并对贿选事件进行了法理的透析。[30]文章详细地论证了《人民日报》对“衡阳贿选事件”定性为“三个挑战”（对人民代表大会制度的挑战、对社会主义民主政治的挑战以及对党纪国法的挑战）的正当性依据。继而系统地分析了“衡阳贿选事件”发生的可能存在的各种成因，指出了“衡阳贿选事件”可能导致的需要学界和决策层高度关注的“宪法危机”问题。与此同时，又从我国现行宪法、组织法、选举法、代表法和刑法的相关规定出发，对如何在法律上妥善处理“衡阳贿选事件”在对人、对事两个方面都提出了一系列对策和建议。

有学者探讨了国会调查权的宪法界限。[31]认为基于权力分立与人权保障的双重原则，在服从目的正当这一普遍原则的前提下，调查权须在国会授权范围内运行，并不得为宪法所禁止。国会调查权既不得侵犯行政与司法机关的权力，也不得对个人权利造成过度侵害。在个案中，决定调查权是否逾越宪法界线是法院的任务。调查权与行政与司法机关的界限属于机关权限争议，法院须综合各种因素判断何者属于不得被国会侵犯的核心；调查权与个人权利的冲突属于严肃的宪法问题，法院亦需在平衡个人事务与政府需要的前提下做出判断。我国可借鉴相关国家的做法，在适当时机制定法律规范调查权的运行，确保国家各机关履行核心职权，保障公民基本权利。

还有学者考察了欧洲法律与社会发展中的议会监察专员制度。[32]即议会监察专员是源于北欧的一种特殊的宪政制度，监察专员拥有法定职权和独立地位，接受公民投诉，调查官员违法，发布处理意见。对于公民而言，他是人权的保护者；对于政府来说，他是管理的督促者；对于议会而言，他是法治和民主的参与者。

（四）司法与体制改革

有学者就司法机关依法独立行使职权展开系统性的研究。[33]要而言之：我国的司法机关依法独立行使职权原则强调法院整体的独立性，实践中依法独立行使职权原则异化为司法的地方化以及司法的行政化。在司法改革的背景下，应当把握改革契机，推动司法机关依法独立行使职权。在我国，应当淡化司法独立的政治色彩，构建以依法独立行使职权为核心的司法独立，并排斥案外因素的影响，以司法的法律效果为根本追求。依法独立行使职权原则要处理好与党的领导的关系。为了确保独立司法，还必须结合司法改革的社会背景，从内、外两个方面统筹协调，整体推进司法机关依法独立行使职权。

有学者以完善司法权运行机制为视角，提出“三权分离”的概念。[34]如其所言，审判权与行政权合一、行政权与监督权合一的现行管理结构是导致法院内部监督体制失灵的重要原因，这也是法官违法行为持续多年未被发现和发现者皆来自外部监督体制的根本原因。有关司法权配置和运行的改革就要从消除法院管理中背离公共管理理论和违反审判规律的现象开始，按照“三权三性”确立方案：行政权具有服务性，为审判工作提供服务；审判权具有独立性，审理者裁判，裁判者负责；监督权具有主动性，在符合一定条件时必须启动纪检监察程序。检察机关对于存在内部审批的案件一律提起抗诉，对于审批案件者依据刑法追究渎职责任。

有学者从所谓“制度内生”的视角来探讨中国检察制度改革。[35]如其所言，检察改革可以有广义和狭义之分：前者指涉及检察的改革，后者指检察机关进行的改革。广义概念涵盖改革实践与相关立法发展，有助于总揽分析改革的历史发展规律与成就。伴随着国家与社会发展，中国检察改革经过六十余年的发展，完成了以制度移植、现代化和中国特色为核心成就的检察制度三阶段发展。检察改革构成了中国检察制度创新发展的重要路径依赖。依推进规律可将其划分为四个发展阶段，其中呈现了以制度建构为核心价值目标的发展逻辑，是中国检察制度内生演化的现实展开。制度内生性经由检察改革实践得以呈现，是检察制度中国特色的客观证成，是中国道路的技术寻证。

（五）国家主席制度

有学者对我国国家主席制度进行了历史的回顾与反思。[36]认为新中国成立60多年，关于国家主席的规定在宪法上有着较为明显的变化。1954年至1959年期间，国家主席是事实上的实权元首。1959年至1966年期间“双主席制”蕴涵着政治危机。1966年至1982年期间，国家主席制度受到严重破坏，最终导致其不复存在。1982年至1993年期间再现“双主席制”。1993年至今，宪法虽然屡次修改，但关于国家主席的条文变化很少，然而在实践中再次出现了国家主席权力扩充的现象。而在对国家主席制度作历史回顾的时候，不能仅仅局限于宪法规范层面的视角，还应从规范与事实两个方面进行分析。

（六）自然资源及地权制度

有学者论证了宪法意义上的国家所有权。[37]他认为，宪法意义上的国家所有权相对于社会主义目的而言只是手段，是为确保政府履行消灭剥削、维护社会公平和保障公民基本权利实现的义务而赋予政府代表国家对国有土地、自然资源、财产上的利益进行合理分配的资格，是一种体现平等主义的义务性所有权、抽象所有权和私法类型的权利，政府原则上不享有收益权。政府只是这里的名义所有权人，真正的所有权人和受益人是全体国民。根据对我国宪法文本的解读，政府有义务优先将国有土地、自然资源和财产用于公共财产、公用事业建设和公民基本权利的保障，政府并无随意处置这类国有财产的权力。但目前人们对国家所有权客体上的利益的无序争夺，很大程度上源于国有化之后政府并未按照宪法的原则和精神完成对国有土地、自然资源和财产利益的初始分配任务。

有学者对“城市的土地属于国家所有”给予了宪法的解释。[38]认为我国现行宪法第10条第1款关于“城市的土地属于国家所有”这一规定，看似简单明了，实际上却存在诸多不确定性。如何解释八二宪法这一突如其来的规定，现已成为一个亟须解决的问题。通过法解释学的分析发现，宪法第10条第1款本身并非一个强制性法律规范，而是与宪法第10条第3款共同构成了一个授权性规范。其规范内涵是：城市的土地可以属于国家所有，也可以不属于国家所有；城市可以建设在国有土地上，也可以建设在非国有土地上；国家可以基于公共利益的需要将城市的土地征收为国家所有，但这项权力的行使必须遵守宪法第10条第3款的规定，而不能直接将非国有土地无偿概括国有化。

有学者从权利调整与法治构建的角度构思了土地规划管理制度改革。[39]并认为我国土地规划管理从理念到体制运行，均存在重大缺陷。规划制定缺失以人为本的理念，支撑规划管理的土地所有权制度过于意识形态化，规划管理权限过于集中，规划的技术性规范过于机械刻板等问题突出，致使我国土地资源浪费严重，国民居住品质差，城乡景观千篇一律、僵化呆板。今后要调整土地规划理念，树立以人为本的新的土地规划理念，探索“消极规划”技术模式，并通过深化土地规划管理体制改革以及其他配套改革，解决上述问题，促进我国土地利用规划管理的民主化、法治化和科学化。

有学者总结了土地流转的中国模式。[40]指出农村土地流转的中国模式，是以政府和集体的组织协调为基础，体现为对土地供需各方的双重代表和双向协调。各级党委政府和农村集体组织的居中协调，既是当代农村土地流转的组织基础，也是其相对于“私易模式”和“公征模式”的比较优势。土地流转的中国模式，为经济增长和社会发展的中国道路奠定了重要基础。

还有学者阐述了征收制度的调整及体系效应。[41]认为按照我国现行法，若在集体所有的土地上进行商业开发建设，不得由集体土地所有权人直接与用地者签订合同，设立集体建设用地使用权，而必须先将集体所有的土地征收为国有，而后由国土资源主管机关将国有建设用地使用权出让给用地者。对此制度实施改革之后，征收制度至少在其适用范围方面应当调整。集体建设用地用于商业目的的，不再适用征收制度；集体经济组织可以直接与用地者签订集体建设用地使用权出让合同，创设集体建设用地使用权。这会使得存在于集体土地上的他物权以及住宅、厂房、办公用房的所有权，在消灭途径的方式方面发生变化。用地者对集体土地所有权人应支付足额对价，对于因集体建设用地使用权出让而终止的土地承包经营权、有偿取得的宅基地使用权、原集体建设用地使用权，也要足额补偿。

五、宪治

（一）宪法实施

有学者梳理了中国社会变迁60年以来的公民宪法意识。[42]如其所论，宪法意识是公民的宪法知识、观点、理念和思想的总称。公民宪法意识是推动宪法实施和民主政治、法治发展的精神动力，也是衡量国家法治化程度的标志之一。在社会变迁中，宪法意识构成宪法秩序内在的精神力量，它本身即是推动社会变迁，尤其是重塑社会规范性判断与价值基础的“文化软实力”。同时，稳定、成熟的宪法意识也是确保社会变迁良性运行的基础。法律的权威源自人民的内心拥护和真诚信仰。60年来，中国社会发展经历了曲折的过程，但1954年宪法和1982年宪法始终成为社会凝聚与和谐的载体与力量，这有赖于民众的宪法意识。完善宪法实施监督机制，关键在于以宪法意识为核心的法治思维能够真正在国家、政府与社会的层面成为不同群体与公民的基本价值共识。坚持宪法至上理念，以更加理性、务实而开放的心态探究宪法实施的路径和机制，才能为全面实施依法治国，推进法治中国建设提供坚实的宪法基础。

有学者再论宪法的权威。[43]基于对西方法政思想史的考察，该学者将法律与权威的关系问题总结成三类，即关于权威的政治理论、哲学理论和法学理论，并由此依照政治宪法学方法重构出宪法的三重权威问题：政治理论中的宪法权威问题乃是国家理性问题，它包括权力理论和安全理论；哲学层面的宪法权威问题乃是国家正义问题，其主要表现形式是革命的自然权利和政治正当性意义上的统一问题；法治意义上的宪法权威问题则将政治理论中的国家理性转换为法学范围内的立宪的国家理性，同时寻求将革命性的国家正义的诉求转化为“宪法政治”。中国现行宪法以人民主权的权力构造奠定其国家理性意义上的权威，以人民的正当性和革命的历史正义奠定其国家正义意义上的权威，未来当寻求宪法权威的法律拟制，以最终成就一种立宪的国家理性和法治意义上的“宪法政治”。

有学者认为中国宪法的实施存在双轨制。[44]如其所论，与许多西方国家的宪法实施模式不同，宪法审查并非中国宪法实施的主要方式。中国司法机关不能根据宪法直接审查立法的合宪性，而作为有权机关的全国人大常委会，也没有做出过宪法解释或宪法判断。这是中国宪法实施的真实状况，但不是中国宪法实施的全部。从比较法角度看，中国宪法更像一个政治纲领式的宣言，更多依靠政治化方式实施。伴随着法治化进程，中国的宪法实施逐渐由单一依靠政治化实施，过渡到政治化实施与法律化实施同步推进、相互影响的双轨制格局。宪法的政治化实施体现为执政党主导的政治动员模式，而宪法的法律化实施则是以积极性实施为主、消极性实施为辅的多元实施机制。在比较法的意义上，政治化实施和法律化实施的双轨制，可以为描述中国宪法实施提供一个理论框架。

有学者论证了公民作为行宪者的主体地位。[45]除了论证公民行宪的三大条件之外，还探讨了适合公民实施的宪法条款。论者以为，要让公民实施宪法，公民必须是权利主体，且宪法权利需要公民的积极行动，而政府管制并非如此全面，以致不给宪法权利的自由行使留下任何空间。同时指出，现行宪法符合这些条件的宪法权利主要有四类：宗教自由、言论自由、选举权和诉权。其中，宗教活动自由与言论自由属于纯粹的消极权利，公民主动行宪的空间最大。选举权和诉权的落实则在很大程度上取决于政治与司法体制的设计以及政府落实这些权利的诚意，公民行宪的空间相应限缩。但是无论哪种形式的公民行宪都不只是人民的单方面行动，而且也将对政府行宪产生强大的社会压力。

对转型时期宪法的实施形态，有学者通过规范分析[46]，认为我国宪法呈现出一种倾斜性的实施形态；

而从比较宪法角度来看，我国宪法的实施方式在历史类型学上较接近于欧陆国家的近代宪法，所不同的是作为宪法实施“第一责任者”的国家立法机关倾向于采取自我谦抑主义的立场。这种实施形态是由多种原因促成的，在现行宪法作为转型期宪法完成其转型之前，难以完全改变。但宪法转型已然发生，从现下即开始着手健全违宪审查制度，至少在现有制度框架内部整合出一种“合宪性审查优先移送机制”，不仅至为切要，亦大可裨益于宪法转型。

（二）宪法解释

有学者区别了两种“宪法解释”的概念，并论证了合宪性解释的可能性。[47]认为在我国宪法实施和宪法监督制度下，存在两种意义上的宪法解释：第一种宪法解释表现为对行政法规等规范性文件作抽象式审查并作出撤销等处分决定的权力，这项权力为全国人大常委会所享有；第二种宪法解释固有地存在于任何认同宪法的规范性和最高性的司法过程中，本质上是一种法律方法和司法技艺。第二种意义上的宪法解释并未被我国宪法所禁止，也无损于全国人大常委会所享有的第一种意义上的宪法解释权。因此，合宪性解释的运用并不必要以否认司法过程中必然存在的宪法解释为前提。我们应当在这一基础之上展开有关合宪性解释的讨论。

有学者则检讨了合宪性解释及其理论。[48]论合宪性解释，是指我国各级人民法院在对个案裁判所适用的法律进行解释时，当将宪法原则和精神纳入考量范围。目前若要推广合宪性解释理论并付诸实践，则必须而且可以在法学方法论框架内，尤其通过体系解释和目的解释，纠正关于全国人大常委会享有专属宪法解释权以及法院不能解释宪法的错误认识学界也应积极联合司法界共同努力，解决司法界普遍缺乏合宪性解释的动力和技术的问题。

有学者反思了香港特别行政区终审法院适用提请释法规则的状况。[49]如其所论，在对当事人（经大律师）关于基本法有关条款是否应当提请全国人大常委会释法的争辩作出决定时，香港特区终审法院的基本裁判思路是将基本法视为香港特区的宪法与力保普通法法律解释规则在香港特区的延续。宪法和基本法的宪制关系决定了宪法在香港特区的适用性与基本法对香港特区而言的非完备性。这就要求香港特区终审法院应当平衡地从“一国”和“两制”层面解释基本法有关条款，并接受全国人大常委会的法律解释规则。由于其基本裁判思路在短时间内难以改观，香港特区终审法院决定是否提请释法的前景并不乐观。香港特区终审法院对提请释法规则的适用仍然是个有待在“一国两制”实践中巩固的宪政秩序。

还有学者以香港特区“庄丰源案规则”为对象，总结了全国人大常委会在与香港普通法传统互动中的释法模式。[50]其论认为，香港特区终审法院所创立的“庄丰源案规则”引起诸多批评，并被认为挑战了全国人大常委会的基本法解释权。实际上，这些批评意见对“庄丰源案规则”的效力及其象征意义有所误读，也不必要地强化了祖国大陆的法律传统与香港地区普通法传统之间的对立。人大释法制度作为基本法体制之下两种法律传统的连接点，赋予了全国人大常委会一种新的法律地位，因而容许并要求其在与香港普通法传统的互动中发展出独特的法律解释模式，而这种独特的释法模式与“庄丰源案规则”是相容且相互促进的。

（三）宪法审查

有学者反思了司法审查当中的传统“三阶比例”原则。[51]认为传统的“三阶”比例原则在规范结构上并不包括目的正当性原则，这与其产生时“无法律便无行政”的自由法治国历史背景有关。随着时代环境的变化，近些年来很多国家的法院实际上以不同的方式审查了公权力行为的目的正当性，归结起来可以分为三种类型：目的正当性一般审查类型、目的足够重要性审查类型和目的正当性分类审查类型。目的正当是公权力行为正当的前提，将目的正当性原则纳入比例原则之中从而确立“四阶”比例原则，有利于限制立法者、行政者的目的设定裁量，有利于实现实质正义，充分保障人权，还有利于促进民主反思，改善民主质量。法官在个案中首先应当查明立法者、行政者的真实目的，否定明显不正当的目的，然后以适度的司法克制与尊让综合评判目的的正当性。

还有学者研究了美国司法审查中的外国法问题。[52]其论以为，司法审查作为一种宪政体制目前已经呈现全球化的趋势。美国最高法院近来也开始逐渐在宪法裁决中引用外国法和外国判例。在世界其他国家的最高法院或宪法法院都大量引用外国法的背景下，外国法的引用却引起了美国法律界、政界和学术界的重大抵抗和抨击，激发了美国国内的学术与政治大辩论。而之所以当前在美国出现这样的辩论，是因为《美国宪法》和最高法院的判决承担了美国国家认同的功能；关于外国法的大辩论是当代美国国家认同焦虑的深刻体现。

还有学者讨论了宪制整体结构与行政权的司法审查。[53]认为美国宪法中奠基性的“马伯里诉麦迪逊”案一般被当作确立司法审查制度的案例，即法院拥有审查国会立法是否违宪的权力。本文试图通过对于该案判词全文的重新解读，展现该案件更为全面的意义。马伯里案不仅开创了宪法意义上的司法审查，而且触及了行政法意义上的司法审查。马歇尔大法官在该案中不但确立了法院对于国会立法的合宪性进行审查的权力，而且讨论了法院对于行政行为合法性的审查权，尤其是该审查权的权力来源、范围和限度。马伯里案对于美国宪法的整体结构提出了根本性的问题。

（四）特区宪治与两岸构想

有学者对香港法院如何适用中国宪法展开了研究。[54]其言如何处理中国宪法在香港特别行政区的适用，一直是基本法研究领域中的一个难点问题。症结在于：如何解释基于主权回归而理应适用的诉求与不能完全适用的实践之间的矛盾。对回归后香港法院引用宪法的判决进行梳理，就会发现虽然香港法院适用宪法的情况不乏实例，但都集中于特定案件或特定问题上，并未在宪法审查这一典型形态上适用过宪法。维持这一有限适用模式显然不利于宪法最高效力及其规范性价值之彰显，但建立完全适用模式又会与既有的宪法规范体系产生冲突。面对这一双重困境，从短期来看，可以运用法律解释的方法发挥全国人大常委会在香港法院适用宪法上的桥梁和监督作用；但此问题的彻底解决，则一方面有赖于内地自身宪法审查制度的不断完善，另一方面也取决于宪法学理论是否能为“一国两制”内在张力的纾解提供一个更为融通的体系化思路。

有学者从《基本法》弹劾条款切入，研究了香港行政长官的宪制地位。[55]如其所言，香港行政长官宪制地位问题引发诸多香港法制冲突与宪制危机，集中体现在《基本法》弹劾权条款与《防止贿赂条例》。《防止贿赂条例》关于行政长官的检控与弹劾之间的法律问题有可能引发特区内部的行政、立法与司法的冲突，甚至引发更为严重的特区司法与中央政府的宪制冲突。这种冲突的根本原因在于未能协调《基本法》第 73 条弹劾权中的古典与现代的元素。从《基本法》确立的弹劾理论出发，未来香港宪制的稳定在于中央在合适的时机明确《基本法》中行政长官的“行政官员、特区首长、特区代表”三重身份的关系。

有学者对香港地区的政治捐献立法进行了规范研究。[56]论现代选举竞选经费的日益庞大使政治捐献成为普遍政治现象，同时亦造成了金钱政治对选举民主公平原则的侵蚀。为限制金权对选举政治的干预，各国一般均要求政治捐献必须公开透明、接受监督以及由专门机构进行审计。目前，香港特别行政区针对政治捐献的立法十分有限，政治捐献在大多数的情况下仍处于不受法律规范的灰色地带，特区政府亦无法对本地区政治捐献活动进行有效监管。香港特别行政区未来应尽快制订方案完善相关立法，并确保立法能在保障政治表达自由权与遏制金权政治之间保持适度的价值平衡。

注：

①黎敏：《除魅的政治、理性化的政治与宪法政治——对中国宪法学研究的政治哲学思考》，《政法论坛》，2014 年第 2 期。

②赵宏：《规范宪法的困境与未来——兼论如何克服司法审查缺失下的宪法实施困局》，《比较法研究》，2014 年第 4 期。

③高全喜：《论“公民”——基于政治宪法学的视野》，《法学评论》（双月刊），2014 年第 5 期。

④喻中：《欧美宪法社会学比较透视》，《比较法研究》，2014 年第 2 期。

⑤林来梵：《国体宪法学：亚洲宪法学的先驱形态》，《中外法学》，2014 年第 5 期。

⑥王锴：《制宪权的理论难题》，《法制与社会发展》（双月刊），2014 年第 3 期。

⑦张中秋：《传统中国国家观新探——兼及对当代中国政治法律的意义》，《法学》，2014 年第 5 期。

⑧赵小波：《从“边角料”到“救国良方”——“宪法”诞生及其实用主义倾向》，《法制与社会发展》（双月刊），2014 年第 1 期。

⑨杨小敏：《晚清司法权概念考——以宪法学为视角》，《政法论坛》，2014 年第 5 期。

⑩李富鹏：《共识与争议：天坛宪草之孔教入宪的发生机制与规范结构》，《中外法学》，2014 年第 4 期。

⑪喻中：《民国初年的司法独立——司法总长梁启超的理论与实践》，《清华法学》，2014 年第 6 期。

⑫白龙：《走出〈独立宣言〉——1787 年美国宪法与美利坚共和国的构建》，《环球法律评论》，2014 年第 6 期。

⑬田飞龙：《英国议会主权的思想史演变》，《环

球法律评论》，2014年第3期。

⑭韩大元：《“五四宪法”的历史地位与时代精神》，《中国法学》，2014年第4期。

⑮韩大元：《外国宪法对1954年宪法制定过程的影响》，《比较法学》，2014年第4期。

⑯郑贤君：《现代与超越：“五四宪法”的民主主义的自由观》，《中国法学》，2014年第4期。

⑰刘刚：《现代政治代表的历史类型与体系结构》，《中外法学》，2014年第3期。

⑱［美］玛萨·艾伯森·法曼：《经年之后，平等仍未实现——公民权、自主权与性别权利之辩》，王新宇译，《比较法研究》，2014年第3期。

⑲丁晓东：《探寻反歧视与平等保护的法律标准：从“差别性影响标准”切入》，《中外法学》，2014年第4期。

⑳秦前红、李少文：《网络公共空间治理的法治原理》，《现代法学》，2014年第6期。

㉑谢立斌：《论宪法财产权的保护范围》，《中国法学》，2014年第4期。

㉒陈征：《国家征税的宪法界限——以公民私有财产权为视角》，《清华法学》，2014年第3期。

㉓［德］安德烈亚斯·冯·阿尔诺：《欧洲基本权利保护的理论与方法——以比例原则为例》，刘权译，《比较法研究》，2014年第1期。

㉔谢立斌：《论基本权利的立法保障水平》，《比较法研究》，2014年第4期。

㉕郑曦：《暮色中的微光：美国联邦人身保护令制度》，《比较法研究》，2014年第6期。

㉖张劲：《团结宪章——宪法的中国意义》，《政法论坛》，2014年第1期。

㉗刘晗：《美国宪法民族志初论：宪制文化及其意义结构》，《环球法律评论》，2014年第6期。

㉘刘晗：《美国宪法的内在特性：制度结构、法律教义与宪法文化》，《比较法研究》，2014年第5期。

㉙陈磊：《中国农村政权组织涉黑化倾向及其遏制》，《政法论坛》，2014年第3期。

㉚莫纪宏：《直面“三个挑战”：衡阳贿选事件的法理透析》，《法学评论》（双月刊），2014年第2期。

㉛郑贤君：《论国会调查权的宪法界限》，《法学评论》（双月刊），2014年第1期。

㉜李红勃：《人权、善政、民主：欧洲法律与社会发展中的议会监察专员》，《比较法研究》，2014年第1期。

㉝陈卫东：《司法机关依法独立行使职权研究》，《中国法学》，2014年第2期。

㉞李秀霞：《三权分离：完善司法权运行机制的途径》，《法学》，2014年第4期。

㉟徐鹤喃：《制度内生视角下的中国检察改革》，《中国法学》，2014年第2期。

㊱马岭：《我国国家主席制度的历史回顾及反思》，《法律科学》（西北政法大学学报），2014年第6期。

㊲肖泽晟：《宪法意义上的国家所有权》，《法学》，2014年第5期。

㊳程雪阳：《论“城市的土地属于国家所有”的宪法解释》，《法制与社会发展》（双月刊），2014年第1期。

㊴党国英、吴文媛：《土地规划管理改革：权利调整与法治构建》，《法学研究》，2014年第5期。

㊵凌斌：《土地流转的中国模式：组织基础与运行机制》，《法学研究》，2014年第5期。

㊶崔建远：《征收制度的调整及体系效应》，《法学研究》，2014年第4期。

㊷韩大元、孟凡壮：《中国社会变迁六十年的公民宪法意识》，《中国社会科学》，2014年第12期。

㊸高全喜：《论宪法的权威——一种政治宪法学的思考》，《政法论坛》，2014年第1期。

㊹翟国强：《中国宪法实施的双轨制》，《法学研究》，2014年第3期。

㊺张千帆：《宪法实施靠谁？——论公民行宪的主体地位》，《比较法研究》，2014年第4期。

㊻林来梵：《转型期宪法的实施形态》，《比较法研究》，2014年第4期。

㊼黄明涛：《两种“宪法解释”的概念分野与合宪性解释的可能性》，《中国法学》，2014年第6期。

㊽黄卉：《合宪性解释及其理论检讨》，《中国法学》，2014年第1期。

㊾李纬华：《关于香港特别行政区终审法院适用提请释法规则状况的检讨》，《政治与法律》，2014年第4期。

㊿黄明涛：《论全国人大常委会在与香港普通法传统互动中的释法模式——以香港特区“庄丰源案规则”为对象》，《政治与法律》，2014年第12期。

51刘权：《目的正当性与比例原则的重构》，《中国法学》，2014 年第 4 期。

㉜刘晗：《宪法全球化中的逆流：美国司法审查中的外国法问题》，《清华法学》，2014 年第 2 期。

㉝刘晗：《宪制整体结构与行政权的司法审查："马伯里诉麦迪逊案" 再解读》，《中外法学》，2014 年第 3 期。

㉞王振民、孙成：《香港法院适用中国宪法问题研究》，《政治与法律》，2014 年第 4 期。

㉟徐斌：《香港行政长官宪制地位研究——从〈基本法〉弹劾条款切入》，《政治与法律》，2014 年第 6 期。

㊱黎沛文：《政治捐献立法规范研究——以香港特别行政区为讨论中心》，《政治与法律》，2014 年第 8 期。

（作者：胡锦光，中国人民大学教授；杨凡，天津理工大学讲师）

行政法学

胡锦光　董　妍

2014 年，我国行政法治进一步发展，行政诉讼法修订工作完成，食品安全法修订工作继续展开；与此同时，行政法学研究也更为深入，与以往相比 2014 年行政法学研究呈现出对实践焦点问题集中研究和更为重视理论研究的特点。

一、行政法学基础理论

在行政法学基础理论方面，有学者对中国近代行政法学的起源进行了追溯。该学者指出，基于法制革新的需要，借助于翻译介绍，清末从日本大量引入了大陆法系的行政法知识。在清末民初建立行政诉讼制度时，具有两大法系背景的两派学者展开了一场论争，波及行政法的界定及其功能定位，促进了行政法学的中国化。1920 年，钟赓言在朝阳大学法律科的行政法总论讲义印刷刊行。这一体系完整、定位准确、思想先进的行政法学教材，确立了行政法学的法学属性和近代法属性，奠定了中国行政法学的骨架和品格，标志着近代中国行政法学的产生。[①]

关于行政法的基本原则，有不少学者从不同角度展开了论述。有学者就正当程序问题进行了论述，指出正当行政程序的概念来源于英美法系，它构成了英美法系行政法的基石。而在大陆法系国家，根据传统行政法理念，公共利益优先，行政程序本身最初并没有得到重视。20 世纪以来，各国行政法都发生了变化，正当行政程序逐渐成为行政行为的一项基本原则，甚至在某些大陆法系国家成为一项宪法性原则。正当行政程序在大陆法系国家的确立与发展构成行政法全球趋同的重要方面。随着法的全球化进程及全球治理的需要，全球行政法正逐渐形成，正当行政程序恰恰是全球行政法形成的主要表现。行政法的全球趋同与全球行政法的形成是行政法全球化的两个方面，正当行政程序在这两方面的发展显示出行政法已经不再是一国之内的法，行政法的全球化已然成为客观事实并会进一步深入发展。[②]有学者对于比例原则的内容从正当性的角度重新进行了阐释，指出传统的"三阶"比例原则在规范结构上并不包括目的正当性原则，这与其产生时"无法律便无行政"的自由法治国历史背景有关。随着时代环境的变化，近些年来很多国家的法院实际上以不同的方式审查了公权力行为的目的正当性，归结起来可以分为三种类型：目的正当性一般审查类型、目的足够重要性审查类型和目的正当性分类审查类型。目的正当是公权力行为正当的前提，将目的正当性原则纳入比例原则之中从而确立"四阶"比例原则，有利于限制立法者、行政者的目的设定裁量，有利于实现实质正义，充分保障人权，还有利于促进民主反思，改善民主质量。法官在个案中首先应当查明立法者、行政者的真实目的，否定明显不正当的目的，然后以适度的司法克制与尊让综合评判目的的正当性。[③]有学者就行政法定原则进行了阐述，认为行政法定原则与法律保留原则相关但不相同。前者是对后者的扩展。法律保留原则主要考虑代议机关与行政机关之间的关系；行政法定原则则全面考虑"法与行政"之间的关系，是在"法律保留"的基础上进而提出包括"法规、规章保留"在内的"法的保留"。行政法定原则的核心问题是法定范围。自由权的消极性与社会权的积极性可成为界定行政法定范围的宪法依据。概而言之，干涉自由权之外部侵害行为与干预性给付行为、内部侵害行为与特殊给付行为、给相对人增加义务的程序、组织行为应纳入法定范围，其他行政行为应排除在外。[④]有学者探讨了依法行政原则，指出政府的组织德性的存在必然产生与之相应的依法行政的德性要求，依法行政的德性要求是对政府的组织德性的抽象见之于具体的响应和表征。政府的组织德性的核心和灵魂在于德性正义，在当下中国与之相应的依法行政的德性要求突出表现为“严格、规范、公正、文明”。尽管依法行政的德性要求对推进依法行政的指导作用具有普遍性，但具体到我国依法行政现状，合法行政要更加突出严格、程序正当要更加突出规范、合理行政要更加突出公正、诚实守信要更加突出文明，而权责一致是我国依法行政的薄弱环节和关键症结，在当下不仅要突出“严格、规范”，而且要突出“公正、文明”。⑤

还有学者探讨了行政体制改革的问题，指出目前，我国仍然面临制度短缺和法制不健全的问题，现实的法律与政府的自身改革经常会出现一定程度的张力。行政体制改革作为整个改革的重要组成部分，需要借助宪政和法治的精神、原则，以法律的方式进行制度重塑，明晰行政改革权的相关问题，实现行政编制的政策调整转向法律调整，明确政府职能的目标与定位，健全政府组织法体系，加快行政程序制度建设，重新调整和配置行政权力，使其合乎法治化的要求，破解行政体制改革过程中遇到的深层次体制性障碍，防止行政体制改革失范与无序。⑥

二、行政法主体理论

行政主体一直是行政法学者热衷研究的一个问题。有学者阐述了行政主体法定的理论和实践，指出行政主体法定理论深受行政被告资格制度与理论的影响，简单说来就是行为主体、权力主体和责任主体的统一。行政主体的职权来源于宪法、组织法的规定或者单行立法的授权，其他法律形式不具有确定行政主体的资格。行政主体的范围被界定为：政府、政府部门和派出机关。但是这样一种理论和制度，难以解释行政改革过程中出现的新问题，无法回应行政主体进一步多元化的客观现实，例外行政主体的理论和制度也存在不周延之处。因此，主体法定理论应该坚持，但是应该重新解读为政府根据立法确定行政主体，但是要受到约束，将权力关进笼子里，由政府确定权力，建章立制，将行政主体确定规范性文件公开，同时兼顾行政体制，理顺权力关系。⑦一些特殊主体行政主体资格问题，有学者也进行了阐述。有学者讨论了村民委员会行政主体资格问题，指出村委会是村民自治组织常设的、执行事务性的机构，且事实上承担着农村的绝大部分工作，因而是农村村民自治组织的核心机构。它具有管理自治事务与处理委托事务的职能。在其对自治事务进行管理时，由于其管理行为具有明显的公共性，加之村委会本身是能够负担因实施行政职务而产生的权利、义务和责任的机构，因而我们可以确认其在管理自治事务时的行政主体地位。对此，我国立法应予以明确，以保障村民的权利救济，促进农村自治的进程。⑧有学者在考察高校公法地位的实践以后，指出司法实践显示，对高校行政主体资格的证明，先后分别经历了高校为“行政授权机关”“法律、法规授权组织”以及“法律、法规或规章授权组织”等三个阶段的发展。为保证司法实务与国家立法间的一致性，未来立法应当明确高校的行政主体地位以及高校授权管理权的范畴。⑨有学者对行政主体从事私法活动的问题进行了讨论，指出我国行政立法和行政法理论关注的重点是以公法规范控制行政主体对公权力的行使，但是行政主体也常常按照私法实施活动，这类活动仍不免受到公法的制约。为此，可以参照德国法的相关理论和实践，体系性地探讨它由公法给定的实施前提和活动规范。这类活动分为国库行政（辅助活动、营利活动、财产管理）和以私法形式履行行政任务（包括直接以私法形式和以组织私法化履行）。国库行政在我国虽不需要严格前提，但主要受制于相关的单行立法。相比之下，我国行政主体应在能有效履行行政任务时方得采取私法形式，在组织私法化时更应获得立法授权，而对具体的给付活动，我国相应规范既有规定了以公法方式进行的，也有规定以私法方式进行的，还有规定以具体行政行为先行、第三方私法行为追随的方式，对第三种情形可以双阶理论分析。以私法方式履行行政任务，遵循的不是私法规范，而是公法和私法规范所复合成的行政私法。⑩

有学者对于行政相对人的范围和界定标准进行了阐述，指出行政相对人是指权益受到行政主体行政行为影响而参加到行政法律关系中，对行政主体享有权利和承担义务的自然人、法人或其他组织。界定行政相对人的范围必须确定一定的标准。基于对行政相对人的概念和范围的界定标准的认定，我们不难得出行政相对人的范围，即自然人、法人和其他组织，当然，行使国家权力的国家机关和内部行政法律关系中的双方行政机关或机构应当排除在外。⑪有学者讨论了行政相对人的法律责任，指出目前我国行政相对人法律责任的设定存在责任条款之间缺乏协调性、不具操作性、违反适当性原则、背离法益均衡原则等问题。问题的原因在于立法主体的自利性、立法主件审慎程度不够以及公众参与不足。完善行政相对人法律责任的设定应当从加强立法预测，增强立法沟通与协调，强化对公众参与权的法律保障以及健全立法质量评估反馈制度等方面。[12]

三、行政行为

（一）行政许可

2014 国务院发布《关于取消和下放一批行政审批项目的决定》，学界出现了许多对行政审批和与其相关的行政许可制度的论述。有学者论述我国现行的行政审批制度发端于计划经济体制。随着经济体制的转型，这种原本作为资源配置手段、以消灭市场、竞争和自由为目的的审批制度，与新经济体制发生了激烈的冲突与碰撞。自 21 世纪初，我国在全国范围内展开了行政审批制度的改革，历经十多年，改革虽然取得了一定的成效，但以审批为中心建立起来的管理体制并没有从根本上被撼动。面对巨大的困难和阻力，行政审批制度改革需要多方面制度的合力推动，需要有效的法律规制。规制行政审批制度改革，需要保障行政许可法的实施与执行，与规范性文件的修订与废止相结合，实现行政管理立法的创新，从法律上切断审批权力与利益的联结，以立法推动国有企业逐步退出竞争性的行业和领域。[13]有学者指出，新一轮如火如荼开展的行政审批改革，并没有呈现出摆脱运动化、形式化痼疾的明显迹象，行政审批边减边增、明减暗增问题依然严重。行政许可法集中收拢设定权、加强公众参与、提供自由主义标准以及明确事后跟踪评价等规制方案，无力使行政审批改革脱困于结构性制约。克服困境的思路之一，是关注行政体系和过程内部的结构设计，以及这种内部结构嵌入外部结构的整个系统，通过专门的行政改革委员会、开放的研究计划和议程设置、公众和专家充分参与的民主商议、年度和专题的行政改革研究报告以及试验改革的授权制度等机制，使行政审批改革常态化、持续化、规范化。[14]

有学者讨论了行政许可标准问题。指出行政许可标准，是对行政许可的法定条件、程序的解释和细化，在学理上属于许可的裁量基准，在功能上构成了许可获得的限制性条件，在形式上表现为一个自上而下的“阶梯式”规范体系。在相对集中行政许可视角下，市场准入过程往往是多个单一许可组成的复合许可过程，由此产生了不同部门间实体和程序标准的冲突现象。其发生的内在机理是行政权及许可背后的部门利益与家长主义规制，外在形式则表现为复数机关参与的异位规范间的冲突，性质上多属经验冲突而非逻辑冲突。由此，解决的路径在于：一是在现行行政服务中心基础上不断修正的行政协调模式；二是具有共性效力之协调技术的提炼；三是通过基准制定和公布义务的规则治理。[15]有学者就行政许可中保证金问题进行了研究。保证金原本为民事担保的一种形式，现今被移用到行政法领域，行政相对人通过向行政机关提供一定数额的保证金担保自己履行行政法上的义务，这成为行政机关进行行政管理的一种新型手段。与民事担保不同，行政许可领域中相对人缴纳保证金一般具有强制性，虽然不转移所有权，但转移占有，构成了对行政相对人所有权的限制，在设定上应适用法律保留原则。我国行政许可中保证金设定依据混乱，应该加强规范性文件清理工作，取消违法设定保证金的依据。[16]有学者就行政许可中止进行了讨论，指出行政许可中止是行政机关对不再符合法定许可条件的被许可人所做的一种处理。行政许可法对行政许可中止未作规定，虽然部分单行法律规范涉及行政许可中止，但在内容上既不完整也不一致，甚至还与行政许可中止、暂扣或吊销许可证的行政处罚相混淆。为了提升我国行政许可法制化水平，保障行政许可功能的发挥，必须在正确认识行政许可中止价值的基础上，确立行政许可中止的一般条款，进而对相关法律规范进行一个全面的清理。[17]有学者从市场失灵的角度分析了行政许可法的法律经济学，认为市场失灵是划分政府与市场关系的边界，也是政府行政许可的理论基础。行政许可法设计和安排的特许、普通许可、核准、认可和登记制度，应致力于解决和应对市场失灵产生的垄断与市场势力、信息不对称、负外部性和公共产品问题。行政许可法立法体现出框架性、原则性和模糊性的特点而缺乏操作性，故必须结合实体法律法规中的具体许可，解决市场失灵问题。随着政府与市场的互动，市场机制与行政许可的范围、内容与措施也在调整变化。[18]

（二）行政裁量

行政裁量是行政法学的重要问题之一，2014 年继续有学者对这一问题进行探讨，指出裁量收缩是指行政机关享有效果裁量时，在一定条件下仍然负有作为或不作为义务；不履行该义务构成违法，私人（不限于行政相对人）的重要法益因此而受他人或自然力侵害的，有权请求国家赔偿。裁量收缩理论的前提是裁量一元论，基础是国家的基本权利保护义务。裁量收缩的要件只是一个判断框架，其实质内容是对相互冲突的基本权利与行政便宜进行比较衡量。这种比较衡量通过法律的合宪性解释而内化为从个案具体情况出发补充的裁量基准（为个案量身打造的裁量基准）。裁量收缩理论的最终目标是个案正义，但是，它既不能超越法律（不能无视裁量授权规范的保护意图和行政权限与任务的法定性），也不能径直解决损害赔偿责任的分担问题。[19]有学者结合十八届四中全会提出的法治原则，对行政裁量理论进行了阐述，指出十八届四中全会决定强调法治原则的宗旨，正是要通过权力清单、流程透明、信息公开、责任追究、绩效考核等一系列改革设计限制行政裁量。然而，行政部门不可能没有裁量权。没有裁量，就可能失去随机应变的弹性和优化选择。关键的问题在于怎样才能通过对裁量的适当制约，在效率与公正之间达成某种适当的平衡关系。[20]有学者对行政裁量权与法治政府关系问题进行了论述，指出建设法治政府，需要对行政权的运行进行全面有效的规制。广泛存在于行政活动各个领域的行政裁量权的规制也因此变得尤为重要。法治政府要求行政裁量权合理受限，而通过规制行政裁量权可以有效推进法治政府建设。规制行政裁量权，需要对行政裁量权进行界定，并分析行政裁量权存在的合理性。规范主义进路与功能主义进路是规制行政裁量权的两种基本模式，而后者具有的多重优势更适宜作为我国行政裁量权规制路径。要建立以行政自制制度为基础的多元化的行政裁量权规制体系，从而对整个行政过程的行政裁量权进行有效规制，促进法治政府建设。[21]有学者提出，行政裁量需要自我约束，对于行政裁量的控制，美国行政法长期予以关注。在诸多的理论中，有关行政裁量的自我拘束问题对于中国当下行政法治建设具有积极的参考意义。行政机关自愿采取的自我限制行为，可以减少行政人员恣意行事或因权力导致腐败的可能性。通过自我拘束措施，行政机关将政策得以成文化。行政机关必须遵守自己制定的规则，这是美国阿卡迪原则的核心内容。但这种司法原则还需要其他前提条件的配合，如立法性规则与非立法性规则的界分，进而使其从事后监督的功能转化为具有事前自我拘束的激励功能。[22]

关于行政裁量基准问题，有学者指出传统的行政裁量基准内源型创制模式与外源型创制模式都失之偏颇，应当倡导一种互动型行政裁量基准创制模式。行政裁量基准互动型创制模式包含了信息、技术、平衡机制、剪刀差等考量因素，并遵循行政过程论之要求，在行政裁量基准的提议、论证和发布的各阶段，有机整合行政、专家和公众三种智识资源，在三者之间建立多元化的交流互动机制，以确保裁量基准制定程序的科学性与民主性。互动型创制模式的广泛运用，能够为行政裁量基准制度的改革注入新的活力，能够提升裁量基准的可接受性与实效性，也有助于行政自我规制目标的实现。[23]还有学者指出行政裁量基准是我国行政法学界近年的一个关注热点，不过学者们的理论观点纷纭，对其褒贬不一。明晰行政裁量基准的内在逻辑是客观公允地体认它的价值的前提。行政裁量基准作为行政裁量的对立概念，形式逻辑上而言，其具有控制行政裁量权滥用的品性。但在实践中，行政裁量基准只能以“织网模式”来控制行政裁量，其运行逻辑又与行政裁量并无二致，只不过加大了规则的密度，缩减了行政裁量的幅度而已。另外，行政裁量基准在遵从法律的表象下，实质上是以“命令模式”驱动的，属于行政权的自我从善，难以受到其他权力的有效制约，导致其适用结果仍具有不确定性。[24]还有学者对行政裁量基准进行了类型化研究，指出近年来，我国各地方根据相关法律规定并结合自身的执法经验，制定出一系列行政裁量基准制度。它大体上可以分为指导性、具体性和消解性三大类。指导性基准属于宏观指导思想和原则；具体性基准是行政裁量基准的主要形式，但这类形式的行政裁量基准在制定主体、制定程序、制定技术及法律效力等方面都存在一定问题，需要尽快解决；消解性基准由于其涉及创制，因而存在合法与否的问题，应当对之加以控制，从而从根本上杜绝违法裁量基准的产生。[25]

有学者对给付行政裁量问题进行了研究，指出讨论法治思维、法治政府评价的问题，就离不开对行政裁量的考察。考察行政裁量的本质论，就不能绕开对要件裁量说和效果裁量说这种两分法的再认识。探讨自由（便宜）裁量和羁束（法规）裁量的区别问题，不仅有助于把握行政裁量司法统制的界限和基准，而且有助于促进法规范的制定和解释之完善。结合给付行政的增大和裁量权的扩展这种世界性发展趋势，在给付行政领域建构符合该领域特点和规律性的行政责任论，裁量规制和裁量机制本身的完善必不可少。在具有较强裁量性的给付行政领域，宜进行功能性、程序法性的合目的性裁量，而运用和“羁束裁量行为”相对应意义以外的“自由裁量行为”观念，则是不适宜的。在给付行政领域，需要根据每个受给者的具体情形展开具有针对性的、各种各样的灵活应对。这种特点决定了该领域的裁量需要更广阔的空间，同时也需要完善相应的程序和准则，确立基层工作人员状况判断的优位等独具特色的权力运用规则，重视和强调规制手段的活用。[26]

（三）行政强制

行政强制法实施以后，学术界对于行政强制研究的热度并没有因此衰减，2014 年仍然有不少学者就这一问题展开论述。有学者指出行政强制执行实施权的配置，不仅关系执行效率问题，而且对当事人权利保障具有重要意义。行政机关自力执行模式、由其他行政机关实施执行模式、由法院实施执行模式等三种理论模式各具优劣，并常常以混合的面目出现。从世界范围看，不论哪种混合形态，司法机关的主要角色都常常限于做出裁判，同时对行政强制执行提供必要的协助和监督，体现了司法的谦抑性。该文在分析我国现行混合模式问题的基础上，就行政强制执行实施权配置改革，提出分三个阶段发展的建议。第一阶段的改革，是以司法机关和行政机关的职权配备现状为基础，对行政强制执行实施权予以适当调整，但其主要缺点是难以避免不同机关之间的推诿与扯皮；第二阶段的改革，重点在于通过集约化执行，提高执行的效率，其主要缺点在于缺乏有效的监督制约；第三阶段的改革，是设立专门的行政强制执行实施机构，提高执行效率，加强执行监督。[27]有学者研究了行政强制执行的定位与责任，指出行政强制法对行政强制执行的界定与后续的强制执行程序、违法强制执行责任的规定之间存在不协调的问题，有必要从法律制度的角度对行政强制执行进行重新定位。行政机关自力执行时，应在行政决定的赔偿责任与行政强制执行的赔偿责任之间作出区分；在人民法院依申请强制执行时，要按照行政决定是否存在明显违法的情形来确定是人民法院单独承担赔偿责任，还是由人民法院与行政机关共同承担赔偿责任。[28]有学者探讨了行政强制执行的法律保留原则，指出我国行政强制法规定行政强制执行方式全部由法律设定，这种一概而论的处理方式值得商榷。现有行政强制执行设定权的划分标准可以类型化为“强制类别标准”。行政强制执行严格由法律保留的立意基础在于认为行政强制执行的侵害程度一般大于行政强制措施，然而，行政强制执行与行政强制措施并不是以侵害程度为标准加以划分的，“强制类别标准”显然与二者的区分标准理论相冲突。行政强制执行全部由法律设定的规定过于笼统，未能充分考虑行政强制手段的侵害程度。因此，应当以“侵害程度标准”作为检视标准，重构行政强制执行方式设定的法规范位阶，对侵害程度较低的行政强制执行手段，降低其设定的法规范位阶，从而回应新型行政强制执行手段在行政执法中的适用。[29]还有学者探讨了行政强制执行的裁执分离模式，指出行政强制法对“申请人民法院强制执行”的行政强制执行方式作了规定，但是，在法院裁定执行之后，行政强制执行具体如何实施其并未阐明，而是为一种新型执行模式的建立留下空间，这种新模式即是司法裁判、行政执行的裁执分离模式。通过研究世界范围内行政强制执行的模式，以及我国行政强制执行模式的发展，对行政强制执行的裁执分离模式进行探讨。[30]

（四）食品安全

食品安全法的修订工作取得了突破性进展，学界对于食品安全的论述也日益增多。有学者指出食品安全风险属性存在现实主义模式和建构主义模式之分。两类风险属性模式对食品安全风险议题之形成、食品安全标准之制定、食品安全风险评估、食品安全风险沟通和食品安全风险管理等食品安全风险监管的各个环节隐含着不同意义。作为调整食品安全风险监管的食品法律制度应当从整合两类风险属性模式优势之角度出发来设计，在食品安全风险监管的理性科学与民主公平之间获得恰当的平衡。以此为基础，我国食品法制改革的主要内容应当包括设计“超级食品安全风险监管机关”，建构以“辩证对话”为核心的分析性和合作式监管程序，注重软法之治并倡导柔性监管措施以及建立并及时更新食品安全风险信息超级数据库。[31]还有学者指出，食品安全法的主要任务，在于确立食品生产经营者的合法规范运营机制；确保食品生产经营者合法规范运营的实效性保障，在于全过程中各方主体的协治；各方主体的协治，重在进行信息和意见交换，完善风险交流机制。因此，为切实保障食品安全，应当努力推进如下方面：其一，保障行政管理职能的合法、有效实现，为基层监管部门实现相关行政目的提供相应手段，做到目的和手段均衡，强调源头管理和全过程控制；其二，确立并不断完善食品生产经营者合法规范运营的机制，为合法规范运营的食品生产经营者提供充分的法律和制度保障，规范和约束食品生产、经营、流通、消费等各个环节的行为，确保“从农田到餐桌”的安全性；其三，以国家食品药品监督管理总局为主要监管责任主体，强调参与型行政的理念，完善食品安全风险交流机制，推进信息共有共享和公开制度，构筑政府、社会、企业、消费者和媒体等协治的食品安全保障体系。[32]

（五）政府信息公开

《政府信息公开条例》实施六年有余，不少学者对其进行了检视。有学者对连续四年多来国务院部门、省及较大的市实施政府信息公开制度的情况进行了观察、验证、统计、分析，据此研究了当前政府信息公开制度实施中存在的诸如观念有待提升、主动公开落实不到位、依申请公开面临阻力的实际情况，总结了存在问题的原因，并从提升立法位阶、加强机构建设、细化公开标准等方面提出了完善建议。[33]有学者通过对315起案件的分析发现，当前政府信息公开遇到的主要问题不是要不要公开，而是应当怎样公开，其中最为关键的是要明晰有关的法律规则与涵义。更为重要的是，应当在服务行政、给付行政的理路上夯实政府信息公开的基础。[34]有学者论述了政府信息公开与国家秘密保护之间的关系，指出国家秘密保护，是政府信息公开建设中不可回避的课题。规范分析显示，我国保守国家秘密法对于国家秘密，采取的是复合形式的认定结构，即只有既符合形式要件亦符合实质要件的事项，才能构成国家秘密。通过对5份涉及国家秘密公开案件的观察，折射出法院在司法审查标准、司法审查强度和司法审查方式上，对立法原意的偏离。两者之间的鸿沟，向我们揭示了修法之外的路径：重新解释涉及国家秘密公开案件的审查模式，以司法审查的完善，实现立法者预期的公开与保密之间的平衡。[35]还有学者专门对依申请公开进行了研究，在实证研究的基础上指出政府信息公开制度实施以来，政府机关与公众获取政府信息的需求之间的矛盾依然突出，尤其是依申请公开制度的实施仍面临不少阻力。实践中，行政机关以审查申请用途的方式限制公众申请政府信息，且对于政府信息的范围、主动公开与依申请公开的关系等存在错误认识，申请的处理还欠规范，不公开理由也缺乏依据。推进依申请公开制度，必须厘清公开与不公开界限，取消对政府信息公开申请人资格、申请用途的审查，明确界定不公开信息的范围。[36]

（六）行政规制

在规制问题上，有学者指出在公共规制过程中，规制者占有规制知识的多寡，是公共规制能否实现既定目标的关键。规制知识包括规制事实知识、规制价值知识和规制方法知识，规制者、规制知识、规制行动之间存在着密切的关联：规制者应当拥有相应的“知识能力”，规制行为的发生以规制者占有足够的规制知识为前提。公共规制在实践中遭遇的失败，大都与规制知识的失灵有关。变革规制机构、将规制权尽可能地配置给直接面对规制事实的规制者以保证规制事实知识的准确获取，规制价值知识的制度化存在以及形成中的大众参与和程序保障，根据规制对象的不同，运用行政、司法等不同的规制方法并强化规制绩效评估，是知识视角下重塑公共规制的主要内容。[37]对于行政规制的正当程序，有学者指出正当程序是实现对行政规制权力控制的当然要求。这是因为，正当程序契合了规制的科学性和合法性要求，能够实现行政规制与法律控权的有机结合。当前我国行政规制的程序控制比较薄弱，立法粗疏，缺少“协商型”行政程序，行政程序效力不足，无法对政府权力形成有效约束。从法治发达国家的基本经验、我国司法审查制度的缺失以及市场经济的法治化建设看，通过正当程序控制行政规制是我国的可行选择。为此，应当建立和完善“审判型”“立法型”和“协商型”行政程序；区分正式听证与非正式听证；建构以“成本效益分析”为核心的规制影响分析制度。[38]还有学者以市场经济为中心，分析了如何有效实现公共规制，指出公共规制必须通过市场主体行为的改变来发挥作用，因此公共规制能否取得预期效果取决于市场主体的行为选择。市场主体可能采取的直接违法、制度规避、制度套利、共谋行为以及集体抗争等行为，都会导致公共规制的有效性难以充分实现。市场主体的行为类型与市场主体的贴现率、市场主体对制度信息的可得性和可理解性、市场主体对公共规制的信任程度以及市场主体的自主性相关。以市场主体的可接受性为导向提升公共规制的有效性，应通过提升公共规制的稳定性品格、保证制度的制定和解释能为市场主体所理解、提高公共规制的经济绩效和公平相容性、重视激励型规制等方面措施来实现。[39]

四、行政救济

（一）行政复议

行政复议是一种非常重要的行政救济途径。有学者对其理念提出了新的看法，指出针对目前学界和实际部门比较流行的行政复议制度完善必须遵循进一步“司法化”途径的主张。该文从调查所得的实际情况出发，认为当下完善行政复议制度的根本途径在于强调其行政性和效率性，并在此前提下补充或增强其“司法性”；提高行政复议制度的公信力，关键还在于使行政复议机关承担起应有的严格的行政法律责任。为此，应该夯实行政复议制度的理论基础，调整、更新其理念，并建立行政机关即时自我审查制度、普遍设置行政复议前置程序制度、原则上废除行政复议决定为最终裁决制度以及确立由复议机关在作出复议决定后一律担当行政诉讼被告等制度。[40]有学者重新思考了行政复议的定位，指出我国行政复议法自1999年颁布以来，发挥了很大的作用，随着行政法治进程的不断推进，行政复议法的修改共识大于争议。通过以行政复议功能定位、分析实施现状和存在的问题为切入点，对复议体制、范围、程序、决定等方面提出完善建议，将有效地促进我国依法行政的进程。力图构建一个真正和谐、公正、高效的救济机制。[41]有学者就行政复议权力属性进行了探讨，行政复议是行政法上的一项重要制度。行政复议的权力性质是行政复议理论问题的核心，对完善我国的行政复议制度具有重要的指导意义。关于行政复议权力性质的各种不同学术观点，作者指出了它们的局限性，以孟德斯鸠的理论、权力分立的目的和现代行政权扩张为视角，分析指出行政复议的权力属性为行政权，但为了有效达到设立行政复议制度的目的，保证依法行政，行政复议权在运行过程中，必须以司法权的运行模式为模版。[42]有学者研究了影响行政复议审查方式的几个因素，指出行政复议法的审查方式分为书面审查和非书面审查两种审查方式，不同的行政复议审查方式都具有自己独特的关键性规则和隐藏在其背后的目的要求。行政复议审查方式的选择不仅受制于行政复议的目标定位、复议案件本身性质这些内部因素，而且还受制于行政复议在整个权利救济体系中的目标定位、当事人的真实诉求这些外部因素。[43]

（二）行政诉讼

由于行政诉讼法修订，2014年学者对于行政救济的研究大多集中在对于行政诉讼的研究。有学者回顾了行政诉讼百年法治，指出行政诉讼制度自1914年在近代中国正式确立，迄今已有百年。近代以来中国行政诉讼法制的百年变迁经历了清末民初至新中国成立，新中国前三十年和改革开放以来三个阶段。回望这段百年变迁史，行政诉讼法制的功能定位经历了从“变法图存”到“依法控权”的转换，审判体制经历了从“二元制”到“大民事诉讼”、“大经济审判”再到“混合一元制”的嬗替，受案范围也在曲折中逐渐扩大。追今抚昔，一部百年行政诉讼法制的变迁史，也是一部千年“民告官”传统笼罩下的司法文化继受史。展望未来，我们必须对行政诉讼的功能定位、审判体制和受案范围有着更加清醒的认识和更加妥善的选择，以促进行政诉讼法制朝着更加符合中国国情、更加保障公民权利、更加监督依法行政的方向发展，最终服务于“法治中国”。[44]

行政诉讼受案范围一直是学界热议的话题，有学者指出新修改的《中华人民共和国行政诉讼法》第13条对受案范围中排除事项的规定基本照搬了原有规定。这未能解决其存在的不足，如对排除事项的设定主体及权限限定不严、所作设定尚比较简单、粗略等。设定受案范围的排除事项事关重大，是对公民、法人及其他组织起诉权的限制，也是对人民法院司法审查权的限定和对行政机关公权力行为的司法豁免，因而必须符合宪法框架下的法治要求。为此，新法在实施之际，最高国家权力机关应当通过立法解释来进一步规范行政诉讼受案范围中排除事项的设定。这包括：在排除事项的设定上要求严格遵守法律保留原则，尽量补充细化列举排除事项不使之出现空白地带，从严控制排除事项的标准等，以防范实践中可能出现的随意扩张排除事项的现象。[45]

有学者指出应摆脱地方干扰，增强法院依法独立公正审理行政案件的能力。而作为行政审判体制改革试点来推进与行政管理区域有限分离的行政诉讼集中管辖制度，在一定程度上能够保证宪法、法律赋予法院的行政审判权有效运行。这种做法实为改革过程中的无奈之举，故而需要宽容、理解和支持。但是，改革试点也面临着如何符合实定法相关规定的挑战。对于确实具有合理性和实效性的改革举措，应当通过修法予以合法性支撑，不应将集中管辖确立为我国行政诉讼的一般制度。因为它不能有效根除行政诉讼的体制障碍，无法充分利用各级法院既有资源，与行政审判体制改革的长远目标相悖。要根除行政诉讼的体制障碍，需要在行政体制改革上下功夫，真正确立尊重法院裁判的行政责任体系。在深化司法体制改革的过程中，需要对行政诉讼集中管辖的试错探索予以科学评价，对实践和理论误区予以逐步矫正，确立正确的方法论和科学的行政诉讼管辖制度，以基层管辖、本地管辖等法定管辖为一般管辖，以提级管辖、异地管辖等裁定管辖为补充管辖。[46]有学者对行政诉讼庭前和解进行了研究，指出行政诉讼庭前和解，是在行政诉讼中通过和解使原告和被告之间的纠纷在进入庭审之前就已经被化解的一个制度设计，其在我国司法实践中大量存在。尽管该制度某种意义上有规避法律之嫌，也曾引起学界诸多质疑，但从行政诉讼将纠纷解决作为最高价值、从行政诉讼法律关系的平等性、从行政诉讼成本控制、从当事人享有处分权等角度分析，仍然有其正当理由和理论支撑。为了规范该制度的运行，必须在时间节点、提起人、决定权、主持人和裁判方式等环节予以特殊框定。[47]有学者提出化解目前困境的一个方式是建立行政法院。该学者指出我国行政强制法规定行政强制执行方式全部由法律设定，这种一概而论的处理方式值得商榷。现有行政强制执行设定权的划分标准可以类型化为“强制类别标准”。行政强制执行严格由法律保留的立意基础在于认为行政强制执行的侵害程度一般大于行政强制措施。然而，行政强制执行与行政强制措施并不是以侵害程度为标准加以划分的，“强制类别标准”显然与二者的区分标准理论相冲突。行政强制执行全部由法律设定的规定过于笼统，未能充分考虑行政强制手段的侵害程度。因此，应当以“侵害程度标准”作为检视标准，重构行政强制执行方式设定的法规范位阶，对侵害程度较低的行政强制执行手段，降低其设定的法规范位阶，从而回应新型行政强制执行手段在行政执法中的适用。[48]

对于行政公益诉讼，有学者对美国的制度进行了研究。指出在过去近一个世纪里，美国行政法的诉讼资格范围经历了不断扩展的过程，并在此过程中产生了新的矛盾和问题。诉讼资格的扩张及其所遇到的困境体现了现代行政国家所遭遇的更为深刻的矛盾。在没有发现更为根本的解决办法的情况下，美国司法实践不失为修复民主与法治的权宜之计。[49]

注：

①王贵松：《论近代中国行政法学的起源》，《法学家》，2014 年第 4 期。

②罗智敏：《论正当行政程序与行政法的全球化》，《比较法学研究》，2014 年第 1 期。

③刘权：《目的正当性与比例原则的重构》，《中国法学》，2014 年第 4 期。

④杨登峰：《行政法定原则及其法定范围》，《中国法学》，2014 年第 3 期。

⑤张华民：《依法行政的德性要求及其现实观照》，《现代法学》，2014 年第 3 期。

⑥熊文钊、史艳丽：《试论行政组织法治下的行政体制改革》，《行政法学院研究》，2014 年第 4 期。

⑦杨小军、陈建科：《行政主体法定的理论与实践研究》，《桂海论丛》，2014 年第 4 期。

⑧赖亮洲：《村民委员会行政主体资格探析》，《中共福建省委党校学报》，2014 年第 5 期。

⑨向前：《对我国高校公法地位司法实践之考察》，《河北青年管理干部学院学报》，2014 年第 3 期。

⑩张青波：《行政主体从事私法活动的公法界限——以德国法为参照》，《环球法律评论》，2014 年第 3 期。

⑪王华：《论行政相对人的范围及其界定标准》，《云南行政学院学报》，2014 年第 2 期。

⑫肖萍、余娇：《行政相对人法律责任设定之完善》，《江西社会科学》，2014 年第 2 期。

⑬王克稳：《我国行政审批制度的改革及其法律规制》，《法学研究》，2014 年第 2 期。

⑭沈岿：《解困行政审批改革的新路径》，《法学研究》，2014 年第 2 期。

⑮骆梅英：《行政许可标准的冲突及解决》，《法学研究》，2014 年第 2 期。

⑯罗智敏：《论行政许可中保证金的设定问题》，《中国法学》，2014 年第 5 期。

⑰王太高：《论行政许可中止》，《法学》，2014 年第 4 期。

⑱席涛：《市场失灵与〈行政许可法〉——〈行政许可法〉的法律经济学分析》，《比较法研究》，2014 年第 3 期。

⑲王天华：《裁量收缩理论的构造与边界》，《中国法学》，2014 年第 1 期。

⑳季卫东：《法治原则与行政裁量》，《行政管理改革》，2014 年第 11 期。

㉑胡溢武、刘恒：《行政裁量权的合理规制与法治政府建设》，《社会科学》，2014 年第 3 期。

㉒高秦伟：《论行政裁量的自我拘束》，《当代法学》，2014 年第 1 期。

㉓郑雅方：《行政裁量基准创制模式研究》，《当代法学》，2014 年第 2 期。

㉔葛先园：《行政裁量基准的逻辑》，《行政论坛》，2014 年第 4 期。

㉕沈亚平、宋哲：《我国行政裁量基准的类型化研究》，《天津师范大学学报》（社会科学版），2014 年第 1 期。

㉖杨建顺：《论给付行政裁量的规制完善》，《哈尔滨工业大学学报》（社会科学版），2014 年第 9 期。

㉗唐力、向国慧：《行政强制执行实施权配置研究》，《法律适用》，2014 年第 3 期。

㉘闫尔宝：《行政强制执行二题：定位与责任》，《行政法学研究》，2014 年第 1 期。

㉙刘磊：《行政强制执行法律保留规则之反思——以侵害程度为标准的重构》，《政治与法律》，2014 年第 3 期。

㉚刘美、李晓亮：《论行政强制执行的裁执分离模式》，《黑龙江省政法管理干部学院学报》，2014 年第 2 期。

㉛戚建刚：《食品安全风险属性的双重性及对监管法制改革之寓意》，《中外法学》，2014 年第 1 期。

㉜杨建顺：《论食品安全风险交流与生产经营者合法规范运营》，《法学家》，2014 年第 1 期。

㉝吕艳滨：《政府信息公开制度实施状况——基于政府透明度测评的实证分析》，《清华法学》，2014 年第 3 期。

㉞余凌云：《政府信息公开的若干问题——基于 315 起案件的分析》，《中外法学》，2014 年第 4 期。

㉟郑春燕：《政府信息公开与国家秘密保护》，《中国法学》，2014 年第 1 期。

㊱吕艳滨：《依申请公开制度的实施现状与完善路径——基于政府信息公开实证研究的分析》，《行政法学研究》，2014 年第 3 期。

㊲靳文辉：《公共规制的知识基础》，《法学家》，2014 年第 2 期。

㊳王柱国：《论行政规制的正当程序控制》，《法商研究》，2014 年第 3 期。

㊴靳文辉：《论公共规制的有效实现——以市场主体行为作为中心的分析》，《法商研究》，2014 年第 3 期。

㊵杨海坤、朱恒顺：《行政复议的理念调整与制度完善——事关我国〈行政复议法〉及相关法律的重要修改》，《法学评论》，2014 年第 4 期。

㊶庞婧：《行政复议法的定位及完善建议》，《黑龙江省政法管理干部学院学报》，2014 年第 3 期。

㊷刘大勇：《行政复议的权力属性研究》，《黑龙江省政法管理干部学院学报》，2014 年第 1 期。

㊸吴守华：《行政复议审查方式影响因素研究》，《黑龙江省政法管理干部学院学报》，2014 年第 5 期。

㊹胡建淼、吴欢：《中国行政诉讼法制百年变迁》，《法制与社会发展》，2014 年第 1 期。

㊺方世荣：《对行政诉讼受案范围中设定排除事项的反思》，《法商研究》，2014 年第 6 期。

㊻杨建顺：《行政诉讼集中管辖的悖论及其克服》，《行政法学研究》，2014 年第 4 期。

㊼关保英：《行政诉讼庭前和解研究》，《政法论坛》，2014 年第 5 期。

㊽解志勇：《行政法院：行政诉讼困境的破局之策》，《政法论坛》，2014 年第 1 期。

㊾张千帆：《启动公益诉讼的条件——论美国行政诉讼的资格》，《行政法学研究》，2014 年第 2 期。

（作者：胡锦光，中国人民大学教授；
董妍，天津科技大学讲师）

刑　法　学

韩玉胜　张学永　史丹如

2014 年度，我国刑法学研究仍然呈现一派欣欣向荣的景象。尤其是北京地区的刑事法学学者和实务专家，对我国刑法学理论的发展倾注了极大的热情，从刑法总则、到刑法分则的个罪研究，均出现了多篇有影响力的佳作，在学界产生了积极的反响。此外，以构建新的犯罪论体系、刑法目的研究、刑法对网络犯罪的应对等为主题的研讨会和学术论坛交流活动，为北京地区刑事法学的深入发展创新提供了持续的动力。

一、重要论著

2014 年度内出版了一些在学界产生了较大影响的专著和译著，其中比较有代表性的重要论著有：张小虎著《犯罪论的比较与建构（第二版）》（北京大学出版社），陈兴良著《教义刑法学（第二版）》（中国人民大学出版社），陈兴良主编《刑事法判解（第 16 卷）》（人民法院出版社），张明楷著《刑法的私塾》（北京大学出版社），刘仁文著《死刑的温度》（生活·读书·新知三联书店），赵秉志著《刑法立法研究》（中国人民大学出版社），赵秉志、张军、郎胜主编《全国刑法学术年会文集（2014 年度）：现代刑法学的使命（上下卷）》（中国人民公安大学出版社），刘树德著《实践刑法学讲义：刑法关键词》

（北京大学出版社），姚龙兵著《刑法立法基本原则研究》（中国政法大学出版社），李慧织著《贪污贿赂犯罪死刑限制与废止研究》（中国人民公安大学出版社），张远煌等主编《企业家犯罪分析与刑事风险防控报告（2014卷）》（北京大学出版社），［英］威廉姆·威尔逊著、谢望原等译《刑法理论的核心问题》（中国人民大学出版社）等等。另外，还有数百篇刑法学领域的学术论文公开发表。

二、研究的热点与创新

（一）刑法解释研究

关于刑法解释的研究，是我国刑法理论研究中一个历久弥新的问题。今年以来，有众多的学者关注刑法解释问题。部分学者对此问题投入了较多的精力，使此问题的研究又上了一个新的台阶，并且随着若干问题的争论，刑法学界对刑法解释问题的研究不断深化。

有学者认为，由于静态的刑法规范难以满足动态的社会现实的需求，于是存在刑法规范供给不足的现实问题。但是，应区分这种供给不足是实质性的供给不足还是表面性的供给不足，对于前者，只能通过完善立法、增加刑法规范的供给解决；而对于后者，则可以通过理论的完善调整和刑法适用的合理解释来填补和增加刑法规范的有效供给。①

有学者认为，刑法教义学所要解决的问题是如何理解现有刑法的规定并对之进行更好地解释，刑法教义学的基本立场只能是“刑法的任务是维护法规范的效力”，惟其如此，刑法教义学方能更好地解释现有刑法的规定并适应社会现实的发展。也就是说，在进行刑法解释的时候，应当考虑刑法的目的性和任务，即将刑法的合目的性和任务纳入刑法教义学的体系之中，能动地理解现有法律的规定，建立起历史和现实之间沟通的桥梁，在保持刑法规定的“纯洁”的同时，不断丰富刑法规范的内容以使刑法能够适应不断发展变化的现实的需要。而刑法的目的，则同样应坚持为“法规范维护说”。②

另有学者对上述观点提出了商榷意见，认为刑法教义学和刑法解释学是同一个概念的不同表述，二者就有同质性。而且，解释学是刑法学的本体，刑法教义学除了包含对现有刑法规定的解释之外，还包括对现有刑法规定的批判。该学者还认为，将“法规范维护说”作为刑法教义学的基本立场，存在很多难以自圆其说的缺陷。其一，法规范维护说在很多情况下只是一种没有实际意义的话语转换，在诸如犯罪未遂、犯罪化等问题的解释上不得不借助法益保护说的立场来完成；其二，法规范保护说将刑法的目的立足于保护法规范的效力，在对构成要件进行解释时，难以起到有效的指导作用；其三，在违法性方面，法规范保护说也存在难以解决的缺陷，其既难以合理说明违法性的本质，又无法解释违法性的程度，对违法性阻却事由也难以妥当的加以说明，而且，由于其不考虑法益权衡，对正当防卫的限度的判断也存在很大的不合理性；其四，法规范维护说不承认没有责任的违法，这无疑将导致违法和责任阶层的合二为一；其五，法规范维护说所秉持的功能责任论存在将人工具化、有损人的人格尊严的嫌疑，同时无法对责任的程度进行判断，进而也难以以责任限制刑罚。因此，刑法教义学应以“法益保护说”为基本立场。③

此外，另有学者认为刑法教义学应当立足于现有法律的规定，依据一定的基本立场进行刑法解释，现有刑法的规定既是解释对象，同时也是解释的根据，应彰显对法条的信仰般的尊崇。④也有学者从刑法的目的是保护法益的立场出发，认为刑法解释应区分事实与规范，综合运用各种解释方法，遵循刑法的基本原则尤其是罪刑法定原则，对相关问题作出客观公正的解释。⑤

还有学者对刑法目的解释的方法提出了反思。刑法目的解释是把双刃剑，它可以有效的弥补法律的漏洞，根据客观现实的需要编织严密的法网，保持刑法之网的严密性及开放性；但同时，由于它很大程度上赋予了解释者解释的自由，因此也可能动摇或侵蚀刑法的客观性和统一性，对罪刑法定原则造成一定程度的伤害。因此，应该对刑法目的解释进行一定的限制，规制刑法解释者的主观随意性。在制约机制的构建方面，可以通过建立法教义学的内部控制和合宪性的外部控制这样的二元制约机制来规制刑法目的解释。⑥另有学者对刑法解释方法的位阶性提出质疑，认为文义解释、客观目的解释、主观目的解释之间不应存在严格的位阶关系，在进行刑法解释的时候，既应立足于刑法法条用语的通常含义，又应考虑刑法规范的保护目的、广大国民对刑法规范的心理认同、刑法处罚相关行为的必要性甚至犯罪论体系等内容，对个案选择最合适的解释方法以平衡打击犯罪和保障人权之间的关系，以使社会公众能够接受相应的解释结论。⑦

（二）刑罚论研究

刑罚论是刑法学研究的重要内容之一，本年度也有多位学者关注刑罚相关问题，对于刑罚目的、死刑问题、刑罚执行问题等内容的研究是其中的重要内容。

1. 刑罚的本质和目的研究

关于刑罚本质和目的，有学者尝试对传统刑罚理论进行新的解读，从而将黑格尔和积极的一般预防论联系起来。该学者认为，传统刑罚理论中，黑格尔的报应理论承继于康德的“反射性报应理论”即“等量报应论”，又有将之发展为“等价报应论”。“等量报应论”能够避免将人“工具化”，即避免人本身成为实现某种目标的工具，但无法兼顾预防犯罪的必要性。因此，黑格尔将刑罚理论发展为“等价报应论”，放弃了绝对主义的立场，允许刑罚与对应的犯罪存在一定程度的“变形”，这无疑兼顾了预防犯罪的需要，被认为是当代德国积极的一般预防理论的萌芽状态。但是，等价报应理论还是无法解决刑罚目的和人的尊严之间的对立关系，仍然存在将人作为手段的嫌疑。解决这一冲突的途径，在于将刑罚理论和量刑理论区分开来，将经验层面的积极的一般预防作为宏观的刑罚制度正当化的根据，而在微观层面的量刑环节，采取平等对待的原则以克服罪犯与罪犯之间量刑的不均衡。⑧

有学者从人性的角度对传统刑罚目的理论进行了反思。该学者认为，刑罚理论的重要性在于它对刑罚的制定、刑罚的裁量及刑罚的执行都具有至关重要的影响。传统刑罚理论立足于报应或预防，没有对人的尊严给予足够的关注，有将人作为手段和工具之嫌，未能凸显尊重人的主体地位。对传统刑罚目的理论进行反思，就要从人性的视角和角度重新定位刑罚目的。因为刑罚是人类理性的产物，对犯罪处以刑罚是遵循人性设置的规则，而且该规则以恢复良善的人性为最终目标。因此，刑罚目的的合理定位应为保障基本人权，刑罚目的实现需要适度的立法、尊重人的主体地位及人格与尊严的司法以及良好的社会环境。⑨

也有学者对综合刑论进行了反思。认为目前的综合刑论都是一种“伪装”的报应刑论或预防刑论，无论是以报应为核心辅以预防的综合刑论，还是预防为主辅以报应的综合刑论，都未在真正意义上实现综合。报应和预防二者之间具有难以调和的对立，简单的折中难以有效地解决刑罚目的问题，应当超越报应和预防建立刑罚目的体系。具体来说，刑罚目的体系的构建应以自由为核心，辅以秩序、正义等价值，形成目的价值体系。⑩

2. 死刑研究

一直以来，对死刑相关问题的研究都是刑法理论界关注的焦点之一。本年度也有学者对死刑的限制适用等改革问题发表了个人见解。

有学者认为，我国当前的死刑制度改革已经初见成效，已经迈入减少、限制死刑的良性发展轨道。但就我国目前的现实环境而言，短期内尚不具备全面废除死刑的条件。历史地看，应当将废除死刑纳入我国刑事政策的内涵。归纳起来，废除死刑的根据在于人道主义和功利主义的要求。刑罚的人道性和我国当前的人权状况为死刑的废除提供了依据和可能的政策空间，而功利性虽存在难以证实的问题，但是也可以为死刑的废除提供依据。在废除死刑之后的替代措施上，不同的学者主张有死缓、无期徒刑、有期徒刑等多种不同的选择，可分为立法和司法两个不同的层面来理解死刑替代措施。同时，死刑赦免制度有助于减少和限制死刑的适用。从立法的角度，从贪污贿赂犯罪的罪质和预防有效性两个角度考量，均不支持保留此类犯罪的死刑，应当对贪污贿赂犯罪的死刑加以废止。⑪

有学者从不同的层次解读死刑存废之争，该学者将我国当下的死刑存废之争分为三个不同的层次：第一个层次是价值层面的死刑存废抽象理念之争；第二个层次是刑事政策层面的死刑能否废除的冲突；第三个层次则是具体个案是否能够适应死刑的争论。第一个层次的争论，主要集中在死刑是否尊重人的生命价值、死刑是否正当以及死刑是否具有人道性等方面，而整体来看，在抽象的价值理念之争中，理论界废除死刑的声音占据了主流地位。但实际上，死刑存废的抽象价值之争基本上沦为“无用之争”。第二个层次的争论则主要集中在死刑是否具有威慑力、无辜者被错判死刑的问题、死刑的司法实践效果（预防犯罪的效果）、死刑的报应功能是否正当等问题。这一层次的冲突比较激烈，但现实中出现了趋于“同化”的结果，即在现实难以废除死刑的情况下限制死刑的适用。第三个层次的冲突则表现为个案是否适用死刑的争论，这一层次的争论中死刑存在论者占据了压倒性的优势，死刑废除论者几乎集体“失声”。死刑存废之争的解决之道，一是在于尽快确立死刑类型的适用标准，一是在于争取民意的支持和公众的认同。⑫

（三）个罪研究

由于刑法分则的个罪适用在刑事司法实践中占有极其重要的地位，所以对个罪的研究一直是刑法理论的重点内容。本年度内，有专家学者分别对贪污贿赂犯罪、盗窃罪、危险驾驶罪、诽谤罪等个罪进行了深入研究。

有学者结合具体的国内大案要案的程序上和实体上的法律问题，对受贿罪进行了详尽的分析。在受贿罪的构成上，该学者认为，国家工作人员利用职务上的便利接受他人请托为相关单位或个人谋取利益，自己直接收受他人财物或者明知并认可家庭成员收受他人财物的，均可构成受贿罪。并且在官商勾结达成稳定的“朋友”关系的情况下，接受他人财物与利用职务便利为他人谋取利益之间不一定是一一对应的关系，受贿罪同样可以构成。还有，对于受贿罪构成要件中的“为他人谋取利益”，既包括已经为他人谋取到了利益或者已经实施了为他人谋取利益的行为的情形，也包括承诺为他人谋取利益但尚未实施谋利行为的情形，不能狭隘地理解为仅限于已经为他人谋取到了利益的情形。并且，“为他人谋取利益”的利益既包括不正当的利益，也可以包括正当的利益，并且还可以包括非物质的利益。对于“利用职务上的便利”的理解，贪污罪和受贿罪之间有所不同。贪污罪中的“利用职务上的便利”一般指行为人利用本人职权上的便利，而受贿罪中“利用职务上的便利”则既包括利用本人职权上的便利为他人谋取利益，收受或索取他人财物的情形，也包括通过其他国家工作人员的职务行为为请托人谋取不正当利益并收受或索取请托人财物的情形。此外，关于“特定关系人”共同受贿问题，在特定关系人和国家工作人员主观上就收受请托人财物达成一致的情况下，特定关系人构成受贿罪的共犯而不是构成利用影响力受贿罪。[13]

盗窃罪作为司法实践中最为多发的常见犯罪之一，其认定问题值得深入研究，本年度有多篇关于盗窃罪的论文发表。对于盗窃罪的非法占有目的，有学者认为，非法占有目的是独立于盗窃罪犯罪故意之外的主观构成要素。因此，不应将盗窃罪的主观方面仅仅限定为直接故意。具体来说，盗窃罪的“非法占有目的”是指“排斥他人对其财物的控制而获得对该财物类似所有人的控制”和“取得财物本体与财物经济价值”的意图，这与盗窃故意具有明显不同。[14]

此外，对于盗窃罪所规定的“携带凶器盗窃”的行为，多位学者对此问题进行了研究和阐明。有学者指出，携带凶器盗窃的情况下，不需要行为人向被害人明示，只需行为人为盗窃而故意携带凶器即可构成盗窃罪，如果犯罪嫌疑人向被害人明示了其所携带的凶器，则可能涉嫌抢劫罪。携带凶器盗窃的情形，应注意“为了实施违法犯罪携带其他足以危害他人人身安全的器械盗窃”的问题，理解此问题的关键在于对“其他足以危害他人人身安全的器械”的理解，对此应把握如下几点：一是携带应当是随身携带或者在随手可及的范围内；二是为了实施盗窃行为而携带；三是对于是否足以危害人身安全应当结合器械功能、案件情况、行为人主观意图等进行综合判断；四是具有工具的特性同时又可作为凶器使用的工具，是否是“凶器”不能一概而论。[15]有学者认为，《刑法修正案（八）》将“入户盗窃”“携带凶器盗窃”的行为明确为构成盗窃罪的两种情形，说明盗窃罪的保护法益已经从单纯的保护财产所有权、占有权转变为同时保护财产所有权、占有权与人身权。这种法益保护的转变对盗窃的认定具有重要影响，如“携带凶器盗窃”的凶器，只能理解为对人身具有一定杀伤力并具有使用可能性的器械。[16]还有，对于盗窃罪中“多次盗窃”的认定，学者中比较主流的观点是，不需要每次盗窃数额都达到盗窃罪所要求的数额标准，但是是否要求每次盗窃数额都接近盗窃罪的数额要求，不同专家学者之间还存在争议。对于已经受到行政处罚的盗窃行为，是否可以计入“多次盗窃”进行评价，如果计入是否存在重复评价的问题，理论和实务界也存在分歧。对于一年内两次实施盗窃行为但每次都达不到数额较大的标准、而累加计算可以达到数额较大标准的，不能将数额累加并追究行为人的刑事责任。[17]

有学者对诽谤罪进行了研究并认为，该罪中诽谤他人名誉的散布谣言的行为，需要区分所散布的对象是否特定的情形，如果散布的对象为公共场所的不特定的多数人，则散布行为符合诽谤罪的行为构成要件；如果散布的对象为特定的人，则要判断直接受众的人数，在直接受众超出“特定少数人”的限制条件的情况下，或者虽然直接受众为特定少数人、但是该特定少数人的进一步传播导致诽谤他人名誉的行为的受众超出了“特定少数人”的限制的情况下，则该散布行为也符合诽谤罪的行为构成要件。[18]

有专家认为，非法持有毒品罪是为走私、贩卖、运输、制造毒品罪的补充，是在难以证明行为具有走私、贩卖、运输、制造毒品的故意的情况下，为了严密规制毒品犯罪的法网而设立的，对于持有的理解不能仅限于直接持有或拥有所有权，而应理解为一种事实上的支配状态。并且，在特殊情况下，非法持有毒品罪存在未遂的情形。[19]有学者认为，非法持有毒品罪的“情节严重”，存在解释标准不够清晰、实践中适用标准不统一的问题。因此，应当明确非法持有毒品罪“情节严重”的情形，以统一司法适用的标准。[20]

对于教唆和帮助自杀的行为的定性，学界存在一定的分歧。有学者认为，教唆和帮助自杀的行为，应属于法律不想做评价的“法外空间”，由于我国刑法没有规定与自杀相关联的犯罪，因此对于教唆和帮助自杀的行为不能作为故意杀人罪处理，同时还应当注意不能将故意杀人罪的间接正犯认定为行为人的自杀行为而造成法律处罚的漏洞。[21]

对于危险驾驶罪，有学者认为醉驾型危险驾驶罪为其主要的表现形式，且醉酒驾车导致交通事故频发，同时，醉酒驾驶摩托车构成犯罪的比例有所增加，因此，应当扩大“机动车”的范围，并将有期徒刑纳入危险驾驶罪的法定刑，用以危险方法危害公共安全罪规制醉酒驾驶造成严重后果的行为。[22]

（四）其他问题研究

除了上述关于刑法解释、刑罚、个罪等问题的研究之外，还有学者对刑法第13条“但书”的内容规定、风险刑法理论、间接正犯理论等问题进行了研究和探讨。

有学者对刑法第13条所规定的“但书”的功能和性质进行了研究。该学者认为，但书规定作为一个出罪依据，为司法解释和司法实践个案所采用。这在我国入罪容易出罪较难的背景之下无疑具有积极的一面，但是对“但书”条款的善意滥用，却阻碍了从构成要件、违法性和责任的角度进行法理解释进而形成开放性的出罪机制。因此，对“但书”条款的作用和意义应当全面客观公正的评价。[23]

近些年来，风险刑法的研究成为理论界的一个热点问题。但是有学者对风险刑法提出了质疑和挑战。该学者认为，后工业时代的技术风险是难以控制和难以预测的，因此不应该成为刑法调整的内容；而风险刑法将风险泛化，风险刑法理论和风险社会理论难以有效对接，导致风险刑法理论存在根基不稳的问题，因此风险刑法理论难以获得长足的发展和持有的生命力。[24]也有学者认为，风险刑法着眼点在于社会安全问题，本质上是一种预防刑法，风险刑法的发展在于刑法目的从法益保护向社会安全预防的转变，这一转变深刻的影响了刑法理论体系，并对传统的自由主义、权利保障及形式法治国的刑法理念构成威胁。因此刑法理论体系应在重视预防的前提之下，构建合适的制约体系和控制标准，在预防和权利保障方面达成平衡。[25]还有学者认为，风险刑法是理论界在风险社会到来时无法回避的一个问题，在面对恐怖主义等新型风险的时候，自由应适度为安全让步，刑法的前置干预并不违背宪政和法治的原则。[26]

有学者对传统刑法理论中间接正犯的理论提出了质疑，认为间接正犯概念没有存在的必要。基于客观主义的立场，秉持行为共同说和限制从属性说的共犯理论体系之下，教唆犯、帮助犯、直接正犯或者共同正犯可以更合理便捷的解决间接正犯问题。[27]

三、重要学术交流活动

1. 2014年8月28日，由中国人民大学刑事法律科学研究中心与北京市监狱管理局清河分局共同举办的“刑罚执行的理论与实践学术研讨会”在清河分局驻京办事处成功举行。本次与会的既有像中国人民大学刑事法律科学研究中心主任戴玉忠教授、中国人民大学律师学院常务副院长、中国监狱学会副会长韩玉胜教授、中国人民大学法学院副院长时延安教授等刑事执行和监狱学领域的资深专家学者，也有北京市监狱管理局清河分局党委书记、局长王金亮和清河分局的几位具有非常丰富实务经验的干警。本次会议结合实际案例，就减刑、假释、予监外执行等刑罚执行和监狱管理相关问题进行了深入研讨，取得了圆满成功。

2. 2014年9月19日，由中国人民大学刑事法律科学研究中心主办的“工程建设领域的犯罪及其法律适用”研讨会于中国人民大学法学院成功举行。来自最高人民法院、最高人民检察院、中国人民大学、北京大学、清华大学、中国政法大学、中国人民公安大学、国家检察官学院等全国各地的70余名专家学者、法律媒体及律师同行参加了本次研讨会。

3. 2014年12月6日，“2014互联网刑事法制高峰论坛（北京）——网络犯罪的刑事法应对学术研讨会”在北京友谊宾馆召开，本次研讨会由中国人民大学刑事法律科学研究中心与腾讯互联网犯罪研究中心共同主办。本次研讨会聚焦网络犯罪，从刑事法律的视野和角度对网络犯罪的规制和应对进行了广泛的研讨和热烈的交流。共有来自最高人民法院、最高人民检察院、公安部以及各地方政法部门的相关实务专家、中国人民大学、清华大学、北京大学、中国政法大学等全国各地高校的专家学者、部分律师等200余人参加了本次研讨会，研讨会还吸引了法制日报、检察日报等多家法制媒体的高度关注。

4. 2014年12月27至28日，由中国社会科学院法学所和国际法所共同主办的“剥夺自由罚改革研讨会”在京举行，论坛由中国刑法学研究会常务副会长、中国社会科学院刑事法学重点学科负责人、国际法研究所所长陈泽宪研究员主持，与会的30多位专家学者作了主题发言。

注：

①付立庆：《刑法规范的供给不足及其应对》，《中国人民大学学报》，2014年第2期。

②冯军：《刑法教义学的立场和方法》，《中外法学》，2014年第1期。

③张明楷：《也论刑法教义学的立场——与冯军教授商榷》，《中外法学》，2014年第2期。

④陈兴良：《刑法教义学彰显对法条的尊崇》，《检察日报》，2014年7月31日第3版。

⑤曲新久：《刑法解释的若干问题》，《国家检察官学院学报》，2014年第1期。

⑥劳东燕：《刑法目的解释的方法论反思》，《政法论坛》，2014年第5期。

⑦周光权：《刑法解释方法位阶性的质疑》，《法学研究》，2014年第5期。

⑧陈金林：《从等价报应到积极的一般预防——黑格尔刑罚理论的新解读及其启示》，《清华法学》，2014年第5期。

⑨陈异慧：《刑罚目的的人性反思》，《法学杂志》，2014年第6期。

⑩邱帅萍：《综合刑论的厘清与反思》，《法学杂志》，2014年第9期。

⑪赵秉志：《当代中国死刑改革争议问题论要》，《法律科学》，2014年第1期。

⑫于志刚：《死刑存废之争的三重冲突和解决之路》，《比较法研究》，2014年第6期。

⑬赵秉志：《薄熙来案件审判的法理问题研究(下)》，《法学杂志》，2014年第4期。

⑭张小虎：《论盗窃罪的非法占有目的要素》，《法学杂志》，2014年第12期。

⑮谢望原：《六个方面把握“携带凶器盗窃”》，《人民检察》，2014年第5期。

⑯周光权：《从法益保护角度理解“携带凶器盗窃”》，《人民检察》，2014年第6期。

⑰谢望原、周光权等：《盗窃案件适用法律难点五人谈》，《中国检察官》，2014年第5期。

⑱韩玉胜、胡杰：《诽谤罪中散布行为的界定》，《人民检察》，2014年第5期。

⑲李静然：《非法持有毒品罪的司法疑难问题探析》，《法律适用》，2014年第9期。

⑳于志刚：《非法持有毒品罪“情节严重”的认定困惑与解释思路——以刑法分则中“数额”与“情节”的关系梳理为背景》，《法律适用》，2014年第9期。

㉑周光权：《教唆、帮助自杀行为的定性——“法外空间说”的展开》，《中外法学》，2014年第5期。

㉒郭纹静：《醉驾入刑的理性规制》，《法学杂志》，2014年第9期。

㉓陈兴良：《但书规定的法理考察》，《法学家》，2014年第4期。

㉔陈兴良：《风险刑法理论的法教义学批判》，《中外法学》，2014年第1期。

㉕劳东燕：《风险社会与变动中的刑法理论》，《中外法学》，2014年第1期。

㉖刘仁文、焦旭鹏：《风险刑法的社会基础》，《政法论坛》，2014年第5期。

㉗黎宏、姚培培：《间接正犯概念不必存在》，《中国刑事法杂志》，2014年第4期。

（作者：韩玉胜，中国人民大学教授；
张学永，中国人民公安大学讲师；
史丹如，中国人民公安大学副教授）

民商法学

林 嘉 姚 辉 陈靖远

2014年，北京地区的民商法学研究蒸蒸日上、继续蓬勃发展。民商法学者们在前沿问题和基础理论方面均有卓越的研究成果，产出了大量优秀的学术论文与著作。此外，以民商法事法律基本理论、司法适用等为主题的学术交流、研讨活动，也推动着北京地区乃至全国的民商事法学的发展与创新。

一、重要学术活动

2014年4月15日，由中国民法学研究会主办的系列小型研讨会之七“大数据背景下跨境商务中的隐私保护与数据安全国际研讨会”在中国人民大学举行。研讨会就大数据框架下的个人信息保护、APEC成员国及欧盟的数据隐私保护政策、美国联邦贸易委员会有关隐私保护与数据安全的相关执法情况进行了讨论。

2014年4月20日，由北京市知识产权研究会主办的“网络不正当竞争行为的法律规制”研讨会在北京大学成功召开。此次研讨会分为“互联网经济的特点及其影响”、“网络不正当竞争行为的类型化”以及“网络不正当行为的法律边界”三个专题展开讨论。

2014年10月18日，由北京大学法学院、魏振瀛教授民商法研究发展基金和《中外法学》编辑部共同主办的“走向中国民法典——历史的机遇与挑战”论坛在北京大学顺利成功举办。本次活动是北京大学法学院110周年院庆系列论坛之一，也是魏振瀛教授民商法研究发展基金成立以来的首次活动。来自十余所高校和研究院所的近百位民法专家学者参会，就推动中国民法典立法、解决中国民法典编纂中的重大理论问题进行深入探讨。

二、重要学术著作

2014年，各位学者在深入研究相关热点、前沿问题的过程中，著书立说，出版了一批重要的学术著作，主要有：王利明著《民商法研究（第五辑）》（法律出版社），崔建远著《债权：借鉴与发展（修订版）》（中国人民大学出版社），龙卫球、王文杰合著《两岸民商法前沿（第3辑）：社会变迁与民商法发展》（中国法制出版社），王林清、杨心忠合著《公司纠纷裁判精要与规则适用》（北京大学出版社），曹士兵著《中国担保制度与担保方法》（中国法制出版社），孙宪忠著《中国物权法总论（第三版）》（法律出版社），高圣平著《中国土地法制的现代化——以土地管理法的修改为中心》（法律出版社），马特著《隐私权研究：以体系构建为中心》（中国人民大学出版社），陈文煊著《专利权的边界》（知识产权出版社），等等。

三、研究动态及学术观点

（一）民法学

1. 民法典编纂

2014年，党的十八届四中全会通过了《中共中央关于全面推进依法治国若干重大问题的决定》，明确提出“编纂民法典”的法治目标。在此背景下，北京学者围绕民法典的编纂问题继续深入研究，旨在为中国民法典的诞生提供智力支持和理论准备。

首先，关于民法典编纂的必要性，有学者认为，法典编纂最重要的功能是其系统化。民法典可以为民事特别立法提供概念性背景，也使法律体系得到定期清理。[①]有学者认为，民法典的编纂过程有助于发展法律技术，形成一套表达民族共识的法律语言。[②]也有学者认为，为适应全面深化改革和全面推进依法治国所可能产生的政治国家与市民社会分化的新型政治社会结构，我国民事立法应顺应时势从经验主义转向理性主义，编纂民法典。[③]还有学者认为，应当加快民法典的立法进程，通过民法法典化实现民商事法律体系化。[④]

其次，关于未来中国民法典的基本特征、价值取向、编纂步骤以及立法技术等问题，有学者认为，我国的民法典必须反映21世纪的时代特征，对互联网时代、信息社会和大数据时代、高科技时代、知识经济时代、经济全球化趋势、资源环境逐渐恶化趋势及风险社会的时代特征做回应。民法典编纂的具体步骤应分四步走，即：起草民法典的总则，起草人格权编，起草债法总则编，最后进行体系整合。[⑤]有学者认为，编纂我国民法典必须摆正民法典与哲学、民法与商法、原则与规则、主张与举证、总则与分则、规则内容与立法技术等几对关系。[⑥]有学者认为我国民法典要回应民众生活的需要，重点是体察并护持民众的人文世界与价值观念，同时通过体系化作业，最大限度获取法典的体系收益。[⑦]也有学者认为，民法典的规范类型及其配置关系是事关我国未来民法典立法质量的重大立法技术问题。这些法律规范既各司其职，又相互配合，构成相对完整的法律规范体系。[⑧]还有学者研究我国合同法规范编纂技术中的特点及不足，希望在未来制定民法典时，在概念使用、文风选择、条文表达以及结构安排等方面，对法律规范做出更加符合逻辑的抽象化提炼与整理。[⑨]

最后，关于民法典的立法模式和编纂体例，有学者经过对民国民法典选择民商合一体例相关历史资料的考察，认为其既不符合法律继受所依凭的法制传统，也不符合当时的世界立法潮流，更与中国自身的历史与现实相去甚远。中国当下的民商事立法，应当从此段继受史中吸取经验教训。[⑩]有学者通过考察评论瑞士民商合一立法模式的具体形成过程，来澄清我国学界就民商合一认识的一些误区，提出债法的中介是实现商法内容并入民法典的关键因素，不宜草率取消债法总则。[11]也有学者认为，取消债法总则将会导致民法典结构的逻辑关系不当和制度的残缺，因此，应当依照我国的立法和司法实践经验，在编纂民法典中，制定一个适合我国国情的债法总则。[12]还有学者认为可以承接并改造2002年“民法草案”，通过修复方式制定适合国情的九编制民法典，即“民法九章”，依次为《民法通则》、《婚姻家庭法》、《继承法》、《物权法》、《知识产权法》、《合同法》、《劳动合同法》、《侵权责任法》和《涉外民事法律关系使用法》。[13]

2. 民法哲学

2014年，北京学者对于民法研究的认识论、方法论等民法哲学问题也进行了讨论。有学者认为，利益位阶是解决民事权益冲突的途径。确立利益位阶的规则，可以包括权利优于利益、公共利益优于个体财产利益、人格利益优于财产利益、生命健康权优于一般人格权等规则。在确定具体利益位阶时，如果法有规定，司法者应尊重立法者做出的价值选择。如果法无规定或存在漏洞，则需要裁判者以利益平衡为目的，综合考量系争利益与个人生命健康、个人尊严、社会其他成员，以及社会经济秩序等之间的关系，根据“实践调和”原则行使自由裁量权，对冲突利益的位阶进行排序，为解决利益冲突奠定基础。[14]该学者提出了“负面清单管理模式”，认为作为一种市场准入管理模式，负面清单既是私法自治精神的具体落实，又是私法自治精神的重要保障。另外，负面清单模式有利于减少市场主体所面临的新业态准入风险、降低市场主体的创新风险、化解市场主体在法律空白领域的风险及减少法律行为效力的不确定性。[15]还有学者认为，近年来，个人主义认识论不仅无力对现有私法制度做出系统合理的解释，而且很可能成为中国私法学在两大法学传统智慧之外构想更优替代方案的绊脚石。中国私法学有必要认真对待私人社会生活的合作面向，在认识论上从个人主义走向合作主义。[16]

3. 民法总论

2013年，北京学者对于民法总论的讨论主要集中在民法基本原则、民事法律关系、民事主体、民事法律事实等几个方面。

首先，民法的基本原则，有学者对于民法原则与民法规则之间的关系进行了分析。他认为民法原则是民法规则的本源和基础，它可以弥补民法规则的不足与局限，甚至可以在下列情形直接作为法官裁判个案的法律依据：第一，在全无民法规则的情况下适用民法原则裁判系争案件；第二，虽然存在民法规则，但适用其裁判系争案件会产生极不适当的后果；第三，运用民法原则补充不完全法条；第四，限缩或者扩张民法规则的适用范围。[17]但是，也有学者对此持相反观点，该学者认为，民法基本原则是抽象的法律原则，不能直接作为裁判的依据。当没有具体的法律规则时，从法律解释学的立场来看，当法官面对个案时，应努力寻找适用与案件相关的法律，或者类推适用最相类似的法律规定，而不能随意认定法律漏洞，直接以诚实信用、公平等基本原则为理由作出判决。在有具体法律规则的情况下，法官直接援用民法基本原则裁判案件，做出与法律明文规定相悖的判决，则是法律适用错误。[18]此外，还有学者针对将环境道德纳入民法公序良俗原则的呼声，认为公序良俗原则本身的谦抑性特征、环境道德和民法“理性人”基本假设的不契合、社会公众对环境道德成为一项“公共秩序”的认同度仍不够、可能造成的法官自由裁量权过大及其道德义务之债的性质等多方面的因素，环境道德不适宜纳入公序良俗原则的范畴。[19]

其次，关于民事法律关系，有学者认为民事法律关系中的权利客体和权利对象应当进行区分，前者是一个抽象的范畴，是指体现在各种权利对象上的人格利益或财产利益；后者是一个相对具体的范畴，包括物、行为、信息等承载各种财产利益或人格利益的载体。由于同一个对象上可以同时体现财产利益和人格利益，因此，可以同时给予人格权和财产权双重权利保护。[20]有学者对民事责任中的责任财产的界定进行了研究，建议在责任财产的界定规则上引入约定规则。[21]

再次，关于民事主体的民事行为能力，有学者认为以年龄标准划一地确定自然人有无民事行为能力或有何种程度的民事行为能力，无论如何确定年龄界线，皆难免存在过分保护未成年人与交易相对人的合理信赖无法得到保护的双重局限性。我国未来编纂民法典时，宜考虑完全取消无民事行为能力类型，规定未成年人不管年龄大小原则上享有限制民事行为能力。[22]

又次，关于民事法律事实，有学者对民法学视野中的情谊行为进行研究，认为情谊行为包括纯粹的情谊行为和转化形态的情谊行为。纯粹的情谊行为不属于民事法律行为，法律不应当过度介入这一社会生活层面的关系。广义情谊行为中的情谊合同、情谊无因管理、情谊侵权行为是纯粹的情谊行为的转化形态，也都已属于民事法律事实，进入民法的调整领域。[23]有学者对民商事中的沉默进行研究，认为在特殊情况下，可以因沉默而成立法律义务，进而成立法律责任。具体的成立可能性在于：沉默作为推断性的意思表示，以及作为解释性的意思表示；沉默不构成意思表示，但沉默人引起存在一定法律情况的表象，因此必须承担法律表象责任，也就是承担履行的责任。[24]还有学者对准民事法律行为进行了体系化的解读，认为准民事法律行为指向构造为“表示行为＋效果法定”的法律规范，表示行为是其构成要素，但法律效果完全由法律规定。根据表示对象的不同，准法律行为分为意思通知、观念通知和感情表示，它们的法律适用有所不同，主要表现为意思表示规范原则上可类推适用于具体的意思通知行为，但能否类推适用于具体的观念通知或感情表示行为，需根据具体情形分别斟酌。[25]

最后，关于民事权利的救济问题，有学者对民事自助行为的价值定位及其制度构建进行了研究，以民事自助行为的正当性、科学性、妥适性、价值性四个方面为基础，通过对民事自助行为价值的再认识，准确界定其概念，进而尝试构建适合我国民法体系的自助行为制度。[26]

4. 人格权法

2014 年，受到互联网时代、信息时代、大数据时代和经济全球化背景的影响，北京学者对于人格权的研究除了涉及新时代下的一般人格权和部分传统具体人格权外，对于人格权商品化和个人信息权也有一定的研究。

首先，关于一般人格权，有学者针对是否在我国的人格权立法中确立“一般人格权”这一学界争论，认为共识困境的发掘和观念转型的探索需要以“人权伦理”和“行为导向”为基础重塑“一般人格权”。其不但充分论证了“一般人格权”的权利属性，而且妥当处理了一般人格权、具体人格权和人格权的逻辑关系，进而消除了我国人格权立法中的理论窒碍。[27]有学者以德国侵权法中的一般人格权为参照，对我国一般人格权中的人格尊严权的基本价值和外部适用规范进行研究。[28]

其次，关于人格权商品化，有学者从体系定位和制度构造两个方面对人格商业化利用权进行了教义学研究。该学者认为，在人格商业化利用权的体系定位上，人格商业化利用权作为人对其人格方面予以积极商业化利用的权利，是人格权的一项重要权能。在人格商业利用权的制度构造上，其主体为自然人、法人及其他组织，对象为法律和道德不禁止商业化的那些人格方面。[29]还有学者认为我国未来人格权法立法应当坚持一元保护模式的基本立场，即在我国既有的人格权体系内解决其法律保护问题。[30]该学者还认为，人格权中的经济价值是人格权的组成部分，与人格权的精神利益不可分离，从维护人格尊严的角度出发，应当否定人格权中经济价值具有“可让与性”。[31]

再次，关于具体人格权的研究，主要涉及肖像权、隐私权、名誉权和个人信息权等方面。在肖像权方面，有学者以教材内文中使用的人物照片为例，按照人物与社会公共利益关联度由低到高的顺序，将人物照片涉及的肖像权的保护问题分为：普通人、公众人物以及党和国家领导人的肖像权保护。该学者认为，我国法律对普通人的肖像权保护程度最高，对公众人物的肖像权进行了适当的限制，对党和国家领导人的照片实行审核备案制度。[32]在隐私权方面，有学者认为，民法典中隐私权的制度构建应当立足本土，以大陆法为体，英美法为用，仅靠《侵权责任法》第二条是不足的，一般条款和具体类型相结合的模式是一个优化选择。[33]该学者还以“罗伊诉韦德案”为研究范本，具体分析了生命权与隐私权之间权利冲突的利益衡量与动态抉择。[34]也有学者对精神障碍患者的隐私权进行了探析，认为鉴于精神障碍患者的特点，其隐私范围及隐私权均有其特有状态。我们的立法需要根据精神障碍患者的特点而对其隐私权做出规范。[35]在名誉权方面，有学者认为，我国侮辱侵权因欠缺明确的判断标准而成为名誉侵权责任的口袋，限制了文学、艺术批评或意见表达的空间。建议实践中侮辱性言辞的认定应当坚持整体性原则，严格区分尖锐批评与人身攻击，对涉及公共利益的言论应适用更宽容的标准。[36]在个人信息权方面，厘清个人信息控制权的法律属性，应以其客体（个人信息）的本质特征为基础，并注意到个人信息能够以共享的形式与权利人“分离”这一事实。个人信息不具有直接的财产价值，其财产利益源于个人信息与权利人分离后的“复制物”，或基于信息处理机构附加的劳动。个人信息是网络时代的一种重要人格要素，因此个人信息控制权的法律属性是人格权。[37]此外，还有学者认为，保护胎儿免于遭受父母侵害具有必要性与迫切性。侵害胎儿健康权益的侵权主体，应当限定为拒绝履行抚养义务的、且由于重大过错而侵害胎儿健康权益的生父或生母。由于在侵权主体、侵权行为及侵权后果方面具有特殊性，父母侵害胎儿健康权益侵权责任体系的构建应考虑相应的特殊因素。[38]有学者认为，死者的近亲属对尸体的权利实际上就是管理权。此处的管理权属于身份权范畴，而非财产权范畴。这一学说虽然也有不足之处，但仍是各学说中逻辑清楚、可操作性较强且更易为人们所接受的界定。[39]

最后，关于人格权保护，有学者对罗马法上的“侵辱之诉”进行研究，认为“侵辱之诉”的诸多特征，如公法私法并行交叉的保护模式、罚金的惩戒性质、以是否违反善良风俗为评判标准的司法取向、类型化与一般性条款相结合的兜底保护等，对我国人格权立法依然具有很强的借鉴与传承意义。[40]

5. 物权法

2013年年底，党的十八届三中全会通过了《中共中央关于全面深化改革若干重大问题的决定》，提出“健全归属清晰、权责明确、保护严格、流转顺畅的现代产权制度”，“推动农村产权流转交易公开、公正、规范运行”。在此背景下，2014年，北京学者对于物权法的研究集中在“不动产登记制度”和“农村土地流转”两大热点问题上。

（1）物权法总论

首先，关于物权法的基本原则，有学者认为，在我国物权立法进程中，物权法最终确立了国家所有权、集体所有权和个人所有权“三分法”模式的“一体承认、平等保护”原则。而由此形成的形式上采用“三分法”、实质上采用平等保护原则的立法体例在立法技术上存在严重缺陷，而且有立法伦理上的严重缺陷。简单的仅仅以“三分法”立法模式来否定“一体承认、平等保护”原则的观点存在重大的政治缺陷、历史知识缺陷、法理缺陷和法技术缺陷。[41]有学者认为，物权法定原则的适用对象限于物权种类和内容，不应包括物权变动、公示、效力等其他事项。物权种类是指各层级的物权类别，物权内容是指各类物权的权能及其限制，有关它们的法律规定分属种类规范和内容规范。[42]

其次，关于物权法的法源，有学者认为从我国物权的立法、司法、交易等实践情况来看，我国的物权法源是多元的。在属于规范性法律文件的法源中，国家立法机构制定的物权法等狭义法律是核心，它们的位阶平等，相互间存在替代、细化、补充等关系。狭义法律之外的其他规范性法律文件，包括行政法规、地方性法规、没有变通规定的自治条例、单行条例或经济特区法规、司法解释、部门规章、地方政府规章，在不违背狭义法律目的的前提下，给物权内容提供了重要支撑。规范性法律文件所认可的法源包括国家有关规定或国务院的有关规定以及当事人订立的合同。在上述法源之外，习惯在无其他法源可供适用时起到补充作用。[43]

再次，关于物权变动，学者们的研究对于不动产物权的变动模式、动产物权的变动模式均有涉及，当然，伴随《不动产登记暂行条例（征求意见稿）》的公布和《不动产登记暂行条例》的颁布，今年的研究重点主要是不动产登记制度。在动产物权的变动模式方面，有学者认为，无论是现实交付，还是观念交付，都不可能实现动产物权变动的公示，动产物权本身是否可以被公示也值得怀疑。[44]还有学者认为，物权法视野下的指示交付与债法上的依指令而履行在个别场合虽有重合，但总的说来二者在类型、构成要件和法律后果方面不尽相同，应予区别而适用法律。[45]该学者还认为，中国物权法第26条关于指示交付的规定有利有弊，对于其利，必应否定；对于其弊，在解释论上，应最大限度地限缩其中所言“法”的范围，将若干第三人无权占有的情形视为“依法”，而不作为“违法”对待。不宜一概否定指示交付场合让与物权的返还请求权。[46]还有学者对机动车的物权变动进行辨析，认为机动车等特殊动产物权的变动以交付而非登记为生效要件，登记仅为对抗善意第三人的要件，而对抗要件在我国现行法上不发生物权变动的法律效果。[47]在登记对抗模式方面，有学者认为，我国登记对抗的理论构造应当坚持第三人主张说；对于第三人的范围，日本经过否定之否定后确立的“背信恶意者排除说”有较大借鉴价值，我国第三人范围中的善意应作扩大化解释。[48]登记对抗主义的适用范围除了物权法规定的五种之外，还包括不动产抵押权中的登记对抗主义和权利质中的背书对抗主义两种特殊情况。物权法兼容登记对抗主义的原因在于：多元价值取向的平衡；二元社会结构的调和；社会既成现实的承认；国际接轨的需要。登记对抗主义的效力值得探讨，所对抗的第三人的范围应当采纳限制说，区分不同类型具体分析。[49]还有学者通过考察日本民法和美国《统一商法典》第九章，认为“公示对抗主义立法例下，未公示的物权亦可对抗‘一般债权’”这一论断不能成立，日本民法和美国《统一商法典》第九章中的“一般债权”与我们所理解的“一般债权”意义不同。[50]在今年的研究重点，不动产登记制度方面，有学者认为，《不动产登记暂行条例（征求意见稿)》应当明确以建立统一的公示制度为目标，应当扩大不动产统一登记的适用范围，还应当建立完备的不动产登记查询制度。[51]也有学者认为，不动产权利的登记能力应由法律、行政法规加以规定。虽然国家土地所有权可以不登记，但也具有登记能力。现行法律、行政法规没有规定农用地使用权这种权利类型，不宜承认其登记能力。具有公示必要性的不动产租赁权应具有登记能力。[52]有学者认为，就国有建设用地范围内的“房地关系”，建筑物不论是否采取区分所有形式，均应与建设用地使用权或其共有份额一起，共同作为不可分之“元素”而构成一个整体，成为一个处分行为之客体；在建建筑物只能成为建设用地使用权或其共有份额的重要成分，只能以后者来构建相关物权关系。[53]也有学者认为，不动产统一登记条例应当明确自然人和非金融企业可以成为不动产抵押登记的权利人，并细化不动产抵押权担保范围的登记规则。[54]有学者认为，将商品房预售视作领告登记制度的规范预设情形，是物权法继受中的一例失误，亟待修正。[55]有学者认为，不动产权属确认的实体依据是不动产物权的变动规则，而非不动产登记。国家参与不动产登记在法律性质上属非讼事件，因而不动产登记程序应属非讼民事程序，自应适用非讼程序规则。基于不动产登记簿的形式拘束力，当事人不能就登记机构作出的登记决定提起行政复议或行政诉讼，而只能通过更正登记制度对错误的不动产登记进行救济。因此，不动产权属争议只能通过民事诉讼予以解决。[56]还有学者认为，不动产登记机构登记错误赔偿责任的立法层级不能停留在《征求意见稿》的行政法规层面，必须上升到法律层面。将登记机构登记错误赔偿责任界定为行政责任、进行国家赔偿对权利人的保护并无不利，关键是要设计出此类案件的民行合并审理诉讼程序。建议在法律上增设不动产登记机构登记错误的最高赔偿限额，同时权利人仍可以通过更正登记和异议登记制度分散登记错误的风险。[57]

最后，关于物权的保护，有学者认为，从制度内容与功能上看，物上请求权以其抽象的构成要件，全面地保护绝对、自由的所有权或物权，反之，作为侵权责任的原物返还请求权，并不能完全救济所有权与占有分离的情况，在法律效果上也有失平衡。所以，应当取消侵权法上原物返还请求权的规则，仅保留物权法上的物上请求权。[58]

此外，关于物权与债权的区分，有学者认为，学界有关物权债权区分论的讨论，可以类型化为五个理论维度：一是为什么会存在物权债权区分论这一问题？二是为什么可以区分物权与债权？三是为什么要区分物权与债权？四是如何区分物权与债权？五是物权与债权区分的体系效应是什么？[59]还有学者认为，物权和债权区分最主要的支撑和理由，分别是前见理论路径提供的历史合理性、生活常识认知提供的经验合理性以及满足现代交易保护要求的逻辑合理性。[60]

（2）所有权

2014年，北京学者对于所有权的研究集中在建筑物区分所有权、公有制度和所有权的取得方式尤其是善意取得制度三个方面。

首先，关于建筑物区分所有权，有学者认为，为了实现对日渐复杂之建筑物区分所有权关系的有效调整，促进地役权法律资源效用最大化，有必要在《物权法》中增加自己地役权。[61]该学者还认为，自己地役权是一种特殊的地役权，能够从事前的角度更有效率地规范因新型居住形态所产生的区分所有权法律关系；自己地役权可以弥补相邻关系与业主公约的局限性，具有不可替代性。[62]有学者认为，就业主知情权范围的确定，法律法规外的规范性文件、社区管理文件和物业服务合同应当成为法院判定向业主公开的情况和资料范围的依据。业主知情权虽涉及不同内容，但多个义务主体不利于业主知情权的行使，应将业务主体统一为业主委员会，业主知情权的行使成本才能降到最低。业主知情权存在滥用的可能，需要合理使用“正当目的”要求加以防范。[63]还有学者对区分所有建筑物修缮的决定及其程序、由谁进行修缮、修缮费用的筹集和分担等问题进行了研究。该学者认为，修缮时对业主间的权益调整，应创设对他人专有部分与不属于自己所有的共有部分的进入、使用制度。共有部分的修缮若导致个别业主的利益受到特别影响，应获得其同意。修缮费用的筹措可以通过管理费、专项维修资金、基于建筑物损害保险合同而获得的保险金、从政府部门获得的修缮补助费、与金融机构融资而获得的贷款及临时收取的修缮费用等予以解决。[64]

其次，关于共有，有学者认为，按份共有具有物法属性和债法特征之双重面相，并因其团体色彩而逐渐向组织法“漫射”，呈现出三层次的私法构造。按份共有各层次构造之间彼此渗透，尤其是份额与共有之债存在互斥关系，二者协力于按份共有在物法上的同一性和规则体系上的无缝隙，此消彼长，有赖于法政策之抉择；单就共有之债而言，并不因“物权化”而改变其债之属性，相反，宜采取序列式构造，从而共有之债与份额乃至其内部的冲突均得依照该序列予以调谐。[65]

再次，关于相邻关系，有学者对不可量物侵害责任认定标准进行了比较法研究。不可量物侵害是源自德国法的一个概念，指的是形体上不可以称量的物质如噪声、热气、臭气、震动等以非直接的方式侵害他人使用或享用土地权利的情形，属于相邻关系的一种。该学者认为，我国的不可量物侵害规定过于粗陋，仅有的责任认定标准过于宽泛，缺乏可操作性，应该从各国的成功规范中借鉴。[66]

最后，关于所有权取得的特别规定，有学者认为，善意取得有其自身独有的特点，仅适用于公示不充分（缺乏公信力）之情形下无权处分时善意第三人的信赖利益保护，有特定的适用范围，不可随意扩大，否则不但会导致体系的破坏和制度抵牾，而且会使得善意取得在本不属于其作用范围的领域内无法发挥其效力。[67]有学者认为，《中华人民共和国物权法》第106条第1款项下的不动产善意取得，应以受让人对登记簿的信赖为前提。在不动产冒名处分中，受让人信赖的核心内容不是“登记物权人即真实物权人（登记正确信赖）”，而是“冒名人即登记物权人（身份真实信赖）”。此种信赖不能与相信登记簿正确的信赖等同对待，因而不能通过《中华人民共和国物权法》第106条第1款加以保护。[68]还有学者对天然孳息的概念进行辨析，认为天然孳息，与原物之间具有“生长”或“组成部分”的关系；天然孳息分离时应无损于原物形态，理应包含无机物；天然孳息产生于分离之时，分离前仅存在孳息成分，但交易观念上存在分离的特例。[69]

（3）用益物权

首先，围绕与土地承包经营权相关的农村土地制度问题，[1]有学者认为，家庭承包只是一种农业经营方式，与权利主体无关；土地承包经营权的主体是集体经济组织的成员而不是农户；土地承包经营权的期限旨在制止频繁调整土地，其期限属于最低期限。我国物权法第126条第2款可解释为确立了土地承包经营权自动续期制度。我国物权法摈弃了《农村土地承包法》对土地承包经营的继承作出特别规定的做法，此举在解释论上意味着：物权法事实上承认，土地承包经营权像其他物权一样是一种可以继承的私权，无必要再为其设立特别规则。[70]有学者提出了土地流转的中国模式，即以政府和集体的组织协调为基础，体现为对土地供需各方的双重代表和双向协调。各级党委政府和农村集体组织的居中协调，既是当代农村土地流转的组织基础，也是其相对于“私易模式”和“公征模式”的比较优势。[71]有学者认为，在我国实行土地公有制不变的前提下，农地产权的结构以集体土地所有权为基础。在新型农业经营体系中对农地的利用关系在法律上应当表达为物权关系，以达到“稳定农村土地承包关系并保持长久不变”的目标。如果农地的流转仅仅具有债法上的效果，或产生移转物权的效果，则方式自由；如果农地的流转具有创设物权的效果，则方式强制。实定法上就农地转让的条件限制缺乏正当性，应予修正。[72]该学者还对农地信托流转进行法律构造，他认为农地信托流转的基础就是明晰的土地承包经营权，而这又仰赖于相关登记规则的完善。农地信托的设立以登记为生效要件，但土地承包经营权的转移登记和信托登记属于同一登记，应当一同办理。[73]此外，该学者还认为，农地的金融化是农地财产属性的题中应有之义，无论是否承认农地的社会保障功能，都不影响农地的金融化。在制度重建时应注意到农地抵押的特殊性。农地抵押权人只能是融资机构，不能是自然人和一般企业；农地抵押人抵押土地承包经营权无须经过发包人同意，也无须有稳定的非农职业或者稳定的收入来源；农地抵押权的设定以登记为公示方法，且登记是其生效要件；农地抵押权的实现不能以折价的方式，可以采取强制管理的方法，将相应农地转包或出租，并以该收益清偿债务，清偿完毕时即归还农地予抵押人。[74]

其次，有学者认为，居住权之物权法定化，不仅能使其获得对世效力，也体现了民法的人文精神，因而不论从民法理论还是从实践需要来看，居住权回归传统人役权无疑都具有合理性和可行性。[75]还有学者认为，债权性墓地使用权在对墓地所有权的限制、权利期限、征收补偿、权利转让等方面存在较大的缺陷，不能支撑对墓地的有效保护，需要确立物权性墓地使用权。当前，可利用民法解释学将墓地使用权解释为建设用地使用权的特殊种类，以弥补现有制度资源的不足，物权法修订时可在用益物权中确立墓地使用权，以协调和消除墓地上的权益冲突。[76]

（4）担保物权

首先，关于担保物权总论，有学者认为，在混合

［1］事实上，北京民商法学者在2014年对于中国农地制度问题的研究并不仅限于宅基地使用权和土地承包经营权的研究，但为突显农村土地问题的重要性与复杂性，本文将其集中在该部分进行介绍。

共同担保中，物上保证人、保证人与债权人未就担保范围做出约定时，各担保人应连带地负担保责任。承担了担保责任的担保人不仅享有追偿权，还享有代位权，即承担了担保责任的担保人可以在追偿权的范围内依法承受债权人的债权及从属的权利。[77]有学者认为，我国物权法第178条根据“新法优先于旧法”的规则界定了物权法和担保法的适用关系，但应根据“特别法优于一般法”的规则处理物权法与海商法、民用航空法等法律之间的适用关系。此外，物权法关于最高额抵押的规定可准用于最高额保证。[78]有学者认为，就中国法而言，不用限制登记公示型动产担保物中有体物的范围；宜仿效美国法第9编的立法模式，概括列举登记公示型动产担保物中的无形财产，并采取法律、行政法规未禁止即可以设定质权的兜底条款技术。[79]

其次，关于抵押权，有学者认为，抵押人能否在抵押期间内将抵押财产转让给他人，对此存在自由转让说和限制转让说两种观点，我国担保法及其司法解释采前一种观点，物权法第191条第2款事实上采行了后一种观点。按照新法优于旧法的原则，应当优先适用物权法的规则，但同时应通过法律解释的方法以及相应的配套制度予以完善。一是应将物权法第191条第2款放在物权法的大框架中予以体系解释，确认抵押人作为财产所有人享有自由订立抵押财产转让合同的自由，承认转让合同的效力，有利于发挥物的经济效用；二是允许第三人通过行使涤除权而消除抵押权状态，以保护交易安全；三是允许受让抵押财产的第三人在符合善意取得构成要件的情况下，取得抵押财产的所有权，但是抵押人必须将转让价款用于清偿债务。[80]也有学者认为，理解物权法第191条第1款时，应区分采取登记生效要件主义和登记对抗要件主义这两类不同的抵押权。在抵押人违反该条第2款，即未经过抵押权人同意转让抵押财产时，抵押财产转让合同也是有效的，至于无效说、效力待定说和区分说等观点都不妥当。[81]该学者还认为，抵押人抵押财产后，又将之出租的，租赁关系不得对抗已登记的抵押权。[82]还有学者认为，为有利于我国不动产信用关系与金融资本信用关系的发展，我国应在较大范围内认可所有人抵押权，摒弃抵押权的不可分性规则，改采顺位固定规则。[83]

再次，关于留置权，有学者认为，留置权以债务人所有的动产为客体，一旦留置财产属于第三人所有，就需用留置权善意取得的规范予以调整，以维护交易安全。[84]

（5）占有

有学者认为，占有概念具有事实与规范的二重性。事实性是指在认定占有的建立和存续时，作为必要条件的事实层面的控制力。规范性包括两层含义：一是指以社会一般观念为内容的规范性视角，是判断事实控制力有无时的观察工具。二是指以法律、道德或社会习俗等为内容的规范性秩序，是确认占有归属时评判控制力重要性的基准。[85]有学者认为，自物占有与他物占有，有共通的效力，也有各自的效力。大多数占有规则，在他物占有的龙头下，才能充分展开，得到本质的说明。自物占有与他物占有可以相互转化，转化的原因包括交付、侵夺占有等。[86]有学者认为，占有行为是指占有的取得或丧失行为，包括了取得占有或丧失占有的目的意思，该意思不能独立于取得或丧失对物支配的事实状态，故占有行为是目的意思不独立的事实行为。[87]有学者认为，基于遗失物拾得的立法目的，在遗失物的范畴内排除了无主物，即所有权人主动放弃占有的物。遗失物的丧失占有无须考察占有人或者遗失人的主观意思。此外，具体公共空间内丢失的物，在被拾得或者被工作人员等取得占有以前亦为遗失物。但是工作人员基于其身份的特殊性而不能取得拾得人的权利。[88]

6. 债法

（1）债法总论

首先，有学者认为，某些债法的司法解释没有遵循债权的本质属性，绕开了债法的共同规则，效果不佳。其中，相当一些是将个案的调处方案上升为普适性规则，犯了以偏概全的错误，弊多利少，应予修正。[89]

其次，关于债的发生原因，有学者认为，从解释论角度出发进行分析，侵权责任法若干条款规定的补偿义务、“分担损失”规则以及“有财产的无民事行为能力人、限制民事行为能力人造成他人损害的，从本人财产中支付赔偿费用”等，都属有关法定补偿义务的规定。它们与民法通则及最高人民法院相关司法解释确认的法定补偿义务一起，构成我国民法中独立类型之债。[90]有学者认为，见义勇为行为中受益人适当补偿义务不同于传统无因管理制度中管理人对被管理人的损害赔偿等请求权，前者在利益衡量上更为妥当。基于见义勇为的行政协助性质，在受益人适当补偿义务不足以弥补救助者损害之时，应通过行政补偿、社会救助等对救助者的损害进行兜底救济。[91]

再次，关于债的履行、移转和消灭，有学者认为，在未来的民法典中，应坚定地将合同作为债的发生原因，将“违约”作为“债务不履行”类型，将违约救济作为债务不履行的后果对待。[92]有学者对连带债务中追偿权的追偿范围、行使要件、追偿诉讼问题以及追偿障碍等方面进行探讨。[93]有学者认为，我国大陆地区民法通则和合同法等有关债权转让的立法应承认一定条件下债权受让人作出的债权转让通知的效力，并可在时机成熟的条件下建立有效的债权转让登记制度以增强债权转让法律关系的稳定性，推动债权流转，发挥保理等新兴支付方式的效能。[94]有学者认为，可以引入传统民法理论的提存机制来解决医疗损害赔偿纠纷中拒绝受领赔偿问题，从根本上消灭医疗损害赔偿之债。[95]

（2）合同法

合同法总论。首先，在合同的订立方面，有学者认为，可将默示承诺（合同法第22条后半句）划分为“积极作为的默示”和“不作为的默示”；后者亦可被认定为一种特殊的意思表示，以“不作为”的方式完成承诺意思的“到达”。[96]有学者认为，应当根据我国合同法第3条与第39条分别规定的法律地位平等、实质公平原则，将“击倒”规则确定为解决格式之战问题的基本方法。[97]有学者认为，我国的格式条款效力认定体系应以诚实信用原则和公平原则为一般性原则，通过对案例进行类型化的归类整理，引入无评价可能性的条款。[98]有学者认为，在解释论的背景下，当先合同说明义务人为故意时，应确定缔约过失责任与瑕疵担保责任存在请求权竞合或者选择竞合的可能性。对瑕疵应作广义理解，以弥补缔约过失责任在规制过失违反说明义务上的先天不足。对于权利瑕疵与瑕疵结果损害，除了故意情形之外，应坚持瑕疵担保责任的优先适用。[99]有学者认为，预约合同是一种独立的合同。只有具备预约合同条件的订约意向书才能认定为预约合同。违反预约合同构成独立的违约责任，不能涵括到缔约过失责任中，一般有定金责任、实际履行责任、损害赔偿责任及合同解除责任。[100]其次，在合同的效力及其后果方面，有学者认为，在法律、行政法规没有规定登记后合同才生效的情形，应区分该强制性规范的类型、立法目的作不同的处理，而不应一概认为合同效力不受影响。[101]有学者认为，类型化的思考有助于对合同无效或被撤销后返还财产请求权的厘清，使得法律适用更为明确。[102]有学者认为，房地产管理法第38条和担保法第37条既不属合同法第52条第5项规定的“法律、行政法规的强制性规定”，也不能理解为关于让与禁止或处分禁止的规定。[103]再次，在合同的变更和解除方面，有学者认为，合同约定了一定事实所导致的法律效果，在该事实出现以后，当事人一方所为一定行为含有的意思与该合同约定的法律效果正好相反，另一方当事人对此保持沉默，没有主张该合同约定的法律效果。此时，应当认定当事人一方所为行为与另一方当事人的沉默达成了变更该合同的合意，该合同已经变更。[104]有学者对《国际货物销售公约》与中国法就不可抗力导致合同目的无法实现场合的合同解除、情势变更场合的合同解除、不可抗力与情势变更交叉场合的合同解除三种情况的不同规定进行比较分析。[105]该学者还认为，在情势变更与不可抗力“规范竞合”的场合，解释论上可将《合同法司法解释二》第26条作为特别法，排斥当事人的自由选择。[106]在违约责任方面，有学者针对2010年第5期《最高人民法院公报》刊登的“桂冠案”，认为合同解除后不能主张违约金，不仅不尊重当事人的意思，还会出现结果的随意性和不可预期，这种结果上的不确定性，属于规则之外的结果。[107]有学者认为，从当事人意思自由出发，惩罚性违约金才是本来意义上的违约金，主要发挥履约担保的功能，是原给付义务，是主给付义务的从义务。[108]也有学者认为，违约金司法酌减规则的价值基础在于平衡自治和公平。我国法上司法酌减之启动以债权人申请为必要条件，实际损失作为综合衡量的基础，应理解为违约造成的损失，包括预期利益，考量合同履行情况和当事人过错程度。[109]有学者认为，合同法第122条及相关司法解释赋予当事人选择权，不仅不能实现充分保障债权人的立法目的，还会架空法律对某些类型侵权责任的利益配置，因此在解释论上应予限缩，在立法论上应予废除。[110]有学者认为，在解释论上，应重视当事人之间的合意形成和司法机关的介入作用，宜将买受人主张减价的权利打造为变更合同的请求权。[111]最后，在合同的解释方面，有学者认为，民法中的任意性规范虽然契合了私法自治的需要，但却很容易导致对基本权利的保护不足。因此，法官在适用任意性规范时，需要多从保护不足的角度出发，对任意性规范进行合宪性解释，对保护不足的漏洞予以填补。[112]

合同法分论。首先，有学者认为，就典型合同立法而言，其具有如下发展趋势：在价值上注重人文关怀，强化对消费者权益的保护，发展新的典型合同类型，承认混合合同制度，合同规则日益复杂化和技术化，合同法的发展出现国际化与趋同化趋势，示范法功能日趋重要。[113]其次，关于有名合同，在买卖合同方面，该学者认为，《最高人民法院关于审理买卖合同纠纷案件适用法律问题的解释》对所有权保留适用范围的限制过于严格，有关买受人期待权的规定仍不具体，对取回权的行使条件的规定尚不全面，取回的程序及取回权与合同解除的关系等也未作明确规定，该解释也未涉及所有权保留中的登记制度，有待于在今后进一步完善。[114]有学者认为，我国适宜构建以有关“不利益”的政策为根本指引，以相对固定的起始范围为辅助工具，为标的物的不适约确定一个合理通知期间。[115]有学者认为，修订后的《中华人民共和国消费者权益保护法》第 25 条规定了消费者在非传统销售方式购买商品合同中享有的“无理由退货”的反悔权。反悔权的性质属于法定的合同解除权。[116]该学者还认为，修订后的消费者权益保护法对经营者提供商品或者服务的三包责任建立了全新的经营者质量违约的合同解除权和违约责任请求权制度。[117]有学者借鉴澳大利亚消费者合同中不公平条款的立法，建议对格式条款进入消费者合同设置程序性与实质性双重门槛，参考澳大利亚的做法，列举不公平条款的具体情形并予以立法调整。[118]有学者对旅游业务转包后发生纠纷的实际旅游服务提供者与经营者之间的法律关系和责任配置进行研究。[119]有学者对航班延误、航班超售等涉及消费者知悉权的保护问题进行研究。[120]有学者对物的瑕疵担保责任的制度定位、责任构成和法律后果进行了专门的探讨。[121]在借款合同方面，有学者认为，长期以来在计划经济体制下形成的对于企业间的借贷行为的否定性认识和司法实践中以合同无效来进行处理的一贯做法，已经不适应现今经济发展的需要，应当有条件地放开企业间借贷行为。[122]有学者认为，P2P 网络贷款是一种个体通过独立的第三方互联网平台达成借贷交易的互联网借贷模式。出借人和借款人形成的借款法律关系的性质属于民间借贷。[123]在租赁合同方面，有学者认为，《最高人民法院关于审理城镇房屋租赁合同纠纷案件具体应用法律若干问题的解释》第 20 条对买卖不破租赁规定的但书并未涉及存在预告登记的情况。尽管二者均为物权化之债权，但并不宜直接参照物权，以时间先后作为优先顺位的判断标准。在我国人口迁徙与城镇化的背景之下，根植于社会保护和生存利益保护之上的租赁权，得在一定程度上对抗之前的预告登记。[124]有学者从法学理论以及经济学理论两个方面对承租人优先购买权法律制度的性质、意义与价值进行了分析与探讨，在此基础上对侵害承租人优先购买权之赔偿范围等问题进行了理论与实证分析。[125]有学者认为，我国的先买权是形成权，先买权依法行使的效果，是在财产权转让人与先买权人之间成立买卖合同，与转让人和第三人先前的买卖合同相比，这两份合同的内容相同，由此产生双重买卖。[126]在融资租赁合同方面，有学者以《开普敦公约》及相关议定书为中心，简要介绍了融资租赁法制的最新发展，并就我国法上的融资租赁制度的完善提出建议。[127]在建设工程合同方面，有学者认为，约定排除情势变更原则的适用对保障建筑物的质量、对平衡承发包双方的利益、对保护建筑工人的劳动权利都是不利的。[128]再次，在居间合同方面，有学者从理论和实践层面探讨了房屋买卖中介服务合同的性质、格式条款法律效力、“跳单”行为的认定及规避、中介机构的审查义务等司法实践中的疑难问题及其成因，提出审理此类案件应当遵循的基本思路和统一的裁判规则。[129]也有学者以居间合同中居间人佣金的确定规则为对象，选择美国涉及类似规则的判例，通过研究解释了其如何构建相应的重要规则体系。[130]还有学者认为，和解协议作为一类有名合同，可广泛适用于合同之债、侵权之债以及其他民事争议，并应适用合同法总则的一般规定。[131]最后，关于无名合同，有学者认为，借名登记合同是无名合同，应类推委托合同的法律规定。没有违反法律禁止规定和公序良俗的借名登记合同是有效的。[132]也有学者认为，对于借名购房合同纠纷，要区分房屋的性质而分别处理。对于借名购买政策性保障住房的，因违反了社会公共利益，借名购房合同应当认定为无效。只涉及合同双方当事人的利益，不影响社会公共利益，对此类合同应当认定为有效。[133]有学者认为，旅行社组团后擅自将旅客转交给其他旅行社，针对转团社与旅游者的法律关系，已经发团者可先行认定产生事实上合同关系，参照既有示范规则采取解除权辅以违约金措施；在发团前，因仅存在信赖利益，则以撤销权辅以缔约过错责任。[134]

7. 侵权责任法

（1）侵权责任法总论

首先，关于侵权责任法的发展趋势、立法模式和立法理念等，有学者认为，根据世界侵权法融合与统一的历史发展规律观察，世界侵权法的统一是一个不可逆转的发展大趋势。[135]有学者认为，类型列举式的立法模式较好地解决了法律的稳定性与实践的可操作性的平衡问题，应该成为我国侵权法保护范围立法模式的恰当选择。[136]还有学者以侵权法矫正正义理论为研究对象，采用历史研究的方法和比较研究的方法，揭示侵权法矫正正义理论中的个人主义观念。[137]该学者还认为，社会保险、商业保险对侵权法损害赔偿功能具有调节作用。这种作用随着保险市场的扩大而逐渐强化，特别是无过错保险方案的实践对侵权法产生了强烈冲击。然而保险对侵权法的冲击存在限度。[138]

其次，关于侵权责任的归责原则、责任构成要件与责任承担方式等。在归责原则方面，有学者通过对《法国民法典》过错责任一般条款的历史演变的分析，认为采纳一般条款模式注定也是未来中国民法典的不二选择。[139]有学者认为，在可以适用过失相抵规则的无过错责任中，对该规则的适用也应有一定的限制。[140]在侵权责任的构成要件方面，有学者认为，侵权责任一般构成要件中应当采纳独立的违法性要件。[141]在数人侵权方面，有学者主张依照侵权责任法第11条和第12条规定，将其改称为分别侵权行为，并与共同侵权行为、竞合侵权行为和第三人侵权行为一道，构成多数人侵权行为体系。[142]在侵权责任的承担方式方面，有学者认为，侵权责任法虽然在侵害人身权益的规定中对获利返还请求权作出了规定，但其适用范围不应当仅限于人身权益受侵害的情形，在其他类型的侵权中，也有适用获利返还请求权的必要性。[143]有学者认为，如果直接受害人在事故中严重受伤，其近亲属以及密切关系人有权主张精神损害赔偿。[144]也有学者认为，由于特定有形财产包含了所有人的人格利益，同时对重要基础性物品的使用也能够在某种程度上凝聚权利人的人格利益，权利人因其毁损遭受精神损害的，可酌情予以赔偿。[145]

（2）特殊主体的侵权责任

首先，关于网络服务者的侵权责任，有学者认为，通知规则作为网络侵权中的一般规则决定了网络服务提供者承担责任的界限，明确通知规则的产生、发展与责任特征以及与此相关的反通知规则及其效力，对于理解网络服务提供者违反通知规则的责任具有重要意义。[146]有学者认为，我国现行立法和司法实践将安全保障义务的适用范围限定于公共场所和群众性活动侵权两种特定类型，这样的做法并不合适。

其次，关于安全保障义务，安全保障义务具有解决间接侵权行为的责任构成和认定问题的重要功能，可以适用于所有的间接侵权领域，不作为侵权只是间接侵权的一种类型。[147]此外，还有学者认为，互联网时代下信息网络安全问题日益严峻，网络服务提供者因其在整个网络系统中所处的独特地位，应对所有用户承担信息安全保障义务。[148]

（3）严格责任和过错推定责任

首先，关于医疗损害责任，有学者认为，我国侵权责任法第55条确立的医患关系中的知情同意权并不是一项独立的人格权，在具体建构上，应当区分“知情”和“同意”：知情权来自于医患双方的医疗服务合同关系，医方违反告知说明义务，患者可以主张违约的救济，除了损害赔偿之外，更重要的是解除合同或者请求实际履行；同意权来自于患者的隐私权，现代隐私权具有私人事务自主决定的权能，该私人事务包括身体健康等医疗事务。[149]

其次，关于产品责任，有学者认为，最高人民法院《关于审理食品药品纠纷案件适用法律若干问题的规定》在确认知假买假的购买者为消费者、食品药品经营者对赠品造成消费者损害的赔偿责任、食品集中交易市场开办者等的连带责任、挂靠经营的无照经营者的连带责任、食品药品检验验证机构的责任，以及食品药品经营者违约责任和侵权责任的证明标准等方面，都制定了新的规则，对于统一执法尺度具有重要意义。[150]有学者认为，我国消费者权益保护法修订了惩罚性赔偿制度，分别规定了违约惩罚性赔偿和侵权惩罚性赔偿。就违约惩罚性赔偿而言，将“退一赔一”修改为“退一赔三”，同时增加规定了小额损害惩罚性赔偿的最低限额；就侵权惩罚性赔偿，明确了故意要件，并将计算差数确定为受害人所受损失，将倍数确定为“二倍”以下。[151]有学者从制度变迁的视角分析了我国现行惩罚性赔偿规定的构造特点与体系性缺陷及修改后的消费者权益保护法第55条的制度创新，然后对惩罚性赔偿制度的构造基础与规范要素作出抽象分析，以揭示惩罚性赔偿制度的内在规定性，最后研究新增惩罚性赔偿制度在法律适用上可能遇到的各种问题。[152]有学者认为，在侵权法上，生产者负有产品跟踪观察义务，包括狭义的产品跟踪观察义务和警示、召回等反应义务，它属于安全保障义务的次类型。在我国，该义务的主体应当限于最终产品的生产者、零配件的生产者、拟制的生产者和准生产者。违反产品跟踪观察义务的责任属于过错责任，在产品存在发展缺陷时其具有较大的意义。[153]还有学者认为，随着企业在社会活动中地位的扩张，产品责任除了传统理论认定的民事责任性质外，还应具有“社会责任”的属性。[154]

再次，关于环境侵权责任，有学者认为，在现有的制度构架下，通过法律解释特别是对连带责任、雇员责任、企业控股股东的“直索责任”等的扩张解释，以及严格适用与综合适用各种侵权责任方式，正确处理环境侵权责任与相关行政法律责任及刑事法律责任之间的关系，能够实现环境侵权责任的强化，达到救济受害人、制裁和遏制环境侵权行为的法律效果，实现环境友好、生态文明的社会效果。[155]此外，还有学者对于机场噪音损害赔偿责任主体及其承担责任的原则进行了具体分析。[156]

8. 婚姻家庭继承法

(1) 婚姻家庭法的基本理论

首先，关于婚姻家庭法在民法典中的体系地位，有学者认为，基于历史演进与逻辑分析，婚姻家庭法可以归位于民法典体系但具有相对独立性。民法的调整对象、基本原则、一般性规范等宏观抽象、具有指导性的立法理念和价值取向决定了婚姻家庭法作为民法体系一部分的基本逻辑关系，而婚姻家庭法的相对独立性则是由婚姻家庭法调整对象的伦理性、亲属身份法的特殊属性以及婚姻家庭法所兼具的公法属性所决定的。[157]该学者还认为，我国应当借鉴大陆法系婚姻、亲属、监护一体的立法体例，结合中国的国情和立法传统全面完善婚姻家庭体系结构；从调整对象、立法技术的角度将现行婚姻法的名称改为婚姻家庭法；增设亲属通则，纳入监护制度、改广义监护制度为狭义监护制度，并将收养制度体系化地收归婚姻家庭法。[158]

其次，关于婚姻家庭领域的身份行为，有学者认为，婚姻家庭法较其他民法规范更具身份法属性，基于其浓厚的伦理感情底色，在没有足够充分且正当理由的情况下，应将婚姻家庭领域的身份行为特别是身份协议推定为情谊行为，从而否定民事法律行为规则适用的可能。[159]

(2) 婚姻法

首先，有学者认为，现行婚姻法及其司法解释对农村婚姻家庭的影响很小，不是因为农村婚姻家庭领域问题少，而是法律的阳光尚未充分照耀到这个领域。涉及农村妇女基本生存保障的土地承包制度、宅基地分配制度，均未在婚姻法及其司法解释中有实质性体现。[160]

其次，关于家庭关系，有学者以夫妻人身权利义务的发展和我国法律的完善为主题，从学理上探讨配偶权、忠实义务、“家庭事务管理权”、“日常家事代理权”等在现代法律制度中是否有其存在的价值及发展状况如何。[161]有学者认为，在适用亲子关系推定规范过程中，应该本着保护妇女、儿童合法权益的原则，在身份关系的安定性和身份关系的真实明确性之间进行利益衡量。对亲子关系推定规范中的“必要证据”这一不确定的法律概念需要进行价值补充。[162]在夫妻财产方面，有学者认为，婚姻法回归民法或民法典的关键在于协调好婚姻法与物权法、合同法等财产法的关系。就基本思路而言，应该主要依赖债权性质的法律手段去调整夫妻间的财产关系。[163]该学者还认为，在法教义学上，夫妻个人财产的婚后孳息应是夫妻共同财产。最高法院目前以贡献理论规制孳息归属的做法在现行法下并不可行。[164]该学者还以瑞士民法中的规则和立法理念为启示，对婚姻法之解释三第5条、第10条进行了分析。[165]

再次，关于离婚，有学者认为，我国离婚立法一贯以“保障离婚自由，防止轻率离婚”为宗旨，今后我国离婚制度的完善，既要关注与诉讼离婚相关的法律制度是否符合这一宗旨，也要关照协议离婚制度设计与这一宗旨的协调统一。[166]有学者认为，我国现行婚姻法通过概括加例示的方式规定了感情破裂的离婚理由，这种破裂主义离婚标准体现了保障离婚自由、反对轻率离婚的价值取向。但是，“关系破裂说”较之“感情破裂说”更科学，也更符合我国的司法实践。[167]

(3) 继承法

中共中央《关于全面深化改革若干重大问题的决定》明确提出“赋予农民对集体资产股份占有、收益、有偿退出及抵押、担保、继承权”。因此本年度对于继承法相关问题的讨论主要集中在土地承包经营权的可继承性问题上。

首先，关于遗产范围，有学者认为，继承法的规定为纳入新的遗产种类预留了制度空间，土地承包经营权也符合遗产特征，具备作为遗产的可能性。[168]但也有学者认为，鉴于此项财产的共有形态为合有，且有“浮动化”和“潜在化”的特点，共有人之间无继承可言，另因为有身份的限制，其他非从事农业的财产继承人也无法继承（但由此财产而产生的收益则不在此限）。[169]还有学者认为，以家庭承包方式设立的土地承包经营权的继承问题，在现行法规范适用层面上存在矛盾和冲突。需要搭建妥适的阐释框架对现有各类规范进行协调和证成。[170]有学者针对人的体外胚胎权属争议案二审判决进行分析，认为其是一份标志着人伦和情理胜诉的民事判决，但在法律适用方法上存在较多值得商榷的问题。[171]

其次，关于遗产的处理，有学者认为，为贯彻物权平等保护原则，保证继承法为财产法的本质属性并与所有权的本性相统一，在继承法修订过程中增设归扣制度的同时，将归扣制度的基础顺势进行改革，以建立完善的归扣制度，既是我国继承法修订过程中应该完成的任务，也是各国归扣制度发展的应然趋势。[172]也有学者认为，我国现行继承法未规定真正的限定继承制度，在修订时应考虑规定该制度。限定继承以遗产目录清册的制作为基础，体现了一种物的责任。[173]

（二）商法学

1. 商法总论

有学者认为，在过去30年中，我国商事法的体系建构具有“立法中心主义”的特征，即突出强调立法在商事法法源体系中的地位，但却忽视了司法判例、商事习惯、学说理论对于商事法体系形成的作用，也未理解和掌握商事法开放的、动态的自我更新完善机制。在中国法语境下，这种建构理念虽然有其合理性，但也对商事法的发展带来了不利影响。因此，有必要以“法律多元主义”取代“立法中心主义”，进而建构能够适应经济社会发展的商事法法律体系。[174]有学者认为，应当根据市场经济体制的运行需要、政府与市场的应有能力、商法宗旨及实现机制，确定商法机制中政府与市场的功能定位。政府在商法机制中应实现职能转型，识别功能上政府由监护转向服务，选择功能上政府由主导转向辅助，规制功能上政府由管制转向治理，调控功能上政府由直接转向间接。[175]有学者认为，20世纪80年代以来的福利制度改革使得财团法人商业化趋势日益明显。对财团法人商业行为采取附条件许可主义成为各国立法的主流。立法对商业行为的限制包括目的关联性规则、最终用途规则、副业特权规则、商业化判断规则和非关联性商业活动限制规则等。在分类调整的理念下，引入后两项规则将有助于引导我国财团法人商业行为的合理发展。[176]还有学者认为，交易习惯作为一种社会规则，客观上规范和引导着商人的行为。我国商事立法与司法对于交易习惯过度干预，不利于商事交易的调整。[177]

2. 公司法

2013年12月28日修订、2014年3月1日起施行的公司法对有限责任公司的注册资本制进行了较大改动，因此，本年度北京地区民商法学针对公司法的研究重点即为公司的资本制改革问题。

首先，有学者认为，发挥市场的决定作用，就公司法改革而言，不是对资源直接配置，而是弘扬公司法的自治精神，确认公司自治。发挥市场在资源配置中的决定作用，还在于确认与保护公司的营业自由，公司从事营业，除法律、行政法规规定外不得限制。这就是全面深入改革精神在公司法改革上的体现。[178]

其次，关于有限责任公司，有学者拟结合公司法资本制度与商业实践之间的互动，对法定资本制改革特别是出资规制缓和的内在逻辑进行探讨，并以此为参照来观察我国2013年的公司法修订在改革细节设计上可能存在的偏差。[179]有学者认为，实缴资本实质上具有不可取代的法律效用和经济效用，公司法应当在认缴资本制与实缴资本制可自主选择的基础上，重拾对实缴资本制的重视，并重构实缴资本效用得以充分实现的保障措施如法定验资报告制度。[180]也有学者认为，公司资本从有限制的认缴制到无限制的认缴制，改变的只是股东履行出资义务的期限，股东以其认缴而非实缴的出资额为限对公司债务负责，资本的“认而不缴”并不免除股东的出资义务或责任。[181]有学者对德国《有限责任公司法》修法中认可股权善意取得制度的前因后果进行阐述，分析其利弊得失，认为我国最高人民法院于2011年颁布了《最高人民法院关于适用〈中华人民共和国公司法〉若干问题的规定（三）》，其中规定以公司登记中的股东登记为基础，认可了股权的善意取得但此种股东登记能否充当股权之“权利外观基础”等核心问题，在我国仍缺乏深入讨论。[182]还有学者认为，我国在确立种类股制度时，有必要借鉴韩国种类股制度，应坚持章程自治原则，明确公司可发行种类股的类型及其内容，并规定种类股股东的保护措施。[183]

再次，关于股份有限公司，有学者认为，股东大会对审议事项依程序表决而形成股东大会决议即股东大会的意思，该意思一经形成即转化为公司的意思。作为团体法现象，股东大会决议属于特殊的单方法律行为。[184]

3. 保险法

有学者认为，当前我国责任保险发展滞后，覆盖范围过小，风险分散能力有限，大力发展责任保险具有现实性和紧迫性。发展责任保险制度，还应当从责任保险原理出发准确界定其在多元化损害救济体系中的应有位置，不过高，也不过低，尤其是要协调好商业责任保险与社会保险及侵权法之间的关系，发挥与其属性相适应的作用，从而促进责任保险市场发展。[185]还有学者认为，应当在保险法中明确规定人身保险不能适用损失补偿，并将其确立为不得以合同约定或格式条款排除的强制规定，以此整合行业监管规范与司法解释，解决当下“同案不同判”的司法尴尬。[186]

4. 海商法

有学者认为，认为无论从法学理论、国外经验，还是商业实践看，都应承认国内独立保函的法律效力，建议正在起草的独立保函司法解释涵盖备用信用证，并将其标题修改为“最高人民法院关于审理独立保函和备用信用证纠纷案件若干问题的规定”。[187]有学者对“船王求偿案”进行评析，指出其实际是缘起于 1936 年上海中威轮船公司和日本大同海运株式会社的定期租船合同纠纷。该案作为普通商事纠纷的性质并未改变。上海海事法院 1988 年 12 月 31 日受理该案后，于 2007 年 12 月 7 日判决原告胜诉，并在 2014 年 4 月进行了强制执行。该案从原告开始求偿到判决的强制执行，长达 77 年，并涉及船舶捕获、定期租船合同当事人的违约和侵权责任、原被告的诉讼主体资格以及案件的管辖和法律适用等诸多法律问题。[188]

5. 证券法

有学者认为，券商股权质押式回购本质是对上市公司股权质权人自力实现质权方式和程序的改造，现行法中存在着不利于股权质权最终实现的问题。但实践中依然坚持以加强股权质权实现为股权融资担保的突破口，主要基于其具有的自身优势，且实现股权质权时的外部性问题可以得到控制和解决。但券商股权质押式回购仍有问题。完善的做法是：设计出精准专业的质权合同；法律应规定股权质权效力及依持股比例而获得的剩余财产；现行法应明确质权人有权申请强制拍卖和强行平仓的自力救济性质。[189]

6. 票据法

有学者认为，票据法上的电子票据质押需要登记，此外还需要交付与背书；物权法上的电子票据质押也需要登记，但它并不需要进行质押背书，而是需要书面质押合同。因此，票据法上的电子票据质押与物权法上的电子票据质押区分的标识并不在于是否进行了质押登记，而在于是否进行了质押背书。《票据法》对纸质票据质押做了规定，那么也有必要对电子票据质押的方式做进一步的明确。[190]

注：

①陈卫佐：《现代民法典编纂的沿革、困境与出路》，《中国法学》，2014 年第 5 期。

②凌斌：《编纂民法典：民族生活的法律回归》，《中国法律评论》，2014 年第 4 期。

③朱广新：《超越经验主义立法：编纂民法典》，《中外法学》，2014 年第 6 期。

④柳经纬：《民商事法律体系化及其路径选择》，《河南财经政法大学学报》，2014 年第 6 期。

⑤王利明：《民法典的时代特征和编纂步骤》，《清华法学》，2014 年第 6 期。

⑥崔建远：《编纂民法典必须摆正几对关系》，《清华法学》，2014 年第 6 期。

⑦谢鸿飞：《中国民法典的生活世界、价值体系与立法表达》，2014 年第 6 期。

⑧王轶：《民法典的规范类型及其配置关系》，《清华法学》，2014 年第 6 期。

⑨耿林：《民法典的规范表达研究》，《清华法学》，2014 年第 6 期。

⑩聂卫锋：《中国民商立法体例历史考——从晚清到民国的立法政策与学说争论》，《政法论坛》，2014 年第 1 期。

⑪殷安军：《瑞士法上民商合一立法模式的形成——兼评“单一法典”理念》，《中外法学》，2014 年第 6 期。

⑫杨立新：《论民法典中债法总则之存废》，《清华法学》，2014 年第 6 期。

⑬易继明：《历史视域中的私法统一与民法典的未来》，《中国社会科学》，2014 年第 5 期。

⑭王利明：《民法上的利益位阶及其考量》，《法学家》，2014 年第 1 期。

⑮王利明：《负面清单管理模式与私法自治》，《中国法学》，2014 年第 5 期。

⑯熊丙万：《私法的基础：从个人主义走向合作主义》，《中国法学》，2014 年第 3 期。

⑰崔建远：《论民法原则与民法规则之间的关系》，《江汉论坛》，2014 年第 2 期。

⑱赵秀梅：《民法基本原则司法适用问题研究》，《法律适用》，2014 年第 11 期。

⑲侯卓、陈立诚：《谦抑之智：论环境道德不宜纳入公序良俗原则》，《中南大学学报》（社会科学版），2014 年第 1 期。

⑳刘德良：《民法学上权利客体与权利对象的区分及其意义》，《暨南学报》（哲学社会科学版），2014 年第 9 期。

㉑宋刚：《论财产责任下的责任财产》，《法学评论》，2014 年第 1 期。

㉒朱广新：《民事行为能力类型化的局限及其克服》，《法学评论》，2014 年第 1 期。

㉓王雷：《情谊行为、法外空间与民法对现实生活的介入》，《法律科学》（西北政法大学学报），2014 年第 6 期。

㉔杜景林：《民商事往来中沉默的法律责任》，《法学》，2014 年第 2 期。

㉕常鹏翱：《对准法律行为的体系化解读》，《环球法律评论》，2014 年第 2 期。

㉖焦清扬：《民事自助行为的价值定位及其制度构建》，《法学杂志》，2014 年第 7 期。

㉗许可，梅夏英：《一般人格权：观念转型与制度重构》，《法制与社会发展》，2014 年第 4 期。

㉘朱晓峰：《作为一般人格权的人格尊严权——以德国侵权法中的一般人格权为参照》，《清华法学》，2014 年第 1 期。

㉙刘召成：《人格商业化利用权的教义学构造》，《清华法学》，2014 年第 3 期。

㉚王叶刚：《人格权中经济价值法律保护模式探讨》，《比较法研究》，2014 年第 1 期。

㉛王叶刚：《人格权中经济价值“可让与性”之反思——以人格尊严的保护为视角》，《广东社会科学》，2014 年第 2 期。

㉜安薇：《论肖像权的法律保护与限制——以教材内文中适用的人物照片为例》，《东北师大学报》（哲学社会科学版），2014 年第 4 期。

㉝马特：《隐私权的谱系学考察——论我国的法典化构建》，《湖南社会科学》，2014 年第 3 期。

㉞马特：《权利冲突中的利益衡量与动态抉择——以罗伊诉韦德案为例》，《江西社会科学》，2014 年第 8 期。

㉟费安玲：《精神障碍患者隐私权探析》，《法学论坛》，2014 年第 1 期。

㊱岳业鹏：《论侮辱侵权责任》，《法律适用》，2014 年第 1 期。

㊲崔聪聪：《个人信息控制权法律属性考辨》，《社会科学家》，2014 年第 9 期。

㊳徐海燕、柴伟伟：《父母侵害胎儿健康权：责任主体认定与责任体系构建》，《甘肃社会科学》，2014 年第 6 期。

㊴徐英倩：《论自然人死后身体权利与人身权的完善》，《学习与探索》，2014 年第 3 期。

㊵汪洋：《罗马法上的人格保护及其现代传承——以“侵辱之诉”为研究中心》，《法商研究》，2014 年第 3 期。

㊶孙宪忠：《再论我国物权法中的平等承认、一体保护原则》，《法商研究》，2014 年第 2 期。

㊷常鹏翱：《物权法定原则的适用对象》，《法学》，2014 年第 3 期。

㊸常鹏翱：《多元的物权法源及其适用规律》，《法学研究》，2014 年第 4 期。

㊹聂卫锋：《交付公示：一个幻象》，《现代法学》，2014 年第 4 期。

㊺崔建远：《物权法视野下的指示交付》，《法律适用》，2014 年第 10 期。

㊻崔建远：《再论指示交付及其后果》，《河南财经政法大学学报》，2014 年第 4 期。

㊼崔建远：《机动车物权的变动辨析》，《环球法律评论》，2014 年第 2 期。

㊽郭志京：《也论中国物权法上的登记对抗主义》，《比较法研究》，2014 年第 3 期。

㊾马特：《登记对抗主义适用空间研究》，《甘肃社会科学》，2014 年第 4 期。

㊿龙俊：《公示对抗下“一般债权”在比较法中的重大误读》，2014 年第 4 期。

51王利明：《构建统一的不动产物权公示制度——评〈不动产登记暂行条例〉（征求意见稿）》，《政治与法律》，2014 年第 12 期。

52高圣平：《不动产权利的登记能力——评〈不动产登记暂行条例（征求意见稿）〉第 4 条》，《政治与法律》，2014 年第 12 期。

53张双根：《论房地关系与统一不动产登记簿册：兼及不动产物权实体法与程序法间的交织关系》，《中外法学》，2014 年第 4 期。

54高圣平、申晨：《不动产抵押登记若干问题探讨——从不动产统一登记条例出发》，《社会科学》，2014 年第 5 期。

55张双根：《商品房预售中预告登记制度之质

疑》，《清华法学》，2014 年第 2 期。

㊻吴光荣：《不动产登记与不动产权属确认的实体与程序问题研究》，2014 年第 10 期。

㊼孟强：《论不动产登记机构登记错误的赔偿责任——兼评〈不动产登记暂行条例（征求意见稿）〉相关规定》，《政治与法律》，2014 年第 12 期。

㊽王洪亮：《原物返还请求权：物上请求权抑或侵权责任方式》，《法学家》，2014 年第 1 期。

㊾王轶、关淑芳：《物权、债权区分论的五个理论维度》，《吉林大学社会科学学报》，2014 年第 5 期。

⑥⓪冉昊：《“物权”与“债权”区分的基本成因》，《江淮论坛》，2014 年第 4 期。

⑥①于凤瑞：《建筑物区分所有权关系中的自己地役权研究》，《法律科学》（西北政法大学学报），2014 年第 6 期。

⑥②于凤瑞：《自己地役权的构造及其适用》，《中国土地科学》，2014 年第 8 期。

⑥③薛源：《业主知情权存在问题探讨》，《南京社会科学》，2014 年第 8 期。

⑥④陈华彬：《区分所有建筑物修缮的法律问题》，《中国法学》，2014 年第 4 期。

⑥⑤唐勇：《论按份共有的三层次私法构造——兼评〈中华人民共和国物权法〉的按份共有规则体系》，《法商研究》，2014 年第 5 期。

⑥⑥刘丽：《不可量物侵害责任认定标准的比较法解读》，《民主与法制》，2014 年第 2 期。

⑥⑦郭志京：《善意取得制度的理性基础、作用机制及适用界限》，《政治与法律》，2014 年第 3 期。

⑥⑧金印：《冒名处分他人不动产的私法效力》，《法商研究》，2015 年第 4 期。

⑥⑨张子亮、宁红丽：《关于天然孳息概念的辩疑》，《学习论坛》，2014 年第 8 期。

⑦⓪朱广新：《论土地承包经营权的主体、期限和继承》，《吉林大学社会科学学报》，2014 年第 4 期。

⑦①凌斌：《土地流转的中国模式：组织基础与运行机制》，《法学研究》，2014 年第 6 期。

⑦②高圣平：《新型农业经营体系下农地产权结构的法律逻辑》，《法学研究》，2014 年第 4 期。

⑦③高圣平：《农地信托流转的法律构造》，《法商研究》，2014 年第 2 期。

⑦④高圣平：《农地金融化的法律困境及出路》，《中国社会科学》，2014 年第 8 期。

⑦⑤李显冬：《我国居住权设立的正当性》，《法学杂志》，2014 年第 12 期。

⑦⑥陈国军：《论墓地的权利属性——债权抑或物权》，《政治与法律》，2014 年第 3 期。

⑦⑦程啸：《混同共同担保中担保人的追偿权与代位权——对〈物权法〉第 176 条的理解》，《政治与法律》，2014 年第 6 期。

⑦⑧吴光荣：《规范冲突与规范选择：后物权法时代的担保法律制度及其适用》，《法律适用》，2014 年第 8 期。

⑦⑨李莉：《比较法视野下登记公示型动产担保物范围界分及借鉴》，《北京社会科学》，2014 年第 11 期。

⑧⓪王利明：《抵押财产转让的法律规制》，《法学》，2014 年第 1 期。

⑧①程啸：《论抵押财产的转让：“重庆索特盐化股份有限公司与重庆新万基房地产开发有限公司土地使用权转让合同纠纷案”评释》，《中外法学》，2014 年第 5 期。

⑧②程啸：《论抵押财产出租时抵押权与租赁权的关系——对〈物权法〉第 109 条第 2 句的理解》，《法学家》，2014 年第 2 期。

⑧③陈华彬：《论所有人抵押权——基于对德国法和瑞士法的分析》，《现代法学》，2014 年第 5 期。

⑧④常鹏翱：《留置权善意取得的解释论》，《法商研究》，2014 年第 6 期。

⑧⑤车浩：《占有概念的二重性：事实与规范》，《中外法学》，2014 年第 5 期。

⑧⑥隋彭生：《自物占有与他物占有的分类及比较研究》，《政治与法律》，2014 年第 3 期。

⑧⑦常鹏翱：《占有行为的规范分析》，《法律科学》（西北政法大学学报），2014 年第 2 期。

⑧⑧曹雅晶：《物之遗失与丧失占有——兼论具体公共空间内的拾得人判定》，《比较法研究》，2014 年第 2 期。

⑧⑨崔建远：《个案调处不等于普适性规则——关于若干债法司法解释的检讨》，《广东社会科学》，2014 年第 5 期。

⑨⓪王轶：《作为债之独立类型的法定补偿义务》，《法学研究》，2014 年第 2 期。

⑨①王雷：《见义勇为行为中受益人补偿行为的体系效应》，《华东政法大学》，2014 年第 4 期。

⑨②李永军：《论债法中本土化概念对统一的债法

救济体系之影响》,《中国法学》,2014 年第 1 期。

⑨³宋刚:《论连带债务中的追偿权之行使》,《政治与法律》,2014 年第 5 期。

⑨⁴刘浩:《债权转让通知研究》,《暨南学报》(哲学社会科学版),2014 年第 2 期。

⑨⁵方兴:《论提存在解决医疗损害赔偿纠纷中的适用》,《江西社会科学》,2014 年第 2 期。

⑨⁶朱岩、潘玮琳:《承诺方式制度比较研究——以我国〈合同法〉与〈联合国国际货物销售合同公约〉为例》,《法学家》,2014 年第 5 期。

⑨⁷朱广新:《论合同订立过程中的格式之战问题》,《法学》,2014 年第 7 期。

⑨⁸李松晓:《论我国格式条款立法的缺陷与完善——以格式条款的效力认定为中心》,《学习与探索》,2014 年第 8 期。

⑨⁹尚连杰:《先合同说明义务违反视角下的缔约过失与瑕疵担保关系论——德国法的启示与中国法的构造》,《政治与法律》,2014 年第 11 期。

⑩⁰王利明:《预约合同若干问题研究——我国司法解释相关规定评述》,《法商研究》,2014 年第 1 期。

⑩¹张永:《登记与合同效力之关联性研究》,《郑州大学学报》(哲学社会科学版),2014 年第 2 期。

⑩²王夙:《合同无效或被撤销后返还财产请求权探析》,《江西社会科学》,2014 年第 11 期。

⑩³吴光荣:《论违反让与禁止的法律后果——兼论〈房地产管理法〉第 38 条与〈担保法〉第 37 条的规范性质》,《法律科学》(西北政法大学学报),2014 年第 5 期。

⑩⁴崔建远:《行为、沉默之于合同变更》,《中外法学》,2014 年第 3 期。

⑩⁵韩世远:《不可抗力、情势变更与合同解除》,《法律适用》,2014 年第 11 期。

⑩⁶韩世远:《情势变更若干问题研究》,《中外法学》,2014 年第 3 期。

⑩⁷王成:《合同解除与违约金》,《政治与法律》,2014 年第 7 期。

⑩⁸王洪亮:《违约金功能定位的反思》,《法律科学》(西北政法大学学报),2014 年第 2 期。

⑩⁹姚明斌:《违约金司法酌减的规范构成》,《法学》,2014 年第 1 期。

⑪⁰谢鸿飞:《违约责任与侵权责任竞合理论的再构成》,《环球法律评论》,2014 年第 6 期。

⑪¹武腾:《减价实现方式的重思与重构》,《北方法学》,2014 年第 3 期。

⑪²杜强强:《论民法任意性规范的合宪性解释——以余丽诉新浪网公司案为切入点》,《华东政法大学学报》,2014 年第 6 期。

⑪³王利明:《典型合同立法的发展趋势》,《法制与社会发展》,2014 年第 2 期。

⑪⁴王利明:《所有权保留制度若干问题探讨——兼评〈买卖合同司法解释〉相关规定》,《法学评论》,2014 年第 1 期。

⑪⁵武腾:《通往"合理期间"之路——基于"慷慨的一个月"大致基准和有关"不利益"的政策根据》,《现代法学》,2014 年第 1 期。

⑪⁶杨立新:《非传统销售方式购买商品的消费者反悔权及其适用》,《法学》,2014 年第 2 期。

⑪⁷杨立新:《经营者提供商品或者服务三包责任制度的新发展》,《河南财经政法大学学报》,2014 年第 3 期。

⑪⁸鞠晔:《澳大利亚消费者合同中不公平条款的法律规制及对中国的启示》,《辽宁大学学报》(哲学社会科学版),2014 年第 4 期。

⑪⁹薛杉:《旅游纠纷民事责任配置若干问题研究》,《政治与法律》,2014 年第 7 期。

⑫⁰李晨丹:《航空运输消费者知悉权保护研究》,《河北法学》,2014 年第 1 期。

⑫¹周友军:《论出卖人的物的瑕疵担保责任》,《法学论坛》,2014 年第 1 期。

⑫²王林清:《论企业间借贷正当性的法律分析》,《法学评论》,2014 年第 5 期。

⑫³张雪楳:《P2P 网络借贷相关法律问题研究》,《法律适用》,2014 年第 8 期。

⑫⁴王翰培、任自力:《预告登记与"买卖不破租赁"之矛盾及化解》,《兰州学刊》,2014 年第 5 期。

⑫⁵宋良刚、范小华:《承租人优先购买权之侵权赔偿问题的理论与实证研究》,《法律适用》,2014 年第 2 期。

⑫⁶常鹏翱:《论优先购买权的法律效力》,《中外法学》,2014 年第 2 期。

⑫⁷高圣平:《中国融资租赁法制:权利再造与制度重塑——以〈开普敦公约〉及相关议定书为参照》,《中国人民大学学报》,2014 年第 1 期。

⑫⁸崔玉清:《建设工程合同履行中情势变更原则的适用》,《政法论坛》,2014 年第 1 期。

⑫⑨薛峰、李玉斌：《房屋买卖中介服务合同的若干法律问题——从司法角度考察》，《苏州大学学报》（哲学社会科学版），2014年第6期。

⑬⓪邓矜婷：《美国判例体系的构建经验——以居间合同为例》，《华东政法大学学报》，2014年第2期。

⑬①王利明：《论和解协议》，《政治与法律》，2014年第1期。

⑬②赵秀梅：《借名登记合同中的法律问题》，《国家检察官学院学报》，2014年第5期。

⑬③马强：《借名购房案件所涉问题之研究》，《政治与法律》，2014年第7期。

⑬④刘凯湘、吴才毓：《论旅行社转团的法律关系与责任承担——基于一个典型案例的解释》，《法学杂志》，2014年第4期。

⑬⑤杨立新：《世界侵权法的历史源流及融合与统一》，《福建论坛·人文社会科学版》，2014年第6期。

⑬⑥刘盈皎：《侵权责任法立法模式刍议》，《郑州大学学报》（哲学社会科学版），2014年第2期。

⑬⑦陈皓：《侵权法矫正正义论中的个人主义》，《法制与社会发展》，2014年第5期。

⑬⑧陈皓：《保险对侵权法损害赔偿功能的冲击与限度》，《社会科学辑刊》，2014年第3期。

⑬⑨石佳友：《〈法国民法典〉过错责任一般条款的历史演变》，《比较法研究》，2014年第6期。

⑭⓪程啸：《过失相抵与无过错责任》，《法律科学（西北政法大学学报）》，2014年第1期。

⑭①陈亮：《一般侵权责任中违法性要件的独立性》，《江西社会科学》，2014年第12期。

⑭②杨立新、陶盈：《论分别侵权行为》，《晋阳学刊》，2014年第1期。

⑭③王若冰：《获利返还制度之我见——对〈侵权责任法〉第20条的检讨》，《当代法学》，2014年第6期。

⑭④何锫泽、刘朋：《非致命事故中的第三人精神损害赔偿》，《民主与法制》，2014年第2期。

⑭⑤何锫泽、刘朋：《有形财产毁损引起的精神损害赔偿比较研究》，《法律适用》，2014年第6期。

⑭⑥王利明：《论网络侵权中的通知规则》，《北方法学》，2014年第2期。

⑭⑦刘召成：《安全保障义务的扩展适用与违法性判断标准的发展》，《法学》，2014年第5期。

⑭⑧梅夏英、杨晓娜：《网络服务提供者信息安全保障义务的公共性基础》，《烟台大学学报》（哲学社会科学版），2014年第6期。

⑭⑨马特：《民事视域下知情同意权的权利基础及规则建构》，《江淮论坛》，2014年第5期。

⑮⓪杨立新：《最高人民法院〈关于审理食品药品纠纷案件适用法律若干问题的规定〉释评》，《法律适用》，2014年第3期。

⑮①杨立新：《我国消费者保护惩罚性赔偿的新发展》，《法学家》，2014年第2期。

⑮②朱广新：《惩罚性赔偿制度的演进与适用》，《中国社会科学》，2014年第3期。

⑮③周友军：《论侵权法上的产品跟踪观察义务》，《法律科学》（西北政法大学学报），2014年第4期。

⑮④郑佳宁：《企业产品责任"社会性"之探讨》，《政法论坛》，2014年第3期。

⑮⑤张新宝、庄超：《扩张与强化：环境侵权责任的综合适用》，《中国社会科学》，2014年第3期。

⑮⑥郝秀辉：《论机场噪音损害赔偿的责任主体》，《北京理工大学学报》（社会科学版），2014年第4期。

⑮⑦夏吟兰：《论婚姻家庭法在民法典体系中的相对独立性》，《法学论坛》，2014年第4期。

⑮⑧夏吟兰：《民法典体系下婚姻家庭法之基本架构与逻辑体例》，《政法论坛》，2014年第5期。

⑮⑨王雷：《论身份情谊行为》，《北方法学》，2014年第4期。

⑯⓪王竹青、王金凤：《〈婚姻法〉及其司法解释对农村婚姻家庭的影响——以河北省为调研对象》，《河北学刊》，2014年第2期。

⑯①马忆南：《论我国夫妻人身权利义务的发展和我国〈婚姻法〉的完善》，《法学杂志》，2014年第11期。

⑯②王雷：《〈婚姻法〉中的亲子关系推定》，《中国青年政治学院学报》，2014年第4期。

⑯③贺剑：《论婚姻法回归民法的基本思路：以法定夫妻财产制为重点》，《中外法学》，2014年第6期。

⑯④贺剑：《"理论"在司法实践中的影响》，《法制与社会发展》，2014年第3期。

⑯⑤贺剑：《离婚时按揭房屋的增值分配：以瑞士法为中心》，《政治与法律》，2014年第10期。

⑯⑥薛宁兰：《离婚法的诉讼实践及其评析》，《法

学论坛》，2014 年第 4 期。

⑯马忆南、罗玲：《裁判离婚理由立法研究》，《法学论坛》，2014 年第 4 期。

⑱刘凯湘：《论土地承包经营权的可继承性》，《北方法学》，2014 年第 2 期。

⑲渠涛：《农户承包集体土地合同上的财产关系》，《北方法学》，2014 年第 2 期。

⑰汪洋：《土地承包经营权继承问题研究——对现行规范的法构造阐释与法政策考量》，《清华法学》，2014 年第 4 期。

⑰杨立新：《一份标志着人伦与情理胜诉的民事判卷——人的体外胚胎权属争议案二审判决释评》，《法律适用》，2014 年第 11 期。

⑰杨立新、和丽军：《遗产继承归扣制度改革的中间路线》，《国家检察官学院学报》，2014 年第 6 期。

⑰陈汉：《限定继承刍议》，《苏州大学学报》，2014 年第 4 期。

⑰夏小雄：《从“立法中心主义”到“法律多元主义”——论中国商事法的法源建构逻辑》，《北方法学》，2014 年第 6 期。

⑰陈甦：《商法机制中政府与市场的功能定位》，《中国法学》，2014 年第 5 期。

⑰刘利君：《财团法人商业行为的法律规制》，《法学杂志》，2014 年第 1 期。

⑰樊涛：《我国民商事司法中的交易习惯》，《法律适用》，2014 年第 2 期。

⑰王保树：《公司法的全面改革不能着眼于堵漏洞、补窟窿》，《环球法律评论》，2014 年第 1 期。

⑰刘燕：《公司法资本制度改革的逻辑与路径——基于商业实践视角的观察》，《法学研究》，2014 年第 5 期。

⑱陈甦：《实缴资本的多重效用及其保障措施》，《法学杂志》，2014 年第 12 期。

⑱赵旭东：《资本制度变革下的资本法律责任——公司法修改的理性解读》，《法学研究》，2014 年第 5 期。

⑱张双根：《德国法上股权善意取得制度之评析》，《环球法律评论》，2014 年第 2 期。

⑱董新义：《韩国新商法中的种类股制度及借鉴》，《证券市场导报》，2014 年第 4 期。

⑱吴高臣：《论股东大会决议的性质》，《首都师范大学学报》（社会科学版），2014 年第 6 期。

⑱王德明：《责任保险在多元化救济体系中的位置及其法律环境分析》，《保险研究》，2014 年第 10 期。

⑱于海纯：《论人身保险不应适用损失补偿原则及其意义》，《政治与法律》，2014 年第 12 期。

⑱高祥：《论国内独立保函与备用信用证在我国的法律地位——兼评最高人民法院独立保函司法解释征求意见稿》，《比较法研究》，2014 年第 6 期。

⑱郭红岩：《“船王求偿案”评析》，《中国法学》，2014 年第 6 期。

⑱李莉：《论上市公司股权质权的实现》，《证券市场导报》，2014 年第 6 期。

⑲李遐桢：《电子票据设质方式探析》，《烟台大学学报》（哲学社会科学版），2014 年第 1 期。

（作者：林嘉，中国人民大学教授；
姚辉，中国人民大学教授；
陈靖远，中国人民大学博士生）

诉讼法学

陈卫东　汤维建　刘计划　辛志伟　孔祥承

一、刑事诉讼法学

2014 年，刑事诉讼法学界以深化司法改革、探讨新刑事诉讼法实施等问题为主旨展开研究，整个学界呈现出百家争鸣、蓬勃发展的态势。

（一）研究概况

该年度学者们的代表著作有：陈光中主编：《非法证据排除规则实施问题研究》，北京大学出版社；卞建林、敬大力主编：《刑事诉讼法的实施、问题与对策》，中国人民公安大学出版社；朱孝清、宋英辉、张建伟等著：“专家论检察丛书”《论检察》，中国检察出版社；顾永忠、左宁、李怀胜著：《暴力犯罪死刑适用的实体标准与证据标准研究》，中国人民公安大学出版社；宋英辉等著：《刑事诉讼原理》（第 3 版），北京大学出版社；冀祥德、程雷等著：《遏制监所暴力与监所体制改革》，社会科学文献出版社；程雷等著：《看守所立法问题研究》，中国法制出版社；樊崇义主编：《刑事证据规则研究》，中国人民公安大学出版社；卞建林主编：《腐败犯罪诉讼程序专题研究》，中国人民公安大学出版社；宋英辉、刘广三、何挺等著：《刑事诉讼法修改的历史梳理与阐释》，北京大学出版社；王新清：《刑事管辖权基本问题研究》，中国人民大学出版社，等等。

该年度举行的学术活动主要有：3月26日，在北京师范大学举行了第9期金杜明德法治沙龙，来自理论与实务界的专家围绕“主审法官、合议庭责任制”这一主题展开研讨；4月26日，由中国社会科学院法学研究所主办的“新刑事诉讼法实施状况”研讨会在京举行，与会学者对新刑事诉讼法在司法实践中出现的问题进行了探讨；4月27日，由“2011计划”司法文明协同创新中心、中国政法大学诉讼法学研究院主办的“中美司法制度比较学术研讨会”在京召开，中美双方就证据规则和诉讼程序、独立行使司法权及司法官角色与作用等问题展开讨论；6月17日，由中国法学会研究部、法律信息部和中国刑事诉讼法学研究会共同承办的《看守所法（征求意见稿）》立法研讨会在京举行；7月31日，由中国检察学研究会刑事诉讼监督专业委员会主办，北京市人民检察院、北京市检察官协会、北京市诉讼法学研究会承办的“第五届刑事诉讼监督主题研讨会”在京召开；10月15日，由中国法学会法律信息部、国家司法文明协同创新中心、中国人民大学法学院共同主办，北京市金杜公益基金、法制日报社评论部协办的第10期金杜明德法治沙龙在中国政法大学举行，学者围绕“完善人权司法保障制度”主题进行了深入研讨；10月23日，“伪基站”案件电子数据的采集与认定座谈会在北京市东城区人民检察院召开；10月24日，北京大学法学院举行了海峡两岸司法改革与法治治理高端对话活动；12月17日，“司法判例制度比较研讨会”在中国人民大学明德法学楼举行，来自中英两国的专家学者围绕着司法判例制度这一主题进行了学术交流和深入讨论。

（二）热点与创新

1. 刑事诉讼基本原理

（1）关于庭审中心主义

有学者提出，应当对“庭审中心主义”的内涵重新进行界定，认为严格意义上的庭审中心主义主要适用于一审的重大、复杂、疑难及被告人不认罪的案件。对于如何贯彻“庭审中心主义”，有学者认为，应重点保障被告人的诉讼权利特别是获得律师帮助的权利。[①]有学者认为，还可以通过贯彻直接言词原则、确立质证原则及其例外、正确对待全案移送制度、运用庭前会议、建立程序性裁判以及构建案件繁简分流制度这几个方式来确保“庭审中心主义”的实现。[②]

（2）关于刑事诉讼证明标准

一些学者认为，我国刑事诉讼法将“排除合理怀疑”引入证明标准之中，是从过去注重外在的、客观化的证明要求走向重视裁判者内心确信程度的重要立法尝试。当然，这种立法尝试并非要降低刑事证明标准，而是从裁判者主观认识的角度重新确立裁判者认定犯罪事实的证明标准，是以“排除合理怀疑”这种实质标准来取代旧有的“事实清楚，证据确实、充分”这一形式化的证明标准。[③]在适用中，有学者认为，对于“排除合理怀疑”不应孤立适用，而是与其他条件紧密联系形成统一整体；严格适用刑事证明标准，不得对案件事实的认定降低要求；坚持疑罪从无原则，摒弃“留有余地”的判决方式，对待没有达到证明标准的案件，应依法作出无罪判决。[④]

（3）关于检察监督

新刑事诉讼法赋予了检察机关更多的监督职能。有学者认为，未来检察监督的完善应从以下几个方面来展开：对羁押必要性审查应合理确定审查重点，建立可行的审查标准；对于指定居所监视居住的监督，明确监督内容与方法；对于刑罚变更执行监督，赋予检察机关在刑罚变更执行中的求刑权；对强制医疗的决定和执行监督，应完善对精神病人的司法鉴定制度，规范强制医疗的决定程序；等等。[⑤]

2. 司法改革

（1）关于司法改革的基本理论

当前司法改革已经进入攻坚期，有学者提出改革时应注重方法论的问题。[⑥]对于现阶段司法改革的目标而言，有学者认为其两大重要任务是司法的去地方化以及司法的去行政化。[⑦]

（2）关于省级统管

有学者认为，在具体推动改革时应当注意三个配套问题，即改革的合法性、司法行政管理的民主性以及权力运作的受制性。除通过修改法律使改革合法外，为解决省级人财物统管体制改革时遇到的难题，还需要严格区分司法行政事务与司法事务，提倡司法行政的民主化。建立起针对司法官独立后的权力制约机制，主要表现为组建法官、检察官惩戒委员会、确立法官检察官办案责任终身制和设定符合司法规律的责任追究机制。[8]

（3）关于检察制度改革

有学者认为，顺应司法改革的趋势，要确立检察官独立行使检察权，在肯定检察一体化的同时强化检察官的独立办案机制，实现检察长指令法治化。在检察权的制约层面，要充分发挥法院等外部监督机关的作用。要进一步厘清检察机关诉讼职能、诉讼监督职能和诉讼救济职能的关系，以听证的方式对检察职能的履行进行司法化改造。在职务犯罪侦查上，应当从纵向、横向两个层面推进侦查一体化。[9]有学者认为，为发扬司法民主，应重视人民监督员制度，未来应在厘清相关理论问题和总结实践经验的基础上，推进该制度的立法进程。[10]

（4）关于司法权配置

有学者认为，关于司法权配置有两部分重要内容：一是要健全司法权力分工负责、互相配合、互相制约机制；二是要健全侦查权、检察权、审判权各自的运行机制。[11]尤其是其中依法独立行使职权原则在我国的司法实践中多异化为司法的地方化及行政化。为保障司法权的合理配置，应以本次司法改革为契机，淡化司法独立的政治色彩，大力推动以依法独立行使职权为核心构建我国特色的司法独立原则，摒除案外因素的影响，以司法的法律效果为根本追求。在贯彻依法独立行使职权原则的基础上妥善处理好与党的领导的关系。为了确保独立司法，还必须结合司法改革的社会背景，从内、外两个方面统筹协调，整体推进司法机关依法独立行使职权。[12]

3. 修改后刑事诉讼法的实施研究

（1）关于电子数据

学者们对电子数据的收集、固定的程序法规范进行了阐释，提出了对电子数据的真实性判断、关联性判断的特殊标准，认为对电子数据合法性由检察院承担证明责任，适用法定排除程序时应重视辩护律师意见等。重点强调在将科学技术引入刑事纠纷解决的同时，必须遵循诉讼法与证据规则的基本规律与原则。[13]在具体制度构建上，有学者认为搜查、扣押都必须受到令状原则的约束，还应当建立严密的证据保管链制度。[14]

（2）关于行政执法证据

有学者认为行政执法证据存在转化的原因在于行政执法活动中获取的部分证据，在执法结束后可能无法再次收集，所以有必要认可此类证据。[15]此外，学者们还对“可以作为证据使用”的内涵、行政证据与刑事证据衔接的范围、有权移交行政证据的主体等基本问题进行了分析和阐释，提出应划清侦查机关与其他行政机关的职能界限，严格行政证据的审查标准，加强对辩方权利的保护。[16]

（3）关于非法证据排除

非法证据排除程序建构方面，有学者提出应建立非法证据排除的程序性裁判机制，认为侦查行为合法性的确认优先于实体性问题的认定。[17]在排除标准上，有学者提出以严重引诱、欺骗手段和违反重要程序性规定取得的口供同样应当排除。[18]同时，为保证排除规则的实效性，有学者建议通过将非法证据排除规则由直接面向事实的事后制裁规则转变为一种面向程序的事前预防规则来增强排除规则适用的确定性。[19]从规则的运用层面，有学者认为应对非法证据排除规则进行规范解释，通过法解释学着重回答何为排除、排除谁的证据、何为非法言词证据、何为非法实物证据、何时排除等一系列基本问题，防止非法证据排除规则成为“纸面上的法律”。[20]

（4）关于辩护制度

相关学者提出了有效辩护的理念，虽然综合考虑我国国情，目前不宜通过建立无效辩护制度倒逼律师辩护质量的提高以及对被告人的权利进行救济。[21]但是，有效辩护的理念值得肯定，在辩护制度上可以基于有效辩护理念推动建立律师辩护的质量控制体系，使当事人可以获得高质量的法律帮助。[22]同时，有学者认为法律应为实现辩护权提供最低程序保障，即在辩方提出某一请求时，法院应给出一项附理由的裁决，并给予被告人获得救济的机会。[23]同时，为进一步增强律师辩护的有效性，还应增强辩护律师调查取证权，在现有的自行调查与申请调查模式外引入委托调查模式，同时对其适用范围和相应的责任机制两个方面进行风险防范。[24]此外，为保障当事人权利，有学者还提出要建立“刑事当事人辅助制度”，认为刑事辅助是与辩护和代理并列的一种人权司法保障制度。[25]

（5）关于侦查监督

有学者提出在侦查监督改革中要贯彻“尊重和保障人权”理念，通过限制公权力实现保护公民合法权益的目的，提升司法救济能力。[26]在具体侦查监督模式的构建上，有学者提出，应以法治和保障人权宪法原则为基调，一方面根据诉讼结构理论建立起对强制侦查的法院监督机制和律师监督机制，另一方面通过完善程序规则方式来约束侦查行为。[27]

（6）关于强制措施

学者们认为，应由中立司法官对羁押必要性加以审查，严格限制羁押适用，在实现普遍正义的同时，亦要关注个案公正。现行法律规定较为概括和原则，应当对其作出细化规定，以便司法实践中具体应用。[28]对于指定居所监视居住，有学者认为，此次立法改革得大于失，但为防止该制度在司法实践中产生异化，应以人权保障为核心进行限权（力）解释，使其发挥应有的惩罚犯罪与保障人权的功能。[29]

（7）关于庭前会议

有学者指出，从实证角度分析，现有的庭前会议制度在确定“争点”、节约诉讼成本方面的效果并不理想。[30]未来庭前会议制度的完善应从充实内容和细化程序入手，关注解决羁押必要性审查、积极抗辩理由审查、辩诉交易、刑事和解、证据开示、争点整理、变更指控罪名等实体问题；在程序上进一步明确被告人的参与保障、庭前会议主持者身份、庭前会议效力等关键问题。[31]

（8）关于特殊程序

在特别刑事没收程序中，有学者认为该程序不应当以调查被告人是否有罪或者是否应当承担刑事责任为中心，在具体审理时，法官应当像在民事审判中那样享有较宽的裁量权。[32]在未成年人诉讼程序中，学者们认为对涉嫌犯罪的未成年人应当以非羁押为原则，严格限制适用羁押措施，强调以观护基地为代表的审前非羁押体系的价值。[33]有学者肯定未成年人社会调查制度的运用，认为这是社会参与原则在未成年人刑事司法中的体现，切实维护了未成年人的合法权益。[34]

二、民事诉讼法学

2014年，对于民事诉讼法而言，是意义非凡的一年，在这年，新的民事诉讼法实施了一周年，学术界和实务界对于新的民事诉讼法在实践中的落实情况都非常关注，并对其在实际适用中的问题进行理论和实证上的进一步研究和探索。此外，在十八届三中全会对我国的司法体制提出进行深化改革要求的背景下，学者们也从民事诉讼法学的角度出发，各抒己见，对司法体制的改革进行了深刻而富有成效的研究和探讨。

（一）研讨会

本年度召开的主要学术会议有：11月22日至23日，由中国民事诉讼法学研究会主办、四川省高级人民法院承办的民事诉讼法学研究会2014年年会暨新修改民事诉讼法适用理论与实务研讨会在成都召开。来自全国各地的200余名专家学者出席了本次年会。本次年会的讨论围绕“新民事诉讼法适用理论与实务”这一主题，分成总论，审判制度，特别程序、证据制度，证明责任、保全制度，执行、检察制度，诉讼与仲裁等其他重要问题，学者们对此进行了充分的探讨并提出了见解。

2月16日，由中国政法大学疑难案件研究中心、西北政法大学中国城乡发展与法制研究中心及国资委《市场观察》杂志社主办的“第二届恶意诉讼的治理与防范法律研讨会”在北京举行。10月4日，由中国民事诉讼法研究会和韩国民事诉讼法会共同举办的第五届中韩民事诉讼法学国际研讨会在韩国首尔梨花女子大学法学院召开。11月29日，由华东政法大学民事诉讼法学科承办的“第七届东北亚民事诉讼法制国际研讨会”在华东政法大学长宁校区顺利举行，本届会议的主题是“恶意诉讼的法律对策与第三人诉讼权利的保护”，会议邀请到了Access to Justice理论创建者之一的小岛武司先生、日本庆应大学三木浩一教授、桐荫横滨大学小林学教授、前韩国民事诉讼法研究会会长李镐元教授（延世大学）等日韩民事诉讼学者代表，发表了国别报告。12月2日，中国仲裁法学研究会2014年年会暨第7届中国仲裁与司法论坛在北京召开。本次年会暨第7届中国仲裁与司法论坛同时进行了换届选举。

（二）研究的主要问题

2014年民事诉讼法学的研究主要围绕着民事诉讼法各项制度在司法实践中出现的问题及其在司法改革中需要完善的方面而进行。主要包括：

1. 环境公益诉讼

根据2014年4月24日修订通过的《中华人民共和国环境保护法》第58条的规定，依法在设区的市级以上政府民政部门登记、专门从事环境保护公益活动连续五年以上且无违纪记录的社会组织可以对污染环境、破坏生态，损害社会公共利益的行为向人民法院提起诉讼。从一定程度上讲，环境保护法第58条和民事诉讼法第55条一样，仅仅是对环境（民事）公益诉讼的主体资格和受案范围进行了明确，而对管辖法院、诉讼请求类型的选择、举证责任的分担、责任承担方式等方面并没有进行具体落实，因而缺乏具体的可操作性。[35]针对上述事项，学者们纷纷提出了自己的观点：如在环境民事公益诉讼的起诉主体方面，有学者认为应当放宽原告起诉资格的条件，赋予检察院、环境保护行政职能部门、NGO 环保团体和符合条件的公民以环境公益诉讼诉权。[36]但也有学者认为，面对复杂多样的环境公共利益，应由环保机关出任环境民事公益诉讼的原告[37]。还有学者认为，环境公益诉讼本质上是提供公共产品的行为，要受到集体行动的逻辑影响并且需要考虑多重因素[38]，其提起虽是为了满足公益目的，但若诉权的赋予太过宽松，将可能不当影响行政机关执法资源的调配，增加法院的负担；[39]在诉讼请求类型的选择上，应包括禁令之诉、给付之诉、损害赔偿之诉、回复原状之诉、履职之诉、撤销之诉、修复环境之诉等不同类型；[40]在举证责任分担方面，根据侵权责任法第 66 条和民事诉讼法第 64 条的规定，原告应当就存在污染环境、破坏生态行为和损害承担举证责任，被告应就法律规定的不承担责任或者减轻责任的情形及其行为与损害之间不存在因果关系承担举证责任。但有学者认为考虑到环境公益诉讼的特殊性以及当事人在举证能力上的差异，被告对因果关系的证明责任并非绝对的，换言之，原告也应当对因果关系的成立负有一定的举证责任，但只需达到比一般民事诉讼更低的证明标准；[41]由于环境民事公益诉讼特有的公益性以及预防与补救功能，因而在环境民事公益诉讼责任承担方式中，排除危害责任适用的核心问题是环境侵害标准的确定与禁止令的适用，恢复原状责任的适用应当考虑恢复原状的可能性与成本问题、“原状”的标准、环境修复方案的制订等，赔偿损失责任也应当区分具体情况而在一定程度上予以适用。[42]

2. 特别程序

我国民事诉讼法规定的特别程序共有六种，其中“调解协议的司法确认程序”与“担保物权的实现程序”因属 2013 年新民事诉讼法新增程序而于近年受到学者们的普遍关注。有学者认为，司法确认程序的功能在于将私文书转化为具有执行力的公文书，该程序应当设计为简易的争讼程序，从诉讼的经济性方面考量，今后应当赋予当事人在该程序中依法提起实体性抗辩的权利，在必要的时候，法院需要对此进行开庭审理。作为法院的裁定，司法确认书不仅发生形式上和实质上的既判力，而且也能产生执行力。在债务人的权利救济上，我国立法应当赋予债务人拥有消灭司法确认书执行力的救济途径，如规定其可依法提起执行异议之诉等。此外，法院作出的驳回司法确认申请的裁定也同样发生实质上的既判力，而且其实质既判力的范围应当包含“法院对调解协议无效的认定”。[43]还有部分学者另辟蹊径，避开对调解协议的法律属性、适用程序、主体资格等细节问题进行讨论，转而对该制度在中国适用的正当性问题进行了深刻的反思，其认为随着中国法制化进程的深入，人民调解相较于法院诉讼并未丧失优势地位，不需要也不可能通过司法审查来提升制度约束力。再者，随着熟人社会的逐步“消失”，现代国家对私人领域的巨大侵蚀等使得人民调解制度难以实现传统“和合”文化的自然复兴、解纷机制的多元互补，因而该制度的正当性仍需要接受合法性范式的重新洗礼。[44]而对于担保物权的实现程序的研究，有学者结合物权法的相关规定，对实现抵押权特别程序在案件受理范围、操作程序以及当事人权利义务的平衡等问题上提出自己的见解[45]，还有学者以船舶抵押权为研究对象，认为民事诉讼法中担保物权的实现程序改变了船舶抵押权通过诉讼程序解决的传统模式，虽然在执行阶段受到海事诉讼法就拍卖船舶程序中其他债权人的债权登记和确权诉讼的影响，可能无法迅速获得拍卖价款的受偿，但是在“申请—裁定—拍卖—受偿”程序中，由于避免了传统模式上需要先行提起针对抵押人及债权人的实体诉讼，以及申请扣押船舶及确权诉讼等程序要求，大大减少了实现抵押权的时间成本。[46]

3. 第三人撤销之诉

第三人撤销之诉制度于 2013 年民事诉讼法中确立，其目的是为受虚假诉讼、恶意诉讼侵害的案外人提供救济方式。该制度一经确立，立刻成为民事诉讼法学界争议的焦点，直到现在仍未有“降热”之势。多数学者认为，我国现行民事诉讼法第 56 条第三款规定的第三人撤销之诉的主体过于狭窄，因而可能让该制度的适用陷入困境。对于哪些人可以成为第三人撤销之诉的适格原告，学者们提出了自己的见解：如有的学者认为，我国第三人撤销之诉的适用是为了发挥其遏制恶意诉讼、虚假诉讼的制度功能，将“第三人”宽泛地解释为“事实利害关系”第三人，实为对第三人的异化，这是造成我国第三人撤销之诉目前困境的主要原因。[47]在对待第三人撤销之诉的原告适格问题上，对于有独立请求权的第三人，可将原告适格的标准界定为对当事人争议的诉讼标的主张实体权利的人，对于无独立请求权的第三人，则采取相对宽松的一般标准，不适用最高人民法院针对通知参加诉讼第三人的限制性规定。考虑到理论的周延性，必要共同诉讼人不宜作为第三人撤销之诉的适格原告，只有受生效裁判不利影响的一般债权人，可通过援引实体法的规定赋予相关债权人以原告资格。[48]另一种观点认为，根据目前的情况，可将以下三种情况明确地列为第三人撤销之诉的原告范围：（1）实体法中已有规定的第三人；（2）虚假诉讼的受害人，包括普通程序中的虚假诉讼、督促程序、执行程序、破产程序等虚假诉讼的受害人；（3）离婚案件相关财产及债务的利害关系人。[49]

4. 司法改革与司法公信力建设

诉讼制度的运行与司法体制息息相关，随着十八届三中全会对全面深化司法体制改革目标的提出，诉讼法学界兴起一股“司改热”，学者们各抒己见，为推动我国司法体制的改革建言献策。有学者认为，本次司法体制改革的两大目标是破除司法地方化和行政化现象。司法地方化妨碍法律的统一实施，影响司法权威，需要通过省级以下司法机关人财物统一管理和司法辖区与行政区划适当分离加以弱化。[50]其中，地方法院、检察院人财物统一管理是司法体制改革的重大突破，其不但在思想观念上突破了司法人员被视作普通“国家干部”予以管理的传统思维，而且在制度设计上突破了原有的干部管理的定势模式。[51]这一改革方案需要细化具体措施和完善配套制度。除此之外，司法的去地方化和去行政化改革措施应当双管齐下，避免顾此失彼。而在对此次深化司法体制改革的具体路径选择上，有学者认为应主要从司法权独立的深入化、司法职权配置的合理化、司法机制的科学化、司法保障的充实化以及司法责任的制度化五个方面考虑。[52]当然，司法体制改革的成功与否离不开司法的公开化，因为司法公开是司法机构活动本质属性和内在规律的要求。司法权的专属性、定纷止争的功能和追求正义的价值取向决定了司法活动必然要遵循司法公开的原则。对于我国现阶段的司法体制改革而言，司法公开具有强烈的针对性和必要性，是维护司法公正、遏制司法腐败和树立司法权威的可靠制度保障。[53]

司法公信力是司法权在司法活动过程中的客观表现效果，是裁判过程和裁判结果得到民众充分认同、信任和依赖的心理认知反映。从目前的情况来看，中国司法公信力的状况不甚乐观，究其原因，是因为司法制度所构建的承诺没有得以很好地实现[54]，若要提升司法公信力，除了以适度改造司法环境为前提外，需要从司法权威、法官职业化、法官形象、审判权运行、司法程序等各个方面进行完善。具体而言：首先，在树立司法权威方面，一方面要健全完善依法独立审判制度，另一方面还需要健全和完善裁判终局制度；其次，在法官职业化方面，以推行员额制为基础，规范法官遴选和晋升，提高法官正规化、专业化素质；在法官形象方面，要坚持自律与他律相结合，形塑法官职业伦理，完善法官行为外部约束[55]；在审判权运行方面，要还司法以本来的逻辑和面貌，加强司法决策过程中的合理性以及判决书的说理性[56]；最后，在司法程序方面，要坚持程序正义，司法公开，倡导司法走进群众、贴近群众[57]。

对于民事诉讼法学界而言，今年也是民事诉讼法司法解释完成起草的一年，因而今年围绕着该司法解释的内容而产生的民事诉讼学术成果也相当丰硕。除了上述问题以外，还包括：协议管辖的完善问题[58]、民事诉讼中的证明问题[59]、诚实信用原则的司法适用问题[60]、审判管理的制度转型问题[61]等。民诉法学界也对这些问题展开了广泛而深入的研究和探讨，并取得了许多科研成果。

注：

①顾永忠：《“庭审中心主义”之我见》，《人民法院报》，2014 年 5 月 16 日。

②程雷：《审判公开背景下刑事庭审实质化的进路》，《法律适用》，2014 年第 12 期。

③陈瑞华：《刑事证明标准中主客观要素的关系》，《中国法学》，2014 年第 3 期。

④卞建林、张璐：《我国刑事证明标准的理解与适用》，《法律适用》，2014 年第 3 期。

⑤卢希、卞建林、孙春雨：《检察机关新增诉讼监督职能实践运行的几个问题》，《人民检察》，2014 年第 12 期。

⑥熊秋红：《司法改革中的方法论问题》，《法制与社会发展》，2014 年第 6 期。

⑦陈卫东：《司法“去地方化”：司法体制改革的逻辑、挑战及其应对》，《环球法律评论》，2014 年第 1 期。

⑧陈卫东：《合法性、民主性与受制性：司法改革应当关注的三个“关键词”》，《法学杂志》，2014 年第 10 期。

⑨陈卫东、程永峰：《新一轮检察改革中的重点问题》，《国家检察官学院学报》，2014 年第 1 期。

⑩卞建林、褚宁：《人民监督员制度的运行与完善》，《国家检察官学院学报》，2014 年第 1 期。

⑪卞建林：《健全司法权分工配合制约机制的思

考》，《人民检察》，2014 年第 19 期。

⑫陈卫东：《司法机关依法独立行使职权研究》，《中国法学》，2014 年第 2 期。

⑬王敏远、祁建建：《电子数据的收集、固定和运用的程序规范问题研究》，《法律适用》，2014 年第 3 期。

⑭陈永生：《电子数据搜查、扣押的法律规制》，《现代法学》，2014 年第 5 期。

⑮顾永忠：《行政执法证据“在刑事诉讼中可以作为证据使用”解析》，《法律适用》，2014 年第 3 期。

⑯宋维彬：《行政证据与刑事证据衔接机制研究——以新〈刑事诉讼法〉第 52 条第 2 款为分析重点》，《法律适用》，2014 年第 9 期。

⑰陈瑞华：《非法证据排除程序再讨论》，《法学研究》，2014 年第 2 期。

⑱陈光中、郭志媛：《非法证据排除规则实施若干问题研究——以实证调查为视角》，《法学杂志》，2014 年第 9 期。

⑲吴宏耀：《非法证据排除的规则与实效——兼论我国非法证据排除规则的完善进路》，《现代法学》，2014 年第 4 期。

⑳程雷：《非法证据排除规则规范分析》，《政法论坛》，2014 年第 6 期。

㉑熊秋红：《有效辩护、无效辩护的国际标准和本土化思考》，《中国刑事法杂志》，2014 年第 6 期。

㉒陈瑞华：《刑事诉讼中的有效辩护问题》，《苏州大学学报》（哲学社会科学版），2014 年第 5 期。

㉓陈瑞华：《辩护权制约裁判权的三种模式》，《政法论坛》，2014 年第 5 期。

㉔陈瑞华：《辩护律师调查取证的三种模式》，《法商研究》，2014 年第 1 期。

㉕王新清：《论刑事诉讼当事人辅助制度》，《中国法学》，2014 年第 5 期。

㉖陈卫东、赵恒：《人权保障理念视角下的侦查监督改革》，《人民检察》，2014 年第 9 期。

㉗刘计划：《侦查监督制度的中国模式及其改革》，《中国法学》，2014 年第 1 期。

㉘王贞会：《羁押必要性审查的法理分析与实践型态》，《北京师范大学学报》（社会科学版），2014 年第 4 期。

㉙庄乾龙、李卫红：《监视居住制度改革得与失——兼评新〈刑事诉讼法〉第 73 条及相关规定》，《法学杂志》，2014 年第 1 期。

㉚陈卫东、赵恒：《刑事证据制度重点问题实施状况调研报告》，《证据科学》，2014 年第 6 期。

㉛李斌：《庭前会议程序的适用现状与发展完善》，《法学杂志》，2014 年第 6 期。

㉜黄风：《特别刑事没收证明规则比较研究》，《比较法研究》，2014 年第 3 期。

㉝宋英辉、上官春光、王贞会：《涉罪未成年人审前非羁押支持体系实证研究》，《政法论坛》，2014 年第 1 期。

㉞王贞会：《论未成年人社会调查制度的理论基础》，《青少年犯罪问题》，2014 年第 6 期。

㉟ 林文学：《环境民事公益诉讼争议问题探讨》，《法律适用》，2014 年第 10 期。

㊱ 张旻、张树兴：《我国环境民事公益诉讼原告资格制度的完善研究》，《云南行政学院学报》，2014 年第 4 期。

㊲ 秘明杰：《环境民事公益诉讼原告之环保机关的主体资格审视》，《内蒙古社会科学》（汉文版），2014 年第 1 期。

㊳ 樊振华：《公共产品背景下环境公益诉讼原告制度构建——基于〈环境保护法〉修改的思考》，《学海》，2014 年第 4 期。

㊴ 阮丽娟：《环境公益诉讼原告诉权的限制》，《政治与法律》，2014 年第 1 期。

㊵ 王灿发，程多威：《新〈环境保护法〉下环境公益诉讼面临的困境及其破解》，《法律适用》，2014 年第 8 期。

㊶ 林文学：《环境民事公益诉讼争议问题探讨》，《法律适用》，2014 年第 10 期。

㊷ 张辉：《论环境民事公益诉讼的责任承担方式》，《法学论坛》，2014 年第 6 期。

㊸ 周翠：《司法确认程序之探讨——对〈民事诉讼法〉第 194—195 条的解释》，《当代法学》，2014 年第 2 期。

㊹ 邓春梅：《人民调解司法确定制度的正当性反思》，《湘潭大学学报》（哲学社会科学版），2014 年第 6 期。徐钝：《司法确认制度及其价值的法哲学拷问—— 一个合法性范式分析视角》，《法律科学》，2014 年第 4 期。

㊺ 黄毅：《实现抵押权特别程序研究——兼论〈民事诉讼法〉第 196、197 条之适用》，《天中学刊》，2014 年第 2 期。

㊻ 许俊强，陈永灿：《论实现船舶抵押权的非诉程序》，《中国海商法研究》，2014 年第 1 期。

㊼ 孙永军：《第三人撤销之诉中‘第三人’的定位》，《海南大学学报》（人文社会科学版），2014 年第 1 期。

㊽ 吴泽勇：《第三人撤销之诉的原告适格》，《法学研究》，2014 年第 3 期。

㊾ 吕娜娜：《第三人撤销之诉关键问题探析》，《广西民族大学学报》（哲学社会科学版），2014 年第 2 期。

㊿ 张建伟：《超越地方主义和去行政化——司法体制改革的两大目标和实现途径》，《法学杂志》，2014 年第 3 期。

51 张智辉：《司法体制改革的重大突破》，《理论参考》，2014 年第 5 期。

52 汤维建：《司法改革的路径选择》，《团结》，2014 年第 4 期。

53 王晨光：《借助司法公开深化司法改革》，《法律适用》，2014 年第 3 期。

54 陈洪杰：《现代性视野下司法的信任危机及其应对》，《法商研究》，2014 年第 4 期。

55 湖北省高级人民法院课题组：《法院司法公信力问题研究》，《法律适用》，2014 年第 12 期。

56 周赟：《当下中国司法公信力的经验维度——来自司法一线的调研报告》，《苏州大学学报》（法学版），2014 年第 3 期。

57 苏新建：《程序正义对司法信任的影响——基于主观程序正义的实证研究》，《环球法律评论》，2014 年第 5 期。

58 周翠：《协议管辖问题研究对〈民事诉讼法〉第 34 条和第 127 条第 2 款的解释》，《中外法学》，2014 年第 2 期。

59 吴泽勇：《‘正义标尺’还是‘乌托邦’？——比较视野中的民事诉讼证明标准》，《法学家》，2014 年第 3 期；胡学军：《表见证明理论批判》，《法律科学》，2014 年第 4 期。

60 王绮：《民事诉讼诚实信用原则的司法适用》，《中国法学》，2014 年第 4 期；翁晓斌：《民事诉讼诚信原则的规则化研究》，《清华法学》，2014 年第 2 期。

61 杨凯：《审判管理理论体系的法理构架与体制机制创新》，《中国法学》，2014 年第 3 期；重庆市高级人民法院课题组：《审判管理制度转型研究》，《中国法学》，2014 年第 4 期。

（作者：陈卫东、汤维建、刘计划，中国人民大学教授；辛志伟、孔祥承，中国人民大学博士生）

经济法学

朱大旗　吴宏伟　胡延玲

一、2014 年中国经济法立法之简要梳理

（一）修订的法律

1.《中华人民共和国证券法》《中华人民共和国保险法》《中华人民共和国政府采购法》等五部法律，已由中华人民共和国第十二届全国人民代表大会常务委员会第十次会议于 2014 年 8 月 31 日修订通过，2014 年 8 月 31 日公布，自公布之日起施行。

2.《全国人民代表大会常务委员会关于修改〈中华人民共和国预算法〉的决定》已由中华人民共和国第十二届全国人民代表大会常务委员会第十次会议于 2014 年 8 月 31 日通过，自 2015 年 1 月 1 日起施行。

3.《中华人民共和国环境保护法》已由中华人民共和国第十二届全国人民代表大会常务委员会第八次会议于 2014 年 4 月 24 日修订通过，自 2015 年 1 月 1 日起施行。

（二）颁布的行政法规

1.《中华人民共和国中外合资经营企业法实施条例》已由国务院令第 648 号于 2014 年 2 月 19 日进行修订并公布。

2.《中华人民共和国中外合作经营企业法实施细则》已由国务院令第 648 号于 2014 年 2 月 19 日进行修订并公布。

3.《中华人民共和国外资企业法实施细则》已由国务院令第 648 号于 2014 年 2 月 19 日进行修订并公布。

4.《中华人民共和国公司登记管理条例》已由国务院令第 648 号于 2014 年 2 月 19 日进行修订并公布。

5.《中华人民共和国企业法人登记管理条例》

已由国务院令第648号于2014年2月19日进行修订并公布。

6.《中华人民共和国合伙企业登记管理办法》已由国务院令第648号于2014年2月19日进行修订并公布。

7.《企业信息公示暂行条例》已由国务院第57次常务会议通过，2014年8月7日公布，自2014年10月1日起施行。

8.《国务院关于发布政府核准的投资项目目录（2014年本）的通知》（国发〔2014〕53号），2014年10月31日发布，自发布之日起实施。

9.《中华人民共和国外资银行管理条例》已由国务院令第657号于2014年12月27日进行修订，自2015年1月1日起施行。

（三）司法解释

1. 最高人民法院关于适用《中华人民共和国公司法》若干问题的规定（一），根据2014年2月17日最高人民法院审判委员会第1607次会议《关于修改关于适用〈中华人民共和国公司法〉若干问题的规定的决定》修正，2014年2月20日发布，法释〔2014〕2号。

2. 最高人民法院关于适用《中华人民共和国公司法》若干问题的规定（二），根据2014年2月17日最高人民法院审判委员会第1607次会议《关于修改关于适用〈中华人民共和国公司法〉若干问题的规定的决定》修正，2014年2月20日发布，法释〔2014〕2号。

3. 最高人民法院关于适用《中华人民共和国公司法》若干问题的规定（三），根据2014年2月17日最高人民法院审判委员会第1607次会议《关于修改关于适用〈中华人民共和国公司法〉若干问题的规定的决定》修正，2014年2月20日发布，法释〔2014〕2号。

（四）重要部门规章

1.《中央预算内直接投资项目管理办法》（发展改革委令第7号）2014年1月29日发改委公布，自2014年3月1日起施行。

2.《公司注册资本登记管理规定》（工商总局令第64号）2014年2月20日工商总局公布，自2014年3月1日起施行。

3.《政府核准投资项目管理办法》（发展改革委令第11号）2014年5月14日发改委公布，自2014年6月14日起施行。

4.《外商投资项目核准和备案管理办法》（发展改革委令第12号）2014年5月17日发改委公布，自2014年6月17日起施行。

二、主要学术研讨活动（按会议时间排序）

（一）第二届卓亚法治论坛

2014年2月22日，由北京卓亚经济社会研究发展中心、中国财税法学研究会联合主办的“第二届卓亚法治论坛”在北京大学法学院凯源楼报告厅举行。会议围绕“法治视野下的财税改革与国家治理”这一主题，就“国家治理视域下财税法的基础作用”“法治视角下的税制改革与纳税人权利保护”进行了主旨演讲和自由讨论。

大会主题演讲由北京大学法学院刘剑文教授、中国政法大学马怀德教授主持，北京大学常务副校长吴志攀教授致开幕词，中国法学会副会长张文显教授做总结讲话。财政部财政科学研究所所长贾康研究员、中国社会科学院财经战略研究院院长高培勇研究员、全国人大财经委法案室原主任朱少平、中国税务报总编刘佐研究员、国家税务总局税收科学研究所所长李万甫研究员、中国人民大学法学院朱大旗教授等，分别就“中央与地方的支出责任与事权关系”“税制改革与中小企业税负”“房地产市场与房产税”“营业税扩围对企业的影响与立法展望”“落实税收法定原则与税收立法”“公共预算与预算法的修改”等问题做了主题演讲。全国人大常委会预算工委原主任高强在论坛上作了即席重要讲话。

（二）北京市经济法学会2014年年会

北京市经济法学会2014年年会于2014年4月12日在中国政法大学召开，来自首都高校、科研机构的学者和北京市人大、各级法院、检察院、工商局、市法学会、企业、律师事务所等单位的实务工作者共200多位嘉宾和代表参加了会议。本次会议由北京市经济法学会、中国政法大学民商经济法学院、中国人民大学法学院、北京大学法学院和清华大学法学院共同主办。年会主题为“新型城镇化建设与经济法治研讨会”。

年会开幕式由北京市经济法学会会长、中国人民大学法学院徐孟洲教授主持。中国经济法学会副会长中国政法大学时建中教授，北京市法学会专职副会长杜石平，中国政法大学民商经济法学院院长王卫国教授，北京市经济法学会名誉会长、中国人民大学法学院刘文华教授出席开幕式并先后致辞。与会的专家学者就新型城镇化建设中的土地法律问题、财税金融法律问题和区域经济发展法律问题等进行了广泛、深入的研讨。与会专家认为，新型城镇化的发展是一个自然的历史过程，因此在推进新型城镇化的过程中，政府要善于运用法治思维及方式、尊重并学会驾驭市场，助力市场发挥决定性作用。为避免市场失灵，政府在新型城镇化建设的过程中应发挥科学规划与调控作用。

（三）第二届中国财税法治建设二十周年回顾与展望学术研讨会暨第二届翠薇税收论坛

2014年4月19日，由中国人民大学经济法学研究中心、中国人民大学财税法研究所和国家税务总局《税务研究》编辑部共同举办的“第二届中国财税法治建设二十周年回顾与展望学术研讨会暨第二届翠薇税收论坛”在中国人民大学举行。本次论坛主题为“预算改革与税收法定”。

论坛开幕式由中国人民大学法学院副教授徐阳光主持。中国人民大学法学院党委书记、副院长林嘉教授，《税务研究》编辑部吴小海主任，中国财税法研究会副会长、中国人民大学法学院朱大旗教授先后致辞。林嘉教授首先代表法学院对来参加本次座谈会的各位嘉宾表示了热烈的欢迎与真挚的感谢。朱大旗教授代表中国人民大学经济法研究中心主任史际春教授、财税法研究所所长徐孟州教授对各位来宾的到来表达了欢迎与感谢，指出在国家治理能力现代化大背景下的本届论坛的召开必将对我国财税制度的进一步完善提供有益的指导。

中国社科院法学所副研究员丁一的主题发言以“税收法定原则发展之三阶段”为题，梳理了西方税收法定原则的历史渊源与流变，从中世纪封建主、骑士与农奴的阶层变动，教会与世俗势力的消长与利用，市民阶层自治的觉醒和反抗等历史地分析了《大宪章》背后的社会因素和税收法定原则蕴含的厚重的法律至上的价值。上海立信会计学院文法学院院长龙英锋教授结合具体案件谈了自己对税收法定原则的看法，他强调了现实中征税过程常常出现税务人偷逃税款、现有征税体制不健全易被钻空子等现象，指出税收法定原则的指向不应仅仅限制行政主体还应关注征税过程的完成。

闭幕式由朱大旗教授作总结。他指出，财税法研究兼具政策性和技术性，本次会议围绕“预算改革与税收法定”，着重讨论了三个层面问题：第一，个人和国家位置安排的问题，第二，中央和地方关系问题，第三，立法、行政、司法和公民财政权限划分的问题，与会的学者有从哲学思辨的角度进行探讨，也有从实证分析的路线予以阐释，朱大旗认为广义上的财税行为是宪政框架民主前提下的多元主体参与的过程，有很多问题需要深入开展系统研究，是需求迫切而前途光明的理论和现实话题。

（四）第九届中国经济法治论坛

2014年6月14日，由中国人民大学经济法学研究中心、上海交通大学凯原法学院联合主办，上海市法学会经济法学研究会协办的“第九届中国经济法治论坛——市场决定资源配置、更好发挥政府作用与经济法治”在上海交通大学召开。来自中国人民大学、北京大学、中国社科院、南京大学、中国政法大学、西南政法大学、华东政法大学、对外经贸大学等科研院所的一百四十余位代表参加了论坛。

史际春教授作为中国人民大学经济法学研究中心主任，代表主办单位致开幕词，并以工商登记改革为例，深入阐述了政府与市场关系如何法治化、经济法如何作为的问题。刘文华教授在大会上发表了题为《协调处理政府和市场关系的“两手论”和“分合论”》主题演讲，从经济法的视角深入分析了十八届三中全会决定中关于政府与市场关系如何改革的问题。中国财税法研究会会长、北京大学法学院刘剑文教授以《论国家治理的财税法基石》为题，认为十八届三中全会将财政问题上升至“国家治理的基础和重要支柱”的高度，并将财税体制改革作为全面深化改革的重要抓手和突破口。刘教授认为未来财税法治建设的重点任务是落实税收法定原则、实现依法理财以及通过加强公共财政监督来推进反腐倡廉。中国政法大学民商经济法学院薛克鹏教授作题为《国有企业的非企业属性及规制方法》的报告，指出导致国有企业异化现象的一个重要原因是错误定性和错误地适用法律，使之成为政府侵入市场的一个合法平台，并提出进行结构规制、行为规制和程序规制的解决进路。

（五）中国经济法学研究会2014年年会暨第二十二届全国经济法理论研讨会

2014年9月28日至29日，中国经济法学研究会2014年年会暨第二十二届全国经济法理论研讨会在山西太原召开。本次年会由中国法学会经济法学研究会主办，山西大学法学院和山西省法学会经济法学研究会承办。研讨会的主题为“国家治理能力现代化与经济法”。

中国法学会副会长、中国经济法学研究会会长、北京大学常务副校长吴志攀教授，中国法学会研究部副主任李存捧等出席开幕式。吴志攀教授在开幕式上讲话。他指出随着时代的发展，世界各国的经济法也在逐步完善。经济法对于解决我国当前面临的一些社会问题发挥着举足轻重的作用，本次经济法学研究会年会以“国家治理能力现代化与经济法治建设”为主题对促进经济社会发展具有重要现实意义。

来自中国人民大学法学院、北京大学法学院等全国各地法律院校的200余位专家学者分别就“国家法治治理现代化与经济法总论”“国家法治治理现代化与宏观调控”“国家法治治理现代化与市场规制”“国家法治治理现代化与自然资源保护”等问题进行了交流讨论。

（六）中国财税法学研究会2014年年会暨第21届海峡两岸财税法学术研讨会

2014年10月25至26日，中国财税法学研究会2014年年会暨第21届海峡两岸财税法学术研讨会在武汉大学法学院召开。本次研讨会由中国财税法学研究会主办，武汉大学法学院、湖北省法学会财税法学研究会承办，会议的主题为“法治财税与国家治理现代化”。来自中国大陆地区有关部门、数十所高校、科研院所，中国台湾地区台湾大学、东吴大学等大学，及两岸实务部门的200多位专家学者齐聚一堂，围绕“法治财税与国家治理现代化”“财税法总论研究”两大主题展开了深入研讨。

中国人民大学徐孟洲教授主持了大会主题演讲。北京大学法学院刘剑文教授、台湾大学法律学院黄茂荣教授、上海财经大学公共经济与管理学院朱为群教授、东吴大学法学院陈清秀教授、台湾大学法律学院葛克昌教授、武汉大学法学院张荣芳教授先后做学术演讲。对于财税法的定位，北京大学刘剑文教授认为财税法的本质是公共财产法，财税法具有组织收入、分配财产以及宏观调控三大功能，对财税法的功能要立体的审视。中国人民大学徐孟洲教授提出公共财产法还应对实物资产与货币资产的交叉进行关注。中国人民大学徐阳光副教授参加了“法治、财税与国家治理”分会场讨论，并做了“事权与支出结构相适应的理论基础与制度构建”的主题发言。

（七）第六届中国破产法论坛

2014年11月1日至2日，第六届中国破产法论坛在北京隆重召开。本届论坛围绕着“破产程序与执行程序、强制清算程序的关系”“破产程序的简易化与审判的提高”“企业挽救程序的适用与完善”“企业破产中的股东等个人责任及个人破产立法问题”等主题进行了理论和实践的深入研讨。

中国人民大学法学院院长、中国宪法研究会会长韩大元教授在开幕式致辞。中国人民大学破产法研究中心主任、北京市破产法学会会长、中国破产法论坛组委会主任、教授、博士生导师王欣新致开幕词并以《破产与执行程序的合理衔接与转换》为题发言，就现实中案件执行无法终结、破产程序难以启动、企业制度不规范、当事人权益无法保障等导致破产和执行难以合理衔接的问题提出了思考和建议。

（八）中国银行法学研究会2014年会暨全面深化金融改革及两岸金融合作发展法制促进研讨会

2014年11月1日，由中国银行法学会主办，西北政法大学承办，长安银行等单位协办的“中国银行法学研究会2014年会暨全面深化金融改革及两岸金融合作发展法制促进研讨会”在西北政法大学召开，同时召开“第三届全国大学生金融知识竞赛总决赛”。中国银监会副主席阎庆民出席开幕式并致辞。中国法学会会长王卫国、中国建设银行副行长黄毅、中国银监会法规部主任刘福寿、西北政法大学校长贾宇、长安银行党委书记、董事长孙宗宽以及台湾各界专家学者出席开幕式并先后致辞。

（九）北京市法学会金融与财税法学研究会2014年年会暨第四届首都金融财税法论坛

2014年12月21日，北京市法学会金融与财税法学研究会2014年年会暨第四届首都金融财税法论坛在北京联合大学召开。年会和论坛的主题为“以党的十八届四中全会精神为指导，深化金融财税体制改革”。

论坛的主题发言阶段由本会副会长兼秘书长孙健波主持。第八、九、十届全国政协委员、民盟中央法制委员会原主任黄景钧，本会副会长兼中国财税法学研究会秘书长、首都经贸大学法学院周序中教授，国务院法制办处长马志毅，中央财经大学邢会强教授，中央党校政法部经济法副主任王伟教授，北京联合大学法律系主任王平教授、赵承寿副教授分别就“学习十八届四中全会决定的四点体会”“成品油消费税调整的法律评价”“深化行政审批制度改革为‘一带一路’建设清除体制机制障碍”“权益类众筹监管立法的英美经验与中国的选择”“民营银行与传统商业银行的错位竞争问题”“坚持税收法定原则，规范税收优惠”“规范征信服务市场，维护信用信息安全”等主题作报告。

（十）第五届上证法治论坛

2014 年 12 月 27 日，由上海证券交易所主办，中国人民大学、北京大学和华东政法大学联合举办的第五届“上证法治论坛”在中国人民大学世纪馆举行。本届论坛主题为“依法治市：中国资本市场的现实选择和推进路径”。中国人民大学校长陈雨露教授出席会议并致欢迎辞。

陈雨露教授在论坛致辞中指出，资本市场是法治中国的实践者和先行者，是中国市场经济健康发展的助推器。中国证监会副主席庄心一认为，要以股票的发行注册制改革为核心，以监管转型为重点，形成法治引领和保障改革创新、改革创新在法治轨道上进行的新常态。国务院法制办公室副主任甘藏春强调从历史和现实的维度准确把握我国资本市场的特点，走出一条中国特色资本市场建设的道路。最高人民检察院副检察长孙谦强调，检察机关有责任、有义务通过依法履行职能，为资本市场健康发展提供服务和保障。全国人大常委会法工委副主任信春鹰认为，应该从四中全会的决定来考虑证券领域的法治问题。

中国民法学研究会会长、中国人民大学常务副校长王利明教授，就虚假陈述民事责任制度的完善提出七点建议：取消或限制虚假陈述民事诉讼前置程序的适用、将虚假陈述的民事侵权责任定性为不真正的连带责任、完善虚假陈述财产损失赔偿计算办法、关于投资者损失范围的确定、完善证券市场虚假陈述纠纷解决机制、建立多元化的投资者损失填补制度、关于诉讼时效问题。中国证券法学研究会会长、最高人民法院政策研究室郭锋副主任认为，资本市场法治建设应当重点进一步深化认识资本市场的基础功能、创造更加公平的市场环境与秩序、坚持执法的公正性和透明度、《证券法》修改应遵循科学立法原则。中国商法学研究会副会长、中国人民大学法学院叶林教授对如何准确把握证券市场特性，推进证券市场法制建设提出了建议。

三、经济法学术研究的基本情况

（一）关于经济法主体制度的研究

有学者认为，应当撩开国企的商事面罩，重新回到公共企业以及公共企业法的改革道路上，以特别企业法而非商事公司法的方式调整国企的设立、运营和监管。[①]有学者认为，国企良治的六大核心价值观包括公开透明、民主决策、股东主权、股权平等、诚信问责与社会责任。建议：把国家股东权界定为无表决权的优先股；大力推行积极分红政策，强化国家股东的分红权；积极稳妥地推行国企向全民分红的制度设计。[②]

有学者主张在降低公司的市场准入门槛的同时，创新债权人保护机制，实现鼓励投资兴业与维护交易安全的辩证统一。[③]亦有学者主张，公司法需要的是全面改革，完善引进的公司制度；科学区分公司组织形态；缩短规则供求差距，弥补规则空白。[④]

有学者认为，按照投资者的身份是否为外国人而将企业立法区分为内资企业立法与外资企业立法，不仅违反了公司平等、股东平等原则，而且容易诱发制度之间的不正当竞争。建议立法者坚持平等与国民待遇原则，整合特别公司法的制度资源，废止外商投资企业法，将所有外商投资公司全部纳入公司法的调整轨道，打造统一的、普通的、一般的公司法。不采取法人形式的外资企业虽不能适用公司法，但可分别纳入合伙企业法、个人独资企业法和合作社法调整范畴。针对外商投资的特殊性，可制定外商投资促进法。[⑤]

（二）关于宏观调控法的研究

1. 关于财政法的研究

有学者总结了过去五年财经立法的成果与经验，认为着眼当下法治建设和财经改革的实践，便能为财经立法的改进提供前瞻性引导和指导性建议。在我国新阶段，应当加快财经立法进程，完善财经法律体系；规范授权立法，改由全国人大有关部门牵头起草财税法律草案。[⑥]

有学者认为，事权与支出责任相适应的制度和财政收入分配制度共同构成了财政收支划分制度，其以公共财产权和财政分权理论为基础，属于财政领域的基本制度。建立事权与支出责任相适应的制度，客观受制于“量入为出”与“以支定收”理财观的冲突和张力，应贯彻服务型政府理念，制定政府“事权清单”，厘定政府与市场的关系；在各级政府间合理划分事权和支出责任，理顺上下级政府间的关系；遵循财政法定原则，同步推进财政收支划分法和财政转移支付法的制定，有效协调政府间财政关系，实现国家治理能力的现代化。[⑦]

有学者认为，传统财政制度重国家本位轻人民本位、重管理轻治理、重结果导向轻过程导向。而现代财政制度具有法治性、回应性、均衡性和公共性的品格，彰显对公共财产权的规范，进而实现对公共财产、私人财产的双重保障；其法律构造内含宪法规范、公共财产规范、分配规范和宏观调控规范四个维度。构建现代财政制度，应以点带面、循序渐进，现阶段应将改进预算制度、完善税收立法和建立事权与支出责任相适应的财政分权模式作为三大抓手。[8]

有学者认为，现代以降，传统意义上的财产权保护法律体系面临诸多问题，在此背景下，有必要确立公共财产权的概念。公共财产权是政府基于其公共性特质取得、用益和处分私人财产的权力，是一种应受控制的公权力。从调整原则上讲，公共财产权的控制体现为公共财产的取得、用益和处分应严格遵循法定主义，以最大限度地保护纳税人的整体利益；从制度措施上讲，需要按照法源明确、程序正当和争讼便利的原则推动公共财产权规则体系建构，并注重面向民生的公共性立场。[9]为全面展现财政法定的要求，有必要突破现有的就事论事的内容法定范式，从范围法定上构建起“财政宪定—财政体制法定—财政收入法定、财政支出法定、财政监管法定”的三层次体系。在国家治理现代化的时代背景下，落实财政法定原则对我国的意义重大。[10]现代财政制度自身之正当性的证成依据是基于公共财产权控制的法治治理，现代财政制度的建立，即财税体制改革过程之正当性的形塑核心是基于公共财产权控制的程序规范。[11]

2. 关于税法的研究

有学者认为，税收法定原则是近现代市场经济国家税法建制的三大基本原则之一。其简明含义是指课征税收必须有法律依据且须严格依法征纳税，其精神实质是纳税人同意，其目的是维护纳税人合法权益。我国宪法、法律虽然从一定程度上确立了税收法定原则，但在现实实践中要落实税收法定原则，需要我们准确理解和切实把握其精神实质，加强人大的立法能力与有序扩大人民的参与，实现依法征税和完善程序制度保障。[12]有学者认为，诚信原则适用于税法的现实意义在于，有助于平衡税收领域的多方利益，有助于税法规则在实践中的适用，有助于降低税法的运行成本，有助于提高纳税人的税法遵从度。[13]

有学者认为，要实现税收征管的公平正义，正当程序理念应是我国税收征收管理法修订的基本导向。税收征收管理法的正当程序理念作为税收征收管理法律关系主体行为的正当性依归，承载着内在价值和外在价值双重维度。我国税收征收管理法的进一步修订应遵从正当程序的价值向度，重点对本体性和救济性的税收征收管理法律程序机制进行建构与完善，才能规范税收征管与缴纳行为，保护纳税人的合法权益，夯实税收征管制度的正当性与合理性基础。[14]

有学者认为，房产税改革的正当性可分解为五个维度，一是征税正当，二是定税正当，三是管税正当，四是用税正当，五是程序正当。[15]在房产税立法过程中，应当平衡好立法与行政、国家与纳税人、中央与地方三对关系，推动人民代表大会制度与时俱进，让改革在法治保障下顺利推进。[16]

有学者在说明“共享型分税制”的形成及其现实表现的基础上，通过相关税权结构的分析，揭示其法律成因及相关法律问题。[17]

有学者认为，税收法治对政治安定、经济繁荣、社会团结影响甚巨，对整体法治建设尤其有标志性意义。税收法治当以“法定”为先。[18]

3. 关于预算法的研究

有学者认为，政府预算作为公共预算，其最终目的是要保障人民大众的公共财政福利和社会公共需要最大化、最优化的实现。为保障政府预算最终目的的实现，需要切实加强人民大众尤其是其选举的代表对政府预算实施全方位的审查监督。我国现有法律虽然从形式上看也规定了各级人大及其常委会对政府预算的广泛的审查监督权，但其真正落实仍然有待于修订预算法的立法宗旨，进一步完善和细化《预算法》制度的相关规定，并通过建立健全相应的职能机构、强化预算责任追究等加以实现[19]。

有学者认为，预算公开的根本功能是维护纳税人权益，这是制度设计的法益起点；同时能间接地制约与规范行政机关的财政活动，在一定程度上也可督促立法机关更好地履行其预算职权。深层次看，预算公开的功能意义在于，强化纳税人的参与，优化国家治理结构和治理能力。预算公开的制度设计，应当同时包括预算文本意义和过程意义的公开，公开对象既包括普通纳税人，也包括作为其受托人的人大代表。[20]

针对新预算法的修订，有学者认为，中国预算法的修订，有一项重要的使命，就是改革和完善中国的财政管理体制，加强人大对政府收支的全面管理和监督。预算体制改革与预算法制建设作为财税体制改革和财税法制建设的核心内容，其成功与否、优良与否，事关一国的财政收支分配及其秩序，直接影响到一国经济能否可持续发展、政局能否安定有序、民生福利能否改善提高、社会和谐能否有效达成，牵涉到方方面面错综复杂的利益关系。新预算法的进步之处，在于它改变了过去行政主导、片面强调宏观调控的理念。[21]新预算法在打造透明预算、规范地方债务、硬化预算约束等方面取得了重大进展，较好地体现了《中共中央关于全面深化改革若干重大问题的决定》及《深化财税体制改革总体方案》的精神，也与我国现阶段改革与发展的实际需求相契合。[22]新预算法的进步主要体现在以下几方面：预算法立法宗旨的进步、全口径预算管理制度的进步、预算公开的制度的进步、地方债发行制度的进步、预算审查和监督制度的进步。[23]

4. 关于金融法的研究

有学者认为，银行法体系的完善，应尽快制定合作社法，为合作性银行机构提供基础性法律规范；适当放宽社区银行各类金融公司的准入标准，为中小微企业创建以主体信用为核心的融资渠道；应尽快制定银行破产条例或银行危机处置条例，完善银行业金融机构的危机处置和退出机制。[24]

我国目前尚无关于民间金融的专门立法，在民间金融的法律规制上甚至存在着合法与非法、罪与非罪等问题，这不仅使得民间金融参与者的合法权益无法得到保障，而且阻碍民间金融的健康发展。为此，有学者认为，应当建立健全我国的民间金融法律制度，引导民间金融朝着法治化的方向发展，使其能够加入我国金融业的竞争，促进我国经济的健康发展。[25]

有学者认为，应积极稳妥地大胆推进 IPO（股票公开发行）制度改革，将核准制改为注册制，并将证监会发行监管部门的工作职责由目前的实质审查转变为审慎的形式审查，进而全面构建以充分信息披露为基础、以审慎形式审查为核心、以严格法律责任追究为后盾的公开发行注册制度。并购重组核准制也应改革为审慎的注册制。[26]有学者认为，注册制并不意味着“权力型”证监会的完全隐退，相反在某种意义上意味着我们需要一个更强大的证监会。[27]有学者认为，我国证券法的修订应推进新股发行注册制，激发市场活力；推动行为统一监管，实现监管合理化；健全信息披露，强化投资者保护等。[28]

（三）关于市场规制法的研究

1. 关于反不正当竞争与反垄断法的研究

有学者认为，应以《中华人民共和国食品安全法》修订为契机，围绕推进政府职能转变、落实企业主体责任、创新监管机制、实现社会共治，制定关于垄断协议反垄断法适用豁免指南，为食品安全和其他领域的卡特尔豁免提供法律指引与规范。[29]

有学者认为，在垄断行业国有企业的行为对反垄断法适用范围的影响上，尽管垄断行业无法获得反垄断法的当然豁免，但政府产业规制行为会在一定程度上限制反垄断法的适用范围，所有制的差异不会对反垄断法适用范围产生任何的限制，但当垄断行业的国有企业缺少行为自主性和经营自主权时，却存在豁免适用反垄断法的可能性。在垄断行业反垄断执法过程中，反垄断执法机构与政府产业规制部门会呈现出多元化的关系模式，同时，中止反垄断调查和承诺有可能成为中国垄断行业国有企业反垄断案件的典型结案方式之一。[30]

有学者认为，IT 产业的飞速发展以及该产业知识产权聚集和竞争行为的独特性，使反垄断法与知识产权法相关问题研究的重要性日益凸显。[31]

有学者认为，互联网行业与传统行业有不同之处，但是，界定“相关市场”的基本方法依然有效。“双边市场”理论对于互联网反垄断有着积极的意义，有利于竞争执法机构的执法工作更加科学。互联网反垄断应坚持的价值目标是实现互联网的有序和效率。[32]

2. 关于政府与市场关系的研究

有学者认为，政府是由人民或社会所产生，代表其整体利益的公共机构。市场是社会的组成部分，民主和法治的发展，使得政府因循人民的利益和诉求代表社会暨市场成为可能。就政府与企业的关系而言，在社会化和法治条件下，强调自由、自治与强化规制是并行不悖的，政府对企业暨市场的管理或规制应当在去武断和野蛮化中不断优化。[33]

有学者认为，政府与市场的关系是社会科学领域的基本问题，基于社会经济领域的“双向运动”，应客观看待政府与市场的功用，并结合“两个失灵”辨证施治；同时，基于资源配置系统中的“二元配置”以及我国突出的行政干预过多问题，应特别强调转变政府职能，简政放权，充分保护市场主体的经济自由权。[34]

3. 关于破产法的研究

有学者认为，针对重整计划批准的条件、新价值例外原则和债权人风险补偿机制等问题，应该在重整计划批准条件中规定对物权担保债权人、普通债权人和出资人权益的具体保护措施；在股东权益调整中确立新价值例外原则；对于重整失败风险过高的企业建立对债权人的适当风险补偿机制。[35]

有学者认为，在中国的司法实践中，由于立法对人民法院强制批准重整计划草案的各项标准规定不够明确、严谨，使该制度有可能被滥用，以致违背制度设置之本意。应在最小限度组别通过标准、债权人利益最大化原则、可行性原则等方面进行完善，力图明确法院强制批准重整计划草案的具体适用条件，细化审查标准，并赋予利害关系人权利救济的渠道。[36]

有学者认为，健全优胜劣汰市场化退出机制，完善企业破产制度，并借此发挥其在资源配置中的社会调整作用，不仅是我国全面推进依法治国、深化改革的重要环节，而且是完善现代市场经济体系、转变政府职能的必然要求。[37]

4. 关于消费者权益保护法的研究

有学者认为，1993 年消费者权益保护法（以下简称消法）的制度漏洞逐渐显现，消费者权益保护的新需求与新期待无法得到充分满足。由于经营者的失信成本低于失信收益，致使经营者的失信行为无法得到有效遏制。[38]新消法是推动国民经济可持续稳定增长的法律杠杆；向消费者适度倾斜是新消法的立法灵魂；新消法更加注重市场的公平性；新消法更加注重市场的规范性；新消法更加注重契约正义；引进消费者后悔权制度，科学引导理性营销与理性消费；减轻消费者举证负担，引进举证责任倒置制度；破解大规模侵权难题，导入公益诉讼制度；弘扬诚信精神，加大惩罚性赔偿力度；践行以人为本的理念，加大消费者人格权保护力度。[39]

（四）其他法律制度的研究

有学者认为，为防范住房养老金融实践可能出现的风险，应形成以法律理念为指导的推进理路——平等正义理念下住房养老金融的市场培育、公益正义理念下住房养老金融的权利配置以及包容正义理念下住房养老金融纠纷的解决机制建构，这也是我国住房养老金融法律规范完善的方向。[40]

我国历史上的多个重要“改革决定”，作为国家一定时期的改革“总体规划”，对于经济法的理论共识和制度共识的形成具有重要影响；依循“关系——体制——制度”的线索，不仅有助于发现历次重要“改革决定”对经济法共识形成的影响路径以及两者之间的内在一致性，还有助于揭示历次“改革决定”自身的逻辑主线和经济法制度形成的基本逻辑，从而有助于推进经济法理论与制度的进一步完善。[41]

注：

①蒋大兴：《国企为何需要行政化的治理——一种被忽略的效率性解释》，《现代法学》，2014 年第 5 期。

②刘俊海：《全面推进国有企业公司治理体系和治理能力现代化的思考与建议》，《法学论坛》，2014 年第 2 期。

③刘俊海：《关于工商登记制度改革的认识误区及辨析》，《法律适用》，2014 年第 11 期。

④王保树：《公司法的全面改革不能着眼于堵漏洞、补窟窿》，《环球法律评论》，2014 年第 1 期。

⑤刘俊海：《关于统一内、外资企业立法的思考与建议》，《江汉论坛》，2014 年第 1 期。

⑥刘剑文：《治国全景中财经法治的展开——近五年我国财经立法的成就、经验与展望》，《江汉论坛》，2014 年第 3 期。

⑦徐阳光：《论建立事权与支出责任相适应的法律制度——理论基础与立法路径》，《清华法学》，2014 年第 5 期。

⑧刘剑文、侯卓：《现代财政制度的法学审思》，《政法论丛》，2014 年第 2 期。

⑨刘剑文、王桦宇：《公共财产权的概念及其法治逻辑》，《中国社会科学》，2014 年第 8 期。

⑩刘剑文：《论财政法定原则——一种权力法治化的现代探索》，《法学家》，2014 年第 4 期。

⑪刘剑文：《论财税体制改革的正当性——公共财产法语境下的治理逻辑》，《清华法学》，2014 年第 5 期。

⑫朱大旗：《论税收法定原则的精神实质及其落实》，《国际税收》，2014 年第 5 期。

⑬徐阳光、常青：《论诚实信用原则在税法中的适用》，《交大法学》，2014 年第 1 期。

⑭朱大旗、胡明：《正当程序理念下我国〈税收征收管理法〉的修改》，《中国人民大学学报》，2014 年第 5 期。

⑮刘剑文：《房产税改革正当性的五维建构》，《法学研究》，2014 年第 2 期。

⑯刘剑文、陈立诚：《论房产税改革路径的法治化建构》，《法学杂志》，2014 年第 2 期。

⑰张守文：《论“共享型分税制”及其法律改进》，《税务研究》，2014 年第 1 期。

⑱张守文：《税收法治当以“法定”为先》，《环球法律评论》，2014 年第 1 期。

⑲朱大旗：《完善人大对政府预算全方位的审查监督制度》，《法学杂志》，2014 年第 2 期。

⑳刘剑文、侯卓：《论预算公开的制度性突破与实现路径》，《税务研究》，2014 年第 11 期。

㉑朱大旗：《新〈预算法〉面面观》，《中国经济

报告》，2014 年第 10 期。

㉒刘剑文、陈立诚：《预算法修改：从“治民之法”到“治权之法”》，《中国财政》，2014 年第 18 期。

㉓朱大旗：《新〈预算法〉的进步》，《国际税收》，2014 年第 10 期。

㉔刘少军：《我国金融法体系的建立与完善》，《中国金融家》，2014 年第 12 期。

㉕朱大旗、张牧君：《论民间金融活动的法律规制》，《郑州大学学报》（哲学社会科学版），2014 年 3 月。

㉖刘俊海：《落实十八届三中全会精神 扎实推进我国 IPO 注册制改革》，《法律适用》，2014 年第 1 期。

㉗蒋大兴：《隐退中的“权力型”证监会——注册制改革与证券监管权之重整》，《法学评论》，2014 年第 2 期。

㉘李曙光：《证券法修改的方向》，《中国金融》，2014 年第 12 期。

㉙史际春、蒋媛：《论食品安全卡特尔—— 一种食品安全法律治理的路径》，《政治与法律》，2014 年 8 月。

㉚孟雁北：《我国垄断行业反垄断执法的若干思考——以中国电信、中国联通反垄断调查案为例》，《中国工商管理研究》，2014 年第 6 期。

㉛孟雁北、唐诗：《全球 IT 产业发展与规制中的反垄断法与知识产权——中韩市场暨规制法研究中心（MRLC）国际研讨会综述》，《中国物价》，2014 年第 8 期。

㉜吴宏伟、胡润田：《互联网反垄断与“双边市场”理论研究》，《首都师范大学学报》（社会科学版），2014 年第 1 期。

㉝史际春：《政府与市场关系的法治思考》，《中共中央党校学报》，2014 年第 6 期。

㉞张守文：《政府与市场关系的法律调整》，《中国法学》，2014 年第 5 期。

㉟王欣新、宋玉霞：《重整计划强制批准法律问题研究》，《江汉论坛》，2014 年第 10 期。

㊱张海征、王欣新：《论法院强制批准重整计划制度之完善》，《首都师范大学学报》（社会科学版），2014 年第 4 期。

㊲王欣新：《论破产法在市场资源配置中的重要作用》，《中共杭州市委党校学报》，2014 年第 6 期。

㊳刘俊海：《深度解读〈消费者权益保护法〉升级版》，《大众标准化》，2014 年第 3 期。

㊴刘俊海：《新〈消费者权益保护法〉是全面建设消费者友好型社会的法律基石》，《中国工商管理研究》，2014 年第 3 期。

㊵朱大旗：《法理念视野下住房养老金融的推进理路》，《政治与法律》，2014 年第 6 期。

㊶张守文：《“改革决定”与经济法共识》，《法学评论》2014 年第 2 期。

（作者：朱大旗、吴宏伟，中国人民大学教授；
胡延玲，中国矿业大学副教授）

环境资源法学

周　珂　陈　薇

一、学术研究概况

2014 年度北京市环境资源法学研究取得斐然成就，环境法学基础理论和环境法制前沿问题研究保持了严谨、务实、理论联系实际的学术风气，在学术界的影响力稳步上升。

本年度的重要学术活动有：2014 年 1 月 1 日，由北京市法学会环境资源法研究会、首都经济贸易大学法学院、民建朝阳区委科教专委会联合主办的大气污染防治法研讨会在京举行。来自实务界和理论界的多位专家、学者及相关媒体出席了研讨会，并围绕大气污染防治法进行深入探讨。2014 年 1 月 8 日，由北京大学法学院、哥伦比亚大学法学院、哥伦比亚大学全球能源政策中心、北京大学资源能源与环境法研究中心、北京大学法治与发展研究院共同举办的“中美页岩气”研讨会在北京大学法学院成功举办。国务院发展研究中心、国家发改委、环境保护部、国土资源部、国家能源局、国际能源署、哥伦比亚大学、北京大学、清华大学、中国人民大学、中国政法大学、北京师范大学、对外经贸大学、中央财经大学、中国石油大学、北京理工大学、中国法学会能源法研究会、北京仲裁委、中投公司、中石油、中石化、中海油、国家电网能源研究院、中华能源基金会、中国能源网、美国布鲁金斯学会、净化空气任务组织、世界资源研究会、国际自然资源保护协会、文森·艾尔斯律师事务所、盛德国际律师事务所、伍德麦肯兹公司等单位的八十多位中外嘉宾参加了本次研讨会。此次研讨会深入探讨了中美在页岩气的发展方面亟待研究和解决的问题，为政策研究、制度设计提供了宝贵的经验，也为世界页岩气的发展贡献了重要建议，具有重大意义。2014 年 6 月 27 日，北京大学能源法律与政策研究基地成立。该研究基地以北京大学法学院、北京大学法治与发展研究院在能源发展与法治研究领域的研究资源和研究实力为依托，以联系实际、服务产业为目标，以基础理论研究带动实务对策研究为基本范式，致力于构建“中国能源法治建设和政策制定的智库”、“能源发展与法律研究前沿重镇”、“能源领域的政产学研各界交流、对话平台”。2014 年 12 月 4 日，由司法部、全国普法办与中央电视台共同主办，中央电视台社会与法频道承办的“宪法的精神法治的力量——CCTV 2014 年度法治人物颁奖礼”落下帷幕，作为环境保护法立法修法的积极推动者，本市著名环境法学者马骧聪教授和周珂教授入选“2014 年度法治人物”。2015 年 1 月 30 日，由国际节能环保协会（IEEPA）和联合国工业发展组织（UNIDO）、联合国教科文组织（UNESCO）联合主办，以“思想引领低碳变革，创新驱动绿色发展”为主题的世界环保（经济与环境）大会“2014 绿色低碳发展变革力年会”在北京成功举行。2015 年 4 月 10 日，最高人民法院环境资源司法理论研究基地在中国人民大学挂牌成立。基地旨在在环境法理论研究与司法实践相结合的模式下积极地探索，寻求适应我国生态文明建设和依法治国需求的环境司法理论研究、人才培养和实务探索的新模式，最高人民法院与中国人民大学的此项合作，对环境法理论研究和司法实践意义深远。此外，人大—北大—清华三校环境与能源法联合论坛举办了主题为“环境法学的发展与改革”“国际环境法学之前沿问题与研究方法”“国家环境保护义务的溯源与展开——从浅层环境法学到深层环境法学的一个尝试”“公众共用物与法律”“Challenges to EU Regulation of GMOs beyond the European Context”“Plants for a Changing World：From an Interdisciplinary Perspective”“Collective court actions for protecting the environment in the EU and Germany”等的一系列讲座、沙龙活动，该联合论坛旨在进一步加强三校在环境与能源法领域的资源整合，通过国内外相关领域专家、学者和学生的广泛参与，促进我国环境与能源法的交流和学科发展。

本年度，北京市环境法学学者在各类公开出版物上发表了数以百计的学术论文，同时有不少学术专著和教材问世。本年度环境法研究主要有以下特点：（1）在基础理论方面的研究注重和其他学科的结合，如环境法与国际法、民商法、经济法、法理学等领域相结合，开拓出新的研究领域；同时适当引入社会学、管理学、经济学等学科的研究方法，并在一些问题的研究上使用比较研究的方法，丰富了环境法学的研究方法。（2）理论研究重视对现实的关照。在各项研究成果和重要的学术活动中，学者们都把研究的重点放在国家和社会密切关注的、亟须解决的问题上，注重理论与现实的结合，取得了较好的社会效果。（3）学术热点围绕当前立法、司法的和当前紧迫的环境问题。2014 年 4 月 17 日，环境保护部和国土资源部发布了全国土壤污染状况调查公报；2014 年 4 月 24 日，十二届全国人大常委会第八次会议表决通过了《环保法》修订案；2014 年 7 月 3 日最高人民法院环境资源审判庭成立。本年度环境保护领域发生了诸多大事，学术研究的热点也与这些热点问题密切关联。

二、学术研究的主要热点问题

（一）生态文明建设研究

党的十八大、十八届三中全会、十八届四中全会对生态文明建设作出了顶层设计。十八大明确提出了大力推进生态文明建设的战略决策，将生态文明融入政治建设、经济建设、文化建设和社会建设。十八届三中全会提出：建设生态文明，必须建立系统完整的生态文明制度体系，实行最严格的源头保护制度、损害赔偿制度、责任追究制度，完善环境治理和生态修复制度，用制度保护生态环境。随着党的十八届四中全会做出进一步部署，环境领域的依法治国从理论到实践都将提升至一个全新水平。

在这样的大背景下，如何落实生态文明相关理念，厘清生态文明建设中涉及的法律关系，解决相关法律问题等，都需要环境法研究领域提供相应理论支撑。对此，一些环境法学者尝试从法哲学维度进行思考，构建“生态法治”理论，把法治的精神、原则和要求贯彻到生态文明建设的立法、执法、司法、守法等各个环节，将生态文明与法治建设结合起来，力图使生态文明法制研究更加系统化、体系化。另一些学者则从法教义学的进路进行探索，对生态文明建设中的具体法律关系和问题进行剖析，对生态法律关系、生态法律责任、生态补偿制度、生态红线责任制度等具体制度问题深入细化研究，从而实现“生态文明”从理念到制度的转变，使得理念真正落到实处。

此外，为生态文明建设提供司法保障也是环境法学界研究的重要问题。十八届三中全会提出“用制度保护生态环境”，环境领域司法制度的完善是生态文明的一道重要保障。为此，健全环境司法审判机构和工作机制、协调好环境审判与执法的关系、探索有效的环境公益诉讼制度等，都是完善环境领域司法制度建设的重要方面。我国目前环境领域“重行政、轻司法”的现象十分突出，要实现用制度保护生态环境的目标，必须建立完善的环境司法制度。

（二）环境司法制度建设研究

党的十八届四中全会讨论通过了《中共中央关于全面推进依法治国重大问题的决定》，全面系统地讨论了依法治国方略，针对司法中存在的现实问题提出了若干司法改革措施，如确保司法机关依法独立行使检查权和审判权、实行立案登记制、完善人民陪审员制度等。这些措施对环境领域司法也起到相当大的促进作用。学界长期关注的环境案件立案难的问题，由于立案登记制的推行得到相当大的改善，环境案件当事人的诉权因此得到更好的保障。在看到立案登记制对环境司法起到的积极作用的同时，不少学者也开始探讨立案登记制实施之后法院的环境司法审判能力、审判机制，环境案件当事人的诉讼能力不足、诉权滥用等问题，这些都是我们需要进一步思考的问题。

2014 年 6 月 23 日，最高人民法院发布《关于全面加强环境资源审判工作为推进生态文明建设提供有力司法保障的意见》（以下简称《意见》），明确了本着确有需要、因地制宜、分步推进的原则，建立环境资源专门审判机构，该意见为环境资源审判机构的建立提供了依据。2014 年 7 月 3 日，最高人民法院环境资源审判庭正式成立。尚未建立环境资源专门审判机构的各高级法院、部分地方法院也在《意见》的指导下开展了环境资源审判机构的设立工作。

各级环境资源审判专门机构的建立引起了学界对环境资源审判专门化问题的讨论。环境资源审判专门化需要相应的专门制度来保障，根据环境资源案件的自身特点来创制诉讼制度，才能最大限度地适应审理环境资源案件的实体和程序要求。未来环境资源审判可以从以下方面探索制度的完善之径：一是建立与行政区域适当分离的环境资源案件集中管辖制度。环境资源具有整体性和区域性，若按当前行政区域划分来确定管辖，则会出现环境资源的自然规律相悖的情况，不利于对环境资源进行整体保护。可以根据流域等生态系统、生态功能区为依据，对环境资源案件实行集中管辖。二是建立环境资源案件的刑事、民事、行政“三审合一”的诉讼制度。一起重大环境污染事故往往引发多种法律关系的竞合，传统的审判模式刑事、民事、行政分别审理，可能导致环境案件的司法标准不统一，刑事、民事、行政裁决的结果相矛盾等情况的出现，不利于当事人权利的全面保障，对司法的权威性也会有所减损。如何在环境资源审判领域有效构建三大诉讼法的并联和融合机制，是未来审判制度需要探索的重要问题。各地环保法庭已经探索出了“三审合一”“二审合一”的审判模式，但这些模式尚有待立法层面的确认和统一。三是完善环境资源审判的其他相关制度。立案、证据保全、证据规则、执行、人民陪审员等制度，在环境资源案件审理领域都具有其特殊性，需要适应环境资源审判专门化做出相应调整。此外，根据环境资源司法审判的实践，可能需要探索建立环境专家库、生态修复、受害人保障等制度。

（三）新环保法修改问题

2014 年 4 月 24 日，第十二届全国人大常委会第八次会议表决通过了修订后的《中华人民共和国环境保护法》，这是自 1989 年环境保护法实施以来的首次修订，对许多现实的环境问题作出了回应，被称为“史上最严”环保法。新环保法从原来的 47 条增加到 70 条，总结了我国环境保护实践中的经验教训，合理吸收相关环境保护单项法律法规既有制度，同时借鉴了国外一些有益经验，主要从以下几个方面实现了重要突破：一是推动建立基于环境承载能力的绿色发展模式；二是推动多元共治的现代环境治理体系；三是加重了行政监管部门的责任。此外，新环保法新增了许多新制度：如按日计罚、区域环境限批、总量控制、生态红线等制度，使环保法“长出牙齿”，具有较强的威慑力和可执行性。

徒法不足以自行。在新环保法取得这些可喜进步的同时，学者也开始思考其实施中面临的挑战。有学者提出新环保法的实施可能面临以下几方面的挑战：一是生态保护与环境污染防治如何有机协调的问题。新环保法侧重于对环境污染防治的规定，而对于生态保护及自然资源利用方面的规定不足。当前我国面临着十分严重的生态破坏、资源枯竭问题，仅提出生态文明建设并不足以对生态环境进行有效的保护，还需要相关的法律机制和制度的配合。二是环境保护监管体制尚不健全的问题。新环保法对环境保护监管体制并未作出有力调整，而在环境执法过程中，各部门之间如何区分协调统一和分工负责监管的关系，关系到环境法律制度、机制能否在实践中发挥效果。三是强制措施实施难的问题。新环保法赋予环保部门查封、扣押等强制执行的权力，然而现实中一些企业利益往往和政府利益捆绑在一起，环保部门的强制措施执行起来常面临较大的阻力，这又导致环保部门成为权力机关追究行政责任或社会公众提起行政诉讼的对象。因此，必须努力加强环境环保部门独立执法能力建设。四是环保法基本法地位有待凸显。环境保护法在环境资源领域具有“母法”性质，其他专项法都由它派生出来。由于1979年制定环境保护法（试行）的立法时机具有超前性，在立法程序上采用了由全国人大常委会制定的便捷程序。新环保法仍由全国人大常委会修订，无法在法律位阶上确立其环境保护领域基本法的地位。对此，不少学者建议将环保法上升为环境保护领域基本法，以适应我国法治建设和经济社会环境可持续法治的现实需要。

（四）第三方治理问题

《中共中央关于全面深化改革若干重大问题的决定》中明确提出，要建立吸引社会资本投入生态环境保护的市场化机制，推进环境污染第三方治理。第三方治理是市场经济体制下环境管理制度的重大创新。通过引入市场机制，排污单位以合同形式通过付费将产生的污染委托给专业化的环境公司治理，由第三方机构承担治理任务，提供专业化、社会化建设和运行的有偿服务。相比传统的“谁污染谁治理”模式，第三方治理具有提高企业治污效率、便于环保部门监督、促进环保产业发展等优势。第三方治理不仅是市场经济发展的必然要求，也是全面深化改革、推进国家治理体系和治理能力现代化的必然要求。

在环境污染第三方治理体系的构建过程中，有以下问题值得思考：一是明确政府在第三方治理中的角色。在环境保护领域推行第三方治理，离不开严格的环境污染治理监督。第三方治理模式的有效运行离不开良好的法制环境，只有制度健全、监管到位、违法成本远高于守法成本时，才能克服市场经济的固有缺陷，保护排污企业购买第三方治理服务的积极性。为此政府需要做好引导和监督工作，完善环境监管程序。二是完善相关的激励政策。在市场化条件下，为了有效吸引资金、技术、信息等要素投入环境污染第三方治理产业，需要出台相应的激励政策，制定和完善扶持环境污染第三方治理模式推进的财政、税收、金融、科技等相关政策，积极探索环境治理的市场化机制。可以尝试引入例如绿色保险、环境污染责任保险等制度。三是健全行业组织，强化行业自律的问题。环境污染第三方治理目前仍是一个新兴行业，需要依托一定的社会公共服务平台和行业组织，形成开放、规范、有序的良性竞争市场环境，才能保障自身的健康发展。为此，可以研究制定环境污染第三方治理管理办法，加强政府监管和行业自律，保障其规范运行。

（五）应对气候变化研究

全球气候变化问题是困扰着全人类的难题，然而自2009年哥本哈根会议之后，一年一度的联合国气候变化大会，各国相互推诿成了常态，国际气候谈判矛盾重重。为了应对气候变化，1997年通过的《京都议定书》创造性地提出了碳排放交易制度，利用市场机制促进全球温室气体减排。所谓碳排放交易制度，是指某个特定的中央或地方政府对温室气体排放总量设定一个上限（Cap），再将一定数量的温室气体配额分配给其控制范围内的排污企业，排污企业通过采用新技术和生产工艺等方式节约配额，所结余的配额通过专门的平台进入市场流通交易（Trade）。碳排放量超过配额的企业则需要通过该平台购买其他企业结余的配额，使得高排污企业的生产成本增加。通过这种碳排放交易制度，运用市场机制促进企业减排和技术进步，同时控制了本地区的碳排放总量。

我国作为温室气体的排放大国，同时也是容易受到气候变化不利影响的国家之一。我国政府在“十二五”规划中提出了2015年比2010年碳排放强度降低17%的目标，确定了国家层面的碳排放总量控制目标。《十二五控制温室气体排放工作方案》提出：逐步建立国内碳排放交易市场，充分发挥市场机制作用，并确定了包括北京、上海、深圳等七个省市开展碳交易试点。2014年12月10日，经过七省市碳交易试点陆续启动一年半后，国家发改委应对气候变化司发布了《碳排放权交易管理暂行办法》（以下简称“管理办法”），对碳排放配额管理、交易、核查与配额清缴、监督管理、法律责任等方面做出框架性的规定，明确了全国碳市场建立的主要思路和管理体系。根据发改委的规划，“管理办法”出台后，2015年为完善法律法规、技术标准和基础设施建设的准备阶段，全国碳市场拟于 2016—2020 年间全面启动实施和完善。在框架性的“管理办法”出台之后，碳排放与交易制度需要进一步探索和完善与之相配套的具体管理体系，完善制度规定。这方面的制度，在结合我国实际情况的同时，可以与国外碳排放交易制度较为成熟的国家进行比较研究，例如可以借鉴欧盟碳排放交易体系（以下简称 EU ETS）。EU ETS 经过三个阶段的发展，建立起较为完善的制度体系，包含了总量控制、配额分配、配额储存、借贷与市场链接、配额的履约监管及出发等制度安排。

此外，中国正在起草制定的《应对气候变化法》，应具有多元性的立法目的，坚持“科学规划、统筹安排，预防为主、减适并重，政府推动、市场引导，企业实施、公众参与，各方合作、公平负担”的原则，同时注意与国际相关法律的衔接，并建立一系列的管理制度来保证这些原则实现。

（六）土壤污染治理问题

良好的土壤环境是农产品安全的首要保障，是人居环境健康的重要基础。2014 年 4 月 17 日，环境保护部和国土资源部发布了《全国土壤污染状况调查公报》，公报中的调查结果显示，全国土壤环境状况总体不容乐观，部分地区土壤污染较重，耕地土壤环境质量堪忧，工矿业废弃地土壤环境问题突出。面对如此严重的土壤污染状况，我国尚未对土壤环境保护进行单独立法，现行有关土壤环境保护的法律法规缺乏系统性和可操作性，根本无法解决日益严重和增多的土壤环境问题。

为此有学者主张应当借鉴西方国家（如德国等）先进的立法制度，采用独立的土壤环境保护立法模式，构建完整的土壤环境保护法律体系。目前我国土壤环境保护法已列入本届人大立法计划，有待加速出台土壤环境保护法，防止土壤污染进一步扩大。同时，加强配套性、地方性法规及政府规章的制定，推动土壤环境保护法单行法的落实，确立健全有效的土壤环境保护法律制度也是需要研究的问题。在具体的土壤环境保护法法律法规内容上，可以考虑包括以下方面的内容：一是建立土壤污染动态监测评估制度，由主管部门对全国土壤污染状况进行监测，定期发布土壤污染状况报告，对使用了新技术、新化学治理的耕地土壤进行动态监测和跟踪评估，及时发现土壤的污染情况。二是建立土壤污染重点防治区和整治区，可借鉴台湾地区土壤和地下水污染管制区制度，把重要耕地、饮用水保护区土壤作为重点防治区加以保护。三是建立土壤污染应急措施制度，对由于水、大气、固体废弃物等造成的土壤污染突发情况做好应急机制准备。四是做好土壤信息公开和公众参与工作。在 2014 年《全国土壤污染状况调查公报》公布前，土壤污染的问题很少被公众了解，土壤污染防治中的公众参与程度也很低。参与权的前提是知情权，只有注重做好政府土壤污染信息公开，才能保障公众的知情权，提高公众土壤污染治理的参与度，从而更好地防治土壤污染。

（七）大气污染防治问题

近年来，雾霾频发，严重的大气污染已经危及到公民的身体健康。2014 年 10 月，京津冀地区更是连续出现多次雾霾天气，大气污染防治工作刻不容缓。2013 年 9 月，国务院发布《大气污染防治行动计划》（以下简称“大气十条”），从国家宏观战略层面对大气污染防治进行科学的顶层设计，在指标的设定上强调分区施策，在工作重点上突出以京津冀等区域为工作重点，同时注重从生产、流通、消费、分配的再生产各个环节提出“一揽子”环节政策和经济政策。为大气污染防治工作的开展提供了重要指导。2000 年修订通过的大气污染防治法目前也在审议修订中。

在大气污染治理中，区域联防联控是一项重要的治理制度。由于大气自身的流动性，大气污染并不以人为划定的行政区划为限，具有较强的跨区域性特征。大气污染的跨区域特性与现行的行政区划制度存在一定的矛盾，有学者主张应在大气污染防治法修订草案中加入大气污染治理联防联控制度，区域大气污染联防联控是应对灰霾天气、改善区域大气环境的有效途径。然而由于相关法律的缺失，跨区域大气污染治理难以有效推行。为此，需要通过在大气法中明确联防联控制度，从法律层面上为政府跨区域大气污染治理提供法律依据。区域大气污染联防联控目前仍是一个较为框架性的制度，需要进一步细化成具有可操作性的制度。有学者提出可以建立区域环境管理机构或联席会议制度、建立区域环境准入制度和区域环境规划制度、区域空气质量信息联动监测和共享制度、区域联动应急法律制度等具体化的制度，使区域大气污染联防联控制度真正发挥实效。同时，各地方政府可以出台配套的实施细则，健全大气污染联防联控制度体系。

（八）环境公益诉讼制度研究

民事诉讼法第五十五条对民事公益诉讼做出了规定，新环保法第五十八条对可以提起环境公益诉讼的社会组织资格做了进一步明确。2014 年 12 月 8 日，最高人民法院发布的《最高人民法院关于审理环境民事公益诉讼案件适用法律若干问题的解释》对环境民事公益诉讼过程中的主体资格认定、跨行政区域管辖、鉴定和诉讼费用等问题做出了详细规定，使得环境民事公益诉讼更具可操作性。

环境司法的原则是环境司法得以存在的灵魂；制度和方法是环境司法得以存在的基础。以上法律和司法解释中关于环境公益诉讼的规定使得环境司法有了坚实的法条基础，但要在未来更好地发挥环境公益诉讼在环境司法中的作用，仍需对以下问题进行探讨：一是要合理认定公益诉讼主体，降低诉讼门槛。根据新《环保法》的要求，目前全国具有提起环境公益诉讼主体资格的环保公益组织有 300 余家，另外由于环境公益诉讼对诉讼主体的专业水平要求较高，且需耗费大量的人力物力，这三百余家公益组织中真正有能力、愿意提起公益诉讼的组织数量又要打一个折扣。相关的立法和司法解释可以考虑适当放宽环境公益诉讼的主体资格，让更多有意愿、有能力的环保组织成为有机会启动环境公益诉讼司法程序的适格主体。二是进一步探索合理的环境公益诉讼责任承担方式。根据《最高人民法院关于审理环境民事公益诉讼案件适用法律若干问题的解释》第十八条至二十四条的规定，原告可以请求被告承担停止侵害、排除妨碍、消除危险、恢复原状、赔偿损失、赔礼道歉等民事责任，法院也可以依法判决被告承担生态环境修复费用、生态环境受到损害至恢复原状期间服务功能损失的费用。生态环境的恢复往往需要几年甚至几十年的时间，环境公益诉讼案件的受害人往往是不特定多数的公众。这就需要对环境公益诉讼赔偿款项进行跟踪监督，可以探索建立专门的环境资源财政账户或基金管理组织，保证环境公益诉讼赔偿款项用到生态环境修复中，保证环境污染受害者获得赔偿。三是探索建立环境行政公益诉讼制度。从各地环保法庭的实践可以发现，针对环境信息公开、环境审批程序瑕疵等问题提起的环境行政诉讼案件在各地环保法庭受理案件中占相当比例，为回应这部分需求，可以探索建立环境行政公益诉讼制度。

（作者：周珂，中国人民大学教授；
陈薇，中国人民大学博士生）

国际法学

余民才　李博伟　穆欣欣

一、国家自卫权

有学者系统地研究了国际法上国家自卫权实施机制的法律问题。根据该学者的观点，国家自卫权是国家在联合国体制内单方面采取军事行动的唯一正当理由，它是《联合国宪章》承认和规范，并主要在和平时期适用的一项固有权力。受到武力攻击是国家行使自卫权的前提条件，意指已发生的或迫近的武力攻击，仅仅威胁或潜在危险不构成武力攻击。武力攻击可以通过特定攻击意图、使用武力、侵略、干涉以及攻击目标来识别。最严重的非法使用武力、武装侵略或武装干涉是武力攻击。决定武力攻击开始的时间关键不是谁开第一枪，而是谁开始了明显不可逆转的攻击进程。受武力攻击的国家可以单独或集体地行使自卫权，而无须安理会事先同意或授权。国家行使单独自卫权与集体自卫权的法律规范基本相同，唯一区别在于后者还要求受攻击国必须宣布自己是武力攻击的受害者和提出明示请求。自卫国家可以对攻击国、国家集团或在特定情形下的非国家行为者及其支持国或庇护国行使自卫权。行使自卫权的地点可以是受害国领土、攻击国领土、甚或支持国或庇护国领土、第三国领土或任何国家主权范围以外的区域。自卫的通常武力形式是非战争性军事行动（包括现场反击、低强度战争和域外执法），战争是一种例外。

为确保以自卫使用武力的合法性，自卫国家采取的军事行动还必须符合必要性和比例性原则。国家行使自卫权的单方面性不排斥安理会的作用。在一定意义上，自卫行动已纳入联合国集体安全体制。《联合国宪章》第 51 条适应于变化的安全形势，无须修改或重新解释。预先性自卫或先发制人不是国际法承认的自卫。自卫权适用于对国际恐怖主义袭击、计算机网络攻击、暗杀、大规模杀伤性武器扩散和海外国民受攻击的反应。而对于严重环境退化或者大规模环境污染，自卫不是一种可能的应对选择。中国的自卫权基本上是一种单独行使和后发制人的自卫权。但是，有效自卫或积极自卫也应该是中国自卫权不可分割的部分。这种自卫是指对尚未实际发生、但迫近的外来武力攻击率先使用防御性武力，与美国主张的先发制人完全不同。①

二、空间活动

有学者研究了防空识别区的法律性质和中国设立东海防空识别区的合法性问题。该学者认为，防空识别区是一国为国家安全目的而设置的对航空器进行识别的特殊区域，是国家行使管辖权的结果。它在国际法上的依据是基于剩余权利原则，也可以部分地基于专属经济区的规定，但其规范形式主要是国内法，其规范性质不属于国际习惯。防空识别区的法律性质不同于领空，也不等同于专属经济区和公海。中国设立东海防空识别区不仅具有国际法依据，也具有充分的国内法依据。它既是对长期存在的国际实践的一种认可，也是对国际实践的丰富。特别是，它与其他国家防空识别区的重叠，不违反现行的任何国际法规范。②

有学者对航空器失联事故调查进行了研究，认为1944年《芝加哥公约》附件12《搜寻与援救》和附件13《航空器事故和事故征候调查》为航空器的搜寻和事故调查制定了标准和建议措施，是缔约国进行搜寻及事故调查工作的法律依据；航空器失联后，缔约国在其领土范围内应提供昼夜24小时的搜寻与援救服务；事故调查应由事故所在国主导进行，航空器登记国、经营人所在国、设计国和制造国有权参加调查；搜寻与事故调查的目的是找出事故原因，防止以后类似事故的发生。因此，对马航的索赔不必等待搜寻和事故调查结果，对马航客机MH370航班的搜寻、事故调查和索赔可同时进行。③有学者分析了国际航空事故的赔偿问题，建议完善我国航空事故赔偿立法，应该接轨国际立法提高赔偿标准、强化保险意识、转移航空风险和建立综合体系完善救济方式。④

另有学者根据外层空间活动的新发展，对“发射国”概念进行了研究。该学者认为，在当前国际社会普遍缺乏缔结新的外空条约或者对现有外空条约作出修订的意愿的背景下，应当主要依靠加强协调一致的各国空间立法的途径解决“发射国”概念引起的问题。同时，考虑到契约在商业发射活动中的重要作用，通过契约条款对联合发射、在轨交付等条件下“发射国”的认定和责任分担作出清晰约定，也是解决“发射国”新发展的有效途径。⑤

三、条约解释

有学者研究了国际私法条约的解释问题。该学者认为，国际私法条约的解释与国际公法条约的解释有很大不同，国际公法条约解释更多针对的是国家的权利和义务，而国际私法条约解释更多关涉的是私人的权利和义务，且没有相应的管辖国际私法条约的国际争议解决机构进行统一解释，因而存在当事国解释的多样性风险。而且，虽然国际私法条约的解释方法与国内法律的解释方法具有密切的关系，但是与国内法相比，条约规则具有“自治性”，在一定程度上，允许法院按自身的解释，自行寻求与条约一致的解决方法。该学者还在考察国际和国内实践的基础上，提出了国际私法条约解释的路径和方法：第一，国际私法条约的解释要求法官坚持统一性解释原则，既要考虑到国际私法条约的国际性，也要注意国际私法条约的私法性，强调法官的自我克制；第二，约文解释、目的解释是国际私法条约解释的基本路径；第三，使用补充资料的解释、不同约文文本的解释以及公共秩序条款的解释构成了国际私法条约解释的拓展方法。这些解释方法在技术上并无绝对的等级之分，在国际私法条约解释的司法实践中，往往将多种解释方法结合使用，以达到条约解释的目标。⑥

四、WTO制度与实施

有学者分析了WTO体制下的所得税问题，认为WTO多边贸易体制和区域贸易安排不干涉其成员的所得税制度。但是，各国的歧视性所得税措施和正常税制所导致的差别待遇还是会对国际贸易和投资产生壁垒效应和扭曲作用。对于构成贸易壁垒的所得税歧视措施，区域贸易安排沿用WTO的非歧视原则来进行规制。对于各国所得税制所导致的差别待遇，区域贸易安排则借助国际税收协定来处理。尽管如此，WTO的非歧视原则和国际税收协定的现行机制并不能彻底消除所得税差别待遇，多边贸易体制和国际税收协定都有进一步完善的空间。对于追求更高自由化水平的区域贸易安排来说，可以尝试其他新的机制。⑦有学者分析了WTO的补偿机制，认为自WTO成立以来，补偿机制应用较少，甚至被视为“装饰品”。与WTO早期的补偿案相比，《美国版权法》第110（5）节案、欧共体—荷尔蒙牛肉案、美国高地棉花案和中国出版物和视听产品案达成的补偿协议在补偿原则、补偿形式和补偿程度的确定等方面，均有所发展，解决或缓解了敏感争端的执行僵局，并为多哈回合补偿机制改革提供了经验与启示。同时，在推进多哈谈判的同时，应充分利用现有的WTO制度，完善补偿机制。⑧另有学者从遵守说和再平衡说两种学说出发对 WTO 执行的法律本质进行了分析，认为这种争论源于二者未对 WTO 两种不履行及相应后果加以区分。然而，过于强调 WTO 法某个特定方面，会造成对 WTO 一种误导、歪曲的看法。⑨

五、涉外管辖权

有学者分析了《国际诱拐儿童民事方面的公约》关于强制交还被诱拐儿童的问题。该学者认为，该公约第 12 条第 2 款虽然规定了强制交还儿童的例外，但是，对于该条中“转居于新的环境”的认定，各国法院有着较大的自由裁量权，对此的认定存在着司法分歧，而且对于如果该例外不成立，那么是否存在交还儿童的剩余裁量权也有不同看法。根据英国、美国、加拿大和澳大利亚等国的司法实践，对“转居于新的环境”的司法判定包括判定标准、条约解释的方法和证据负担以及其他考虑三个方面。在认定标准方面，多数国家倾向于认同转居的两个构成要素，即物理因素和心理因素，尽管如何认定这两个要素仍然存在不同的做法。对于条约的解释，存在着严格的约文解释和目的解释的分歧。而在证据负担方面，《国际诱拐儿童民事方面的公约》没有提及如何来证明儿童是否转居这一事实，但从约文逻辑上看，应该是由诱拐者或者反对交还儿童的人来举证，同时保留国内主管机关在这方面的裁量。至于剩余裁量权问题，如果确定存在该公约第 12 条第 2 款的例外情形，则在交还儿童方面并不存在司法裁量，除非交还是出于儿童个体的最大利益的考虑。⑩有学者分析了涉外民事诉讼协议管辖的问题，认为我国 2012 年修订的民事诉讼法删除民事诉讼法第 242 条和第 243 条关于涉外协议管辖的规定、而统一适用国内协议管辖的相关规定的做法并不能适应目前涉外民事纠纷解决的实际需要，因而建议我国应在借鉴域外国家、我国其他法律以及海牙《选择法院协议公约》的基础上，恢复并完善我国涉外民事诉讼协议管辖条款，在认定这种选择法院协议效力的法律适用上，明确规定适用当事人选择的法律；在认定这种选择法院协议效力的判断因素上，可既不规定“硬性要素”，也不规定“实际联系”，而由法院根据具体案情判断或采用列举常见的“硬性要素”而不穷尽的方法。⑪另有学者分析了美国长臂管辖的新发展，认为美国近年来对域外诉权采取司法克制态度，这主要体现在对案件管辖权、法律适用性以及严格要求诉讼成立条件、解读条文实质性要件等其他考虑要素的考察方面，美国法院保持司法克制态度的立场和理由包括排除域外适用假设、不方便管辖原则以及功能迁徙的国际礼让原则。但是，美国在公共执法方面却表现得很积极。⑫

注：

①余民才：《国际法上自卫权实施机制》，中国人民大学出版社，2014 年版。

②李居迁：《防空识别区：剩余权利原则对天空自由的限制》，《中国法学》，2014 年第 2 期。

③朱子勤：《航空器失联后的搜寻与事故调查法律责任研究——兼谈马航客机失联后的搜寻与事故调查》，《政法论坛》，2014 年第 5 期。

④翟业虎：《论国际航空事故赔偿的法律适用》，《法学杂志》，2014 年第 7 期。

⑤刘浩：《空间活动发展对“发射国”概念的挑战 》，《法学》，2014 年第 4 期。

⑥杜焕芳：《国际私法条约解释的路径依赖与方法展开》，《中国法学》，2014 年第 2 期。

⑦张智勇：《区域贸易安排与所得税差别待遇的消除：现行机制与未来路径》，《法学家》，2014 年第 6 期。

⑧李晓玲：《WTO 补偿实践的动向及其改革启示》，《现代法学》，2014 年第 6 期。

⑨韩逸畴：《再论 WTO 执行法律本质：遵守抑或再平衡》，《现代法学》，2014 年第 6 期。

⑩杜焕芳：《强制交还国际诱拐儿童的司法裁量——以海牙公约第 12 条第 2 款为分析对象》，《政法论坛》，2014 年第 3 期。

⑪杜焕芳：《涉外民事诉讼协议管辖条款之检视——兼评最高人民法院（2009）民三终字第 4 号裁定书》，《法学论坛》，2014 年第 4 期。

⑫郭雳：《域外经济纠纷诉权的限缩趋向及其解释——以美国最高法院判例为中心》，《中外法学》，2014 年第 3 期。

（作者：余民才，中国人民大学教授；
李博伟、穆欣欣，中国人民大学硕士生）

法律史学

叶秋华　赵晓耕　王云霞　范依畴　李　源

中国法律史学科研究综述

一、重要学术会议

（一）纪念谢觉哉诞辰130周年暨谢觉哉法治思想研讨会

2014年3月22日，纪念谢觉哉诞辰130周年暨谢觉哉法治思想研讨会在中国人民大学举行。谢觉哉是中国共产党“延安五老”之一，著名的学者和教育家、杰出的社会活动家、法学家与共和国人民司法制度的奠基者。他为新中国司法制度做出了卓越的奠基性贡献，也留下了许多深邃的法治思想。为纪念谢觉哉诞辰130周年，中国人民大学法学院在明德法学楼725会议室举办了为期一天的“纪念谢觉哉诞辰130周年暨谢觉哉法治思想研讨会”。本次会议由中国人民大学法学院革命根据地法制研究所承办。来自全国理论、实务界的领导、专家和学者以及谢老的亲友和中国人大学法学院的师生共三十余人参加了会议。

（二）张晋藩教授《中国法律的传统与近代转型》（英文版）首发式

2014年6月10日，中国政法大学终身教授张晋藩先生《中国法律的传统与近代转型》（英文版）首发式在中国政法大学学院路校区举行。中国法学会副会长、学术委员会主任张文显，中国政法大学校长黄进，副校长朱勇，副校级干部时建中，德国斯普林克出版公司总监Harman vanpoaradijs（简称哈门），以及中国法律史学会执行会长、中国人民大学法学院教授赵晓耕，中南财经大学法律文化研究院院长陈景良，西北政法大学研究生教育院院长王健出席了首发式。首发式上，黄进校长对张晋藩教授新书的首发表示祝贺。他指出，张晋藩教授新书的发布展现了中国改革开放30年法学研究所取得的成就。期望有更多的中国学者积极踊跃地向国外展示我们国家的学术成果。

（三）台湾法律问题学术研讨会

2014年7月6日，由中国人民大学台湾法律问题研究所、武汉大学两岸及港澳法制研究中心、北京联合大学台湾研究院联合主办，北京联合大学台湾研究院承办的“台湾法律问题学术研讨会”在北京静之湖酒店成功召开。来自中国人民大学、武汉大学、北京联合大学、全国台湾研究会、海峡两岸关系法学研究会、中国社科院台湾研究所、清华大学、南开大学、中国政法大学、军事科学院、中国青年政治学院、中央财经大学、中央民族大学等单位的40余位专家学者就“两岸协议监督条例”及“民进党冻结台独党纲”等有关议题展开热烈讨论，并取得了丰硕的成果。中国人民大学台湾法律问题研究所、武汉大学两岸及港澳法制研究中心、北京联合大学台湾研究院于2013年共同发起建立跨校合作平台的初衷在于借此推进关于台湾地区法律和法制的学术研究，充分发挥民间智库的作用，以有助于推动海峡两岸政治、经济、法律等议题对话的不断深入，而三家单位轮流承办的学术年会是展开深入合作的主要形式之一，继第一届年会于2013年4月3日在中国人民大学成功进行后，今年的研讨会由北京联合大学台湾研究院承办，明年的研讨会将由武汉大学两岸及港澳法制研究中心承办。

（四）中国法律史学会2014年学术年会暨中国边疆法律治理的历史经验学术研讨会

2014年8月15日至16日，由中国法律史学会主办，西北政法大学承办，青海民族大学协办的“中国法律史学会2014年学术年会暨中国边疆法律治理的历史经验学术研讨会”在青海省西宁市召开，来自国内外的200余位专家、学者参加了会议。中国社会科学院法学研究所研究员兼中国法律史学会会长吴玉章教授、华东政法大学校长兼外国法律史学会会长何勤华教授、沈阳师范大学法律文化研究中心主任兼中国法律史学会执行会长霍存福教授、中国政法大学法律史学研究院常务副院长兼中国法律史学会执行会长张中秋教授、南开大学法学院副院长兼中国法律史学会执行会长侯欣一教授、西北政法大学校长助理兼中国法律史学会执行会长汪世荣教授、青海民族大学法学院书记马德教授等专家、学者出席大会并致辞。在为期两天的学术研讨活动中，与会学者围绕“中国边疆法律治理的历史经验”“法史前沿及基础理论研究”两个主题分三组展开热烈讨论。

（五）“中法法律、司法和法学家的对话之过去与当下”国际研讨会

2014年9月25日，由中国人民大学法学院和法

国图卢兹第一大学联合主办、中国人民大学法律文化研究中心承办的“中法法律、司法和法学家的对话之过去与当下”国际研讨会在人大法学院召开。来自图卢兹大学、中国人民大学、北京大学、中国政法大学、华东政法大学、中国人民公安大学、南京大学、中国社会科学院法学研究所、商务印书馆、法国DS律师事务所、中伦文德事务所等法律院校、科研单位、出版社以及法律实务部门共30多位代表出席了本次会议。本次研讨会作为中法建交50周年官方庆典活动之一，得到法国驻华使馆的特别支持。本次研讨会分为三个单元，与会嘉宾分别围绕“清末以来的法律交流”、“民国时期的法律文化”以及“当代的法律对话”等三个议题，就中法两国不同时期在法律领域的相互交流和相互影响展开热烈探讨。与会代表不仅从法治思想、宪政制度和多项具体制度、法律翻译和法律文化等多方面，深入具体地分析了法国法对中国近世法制转型的影响。认为法国法和德、日等其他西方国家的现代法治理论和法治实践一起，通过法学教育、法律翻译以及法学家参与法律改革等多种方式，在近代中国由传统法律文化向近现代法制转型的过程中发挥着重要作用，推动了中国法制近代化。与会者还就中国法在法国的历史、传播途径和传播前景等问题进行了热烈探讨。大家从法学研究者、法律实践者和法律文化传播者等不同身份和视角出发，广泛关注了法律制定、法学教育和司法实践等多个领域中中国与法国的交流合作和相互影响。

（六）第八届全国法律文化博士论坛

2014年10月10日至11日，由中国法律史学会主办、上海师范大学人文与传播学院承办的第八届全国法律文化博士论坛在上海师范大学徐汇校区举行。上海师范大学人文学院戴建国教授主持开幕式，中国法律史学会会长、中国社科院法学研究所吴玉章研究员致开幕词，上海师范大学人文学院院长苏智良教授在开幕式上致辞。来自国内20余所院校的博士生、博士后研究人员及中国人民大学、华东政法大学等评议专家共40余人参加了此次论坛。本次论坛的主题是“中国历史上的法律制度与法律文化”，围绕这一主题，与会者既有选取中国历史上不同时期具有研究价值的制度进行深入的研究，也有对中国传统法律文化的新的解读与思考。这些研究成果角度新颖、见解独到，展现出我国法律史专业青年学子良好的学术水准和发展潜力，也丰富了学界对中国历史上的法律制度和法律文化的认识。

（七）中国法律思想史专业委员会2014年年会暨“商周法律文化研究新视野”学术研讨会

2014年10月18日，中国法律思想史专业委员会2014年年会，暨“商周法律文化研究新视野”学术研讨会在安阳师范学院举行。此次年会由安阳师范学院法学院承办，在武树臣会长和马建红秘书长的组织下，由中国政法大学、山东大学法学院、清华大学法学院、上海政法大学、中国人民大学法学院、杭州师范大学法学院学院、安阳师范学院法学院、西南政法学院、西北民族大学、河北政法管理干部学院、河北经贸大学法学院、河南大学、浙江工业大学、福建师范大学法学院、郑州大学、厦门大学、延边大学、云南大理学院、黄河科技学院等29所大学的50多位专家学者参加。就“商周法律文化研究新视野”的主题研究，以展现该时期法律思想的研究成果，促进学术交流与创新展开了深入的学术性研讨。

二、重要学术著作简介

在法律史学专著方面，北京法律史学界本年度取得了丰硕的成果，不论是基础性法史资料的汇编，抑或是法律史专著，相比上一年度，都有明显的增加。

著名历史学家、法社会学家，中国人民大学客座教授黄宗智的新作《明清以来的乡村社会经济变迁：历史、理论与现实》[①]（三卷本）出版问世。该书的写作出发点是中国土地和人口关系的演变，因为这是中国农业生产的给定基本条件。对明清以来到当代的演变而言，无论是“资本”还是现代科技投入，无论是财产制度和相关法律，还是社会结构或市场关系，都不能脱离土地—人口关系基本条件的背景来理解。改革时期的农业去集体化和家庭化以及市场化演变也同样如此。这绝对不是要单独突出人口为单一的决定性因素，而是要澄清人口与土地间的给定“基本国情”，由此分析这与其他生产要素、制度和社会演变之间的关系。该书的特点之一是通过翔实的关于基层小农场运作的经济人类学资料来分析并说明其生产逻辑。这是一个由微观的生产实践来说明宏观的经济逻辑的研究进路和方法，由此展示它和现代工业经济的不同。

中国人民大学法学院赵晓耕教授主编的《中国古代法制史专题研究》[②]一书，从先秦到前清的中国法律的重要流传以及中国法律的特点等内容，按照重点进行了深入的阐述，对于法学专业研究生深入进行法制史研究有重要指导作用。全书以每章选取专题的形式作为体例，以各个历史时期经典的传统法律问题为主要编撰内容，综合运用法律制度史与法律思想史的研究方法与新的研究史料，力图全面呈现中国古代法制史的学术研究状况，提高读者在中国古代法律史研究中的问题意识和学术研究能力。该书吸收了近十年来法律史学界的研究成果，同时在编撰体例上，每章开始部分提供了同时期西方法文化背景，期望有助于中西法律史研究中的比较思考与借鉴。

中国社会科学院法学研究所研究员刘翠霄的《中华人民共和国社会保障法治史（1949—2011 年）》[③]一书，系统梳理了新中国社会保障法史，是该领域的第一本专著。全书在梳理新中国 60 年历史资料的基础上分三个阶段：1949 年到 1977 年、1978 年到 2008 年、2009 年到 2011 年，对各个阶段社会保障法的建立、发展与需要完善的方面都有细致分析与反思考量，是一本中国社会保障法专史著作。该书重在梳理当时制度制定的经济社会背景、法律法规的主要内容及其实施状况，以及学界对法律法规本身及其实施的评论。该书为社会保障法治研究的学者提供了比较客观、全面、系统的文献资料。

北京大学法学院李启成副教授《外来规则与固有习惯——祭田法制的近代转型》[④]一书，考察了传统祭田法制和官府对祭田案件司法审判情况，认为：祭田性质的复杂性且伴随其庞大规模和收益等因素，导致祭田纷争频繁发生。经实证分析，发现清代官府一般是以“常识”和“祭田一般性惯例”作为裁断主要依据。这种法制和审判方式从总体上来说，与传统社会相适应，并不存在发生根本性变革的理由和动力。在考察祭田法制和司法从传统到近代转型的历程之后，该书在结语部分指出：在法领域，如何妥善处理外来规则和固有习惯之关系，司法当局要在理性对待的基础上切实累积经验；超越法之外，家族制度以及作为其经济基础的祭田制度有助于国家转型和社会建设。这两个问题对中国从“帝国”转向“民国”的整个近代转型具有重大意义，仍有深入探索的空间。

清华大学法学院聂鑫副教授《中国法制史讲义》[⑤]一书，开创了法制史教材编写的新体系。目前中国法制史的绝大多数教科书的编写体例都是采用历史断代的体例，从夏商周绵延至明清、民国。这一体例对于法学专业的教学有两大不便：其一，内容太泛，学生容易只见朝代、不见法律；其二，法律制度是有相当延续性的，朝代更替并不必然意味着法律传统的断裂，就法学而言，断代的研究方法局限性很大，专题式跨越朝代的制度变迁研究更有价值。鉴于此，作者结合多年来本科硕士博士的教学经验与讲义积累，写出了以刑法、民商法、司法制度等部门法的演变和发展为线索的专题式法制史教材，不以朝代为章节，而是对每一个法律制度的演变进行了系统的跨越朝代的梳理。

中国政法大学古籍整理研究所编写的《清代民国司法档案与北京地区法制》[⑥]一书，通过对清代及民国时期司法档案的分析，展现了当时北京地区法制的面貌。在法律史研究中，司法档案的价值日益受到学者重视。该书史料充分，论述得当。全书共收录“顺天府的设立及其在京畿司法管辖中的地位与职能”，“清末民国死刑制度变迁：普通刑事法与特别刑事法之间的死刑实践”、“从司法档案看清代北京地方职官收赃罪的特点及惩防”等七篇文章。该书的特色在于丰富的档案资料引用，以真实发生于清代或民国时期的实际案例生动展示了那个时代国家权威与社会习俗的碰撞、疑难案件的处理方式等内容。

北京印刷学院新闻出版学院讲师张佩的《中国“道统”与“法统”在近代的转型研究》[⑦]一书对“道统”与“法统”进行了深入的探讨。“道统”与“法统”是中国传统文化中两个重要的统绪，在近现代发生了重大转变，然而具有现代意义的道统与法统仍未建立起来。该书深入分析了二者发生了哪些转变，又缘何未建立起来。将侧重点放在研究较为薄弱的“法统”之上，将其多种微观上的涵义统一在“法治文化”这个宏观范畴之内。全书设置六章。前两章分别论述中国古代社会的道统问题、传统文化中的法统问题。第三至五章按照时间顺序展开，划分为清末、民国、20 世纪中叶以后三个阶段，讨论各阶段内道统、法统的发展变化。第六章紧扣研究目标，对两个统绪仍未彻底构建起来进行反思与总结。各章内部每个小节都是一个焦点问题，以专题方式述论，围绕各章主题，彼此呼应。研究资料主要集中在近现代，对古代文献采取细读文本的方式，将“道统”梳理出几条主要的脉络，比如“理学家道统”“学术性道统”等。

三、本年度学科研究重点问题

2014 年北京地区中国法制史学科研究的热点问题，所涉及的主题较多。主要有以下几个方面：

（一）关于法制史理论的研究

本年度，有关法律史基础理论的成果颇多，法史基础理论是研究法制史的基础和前提。

有学者以法文化的视野和法哲学的方法，重新审视和揭示了传统中国法的精神，进而探讨它的哲学及其意义等相关问题。认为传统中国法的精神是道德人文，以仁义为内核的重生与讲礼的对立统一有机宇宙观下，重生与讲礼的理想是和谐、合理、公平。如果与近代西方法相比较，传统中国法的道德人文精神存在着宗法血缘和专制等级的缺点，但更有超越宗法血缘和追求合理秩序的普适性，因此并不违背人类法律的内在使命和基本价值；而且这个精神亦是中华文明历五千年风雨而绵延不绝的思想根源，还有可能是创新中国法文化的思想资源和精神动力。[8]该学者还对传统中国国家观作了新探，认为家国一体观是传统中国最广泛持久的国家观，它包含两个方面：所谓家与国的同构是指家与国（包括法）都是一体两元主从式多样化的构成，这是它的形式结构；所谓家与国的共理是指国家政治（包括法）道德化，这是它的内涵实质，而贯通它们的是传统中国的道德文化原理。家国一体观是一种适合传统中国且至今还有影响的国家观，但它本质上仍是一种传统的臣民国家观，因此，分析其得失并加以取舍，这既是历史又是现实的课题。对当代中国而言，政治道德化不必要，但对政治和法律（包括为政者和执法者）的道德要求不能放弃，同时充实自由、民主、人权、法治等现代政治原则，以使我们从传统的臣民国家观转变为现代而又不失中国内涵的公民国家观。[9]

还有学者对中国古代司法文明与当代意义进行了研究。该学者指出中国古代司法文明是法制文明的重要组成部分。历代开明的统治者、政治家、思想家都极为重视司法。古代司法文明表现为：以人为本是中国古代司法的重心，由此而形成了明德慎罚的司法原则；公平与引律断罪是中国古代司法文明的亮点；执法原情、调解息争；“以五声听狱讼”；顺天行罚、顺天理讼；以注释律学指引司法实践；以司法监察防范法官渎职，等等。古代司法文明以深厚而又优秀的法文化为基础，也反映了中华民族历来求实务实、厚德亲伦、和谐和睦的民族精神，对现今完善社会主义法制和改革、改善司法制度有借鉴意义。[10]

（二）关于古代具体法律制度现象的研究

中国古代具体法律制度现象的研究也是法制史研究的重点内容之一。

有学者对清代初年法制上的满汉分歧进行了探究，试图从立法和守法两个层面揭示清初法制确立过程的艰难和曲折。[11]也有学者以中国古代比附制度为出发点，对帝制中国的法源与法律适用问题进行了探讨，该学者指出中国法律史上的重要概念“比”可作名词用法与动词用法，其既是一种重要的法律形式之名或者法的代称，又是一种独特的法律方法。在唐代法典中已可看到“比”与“附”结合成为一个专门的法律术语。在五代和宋朝的敕中，已可看到“比附”与“无正条”出现在同一条款中，成为法无正条时的处理方式，明、清法典采纳了这一做法。通过对以比附为中心的帝制中国法适用模式之研究，基于中国法主体性立场，从法文化整体性的视角和政治哲学的维度，可以将其总结为“情理之法”与“权力分配之法”。[12]还有学者对清代“家长奸家下人有夫之妇”例进行了考论，并以此作为满、汉法律融合的一个例证，指出清代“家长奸家下人有夫之妇”例源于满族法，在康熙时期才应用于汉人。满人设立此例的本意可能是限制主人对奴仆的人身权，而汉人社会则基于主仆名分强调家长与仆妇发生性关系是自甘堕落，应当予以惩罚。乾隆以后，清廷处理主婢之间性关系时更注重妇女贞节，逐步赋予仆妇反抗家主强奸的“权利”。[13]

还有学者从明代白话小说中探讨明代请托罪法在司法实践中的展现，发掘明代白话小说的法律文献价值。指出古代小说是法律文献的重要组成部分。明律有规定详细的请托罪法，但由史籍及官箴书的记载可看出并未得到认真执行，相反却被一定程度地抵制和修正。明代白话小说描写了大量清官受请托的事例：或因为上司，或为照顾亲属或同僚情谊，或为报恩，或为己事，连包公也不例外，并且没有人主动惩治和举发请托。小说从一个侧面生动反映了人情与法律的对立与协调，具有独特的法律文献价值。[14]

还有学者以1907年大清新刑律草案签注为视角考察了中国近代刑法继受的肇端和取向，指出1907年由沈家本主持的修订法律馆上奏《大清新刑律》草案，在中国法律史上迈出了系统继受西方刑法的第一步。从1908年开始陆续上奏的中央各部院堂官、地方督抚的签注，对草案的不同意见涉及了立法目的、立法宗旨、价值取向、定罪与量刑理论、立法条件与配套措施等多个方面。1910年《修正刑律草案》附加按语，对签注意见进行了反馈与回应。这一过程表明，1907年刑律草案基本认同和遵循了西方近代法哲学的逻辑进路和价值判断，忽视并否定了中国传统法历史学的逻辑要求和价值存在，这导致《大清新刑律》中大量传统刑法的“本土资源”被废弃，出现了不少纯属“食洋不化”的规定。这既与中国自身的状况相脱节，也不符合法律自身的演进规律，是一次有着严重缺陷的立法实践。中国近代刑法继受的成功，有赖于法哲学逻辑和法历史学逻辑的统一。[15]

（三）关于中国古代法律思想的研究

有学者从墨子的法律思想探讨先秦“法”学的兴起，指出春秋战国时代“法”由一个不甚重要的词语演变为诸子政治社会理论的核心概念之一，墨子是实现这一转变的枢纽。他是先秦首位对“法”的概念进行理论反思，并将之治术化的思想家。其“法”源于技术知识之“佱”，而非周人正统语境中的“灋”。缘于对周制的不满，在理论与实践两方面，墨子做出摒弃“德——礼”观念而对治术之学重建的尝试。由此而兴的“法”学，由于墨学的主流化以及其与新兴的治权化、私权化的社会风气带来的新理论需求的契合，被广为接受，并获得进一步发展。最终，“法”成为战国晚期各家治术理论的中心话语。[16]

也有学者从民国时期司法总长梁启超的理论与实践思想探讨了民国初年的司法独立问题。该学者指出在百年前的民国初年，关于司法独立的理论探索与法政实践已经蔚为大观。1913 年出任“中华民国司法总长”的梁启超，既阐述了司法独立的理论，也亲历了司法独立的实践。在那个特定的历史时期，梁启超以自己的关于司法独立的理论与实践，知行合一地充当了民国初年实践司法独立的典型性代表与象征性人物。作为“司法总长”的梁启超在 1913 年前后关于司法独立的价值定位、困境认知及其应对策略，反映了民国初年实践司法独立的特殊语境，具有重要的历史意义和思想意义；对于当下我国关于司法独立的理论及实践，亦不乏某种程度上的参考价值。[17]

外国法律史学科研究综述

一、学术交流活动

2014 年，北京外国法律史学界举办或参与的外国法制史学科学术交流活动主要包括：

（一）全国外国法制史研究会第 27 届年会

2013 年 9 月 20 日至 21 日，由全国外国法制史研究会主办、厦门大学法学院和华东政法大学法律史研究中心共同承办的全国外国法制史研究会第 27 年会在厦门大学召开。本届年会的主题为“罗马法与现代世界”。在为期两天的会议中，代表们围绕着罗马法的意义、罗马公法、罗马私法、罗马法复兴运动、罗马法的影响等论题展开了深入而广泛的讨论。北京大学、清华大学、中国人民大学、中国政法大学、商务印书馆、法律出版社等北京地区各主要高校、科研单位和出版单位均派代表参会。

（二）全国西方法律思想史研究会 2014 年年会

2014 年 11 月 1 日，西方法律思想史研究会 2014 年年会暨“西方法学中的司法与正义学术研讨会”在上海大学法学院举办，此次会议由中国法律史学会、西方法律思想史研究会主办，上海大学法学院承办，上海法学会、法理法史研究会、法律出版社、《中国法律评论》杂志社共同协办。会议分三个单元进行了专题讨论。来自中国人民大学、北京大学等北京地区高校和全国各大知名高校和科研机构的百余名专家学者参会进行交流讨论。

（三）中国比较法学研究会 2014 年年会

2014 年 11 月 22 日至 23 日，中国法学会比较法学研究会 2014 年年会在华东政法大学隆重召开。本次会议由中国法学会比较法学研究会主办，华东政法大学外国法与比较法研究院承办，上海市法学会外国法与比较法研究会协办。清华大学高鸿钧教授当选为比较法学研究会新一届会长。来自北京大学、清华大学、中国人民大学、中国政法大学、中国社科院法学所、中国政法大学等北京地区高校和科研机构以及来自全国各地共六十多所高校及科研机构的 140 余位专家学者齐聚一堂，围绕“法律全球化：中国与世界”的主题展开深入研讨。

（四）中国人文社科论坛 2014

2014 年 11 月 23 日，由中国人民大学法学院承办的“中国人文社科论坛 2014”分论坛召开，第二论坛的主题为“法治中国与传统文化”，旨在通过对中西传统法律文化的学术探讨，发现中西传统文化对当代中国法治的启示，为更好地推进依法治国的进程提供理论参考和借鉴。来自中国人民大学法学院、北京大学法学院、北京师范大学法学院、中国人民公安大学的等高校的相关专家和学者出席了本分论坛并发表演讲。

（五）“司法制度的传统与变革”学术研讨会

2014 年 10 月 18 日，由中国政法大学法学院法律史研究所主办的“司法制度的传统与变革”学术研讨会在中国政法大学昌平校区成功举行。参加本次会议的有来自清华大学、北京师范大学、中央民族大学、北京邮电大学、中国政法大学的近 30 位在司法改革研究领域上颇有建树的专家学者。与会学者对社会变迁之下中西司法传统与变革之间的关系进行了卓有成效的探讨，为司法改革的纵深推进提供了历史经验以及理论论证层面的智力支持。

二、主要研究成果

2014年北京地区的学者、学术与出版机构在外国法制史研究方面取得了丰硕的成果，涉及范围广，研究层次深。主要著作涉及了外国法制史综合研究、英美法律史研究、罗马法与欧陆法律史研究等多个方面。

（一）外国法制史综合研究

何勤华主编的《外国法制史研究》（第16卷）[18]于2014年8月由法律出版社出版。本书主题为“大学的兴起与法律教育”，收录了全国外国法制史研究会第26届年会中的代表性论文。

何勤华、屈文生主编的《法律翻译与法律移植》[19]于2014年10月由法律出版社出版。本书主要围绕“法的移植与法的本土化”、“法律翻译在推动东亚法律近代化过程中扮演的角色”、“法律翻译与西法东渐”、“东亚各国近代法律词语的翻译与生成”、“法学家与法律翻译”等主题展开论述，内容深入，学术价值大。

王云霞、高仰光、娜鹤雅、马海峰编著的《外国法制史》[20]教材于2014年12月由商务印书馆出版。教材结构的选择和内容的取舍既考虑到教育部对于基础学科的基本要求，吸取了国内既有教材成果的经验和教训，也结合了编者多年来从事外国法制史教学与科研的心得。在体例编排上，采用法系与国别相结合的方法，着重介绍和探讨近现代法律制度。教材共分五编，分别为古代东方法、古代西方法、中世纪法、英美法和大陆法。相对于以往许多同类教材，该教材兼顾了知识的完整性与可读性，在保证学科本身的系统性和完整性的同时，对相关内容的叙述更加简明扼要、重点突出。

陈灵海、柴松霞编著的《中世纪欧洲世俗法》[21]作为法律文明史丛书第6卷，于2014年12月由商务印书馆出版。本书阐述了包括中世纪欧洲日耳曼法、王室法、封建地方法、城市法、商法和海商法的发展变迁历程。作者充分挖掘史料，吸收前贤成果，淡化国家本位，凸显区域特征，体现了中世纪欧洲世俗法的多元成就，对当代中国与世界的法律发展富有启迪意义。

龚钺撰写的《欧美各国现行宪法析要》[22]于2014年4月由商务印书馆再版。作者龚钺为民国时期法学专家，本书旨在考查各国宪法，为民国时期法律建设提供必要之参考，于今也具有极高的史料价值。

罗道尔夫·萨科著，费安玲等翻译的《比较法导论》[23]于2014年1月由商务印书馆出版。该书是欧洲著名比较法学家、意大利比较法学教授萨科先生最具影响力的作品之一。它以比较法为研究对象，从比较法的存在基础、法律体系、比较的对象、比较法对法学的贡献以及对法学人才的培养等方面进行深入的探讨，从基本理论上对比较法学进行了视野极为开阔的系统分析。

（二）罗马法与欧陆法律史研究

《罗马法原论》[24]是中国最权威的罗马法专家，原安徽大学法学院教授周枏先生所撰写的关于古代罗马法律制度的著作，商务印书馆于2014年6月对该书进行了再版。

由何勤华等编著的《大陆法系与西方法治文明》[25]于2014年10月由北京大学出版社出版。该书从历史与理论的双重视角，分析展开大陆法系与西方法治文明发展的历史线索与内在逻辑，从法系和大陆法系的基本原理说起，依次论述了大陆法系与西方法治文明的关系，欧陆中世纪罗马法与西方法治文明的传承，大陆法系近现代法律思想与法治文明的交融与展开，大陆法系的法律移植对西方法治文明传播的影响，等等。作者以一个比较新的视野，对大陆法系的优秀法律文明成果进行了梳理，向读者展示了大陆法系发展的历史全景。

莱舍尔著，李秀清、赵博阳翻译的《教会法原理》[26]于2014年8月由法律出版社出版。该书系有关教会法原理与基础的普及性读物。

杨代雄翻译的《萨维尼法学方法论讲义与格林笔记》[27]于2014年4月由法律出版社出版。在萨维尼法学方法论课程资料中，最系统、最完整的是雅各布·格林所作的在1802至1803年萨维尼法学方法论的听课笔记。其主要内容包括法学的绝对研究方法、法学的文献性研究方法、法学的学院性研究方法。

奇思佳科夫主编，徐晓晴翻译的《俄罗斯国家与法的历史》[28]于2014年2月由法律出版社出版。该书是俄罗斯联邦法科高等院校教学法协会向全国高等院校推荐的教材。全面考察了前苏联领域内从古至今存在过和存在着的各种国家构成体及其法律体系的规律性更替过程。

王海军撰写的《〈罗斯法典〉研究》[29]，于2014年11月由北京大学出版社出版。它以《罗斯法典》为主要研究对象，并结合其他法律文件，对其时代所适用的法律问题进行梳理和考察，并对其时代价值和历史意义作出客观评价。

由葡萄牙法学家科斯塔著，唐晓晴翻译的《葡萄牙法律史》[30]，于 2014 年 9 月由法律出版社出版，该书展现了作为罗马日耳曼法或者大陆法制度的葡萄牙法律的历史发展，分两部分对伊比利亚半岛法律的历史及葡萄牙法律的历史展开论述。

（三）英美法律史研究

美国法律史一直是外国法律史领域中的重点和热点问题，2014 年度北京地区涌现了一大批关于美国法律史研究的著作。

美国法学家乔纳凯特著，屈文生翻译的《美国陪审团制度》[31]于 2014 年 3 月由法律出版社出版。该书主要介绍美国陪审团的具体程序，包括审查权利滥用、证据查找、陪审团的价值、审理中止、陪审团的规模和操作、陪审团的选取、对抗制、质证、复杂案件中的陪审团等。

美国法学家阿兰·艾德斯和克里斯托弗·梅著，项焱翻译的《美国宪法个人权利案例与解析》[32]于 2014 年 4 月由商务印书馆出版。该书作为美国法学院宪法课程的重要辅助读物，为庞大而复杂的美国联邦宪法之个人权利体系勾勒了基本线索和脉络。

朱曾汶翻译的《美国宪法及其修正案》[33]于 2014 年 4 月由商务印书馆出版。本书收录了美国宪法及宪法修正案的英文原文和中译本，另收录了刘小冰的《美国宪法的综合分析》与张彩凤《一个民族的图腾：美国宪法导读》。

威尔逊著，李洪雷翻译的《美国宪法释论》[34]于 2014 年 9 月由法律出版社出版。该书由威尔逊长篇演说辞汇集而成，作为唯一一名参加过联邦制宪会议的宾夕法尼亚州宪法批准大会代表，他在宪法批准大会上发表了一系列长篇演说。这些演说直接促成了联邦宪法在宾夕法尼亚被批准，并且为其他州的联邦党人所广泛援用。

麦基文著，田飞龙翻译的《美国革命的宪法观》[35]于 2014 年 12 月由北京大学出版社出版。作者麦基文教授独辟蹊径，从法律角度来解读美国革命。麦基文指出，正是由于美洲殖民地与作为宗主国的英国两方对于英国法的不同意见，导致冲突，催生了美国的独立战争，彻底改变了历史的走向。

（四）外国法律思想史研究

由徐爱国、李桂林编著的《西方法律思想史》[36]教材第三版于 2014 年 8 月由北京大学出版社出版。本书以体系简洁、内容扼要、论述通畅、语言朴素为宗旨，以方便学习者的学习并掌握所学内容为目标，阐述从古希腊、古罗马到当代的西方法律思想。

由魏胜强主编的《西方法律思想史》[37]于 2014 年 2 月由北京大学出版社出版。该书立足于西方法律体系和西方文化，为读者扎实、全面而又简练的展现出西方法律思想的概貌。同时，本书也富于时代气息，作者汲取近年来本学科的最新研究成果，力图以前沿视角阅读贤哲大家。

詹姆斯·塔利著，王涛翻译的著作《论财产权：约翰·洛克和他的对手》[38]于 2014 年 6 月由商务印书馆出版。该书是詹姆斯·塔利的第一本学术著作，修改自他的博士论文，也是他的成名之作。从思想史的研究方法论上讲，此书是剑桥学派“语境主义”方法论的早期代表作之一。从研究内容上讲，此书是西方洛克研究的经典之作。

穗积陈重著，李求轶翻译的《法典论》[39]于 2014 年 1 月由商务印书馆出版。该书是日本近代著名法学家穗积陈重的代表作，是一部立法史与立法技术的专门著作，作者对法典的性质、沿革、法律家与法典编纂、非法典编纂论，以及法典编纂的治安策略、守成策略、统一策略、整理策略、更新策略五种目的进行了历史考证，同时对法典的体裁、法典编纂的组织，以及程序进行了论证。

本杰明·卡多佐的名著《法律的成长》[40]，由李红勃、李璐怡翻译，于 2014 年 12 月由北京大学出版社出版。该书阐明了卡多佐的基本法律观：即一种稳健而注重平衡的观点：尊重个人的财产权，却不能致使其发展到侵犯大多数人福利或安全的地步；必须维护正义的一般品质，也要保留它兼顾个性与特性的能力；先例或成文法无论多么苛刻也应当得到严格的遵守，但公正与良知的良好规诫也同样应当得到尊重。

三、研究热点问题

2014 年北京地区的外国法律史研究不仅在传统的外国法律史研究领域中有丰富的成果，具体研究对象也进一步拓展。期刊论文体现的研究热点主要包括以下几个方面。

（一）罗马法研究

罗马法研究在 2014 年尤其受本学科北京学者的关注，因为全国外国法制史研究会年会第 27 届年会的主题即为罗马法。来自北京的学者在该年会上发表了 5 篇论文，北京地区的法学学术期刊也对罗马法给予了较多关注。

作为罗马法研究领域的旗帜性学者，徐国栋在北京的法学学术期刊上发表多篇关于罗马法的研究成果。在《罗马公共卫生法初探》[41]一文中，对古罗马公共卫生法这一罗马法研究中的全新领域进行了初创性研究。

在《罗马法中的信用委任及其在现代法中的继受——兼论罗马法中的信用证问题》一文中，徐国栋认为，罗马法中的信用委任是一人委托他人对第三人贷款，该人担保第三人对贷款人还款的法律制度。罗马法承认信用委任的合法性主要是为了满足银行业的需要，因为银行是主要的受任人。信用委任制度至今得到了至少9个国家和地区的立法的继受，如果我国对之予以继受可以解决意欲的借款人信用不足问题和意欲的贷款人和融资援助需求人担保资力不足问题。

其他关于罗马法的成果研究还包括叶秋华和黄蓉的《试析优士丁尼〈法学阶梯〉"盗窃"专题之编纂》[42]，该文认为，《法学阶梯》"盗窃"专题编纂体例的系统性和逻辑性堪称各专题中的典范，从罗马法学家的方法论入手对"盗窃"专题编纂的内部逻辑进行考察，是一种检视罗马法文本的恰当视角。作者认为，法学阶梯的编纂者对"盗窃"的叙述顺序基本遵循了盖尤斯的思路，其增添的法条并未有损叙述的逻辑，也不会造成阅读上对条文之间关系的阻滞，只是将主题进行深入的重释和类型区分，使围绕主题的类型构建更加完整。

胡骏在《论公私法划分起源于古希腊法》[43]一文中认为，公法与私法的划分早在罗马法之前就已出现，最早出现于古希腊法，古希腊的自然法思想和辩证法方法为公私法划分提供了理论来源，古希腊司法实践中最早出现了公私法划分的雏形，罗马法学家西塞罗最先将古希腊公私法划分方法引入罗马法并发展完善。

（二）英国法律史研究

英国宪政史一直是学者们关注的重点。田飞龙在《英国议会主权的思想史演变》[44]一文中认为，以"议会主权"为代表性原则的"一元民主制"是英国宪制的核心特征，是英国宪制闻名于世的基础性支撑。近代以来的英国数代法学家一直致力于一种"议会主权"学术与制度传统的经验描述与规范论证。布莱克斯通体现了普通法学者的政治成熟，提出了英国宪法中议会主权的原则性要素。白芝浩和戴雪在英国成熟宪法实践的基础上完成了英国宪法的"学术法典化"，奠立了议会主权的宪法理论框架。二十世纪以来的宪法学家则分别从功能主义和共和规范主义的进路推进议会主权的理论完善。英国议会主权的思想演变对于支撑英国当代宪法学中的"政治宪法"传统具有核心理论意义。

同时，英美法系中信托制度的起源受益制也得到了应有的关注。叶秋华、刘玥、孔德翰在《英国中世纪受益制发展路径解析》[45]一文中认为，受益制最初是由中世纪英国土地保有者为了规避封建附属权利、普通法的继承规则等而自行创设的一种财产处置方法。受益制在民间的广泛应用给社会带来了损害封建附属权利、欺诈债权人、破坏交易安全等问题。针对这一系列问题，中世纪英国统治者对受益制并未全盘否定，而是以解决受益制带来的社会问题为出发点，采取宽容的态度和理性的解决路径，维护了社会稳定，还使这一制度得以逐步发展成为信托制度。

（三）美国法律史研究

美国宪政史一直是外国法律史的热点问题。其中，刘晗在美国宪政史的研究中发表了一系列研究成果，在传统理论的基础之上有所突破和创新。在《美国宪法民族志初论：宪制文化及其意义结构》[46]一文中，他借助宪法民族志的研究方法，从历史、文化和法律的整体视角，勾勒出美国独特宪法文化的外在形态和意义结构。美国成文宪法的至上性、司法审查的重要性以及本土规范的至上性三大特点，源于美国革命所开创的独特历史经历和政治想象。

在《宪制整体结构与行政权的司法审查："马伯里诉麦迪逊案"再解读》[47]一文中，刘晗认为，马伯里案对于美国宪法的整体结构提出了根本性的问题，不仅开创了宪法意义上的司法审查，而且触及了行政法意义上的司法审查。马歇尔大法官在该案中不但确立了法院对于国会立法的合宪性进行审查的权力，而且讨论了法院对于行政行为合法性的审查权，尤其是该审查权的权力来源、范围和限度。

同时还有很多学者同样将注意力集中在美国早期宪政史问题上。白龙在《走出〈独立宣言〉——1787年美国宪法与美利坚共和国的构建》[48]一文中，论述了1787年美国联邦宪法在继承《独立宣言》政治理想的前提下，完成美利坚共和国的初步构建。制宪者通过从"分离"到"统一"的政治议程转换、总统制与权力制衡等机制设置，以及宪政理念的刷新，为共和主义传统注入新的因素与活力。

田雷在《第二代宪法问题——如何讲述美国早期

宪政史》[49]一文中所解决的问题集中于生活在“内战前”的美国第二代国家构建者所面对的结构性难题，即建国者通过制宪所规定的究竟是何种性质的联邦共同体，是如何在漫长的建国时刻中守护并且传承原初宪制的。他们面对着联邦党人宪制所遗留的建国不彻底难题，却无法启动制宪权进行完制续造，而只能在原初宪制框架内进行一次又一次的治标而不治本的妥协。

徐爽在书评《马伯里案的起航——爱德华·考文著〈马伯里诉麦迪逊案与司法审查原则〉解读》中认为，《马伯里诉麦迪逊案与司法审查原则》一文围绕着“司法审查之确立及基础”这个问题，代表了考文对司法审查之形成与合法性来源这一问题的结论性研究成果，不仅提出了有意义的问题，展现了对问题的洞见，还因其思想方法所溢出的更多智慧，点燃后来者继续探索的激情与灵感。

（四）其他国家和地区法律史研究

雷磊在《德国的调解观念及其启示》[50]一文中认为，德国法中调解的实践兴起的时间虽然比较晚，但是其观念却具有普遍性意义。调解被认为是一种以沟通为基础并借助调解人的帮助和公正的程序来自负其责地获得纠纷解决方案的办法，它以人的尊严和程序公正为价值基础。调解人保持中立姿态，运用倾听、传达、沟通和磋商的技巧以及专门的知识来解决纠纷。完整的调解包括五个基本阶段以及一个起始阶段和一个执行阶段，并有其目标与界限。德国的调解观念在调解的原则、程序、界限以及调解人的素养培育等方面对我们颇具启示意义。

夏新华在《从“非洲法系”到“非洲混合法系”——再论非洲法研究中的法系问题》[51]一文中认为，由于理论建构的难度以及非洲法的复杂性，对非洲法系的研究难以突破现有理论局限。然而，随着混合法系理论的成熟和非洲法研究的深入，“非洲混合法系”概念的提出，打破了传统“中西二元”的思维局限，以更加开阔的视野重构非洲法研究的三维空间，既缓和了非洲法系能否独立存在的争议，又解决了非洲法系如何划分的困境，还能为学界进一步探析法系划分理论提供有效的研究思路。

注：

①黄宗智：《明清以来的乡村社会经济变迁：历史、理论与现实》，法律出版社，2014年版。

②赵晓耕主编：《中国古代法制史专题研究》，中国人民大学出版社，2014年版。

③刘翠霄：《中华人民共和国社会保障法治史（1949—2011年）》，商务印书馆，2014年版。

④李启成：《外来规则与固有习惯——祭田法制的近代转型》，北京大学出版社，2014年版。

⑤聂鑫：《中国法制史讲义》，北京大学出版社，2014年版。

⑥中国政法大学法律古籍整理研究所编：《清代民国司法档案与北京地区法制》，中国政法大学出版社，2014年版。

⑦张佩：《中国“道统”与“法统”在近代的转型研究》，中国政法大学出版社，2014年版。

⑧张中秋：《传统中国法的精神及其哲学》，《中国法学》，2014年第2期。

⑨张中秋：《传统中国国家观新探——兼及对当代中国政治法律的意义》，《法学》，2014年第5期。

⑩张晋藩：《中国古代司法文明与当代意义》，《法制与社会发展》，2014年第2期。

⑪苏亦工：《因革与依违——清初法制上的满汉分歧一瞥》，《清华法学》，2014年第1期。

⑫陈新宇：《帝制中国的法源与适用论纲——以比（附）为中心的展开》，《中外法学》，2014年第3期。

⑬胡祥雨：《清代“家长奸家下人有夫之妇”例考论——满、汉法律融合的一个例证》，《法学家》，2014年第3期。

⑭孙旭：《明代白话小说的法律文献价值——以对请托罪法的反映为例》，《政法论坛》，2014年第4期。

⑮高汉成：《中国近代刑法继受的肇端和取向——以1907年大清新刑律草案签注为视角的考察》，《政法论坛》，2014年第5期。

⑯李平：《论墨子与先秦“法”学兴起》，《法制与社会发展》，2014年第2期。

⑰喻中：《民国初年的司法独立——司法总长梁启超的理论与实践》，《清华法学》，2014年第6期。

⑱何勤华主编：《外国法制史研究》（第16卷），法律出版社，2014年版。

⑲何勤华等主编：《法律翻译与法律移植》，商务印书馆，2014年版。

⑳王云霞等编著：《外国法制史》，商务印书馆，2014年版。

㉑陈灵海等：《中世纪欧洲世俗法》，商务印书馆，2014年版。

㉒龚钺：《欧美各国现行宪法析要》，商务印书馆，2014 年版。

㉓［意］罗道尔夫·萨科著，费安玲译：《比较法导论》，商务印书馆，2014 年版。

㉔周枏：《罗马法原论》，商务印书馆，2014 年版。

㉕何勤华等：《大陆法系与西方法治文明》，北京大学出版社，2014 年版。

㉖［英］莱舍尔著，李秀清、赵博阳译：《教会法原理》，法律出版社，2014 年版。

㉗杨代雄译：《萨维尼法学方法论讲义与格林笔记》，法律出版社，2014 年版。

㉘［俄］奇思佳科夫主编，徐晓晴译：《俄罗斯国家与法的历史》，法律出版社，2014 年版。

㉙王海军：《〈罗斯法典〉研究》，北京大学出版社，2014 年版。

㉚［葡］科斯塔著，唐晓晴译：《葡萄牙法律史》，法律出版社，2014 年版。

㉛［美］乔纳凯特著，屈文生译：《美国陪审团制度》，法律出版社，2014 年版。

㉜［美］阿兰·艾德斯、克里斯托弗·梅著，项焱译：《美国宪法个人权利案例与解析》，商务印书馆，2014 年版。

㉝朱曾汶译：《美国宪法及其修正案》，商务印书馆，2014 年版。

㉞［美］詹姆斯·威尔逊著，李洪雷译：《美国宪法释论》，法律出版社，2014 年版。

㉟［美］查尔斯·麦基文著，田飞龙译：《美国革命的宪法观》，北京大学出版社，2014 年版。

㊱徐爱国、李桂林：《西方法律思想史》，北京大学出版社，2014 年版。

㊲魏胜强主编：《西方法律思想史》，北京大学出版社，2014 年版。

㊳［英］詹姆斯·塔利著，王涛译：《论财产权：约翰·洛克和他的对手》，商务印书馆，2014 年版。

㊴［日］穗积陈重著，李求轶译：《法典论》，商务印书馆，2014 年版。

㊵［美］本杰明·卡多佐著，李红勃、李璐怡译：《法律的成长》，北京大学出版社，2014 年版。

㊶徐国栋：《罗马公共卫生法初探》，《清华法学》，2014 年第 1 期。

㊷叶秋华、黄蓉：《试析优士丁尼〈法学阶梯〉“盗窃”专题之编纂》，《政法论丛》，2014 年第 6 期。

㊸胡骏：《论公私法划分起源于古希腊法》，《法学杂志》，2014 年第 6 期。

㊹田飞龙：《英国议会主权的思想史演变》，《环球法律评论》，2014 年第 3 期。

㊺叶秋华、刘玥、孔德翰：《英国中世纪受益制发展路径解析》，《中南民族大学学报》（人文社会科学版），2014 年第 1 期。

㊻刘晗：《美国宪法民族志初论：宪制文化及其意义结构》，《环球法律评论》，2014 年第 6 期。

㊼刘晗：《宪制整体结构与行政权的司法审查：“马伯里诉麦迪逊案”再解读》，《中外法学》，2014 年第 3 期。

㊽白龙：《走出〈独立宣言〉——1787 年美国宪法与美利坚共和国的构建》，《环球法律评论》，2014 年第 6 期。

㊾田雷：《第二代宪法问题——如何讲述美国早期宪政史》，《环球法律评论》，2014 年第 6 期。

㊿雷磊：《德国的调解观念及其启示》，《法商研究》，2014 年第 2 期。

51夏新华：《从“非洲法系”到“非洲混合法系”——再论非洲法研究中的法系问题》，《比较法研究》，2014 年第 6 期。

（作者：叶秋华、赵晓耕、王云霞，中国人民大学教授；
范依畴，中央民族大学讲师；
李源，中国人民大学博士生）

政　治　学

政　治　学

王续添　周思勤

2014 年北京地区政治学研究成果丰硕，有若干引人注目的新进展。在基础理论领域，学者们在 2013 年研究成果的基础上，结合"国家治理体系和治理能力现代化"的年度热点问题，国家理论、治理理论和民主理论都得到了更为深入的探讨。在中国政治和比较政治学领域，学者们在关注国内政治发展的同时，也注意引介国外学术理论和方法。在政治思想史领域，不仅有对古代、近代和当代西方政治思想家的思想的探析，而且中国传统政治思想的研究也获得了新的增量。

一、政治学基础理论

1. 国家理论

与古代城邦社会相比，现代国家的结构已经空前复杂化。但是，基于事实的客观的多元论政体分类却演变为基于观念之争的二元对立政体理论，以政体中的一个面向即以选举制为基础的民主面向代替长期累积起来的棱镜式混合制。因此，有学者通过对政体理论的回溯以及反思而做"政体重述"，重新认识以政体为核心的政治制度的概念，在理论上的对政体理论正本清源，这种梳理也有利于更客观地认识各国政治。[①]

在讨论政体的时候，联邦制的研究者常常胶着于规范思考与经验研究之间，使人们对于联邦制的理解充满歧义。针对这种问题，有学者尝试厘清联邦主义的多重观念渊源和在实践中介于集权与分权之间的联邦制本质，并探讨联邦制的制度功能及其限度。对其展开批判性思考，有助于无论是联邦制国家还是单一制国家作出与国家总体发展目标相一致的务实而理性的制度与政策选择。[②]

针对政体问题，近年来西方学界对于威权政体的韧性给予了持续性的关注。有学者系统介绍和梳理了最近 10 来年兴起的混合型政体和威权主义韧性的文献。这些研究对转型范式提出了挑战，尤其是更好地研究了各种制度对维系威权主义和混合型政体的作用，这在很大程度上矫正了民主化理论或转型范式对制度因素的忽视。[③]

现代国家建设是国家理论关注的另一个重要问题。有学者提出，学术界关于国家建设的理论大多是围绕国家权力与社会权利两个维度展开的，对资本权利的忽视是国家建设理论的结构性遗漏。要检视作为"自然权利"的个人财产权演变为主宰他人、俘获国家的资本权力过程，将资本权力视为理解国家建设的不可或缺的结构性变量。[④]另一些学者则讨论了民主主义与民族主义之间的交互作用对现代国家建设的影响，在民主转型过程中，此二者有可能成为撕裂政治的主要力量，要注意防范和化解这一双重挑战。[⑤]

2. 民主理论

民主理论内涵丰富，作为 20 世纪后期首先在西方兴起的协商民主理论近年来是国内学界关注的热点，许多学者协商民主的理论基础、制度结构和实践探索作了详尽的分析和说明。例如，有学者介绍西方学术界现在出现一种向代表制的回归，提出代表制在协商民主中占据非常重要的位置，对它的合理运用也能修正协商民主可能带来的以理性为名义的独断。[⑥]还有一些学者则是基于对中西方协商民主的比较分析，对当代中国的协商民主的历史、内涵和机制做了详细说明。[⑦]

多元民主理论也是在政治学领域内占据重要地位的民主理论之一，有学者强调达尔打破了精英民主理论一统天下的局面，建立起以政治平等为价值先导的多元民主理论，加深了人们对民主的理论认识深度和实践推进难度的理解，是民主时代具有公众面向的理论贡献，其研究进路也对中国筹划民主导向的政治改革富有启发意义。[⑧]

话语民主是民主的重要表现形式之一。有学者注意到随着信息通信技术的发展和互联网的广泛运用，网络公共领域开始兴起并发展起来，网络公共领域的一些特征为话语民主的展开提供了重要条件。随着网络公共领域的发展，话语民主有望成为民主政治发展的新起点，并成为代议制民主形式的重要补充。[9]

帕特南在其著名的论述中反复强调了民情对民主政治的质量的影响。有学者通过检视公民社会理论和比较历史视野下的鲜活案例，强调公民社会与民主政治——国家治理之间并不是简单的正向的线性关系，公民社会的性质即“民情”，是连接公民社会与民主政治的中介机制，它决定着民主政治和国家治理之间的各种可能性关系。[10]

还有学者对“民主质量”的考量提出了自己的标准，认为应当从法治水平、经济发展、政治自由、绩优选拔、公民参与、社会福利、政府效能七个方面来评价和测量民主质量。[11]

3. 治理理论

党的十八届三中全会提出“推进国家治理体系和治理能力现代化”这一全面深化改革的总目标以来，政治学界就这一议题展开了广泛而深入的讨论。从国家统治到国家治理的转型经历了一个漫长的演变过程，而新自由主义思潮则起到了推波助澜的作用。有学者梳理了国家统治与资本主义的崛起二者间的关系，从历史的视角分析国家治理和新自由主义的张力所在。[12]也有学者基于西方的治理理论和中国政治实践详细说明了国家治理现代化概念和提出的缘由。[13]在全球化时代，国家治理的现代化既会受到国际政治经济背景的影响，也是全球政治的一部分，有学者则从这个角度出发，探讨了国家治理现代化与国际社会的双重关系。[14]

就“国家治理体系和治理能力现代化”这一命题的意义及如何实现这一目标的问题，许多学者也发表了各自的看法。例如，有学者将“国家治理体系和治理能力现代化”概括为由三个概念性变量构成的模式：即国家有能力、权力有边界、权力受约束，同时指出“国家治理”这个概念的提出与明晰对于中国争夺世界政治话语权也有着重要意义。[15]也有学者侧重于强调国家治理体系和治理能力现代化的过程，就是一个不断克服治理危机的过程。从政府职能、治理能力与合法性三个面向出发，比较分析不同阶段、不同遭遇的治理变迁问题，有助于思考在现代化进程中健全国家治理体系和提升国家治理能力问题。[16]还有部分学者则推崇法治建设对国家治理体系和治理能力现代化的作用。他们认为法治的方法能够为国家治理体系和治理能力现代化提供形式、行为和目的等多方面多层次的支持。[17]而“法治精神”是对“国家治理体系和治理能力现代化”的核心要求，“现代化”的国家治理能力实际上要求国家治理活动中能够有效地运用法治思维来解决国家生存和发展中出现的重大而复杂的社会问题和治理事务。[18]

4. 国外理论引介

2014 年，一批国外政治学研究的成果在国内学者的努力下被引介给国内的政治学界。有学者翻译并介绍了迈克尔·布哈林在《政治文化的谱系》一书中针对政治文化研究中实证主义范式与解释主义范式之间的持续性争论这个问题的主要观点，主张用包容的、多元主义的态度来处理这些不同的方法论工具。[19]

新世纪伊始，美国就掀起政治学研究方法的“改革运动”。有学者系统介绍了美国政治学研究方法发展的现状及趋势，通过反思新世纪美国政治学研究方法的变革历程和得失，将有益于繁荣发展当代中国政治学。[20]

不断创新的互联网革命增加了其对政治生活的影响。作为当代政治学研究的新拓展，网络政治学重要的现实价值和理论研究意义吸引了学术界的积极探讨。有学者对近年来英文文献中有关互联网与社会个体及群体的关系、网络政治学研究的衍生理论分析框架等成果进行了全方位评述，为中国学术界相关知识的增进提供借鉴和思考。[21]

二、中国政治

1. 理论工具与分析路径

统合主义理论是理解国家—社会关系的经典理论之一，然而在用于中国研究时，在适用性上存在一定的问题。有学者基于统合主义的理论内涵和对中国的经验观察，提出中国的群众组织及其衍生出的新型社会组织，与统合主义组织更多的只是表象上相似，而非实质上的相同，因为它们是基于与统合主义完全不同的政治逻辑、社会阶层结构、生产方式、政党体制和意识形态话语。[22]

基尼系数与政治稳定存在着复杂的互动关系。有学者注意到基尼系数对中国政治稳定评测失效的情况，并对这一问题作出了分析。认为政治系统民意消化力的提升、民主监督制度的完善、维稳成本的提高、改革的边际效用和传统文化在一定程度上消解了基尼系数对我国政治稳定的影响。但我国的政治稳定是临界的动态稳定，因此仍需注意建立维护政治稳定的长效机制。[23]

2. 基本制度与宏观研究

自晚清以来，中国一直在从古典国家形态向现代国家形态转变的进程中艰难前进。有学者从静态层面上展现了帝制中国、民族国家、政党国家与宪政国家四个国家面向，从动态角度呈现了帝制中国向现代国家转变的三次结构性变迁的复杂过程，并分析了在这一过程中遭遇困难的原因以及走向规范的现代国家的可能之道。[24]

构成20世纪中国政治的那些主要概念，如阶级或阶级性政党以及与之相关的政治范畴，早已或正在被以“发展”为中心的现代化概念所替代，然而阶级问题仍是一个没有被充分厘清的问题，因此有学者从新工人与新穷人两个群体的形成及其相互关系的分析出发，讨论在当代语境中，如何理解阶级概念、阶级政治与阶级形成问题。[25]

在讨论当前中国政治发展时，党政关系既是一个老问题，又是一个常谈常新的问题。有学者论述了有关政党与公共权力的一般规律，概述了社会主义国家党政关系问题的由来，分析了以党代政执政模式的特点，最后提出，改革党政关系最主要的内容，就是要把党组织的活动重心前移、强化，改变过去我们把重心放在党的领导机构用权从而导致党政关系紊乱的状况。[26]

当前中国国家建设进程中还有一个不能忽视的问题即台湾问题。有学者通过对“主权—治权”分析框架及其相关政治论述的检视和反思，提出了替代性分析框架，即“主权所有权—主权行使权——般治权”分析框架。[27]

3. 社会治理与政策

随着中国现代化程度的深入，社会问题表现形式日趋多样化，针对这些问题的研究也表现得更为丰富。从总体上，有学者从社会矛盾的两种基本案件类型——合法形式社会矛盾、非法形式社会矛盾出发，通过对20世纪90年代以来全国社会矛盾的演变态势和宏观原因进行实证研究发现：社会控制力对非法形式社会矛盾发生率有抑制作用，而对合法形式社会矛盾发生率有促进作用，收入分配差距对非法形式社会矛盾发生率、社会矛盾总发生率均有显著的正向影响作用，而对合法形式社会矛盾发案率则无显著影响。因此，可以针对现实问题，对社会矛盾进行标本兼治的分类治理。[28]

面对基层问题时，有学者讨论了基层权力的空心化、分利集团化、甚至黑社会化问题，显示出基层权力微循环不畅甚至坏死，提出应从权力来源、权力配置、权力行使的各环节相关制度和程序的细化设计，来确保权力在扁平化结构中闭环运行[29]。还有学者讨论了中国政治长期存在的上访问题，将农民上访问题纳入乡村社会的利益表达和协调机制大背景下考察，可以看到乡村社会的纠纷解决模式正在走向功利化和实用化，传统社会的情理机制正在转型为工具性牟利手段，乡村治理的意识形态话语和具体行动策略发生了实践性背离。[30]也有学者通过梳理善治及农村基层善治的概念内涵以及转型期农村基层治理中的突出问题，重申转型期赋权、放权和维权的主要内容和重要性。[31]

衡阳贿选案是2014年具有重大社会影响的政治案件。有学者以理性选择制度主义的相关理论分析了衡阳贿选案从个体理性选择到群体非理性行动的贿选过程，以及在贿选调查处理过程中的理性选择。基于对衡阳贿选案的制度主义反思，他认为人大代表选举制度本身有不完善之处，监督选举与查处贿选过程中的非程序化也使得制度的约束力下降，人大选举及其配套制度的实质性改革还是前路遥遥。[32]

随着人们对环境问题的重视程度日益提高，针对环境的治理也成为基层治理的重要诉求，环境政治学在中国的发展已有一段时间，有学者从三个层面考察了中国环境政治中的集权—分权悖论：党在环境政治系统决策过程中的绝对权威地位、环境行政过程中权力与职能的碎片化、环境政治地方分权的困境，并提出改革生态环境管理体制、建立生态文明制度需要首先克服目前中国环境政治中的集权—分权悖论。[33]

三、比较政治

1. 方法论

有学者提出，需要在研究和扬弃西方比较政治学的基础上建构中国的比较政治学体系和研究议程，以及其下的方法论。有学者建构了“国家建设—政治制度—公共政策”的比较政治学体系，并提出了国家建设的“结构—时序论”，对政治制度进行了政体意义上的“重述”。[34]

2. 政党政治

当今各国的政党在发展过程中各有其面临的问题，并且提出了各自的解决之道，对其他国家政党政治的分析可为我国政党政治的发展提供借鉴。有学者把中国政党制度置于世界背景之中，以比较的方法来分析中西方政党制度，通过两种政党制度之间“对话”，从历史发展、制度模式、运行机制等视角认识中国政党制度，凸显其特色。[35]

政党纪律关系到政党的组织性、行动力和统一性，进而关系到政党的生命力。有学者讨论了西方发达国家党纪监督的制度背景、主要做法及其特点，总结了西方发达国家党纪监督的经验与启示，以期为中共强化政治纪律、严明党纪执行、健全外部监督等提供参考。[36]

还有一些学者则详细介绍和分析了具体国家执政党的经验与教训，特别是与中国情况相近的新加坡人民行动党廉政建设的基本经验[37]和“金砖国家”执政党严明党纪的举措及启示[38]，也有学者讨论过去较少引起人们普遍重视的拉美国家执政党的合法性困境与执政难题[39]，如阿根廷正义党的执政经验与教训。[40]

3. 国别研究

日本20世纪90年代实施了以众议院选举制度改革为核心的“政治改革”，制度改革使日本政治体制与政治过程发生了显著变化。有学者以20世纪90年代日本政治行政制度改革为研究对象，对日本制度改革的背景、路径、目标取向以及阶段性结果等进行研究，加深了对日本政治现状以及未来发展趋势的理解和认识。[41]

印度独立后经历了从政治廉洁向政治腐败的重大变迁，值得我们引以为戒。学术界对印度政治腐败兴起原因的探讨侧重于经济和文化方面。有学者强调印度独立后政治腐败的兴起还与新中国成立初期的“国大党体制”紧密相关。在“国大党体制”下惠顾型的权力结构致使反对党“有效制约”的不足，报刊媒体和政策制定被国大党政府垄断，家族政治和个人集权等因素都是印度政治腐败兴起的重要原因。[42]

随着非传统安全威胁的增多、行政权力的扩张、政策转移效应的增强和国家民主建设进程的推进，各国纷纷成立安全委员会以应对国内外安全问题。有学者通过比较研究发现，各国成立的安全委员会在级别、性质、内部结构以及隶属和负责制方面存在着差异，这些差异可为我国建立和完善国家安全委员会提供参考。[43]

四、政治思想史

1. 古典与近代西方政治思想

对于好人与好公民能否兼得这个千古政治伦理难题，亚里士多德的解答是，在最理想的政体中，好公民与好人都具有同样完满的德行。有学者指出，在现代政治实践中，亚里士多德的公民德性很有可能变异为绝对主义政权中的臣民服从德性，这与现代公民的基本权利诉求是相悖的，有必要在现代道德底线意义上（即非完满的德性，也不追求实现最高善，而是不作恶，把握好尺度）重申好人的德性。[44]

孟德斯鸠是西学东渐过程之中的一座重镇，然而其崇高的思想地位与其充满矛盾的理论体系之间却形成了令人难解的反差。萨拜因、弗格林、柏林、史珂拉、潘格尔与墨农分别以不同视角对孟氏作出了不同的解读。有学者认为古今视野的引入则使得后两位的研究分别对孟氏的根本问题给出了自己的答案，并为进一步的反思与追问提供了基础。孟氏是以新定义的“自由”否定了人的自然，形塑了今天人们对政治与伦理的看法。[45]

现代思想主流的一个核心观点是将“理性自利的动机”看作人的主导动机。研究者们普遍认为，休谟是运用利益动机解释人类行为的思想家的典型代表。有学者提出这个传统看法是对休谟的误读。休谟虽然看重人的自利倾向，但他却否认这类激情与理性可以稳定结合，形成理性自利的动机，更否认这个动机可以持续稳定地主导人的行为。他强调激情与欲望的多样性，批判近代式的化约倾向。[46]

2. 现当代西方政治思想

在共和主义掀起的与自由主义的争论中，围绕公民定位问题展开了广泛讨论。共和主义站在积极自由的立场上，对自由主义的消极自由进行了消极公民的界定并加以严厉批判。有学者提出，共和主义对自由主义的批判，是建立在并非自由主义主张的立场上的，自由主义在公私领域分流发展的基础上，明确界定了公民以消极自由维权、以积极参与结社的立场。因此，共和主义对自由主义消极公民的批判是不成立的。[47]

各种政治保守主义主张是在与各种自由主义的对峙中被标明为保守主义的。有学者认为，在各种保守主义中，唯有“保守”自由的保守主义才能使传统以及一切值得保守的东西真正得到保守，也只有这种保守主义才能为国家与个体保守应有的道德提供理据，因为只有有自由，才会有道德，并且也才有可能要求个人与国家都要有道德。[48]

克劳德·勒弗是当代法国著名政治思想家，其民主理论在当代西方政治哲学领域有着巨大的影响。有学者介绍了勒弗思想中民主与现代社会的经验之间的关系，并指出在勒弗那里，与民主相对的是极权主义，而非我们一般意义上的“专制”。在勒弗看来，只有在现代性展开之后才出现我们今天所面临的民主问题，但现代社会可能会导向极权主义社会，也可能会导向民主社会。[49]

自马基雅维利始，近代政治理论就开始主张政治具有自主性。威廉姆斯在新的世纪重提政治自主性命题，引起了当代政治哲学界的争论。有学者认为威廉姆斯基于多元主义而提出政治具有不可化约的硬核的主张在一定程度上强化了政治具有自主性的命题。威廉姆斯的政治自主性主张可以得到辩护，但鉴于自主性概念含义的复杂性，我们仍不能够完全肯定地论证政治应该独立于道德评价。[50]

3. 古代中国政治思想

有学者强调，就政治价值而言，儒家并不倾向于把关于政治的智慧发展成关于政治的知识，也不单纯地追求社会秩序，更不会宣称价值中立，而是明确地追求从好的政治价值出发去达成好的政治秩序，即从仁义之道出发去达到实现仁义价值的理想之治。它并不和某种特定的政治制度相关联，也并不必然导致某种政治制度，而是在一切政治制度中去寻求实现仁义之道的最佳形式。[51]

有学者从文本出发，认为《中庸》代表了一个兼具道德哲学与政治哲学意味的经义体系，蕴含着儒家政治思维的根本原理。天人之需指向政治体的精神根基，以超越维度与人间秩序的高度浑融为特色，人被赋予参赞者、协调者的核心角色。这种秩序形态衍生出一种治教模式，儒家之道作为一种公共文教与政治体制之间呈现合体分用的关系，显示出政治与道德精神的密切联系。君子作为文教和政治双重意义的复合型精英，被视为此类秩序和治理的枢纽。[52]

对黄宗羲的研究是 2014 年中国政治思想史研究领域的一个热点。有学者认为黄宗羲在许多重要方面都提出了传统民本所没有的新内涵，但是他所坚持的政治理想并没有超出“君主民本”的范围，他对现实的批判方式是回归经典时代，并非革命性的反专制主义。黄宗羲民本思想对近代改良派的影响不是因其是否“超前地”预见到近代民主，而在于他的思想被片面地抽取和解读了。[53]

4. 近现代中国政治思想

晚清至民国是西方近现代意义上的政治学学科引进中国，与中国经典产生碰撞的关键时间段。有学者对近代中国政治学学科发展的历史做了详细的梳理，总结这一时期政治学学科发展的三个方面，即西方政治学译著传播、西方政治学研究方法推介、西方政治学学科体系构建。这三个方面混合出现，齐头并进，同时晚清学人对于近代中国政治学学科构建也有强烈的“自我意识”，这为之后中国政治学学科的发展提供了理论准备和思想基础。[54]此阶段民族主义观念在中国也得到了传播，有学者考察了章太炎与严复围绕这一问题的争论：围绕严复民族主义不能使中国摆脱困境的论述，章太炎一方面反对将一般性的社会发展模式套在中国历史上，另一方面强调了民族主义在现代国家建设中的独特价值。这种争论反映了民族主义与现代中国政治秩序构建之间的复杂关系。[55]

有学者指出，20 世纪三四十年代，随着西方近现代意义上的政治学的引进，日本的一些学者也开始试图从新的路径来重新解释中国的经典，以对抗西方意义上的政治学或政治哲学，构建东洋式的政治学或政治哲学。他们对中国经典的解释深刻地影响了此后日本人面对中国经典的基本态度。[56]

注：

①曾毅：《政体理论重述》，《社会科学研究》，2014 年第 3 期。

②王丽萍：《幻象与现实之间的联邦制——对联邦制研究中若干重要问题的讨论》，《政治学研究》，2014 年第 1 期。

③张长东：《混合型政体与威权主义韧性研究》，《国外理论动态》，2014 年第 5 期。

④曾毅：《现代国家建构理论：从二维到三维》，《复旦学报》（社会科学版），2014 年第 6 期。

⑤杨光斌、杨洪晓：《民主主义、民族主义与现代国家建设》，《行政科学论坛》，2014 年第 4 期。

⑥段德敏：《重新认识代表制在协商民主中的地位和作用》，《国外理论动态》，2014 年第 9 期。

⑦陈家刚：《当代中国的协商民主：比较的视野》，《新疆师范大学学报》（哲学社会科学版），2014 年第 4 期。

⑧任剑涛：《多元民主及其中国回响：以达尔民主理论为中心》，《江苏社会科学》，2014 年第 3 期。

⑨熊光清：《网络公共领域的兴起与话语民主的新发展》，《中国人民大学学报》，2014 年第 5 期。

⑩杨光斌、李楠龙：《公民社会的“民情”与民主政治的质量》，《河南大学学报》（社会科学版），2014 年第 8 期。

⑪燕继荣：《民主及民主的质量》，《经济社会体制比较》，2014 年第 3 期。

⑫朱天飚：《国家治理与新自由主义》，《学术月刊》，2014 年第 7 期。

⑬何增科：《理解国家治理及其现代化》，《马克思主义与现实》，2014年第1期。

⑭杨雪冬：《全球化进程与中国的国家治理现代化》，《当代世界与社会主义》，2014年第1期。

⑮杨光斌：《“国家治理体系和治理能力现代化”的世界政治意义》，《政治学研究》，2014年第2期。

⑯时和兴：《国家治理变迁的困境及其反思：一种比较观点》，《当代世界与社会主义》，2014年第1期。

⑰常保国：《法治建设与国家治理体系和治理能力现代化》，《政治学研究》，2014年第2期。

⑱莫纪宏：《论“国家治理体系和治理能力现代化”的“法治精神”》，《新疆师范大学学报》（哲学社会科学版），2014年第11期。

⑲卢春龙：《政治文化研究的多元历史传统：一个方法论的分析》，《学习与探索》，2014年第4期。

⑳臧雷振、黄建军：《美国政治学研究方法发展现状及趋势——新世纪初的新争论、挑战与反思》，《政治学研究》，2014年第4期。

㉑臧雷振：《网络政治学：开启政治2.0时代的新议题》，《国外理论动态》，2014年第1期。

㉒张汉：《统合主义与中国国家—社会关系研究——理论视野、经验观察与政治选择》，《人文杂志》，2014年第1期。

㉓李全喜、王美玲：《基尼系数对中国政治稳定评测失效分析——兼论基尼系数与政治稳定的逻辑关系》，《甘肃行政学院学报》，2014年第2期。

㉔任剑涛：《从帝制中国、政党国家到宪制中国：中国现代国家建构的三次转型》，《学海》，2014年第2期。

㉕汪晖：《两种新穷人及其未来——阶级政治的衰落、再形成与新穷人的尊严政治》，《开放时代》，2014年第6期。

㉖王长江：《关于改革和梳理党政关系的思考》，《马克思主义与现实》，2014年第3期。

㉗王英津：《论两岸关系研究中的“主权—治权”分析框架及其替代方案》，《广西师范大学学报》（哲学社会科学版），2014年第5期。

㉘胡联合、胡鞍钢、魏星：《国家治理：社会矛盾的实证研究》，《新疆师范大学学报》（哲学社会科学版），2014年第3期。

㉙褚松燕：《基层权力“三化”问题及其治理》，《人民论坛》，2014年第2期。

㉚郭伟和：《作为总体性社会事实的农村社会上访研究》，《思想战线》，2014年第3期。

㉛李增元、程又中：《赋权、放权与维权：转型期的农村基层善治及其实现途径》，《华中师范大学学报》（人文社会科学版），2014年第1期。

㉜李月军：《理性选择制度主义视角下的“衡阳贿选人大代表案”》，《人大研究》，2014年第6期。

㉝冉冉：《环境议题的政治建构与中国环境政治中的集权—分权悖论》，《马克思主义与现实》，2014年第4期。

㉞杨光斌：《新比较政治学：体系—议程—方法》，《比较政治评论》，2014年第一辑。

㉟周淑真：《从比较的视角看中西政党制度》，《新视野》，2014年第1期。

㊱陈家喜、黄卫平：《西方一些发达国家党纪监督的做法及其启示》，《当代世界与社会主义》，2014年第1期。

㊲赵景芳：《新加坡人民行动党廉政建设的基本经验》，《当代世界与社会主义》，2014年第5期。

㊳孔新峰、于军：《“金砖国家”执政党严明党纪的举措及启示》，《中国井冈山干部学院学报》，2014年第3期。

㊴袁东振：《拉美国家执政党的合法性困境与执政难题》，《拉丁美洲研究》，2014年第4期。

㊵林华：《阿根廷正义党的执政经验与教训》，《拉丁美洲研究》，2014年第5期。

㊶张伯玉：《制度改革与体制转型——20世纪90年代日本政治行政改革分析》，《日本学刊》，2014年第2期。

㊷张树焕：《“国大党体制”与印度政治腐败的兴起》，《南亚研究季刊》，2014年第1期。

㊸刘鹏、刘志鹏：《国家安全委员会体制的国际比较》，《经济社会体制比较》，2014年第3期。

㊹黄璇：《“好人”与“好公民”：一个政治伦理难题的亚里士多德解》，《武汉大学学报》（哲学社会科学版），2014年第3期。

㊺丁凡：《古今视野与问题意识——孟德斯鸠案例简析》，《学海》，2014年第3期。

㊻程农：《休谟与理性自利问题》，《贵州社会科学》，2014年第11期。

㊼任剑涛：《论积极公民——共和主义与自由主义的公民定位分析》，《武汉大学学报》（哲学社会科学版），2014年第1期。

㊽黄裕生：《论保守主义的原则及其理论难题》，《学术前沿》，2014 年第 8 期。

㊾段德敏：《民主与现代社会的经验：勒弗与特殊民主理论探析》，《学海》，2014 年第 4 期。

㊿陈德中：《何为政治，如何自主？对威廉姆斯政治自主性命题的一个考察》，《学术交流》，2014 年第 4 期。

51彭永捷：《论儒家政治哲学的特质、使命和方法》，《江汉论坛》，2014 年第 4 期。

52任锋：《天人、治教与君子：〈中庸〉经义解析》，《天津师范大学学报》（社会科学版），2014 年第 4 期。

53林红：《黄宗羲民本思想的再认识》，《学习论坛》，2014 年第 9 期。

54王昆、杨德山：《晚清政治学学科发展研究：1899—1950 年》，《湖南师范大学社会科学学报》，2014 年第 2 期。

55干春松：《民族主义与现代中国的政治秩序——章太炎与严复围绕〈社会通诠〉的争论》，《开放时代》，2014 年第 6 期。

56张广生：《东洋政治哲学：20 世纪三四十年代日本对中国经典解释的一个侧面》，《学习与探索》，2014 年第 12 期。

（作者：王续添，中国人民大学教授；
周思勤，中国人民大学博士生。
本文经中国人民大学李景治教授审定）

社　会　学

社　会　学

奂平清　李　朝

2014 年北京社会学界在理论社会学、社会学史、社会研究方法、社会治理和社会（社区）建设、社会发展与社会转型、社会阶层结构、社会问题、社会政策、社会保障和社会工作、环境社会学、组织社会学、婚姻家庭与性别研究，以及社会心理研究等诸多领域都取得了丰硕的成果。

一、理论社会学、社会学（思想）史

在社会学者们以高度的理论自觉意识探索中，中国特色的社会学理论不断走向成熟，为学科发展进一步打下坚实的基础。有学者指出，中国社会学必须面对中西关系、今古关系、理实关系（即理论与现实、理论与实践的关系）三种基本关系。只有把这三个方面结合起来，真正做到“借鉴西方，跳出西方”，不断进行“再评判”，做到“开发传统，超于传统”，不断进行“再认识”，做到“提炼现实，高于现实”，不断进行“再提炼”，才能真正创新我们的学术话语，创造我们学术特色，也才能形成为数众多的真正的中国学派。中国社会学界，特别是青年学者，要敢于和善于“再评判”“再认识”“再提炼”，在不断做好这些方面基本功的同时，不断增强自己的实际功力，扎扎实实提高自己的理论自觉水平，使自己在学术上、理论上更加成熟，对社会建设与社会治理、对新型城镇化发挥更大作用。[①]也有学者指出，中国社会学有一个不可回避的根本问题，就是中西古今问题，“中国化”不是“地域化”，不是“国别化”，而指的是一种文化基因、民族特性、一种历史逻辑。回避就是对西方中心主义的遵从，就是对民族虚无主义的默认；就是用生搬硬套代替消化、批判和融合，用照抄照搬代替自主创新，那么就不可能建立起具有中国风格、中国气派、能够回答中国问题的社会学。[②]

对于费孝通先生对中国社会学的意义，有学者分析指出，定性空间社会学的学术实践是费孝通学术生涯的一个重要组成部分。当代中国社会学以地域空间为分析单位的社会学学术实践已衰弱，其背后有方法论、知识社会学和学术范式变迁的原因。我们需要继承费孝通先生的学术遗产，重返空间社会学。[③]在对当前民族和文化研究的反思中，有分析指出，受多元文化主义等思潮的影响，对费孝通的“多元一体”

“和而不同”“天下大同”的思想和理论，有许多认识与解释上的偏差，如强调“多元”、差异或“不同”，而忽略其理论中“一体”与“和”的方面。对于这些认识与解释上的偏差，需要以高度的理论自觉意识加以厘清和批判，以促进民族之间、文化之间乃至国家之间关系的良性运行与协调发展。④

对于陆学艺对中国社会学的贡献，有分析指出，陆学艺坚持了一条“植根于中国土壤之中”的学术路线。只有坚持这条学术路线，才能从根本上回答中国社会学所面对的中西、古今、理实（理论与经验）、学用（学术与应用）问题。明确了这些基本关系，社会学中国化的关键就抓住了，中国社会学的发展道路就明确了。⑤

在郑杭生先生逝世后，社会学界在纪念和研究文章中对其学术贡献作了评价。有学者指出，郑杭生在其社会学学术之路的早期（1981—1993）创建了社会运行学派，在中期（1994—2006）创立了社会运行论、社会转型论、学科本土论、社会互构论和实践结构论“五论”，在晚期（2007—2014）倡导中国社会学界要追求“理论自觉”，掌握“学术话语权”，致力于创立中国气派、中国特色与中国风格的社会学理论。⑥有学者指出，改革开放以来在中国特色社会学理论创新方面，郑杭生的贡献最为系统、全面。在数十年的学术生涯中他尝试开拓一种新的社会学认识论传统，发展出完备的社会学元理论，构建了多个中国化的社会学本理论，其社会学思想已经成为社会学界乃至整个思想界的一笔巨大财富。⑦关于郑杭生对社会学相关学科发展支持与贡献，学者们也作了评价，认为他秉持兼容并包的信念，致力于把中国社会学学科做大做强，倡导社会学与相近学科的沟通和合作，大力支持民族学、民俗学、人类学等相关学科的发展。⑧

在对西方社会学理论的研究与借鉴方面，有学者探讨了涂尔干对国家与社会之关系的建构，认为现代民主制政治的形成，既不是通过个体意志权利让渡的结果，也不是纯粹国家权威的体现，而是经由职业群体作为政治的基本单位及由此形成的中介作用，通过代议制来实现国家的政治作用。⑨有学者强调涂尔干对自杀研究及其社会理论的人性基础，认为涂尔干通过对作为社会事实的“自杀潮”的社会病理学分析，深刻揭示了现代人的生存境况。⑩有人对韦伯的社会科学方法论的分析认为，韦伯力图为理性与非理性、主观与客观、事实与价值的对立双方之间搭建起关联，强调历史和社会科学既要用理性的方法培养学人清明的理智，也要使人看到超越理性的价值信念，避免走向僵死的理性和狂热的非理性两个极端。⑪有分析认为，贝克关于利他个体主义的道德蕴涵及其社会条件的讨论，对于思考从传统社会关系中脱离出来的中国个体如何作为社会生活中的道德主体具有一定的借鉴意义。⑫对西方社会学理论自身的不足与困境，也有学者进行了探讨。有学者指出，哈贝马斯设想的“理想沟通情境”存在缺陷，除了沟通情景，共识的达成至少还依赖于一个重要的前提，即参与沟通的人们必须同处于一个话语体系之下。只有当参与沟通的人们既处于哈贝马斯设想的“理想沟通情境”之中，又同处于一个话语体系之下时，人们之间才有可能通过进一步的沟通过程来就某个实质性主题达成共识。⑬有学者对污名理论研究的反思认为，既有的污名研究所面临的困境和主要问题在于将“特质—差异”作为污名的根源，并对其存在着本质主义的认知误区，而对更重要的核心问题和实质性关系却未予以足够关注。也由于同样的原因，既有污名研究甚而在一定程度上促进了污名和歧视的生产与再生产，值得后续研究引以为戒。⑭

在社会思想史和社会学史方面，有人分析了近代永嘉学人陈黻宸思想的产生与中国社会结构、机制及其历史脉络的关联，认为近代中国社会学的产生不仅受戊戌维新时期“西学东渐”的影响，同时也是中国思想和社会传统自身发育的产物。⑮有分析认为，“均”体现着中国历史上的一种独特的社会正义观，其含义是多重的，与近代以来源自西方的平等思想在表面上有相似之处，但在实质内容、前提条件、实现途径等方面则截然不同。同时，其影响的长期性、深刻性和社会动员的潜力也是不容忽视的。中国历史文献中的“均”字体现出制度设计、社会思想的历史演变及影响。⑯在不同时期，不同的社会思潮和语境会对学科史的建构提出新的挑战和要求。有分析认为，性别话语的兴起，挑战了由男性角色主导的社会学学科史书写，越来越多的女性社会学家被挖掘，进入社会学的学科史。⑰

二、社会研究方法

在定量研究方法及其设计方面，中国家庭追踪调查（CFPS）的特色是：在设计理念上，以个人和家庭为研究主体，以多层次问卷和跟踪性调查为研究视角，充分考虑社会现象的异质性、复杂性和时间性；在调查实施上，采用城乡一体的多阶段、内隐分层和与人口规模成比例的抽样方法保证样本的代表性，设计了兼顾研究需要和可操作性的追访原则；在问卷内容上，在整合城乡问卷，收集家庭关系、人口流动、事件史、认知能力和少儿发展等相关数据上也有优势。[18]

在问卷调查中，无应答现象是普遍的问题，而且应答率本身也无法提供有效的调查质量信息，因此建构新的应答代表性指标就成为研究重点。有分析认为，R 指标对于评估并提升问卷调查质量有较好的应用前景，并探讨了 R 指标的概念界定、计算方法、指标构成和注意事项。[19]在对于健康的定量研究方面，有学者分析了自评一般健康指标的信度和效度，认为该指标具有较好的信度，也能够有效反映被访者自我感知的各种健康状态和个体既有的关于自身健康的知识。不过该指标不能很好地反映个体无法感知的机体变化等健康问题。[20]

三、社会治理、社会建设和社区建设研究

对于党的十八届三中全会《决定》对中国社会治理的论述，社会学者们做了深入地阐释与分析。有学者指出，较之于统治和管理，作为理想类型的治理更适合现代社会的需要，更能发挥政府、市场、社会三大主体的各自优势、形成彼此的良性互动。中国社会治理的本土创新探索集中体现在社会治理方式的改进上，党的十八届三中全会提出的“四个治理”原则，正是一般性与特殊性相结合的、适合中国具体国情的社会治理具体制度的框架，充分体现了治理的理想类型与改革的本土特质这两种视野的统一。[21]我国推进国家治理体系与治理能力现代化的实际举措，正是在全局与本土的综合考察下做出的制度安排，展现出了推进力量与规范力量并行、顶层设计与摸着石头过河相结合、“现实”问题与“目标”问题共思量的鲜明特点。[22]

有学者认为，中国改革开放 30 余年，经济体制转轨和社会结构转型同步进行，但基本上是经济体制改革提供强大动力，推动社会结构转型。现在到了一个新的发展阶段，必须通过社会治理加快社会体制改革。[23]有学者认为，社会治理的提出，体现了处理社会问题的一种新的思路，体现了用多方参与的新形式，尽可能动员多方的力量，来处理新形势下新问题的新思路。关键问题还是要处理好政府与社会的关系，在改革的实践中创造一种政府负责任、社会有活力的全新的社会治理体制。[24]有学者指出，社会治理是社会管理的深化，作为政府管理社会系统的新探索，社会治理是政府自我完善的过程，也是社会管理系统的进化过程。社会工作在参与社会治理中可以发挥协同作用。[25]还有学者指出，现代合法性系统是现代国家治理体系形成的前提性条件。现代合法性系统包括理性化的政治价值观、能力本位的财富分配规范以及话语体系的开放规定性三个方面。从合法性系统到现代国家体系的生成需要现代国家认同机制、自由的社会流动机制和现代信任机制三个过渡机制。[26]有学者还指出，学习借鉴国际上好的社会治理理念和做法，如多元参与合作共治、以人为本与标本兼治、依法治理与刚柔并济、预防为先与动态治理等，对于构建中国特色现代社会治理体系具有重要意义。[27]

在社区建设方面，有学者认为，在扁平化社会来临之际，我们的科层管理体制还在用组织隶属关系对社会个体进行“组织化”管理。扁平化社会的治理，关键是使科层体制努力对接“自主的社会领域”，支持新社区的自主性建设，扶助那些帮助居民实现自主性建设的社会组织，以及进入社区提供专业化服务的社会组织。[28]有学者认为，加强农村社区建设是我国基层社会治理转型的必然选择和重要内容。当前我国农村社区建设的实质是在新形势下构建新型乡村共同体。农村社区建设的主要任务是构建“分工合理、权责明确、多元共治”的社区治理体系、“城乡一体、统筹兼顾、功能复合”的社区服务体系和“导向明确、特色鲜明、形式多样”的社区文化体系。当前，我国农村社区建设还要在顶层设计、调整国家—社会关系、重建社区的公共性以及一些具体问题上有所突破。[29]

少数民族的社区建设也受到了学者的关注。有学者认为，西部民族地区属于多民族共同聚居的族际社会，族际社会矛盾既具有一般社会矛盾的共性特征，同时又具有多民族关系构成的特殊性，矛盾特殊性的现实体现为民族和宗教两个维度。运用客观指标和主观指标法对民族地区基层矛盾加以监测，可有针对性地缓和或化解矛盾，以防矛盾积压危及秩序稳定。通过社区矛盾综合调处室、群众意见处理反馈中心、民族宗教事务协调中心三个社会设置，可建立民族地区维稳的“安全阀”机制。[30]

四、社会发展与社会转型研究

社会发展与社会转型一直是社会学关注的重点领域。对于中国社会转型实质等问题，有学者分析认为，改革开放以来的当代中国社会变迁，不是完整意义上的社会转型，其主要内容是发展市场经济的经济体制转变，而生活世界中的思维方式、行为方式和生活方式，不仅没有随着市场经济体制的建立而转变，而且还以其中的原初价值深层次地影响着人们在体制世界中的思维与行为。经济体制与生活世界的分离式变迁表明，变化了的经济体制既缺失社会基础，也缺失精神基础，当前很多严重的社会矛盾都可以在这种缺失中找到原因。[31]在市场经济发展推动下，中国社会的陌生关系在增长并影响了社会生活，但从总体上来看，中国社会还在延续传统，依靠熟悉关系的思维方式和行为方式仍然支配着人们的市场交易行为，陌生社会没有替代熟悉社会。因此，应当在中国社会陌生关系与熟悉关系并存并且熟悉关系依然发挥稳定作用的基础上分析市场交易秩序问题，探索优化市场交易秩序的本土化道路。[32]

城市化作为社会发展和社会转型的重要方面，受到社会学者的密切关注。有分析认为，当前不少地方在观念、职能、体制和政策上都没有做好迎接和推动新型城镇化的准备，缺乏推动新型城镇化的动力和措施，仍然因循城镇化的旧思路、旧做法，热衷于土地城镇化而非人口城镇化，主要表现为流动人口难以市民化、被征地农民的权益得不到保障、社会多元主体发育和参与不足。以人为核心的新型城镇化，不可避免地涉及利益格局的调整。唯有创新社会治理体制，自上而下推进体制改革和政策调整，自下而上吸纳多元社会主体参与，才能为新型城镇化提供新的动力。[33]有学者以20世纪90年代国家构造房地产市场之初的“开发带危改”阶段为例，辨析了其中的增长逻辑与道义逻辑的产生与运作，认为由于社会心理结构转型较之社会结构转型的滞后，市场转型带来的增长逻辑在总体性社会尚未变化的道义逻辑下错位互嵌：发展被简单化为经济增长，而增长又被道义化为全面利益，这就为都市政府借用国家权力和市场资源、实现区域经济增长提供了合法性；同时，也对普通市民捍卫自身日常生活空间产生了行政的和道德的压力。[34]

有学者根据中国综合社会调查分析了农民的城镇化意愿，认为目前生活在乡村的农民大多没有主动城镇化的意愿，留守乡村而不愿进城的，是那些受教育较少、年龄较长和不外出的农民，正是他们支撑和维系着乡村社会的再生产。年轻人、收入更高、更具有现代生活方式倾向的农村人，主动城镇化的意愿更为强烈，表明主体能动性对农民进城意愿的影响显著。[35]

农村发展、土地制度变革和农村治理等问题也是社会学者关注的热点。有分析认为，土地使用权利的变革推动了农民与土地、农村社区、国家的整体性变革，期间所发育出来的意愿、诉求与行动正在完成现代社会的构建。这些新惯例与新规范所重新整合的社会生活是实践的社会理论产生的渊薮，而目前的研究对这种整体性变革的认知却缺乏自觉。[36]有学者用“土地—治理—民情”三重分析框架对“三农”相关问题作了分析与解释。[37]有学者对农村扶贫开发的分析发现，由于扶贫开发不论在决策上，还是资源配置上并没有把社会团结作为重要目标来对待，从而不能有效地设计相应参与、合作和协商等机制。因此，许多扶贫开发不但没有增强村庄团结，反而在许多情况下恶化了村庄团结，村庄团结的恶化反过来又损害了扶贫开发效果，增大了扶贫开发的难度。[38]

五、社会分层与社会流动研究

有学者根据人口普查数据分析认为，当前我国社会分层结构整体上仍然呈倒“丁”字形。制约我国社会分层结构优化的关键在于社会日益分裂为“城市—农村”“中小城市—超大城市”四个世界，不同世界之间社会分层结构迥异，并且差异有加强的趋势。我国社会结构的这种分化导致资源分布高度不均衡，并导致社会不稳定。要改变这种分化局面，需要推进城镇化均衡发展，改革资源分配体制，创新资源共享平台。[39]

有学者根据相关全国调查数据分析发现，当下中国城市居民的收入分配不公平感呈现一种“双重印象”，即客观上收入差距的不断拉大与主观上收入不公感的逐渐降低。人们的结构地位、相对剥夺感、能力取向及地区的经济发展和市场化程度都对其收入不公平感具有显著的影响作用。[40]近年来，健康不平等受到了广泛关注，有分析发现，随着年龄的增加，不同社会经济地位群体在身体功能状况上的差异不断扩大。医疗卫生体制改革的重点要考虑生活在贫困地区并且处于较低社会经济地位的老年人。[41]

在教育对社会分层的影响方面，有学者通过考察1940—2010年各教育阶段城乡教育机会不平等的变化趋势，发现中等教育的城乡不平等是教育分层的关键。初中升入高中阶段的城乡教育机会不平等持续扩大，是导致农村子弟上大学相对机会下降的源头。当前尽管教育机会增长明显，但城乡教育差距加剧、优质教育资源分配不均衡等问题依然存在，教育政策制定者需要制定更有效的政策以改变现状。[42]

有研究发现，有留守经历的新工人相比其同辈群体更频繁地转换工作，表现出更高的工作流动性。这说明有留守经历的工人更难适应世界工厂高强度、异化的劳动方式。[43]有人以农民子女跨越城乡二元系统的市民化进程来透视中国社会系统的开放性与社会分层流动机制，认为改革开放以来中国农民的职业非农化水平快速提高，但身份市民化机会长期保持不变，两者之间的差距日益扩大。[44]有人对我国城镇劳动力社会经济地位获得的比较分析发现，农转非群体无论是在职业的社会经济地位指数，还是在拥有管理技术类职业的几率方面，都比非农转非群体具有显著优势。因此，城镇户籍的开放可能只是有利于特定的群体。[44]有研究者试图把第二代农民工的自我认同、及集体行动研究纳入马克思阶级形成理论视野，将情感体验、身份认同等认同政治的主题与生产方式、阶级结构等阶级分析的传统主题结合起来。分析认为，认同政治不仅不会遮掩生产关系中的矛盾和冲突，反而会因为在农民工那里所引发的主体分裂和负面情绪，直接成为激发集体行动的动员力量。[46]

六、社会问题、社会政策、社会保障与社会工作研究

针对社会发展与社会转型中的社会问题与矛盾，有分析认为，传统的社会整合模式以社会学结构主义取向为理论基础，综合运用利益整合、资源整合、组织整合和价值整合等手段应对社会矛盾。随着社会形态多重转型、个体化社会的来临以及社会治理理念的流行，社会矛盾的应对思维需要从静态的结构取向转向动态的互构取向，形成更加关注行动和过程的社会合作模式。当前我国各类社会合作模式都处于转型之中，未来需要在社区回归、主体参与以及道德重建等方面共同着力，实现社会矛盾应对模式从社会整合到社会合作的转向。[47]

针对腐败问题，有学者认为，转型期的腐败问题呈现出一些明显的特征，如腐败问题的波及面广，腐败问题出现了某种固化并对社会结构的进一步演化具有某种消极的影响，群体性腐败明显并给反腐败带来了一定的难度，腐败问题与鼓励试错的改革背景交织在一起，有时会以“试错”为名义和理由出现甚至扩张。因此，反腐败的根本在于标本兼治。[48]关于当前社会矛盾，有学者认为，“80 后”人群高期望值和巨大生活压力的交织，一旦出现某种导火索，便容易酿成或卷入形形色色的社会矛盾冲突当中。为确保社会的安全运行和健康发展，应公正有效地解决好这一人群的重大利益诉求问题，尤其是就业问题和农民工的平等对待问题，以及加强对互联网的规范管理。[49]与以往的社会矛盾相比，网络时代的社会矛盾呈现出一些新特征，如网络同时催生平等与不平等，网络对社会矛盾有着明显的助推作用，网络上所显现的社会矛盾有着一种明显的放大效应，网络对缓解社会矛盾也有着积极的功能。因此，规范网络是缓解网络时代社会矛盾的关键所在。[50]

有学者认为，中国社会政策的改革创新必须以马克思主义社会福利思想作为理论基础，立足国情，继承马克思主义社会福利思想的科学内容，借鉴西方社会福利理论的合理成分，构建以马克思主义为指导的、本土化、时代化的社会福利理论，对中国社会政策的改革创新及中国特色的社会福利制度建设具有十分重要的意义。[51]有分析认为，在对西方国家经济、社会与政治危机的反思中，将危机归因于福利制度并认为中国应该吸取其教训以防范“福利病”的观点，并没有认清西方国家危机的本质，另一方面也使得福利制度的负面效应被放大，无疑会对中国正在进行的以改善民生为重点的社会建设道路带来误导与干扰。在社会福利理论与政策研究中，我们要以高度的理论自觉，深入剖析西方危机的本质与根源，总结西方福利制度发展的经验，在对比中西方福利制度改革的背景与逻辑差异中，探索适合中国国情的福利社会建设模式。[52]

在人口政策方面，有学者从宏观、家庭和个体三个层面和人口、经济、社会多个角度，对“单独二孩”政策的影响作了初步分析，认为需要公正客观地看待这一政策，也要辨识政策给不同层面可能带来的差异化影响及其程度。[53]

在退休与养老政策方面，有学者认为，延迟退休年龄之争的背后，隐藏着中国社会政策独特的决策模式，同时也将民粹主义与精英主义这一对古老而常新的概念重新推到人们眼前。事实上，延迟退休年龄的争论和政策出台，体现出中国社会政策制定的一般规律，即权力精英最终决定政策出台，民众意见部分影响决策，（网络）民粹主义的福利权表达较为充分。[54]

在社会工作研究方面，有学者分析了社会工作参与社会治理的主要层面，总结了社会工作参与社会治理的基础性、服务性特点，并将社会工作参与治理概括为基础—服务型治理，认为社会治理创新首先是政府理念的创新，社会工作群体则应该通过有效服务和政策倡导来增强自己参与社会治理的能力，促进社会治理和善治。[55]有学者指出，社会服务是一个包含广泛的实践领域，社会工作（社会工作服务）作为专业的社会服务，在促进社会服务事业发展中具有重要作用和责任。[56]在对西方社会工作专业发展的分析中，有学者认为，西方社会工作在对专业化过程导致的权力关系与专业效果进行反思中，社会工作走向去专业权威、去科技理性、去病态治疗、去学科规训，发展出不同的实务模式，社会工作进入后专业化时代，打破了专业主义与管理主义，走向了多元竞争的繁荣发展态势。这对当前中国社会工作专业化模式不无借鉴意义。[57]

七、组织社会学研究

对于民营企业的发展，有学者指出，关于“家族涉入”对民营企业绩效的影响，一直存在争论。实际上，在不同规模的民营企业中，家族涉入所引起的代理问题和资源优势是不同的，家族涉入的静态正效应随着企业规模扩大而减弱，当企业达到一定规模后，家族涉入将对企业经营绩效产生消极影响。[58]在支持民营企业发展政策方面，有研究认为，政府研发补助政策对民营企业研发投入具有激励效应，但这一效应受到企业决策者、企业资源禀赋结构以及企业环境等企业系统相关属性的影响。政府需要继续改善市场环境，并在补助政策上向那些在企业决策和资源禀赋结构上更趋向于自主研发创新的民营中小企业倾斜。[59]

培育和扶持社会组织日益成为社会建设的重要方面。有研究认为，为培育扶持社会组织，政府应加强顶层设计，以制度建设为根本，以典型地区社会组织建设为关键，以公信力建设为核心，以人才建设为基础，促进社会组织的全面发展。[60]有学者指出，投资型社会企业是在市场经济环境中，以社会优先性为原则、以资金运营为中心、通过金融信贷手段、采用商业化的运作方式进行生产的组织模式。作为一种组织创新形式，投资型社会企业坚持一致性控制原则，将经济利益与社会目标有机地结合，既实现了机构自身的可持续发展，还有效地解决了社会问题。[61]

有分析认为，我国的“行政发包制”在行政权分配、经济激励和内部控制三个维度上呈现相互配合和内在一致的特征，适合概括中国政府间关系和治理模式的长期稳定而鲜明的特征，认为“行政发包制”概念有助于重新解释许多有关中国政府运行的特征和现象，同时也可以揭示一系列未被现有文献系统关注的政府现象和问题。[62]有学者的评论则指出，“行政发包制”概念与理论将经济学的中国国家治理研究推进到一个新的高度，但有重视国家的市场性而轻忽其政治性的倾向，对权力问题的分析较为薄弱，以致造成核心概念的界定不够清晰等问题。[63]

八、环境社会学研究

随着环境问题日益受到重视，环境社会学研究也成为社会学的热点领域。关于环境社会学学科的基本问题，有学者而指出，中国环境社会学研究应当在方法论上坚持整体的、历史的、辩证的和实践的分析视角，围绕中国转型社会的运行逻辑，揭示社会与环境互动的复杂机制，深入探讨多样化环境问题形成的具体社会过程、社会影响、社会及其成员的反应状态与模式，深化公众环境意识与行为的调查研究，重视环境信息传播及其效果的研究，重视公众参与类型和过程的研究，关注发展的社会影响评估和复合型环境治理政策研究，以推动中国环境社会学的快速、健康和持续发展。[64]有学者通过对环境社会学几种主要范式的比较分析指出，新环境范式从思维导向上解答了环境社会学范式的可能性，政治经济学范式从环境议题发生的社会机制上回答了环境社会学何以可能的问题，环境建构主义范式强调环境议题的社会建构性，但三者都未就环境议题的解决提出可行方案。基于本土经验的生活环境主义的诞生，一定程度上弥合了上述范式的缺憾，实现了环境社会学范式的可能性和可为性。[65]

我国快速城镇化大幅度地改变了社会系统与资源环境之间的关系，产生了广泛而深远的资源环境影响，需要从其复合性、过程性、双向性、阶段性和社会性等方面予以理解和把握，迈向绿色城镇化需要加速推进制度建设，促进社会组织制度体系转型。[66]有学者根据相关数据分析发现，从2003年到2010年，中国城市居民对中央和地方政府环保工作的非正向评价增多，正向评价减少，而且对地方政府的非正向评价比例增长幅度更大；教育、年龄和对环境问题严重性的感知等变量对中央和地方政府环保工作的评价影响具有一致性。[67]有学者分析认为，农民环境抗争的发生与演变、形式与策略、效果与后果无不受到政治机会结构的形塑、规范和限制。无论是计划经济时期、经济转轨时期或市场经济时期，政治机会结构与农民环境抗争之间始终存在不同程度的紧张，这种紧张在牺牲农民环境权益的同时促使环境问题向社会问题和政治问题转化。要化解这种紧张，根本在于深入改革经济政治体制，理顺中央、地方与农民之间的利益关系，为农民环境权益的表达提供更为通畅、合理的政治机会空间。[68]

九、婚姻家庭与性别社会学研究

家庭结构是社会结构的重要方面，对社会运行与发展起到重要影响。有学者分析指出，2000 年以来中国家庭结构变动表现为核心家庭比例明显下降，单人户显著上升，直系家庭没有降低反而略有增加，城乡家庭结构变动也不尽相同。[69]有分析认为，在过去 30 多年中，中国家庭规模变小、代数变少，主要家庭模式趋于稳定，但家庭形式更为多样，家庭关系既亲密又疏离，部分家庭功能社会化，婚姻家庭观念发生改变。传统的家庭形式对亲代和子代仍具有较强的吸引力，生、养、教化功能仍多由家庭承担。不过，子女数量的持续偏少、子代地域社会流动和婚姻观念的不断变迁，都会进一步改变家庭的存在形式和功能，并给政府和家庭带来严峻挑战。[70]

在人口年龄结构方面，有学者分析认为，以往我国人口城镇化和农村劳动力转移具有很强的年龄选择性，如京津沪等大都市的人口现状就表明我国城镇社会经济发展背后对吸纳农村年轻劳动力的重度依赖。然而，由于多年来生育率过低，全国及城乡的人口少子化和老龄化都非常突出，农村劳动力不再是无限供给，高度年龄选择性的人口城镇化模式将难以为继。因此，在制定人口城镇化政策时，必须清醒地认识到我国人口格局的这种变化和人口迅猛老龄化的趋势。[71]

在人口生育方面，有人分析了中国人生育意愿的变化趋势，发现 1980 年以来中国人理想子女数呈减少趋势，平均理想子女数基本稳定在 1.6—1.8 人之间。1980 年代中国人生育水平高于生育意愿，随着经济和教育发展水平的提升，二者均呈下降趋势，生育水平下降快于生育意愿，1990 年之后生育水平低于生育意愿。[72]有学者分析了生育水平对父母主观幸福感的因果性影响，发现更多的孩子会使父亲对事业和未来都更有信心，而母亲则会更加快乐、对生活更满意、对未来更有信心且对自身社交能力评价更高。这意味着随着我国逐步放开二胎政策，父母的主观幸福感水平将得到进一步改善。这种生育效应的性别分布也体现了当代中国社会残存的家庭内部分工传统。[73]

在城市家庭儿童教育方面，有研究者考察和分析了城市家庭中广泛存在的代际育儿合作现象和代际间的分工合作及权力关系。发现在代际合作育儿过程中，家庭内部形成了“严母慈祖”的分工和权力格局，母亲成为育儿“总管”，祖辈以“帮忙者”的角色进入子女家庭，但在家庭事务决策和话语权上处于边缘位置。“严母慈祖”是一种非制度化的弹性权力关系，受制于成员间的协调与博弈，并高度依赖于代际间特定亲密关系的建立与维系。[74]

在性别研究方面，有学者发现，中国男女两性的性别观念处于传统向现代的过渡状态，但女性的性别观念总体上更趋现代，男性的性别观念更偏传统，且在不同年龄群体间表现出高度的一致性与稳定性。性别观念的形塑源自先赋地位、自致地位和夫妻间性别地位三类地位实践，其中自致地位的作用更为重要。[75]有研究考察了近 20 年来中国人性别观念的变动趋势及特点：性别观念总体上趋于平等，但在社会分工与文化规制方面表现出明显的差异，“男外女内”“男主女从”等性别分工观念有回归的趋势，而在子女姓氏及财产继承等文化规制方面则渐渐摆脱传统的桎梏。[76]

有学者对同性恋群体所面临的困境的分析认为，在不断高涨的个人主义思潮、急速扩延的私人交往空间以及独子家庭普遍化的相互作用下，中国男同性恋的身份公开与家本位意识形态发生的纠结反而变得更具张力。在一个对性少数人群排斥程度严重的社会，同性恋的身份公开与家本位意识形态的纠结折射出同性恋者和各自的家庭对社会歧视、社会边缘化、甚至有可能遭受迫害的极度恐惧。中国同性恋社群仍然需要一个将性权利与公民权互相结合的政治化过程以及持续的反歧视努力。[77]

十、社会心理研究

在社会大转型的背景下，社会心态等问题受到社会学的密切关注。有学者认为，研究转型社会的心理问题，应采取宏观的社会心态研究范式。社会心态研究可以借鉴的历史学、社会学和心理学的遗产。[78]有分析认为，当前中国社会心态危机和失衡问题凸显，尤其是负面社会心态如焦虑怨恨、逆反冷漠、仇官仇富等蔓延。应深入考察负面社会心态产生的原因，充分认识负面社会心态的影响，进而科学理性地应对，积极培育良好健康的社会心态。[79]

随着微博、微信等网络新媒体的流行，网络时代的社会认同和网络集体行动等问题引起了社会学者的关注。有学者认为，随着社会生活大规模的网络化发展，社会认同也日益超越个体认同和群体认同的边界，在网络交往中成为无边界限制、流动扩展的真正意义的社会认同。社会心理学和社会学要根据社会生活和社会认同的实际变迁加强这方面的研究。[80]

注：

①郑杭生：《全面提高“理论自觉阶段”基本功

的功力》，《西北民族研究》，2014 年第 4 期。

②景天魁：《中国社会学不可回避的根本问题——从“社会学的春天”谈起》，《学术界》，2014 年第 9 期。

③刘能：《重返空间社会学：继承费孝通先生的学术遗产》，《学海》，2014 年第 4 期。

④奂平清：《费孝通的“和而不同”与“天下大同”思想——兼论民族研究的文化自觉与理论自觉》，《学海》，2014 年第 4 期。

⑤景天魁：《“植根于中国土壤之中”的学术路线——怀念与学习陆学艺先生》，《社会学研究》，2014 年第 3 期。

⑥郭星华：《创建中国学派 倡导理论自觉——纪念恩师郑杭生教授》，《广西民族大学学报》（哲学社会科学版），2014 年第 6 期。

⑦王道勇：《郑杭生先生对中国社会学理论发展的巨大贡献》，《广西民族大学学报》（哲学社会科学版），2014 年第 6 期。

⑧陆益龙：《追思郑杭生先生对人类学等学科发展的支持》，《广西民族大学学报》（哲学社会科学版），2014 年第 6 期；董晓萍：《当前建立中国学派的理念与实践——深切怀念郑杭生先生》，《西北民族研究》，2014 年第 4 期。

⑨渠敬东：《职业伦理与公民道德——涂尔干对国家与社会之关系的新构建》，《社会学研究》，2014 年第 4 期。

⑩赵立玮：《自杀与现代人的境况——涂尔干的“自杀类型学”及其人性基础》，《社会》，2014 年第 6 期。

⑪王楠：《价值的科学——韦伯社会科学方法论再探》，《社会》，2014 年第 6 期。

⑫李荣荣：《从“为自己而活”到“利他个体主义”——乌尔里希·贝克个体化理论中的一种道德可能》，《学海》，2014 年第 2 期。

⑬谢立中：《哈贝马斯的“沟通有效性理论”：前提或限制》，《北京大学学报》（哲学社会科学版），2014 年第 5 期。

⑭姚星亮、黄盈盈、潘绥铭：《国外污名理论研究综述》，《国外社会科学》，2014 年第 3 期。

⑮侯俊丹：《新史学与中国早期社会理论的形成——以陈黻宸的“民史”观为例》，《社会学研究》，2014 年第 4 期。

⑯何蓉：《中国历史上的“均”与社会正义观》，《社会学研究》，2014 年第 5 期。

⑰何祎金：《性别视角下的社会学史重构》，《妇女研究论丛》，2014 年第 4 期。

⑱谢宇、胡婧炜、张春泥：《中国家庭追踪调查：理念与实践》，《社会》，2014 年第 2 期。

⑲任莉颖、邱泽奇等：《问卷调查质量研究：应答代表性评估》，《社会》，2014 年第 1 期。

⑳齐亚强：《自评一般健康的信度和效度分析》，《社会》，2014 年第 6 期。

㉑郑杭生：《“理想类型”与本土特质——对社会治理的一种社会学分析》，《社会学评论》，2014 年第 3 期。

㉒郑杭生、邵占鹏：《中国社会治理体制改革的视野、举措与意涵——三中全会社会治理体制改革的启示》，《江苏社会科学》，2014 年第 2 期。

㉓李培林：《社会治理与社会体制改革》，《国家行政学院学报》，2014 年第 4 期。

㉔李强：《怎样理解“创新社会治理体制”》，《毛泽东邓小平理论研究》，2014 年第 7 期。

㉕王思斌：《社会治理结构的进化与社会工作的服务型治理》，《北京大学学报》（哲学社会科学版），2014 年第 6 期。

㉖赵孟营：《现代合法性系统与现代国家治理》，《中国特色社会主义研究》，2014 年第 3 期。

㉗黄家亮、郑杭生：《国外社会治理的四个基本经验》，《西部大开发》，2014 年第 5 期。

㉘王颖：《扁平化社会治理：社区自治组织与社会协同服务》，《河北学刊》，2014 年第 5 期。

㉙黄家亮：《基层社会治理转型与新型乡村共同体的构建——我国农村社区建设的实践与反思（2003—2014）》，《社会建设》，2014 年第 1 期。

㉚陆益龙：《族际社会的基层矛盾化解与维稳机制——兼论民族地区的和谐社会建设》，《甘肃社会科学》，2014 年第 6 期。

㉛刘少杰：《当代中国社会转型的实质与缺失》，《学习与探索》，2014 年第 9 期。

㉜刘少杰：《中国市场交易秩序的社会基础——兼评中国社会是陌生社会还是熟悉社会》，《社会学评论》，2014 年第 2 期；《陌生关系熟悉化——优化市场交易秩序的本土化选择》，《福建论坛》（人文社会科学版），2014 年第 4 期。

㉝陈光金、张翼、王春光等：《新型城镇化与社会治理》，《学术研究》，2014 年第 12 期。

㉞施芸卿：《增长与道义：城市开发的双重逻辑》，《社会学研究》，2014年第6期。

㉟陆益龙：《向往城市还是留恋乡村？——农民城镇化意愿的实证研究》，《人文杂志》，2014年第12期。

㊱舒建军：《理解中国乡村社会的整体变革：重温三十年来农民与土地的关系》，《社会科学研究》，2014年第3期。

㊲应星：《“三农”问题新释——中国农村改革历程的三重分析框架》，《人文杂志》，2014年第1期。

㊳王春光：《扶贫开发与村庄团结关系之研究》，《浙江社会科学》，2014年第3期。

㊴李强、王昊：《中国社会分层结构的四个世界》，《社会科学战线》，2014年第9期。

㊵魏钦恭、张彦、李汉林：《发展进程中的“双重印象”：中国城市居民的收入不公平感研究》，《社会发展研究》，2014年第3期。

㊶焦开山：《健康不平等影响因素研究》，《社会学研究》，2014年第5期。

㊷李春玲：《教育不平等的年代变化趋势（1940—2010）——对城乡教育机会不平等的再考察》，《社会学研究》，2014年第2期；《“80后”的教育经历与机会不平等》，《中国社会科学》，2014年第4期。

㊸汪建华、黄斌欢：《留守经历与新工人的工作流动——农民工生产体制如何使自身面临困境》，《社会》，2014年第5期。

㊹李丁：《有限机会的公平分配——中国农民子女市民化的水平与模式》，《社会》，2014年第4期。

㊺谢桂华：《“农转非”之后的社会经济地位获得研究》，《社会学研究》，2014年第1期。

㊻卢晖临、潘毅：《当代中国第二代农民工的身份认同、情感与集体行动》，《社会》，2014年第4期。

㊼王道勇：《从社会整合到社会合作：社会矛盾应对模式的转向》，《教学与研究》，2014年第7期。

㊽吴忠民：《中国转型期腐败问题的主要特征分析》，《教学与研究》，2014年第6期。

㊾吴忠民：《“80后”人群对社会安全影响的分析》，《中国特色社会主义研究》，2014年第5期。

㊿吴忠民：《网络时代社会矛盾的主要特征分析》，《马克思主义与现实》，2014年第6期。

51李迎生、方舒：《中国社会政策改革创新的理论基础》，《人文杂志》，2014年第6期。

52奂平清：《福利制度是西方国家危机的根源吗？——兼论中国社会福利研究的理论自觉》，《教学与研究》，2014年第2期。

53杨菊华：《“单独二孩”的政策影响》，《中国卫生政策研究》，2014年第9期。

54韩克庆：《延迟退休年龄之争——民粹主义与精英主义》，《社会学研究》，2014年第5期。

55王思斌：《社会工作在创新社会治理体系中的地位和作用》，《社会工作》，2014年第1期。

56王思斌：《社会服务的结构与社会工作的责任》，《东岳论丛》，2014年第1期。

57郭伟和：《后专业化时代的社会工作及其借鉴意义》，《社会学研究》，2014年第5期。

58李路路、朱斌：《家族涉入、企业规模与民营企业的绩效》，《社会学研究》，2014年第2期。

59朱斌、李路路：《政府补助与民营企业研发投入》，《社会》，2014年第4期。

60谭日辉：《社会组织发展的深层困境及其对策研究》，《湖南师范大学社会科学学报》，2014年第1期。

61时立荣、蒋卓晔：《组织创新：投资型社会企业运作模式研究》，《甘肃社会科学》，2014年第1期。

62周黎安：《行政发包制》，《社会》，2014年第6期。

63冯仕政：《政治市场想象与中国国家治理分析——兼评周黎安的行政发包制理论》，《社会》，2014年第6期。

64洪大用：《环境社会学的研究与反思》，《思想战线》，2014年第4期。

65赵素燕：《环境社会学范式何以可能与何以可为——再温“生活环境主义”》，《广西社会科学》，2014年第9期。

66洪大用：《绿色城镇化进程中的资源环境问题研究》，《环境保护》，2014年第7期。

67卢春天、洪大用、成功：《对城市居民评价政府环保工作的综合分析——基于CGSS2003和CGSS2010数据》，《理论探索》，2014年第2期。

68陈占江、包智明：《农民环境抗争的历史演变与策略转换》，《中央民族大学学报》（哲学社会科学版），2014年第3期。

⑲王跃生、Lin Wanping：《中国城乡家庭结构变动分析：基于2010年人口普查数据》，*Social Sciences in China*，2014年第4期。

⑳杨菊华、何炤华：《社会转型过程中家庭的变迁与延续》，《人口研究》，2014年第2期。

㉑郭志刚：《我国人口城镇化现状的剖析——基于2010年人口普查数据》，《社会学研究》，2014年第1期。

㉒侯佳伟、黄四林等：《中国人口生育意愿变迁：1980—2011》，《中国社会科学》，2014年第4期。

㉓穆峥、谢宇：《生育对父母主观幸福感的影响》，《社会学研究》，2014年第6期。

㉔肖索未：《"严母慈祖"——儿童抚育中的代际合作与权力关系》，《社会学研究》，2014年第6期。

㉕刘爱玉、佟新：《性别观念现状及其影响因素——基于第三期全国妇女地位调查》，《中国社会科学》，2014年第2期。

㉖杨菊华、李红娟，朱格：《近20年中国人性别观念的变动趋势与特点分析》，《妇女研究论丛》，2014年第6期。

㉗景军等：《同性恋的出柜与家本位的纠结》，《青年研究》，2014年第5期。

㉘王俊秀：《社会心态：转型社会的社会心理研究》，《社会学研究》，2014年第1期。

㉙李松林、蒋晓侠：《新时期负面社会心态考察与应对》，《人民论坛》，2014年第3期。

㉚刘少杰：《网络化时代社会认同的深刻变迁》，《中国人民大学学报》，2014年第5期。

（作者：奂平清，中国人民大学副教授；
李朝，中国人民大学硕士生）

民 族 学

民 族 学

杨圣敏 祁进玉

2014年民族学、人类学的总体研究情况：近年来民族学人类学各分支学科的学科建设方面取得了显著的进步，民族学人类学学科与其他学科的跨学科、交叉研究和整合研究的趋势越发明显。与此同时，随着中央提出"一带一路"和丝绸之路经济带建设等新的发展思路，在民族学、人类学相关应用性研究领域得到进一步强化，不断推进民族学、人类学学科基础建设、基本理论和方法研究的发展与完善。此外，学术界更多关注多民族国家的政治社会稳定、民族地区发展、和谐社会构建、关注少数群体或在政治、经济、文化等方面处于弱势的群体生存状况，对全球化背景下的中国及其周边研究、海外民族志与流动性、跨境民族的社会认同研究、多民族国家的民族关系、文化多样性以及非物质文化遗产保护和民族文化传统的有效传承等领域的跨学科研究依然是关注的重点。

在国内民族学、人类学学科的研究与教学中，学科细分和分支学科的教学与研究受到重视。很多高校和研究机构在大力引进海外高水平人才的同时，也将更多的科研经费投放于分支学科的教学与科学研究中，跨学校、跨单位和跨地区的创新性团队合作研究日益活跃。在针对现实问题的专项研究中，跨学科合作得到进一步加强，如民族学与心理学、宗教学、生物学、历史学、经济学、教育学等学科的合作都有明显扩大，并取得了可喜的进展。本综述兹从民族学、人类学学科建设和基本理论与方法研究；全球化与民族主义、民族理论与民族政策研究；民族与族群问题；民族地区发展；少数民族社会历史文化、民族宗教研究；分支民族学、人类学学科发展的最新研究动向；世界民族研究；重要学术会议、学科学术交流活动等八个方面分别加以概述。

一、民族学、人类学学科建设、基本理论与方法研究

"韦伯命题"可以叙述为：中国因为其深厚的宗法伦理和宗族纽带，因而没有能够进入资本主义；而

西方社会正是因为挣脱了宗族纽带，以新教伦理摆脱了血缘共同体而建立了新的信仰和伦理共同体，因而才有了长足的发展。有研究者通过对“韦伯命题”的讨论，反思了以“革命”“现代化”等标准界定的宗族研究范式及其危机。在中国社会中，宗族并非简单的传统亲属制度，而是一种文化的实践；作为一种动态的不断适应社会演变的组织形态，可以跨越不同的社会，至今依然具有某些生命力；简单以文化进化论的观点来指涉宗族为封建落后的表征，以此判断中国社会落后的原因，乃是一种文化的误解。①

20 世纪 60—80 年代是美国人类学界向解读人类学转折的时期。詹姆斯·克利福德从西方文化的“主体/主观性”出发，通过演绎推理，对“民族志者是否能够认识异文化?”做出了否定的回答。有研究者依据亲历的田野案例，从实践和知识论两个维度与克利福德的有关见解展开对话，以期推进当代科学民族志方法论的建设。②也有研究者认为，一种方法论，往往既是理论背景的延伸，更与特定实践“遭遇”相关联，从这一意义上讲，马林诺夫斯基在实践中矫正田野工作，并将其理论背景与实践背景融于新的民族志书写中，发明了现实民族志方法。③

英国人类学的传统很大程度上是由功能学派的理论和实践所塑造的。与美国四分支的“文化人类学”相比，英国人类学总体来说对社会结构及其功能的关注更为突出，并因此在很多时候被称为“社会人类学”。英国功能主义人类学、英国社会人类学和英国人类学这几个概念在内涵与外延上均密切相关、多有重合，很多学者因此在使用中有随意选择、切换的倾向。有研究者结合学术流派和国家传统的关系，对这些概念的内涵、外延及其混用情况进行初步的辨析和讨论。④也有研究者从回归文化志、文化的真实与歧义性、互主体性与“文化的经验”三个方面展开讨论，强调了在文化认知的基础上，训练有素的人类学家通过深入的田野工作和“互经验文化志”研究，能够不断揭示和呈现人类基于“互经验”之上的“文化的真实”。⑤

俄罗斯民族学形成于 20 世纪中叶，并为世界民族学的发展做出过重要贡献。特别是苏联民族学曾经对于中国民族学的发展产生了极大影响。苏联解体后，俄罗斯民族学经历了社会转型的巨大振荡。有研究者在梳理俄罗斯民族学学科史基础上，围绕其学科创新举措、问题探讨及学术争辩等方面展开讨论，全面展示了俄罗斯民族学的发展历程及学科现状。⑥季什科夫是俄罗斯当代最具影响力的民族学家，曾出任首任俄罗斯联邦民族政策委员会主任，民族事务部部长。他在俄罗斯民族学学科规范、理论反思与创新及国家民族政策的制定等方面发挥重要作用。⑦

有研究者认为在近期中国学术界，文明论述表达了论者对于“前后内外关系”的两种不同观点，对于这些文明论述加以分析，不仅有助于我们认识当下中国思想的特征，而且也有助于我们认识作为过程的文明本身。⑧

二、全球化与民族主义、民族理论研究、民族政策研究

广义的民族问题在世界范围具有普遍性，至今没有任何一个现代国家可以宣称已经有效或成功地解决了民族问题。郝时远指出，中国在借鉴“国际经验”解决民族问题时，要立足中国的国情实际，坚持和完善民族区域自治制度，全面正确贯彻落实民族政策。民族区域自治制度为代表的民族政策体系是好的，但是在执行过程中有的地方放大，有的地方缩减，没能全面正确的贯彻落实，所以不是制度设计不好，而是执政能力方面存在问题。⑨

冷战结束以后的族群冲突浪潮唤起西方社会科学重新思考族群与政治的关系，形成四种理论取向：“文化主义观”强调族群内部强烈的主观联系和价值在族群动员路径形成过程中的重要性；“族性反应论”认为族群动员的根本原因在于族群联系和相对剥夺的重合；竞争观强调在争取资源和权力过程中，族群领袖蓄意利用认同从而刺激族性；政治过程观侧重宏观政治语境的作用。虽然在没有民主价值传统的国家突兀地引入民主体制可能会引发族群冲突，但培育民主态度是族群冲突有效的预防机制。⑩后冷战时期世界范围内民族冲突的飙升，使民族冲突治理问题成为当代多学科共同关注的前沿视点。有研究者从现代世界民族冲突发生的场域、民族冲突的结构动因及其解构分析、民族冲突治理范式以及结构性治理的内涵及相关联系等角度，尝试对相关领域做初步的理论抽象。⑪

马克思主义民族殖民地理论在世界民族解放运动中所发挥的积极影响是毋庸置疑的。有研究者认为，近代殖民主义虽已消亡，但其带给世界的消极影响并未消失，当今世界的许多民族问题不同程度地与此相关。深入系统地研究马克思主义民族殖民地理论仍有理论与实践意义。⑫

民族区域自治是解决中国民族问题的基本形式、

基本政策和基本制度。我国的民族区域自治制度，从其产生、发展和运行的实际过程来看，更多的是一种协商民主框架，各民族平等参与政治，促成中华民族的一体化政治构建。有研究者指出，有些人把一个民族看成铁板一块，不做具体分析，其实每一个大一些的人群都是分阶层的；不同阶层的利益、所处社会环境不同，他们的政治态度也就有差别。如果制定政策的人不做具体分析，不做社会分析，那么政策就会很粗糙，缺乏针对性。[13]也有研究者认为，民族区域自治制度在云南的这种实践，不仅有助于我们在更深的层面上理解这一制度对于中国现代主权国家建设的重大意义，而且从世界范围来看，它也为存在着多民族或多元文化的国家成功进行国家建设和解决认同问题提供了重要借鉴。[14]有研究者基于文献、档案和民族志资料真实还原了土族民族区域自治的历史背景，在此基础上指出在少数民族聚居地区实施民族区域自治政策具有重要而深刻的理论与现实意义。[15]也有研究者认为，在新阶段和新形势下，要在认真总结以往经验的基础上，进一步完善和发展民族区域自治，要在民族区域自治的实现形式上和法制建设上开拓创新，与时俱进。[16]

在边疆社会的精神世界里，“文化传统”并非一种抽象的“传统”，而是现实生活实践的一部分。而主流社会对于“边疆”、“族群”与“宗教”的认识，更多是一种过度概括的简化符号。有研究者指出，必须首先将这些符号去除，将被这些符号标签的对象还原为与“我们”一样的人，然后“我们”和“他们”才能真正理解彼此的所思、所想、所为，从而建立起有实质性意义的相互沟通与交流，巩固“我们”与“他们”之间的道德与情感的连接。唯如此，才能在国家内部消除主流与边缘的界限，将国家建构为一个基于共同的公民身份的“人的共同体”。[17]

有研究者指出，理解和认识中国民族问题提出的历史轨迹，有助于今人认识和理解中国特色社会主义建设进程中，中国国家统一和民族政策形成的历史国情，以及资本主义时代处理民族问题的目标原则和途径。[18]也有研究者认为，中国的民族理论是马克思主义与中国民族的实际情况结合形成的，目前我国民族关系出现了一些新的问题，需要有新的对策来改善；和谐民族概念有利于我国全面建设小康社会的。[19]

三、民族与族群问题研究

中华文化的整体结构必须涵盖个民族及其居住的区域。有研究者指出，为构建国民的共同文化，汉族要坚决反对和抵制大汉族主义，少数民族一方面要认识本族的历史和传统文化，同时走出“民族识别”中重视差异而忽视中华民族共性的偏差。汉族与少数民族民众应共同推进现代化，并在这一进程中巩固中华民族的共同文化。[20]也有研究者认为，中国民族政策受“苏联模式”影响甚大。当年列宁创建苏联之初，提出“联邦制”理论及民族自治理论是那个时代的需要。中华人民共和国建立时的民族区域自治政策采用“苏联模式”，有其现实政治和理论原因，但无视中国实际而套用“苏联模式”，使得中国民族区域自治理论存在弊端，这些弊端在理论研究及社会实践中引发的矛盾越来越多，需要予以重视并解决。[21]

“族裔”在学术理论中被认为是与“族群”同质的概念，在现实的研究过程中又往往被限定在特定的场域和范围里。有研究者在回溯“族裔”使用历史的基础上，探讨族裔的内涵以及族裔与“族群”在词义核心、侧重点、范围等方面的异同。[22]

民族身份是在多民族国家建构的过程中，民族纳入国家政治组织和制度时所取得的政治地位。现代国家政治转型中民族身份的确立是形成民族概念的重要基础。有研究者运用政治学“历史分析”的视角，对于中国、美国、西班牙、加拿大等几个国家民族身份的形成过程进行比较分析和分析论证。[23]也有研究者认为，藏族尔苏人的扎拉洼“潘策”里出现包括强烈认同藏族的“多续西番”的情况，由宗族观念考察尔苏族群和文化认同建构问题，可以进一步帮助我们理解尔苏人的“族群形成过程”。[24]

近代以来中华民族凝聚力的更新和重构过程，也是中国社会的民族建设过程。民族建设对于文化统一性的要求仍是必需的话，能够存续和发展的只能是多样性基础上的统一，承认差异、尊重个性基础上的统一。[25]

四、民族地区发展与和谐社会建设

我国的经济社会发展目标是实现全面建成小康社会。地区发展与民生指数则更侧重于展示不同地区的更广泛的发展领域和民生状况。有研究者认为，即使地区发展与民生指数已经拓展了全面小康建设指标的内容，更加适应当前的发展要求，但从民族地区的角度来看，依然有值得商榷和完善之处。[26]

集中连片特殊困难地区作为新阶段扶贫攻坚主战场的战略部署和国家区域协调发展总要求，武陵山片区被率先确立为区域发展与扶贫攻坚“先行先试”试点。有研究者以武陵山片区为研究对象，分析该片区扶贫开发历程及其政策实施，并就其扶贫开发中存在的问题及根源进行较为深入探讨，借此对武陵山片区扶贫攻坚提出具有可操性的对策建议，以期为国家其他连片特困地区扶贫开发提供借鉴。[27]也有研究者通过对武陵山片区38个贫困村专题调研发现，要实现扶贫攻坚目标，必须深刻认识与准确把握当前山区农村所处历史发展阶段的基本特征和现实状况，跳出农业抓农业，跳出农村抓农村，顺应当前山区农业和农村工作的新变化新趋势。[28]

中央对“援疆”工作高度重视，近年来“援疆”工作取得了显著的成效。有研究者分析指出，在援建项目建设过程中，仍存在着立项机制不明确，项目管理有缺陷，项目论证缺乏透明度，各援助省市之间缺乏协调沟通，参与部门太少，项目存在重复开发，项目不能充分吸纳少数民族毕业生、不能较好体现“促进就业，提高居民收入”这一宗旨等众多问题，“援疆”项目的干部配备也尚需完善，人才培训也需探索新的模式。[29]民族地区沿边口岸城镇是我国扩大对外开放的战略支点。有研究者以具有典型性的二连浩特口岸城镇为例，通过因子分析界定二连浩特口岸城镇发展的动力因素，并通过脉冲响应函数进一步分析明确二连浩特口岸城镇发展的动力机制。[30]

城市化作为社会发展的必然趋势，已经成为各国及各地区必然要经过的历史过程，但这个过程因各民族的历史、文化、风俗习惯的差异而不尽相同。有研究者通过对比中国与欧洲城市化过程，结合中国城市化的内在约束，对中国城市化过程进行了理性再认识，并提出了中国城市化道路的民族—地域差异。[31]在过去20年内，在“压缩型城市化”后朝鲜族人口走向“散居化”，这直接导致了传统聚居地区的“空巢化”，民族人口的急剧减少严重影响了以聚居为依托建立起来的民族教育和文化事业的发展。面对城市化过程中的“离散危机”，朝鲜族展开了一场活生生的民族共同体“重构运动”。[32]

也有研究者认为，少数民族人口的城镇化水平及其发展趋势具有显著的地区差异和空间关联性。高速推进少数民族人口的城镇化，城镇化率须年均提高个百分点，由此带来的风险需要引起有关部门的足够重视。少数民族人口城镇化的发展需要根据不同地区的实际情况制订科学合理的规划。[33]

五、少数民族社会历史文化、民族宗教研究

在少数民族历史文化研究方面。民国初建，蒙古、西藏等边疆个别上层观望局势，一度出现游离心态。有研究者利用新近刊印的汉、藏文档案史料，记述在蒙古王公贡桑诺尔布在担任民国蒙藏事务局总裁前后，两次派代表赴藏，与十三世达赖喇嘛等西藏政教上层联络的史实，厘清两批代表的不同性质与意义。这有助于更好地理解西藏近代史以及近代中国由帝制向共和政体转变过程中，国内各民族间的互动关系。[34]

姻亲关系既是维系家庭再生产的基本亲属关系，又是导致亲属制度变迁的原因所在。有研究者对广西金秀大瑶山花篮瑶亲属制度进行了再调查，认为列维斯特劳斯的见解在涉及亲属制度这一社会基本结构何以演变上缺乏解释力，甚至否定了结构内外的人类实践。亲属关系并非像结构主义分析的那样一成不变，人们在生活世界中的实践理性直接或间接影响着亲属关系的发展和变化。[35]

侗族及其先民在历史上曾以种植糯稻为主，在此基础上所建构起来的文化体系是侗族特有的社会文化景观。有研究者认为，自从中央王朝的统治逐渐深入，侗族及其先民的糯稻种植受到了越来越大的影响，尤其是民国和新中国成立后，随着政府一系列“糯改籼”政策的实施，侗族的糯稻种植受到了极大的冲击，种植面积不断减少，由此使侗族的传统社会文化发展趋势发生转向。[36]

西藏日喀则地区南木林县艾玛乡牛村民众的宗教生活及其当地寺院与村落之间关系的人类学田野调查表明，藏传佛教寺院与村落之间是一种互惠共生的关系，即使经历了重大的社会历史变迁，这种互惠关系也依然比较稳定。有研究者指出，也许正是这种稳定性，保证了西藏乡村社会的传统得以延续和发展。由此，在西藏社会经济发展的蓝图中，必须把西藏寺院和村落之间的这种关系考虑在内。[37]萨满医术是一种精神医术和心灵医术。在萨满医术中包含着现代精神医学中使用的一些治疗方法和治愈机制。有研究者认为，萨满精神医术就是一种典型的宗教性心理——生理调控术。对萨满医术，应从心理人类学、医学人类学、宗教人类学等多种角度进行研究，这样才能够得出比较全面而相对正确的结论[38]

“做老者”是浙江景宁畲族丧礼中的最后一道仪式，也是人死后亡魂变祖先的过渡性仪式。有研究者认为，从现实看来，“传转香送亡魂归祠入位”只是一种期许与想象，但人们对祖源地的想象以及“做老者”为亡魂指路，再现了民族迁徙的历史与记忆，共同形塑着这一地方畲族群体。[39]也有研究者认为，马克斯·韦伯是古典时代的社会理论大师中唯一曾经正面研究过藏传佛教的人。他主要分析了藏传佛教中的圣徒崇拜现象，对活佛转世制度、教会制度和知识与救赎关系都有着系统的见解；还分析了西藏政治与宗教的关系，指出了西藏双重政权的合作是西藏文化得以保存和发扬的必要条件。[40]

六、分支民族学、人类学学科发展

近年来，我国的民族学、人类学的各个分支学科领域的教学与研究已经取得较大的进展。中国学术界与国际学术界的学术交流日益频繁，联系也日益密切。各学科之间加强相互交流和跨学科研究的趋势也日益明显，不断涌现出大量的交叉、跨学科的研究成果，学术研究更加趋于规范，跨学科之间的整合研究趋势越来越得到加强。

（一）社会人类学研究

社会转型概念需要进行两点反思：一是社会转型往往预设一个或多个指向未来的过程和目标，但转型的过程和目标还受到传统文化中相对稳定因素的影响；二是社会转型不仅是变迁问题，实质上也是“社会秩序何以可能”的问题，体现为“进步”与“秩序”的辩证关系。社会转型在根本上是文化转型。有研究者认为，在社会转型过程中推动思想层面的差序人格的改变，培育个体性与公共性的深度联结，完成塑造个体性和社会团结的双重任务，是推动社会转型的必要条件。[41]也有研究者将文明界定为超社会体系，并对超社会体系的含义加以重点说明，同时还以隐含的方式指出，因超社会体系也内在于所有社会中，故国族面对的问题是双重的——其与超越于它的地区和世界体系之间关系、其与内在于它但超越于它的文明之间关系，都给它带来沉重的负担。[42]

个体空间是移民生活中一个重要的概念。有研究者以生活史为研究方法，对三位在中国大陆和加拿大之间跨国流动的华人移民的生活经历进行了研究。提出个体空间象征着移民在跨国流动中形成的微观生活状态，包含了具有自我意识的个体、空间实践和社会关系的构成。个体空间作为空间结构的最小单位，为空间研究和跨国流动研究提供了一个基于个体视角的理解框架。[43]

有研究者认为，20 世纪 80 年代以前的车寨通婚圈，呈现出内圈化的结构性态势，“同类婚”占绝大多数，其通婚范围既不与“市场圈”同构，亦不与“祭祀圈”完全重合，表现出与自给自足经济密切勾连的特点，出于理性生存的需要，原有的通婚对象的选择范围被打破。[44]

（二）历史人类学研究

20 世纪 50 年代初中国的民族识别工作，使得中国土族经历了一次极为重要的群体身份蜕变，即从“土人”到“土族”的民族身份的合法性获得与转换。有研究者基于文献及实地调查所获得的口述史资料，对于土族民族识别的历史过程加以尝试性分析，试图还原土族被识别的历史真相。[45]

有研究者认为，明代的地图绘制，虽然依旧坚持着以“中国”为中心的绘图取向，一直在不断强化大一统的政治地理空间，但承继蒙元帝国东西扩张的世界经验，有了郑和下西洋和西方传教士所带来的新鲜域外地理知识的持续发酵，似乎明代中国人具备了更为开阔的地理视野和“世界性意识”。同时，在传统的“天下观”向“世界观”逐渐转变的过程中，前朝太多未曾考虑的海外诸国，渐被纳入“华夷”序列中，使明朝的“华夷秩序”具备了更加丰富和多元的内容。[46]

有研究者通过分析藏边区域的重要人类学民族志作品，结合自身的研究经验，分析了这一区域封建制度的来源与性质的多样性，以及这些分封制度如何与作为轴心文明表征的藏传佛教的思想、知识与教区组织之间的复杂多变的关系。研究指出，以更加广阔的比较研究为基础的民族志书写，不但有利于我们对藏边世界的理解，也将有助于人类学的普遍思考。[47]

（三）艺术人类学研究

非物质文化遗产是其传承人在生活实践中不断加以重新塑造、重新诠释的，因而有必要加强对其个人生活史的研究。有研究者认为，目前学界对于个人生活史研究的发展及其方法论脉络缺乏把握，以文化传承人为中心的民族志研究方法和方法论亟待梳理。强调访谈者和传承人之间的平等对话，采用一种循其生活轨迹提问的方式，去发现传承人日常生活中实践的主位文化观点。[48]非物质文化遗产作为重要的文化资本参与到文化产业的整体开发中，不仅为“非遗”的保护与传承找到了着力点，而且对促进地方经济和社会发展发挥了重要作用。有研究者在对青海省互助土族自治县文化产业与“非遗”保护和传承的实地调研基础上分析了文化产业与非物质文化遗产保护和传承的关系，探讨市场经济条件下“非遗”保护的路径和策略。[49]

也有研究者认为，艺术及其创作一直就是人类学关注的对象，文化人类学的文化相对主义理论确立了不同民族、不同文化的艺术拥有同等的价值。而随后展开的跨文化研究方法则是处理此类问题的重要方法。文化相对主义与跨文化研究方法两者的结合，催生出的“艺术—文化体系”框架，一方面挑战了殖民主义及文化中心主义的人文观，另一方面也深化了文化人类学对于艺术创作和艺术作品的研究。[50]

（四）法人类学研究

1905—1911 年间，赵尔丰以西方民族国家观念为基础，在康区实施了一系列的法制改革：剥夺土司头人、寺院活佛等的司法权力，废除当地传统的法律惯习，要求所有民刑案件都由新设立的政府机构依照《大清律例》处理，司法制度与内地保持一致等。强调统一的国族认同、一体化的政治法律制度。有研究者认为，赵尔丰法制改革的社会影响在短暂的高潮之后迅即衰微，说明赵尔丰的法制改革虽然符合当时中国的国家利益和时代发展的潮流，但尚未找到适合中国国情、充分兼顾各地方各民族文化传统的现代法制建设道路。[51]

苗民有石头崇拜的传统，有的苗寨也会选择用实体化的石头代表“榔规”。“榔规”是苗族传统社会的自治规范，具有维持社会秩序正常运行的功能。有研究者以贵州雷山甘吾苗寨的“咙当”仪式为例探究榔规在特定时空条件下运行的文化机制。[52]

《民族区域自治法》是中国特色社会主义法律体系的重要组成部分，是规范民族区域自治这一基本政治制度的宪法性法律文件，民族自治地方自治机关行使自治权以保障少数民族权益的基本规范，推动民族地区各方面事业发展的制度保障，多元一体的新型国家结构形式的制度标杆。有研究者指出，为实现我国民族区域自治的可持续发展，必须在自身完善、下位法完善、体系完善和实施完善等方面狠抓落实。[53]

在民族区域自治制度框架下，围绕少数民族传统节日的休息权保护而展开的理论探索，关乎和谐社会和法治诉求的实现。有研究者以休息权的法律属性为基础，检视我国少数民族传统节日休息权保护制度设计上存在的缺失，提出保障我国民族传统节日休息权实现的应对机制。[54]

（五）经济人类学研究

企业人类学产生于 20 世纪 30 年代，经历了几个不同的发展阶段，主要参与推动企业人类学发展的有美国、中国、日本等三个国家的人类学家：在美国，沃纳被称为工业人类学或组织人类学之父；在中国，费孝通先生由于最早探讨农村工业化问题，是中国企业人类学的祖师爷；在日本，中牧弘允教授是“经营人类学”之父。有研究者分析认为，企业人类学把工业人类学、组织人类学、工商人类学、经营人类学等不同的名称整合起来，形成了一个人类学的新兴分支学科，亦即成为了一个世界性的前沿学科。[55]

中国经济崛起与巨大的经济社会结构转型有什么关系？政府与企业在其中起到了什么样的作用？有研究者通过对“地方”和“企业”两类案例分析指出，在中国各地经济的发展中，在大大小小的各种庇护伞状结构下，当地的资源配置和经济社会发展表现出明显的“伞式社会”特点。[56]也有研究者认为，人类学具有的“理论—应用”和“应用—理论”两种研究方式寓于“应用—理论—应用”的循环创新研究过程中，并且在这一过程中不断演进，展现出理论研究与应用研究并重的发展历史脉络。[57]

（六）生态人类学研究

国外生态移民研究经历了从“环境难民生态难民”到“环境移民”再到“生态移民”的发展过程。研究视野涉及环境史学、社会学、人类学民族学、生态学等学科，其研究方法亦有较明显的差异。有研究者认为，国外生态移民研究主题集中在生态移民合法性反思、生态移民后续生计、生态移民土地和环境问题、生态移民文化变迁和冲突等方面。西方学者还特别关注中国的生态移民，并与中国学界开展了一些合作研究，认为在实施生态保护和移民过程中不应以牺牲弱势群体的可持续发展为代价。[58]

有研究者根据 2009 年、2011 年两次在三江源地区的田野调查，通过案例分析的方式，指出无论在移民初期，还是未来在城市的长期生活，牧民都面临着一系列的风险。在即将启动新一轮城市化进程时，有必要认真总结前期移民项目的经验教训，以完善未来同类项目的规划设计，使投资巨大的社会发展项目达到预期的目标。[59]从 2005 年开始三江源自然保护区生态移民工程正式启动。有研究者基于人类学实地调查与参与式观察，重点探讨三江源自然保护区的生态移民的异地安置模式及其对移民群体与移入地社区的综合影响。[60]

牛作为一种牲畜，在人类社会发展的历史上曾扮演过重要的角色，以牛作为牵引力的农耕，是人类社会经济发展到一定水平的标志之一。有研究者通过对“牛”在西南民族社会中意义的探讨，试图说明人与物的动态关系，以及人对自我在自然界位置的认知。[61]

（七）应用人类学及其他

在旅游人类学研究方面。在非遗保护和遗产旅游的强力推动下，无论是历史人物还是文化遗产，各地都在文化传统再循环，在遗产地旅游资源的开发利用方面，无疑存在一些基于经济利益的文化遗产品复制、文化遗产地的社会性复制问题。有研究者认为，在当下的社会情境里，模式文化也许是呼应了当下社会某种怀旧的诉求与娱乐需求，再造遗产式、具有多种拉斯维加斯元素的遗产旅游似乎是一种非常有效的遗产开发与保护模式之一。[62]

在体质人类学研究方面。有研究者分析指出，新疆地区的维吾尔族人群的耵聍类型表型频率呈现一定的多态性，维吾尔族耵聍不同类型的表型频率介于欧罗巴人种和北亚蒙古人种之间的特点可能有助于揭示现代维吾尔族的族源、人种构成、人种特点及演化过程。[63]也有研究者通过体质人类学研究发现，近现代维吾尔族的人种构成是多源的，主要表现为蒙古人种的体质特征和生物遗传特性，同时掺入一定比例的欧罗巴人种成分。这种掺入从西部到东部逐渐减弱，是由近现代维吾尔族的形成和演化过程所致。[64]也有研究者运用几何形态测量方法分析现代中国人群的侧面轮廓形状及变异。采用基于标志点的几何形态学测量方法对青海互助土族自治县的土族、藏族侧面轮廓形状进行的分析显示，土族、藏族眉间点附近变异都较大。[65]

在影视人类学研究方面。影像研究是一种有独特价值的进入方法。从1900年至今，不同背景的影像作者在藏边地区创作了大量的作品，记录了很多特定时空中的真实事件与历史人物。有研究者通过探讨不同时期的“藏边影像”所呈现的社会形态与文化图景，揭示这些影像背后的文化立场、创作方法与权力关系。[66]

在医学人类学研究方面。有研究者先后两次赴西藏日喀则地区艾玛乡调研，对当地村民们的疾病观及就医行为进行了比较系统的调查。在当地村民看来，现代化医疗体系与传统的疾病治疗方法并不相互抵牾、彼此冲突，可以同时采用，相互补充。这从一个侧面反映出，面对现代化，村民们并不总是处于被动应付的地位，而是自有一套主动应对的智慧。[67]

七、世界民族研究

在世界各国的民族/族群研究中，有一个特殊的议题涉及的是“原住民”或“土著人”群体。这个议题的出现与受到社会关注与近代殖民主义的出现和工业化在全球的扩展有关，也与人权运动的发展有关。有研究者分析讨论了“原住民”或“土著人”等术语的使用，介绍联合国对“原住民”或“土著人”的相关定义，并对台湾的原住民问题的现状与政策效果进行了讨论。[68]

神道教是日本自古以来的民族宗教，它是在日本民族固有的神灵信仰基础上发展起来的宗教。它从一种基于万物有灵论的原始信仰、原始神道，在与外来宗教文化的拒纳互动中，实现了自身的理论化、制度化，并曾在特定的历史条件下一度成为政教合一的、凌驾于一切宗教之上的国教。[69]

国族建构是多民族国家在现有民族国家框架下协调单一与多元的主要途径。有研究者认为，卢旺达1994年大屠杀后围绕国民身份重建开展的和解实践能够为我们提供有益的借鉴。这项诞生于极端民族冲突背景下的政策从国家的历史文化传统中汲取灵感，将自上而下的制度安排与自下而上的民众参与有机融合，而国族建构与发展事业的结合，使得共同体的新生成为民众携手共创美好生活的起点。[70]

推动非洲学界大力开展亚洲研究具有重要的现实意义。有研究者认为，倡导亚洲学界与非洲学界之间的交互性研究，对于明确当前全球知识生产所面临的挑战，促进亚、非学界的能力建设和构建跨地区合作网络等方面具有重要意义。[71]

八、重要学术会议、学术交流活动

1. 2014年4月20日在中国社会科学院民族学与人类学研究所召开了民族志理论与范式专题学术研讨会。此次研讨会，在反思民族志发展历史的基础上，围绕民族志书写的理论与范式展开了一次集中讨论与对话，充分展示了中国学者在民族志理论反思与田野实践中的成就、贡献及存在的问题。

2. 2014年6月27日至29日，第五届东北亚民族文化国际学术论坛暨第一届全球多元文化教育国际学术会议在韩国仁川大学举行。会议由中央民族大学东北亚民族文化研究所与韩国仁荷大学、韩国多元文化教育研究协会共同主办。本次会议围绕东北亚地区的多元文化与民族性问题展开，在东北亚区域的跨国婚姻、世界各地少数族裔的权利、多元文化教育中的文化偏见、东北亚区域内的佛教问题与儒家传统、东北诸民族的文化特征与民族性、东北亚的现代性与经济共同体建设等多个国际学术热点问题上进行了深入细致的讨论。

3. 2014年12月8日至9日，由国家民族事务委员会国际交流司和中央民族大学联合主办的“边疆发展中国论坛 2014 · 新丝路　新思路”研讨会在北京举行。论坛主题为“新思路 新丝路”，立足于服务当下中国和中亚西亚及周边国家共建“丝绸之路经济带”的战略需要，围绕“平等、共享、多样性”等主题，用多学科交叉研究的视野，分享交流关于新疆，中亚及周边文化交流与社会发展的研究成果，共同探讨“一带一路”建设的理论和现实问题，努力推进相关学科领域的理论创新和相关地区的交流发展。

注：

①张小军：《“韦伯命题”与宗族研究的范式危机》，《山西大学学报》，2014 年第 6 期。

②蔡 华：《当代民族志方法论——对 J. 克利福德质疑民族志可行性的质疑》，《民族研究》，2014 年第 3 期。

③张连海：《论现实民族志方法的源起——以马林诺夫斯基的三次民族志实践为例》，《中央民族大学学报》，2014 年第 2 期。

④张丽梅、胡鸿保：《英国功能主义人类学相关概念辨析——兼谈学术流派与国家传统的关系》，《西北民族大学学报》，2014 年第 5 期。

⑤张小军、木合塔尔 · 阿皮孜：《走向“文化志”的人类学：传统“民族志”概念反思》，《民族研究》，2014 年第 4 期。

⑥丁宏、臧颖：《社会转型过程中的俄罗斯民族学》，《民族研究》，2014 年第 3 期。

⑦丁宏：《季什科夫和他的〈学术与人生〉》，《西北民族研究》，2014 年第 2 期。

⑧王铭铭：《当代中国的几种文明论述》，《西北民族研究》，2014 年第 4 期。

⑨郝时远、张海洋、马戎：《构建新型民族关系》，《民族论坛》，2014 年第 6 期；郝时远：《大国成长与民族问题中国及其国际比较》，《国际经济评论》，2014 年第 5 期。

⑩王剑峰：《西方比较政治视野中的族群动员：理论与局限》，《中央民族大学学报》，2014 年第 1 期。

⑪王建娥：《民族冲突治理的理念、方法和范式》，《中央民族大学学报》，2014 年第 6 期。

⑫杨须爱：《马克思主义民族殖民地理论的形成与发展》，《民族研究》，2014 年第 2 期。

⑬杨圣敏：《经济发展的速度不一定越快越好》，《民族论坛》，2014 年第 6 期。

⑭周少青：《云南民族区域自治实践中的协商民主》，《民族研究》，2014 年第 3 期。

⑮祁进玉：《从土人到土族：以土族为个案重新审视我国的民族区域自治制度》，《青海民族研究》，2014 年第 4 期。

⑯蔡宇安、金炳镐：《民族区域自治与中国解决民族问题的“三个自信”》，《广西民族研究》，2014 年第 3 期。

⑰关凯：《被污名化的“边疆”：恐怖主义与人的精神世界》，《文化纵横》，2014 年第 3 期。

⑱周竞红：《中国民族问题提出的历史轨迹》，《中央民族大学学报》，2014 年第 1 期。

⑲张继焦：《和谐民族关系有利于推动少数民族实现小康》，《民族论坛》，2014 年第 12 期。

⑳马戎：《加快创建“多元一体”的中华文化》，《经济导刊》，2014 年第 6 期。

㉑吴楚克：《民族理论研究中的“苏联模式”问题》，《思想战线》，2014 年第 3 期。

㉒严庆、胡芮：《“族裔”及其类型——族类群体身份的视角》，《学术界》，2014 年第 8 期。

㉓马俊毅：《论现代多民族国家建构中民族身份的形成》，《民族研究》，2014 年第 4 期。

㉔巫达：《宗族观念与族群认同——以四川藏族尔苏人为例》，《北方民族大学学报》，2014 年第 4 期。

㉕王希恩、关凯：《中华民族凝聚力与民族建设》，《民族论坛》，2014 年第 6 期。

㉖丁赛、刘小珉、龙远蔚：《全面建成小康社会指标体系与民族地区发展》，《民族研究》，2014 年第 4 期。

㉗青觉、孔晗：《武陵山片区扶贫开发问题与对策研究》，《中央民族大学学报》，2014 年第 2 期。

㉘刀波、乌小花、宋志光、徐晓鹃：《武陵山区贫困乡村经济社会发展现状的调查与思考》，《中央民族大学学报》，2014 年第 6 期。

㉙马戎：《新疆对口支援项目实施情况的调查分析》，《中央民族大学学报》，2014 年第 1 期。

㉚张丽君、董益铭、拓俊杰：《民族地区新型口岸城镇发展动力机制研究》，《民族研究》，2014 年第 1 期。

㉛王文长：《城市化道路的民族差异》，《中央民族大学学报》，2014 年第 3 期。

㉜朴光星：《“压缩型城市化”下的民族共同体“离散危机”与“重构运动”——基于对朝鲜族城市化进程的考察》，《中央民族大学学报》，2014 年第 3 期。

㉝焦开山：《中国少数民族人口的城镇化水平及其发展趋势》，《民族研究》，2014 年第 4 期。

㉞邱熠华：《民国元年贡桑诺尔布派遣代表赴藏事迹考》，《民族研究》，2014 年第 3 期。

㉟罗红光：《结构生成广西大瑶山花篮瑶亲属制度演变的实践理性》，《民族研究》，2014 年第 3 期。

㊱杨筑慧：《侗族糯稻种植的历史变迁——以黔东南黎、榕、从为例》，《云南民族大学学报》，2014 年第 5 期。

㊲苏发祥、王玥玮：《论藏传佛教寺院与村落的互惠共生关系——以西藏南木林县艾玛乡牛寺与牛村为例》，《社会学评论》，2014 年第 5 期。

㊳色音：《萨满医术：北方民族精神医学》，《广西民族大学学报》，2014 年第 6 期。

㊴蓝希瑜：《浙江景宁畲族“做老者”仪式探微》，《民族研究》，2014 年第 4 期。

㊵张亚辉：《马克斯·韦伯论藏传佛教》，《北方民族大学学报》，2014 年第 5 期。

㊶王建民：《作为文化转型过程的社会转型——以“差序格局”为例的讨论》，《学习与探索》，2014 年第 9 期。

㊷王铭铭：《文明及有关于此的民族学、社会人类学与社会学观点》，《中南民族大学学报》，2014 年第 4 期。

㊸丁月牙：《个体空间基于移民生活史的空间解读》，《民族研究》，2014 年第 4 期。

㊹杨筑慧：《侗族通婚圈的历史变迁——以贵州榕江车寨为例》，《中央民族大学学报》，2014 年第 1 期。

㊺祁进玉：《名从主人：20 世纪 50 年代土族民族识别的口述史研究》，《西北民族研究》，2014 年第 4 期。

㊻管彦波：《明代的舆图世界“天下体系”与“华夷秩序”的承转渐变》，《民族研究》，2014 年第 6 期。

㊼张亚辉：《民族志视野下的藏边世界：土地与社会》，《西南民族大学学报》，2014 年第 11 期。

㊽王建民：《非物质文化遗产传承人的生活史研究》，《民俗研究》，2014 年第 4 期。

㊾李丽：《文化市场背景下非物质文化遗产的保护与传承——以青海省互助土族自治县为个案》，《青海民族大学学报》，2014 年第 4 期。

㊿张曦：《艺术与文化人类学——MoMA 艺术展论争》，《民族译林》，2014 年第 4 期。

51扎洛：《清末民族国家建设与赵尔丰在康区的法制改革》，《民族研究》，2014 年第 1 期。

52赵旭东、周恩宇：《“榔规”运行的文化机制——以贵州雷山甘吾苗寨“咙当”仪式为例》，《民族研究》，2014 年第 1 期。

53熊文钊、郑毅：《论〈民族区域自治法〉的地位、作用及其完善》，《中央民族大学学报》，2014 年第 3 期。

54赖力静：《我国少数民族传统节日的休息权保护问题初探》，《中央民族大学学报》，2014 年第 6 期。

55张继焦：《企业人类学：作为一门世界性的前沿学科》，《杭州师范大学学报》，2014 年第 4 期。

56张继焦：《“伞式社会”——观察中国经济社会结构转型的一个新概念》，《思想战线》，2014 年第 4 期。

57王雨：《两种人类学研究方式的历史发展脉络与关联》，《商丘师范学院学报》，2014 年第 2 期。

58杜发春：《国外生态移民研究述评》，《民族研究》，2014 年第 2 期。

59扎洛：《三江源地区生态移民的经济社会风险分析》，《青藏高原论坛》，2014 年第 3 期。

60祁进玉：《三江源自然保护区的生态教民异地安置模式及其影响初探》，《青藏高原论坛》，2014 年第 3 期。

61杨筑慧：《牛：一个研究西南民族社会文化的视角》，《广西民族研究》，2014 年第 4 期。

62兰林友：《遗产旅游、文化符号与再造遗产——“武松”叶法善养生文化符号之争的旅游人类学解读》，《原生态民族文化学刊》，2014 年第 4 期。

63王斌、杨圣敏：《新疆维吾尔自治区内不同地区维吾尔族人耵聍的遗传多态性》，《人类学学报》，2014 年第 2 期。

64王斌、杨圣敏：《新疆维吾尔族肤色和发色多态性研究》，《西北民族研究》，2014 年第 4 期。

65李海军、徐晓娜：《青海土族和藏族侧面部轮廓形状及其变异：基于标志点的几何形态测量分析》，《科学通报》，2014 年第 16 期。

⑯朱靖江：《“藏边影像”：从“他者”窥视到主体表达》，《云南民族大学学报》，2014年第1期。

⑰苏发祥、安晶晶：《论西藏乡村社会的疾病观及村民的求医行为——以西藏南木林县艾玛乡牛村为例》，《西北民族研究》，2014年第4期。

⑱马戎：《民族研究中的原住民问题（下）》，《西南民族大学学报》，2014年第1期。

⑲色音：《日本神道教的历史与现状》，《世界宗教文化》，2014年第6期。

⑳庄晨燕：《民族冲突后的和解与重建——以卢旺达1994年大屠杀后的国族建构实践为例》，《中央民族大学学报》，2014年第3期。

㉑龚浩群：《全球知识生产的新图景与新路径：以推动“非洲研究在非洲”为例》，《中央民族大学学报》，2014年第2期。

（作者：杨圣敏、祁进玉，中央民族大学教授）

教　育　学

教　育　学

劳凯声　刘晓芳　刘垚玥　何　芳　杜颖杰　左　哲

一、学科性质与研究方法研究

1. 有关教育学学科性质的研究

关于教育学的学科性质问题，2014年学者们的研究表现出一种批判与创新的研究态度和取向，这主要体现在研究者对教育学科独立性和教育学理论独创性的普遍关注上。

一方面，有学者指出一门学科的独特价值及其科学化程度主要表现在研究对象的明确上。该学者总结了目前学界有关教育学研究对象的观点，主要有教育事实观、教育现象及其规律观、教育现象观以及教育问题观四类。而该学者分析指出这其中只有教育现象作为教育学研究对象才具有合理性，因为教育现象体现了教育学科的独特性，是高度概括的公共性话题，只有研究教育现象才能揭示教育规律[①]。但也有学者持相反的观点，认为被知觉到的教育现象或事实，只是教育的结果，而教育情境中的人及其行动才是始因。因此该学者提出教育学的研究对象应是教育系统中人与情境交互作用所产生的教育行动。[②]此外，还有学者提出位于教育目标和教育结果之间的教育系统是教育学的研究对象。教育系统是教育者、受教育者等多个主体之间组织起来的、有计划、有目的的信息流动网络，它的功能则是指向人的成长。[③]

另一方面，有学者认为教育学学科的独立标志应是独创的知识体系，追问教育学的学科性质问题的背后是教育学能够独创什么样的知识体系。该学者认为当前教育学缺乏足够多的清晰的理论概念来支撑自身，并不拥有一门理论应该拥有的命题网络，而只是拥有一个庞杂的充满口舌之争的话题体系[④]。对此，一是有学者从理论和实践的关系出发，认为现代教育学体系需要实现更为彻底的实践取向。表现为全部教育学要面向教育实践，要为教育实践提供支持，要为情境性、自由性教育行动提供支持。如此的教育学体系在逻辑上应该包括提供教育认识的教育认识论和支持具体教育行动的教育行动论[⑤]。二是有学者从思考教育的本质出发，认为教育的实质是满足人获取、选择、处理和运用知识的智慧的过程，是延续人类寿命和提升个体生命质量的过程。因此教育学的研究性质就是揭示知识、智慧与生命之间的内在关系及其基本规律，教育学需要突出“知识”“智慧（智力、创造力）”“生命过程”“学习”“发展”等概念在教育理论研究中的关键地位，需要加强“教育与生命过程”“知识与智慧”“教与学”“活动与改善”等基本范畴的研究。[⑥]三是有学者从提炼教育学研究对象的基本范畴出发，运用历史唯物主义方法论对教育现象进行研究，发现教育现象由教育活动、教育体制、教育机制和教育观念四个基本范畴组成。而应用这四个范畴的应然逻辑，可以建构以教育活动、教育体制、教育机制和教育观念为基本范畴的新教育学逻辑体系，也可以厘清教育改革的思路。[⑦]

2. 有关教育研究方法的研究

当前，教育学者对于教育研究方法的探讨集中于研究范式与方法论的反思与重构上。

首先，在教育研究范式方面，有学者总结了历史上西方和中国教育学研究的范式变迁，认为西方教育学研究历经了哲学思辨范式、科学实证范式和诠释规范范式。而中国教育学研究则经历了教科书范式、教科书改革范式和后教科书改革范式。进而该学者在考察当前我国教育科研现状的基础上，指出当代我国教育学研究出现了思辨研究范式、量化研究范式和质性研究范式的萌芽，因此应通过进一步改革现行教育科研管理体制，加强教育科研机构自身建设，发展教育学派等途径，促使教育研究范式的萌芽健康成长。[⑧]此外，也有学者主张践行一种新的研究范式——以设计为中心的研究（Design-Centered Research，DCR）范式。主张将教育系统及其所包含的知识产品看作是一种人为设计的产物，强调从设计过程入手，基于实际数据和层次模型去理解和解决实际的教育教学问题，并在这个过程中发展教育设计的技术知识，体验理解教育教学规律。[⑨]

其次，在研究的方法论上，有学者批判了教育学以科学世界所强调的实证主义、客观主义、中立主义方法论为圭臬的现象，认为如此所产生的专业教育学只是一套特定的知识生产程序的产物，忽略了主体、生命体验以及先验自我，由此必然带来功利或效率取向、技术理性与控制偏好等问题。[⑩]与此相似的，有学者认为教育研究属于人文社会科学范畴，研究方法的选择不仅取决于问题的属性，而且与研究者自身的研究立场、研究方法偏好密不可分。研究方法的运用不是方法规则的执行过程，而是问题、方法与研究者自身三者相融合的过程。因此涵养科学精神是研究者运用研究方法有效解决问题的重要保证。[⑪]

再次，在具体的研究方法上，有学者归纳了教育人种志的历史发展阶段，将其分为萌芽阶段（20世纪30年代至50年代后期）、成型阶段（20世纪60年代至70年代中期）和多元发展阶段（20世纪70年代末至今）。并指出当前教育人种志研究的一个典型特征是对中微观研究的关注，其标志是学校教育人种志的广泛运用。[⑫]同时有学者认为教育人种志作为研究方法本身也应该不断创新，在传统的参与观察、访谈、生活史等技术之上，可以配合现代的高科技手段，如录音、摄像、计算机分析软件等。[⑬]此外，还有学者对现象学反思写作的方法在教育行动研究中的应用作了详细的描述，认为现象学反思写作在扎根于教育情境、面向实事本身、关注教育现象意义的基础上，有利于实证性研究面向人的生活世界，同时促进教师的自我发展和成长。[⑭]

二、有关MOOC（慕课）的研究

自2013年MOOC大规模进入中国以来，一时之间MOOC成为教育领域的超级热点，各个学科背景的学者乃至社会工作者都踊跃参与。2014年有关MOOC的研究文献急剧增长，其主要关注的问题有如下四个方面。

1. MOOC的内涵与特征

MOOC是在线开放课程模式的一种独特类型，有学者认为MOOC的内涵可以从课程形态、教育模式和知识创新三个维度论释。从课程形态的角度，MOOC是一种由分布于全球各地的教学者和学习者通过教与学联系起来的大规模线上虚拟开放课程；从教育模式的角度，MOOC是一种通过开放教育资源与学习服务而形成的新型教育模式；从知识创新的角度，MOOC是一种新型的知识创新平台，通过重组信息资源生成新知。与传统的课程相比，MOOC具有规模大、开放性、网络化、个性化和参与性等内在特征，拥有在线学习有效性、精细掌握学习、学伴交互协作和复杂系统自组织等核心学习机制。[⑮]还有学者认为MOOC是一种针对大众人群的开放资源在线教育。相比传统的网络课程，MOOC的特殊性体现在——课程设计上变以内容共享为中心为以学习为中心；教学理念上变灌输式的“线性教学”为对话与协商式的“非线性教学”；学习过程上变单向被动接受为主体与学习环境双向主动生成。[⑯]此外，有学者提出了MOOC的四个基本原则，分别是聚集、重组、再利用、分享。[⑰]

2. MOOC浪潮与教育变革

MOOC的出现在世界范围内都产生了极大的影响力，尤其是高等教育领域。有学者认为MOOC的发展会加强国家影响力、加速文化输出和高等教育由封闭走向开放；倒逼学校和教师面向国际化竞争，促进学习模式多元化和教育质量的提升；MOOC成为学校发展战略的一部分，引导学校课程管理、教务管理的系列变革。[⑱]有学者认为MOOC时代教师的角色、教学能力、信息素养和教学方式也都面临着一系列变化和挑战[⑲]。还有学者认为MOOC环境下的高校图书馆将会面临来自用户需求、版权限制、资源形态和商业企业四方面的问题。但面对MOOC的强势劲头，也有学者分析指出 MOOC 尚没有形成颠覆高等教育的实力，MOOC 与传统学校教育的关系符合远程教育与传统教育的发展轨迹，MOOC 的学生支持服务系统是制约参与者和学习质量的主要因素。[20]对于这些不同观点，有学者认为这体现了教育机构的分化，MOOC 虽然并不会立刻威胁到传统大学的存在，但是 MOOC 通过引入一套新的设计正在改变着教育景观。[21]还有学者指出推动 MOOC 发展的动力主要是大学内部的力量、技术创新的力量和资本的力量，而这三种力量反映了不同的社会需求、动机和利益。[22]

3. MOOC 发展的困境以及对策

随着 MOOC 热的蔓延，MOOC 在实际应用中所产生的问题也越来越凸显。有学者认为当前 MOOC 的发展存在三方面困境：一是相关制度不健全，包括激励机制不完善、知识产权保护体系缺失、质量评价体系未建立；二是课程建设水平较低，包括优质课程资源少，建设速度缓慢、高校间壁垒森严；三是配套服务不完善，包括缺乏市场化推广、技术支持力量薄弱、缺少相关业务培训。[23]有学者总结了国际上对 MOOC 的批评，主要有教学法比较旧，辍学率/未完成率很高，不能提供与校园教育同等质量的认证，不关注教与学的过程，未知的盈利模式，新自由主义。[24]对于这些问题，有学者认为应该对 MOOC 实施全面质量管理；优化教学方式；创新评价方式；加强法律保护；吸引资本进入；认可学生的 MOOC 成绩[25]。也有学者从 MOOC 自身建设的角度提出组建优秀的主讲教师团队是 MOOC 建设的基础；开发优质的课程内容是 MOOC 建设的核心；选择适切的技术支持是 MOOC 建设的重点；促进 MOOC 学习者主动学习是 MOOC 建设的关键。[26]此外还有学者详细阐述了高校课程联盟策略[27]、MOOC 与学分银行制度对接策略[28]，等等。

4. MOOC 视域下的学习方式变革和课程开发

有学者认为 MOOC 作为一种新的教育技术，以其独有的特征催生了一种新的学习模式，即个性化学习。学习者根据自己的个别化目的和背景，决定个性化的参与路径，选择和定制个性化的课程。[29]因此课程设计者不仅应该抓住 MOOC“大规模”“开放”的特征，还需要尊重学习者的个人学习体验，结合课程特点设计自适应的教学模式，给学习者提供有效的个性化学习支持服务。[30]对此，有学者从学习技术的视角提出了解决思路，具体包括：通过内容交互与数据追踪技术引导学习者与学习内容深层次互动；通过学习数据分析技术辅助学习者和教师掌控和调整学习进度；通过学习动机维持技术激发和维持学习者的学习兴趣；通过社会知识网络技术构建基于知识的社会网络等等。[31]还有学者认为 MOOC 的课程模式可以分为三种类型：基于内容的 xMOOC、基于网络的 cMOOC 和基于任务的 tMOOC。xMOOC 强调学习者获取和掌握课程内容，cMOOC 强调学习者自治和社会网络学习，tMOOC 注重学习者对知识的深度加工。[32]同时，学者们认为 MOOC 在未来还会不断发展出新的形式，如 SPOC（Small Private Online Courses）结合了课堂教学与在线教学[33]，SOOC（Small Open Online Courses）加入了对课程的选择性限制招生[34]等。

三、学前教育研究

1. 关于学龄前儿童“幼小衔接”问题

幼儿园教育继续提倡去“小学化”，而幼儿园的培养目标和课程制度、幼儿教师培养培训和待遇保障制度以及学前教育财政投入制度等是导致幼儿园教育“小学化”的制度根源。[35]在提倡幼儿园去“小学化”的同时，要跳出知识，重视思维品质、道德品质和意志品质的培养。[36]有学者从政府经费投入的角度，探讨把学前一年教育纳入义务教育的必要性和可能性。[37]也有学者从比较的视野，介绍澳大利亚的《幼儿教育和看护国家质量框架》以保证幼儿教育与学前班教育的质量和课程的有效衔接的经验，认为良好的入学开端对于儿童今后的各项发展具有重要意义。[38]

2. 关于学前教育质量提升问题

一方面集中在学前教育机构的质量评价方面。有学者从评价目的、评价内容和实施过程三个方面介绍了美国的学前儿童观察记录系统、作品取样系统和 3～5 岁发展连续表评价系统的经验[39]；介绍了我国香港和台湾地区的学前教育机构质量评价现状等。[40]

另一方面集中在学前教育师资建设方面，主要表现在：第一，教师学历达标率和生师比问题。认为我国东部地区与中西部地区在学前教师学历达标率和生师比上仍存在一定程度的差异，并呈现减小趋势。[41]在做法上很多国家和地区通过制定政策和法规逐步提高托幼机构的师幼比标准。[42]第二，我国学前教育教师待遇问题。认为教师待遇问题直接影响到教师队伍建设和学前教育发展质量。[43]第三，幼儿教师培养问题。建议补充和完善幼儿教师培养机构的准入标准和培养质量评估标准[44]，加强教师的专业伦理建设。[45]

3. 关于推进学前教育公平问题

第一，关注学前教育的资源配置效率，[46]关注学前教育资源的空间分布[47]。第二，关注农村学前教育的保障。建议确立政府主导地位，大力推动农村学前教育普及[48]；切实保障流动儿童接受学前教育的权益[49]；多举措筹措学前教育经费并实现新增教育经费倾斜。[50]第三，关注政府购买服务。购买方式是购买服务政策制度的重要一环，要因地制宜地选择购买方式，并注重配套措施的完善[51]；应适度兼顾学前教育非基本公共服务多样化需求，科学合理设计我国学前教育公共服务“一主多元”供给机制。[52]

四、义务教育研究

1. 义务教育的优质均衡发展和教育公平问题

义务教育资源配置的合理性和公平性是义务教育资源配置的关键问题。有学者认为我国义务教育发展呈现出“优势校”“薄弱校”、农民工子女独立群体形成的社会“三元”结构。[53]因此，资源配置部门应实行适当的补偿和激励机制，以促进学校间的资源共享。[54]在具体做法上主要有：在入学政策上坚持政府统筹，坚持以区县为主，坚持免试、就近原则；[55]加强中小学与大学的合作，加强特色学校建设，学校“强弱校”一体化，“名校办分校”等。但“名校办分校”也存在隐患，如名不副实的办学定位、利益驱动的分校扩张、良莠不齐的分校质量、事出多头的分校管理等。[56]有学者介绍了美国纽约的实践探索经验：立法保障基本权利；重组学区，并鼓励择校；兴办特许学校与移民学校；出台补偿政策等。[57]

2. 农村地区义务教育发展的推进问题

第一，当前存在的主要问题。主要集中在留守儿童的家庭教育和学校教育、教育机会和学业成绩方面[58]，农民工子女教育方面[59]，以及农村寄宿制学校的内部管理方面等。[60]第二，师资方面。有学者指出要关注农村地区的“特岗计划”。“特岗教师”已经逐步成为我国农村地区义务教育学校教师的重要组成群体。但是“特岗教师”群体处于边缘地位，缺乏流动机制。[61]第三，财政经费方面。研究多集中在“新机制”的实施现状上。有学者对河北、山东、广西三省六县部分农村家庭调查，发现“新机制”（指2005年底我国开始实施的义务教育经费保障机制）实施后，农村家庭义务教育负担水平较为合理，但低保家庭和寄宿生家庭义务教育负担依然较重。[62]该政策有利于缩小生均公用经费、生均预算内公用经费的县域内支出差异，但是生均支出水平、教师平均工资在县域内还存在一定差异。[63]

3. 义务教育学校的管理问题

第一，关注校长的管理。有学者介绍了教育部出台的《义务教育学校管理标准（试行）》方案，认为有利于对义务教育学校管理中的实际问题和深层次矛盾，提出科学、规范和可行的解决方案。[64]也有学者构建了义务教育阶段中小学校长教学领导力胜任特征模型，包括“明确与交流目标”“指导教学”“监控学习进展”“激励教师”“促进教师成长”和“激励学生”等6个维度，在调查中显示中小学校长的教学领导力胜任特征整体表现良好。[65]第二，关注教师方面。认为义务教育教师流动情况，突出地表现为职业内单向流动、职业外流失严重、流动杂乱无序等不合理态势。提出要构建合理的教师流动机制等，促进教师合理流动；[66]认为义务教育学校的绩效工资改革方案存在“不符合义务教育教师工作特点、没有体现绩效工资本意、无法调动教师积极性”等问题。[67]也有学者认为，为统筹城乡义务教育资源均衡配置，逐步实行公办学校标准化建设和校长教师交流轮岗，将是我国义务教育阶段教育发展的重要支点。[68]

五、高中教育研究

高中教育的文献主要集中在高等教育考试招生制度的改革方面。2014年9月4日，国务院发布了《关于深化考试招生制度改革的实施意见》，我国高考改革全面展开。就深化考试招生制度改革，促进教育公平，学界展开新一轮的讨论。

关于高考改革的重要意义和所面临的挑战方面，有学者首先指出，《关于深化考试招生制度改革的实施意见》中提出的分类考试、自选科目、综合评价、双向选择和多元录取等措施，使对人才的评价更具多样性和综合性，实现了对“唯分数论”的超越。[69]有学者强调，高考改革的根本方向是让高考招生更适合于高等学校人才培养的需要，更有利于普通高中的素质教育，更能够导向学生全面而有个性的发展。公平、自主、透明、科学、导向，是高考改革的基本原则。[70]

关于高考改革中的公平问题。公平是这次考试招生制度改革关注的首要问题。有学者提出，近年来，高考招生制度的公平性面临着新的更加广泛的挑战，越来越多样化的利益主体对高考招生制度表达越来越多元的诉求。[71]为了促进公平，有学者提出，应当采取多元评价标准，制定多元指标体系，按照地区教育环境、户口、高中特征、家庭地理位置、父亲教育程度和职业、家庭经济状况，结合考生的成绩和特长进行综合评定，向来自教育不发达地区、弱势家庭的学生倾斜。[72]关于促进地域平等方面，有学者指出，高考分省定额的规则表面上的录取机会差异实则有着更深层次的社会、经济等地区差异的历史原因，改变高考分省定额规则，难以从根本上消除历史形成的各地高考录取差异。[73]还有学者分析了流动人口随迁子女在流入地升学考试的政策方案，提出随迁子女在流入地升学考试问题的解决需要推进教育资源的均衡化发展，实现公正、公平。[74]有学者从法治思维审视外来人口子女高考问题，认为外来人口在为北京经济发展做出贡献的同时，其子女的受教育权利却与北京学生完全不同，明显违反权利和义务相对等的法律原则。[75]

关于高考改革的实践路径方面，有学者指出，改革与发展进入“深水区”，必须对现有的体制与结构进行改革。[76]学者提出应当在制度改革中充分考虑到不同地区、不同群体对于高考招生制度改革的利益诉求；要考虑到高考招生制度改革的系统性，协调好高等教育和基础教育、教育系统内部和教育系统外部，改革才能顺利推进。[77]还有学者提出，新形势下，我国高考改革的基本选择应该是努力拓宽大学与高中之间衔接的机制，以共生性高考作为当前高考改革的基本取向。[78]此外，还有学者针对高考分省定额的规则由于其历史原因“不可废，只能改”，提出了分层调控的建议以实现公平。[79]还有学者针对少数民族加分政策效果的分析，提出了较以往的“静态等额加分模式”更具有科学性、灵活性和公平性的“动态等值加分模式”及其具体操作方案。[80]

六、高等教育研究

1. 推进依法治教

党的十八届四中全会提出了全面推进依法治国，建设中国特色社会主义法治体系，建设社会主义法治国家的总目标。关于依法治国，有学者指出法律最高和法律平等是法治精神与原则的基本体现，“依良法，达善治”是法治的基本内涵。因此，中国要实现依法治国首先要坚持民主科学立法，完善以宪法为核心的法治规范体系；其次要坚持依法行政，完善以行政执法为重点的法治实施体系；最后要坚持公正司法，完善以诉讼法为主要途径的法治保障体系。[81]关于依法治教，有学者指出，教育领域的法制化要求通过科学立法、严格执法、公正司法和全民守法，以法治思维和法治方式推进教育的创新和发展，实现教育治理体系和治理能力的现代化。[82]还有学者提出，健全的教育法治应是以一套完备的教育法律法规为核心的，包括相应的法律实践和法律文化在内的法律系统，这是一个以行政法为主体，民法相配合，辅之以必要的刑法手段，并以其他法律手段为适当保障手段的完整的法律调控机制。[83]

为了推进高等教育的法治，有学者提出建立第三部门视野下的高等学校法人制度，赋予高校独立的法律人格，使其能够自主地培养专门人才、开展学术研究和为社会提供教育公共服务，是实现高等学校依法治校的必要保证。[84]还有学者认为大学章程建设推动中国公办高校法人治理方式的重大发展，表现在，第一，促进了学校内部立法和制度建设；第二，体现了学校办学特色；第三，完善了学校的治理结构；第四，加强了学术组织建设；第五，扩大了学校办学自主权；第六，完善了师生权益保障机制；第七，推动了学校的综合改革；第八，促进了师生民主参与管理的机制；第九，拓展了学校和社会的关系；第十，健全了学校内部监督机制。[85]

2. 建设中国特色现代大学制度

完善现代大学制度依然是高等教育改革的重要内容，高等教育改革中的诸多问题聚焦在如何优化治理结构，完善中国特色现代大学制度上。[86]深化高等教育改革的总目标是完善和发展中国特色高等教育制度，推进高等教育治理体系和治理能力现代化。[87]

关于现代大学制度的内容，有学者指出，现代大学制度应该包含三大基本部分：大学法律章程、大学使命宣言、大学治理结构，这是保证现代大学生存与发展的根、魂与骨架，是标志大学特质、构成现代大学制度的三大核心要素。[88]

关于如何完善现代大学制度方面，有学者提出，政府转变职能是完善现代大学制度的权力基础；其次要落实大学办学自主权，形成政府与大学良好的治理关系；因此大学应去产业化、去行政化、去工程化，以建设现代大学制度。[89]还有学者提出，为了实现政府治理与学校办学、社会评价的良性互动，应当坚持高等教育的管办评分离。一方面要在主体、职能、责任和手段上进行有效分离；另一方面要推动目标汇合、机制融合、资源整合。[90]此外，有学者着眼于人才培养，提出，人才的选拔与培养需要考虑外围的政府、大学与社会之间的协调合作，内在则考虑大学、高中、专业的共生与发展，此外还需要全局观念和国际化视野。[91]有学者研究了国外学者在全球化和信息化背景下对未来大学的探讨，认为以下观点对中国高等教育发展的有着重要的启示：全球多样性是未来大学发展的参照系；未来大学将立足网络社会，拓展公共空间，促进社会发展；“关心能力”将成为大学的重要目的；吸收过去大学元素是未来大学发展的一种可行路径。[92]此外，还有学者提出要理性认识制度在现代大学组织发展中的功用。除了要认识到制度建设在大学组织发展中的作用与功能，还需要客观清醒地认识到制度的功能及其局限；规避性制度、鼓励性制度和引导性制度缺一不可。[93]

3. 部分本科院校向应用技术型高校转型

国务院常务会议于2014年2月26日做出“引导部分普通本科高校向应用技术型高校转型”的战略指导。学者们展开了建设中国特色的应用技术型高校的理论与实践的积极探索。

首先，学者们从不同视角论述了本科院校向应用技术型高校转型的重要意义。有的学者从世界经济变革背景强调了建设应用技术大学的重要意义，中国的强大尤其需要推动高校转型来培养社会经济发展所需人才、促进毕业生就业。[94]有的学者认为转型有助于为社会经济发展培养合适的人才，促进中国经济的升级；转型有助于高等教育院校应对科技进步与信息技术革命带来的高等教育形态前所未有的大变局；转型有助于实现高等教育多样化和教育体系现代化。[95]还有学者探讨了高等教育的本质、本科教育与专科教育的区别，以及为什么要转型和如何实现转型等从认识论与方法论层面上阐述了地方本科院校转型对于促进我国经济社会持续健康发展的意义。[96]

其次，学者们对应用技术型高校的建设定位进行了探讨。有学者指出，高等教育大众化阶段不仅传授理论知识，更要培养应用能力；为了取得高等教育大众化的成功，无论是顶层设计还是基层实践需要高校向应用性、多样化方向发展。[97]有的学者指出，应用技术大学应培养技术应用型人才，包括高端技能复合人才。[98]

最后，学者们对部分本科院校转型技术应用大学提出了政策建议。有学者提出，转型的关键是制度创新和机制改革，这次转型不仅要全方位的、系统地明确办学定位、发展战略等，而且要坚持管办评分开的管理制度。[99]有的学者指出，我国迫切需要发展高校自主权形成理想的高等教育多元化格局，使高技术人才的培养在专门人才的培养方面占据重要地位。[100]还有学者提出，一是确立应用技术类型高校在我国高等教育体系中的地位；二是加强对地方本科院校转型发展的政策引导和宏观指导；三是建立科学、规范的分类评估制度；四是加大对应用技术大学的经费投入；五是建立现代大学制度，落实高校办学自主权；六是各级政府为行业企业参与合作育人提供法律、法规和机制保障；七是在国家框架下开展应用技术类型高校国际合作；八是加强应用技术型人才培养的理论研究。[101]

七、职业教育研究

1. 中国职业技术教育体系建设研究

《国家中长期教育改革和发展规划纲要》（2010—2020年）将形成现代职业教育体系作为职业教育发展的重要目标。党的十八大也特别强调了“加快发展现代职业教育”的意义。职业教育体系建设作为“加快发展现代职业教育”的重中之重，近年来受到了学术界的广泛关注。纵观职业教育的发展历程，西方发达国家在现代职业教育体系建设方面始终走在时代的前列，因此一部分学者开始了对西方职业教育体系建设模式的探索与研究。如有学者在对德国、瑞士、美国、英国、澳大利亚等国的现代教育体系进行分析的基础上，详细阐述了各国在职业教育体系建设方面的经验，最后基于对国外职业教育体系的分析，提出了对我国现代职业教育体系建设的启示。[102]还有学者通过研究德国高等职业教育“双元制”模式，发现该模式对我国高等职业教育发展有着较强的借鉴意义。[103]在具体针对我国职业教育体系建设方面，有学者在分析建设现代职业教育体系的基本要求及途径的基础上，提出了使现代职业教育体系建设适应国家和社会发展要求的目标要求[104]。有学者从加强国际交流与合作的角度入手，对近日出台的《国务院关于加快发展现代职业教育的决定》相关内容进行解读，最后从各相关机构开展工作的角度，对加强职业教育国际交流与合作的进一步举措提出了意见。[105]还有学者结合我国职业教育发展现状与迫切需求，从数字资源建设、校企互动式远程教学、信息化管理平台建设及现代信息技术应用四个方面，高度概括了当前一个时期我国职业教育提高信息化水平的目标与途径。[106]也有学者从现代职业教育体系建设的具体路径角度提出“产教深度融合”“校企共赢发展”是使职业教育与社会经济发展紧密相连，形成“双赢”局面的必由之路。[107]部分学者还从提升终身化水平角度对现代职业教育体系建设提出了设想，认为应该整合开放教育与职业教育资源，构建开放职业教育体系，整合社区与职业教育资源，以期建成具有时代特色的终身职业教育体系，为现代化建设提供强大的人力资源支撑。[108]结合我国职业教育体系建设的具体经验，有学者提出应借鉴国际社会的有益经验，改善我国行业、企业办学的政策环境，明确行业、企业举办职业教育的法律地位，建立鼓励行业、企业办学的激励机制，统筹整合多方资源，以实现统筹社会优势资源、共同办好职业教育的目标[109]。更有学者以广东、江苏、重庆为例，介绍了该地区的具体做法，总结出了与现代职业教育体系建设相关的先进经验。[110]

2. 职业教育质量与保障研究

我国现代职业教育发展面临的问题集中在产教融合与校企合作方式、职业教育体系建设与职业教育质量保障等方面。在关于职业教育质量保障的研究中，学者们主张通过加强职业教育质量保障体系建设促进职业教育的稳定、平衡发展。如有学者主张建立职业教育治理体系与治理能力现代化的框架，从问题切入，通过设计合理的方式方法和技术手段处理好政府、市场、社会、学校之间的关系，实现职业教育治理体系的现代化建设。[111]还有学者从操作技术角度，讨论现代职业教育质量保障体系的基本理念和当前职业教育质量保障体系建设应开展的工作[112]。也有学者通过对欧盟各国职业教育的质量评估体制、评估标准和评估过程的研究，明确了其对我国构建职业教育质量评价体系的借鉴意义，提出了遵循人才培养市场化、评估体制多元化、质量标准精细化、质量监管全程化的目标取向，构建了独具中国特色的职业教育质量评价体系的具体措施。[113]

3. 职业教育课程与教学研究

在关于我国职业教育课程与教学的研究方面，有学者通过对德国“双元制”和我国“学校主体”教育机制进行比较，分析了中德职业教育课程与教学差异的原因，研究出两种教育机制对课程与教学的影响，给我国职业教育课程改革提出了合理性建议[114]。还有学者针对职业教育课程改革开展了研究工作，提出我国职业教育课程整合研究尚存在研究定位失焦、基本理论研究缺失、研究方法单一等问题。研究者应进一步研究并深化对职业教育课程整合理论的探析，加强文化价值取向下的整合研究[115]。也有学者针对教育技术在职业教育教学过程中的应用情况开展研究，如有学者分析了网络互动在职业教育教学中的应用，尝试通过网络教学改变课堂学习以教师教为主讲的传统课堂模式，解决职业教育学生被动学习的局面，调动学生的学习自觉性和主动性，从而提高课堂教学的效益和效率，提高教学质量[116]。还有的学者则从新型的网络载体——博客入手，分析其在职业教育教学中的应用及其对博客对高等职业教育教学的促进作用，分析了目前存在的一些问题，并提出解决问题的意见和建议。[117]

八、课程研究

1. 课程改革研究

课程改革作为近年来的教育热点问题，一直受到了教育界学者们的广泛关注。在关于课程改革具体实施路径的研究中，学者们从学校课程决策的方式和参与者入手提出了不同观点。学校课程决策作为一种在课程实施过程中对课程的有关方面作出选择和决定的具体实施方式，对于增强课程改革的实施效果，促进学校特色的形成和发展起到至关重要的作用。有学者认为教师参与学校课程决策是教师的权力，是教师职业角色和专业发展的内在需要，也是提高学校课程有效性、促进学校课程变革的需要。因此应通过确立合理的监督系统和教师自我评价机制，提高教师参与学校课程决策的有效性[118]。也有学者认为家长参与学校课程决策有着重要意义，它不仅有助于学校的教育教学改革和发展，还有助于提高学校教学质量、促进学生发展。[119]还有学者认为学生作为学校课程决策的重要主体之一，有效的学校课程决策不能忽视学生的参与。学生参与学校课程决策对于推进新一轮课程改革有着重要作用[120]。有学者还从课程政策制定的社会参与角度分析了课程政策的合法性，提出今后课程政策制定的社会参与需要着力于制度化、合法化和社会化，并以课程政策制定的合法化带动课程改革的发展。[121]在基于课程改革实践经验开展的研究中，有学者从教师改革信念视角分析了当前课程改革的困境，认为教师对改革目的达成等方面的低水平信念使课程改革从未真正被接纳，是当前课程改革所遇的困境。教师应在教学过程中重新找回真正的价值追求，在回归自我的过程中与课程改革产生心灵的契合与共振[122]。也有学者从人才培养模式的角度分析了课程改革，认为课改应从重构课程体系入手，重组课程内容，以创新创业素质教育为核心，将专业课程内容融汇素质培养。[123]还有学者从具体的课堂教学为例分析课程改革的新动态。如有学者以北京普通高中课程改革的校本实践为例分析当前课程理念回归教育本质的趋势及其学校课程中存在的多样化趋势，提出以优质均衡、深化推进的策略开展学校课程改革的实践活动。[124]还有的学者结合学校的教学经验，提出应以三维高效课堂作为保障课改顺利进行的基础。[125]有学者在具体分析了高职课程改革的背景和现状基础上，针对这种现状提出了课程改革的质量标准体系的建设和运作思路。[126]还有学者在结合的甘肃省酒泉市实践探索经验的基础上，提出课改应适应当地的改革土壤，实现课改软着陆。[127]部分学者还从课堂教学经验出发，将校长领导课程视为了课程改革的助动力。[128]

2. 课程内容研究

近年来，除了针对课程改革这类热点问题的研究外，学者们还将研究的重点集中在了课程内容的设计和开发上。在学前教育阶段的课程设计中，有学者提出了回归生活的课程生态观，认为应以回归生活课程生态观的理念改革学前课程，课程目标应面向幼儿的完整生活；课程内容应回归幼儿的直接经验；课程实施应发掘幼儿游戏的应有之义；课程评价应关注幼儿主体价值的实现。[129]在基础教育阶段的课程设计中，有学者以新中国成立以来小学课程内容知识量演变的过程为研究对象，提出了中小学课程内容知识量的确定应该通过广泛调查与恰当试验等多种方式，与我国小学教育实际相结合的观点。[130]课程作为大学教育的核心，课程的变革也推动着高等教育的变化与发展。有学者通过对我国高等教育课程研究的现状进行分析，获得了与我国大学课程理论建设相关的启示。[131]还有的学者将研究的关注点集中于特殊儿童，以自闭症儿童的教育为例简述了特殊教育课程体系的构建。[132]

九、德育研究

1. 网络环境下的德育研究

有学者认为，网络环境下成长起来的学生个体具有“即时性动物”的特征，具体表现为对个体性的尊重与对动人叙事方式的追寻。德育范式的转型要着眼于学生的主体性和德育的趣味性。在德育思维方式上，要由“自上而下”转变为“自下而上”；在德育过程上，要由“过度理性”转变为“适度理性”；在德育内容上，要由“一元化”转变为“多元化”；在德育方式上，要由“严肃性”转向“趣味性”。[133]

有学者认为，以网络媒体为载体实施德育教育，就要利用网络媒体的优势资源开发设计网络课程。因为网络媒体上虽然有很多可以作为德育资料的信息和内容，但是也存在一些对学生德育教育不利的内容。网络媒体上信息的鱼龙混杂可能会对学生造成不良冲击，会影响德育教育。这就需要教师充当德育网络资源“过滤器”，要积极地对网上内容进行筛选，有针对性地搜集与课堂德育教学或者德育内容相关的网络内容，包括一些德育现象、德育案例和德育文化等。对这些资料进行整合，编写成课件，形成一套完整的网络德育课程资料，并通过网络媒体将这些课程资料呈现给学生。[134]

另外有学者认为，与大数据是将社会生活、经济生活中本就存在的大量的消费数据、行为数据浮上台面，进入存储、分析、计算环节一样，对高校德育工作，也应该从可见的思想、意识、行为领域，扩展到更广阔的日常生活实践或者潜意识甚至无意识领域，打破可见领域与隐形领域的藩篱。[135]

2. 对学校德育的反思式研究

有学者提出由于受到了教育对象多样性、复杂性的影响，以及基于学生本质特点等，现代学校德育功能具有有限性特点。这种有限性决定了学校德育不可能解决学生所有的德育问题，也不可能让每一名学生都成为品行端庄、道德高尚的人。但是，在认识学校德育功能有限性的基础上，必须通过努力，充分发挥出其有限的作用，关注德育实践，弱化结果意识等，通过有限性的德育教育，实现学生无限性的发展可能。[136]

另外有学者认为，德育，简而言之就是品德的培育，包括政治的培育、文化的培育、思想的培育和道德的培育，此外还包括身心健康的培育以及文明行为的培育。传统的德育理论是随着传统的社会形成的，在人类社会发展中起着重要作用。而现代的德育理论是相对于传统的德育而言的，在发展的过程中有其自身的特征。[137]

3. 德育课程研究

有学者认为，现行课程计划要求中小学必须开设“品德与生活”“品德与社会”“思想品德”“思想政治”等思想品德教育课程，这是落实国家德育目标的根本载体，是学校德育工作的主渠道。德育课程主要以学生品德的发展为首要目标，更多强调的是课程价值目标的达成而并非具体知识的传授。因此，这门课程的价值属性就决定了它更强调学生主体的高度参与，更重视学生经验的激活和情感的唤起，更注重学生德性的实践锻炼与养成。[138]

有学者认为，有效实现德育课程内容的科学衔接，是整体构建学校德育体系的关键部分，是增强学校德育实效性的重要途径。当前，德育课程内容在系统化衔接实践中还存在着内容断裂缺失、简单重复、层次倒置、断层脱节等一系列问题。因而，需要通过系统化意识提升、课程整体编制、教师队伍建设以及保障机制健全等系统举措加以治理。[139]

另外有学者认为，学校德育课程建设是德育的重要环节，针对道德教育在时效性、有效性和针对性等方面存在的弊端，实践性的德育活动教育成为必然选择。学校实践性德育课程体系的整体构建以德育论、系统论为理论基础，具体划分为目标体系、内容体系、活动体系和评价体系四个部分，四部分之间相互联系，其构成在时间上具有连续性，在空间上具有全面性。应将陶行知所主张的"生活即教育""社会即学校""教学做合一"的实用主义教育思想密切融入到学校实践性德育课程体系的实现环节中。[140]

4. 德育教材研究

有学者认为，语文课程对继承和弘扬中华民族优秀文化传统和革命传统，增强民族文化认同感，增强民族凝聚力和创造力具有不可替代的优势。新课程标准把这一目标作为语文课程的首要目标。在这样的背景下，语文教材的编写不再单纯以学科逻辑为主导，而是以促进学生健康发展为根本目标，希望学生将知识内化为能力，升华为情感、态度和价值观，并形成良好的品质习惯。小学语文教材选文不仅在德育内容上丰富多样，形成体系，兼顾德育因素的各个层面；在呈现方式上也要多样化，顾及学生感情，尽量避免直接说教，通过树立典型人物，有理有情地向学生进行道德情感教育。[141]

有学者认为，在学校学科教学中渗透德育，是各学科教学的一项重要任务，把德育渗透于各学科教学当中，达到"润物细无声"的教育效果，是解决我国德育实效性差的一个重要手段。教师自身要提高德育意识、加强德育理论学习、挖掘教材中德育素材、灵活运用教学方法、捕捉教育时机，同时也需要学校等有关部门予以支持。[142]

十、教师教育

1. 创新教师教育培养模式

有学者认为，构建我国的教师驻校模式是教师教育发展的第三条道路。教师驻校培养发端于美国，全称为"城市教师驻校培养"（the Urban Teacher Residency，简称 UTR），属于一种学士后的教师教育培养计划。教师驻校培养在吸取传统教师培养的做法和经验的基础上，充分借鉴了医学院住院医师的培养模式，以学区为本区，形成由大学、公立学校和第三方非营利性组织组成的合作共同体，基于情境认知、合作学习、反思性实践、职前职后教育一体化等理论基础，赋予中小学参与教师教育的新功能。[143]

有学者认为，城乡教师交往平台是城乡教师之间相互交流、沟通、学习、共享与互惠的场所。城乡伙伴合作学校是指城市学校与农村学校在相互信任、地位平等的基础上，双方在教育教学环节、各要素等方面进行相互学习、彼此影响，进而实现双赢互惠的长期合作关系。具体途径是：构建城乡合作伙伴学校；搭建城乡教师数字化学习互动平台；发现与培养农村教师专家；举办城乡教师教学研究论坛；鼓励城乡教师学术与生活沙龙；成立城乡教师俱乐部。[144]

另外有学者提出了"U—G—S"合作模式，"U—G—S"合作模式是指地方大学、地方政府和农村中小学合作协同创新的教师教育模式。以培养教师，促进学生发展为共同目标，共同利用各自优势分担责任，共享合作共同体的多赢利益。它为农村教师专业学习提供了政策支持和制度保障；创建了合作的文化氛围，促进了农村教师专业学习文化自觉；开辟了基于区域内文化的专业学习路径。[145]

2. 提高教师专业能力

有学者认为，专业性是教师发展的逻辑起点；规范性是教师专业发展的价值特征；专门性是教师专业发展的现实进路。据此，调整教师专业发展价值取向的总体基调应是现实的进取而非传统的回归，亦即需要通过专业地位的巩固、规范制度的完善、专门手段的改进来推动教师专业发展的继续前进。注重特殊属性、德性伦理与目的统摄的教育人文传统于教师发展而言仍然具有可资利用的价值，但唯有在现代的专业发展的框架中，才能发挥其应有的作用。[146]

有学者提出纽约州于 2009 年出台的《中小学教师专业发展标准》是州级中小学教师专业发展标准中较具代表性的，它对我国教师专业标准的修订以及省域教师专业标准的出台具有重要的参考价值。纽约州中小学教师专业发展标准从教与学所涉及的多个维度以及教师专业成长的动态视野，对中小学教师专业发展提出了综合性的要求，成为中小学教师专业发展的重要指南。[147]

另外有学者认为，很多教师明显感到自己的专业发展进入了一个停滞甚至是倒退阶段，很难再上一个新台阶。能否尽快跨越"高原期"是中小学教师能否突破专业发展"瓶颈"，快速提升自身业务水平，实现由经验型教师向研究型、学者型、专家型教师"蜕变"的关键。中小学教师应在教学实践中不断反思，运用现代教育教学理论分析和改善自己的教学行为，提升自己的教学理论水平，实现由经验型教师向研究型教师的转化。在中小学教师充分发挥专业发展自觉性的同时，相关教育部门应不断健全中小学教师的培养和激励机制，共同克服困难和危机，实现中小学教师专业化发展的目的。[148]

十一、学术年会

1. 基础教育

4月18—19日，第二届中国基础教育改革与优秀创新人才培养高端论坛在北京大学举行。高端论坛旨在贯彻落实十八届三中全会的精神，探索我国中小学在教育评价、人才选拔及考试制度改革的新途径。本次论坛就优秀创新人才培养的目标、方式、选拔与评价办法，以及人才培养实践中的经验与问题进行了深层次、多角度、全方位的交流探讨。[149]

5月9—10日，由中国教育学会主办的“基础教育国家级教学成果奖推广研修活动”在北京十一学校举行。来自全国各地的1300余位校长和教师参加了此次活动。在为期两天的研修活动中，多位十一学校资深教师介绍了自己的教育思想和教育感悟。在“有效管理”“课堂转型”“学习设计”“集体内外”4场分论坛上，来自十一学校的十余位教师通过生动真实的案例，介绍了他们在课程改革过程中的探索和思考。[150]

10月17—18日，第四届基础教育改革与发展论坛在北京成功召开。论坛以“学科教学与学科素养”为主题，围绕着“学科素养培养与学校课程教材创新”“学科素养培养与教学方法和评价方法”“学科教学与学科教育学”“数字化时代的学科教学和教师教育”等相关议题展开讨论。[151]

12月21日，“教育的未来——孩子期待的教育”2014年教育论坛在北京师范大学英东学堂隆重召开。论坛围绕着“倾听孩子的心声——孩子期待的教育”“教育面临的挑战——未来需要怎样的人才”“为孩子们创造美好未来——面对信息时代挑战的探索与思索”三个主题展开，共同探讨了在教育改革的大背景下，家庭教育如何与学校教育、社会教育有效互动，共同营造良好的生态环境，为孩子们的健康成长服务；并探索在多元的信息社会，如何促进学校、社会、家庭的协同，运用教育智慧，整合多元化的教育文化和教育资源，促进少年儿童核心价值观的形成。[152]

2. 教育技术

5月14日，由中国高等教育学会主办、能力天空科技（北京）有限公司承办的第十七届科博会2014中国网络教育论坛在北京隆重开幕。多名教育行业权威的教育学者、业内知名的互联网专家，以及千名大中小学校长、培训机构负责人共聚一堂，共同分享互联网科技在教育领域的先进成果和前沿应用，并就传统教育互联网转型相关问题进行了深入讨论。[153]

10月30—31日，由国际知名英语数码教材提供商爱乐奇公司和新东方教育集团联合主办的“互联网教育国际高峰论坛”在北京国家会议中心举行。本届论坛以“解放教育”为题，秉承“共同促进互联网教育行业健康发展”的使命，为教育界精英人士搭建了分享交流的平台。[154]

11月27—28日，2014年中国国际远程教育大会在北京隆重召开，会议就未来教育方向展开了探讨。大会以“科技引领未来学习——教育变革时代的战略选择”为主题，聚焦科技发展新趋势、新进展以及科技在教育和学习领域应用的新实践、新成果；重点研讨远程教育和企业学习的新战略、新模式；开启未来学习与智慧教育的新前景、新方向。[155]

12月1日，第二届中国教育信息化（教育技术）行业新年论坛暨2014中国国际智慧教育展会学术峰会，在北京国家会议中心举行。中国教育信息化（教育技术）行业新年论坛每年一届，汇聚了教育信息化和教育技术行业产学研各界的力量，共同把脉行业的趋势走向，交流前沿的研究成果，该行业论坛已经发展成为教育信息化（教育技术）领域极具影响力的盛会之一。[156]

3. 其他

5月10—11日，由首都师范大学哲学系举办的“2014·北京哲学教育论坛”在金龙潭酒店三层会议室举行。本次论坛意在推动我国哲学教育的发展，促进高校哲学院系间的交流。[157]

9月27日—28日，“第五届世界比较教育论坛”在北京师范大学召开。本届论坛的主题是“全球教育改革：国际化·区域化·本土化”。该论坛由北京师范大学主办，本次论坛围绕着如何处理好国际化、区域化与本土化的关系等当前全球教育改革和发展的热点话题展开，旨在推进我国比较教育学科与国外同行的交流，推动我国比较教育学科的发展。[158]

10月17—18日，第三届国际教师教育学术年会在北京开幕。会议的主题是“多元文化社会中的教师教育：机遇与挑战”。本次会议由国际教师教育协会主办，中央民族大学教育学院承办。讨论的主题包括：双语教学与双语教师教育、教师培养教育（教师岗前培训）、教师培训、文化多样性与教育、教师教育国际比较研究、教师专业化与教师教育、教学技术与学科教学法、教师教育的标准与绩效等。[159]

11月29—12月1日，中国教育学会第二十七次学术年会在北京举行。此次学术年会的主题是“深化教育综合改革，推进教育现代化”。全国基础教育领域近千人参加会议，教育部副部长刘利民出席会议并作重要讲话。与会专家和参会人员就当前教育改革的热点话题进行了广泛的研讨。[160]

注：

①高鹏、杨兆山：《“教育现象”何以是教育学的研究对象》，《教育研究》，2014 年第 2 期。

②叶隽：《新教育学与传统资源——读吴家莹〈新教育学的建构〉》，《北京大学教育评论》，2014 年第 2 期。

③杨开城：《教育学的出路何在——创建新教育学》，《现代远程教育研究》，2014 年第 6 期。

④杨开城：《教育学的坏理论研究之四：教育学的理论品性》，《现代远程教育研究》，2014 年第 4 期。

⑤余清臣：《现代教育学体系的实践取向与逻辑成分》，《教育学报》，2014 年第 1 期。

⑥巴登尼玛、李松林、刘冲：《人类生命智慧提升过程是教育学学科发展的原点》，《教育研究》，2014 年第 6 期。

⑦孙绵涛：《教育现象的基本范畴研究》，《教育研究》，2014 年第 9 期。

⑧楚江亭、李廷洲：《范式重构：教育学研究取得进步的必然选择》，《北京师范大学学报》（社会科学版），2014 年第 5 期。

⑨杨开城：《教育学的出路何在——创建新教育学》，《现代远程教育研究》，2014 年第 6 期。

⑩康永久：《科学世界及其教育学》，《南京社会科学》，2014 年第 3 期。

⑪高绣叶：《从问题到研究者：教育研究方法的重新考评——对于问题决定方法的反思》，《现代教育管理》，2014 年第 8 期。

⑫沈丽萍：《西方教育人种志发展的四个阶段》，《比较教育研究》，2014 年第 1 期。

⑬袁同凯、田振江：《做教育民族志——经历、困惑与反思》，《民族教育研究》，2014 年第 5 期。

⑭朱小蔓：《论教育现象学及其应用——兼论教师的教育现象学反思写作》，《教师教育研究》，2014 年第 6 期。

⑮王永固、张庆：《MOOC：特征与学习机制》，《教育研究》，2014 年第 9 期。

⑯刘和海、张舒予、朱丽兰：《论慕课本质、内涵与价值》，《现代教育技术》，2014 年第 12 期。

⑰王霞、钱玲：《如何利用 MOOC 的基本原则指导学习活动的开展——以牛津布鲁克斯大学 FSLT12 课程为例》，《现代教育技术》，2014 年第 12 期。

⑱赵海霞、谢舒潇、刘永贵、黄雅：《高等教育 MOOC 的发展路径、战略影响及理性思考》，《现代教育技术》，2014 年第 7 期。

⑲宋灵青：《MOOC 时代教师面临的挑战与专业发展研究》，《中国电化教育》，2014 年第 9 期。

⑳孟亚玲：《从 MOOC 中文用户大摸底看其对中国教育的影响》，《电化教育研究》，2014 年第 8 期。

㉑［英］斯蒂芬·哈格德：《慕课正在成熟》，《教育研究》，2014 年第 5 期。

㉒桑新民：《MOOCs 热潮中的冷思考》，《中国高教研究》，2014 年第 6 期。

㉓翟雪松、袁婧：《MOOC 在我国高等教育中的发展困境及对策研究》，《电化教育研究》，2014 年第 10 期。

㉔王志军、陈丽、郑勤华：《MOOCs 的发展脉络及其三种实践形式》，《中国电化教育》，2014 年第 7 期。

㉕刘锦宏、朱嘉蕊、余思慧：《可持续发展：MOOC 的必由之路》，《科技与出版》，2014 年第 2 期。

㉖郑燕林、马诗婧、刘爽：《SMCR 模式视角下 MOOC 建设的路径选择》，《中国电化教育》，2014 年第 10 期。

㉗马金钟：《依托 MOOC 平台的高校课程联盟运行机制及实施策略》，《中国电化教育》，2014 年第 12 期。

㉘刘红良：《大规模网络开放课程（MOOC）与学分银行制度对接探索》，《现代教育技术》，2014 年第 10 期。

㉙杨玉芹：《MOOC 学习者个性化学习模型建构》，《中国电化教育》，2014 年第 6 期。

㉚李艳红、赵波、甘健侯、徐天伟：《基于 MOOC 的学习定制服务模型构建研究》，《中国电化教育》，2014 年第 11 期。

㉛余胜泉、万海鹏：《支持课程大规模开放的学习技术》，《中国电化教育》，2014 年第 7 期。

㉜王永固、张庆：《MOOC：特征与学习机制》，《教育研究》，2014 年第 9 期。

㉝康叶钦：《在线教育的“后 MOOC 时代”——

SPOC 解析》，《清华大学教育研究》，2014 年第 1 期。

㉞杨竹筠、郑奇：《MOOC 等在线教育模式初探》，《科技与出版》，2014 年第 2 期。

㉟李相禹、康永祥：《幼儿园教育“去小学化”的制度基础及对策建议》，《教育科学研究》，2014 年第 7 期。

㊱李烈：《“零起点”不等于“零准备”》，《中小学管理》，2014 年第 11 期。

㊲刘焱、涂玥、康建琴：《学前一年教育纳入义务教育的经费需求及可行性研究》，《教育学报》，2014 年第 6 期。

㊳刘焱、宋妍萍：《澳大利亚儿童入学研究评析》，《外国教育研究》，2014 年第 1 期。

㊴黄爽、周彬：《美国幼儿发展评价的经验及其对我国的启示》，《中国特殊教育》，2014 年第 3 期。

㊵张霞：《港台两地学前教育机构质量评价：特点及启示》，《学校管理与发展》，2014 年第 12 期。

㊶官金曼、徐赟：《“十一五”期间全国分地区学前教师资源配置差异分析》，《教师教育论坛》，2014 年第 6 期。

㊷刘焱、李相禹：《国际视野下早期教育师幼比的规定与发展趋势》，《比较教育研究》，2014 年第 5 期。

㊸康永祥、庞丽娟：《解决幼儿教师待遇问题——基于行业准入与人力资本收益的制度设计》，《教育科学》，2014 年第 2 期。

㊹夏婧、庞丽娟：《我国幼儿教师培养政策：特点、矛盾与建议》，《教师教育研究》，2014 年第 7 期。

㊺冯婉桢：《从“虐童事件”看幼儿园教师专业伦理建设的重要性》，《河北师范大学学报》（教育科学版），2014 年第 1 期。

㊻冯婉桢、吴建涛：《我国学前教育资源宏观配置效率：内涵、指标与经验研究》，《教育科学》，2014 年第 8 期。

㊼李菁、黄大全：《学前教育资源空间分布现状与优化——以北京市西城区为例》，《学前教育研究》，2014 年第 5 期。

㊽夏婧、庞丽娟、李琳：《国际农村学前教育普及与发展的经验及启示》，《教育学报》，2014 年第 12 期。

㊾潘月娟、杨毅、刘敏：《实施免费学前教育的可能性与路径选择》，《教育学报》，2014 年第 6 期。

㊿夏婧、庞丽娟、张霞：《推进我国学前教育投入体制机制改革的政策思考》，《教育发展研究》，2014 年第 4 期。

51刘颖、冯晓霞：《政府购买学前教育服务的方式及其特点与影响》，《学前教育研究》，2014 年第 11 期。

52庞丽娟、冯江英：《学前教育公共服务分类与“一主多元”供给机制设计》，《中国教育学刊》，2014 年第 7 期。

53翟晓磊、姚松：《义务教育均衡化发展的制度保障与创新》，《教育科学研究》，2014 年第 7 期。

54赵琦：《义务教育资源共享的博弈分析》，《教育发展研究》，2014 年第 6 期。

55刘彦红：《“义务教育入学意见”新亮点》，《北京观察》，2014 年第 7 期。

56尹玉玲：《透视与反思北京市“名校办分校”政策的实施》，《中国教育学刊》，2014 年第 9 期。

57吴佳妮：《大都市郊区化进程中的人口变迁与义务教育均衡政策探析——以纽约市为例》，《比较教育研究》，2014 年第 7 期。

58段成荣、吕利丹、王宗萍：《城市化背景下农村留守儿童的家庭教育与学校教育》，《北京大学教育评论》，2014 年第 7 期。

59海闻、于菲、梁中华：《农民工随迁子女教育政策分析——基于对北京市的调研》，《教育学术月刊》，2014 年第 8 期。

60甘琼英：《义务教育阶段农村寄宿制学校管理的现状与思考——基于 G 省 23 所农村寄宿制学校的调查》，《上海教育科研》，2014 年第 5 期。

61杜亮：《教师分层、社会流动与教育政策的完善：以“特岗教师”为例》，《河北师范大学学报》（教育科学版），2014 年第 1 期。

62唐一鹏、胡咏梅：《“新机制”实施以来我国农村地区家庭义务教育负担研究》，《基础教育》，2014 年第 4 期。

63卢珂：《“新机制”，对教育财政资源均衡配置的影响评价——基于配对模型的估计》，《北京大学教育评论》，2014 年第 1 期。

64程晗：《〈义务教育学校管理标准（试行）〉重点解读》，《人民教育》，2014 年第 22 期。

65赵德成、宋洪鹏、苏瑞红：《义务教育学校校长教学领导力胜任特征模型的构建》，《教育研究》，2014 年第 8 期。

⑯夏茂林、王宁宁：《义务教育教师流动问题的非正式制度探析》，《教师教育研究》，2015 年 1 月。

⑰姜金秋、杜育红：《义务教育学校绩效工资方案存在的问题、原因及对策——基于广西壮族自治区 A 小学的个案研究》，《现代中小学教育》，2014 年第 12 期。

⑱袁桂林：《中小学教师队伍建设的几个趋势》，《当代教育科学》，2014 年第 8 期。

⑲文东茅：《高考改革方案对“唯分数论”的超越》，《中国高教研究》，2014 年第 10 期。

⑳朱永新：《教育综合改革需要全民戮力而行》，《中国教师报》，2014 年 1 月 1 日。

㉑钟秉林：《高考招生制度改革的走向与挑战》，《光明日报》，2014 年 9 月 8 日。

㉒尹银、周俊山、陆俊杰：《谁更可能被自主招生录取——兼论建立高校自主招生多元评价指标体系》，《清华大学教育研究》，2014 年第 6 期。

㉓刘海峰、李木洲：《高考分省定额制的形成与调整》，《教育研究》，2014 年第 6 期。

㉔吴霓、朱富言：《流动人口随迁子女在流入地升学考试政策分析》，《教育研究》，2014 年第 4 期。

㉕周光权：《用法治思维审视外来人口子女高考问题》，《教育与职业》，2014 年第 19 期。

㉖谢维和：《中国教育改革发展新阶段及其主要特征》，《中国教育报》，2014 年 5 月 16 日。

㉗钟秉林：《高考招生制度改革的走向与挑战》，《光明日报》，2014 年 9 月 8 日。

㉘谢维和：《高考改革：定位、形态与变量》，《中国考试》，2014 年第 10 期。

㉙刘海峰、李木洲：《高考分省定额制的形成与调整》，《教育研究》，2014 年第 6 期。

⑳文东茅：《少数民族高考加分的“动态等值模式”探析》，《教育学术月刊》，2014 年第 10 期。

㉛湛中乐：《何谓法治》，《人民教育》，2014 年第 24 期。

㉜秦惠民：《以法治思维、法治方式推进教育创新与发展》，《人民教育》，2014 年第 24 期。

㉝劳凯声：《“依法治教”是推动教育改革与发展的重要力量》，《人民教育》，2014 第 21 期。

㉞罗爽：《论高等学校法人制度的根本性质及其意义》，《高等教育研究》，2014 年第 3 期。

㉟孙霄兵：《中国公办高校法人治理的理论建设与实践发展》，《中国高校科技》，2014 年第 11 期。

86孟繁华：《优化治理结构 完善现代大学制度》，《山东高等教育》，2014 年第 1 期。

87周光礼：《中国高等教育治理现代化：现状、问题与对策》，《中国高教研究》，2014 年第 9 期。

88史静寰：《现代大学制度建设需要“根”“魂”及“骨架”》，《中国高教研究》，2014 年第 4 期。

89孟繁华：《优化治理结构 完善现代大学制度》，《山东高等教育》，2014 年第 1 期。

90周海涛：《高等教育“管办评分离”的缘由与路径》，《国家教育行政学院学报》，2014 年第 3 期。

91李辉、袁桂林：《大学人才选拔机制的转变》，《国家教育行政学院学报》，2014 年第 3 期。

92王天晓：《国外学者论未来大学的发展》，《比较教育研究》，2014 年第 3 期。

93苏君阳：《理性认识制度在现代大学组织发展中的功用》，《中国高等教育》，2014 年第 1 期。

94马陆亭：《应用技术大学建设的若干思考》，《中国高等教育》，2014 年第 10 期。

95陈锋：《关于部分普通本科高校转型发展的若干问题思考》，《中国高等教育》，2014 年第 12 期。

96刘振天：《地方本科院校转型发展与高等教育认识论及方法论诉求》，《中国高教研究》，2014 年第 6 期。

97潘懋元：《高等教育大众化面临的困难》，《光明日报》，2014 年 9 月 23 日。

98马陆亭：《应用技术大学建设的若干思考》，《中国高等教育》，2014 年第 10 期。

99陈锋：《关于部分普通本科高校转型发展的若干问题思考》，《中国高等教育》，2014 年第 12 期。

100程方平：《大众化与高质量可以兼得——关于中国高等教育改革与发展的构想》，《北京教育（高教）》，2014 年第 2 期。

101焦新：《地方高校专心发展呼唤顶层设计——访〈地方本科院校转型发展实践与政策研究报告〉课题负责人孟庆国》，《中国教育报》，2014 年 1 月 16 日。

102夏爽：《论国外现代职业教育体系建设的经验及启示》，《教育与职业》，2014 年第 27 期。

103盛建军、周晓刚：《高等职业教育借鉴德国“双元制”模式的实践与创新》，《中国电力教育》，2014 年第 2 期。

104雷玉静：《适应社会发展要求 加强现代职业教育体系建设》，《中国教育技术装备》，2014 年第

13 期。

⑩⑤许竞、郑坚：《加强国际交流与合作 助推现代职业教育体系建设》，《中国职业技术教育》，2014 年第 21 期。

⑩⑥魏民：《提高职业教育信息化水平 加快推进现代职业教育体系建设》，《中国职业技术教育》，2014 年第 21 期。

⑩⑦杨帆：《深化产教融合 加快现代职业教育体系建设》，《中国职业技术教育》，2014 年第 21 期。

⑩⑧谭明：《提升现代职业教育体系的终身化水平》，《中国职业技术教育》，2014 年第 21 期。

⑩⑨郭静：《现代职业教育体系建设背景下行业、企业办学研究》，《教育研究》，2014 年第 3 期。

⑪⓪张韦韦：《探索现代职业教育体系建设的地区经验》，《教育与职业》，2014 年第 7 期。

⑪①蓝洁：《职业教育治理体系与治理能力现代化的框架》，《教育与职业》，2014 年第 23 期。

⑪②赵志群：《现代职业教育质量保障体系建设》，《中国职业技术教育》，2014 年第 21 期。

⑪③侯新华、闫志利：《欧盟职业教育质量评估制度及其借鉴意义》，《教育与职业》，2014 年第 15 期。

⑪④陈东：《中德职业教育课程与教学机制的比较》，《教育与职业》，2014 年第 8 期。

⑪⑤叶波、杨志强：《我国职业教育课程整合研究的回溯、反思与瞻望》，《教育与职业》，2014 年第 30 期。

⑪⑥沈立心：《网络互动教学在职业教育教学中的应用》，《中国职业技术教育》，2014 年第 17 期。

⑪⑦李伟娟：《博客在高等职业教育教学中的应用》，《教育与职业》，2014 年第 27 期。

⑪⑧闫芳、李平平：《教师：学校课程决策的核心主体》，《教育科学研究》，2014 年第 6 期。

⑪⑨马苏静、杨静：《家长：学校课程决策的必要参与者》，《教育科学研究》，2014 年第 6 期。

⑫⓪任庆月、高士晶：《学生参与学校课程决策：依据、方式与策略》，《教育科学研究》，2014 年第 6 期。

⑫①李志超、靳玉乐：《课程政策制订的社会参与研究》，《中国教育学刊》，2014 年第 1 期。

⑫②王平：《基于教师改革信念视角的课程改革困境反思》，《中国教育学刊》，2014 年第 8 期。

⑫③杨甲奇、杨陈慧：《行动导向人才培养模式下的课程改革》，《教育与职业革》，2014 年第 29 期。

⑫④罗洁：《在实施中重建：北京普通高中课程改革的校本实践——基于北京市普通高中学校课程改革的实践探索》，《教育科学研究》，2014 年第 5 期。

⑫⑤毕秋锦：《深化课堂教学改革 构建和谐高效课堂》，《中国教育学刊》，2014 年第 6 期。

⑫⑥王家：《高职院校课程改革的质量标准与评价研究》，《教育与职业》，2014 年第 15 期。

⑫⑦张习诚、赵红芳：《课程改革必须适应地方软环境》，《中国教育学刊》，2014 年第 1 期。

⑫⑧陈红：《从课堂到课程再到课堂——浅谈校长课程领导力的提升》，《中国教育学刊》，2014 年第 6 期。

⑫⑨周艳玲：《回归生活课程生态观及其对学前课程设计的意义》，《现代中小学教育》，2014 年第 12 期。

⑬⓪叶蓓蓓、吕世虎、刘瑞娟：《新中国小学数学课程内容知识量的演变及其启示》，《课程·教材·教法》，2014 年第 12 期。

⑬①胡莉芳：《转向微观与实践的研究——高等教育课程研究现状分析》，《中国人民大学教育学刊》，2014 年第 3 期。

⑬②邓宝莲：《浅谈特殊教育课程体系的构建》，《中国校外教育》，2014 年第 S3 期。

⑬③孔祥渊：《德育范式转型：应对网络“即时性动物”的出现》，《中小学管理》，2015 年第 3 期。

⑬④李倩、汪亚男：《以网络媒体为载体实施大学生德育教育》，《新闻战线》，2015 年第 2 期。

⑬⑤李婷婷：《浅谈大数据、云计算思维对高校德育工作的启示》，《思想教育研究》，2015 年第 4 期。

⑬⑥常卫恒：《论现代学校德育功能的有限性》，《内蒙古师范大学学报》，2015 年第 2 期。

⑬⑦黄宗将：《论德育教学的发展趋势》，《中国成人教育》，2015 年第 6 期。

⑬⑧班建武：《品德课程应是学校德育工作的主渠道》，《中国教育学刊》，2015 年第 1 期。

⑬⑨郑敬斌：《学校德育课程内容衔接问题与治理路径》，《思想理论教育》，2015 年第 1 期。

⑭⓪赵佳丽、罗生全：《论学校实践性德育课程体系构建》，《教育理论与实践》，2015 年第 7 期。

⑭①许晓放、张雄：《人教版小学语文教材选文的德育因素分析》，《现代中小学教育》，2015 年第 5 期。

⑭②王菲：《对英语教师利用教材中的德育素材进

行德育渗透问题的研究》，《教育评论》，2015 年第 2 期。

⑭陈兴华：《教师驻校培养模式在我国的构建——教师教育的第三条道路》，《中国教育学刊》，2015 年第 3 期。

⑭唐松林、廖锐：《搭建城乡交往平台 促进农村教师专业发展》，《教师教育研究》，2015 年第 2 期。

⑭薄艳玲、肖起清：《论“U—G—S”合作模式下农村教师专业学习的变革》，《教育理论与实践》，2015 年第 8 期。

⑭徐龙、杜时忠：《回归还是进取？——教师专业发展价值取向之辨析》，《现代大学教育》，2015 年第 2 期。

⑭李恒庆、曾鸣：《美国中小学教师专业发展标准论略——以纽约州为例》，《内蒙古师范大学学报》，2015 年第 4 期。

⑭叶燕珠、蔡丽红、吴新建、张贤金：《中小学教师专业发展“高原现象”的成因及对策研究》，《教育评论》，2015 年第 3 期。

⑭于闻 ：《第二届中国基础教育改革与优秀创新人才培养高端论坛在京举行》，《课程教材教学研究》(小教研究)，2014 年 Z3 期。

⑮郜云雁：《基础教育国家级教学成果奖推广研修活动举行》，《 中国广播网 》，http：//edu. china. com. cn/live/2015 -05/13/content_ 32684407. htm。

⑮人民教育出版社、中国教育学会、教育部基础教育课程教材发展中心：《第四届基础教育改革与发展论坛启事》，《课程·教材·叫法》，2014 年第 8 期。

⑮王尚喆：《“教育的未来—孩子期待的教育”2014 教育论坛在京举行》，《凤凰网教育》，http：//edu. ifeng. com/a/20141226/40921493_ 0. shtml。

⑮《第十七届科博会 2014 中国网络教育论坛隆重开幕》，《中国教育在线》，http：//www. eol. cn/qt-nr_ 11838/20140514/t20140514_ 1113494. shtml。

⑮邱红：《“解放教育——互联网教育国际高峰论坛”在京召开》，《中小学信息技术教育》，2014 年第 11 期。

⑮《2014 年中国国际远程教育大会在北京隆重召开》，《行业在线教育》，http：//news. 51edu. com/news/24669. html。

⑮述强：《第二届中国教育信息化（教育技术）行业新年论坛暨 2014 中国国际智慧教育展会学术峰会在京召开》，《中国远程教育》，2014 年第 12 期。

⑮《“2014·北京哲学教育论坛”在京召开》，《哲 学 中 国 网》，http：//study. ccln. gov. cn/fenke/zhexue/zxxkdt/zxxsxw/75166. shtml。

⑮苏洋、吕云震：《全球教育改革：国际化·区域化·本土化——“第五届世界比较教育论坛”会议综述》，《比较教育研究》，2014 年第 12 期。

⑮白华：《简讯》，《教育研究》，2014 年第 10 期。

⑯崔若峰：《深化教育综合改革，推进教育现代化——中国教育学会第二十七次学术年会综述》，《中国教育学刊》，2015 年第 1 期。

（作者：劳凯声，首都师范大学教授；
刘晓芳、刘垚玥，首都师范大学博士生；
何芳、杜颖杰、左哲，首都师范大学硕士生）

心 理 学

许 燕 李亚南 邢艳艳 程 琪

2014 年心理学各个领域的研究颇丰。研究者们关注社会热点和前沿问题，在前人研究的基础上不断创新，致力心理学理论研究的同时，与社会实践相结合，推动了心理学由理论价值向应用价值的转换。

一、人格与社会心理学

人格与社会心理学的研究是心理学和社会学跨学科相结合的研究领域，关注社会热点问题，与社会现实联系最为紧密。

（一）人格

大五人格结构是最受关注的人格结构模型之一。有研究探讨了大学生大五人格与心理健康的关系。结果表明，宜人性、神经质和严谨性与大学生心理健康状况显著相关，宜人性和严谨性对心理健康有正向影响，神经质对心理健康有负向影响。[①]一项研究用近 10 年中国大五人格的研究数据对五项人格因素间的相关做元分析，探究人格 G 因素的存在。结果显示，人格二因素模型（宜人性、尽责性和情绪稳定性属于Alpha，外向性和开放性属于Beta）和高阶模型（二因素模型基础上让Alpha和Beta隶属于一个高阶因子GFP）优于单纯的单因素模型（五个人格因子直接隶属于一个高阶因子GFP），人格G因素存在于中国近10年的大五人格研究中。[②]也有研究验证了大五人格背后存在更高级的人格因素。[③]

创造力一直是教育和心理学的研究热点。有研究者比较了中美青少年创造性人格及其与创造性之间的关系。结果发现，和单个创造性人格变量相比，创造性人格的内部因素、外部因素和自我因素与创造性之间的相关均达到中等程度且显著，中国青少年创造性人格三个因素能解释创造性变异的11%，美国青少年创造性人格三个因素能解释创造性变异的15%；在创造性上，美国青少年在所有维度上的得分均显著高于中国青少年，但在创造性人格中，只有在自我因素上，中国青少年创造性人格得分高于美国青少年，其他因素不存在差异。[④]

一项考察特质模糊性对人格判断准确性影响的研究表明：自我、熟人及陌生人对清晰特质判断的一致性比模糊特质的一致性更高，这种差异在自我—陌生人及熟人—陌生人一致性中尤为显著；无论是模糊特质还是清晰特质，自我—熟人判断一致性显著高于自我—陌生人和熟人—陌生人一致性，后两者差异不明显；随着特质模糊性的增加，被试判断之间的一致性差异总体上呈不断增大的趋势。[⑤]

有研究者探讨了罪犯人格特征与攻击行为之间的相互关系。结果发现，罪犯的人格具有显著的冲动性特点，其人格的神经质及冲动性特征能有效预测罪犯的攻击行为。[⑥]研究者进一步验证了服刑人员的冲动性特征及其与大五人格特征之间的相互关系。结果显示，服刑人员具有显著冲动性，并与大五人格各维度存在不同程度的相关。[⑦]

（二）社会心理

1. 自我认知

一项研究首次采用内隐联想测验（IAT）的方法探讨东方人内隐层面的辩证自我。研究发现，中国人将“我”和辩证思维词汇归为一类，将“非我”和线性思维归为一类时反应速度更快；将“朋友”和辩证思维词汇归为一类，将“敌人”和线性思维词汇归为一类时反应速度更快。[⑧]

通过探究与感激情绪有关的认知评价维度，建立感激情绪认知评价体系的一项研究发现，受关怀感、道德规范、他人负责性这三个认知评价维度与感激密切相关，并在区分感激与自豪、亏欠感等情绪中起重要作用。这三个认知评价维度共同组成了感激情绪认知评价体系。[⑨]有研究通过两个实验考察了反思自我评价对自信的影响，并探讨了关系型自我构念的调节作用。结果表明反思自我评价能够预测自信，其对自信的影响受到关系型自我构念的调节——当个体的关系型自我构念水平高时，反思自我评价越积极、自信，反之越不自信；当个体的关系型自我构念水平低时，反思自我评价对自信的影响不显著。[⑩]

2. 社会认知与知觉

一项研究探讨了被信任者社会身份复杂性（单一身份、多重身份）如何影响人们对其可信性的评价。结果显示被信任者多重社会身份的凸显会提高人们对其可信性的评价，社会距离在二者之间起完全中介作用；群体类型对社会身份复杂性的影响具有调节作用，社会距离的中介作用在对外群体成员的可信性评价中更为明显。[⑪]也有研究探讨个体内部的社会身份重要性，以及个体对其不同社会身份的社会认同度对群体参照效应的影响。结果表明，在个体内部，社会身份重要性越高，相应的群体参照效应也越大，而社会认同的高低对群体参照效应的大小没有显著影响。[⑫]

研究者采用最大差异化群体间囚徒困境范式创造来自内、外群体成员客观程度相同的侵犯行为，考察群体身份对宽恕的影响及其机制。结果表明，面对客观损失等价的侵犯，被试报告更倾向于宽恕内群体成员，认知评价在群体身份对宽恕的影响中起中介作用。[⑬]也有研究考察了群际背景中，个体对圈内和圈外的规范者和偏常者的评价模式。结果表明，在同一群体内，个体评价偏常者总是高于规范者，这与国外研究不一致；个体评价圈内规范者高于圈外规范者，评价圈外偏常者高于圈内偏常者；随着偏常成员偏离忠诚的程度加剧，个体对规范者的评价更积极，对偏常者的评价更消极；随着群际偏见提高，个体对圈内规范者的评价提高，对圈内偏常者的评价下降，对圈外成员的评价不受群际偏见影响。[⑭]

3. 道德与亲社会行为

个体的道德认知和道德行为受多种因素影响。一项研究考察道德概念的黑白隐喻表征，探讨黑白视知觉对道德认知的影响。结果显示，黑白颜色概念与道德概念的隐喻联结存在心理现实性，黑白颜色刺激知觉会对道德判断产生影响，且环境的亮度也会影响到人们对道德相关问题的认知判断。[⑮]有研究者探讨签名的位置以及是否预告签名信息对个体诚实行为的影响，以及不同承诺形式对个体道德行为的调节作用，揭示签名对个体道德行为影响的机制。结果表明，签名对个体道德行为的影响是通过启动个体的自我认同感实现的；签名位置的效应是由于启动的时段不同造成的；通过口头承诺的方式，同样可以启动个体的自我认同感，促进其实施道德行为。[16]探讨道德推理与道德行为关系的一项元分析研究显示，道德推理与道德行为有显著的正相关，与不道德行为有显著的负相关；道德推理测量工具的类型会影响道德推理与道德行为的关系，被试年龄阶段影响道德推理与不道德行为的关系。[17]

亲社会行为一直是社会心理学的研究热点。有研究通过网络模拟情境进行改编的"独裁者"游戏，考察不同社会阶层被试在两种不同回报预期条件下亲社会行为的差异。结果表明，回报预期和社会阶层之间存在交互作用，且回报预期对不同社会阶层的亲社会行为起显著的调节作用。[18]另一项研究考察了时间定价对时间利他的影响，以及时间定价对金钱利他的影响。结果显示，时间定价不仅影响个体的时间利他行为，也削弱了金钱利他行为。[19]一项检验自我控制资源对个体行为影响的研究发现，与无自我损耗组被试相比，自我损耗组被试表现出更少的好行为，且明显地低于公平水平而趋向利己（坏行为）；同样处于自我损耗状态的被试，被启动公平准则的被试与无启动和利己启动的被试相比，前者在独裁者任务中表现出更少的坏行为。[20]

4. 人际关系与社会行为

研究者采用内隐权力启动方法探讨权力对人际敏感性的影响。结果发现，性别和权力启动的交互作用显著——不管男生还是女生，高权力启动组人际敏感性成绩均显著高于低权力启动组。但男生中，高权力启动组得分显著高于控制组，控制组得分与低权力启动组差异不显著；女生中，高权力启动组得分与控制组差异不显著，低权力启动组得分显著低于控制组；控制组中，男生得分接近显著低于女生。[21]

一项研究以中国内地的藏族大学生为例探讨了民族本质论对跨民族交往的影响。结果发现，民族本质论与接触数量、接触质量呈显著负相关，与民族间的社会距离呈显著正相关；相比本质论启动条件，民族建构论启动条件下藏族大学生的跨汉民族交往意愿较高。[22]有研究采用"学习—再认"范式考察本族效应是否能从种族间拓展到种族内不同民族间，以及群际接触的质和量对本族效应的影响。结果显示，维族与汉族大学生中低接触者的本族效应显著，高接触者未出现本族效应；接触量与个性化经验都与本族效应的幅度显著负相关，且个性化经验比接触量更能影响本族效应。[23]

（三）行为决策

选择吃亏的选项究竟"值"在何处？一项研究首次为中国文化中的"吃亏是福"提供了实证证据的支持，揭示诱使人们选择吃亏选项的是"后福"。研究结果显示，选择表面吃亏的"值"选项反而能给个体带来更大的延迟获益，"基于'值'选择"与现实生活中的物质和精神获益间存在正向的线性预测关系。[24]

一项研究基于解释水平理论考察时间距离对于验证性信息加工的影响，即在个体和组织决策情境中，人们倾向于偏好选择和高估与自身观点和决策相一致的信息。4 个情境决策实验的结果一致表明，近期决策会提高信息搜寻和评估中的验证偏差，而远期决策会降低其验证偏差，知觉到的决策确定性在其中起到部分中介作用；解释水平和期许性/可行性表征在时间距离对验证性信息加工的影响中起到调节作用。[25]有研究者考察了心理距离（时间距离、社会距离和概率距离）对跨期选择和风险选择的影响。结果发现，心理距离越远，被试在跨期选择中越倾向于延迟选项，在风险选择中越倾向于风险选项，三类心理距离对两类决策有相似影响，验证了不同心理距离的本质相似性。[26]

一项考察自我损耗对冲动决策影响的研究发现，在控制心境、特质自我控制水平以及风险偏好等无关变量后，高损耗者比低损耗者在延迟折扣任务上的折扣程度更大；自我损耗抑制决策早期左侧额区的激活水平，个体无法识别冲突以及抵制即时满足的诱惑，进而采用直觉启发式进行决策，导致冲动决策的产生。[27]

有研究者考察了在没有轮次限制的轮盘赌博任务中先前一轮及多轮的决策结果对后续决策风险偏好的影响模式。结果显示无论盈亏，前一轮获益或损失的程度越大后一轮的风险偏好越大。[28]另一项研究通过操纵最后通牒博弈任务中的提议者方案类型，探索在连续重复的博弈任务中提议者印象对回应者决策行为的影响。结果表明在与同一提议者完成的多轮最后通牒博弈任务中，回应者会自发地对提议者印象进行调控，提议者印象影响了回应者的决策思考过程；提议方案影响回应者的决策结果，在过度受益与过度受损两种不公平方案下，回应者的决策行为相反。[29]研究者进一步探索了群体身份对最后通牒任务中反应者公平关注的影响。结果表明在群体互动情境下，互动成员的群体身份能够影响个体的早期注意资源分配和公平关注加工。[30]

二、临床与心理咨询

随着社会加速发展，个体工作与生活的压力不断加剧，心理健康问题越来越突出。心理咨询是解决个体心理健康问题的有效手段之一。

（一）幸福感

当前越来越多的研究者关注积极心理学，幸福感是其重要的研究课题之一。有研究考察了亲子沟通、农村青少年幸福感和基本心理需要满足的关系。结果表明，农村青少年的基本心理需要满足、幸福感在不同性别、年级和SES上没有显著差异，但亲子沟通存在年级和性别交互作用差异；农村青少年的亲子沟通与三大基本心理需要（自主、胜任和关系）满足及其幸福感均呈显著正相关；亲子沟通不仅对农村青少年幸福感有直接预测作用，还通过三大基本心理需要（自主、胜任和关系）满足的中介对农村青少年幸福感产生间接作用，其中关系需要满足的中介效应最大。[31]也有研究探讨了基本心理需要在感恩与汉区高校少数民族大学生幸福感之间的中介作用。结果发现感恩既直接影响汉区高校少数民族大学生幸福感，又通过基本心理需要对其产生间接影响。[32]

研究者探讨了小学教师心理资本与主观幸福感之间的关系，以及职业压力在二者关系间的中介作用。结果表明小学教师的心理资本与主观幸福感间存在显著正相关关系，心理资本与职业压力、职业压力与主观幸福感之间存在显著负相关关系；职业压力在心理资本与主观幸福感之间起部分中介作用。[33]一项探讨精神科医护工作者工作特征、工作投入与主观幸福感的关系的研究表明，工作特征通过工作投入的完全中介影响主观幸福感。[34]

（二）抑郁

据世界卫生组织预计，到2020年抑郁症可能成为仅次于心脑血管病的人类第二大疾病。有研究者追踪调查汶川地震后1573名青少年，探讨幸存者的心理修复过程。结果表明，心理弹性既能直接预测抑郁症状，也能通过抑郁症状间接影响生活事件；生活事件既能直接预测心理弹性，也能通过抑郁症状间接预测心理弹性；抑郁症状既能直接影响心理弹性，也能通过生活事件间接影响心理弹性。[35]另有研究探索预先应对和积极情绪在社会支持和抑郁间的中介作用。结果表明社会支持是预防抑郁的重要途径，提升预先应对策略和积极情绪的体验可以进一步增进社会支持对抑郁的缓解作用。[36]一项研究考察了青少年网络受欺负与抑郁的关系，压力感在网络受欺负与抑郁间的中介作用以及网络社会支持在其中的调节作用。结果发现，青少年网络受欺负与抑郁存在显著正相关，压力感在二者之间起完全中介作用；网络社会支持在网络受欺负事件引起的压力感与抑郁间起调节作用，压力感对青少年抑郁的影响，随网络社会支持水平的提高而降低。[37]

（三）问题行为

有研究探讨了大学新生网络使用时间、网络社交使用占网络使用总时间的比重、网络使用的背景性渴求以及网络成瘾程度之间的关系。结果表明以上五个维度及总分呈显著正相关；网络使用时间以及网络社交使用比重均能够直接正向预测网络成瘾，同时网络社交比重在网络使用时间预测网络成瘾这一关系中起调节作用，且该调节作用通过网络使用的背景性渴求这一中介变量实现。[38]

一项考查幼儿说谎与问题行为、家庭功能的关系的研究表明，幼儿说谎与问题行为具有共发性，与家庭功能发挥不好有关。[39]也有研究考察了父母监管和父母温暖与青少年交往不良同伴的交互作用对青少年问题行为的影响。结果发现：交往不良同伴对青少年自身问题行为的影响随父母监管和母亲温暖的增加而减少。[40]研究者探讨了农村留守儿童家庭功能、自我控制、问题行为的特点及其之间的关系，发现留守儿童的家庭功能有一定的弱化；自我控制在留守儿童家庭行为控制与问题行为间起完全中介作用。[41]

（四）自杀

研究者对诱发个体自杀行为的因素进行了探索，为早期干预提供依据。有研究分析了中国抑郁症患者自杀行为的相关危险因素，并估计各危险因素控制后其发生率的变化趋势。结果发现，极端思维、有较多不合理信念、认知僵化等因素容易导致抑郁症患者的自杀行为。[42]也有研究者探讨了职业女性的反刍思维与自杀意念的关系，以及希望在二者关系中的调节作用。结果表明，希望在职业女性的反刍思维与自杀意念的关系中起调节作用。[43]另有研究探讨了综合医院住院患者的冲动性与自杀意念之间的关系。结果显示，运动冲动性可能对综合医院住院患者自杀意念有一定的预测作用。[44]大学生自杀意念影响因素的一项研究发现，大学生自杀意念产生的影响因素主要有性别（女性）、人格特征、精神症状、负性生活事件、人际关系、家庭关系、消极应对等。[45]

（五）创伤后应激障碍与创伤后成长

创伤后应激障碍是一种继发于创伤事件的严重精神障碍。有研究者构建了创伤经历者的社会支持影响创伤负性后果的理论模型，考察认知改变在该模型中的中介作用。结果发现，认知改变是社会支持影响创伤恢复的重要因素。[46]

一项研究以汶川地震4年半后的354名中学生为被试，考察其核心信念挑战、侵入性反刍、主动反刍、社会支持与创伤后成长之间的关系。结果发现，地震4年半后青少年创伤后成长的整体水平较高；侵入性反刍和主动反刍在核心信念挑战与创伤后成长之间起部分中介作用，核心信念挑战可以直接正向预测创伤后成长，也可以通过侵入性反刍对创伤后成长起负向预测作用、通过主动反刍对创伤后成长起正向预测作用、通过侵入性反刍经主动反刍正向预测创伤后成长；侵入性反刍对主动反刍的正向预测作用随着社会支持的增加而降低。[47]

也有研究考察了感恩与社会支持对创伤后成长的影响，并检验社会支持在感恩与创伤后成长之间的中介作用。结果表明，汶川地震3年半后中学生的感恩可以直接正向预测创伤后成长，也可通过社会支持正向影响创伤后成长。[48]为考查创伤后应激障碍（PTSD）和创伤后成长（PTG）在时间进程中的相互关系，研究者采用追踪研究的方式对极重灾区的116名中小学教师施测问卷，建立交叉滞后模型。结果显示，震后一年和一年半的教师，其PTSD水平较低，PTG水平中等，两者具有一定稳定性；在同一个时间点上，PTSD和PTG的相关不显著；震后一年的PTG能显著负向预测震后一年半的PTSD，而震后一年的PTSD不能显著预测震后一年半的PTG。可见成长对于长期的创伤后负性应激降低有积极作用，可采用积极的视角来进行心理重建。[49]

（六）人格障碍

近年来，自闭症儿童的研究多采用眼动技术。有研究以30名自闭症谱系障碍（ASD）儿童为被试，通过环境图片视觉搜索方式，借助Tobii X120眼动仪记录被试的注视时间和注视次数探讨ASD儿童威胁知觉的特点。结果发现，相比于非威胁目标，ASD儿童对威胁目标对象存在知觉优势，其威胁知觉受刺激类型及矩阵大小的影响；其对于全威胁刺激（蛇）的负性图片存在注意固着现象；眼动技术能够有效地应用于部分ASD儿童的威胁知觉研究。[50]另一项研究通过考察自闭症儿童对不同信息特征表情图片的视觉扫描特征，探讨自闭症表情加工的机制。结果发现自闭症儿童对表情的加工主要受到表情信息特征的影响，随着信息特征的变化，会对视觉注意进行调整，以获得对表情的充分加工。[51]

一项研究探讨了孤独症儿童的情绪共情能力及情绪表情注意方式的特点。各选取15名孤独症儿童以及作为对照组的智力障碍儿童和普通儿童各15名，完成情绪共情实验，同时使用生物反馈仪记录自主生理反应，眼动仪记录眼动轨迹。结果发现孤独症儿童对情绪表情的自动模仿及感知能力显著低于智力障碍儿童与普通儿童；对面孔的总注视时间、总注视点数均显著少于智力障碍儿童、普通儿童；对眼部、嘴部的注视时间比及注视点数比均显著低于普通儿童；对高兴和悲伤表情的注意较多而对恐惧的注意较少。[52]有研究者采用经典的囚徒困境博弈和合作性工具任务比较了6—12岁的高功能孤独症儿童和正常发展儿童在不同任务中的合作行为。结果显示高功能孤独症儿童和正常儿童在囚徒困境中的合作行为没有显著差异，然而，他们在工具性任务中表现出比正常儿童更低水平的合作行为。[53]

（七）心理干预方法

执行控制障碍是成瘾的核心特征之一，对成瘾者的复发与康复治疗有重要影响。一项研究采用事件相关电位（ERP）技术分析海洛因戒治者和健康成年人在经典色—词Stroop任务中执行控制的大脑皮层时呈动态变化。结果表明，海洛因戒治者可能存在早期冲突监控加工障碍和晚期反应冲突解决加工异常。[54]也有研究记录了控制组、短期戒断组、中期戒断组和长期戒断组被试在情绪刺激加工过程中的神经电活动。结果表明，随着戒断进行，海洛因戒断者情绪加工能力有所改善，主要表现在对正性情绪刺激加工能力的恢复。[55]

一项研究以社会信息加工模型（Social Information-Processing Model，简称SIP）为理论依据设计社会认知干预方案，并在此基础上考察该干预方案对减少儿童的攻击行为以及提高社会信息加工能力的作用。结果表明：该干预方案对提高攻击性儿童的社会信息加工能力有明显的即时效果和持续效果，有效地减少了攻击性儿童的敌意归因偏见和攻击行为的产生，有助于攻击性儿童建立关系目标并正确认知攻击行为的后果。[56]

团体辅导是目前很受欢迎的心理辅导方式之一。有研究探讨了团体箱庭疗法对大学生心理复原力的干预过程及效果。结果发现，团体箱庭能有效干预低心理复原力大学生的心理复原力水平，进而改善心理健康水平。团体箱庭活动中加入心理复原力常见组成成分——自我反思的设计具有一定作用。[57]另有研究探讨了团体绘画心理辅导对于帮助工读学生降低攻击性，减少攻击行为的效果。结果表明，工读学生的躯体攻击性、言语攻击性、愤怒、敌意显著较辅导前有显著降低。[58]

（八）咨询效果与咨询师成长

为探讨短程咨询中工作同盟和领悟对咨询效果的影响，研究者以12个个案94次会谈为对象，分别考察工作同盟、领悟与会谈效果、治疗效果的关系，以及二者共同作用于效果的方式。结果表明，咨访双方评定的工作同盟都可以正向预测会谈效果，但不能预测治疗效果；领悟与会谈有效性呈正相关，领悟正向预测治疗效果；咨询师评定的同盟的三个维度以领悟为中介影响其对会谈效果的评价。[59]

一项探究我国心理咨询师职业选择的影响因素及其作用的研究发现，创伤经历、自助和助人动机是影响心理咨询师选择职业的特殊因素，起着定向作用；重视他人的鼓励和职业回报、追求卓越动机坚定了他们的职业选择，是一般影响因素；职业榜样和人际卷入并非影响我国心理咨询从业者选择职业的主要因素。[60]有研究者进一步探索了新手咨询师在发展过程中关于自身行为的个人反思，从而了解其成长过程。结果表明，新手咨询师的成长主题是咨询师身份的扩张，表现为新手咨询师在培训的初期阶段，越来越多地采用咨询师框架来反思自己的行为，同时伴有理解深度降低，对行为评价更敏感，且对行为的判断力下降等现象。[61]有研究探讨了心理咨询师的成人依恋、情绪体验和共情能力的关系。结果发现成人依恋、情绪体验和共情能力之间两两相关显著；情绪体验完全中介了依恋回避与共情能力的关系，情绪体验压抑了依恋焦虑对共情能力的影响。[62]

三、发展与教育心理

发展与教育心理学主要研究个体心理的发生与发展，以及教育在促进个体心理发展变化中的作用，是个体毕生发展研究的重要领域。

（一）关键期

一项研究探讨儿童情绪伪装认知与错误信念理解的关系。结果显示，儿童情绪伪装认知能力随年龄增长而提高，3—5岁为儿童情绪伪装认知能力的快速发展期；儿童在消极情境下区分内外情绪的能力显著高于在积极情境中的表现；同时，对两种情绪伪装动机（社会适应、自我保护）的认知能力无显著差异；儿童情绪伪装认知和错误信念理解能力显著相关，两种错误信念（意外内容、意外地点）理解都能很好地预测情绪伪装认知能力。[63]也有研究考查了262名3—5岁幼儿基于面孔的信任判断能力及其年龄间差异。结果表明，幼儿从3岁开始已经能够基于面孔做出信任判断，随着年龄的增长，信任判断能力逐步发展。[64]

研究者采用字典判断任务考察3—6岁儿童汉字字形认知的发展特点。结果发现儿童辨别汉字与似字符号的能力随年龄增长显著提高；3岁儿童较难区分汉字与各类似字符号；4—5岁儿童对汉字笔画特征有了一定意识；6岁儿童对汉字组合模式的认识显著提高；笔画意识出现较早且发展速度较快，组合模式意识出现较晚且发展速度较慢。5岁和6岁是汉字字形认知发展的重要时期。[65]另一项研究通过对五名汉语儿童的长期跟踪调查，旨在从词汇增长、句法出现和语义发展三方面发掘词汇飞跃时期儿童的语言特征。结果显示，儿童在18个月左右词汇迅猛增长，出现词汇飞跃现象；标志句法出现的词语组合和词汇飞跃在时间上紧密相连；词汇飞跃期儿童语义发展显著，体现为过度延伸词的逐渐减少及下位层次词的逐渐增加。[66]

（二）认知与学习

1. 认知

一项研究选择幼儿园4—5岁幼儿进行工作记忆训练任务，考察工作记忆训练对流体智力的提升及保持效应。结果发现，训练后实验组幼儿被试的流体智力成绩明显优于两个控制组，6个月后再进行测试，这种优势仍然保持。[67]

从认知能力、元认知能力和认知效率三个维度考察超常儿童与普通儿童问题解决能力发展差异的一项研究发现，超常儿童在问题解决能力的三个维度上均优于普通儿童，两类儿童问题解决能力的发展模式不一致——超常儿童的问题解决能力发展先快后慢，快速发展期在11—12岁半之间；普通儿童的问题解决能力发展先慢后快，快速发展期在12岁半—14岁之间。超常儿童与普通儿童的问题解决能力差异随年龄增大逐渐减小。[68]研究采用几何图形、关系图形、词语、数字、故事五种材料，考察儿童类比推理发展的年龄特点和规律。结果发现：4—5 岁儿童开始能够进行类比推理，类比推理随年龄的增长逐渐发展，呈上升趋势；儿童类比推理的发展表现出阶段性的特点，且不受材料影响，具有一定稳定性。[69]

2. 学习

为揭示领悟社会支持与青少年学业成就的关系以及应对效能的中介效应和压力性生活事件的调节效应，研究者对 1687 名青少年进行问卷施测。结果显示，领悟社会支持能够促进青少年的学业成就，应对效能对领悟社会支持与学业成就的关系具有中介效应，压力性生活事件能够调节应对效能的中介作用。[70]另有研究从班级和学生个体的不同水平上考察班级集体效能和学业自我效能与初中生学习投入之间的关系。结果表明，在控制性别与年级的影响后，在学生水平上，学生的学业自我效能越高，学习越投入；在班级水平上，班级集体效能越高，学生在学习上的投入也越多；个体水平上的学业自我效能对学习投入的预测作用要大于群体水平上的班级集体效能对学习投入的影响。[71]有研究采用实验法考查对考试制度的信任是否会影响学习投入。结果发现，无论是对与个体直接相关的某项具体考试制度，还是对一般考试制度的信任都能有效影响个体学业投入意向。[72]另有研究探讨了装饰图片对多媒体学习效果和认知加工过程的影响，结果表明装饰图片干扰学习者对主要学习内容的记忆与理解，可能主要通过干扰学习者对主要学习内容的一致性理解以及激发不恰当的先前知识经验而阻碍学习。[73]

（三）人格与社会性发展

1. 道德发展

研究者采用故事情境法探讨了 6—10 岁儿童对损人情境下损人者和旁观者的道德情绪判断与归因的发展。结果发现：在损人情境下，6 岁儿童能理解损人行为是不对的，但直到 8 岁儿童才能理解旁观行为是不对的；随着年龄增长，儿童判断损人者和旁观者的愉悦程度逐渐降低；儿童对不同行为者的道德情绪判断同时受年龄和性别的影响。[74]成人在对他人的行为进行道德判断时，对意图和结果信息的利用存在不稳定的现象。一项研究通过句式变化操控意图信息的明显性，分别考察了两组大学生在对道德情景进行判断时意图信息强弱变化所造成的影响。结果发现：在行为结果为中性时，人们主要利用意图的信息做出道德判断，但此时对负性意图的谴责程度并不稳定，容易受明显性变化的干扰。[75]

2. 老年心理

随着中国社会老龄化问题的加剧，老年心理研究逐渐增多。研究者采用横断历史研究的方法，对使用 UCLA 孤独量表（第三版）调查老年人孤独感的 25 篇文献进行元分析，调查年代跨度为 1995 年至 2011 年，共涉及 13280 名老年人。结果表明我国老年人孤独感水平随年代的变迁呈上升趋势，不同婚姻状况、不同性别老年人的孤独感水平随年代均呈上升趋势，老年人孤独感水平存在婚姻状况差异，但不存在性别差异。[76]研究者进一步探讨了老年人的孤独感在依恋与生活满意度之间的中介作用。结果表明孤独感在依恋回避与生活满意度之间起部分中介作用，在依恋焦虑与生活满意度之间起完全中介作用。[77]

一项研究考察了老年人心理健康素质与其心理健康间的关系，探索社会支持在该关系中的中介作用。结果发现：①老年人的五类心理健康素质均可较好地预测其心理健康水平；②社会支持与老年人的心理健康间存在正向相关；③社会支持在坚韧人格、人际素质、情绪性、心理弹性预测心理健康的过程中起部分中介作用。[78]另有研究从身体、社会和心理三个层面，以及自我态度和一般态度两个角度来探讨老年人的老化态度及其与心理健康的关系结果表明：老年人对年老的积极评价多于消极评价，老化态度与心理健康关系紧密。[79]

（四）影响因素

1. 家庭影响

父母对子女成长的影响作用是最初始、最重要的。研究者采用问卷法对 298 名 6 个月婴儿的母亲进行为期 8 个月的追踪，发现母亲抑郁情绪可显著正向预测母亲的教养压力；母亲感受到的教养压力对母亲抑郁情绪与幼儿内化问题的关系具有部分中介效应，该中介模型受母亲受教育程度的调节。[80]

有研究探索青少年对父母冲突的认知评估和情绪不安感在父母冲突水平与青少年社交焦虑以及抑郁之间的中介作用。结果表明，青少年对父母冲突的认知评估以及在父母冲突情境中的情绪不安感在其感知的父母冲突水平与其内化问题（即社交焦虑和抑郁）之间起完全中介作用，青少年感知的父母冲突水平通过其认知评估影响其情绪不安感，最终影响其社交焦虑和抑郁。[81]研究者考察了父母支持与友谊质量对攻击—破坏行为和害羞—敏感行为的交互影响。结果发现，当亲子关系较差时，高质量友谊反而会成为童年晚期女生攻击—破坏行为的危险因素。[82]

一项研究探讨了隔代抚养对儿童言语能力、执行功能、心理理论发展的影响。结果表明：隔代抚养对儿童认知能力发展的影响不能一概而论，与父母同住祖辈抚养对儿童言语能力、执行功能、心理理论的发展无消极影响，而祖辈单独抚养仅对儿童心理理论发展水平有消极影响，对其发展速度无消极影响。[83]

2. 同伴影响

有研究者考察了同伴排斥、同伴侵害和不爱社交之间的相互预测关系。结果表明，同伴侵害不仅对同伴排斥产生较大的影响，同时可能导致女生对社会交往变得越来越冷漠，对人际关系产生长期影响。[84]也有研究考察了同伴团体的行为规范对其问题行为的影响。结果发现：在控制了班级层次的问题行为水平和其他相关变量后，同伴团体的问题行为水平能够正向预测青少年自身的问题行为；青少年在同伴团体内部的地位能负向预测青少年的问题行为，青少年在班级社交网络中的度数中心度（个体与他人的连接数）能正向预测其问题行为，而中介中心度（个体在社交网络中的中介位置）能负向预测其问题行为；同伴团体的问题行为水平主要对低中介中心度的青少年产生显著影响；仅在问题行为水平较高的同伴团体中，青少年的度数中心度正向预测其问题行为。[85]

3. 学校教育

中小学生的情感素质日益受到关注，培养学生良好的情感素质具有重大的现实意义。有研究探索中小学班主任对学生情感素质及其与班级氛围间的关系的影响。结果显示：学生个体所知觉到的班级氛围状况对其情感素质具有显著的预测作用，班主任的情感素质对学生情感素质及其与班级氛围间的关系具有一定的影响。[86]一项研究采用师生配对研究设计，选择典型教育情境，系统考察了教师对学生情绪预测的准确性。结果表明：教师未能准确预测学生情绪，出现了明显的预测偏差。较之基本情绪，教师对学生复杂情绪的预测更不准确；较之低唤醒情绪，教师对高唤醒情绪的预测更不准确；尽管教师预测不准，但并未出现明显的高低估趋势。[87]

另有研究者探讨了学校氛围与青少年学校适应的长期预测关系，以及性别在二者间的调节效应。结果表明：青少年第一年感知到的学校氛围能预测其第二年、第三年的适应问题和适应能力，第二年感知到的学校氛围能预测其第三年的适应能力和学业成绩；青少年感知到的自主机会对其学校适应有负面作用；教师支持和同学支持对青少年学校适应具有积极作用，但同学支持的作用会随着在校时间的增加而发生逆转；性别对学校氛围与青少年学校适应之间的关系具有部分调节作用。[88]

（五）流动儿童与留守儿童

一项研究考察了流动儿童心理韧性在社会支持与抑郁、孤独之间的调节作用和中介作用。结果发现：流动儿童的社会支持主要通过心理韧性间接影响抑郁；社会支持既可以对孤独产生直接的影响，也可以通过心理韧性间接影响孤独；心理韧性增强了社会支持对抑郁和孤独的负向影响，对流动儿童的心理健康起到了保护作用。[89]有研究考察了家庭关怀对流动儿童自立人格的影响以及性别在其中的调节作用。结果表明：家庭关怀对流动儿童自立人格有显著预测作用，性别在其中起调节作用。[90]

研究者选取3812名4—9年级农村学生为样本，探讨了父母外出务工对其产生的影响。结果发现，在倾向值匹配之前，双亲外出务工的留守儿童在未来压力感知抑郁和幸福感三方面的适应状况均比非留守儿童差，在师生关系上得分高于非留守儿童；单亲外出务工的留守儿童感知到的未来压力及抑郁水平也显著高于非留守儿童经过倾向值匹配处理后，双亲外出留守儿童的幸福感仍显著低于非留守儿童，单亲外出留守儿童的未来压力感知也高于非留守儿童，但其他方面的差异不再显著。[91]

四、组织行为与人力资源

现代社会中人力资源是最宝贵的资源，有效地开发和科学地管理人才对组织的发展至关重要。因此，组织行为与人力资源的相关研究成为了心理学研究的热点领域之一。

（一）工作绩效

员工的工作绩效直接关系到企业的利益和发展。一项研究基于社会网络视角，探讨了个体情绪智力对任务绩效的影响。结果发现，在控制个性的前提下，关系性社会资本在个体情绪智力影响任务绩效过程中起到中介作用，结构性社会资本（咨询网络密度）正向调节个体情绪智力与任务绩效的关系。[92]也有研究探讨工作中坏心情与3种工作行为（组织公民行为、反生产行为和任务绩效行为）在个体内水平的关系，以及中庸思维在二者间跨层次的调节作用。结果表明，每日坏心情显著地负向影响每日的组织公民行为和任务绩效行为，而对反生产行为无显著影响；中庸思维在“心情—行为”的联系间发挥调节作用。[93]

（二）工作—家庭关系

随着社会压力增大，工作节奏逐步加快，工作—家庭协调是员工面临的重要问题之一。一项研究从人—环境匹配理论的视角探讨工作和家庭边界弹性能力和边界弹性意愿对个体工作—家庭冲突和工作—家庭增益的交互影响。结果表明，工作弹性能力与工作弹性意愿的匹配对工作—家庭冲突有显著的负向效应，对工作—家庭增益无显著影响；家庭弹性能力与家庭弹性意愿的匹配对家庭—工作冲突、家庭—工作增益有显著的负向效应。[94]另有研究探讨了工作家庭冲突对员工工作态度和行为倾向的影响，考察了角色压力（角色冲突、角色模糊和角色超载）在工作干涉家庭和家庭干涉工作这两种对偶冲突模式与员工工作满意度和离职意向之间的中介作用机制。结果显示，角色压力在工作家庭冲突与工作满意度和离职意向之间起到完全中介作用，工作满意度在角色压力和离职意向之间起到部分中介作用。[95]

（三）团队与组织行为

团队合作能够创造超越个人工作总和的价值。有研究者建立基于 IPO 模型的团队多样性—冲突—绩效的权变模型。通过对国内外 112 篇实证文章（n = 9263）进行元分析，考察团队冲突与团队绩效之间的调节变量。结果发现，团队深层多样性是引起团队冲突的重要因素，表层多样性并不会显著增加团队冲突；与美国的研究不同，中国情境下任务冲突将显著降低团队绩效；被试类型、回收率、团队规模和团队冲突的不对称感知等变量调节团队冲突与团队绩效之间的关系。[96]另一项研究从团队认知的角度出发，探讨共享心智模型与团队创造力之间的关系。结果表明，心智模型的相似性与正确性均能影响团队创造力——心智模型相似性负向预测团队创造力，而心智模型正确性则正向预测团队创造力，两者共同影响团队创造力。[97]

团队工作中，成员之间的信任受到诸多因素的影响。一项研究探讨了存在互动关系持续预期和不存在互动关系持续预期对信任行为的影响及其机制。结果显示，被试间存在关系持续时信任水平较高，关系持续预期消失时信任水平显著下降；被试对关系持续的重要性感知与其信任决策显著相关；情境中的目标未被激活时，个体的信任倾向与信任决策显著相关；而当情境目标被激活时，信任倾向与信任决策相关不显著。[98]另有研究采取双向信任的视角，同时考虑组织中员工感知到的来自上级的信任和员工对上级信任对员工心理和行为的影响及机制。结果发现，下级的被信任感与对上级的信任感呈正相关；下级对上级的信任对下级工作绩效的影响主要通过心理安全的完全中介作用实现；而下级的被信任感分别通过感激和心理授权的完全中介作用影响下级工作绩效和满意度。[99]

（四）领导风格

不同领导风格对员工及团队的影响不同。一项研究探讨道德领导影响员工建言的中介心理机制及其边界条件。结果表明责任知觉和心理安全感在道德领导与员工建言之间的关系中起中介作用，权力距离会正向调节变量之间的间接关系。[100]另一项研究考察真实型领导影响员工工作投入的内在作用机制，发现真实型领导通过职业认同、情感承诺和组织支持感的间接作用对员工的工作投入产生影响；职业认同、情感承诺和组织支持感在真实型领导影响员工工作投入的过程中起完全中介作用。[101]一项探讨服务型领导对员工工作结果作用机制的研究发现：服务型领导与下属的工作满意度、帮助行为正相关，亲社会动机在服务型领导与工作满意度及帮助行为关系中起部分中介作用，互动公平调节了服务型领导与亲社会动机之间的关系，还调节了亲社会动机对服务型领导、帮助行为和工作满意度的中介作用。[102]

（五）消费心理

有研究探讨了拟人化品牌沟通模式。结果显示，拟人化沟通中的与品牌不相关的信息缓和了消费者接触品牌时的戒备情绪，提供了更高的感知自由，减少了消费者对品牌的心理抗拒，最终导致品牌态度的上升，这种效应被消费者定向调节模式所调节。[103]品牌过失对消费者心理和行为会产生一定影响。研究者试图探讨潜在消费者（未购买者）对犯错品牌评价的心理倾向。研究发现，随着品牌犯错事件时间距离的延伸，消费者对身体性危害—品牌犯错的评价不会改善，而对功能性危害—品牌犯错的评价则逐渐提高；随着品牌犯错事件相关性的增强，功能性危害—品牌犯错的时间打折效应也消失。[104]另有研究探索了品牌承诺与消费者抵御品牌负面信息关系中自我调节导向的调节作用。结果表明，当消费者处于促进型调节导向的时候，低承诺消费者的品牌态度显著下降，而高承诺消费者的品牌态度不受影响；当消费者处于防御调节导向的时候，无论其品牌承诺高低，品牌态度均会受到负面信息的影响；促进型调节导向的消费者较防御型调节导向的消费者更不容易受到品牌负面信息的影响。[105]

研究者探讨了心理账户的认知标签与情绪标签对消费决策行为的影响，并初步探索了其心理机制。结果发现，心理账户的认知标签（财富来源为常规收入/意外之财）可影响消费决策，个体倾向于将常规收入用于实用消费，将意外之财用于享乐消费；心理账户的认知标签与情绪标签对消费决策的影响具有交互作用——情绪标签可影响意外之财的消费决策：积极情绪时个体倾向于将其用于享乐消费，消极情绪时个体倾向于将其用于享乐规避，出现心理账户与消费决策的情绪匹配效应；但情绪标签对于常规收入的消费决策无显著影响，个体均倾向于将其用于享乐规避；内疚预期和内疚体验使个体更倾向于将消极情绪的意外之财用于享乐规避。[106]一项关于选购两难中消费者的信息处理与折中效应关系的研究发现，当消费者面对选购两难时，信息的精致化程度和心理水平影响他对于中性产品的选择。[107]

五、情绪、认知和脑神经科学

（一）情绪

一项研究探讨红色和蓝色对中国汉族大学生的情绪意义。结果表明，红色和蓝色对中国汉族大学生情绪引发的特点主要表现在愉悦度上；颜色知觉对情绪的三维度具有直接的引发作用，而颜色概念对情绪唤醒度和优势度的引发是以颜色知觉为中介，对愉悦度的引发则是以社会文化为原因。[108]另一研究从自身认知的角度来探讨阅读特殊体裁的幽默——冷笑话所产生的情绪体验及其与低温知觉的关系。结果表明对冷笑话的阅读理解能启动低温知觉，产生一种类中性平静的情绪，这种特殊的情绪体验与低温概念之间存在较强的内隐联系。[109]研究者考察观点采择对内隐情绪加工的影响，发现观点采择对内隐情绪加工具有调节作用，反映了人不仅能够区分环境中潜在的危险信息，而且能通过观点采择区分自我与他人。[110]

（二）知觉

一项探讨数量对时间知觉的影响的研究发现，被试均依靠实际数量的大小判断时间长短，而忽略了抽象数量的存在。[111]有研究通过操纵客体呈现的空间位置和时间顺序，来考察视觉特征捆绑是基于相同空间位置线索还是基于时间邻近线索。结果表明，时间范围内的特征捆绑机制是按空间位置，而不是按时间邻近线索进行的。[112]采用最近发展的自我连接学习范式测量个人重要信息对知觉选择影响的一项研究发现，与他人相关图形相比，自我相关图形作为分心物调控整体优先效应，这种效应一致地发生在整体和局部水平上，并且不受注意任务的影响。[113]

（三）注意

一项研究探讨了视觉和听觉任务对同时进行的多目标追踪任务干扰程度的差异，结果验证了多目标追踪过程既要占用编码阶段的视觉注意资源，又要占用中央加工阶段的中央注意资源；当视觉或听觉数字判断任务中的数字与多身份追踪任务中目标的数字身份相一致时，会对追踪表现产生促进作用并降低两任务间的干扰程度。[114]研究者考察了动静线索类型对注视线索效应的影响。结果表明：两种线索在阈上条件都能产生注视线索效应，且动态线索诱发的效应更大；无意识条件下有且仅有动态注视线索能诱发注视线索效应。[115]

与不带情绪色彩的刺激相比，具有情绪意义的刺激可引起注意偏向。有研究采用视觉搜索范式探讨了暴力犯罪者对情绪刺激的注意偏向特点。结果表明，相比非暴力组，暴力组对愤怒面孔的反应要显著快于高兴面孔，对负性情绪刺激更为敏感。[116]一项研究考察了高寻求高体验、高寻求低体验、低寻求高体验、低寻求低体验这四类个体的注意偏向。结果发现，高寻求高体验者对积极和消极图片给予同等程度的关注，高寻求低体验者和低寻求低体验者对消极图片的敏感性高于积极图片是缘于其对积极图片的回避，低寻求高体验者对积极图片的敏感性高于消极图片是缘于其对消极图片的回避。[117]

（四）记忆

一项研究探索刺激属性的引导效力在工作记忆表征自上而下地引导注意捕获过程中的重要作用，考察工作记忆表征的颜色属性是否依然具有优先性。研究表明工作记忆表征的颜色属性在工作记忆表征的捕获眼动的过程中相对于其他刺激属性（朝向、形状）更具有优先性。[118]

情绪在一定程度上提高了记忆的准确性，但情绪对记忆鲜活性的影响更大。有研究采用记得/知道范式，操控图片情绪性和测验延时变量，发现情绪记忆的记得成绩好于中性记忆，且在不同延时测验下，正性高唤醒图片的记得成绩下降由慢到快再到慢的变化，负性高唤醒图片的记得下降由快到慢变化，而中性则快速下降。[119]

研究者基于信号检测论的框架，考察不同的情绪效价以及时间间隔如何交互影响老年人在图片再认任务中的辨别力（d′）和判断标准（β），进而影响其错误记忆。结果表明，老年人的错误记忆受判别力 d′ 和判断标准 β 的影响。情绪效价通过作用于老年人的反应倾向（判断标准 β）、而非记忆质量（判别力 d′）来影响其错误记忆。时间间隔可以调节情绪效价对老年人判断标准 β 和错误记忆的作用，使之随时间发生反转。[120]

（五）言语

有研究假设早期动词与身体部位具有强烈的联结关系，从而导致汉语动词具有较高的可表象性。结果表明，汉语儿童早期习得动词与身体区域有较一致的联结关系，且联结强度通过提高动词的可表象性而影响习得年龄。[121]一项研究探讨了在汉语言语产生中词长效应的产生机制，考察概念激活、词条提取和语音编码对词长效应的影响。结果表明，词条提取过程并不影响在词汇命名中的词长效应；概念激活和语音编码共同影响在图片命名中的词长效应，被试对长词的命名时间显著地长于对短词的命名时间，对下属水平概念的词汇提取显著地慢于对基本水平概念的词汇提取。[122]有研究者考察了不同字号文本对读者阅读知觉广度和眼动模式的影响。结果发现在一定范围内字号大小不影响读者的阅读知觉广度，但是与大号字（36 磅）文本相比，被试阅读小号字（18 磅）文本的平均注视时间和总注视时间更长，平均眼跳距离更短，相对眼跳距离（单位为字的个数）更长，注视次数更多且阅读速度更慢。[123]

（六）思维

一项研究探索个体对想象环境进行空间更新的机制。结果发现人们可以通过对在线空间表征进行想象平移或将离线记忆与空间更新系统相联结两种方式，对想象环境进行空间更新。[124]

研究者考察了知识对成人归纳推理中标签效应的影响。实验材料为自然标签和人工标签，任务为亲缘关系判断，结果发现在两种材料中都能观察到标签效应。在自然类别中，当标签承载深层知识时，标签承载的表层类属知识的作用会受其影响而减小；在人工类别中，标签作用的发挥会受到标签自身特征的影响，当标签中含有类别信息的汉字时，标签对归纳推理的促进作用更大。[125]另有研究考查了工作记忆系统中与目标保持密切相关的成分——工作记忆容量、转换和抑制功能在归纳推理能力老化中的作用。结果表明，工作记忆容量在归纳推理能力老化中起到显著的中介作用，而转换功能的中介作用则未达到显著。[126]

六、心理统计与测评

（一）统计方法

一项研究在认知诊断 CAT 中针对内容约束和项目曝光控制要求，运用 5 种方法选择测验项目。结果发现，相同选题方法在不同属性结构下项目曝光率的分布类似，测量精度按线性、收敛、发散、无结构和独立结构的顺序依次降低；相同属性结构下，不同方法的测量精度高低依次为 MC—PP、MC—IE、MC—RT、MC—MPI 和 MC—RPG 方法；项目曝光均匀性优劣依次为 MC—RPG、MC—MPI、MC—RT、MC—IE 和 MC—PP 方法。[127]

项目表述效应是由项目表述方式的差异引起的与测量内容无关的系统变异。一项研究对 340 名“蚁族”进行测查，探讨项目表述效应对人格测验信效度的影响。结果表明，CSES 在核心自我评价特质以外，还存在一个反向题项目表述效应因子；忽视项目表述效应对 CSES 的同质性信度和效标关联效度有重要影响——高估 CSES 的同质性信度，低估核心自我评价与生活满意度、积极情感的正相关，高估核心自我评价与消极情感的负相关。[128]

考试评分缺失数据较为常见，如何有效利用现有数据进行统计分析是个关键性问题。研究者根据概化理论原理，按考试评分规则推导出含有缺失数据双侧面交叉设计（p×i×r）方差分量估计公式，用 Matlab7.0 软件模拟多组缺失数据，验证此公式的有效性。结果发现，推导出的公式较为可靠，估计缺失数据的方差分量偏差相对较小，即便数据缺失率达到 50% 以上，公式仍能对方差分量进行较为准确的估计；题目数量对概化理论缺失数据方差分量的估计影响最大，评分者次之，当题目和评价者数量分别为 6 和 5 时，公式能够趋于稳定地估计；学生数量对各方差分量的估计影响较小，无论是小规模考试还是大规模考试，概化理论估计缺失数据的多个方差分量结果相差不大。[129]

一项研究检视文献上各种检验有调节的中介模型的方法，总结出检验有调节的中介模型的步骤，并用一个实例进行演示，讨论了有调节的中介模型与有中介的调节模型的联系与区别。[130]另有研究者采用模拟研究比较两种可以估计多维测验合成信度的置信区间的方法：Bootstrap 法和 Delta 法。结果发现，Delta 法与 Bootstrap 法得到结果的差异很小。Bootstrap 法得到的是实证结果，通常被认为是真值的反映；而 Delta 法比 Bootstrap 法简单，可以用 Delta 法估计合成信度的置信区间。[131]

（二）测量方法

一项考查了 SON—R 6—40 非言语智力测验在中

国的适用性，并分析该测验的跨文化等值水平。结果表明，测验信度与结构跨样本一致，说明该测验在两种文化下结构等值；多样本验证性因素分析证明了该测验的测量单位等值性。SON—R 6—40 适合在中国推广使用以及用于智力的跨文化比较研究。[132]有研究者考察计算机自适应测验在人格测量中所具有的特性，发现相对纸笔测验而言，计算机自适应测验的测试效率更高、对被试的分辨力更强、结果更直观。[133]一项研究将强迫闯入问卷修订版（ROII）引入中国，发现其在中国大学生和临床样本中都表现出良好的信效度和稳定的因素结构，且具有较好的诊断敏感性，可以在中国文化下使用，并尝试作为临床评估的辅助工具。[134]一项研究检验了自我构念量表在汉族、蒙古族、维吾尔族样本中的测量等价性。多组比较分析表明，汉、维、蒙三族的数据仅支持该量表二因子结构的弱等价模型。[135]研究者发现中文版哀伤认知问卷（GCQ）在中国丧亲者样本中具有良好的信效度和稳定的因素结构，可以在中国文化下使用。[136]

一项研究引入 Ryan 等人编制的学习自我调节量表（SRQ—A），并在中小学生群体中对其信效度进行检验。结果发现修订后的学习自我调节量表在中国文化背景下表现出较好的信效度。[137]有研究者对 Asher 的孤独感量表在中学生群体中进行修订，发现其具有良好的信效度，可以作为中学生孤独感的测量工具。[138]另有研究探索了中小学班级心理环境的结构并进行量表编制。结果表明：中小学班级心理环境量表具有良好的信效度指标，可作为中小学阶段班级心理环境的测量工具。[139]研究者在中国父母群体中修订了 McHale 编制的协同教养问卷，发现其包括团结、一致、冲突和贬低四个维度，四因素模型拟合良好。团结、一致维度与婚姻满意度呈显著正相关，与儿童内向性行为问题呈显著负相关；冲突、贬低维度与婚姻满意度呈显著负相关，与儿童内向性行为问题呈显著正相关。[140]

一项研究编制了中国大学生被看重感量表，并检验其信效度。结果发现：①正式的《中国大学生被看重感量表》含有 23 个项目，分为关注、重要、自我延伸、信赖四个维度；②关注、重要、自我延伸、信赖四个维度的内部一致性分别为 0.661、0.755、0.741 和 0.767，46 个被试间隔 4 周后的重测信度为 0.787；各维度间相关，$0.78 < r < 0.87$；③大学生被看重感的各维度与自尊、社会支持、自我价值感呈正相关，与孤独感、社交忧虑呈负相关，$0.278 < r < 0.590$，$P < 0.01$。[141]有研究者验证了反应性—主动性攻击问卷（RPQ）修订版在我国大学生中信效度良好，适合于测量我国大学生的反应性攻击和主动性攻击。[142]一项研究将 UPPS 冲动行为量表（UPPS Impulsive Behavior Scale，UPPS）引进到中国，结果显示数据与原量表的 4 因素模型拟合良好，4 因素包括：（缺少）预先考虑、急迫性、快感寻求、（缺少）毅力。其信度检验也达到心理测量学要求，且 UPPS 各分量表的汇聚和区分效度良好，其中急迫性分量表比现有量表更适于解释边缘性人格障碍。[143]

一项研究发现老年人认知功能减退知情者问卷（IQCODE）可以中等有效地区分阿尔茨海默病（AD）患者认知功能的损害程度，但单独使用准确性欠佳，建议临床结合其他痴呆量表使用，以提高评定效能。[144]

有研究修订了兰格专念量表（Langer Mindfulness Scale，LMS）中文版，发现其在中国中小学教师群体有良好的信效度。[145]有研究者编制了本土职场精神力量表，发现该量表信效度良好，其开发也为实证研究的开展奠定了基础。[146]也有研究在我国公务员群体中对中国成年人心理弹性量表进行修订并发现修订后的心理弹性量表具有良好的信效度，可以作为测量和评估我国公务员心理弹性的工具。[147]

注：

①顾寿全、奚晓岚、程灶火、吴正国、王国强：《大学生大五人格与心理健康的关系》，《中国临床心理学杂志》，2014 年第 2 期。

②李金德：《人格 G 因素的稳定性研究》，《中国临床心理学杂志》，2014 年第 1 期。

③黄飞：《大五人格背后的高级人格因素：社会关系模型》，《心理学探新》，2014 年第 3 期。

④李西营、刘小先、申继亮等：《青少年创造性人格和创造性的关系：来自中美比较的证据》，《心理学探新》，2014 年第 2 期。

⑤吴颢、陈少华：《特质模糊性对大学生人格判断准确性的影响》，《心理学探新》，2014 年第 6 期。

⑥罗艳红、蔡太生、李满林、唐鑫、陈贵：《成年罪犯的人格特征与攻击行为的关系研究》，《中国临床心理学杂志》，2014 年第 1 期。

⑦罗艳红、蔡太生、陈贵：《服刑人员冲动性特点及与大五人格的关系》，《中国临床心理学杂志》，2014 年第 4 期。

⑧柏阳、彭凯平、喻丰：《中国人的内隐辩证自

我：基于内隐联想测验（IAT）的测量》，《心理科学进展》，2014 年第 3 期。

⑨丁如一、周晖、林玛：《感激情绪的认知评估体系》，《心理学报》，2014 年第 10 期。

⑩李爽、毕重增、黄丽：《反思自我评价对自信的影响：关系型自我构念的调节作用》，《心理科学》，2014 年第 2 期。

⑪辛自强、辛素飞：《被信任者社会身份复杂性对其可信性的影响》，《心理学报》，2014 年第 3 期。

⑫徐科朋、周爱保、夏瑞雪等：《社会身份重要性和社会认同对群体参照效应的影响》，《心理科学》，2014 年第 6 期。

⑬姚琦、马华维、张涔等：《群体身份对人际宽恕的影响》，《心理科学》，2014 年第 6 期。

⑭王明忠、范翠英、周宗奎：《白乌鸦效应的稳定性研究》，《心理学探新》，2014 年第 4 期。

⑮殷融、叶浩生：《道德概念的黑白隐喻表征及其对道德认知的影响》，《心理学报》，2014 年第 9 期。

⑯李贺、莫雷、罗秋铃、莫然、俞梦霞、黎沛昕、衷禾：《签名对个体诚实度和道德感的影响》，《心理学报》，2014 年第 9 期。

⑰吴鹏、刘华山：《道德推理与道德行为关系的元分析》，《心理学报》，2014 年第 8 期。

⑱芦学璋、郭永玉、李静：《社会阶层与亲社会行为：回报预期的调节作用》，《心理科学》，2014 年第 5 期。

⑲李继波、黄希庭：《时间定价对亲社会行为的影响》，《心理科学》，2014 年第 4 期。

⑳任俊、李瑞雪、詹鋆、刘迪、林曼、彭年强：《好人可能做出坏行为的心理学解释——基于自我控制资源损耗的研究证据》，《心理学报》，2014 年第 6 期。

㉑张珊明、钟毅平、陈芸：《内隐启动条件下权力对人际敏感性的影响》，《心理学探新》，2014 年第 4 期。

㉒杨晓莉、刘力、赵显等：《民族本质论对跨民族交往的影响——以中国内地的藏族大学生为例》，《心理科学》，2014 年第 2 期。

㉓刘阳、孙秀玲、李红等：《维吾尔族大学生面孔识别的本族效应：群际接触的影响》，《心理科学》，2014 年第 3 期。

㉔唐辉、周坤、赵翠霞、李纾：《吃亏是福：择"值"选项而获真利》，《心理学报》，2014 年第 10 期。

㉕凌斌、王重鸣：《时间距离对于验证性信息加工的影响》，《心理学报》，2014 年第 8 期。

㉖陈海贤、何贵兵：《心理距离对跨期选择和风险选择的影响》，《心理学报》，2014 年第 5 期。

㉗窦凯、聂衍刚、王玉洁、黎建斌、沈汪兵：《自我损耗促进冲动决策：来自行为和 ERPs 的证据》，《心理学报》，2014 年第 10 期。

㉘潘禄、钱秀莹：《动态重复决策中先前结果对风险偏好的影响》，《心理学报》，2014 年第 12 期。

㉙黄砾卉、张凤华、张庆林：《最后通牒博弈任务中的印象调控过程》，《心理学探新》，2014 年第 6 期。

㉚王益文、张振、张蔚、黄亮、郭丰波、原胜：《群体身份调节最后通牒博弈的公平关注》，《心理学报》，2014 年第 12 期。

㉛郭海英、朱婉灵、朱倩、朱茂玲、左培颖、林丹华：《亲子沟通与农村青少年幸福感的关系：基本心理需要满足的中介作用》，《心理发展与教育》，2014 年第 2 期。

㉜杨强、叶宝娟：《感恩对汉区高校少数民族大学生幸福感的影响：基本心理需要的中介作用》，《中国临床心理学杂志》，2014 年第 2 期。

㉝张西超、胡婧、宋继东、张红川、张巍：《小学教师心理资本与主观幸福感的关系：职业压力的中介作用》，《心理发展与教育》，2014 年第 2 期。

㉞刘伟、史占彪、张贤峰、王健、谢姗姗、张金凤：《精神科临床医护人员工作特征，工作投入与主观幸福感的关系》，《中国临床心理学杂志》，2014 年第 2 期。

㉟叶艳、范方、陈世键、张烨、龙可、唐凯晴、王鹤：《心理弹性、负性生活事件和抑郁症状的关系：钢化效应和敏化效应》，《心理科学》，2014 年第 6 期。

㊱崔丽霞、刘娟、罗小婧：《社会支持对抑郁影响的中介模型探讨》，《心理科学》，2014 年第 4 期。

㊲胡阳、范翠英、张凤娟、谢笑春、郝恩河：《青少年网络受欺负与抑郁：压力感与网络社会支持的作用》，《心理发展与教育》，2014 年第 2 期。

㊳张锦涛、陈超、王玲娇、刘璐、刘凤娥、赵会春、邓林园、方晓义：《大学新生网络使用时间与网络成瘾的关系：有中介的调节模型》，《心理学报》，2014 年第 10 期。

㊴董会芹、刘倩、张文新：《幼儿说谎与问题行

为、家庭功能的关系》，《中国临床心理学杂志》，2014年第1期。

㊵王素华、李新影、陈杰：《父母监管和温暖与青少年交往不良同伴对自身问题行为的影响》，《中国临床心理学杂志》，2014年第3期。

㊶陈京军、范兴华、程晓荣、王水珍：《农村留守儿童家庭功能与问题行为：自我控制的中介作用》，《中国临床心理学杂志》，2014年第2期。

㊷刘晓秋、白志军：《中国抑郁症患者自杀危险因素的元分析》，《中国临床心理学杂志》，2014年第2期。

㊸刘旺、田丽丽、陆红：《职业女性反刍思维与自杀意念的关系：希望的调节作用》，《中国临床心理学杂志》，2014年第1期。

㊹唐秋萍、苗冰、冯岩、潘辰、邓云龙：《综合医院住院患者冲动性与自杀意念的关系研究》，《中国临床心理学杂志》，2014年第1期。

㊺李亚敏、雷先阳、张丹、刘莉、唐四元：《中国大学生自杀意念影响因素的元分析》，《中国临床心理学杂志》，2014年第4期。

㊻徐慰、尉玮、何丽、谢秋媛、王建平：《创伤经历者的认知改变对社会支持与创伤负性后果关系的中介作用》，《中国临床心理学杂志》，2014年第3期。

㊼周宵、伍新春、安媛媛、陈杰灵：《青少年核心信念挑战对创伤后成长的影响：反刍与社会支持的作用》，《心理学报》，2014年第10期。

㊽周宵、安媛媛、伍新春、陈和琼、龙超敏：《汶川地震三年半后中学生的感恩对创伤后成长的影响：社会支持的中介作用》，《心理发展与教育》，2014年第1期。

㊾陈杰灵、伍新春、曾盼盼、周宵、熊国钰：《PTSD与PTG的关系：来自教师群体的追踪研究证据》，《心理发展与教育》，2014年第1期。

㊿林云强：《自闭症谱系障碍儿童对环境图片威胁知觉的眼动研究》，《心理科学》，2014年第2期。

51邱天龙、杜晓新、张伟锋、蔡勇刚、张雷：《表情信息特征变化对自闭症儿童面孔视觉扫描的影响》，《心理科学》，2014年第3期。

52马伟娜、朱蓓蓓：《孤独症儿童的情绪共情能力及情绪表情注意方式》，《心理学报》，2014年第4期。

53李晶、朱莉琪：《高功能孤独症儿童的合作行为》，《心理学报》，2014年第9期。

54朱千、孟景、位东涛、陈红：《海洛因戒治者执行控制功能异常的电生理证据》，《心理科学》，2014年第2期。

55周平艳、周仁来、惠颖等：《不同戒断期海洛因戒断者情绪加工的损伤和恢复》，《心理学探新》，2014年第2期。

56钟佑洁、李艳华、张进辅：《儿童攻击行为的短期追踪干预研究：从社会信息加工的角度》，《心理发展与教育》，2014年第3期。

57王丹、张日昇：《团体箱庭疗法干预大学生心理复原力的过程与效果》，《中国临床心理学杂志》，2014年第5期。

58李科生、阳鑫、高鹏程、佘丽珍、袁悦、曹中平：《团体绘画心理辅导对工读学生攻击性的干预》，《中国临床心理学杂志》，2014年第6期。

59胡姝婧、江光荣：《工作同盟和领悟对咨询效果的影响》，《心理科学》，2014年第6期。

60许丹、李强：《心理咨询师的职业选择？——与教师、工程技术人员的比较》，《中国临床心理学杂志》，2014年第3期。

61倪竞、侯志瑾：《新手咨询师行为反思的轨迹变化》，《中国临床心理学杂志》，2014年第2期。

62刘伟、申荷永、王晓寅、潘运：《心理咨询师的成人依恋、情绪体验和共情能力的关系研究》，《中国临床心理学杂志》，2014年第3期。

63刘航、刘秀丽：《3—6岁儿童情绪伪装认知能力发展及其与错误信念理解的关系》，《心理学探新》，2014年第2期。

64马凤玲、汤玉龙、郑婷婷、徐芬：《3—5岁幼儿基于面孔的信任判断的发展》，《心理发展与教育》，2014年第4期。

65赵静、李甦：《3—6岁儿童汉字字形认知的发展》，《心理科学》，2014年第2期。

66曾涛、段妞妞：《词汇飞跃：早期语言发展的里程碑——来自五名汉语儿童的跟踪报告》，《心理科学》，2014年第3期。

67彭君、莫雷、黄平、周莹、王靖、昂晨：《工作记忆训练提升幼儿流体智力表现》，《心理学报》，2014年第10期。

68张博、黎坚、徐楚、李一茗：《11—14岁超常儿童与普通儿童问题解决能力的发展比较》，《心理学报》，2014年第12期。

⑲费广洪、王淑娟：《3—11 岁儿童类比推理发展的研究》，《心理学探新》，2014 年第 6 期。

⑳叶宝娟、胡笑羽、杨强、胡竹菁：《领悟社会支持、应对效能和压力性生活事件对青少年学业成就的影响机制》，《心理科学》，2014 年第 2 期。

㉑沈永江、姜冬梅、石雷山：《初中生自我效能对学习投入影响的多层分析研究》，《中国临床心理学杂志》，2014 年第 2 期。

㉒刘有辉、辛自强、明朗：《考试制度信任对大学生学业投入意向的影响》，《心理发展与教育》，2014 年第 4 期。

㉓龚少英、段婷、王福兴、周宗奎、卢春晓：《装饰图片影响多媒体学习的眼动研究》，《心理发展与教育》，2014 年第 4 期。

㉔李占星、曹贤才、庞维国、牛玉柏：《6—10 岁儿童对损人情境下行为者的道德情绪判断与归因》，《心理发展与教育》，2014 年第 3 期。

㉕李小晶、李红：《坏念头，罪几何？意图信息的强弱变化对大学生道德判断的影响》，《心理发展与教育》，2014 年第 3 期。

㉖闫志民、李丹、赵宇晗、余林、杨逊、朱水容、王平：《日益孤独的中国老年人：一项横断历史研究》，《心理科学进展》，2014 年第 7 期。

㉗谢祥龙、段慧、谷传华：《老年人依恋对生活满意度的影响：孤独感的中介作用》，《心理科学》，2014 年第 6 期。

㉘李强、徐玮、李凌：《老年人心理健康素质与心理健康状况的关系：社会支持的中介作用》，《中国临床心理学杂志》，2014 年第 4 期。

㉙唐丹、燕磊、王大华：《老年人老化态度对心理健康的影响》，《中国临床心理学杂志》，2014 年第 1 期。

㉚宗利娟、刘俊升、李丹、陈欣银：《母亲抑郁情绪对婴儿内化问题的影响：有调节的中介模型》，《心理科学》，2014 年第 5 期。

㉛王明忠、范翠英、周宗奎、陈武：《父母冲突影响青少年抑郁和社交焦虑——基于认知—情境理论和情绪安全感理论》，《心理学报》，2014 年第 1 期。

㉜田录梅、张文新：《父母支持、友谊质量对攻击—破坏行为和害羞—敏感行为的影响》，《中国临床心理学杂志》，2014 年第 3 期。

㉝郭筱琳：《隔代抚养对儿童言语能力、执行功能、心理理论发展的影响：一年追踪研究》，《中国临床心理学杂志》，2014 年第 6 期。

㉞苑春永、邵爱惠、梁丽婵、边玉芳：《青少年儿童不爱社交、同伴排斥和同伴侵害的交叉滞后分析》，《心理发展与教育》，2014 年第 1 期。

㉟侯珂、邹泓、刘艳、金灿灿、蒋索：《同伴团体对青少年问题行为的影响：一项基于社会网络分析的研究》，《心理发展与教育》，2014 年第 3 期。

㊱卢家楣、王俊山、刘伟：《中小学班级氛围、班主任情感素质对青少年学生情感素质的影响：基于多层线性分析》，《心理科学》，2014 年第 5 期。

㊲陈宁、卢家楣、汪海彬：《典型教育情境中教师的情绪预测准确性》，《心理科学》，2014 年第 3 期。

㊳张光珍、梁宗保、邓慧华、陆祖宏：《学校氛围与青少年学校适应：一项追踪研究》，《心理发展与教育》，2014 年第 4 期。

㊴赵燕、张翔、杜建政、郑雪：《流动儿童社会支持与抑郁及孤独的关系：心理韧性的调节和中介效应》，《中国临床心理学杂志》，2014 年第 3 期。

㊵彭阳、谭千保、申雯：《流动儿童家庭关怀与自立人格的关系及其性别的调节作用》，《中国临床心理学杂志》，2014 年第 6 期。

㊶侯珂、刘艳、屈智勇、蒋索：《留守对农村儿童青少年社会适应的影响：倾向值匹配的比较分析》，《心理发展与教育》，2014 年第 6 期。

㊷张辉华：《个体情绪智力与任务绩效：社会网络的视角》，《心理学报》，2014 年第 11 期。

㊸孙旭、严鸣、储小平：《坏心情与工作行为：中庸思维跨层次的调节作用》，《心理学报》，2014 年第 11 期。

㊹马红宇、申传刚、杨璟、唐汉瑛、谢菊兰：《边界弹性与工作—家庭冲突、增益的关系：基于人—环境匹配的视角》，《心理学报》，2014 年第 4 期。

㊺马陆亭：《应用技术大学建设的若干思考》，《中国高等教育》，2014 年第 10 期。

㊻刘咏梅、车小玲、卫旭华：《基于 IPO 模型的团队多样性—冲突—绩效权变模型的元分析》，《心理科学》，2014 年第 2 期。

㊼林晓敏、白新文、林琳：《团队心智模型相似性与正确性对团队创造力的影响》，《心理学报》，2014 年第 11 期。

㊽霍荣棉：《关系持续预期与规范目标激活：合

适性逻辑下的信任决策》，《心理科学》，2014 年第 3 期。

⑲马华维、王欣：《组织中上下级的双向信任：影响及机制》，《心理科学》，2014 年第 2 期。

⑳梁建：《道德领导与员工建言：一个调节—中介模型的构建与检验》，《心理学报》，2014 年第 2 期。

⑽李永鑫、周海龙、田艳辉：《真实型领导影响员工工作投入的多重中介效应》，《心理科学》，2014 年第 3 期。

⑽朱玥、王永跃：《服务型领导对员工工作结果的影响：亲社会动机的中介效应和互动公平的调节效应》，《心理科学》，2014 年第 4 期。

⑽汪涛、谢志鹏、崔楠：《和品牌聊聊天——拟人化沟通对消费者品牌态度影响》，《心理学报》，2014 年第 7 期。

⑽王财玉、雷雳：《消费者对犯错品牌评价的时间打折效应及其影响因素》，《心理科学》，2014 年第 4 期。

⑽田阳、王海忠、柳武妹、何浏、黄韫慧：《品牌承诺能抵御负面信息吗？——自我调节导向的调节作用》，《心理学报》，2014 年第 6 期。

⑽李爱梅、李斌、许华、李伏岭、张耀辉、梁竹苑：《心理账户的认知标签与情绪标签对消费决策行为的影响》，《心理学报》，2014 年第 7 期。

⑽郭俊辉、赫连志巍、李长安：《选购两难中折中效应的发生规律》，《心理学探新》，2014 年第 4 期。

⑽王婷婷、王瑞明、王靖、吴小文、莫雷、杨力：《红色和蓝色对中国汉族大学生情绪的启动效应》，《心理学报》，2014 年第 6 期。

⑽王汉林、鲁忠义：《冷笑话能让人体验到冷么？——冷笑话的温度知觉及其与情绪体验之间的关系》，《心理科学》，2014 年第 4 期。

⑾瑞雪、周爱保、李世峰、徐科朋、任德云、朱婧：《观点采择在内隐情绪加工中的调节作用》，《心理学报》，2014 年第 8 期。

⑾贾志平、张志杰：《数量对时间知觉的影响—来自抽象数量和实际数量的证据》，《心理科学》2014 年第 4 期。

⑾刘志华：《视觉特征捆绑：基于时间同步还是基于相同空间位置》，《心理科学》，2014 年第 4 期。

⑾刘明慧、张明、隋洁：《自我信息对知觉选择中整体优先性的调控作用》，《心理学报》，2014 年第 3 期。

⑾魏柳青、张学民、李永娜、马玉：《视听通道双任务对多目标追踪的影响：干扰还是促进?》，《心理学报》，2014 年第 6 期。

⑾陈艾睿、董波、方颖、于长宇、张明：《线索类型对阈下注视线索效应的影响》，《心理学报》，2014 年第 9 期。

⑾李志爱、彭程、Cody Ding、张庆林、杨东：《暴力犯罪者对负性情绪信息注意偏向的 ERP 研究》，《心理科学》，2014 年第 4 期。

⑾张姝玥、许燕：《不同生命意义寻求和体验程度个体的注意偏向研究》，《中国临床心理学杂志》，2014 年第 1 期。

⑾张豹、黄赛、候秋霞：《工作记忆表征捕获眼动中的颜色优先性》，《心理学报》，2014 年第 1 期。

⑾钱国英、姜媛、方平：《不同延时条件下的情绪记忆鲜活性》，《心理科学》，2014 年第 4 期。

⑿肖红蕊、龚先旻、王大华：《老年人错误记忆的情绪效价和时间效应》，《心理学报》，2014 年第 7 期。

⑿陈永香、朱莉琪：《身体部位与早期习得的汉语动词的联结及其对动词习得年龄的影响》，《心理学报》，2014 年第 7 期。

⑿章玉祉、张积家：《汉语言语产生中的词长效应》，《心理学报》，2014 年第 9 期。

⑿巫金根、闫国利、刘志方：《大小字号的文本对中文读者阅读知觉广度和眼动模式的影响》，《心理科学》，2014 年第 1 期。

⑿肖承丽、刘传军：《对想象环境的空间更新》，《心理学报》，2014 年第 9 期。

⑿王旭艳、于伟艳、梁佩鹏、龙周军、郭晓龙、钟宁、秦裕林、周海燕：《知识对成人归纳推理标签效应的影响》，《心理科学》，2014 年第 4 期。

⑿高悦、彭华茂、王大华、文静：《工作记忆在归纳推理能力老化中的作用》，《心理科学》，2014 年第 1 期。

⑿毛秀珍、辛涛：《认知诊断 CAT 中具有非统计约束选题方法的比较》，《心理学报》，2014 年第 12 期。

⑿顾红磊、温忠麟：《项目表述效应对自陈量表信效度的影响——以核心自我评价量表（CSES）为例》，《心理科学》，2014 年第 5 期。

⑿黎光明、刘晓瑜、谭小兰、周梦培、张敏强：

《考试评分缺失数据的概化理论分析》，《心理科学》，2014 年第 3 期。

⑬⓪温忠麟、叶宝娟：《有调节的中介模型检验方法：竞争还是替补?》，《心理学报》，2014 年第 5 期。

⑬①杨强、叶宝娟、温忠麟：《两种估计多维测验合成信度置信区间方法比较》，《心理学探新》，2014 年第 1 期。

⑬②徐建平、郭枝、王茜、Peter Tellegen：《SON—R 6—40 非言语智力测验在中国的适用性》，《心理学探新》，2014 年第 1 期。

⑬③邓远平、戴海琦、罗照盛等：《计算机自适应测验在特质焦虑量表中的运用》，《心理学探新》，2014 年第 3 期。

⑬④尉玮、王建平、何丽、闫煜蕾：《强迫闯入问卷修订版在中国大学生和临床样本中的应用》，《中国临床心理学杂志》，2014 年第 1 期。

⑬⑤陆柯雯、任孝鹏、李杰：《自我构念量表在汉维蒙民族中的测量等价性》，《中国临床心理学杂志》，2014 年第 3 期。

⑬⑥尉玮、王建平、何丽、谢秋媛、唐苏勤：《哀伤认知问卷在中国丧亲者样本中的修订》，《中国临床心理学杂志》，2014 年第 2 期。

⑬⑦周颖、季晓琴、刘俊升：《学习自我调节量表中文版的信、效度初步检验》，《中国临床心理学杂志》，2014 年第 2 期。

⑬⑧李晓巍、邹泓、刘艳：《孤独感量表在中学生群体中的初步修订》，《中国临床心理学杂志》，2014 年第 4 期。

⑬⑨王鉴、杨海燕：《中小学班级心理环境量表的编制》，《中国临床心理学杂志》，2014 年第 6 期。

⑭⓪刘畅、伍新春、陈玲玲：《父母协同教养问卷中文版的修订及其信效度检验》，《中国临床心理学杂志》，2014 年第 4 期。

⑭①袁颖、赵必华：《中国大学生被看重感量表的编制》，《中国临床心理学杂志》，2014 年第 4 期。

⑭②张万里、贾世伟、陈光辉、张文新：《反应性—主动性攻击问卷在大学生中的信效度检验》，《中国临床心理学杂志》，2014 年第 2 期。

⑭③吕锐、张英俊、钟杰：《UPPS 冲动行为量表在中国大学生人群中的初步修订》，《中国临床心理学杂志》，2014 年第 3 期。

⑭④刘艳、丁云龙、钮佳丽、周燕、郭起浩：《老年人认知功能减退知情者问卷判断阿尔茨海默病患者严重程度的效度》，《中国临床心理学杂志》，2014 年第 6 期。

⑭⑤胡婧、艾伦·兰格、张西超：《兰格专念量表在中小学教师群体的初步修订》，《中国临床心理学杂志》，2014 年第 1 期。

⑭⑥柯江林、孙健敏、王娟：《职场精神力量表的开发及信效度检验》，《中国临床心理学杂志》，2014 年第 5 期。

⑭⑦郝树伟、洪炜：《中国成年人心理弹性量表在公务员中的修订》，《中国临床心理学杂志》，2014 年第 6 期。

（作者：许燕，北京师范大学教授；李亚南、邢艳艳、程琪，北京师范大学硕士生）

历　史　学

史学理论及史学史

汪高鑫　周　倩

2014 年，北京地区的史学工作者持续关注史学理论及史学史的研究，在继续深入对既有问题进行探索的同时，重视解放思想、开拓创新，不断挖掘新的学术增长点，取得了较为丰硕的成果，推动了本学科的建设和发展。现将本年度研究概况综述如下：

一、马克思主义史学理论的研究

首先，唯物史观与当代史学研究。2014 年 7 月 26—27 日，中国社会科学院举办了第二届马克思主义史学理论论坛“唯物史观与新中国史学发展”学术研讨会，来自各科研院所和高等院校的70余位专家学者出席了会议。本次论坛的主题为“中国特色社会主义与马克思主义史学理论建设”，与会的专家学者围绕主题，讨论的具体问题包括：在新历史条件下如何解读和利用马列经典原著、唯物史观基本原理在历史研究实践中的运用、唯物史观与历史学各学科理论体系的构建、马克思主义与中国优秀传统文化的关系、新形势下中国马克思主义史学发展需要突破的关键性问题、历史虚无主义思潮评论以及中国当代史学工作者的历史使命等，进一步丰富和发展了马克思主义史学理论体系。另外，这些问题的提出和讨论普遍注意结合中国特色社会主义建设和发展的实践，紧扣中国当代社会和当代史学的发展实际，切实体现了大会的主题，反映了马克思主义学者对时代的强烈关怀和经世致用的情结。在马克思主义史学和唯物史观被不断“边缘化”的今天，中国社科院马克思主义史学理论论坛的召开无疑扛起了一面弘扬马克思主义史学的旗帜，为深化马克思主义史学研究和交流、正确认识其当代价值、扩大其社会影响力提供了一个良好平台。[①]一年中，北京学者对唯物史观与当代史学研究问题也作了一些有益的探讨。有学者探讨了唯物史观对新历史考证学转型及长期繁荣的重要影响力，认为新历史考证学在20世纪初独特而优厚的学术文化条件下兴起，实证考察与贯通研究相结合，既注重严密考证又重视治史观念的更新和指导，取得了卓著成就，于整个20世纪影响至巨；至1949年以后一批原先熟悉考证的学者自觉接受了唯物史观指导，遂使新历史考证学达到新的境界，可以蒙文通、谭其骧等为代表，20世纪新历史考证学的学术路向证明历史观的进步对于史学的创新和发展有根本性意义。[②]有学者关注了马克思的历史研究与《历史学笔记》。马克思晚年最后一部手稿《历史学笔记》的写作是一个颇具深意的事件，这部皇皇140余万字的作品横亘1700余年历史时空，其记录重大历史事件所企及的历史纵深感以及触及欧、亚、非大陆地理空间的跨越感，充满史学家的非凡气度。尤为引人入胜的是，马克思一生对历史学的持续关注与深入研究，使得他逝世前留下的这部未面世的作品和唯物史观思想线索之间的内在关联成为留待后人探究的历史之谜。马克思一生的历史研究与晚年《历史学笔记》的写作具有内在连续性及逻辑共通性。本文通过回溯马克思的历史研究脉络，廓清了与《历史学笔记》写作的内在联系，阐释了《历史学笔记》在唯物史观上的发展，以及在马克思思想史上的理论地位和价值。[③]还有学者在思考中国当代社会史研究的新趋向时充分重视唯物史观的作用，认为要建设有中国特色的当代社会史学科，不能完全照搬西方的一套，这从指导思想上看，坚持以唯物史观的基本原理和基本方法为指导，是深化中国当代社会史研究的必由之路；从研究视野上看，应该继承和发扬中国马克思主义史学的优良传统，致力于整体史研究的目标和追求，既着力把握决定社会面貌的社会经济形态和社会经济结构，又全面展示社会经济生活的丰富内容，而不是把经济史导向脱离社会形态、社会结构研究的方向。这两个问题的提出，展示了唯物史观对历史研究的具体领域，尤其是新兴热门学科的重要指导作用，是马克思主义史学理论研究的进一步更新和细化。[④]

其次，唯物史观与学者学术个性。《廊坊师范学院学报》2014年第4期组织了主题为“唯物史观与学者学术个性”的系列文章，具体讨论了在历史研究中坚持以唯物史观为指导思想，是否会影响甚至丧失学者自身的治学特色和学术个性的问题。这组文章的作者通过对几位著名马克思主义史家的研究，展示了他们各自鲜明的治学特点和风格，充分证明“唯物史观的指导不会使学者们失去自己的学术个性，恰恰相反，唯物史观不但能指导学者探求更具本质意义的东西，而且能促使学者更加凸显自己的学术个性”的结论。北京学者积极参与了这场讨论，具体来说，有学者探讨了唯物史观在李大钊史学研究中的重要地位，认为李大钊对唯物史观的认识极为深刻，在他的论著中系统地介绍和阐释了唯物史观，充分肯定了唯物史观在马克思主义哲学中的地位，分析了唯物史观产生的必然性，倡导以唯物史观来解释历史、指导史学研究的实践活动，以唯物史观所揭示的一般规律和原理为指导，对中国上古社会状况、中国近代历史、中国近代思想和伦理等问题进行初步考察，探寻中国历史发展的客观规律。[⑤]有学者总结了白寿彝主编《中国通史·导论卷》对马克思主义史学理论的贡献，白寿彝先生在20世纪80年代初就提出了建设有中国民族特点的马克思主义史学的主张，强调不要照搬照抄外国的理论，而要重视民族的史学遗产，他主编的《中国通史·导论卷》很好地贯彻这一主张，书中提出了诸多适合中国情况的理论创见，并尝试运用史学文献的资料阐述理论问题，对促进马克思主义史学理论的中国化起到了重要作用。[⑥]还有学者以马克思主义史家郭沫若和范文澜为对象，考察唯物史观指导下学者鲜明的学术个性，其中郭沫若关于中国古代社会的研究与周代青铜器分期的理论，范文澜关于封建社会始于西周、春秋战国时期中原华夏族与各少数民族逐步融合的理论，因研究重点和治学路数的不同而各具鲜明的特色，但同样都为中国现代史学的发展做出了出色的贡献。[7]唯物史观与学者学术个性之间的辩证关系是社科院第二届马克思主义史学理论论坛上提出的新问题之一，从全新的角度获得更深刻的认识，在当今亟须拓宽马克思主义史学理论研究视角、更新研究命题情况下，无疑是具有积极意义的。

二、史学若干理论问题的探讨

1. 史学与社会的关系

首先，史学对社会发展的贡献。在史学与社会关系的研究中，学界偏向考察社会对史学的塑造，反之则不多。有学者从宏观角度阐发了历史学可以为社会发展做出的贡献，认为一个社会的健康快速发展取决于三个因素：正确的理想社会模式、正确的发展方式、强大的发展动力，历史学可以为社会发展的这三个因素的形成做出不可替代的重要贡献。[8]还有学者具体论述中国古代二十四史中的民族史撰述对中国多民族国家历史构建发挥的重要作用，认为二十四史的民族史撰述创立了中国多民族国家的华夷同源共祖于黄帝的亲缘谱系，全面记述了包括各少数民族在内的中国多民族国家的历史，普遍揭示了中国历史上华夷共同创造中国历史这一种民族关系的主流。[9]

其次，国家政治形势对史学发展的影响。有学者阐述了明清大一统政治对明清历史认同观念的塑造，展示了明清大一统政治局面下处于中国古代历史理论总结与嬗变时期的历史认同观念的内涵及其价值，并从《一统志》的编纂与大一统观念、清代公羊学复兴与华夷一统观念的转换两方面进行了说明。[10]有学者关注了嘉道之际中国边疆史地研究的兴起，指出时局变动是嘉道之际中国边疆史地研究兴起的重大原因。[11]还有学者以布特哈与《布特哈志略》为研究对象，考察了少数民族聚居地区的开发与当地史志的关系。布特哈，本系鄂伦春、鄂温克、达斡尔等少数民族采集狩猎地区，清朝于此置兵屯防，布特哈逐渐由自然区域演变成一行政区，与之相应，该地地方文献也经历了一个由简到丰最终形成专志《布特哈志略》的过程。[12]

最后，时代学术思潮与史学发展。2014年第2期《学习与探索》组织了主题为“学术思潮与史学发展的互动”的系列文章，北京学者积极参与其中。有学者谈到玄学与魏晋南北朝史学的玄化倾向，认为玄学作为魏晋南北朝时期的学术思潮，对于这一时期史学有着重要的影响，在魏晋玄学背景下，史学不但重视人物品藻，而且以玄学的观点来品评人物，局量才识与风度容貌成为人物品评的基本内容；重视历史评论，强调对历史发展之势的总结。[13]有学者考察了阳明心学与中晚明史学的新变化，认为明代中后期阳明心学的兴起引起史学发生很大的变化，进而提高了史学的地位，引发了中晚明“异端”史论的兴起；阳明心学的兴盛也促进历史编纂学的发展，如史论体、思想学术史的兴盛以及史著体例的创新。[14]还有学者将《史记》和《历史》进行比较，说明中华民族自先秦以来就具有“重现实，轻玄想”的理性主义传统，和古希腊城邦制社会条件下浓厚的神话氛围对史家神话编纂的影响，指出文化模式对一个时代的史学思想及史著风格具有重要影响。[15]

2. 中国史学思想的基本特点

首先，历史思维的民族性。有学者认为，中国古代史学通过对历史研究的对象、特点、方法与目的的多重思考，逐渐形成了具有民族特色的思维特征：一是“究天人之际”的整体思维；二是“通古今之变”的通变思维；三是“成一家之言”的创新思维；四是“以史为鉴”的鉴戒思维；五是“求真”与“求道”的二重思维。[16]有学者具体阐发了中国古代史学的“求道”理念，对中国古代史学“求道”理念的主要内涵和理论根源作出论述，并对其合理性作出评述。[17]有学者关注了“良史之忧”这一史学批评范畴及其时代特征，认为“良史之忧”的内涵极为丰富，突出表现在关注时代所面临的社会问题，积极寻求解决之道，系统介绍了它在中国古代不同历史时期的不同表现。[18]有学者具体谈了先秦史学已经初具的实录思想。认为实录一词虽始见于汉代，然而实录思想在先秦时期就已经出现，《尚书》《春秋》《左传》中都有相应内容。[19]还有学者讨论了《左传》神异预言对中国古代史学传统的构建，认为《左传》宗教性思维与事实陈说及道德史观更深入地相互结合，构成了中国古代史学传统的一个突出特色。[20]另外值得一提的是，有学者讨论了近代社会的风云变幻中学界如何看待中国学术“传统”的问题，具体来说是以梁启超、章太炎和胡适为研究对象，看晚清学者面对西学的全面挑战时如何思考中国传统学问在当时的位置与作用。[21]

其次，重视以经解史。有学者探讨了古代史学理论家刘知幾的易学与史学，认为刘知幾非常重视对《周易》与易学的取鉴，在其史学发展观、史学叙事理论以及对“史法”“史义”的辩证里，都可见对易学理念与思维的融会贯通。[22]有学者谈到章太炎经史观念对中国史学的现代性转换的作用，认为20世纪前期中国史学实现现代性转换，章太炎是重要推动者。他以中国历史为据，持旧而又出新，力主在反思和批判西方现代性的基础上实现中国史学的现代性转换，提出“夷六艺于古史”，有助于祛除经的神圣性，推动经史之学的现代性转换。[23]有学者讨论了范文澜的经学与史学，认为范文澜是一位具有深厚经学素养的马克思主义史学家，延安时期以及新中国成立后，他运用马克思主义的观点两次系统梳理和演讲经学史，力求摆脱今古文家法之成见；他所著通史在追求马克思主义史学的民族特色以及体现出的民族观、史料观、学风文风等方面，与他的经学素养和早年的古文经学训练，有着紧密的联系。[24]还有学者认为顾颉刚与经学、经学家的密切关系却似乎较少提及，顾颉刚对经学的关注与史学研究是相辅相成的，由疑经辨伪到疑古辨伪，顾颉刚在经学研究中找到开辟历史研究新路的突破口；由层累地造成的中国古史到层累地造成的传经系统及其变经为史的史料学思想，经学俨然已成为史学的一部分；经学结束者的角色定位彰显了顾颉刚的学术责任感。[25]

3. 西方历史哲学研究的新进展

有学者缕述了自古希腊哲学家而下，经中世纪神学、文艺复兴、宗教改革、科学革命、启蒙运动，及至近代各大思想流派之兴起的西方思想史脉络，并自现实关怀出发以观照历史，试图为当下社会面临的种种问题提供一个更宏大、更具历史感的思考背景。[26]有学者对希罗多德《历史·序言》进行史学解析，认为从本意上说，希罗多德的“历史”一词与“历史”无关，它是探研和究诘的结合；亚里士多德及其学生特奥弗拉斯图斯承传了希罗多德的传统，并分别撰写了《对动物的探研究诘》以及《对植物的探研究诘》，他们是希罗多德真正的后继者。[27]有学者以“亨佩尔—德雷论战”为中心，讨论了对“历史解释”的认识，20世纪40年代，亨佩尔提出科学解释的一般形式，即“覆盖律模式”，德雷则与之针锋相对，进一步提出历史解释中的“合理行动原则”；唐纳德·戴维森提出历史解释的整体论方案，在一定程度上满足了历史学中的合理性解释，又辩护了历史学的客观性。[28]有学者以布莱德雷和柯林伍德的历史哲学为中心，分析了历史事实、历史推论与历史想象三者之间的关联。[29]有学者简析科泽勒克和阿尔托格对“历史时间”这一概念的研究，科泽勒克和阿尔托格认为，在欧洲近代史上过去的经验和期待的视阈之间的关系经历了重大转变。在某种意义上，我们可以依据阿尔托格提出的“历史时间形态”来理解现代性和后现代性。这一术语同样涉及过去与未来的关系；在现代性的历史时间形态中，经验空间与期待视阈之间产生了距离，未来不应是过去的延续，在这种语境下，“历史”这一概念也有着特殊的含义，它强调的是时间中呈现出的变革和进步。[30]有学者讨论了安克斯密特崇高的历史经验与审美之维，他提出历史经验概念，实现了从语言到经验的转向，开启了叙事主义历史哲学新的理论生长点。[31]有学者以约恩·吕森的学科范型论为中心，构想了能够弥合现代与后现代史学理论的可能途径，约恩·吕森主张走一条介于现代主义和后现代主义之间的中间路线：一方面我们需要现代主义的确定性为我们提供导向，另一方面我们必须认识到后现代主义为历史思考所作的拓展和深化。[32]还有学者向我们介绍了今天西方史学界出现的最新变化，后—后现代史学理论认为这是一种可能的新范式。大约从20世纪末尤其是从21世纪初开始，西方史学理论家（包括一些后现代主义者）开始冷静反思“语言学转向”，尝试探索一种新的史学理论范式，有些学者称之为“后—后现代史学理论”，试图回归历史的宏大叙事，构建新型的“历史的理性”。[33]

三、史学分支学科的研究

1. 公共史学

2014年第4期的《史学理论研究》发表了主题为“面向社会需求的公众史学（公共史学）：老问题新探索”的系列文章，北京学者积极参与其中。有学者讨论了创建公共史学的两个重要条件，也是公共史学得以在中国生根发芽茁壮成长的非常现实的因素：一个是史学界的支持；另一个是起步阶段的目标和工作，在其起步阶段，可先考虑利用现有的教学体制开展“公共史学”的教学和人才培养，有效利用博物馆、展览馆、图书馆、档案馆和地方志办公室。[34]还有学者讨论了公共史学范畴下，专业史学家的责任、挑战与操守，认为专业的历史学家有责任为普通人提供历史知识，引导民众“历史地”认识过去、理解现在、思考未来；另外，有机会进入公共史学领域的历史学者在“如何做”的问题上面临着一系列的挑战，包括历史的真实性挑战、历史复杂性挑战、讲述历史的技巧挑战等多个方面。[35]

2014 年第 1 期的《甘肃社会科学》组织了一次“公共历史笔谈”，北京学者亦参与其中。有学者讨论了公共史学在高校历史教学的运用，认为高校历史教学要脱离纯粹的学院式或“对历史知识生产类型和传播方式的自我陶醉”，将“公共历史”的理念和方法引入教学中。[36]还有学者就当今西方公共史学面临的尴尬局面提出自己的认识，分析了这一状况产生的原因，如过于强调应用性导致理论研究的准备不足、过于挑战客观性导致与学术研究形成对立、以解释权的民主化解构了自身的合法性等。[37]

2. 口述史

2014 年第 4 期《史学史研究》“史学理论前沿问题研究”系列文章中，有学者讨论了口述史中的重要范畴：记忆、叙述和文本，认为历史之真经过历史记忆、历史叙述和口述文本整理三重帷幕的过滤、筛选和阻隔，在口述史文本中呈现出来的历史之真是有限的，口述史文本要尽可能接近历史之真，最为重要的任务就是要研究影响历史记述呈现的多重因素，以及口述者如何用准确的语言呈现出历史记忆。[38]还有学者概括了今天中国口述史研究现状与口述历史学科建设，提出了创建中国口述历史学科的基本设想：将口述史学作为历史学的二级学科加以建设，强化口述史学基础理论与方法的研究，加强人才培训并组建专业化的口述历史研究队伍，推进口述历史项目的普遍实施，加强学术交流与合作，创办口述历史网站及学术刊物，筹建中国口述历史资料档案库等。[39]

3. 社会文化史

有学者指出，生活质量可以作为社会文化史研究的新维度，客观生活质量与主观生活质量都应当成为社会文化史关注的新问题，并具体阐述了对本命题研究方法的认识，如宏观微观的研究方法、综合分解的研究方法、理论命题的研究方法、史料提炼的研究方法、相互比较的研究方法、感受想象的研究方法等。[40]有学者提出，形象史学是文化史研究的新方向。2011 年，中国社会科学院历史研究所文化史研究室出于文化史学科建设和学术创新的考量，提出了“形象史”这一概念，一方面应对近现代以来诸前辈学人在利用形象材料研究文史方面的实践成就给予必要的继承和吸收，另一方面须结合当前学术研究发展的趋势和前沿动态，对原有的研究模式进行改进和升级。[41]有学者强调从本土资源中建设中国的社会文化史理论，认为社会文化融通物质生活、社会习俗和精神气象，从上层和下层、观念与生活的互动中，揭示社会和文化的特质。这对历史悠久、积累深厚的中国文化传统来说，更具有本土特色和发展优势，具体来说，我们可以从生活日用中提升中国理念、可以抓住礼俗互动这一中国社会文化史的特色，反对对西方理论的照搬照抄。[42]还有学者探讨了作为分析性范畴的“文化”概念在西方和中国语境中的形成与演变，并对全球化时代的“文化杂交”现象与中国古代的“和而不同”观念进行比较。在此基础上，本书论述了文化与文明教化、文化与人格、文化与现代性和后现代性的关系，并对文化作为一种研究视角在欧洲历史以及一般意义上的历史编纂中的应用进行了考察。[43]

四、历史书写问题的研究

1. 宏观概说

有学者从宏观的、理论的层面，探讨了历史记忆与历史书写之间的密切关系，认为两者既有天然的联系又有本质的区别：历史和记忆所指涉的对象，都是人类个体或群体在过去的经历，历史离不开记忆，可是是否具有证实性成为历史区别于记忆的重要之处，总之历史不能径直等同于记忆；具体来说，历史记忆不能完全反映历史真理，记忆不如人们常识中所想象的那样，具备那么高的可靠性，它在历史学中所能够起到的作用是有限的，而且需要受到极为谨慎的对待。[44]有学者提出，要区分历史书写的三种范式，即认知性的历史、认同性的历史与承认性的历史，这三种范式分别有着不同的诉求，各有其优点与缺陷。不同的书写范式之间也不是完全对立的关系，以一种范式来否定另一种范式的主张并不可取。[45]

2. 书写模式

有学者注意到史传书写程式化修辞频现的问题，认为本应千差万别的中国古代史传中不时会出现一些似曾相识的文字，中国古代史家习于使用某些惯用主题、词句来记录传主言行，史家常使用一些老套语言和传统情节来充实简历搭建的架子，中国古代史传中存在着一些惯用的文本元素，这些元素反复出现，呈现出一定的类型化、程式化，称之为“模式”。[46]有学者具体研究了中古良吏书写的两种模式——“猛虎渡河”和“飞蝗出境”，认为它们是中古史籍中常见的用以构建、形塑地方良吏形象的书写模式，两种模式均出现于东汉，在随后的史籍中被广泛应用并演绎出多种变体。[47]有学者讨论了中国古代史籍对四夷的体系化记述模式，从商到战国时期，在“中国”“四夷”及“五方之民”等观念的基础上，夷、蛮、戎、狄与四方相配，形成了对四夷的体系化类型化的记述模式，这为历代修史者所传承，指导了历代正史以及其他体例史籍对民族历史的记述，中原地区的各民族政权都认可了这一记述模式，并重视通过这一模式记述各民族历史，以此论证自身的正统地位。[48]还有学者总结了清末乡土史志书写“乡土意识与国家情怀并重”的特点。甲午的惨败使“世界—国家—乡土”的现代空间观念取代“家—国—天下”的传统空间观念，成为中国新兴知识阶层重构认知世界的基础，在挽救危亡的压力下中国新兴知识阶层不仅产生了现代乡土意识，且在此意识引导下开始书写现代乡土史志。[49]

3. 形象塑造

有学者考察了传统历史书写中的女性与传统女性的历史书写，即以男性为主体的历史书写视角下建构的妇女形象和少数的女性历史书写者视角下展现的妇女，选题十分新颖。作者提出，古典时代的历史学从来就不是一个性别公正的场域，占据社会话语权力的男性，不仅决定了古代史学史上历史书写中构建的一系列女性形象，也规训了在当时社会性别制度下的女性的历史书写；女性则在“知识”支持的权力压抑下，让渡出自己的权益，在历史书写中将性别价值泯灭，只是其表达价值一如男性。[50]有学者以韩国华的碑铭和传记为例，考察宋代士大夫的历史书写对历史人物的塑造，在重新塑造韩国华形象之时，大体上都遵循着宋朝士大夫撰写人物传记的某些基本原则，除了形式以外，传记的内容符合两宋时期占据主导地位的人生观、价值观。[51]在西方史学方面，有学者关注了施罗默·桑德的《虚构的犹太民族》一书，讨论了该书对犹太民族历史记忆的拆解与重构，有力批判了以色列史学界传统的犹太历史编纂学，力图对犹太民族的起源问题在新的叙事框架和话语体系下进行重构，完全颠覆了犹太人来源于国家和宗教社区教育体系下形成的、文化建构上的传统历史记忆。[52]

4. 编纂价值

有学者讨论了《宋书·符瑞志》的政治意图及价值，认为《宋书·符瑞志》作为沈约独创的一种志书，具有鲜明的政治意图，旨在论证“禅让”是历史演进、王朝更替的合理选择，进而证明出身寒门却取代东晋的刘裕所建的皇朝具有历史合法性。它在史学发展史、史料文献的汇总保存以及自然科学史研究等方面有一定历史价值。[53]有学者研究了五代史馆的史书纂修成就。五代沿唐制继续设置史馆，工作有征集、整理、保留本朝及前朝史料，撰修本朝实录及前朝史等。史馆修史大多先修本朝实录，本朝实录牵涉前朝，于是继修唐史，至后晋终于完成《旧唐书》之编纂。五代各朝实录成为《旧五代史》本纪、列传之主要材料。[54]有学者总结了李焘《续资治通鉴长编》的历史编纂学成就，认为此书是宋代私修史书的高峰，不仅史料价值颇高，而且编纂体例灵活而不失谨严，注重吸收纪传、纪事本末诸体之长，言事相兼而人物突出，寓论于史，褒贬自现，叙事从容、紧凑，是继《通鉴》之后再次出现的编年体史书的高峰。[55]有学者具体研究了民国时期著名方志学家贾恩绂方志编纂的特点，如创造性的方志体例；重视经济、教育，运用近代科技，使得方志具有许多新内容；篇篇成文的方志述作行文雅驯连贯，避免如市之账簿。[56]还有学者讨论和分析了西方章节体史书如何在清末传入中国并取代纪传体和其他传统史学体裁的现象，认为与清末中国和日本史学的互动有着比较紧密的关系，另外章节体的史书较能综合各种史实，用进化的视角记录和考察历史的演变，优点比较突出。[57]

在西方史学领域相关的研究也不少。有学者系统介绍了当代世界史编撰体系，从编撰的主线、内容及方法、宗旨等方面探讨了西方全球史之优长与局限，并提出自己对世界史编纂的认识。[58]有学者将《历史》卷三与《贝希斯敦铭文》进行比较，阐述了希罗多德的波斯史及其对古希腊知识精英波斯观的塑造。希罗多德的叙述受到了《贝希斯敦铭文》所反映的大流士统治时期波斯帝国官方意识形态的误导和波斯君主为巩固自身统治地位所设计的政治宣传的欺骗，而他脱离《贝希斯敦铭文》叙述线索而插入的附加情节则对古典时期希腊知识精英的波斯观产生了重要影响。[59]还有学者探讨了年鉴学派代表人物布洛赫的重要著作《国王神迹》，以11世纪到18世纪期间广泛流行于法英两国的一种现象，即国王以手触摸为瘰疬病患者治病，以及人们相信国王的触摸能够治愈这种疾病的普遍心态为切入点，研究广义的欧洲政治史。[60]2014年第3期的《史学史研究》组织了主题为“当代俄罗斯史学的发展及其特点”的系列文章，北京学者积极参与其中。有学者阐述了当代俄罗斯史学界关于苏联民族关系史的书写特点，认为苏联民族关系史研究的变化在戈尔巴乔夫改革后就出现，主要在以下几方面：俄罗斯人问题受到关注、对列宁和斯大林在成立联盟问题上分歧的认识发生变化、对苏联联邦制的认识发生变化等。[61]有学者概括了21世纪俄罗斯历史书写的特点，前一个时期随着俄罗斯社会的转型继续着20世纪90年代以来史学的转型过程，大体以07年为开端的后一个时期则进入了俄罗斯史学的稳定守成时期。[62]还有学者指出，美国史研究的国际化与跨国史的兴起，是近年来美国史学界历史编纂的新气象，梳理了跨国转向发生的背景和过程、跨国史和国际史研究的领域和问题以及跨国史兴起的意义。[63]此外，有学者对大众文化与西方史学新趋向作出了思考，认为大众文化对西方史学编纂正产生着巨大的影响，它推动历史学家将注意力转向普通大众。[64]

注：

①曹守亮：《第二届马克思主义史学理论论坛举行——专家学者研讨中国马克思主义史学的历史机遇与发展趋势》，引自中国社会科学网 http://www.cssn.cn.。

②陈其泰：《新历史考证学的学术路向及其宝贵启示》，《天津社会科学》，2014年第5期。

③李百玲：《马克思的历史研究与〈历史学笔记〉》，《河北学刊》，2014年第6期。

④曹小文、曹守亮：《唯物史观与中国当代社会史研究的新趋向》，《史学理论研究》，2014年第3期。

⑤杨艳秋：《李大钊对马克思主义唯物史观史学意义的认识及其史学实践》，《廊坊师范学院学报》（社会科学版），2014年第4期。

⑥邹兆辰：《马克思主义理论中国化的成功探索——白寿彝主编〈中国通史·导论卷〉对马克思主义史学理论的贡献》，《廊坊师范学院学报》（社会科学版），2014年第4期。

⑦陈其泰：《唯物史观与学者的学术个性》，《廊坊师范学院学报》（社会科学版），2014年第4期。

⑧赵文洪：《历史学与社会发展》，《天津师范大学学报》（社会科学版），2014年第6期。

⑨汪高鑫：《二十四史民族史撰述与中国多民族国家历史的构建》，《郑州大学学报》（哲学社会科学版），2014年第4期。

⑩罗炳良：《明清大一统政治与历史认同观念》，《史学史研究》，2014年第1期。

⑪章永俊：《嘉道之际中国边疆史地研究的兴起》，《史学理论研究》，2014年第4期。

⑫苏柏玉：《布特哈与〈布特哈志略〉》，《史学史研究》，2014年第3期。

⑬汪高鑫：《玄学与魏晋南北朝史学的玄化倾向》，《学习与探索》，2014年第2期。

⑭李孔胜：《阳明心学与中晚明史学的新变化》，《学习与探索》，2014年第2期。

⑮胡祥琴：《文化模式对史家神话编纂的影响——以〈史记〉与〈历史〉的比较为例》，《西南民族大学学报》（人文社会科学版），2014年第6期。

⑯汪高鑫：《中国古代史学的思维特征》，《求是学刊》，2014年第5期。

⑰汪高鑫：《中国古代史学的“求道”理念》，《史学史研究》，2014年第1期。

⑱罗炳良：《良史之忧：史学批评范畴的时代特征》，《天津社会科学》，2014年第2期。

⑲易宁：《先秦史学的“实录”思想》，《史学史研究》，2014年第1期。

⑳陈鸿超：《〈左传〉神异预言与中国古代史学传统》，《古代文明》，2014年第1期。

㉑江湄：《创造“传统”——晚清民初中国学术思想史典范的确立》，人间出版社，2014年版。

㉒孙世平：《刘知几的易学与史学》，《安徽史学》，2014年第3期。

㉓张昭军：《章太炎与中国史学的现代性转换》，《天津社会科学》，2014年第4期。

㉔周文玖：《范文澜的经学与史学》，《史学史研究》，2014年第4期。

㉕周文玖、王红霞：《经学在中国现代史学史的嬗变——顾颉刚经史关系论探析》，《甘肃社会科学》，2014年第3期。

㉖彭刚：《西方思想史导论》，北京大学出版社，2014年版。

㉗杨共乐：《希罗多德〈历史·序言〉的史学解析》，《史学史研究》，2014年第2期。

㉘顾晓伟：《何谓“历史解释”？——以“亨佩尔—德雷论战”为讨论中心》，《史学理论研究》，2014年第1期。

㉙顾晓伟：《试析历史事实、历史推论与历史想象的关联——以布莱德雷和柯林伍德的历史哲学为讨论中心》，《史学月刊》，2014年第1期。

㉚黄艳红：《欧洲历史中的过去和未来——简析科泽勒克和阿尔托格的历史时间研究》，《史学理论研究》，2014年第4期。

㉛王利红：《试论安克斯密特崇高的历史经验与审美之维》，《史学理论研究》，2014年第1期。

㉜尉佩云：《弥合现代与后现代史学理论的可能途径——以约恩·吕森的学科范型论为中心》，《史学理论研究》，2014 年第 4 期。

㉝董立河：《后—后现代史学理论：一种可能的新范式》，《史学史研究》，2014 年第 4 期。

㉞王希：《把史学还给人民——关于创建“公共史学”学科的若干想法》，《史学理论研究》，2014 年第 4 期。

㉟赵冬梅：《公共史学范畴下的专业史学家：责任、挑战与操守》，《史学理论研究》，2014 年第 4 期。

㊱赵亚夫：《公共史学与高校历史教学》，《甘肃社会科学》，2014 年第 1 期。

㊲张文涛：《在场感与西方公共史学》，《甘肃社会科学》，2014 年第 1 期。

㊳左玉河：《历史记忆、历史叙述与口述历史的真实性》，《史学史研究》，2014 年第 4 期。

㊴左玉河：《中国口述史研究现状与口述历史学科建设》，《史学理论研究》，2014 年第 4 期。

㊵梁景和：《生活质量：社会文化史研究的新维度》，《近代史研究》，2014 年第 4 期。

㊶刘中玉：《形象史学：文化史研究的新方向》，《河北学刊》，2014 年第 1 期。

㊷刘志琴：《从本土资源建树社会文化史理论》，《近代史研究》，2014 年第 4 期。

㊸何平、张旭鹏：《文化研究理论》，社会科学文献出版社，2014 年版。

㊹彭刚：《历史记忆与历史书写——史学理论视野下的“记忆的转向”》，《史学史研究》，2014 年第 2 期。

㊺张文涛：《区分历史书写的三种范式：认知性的历史、认同性的历史与承认性的历史》，《甘肃社会科学》，2014 年第 4 期。

㊻孙正军：《形象与写意：史传书写程式化修辞频现》，《中国社会科学报》，2014 年 4 月 23 日。

㊼孙正军：《中古良吏书写的两种模式》，《历史研究》，2014 年第 3 期。

㊽关志国：《论中国古代史籍对四夷的体系化记述模式》，《史学集刊》，2014 年第 5 期。

㊾姜萌：《乡土意识与国家情怀：清末乡土史志书写的特点及其问题》，《史学月刊》，2014 年第 5 期。

㊿向燕南：《史的回顾与批判：传统历史书写中的女性与传统女性的历史书写》，《郑州大学学报》（哲学社会科学版），2014 年第 5 期。

51游彪：《形象塑造：宋代士大夫的历史书写——以韩国华的碑铭和传记为例》，《史学史研究》，2014 年第 4 期。

52肖文超：《犹太民族历史记忆的拆解与重构——施罗默·桑德的〈虚构的犹太民族〉》，《史学理论研究》，2014 年第 1 期。

53胡祥琴：《试论〈宋书·符瑞志〉的政治意图及价值》，《求是学刊》，2014 年第 4 期。

54牛润珍、刘昕：《五代史馆与史书纂修》，《史学史研究》，2014 年第 2 期。

55陈其泰、屈宁：《论李焘的历史编纂学成就》，《中国高校社会科学》，2014 年第 5 期。

56许曾会：《贾恩绂的方志编纂及其特点》，《河北学刊》，2014 年第 2 期。

57王晴佳：《中国史学的西“体”中用——新式历史教科书和中国近代历史观之改变》，《北京大学学报》（哲学社会科学版），2014 年第 1 期。

58董欣洁：《变动世界中的世界史编撰》，《史学理论研究》，2014 年第 2 期。

59吕厚量：《希罗多德波斯史及其对古希腊知识精英波斯观的塑造——〈历史〉卷三与〈贝希斯敦铭文〉比较研究》，《历史研究》，2014 年第 1 期。

60张绪山：《〈国王神迹〉与年鉴学派的史学研究》，《世界历史》，2014 年第 3 期。

61刘显忠：《当代俄罗斯史学界研究苏联民族关系史的特点》，《史学史研究》，2014 年第 3 期。

62马龙闪：《21 世纪俄罗斯史学发展及其特点》，《史学史研究》，2014 年第 3 期。

63王立新：《在国家之外发现历史：美国史研究的国际化与跨国史的兴起》，《历史研究》，2014 年第 1 期。

64张旭鹏：《大众文化与西方史学新趋向》，《湖北社会科学》，2014 年第 10 期。

（作者：汪高鑫，北京师范大学教授；
周倩，北京师范大学博士生）

中国古代史

仝卫敏　周　松

2014 年，北京地区中国古代史学界继续保持蓬勃的研究活力，在诸多领域取得丰硕成果，现将本年度研究情况综述如下：

一、主要学术交流活动

本年度北京古史学界组织发起了多次学术会议。3 月 10 日，清华大学出土文献研究与保护中心与中国科学院自然科学史研究所共同主办的“清华简《算表》学术研讨会”在清华召开，40 余位专家学者就《算表》的内涵和学术价值展开热烈讨论。5 月 24 日至 25 日，首都师范大学历史学院主办的“中古中国的政治与制度”学术研讨会在京举行。40 多名学者分别就出土文献所见秦汉魏晋南北朝隋唐政治制度、社会变迁及史料批判等专题问题深入研讨。6 月 11 日，首都师范大学历史学院主办“新出简帛讨论会”，14 位京内学者分别探讨了里耶秦简、岳麓秦简、清华简及肩水金关汉简等简帛文献中涉及的秦汉史相关问题。7 月 5 日至 6 日，北京师范大学历史学院、商周文明研究中心主办，上海大学古代文明研究中心、孔学堂书局、孔学堂杂志协办的“百家争鸣新论题”学术研讨会暨第一届中国诸子学论坛在京举行，大陆及港台地区 60 多位文、史、哲各专业学者汇聚一堂，论题涉及诸子有关气、阴阳五行、“类”“型”“德”论、“物”论、“闻道”论等各个层面。8 月 23 日至 24 日，中国人民大学历史学院主办，北京大学中国古代史研究中心协办的“制度与权力——第八届中国中古史青年学者国际会议”在人民大学召开。海内外 50 余位青年学者参加了会议，专题讨论部分，学者们围绕“制度”“权力”诸层面，通过个案研究展开深入讨论；综合讨论部分，与会者探讨了新史学的冲击下政治史和制度史研究范式的可能转变。9 月 18 日至 19 日，北京大学出土文献研究所主办的“北大秦简《算书》国际研读会”在北大举行，19 位中外学者研读了北大秦简《算书》中的《鲁久次问数于陈起》篇，对照竹简照片对简文逐字审定，并就简文涉及的数学起源及其社会意义等问题交换看法。10 月 30 日至 31 日，由中国社会科学院历史所主办、“中国古文书研究班”承办的第三届“中国古文书学国际学术研讨会”在京召开。来自国内科研院校及日本、韩国的 60 余名学者出席会议，讨论了中国古文书学的理论建设、资料发现、具体研究及日韩两国古文书学的研究状况等议题。12 月 13 日至 14 日，中国人民大学清史研究所、《清史研究》编辑部主办的“清史研究百年学术史”国际研讨会在京举行。海内外五十余名学者分别从通史、经济·社会史、法律·疆域·舆图、政治·中外关系史、档案文献·思想文化、海外清史等六个专题和“百年清史研究史”一个专项系统，深入地探讨了近年来国内外清史研究的新动向和未来发展。12 月 18 日至 21 日，由北京师范大学历史学院、房山云居寺文物管理处、台湾中正大学历史系联合主办的“汉化·胡化·洋化——新出史料中的中国古代社会生活”国际学术研讨会在京举办。与会者围绕房山石经、新获墓志、敦煌文书、石刻壁画等新史料探讨了宗教文化、礼仪习俗、中外交通、日常生活等诸多问题。

二、出土材料的整理与研究

甲骨卜辞方面，有学者仔细缕析卜辞材料，考证出其中所见的杞、曾、六、戈、雇五个诸侯国及其地望、在商代的地位，且与《史记·夏本纪》等文献记载的夏代诸侯名同，认为这是夏代就受封的诸侯，在商代被续封，因此仍保有诸侯的地位，也从一个侧面证实夏代是确实存在的一个王朝。[①]

金文研究方面，山西绛县横水 M2 号墓地出土的铜卣，由于内容涉及西周庶人的社会地位问题，引起学界关注。有学者经过通篇考证铭文，认为该器主倗伯赏赐其弟庶人六家作仆，但邑人极力反对，向大宗族长诤谏，经族长汇报给周王，王派三有司传达王命，指责倗伯僭越王命，改由周王赏赐。此铭文反映出西周庶人是自由民，地位比臣仆高，只有周王才有权力改变其身份，他们与国、野的管理者均无直接的人身隶属关系。[②]也有学者基于对铭文的不同断句，提出新的看法，指出反抗者是庶人六家，并无大宗族长。直到周王亲自发出命令，六家庶人最终失去自由人身份，纷争才得以平息。这反映出西周王朝与畿内诸侯的关系非常密切，对诸侯国的事务拥有干预的能力。[③]还有学者根据近年来新刊布的西周青铜器如虎簋、吴盉、倗叔壶、伐簋等铭文中所见历谱材料，对夏商周断代过程的金文历谱做出进一步的调整：懿王元年已不固守在前899年，懿王、共王、孝王的年数随之扩充，而穆王元年则上升至前996年，进而影响到西周早期诸王年数的设置与武王克商年数的变动。[④]吴王光鉴铭文中的“既字白期”一句前人聚讼不已，有学者辨析指出此句并非金文纪时辞例，结合上下文意，应断为“唯王五月，既字，白期，吉日初庚”，且与《仪礼·士昏礼》等文献所记周代婚嫁礼俗相合。“既字”即“女子许嫁，笄而醴之称字”；“白期”即告期。[⑤]

商周亲属称谓的演变是商周家族制度研究中的重要内容。有学者对甲骨、金文材料所见祖、妣、父、母、子等亲属称谓材料作了详细考证，勾勒出这些称谓在商周之际的演变历程，指出从商到周亲属称谓制由简到繁的变化体现出由“二分合并型”向“二分旁系型”过渡的趋势。[⑥]

简牍帛书方面，清华简依然备受瞩目。对《保训》篇“中”的理解一直是学者们争议的焦点。有学者另辟蹊径，考证了上甲微“追中”的“追”字，认为该字当读为“师”，意为学习效法，“乃追中于河”，即上甲微从河伯那里传习了中道。由此可判定文王所传之保训确是中道。[⑦]《周公之琴舞》有诗十篇，只有第一篇见于传世本《诗经·周颂·敬之》。有学者通过对传世本《敬之》历代注疏中有关材料的梳理，推测《周公之琴舞》大约作于周公致政、成王嗣位期间，其性质则为周公及群臣向成王进戒及成王自儆之诗。[⑧]清华简《金縢》篇的面世，引发学界对传世本《尚书·金縢》篇写作年代的讨论。有学者着重比较了传世本与简本的用字用词特点，认为两者都有较早的起源，但亦皆有明显的经后人加工、改订的痕迹，其最终写作年代不会很早，比较而言，竹简本保留有更为浓厚的战国时期语汇色彩。[⑨]

此外，围绕其他战国简帛的研究也在进行中。上博简、郭店简均有《缁衣篇》，与传世本《缁衣》有同有异，有学者分析指出简本《缁衣》“轻绝贫贱”章所提出的“好仁”，今本《缁衣》则变为“好贤”，这种改动反映了儒家理念的发展变化；与之相应，今本此章所引《大雅·既醉》的“朋友”意蕴也发生转换，从竹简本的同族兄弟变成同志、同师者。[⑩]

秦汉史领域，新近整理出版的里耶秦简（壹）吸引学人瞩目。有学者结合睡虎地秦简、张家山汉简《传食律》及传世文献，对几枚有关“续食”简牍的断句和文书次序提出商榷，认为“雨留不能投宿赍”一句当断为“雨留不能，投宿、赍。”意即公务人员因雨滞留超过法定期限，所过县乡如果不能继续供给现成膳食，则提供住宿和相应的粮食物资；并据此进一步分析了该类文书从生成、传送到处理的流程。[⑪]还有学者对正面文字相同而背面文字不同的里耶秦简J1（16）5、J1（16）6两支简的简文重新句读和释读，并通过探讨官文书的制作、传递过程推测其成因，认为这是一封洞庭郡守分别下达给县啬夫和郡卒史、属两个群体的文书，故出现一式两份，但最终都经县传达至县尉。[⑫]值得一提的是，近年来相继面世的肩水金关汉简（壹）、（贰）亦得到重视。有学者以这批材料为基础考察了汉代的“致籍”和“出入名籍”两种出入关文书，推断前者包含原文通知性文书及出行人员名单附件，多由传发放机构提前转送至关口，以供关吏核查持传、符者的身份；后者分为单人和多人同时出入关记录，只有一件致籍通知文书和传文书，官吏可能将多人名籍编联在一起，而只在其中一枚简上附记出入时间。[⑬]还有学者以其中的《赵宪借襦书》与《赵君敖存物书》两份私文书为例分析了西汉中晚期至新莽时期河西地区的日常活动，断定前者是一份私文书，相当于借据；后者是一件券书，其性质近于今日的存物据。[⑭]江陵凤凰山9号西汉墓出土的三块木牍提供了秦汉时期县道牧役调配及其与禁苑的关系提供了新材料，针对目前学界在释文、内容分析及文书行政等方面存在的分歧，有学者重新加以补正，重申了守丞是代理官吏的说法，因安陆县令、丞不在，年终上计关于“长牧”“短牧”一类属于徭役的公文才由守丞发出；安陆县的公文出现在江陵县墓葬中的原因，盖因守丞本人为江陵县人，死后归葬故土，带回的生前经手过的文书副本被用来制作附藏的车器。[⑮]

此外，还有学者结合秦汉传世文献对安徽天长纪庄木牍所见榬姓家族及其地望分布、播迁情况进行考证，认为汉代江淮东阳的榬姓与江南会稽钱唐榬姓皆非土著，应系由他处迁徙而来，后者与汉武帝徙民会稽有关，其发源地在“兖豫河济之间”；东汉三国以后，姓氏用字“袁”取代“榬”“辕”等成为该族姓氏的唯一用字。[⑯]西北出土大量与屯戍有关的汉代简牍，其中包含各类型的簿籍册书简。有学者从编绳保存完整的东汉永元兵物簿入手辨析了此类简牍的排列规则：均是细目在前，呈文在最后；这种结构并非西汉首创，而是承袭自秦代，里耶秦简中已见，甚至唐代的文书中还保留；这种书写格式不仅行用于官府，很多墓葬“衣物疏”亦仿其例。[17]

魏晋南北朝史方向，长沙走马楼吴简依然是关注重点。这批吴简中出现了中央、郡以及县级的仓，甚至还有冠以具体地名的仓。这一仓储体系，承袭了秦汉以来的旧制，州县仓定期均要向郡仓汇报月旦簿，以便其随时调配。[18]所谓生口，常贬称地位卑贱、丧失人身自由的俘虏、奴婢。关于其作用一直是社会分期时讨论的焦点问题，而走马楼吴简则提供了直接的证据。有学者梳理了相关记载，认为三国孙吴时期，官、私生口买卖极为普遍，在社会生产、生活中有为数众多的生口、奴婢。由于户口集计，不仅奴客共籍、僮客连称，奴客相互转化，吏民亦开始了向依附民（客）的转化。[19]

隋唐史方向，有学者对陆续发现的九件敦煌本天下姓望谱展开综合研究，并结合其他各卷抄写格式、物质形态与内容等方面的对比分析，按抄写体系重新加以分类，最终判定以 S. 5861 为中心的缀合本定名应为《大唐天下郡姓氏族谱》，与其相似的 BD08679 系以此为底本的伪作，其定名与《贞观氏族志》无关。[20]还有学者围绕 S. 1344 号敦煌文书所存武则天证圣元年四月九日敕的相关问题展开讨论，此敕基本是在承袭北朝以来旌表孝义之制成例的基础上发展而来，并着眼于防范“虚滥”；它最有可能出自开元十九年编纂的《格后长行敕》六卷的某种抄件，而证圣元年敕对旌表孝义之法的规范及其续被删定施用的过程，的确收到一定效果。[21]西安北石桥村唐墓出土的“大唐故奚质子右威卫将军热墓志铭”是考古发掘中首次发现的盛唐墓志中署名奚质子的刻石，为古代北亚细亚奚族活动提供了新线索。有学者据此分析了奚族与唐王朝的关系及奚族质子热的身份，推测其并非奚族重要人物的子弟，因此死后享受的礼遇较低；奚与契丹号称“两番”，政治联合又相互同化，力量互有消长，由于奚部落的纷纷归降，及北狄诸族的渗透融合，唐朝在东北边疆防务对其日渐倚重。[22]

此外，还有学者深入考证日本杏雨书屋所藏羽41R 号文书《杂字一本》，指出该书系唐末沙洲归义军官学中推行童蒙识字教育的教材，书中收杂字及语词，涉及归义军政权的诸多方面，对弘扬敦煌乡土文化、凝结当地官民的地方保护意识有一定的积极意义。[23]

三、传统研究领域的新进展

在传统研究领域，北京古史学界也取得诸多进展。

1. 政治史研究

先秦史方向，《礼记·中庸》“无忧”章有“武王末受命”一句，历来多被认为是武王晚年受命的证据。有学者分析指出此语与上下文并无内在逻辑联系，在西周史上从无“武王受命”之说，只在西周后期迫于形势需要出现过将武王附骥尾的“文武受命”说，“武王末受命”的“末”，或读为“无”，或读为“未”，或为“未”的误字，均表示武王没有受命。[24]五等爵制是探讨商周国家政体、社会结构时必须解决的首要议题，有学者结合学界相关研究成果，在充分梳理甲骨、金文及传世文献的基础上，重申了五等爵制在殷周时期并未真正实行过的观点。春秋时期，王室衰微，内服称伯贵族、称子的蛮夷戎狄之君，及殷王后裔宋公们频繁聚集，经史官记载遂产生了《春秋》中的公侯伯子男这一虚拟序列，并为战国学者据以构拟五等爵、五服等理想王制模型提供了现实素材。[25]先秦时期刑法观念论者甚众，有学者从“刑”的发展脉络这一角度出发，指出从源头来看，“刑”源于“象刑”，主要侧重于道德上的惩戒，是教化的一种方式，用于氏族内部；而族外则用“兵”刑；夏商时代的“刑”隐于罚，皆藉天、神而为，激发对神的敬畏；西周时期，“人罚”替代“神罚”，强调“义刑义杀”“先礼后刑”。要之，先秦时期“刑”以教化为主线，完全适应了以氏族为主体的社会需要。[26]

秦汉魏晋南北朝领域，西汉初年刘邦父子为笼络天下民心，仿效上古“举逸民”与“明养老”的政治传统，实行“求聘四皓”；然而与商周时期相比，汉初的这种做法象征意义明显大于实际意义。[27]“猛虎渡河”与“飞蝗出境”是中古史籍当中常见的构建地方良吏形象的书写模式，这两种模式均出现于东汉，产生的原因与西汉中期以后灾异祥瑞论的盛行、汉王朝对循吏的褒崇及良吏治下盗贼止息的描述等因素有关。[28]汉魏禅代是一个重大的政治事件，有学者从礼仪史的角度特别考察了曹操受封魏公、赐九锡的具体环节，认为它开启了将封地、物化礼乐及与之紧密联系的复古爵制的开端，还奠定了跨越官僚禄秩与诸侯王爵制之间鸿沟的重要示范。[29]

唐宋史方向，有学者分析了引入“政务运行”概念开展唐宋制度史研究的新方法，认为其基础是政务文书，涵盖皇帝和官府职权行使过程中所依托及所需要的各种文书；政务文书作为原始史料，其保存下来具有很大的偶然性和随机性，涉及的内容带有一定的地域性和局部性。因此，可以预见未来政务文书的研究将更多地转向整体的政务运行机制研究。[30]皇帝、宰相和翰林学士是唐后期政务决策中的重要角色。在议政方式上，宰相以主动提议为主，翰林学士以被动咨询为多。宰相与翰林学士在获得政务信息渠道上的结构性差异，是导致二者议政方式差异的制度性基础。[31]宋太宗即位大赦诏现存两种内容迥异的文本，有学者仔细考索了这两种文本的来源，认为这对于揭示诏令文书流传变异的真相具有普遍意义。[32]帝王“田猎”在传统政治文化中被赋予了“昭孝德”“训武事”的意义，但这一活动在宋仁宗统治时期遭到彻底废除。[33]

辽金元史领域，北宋灭亡前夜，金军两度南下围汴，康王赵构曾两度受命出使金军，史籍所载，有溢美过甚之嫌。[34]辽金政治史中，有学者从史源学的角度对现有材料加以辨析，剔除错误的二手史料，对辽朝外戚的重要一支，国舅帐中的所谓国舅别部问题加以探讨。[35]元代文献中的“散州”为州之泛称。元代散州的分布差异在一定程度上反映出全国各地开发进程的不一和户口的悬殊。[36]

明清史方向，在“新清史”争议活跃的背景下，有学者围绕朝代更替的认识展开分析。肯定了元明鼎革的性质主要是由阶级矛盾引起的政治革命和社会革命。[37]明代的国号与明教经典无关，实出自儒家经典《易经·乾卦·彖传》，使明代国号与元代国号呈现出出典的一致性，象征元、明正统嬗替。[38]1636年，皇太极改国号，满文作daicing，汉文为大清，有学者从词源的角度对其加以辨析。[39]有学者通过梳理明代辽东都司与山东布政司所属州县和卫所的隶属关系，揭示明代地方州县与卫所两种管理体制的不同。[40]清代大计官员“考语”“事实”格式和内容的变化，折射出地方吏治的清浊。[41]清朝前期在新疆天山南路地区建立起完备的铸币制度和钱法，虽然民间私铸时有发生，但未对天山南路地区社会生活与经济秩序造成较为严重的影响。[42]个案方面，有学者从色提巴尔第家人遗产纠纷案出发，结合档案文献，分析了清代天山南路地区穆斯林社会的婚姻家庭伦理、财产关系及民事纠纷的调处以及穆斯林习惯法与大清律的关系。[43]朝鲜人越境问题是清朝与朝鲜交涉的重要内容，乾隆皇帝对案件的处理方式与态度以怀柔宽容为主，维持了清朝与朝鲜边境的稳定。[44]

2. 经济史研究

先秦秦汉史领域，战国秦汉文献中多见的“平贾”一词，学界早有关注且出现诸多分歧，有学者从辨析相关史料入手对相关争论做出回应，认为“平贾”是指由汉代市署机构基于时价制定的一种官定价格，由各郡市署机构制定，并在本郡内发挥效力；“平贾”的制定周期不断缩短，从汉初的每年十月一平贾到东汉时的“月平”；政府通过“平贾”来干预民间商品价格，它还广泛用于政府财政统计与货币折算以及司法案件中的量刑与赔偿。[45]

魏晋南北朝方向，针对文献当中关于北魏均田制颁行时间的矛盾记载，有学者通过考析相关史料中的明确证据，指出均田制的颁布应在魏孝文帝太和九年十月，而其全面实施则是太和十四年十二月。[46]

唐宋史方向，澉浦镇因位于沿海的区位优势与资源优势，随着唐宋之际地方行政制度的转型，城镇功能从防盗变为盐业经济活动为主。最终因两宋之际海盐产业的萧条而衰落。[47]宋代官方的救荒措施，可分为赈济、赈贷和赈粜，针对的对象和实施的方式不同。粮食来源一般地方官府从常平仓和义仓调拨粮食，或置场籴买；严重时由中央官府调集粮食和筹措资金。[48]宋代赈贷得到了广泛的发展，以提供赈贷资金的主要仓储不同为主线，可以分为四个阶段，其特点是赈贷较赈粜赈给之利、赈贷资金来源丰富、赈贷实施及效用多样化。赈贷的实施、发展，在宋代社会、经济中发挥了重要的作用。[49]宋代在政府财政的高度紧张发展出一种比较发达和复杂的金融体系，这种金融体系在相当大程度上依赖于实物资产提供信用保障，特别是进口香料为政府提供了重要的财政支持，香料在中国宋代具有比较强烈的货币性质。[50]

明清史领域，田皮交易是土地买卖的重要形式之一，明清时期契约中“一田二主”的表现形态及其法律关系表明，各级官府对田皮交易的态度不同，反映出作为国家正式制度的制定法常常需要让位于非正式的民间习惯法，这是明清时期田皮交易非常兴盛的重要原因之一。[51]从法理的角度看，田皮权表现为对他人土地享有占有、耕种甚至交易、继承等权利，具有明显的现代民法理论中用益物权的独立占有权和处分权特征。[52]清代备荒仓储集传统时代之大成，其成就远迈前代。清代仓政的演变不仅贯穿了清朝的兴亡，而且表现出明显的阶段性特征，并对仓储的结构性转换有明显影响。[53]道光“癸未大水”是一次全国范围内的大水灾。清廷因灾的财政损失（直接、间接）合计高达2400余万两白银，超过常年财政收入的50%以上对当时的社会经济发展造成了极大影响。[54]西北的绿营马厂设在甘肃、青海与新疆的草原区。为应对马政衰败的根本，道光年间陕甘总督杨遇春提出变革马政的主张。[55]有学者认为棉花的普及以及对丝绸形成的替代作用也是丝路衰绝的内在原因，丝绸与茶叶及棉花的替代是古代与近代国际贸易商品转换的典型表征，对中国与世界的影响是巨大的。[56]

3. 思想文化史研究

先秦秦汉史领域，德国古典哲学家黑格尔曾断言，中国古代哲学的道以“无”和“空虚”为最高本质，是“抽象的普遍”，古代中国人“没有能力给思想创造一个范围（规定）的王国”，因此，“道”也就无法从抽象过渡到具体。针对这一严峻挑战，有学者认为要理解《老子》的道，应从矛盾中来分析其思维理路的历史性。“道”有不可“道”之常道与可“道”之非常道之分，正负之间恰好形成矛盾。《老子》由“道”而“德”而“仁”而“义”而“礼”的论证，是一个矛盾在以上诸层次上不断展开、演进的过程，后一阶段皆为前一阶段矛盾的必然结果。这种对“道”与“德”内在矛盾历史发展必然性的认识，在古代中国以及古代世界哲学史上都是一次意义重大的突破。[57]

东晋中期玄学思想界发生一场重要的论战即“公谦之辩”，对此学界多从伦理哲学维度展开，有学者则从易学角度抉发相关史料，认为以王弼为代表的魏晋玄学义理易学在理论与实践中的真实作用，没有实现其原初的设计要求——为周易“时位”的分析做出正确决策；其实际作用是通过文字的哲理，为社会政治和人生哲学的一般原则提供理论支持。[58]

唐代“开元后礼”的变迁体现了礼制以皇权为中心的意义和时代对变革的需求。道教祭祀与代表皇帝私人与“私”礼进一步结合，与国家公制同存共融，形成了中古时代礼仪的新概念和新特色。[59]契丹民族特有的再生礼产生于遥辇汗国时代，虽然在仪式上保存了其原始特征，但本质内涵却发生了深刻的变化。[60]姚氏抄本《永乐大典目录》不但可以补影印本《大典目录》的缺漏，补现存八十韵本《洪武正韵》的缺失，还有失收的《永乐大典韵总歌括》及《韵总》，可以说是《大典》的重大新发现。[61]

清朝官修满文文献中，表示东方的 dergi 一词与满族历史记忆或宗教信仰具有内在联系。[62]清廷对各类宗教基本采取政治功利化的态度，这是清代统治者将各种宗教基本限制在皇权之下的根本原因。[63]社会矛盾的激化、边疆政策失误和无知、经世致用思潮与边疆史地的学术积累，乃至西学东传促使了嘉道之际中国边疆史地研究兴起。[64]探讨在明清大一统政治局面下，中华民族向往统一、反对分裂、天下一家、同源共祖的历史认同观念是中国史学中历史理论的重要内容。[65]甲午惨败后，“世界—国家—乡土”的现代空间观念取代“家—国—天下”的传统空间观念，成为中国新兴知识阶层重构认知世界的基础。[66]

4. 社会史研究

先秦秦汉史领域，执手礼始于先秦时期且较为普遍，行用于师生、国卿与大夫、君臣、士兵及国人等多种关系中；秦汉时期此礼的意向情感更为丰富、人物关系愈加多样、场合环境进一步扩大，而其最根本的共同功能则是一以贯之的，即表达对他人的与正向价值有关的情感。[67]

魏晋南北朝史方向，在重视血缘关系的古代社会，长期存在的异姓兄弟关系学界早有关注，有学者从礼与人际关系角度对此重加考察。春秋战国时期异姓兄弟结拜多见于社会上层，秦汉时期开始向下层蔓延，且不同社会地位间的人亦结为异姓兄弟；在人口大规模迁徙的魏晋南北朝，异姓兄弟结拜出现了胡汉结拜、胡胡结拜、汉汉结拜、男女结拜等现象，结拜动机复杂化；结拜仪式包括：拜母、父母之命、赐姓、联姻、盟誓等；异姓结拜的实质是利益关系，而结拜礼仪则使不同利益的人际关系得到不同程度的改善。[68]

唐宋史方向，有学者缕析了《太平广记》等史料中有关胡人的记载，分析了来华胡人的文化认同、政治命运以及汉族士人对他们的态度，认为胡人在唐代文化政治生活中产生了重要的影响[69]；透过于阗镇守军向当地百姓收取“正税”“驮脚钱”以及实物等各种税赋，可以看到镇守军已经切实地掌握了于阗当地百姓户数和男丁的统计信息[70]。熙丰新法是北宋乃至中国历史上的重要事件，晋祠在这一时期的变化与熙丰新法有着明显的联系。[71]在宋代，社会发展和新的思想观念不断涌现在很大程度上影响了士大夫对历史的撰写。其墓志铭、神道碑以及传记的书写在两宋时期具有某种典型意义，大体上都遵循着宋朝士大夫撰写人物传记的某些基本原则，重新塑造形象。[72]志怪小说《夷坚志》中蕴藏着丰富的宋代社会史料，展现出南宋时期南方基层社会的诸多面貌，可以丰富对基层社会的认识。[73]史彬是元朝世侯史天泽之子，在现存文献中没有任何传记资料。对史彬零散材料的钩稽、考证有助于了解元朝政治斗争的一些细节。[74]

元代的户口种类繁多，类型复杂，其主要户口的类型包括分属于内地州县院司和僧道系统的户口，山泽溪洞之民，宣政院所领户口以及北方部民。[75]

清初在长城沿线的陕西、内蒙古交界地区设立了“禁留地”，康熙末年允许汉民进入蒙地开垦，设立“黑界地”（黑牌子地）。黑牌子地出现的原因是蒙人农耕的结果，其性质是区分蒙汉各自耕种农地的界限，但长期没有设定北界。[76]清代流放制度的变革为军流犯经营小押提供了前提条件。小押的行业特征对军流犯具有很强的吸引力，军流犯之间、军流犯与当地黑势力、地方政府形成了一个错综复杂的关系网。[77]三藩之乱平定后，康熙帝便致力于用怀柔之策控制江南士人，宋荦任江苏巡抚长达十余年，是其中的代表人物，在康熙中后期江南政策中扮演的重要角色和地位。[78]康乾南巡期间，两淮盐商对扬州城市景观变迁产生重要影响并发挥积极作用。[79]18世纪的北京亦成为与欧洲交往最为频繁的东方帝都。来京的西方人士通过自己的观察和研究，对中国的政治制度、经济发展、科技水平、军事实力进行评估，为西方向中国殖民开拓做知识准备。[80]

5. 民族史研究

有学者比较了两汉和唐代中原王朝经营西域的目的，指出两汉的西域经营主要是为了牵制匈奴，“断其右臂”；唐代经营西域并非为断突厥右臂，而是作为国家西北战略的一个组成部分，为了在西域行使主权。造成这一区别的原因，除了汉唐内陆欧亚政治军事大背景不同之外，还包括：唐代实行“关中本位政策”，自汉代以来中原王朝对西域的经营，促进了西域对中原王朝的文化认同，“华夷一家”的思想，成为唐开拓西域的理论基础。[81]

唐高宗、武则天统治时期的对外关系取得了巨大的发展，以“贡象”为特征的与林邑交往在武周时期形成了高潮。[82]文献整理方面，时隔两年之后，《于阗国授记》（li yul lung bstan pa）的完整译本终于发表。[83]利用史籍和文书的有关记载可以看到，10—11世纪于阗玉石通过官私贸易持续不断输入敦煌和中原。[84]西夏建国前后对中西陆路交通产生重大影响：一是中西交通路线衰落；二是北宋难以联系西域诸国，促使其对外交通转向海上丝绸之路。[85]

明清史料和现今人们的口语中“达子”一词泛称北方诸少数民族。与“达子”有关的地名是驻军、屯田、营造工事等官方活动和交互贸易的结果。[86]清统一西北后，西北地区少数民族开始逐步成长为独立的地缘政治行为体，最终对晚清至民国的地缘政治走向产生了深远影响。[87]清代的新疆治理可以从南疆地区各城办事大臣任职资格、职权特点[88]，巴里坤同知、理事同知、理事通判变迁等[89]具体问题加以体现。有学者以清朝与中亚地区“藩属”之间的关系变迁为切入点，论述了西北方向藩属政策，归纳与总结清朝的藩属体系与政策。[90]中俄解决边界冲突的模式为清廷解决中朝边境问题提供了重要借鉴。[91]

四、北京地方史研究

本年度北京地方史的研究日趋活跃。有学者分析金代中都大兴府仰山栖隐寺的“山林”诉讼案可揭示出金朝政府管理公共资源的规定及其实际运作。[92]对于金代琼华岛的位置，有学者认为与元代琼华岛同处一地，均为今北海公园的前身。[93]明代北京存在着来源不同、性质各异的多种庙宇，有些被纳入官方“祀典”，有些属于民间“私祀”。民俗宗教虽为社会各阶层所共享，但不同阶层和身份之间往往会表现出明显差异。[94]杂家和小说家著述所占比例较大是明代北京子部著述的一大特色，它们具有较高的学术价值：内容丰富；表述形式多样生动，对研究北京史具有一定的参考价值。[95]孤本《西槎汇草》是明代北京营建皇木采办的珍贵史料。[96]清军攻入北京后，在内城实行住房国有分配制度，在外城仍然延续着商品房市场制度。这种双轨制最终以政府放弃国有制而崩溃。[97]通过对清代北京八旗官署中的八旗都统衙门的研究，可以发现其中蕴含的政治、社会影响因素乃至空间布局与清代旗人社会之间的关系。[98]会馆是明清北京城市史的重要内容，是明清首都城市管理内在需要的产物，它造就了北京城市演进中的会馆现象以及影响至今的会馆文化。[99]园林文化是北京历史研究的特色内容之一。清代北京西郊的皇家园林使得海淀一带成为紫禁城外的又一个政治活动中心，对清代历史产生了重要的影响。[100]

注：

①杨升南：《商代甲骨文所见夏代诸侯》，《四川文物》，2014年第3期。

②董珊：《山西绛县横水M2出土肃卣铭文初探》，《文物》，2014年第1期。

③李学勤：《绛县横水二号墓卣铭释读》，《晋阳学刊》，2014年第4期。

④朱凤瀚：《关于西周金文历日的新资料》，《故宫博物院院刊》，2014年第6期。

⑤王泽文：《吴王光鉴“既字白期”诸说辨析》，

《南方文物》，2014 年第 4 期。

⑥黄国辉：《商周亲属称谓的演变及其比较研究》，《中国史研究》，2014 年第 2 期。

⑦李学勤：《重说〈保训〉》，《深圳大学学报》，2014 年第 1 期。

⑧李学勤：《再读清华简〈周公之琴舞〉》，《绍兴文理学院学报》，2014 年第 1 期。

⑨罗新慧：《〈尚书·金縢〉篇刍议》，《史学史研究》，2014 年第 2 期。

⑩晁福林：《好仁、好贤与朋友：简本〈缁衣〉“轻绝贫贱”章和〈大雅·既醉〉篇补释》，《北京师范大学学报》，2014 年第 2 期。

⑪邬文玲：《里耶秦简所见“续食”简牍及其文书构成》，《简牍学研究》（第 5 辑），田澍、张德芳主编，甘肃人民出版社，2014 年版。

⑫杨振红、单印飞：《里耶秦简 J1（16）5、J1（16）6 的释读与文书的制作、传递》，《浙江学刊》，2014 年第 3 期。

⑬田家溧：《汉简所见“致籍”与“出入名籍”考辨——以肩水金关简为中心》，《史学集刊》，2014 年第 6 期。

⑭马怡：《〈赵宪借襦书〉与〈赵君敖存物书〉——金关汉简私文书释考二则》，《简牍学研究》（第 5 辑），田澍、张德芳主编，甘肃人民出版社，2014 年版。

⑮凌文超：《江陵凤凰山 9 号墓三文书考证》，《简牍学研究》（第 5 辑），田澍、张德芳主编，甘肃人民出版社，2014 年版。

⑯蔡万进：《天长纪庄木牍所见榬姓考》，《文献》，2014 年第 5 期。

⑰侯旭东：《西北所出汉代簿籍册书简的排列与复原——从东汉永元兵物簿说起》，《史学集刊》，2014 年第 1 期。

⑱戴卫红：《长沙走马楼吴简所见孙吴时期的仓》，《史学月刊》，2014 年第 11 期。

⑲凌文超：《走马楼吴简中所见的生口买卖——兼谈魏晋封建论之奴客相混》，《史学集刊》，2014 年第 4 期。

⑳陈丽萍：《敦煌本〈大唐天下郡姓氏族谱〉的缀合与研究——以 S.5861 为中心》，《敦煌研究》，2014 年第 1 期。

㉑楼劲：《证圣元年敕与南北朝至唐代的旌表孝义之制——兼论 S.1344 号敦煌残卷的定名问题》，《浙江学刊》，2014 年第 1 期。

㉒葛承雍：《西安唐代奚族质子热墓志解读》，《考古》，2014 年第 10 期。

㉓赵贞：《杏雨书屋藏羽 41R〈杂字一本研究〉——兼谈归义军时期的童蒙识字教育》，《敦煌学辑刊》，2014 年第 4 期。

㉔晁福林：《〈中庸〉“武王末受命”解》，《中国文化研究》，2014 年第 2 期。

㉕刘源：《“五等爵”制与殷周贵族政治体系》，《历史研究》，2014 年第 1 期。

㉖晁福林：《“五刑不如一耻”——先秦时期刑法观念的一个特色》，《社会科学辑刊》，2014 年第 3 期。

㉗赵凯：《“举逸民”与“明养老”——试析刘邦父子“求聘四皓”行为的历史渊源》，《社会发展研究》，2014 年第 1 期。

㉘孙正军：《中古良吏书写的两种模式》，《历史研究》，2014 年第 3 期。

㉙杨英：《曹操“魏公”之封与汉魏禅代“故事”——兼论汉魏封爵制度之变》，《苏州大学学报》，2014 年第 5 期。

㉚刘后滨：《古文书学与唐宋政治史研究》，《历史研究》，2014 年第 6 期。

㉛叶炜：《信息与权力：从〈陆宣公奏议〉看唐后期皇帝、宰相与翰林学士的政治角色》，《中国史研究》，2014 年第 1 期。

㉜苗润博：《再论宋太宗即位大赦诏——诏令文书流传变异的文献学考察》，《中国史研究》，2014 年第 2 期。

㉝孙方圆：《北宋废止皇帝“田猎”之礼考述》，《中国史研究》，2014 年第 1 期。

㉞高纪春：《宋康王赵构出使金军史事三考》，《首都师范大学学报》，2014 年第 5 期。

㉟苗润博：《契丹国舅别部世系再检讨》，《史学月刊》，2014 年第 4 期。

㊱朱江琳：《元代“散州”名实考》，《中国历史地理论丛》，2014 年第 2 期。

㊲刘浦江：《元明革命的民族主义想象》，《中国史研究》，2014 年第 3 期。

㊳杜洪涛：《明代的国号出典与正统意涵》，《史林》，2014 年第 2 期。

㊴张雅晶：《“大清”国号词源研究》，《清史研究》，2014 年第 3 期。

⑩杜洪涛：《明代辽东与山东的关系辨析——兼论地方行政的两种管理体制》，《中国边疆史地研究》，2014 年第 1 期。

⑪常越男：《清代外官大计“考语”与“事实”探析》，《清史研究》，2014 年第 2 期。

⑫王东平：《清代天山南路地区的钱币私铸案》，《新疆大学学报》，2014 年第 1 期。

⑬王东平：《清代天山南路穆斯林社会民事纠纷的审理——以色提巴尔第家人遗产纠纷案为中心》，《中国边疆史地研究》，2014 年第 2 期。

⑭詹夺：《乾隆时期朝鲜人越境案探析》，《东北史地》，2014 年第 1 期。

⑮慕容浩：《秦汉时期“平贾”新探》，《史学月刊》，2014 年第 5 期。

⑯张金龙：《北魏均田制颁行时间再议》，《烟台大学学报》，2014 年第 5 期。

⑰贾连港：《论唐宋时期澉浦镇的兴衰——以海盐产业为切入点》，《中国社会经济史研究》，2014 年第 4 期。

⑱李华瑞：《宋代救荒中的赈济、赈贷与赈粜》，《西北师大学报》，2014 年第 1 期。

⑲黄晓巍：《宋代赈贷初探》，《中国经济史研究》，2014 年第 3 期。

⑳彭波、陈争平、熊金武：《论宋代香料的货币性质》，《中国社会经济史研究》，2014 年第 2 期。

㉑柴荣：《明清时期田皮交易契约研究》，《中国人民大学学报》，2014 年第 4 期。

㉒柴荣：《明清时期“田皮权”属性法理研究——以民法用益物权为解释工具》，《北京师范大学学报》，2014 年第 5 期。

㉓朱浒：《食为民天：清代备荒仓储的政策演变与结构转换》，《史学月刊》，2014 年第 4 期。

㉔倪玉平、高晓燕：《清朝道光“癸未大水”的财政损失》，《清华大学学报》，2014 年第 4 期。

㉕赵珍：《道光朝陕甘总督杨遇春变革马政的环境史考察》，《中国边疆史地研究》，2014 年第 2 期。

㉖郭卫东：《丝绸、茶叶、棉花：中国外贸商品的历史性易代——兼论丝绸之路衰落与变迁的内在原因》，《北京大学学报》，2014 年第 4 期。

㉗刘家和：《试说〈老子〉之“道”及其中含蕴的历史观》，《南京大学学报》，2014 年第 4 期。

㉘王晓毅：《从“公谦之辩”看魏晋义理易学的功能》，《周易研究》，2014 年第 6 期。

㉙吴丽娱：《皇帝“私”礼与国家公制：“开元后礼”的分期及流变》，《中国社会科学》，2014 年第 4 期。

㊵李月新：《辽代再生礼小考》，《北方文物》，2014 年第 1 期。

㊶张升：《抄本〈永乐大典目录〉的文献价值》，《历史文献研究》第 33 辑，华东师范大学出版社，2014 年版。

㊷孔源：《从“dergi”一词看历史上满族政权崇尚东方的观念》，《史学月刊》，2014 年第 4 期。

㊸祁美琴：《清代宗教与国家关系简论》，《中国人民大学学报》，2014 年第 6 期。

㊹章永俊：《嘉道之际中国边疆史地研究的兴起》，《史学理论研究》，2014 年第 4 期。

㊺罗炳良：《明清大一统政治与历史认同观念》，《史学史研究》，2014 年第 1 期。

㊻姜萌：《乡土意识与国家情怀：清末乡土史志书写的特点及其问题》，《史学月刊》，2014 年第 5 期。

㊼梁满仓：《先秦两汉执手礼及其情感内涵》，《社会科学》，2014 年第 4 期。

㊽梁满仓：《先秦至南北朝异姓结拜及其对人际关系的协调》，《河南社会科学》，2014 年第 12 期。

㊾范晶晶：《唐代宦胡的文化政治生活——主要以〈太平广记〉为参考文本》，《西南大学学报》，2014 年第 3 期。

㊿刘子凡：《于阗镇守军与当地社会》，《西域研究》，2014 年第 1 期。

71赵世瑜：《晋祠与熙丰新法的蛛丝马迹》，《史学集刊》，2014 年第 6 期。

72游彪：《形象塑造：宋代士大夫的历史书写——以韩国华的碑铭和传记为例》，《史学史研究》，2014 年第 4 期。

73杨辉建：《〈夷坚志〉所见南宋江西基层社会中的“民间力量”述论》，《史林》，2014 年第 5 期。

74毛海明、张帆：《史彬事迹钩沉》，《中国史研究》，2014 年第 1 期。

75韩光辉、汤倩、王长松：《关于元代户口类型的考察》，《北方文物》，2014 年第 3 期。

76吴承忠、韩光辉、舒时光：《清陕西内蒙古“黑界地”的由来与发展研究》，《西南民族大学学报》，2014 年第 5 期。

77熊艺钧：《清代军流犯与小押》，《安徽史学》，

2014年第1期。

⑱余福海：《康熙朝中晚期江南政策初探——以江苏巡抚宋荦的施政为中心》，《北京社会科学》，2014年第8期。

⑲何峰：《南巡、盐商与清代扬州城市景观的变迁》，《南京师大学报》，2014年第4期。

⑳欧阳哲生：《盛世下的忧患——中西关系视角下的康雍乾盛世》，《北京大学学报》，2014年第5期。

㉑李锦绣：《汉唐经营西域目的比较》，《史林》，2014年第4期。

㉒王永平：《唐高宗、武则天时期中国与林邑的关系》，《首都师范大学学报》，2014年第1期

㉓朱丽双：《〈于阗国授记〉译注（下）》，《中国藏学》，2014年S1期。

㉔荣新江、朱丽双：《从进贡到私易：10—11世纪于阗玉的东渐敦煌与中原》，《敦煌研究》，2014年第3期。

㉕李华瑞：《略论宋夏时期的中西陆路交通》，《中国史研究》，2014年第2期。

㉖郗志群、赵玉洁：《达子考》，《北京社会科学》，2014年第8期。

㉗刘传飞、张莉：《清代前中期的西北地缘政治演变》，《陕西师范大学学报》，2014年第2期。

㉘刘文鹏：《清代南疆办事大臣职权考》，《中国边疆史地研究》，2014年第1期。

㉙刘传飞：《清代新疆建省前镇迪道部分职官、建置考》，《西域研究》，2014年第2期。

㉚成崇德：《论清朝的藩属国——以清廷与中亚“藩属”关系为例》，《云南师范大学学报》，2014年第4期。

㉛孙喆：《从中俄〈尼布楚条约〉到中朝长白山定界——穆克登查边定界动因再探》，《求是学刊》，2014年第3期。

㉜杜洪涛：《金代公共资源问题的一个侧面——以中都大兴府仰山栖隐寺与三家村的“山林”之争为例》，《史学集刊》，2014年第2期。

㉝郑永华：《金代琼华岛再考——兼与李文辉先生商榷》，《北京社会科学》，2014年第4期。

㉞高寿仙：《共享与差异：明代北京的民俗宗教》，《西南大学学报》，2014年第1期。

㉟章永俊：《明代北京的子部著述及其特征》，《古籍整理研究学刊》，2014年第1期。

㊱王毓蔺：《明代北京营建皇木采办的珍贵史料——记美国国会图书馆藏孤本嘉靖刻本〈西槎汇草〉》，《文献》，2014年第1期。

㊲邓亦兵：《清代前期政府与京城房产市场》，《清华大学学报》，2014年第2期。

㊳赵寰熹：《清代北京八旗都统衙门布局初探》，《满族研究》，2014年第3期。

㊴白杰：《北京会馆成因及其功能解构》，《北京联合大学学报》，2014年第3期。

⑽张宝章：《康熙年间的海淀园林》，《圆明园学刊》第十六期，2014年7月。

（作者：仝卫敏，北京师范大学副研究馆员；周松，北京师范大学博士生）

中国近现代史

王　纯　张　皓

一、政治

关于中国近现代政治史的研究，可分四个专题进行总结，即晚清政治、民国政治、共产党政治和国民党政治。

（一）晚清政治史

1. 戊戌变法

自20世纪七八十年代起，黄彰健、孔祥吉等众多学者相继对“公车上书”提出质疑，他们认为当时都察院并无阻碍举人上书的举动，千余公车集会松筠庵的说法不可信。2005年茅海建发表《“公车上书”考证补》，重新审视了“公车上书”的背景、过程及其影响力，将以上论点进一步坐实。该文采信了“沪上哀时老人未还氏”《公车上书记》的说法，肯定康有为组织的公车上书是一次流产的政治事件。继而，又有房德邻就茅文提出商榷。不过由于缺乏新史料的佐证，双方主要是在史料解读和逻辑推理上进行交锋。张海荣对一份新的史料——晚清举人邱菽园对“公车上书”的两次追忆，进行了细致考证和研究，

让人们对“公车上书”有了更加具体的认识。文章虽然没有得出定论，但是启发我们尽量去寻找“康党”之外的声音，以期还原戊戌变法的真实情况①。

寻找“康党”之外的声音当然还有不少学者。茅海建通过阅读中国社会科学院近代史研究所图书馆所藏的“张之洞档案”，为戊戌变法的研究提出了新的角度，比如从“张之洞档案”中看到张之洞集团以及当时主要政治人物对康、梁所持的排斥乃至敌对态度，可以推测出康、梁的政治前景②。

马忠文根据台北故宫的清代档案以及《大公报》等史料，对1904年维新志士王照向清廷的“自首”问题进行了研究。研究表明，王照流亡日本期间与犬养毅的一次笔谈，揭露了康、梁伪造密诏的内幕③。

2. 清末新政

清末新政是对清政府在其统治的最后十年（1901—1911）所进行的各项改革的总称。这次改革涉及政治、经济、军事、文教与社会生活等领域，是晚清历史上一场比较完整意义上的现代化运动。由于其在晚清史上的重要地位，有关清末新政史的研究一直备受关注。

赵云田的新著《清末新政研究》于2014年4月出版。全书共5章，是一部研究20世纪最初10年，也是清朝最后10年，东北、蒙古、新疆、西藏等边疆地区实施新政情况的学术专著。附录部分还以专论、表格、大事记的形式，论述了清末10年的改革与革命，加深了人们对清末新政的认识；表格中记述了清末边疆大吏的任职情况；大事记则记述了清末边疆新政的全过程④。

李在全通过一个晚清的刑官——唐烜，透视晚清的官制改革。面对伴随官制改革而来的司法变革，唐烜除有意识了解些许新式法政知识外，主动应对这场变革的意识与举动并不多。官制改革后，司法推理、审案方式也变化不多，可以说是身已新而心依旧。这体现了现代中国首批“新式”司法官的共性⑤。

津芦铁路是清政府推行“实政改革”的标志性一环。张海荣对津芦铁路的修筑过程进行了分析，他认为在津芦铁路修筑过程中暴露出的资金、技术、人才、管理诸问题，以及英、法、美等国列强的挟势干扰，既是近代中国铁路修筑过程中一直无法绕开的挡路石，也是困扰甲午战后清朝诸项改革的普遍症结⑥。

除了对戊戌变法和清末新政的研究之外，对于太平天国、慈禧太后等问题的研究也有些新的成果。刘晨对太平天国的权力结构进行了探讨。他指出，太平天国的权力结构经历了一个复杂的演变过程：由上帝会初创时期的“类垂直的一元架构”发展为天父、天兄鼎立的“非对称的二元架构”，再发展为洪、杨“对立的二元架构”。天京事变后，后期太平天国的权力格局主要表现为“错综复杂的一元架构”。而终太平天国之世，太平天国也没能建立起稳固、高效的权力结构，这是其覆灭的重要原因⑦。

李细珠对慈禧太后的统治进行了分析，认为其统治是一种典型的“老人政治”模式，主要靠老辣的政治经验与高超的政治手腕，她关注清王朝的皇位统治胜于关注近代中国的前途与命运⑧。

对于研究晚清政治史，孙燕京认为清末出现的很多现象只有通过政治史研究才能做出更合理的诠释，而单从政治角度说明格局的变化，不对它做文化等侧翼的延伸性思考，会使研究平面化、单线条⑨。

（二）民国政治史

民国政治是中国近代政治史上一个特殊而关键的部分。其中，辛亥革命、袁世凯、孙中山政治思想等问题始终是史学界研究的热点。

尚小明发现了袁世凯的一个密探，他就是曾任袁世凯顾问有贺长雄助理的早稻田大学教授青柳笃恒。早在1913—1914年间，袁世凯就收买了青柳。透过青柳的活动可以看出袁对流亡党人的行踪非常了解，对于改变其在日本朝野的负面形象极为注意。同时也可看出，“二次革命”失败后，革命党内部分裂加剧，争权斗争达到了相当严重的程度⑩。

王开玺通过对辛亥革命的再分析，认为我们应该坚持科学意义上的真革命，反对挂羊头卖狗肉、欺世盗名的假革命；正确认识革命与改良的关系，摒弃革命万能的思维模式；革命成功后，必须区分政权与权力的异同，树立正确的政权观与权力观⑪。

中国人民大学教授张鸣日前推出新作《共和中的帝制：民国六年，中国社会的两难选择》。作者全面讲述该段时间中国社会面临的种种难题，包括作为一个弱小的国家如何选择一战开始时的对德立场，如何应付来自美、德、英、日等国的压力，如何看待文化保守主义者对共和时代中国的不满从而希望有所补救以及张勋复辟前后军人集团、文人集团的反应等⑫。

（三）中国共产党的政治建设与政治人物

1. 政治大事

关于中共党史的研究，以共和国成立为界分两部分进行梳理。

中央红军长征进程中，在贵州的四个多月特别重要。金冲及认为中央红军之所以能突破国民党军重围，一方面是坚持从实际出发，多次果断灵活地调整行进方向的结果；另一方面，强大的精神力量，也是中央红军能在贵州取得成功的重要原因[13]。作者对陕甘宁边区的建立过程也进行了分析，陕甘宁边区不是凭空建立起来的，它的前身是陕甘边和陕北两个革命根据地汇成的陕甘革命根据地[14]。

此外，金冲及的新著《一本书的历史：胡乔木、胡绳谈〈中国共产党的七十年〉》，把1991年中共中央党史研究室编写《中国共产党》一书过程中胡乔木、胡绳的多次讲话公开出版，这些资料非常珍贵[15]。

李义彬考察了西安事变发生后中共和共产国际的关系。共产国际一些不符合中国国情的指示，没有得到中共的认同和执行。苏联报刊攻击西安事变和张学良的言论，受到了中共的抵制[16]。李东朗依据相关资料进行梳理，就如何认识木门会议关于“肃反”的决定进行研究[17]。石仲泉对于古田会议决议与党的建设问题进行了梳理[18]。

新中国成立不久，中国共产党领导开展了大规模的社会主义改造运动，农业合作化则是这场改造运动的重要内容。罗平汉选取了几个农业合作化的典型例子进行了具体分析，有助于我们加深对农业合作化的认识和了解[19]。

1958年，共和国历史上的“大跃进”之年。这年1月11日至22日召开的南宁会议，是发动“大跃进”的一次重要会议。罗平汉指出，在这次会议上毛泽东对1956年以来的反冒进提出批评，使党内思想统一到“跃进”即冒进上来；提出了生产计划三本账，为“大跃进”中各种高指标的提出开了绿灯[20]。

2. 政治人物

（1）关于毛泽东的研究

廉政是中华文化的优良传统。石仲泉撰文指出，毛泽东的一生是廉政的一生，他的廉政思想发展经历了三个大的历史阶段[21]。此外，他还在另一篇文章中分析了党的群众路线问题，他说群众路线的概念虽不是毛泽东首先提出的，但赋予群众路线以丰富内涵并提升为党的群众路线理论，却是他的一个伟大创造[22]。董志凯对于毛泽东与新中国独立完整工业体系的建立问题进行了分析，高度赞扬了毛泽东对中国工业发展所做出的贡献[23]。

（2）关于周恩来的研究

周恩来的一生是为中华民族伟大复兴而奋斗的一生。他同毛泽东等老一辈革命家一起绘制的“四化”愿景，为今日实现中华民族伟大复兴的“中国梦”作了初始奠基[24]。

在中国共产党内，虽然没有“毛周”并称的提法，但两人间的关系是相互补充又相互依存的。金冲及分析了两人的合作关系。这其中，毛泽东起着主导作用，但周恩来也起着不可缺少的作用[25]。

（3）关于陈云的研究

陈云是中华人民共和国第一、二代中央领导集体的重要成员。为更好地深入研究陈云同志生平和思想，朱佳木编纂的《陈云与当代中国》（第二辑）出版。本书从当代中国研究所和中华人民共和国国史学会于2010年至2013年举办的第四届至第七届“陈云与当代中国”学术研讨会入选论文中精选95篇，内容包括对陈云在经济、文化、社会建设和党的建设等领域中的实践活动与思想的研究[26]。

（4）关于邓小平的研究

中央文献出版社和中共四川省委共同编写的《邓小平画传》出版。这部画传收入的1200余幅图片是从两万多张图片中精选出来的，加上邓小平的一些手迹、档案资料和编者撰写的30多万文字，全面反映了邓小平的业绩、思想和情趣爱好[27]。

石仲泉指出邓小平理论奠定了中国特色社会主义理论体系的本源之基，并为实现中华民族伟大复兴的“中国梦”奠定了指导思想的历史基础[28]。作者还高度赞扬邓小平领导中国人民向着中华民族伟大复兴更高目标迈进[29]。

宋月红对邓小平主持起草第二个《历史决议》的思想理论贡献进行了总结[30]。

朱佳木对邓小平平息八九政治风波的努力和影响进行了总结[31]。郑大华分析了邓小平对毛泽东中华民族复兴思想的继承和发展[32]。

（四）中国国民党的政治情况与政治人物

关于国民党政治问题的研究，蒋介石始终是一个热点。

随着史料的增多，对于蒋介石的研究也不断有新的成果。杨天石继《找寻真实的蒋介石：蒋介石日记解读1》《找寻真实的蒋介石：蒋介石日记解读2》之后又著新书《找寻真实的蒋介石：还原13个历史真相》。这本书从时间跨度上包括四部分：抗战时期、国共谈判、战后中国、退守台湾。其中论述了关于绥远抗战与蒋介石对日政策的转变、蒋介石为何拒绝在《延安协定》上签字等[33]。作者在另一篇论文中，探讨了蒋介石关于钓鱼岛主权问题的态度。蒋介石明确肯定，钓鱼岛主权属于中国[34]。蒋介石退守台湾之后，他一直酝酿反攻大陆。杨天石指出美国曾三次考虑用原子弹袭击中国大陆，但蒋介石三次都反对[35]。他还撰文分析了蒋介石联合苏联准备反攻大陆的过程[36]。

政学系是蒋介石所依靠的一支重要力量，但其成员结构众说纷纭。金以林对政学系的组织结构及其与蒋介石的关系进行了考察。政学系初期，党内各派因反对杨永泰个人，而将其周围的一群朋友冠以“政学系”之名。杨永泰死前10个月形成的中央政府新内阁，是所谓政学系的成熟期。他们的核心人物是黄郛，大都是有欧美留学背景的教育、金融界专业人士，有一定的治国能力，与杨永泰并无多少交集。由于这批行政官僚无派无系、位居高位且由学而仕，符合政学系的人物描述，故旁人多以政学系视之[37]。

国民党撤退台湾之际，为取悦美国，蒋介石重用吴国桢、孙立人，但对其缺乏充分信任。冯琳对于后来吴、孙二人失势过程中蒋介石的心路历程以及政治背景进行了研究。1953—1955年，蒋美之间的矛盾在暗中发酵。吴与孙的失势意味着威权体制的强化，也是美蒋矛盾的体现，是蒋介石对美国底线的试探[38]。

近日，由当代中国出版社和美国圣智学习集团联合制作的《张学良口述历史（访谈实录）》[39]首次系统出版。这部共7卷（含1卷注释/索引），有较高史料价值。

此外，王奇生通过日记等史料考察了抗战时期国民党军队的特质，作者意在强调日记史料对国民党军队军事史研究的重要性，希望引起学界对私密性日记所呈现的若干特质和面相有所关注和审视[40]。周斌围绕着国共两党对工人的态度，对上海护工队的发展进行了分析[41]。

二、经济

关于近代经济史的研究，以1949年新中国成立为界，可划分两个历史阶段进行总结分析。

史志宏所著《清代户部银库收支和库存研究》，以大量翔实的第一手档案资料为基础，分析了清代户部银库收入、支出、盈亏分析以及库存变化[42]。朱浒对于清代备荒仓储的政策演变进行了总结梳理[43]。清代，棉纺织业成为中国产值最大的手工业，原棉需求旺盛。郭卫东撰文指出，“在输华白银短缺的情况下，印度棉花一度成为外国输华货品的第一大宗”[44]。

甲午战争后，清政府被迫举债归还日本所勒索的战争赔款。各国在议论庚子赔款偿付方式时，最终采取了抵押分期偿还的方式。侯中军对于这种偿还方式进行了比较研究。他认为，抵押分期偿还的方式，对清政府而言是一个两害相权取其轻的选择。列强能同意中国分期偿还，只是为了帮助清政府维持统治，从而实现其利益最大化的行为[45]。

潘晓霞对南京国民政府币制改革时期的交通银行进行了分析。她认为交通银行地位的逐步下落，不一定是国民政府币制改革的本意，却是币制改革不可避免的结果[46]。吴敏超对于1940年马寅初被捕背后所隐藏的政治问题进行了研究。蒋介石在对美巨额借款即将达成的关键时刻，为维护孔宋利益与政府声誉，秘密逮捕马寅初。中共立即借此发难，揭露马寅初被捕真相。两年后马寅初的态度由“亲国”到“亲共”，这体现了抗战中后期时代潮流的风向[47]。

冀中根据地是中共抗战时期建立的第一个抗日根据地。周祖文对这个根据地的供粮征收的统一累进税进行了分析。整齐不乱的统一累进税既能增加财政税收和公粮收入，又不加重人民负担，是冀中农民“不怕拿”的根源所在[48]。

三、社会

关于社会史的研究，内容比较广泛，按照时间顺序总结如下。

晚清开口通商后，“洋货”开始大批输入并逐渐流行，由此引起人们消费风气的演变。李长莉对于这种消费风气进行了探讨。她认为，随着普通民众消费风气的变化，人们也逐步体验到了近代工商业给人们生活带来的福祉，认识了近代工商业技术进步的趋势[49]。

新式学校建设是北京城市近代化的重要标志。鲍宁对于清朝末期北京城的学校建设进行了总结和梳理[50]。杜丽红分析了清朝末期至20世纪30年代北京公立医疗机构的演变[51]以及北京疫病防治机制的演变[52]。

左玉河对于建国初期北京城区房屋的整顿、修缮与管理问题进行了分析。文章从四个方面总结了北京市人民政府为解决城市居民住房问题而采取的努力[53]。李志英分析了民国时期中国经济史研究中的环境意识问题。她指出，经济史研究中环境意识的形成，一方面与中国史学重视地理环境的传统有关，另一方面则与西方经济地理学和西方经济史等外国学术的传入有关[54]。

四、思想与文化

近代以来，中国经历了巨大变革，思想、文化随着政治现实的变化而产生诸多潮流，其中影响最大的则是新文化运动和五四运动。

（一）五四与新文化运动

新南社是在新文化运动冲击下，从原先的南社成员中分化出一部分人，接受新文化思潮和白话文运动，与保守国学传统、坚持使用文言的多数人划清界限，将南社改组成一个新社团。曾景忠对新南社在南社历史上的地位进行了研究。文章指出，新南社由南社“孵化”而来，它对南社，不是废除。新南社成立后，南社没有消失[55]。

在《新青年》上，陈独秀与康有为就孔教问题展开思想论争，是20世纪重要的思想史事件。彭春凌通过分析，认为陈独秀及《青年杂志》并未从一开始就把康有为和孔教作为论辩对手。直到袁世凯去世，康有为派又强势推动孔教第二次国教化运动之际，《新青年》第二卷才将矛头对准康有为[56]。

胡适与司徒雷登是中美文化交流史上两位重量级的历史人物。欧阳哲生根据胡适日记、司徒雷登的回忆录，研究了胡适与司徒雷登、燕京大学的交往[57]。

杨天石主编的《钱玄同日记》上、中、下三册由北京大学出版社出版。本书是研究中国近代教育史和学术史的珍贵资料，是钱玄同先生35年学人思想、学术观念演变和读书治学的心路历程[58]。

《中国近代思想家文库》于2014年陆续出版。《文库》由中国人民大学教授、国家清史编纂委员会主任戴逸先生领衔主编，邀请了一大批海内外杰出的中国近现代史研究专家参与工作。入选的思想家，主要是活跃在1840年至1949年之间的思想人物。如《郭沫若卷》[59]《蔡元培卷》[60]等。

（二）“中华民族”观

郑大华对新民主主义革命时期中共的“中华民族”观念的演变进行了研究。他指出，中共的“中华民族”观念经历过从汉族的代称到汉族与汉化民族的统称再到中国境内各民族的共同称谓的演变。1939年12月毛泽东在《中国革命与中国共产党》中对中华民族的论述，标志着中共“中华民族”观念的最终形成[61]。

五、军事

关于军事的研究，主要集中在清朝末期和抗战时期的相关问题上。

（一）清末的重要战争

义和团运动时期，围攻北京使馆是震动中外的事件。其中，肃王府防线的战斗最为激烈。邱涛、郑匡民以中、日、英档案史料互证，指出荣禄严格遵照慈禧意旨指挥的围攻使馆，是真打。但清军火炮的种类和性能不利于城市街垒作战，遂造成使馆久攻不下[62]。

甲午战前的1894年5月7日—27日，李鸿章、定安作为钦差大臣对北洋海军进行了20多天的校阅。李洋、王晓秋依据档案材料细致考察了这次校阅的过程。这是北洋海军历史上最大规模的校阅，又是甲午战前的最后一次校阅[63]。

（二）抗日战争

抗战初期，中共武装在抵御日军入侵的大背景下进入华北。黄道炫对中共在华北的发展壮大进行了分析。文中讲道，中共的发展，既离不开自身的发展，也和战前华北的特殊态势、战争初期日军的进攻和占领方式密切相关[64]。

抗战时期大批爱国知识青年奔赴延安和各根据地，他们成为中共抗日武装干部队伍尤其是基层政工干部的重要来源。郭宁通过分析认为，这批知识青年通过在抗大学习等方式接受了教育，并经过了战争的实践与大生产运动等锻炼，促成了中共军队“知识青年工农化”目标的实现，推动了中共革命的胜利[65]。谢敏撰文指出，抗战初期投奔延安和抗日根据地的知识青年，有相当一部分被分发到军队中充任政工干部。新知识分子干部与工农老干部之间有着矛盾冲突，中共更多是根据现实需要在这两类干部中寻求平衡和进行调解[66]。

对中共抗日游击战的地位和作用，过去曾有比较广泛的研究，但在近年有关抗日战争史的研究和评论中，出现对其忽略甚至低估的现象。李东朗围绕着中共抗日游击战方针的内涵、演变及其原因等进行了研究，以求引起学界对抗日游击战争的重视[67]。姜涛以太行山根据地为例，探讨了中共抗日根据地的民兵和自卫队[68]。

七七事变期间，张自忠身为第29军所部第38师师长和天津市市长，曾一度蒙受“汉奸”的骂名。时至今日，学术界在谈到这段历史时仍然无法作出恰当的评价。张皓通过考察史料，认为：“七七事变期间张自忠的所作所为，是力争在国家领土不失的前提下维护第29军的地位，这才是他‘忍痛含垢，与敌周旋’的良苦用心。”[69]

南口会战在华北抗日正面战场的形成过程中具有举足轻重的地位。张皓深入研究了蒋介石对南口会战的部署及战略意图。蒋介石部署南口会战的战略意图是以空间换时间，以平绥线的作战牵制日军速沿平汉线、津浦线南下。尽管蒋介石未能调集充足的兵力，也未能解决指挥系统混乱、嫡系部队与杂牌部队之间矛盾等一系列问题，但是通过南口会战，华北抗日正面战场形成[70]。此外，经过分析，作者认为南口战役对中共中央有关战略决策也有重大影响。正是在南口战役的影响下，中共中央不断思考、总结，逐渐实现了以山西为中心建立抗日根据地的战略构想[71]。

此外，汪朝光对战后东北苏军的撤离问题进行了研究。在文章中，作者认为国民党对于苏美相争的国际环境和国共两党相争的国内环境，缺乏明晰的判断及相应的战略战术，使其在因应苏军撤离问题时不断摇摆。最终的结果，不仅苏军未能按期撤离，而且国民党也没有因此而有何收益，这样的结果预示着其后国民党在东北争夺中败于共产党的最终结局[72]。

六、外交

中国近代史上的外交与战争密不可分，这些错综复杂的外交关系对中国发展影响深远。

2014 年 11 月 22—23 日，“战争与外交：第五届近代中外关系史国际学术讨论会”在北京举行。会议由中国社会科学院近代史研究所中外关系史研究室、北京大学历史系联合主办。来自中国大陆、台湾、香港以及日本、韩国、丹麦等国家或地区的近 70 名学者出席，共收到论文 58 篇。在两天的会议中，与会学者围绕着“战争与外交”的主题，对两次鸦片战争、甲午战争、第一次世界大战、抗日战争和解放战争等不同时段的中外关系展开了深入而广泛的讨论。由此可以看出，在外交关系研究中，中日关系一直备受关注。

（一）中日关系

近代以来，日本不断侵略中国，犯下滔天罪行。臧运祜回顾了自 1874 年出兵台湾至 1945 年二战结束，近代日本对中国进行的长达 70 余年的侵略，揭露其在投降前后通过销毁档案来逃避战争罪责的事实，以此警示世人[73]。由中央档案馆授权，人民出版社与四川人民出版社联合出版了《日本战犯的侵华罪行自供》。该书收录了 1956 年经中华人民共和国最高人民法院特别军事法庭公开审判的 45 名日本侵华战犯的供词，并附有中央档案馆馆藏的有关声像资料，有力地回击了日本右翼势力否认日本侵华种种恶行、暴行、罪行的谎言，揭露日本侵华期间的反人道、反人类、反文明的暴行[74]。

抗日战争时期的中日外交关系处于“特殊”时期。臧运祜依据日本东洋文库所藏汪伪大使馆的有关档案，对于中日战争后期汪伪使领馆的实态进行了考察。文章认为，汪伪驻日使领馆是战时中日“特殊”关系之下的一个怪胎，最终将随着日本侵华战争的结束而破产[75]。吴敏超分析了抗日战争时期，国民政府政要朱家骅与黄氏家族的相关问题[76]。马思宇对日本在五卅运动时期的外交策略进行了考察。从“追随英美之后”，到“适处英美之间”，再到单独对华妥协，日本政府在五卅交涉中经历了复杂纠结的外交决择与战略转向[77]。

（二）中美关系

1941 年美日秘密谈判是太平洋战争前的一次重要外交事件，谈判的最终破裂对于太平洋战争的爆发起了某种直接推动的作用。张俊义分析了国民政府对于这次美日谈判的反应和做法。在美日谈判的最后阶段，当面对美方提出临时过渡方案及美日即将达成临时妥协的关键时刻，国民政府和蒋介石主动出击。在中国的强烈反对下，美国政府不得不放弃对日妥协方案，转而对日采取更为强硬的立场，从而导致了中国抗战局势的全面好转[78]。

（三）中韩关系

甲午战争是近代中国历史发展的分水岭，也是东亚格局、世界格局演变的一个重要节点。马勇对于甲午战争之前，清政府对于朝鲜的策略进行了研究。朝鲜在过去很长时间属中国的藩国，清政府在帮助朝鲜的同时，从未改变宗主国心态，没有适应已经变化了的国际秩序[79]。

孙成旭对清朝末期中朝关系进行了分析。1882 年清朝与朝鲜签订了《中朝商民水陆贸易章程》，1883 年朝鲜在天津开设朝鲜公馆，两国间互开航线。1895 年甲午战争结束后赴京使团返回朝鲜，标志着两国宗藩关系的终结[80]。此外，作者对 1884—1895 年朝鲜的驻津公馆进行了考察，指出朝鲜驻津公馆侧重于处理外交文书及执照等行政事务，几乎未能办理有关外交交涉事宜[81]。

（四）中法关系

1963 年至 1964 年，中华人民共和国政府与法兰西第五共和国政府，进行了多轮建交谈判。黄庆华对于这次建交谈判进行了考察。他指出在这次建交过程中，中方认为建交的前提是法国政府与中国台湾断交，支持恢复中国在联合国的合法地位；法方出于历史、现实的诸多考虑，则希望“无条件建交”。中方在坚持原则的前提下双方正式建交，这是中国独立自主外交的伟大胜利[82]。

（五）其他重要成果

两次鸦片战争期间中国外交体制发生了变迁，郭卫东在文章中指出，这期间清朝的外交中心由南到北转移，先是广州，然后江南，直到总理各国事务衙门在北京成立，完成了清朝外交机构的北进和上移。这标志着中国近代外交机制的初建和外交机构从地方到中央的转变[83]。

王建朗主编的《民国时期外交史料汇编》（全140 册）已经出版。本书分为档案和期刊两部分。档案部分主要收录民国间北京政府外交部档案，包括驻外各使馆星期报告、外交文牍、外交部收发电稿等。期刊部分主要收录《外交公报》《国民外交杂志》《外交评论》《外交研究》等 20 种期刊。以上各种材料，是研究民国时期外交的基本史料，对于研究民国时期外交史、中日关系史、国际关系史等具有很高的价值[84]。

七、民族

关于民族的研究，西藏问题一直是重点。

赵云田主编的《清代西藏史研究》近日出版。该书从政治、宗教、社会、改革等多方面探讨了清代西藏的历史，以作者独有的视角，揭示了西藏是中国神圣领土不可分割的一部分，在学术上具有创新价值，在政治上亦有现实意义，对百年来的清代西藏史研究进行了全方位的梳理，尤其给人以借鉴和启发[85]。

张云就清朝对西藏地方的治理进行了总结梳理。清朝在西藏治理方面成功的地方在于用有限的政治、军事和经济等资源，实现了对西藏地方的有效管辖。而清朝治藏政策的教训也是多方面的，比如过度崇奉格鲁派的宗教政策，导致脱离社会生产生活[86]。

根据 1893 年中英双方签订的《中英会议藏印条约续约》，西藏亚东关于 1894 年 5 月 1 日正式开埠。它的首任税务司是戴乐尔。梁俊艳通过研究戴乐尔在亚东关的相关活动，考察了清末西藏地方的政治与社会局势，以及清朝驻藏官员所面临的困局[87]。

瓦代尔所著《拉萨及其神秘》既是瓦代尔参加英国第二次武装入侵西藏活动的实录，也是对 20 世纪初期西藏地方社会记录和考察的汇集，出版以来多次再版，影响甚大。梁俊艳以《拉萨及其神秘》为例，对瓦代尔在藏活动及涉藏著作、瓦代尔的藏学研究成就、该书所反映的诸多问题等进行分析，旨在深化对英国第二次入侵西藏相关问题的研究[88]。

民国初建，蒙古、西藏等边疆个别上层观望局势。邱熠华利用新近刊印的汉、藏文档案史料，记述 1912 年蒙古王公贡桑诺尔布在担任民国蒙藏事务局总裁前后，两次派代表赴藏，与十三世达赖喇嘛等西藏政教上层联络的史实[89]。此外，作者利用新近刊印的汉、藏文档案史料，记述了 1919 年西藏地方新派驻京僧人抵京及其任职期间的史事[90]。

值得关注的还有《毛泽东民族工作文选》已经出版。该书收入 1938—1963 年毛泽东关于民族工作的讲话、谈话、电报、书信、批示等，共一百五十五篇。其中有一部分文稿是首次公开发表[91]。

注：

①张海荣：《晚清举人邱菽园对“公车上书”的两次追忆》，《历史档案》，2014 年第 1 期。

②茅海建：《戊戌变法的另面：“张之洞档案”阅读笔记》，上海古籍出版社，2014 年版。

③马忠文：《维新志士王照的“自首”问题》，《近代史研究》，2014 年第 3 期。

④赵云田：《清末新政研究》，黑龙江出版社，2014 年版。

⑤李在全：《亲历清末官制改革：一位刑官的观察与因应》，《近代史研究》，2014 年第 2 期。

⑥张海荣：《从津芦铁路看甲午战后清朝改革的再启》，《安徽史学》，2014 年第 4 期。

⑦刘晨：《太平天国权力结构的演变（1847—1864）——兼评“杨秀清僭主政治”论》，《江苏师范大学学报》（哲学社会科学版），2014 年第 3 期。

⑧李细珠：《一个人与一个时代——论慈禧太后及其统治的是非功过》，《安徽史学》，2014 年第 3 期。

⑨孙燕京：《“内轻外重”抑或“内外皆轻”？——评李细珠〈地方督抚与清末新政〉兼论晚清政治史研究》，《近代史研究》，2014 年第 2 期。

⑩尚小明：《青柳笃恒：一个被湮没的袁世凯的高等间谍》，《近代史研究》，2014 年第 6 期。

⑪王开玺：《辛亥革命的历史反思》，《广东社会科学》，2014 年第 1 期。

⑫张鸣：《共和中的帝制：民国六年，中国社会的两难选择》，当代中国出版社，2014 年版。

⑬金冲及：《中央红军在贵州的若干重大问题》，《历史研究》，2014 年第 1 期。

⑭金冲及：《从陕甘边根据地到陕甘宁边区》，《中共党史研究》，2014 年第 12 期。

⑮金冲及：《一本书的历史：胡乔木、胡绳谈〈中国共产党的七十年〉》，中央文献出版社，2014 年版。

⑯李义彬：《也谈中共中央一九三六年十二月十三日会议——兼述西安事变期间中共与共产国际的关系》，《中共党史研究》，2014 年第 8 期。

⑰李东朗：《木门会议与红四方面军停止“肃反”问题》，《中共贵州省委党校学报》，2014 年第 4 期。

⑱石仲泉：《古田会议决议与党的建设》，《福建党史月刊》，2014 年第 23 期。

⑲罗平汉：《农业合作化运动的早期典型》，《党史文苑》，2014 年第 5 期。

⑳罗平汉：《发动“大跃进”的 1958 年南宁会议》，《党史文苑》，2014 年第 12 期。

㉑石仲泉：《毛泽东廉政思想的历史发展述要》，《理论视野》，2014 年第 11 期。

㉒石仲泉：《群众路线：毛泽东的一个伟大创造》，《中国井冈山干部学院学报》，2014 年第 1 期。

㉓董志凯：《毛泽东与新中国独立完整工业体系的建立及中国的现代化》，《马克思主义研究》，2014 年第 8 期。

㉔石仲泉：《周恩来与中华民族伟大复兴》，《南开学报》，2014 年第 1 期。

㉕金冲及：《毛泽东和周恩来的关系》，《党的文献》，2014 年第 1 期。

㉖朱佳木：《陈云与当代中国》（第二辑），当代中国出版社，2014 年版。

㉗中央文献研究室、中共四川省委编：《邓小平画传》，中央文献出版社，2014 年版。

㉘石仲泉：《邓小平理论与毛泽东思想和中国特色社会主义理论体系——纪念邓小平诞辰 110 周年》，《毛泽东思想研究》，2014 年第 3 期。

㉙石仲泉：《邓小平与中华民族伟大复兴》，《中共党史研究》，2014 年第 5 期。

㉚宋月红：《邓小平主持起草第二个〈历史决议〉的思想理论贡献》，《当代中国史研究》，2014 年第 5 期。

㉛朱佳木：《重温和牢记邓小平对八九政治风波的反思》，《当代中国史研究》，2014 年第 4 期。

㉜郑大华：《邓小平对毛泽东中华民族复兴思想的继承和发展》，《当代中国史研究》，2014 年第 3 期。

㉝杨天石：《找寻真实的蒋介石：还原 13 个历史真相》，九州出版社，2014 年版。

㉞杨天石：《蒋介石与钓鱼岛主权争议》，《炎黄春秋》，2014 年第 9 期。

㉟杨天石：《蒋介石三次反对美国核袭大陆》，《晚报文萃》，2014 年第 5 期。

㊱杨天石：《蒋介石联合苏联，谋划反攻大陆始末》，《江淮文史》，2014 年第 4 期。

㊲金以林：《蒋介石与政学系》，《近代史研究》，2014 年第 6 期。

㊳冯琳：《试论吴国桢案与孙立人案前后蒋介石之心路》，《近代史研究》，2014 年第 6 期。

㊴杨天石编：《张学良口述历史（访谈实录）》，当代中国出版社，2014 年版。

㊵王奇生：《抗战时期国军的若干特质与面相——国军高层内部的自我审视与剖析》，《抗日战争研究》，2014 年第 1 期。

㊶周斌：《国共政争与国民党上海护工队的兴亡》，《近代史研究》，2014 年第 3 期。

㊷史志宏：《清代户部银库收支和库存研究》，社会科学文献出版社，2014 年版。

㊸朱浒：《食为民天：清代备荒仓储的政策演变与结构转换》，《史学月刊》，2014 年第 4 期。

㊹郭卫东：《印度棉花：鸦片战争之前外域原料的规模化入华》，《近代史研究》，2014 年第 5 期。

㊺侯中军：《庚子赔款筹议方式比较研究》，《清史研究》，2014 年第 2 期。

㊻潘晓霞：《且得且失：南京国民政府币制改革中的交通银行》，《兰州学刊》，2014 年第 12 期。

㊼吴敏超：《马寅初被捕前后：一个经济学家的政治选择》，《近代史研究》，2014 年第 5 期。

㊽周祖文：《“不怕拿，就怕乱”：冀中公粮征收的统一累进税取径》，《抗日战争研究》，2014 年第 3 期。

㊾李长莉：《晚清“洋货流行”与消费风气演变》，《历史教学》，2014 年第 1 期。

㊿鲍宁：《清末北京城庙产兴学与新式学堂建设》，《史学月刊》，2014 年第 12 期。

(51)杜丽红：《论近代北京公立医疗机构的演变》，《北京社会科学》，2014 年第 2 期。

(52)杜丽红：《近代北京疫病防治机制的演变》，《史学月刊》，2014 年第 3 期。

(53)左玉河：《整顿、修缮与管理：建国初期北京城区房屋问题》，《江苏师范大学学报》（哲学社会科学版），2014 年第 1 期。

(54)李志英：《民国时期中国经济史研究中的环境意识及其成因分析》，《晋阳学刊》，2014 年第 6 期。

(55)曾景忠：《新南社在南社历史上的地位》，《民国档案》，2014 年第 1 期。

㊹彭春凌：《〈新青年〉陈独秀与康有为孔教思想论争的历史重探》，《北京大学学报》（哲学社会科学版），2014 年第 3 期。

㊺欧阳哲生：《胡适与司徒雷登：两个跨文化人的历史命运》，《史学月刊》，2014 年第 1 期。

㊻杨天石：《钱玄同日记》（上、中、下），北京大学出版社，2014 年版。

㊼谢保成、魏红珊、潘素龙编：《中国近代思想家文库（郭沫若卷）》，中国人民大学出版社，2014 年版。

㊽欧阳哲生编：《中国近代思想家文库（蔡元培卷）》，中国人民大学出版社，2014 年版。

㊾郑大华：《民主革命时期中共的“中华民族”观念》，《史学月刊》，2014 年第 2 期。

㊿邱涛、郑匡民：《庚子肃王府之战》，《近代史研究》，2014 年第 3 期。

63李洋、王晓秋：《1894 年甲午战前李鸿章校阅海军探析》，《军事历史》，2014 年第 2 期。

64黄道炫：《抗战初期中共武装在华北的进入和发展——兼谈抗战初期的中共财政》，《近代史研究》，2014 年第 3 期。

65郭宁：《抗日战争时期的知识青年与中共武装》，《军事历史研究》，2014 年第 4 期。

66谢敏：《抗战时期“新知识分子”与中共军队干部》，《近代史研究》，2014 年第 6 期。

67李东朗：《中国共产党抗日游击战研究》，《中国延安干部学院学报》，2014 年第 2 期。

68姜涛：《中共抗日根据地的民兵、自卫队——以太行根据地为例》，《抗日战争研究》，2014 年第 3 期。

69张皓：《忍痛含垢，与敌周旋——七七事变期间的张自忠》，《北京师范大学学报》（社会科学版），2014 年第 3 期。

70张皓：《以空间换时间：蒋介石对南口会战的部署及战略意图》，《晋阳学刊》，2014 年第 4 期。

71张皓：《南口战役与中共华北抗日根据地的开创》，《党的文献》，2014 年第 4 期。

72汪朝光：《进退之间的博弈：战后东北苏军撤离研究》，《南京大学学报》（哲学社会科学版），2014 年第 6 期。

73臧运祜：《近代日本对中国的侵略及其战争罪责》，《求是》，2014 年第 8 期。

74中央档案馆：《日本战犯的侵华罪行自供》，人民出版社、四川人民出版社，2014 年版。

75臧运祜：《战时中日特殊关系下的外交畸形——关于汪伪驻日使领馆实态的考察》，《民国档案》，2014 年第 2 期。

76吴敏超：《抗战变局中的朱家骅与侨商黄氏家族》，《抗日战争研究》，2014 年第 4 期。

77马思宇：《“金蝉脱壳”：日本在五卅交涉中的外交策略及实践》，《抗日战争研究》，2014 年第 1 期。

78张俊义：《1941 年太平洋战争爆发前国民政府对美日妥协之因应》，《抗日战争研究》，2014 年第 4 期。

79马勇：《甲午前清政府“朝鲜方略”再检讨》，《社会科学辑刊》，2014 年第 6 期。

80孙成旭：《清代朝鲜最后赴京使团考》，《历史档案》，2014 年第 4 期。

81孙成旭：《1884—1895 年朝鲜驻津公馆考论》，《历史教学》，2014 年第 11 期。

82黄庆华：《1963—1964 年间的中法建交谈判——中法建交述略（三）》，《晋阳学刊》，2014 年第 5 期。

83郭卫东：《两次鸦片战争期间中国外交体制的变迁》，《北京社会科学》，2014 年第 2 期。

84王建朗：《民国时期外交史料汇编》，国家图书馆出版社，2014 年版。

85赵云田：《清代西藏史研究》，社会科学文献出版社，2014 年版。

86张云：《清朝西藏治理中的若干问题》，《史学集刊》，2014 年第 1 期。

87梁俊艳：《清代亚东关首任税务司戴乐尔》，《中国藏学》，2014 年第 4 期。

88梁俊艳：《瓦代尔与〈拉萨及其神秘〉研究》，《中国边疆史地研究》，2014 年第 3 期。

89邱熠华：《民国元年贡桑诺尔布派遣代表赴藏事迹考》，《民族研究》，2014 年第 3 期。

90邱熠华：《1919 年西藏新派驻京僧人述论》，《中国藏学》，2014 年第 4 期。

91中共中央文献研究室、国家民族事务委员会编著：《毛泽东民族工作文选》，中央文献出版社，2014 年版。

（作者：王纯，中国人民大学附属中学教师；
张皓，北京师范大学教授）

中国共产党历史

张静如　王炳林　刘　畅

2014年，是邓小平诞辰110周年，改革开放35周年，北京地区党史研究呈现出活跃态势，研究内容更为广泛深入，研究成果更为丰富，举行了多种规模的纪念会、党史讲座和学术研讨会，使党史研究又上了新台阶。

一、重要学术活动和学术著作

（一）重要学术活动

1. “中共党史学理论与方法”研讨会

2014年6月12日，《中共党史研究》杂志社在京召开了“中共党史学理论与方法研讨会”。专家学者十余人就党史研究的理论和方法问题进行了深入研讨。与会者指出，中共党史学的理论问题之所以重要，是因为历史研究离不开理论指导，史学是客观历史的主观反映。史学的核心内容是历史观。人们对于复杂的历史现象总会做出自己的评价，这种对历史的根本看法就是历史观。党史研究者要在丰厚的史料积累、扎实的理论功底、深入的现实思考、生动可读的表达等四个方面不断提高能力和素养，让党史研究成果好听、好看，富有感染力、影响力。与会者认为，中共党史研究理论创新有三种类型：理论的原创、运用新的理论、进行新的理论分析。党史研究方法创新也有三种类型：创造新的研究方法或叙述方法、编纂方法，进行方法的原创；运用新的研究方法或叙述方法、编纂方法；运用已有的方法实现创新，运用新方法体现出新意。①

2. 第二届全国党史文化论坛

2014年9月22日至23日，由中共中央党史研究室、中共贵州省委和中国中共党史学会联合主办，中共中央党史研究室宣传教育局和中共贵州省委党史研究室联合承办的第二届全国党史文化论坛在贵阳举行。与会学者围绕邓小平与中国特色社会主义的相关问题、习近平同志系列重要讲话精神开展相关研究，包括习近平的发展战略思想、习近平关于中国特色社会主义的论述、习近平系列重要讲话的文化意蕴等等方面进行了研究。在中国特色社会主义与中国梦方面，有学者指出，中国特色社会主义是实现中国梦的必由之路，即中国特色社会主义中国梦的基础，中国特色社会主义道路是实现中国梦的根本途径，中国特色社会主义理论体系是实现中国梦的理论依据和行动指南，中国特色社会主义制度是实现中国梦的根本保障。与会者对抗日战争时期中国共产党高度重视对知识分子的争取工作，毛泽东对中国共产党知识分子政策的反思与调整过程，以及中国共产党知识分子政策的主要内容与实践等方面进行了研究。②

3. 全国中共党史（党建）学位点会议

2014年9月20日至21日，有北京师范大学张静如教授倡导并主持的全国中共党史（党建）学位点年会在延安大学召开。来自全国各地的80多位专家、学者参加本次会议。与会者就“延安精神的当代价值”“延安精神本色传承与社会主义核心价值观践行”“延安整风精神与群众路线教育”“延安精神、延安时代和中国共产党”“延安时期的民主、自由、平等及当代启示”等问题作了大会发言。与会者就“中共党史（党建）学位点建设”“延安精神与核心价值观”“习近平同志在北师大讲话”等主题进行了深入研讨。③

4. “北平抗战在全国抗战中的地位与作用”学术座谈会

2014年7月19日，中共北京市委党史研究室举办“北平抗战在全国抗战中的地位与作用”学术座谈会，深入学习贯彻习近平总书记在纪念全民族抗战爆发77周年仪式上的讲话精神，深化北平抗战史研究。来自中国社会科学院、首都师范大学、中国人民抗日战争纪念馆、北京市社科联、市委党史研究室等单位专家学者，部分区县党史部门负责人共20多人参加了会议。会议全面客观地评价了北平抗战在全国抗战中的地位与作用，通过事实和理论反驳了当前日本右翼的言论。会议强调要以学习贯彻习近平总书记纪念仪式讲话精神为契机，进一步加强对北平抗战史系统深入的研究，多出成果、出好成果，为加强爱国主义教育打下坚实有力的政治和学术基础。④

5. “北京经济体制改革的经验与启示”研讨会

2014年10月17日，中共北京市委党史研究室、中共北京市委全面深化改革领导小组办公室、中共北京市委前线杂志社在北京联合召开“北京经济体制改革的经验与启示”研讨会。首都理论界专家学者、相关部委办局和区县领导、论文作者代表100多人参加会议。与会人员分别从北京改革史研究的概况和思路、北京经济体制改革的意义、经济体制改革的现状和目标等角度作了主旨讲话。并就政府机构改革、搬迁村党组织建设、邓小平与经济体制改革决定的出台、加强中国改革史研究等作了交流发言。会议强调，改革要有一定的历史感，要善于借鉴各个历史时期的经验，以创新精神推动改革。⑤

（二）主要学术著作

1.《中共北京市朝阳区历史》出版

北京市党史研究室和朝阳区委党史工作办公室合著的《中共北京市朝阳区历史》由中共党史出版社出版发行。该书是北京市区县历史丛书的第一部成书，是北京市第一个完成的区县党史基本著作，也是第一部朝阳党史基本著作。全书共30万字。该书以辩证唯物主义和历史唯物主义为指导，按照编年体与纪事本末体相结合的编写体例，以9个具有标志性的史实作为各章历史阶段分期的节点，翔实、系统地记载1944年至2011年朝阳区域内党的发展历程，反映了区委领导全区人民开展革命、建设、改革开放、科学发展及加强党的自身建设等方面取得的成就和经验。

2.《党史学基本问题研究》出版

欧阳淞著《党史学基本问题研究》由中共党史出版社出版。该书是专门研究党史学理论和方法的著作。书中包括：把深化党史研究作为党史工作的第一任务，关于党史研究的理论指导问题，关于党史研究的理论借鉴问题，关于党史研究的布局和样式问题，关于党史研究的资料准备问题，关于党史研究的著述要领问题，关于党史研究成果的转化问题等七部分内容，对党史学科的各个基本问题作了有理论、有分析、有实例的论述，对于全国党史研究有很强的指导意义。

3.《朝鲜战争前后美国情报机构对中共政权的认知》出版

《中共中央党史研究室青年学者论丛：朝鲜战争前后美国情报机构对中共政权的认知》是贺艳青编著的党史著作。该书首先讲述从抗日战争后期开始中共国际战略的形成以及美国情报机构同“中共政权”的最初接触，在朝鲜战争爆发之前，“中共政权”只是美国的“红色隐患”；其次论述朝鲜战争爆发后中共国际战略的调整，而美国情报机构基于原有的对华认知，对中国战略意图出现两次重大误判，这是导致中美在朝鲜迎头相撞的重要原因之一；随后分析中美开战后中共国际战略的进一步调整以及美国情报机构对华僵化认识的形成——新中国成为美国在亚洲最主要的“红色敌人”；最后根据认知心理学等国际政治理论分析美国情报机构对华认知的主要内容、特点、形成原因等内容，对当下中美关系的分析研判有一定的指导意义。

4.《学习的力量——中国共产党学习活动纪实》出版

王炳林编著的《学习的力量——中国共产党学习活动纪实》由北京师范大学出版社出版。该书近40万字，以纪实的写作手法，较为详细地叙述了中国共产党90多年来开展学习活动的历程。该书以史料为依据，进行深入理论分析，同时也是一部通俗理论读物，以夹叙夹议的方式把讲道理和讲故事有机结合，文字表达力求鲜活，人物介绍力求生动具体，事例选取力求巧妙恰当，努力把一个立体的、生动的学习活动历时生动地展现在读者面前。

5.《中共党史拐点中的人物与事件》出版

李海文编著的《中共党史拐点中的人物与事件》于2014年由中国青年出版社出版。本书以时间跨度从20世纪20年代到80年代，梳理了中共党史发展过程中每一个可以谓之拐点的时刻当中的人物与事件，其中涉及的人物包括：毛泽东、周恩来、华国锋、彭真、张浩、师哲、江青、聂元梓等；所涉及事件有：反王明斗争、解决张国焘问题、国共第二次合作密谈、出兵朝鲜、越南停战谈判、“文革”第一张大字报、农村包产到户。

二、重要学术观点

（一）对邓小平的杰出贡献进行深入研究

2014年是邓小平诞辰110周年，关于邓小平和邓小平理论的研究取得丰硕成果。

有学者系统梳理了邓小平对于改革开放事业在各个阶段的历史性贡献。1978年，邓小平在中央工作会议上做了《解放思想，实事求是，团结一致向前看》主题报告，成为新时期解放思想的宣言书。1984年，邓小平考察了深圳等经济特区，进一步推动了从沿海到内陆的开放，最终形成了多层次、全方位、点面结合的对外开放格局，有力推动了我国社会主义现代化建设。邓小平首次提出“科学技术是第一生产力”的论断，还创造性地提出“一国两制”的伟大构想。邓小平坚持推进改革开放，既保证了社会稳定，又排除了“左”或右的干扰，为继续改革开放提供了前提条件。1992年，邓小平视察南方并发表重要讲话。以不容置疑的态度推进改革开放到一个新的发展阶段。[⑥]

有学者从邓小平对废除领导干部终身制的角度进行了研究，指出邓小平于20世纪70年代提出了建立领导干部退休制度的设想，在20世纪80年代初中央做出了《关于建立老干部退休制度的决定》，从制度层面，为实现干部新老交替迈出坚实的步伐。邓小平建议设立的中央顾问委员会，在领导干部职务从终身制到正常退休制的顺利过渡，有了一个良好的桥梁作用。邓小平本人身体力行，率先垂范，在此问题上也表现出理论自信与实践自觉，为废除干部领导职务终身制做出了重要贡献，对中国特色社会主义民主政治建设产生了深刻影响。可以说领导干部终身制到退休制的过渡，顺利实现中央领导层的平稳交接与邓小平巨大的政治勇气和政治智慧是分不开的。[⑦]

有学者从认识和处理社会主义与资本主义关系的角度，分析了邓小平作为马克思主义战略家、理论家和实践家，在理论与实践的结合上所开辟的道路，即利用资本主义建设社会主义的新途径、新方式和新道路。这主要有三个表现层面：通过积极发展对外经济关系，走出了一条“引进来”与“走出去”相结合的新道路；通过创办经济特区和加入世界贸易组织，实现了从政策性开放到制度性开放的转变；通过公有制与市场经济的结合，确立了中国特色的社会主义市场经济体制。[⑧]

有学者分析了邓小平对四项基本原则问题的思考。指出，邓小平之所以强调“四项基本原则”，是因为“四项基本原则”问题事关中国的强国目标，与中国社会发展战略、政治思想上存在的偏向、现实生活中存在的严峻形势以及对发展道路的选择等问题有着密切的关联，所以这些基本原则就是国家前进的前提，具有极端重要性。同时，对基本原则的表达展现了邓小平的道路自信、制度自信、政治体制自信、领导体制自信、理论自信。这种自信是反对所有错误思潮的重要武器。邓小平还特别指出这四条是一个有机的整体，每一条都不是孤立存在的，他们与改革开放政策是相互依存的，即“一个中心，两个基本点”哪一条也不能丢。[⑨]

有学者从对中国共产党军事战略的角度，分析了邓小平的历史性贡献。指出邓小平率先提出了反映时代特征、本质和发展趋势的军事战略构想，他解放思想、突破禁区，开展党和军队高层的军事战略讨论，使军事战略理论重新回到了实事求是的轨道，并准确提出了新时期积极防御的军事战略，实现了军事战略理论上“制战”和“作战样式”以及“现代持久胜敌”三个根本问题的结构性转变。[⑩]

有学者从发展科学技术的角度分析了邓小平的战略思想。指出，从20世纪70年代末到90年代初，邓小平作为新时期中国科学技术事业的领路人，在总结长期以来中国科学技术发展经验教训的基础上，站在改革开放和现代化建设全局的高度，基于全球化视野，准确把握时代脉搏，提出了科学技术发展和科技体制改革的总体思路和理论框架。他提出了“科学技术是第一生产力”的科学论断、指明科技改革的任务和方向、推动科学技术的对外开放、支持高科技发展、倡导“尊重知识、尊重人才”、关注现代科技发展潮流，支持高科技事业发展。邓小平有关科技的思想和实践，对新时期科学技术乃至现代化的发展具有十分重要的意义。[⑪]

有学者从邓小平理论对毛泽东社会主义建设思想的创新与发展角度进行了研究。认为，邓小平理论与毛泽东社会主义建设思想是一脉相承的：毛泽东对中国社会主义建设道路的探索，为邓小平理论的形成起到了理论奠基和经验准备的作用，而邓小平理论则是对毛泽东社会主义建设思想的创新发展。在认真总结毛泽东领导中国社会主义建设历史经验的基础上，在新的历史条件下，以邓小平为代表的中国共产党人，为实现马克思主义与中国社会主义建设的结合，成功地进行了新的探索，在中国特色社会主义道路、社会主义初级阶段理论、所有制改革路径、社会主义市场经济理论、建立全面开放战略格局等方面，逐步形成和发展了邓小平建设有中国特色社会主义理论。[⑫]

有学者从外交战略方面，分析了邓小平对改革开放的影响，指出，改革开放以来中国确立的外交战略“在目标的涵义方面，与达到目标而制定的战略方面，都发生了实质性的变化”。具体表现为：第一，逐步确立起“和平与发展”时代主题的新判断，形成了国际形势真正实现缓和，还将经历一个漫长、艰难甚至曲折的过程的基本认识；第二，推动外交目标的调整，使中国外交开始摆脱经济为外交服务的畸形状态，回到了外交为经济服务的正常轨道上来。第三，赋予独立自主的和平外交政策新内涵，让中国坚定不移地奉行独立自主的和平外交政策，在和平共处五项原则的基础上同世界各国发展友好合作关系。[⑬]

有学者对邓小平与中华民族的伟大复兴的课题进

行了论述，指出，邓小平开辟了改革开放的中国特色社会主义道路，为实现中华民族伟大复兴，奠定了正确发展方向的历史基础，邓小平理论作为中国特色社会主义理论体系之基，为实现中华民族伟大复兴奠定正确指导思想的历史基础，邓小平始终坚持和发展中国特色社会主义制度，为实现中华民族伟大复兴奠定根本制度的历史基础，其规划未来中国发展宏伟愿景，为实现中华民族伟大复兴奠定正确战略目标的历史基础。正是邓小平对 21 世纪中叶战略目标由接近发达国家水平调整为达到中等发达国家水平，形成定型的“三步走”发展战略，为当代中国的发展进步明确了大致的时间表，从而成为实现“中国梦”的基本路线图。正是有了这样深厚的思想基础，以及长期以来“五位一体”建设的物质基础，习近平总书记从世界发展的大势大局出发，正式提出了实现中华民族伟大复兴的“中国梦”。[14]

(二) 军事斗争和抗日战争的研究

有学者对中共大革命时期“忽视军事”的情况进行了辨析，针对学术界长期以来流传的“大革命失败的原因之一是中共在指导思想上过分重视民众运动而忽视军事工作，不懂得掌握武装的重要性，从而丧失了对军队的领导权”的说法，有学者指出，周恩来、蔡和森、邓中夏等领导在中共创建初期和大革命时期就已经对军事工作相当重视。此外，学者还对陈独秀忽视军事导致中共忽视军事的观点进行了辨析，指出这显然过分夸大了陈独秀在党内的影响，而实际导致中共“忽视军事”的原因是包括缺乏经费和武器以及共产国际的干预、国民党反对等原因。[15]

有学者对抗战时期中国共产党发展华中地区的战略方针进行了深入研究。中共中央通过分析当时华中地区的八路军与日军的军力情况和全国的抗战局势，确定了以在游击战发展充分的地区巩固根据地为主，和在游击战发展不充分地区，迅速发展游击战为主的方针，并确定仍然以“鄂、豫、皖三省为发展方向，而以河南为重点”的方向和重点，依靠的主力是八路军而非新四军；作者同时分析了在 1940 年后，中共中央根据抗战形式的变化，做出的华中的战略方向东移的调整，从鄂豫皖地区移到苏北地区，依靠力量以新四军为主力的变化。[16]

有学者分析了抗战时期的理论工作者与毛泽东的理论互动情况，指出，抗战时期，延安相对稳定的环境为党的理论工作者与毛泽东的交往和学术交流提供了空前的机遇。党的理论工作者与毛泽东之间形成了一种良性的理论互动关系：一方面毛泽东指导和引领了党的理论工作者的理论创新活动；另一方面党的理论工作者的理论创新成果为毛泽东的理论创新提供了有益借鉴，在一定程度上促成了毛泽东新理论的建构。同时，作者对这种在理论上创新的良性互动寄予了高度评价，并分析了其对中国马克思主义理论创新、发展的借鉴意义。[17]

有学者对日本侵华战争的真实目的进行了研究，分别从七七事变前、抗战的战略防御阶段、战略相持阶段等时期日本从交通、资源、工业企业等行业和企业的掠夺手段以及通过金融方式，乱发货币等手段操控、掠夺中国财富的行径进行了分析，指出，日本发动侵华战争，是借用“提携”“共荣”“防共”等口号，最大限度地攫取经济利益。[18]

有学者对陕甘边区的革命斗争进行了分析，就陕甘边区的斗争的宝贵财富进行了挖掘，得出了五个方面的启示：第一，要坚定理想信念。陕甘边区革命斗争的实践证明，坚守革命的理想信念，无限忠诚于党和人民事业是开创革命新局面的精神支柱。第二，要坚持实事求是。陕甘边区革命斗争的实践充分说明，坚持从实际出发，创造性地运用马克思主义是开创革命新局面的重要条件。第三，要发展壮大统一战线。陕甘边区革命斗争的实践充分证明，建立最广泛的统一战线，不断壮大革命力量是开创革命新局面的重要法宝。第四，要贯彻和执行群众路线。陕甘边区革命斗争的实践证明，始终与人民群众在一起，坚决、彻底地走群众路线是开创革命新局面的根本保证。第五，要建立和巩固革命政权。陕甘边区革命斗争的实践证明，建立红色政权，推动革命形势“波浪式向前发展”，是开创革命新局面的内在要求。[19]

有学者专门对地道战在抗日战争中的作用进行了研究。以焦庄户地道为例，分析了地道在冀东等地区的成因及作用，指出地道战是在我党领导下，人民与敌人斗争实践中创造的一种独特战法。在抗日战争中，配合地方武装对敌斗争。在端炮楼、伏击日伪军、护理伤病员、转移群众、坚壁清野等游击战中给敌人以重创，为抗击日本法西斯侵略，为祖国的解放事业做出了卓越贡献。[20]

(三) 社会主义革命和建设若干问题的研究

有学者对新中国的金融工作开展问题进行了研究，从人民币制度建立、对金融机构的整顿和建设、稳定物价、外汇管理以及对港澳地区的金融政策等五个方面进行了分析。新中国成立以来，中央政府面对严重的通货膨胀，建立了独立自主、基本统一的人民币制度，有序收回各革命根据地银行发行的货币，肃清国民党政府和地方政府的货币，摧毁了法币制度。在对金融机构的整顿和建设方面，采取了禁止金银外币流通、接收官僚资本金融机构、整顿并改造民族资本的金融机构、取消外国金融机构的特权等手段；与此同时，稳定物价，对通胀进行有效遏制。外汇管理方面，坚决取缔外国银行在中国发行货币和垄断中国外汇经营权，规定合理牌价，收兑各种外币，禁止外国货币在中国流通，并加强外汇统一管理，一切外汇业务都必须由中国人民银行及其指定机构办理。在对香港和澳门的金融政策方面，对香港采取了暂时维持现状的决定，对澳门也是一方面旗帜鲜明地反对葡萄牙当局的殖民立场，另一方面对澳门采取"充分利用，长期打算"务实方针，使澳门保持了经济稳定，澳门同胞的利益得到了保障。[21]

有学者对新中国成立初期上海英资银行的清理进行了研究，回顾了在社会主义改造逐步展开的背景下，对位于上海的英资银行清理的复杂过程。分析了中国政府策略从管理、利用到限制、清理的过程，同时也分析了英资银行从观望到撤退的转变。到1953年社会主义改造开始后，国家明确将消灭资本主义私有制列为社会发展目标，并制定了相应的政策，最终对英资银行采用了对价转让的清理方式，逐渐建立了新中国初期的金融体系。[22]

有学者对"两个凡是"的问题进行了深入的研究，指出"两个凡是"的提法，并非在1977年出现，在1965年12月到1966年1月召开的全军政治工作会议上就出现"不论在任何时候，对毛泽东思想都要坚信不疑。凡是毛主席指示的，就要坚决拥护，坚决照办，上刀山下火海也要保证完成。凡是违背毛主席指示的，就要坚决抵制，坚决反对。"并且在1967年8月11日，《解放军报》社论《为人民立新功》和1969年《人民日报》元旦社论中作了进一步强调，探究了"两个凡是"最终进入1977年2月7日，《人民日报》《解放军报》《红旗》杂志发的《学好文件抓住纲》社论的全过程，并对邓小平和其他老一辈无产阶级革命家的积极倡导下，在党的十届三中全会和党的十一大期间，反复强调"实事求是"是毛泽东思想的精髓，旗帜鲜明地反对"两个凡是"的过程进行了探究。[23]

有学者对"文化大革命"的称谓问题进行了辨析，指出"文化大革命"的名称有一个逐步演化的过程，指出1966年5月以前，"文化大革命"被称为"社会主义文化大革命"，到1966年5月中共中央政治局扩大会议以后，出现了"社会主义文化大革命"和"无产阶级文化大革命"。文章指出，"社会主义文化大革命"与"无产阶级文化大革命"这两个概念内涵存在着细微差别，使用"社会主义文化大革命"时，是相对于经济领域的社会主义改造来说的，强调的是意识形态领域的社会主义革命；而使用"无产阶级文化大革命"时，是相对于前一阶段运动的主体只限于文化界人士来说的，强调的是"亿万工农兵群众、广大革命干部和革命的知识分子"都参加这个运动。而1966年8月，中共八届十一中全会上通过的《中共中央关于无产阶级文化大革命的决定》，正式将这场运动定名为"无产阶级文化大革命"。[24]

有学者对于刘少奇在1962年经济调整中的作用进行了分析。指出，在为了扭转国民经济形势的恶化，刘少奇与其他中央领导协同一致、密切配合、果断决策、周密组织，确定了国民经济调整的方针和任务；决定恢复中央财经小组，具体负责调整工作；对经济上出现的"假平衡、真赤字"等做法进行了批评，指出"有赤字要提出来警告大家，采取措施来弥补。"1962年，刘少奇提出要对1962年年度计划进行调整，割掉了高指标的尾巴，调低了计划，并在减少城镇人口和精简职工问题提出了总体要求："决心要大，行动要快，但是要有区别、有步骤地来进行，不能慌慌忙忙一股风"。经过了1962年经济大调整，经济形势开始好转，各项建设事业呈现出健康发展的态势。[25]

（四）党史学科建设和党史学者的研究

有学者对新时期以来中共党史学科理论的重建与进步问题进行了探究。20世纪70年代后期党史学科理论的重建，党史研究的学术化也初现端倪，编写党史正本的呼声日益强烈，学科建设会议不断召开。相关理论问题的争鸣成为热点，党史工作突破了"文革"中极端讲话的党史学科理论体系，逐渐恢复到20世纪五六十年代的"科学"水平；到了20世纪80年代，中共党史研究的春天到来了，一大批党史研究机构成立，一批出版较早的富有代表性的党史编撰成果，形成了创新党史著史体系的结晶，而党史学科理论体系不断完善，在党史史料学、文献学、史学史、史学批评等领域也不断取得新的成就。进入20世纪90年代，关于中共党史基本理论问题的讨论稍显冷清，只在党史分期问题上有些许的讨论。进入21世纪后，党史研究出现了以下几个特点：第一，要求以"学术"为标尺对中共党史研究进行学术史考察；第二，要求在传统的党史史学史路径上寻求深化、创新；第三，在研究对象上，从对党的领袖党史思想的研究逐步转向对党史专家党史思想的研究；第四，党史研究述评从每逢十年开展一次的纪念性学术史回顾发展到每年皆有的研究述评；第五，在数量上，2001年后的党史研究文章数量明显增多。同时出现的还有党史学科的学术反思与中共党史研究的史学化，中共党史学科逐渐与马克思主义理论、思想政治教育等学科剥离，界限日趋明晰，历史学的学科性质得到彰显，把党史研究当作历史研究来看待成为众多研究者的共同追求，党史研究的史学化趋势因之出现，而学科理论则在这种趋势中得到发展。[26]

有学者对龚育之的学术人生进行了梳理。龚育之从20世纪50年代开始，他主要从事科学技术论和自然辩证法的研究，是中国自然辩证法研究工作的奠基人之一。在处理学术与宣传的矛盾中，他在自己的学术生涯中，也始终关注现实政治，拥有着一个马克思主义者的自觉和执着。他的很多成果对十一届三中全会以来党的一系列重大决策、方针、政策作了准确精当的论证、阐发和评论，既有宣传意义，又有科学价值，实现了政治与学术的结合，而不仅是某种"宣传品"。同时，身为官员的龚育之以其史料、史实、史观功底，彰显了学者的本色，在推动党史学界"官方党史学"和"民间党史学"的交流合作、良性互动方面，龚育之也一直做着积极的努力，指出对中共党史研究不要人为划分什么固定的门户和界限，而是要多增加沟通和交流，实现良性互动，共同推动党史学的发展。[27]

有学者就龚育之于中国特色社会主义研究方面进行了探讨，回顾改革开放以来，龚育之参与党和中央多次重要会议文件起草和邓小平文选编辑的过程，指出龚育之对中国特色社会主义的全方位研究主要体现三个方面：第一，是从方向选择、实践探索层面对中国特色社会主义道路形成和发展的考察；第二，是从政治和经济方面对中国特色社会主义制度铺垫和完善的阐发；第三，是以邓小平理论为重心对中国特色社会主义理论内容的解读；文中还分析了龚育之对中国特色社会主义的持续研究和系统阐发，在当代产生了重要的学术意义和政治影响。[28]

注：

①薛承：《"中共党史学理论与方法研讨会"综述》，《中共党史研究》，2014年第7期。

②朱昌裕：《第二届全国党史文化论坛综述》，《中共党史研究》，2014年第10期。

③周良书：《2014年全国中共党史（党建）学位点会议召开》，《中共党史研究》，2014年第11期。

④陈丽红：《"北平抗战在全国抗战中的地位与作用"学术座谈会召开》，《北京党史》，2014年第4期。

⑤王艳杰：《"北京经济体制改革的经验与启示"研讨会召开》，《北京党史》，2014年第6期。

⑥邵维正：《邓小平对改革开放事业的历史性贡献》，《北京党史》，2014年第5期。

⑦孙丽萍：《邓小平对废除干部领导职务终身制的战略决策与历史功绩》，《中共党史研究》，2014年第7期。

⑧刘建武：《邓小平对利用资本主义途径方式的创造性探索与贡献》，《中共党史研究》，2014年第7期。

⑨杨明伟：《邓小平对四项基本原则问题的深刻思考》，《当代中国史研究》，2014年第5期。

⑩田玄：《邓小平对中国共产党军事战略的历史性贡献》，《当代中国史研究》，2014年第4期。

⑪朱丹：《邓小平发展科学技术的战略思想研究》，《中共党史研究》，2014年第10期。

⑫钟瑛：《邓小平理论对毛泽东社会主义建设思想的创新发展》，《当代中国史研究》，2014年第5期。

⑬陈少铭：《邓小平与改革开放以来中国外交战略的确立》，《中共党史研究》，2014年第10期。

⑭石仲泉：《邓小平与中华民族伟大复兴》，《中共党史研究》，2014年第5期。

⑮卢毅：《大革命时期中共"忽视军事"说辨析》，《中共党史研究》，2014年第11期。

⑯彭厚文：《论抗战时期中国共产党发展华中的战略方针》，《中共党史研究》，2014年第3期。

⑰张正光：《抗战时期党的理论工作者与毛泽东的理论互动》，《中共党史研究》，2014年第4期。

⑱荣国章：《日本发动侵华战争的真实目的》，《北京党史》，2014年第5期。

⑲曲青山：《陕甘边革命斗争的历史启示》，《中共党史研究》，2014年第11期。

⑳马增：《地道战在抗战中的作用》，《北京党史》，2014年第5期。

㉑张平阁：《新中国金融工作初创》，《北京党史》，2014年第5期。

㉒宋佩玉：《新中国成立初期上海英资银行清理过程的历史考察》，《当代中国史研究》，2014年第2期。

㉓黄一兵：《党的思想路线拨乱反正若干问题研究》，《中共党史研究》，2014年第3期。

㉔王永魁：《关于"文化大革命"称谓的两个重要概念辨析》，《中共党史研究》，2014年第12期。

㉕杨志强：《刘少奇与1962年经济大调整》，《当代中国史研究》，2014年第2期。

㉖谢辉园：《新时期以来中共党史学科理论的重建与进步》，《北京党史》，2014年第6期。

㉗陈莉莉：《龚育之的学术人生史家风范》，《北京党史》，2014年第3期。

㉘欧阳奇：《龚育之与中国特色社会主义研究》，《中共党史研究》，2014年第10期。

（作者：张静如、王炳林，北京师范大学教授；
刘畅，北京师范大学硕士生）

世界上古中古史

刘林海

2014年，北京地区史学工作者共发表外国史学理论与史学史、世界上古中古史方面的论文或著作百余种。

3月30日至4月1日，2012年度国家社科基金重大项目"当代国际史学研究及其发展趋势"课题组与《世界历史》编辑部共同主办"21世纪国际史学发展趋势"学术研讨会。[①]6月7日至8日，首都师范大学全球史研究中心主办"网络与流动——第二届全球史学术论坛"，30多名海内外学者参加了会议。[②]6月22日至26日，北京师范大学历史学院与台湾辅仁大学历史系联合主办的"现代化、全球化与本土化及反思——中国与世界之关系"学术研讨会，北京师范大学历史学院和辅仁大学历史系的几十位教师出席了会议。[③]10月25日，"世界历史研究回顾与展望暨世界历史研究所成立50周年"座谈会在北京召开。[④]11月15日，北京师范大学史学理论与史学史研究中心召开"中外史学理论与史学史"研讨会，30余位学者参会交流。

一、外国史学理论与史学史

刘家和指出，"传承"（tradition）包括传和承两方面，传和承的互相转化过程就是传承之流形成的过程。正是不断的传和承，才形成一条不断之流，它兼具常和变。"传统"（traditions）是具体事物的传承，是传承的具体的事物化，即在不同历史阶段中形成的各类具体的事与物，可以分为物质、制度和文化三个层面。传统都有其自身存在的相对稳定性（本质特点相对不变）和不断量变（发展阶段）两个特点，作为传承之流中存在的具体事物，传统都是有其起点与终点的，是从量变到质变的扬弃式运动。"创新"（innovation）有修旧为新和以新代旧两方面的涵义，传承、传统与创新是相反相成的辩证关系，传承与创新之间的张力是历史得以进展的动力源泉。历史的过程即传承与创新之统一的运动过程，其本身是一条传承之流。作为人类历史进程一部分的学术也是如此，史学也不例外。对历史过程的理解必须从传承和创新统一的过程来理解。史学自身要体现历史中的传统与创新的进展，同时它始终只能存在于不断的传承与创新中。[⑤]赵文洪指出，社会发展与历史学关系密切，历史学已经并将继续为社会发展诸因素的形成做出重大贡献。[⑥]刘军指出，史学是社会现实的一面镜子，研究者要思考重要问题，要接地气。[⑦]

赵亚夫阐述了高校历史教学中如何容纳公共史学。[⑧]张文涛指出，虽然以美国为主的西方公共史学的地位已经基本确立，但并未引起专业历史学术界的足够重视，重应用轻理论、过于挑战客观性、解释的民主化等是重要原因。公共史学的价值在于以一种新的认知与表达手段增加人们的历史认识与体验。[⑨]王希指出，近年来史学界对"公共史学"（公众史学）的关注程度不断提高，但它能否成为一个新的史学专业，尚需努力，专业史学界的接纳与支持是关键。西方学界关于公共史学与专业史学关系的讨论对思考中国公共史学的建设有启发意义。[⑩]赵冬梅分析了以百家讲坛为代表的公共史学的作用及其面临的挑战等，指出公共史学大有可为。[⑪]敖雪峰等探讨了历史影像在高校历史学科建设及发展中的作用等问题。[⑫]

刘文明介绍了本特利的"新世界史"和"跨文

化互动”的全球史理论，指出“新世界史”和“跨文化互动”是理解其全球史理论的两个核心概念。[13]邓京力指出，伊格尔斯的《全球历史的历史》是继其《全球史学史》之后对史学的重新思考，体现了从西方史学史到全球史学史的变化。[14]王立新指出，近30年来，全球史、国际史和跨国史等新的研究视角和史学分支的涌现被称为历史研究的“去国家化”倾向，其中国际史和跨国史的兴起又被称为历史研究的“跨国转向”。美国史学界的“跨国转向”历史对美国和中国都意义重大。[15]

张旭鹏指出，改革开放以来，中国史学在研究领域的拓展、总体的研究方法和路径上，出现了前所未有的发展。世界史的整体研究或世界史体系问题也备受关注，整体史观、现代化史观、文明交往史观和全球史观是其中代表。[16]董欣洁指出，西方全球史模式的世界通史编纂体系优缺点并存。中国史学界可以通过构建双主线、多支线把握世界历史纵向发展与横向发展，通过充分发挥中国史的时间坐标效应处理中国史与世界史的关系。[17]

彭刚指出，历史与记忆之间、记忆与真理和正义之间关系复杂，尽管记忆具有重构和诠释的特性，但存在通向真实过往的可能性，要谨慎把握利用记忆伸张正义和实现政治目标的关系。[18]董立河指出，“后—后现代史学理论”除了继续探究“叙事”等后现代问题外，还关注“记忆”“经验”“在场”“行动者”“证据”“普遍史”等问题。[19]尉佩云指出，约恩·吕森主张介于现代主义和后现代主义之间的中间路线，兼顾现代主义的确定性和后现代主义对历史思考的拓展和深化。其学科范型论在他的逻辑中是自足的，但在实际运用中有局限性。[20]王坤敏指出，历史学是具有科学性的人文学科，史学研究与历史叙事具有“滞后性”特点，后现代主义的质疑并不能否定历史的客观性，要合理把握主观性与客观性。[21]

黄艳红指出，阿尔托格的“历史时间形态”可以用来理解现代性和后现代性。[22]

顾晓伟指出，在关于历史学性质的“亨佩尔—德雷论战”中，亨佩尔的“覆盖律模式”和德雷的“合理行动原则”各执一端，唐纳德·戴维森则独辟蹊径，兼顾合理性解释和历史学的客观性。[23]马敬、邓京力对历史发展动力问题进行反思。[24]

杨共乐指出，希罗多德的“istoria”一字的本意与“历史”无关，它是探研和究诘的结合。柯林武德的希罗多德没有继承者的论断并不完全准确。[25]李永斌指出，由博德曼提出的希腊“东方化革命”经伯克特的《东方化革命》而广为人知。“东方化革命”是“东方化”和“东方化时代”话题的延续和扩展，它不是纯粹历史性的概念，而是混合了诸多想象的成分。[26]杨盛翔介绍了13世纪末佛罗伦萨政治家、编年史家康帕尼，分析了其《佛罗伦萨编年史》的史学价值。[27]

张文涛指出，近代西方历史书写有认知性的历史、认同性的历史与承认性的历史三种范式，分别代表了追求客观性和规律性的进步史，服务于民族身份认同的构建的民族国家史学，以及强调被忽略、被抑制的他者的在场的新文化史、微观史、妇女史等。[28]张旭鹏指出，大众文化对西方史学编纂影响巨大，其即时性和碎片化倾向助长了微观主义研究风尚和对宏观历史的排斥，宏大叙事的回归则是对其修正。[29]景德祥指出，历史主义学派在近现代德国史学界成为主流，在中国只能屈居支流，与双方近现代历史进程有关，中国现代化进程中的失败使之选择了马克思主义的历史理论。[30]孙立新指出，20世纪70年代中期以来联邦德国的“新右派”历史修正主义 虽然只是其政治文化中的一股“逆流”，但有较深的历史和社会根源，必须予以认真对待，严肃批判。[31]黄艳红指出，伊波利特·泰纳在《旧制度》中对旧制度的王权和特权阶层进行尖锐批判，不能简单地把他视为反革命者。[32]李桂芝指出，艾琳·鲍尔在世时享誉世界史学界，但在去世后的几十年间地位一落千丈。20世纪七八十年代，随女权主义的兴起，她又被学界重新发现和挖掘。[33]黄春高介绍了尼尔·麦格雷戈的《大英博物馆世界简史》。[34]张绪山介绍了布洛赫的《国王神迹》对年鉴学派史学研究的意义。[35]晏绍祥介绍了芬利的生平和学术研究以及林志纯先生的学术研究及其对学科的贡献。[36]尉佩云介绍了何兆武先生的个人生平及其对后现代、马克思主义决定论和真理观、学术无中西等问题的看法。[37]邹兆辰分析了齐世荣先生关于史料问题的文章及其对历史学研究的意义。[38]

肖文超指出，施罗默·桑德的《虚构的犹太民族》对犹太民族起源等重要问题的答案，完全颠覆了传统的历史记忆。[39]曹瑞臣指出，近年来，近代英国消费社会兴起问题是西方学者关注的重要问题，研究主要集中在消费社会的具体表现形式、特征以及消费社会争论、奢侈与消费社会兴起、消费社会主体中产阶级崛起等方面。[40]严玉芳分析了美国著名环境史学家卡洛琳·麦茜特的环境史研究。[41]刘旭评述了印度历史学者拉姆昌德拉·古哈的环境史研究成果。[42]柴英、王栋以2013年人大复印报刊资料《世界史》转载论文等研究对象，分析了中国世界史研究的新趋势。[43]

二、世界古代史

易建平指出，摩尔根、恩格斯和韦伯的国家定义都有问题，前者的“地区原则”无法对应史学与考古学等学科中的血缘关系材料，后者定义无法应用于“现代”之前。应当只以“武力合法使用权”掌控情况或程度的不同来做区分，这样可以将韦伯定义的“国家”当作“完备国家”，而将之前的“国家”划分为“早期国家”与“成熟国家”两个发展阶段。[44]

国洪更指出，行省制度是亚述人控制被征服地的得力工具，源于阿卡德王国，是亚述人巩固军事征服成果的重要手段。行省是亚述的基本行政管理单位，总督是最高长官。行省负责经济、财税、治安、生产等公共事务，但其军政事务由国王严密控制。[45]刘健指出，古迪亚滚筒铭文A和B描述了苏美尔神庙建筑活动及相关仪式，从中可以深入认识苏美尔的王权观念。其建筑神庙活动实际上是一种政治行为，该文献反映的王权观念对后来两河流域产生深远了影响。[46]她还介绍了赫梯文明和赫梯学的情况。[47]晏绍祥指出，波斯帝国的政治制度具有国王的专制与地方自治合作的特征，两者的结合，是帝国得以长期维持的基本原因。其中央集权基本停留在意识形态层面，地方自治更常见于实际的政治运作。[48]周启迪的《波斯帝国史》出版，该书共19章，较为全面地叙述了波斯帝国的兴衰历史。[49]

王海利出版《埃及通史》，该书共16章，叙述了从古代到现代的埃及历史。[50]他还指出，不能简单把古埃及文字称为古埃及象形文字。[51]郭子林指出，古埃及宗教仪式具有很强的世俗意义，是统治阶级一种宣传手段，有深刻的社会文化和经济根源；[52]古埃及国王的丧葬仪式历史悠久，兼具宗教与世俗内涵；[53]他还评论了王海利的《失落的玛阿特》一书。[54]金寿福指出，古代埃及国王与神之间的差别是本质上的，不具备神性。[55]田天指出，《金字塔文》中“天空的公牛”所指不明，可能与猎户座和天狼星有关系。[56]

吕厚量指出，埃菲比亚是雅典古典时期对即将成为正式公民的雅典青年军事训练和宗教、政治教育，该传统及其对人身自由的限制并未损害雅典民主制的基本原则，而是对后者的生存与发展起到了保障与促进作用；[57]希罗多德《历史》卷三中关于大流士登基的内容可能间接来自《贝希斯敦铭文》，受到铭文里面波斯帝国官方意识形态的误导和政治宣传的欺骗，其脱离铭文线索而插入的附加情节则对古典时期希腊知识精英的波斯观产生了重要影响；[58]色诺芬对私人领域的理解与研究方式具有十分值得现当代学者们注意的时代特征；[59]受近现代西方中心论和文化偏见的影响，西方学术界曾长期将希腊罗马文明之外的文化排除在古典之外，古波斯文研究归纳古代印欧民族语言的共性和优越性。二战以后，一种客观、科学、全面的波斯史研究逐渐出现，推动了当代西方古波斯史料学的迅速发展。[60]李永斌指出，阿斯克勒庇俄斯崇拜反映了古希腊人对健康的追求，神话中的阿斯克勒庇俄斯与阿波罗关系非常密切。[61]王大庆指出，古代希腊的赛会具有强烈的宗教背景。赛会期间的宗教祭祀及体育竞技活动皆带有明显的仪式性特征。古希腊人融仪式于活动之中，用仪式来化解矛盾；[62]古希腊女性并没有被完全排除在体育运动之外，她们对体育运动和比赛活动的参与度始终较低，在根本上取决于希腊人对女性的性别角色和性别形象的建构。[63]邢颖指出，雅典城邦的重要节日之雅典人节与城邦发展密切相关。它不仅是雅典的一个宗教节日，也是传达城邦观念、宣扬城邦意识的重要场合。[64]徐晓旭指出，古代希腊发明的“希腊人和蛮族人”对立观念自古至今都是西方人塑造“他者”和建构认同的观念原型，这是一个不断被翻新的老问题，是一对不断被修改的画像。[65]

胡玉娟指出，罗马早期社会中的被保护人依附于贵族氏族，他们的社会地位与平民接近。这种中间身份使被保护人阶层成为政治斗争中的一枚重要棋子。[66]君权神授在古罗马共和政体下表现为“治权神授”。[67]杨共乐指出，罗马把凯旋文化变成一种合力型文化，使民众在凯旋仪式中接受教育，传承精神，接受民族价值观的洗礼。凯旋更是罗马民族内在本质的一种体现。[68]杨共乐《古代罗马文明》出版，该书共3编8章，讲述了罗马文明的源流与影响；其《西方文明探源：希腊罗马专题论集》分早期国家、文明特征、罗马史学、历史道路诸篇，讨论了相关问题。[69]尹宁指出，公元前8世纪至公元前1世纪，罗马的政治捐赠规模较小，主要是金钱，对象主要是民众。公元前1世纪至公元27年及以后，政治捐赠日益频繁，方式日趋多样化，军队也开始成为受捐对象。政治捐赠为罗马由共和向帝制转变提供了条件；[70]罗马元首制的元首人选呈现阶段性特征，前期以出身和社会等级为基础，后期则以军功为资本。[71]

王海利、王庆比较了中国传统“六书”说和“西洋三书”说等文字学理论，提出新“三书”说：图绘、假借、后假借。[72]徐晓旭指出，中西学者在从事古代中国和希腊的谱系研究时，徐旭生和迈尔斯把谱系视为对历史事实的某种记忆，迪勒和顾颉刚则视之为更晚编造的神话，王明珂和霍尔的史学方法与迪勒和顾颉刚的一样，均引入人类学理论以阐释谱系在族群认同建构中的功能。[73]

三、世界中古史

徐浩指出，现代欧洲文明中的核心要素之一——契约关系产生于中世纪。契约源于古罗马，当时主要用于商业。日耳曼人将亲兵制和罗马的契约概念相结合，建立起以采邑制为基础的领主附庸关系。这种双向契约涉及社会的各个阶层，并被移植到政治领域。[74]朱孝远指出，欧洲文明有丰富复杂的文化内涵和变幻莫测的形式，与文化融合同样重要的是欧洲的世界性的视野。[75]侯树栋指出，西欧中古早期的王国既非罗马国家的延续，也非民族国家、主权国家的某种不完整的、模糊的投射，应当依其自身进行解释。学术界从现代政治学角度的各种讨论显示，传统的直线、目的论式的国家发展观点已经过时，只有避免在二元对立的范畴内观察中古早期的政治生活，才能真正认识那个时代的国家性质和特点。[76]

彭小瑜指出，受到启蒙运动以来西方各种世俗化思潮冲击，中国对奥古斯丁及中世纪修道理想的解读褊狭，主要关注独身这个特殊层面，持批判否定的态度。西方学者比较强调新柏拉图主义思想传统在灵魂与肉体之间所构建的张力对基督教思想和文化的影响。实际上，基督教修道传统具有强烈的社会批判意义。在当时的社会语境中，它代表着一种积极和乐观的生活态度，而绝非是禁欲主义的。[77]夏继果指出，8世纪上半期，穆斯林征服了伊比利亚半岛并将该地区更名为安德鲁斯，在相当大程度上维持了西哥特王国遗留下来的政治秩序，基督教会享有自由并且像以前那样正常运行。基督教徒并没有把穆斯林的征服和统治视为宗教威胁，安德鲁斯的穆斯林与基督教徒相对和平共存。[78]杨宏伟指出，为了应对日耳曼民族的武力传统，中世纪基督教会通过正义战争的原则，即“上帝的和平”和“上帝的休战”，以及利用引导规范，使骑士他们成为教会的保护者和“基督的战士”。[79]

徐浩指出，中世纪之初，除不列颠外，其他日耳曼国家大都仿造罗马货币。7世纪晚期，银币在西北欧复兴，最后取代西罗马帝国的货币。加洛林王朝的银币体系推广到西欧各地。13和14世纪，西欧各国先后发行大额银币和金币。中世纪早期货币主要承担价值尺度和储藏手段的职能，货币发行和使用减少。中期以来货币越来越多地作为交换媒介，货币流通和使用数量大增。货币化渗透到农村，破坏了农民和领主之间的人身依附关系。[80]王超华指出，从工资收入水平研究可以看出，黑死病前，英国乡村劳动者工资收入和生活水平都较低，黑死病后则有显著提高。[81]赵文洪指出，到17、18世纪，私人财产的所有权在英国的法律上确立。[82]

陈志坚指出，中世纪英格兰的限嗣继承源于为女儿提供嫁资的习俗，是一种特殊的家庭内分封。14世纪，限嗣继承演变成限男嗣继承，长子继承权益重新得到强调，这两种继承方式都是时代需求的产物。[83]俞金尧指出，在中世纪晚期和近代早期，“退休”协议规定老人获得赡养的条件。退休协议是老年人与其财产继承人兼赡养人之间签订的具有法律效力的契约，老人既可以与子女，也可以与非亲族关系的人订立协议。这种养老方式与欧洲的婚姻家庭制度有关，有利于养老社会化的发展。[84]宁凡指出，14世纪末以来，荷兰出现了大地产者占多数和小地产者占多数的两种土地占有格局。前者较为集中，短期土地租约有利于农业商业化，大型租地农场加速了农业的商业化和近代化。后者较为分散，不利于商业化。[85]

孟广林指出，西方史学界对中古后期英国政治史的研究素来聚焦在对议会的考量上，还应该研究那些在议会内外活动的政治势力尤其是世俗贵族群体的活动，它们对整个政治有重要影响。大贵族即所谓的“超级臣民”在王国的政治生活中举足轻重。[86]贾迎亮指出，以“美好文学”为主要内容的人文主义教育在对亨利王子和亨利八世子女的教育上成就非凡，但中世纪的骑士教育与人文主义教育成竞争之势，二者都成为王公贵族炫耀自己以提高声望的手段。[87]

彭小瑜指出，耶稣会的依纳爵·罗耀拉创始人并不排斥工商业活动，也积极面对市场经济带来的制度和生活变化。他批评对财富的贪婪，鼓励信徒积极介入工商业、社会福利等社会生活。耶稣会人士在传教、文化教育以及社会福利工作方面贡献巨大。把基督宗教简单看作是资产阶级的一种思想文化，是值得商榷的一种思路。[88]刘林海指出，以伊拉斯谟为代表的圣经研究的转型为新教改革奠定了理论基础，新教改革家以圣经为指南进行改革，作为与公教会斗争的武器，但是，“唯有圣经”作为判定信仰和实践的权威原则并没有完全实现；[89]16世纪，罗马公教会的特伦特宗教公会议是在罗马教会内外交困的形势下召开的，其以厘定教义、清除腐败、改革教会为主要内容的改革措施对近现代公教转型意义非凡。[90]朱孝远指出，宗教改革使德国的国家、邦国和城市与农村都产生了新的国家—教会关系。德国通过政府对司法、教育、宗教、经济的全面管理，建立起较完善的政治秩序，捍卫了国家主权及核心利益，奠定了向近代国家过渡的基础。[91]周施廷指出，16世纪纽伦堡婚姻表明：天主教是“圣礼婚姻”，新教改革家是“秩序婚姻”，世俗法庭是“世俗婚姻”。纽伦堡市政府对相关问题的态度变化体现了其对待婚姻管理的现实态度。[92]张炜指出，英格兰新教改革者通过印刷媒介宣扬王权至上理念，推动民族国家观念的兴起，打破天主教会对宗教文本的垄断。改革者与传播媒介形成良好互动关系，谋求社会变革者与新兴媒介之间存在天然联系。[93]王建介绍了20世纪后期国外激进宗教改革研究的情况。[94]

注：

①张文涛：《“21世纪国际史学发展趋势”学术研讨会综述》，《世界历史》，2014年第6期。

②王玖玖：《网络与流动——第二届全球史学术论坛会议综述》，《全球史评论》，第七辑。

③倪滕达：《“现代化、全球化与本土化及反思——中国与世界之关系”学术研讨会综述》，《史学史研究》，2014年第3期。

④饶望京：《世界历史研究回顾与展望暨世界历史研究所成立50年座谈会综述》，《世界历史》，2014年第6期。

⑤刘家和：《传承和创新与历史和史学》，《北京师范大学学报》（社会科学版），2014年第2期。

⑥赵文洪：《历史学与社会发展》，《天津师范大学学报》（社会科学版），2014年第6期。

⑦刘军：《史学理论研究要“接地气”》，《史学理论研究》，2014年第3期。

⑧赵亚夫：《公共史学与高校历史教学》，《甘肃社会科学》，2014年第1期。

⑨张文涛：《在场感与西方公共史学》，《甘肃社会科学》，2014年第1期。

⑩王希：《把史学还给人民——关于创建“公共史学”学科的若干想法》，《史学理论研究》，2014年第4期。

⑪赵冬梅：《公共史学范畴下的专业史学家：责任、挑战与操守》，《史学理论研究》，2014年第4期。

⑫敖雪峰、杨共乐：《历史影像创作实践引导下的创新高校历史学习模式》，《历史教学》，2014年第14期。敖雪峰、杨共乐、吴琼：《历史影像实验室跨学科队伍建设初探》，《实验室研究与探索》，2014年第6期。

⑬刘文明：《杰里·本特利的“新世界史”和“跨文化互动”》，《光明日报》，2014年5月21日。

⑭邓京力：《从西方史学史到全球史学史—评〈全球历史的历史〉》，《史学理论研究》，2014年第3期。

⑮王立新：《在国家之外发现历史：美国史研究的国际化与跨国史的兴起》，《历史研究》，2014年第1期。

⑯张旭鹏：《新时期以来中国史学发展的特点与趋向》，《史学理论研究》，2014年第3期。

⑰董欣洁：《变动世界中的世界史编撰》，《史学理论研究》，2014年第3期。

⑱彭刚：《历史记忆与历史书写——史学理论视野下的“记忆的转向”》，《史学史研究》，2014年第2期。

⑲董立河：《后—后现代史学理论：一种可能的新范式》，《史学史研究》，2014年第4期。

⑳尉佩云：《弥合现代与后现代史学理论的可能途径——以约恩吕森的学科范型论为中心》，《史学理论研究》，2014年第1期。

㉑王坤敏：《后现代主义思潮冲击下的历史解释》，《湖北函授大学学报》，（2014）第27卷第13期。

㉒黄艳红：《欧洲历史中的过去和未来——简析科泽勒克和阿尔托格的历史时间研究》，《史学理论研究》，2014年第4期。

㉓顾晓伟：《何谓“历史解释”？——以“亨佩尔德雷论战”为讨论中心》，《史学理论研究》，2014年第1期。

㉔马敬、邓京力：《历史发展动力问题的整合与反思》，《前沿》，2014年6月。

㉕杨共乐：《希罗多德〈历史·序言〉的史学解析》，《史学史研究》，2014年第2期。

㉖李永斌：《古典学与东方学的碰撞：古希腊

"东方化革命"的现代想象》，《中国社会科学》，2014 年第 10 期。

㉗杨盛翔：《康帕尼及其〈佛罗伦萨编年史〉》，《史学史研究》，2014 年第 2 期。

㉘张文涛：《区分历史书写的三种范式：认知性的历史、认同性的历史与承认性的历史》，《甘肃社会科学》，2014 年第 4 期。

㉙张旭鹏：《大众文化与西方史学新趋向》，《湖北社会科学》，2014 年第 10 期。

㉚景德祥：《中德历史主义学派之比较——兼论历史主义学派的总评价》，《甘肃社会科学》，2014 年第 4 期。

㉛孙立新：《联邦德国"新右派"历史修正主义批判》，《史学史研究》，2014 年第 4 期。

㉜黄艳红：《制度、精神、心理——伊波利特·泰纳〈旧制度〉述评》，《法国研究》，2014 年第 2 期。

㉝李桂芝：《艾琳·鲍尔与世纪上半叶英国的中世纪史研究》，《史学理论研究》，2014 年第 4 期。

㉞黄春高：《通过文物书写历史》，《博览群书》，2014 年第 3 期。

㉟张绪山：《〈国王神迹〉与年鉴学派的史学研究》，《世界历史》，2014 年第 3 期。

㊱晏绍祥：《芬利的古史研究》，《历史教学问题》，2014 年第 2 期；晏绍祥：《博通中西、影响深远——林志纯先生与中国的世界古代史研究》，《史学理论研究》，2014 年第 4 期。

㊲尉佩云：《真理不是北极——对话何兆武教授》，《首都师范大学学报》（社会科学版），2014 年第 5 期。

㊳邹兆辰：《史学工作者应有的史料意识——读齐世荣先生关于史料问题的系列文章》，《首都师范大学学报》（社会科学版），2014 年第 5 期。

㊴肖文超：《犹太民族历史记忆的拆解与重构——施罗默桑德的〈虚构的犹太民族〉》，《史学理论研究》，2014 年第 1 期。

㊵曹瑞臣：《近年来西方学界对英国消费社会兴起问题的研究》，《世界历史》，2014 年第 6 期。

㊶严玉芳：《宏观结构中的性别与环境——卡洛琳·麦茜特的环境史研究》，《辽宁大学学报》（哲学社会科学版），2014 年第 4 期。

㊷刘旭：《印度历史学者拉姆昌德拉·古哈的环境史研究述评》，《辽宁大学学报》（哲学社会科学版），2014 年第 4 期。

㊸柴英、王栋：《2013 年中国世界史研究的新趋势——以 2013 年人大复印报刊资料〈世界史〉转载论文和全年索引统计分析为中心》，《历史教学》，2014 年第 10 期。

㊹易建平：《关于国家定义的重新认识》，《历史研究》，2014 年第 2 期。

㊺国洪更：《亚述行省制度探析》，《世界历史》，2014 年第 6 期。

㊻刘健：《苏美尔神庙建筑仪式探析——以古迪亚滚筒铭文 A 和 B 为例》，《古代文明》，2014 年第 4 期。

㊼刘健：《赫梯文明与赫梯学研究》，《光明日报》，2014 年 10 月 15 日。

㊽晏绍祥：《波斯帝国的"专制"与"集权"》，《古代文明》，2014 年第 3 期。

㊾周启迪：《波斯帝国史》，北京师范大学出版社，2014 年版。

㊿王海利：《埃及通史》，上海社会科学院出版社，2014 年版。

51王海利：《象形文字与圣书文字——兼谈古埃及文字的中文名称问题》，《东北师大学报》（哲学社会科学版），2014 年第 3 期。

52郭子林：《仪式理论视野下的古埃及宗教仪式探究》，《西北大学学报》（哲学社会科学版），2014 年第 2 期。

53郭子林：《古埃及国王的丧葬仪式》，《世界宗教研究》，2014 年第 1 期。

54郭子林：《碎片化的记忆与历史重构——评王海利新著〈失落的玛阿特〉》，《世界历史》，2014 年第 6 期。

55金寿福：《古代埃及国王不具备神性》，《中国社会科学报》，2014 年 10 月 22 日。

56田天：《借由"格尔塞调色板"对〈金字塔文〉中"天空的公牛"的考查》，《第十届北京大学史学论坛论文集》，2014 年（北京）。

57吕厚量：《雅典古典时期的埃菲比亚文化》，《世界历史》，2014 年第 4 期。

58吕厚量：《希罗多德波斯史及其对古希腊知识精英波斯观的塑造——〈历史〉卷三与〈贝希斯敦铭文〉比较研究》，《历史研究》，2014 年第 1 期。

59吕厚量：《蜂后与主妇：古希腊作家色诺芬眼中的私人领域》，《光明日报》，2014 年 1 月 22 日。

60吕厚量：《古典学、古波斯史料学与波斯文明》，《历史研究》，2014 年第 6 期。

㉑李永斌：《古希腊医神阿斯克勒庇俄斯崇拜探析》，《辽宁大学学报》（哲学社会科学版），2014 年第 6 期。

㉒王大庆：《古希腊赛会中体育竞技活动的仪式性特征》，《河北学刊》，2014 年第 5 期。

㉓王大庆：《从体育运动看古希腊人对女性的性别建构》，《中华女子学院学报》，2014 年第 3 期。

㉔邢颖：《论古希腊泛雅典人节中的城邦意识》，《历史教学》，2014 年第 22 期。

㉕徐晓旭：《希腊人和蛮族人：一对不断被修改的画像》，《历史研究》，2014 年第 6 期。

㉖胡玉娟：《被保护人与罗马早期社会的等级冲突》，《世界历史》，2014 年第 3 期。

㉗胡玉娟：《古罗马共和国的“治权神授”》，《中国社会科学报》，2014 年 9 月 24 日。

㉘杨共乐：《罗马的凯旋仪式及其价值》，《河北学刊》，2014 年第 5 期。

㉙杨共乐：《古代罗马文明》，北京师范大学出版社，2014 年版；《西方文明探源：希腊罗马专题论集》，北京师范大学出版社，2014 年版。

㉚尹宁：《古罗马政治捐赠述评》，《渭南师范学院学报》，第 29 卷第 2 期（2014 年 1 月）。

㉛尹宁：《试论古罗马元首制的阶段性特征——以元首人选的变更为例》，《古代文明》，2014 年第 4 期。

㉜王海利、王庆：《国际比较视野下的新“三书”说》，《文史哲》，2014 年第 5 期。

㉝徐晓旭：《古代中国和希腊族群祖先谱系研究方法述评》，《史学史研究》，2014 年第 3 期。

㉞徐浩：《从中世纪的契约关系看欧洲文明》，《史学理论研究》，2014 年第 2 期。

㉟朱孝远：《欧洲文明的文化内涵》，《光明日报》，2014 年 6 月 25 日。

㊱侯树栋：《对西欧中古早期国家问题的一些认识》，《史学理论研究》，2014 年第 3 期。

㊲彭小瑜：《“好像百合花在荆棘内”——奥古斯丁的修道理想与文本解读之惑》，《杭州师范大学学报》（社会科学版），2014 年第 5 期。

㊳夏继果：《穆斯林征服初期安德鲁斯基督教徒的生存状况》，《历史研究》，2014 年第 2 期。

㊴杨宏伟：《中世纪早期基督教会对世俗武力的规范与引导》，《首都师范大学学报》（社会科学版），2014 年第 2 期。

㊵徐浩：《论中世纪西欧的货币与货币化》，《史学月刊》，2014 年第 6 期。

㊶王超华：《中世纪英国乡村工资劳动者的收入和生活水平》，侯建新主编：《欧洲中世纪城市、乡村与文化》，人民出版社，2014 年版。

㊷赵文洪：《英国私人财产所有权在法律上的确立》，侯建新主编：《欧洲中世纪城市、乡村与文化》，人民出版社，2014 年版。

㊸陈志坚：《中世纪英格兰家产继承中的限嗣继承》，《世界历史》，2014 年第 5 期。

㊹俞金尧：《中世纪晚期和近代早期的欧洲老人及其赡养》，《史学集刊》，2014 年第 5 期。

㊺宁凡：《14—16 世纪荷兰农业商业化原因解析》，《北方论丛》，2014 年第 6 期。

㊻孟广林：《西方学者对中古后期英国世俗贵族群体政治活动的历史解读》，《史学理论研究》，2014 年第 3 期。

㊼贾迎亮：《人文主义与近代早期英国的宫廷教育》，《前沿》，2014 年 5 月。

㊽彭小瑜：《“修德以轻货财为首务”——对依纳爵社会和经济观念的现代反思》，《北京大学学报》（哲学社会科学版），2014 年第 5 期。

㊾刘林海：《圣经与宗教改革》，侯建新主编：《欧洲中世纪城市、乡村与文化》，人民出版社，2014 年版。

㊿刘林海：《特伦特宗教公会议与公教会的转变》，《历史教学问题》，2014 年第 4 期。

91朱孝远：《国家主权与现代政治秩序之基——德国的宗教改革与国家教会关系演变》，《学术前沿》，2014 年第 5 期（下）。

92周施廷：《帝国城市纽伦堡的新教婚姻改革》，《历史教学》，2014 年第 10 期。

93张炜：《英格兰宗教改革时期的新教改革者与传播媒介》，《世界历史》，2014 年第 5 期。

94王建：《20 世纪后期国外激进宗教改革研究综述》，《世界宗教文化》，2014 年第 5 期。

（作者：刘林海，北京师范大学教授）

世界近现代史

郭家宏　蔡妍妍

2014 年，北京地区世界近现代史研究领域进一步拓宽，成果显著。

美国史研究：张宏毅认为美国具有得天独厚的自然地理条件，而且始终积极地利用这种优势。但这种利用存在两重性特点，既大大促进了经济发展和国力的增强，又剥夺了弱小民族的生存条件并成为对外扩张的一种手段。[①]周钢指出美国内战后的二十余年是西部牛仔的黄金年代和鼎盛时期。数万名牛仔把占美国领土五分之一的大平原开发成了新的畜产品生产基地，满足了工业化时期美国人对肉类的需求。但很多牛仔因严酷恶劣的自然环境和终年过度疲劳紧张的工作状态，以及“忠于职责”舍生忘死保护牛群的职业操守，而在牧场和牛道上以身殉职。[②]唐立新指出 19 世纪初至 20 世纪初，美国犹太教改革运动是多重因素合力促成的，并分析了思想源流。他指出马丁·路德宗教改革的新教思想深刻影响了犹太教改革运动；美国国内的自由主义和宗教宽容为犹太教改革运动提供了现实的可能性；在启蒙运动理性精神的指引下，美国犹太教改革是犹太教“哈斯卡拉”运动的承续和发展，其根本指向是理性、民主和现代化。但美国本土的基督教的强大加上自然神论的冲击，也构成倒逼犹太教走向改革道路的重要因素。[③]王禹分析了美国“进步主义时代”威斯康星州共和党内的政治斗争，考察了“人民”这一概念在其中的地位。指出拉福莱特领导下的“改革派”发展出了一套以“人民”为核心的政治话语，以此击败了党内较为保守的“中坚派”。这种胜利显示了“人民”的政治话语在“进步主义时代”的影响力，也从侧面揭示了美国共和党从保守的“老大党”向改革政党的转变过程。[④]安然指出平民主义是世界现代化进程中一种很普遍的政治理念、社会运动和社会心态。它极其强调普通民众的价值，将民众意愿当作社会发展的终极目标，是精英主义的对立面。在很多国家里，平民主义往往与政治震荡、经济停滞和社会分裂相联系，但是平民主义在美国历史上的反复兴起并没有带来极大的社会混乱，而是推动了现存体制的制度创新与平民主义自身的内化。这种建设性结果的产生依赖于一个有助于化解精英与平民之间社会矛盾冲突的良好“平台”，即以中产阶级为主体的社会结构和多元分化的社会格局。[⑤]

英国史研究：贾迎亮探析了 15 世纪末和 16 世纪前半期一批人文主义者在英国宫廷大力提倡以“美好文学”为主要内容的人文主义教育，并在对亨利王子和亨利八世子女的教育上取得很大成就。但中世纪的骑士教育一直盛行不衰，形成了与人文主义教育竞争并存的局面，它们都成为王公贵族炫耀自己以提高声望的手段。[⑥]袁利宏指出 17 世纪的苏格兰的殖民扩张进程始终受到 1603 年王位联合后英苏王国关系不睦的消极影响，虽然面临来自欧洲主要海上强国的重重阻力，但也呈现出巨大的潜力，这成为 1707 年前苏英双方选择议会合并，组建不列颠国家的重要助推因素。[⑦]她还分析了 18 世纪苏格兰人参与不列颠帝国扩张的过程，指出该过程不仅巩固和扩大了 16—17 世纪英格兰人发展起来的殖民帝国，而且对解决 18 世纪不列颠本土的政治矛盾和社会问题、缩小苏格兰与英格兰的经济社会差距、培养苏格兰人的不列颠认同起到了积极功效。[⑧]黄硕指出 1666 年大火后伦敦的重建既是英国的负担，也是英国经济发展的新契机，促进了英国现代金融制度的建立和英国海外贸易的活跃，并引领一大批沿海城市效仿伦敦模式建立了新的外向型港口，进一步助力了近代英国的整体发展。[⑨]胡莉指出“光荣革命”后，威廉三世上台不仅改变了英国的外交立场，确立了实现的方式，还为英国提供了新的外交选择。整个 18 世纪的英国外交体现出反法、结盟以及在孤立主义与干预主义之间抉择的特征。[⑩]曹瑞臣指出 18 世纪的英国逐步迈向现代消费社会，消费活动日益成为英国经济与社会发展的重要动力。现代性及其价值理念带来的理性、自由、经济主义、物质主义和消费主义，深深影响了近代英国社会的财富观和消费观，奢侈消费有助于推动英国资本主义发展、外贸扩张以及技术革新等。[⑪]吴必康指出英国的经济政策和理论经历了从重商主义、经济自由主义、凯恩斯主义、新自由主义到“第三条道路”的重大变革，其中“看得见的手”和“看不见的手”相互交替，构成经济政策变化的“钟摆运动”，反映出国家干预和市场经济的变化关系，政策变革亦有其历史特点和经验教训。[12]杭聪指出战后的英国政府充分肯定了黑非洲殖民地的战略地位，力图将黑非洲建设成全球战争的后勤支援基地。当无力镇压民族解放运动之时，为了维护自己的利益，英国政府既利用军事协议，变更政府和军事机构组织形式，选择移交政权党派和垄断军官职位等手段，又选择性地利用军事干预手段。[13]

法国史研究：庞冠群指出托克维尔在探究法国旧制度灭亡的病因时，非常强调社会分裂症，将整个社会四分五裂的现象看作是旧制度灭亡的致命弊病，但对于旧制度末年法国社会跨越阶级与等级身份的融合现象没有给予应有的关注。而事实上正是分裂与融合共同推动了革命的降临。托克维尔被19世纪中叶法国社会阶级仇恨深刻、政府专制、乡村落后、贵族制消亡等现象所苦恼，为其所面对的问题探究历史根源，这便决定了他以一种回溯性的视角建构旧制度，对相关问题的阐述存在偏颇。当我们重读托克维尔时，应结合当下的研究，修正托氏的见解，而非将之神化。[14]倪玉珍对基佐的宗教思想与实践进行了介绍，他认为作为史学家、思想家和政治家的基佐已得到国内研究者的关注，然而作为新教徒的基佐尚未引起国内学界的注意。从基佐对启蒙和大革命的反思、在任公共教育大臣期间颁布的《基佐法》，以及他对天主教自由派争取教育自由的支持中，可以窥见宗教在其政治设想中的位置。基佐对宗教问题的思考以及调和天主教会与新教会、基督教与现代社会之间关系的努力，构成了19世纪法国同情宗教的人士为启蒙和大革命的反宗教倾向“纠偏”努力的一部分。基佐的成败也折射出大革命后法国在政教问题上遭遇的困境。[15]黄艳红指出伊波利特·泰纳《现代法国的渊源》中的《旧制度》一卷揭示了大革命发生的政治、社会和思想基础。基于泰纳对旧制度的王权和特权阶层的尖锐批判，我们不能将他简单地视为反革命者。[16]郭华榕通过分析法国驻俄大使卡斯特尔巴雅克的相关档案，指出其违背官方的外交政策，无视俄罗斯帝国的对外侵略扩张意图，固执地认为沙皇为人正直善良与渴望和平，俄国将主动从多瑙河撤军。该大使在数年之内呈报回国的一批秘密文件，充分揭示出此人的相关错误言行。[17]

德国史研究：孙立新指出自20世纪70年代中期以来，联邦德国部分倾向于民族保守主义的历史学家、时事评论家和自由作家连续发表著作，力图打破“禁忌”，颠覆左派“知识霸权”，重新解说德国历史，特别是纳粹主义和第二次世界大战的历史，使纳粹主义“历史化”、纳粹罪行“相对化”，在“卸却负担的”历史观的基础上，构建“有自我意识的”民族认同，恢复德国传统的大国地位。“新右派”历史修正主义虽然只是联邦德国政治文化中的一股“逆流”，但有较深的历史和社会根源，必须予以认真对待，严肃批判。[18]张湉指出在纳粹党创造的极权社会中，出现了很多极端偏执的人，矢志不渝地听从纳粹党的指挥，盲目相信纳粹的蛊惑。他们认可“社会达尔文主义”的观点，即所有的低级种族和有遗传缺陷的人应该“被进化”，监狱看守就是持这种观点的代表，其中不乏众多女看守，她们的残酷程度丝毫不亚于男性看守。这些女性的行为，体现了她们一以贯之的纳粹思想。[19]

俄苏及东欧史：刘祖熙指出俄罗斯和波兰两国人民血脉、语族相同，但形成了两种对立的政治制度：俄国沙皇专制制度和波兰贵族民主制度。俄罗斯人在专制制度和东正教会的熏陶下，养成了忠于沙皇、热爱祖国的爱国主义和集体主义精神。波兰人在贵族民主制度和天主教会的培育下养成了酷爱民主自由与桀骜不驯的民族性格和宽容开放的文化传统。普希金和密茨凯维奇间的相互钦佩和对立，折射出俄罗斯和波兰两个斯拉夫民族间的文化关系。[20]张建华指出自19世纪中期以来，在北京形成的特殊的“外国人世界”中，俄罗斯（苏联）侨民社会是一个颇具特色的案例。20世纪20年代，北京俄侨群体的命运伴随着中国动荡的政治局势而起伏，伴随着中俄与中苏关系的波澜而变化。[21]郝葵对20世纪20—30年代旅德俄侨的法西斯运动进行研究，指出由年轻俄侨组成的法西斯组织，表面与德国纳粹党有诸多相似之处，但他们怀着强烈的“对祖国的责任感”，身陷民族利益、国家利益和意识形态矛盾的旋涡之中，偏激的思想与特殊的社会环境使得他们只能在德国、苏联、俄罗斯三者之间游离，最终无法摆脱被解散的命运。[22]王晓菊指出新经济政策时期是沙皇俄国变为苏维埃俄国的转型期，在这一历史阶段，苏联农民的日常生活呈现出许多新特点。市场、集市、店铺、磨坊、各种副业等保障农户日常生活需求的体系相当完备，出现了村苏维埃、图书阅览室、俱乐部、合作社等一批新型政治、经济、文化机构。与城市相比，农村地区的宗教生活相对稳定，但在悄无声息地发生一些细微变化。[23]马龙闪指出苏联社会主义深陷计划经济桎梏而走过一条坎坷道路，经历了军事共产主义到“新经济政策”、斯大林抛弃“新经济政策”确立计划经济模式的发展过程，《苏联社会主义经济问题》一书是计划经济模式的圣经。中国曾全面学习苏联，经历了曲折的社会主义计划经济体制形成和固化过程。从计划经济走向社会主义市场经济，是“中国道路”对苏联计划经济模式的巨大突破。[24]张建华指出在越南战争期间，苏联向越南民主共和国（北越）提供了大量的军事人员和军事物资的援助，为北越的胜利提供了极其重要的物质和技术条件。苏联军事专家在越南战争中发挥了重要作用，而且展示了他们所代表的政治制度、社会生活和国家形象，构成了立体的“苏联形象”。[25]马细谱指出第二次世界大战后，东欧社会主义政治制度模式呈现多样化，从人民民主制度走向符合各自国情的民族道路，在社会主义建设中发挥了重要的历史作用。尽管东欧道路与苏联模式的摩擦和矛盾贯穿始终，但不能简单地把东欧执政党的失败完全归结为是学习苏联模式造成的。东欧社会主义政治模式问题包括了社会主义社会制度在东欧的兴亡过程，不能简单地用“过去与现在”“好与坏”来概括，需要客观地研究、公正地评价。[26]

瑞典、尼德兰史研究：陈翔指出瑞典参加三十年战争的原因既有宗教方面的考虑，又有争夺波罗的海霸权的需求，还有商业贸易方面的利益使然。瑞典的参战对于三十年战争的走势具有重大意义，也对战争发展态势和战后力量格局产生深远影响。[27]他还指出18世纪波兰的三次被瓜分及最终亡国有其特定的原因，是政治、经济、社会、国际局势等多种因素综合作用的结果。[28]此外，他还从宗教改革运动、资本主义发展、民族国家意识及国际背景等方面分析了尼德兰革命爆发的多方面原因。[29]

日本史研究：崔金柱指出明治中期大藏省在进行地税改革后依然未能扭转财政入不敷出的状况，以松方正义为首的大藏省官员便效仿欧美国家，引进所得税制。其原动力是筹措军费，与现代所得税以调节分配、减少贫富差距的主旨迥异；在所得税的立法过程中，大藏省的技术官僚起主导作用。[30]谭皓指出1879年末日本参谋本部派遣16名“清国语学生”来华留学，是日本军方正式以“留学生”名义派员来华学习汉语之始。这些人后来大都胜任了汉语教师职务，活跃于日本对华交涉中。此次派遣不仅是日本军方从汉语专业学生挑选留学生生源的开始，作为其对外派遣语言留学生的开端，在日本对外侵略扩张中亦占有重要地位。[31]宋成有指出中日甲午战争摧毁了东亚传统国际秩序，成为日本武力崛起、扭曲中日两国关系的历史拐点，东亚国际格局面目全非。甲午战争破坏了中、朝、日三国三足鼎立以维护东亚和平安全的框架，日本将侵略的矛头指向朝鲜半岛和中国大陆，走上军国主义的不归路。[32]唐利国指出《开罗宣言》确定了反法西斯同盟国家的对日战后处理的基本方针，至今仍有重大的现实意义，不仅是解决中日之间钓鱼岛领土争端的国际法依据，而且规定了战后亚洲和平秩序的基本框架，也奠定了战后日本繁荣的基础。[33]王新生探讨了日本对华关系正常化的决策过程，指出田中角荣在中日邦交正常化中始终起主导型作用，相较于中方更追求安全利益，日本方面则更多的是追求经济利益。日本的对华关系正常化决策过程，具有鲜明的首相决断型和利益驱动性特征及理念。[34]

南亚、东南亚史研究：金永丽梳理了19世纪印度鸦片种植和管理，阐述鸦片生产与贸易对印度社会和经济产生的影响，指出鸦片出口带来巨额税收，为印度带来稳定的贵金属供应，促进印度民族资产阶级的成长，为印度人提供就业机会等，但鸦片种植者获利最少。[35]冯野指出越南自1884年《顺化条约》的签订后，彻底沦为法国的殖民地，此后又经历了日本、美国的侵略以及本土共产主义兴起的过程，越南的土地已然成为了国际各大势力的角逐场，这些造就了越南长期南北分裂对峙的局面。由于各种政权实施的不同政治体制及政策，导致了越南南北社会在宗教、土地制度和政府管理体制方面的差异不断拉大。[36]梁志明指出奠边府战役是越南军民在抗法战争中取得历史性转折的伟大战役，也是中国人民支持越南抗击法国殖民者，打败美国干涉者的决定性战役。奠边府战役中，中越两国军民并肩战斗，共同对敌，结下深厚的战斗情谊，将中越友好关系推上了一个高峰，树立了一块光辉灿烂的历史丰碑。[37]梁志明还指出中越两国间紧密的历史文化联系、和平友好交往有着深厚的历史渊源。在中越关系史上，和平的经济和文化的交流，人民之间的友好交往是发展的主流，这突出地表现为双向的互动性的特点，但两国关系也呈现恩怨纠结，友好与矛盾并存的复杂状况。以史为鉴，发展与越南的友好合作关系是一种战略考虑与战略抉择。[38]邓沛沛以1988—2010年的缅甸为例，分析了“虚弱国家”的形态和起源。她指出“虚弱国家”是介于失败国家与正常国家之间的一种国家形态，政府履行公共管理的能力下降，社会结构涣散，国家内部冲突，但没有大规模暴动，社会依然正常运行，而这一时期的缅甸在政治、经济和暴动三方面都呈现出典型的“虚弱国家”形态。其根源在于军人长期专政、多民族冲突和国家干预使得其民主进程受挫、社会分化严重。[39]李世安指出两次金融危机对印尼政治都产生了重大影响，1997年东南亚金融危机使印尼从苏哈托的军事权威统治进入了政治民主化阶段，2008年全球金融危机进一步推动了印尼的政治民主化进程，政府加大反腐败力度。[40]

非洲史研究：张歌指出17、18世纪西非内陆地区伊斯兰教的传播未随着桑海帝国灭亡而中断，反而开始了直接深入民间的探索。伊斯兰教教士开始成为西非社会中不同利益集团和国家间的中介者和调停人。伊斯兰教在当地本土化的发展过程中，教团组织开始普遍出现，并同苏菲主义相结合，推动伊斯兰教在西非的传播，并提出改革主张。[41]杭聪指出白人政府用种族主义方式转化了南非的劳资矛盾，拒绝承认黑人工会合法性，通过高压实现了社会暂时稳定。根据工业化引发的社会力量变动，南非人百年来不断调整工会制度以化解劳资矛盾维护社会稳定。随着生产力发展和黑人日益觉醒，黑人工会最终推翻了种族隔离的工会制度，并参与国家政治生活，用协商方式解决劳资矛盾，南非在新的基础上实现社会稳定。[42]

拉丁美洲史研究：卢玲玲指出1862年阿根廷统一后，阿根廷政府利用英国的投资成功地消除了农牧业发展的制约因素，基于互补基础之上的英阿贸易促进了阿根廷农牧业和以初级农牧产品为主的出口经济的繁荣，但这种经济关系却导致阿根廷工业化水平低下，国民经济也为英国所控制，最终成为英国的经济附庸。[43]董经胜分析了1910—1917年墨西哥革命期间，以萨帕塔、比利亚、卡兰萨为代表的革命派别在土地改革问题上不同的主张和政策，并指出这些差异是由革命前不同地区经济和社会阶级关系的变化以及革命力量的构成所决定的。[44]他还分析了1920—1934年“国家重建时期”墨西哥政府推行的土地改革，指出受领导人的国家发展理念以及农村地区复杂的社会阶级关系和农民的传统观念等因素的影响，随着国家政权的逐渐巩固，土地改革的步伐逐渐减缓，总体效果并不明显。[45]他还结合1940—1982年期间墨西哥政府的土地和农业发展政策及其社会影响，分析农民政治组织和动员的发展，考察国家与农民关系的变化。[46]

国际关系史研究：陈翔指出法国为了追求本国的安全环境以及实现自身的霸权目标，奉行“东方栅栏政策”，积极与土耳其、波兰、瑞典等国结盟，东西两面夹击哈布斯堡帝国。使奥地利哈布斯堡面临双线作战的不利局面，基本上维持了欧洲的大致均衡状态。[47]赵国新考察了西班牙内战期间国际纵队中的英国志愿军的成军经过、参战经历以及它与英国共产党和共产国际之间的互利关系，由此说明英国志愿军积极参战是国内外局势使然，其参战动机是打击并防止法西斯在英国本土蔓延，其参战纯粹出于自愿，并非因盲目信仰而被操控。[48]李孔胜指出日俄战争改变了东亚国际关系的格局，对日美关系的发展产生深远的影响。两国在联合抗俄的基础上建立的合作关系迅速终结，日本开始排斥美国在满洲的权益，美国也开始遏制日本的对外扩张。两国关系逐步从合作关系发展到对抗关系，在东亚日美矛盾开始取代日俄矛盾成为帝国主义最主要的矛盾。[49]王若茜从英国外交的角度重新考察一战期间“伦敦密约”签订的过程，指出英国一方面利用土耳其海峡问题力促俄国接受意大利的参战条件，另一方面试图利用意大利制约俄国战后在地中海的影响。这既是英国均势外交的一次胜利，也反映了帝国主义秘密外交的罪恶和虚伪。[50]梁占军对国际关系理论视角下一战起源的研究进行归纳和梳理，厘清相关的理论建构的源流和研究范式，对不同理论关于一战起源的主要观点加以概括和评介。[51]李维考察了一战后卡莱基领导的“泛欧”运动，指出在一战的刺激下，战后欧洲掀起了超国家联合的思潮，其中卡莱基提出的“泛欧”思想最具代表性，他反思了一战的原因，提出欧洲联合的政治行动纲领，创建“泛欧联盟”组织，多次召开“泛欧”会议，在欧洲社会造成积极广泛的影响。[52]徐蓝指出第一次世界大战导致欧美和平运动的高涨，20世纪20年代的和平运动在一定程度上推动了国际法的发展，20世纪30年代和平运动的绥靖化为绥靖政策的形成和顺利实施奠定了思想与社会基础，间接鼓励了法西斯国家不断侵略扩张。这启示人们绝对反对一切战争的和平主义有时会事与愿违，当今应发展与完善和平机制，恪守和平共处、和平解决国际争端的理念与实践。[53]梁占军指出1933年英、法、德、意四国关于“谅解与合作公约”的谈判与缔结是一次旨在修正凡尔赛和约的失败尝试，也是纳粹德国崛起初期欧洲大国外交的一个缩影。它反映了20世纪30年代初期英法等国在德国纳粹势力崛起的初期，虽急于化解其潜在威胁却应对乏术的现实，同时也说明英法两国的对德政策正处于一个日渐分化的转型时期。[54]王晨辉指出锡安主义运动在得到英国的支持后取得长足进展，为后来犹太国家的建立奠定了政治、经济与文化基础。但由于锡安运动的发展交织着巴勒斯坦—阿拉伯人的民族主义运动，英国作为“受委任国”不得不一次次调整对犹政策。[55]牛可从学科文化的角度把握近几十年来美国外交史/国际关系史演进和转型的总体趋势，并在此基础上揭示近期“新冷战史”的学术史源流和学术思想特性。[56]茹莹指出欧安组织少数民族问题高级专员机制旨在对族群冲突实行早期预警与干预，对传统的国家主权观构成了一定程度的挑战，其确立于运作是全球化时代下国家主权让渡的一种表现。但在具体的实践中，该机制的运作实效受到欧安组织成员国意愿的制约。[57]许海云指出北约为适应冷战后国际形势的需要，大力推进体制改革，扩展北约体制的权力运行范围、增强政治与军事效能、加强内聚力与民主协商制。然而北约体制改革缺乏完整理论，且决策力不足，尚有很大的发展空间。[58]徐蓝分析了巴黎和会、两次世界大战之间、抗日战争、开罗会议、新中国成立与改革开放时期中国在亚太地区国际格局中的位置，指出20世纪亚太地区的国际格局是围绕中国的逐步崛起与发展而演变的。当今在亚太地区发挥重要作用的美、中、日三国，应成为推动亚太地区和平与发展、合作与共赢的正能量。[59]

环境史研究：宋云伟指出英国议会在英属印度期间通过一系列森林法案加强对森林资源的管理和开发，尽管英国人的政策一定程度上促进了印度森林管理的现代化和林业技术的科学化，但仍不完善，且森林管理以盈利为目的，导致印度森林开发的速度和规模空前加大。印度森林学在当时英帝国各殖民地中最为发达，成为其他殖民地学习的模本，逐渐发展成帝国森林学。[60]他还指出英国殖民统治期间对印度的森林政策反映了19世纪后半期英国社会思潮的变化以及人与自然关系的改变，同时也破坏了印度的社会结构，对生态的干扰程度加深。[61]梅雪芹和徐畅指出1930年比利时马斯河谷烟雾事件是人为排放和自然大雾共同作用的结果，其所折射出老工业基地的环境和生命健康问题具有普遍性，探讨工业化与环境污染及其危害之间的普遍联系，以加深对工业化结果的理解，为当下我们预防和治理空气污染或雾霾问题提供历史资鉴。[62]高国荣以有关美国大平原农业开发的相关著述为例，探讨环境史视野下的灾害史研究及其动向。[63]

史学理论与外国史学史研究：张文涛分析了近代西方历史书写的三种范式（认知性的历史书写、认同性的历史书写、承认性的历史书写）的优点与缺陷，指出每种范式都是不同时代与语境下人们历史意识和历史观念的表达，不同的书写范式之间并非是完全对立的关系。[64]他还分析了西方公共史学未能赢得专业历史学术界足够重视的原因，并指出公共史学的时间价值目标不应在于为个人或组织提供服务，而在于以一种新的认知与表达手段增加人们的历史认识与体验。[65]王希指出美国公共史学的实践早在20世纪30年代就已开始，对公共史学对西方学界针对公共史学与专业史学之间关系的讨论进行评述，并对如何构建中国的公共史学进行探讨。[66]彭刚对历史与记忆之间、记忆与真理和正义之间的复杂纠葛的关系进行了分析和阐述，指出记忆具有重构和诠释的特性，但也不应因此全然否认其通向真实过往的可能性。在利用记忆伸张正义和实现政治目标之间也需作谨慎的处理和把握。[67]赵文洪指出社会的健康快速发展取决于三个因素：正确的理想社会模式、正确的发展方式、强大的发展动力，而历史学可以为社会发展的这三个因素的形成做出不可替代的重要贡献。[68]黄艳红分析了科泽勒克和阿尔托格的历史时间研究，认为我们可以依据阿尔托格提出的“历史时间形态”来理解现代性和后现代性，这一术语同样涉及过去与未来的关系。在现代性的历史时间形态中，经验空间与期待视阈之间产生了距离，未来不应是过去的延续；在这种语境下，“历史”这一概念也有着特殊的含义，它强调的是时间中呈现出的变革和进步。[69]徐浩探讨了德国古典历史主义的哲学背景、基本观念和演变等问题，指出古典历史主义理论的创建者洪堡和兰克反对用抽象的哲学方法研究历史，为刚刚走上职业化道路的德国历史学奠定了唯心主义的史学本体论、认识论和方法论。德罗伊森、狄尔泰和新康德主义等区别了历史学和自然科学在研究对象、方法和目标上的差异性，强调历史学科的特殊性与自律性，在国内外产生了重要影响。[70]张湉介绍了英国现当代马克思主义史学家蒂莫西·梅森对纳粹德国的劳工和妇女政策的研究，认为其对深入研究德国史、广泛了解西方马克思主义史学家的史学理论和史学实践具有借鉴意义。[71]马龙闪对21世纪俄罗斯史学发展及其特点进行研究，认为21世纪的俄罗斯史学大体以2005—2006年为界线分为前后两个时期，前一个时期随着20世纪90年代俄罗斯社会的转型，继续着90年代以来史学的转型过程，大体以 2007 年为开端的后一个时期，进入了俄罗斯史学的稳定守成时期。[72]

注：

①张宏毅：《得天独厚自然地理条件对美国发展的影响》，《历史教学问题》，2014 年第 3 期。

②周钢：《在美国西部牧区殉职的牛仔》，《历史教学问题》，2014 年第 2 期。

③唐立新：《美国犹太教改革运动的思想源流》，《求是学刊》，2014 年第 6 期。

④王禹：《美国“进步主义时代”威斯康星州共和党内的政治斗争》，《史学月刊》，2014 年第 5 期。

⑤安然：《从平民主义的兴衰看美国社会矛盾的化解》，《史学月刊》，2014 年第 2 期。

⑥贾迎亮：《人文主义与近代早期英国的宫廷教育》，《前沿》，2014 年第 5 期。

⑦袁利宏：《17 世纪苏格兰殖民扩张进程与不列颠国家的形成》，《杭州师范大学学报》（社会科学版），2014 年第 3 期。

⑧袁利宏：《18 世纪苏格兰人参与不列颠帝国扩张的过程及影响》，《云梦学刊》，2014 年第 3 期。

⑨黄硕：《17 世纪伦敦重建与近代英国经济发展》，《鲁东大学学报》（哲学社会科学版），2014 年第 3 期。

⑩胡莉：《论威廉三世对英国外交的改变》，《陕西师范大学学报》（哲学社会科学版），2014 年第 6 期。

⑪曹瑞臣：《论现代性与英国消费社会的兴起》，《东方论坛》，2014 年第 4 期。

⑫曹瑞臣：《论现代性与英国消费社会的兴起》，《东方论坛》，2014 年第 4 期。

⑬杭聪：《英国军事战略与黑非洲殖民撤退（1945—1964 年）》，《唐山学院学报》，2014 年第 1 期。

⑭庞冠群：《社会分裂抑或融合？——重审托克维尔的旧制度研究》，《浙江学刊》，2014 年第 2 期。

⑮倪玉珍：《为启蒙和大革命“纠偏”——基佐的宗教思想与实践》，《世界历史》，2014 年第 3 期。

⑯黄艳红：《制度、精神、心理——伊波利特·泰纳〈旧制度〉述评》，《法国研究》，2014 年第 2 期。

⑰郭华榕：《违反国策的法国驻俄大使卡斯特尔巴雅克——法国有关档案揭露的真相》，《四川师范大学学报》（社会科学版），2014 年第 2 期。

⑱孙立新：《联邦德国“新右派”历史修正主义批判》，《史学史研究》，2014 年第 4 期。

⑲张湉：《希特勒的志愿女杀手和虐待狂——温迪·阿德勒—玛丽亚·萨蒂著〈妇女与纳粹〉读后》，《黑龙江史志》，2014 年第 1 期。

⑳刘祖熙：《俄罗斯政治文化与波兰政治文化比较研究》，《史学集刊》，2014 年第 1 期。

㉑张建华：《20 世纪 20 年代北京的俄国侨民及其社会生活》，《俄罗斯学刊》，2014 年第 2 期。

㉒郝葵：《20 世纪 20—30 年代旅德俄侨的法西斯运动》，《俄罗斯学刊》，2014 年第 2 期。

㉓王晓菊：《新经济政策时期苏联农民的日常生活》，《史学理论研究》，2014 年第 3 期。

㉔马龙闪：《苏联模式的形成和“中国道路”的巨大突破》，《中国延安干部学院学报》，2014 年第 5 期。

㉕张建华：《塑造“苏联形象”：越南战争中的苏联军事专家及其影响》，《俄罗斯研究》，2014 年第 1 期。

㉖马细谱：《走谁的路，去往何处——对东欧社会主义政治模式的思考》，《学术前沿》，2014 年 10 月下期。

㉗陈翔：《试析瑞典参加三十年战争的原因及影响》，《黑龙江史志》，2014 年第 21 期。

㉘陈翔：《18 世纪波兰亡国的原因探析》，《大庆社会科学》，2014 年第 5 期。

㉙陈翔：《尼德兰革命原因探析》，《黑龙江史志》，2014 年第 18 期。

㉚崔金柱：《明治日本所得税立法过程考论》，《日本问题研究》，2014 年第 2 期。

㉛谭皓：《日本参谋本部首批“清国语留学生”考略》，《北京社会科学》，2014 年第 6 期。

㉜宋成有：《中日甲午战争：日本历史的拐点与东亚国际格局》，《日本学刊》，2014 年第 5 期。

㉝唐利国：《〈开罗宣言〉与中日钓鱼岛领土争端问题》，《思想理论教育导刊》，2014 年第 2 期。

㉞王新生：《日本对华关系正常化决策过程再探讨》，《日本学刊》，2014 年第 4 期。

㉟金永丽：《19 世纪鸦片生产与贸易对印度社会经济的影响》，《鲁东大学学报》（哲学社会科学版），2014 年第 1 期。

㊱冯野：《1884 年至 1975 年越南南北分裂对社会差异的影响》，《云南开放大学学报》，2014 年第

2 期。

㊲梁志明：《奠边府战役的胜利：中越人民战斗友谊的历史丰碑——奠边府战役胜利 60 周年纪念》，《东南亚纵横》，2014 年第 4 期。

㊳梁志明：《中越关系的历史渊源与发展前瞻》，《人民论坛 · 学术前沿》，2014 年第 9 期。

㊴邓沛沛：《“虚弱国家”的形态和起源：以 1988—2010 年的缅甸为例》，《昆明理工大学学报》（社会科学报），2014 年第 5 期。

㊵李世安：《金融危机与印度尼西亚政治》，《历史教学问题》，2014 年第 2 期。

㊶张歌：《十七、十八世纪西非内陆地区的伊斯兰文明》，《理论界》，2014 年第 4 期。

㊷杭聪：《论 20 世纪种族隔离的工会制度对南非社会稳定的影响》，《史学集刊》，2014 年第 4 期。

㊸卢玲玲：《1862—1914 年英国对阿根廷农牧经济的影响》，《农业考古》，2014 年第 1 期。

㊹董经胜：《墨西哥革命时期各派别在土地改革问题上的斗争》，《拉丁美洲研究》，2014 年第 3 期。

㊺董经胜：《墨西哥革命后“国家重建”时期的土地改革（1920—1934 年）》，《史学集刊》，2014 年第 6 期。

㊻董经胜：《墨西哥的农业发展政策和农民动员：（1940—1982 年）》，《山东师范大学学报》（人文社会科学版），2014 年第 3 期。

㊼陈翔：《论法国的“东方栅栏政策”》，《黑龙江史志》，2014 年第 20 期。

㊽赵国新：《英国志愿军与西班牙内战》，《国际论坛》，2014 年第 1 期。

㊾李孔胜：《简论日俄战争与二战前日美关系的转折》，《南方论丛》，2014 年第 1 期。

㊿王若茜：《英国与一战期间“伦敦密约”的缘起》，《历史教学问题》，2014 年第 3 期。

(51)梁占军：《国际关系理论视角下的一战起源研究》，《历史教学问题》，2014 年第 3 期。

(52)李维：《第一次世界大战与“泛欧”运动的兴起》，《历史教学》，2014 年第 6 期。

(53)徐蓝：《第一次世界大战与欧美和平运动的发展》，《世界历史》，2014 年第 1 期。

(54)梁占军：《英国、法国与四国公约（1933. 3—7）》，《近现代国际关系史研究》（第六辑），2014 年第 1 期。

(55)王晨辉：《英国在委任统治时期对锡安主义运动的政策转变》，《江南大学学报》（人文社会科学版），2014 年第 4 期。

(56)牛可：《超越外交史：从外交史批判运动到新冷战史的兴起》，《冷战国际史研究》，2014 年第 1 期。

(57)茹莹：《欧安组织 HCNM 机制确立的背景、任务及其运作方式》，《滨州学院学报》，2014 年第 1 期。

(58)许海云：《冷战后北约体制改革的反思》，《教学与研究》，2014 年第 2 期。

(59)徐蓝：《试论 20 世纪亚太地区国际格局的演变》，《首都师范大学学报》（社会科学版），2014 年第 3 期。

(60)宋云伟：《英国在英属印度时期的森林政策及“帝国森林学”的形成》，《华中师范大学学报》（人文社会科学版），2014 年第 5 期。

(61)宋云伟：《英国殖民统治期间对印度森林的管理开发状况研究（1858—1947）》，《世界历史》，2014 年第 1 期。

(62)梅雪芹、徐畅：《“雾气何能致人于死”——1930 年比利时马斯河谷烟雾成灾问题探究》，《社会科学战线》，2014 年第 12 期。

(63)高国荣：《环境史视野下的灾害史研究——以有关美国大平原农业开发的相关著述为例》，《史学月刊》，2014 年第 4 期。

(64)张文涛：《区分历史书写的三种范式：认知性的历史、认同性的历史与承认性的历史》，《甘肃社会科学》，2014 年第 4 期。

(65)张文涛：《在场感与西方公共史学》，《甘肃社会科学》，2014 年第 1 期。

(66)王希：《把史学还给人民——关于创建“公共史学”学科的若干想法》，《史学理论研究》，2014 年第 4 期。

(67)彭刚：《历史记忆与历史书写——史学理论视野下的“记忆的转向”》，《史学史研究》，2014 年第 2 期。

(68)赵文洪：《历史学与社会发展》，《天津师范大学学报》（社会科学版），2014 年第 6 期。

(69)黄艳红：《欧洲历史中的过去和未来——简析科泽勒克和阿尔托格的历史时间研究》，《史学理论研究》，2014 年第 4 期。

(70)徐浩：《论德国古典历史主义及其演变》，《贵州社会科学》，2014 年第 11 期。

⑪张湉：《蒂莫西·梅森论纳粹德国的劳工和妇女政策》，《开封教育学院学报》，2014年第3期。

⑫马龙闪：《21世纪俄罗斯史学发展及其特点》，《史学史研究》，2014年第3期。

（作者：郭家宏，北京师范大学教授；蔡妍妍，北京师范大学硕士生）

考 古 学

考 古 学

高崇文

2014年，北京地区各科研单位及高校陆续发表了一系列新的考古资料和研究成果，在众多研究领域均取得了重要进展。现综述如下：

一、重要学术活动

2015年4月9日，由国家文物局主办，中国考古学会和中国文物报社承办的“2014年度全国十大考古新发现”评选结果揭晓，入选项目是：广东郁南旧石器地点群、河南郑州东赵遗址、湖北郭家庙曾国墓地、云南大波那墓地、浙江上虞禁山窑址、西藏阿里曲踏墓地、内蒙古伊河淖尔墓群、河南隋代粮仓遗址、北京大庄科矿冶遗址群、贵州播州土司墓地。①

2014年10月11日至13日，由中国社会科学院考古研究所、徐州市人民政府、南京博物院和中国考古学会秦汉考古专业委员会主办，徐州市文广新局和徐州博物馆承办的汉代陵墓考古与汉文化国际学术研讨会在徐州召开，来自国内外的130多位专家学者参加了会议，在会上提交和宣读学术论文98篇。会议围绕近年重大汉代考古发现、徐州汉代诸侯王墓和城址、汉代帝王陵和葬制、汉墓的形制和发展演变、南方汉墓特点、秦汉城址与聚落、汉代手工业、汉代漆器和玉器、汉代壁画墓和画像石墓的象征意义、边疆地区和国外汉代考古等诸多方面宣读论文并进行探讨。②

2013年4月27日至2014年4月8日，由中国国家博物馆与中国社会科学院考古研究所共同举办的“商邑翼翼　四方之极——殷墟文物里的晚商盛世展”在中国国家博物馆举行。展览分为“等级制度”“礼乐文明”“信仰空间”“甲骨文字”“戎马生涯”“贵族生活”等六部分，集中展现了1950年以来殷墟考古发掘出土文物之精品，对商文化进行了全面细致的展示。③

2014年7月3日至2014年9月3日，由中国国家博物馆与湖北省博物馆联合举办的“江汉汤汤——湖北出土商周文物展”在中国国家博物馆举行。展览主要是湖北地区出土的商周青铜礼器、乐器122件套精美文物，系统展现出商周时期湖北地区青铜文明格局、体系以及礼制文化特点。④

2014年11月6日至2015年1月4日，由中华人民共和国文化部、国家文物局等单位主办的“丝绸之路文物展”在中国国家博物馆举行。展览分为“黄金草原与中国内地的早期交流”“汉营西域与丝路交通”“胡人来华与胡风浸润”“厚重多元的宗教艺术”“包容四方的大唐文化”“碧波中的帆影”等六部分，共400余件组各地出土的珍贵历史文物，多层面立体地展示丝绸之路的历史文化与灿烂成就。⑤

2014年12月30日至2015年3月19日，由首都博物馆、湖南省博物馆、湖北省博物馆、河南博物院、安徽博物院主办的“凤舞九天——楚文化特展”在首都博物馆举行。展览分为“尊礼崇乐”“蕴美求奇”“问天求索”“楚启汉风”四部分，约200件套精美文物，展示春秋战国时期楚国礼乐之器、冠带衣裳、巫术哲学、诗歌舞蹈等文化艺术特色，以及楚文化与汉文化之间的文脉关系。⑥

二、综合研究

高崇文撰文探讨了中国古代礼制文明的产生及发展过程。认为，夏商周三代之所以用礼来治理国家，形成一种独特的礼制性社会，是因为这种礼具有一定的约束性、权威性的特质。只有古代的神权和祖权才具有绝对的权威性、约束性，而这种神权和祖权的权威性，又是原始先民在长期与自然界、与各族群的奋斗中，通过祭祀的形式逐渐树立起来的。新石器时期，大量祭祀遗迹遗物的发现，证实了祭祀礼制文明的产生；龙山时期，大批以祭祀遗址为中心古城的出现，反映了古国的产生、王权的出现以及神权的集中；夏商周三代建国营都，首先建祖庙与社坛，凡国之大事均要在祖庙和社坛中进行，说明三代统治者是依靠神权和祖权进行统治的，体现了神权、祖权与政权紧密结合的政体形态，形成了夏商周三代独特的礼制性社会。[⑦]徐良高利用各地出土的先秦时期神人像资料，探讨了神人像的宗教含义及所反映的宗教信仰和区域文化传统，认为这些神人像的本质是古代人心目中的鬼神形象，人们是祈求神人来护佑生人。并深入探讨了各地文化传统之异同及楚文化对汉文化的影响，归纳了中国古代各种文化融合、发展的规律性。[⑧]张忠培撰文指出，渭河流域孕育出来的半坡—西阴文化，是渭河流域发育出来的最初文明；渭河流域诞生的周人建立的西周王国，将王国文明推进到了一个新的发展阶段；渭河流域生长出来的秦人，创建了统一国家的帝国国家政治体制；建都长安的西汉和唐朝，推进了帝国国家政治体制的建设。西汉和唐朝使汉族为主体的中华民族和汉文化为主体的中华文化成为中国的历史特色，沉淀成中国的基本国情，奠定了深厚根基。[⑨]孙机研究了中国古代车战没落的原因，认为西周、春秋时，车战是作战的主要形式，战车数量往往是衡量国力的重要指标。战国以降，车战逐渐没落，汉以后战争中的车辆多用于运输辎重与环卫营地。车战退出历史舞台的原因，首先是车战自身的局限，如只适合开阔地作战，机动性差；其次，车战战斗方式特殊，车战无论在编伍还是在对阵中，都有一定规则，需作战双方共同遵守，实与“兵者诡道”的战争本质不相适应；再次，车战编伍中步兵作用的增强以及战国初骑兵的出现，使战车更加相形见绌；最后，战国之际宗法制度、礼乐文明的崩解，彻底破坏了车战规则，而战争观念的转变，战斗目的的变化，更加速了车战的没落。[⑩]

三、石器时代考古发现与研究

2014 年，广东省文物考古研究所、北京大学考古文博学院等单位，在广东省南江盆地发现 60 余处旧石器地点，展现出区域内由中心营地与临时活动地点组成的古人类栖居形态。此中更新世至晚更新世的三期文化遗存，为研究岭南乃至华南与东南亚地区的旧石器文化发展脉络提供重要参考依据。这一重大考古发现，为深入研究华南—东南亚地区旧石器文化的关系、区域人类起源与演化历史，以及东西方文化比较等国际热点课题提供了十分重要的新契机。[⑪]2014 年 8、9 月，中国科学院古脊椎动物与古人类研究所与甘肃省文物考古研究所在甘肃省陇西盆地清水河、水洛河流域发掘了两处旧石器遗址。其年代距今 3 万年左右，此两处旧石器遗址的发掘，为探讨石器技术的演变、人类行为的发展历程提供基础材料。遗址用火迹象的发现及文化遗物的平面分布，将有助于研究古代先民的空间组织形式，探讨远古时代人类的生活方式及与当地环境的互动关系。[⑫]2013 年 10 月至 11 月，中国科学院古脊椎动物与古人类研究所、青岛市文物保护考古研究所对青岛市黄岛区大珠山遗址进行了发掘，出土大批石制品、动物化石及植物标本等。此次发掘确定了青岛地区首个有地层依据的旧石器遗址，新的发现和研究将青岛地区有人类活动的历史提前到数万年前的旧石器时代。[⑬]2012 年 4 月至 6 月，中国国家博物馆在山西省东南部绛河流域进行了史前文化考古调查，共调查史前文化遗址 23 处，这些遗址涵盖了从仰韶早期至商代的各主要文化时期。其中，李高遗址出土的一批陶器标本属于后岗一期文化，时间上属于仰韶文化的较早阶段，是该流域目前发现最早的文化遗物。[⑭]2012 年 5 月，中国国家博物馆、山西省考古研究所对山西屯留柳行遗址进行了调查和清理，发现了丰富的史前文化时期遗存。该遗址属于内涵单一的庙底沟文化中期阶段的典型遗址，出土陶器与晋南地区同时期陶器面貌基本一致，而与晋北同时期陶器差别较大，反映出仰韶文化发展和传播过程中因距离和地理环境而造成的面貌差异。此遗存为深入认识山西东南部史前文化提供了重要素材。[⑮]2010 年至 2013 年，甘肃省文物考古研究所、中国社会科学院考古研究所等单位对甘肃西城驿遗址进行发掘，确定其年代为距今 4100 至 3600 年，历经马厂晚期、西城驿二期、四坝早期三个时期。发现有房址、灰坑、陶窑、墓葬等 531 处。此次发掘明确了四坝文化的来源，初步建立了黑水河流域史前文化序列。[⑯]

王幼平对河南新密李家沟遗址进行了研究，认为李家沟遗址细石器文化层的局部磨光石器、陶器残片及人工搬运石块等发现，是探讨中原地区早期新石器文化出现的重要线索，填补了中原地区裴李岗文化到旧石器时代末期的细石器文化之间的空白，展现了中原及邻近地区旧、新石器时代过渡的地层序列。[⑰]

四、夏商周时期的考古发现与研究

2012年10月至2014年12月，北京大学考古文博学院、郑州市文物考古研究院对河南郑州东赵遗址进行了发掘，发现新砦时期城址、二里头文化城址、东周城址各一座。三座城址是中原乃至全国新石器时代末至青铜时代考古的重大发现。新砦城址对于研究河南龙山文化至二里头文化的变迁、二里头城址对于研究二里头文化与先商文化关系及与郑州商城出现的关系、东周城址对于西周初年管邑的探索等学术课题均具有重要意义。[18]2003年至2004年，中国社会科学院考古研究所等单位对安阳殷墟孝民屯遗址进行大规模抢救性发掘，发现殷墟时期的建筑基址、铸铜遗迹及数百座同期墓葬，为全面研究殷墟的社会形态、手工业生产等提供了宝贵资料。同时还发掘了9座西周时期的墓葬，对研究商周文化的演变、青铜铸造及其技术的传承等具有重要意义。[19]2014年6月至9月，中国社会科学院考古研究所等单位对新疆温泉阿敦乔鲁遗址进行了发掘，发现大型石围建筑群和60余座石板墓、石堆墓，其年代为公元前19世纪至公元前17世纪。该遗址很可能是博尔塔拉河流域具有中心性质的祭祀或举行重要仪式活动的场所，显示出很高的文明程度，在西天山乃至中亚地区早期青铜时代遗存中具有重要位置。[20]

袁广阔、朱光华对偃师二里头文化城址进行了研究，文章结合有关考古资料与文献记载，探讨了当时的都城选址理念、宫殿建制、城郭制度等问题，指出二里头遗址作为夏王朝的都邑，代表着中国早期城市形态发展的崭新阶段，多样化的社会职能、复杂的社会等级制以及城郭之制的滥觞由此开始。[21]袁广阔对郑州小双桥遗址的宫城、宫殿建筑、大量祭祀坑及出土的金箔、青铜器、原始瓷器、玉器和有朱书文字的陶缸等文物进行了研究，认为小双桥遗址的地理位置与文献记载的仲丁都隞基本一致，存在的时间与文献中仲丁自亳迁隞的时间吻合，因此推断该遗址为商代之隞都。[22]高崇文通过对文献、铭文的梳理及相互印证，论述了西周时期周楚关系前后变化的史事及原因，同时探讨了楚人迁徙的路径。楚人最初活动于丹江流域，商末周初，楚归附于周，并常在宗周之地佐事周王。周成王时，因楚先祖佐周王有功，封熊绎居丹水之阳的“夷屯”，承认熊绎在丹江地域的统治地位，楚正式建国立都。后因周楚交恶，为周所逼，熊渠之后沿汉水数次向东迁徙，至西周末熊仪徙居丹淅之汇的“鄀”地。春秋初，楚进入襄宜平原，开启了东周时期在江汉地区的大发展。[23]田伟根据考古、文献资料，对周代晋国重要都邑古曲沃的地望、性质等问题进行了研究，认为古曲沃位于今天的闻喜县，上郭村遗址是其中心所在，上郭村遗址附近存在西周中期的遗物，这说明西周中期时，古曲沃附近已经有人活动，或与郑玄所谓晋成侯徙都曲沃有关。[24]张寅对东周时期关中地区西戎遗存进行了系统梳理，基本厘清了关中地区西戎遗存的年代，指出其来源于甘肃东部地区，是东周西戎考古学文化的一个次生类型，进而认定其应与迁徙到关中居住的西戎移民有关。[25]

五、汉唐时期的考古发现与研究

2012年和2013年，中国社会科学院考古研究所等单位对山东临淄齐故城内的一处铜镜铸造作坊遗址进行了发掘，有关的遗迹有铸坑、房址、水井及部分灰坑，出土有镜面范和镜背范。遗址的发掘是秦汉时期乃至古代铜镜铸造业及铸造技术研究的重大突破，为相关学术研究提供了珍贵的资料。[26]2012年以来，中国社会科学院考古研究所等单位在西安汉长安城北发现3组7座渭桥，其中厨城门四号桥为战国晚期修建，厨城门一号桥经西汉及东汉至魏晋两次修建，洛城门桥为西汉晚期至东汉早期所建，厨城门三号桥为唐代所造。发掘表明，至迟到清康熙时期渭河河道未大规模北移。[27]2010年，秦汉离宫别馆考古队在华阴市境内进行了考古调查，发现杨家城、瓦渣梁等10处秦汉时期遗址，采集到大量可供断代的遗物标本，为解决华阴境内秦汉时期遗址的性质提供了科学、翔实的资料。其中杨家城遗址应当是文献记载的汉集灵宫，为武帝求仙所建。另外还发现了瓦渣梁与黄埔峪遗址，应当分别为汉华阴故城和华山祠所在。[28]2014年6月至9月，中国社会科学院考古研究所等在西藏阿里象泉河上游地区发掘了两处象雄时期墓地。第一处为噶尔县故如甲木墓地，2012年、2013年曾进行过发掘，本年度发掘了一座大型竖穴土坑墓葬，为多人合葬墓。第二处为札达县曲踏墓地，发掘了5座洞式墓葬，墓室有单室墓和双室墓两种类型，为多人合葬墓。随葬品有彩绘木案、木盘、木梳、铜镜、纺织工具以及大量玻璃珠、草编器物、彩绘陶器、大量青稞种子和牛羊马动物等。其中一座墓葬中出土有精美的天珠（蚀花玛瑙珠），这是青藏高原首次考古出土。铜镜带有短柄，应该与欧亚草原的带柄铜镜同属一个系统，在阿里地区属首次发现。这批墓葬的年代在距今1800年左右，正是象雄国的强盛时期。这批资料对研究古代象雄国的社会生活面貌以及与新疆、中亚和北印度地区的文化交流有着重要意义。[29]2011年7月至2013年7月，中国社会科学院考古研究所洛阳汉魏故城队对河南洛阳北魏宫城四号建筑遗址进行了发掘，此建筑是宫城中轴线上的最为显赫的大型宫殿建筑，可以确认其就是北魏宫城的中心正殿“太极殿”及两侧的“太极东堂”和“太极西堂”。汉魏洛阳故城的太极殿是中国历史上第一座“建中立极”的宫城正殿，其始建年代可上溯至曹魏初年，修补、沿用至西晋、北魏时期。其设计思想、宫室制度为后代所遵循，也传播至日、韩等国。[30]北京市文物研究所于2014年4月至5月在北京市海淀区小营村发掘汉墓1座、清墓9座；5月至6月，在密云县密云镇西庄清理了17座唐代墓葬和19座明清时期墓葬。这些发现为研究北京地区的历史文化提供了实物资料。[31]

倪润安对北魏平城时代平城墓葬文化特点进行了研究，阐述了平城墓葬文化转型的动力。认为，由于北魏建都平城，平城从边郡之地发展成中国北部的政治和文化中心，大批移民迁入，大量财富汇聚，自魏晋以来文化荒芜的面貌得到彻底改观，酝酿着文化体系的转型和前进的动力，使北朝晚期文化走出低谷，迎来隋唐盛世文明。[32]赵超对隋代的壁画墓与画像砖墓进行了研究，归纳了隋代壁画墓所表现的隋代墓葬等级制度及隋代礼仪。对于深入了解南北朝壁画墓的发展与唐代壁画墓体系的形成，以及全面系统地认识中国古代壁画墓的历史演变过程等具有一定意义。[33]

六、宋元明清时期的考古发现与研究

2014年，北京市文物研究所等单位对北京延庆大庄科辽代矿冶遗址群进行了发掘，发现了从采矿到冶炼的遗迹，并且找到了冶铁工匠工作、生活、居住的地方，遗址类型比较系统、丰富，是目前国内发现的辽代矿冶遗存中保存冶铁炉最多，且炉体保存相对完好的冶铁场所。炉内结构完好，鼓风口清晰可见，为正确认识中国古代冶铁高炉的炉型结构演变，研究中国古代冶金史等，提供了弥足珍贵的资料。[34]2010年，河北省文物研究所、北京大学考古文博学院等对河北涧磁岭定窑遗址进行发掘，发现窑炉和作坊各2座、灰坑6个，出土青黄釉瓷、细白瓷和黑釉瓷等。涧磁岭是定窑五代、北宋至金代的中心窑场，其中A区自唐末五代开始烧造，一直延续到金末，出土的“尚食局”“东宫”款瓷器，揭示了宋金时期定窑除生产贡御瓷器外，还生产日用瓷器和粗瓷器。[35]2013年3月至6月，湖北省文物考古研究所、中国人民大学历史学系对湖北咸丰唐崖土司城址进行了调查。唐崖土司城址是我国西南土家族区域著名的明清时期土司城址之一。城址充分利用自然地形地貌，以山脉、河流、溪沟为天然屏障，城内由壕沟、城墙、衙署区构成多重结构体系，衙署区位于城内中轴线中心，各重要功能区的划分与选址都以这一中轴线来展开布局。城内遗迹非常丰富，主要有城墙、道路、院落、石桥、水井、采石场、码头、墓葬、建筑基址等。唐崖土司城址是研究我国西南少数民族地区土司制度的重要资料。[36]2014年6月到11月，故宫博物院考古研究所为配合故宫博物院基建工程，对故宫南三所门外3处古代建筑遗址进行了抢救性发掘。认清了生土之上城墙基础、墙基、墙体乃至排水系统的完整结构；揭露出年代明确、布局特殊的早期宫殿建筑遗址；发掘一处御窑瓷器的集中埋藏坑，填补了研究宫廷内残损御用瓷器管理制度的空白；将紫禁城视为一个整体，将城内各处考古发现的早期建筑基础进行精密测绘、科学记录，同时开展多学科的检测，为研究紫禁城建筑群的格局变化、工艺传承与制度沿革等提供了重要的一手材料。[37]北京市文物研究所于2014年在海淀区行知实验小学发掘明代明堂遗址。遗址用砖砌成六角形砖室，室内居北立一方砖买地券，南部放置铜镜1件、陶灯盏2件、石砚2件、铁犁铧2件、铜钱2堆。推测此砖室结构应是墓地压胜用的明堂。[38]北京市文物研究所于2008年在大兴区康庄村发掘了12座窑址，分为圆形、椭圆形、近方形三类。推测此处窑址属于清代，均用于烧炭。[39]2013年，在海淀区中坞村发掘了7座砖砌窑址，为清代的烧白灰窑址。[40]另外，在中坞村发掘明、清墓140座；在石景山区刘娘府发掘元墓4座；在丰台区南苑乡亚林西发掘了明代墓1座、清代墓15座。[41]这些发现为研究北京地区的历史文化提供了实物资料。

王毓蔺研究了河南浚县天启六年皇极殿采石摩崖题刻，指出明代河南浚县盛产花斑石，北京宫殿及陵寝营建，多次在此采办花石。浚县所发现的天启六年皇极殿采石摩崖题刻，是明代北京营建石料采办的重要史料，为明代宫廷营建史研究和故宫太和殿保护提供了重要的石料采办遗迹资料。[42]王毓蔺又研究了河北武强县明三圣庙遗址，认为自永乐肇建北京以来，明代卫河沿岸各适宜烧造地方为营建所行之大规模烧造活动始终未息。但自嘉靖中期以来，卫河沿岸的烧造较之前有所不同，逐渐集中于临清附近地方。河北省武强县马头村明三圣庙遗址及碑刻是见证这一重大烧造调整期的重要史迹，为明代北京营建史研究提供了珍贵的实物资料。[43]张利芳对清朝礼亲王家族茔地的分布进行了研究，指出礼亲王爵位始封于礼烈亲王代善，为清初八大铁帽子王之一，共传承了十一代，袭爵者十三人，此外，还有两位追封的和硕礼亲王。礼亲王大宗茔地共有四处，分别位于今北京市海淀区门头村、石景山区金顶山、福寿岭及石景山区礼王坟村。文章通过实地调查并结合文献，分析中国古代宗法制度下礼亲王大宗茔地变换原因及茔地上诸墓葬的分布情况。[44]

七、中外文化交流考古

2013年11月至2014年1月，由中国国家博物馆和肯尼亚国家博物馆组成的中肯联合水下考古工作队，对肯尼亚马林迪奥美尼角沉船遗址进行了水下考古发掘。本次发掘主要完成了遗址东北部A区船体以上堆积和遗址东部、南部二条探沟的发掘和清理，发掘面积共计约150平方米，确认了遗址的分布范围、层位堆积、船体结构、船载文物和文化内涵等基本情况。出水有象牙、铜锭、铜范、绿釉陶器、孔石器等重要遗物。通过对比研究，奥美尼角沉船为16—17世纪葡萄牙船，奥美尼角沉船遗址是肯尼亚和东非的一次重大考古新发现，为探讨肯尼亚乃至东非沿海贸易提供了珍贵的资料，也为海上贸易与交流史研究提供了新的实物资料。[45]

秦大树、徐华烽、默罕默德·玛初对肯尼亚蒙巴萨塔纳号沉船出水的中国瓷器进行了研究，指出“蒙巴萨沉船”是一艘葡萄牙快速军用帆船，名为圣·安托尼奥·塔纳号。于1697年在阿曼阿拉伯人与葡萄牙人的作战中沉没于肯尼亚蒙巴萨市老港口耶稣堡前的水域。20世纪70年代开始发掘，是世界上最早的水下考古工作之一。中国瓷器是发掘中最重要的出水物品。作为一批重要的纪年资料，完整性和保存状况良好，其功能不同于一般的贸易品，是一艘军舰上官兵使用的日常用器，具有重要的学术价值。文章全面报告了蒙巴萨沉船出水的238件（片）中国瓷器，对不同窑口和器类进行了统计，探讨了顺治、康熙时期的“一叶盘”和广东产粗胎罐两类器物。研究表明，这些中国瓷器主要是景德镇窑、福建南部和广东的产品，分为精细和粗率两类产品，可能分属于船上不同等级的军人。应该是景德镇民窑瓷器和更加粗陋的福建地区民窑瓷器。[46]李鑫对唐宋时期明州港对外陶瓷贸易进行了研究。文章通过对爪哇海域黑石号、印坦号、井里汶号三艘唐至北宋时期的沉船资料的分析，结合宁波考古发现和文献记载，以及明州港与东南亚、东亚诸国的贸易材料，对唐宋明州港对外陶瓷贸易的发展及贸易模式进行了探索：8世纪晚期开始，明州作为越窑的启运港，是扬州港对外贸易的附属港口；9世纪晚期，明州作为越窑产品的主要外销港口，直接面向日本、朝鲜半岛和东南亚诸国。明州港和东南亚的贸易模式是与室利佛逝巨港间的转口贸易，其主要商品即越窑瓷器。这种贸易方式保持着一种连续和稳定的状态。而发现于西亚、中东的越窑产品，主要是从巨港运出而非明州港。而在跨越印度洋贸易的过程中，伊斯兰商人作为一股重要力量，不但参与海上贸易过程，还可能通过订货的方式影响到包括长沙窑、越窑等瓷窑产品生产的面貌。[47]林梅村从珠宝艺术方面研究了中外文化交流。指出，由于缺乏宝石资源，中国传统文化通常用软玉替代宝石作为装饰。唐代又将缅甸翡翠引入中国。随着佛教的传入，印度宝石开始对中国文化产生重要影响。蒙元帝国开启了中外文化交流的又一个黄金时代。随着中东、中亚穆斯林大举东迁黄河、长江流域，西方宝石及阿拉伯宝石学开始在中国流行。据史书记载，元代流行中国的西域宝石计有：红色宝石四种（红尖晶石、石榴石、锡兰石、杂色石榴石），绿色宝石三种（祖把碧、祖母绿、浅绿色祖母绿），各类刚玉七种（红宝石、优质金刚石、深蓝宝石、海蓝宝石、浅蓝刚玉、黄刚玉、白刚玉），猫眼石两种（金绿宝石、亚历山大变色石），绿松石两种（尼沙普尔绿松石、克尔曼绿松石）。明代朝贡贸易将中外文化交流推向又一巅峰。湖北钟祥明代梁庄王墓出土了数以千计的金银珠宝，不仅有世界四大名宝（金绿宝石、祖母绿、蓝宝石、红宝石），而且包括波斯出产的尼沙普尔绿松石。据研究，这些宝石实乃是郑和下西洋在锡兰、印度、波斯采买的“诸番宝货”，当即朱瞻垍出生、封王或大婚时永乐帝赏赐之物。[48]

注：

①《2014年度全国十大考古新发现》，中国文物信息网，2015年4月17日。

②贾昌明：《探寻大汉雄风的全貌——汉代陵墓考古与汉文化国际学术研讨会在徐州召开》，《中国文物报》，2014年10月24日。

③中国国家博物馆信息网。

④中国国家博物馆信息网，中国国家博物馆、湖北省博物馆：《江汉汤汤——湖北出土商周文物》，北京时代华文书局，2015年版。

⑤中国国家博物馆信息网。

⑥首都博物馆信息网，湖南省博物馆、首都博物馆编：《凤舞九天——楚文化特展》，科学出版社，2015年版。

⑦高崇文：《中国古代礼制文明的考古学观察》，北京大学国学研究院中国传统文化研究中心编《国学研究》第三十四卷，北京大学出版社，2014年版。

⑧徐良高：《中国三代时期的文化大传统与小传统——以神人像类文物所反映的长江流域早期宗教信仰传统为例》，《考古》，2014年第9期。

⑨张忠培：《渭河流域在中国文明形成与发展中的地位》，《中国国家博物馆馆刊》，2014年第11期。

⑩孙机：《中国古代车战没落的原因》，《中国国家博物馆馆刊》，2014年第11期。

⑪广东省文物考古研究所、北京大学考古文博学院、云浮市博物馆、郁南县博物馆、罗定市博物馆：《广东史前考古重大突破 南粤远古文化填补空白——广东郁南磨刀山遗址与南江旧石器地点群考古发现与收获》，中国文物信息网，2015年2月4日。

⑫甘肃省文物考古研究所、中国科学院古脊椎动物与古人类研究所、张家川县文物局：《甘肃张家川发现旧石器晚期遗址和用火遗迹——石峡口遗址的考古收获》，《中国文物报》，2014年10月10日。

⑬《青岛地区首个有地层依据的旧石器遗址——大珠山遗址的新发现》，《中国文物报》，2014年3月28日。

⑭中国国家博物馆、山西省考古研究所：《绛河流域史前文化考古调查》，《中国国家博物馆馆刊》，2014年第7期。

⑮中国国家博物馆、山西省考古研究所：《山西柳行仰韶文化遗存》，《中国国家博物馆馆刊》，2014年第7期。

⑯甘肃省文物考古研究所、北京科技大学冶金与材料史研究所、中国社会科学院考古研究所、西北大学文化遗产学院：《甘肃张掖市西城驿遗址》，《考古》，2014年第7期。

⑰王幼平：《新密李家沟遗址研究进展及相关问题》，《中原文物》，2014年第1期。

⑱郑州市文物考古研究院、北京大学考古文博学院：《夏商周考古的又一重大收获：河南郑州东赵遗址发现大中小三座城址、二里头祭祀坑和商代大型建筑遗址》，中国文物信息网，2015年2月27日。

⑲殷墟孝民屯考古队：《河南安阳市孝民屯遗址西周墓》，《考古》，2014年第5期。

⑳中国社会科学院考古研究所、温泉县文物局、宾夕法尼亚大学：《新疆温泉阿敦乔鲁墓地发现家族墓葬“排墓”》，中国文物信息网，2015年2月4日。

㉑袁广阔、朱光华：《关于二里头文化城址的几点认识》，《江汉考古》，2014年第6期。

㉒袁广阔：《关于郑州小双桥遗址的几个问题》，《考古》，2014年第11期。

㉓高崇文：《试论西周时期的周楚关系——兼论楚族居地变迁》，《文物》，2014年第3期。

㉔田伟：《简论古曲沃的地望及相关问题》，《中国国家博物馆馆刊》，2014年第11期。

㉕张寅：《东周时期关中地区西戎遗存的初步研究》，《考古与文物》，2014年第2期。

㉖中国社会科学院考古研究所、山东省文物考古研究所、临淄区文物局：《山东临淄齐故城秦汉铸镜作坊遗址的发掘》，《考古》，2014年第6期。

㉗陕西省考古研究院、中国社会科学院考古研究所渭桥考古队、西安市文物保护考古研究院：《西安市汉长安城北渭桥遗址》，《考古》，2014年第7期。

㉘游富祥、梁云：《汉代集灵宫与华阴故城考证》，《中国国家博物馆馆刊》，2014年第8期。

㉙中国社会科学院考古研究所、西藏自治区文物保护研究所：《西藏阿里地区噶尔县故如甲木墓地2012年发掘报告》，《考古学报》，2014年第4期；仝涛：《西藏象泉河上游发现象雄文化高等级墓葬》，《中国文物报》，2014年10月24日。

㉚中国社会科学院考古研究所洛阳汉魏故城队：《河南洛阳市汉魏故城发现北魏宫城四号建筑遗址》，《考古》，2014年第8期。

㉛北京市文物研究所：《海淀区东升乡小营村汉代、清代墓葬发掘简报》，《北京文博》，2014年第3辑；北京市文物研究所、密云县文物管理所：《北京密云发现唐代及明清墓葬群》，《中国文物报》，2014年10月10日。

㉜倪润安：《北魏平城时代平城墓葬的文化转型》，《考古学报》，2014年第1期。

㉝赵超：《试论隋代的壁画墓与画像砖墓》，《考古》，2014年第1期。

㉞《2014年度全国十大考古新发现》，中国文物信息网，2015年4月17日。

㉟河北省文物研究所、北京大学考古文博学院、曲阳县定窑遗址文保所：《河北曲阳县涧磁岭定窑遗

址 A 区发掘简报》，《考古》，2014 年第 2 期。

㊱湖北省文物考古研究所、中国人民大学历史学系考古教研室、咸丰县文物局：《湖北咸丰唐崖土司城址调查简报》，《江汉考古》，2014 年第 1 期。

㊲故宫博物院考古研究所：《紫禁城内的考古发现——故宫明清建筑遗址 2014 年的发掘收获》，《中国文物报》，2015 年 1 月 9 日。

㊳北京市文物研究所：《海淀区行知试验小学明代明堂发掘简报》，《北京文博》，2014 年第 4 辑。

㊴北京市文物研究所：《北京市大兴区康庄村清代窑址发掘简报》，《北京文博》，2014 年第 1 辑。

㊵北京市文物研究所：《北京市海淀区中坞村清代窑址发掘简报》，《北京文博》，2014 年第 2 辑。

㊶北京市文物研究所：《北京石景山区刘娘府元墓发掘简报》，《考古》，2014 年第 9 期；北京市文物研究所：《北京市丰台区亚林西三期明清墓葬发掘简报》，《北京文博》，2014 年第 4 辑。

㊷王毓蔺：《明北京三殿营建采石的重要史料——记河南浚县天启六年皇极殿采石摩崖题刻》，《故宫博物院院刊》，2014 年第 1 期。

㊸王毓蔺：《明代北京营建烧造转折期的重要史迹——记河北武强县明三圣庙遗址》，《故宫博物院院刊》，2014 年第 4 期。

㊹张利芳：《略论清朝礼亲王家族茔地的分布》，《故宫博物院院刊》，2014 年第 1 期。

㊺中国国家博物馆水下考古研究中心、肯尼亚国家博物馆滨海考古部：《肯尼亚马林迪奥美尼角沉船遗址 2013 年度水下考古发掘简报》，《中国国家博物馆馆刊》，2014 年第 9 期。

㊻秦大树、徐华烽、默罕默德·玛初：《肯尼亚蒙巴萨塔纳号沉船出水的中国瓷器》，《故宫博物院院刊》，2014 年第 2 期。

㊼李鑫：《唐宋时期明州港对外陶瓷贸易发展及贸易模式新观察——爪哇海域沉船资料的新启示》，《故宫博物院院刊》，2014 年第 2 期。

㊽林梅村：《珠宝艺术与中外文化交流》，《考古与文物》，2014 年第 1 期。

（作者：高崇文，北京大学教授）

语 言 学

中国语言学

宋作艳 邵琛欣 覃俊珺 田祥胜 邱立坤 陈保亚

一、现代汉语

1. 语音

语音与生理特征的关系是本年度研究的重点。有学者详细分析了普通话的圆唇特征与发音时唇形变化的相关性。实验结果表明，唇圆度和唇开口度并不具备区分圆唇元音和非圆唇元音的功能，而唇宽度具有区别意义的功能。张嘴与闭嘴两个阶段有不同的唇形模式，综合此二阶段唇形的变化规律，作者主张使用内外唇宽度之和为特征，用其变化表示圆展唇运动的动态过程。实验还发现普通话发音的唇部生理运动具有一定的随意性，但基本上总能保持同一发音人圆唇元音比非圆唇元音的唇宽度更窄这一特性。[①]另有学者从儿童语言习得的角度，对普通话基本元音的基频发展进行了研究。研究选取了九个年龄组不同性别的发音合作人为实验对象，测量了基础元音 a、i、u 在九个年龄组不同性别下的基频阶段性发展特征，在此基础上考察儿童产出的基础元音在基频表现上与成人的异同。数据表明，即使那些听觉上与成人发音比较接近的基础元音，其各基频特征也与成人的不完全相同，有自己的倾向性规律，生理因素在底层制约了基础元音的基频发展特征。[②]

还有学者论证了英语的节奏属于“重音定时”型，轻重控制松紧，轻重为本；而汉语的节奏属于“音节计数”或“音节定时”型，是松紧控制轻重，松紧为本。由于汉语几乎每个音节都承载意义，所以音节组合的松紧必然反映意义联系的松紧。汉语的节奏单位要区分“基本单位”和“强势单位”，单音节是基本节奏单位，双音节是强势节奏单位。[3]

2. 词汇

国内外教学词表、词库的研制，历来以词频为标准提取教学所需词汇。以词频编制的词表、词库存在抽象性词语频率比具体性词语频率高的现象，若仅按词汇出现频率的高低来编排词汇教学的先后顺序，违背人类认识事物从具体到抽象的客观认知规律，会降低教学效率。有学者带领科研团队致力于国际汉语教学中的基本层次范畴词库建设研究，并在《语言文字应用》上发表了系列文章，从认知语言学的角度，对现代汉语基本层次范畴词汇的提取进行深入研究，旨在研制出适合国际汉语教学用的基本层次范畴词库。四篇论文分别从不同的角度探讨词库建设的理论、内容、标准和方法，以及基本层次范畴词汇认知的顺序和动宾式中基层动词与名词宾语的搭配机制。研究认为，现代汉语基本层次范畴词汇的提取应以词汇显现的完形程度的高低作为主要标准，依据不同范畴词汇的特点，采用相应的辅助标准来提取基层词汇，并对基层词汇进行排序；最终研制出符合人类认知规律的词库供国际汉语教学借鉴使用。[4]

3. 句法语义

本年度的句法语义研究集中在以下几个方面：对以往研究的反思与总结、构式、韵律句法、类型学研究以及基于生成词库理论的句法语义研究。

什么是汉语的语法单位是当前汉语语法理论中很关键的一个问题，也是字本位和词本位争论的核心问题之一，几度成为语法研究中的热点。认知语言学提出了语法单位连续性假说，即词库、形态和句法的单位具有连续性，没有本质的不同，可以统一看成是符号系统的象征单位（symbolic units）。这是一种单层语法单位观。有学者通过一系列汉语事实证明了，即使考虑连续现象（比如把难以区分的片段都算成不规则组合），也需要区分规则组合和不规则组合。语法分析中应该包括两种语法单位，即不规则单位和规则单位。长期以来，自由的概念一直被作为提取句法单位的重要标准，但汉语中大量包含黏着语素的语素组都是规则组合，自由的概念并不能区分规则组合和不规则组合，因此也不能充分区分规则单位和不规则单位。平行周遍原则的提出是为了不受自由概念的限制，直接通过类推的平行周遍条件区分规则组合和不规则组合。承认两种语法单位必然承认两个语法层面，不过词法和句法的区分在汉语中并没有严格界限，也不反映规则组合和不规则组合的区别。[5]一般都根据是否符合句法规则和语义规则来判断一个句子是否合格。有学者指出，一方面，符合的句子不一定合格，还要看是否符合现代汉语的韵律结构规则，是否符合汉语的语言信息结构所应遵循的原则，是否符合“所用的句式要与所处篇章的语义背景相吻合”的原则。另一方面，不符合的句子也不一定不合格，其他语言、网络语言的影响，为求表达经济、特殊修辞效果以及错误类推都可能使之合法化。[6]有学者从理论语法研究和应用语法研究两个方面分析了当前现代汉语语法研究的基本态势。首先从语法研究对象的变迁、语法研究方法的融合、语法研究生态的拓展三个方面概括描述了当前现代汉语语法研究中多层面、多角度的互动关系，进而指出借鉴和吸收仍是推进现代汉语语法研究的重要动力，汉语语法研究正为普通语言学提供越来越多可资借鉴的成果。最后提出语法教学的应用研究向何处去的问题，并就当下汉语语法研究中的某些偏向进行了思考。[7]

构式方面，研究多集中在成分与构式的互动上。有学者拟在认知语言学、配价语法和论元结构理论、生成词库论、构式语法等当代语言学理论的指导下，建立起系统的关于汉语语法的“词库—构式”互动的描写体系；同时研究和开发跟汉语语法的“词库—构式”互动体系相配套的多层次的大型语料库和可视化知识库，并研究这种语法体系和知识库怎样应用于汉语国际教育实践中，从而形成全新的基于“词库—构式”互动体系的汉语国际教育的理念和策略。[8]有学者在对构式压制（construction coercion）的内涵做出重新定位的基础上，讨论了构式压制的范围，并从构式对组构成分的“招聘”和组构成分向构式的“求职”这两个角度形象、生动地刻画了构式压制过程中存在的双向互动的合力机制，说明了构式及其组构成分的整合过程，同时认为它们在本质上跟生成语法对句子生成过程的认识比较一致。构式向语言系统中所有成员开放，但不是所有成员都能进入其中，只有通过构式特征核查的成分才能获准入内；而具体成分实际上具有很多种组构能力，常常能够满足多种构式的特征核查，只不过在特征核查过程中，有的特征不能直接地完全吻合，因此需要借助凸显和压制机制，在“招聘”和“求职”的互动过程中经过磨合而实现构式及其组构成分的融合。另外，现有的构式压制观一直强调对立、冲突，该学者则认为构式压制成功的真正动力来自于构式整体形义关系和组构成分形义关系的有机契合，在凸显和抑制、增强和减弱的过程中实现了构式和组构成分的整合。[9]另有学者从语义、音节、词构、词频等角度探讨了准双向动词在进入格式时所受到的限制。该研究通过对准双向动词功能扩展的研究，发现动词与句式的互动受到诸多因素的制约，因此对于这种现象的研究不能拘于一个侧面或一种理论，应该予以全方位、多角度的审视。[10]还有学者以现代汉语中的“A＋一＋X，B＋一＋Y”格式为例介绍了构建现代汉语构式知识库的初步工作，重点阐释了该构式表达的六种意义的判定条件及相应的释义模板。该构式可根据其表义功能不同分为三个大类十个小类。[11]

韵律和句法的互动研究方面，有学者对汉语［N的V］结构进行考察后指出，［N的V］内部应分为［$N_{施}$的V］和［$N_{受}$的V］两类。就韵律而言，［$N_{施}$的V］对V没有严格的韵律限制，单双音节均可出现；而［$N_{受}$的V］中的V只接受双音形式，单音形式不能出现。就句法而言，［$N_{施}$的V］是以限定词“的”为核心投射而成的DP，而［$N_{受}$的V］是以动名词V双为核心投射而成的GP。［$N_{施}$的V］结构与名物化无关，而［N的V］结构存在动词的“韵律式名物化”。[12]另有学者利用当代形式句法学和汉语韵律句法学理论，分析了汉语普通名词做状语的现象。认为名词做状语实质是介词的“无音化”，是介词在以“空位”形式发挥着句法作用，因为做状语的名词的格位必须由介词来授予。介词属于轻动词，介词“无音化”的实质是轻动词的“无音化”；汉语的名词做状语还受到了韵律的制约，是韵律上合偶成双的要求造成了这种“无音化”。[13]

跨语言和类型学的研究方面，有学者证明了“把”字句与作格语言逆被动句并不平行，汉语并不是作格语言，讨论了受格与作格选择的话语功能动因，揭示了被动式与逆被动式在各自所处的语法系统中分别是一种什么性质的语法过程。与被动态和逆被动态进行全方位比较后发现，汉语“把”字句各方面的句法语义特征都与这两种语法过程渺不相涉。通过汉语“把”字句的实际运用统计，发现“把”字句在汉语中具有系统性价值：它是汉语语法系统中一种偏重主观化表达、具有特殊语用价值的句式，不与一般语法理论中所谓“句法过程”相关；它是与汉语注重主观性表达、注重话题结构、不重论元结构的总体语法特征相适应的。[14]另有学者从语言库藏类型学的视角探讨了语法库藏的扩张现象，提出语言经济性包含组合经济性和聚合经济性，后者的表现之一是物尽其用原则，这是显赫范畴的库藏手段扩展至其他范畴的重要动因，这种扩张用法导致语言之间常形成超范畴对应。[15]

生成词库理论（Generative Lexicon Theory）近几年成为广受关注的理论，研究的重点是理论建设及其在汉语中的应用。有学者着重讨论了其中的物性结构（qualia structure），追溯了物性角色（qualia role）的哲学渊源（亚里士多德的“四因说”）。然后，根据汉语名词在文本中基本的组合方式、搭配习惯和语义解释，提出了一种汉语名词物性结构的描写体系，定义了十种物性角色（形式、构成、单位、评价、施成、材料、功用、行为、处置和定位），并且给出了名词“水”“椅子”的物性结构的描述样例。最后，展示了用名词的物性结构知识来分析汉语复杂的句法、语义现象的五个研究案例（隐含谓词、有价名词、中动句、话题结构、准定语句）。[16]该学者还将生成词库理论的名词物性结构知识描写体系与目前主流的几种语言词汇和概念知识库系统（包括WordNet、VerbNet、FrameNet、ConceptNet等）进行了比较，指出这些主流理论在解决“网球问题”上都存在一定的局限性，名词物性结构知识描写体系可以解决“网球问题”。并主张将之与相关的句法组合知识来联合起来构建一种以名词（实体）为核心的词汇概念网络，以弥补上述几种知识库系统的不足。[17]另有学者比较了汉语和英语在事件强迫（尤其是宾语强迫）方面的差异，并进一步探究了其原因。语料显示：事件强迫是一种普遍的语言学机制，在两种语言中都有广泛的应用，但在英语中更普遍。相比之下，汉语更倾向于让动词出现在句法表层，事件外显，隐含动词的事件强迫现象较缺乏。究其原因，不是因为两种语言名词词汇化的不同，而是因为事件强迫触发词的性质不同。换言之，汉语名词并不缺乏事件信息，而是汉语中的事件动词、时间连接词和形容词缺乏事件强迫能力（事件激活能力）或者事件强迫能力较弱。此外，还与语言类型学有关。[18]还有学者在物性结构的框架下对形名组合中的“非事件强迫”做了研究，着重探讨语义上并不直接相关的两个成分能够组合在一起的原因和动因以及这一组合的语义分析和识解过程。[19]

二、计算语言学

大规模自然语言处理系统常常需要在训练速度和测试精度之间寻求平衡，有学者提出一种可以同时提升二者的方法。该方法是一种与特征频次相适应（feature-frequency-adaptive）的在线训练方法，其核心思想是频次更高的特征在学习过程中衰减速度更快。理论分析表明该方法应该能够以更快的速度收敛，在命名实体识别、自动分词、语块识别和情感分析等任务上的实验结果则进一步验证了该方法的有效性：在明显提升训练速度的同时可以取得领先的测试精度。[20]现有的自动句法分析均基于树结构进行，难以完整地表示词与词之间的语法关系。有学者提出一种基于语言学规则的方法将已有的基于管理约束理论构建的短语结构树库翻译成可以完整表示更多语法关系（图结构）的深层树库，并基于转移的方法实验了一个高效的深层句法分析器。[21]

三、汉语史

音韵学方面，有学者讨论了中古“知”“庄”“章”三组声母合流为北京话 tʂ、tʂ'、ʂ的方式，认为在《切韵》时期庄章二组声母已经完全相同，但所属字并未相混，区别不在声母而是韵母，即“章足只拼带-i-介音的三等韵母，庄组只拼不带-i-介音的新二等韵母”。[22]有学者则以《说文解字》中部分声母的特殊谐声为例，讨论了汉字表形部件声化对谐声关系的影响。由于《说文》中的特殊谐声现象涉及字形、语音、语义等多个因素，因此使用时必须进行有效性验证，“汉字表形部件声化是早期谐声字产生的重要方式之一”，需要兼顾汉字的构形系统，不宜直接作为上古音的研究材料。[23]有学者还对具体语词的音义关系进行了细致深入的考证，如今天武汉、黄冈地区称呼“红薯”的“苕”是“山药”两个字的合音，原来指山药，后来引申出“红薯”的意思，进一步又引申出“头脑糊涂，不明事理”的意思。[24]汉语古音研究的一项重要的实践意义就是指导字典、词典的语音标注，有学者通过分析《中国语言学大辞典》和《语言文字词典》音韵学词目表，讨论了音韵学词典编撰的原则；[25]还评点了《汉字字音演变大字典》在古音标注上实现的重大突破。[26]

汉语词汇史研究主要集中在词汇替换和词义演变上。有的学者关注虚词，如探讨汉语史中“者”的衰落过程，以及“者”和“底（的）”语法功能和语音的对应关系，由此指出“底（的）”是由“者”演变来的新的书写形式。[27]有的学者关注实词，分析了表示“遇见”义的“碰”和“撞”的历史来源和地域分布，指出二者的语义有着相似的发展轨迹。“撞”之此义见于宋代，“碰”出现于清代，二者均由“撞击”义引申而来，且“遇见”的对象都经历了从人扩展到事的过程。北方方言中“碰”对“撞”发生了彻底的替换，南方方言中“碰”对“撞”的替代并不彻底，在多个方言区都出现“撞”“碰”的混用情况。[28]还有学者以清代鼓词曲本《西游记》和明代小说《西游记》中的常用动词为例，考察了明清时期常用词的历时替换和演变线索，揭示了清代鼓词曲本的口语特色。[29]

汉语语法史研究主要集中在句法结构的历时演变上。从语言接触角度对汉语语法发展进行研究是本年度的一个特色。有学者指出宋元时期汉语使役句役事的缺省和元代汉蒙语言接触密切相关。“元代文献中缺省役事的使役句的语义变化时汉蒙语言接触的结果”[30]。同样受到语言接触影响的还有元明时期出现的表示时间的“后头”。在考察了“后头”的各种用法和追溯其发展过程之后，有学者提出元明时期表示时间的“后头”是“该时期汉语与北方阿尔泰语系语言（蒙古语、朝鲜语）接触的结果”。[31]另有学者探讨了汉语双宾句的历时演变特点，总体上汉语的双宾句类型有减少的趋势，句法表现复杂化，动宾关系密切化，V + OIO + ODO 是优势语序，而 V + ODO + OIO 语序的出现也不是介词省略，而是和“之于/乎”连用时的合音现象有关。[32]

四、方言

方言研究的重点依然是语音。方言语音研究主要集中在声调分析、语音演变、语音层次、连调等几个方面。首先是声调分析，有学者对中原官话禹州方言的声调进行了实验研究，用声学方法确定了该方言四声的调值，并通过感知听辨发现，在禹州方言声调感知中基频模式和发声类型都起作用，前者起主要作用，后者起补偿作用，并且发声对感知的作用会随着基频区别力的减弱而增大。[33]另有学者介绍了湖南冷水江毛易方言中含常态和假声两种发声声域、有四个上升调的声调系统，并详细说明了其方言内部不同发音人之间在声调发声类型的分布上还有格局上的差异。[34]语音演变研究越来越注重结合方言地理学。有学者对汉语方言中全浊平与次浊平、全浊去与次浊去声调相分的现象进行了考察，通过整理描写这种音变现象的类型和地理分布情况，分析其演变方式和音变条件，指出平去声全次浊分调的演变方式是“全浊成调”，音变条件是古全浊声母读浊音。[35]另有学者对汉语方言古全浊声母今读类型的地理分布进行了考察，在绘制同言线地图的基础上，指出汉语各大方言古全浊声母的演变实际上普遍存在多种模式，采取单一模式的反而是特例。如果将古全浊声母今读作为界定一级方言的单一标准，不同特征之间的有效性存在较大的差异。[36]语音层次方面，有学者分析了粤方言和闽方言中全浊声母在不同范围内发生了无条件音类分化并伴有文白异读这一现象，认为这种分化是不同历史层次的反映。粤方言全浊上今读由音系内部两种不同性质的音变形成两个共生层次，闽方言全浊声母今读由两支不同方言混合形成两个初始层次，某些边缘地区后来又从外方言自然移借了新的后起层次。[37]连调方面，有学者从连调的语音变化类型、音系的不透明、词调与跨词连调的区分等方面，考察分析了汉语方言连读变调的语音表现、音系特点，及其与语法、语义的关联等汉语方言连读变调中比较突出的特征。[38]另有学者对浙江温州方言四声八调的类型，以及连读变调、轻声和语法变调进行了描写，并分析了阴阳上、阴阳入同形，轻声、语法变调等值得关注的特色。[39]还有学者对福建漳平溪南方言数字串的连调模式进行了研究。该方言中数字串一般要划分为若干个连调组，每个连调组一般都以末字为基字。连调组的划分首先将数字串划分为若干个停延段，每处停延为一处连调界；再将每个停延段划分为若干个连调组，划分方式与音步完全一致。[40]此外，还有学者分析了天津话的“儿化”现象，运用非线性音系学特征几何的分析方法解释了天津话儿化韵的派生过程；对比了京津两地方言儿化韵的异同，指出鼻化儿化韵极少以及［ɐr］和［ar］对立是天津话儿化韵的特点，并指出天津话儿化韵有变异的趋势，新派倾向保留鼻化特征。[41]

方言词汇的研究集中在一些方言词汇的地理分布上。有学者讨论了“鸡公”类词的共时分布与历时源流，通过绘制语言地图，列举文献例证，对比分析了一些少数民族语言的牲畜名及其命名方式后认为，不论是“鸡公”类词还是“公鸡”类词，都是汉语自身发生和发展的结果，与少数民族语言没有关系。[42]还有学者对吴方言中的否定词进行了讨论，指出吴方言区和“不”相对应的“弗”“勿”“□（ʋəʔ̗）”“否”“不”等几种否定词中，“不”是官话影响的结果。“□（ʋəʔ̗）”和“勿”，都是对“弗”的替换，早期的吴方言区只有“弗”“否”两个否定词，其他都是语言接触的结果。[43]

方言语法方面，有学者对青海民和甘沟话中的格标记“哈”的语法功能进行了分析，认为甘沟话中的“哈”是一个多功能的语法形式，可以标记的题元角色相当广泛，包括一般受事、处置对象、役事、各种客事、接受者、受话者、受益者、替代对象、关涉对象、体验者、领有者，但是不能标记施事、受损者、来源等。“哈”可否省略受句法位置、论元的生命度、有定性、交际的明晰性等因素制约。“哈”在句法分布上有黏着程度的不同，在语法性质上不是话题标记，而是一个“后置附着词”性质的格标记。[44]还有学者描写和分析了山东日照方言中的“或了”句和“的或了”句，并讨论了二者的语义差别及相关的删略规则等问题，分析表明，“的或了”句是由“或了”句发展而来的。典型的“的或了”句是由基于反三段论演绎推理的特殊“或了”句进行可反推性删略而来，其结果是表例外和反预期的标记“或了”转变为强化能愿动词或形容词程度的主观性标记“的或了”。[45]

五、民族语言

类型学视野下的民族语研究代表了未来的研究趋势。译文集《语言类型学的基本方法与理论框架》出版，精选了部分经典论文，旨在介绍语言类型学的基本方法与理论框架，推进汉语及少数民族语言的类型学研究。[46]另有学者认为研究致使结构既要从共时跨语言类型的角度，分析致使结构的形式类型、语义机制和句法特征，更应该从历时类型学的视角，讨论致使标记的来源以及致使结构与动词及物性、受益标记、被动结构等语法范畴之间的相互关系。从跨语言来看，致使和被动是动词配价（论元）变化最常见的手段，致使是增加论元最常见的手段，被动是减少论元最常见的手段。汉语及其方言和部分东南亚语言没有增加或减少论元的形态手段，只有分析性结构表达增加或者减少论元的功能。有的语言只有增加论元的致使手段，没有减少论元的手段，如车臣印古什语，等等。致使结构的形式有词汇致使、形态致使、分析致使；直接致使和间接致使与致使形式的能产性有关，致使形式越不能产，越是直接致使，致使越能产，越是间接致使。允让义、做义、支使义、给予义、持拿义、得到义、言说义等动词在致使结构中容易语法化为致使标记。有的语言致使概念跟其他范畴没有关系。有的语言致使标记跟及物性、受益标记和被动态有密切的关系。[47]

语音研究是本年度民族语研究中的一个热点。有学者对15世纪朝鲜语s系词首辅音丛的音值问题进行了探讨，认为15世纪朝鲜语中s系词首辅音丛的音值就是复辅音，现已演变为紧辅音[48]。有学者从具体语言现象出发，采用真实时间观察和显象时间观察的研究方法来分析语音变异，发现语音变异能够导致音系裂变，产生新的方言土语[49]。还有学者从跨语言对比的角度来分析语音现象，认为湖南通道黄土侗语与赣语部分方言中存在声母“不送气化”现象，只不过前者是以声调“送气调—不送气调”为对立条件的，而后者是以声母“浊—清”对立为条件的[50]。

句法研究方面，有学者提出拉祜语动词使动态的语法形式主要有屈折式、分析式、屈折与分析兼用式三种，使动态的形态变化已处于衰退阶段[51]。有学者以时体形态分析为基础，探讨了冕宁吕苏语助动词的词类划分及演变，认为助动词隶属动词[52]。另有学者从语法化角度对土家语动词体标记-I的来源进行了考察，通过对-I多种用法的剖析，认为其语法化过程经历了三个演变阶段[53]。还有学者对黔东苗语人称代词进行了探讨，发现苗语黔东方言人称代词的单数形式和一些复数形式都是直接继承自原始苗瑶语，有的继承自原始苗语，双数范畴和一些复数范畴形式是后来创新的[54]。

语源关系的探讨一直是民族语研究中的重要内容。有学者认为东亚太平洋地区语言及美洲印第安语有些词可能来自早期东亚的几种语言，欧亚语言一些基本词有对应关系，说明它们有共同的主要源头和接触关系[55]。有学者列出了声调、清送气塞音、塞擦音、量词、亲属称谓名词词头、重叠等六个问题为汉藏语系语言共同创新的证据，以此说明汉藏语系分为汉语、侗台语族、苗瑶语族和藏缅语族的学术观点是可行的[56]。还有学者通过汉泰身体词比较，认为汉泰语是具有亲缘关系的[57]。

语言接触在本年度民族语研究中也有涉及。有学者分析了广西隆林仡佬语的接触情况，认为广西隆林仡佬语在长期的多语言环境中，受到区域强势语言汉语、壮语、苗语等的影响，在语音演变取向、词汇系统、语法结构等方面出现了变异。其中汉语影响导致的变异最为明显[58]。

注：

①潘晓声、孔江平：《普通话圆唇研究》，《语言学论丛》第50辑，商务印书馆，2014年版。

②张云秋、赵学彬：《普通话基础元音基频发展的声学分析》，《首都师范大学学报》（社会科学版），2014年第3期。

③沈家煊、柯航：《汉语的节奏是松紧控制轻重》，《语言学论丛》第50辑，商务印书馆，2014年版。

④杨吉春：《国际汉语教学用基本层次范畴词库建设的理论与方法》，《语言文字应用》，2014年第4期。

⑤陈保亚：《语法描写的必要条件：双层语法单位》，《语言学论丛》第49辑，商务印书馆，2014年版。

⑥陆俭明：《句子的合格与不合格》，《当代修辞学》，2014年第1期。

⑦施春宏、李晋霞：《当前现代汉语语法研究的基本态势及相关问题》，《上海师范大学学报》（哲学社会科学版），2014年第4期。

⑧袁毓林、詹卫东、施春宏：《汉语“词库—构式”互动的语法描写体系及其教学应用》，《语言教学与研究》，2014年第2期。

⑨施春宏：《“招聘”和“求职”：构式压制中双向互动的合力机制》，《当代修辞学》，2014年第2期。

⑩赵旭、刘振平：《准双向动词功能扩展的制约因素——动词与句式互动的个案思考》，《中国语文》，2014年第2期。

⑪刘洪超、詹卫东：《“A＋一＋X，B＋一＋Y”构式的分类及释义模板》，《中文信息学报》，2014年第6期。

⑫王丽娟：《汉语两类［N的V］结构的韵律句法考察》，《世界汉语教学》，2014年第1期。

⑬贾林华：《普通名词做状语的韵律句法分析》，《语文研究》，2014年第4期。

⑭张伯江：《汉语句式的跨语言观——“把”字句与逆被动态关系商榷》，《语言科学》，2014年第6期。

⑮刘丹青：《论语言库藏的物尽其用原则》，《中国语文》，2014年第5期。

⑯袁毓林：《汉语名词物性结构的描写体系和运用案例》，《当代语言学》，2014年第1期。

⑰袁毓林、李强：《怎样用物性结构知识解决“网球问题”?》，《中文信息学报》，2014年第5期。

⑱宋作艳：《汉英事件强迫之比较研究》，《语言暨语言学》，2014年第2期。

⑲李强：《汉语形名组合的语义分析与识解——基于物性结构的探讨》，《汉语学习》，2014年第5期。

⑳Xu Sun, Wenjie Li, Houfeng Wang and Qin Lu: Feature-Frequency-Adaptive On-line Training for Fast and Accurate Natural Language Processing, Computational Linguistics, 3 (2014).

㉑Weiwei Sun, Yantao Du, Xin Kou, Shuoyang Ding and Xiaojun Wan: Grammatical Relations in Chinese: GB-Ground Extraction and Data-Driven Parsing, Proceedings of ACL 2014.

㉒冯蒸:《论中古知、庄、章三组声母合流为北京话 tʂ、tʂ'、ʂ的合流方式》,《汉字文化》,2014 年第 2 期。

㉓程少锋、王立军:《试论汉字表形部件声化对谐声关系的影响——以〈说文〉中部分声母方面的特殊谐声为例》,《古汉语研究》,2014 年第 4 期。

㉔孙玉文:《考“茖”》,《长江学术》,2014 年第 1 期。

㉕冯蒸:《论音韵学词典的编撰原则与创新》,《汉字文化》,2014 年第 5 期。

㉖冯蒸:《汉语字典古音标注的重大突破》,《汉字文化》,2014 年第 4 期。

㉗杨荣祥:《“者”衰“底(的)”兴及二者之间的关系》,《语文研究》,2014 年第 3 期。

㉘张美兰、刘宝霞:《“遇见”义动词“碰”“撞”的历时发展及地域分布》,《陕西师范大学学报》(哲学社会科学版),2014 年第 2 期。

㉙张美兰、周滢照:《明清常用词的历时替换——以鼓词曲本〈西游记〉为例》,《苏州大学学报》(哲学社会科学版),2014 年第 5 期。

㉚张赪:《近代汉语使役句役事缺省现象研究——兼谈语言接触对结构形式和语义的不同影响》,《中国语文》,2014 年第 3 期。

㉛赵长才:《语言接触背景下元明时期“后头”表时间的用法及其来源》,《中国语文》,2014 年第 3 期。

㉜张文:《汉语双宾句构成历时演变特点探析》,《中国语文》,2014 年第 4 期。

㉝张锐锋、孔江平:《河南禹州方言声调的声学及感知研究》,《方言》,2014 年第 3 期。

㉞麦耘:《湘语冷水江毛易镇方言声调系统——一个方言内部的两种“两域四上升调”格局》,《方言》,2014 年第 4 期。

㉟曹志耘、王莉宁:《汉语方言平去声的全次浊分调现象》,《中国语文》,2014 年第 6 期。

㊱项梦冰:《汉语方言古全浊声母今读类型的地理分布——分区角度的考察》,《中国语言学》第 7 辑,北京大学出版社,2014 年版。

㊲李小凡:《闽粤方言古全浊声母的文白异读和历史层次》,《语言学论丛》第 50 辑,商务印书馆,2014 年版。

㊳吴永焕:《汉语方言连调研究中的几个问题》,《方言》,2014 年第 3 期。

㊴郑张尚芳:《浙江温州方言的四声八调类型及连调、轻声和语法变调》,《方言》,2014 年第 3 期。

㊵陈宝贤:《福建漳平溪南方言数字串的连调组划分》,《中国语言学》第 7 辑,北京大学出版社,2014 年版。

㊶邵琛欣:《天津话“儿化”现象分析》,《天津大学学报》(社会科学版),2014 年第 3 期。

㊷李蓝:《“鸡公”类词的共时分布与历时源流》,《语文研究》,2014 年第 4 期。

㊸王福堂:《吴方言区否定词“不”的种类和变化》,《语言学论丛》第 50 辑,商务印书馆,2014 年版。

㊹杨永龙:《青海民和甘沟话的多功能格标记“哈”》,《方言》,2014 年第 3 期。

㊺房日亮:《山东日照方言的“或了”句和“的或了”句》,《方言》,2014 年第 4 期。

㊻戴庆厦、汪锋:《语言类型学的基本方法与理论框架》,商务印书馆,2014 年版。

㊼黄成龙:《类型学视野中的致使结构》,《民族语文》,2014 年第 5 期。

㊽千玉花:《15 世纪朝鲜语 s 系词首辅音丛的音值问题》,《民族语文》,2014 年第 6 期。

㊾李云兵:《语音变异与音系裂变:对西部苗语的真实时间观察和显象时间观察》,《民族语文》,2014 年第 6 期。

㊿曹志耘:《通道侗语声母的不送气化现象——兼与赣语比较》,《民族语文》,2014 年第 3 期。

(51)李春风:《拉祜语动词使动态探析》,《民族语文》,2014 年第 3 期。

(52)林幼菁、尹蔚彬、王志:《吕苏语的助动词》,《民族语文》,2014 年第 2 期。

(53)徐世璇、鲁美艳:《土家语动词体标记-I 的来源和语法化过程》,《民族语文》,2014 年第 6 期。

(54)石德富、杨正辉:《黔东苗语人称代词探源》,《语言科学》,2014 年第 5 期。

⑤吴安其：《东亚的语言和印欧语》，《民族语文》，2014 年第 3 期。

⑥孙宏开：《汉藏语系语言的共同创新》，《民族语文》，2014 年第 2 期。

⑦郑张尚芳：《汉泰身体词同源比较五十词例》，《民族语文》，2014 年第 3 期。

⑧李锦芳、阳柳艳：《多语接触下的隆林仡佬语变异研究》，《民族语文》，2014 年第 5 期。

（作者：宋作艳，北京师范大学副教授；
邵琛欣、覃俊珺、田祥胜，北京大学博士生；
邱立坤，鲁东大学副教授；
陈保亚，北京大学教授）

英语语言学

王逢鑫

索绪尔不仅是现代语言学的重要创始人之一，而且是现代重要的语言哲学家。他的思想发展很好地表明了语言学与哲学之间的密切关系。江怡讨论了索绪尔语言学思想的出发点[①]，即他是如何考量他的语言学思想的，他的思想与前代以及同时代的语言学思想有什么不同。要了解索绪尔的语言学思想，必须先了解他的语言哲学思想，了解作为一个哲学家的索绪尔到底是怎样思考的。

卢德平指出索绪尔所阐述的语言符号任意性理论主要来源于惠特尼[②]，并继承了惠特尼的“任意”和“约定”两个侧面的核心思想，但做了延伸和发展，指出语言符号任意特性是区别开作为社会制度的语言与其他社会制度的根本特征。索绪尔提出了“能指”和“所指”这对新的符号学范畴，以取代惠特尼的“语词”（或“语音形式”）和“思想”（或“观念”）。语言符号的任意性蕴含着基于差异的语言符号的价值。惠特尼在论述语言符号任意性时提出的语言传统的强制力量，被索绪尔提炼为语言符号植根的两个维度，即社会共同体与时间。

围绕着索绪尔理论中的“时间”是多重异质还是单一同质的问题，叶起昌等认为[③]：索绪尔没有创立新的时间概念，而是秉承体现为芝诺运动悖论之三的古希腊传统。但索绪尔并非破解而是应用此悖论，即绝对运动与相对静止之间的辩证关系构成索绪尔时间观的基石。在这意义上，索绪尔所谈的时间无疑还是单一同质的。

胡壮麟讨论了 20 世纪 80 年代认知语言学研究兴起后[④]，系统功能语言学家关于认知、认知科学和认知语言学的观点。具体内容包括认知在系统功能语言学框架中的地位，如心理过程、三大元功能、语义层和意义潜势等。在此基础上，讨论了认知与语言、语义、语法、语言学习、符号学以及与认知功能框架的关系。胡壮麟认为系统功能语言学和认知语言学在探索认知与意义的道路上是同路人的关系。

学界虽然对认知语言学的质疑和批评研究不少，但学者们一般并未严格区分批评视角。王馥芳在简述内外部批评法和两种常用的外部批评手段的基础上[⑤]，专门探讨学界针对认知语言学之理论假设和方法论所作的外部批评（或者说解构性批评）、认知学者的理论回应以及我们的理论反思。鉴于外部批评本质上是基于外部标准或外部立场基础上的理论冲突和对立，因此对任何一个理论而言，外部批评都是对其理论合理合法性的最大挑战。有鉴于此，认知语言学者对针对认知语言学的各种外部批评采取了有力的反击和回应，捍卫了其理论的合理合法性。

陈满华论述了与构式语法的理论取向等相关的一些问题[⑥]，认为构式的独立性不等于一个构式一个意义；语言的级阶分析和语法化分析不能推导出 let alone 等格式的形式、意义和功能的全部；构式义包含的语用因素不是临时的主观阐释，而是融入了构式义本身的客观和稳固的意义；构式语法承认不同词项的句法地位不尽相同，有轻重之分；一个构式并非“同时是无穷个构式”，而只可能包含若干个较低层面的构式；所谓构式语法“烦琐”的句法分析方法实际是自然而不可避免的。

20 世纪末，有些当代符号学家对正在兴起的符号学研究作用持有两个极端看法，有的过于武断和自负，有的过于失望和沮丧。这些观点表现在不承认符号学研究具有边界；统一的符号学理论尚未建立；符号学研究处于“十字路口”；真正的符号学科尚未出现。胡壮麟认为不同符号学家对符号学的作用和地位有不同认识[⑦]，这反映了当前符号学研究的实际情况。20世纪末计算机等信息技术的发展推动了当代符号学，特别是多模态符号学的发展。当代科学技术发展的新倾向是“整合”，这对符号学发展也具有重大意义。普通符号学与应用符号学应“互补”发展，才能免除普通符号学家徘徊不前的“痛苦”，解决“危机”。

自19世纪中叶生态学研究获得巨大发展后，生态危机的概念不仅影响到归属自然科学的生物学、动物学和植物学等学科的研究，也通过隐喻的概念，延伸到人类学、文学、符号学、语言学、社会学、教育学等学科。胡壮麟指出生态学与符号学结合产生了不同理论和学派[⑧]，包括塔尔图—莫斯科学派，Sebeok的动物符号学模式，Nth的宇宙整体观，Uexkul的客观环境论，Kull的主体人类生态学，Deely的生物中心主义，Hoffmeyer的文化、内部自然和外部自然的三维观。胡壮麟认为：生态符号学研究的理论核心实际上是从自然与文化的对立统一关系的视角，探讨符号的起源、作用和演变。

2010年以来，双语标志译写规范问题，从体现国家“软实力”的认识高度，重新获得了政府部门、社会团体、专家学者的重视。与此同时，符号学研究的应用性问题，也引起了学界的关注。杨永林等通过标志译写8年来的实践经验[⑨]，结合广义的符号学应用研究，从协同互惠的角度，阐述两者之间的关联点，加强标志译写的理论建设，拓展符号学研究的实用价值。他们从多模态解读、一对多关系、多对一选择、非对称变通、貌相似差异、有歧义困惑、一致性要求、文化性体现等八个方面，采用图文穿插的话语模式，分析中国语境中标志译写的问题，阐述符号学理论的指导意义。不论是符号学，还是标志文本，都是在与人交互的社会语境中研究意义关系的，因此都有必要以人为本，注重读者体验。

自从Grice 1967年的哈佛讲座以来，语用学家提出了多种推理模式，争论得非常激烈。姜望琪认为这些模式虽然具体步骤各不相同[⑩]，却有一个共同的弱点：它们片面强调了信息量的重要性，忽略了情感因素在语言交际中的作用，因此不足以解释实际语言运用。鉴于语境在语用推理中的关键作用，姜望琪在前人研究的基础上提出了一种新的语境分析方法，把情感因素作为语境的必要成分引入推理过程，以弥补以往推理模式的不足。

近年来，Sorace等人提出的接口假说在二语习得领域引起了热议。该假说试图解释二语习得最终阶段残存的对错交替现象，认为狭义句法属性完全可以被习得，而涉及句法和其他认知模块的接口属性可能不会被充分习得。戴曼纯讨论了接口假说的有关理论概念（如接口的界定及类型、语言现象的多重接口属性等）及其理论价值[⑪]，揭示了接口假说存在的几个问题，表述的模糊性、证据的局限性和解释力。接口假说相关研究如果能拓展至所有接口，涵盖更多的语言及语言现象，丰富研究视角，全面考察二语习得各发展阶段的接口属性问题，将有助于理论修正，增强其生命力。

戴曼纯还讨论了二语接口的几个核心问题[⑫]，包括接口概念的理论来源、接口的定义、分类及接口处的二语习得。通过分析句法—语义、句法—形态、音系—形态、句法—语用等接口类型以及相关二语习得研究，戴曼纯认为内接口是发生映射或特征组装之处，外接口则是信息传递之处。虽然有研究表明句法—语用比其他接口给二语习得带来更多问题，但是还不足以证明整个接口的二语习得难易度。接口问题还有待进一步研究。

基于对1999—2013年15年间我国23种外语类期刊上有关二语词汇学习策略研究论文的统计分析，范琳等探究了国内二语词汇学习策略研究发展的整体态势[⑬]。研究结果表明：1）二语词汇学习策略研究总体呈上升发展态势，稍有起伏；2）实证研究居多，研究领域日益拓展，研究视角逐渐多样化；3）词汇学习策略训练研究，尤其是词汇记忆策略训练及其效果研究逐步增多；4）针对不同层次语言学习者词汇学习策略的比较研究、词汇学习策略与相关变量关系研究得到越来越多的关注。

二语学习中的理想自我概念是Drnyei提出的二语动机自我系统中的核心部分，是影响语言学习的强大动力。孙蕾等从重要性与可能性出发[⑭]，通过对1185名在校大学生的定量研究，揭示了二语理想自我对于学习动机的不同影响，验证了其双重特性对于学习动机的贡献，使Drnyei的动机理论具有更好的解释力。同时为实际教学中如何帮助学习者树立理想自我目标，从而在提高学习动机方面为其提供了有益借鉴。

徐浩通过两项实验考察双语工作记忆和二语水平对跨语言句法启动效应的影响[⑮]。实验结果表明：第一，二语水平对由母语到二语方向的跨语言句法启动存在显著的直接影响，即二语水平越高，母语句法表征的启动力越容易受到抑制，启动量就越小。这一结果验证了先前研究的发现。第二，二语水平对跨语言句法启动效应还存在间接影响，即通过调节双语工作记忆对启动过程的影响，进而对启动量产生影响。但只有当二语水平达到一定的阈限时，工作记忆对跨语言句法启动的影响才能够被观察到。具体来说，当二语水平足够高时，二语工作记忆越高，母语句法表征的启动力越容易受到抑制，启动量就越小；而当二语水平足够低时，母语工作记忆越高，母语句法表征的启动力越容易得到促进，启动量就越大。

二语研究领域关于二语听力和阅读两种接收性言语技能的比较分析还相对缺乏，并且对这两种技能影响因素的考察方式较为单一。张晓东以英语专业学生为受试[16]，将短时记忆、工作记忆、词汇知识三个因素结合起来，探讨三个因素对二语听力和阅读技能影响的异同。研究结果发现：1）在各测量指标中，词汇量、产出性词汇知识、字母短时记忆广度对二语听力技能具有显著解释力；词汇量、言语工作记忆广度对二语阅读技能具有显著解释力；2）短时记忆、工作记忆、词汇知识均能解释二语听力和阅读技能的差异。

记忆能力是影响口译操作过程及效果的一项重要因素。张威以中国初级和高级口译学习者为对象[17]，经过不同记忆训练方法的处理，实验研究发现：1）记忆训练对提高口译学习效果有较明显的促进作用；2）记忆协调性训练对口译学习效果的影响要强于记忆容量的训练；3）在口译学习初期，记忆容量训练对口译学习效果的影响更加明显，而口译学习经验越丰富，记忆协调训练口译学习效果促进作用相对越突出。因此，口译教学应该实现记忆容量训练与记忆协调训练的有效结合，以提高对口译学习效果的综合性影响。

高一虹在文献回顾的基础上[18]，概括过去半个世纪学术话语中英语二语认同的典型模式及其变化。20 世纪 70 年代，理想的英语学习者是“忠实的模仿者”，其语言使用和文化行为严格以本族语者为模版。从 20 世纪 80 年代起逐渐取代这一模式的是后殖民的环境下诞生的“正规的发言者”，以维护自己群体的语言标准和权利、争取与本族语者的平等地位为目的。在全球化和后现代主义影响加剧的新千年出现了“嬉戏的编创者”，以其标新立异的语言混杂方式表达自我。这些演变中的模式各有其特征、相关情境，也各有其重要的局限和困境。全球化背景下的本土英语教育期待新的二语认同典型模式。

从 20 世纪 90 年代后期开始，我国外语界对外语专业学生思辨能力的不足不断提出批评，并想方设法采取措施，以提高学生的思辨能力。然而，随着外语界对思辨能力的重视，人们产生了一种误解，即“因为外语专业学生思辨弱，所以不如其他专业学生能力强”。文秋芳等运用两次大规模实证研究的结果证明了“外语专业学生的思辨能力不如其他专业学生”是缺乏证据的伪命题[19]。

时间隐喻手势对时间概念的空间体现能够反映出不同语言间不同的时间思维。高原等通过两项实验[20]，考察中国英语学习者在复述含有时间表达的汉/英材料时言语时间隐喻的语伴手势。高原等发现：在汉语复述时，上下维度手势明显多于其他维度，而上下维度中的手势与言语的一致性最高。这说明中国人有别于英语母语者，的确存在上下维度的时间思维；而在英语复述时，尽管英语语言不含上下时间维度，但上下维度手势依然出现，而且总体上手势与言语时间维度的一致性低于汉语。中国英语学习者在使用英语时仍然保留汉语时间认知的思维习惯。

袁凤识等参照 Fraser（1979）的隐喻解释结果分析方法[21]，依据 905 语义属性分类标准体系，对 174 名英语专业大学生新奇隐喻的解释结果进行了研究。结果表明：1）英语专业大学生具有一定的目的语新奇隐喻的解释能力，解释结果具有明显的范畴化特征；2）隐喻解释对“认知体验”的依赖性明显高于对“语言水平”的依赖性；3）目的语抽象名词的概念习得水平对被试隐喻解释具有一定影响。本研究结果并不支持普遍认为的“中国英语学习者隐喻能力较低”的结论。隐喻能力在本质上应该是认知性的，而不是语言性的。

已有文献对话语标记语的个案功能研究较多，而对其共性和区别缺乏关注。王海霞基于语法化保持原则[22]，提出如下假设：当某个表达方式用作标记语时，仍然带有其作为句子副词或评价性短语时的主观意义痕迹。基于上述假设，王海霞利用语料库，通过观察话语标记语的共时特征，重构其历时演变过程，探讨同一个话语标记语的不同功能的共性，以及具有相同功能的话语标记语的区别。

新中国外语教学自 1949 年至今大致经历了三个阶段：第一阶段从 1949 年到 1980 年代中期，以培养语言技能为主；第二阶段从 1980 年代中期到 2010 年左右，着眼于培养复合型外语人才；第三阶段从 2010 年到今后若干年，是以培养多元化多层次外语人才为目标的新时期。外语界学者普遍认为应该适应国家和社会需要，既培养复合型外语人才，同时培养具有人文素养、高水平语言能力及创新精神的高端外语人才。胡文仲指出：需在课程设置和教材编写方面做相应改革[23]。

英语高考改革引发社会的广泛关注。社会各界对此有多种解读，反映出社会和地方教育行政部门对于英语教育的价值与意义缺乏正确的认识。因此，英语教学界不能仅局限在管理与运作范畴上谈高考，在“教学方法”层面讨论英语学习，而应该清楚论述英语教育的价值取向与社会发展、经济发展、人的素养培养等的关系。龚亚夫认为外语界也应反思目前的教育理念、课程设计、教材编写与评价等方面的深层问题[24]，首先解决“学什么”和“考什么”的问题，从顶层设计上提出改革思路。

文秋芳认为在英语类专业人才培养中实施多元人才观面临的三个主要挑战[25]：1）按照学校层次规定单一的人才培养目标不能满足学生个性化需求；2）将英语类专业的主要方向定位于语言、文学和文化，不能涵盖相当一部分理工科院校和行业特色明显院校开设的英语专业点；3）现有课程设置未强调学科思维的训练，也未提供未来素质培养的途径。

史兴松依据跨文化适应理论[26]，通过对810份驻外商务人员问卷的统计分析，证实了外派人员外语能力与跨文化交际能力的双重社会需求，揭示了跨文化交际能力更为显性的社会需求。史兴松认为国际化人才培养不仅要提升学生的外语能力，更要发展学生的跨文化交际能力。在外语教学大纲与教材中应系统安排跨文化交际相关内容以同步提升学生的外语能力与跨文化交际能力。

杨华等基于我国高校六位英语教师共28课时在自然状态下的课堂数据[27]，使用扎根理论和课堂话语分析的研究方法，描述课堂即时形成性评估事件目标的不同类型，揭示互动目标的三种动态变化方式，包括计划型、应变型和综合型。研究结果表明：课堂即时形成性评估是由一个动态演变的，具有形成性作用的发展过程。其动态性是事件目标与不断变化的学生需求合力作用的结果。形成性体现为事件目标对整个互动过程的塑造和影响，以及每一个互动目标对学生需求的关照。

对教师角色的外部规约、分析与其自身生成的角色认同之间所存在的错位和距离是导致教师在教学实践中时常感受到“职业疼痛”的重要原因。周燕等通过对课堂教学实践的本质解读[28]，探讨外语教师的角色张力以及他们在外语课堂上所应起到的核心作用，提出教师在外语课堂教学的复杂情境中所应扮演的是“对话者”的角色。

教学承载着情感的实践，研究教师情感对理解教师专业发展具有重要意义。胡亚琳等界定了教师情感研究的核心概念[29]，并通过回顾该领域近30年的发展脉络，探讨了教师情感研究从心理学到社会建构主义、从单一到多元互动的理论视角转向，进而综述了近期教师情感实证研究的主题与发现，得出了对今后外语教师发展研究的启示。

许宏晨等考察了大型国际活动前后大学生跨文化志愿者对世界英语的态度[30]，研究对象为2008—2011年间北京奥运会、上海世博会、广州亚运会、深圳大运会志愿者750余名。研究方法为主观投射测试，施测于活动前后。在各地独立研究的基础上整合定量数据，比较了活动前后志愿者对英国英语、美国英语、美国黑人英语、中国英语、印度英语的辨识和评价。研究发现，无论活动前后，志愿者对变体的识别正确率排序由高至低是：中国英语、美国英语、英国英语、印度英语、美国黑人英语；对变体的总体评价排序是：美国英语、英国英语、美国黑人英语、中国英语、印度英语。在活动后，志愿者对所有变体的识别率比活动前均有显著上升；对英国英语、美国英语、中国英语和美国黑人英语的评价以上升趋势为主。对印度英语的评价变化趋势不明显。这显示通过活动，志愿者对世界英语变体的了解有一定程度的增加；对本土英语变体的态度更为积极，但同时语言刻板印象得以延续。未来跨文化志愿者的多元文化意识培养面临较大挑战。

商务谈判是商务英语的重要研究课题，王立非等以SSCI期刊论文为语料[31]，采用可视化定量分析方法，考察了国外近10年来商务英语谈判研究现状。研究发现：1）10年来，国外商务谈判研究呈逐年整体上升趋势，并伴随周期性波动的特点。论文集中发表在谈判类和经管类期刊上，语言学期刊对商务谈判研究不足；2）商务谈判研究涉及四个领域，涵盖谈判结果、谈判行为、谈判理论模型、谈判策略、谈判表现、中美间谈判等20个热点话题，电子商务谈判成为新热点；3）谈判学和语用学对商务谈判研究影响较大；4）实证研究是主流范式，以定量研究为主。今后可从话语分析、语用学和言语行为等语言学视角，拓宽商务谈判研究的思路。

正确认识翻译几乎是一个永恒的课题。有的学者以超越翻译来认识它，有的学者思考翻译之外的现象和因素。王克非认为应从两种文化之间或交互的语言文化来认知翻译[32]。翻译是跨语言、跨文化的现象，是来自源语又不同于源语、形成于目标语又不完全是目标语的介乎两者之间的现象。这正是翻译的复杂之所在。人们可以仔细地从文本的比对来观察翻译，也可以从两种文化和社会的层面来观察翻译。从其中任何一方面深入地观察和思考，都会得到有意义的发现。

注：

①江怡：《作为哲学家的索绪尔》，《外语学刊》，2014 年第 1 期。

②卢德平：《符号任意性理论的历史来源：从惠特尼到索绪尔》，《外语学刊》，2014 年第 1 期。

③叶起昌、赵新：《历时与共时中“时”之追问——索绪尔的“时间”解读》，《外语学刊》，2014 年第 2 期。

④胡壮麟：《系统功能语言学的认知观》，《外语学刊》，2014 年第 3 期。

⑤王馥芳：《认知语言学：外部批评、理论回应和反思》，《外语教学理论与实践》，2014 年第 3 期。

⑥陈满华：《关于构式语法的理论取向及相关问题》，《外国语》，2014 年第 5 期。

⑦胡壮麟：《论当代符号学研究的学科地位》，《语言学研究》第 15 辑，2014 年 6 月。

⑧胡壮麟：《自然与文化的对立统一 ——谈生态符号学研究的理论核心》，《外语研究》，2014 年第 4 期。

⑨杨永林、丁韬：《符号学与标志译写——一种问题研究视角》，《外语研究》，2014 年第 5 期。

⑩姜望琪：《语用推理之我见》，《现代外语》，2014 年第 3 期。

⑪戴曼纯：《二语习得研究中的接口假说》，《外语学刊》，2014 年第 4 期。

⑫戴曼纯：《语言接口与二语接口的习得》，《外国语》，2014 年第 1 期。

⑬范琳、夏晓云、王建平：《我国二语词汇学习策略研究述评：回顾与展望——基于 23 种外语类期刊 15 年文献的统计分析》，《外语界》，2014 年第 6 期。

⑭孙蕾、吕中舌：《“二语理想自我”对学习动机的影响研究——从重要性和可能性两个特性进行分析》，《外语研究》，2014 年第 6 期。

⑮徐浩：《双语工作记忆和二语水平对跨语言句法启动效应的影响》，《外语教学与研究》，2014 年第 3 期。

⑯张晓东：《短时记忆、工作记忆及词汇知识对二语接收性言语技能的影响》，《外语界》，2014 年第 5 期。

⑰张威：《认知记忆训练对口译学习效果的影响研究》，《外语与外语教学》，2014 年第 6 期。

⑱高一虹：《忠实的模仿者、正规的发言者、嬉戏的编创者——英语学习者认同典型模式回顾》，《外语研究》，2014 年第 2 期。

⑲文秋芳、张伶俐、孙昊：《外语专业学生的思辨能力逊色于其他专业学生吗?》，《现代外语》，2014 年第 6 期。

⑳高原、钟晓云：《英语学习者时间语伴隐喻手势的维度研究》，《外语教学与研究》，2014 年第 6 期。

㉑袁凤识、郭涛：《英语专业大学生隐喻解释能力研究》，《外语与外语教学》，2014 年第 6 期。

㉒王海霞：《英语话语标记语功能的共性和区别——一项基于语法化保持原则的研究》，《外语教学与研究》，2014 年第 5 期。

㉓胡文仲：《试论我国英语专业人才的培养：回顾与展望》，《外语教学与研究》，2014 年第 1 期。

㉔龚亚夫：《英语教育的价值与基础英语教育的改革》，《外国语》，2014 年第 6 期。

㉕文秋芳：《英语类专业实践多元人才观面临的挑战与对策》，《外语教学与研究》，2014 年第 1 期。

㉖史兴松：《外语能力与跨文化交际能力社会需求分析》，《外语界》，2014 年第 6 期。

㉗杨华、文秋芳：《目标在外语课堂即时形成性评估中的动态变化特征及方式》，《外语教学与研究》，2014 年第 3 期。

㉘周燕、张洁：《外语教师的课堂角色定位探究》，《外语教学理论与实践》，2014 年第 1 期。

㉙胡亚琳、王蔷：《教师情感研究综述：概念、理论视角与研究主题》，《外语界》，2014 年第 1 期。

㉚许宏晨、高一虹：《四次大型国际活动前后大学生志愿者对世界英语的态度》，《外语教学》，2014 年第 1 期。

㉛王立非、张斐瑞：《商务英语谈判：国际研究现状分析及拓展（2004—2013）》，《外语教学》，2014 年第 4 期。

㉜王克非：《翻译需从语言和文化两个层面来认识》，《外国语》，2014 年第 6 期。

（作者：王逢鑫，北京大学教授）

外国语言学（英语除外）

鲍 红

一、语言学与语篇学

宁琦分析了百年俄罗斯语言学研究范式嬗变。从俄国十月革命以来，俄罗斯（包括苏联）语言学作为其人文学科的重要组成部分，不可避免地受到国家政体变化的深刻影响。同时，语言发展的内在规律和语言学发展的内在逻辑主导着语言学方法的嬗变和研究重心的转移。纵观百年俄罗斯语言学研究，其范式经历了历史比较主义、结构主义和人本主义的转变历程，与西方语言学研究成果交相辉映、殊途同归，共同成为世界语言学研究的宝贵财富。[①]详解组合词典是“意思 文本”语言学的基本组成部分。俄罗斯语言学界多年来对“意思 文本”语言学的理论体系进行了一系列的补充、修正和完善。张家骅再次梳理这个理论体系的核心概念，围绕核心概念扼要阐释：谓词的层级性，莫斯科语义学派国内分支语义配价（语义角色）系统的沿革，动词的主题语义类别、体貌语义类别、情景参与者的词汇语义类别等与动词语义配价结构的关系，积极、消极、断裂等表层句法题元类型，句子动词中心说的缺陷，使用“辖域”表示状语性词语的题元，浮游辖域状语性词语和固定辖域状语性词语，配位结构理论的历史与现状等。移情是一个与配位结构相关联的语言现象，指说话人述说某情景时以情景参与者为观察点的一种表达方式，被说话人选作述说观察点的参与者称为移情焦点。[②]“人类中心论范式”语言学理论的形成，究其学理渊源而言有“外源性”和“本源性”之分。赵爱国立足“本源”视角，试图在学理上对20世纪前（18世纪后半叶至19世纪末）俄罗斯语言学研究中的人文主义传统进行梳理和论证，以揭示“人类中心论范式”语言学理论的学理来源和发展文脉。作者与姜宏强调当代语言学研究中功能主义的主流地位，对功能主义的类型、派别、特征以及术语选择等基本学理问题进行必要的梳理，不仅有利于甄别其与形式主义的本质对立，深化对语言功能的理解和认识，更有利于发现其与同一类型功能观的些许细微差别，从而提升语言学研究中的理性度。[③]徐翁宇对俄语口语交际单位进行多层面分析。口语中人和语言、语言和言语、言语和语境、语境和社会、动态和静态等因素交织在一起。交际单位须从多层面分析才能得到较合理的解释。语言层面上的交际单位是具有形态结构特征的述谓性单位；言语层面上的交际单位是语言单位在语境中的变体；而话语层面上的交际单位则是话语中跟前言在结构和语义上联系着的单位。传统语法对一些单位的分析和定位欠妥。[④]褚敏从动词、形容词，复合词、前置词+名词组合及前置词和前缀的角度对当代俄语重音的变化及其成因进行了全面的研究。和语言其他层次相比，尽管语音层面的变化最小，也最不明显，但对俄语语音（尤其是重音）变化的关注和研究无论从理论角度（记录俄语重音的变化轨迹及分析重音变化的原因），还是从实践的角度（遵循标准语规范，掌握正确俄语重音）都是具有很大的意义。[⑤]话语仪式性是话语分析的新问题，目前还没有深入、系统的理论研究。武瑷华阐释话语仪式性的基本问题，包括话语与仪式的关系问题、仪式话语的一般性质以及仪式话语的符号特点、语用特点和社会功能问题，深化对作为文化符号的话语的性质、特征和功能的认识，对话语理论做必要补充。[⑥]媒体语言学是一门新兴的交叉学科，是对媒体语言进行多角度、多层面、跨学科研究。徐洪征着重对媒体语言的概念及范畴进行阐述和界定，对俄罗斯媒体语言学的产生和发展进行梳理。总结俄罗斯语言学家在媒体语言研究方面取得的成果，并概述该学科研究的理论基础、内部结构、研究对象以及主要研究方法。[⑦]评价范畴是一个复杂的语言现象，学界对它的研究通常离不开哲学、心理学、逻辑学等学科，却往往忽略了它的语言本质。丁丽芬和姜宏通过对比分析评价范畴与语言肯定/否定范畴、情感范畴、情态范畴及表现力范畴的关系，揭示评价范畴的语言本质并确立其在语言范畴体系中的地位。[⑧]尽管术语“互文性”由学者 Julia Kristeva 与 1967 年首先提出，其理论所指的“文中之文”现象早已为俄罗斯学界所揭示。刘士滢梳理俄罗斯互文性研究的历史发展脉络，分析互文性研究代表学者的主要观点及著作，总结俄罗斯学界互文性研究的特点及存在问题。[⑨]赵海霞解析第三人称小说中的混合话语。在第三人称叙述形式中，“作者叙述”和人物话语相混合形成一种中间话语，这类话语既具有作者叙述的特点，又富有人物话语的个性。根据人物话语进入作者叙述的方式可将混合话语分为三种类型：转述式混合话语、溶入式混合话语、引用式混合话语。其中，每种类型的混合话语都有着自身的结构特点和相应的语言表达形式。[10]回指是语篇衔接的重要手段之一，在俄语经济语篇中表现出其自身特点。潘广云以当代俄语经济类学术期刊中的作品为语料，重点对俄语经济语篇中使用频率高且具特点的代词回指、用作代词的形容词回指、数目字回指、缩略语回指和同根词回指方式进行分析。[11]

二、语义学与语用学及认知语言学

华劭创新地点评了《词汇语义的动态模式》。该书涉及的是对多义词衍生关系的研究，研究的是一词之内的语义衍生，致力于探讨如何从初始单位派生出新生的单位，通过规则、模式、程序化等方法把衍生的理据、条件、环节、派生手段加以概括，形成动态发展模型。其多义词自身的诸意义总和形成了一个有先后顺序、有等级层次的系统，而不再是罗列义项的清单。每个词的微型系统被当作词内的语义聚合体，从一个意义可衍生出另一个意义，就像词形变化聚合体那样，能从一个语法形式引申出另一形式。[12]随着认知语言学研究的深入，认知语义学理论正日益受到广泛的关注和研究。杜桂枝对源于美国语言学的认知语义观进行梳理和辨析，以企准确把握该学科研究的基本理论和发展走向。[13]史铁强探析比较短语的语义和结构。比较短语是语言中的重要现象，是表达比喻、比较等意义的重要手段。比较短语的语义类别含表象比喻、内在比喻以及关系比喻。短语可修饰名词、形容词或动词，其在句中是否独立，取决于语言系统因素以及个人风格因素，而喻体和本体间的语义关系、动词的强弱支配以及充当的句法成分起到至为关键的作用。[14]周民权研究俄罗斯学界社会性别语言定型的哲学渊源。俄罗斯学者借鉴西方学界相关学术成果所进行的研究表明，社会性别语言定型具有深厚的哲学渊源，其中包括：哲学视野下的二元对立静态化研究，它关注的是建立在生物—生理学基础上的男性定型和女性定型的相互对立；基于社会性别语言学的性别建构动态化研究，它主张社会性别语言定型的建构应以和谐的社会性别关系为基础。[15]蔡晖剖析俄罗斯语言学家帕杜切娃语义研究的基本方法——述位突显和主位突显引入词义分析层面，指出二者其实是同质异构现象，在进入交际领域之前词义各组成要素的交际地位已有高下之分。该思想颠覆了词义研究的传统模式和词典释义模式，对于解释词义变化的成因具有积极作用，对于面向信息处理的词汇研究也具有重要的借鉴价值。如同人类多样而复杂的情感，俄语情感动词无论是在形态构造，还是在语义结构及其衍生层面而言都堪称是俄语中最为多样而复杂的一个主题类别，很难把它们整合到统一的框架下进行研究。蔡晖采用词义的动态模式的参数化的研究方法，揭示情感动词共同的语言运作规律，构建情感动词的语义聚合体，为多义词研究及词汇的语义知识库研究的系统化提供了一个新的思路。[16]俄语动词隐喻同文化概念存在特殊关系，而文化概念通过格式塔反映出来或者通过格式塔框架体现，形成动词隐喻中的文化概念格式塔。基于动词隐喻意义同文化概念格式塔之间的相互联系和依存，彭玉海一方面解读文化概念格式塔及其特点，另一方面具体考察动词隐喻同文化概念格式塔之间的特殊关系、对应性以及动词隐喻中文化格式塔的具体表现、运作。动词隐喻的文化概念格式塔研究不仅将认知语义同文化概念结合，而且构成文化概念分析的一个重要步骤和组成部分，对于深入探讨俄语动词隐喻机制与俄罗斯民族文化概念及其相互关系不无裨益。[17]呼语是交际中的重要因素，它一方面反映了说话人对外部世界和内心世界的概念指称，另一方面反映了交际双方的角色、身份、社会地位和亲疏程度以及对受话者的思想感情。同时，呼语在语篇中还可以起到传递信息和主题推进的功能。袁琳运用系统功能语言学理论对呼语进行分析，探究呼语的概念、人际和语篇功能。[18]刘佐艳认为观念作为思维单位，在意义和意思的形成过程中起至关重要的作用。通过它可以解释语言单位及语言表达方式的形成；通过对语言单位语义的分析可以进入民族观念域，弄清语义与民族观念域的关系、语义过程与认知过程的关系。观念研究有助于剖析言语生成与理解机制，诠释不同民族语言的民族文化特点以及言语行为特点。[19]动词的分类直接关系到句子结构关系、语义关系的分析和句子格局的确立。张红利用 Ю. Д. Апресян 提出的谓词的基础分类，借助谓词的分析释文及其中显示的语义单子、过渡词汇单位、语义夸克，在语义的基础上对动词的类别及类别间的相互关系、次类别及其主要语义、语法特征进行梳理。[20]

三、俄汉语对比研究

周民权对俄汉社会性别语言的语用特点从两个维面进行对比研究：梳理现代俄汉语言中不同社会性别的语用形式及其标记特点，分别阐释俄罗斯和国内语言学界的社会性别研究成果；对比分析俄汉两种社会性别语言的语用共性和差异及其标记特征，探究影响社会性别语言变异的各种成因。该项研究的学术价值在于把语用学理论和标记理论引入俄汉社会性别语言的跨文化交际对比研究，为跨文化交际的拓展性研究提供一些新的思路，为丰富和发展社会性别语言学研究提供一定的理论依据和实践参考；其应用价值在于有助于促进社会性别语言学的理论研究与教学实践相结合，促使教师正确解读性别和教学之间的相互关系以及自己的性别观对教学可能产生的影响，从而自觉监控并调整教学风格。作为社会交往中人际关系的调节手段之一，男女两性的道歉言语行为向来备受语言学界关注。周民权与陈春红对比研究俄汉道歉言语行为的社会性别语用。以言语行为理论为支撑，对道歉言语行为的基本特征、俄汉语中男女两性的道歉及回应策略、语言表达手段及其语用特点作了探讨，并分析了俄罗斯人和中国人在性别与年龄、性别与权势方面的认知差异。[21]崔卫和李峰提出俄汉—汉俄平行语料库的构建设想与应用展望。平行语料库是语料库的一种重要类型，俄汉—汉俄平行语料库的建设目前还是空白。该平行语料库建库的总体流程，其中包括：语料采集、整理和加工、存储等都需要有科学筹划，目前在设计上有突破，但还存在许多困难。该平行语料库可以在语言对比、翻译研究、语言教学和词典编纂方面发挥独特作用。[22]张志军和苏珊珊通过对比分析俄汉语权威词典中的两对直线型空间维度词 широкий/узкий，“宽/窄”和 длинный/короткий，“长/短”的释义，发现它们之间是对立统一的，既相互联系，又相互区别，从而揭示其共性及个性差异。并且从物体的拓扑形状、空间位置、功能因素及观察者因素对上述维度词的搭配特征进行对比，以说明语言中并不是每个物体都可与表达维度特征的词汇搭配，其选择并非是任意的。[23]时间作为语言世界图景中的一个重要范畴，在俄汉成语中都具有丰富的语义和多样的表达方式。曾婷和姜宏指出俄汉语时间成语在结构形式、语义类型、表达手段和主要来源等方面的“异同”特征，不仅印证人类语言与思维的共性，更凸现了两种语言与文化的个性特点。[24]姜艳红和王清对汉俄两种语言中由反义词并列构成的复合词及成语的语序从构词规律方面着手，分析在两类词语的语序中起根本作用的因素——逻辑律，并从认知角度阐释其原因。对比结果表明：汉语和俄语中由反义词构成的复合词和成语在语序上表现了很多相似之处，大多数主要受逻辑规律和音韵手段的影响，而极少数受语义的制约，充分显示了两种语言所具有的共性，当然也存在语言的个性方面。[25]俄汉同位结构标题的对比研究对补充俄汉语语法学、外语教学以及语言类型学等具有一定的理论价值与实践意义。刘丽芬对比分析俄汉语同位结构标题中同位语与被说明词之间的结构、语义及语序，从类型学角度解释其语序的异同。[26]王洪明尝试分析俄汉动词语义差异的形成机制，认为俄汉动词语义对比可以从两个视角进行：静态的视角和动态的视角。前者是对俄汉动词含有的语义内容、题元内容等进行的对比，后者是对俄汉动词语义派生进行的对比。不同视角语义差异形成的原因是不同的。对比俄汉动词的语义差异的目的在于揭示蕴含在动词中的不同的民族认知方式，从而为俄汉语言文化对比研究服务。[27]

四、翻译学与教学法

朱达秋分析变译的忠实性，指出在现代通信时代，为了及时传达国外信息，变译受到人们越来越多的青睐，编译、摘译、缩译、译述、译介等变译形式几乎随处可见。既然是变译，译者就有权利根据读者的需要对原文进行变通处理，有权利凸显原文中的某些内容，也有权利忽略原文中的某些信息。但是万变不离其宗，无论采用何种变通形式，都应遵循起码的规则，仍然需要一定的标准——变体译文的信息忠实；变体译文的效果忠实等问题应该受到重视，否则，可能导致对原文的歪曲，甚至以讹传讹。[28]在将根植于源语文化的文本移植到译语文化的过程中，对源语微观文化素的形象甚至含义做出调整或改变以适应译语文化乃是一种翻译共相。此类翻译共相可称作文化适应。杨仕章强调为了实现文化适应，译者可运用文化同化、文化淡化、文化转化、文化美化四种翻译策略。这些策略作为策略共同构成文化翻译基本策略之一——文化适应策略。[29]黄忠廉和张婷婷以大型语言学百科词典《ВЭС Языкознание》汉译为例，基于其“语言”类词目的构成规律，主要采用对译和增译，偶尔采用减译，尝试规范“语言”类词目的各种汉译模式，以讨论大型辞书合译的统一性或模式化问题，为类似的翻译活动提供可资借鉴的案例。[30]丛亚军认为翻译教学既是一个翻译知识接受传播的过程，也是一个翻译知识转换成翻译产品的思维过程，与人的心智活动、意识行为有着千丝万缕的联系。意识作用于行为，而行为是内在意识的体现，翻译能力的培养必有意识因子的介入。意识是一种多维度、多层次的复杂心理现象，在翻译教学中意识同样表现为多向度。本科阶段以提高翻译能力为导向的翻译意识可由语言意识、转换意识、技能意识、工具意识构成。[31]赵红和安新奎通过对翻译活动和翻译教学的实例分析，阐明翻译教学可以培养学生的创新意识和跨文化交际意识，可以成为培养复合型外语人才的切入点，成为特色专业建设的主要支撑，最终实现翻译教学功能最大化。[32]在典籍俄译汉过程中，具有文化负载意义的民族特有事物词汇的传译对于民族文化的传播与交流既是难题也是重点。张鸿彦从民族特有事物词汇（реалия）的概念出发，论述研究了中国文化典籍中的民族特有事物词汇的转换机制，阐释分析了民族特有事物词汇的传译方法，以期更准确地传译典籍中的民族特有事物词汇，实现跨文化交流的目的。[33]任何翻译活动都是文化活动。俄汉语中存在着大量的语言文化现象，既是翻译的对象，又是翻译的障碍。袁顺芝尝试讨论俄汉翻译中的语言文化现象及其处理方法。其中，文化现象主要包括：文化词汇，文化屏障；文化处理方法包括：文化移植法、文化阐释法、文化功能等值法、目的论方法、交际翻译法等。[34]钱琴和陈洁从为何目的教翻译、怎么教、教什么三个方面介绍了俄罗斯著名翻译理论家和翻译教学法专家科米萨罗夫。[35]模糊语言翻译是翻译研究中经常涉及的一个问题。陶源以维索尔伦（1999）的语用顺应论为指导，对模糊语言的翻译过程进行了初步的构拟，描绘了一个以译者为中心的模糊语言翻译框架，并对翻译过程的两个主要部分进行了描述。基于顺应论的模糊语言翻译框架具有层级性、动态性和整体性的特点。[36]贾英伦以韩礼德功能文体学相关思想为理论基础，分析了汉俄科技翻译的重点、难点所在：把汉语流水句转换为俄语繁华单句；把汉语主动语气转化为俄语被动语气；探讨在科技翻译中克服汉俄语言差异，创造科技俄语的“前景化”文体特征的可能性。[37]谢云才诠释哲学视角下的翻译批评。哲学诠释学关于文本理解和诠释的哲学思想，在认知论上为翻译批评拓展了理论视野，在方法论上为翻译批评构建了标准原则。基于哲学诠释学原理，译者的主体性以不同方式导致了译本的多样性存在，而主客体视域融合的差异性则决定着翻译诠释的合适度。[38]

五、语言文化学与修辞学及语法学

王加兴等人以俄语为基点，从代表俄罗斯形象的白桦树、熊、伏特加，姓名称谓和亲属称谓，动物词汇的文化象征意义，菜肴及餐桌礼仪，常用名言，杰出人物等六个方面介绍相关的俄罗斯国情文化知识。既突出这些知识在言语交际中的具体运用，又注意将知识性与趣味性相结合，并与汉语语言文化中的同类现象或相关现象进行比较。[39]王蓝霞论述象征中语言形象的涵义生成。象征是语言文化的语言，语言文化学发展的新趋势是开始用同构的方法对语言进行分析。象征是自我完善的美学形象，但同时又是事物内外部信息同构的统一体。在象征中我们能够看到人类创造性活动的初始形象，它不仅与具体的对象紧密联系，也与全人类文化活动的涵义相关。象征中语言形象涵义的生成不仅是认知意识与语言意识同构的结果，更是语言、意识、思维、文化历史同构的典范。[40]王森分析研究 18—19 世纪法兰西文化对俄罗斯语言文化发展的影响。俄罗斯文化与欧洲文化有着很深的渊源关系，18—19 世纪欧洲文化在俄罗斯大行其道，其中尤以法兰西文化的影响最为深远。被誉为“世界上最美丽语言”的法语和法国贵族的“风雅生活”方式风行俄罗斯，甚至在俄罗斯形成了一个长达百年的俄法双语共存的独特现象。在俄罗斯民族文化的发展进程中，俄罗斯文化与西方文化的交流与融合成为促成 19 世纪俄罗斯文化空前繁荣的一个重要的外在因素。[41]刘超和张伟探究陀思妥耶夫斯基的西方观念。“西方”形象是俄罗斯思想家寻求民族认同的重要视角，在俄罗斯思想史上，整个 19 世纪是反思西方的时代。在陀思妥耶夫斯基那里，从西方的直观印象到深层的西方观念的形成过程即是他完成俄罗斯民族独特性的论证过程。[42]樊明明等人将理论与实践相结合，从现代俄语修辞学概述、词汇修辞、熟语修辞与构词修辞、语言的形象表现力手段、词法修辞、句法修辞、功能修辞学等方面着重研究现代俄语修辞学的修辞资源与功能语体。[43]张静以句子结构类型为切入点，探讨俄语述谓形容词的句法行为问题。根据句子的结构语义特征将句子分为三类：纯品评句、存在—品评句和分类—品评句。形容词长、短尾形式的分布使用情况取决于句子类型。主语的语义与处所限定因素的存在是影响确定存在—品评句型的关键。主语的指称与谓词的语义在分类—品评句型中发挥至关重要的作用。[44]俄语中熟语化简单句在结构和语义是均具有其独特性，是一种不同寻常的语言形象。梁洪琦和徐凤才从 16 种简单句的熟语化结构模式与相应简单句自由结构模式之间的结构—语义对应关系入手，力图分析出简单句中自由结构模式向熟语化结构模式演变的过程，抽象出简单句自由结构模式的熟语化原则。[45]

注：

①宁琦：《百年俄罗斯语言学研究范式嬗变》，《外语学刊》，2014 年第 6 期。

②张家骅：《建构详解组合词典的相关语言学概念及阐释》，《外语学刊》，2014 年第 6 期。

③赵爱国：《20 世纪前俄罗斯语言学研究中的人文主义传统》，《中国俄语教学》，2014 年第 4 期；姜宏、赵爱国：《语言学研究中的功能主义发凡》，《中国俄语教学》，2014 年第 3 期。

④徐翁宇：《口语交际单位的多层面分析》，《中国俄语教学》，2014 年第 3 期。

⑤褚敏：《当代俄语重音的变化及其成因》，《中国俄语教学》，2014 年第 3 期。

⑥武瑗华：《话语的仪式性》，《外语学刊》，2014 年第 3 期。

⑦徐洪征：《俄罗斯媒体语言学》，《中国俄语教学》，2014 年第 4 期。

⑧丁丽芬、姜宏：《评价范畴的语言本质》，《中国俄语教学》，2014 年第 1 期。

⑨刘士滢：《俄罗斯互文性研究论略》，《外语学刊》，2014 年第 3 期。

⑩赵海霞：《第三人称小说中的混合话语解析》，《中国俄语教学》，2014 年第 3 期。

⑪潘广云：《俄语经济语篇中回指的衔接特点》，《中国俄语教学》，2014 年第 1 期。

⑫华劭：《〈词汇语义的动态模式〉研究补遗》，《中国俄语教学》，2014 年第 1 期。

⑬杜桂枝：《认知语义学理论探析》，《中国俄语教学》，2014 年第 2 期。

⑭史铁强：《比较短语的语义和结构探析》，《中国俄语教学》，2014 年第 2 期。

⑮周民权：《俄罗斯学界社会性别语言定型哲学渊源研究》，《中国俄语教学》，2014 年第 4 期。

⑯蔡晖：《试论词汇语义要素的焦点位阶》，《外语学刊》，2014 年第 6 期；《俄语情感动词的语义聚合体》，《中国俄语教学》，2014 年第 4 期。

⑰彭玉海：《动词隐喻架构中的文化概念格式塔》，《外语学刊》，2014 年第 5 期。

⑱袁琳：《俄语呼语的系统功能语言学角度观察》，《中国俄语教学》，2014 年第 4 期。

⑲刘佐艳：《关于 концепт》，《中国俄语教学》，2014 年第 2 期。

⑳张红：《莫斯科语义学派视域下动词的语义类别》，《中国俄语教学》，2014 年第 2 期。

㉑周民权：《俄汉社会性别语言的语用对比研究》，北京大学出版社，2014 年版；陈春红、周民权：《俄汉道歉言语行为的社会性别语用对比研究》，《中国俄语教学》，2014 年第 2 期。

㉒崔卫、李峰：《俄汉—汉俄平行语料库的构建设想与应用展望》，《中国俄语教学》，2014 年第 1 期。

㉓张志军、苏珊珊：《俄汉语直线型空间维度词的对比分析》，《中国俄语教学》，2014 年第 2 期。

㉔曾婷、姜宏：《俄汉时间成语研究》，《中国俄语教学》，2014 年第 2 期。

㉕姜艳红、王清：《汉俄反义词构成的复合词和成语的语序对比》，《中国俄语教学》，2014 年第 3 期。

㉖刘丽芬：《俄汉语同位结构标题的类型学解释》，《中国俄语教学》，2014 年第 2 期。

㉗王洪明：《试析俄汉动词语义差异的形成机制》，《中国俄语教学》，2014 年第 4 期。

㉘朱达秋：《漫谈变译的忠实性》，《中国俄语教学》，2014 年第 3 期。

㉙杨仕章：《翻译中的文化适应研究》，《中国俄语教学》，2014 年第 3 期。

㉚黄忠廉、张婷婷：《词目汉译模式化问题》，《中国俄语教学》，2014 年第 3 期。

㉛丛亚军：《论翻译教学中以提高翻译能力为导向的意识培养》，《中国俄语教学》，2014 年第 3 期。

㉜赵红、安新奎：《当代高等教育背景下翻译教学功能》，《中国俄语教学》，2014 年第 3 期。

㉝张鸿彦：《典籍俄译中民族特有事物词汇的传译》，《中国俄语教学》，2014 年第 3 期。

㉞袁顺芝：《俄汉翻译中的语言文化现象及其处理方法》，《中国俄语教学》，2014 年第 4 期。

㉟钱琴、陈洁：《科米萨罗夫论翻译教学》，《中国俄语教学》，2014 年第 4 期。

㊱陶源：《顺应论视阈下的模糊语言翻译框架构建》，《中国俄语教学》，2014 年第 2 期。

㊲贾英伦：《韩礼德功能文体学视野下的汉译俄科技翻译的语法修辞》，《中国俄语教学》，2014 年第 2 期。

㊳谢云才：《基于哲学诠释学视角的翻译批评》，《中国俄语教学》，2014 年第 1 期。

㊴王加兴、袁俭伟、孙飞燕、汪磊：《俄语语言

与文化六讲》，北京大学出版社，2014年版。

㊵王蓝霞：《试论象征中语言形象的涵义生成》，《中国俄语教学》，2014年第1期。

㊶王森：《18—19世纪法兰西文化对俄罗斯语言文化发展的影响》，《中国俄语教学》，2014年第3期。

㊷刘超、张伟：《陀思妥耶夫斯基的西方观念》，《中国俄语教学》，2014年第4期。

㊸樊明明、牛丽红、余献勤：《现代俄语修辞学教程》，外语教学与研究出版社，2014年版。

㊹张静：《俄语述谓形容词与句子类型》，《中国俄语教学》，2014年第1期。

㊺梁洪琦、徐凤才：《俄语熟语化简单句结构模式的演变研究》，《中国俄语教学》，2014年第1期。

（作者：鲍红，北京大学副教授）

文　学

文　艺　学

陈浩文　吴子林

一、学术活动概况

2014年6月，由中国艺术研究院马克思主义文艺理论研究所主办的第二届全国青年文艺论坛在京举行。来自各高校、科研单位及有关媒体的共60余位青年评论家和学者与会，并就论坛总议题“文艺评论：新的方向与可能性”展开了深入的交流和研讨。

2014年10月，由中国文艺理论学会主办、北京师范大学文艺学研究中心承办的中国文艺理论学会第十二届年会暨“百年文学理论研究中的中国话语”学术研讨会在京举行。来自全国高校及科研单位的200多名学者参与了此次会议，就文艺理论的未来展望、“文艺学”学科反思、文艺美学研究、古代文论研究、西方文论研究、中国近代文论研究、现代文论研究、当代文论研究和当代文艺问题研究等议题展开深入讨论。

2014年11月，由中国艺术人类学学会、北京舞蹈学院、《民族艺术》杂志社联合主办的“2014年中国艺术人类学国际学术研讨会”在北京舞蹈学院拉开帷幕，来自艺术人类学领域的近300位专家学者参加了此次研讨会。

2014年11月，由中国社科院马克思主义理论学科建设与理论研究工作领导小组主办，中国社科院文学研究所承办的第一届马克思主义文艺理论论坛暨“马克思主义文艺理论与中国文学发展”研讨会在京举行。30多位来自各地的中青年马克思主义文艺理论家及文学批评家出席了会议，并围绕“马克思主义文艺理论的核心价值”“马克思主义文艺理论的‘中国化’成就”“马克思主义文艺理论与中国特色社会主义文艺理论话语体系建构”“马克思主义文学批评的当代发展”等议题展开讨论。

2014年12月，由中国艺术研究院主办、中国艺术研究院美术研究所承办的“永远的丰碑——纪念王朝闻先生逝世十周年座谈会”在京举行。有关部门领导、国内相关专家学者及王朝闻先生的学生、亲属和媒体代表等共100余人参加了座谈会。会议围绕王朝闻先生的美学和文艺理论贡献、美术史学贡献、创作实践的艺术价值及其艺术批评风范的当下意义等议题展开。

2014年12月，由中国作协创研部、《文艺报》社、陕西省作家协会主办、《小说评论》杂志社协办的“反思批评现状、重建批评伦理暨《小说评论》创刊三十周年座谈会”在京召开，来自全国各地的20余位文学批评家参加会议，就目前文学批评的现状及存在的问题，以及如何办好一本纯文学刊物等话题交流了看法。

二、主要出版著作

专著、合著：

童庆炳《从审美诗学到文化诗学：童庆炳自选集》（首都师范大学出版社）选编了改革开放后作者在教学与研究工作中发表的有关文学理论方面的文

章，时间跨度将近30年。全书包括审美诗学、心理诗学、文体诗学、比较诗学、文化诗学五个部分，反映了作者从审美诗学到文化诗学研究的转向，从中可以看出文学理论整个学科大致的发展轨迹。

李春青《趣味的历史：从两周贵族到汉魏文人》（生活·读书·新知三联书店）以“趣味”为独特的视角，主要探讨了从两周到汉魏时期古代知识阶层“贵族趣味”“士大夫趣味”“文人趣味”相继演变的过程及其历史文化成因，旨在窥探这一时期知识阶层的精神世界，也从一个新的角度考察了这一时期文学思想与文论话语生成演变的内在逻辑。

张慧瑜《当代中国的文化想象与社会重构》（中山大学出版社）是对当代中国大众文化现象的观察与反思，透过热播电视剧、电影、电视节目、报纸杂志等文本来呈现中国文化与社会结构的变迁。在大国崛起和金融危机的双重背景下阐释这些文本的叙事策略及其文化症候，特别关注红色历史记忆的重写、公民社会的话语建构、中产阶层的文化表述与危机时代的主体想象等问题。面对新主流文化的建构完成，重新思考了1980年代、1990年代和新世纪等不同时代的文化与社会逻辑，为创造不同的未来图景提供反思的基础。

金惠敏《消费他者：全球化与资本主义的文化图景》（商务印书馆）将文化研究和社会美学的问题置于资本主义和全球化的语境或视域来做考察。本书所提倡的全球对话主义理论和图像研究在西方学界已经产生积极反响，本书可视为中国学者对当代国际文化理论的独特贡献。

金元浦《文化复兴：传统文化的现代价值》（中国人民大学出版社）阐释了继承和发扬中国传统文化，实现传统文化的现代转换之于文化复兴之梦的重要性。本书从传统文化反映的中国人的理想人格、中国传统文化的基本结构与主要精神特征、中国传统文化的思维方式及价值取向、儒道两家的文化精神与理想人格、中国传统文化的近代变革等几个方面阐释了中国传统文化的现代价值。最后提出，文化复兴是中国传统文化价值的现代升华。

夏静《文气话语形态研究》（商务印书馆）以体用立论，选取原体显用、即体即用、即用显体的维度，通过探讨中国历代思想家对气范畴所提出的解释、比附、推衍及其所隐含的思想史意义，论述气学之知识学意义、宇宙论意义、本体论意义以及文气话语之价值核心与方法原则，旨在推原气之经验与超验、事实与价值、实然与应然内蕴，显明由体向用的生成过程、由用向体的开显过程以及体用辉映的阐释历程。

编著：

高建平、丁国旗编《西方文论经典》（安徽文艺出版社）是一套涵盖古代至当代的西方文论选本，吸收了迄今为止我国西方文论引进方面的研究成果，分为六卷，共三百多万字。所选文论包括“选文正文”和“阅读识解”两部分。“选文”致力于译文的准确性和权威性；“识解”通过介绍原作者的生平及其所生活的时代，并结合该作者的相关论述进行综合阐释，力求使历代西方文论家的学术地位、主要观点和突出贡献一目了然。

陈奇佳、张永清编译《左翼立场与悲剧文化》（人民出版社）收录了伊格尔顿、威廉斯、乔治·斯坦纳、韦斯特福尔、本雅明、利奥塔等近现代西方重要左翼文艺理论家的著名悲剧理论研究论著数十篇，从悲剧史、悲剧理论的革命性以及不同思想家所引领的不同思潮入手，较为全面地呈现了西方近现代悲剧思想理论思潮的概观。

三、学术研究概况

（一）马克思主义文论

（1）对马克思主义文论的学术反思

张永清指出，对马克思主义文艺理论基本特征与内核问题的讨论，需要回到对“何谓马克思主义”，以及马克思主义真精神的理解上。从国内外已有的研究成果来看，对马克思主义的理解，包含了马克思本人的思想体系，马、恩共同创立的理论体系，第二国际的马克思主义，列宁主义，西方马克思主义等五个层面的意涵，贯穿其中的是马克思主义的真精神；它们给我们的启示是：建立马克思主义文论的问题框架，需要从现实需求出发寻找共同的理论资源，并在这一基础上进行创新，然后才能进一步展开理论思考。显然，在与现实社会、文化语境的对接，有效地架构自己的问题框架，贯彻马克思主义真精神等方面，我们做得远远不够，庸俗社会学或教条主义的遗风尚未完全肃清①。

党圣元认为，一战后崛起的文化马克思主义，主要致力于分析社会上层建筑中的诸种文化形式，其议题的丰富性，对大众文化经验的重视，以及对文化在社会结构中的作用的张扬等，在理论视野、观念方法等方面做了有益的开拓。无论是早期以卢卡契等人为代表的文化反思，还是欧美各国迥异的文化马克思主义理论形态，在理论框架和方法论意义上，对中国当代文论和美学建设以及文化研究与文化产业发展都有着重要的启示作用。文化马克思主义将文化视为社会结构一部分的态度，这或可扭转中国文学研究中的“庸俗社会学”思维。在吸收文化马克思主义思想资源时，中国马克思主义文化研究和文学批评要注意规避已有的问题和教训，尊重多元文化生态，致力于思想解放和政治权利、文化共识和价值共享的实现[②]。

陆贵山宏观地指出，建设当代形态的马克思主义文艺理论必须展开经典马克思主义文艺理论与西方现当代文论的对话。对话的重要话题包括文学的自然生态研究、社会历史研究和人文研究的关系、文学客体性研究和主体性研究的关系、文学内部规律研究和外部规律研究的关系、文学的科学研究和诗学研究的关系，等等。在陆贵山看来，西方现当代文论有其自身优势，但也存在高度自我、过度的语言崇拜、沉迷审美幻想、非理性等问题。与西方文论的对话，需要宏观地、辩证地、综合地、创新地整合西方文论，攫取有效资源丰富马克思主义文论弱势、缺失的部分，从而使马克思主义文论发生结构性的、新质性的变革[③]。

（2）西方马克思主义文论研究

丁国旗分析了马尔库塞艺术“异化”观的嬗变，指出在其早期文艺思想中，“异化”被置于艺术与生活统一的原则之下，所指涉的是艺术与艺术家对生活的背离，是需要批评甚至“教育”的。到了后期，马尔库塞认为，艺术的形式、自律与真理相统一，成全了艺术的“异在”，使艺术得以可能疗救现实；其“异化”观的内涵发生了转变，更倾向于阐释艺术的本质属性，以期挖掘艺术的政治潜能，而对艺术的“异化”持肯定态度[④]。

孙士聪通过对本雅明、阿多诺在1980年代本土接受的考察，指出本雅明的“借道出场”以及阿多诺遭受的冷遇首先是由理论满足现实需要程度决定的。马克思主义的始终在场主导了对法兰克福学派的理解方式和阐释路径，从这一点看，法兰克福学派文化理论成为中国当代文论西马化原因的命题不成立，其本土接受过程倒可以映照当下文化研究的病理学[⑤]。

（二）古代文论

（1）先秦汉魏文论

杜书瀛考察了先秦时期儒、墨、法、道四家对诗的不同态度，认为儒家“爱”诗与墨家、法家“恨”诗都是出于“实用”立场，道家“贬”诗，则是出于崇尚自然、清静无为的思想倾向。儒、墨、法、道四家对诗的看法，都不是单纯地从艺术审美角度生成，而是代表了不同阶层和人群的利益[⑥]。

吴子林由古代“修身立其诚”的思想出发，系统考察了“诚”之哲学思想的嬗变与演进，指出到了《中庸》“诚”不再止于真诚、诚实、忠诚、诚信等伦理道德意义，而是被提升到了与物之生、成、形、灭相始终的位置，并展开而为本体论即工夫论的哲学性言说。“诚”的目标在于“成己”（成就自我）、“成物”（成就世界），既是向内的自我完成，又是向外的不断深化与拓展。这是一个不断深化的主体性建构过程。作家、艺术家要实现“参天地、赞化育”，开启至乐的自由境界，必须拥有至诚的心灵，一个创造性转化的伟大源泉。然而，由于“忠恕”之道的失落，当代作家过多地被自我中心论所控制，“修辞”而无“立其诚”，罕见卓尔不群、颇具精神高度的艺术创造。艺术境界的显现，以“心匠自得为高”（米芾语）。重建文学主体性，重建诚的文学，任重而道远[⑦]。

夏静提倡回到中国传统学术史、文学史及价值论的整体思想语境探索中国古代文论研究的出路。中国文论的早期建构与先秦以来的学术发展密切相关，不是一种西方式的“杂文论”“泛文论”，而是在文史哲合一、道艺合一基础上提供意义、确立信仰的理论尝试。寻找中国文论早期形态研究的问题意识，需要回到文史哲合一的学术传统。近代以来，观念史研究和思想史研究成为两种主要的研究路径，前者侧重理论论证，后者崇尚历史还原；面对不同的问题，选择不同的研究方法将产生不同的问题意识。对于中国文论早期形态研究而言，观念史和思想史不可或缺，二者共存、互动相生才是切实可行的办法[⑧]。

李春青研究了汉魏之际知识阶层文人与士大夫两种身份冲突及其话语表征，指出东汉以来儒道互渗的思想趋向使文章由实用走向审美，文人开始关注个体生命价值，在诗文创作上注重个人情趣、崇尚文质并举的批评标准、文学风格变为梗概多气，但经学的国家意识形态地位带来的士大夫在政治、文化上的双重身份使得知识阶层无法抛却强烈的入世之心。这种身份冲突其实反映了这一时期知识阶层的普遍焦虑，而他们的诗文创作则是双重身份及其内在冲突的话语表征[⑨]。

（2）南北朝诗学

童庆炳以西方现代的心理学思想为参照，探讨了刘勰《文心雕龙·原道》的“道心神理”说。鲁迅曾批评刘勰将“天文”“地文”和“人文”相并列作出了“其说汗漫，不可审理”的批评，此后，又有人批评刘勰对于心、物关系的理解为“客观唯心主义”或“历史唯心主义”。童庆炳认为，只有在中华文化的语境中，同时又在西方理论的“照亮”下，才能理解刘勰的“原道”说。刘勰的“原道说”是对先秦时的“兴”论、《周易》的“观”“取”“通”“类”说、“君子比德”说等前代创作和理论的总结，刘勰用“中道”思维关注自然与文章的相互关系，体现了中国历史传统中的人文主义倾向。刘勰的“原道”是“天文”“地文”和“人文”的内在统一。作为自然的“道”，在宇宙之“力”的支配下，通过“异质同构”，由外在的自然衍化为内在的情感，“天文”“地文”才被提升为“人文”⑩。

杨铸指出，“味”是中国古代诗歌理论的范畴之一，以“味”言诗，始于六朝，根源于自先秦形成的精神文化建构与物质需求相互贯通并积极超越的重“味”传统。“味”的价值判断属性、内部的差异变化以及予人的体验过程都与诗歌作品的艺术特质、诗歌阅读的审美特质相契合，因此，以“味”言诗又实现了对诗歌艺术规律的深刻揭示。“味”不是西方学科意义上的精确概念，其多变细腻可感的特点要求在研究诗歌时不能孤立以作品论或阅读论进行解读，而需以开阔的文化视野打通二者之间的藩篱⑪。

王秀臣认为虽然“诗言志”与“诗缘情”在中国传统诗论中长期处于对立的地位，事实上，“诗言志”属于中国古典诗歌情感理论的范畴，与“诗缘情”是一个问题的两个方面。考察“诗言志”与“诗缘情”的理论源流，可以看到，言志是在礼的节制下的具有群体意志和群体情感的表达，反映了儒家诗教传统以道德预设的方式对情感的规训；缘情则是在社会泛道德化的情感走向中出现的对于个性张扬、人性自由的追求。二者的分野，是由对诗歌功能的不同要求导致的。孔颖达的“情志合一”论则为情志关系问题找到了结点，从而使中国古典诗歌情感理论走向成熟⑫。

（3）王国维研究

罗钢深入研究了《人间词话》的经典化历程，指出辛亥革命前后学界的集体沉默，20世纪唐圭璋等学者的批驳，以及20世纪80年代万云骏的评价，都反映了《人间词话》与传统词学的断裂；但这并没有阻止《人间词话》被抬高为传统诗学的代表性著作，其中原因在于，受西方文论体系的冲击，在文化民族主义心态的支配中，中国知识分子亟需一种可以解决因中西文化冲突而产生的焦虑的方法；另一方面，20世纪50年代以来一种以认识论哲学为基础的理论主体通过意识形态国家机器被建构起来，与此同源的《人间词话》便为学界提供了将中国古代诗学传统翻译为现代文论话语的范本。这意味着当代中国学人重建的传统是一种由西方思想塑造的意识形态幻象，这不仅没有解决中西文化的二元对立问题，反而让冲突由公开走向隐蔽。这种改变不但不能接续传统，甚至终将埋葬传统⑬。

彭亚非从中国传统诗学话语的“意境”范畴进行历史溯源，认为王国维“意境说”的提出不是对德国美学观念的截取，而是对中国传统诗学的一种总结与阐释，标示了中国诗学追求的特定文化精神与思维方式。之所以近代以来对“意境说”存在诸种误读与曲解，原因在于学界试图以西释中，追求中国诗学观念的“普遍性”而忽视其“特异性”的惯性。在研究中国传统观念时，不可能完全排除普适性的、世界通行的现代理论思维方式，但是面对中国传统文论的异质性，需要最大限度地还原本文化语境的特有问题，以及由此导致的追问与解答⑭。

金惠敏认为，对王国维“意境说”定位的争论，实际上牵涉到的是中国语境下学术话语建构过程中，中国与西方的关系问题。与罗钢等学者不断对这一命题进行质询的态度不同，他把西方文论与中国学术研究关系的本质定义为真理与方法的关系。方法作为真理呈现于人类意识的限度，并不是内在于真理的，且方法与真理并不存在完美的契合。对于学术研究来说，方法与真理的不完美契合却是继续阐释的动力。而方法的外在性和文化本身的复合性决定了方法的普适性。在以对话为特点的全球化时代，学术研究者的工作不是以辨析理论正误为要，而是经过动态的对话，在方法与真理之间建立起一种真实的历史性关系⑮。

祁晓明将王国维的两部著述与日本明治时期诸多学者的相关研究进行比照，指出王国维在中国诗词、戏曲、小说方面的评论历来为学界称道，以《红楼梦评论》与《宋元戏曲考》为例，后辈学者多认为这两部著作在观点、方法上都是开创性的。事实上，《红楼梦评论》在以叔本华哲学阐释《红楼梦》的方法、对小说的普遍性悲剧意义以及超越利害关系的美学价值判定上分别沿袭了笹川临风、田岗岭云等人的学术观点；《宋元戏曲考》在对元曲文学价值、元曲形式与南北曲之异同以及戏曲史的考证等方面对日本明治时期学者的研究成果也有所吸收。因此，视王国维两部文学批评著作为其独创成果的观点并不恰当[16]。

（4）海外汉学研究

徐宝锋考察了北美汉学家的中国文论研究，认为北美的中国诗学研究在理论路径和批评方法上基本上传承了新文化史的学术理路，呈现出多方位、多层次的特点。北美汉学家的文化批评视角在中国本土文论研究的基础上注重对文论传统意义的阐释和审美论、语言论视角的引进。以刘若愚、宇文所安、孙康宜等人的文化还原立场为例，可以看到北美汉学家试图通过不同文化视野、借助诗人心灵外望中国诗学的人文价值的精神取向的学术追求。这种研究方法规避了汉学界原有的模式化批评话语和套板反映，在文化与文学的互动中刷新了对中国诗学的理解[17]。

黄卓越则从学术史的梳理入手，将英美汉诗形态研究设定为一个三段论式的过程。以"汉字诗律说"为研究路向，19 世纪的英国汉学研究以建立在印欧语系基础上的语言学学科为理论背景，肯定汉语语言表达的丰富性与独特美感，但同时也存在因理论预设造成的对汉语与汉诗形态的贬抑态度；美国的意象主义运动虽然仍以对语言形态的探头为前提，却打破了早期英国汉学家的殖民话语意识，重新认识了汉语的具象表达以及汉诗的语法、声律规则，使汉诗研究开始进入注重汉字表意形态的解释方向。20 世纪 60 年代，北美汉学家对"意象"的兴趣激起了各方话题的讨论，令汉语诗学重建的思路更趋多元，也重启了一度被忽视的声律句法研究。在黄卓越看来，英美汉诗形态研究的理论轨迹，主要反映了不同时期西方学术与批评模式，以及对中国文化的整体态度[18]。

（三）美学

（1）新媒介与美学

高建平指出，"超越美学"的"超越"，是打破对美学的既有理解，走出传统美学的边界，建立一种"杂美学"；"杂美学"之"杂"，在于对生活实践、社会文化、自然生态的关注。与此同时，由于当代社会新媒体发展带来的艺术审美活动等方面的巨变，存在着取消美学之功能的危险。在这种情况下，美学在超越之后的"回归"显得尤为重要。所谓美学的"回归"，就是要在无美学的时期承认带有功利性目的的美学基础上，致力于建构一种新美学，其目的是要建立新感性，重新阐释艺术的审美意义，重构文化研究、生态研究等领域的美学，这也是当下学术发展的现实归趋[19]。

王德胜趋向于思考后现代中国美学价值的建构问题。微时代的符号化生产方式造就了以同质化为取向的"文化共同体"。以移动互联网络为媒介，信息传播呈现出去历史化的特征。这使得文化生产与消费的内在联系被切割为一种破碎的、非连续性的具体征象，也带来了草根性的文化民主。微时代的文化景观带动社会生活的审美叙事向日常生活的审美性回归，并放大日常生活片断为生活的总体感性呈现，使其审美功能绝对化，从而占领了人们所有的生活感受；而碎片化的文化风格、广泛性、开放性的信息交互消弭了意义深度，这在肯定集体经验的共享价值的同时，进一步强化了意义的"微化"效应[20]。

（2）大众文化研究

陶东风以 20 世纪 80 年代和 90 年代两次世俗化进程为切入点分析了中国当代大众文化生存和发展的基本语境。80 年代的世俗化运动将人从一种由极权主义造成的虚假民主中解放出来，在尊重私人领域的前提下使人重新参与到公共生活领域中去；90 年代的世俗却是物质主义和消费主义的世俗，通过大众的政治冷漠、犬儒主义与消费主义、享乐主义的深度结合，构建出一种畸形的、以对日常生活私人领域的关注覆盖对公共领域的热情的世俗文化。而这种与宗教不同的对公共世界的否定、对封闭的个人内心世界的沉迷，恰恰是当今中国大众文化与消费文化背后潜藏的误区[21]。

（3）艺术理论与批评

王一川从媒体网络条件对艺术影响角度分析了当下艺术的生存状况，指出艺术遭遇网络媒体的社群分割、神圣性丧失、公共信用危机等现实问题。基于当今艺术的分众化、祛魅化、公信危机、公信中介等特点，对艺术的社会角色的认识需要做出调整，重建艺术公共性，即在公民社会条件下重建受到公民质疑的艺术社会功能，尤其是艺术媒介的社会征信功能。而征信问题在艺术领域首先是公赏力问题。标举艺术的公赏力，就是要创造出可赏玩的公共审美符号系统，使公众在其中赏玩并展开双向及多向互动，从而共同地寻求人生的相互共在感[22]。

时胜勋从符号学角度讲中国艺术美学体系分为中国音符、中国线条、中国画面、中国造型。四类符号之间有所区别，亦相互融合，深刻地体现着中国哲学中的形而上性、生活性、自然性与生态性。当今中国艺术美学面临的最大挑战是被符号化融入西方美学体系之中成为附属，失去了中国精神。要避免中国艺术美学的破碎化，首先，要有美学自信，对中国古典美学有高度的认识，即“各美其美”；其次，能够“美人之美”，在肯定西方美学的同时要有自己的立场；最后，美的可沟通性、可理解性、丰富性与差异性，文化内部的多元差异都在呼吁着中国艺术美学要建立国际审美共识、重建文化。这也要求中国艺术美学体系要注重艺术理念的回归、传统艺术的表现力与美学意蕴[23]。

（四）西方文论

（1）中西文论的比较与反思

张江对当代西方文论话语作了批判性反思，试图探寻中国文论发展的新出路。他指出，当代西方文论的基本特征和根本缺陷之一是“强制阐释”，即将各种生发于文学场外的理论或科学原理予以征用，或以前置的立场裁定文本意义和价值，或以非逻辑论证和反序认识的方式强行阐释经典文本，或以词语贴近附和和硬性镶嵌的方式重构文本；这种“强制阐释”的理论往往表现为实践与理论的颠倒、具体与抽象的错位，以及局部与全局的分裂，并从根本上抹杀了文学理论及批评的本体特征，导引文论偏离了文学。当代西方文论当前所呈现的危机表明，文学理论如果不能从文学实践出发，站在全局性的高度对历史上的有益成果进行吸收转化，协调理论系统内部各个方向的学说，就无法提高自身创造力，发展出一个成熟的、系统的、全面的理论体系。张江呼吁，当代文学理论话语的建构必须坚持系统发育的原则，在吸纳进步因素的基础上，融合理论内部各个方向和各个层面，建构出符合文学实践的新理论系统[24]。

钱中文纵观全局，高屋建瓴地讨论了现代性与后现代性、建构与解构的相互关系等若干重要话题。他指出，人文科学中的现代性常被混同于自然科学中的现代性，被视为凝固的、需要被替代的概念。实际上，人文学科理论建设的特质决定了现代性作为一种现代文化精神，本身具有自我反思、自我批判的功能，既讲究继承传统，又注重超越创新，具有历史指向性，是一个绵长的发展过程。后现代主义尽管对文化建设有参考作用，但这并不意味着现代性发展就此终止。轻率地追捧后现代主义，可能造成思想的混乱，泛文化批评热潮之下的理论论争就是典型。至于解构与建构，二者是相伴而行的，在理论建设过程中，解构应当在有问题追问的建构中进行，否则理论研究中提出的新思想将会沦为平面化、碎片化的知识堆积[25]。

陈晓明则指出，有效的民族性是敞开的，能不断在与世界沟通中完成自我更新，而不是在封闭的语境中展开对世界的想象。以“世界文学”的倡导来审视民族性与世界性，中国文学在即将来临的又一次变革中需要坚持民族性的有限性，理解、借鉴全球化经验，从而获得在世界文学场域中的创作的自由[26]。

康毅从发生学的角度解释了“诗言志”与“摹仿说”两个理论概念产生的深层原因，分别从自然、人文环境因素指出中国诗学理论中的伦理政治倾向以及希腊文化精神的理性追求。“诗言志”本质上体现的是激发情感、引起共鸣，歌颂君王功德、维护统治、教化民心的功能，传递着“尚礼”的伦理精神，开启的是重视现世、人际、生命的文化道路；“摹仿说”则反映了追求客观、真实的科学精神，开辟了西方文学理论重视知识、追求真理的道路。通过对两个概念的跨文化比较，可以看到，不同文化语境中的思想资源可以为当下文学理论建设提供有效的启示与借鉴[27]。

（2）西方文论学案研究

冯庆回溯了德里达与赛尔关于言语行为理论的一段著名论争，试图解释这段论争背后体现的伦理政治意图。德里达在对奥斯汀理论的解读中显示了他对德国浪漫派哲学传统的继承和反理学倾向，以伦理—政治先行的作风解构了奥斯汀的言语行为理论。在赛尔看来，德里达不仅在概念使用上缺乏精确定义，而且语言哲学常识匮乏。事实上，奥斯汀的理论并无伦理政治意味，德里达实质上是用认识论的问题替换了本体论的问题。对于中国学者来说，德里达与赛尔的论争留下的启示恐怕在于，理论的途径取决于政治意识形态的选择，因此，从学理层面讲，理论工作者需要保持更为审慎节制的态度[28]。

蒋晖对亨利·詹姆斯的《小说的艺术》进行了文本细读，指出《小说的艺术》可视为英美小说理论形式主义传统的奠基石，且反映詹姆斯本人的思想转型。詹姆斯的这篇论文中包含了他的小说理论主张和大量当时的英美文化信息，其中具有统摄性的问题的是艺术的自由，并延伸为形式自律和艺术家的真诚。詹姆斯的理论主张与其创作经验、文化修养密切相关，阅读这篇论文，不能不考虑詹姆斯所处的时代背景，同时也需要仔细辨别作者个人与当代人对话的潜文本[29]。

（五）文学基础理论

吴子林探讨了信仰与文学质地的关系，以及中国文学信仰叙事的内在难度等问题。他认为，信仰与文学是对“生命如何可能”命题的不同形式的回应。缺乏信仰的支撑，文学沉迷于对事实的模拟和俗世的福利，在精神品质和审美质素上往往显得苍白平庸；然而，中国人的自然信仰传统是非人格化的，认清基督教自我本身及其本真，把握其独立及独特之处，体认其带来的新意和启示，并在此基础上进行不同文化的反思、对照、交流、互补或会通，是一项重要的工作。中国现当代文学信仰叙事所呈现的内在难度，是中西文化交接形成的重负，也是由古典转变到现代、后现代所形成的重负。史铁生的神性写作是启示性的艺术创造，而不是归化式的宗教代言；它以犹如生命般若、心魂真如的文字，“继承、预识和朗显”了生命的意义，启示性地提出存在的终极问题，为克服信仰叙事的内在难度提供了某种借鉴[30]。

胡疆锋以大众传媒与现代文论的关系为切入点，发掘了文论的传播途径之于文论话语生产场域、文论内在形态的意义。与中国古代文论因稿酬、版权制度不完善、学术期刊匮乏而导致传播范围受局限的情况不同，现代文论与大众传媒建立了积极的互动关系。大众传播快捷的出版机制，为知识分子传播学术成果提供了重要渠道和内在动力；现代报刊、印刷出版等大众媒介和图书流通等文学生产机制，扩大了文学理论与批评的影响力；稿酬制度的确立，促进了文论研究的职业化，知识生产的商品化，是中国现代文论最现实的语境之一；大众传媒作为现代文论的生产场域和内在构成要素，促成了文学理论的语言、文体以及内在观念的转型。作为现代文论的发生现场，大众传媒揭示了知识制度在保障了学术研究独立自由的同时，也使文学面临流于世俗名利的危险[31]。

注：

①张永清：《理论基石与问题框架》，《文艺理论与批评》，2014年第5期。

②党圣元：《文化马克思主义的历史和启示》，《江海学刊》，2014年第5期。

③陆贵山：《对话与重构——建设当代形态的马克思主义文艺理论的重要理路》，《中国人民大学学报》，2014年第2期。

④丁国旗：《“异在”对“异化”的拯救——马尔库塞的艺术“异化”观解读》，《文学评论》，2014年第6期。

⑤孙士聪：《马克思主义语境中的法兰克福学派文化理论——本雅明、阿多诺在1980》，《中国文学研究》，2014年第2期。

⑥杜书瀛：《“爱”“恨”“贬”之对立：儒、墨、法、道对诗的不同态度》，《社会科学辑刊》，2014年第1期。

⑦吴子林：《重建“诚”的文学》，《小说评论》，2014年第5期。

⑧夏静：《中国文论的早期形态研究的问题与方法》，《齐鲁学刊》，2014年第3期。

⑨李春青：《汉魏之际“文人”身份冲突及其话语表征》，《北京大学学报》（社会科学版），2014年第2期。

⑩童庆炳：《〈文心雕龙〉“道心神理”说新探》，《文学评论》，2014年第4期。

⑪杨铸：《诗“味”与“味”诗》，《汉语言文学研究》，2014年第2期。

⑫王秀臣：《“诗言志”与中国古典诗歌情感理论》，《文学评论》，2014年第2期。

⑬罗钢：《“被发明的传统”——〈人间词话〉是如何成为国学经典的》，《南京大学学报（哲学社会科学版）》，2014年第3期。

⑭彭亚非：《王国维“意境说”的问题及相关思考》，《中国政法大学学报》，2014年第4期。

⑮金惠敏：《全球化时代的真理与方法》，《中国政法大学学报》，2014年第4期。

⑯祁晓明：《王国维与日本明治时期的文学批评——以〈红楼梦评论〉〈宋元戏曲考〉为例》，《文学评论》，2014年第3期。

⑰徐宝锋：《北美汉学中的中国文论研究的文化批评视角》，《河北学刊》，2014年第3期。

⑱黄卓越：《“汉字诗律说”：英美汉诗形态研究的理论轨迹》，《北京大学学报》（哲学社会科学版），2014年第1期。

⑲高建平：《美学的超越与回归》，《上海大学学报》，2014年第1期。

⑳王德胜：《“微时代”的美学》，《社会科学辑刊》，2014年第5期。

㉑陶东风：《从两种世俗化视角看当代中国大众文化》，《中国文学研究》，2014年第2期。

㉒王一川：《媒体网络缠绕与艺术公赏力》，《南方文坛》，2014年第5期。

㉓时胜勋：《中国艺术美学的符号体系与国际审美共识》，《民族艺术》，2014年第4期。

㉔张江：《强制阐释论》，《文学评论》，2014年第6期。

㉕钱中文：《文学理论研究中的几个问题》，《文史知识》，2014年第11期。

㉖陈晓明：《乡土中国、现代主义与世界性——对80年代以来乡土叙事转向的反思》，《文艺争鸣》，2014年第7期。

㉗康毅：《从“诗言志”与“摹仿说”——透视中西文化的伦理精神和科学精神》，《理论学刊》，2014年第5期。

㉘冯庆：《理论的节制：重审德里达与赛尔之争》，《文艺理论研究》，2014年第5期。

㉙蒋晖：《英美形式主义小说的理论基石：亨利·詹姆斯的〈小说的艺术〉》，《清华大学学报（哲学社会科学版）》，2014年第1期。

㉚吴子林：《信仰与写作的质地》《信仰叙事的内在难度》，《小说评论》，2014年第2期、第3期。

㉛胡疆锋：《学术交流和生产场域：大众传媒与中国现代文论的构型》，《文艺理论研究》，2014年第4期。

（作者：陈浩文，中国社会科学院硕士生；吴子林，中国社会科学院副编审）

先秦两汉文学

罗姝鸥　常　森

2014年度，北京地区先秦两汉文学研究的成果主要集中在以下几方面：1. 出土文献研究；2. 作家作品研究；3. 文学史研究；4. 学术史文化史研究。

一、新出土文学典籍的研究

常森指出，《五行》有一个重要范畴“和”，“和”又有一个等值的范畴即“时”。二者关联的是，仁、义、礼、知（智）四种德之行跃升为“善”，仁、义、礼、知、圣五种德之行跃升为“德”，以及德行达到最高境界时的践行方式。“和”一般被解释为“和谐、协调”，这种认知有悖于《五行》体系给出的界定，也背离了该范畴的历史渊源。《五行》之“和”乃取义于跟《洪范》“五行”中的五味关联甚深的“和羹”“和五味”，以及由此滋生的“和五声”等观念，意指参与其中的各元素的个别存在被超越而生成新的同一体，因此并无所谓“和谐、协调”可言。《五行》之“和”或“时”深刻继承了《洪范》“五行”说蕴含的五味和的结构框架和模式。[①]

姚小鸥《清华简〈赤〉篇与中国早期小说的文体特征》一文，在二重证据视野下，对中国小说的起源及早期形态作出了新的论证。该文一方面论证说，“《清华简·赤之集汤之屋》以战国以前广泛流传的伊尹传说为底本敷衍而成，带有强烈的巫术色彩，符合中国早期小说的文体特征”，并引多篇先秦两汉小说性质作品，旁证“《赤》篇作为小说出现不是偶然的”；另一方面又论证了《庄子·外物》篇中“饰小说以干县令”为“修饰小说来干谒县令”之意，“小说”是“辁才讽说之徒”用以干谒作为地方长官的县令企图求取个人的“发达”的一种小道，类似于唐人以传奇小说干谒当道的行卷风气。因此，“《庄子·外物》有关小说的描述较《汉书·艺文志》的小说断语更接近于现代小说观念”。[②]

姚小鸥、孟祥笑认为，清华简《赤之集汤之屋》开篇“曰故（古）有赤……”中的“曰”字，是一个独立的语义单位，具有特殊的文体意义，表示叙述古史的开始，所以应该在“曰”后读断。文中举例论证“‘曰古……’可视为‘曰若稽古……’”的略写，比较灵活，凡是追述往事的体裁都可以采用。与“曰若稽古……”所涉内容相比，以“曰古……”开篇的文献，多涉及神话传说等内容”。又指出在“曰”字后断句，“不但与《赤》开篇追述往史的体裁甚为相合，而且使我们看到中国早期小说借鉴史学著作的印记”。[③]

《清华大学藏战国竹简（三）》中收录了一篇韵文《芮良夫毖》，此文开篇四十字的性质及其与后文的关系等问题，引发了学界讨论。姚小鸥认为，“《芮良夫毖》前段上述四十字为小序，其后为正文”。并引若干文献为证，证明《芮良夫毖·小序》中“芮良夫乃作毖再终”的“终”表示“成”，“即‘备乐’中较小的音乐单位（一般指某一支歌曲或乐曲）的演唱或演奏完毕”，“《芮良夫毖·小序》言‘芮良夫乃作毖再终，曰’，后即述韵文一篇，‘二启曰’后又述韵文一篇”。由此可知《芮良夫毖》必为

"诗""歌"类文体。其文势与内容又与《诗经》大小《雅》相仿，故当判定为《诗经》类文献"。而后又比较《芮良夫毖·小序》与《毛诗序》的异同，认为"《芮良夫毖》前之'序'可称为'小序'，为先秦《诗序》之遗存"，"从《芮良夫毖·小序》之书法可以窥见《毛诗序》以正喻反、以反美正的影子"。[④]

《清华大学藏战国竹简（三）》中《周公之琴舞》一篇"周公作多士敬毖"部分仅存"元纳启"以下四句，而"成王作敬毖"部分——"琴舞九録(卒)"被完整地保留了下来，以九启的形式连缀而成。姚小鸥、李文慧仔细研读文本，又比较今本《诗经》及其他相关资料，为成王所作敬毖"琴舞九沭(卒)"部分依次命名为《敬之》《思慎》《渊》《文》《思忱》《辑余》《有息》《谟》《庸》，并认为"成王所作敬毖'琴舞九録（卒）'是一个有机结合的整体，在很大程度上反映了周人道德体系的建立"。[⑤]

姚小鸥、孟祥笑《试论清华简〈周公之琴舞〉的文本性质》一文认为，"琴舞九絉""启曰""乱曰"等乐舞术语的存在，的确显示了《周公之琴舞》所具有的乐歌文本特征，但将其定为乐家之诗，则理由尚不充分。文中综合了学者对《采风曲目》的研究成果，参考了朱熹对"笙诗"和"古乐"的讨论，并对照汉魏六朝乐府歌诗文本形态，认为，"《周公之琴舞》中虽然存在若干乐舞术语，但不宜遽判为乐家传本。综合来看，《周公之琴舞》与汉乐府《孤儿行》的文本形态相类，它们虽继承了古代诗乐的某些形式，但称其为文学文本最为相宜"。随后他们考辨了诗、乐二家的源流，从而判断，"《周公之琴舞》系未经汉儒整理的诗家传本早期形态，故保存有若干关于乐舞的术语。在诗家的传承历史中，这些乐舞术语逐渐被剥离，最终在汉代定型为今本《诗经》。《周公之琴舞》的文本特征及其性质，决定了它在《诗经》学史上具有重要意义"。[⑥]

清华简《耆夜》之"耆"，编辑者释为国名。李炳海以为，若"耆"为国名，那么作为篇名的《耆夜》就无法得到合理的解释，"耆"字不能释为战胜黎国，更不能以国名作为夜的修饰语。因此把"耆"认定为国名，这与篇名相矛盾，解释上无法圆通。作者结合《诗经》中"耆"字的含义，认为"耆"当释为实现、到达之意，而参照《武宿夜》，"耆夜"则当理解为平定之夜。作者又考释了《耆夜》篇涉及的"聿""矞""员""云"几个词，认为它们在《诗经》中均有实义，并非语助词。"聿""矞"表示迅速，而"员""云"表示下行态势的动作和变化。作者认为，建立科学的《诗经》阐释体系，在词语考释方面还有可拓展的空间，并提出三点建议："第一，兼顾词语的音形义，借鉴古今注疏和古文字研究成果，结合作品的具体语境，对词语的含义作出准确的认定"；"第二，扭转实词虚化的倾向，把对词语的训释落到实处"；"第三，注重义例的梳理归纳，逐步建立起完整严密的体系"。[⑦]

二、作家作品研究

（一）关于《尚书》

《尚书·吕刑》的时代在古代是没有疑问的，至现代才有学者开始有所质疑。李山《〈尧典〉的写制年代》一文，先反驳了郭沫若、张西堂及美国学者夏含夷等人的意见，论证《吕刑》为西周穆王时期的文献。在此基础上，作者对读《尧典》与《吕刑》，发现两者都有"顶针格"现象，段落中句群的连接章法相似，用词用语相似，四字句占全篇比例相似，"刑罚"观念及其表述一致等。作者又以同样的方式，对读《尧典》与西周中期的传世文献《诗经》之《雅》《颂》及确为西周中期的出土铜器铭文等，细致地分析了《尧典》与后两者在用词、句法、修辞等各方面的相似之处，从而断定《尧典》确为西周中期文献。[⑧]

（二）关于《诗经》

马银琴《再议孔子删〈诗〉》一文，结合孔子时代《诗》传播的基本情况及孔子一生的主要经历，论证了孔子为"正乐"而删《诗》的真实性，并断定删《诗》时间当在孔子"自卫反鲁"之后。观照《诗》文本的形成史，可知诗文本的每一次编辑，其方式都是在前代所传文本的基础上，通过采集当世或稍前时代创作和流传的诗歌作品加以编定。从春秋中期至孔子时代约一百五十年间，《国风》作品产生的数量也许不少，但被编入诗文本而保存下来的，却仅有《黄鸟》《晨风》《无衣》《渭阳》《权舆》等五篇《秦风》；《株林》《月出》《泽陂》等三篇《陈风》；《鸤鸠》《下泉》等两篇《曹风》，总共十篇。这十篇作品几乎都符合《诗序》美刺说，与以男女风情为主体内容的春秋前期诗歌相比，具有明显的政治伦理倾向。这体现出了孔子"恶郑声"的思想观念；"正是由于孔子的选择，这十首作品整体地表现出了与春秋前期诗歌明显不同的政治伦理倾向"。[⑨]

对于"王官采诗"说，历来众口纷呶。李山认为，理解“采诗”应该灵活一些，“有现成或大体现成的歌谣可采叫作‘采诗’；没有现成的，民间流传的一两句好言辞、好旋律，新鲜而又表现风情的，将这些加工、提升，制作成歌曲，也是‘采’；更有甚者，民间有一种社会现象，引起了采诗者的注意，责任人促使的他们以职业的专长，用诗篇、乐章的形式加以表现，意在提醒在位者注意某些民情，这也叫‘采’。这后一种情况谱出的篇章，实际是古典的‘报告文学’”。在这样的思路上，联系《诗经》具体作品来分析，作者认为西周时期即有“王官采诗”之事。虽然西周初年就有“采诗”活动，而“采诗”高潮却在西周晚期，这是因为“到西周后期，上层人物对诗篇的喜爱、以能诗为荣耀的风尚业已形成。其证据就是有主名的诗篇出现。早中期都有配合礼乐的诗篇创制，但诗篇中明确作者的做法，很明显是晚期才有的新风”。而“贵族阶层与王权之间的政治较量”使得贵族阶层“策动采诗官员表现社会不幸现象”，这意味着“‘礼乐’活动的质变以及文化大权的下移”。“采诗观风”遵循的是“天听自我民听”的天命观，“采诗观风”在西周末的高涨是一种文化的成功，“不仅保证了人们‘认识论地’研究那个时代的文学成为可能，也为后来诗歌等文学的发展确立‘现实精神’的大方向。这才是‘采诗观风’这一古老现象的全部意义”。[10]

马银琴还对日本学者家井真的《诗经原意研究》一书作了评述。她充分肯定《诗经原意研究》所展现的方法论意义与贡献，又围绕着铭文与《诗经》的关系、“雅”与“夏”的关系、“客”的历史文化内涵等具体问题，着重分析了该书在文化阐释中存在的问题与偏差，由此强调深入了解经典产生时代的社会观念、文化制度对于正确阐释经典内涵有重要意义。[11]

（三）关于《山海经》

李炳海继续进行《山海经》研究。他认为《山海经·五藏山经》中有些山名、植物名称及功能之间存在着关联，这些名称都有一定的暗示意义，并一脉相通。其中植物所具有的功能，是由山名、植物名称内涵所引发的想象而虚拟的；“这类条目在《五藏山经》中的分布是不平衡的，《中山经》最多，《西山经》次之，《南山经》和《东山经》较少，《北山经》则没有这类案例。在《中山经》的篇目里，《中次七经》这类条目最多，是以密集的形态出现”。他认为，从神话传说、词语训诂方面切入，是破译这些条目的重要方式。由此入手，他分几种类型分析了“姑媱之山的䔄草、宣山的帝女之桑”“仑者之山昀白蓇、浮山的薰草”“䓘山的芒草、苦山的黄棘、大苦之山的牛伤”等山名与植物名的内在意义及其关联性，指出荔山、苦山、大苦之山等三个条目属于同一类型，每个条目内部及三个条目之间，形成纵横交错的对应关系。而《五藏山经》相关的植物传说，寄托的是生命一体异物相克的理念。[12]

赤水作为河流名称，在《山海经》中出现的频率很高，多达20次。李炳海考证了《山海经》中的“赤水”，认为有南方赤水和北方赤水之别。南方赤水充满生机和活力，北方赤水则干旱不毛，生态条件极其恶劣，个中反映的是楚文化的观念。南方赤水出于发源于昆仑之丘，流向南方，实有其水，即蜀地之岷江。之所以取名为“赤水”，则是受五行学说中色彩与方位配置的影响，以赤配南方，故名赤水，这与黑水、青水、白水相类。而北方赤水则在西北海外幽暗之地，实无此水，完全出自想象和虚拟。其名“赤水”则是取赤有“遮蔽、伏藏、幽暗”之意。“赤水”的这两种描述虽然有所差别，却都在五行理念的统辖之下。“南方赤水的‘赤’取自烈火燃烧呈现的红色，北方赤水的‘赤’则取自烈火对地面的笼罩覆盖，由于取象的角度不同，使得所表达的意义有常见和特殊之别。尽管如此，南北赤水名称的生成，均与五行说密不可分”。[13]

（四）关于《楚辞》

常森考证说，关于《招魂》之作者，汉代就有屈原、宋玉两种不同的判定，以后各有分化和推进；加上对所招对象的认知不同，情形愈显得复杂。其间最基本的历史轨迹是，作者问题，宋玉说超出屈原说，所招对象问题，招王说超出招屈说。他无意一一评析和回应历史上种种观点，而着力呈现自己对《招魂》作者、主旨本身的认知：基于文本所叙被招者之行为和特征，确定篇中之招魂术乃“施之生人”者，而被招对象只能是屈原，不可能是怀、襄或其他楚王。基于文本所设定的结局背离其所述招魂目的、代言说迂曲而空洞，并参证《大招》“为招之术”，确认《招魂》之招屈子不可能是宋玉代言。基于文本采取第一人称之叙事视角，证明《招魂》乃屈子自作自招。最后他揭橥了《招魂》本意——屈子人生抉择之象征，以证成全文主旨。[14]

在另一篇长文中，常森论证了《远游》并非屈原所作，同时还以仙观念、道学背景、文学史与思想文化史线索为核心，论析了它的创作时期、历史渊源与实质。从汉代起，传世《楚辞》中的《远游》就被视为屈原的作品。尽管清儒胡浚源、吴汝纶诸学者以降，质疑者不少，但学界主流观点仍然是依循旧说。可这一延续了大约两千年的旧说，无论对屈原，还是对《远游》，都是莫大的误会。常森将确定属于屈原的作品（《离骚》《天问》《九章》《九歌》等）建构为一个核心比照系统，进而发掘《远游》的异质性，揭示了《远游》所受到的双重拒斥：一方面，屈作核心比照系统绝无《远游》的基本信仰——人通过食气等修为来超世登仙；另一方面，在作为屈作背景、被屈子超越了的原始神—巫传统中，“神”与人是异己的存在，人可以借助巫来实现跟神的沟通，却不能变成神，可《远游》的根本信仰则是人可以成“仙”，就历史发展轨迹而言，“仙”乃是由“神”世俗化而成的信仰体系和超越性境界。由此可见，屈作核心比照系统和《远游》仙信仰体系之间不存在任何有效的历史与逻辑关联。在作者系统展示了《远游》与《庄》《老》道学的整体性绾合后，《远游》与毫无《庄》《老》背景的屈原作品的实质性疏离得到了强化。那么，《远游》究竟作于何时呢？作者认为，《远游》作成和传播后，曾不断得到人们的关注和回应，或承继之，或修正之，或否弃之。这种历史线索可由东方朔《七谏》，依次上推至司马相如《大人赋》《淮南子》、严忌《哀时命》，以及贾谊《惜誓》等篇章，这界定了《远游》产生时间的下限；其上限则是秦始皇三十五年（前212）“韩众去不报”之后，《远游》篇中的韩众已成为登仙的楷模。作者再结合其他要素，断定《远游》大概产生于刘邦即位前后的十来年内，可以上下调整的幅度并不太大。他指出，《远游》实质上是《庄》《老》道学、燕齐神仙方术以及楚骚三种传统影响的结果。影响它的楚骚文化元素大抵限于屈作形式层面，而被作者赋予了充分的“相信的活动”。《庄》《老》道家学说为它提供了以道和得道者为核心的基础理论架构与修养方法。秦以前流行的辟谷行气服食之术，则为它的仙道体系提供了富有操作性的实践手段。作者强调，只有把握了这一实质，才算是真正走近了历史。[15]

先秦典籍中，“灵”字的出现频率颇高。“灵”字的繁体构形是巫师祈雨之象，由此生成它的两种基本含义：一种意义与神灵相关，一种意义指降落、下行。李炳海考释了《楚辞》中的“灵保”“神保”“天保”，认为“神”“灵”“保”三者同义，“灵保”“神保”“天保”指的是巫师扮演神灵的角色，取自“灵”字的第一种含义。而“灵修”“灵氛”“灵均”“灵雨”“扬灵”“威灵怒”等词语中的“灵”字，则取的是第二种含义，指的是降临、下行。至于“神以灵”，则是兼取两种意义。先秦时期的谥号、楚人的命名、楚文化典籍的相关寓言，均涉及“灵”字的两种基本含义。[16]另外，李炳海认为从名物典故之考辨切入，探讨先秦楚辞作品与西北楚文化的关联，是一条切实可行的路径，有助于楚辞作品某些悬案的破解。他考释了《天问》《招魂》《卜居》《渔父》中的一些关键词句，认为屈原从郢都前往汉北，经过了春秋时吴楚交战的战场，以及令尹子文所属若敖氏家族覆灭的地方，因此，屈原在写《天问》时，在末章提到了吴军入郢和子文名彰两个历史典故；《招魂》乱辞与《天问》末章同属纪实型叙事，其中的庐江位于今湖北襄阳宜城之间，那里曾经是楚君的猎场；《招魂》乱辞中屈原扮演的是观猎者的角色，表达的是恋郢情结；而《卜居》中的郑詹尹是郑国贵族的后裔，是以卜筮为隐居谋生手段的贤人；《卜居》和《渔父》是以屈原贬谪汉北为背景而创作的。[17]

李炳海还就楚辞研究中学案的判评提出了一些看法，认为，“研究方法和学术视野，这是楚辞学案判评的关键和枢纽”，“二者互补互动，相生相长。视野的拓展能够带来方法的更换，研究方法的更换也能实现学术视野的拓展”，“学案判评方法的选择，很大程度上受楚辞作品的制约。根据楚辞作品的属性和特点，学案判评主要采用词语训诂和揭示象征意义两种方法。词语训诂包括对原始本义的挖掘，以及楚地方言和惯用语的历史还原。揭示象征意义，则涉及词语、角色称谓、物类事象、故事情节等多个方面”。[18]

（五）关于汉乐府与《古诗十九首》

常森以《东门行》《妇病行》《有所思》《孤儿行》等经典作品为研讨对象，集中论析了两汉乐府民歌在剪裁运化方面的造诣。他一一揭示了诸诗在取舍材料特别是“留白”方面的艺术匠心，指出这些作品选择了“适当地舍弃”以及“在适当的地方止笔”。从艺术上说，它们的选择和舍弃激发了更多的关怀与想象，也就是说，那些从现实生活逻辑上看可能更为重要的问题因为被搁置，反而更得到凸显，诗歌的意味被加强，而不是被削弱了。汉乐府民歌之最大艺术，在其“不用艺术处”。其剪裁运化之功源于对生活逻辑的把握，因此天机盎然。而随着机械性规则日益丰富和定型，后代诗歌在艺术上取得了长足的进展，却因为有“机事”、有“机心”而“纯白不备”，天然高古之趣转衰。汉乐府民歌由此成为后人高山仰止、心向往之的艺术楷模，成为他们试图从机械性规则中松绑时追模的重要对象。[19]

《古诗十九首》的时代与作者，一直是汉魏文学研究中的热点问题。李善注《昭明文选·杂诗上》，提出其作者为东汉无名氏，后世多从其说，近来有个别学者提出异议，认为“古诗”不早于建安，或为曹植所作。在此背景下，孙明君联系史料，详尽分析了《古诗十九首》中的《青青陵上柏》的描写内容，认为：“在没有考古发现支撑我们观点的时候，不能轻易否定前人的结论，特别是齐梁时代文学理论家刘勰和钟嵘的看法。同样在猜测，他们的猜测比后人的猜测会更有道理。我们倾向于认为《青青陵上柏》完成于东汉末年，它的作者应该是一位出身于社会中层的士人。《青青陵上柏》生动记录了东汉末年的社会危局和士人心态。”[20]

三、文学史研究

《大戴礼记》的成书，是儒家礼学精义的传承在汉代的一种学术形态。李翠叶、尚学锋考察了《大戴礼记》选编的篇目，联系儒家礼学观念的传承与所载文体的嬗变过程，发现由“孔子遗说”到“曾子十篇”，曾子将孔子礼学修身的言谈上升转换成了一种观念，创造了儒门新的话语方式和思维模式，即由随事而发的对话体，变为了主题集中的小段议论，语录中也很少出现如《论语》中的语气词，这是语录体在文章形态上的一大转折。而编选《荀子》、汉人文章入《大戴礼记》，则体现出儒家礼学理念向论体的嬗变。《大戴礼记》选编的篇目涉及礼学观念在衍生发展时所涉及的各种文体。这样的选编，向我们揭示了文体的嬗变与礼学精义的传承是同步进行的。他们认为：“对于《大戴礼记》所收篇目的考察，将使我们重新理解文体的发展变化，不仅有外部的特征，也受其内在知识和观念扩展的影响。”[21]

《汉书·艺文志·诗赋略序》是学术界讨论赋起源问题时最常引用的文献。安小兰认为前人讨论赋源流时虽提到了《汉书·艺文志·诗赋略序》，却大多只是抓住其中“不歌而诵”“赋，古诗之流也”等句发微，忽略了对序文整体意义的把握，也就不可避免地出现了某些误读。其《〈汉书艺文志诗赋略序〉赋源论新探》一文，联系相关史实，细致分析了《诗赋略序》全文语境及作者观点，指出：“《诗赋略序》关注的重点是赋产生的文化动因，而不是赋的文体生成过程，《序》文所谈赋《诗》，有关于春秋战国之际赋《诗》制度，无关于《诗》之文体。《序》文认为，赋《诗》制度的消歇导致学《诗》之士‘逸在布衣’‘贤人失志’，这是赋产生的基本背景和原因。”[22]

李炳海认为，先秦两汉时期是多种诗体的生成阶段，早期诗歌体式的演变呈现出由短变长的总体发展趋势；“原有句型是新诗体赖以生成的部件，不能脱离原有诗体的原始基因，是诗歌句型的结构胚胎，对后来诗体的生成具有决定性作用，必须予以高度关注”。中国早期诗歌的句型大都遵循两个基本规则：一是两字整拍领起，诗句开头遵循整拍规律；二是单个句子两部分大体匀称，虚词前后字数均衡。新诗体的生成不是突发的、速成的，而具有历史的渐进性。[23]

四、学术史及文化史研究

一般认为，春秋时期的“三不朽”观念有由高及低的价值等级差别。过常宝、高建文《“立言不朽”和春秋大夫阶层的文化自觉》一文，联系春秋时期“天子令德，诸侯言时计功，大夫称伐”的铭礼制度，指出“‘三不朽’实际上表达了天子、诸侯、大夫三个阶层不同的价值追求”。文章联系西周晚期到春秋时期的史实，指出大夫阶层除征伐外，越来越活跃于祭祀、策命、结盟、朝聘、宴饮等仪式性活动，逐渐取代了史官的政治地位，言辞作为政治外交中的重要才能便随之受到了大夫阶层的重视。大夫阶层的价值理想由“称伐”到“立言”的转变，“是将个体价值纳入到社会和历史中，从而超越了宗法文化的范畴”。由此，他们又剖析了“立言”的深层文化内涵，认为“大夫阶层正是通过‘立言’建立起自己的价值观，并以此来取代‘立德’和‘立功’，彰示本阶层的社会地位”，“它通过‘有征’的形式和悠久的巫史传统相联系，并从中获得话语权”，而这种观念和行为启发了后世以诸子百家为代表的士阶层。[24]

《汉书·五行志》综录了西汉儒生《洪范五行》之说，尤以董仲舒、刘向、刘歆三家体系为主。其内容除灾异论外，不乏《易》《春秋》、数术、律历之学，可谓研讨西汉儒生学术范式、方法之重要文献。在利用此重要文献研讨汉儒学问路数方面，特别是有关董仲舒、刘向、刘歆三家学理之异同处，古今学人留意者较少。徐建委撰写《刘歆援数术入六艺与其新天人关系的创建——以〈汉书·五行志〉所载汉儒灾异说为中心》一文，分析了刘歆“毁师法”的如下几项动作：以五行相生次序改变了传统的《洪范五行传》的文本结构；引五行、星占等数术之学入六艺；统合《易》《春秋》、数术、律历之学，创建新的天人系统，并在天人关系中，从重人事转向重天道。他指出，“《汉书·五行志》‘五行传’之‘说’的底本是刘歆的《洪范五行传》之论说，其特点是以五行相生次序改变了传统的《洪范五行传》的‘五行’部分的文本结构，而与之相对的刘向《洪范五行传论》采用的还是传统的五行相生的行序。这种改变是刘歆采用《春秋左氏》学改造传统《春秋》灾异说的成果之一。刘歆《春秋》灾异说的师法新变主要表现为引数术方法入六艺之学，其基础是刘向、刘歆父子创立的五德相生德运说。刘歆统合《易》《春秋》、数术、律历诸学，目的是创建新的天人系统。在其天人关系中，他的理论重心从重人事转向重天道”。刘歆这套理论建设，“乃是汉成帝以来学术发展的结果之一，与董仲舒、夏侯胜、刘向等大儒有着学理上的渊源”，虽然在客观上有利于王莽禅代，却也有其学术渊源及理想，并非纯为阿奉之作。[25]

唐景珏与方铭结合《诗经》《楚辞》、汉赋及魏晋以后的远游文学作品，分类论述了中国古代远游文学的类型及其文学史意义，指出“远游文学是中国传统文学创作的重要主题，中国远游文学发轫于先秦时期，在其后漫长的文学发展历程中，文人士大夫对于远游的书写，从未断绝过。中国古代文人入仕动机推动下的游学宦游等都是中国古代文人远游之行为表现，这些行为萌生了文人进行远游文学之创作灵感，根据萌发于中国古代文人远游情结的创作冲动，远游文学分为纪游文学、神游文学、仙游文学、梦游文学等四种类型。远游文学在中国文学史上有着重要的学术意义：远游文学的出现，扩大了中国文学作品的表现范围；推动了中国浪漫主义文学的勃兴；契合了中华民族的文化气质与道德情感，在中华民族情感悟导域内具有重要的引向价值”。[26]

注：

①常森：《〈五行〉之“和”及其〈尚书〉学基础》，《扬州大学学报》（人文社会科学版），2014 年第 6 期。

②姚小鸥：《清华简〈赤〉篇与中国早期小说的文体特征》，《文艺研究》，2014 年第 2 期。

③姚小鸥、孟祥笑：《清华简〈赤之集汤之屋〉开篇“曰”字的句读问题》，《中国文化研究》，2014 年夏之卷。

④姚小鸥：《〈清华大学藏战国竹简·芮良夫毖·小序〉研究》，《中州学刊》，2014 年第 5 期。

⑤姚小鸥、李文慧：《〈周公之琴舞〉诸篇释名》，《中国诗歌研究》第十辑，社会科学文献出版社，2014 年版。

⑥姚小鸥、孟祥笑：《试论清华简〈周公之琴舞〉的文本性质》，《文艺研究》，2014 年第 6 期。

⑦李炳海：《清华简〈耆夜〉与〈诗经〉相关词语的考释——兼论〈诗经〉科学阐释体系的建立》，《文史哲》，2014 年第 1 期。

⑧李山：《〈尧典〉的写制年代》，《文学遗产》，2014 年第 4 期。

⑨马银琴：《再议孔子删〈诗〉》，《文学遗产》，2014 年第 5 期。

⑩李山：《礼乐大权旁落与“采诗观风”的高涨——“王官采诗”说再探讨》，《社会科学家》，2014 年第 12 期。

⑪马银琴：《〈雅〉〈颂〉的时代、性质及其他——由家井真〈诗经原意研究〉说起》，《青海社会科学》，2014 年第 3 期。

⑫李炳海：《〈五藏山经〉的山名、植物名称及功能之间的关联》，《民族文学研究》，2014 年第 1 期。

⑬李炳海：《〈山海经〉南、北赤水的差异及其名称的生成》，《中国文化研究》，2014 年夏之卷。

⑭常森：《〈招魂〉：屈原而非宋玉营构的奇诡世界》，《北京大学学报》（哲学社会科学版），2014 年第 6 期。

⑮常森：《〈远游〉非屈原作以及〈远游〉创作史实新论》，《国学研究》，第三十四卷，北京大学出版社，2014 年版。

⑯李炳海：《先秦楚辞与灵字相关词语和意象的辨析》，《江汉论坛》（文学），2014 年第 1 期。

⑰李炳海：《屈原贬谪汉北与楚辞相关名物典故的解读》，《山西大学学报》（哲学社会科学版），2014 年 3 月。

⑱李炳海：《视野与方法——楚辞学案判评的关键和枢纽》，《中国人民大学学报》，2014 年第 4 期。

⑲常森：《两汉乐府民歌之剪裁运化》，《文史知识》，2014 年第 4 期。

⑳孙明君：《〈青青陵上柏〉的作者与作年辨》，《陕西师范大学学报》（哲学社会科学版），2014 年第

1 期。

㉑李翠叶、尚学锋：《儒家礼学精义的学术传承与〈大戴礼记〉的文体意义》，《船山学刊》，2014 年第 1 期。

㉒安小兰：《〈汉书艺文志诗赋略序〉赋源论新探》，《中国诗歌研究》第十辑，社会科学文献出版社，2014 年版。

㉓李炳海：《对于早期诗体生成描述应取的视角》，《首都师范大学学报》（社会科学版），2014 年第 1 期。

㉔过常宝、高建文：《"立言不朽"和春秋大夫阶层的文化自觉》，《北京师范大学学报》（社会科学版），2014 年第 4 期。

㉕徐建委：《刘歆援数术入六艺与其新天人关系的创建——以〈汉书·五行志〉所载汉儒灾异说为中心》，《文学遗产》，2014 年第 6 期。

㉖唐景珏、方铭：《中国古代远游文学及其文学史意义》，《东南学术》，2014 年第 5 期。

（作者：罗姝鸥，北京大学博士生；
常森，北京大学教授）

魏晋南北朝隋唐五代文学

马自力 范 伟

2014 年北京地区的魏晋南北朝隋唐五代文学研究，在作家作品研究、各体文学研究、文学理论研究以及学术史的梳理等方面，都有所推进。

《文学遗产》是古代文学领域最权威的期刊，2014 年，《文学遗产》创刊六十周年，9 月，由中国社会科学院文学研究所主办的"《文学遗产》创刊六十周年纪念大会"在北京举行，与会学者回顾《文学遗产》的历史贡献、总结办刊特点、回忆与《文学遗产》的结缘，既是对学术史的一次总结，又能对今后的古代文学研究起到一定的导向作用，与会学者提交的文章也得以结集出版。[①]

10 月，由中国古代散文学会和首都师范大学文学院主办的中国古代散文国际学术研讨会在北京召开，会议收到关于中国古代散文研究的论文百余篇，包括对古代散文研究历史的回顾、对研究方法的反思、对研究前景的展望，以及对先秦到近代散文具体问题的研究。同时，由漆绪邦主编，首师大十多位学者集体撰写的《中国散文通史》增订再版，相比原版，对重要的作家、作品做了更深刻的论述，更好地反映了散文史的原貌。[②]

2014 年北京地区学者主编的几套丛书是一年来魏晋南北朝隋唐五代文学研究的标志性成果。

范子烨主编的中古文学研究丛书主要针对魏晋南北朝文学，丛书包含 12 册，各单册多为著者在原有书目基础上的修订增补，包括中古作家生平研究、中古重要作品研究、中古文学分体研究以及中古文学地理、文学家族、佛教文学研究等。其中北京地区学者所著为范子烨《魏晋风度的传神写照——〈世说新语〉研究》[③]、刘跃进《门阀士族与文学总集》[④]、傅刚《〈文选〉版本研究》[⑤]以及范子烨所编《中古作家年谱汇考辑要》三卷[⑥]。范著涉及《世说新语》的各个方面，包括体例、成书、版本、注释、文本解读、语言艺术、人物形象以及与魏晋清谈的关系等，是对《世说新语》的综合性研究。刘著分为三编，上编为士风与文风，主要考察从建安到永明期间不同时段的时代特点，以及在此特点之下的文人创作；中、下两编分别是对魏晋南北朝时期重要文学总集《昭明文选》和《玉台新咏》的研究。傅著对历代《文选》版本著录做了汇考，是简明的《文选》学史，并对现存《文选》版本做了考论，为进一步的《文选》研究打下了坚实的文献基础。范子烨编中古作家年谱汇考，选取了曹植、陶渊明、谢灵运等十九位中古作家，综合历代史料以及今人研究成果，得出对作家生平的判断，又多有对作家思想以及作品的解读分析，同时对于作家同时代的政治事件和文学事件多有引述辨析，使年谱更为丰富立体。

刘扬忠、蒋寅主编的古典文学与华夏民族精神建构丛书共七册，考察不同时代的古典文学作品对于华夏民族精神建构的意义，实为古典文学的"精神史"研究，不仅从全新的视角观照了古典文学，还对当今的精神文明建设具有重要意义。其中魏晋南北朝和唐代两个阶段分别由韦凤娟和谢思炜执笔，韦著分别探讨了志怪小说中对于生死的思考、谢灵运诗歌中对于人与自然关系的体悟，以及陶渊明诗中所体现的融合儒道的文化品格。[7]谢著从具体作家作品入手，探索其中蕴含的民族精神，比如李白诗中的“自由”与“欲望”，杜甫诗中的“社会批判”和“人性关怀”，都在华夏民族精神的形成中起到不可替代的作用。[8]

中国古代文学的研究是一门属于全世界的学问，海外汉学是其中的重要组成部分，这一方面，蒋寅主编的日本唐代文学研究十家丛书，对于中国学术界了解日本的唐代文学研究意义非凡。所选日本十家的研究既有对唐代文学史的宏观讨论，亦有单篇文献的分析考辨，既能从生平、交游、题材、意象方面对作家作品做深入考察，又能将文学与政治、宗教、文人的日常生活等因素结合起来，从观点到方法都有借鉴意义。[9]

除了以上会议及丛书，2014 年北京地区的魏晋南北朝隋唐五代文学研究在多方面皆有推进。

一、各体文学研究

中国古代文学“文包众体”，且各种文体自有其特点，对于古代文学的分体研究更能体现文学史原貌。

1. 诗歌研究

诗歌依然是古代文学中最重要的一体，对于诗歌的研究也较为丰富。吴相洲从整体上讨论了诗歌史的书写，认为诗歌史的写作，发明概念以形容诗人的主体风格是十分重要的，比如以“沉郁顿挫”描述杜甫诗，以“意象裂变”描述孟郊诗等；他还提出，当前以风格批评为主的诗歌史写作不够全面，未来的诗歌史写作必须开阔视野，更立体地介绍唐诗史。[10]

袁济喜根据正始年间主要文人的诗歌作品，考察了正始之音的渊源，认为“正始之音”继承了先秦儒家追求人格的特点、道家的批判精神、坚贞不屈的屈骚精神以及两汉士人的依违心态与党人精神，而正始之音的形成又受到曹魏与司马氏争权的影响。[11]

刘京臣则重在考察唐代诗歌对后世文学的影响，他的《盛唐中唐诗对宋词影响研究：以六大诗人为中心》一书选取盛、中唐王维、李白、杜甫、韩愈、白居易、刘禹锡六位诗人，考察他们不同题材的诗歌以及著名的单篇作品，在意境、意象及词语运用上对宋词的影响。[12]

乐府、歌行作为诗歌的重要分支，这方面也有一些代表成果。吴相洲将乐府学视为与诗经学、楚辞学、词学、曲学并列的专门之学，论述了长久以来乐府学研究的不足，并指出乐府学研究的主要内容，提出应从文献、音乐、文学三个层面研究乐府，而具体到一首乐府诗，应从题名、曲调、本事、体式、风格五个要素去把握。[13]傅刚系统分析了曹操以乐府旧题写时事，并书写个人怀抱的乐府诗作，认为曹操的性格、经历、怀抱等促成了他古直悲凉的诗风，而且将曹操的创作与乐府制度相结合，认为曹操的乐府诗很多是出于“为乐府写词”，并且通过音乐而广泛传播，极大地促进了建安风骨的形成。[14]

2. 赋体研究

钱志熙的《李杜赋合论》对李白、杜甫的赋作思想、各自对赋体的定位、赋作的艺术特色以及表现内容上的异同点做了比较，认为李杜皆引诗学入赋学，都做到了内容纯正、艺术高妙，但是李赋多尚讽刺，杜赋更尚颂美，李赋骋词尚气，杜赋整饬陈练。[15]

3. 讲唱文学研究

谢思炜对唐代讲唱文学的民间性及其产生的文学意义做了探讨，认为是唐代民间对民族文化认同的寻求促进了讲唱文学的产生和传播，由此也产生了重要的文化意义，促进了佛教教义与世俗伦理的融合，同时对统治阶级意识形态产生积极影响；他还对唐代讲唱文学人物、情节、选材等方面的特点做出分析。[16]

4. 政论等应用文体研究

中国古代文学是“杂文学”，有别于今天的“纯文学”，政论、书序等都属于文学的重要组成部分，所以对于各类应用文体的研究是学术上不可或缺的一部分。

刘宁对政论、史论等议论文做了考察，认为传统所谓“骈文不适合说理”的说法不可一概而论，而是应该从议论文体制上做具体分析，并以中古时期议论文为中心，考察其骈俪化，认为议论文可以分为说理之文和议事之文，说理之文学《荀子》，多平衡“集义”，故与骈文结合较多，而议事之文学《韩非子》《战国策》，多错综变化，故不宜用骈文。[17]

钟涛对梁季江陵地区的政治骈文做了内容分类，并具体分析它们的书写方式，认为这些骈文极具抒情特色与形象特征，是政治功用与文学审美的统一。[18]对于汉魏六朝的弹劾文类，考察了它们的题名差异，并分析其影响因素，认为总集和文论著作的文体分类是导致弹劾文题名差异的两大因素。[19]

二、作家创作特色、生平事迹研究

对重要作家的创作特色研究以及对文人生平事迹的考订，依然是魏晋南北朝隋唐五代文学研究的重点。

1. 作家创作研究

陶渊明是东晋、宋初最著名的诗人，对于陶渊明的研究是经久不衰的热点。范子烨用互文性理论来解读陶渊明诗，为文本解读提供了新的视角。对于陶渊明的《拟古》（其九），范子烨认为这首诗字句皆脱胎于曹植作品，从生成机制上讲，是以曹植为主人公的拟代体，表现了曹植的坎坷遭遇和凄凉心境；[20]对于《九日闲居并序》，他认为多数语句都来源于《论语》《庄子》《楚辞》等经典，尤其受曹丕《九日与钟繇书》影响深刻，几乎是对它的重写，是为“互文性”写作，从中亦可看出陶渊明融化前贤的写作技巧与融合儒道的思想境界；[21]另外，范子烨还对陶渊明《止酒》的诗体特点及思想意旨做出评判。作者从史料出发，认为《止酒》源于汉乐府《江南》，对于该诗的思想意旨，作者在详细征引前人说法的基础上做出自己的判断，认为陶渊明的“止酒”不仅是“停止饮酒”，而是表达了诗人固穷守道的精神品格和弃繁从简的审美取向。[22]至于其他学者对于陶渊明的研究，杨立群就陶渊明与慧远的关系做了考辨，认为陶渊明生活在佛教氛围浓厚的南朝庐山地带，其思想和作品都受到了佛教的影响，但认为陶渊明并没有与慧远有直接接触，所以慧远与渊明的师徒关系是不成立的。[23]

李海燕考察初唐诗人王绩在田园诗史上承上启下的作用，认为王绩诗与陶渊明诗在发生环境、诗歌志趣、审美观照视角等方面存在着不同，陶渊明是真正体验躬耕生活的诗人，所写是田园诗；而王绩是隐逸诗人，所写仅是点缀有田园词汇的山水诗，是为“田园山水诗”，其后以王维、孟浩然为代表的田园山水诗派都受到王绩的影响。[24]

2. 作家生平事迹考订

郑州大学学报发表了《先唐才子传笺证》三篇，运用现代学术与传统笺证相结合的方法，对嵇康、郭璞、颜之推三人的传记进行笺证，利用传主的诗文作品、历朝历代文献资料和现当代的研究成果，对传主生平进行详细勾勒，并对地名、职官、传说等加以考释，使文人传记既完整又丰满。[25]

谢思炜结合敦煌文献卜葬书以及宋代的《地理新书》等文献，对杜甫所作《唐故范阳太君卢氏墓志》做了文献细读，以此来考订唐代葬法以及初唐诗人杜审言及其继室卢氏的合葬诸问题，征引丰富，考订严密，对历史和文学研究皆具意义。[26]

李由运用两重证据法，结合《国秀集》《资治通鉴》等传世文献与《张万顷墓志》《严仁墓志》等出土文献，对张万顷的生平事迹详加考释，勾勒出其世系、生卒、科第、仕宦、家庭、行踪等诸问题。[27]

三、文学与其他学科的交叉研究

中国古代文学研究已有多年历史，文学史的面貌已基本成型，所以寻求文学与其他学科的交叉研究，可谓是新的学术增长点。这一方面，北京地区涌现了不少成果，主要包括两个方面：一是看政治、文化、社会角色、文人心态等对创作的影响；二是从文史结合的角度对单篇作品做全新解读。

1. 文学的影响因素

杨义考察了汉唐的政治文化与文学的关系，试图将“大国风范”作为一种方法来审视汉代的《史记》和唐代的李杜，认为《史记》的宏大体例、李杜诗篇的主体风格、意象选择都体现了当时的时代特点，即汉、唐的大国风范。[28]杨义还在盛唐文化和人文地理的背景下解读李杜诗歌，认为“李杜优劣论”只是从特定的角度来做出的评价，无法反映李杜诗的全貌，应该采用“李杜合观”的思维方式，将李杜诗与盛唐文化结合起来，李诗呈现的是盛唐上升期的飘逸，杜诗呈现的是盛唐衰落期的沉郁；他还认为“人文地理”对李杜诗歌有影响，李白受长江文明的影响而夹杂着胡气，杜甫受黄河文明影响而深具书香子弟之气，这造成了李杜诗形式、意象选择等方面的不同。[29]

李春青考察文人的社会角色与文学创作的关系，从汉魏之际作家“士大夫”与“文人”的双重身份入手，考察这种身份的冲突对汉魏之际特别是建安文人文学创作的影响；认为正是士大夫“建功立业”与文人“情感抒发”两种心态造就了“骨气奇高，辞采华茂”的建安文学。[30]

袁济喜注目于《文选》编纂对于嵇康形象的影响，从《文选》所选嵇康作品入手分析嵇康形象，认为萧统编选嵇康作品是致力于构建嵇康形象的丰富性，又结合萧统对竹林七贤与陶渊明的评价、结合《文心雕龙》对嵇康的评价，来钩稽萧统对嵇康的态度，于中体现了萧统和而不同的编选原则。[31]

钱志熙关注王维的人生哲学对于其创作艺术的影响，通过翔实的史料梳理，认为王维思想融合玄学与佛教，一方面视声名荣禄是虚幻，一方面又不刻意躲避世俗，做到了“求道”与“济俗”的谐调，这正是王维的人生哲学；而王维玄佛结合的人生哲学对其艺术最积极的影响便是自然境界的创造。[32]

2. 文史结合对单篇作品的全新解读

孙明君考订了《古诗十九首》中《青青陵上柏》

的作者与作年，通过对历代诗评的分析、对诗中名物的考证、对诗人心态的揣测，得出结论，认为《青青陵上柏》是东汉末年无名氏作。[33]

张海明考订了江淹《恨赋》《别赋》的本事与作年，针对江淹创作《恨赋》是“代古人申恨”的说法，用文史结合的方法考辨推断，通过对作者典故用意的分析，结合南朝宋末具体史料，认为《恨赋》的写作是江淹委婉表达了对建平王刘景素起兵被杀一事的哀伤，以及对个人去取的思考。[34]并通过对《别赋》《恨赋》典故选择、作者心态等方面的分析，确定《别赋》作年先于《恨赋》，前者作于江淹被贬吴兴之时，后者作于江淹自吴兴返京口后，《别赋》表达的是江淹与亲友、家人离别时的感受，《恨赋》表达了对建平王刘景素起兵被杀一事的哀伤，两篇作品各有所指，非仅为类书化的文学创作。[35]

范子烨将曹植《白马篇》的诗句与《三国志·魏志》、裴松之注以及《世说新语》等文献的史料结合起来，认为诗中的“幽并游侠儿”是曹植的亲弟弟任城王曹彰，而全诗的“微言”是为曹彰鸣冤、亦是对曹丕罪恶的揭露。[36]

邓小军援引多种史料对李白的《赠别舍人弟台卿之江南》做笺证，力图探寻诗之本义。他认为该诗是李白为永王璘案的难友、永王璘的“谋主”李台卿鸣冤的诗歌，又结合李白其他诗作，考证出李白自岳阳专程南下零陵看望李台卿的史实，认为李白是重情重义之人；同时认为该诗含隐秀之美，具有独特的艺术造诣。[37]

四、文学理论研究

魏晋南北朝隋唐五代是文学理论发展的重要阶段，这一阶段的文学理论研究向来是学界重点，2014年北京地区学者的研究主要集中在文学理论概念辨析、文学理论作品研究、重要理论家的观点研究三个方面。

1. 文学理论概念探析

理论概念探析方面，王秀臣对“诗味论”进行溯源，对这一理论的形成原因做了探讨，认为在上古五行系统中，“声”与“味”本有着内在的逻辑联系，而中国古代诗歌“诗以声为用”，促进了以味论诗的产生，诗歌表达情感的作用亦为诗味论的产生提供了保障。[38]

钱志熙探讨了隋唐之际诗学中“雅正”与“浮艳”的对立，认为“雅正”文学观是隋唐之际重要的诗学思想，雅正派崇尚“雅丽”，以梁末以来的浮艳、轻险诗风为抵制对象，对隋唐之际文人创作有指导意义，并对其后崇尚汉魏风骨的复古派有直接影响；他还对隋唐之际雅正、浮艳两种风格的诗歌创作做出梳理。[39]

吴光兴对唐人“文章即诗歌”观念做了解释，认为“文章即诗歌”是说诗歌在唐代文章大家庭中占据首席地位，这与魏晋以来渐重骈偶的倾向是直接相关的，而唐宋古文运动的展开，使“古文”在“文章”大家庭中的地位得到提高，改变了“文章即诗歌”的局面。[40]

张海明分析了《二十四诗品》中“流动”的内涵，认为“流动”既是一种诗美理想，又是创作指南，他从分析“气”的概念入手，认为“气”是流动不息、变化无穷的，诗歌也应该如“气”一样流动不居，所以在创作中，诗人需超越具体万象之上，洞察宇宙根本。[41]

2. 以《文心雕龙》为代表的文学理论著作研究

刘勰的《文心雕龙》堪称中国文学理论的集大成之作，《文心雕龙》研究长盛不衰，北京地区的学者在微观的概念释义以及宏观的解读视角两方面皆有研究。

童庆炳对“道心神理”说和“体有六义”说做出新探；对于“道心神理”说，他运用德裔美籍学者阿恩海姆“异质同构”理论来解释从“天文”到“人文”的转变，认为这个过程实际上是把外在的自然衍化为内在的人的情感，然后再发而为文，并非是唯心主义。[42]对于“体有六义”说，作者以刘勰所处时代的文学特点以及《文心雕龙》全书的结构安排为依据，认为“体”包含了体裁、体要、体貌三层面的含义，“六义”为学习“五经”体要和体貌的基本要求，并且认为刘勰提出“体有六义”说是针对“文体解散”的情况。[43]

党圣元考察了《文心雕龙》中“骨鲠”的含义，作者通过古籍检索，得知“骨鲠”在形容直臣、在中医相面、在诗文批评中皆有运用，故“骨鲠”蕴含着多重引申义，所以刘勰《文心雕龙》中的“骨鲠”亦不可一概而论。通过具体分析，他认为，刘勰所谓“骨鲠”有讽刺传统、文风有力、熔铸经典、自著伟辞等多方面的含义。[44]

张晶则从美学角度对《文心雕龙·物色》篇做出新的诠释，认为刘勰的物色理论超越了“情景交融”的模式，而是构建了“物—情—辞”的三维模式，特别指出了创作主体在“由物到情”的过程中，伴随着“由情到辞”的心理过程，突出了创作主体的作用。[45]

不同于对具体概念的释义，左东岭从宏观上开拓了《文心雕龙》的研究视角，强调了文体意识和创作经验对于《文心雕龙》研究的重要意义。作者从分析前人对《神思》篇的误读入手，认为造成误读的原因是忽视了骈文的文体特征以及刘勰本人的创作经验，并且提出具有方法论意义的结论，认为只有熟悉文学史，了解各时代作家的写作经验、了解各类文体特点，才能更好地解读文学理论经典。[46]

除了对于《文心雕龙》的研究，袁济喜考察了《世说新语》的文学批评价值，认为在思想性上，《世说新语》更加重视才情、意蕴的文艺观念，《世说新语》以对话来品评人物、教育子弟的特点也为后世诗话的产生奠定了基础。[47]

3. 重要人物的文学理论思想研究

李海燕总结了王通文学批评的基本观点以及对后世的影响，认为王通的文学伦理学批评起到“上承秦汉，下开唐宋”的作用。作者认为王通践行“以行观文”“文必贯道”的批评理念，强调作家的伦理道德；他的理论对于唐代的政治文化建设，对于初唐王勃的文学思想，对于中唐、北宋的古文运动以及后世的宋明理学都具有深远影响。[48]

刘宁则对中唐韩愈的古文思想以及晚唐司空图的诗学思想进行讨论，对于韩愈的古文理论，认为韩愈继承了荀子“学以成德”的观点，又继承了孟子对内在德性的重视，体现出融合荀孟的特点；虽然宋儒对韩愈过于重视“文”有所批评，但是宋儒“格物致知”的理论亦受韩愈的影响。[49]对于司空图的诗学思想，主要从司空图对王维诗的解读入手，通过分析司空图的诗学理论和王维诗的艺术特色，认为司空图对王诗“澄澹精致”的评价是有局限的，从中折射出他“韵味论”理论的特点，即追求主观意趣和人工锻炼，这与盛唐诗有明显差别，她认为是司空图的儒家致用之心造成了他的解读局限。[50]

五、文学文献研究

现存中国古代文学文本皆历经了长久地流传，其间几经变化，做好版本考论工作是文学研究的基础。

傅刚对《玉台新咏》的三个版本：虞山冯舒、冯班兄弟刻本，吴昌宜笺注、程琰删补本以及民国徐乃昌影刻本做了详细介绍，他总结各本体例、探寻底本来源、成书过程、流传情况，对各本的学术价值做出判断，为《玉台新咏》的研究提供了文献参考。[51]

《本事诗》是唐代著名的诗学著作，丁福保《历代诗话续编》所收《本事诗》为当下通行版本，董希平认为这一版的《本事诗》是丁福保汇集多个版本而成，并考订了此版《本事诗》署名、序言、正文各部分的版本来源，对于了解此书的真实面貌意义重大。[52]

六、学术史的梳理

2014 年北京地区学者对魏晋南北朝隋唐五代文学研究史的梳理主要包括两个方面：一是对某一专题研究情况的综述；二是对前辈学者研究成果的总结。这样的研究既能使学界有方向可寻，其中所引大量书目又可为研究目录之用。

钱志熙总结了 20 世纪五六十年代魏晋南北朝诗歌研究的特点，分为三点“重视历史背景与社会现实的分析”“阶级分析方法的普遍使用”以及“诗歌史演变的叙述”，并分类介绍了这一时期魏晋南北朝诗歌研究的代表性成果。[53]

傅刚系统梳理了一个世纪以来的《文选》研究状况，总结了 20 世纪前半叶、中叶以及 80 年代以后各阶段的《选》学研究特点，提出 1980 年后《选》学研究进入繁荣期，对这一时期中国大陆、港台、海外的《选》学研究做了梳理，同时提出《文选》的版本研究仍是薄弱点。[54]

刘宁总结了新世纪以来唐代文学研究的“学科化”特点，认为在基础文献整理以及研究角度和深度方面成绩斐然，并对当下唐代文学研究的不足进行了反思，提出解决之道，作者还梳理了新世纪以来唐代文学研究的文献整理成果和研究专著。[55]

对于前辈学者研究成果的介绍也是学术史梳理的一个方面，张少康对著名的《文心雕龙》研究学者牟世金的“龙学”贡献做了梳理，既肯定了他在《文心雕龙》学会成立中的作用，又介绍了他在《文心雕龙》文本研究、理论体系研究、刘勰生平研究方面的贡献。[56]陈才智则介绍了陈友琴先生的杜甫研究，列举陈友琴先生的 15 篇杜甫研究文章，梳理了友琴先生对于杜诗用词、格律、意境，以及杜甫文学观等问题的探讨，简述其研究方法和主要观点，为进一步的研究打下基础。[57]

注：

①《文学遗产》编辑部：《〈文学遗产〉六十年》，社会科学文献出版社，2014 年版。

②漆绪邦：《中国散文通史（增订本）》，首都师范大学出版社，2014 年版。

③范子烨：《魏晋风度的传神写照——〈世说新语〉研究》，世界图书出版公司，2014年版。

④刘跃进：《门阀士族与文学总集》，世界图书出版公司，2014年版。

⑤傅刚：《〈文选〉版本研究》，世界图书出版公司，2014年版。

⑥范子烨：《中古作家年谱汇考辑要》，世界图书出版公司，2014年版。

⑦韦凤娟：《灵光澈照：魏晋南北朝文学中关于生死、自然、社会的思考与叙述》，河北教育出版社，2014年版。

⑧谢思炜：《唐代的文学精神》，河北教育出版社，2014年版。

⑨蒋寅：《日本唐代文学研究十家丛书》，中华书局，2014年版。

⑩吴相洲：《唐五代卷写作感想》，《首都师范大学学报》（社会科学版），2014年第1期。

⑪袁济喜：《“正始之音”渊源考论》，《中国人民大学学报》，2014年第5期。

⑫刘京臣：《盛唐中唐诗对宋词影响研究：以六大诗人为中心》，中国社会科学出版社，2014年版。

⑬吴相洲：《学科视野下的乐府学》，《光明日报》，2014年1月28日。

⑭傅刚：《论曹操的乐府诗写作》，《铜仁学院学报》，2014年5月。

⑮钱志熙：《李杜赋合论》，《北京大学学报》（哲学社会科学版），2014年1月。

⑯谢思炜：《唐代讲唱文学的民间性及其文化意义》，《江苏师范大学学报》（哲学社会科学版），2014年9月。

⑰刘宁：《骈文与说理——以中国议论文为中心的考察》，《长江学术》，2014年第1期。

⑱钟涛：《梁季江陵政治骈文的文学书写》，《湖南师范大学社会科学学报》，2014年第4期。

⑲钟涛、刘彩凤：《汉魏六朝弹劾文题名考论》，《福建江夏学院学报》，2014年8月。

⑳范子烨：《无食的春蚕：陶渊明〈拟古〉其九对曹植人生命运的叙写》，《广西师范大学学报》（哲学社会科学版），2014年8月。

㉑范子烨：《多声部的交响：陶渊明〈九日闲居并序〉的互文性建构》，《名作欣赏》，2014年第22期。

㉒范子烨：《潇洒的庄严与幽默的崇高——论陶渊明的〈止酒〉体及其思想意旨》，《中山大学学报》（社会科学版），2014年第4期。

㉓杨立群：《陶渊明和慧远师徒关系辨析》，《榆林学院学报》，2014年5月。

㉔李海燕：《王绩与唐代田园山水诗的生成》，《东岳论丛》，2014年2月。

㉕袁济喜、高丹：《嵇康传笺证》；杨康：《郭璞传笺证》；孙明君：《颜之推传笺证》，《郑州大学学报》（哲学社会科学版），2014年3月。

㉖谢思炜：《唐代葬法与杜审言夫妻合葬问题——据杜甫〈卢氏墓志〉考察》，《清华大学学报》（哲学社会科学版），2014年第3期。

㉗李由：《盛唐诗人张万顷生平考释》，《北京师范大学学报》（社会科学版），2014年第6期。

㉘杨义：《汉唐经典作家的大国风范》，《华文文学》，2014年2月。

㉙杨义：《李杜与盛唐：一种诗性文化名片的产生》，《齐鲁学刊》，2014年第5期。

㉚李春青：《汉魏之际“文人”身份冲突及其文学表征》，《北京师范大学学报》（社会科学版），2014年第2期。

㉛袁济喜：《〈文选〉编选与嵇康形象》，《复旦学报》（社会科学版），2014年第6期。

㉜钱志熙：《论王维玄佛结合的人生哲学及与艺术的关系》，《北京大学学报》（哲学社会科学版），2014年11月。

㉝孙明君：《〈青青陵上柏〉的作者与作年辨》，《陕西师范大学学报》（哲学社会科学版），2014年1月。

㉞张海明：《江淹〈恨赋〉别解》，《中国文学研究》，2014年第3期。

㉟张海明：《江淹〈别赋〉〈恨赋〉写作时间及本事新证》，《北京师范大学学报》（哲学社会科学版），2014年第2期。

㊱范子烨：《谁是“幽并游侠儿”？——说〈白马篇〉：曹植的一首“政治微言诗”》，《中华读书报》，2014年9月24日。

㊲邓小军：《李白与永王璘“谋主”李台卿——李白〈赠别舍人弟台卿之江南〉诗笺证》，《北京大学学报》（哲学社会科学版），2014年第3期。

㊳王秀臣：《“诗味论”溯源》，《社会科学辑刊》，2014年第2期。

㊴钱志熙：《论隋唐之际诗学中雅正与浮艳的对

立——兼论两种体制和创作观念的各自流变》，《复旦学报》（社会科学版），2014 年 6 月。

㊵吴光兴：《论唐人“文章即诗歌”的文学概念》，《文学评论》，2014 年第 6 期。

㊶张海明：《〈二十四诗品〉“流动”释》，《湖湘论坛》，2014 年第 3 期。

㊷童庆炳：《〈文心雕龙〉“道心神理”说新探》，《文学评论》，2014 年第 4 期。

㊸童庆炳：《〈文心雕龙〉“体有六义”说》，《湖南社会科学》，2014 年第 4 期。

㊹党圣元、桓晓虹：《〈文心雕龙〉“骨鲠”释义——兼议“博徒”褒贬》，《社会科学战线》，2014 年第 9 期。

㊺张晶、张佳音：《刘勰“物色”论的美学释义》，《晋阳学刊》，2014 年第 4 期。

㊻左东岭：《文体意识、创作经验与〈文心雕龙〉研究》，《文学遗产》，2014 年第 2 期。

㊼袁济喜：《从〈世说新语〉看古代文艺批评形态的演变》，《徐州工程学院学报》（社会科学版），2014 年 3 月。

㊽李海燕：《论王通的文学伦理学批评》，《求是学刊》，2014 年第 7 期。

㊾刘宁：《韩愈古文理论与儒家修养思想》，《安徽大学学报》（哲学社会科学版），2014 年第 3 期。

㊿刘宁：《晚唐诗学视野中的右丞诗——司空图对王维的解读》，《北京大学学报》（哲学社会科学版），2014 年第 11 期。

51傅刚：《〈玉台新咏〉二冯校本、吴昌宜注本及徐乃昌刻本略说》，《中国文化研究》，2014 年冬之卷。

52董希平、王彤：《〈历代诗话续编〉本〈本事诗〉考》，《社会科学战线》，2014 年第 9 期。

53傅刚：《20 世纪的〈文选〉学研究》，《上海师范大学学报》（哲学社会科学版），2014 年第 9 期。

54钱志熙：《20 世纪五六十年代魏晋南北朝诗歌研究的初步评述》，《北京大学学报》（哲学社会科学版），2014 年第 7 期。

55刘宁：《新世纪唐代文学研究的“学科化”发展及其反思》，《文学遗产》，2014 年第 2 期。

56张少康：《纪念“〈文心雕龙〉的功臣”——牟世金的〈文心雕龙〉研究》，《文史哲》，2014 年第 1 期。

57陈才智：《陈友琴先生的杜甫研究》，《杜甫研究学刊》，2014 年第 4 期。

（作者：马自力，首都师范大学教授；
范伟，首都师范大学博士生）

宋元明清文学

孙大海 李鹏飞

一、诗、词、文的研究

本年度诗词文研究整体平稳。不少学者作出宏观性思考，如左东岭认为，民族关系、理学观念与地域色彩，是影响近古文学观念的三大要素[①]。李修生提出了元代文学史的重建问题，希望从全球视角重新审视当下研究[②]。他的一个具体实践是：通过核查海峡两岸所藏张养浩著作，梳理其版本、流传、遗失等情况，还原出一个诗文词曲兼擅的张养浩形象[③]。

宋诗研究中，谢琰考察了作为意象的“诗”，指出其抽象内涵的发展昭显了唐宋诗歌从具象思维至抽象思维的变化，而后者从根本上制约了南宋诗歌的创造力[④]。李懿发现了宋代节日诗中的游戏精神与谐趣书写，这显示出宋诗以文为戏的时代特色，并体现着节日民俗与文学创作之间的相互影响与渗透，具有较高的诗学价值和文化意蕴[⑤]。张毅着眼于陆游诗歌的传播状况，指出了阳大鹤选本《剑南诗钞》的重要意义，揭示了清代楹联与陆诗的联系，并从近代以来的书报出版、文学史写作、民国诗话中观照陆游的接受状况[⑥]。董晨梳理了《姑溪居士文集》中相关文学批评资料，认为李之仪的诗学思想体现出从东坡诗法到江西诗学的过渡特征[⑦]。陈才智则考证出《九江琵琶亭》《送客西陵》二诗作者当为邵武人吴处厚[⑧]。

明清诗歌方面，徐楠认为明代格调派诗学所提倡的“情真”，体现了对传统儒家诗学“真正合一”“以正律真”精神的认可，这与“真诗在民间”一类观念在价值立场上存在着差别[⑨]。管梓旭根据清代知识分子对“酒食是议”论、“才德相妨”论和“内言不出”的重释，探讨了清代女性诗学合法性的问题[10]。谢君兰则以传统诗歌的句法原理为基础，对晚清“诗”“歌”中句法与意象的变化进行了细致分析[11]。

蒋寅对于清诗的研究依然十分活跃，其考察重点在性灵、桐城二派。赵翼、洪亮吉、李调元等人的诗学观念与袁枚“性灵说”皆有相通之处，蒋寅以此为基础，对诸家的个性特点作了进一步讨论。他以刘知己“史家三长”来衡量赵翼的诗歌史研究和诗人批评[12]；强调洪亮吉诗论中的伦理内涵，肯定其对本朝诗歌的重视[13]；对李调元《雨村诗话》的论述体例、批评意识，及其《全五代诗》的编纂意义亦有特别观照[14]。方薰因其《山静居诗论》长期被误作佚名的《静居绪言》传世，故很少引起论者注意。蒋寅则指出这位性灵派诗论家与袁枚、赵翼的联系与区别，并从扬唐抑宋、沟通诗画艺术特征等方面发现其个人色彩[15]。桐城诗学方面，蒋寅特别强调了姚范和刘大櫆的重要作用：他们确立了以杜甫、韩愈、黄庭坚为核心的风格统系，进而奠定了桐城诗学师法前贤的基本宗尚；二人又参照文章学建构起桐城诗学的概念系统，以大量的文本批点为后学开示学诗门径[16]。蒋寅也很重视方世举、方贞观、方观承在桐城诗学中的地位，认为三人对姚鼐以后的桐城诗学产生了深远影响[17]。此外，蒋寅还认识到，乾隆二十二年科举恢复试诗，试帖诗学随之勃兴，促进了诗学的整体复兴与繁荣，这是研究清代中后期诗学必须考虑的基本问题[18]。

词的研究中，“俗词”受到较多关注。何春环考察了两宋帝王对俗词的接受情况，从宋初诸帝的排斥到徽宗以后的全方位接受，反映了宋代统治者日益膨胀的享乐意识。两宋帝王对待俗词的不同态度，也明显影响了俗词在不同时期的发展变化[19]。诸葛忆兵认为秦观的俚俗词在歌词题材与语言风格上皆承续柳永。此类词作一度为苏门带来负面影响，但其中不乏佳作，对于认识淮海词全貌及宋词发展历程都显得不可或缺[20]。诸葛忆兵还指出，晏殊、欧阳修的“采莲词”都是对酒宴歌妓所演“采莲”歌舞的摹写，主题隐喻男女情爱。对时光流逝之追惜，则是晏殊采莲词的特有意蕴[21]。豪放词研究注重作者气质与词章体式的联系。陶文鹏认为辛弃疾在章法结构上的大胆创新即源自其表现壮志与悲愤之情的诉求。起拍、结拍的意象选取，上下片分段程式的打破，词义的多层转折，修辞的运用及新奇体式的独创等，都使辛弃疾无愧“词坛第一开辟手”的称号[22]。刘巨文注意到陈亮词中关于王朝与个人的两类矛盾，其所裹挟的强烈情感往往造成形式上的破格，使龙川词呈现出字句“不工”的特点[23]。

散文研究方面，裴云龙认为1127—1279年是苏轼散文“经典化”的重要时期。在不同路径的解读下，苏轼散文被定位为文学风貌与文人精神、文章写作范式、知识学理反思这三个维度的典范[24]。陈伟文发现，《金石录后序》所述内容多与史实矛盾，且其文献流传过程颇为可疑，故认为此文极可能出于后人伪托[25]。杨敏从文学价值论、文道关系论、性灵说三个方面阐述了焦竑的文学思想，强调了心学与实学并重、提倡三教合一的学术思想对焦氏文学观的深刻影响[26]。王炜指出，黄汝亨等人将缔结文社的活动与研习时文、编订八股文选本的行为紧密地融合于一体。结社、选文活动与官方的科举制度、士子的日常生活形成了多向度的关联。万历年间的文社活动积蓄着推动科举话语权松动、转移的力量，蕴含着促成中国社会结构变动的要素[27]。

二、小说的研究

本年度小说研究依然繁荣，小说理论与小说史的关注度有所提升，专书研究稳中有进，一些文献材料的发现也堪称亮点。

理论研究方面，《北京大学学报》的“古代小说前沿问题丛谈”（之八）围绕古代小说中的“空间”“时间”这两个基本要素展开。潘建国将古代小说中的时间分为“故事时间”“叙事时间”以及“文本内在关联时间”三个层面进行探讨，并于一般规律之外，发掘了三种时间类型的独特个例，展现出古代小说时间表现艺术的丰富复杂之处[28]。李鹏飞考察了古代小说中的空间因素，认为唐代小说呈现的“大空间感”，标志着古代小说空间叙事的成熟。明清小说则从空间立体性、家庭空间、空间因素的形式化与主体化等三个方面丰富着空间叙事的表现形态。而从与现实生活的关系来看，古代小说空间又可分为真实空间、虚拟空间与混合空间三大类，它们对情节发展与人物活动的制约各不相同[29]。刘勇强的论文则着眼于时空关联性叙事，他从小说史意义、叙事方式、情节题材、人物主题，以及对真实时空的超越与时空重组五个方面归纳了古代小说的时空设置及关联性叙事的一些常见现象及其规律[30]。

刘勇强的《话本小说叙论：文本诠释与历史构建》专著出版，该书体例独特，分为“文体源流敷衍”“小说专集讲论”“名篇佳作说微”三编。作者尝试从不同的层面，对话本小说的文本与历史建构问题进行深入探索[31]。刘勇强也主张进一步加强对神怪小说进行系统深入的理论阐释：一方面要围绕神怪小说发展的重要阶段性问题，进行纵向的历史考察与深度分析；另一个方面要围绕神怪小说创作的规律性现象与问题，探讨其共同的艺术原理[32]。他重点阐述了神怪小说创作的精神桎梏与解套策略：他梳理了“子不语怪力乱神”的思想流变，指出其对文学创作的钳制作用与消极影响被不断强调、放大，而小说家一方面对此说曲意解释、借题发挥，以谋求文化心理上的创作自由，另一方面又攀附庄子、苏轼，以“姑妄言之”相标榜，进而为神怪小说创作解套[33]。此外，刘勇强还以清代扬州文学为中心，探讨了古代地域文学的动态特征[34]。这体现了他在西湖小说等研究的基础之上，对地域文学思考的持续深化。

在小说观念与小说史的研究中，王昕基于历代史志中的子部“小说家类”，提出了“国学小说”的概念，并结合《四库全书》所收“小说家类”作品，探讨了“国学小说”的特征、内涵与价值[35]。郭英德指出了中国古代白话小说两种不同的生成方式，即基于“听—说”关系的口语讲述与基于“写—读”关系的文字书写。二者往往形成互动关系，催生、促长、重塑甚至再创小说文本[36]。侯忠义则留意古代小说的改编问题，他列举大量篇目，从主题、情节、人物等角度探讨了白话小说对文言小说的改编，以及白话小说之间的相互改编[37]。

元代“开国题材”小说在清中叶以前的缺失，是小说史上一个特殊的文化现象。彭利芝认为，元代开国讲史平话及其史料的阙如导致元代“开国题材”小说缺乏现实的创作基础，史学上之正统论“严华夷之分”观念是元代“开国题材”小说缺失的深层原因，二者共同制约了元代“开国题材”小说的创作。明代小说《英烈传》开篇的元代开国史书写具有一定的研究价值，其前后版本对元代开国的不同叙述，真实地反映了明代政权前后期对蒙古的不同政治策略[38]。

此外，李萌昀《旅行故事：空间经验与文学表达》一书出版，其以明清通俗小说为中心，利用文化研究与文学研究相结合的方法，考察了中国旅行故事的源流与特征，进而探索了一种关于古代小说史的微观描述方式[39]。颜彦将小说插图视为具有“独立的意义表述功能”的文本，并将插图本小说置于文本语境、版刻历史和绘画艺术的“立体网络”中加以考察，对四大名著中的插图皆进行了深入考论[40]。叶楚炎则关注到古代小说中的“赘婿”群体，指出了此类形象在情节中的“故事预告”与“情节变幻”功能[41]。

专书研究中，《红楼梦》成果最为丰富。文献方面，刘世德善于从不同版本的比较中发现问题。他通过对文本疑点的分析，指出二尤、柳湘莲故事，在曹雪芹的初稿中，当位于现今的第 14 回与第 16 回之间。这种情节上的移花接木，是曹雪芹在在创作过程（起草、撰写、修改、再修改）中，构思有所变化的一个实例[42]。刘世德还注意到舒元炜序本第五回首页正文每行字数的异常，据此考察了回前诗的插入及回目异同情况，对舒本第五回首页前后两个底本来源问题进行了深入探讨、梳理[43]。《红楼梦》程乙本的研究中，王丽敏考察了中国书店藏本[44]，蔡芷瑜考察了北大图书馆李盛铎藏本[45]，二本皆有助于说明程乙本印刷版次问题。此外，王丽敏认为人民大学图书馆的刘半农旧藏程本《红楼梦》是以程乙本为主、程甲本为辅的程本混配本[46]。曹明则指出，中国书店程甲本是由 80 回程甲本与 40 回程乙本拼凑而成[47]。《红楼梦》一部分研究表现出文本细化的趋势，李玫从第二十二回薛宝钗、王熙凤“点戏”这一细节入手，探讨刻画人物的深细用心[48]。朱萍、麻永玲则从“听”戏与“看”戏的用字差异，揭示出清代南北地域不同的戏曲文化及修订者的戏曲素养，为研究《红楼梦》版本嬗变提供了又一途径[49]。此外，段江丽试图以中国传统文化中父子、夫妇、兄弟、主仆等一系列家庭伦理道德规范为参照，从家庭的角度去解读《红楼梦》[50]。刘玄从两三皴染、正闲交替、以影激射三个方面总结了陈其泰《红楼梦》评点中的叙事理论[51]。诸雨辰则注意到贾政评点《姽婳词》的诗学价值[52]。作者研究层面，樊志斌对曹雪芹的身份表述[53]，及其京西居住状况进行了考察[54]。还有不少研究体现出向外围拓展的性质，比如张云认为高鹗研究已具有很强的自足性，远远超出了《红楼梦》续书乃至文学研究的范畴[55]。另如项旋对程伟元生平的考察[56]，詹颂对《竹村居士小照》曹寅题诗的探析[57]，樊志斌对张宜泉《春柳堂诗稿》创作年代及相关信息的考辨[58]，及对李煦幕僚沈槱元的研究[59]，都不同程度地突破了红学研究的范围。

《儒林外史》研究方面，郑志良利用从宁楷的《修洁堂初稿》中发现的《〈儒林外史〉题辞》来证明《儒林外史》第五十六回内容为吴敬梓原稿所固有。根据《修洁堂初稿》还可以判定，宁楷即是《儒林外史》中“武书”这一人物的原型[60]。傅承洲从题材、写法等角度，探讨了《儒林外史》较难为大众接受的原因，指出了文人雅趣与大众审美脱节的现象[61]。叶楚炎认为经济关系是《儒林外史》的一条重要脉络，小说中士人的道德水准和生存状态随着经济关系的崩坏而不断堕落。山穷水尽之际，是市井平民提供了拯救士林的资源[62]。

《聊斋志异》研究方面，傅承洲完成了对吴组缃遗稿的整理，从文言小说继承、考证故事来源、蒲松龄生平、人物思想与艺术创新几个方面评述了吴组缃《聊斋志异讲稿》的内容与价值[63]。周先慎总结了吴组缃古典小说研究的特色[64]，对《聊斋自志》进行了重新解读[65]，并在《蒲松龄研究》《文史知识》发表多篇《聊斋志异》鉴赏文章，均新见迭出。

在《金瓶梅》的研究中，郑志良考察了万历年间官员陈经济的生平与家世，因此人与《金瓶梅》人物形象同名，可以解释万历本《金瓶梅词话》之“陈经济”到崇祯本《绣像金瓶梅》中“陈敬理”的变化[66]。对于如何评价潘金莲，张平仁持平允态度。他认为潘金莲是因缺乏道德自觉和精神超越能力而完全沉溺在个人欲望之中，这是为作品探寻人性和生命本质的主旨服务的[67]。

此外，张国风对《水浒传》的成书与作者问题进行了详细梳理，其中诸多的不确定性使他认识到实证主义的局限[68]。廖可斌考察了《征播奏捷传》的成书方式，指出其对时事小说创作模式的开拓意义。此书对杨应龙的态度，反映出万历中后期比较宽松自由的思想环境[69]。段江丽指出了中日学界信息交流不平衡的状况，试图对当代日本在中国古代文学尤其是明清小说领域的研究成果及研究方法进行“逆输入”，其“日本中国古代小说研究系列”的第一项成果，即系统介绍金文京对《三国演义》的“综合”研究[70]。

小说文献研究方面，潘建国考察了周绍良旧藏明万历“廊房胡同费氏”翻刻本《新刊宋朝故事五鼠大闹东京记》，并梳理了“五鼠闹东京”故事的流变状况[71]。他还以王古鲁、张元济、朱经农等人书札为中心，考察了商务版冯梦龙《古今小说》的印行始末。其中关于底本选择、版本校勘、不雅文字删节、缺字俗字补订等问题的探讨和处理，为古代小说学术整理提供了一次有益的实践个案[72]。此外，陈国军以《刻仰止子参定正传地理统一全书》为中心对余象斗生平事迹进行了考补[73]。肖亚男发现了清道光间满族人萨克达·双保创作的《铁若笔谈初集》，该书继承了笔记小说的志怪传统，展现了诸多人事、风俗，兼具史料与文学价值[74]。朱姗发现了北京大学图书馆藏清吕寸田评本《歧路灯》。此本卷帙完整，堪称《歧路灯》最重要的传世钞本。吕寸田评点也填补了乾嘉时代读者对《歧路灯》阅读和接受的空白[75]。

三、戏曲的研究

本年度的戏曲研究，规模虽不甚大，但各方面问题皆有所涉及，显示出较高的完整度与自足性。

在戏曲本体层面的研究中，李简注意到“戏剧”一词由“游戏”之意到曲学概念的发展变化。元明清三代曲家对“戏剧”有不同的判断与认识，体现了戏曲发展的阶段性面貌[76]。麻国钧从演出形态、展演空间、授受主体等层面探讨了戏曲与祭祀仪式剧的异同，认为脚色行当体制的有无是二者根本区别[77]。

本年度关于戏曲内涵的思考也比较深入。马思聪以李玉的传奇史剧为中心，从叙事涵蕴与叙事结构两个视角探讨了李玉史剧女性书写所寄寓的易代之思，从旦角自身的述评定位、情理结构与行为方式三个维度，阐释了李玉史剧女性叙事的儒家基调[78]。此外，刘小梅指出，明中叶以降，儒家道统日渐倾颓。此时兴起的花部戏曲中，以穆桂英为代表的女性英雄形象大量出现，这正是民众精神意识中“夫纲失堕”继“君纲失堕”之后的普遍表现[79]。

在主题、人物的探讨中，吴新苗认为应该区别看待《四声猿》中各个剧作的特点，不宜以牵强的主题作全局统摄。《四声猿》并不是徐渭血泪心史的直接书写，他更倾向于从既有题材出发，“借其异迹，吐我奇气”[80]。杨珍等人通过对《李陵变文》《牧羊记》《河梁归》等作品的考察，揭示了李陵故事的发展嬗变，并指出不同的文化情趣与审美语境造成了戏曲舞台上历史人物的多样化风貌，进而主张以发展的眼光看待李陵形象[81]。

关于特定戏剧类型的考察，王永恩《明清才子佳人剧研究》一书可为代表。该书梳理了明清才子佳人剧的发展源流，深入探讨了才子佳人剧的情节设置与叙事方法，并以史槃、吴炳、李渔三人创作为典型，进行了着重分析[82]。

戏曲评论方面，傅晓航通过对《金批西厢》中《惊梦》批语的解读，指出了金圣叹评语卖弄才学、标新立异的特点[83]。裴喆认为祁彪佳《远山堂曲品》《远山堂剧品》，是以横向的“韵”“调”“词”“事”

四要素，与纵向的“妙”“雅”“逸”“艳”“能”“具”六品来进行戏曲品评。以四要素为钥，将《远山堂曲品》《远山堂剧品》本身视为一个自足的系统来进行归纳、总结，以祁解祁，是理解“六品”的法门[84]。

笔记小说中散见的剧作家信息、曲评内容也得到了研究者的重视。张伟丽根据清代志怪笔记小说的相关记载，深化了对蒋士铨的认识，指出其好奇诙谐、正直任侠的特点，对其生平交游状况也进行了补充。这些发现对研究蒋士铨的戏曲创作有着重要意义[85]。杨海帆则从笔记小说、诗作等信息中，考察了纪昀的戏曲思想，认为他代表了思想较为开放的正统文人戏曲观[86]。

在清宫戏的研究中，薛晓金认为节令戏蕴含着丰富的习俗性、宗教性和政治性[87]。梁宪华则考察了清宫万寿庆典戏的演出状况[88]。

戏曲文献方面，郑志良《明清戏曲文学与文献探考》一书，是其近年戏曲研究成果的总结。他对明清戏曲文献进行了大量考辨，澄清了《南词叙录》版本、《千忠录》作者等问题，同时考察了汤显祖、潘之恒、万树等戏曲家的生平及交游状况[89]。谷曙光发现的足本《听春新咏》，兼具文献和理论价值，为学术界重新认识嘉庆年间的北京剧坛提供了珍贵史料[90]。

小结

通过以上回顾总结，可以发现过去一年北京学者在宋元明清文学领域的研究呈现出一种多元化面貌。但诗词文与戏曲方面的理论研究仍显薄弱，小说研究则应朝着重大理论问题的提出方向而持续努力。同时，文学研究也应加强与其他人文学科的交流互动，努力从多维度的视野中去把握文学的特点。

注：

①左东岭：《影响中国近古文学观念的三大要素——兼论地域文学研究的理念与方法》，《文艺研究》，2015年第6期。

②李修生：《关于元代文学研究的一些思考》，《文史知识》，2014年第12期。

③李修生：《张养浩著作述考》，《文学与文化》，2015年第1期。

④谢琰：《诗中“诗”的历史源流与诗学意义》，《文学遗产》，2015年第1期。

⑤李懿：《宋代节日诗的游戏精神与谐趣书写》，《文艺评论》，2015年第4期。

⑥张毅：《陆游诗歌传播、阅读研究》，复旦大学出版社，2014年版。

⑦董晨：《李之仪诗学思想在东坡与江西诗派之间的桥梁意义》，《文艺评论》，2015年第2期。

⑧陈才智：《〈题琵琶亭〉〈送客西陵〉作者考》，《中国典籍与文化》，2015年第1期。

⑨徐楠：《明代格调派诗歌情感观再辨析——以考察该派对诗歌情感价值、限度的判断为中心》，《文学评论》，2015年第3期。

⑩管梓旭：《经典重释：清代女性诗学合法性的理论倡导》，《文艺评论》，2015年第2期。

⑪谢君兰：《晚晴“诗”与“歌”中的句法和意象——以传统诗歌的句法原理为分析基础》，《文学评论》，2015年第3期。

⑫蒋寅：《出入诗学与史学之间——才学识兼备的诗歌评论家赵翼》，《文学评论》，2014年第5期。

⑬蒋寅：《洪亮吉的诗学观念与本朝诗歌批评》，《文学遗产》，2015年第3期。

⑭蒋寅：《李调元诗学札记》，《镇江高专学报》，2015年第1期。

⑮蒋寅：《方薰诗论札记》，《学术交流》，2015年第2期。

⑯蒋寅：《论桐城诗学史上的姚范与刘大櫆》，《江淮论坛》，2014年第6期。

⑰蒋寅：《方氏诗论与桐城诗学的发展》，《安徽师范大学学报》（人文社会科学版），2014年第6期。

⑱蒋寅：《科举试诗对清代诗学的影响》，《中国社会科学》，2014年第10期。

⑲何春环：《论两宋帝王对俗词的接受》，《文艺评论》，2014年第8期。

⑳诸葛忆兵：《秦观俗词论略》，《北京大学学报》（哲学社会科学版），2014年第3期。

㉑诸葛忆兵：《晏殊、欧阳修“采莲”词论略》，《文艺研究》，2015年第4期。

㉒陶文鹏：《论稼轩词章法结构的创新》，《文学遗产》，2014年第5期。

㉓刘巨文：《矛盾的力量——论陈亮的词》，《中国曲学研究》第三辑，河北大学出版社，2014年版。

㉔裴云龙：《苏轼散文的经典化历程及其文化内涵——以1127—1279年为中心》，《文学评论》，2015年第2期。

㉕陈伟文：《李清照〈金石录后序〉质疑》，《文学遗产》，2014年第6期。

㉖杨敏：《焦竑文学思想简论》，《文艺评论》，

2014 年第 12 期。

㉗王炜：《万历年间的文社及其影响——以黄汝亨为中心的考察》，《文学遗产》，2014 年第 4 期。

㉘潘建国：《古代小说中的时间层次及其相关问题》，《北京大学学报》（哲学社会科学版），2014 年第 3 期。

㉙李鹏飞：《古代小说空间因素的表现形式及其功能》，《北京大学学报》（哲学社会科学版），2014 年第 3 期。

㉚刘勇强：《古代小说的时空设置及关联性叙事》，《北京大学学报》（哲学社会科学版），2014 年第 3 期。

㉛刘勇强：《话本小说叙论：文本诠释与历史构建》，北京大学出版社，2015 年版。

㉜刘勇强：《非现实形象构成：神怪小说的艺术传统》，《中国社会科学报》，2015 年 1 月 23 日。

㉝刘勇强：《神怪小说创作的精神桎梏与解套策略》，《明清小说研究》，2015 年第 2 期。

㉞刘勇强：《略论古代地域文学的动态特征——以清代扬州文学为中心》，《云南大学学报》（社会科学版），2015 年第 1 期。

㉟王昕：《论“国学小说”——以〈四库全书〉所收“小说家类”为例》，《中国人民大学学报》，2015 年第 1 期。

㊱郭英德：《“说—听”与“写—读”——中国古代白话小说的两种生成方式及其互动关系》，《学术研究》，2014 年第 12 期。

㊲侯忠义：《古代小说的该编问题》，《明清小说研究》，2015 年第 1 期。

㊳彭利芝：《元代“开国题材”小说缺失考论》，《文学遗产》，2015 年第 2 期。

㊴李萌昀：《旅行故事：空间经验与文学表达》，人民文学出版社，2015 年版。

㊵颜彦：《中国古代四大名著插图研究》，社会科学文献出版社，2014 年版。

㊶叶楚炎：《论明清通俗小说中的赘婿形象及其情节功能》，《中国文化研究》，2014 年秋之卷。

㊷刘世德：《移花接木：从柳湘莲上坟说起——〈红楼梦〉创作过程研究一例》，《文学遗产》，2014 年第 4 期。

㊸刘世德：《〈红楼梦〉舒本第五回首页行款异常问题试解》，《红楼梦学刊》，2015 年第 2 期。

㊹王丽敏：《两部〈红楼梦〉程乙本校勘探微》，《明清小说研究》，2015 年第 1 期。

㊺蔡芷瑜：《北大图书馆李盛铎旧藏〈红楼梦〉程乙本考——兼论其与青石山庄本及马廉残藏本之关系》，《红楼梦学刊》，2014 年第 5 期。

㊻王丽敏：《中国人民大学藏程本〈红楼梦〉考辨》，《红楼梦学刊》，2015 年第 1 期。

㊼曹明：《中国书店程甲本考辨》，《红楼梦学刊》，2014 年第 6 期。

㊽李玫：《〈红楼梦〉第二十二回薛宝钗、王熙凤“点戏”意义探微》，《红楼梦学刊》，2014 年第 6 期。

㊾朱萍、麻永玲：《〈红楼梦〉中的“听”戏与“看”戏及其异文考辨》，《红楼梦学刊》，2015 年第 2 期。

㊿段江丽：《红楼家庭角色论——以贾政为中心》，《曹雪芹研究》，2015 年第 2 期。

51刘玄：《论陈其泰〈红楼梦〉评点中的叙事理论》，《红楼梦学刊》，2015 年第 1 期。

52诸雨辰：《贾政不通诗？——〈姽婳词〉评点与古体诗的篇法特征》，《红楼梦学刊》，2015 年第 2 期。

53樊志斌：《满洲、包衣、旗人、满族：曹雪芹“身份表述”中的几个概念》，《红楼梦学刊》，2014 年第 5 期。

54樊志斌：《曹雪芹京西居所、行迹研究及相关问题考辨》，《曹雪芹研究》，2015 年第 1 期。

55张云：《高鹗研究与〈红楼梦〉研究》，《明清小说研究》，2015 年第 2 期。

56项旋：《新发现的程伟元史料考论》，《红楼梦学刊》，2015 年第 3 期。

57詹颂：《〈竹村居士小照〉曹寅题诗探析》，《曹雪芹研究》，2015 年第 2 期。

58樊志斌：《〈春柳堂诗稿〉创作年代及相关信息考辨》，《曹雪芹研究》，2014 年第 4 期。

59樊志斌：《李煦与沈槱元》，《曹雪芹研究》，2014 年第 3 期。

60郑志良：《〈儒林外史〉新证——宁楷的〈儒林外史题辞〉及其意义》，《文学遗产》，2015 年第 3 期。

61傅承洲：《文人雅趣与大众审美的脱节——从接受的角度看〈儒林外史〉》，《文艺评论》，2015 年第 2 期。

62叶楚炎：《论〈儒林外史〉中的经济关系》，

《江淮论坛》，2015年第1期。

63傅承洲：《吴组缃〈聊斋志异讲稿〉述要》，《中国文化研究》，2014年秋之卷。

64周先慎：《吴组缃先生古典小说研究的学术特色》，《徐州工程学院学报》（社会科学版），2014年第6期。

65周先慎：《天籁之音寄孤愤——重读〈聊斋自志〉》，《蒲松龄研究》，2015年第1期。

66郑志良：《明名士陈经济与〈金瓶梅〉中陈经济关系考》，《明清小说研究》，2015年第1期。

67张平仁：《翻案与误读：潘金莲研究反思》，《明清小说研究》，2015年第2期。

68张国风：《实证主义的困窘——〈水浒传〉的版本、作者与成书》，《文艺研究》，2015年第2期。

69廖可斌：《〈征播奏捷传〉的成书方式和思想倾向》，《文学遗产》，2015年第1期。

70段江丽：《金文京的〈三国演义〉"综合"研究——日本中国古代小说研究系列之一》，《明清小说研究》，2014年第3期。

71潘建国：《明说唱词话〈新刊宋朝故事五鼠大闹东京记〉考——再论"五鼠闹东京"之故事流变及其学术意义》，《文学遗产》，2015年第2期。

72潘建国：《商务版冯梦龙〈古今小说〉印行始末考——以王古鲁、张元济、朱经农诸人书札为史料》，《中国典籍与文化》，2014年第3期。

73陈国军：《余象斗生平事迹考补——以〈刻仰止子参定正传地理统一全书〉为中心》，《明清小说研究》，2015年第2期。

74肖亚男：《稀见笔记小说〈铁若笔谈初集〉简论》，《明清小说研究》，2014年第4期。

75朱姗：《新发现的吕寸田评本〈歧路灯〉及其学术价值》，《明清小说研究》，2014年第4期。

76李简：《古代曲学中的"戏剧"概念》，《中国高校社会科学》，2014年第4期。

77麻国钧：《分别与交流——戏曲与祭祀仪式剧异同论》，《中国戏曲学院学报》，2015年第1期。

78马思聪：《明末清初戏曲的女性书写与易代之思》，《戏曲研究》第八十九辑，文化艺术出版社，2014年版。

79刘小梅：《明清俗文艺中女英雄形象对时代异象的折射——从文艺的英雄巾帼看现实的纲常失坠》，《中国戏曲学院学报》，2015年第1期。

80吴新苗：《"借其异迹，吐我奇气"——〈四声猿〉创作主旨论》，《中国戏曲学院学报》，2014年第3期。

81杨珍、侯苏、苏占邯：《探析李陵的"撞碑"与"封侯"》，《戏曲研究》第八十九辑，文化艺术出版社，2014年版。

82王永恩：《明清才子佳人剧研究》，上海古籍出版社，2014年版。

83傅晓航：《金圣叹说"梦"》，《戏曲研究》第八十九辑，文化艺术出版社，2014年版。

84裴喆：《祁彪佳"六品"说疏义》，《戏曲艺术》，2015年第1期。

85张伟丽：《清代志怪笔记小说中的戏曲家蒋士铨》，《中国曲学研究》第三辑，河北大学出版社，2014年版。

86杨海帆：《纪昀戏曲思想初探》，《中国曲学研究》第三辑，河北大学出版社，2014年版。

87薛晓金：《清宫演剧中的节令戏》，《中国戏曲学院学报》，2015年第1期。

88梁宪华：《清宫万寿庆典戏》，《中国典籍与文化》，2015年第1期。

89郑志良：《明清戏曲文学与文献探考》，中华书局，2014年版。

90谷曙光：《新发现足本〈听春新咏〉与重新认识清嘉庆北京剧坛》，《戏曲研究》第八十九辑，文化艺术出版社，2014年版。

（作者：孙大海，北京大学硕士生；
李鹏飞，北京大学副教授）

中国现代文学

路　杨

中国现代文学作为一门学科，与其文学史研究的根本性质与整体性视野有着密切的关联。对于文学史书写与具体研究的反思，既是现代文学研究一直以来的自觉倾向与重要话题，也是这一学科自我更生的内在动力。2014 年的现代文学研究，针对由一系列编年史著作的出版与研讨引发的“编年史热”，展开了关于“文学编年史”问题的讨论，成为本年度的一大学术热点。赵京华通过对现代文学历史化叙述的回顾性梳理，认为这正是王瑶、唐弢老等一辈学者讲究“论从史出”、注重基础史料建设的潜流再次浮出地表的表现，可以促使我们反思当今文学史（教材）书写的弊端，以开放的叙述形态突破各种体系化和意识形态化的文学史叙述，从而带来阅读的解放。①刘福春则从自己编写《中国新诗编年史》的具体经验出发，认为比之于追求“真实”，编年史叙述更看重的是还原历史的丰富与复杂，应致力于发掘有问题的“活”史料与潜文本所具有的价值。②段美乔提出“编年”不仅是一种体例，更承载着研究者独特的历史态度和研究立场；而编年史对于“历史细节”之丰富性与典型性的重视，也为如何从史料研究中生发出新的学术生长点这一命题提供了新的可能。③萨支山则认为，从后现代史学的角度来看，编年体例可视为对大叙述历史的一种反动，但这并非就解决了所谓“后设”历史的叙述框架问题，这种对历史“原生态”的追求可能同样是一种建构。④程凯总结了几部编年史著作中延续自 20 世纪 80 年代现代文学研究的工作特点，认为编年史当可以成为如通鉴、年谱这类有独立价值和不可替代作用的学术著作。⑤刘勇则将编年史写作视为文学史研究的新发展，认为文学编年史有其自身独特的时间意义、细节价值和逻辑力量，是将文学向纵深化、情景化、完整化的角度延伸，更好地展现了文学史叙述的多种可能性。⑥围绕“编年史热”这一现象，研究界的热烈反响与回应性思考不仅显示出检视学科现状的自觉，也预示着学科发展与建设的新进路。

从突破现有研究格局，避免学科自我设限的角度来看，打破专业壁垒，贯通现当代文学研究的思路则显示出一种的新的方向。2014 年 1 月在北京大学举办的“聚散离合的文学时代（1937—1952）”国际学术研讨会正是一个突出的代表。会议选取 1937—1952 年这一历史叙事的交叠地带，力图打破 1949 年这一时间界标的阻隔，集合两岸三地乃至东亚中文学界研究者不同的专业眼光与问题意识，对这一时代中变动分裂的政治文化格局加以重新审视。如吴晓东从修辞的角度切入卞之琳抗战时期创作的长篇小说《山山水水》，发掘出地域空间的流转背后作家的政治意识，敏锐地透视出战争年代诗意与政治的渗透。⑦王风将张爱玲写于五十年代的《五四遗事》视为关于新文化传统与作家个人史的文化寓言与镜像，发掘其与“五四”之间反讽性的对话关系。⑧贺桂梅则力图在四十到六十年代这一长时段的历史视野中对革命通俗小说这一文学类型做出分析，借此重新思考古典、现代、当代三种文学间的复杂关系以及当代中国/文学建构民族认同的方式。⑨与这些贯通的努力相应的，还有王德威在其新著中对建国前后沈从文与冯至的考察，试图在文学与社会的互动与更广层次的伦理维度将文学真正当作一个不同社会价值、关系、声音（话语）交错碰撞的界面，探讨“我”如何成为一个有意识、有知识的公民社会的主体。⑩这些研究初步勾勒出了这一历史交界地带的文化地图与基本问题，如知识分子的精神史、战时社会政治与审美的复杂关系、五四新文学传统的困境与民族形式的锻造、建国初期的政治动员等问题域的生成，都为进一步打通历史的关节提供了方法与空间。

作为对新文学发生期的检视，晚清近代文学与文化仍然是本年度的研究热点。以一系列原点性的思想人物为中心，研究者多瞩目于历史转型时期有所分殊的文明想象。彭春凌的《儒学转型与文化新命》一书采取历史学的进路，从康有为与章太炎在中国近代儒学转型过程中所采取的不同径路入手，对儒学自我认知在戊戌后的新变及其与新文化反孔批儒思潮的关联展开讨论，兼具跨文化视野与了解之同情。⑪朱晓江则以梁启超、胡适与周氏兄弟不同的思想范型为中心，从 20 世纪中国作家对于“新文明”的不同设想出发分析新文学内部的歧见。⑫李书磊通过对《新大陆游记》的重新解读，对梁启超游美经历中的异文化体验与本民族的士人情怀加以疏解，富于开阔的人文视野和精细的解读功夫。⑬此外，本年度研究也延续了从语言工具的层面以及跨语际视野考察新文学发生的研究思路。陈迪强通过对“五四”文学革命之前小说语言文白状况进行统计与分析，重新思考现代文学的起点问题⑭；方国武对近代小说政治书写的两种语言修辞形态的分析亦具有新意。⑮李今通过细致对读《简爱》英文原著与伍光建的译本《孤女飘零记》，为民初时期的翻译研究提供了一个澄明经典化与通俗化翻译之根本区别的典型个案，其研究具有方法论的意义。⑯崔琦以吴梼汉译《侠黑奴》为中心，深入分析翻译作为跨文化的旅行活动和话语实践，如何参与了现代民族国家的建构与想象及新的文化身份的塑造。⑰汤哲声、朱全定则在整体上对清末民初的翻译小说在当时的状况、作用及文学史价值做了中肯的分析和评价。[18]

四十年代文学一直是近年来的研究热点，本年度研究在对延安文学的持续关注之外，还在沦陷区文学研究中颇有斩获。周维东的研究着眼于延安文艺座谈会之后作家下乡与《讲话》之间的内在关联，为“下乡”作为一种制度的形成及演进过程提供了系统的梳理与缜密的辨析。[19]王荣通过整理并考订四十年代各个时期及地区编辑出版的各类专科性延安文艺丛书与版本子目，探析其编辑理念及体例的文化意味与政治意识形态诉求，是延安文艺史料研究的新收获。[20]熊庆元瞩目于四十年代延安秧歌剧中“夫妻模式”，探究其如何通过赋予农民政治性以召唤出革命主体，为延安文艺的政治动员机制提供了新见。[21]沦陷区文学研究在本年度有所突破。袁一丹关注北平沦陷后文人学者生存与表达之“表微”机制，以“隐微修辞”这一小中见大的视角，深入沦陷区文与学的言义表达特质，不仅揭发言辞真义，更探究其言与其行之连带关系，以新格局打通了既定研究界限。[22]刘晓燕梳理并澄清了由汪伪方主办的第三次“大东亚文学者大会”的前因后果及纷扰议题，立足中国文学而视野放眼战时东亚，值得关注。[23]邵迎建通过对《春江遗恨》这一“汉奸电影”之中日文剧本与电影画面的对读与文献考辨，深入电影生产的历史现场，还原伪日之间虽合作也斗争的矛盾，进一步接近了历史的与文本的真实。[24]汪文顶关注抗战时期沦陷区散文书卷化、世俗化和诗化三种不同倾向中普遍的苦吟风和苦涩味，从中发现了战时中国散文多样性发展中别样的乱世哀音、遗民心曲和文体艺术。[25]

作为现代文学研究的重心与学科风向标，鲁迅研究在本年度也表现出新的倾向。主要围绕以下四个方面展开：一、关于鲁迅与旧学之关系的探讨。李国华以鲁迅旧诗中的菰蒲之思为中心，发掘其在游戏和批判的积习中所附着的绝望的自我形象，如何挑战了常规的文体观念，并隐藏了无意识的孤独自我，分析可谓深透。[26]邵宁宁通过对“眉黛”一词的新解对鲁迅旧诗名篇《无题·洞庭木落楚天高》的诗意进行解读，分析其中的屈骚情致和现实隐喻，并提出现代文学研究中“考据之沦为索引”的问题，值得警醒。[27]卢坡关于鲁迅对桐城文章“理解的批判”之态度的阐论[28]，许祖华在与《儒林外史》等作品的比较视野中分析鲁迅小说科举不第事件的书写的传统性与创造性，[29]都各有新见。二、对于鲁迅早期思想研究。汪卫东、张鑫考证了《文化偏至论》中有关施蒂纳的材源，围绕无政府主义的问题，进一步深入考察了鲁迅“立人”思想的形成和内涵。[30]薛凡佳关注鲁迅在翻译爱罗先珂时对其启蒙话语的主观选择与现实性阐释背后对启蒙理想的怀疑与反思，为考察鲁迅早期启蒙思想提供了新的视野。[31]三、关于“幻灯片事件”的再解读。李长生围绕鲁迅两次记叙“幻灯片事件”时在细节上的差异，发掘出一个作为“反现代的启蒙者”的鲁迅，并在视觉现代性的脉络上对这一事件的内在逻辑做出了超越实证主义的阐发。[32]韩琛将“幻灯片事件”作为中国现代叙事缘起的政治寓言，辨析其中折射出的现代东亚新视/世界中层叠的权力关系，将之概括为由本土专制主义、日本次帝国主义以及西方殖民主义构成的三重“帝国之眼”，显示出理论的犀利。[33]徐维辰从“幻灯片事件”出发联系鲁迅写作中的“砍头”母题，对鲁迅的“砍头情结”在文学实践与叙事层面上的延续性与可变性进行了独到深入的阐释。[34]四、鲁迅创作的诗学研究。席建斌深入到鲁迅小说叙事的深层机制当中，探究诗性情怀结构性的迁变理路在鲁迅小说风格生成、转变过程中的叙事学价值与作用，见解独到。[35]刘长华与李淑英皆从记忆诗学的角度对鲁迅的创作进行考察：前者从小说意象入手，将虚无绝望、英雄意志与自我警示心理视为其记忆诗学的三重内涵；后者则围绕鲁迅创作中记忆与遗忘的主题，揭示了回忆与拒绝回忆、忘却与拒绝忘却的书写如何作为鲁迅的双重策略，使其在历史的黑洞边缘获得某种穿透性的力量，皆有所启示。特别值得一提的是，法国学者魏简从现代主义与民主之关系重新定义现代主义，从而将鲁迅视为一位现代主义作家，通过将《阿Q正传》与布莱希特的《四川好人》、卡夫卡的《中国长城建造时》进行比较，既从诗学角度揭示了鲁迅与欧洲现代主义的共通之处，也为中国现代主义的讨论带来了新的视角。[36]

周作人研究在本年度相对平稳。李培艳通过对新村主义与周作人新文学观之内在关联的梳理，反思以文学与社会改造实践为一体的新文学传统。[37]丁文从周作人乡居日记中的风景描写入手，探讨他早年的诗文写作与日后的文学观念以及文体之间的关联，为周作人散文文体的生成提供了新见。[38]卢林佳梳理了周作人三十年代从失语到恢复再到新的风格化的变化历程，通过对周作人一系列文体实验进行话语分析，揭示了其与革命文学思潮的复杂关系，分析不乏洞见。[39]此外，刘伟的研究从空间、身体与话语权力的视角出发，对周氏兄弟的失和做出了独到而具有理论深度的新解。[40]

在周氏兄弟之外，本年度对于其他重要作家的研究主要围绕茅盾、老舍、沈从文、郁达夫、穆旦等作家展开。黄蕾在“重写文学史”基础上从新的材料和观点出发重读《春蚕》，讨论老通宝故事的历史真实性和文学真实性[41]；罗维新通过分析《动摇》对传统绅士阶层嬗变的书写，透视出茅盾对传统绅士阶层的独特情结及其自身文学创作与现实生活产生的重要影响[42]；杨华丽将国民党治下的文化政策纳入考察视野，深入论析茅盾在1933—1935三年间的文学活动，在目前茅盾“遇冷”的语境中都可谓别样的声音。[43]在老舍研究中，吴小美对老舍散文无“技巧”的技巧进行了全面深入的阐释与精细的解读，对老舍散文研究的滞后现状有所突破。[44]陈红旗从《猫城记》中带有文化意指的一系列意象入手，分析了老舍创作的潜在动机与先锋性特质。[45]徐仲佳围绕《离婚》的不同版本，从文学场三十到六十年代的变迁角度观察“幽默”特质的隐蔽与恢复，发掘权力关系的变动对老舍习性的塑造，将文学社会学的视野引入老舍研究。[46]沈从文研究集中在对沈从文后期的文化活动与精神历程的考察。张新颖的新著《沈从文的后半生1948—1988》以丰富的史料、客观的态度与诗性的叙述对沈从文后半生的人事纠葛、内心生活与杂文物研究做出了翔实出色的述论，是近年来沈从文研究的重要成果。[47]李玮的研究将沈从文五十年代的书信视为“潜在写作”的一支，从中发现了一种“建设”的文学批评观、写“人”的文学创作观和“有情”的艺术追求，亦不乏新见。[48]在郁达夫研究中，蒋晖以《沉沦》中的“偷听”事件为中心，解释“五四”以来的浪漫主义源流中的绝对个人概念与相关文学形式，从中发掘现代主体的政治无意识，可谓别出心裁。程亚丽将郁达夫小说中的女性身体视为构建男性现代主体的符码，揭示了郁达夫在多重叙述中独具的思想张力。[49]穆旦研究在本年度有新的收获。段从学的新著《穆旦的精神结构与现代性问题》在现代性困境的生成与突破这一总体性命题之下，着力呈现穆旦处在历史情境中的精神轨迹，显示出理论与历史之间的角力，为穆旦研究释放出了新的能量。[50]姜涛则回到内战时期的思想言论情境当中，透视穆旦诗歌人称结构背后社会历史认知框架，以及内战作为一个思想命题所激发的思想方式与文学表达，以再历史化的努力提供了新的讨论方式。[51]

除上述涉及小说、散文与诗歌的研究成果外，戏剧研究在本年度相对突出，并主要集中在早期话剧的考察。卢付林依据其在日本发现的《黑奴吁天录》演出的节目单，对春柳社对小说的改编与演出状况进行了细致的分析[52]。傅谨则以报刊史料为据，提出应将早期话剧命名为“新剧”，并为中国话剧的开端提供了新说。[53]尹诗从文明戏改良的轨迹中发现了海派话剧的雏形[54]，陈庆妃则关注五四演剧的“戏中戏”在现代启蒙视野中具有的仪式性。[55]此外，袁少冲对抗战时期大后方“军绅”社会权力制衡下戏剧活动的梳理，也为四十年代戏剧研究打开了新的视野。[56]

从整体上看，中国现代文学研究在2014年发展稳健，成果可观。在作家作品研究、文学史研究以及史料的开掘与考释等稳固的既有格局之上，不仅在具体研究中有所创建，并且在研究视野与方法意识上表现出突破学科界限、回到历史现场与打通历史关节等鲜明特点。在自觉的学科反思意识之下，本年度现代文学研究呈现出文学史观念的更新、叙史形态的开放、将经典研究再问题化的努力与研究方法的多元化尝试，预示着这一学科向新领域与新方向的进一步拓展。

注：

①赵京华：《文学编年史与阅读的解放》，《文学评论》，2014年第3期。

②刘福春：《还原历史的丰富与复杂》，《文学评论》，2014年第3期。

③段美乔：《“编年”：不仅仅是体例》，《文学评论》，2014年第3期。

④萨支山：《对历史“原生态”的追求》，《文学评论》，2014年第3期。

⑤程凯：《作为著述的文学编年史》，《文学评论》，2014年第3期。

⑥刘勇：《关于文学编年史现象的思考》，《中国现代文学研究丛刊》，2014年第7期。

⑦吴晓东：《〈山山水水〉中的政治、战争与诗意》，《文学评论》，2014年第4期。

⑧王风：《张爱玲〈五四遗事〉中的“五四”话题与40年代“遗事”》，《现代中文学刊》，2014年第4期。

⑨贺桂梅：《1940—1960年代革命通俗小说的叙事分析》，《中国现代文学研究丛刊》，2014年第8期。

⑩王德威：《现当代文学新论：义理 · 伦理 · 地

理》，生活·读书·新知三联书店，2014年版。

⑪彭春凌：《儒学转型与文化新命——以康有为、章太炎为中心（1898—1927）》，北京大学出版社，2014年版。

⑫朱晓江：《“新文学”内部的歧见：对“新文明”的不同想象——以梁启超、胡适、周氏兄弟为中心的考察》，《中国现代文学研究丛刊》，2014年第11期。

⑬李书磊：《作为异文化体验的“梁启超游美”——重读〈新大陆游记〉》，《中国现代文学研究丛刊》，2014年第3期。

⑭陈迪强：《“五四”文学革命之前的小说语言状况考论——以1914—1916年的小说杂志为中心》，《中国现代文学研究丛刊》，2014年第9期。

⑮方国武：《近代小说的政治修辞与语言表达》，《中国现代文学研究丛刊》，2014年第2期。

⑯李今：《伍光建对〈简爱〉的通俗化改写》，《中国现代文学研究丛刊》，2014年第2期。

⑰崔琦：《晚清白话翻译文体与文化身份的建构——以吴梼汉译〈侠黑奴〉为中心》，《中国现代文学研究丛刊》，2014年第3期。

⑱汤哲声、朱全定：《清末民初小说的翻译及其文学史价值》，《中国现代文学研究丛刊》，2014年第2期。

⑲周维东：《“下乡”的制度化——“下乡”何以成为落实〈讲话〉的重要举措?》，《中国现代文学研究丛刊》，2014年第7期。

⑳王荣：《1940年代延安文艺专科性丛书述略》，《中国现代文学研究丛刊》，2014年第7期。

㉑熊庆元：《延安秧歌剧的“夫妻模式”》，《文学评论》，2014年第1期。

㉒袁一丹：《隐微修辞：北平沦陷时期文人学者的表达策略》，《中国现代文学研究丛刊》，2014年第1期。

㉓刘晓燕：《文学与政治的博弈——“大东亚文学者大会”在南京》，《中国现代文学研究丛刊》，2014年第1期。

㉔邵迎建：《电影〈春江遗恨〉幕前幕后》，《中国现代文学研究丛刊》，2014年第1期。

㉕汪文顶：《战时沦陷区散文的苦吟》，《文学评论》，2014年第5期。

㉖李国华：《鲁迅旧诗的菰蒲之思》，《中国现代文学研究丛刊》，2014年第1期。

㉗邵宁宁：《鲁迅诗作的屈骚情致与现实寄寓——兼论现代文学研究的索隐、考据及审美诠释问题》，《中国现代文学研究丛刊》，2014年第11期。

㉘卢坡：《理解的批判：鲁迅与桐城文章》，《中国现代文学研究丛刊》，2014年第9期。

㉙许祖华：《鲁迅小说中科举不第事件书写的传统性与创造性》，《中国现代文学研究丛刊》，2014年第11期。

㉚汪卫东、张鑫：《由〈文化偏至论〉中施蒂纳的材源看鲁迅对无政府主义的接受》，《鲁迅研究月刊》，2014年第1期。

㉛薛凡佳：《从对爱罗先坷的翻译看鲁迅早期启蒙思想》，《鲁迅研究月刊》，2014年第1期。

㉜李长生：《“幻灯片事件”与中国视觉现代性问题》，《鲁迅研究月刊》，2014年第4期。

㉝韩琛：《入戏的观众：鲁迅与现代东亚新视界》，《中国现代文学研究丛刊》，2014年第5期。

㉞徐维辰：《砍头情结：鲁迅自我批评的文学表现》，《中国现代文学研究丛刊》，2014年第11期。

㉟席建彬：《诗情的“蛊惑”——鲁迅诗化小说的叙事读解》，《鲁迅研究月刊》，2014年第11期。

㊱魏简著，潘律译：《民主现代主义：再探二十世纪早期中国与欧洲小说之政治》，《中国现代文学研究丛刊》，2014年第6期。

㊲李培艳：《“新村主义”与周作人的新文学观》，《中国现代文学研究丛刊》，2014年第11期。

㊳丁文：《“乡间风景”的发现——周作人早年文学观念与散文文体的生成》，《鲁迅研究月刊》，2014年第5期。

㊴卢林佳：《时代困境中的艰难调适——论周作人与“革命文学”思潮的复杂关系》，《鲁迅研究月刊》，2014年第4期。

㊵刘伟：《反抗“父亲”——空间、身体、话语权力视域下的周氏兄弟失和》，《鲁迅研究月刊》，2014年第10期。

㊶黄蕾：《重读〈春蚕〉》，《中国现代文学研究丛刊》，2014年第2期。

㊷罗维新：《“绅”的嬗变——〈动摇〉的一种解读》，《文学评论》，2014年第2期。

㊸杨华丽：《国民党治下的文网与茅盾的文学活动——以1933—1935年为中心》，《鲁迅研究月刊》，2014年第10期。

㊹吴小美：《价值观与内心需求的坦陈——我看

老舍的散文》，《中国现代文学研究丛刊》，2014 年第 11 期。

㊺陈红旗：《〈猫城记〉的创作动机和意象建构》，《中国现代文学研究丛刊》，2014 年第 5 期。

㊻徐仲佳：《“幽默”的变迁：论文学场对老舍的塑造——以〈离婚〉的三个版本为例》，《文学评论》，2014 年第 3 期。

㊼张新颖：《沈从文的后半生 1948—1988》，广西师范大学出版社，2014 年版。

㊽李玮：《五十年代沈从文的文学守望》，《中国现代文学研究丛刊》，2014 年第 9 期。

㊾程亚丽：《郁达夫小说女性身体叙述的思想性论析》，《文学评论》，2014 年第 2 期。

㊿段从学：《穆旦的精神结构与现代性问题》，人民出版社，2014 年版。

(51)姜涛：《一个诗人的内战“时感”》，《读书》，2014 年第 9 期。

(52)卢付林：《〈黑奴吁天录〉：春柳社与中国话剧的孕育》，《中国现代文学研究丛刊》，2014 年第 7 期。

(53)傅谨：《有关早期话剧的几个问题》，《文学评论》，2014 年第 5 期。

(54)尹诗：《文明戏改良和海派话剧的产生》，《中国现代文学研究丛刊》，2014 年第 11 期。

(55)陈庆妃：《论五四演剧的仪式性》，《中国现代文学研究丛刊》，2014 年第 5 期。

(56)袁少冲：《大后方“军绅”社会权力制衡下的戏剧活动空间》，2014 年第 7 期。

（作者：路杨，北京大学博士生）

中国当代文学

邵燕君　肖映萱

2014 年的中国当代文学研究，与往年相比，发生了以下几方面的变化：1950 至 1970 年代文学研究退热的趋势还在延续，乡土文学和“文学寻根”再次成为 1980 至 1990 年代文学的重要论题，这一问题在新世纪文学研究中表现为“中国故事”的讲述。此外，“70 后”与“80 后”作家都开始了对一代人成长史的叙述。文化研究聚焦于热点文化事件和代表人物，网络文学研究者因为 2014 年的“净网行动”而关注到了网络文学“走向主流”的趋势，在理论视野上也有开拓，开始从媒介革命的角度探讨网络文学的发展。当代文学史和文学批评的研究也在寻求新的突破。

一、1950—1970 年代文学研究

洪子诚对 1957 年 2 月 16 日毛泽东在中南海颐年堂召开文艺会谈时的讲话进行了整理，并给出了必要的注释，这对考察当时毛泽东的文艺、学术、百家争鸣等方针是非常重要的材料，作者以扎实的考据、详细的注释，较清晰地还原了这次会议上毛泽东的讲话。[①]此外，洪子诚还对张光年在成为“文艺黑线人物”时被迫撰写的“检讨书”作了注释，这份“检讨书”提供了了解五六十年代文艺界重要事件的一些线索，包括 1957 年的“鸣放”、反右运动，1958 年周扬“建立中国自己的马克思主义美学”的设想，还有 20 世纪 60 年代初“为最广大的人们群众服务”方针的提出等。洪子诚对这份材料作了详尽的考据，并尝试建立了不同时间、不同处境下人的对话关系。[②]

张清华从叙事学与精神分析的角度，挖掘出了革命文学红色叙事中的“传统潜结构”，即隐藏于革命文学中的老模式与旧套路，作为民族根深蒂固的集体无意识，它们经过改头换面，在时代与意识形态色彩的装饰下复活，大量潜伏于这些叙事之中。通过分析《红旗谱》《青春之歌》等经典红色文本，张清华从内部梳理了红色叙事与传统结构与母题之间形形色色的改装关系，尝试重新鉴别并调整原有的经典化秩序，重建一个真正具有“文学性”原则的当代文学史。[③]贺桂梅在分析 1940—1960 年间的革命通俗小说时，则将它描述为一种叙述革命历史的独特文学类型。贺桂梅探讨了革命通俗小说在当代的历史流脉及命名方式、左翼问题在怎样的历史情境下出于何种政治诉求开始调用“旧形式”构建新的“民族形式”、革命通俗小说借鉴的特定古典小说类型英雄传奇、抗日战争中形成的现代中国认同与唐宋转型以来的“中国”意识之间的关联、“英雄传奇”中的古典英雄与现代“工农兵”两种主体想象的交叠与分歧等问题。最后，贺桂梅从历史地理学的角度分析了“革命中国”与“古典中国”的延续性关系，并探讨了它是

如何影响当代中国文学建构民族认同方式的[④]。

姚丹讨论了冯雪峰的批评实践与理论贡献，认为冯雪峰将“精神发展”纳入到“人民文学”的内涵当中，是共和国早期重要的理论贡献[⑤]。姚丹还分析了当年冯雪峰将《我们夫妇之间》这部短篇小说定位为“玩世主义”时提到的两个概念——“艺术力”与“人民力”，冯雪峰批评小说匮乏“从艺术里表现出主观战斗力”的“艺术力”、忽视人民身上孕育的“反抗”的“人民力”。姚丹还原了冯雪峰批评论证的过程，并讨论了冯雪峰的理论与丁玲对萧也牧的批评、胡风的“精神奴役的创伤”等理论思考的关系。[⑥]陈晓明则将胡风和冯雪峰理解为理论的激进化，他认为到了姚文元才走向全盘的政治激进化，通过分析姚文元批评“打棍子扣帽子”的言说方式，陈晓明较为深入地论述了当代中国文学批评激进化的进程。[⑦]

二、1980—1990 年代文学研究

乡土文学与“寻根文学”再次成为重要论题。陈晓明探讨了莫言及其同道的创作与20世纪八九十年代以来乡土叙事转向的关系。他认为，20世纪80年代寻根文学的根本动机是对文学现代化的诉求，但知青作家群体选择了回到传统、乡村以及现实主义，由此逃避了与现代派的搏斗。现代主义与中国传统叙事的结合，得益于莫言的出现，作家的主体意识开始介入叙述、重构历史。在欧美现代主义小说，特别是马尔克斯的启发下，莫言回到了一个更本真的、具有真实个人生活经验的乡土叙事。莫言的创作从外部攻陷了中国现实主义的堡垒，而今天中国文学的转向，需要吸收20世纪80年代被压抑的现代主义冲动。[⑧]陈晓明还从城市文学的角度，探讨文学变革转向的可能性。他认为，在对现代派的渴望下，中国文学本来有可能在20世纪80年代中期转向城市文学，而这一进程正是被欧美现代主义小说打断了。而20世纪90年代的“晚生代”作家的城市文学书写尝试，由于现实本身的表面化，难有更深厚的影响力。中国文学呼唤着一次从乡土形式主义转向城市浪漫主义的变革。[⑨]而程光炜则认为，文学寻根是绕过苏式现实主义理论、重建20世纪80年代文学“当代性”的手段。“寻根”强调恢复人类的原始本能及其日常生活哲学，以“日常哲学”取代“乌托邦哲学”，应当在这样的前提下重新审视“马尔克斯崇拜”等八十年代之后文学创作所存在的问题[⑩]。孙郁在谈张柠的《土地的黄昏》时，也从对乡土的感悟和对乡土文学的阅读体验出发，对韩少功、贾平凹、路遥、阎连科等作家的作品进行了新的诠释[⑪]。

程光炜重读了王朔的《动物凶猛》，他认为，王朔在这部小说中用其独有的叙述方式塑造了一代少年人的复杂形象。“文革”使少年王朔这代人提供了暂时脱离家庭和社会监护的一个“历史空挡”，程光炜将这描述为没有意义、没有目的的“十年闲逛”，而“闲逛”和“打架”作为20世纪中叶大时代间歇里各国少年共有的时代病，是孩子们对大革命明确教诲的消极反应。他们被抛到历史潮流之外，于是试图用这些独特的方式重返其中。程光炜认为不应该简单地将王朔定位为“痞子作家”，而应当重新去厘清王朔的“痞子”形象与他小说的内涵的关系。[⑫]李锐的《无风之树》同样描述了“文革”的某一个面向，陶东风把《无风之树》理解为一部通过李锐自己创造的现代派手法表现中国人在“文革”或曰“中国式极权主义”处境中的生存经验的小说。“树欲静而风不止”，所谓“无风”，意味着本来没有什么阶级敌人，也不存在阶级斗争，然而“树”即人民大众必须无休止地动，于是便必须制造“风”。另一方面，乡间农村与现代中国革命，存在着隔膜，这使得革命话语遭遇曲解或解构。在虚无主义和宿命论的叙述倾向当中，造成了一场荒唐的民间革命闹剧[⑬]。

陈晓明认为阿来的《尘埃落定》是一部堪称史诗式的作品，然而一切的叙述又因傻子的视点而被改变。傻子的视点重新叙述了史诗，历史呈现为一出戏谑的和略显荒诞的舞台剧，大历史与小视点由此结合起来，显示出某种历史存在的本质。傻子的视点也是孩子的视点，借由童稚化的心理特权，历史叙事得以采用抒情性的笔法，文学以某种对现代性反思的特权，完成了对人类文明的解释与悲悯。而在后续的作品《空山》当中，阿来的叙述呈现为碎片，让不可表达的现实虚空化。陈晓明认为，如果说《尘埃落定》是历史颓败的挽歌，《空山》则是历史与革命之后现实的遭遇。[⑭]《尘埃落定》凭借其“史诗性”获得第五届茅盾文学奖，程光炜则把第四届的《白鹿原》与陈忠实的长篇创作谈《寻找属于自己的句子——〈白鹿原〉写作自述》放在一起对读的方式，将《白鹿原》放置于陕西地方志、《史记》《创业史》的历史长河之中，观察作家思想气质和文学观念的养成。他认为这种观察作家作品原点和贴着人物命运处境去理解的阅读，是重新进入文学世界的一个有效途径[⑮]。

陶东风重读了王蒙的《布礼》和《蝴蝶》，他认为这两部小说讲述的都是知识分子革命者身份危机的化解或疑似化解。《布礼》的主人公钟亦成与《蝴蝶》的主人公张思远面临着共同的身份危机，他们除了认同、忠诚于革命，根本不可能有别人的任何认同或忠诚。而他们在农村接受改造、回忆反思“文革”等重建身份认同的努力是经不起分析的，甚至是一种自欺欺人的诡辩和矫情的表演。[16]

在1980—1990年代文学的研究方法上，贺桂梅另辟蹊径，将1980年代不同层面的问题汇聚到“中国”这一理论焦点上。她认为，从1990年代开始，“中国”成为了一个可能的理论性问题。这与1990年代现代性问题的讨论是同步的，也与“后冷战”时期的意识形态转换相关，同时伴随着中国经济崛起后海内外知识界展开的“中国道路”“中国模式”或“中国经验”等讨论。贺桂梅提出，作为“国家”与“民族”的构造与认同形态，文学运作与本土场域中的“传统”进行交涉的能力，以及具体的政治认同方式，即是“中国”“当代”“文学”这三个关键词所指涉的内涵。要理解“当代”的构造性，必须具备某种“长时段”的历史视野，既要梳理“当代中国”不同历史时段的关系，也要打通“当代中国”与“现代中国”“古典中国”的关系。[17]旷新年总结了20世纪90年代以来批评界对“底层文学”的讨论，及其与“新左翼文学”的关系。他认为曹征路对底层工人生活的书写，正是对20世纪80年代“纯文学”的反思和对现代主义的接纳。[18]

三、新世纪文学研究

新世纪“中国故事”的讲述方式，与20世纪八九十年代的乡土叙事和“文化寻根”构成了延续性的话题。徐刚认为阎连科的《炸裂志》讲述一个名为“炸裂”的山村经过三十多年最终变成超级大城市的历史进程，这种从一个村庄的变迁来讲述“中国故事”的整体寓言，是与从《创业史》到《古炉》《带灯》一脉相承的文学传统。而小说看似运用了传统“县志”或“地方志”的修辞方式，是试图复活这种古老的、中国独有的历史书写形式的尝试。但实际上阎连科的叙事却并不因为志书体例的编排而发生丝毫的中断，也就是说，它与一般形式的小说无异，它只不过增加了一些县志的标题而已。[19]李云雷认为，所谓的“中国故事”，是指凝聚了中国人共同经验与情感的故事。他强调，讲述“中国故事”需要中国视野、中国立场和中国经验，以中国美学表达中国人的独特经验与情感，从而创造既“现代”又“中国”的“新中国故事”。[20]而梁鸿的《出梁庄记》，也被杨庆祥指认为是描述了“现代中国”神话的一个面向。当城市开始包围农村，《出梁庄记》的“出”有一种反包围的意义，而这种“围”，不仅在于景观之围，更在于人心之围，梁鸿刻画了“中国故事”中各个群体之间的隔阂，并最终达到了某种城市与农村、知识分子与农民之间的和解。[21]

“80后”写作仍是2014年新世纪文学研究的热门话题。杨庆祥将张悦然的“青春小说”看作是“80后”一代人的“成长史”，认为张悦然书写的孤独和小资产阶级情景，来源于1980年以来社会结构变化带给独生子女的孤独感和日益“规定化”生活情境。张悦然相信通过写作和阅读可以疗愈孤独，但杨庆祥认为，这是在逃避对于自我更新和再造社会的责任和义务，他希望有更多的写作来激活张悦然避而不谈的这一部分。[22]与“80后”相似，“70后”作家也开始了他们成长经验的回忆。邵燕君认为徐则臣的《耶路撒冷》，就是在“出走”之后的一次“回望”，小说以一组成长人物的精神回望和命运轨迹，展现了一个时代的精神变迁，主人公的生命轨迹，即是当代从底层走出的有志青年共同的主体命运。[23]徐则臣的另一部短篇小说《如果大雪封门》，则展现了“京漂小人物”的精神状态。杨庆祥提出，小说建立了徐则臣的双重叙事冲动：一是对于具体日常生活的一种农民式的执拗，二是对作为具有“精神呼吸自由”的人的热爱。而正是一种非理性的宗教感，使一种具有精神向度的“当代人”出现在我们面前。[24]

在回顾总结2013年的长篇小说创作时，白烨指出，无论是题材的选取上，还是艺术的技法上，都有一股浓烈的现实主义劲风扑面而来，使“现实性”成为2014年最为突显的文学潮动[25]。程光炜在评论《北去来辞》时，将它与林白的代表作《一个人的战争》并置在一起，他认为这两部具有重复性和延续性的小说，反映了20世纪八九十年代文化转型时期人们心理结构的变迁。林白的小说有强烈的“自叙传”背景，透过小说的历史窗口，我们可以看到改革开放进入深度实验之后，人口迁徙，尤其是知识分子走南闯北成为20世纪八九十年代很普遍的风气。这既是一种挑战传统社会、寻找与重建自我的行为，也预示着社会人群之精神生活的复苏。两部小说的女主人公都天真地把“出走”看作那代人摆脱旧历史和重塑自己的理所当然的行为，这是对现代化启动的“社会文化变迁”最勇敢的响应。她们帮助读者复现了一个已经消失在历史尘埃之中犹如断简残篇一般的“八九十年代”。[26]

李建军把列娃的《渡江》和《老子革命多年》看作是在历史的广阔背景上，展示“革命者”的复杂经验，揭示人性的阴暗、脆弱和向上的挣扎的力作。他认为，在平庸的消费主义写作泛滥成灾的时代，烈娃充满历史感的“革命叙事”，以及具有崇高品质和牺牲精神的“英雄史诗”，能够帮助我们重建具有道德诗性的生活理念。[27]同样是对革命与战争的描写，吴义勤认为张鸿福的长篇小说《鲁中烽火》依托于真实历史事件、场景、人物，展现出叙事的“真实”使这部小说变得与众不同。《鲁中烽火》以写实的、记忆的方式真实地再现了莱芜抗战中被尘封的隐秘历史，小说从某种意义上具有类似于报告文学的特性[28]。而铁流和徐锦庚的《国家记忆》，则是真正的报告文学，吴义勤认为这部以革命历史与农民传奇为主要线索的报告文学，对于革命历史的叙述方式，以及当今时代如何面对历史与现实，具有重要的启示意义。[29]

四、大众文化研究与网络文学研究

郭敬明的电影《小时代》1—3 部分别在 2013、2014 年热映，继续引起学者们的讨论。张颐武认为《小时代》的重要性在于，郭敬明精确地把握了“80后”“90 后”年轻人的心态，《小时代》从上海今天的景观出发，展示的是生命脱离了大时代、脱离了政治、脱离了社会进程的主轴之后琐屑的日常生活细节。郭敬明敏锐地捕捉到，他描述的这一代人成长在消费社会的背景之下，市场经济、市民社会对他来说是无需讨论的前提，他们不关注社会问题，关注的只是个体的感受。他们与上一代人有着完全不同的生命感受，他们的焦虑不在于吃不饱怎么办，而在于吃饱了以后怎么办。郭敬明已经成为老一辈作家难以回避的一个问题，在与刘心武的对谈当中，张颐武还提到了王蒙、王安忆等作家对郭敬明和《小时代》的看法。王蒙认为，每一个历史阶段都有它的《青春万岁》文本，郭敬明的《小时代》，就是一种新的《青春万岁》。而王安忆认为，以前的文学对物质都是批判的，但是《小时代》和一些其他作品热衷于描写各种各样的品牌，并以这些品牌来断定人的身份、职业，这是一个值得文学史注意的现象。[30]

张颐武还指出，作为“80 后”“90 后”的青春偶像，郭敬明和《小时代》还构成了一种粉丝文化消费现象，形成了“粉丝电影”的类型。与 2013 年上映的《致青春》《中国合伙人》等电影以“怀旧”的方式对今天中国的来路进行探究的方式不同，《小时代》的青春表达是以当下为原点的。它是对一种新的、跨出本地限制的全球性的想象，将上海抽象化为全球性的消费关系。[31]张颐武甚至将《小时代》从小说改编成电影，与 2012 年莫言获得诺贝尔文学奖并置起来。他认为，这两个现象象征着中国文学重要的、不可逆的变化，也喻示着中国文学所建构的“本土的全球性”。这是重构中国文学想象力的时代，然而现在却出现了理论的“滞后”和“失灵”以及现实本身的“逃离”或“超越”，我们需要对中国文学在新世纪的全球文化格局中的“状态”的把握。对此，张颐武提出了“后新时期”和“本土的全球性”概念，与“新时期”区分的是，“后新时期”的中国文学已经超出了有关民族和世界的二元对立的争议和困惑，走入了一个本土即世界、全球即本土的新格局之中，成为世界文学的一部分。文学本身的结构发生了变化，我们视为统一的文学界，其实已经出现了三个不同的走向，即纯文学、青春文学、网络文学。中产群体和“80 后”“90 后”的青年群体成为新读者的主流，他们通过文学中获得一种新的自我想象，文学的表达在本土性之中，获得了一种新的世界性。[32]

赵勇将另一位“80 后”代表作家韩寒与莫言放在一起讨论，去探讨当代作家的精神状况和知识分子的角色形象。他从莫言公开谈论知识分子的代表性言论中，总结出了莫言的知识分子观。作为体制内作家，莫言对斗士一般的知识分子型作家，只有钦佩之心，并无追模之意，这一方面是因为他不愿用“非文学的方式说话”，另一方面也是他对对抗姿态的回避。而韩寒作为体制外的“叛逆者”，有着在作品之外说话的欲望，并以“就要做个臭公知”的宣言确立了自己的身份认同。通过莫言与韩寒的对比，赵勇呈现了当代作家精神状况的两极，同时他提出，莫言的作品事实上不乏知识分子的担当，而热衷于扮演“公知”的市场型作家，其表述方式往往具有表演性和观赏性，会反过来伤害到他们的文学。由此可见，在知识分子的角色扮演问题上，中国当代作家面临着诸多难题。[33]

面对媒介革命，需要重新建构具有“中国特色”、负载着中国“软实力”、建构着中国“主流价值观”的“主流文学”。邵燕君认为，在经过了“网络改编元年”的 2011 年之后，2012 年网络文学发生了“第二次革命”，进入了移动互联网时代，随后，声势浩大的“扫黄打非·净网 2014 专项行动”一方面让人们再度感受到意识形态的强大管束和规训理论，一方面也在向人们暗示，网络似乎正在成为国家“主流文艺”的“主阵地”。[34]

邵燕君总结了目前对于网络文学的研究的不足：在对网络文学发展脉络的梳理描述上，依然较多参照传统文学史的方法，分段分期或分网站对重要作家作品进行介绍，而缺乏对网文发展内在逻辑的把握；在研究的态度方法上，大多采用文化研究的方式，而未进入“阵地战”式的文学研究；在网络文学作品研究上，多以类型为单位，很少对单个作家作品进行文本细读式的研究；在生产机制研究上，较多的是对各种网站数据的整理和分析，缺乏深入到网络文学的生产过程中进行内在性研究；在评论标准上，研究者多会自觉不自觉地沿用传统精英标准，对于建立在“粉丝经济”上的网络大众文学，缺乏在深入理解基础上的公允评价，也缺乏对其新美学特征的发掘和论证；在批评话语上也大都以现有的学术话语“殖民”，缺乏对网络“土著”语言的提炼融汇。[35]邵燕君引入了麦克卢汉“媒介即讯息”“媒介是人的延伸”等理论，跳出印刷文明的局限性，重新去思考“文学性”在媒介革命中的重新定义，以此去考察来自前文字时代的“文学性”是如何穿越印刷时代，以“网络性”的形态重新生长出来的。她还提出了一个事实，即网络文学作为“文字的艺术”，尚未获得合法性，就已经开始准备被边缘化，未来的主导文艺形式很可能是电子游戏。文学研究者必须重新自我定位，研究方法和研究态度也必须发生根本性的变化。[36]

胡疆锋认为，在架空的历史语境和全球化境遇中，中国网络文学建构出了复杂而丰富的大国想象，涉及中国领土、国家地位、民族尊严、文化认同、外交政策等热点问题，与新一轮的民族主义形成了互为因果的关系。网络文学揭示出并试图“解决”中国社会中许多尚未解决的难题，勾勒出当代中国青年在理性、狂热、虚无、犬儒等复杂的民族意识中寻找认同之路的印迹。网络文学中所体现出的当代民族主义中的一些不良倾向，应该引起警惕并加以摒弃。[37]

五、当代文学史与文学批评研究

陈晓明回顾了 20 世纪中国文学理论与批判走过的道路。从白话文学运动，到文学革命转向革命文学，从社会主义现实主义，到“革命浪漫主义”，从“文革”到思想解放运动，中国文学理论与批评一直有强烈的社会变革诉求，致力于回应中国社会变革的需要。现实主义成为中国现代理论与批评的圭臬，直到 20 世纪 90 年代，随着西方现代理论与批评资源大量涌入中国，现实主义才遇到多元文化的挑战。陈晓明认为，中国的现代性要完成自身的建构，必须与西方既定的现代性主导文化进行一场斗争，这是中国现实主义压倒浪漫主义的根本所在。[38]

在这一问题上，旷新年则提出了不同的见解。他认为 20 世纪 30 年代以来，现实主义在一家独尊的同时，也一直在受到质疑，1956 年“百花齐放”运动中秦兆阳等人对“社会主义现实主义”的定义提出质疑，20 世纪 60 年代邵荃麟“现实主义的深化”观点遭到了否定，1985 年之后，现实主义及其反映论、认识论的文学观，又遭到了现代主义的挑战，中国文学逐步进入了多元化的时代。[39]

贺桂梅通过回顾从 20 世纪 90 年代中期到当下的近 20 年时间中，有关女性文学与性别研究的学术历程，描述了以文学批评、文学史研究、思想史研究、文化研究等不同方式进入性别问题讨论的具体路径。在反思个人研究经验的基础上，贺桂梅强调性别研究的关键在于揭示“个人的”如何呈现为“政治的”的这一批判过程，进而结合现代中国的女性解放运动历史实践，重点讨论了马克思主义与女性主义的关系，和性/社会性别制度这两个关键理论问题。[40]

白烨指出，当下的文学环境的内部结构已经发生了深刻而巨大的变化，文学批评需要改进与更新。现在的批评在传统文学或主流文学之外，还要面对市场化的文学、网络文学或新媒体文学，这正是批评的难处与挑战之所在。文学批评的队伍需要壮大和纳新，文学批评的观念、方法和语言要吐故纳新，文学批评的活动阵地、传播工具也需要更新。[41]

注：

①洪子诚：《材料与注释：毛泽东在颐年堂的讲话》，《现代中文学刊》，2014 年第 2 期。

②洪子诚：《材料与注释：张光年谈周扬》，《文学评论》，2014 年第 4 期。

③张清华：《“传统潜结构”与红色叙事的文学性问题》，《文学评论》，2014 年第 2 期。

④贺桂梅：《1940—1960 年代革命通俗小说的叙事分析》，《中国现代文学研究丛刊》，2014 年第 8 期。

⑤姚丹：《为“人民文学”的“史诗性”开山——共和国早期冯雪峰的批评实践与理论贡献》，

《文学评论》，2014 年第 3 期。

⑥姚丹：《“艺术力”与“人民力”——从冯雪峰批评〈我们夫妇之间〉谈起》，《文艺争鸣》，2014 年第 4 期。

⑦陈晓明：《当代文学批评的政治激进化——试论姚文元的批评方法》，《中国现代文学研究丛刊》，2014 年第 6 期。

⑧陈晓明：《乡土中国、现代主义与世界性——对 80 年代以来乡土叙事转向的反思》，《文艺争鸣》，2014 年第 7 期。

⑨陈晓明：《城市文学：弯路与困境》，《文艺争鸣》，2014 年第 12 期。

⑩程光炜：《重看“寻根思潮”》，《文艺争鸣》，2014 年第 11 期。

⑪孙郁：《凝视“土地的黄昏”》，《小说评论》，2014 年第 4 期。

⑫程光炜：《读〈动物凶猛〉》，《文艺争鸣》，2014 年第 4 期。

⑬陶东风：《荒唐的革命闹剧与民间的“文革”世相——评李锐的〈无风之树〉》，《南方文坛》，2014 年第 3 期。

⑭陈晓明、陈欣瑶：《历史的衰败与虚化的叙事——阿来的〈尘埃落定〉及其小说艺术》，《阿来研究》，2014 年第 1 期。

⑮程光炜：《陕西人的地方志和白鹿原——〈白鹿原〉读记》，《文艺研究》，2014 年第 8 期。

⑯陶东风：《一个革命者的忠诚危机及其“化解”——重读王蒙的〈布礼〉》，《文艺理论研究》，2014 年第 6 期；《一个知识分子革命者的身份危机及其疑似化解——重读王蒙的中篇小说〈蝴蝶〉》，《文艺研究》，2014 年第 8 期。

⑰贺桂梅：《“中国”视野与当代文学（文化）研究》，《中国现代文学研究丛刊》，2014 年第 10 期。

⑱旷新年：《曹征路“底层写作”意义的再认识》，《文艺争鸣》，2014 年第 2 期。

⑲徐刚：《“中国故事”与本土传统的观念化表达——略论〈炸裂志〉的寓言和形式》，《南方文坛》，2014 年第 5 期。

⑳李云雷：《如何讲述新的中国故事？——当代中国文学的新主题与新趋势》，《文学评论》，2014 年第 3 期。

㉑杨庆祥：《出梁庄，见中国》，《当代作家评论》，2014 年第 1 期。

㉒杨庆祥：《从小资产阶级梦中惊醒》，《文艺报》，2014 年 10 月 17 日。

㉓邵燕君：《出走与回望：一代人的成长史——评徐则臣长篇力作〈耶路撒冷〉》，《文汇报》，2014 年 6 月 28 日。

㉔杨庆祥：《轻的或重的——评徐则臣短篇小说〈如果大雪封门〉》，《文艺报》，2014 年 9 月 17 日。

㉕白烨：《新演变与新走向——二〇一三年文情述要》，《当代作家评论》，2014 年第 3 期。

㉖程光炜：《八九十年代“出走记”——林白〈一个人的战争〉和〈北去来辞〉双论》，《当代作家评论》，2014 年第 5 期。

㉗李建军：《别样的革命叙事与英雄史诗》，《文学报》，2014 年 8 月 21 日。

㉘吴义勤：《可歌可泣的抗战传奇——评张鸿福的长篇小说〈鲁中烽火〉》，《百家评论》，2014 年第 5 期。

㉙吴义勤：《历史现场的重返与再现》，《文艺报》，2014 年 5 月 21 日。

㉚刘心武、张颐武：《我看郭敬明的〈小时代〉》，《粤海风》，2014 年第 2 期。

㉛张颐武：《从〈小时代〉思考：消费与文学想象》，《花城》，2014 年第 4 期。

㉜张颐武：《本土的全球性：新世纪文学的想象空间》，《当代作家评论》，2014 年第 3 期。

㉝赵勇：《作家的精神状况与知识分子的角色扮演——以莫言与韩寒为例》，《名作欣赏》，2014 年第 16 期。

㉞邵燕君：《网络文学时代中国“主流文学”的重建》，《艺术评论》，2014 年第 12 期。

㉟邵燕君：《经典类型与类型经典》，《文学报》，2014 年 9 月 11 日。

㊱邵燕君：《新媒体时代的文学批评》，《文艺理论与批评》，2014 年第 5 期。

㊲胡疆锋：《“压弯的树枝”——民族主义视野下的中国网络文学》，《文学与文化》，2014 年第 1 期。

㊳陈晓明：《曲折与激变的道路——二十世纪中国文学理论与批评的历史变异》，《当代作家评论》，2014 年第 1 期。

㊴旷新年：《现实主义：广阔道路，还是窄路？——当代现实主义的境遇》，《文艺研究》，2014

年第6期。

㊵贺桂梅：《“个人的”如何是“政治的”——我的性别研究反思》，《南开学报》（哲学社会科学版），2014年第2期。

㊶白烨：《文学批评遇到的难点和面临的挑战》，《文艺理论与批评》，2014年第5期。

（作者：邵燕君，北京大学副教授；肖映萱，北京大学硕士生）

东方文学

魏丽明　阎鼓润

2014年对于东方文学整体而言是一个特别的年份，作为东方文学重要组成部分的非洲文学学科建设稳步推进，特别值得学界关注。

2014年5月2—4日，中国首届“非洲语言文学教学研究国际学术研讨会”在北京大学隆重召开。本次会议开幕式由北京大学副校长李岩松致辞。国外学者分别来自英国、尼日利亚、坦桑尼亚、肯尼亚、埃塞俄比亚、刚果（金）、加纳等国；国内学者分别来自中国社会科学院、北京大学、清华大学等相关高校和出版研究机构、与会者近百人，提交了近60篇论文。本次会议由北京大学外国语学院亚非系主办，北京大学非洲研究中心协办。大会主题发言之后，研讨会分4个平行论坛：阿契贝专题研究、非洲总体文学专题、非洲语言文化专题、斯瓦希里语言文学专题。

2014年6月13日至15日，“‘东方学’视野下的东方文学研究全国研讨会暨中国东方文学研究会第十四届年会”在天津外国语大学顺利召开。本次会议由中国东方文学研究会主办，天津外国语大学比较文学研究所承办。来自北京大学、北京师范大学等全国七十余所高校的百余名专家学者齐聚天津，围绕会议主题“东方学”与“东方文学”各抒己见。

2014年6月23日，以“东方文学研究：传承与创新”为主题的第六届全国研究生东方文学暑期学校在北京大学开班授课。该暑期学校由教育部人文社会科学重点研究基地北京大学东方文学研究中心和北京大学外国语学院联合主办。暑期学校聘请国内外东方文学研究领域的知名专家学者参与授课。18位各专业领域的知名学者就东方文学研究的理论、方法、文本细读等专题进行了精彩的演讲，内容涉及东北亚、南亚东南亚、西亚北非、撒哈拉以南非洲文学等区域文学或国别文学。

2014年8月19日至21日，由中国社会科学院外国文学研究所等单位联合主办，广东外语外贸大学承办了“日本文学学会年会暨国际学术研讨会”。一百五十多位中日专家学者参加了这场以“日本文学的想象力：从古典到现代”为主题的研讨会。本届研讨会特以“东京、上海、广州——近代都市、漂泊的文体与身体”为专场命题，探讨了以广州为代表的现代大都市在日本文学流变中所扮演的角色与作用。

2014年9月至12月被誉为索因卡之后非洲最重要的剧作家之一的尼日利亚剧作家、伊巴丹大学戏剧系教授费米·奥索菲桑（Femi Osofisan）被聘为北京大学海外讲席教授，在北大亚非系开设非洲文学相关课程。

一、综合类

2014年，东方文学综合研究成果斐然，对文学史和学术史的梳理愈发细致。

孟昭毅等著《中国东方文学翻译史》[①]一书出版。该书对中国翻译史上涉猎东方文学翻译活动的近百位人士加以介绍，并对其中30多位重要的翻译家做了专章单节的介绍与研究。黎跃进编著的《东方现代民族主义文学思潮发展论》[②]一书出版。该书探讨了自19世纪中期以来150余年间在亚非各国盛行的民族主义文学思潮，作者认为这一文学思潮以民族国家的生存发展为创作宗旨，以功利性、现实性和民族性为创作原则，与东方古代文学中的民族意识有一定的传承。杨建的论文《新中国亚非文学研究的反思与前瞻》[③]在对新中国亚非文学研究反思的基础上，预测其未来发展趋势：走向区域性研究、整体研究和比较研究；东方文学与东方文化研究交融；东方文学学科走向系统完善。年慧敏在《21世纪“东方文学史”的编写现状及反思》[④]一文中特别关注东方文学的弱势地位，认为国内的东方文学史编写模仿欧美文学史的体例和编排，在名称以及内容上均有值得商榷的地方。侯传文的论文《东方的发现与东方文化复兴——从泰戈尔到莫言》[⑤]深入思考如何实现东方文化与西方文化在新的太平洋世纪的互证、互识与互补，作者认为实现真正意义的东方文化复兴，东方文化相关学者依然任重而道远。魏崴的论文《从“东方文学”到“亚非文学”——以文学史著述为个案的分析?》[6]梳理和分析了国内出版的东方文学史相关著述，认为这些文学史构成了国内东方文学史著述之序列，坚持东方（亚非）文学的概念应该涵盖亚洲和非洲所有的文学创作，希望未来的相关文学史著述能够解决东方（亚非）文学之间比例严重失衡的问题。非洲，尤其是撒哈拉沙漠以南的非洲文学应该早日纳入东方（亚非）文学史著述的视野。

北京大学东方文学研究中心王邦维、林丰民主编的《东方文学研究》（第八辑）[7]内容涉及各个区域的专题文学。作家作品研究方面包括以下论文：《楼陀罗吒对梵语诗学发展的理论贡献》《再论奈保尔的“抵达”之“谜”》《村上春树作品中的俄狄浦斯主题——以〈舞！舞！舞!〉〈神的孩子全跳舞〉〈1Q84〉为例》《流水意象与井上靖文学》《阿拉伯现代诗歌与神话》《论嘉黛·萨曼〈贝鲁特75〉对写作主体的探寻》《为尊者讳？——赫梯国王苏皮鲁流马一世的后传研究》《“盘龙参”“偶人”与死生敬畏——论深泽七郎〈陆奥偶人〉》。比较文学研究方面收录了如下论文：《中世纪蒙古与中亚、印度文化交流中的本土化选择——以亚历山大寻找生命泉水传说为例》《插图本阿米尔·霍斯陆〈五部诗〉中的图文关系浅析》《当代中国纪伯伦研究的新发展和影响》《印度文艺理论20世纪汉译与研究》。文化研究方面包括的论文有：《菲律宾阿拉安人二元对立的神灵信仰与“阿格班萨沃德”巫术治疗》。本书特设波斯文学专栏，收录了《伊朗女性小说写作发展进程》《〈库什王纪〉在伊朗史诗传统中的独特价值初探——兼与〈列王纪〉比较研究》以及张鸿年先生的访谈录。

中国社科院外国文学研究所穆宏燕主编的《东方学刊》（2014）[8]对撒哈拉以南非洲文学的拓展性关注值得学界特别赞许。该论文集注重对亚非各国文学及文化的创新性研究，探讨东西文化的互动机制，考察跨国资本主义时代东方民族在价值观、审美取向等方面的演变过程，从而为同在东方的中华民族的科学发展提供一个参照和借鉴。论文集收录了涉及地域更全面的学术论文。在“异文化互动与跨文化研究”专题中收录了《汉文经典与“修养的时代”——〈菜根谭〉在近代日本的传播与阐释》《试论李提摩太对〈西游记〉的翻译策略》《〈鸽子项链〉与中世纪西班牙世俗文学》《如何阅读世界神话？——日本民族学家大林太良与神话学者吉田敦彦对话录》。“跨国资本主义的东方遭遇”专题收录了《语言与权力视阈下北尼日利亚殖民地文学局的流变》《哦，亲爱的母语——坦桑尼亚国语政策研究》《被殖民话语遮蔽的黑非洲本土语言文学——斯瓦希里语文学发展概述》《阿拉伯电影：从殖民主义到后殖民主义》、归帆的《阿拉伯现代小说中的西方形象》《捣毁父权圣像——论埃及女作家赛阿达维对父权宗教的批判》《以色列第二代大屠杀作家与大屠杀记忆》《〈瞎猫头鹰〉：希望与绝望的交响曲》《达耶难陀：推动近代印度转型的宗教思想家》《〈背叛〉：越战后社会转型时期的人性哀歌》。在“古代文化与经典研究”专题中收录了《波斯语古典叙事文学里的大国天下观略论》《阿米尔·霍斯陆的〈五部诗〉及其艺术价值》《试析〈罗怙世系〉的“大诗”特质——以第9—15章为例》《印度曲女城传说源流考辨》《汉译佛经篇章衔接策略举隅》。在“学科综述与分析”专题中收录了《从“东方文学”回归“亚非文学”——以文学史著述为个案的分析》《中国的大江健三郎小说研究之考察与分析》《在韩中国留学生的韩国文学研究趋向》和《东方文学研究学科2010—2013年度综述》。

二、东北亚文学研究

文学史著述方面，张如意编著的《日本文学史》[9]是为大学日语专业高年级学生编写的教材，有助于学习者掌握日本文学的发展脉络和各个阶段的代表作家、作品和文学风格。席卫国、张桦著《日本文学史研究》[10]一书，从文学历史发展的角度，从不同侧面深刻剖析中国文学在不同时期对日本文学的影响。刘春英在《日本女性文学的中国百年译介史》[11]一文中梳理了国内对日本女性文学150年的译介史，认为学界对日本女性文学译介的取舍，更多体现了唯我所用的务实方针和特定时段的审美需求。

比较文学方面，李均洋主编的《中日比较文学研究》[12]一书从研究课题和研究方法入手，以文学史的时代顺序及代表作品为线索，把中日比较文学研究界的研究成果介绍给读者。王晓平的《中日文学经典的传播与翻译》[13]一书主要关注中日文学经典翻译和传播的探讨。

古代文学方面，李濯凡的专著《万叶诗情——日本〈万叶集〉和歌及其歌人》[14]翻译了《万叶集》的诗歌，并将诗歌及其作者放到古代日本的历史背景下，按照历史发展轨迹和可考察的作家作品的时间脉络，介绍作者，分析重要作品。张晓希等著《五山文学与中国文学》[15]一书选择了极具代表性的五山诗僧，从文学思想、文化观念、行为风范、宗教素养、个性特征等不同方面，梳理其与中国文化与文学的关联。王向远的《日本“物纷”论：从“源学”用语到美学概念》[16]认为“物纷”一词从一般描述“私通”的词语到审美概念，经历了一系列提炼、“蒸馏”和阐发的过程，这个过程由荻原广道基本完成。江户“源学”对“物纷”论的阐释过于简单，而现代日本学者大都安于“物纷”之“纷”，不加深究。

文论方面，《王向远教授讲日本文学》[17]一书出版。本书是作者日本文学研究的论文集，选文二十二篇，收录了《日本古代文论的千年流变与五大论题》《“物纷论”：从“源学”用语到美学概念》《中国的“感”“感悟”与日本的“哀”“物哀”——审美感兴诸范畴的比较分析》等文章。王向远在《日本古代文论的千年流变与五大论题》[18]一文中指出的五大论题如下：一是“慰”论的文学功能论；二是“幽玄”的审美形态论；三是“物哀”及“知物哀”的审美感兴论；四是“寂”的审美态度论；五是“物纷”创作方法论。雷晓敏的论文《本居宣长“物哀”论的三个误区》[19]认为日本享有盛名的“复古国学大师”本居宣长拼凑的“物哀论”至少有三个误区：一是忽物偏心的日本主体意识；二是蔑视文学伦理的滥情思想；三是“皇国神道至上”的原教旨主义邪念。他清空了文学伦理元素的文学思想是超道德的骗局，具有极端排外的民族意识导向。

现（近）当代文学方面，王志松主编的《日本近现代文学研究》[20]一书突破了“国别文学研究”的陈旧框架，探索新方法，打开新视界，提出文学史写作的新范式。孙旸的《中国禅宗思想对水上勉及其文学的影响》[21]一书试图以《沈阳的月》《清富记》《虚竹的笛》为中心考察中国禅宗思想对水上勉人生思考、创作思想及创作策略的影响，分析中国文化对日本人内心的精神支持。黎跃进的论文《“同根并蒂”：影响研究的新范式——以夏目漱石与老舍为中心》[22]认为漱石和老舍有大体相似的生命体验，但不同的生命历程和精神世界构成的差异，即使同源而出，也显示出各自创作的个性和走向。刘晓芳的论文《〈新生〉中的伦理禁忌与岛崎藤村的“新生”》[23]考察和分析学界有关藤村虚伪、自私的指责，认为《新生》是一部通过自我告白进行自我救赎的自传体小说。熊鹰的论文《从“南蛮想象”到“南方想象”：现代日本文学中的异国情调及其与世界的联系》[24]指出，日本明治以降的文学中出现了对南方的异国情调想象。这种想象是在日本近代历史语境中衍生发展的产物，是近代日本作家接触外来文化的一种反应，而殖民主义是文学想象的重要推动力。

国内日本研究方面，金中的专著《日本诗歌翻译论》[25]全面论述日本诗歌的翻译理论问题，并包括部分翻译实例。上篇论述日本古典和歌、俳句翻译形式、翻译比较及评价问题，中篇论述日本近代以后问世的新体诗、现代短歌的翻译形式与文体问题；下篇论述日本诗歌翻译的技巧及意义。王向远的论文《当代中国的日本文学阅读现象分析》[26]梳理了国内日本文学接受领域明显的阶段性特征。丁跃斌、宿久高的论文《国内日本文学教材出版现状与开发策略》[27]梳理国内日本文学相关教材所呈现出的特点及存在问题。

古代朝韩文学的研究方面，严明的《东亚国别汉诗特征论》[28]认为东亚汉诗虽然有着相同的艺术形式和艺术规范，但是从不同的民族文化土壤中培育出来的东亚诗人，写出来的汉诗却往往有着形同神异的妙处。池水涌在《高丽诗人郑知常诗歌艺术略论——兼论郑知常对唐诗的接受》[29]一文中考察和分析郑知常诗歌的艺术特征，阐明了郑知常诗歌对唐诗的接受与消融。李宝龙的论文《韩国高丽朝汉文学词不如诗的文学原因初探》[30]指出高丽朝的词明显有文学功用的替代、创作取法的不足和理论支撑的缺乏等特点，这是高丽朝的词远不及汉诗创作的原因。在《韩国古代汉文小说“预叙”与中韩文化的融合——以近古时期爱情家庭类小说为例》[31]一文中，作者认为韩国汉文小说中的预叙叙事模式常常借助梦境预示、仙道佛僧预言、近亲魂魄预示和禽鸟动物预言等结构模式展现，表现出与中国儒道释理念的深度关联。周玳的论文《韩国写本〈漂海录〉俗字类型分析》[32]在全面调查韩国写本《漂海录》俗字的基础上，对其中典型的俗字进行分类研究，探索汉语俗字在韩国的传承规律以及变异特征。张伯伟在《明清时期女性诗文集在东亚的环流》[33]一文中指出“书籍环流”包含了书籍本身在传播中的多向循环，书籍内容的阅读、接受并反应的互动，以及由此引发的观念和文化立场的变迁。韩东的论文《谈朴趾源的文学理论内涵与创作实践》[34]认为，朴趾源文学思想的形成是深受明代文学的影响与师承朝鲜先辈理论的产物。

朝韩现代文学及文学理论方面，任晓丽的专著《“真实”“真情”“今时”的文学：李钰文学思想与文学创作研究》[35]从朝鲜著名作家李钰的文学观及其创作切入，探讨明清小品文对韩国文学的影响，着重考察李钰的文学观及其文学与中国文学之关联。夏艳在《伪满时期朝鲜移民反日文学概观》[36]中指出伪满时期朝鲜移民文学从宏观角度可通过国别文学、民族文学和属地主义、属人主义和属语主义等概念的导入明确其归属为朝鲜（韩国）文学；从微观角度其又与朝鲜半岛文学相区别，带有相异于本土文学的特色，这种特色体现在朝鲜文学传统和伪满特定环境的结合。刘妍的论文《论韩国现代主义文学旗手李箱对日本现代主义文学的受容》[37]以李箱代表作《翅膀》为切入点，复原当时殖民地京城的历史，指出李箱的文学特殊性是日本殖民统治下的历史产物，深刻反映出日本殖民统治带来的近代化及其影响。蔡清辉在《建交以来中韩文学交流的回顾与展望》[38]一文对中韩建交以来文学交流的相关情况做了总结和梳理，分析交流的动因和优势，探寻存在的问题，并展望未来的发展趋势。孙德彪的《朝鲜“文气说”对中国文气理论的接受》[39]从朝鲜“奇人吐奇气”“学诗养气”“慕圣人气象”“气骨”等方面分析朝鲜诗论与中国文气理论的关系，认为朝鲜的气论学说一方面受中国传统文气理论的影响，另一方面又在程朱理学的影响下取得发展。

蒙古文学方面，聚宝在《蒙古国所藏蒙古文〈四大奇书第一种〉研究》[40]中指出学界关于《三国演义》蒙古文译本的关注基本都集中于嘉靖本蒙译本或毛评本的特睦格图译本上。本文首先披露了一种蒙古国境内收藏的鲜为人知的毛评本《三国演义》蒙译本，继而对该本的文献特征以及不同传抄本作了简要的介绍；同时，对其底本、大致译成时间和地点进行了力所能及的考证。最后提出该译本为国内馆藏所阙如，很可能是译于喀尔喀蒙古地区，仅流传于喀尔喀境内的一种译本。包红令的《蒙古草原文学与澳大利亚文学之比较研究》[41]采用平行比较研究方法展开对蒙古草原文学与澳大利亚丛林文学之间关系的比较研究，试图揭示出两种文学所共有的特征。

三、南亚文学研究

对南亚文学的研究呈现多元化的特点。

刘守华的《中印故事比较的奇趣》[42]是《鹦鹉故事在东西方的流传》一书的序言，作者赞同将印度故事书大体区分为寓言故事和世俗故事两大块的说法，认为鹦鹉故事中作为可独立存在的故事类型蕴含了“弱者用智慧打败强敌”的宝贵精神内核。在《中印古典戏剧理论比较》[43]中，高贝以《舞论》和《闲情偶寄》为中心发掘与阐释中印古典戏剧理论间的相通性和差异性，以达到认识他人与自我、互相交流的目的和相映成趣、相得益彰的效果。侯传文的论文《山林栖居与山水情趣——中印佛教山居诗比较》[44]对中印佛教文学“山居诗”进行比较研究，梳理其渊源流变，探讨其思想特点和情趣意蕴。陈岗龙的论文《论印度〈鹦鹉的故事〉在中国各民族中的传播》[45]认为《鹦鹉的故事》很早就传播到中国各民族中，不过传播的途径和来源不尽相同。桑吉东知在《印度〈五卷书〉与藏族寓言故事》[46]一文中，深入探讨《五卷书》与藏族寓言故事的历史渊源及其产生的影响，认为印度《五卷书》对藏族寓言故事的发展产生了不可替代的影响和作用。

文学史及文论方面，薛克翘等编著的《印度近现代文学》一书[47]值得特别关注。该书分为上下两编，上编主要介绍1857年至1940年，即启蒙运动和民族独立运动期间，印度文学的发展情况。下编主要介绍1940年至2000年，即印度独立前至20个世纪末约60年的文学概况。本书不仅介绍了独立前的孟加拉语作家泰戈尔、萨拉特等，还介绍了如泰米尔语诗人、马拉雅拉姆等其他语种作家，展现了印度文学独立前一百年间的文学发展概貌。

泰戈尔研究仍是南亚文学研究的重点：谭中和魏丽明的英文论文《泰戈尔在中国》[48]全面收集国内的相关原始资料，深入梳理了泰戈尔在中国的百年接受史，认为泰戈尔在中国的接受史是中印友好关系的历史篇章，是中印“民心相通”理想境界的真实写照。郁龙余、魏丽明主编的《泰戈尔落在中国的心》[49]收入“泰戈尔在我心中”获奖的百篇征文。本书作者都是热爱泰戈尔及其作品的读者。本书再现了泰戈尔及其作品在中国读者心中的影响力。黄婉梅的论文《〈吉檀迦利〉的爱情主题阐释——基于篇章语言学视角》[50]认为基于篇章语言学视角，从篇名标题看，“吉檀迦利”属提示型命名方式，使其主题解读更具开放性；从篇章特征看，《吉檀迦利》的创作情景令人直接引发纯粹爱情的联想；从语篇的宏观结构看，全文可分析为由统一的抒情主题贯穿始终、由103个序号衔接成篇的爱情长诗。王晗在《浅析戈拉的自我身份认同》[51]一文中认为，戈拉自我身份认同经历虚假认同、质疑和否定、重新构建三个阶段，戈拉形象映射出人与理想统一的宗教观念和印度现代化发展的理想愿景。

黄芝的论文《“天堂与地狱之间”：〈卑微的神灵〉中的卡塔卡利舞者》[52]认为，印度女作家阿兰德蒂·罗伊在《卑微的神灵》这部小说中揭示了帝国主义/新帝国主义对印度种姓制度软硬兼施式的权力操控。

四、东南亚文学

2014年东南亚文学是东方文学研究的薄弱环节，主要关注中国和东南亚文学的比较及互文关系。

黄玲的论文《从文学叙事到文化记忆：中越跨境族群宋珍故事的互文性阐释》[53]通过对京族喃字叙事长诗《宋珍歌》、越南六八体喃诗传《宋珍菊花》与越南汉文《宋珍新传》三个文本的比较分析，从中观照跨境族群的历史心性与文化认同。陈日红和刘国祥的《越南汉诗与中国古典诗歌关系再探——以〈总集〉中的七首汉诗为例》[54]对《越南汉喃铭文拓片总集》中的七首汉诗进行深入分析，在此基础上探讨了越南汉诗与中国古典诗歌的关系，即越南汉诗在学习中国古典诗歌的过程中有明显的“民间倾向”。芳榴在《中国现代比较诗学的先锋性及其在越南的影响与启发》[55]一文中认为，中国现代比较诗学最大成就之一是“跨文化的诗学比较”及其对国外，特别是对越南产生的影响。在《中越〈金云翘传〉中的“天人合一”生态美学思想》[56]一文中，覃美静和莫国芳认为《金云翘传》中出现的个人与自然相合的美学意象，深受庄子的“天人合一”生态美学思想兼具荒野美学和环境美学的影响。唐敏莉的论文《女性主义视角下的中泰父权制批判者》[57]认为丁玲与多迈索皆以其鲜明的女性主义色彩引起世人的注意，她们作品中的女性意识的代表群体、女性反抗的对象以及反抗的彻底性存在着较大的差别。

甄蕾和马遂莲的论文《中国对菲律宾文学研究述评》[58]认为自近代以来，中国的菲律宾文学研究整体上重“华文”文学而轻“非华文”文学。古大勇和李聪泳的《印尼与中国民间故事比较研究》[59]认为印尼和中国的民间故事具有“大同小异”的特征。李祖义在《〈肖萨瓦〉的佛教轮回观初探》[60]一文中认为《肖萨瓦》中的轮回观念既深受佛教文化的浸染，同时又不排除其受婆罗门教及当地原有宗教信仰的影响的可能。孟昭毅的论文《菲律宾作家黎萨尔与20世纪中国文坛》[61]特别关注黎萨尔临刑前写的“绝命诗”所表现出的强烈的反抗精神，分析其受鲁迅重视的深刻社会原因。

东南亚华人文学仍然受到学界的关注。陈庆妃的论文《1990年代马华文学场域与地志文化散文的兴起》[62]认为马来西亚报纸副刊对20世纪90年代马华散文有覆盖性的影响，成就了新生代作家的代际崛起。陈涵平的《东南亚华文诗歌复杂的文化认同——以若干代表性诗歌为例》[63]从东南亚华文诗歌若干代表性文本透视文化认同的复杂性，认为这种复杂性主要体现为认同迷失、认同分裂、认同持守、认同新建等几个方面。汪荣的论文《恋物、悼亡与家国寓言——黄锦树〈鱼骸〉的离散诗学》[64]对离散华人的原乡想象与身份认同问题进行了深入的考察，认为其中的种种暧昧与悖论也是黄锦树自己的困惑与危机。

五、西亚北非文学

梁工主编的《圣经文学研究》在2014年出版了第八辑[65]和第九辑，[66]这两集收录大量新主题、新视角的《圣经》研究文章。第八辑包括“作为文学的圣经在西方”“多元化圣经批评的当代景观”“德里达《巴别塔》的翻译思想”“圣经翻译研究的基本问题和方法”“译者行为批评视域下的圣经翻译批评——译者行为研究”“《钦定本》翻译群落的生态理性”“圣经的（俄）罗斯化：古罗斯文学及其向现代俄罗斯文学的转化”“现代希伯来文学对‘以撒献祭’母题的阐释”“《珍妮特的忏悔》与福音叙事”“从《使徒行传》2：1—41浅析路加的文学造诣”“当代《约伯记》研究”“《路得记》：危机与角色转换的互动”“特里·伊格尔顿：《路得记》中的阶级斗争”“耶稣政治人格的道德特征”“背负他者：一种激情的怜悯——对《路加福音》10：25—37的生态女性主义解读”“菲奥伦查对女性主义圣经诠释学的贡献”。第九辑包括“圣经的文学特征”“《吉尔伽美什》洪水故事观照下的圣经洪水故事”“中世纪英语道德剧死亡观的圣经渊源”“创作小说的神学家：浅析圣经对菲尔丁创作理念的影响”“简论阿格农与圣经的关系”“耶稣、诗人与诗：对民国时期（1912—1949）基督徒创作的考察”“E. J. 普拉特抒情诗的宗教文化解析”“魔鬼·天使——圣经视域下《秀拉》主人公形象解读”“圣经汉译与修辞三体”“李荣芳对《耶利米哀歌》的翻译——兼论中西文化交流”“朱莉亚·克里斯蒂娃、马克思及特立独行的保罗”“致力于马克思主义圣经批评的罗兰·博尔”“我是谁？——《马太福音》中的耶稣身份建构问题”“论奥古斯丁（不完整的）圣经美学、生态批评视域下的《约伯记》”“《天主实义》对圣经创造本原论的阐释及本土回应”“反基督七人帮：1860年《论文与评论》探析”等文章。其中既有对《圣经》文本的解读，也有对《圣经》影响下的文学创作的探讨，还有对翻译的纠偏。

希伯来文学方面，《探赜索幽：王立新教授讲希伯来文学与西方文学》[67]一书出版。作者认为历史学是最重资料和“实证”精神的学科，而从文学角度研究像《希伯来圣经》这样的古代文本时，其研究方法可以与文学研究的方法有机结合。在某种意义上，这种不同领域相结合的研究路径，也正是比较文学研究中的跨学科研究方法。白春苏的论文《文学虚构与历史再现——从希伯来语大屠杀文学看历史建构之维度》[68]借助海登怀特的历史书写理论，通过对希伯来语大屠杀文学的分析，从意识形态、美学和道德三个方面来考察历史建构的维度，继而展现个体记忆取代官方记忆，小写历史取代大写历史，多元异质声音共存的后现代史学特征。

阿拉伯古代文学方面，王有勇的专著《阿拉伯古代文学批评史》[69]以历史时期为经线，以众多阿拉伯文学批评家的代表作为纬线，精心撷取其中的要义与精华，细致探究其中的传承与交融，以期揭开阿拉伯古代文学批评的神秘面纱。周放的论文《比较视域中的阿拉伯早期诗学》[70]认为贾希里亚时期诗学虽是阿拉伯诗学之源，在世界比较诗学史中却难与西方诗学“源头”比肩而立，但在阿拉伯诗学传统中却可以发现古希腊的赛会精神，同时它也具有类似于中国传统诗学的“无体系”特征。刘淑珍在《中国满通古斯语族诸民族与阿拉伯民间宝物故事的比较研究》[71]一文中将满通古斯语族诸民族与阿拉伯民间故事集《一千零一夜》中的宝物故事从宝物本体和故事情节两方面进行对比研究，展示了不同民族各异的精神风貌。宗笑飞的《流浪汉小说与玛卡梅体故事》[72]通过分析流浪汉小说与玛卡梅的雷同以及阿拉伯文学对早期西班牙文学的影响，揭示西班牙流浪汉小说同阿拉伯玛卡梅之间可能的亲缘关系。她的另一篇文章《阿尔安达鲁斯寓言——中世纪东西方文学之交的一个维度》[73]从寓言切入，就阿拉伯等东方文学对西班牙早期文学的世俗化影响及其“厌女”倾向进行分析。王瓅苑和陈杰的论文《试析阿拉伯古代悬诗中的沙漠因素——以乌姆鲁勒·盖斯悬诗为例》[74]认为诗人在创作个性、比喻喻体选择以及诗歌结构三个方面，都体现出了明显的沙漠特征。黎羌的论文《丝绸之路上〈古兰经〉文学与阿拉伯艺术论衡》[75]试图证明古代圣经文化、古兰经文化、佛经文化以及与此相适应的希伯来戏剧、希腊、罗马戏剧、阿拉伯戏剧与印度戏剧的巨大艺术生命力与强有力的文化渗透力。

阿拉伯现代文学方面，邹兰芳的论文《“想象的国度”：现代阿拉伯童年自传及文化建构》[76]认为现代阿拉伯童年自传作家将自我建构与民族文化建构融为一体，表现出家国同构的主题，而不同阶段的童年自传也折射出当时社会意识形态和文化氛围。丁淑红的论文《诺奖得主马哈福兹在中国的接受与影响研究》[77]采用描述性分析的翻译批评方法，探析了中国知识分子对这位获奖的东方作家所显示出的文化过滤和价值取向，及当前文化语境对马哈福兹作品在中国演绎的影响和制约。归帆的论文《小说中的爱恨情仇——阿拉伯与西方关系的写照》[78]认为阿拉伯作家在小说中设置阿拉伯男性和西方女性从一见钟情到最终分离的情节，以激烈的方式回应东西方复杂关系在现实中的嬗变。王妍慧的论文《论阿拉伯现代文学在民族主义形成中的作用》[79]认为在阿拉伯现代文学中，民族主义逐渐取代宗教因素成为主旋律，传统文化与西方文化和谐并存，同时也反映出阿拉伯民族国家构建进程中凸显的种种问题。

近东文学方面，李杰的论文《奥尔罕·帕慕克小说暴力书写的美学追求》[80]认为暴力书写广泛存在于奥尔罕·帕慕克小说当中。这种暴力书写中极尽文学上的美学意识，包括小说的诗意化的叙述语言和小说中蕴藏的深层的历史真实。吐尔逊·库尔班的论文《纳瓦依文学创作的思想根源》[81]认为突厥语族诸民族文学史上杰出的诗人和思想家纳瓦依受到中世纪东西方文化，即古代中国的中原文化、波斯—塔吉克文化、阿拉伯伊斯兰文化、古代希腊文化的多元影响，他的作品再现了15世纪下半叶中亚地区“后期文艺复兴”。

六、撒哈拉以南非洲文学研究

撒哈拉以南非洲文学近年来得到学界的格外关注。曾梅的论文《非洲史诗的历史与美学特征》[82]从非洲史诗的界定与争鸣、历史维度和英雄特征、演唱语境和叙事特点及语言和文体的视角来综述非洲史诗的历史与美学特征。作者认为非洲史诗展示的历史和美学观点与其他民族史诗同样本真、深刻、具有崇高的价值取向。姚峰的论文《阿契贝与非洲文学中的语言论争》[83]从非洲文学的本体、非洲文学的受众以及非洲语言的发展等视角出发，归纳和比较以瓦里和恩古吉为代表的非洲作家与阿契贝之间的观点差异。作者认为非洲作家使用的欧洲语言正是德勒兹文学思想中的小民族语言，非洲小民族语言并非欧洲大民族语言的“附庸”，而恰恰具有解构大民族语言的“革命潜能”。赵静的论文《从“他者”的视角看世界——桑戈尔诗歌中的法兰西意象》[84]认为在黑人传统精神根深蒂固，法国文化日渐渗透于心的背景下，桑戈尔逐渐在其诗歌创作中建构了一种文化“杂交融合”的和谐观，而法兰西意象在其诗歌中的变化恰恰反映了他思想观念的演变过程。曾梅在《索因卡戏剧对约鲁巴悲剧传统的传承》[85]一文中指出，尼日利亚诺贝尔文学奖获得者沃尔·索因卡在他的戏剧作品中用约鲁巴悲剧传统来针砭当今尼日利亚政治和社会现实，强调了约鲁巴文化传统中的精神价值和救世价值。钟燕的论文《卡玛古的选择：〈赤红的心〉生态批评解读》[86]通过文本细读，认为非洲作家多数视生态文学与生态批评为又一种白人霸权话语，但是小说的观点是现代人的出路在于自然与文化结盟的生态模式。孙晓萌的论文《北尼日利亚殖民地文学局的流变》[87]通过分析文学局的嬗变过程、本土文学创作比赛和殖民地本土语言风格的蜕变，阐释殖民地“软权力”的建构过程及英国殖民者实施文化霸权的目的。阎鼓润在《西非阿拉伯语文学的思想与文学特征》[88]一文中关注了西非的阿拉伯语文学创作，认为西非是非阿拉伯地区阿拉伯语文学的代表地区，是世界范围内阿拉伯语文学的有机组成部分，在阿拉伯语文学史上占有一席之地。这些作品中蕴含的大量历史、宗教和政治信息可以为我们了解西非伊斯兰教、伊斯兰教的传播以及西非地区的社会生活提供帮助。

从上文综述可以看出，2014 年国内东方文学研究情况继续呈现多元发展趋势，但亚非各国文学的研究呈现极不均衡的发展态势：日本文学相关的学术著作出版最多；撒哈拉以南非洲文学学科建设正在积极推进，学界对希伯来文学的关注持续升温。东方（亚非）文学学界研究仍以诺贝尔文学奖获奖作家作品为主，忽视了对亚非各国当下文学最新动态的及时了解。对东方各国文学研究史、文学史著述的关注鼓舞人心，这些论著多采用跨国别、跨区域的整体研究与比较研究的视角，这对于东方总体文学研究的拓展无疑具有积极的推进意义。

注：

①昆仑出版社，2014 年版。

②昆仑出版社，2014 年版。

③《燕赵学术》，2014 年第 2 期。

④《临沂大学学报》，2014 年 4 月。

⑤《上海师范大学学报》（哲学社会科学版），2014 年第 6 期。

⑥《东方学刊》（2014），河南教育出版社，2014 年版。

⑦《东方文学研究》（第八辑），北岳文艺出版社，2015 年版。

⑧《东方学刊》（2014），河南教育出版社，2014 年版。

⑨外语教学与研究出版社，2014 年版。

⑩陕西师范大学出版总社有限公司，2014 年版。

⑪《外国问题研究》，2014 年第 4 期。

⑫外语教学与研究出版社，2014 年版。

⑬中华书局，2014 年版。

⑭世界知识出版社，2014 年版。

⑮中央编译出版社，2014 年版。

⑯《上海师范大学学报》（哲学社会科学版），2014 年第 3 期。

⑰中央编译出版社，2014 年版。

⑱《北京师范大学学报》（社会科学版），2014 年第 4 期。

⑲《外国文学研究》，2014 年第 6 期。

⑳外语教学与研究出版社，2014 年版。

㉑黑龙江大学出版社，2014 年版。

㉒《求索》，2014 年第 12 期。

㉓《外国文学研究》，2014 年第 6 期。

㉔《外国文学评论》，2014 年第 3 期。

㉕北京大学出版社，2014 年版。

㉖《名作欣赏》，2014 年第 1 期。

㉗《出版发行研究》，2014 年第 12 期。

㉘《安徽师范大学学报》（人文社会科学版），2014 年第 5 期。

㉙《中央民族大学学报》（哲学社会科学版），2014 年第 6 期。

㉚《辽东学院学报》（社会科学版），2014 年第 1 期。

㉛《东疆学刊》，2014 年第 1 期。

㉜《现代语文》，2014 年第 12 期。

㉝《复旦学报》，2014 年第 3 期。

㉞《延边大学学报》（社会科学版），2014 年第 6 期。

㉟北京大学出版社，2014年版。
㊱《广西社会科学》，2014年第4期。
㊲《东北师大学报》（哲学社会科学版），2014年第1期。
㊳《当代韩国》，2014年第3期。
㊴《南京师大学报》（社会科学版），2014年第1期。
㊵《明清小说研究》，2014年第4期。
㊶《语文学刊》，2014年第4期。
㊷《中国比较文学》，2014年第1期。
㊸《成都理工大学学报》（社会科学版），2014年第2期。
㊹《东方论坛》，2014年第6期。
㊺《民间文化论坛》，2014年第3期。
㊻《四川民族学院学报》，2014年第2期。
㊼昆仑出版社，2014年版。
㊽Robindranath Tagore One Hundred Years of Global Reception , Orient Black Swan, 2014.
㊾中央编译出版社，2014年版。
㊿《安徽师范大学学报》（人文社会科学版），2014年第2期。
51《长春教育学院学报》，2014年第16期。
52《外国文学评论》，2014年第1期。
53《民族文学研究》，2014年第6期。
54《湖北民族学院学报》（哲学社会科学版），2014年第6期。
55《文化与传播》，2014年第6期。
56《长春教育学院学报》，2014年第10期。
57《文艺荟萃》，2014年第1期。
58《东南亚纵横》，2014年第1期。
59《怀化学院学报》，2014年第4期。
60《东南亚纵横》，2014年第8期。
61《华文文学》，2014年第1期。
62《暨南学报》（哲学社会科学版），2014年第11期。
63《暨南学报》（哲学社会科学版），2014年第1期。
64《华文文学》，2014年第2期。
65《圣经文学研究》（第八辑），人民文学出版社，2014年版。
66《圣经文学研究》（第九辑），人民文学出版社，2014年版。
67中央编译出版社，2014年版。
68《燕山大学学报》（哲学社会科学版），2014年第3期。
69上海外语教育出版社，2014年版。
70《中国比较文学》，2014年第3期。
71《前沿》，2014年8月。
72《国外文学》，2014年第1期。
73《中国比较文学》，2014年第3期。
74《辽宁教育行政学院学报》，2014年第5期。
75《世界文学评论》，2014第1辑。
76《现代传记研究》，2014年第11期。
77《外国文学研究》，2014年第6期。
78《外国文学动态》，2014年第5期。
79《陕西理工学院学报》（社会科学版），2014年第4期。
80《青年文学家》，2014年第4期。
81《中央民族大学学报》（哲学社会科学版），2014年第5期。
82《外国文学研究》，2014年第3期。
83《外国文学》，2014年第1期。
84《时代文学》，2014年第1期。
85《山东外语教学》，2014年第2期。
86《外国文学研究》，2014年第3期。
87《外国文学》，2014年第1期。
88《中国非洲研究评论》（2013），社会科学文献出版社，2014年版。

（作者：魏丽明，北京大学研究员；
阎鼓润，北京大学研究生）

西方文学（不含英美）

喻天舒　陈俐利

2014年北京学者的西方文学研究，有两个值得一提的特点，一是对西方文学史上的非经典文学现象——不论是经典作家的非经典作品（莱辛的《犹太人》即其一例），还是一再受到忽视的阿拉伯文学对西班牙文学乃至整个西方文艺复兴时期文学的影响，抑或是19世纪法国玄怪文学的兴起等，都表现出了较大的学术兴趣，取得了一定的研究成果；二是对西方古典文学与现当代文学、文论的关注，显示出了相当程度的独立思考意识。以下我们分西方古典文学研究、德语文学研究、法语文学研究、西班牙语文学研究、文论及著（译）作六个部分，就笔者掌握的资料，对2014年北京学者的西方文学研究状况，进行一番综述。

一、西方古典文学研究

在荷马史诗中，“伊利昂”和“特洛伊”都指代特洛伊老王普里阿摩斯位于爱琴海东岸的城邦。对一座城池存在两种称谓的情况以及两者间的差异何在的问题，国内学界一直采取存而不论的态度。唐卉的文章[①]致力于考察“伊利昂”和“特洛伊”这对看似同义的专有名词在两部荷马史诗前后文本中的区别和词义演变所透露出的神话历史记忆的微妙变化，探究史诗所折射的那个时代的神人关系和现实背景。文章在梳理“伊利昂”和“特洛伊”在荷马史诗中的使用频率及语境原意的来龙去脉的同时，结合现代考古的新发现，对伊利昂和特洛伊两词的差异给出了一个新的解释：赫梯人称自己的王国为维鲁萨，用希腊文表示就是伊利昂，而希腊人则称其为特洛伊。这就意味着，在考古资料的见证下，荷马史诗的神话历史叙述，正不断带给人们新的启示和认知。

在古希腊悲剧诗人索福克里斯的悲剧《俄狄浦斯王》中，战胜出谜题的怪物斯芬克斯的精明睿智的主人公俄狄浦斯，千百年来，一直是个感人至深的艺术形象。刘淳的文章[②]通过梳理与索福克里斯的《俄狄浦斯王》大致同期的其他古希腊文本中有关俄狄浦斯传说的内容，对斯芬克斯形象从无到有、从猛兽到聪明美貌的狮身人面少女的演变过程，以及俄狄浦斯形象从勇士到智者的迁移路径，都进行了较为深入的讨论。文章最后总结道，经由破解斯芬克斯之谜而成立的智者形象，作为索福克里斯刻画俄狄浦斯形象的重要元素，既可能是悲剧诗人的原创，也可能是索福克里斯对俄狄浦斯神话不同传统的创造性运用。

索福克勒斯的《安提戈涅》是西方戏剧史上的另一部经典之作。自古以来，特别是从黑格尔的时代至今，西方思想家对这一文本的阐释已经远远超出了文学批评的范围。王楠的文章[③]就20世纪后半期伊利格瑞、拉康、朱迪斯·巴特勒等人借助讨论《安提戈涅》而对黑格尔之后的伦理意识、性别差异和血亲关系三个概念所作的改造发挥进行了相关评介，并进一步探讨了性别理论向古典文学文本转向的政治诉求和当下意义。

二、德语文学研究

叶隽的文章[④]聚焦莱辛早年剧作《犹太人》对传统价值观念的颠覆。文章认为，莱辛的《犹太人》一剧，捕捉到了西方文明中的“元问题”，即欧洲人出于宗教、种族、经济诸方面的传统考量而由来已久的对犹太人的偏见问题。缘此，犹太人不仅在欧洲文学中一直作为一种反面形象出现，在现实世界中也备受其他各西方民族的歧视。叶文指出，站在启蒙理性立场的莱辛的剧作里犹太人命题的提出，其价值正在于以文学的形式揭示了社会矛盾的焦点。该剧不仅将矛盾导向问题的根本所在，即社会利益的获取，还指出了基督教作为一元宗教的独占性问题。叶文同时肯定，虽然与莱辛日后的作品《智者纳旦》相比，《犹太人》一剧尚欠成熟，但它所昭示的启蒙精英们将展开的“人类应该观念求同”的思想路径，却极为重要。

姜爱红的文章[⑤]分别从人与上帝、人与社会以及人与自然的关系出发，探寻了德语诗歌中主体意识的生成轨迹。文章从对德语诗歌早期与宗教联系紧密，诗歌表达人对上帝的敬畏之情，到18世纪中期以后随着人的个体意识和主体情感的世俗化发展，诗歌抒发自然与个体情感和谐相融之态的主题变化的梳理中，得出了“在德语诗歌中，发现自我与发现自然的过程同步，这是一个诗歌主体逐步摆脱外部思想、观念、制度的束缚，逐渐自立的过程”的结论。

赵蕾莲的文章[⑥]分析了荷尔德林小说《许配里翁或希腊的隐士》所体现的对立面构成辩证统一关系的典型特征。文章认为，受赫拉克利特、康德、费希特、席勒等人的影响，荷尔德林的小说《许配里翁或希腊的隐士》在人物设置方面，安排了主人公的充满革命激情的友人阿拉邦达和象征了万有和谐的理想存在的恋人迪奥蒂玛间的对立；在作品结构和主题探讨方面，渲染了众神存在不受时空局限的美好状态与人类生存的暂时性、局限性的痛苦状态之间的差异，显示了众神与凡人间的对立；同样，小说在赞美古希腊文化的同时，无情抨击了现代德国人的实用主义，强调了古希腊雅典人与现代德国人间的对立。而这三组对立最终消解于作者对未来的憧憬中：即“未来会和解过去与现在的对立矛盾，达到一种统一”。

贾晨的文章[⑦]从艺术表现手法、风格和主题诸方面，论述了奥地利作家阿图尔·施尼茨勒作品的现代性特征。文章指出，通过作品角色的“内部心灵”以窥探外在社会的现实状况，“把外在现实引入到内在精神中”，这一独特的视角是施尼茨勒作品现代性的一大特色。而在作品对“内部”心灵世界的全面探索中，充满危机的自我则是施尼茨勒钟爱的表现对象。受马赫“感知的复合”的哲学理念影响，施尼茨勒的作品一反传统自然主义的客观模式，以自我的梦幻、欲望、无意识等为主要展示内容，熟练运用独幕剧、内心独白和间接内心独白这些具有现代性特征的片段式表现手法，彰显出作品的崭新特征。这些特征，既是对传统的反叛，也标志着奥地利文学艺术的一个新开端。

李昌珂和王绪梅的文章[8]讨论了托马斯·曼的四卷本小说《约瑟和他的兄弟们》的“拟古”与“历史悖谬”的书写方式。文章把关注的重点放在了这部鸿篇巨制的后两卷。在指出小说第三卷以现代心理叙事的写法创作历史小说，运用“拟古”的书写方式呈现出一个具有鲜明历史文化传统和语言色彩的古代埃及且赋予其反法西斯的人道主义精神主题的特色后，进一步对小说第四卷打破圣经故事原典框架，将古埃及新王国时代的历史背景移植进小说的“反历史”或“历史悖谬”的书写方式进行了阐发。文章认为，“拟古”与“历史悖谬”的书写方式使托马斯·曼笔下的古代埃及既是一个地理上存在且历史上确定的现实国家，又是一个具有特定意义的虚构空间。因此作者既写出了“历史小说”的一种特殊的审美素质，也写出了历史小说持久不衰的魅力所在。

奥地利现代主义小说家穆齐尔的创作近年来受到了越来越多国内学者的重视。成桂明的文章[9]认为，罗伯特·穆齐尔的没有完成的小说作品《没有个性的人》是一部“思维小说”。小说作者以“非个人化的、客观的、反讽的”方式，描绘了奥地利从传统的资产阶级社会向现代多元的大众文化过渡时期的精英群像，这些人物都可被视为是小说主人公乌尔里希的“变体”或参照系，他们既反射着主人公的形象，也反映着作者穆齐尔的思想。文章指出，对理性的质疑和反思，是《没有个性的人》中主人公乌尔里希最为鲜明的特征。他以一个观察者的角度介入周围与他形成对照的人物，带着审慎的批判眼光质疑周遭的一切，包括自身所代表的理性，而这背后正暗含着作家穆齐尔本人对在科学与理性高度发达的现代世界“怎样的生活才是善的”这一古老问题的思考与尝试性解答。

伦茨的长篇小说代表作《德语课》对于德意志品质中“尽职”或者说“忠于职守”观念的质疑一直是研究者关注的重心。安尼的文章[10]在旧话重提的同时，对《德语课》中“尽职”与“快乐”这对悖论推动整个小说叙事情节发展的情形展开了相关的讨论。文章阐释了体现在小说中的由“尽职”这一观念所引发的父子两代人在理性和感性两个层面的激烈冲突，梳理了“尽职”这一看似优良的民族品质在德意志历经数世纪发展的大致脉络。对伴随着普鲁士官僚义务观的形成而来的秩序观念与臣仆精神的强化所造成的曾经光彩熠熠的“尽职”品质，最终沦为纳粹时期德国大众甘愿臣服纳粹统治的“恶的平庸性”，及其无条件服从上级指令的施暴“美德”，进行了民族性的追问。文章最后指出，普通德国人的思想狭隘和缺乏反思精神的状况，从宗教改革时代延续至今，这一事实“本身就是一件值得深思的事”。

刘冬瑶的文章[11]从文化学的角度聚焦于托马斯·贝恩哈德的成名作《寒冻》中的病痛问题，对小说主人公痛感中那超出生理症状的部分作出了必要的辨析，将其解读为主人公对人类文明进程所导致的自然破坏和人性异化的敏感表现。文章指出，贝恩哈德的《寒冻》以小说主人公的“不治之症”为主线，是为了以“个体的病痛向集体的合理性提出质疑”，无法治愈的离奇病痛作为作者采用的极端艺术表现方式，在嬉笑怒骂的字里行间，隐藏着贝恩哈德对现实的严肃反思。

三、法语文学研究

十八世纪的法国书信体小说家肖德洛·德·拉克洛的作品《危险关系》虽然甫一出版就引起了巨大的社会反响，但直到二十世纪中后期，它才最终获得了人们肯定性的高度评价。在《危险关系》中，主要人物瓦尔蒙子爵、都尔维尔院长夫人与梅尔特伊侯爵夫人之间扑朔迷离、爱恨纠结的复杂关系，一直是人们热议的焦点。伍倩的论文[12]依据荣格心理学中的阴影理论，对这一有几分令人费解的三角关系进行了重新解读。文章认为，在小说中，无论是登徒子瓦尔蒙与贞洁保守的都尔维尔夫人间的互相爱慕，还是世故老辣的梅尔特伊夫人对善良多情的都尔维尔夫人的憎恨，抑或是奉行“快乐原则”的瓦尔蒙对冷血无情的梅尔特伊夫人的吸引，都可归结为阴影投射现象，体现了作品人物对他人性格中显现出的既被自我压抑又为自我渴求的“隐形自我”的喜好或厌恶。

也就是说，构成作品中的危险关系的，“既不是爱情，也不是秘密，而是各人人格中的阴影”。

孙婷婷的文章[13]主要从社会历史情境、哲学思想氛围、文学传统积淀三方面，探究了十九世纪法国玄怪文学兴起的原因。文章认为，法国大革命后人们对强烈情感刺激的需求，国外玄怪文学作品的输入，科学、心理学领域的新发现，唯灵论、天启论等思想体系对理性至上观念的反拨，小说体裁在十八世纪法国的持续发展，乃至十九世纪法国浪漫主义、现实主义创作的文学土壤等，都为玄怪文学的应运而生提供了条件和滋养。文章最后还特别指出了 20 世纪六十年代以后的不少法国小说创作与一个世纪之前的玄怪文学间的传承关系。

冯寿农的文章[14]首先点明了卢梭的自然观对法国生态文学的开山作用，随后分别回顾了法国文学史上把人视为大自然的一部分的具有生态文学特点的三部作品：描绘人与自然和谐相处的乔治·桑的小说《魔沼》，告诫人要与自然融为一体的米歇尔·图尼埃改写的鲁滨逊题材的小说《礼拜五——太平洋上的灵薄狱》，揭示大自然才是人的幸福之源的勒克莱齐奥的小说《沙漠》。并据此对生态文学作家就文明进展导致生态灾难问题所作的批判，给予了肯定性的评价。

朱晓洁的文章[15]对法兰西学院院士马塞尔·帕尼奥尔被先后三次翻拍成电影的剧作《托巴兹》，沿着时间脉络进行了梳理。文章从作品的主题、作者的创作意图和文化环境三个方面入手，对《托巴兹》这部让马塞尔·帕尼奥尔早年在戏剧界一举扬名的作品的独特之处作出了说明。文章认为，帕尼奥尔的《托巴兹》被作者重拍三次的情况，是电影艺术史上殊为罕见的事件。三部《托巴兹》不仅对应了帕尼奥尔电影人生的三个阶段，也可以使人从中略窥法国电影从 20 世纪三十年代到五十年代间的风云变化。

田妮娜的文章[16]指出，在基督教《圣经》中被一笔带过的莎乐美故事，到十九世纪引发了西方文人的极大兴趣，以之为题材的作品至世纪末仍层出不穷，这样的趋势一直延续到二十世纪。法国当代作家布托的诗歌《致莎乐美》，就集中体现了这一女性形象在二十世纪西方文学中的某些重要特征。文章联系莎乐美形象的演变史，从舞蹈的独立性、人性对神性的取代、文字与绘画的交织等方面，探究了莎乐美形象在二十世纪后现代语境下的全新内涵。文章作者认为，布托笔下的这一形象是“作为女性的自我在诗歌中的映现”，而作家对这一形象所作的解读，也实现了从美学意义向哲学意义的转变。

刘宇宁的文章[17]对至今仍活跃在法国文坛上的著名小说家、文学评论家索莱尔斯早期作品里的中国元素作出了客观的辨析。文章对 20 世纪六七十年代索氏于其发起“文本的革命”期间写就的小说作品《戏》《数》《法》中对中国文化元素的多方借用在索莱尔斯写作实践和文本创新中的意义进行了探寻，并将其视为索氏向西方传统文学叙述方式发出挑战的战斗檄文。文章指出，在不断反省和追问本国语言文学的索氏看来，中国的表意文字与唯物主义传统作为西方逻各斯中心主义的对立面，可以被视为“革命”和“颠覆”的代名词。借东方文明之光引导西方文明走出迷途，乃是极具索氏特色的文学探索之路。

黄晞耘的文章[18]简要回顾了罗兰·巴尔特生命中最后两年的学术成果。文章检讨了丧母之痛给巴尔特的文学观、审美观、价值观、生命观及其写作风格所带来的重要变化，对巴尔特在新课程中全力探讨长篇小说如何能够成为“爱的作品”的工作给予了肯定。黄文认为，以人生为目的的学术活动是人文学术特有的主体性质，因此最高意义上的学术应该是与人生融为一体的，而巴尔特生命最后两年的行为正与之暗合。

四、西班牙语文学研究

玛卡梅是中古阿拉伯文化史上集歌、舞、乐、事为一体的独具一格的“韵文故事剧”，而玛卡梅文学这种用带韵的散文写成的故事，则成为阿拉伯早期小说的雏形。宗笑飞的文章[19]循着阿拉伯学者已有的研究思路，明确指出了西班牙流浪汉小说同阿拉伯玛卡梅之间的亲缘关系。尽管由于当年反宗教改革运动的特殊历史环境使得西班牙的流浪汉小说作家只字不提作为“异端文学”的玛卡梅对自己创作的影响，以致今人难以直接从文献资料上证明两者的亲缘关系，但宗文通过列举玛卡梅早在西班牙流浪汉小说产生若干世纪之前就已经进入西班牙读者视域、阿拉伯文学对那段历史时期西班牙其他文学体裁如谣曲、骑士小说等的影响以及西班牙流浪汉小说与阿拉伯玛卡梅在主人公身世、际遇、性格、行为方式、人生结局存在诸多相似之处的事实，还是颇有说服力地证明了阿拉伯文学的叙事方式对中世纪末叶至文艺复兴初期西班牙文学润物无声的浇灌培育作用。

塞万提斯的长篇小说《堂吉诃德》是一部出版伊始就引起了巨大反响的力作，近世以来，这部作品所内蕴的深刻而复杂的哲思，还是受到了越来越多研究者的关注。陈奇佳、宋晖两人合写的文章[20]从寓言写作问题、自由个人的共同体理想、暴力行动的责任及其局限、自我的幻想和欲望四个不同的角度，对《堂吉诃德》文本的高度含混性，戏拟文体与寓言修辞之间的内在张力，以及游侠骑士形象所寄托的个人价值进行了寓意探寻。文章认为，堂吉诃德形象的塑造，既关乎作者在西方基督教信仰消退情况下重构人类共同体理想的渴望和对暴力正义问题的思考，也显示了塞万提斯对于个人自由实践之虚无本质的体悟。

唐璜（又译堂·胡安）通常被视为西班牙文学贡献给世界文学的除堂吉诃德、塞莱斯蒂娜之外的第三个魅力久远的艺术形象。但因唐璜形象在西方的起源一直暧昧不彰，有关唐璜的故事来源和人物身份的判定，在不同国别的西方学者间就发生了极大的争论。尚景建的文章[21]从有关唐璜来源的文学争端、历史风俗中唐璜形象的来源、作为人类生存象征的唐璜“神话”三个方面，梳理了西方学者在文学、历史、神话诸领域针对唐璜形象所作的研究，并进而得出结论称，唐璜是西班牙僧侣作家特雷兹（笔名蒂尔索）借用历史和风俗中的人情世态创作的文学形象，这个体现了人性狂欢和异端僭越的形象在其数世纪的流传中，已经上升为一种神话式的存在，沉淀为某类思想文化的原型。而唐璜形象的显著和他来源的隐微，构成了巨大的叙述张力，以及多种解读的可能性，这正是唐璜形象魅力不朽的原因。

西班牙皇家语言学院院士何塞·玛利亚·梅丽诺是西班牙现当代文坛上一位极受关注的人物，毛频的文章[22]对梅丽诺的短篇小说《记忆陷阱》展开分析。文章认为，小说作者记叙故事主角马塞罗的“神奇”的记忆偏差，是想从日常小事出发，经由记忆、梦境、直觉等不确定的视角，引导读者见识普遍存在于现代人类社会当中的迷惑与迷失。在《记忆陷阱》中，作者融文学形象与现实生活为一体，通过回忆与反思立足现实，展示了一个经受内战创伤的悲痛、苦涩的西班牙，既追寻往昔，又审视当下，借助“神奇”的形式，表达了对于人性的深层反思。

五、文论研究

刘晖的文章[23]从理论的构建、理论的应用、理论的必要性以及阐释理论的重建诸方面，对法国社会学家布尔迪厄的文学社会学主张进行了简要介绍。文章指出，布尔迪厄借助场、习性、配置、资本、策略等概念，把文学作品的生产和接受一并考量，构建了自己的生成结构理论，力图以此为文学研究提供科学的分析方式，打破艺术作品不可言说的神话。在一定程度上，对“文学是什么”的问题，给出了理由充分的答案。与此同时，文章也对质疑布尔迪厄的文学社会学的声音有所提及。

王迪的文章[24]对法国著名的女同性恋作家、女性主义理论家莫尼克·威蒂格的新对话主义理论进行了阐发。文章指出，莫尼克·威蒂格的小说作品通过对叙事形式和叙事结构的大胆改造，打破了传统叙事文学的等级界限，让人物始终处在对话的状态中，由此催生了新式的对话小说，埋葬了传统的小说叙事方法。同时，为了在文学领域植入新的、有颠覆意义的观点，威蒂格还对西方哲学、科学概念提出质疑，以具有语言革命特色的“代词三部曲”方式在自己的作品中建立新的对话机制，建构女同性恋的世界，从精神层面上帮助女性自“失语”的困境中解脱出来。威蒂格这种“对话思维”被文章作者视为法国女性主义话语理论的新的着力点，而威蒂格试图构建的新理论也被文章作者肯定为具有显著的前沿意识和革命精神。

孙士聪的文章[25]对马克思主义语境中阿多诺与本雅明在20世纪80年代的本土接受情形进行了一番考察。文章在回顾了当年本雅明的借道出场和阿多诺的沉默后，得出结论：包括法兰克福学派的文化理论在内的西马理论导致中国当代文论和文化理论西马化是个伪命题，脱离了西马理论家在西方社会的政治哲学实践的具体性和历史性。因此，如何看待法兰克福学派文化理论在马克思主义语境中之被理解、被接受、被阐释，可以现实地视为当下文化研究的病理学。

耿幼壮的文章[26]以法国作家布朗肖的文学思想为研究对象，围绕着沉默与声音这一对概念，深入分析了布朗肖对语言和文学的独特认识。文章认为，尽管布朗肖与其置身其中的群星璀璨的法国一代思想大家们相比，可能属于最默默无闻的一位，但在其一生漫长的文学和学术生涯中，他与众多思想家、作家都保持着亲密的相互倾听关系，他的大量文学创作和理论著述也一直在发出自己独特的声音：幽晦与黑夜，寂静与沉默，非个性与死亡，等等。布朗肖通过对这些概念的探讨，从根本上挑战了西方的形而上学传统。随着时间的推移，他的文学思想也越来越受到时代的关注。

张冰的文章[27]从黑格尔的艺术终结命题的生成、黑格尔艺术终结命题引发的争论、当代视野中的黑格尔艺术终结观三个层面，探究了黑格尔在其后期著作

《哲学全书》和《美学》中有关艺术因其自身局限性而终会被绝对精神的发展所超越并丧失真正的真实和生命的论述。文章认为，黑格尔虽然指出了现代世界人和艺术的分裂状态，暗示了艺术与美解体的可能性，并指向门类艺术的终结和艺术史的终结，但这并不是关于艺术死亡的判决，而是从理论出发的哲学推衍和对艺术现实的深深关切。

李永平的文章在[28]梳理荷尔德林学术生涯由哲学研究转向诗学研究的历程的同时，对荷尔德林超越席勒，将现代性的审美批判带入自己现代性诗学话语中的特色进行了考察。文章认为，在荷尔德林建构的现代性诗学话语里，"诗"与存在是同一的，诗被视为最真实的存在，诗人的使命就是通过诗歌让这个"无限神圣的存在"显现出来。如果说黑格尔建构了一种现代性的哲学话语，那么荷尔德林建构的诗学话语，则与前者一道，开启了后世的现代性批判的不同路向。

陆贵山的文章[29]虽然对西方现当代文论在高度的内向化和自我化、极度的语言崇拜、对审美学幻想的沉迷、明显的非理性主义倾向等方面的问题多所批判，但还是认为与西方现当代文论在文学的自然生态研究、社会历史研究和人文研究、文学的客体性研究和主体性研究、文学的内部规律研究和外部规律研究、文学的科学研究和诗学研究等方面进行对话，以科学的态度方法和精神，对待一切有科学价值的文化思想资源，是发展和重构马克思主义文艺理论的重要理路。

张辉的文章[30]力图通过考察穆齐尔和尼采两人在各自的创作中所选择的文体，来揭示"对某种文体的选择就已经是对相应意义的默示与捍卫"这一"文体即意义"的论题的特质。张文在对照了致力于打破人们对小说文体的寻常期待，试图以小说方式进行哲学思考与哲学表达的奥地利小说家穆齐尔的创作，和以哲学家的身份不断进行文体实验，拒绝将哲学表达固化的德国诗人思想家尼采的创作后，对文体与意义无限接近的可能性，作出了思考。文章将作者们对文体的探寻视为一种精神冒险，并据此发出了是否"我们必须不断打破问题被赋予的意义，才会不被固定而僵化的意义模式所局限和钳制?"的追问。

六、著作和译作

王柯平《〈理想国〉的诗学研究》[31]一书，在把柏拉图诗学界定为带有政治工具论色彩的道德理想主义诗学的同时，对这一诗学的心灵诗学与身体诗学两个彼此会通的理论维度进行了讨论。

李昌珂的著作《"我这个时代"的德国》[32]，对德国著名作家托马斯·曼的小说的艺术特征和文学、历史价值进行了较为深入剖析、研究，涉及托马斯·曼的《布登勃洛克一家》《死于威尼斯》《魔山》《歌德与绿蒂》《约瑟和他的兄弟们》《浮士德博士》和《大骗子克鲁尔的自白》等多部文本。

方维规所撰的《20世纪德国文学思想论稿》[33]的大部分章节，讨论的是二十世纪的德国美学思想。全书共分三部分：第一部分评介了包括卢卡契、豪泽尔、阿多诺、本雅明的美学、艺术思想在内的德国"文学社会学"思想；第二部分探讨曾经风行一时的联邦德国的"接受美学"和民主德国的"接受理论"；第三部分研究德国著名作家如托马斯·曼、布莱希特、伯尔、格拉斯等人的美学理论与创作实践。

林一安的《翻译家谈翻译丛书：迷宫与〈百年孤独〉》[34]，以大量翻译例证，对国内的西班牙语文学名著翻译作出了精彩的评论。

由赵德明翻译的西班牙作家希梅内斯的文集《三个世界的西班牙人》[35]，是这位1956年诺贝尔奖获得者的作品首次在中国翻译出版。希梅内斯将它称为"抒情漫画"，书中勾绘了一百多位诗人、政治家、大学者的"画像"，包括大散文家阿索林、大画家毕加索、拉美的大诗人鲁文·达里奥、聂鲁达等人。

宗笑飞翻译的《西班牙文学中的伊斯兰元素：自中世纪至当代》[36]一书，论述了长期被西方学者忽略的中世纪至文艺复兴运动时期阿拉伯伊斯兰文学对西班牙及整个西方文学的影响。

高建平与丁国旗的著作"西方文论经典"系列丛书，共六卷，分别为《古代与中世纪》[37]《从文艺复兴到启蒙运动》[38]《从德国古典美学到自然主义》[39]《从唯美主义到意识流》[40]《从文艺心理学研究到读者反应理论》[41]《后现代与文化研究》[42]，其中涉及德、法、意等西方国家在文学理论发展史中最具代表性的作家的经典文论著作计数十种之多。

2014年上海译文出版社继续出版了十四册《米兰·昆德拉作品全新系列》，北京学者承担了其中五部书的翻译工作，《告别圆舞曲》[43]和《好笑的爱》[44]的译者是余中先，《帷幕》[45]和《小说的艺术》[46]的译者是董强，《玩笑》[47]的译者是蔡若明。

注：

①唐卉：《"神圣的"伊利昂"坚固的"特洛伊——神话历史视阈下伊利昂和特洛伊名源考》，

《中国比较文学》，2014 年第 3 期。

②刘淳：《斯芬克斯与俄狄浦斯王的“智慧”》，《外国文学》，2014 年第 1 期。

③王楠：《性别与伦理间的安提戈涅：黑格尔之后》，《外国文学研究》，2014 年第 3 期。

④叶隽：《社会问题还是宗教情结？——论莱辛剧本〈犹太人〉对传统种族价值的颠覆》，《同济大学学报》（社会科学版），2014 年第 2 期。

⑤姜爱红：《德语诗歌中主体意识的生成轨迹》，《外国文学》，2014 年第 2 期。

⑥赵蕾莲：《论荷尔德林小说〈许佩里翁或希腊的隐士〉中的对立观》，《外国文学研究》，2014 年第 3 期。

⑦贾晨：《阿图尔·施尼茨勒作品中的现代性特征》，《外语教学》，2014 年第 3 期。

⑧李昌珂、王绪梅：《持久不衰的魅力所在——论托马斯·曼的〈约瑟和他的兄弟们〉》，《外国文学研究》，2014 年第 3 期。

⑨成桂明：《乌尔里希与他的对照性人物的意义——以〈没有个性的人〉中克拉丽瑟与阿加特为例》，《北京大学学报》（哲学社会科学版），2014 年第 3 期。

⑩安尼：《从“尽职的快乐”到“茹格布尔的失败”——对〈德语课〉中“尽职”话语的再思考》，《外国文学评论》，2014 年第 1 期。

⑪刘冬瑶：《“明”处不胜寒——托马斯·贝恩哈德成名作〈寒冻〉中的病痛问题》，《外国文学》，2014 年第 3 期。

⑫伍倩：《阴影的游戏——试以荣格理论解读拉克洛的〈危险关系〉》，《国外文学》，2014 年第 3 期。

⑬孙婷婷：《玄怪文学在法国的兴起》，《国外文学》，2014 年第 1 期。

⑭冯寿农：《卢梭的自然观开拓了法国生态文学——再读〈论科学与艺术〉》，《法国研究》，2014 年第 1 期。

⑮朱晓洁：《马塞尔·帕尼奥尔和他的四个〈托巴兹〉》，《法国研究》，2014 年第 4 期。

⑯田妮娜：《后现代语境下的莎乐美——从米歇尔·布托的〈致莎乐美〉一诗说起》，《外国文学》，2014 年第 6 期。

⑰刘宇宁：《文本的革命——索莱尔斯早期作品里的中国元素》，《中国比较文学》，2014 年第 2 期。

⑱黄晞耘：《罗兰·巴尔特在“人生的中途”》，《文学评论》，2014 年第 6 期。

⑲宗笑飞：《流浪汉小说与玛卡梅体故事》，《国外文学》，2014 年第 1 期。

⑳陈奇佳、宋晖：《理想的共同体与幻想的个体自由——〈堂吉诃德〉游侠骑士形象的寓意重释》，《中国人民大学学报》，2014 年第 3 期。

㉑尚景建：《文学，历史抑或神话？——论唐璜形象的起源》，《外国文学》，2014 年第 1 期。

㉒毛频：《于“平常”中寻觅“神奇”——评何塞·玛利亚·梅利诺的短篇小说〈记忆陷阱〉》，《外国文学》，2014 年第 6 期。

㉓刘晖：《布尔迪厄的文学社会学述略》，《外国文学评论》，2014 年第 3 期。

㉔王迪：《莫尼克·威蒂格的新对话主义理论探析》，《法国研究》，2014 年第 1 期。

㉕孙士聪：《马克思主义语境中的法兰克福学派——本雅明、阿多诺在 1980 年代》，《中国文学研究》，2014 年第 2 期。

㉖耿幼壮：《文学的沉默——论布朗肖的文学思想》，《外国文学研究》，2014 年第 5 期。

㉗张冰：《黑格尔的艺术终结观研究》，《中国人民大学学报》，2014 年第 2 期。

㉘李永平：《荷尔德林：在诗与哲学之间》，《外国文学评论》，2014 年第 4 期。

㉙陆贵山：《对话与重构——建设当代形态的马克思主义文艺理论的重要理路》，《中国人民大学学报》，2014 年第 2 期。

㉚张辉：《文体即意义？——试论穆齐尔、尼采对这一问题的思考与回答》，《北京大学学报》（哲学社会科学版），2014 年第 3 期。

㉛王柯平：《〈理想国〉的诗学研究》，北京大学出版社，2014 年版。

㉜李昌珂：《“我这个时代”的德国——托马斯·曼长篇小说论析》，北京大学出版社，2014 年版。

㉝方维规：《20 世纪德国文学思想论稿》，北京大学出版社，2014 年版。

㉞林一安：《翻译家谈翻译丛书：迷宫与〈百年孤独〉》，红旗出版社，2014 年版。

㉟［西］胡安·拉蒙·希梅内斯著，赵德明译：《三个世界的西班牙人》，漓江出版社，2014 年版。

㊱［波多黎各］路丝·洛佩斯—巴拉尔特著，宗笑飞译：《西班牙文学中的伊斯兰元素：自中世纪至当代》，中国社会科学院出版社，2014 年版。

㊲高建平、丁国旗：《古代与中世纪》，安徽文艺出版社，2014 年版。

㊳高建平、丁国旗：《从文艺复兴到启蒙运动》，安徽文艺出版社，2014 年版。

㊴高建平、丁国旗：《从德国古典美学到自然主义》，安徽文艺出版社，2014 年版。

㊵高建平、丁国旗：《从唯美主义到意识流》，安徽文艺出版社，2014 年版。

㊶高建平、丁国旗：《从文艺心理学研究到读者反应理论》，安徽文艺出版社，2014 年版。

㊷高建平、丁国旗：《后现代与文化研究》，安徽文艺出版社，2014 年版。

㊸［法］米兰·昆德拉著，余中先译：《告别圆舞曲》，上海译文出版社，2014 年版。

㊹［法］米兰·昆德拉著，余中先译：《好笑的爱》，上海译文出版社，2014 年版。

㊺［法］米兰·昆德拉著，董强译：《帷幕》，上海译文出版社，2014 年版。

㊻［法］米兰·昆德拉著，董强译：《小说的艺术》，上海译文出版社，2014 年版。

㊼［法］米兰·昆德拉著，蔡若明译：《玩笑》，上海译文出版社，2014 年版。

（作者：喻天舒，北京大学教授；
陈俐利，北京大学硕士生）

英语文学

丁林棚

2014 年是北京英语文学研究领域硕果累累的一年，在文学批评和文学理论方面取得了令人瞩目的成绩。纵观本年度的研究状况，可以看到以下几个显著特征：第一，对英美文学，尤其是经典作家和作品的持续深入研究（如莎士比亚、十九世纪英国文学、女性作家文学等）；第二，美国文学研究的兴趣范围主要集中在当代文学，对后现代主义作品的研究尤其密集；第三，在其他英语国别文学方面（如加拿大文学、澳大利亚文学）的研究也得到了继续深入，体现出更广的范围和更为多元的研究视角；四、本年度文学研究的方法和视角较之往年更为广泛，出现了文化、文学、社会、历史、文本主题分析等多元视角。鉴于本学科论文的范围之广和数量之大，我们对本年度的代表性学术成果进行了重点归纳和总结，希冀能够反映出本年度的学术走向，起到抛砖引玉的作用。

在英语文学研究方向，2014 年的学术兴趣主要集中在英国文学方面，尤其是经典作家和作品之上，时间跨度很大，从古英语到中古英语、文艺复兴时期的戏剧、18 和 19 世纪英国小说、20 世纪小说，内容精彩纷呈。可以说，本年度北京学者对英国文学作品的学术兴趣呈现出一种可喜的“立体”状态。在美国文学研究方面，2014 年的学术兴趣主要集中在 19 世纪以来的，尤其是当代美国文学研究方面，其中也包括了经典作家如福克纳等作品的研究，但研究数量相比以前则稍有下降。不过，鉴于本年度论文发表、期刊来源数量较大，所涉及的文学作品时代、风格、题材等各不相同，本文主要选取有关英国文学、美国文学、爱尔兰文学、加拿大和澳大利亚文学的有关研究论作进行代表性选介。

英国文学方面，《贝奥武甫》是一部用古英语讲述古日耳曼历史故事的史诗巨著。由于这部作品与日耳曼传统有着紧密的联系，它和日耳曼文化圈中的其他中世纪文学作品一样带有显著的日耳曼文化特征。因此《贝奥武甫》中的人名大多与古日耳曼社会的传统人名一样，在故事中不断传递着丰富的历史文化信息。王继辉以古英语词源学为线索，通过再次解读格兰代尔这一名字中所隐含的神秘词义，进一步挖掘这一似人非人的狂野角色在日耳曼传说中或曾有过但已被历史掩埋了的古老故事。论文分别对“gren-”和“-del”的词源进行了挖掘。论文认为，公元 9 世纪末，西萨克斯王阿尔弗雷德（Alfred）亲手用古英语编译的世界史译文中的第一章有个古英语短语“indeopdalu”，其中的“dalu”即是“-del”的重读音节而被弱化后的变体。另外，古斯堪的纳维亚语和古弗里斯兰语均有同源词“dalr”和“del”，都是古英语中-del 的有力佐证。论文考证了公元 14、15 世纪的英语长元音大音变和英国中部方言中的双元音化演变，这个词最后变为今天的“dale”。而关于前面的四个字母即“gren-”，由于古英语早期文献中没有留下这四个字母作为一个独立词而被使用的痕迹，我们不得不首先要搞清楚这四个字母所指向的“grene”是否于公元9世纪前后就已经从北欧其他古日耳曼衍生语言中借入古英语，并已成为该语言的常用词汇。王继辉指出，根据现有资料，尽管我们一时无法彻底摆脱《贝奥武甫》研究中的这一不大不小的疑念，但从另外一个角度看，摆在我们面前的也远不是一片彻底的空白。有关“grene”在古英语中的应用，虽然我们目前没有类似日本学者曾经做过的那种详尽可靠的统计数据，我们也能够基本断定，这个词在公元9世纪甚至更早一些，已在古英语——至少在其书面语——中得到了应用。论文接着运用三个例证支持了这一判断。论文最后指出，格兰代尔这个名字正像《贝奥武甫》中很多其他人名一样，不仅传递了“绿潭”（greendale）这个具备确切指向的隐喻意象，同时也以其“套喻”形式体现了这部古英语史诗与古日耳曼诗歌传统之间在修辞风格上的精致契合。①

中古英国诗人乔叟的《坎特伯雷故事集》中的《巴斯妇的前言》，是全书唯一独立成文的长篇前言，也是此书的精华篇章之一。该文可以看成是一个追求性自由的俗女人解释圣经的案例，是对教会和男权解经传统的颠覆。半世纪以来的文学批评除聚焦其中明显的女权问题，还争论是否宗教改革者威克利夫的英译圣经和以圣经为一切解释之本的思想影响了巴斯妇的解经。李博婷对这篇前言进行了考察，论文剖析了巴斯妇狂欢化的语言风格，阐释了深藏在语言中的动荡的能量，结合乔叟本人对解经的复杂态度，指出巴斯妇解经集中体现了14世纪英国社会的诸多矛盾，即男人与女人、婚姻的理想与现实、文字权威与经验智慧、官方正统与民间异端之间的矛盾。巴斯妇既是这种种权力关系中的被压迫者，也是施加压迫者。李文认为，乔叟对他深切关心的男女关系问题似乎并未给出一种清楚的解决方案，他既提倡宽容谅解，又严厉要求犯错犯罪者悔悟改正。②

英国文学研究领域中文艺复兴时期的诗歌和戏剧是研究重点。莎士比亚的悲剧《哈姆莱特》被别林斯基称为“前无古人后无来者、全体人类所加冕的戏剧诗人之王的灿烂王冠上面的一颗最光辉的金刚钻”。“一千个读者有一千个哈姆莱特”，这是西方的审美箴言。那么，当《哈姆莱特》来到中国，在跨文化的遥远旅行中又会发生什么呢？学者们对莎士比亚的研究兴趣不减，近年来出现了从文化研究、精神分析、女性主义、空间研究，乃至法律研究等多元角度解读莎剧的潮流，高旭东和蒋永影从文化跨文化的视角出发，研究了《哈姆莱特》在中国的改编和艺术重构。文章指出，对《哈姆莱特》的研究、改编与艺术重构的总体成绩而言，当代中国取得了最大的成就。从古装戏、实验话剧到电影，当代中国以多种艺术形式对《哈姆莱特》进行了改编与艺术重构。文章分别从三个视角进行了剧本的跨文化总结：一是哈姆莱特的形象定性与“tobe，ornottobe”的研究；二是研究方法的多样性与《哈姆莱特》研究的新局面；三是从古装到后现代：《哈姆莱特》在当代中国的舞台改编和艺术重构。论文指出，在跨文化的语境中运用不同的文体表现莎士比亚的代表性悲剧，本身就是东西方文化对话的一种形式。而中国读者与学者从异域文化的视野对《哈姆莱特》的解读，以及以多种方法对《哈姆莱特》的研究，也会使对世界名著的审美欣赏与学术研究具有跨文化的共性与独特性。③

作为“亨利三部曲”和第二四联剧的最后一部，《亨利五世》同时也是莎士比亚英国历史剧的集大成与收官之作。在剧中，“英格兰之星”亨利五世始终以高大全的完美王者——英雄的形象示人，但是在第四幕第一场，莎士比亚也向读者揭示了完美王者——英雄的另一面，即真实和私密的一面。张沛对莎士比亚的《亨利五世》中的这一场进行了主题解读，论文认为，亨利五世和自己的父亲一样，试图通过军事征服证明王权的合法性；这是一场非此即彼的冒险，它正义与否，直接取决于它能否成功，即所谓“结果证明手段”；然而战争本身就是罪孽，而罪孽无法通过罪孽洗白。年轻时的亨利（哈利王子）曾为逃避罪责而出走漫游，但他现在已无路可走，只有铤而走险。他成功了，但这成功同时即是沉沦，从此他承负有罪的王权，而永远失去了拯救的希望。④

白利兵对莎士比亚的悲剧创造手段和审美进行了研究，尤其结合新古典主义对莎士比亚的批评展开了形式和内容的思索。论文指出，新古典主义批评家如德莱顿、蒲伯、约翰逊等人总是指责莎士比亚不遵守艺术规则，违反了三一律。柯勒律治认为这是一种机械的美学观，因为内在的有机规则与外在的机械规则不同，规则是手段而不是目的。希腊戏剧与莎剧有着不同的历史文化背景，不能用三一律来评价莎剧。论文指出，真正天才的作品都不缺乏适合的形式，这里也没有任何实质性的危险。柯勒律治摒弃了一种机械的反向思维，而采用了一种有机的综合、提升和超越。“兴趣的统一”这一理论具有强烈的有机美学意味，它着眼于整体的理论，可以想象作者就在这种兴趣的主导下进行创作，因此它必然贯穿到作品的方方面面。而新古典主义莎评正是由于丧失了这种整体的视野，才造成了自相矛盾。文学批评也要采用内部的标准，而不能强求外部形式的一致，新古典主义戏剧创作的式微就证明外部标准只是一个没有灵魂的空壳，剧作家完全可以用严整的形式、优美的语言去写道德败坏的作品。新古典主义批评家其实没有读懂莎士比亚。莎剧有内在的有机形式，其中贯穿着兴趣的统一，部分与整体之间达到了完美的和谐。这一整体的、内在的、有生命的有机美学观点终结了莎评的新古典主义时代，开创了莎评史上的新纪元，也为诗学的发展做出了贡献。⑤

丁宏为对柯尔律治的“叛国的罪念”之说作出了探讨。通过对重点诗歌文本的解读和对相关史料的审视，回顾了英国浪漫主义文人柯尔律治的一段以追求自由精神为内容的心路历程，并以希尼、华兹华斯等人的类似体验为参照，对柯氏思想进行了细读和阐释。论文指出，姑且不管其所寄意的法国政治有多大欺骗性，也暂不进一步审视其日后反思中所体现的思想维度，若只关注其“罪念”的源起，那么可以说柯尔律治和华兹华斯等人似在英国现代文化史的早期启动了一种与当今有些人所谓“世界公民”概念不无关系的敏感性。不管自己身属何方，只要法国有希望，人类就有希望。甚至华兹华斯以具有其个人特色的、富有情感的笔法突出了他和柯尔律治那样的人对于国家作为国土或作为“母亲岛”的认知如何先于其所谓犯错误的那个时段而存在，因而给他们超越国界的行为提供了某种带有佯谬意味的理由。先前的归属感之凝重也让叛国的罪念变得沉重，两种相逆的力量对个人形成很大的压力。⑥

维多利亚时代是英国女性写作空前繁盛的时期。与此前时代相比，更多女作家开始在英国文坛占有一席之地。对于女性与写作，维多利亚人更为关注的已不是女性能否写作的问题，而是关心女性如何处理文学生涯与家庭责任的矛盾以及如何协调女性气质与文学的关系。维多利亚时代的女性气质指向的是“家庭天使”理想——谦卑温顺、纯洁高尚的居家女性，女作家的作品似乎理应展现这般女性形象。因而当时的女作家不仅要应对家庭责任与文学生涯的矛盾，也可能会因其作品语言、题材风格等不合女性气质规范而招致社会非议。傅燕晖针对维多利亚时代女性作家的“责任感”这一主题，探讨了当时几个著名女性作家的作品及其社会和女性理念。论文指出，夏洛蒂·勃朗特因创造了与“家庭天使”大相径庭的简·爱形象而饱受批判指责。同时代的另一著名女作家伊丽莎白·盖斯凯尔在《夏洛蒂·勃朗特传》中极力为夏洛蒂辩护。盖斯凯尔的正名之路，揭示了维多利亚时代女作家如何应对维多利亚社会加载于她们身上的多重责任，以及她们如何借用“责任”之说来为自身拓展活动的领域。这一举动意义深远，女作家在此过程中借用“责任感”这一可为社会接受的话语，拓展了自身的活动领域，从中获得了自我的发展。⑦

英国社会批评家、文学学者、教育家马修·阿诺德一向倡导希腊精神的复兴，并试图塑造超越阶级、个人、民族的优秀文化。他的思想在英国文学史上产生了重要影响。范一亭撰文对小说家哈代进行了研究，他指出，哈代在作品中将其笔下的威塞克斯世界塑造为一个存在于习俗与教育之间的若有若无的边界之地，这是对阿诺德式的文化乌托邦思想的思考和回应。这篇论文聚焦于维多利亚晚期英国劳资关系所催生的历史和社会变迁，分析了哈代如何借用传统农业社会的威塞克斯反乌托邦文化空间来批判资本主义的空间扩张，将这种扩张视做传统英国农业社会的外在威胁，认为它迫使后者无可避免地走向崩溃。在《无名的裘德》中，身为工人阶级知识分子的主人公裘德被剥夺了接受文化教育的机会，在精神伴侣淑的影响下，他终于走向了阿诺德式的新希腊精神，最终超越了卢卡契在《历史与阶级意识》一书中所说的工人阶级的“地位意识”，获得了准无产阶级的阶级意识。二人试图抗争商品化、等级化的资产阶级宗教、教育和婚姻制度，但终究以肉体与精神道德说教与18世纪英国小说的流变的毁灭印证了哈代对资本主义的严厉批判，同时也标志着阿诺德的文化观在威塞克斯的破产。⑧

约翰·穆勒，又译约翰·密尔，这个名字对中国读者来说并不陌生。1899年严复翻译介绍《群己权界论》，这位天才的英国学者也由此走进中国人的视野。此后一百多年里，他的作品被不断翻译、重译、出版、再版。从政治学、经济学、哲学、教育学到心理学，许多领域的专家学者都对这个名字以及它所代表的观念耳熟能详。穆勒甚至还是19世纪英国文学课本的必读作家，然而穆勒一不写诗歌，二不写戏剧，三不写小说，却被认为一名“作家”。针对这种来自“文学本体论”的质疑，黄淳提供了两种答案：第一，穆勒对19世纪英国社会思想乃至后世产生了深远的影响，这种影响遍及文化的方方面面；第二，穆勒最重要的作品之一《自传》（Autobiography）完全可以作为传记文学来研究。如此一来，作者穆勒当然也就自觉或不自觉地扮演了“作家”的角色。在这两点基础之上，黄淳对穆勒的“文学性”进行了考察，分析穆勒富有文学色彩的表达和在意象运用上的深厚功底。论文主要着眼于分析《关于诗歌及其种类的思考》和《丁尼生诗评》，发现穆勒对意象和情感的强调都根植于他对诗歌本质的认识。在他看来，理想的诗人以“情”传“情”，用鲜明的意象和真挚的情感打动人心。穆勒作品中在遣词造句上功力深厚，用极富文学性的方式戏剧化地表达自己的立场。他的文字既有论述，也有描摹：鲜明的意象是边沁和柯尔律治两幅画像共有的技法。他对理想诗人所提出的要求：文采斐然、善用意象、以理服人、以情动人、传达真理、教化苍生等。据此给穆勒一个“诗人”的称号，当是实至名归。⑨

以社交礼仪为标志性特征的奥斯丁小说在19世纪初盛行一时，这是英国乡绅势力在中产阶级文化冲击下彻底衰退前的回光返照。苏耕欣撰文研究了奥斯丁小说中的社交礼仪。他指出，奥斯丁的小说以礼仪为“语言”展现、衡量与解释人物的言行，并将情节中的一些道德问题转化成礼仪问题，这样，作家就通过美化礼仪，突显其地位维护了礼仪所体现的18世纪社会秩序与价值。苏文指出，礼仪表面上的非政治性及其同主流意识形态实际上的深刻联系使礼仪评论频繁成为政治批评的替身，也是奥斯丁及后世作家涉足政治、评论社会的“防雨靴”。⑩

细读叶芝的诗文，我们能追溯这种独特的苦难诗学的形成和发展。面对充斥爱尔兰历史与现实的暴力和不公，叶芝选择的是“像黎明一样寒冷而又激情”的诗歌姿态，以想象力的充沛凝练、形式美带来的快感，以及非现实、非自我、非“真实”的艺术（artifice）本身的能量，即他所谓的“悲剧的欢欣”来应对现实中的苦难。刘炅对叶芝的苦难诗学进行了探索。她指出，对诗人来说被动的苦难不该作为诗的主题。在悲剧面前，诗人选择一种冷峻的诗歌姿态，鄙视感伤主义的泪水，诗的艺术想象须以永恒的形式从历史的语境中抽离出来，超越主观感情的界域而融入“原初的寒冰”。在他的诗中，苦痛和危机所激发的不是廉价的泪水，而是艺术形式的琢磨、意象的自由舞蹈以及创作激情的高度凝炼。叶芝因此能从悲剧经历中得到一种欢欣。他诗中那种看似冷峻、带着欢欣的悲剧成分正是一种积极的企图，代表着诗人试图以艺术形式的高度紧张来获取窥见真理时的精神满足，以艺术的秩序来对抗现实的混乱，以艺术创造的快感来超越现实毁灭的痛苦。⑪

雌雄同体（androgyny）这个文学构想是伍尔夫研究，尤其是《一间自己的房间》研究中经常被提及的重要概念之一。弗吉尼亚·伍尔夫对发展“雌雄同体”这个重要文学构想的贡献毋庸置疑。国内外学术界虽然对伍尔夫“雌雄同体”（国内也译作“双性同体”或“半雌半雄”）这一关键思想作了详尽的分析，却很少阐释伍尔夫与柯勒律治在这个概念上的联系。黄重凤从雌雄同体的定义、性别与灵魂之间的对应性以及两人认可的具有雌雄同体特质的典范作家论证了柯勒律治对伍尔夫的影响。论文指出，柯勒律治与伍尔夫雌雄同体观的基础都是性别与灵魂之间的对应性，但伍尔夫强烈的女性主义意识使其丰富和发展了柯勒律治的雌雄同体观。然而伍尔夫的雌雄同体观与柯勒律治存在着较大差异。后者的局限在于单方面强调男性作家应当吸收女性气质，完全忽略了女性作家也应当吸收一些男性气质。相比之下，伍尔夫对雌雄同体观的发展更加人性化，并为男女作家提供了平等的机会和前景。不过，就女性气概而言，伍尔夫拒绝对其做出一个明晰的界定。⑫

在美国文学方面，学者们的兴趣主要集中在经典作家和作品之上，如霍桑的《红字》、庞德和狄金森的诗歌，以及艾略特的《荒原》等。除此之外，美国当代文学中后现代主义文学也称为学者的兴趣点，出现了对冯古内特、品钦的后现代作品的多篇文章。在研究角度上，学者们不拘一格，从历史、叙事学、宗教研究、文体学、女性主义等各方面着手对文本进行深度解读，充分展示了美国文学的新气象。下面是对本年度美国文学研究的一些代表性论文的总结。

19世纪90年代，许多美国重要青年作家面对杂志的黄金时代，采取彻底的职业主义做法，他们推翻早期以浪漫主义为特点的工作观，在一定范围内接受市场是衡量文学成功的标准。李晋对这个问题进行了深入的社会学和文学的考察。他以华顿的短篇小说《善会降临》与詹姆斯的短篇小说《下一次》为起点，利用这两部作品作为了解19世纪末美、英两国职业作家艺术观的两扇窗口。除了关注华顿与詹姆斯的职业作家身份研究，还独辟蹊径地从文学写作与文学市场的关系出发，论述了《善会降临》与《下一次》中作者、出版人及市场角度等方面体现出来的作家的艺术观，尤其是作家在高雅文学与通俗文学之间的纠结。论文指出，两篇小说在很大程度上反映出华顿与詹姆斯作为文学家及生产者的双重意识，他们在高雅文学与通俗文学之间探求一种合作。19 世纪的最后十年是期刊杂志繁荣发展的时代，大众的阅读趣味不会像镀金时代的阅读情况那样以精英主义为特点。华顿与詹姆斯作为职业作家，以他们丰富的阅历、敏锐的洞察力以及多元化的方法，揭示出作家及评论家在文学商业化中的困境与感悟，这些艺术家没有用机械的眼光消极待命，而是勇敢地追寻艺术的真谛。柏克顿与拉尔夫期盼的“善”或者“下一次”，并非出自高雅文学与通俗文学的生死决斗，而是逐步建构自主的艺术观。自主性的价值在于，作者能怀着诚挚的心，与读者分享他/她的人生体验，既不去刻意完成某种终极使命，又不去媚俗以换取优越的物质生活，这样的精神境界才是有机统一的艺术观。柏克顿与拉尔夫身上表现出人类共有的世俗性，消解了神话英雄和圣人的光环，他们最终没有站在高雅或通俗一边，相反，他们包容这对矛盾共存的状态，让它们相互瓦解，相互破坏。⑬

威廉·福克纳的《去吧，摩西》记载了一个黑、白混杂的家族七代共处的历史，代表着福克纳表征种族主题时意识形态探索的一个极点。目标文本的这一特点恰可运用西方马克思主义的后现代主义文学意识形态批评进行剖析，从而揭示其作为“审美意识形态生产”及“社会政治无意识象征结构”的本质，彰显福克纳作为一名杰出的反种族主义作家对深受种族主义困扰的南方困境的深思与突破。鲍忠明从马克思主义视角出发，对《去吧，摩西》的种族主义描写进行了深入探讨。论文指出，小说作为一部旨在全方位展现黑白种族关系的经典之作，福克纳首先从经济基础和社会关系的角度探讨了种族罪恶的根源。福克纳首先试图对“一般意识形态”（GI）进行艺术加工从而寻找改变现实的突破口。《去吧，摩西》所塑造的“觉醒”的白人形象即是福克纳启迪大众的有益尝试。小说是对美国南方双重种族历史特别是奴隶制及其余孽的戏剧化再现，是被南方主流意识形态“遏制”的历史表层文本化，是人类寻求人性解放的深层次历史乌托邦的叙事化。作为“社会政治无意识象征结构”，《去吧，摩西》为美国南方种族困境开掘了想象性出路。⑭

当代美国小说家中，玛里琳·鲁宾逊（MarilynneRobinson）是非常突出的一位，被誉为当代美国最具代表性、文笔最美的作家之一，其作品被认为“具有当代小说中非常罕见的精神力量”。关于鲁宾逊小说的文化力量，著名鲁宾逊研究专家坦纳在讨论鲁宾逊的代表作《基列德》的论文中提出了一个相当独特的看法。她说，“鲁宾逊文本的文化力量不只是来自它抒情地表现了日常经验，还来自它有力地揭示了死亡如何决定人类知觉的感官和心理动力。”然而坦纳就没有去关注鲁宾逊作品里的“日常经验”。刘建华根据人物的“日常经验”而非临终想象来解读了鲁宾逊小说的文化力量。论文指出，鲁宾逊小说的文化力量更多地表现在杰克和莱拉等人物在“日常经验”中所获得的“一切都会变”的认识上，以及艾姆斯的祖父、杰克和西尔维等人物为推动社会变革、争取自由平等和不受干扰的宁静生活而对各种干扰力量所做的顽强抗争上。⑮

作为 20 世纪美国文学的杰出诗篇，史诗《帕特森》的重要性堪比《诗章》，占据并影响了 20 世纪后半叶的美国诗坛。从威廉斯本人的创作历程来看，《帕特森》素被视为其“诗学工程的巅峰之作”。与这部以帕特森城的历史烛照美国世界的长篇史诗相映成趣，威廉斯此前创作的散文集《美国性情》因专注美国历史，而被公认为“以感性方式书写美国历史的奠基性作品”。梁晶以威廉斯的《美国性情》为基础，检视了史诗《帕特森》的历史想象。论文从四个方面进行了论述，作者指出，无论是个人经验历史、基于两性经验的历史言说、“现时关注”还是“让历史自明显现”等书写原则，《美国性情》都发史诗《帕特森》的先声，并与《帕特森》一道构建并实现了威廉斯“试图重新命名所见的事物”这一历史诗学主张。尽管《帕特森》被公认为 20 世纪美国文学的杰作，但自问世之日起，其晦涩难懂、盘根错节的诗风也令众多评论家望而却步。论文希冀透过威廉斯试图为历史“重新命名”的创作意旨在环顾审视《美国性情》与《帕特森》互文交织的历史想象之余从侧面感悟并明晰这部史诗别有洞天的地貌风景。⑯

除了英美文学研究方面取得的显著成绩，2014 年，北京高校和研究机构学者们表现出了广泛的兴趣，对其他英语国家文学进行了深入的研究，尤其是对爱尔兰、加拿大、澳大利亚、南非等国的英语文学有着持续的关注。爱尔兰文学是英语文学中重要的一个组成部分。马丁·麦克多纳在他的戏剧作品中将俗套的意象、符号重新排列拼贴，对各种材料进行再循环，这是典型的后现代作家的处理方式。李元对爱尔兰戏剧家马丁·麦克多纳的作品《利南的美人》进行了分析，结合后现代主义特征对作品手法和主题做出了阐释。李文指出，麦克多纳对刻板印象的展演旨在创造一种寓言式的读解，特意强调其虚假的特性，将其呈现为一种风格化的模式。麦克多纳的这种高度风格化、程序化的桥段表明，剧作家是在刻意把玩爱尔兰戏剧的典型意象，把那些看起来已完全被用滥的通俗形式重新注入活力，蓄意戏谑地把陈词滥调和其他过分熟悉的母题搭配使用，这样就可以创造出新奇的组合。李元还指出，这些早已被类型化的符号与刻板印象为整个故事提供了背景，因此，麦克多纳描写爱尔兰的作品不应该看作是某一地方或单一民族的，而是依照全球化的模式在运作。[17]

加拿大作家玛格丽特·阿特伍德的小说具有重要的世界影响，引起了评论界的广泛关注。她的近作《羚羊与秧鸡》《洪灾之年》《疯狂亚当》一反前期女性主义主题，对生态环境和人性与动物性的共生做出了思索。丁林棚撰文以《羚羊与秧鸡》为主探讨了阿特伍德作品中人性和动物性的生态共生思想。论文首先论述了人性与理性的困惑，阐述了阿特伍德对科技理性至上的反讽，指出对理性的疯狂崇拜所造成的价值观和伦理观的偏离和失衡。论文其次探讨了对理性的崇拜导致的人性缺失以及作品中唤醒人类对动物记忆的呼声。论文指出，作者通过这部小说所传达的思想是：文化的使命并非是对动物性的彻底摒除，而是实现人性和动物性的生态共生。论文最后借助德里达的有关动物性的论述阐释了作品中动物性的多元态思想，指出人性本质上包含了被人类话语排斥在外的动物性多元身份，这和德里达的 animot 形成了呼应，即人类应当回归人作为动物的多元态而不是一元存在。因此，《羚羊与秧鸡》是一部关于人性与动物性统一共生的生态文本，阿特伍德借此做出了对人性和动物性本质的深刻思索，表达了她对后人类未来的关怀。[18]

2003 年诺贝尔文学奖得主 J. M. 库切在相继出版了《男孩》和《青春》两部描写少年与青年时期生活的作品之后，2009 年第三部传记作品《夏日》问世。小说虽然引起了评论界的关注，但对它的研究还远远不够深入。邵凌以《夏日》的叙事形式为考察对象，从多种叙事形式的融合、不同视角的并置、文本顺序的编排以及元传记特征三个主要视角分析了这部小说的叙事学特征，尝试对库切是如何在一个怀疑的年代建构自我真实的问题做出解说。论文认为，库切在《夏日》中挪用了巴赫金的“复调型”小说的概念，从传记作者独白性的权威叙述转向外在于传记作者的、拥有独立意志与自主性的人物的多元叙述，通过文本内参照与互文现象，对人物叙述的可靠性进行了规约，在众声喧哗的叙述间性中建构了一个异质流动的、未完结的、多面的“库切”形象。对于如何在一个怀疑的时代建构自我真实这个难题，《夏日》在破与立中做出有益的探索。[19]

文学理论对于文学研究具有重要的意义，而自 20 世纪 80 年代以来，文学理论的发展逐渐和文化研究、哲学、美学等领域发生了重叠和交叉，使文学研究形成跨学科的特色。在文学批评领域，文学文本的研究也不再是传统的单一模式，而是转向了诸如语言学、叙事学、文化和社会研究、历史研究、后殖民主义、女性主义等多个阵地，使文学研究出现了百花齐放、欣欣向荣的局面，也使文学真正和文化、社会、人文等建立了更加密切的联系，同时也挑战了文学与哲学、文本与理论的界限，文学与文化从而不再泾渭分明。2014 年，北京学者对于文学和文学理论的研究也取得了丰硕的成果，既有从宏观理论视角展望“理论之后”的文学与哲学发展趋势的论述，也有结合某一理论和哲学流派深入探讨其学术思想根源与内涵的论述。下面仅选取最具代表性的论文，对本年度的学术动向作一简要陈述，以反映在过去的一年中文学理论研究阵线的总体趋势。

20 世纪下半叶，“理论”在西方盛行，成为一切人文学科的统治话语。进入 21 世纪，特别是在 9·11 之后，“理论帝国”开始衰落，西方进入理论之后的时代。在这一新时代，有“回归美学”的“尝试”，也有强势的“伦理转向”。不过，“回归美学”的尝试似乎动力不足，难以为继，而纯粹的“伦理转向”则受到猛烈抨击，对于伦理的关注更多地走向了形而上学和辩证哲学。在这一背景下，形而上学转向、神学转向、辩证转向似乎更具动力。就文学理论而言，更多地走向哲学，包括文学哲学。哲学开始登场，但哲学已经经过理论的洗礼，不再是以往的哲学。

程朝翔撰文探讨了西方文学理论发展的新趋势。论文从 20 世纪 60 年代庞杂繁复的理论帝国开始，论述了结构主义、后结构主义、后现代主义、精神分析学、叙事学、文化唯物主义、新历史主义、身份理论等理论的出现为起点，指出理论帝国建成之后，其话语成为统治话语，异见成为主流，边缘成为中心，很多传统概念得到重新界定。价值不再是维系社会和人类的纽带，而成为打破秩序的力量。在理论时代，传统人文主义，特别是人文主义的本质主义，受到多方面的攻击。人类不再被认为拥有共同的本性或者共同的价值；相反，不同的种族、阶级、性别都有不同的诉求，反映出诸多文化差异。程朝翔认为，我们进入了理论之后的时代，既可能回归到另一时代，也可能跨入一个全新的时代。程就美学、伦理学的“回归”着重解读了朗西埃、伊格尔顿、杰姆逊三位哲学家的主要立场，指出理论之后的时代似乎已经不可能有纯粹的哲学，也不可能有纯粹的美学和伦理学，哲学以形而上学和辩证法的形式登场，美学和伦理学也是如此。[20]

作为后经典叙事学领域中的一种批评方法，“后殖民叙事学”将叙事作品的结构分析与文化批评相结合，提倡通过观察作品在情节编制、语言方式、文类体裁等形式方面的特点，揭示后殖民文学（主要指小说）在叙事成规参照下 的差异对阐释（认知、情感、伦理、文化、政治）产生的影响。王丽亚撰文介绍了叙事学界这一新兴动态，结合后殖民文学批评理论中的相关概念，阐释“后殖民叙事学”内外 结合的分析方法及其意义。王丽亚指出，“后殖民叙事学”目前尚未形成具有体系的“学派”，但是，这种将形式研究与文化政治批评相结合的路径对于后殖民文学研究具有启发意义。它一方面注重后殖民文学作品与传统经典及其叙事成规之间的差异性，使得关于后殖民文学的研究立足于文学范畴的“文学性”（叙事性）及其 历史变化，避免后殖民批评理论对文学文本研究的抑制作用；另一方面，它借用后殖民批评理论对“语言”及其“差异”的理论认识，后殖民叙事学能够深入探究叙事形式差异与文化历史之间的互文关系。[21]

随着工业革命的深入和政治经济学的传播，“财富”成为世纪英国文人话语和日常语言中的热词。现代学者更多关注该词自18世纪中叶以来所有的“国民或国家集体财富”含义，而19世纪的很多英国文人关心的却是该词日渐消弭的古义，尤其是自13世纪起就有的“幸福康乐”和15与16世纪间所有的“精神康乐”之义。乔修峰对这个词的演变和文化含义表示了强烈的兴趣，他撰文对罗斯金对该词的定义与理解进行了研究，指出罗斯金在19世纪60年代写下大量文字重诠“财富”概念，锋镝指向推究国民财富性质及其原因的政治经济学，旨在借助“词语系谱学”，重建权威知识话语，挽救世道人心。这番“原富”既反映了文人在变革年代的词语焦虑，也反映了经济学在寻求学科地位过程中因“去道德化”而引起的诸多问题。乔文从罗斯金的词语系谱学、“财富”通俗定义的社会史考察、“财富”的新义与政治经济学批判、政治经济学的伦理维度四个方面对罗斯金的财富思想做出了梳理，指出自17世纪以来，经验和现实领域“逃离言词”的趋势愈演愈烈，词语王国的疆域正在大幅缩减，就连人文学科都未能幸免。当下语言危机的严重程度远甚于罗斯金的时代，守护文字的文人理当多一点焦虑。[22]

黑人心理医生、思想家和革命家弗朗茨·范农是黑人激进主义者、英美后殖民研究先驱，也是种族研究学者和文化研究学者尊崇的先行者。他与塞泽尔、德·波伏娃、萨特等20世纪人类思想战士的传奇交往成了思想史上激情四射的佳话。范农的《地球上苦难的人》是20世纪下半叶亚非拉反殖民民族独立的解放宣言。然而，范农同时又是一场思想和学术话语压制事件的对象，无论是在西方心理分析话语还是创伤研究话语中，他的声音都被压制了，他的思想都经过后殖民、种族研究的乔装打扮才流行起来。陶家俊撰文对范农的思想渊源进行了深入梳理，从批评理论角度批判地重构黑人革命思想家弗朗茨·范农的种族创伤理论。论文逐层剖析了四个方面，即西方当代创伤话语对范农的压制、范农与欧洲心理分析学的关系、范农的弗洛伊德心理分析学批判、殖民主义暴力战争与创伤。论文指出了范农与弗洛伊德心理分析话语和欧美创伤话语存在谱系学和发生学意义上的关联。范农将政治干预和暴力革命学说融入创伤治疗的临床实践和理论思考，种族文化心理创伤和殖民与反殖民战争暴力创伤则是其种族创伤理论的核心。只有揭示西方精神分析、创伤研究、后殖民研究等话语对范农的压制或扭曲背后的真理和事实，我们才能认识范农政治的、心理分析的、精神病学的乃至历史哲学等方面的言说所具有的理论价值和革命力量。[23]

注：

①《妖孽身份背后的旷世悲情——〈贝奥武甫〉中格兰代尔母子的隐秘身世》，《国外文学》，2014年第4期。

②《巴斯妇解经》，《国外文学》，2014年第4期。

③《〈哈姆莱特〉在当代中国的研究、改编与艺术重构》，《外国文学研究》，2014年第6期。

④《王者的漫游——〈亨利五世〉第四幕第一场解读》,《国外文学》,2014 年第 3 期。

⑤《柯勒律治论莎剧的有机形式》,《国外文学》,2014 年第 4 期。

⑥《柯尔律治“叛国的罪念”之说》,《外国文学》,2014 年第 6 期。

⑦《英国维多利亚时代女作家的“责任”之说——从〈夏洛蒂·勃朗特传〉谈起》,《国外文学》,2014 年第 2 期。

⑧《阿诺德的文化观与〈无名的裘德〉》,《外国文学评论》,2014 年第 4 期。

⑨《诗人穆勒》,《国外文学》,2014 年第 3 期。

⑩《奥斯丁小说的礼仪批评与秩序拯救——兼评英国小说中的话题转换》,《外国文学评论》,2014 年第 1 期。

⑪《悲剧的欢欣：叶芝的苦难诗学》,《国外文学》,2014 年第 1 期。

⑫《试论柯勒律治对伍尔夫雌雄同体观的影响》,《国外文学》,2014 年第 3 期。

⑬《文本内外艺术观的微妙平衡——伊迪丝·华顿的〈善会降临〉与亨利·詹姆斯的〈下一次〉》,《国外文学》,2014 年第 1 期。

⑭《乌托邦欲望的审美释放——论〈去吧，摩西〉对“政治无意识”的艺术生产》,《国外文学》,2014 年第 1 期。

⑮《玛里琳·鲁宾逊小说的文化力量》,《国外文学》,2014 年第 1 期。

⑯《“重新命名所见的事物”——从〈美国性情〉看〈帕特森〉的历史想象》,《国外文学》,2014 年第 2 期。

⑰《论马丁·麦克多纳〈利南的美人〉中的后现代刻板印象》,《当代外国文学》,2014 年第 2 期。

⑱《论〈羚羊与秧鸡〉中人性与动物性的共生思想》,《外国文学》,2014 年第 2 期。

⑲《在一个怀疑的年代建构自我真实——库切近作〈夏日〉的叙事策略》,《国外文学》,2014 年第 3 期。

⑳《理论之后，哲学登场——西方文学理论发展新趋势》,《外国文学评论》,2014 年第 4 期。

㉑《后殖民叙事学：从叙事学角度观察后殖民小说研究》,《外国文学》,2014 年第 4 期。

㉒《原富：罗斯金的词语系谱学》,《外国文学评论》,2014 年第 4 期。

㉓《忧郁的范农，忧郁的种族——论范农的种族创伤理论》,《外国文学》,2014 年第 9 期。

（作者：丁林棚，北京大学副教授）

俄罗斯文学

赵桂莲　刘　旭

据不完全统计，2014 年北京期刊或北京作者在《外国文学研究》《国外文学》《外国文学》《俄罗斯文艺》《外国文学动态》《中国俄语教学》《名作欣赏》《语文建设》《俄罗斯学刊》等发表论文一百三十余篇，北京作者或北京的出版社出版专著、论文集四部。

古代及古典文学

刘文飞[①]以书刊审查制为切入点对俄罗斯文学的观照别出心裁。其考察表明，俄国文学在与书刊审查制度的冲突中体现出强大活力，同时获得许多具有悖论色彩的特质，后者对前者的作用结果之一是“伊索式语言”的形成。而俄国文学、书刊审查制和“伊索式语言”构成文化三角，象征俄国政体、文学和语言之间的对峙与妥协、调和与互动。惠继东的专著[②]试图对“小人物”系列形象予以“新探”，作者在俄罗斯民族现代化进程的背景下围绕人本主义价值理念探讨该系列形象凸显的人性特征和个性化审美取向，总结其审美价值和社会意义。

2014 年是莱蒙托夫 200 周年诞辰，北京大学俄语系为此主办了“莱蒙托夫与世界文学”国际学术研讨会，来自中国、俄国和英国的数十位学者探讨了莱氏创作的解读、研究和翻译等诸多问题。《俄罗斯文艺》第 3 期成为莱蒙托夫的纪念研究专刊，论者的研究角度各异。姜训禄[③]的梳理对于整体把握莱氏在中国学术界的研究流变具有参考价值。顾蕴璞先生[④]的文章小中见大，虽聚焦短诗《帆》的诗眼“风暴—宁静”，得出的却是大结论：该诗蕴含着诗人的人生坐标、价值观、艺术个性以及俄罗斯的诗歌审美传统。李正荣[5]的文章也是一篇以小见大的力作，研究者从作家生活中的马、创作中马的程式化、马的词义辨析、马参与的情节要素等多方面深入剖析，印证了莱蒙托夫的诗学乃英雄诗学的结论。叶萨乌洛夫[6]延续了其2000年专著《俄罗斯文学中的共同性范畴》的研究思路，对莱蒙托夫的创作做了全新的文化解读，认为作家创作中频繁出现的“理想”与“现实”的碰撞冲突背后实际上始终存在着贯穿俄罗斯文学的律法和神恩的对撞与冲突。章小凤[7]具体从莱诗中“天空”与“大地”的意象中总结了这种二元对立。黄晓敏[8]在研究作家创作中显在与隐在的圣经主题之后得出其宗教观存在矛盾的结论。金亚娜[9]把莱蒙托夫放在俄罗斯文学史乃至俄罗斯历史的大背景上进行考察，认为其创作关注人的内心世界，深入探求民族灵魂深处的奥秘，由此开拓了俄罗斯文学人文精神探索的广阔视野。纪薇[10]关注的是白银时代宗教思想家罗赞诺夫眼中的莱蒙托夫：他是深刻的神秘主义者，其地位应该高于普希金和果戈理。张变革[11]把作家创作中呈现的双重人性与浪漫主义联系起来考察，认为其塑造的诸多恶魔式人物由渴望善却又不断作恶并最终走向宿命和毁灭显现的是浪漫主义对人性认识存在局限所致。曾思艺[12]集中而全面地研究了诗人的二十余部叙事诗，总结出其具有以传奇为主题、结构丰富、视角变化、人物性格突出、风景描写量大而出色的五大特点。张杰[13]以符号学为理论基础，从叙述主体的转换、符号圈的不匀质性、界限性三个方面重新解读了莱蒙托夫的《当代英雄》，其论证方法和过程对于深入挖掘文学经典的潜藏意义具有借鉴价值。管月娥[14]从情感性、对话性、多维性出发剖析了毕巧林的形象，指出该形象具有“当代性”。这不仅体现在其永恒历史价值方面，而且体现在它对人类矛盾性情感本质的符号化再现，以及形象塑造的开放性结构和立体多维视角，给读者阅读提供的无尽文本阐释空间和不确定性特征。格罗夫科[15]认为《当代英雄》是转折时代的文化写照。主人公的行为观念、“自我认识”、“自我剖析”取决于作者及其人物对新的社会文化认同环境的探索。该作者的另一篇论文[16]关注到没有得到应有研究的莱蒙托夫与欧洲启蒙运动的关系，在把莱氏与法国作家萨德做了类型学比较之后，得出二者虽对启蒙主义者的社会哲学理想都予以了重新审视，但在伦理方面却表达出完全不同的倾向。就莱氏而言，其《当代英雄》中主体人的问题被提升到新的更高的层次，为新的、建立在确认“对现实世界的积极实践态度”基础上的“人的思想”的出现准备了土壤。该思想经后人的进一步发展，决定了现实主义作为“大的风格体裁”的特点。夏忠宪[17]对莱蒙托夫的认识也追溯到从文艺复兴母体中产生的浪漫主义与科学启蒙两个源头，认为揭示人与世界分裂的精神处境和内在体验以及展现人的现代感觉力是莱蒙托夫的最大贡献。杨明明和荣洁[18]都对符号学家洛特曼的莱蒙托夫研究进行了研究，前者认为洛特曼的研究不仅具有文学史意义，更具有文学理论意义；后者关注到洛特曼发现的诗人创作中善恶、天地、诗人与普通人、东方与西方的诸多不可调和的对立，而莱蒙托夫作品中的人物关系也正是按照对立模式构建起来的。武晓霞[19]对梅列日科夫斯基的莱蒙托夫批评所做的梳理分析表明，该批评总体遵循的依然是梅氏理论的对立原则，具体而言体现为“直观无为”与“行动”的对立。罗曼诺娃[20]在分析纳博科夫移民背景、主要形象和创作主题的基础上认为，纳氏本人的创作师承莱蒙托夫，其译本符合后者原文的阐释。李志强[21]比较研究了毕巧林和索洛古勃《卑劣的小鬼》中男主人公的人格生成原因，剖析了二者建立在性欲—精神及肉体折磨—个人痛苦或快乐之上的心理结构及施虐—受虐表现方式的异同。徐乐[22]聚焦于莱蒙托夫和契诃夫作品中的“高加索”和“决斗”主题，揭示出不同时期俄罗斯知识分子形象上的变化及其与时代的关系。李萌[23]通过对哈尔滨俄侨诗人别列列申诗歌创作技巧的具体分析总结出该诗人与普希金及莱蒙托夫具有继承关系，不过，继承更根本地体现在精神层面，19世纪诗人的人格魅力更能打动俄侨诗人的心。尼科尔斯基[24]比较的是莱蒙托夫作品及其翻拍成的电影，在指出后者不足的同时得出结论：只有对经典进行明确、个性化的阅读才能在银幕上展现作品反映时代的世界观思想。

林精华[25]从俄罗斯“普希金与拜伦”比较史中发现，由初期的普希金创造性学习拜伦，到普希金创作具有独创性，再到普希金避免拜伦影响，俄罗斯人文学术研究中的政治学考量越来越明显，导致在对普希金的认知上既有效阐释出其作为俄罗斯民族诗人的意义，又限制了其真正成为全球性的诗人。侯丹[26]总结了最近十几年来俄罗斯学界的果戈理研究态势，认为东正教视角及传统文艺学理论的运用占主导，但两派相互排斥、甚至严重对立，由此皆在相当程度上陷入极端。此外，果戈理生平研究、与同时代人及乌克兰的关系也是研究热点。朱建刚[27]追溯几乎被淹没在历史长河中的俄国“第一部反虚无主义小说”《浑浊的海》的创作背景、作品及创作者的命运，有助于深化对俄国虚无主义和反虚无主义小说的认识。该研究者另外著文[28]研究斯特拉霍夫对托尔斯泰的评论，认为正是该评论家基于“生命意识”和“民族根基”的俄罗斯文化独特性角度的阐释，使托尔斯泰及其创作的世界性意义逐渐为世人接受。作为国家社科基金重大项目“新中国外国文学研究60年”的成果，赵桂莲[29]在研读七百余篇论文、二十余部专著的基础上总结了我国陀氏研究的得失，特别指出了其中存在的问题：套用理论生硬、积累不够、研究过于集中和重复。张变革[30]认为，陀氏剖析《群魔》中形形色色虚无主义者负面精神现象的目的不止于批判，而是勾勒人走出虚无的精神图景，在于以宽恕和怜悯的爱重建人的心灵秩序。陈方[31]试图证明陀氏的女性角色同样几乎是程度不等的“双重人”，这些形象与作家的妇女观之间存在巨大反差，但与其“狂欢”、“复调”等艺术手法之间存在内在关联。

《俄罗斯文艺》2014年第4期以“高加索书写”为主题发表了系列论文。郑永旺[32]在俄罗斯文学中的高加索主题中发现的是不同文明之间的冲突以及俄国大国沙文主义的弥赛亚情结。冯小庆[33]注意到托尔斯泰高加索主题的早期与后期创作存在侧重点的不同：早期侧重战事与牺牲；后期的重心转向对山民精神世界的关注，其中体现了作家对沙皇政府高加索扩张行为的态度转变。从更广泛的意义上说，该研究对于全面认识作家的思想意识是很好的注解。姜磊[34]在从普希金到马卡宁的“高加索俘虏”中发现的是高加索虽为牢笼，但却依然是游离于主流社会之外的“文化浪子”的圣地。马卡宁的小说《阿桑》问世以来，学界对其主题的认定众说纷纭，刘志华[35]通过细致的分析得出结论：小说是披着高加索战争外衣的帝国寓言，表现的是苏联解体后西方资本对俄罗斯帝国的侵蚀。

20、21世纪文学

《俄罗斯文艺》2014年第2期以“双城记：莫斯科、彼得堡与俄罗斯现代性”为主题发表了系列论文。傅星寰和王宗琥[36]的研究具有呼应性，二者皆认为俄罗斯文学的“莫斯科文本”与“彼得堡文本”自诞生起就确立了对话与互文关系，二者内在地生成了二元对立、相融共生的动态平衡机制，表现出“现代性”对俄罗斯民族意识和传统的冲击与颠覆。杜国英[37]把19世纪俄罗斯文学的彼得堡主题与俄罗斯现代化进程结合起来予以考察，认为所谓“彼得堡现代神话”植根于俄罗斯历史和社会现实，真实反映了俄罗斯社会在现代化发展进程中的种种矛盾和冲突。戴卓萌[38]的研究表明，别雷《彼得堡》的特殊意义在于其展示了人的危机这一现代性主题，凸显了鲜明的存在主义意识。杜玉生[39]的文章着眼于白银时代另一位诗人曼德尔施塔姆创作中展示的彼得堡的现代性，指出彼得堡所代表的“无国界世界文化”与诗人“没有家园的邦国牧民”身份高度契合。朱达秋[40]以文化记忆理论为指导、选取不同时代作家创作中的彼得大帝形象进行分析，认为普希金、梅列日科夫斯基、阿·托尔斯泰的彼得形象具有内涵各异的当下选择性、渊源不同的互文性和指向明确的价值同一性。

纪薇[41]从罗赞诺夫创作体现的以癫狂为主导的解构精神、由反文学性和反修改性呈现的非理性文学理念以及时空无序和文体杂糅的艺术手法中看到了该作家对俄罗斯后现代主义文学思想和艺术范式产生的重大影响。余献勤[42]认为，勃洛克象征主义戏剧《滑稽草台戏》中的民间草台戏元素和艺术时空假定性、主题“复调性”的运用及表现的存在荒诞性与悲剧性使该剧融汇了传统与现代。祁琦[43]的研究注重细节剖析，从俄语诗人对语音、词汇、语法结构的重复运用中发掘其对诗歌建构音乐美、意境美和建筑美的作用。杨玉波[44]关注到了迄今为止学界研究薄弱的高尔基宗教信仰的矛盾，以自传体三部曲中的圣像画师为例，研究者发现了俄罗斯民众既虔信上帝又怀疑和否定上帝的信仰矛盾，民众的这种矛盾也影响和培育了作家本人的宗教思想。高建华[45]认为库普林《决斗》中呈现的多重对话性与时代特征、作家本人的复杂人生阅历和丰富内心体验及其对现实的深刻参与密不可分。王丽英[46]以巴赫金时空理论为指导论述安德列耶夫《加略人犹大》的深层思想内涵，指出小说中运用的不同时空的并存与转换使犹大在背负叛徒罪名的同时超越了死亡，与耶稣一同成为永恒的精神实质。孙海英[47]以俄罗斯文化集体无意识中的乌托邦理想为题研究普拉东诺夫和布尔加科夫的创作，发现其代表作展现的正是世俗乌托邦和神圣乌托邦的解构与建构过程，二者共同表明在世俗乌托邦解构的基础上有可能建构神圣乌托邦。谷玮洁[48]从俄罗斯民间故事体传统、叙事角度、故事体的不可靠叙事三个方面剖析了苏联讽刺作家左琴科的创作与民间创作的关系。王丽欣[49]以生与死为主题从契合与超越、个性与集体、传承与创新三个方面试图重新解读《毁灭》，挖掘其存在主义思想内涵。汪介之[50]在细致研究了帕斯捷尔纳克十三部中短篇小说的主题、观照生活的视角及其形象之后认为，这些彼此呼应的小说是《日瓦戈医生》的必要前阶。孙磊[51]专门研究了《日瓦戈医生》中呈现的“自白性”、“论争性”和“映衬性”三种对话形态，指出其具有鲜明的、围绕中心人物展开的向心性，对话性是小说隐含的内在情感与审美判断的主要表达方式。邦达连科[52]以布罗茨基本人的诗及其中国诗的翻译为分析对象，挖掘出一个独具中国文化、尤其是道家文化韵味的诗人形象。杨正[53]研究乡土派、道德主题作家阿斯塔菲耶夫的创作对中国许多作家的创作产生的深远影响，认为其原因在于该作家的作品中融汇了民族性和世界性因素，此外，他吸收了世界文学、包括中国古典文学的养分，塑造了独特的中国形象。宋胤男[54]剖析了该作家生态思想中表现为泛神论和末世论倾向的宗教意识。龙瑜宬[55]结合具体作品研究索尔仁尼琴的历史观，认为作家一方面通过多声部结构呈现历史的非理性与不确定性，另一方面又反对堕入极端的历史相对主义和虚无主义，作家的历史观同时决定着其对俄罗斯未来道路的构想。

张建华[56]梳理了20世纪80年代中期以来的俄罗斯文学发展进程，认为俄罗斯文学分两个阶段从封闭状态重新融入到当代世界文学谱系中来，不过值得注意的是，在这一过程中俄罗斯文学的文化范本没有发生根本性转型，仍然毫不妥协地坚持自己的个性，以民族的、个性化的力量和固有的气质与色彩对抗着全球化。该研究者的另一篇文章[57]总结了当代俄罗斯女性主义运动与文学的阶段性及其特点：由前期发散感情、表达欲望到后期冷观生活、深化自己；“想象女性”、“讲述女性”和“自我叙事”是女性叙事的主要形态。其第三篇文章[58]具体研究彼特鲁舍芙斯卡娅的创作，在其小说中发现的是与其他女作家不同的写作策略，认为作家由此解构了女性主义书写的模式化主题，重塑了女性形象。薛冉冉[59]聚焦于苏联解体后作家苏联主题创作中的饥饿叙事，认为作家们通过饥饿叙事所要做的是反思苏联时期在个体身上留下的创伤记忆，进而为个体的肉体与精神寻找安身之所。孙超的专著[60]以流派为线索对各流派代表作家的创作进行了分析。吴萍[61]列举了大量实例以论证托尔斯泰娅的创作中存在互文性。刘娟[62]从叙述主观化理论的演变、传统手段的梳理推进到当代俄罗斯女性文学作品叙述主观化的具体表现、变体及发生变化的原因，依据视角转移原则对丰富多样的叙述主观化手段进行了分类。赵杨[63]聚焦于俄罗斯后现代主义文学中体现的反乌托邦思想，认为该思想对于传统文化而言既超越又紧密相连，虽然后现代作家的创作与传统创作存在风格上的突破，但却依然改变不了他们身为俄罗斯作家所特有的对民族历史以及俄罗斯人命运的探索与感悟。

文学理论

在别林斯基的名字受到冷落的今天重提他的贡献是对历史的尊重。涅兹维茨基[64]的长文表明，别林斯基对俄罗斯文学的发展贡献巨大，其贡献不是所谓的演说鼓动，而是对艺术及艺术标准和规范的框定与宣传。自别林斯基起俄罗斯文学才拥有了实质性的内容，他是俄罗斯关于艺术性学说的“奠基石”。吴元迈先生的论文集[65]点面结合，以时间为脉络展现了其在俄罗斯文学及文论研究方面的扎实功底。

有感于目前对俄国形式主义共性研究有余、个性研究单薄的现状，杨燕[66]对比了该学派两个代表人物什克洛夫斯基和雅各布森的建树，指出二者虽诗学目标、研究方法相同，但具体的理论建构却存在很大差异，呈现出人文主义和科学主义的不同理论走向。江飞[67]的研究表明，雅氏的理论不仅吸纳了德国浪漫主义和黑格尔理念世界的文化元素，而且深受拜占庭—希腊文化及其宗教—斯拉夫文化传统的影响。

注：

①《俄国书刊审查制与俄国文学中的“伊索式语言”》，《俄罗斯学刊》，2014年第5期。

②《19世纪俄国作家笔下的小人物形象新探》，中国社会科学出版社，2014年版。

③《中国的莱蒙托夫译介与研究》。

④《“风暴——宁静”的语义空间——莱蒙托夫抒情诗〈帆〉的意境与关键意象的语境》。

⑤《莱蒙托夫的英雄诗学——马的，或者骏马的》。

⑥《莱蒙托夫艺术世界里的律法与神恩范畴》。

⑦《诗意化的二元对立——莱蒙托夫诗歌中的天空与大地》。

⑧《莱蒙托夫创作中的圣经主题研究》。

⑨《奇崛艺术世界的宏远历史投影》。

⑩《罗赞诺夫文学批评中的莱蒙托夫》。

⑪《莱蒙托夫创作中双重人性与浪漫主义文学精神》。

⑫《莱蒙托夫叙事诗的艺术特色》。

⑬《〈当代英雄〉文本意义再生机制解析》。

⑭《情感性、对话性、多维性——毕巧林形象“当代性”的符号学透视》。

⑮《从现象学视角看莱蒙托夫小说〈当代英雄〉中个性的社会文化认同问题》。

⑯《萨德和莱蒙托夫德长篇小说：欧洲启蒙运动德“伦理人本观念”感受的对立（问题的提出）》。

⑰《现代的普罗米修斯——西方思想史语境下的莱蒙托夫及其创作》。

⑱《从文学史到文化符号学——洛特曼的莱蒙托夫文本诠释》；《洛特曼视域中的〈童僧〉与〈宿命论者〉》。

⑲《行动的诗人——论梅列日科夫斯基批评视野中的莱蒙托夫》。

⑳《纳博科夫创作意识中的莱蒙托夫》。

㉑《毕巧林与彼列多诺夫：施虐—受虐心理结构的两种表现》。

㉒《高加索的枪声——莱蒙托夫和契诃夫笔下的两场决斗》。

㉓《为什么莱蒙托夫成了哈尔滨俄侨民诗人的精神偶像》。

㉔《莱蒙托夫作品中众所周知的主人公毕巧林和马克西姆·马克西梅奇的银幕生命》。

㉕《“去拜伦化的普希金”：俄国比较文学中的国际政治学考量》，《广东社会科学》，2014 年第 2 期。

㉖《二十一世纪果戈理学的发展》，《外国文学动态》，2014 年第 6 期。

㉗《皮谢姆斯基与俄国反虚无主义小说——以〈浑浊的海〉为例》，《国外文学》，2014 年第 2 期。

㉘《生命意识与民族根基——略论斯特拉霍夫对托尔斯泰的阐释》，《外国文学评论》，2014 年第 1 期。

㉙《新中国 60 年陀思妥耶夫斯基研究之考察与分析》，《湘潭大学学报》，2014 年第 2 期。

㉚《僭越与盲目的虚无图景——〈群魔〉中的虚无主义者群像》，《俄罗斯文艺》，2014 年第 1 期。

㉛《陀思妥耶夫斯基笔下的“女性双重人”》，《外国文学评论》，2014 年第 1 期。

㉜《文明的对撞：俄罗斯文学中的高加索主题》。

㉝《高加索：托尔斯泰作品中的民族和宗教问题探究》。

㉞《高加索的俘虏》。

㉟《〈阿桑〉：体现为高加索战争的帝国历史》。

㊱《俄罗斯文学“莫斯科文本”与“彼得堡文本”初探》；《莫斯科 VS 彼得堡——19 世纪俄罗斯经典作家笔下的“双城记”》。

㊲《19 世纪俄罗斯文学中的彼得堡现代神话意蕴》。

㊳《〈彼得堡〉的存在主义与现代性》。

㊴《奥西普·曼德尔施塔姆与圣彼得堡的现代性》。

㊵《文化记忆与俄罗斯文学中的彼得大帝形象》。

㊶《罗赞诺夫创作中的后现代特征》，《中国俄语教学》，2014 年第 1 期。

㊷《论勃洛克〈滑稽草台戏〉的传统元素和现代特征》，《中国俄语教学》，2014 年第 1 期。

㊸《论俄语诗歌中重复手法的艺术功能》，《中国俄语教学》，2014 年第 2 期。

㊹《高尔基笔下的圣象画师及其宗教信仰的矛盾性》，《俄罗斯文艺》，2014 年第 1 期。

㊺《库普林小说〈决斗〉中的对话性》，《俄罗斯文艺》，2014 年第 1 期。

㊻《论〈加略人犹大〉的时空观》，《俄罗斯文艺》，2014 年第 2 期。

㊼《乌托邦的解构：〈切文古尔镇〉与〈大师和玛格丽特〉的集体无意识对比分析》，《俄罗斯文艺》，2014 年第 1 期。

㊽《左琴科反讽叙事对民间故事体的继承与创新》，《语文建设》，2014 年第 17 期。

㊾《生与死的纬度：存在主义视域下的〈毁灭〉》，《俄罗斯文艺》，2014 年第 2 期。

㊿《诗人的散文：帕斯捷尔纳克的中短篇小说》，《俄罗斯文艺》，2014 年第 1 期。

51《〈日瓦戈医生〉的对话形态》，《外国文学》，2014 年第 6 期。

52《道家影响下的布罗茨基》，《俄罗斯文艺》，2014 年第 2 期。

53《阿斯塔菲耶夫与中国》，《俄罗斯文艺》，2014 年第 2 期。

54《阿斯塔菲耶夫生态思想中的宗教意识》，《吉林省教育学院学报》，2014 年第 8 期。

55《索尔仁尼琴的历史观念与写作》，《国外文学》，2014 年第 1 期。

56《重新融入世界文学谱系的俄罗斯文学》，

《外国文学》，2014 年第 2 期。

㊼《当代俄罗斯的女性主义运动与文学的女性叙事》，《解放军外国语学院学报》，2014 年第 4 期。

㊽《“异样的”女人生存状态与“异质的”女性叙事——论彼特鲁舍芙斯卡娅的“女性小说”》，《俄罗斯文艺》，2014 年第 4 期。

㊾《后苏联小说中关于苏联的饥饿叙事》，《外国文学》，2014 年第 3 期。

㊿《二十世纪八九十年代俄罗斯中短篇小说研究》，人民文学出版社，2014 年版。

61《“对话”与“融合”：塔·托尔斯泰娅创作中的互文性》，《俄罗斯文艺》。2014 年第 1 期。

62《当代俄罗斯女性文学作品的叙述主观化问题》，《俄罗斯文艺》，2014 年第 4 期。

63《反乌托邦思想在俄罗斯后现代主义文学中的体现》，《俄罗斯文艺》，2014 年第 1 期。

64《别林斯基对俄罗斯文学的主要贡献》，《俄罗斯文艺》，2014 年第 1 期。

65《俄苏文学及文论研究》，中国社会科学出版社，2014 年版。

66《俄罗斯形式主义诗学中人文主义与科学主义的双峰并峙》，《俄罗斯文艺》，2014 年第 2 期。

67《批判的继承：雅各布森与俄罗斯意识形态的传统》，《俄罗斯文艺》，2014 年第 1 期。

（作者：赵桂莲，北京大学教授；
刘旭，北京大学博士生）

管　理　学

工商管理学

高　杰　邓荣霖

一、企业管理

2014 年，北京学者围绕企业网络管理、企业安全管理、企业战略管理创新方面研究取得了新进展，现综述如下：

（一）企业网络管理

关于企业网络管理。有的学者认为，产业集群作为一种高效灵活的创新模式和互动机制，支撑集群及其成员的创新活动。而网络能力则是个体企业利用所处网络的位置，不断获取外部资源，通过内部流程的吸收和重新配置，提高自身竞争力的一种能力，并将个体企业的网络能力分解为网络战略能力、网络管理能力和网络反馈能力三个维度①。有的学者提出，在网络联保模式下，电商平台应制定合理的网络联保体规模并控制各参与企业的融资额度，以最大程度降低网络联保体的违约风险；在网络池融资模式下，电商平台应通过制定合理的融资利率，吸引小微企业选择网络池融资，从而实现多方共赢②。还有的学者提出，供应网络中企业间合作的利益分配是否公平合理直接影响合作关系的持久性和稳定性，也对企业在合作中投入努力的积极性及对网络组织的忠诚度有重要影响。因此在传统的利益分配基础上，系统考虑企业在合作中的投入以及产出贡献、在合作中的重要性以及承担的风险等对利益分配的影响，修正传统的分配方案，能够增强分配策略的客观性和公平性，促进企业成员通过提高投入产出的有效性、增强协作能力和在网络中的地位、提升规避风险等能力获得满意回报③。

（二）企业安全管理

关于企业安全管理。有的学者提出，安全事故的发生有内因和外因两种。大量侥幸心理的存在是由于归因的偏差，对可能的成功或失败（危害等负向性质事件）不正确不全面不客观的归因，即不从内部的、主观可控的方面找原因，概括起来主要有以下 4 个方面：（1）个体高估自己的判断力，无根据地认为事情总是朝着有利的方向发展；（2）“走捷径”是普遍存在的潜意识和行为状态；（3）侥幸心理与个体经历的挫折少、幸运多有关；（4）侥幸心理具有从众性，从众性又加重了侥幸心理④。有的学者在对供电企业安全投入与安全效益界定的基础上，选取7个输入指标及2个输出指标，建立了基于DEA（数据包络分析法）的供电企业安全投入产出模型，并进行了实例分析，发现部分供电企业安全投入产出效率较低，需要对现有投资进行优化。结果表明，DEA法可以对供电企业的安全投入产出效益进行有效评价，从而发现不足，优化安全投入成本[⑤]。有的学者在分析台湾煤炭开采条件的基础上，系统梳理了台湾矿场安全管理发展的历史。按时间将其分为偏重生产而忽略安全管理、煤炭生产与安全管理并重、安全重于生产三个阶段；从资金来源、管理制度、机构设立、矿工培训等方面深入分析台湾重要的煤业安全管理策略，并从安全生产投入、制度化建设和法制化管理、发挥矿区自治性团体的作用以及矿工保险制度等方面提出了可资借鉴的经验[⑥]。

（三）企业战略管理创新

关于企业战略管理创新。有的学者通过三个描述战略位置的变量来研究企业在战略群组视角下战略定位对绩效的影响作用。这些变量是：企业与本群组的战略距离、企业在群组间定位的方向以及企业在本时期的战略改变。结果表明，企业与本群组的战略距离以及企业在群组间定位的方向均负向作用于企业绩效，只有企业的战略改变对绩效有利[⑦]。有的学者提出，中国企业战略管理创新的方向，从企业内部来说，要处理好企业战略制定与实施过程中的几大关系：（1）规模和效益的关系；（2）质量和成本的关系；（3）主营和兼营的关系；（4）进入市场和退出市场的关系；（5）价格竞争和非价格竞争的关系[⑧]。有的学者通过研究发现，企业政治战略对构建政治社会资本和获取政治资源都具有促进作用，但不同的政治行为对政策优惠产生作用的路径不同；企业政治战略对政策优惠的作用是间接的，通过提升政治社会资本相关维度水平实现政策优惠的获取[⑨]。

有的学者通过对中国制造业企业进行实证分析，认为合理的技术获取战略有助于企业绩效的提升，吸收能力对创新绩效的提高也有显著的调节作用[⑩]。有的学者通过构建博弈模型发现：旨在降低生产成本的自主创新能力可使新兴市场国家企业打破发达国家企业通过知识转移战略所建立的市场壁垒；面对竞争者进入市场带来的竞争局面，发达国家的企业仍会进行知识转移，其知识转移战略则由知识转移的复杂性、企业之间的竞争强度等因素决定，而生产成本差距对知识转移水平的影响也会因知识转移战略的不同而不同[⑪]。有的学者提出，战略价值是指战略理论、战略知识、战略思维的存在、属性对于战略学习者和实践者的意义。沿用“价值是指客体的存在、属性对于主体的意义”的分析思路，以个体、政党、国家、人类为主体，战略的价值可以概述为：求知明智、获取权力、完善政策、引导历史[⑫]。

二、会计与财务管理

2014年，北京地区的专家学者主要围绕会计信息质量、内部控制与审计、公司治理与资本市场、绿色财务管理等问题进行了深入的研究和探讨。

关于会计信息质量。有的学者提出，新会计准则的核心变化主要体现在5个方面：（1）完善体系体例，促进有效实施；（2）强化信息披露，维护公众利益；（3）实质重于形式，重判断讲依据；（4）完善会计规范，服务经济发展；（5）真实公允反映，提升信息质量[⑬]。有的学者研究发现，企业战略越偏离行业常规战略时，所有者权益的价值相关性越高，净利润的价值相关性则越低。在控制了企业破产风险、盈余持续性、收入成长性、企业成熟度和股票流动性等变量的影响后，结论不变。表明在股票定价过程中，投资者同时关注会计信息和战略信息，对会计信息的理解依赖于战略信息[⑭]。有的学者利用新会计准则实施后我国A股上市公司披露的合并报表和母公司报表数据，从股东和债权人两个视角分析了母公司经营模式对合并——母公司报表盈余信息决策有用性的影响。研究发现，母公司经营模式是影响合并——母公司报表盈余信息决策有用性的重要因素[⑮]。

关于内部控制与审计。有的学者研究发现，内部控制质量改善能够显著提高企业的现金持有价值，即投资者对内部控制质量高的企业的现金持有给予了显著更高的定价；其作用机制在于，内部控制质量的完善有助于抑制企业内部对自由现金流的过度投资，从而有助于企业更高效地持有相对较多现金以预防未来经营中的不确定性[⑯]。有的学者提出，内部控制信息披露质量与审计师类型、审计委员会财会专业管理水平、审计委员会非财会专业管理水平、监事会规模、机构投资者持股比例、公司规模呈显著正相关关系，与董事会会议频率呈显著负相关关系[⑰]。有的学者以2006—2010年间沪深两市A股主板非金融公司为样本，研究了上市公司自愿披露内部控制审计报告对盈余质量和权益资本成本的影响，发现自愿披露内部控制审计报告的上市公司盈余质量高，权益资本成本低，倾向评分匹配法和双重差分法相结合的分析方法较好地解决了样本选择偏差和内生性问题[18]。

关于公司治理与资本市场。有的学者提出，股权激励与风险承担呈倒“U”形关系，这种倒“U”形关系只存在于产品市场竞争高组，这两个发现支持了代理成本假说；用管理费用率和总资产周转率作为代理成本的替代变量，发现代理成本越高，风险承担水平越低，进一步验证了代理成本假说[19]。有的学者认为，我国高管薪酬分配总体服从右偏分布，分配总体上不公平；分配的公平性趋势逐年恶化；分配不公平的公司集中度加强；相对于普通员工薪酬，高管薪酬的市场定价相对更公平；高管薪酬外部公平性显著影响企业业绩，且存在区间效应，从而导致了公平分配的机会成本[20]。有的学者提出，随着管理层理性程度的增加，内源融资能力越强，并购发生的可能性越大，并购绩效越好；同时，在公司治理质量高的公司样本中，内源融资能力对并购绩效的正向影响会加强，说明内源融资能力是驱动并购发生的主要因素之一，管理层持股在一定程度上解释了公司治理质量对并购绩效的提升作用[21]。

关于绿色财务管理。有的学者提出，商业银行对于中小企业贷款业务面临两大难题：信息不对称带来的潜在风险和融资成本相对较高。大数据时代对于商业银行面向中小企业融资服务提出了新的要求。基于产品开发的黑箱理论，以国内外广泛应用的效率评价方法——数据包络分析（DEA）作为框架，以基于中小企业特点的甄选后的财务指标作为内容，构建了中小企业融资评估模型[22]。有的学者提出，履行社会责任可能影响企业财务绩效的途径：（1）履行社会责任可以帮助企业降低资本成本；（2）履行社会责任帮助提高企业在消费者中的认知度，提高消费者对企业的忠诚度，并吸引社会责任感比较强的新客户；（3）履行企业社会责任能够帮助企业获得竞争优势；（4）履行企业社会责任比较好的企业在人力资源市场拥有优势，即更容易吸引到优秀雇员；（5）履行企业社会责任能够帮助企业显著性降低各种非系统性风险[23]。有的学者以 2010—2012 年中国 A 股上市公司作为样本，研究了上市公司股权结构中外资参股、高管持股、机构持股对于企业社会责任的影响。研究发现，外资参股和机构持股对于企业承担企业社会责任有显著的正向影响，高管持股对于企业承担企业社会责任具有显著的负向影响[24]。

三、技术经济与管理

技术经济理论与方法创新、战略性新兴产业发展、知识经济与创新发展、可持续发展和循环经济是 2014 年北京地区专家学者在技术经济与管理领域较为关注的热点问题。

关于技术经济理论与方法创新。有的学者提出，《京都议定书》的问世使碳排放权在低碳经济时代成为一种稀缺商品，而该“商品”的定价问题就是碳排放权交易体系的核心关注点[25]。有的学者应用熵理论，将网络组织系统总熵分为信息熵、结构熵和能力熵，构建了网络组织熵模型。并发现，基于熵变视角，网络组织经历着从平面单核到环状单核再到立体单核的演化过程，不断引入负熵，最终形成耗散结构。基于节点选择视角，核心节点在选择节点构建组织时，保证内部节点分布均匀，非核心节点分布分散，增加节点间联结长度和幅度，扩大网络内节点间总微观态数，如此构建的网络组织更为有序[26]。有的学者运用随机前沿方法，对 2000—2011 年中国各省份的国有工业企业的技术效率值进行了估计，计算了技术效率变化指数、技术进步指数、规模变化指数和全要素生产率变化指数，并对造成技术无效率的因素进行了分解[27]。

关于战略性新兴产业发展。有的学者根据目前战略性新兴产业的发展特点，将产业演化驱动因素分为内部因素和外部因素两大类，基于改进柯布——道格拉斯生产函数的产业模型，从技术、资本投资和劳动力投入 3 个方面对该模型进行了描述。仿真结果表明，战略性新兴产业的技术潜力和发展前景决定了其能否转化为未来的先导和支柱产业，战略性新兴产业的发展本质是技术的发展，且该产业的发展能够解决部分就业问题[28]。有的学者通过研究发现，2007—2011 年我国战略性新兴产业的全要素生产率增长快速，为我国经济的平稳较快发展作出了重要贡献；前沿技术进步率基本一直呈现正增长，成为推动我国战略性新兴产业全要素生产率增长的主要动力；技术效率一直呈现正增长但增长幅度较小[29]。有的学者认为，美英德日等国均从本国实际情况出发，并着眼于未来经济社会发展趋势和技术发展方向，对战略性新兴产业的侧重点做出了具体选择。各国均十分注重政府扶持对战略性新兴产业发展的促进作用，通过制定一系列具有很强操作性的政策措施，积极推进战略性新兴产业的关键技术开发、示范与应用，同时为促进战略性新兴产业发展营造良好的市场环境[30]。

关于知识经济与创新发展。有的学者将基于一维和二维理论的企业自主创新模式归纳为以下 5 个方面：（1）基于技术要素的创新模式研究；（2）基于创新技术路线及选择的创新模式研究；（3）基于企业边界划分的创新模式研究；（4）基于企业创资新源与能力的技术创新模式研究；（5）基于创新动力源的创新模式研究[31]。有的学者以中国101家公立研究院所为样本展开假设检验，研究发现，当前中国科研机构的合作主动性和关系治理能力对创新社会资本有显著正效应，但其内部协调能力却不利于创新社会资本发展；技术转移办公室的设立亦未能显著正向调节内部协调能力与创新社会资本之间的关系[32]。有的学者提出，国家创新能力的决定因素有3个：（1）公共创新基础设施，即研发人力资本、研发资金、政策对研发的支持程度、技术成熟度、对教育和培训的投资、知识产权保护、对外贸易开放程度等；（2）产业集群的创新环境，包括生产要素、需求条件、关联和辅助性行业，以及战略、结构与竞争企业；（3）公共创新基础设施与产业集群的联系质量[33]。

关于可持续发展和循环经济。有的学者认为，城市间和城市内交通向低碳绿色转型是新型城市化发展的必然选择，并提出交通低碳转型的4种方式：提高汽车能源效率、交通运输结构向低碳方式转变、有效调控交通需求、创新交通运输管理方式[34]。有的学者提出，产业链内的中小企业能够充分利用“主账户”的闲置资金、应收账款抵押和融资信誉，在降低融资成本的同时最大化其融资额度。循环经济产业链融资邮箱模型的实现应着重推进以下几方面工作：（1）核心企业做好账户管理工作；（2）银行创新循环经济产业链融资模式和产品；（3）中小企业加强自身建设、提升信用等级[35]。有的学者认为，新能源汽车产业的发展应从以下几个方面着手：优化新能源汽车产业发展战略；加强技术创新，突破新能源汽车产业发展的技术瓶颈；加强制度创新，完善新能源汽车产业发展政策；加快新能源汽车相关基础设施建设；充分利用缝隙市场和技术兼容策略，争取尽快达到良性路径依赖的临界容量等[36]。

四、旅游管理

旅游协同发展、可持续旅游、智慧旅游以及旅游理论和研究是2014年北京地区专家学者在旅游管理领域较为关注的热点问题。

关于旅游协同发展。有的学者提出，京津冀一体化的先导是旅游，拓展的重头是休闲，根本是形成水平分工体系，这样才能从本质上推动京津冀的一体化，充分发挥旅游优势，谋求城市群的新发展[37]。有的学者提出，在三地和更多边的旅游协同发展中，可以考虑五点建议：（1）将现有的协同发展的协调机制，升格为省市长共同主持的决策机制，将提升百姓生活质量的旅游休闲发展纳入各级政府工作的考核体系；（2）深入研究多边旅游协同发展的利益格局，建立利益协调和补偿机制；（3）共同制定“十三五”旅游协同发展规划，尽快在各省市旅游局成立负责落实工作的办事机构，并由局领导专人专职负责；（4）发挥企业在协同发展中的主体作用，把动员和推动工作转化为政策与措施；（5）借助各省市多方力量，争取并力促各省市相关产业部门对旅游业协同发展的认可、配合与支持[38]。有的学者以1996—2011年为研究时段，探讨城市旅游规模引力以及经济区域、都市圈的发展差异。结果表明，珠三角各城市旅游业存在一体化趋势。广州作为核心其重要性不断上升，珠三角其余城市作为旅游关联网络重要节点的重要性逐步下降。粤东、粤北和粤西经济区域重要性则逐步上升。珠三角各都市圈间旅游发展一体化趋势快于广东各经济区域间一体化趋势[39]。

关于可持续旅游。有的学者认为，未来在可持续旅游领域应该关注以下论题：（1）可持续旅游指标体系构建；（2）旅游影响测度与管理；（3）保护地旅游可持续发展；（4）全球气候变化的旅游响应；（5）可持续旅游的模式与对策[40]。有的学者提出，为使生态旅游得到可持续发展，需要考虑它应该具备的三个条件：第一，自然保护是前提；第二，环境教育是责任；第三，社区参与是保障。这三个条件各有深意，相辅相成，不可偏废[41]。有的学者从分析旅游业可持续发展投资的内涵入手，刻画旅游业外商直接投资与可持续发展的关系，剖析影响中国旅游业吸收可持续发展投资的主要因素，提出利用外资的系统策略：制定以可持续发展为目标的投资激励政策；将促进可持续发展纳入投资促进机构的目标体系；提高投资服务水平；塑造地区旅游形象；建立多种形式的可持续发展投资合作伙伴关系；建立具体指标体系和报告制度，对旅游业可持续发展投资进行评估和监督[42]。

关于智慧旅游。有的学者通过对国内外有关智慧旅游的概念进行了梳理，建立起以旅游信息服务为基础的智慧旅游的基本概念，即把智慧旅游定义为旅游者个体在旅游活动过程中所接受的泛在化的旅游信息服务。该定义旨在强调智慧旅游以旅游者个体为核心、以信息服务为载体的支撑体系，以泛在化作为核心内涵，以旅游者行为方式、旅游业营销方式、管理方式和服务方式的根本性变化为主要外延[43]。有的学者认为，智慧旅游是运用现代电子技术和信息技术构建的一种全新的旅游产业运营和管理体系，能够在旅游者、企业、利益相关者和行业管理者之间建立一种网状交叉互动的资源共享和价值共创平台，是旅游公共服务管理机制的一大创新。智慧旅游将大大提升旅游公共服务水平，促进旅游业的转型升级[44]。

关于旅游理论和研究。2014 年 10 月 18—19 日，“2014《旅游学刊》中国旅游研究年会”在北京联合大学举行。会议重点关注 6 个议题：旅游领域的公共服务问题、旅游与城镇化、旅游对生态环境的影响、市场化背景下旅游中小企业的发展、大数据与智慧旅游和旅游开发中的社会公平，探讨新常态下旅游研究面临的新课题和旅游业发展的新机遇[45]。有的学者提出，大数据技术的战略意义不在于一味追求掌握庞大的数据信息，而在于对这些含有意义的数据进行“专业化”和“学术化”处理，在数据获取的方法（多源性和混杂性）、数据处理的方法（可视化和挖掘算法）等多方面替代传统的问卷调查，从而最大程度保证数据的“四性”特征。也就是说，可以将数据挖掘技术与上述的操作化结合起来，将大数据方法嵌入其中，以大数据来解构“洋八股”的研究范式，实现我国旅游学术研究范式的创新[46]。

注：

①赵颖斯、赵扬、刘延平：《产业集群环境下的企业网络能力研究》，《山东社会科学》，2014 年第 3 期。

②晏妮娜、孙宝文：《面向小微企业的互联网金融模式创新与决策优化》，《科技进步与对策》，2014 年第 7 期。

③何喜军、武玉英、蒋国瑞：《基于 Shapely 修正的供应网络利益分配模型研究》，《软科学》，2014 年第 2 期。

④周文斌、马学忠：《安全管理中的侥幸心理：表现、成因与干预》，《中国人力资源开发》，2014 年第 17 期。

⑤曾鸣、丁士、王致杰、刘珊珊、薛松：《基于 DEA 的供电企业安全投入产出分析》，《工业工程》，2014 年第 4 期。

⑥刘晓君、彭鹏、戴星：《台湾煤矿安全管理经验与借鉴》，《中国矿业》，2014 年第 8 期。

⑦段霄、金占明：《战略群组视角下的企业战略定位研究——战略距离、定位方向和战略改变对绩效的影响》，《科学学与科学技术管理》，2014 年第 3 期。

⑧邓荣霖：《中国企业战略管理创新》，《企业家日报》，2014 年第 42 期。

⑨李健：《企业政治战略与政策优惠——基于社会资本视角的分析》，《软科学》，2014 年第 4 期。

⑩樊路青、刘雯雯：《“二元论”视角下的技术获取战略与吸收能力——基于中国经验的实证研究》，《科学学研究》，2014 年第 2 期。

⑪董广茂、林敏、雷宏振：《竞争条件下企业知识转移战略及其对产业演化的影响》，《管理学报》，2014 年第 8 期。

⑫李宏伟：《战略价值的四维透视》，《技术经济与管理研究》，2014 年第 2 期。

⑬余蔚平：《认真贯彻企业会计准则 全面提升会计信息质量》，《会计研究》，2014 年第 6 期。

⑭叶康涛、张姗姗、张艺馨：《企业战略差异与会计信息的价值相关性》，《会计研究》，2014 年第 5 期。

⑮祝继高、王珏、张新民：《母公司经营模式、合并——母公司报表盈余信息与决策有用性》，《南开管理评论》，2014 年第 3 期。

⑯张会丽、吴有红：《内部控制、现金持有及经济后果》，《会计研究》，2014 年第 3 期。

⑰张瑶，郭雪萌：《上市公司内部控制信息披露质量影响因素研究——基于缺陷信息披露的实证证据》，《经济问题》，2014 年第 7 期。

⑱袁蓉丽、陈黎明、文雯：《上市公司内部控制审计报告自愿披露的经济效果研究——基于倾向评分匹配法和双重差分法的分析》，《经济理论与经济管理》，2014 年第 6 期。

⑲李小荣、张瑞君：《股权激励影响风险承担：代理成本还是风险规避?》，《会计研究》，2014 年第 1 期。

⑳祁怀锦、邹燕：《高管薪酬外部公平性对代理人行为激励效应的实证研究》，《会计研究》，2014 年第 3 期。

㉑张自巧：《内源融资能力、公司治理质量与并购绩效》，《财经问题研究》，2014 年第 6 期。

㉒杨一平、陈泽新、陈丽娜：《商业银行融资评估模型的构建及实证研究——以北京市中小企业为例》，《首都经济贸易大学学报》，2014 年第 5 期。

㉓李国平、韦晓茜：《企业社会责任内涵、度量

与经济后果——基于国外企业社会责任理论的研究综述》，《会计研究》，2014 年第 8 期。

㉔王海妹、吕晓静、林晚发：《外资参股和高管、机构持股对企业社会责任的影响——基于中国 A 股上市公司的实证研究》，《会计研究》，2014 年第 8 期。

㉕罗智霞：《碳排放权交易定价研究综述》，《技术经济与管理研究》，2014 年第 10 期。

㉖阮平南、李非凡：《基于节点选择的网络组织熵评价模型研究》，《工业技术经济》，2014 年第 1 期。

㉗曲直：《中国国有工业企业效率研究——基于 SFA 的实证分析》，《工业技术经济》，2014 年第 1 期。

㉘张永安、邬龙：《战略性新兴产业生命周期规律及产业转化研究——基于技术推动的视角》，《工业技术经济》，2014 年第 8 期。

㉙杨悦：《中国战略性新兴产业生产绩效——基于细分行业的随机前沿生产函数的分析》，《技术经济与管理研究》，2014 年第 3 期。

㉚李文军、吕岩威：《发达国家战略性新兴产业的技术政策及其启示》，《技术经济与管理研究》，2014 年第 4 期。

㉛杨武、杨书敏、王震勤：《基于创新能力强度与匹配的企业自主创新模式选择机理研究——以钢铁企业为例》，《科技进步与对策》，2014 年第 18 期。

㉜温珂、苏宏宇、周华东：《科研机构协同创新能力研究——基于中国 101 家公立研究院所的实证分析》，《科学学研究》，2014 年第 7 期。

㉝王刚波：《国家层面的创新能力和竞争力测度述评》，《科技进步与对策》，2014 年第 3 期。

㉞李京文、杨正东：《中国新型城市化与低碳绿色交通转型之路——在亚欧能源政策网 2013 年国际会议上的主旨报告》，《工业技术经济》，2014 年第 1 期。

㉟戴淑芬、郝雅琦：《基于“企业邮箱”模型的循环经济产业链融资研究》，《经济问题探索》，2014 年第 10 期。

㊱张贵群、张欣：《新能源汽车产业发展面临的路径依赖及其破解》，《工业技术经济》，2014 年第 2 期。

㊲魏小安：《京津冀旅游一体化的动力与推力》，《旅游学刊》，2014 年第 10 期。

㊳刘德谦：《关于京津冀旅游协同发展的回望》，《旅游学刊》，2014 年第 11 期。

㊴朱惠斌：《转型期城市旅游关联网络结构的时空演变——以广东为例》，《旅游学刊》，2014 年第 4 期。

㊵钟林生：《可持续旅游发展历程与未来研究论题探讨》，《旅游学刊》，2014 年第 3 期。

㊶张玉钧：《可持续生态旅游得以实现的三个条件》，《旅游学刊》，2014 年第 4 期。

㊷太平：《基于可持续发展视角的中国旅游业利用外资策略》，《旅游学刊》，2014 年第 10 期。

㊸李云鹏、胡中州、黄超、段莉琼：《旅游信息服务视阈下的智慧旅游概念探讨》，《旅游学刊》，2014 年第 5 期。

㊹李萌：《基于智慧旅游的旅游公共服务机制创新》，《中国行政管理》，2014 年第 6 期。

㊺魏云洁、刘鲁：《探寻新常态下旅游研究的新课题——2014〈旅游学刊〉中国旅游研究年会综述》，《旅游学刊》，2014 年第 11 期。

㊻张凌云：《理论的贫困：旅游学术研究的“规范”与“创新”》，《旅游学刊》，2014 年第 1 期。

（作者：高杰，神华管理学院助理研究员；邓荣霖，中国人民大学教授）

公共行政学

孙彩红

党的十八届三中全会召开之后，2014 年度对国家治理的研究成为多个学科研究的热点问题，公共行政学对其研究也不例外，政府治理的研究也成为一个热点。国务院推动的简政放权改革，使行政审批和行政体制改革研究继续保持热点研究的状态。与国家提出的新型发展战略相对应，国家发布了新型城镇化发展规划，新型城镇化的研究也成为一个主要领域。与政府管理方式创新相联系，政府购买服务的研究逐渐变为一个比较主要的问题。除此之外，公共行政学理论方法和体系的研究也在不断尝试更为深入的发展。

本综述重点围绕这些主要研究领域，对一些重要研究结果和观点进行述评。

一、主要学术活动和专著

学术研讨活动是一个学科对当前重要现实问题与前沿理论问题进行探讨的重要体现，能够在一定程度上反映一个学科研究的阶段性状况。学术专著则是某些领域研究的集中体现。所以把本年度重要学术活动与专著加以简述。

（一）主要学术研讨活动

从2014年度北京地区不同研究单位和学术机构举办的多场学术研讨活动来看，较多集中在政府治理、国家治理现代化主题上。其中主要学术研讨活动列举如下：

3月21日，“完善与发展中国特色社会主义制度与政府治理现代化研讨会”在国家行政学院召开。会议围绕“中国特色社会主义理论的新发展与实践”“政府治理现代化”“提升国家治理能力”等主题从多角度展开交流，在根据现实生产力水平和社会发展实际来提升政府治理能力和创新治理方式上基本达成了共识。

6月6—7日，以“跨世纪全球公共治理改革：回顾与展望”为主题的第七届中美公共管理国际学术研讨会，在中国人民大学召开。会议围绕着“现代治理理论与实践”“财政与参与式公共预算”“绩效管理”等展开讨论，对于当前推动政府改革的实践具有一定现实意义。

6月15日，中国行政体制改革研究会在北京成功举办了第五届中国行政改革论坛，主题为“创新政府治理，深化行政改革”。与会专家就简政放权、行政体制改革、创新治理等进行了充分研讨，基本认同推进政府治理现代化，要防止“政府去功能化”的错误倾向。

7月22日，由中国行政管理学会主办的第九届行政哲学研讨会暨“先进行政文化与公共治理现代化”学术研讨会召开。与会学者紧紧围绕行政文化基础理论及其演进，推进国家治理体系现代化过程中的新型行政文化建构，行政文化与公共治理实践等议题进行了深刻交流探讨。这些讨论为解决国家治理和改革发展中的问题提供了行政文化的视角。

9月27日，“国家治理现代化与政策科学”学术研讨会在北京大学举行。与会专家学者就新型城镇化、“邻避”运动、养老政策、公民参与等主题进行研讨，对于从公共政策角度研究国家治理现代化起到了积极作用。

10月24日，“公共管理与国家治理转型”论坛在清华大学召开。从公共管理角度探讨国家治理的内涵和外延，主要围绕政府治理、社会治理、市场治理以及大数据和治理等主题展开研讨，从不同主体讨论国家治理现代化的导向和建议。

（二）主要研究性学术专著

2014年度公共行政学领域的主要研究性专著数量比较多，主要涉及地方政府的具体改革与案例、宏观的政府体制改革和机构改革等主题。

对地方政府改革、治理和案例的研究。有些学者从国家治理视角来分析县政治理，例如《县政治理：权威、资源、秩序》①一书，从现代国家建构的角度阐释了中国县政治理的历史逻辑和现实发展条件，县政治理要向着确立在公民权利原则基础上的多元主体治理结构转型。有些学者则是从经济学视角来分析地方政府的职能定位以及与市场、社会的关系。《地方政府公司化研究》②一书，就通过政府主导型发展模式的国际比较和地方政府公司化的实证分析，提出了发展社会组织是地方政府职能转变的重要前提。还有些学者对地方政府创新案例进行研究，如《中国地方政府创新案例研究报告》③。

对宏观行政体制改革的研究。有些学者围绕着政府职能这一核心，对行政体制改革总体状况进行分析，包括简政放权、创新管理方式、推动公共服务均等化等，如《中国行政体制改革报告》④，具有一定权威性和前瞻性。还有学者对现代化政府目标之一的法治政府进行研究，如《法治政府的制度逻辑与理性构建》⑤，论证了法治政府的基本内涵、基本原理与核心概念，分析了实现法治政府的重要举措，对全面推进依法治国具有实践意义。

对政府管理不同领域的研究。主要有电子政务、大部门制、公共服务等领域的研究。较有代表性的是《北京公共服务发展报告》⑥；《大部门制改革理论与实践问题研究》⑦，从理论定位、国际比较和国内实践分析了大部门制改革仍面临的主要问题，并提出了对策思考。《政府文化管理前沿》《中国电子政务发展报告》，目的是为了提升政府公共服务和治理能力。

二、研究的重点领域与主要观点

通过对行政管理类以及相近领域核心期刊和重要报纸检索，集中选取了北京地区学者在公共行政领域进行研究的主要学术论文，有330余篇。这些论文研究的领域较为集中的有政府治理、行政审批改革、新型城镇化、法治政府建设、行政学理论方法、购买公共服务等。下面对这些重点领域主题研究的主要观点进行综述。

（一）国家治理和政府治理研究

十八届三中全会提出了国家治理体系和治理能力现代化的总目标。对于国家治理和政府治理的研究成为年度研究热点问题之一。

1. 从宏观层面分析国家治理和路径

提出治理转型需要完成的任务。有些学者从国家比较的视角，从治理发生的变化以及中国社会的转型，提出了国家治理现代化需要解决的问题。重点应有三个任务，“第一，提高国家政令法律的执行力。第二，扩大和提升社会公众在国家治理体系现代化过程中的参与水平。第三，重视提升中国国家治理体系的国际影响力。”[8]有些学者研究了国家治理现代化要求下的政府职能问题。代表性观点认为，政府职能转变“要考虑中国的传统文化、发展阶段和现实状况，根据我国政府、市场和社会发展状况，在三者能力的权衡中动态调整政府职能边界，将职能转变的治理理念、治理方法和工具有机统一起来”[9]。

对法治作为国家治理根本方式的分析。有学者从改革开放三十多年的历史角度，强调了“法治成为治国理政基本方式的需要，是完善和发展中国特色社会主义制度的需要，提高党的执政能力和水平的需要”[10]。改革进入“深水区”，必须用法治思维和法治方式调整利益格局，使经济社会焕发出新的巨大活力和动力。

从制度层面提出国家治理现代化的路径。有些学者认为，完善和发展中国特色社会主义制度的实质是实现制度现代化。从国家治理内在结构和价值指向来说，需要突出完成三方面任务，“第一，深化党的建设制度改革，推进政党治理体系和治理能力现代化。第二，深化行政体制改革，推进政府治理体系和治理能力现代化。第三，深化社会治理体制改革，推进社会治理体系和治理能力现代化。”[11]

2. 从多种途径研究政府治理的现代化

对于政府治理的研究，多数是从现代政府特征切入提出现代化政府治理的应然状态。比如，从传统政府与现代政府对比中总结出的路径是，“推进政府治理的分权化、民主化、科学化与法治化。”[12]有学者则是从历史视角和国际比较维度，提出政府治理现代化的构想是，“完善人民代表大会制度和人民政协制度，强化其利益代表、代议协商和监督问责功能。解决党政二元结构问题，建立政党政府体制。推进政策过程民主。继续推进公务员制度改革，提高公务员整体职业化程度。”[13]这也是符合中国政治实际国情的发展路径。

有些学者是从财政和预算角度提出路径。从财政视角提出现代政府治理的对策，“加快建立现代财政制度，是推进政府治理现代化的必然选择和关键性举措。推进法治财政建设，综合提高现代政府的治理能力。”[14]另有些学者认为公共预算治理改革是推进国家治理体系和治理能力现代化的重要内容之一。为此要加强预算治理，“加快推进公共预算透明的制度化建设，要明确预算公开的时间、预算公开的内容以及预算审议程序等，健全及时有效的公共预算回应机制。”[15]

从中央与地方关系对政府治理的思考。要实现国家治理现代化，“刚性约束和柔性参与对中央与地方关系的治理主要体现在法治型政府和服务型政府建设上，应该发挥法制、市场和社会的力量将中央与地方关系的管理提升为治理。”[16]这是从治理理论提出的处理中央与地方关系的新思路。

对地方政府治理的思考。较有代表性的观点认为，要增强地方治理的有效性和持续性，针对网络化治理的特征给当前地方政府治理提出的新要求，“第一，全面整合地方多层面责任体系，加强对地方治理主体的问责。第二，大力提升地方治理合作网络绩效，改善合作网络外部生态环境。第三，重塑地方治理主体间的信任机制，开发合作网络的动力源泉。第四，加强地方利益协调机制建设，形成地方集体行动的多重诱因。”[17]目的是实现地方政府治理的有序与可持续发展。还有些学者就特大城市的治理提出思考。以北京市为例，指出从人口控制角度治理人口集中问题，有悖于现代社会的目标和治理要求，因此，“要依靠政府与社会的合作伙伴关系，形成自主的社会网络，强化城市治理的社会基础；城市的社会基础是社区，要改善社区治理；注重特大城市的体制机制的设计。”[18]但是这种思路对特大城市治理的实效性还有待观察。

（二）行政审批改革与简政放权研究

行政体制改革是行政学的基础性问题，也是年度研究的重点问题之一。

对新时期行政体制改革特点的总结。较有代表性的是，改革特点至少有：“改革具有系统性、整体性和协同性，着力于政府管理权能责的结构性优化，体现为制约监督政府权力与开拓公民权利空间的有机结合、政府治理能力与治理制度建设并举、法治政府和服务型政府的目标并列；改革遵循公共政策创新与体制机制深化的路径。”[19]

对行政审批制度改革的问题分析。行政审批改革和简政放权是新时期行政体制改革的关键和突破口。此主题研究较多集中在当前行政审批改革存在的问题以及阻力上。具体的行政审批改革阻力，学者仍然认为是部门利益阻碍了行政审批改革进展。例如，有问卷调查结果显示，近六成人认为“行政审批制度改革的最大难点”来自政府的“部门利益”。[20]从部门情况看，目前行政审批流程存在的问题，“一是缺少专门的审批流程规定，二是虽然制定了审批流程，但不具体、不清晰，自由裁量的空间太大。还有一个是赋予部门下属事业单位和中介机构审核的权力过大且没有具体约束。”[21]在实际调查中发现，中央大力推进行政审批改革成效明显，但仍出现了“办证难”“审批长征图”“重批轻管”等典型现象。一些学者认为，“改革中一些审批流程复杂和监管不到位问题突出，部分第三方中介机构将专业服务变成变相审批行为，这些阻碍改革进程、影响改革效果的问题亟待破解。”[22]尤其是对于地方行政审批而言，存在着较大挑战。“相似发展水平的地方政府行政审批项目数量差距过大。行政审批的标准化程度不高，是地方审批制度改革遇到的一个问题。部门之间信息封锁是深化地方行政审批制度改革的又一壁垒。”[23]着重解决这些问题，是地方政府行政审批改革的重要任务。

对进一步深化行政审批改革的思考。“权力清单”公布之后，后续监管更为重要，中央和地方各级政府都要更加重视监管能力和监管体制建设。同时，要走出行政审批改革的一些误区。比如，“下放行政审批权限，并不是仅限于下放给下级政府和基层政府，而是有些权力应下放给企业和社会，这与进一步完善市场经济体制和发挥市场在资源配置中的决定性作用是一致的。如果不把权力放给企业和行业协会这些市场主体，而是仅仅放给基层政权，那就不能解决政府越位问题，甚至会恶化市场秩序。”[24]还有学者从几个关系入手分析了社会上存在的对行政审批的一些片面认识。“行政审批与时间的关系上，减少行政审批时间，必要时间是不能压缩的。行政审批与社会管理的关系上，行政审批事项的增与减，并不能由行政审批自身决定。行政审批事项的多与少、增与减，一定要以国家管理的现状与需要为前提。”[25]行政审批数量并不是越少越好，审批时间并不是越短越好。对于行政审批效果的好坏，一定要与社会实际效果联系起来综合评判。

（三）新型城镇化领域的研究

新型城镇化是新一届政府提出的重要发展战略之一。对已有城镇化的问题分析和新型城镇化的推进方面，有不少研究成果。

传统城镇化的弊端和历史局限性。对传统城镇化的研究，主要集中在城镇化的行政主导特点及弊端分析，为实施新型城镇化提供参照。有学者总结为，“政府主导型城镇化起到了特定历史作用，但也导致了比较沉重的社会问题和矛盾，由此付出巨大社会经济政治方面的成本，比如土地城市化和人口城市化的巨大差异，还有城市建设短周期风险等。”[26]

新型城镇化的战略任务。对新型城镇化的研究，其中达成共识的观点基本认为，新型城镇化是一个符合中国实际的现代化思维，是由速度型向质量型转型发展的战略路径。有些课题组从宏观层面比较全面分析列举了新型城镇化要解决的一些关系问题。“必须要处理好政府与市场、城镇与农村、城镇发展占地与耕地保护、基本公共服务均等化与服务差异化等七方面关系”[27]，并从推进户籍制度、城乡用地制度、行政区划管理、投融资体制、公共服务等改革的角度，设计推进中国特色新型城镇化道路的具体路径。而其中关键任务和所需条件是，“政府要围绕着人的城镇化和农民变市民的问题，提供基本公共服务和推进户籍制度改革。”[28]

新型城镇化中政府的角色定位。有些学者认为，新型城镇化要重点发挥好政府的角色功能。新型城镇化需要财政支持，要以一元化的公共财政作为有力支持。同时，政府要担负起“公正制度设计、公共政策制定、公共服务提供、公平市场监管、开放社会培育的责任，在尊重城镇化发展和市场经济运行规律的基础上，规范政府行政运作。”[29]与此相类似，另有一些学者提出要解决地方政府在城镇化中的角色错位，“唯有地方政府退出城镇化开发的名利场，回归担当城镇化公共成本这一本职，城镇化才不会陷入‘只见城，不见人’的尴尬境地。”[30]

还有些学者从城市发展规划角度提出了确保以人为本的城镇化的保障措施。针对以往城镇化中存在的土地问题和官员的政绩冲动问题，“要坚决保持城市规划权威性、严肃性和连续性，严格防止权力肆意插手修改城市建设规划。在城镇化规划中要赋予各方权利主体平等法律地位和充分表达渠道，通过科学民主决策程序促进多元利益协调和平衡。”[31]具体到县域规划，还应考虑到乡镇整体规划和发展，因为城镇化的发展带动人口向中心村镇集聚，会带动县域社会的全面转型。这也是需要加强研究的一个方面。

（四）建设法治政府的研究

全面推进依法治国战略，对法治政府建设提出了新要求。法治政府的研究成为重要主题。

对建设法治政府的重要任务分析。需要与时俱进对法治政府建设的价值理念、机制设计和重要领域进行深化革新。有学者宏观分析了建设法治政府面临的复杂环境与挑战，提出了推进依法行政和建设法治政府的三个关键点：“一是高层领导的政治决断和信心。二是重点规范约束公权力，将其纳入法治轨道，特别要通过立法和制度建设对地方党政一把手的权力加以更加严格的硬约束。三是普遍提高公务人员的法律素养和法治观念。”[32]还有学者提出了整体层面六大任务，包括“依法全面履行政府职能、健全决策机制、深化行政执法体制改革、严格规范公正文明执法”等方面。[33]

对法治政府建设状况的实证研究。例如，有些学者及课题组，对53个较大的市建设法治政府的实践，采用的调查方式包括实地调查、问卷调查、网络调查和体验式调查等。根据评估结果，被调查的城市平均得分188.87分，占总分300分的63%。总体看，各地建设法治政府整体尚处于较低水平，规范性文件制定不规范，重大决策民主程度偏低，信息公开没有更好地回应公众需求，说明政府化解社会矛盾的能力有待提高。[34]这些研究对于法治政府建设的实践具有评价、引导和推动作用。另有些学者和课题组通过调查分析了县级政府依法行政问题及多个影响因素，县级依法行政“内部驱动力相对匮乏、行政拉力运行机制不完善、司法推力的能量释放受限”，由此提出了解决对策，健全依法行政的考核机制、完善行政诉讼制度、培育公务员的法治信仰、消减社会压力的负能量。[35]还有些学者和课题组就某个城市的法治政府建设状况进行案例分析。比如，分析了北京市法治政府建设状况。其中仍存在的问题主要有“重大行政决策的地方性立法亟待出台，行政不作为、乱作为的现象还时有发生，行政执法程序还不够规范，信息公开程度与人民群众的期望还有一定的距离，司法审判对依法行政的倒逼作用还没能充分发挥。”[36]解决这些问题成为继续推进法治政府建设的重要任务。

对建设法治政府重要环节的研究。建设法治政府，政府的决策必须依法，这是依法行政的关键之一。有学者针对目前政府政策的合法性审查存在的制度、程序等缺陷，建议“抓紧制定出台《重大行政决策程序条例》，建构一套刚性的合法性审查机制，将合法性审查环节规定为必经程序。”[37]对于行政执法环节，一些学者和专家认为，行政执法中仍存在乱作为、滥用执法权力、多头执法等实际问题。主要原因是执法程序问题、对执法权力的监督不到位等。因此，要把强化监督和行政问责作为建设法治政府的重要保障。

（五）政府购买服务问题的探讨

政府购买公共服务作为转变政府职能的一个重要举措，《国务院办公厅关于政府向社会力量购买服务的指导意见》正式出台。对购买服务的探讨也成为本年度研究的一个主要领域。

对政府购买服务的一些宏观思考。有些学者把政府购买服务视为促进国家治理能力提升和全面深化改革的一项重要任务。从宏观层面提出了现实推进策略，“建立和完善分类的集中采购目录，完善政府购买服务的法律体系，培育购买服务的非营利组织等社会力量，建立竞争性为主导的服务采购机制，加强政府购买服务的监察评估，政府购买服务的绩效考核应纳入政府履职的绩效考核等方法。”[38]

对政府购买公共服务的问题和影响因素分析。政府购买公共服务的问题，从政府一方，在“为什么购买服务、购买什么服务、如何购买服务、如何选择服务生产机构”等方面存在界定不清、责任不明、体制机制不健全等问题；从社会力量一方，在“服务生产机制的有效性、管理和服务能力、社会公信力、资源依赖性、服务绩效”等方面存在问题。[39]那么是什么因素影响政府的购买行为选择呢？有些学者从社会组织发展路径和社会选择理论的视角进行了分析。有些学者则引入企业供应商理论从多维度分析了影响政府选择购买服务行为的因素。“制度、服务能力、服务质量、社会组织注册地、与政府合作的历史、服务价格等因素与社会组织数量、社会组织身份一起影响着政府对购买方式和购买对象的选择，其中，制度对选择购买方式的影响、服务能力对选择购买对象的影响最为突出。”[40]要完善政府选择，需更多地尊重政府购买社会组织服务的市场交易本质，通过建立社会组织评价机制为政社双方提供行为指引。

购买公共服务的具体案例分析。有些学者分析了政府购买社区卫生公共服务的案例，认为还存在向谁购买的难题、定价与补偿、考核监管机制不完善、缺乏有效竞争等问题。为此提出的对策是，“因地制宜选择服务提供者与购买方式，科学测定成本、合理定价与补偿，政府应强化对服务提供者的绩效考核与监管，适当引入竞争机制。”[41]

政府购买公共服务的一个关键问题是财政支出，但是对于政府购买服务的资金使用问题，研究的还比较少。尤其是如何对购买服务的财政资金加强监管、提高资金使用效益、保障提高公共服务质量等方面，还需要进一步加强研究。

（六）行政学方法研究与反思

对公共行政学方法论流派的总体分析。有学者系统梳理了公共行政学发展历史中经历的各派方法论的争论及其焦点问题，“第一，公共行政学探讨对象的本质是什么？第二，公共行政学的核心议题是什么？第三，通过什么途径获得公共行政知识？第四，行政学是科学还是职业？第五，公共行政学的学术规范是什么？”[42]不同流派的行政学方法对这些问题的回答是不同的，由此就带来了对问题的不同分析与解释范式。这些方法论的争论结果表明，公共行政研究在知识增长、方法论标准和研究规范等方面走向了一个更加开放、更加多元和更加融合的时代。

对行政学研究方法的评析和反思。行政学的实证研究取得了一些进展，但整体水平与西方相比仍比较落后。有些研究认为，目前中国行政学实证研究并不能准确解释中国的行政实践、基本面貌、特殊性质以及生成、变化和发展的规律，更不能有效地指导行政改革。因此，可以借鉴西方行政学者进行实证研究采用的规范化研究程序，即通过归纳总结、提出理论假设后，再应用因果分析法对这一理论假设进行逻辑论证，形成一个完整的知识体系或科学理论，继而对之进行实践检验。还有些学者对两分法进行了反思，例如，认为政治—行政两分法在当时有着重要历史意义，“但是当时代背景和条件都发生变化时，这种两分法也需要结合公共行政的改革实践加以改变，否则将无法很好地解释现实”。[43]

与行政学研究方法相关的话语体系建构。主要考虑到伴随着行政管理向公共管理的转变，话语体系的构建也要跟上，问题是如何打造一个规范统一、包容创新，利于有效沟通和相互学习的现代公共管理学的话语体系。这也是今后行政学方法研究需要深入探讨的问题。

除了上述主要的研究领域和问题分析，本年度行政学研究中，对公共政策、公共服务与服务型政府、公民参与和社会治理等问题的研究也有一些成果，此处不作为主要领域列出。

三、本年度研究的简要评价

本年度对一些重要领域的研究能够紧扣国家行政管理体制改革的重大现实问题展开。特别是政府治理、依法行政与法治政府、行政审批制度改革、城镇化和购买公共服务等问题，都是全面深化政府改革和治理领域的重大现实问题。这是本年度公共行政学研究的一个突出的优点。

作为专业的公共行政学研究，紧跟现实是必须的，但又是不够的，主要体现在对政府改革中的重大现实问题的解决提出具有对策性质的前瞻性研究还比较少。这也是今后行政学研究需要加力的一个重要方面。例如，行政审批制度改革是行政体制改革的一个切入点，与简政放权的改革紧密联系，成为研究热点。虽然大多数研究指出了当前行政审批改革过程中存在的问题，但对于如何解决这些问题，学者仅仅提出了原则性建议。这正是今后研究需要弥补的地方，只有细化的可操作性的建议，才能使得行政学研究为政府管理改革实践服务。又如，对于政府购买服务涉及的核心的财政资金问题，也是需要加强研究的一个领域。

从研究方法上来看，规范研究和实证研究都有运用。而且，实证研究的进展比较明显，有不少主题的研究采用了实证研究方法，包括法治政府建设、购买服务的改革等。不过有一个问题是，实证研究在本年度公共行政学研究中主要体现为案例研究，而这只是实证研究的一个部分。因此，就公共行政学作为一门实践性比较强的学科而言，在实证研究方面还需要加强。

对国外相关领域研究还存在一定程度的问题。以《中国行政管理》这一期刊为例，2014 年度研究论文，主要涉及外国政府应急管理、信息公开、市场监管等问题，对我国政府履行好应该履行的职能具有借鉴意义。而就研究的国家来看，主要是美国、澳大利亚、意大利、日本等发达国家。虽然不否认中国政府治理需要向发达国家的政府改革取经，但对于其他一些发展中国家的政府研究也不应该忽视。

注：

①周庆智，中国社会科学出版社，2014 年版。

②宋晓梧主编，中国财富出版社，2014 年版。

③俞可平主编，北京大学出版社，2014年版。

④魏礼群主编，社会科学文献出版社，2014年版。

⑤江必新，中国法制出版社，2014年版。

⑥施昌奎主编，社会科学文献出版社，2014年版。

⑦黄文平主编，中国人民大学出版社，2014年版。

⑧杨雪冬：《论国家治理现代化的全球背景与中国路径》，《行政管理改革》，2014年第9期。

⑨薛澜等：《走向国家治理现代化的政府职能转变》，《政治学研究》，2014年第5期。

⑩杨小军：《治国理政方略方式的战略定位》，《北京日报》，2014年11月17日。

⑪包心鉴：《以制度现代化推进国家治理现代化》，《北京日报》，2014年1月13日。

⑫薄贵利：《推进政府治理现代化》，《中国行政管理》，2014年第5期。

⑬何增科：《政府治理现代化与政府治理改革》，《行政科学论坛》，2014年第2期。

⑭石亚军、施正文：《建立现代财政制度与推进现代政府治理》，《中国行政管理》，2014年第4期。

⑮许光建等：《中国公共预算治理改革》，《中国人民大学学报》，2014年第6期。

⑯李兴、成志杰：《中央与地方关系治理中的刚性约束与柔性参与》，《人民论坛》，2014年11月中期。

⑰王连伟等：《中国地方治理的未来图景、现实困境与实践转向》，《上海行政学院学报》，2014年第2期。

⑱李伟东：《特大城市社会治理反思》，《北京社会科学》，2014年第11期。

⑲王浦劬：《论新时期深化行政体制改革的基本特点》，《中国行政管理》，2014年第2期。

⑳万静：《审批改革难在部门利益》，《法制日报》，2014年3月24日。

㉑中国行政管理学会课题组：《规范政府部门行政审批流程》，《中国行政管理》，2014年第11期。

㉒夏冠男等：《行政审批改革亟待“减量提质”》，《瞭望》，2014年第15期。

㉓宋世明：《地方审批制度改革再上征程》，《瞭望》，2014年第9期。

㉔卢中原：《建设符合市场化改革方向的服务型政府》，《北京日报》，2014年12月22日。

㉕刘振刚：《对行政审批制度改革几层关系的辨析》，《北京日报》，2014年1月6日。

㉖韩康：《中国城镇化特点与发展问题》，《国家行政学院学报》，2014年第3期。

㉗国家发改委城市和小城镇改革发展中心课题组：《中国特色新型城镇化建设路径》，《行政管理改革》，2014年第4期。

㉘余敏江：《政府动员型城镇化政策的困境与反思》，《社会科学研究》，2014年第5期。

㉙铁锴：《新型城镇化中的政府责任》，《天津行政学院学报》，2014年第1期。

㉚吴江：《城镇化跛足缘自角色错位》，《法制日报》，2014年3月26日。

㉛杜晓：《离任审计是城镇化不可或缺高压线》，《法制日报》，2014年3月18日。

㉜马怀德：《法治政府建设：挑战与任务》，《国家行政学院学报》，2014年第5期。

㉝应松年：《从六个方面重点建设法治政府》，《光明日报》，2014年10月31日。

㉞马怀德：《我国法治政府建设现状观察》，《中国行政管理》，2014年第6期。

㉟姚锐敏：《县级政府依法行政动力系统存在的主要问题及改善途径》，《政治学研究》，2014年第5期。

㊱北京市政府法治研究中心：《北京市法治政府建设发展报告》，《新视野》，2014年第2期。

㊲杜欣霖：《完善重大行政决策合法性审查机制》，《行政管理改革》，2014年第2期。

㊳王力达、方宁：《我国政府向社会力量购买服务问题研究》，《中国行政管理》，2014年第9期。

㊴吴玉霞：《公共服务链：一个政府购买服务的分析框架》，《经济社会体制比较》，2014年第5期。

㊵周俊：《政府如何选择购买方式和购买对象》，《中共浙江省委党校学报》，2014年第2期。

㊶储亚萍：《政府购买社区公共卫生服务的模式与成效研究》，《东北大学学报》，2014年第2期。

㊷曹堂哲：《公共行政学方法论流派争论的焦点》，《国家行政学院学报》，2014年第5期。

㊸关爽：《政治—行政二分——对公共行政理论与实践的反思》，《天津行政学院学报》，2014年第4期。

（作者：孙彩红，中国社科院副研究员）

新闻传播学

新闻传播学

郭庆光　刘新传

随着大数据时代的来临，社会化媒体与移动互联网的迅猛发展，媒介融合已经向更高、更深的层次发展。2014 年的新闻传播学研究在继续探讨往年部分热点话题的同时，进一步拓宽了学科的研究视野，提升了问题的研究层次，研究者对本学科的历史、现在和未来、东方与西方有了更多元的思考，涌现了一批较为扎实的理论成果和具有现实意义的应用研究。

一、新闻理论研究

作为新闻理论的核心概念，系统的新闻价值需要关注新闻价值、新闻的价值以及二者之间的关系。在媒介融合的背景下，新闻学研究也面临着新的机遇与挑战。对此，有研究者以新的媒介环境为参照，重新界定了作为价值客体的新闻范围，进一步阐释了关于“新闻的价值”研究在当前应该进行的方法论调整与转换。[①]对于新闻理论的重要内容，有学者对“两个舆论场”概念的内涵进行分析，认为它与舆论初始含义相去甚远。“两个舆论场”体现出新媒体时代官方舆论引导效力下降、民间意见场域勃兴的趋势。其原因是中国社会转型、改革步入“深水区”以及网络技术勃兴共同作用的结果。“两个舆论场”蕴涵着巨大的社会价值，对于创新当今时代的舆论管理具有重要意义。实现两者的良性互动，使之在对立中走向统一，是解决“两个舆论场”问题的最佳途径。[②]也有研究者从“主体”的概念出发，指出舆论主体是舆论活动的承担者，是由能动的个体组成的，在社会中进行舆论表达和公共讨论的社会公众。并进一步从社会转型与新媒体技术变革的具体历史情境入手，探讨了公众开展公共讨论的过程和特点。[③]

随着新媒体传播的发展，媒体伦理失范问题接踵而至，因此数字化时代新闻伦理方面的研究得到学者的关注。有学者有针对性地分析新媒体平台上新闻伦理失范的新特点、成因，并且探索有效的对策便成为传媒工作者面临的迫切任务。[④]也有学者重新审视了西方新闻专业主义和媒介伦理与当代中国的关系、公民参与报道给中国媒介伦理带来的挑战等，认为新闻专业主义和媒介伦理可能促进中国新闻传播事业和政府媒介关系的发展，但媒介改革仍面临困难和问题。[⑤]也有学者追溯了新近发生的若干热点事件产生、演化的传播链条，发现传统主流媒体对社会热点问题的回避和忽视、都市类媒体和网站片面市场化取向，都使新闻伦理面临解体的窘境，“公民记者”的加入事实上加剧了这种解体的趋向，并使之变得更加破碎和混乱。[⑥]

新闻生产方面，有研究者从新闻生产权力结构视角出发，结合众筹新闻（一种依靠普通民众筹集报道资金的新闻生产新形式）生产过程、成功案例，探讨其对政治权力、经济权力、受众控制以及新闻生产组织内权力的变革，进而揭示其新闻生产社会学的本质。[⑦]也有研究者通过量化的方法对新闻生产主体进行分析——当前网络新闻从业者以女性为主，呈现年轻化、高学历特征，专业背景具有多样性；对互联网及新闻行业的热爱、对新闻记者职业使命和社会责任感的认同，是网络新闻从业者选择网络新闻行业的主要原因；愿意将网络新闻工作作为终身职业的目前只占少数，大多数人考虑在五年之后离开等特征。[⑧]有研究者进一步研究体制外记者与媒体机构的关系发现，由于身份差异造成了职业升迁的“玻璃天花板”，体制外记者相比体制内记者更难对媒体机构形成归属感和忠诚感。[⑨]

二、新闻史研究

中国新闻史研究方面，有研究者围绕《元代邸报“新证”考辨》展开讨论，通过新近发现的历史文献史料，梳理出与元代“邸报”关系十分密切的媒体：“朝报”“京报”等信息传播载体。考证出在元代现有文献中存有关于“朝报”、甚至“京报”的史料记载，最后从古代社会人的新闻意识觉醒的视角，进一步考察我国元代“邸报”存在的可能性。[10]关于民国时期新闻史方面，有研究者首次进行了系统梳理，提出了把民国时期的新闻史研究进程划分成肇始、兴起、兴盛、非常和转折等五个阶段的观点，并分析了各阶段新闻史研究的特点。[11]

外国新闻史研究方面，有研究者试图通过对美国报业大王赫斯特办报生涯中的“第三条道路”的考察，提示学界注意到赫斯特新闻生涯中的另一面，从而改变人们将赫斯特仅仅视为“黄色新闻大王”的片面性认识，也希望借此改变国内学界对赫斯特研究的简单化、片面化之现状，加深对赫斯特新闻生涯与办报实践的认识。[12]有研究者关注侵华战争时期日本报界战时宣传的特征，即日本报界利用强大的传播功能对内宣传政府“国策”，统一国内舆论，向国民灌输对外侵略思想，煽动国民好战热情；对外则承担起国际宣传的重任，为日本发动侵略战争寻找借口，并大加粉饰、歌颂，将其美化为“解放东亚人民的圣战”，甚至直接参与军国主义战争，对占领区的新闻文化事业造成了严重的破坏。日本报界的战时宣传具有鲜明的军事性、煽动性、欺骗性和法西斯性。[13]

新闻史研究方法论层面，有研究者探究在新媒体的技术条件下，广播史应该回归传播史的研究范式，探讨在技术变迁的历史背景下，广播的传者（广播与国家的关系）、广播的内容乃至广播受众的发展史，还可以借鉴美国传统的广播文化史的研究范式，探讨广播与文化发展的历史互动。[14]

三、新闻传播教育研究

面对渠道平台化、内容集成化、机制流程化以及消费与生产结合的全媒体时代，研究者对新闻传播教育开始了新的思考。有的研究者针对传播业的新要求，教育部的“创新型”、“复合型”和“国际化”的培养目标，提出了教学改革的应对策略。[15]也有学者从跨学科的思维与历史的视角探讨中国现代新闻教育思想的起源路径，将中华民国时期北京大学新闻学研究会的教育思想，概括为“大屋顶”教育观。它一方面坚持普遍原则，认为源于西方的现代传媒及其新闻教育制度具有普世意义，教育之目的是养成现代新闻观念，培养专门传播之才；另一方面坚持分化原则，将传统道德化为记者的个人修养与职业伦理，赋予新闻记者士人之魂。这种兼顾现代与传统“大屋顶”教育观，对于当代中国新闻教育仍有借鉴意义。[16]也有研究者提出融合学界、业界资源，共同培养新闻人才的创新模式。[17]

有研究者对中西方新闻传播教育进行对比研究后获得启示。其中，通过对美国著名新闻学院的研究发现：在媒介融合时代背景下，美国密苏里大学新闻学院在本科教育层面注重培养熟悉多媒体平台特点、熟练运用多媒体技术的新型媒介融合应用型人才，以满足业界和受众对新闻的快捷、及时和多种形态呈现的需求。针对大数据时代的发展前景，密苏里大学新闻学院媒介融合系又开始着手培养新兴媒体分析师、多媒体内容监制、互动图表或信息图表设计师、数据营销经理、多媒体新闻部协调人等新型媒介人才。[18]有研究者从组织与其存在的环境之间的关系出发，分析了具有100多年历史的哥伦比亚大学新闻学院在各种环境压力之下做出的课程改革；详细介绍了这一变革的具体措施及其背后的动因。研究者认为，作为世界最知名的老牌新闻学院，其课程数字化改革尽管迟缓，但毕竟已经来临，它是学界与业界、传统与变革、内容与技术、过去与未来之间的一种平衡。在数字时代，哥大新闻学院能为全球范围内的领先新闻传播学院的变革提供一个极有参考价值的标杆。[19]

四、传播学研究

关于传播学理论研究方面，学界们既对相关理论源流进行了探索也对其本土化的发展进行了反思。有研究者对凯瑞的仪式观进行了分析认为：凯瑞通过重新发现杜威和芝加哥学派，通过建构“杜威李普曼”之争，来证明美国文化研究源自美国本土，并以此说明其合法性。然而这种学术史的书写在人物选择、人物关系和思想展现上都存在着各种破绽。[20]有研究者在回溯传播研究在中国的“理论的旅行”后认为中国的传播学研究一开始就走偏了，虽然中国的传播研究有不少成就，但存在严重的方向性错误。[21]也有研究者在分析了当下传播学研究的困境及其深层原因后认为，这一学科的危机来自效果研究范式化、经典理论教义化、学科界定狭隘化等多方面的束缚；不完善的学科传统，使得传播学失去了作为年轻学科的活力和动力。传播学所需要的不是自我振兴，而是彻底解放，这就要求学术界致力再定义传播与传播学、重新发现理论、让学科向外生长。[22]

在传播学历史与方法方面，学界们进行了新的努力和探索。一般认为中国大陆的传播研究开始于1978年，但有研究者认为这种说法忽略了20世纪初期社会学和新闻学传统对传播的关注与研究，通过对中国传播研究史前史的分析，探究为什么早期的研究传统中断的原因以及目前的传播学界会对这段历史出现集体遗忘等问题作了初步探讨。[23]面对当前传播学主流范式的危机，有研究者认为传播学必须进行反思现有研究、清理理论遗产、研究范式创新的重建。传播学需要多元范式并置、多种学派纷呈以展开对话、交锋的开阔气象，以达成促进学科繁荣、回应历史变革之目标。[24]也有研究者通过对传播学界“范式”这一术语的语用考察以及对库恩范式的深入再解读，发现传播学界长期在两种不同的概念上使用“范式”，如果未厘清“范式”背后的两种不同概念，就可能造成学术讨论中的自相矛盾，进一步加深传播学界的“范式之惑”。[25]

在国际传播研究方面，国际传播能力的发展状况直接关系到国家软实力的建设和国家的文化安全。有研究者以我国广播电视国际传播为研究对象，基于传播学相关理论对我国广电的国际传播现状进行分析，并从四个方面提出微观层面的改进策略，具有较强的理论和现实意义。[26]面对国际舆论“西强我弱”的基本态势，有研究者认为改变国际舆论格局，应从世界交往的角度，以更为宽广的视域看待国际传播。[27]以互联网为代表的新传播技术为国际传播与地缘政治的互动提供了新变量，有研究者试图探讨在国际传播与地缘控制的逻辑之外，互联网时代国际传播的工具新面孔与地缘政治的变动新特征。[28]

五、广播电视研究

面对以互联网为代表的新兴媒体的崛起，作为家庭客厅娱乐中心地位的电视机，正在快速完成从普通化向联网化、从联网化向智能化转变。有研究者认为以爱奇艺、乐视等为代表的视频网站和以百度、阿里、小米等为代表的互联网应用服务商进入互联网电视，将对传统电视终端格局产生深刻影响和变革，并主要体现在内容版权之争、用户眼球之争、广告投放之争、商业模式之争等四个方面。互联网电视的未来趋势体现在内容与渠道的一体化趋势、节目的互动社交化趋势、用户精准分析趋势、直播频道价值后续挖掘趋势等方面。[29]

随着自媒体生产能力和水平的提升，传统媒体的生产活动越来越多地引入自媒体内容，并逐渐形成传统媒体与自媒体协同生产和传播的态势。有研究者从CNN iReport等国内外实例出发，分析电视媒体引入自媒体内容的过程和机制，探究自媒体内容引入后对传统媒体内容生产模式的影响。[30]有研究认为大数据技术在电视业的广泛运用，在多方面产生的颠覆性的影响，推动了电视业的全方位变革与重构。在收视测量方面，出现从抽样到全样本的变化；在内容生产上，出现从“制播分离”到“制播同步”的变化；在媒介功能上，出现从“看电视”到“用电视”的转变；在传播模式上，出现从“机械化”到“智能化”的重构。[31]

纪录片研究是近几年来的研究热点，有研究者通过纪录片《舌尖1》与《舌尖2》的比较分析，从制作理念与意义呈现角度探究分析，进行深度解读，从而找出差异及造成差异的原因，为中国纪录片创作及发展提供了有价值的思考与借鉴。[32]历史题材纪录片中的“搬演”手段近年来得到了广泛运用。有研究者认为“搬演”拓展了历史纪录片的叙事方式，在叙事视角、叙事时空上都产生了一定影响；“搬演”也丰富了这一片种的艺术内涵，使其在观众接受上呈现新的变化。然而，历史纪录片中的“搬演”如何令其符合媒介融合背景中观众的心理需求，进而实现有效的传播仍需要探索与思考。[33]也有研究者认为通过搬演、扮演和三维数码技术的手段实现历史事件某种程度上的模拟真实，拓展了历史题材电视纪录片的表现空间和深度。[34]

六、新媒体研究

数字化时代的来临带来了海量数据，对新媒体研究产生重要影响。有研究者探讨了大数据时代的精准广告及其传播策略，认为大数据驱动下的精准广告，颠覆了传统广告的核心逻辑，真正实现了“以消费者为中心”，因此需确立新的广告传播策略：广告目标转变为效果为王；善于利用技术手段提升广告体验；营销方式上善用内容营销和关系营销提升传播效果。[35]有研究者提出了新媒体环境下的受众描述、受众角色以及受众行为模式，大数据技术和理念为受众分析提供了一个全新的视角和技术支撑。因此，基于大数据驱动的受众分析，优质应需的内容是确保传播效果的核心与前提，如何动态、实时地感知、跟随、响应每一位受众并且与之对话，成为提升传播效率的关键。[36]

社会化媒体的传播特征依然是学界关注的焦点。有研究者从社会资本的视角出发对社交媒体的使用效果进行实证研究。研究显示社交媒体的使用频率与个人生活满意度、社会信任的相关性不显著，与公民参与社会意愿具有显著的相关性。微博对生活满意度、社会信任的影响最为明显，微信则对公民参与社会意愿的影响最为明显。[37]随着社交媒体时代来临，整个社会舆论生态出现了全新的变化，研究者在分析了当前舆情研究困境的基础上，提出了舆情研究出现的转向和趋势，如从信息传播到情绪传播研究、从信息流到社会关系网研究、舆情研究向社会运动研究的偏向。[38]也有研究者考察了俄罗斯社会化媒体的发展及其对新闻生产的影响，俄罗斯业界及学界人士关于社会化媒体的普遍看法是——社会化媒体与传统媒体的融合已成趋势，但二者之间并非是竞争关系。在新的传播环境下，职业记者与专业媒体仍然具有不可替代的作用。[39]

互联网安全与个人隐私成为研究的热点。有研究者以“棱镜门”事件为切入点，深入探析全球网络空间新格局，在网络空间的全新范式下思考我国网络安全战略问题。[40]面对网络搜索引发的个人信息安全问题，有研究者在分析大数据时代网络搜索失范成因的基础上，重点从意识培养、立法监管、技术应用等三方面提出了构建个人信息安全保障体系的构想。[41]也有研究者对西方新闻传播学在社交网络中的隐私侵权问题领域的文献进行分析后发现，新媒介技术对隐私造成了更大的威胁。在社交网络中，隐私悖论现象在各国依然存在，侵权主体呈现多样化的特点，而有效的保护社交网络中的隐私权，则需要社交网络用户的自我保护、行业自律和政策及法律保护。[42]

七、传媒经济研究

围绕传媒业的震荡与市场重组，有研究者以资产专用性理论为依据，提出“节目制作所需资产的专用性投资程度越高，由广电机构自主制作的比例将会越高”的假设。通过设计考量不同节目类型的资产专用性和节目自制程度的分析量表，检验节目类型与制播模式之间的对应关系并加以解释，以理解不同节目类型的制播模式现状，并借此明晰不同节目形态在制播分离改革方向上的差异。[43]也有研究者以新世纪以来的模式产业为关注点，对全球模式产业发展的阶段、态势做出分析，并对中国模式创意产业的发展提出建议。[44]

面对新媒体的发展，有研究者通过政策文本分析和企业个案研究，探讨了中国动漫产业在政策扶持下却存在产业发展困境的原因，试图引发文化创意产业研究者对政府、企业与市场等关系所构成的复杂生态系统的思考。[45]也有研究者以新媒体粉丝在移动智能终端的信息消费为例，总结其分享性信息消费、认同性信息消费、游戏性信息消费的特点，在此基础上分析其对于产业营销的价值化、产品的艺术化、应用的跨界化的影响和意义。[46]

此外，关于传媒经济的学术研究也从实证的角度展开，有研究者基于文献计量分析我国传媒经济学研究现状发现：媒介体制改革、行业市场结构、媒介融合、经营管理创新等问题是传媒经济学的研究热点；传媒经济学的研究方法以定性为主，但还不够规范；传媒经济学研究的作者群体流动性强，核心作者群发育严重不足。研究结果表明，我国传媒经济学发育程度比较低，目前正面临范式危机。[47]也有研究者对我国20年来传媒经济研究进行整体梳理发现，研究文献时序增长曲线明显呈现出中国传媒经济研究的三个研究分期，三个研究分期及各期的主要研究内容，与中国传媒经济的发展走势与现实需求高度一致。研究文献时序增长曲线同时显示，自2004年之后，我国传媒经济研究文献出现较大波动与回落，与学科发展的一般规律相悖。此种状况与中国传媒经济研究此期遭遇到的难解的现实问题密切相关，也显示出中国传媒经济研究正遭遇某种范式困惑与范式危机。[48]

注：

①杨保军：《准确认识“新闻的价值”——方法论视野中的几点新思考》，《国际新闻界》，2014年第9期。

②张征、陈海峰：《简论“两个舆论场”的内涵与价值》，《当代传播》，2014年第3期。

③李双龙、郑博斐：《舆论主体及当下国内舆论的焦点诉求》，《当代传播》，2014年第5期。

④严三九、刘峰：《试论新媒体时代的传媒伦理失范现象、原因和对策》，《新闻记者》，2014年第3期。

⑤郭镇之：《公民参与时代的新闻专业主义与媒介伦理：中国的问题》，《国际新闻界》，2014年第6期。

⑥张垒：《破碎与疏离：从热点事件传播看“公民记者”对新闻伦理的影响》，《现代传播》，2014年第4期。

⑦曾庆香、王超慧：《众筹新闻：变革新闻生产的权力结构》，《国际新闻界》，2014年第11期。

⑧周葆华等《网络新闻从业者的基本构成与工作状况——中国网络新闻从业者生存状况调查报告》，《新闻记者》，2014年第1期。

⑨陈阳：《从“不专业”到“专业”：体制外记者与媒体机构的冲突》，《国际新闻界》，2014年第11期。

⑩孔正毅：《再谈元代的“邸报”、“朝报”及

"除目"问题——兼答李漫博士》，《国际新闻界》，2014 年第 1 期。

⑪倪延年：《论民国时期的新闻史研究进程及阶段特点》，《现代传播》，2014 年第 5 期。

⑫樊亚平、丁丽琼：《被遮蔽与被忽略的历史——赫斯特办报生涯中的"第三条道路"》，《当代传播》，2014 年第 4 期。

⑬孙继强：《侵华战争时期日本报界战时宣传的特征及评析》，《新闻与传播研究》，2014 年第 10 期。

⑭李昱：《广播史研究的范式转移》，《现代传播》，2014 年第 9 期。

⑮胡正荣：《全媒体时代的复合教育》，《新闻大学》，2014 年第 1 期。

⑯李军林、阳海洪：《大屋顶思维：中国新闻教育思想的起源路径》，《当代传播》，2014 年第 3 期。

⑰王健、刘鹏：《融合学界业界资源，建新闻人才摇篮——复旦大学新闻学院院长尹明华访谈录》，《新闻记者》，2014 年第 10 期。

⑱郑敏章、于炎：《媒介融合时代美国密苏里新闻教育的变革与创新》，《国际新闻界》，2014 年第 4 期。

⑲邓建国：《传统与变革：数字时代老牌新闻学院的变与不变——以哥大新闻学院的课程改革为例》，《新闻大学》，2014 年第 6 期。

⑳胡翼青、吴越：《凯瑞的"仪式观"——美国文化研究本土化的困局》，《新闻与传播研究》，2014 年第 6 期。

㉑吴飞：《何处是家园？——传播研究的逻辑追问》，《新闻记者》，2014 年第 9 期。

㉒杜骏飞、周玉黍：《传播学的解放》，《新闻记者》，2014 年第 9 期。

㉓刘海龙：《中国传播研究的史前史》，《新闻与传播研究》，2014 年第 6 期。

㉔孙玮：《为了重建的反思：传播研究的范式创新》，《新闻记者》，2014 年第 12 期。

㉕陆新蕾：《略论传播学研究中关于"范式"的两种概念》，《新闻大学》，2014 年第 3 期。

㉖段鹏：《提升我国广播电视国际传播能力的微观策略》，《现代传播》，2014 年第 12 期。

㉗马凌、苏状：《国际舆论表达与引导策略探析》，《当代传播》，2014 年第 4 期。

㉘任孟山：《互联网时代的国际传播与地缘政治》，《现代传播》，2014 年第 10 期。

㉙傅琼：《互联网电视时代传统电视媒体的应对策略》，《现代传播》，2014 年第 1 期。

㉚雷蔚真、莫江江：《电视媒体引入自媒体内容对传统生产模式的影响》，《现代传播》，2014 年第 12 期。

㉛史安斌、刘滢：《颠覆与重构：大数据对电视业的影响》，《新闻记者》，2014 年第 3 期。

㉜武新宏、常远：《"旁观"与"介入"的适度与偏移》，《现代传播》，2014 年第 7 期。

㉝李勇强、关峥：《历史题材纪录片中"搬演"的运用及思考》，《现代传播》，2014 年第 1 期。

㉞李国泉：《历史题材纪录片"情景再现"应用探析》，《现代传播》，2014 年第 6 期。

㉟倪宁、金韶：《大数据时代的精准广告及其传播策略》，《现代传播》，2014 年第 12 期。

㊱聂磊：《新媒体环境下大数据驱动的受众分析与传播策略》，《新闻大学》，2014 年第 2 期。

㊲赵曙光：《社交媒体的使用效果：社会资本的视角》，《国际新闻界》，2014 年第 7 期。

㊳李彪、郑满宁：《社交媒体时代的网络舆情》，《新闻记者》，2014 年第 1 期。

㊴贾乐蓉：《俄罗斯社会化媒体的发展及其对新闻生产的影响》，《国际新闻界》，2014 年第 11 期。

㊵方兴东等：《棱镜门事件与全球网络空间安全战略研究》，《现代传播》，2014 年第 1 期。

㊶刘小霞、陈秋月：《大数据时代的网络搜索与个人信息保护》，《现代传播》，2014 年第 5 期。

㊷徐敬宏等：《西方新闻传播学关于社交网络中隐私侵权问题的研究现状》，《国际新闻界》，2014 年第 10 期。

㊸张雷、王勇：《广电产业链的制播关系模式选择》，《现代传播》，2014 年第 6 期。

㊹殷乐：《电视模式产业发展的全球态势及中国对策》，《现代传播》，2014 年第 7 期。

㊺丁未、郑旭莹：《政策扶持下动漫产业的困境与悖论》，《现代传播》，2014 年第 12 期。

㊻郑傲：《新媒体粉丝的信息消费及其产业影响》，《现代传播》，2014 年第 11 期。

㊼冉华、王凤仙：《基于文献计量分析的我国传媒经济学研究现状》，《新闻大学》，2014 年第 6 期。

㊽曾琼、张金海：《中国传媒经济研究 20 年回顾与反思》，《新闻大学》，2014 年第 2 期。

（作者：郭庆光，中国人民大学教授；
刘新传，首都经济贸易大学教师）

军 事 学

军 事 学

昝瑞礼

2014年是甲午战争爆发120周年，邓小平诞辰110周年，第一次世界大战爆发100周年和第二次世界大战爆发75周年，黄埔军校建校90周年，中国人民解放军建军87周年，中央红军长征出发80周年，中国人民海军成立65周年纪念日。2014年，在首创精神的鼓舞下，首届中国军事文化高端论坛在北京举行，在始终坚持从思想上政治上建设强大人民军队和大力开展战斗力标准大讨论活动的推动下，军事学研究又谱写了新的篇章。

一、军事历史研究学术观点综述

军事历史研究课题的选择与现实的军事实践联系必须更加紧密，这是时代的要求。而要适应这一要求，就需要树立世界眼光，立足时代要求，与时俱进地创新发展军事历史研究。

（一）军事历史研究的时代责任

贺新城在《军事历史研究的时代责任》一文中认为，军事历史是构成整个军事科学大厦的基石。在新军事革命和社会改革浪潮汹涌、思想观念和价值取向日呈多元的背景下，军事历史研究也面临着诸多新问题新挑战。军事历史研究工作者必须以马克思主义唯物史观为指导，树立世界眼光，立足时代要求，与时俱进地发展创新发展军事历史研究。[①]

（二）用中国优秀传统军事文化助力强军实践

曹效生在《用中国优秀传统军事文化助力强军实践》一文中认为，在中国传统军事文化厚重积淀中，蕴含着拳拳报国的忠诚信念，蕴含着文治武功的战略主张，蕴含着贯通古今的战争哲理，蕴含着善战胜战的用兵韬略，蕴含着宽严相济的治军良策，蕴含着血脉相融的为民情怀，蕴含着英勇顽强的尚武精神。优秀传统军事文化必须创造性转化、创造性运用、创造性发展，使之成为涵养当代革命军人核心价值观的文化之魂，成为发展先进军事文化之根，成为培树战斗精神的力量之源。[②]

（三）一次迎来命运转折的契机

李泉在《一次迎来命运转折的契机》一文中认为，中国在一战参战问题上经历波折和屈辱，但最终实现参战及在巴黎和会上的抗争有着非凡意义。首先，中国抗争的态度赢得国际社会的尊重和同情。其次，实现了部分参战目标。第三，唤醒了国家民族的进一步觉醒。中国共产党把马克思主义普遍真理与中国革命具体实际相结合，最终找到了中华民族复兴的正确航向。[③]

（四）只有正视历史，才能拥有未来

黄恒在《以思考和行动纪念“九一八”》一文中认为，在“九一八”这个纪念日，纪念，绝不是为了向世界晒出曾经的伤口，那是弱者永远的跪着乞讨的方式；警钟长鸣，是为了提醒国人记住历史。如果忘记历史、背叛历史，只会让我们的孩子再度蒙受耻辱。[④]

（五）七七事变改变了中日两国命运

徐焰在《七七事变改变了中日两国命运》一文中认为，全面抗战让中华民族付出了巨大的牺牲，却也促成了伟大的社会进步。卢沟桥战事爆发引来中国全面抗日战争开始，在国际舞台上也改变了中日两国的地位。一味以受害悲情乞求外国仁慈相救，只得到被嘲弄的结果。中国得到他国真正有力的支持，关键在于自己在抗战中显示出了抗击日本的力量。[⑤]

（六）新中国成立以来国防和军队改革历程与启示

秦天、李大光在《建国以来国防和军队改革历程与启示（下）》一文中认为，通过研究新中国成立以来国防和军队调整改革的经验教训，不难得出以下一些重要启示。一：改革必须坚持一切从实际出发并使主观指导与客观实际相适应。二：军事改革必须准确把握军队建设的外部环境和内在矛盾。三：必须把国防和军队改革放在国家战略大局中加以筹划。四：搞

好国防和军队调整改革，必须实行科学决策，加强统一领导。五：国防和军队调整改革是一个复杂的系统工程，必须选准改革的突破口。六：理论是行动的先导，国防和军队调整改革必须坚持以军事理论为指导。[⑥]

二、纪念邓小平同志诞辰110周年学术观点综述

在纪念邓小平同志诞辰110周年之际，全党全军从邓小平开启中国特色强军之路的伟大进程，开创中国特色精兵之路的历史贡献，到博大精深的邓小平军队现代化建设思想等多方面，深化了对邓小平理论特别是其“军事篇”的认识，谱写了邓小平理论光彩夺目的军事篇。

（一）邓小平解决了新时期国防和军队建设的重大问题

刘成军、孙思敬在《开启中国特色强军之路的伟大进程》一文中认为，在新中国国防和军队建设的历史上，邓小平解决了新时期国防和军队建设的重大问题，开启了中国特色强军之路的伟大进程，作出了“当今时代的主题是和平与发展”的判断，形成了把军队建设转到和平时期建设轨道上来的决心，拨乱反正实现军队建设指导思想的战略性转变，这是我军走自己的国防和军队发展道路精神的概括。[⑦]

（二）深化了对邓小平理论特别是其“军事篇”的认识

宋普选在《在全军纪念邓小平同志诞辰110周年理论研讨会上的讲话》一文中认为，全军纪念邓小平同志诞辰110周年理论研讨会，取得的主要理论成果：一是进一步深化了对邓小平丰功伟绩和崇高风范的认识；二是进一步深化了对邓小平理论特别是其“军事篇”丰富内涵的认识；三是进一步深化了对邓小平理论特别是其“军事篇”当代价值的认识；四是进一步深化了对邓小平理论特别是其“军事篇”创新成果的认识。[⑧]

（三）充分认识邓小平新时期军队建设思想的重大理论和实践价值

马德宝在《邓小平军事战略理论的时代价值》一文指出，邓小平军事战略理论的时代价值：一是推动党的军事战略成功转型，二是把维护国家的主权和安全放在第一位，三是邓小平要求始终坚持人民战争的理念，为人民战争由传统形态向现代形态转变指明了方向。[⑨]

郭普校在《开启新时期现代化建设光辉历程》一文中指出，邓小平新时期军队现代化建设思想的时代价值：一是强调军事人才现代化是军队现代化的基础工程；二强调后勤装备现代化是军队现代化的物质基础；三是强调编制体制现代化是军队现代化的组织保证；四是强调科学技术现代化是军队现代化的根本出路。这些思想昭示我们必须以强军目标为统领加快推进国防和军队现代化，必须坚持把信息化作为军队现代化建设发展方向。[⑩]

刘朝君在《邓小平军队改革思想的指导价值》一文中指出，邓小平军队改革思想，对当前深化国防和军队改革，具有重大指导价值。一是“和平与发展的时代主题”是邓小平军队改革思想的逻辑起点，深化军队改革必须把握大势、顺势而为。二是邓小平指出“军队改革就是提高战斗力”。当前，必须聚焦战斗力标准，进一步解放和发展战斗力，确保部队能打仗、打胜仗。三是“调整编制、完善制度”是邓小平军队改革思想的重要内容，深化军队改革必须切实推进组织形态现代化。四是邓小平强调军队必须“精兵、合成、高效”。当前，必须着力构建中国特色现代军事力量体系。[⑪]

（四）军队要像军队的样子

王幸生、韩金强在《军队要像军队的样子——论邓小平新时期治军的一个重要方法论》一文中认为，“军队要像军队的样子”是贯穿邓小平治军实践和治军思想的一条鲜明主线。关于我军的“样子”，他强调最多的是：我们这个军队是党指挥枪，不是枪指挥党；军队还是要随时准备打仗的，要提高战斗力；继承和发扬老红军的优良传统和作风。[⑫]

（五）党的军事指导理论创新发展的最新成果

宋普选在《在全军纪念邓小平同志诞辰110周年理论研讨会上的讲话》一文中认为，习主席关于国防和军队建设重要论述是对党的军事指导理论的创新发展。其中，关于强军目标的重要思想是我们党关于军队建设战略目标思想的继承与发展；关于为实现中国梦提供坚强力量保证等的理论观点是我们党关于国防和军队建设地位作用思想的继承与发展；关于确保部队绝对忠诚、绝对纯洁、绝对可靠等的观点是我们党关于军队革命化思想的继承与发展；关于与时俱进创新发展军事战略指导等的观点是我们党关于军事战略思想的继承与发展；关于严字当头、以上率下等的观点是我们党关于军队作风建设思想的继承与发展；关于推进军队组织形态现代化等的观点是我们党关于国防和军队改革思想的继承与发展，等等。[⑬]

三、第9届孙子兵法国际研讨会学术观点综述

2014年8月25日至27日，由中国人民解放军军

事科学院和孙子兵法研究会在青岛举办了第9届孙子兵法国际研讨会。来自26个国家和地区的160多名专家学者聚集一堂，探讨运用《孙子兵法》智慧维护世界和平合作发展之道，主要观点如下。

（一）孙子兵法与世界和平发展方略

刘成军在《兵家圣典，智者必读——由孙子兵法探寻世界和平发展方略》一文中认为，《孙子兵法》是一部兵学经典，但关注的是世间和平，主张慎战和止战，注重先胜和全胜，体现出中华民族崇尚和平又不惧怕战争的传统。中国坚定不移走和平发展道路，通过维护世界和平发展自己，又通过自身发展维护世界和平。和平发展道路对中国有利、对世界有利，中国的发展绝不会以牺牲或损害别国利益为代价。[14]

（二）继承和发扬孙子兵法维护世界和平

孙思敬在《消弭冲突战端，维护世界和平》一文中认为，孙子兵法战略意蕴都饱含着缔造和平、维护和平、追求和平的价值取向。继承和发扬孙子兵法和平主义思想、坚定不移地走和平发展道路是中华民族基于历史与现实作出的战略抉择。历史和现实也昭示我们，坚持以发展求安全、以合作求安全、以共赢求安全是世界各国通向和平的康庄大道。[15]

（三）《孙子兵法》中的慎战止战备战思想的当代价值

朱文泉在《慎战 止战 备战》一文中认为，《孙子兵法》作为中国古典军事文化遗产中的顶尖之作，对我们具有极高的指导价值。其中，慎战、止战、备战的战略思想体系，对控制战争、维护和平具有重大世界性和时代性意义。孙子慎战、止战、备战的战略思想，是一种战争观，又是和平观，“和”是其主线，具有一贯性普遍性指导意义。慎战是前提，目的是止战，进而达到“和”。止战是愿望，是有条件的，不能一厢情愿，根本的条件是备战。[16]

（四）孙子非战、慎战、止战思想的精要所在

鲍世修在《简论孙子慎战非战止战思想》一文中认为，之所以说孙子非战、慎战、止战思想有其独到、过人的价值，其原因主要有三点：一是研究者把战争放在事关国家、民族兴衰存亡高度来加以认识；二是研究者对战争可能造成的巨大危害有着不同一般的深刻认识；三是研究者有把战争能否酿成跟战争谋划人和执行者个人临战时的情感状态放在一起思考的科学态度。[17]

（五）孙子的“全胜”思想对两岸和平统一的启示

辛旗在《孙子的“全胜”思想与两岸和平统一》一文中认为，孙子提出以“不战而屈人之兵”为核心的“全胜”思想，对台海两岸化解分歧，打破僵局，以“不战”“非战”方式实现双赢，最终达成统一，具有启示意义。“全胜”思想是战略运筹的最高境界，是两岸结束对抗、实现统一的最佳选择。“全胜”思想的关键在造“形、势”，这也是推动两岸关系和平发展的核心要义。“全胜”思想基本原则是“非战”，这为两岸解决矛盾、化解分歧提供了根本遵循。应秉持《孙子兵法》“全胜”思想推进两岸和平统一。[18]

四、纪念甲午战争120周年学术研究观点综述

对甲午战争的研究和反思，100多年来从未停止过，2014年又掀起了一个新热潮，取得了丰硕成果。《参考消息》报社与新华社解放军分社敢于担当，主动引导舆论，先后推出了“军事名家的甲午殇思”与“学术名家的甲午镜鉴”两组大型系列报道，受到中央领导同志的高度评价，引发社会各界强烈反响。从“甲午殇思”到“甲午镜鉴”，不仅推动了全社会反思甲午战争的热潮，也为重铸“国家魂”“民族魂”作出了应有的贡献。

（一）对甲午战争的研究和反思是兴国强军的重大课题

范长龙在《知耻奋进中肩负起强军兴军的历史责任——写在甲午战争120周年之际》一文中认为，今天研究甲午战争，要上溯到中国人民自鸦片战争以来170多年的斗争史，乃至中华民族5000多年的文明史中去审视，认清腐败和落后必然被动挨打、丧权辱国；联系我们党90多年的奋斗史，新中国成立60多年的发展史，改革开放以来30多年的改革史，认清没有共产党就没有新中国、只有社会主义才能救中国、只有中国特色社会主义才能发展中国的历史必然，在历史长河的比较鉴别中增强对中国特色社会主义的道路自信、理论自信、制度自信，坚定实现中国梦的决心和信心。[19]

（二）甲午战争失败的原因

甲午战争失败的原因是什么，仁者见仁，智者见智，其重要观点如下。观点之一：甲午战败的多因素论。[20]观点之二：甲午战败的“不统一”论。[21]观点之三：甲午之败的“舆论战”论[22]。观点之四：甲午战败的“腐则必败”论。[23]观点之五：甲午战败的“政府腐败无能”论。[24]观点之六：甲午战败的“陈腐贪腐腐朽”论。[25]观点之七：甲午惨败的“国防动员弊端”论。[26]观点之八：甲午之败的“作战要素”论。[27]

观点之九：甲午海战的完败的“消极海防”论。[28]

（三）甲午战争的历史经验教训

甲午战争失败的经验教训是什么，也是仁者见仁，智者见智。主要有观点有6种。1. 民族的强盛之道论。[29]2. 经略海洋维护海权论。[30]3. 消极被动应战必败。[31]4. 能战方能止戈。刘新如在《甲午的殇思》一文中认为，中国近代的反侵略战争中，中日甲午战争可以说是规模最大、失败最惨、影响最深的一场战争。应当说，思想观念的落后、军事理念的陈旧，才是导致“天朝上国”一败涂地的一个“致命伤”。承平日久，一个民族最难维系的是忧患意识，一支军队最难做到的是居安思危。只要我们要圆中国梦、强军梦，就不能也不应忘记还有甲午这场改变国家历史走向的战争。[32]5. 总结历史重要经验。肖裕声在《研究甲午战争与抗日战争可提供重要经验》一文中认为，甲午战争是日本发动的第一场大规模的侵略战争，抗日战争是日本发动的迄今为止最后一场大规模的侵略战争，两场战争的发动者都是日本，侵略的对象都是中国，但是结果是完全不同。甲午战争以日本的胜利而结束，抗日战争终结了日本自明治维新以来的侵略扩张之路，中国则取得了近代以来抗击外敌入侵的第一次完全胜利，实现了中华民族由屈辱衰败走向复兴。[33]6. 甲午战争惨败的教训。罗援在《甲午战争惨败十大教训》一文中认为，甲午战争惨败的教训主要有十条：一、国殇伤在政体，体制落后必然挨打；二、战败败在贪腐，腐败不除未战先败；三、强国必须强军，军不够强不成强国；四、强军必须创新，观念落后满盘皆输；五、强军重在军魂，无勇军队散沙一盘；六、强军必强装备，数量质量缺一不可；七、强军不可松懈，有备才能保证无患；八、指挥情报后勤，通力合作方能得胜；九、技术决定战术，剑不如人法要过人；十、敢战方能言和，依靠别人不如靠己。[34]

（四）甲午战争的历史启示

甲午战争给我们留下的历史启示是多方面的，如，兴国必须强军，军事战略指导必须与时俱进；维护海洋权益；必须有强大的海军；甲午战争败在“私”，抗日战争胜在“公”；闫爱兰在《甲午战争八大启示》一文中认为，甲午战争给我们至少有八大启示：启示1富国强军，增强复兴意识；启示2陆海统筹，增强海洋意识；启示3居安思危，增强忧患意识；启示4应对突变，增强危机意识；启示5众志成城，增强国防意识；启示6常备不懈，增强战备意识；启示7敢打善战，增强必胜意识；启示8捍卫和平，增强责任意识。[35]丁一平在《对甲午海战的再认识》一文中也认为，甲午海战给我们留下的历史启迪，择其精要有八个方面。[36]

五、古田会议学术研究观点综述

从1929年6月8日召开的古田会议到2014年10月30—11月2日召开的新古田会议，对其时代意义和重大价值等方面的研究又取得许许多多的新认识和新成果。

（一）古田会议的主要贡献

金一南在《古田会议精神是从哪里来的》一文中认为，古田会议的成果之一：领袖集团的成熟。古田会议的成果绝不只是通过了一个《古田会议决议》，找到了一条正确的路线，更关键的是，它见证了我党领导人的成熟，这是古田会议很大的一个成果。古田会议的辉煌成果之二：把军队建设成为接受党的绝对领导的人民军队，人民军队的军魂在这里铸造。古田会议的辉煌成果之三：提出了“思想建党、政治建军”等口号，思想建党、政治建军，才是共产党人最大的优势。古田会议的辉煌成果之四：古田会议的最大意义，在于完成了对一支农军武装的改造，锻造一支新型军队。[37]

总政治部办公厅编研局在《古田会议的主要贡献和现实启示》一文中认为，古田会议的历史贡献概括起来主要有：一是正确解决了红四军建设面临的一系列重大问题，促进了红四军的发展壮大；二是形成了稳固的红四军政治领导的中心，为日后党的军事领袖地位的确立打下了基础；三是提出了政治建军的一系列原则、制度和方法，找到了适应中国革命武装斗争需要的建军模式；四是创造性地提出了注重思想建党的原则，形成了比较完整的具有中国特色的建党纲领。古田会议确立的思想建党、政治建军的基本原则，是这次会议精神的精髓所在。[38]

陈丽、樊秋实在《古田会议具有划时代的意义——访古田会议纪念馆馆长曾汉辉》一文中指出，曾汉辉认为，古田会议是“铸造了两个灵魂、奠定了两个基础、开辟了一条道路”。“两个灵魂”就是注重从思想上建党，还有一个就是政治建军，党指挥枪，铸就了我军永远不变的军魂。奠定了“两个基础”，一个是实事求是的基础，一个是群众路线的基础。开辟了以农村包围城市的中国革命的道路。应该说，中国化的马克思主义始于这里。[39]

（二）古田会议的现实启示

总政治部办公厅编研局在《古田会议的主要贡献

和现实启示》一文中认为，古田会议的现实启示：一是要继续坚定不移地走政治建军的道路。二是从实际出发，提出、研究和解决问题。三是调查研究是党的基本工作方法，是做好领导工作的一项基本功，必须始终坚持和不断加强。四是理想信念是共产党人必须具备的奋斗目标和精神支柱，是革命者战胜一切艰难困苦的精神动力，必须十分珍视、永不放弃。[40]

（三）新古田会议时代意义和重大价值

任天佑在《“新古田会议”与实现强军梦》一文中认为，新古田会议的时代意义和重大价值：一是开启了我军“再赶考”“再出发”的新征程。二是开拓了政治工作与强国强军同步推进的新境界。三是拉开了我军大刀阔斧革弊鼎新的新序幕。四是“一个主题”，就是军队政治工作的时代主题，举起了加强和改进军队政治工作的总纲。五是“四个牢固立起来”，就是把理想信念、党性原则、战斗力标准、政治工作威信在全军牢固立起来，抓住了加强和改进军队政治工作的根本。六是“五个着力抓好”，就是着力抓好铸牢军魂、高中级干部管理、作风建设和反腐败斗争、战斗精神培育、政治工作创新发展，明确了加强和改进军队政治工作的着力点。[41]

六、军队政治工作新思想新观点新论断新要求解读

根据军委、总政领导指示，总政宣传部组织有关专家（执笔：黄文涛、潘庆华、章凌、王诗敏、满开宏、董鸿波、白鹏举、刘海贞），围绕习主席在全军政治工作会议上重要讲话的新思想新观点新论断新要求，作了36点概要阐释，重点如下。

（一）我军政治工作的根本原则和内容

我军政治工作的根本原则和内容，主要包括如下“11个坚持”：坚持党指挥枪的根本原则和制度，坚持全心全意为人民服务的根本宗旨，坚持实事求是的思想路线，坚持群众路线的根本作风，坚持用科学理论武装官兵，坚持围绕党和军队中心任务发挥服务保证作用，坚持公道正派选拔使用干部，坚持官兵一致、发扬民主，坚持实行自觉的严格的纪律，坚持艰苦奋斗、牺牲奉献的革命精神，坚持党员干部带头、以身作则，等等。

（二）加强和改进新形势下我军政治工作重点

加强和改进新形势下我军政治工作要重点抓好5个方面。即要着力抓好铸牢军魂的工作、着力抓好高中级干部管理、着力抓好作风建设和反腐败斗争、着力抓好战斗精神培育、着力抓好政治工作创新发展。

（三）军队政治工作的时代主题

军队政治工作的时代主题是，紧紧围绕实现中华民族伟大复兴的中国梦，为实现党在新形势下的强军目标提供坚强政治保证。我军政治工作只有聚焦时代主题、践行时代主题，才有正确方向和科学遵循，才能肩负起党和人民赋予的庄严使命，充分发挥对强军兴军的生命线作用。

（四）政治工作实质上是党领导和掌握军队的工作

政治工作实质上是党领导和掌握军队的工作。军队归谁领导、听谁指挥，是建军治军的首要问题。培养有灵魂、有本事、有血性、有品德的新一代革命军人。规定着军队大熔炉的新定位。政治工作必须坚持党的原则第一、党的事业第一、人民利益第一，在党言党、在党忧党、在党为党，把爱党、忧党、兴党、护党落实到工作各个环节。军队守纪律首要的是遵守政治纪律，守规矩首要的是遵守政治规矩，并且标准更高、要求更严。任何人不得越过政治纪律、政治规矩的红线，越过了就是大忌，就要付出代价。

（五）铸牢军魂是我军政治工作的核心任务

铸牢军魂是我军政治工作的核心任务。坚持党对军队绝对领导是强军之魂，是我军的命根子。对党绝对忠诚要害在“绝对”两个字。坚持党对军队绝对领导一整套制度，起定海神针作用的是党委统一的集体领导下的首长分工负责制。

（六）坚持党性原则是政治工作的根本要求

坚持党性原则是政治工作的根本要求。党性是政治工作的本质属性，从内在规定着政治工作要坚定地站在党的立场上，坚持党的全心全意为人民服务的宗旨，坚持党对军队绝对领导的根本原则和制度，坚持用党的理论占领思想、铸牢军魂，积极宣传、贯彻和维护党的路线方针政策。要对各种错误思想行为、不良风气和腐败现象敢于亮剑，“坚持什么、反对什么”旗帜鲜明，“倡导什么、抵制什么”爱憎分明，“什么是真善美、什么是假恶丑”是非分明，始终保持“无产阶级政治工作的战斗风格”。

（七）军队好干部的标准

军队好干部的标准，就是对党忠诚、善谋打仗、敢于担当、实绩突出、清正廉洁。这一标准，着眼军队建设发展实践，从德、能、勤、绩、廉五个维度构建，体现了党的好干部共性标准与军队特殊要求的高度统一，明确了担当强军重任高素质干部的原则性要求，提供了选贤任能的铁尺子，立起了干事创业的风向标。要根据这一标准，结合不同类型、不同岗位、不同职级干部情况进一步细化，转化为干部工作的制度安排，内化为各级干部的行为标尺，从而为实现强军目标提供坚强的组织保证和人才支撑。[42]

七、全军深入开展“战斗力标准大讨论”的新成果

2014 年，一场群众性的战斗力标准大讨论在全军部队蓬勃开展。这是军事领域的一次思想大解放，是和平积习的一次思想大扫除，是聚焦打仗的一次思想大发动。大讨论结出了丰硕成果。

（一）军事领域的一次思想大解放

解辛平在《全军深入开展“战斗力标准大讨论”》一文中认为，强军目标的核心是能打仗、打胜仗。强军目标之“强”，说到底是战斗力强。战斗力始终是军队兴衰成败的最终决定力量，战斗力标准始终是衡量部队建设的硬性标准。战斗力作为唯一标准的根本性，就是说在军事领域各项活动中，战斗力这个贯通和总揽全局的唯一标准带有基础性和支配性，是管根本、管方向的。战斗力标准既是军事标准，更是政治标准，既是作风标准，更是能力标准。[43]

（二）关注第四种战斗力损耗

殷智勇：《易被忽视！关注第四种战斗力损耗》一文中认为，作战是敌对双方的实力对抗，其基本特征是耗散性，是力量的消耗与能量的散失。但是在传统作战理论中，对“损耗”的认知往往受时代和战术发展水平的制约，而停留在较低的层次上。以当前的作战理论发展水平来说，“损耗”至少可分为四种类型。第一种是人员消耗。第二种是物资消耗。第三种是精神因素消耗。第四种是结构形态的损耗。[44]

（三）绘好战斗力标准“拓扑图”

孙伟在《绘好战斗力标准“拓扑图”》一文中认为绘好战斗力标准“拓扑图”，就是力求用“一张图”把部队作战能力“缺什么”“怎么补”“谁负责”等规划清楚，尽量通过数据说话，真正揭示出制约战斗力提升的核心因素，使战斗力建设从“概略瞄准”到“精确制导”，从“各自为战”到“攥指成拳”。[45]

（四）按纲施训，就是坚持战斗力标准

安卫平在《按纲施训，就是坚持战斗力标准》一文中认为，战斗力标准蕴含了党对军队的政治要求，只有坚持这个标准，才能为党巩固执政地位提供坚强保证；战斗力标准扭住了能打胜仗的强军之要，只有坚持这个标准，才能提高部队信息化条件下打赢能力；战斗力标准明确了一切工作的根本指向，只有坚持这个标准，才能有力牵引部队全面建设。可以说，作战训练法规，就是平时战斗力建设的根本遵循；落实法规标准，就是贯彻战斗力标准；坚持按“纲”施训，就是坚持战斗力的规范化、具体化、实践化。同时应在训练实践中为新一轮法规条令改革积累经验，真正把未来打什么仗、在哪打仗、与谁打仗等根本问题搞清楚，以理论上的创新牵引军事训练转变。同时，借鉴信息化条件下经典战例经验不断丰富大纲。[46]

八、军队反腐研究新进展

军队存在腐败，这个问题不能回避。但是如何认识这个问题和解决这个问题，军队反腐研究有了新的进展。

（一）腐败是战斗力的第一杀手

罗援在《撼山易，撼解放军难》一文中认为，腐败是战斗力的第一杀手，腐败不除，未战先败。但军内腐败不是军队的主流，人民军队的军魂仍在，传统仍在。我们既不能低估徐才厚等人的危害，也不能夸大他们的影响。这就彰显出“党指挥枪”的优越性，任何别有用心的人，谁也别想以自己的个人意志来影响这支军队，这支军队只听命于党，只服从于党和国家的最高统帅。[47]

（二）军报：反腐是一场输不起的生死仗

伍正华在《反腐是一场输不起的生死仗》一文中认为，肃贪惩腐是从严治党、强国兴军的决定性一招，攸关党和军队生死存亡，攸关国家和民族前途命运。军队反腐的目的，绝不仅仅是抓几个贪官，处理一批人，而是为了能打胜仗。腐败可谓战斗力的致命腐蚀剂，腐败不除，未战先败，甚至变质变色。[48]

（三）军队反腐工作进入“新常态”

万鹏在《学者：军队反腐进入新常态　腐败分子摧不垮军队战斗力》一文中认为，2015 年 1 月 16 日，中国人民解放军官方军事新闻门户发布消息，对外公布了 2014 年军队查处军级以上干部重大贪腐案件情况，涉案人员共计 16 人。国防大学教授公方彬在接受记者采访时表示，此次公布名单表明军队进入了反腐的“新常态”，民众对军队反腐工作的期待应需理性、积极。首次披露多名高级军官被查消息，表明军队反腐工作进入“新常态”。[49]

（四）说军队整个腐败了是危言耸听

许陈静、李静涛、王乐然：《金一南少将：说军队整个腐败了是危言耸听》一文中指出，金一南认为，军队存在腐败，这个问题不能回避，但如果因此说军队整个腐败了，那也是危言耸听。固然有谷俊山这样丢尽军队脸的败类，但更多的军人、整个军队的主流还是好的。我们周围有很多战友，都在尽心竭力地工作和奋斗。我相信，军队里纯净、光明的一面一定会战胜腐败、阴暗的一面。[50]

（五）徐才厚案件是军队长出的大毒瘤

任天佑在《徐才厚案件是军队长出的大毒瘤》一文中认为，徐才厚案件，是这些年军队在不良环境中长出的大毒瘤，其危害具有全局性、深层次性和相当危险性。查处徐才厚案件，对和平时期防止军队腐败变质具有标本性意义。徐在总政主任、军委副主席任上这么多年，根子扎得很深，肃清其影响决非易事。必须多管齐下，从思想上、组织上、作风上采取坚决彻底措施。[51]

九、未来战争研究理论新成果

（一）夺取未来战争制脑权

黄昆仑在《夺取未来战争制脑权》一文中指出，曾华锋教授认为，夺取未来战争制脑权主要有四种方式。一是感知操纵。二是切断历史记忆。三是改变思维范式。四是解构象征。[52]

（二）战争步入大数据时代

康永升在《战争步入大数据时代》一文中指出，随着大数据在军事领域的高效开发和全面运用，战争将步入大数据时代。毫无疑问，打赢未来信息化战争，大数据已成为军队必备的能力。信息化条件下，能不能打胜仗，关键看数据。随着大数据时代的到来，世界主要国家的军队已把大数据技术作为军事科技发展的重要方向。[53]

（三）新型作战力量主战未来

邢连杰在《新型作战力量主战未来》一文中认为，当今时代，新型作战力量已在局部战争中崭露头角。这就需要我们紧密结合作战条件的不断发展变化，把新型作战力量作为聚合整体战斗力的新基准，担当使命任务的新主角，着力以新质战斗力迎战对手，使新型作战力量稳操胜券的基础。[54]

（四）太空作战的现实与未来

姜连举在《太空作战的现实与未来》一文中认为，“谁能控制空间，谁就能控制地球。”正确认识太空作战特点趋势，准确把握其未来走势，对赢得未来作战意义重大。在信息化条件下，太空这个作战最远空间，渐成军事对抗的焦点。随着信息化战争形态的演进，太空作战正加速成为战争主角，最终将由作战理论层面走入作战实践领域。[55]

（五）中国国防政策的未来走向

王永生：《变化世界中的中国国防政策》一文中认为，中国国防政策的未来实质上就是一个如何面对新挑战和新机遇、如何平衡传统与现实的重大问题。中国国防要着重更新“四观”。一是实力观。中国人民光有和平的主观意愿是远远不够的，还必须拥有维护和平的坚实力量。二是利益观。人类只有一个地球，她承载着世界各国、各民族的希望和理想驶向未来。当今世界，不同制度、不同类型、不同发展阶段的国家利益交融、相互依存日益紧密，比以往任何时候都需要各国“同舟共济”。三是安全观。各国不仅利益与共，而且安危与共。四是战争观。我们认为战争不是解决国际争端的有效途径。战争是维护核心利益不受侵害的最后手段，也是不得已的手段。[56]

（六）俄罗斯准备应对未来五类战争

朱长生、赵卫忠在《俄罗斯准备应对未来五类战争》一文中指出，西方发达国家在军事高科技方面取得的新成就、新突破，使俄深感压力。未来俄将应对五种类型的战争挑战：一是同更高技术水平敌人的非接触战争；二是同技术水平相当敌人的接触战争；三是局部战争；四是打击恐怖主义；五是北极对抗。[57]

十、2014年军事热点问题研究新亮点

（一）太平洋不太平美国是动荡源

罗援在《事实已经证明太平洋不太平美国是动荡源》一文中认为，钓鱼岛问题的始作俑者其实就是美国。美国动辄用“中国试图用武力改变现状”来指责中国，企图搅浑水，蛊惑人心。[58]

（二）军工企业不能搞私有化

杨洪江在《军工企业不能搞私有化》一文中认为，我国的根本制度和国防安全需要，决定了国防科技工业体系和事关国家安全的重要军工企业，必须牢牢掌握在国家手中，决不能被私资或外资控制。这是一个原则性问题，如果削足适履，会犯颠覆性错误。[59]

（三）中俄海上联合2014军事演习亮点

张军社在《中俄联合军演》一文中认为，中俄海上联合2014军事演习亮点是很多，首先一个突出的亮点，就是这个主题是保护海上交通线。第二个亮点，就是有效地提高中国和俄罗斯海军海上防卫项目的防空作战能力。第三个亮点，就是在演习的战斗编程上，我们第一次把中俄两国海军的潜艇全部混编。第四个亮点，就是这次水面舰艇编队进行互为条件的超视距攻防演练。第五个亮点，组织的潜艇和水面舰艇进行自主对抗。最后一个亮点，这次首次引入了苏30、歼10等新型战机，以及一些新型的作战舰。[60]

（四）我军智库关注七大战略焦点

于淼在《我军智库关注七大战略焦点》一文中认为，我军智库关注七大战略焦点是：焦点一，国际体系转为“多强制衡”；焦点二，国际安全形势稳中有忧；焦点三，亚太海洋竞争持续升温；焦点四，网络空间竞争重威慑；焦点五，北极军事部署步伐加快；焦点六，抢占太空战略制高点；焦点七，导弹防御领域激烈博弈。[61]

注：

①贺新城：《军事历史研究的时代责任》，《中国军事科学》，2014年第5期。

②曹效生：《用中国优秀传统军事文化助力强军实践》，《解放军报》，2014年10月20日。

③李泉：《一次迎来命运转折的契机》，《光明日报》，2014年8月27日。

④黄恒：《以思考和行动纪念“九一八”》，《京华时报》，2014年9月18日。

⑤徐焰：《七七事变改变了中日两国命运》，《解放军报》，2014年7月7日。

⑥秦天、李大光：《建国以来国防和军队改革历程与启示（下）》，《国防参考》，2014年9月18日。

⑦刘成军、孙思敬：《开启中国特色强军之路的伟大进程》，《求是》，2014年第16期。

⑧宋普选：《在全军纪念邓小平同志诞辰110周年理论研讨会上的讲话》，《解放军理论学习》，2014年第9期。

⑨马德宝：《邓小平军事战略理论的时代价值》，《解放军报》，2014年8月22日。

⑩郭普校：《开启新时期现代化建设光辉历程》，《解放军报》，2014年8月22日。

⑪刘朝君：《邓小平军队改革思想的指导价值》，《解放军报》，2014年8月22日。

⑫王幸生、韩金强：《军队要像军队的样子》，《国防大学学报》，2014年第11期。

⑬宋普选：《在全军纪念邓小平同志诞辰110周年理论研讨会上的讲话》，《解放军理论学习》，2014年第9期。

⑭刘成军：《兵家圣典，智者必读——由孙子兵法探寻世界和平发展方略》，《中国军事科学》，2014年第5期。

⑮孙思敬：《消弭冲突战端，维护世界和平》，《中国军事科学》，2014年第5期。

⑯朱文泉：《慎战 止战 备战》，《中国军事科学》，2014年第5期。

⑰鲍世修：《简论孙子慎战非战止战思想》，《中国军事科学》，2014年第5期。

⑱辛旗：《孙子的“全胜”思想与两岸和平统一》，《中国军事科学》，2014年第5期。

⑲范长龙：《知耻奋进中肩负起强军兴军的历史责任——写在甲午战争120周年之际》，《中国军事科学》，2014年第5期。

⑳张煌：《恩格斯眼中的甲午战争》，《光明日报》，2014年4月16日。

㉑李畅：《试论导致甲午战争中国战败的三个长期“不统一”》，《国防大学学报》，2014年第7期。

㉒邓宏怀：《从舆论宣传看甲午之败》，《国防大学学报》，2014年第7期。

㉓彭光谦：《腐则必败：甲午战争清朝失败的根本原因》，《国防大学学报》，2014年第7期。

㉔巴忠倓：《奉劝日本军国主义者要认真反思》，《参考消息网》，2014年7月24日。

㉕钟声：《以史为鉴　警钟长鸣》，《人民日报》，2014年7月25日 。

㉖徐奎：《甲午战争中日双方的动员较量》，《国防大学学报》，2014年。

㉗郤舟：《从作战视角看甲午之败》，《国防大学学报》，2014年第7期。

㉘梁芳：《晚清海防思想对甲午海战的影响》，《国防大学学报》，2014年。

㉙徐焰：《中华崛起必须压倒“香蕉帝国主义”》，《国防大学学报》，2014年。

㉚吴胜利：《深刻吸取甲午战争历史教训坚定不移走经略海洋维护海权发展海军之路》，《中国军事科学》，2014年第4期。

㉛张炜：《甲午战争日本的战争准备和战争实施》，《中国军事科学》，2014年第4期。

㉜刘新如：《甲午的殇思》，《解放军报》，2014年1月6日。

㉝肖裕声：《研究甲午战争与抗日战争可提供重要经验》，《参考消息网》，2014年7月24日。

㉞罗援：《甲午战争惨败十大教训》，《参考消息网》，2014年3月8日。

㉟闫爱兰：《甲午战争八大启示》，《中国社会科学网》，2015年3月31日 。

㊱丁一平：《对甲午海战的再认识》，《参考消息网》，2014 年 3 月 5 日。

㊲金一南：《古田会议精神是从哪里来的》，《国防参考》，2014 年 12 月 4 日。

㊳总政治部办公厅编研局：《古田会议的主要贡献和现实启示》，《解放军报》，2014 年 10 月 27 日。

㊴陈丽、樊秋实：《古田会议具有划时代的意义——访古田会议纪念馆馆长曾汉辉》，《人民网》，2014 年 12 月 16 日。

㊵总政治部办公厅编研局：《古田会议的主要贡献和现实启示》，《解放军报》，2014 年 10 月 27 日。

㊶任天佑：《“新古田会议”与实现强军梦》，《人民网》，2015 年 1 月 28 日。

㊷黄文涛、潘庆华等：《新思想新观点新论断新要求解读——习主席在全军政治工作会议上的重要讲话》，《解放军报》，2014 年 11 月 24 日。

㊸解辛平：《全军深入开展“战斗力标准大讨论”》，《解放军报》，2014 年 7 月 30 日。

㊹殷智勇：《易被忽视！关注第四种战斗力损耗》，《解放军报》，2015 年 1 月 13 日 。

㊺孙伟：《绘好战斗力标准“拓扑图”》，《解放军报》，2014 年 7 月 16 日。

㊻安卫平：《按纲施训，就是坚持战斗力标准》，《解放军报》，2014 年 5 月 13 日。

㊼罗援：《撼山易，撼解放军难》，《环球网》，2014 年 12 月 12 日。

㊽伍正华：《反腐是一场输不起的生死仗》，《解放军报》，2014 年 1 月 18 日。

㊾万鹏：《学者：军队反腐进入新常态 腐败分子摧不垮军队战斗力》，《人民网》，2015 年 1 月 16 日。

㊿许陈静、李静涛、王乐然：《金一南少将：说军队整个腐败了是危言耸听》，《人民网》，2014 年 6 月 20 日。

51任天佑：《徐才厚案件是军队长出的大毒瘤》，《财新网 》，2015 年 2 月 3 日。

52黄昆仑：《夺取未来战争制脑权》，《解放军报》，2014 年 6 月 16 日。

53康永升：《战争步入大数据时代》，《 中国青年报 》，2014 年 3 月 14 日 。

54邢连杰：《新型作战力量主战未来》《解放军报》，2014 年 8 月 21 日。

55姜连举：《太空作战的现实与未来》，《解放军报》，2014 年 5 月 13 日。

56王永生：《变化世界中的中国国防政策》，《国防大学学报》，2014 年第 8 期。

57朱长生、赵卫忠：《俄罗斯准备应对未来五类战争》，《学习时报》，2014 年 11 月 17 日。

58罗援：《事实已经证明太平洋不太平美国是动荡源》，《新浪网》，2014 年 6 月 9 日。

59杨洪江：《军工企业不能搞私有化》，《环球时报》，2014 年 8 月 6 日。

60张军社：《中俄联合军演》，《人民网》，2014 年 5 月 26 日。

61于淼：《我军智库关注七大战略焦点》，《中国国防报·军事特刊》，2014 年 6 月 25 日。

（作者：昝瑞礼，国防大学研究员）

北京研究

北京经济

孟 斌 邵 静

2014 年是贯彻落实党的十八届三中全会精神、全面深化改革的开局之年，是落实“十二五”规划、加快经济结构调整、推进城市功能优化的关键之年。同时 APEC 会议等重大国际会议和活动在这一年相继举办，推动北京在更高层次上参与国际竞争与合作。经初步核算，北京 2014 年全年实现地区生产总值 21330.8 亿元，比上年增长 7.3%。其中，第一产业增加值 159 亿元，下降 0.1%；第二产业增加值

4545.5亿元，增长6.9%；第三产业增加值16626.3亿元，增长7.5%。可以看到，通过积极落实稳增长、促改革、调结构、惠民生各项政策措施，北京经济得到持续健康发展，社会实现和谐稳定，相关研究成果非常丰富。

一、重要会议简介

2014年3月15日，中国宏观经济论坛（2014年第一季度）在北京中国人民大学举行，会议主题为“大改革视野下的中国宏观调控体系的重构”。论坛上，中国宏观经济论坛课题组发布报告提出，在全面深化改革的进程中，需重构宏观调控理念、目标和架构，重新定位货币政策、改革宏观调控体制，建立与市场在资源配置中起决定性作用相适应的、新的宏观调控体系和方式。

2014年4月17日，2014年中国国际银行会议在北京举行，主题为“采取措施把握新的市场驱动力”，会议汇集了国际级演讲嘉宾和国内银行业重要决策者，开展了极具价值的讨论，采用高度互动的方式，促进了现场讨论和意见的交换。关键议题涉及：中国经济增速的放缓对国内银行业的影响、紧抓经济政策创造的发展机遇、利率市场化的重启给银行业带来的影响、中小企业升级过程中商业银行的作用、银行对于数字/电子渠道的完善、未来移动银行的发展、银行业数据收集和处理能力的提升、支付产品的创新财富管理和客户拓展与非传统金融服务提供者之间的竞争。

2014年5月27日—28日，国际经济和金融学会（中国）第六届年会暨2014国际学术会议在北京对外经济贸易大学举行。会议期间，来自美国、加拿大、英国、奥地利、丹麦、希腊、日本、澳大利亚等世界各地国际经济学顶级专家们就中国对外贸易、贸易保护、贸易与环境、金融市场与贸易、开放宏观经济等前沿问题进行了深入交流与研讨。会议分为18个学术组别，50多位学者在会上宣读了最新研究成果，十余位SSCI期刊的主编与专家和听众进行了互动交流。

2014年6月6日，中国人民大学企业与组织研究中心、中国人民大学经济学院在北京举办“第二届中国组织经济学研讨会”，主题是“聚焦改革：思想与政策”。研讨会讨论了以下论题：（1）中央和地方的关系；（2）土地财政和分税制改革；（3）反腐败的机制设计；（4）利益集团与改革战略。会议主席：杨瑞龙教授（中国人民大学经济学院院长、企业与组织研究中心主任），执行主席：杨其静教授（中国人民大学经济学院教授、企业与组织研究中心执行主任）。

2014年6月25日，2014中国资本高峰论坛在北京举行。主题：全面深化改革的发展机遇。论坛上发布了《2014年中国上市公司评价报告》和《2013年中国上市公司业绩百强榜》。演讲题目：（1）宏观经济形势与企业发展，（2）混合所有制与央企改革发展新动力新机制，（3）证券市场的创新发展，（4）上市公司创新发展，（5）全面深化改革带来的机遇，（6）国有企业改革，（7）互联网金融发展，（8）京津冀协同发展。论坛以市场新逻辑思考和洞察未来契机，努力解构大时代的创新机遇与格局。本次峰会充分发挥了高层改革专家和著名改革实践者的前瞻力优势，搭建了企业与政府、资本与智本、服务与市场对话互联、思想交锋和智慧分享的平台，探索了全面深化改革下的中国上市公司发展机遇，寻求企业业绩高速增长的动力之源。“中国资本高峰论坛”已经成功举办十三届。

2014年8月24日，第十四届“中国青年经济学者论坛”在北京举行。论坛由《经济研究》编辑部、北京大学经济学院、北京大学光华管理学院、武汉大学高级研究中心主办。与会的青年经济学者就宏观经济理论与政策分析、微观经济理论与政策分析、经济史与经济思想史、金融理论与实践、保险与社会保障、人口与劳动力、国际经济理论与世界经济问题、公共经济理论与政策研究、政治经济学与中国特色经济发展理论与政策研究等研究领域，分别参加了十二个主题分论坛的讨论。

2014年11月8日，2014年APEC工商领导人峰会在北京举办。峰会是APEC领导人非正式会议期间工商界的重要活动，现已成为APEC经济体领导人与工商界共商区域经济事务，推动亚太地区贸易、投资和合作的重要平台，是本地区级别最高、最具影响力的工商界会议。本届峰会邀请了APEC各经济体领导人、亚太地区工商界领袖和知名学者集聚北京，就“推动区域经济一体化”、“促进经济创新发展、改革与增长”以及“加强全方位基础设施与互联互通建设”等议题分享了看法和建议，为亚太地区经济增长注入新的思想动力。多位APEC经济体领导人被邀请出席峰会，峰会主要围绕区域经济一体化、改革和创新、基础设施等三大主题，设置了多场正式讨论。

2014年11月20日，中国金融会计学会在北京召开2014年学术年会，主题为“营改增”对金融企业绩效和经营模式的影响。人民银行副行长潘功胜做了主旨演讲，指出金融业“营改增”方案的设计要综合考虑三个方面的因素：一是吸纳国际最佳实践并结合我国国情，制定较为先进的金融业增值税税制，最大限度地避免重复征税等弊端。二是简化税收核算和抵扣操作，尽量降低政策实施成本和纳税遵从成本，提高征管效率。三是有利于促进金融业健康持续发展，有利于提升金融服务实体经济的能力。演讲嘉宾分别阐述了“营改增”对银行业、证券业、保险业的行业影响，以及对微观金融企业经营模式、绩效、实务操作等方面的影响，并探讨了金融增值税的国际经验、我国金融业营改增的方式、增值税构成要件、与金融法规的协调、如何积极稳妥地推进银行业增值税改革等问题。

2014 年 11 月 22 日，第三十二届“中国宏观经济论坛（2014—2015）”在北京举办。论坛上发布了《中国宏观经济分析与预测（2014—2015）》报告，报告预计 2014 年 GDP 增速为 7.4%，CPI 为 2.2%；预计在常态情形下，2015 年 GDP 增速为 7.2%，CPI 为 2.7%，投资增速为 12.3%，消费增速为 11.8%，出口增速为 5.6%。国家发展与战略研究院执行院长刘元春表示，2015 年中国经济将步入“新常态”的攻坚期，宏观经济将面临六大挑战：2015 年很可能出现第三产业疲软；部分企业的经营状况将面临突变的可能；借新还旧的“信贷—投资驱动模式”必然出现拐点，一些金融参数波动幅度加剧，甚至局部区域风险出现变异将是常态；就业状况不仅较为脆弱，同时也面临突变的可能；通缩压力也可能全面上扬；房地产业在局部区域和市场结构出现较为激烈的调整依然是大概率事件。

2014 年 12 月 10 日，第十四届中国经济论坛在北京举行。论坛以“创新是中国发展的新引擎”为主题，中国经济论坛学术委员会主席、著名经济学家厉以宁，科技部副部长张来武做主旨演讲。论坛还进行了“中国—丹麦零碳对话”、“中国企业的全球化战略”及“新型城镇化的中国路径”三场高端峰会，中外嘉宾分别就环境问题、中国企业走出去、新型城镇化等与“新常态、可持续”密切相关的主题，进行了深入的探讨和交流。

2014 年 12 月 13 日，第十四届“制度经济学年会”在北京召开，会议由中国制度经济学学会筹委会、天则经济研究所、北京工业大学耿丹学院共同主办，年会涉及的专题分别有“依宪治国与财税改革”“国企改革的政治逻辑”“农业经营方式选择：一个变迁的逻辑”“放权与中国奇迹：对‘地方政府竞争’论的批评”“中央银行的法律基础”等专项研究。会议还按主题进行了分组讨论：理论的应用与扩展，土地与农业，区域与行政政策，金融、贸易与产业，企业与要素的制度分析 5 个专题会场。

2014 年 12 月 28 日，“财经战略年会 2014”在北京召开。主题为“经济发展新常态下的中国”，审计署审计长刘家义和中国社科院院长王伟光等出席开幕式并致辞。社科院副院长李扬、学部委员张卓元、经济研究所所长裴长洪等分别就经济发展新常态与金融改革、经济转型、经济结构调整、转变发展方式、对外开放等重大理论与现实问题做了主旨演讲。

二、重要学术著作简介

2014 年，围绕北京经济建设、产业结构调整，创新发展模式等领域，一批专著相继问世，促进了北京经济研究的理论发展。

《经济可持续发展与产业结构演进》（韩小明 中国人民大学出版社）[①]，该著作主要对首都产业结构的优化与经济可持续发展问题进行探讨。全书通过大量的会议、访谈、问卷调查等多种形式对首都经济可持续发展的现状、特征、问题以及发展的态势进行实地调研，并在此基础上构建首都产业结构优化与可持续发展的理论架构。基于经济全球化与二元结构的世界经济格局，提出了经济时代（要素结构）—发展阶段（产业结构）的演进导致可持续发展问题的基本状态与主体诉求变化的动态分析框架。基于我国在 21 世纪第一个十年基本完成了国家工业化进程，以及在“十二五”时期结束时经济系统总体进入工业时代后期阶段的现实，《经济可持续发展与产业结构演进》提出了推进国家层面科技经济一体化和不同区域差异性发展的经济可持续增长路径，具有较强的理论和实践意义。

《北京市产业升级与协调发展研究》（邹昭峰经济管理出版社）[②]，作者运用实证研究手段从新产业培育与产业结构升级、产业链低端走向高端、北京市各产业之间协调发展、北京市各区县各产业之间协同发展、京津冀都市圈各产业协同发展五个方面分析了北京市产业升级与协调发展的现状，并提出了相应的对策建议。

该著作认为，2013 年，面对复杂多变的国内外运行环境，北京市继续加快调整转型，综合实施了“稳增长、调结构、促改革、惠民生”系列措施，经济发展实现了“转中趋稳、稳中有进、稳中提质”。未来一段时间，在党的十八届三中全会开启全面深化改革的推动下，我国经济社会发展有望进入一个新的阶段。与此同时，北京市将立足于首都城市性质、发展阶段和资源禀赋条件，以提高发展质量和效益为中心，坚持经济发展与城市功能相协调、发展方式与首都人口资源环境相适应、城市发展与满足人民群众对美好生活的新期待相统一，逐步缓解制约首都长远发展的深层次的矛盾和“瓶颈”约束，为首都发展再上新台阶创造条件。2014 年，经济发展中的长期影响因素与国内外经济环境中的短期不稳定因素相互交织，主动经济转型和加快落实国家改革的任务相互叠加，结构调整节奏与国内外经济环境变化仍将是影响北京市经济增长的重要因素，预计北京市经济将继续呈现稳中有进的发展态势。

《首都人口、就业与可持续发展》（赵忠 中国人民大学出版社）③，该著作总体分为两大部分。前六章对北京市情况进行了分析，第一章介绍了北京市人口和就业的总体情况。第二章到第四章分别探讨了北京市高校毕业生的劳动力市场预期、职业生涯起步工资、劳动力市场的性别歧视等，并对大学生群体的状况进行了综合描述。第五章和第六章则关注外来务工人员，分析了北京市的户籍制度和外来务工人员的状况。北京市的可持续发展离不开全国的发展，因而剩余的四章（第七章到第十章）关注的是全国的情况。第十章对我国近二十年来城镇劳动力市场雇佣关系的变化进行了总结。作者研究北京在人口老龄化的背景下，如何保持首都经济的持续发展；探讨北京市外来人口对劳动力市场与经济发展的影响及其与建设“人文北京”，构建和谐社会，实施首都社会可持续发展的具体关系；分析北京市劳动力市场政策在实践中面临的困境与问题，并提出相应的改善建议与具体实施方案，为北京市政府相关部门提供决策参考。

《后小康社会的可持续发展：首都全面建成小康社会考察》（叶裕民 中国人民大学出版社）④，该著作关注在新型城镇化背景下，北京市在完成了总体小康社会目标之后的后小康社会，如何完成包括外来常住人口在内的全面小康社会的建设目标。该书选取以人为本的研究视角，从总体上研究后小康社会可持续发展的基本概念、研究轨迹和指标体系，并以北京市为研究对象，分别从产业效率、城乡一体化、流动人口市民化、低碳首都等视角研究产业、空间、社会、环境的可持续发展，从后小康社会可持续发展的角度对北京市现有政策体系进行评价，并提出完善政策体系的相关建议。

《北京沟域经济土地流转模式研究》（桂琳 中国农业出版社）⑤，作者桂琳在整理 2012 年博士毕业论文及日常研究的基础上，以北京市沟域经济发展为背景，对北京沟域经济发展过程中的农村土地流转现状进行了分析，系统地研究了农村集体建设用地、农用地流转现状和流转路径。该研究将有利于推动土地流转理论和实践的发展，对促进我国山区经济的进一步发展，具有较强的理论及现实意义。

《北京市农业总部经济发展研究》（刘树 中国农业科学技术出版社）⑥，总部农业研究课题组在市农委的大力支持下，深入到北京各区县进行调研，先后与海淀、朝阳、大兴、顺义、通州、平谷、延庆以及密云等区县农委、世界草莓大会组委会综合协调办公室（昌平区）、北京种子大会筹备处（丰台）的相关人员进行了深度访谈，参观考察了 2014 年世界种子大会南宫展示基地、2012 年世界食用菌大会永乐店基地。通过调研，课题组深入了解了各郊区县农业会展的开展情况、取得的成效、对产业的带动作用、存在的困难与问题以及各郊区农业龙头企业的数量、经济效益、对产业的促进作用等信息，掌握了较为详尽的第一手资料，并在此基础上进行了分析、总结和研讨。

在北京经济研究领域中，发展报告、皮书等系列研究成果因为其持续性和翔实的资料得到广泛关注，2014 年，北京经济系列报告研究包括《北京市农村经济发展报告 2013》《北京能源发展研究报告 2013》《北京旅游发展研究报告 2013》《北京蓝皮书：北京经济发展报告（2013—2014）》等。

《北京蓝皮书：北京经济发展报告（2013—2014）》（杨松，胡雪峰，赵磊，唐勇 社会科学文献出版社）⑦，该著作在简要分析国际、国内发展环境的基础上，对北京 2013 年经济形势进行了详尽分析，并对 2014 年经济发展进行了预测和展望。书中对北京经济如何与人口资源环境协调发展进行了战略思考并提出了相应的政策建议；针对雾霾天气状况，提出打造北京“新风生态资源库”；并对北京能源消费结构调整、科技创新对经济增长的内生驱动作用、工业产业效率提升、文化创意产业发展、房地产市场走势等重点、热点问题进行了深入探讨。

《北京市农村经济发展报告 2013》（北京市农村经济研究中心 中国农业出版社）⑧，该著作包括六个方面的内容，依次分别为农村综合经济、城乡发展一体化和新农村建设、农村改革与集体经济发展、休闲农业与乡村旅游、农业农村信息化发展、山区经济与生态建设。报告内容基本涵盖了北京郊区经济社会发展的主要方面，以综述、调研报告、典型分析、重大活动记述和重要文献集萃等形式，凭借翔实的数据、专业的视角、科学的方法，把京郊“三农”领域的新动态、新成果、新问题、新思想展现在广大读者面前。

《北京能源发展研究报告2013》（北京能源发展研究基地 中国经济出版社）[9]，为了增强北京市能源发展决策的科学性，促进北京市能源全面、协调、可持续发展，针对北京市能源发展中存在的重大问题，北京能源发展研究基地组织科研人员开展重点研究并积极建言献策，形成了系列学术论文，并汇编成本研究报告。本报告由六个部分组成，分别从能源消费研究、新能源和可再生能源发展研究等方面进行论述。

《北京旅游发展研究报告2013》（北京旅游发展研究基地 旅游教育出版社）[10]，该著作主要由总体经济、产业与企业、旅游目的地、游客与购买者、政府与政策、年度热点与创新研究六部分组成。该著作目的在于对北京市旅游经济与旅游市场的整体发展、北京旅游各行业运行状况、旅游供需市场、旅游行政管理及年度热点与创新等问题进行充分研究和集中展示，以期对实践具有一定的指导作用。

三、首都经济研究

2014年是站在新的历史起点上，贯彻落实党的十八届三中全会精神、全面深化改革的开局之年，是落实“十二五”规划、加快经济结构调整、推进城市功能优化的关键之年。同时APEC会议等重大国际会议和活动相继举办，有助于本市在更高层次上参与国际竞争与合作。

2014年首都经济的研究成果丰富，研究视角也比较全面，主要包括京津冀协同发展、文化创意产业发展、创新驱动发展三个大方面。

（一）京津冀协同发展研究

2014年2月6日，中共中央主席习近平听取京津冀协同发展工作汇报并作重要讲话以后，京津冀协同发展正式上升为重大国家战略。该战略的实施对北京未来打造新的首都经济圈、推进区域发展体制机制创新有重大的意义和影响。

1. 京津冀协同发展问题

刘勇和李仙分析了京津冀区域协同发展国家战略提出的背景和京津冀区域协同发展可能带来的若干机遇之后，着重强调京津冀协同发展战略的顶层设计[11]。赵弘认为，推动京津冀协同发展，要在工作机制、交通体系建设、新一代卫星城建设、公共服务均衡化、利益共享机制五个方面实现重大突破，且当务之急是要建立和完善自上而下、上下贯通、强有力的协同发展领导体制和工作机制，加快交通一体化建设，消除阻碍协同发展的软性制度约束，为要素流动扫清障碍，设立京津冀协同发展引导基金，有效引导市场主体的行为[12]。

一些学者结合西方发达国家在城市群和都市圈发展方面的经验，对京津冀协同发展提出相应的建议[13,14,15]，还有学者对国内主要城市群进行对比，如将京津冀、长三角和珠三角区域经济一体化进行测量和比较[16]。通过研究，学者们认为由于政治考量、经济实力、产业层次、资源环境、社会发展等若干因素存在差异，京津冀协同发展存在体制机制障碍。

2. 京津冀协同发展与产业

从产业的角度出发，许多学者对京津冀协同发展进行了研究。侯秀芳等将长三角和珠三角的合作机制进行对比后发现，京津冀产业结构还有很大的优化空间，进而结合京津冀三地最新的统计年鉴，对这一区域进行产业结构层面的对比分析，找出京津冀产业结构存在的问题，并从多个角度提出了产业结构优化的路径选择，为京津冀加快推进产业对接、实现合作共赢提供科学依据[17]。在企业层面的数据基础上，黄娉婷等勾勒出京津冀都市圈汽车制造业企业的空间分布格局，考察汽车企业在都市圈范围内集聚与扩散特点，探讨汽车产业链不同环节的地域特征差异[18]。京津冀是我国重要的区域旅游合作板块，刘锋认为在国家战略推动的大好机遇下，京津冀旅游合作只有突破创新，协力打造世界级旅游目的地，才能更好地促进本区域经济转型升级和协同发展[19]。

3. 京津冀协同发展与文化认同

刘勇等从文化认同的角度对京津冀协同发展问题进行了分析研究，指出文化认同是重大而不可忽略的，但对京津冀而言，文化认同恰恰是一个薄弱环节。因此刘勇等提出了文化认同推动京津冀协同发展的具体构想：用文化理念凝聚人心，为京津冀协同发展提供精神助力；在文化认同感的驱动下推动产业发展；通过文化认同增强区域旅游发展的凝聚力；在文化认同感的引领下培训人才，为京津冀协同发展提供长效支持。[20]

（二）文化创意产业发展研究

文化创意产业，是一种在经济全球化背景下产生的以创造力为核心的新兴产业，强调一种主体文化或文化因素依靠个人（团队）通过技术、创意和产业化的方式开发、营销知识产权的行业。李朝鲜等认为，近年来在国际经济波动、反复的形势下，在经济增速下行压力加大、传统增长动力乏力的背景下，文化创意产业作为一种以文化信息和智能创意为主要资源的“绿色产业”，在推动北京经济发展和社会进步中发挥了重要作用[21]。

1. 文化创意产业发展问题

北京是中华民族优秀传统文化和现代文明的窗口，也是我国文化人才、文化设施、文化企业总部和文化产业资本最集中的地区，具有发展文化创意产业的雄厚基础和绝佳条件，由此北京文化创意产业发展的相关话题也成为诸多学者讨论的重点。

陈默等通过对北京文化创意产业“十一五”时期发展现状与“十二五”时期发展规划的分析，提出以钻石模型为框架的北京文化创意企业发展模型，并对影响北京文化创意企业发展的生产要素、需求状态、集聚区发展动态、政府行为、战略决策和发展机遇六类因素进行详尽剖析。进一步提出北京文化创意企业空间载体发展模式和信息服务平台设计模式，以拓展北京文化创意企业的社交空间，推动北京文化创意企业协调可持续发展[22]。李朝鲜等从北京文化创意产业整体运行状况入手，运用灰色关联分析、贡献度来阐述文化创意产业对北京区域经济增长和产业结构优化升级的作用，并对未来的发展提出了建议[15]。与陈默和李朝鲜以文化创意产业整体为研究对象不同的是，李雪峰采用个案研究法，通过分析北京出版创意产业园区发展现状及特点，探析其在发展过程中所存在的问题[23]。

吕怡琦则将文化创意产业和历史街区的保护结合起来，以北京南锣鼓巷为例，对北京南锣鼓巷文化创意产业的发展历程进行了梳理，并指出在南锣鼓巷的下一步发展中，需要理清历史文化及艺术机构的、政府规划、资本增值三者之间的关系，及时疏导、调整，以实现三种驱动力均衡做功，形成南锣鼓巷历史街区保护和文化创意产业发展的良性互动。[24]

2. 文化创意产业集聚区

文化产业集聚区是集聚一定数量的文化创意企业，具备一定产业规模和自主创意研发能力，具有专门的服务机构和公共服务平台，能够提供相应的基础设施保障和公共服务的区域。随着文化产业不断升级调整，文化创意产业的空间集聚特征成为国际文化创意产业研究的新趋向。

文化创意产业集聚区是北京市大力发展文化创意产业的重要战略举措，通过集聚区建设，北京市文化创意产业已经初步形成了分行业的空间集聚。北京市自 2006 年起共认定了 30 个市级集聚区，2013 年北京市规模以上文化创意产业总收入超过 1 万亿元，占全市 GDP 比重为 12.3%，文化创意产业已经成为北京市重要的支柱性产业。但是，北京文化创意产业集聚区的总产值和净利润不够理想，投入与产出比存在不对称现象，尤其是缺乏拥有著名品牌影响力的龙头企业，集聚区内的企业国际竞争力有待提升[25]。要改变这一现状，科学合理的规划和实施创意产业园区品牌战略发展是当务之急。在此背景下，曹玉敏结合当前形势，对文化创意产业园区品牌体系构建的要素进行了分析，并对文化创意产业园区品牌体系构建的路径进行了探讨[26]。

3. 文化创意产业意识形态

在新近关于北京文化创意产业的讨论中，多数学者从经济等实践层面对文化创意产业进行了分析论述，认为北京的文化创意产业在逐渐发展壮大的同时，融入了世界文化创意产业体系，这对拉动经济增长、推动城市发展转型、改造城市空间、完善城市文化服务等层面发挥着积极的作用[27]。但是，张京成、刘光宇注意到文化创意产业仍然具备意识形态性[28]。他们认为文化创意产业作为一种文化业态，不仅具有商业属性，还具有一定的意识形态性。因此提出了要在保持意识形态属性的基础上兼顾商品属性的观点，并认为应通过改变和创新宣传方式，将意识形态与文化产品有机结合，利用产品的消费传播正能量。

（三）创新驱动发展研究

当今全球技术创新日趋活跃，以大数据、智能制造和无线革命为代表的新一轮技术变革，正在催生大量的新产业、新业态、新模式，带来新的经济增长机遇。北京作为中国的首都，在创新驱动、转型发展的关键时期，只有紧紧抓住全球技术变革的机遇，才能在持续低迷的国际经济环境下，成功打造首都经济升级版。[29,30]

1. 创新驱动发展战略问题

北京在实施创新驱动发展战略，加快创新型国家建设的过程中承担着重要的引领作用。吴优等界定了创新驱动的概念，在总结前人研究成果的基础上，搭建了城市创新驱动发展评估分析框架，构建了创新驱动发展评价指标体系，借助熵值法，对北京、上海、广州和深圳进行了实证研究[31]。针对北京城市发展的优势和特色，王垚等提出以自主创新促进北京建设世界城市的特色路径，即以率先建设成为“世界创新型城市”为突破口，通过引领世界创新跻身于世界城市行列，最终通过北京的“示范效应”实现国家创新战略[32]。张泽一指出北京自主创新存在的问题：创新驱动的贡献相对不足；企业总体技术能力不高，对外依赖程度较重；创新体制、机制和制度不够完善；产学研用协同创新体系有待完善。并在对北京的自主创新现状、水平和存在的问题进行分析后提出了相应的政策建议[29]。

刘东丽对北京2001—2012年以及2009年各区县的科技创新的综合技术效率、纯技术效率和规模效率进行实证研究，得出北京历年的效率变化情况以及各区县的效率水平，发现尽管北京的科技产出在逐年增加，但这十一年间，北京的科技创新效率并未改善，其科技产出的增长是依靠投入的增加实现的；北京市各城区科技创新发展失衡，效率水平相差悬殊。此外她对各区县的科技创新进行规模效率分析和投影分析后发现，造成各区县投入产出效率水平低下的具体原因是具体指标的投入冗余以及产出不足，这为日后效率水平的改进指明了方向。[33]

2. 北京国家现代农业科技城

为推进创新型国家与北京世界城市建设，深入实施科技创新驱动战略，促进现代农业和城乡统筹发展，科技部、农业部与北京市共建北京国家现代农业科技城[34]。经过建设，北京农科城在推动现代农业创新发展、促进首都“四化”同步建设方面取得了成效。

据科技部网站称，北京国家现代农业科技城对现代种业、奶业、智能装备等12条重点产业链进行调研，对农业产业链建设服务机制和科技创新需求进行研究分析后，提出了促进产业链发展的途径，并制定了北京农科城产业链建设标准和科技示范企业认定标准，为推进北京市特色优势产业发展提供了科学依据[35]。刘娟等基于产业融合理论，构建了农业产业融合发展驱动模型，并以北京农科城驱动产业融合发展实践为例，对农业产业融合发展的路径与成效进行分析后发现：北京农科城建设有效驱动了农业产业融合发展，其具体实践具有代表性，对我国农业产业融合发展具有借鉴作用[36]。闫傲霜则以北京农科城通州种业园聚集资源要素、创新驱动发展为案例，对该园区在工业化与信息化融合、建设种业科技成果托管平台、聚集产学研资源、创新土地流转制度、带动农民职业化农村城镇化等方面的探索进行了重点介绍，并提出了依托农业科技园区探索“四化”同步发展的建议[37]。

四、北京经济的发展目标、重点及对策研究

（一）北京经济的发展目标

一是保持经济平稳增长。经济发展的速度继续保持在合理区间，质量效益不断提升，政策效应逐步释放。地区生产总值增长7.5%左右；城镇居民人均可支配收入、农村居民人均纯收入均实际增长7.5%左右；居民消费价格涨幅控制在4%左右；地方公共财政预算收入增长9%。

二是推进产业优化和调整升级。坚持首都城市战略定位，发挥文化中心、科技创新中心作用，坚持有取有舍，结构调整加快推进，首都经济创新驱动、高端引领、绿色低碳发高端产业功能区集聚程度继续提高。创新驱动战略深入实施。积极调整疏解不符合首都功能定位的产业。结构高端化、服务化步伐加快。

（二）北京经济的发展重点

一是着力深化改革开放，推进行政审批制度、财税金融和价格、投融资体制、国资国企和农村改革，提高开放型经济发展水平；坚持把改革创新贯穿于经济社会发展各个领域各个环节，从制约首都可持续发展最突出的问题入手，从群众期盼、社会关注的热点难点问题改起，建立健全市场起决定性作用、政府更好发挥作用的资源配置体系和首都功能调控体系，让发展之路越走越宽。

二是推动首都经济提质增效升级，着力调整产业结构，提升内需结构，优化城市空间布局，加快构建“高精尖”经济结构，努力增强发展后劲；把转变经济发展方式摆在首要位置，不单纯以地区生产总值定政绩，从首都城市性质、功能定位和资源优势出发，围绕提高经济发展的质量效益，充分发挥科技创新、文化创新的支撑引领作用，加强规划引导和统筹协调，持续优化调整产业结构，率先形成创新驱动、城乡一体的发展新格局。

（三）北京经济发展对策研究

2014年，北京市上下深入学习贯彻习近平总书记系列重要讲话和对北京工作的重要指示精神，在党中央、国务院和中共北京市委的坚强领导下，在市人大及其常委会的监督支持下，坚持稳中求进工作总基

调，紧紧围绕落实首都城市战略定位和建设国际一流的和谐宜居之都的目标，加大空气污染治理和环境整治力度，调整疏解非首都核心功能，加快构建“高精尖”经济结构，着力稳增长、促改革、调结构、惠民生，实现了首都经济社会持续稳步发展。

围绕 2014 年北京经济发展目标，政府主要对策有：一、全面深化改革；二、释放内需，引导消费投资，保证经济平稳增长；三、构建“高精尖”经济结构；四、增强服务功能；五、扎实做好民生工作，全力保持社会和谐稳定。

基于学者们对北京经济的研究成果，主要对京津冀协同发展、文化创意产业发展、创新驱动发展三个方面的对策建议进行整理研究。

1. 京津冀协同发展对策研究

基于京津冀产业结构考虑自身利益过多，合作意识不强；发展水平差距较大，影响产业对接；产业准入标准不一，大气污染严重等存在的问题，有学者提出京津冀产业结构优化路径建议：第一，加强顶层设计，实现规划同图。第二，加强基础设施建设，打破城市区域壁垒。第三，统一产业准入标准，健全生态补偿机制。第四，推动技术转移，实现分工协作。第五，立足各自优势，突出发展特色[37]。京津冀地区科技创新能力不平衡和异质性，加上缺少跨行政区科技创新体系，妨碍了科技支撑与引领经济社会合作发展的深度和广度。在此背景下李国平认为京津冀地区应通过树立共同的科技创新价值观，建立和而不同的创新制度，构建科技创新一体化的协调机制、强化顶层设计和主动布局、发挥中关村国家自主创新示范区的辐射引领作用、优化科技资源配置、打造“一心两核三带多园区”科技发展格局，来促进科技创新一体化发展[38]。作为我国重要的区域旅游合作板块，京津冀具有较好的合作基础、强大的发展实力和巨大的市场需求[10]，因此，京津冀旅游要立足现状，借助京津冀的地缘区位和自然人文资源优势，深化区域旅游规划，进一步强调产品创新和大项目带动，实现资源上的互补性和市场的互动性，提升优化区域内的旅游产业结构；建立高效能的区域旅游一体化合作协调机制，从而提升京津冀区域经济的竞争力和旅游资源的影响力[39]。

2. 文化创意产业发展对策研究

文化创意产业在首都经济中所占比重不断提高，地位不断加强，北京市政府甚至明确提出要将文化创意产业发展成北京市的支柱产业。但在取得成绩的同时，我们也清醒地认识到北京市文化体制改革已进入深水区阶段。鞠立新认为，只有深化文化体制改革、转变发展方式，才能发挥文化创意产业的溢出效应，获得更大的增长空间[40]。北京市文化创意产业持续发展所面临的另一个重要问题是许多文化创意企业因为缺乏资金而发展困难。邓丽丽从产业融资规律出发，结合业内企业、金融机构的国际经验，对北京文化创意企业面临的投融资问题进行分析，提出了三个方面的对策建议：一、充分重视文化创意产业领域的股权投资，积极培养能够理解文化创意产业的股权投资人才；二、对于一部分与文化创意事业密切相关，对文化创意产业发展有积极意义的企业，可以考虑通过政府采购的方式给企业支持；三、推进互联网等信息手段在文化创意企业中的应用，改善金融机构与文化创意企业之间信息不对称的问题[41]。

田杰、胡新迪和王国华则侧重于对文化创意产业集聚区发展对策的研究，研究北京地区文化产业集聚区，将带动首都文化产业的发展，并有助于其他城市借鉴发展经验，因地制宜，促进城市文化产业发展[42]。在此背景下，王国华认为北京文化创意产业集聚区的转型升级不仅要从企业的微观层面创新入手，诸如企业的产品、工序等技术层面的创新以及企业内部分工的形态和企业之间的分工形态等组织层面的创新，还应当秉持以人为主体的生产系统协调创新的理念，从全社会的创新系统构建层面来探寻新的创新路径[43]。

3. 创新驱动发展对策研究

2014 年北京科技工作的总体思路是深化科技体制改革，全面实施创新驱动发展战略；健全技术创新市场导向机制，强化企业技术创新主体地位；发挥示范引领作用，加快中关村国家自主创新示范区建设；优化创新驱动发展的社会环境，激发全社会创新创业活力；加快转变政府职能，提高科技管理和服务水平，推动科技技术改革发展取得新成效，为首都经济社会发展、全国科技创新中心建设作出新贡献，更好地服务国家创新战略[44]。中关村作为第一个获批的国家自主创新示范区，具有示范引领作用，对于中关村未来如何加快创新驱动发展，李小彤提出了几点建议：挖掘引进国际顶尖人才和前沿技术；着力构建跨区域创新辐射新机制，构筑引领全国创新发展的新格局，探索区域创新合作新模式；强化国际资源整合利用能力，提升我国参与全球科技创新竞争话语权，创新利用外资方式[45]。

当前，北京正处于加快转变经济发展方式、率先形成创新驱动发展格局的关键时期。推动北京科技金融创新发展，是建设国家创新中心的战略需要。基于此，王广宏指出推动北京科技金融创新发展，要加强工作协调和政策集成，积极推动国家科技金融功能区建设，优化调整财政资金支持重点，大力促进股权投资机构发展，创新和改进间接融资服务，抓紧完善科技金融配套服务体系，大力引导发展互联网金融[46]。与王广宏科技金融创新角度不同的是，张茅从品牌建设的角度对北京创新驱动发展提出了相应的建议，张茅认为，商标、品牌是市场经济发展的重要驱动力，应当注重发挥品牌在促进竞争、激励创新、助推发展中的积极作用，努力为品牌经济的发展创造良好市场环境[47]。

注：

①中国人民大学出版社，2014 年版。

②经济管理出版社，2014 年版。

③中国人民大学出版社，2014 年版。

④中国人民大学出版社，2014 年版。

⑤中国农业出版社，2014 年版。

⑥中国农业科学技术出版社，2014 年版。

⑦社会科学文献出版社，2014 年版。

⑧中国农业出版社，2014 年版。

⑨中国经济出版社，2014 年版。

⑩旅游教育出版社，2014 年版。

⑪刘勇、李仙：《京津冀区域协同发展的若干战略问题》，《 中国发展观察》，2014 年第 5 期。

⑫赵弘：《京津冀协同发展的核心和关键问题》，《中国流通经济》，2014 年第 12 期。

⑬刘敏、王海平：《京津冀协同发展体制机制研究——基于世界六大城市群的经验借鉴》，《 现代管理科学》，2014 年第 12 期。

⑭常艳：《日本首都圈的规划建设对京津冀协同发展的启示》，《经济研究参考》，2014 年第 59 期。

⑮杨志荣：《北美大都市区改革对京津冀一体化的启示》，《理论探索》，2014 年第 4 期。

⑯娄文龙：《京津冀、长三角和珠三角区域经济一体化测量和比较》，《统计与决策》，2014 年第 2 期。

⑰侯秀芳、王栋：《京津冀产业结构比较研究与发展对策》，《商业时代》，2014 年第 28 期。

⑱黄娉婷、张晓平：《京津冀都市圈汽车产业空间布局演化研究》，《地理研究》，2014 年第 1 期。

⑲刘锋：《三大视角探析京津冀区域旅游合作》，《旅游学刊》，2014 年第 10 期。

⑳刘勇、姚舒扬：《文化认同与京津冀协同发展》，《北京联合大学学报》（人文社会科学版），2014 年第 3 期。

㉑李朝鲜、马丽荣：《北京市文化创意产业经济效应分析》，《新闻与写作》，2014 年第 10 期。

㉒陈默、李震宇、陈瑶等：《北京文化创意企业发展模式创新研究》，《商业时代》，2014 年第 4 期。

㉓李雪峰：《出版创意产业园区发展浅议——以北京出版创意产业园区为例》，《科技与出版》，2014 年第 1 期。

㉔吕怡琦：《历史街区文化创意产业的发展及驱动力——以北京南锣鼓巷为例》，《商业时代》，2014 年第 24 期。

㉕王国华：《北京文化创意产业集聚区转型升级的动力探寻》，《北京联合大学学报》（人文社会科学版），2014 年第 4 期。

㉖曹玉敏：《文化创意产业园区品牌体系构建路径的探索》，《现代经济信息》，2014 年第 14 期。

㉗金元浦、王林生：《北京：文化治理与协同创新——2013—2014 年人文北京研究综述》，《北京联合大学学报》（人文社会科学版），2014 年第 4 期。

㉘张京成、刘光宇：《重视文化创意产业的意识形态属性》，《前线》，2014 年第 1 期。

㉙张泽一：《自主创新：引领北京的高端发展内生增长》，《兰州学刊》，2014 年第 1 期。

㉚常艳：《把握全球技术创新机遇打造北京首都经济升级版》，《北方经济》，2014 年第 7 期。

㉛吴优、李文江、丁华等：《创新驱动发展评价指标体系构建》，《开放导报》，2014 年第 4 期。

㉜王垚、年猛：《以自主创新促进中国特色世界城市建设的路径探讨——以北京市为例》，《经济体制改革》，2014 年第 1 期。

㉝刘东丽：《北京科技创新效率研究》，《中国市场》，2014 年第 42 期。

㉞佚名：《建设北京农科城探索创新驱动的四化同步发展》，《科技传播》，2014 年第 1 期。

㉟佚名：《北京农科城产业链建设初见成效》，《硅谷》，2014 年第 9 期。

㊱刘娟、龚晶、张晓华：《北京农科城驱动产业融合发展实践与成效分析》，《北京农学院学报》，2014 年第 1 期。

㊲闫傲霜：《建设北京农科城　探索创新驱动的

"四化"同步发展》,《中国发展》,2014 年第 1 期。

㊳李国平:《京津冀地区科技创新一体化发展政策研究》,《经济与管理》,2014 年第 6 期。

㊴刘思敏:《京津冀一体化旅游发展的问题与对策》,《旅游学刊》,2014 年第 10 期。

㊵鞠立新:《北京市文化创意产业发展方式转变改革难点探析》,《商业时代》,2014 年第 12 期。

㊶邓丽丽:《北京文化创意产业投融资分析及对策》,《首都经济贸易大学学报》,2014 年第 4 期。

㊷田杰、胡新迪:《北京传统文化创意产业集聚区发展对策研究》,《北京印刷学院学报》,2014 年第 1 期。

㊸王国华:《北京文化创意产业集聚区转型升级的动力探寻》,《北京联合大学学报》(人文社会科学版),2014 年第 4 期。

㊹闫傲霜:《深化科技体制改革 加快创新驱动发展 为建设全国科技创新中心作出更大贡献》,《中国科技奖励》,2014 年第 4 期。

㊺李小彤:《加快创新驱动发展 发挥集聚辐射带动作用》,《中国劳动保障报》,2014 年 9 月 6 日。

㊻王广宏:《推动北京科技金融创新发展的对策措施研究》,《决策咨询》,2014 年第 1 期。

㊼马君:《张茅强调:加强品牌建设 助力创新驱动发展战略》,《中华商标》,2014 年第 9 期。

(作者:孟斌,北京联合大学研究员;
邵静,北京联合大学硕士生)

北京历史与文化

张　勃　杨　帆

2014 年,学者们通过召开学术会议、出版专著、发表论文等方式围绕当前北京历史与文化研究的前沿热点和重要问题进行探索,取得了丰富的成果。现将本年度的学术交流情况与研究情况综述如下:

一、重要学术会议

1. 京沪港台四城文化政策比较研究开题报告会暨学术研讨会

2014 年 6 月 6 日下午,由上海社会科学院文学研究所和《光明日报》文化产业研究中心主办的"京沪港台四城文化政策比较研究开题报告会暨学术研讨会"在上海社科国际创新基地举办。本课题是首都师范大学文化研究院发布的 2014 年度重大招标项目,上海社会科学院文学研究所参与竞标并获得立项。北京、上海、香港、台北,四座中国城市的文化各具特色,其文化政策也不尽相同,通过比较研究这四座城市的文化政策及其对文化建设所起的作用,有助于推动国家文化政策更全面的发展。

2. 新型城镇化与传统文化——第十六次北京学学术研讨会

2014 年 6 月 13—14 日,由北京联合大学北京学研究基地主办,北京联合大学学报编辑部和北京地理学会协办的"新型城镇化与传统文化——第十六次北京学学术研讨会"在北京花园饭店召开。大会围绕新型城镇化的内涵,新型城镇化与传统文化传承、现代文化建设的关系,新型城镇化进程中历史街区保护与更新、传统村落保护与发展、节日文化传承、民族文化重建、文物遗址保护、北京城乡一体化的新进展、推进新型城镇化实践等问题产生了一系列学术成果。

3. "大师与古都——侯仁之与北京城"学术研讨会暨展览开幕式

2014 年 7 月 4 日,由北京市社会科学界联合会和北京史研究会主办、北京联合大学北京学研究所和北京大学历史地理研究中心承办的"大师与古都——侯仁之与北京城"学术研讨会暨展览开幕式在北京社科活动中心举行。与会人员一致认为,北京是侯仁之先生心中的"圣城",他满怀激情,呕心沥血,殚精竭虑,不辞辛苦,进行了大量细致的实地调查和文献考证,从地理区位、河湖水系和地形入手,系统揭示了北京城的起源、发展、城址转移的全过程,以及北京城的规划设计、中轴线的确定、城市水源等问题,见解精辟,影响深远。他自 20 世纪 40 年代开始,发表了上百篇有关北京历史地理极富创见的研究论文,并将城市历史地理学研究与首都的建设任务结合起来,为制订北京的城市发展规划提供了重要参考,为北京历史文化名城保护和城市建设做出了突出贡献,大家纷纷表示将永志侯仁之先生的精神品格和大师风范,努力传承他的治学思想和学术事业,将北京历史地理研究、北京历史文化名城保护与发展工作做得更好。

4. 2014北京文化论坛——培育和践行社会主义核心价值观

2014年7月11日“北京文化论坛——培育和践行社会主义核心价值观”在北京中华文化学院召开。学者先后围绕社会主义核心价值观的理论、社会主义法制与践行社会主义核心价值观的关系以及如何借鉴外国经验加强社会主义核心价值观建设等问题进行了主题发言。与会专家一致认为，社会主义核心价值观是起决定性指导作用的价值理念，是反映社会主义基本的、稳定的社会关系及价值追求的价值观，积极培育和践行社会主义核心价值观，努力提高国民综合素质，是增强文化软实力的重要方面。在当前社会环境中，树立国民文化自觉意识是有力推动社会主义核心价值观形成的必要条件。只有提高由个体组成的国民文化自觉意识，才能真正做到培育和践行社会主义核心价值观，才能赋予社会主义核心价值观强大的精神驱动力。

5. 首届北京城市发展定位与京津冀协调发展的法制保障与政策支撑研讨会

2014年07月24日，首届“北京城市发展定位与京津冀协调发展的法制保障与政策支撑研讨会”在北京联合大学召开。会议以法制保障为主题，辅以相关政策为支撑，讨论如何在法律层面为北京城市定位和京津冀区域协调发展提供制度保障与政策支持。会议认为，首先必须为北京城市发展和京津冀协同发展进行科学定位，创造一个良好的法律环境和健全的法律制度，使行政决策有法可依。其次，必须遵循市场规律，让市场说话，行政机关应有所为和有所不为。首都非核心功能产业的搬迁疏导要遵循价值规律、供求规律、货币流通规律的作用和影响，不能生拉硬扯。此外，要做好产业布局，科学规划、合理调整三地的产业结构，优化资源配置。总之，京津冀协同发展应以法治先行，以为京津冀协同发展的核心是利益问题，而利益平衡以及利益取舍选择是一个法治问题，京津冀协同发展，必须要有科学完善有力的法治保障。

6. “中外文学中的都市想象”学术研讨会

2014年10月25日，北京联合大学师范学院举办的“中外文学中的都市想象”学术研讨会在北京召开。此次专题研讨会旨在以都市文学为主题，为从事该领域研究的学者提供一个学术思想交流平台，共同探讨中外都市文学的样态和发展、中外都市文学之间的比较和相互借鉴、都市文学与乡土文学的相互关系以及中国当代都市文学的现状、问题和健康发展。来自京津冀地区的50多位学者就文学中的都市想象这一主题展开研讨。

7. “2014北京文化中心建设”研讨会

2014年12月16日，由北京市政协、民进北京市委主办，首都师范大学文化研究院协办的“2014北京文化中心建设”研讨会在京召开。本次研讨会以文化体制机制创新为主题，50余名专家、学者共聚一堂，为北京文化发展建言献策。有学者提出，北京要建立国家文化中心，需要树立大文化观，在文化价值体系、文化产业和事业、文化体制等方面推进文化的改革和发展。亦有学者从国有文化企业改革发展的角度，分析了文化产业的竞争业态，对国有文化企业的发展提出对策。还有学者关注了文化非营利组织在促进北京文化中心建设中的作用，提出探索社会力量参与文化建设的途径。

二、学术研究

2014年，在北京城市、北京形象、北京文化建设与发展，北京文化遗产的保护和继承，文化创意产业、历史研究等方面都取得了不少成果，综述如下：

（一）北京城市发展和城市形象研究

北京城市发展一直是学者们关注的学术话题，2014年这方面的成果比较多，讨论的问题与北京当前的城市定位、发展目标、发展方向相关联，有很强的应用对策性，体现出强烈的观照现实的学术取向。

《北京：由传统国都到中国式世界城市》以北京为模型，通过对北京悠长历史及现代化发展的爬梳，归结出中国城市发展的特质。研究范围涉及城市规划、城市经济发展、人口的空间分布及变化、城市交通和住房问题、城市环境社会空间结构以及北京和邻近区域的关联，是本年度的一部重要成果。①《北京建设世界城市与京津冀一体化发展》，将北京建设世界城市与京津冀一体化发展相联系，对北京建设世界城市与国际化进程、京津冀资源环境及承载力状况、产业发展与升级、城市群规模结构与空间结构、区域一体化进程及协调机制等问题进行了多角度、多层面的深入研究，探讨了北京依托京津冀建设世界城市的实现路径、突破口选择以及制度保障。②《基于城乡一体化的北京新城发展研究》，则将北京城市发展置于城乡一体化的视野中加以讨论，以“新城在北京城乡一体化过程中的定位和实现路径”为主题，从促进中心城疏解和带动周边地区发展两个角度对北京市新城作用进行了定性与定量分析，从提升新城综合承载力和促进要素有序流动两方面提出了新城带动城乡一体化发展的路径，并依此路径对三类新城进行了案例研究，最后提出若干政策建议，同样具有较强的现实意义。③在专著之外，一些学术论文也对北京城市建设给予了高度关注。有学者强调北京建设全国文化中心应重视对外文化传播与我国核心价值和整体形象的结合，在对外文化传播交流和文化产品出口的内容选择方面，应兼顾古代文化和当代文化、精英文化和大众文化的推广与交流。④有学者将北京与纽约、伦敦、巴黎、东京等文化中心城市相比较，主张北京要更自觉地加强国际文化的交流，吸收人类社会的文明成果。⑤有学者通过对北京城内城市雕塑及公共艺术的分析，认为北京已经实现了单一性向多样化的文化和美学转变，构建了不同的城市文化和城市公共艺术空间。⑥有学者以回龙观为研究对象，主张从统筹城乡发展的角度出发，将新城规划建设作为大城市区域发展的有机组成部分加以统筹考虑，帮助其发展成为健康、成熟甚至能够“反哺”母城的现代化新城区。⑦

城市想象和城市形象是近年来的一个研究热点，2014 年关于北京城市形象的分析，主要通过对相关艺术作品的解读来进行。不少学者侧重于从文学作品入手，但在具体研究时又有不同的视角。有学者从宏观上分析现代作家笔下的北京形象，认为近现代中国社会的剧烈变迁，不仅带来了北京城市的改变，同时也造成了北京文化形象的多重意蕴和不断嬗变。西方文明冲击之下对于北京城市积弊的批判，现代物质文明中对于北京文化传统的再发现，外族入侵的国难里对于城市精神的重塑，都成为现代作家笔下北京形象描写的因子，同时也通过对北京形象的不断塑造着北京城市新的精神和品格。⑧有学者通过某一类文学作品进行中观层面的探讨，如有学者以京味儿小说为研究对象，认为清末民初的京味儿小说集中展示了清王朝衰亡之后京城的巨大变化，作品中八大胡同的着重书写，成为认识当时社会文化的一面凹凸镜。⑨有学者重视对具体作品的研究，如有学者研究当代作家冯唐的成长小说“万物生长三部曲”，认为它呈现出独特的北京想象：中学生视野下混沌、脏乱的北京底层；大学生视野下骚动的现代化北京，同时指出，融个人记忆与城市想象的叙述是新文学中北京想象的独特一笔。⑩有学者分析张恨水有关北京描写的部分，认为其笔下的北京更像是一个“幻影”，现代性推动北京发生巨大变化的同时使这些都带上了梦幻的色彩，这种梦幻既是张恨水对现代性内在逻辑的揭示，同时也是他和他的小说读者疏解现代性压力的一种方式。⑪

也有学者从戏剧影视方面研究北京形象，如有学者认为在西方电影文本中，北京的城市形象已经成为中国形象的一个缩影。“中国形象”不是对中国进行简单的复制性的描绘和发现，而是被深深地注入了西方社会的“集体性想象”，这样的形象包括了自我和他者，本土和异域的双重文化关系，是双重文化投射的产物。⑫

（二）文化建设研究

文化建设是将北京建设成社会主义先进文化之都的重要工作，《北京文化生态与城市发展》是当年一部主要的研究成果。该书在阐述文化生态理论内涵与现实意义的基础之上，系统梳理了 1978 年以来文化生态和北京城市文化建设的历史，分析了北京文化生态建设在中国乃至世界文化生态建设中的位置以及当前存在的问题，并就未来良性发展提出了针对性的建议，对于北京文化生态建设具有重要的现实意义。⑬《比较视野中的北京文化》则从首都文化视野、历史文化视野、现代化视野、世界城市视野四个维度来考察北京文化发展的优点与不足。⑭《北京文化发展报告》则以加强全国文化中心建设、发挥示范带动作用为主题，以 2013 年度北京文化发展战略、文化建设新进展和新动态为基本内容，分析了 2013 年北京文化产业发展状况，并针对存在的问题提出了建设性的对策和建议。⑮

有学者撰文讨论北京节日文化的建设问题，认为需要将北京节日的建构提高到文化建设、经济建设、社会建设和城市建设的高度加以认识。⑯有学者重视博物馆的建设，认为新时期的博物馆从重“藏”到重“传”的转型中，日益突出了其对学校教育进行补充的继续教育功能。⑰

伴随着文化产业近年来的迅速发展，相关研究也比较多出。主要围绕北京发展文化产业的意义、资源、北京文化产业的发展现状、存在问题、发展对策、文化产业与科技融合、政府在文化产业中的作用发挥等问题展开。

有学者以高碑店村为个案，探索文化产业发展对经济建设的积极促进作用。⑱有学者运用层次分析法构建北京文化资源综合评价体系，从文化资源条件、社会价值、经济价值、发展条件、资源传承能力 5 个方面筛选出 24 个评价指标，对北京文化资源进行分析评价，表明独特性、资源消费人群、知名度等因子是北京文化资源及文化产业发展的优势，弱势在于保存状态、民间风俗礼仪、地域组合度、交通运输便利度等方面。[19]

多位学者对于北京文化产业的发展现状、布局及集聚发展情况、发展存在的问题以及北京特色文化创意产业集群的发展实践进行了总结，同时对文化创意产业功能区发展理论体系和国外创意产业集群发展经验进行了有效探索，针对北京文化产业如何发展、如何提升国际竞争力、如何解决融资难等问题进行研究并提出相应对策。[20]有学者结合北京文化创意产业发展现状，构建符合北京文化创意产业发展支撑条件的评价指标体系，运用因子分析法对北京 16 个区县文化创意产业支撑条件进行定量评价，指出未来工作方向。[21]有学者提出以钻石模型为框架的北京文化创意企业发展模型，并对影响北京文化创意产业发展的生产要素、需求状态、集聚区发展动态等进行剖析。[22]有学者以故宫博物院、恭王府、胡同和什刹海历史街区为基础，探索北京遗产旅游与文化创意产业发展之间的关系，认为只有协同发展才能解决遗产旅游中保护与利用的悖论。[23]有学者对北京旅游文化资源的融资模式进行了专门探讨。[24]

有不少学者从政府政策角度为文化产业发展献言献策，有学者提出促进北京文化产业与科技融合发展的财政政策建议。[25]有学者以成都东区音乐公园和北京 798 艺术区为例分析，认为政府在文化创意产业发展中扮演着十分重要的角色，但应注意政府发挥作用的方式。[26]

（三）文化遗产保护与传承研究

北京作为一座有着三千多年历史的古老城市，具有十分丰富的文化遗产，相关研究成果十分丰富。主要集中在北京中轴线、历史文化街区、传统村落和非物质文化遗产等方面。

1. 北京中轴线

有学者阐述了北京中轴线的历史演变过程及形成原因，探讨了中轴线发展中存在的交通组织混乱、整体协调性差等问题，并与巴黎城市中轴线做对比，提出了未来保护与修复、新建设计与改造的发展建议。[27]有学者认为体现北京古都风貌重要标志的旧城中轴线，是北京城市形态与城市文化的重要魅力之源，在城市设计、城市文化营造方面具有三个突出特点，即作为城市“中心之轴”的强烈可意象性、作为城市“文化之轴”的丰富人文性和作为城市“审美之轴”的有机和谐性。[28]

2. 历史文化街区、胡同、四合院等

对历史文化街区的研究主要集中于对具体街区的保护、更新研究。但也有学者以历史街区保护为研究视角，以北京旧城为典型案例，梳理和解析历史街区及其土地再开发的历史进程、现状特点和开发模式。[29]就具体街区而言，有学者选取大栅栏历史风貌保存完好的区域作为研究对象，提出历史街区的“互助更新”改造模式，主张通过产业互助、生活互助和居民参与社区活动，调动原住民和新居民的生活积极性，为社区自助更新挖掘内生力量，以探寻适合大栅栏地区更新的新模式。[30]有学者以实地考察和口述访谈为切入口，讨论大栅栏地方在时间、空间和当地居民认同感方面的建构问题。[31]有学者从改造后的公共空间使用状况及其对历史街区肌理的影响两个方面对鲜鱼口进行剖析，分析改造措施与策略的成功与不足，并提出相应的调整建议。[32]

有学者对天桥地区的物质空间及文化空间的发展脉络做了系统的梳理，并从“实体环境”，“人的活动”以及“场所寓意与记忆”三个方面得到了不同主体对于天桥空间的使用状况及评价，以及对天桥地区的文化期待与评价，对天桥的旧城更新路径从空间、人、政策三个维度进行了探索，并提出相应建议。[33]

有学者以什刹海步行街为研究对象，从街道空间、街道设施和街道活动三个方面选取什刹海地区五类典型街道进行调查，研究人在城市街道中的活动行为及人对街道环境设施的反应；通过调研建立街道步行乐趣评价体系，对什刹海地区各类型街道满意度进行打分，针对典型街道提出提升街道步行乐趣的相关建议。[34]有学者以烟袋斜街为例来阐述商业开发与北京旧城建设的一些问题，认为应该平衡处理居民与商业发展的必要关系。[35]有学者通过实地调查分析了南新仓街区的保护与开发现状，提出了“南新仓”历史文化街区保护利用模式，为相关研究提供参考。[36]有学者对东四南地区的遗产情况进行调研，并呼吁重视对文物的保护。[37]

“三山五园”皇家园林是中国古典造园艺术最后的高峰之作，在北京文化中占有独特的历史地位。为了加大研究力度，2013 年 11 月北京联合大学和中共北京市海淀区委宣传部签署了《北京三山五园研究院共建合作协议》，并为北京三山五园研究院、三山五园文献馆以及北京联合大学文化传承协同创新中心揭

牌，同时联合举办了“三山五园和京西文化研讨会”，2014 年出版了《三山五园和京西文化研究与保护利用——北京三山五园研究院学术研讨会论文集》[38]，论文集收录论文约 50 篇，分“三山五园与京西文化概论”“三山五园政治与历史”“三山五园宗教文化”“三山五园文学与艺术”“三山五园建筑和山水”“三山五园文献与传媒”“三山五园文化与开发”等专题，就三山五园和京西地区历史文化资源的内容、形态、保护与利用进行了集中研究。有学者认为三山五园的建筑景观包含封建帝王的治国理念，是以园林形式表现历史文化的活史书。[39]有学者认为三山五园的命名寄托了命名者的政治理想和精神追求，为今人留下了可资借鉴的命名范例。[40]有学者认为三山五园是紫禁城之外的清代又一个全国政治中心，这种居园理政的现象有其深刻的原因。[41]有学者认为将三山五园地区定为历史文化景区是利于区域发展的举措，但需要将文化遗产保护、自然人文景观保护放在首位。[42]有学者认为三山五园是北京历史文化名城的重要有机组成部分，是其“双核”之一（另一个核心是北京明清旧城），是文化价值、经济价值、生态价值、政治价值和社会价值的“五位一体”。[43]有学者重视“三山五园”之间的紧密联系，认为三山五园所在地区具有整体的空间设计意向，并从因自然条件所形成的视觉联系和建筑对视觉联系的加强两方面进行阐释。作者希望能够在飞速发展的城市化进程中保护这种充满中国古代设计智慧的造景意向。[44]有学者将三山五园景区开发与北京城市建设相联系，强调把文化产业因素注入乡村，通过保护利用和创新发展，将三山五园地区打造为北京的“第三空间”，传承中国人居空间文化的核心理念——“天人合一”。[45]

有学者关注历史街区中建筑的色彩，对皇家建筑和民居建筑色彩文化进行解析，皇家建筑色彩艳丽，形成以黄色和红色为主的基调，民居建筑则采用朴实的青灰色基调，并提出北京历史街区的传统色彩保护策略。[46]有学者以南池子大街新四合院和菊儿胡同新四合院为例，从北京老四合院民居的历史风貌色彩入手，探讨改造项目中的色彩设计。[47]有学者认为对老四合院建筑色彩进行改造时，应把握其色彩的运用规律和限定因素，尊重传统色彩文脉，使其得到有机更新。[48]也有外国学者关注南锣鼓巷的色彩问题，认为尽管越来越多的颜色出现在改造过程中，但 N（中性）占大多数比例，并且在整个色调中 Gr（灰色）的比例占得较多，这意味着整个系统以低明度和低饱和度为主要方面反映了古典美，当然滥用和褪色的颜色也已成为严重的问题，需要建立指导方针，以与传统的街坊颜色系统相协调。[49]

北京四合院作为中国传统民居建筑的典型代表，反映了浓厚的京韵风味，是北京地域文化的重要载体，同样吸引了众多学者的目光。有学者关注北京四合院和山西大院的空间布局，并认为它们是序列组合之美与装饰风格之美的完美结合。[50]有学者通过比较分析闽南大厝和北京四合院两种典型合院民居之间的差异，明确其外在的形式特征，挖掘其背后的地域涵义，对当代地域性建筑的研究有一定的启发和参考价值。[51]有学者对紫禁城与北京四合院的建筑理念和文化内涵进行比较，总结出它们之间的内在联系，认为那些恢弘的建筑都是以民间最普通的建筑形式为蓝本修改设计的，它们都体现了古代人们对天和地敬畏的态度。[52]有学者专门研究了北京不同人群的宅门。[53]《城市记忆：北京四合院普查成果与保护》，以北京旧城内的四合院建筑为研究对象，主要收录建筑时代较早、具有重要价值或有意义的纪念地、如名人故居或重大事件发生地；各区域内建筑质量较好的院落，如格局完整或较完整、单体建筑保持质量较好，能代表本区域内四合院建筑特色的院落等，为进一步研究四合院提供了翔实的资料。[54]也有学者关注“胡同”这一意象，将胡同不仅看作是凝滞不动的传统文化的载体，而且注入了一种客观的理性精神、异域文化和个体生命体验。[55]

会馆作为旅居异地的同乡人共同设立的，供同乡、同业聚会或寄居的馆舍，在历史上发挥了十分重要的作用，具有丰富的文化内涵。自明代以来，北京会馆多有建设，至今仍然有所保留，是重要的历史文化遗迹。有学者致力于北京会馆的基础信息搜集整理和研究，从多个角度解读了北京的会馆与会馆文化，是北京会馆研究的重要作品。[56]也有学者主张要进一步加强北京市城镇化过程中宗教建筑遗迹的保护。[57]

3. 传统村落和工业遗产

传统村落作为具有较高的历史、文化、科学、艺术、社会、经济价值的村落，承载着中华传统文化的精华，凝聚着中华民族精神，保留着民族文化的多样性，是农耕文明不可再生的文化遗产，是繁荣发展民族文化的根基。随着工业化、城镇化的快速发展，传统村落衰落、消失的现象日益加剧。2012 年以来，国家颁布一系列政策，采取一系列措施，传统村落保护工作迅速提上日程。与此相关，围绕传统村落展开的研究也迅速增加。有学者以活态保护为切入点倡导保护北京传统村落，就新型城镇化背景下北京传统村落保护现状和存在的问题进行分析，并提出解决途径。[58]有学者以延庆传统村落为例，对北京传统村落的分布情况和特征进行了较为系统的研究。[59]有学者运用层次分析法，通过专家调查问卷，构建了北京古村落民俗旅游资源评价指标体系，据此提出了进一步提升民俗旅游资源可持续利用程度的建议。[60]还有一些成果是对具体村落的研究，如对碣石村[61]、马栏村[62]的研究。还有学者以密云古北水镇民宿区规划建设为例，对传统村落保护、传承与再生的相关问题进行了探讨。[63]

工业遗产是新近开始受到重视的遗产类型，有学者通过对北京工业遗产与城市文化空间构建的关系分析总结北京模式和特色。[64]在工业遗址上建立起来的798艺术区，保存着工业文明在北京发展的历史记忆，也吸引了学者的目光。有学者基于耗散结构理论对798艺术区的演化机理进行了探讨，表明798艺术区的演化动力来自于由艺术区内的正熵流和艺术区外流入的负熵流的强度对比；外在制度在798艺术区的演化中扮演着重要角色；在当前新一轮文化体制改革的有利宏观环境下，采取恰当的预防措施，798艺术区才可以避免陷入商业化发展困境。[65]有学者借用皮埃尔·布尔迪厄的文化社会学理论，通过对798艺术区变迁过程的梳理和发展现状的剖析，理清艺术世界、七星集团、政府各自的作用及相互关系，揭示存在的深层次问题与矛盾，为中国艺术区的未来发展提出合理化建议。[66]亦有学者将798艺术区和韩国首尔仁寺洞文化区进行比较研究。[67]

4. 非物质文化遗产

北京非物质文化遗产的保护继承是近年来学界关心的重点问题，2014年这方面的重要成果是《北京志·非物质文化遗产志》（北京市地方志编纂委员会，北京出版社，2014年版）的出版和“非物质文化遗产丛书”的继续出版。《北京志·非物质文化遗产志》包括北京市有关非物质文化遗产及民间文化保护工作方面的法规、政策、文件及重大事件；北京市非物质文化遗产保护各领域、各行业、各门类及有关项目的发展历史和成果；北京市非物质文化遗产保护工作的专著及研究成果；北京市非物质文化遗产保护传承人等，以资料为主，是北京非物质文化遗产方面的集成之作。“非物质文化遗产丛书”于2010年开始编纂，由北京出版集团公司、北京摄影出版社出版，作者为北京市非物质文化遗产项目传承人以及各文化单位、科研机构、大专院校对本专业有深厚造诣的专家学者。该丛书2014年又出版《永定河传说》《秉心圣会》《京西幡乐》《妙峰山庙会》《花儿金》《双氏兔儿爷》《聚元号弓箭》《葡萄常》《哈氏风筝》等多种，是对相关非物质文化遗产项目的系统全面研究。[68]《永不消逝的记忆：北京地区的非物质文化遗产》则以传统手工技艺、民间艺术、民俗、民间文学及传统医药为纲，以饮食、服饰、器物、生活技艺、民间音乐、舞蹈、戏剧、曲艺、民间美术、游艺、杂技、传统体育与竞技、各类风俗与传说、中医药文化为目，系统归纳了北京地区各领域代表性的非物质文化遗产。[69]《北京幡会研究》则在田野调查基础上，结合现存地方文献，对京西幡会的历史传统、内在机制与社会功能予以探讨，其特点在于将其放在一个有限制的时空单元里并把它与民众日常生活联系起来的进行整体的考察。[70]

（四）北京历史研究

2014年北京历史研究的成果相当丰富，在城市、宗教与民间信仰、人口、人物研究等方面均有值得称道的作品。

《人类文明的圣殿：北京》对北京历史文化做了系统、深入、全面的纵向剖析，认为其具有悠久、持续、递进、多元、一统发展特性的北京历史文化，在人类文明史上不仅绝无仅有，而且独树一帜，是高踞于人类城市文明之巅的“人类文明圣殿”。[71]《北京学丛书·纪实系列》之一《老北京梦寻》，则从老城圈儿、老胡同、四合院、老字号、老茶馆、老饭馆、老戏园子、老会馆、老交通、老行当、老风俗、老北京人等多个方面分别描述了老北京和老北京人，展示了北京衣食住行、人文历史景观的今昔变化。[72]《亲历现代中国：北京民众的生活智慧与情感体验》是对北京城内普通居民的深度访谈记录，从询问被访者生活轨迹出发，揭示20世纪中国社会的变迁史，发现普通民众如何回应社会变迁的影响。[73]

清末民初是北京社会发生巨大变迁的历史时期，2014年关于这一历史时期社会史的研究成果相对突出。《民国北京城：历史与怀旧》是一部对民国时期北京的空间变迁、日常物质生活及其文化表述做出系统研究的重要学术专著，对民国时期北京普通人群及其日常生活实践给予极大关注，是本书的一个特点。[74]《北京学丛书·流影系列》之一《孙明经眼中的老北京》，则主要用照片展示了民国时期北京的方方面面，留下了宝贵的资料。[75]《清末民初北京国民道德建设的社会文化史考察》，在梳理国民道德谱系建构以及城市功能转变的基础之上，从军民共治的风教结构，学校道德教育以及京师社会教育三个层面展示了清末民初国民道德建设的变迁与发展，对于社会转型期公民道德建设具有重要的历史启示意义。[76]《1902—1937 年北京的妇女救济：以官方善业为研究中心》系统探讨了清末至 1937 年期间北京妇女救济制度、措施、方式的变化及其不同效果。[77]《躁动的青春：民国时期北京大学的学生社团活动（1912—1949）》则梳理了北京大学学生社团活动产生的历史背景及其发展的历史轨迹，重构了民国时期北京大学的学生社团活动的历史图景，探究了内忧外患、社会大变革大动荡时代背景下北京大学的学生社团活动的规律与特点。[78]

专著之外，也有一些论文涉及这一时期社会变迁和文化变迁。比如有学者以 1840—1911 年间传教士撰写的著作为资料，探讨 19 世纪北京社会格局发生的巨大的变化，特别是 1840 年之后西方势力对北京的影响。[79]有学者主张将晚清十年新政和民国历史与共和国连接起来，使其成为一个有机联系的整体，并在这一个历史发展过程中梳理北京文化的整体特点。认为，清末至民国初年、远至 1936 年北京文化在政治、历史、经济和文化巨变的背景下发生的现代性转变，直接影响 20 世纪的北京文化的现代形态。[80]有学者主要运用日人加藤鎌三郎的《北京风俗问答》一书，讨论 20 世纪初期北京城市的现代化问题。认为该书对于理解 20 世纪初年的北京现代化过程具有一定参考价值，它显示了求新向善是当时的主旋律，20 世纪的前 20 余年，是北京在复杂艰难的环境中在这一主旋律下走向现代化的重要阶段。[81]有学者主要以《成府村志》研究清末民初北京旗人社会生活的变迁。[82]有学者关注民国时期北京的卫生防疫宣传工作，并探讨对于当今我国疾疫防治工作的借鉴意义。[83]

有学者探讨清末民初北京的娼妓问题，当时社会舆论针对其对社会卫生的影响进行了讨论，要求政府切实地对妓女的身体进行干预。[84]有学者从国家治理的角度探究妓女检治制度。[85]有学者以清末民初的北京下层妇女为研究对象，分析其职业生活。[86]这些研究都鲜明地表现了对底层社会的关注。

2014 年在宗教信仰研究方面出现了几部重要的学术专著。《北京基督教史》在前人研究的基础上，对于北京地区基督教发展的总体脉络进行了系统梳理，促进了北京基督教史研究的进一步深入。[87]《北京清真寺调查记》图文并茂地展示了北京市清真寺的情况，为进一步开展相关研究提供了翔实的资料，也是对北京市历史文化研究的新贡献。《北京佛教史地考》《北京佛教人物考》是两本论文专集，对辽金元明清时期北京佛教的历史、地理和建筑以及历史人物进行了详细考证，对于研究北京佛教的历史传承具有重要意义。[88]此外，有学者专门研究了邱处机与道教的关系。[89]有学者对 18 世纪北京的东正教传教士及其生活进行了研究，认为他们对于俄中关系的建立起了一定的推动作用。[90]

在民间信仰（民俗宗教）方面，《北京：寺庙与城市生活：一四〇〇——九〇〇，下》是一部十分重要的著作，本书以大量的碑文、档案、文人撰述和丰富的地方文献为基础，以北京寺庙及宗教活动为中心，通过大量精细考辨和分析，全方位论述明清以来北京的宗教场所及社团活动，翔实刻画 14 世纪至 20 世纪的北京城市生活情形。书中通过对城市社会组织结构及民众生活等一系列重大问题的思考，回答了寺庙在北京城市社会和文化中的重要性，揭示与城市相关的广泛历史进程，并对当下热门的公共领域和满汉关系、城市特性与国家认同等问题作出了具体的回应。[91]此外，还有学者分析明代北京存在着来源不同性质各异的多种庙宇，指出，日常生活中各种宗教因素相互交融，成为被社会各阶层共享的民俗宗教，但不同阶层和身份之间往往会表现出明显差异。[92]学者对近代北京的四大门信仰进行了较为系统的研究，认为四大门与泰山女神碧霞元君、王三奶奶构成了区域化的神灵谱系，四大门信仰习俗带有鲜明的伦理教化性，并在近代中国产生了四大门信仰的正当性问题。[93]有学者通过梳理档案等资料，初步探讨了北京东岳庙下院天仙宫的历史变迁、神灵供奉、建筑遗存等。[94]有学者以五显财神在当今北京莲花池庙会的再现为例，探讨庙祭民俗在现代新兴庙会中再现的意义，认为它成为对民间传统文化进行展现或应用的一项实践活动。[95]

在人口史方面，《北京人口史》采用历史学和人口学相结合的研究方法，以现今北京市的市域范围为地理空间，阐述了北京地区各个历史时期人口起伏变动的复杂轨迹，总结了造成人口起伏变动的各种因素，对于从长时段角度把握北京人口发展变化的规律和趋势，具有较高的学术价值和现实意义。重点论述了人口数量的消长变化，整理出一套更加接近实际的人口数据，并在资料允许的条件下，介绍了人口的迁移流动、自然变动、自然构成、社会构成、家庭与婚姻等方面的情况，[96]《当代北京人口》同样采用人口学和历史学相结合的研究方法，在对政府发布的各类统计数据、档案资料和学者研究成果进行考证、比较和研究的基础上，对1949—2010年北京人口与发展变迁进行了系统描述和分析。[97]

在人物研究方面，《北京历史人物传》筛选、编撰了北京历史演变、发展过程中曾经作出过一定贡献，或者具有一定代表性与一定影响力，或者对当代仍有一定启发、认识或借鉴意义的近七百名历史人物的简要传稿，是对北京重要历史人物的一次系统梳理。《历史的边角：小人物与北京》也对民国时期的人物及其生活予以关注。[98]《风范：北大名人故居及轶事》以位于沙滩红楼周边及北大燕南园的名人故居为依托，讲述了北大老一辈的学者、大师睿智的人生与沧桑的经历。[99]

在经济史方面，《清代前期北京房产市场研究》对清代前期京城房屋结构和住房消费习惯、住房制度、房屋交易、房价变化以及政府在房产市场中的作用等，进行了系统而颇有深度的研究。[100]有学者对比分析清代前期、后期北京地区图书市场变迁、图书品种的变化以及维护北京书业同行利益的北京书业行会发挥的作用，为建设和管理当代图书市场提供借鉴。[101]

文化景观的变迁也受到学者的关注，有学者关注前门、天安门，透过前门、天安门的变迁，揭示老北京的历史和变化。[102]有学者关注什刹海的发展变迁。[103]有学者对北京的城楼和牌楼予以格外关注，提供了关于城楼与牌楼结构的珍贵资料。[104]也有学者梳理了民国以降，特别是新中国成立后，北京市古建筑保护情况。[105]此外，有学者对于北京文献予以关注，探讨《宛署杂记》《万历野获编》《旧京遗事》《酌中志》等子部著述的特征。[106]

注：

①薛凤旋、刘欣葵：《北京：由传统国都到中国式世界城市》，社会科学文献出版社，2014年版。

②祝尔娟、叶堂林等：《北京建设世界城市与京津冀一体化发展》，社会科学文献出版社，2014年版。

③袁蕾：《基于城乡一体化的北京新城发展研究》，知识产权出版社，2014年版。

④陈少峰：《打造推动北京文化走出去的强大引擎》，《前线》，2014年第5期。

⑤唐莹莹、赵宗：《发达国家文化中心城市建设的经验及对北京的启示》，《北京联合大学学报》（人文社会科学版），2014年第2期。

⑥李建盛：《北京公共艺术与首都城市文化建设》，《北京联合大学学报》（人文社会科学版），2014年第2期。

⑦周柏年：《二十年挣扎，难追发展步伐——北京回龙观规划》，《中华建设》，2014年第12期。

⑧刘勇、张弛：《中国现代作家笔下北京形象的嬗变》，《北京科技大学学报》，2014年第2期。

⑨胡洪春：《历史更迭与文化记忆中的北京——清末民初京味儿小说中的北京书写》，《焦作师范高等专科学校学报》，2014年第1期。

⑩董晓霞：《从空间到时间的北京想象与追忆——论冯唐的“万物生长三部曲”》，《天水师范学院学报》，2014年第1期。

⑪季剑青：《过眼繁华：张恨水的北京叙事——从〈春明外史〉到〈啼笑因缘〉》，《文艺争鸣》，2014年第8期。

⑫杜剑锋、陈坚：《西方影片中北京城市形象的塑造与传播》，《当代传播》，2014年第2期。

⑬刘勇：《北京文化生态与城市发展》，文化艺术出版社，2014年版。

⑭李春雨、刘勇等著：《比较视野中的北京文化》，文化艺术出版社，2014年版。

⑮李建盛主编：《北京文化发展报告》，社会科学文献出版社，2014年版。

⑯张勃：《北京节日的历史、现状和未来建设》，《北京文化论坛文集》编委会：《节日与市民生活：2013北京文化论坛论文集》，首都师范大学出版社，2014年版。

⑰崔瑞萍：《书院与博物馆教育——以北京民俗博物馆“东岳书院”为例》，《大庆师范学院学报》，2014年第2期。

⑱胡墨：《从城中村的兴起看文化产业对经济发展的促进——北京高碑店村走访调研心得》，《现代商业》，2014年第9期。

⑲郭梅、吕拉昌、黄茹、陈博群：《北京文化资源的评价及开发利用研究》，《现代城市研究》，2014年第4期。

⑳北京市国有文化资产监督管理办公室编著：《北京文化创意产业功能区发展研究》，中国经济出版社，2014年版。田杰、胡新迪：《北京传统文化创

意产业集聚区发展对策研究》,《北京印刷学院学报》,2014 年第 1 期。徐丽、崔燕:《北京文化创意产业国际化发展战略思考》,《商业经济》,2014 年第 1 期。邓丽丽:《北京文化创意产业投融资分析及对策》,《首都经济贸易大学学报》,2014 年第 4 期。武晓荣、乔东亮:《世界城市背景下北京文化贸易现状分析与对策研究》,《北京联合大学学报》(人文社会科学版),2014 年第 3 期。

㉑郑美丽、张蕾、许玉玲:《北京文化创意产业支撑条件评价及发展对策》,《首都师范大学学报》(自然科学版),2014 年第 5 期。

㉒陈默、李震宇、陈瑶、张雨苗:《北京文化创意企业 发展模式创新研究》,《商业时代 》,2014 年第 4 期。

㉓张祖群:《研读北京:北京遗产旅游与文化创意产业协同研究》,首都经济贸易大学出版社,2014 年版。

㉔张奇:《旅游文化资源融资模式研究——以北京为例》,经济科学出版社,2014 年版。

㉕江光华:《推进北京文化产业与科技融合的财政政策研究》,《科技管理研究》,2014 年第 4 期。

㉖徐艺佳:《政府在文化创意产业发展中的作用——以成都东区音乐公园和北京 798 艺术区为例》,《青年记者》,2014 年第 2 期。

㉗朱涵瑞、杨一帆:《北京城市中轴线初探》,《山西建筑》,2014 年第 31 期。

㉘秦红岭:《论北京旧城中轴线的设计特征与文化价值》,《华中建筑》,2014 年第 3 期。

㉙张锦东:《历史街区保护视角下的北京旧城土地再开发与管理研究》,首都师范大学出版社,2014 年版。

㉚杨东、任雪冰、张伟一:《历史街区“互助更新”改造模式的思考——以北京大栅栏历史街区为例》,《华中建筑》,2014 年第 9 期。

㉛艾华、王田:《北京都市转型的口述史研究——以大栅栏社区改造为例》,《西南民族大学学报》(人文社会科学版),2014 年第 8 期。

㉜梁玮男、陈强强:《历史文化街区改造中的公共空间设计研究——以北京鲜鱼口街区为例》,《华中建筑》,2014 年第 1 期。

㉝樊星、马国强:《北京旧城更新的文化路径探究 ——以北京南城天桥地区为例》,《城乡治理与规划改革——2014 中国城市规划年会论文集(08 城市文化)》。

㉞李翅、黄哲娇、朱斯斯:《北京什刹海地区街道步行乐趣调查与评价》,《规划师》,2014 年第 4 期。

㉟杨君然、吴纳维:《商业开发对旧城保护与更新改造的影响分析——以北京什刹海历史文化保护区烟袋斜街为例》,《北京规划建设》,2014 年第 1 期。

㊱孙逊、李雄、唐鸣镝:《城市历史文化街区保护与利用模式研究——以北京南新仓历史文化街区为例》,《云南民族大学学报》(哲学社会科学版),2014 年第 2 期。

㊲刘文丰:《北京东四南地区历史文化遗产调查研究》,《北京规划建设》,2014 年第 2 期。

㊳徐永利、陈名杰主编:《三山五园和京西文化研究与保护利用——北京三山五园研究院学术研讨会论文集》,研究出版社,2014 年版。

㊴郭黛姮:《三山五园——北京历史文化最辉煌的乐章》,《三山五园和京西文化研究与保护利用——北京三山五园研究院学术研讨会论文集》。

㊵孙冬虎:《三山五园的命名背景与文化渊源》,《三山五园和京西文化研究与保护利用——北京三山五园研究院学术研讨会论文集》。

㊶何瑜:《清代三山五园与清帝园居理政》,《三山五园和京西文化研究与保护利用——北京三山五园研究院学术研讨会论文集》。

㊷岳升阳、张鹏飞:《三山五园历史文化景区的发展与文化遗产保护》。

㊸张宝秀:《三山五园的地位与定位》,《北京联合大学学报》(人文社会科学版),2014 年第 1 期。

㊹杨菁、李江:《北京西郊皇家园林的整体视觉设计》,《中国园林》,2014 年第 2 期。

㊺蔡立力:《三山五园历史文化景区:打造北京的第三空间》,《北京联合大学学报》(人文社会科学版),2014 年第 1 期。

㊻胡燕:《北京历史街区的传统建筑色彩文化与保护策略研究》,《华中建筑》,2014 年第 2 期。

㊼杨梦衫:《北京老四合院改造中的色彩设计研究》,《艺术研究》,2014 年第 4 期。

㊽张彪、刘晓敬:《北京老四合院改造中的色彩限定与有机更新》,《艺术与设计(理论)》,2014 年第 3 期。

㊾ AU YEO, HWASUN 김동찬 Huo, Qingquan:

Study on the Color and Image Characteristics of Visual Perception in Beijing street landscape of the traditional folk houses-Focused on Nanluoguxiang

㊿王玉轩：《北京四合院与山西大院的空间布局及审美文化分析》，《美术教育研究》，2014 年第 22 期。

(51)王雪：《浅析南北方传统民居的形式差异——以北京四合院和闽南大厝为例》，《福建建筑》，2014 年第 3 期。

(52)卢晔、刘娜、王泽奇、杨之洲：《紫禁城与北京四合院的比较》，《价值工程》，2014 年第 35 期。

(53)王岚主编：《皇城百姓宅门》，机械工业出版社，2014 年版。

(54)《城市记忆——北京四合院普查成果与保护》编委会、北京市古代建筑研究所编：《城市记忆：北京四合院普查成果与保护》，北京美术摄影出版社，2014 年版。

(55)于小植：《留学生视域中的北京胡同意象》，《黑龙江社会科学》，2014 年第 2 期。

(56)白继增、白杰：《北京会馆基础信息研究》，中国商业出版社，2014 年版。

(57)赵连稳、孙勐：《北京城镇化进程中的宗教建筑遗迹保护问题研究——以地下文物和考古发现为例》，《新视野》，2014 年第 4 期。

(58)田密、闵庆文：《新型城镇化背景下北京传统村落的保护与开发》。

(59)郭阳：《北京地区传统村落分布与特征研究——以北京延庆地区为例》，硕士学位论文，北京建筑大学，2014 年。

(60)时少华、汤利华、李芳：《北京古村落民俗旅游资源评价研究》，《商业研究》，2014 年第 12 期。

(61)薛林平、李雪婷、杜云鹤：《北京门头沟区碣石古村落研究》，《小城镇建设》，2014 年第 1 期。

(62)李梦竹：《传统村落保护与发展探析——以北京门头沟区马栏村为例》，《北京建筑工程学院学报》，2014 年第 1 期。

(63)张大玉：《传统村落风貌特色保护传承与再生研究——以北京密云古北水镇民宿区为例》，《北京建筑大学学报》，2014 年第 3 期。

(64)王鑫：《工业遗产与城市文化空间构建研究——以北京和沈阳为对比》，《中国名城》，2014 年第 2 期。

(65)王兰：《耗散结构视角下北京 798 艺术区演化研究》，《经营管理者》，2014 年第 6 期。

(66)迟海鹏：《艺术区现状研究——以北京 798 艺术区》，硕士学位论文，中央美术学院，2014 年。

(67)金纹廷：《后现代文化背景下的文化艺术区比较研究——以北京 798 艺术区和首尔仁寺洞为例》，博士学士论文，中国艺术研究院，2014 年。

(68)杨金凤编著：《永定河传说》。杨金凤编著：《秉心圣会》。包世轩：《京西幡乐》。包世轩编著：《妙峰山庙会》。韩春鸣：《花儿金》。韩春鸣编著：《双氏兔儿爷》。韩春鸣编著：《聚元号弓箭》。韩春鸣著：《葡萄常》。哈亦琦：《哈氏风筝》。

(69)穆秀颖主编：《永不消逝的记忆：北京地区的非物质文化遗产》，学苑出版社，2014 年版。

(70)韩同春：《北京幡会研究》，人民出版社，2014 年版。

(71)王光镐：《人类文明的圣殿：北京》，中国书籍出版社，2014 年版。

(72)张宝秀主编，杨澄著：《老北京梦寻》，北京大学出版社，2014 年版。

(73)杨善华：《亲历现代中国：北京民众的生活智慧与情感体验》，上海人民出版社，2014 年版。

(74)董玥：《民国北京城：历史与怀旧》，生活·读书·新知三联书店，2014 年版。

(75)张妙弟主编，孙健三著：《孙明经眼中的老北京》，北京大学出版社，2014 年版。

(76)叶瑞昕：《清末民初北京国民道德建设的社会文化史考察》，光明日报出版社，2014 年版。

(77)孙高杰：《1902—1937 年北京的妇女救济》，厦门大学出版社，2014 年版。

(78)李浩泉：《躁动的青春：民国时期北京大学的学生社团活动（1912—1949）》，华中科技大学出版社，2014 年版。

(79)孙琼：《传教士眼中的北京（1840—1911）》，《黑龙江史志》，2014 年第 19 期。

(80)邱运华：《北京文化现代形态的发生和论域研究——清末民初（1898—1936）的文化史意义》，《北京联合大学学报》（人文社会科学版），2014 年第 2 期。

(81)张勃：《蜕变中的都市—从〈北京风俗问答〉看 20 世纪初期北京城市的现代化》，《北京联合大学学报》（社会科学版），2014 年第 4 期。

(82)李扬：《清代北京旗人社会生活管窥——以〈成府村志〉为中心》，《北京科技大学学报》，2014

年第4期。

⑧³李自典：《民国时期北京的疫病流行与防疫宣传》，《兰州学刊》，2014年第7期。

⑧⁴何江丽：《论清末民初北京对待妓女身体的舆论话语与政府作为》，《北京社会科学》，2014年第2期。

⑧⁵杜丽红、朱宇晶：《选择性治理：民初北京妓女检治制度之剖析》，《史林》，2014年第1期。

⑧⁶孙高杰：《清末民初北京下层妇女职业生活探析》，《沧桑》，2014年第1期。

⑧⁷杨靖筠：《北京基督教史》，宗教文化出版社，2014年版。

⑧⁸包世轩：《北京佛教人物考》，金城出版社，2014年版。包世轩：《北京佛教史地考》，金城出版社，2014年版。

⑧⁹佟洵：《全真道龙门派始祖丘处机与道教的中兴》，《北京联合大学学报》（社科版），2014年第4期。

⑨⁰B. Г. 达齐申、郝葵：《18世纪北京的东正教传教士及其生活》，《俄罗斯学刊》，2014年第2期。

⑨¹［美］韩书瑞（Susan Naquin）：《北京：寺庙与城市生活：一四〇〇——九〇〇，下》，朱修春译，稻乡出版社，2014年版。

⑨²高寿仙：《共享与差异：明代北京的民俗宗教》，《西南大学学报》（社会科学版），2014年第1期。

⑨³李俊领、丁芮：《近代北京的四大门信仰三题》，《民俗研究》，2014年第1期。

⑨⁴汪桂平：《北京东岳庙下院天仙宫小考》，《北京社会科学》，2014年第4期。

⑨⁵李国江：《庙祭民俗在现代新兴庙会中的再现——以北京莲花池庙会五显财神信仰为例》，《温州大学学报》（社会科学版），2014年第3期。

⑨⁶高寿仙：《北京人口史》，中国人民大学出版社，2014年版。

⑨⁷胡玉萍：《当代北京人口》，中国人民大学出版社，2014年版。

⑨⁸吉光：《历史的边角：小人物与北京》，金城出版社，2014年版。

⑨⁹肖东发、陈光中主编：《风范：北大名人故居及轶事》，北京大学出版社，2014年版。

⑩⁰邓亦兵：《清代前期北京房产市场研究》，天津古籍出版社，2014年版。

⑩¹孙文杰：《清代北京图书市场及其变迁》，《中国出版》，2014年第4期。

⑩²徐城北：《老北京：变奏前门》，重庆大学出版社，2014年版。郭欣：《当代北京前门史话》，当代中国出版社，2014年版。当代北京编辑部编：《当代北京天安门史话》，当代中国出版社，2014年版。

⑩³柯小卫：《当代北京什刹海史话》，当代中国出版社，2014年版。

⑩⁴孔庆普：《北京的城楼与牌楼结构考察》，东方出版社，2014年版。

⑩⁵北京市古代建筑研究所：《当代北京古建筑保护史话》，当代中国出版社，2014年版。

⑩⁶章永俊：《明代北京的子部著述及其特征》，《古籍整理研究学刊》，2014年第1期。

（作者：张勃，北京联合大学研究员；
杨帆，北京联合大学研究生）

北京国家文化中心建设

金元浦　王林生

2014—2015年，是"十二五"规划的收官之年，也是"十三五"规划的谋划之年。在两个五年规划辞旧迎新的交替时刻，人文北京发展重点和方向发生了新的变化，对北京文化的研究也取了新的进展。"互联网+"是互联网思维在现实实践的重要成果，作为一种先进生产力，催生了北京新的文化经济形态，也成为北京建设全国文化中心的时代背景。京津冀一体化是国家对京津冀地区发展做出的最新的重大部署，北京作为首都城市在落实这一战略部署，打造"首都经济圈"，推进京津冀协调创新发展中责无旁贷。因此，在新的发展环境和发展形势下，加强全国文化中心城市建设，全方位提升北京城市文化软实力，增强城市的创新与公共文化服务功能，是提升城市治理能力和发展水平的关键。从总体而言，本年度人文北京研究的重点大致集中在以下几个方面。

一、"互联网 +"和"双创"引领时代潮流

"互联网 +"这一理念代表着先进的生产力，意味着在信息技术革命的今天，网络对传统行业产生的巨大影响已不容小觑。随着互联网思维的实践，传统行业在运营与发展中，开始革新观念，利用技术破除地域、组织、行业对自我发展的束缚，积极探索前沿技术创新及成果转化，繁荣和活跃文化市场。"互联网 +"在催生新的经济形态方面成效明显，尤其是在"大众创业、万众创新"的号召与推动下，"双创"工程与"互联网 +"有机融合，成为文化发展的新动态。从类别来看，这一新动态体现在新的传播途径和研究内容出现两个方面。

第一，在传播方式上，越来越多的发布和研究机构越来越注重移动互联网的信息推送作用，彰显出"互联网 +"在人文北京研究领域的渗透。

"逻辑思维""晓说"等公众号的走红，代表了互联网时代移动自媒体社群试验的巨大成功。在传播转向的推动下，首都地区一批以研究人文北京为研究重点和内容的公众号上线，"元浦说文""言之有范""北京大学文化产业研究院""文化产业新智库""中经文化产业"等以个人或单位为基础的微信公众号，成为人文社科研究领域践行互联网思维的重要代表。在形式上，微信公众号在积极推广公众号信息线上传播的同时，也在尝试与线下活动相结合的形式。"元浦说文"公众号与中经文化产业公众号、北京朝阳规划艺术馆、《北京文化创意》杂志，四方联合举办的以"2015 文化创意产业发展趋势探析"为题的文创沙龙便是通过线上推广、线下实践的形式将人、知识与互联网链接起来的优秀案例。[①]

第二，"互联网 +""双创"的价值意义，以及二者的融合成为人文社科研究的新话题。这一话题的凸显展示出互联网在产业发展、新业态催生等方面的巨大活力，也暗示着"互联网 +""双创"在未来社会经济文化发展中所能发挥的动力性支撑作用将会逐渐显露。对这一问题的探讨，大致集中在以下两个方面。

一方面，互联网思维对当代社会文化变革与发展的意义。金元浦认为，互联网思维作为第三次工业革命的先导理念，推动着当代高科技与文化创意跨界融合，是科技革命中范式转换的必然成果。[②]越界与融合，在实践中较多地体现在产业和媒介发展两大领域。产业领域是"互联网 +"和互联网思维的重要实践领域，其核心理念在于通过更新思维方式和产业运作方式，带动和实现产业的升级。刘德良从产业与互联网融合的角度，分析当前文化创意产业存在的三大基本矛盾，认为"互联网 + 文化产业"有助于推动北京乃至全国小微创意企业的资源整合，实现发展硬件和软件的升级。[③]陈少峰以优酷、京东等北京文化创意企业为例，分析互联网和移动互联网领域的商业模式及创新趋势，阐释了平台为王、视频领域内容为王、专业垂直频道等十种运营模式。[④]李季则从文化创意产业发展机遇的角度，剖析了互联网时代对消费需求、投资需求、生产要素、资源配置等七个方面产生的影响，认为在新一轮科技浪革命的推动下，应顺时而动，改善产业的发展结构。[⑤]

媒介传播是"互联网 +"和互联网思维实践的另一重点领域，这一领域的融合与创新发展在于形成现代传播体系。喻国明指出强化互联网思维就是要在信息传播中"采取一场彻底的自我革命"，推动在观念、战略、体制机制、组织结构、人员构成、内容生产方式、经营管理方式、运营模式、盈利模式、企业文化等领域的系统性变革。[⑥]高宏存、张力等则在全球信息传播的时代背景下，分析北京文化信息传播"国际化"和融合创新发展过程的多元路径，指出北京应秉持"大传播"的发展理念，以互联网为载体构建起文化信息传播的跨行业、跨领域、跨介质、跨载体的文化超级平台。[⑦]

另一方面，"双创"时代激发产业发展活力。2015 年初国务院出台《关于发展众创空间推进大众创新创业的指导意见》，从国家战略高度加快发展众创空间等新型创业服务平台，营造良好的创新创业生态环境。北京作为众创空间较为活跃的地区，涌现出一批创新工场。目前北京市有各类孵化机构 150 家，国家级孵化机构 50 家。随着 2014 年 10 月中关村创业大街的正式运营，以及 2015 年初北京市授牌的 11 家"众创空间"的示范带动作用，北京积极推动了大众创业、万众创新的热潮。因此，推动"创客"时代的文化治理便成为作为一个问题域。万钢指出应以改革思维打造大众创业万众创新的新引擎，营造有利于大众创业、市场主体创新的政策制度环境。[⑧]中国人民大学国家发展与战略研究院针对"创客"时代的文化创意产业、文化消费与文化治理举办专题研讨会，金元浦、魏鹏举、陈禹、林坚、黄顺基、范玉刚等教授从不同角度展开研讨，对"互联网 +"时代推进文化治理现代化进行了学理性的思考。相较于理论探讨，对"双创"与互联网的研究较多的侧重

于个案分析。[9]张力以3W咖啡馆为例，剖析创客与互联网、孵化器等业态的关系，认为以北京创业咖啡馆为代表的“新兴产业孵化器”将成为创客的集聚地。[10]禾佳以淘宝店“译艺英汉翻译”为例，梳理了英汉翻译借助互联网所采取的市场推广路径。[11]这些创新与创意形式，在实践层面显现出大批小微企业以及富有才华的个人正在成为创新生力军，而它们的实践也在理论层面进一步丰富了文化创意产业的研究与发展。

需要指出的是，“互联网+”“双创”作为理论话题，对二者的讨论与研究才刚刚开始，随着实践与研究的不断深入，“互联网+”“双创”所具有的文化和产业层面的理论内涵，将被逐步揭示，它们对社会经济文化发展产生的影响也将在实践和研究中逐渐显现。

二、全国文化中心城市的定位与建设研究稳步推进

在“互联网+”“双创”时代的宏观背景下，北京作为全国文化中心取得了积极进展。尤其是党和国家对北京城市建设的最新定位，既是对北京历史形成全国文化中心地位在新形势下的延续与强化，又成为城市发展新的起点。北京建设全国文化中心在一定程度上承担着疏解非首都功能，缓解首都人口、资源和环境之间的矛盾和压力的内涵，也包含进一步在“互联网+”“双创”时代培育城市创意环境增强创新能力的意义。在这一过程中，尽可能地发挥文化和科技对城市发展的创意驱动，是北京未来发展和建设的重点。对国家文化中心城市的定位与建设的研究，大致围绕战略定位、核心要素、阶段性特征和产业发展等方面展开。

其一，增进全国文化中心战略定位的认识及其文化治理。北京作为全国文化中心城市，强化文化的职能是北京文化建设过去、现代和未来的重要任务。

万安伦考察了北京城市发展中的四次定位和功能转变，认为北京城的每一次变化，都为城市发展和更新提供了新的起点。[12]针对新的城市定位，沈望舒指出全国文化中心的战略定位决定了北京文化追求的方向。[13]认为中国首都当有文明高位、思想价值、精彩魅力等方面的追求，争创精神型文化示范城市、头脑型文化引领城市、枢纽型文化中心城市。向勇则从新都市主义的视角，指出北京的文化发展战略还处于整合和升华阶段，应在“大文化”的发展视野下，综合文化城市、创意城市和田园城市等发展理念。[14]

与沈望舒、向勇等论者的视角不同，李建盛、林坚、王琪延等分析了城市定位与文化治理方式变化间的关系。李建盛认为城市的发展和治理中需要有城市文化的历史意识、问题意识和战略意识，在城市发展历史维度、现实维度、未来维度中审视城市的存在方式和人的存在方式。[15]林坚认为在新的城市定位和文化治理中，历史文化名城与科技创新中心之间保持着一种融合发展的关系，处理这对关系应坚持高端引领和自主创新，突出以人为本，以实现城市的协调发展。[16]王琪延、王博等则从建构具有世界影响力的文化中心城市的高度，指出未来北京的文化治理需要直面的八大问题，包括缺乏文化氛围、缺乏优秀传统文化的传承、缺乏传统文化的现代表达、缺乏文化设施、缺乏国际文化交流、缺乏创新、缺乏文化企业航母、缺乏人才等。[17]

与以上论者选取的角度稍有不同，唐莹莹、赵宗、王颖等在国内外文化中心城市的体系坐标中，以对比的方式审视了北京文化的发展。唐莹莹、赵宗等提炼出伦敦、纽约、巴黎、东京等发达国家文化中心城市建设对北京的启示。[18]认为北京推进全国文化中心建设应从理念、制度、措施上进行全方位的革新。王颖则比较了北京与西安、上海、深圳等文化城市，认为北京未来的发展应立足丰厚的文化积淀，加快发展科技、文化事业以及相关产业，强化已有文化交流品牌的世界影响力，提升国家文化中心城市的创造力。[19]

其二，推动国家文化中心核心要素研究。文化中心城市作为城市的战略定位和发展目标，有其内在的要素支撑。对要素进行梳理和剖析有助于从深层次上认识文化中心城市的性质和职能。

金元浦主编“文化北京——北京文化中心建设课题研究丛书”是本年度较为集中且深入探讨这一问题的丛书。[20]丛书包括《文化北京：新视野 新征程》《文化北京：建造世界精品殿堂》《文化北京：跨向世界创意高地》《文化北京：构筑全球人才高地》《文化北京：搭建要素配置的最优平台》《文化北京：跨进全球信息传播时代》《文化北京：握手环球文明》等七部著作，其中《文化北京：新视野 新征程》为总报告，全面阐释了北京建设全国文化中心的战略意义，认为这是在全面深化文化体制改革的时代形势下，北京加快完善文化管理体制和文化生产经营机制，建立健全现代公共文化服务体系、现代文化市场体系的重大举措，是走向高水平文化治理体系和提升治理能力现代化的重要路径。丛书分别以文化精品创作、文化创意培育、文化人才集聚教育、文化要素配置、文化信息传播、文化交流展示为视角，分析这些核心要素的内涵和外延，全面梳理它们在北京文化中心城市建设中的作用、现状与问题。在国内外文化城市的对比中，阐释北京建设文化中心城市的优势性资源及束缚性障碍，并为进一步增强北京作为文化中心城市对周边的影响力、辐射力提出了相应的建议。

文化消费是文化中心城市核心要素的重要组成部分。随着近两年"北京文化消费季"的开展，文化消费在城市发展中的作用被进一步激发。2015年初，北京市为进一步激发文化消费，出台我国首部国内首个促进文化消费意见，即《关于促进文化消费的意见》。"文化北京——北京文化中心建设课题研究丛书"在相关章节中用国内外视野审视了北京文化消费的状况，指出文化消费已经稳步成长为北京经济新亮点，并对北京文化消费指数评价体系进行了富有创新性的构建，为衡量城市文化消费状况提供了可借鉴的评价标准。文宗则较为全面阐释了《关于促进文化消费的意见》出台的意义，认为这一文化经济政策的出台将进一步激活文化市场，推动文化消费的升级。[21]

其三，深化北京文化中心城市的阶段性研究。前已述及，北京作为全国文化中心城市的定位既有对以往城市定位的继承，又有新的发展。"互联网+""双创"时代是一个追求创意的时代，从城市发展阶段而言，创意文化都市已经成为当前北京文化中心建设的重要方向和内容，创意驱动也是北京创新型发展的核心动力。

范玉刚、王林生等从创意城市建设的角度，阐释了推进北京建设创意城市战略性举措和阶段性特征。王林生梳理了北京创意文化都市建设的进程，认为北京建设创意城市经历了"首倡文化产业，发展城市文化经济""加强创意驱动，推动城市产业升级""实施'双轮驱动'，建设科技文化创新之城"三个阶段，[22]且在城市创意空间的布局上呈现出"大分散、小聚居"的特点。[23]范玉刚则直面北京创意城市建设的瓶颈与问题，提出加强"创意北京"建设要强化"中心"意识和增强战略思维，健全或创新文化管理、人才智力发挥、税金支撑的体制机制，提升北京的文化凝聚力、文化生产力和文化创造力。[24]

以上论者从宏观和微观阐释了城市与创意文化的互动关系，王琪延、黄羽翼等则从竞争力的角度较为全面地分析了北京加强文化治理的意义和存在的问题。[25]指出在文化治理中提升北京的文化竞争力，应着眼于挖掘文化资源、激发城市文化活力、发挥集聚区效应、重点支持文化内容行业、加强文化创意产业和金融业的深度融合、实施文化"走出去"战略、形成文化事业投入稳定增长机制、加快生态文明建设和提高居民文化消费水平等方面。意娜、满兴远则专注于北京文化"走出去"，阐释了文化"走出去"对提升北京文化的创意形象之间的关系。[26]指出在文化"走出去"的过程中，北京作为首都城市在"讲好中国故事，发出中国声音"，确立中国文化在国际文化新秩序的角色与定位的过程中责无旁贷。

其四，深耕细化文化创意产业发展研究。文化创意产业在增强北京全国文化中心影响力、辐射力和实施"双轮驱动"北京社会经济文化发展的过程中作用明显。北京文化创意产业的发展及其研究，经历将近20年的历程之后，逐渐从宏观战略研究走向内部精深和细致，这一方面体现在北京出现了专业化的研究平台，另一方面体现在一些研究从外部现象研究逐渐走向内部肌理研究，从全行业考察到逐渐走向具体个案分析。

专业化研究平台的出现，凸显出文化创意产业在国民经济和社会发展中整体地位的跃升，对其研究也逐渐成为业界热点。为了适应文化创意产业专业化研究的需要，以北京文化创意产业和创意文化为重点研究对象的大型文化经济杂志《北京文化创意》创刊，开设"高端视野""政策导航""创意案例""多维视界"等栏目，为全面反映文化体制改革和文化发展动态，科学评价文化创意产业发展的成果和经验，探讨破解影响文化创意产业存在的突出问题，提供了权威专业化的文化创意研究平台。[27]

在本年度的研究中，一些论者对文化创意产业的研究继续从战略层面予以把握，如周茂非对继续推进北京文化科技融合的思考，[28]张丽峰、丁于思等全面阐释了北京文化创意产业对经济发展的带动作用。[29]但在关注宏观战略和走向的同时，诸多论者针对文化创意产业的最新动态更为深入地剖析文化创意产业产业链中的部分环节。陈少峰以北京等地的文化企业为例，分析互联网文化产业对传统文化产业的冲击，以及传统媒体企业在新的发展背景下遇到的行业、体制、品牌障碍或缺陷。[30]金元浦则从国际视角审视了构建文化创意产业伦理对北京等国内中心城市文化创意产业发展的必要性及可借鉴的经验。[31]范周则针对（朝阳）国家文化产业创新实验区，探讨了"北京商务中心区（CBD）——定福庄”一带为核心承载空间的规划等问题。[32]针对文化创意产业的升级发展，王国华以文化创意产业集聚区为研究对象，以企业的微观层面和生产系统协调创新的理念为视角，提出全社会的创新系统建设对文化创意产业集聚区转型升级的动力支撑。[33]而熊澄宇则以北京、上海等地小微传媒企业为例，分析梳理出小微传媒企业在发展中面临的抵押物少、财务管理规范性缺乏等问题，从政府转变扶持方式、探索无形资产评估标准和构筑版权保护环境等角度，对破解小微传媒企业的融资困境提出了可尝试的路径。[34]李丹阳和邢树森以天竺文化保税园为例，阐释了创新运营管理模式及园区开设的重要意义，认为园区在探索“事业、企业、非政府组织”三位一体运营管理机制为深入文化运营的体制机制改革有示范性的意义。[35]吴俊则以实证的方法分析了北京文化创意产业在发展过程中的顺向和逆向波及效应，剖解了文化创意产业与其他支柱性产业的关联。[36]这些研究采用的角度不同，为我们全面、深入地认识与分析文化创意产业起到积极的推动作用。

以上论者的分析，将北京作为全国文化中心定位的由来、意义、特征等进行了较为详细的阐释，全面剖析了城市之所以可被称之为文化中心城市的内在要素支撑及产业在城市发展中核心推动。这些论述在理论和实践层面进一步增进了人们对文化中心城市的认识，尤其是核心要素研究为衡量和评价城市文化体系的标准化建构做了理论铺垫。

三、文化助力京津冀一体化融合发展

京津冀一体化是国家的一个重大发展战略，推动京津冀一体化发展是新形势下打造面向未来的新的首都经济圈，实现区域资源整合与协调发展的选择。就发展历程而言，京津冀并不是一个当下的产物，在某种意义上说，京津冀一体化是始终存在的，这是基于京津冀地缘相接、人缘相亲所造就的地域一体。1982年的《北京城市建设总体规划方案》中就首次提出了“首都圈”的概念。但京津冀一体化在当下被提升至国家战略发展的高度，是由于区域经济一体化效益没有被充分挖掘出来，区域人口经济资源环境尚不协调。从较为严格的意义上来说，文化是京津冀一体化发展的重要内容，也是一体化发展的重要动力。就文化与京津冀一体化的关系研究，是本年度的特点话题。诸多论者就此进行了讨论，其关注的焦点体现在以下方面。

其一，文化在京津冀一体化发展中的作用和意义。京津冀三地不仅是地域相接，而且是文化一脉。但在长期的发展过程中，由于地域经济社会文化发展水平的不平衡，造成众多资源向北京聚集，所以京津冀的一体化在某种程度上是以均衡发展为目标的协同发展过程。

金元浦从北京向津冀进行辐射和带动的层面指出，百度、京东、新浪、搜狐等高科技文化产业“准航母群”可在一体化过程中，通过产业转移在推动自身产业的升级的同时可带动津冀的发展。[37]肖永亮从市场空间角度强调了一体化对传统文化产业发展的意义，认为一体化将有助于推动京津冀文化产业的联动。[38]陈启刚等认为，在京津冀一体化中文化的作用优于产业等经济部门，文化品牌活动和节庆展会是经济社会一体化融合发展的平台，文化在一体化中应发挥“先头兵”的作用。[39]陈鹏在文化产业发展的过程中，较为注重消费群体的扩大对一体化的推动作用，认为津冀的消费人群将为北京的文化产业提供广阔的市场。[40]与以上论者从多个层面较为侧重产业发展的角度不同，祝尔娟、文魁等从打造中国参与全球竞争和国际分工的世界级城市群的角度，认为推动京津冀一体化，构筑中国乃至世界的研发创新、高端服务和“大国重器”的集聚区，将有助于环渤海经济圈发展成为中国最有活力的核心增长极，同时探索区域空间优化和科学可持续发展。[41]

其二，推动京津冀文化一体化亟待突破的障碍或制约性因素。一体化的过程中是一个各系统要素重新配置的过程，京津冀推动一体化发展的过程将会推动产业协作、企业协作和资源整合的机遇大幅提升。

在面向未来协调发展的历史际遇中，张京成在“京津冀”与“珠三角”、“长三角”三地的比较中，认为目前京津冀文化一体化的程度相对较低，没有形成高低搭配的合理产业布局。因此，推动京津冀的文化一体化需要转变思维，协同构建京津冀创意城市网络，发展文化创意产业。[42]张晓明认为京津冀一体化的重要前提便在于打破原有行政格局的分割，让区域内文化资源实现高效配置。[43]李道今在强调在破除“一亩三分地”的格局分割观念的基础上，进一步指出京津冀的一体化应立足比较优势，明确现代文化产业分工，以区域文化优势互补和共建共享为发展旨归，在文化产业协同发展的战略制定、顶层设计、发展布局、政策举措等系统谋划等方面，逐步强化战略措施。[44]与以上论者的认识不同，魏鹏举认为财税制度是京津冀一体化中的短板。魏鹏举以北京的文化消费季为例，指出三地财政实力、消费成本的差异将成为京津冀一体化进程中的制约。如果说财税等因素是显性原因的话，刘勇、姚舒畅、陈旭霞等则突出一体化的隐性因素。刘勇、姚舒畅认为文化认同的缺失制约着京津冀一体发展的凝聚力、创新力和推动力。[45]陈旭霞则认为在京津冀一体化中存在文化认同障碍的同时，还存在文化整合障碍、文化合作障碍。[46]

其三，推动京津冀文化一体化发展的路径与措施。京津冀的一体化，主要是三地发挥各自优势，形成发展的互补效应，诸多论者从宏观战略、文化产业、非物质文化遗产和文化认同等角度进行了分析阐述。

李国平认为在区域发展总体战略中，首先要明确京津冀区域及三地的功能定位，在此基础上加速推进京津冀区域合作。[47]北京作为“知识型＋服务型”城市，重点发展高端服务业、高新技术产业和文化创意产业等优势产业，优化区域功能布局。陈少峰、金元浦等侧重文化产业的带动性作用。陈少峰认为发挥品牌企业的影响力，推动文化产业跨界融合、创业投资是京津冀一体化中最重要的一环。[48]金元浦从文化贸易的角度认为北京建立的天竺文化贸易基地是推动京津冀整一体化的重要载体。[49]王琳则从较为宏观的产业协同角度，指出可通过制定优势互补战略、协同发展战略、互利共赢战略等相关战略，推动京津冀一体化发展。[50]张建梅、王佳欣等认为在非物质文化遗产的宣传上京津冀可在节庆和民俗旅游、传统手工技艺类非遗旅游项目联合展示等方面进行探索。[51]在一体化路径研究上，王晖从文化认同的角度，指出可通过制订京津冀文化产业发展战略、建立文化产业协调发展联席会议制度、营造协同合作的文化市场环境、建立京津冀三地公共服务平台、合力推进京津冀区域性文化联盟、推动京津冀区域文化研究成果转化等方面，进行积极的探索与尝试。[52]

从以上论者的分析可以看出，文化推动京津冀一体化发展，是一个包含观念制度创新与规划实践、文化产业和非物质文化遗产、硬件推进与软件建设等多方面的复合型工程，不仅关系到北京大城市病治理与京津冀协同发展，也关系到经济、社会、生态、文化之间的协调关系，以及市场与政府间的协调互动关系。可以说，随着京津冀一体化的推进，关于文化与京津冀一体化问题的讨论会逐步走向深入。

四、公共文化服务提升城市文化软实力

公共文化服务是城市文化建设的重要内容，北京在不断提升城市文化软实力，完善城市功能和加快城市文化建设中，注重城市公共文化服务体系建构与完善。目前，北京的城市公共文化服务已形成多层覆盖的、较为完备的公共文化服务体系。随着文化治理在城市现代化过程中地位的凸显，文化治理与公共文化服务的关系也成为研究的热点。同时，对公共文化服务体系的研究也越来越多地从某一具体的公共服务类别展开，注重公共文化服务在城市文化发展中的实效。

其一，文化治理体系中的公共文化服务建设。公共文化服务治理体系是文化治理体系的重要组成部类。祁述裕认为推进传统文化事业向现代公共文化服务转变，应妥善处理公共文化服务建设中存在的基本与非基本、共性与个性、管理与治理、政府与市场、中央与地方、事业与产业、网点与网络、建设与管理等若干关系。[53]与祁述裕不同，张祖群则在公共文化服务体系的构建与研究中关注北京市农村公共文化服务设施的建设状况，认为存在资金利用效率低下、建设规范性不足、运营管理不善等问题，而加强体制机制创新是提升农村公共文化服务效能的核心途径。[54]何群等则考察了文化人才对北京城市发展的制约，指出构建完备的北京文化人才教育体系和集聚机制，才能在未来城市发展转型提升和功能完善等方面，提供有效的人才和智力保证。[55]

其二，公共文化服务研究走向类别化、具象化。随着公共文化服务设施的完善与普及，整体意义上的城市公共文化服务对城市发展的意义不再受研究者的青睐，相反，公共文化服务体系中农村的公共文化设施、具体类别服务类型的要素研究逐渐成为重点。

如果说公共文化服务治理体系和农村公共文化服务建设是作为整个公共文化服务体系重要部类的话，高大伟、赵连稳等针对具体的文化设施展开的分析，则代表了公共文化服务研究由普遍性话题走向个案具体性话题研究的进展。高大伟关注公园这一具体的公共文化服务类别在北京城市治理中作用，认为公园作为现代城市的重要社会空间，发挥着城市“区域中心”、改变人们生活方式和构建社会关系网络的重要功能。[56]与高大伟的关注重点不同，赵连稳从历史发展的角度，分析梳理了“三山五园”地区水系在城市发展中的变迁及格局。[57]这一研究对当下进一步挖掘与盘活“三山五园”文化资源，释放历史景观再造在当下城市公共文化服务和城市发展中的作用不乏科学理性的意义。汪卉则针对近两年北京文化消费季推出的北京文惠卡，分析互联网为消费者和供给方提供的对接平台，认为这种方式开启了新的消费模式。[59]公共文化服务体系的完善，从形式来说是场馆的建设问题，但从内容来说涉及公共文化服务的普惠化、均衡化、均等化、优质化等，以类别化、具象化的视角分析公共文化服务无疑为我们进一步提升公共文化服务的效能提供了理论支撑。

综上所述，人文北京研究在新的发展背景下取得了新的实践。无论是“互联网 +”和“双创”时代的文化，还是全国文化中心建设视角中的文化，文化作为要素在整个城市发展中的地位和作用已从“背景”转移至发展的“前台”。在这个要素“背景”突前的发展变革中，京津冀一体化过程中，文化成为不可忽略的要素，而在全面提升城市发展水平，公共文化服务的治理与体系建设，也必将承担着越来越重要的职能和作用，人文北京的内涵和外延也将在新的实践中得到进一步的丰富和拓展。

注：

①《北京文化创意》编辑部：《2015 文化创意产业发展趋势探讨》，《北京文化创意》，2015 年第 1 期。

②金元浦：《互联网思维：科技革命时代的范式变革》，《中华文化论坛》，2015 年第 4 期。

③刘德良：《“互联网 + 文化产业”蕴含无限发展空间》，《北京文化创意》，2015 年第 2 期。

④陈少峰：《剖析移动互联网下文化产业的十种新商业模式》，来源中国经济网，http：//www.ce.cn/culture/gd/201412/11/t20141211_4102816.shtml。

⑤李季：《七方面分析新常态下文化产业的机遇》，来源中国经济网，http：//www.ce.cn/culture/gd/201504/20/t20150420_5153200.shtml。

⑥喻国明、姚飞：《强化互联网思维推进媒介融合发展》，《前线》，2014 年第 10 期。

⑦高宏存、张力等：《跨进全球信息传播时代——媒介融合语境下北京文化信息传播发展研究》，新华出版社，2015 年版。

⑧万钢：《以改革思维打造大众创业万众创新的新引擎》，《中国中小企业》，2015 年第 5 期。

⑨汪卉：《开启“互联网 + 文化消费”新模式》，《北京文化创意》，2015 年第 3 期。

⑩张力：《创业咖啡馆 创客实现梦想的集结地》，《北京文化创意》，2015 年第 2 期。

⑪禾佳：《让能力在“自媒体”时代彰显》，《北京文化创意》，2014 年第 1 期。

⑫万安伦：《北京城市地位与功能的四次跃升》，《北京联合大学学报》，2014 年第 3 期。

⑬沈望舒：《首都战略定位的文化价值取向》，《北京日报》，2014 年 8 月 25 日。

⑭向勇、陈娴颖：《基于新都市主义的北京文化立市战略内涵探析》，《北京联合大学学报》，2014 年第 2 期。

⑮李建盛：《城市治理中的文化问题》，《中国社会科学报》，2014 年 11 月 17 日。

⑯林坚：《首都功能定位需要处理好十大关系》，《中国流通经济》，2015 年第 4 期。

⑰王琪延、王博：《将北京建设成为世界文化中心城市的建议》，《北京社会科学》，2015 年第 4 期。

⑱唐莹莹、赵宗：《发达国家文化中心城市建设的经验及对北京的启示》，《北京联合大学学报》，2014 年第 3 期。

⑲王颖：《关于国家文化中心建设及发展的思考——以北京为例》，《行政与法》，2015 年第 4 期。

⑳金元浦主编：《文化北京——北京文化中心建设课题研究丛书》，新华出版社，2015 年版。

㉑文宗：《北京颁行新策促进文化消费》，《北京文化创意》，2015 年第 1 期。

㉒王林生：《北京面向创意都市的发展转型及阶段性特征》，《城市学刊》，2015 年第 1 期。

㉓王林生：《北京创意文化都市的空间特征与塑造》，《前线》，2015 年第 1 期。

㉔范玉刚：《文化创意城市的理论思考——兼及“创意北京”建设的若干建议》，《人文杂志》，2015 年第 2 期。

㉕王琪延、黄羽翼：《提升北京市文化竞争力问题研究》，《现代管理科学》，2015 年第 1 期。

㉖意娜、满兴远等：《握手环球文明——北京建设国际文化交流展示中心研究》，新华出版社，2015 年版。

㉗陈秋淮：《立足北京面向全国，助推文化创意产业发展》，《北京文化创意》，2014 年第 1 期。

㉘周茂非：《推进北京文化与科技融合发展的思考》，《前线》，2014 年第 10 期。

㉙张丽峰、丁于思：《北京文化创意产业与经济增长关系研究》，《科技管理研究》，2015 年第 10 期。

㉚陈少峰：《互联网文化产业环境下文化国企发

展对策分析》，《北京联合大学学报》，2015 年第 1 期。

㉛金元浦：《国际文化创意产业伦理问题研究的内容与路径》，《山东社会科学》，2015 年第 2 期。

㉜范周：《首个实验区如何迈开第一步》，《东北之窗》，2015 年第 3 期。

㉝王国华：《北京文化创意产业集聚区转型升级的动力探寻》，《北京联合大学学报》，2014 年第 4 期。

㉞张铮、熊澄宇：《我国小微传媒企业的融资困境及其破解路径分析》，《现代传播》，2014 年第 10 期。

㉟李丹阳、邢树森：《北京天竺文化保税园建设发展的基本构想》，《北京文化创意》，2014 年第 1 期。

㊱吴俊：《北京文化创意产业关联性实证分析》，《知识经济》，2015 年第 6 期。

㊲金元浦：《文化产业迎来发展机遇》，《新京报》，2014 年 9 月 1 日。

㊳肖永亮：《联动发展先打破地域分割》，《北京商报》，2014 年 10 月 17 日。

㊴田超：《京津冀一体化文化充当先头兵》，《京华时报》，2014 年 6 月。

㊵陈鹏：《三地优势资源需共惠共存》，《北京商报》，2014 年 10 月 17 日。

㊶祝尔娟、文魁：《推进京津冀区域协同发展的战略思考》，《前线》，2015 年第 5 期。

㊷张京成：《协同发展文化创意产业需要构建京津冀创意城市网络》，《京津冀协同发展——北京面临的机遇与挑战：北京自然科学界和社会科学界联席会议 2014 高峰论坛论文集》，2014 年 11 月 4 日。

㊸张晓明：《京津冀协同让河北文化产业迎来新机遇》，来源新华网，http://www.he. xinhuanet.com/news/2015-01/06/c_ 1113897810. htm。

㊹李道今：《京津冀文化协同构想》，《投资北京》，2015 年第 6 期。

㊺刘勇、姚舒畅：《文化认同在京津冀协同发展中的重要作用》，《京津冀协同发展的展望与思考——2014 年京津冀协同发展研讨会论文集》，2014 年 5 月 29 日。

㊻陈旭霞：《文化如何推进京津冀协同发展》，《京津冀协同发展的展望与思考——2014 年京津冀协同发展研讨会论文集》，2014 年 5 月 29 日。

㊼李国平：《京津冀一体化发展战略及对策》，《前线》，2014 年第 8 期。

㊽陈少峰：《借品牌企业扩大地方影响》，《北京商报》，2014 年 10 月 17 日。

㊾金元浦：《鼓励京津冀领域文化项目投融资》，来源新浪网，http://finance. sina. com. cn/hy/20140830/200020169614. shtml。

㊿王琳：《京津冀文化创意产业协同发展的思考》，《科学发展·协同创新·共筑梦想——天津市社会科学界第十届学术年会优秀论文集（中）》，2014 年 10 月 29 日。

51张建梅、王佳欣：《京津冀文化旅游协同发展路径探析——以非物质文化遗产旅游为例》，《开发研究》，2015 年第 2 期。

52王晖：《京津冀文化认同研究》，《京津冀协同发展的展望与思考——2014 年京津冀协同发展研讨会论文集》，2014 年 5 月 29 日。

53祁述裕：《构建现代公共文化服务体系应处理好的若干关系》，《国家行政学院学报》，2015 年第 2 期。

54张祖群：《北京农村公共文化服务现状与建议》，《前线》，2015 年第 4 期。

55何群等：《构筑全球人才高地——北京建设文化人才集聚教育中心》，新华出版社，2015 年版。

56高大伟：《积极发挥公园在首都社会治理体系创新中的作用》，《前线》，2014 年第 9 期。

57赵连稳：《清代三山五园地区水系的形成》，《北京联合大学学报》，2015 年第 1 期。

58汪卉：《开启“互联网+文化消费”新模式》，《北京文化创意》，2015 年第 3 期。

（作者：金元浦，中国人民大学教授；
王林生，北京社会科学院助理研究员）

北京环境建设

陈　剑　毛雪峰

一、重要的学术观点

2014 年，有关雾霾的“真元凶”，学术界一直在争论中。2014 年 10 月上旬，北京再次遭遇持续多日雾霾的“重度污染”，对于这场雾霾的成因，有专家根据环保部对秸秆焚烧的卫星遥感监测数据，分析认为，“秸秆焚烧”是本次重污染形成的一个重要因素：北方地区逐渐进入秋收季节，国庆期间部分省市秸秆焚烧集中，这种本可人为减少的“特殊污染源”加重了雾霾。对此，北京市环保局大气污染综合治理协调处李立新认为，“秸秆焚烧，直接排放一次颗粒物，烟气含‘有机气溶胶’，可形成 PM2.5”，并举例说明，2013 年夏季遥感监测显示，大范围秸秆焚烧 曾经使 PM2.5 浓度在几小时内由 110 微克/立方米上升到 460 微克/立方米。中国气象局京津冀环境气象中心首席预报员廖晓农认同以上观点，他认为，无风、高湿、秸秆焚烧是首场雾霾“提早报到”的主要原因。

以上观点发布后在网上引起了热议。有评论说：“刀耕火种”是中国农业的传统，秸秆烧了许多年，缘何最近才被提及？面对这样的质疑，有专家认为，当前中国的雾霾是多种污染物协同作用而生，属于复合型污染，机动车、燃煤和工业排放是造成雾霾的最主要原因。“但恰逢夏收、秋收季节，如果遇到静稳天气等不利于污染物扩散的气象条件时，秸秆集中焚烧对雾霾的贡献就会凸显，迅速积累的污染物在无风、高湿的条件下难以散去，恶化了原本严重的雾霾。”

针对雾霾的成因，学术界大致分为两种观点：一种观点认为，燃煤造成的“煤烟型污染”是空气质量的头号污染源，占烟尘排放的 70%；另一种观点则反驳认为，“汽车尾气”才是罪魁祸首，机动车尾气排放产生的有机气溶胶等是 PM2.5 的主要组分。

针对雾霾频发而治理效果不佳的现状，2014 年 10 月 17 日，新浪财经刊发文章。文章认为：大力推进清洁生产技术应用，严惩不正常运行脱硫、脱硝、除尘等环保设施的行为，是治霾的关键之举，但是有不少害群之马拿着国家的脱硫补贴却不运行环保设施。文章公开质疑“中石油等央企拿着补贴不干事”。针对雾霾治理难的问题，有专家表示，我国雾霾是在工业化发展与机动车剧增同步的情况下，污染叠加并相互作用所致，属于大面积区域性、复合型污染，不同于 20 世纪伦敦（煤烟型为主）、洛杉矶（机动车为首要原因）相对单一的污染，因此，治霾需打持久战、组合拳。对此，中国科学院“大气灰霾追因与控制”专项首席科学家贺泓认为，发达国家大气污染呈现明显“阶段性特征”，即工业排放、城镇化与机动车文明相继发展，我国则是三者在几十年内同时出现，此间产生大量污染叠加，复合型污染治理难度极大。

针对北京市汽车尾气治理问题，中国科学院院士李灿提出应安装和及时更换尾气净化催化剂装置，并严格执行尾气车检法规。同时，国家应该强力推行“国 V”汽柴油，根本上解决机动车尾气污染大气的问题。李灿认为，尾气排放形成 PM2.5、氮氧化合物和一氧化碳排放非常严重。使用尾气催化剂是解决尾气污染排放的最有效措施，而且是成熟技术、早已经被发达国家普遍采用。因此他建议从生产、管理、检修方面入手治理尾气排放，同时规范尾气催化剂市场，推广清洁油品生产技术和要求全国供应清洁油品。

就 2014 年 10 月初北京再次遭到重度雾霾的状况，环保部派出 6 个督查组，赴北京周边地区城市，对重污染天气应急工作进行专项督查，发现京津冀地区虽实现预警和应急响应分级标准的基本统一，但在准确预警、快速反应、区域联动等方面问题突出。主要表现为：气候预警能力差距大，应急响应措施滞后，区域联动水平低。

针对以上应急响应措施滞后问题，国家环保部副部长翟青分析认为，目前京津冀三地以及河北省多个市（县）的重污染天气应急指挥部办公室都设立在环保部门，在政府授权有限、工作机制不健全的情况下，部门协调力度薄弱，难以形成“部门各司其职齐抓共管”的局面，导致重污染天气应急响应措施落实不到位。针对区域联运水平低的问题，中国环境科学研究院副研究员高健认为，重污染天气应急预案，涉及部门广、协调程序多、社会影响大，造成应急响应速度慢。除了环保、气象部门，重污染天气应急响应，还直接涉及交通、港口、卫生、教育以及综合执法部门，间接涉及发改、水务、园林、监察局等部门，各个环节响应预警，也都需要时间，由于重污染天气预警的精确度不高，也客观上打击了部门联动的积极性。

北京市科学技术情报研究所的张敏、苗润莲认为，发展生态休闲农业是缓解京津冀都市圈生态环境压力、消除区际经济社会发展水平差距的一个重要突破口。他们认为，北京经济发展进入后工业经济时代，强效拉动京津冀经济一体化发展格局正在形成。如何在有效保留农业用地、为城市居民提供生态休闲场所之间寻求平衡，成为都市圈可持续发展的关键。生态休闲农业借助农业活动促进市民与农民之间的社会交往，既满足上述需求，又促进相互理解和城乡融合。对此，他们提出，应统一思想，树立低碳可持续发展理念，京津冀都市圈统筹规划设计，地区间实行差异互补，将低碳科技创新与服务作为支撑，打造区域化生态休闲品牌。

二、重要的论坛和研讨会

1月7日，北京市气象局、北京物联网研究会在北京共同举办“北京市气候与物联网研讨会”。研讨会主题：北京市物联网产业在气候观测方面的应用和创新方向。北京市气象局符月华认为，应该将物联网相关技术与气候观测相结合，以满足更高层次的社会需求；李梅教授提出了气候监测在物联网芯片方面的创新可能性；苏亚博士提出，建立新型气候物联网地图，利用大数据分析技术进行挖掘和检索；范永余提出，将气候探测应用至个人消费领域，并利用物联网对服务进行精细化，研讨会对物联网行业发展进行了有益的探索和学术研讨。

2月27日，北京市科学技术协会在北京召开“北京大气雾霾治理对策专家研讨会”。会议对北京地区出现的持续性强、大范围的雾霾天气的特点、形成原因进行了分析，针对政府部门实施的一系列举措以及成效评估等方面内容进行了研讨，提出了应对北京大气雾霾治理工作的措施意见。专家认为，根治雾霾是一项长期的艰巨任务，对此应有充分的思想准备，理性对待；有关部门应在今后的工作中，及时、准确地发布相关信息，把握舆论导向，强化社会的认知基础；同时，还应加强基础性研究的投入及相关专业人才的培养。专家提出，尽管北京出台了《北京市大气污染防治条例》，但大气污染是一个区域性的问题，需要进一步加强北京与周边地区的联防联控。因此，希望从国家层面上加强立法，确保区域性的污染治理有法可依。

4月1日，北京食品学会、北京食品协会在北京国际会议中心举办“第七届中国北京国际食品安全高峰论坛”。论坛主题：“加强过程管理、确保食品安全 ”。与会专家及业内企业代表围绕“乳制品质量安全控制、功能食品安全评价与检测鉴别、农兽药残留与色谱、质谱技术快速检测技术与样品前处理技术、食品生产加工质量控制与供应链监管、重金属检测——原子光谱与分子光谱、生物性毒素与食源性致病菌控制与检测技术、实验室建设与认证及认可” 八个主题进行探讨。

5月7日，北京市政府办公厅信息处、北京市科协共同召开“北京市水安全问题”专家座谈会。与会专家围绕北京市治水管水思路、城市雨水管理、南水北调进京后的水资源使用等问题进行交流和研讨。专家认为，应借鉴国内外先进经验，在北京实施水务一体化管理模式，建立水信息平台，摸清数据，加强水资源监测。在2000年首都水资源规划基础上，对北京目前水资源状况进行战略研究和规划，做到以水定城、以水定地、以水定人、以水定产。同时加强节水宣传，推广使用节水器具，增加水资源战略储备，保护好地下水资源，以备应急之需。此外，专家还就城市雨水利用，提高预报、预警水平等具体问题提出建议。

6月30日，北京市科学技术协会、北京大学城市与环境学院在北京大学共同举办“北京城市交通与环境污染及出行健康”咨询决策沙龙。针对北京市当前交通拥堵与交通污染现状，与会专家认为，应严格交通污染排放标准，控制排放量，以中心城区停车管理为抓手，控制交通量；同时，重拾绿色出行，建立出行检测引导系统，打造“交通绿洲”，保障公共交通出行，因此地铁公交提价需谨慎，引导居民健康出行。

7月11日，北京环境科学学会、北京市环境保护科学研究院等单位在北京共同举办“2014 北京·城市环境国际学术研讨会”。与会专家围绕大气污染防治，资源环境约束下的区域一体化发展战略、城市大气 PM2.5 及其前体物控制、大气污染治理对策和技术等专题进行了专题报告。与会专家认为，北京市针对雾霾，虽然通过“煤改气”等一系列大气污染治理措施的实施，2014 年采暖季北京的四项主要污染物平均值同比下降了10.8%，但当前污染物的排放量仍远超过环境容量，一旦气象条件不利，必然会发生重污染，因此摸清污染源、污染物减排仍是环境质量改善的首要任务。

7月17日，北京粘接学会、北京工业大学在北京共同举办"第四届绿色胶粘剂与食品包装中技术发展论坛的应用研讨会"暨"分析技术在胶粘剂中的应用研讨会"。会议主要内容：包装胶粘剂在食品行业应用的现状，胶粘剂面临的风险评估工作等。与会专家认为，我国食品监管改革还在进行中，在食品包装胶粘剂方面的风险评估以及相关的检测标准、检测方法等方面，都需要补充和完善，食品包装行业面临的机遇与挑战，也为胶粘剂研发机构、生产企业和检测机构提出了挑战和新的市场机遇。

8月19日，北京市台办、北京市科协在北京共同举办"2014京台节能减排与区域性雾霾论坛"，本次论坛是"2014年京台青年科学家论坛"分论坛之一。与会的京台两地专家从重大污染源、细悬浮微粒、烟气余热回收等专业角度寻求解决路径。台湾中国文化大学教授杨之远认为，在强雾霾成因的基础研究、建立雾霾监测资讯交换平台、净煤技术推广等方面，两岸应加强合作，让两岸同胞共同看到蓝天。

10月22日至24日，北京林学会、世界自然保护联盟（IUCN）等单位共同举办"第五届北京森林论坛暨城市森林与宜居首都"国际研讨会。论坛主题：城市森林与宜居首都。与会专家围绕"城市森林与公众健康"、"城市森林与都市水源地保护"、"城市森林与绿色金融"三大议题展开探讨。专家认为，生态产品具有公共物品的属性，自身难以形成补偿机制，发展绿色金融有利于推动社会经济可持续发展。绿色植物是人类健康的源泉，人的身心健康程度与所接触的自然度成正相关关系，城市森林在推动首都生态文明和中国特色世界城市建设、提升城市宜居环境和广大市民生活品质方面，发挥着重要作用。

11月5日，北京生态学学会、北京市园林科学研究院在北京共同举办"第九届新世纪北京生态论坛"。论坛主题：国家公园建设。与会专家围绕中国园林、风景园林与城市发展、中国国家公园体制建设。北京林业大学园林学院副院长王向荣教授提出，城市建设和布局应同时考虑园林设计与人文需求。北京市公园管理中心总工程师李炜民教授提出，只有尊重一个地区民族的文化与习俗，才有可能保护这个地区的生态。清华大学建筑学院杨锐教授提出，应超越各种形式的个人利益、地区利益和部门利益，达成"为万世生态筑基，为全体国民谋福"的共识。

11月20日，北京市气象局、北京减灾协会等单位在中国气象局科技会堂共同举办"城市发展与气候服务高峰论坛"。与会专家提出以下四点建议：一是共同为区域气候服务的发展营造良好的社会环境和政策支持；二是在城市气候图的研制上形成区域间的互动和合作；三是加强区域气候资料的共享及分析成果的权威发布；四是共同呼吁地方政府在京津冀一体化发展中建立边界层观测网络。

12月11日，北京市园林绿化局、北京生态文化协会在北京共同举办"第九届中国北京国际文化创意产业博览会《生态文化·北京论坛》"。论坛目的：通过举办生态文化活动，集思广益、汇聚民智，推动生态文化科学研究，为政府部门制定城市发展战略的科学决策。与会专家围绕"用生态文化引领美丽北京建设，民俗、园林与生态文化、森林与生态文化、北京城历史变迁与生态文化"等主题展开探讨，并为京津冀生态保护和建设提出建议。

三、研究课题

《北京市饮用水水源环境监管项目评估报告（2013年度）》，北京市环境保护科学研究院承担。课题以北京市饮用水水源地为研究对象，调查评估2013年度城市集中式饮用水水源水质状况与环境管理状况，了解北京市2013年度城市集中式饮用水源的水质、环境管理状况及其年际水质变化趋势；研究分析了上年度存在的问题及相应措施以及本年度存在的主要问题，并提出对策与建议，为北京市饮用水水源环境管理和决策提供依据，同时为全国城市集中式饮用水水源环境状况评估工作提供数据支持。

《园艺作物育种和组培快繁技术研究及应用》，北京市科委课题。课题建立农业生物技术育种创新平台、植物组培快繁技术创新平台和科技成果转化与交流服务平台；利用自主技术选育出多个蔬菜品种，通过北京市种子管理站组织的品种鉴定；建立适合不同基因型的辣椒、茄子单倍体育种技术，成熟的韭菜组培雄性不育无性系育种技术，樱桃砧木、草莓、红掌和竹芋品种的种苗组培快繁技术；建立植物组培苗和种苗产业化生产示范基地200亩。

《"十三五"时期北京市改善环境质量的思路与措施研究》，北京市发展改革委员会课题，由市环保局牵头，北京市环境保护科学研究院承担。课题是北京市"十三五"规划前期研究重大课题之一，通过研究提出本市“十三五”时期环境保护的目标、对策和措施，以及能源结构优化、产业结构调整、生态红线划定、强化人口和城市管理等方面的措施和任务，为“十三五”时期环境保护和生态建设规划的编制提供技术支持。

《北京市生态红线划定研究》，北京市环境保护局课题，北京市环科院生态与城市环境研究所承担。课题提出北京市生态红线划定方案，并对划定的生态红线区，逐一明确主导生态功能、边界范围、管控级别、红线区内的土地利用现状、社会经济状况、存在的主要问题以及管控要求。研究成果实现了红线空间边界的可落地性、管控措施的可实施性，为构建首都生态安全格局、加强生态监管提供重要决策和技术支撑，对于构建城乡生态安全格局、改善环境质量和宜居城市建设具有重要意义。

《北京市水环境保护战略规划前期研究》，北京市环科院水环境与水资源保护所承担。课题分析了北京市经济社会发展与水环境之间的关系，剖析了五大流域的水环境特征，调研了国内外水环境保护的成功经验和教训，结合当前北京市水环境保护形势，提出水环境保护的目标指标，构建了水环境保护战略框架。项目成果对于北京市中长期水环境保护工作具有较好的借鉴作用。

《北京市跨区县界断面生态补偿办法研究》，北京市环境保护局课题。课题通过国内外流域补偿调研，总结北京市已有补偿政策，构建了北京市水环境区域补偿机制的总体框架，制定了补偿原则、监测制度、补偿标准、核算方法、财政制度及保障机制，制定了《北京市水环境区域补偿办法（试行）》。课题成果对开展北京市流域生态补偿工作起到技术支撑作用。

四、重要项目

“车用纳米三元吸附催化器研制项目”，北京市科委项目，清华大学、北京工业大学、中科院大学等共同承担。项目完成具备吸附、催化双功能的纳米三元吸附催化器研制，实现冷启动和怠速阶段污染物减排60%以上，在1000辆车上进行应用示范与性能评价。该项目的实施，促成北京三元催化领域优势单位自发地进行产学研用对接合作，探索利用纳米技术解决北京市经济社会发展、城市管理重大共性需求的新模式，为首都蓝天行动计划的实施提供重要支撑。

“朝阳区典型区域PM2.5监测系统建设及监测数据分析”。朝阳区科委、朝阳区环保局等承担。项目组建政产学研用一体的监测实施团队，利用企业自主研制的光谱法PM2.5自动监测仪，在朝阳区建立8个固定监测点和3个移动监测点，实现PM2.5浓度的连续自动、实时在线监测。光谱法PM2.5监测仪可直接测量空气中的PM2.5，并同时监测PM10，无需滤膜收集，通过用该仪器与标准方法和TEOM方法进行长达一年的比对实验，均值误差为±8.9%，相关系数为0.97，达到国家相关标准。

“基于纳米材料的绿色印刷电路制备技术产业化”，北京市重大科技成果转化和产业化项目，北京中科纳通电子技术有限公司、北京中科纳新印刷技术有限公司共同承担。该项目突破金属纳米粒子批量制备的关键技术难点，攻克并完成纳米银粉的批量化制备技术和纳米银导电墨水的优化配置，申请中国专利28件，形成专利保护群。项目成立了北京首个纳米电子材料检测平台，研制成功纳米材料绿色地铁票，标志着北京市纳米银导电墨水和基于纳米材料绿色印刷电路的RFID射频标签天线实现产业化，对于推动纳米绿色印刷电路产业发展具有重要意义。

“国内首条碳纳米管绿色节油轮胎”项目，北京化工大学弹性体中心等单位承担。项目研制出三个规格的碳纳米管复合材料高性能节油轮胎，试验轮胎油耗等级达到欧盟标签法C级以上，首次实现了碳纳米管在实用橡胶制品中的规模化应用。该技术突破在国内外属首次，消除了碳纳米管在橡胶工业中规模化应用的瓶颈问题，有利于高性能节油轮胎生产技术在国内轮胎企业中推广。

五、政策建议

针对北京城市绿化问题，中科院研究员陈佐忠认为，应注意城市绿化结构，并提出如下建议：乔灌草结合，不应过分强调乔木的作用；根据水资源特点，合理安排乔灌草比例，保护好林下的灌木；北京地区应该把重点放在发展地面覆盖，真正做到“让黄土不露天”，发展覆盖的重要举措是种草。

针对北京雾霾治理，中科院老专家咨询团、北京老科技工作者总会进行了专题调研，研究认为，加大科学研究力度，研究细粒子生成机制，识别细粒子形成关键前体污染物及其源权重，是实现科学、经济、有效治理大气污染的必要前提。并提出实现PM2.5年均浓度60微克/立方米目标的建议。建议如下：

第一，发挥首都科技资源优势，加大基础研究力度，进行北京地区大气灰霾形成的关键因子及其权重分析；研究北京地区大气污染条件下，城区和郊区不同季节新粒子形成机制、增长速率；研究华北地区灰霾污染特征、前体污染物跨界输送规律；研究灰霾关键前体污染物人为源控制技术，特别是 NOx、VOCS 和超细粒子控制技术；提出适合北京及周边灰霾成因关键物理化学过程的参数化方案；研发具有自主知识产权大气灰霾动力学数值模式。

第二，加强新排放源研究评估。

第三，科学构建城市绿化结构，根据水资源特点，合理安排乔灌草比例，重点放在发展地面覆盖，实现“黄土不露天”。

第四，减少人口重载，采用高工资、高消费模式，让无工作和低收入人群自动离开。

第五，将京津冀作为一个整体考虑产业布局，把高耗能的第二产业移到沿海地区或京津冀其他合适的地区，以利于北京市空气质量的提高。

第六，研制、推广节能减排新产品。

第七，减少交通流量，鼓励骑自行车。

中国科学院杨斧、白克智认为，应发挥植物在降低 PM2.5 中的作用，并提出如下的建议：发掘乡土植物资源，合理引进和使用外来植物；营造多功能的“生态林”，乔木、灌木和草本植物合理配置，速生短寿树种和长寿树种相结合，利用本地原有植被，选择速生树种；针叶树种和阔叶树种合理应用，造林时针叶树种和阔叶树种的选择应根据具体用途酌情而定，不应有所偏好。

中科院研究员李鸿洲、任丽新等学者提出加强北京地区重雾霾联防联控的建议：第一，及时公布北京地区重点空气污染企业（行业）名单和年度防治目标，在加大大气污染防治工作力度过程中进一步强化信息公开，完善社会监督机制，具体措施如下：市空气重污染应急指挥部及时公布空气重污染预警级别及相应应急措施，采取具体措施鼓励公众和媒体监督，畅通公众监督渠道，对有关措施不落实、不到位等情况予以曝光；尽快向社会公布产业结构调整的具体方案，公布“两高”（高污染、高耗能）行业和规模以上用煤企业的名单和年度防治指标；公布全市范围内采取强制性污染减排措施的企业名单和按空气重污染期间工业企业停、限产分预案确定的名单，公布重点监管的餐饮服务单位、施工工地和加油站等名单。第二，加强京津冀地区重污染天气过程、形势和预报方法的研究，进一步加强环保和气象部门合作，强化京津冀地区重污染天气过程、形势和预报方法的研究。第三，在京津冀地区划定空气污染重点防治区域，并向社会公布，将这些区域列为空气污染物排放量的严控区。对这些区域有效组织落实各项应急措施并对执行情况开展监督检查，强化信息公开，鼓励媒体监督，畅通公众监督渠道，对防治措施不落实、不到位等情况予以曝光，确保空气质量改善目标如期实现。

参考文献：

北京市人民政府、北京市发展和改革委员会、首都科技网、北京市环保局等相关网站，百度网站新闻栏目、《中国环境报》等。

（作者：陈剑，北京改革和发展研究会会长、研究员；毛雪峰，北京改革和发展研究会秘书处主任、经济师）

北京科技创新

陈　剑　毛雪峰

一、有关“科技北京”的重要观点

2014 年 2 月 25 日至 26 日，习近平总书记在视察北京工作时指出，北京要坚持和强化全国政治中心、文化中心、国际交往中心、科技创新中心的核心功能。深入实施人文北京、科技北京、绿色北京战略，努力把北京建设成为国际一流的和谐宜居之都。“全国科技创新中心”成为北京新的城市战略定位，也为首都科技文化融合发展提出更高的要求。围绕科技创新，不同领域的专家学者从不同角度解读这个话题，提出不同的观点和看法。

《科技日报》2014 年 10 月 9 日发表题为“北京：进一步发挥全国科技创新中心的作用”的文章，阐述了全国科技创新中心的内涵、特征和功能。文章认为，全国科技创新中心是指拥有丰富的科技资源、产生大量的创新成果、建立先进的制度机制、形成优良的创新环境，自主创新能力不断提高、科技支撑引领作用突出、创新驱动发展成效显著，在全球科技创新版图中占有重要地位，对全国科技创新具有示范引领和辐射带动作用的城市或区域。文章认为全国科技创新中心具有五个特征：原创性、主导性、示范性、集成性、世界性，其功能应包括四个方面：服务和示范功能、支撑和引领功能、集聚和融合功能、辐射和带动功能。

如上所述，如何体现北京所具有的科技创新中心核心功能是学术界热点讨论的一个话题。中国科学院吕明身认为，科技创新中心核心功能应该从强大的辐射功能来体现，辐射不是在北京地区内自己辐射自己，而应该是向周边和全国其他地区辐射，在众多行业的企业中充分显示北京作为创新中心的作用才是关键。他认为，应该将北京市在全国每年新增的经济总量中，统计出有多少是由北京的科技力量助推的，其中的知识产权量如何，在百万亿经济总量中，科技创新的贡献率是多少，北京作为科技创新中心在其中占有多大的百分比，说清楚这些，才能看出是不是真正起到了科技创新中心的核心功能作用。他提出：北京是不是国家质量最好的科技创新中心，只有得到全国人民的首肯才能算数。

二、重要论坛和研讨会

2月25日，北京科技社团服务中心在北京科技活动中心召开“科技套餐工程都市型现代农业示范基站建设规划研讨会”。会议主题：确定基站建设规划的要素及相关规范化工作，明确各区县基站规划的原则、目标和任务等。与会专家认为，应突出都市型现代农业示范引领作用，突显科技在促进农业产业发展和农民增收致富方面的作用，结合区域建设实际，突出可行性和可操作性，以及前瞻性、科学性、引领性和指导性。与会专家提出，工作站应加强区域科技服务与指导，提升九类服务对象的能力，并与之共同构建具有科协特色的农业科学技术与科技成果推广服务网络，纳入北京市科协服务经济社会建设的工作体系，发挥科协系统组织优势，汇聚首都科技资源，示范都市型现代农业典型特色和发展模式。

5月20日，北京市科协、北京纺织工程学会在光华大厦共同举办“科技创新提升北京创意设计产业决策咨询”沙龙。会议主题：科技创新与文化创新融合、提升北京创意设计产业发展。与会专家认为，在新的时代背景下，科技已经渗透到文化产业各个层面和关键环节，文化创新与科技创新融合发展日益成为重要的经济增长点，创意设计产业是文化科技融合中最具带动力和发展潜力的助手，北京市应该大力扶持创意设计产业发展，提升城市竞争力。

7月31日，北京市科学技术委员会在北京举办“纳米技术在智能卡中的应用”专题研讨会。研讨会主题：纳米技术在智能卡中的应用。与会专家围绕纳米印刷电子技术、纳米抗菌技术、碳纳米管集成电路技术、纳米摩擦发电自供能等问题进行讨论，与会专家认为，应根据技术成熟程度“整体布局、分段推进”，引导整合产学研用等方面的资源，以企业为主体推进纳米技术在智能卡中的应用。

8月18日至22日，北京市台办、北京市农委、北京市气象局等单位在北京举办“第十一届京台青年科学家论坛”。论坛包括京台节能减排与区域性雾霾分论坛、京台大城市水资源管理分论坛、京台休闲观光农业研讨会和京台农业技术培训等重点活动。来自北京台湾两地的400余名青年科学家参加活动。就门头沟区山区基站建设情况，台湾代表认为，应利用当地山区林地资源，大力发展休闲农业观光旅游，吸引市民徒步登山健身，同时推进山区果品深加工产业，形成完善配套的消费链，提升农产品利润空间；培训农民讲解员，加大宣传力度，增加消费人群对农业体验的兴趣；改变基础设施建设方式，结合当地特色文化，把自然风貌与现代建筑融合发挥到极致。针对延庆四海镇花卉主导产业和水源缺失严重的情况，台湾代表提出了关于节水、集水方面的建议，主要有：汛期做雨水收集处理，保存水源；对局部地区土壤做保湿处理，让更多的雨水可以流到山下，形成灌溉水源；发展第三产业，使消耗的水源创造经济价值的最大化；重视地下水的监测工作，建立地下水监测数据网；配备相关农业设施，对农业灌溉进行精细化管理。

8月27日，北京制冷学会、北京市农林科学院等单位，在北京共同举办“2014冷链物流科技创新和食品安全高层论坛”，论坛主题：“冷链物流科技创新、食品安全”。国内大专院校、科研院所和企事业单位的20位专家、教授、高管在高层论坛和高级研讨会上作专业学术报告。中科院院士周远就我国冷链物流的现状和对策提出观点，他认为，发展农产品冷链物流有利于降低食品资源损失和能源消耗，有利于新兴产业增长点，有利于民生的改善和人才的培养。北京制冷学会秘书长商跃提出北京市应加快冷链物流标准的制修订，及时补充短缺的重要标准，使北京市冷链物流标准体系日趋完善，满足冷链物流行业的发展需要。

11月29日，北京市卫生和计划生育委员会、总后卫生部科技训练局在北京共同举办“第五届重大疾病防治科技创新高峰论坛”。论坛主题：“京津冀协同发展，打造全国医学科技创新中心”。主要议题：“临床研究问题的提出与设计”“real-world study 方法运用”“医学大数据”“单细胞测序技术”“三维打印技术”“重大疾病样本库”建设与应用，生物医药临床研究管理规范等几个方面。京区各大医院、科研院所、G20 企业等600 余名专家学者和代表出席论坛。

三、研究课题

“基于无人机平台的环境应急监测关键技术与应用研究”，北京市科学技术委员会课题。项目面向我国环境应急能力提升的需求，与美国 RAE Systems 公司和瑞典 FPX 公司合作，攻克机载气体检测传感器的技术难点，研制完成可在应急现场实现实时摄像、航拍、有毒有害气体监测、气象数据监测一体化的应急系统，实现气体检测设备与自主开发的环境监测软件平台的无缝集成以及应急监测数据的实时传输。通过项目开展，与瑞典共同建立“中瑞智慧环保研究中心”，建立起广泛稳定的合作机制。

“北京白血病治疗研究成果”，北京大学人民医院黄晓军研究组承担。此成果于2014 年12 月4 日发表在国际医学顶级杂志《New England Journal of Medicine》（新英格兰医学杂志，影响因子 54.42）。课题组前期在国际上首次通过对 242 名患者的临床研究，将传统化疗、维甲酸和静脉注射砷剂的治疗方案中的砷剂改为口服砷剂给药，证实口服砷剂和静脉砷剂具有相似的疗效和安全性，共纳入 20 例初诊非高危 APL 患者，用两种口服药物（复方黄黛片和维甲酸），不用化疗和输液的方法，总治疗时间为 8 个月，结果显示所有患者都达到完全缓解，利用目前最敏感的实时定量 PCR 方法检测白血病基因转阴。治疗方案避免化疗带来的多种副作用，同时降低医疗费用。

“食品中禁限用药物及环境污染物识别检测技术研究”课题。北京市科委课题。课题通过研究，建立肾上腺素受体激动剂、性激素、精神药品等 60 种药物的禁限用药物识别谱库，建立多种禁限用药物同时定量检测方法，构建食品中痕量多环芳烃、烷基酚、邻苯二甲酸酯多组分检测技术体系，覆盖 23 种多环芳烃、3 种烷基酚、17 种邻苯二甲酸酯的食品污染物，涉及的食品种类包括烧烤肉制品、食用植物油、水产品三类重点食品。课题通过食品中禁限用药物和环境污染物识别检测技术的应用，完善首都食品安全风险监管体系，为政府科学决策、快速应对突发食品安全事件提供技术支持。

“大跨屋盖结构风致效应分析与抗风设计理论”，北京交通大学承担。课题系统解决了大（跨）屋盖围护结构风荷载极值的确定方法、主体结构风振响应和等效静风荷载的计算方法，形成了系统的大跨结构风效应的理论体系和可供建筑结构荷载规范、工程抗风设计参考的具体结论和建议方法。研究成果目前已经广泛应用于大型土木工程的抗风设计中，在国家体育场、国家网球场、奥运网球场、2014APEC 峰会主会场等 50 余项重大工程中得到推广应用。

“封装用硅铝复合材料研制”课题，北京科技大学等单位共同承担。课题采用铝硅合金坯料组织细化、半固态液固分离和组织与性能梯度分布电子封装管壳制造等一系列具有完全自主知识产权的新技术，研制出与国外同类产品性能相当、成本仅为 20% ~ 30% 的高性能高硅铝复合材料。高硅铝复合材料在航空航天等领域用途广泛，目前制备高硅铝复合材料的喷射沉积专利技术为英国公司所有，价格昂贵，存在禁运风险。研制出具有自主知识产权的高硅铝复合材料对于提升我国关键电子装备材料应用水平，打破国外技术封锁，推动相关技术进步具有重要意义。

“高功率动力锂离子电池多孔电极的关键科学问题研究”，北京市基金重大项目（项目编号：2110001），北京大学夏定国教授团队承担。2014 年 8 月 28 日获得验收。课题利用掺杂原子的自偏析特点一步实现材料的合成与表面改性的方法适合工业化放大；通过聚阴离子调制层状材料电子结构的方法，对于设计其他稳定的高比容量正极材料有很好的借鉴意义，有助于推动电动汽车规模化发展，在环境、能源、国防、通讯等领域有更为广泛的应用前景。

“二硫化钼单层的光学动态调控”研究课题，北京市自然科学基金委员会、北京市科学技术研究院联合资助项目，北京大学方哲宇课题组承担。课题利用表面等离激元在衰减过程中产生的热电子成功实现了二硫化钼单层局域的可逆结构相变，并通过超高真空拉曼光谱和光致荧光谱对其进行了表征和分析。表面等离激元光子学和二维平面材料是近年来国际前沿研究的热点，二硫化钼结构相变问题是目前面临的最大挑战。课题成果为新型二维材料等离激元光电器件的研究提供了新的思路，研究成果在线发表在顶级国际期刊《先进材料》上。

“纳米跃升工程——单壁碳纳米管手性可控生长

研究”课题，北京大学化学与分子工程学院李彦教授课题组承担。材料是碳基电子学发展的基础和关键，迄今科学家仍无法实现碳纳米管的结构可控生长，成为制约碳基电子学发展的瓶颈问题。该课题提出实现单壁碳纳米管结构、手性可控生长方案，发展了一类钨基合金催化剂，其高熔点的特性确保了单壁碳纳米管在高温环境下的生长过程中保持晶态结构，实现了单壁碳纳米管的结构、手性可控生长，课题实现了（16，0）和（14，4）碳纳米管的选择性生长，相关研究成果发表在6月26日的《自然》杂志 。

四、重要项目

“京企云梯中关村科技创新联盟”，北京市国资委与中关村管委会合作的高端服务平台。“云梯”寓意传承科技创新的精神，联盟实行实体化运作，并设立产业投资基金，以服务联盟战略投资，推动双方企业开展实质性合作。通过加强北京市属企业与中关村示范区企业的合作，有效促进双方资本与技术的融合，推动新兴产业加快发展和传统产业优化升级，促进首都“科技创新中心”建设。

“中低速磁浮交通系统”科技项目，该项目是北京市科委连续10余年持续支持的重大科技成果，将在北京市中低速磁浮交通示范线（S1线）中实现应用。S1线是我国首条中低速磁浮交通示范线，也是此领域全世界最长的示范线（S1线东起石景山苹果园枢纽，终点为门头沟石门营站，全长10.2公里，运行时速100公里/小时）。

“首都菜篮子安全加工配送科技示范”项目。项目开发了“蔬菜质量安全追溯系统”“蔬菜物流安全监控系统”“基于物联网的销售服务系统”“蔬菜安全生产管理系统”及“销售管理系统”等信息化系统。实现蔬菜从生产、加工、配送到销售的全程监管。项目重点开展蔬菜加工流通品质控制关键技术、都市鲜切菜及加工食品系列产品开发及蔬菜现代流通技术集成应用研究，实现了蔬菜生产、加工、销售产业链全覆盖。

“北京主要作物高效育种关键技术的合作研发”，科技部国际科技合作项目，北京市农林科学院承担。项目引进高通量基因挖掘技术、优异基因高效聚合技术、小麦雄性不育技术、瓜类单倍体育种技术和外源基因清除技术，通过中美荷多边合作，实现主要农作物重大理论和关键技术的新突破：一是联合开发，完成西瓜全基因组精细图谱绘制，构建西瓜基因组数据库；二是克隆控制重要性状的功能基因20个，开发22个重要性状的基因/QTL的实用分子标记；三是构建1515份农作物品种的核酸指纹图谱；四是建立转基因标记基因删除体系和瓜类大孢子培养技术，培育在抗病抗逆性、产量、品质及综合性状达到或超过国外同类型的重大品种或新组合20个，新增产值11亿元以上。

“高阻隔抗迁移绿色包装薄膜产业化”，北京市重大科技成果转化和产业项目资金股权投资项目。项目采用磁场增强等离子体化学气相沉积方法，结合辊对辊技术，在塑料薄膜表面沉积无机纳米高阻隔层。研究的无机纳米高阻隔包装薄膜材料主要应用于有阻隔性能要求的食品、药品包装材料。项目研究成果在北京纳米产业园实现产业化，对于推动高阻隔包装薄膜材料的技术发展，推进产业技术结构的调整，减少阻隔薄膜材料的进口等方面具有重要意义。

“2.5MW直驱永磁风机核心部件国产化关键技术研究”，北京市科技计划重大项目，2014年7月10日通过验收。项目研发的2.5MW风电机组在国内外风电市场竞争中取得重大突破，项目在执行期间，获得国家能源科技进步一等奖、北京市科技进步三等奖各1项，荣膺国家重点新产品称号，累计获得授权专利21项。项目提升了北京风电整机的核心竞争优势，在推动兆瓦级直驱风电机组国产化进程、打破国外核心制造技术垄断、促进零部件与整机企业协调发展中起到了良好的示范带动作用。

五、政策建议

如何发挥老年科技工作者的优势，充分利用老年科技工作者的人才资源宝库，对“科技北京”有积极的意义。针对这个问题，“三老”社团联盟中的离退休科技工作者普遍认为，目前北京对老年科技团体工作支持不够，偏重“老有所养”，忽视“老有所为”，发挥老专家作用的平台、渠道不顺畅。他们认为，北京地区约有20～32万老科技工作者处于基本闲置或完全闲置的状态，是一种资源上的巨大浪费。为此他们提出建议：建立北京离退休专业技术人员组织联席会议制度，统筹北京地区离退休专业技术人员发挥作用的工作；依靠老专家学者，启动“科技专家进校园”活动，深化退休医学专家进社区工作；完善有利于离退休专业技术人员发挥作用的政策法规；在市科委设立“老年科技专项基金”，取消“项目负责人的年龄不得超过60岁或必须为现职人员”的限定，建立离退休专业技术人才信息库，实现组织用人单位和离退休专业技术人员供需对接。

网络对于社会的影响力越来越大，但同时也带来了日益严重的网络安全问题。针对网络安全问题，北京科技情报学会建议在我国推行“网络身份证”制度，政府有关部门为每位网民预先颁发网络身份证件，实现“一卡通上网身份认证”。具体方法：在类似居民身份证上嵌入智能卡，或在手机上插入并绑定智能卡；由政府或企业出资建立云安全认证平台，负责对认证中心进行日常维护，为广大网民提供第三方云安全服务，民众负责每年缴上网认证的证书（密钥）维护费；当网民 A 需要登录应用系统的网站 K 时，网站 K 根据网民 A 的标志，将网民 A 身份识别“任务”交给云安全认证平台来完成，云安全认证平台负责对网民 A 的身份进行认证，并将“结果”反馈给该网站，最终完成网民身份的认证过程。

针对青岛中石化东黄输油管道泄漏爆炸特别重大事故，北京市测绘学院高级工程师杨伯钢提出，应尽快分步开展北京市地下管线普查。他认为，北京市管线密集度高、老旧破损管线多，地下情况十分复杂，急需通过一次大型的普查工作来消除隐患。为此他建议：由市政府牵头，分步进行北京市地下管线普查；北京开展地下管线普查工作，应当跟上最新的国际趋势，按照“三维立体、整体建库”的高标准开展工作；政府加强相关法律法规的建设，加强地下管线规划监督执行力度，实现市政地下管线数据持续更新，使得地下管线普查数据永葆活力。

就当前高科技企业在发展过程中的融资问题，海淀区科协在《破解科技型企业发展中融资难题的调研》课题中，提出为科技企业建立融资环境十策，内容如下：建立科技型企业评估系统；金融系统要强化支持科技的功能；建立有区别的商业银行贷款标准与审核程序；改善和健全银行机构业绩考核机制；允许企业通过票据融资向市场直接取得短期货币资金；实行稳健的货币政策和有差别的信贷政策；改革创业板上市制度，放宽上市融资标准，并建立相应的退场机制；调动企业内部资源，提高专利技术定价和入股比例；建立专门为科技企业服务的银行金融机构；建立由多部门多项资金组成的科技发展基金。

北京石油化工学院武光明教授认为，人们对北京的印象仍然是人文历史方面，科技北京和世界城市给人们外在的感觉不深刻。他认为，这主要是科普品牌在北京仍然滞后，因此他建议在北京南部建设一座科技公园，公园的主要内容如下：重现世界范围内的自然奇现，如怪坡、回音壁等；物理、化学、生物、数学、农业、天文、电子等方面的科学现象、科学原理通俗化的科普展现；世界现代的科技成果，例如激光、特殊材料、能源、三维电视等；大学、科研院所的演示实验室和教学实验室、DIY 实验室；科普立体电影院；不定期地举办科学会堂、国际级别的科学研讨会、座谈会和学术交流；设立世界科技奖项，定期举办世界科学技术博览会；世界顶级的科学技术教育基地，能够接待世界范围的少年和青年，补充当地教学实验的不足。

对外经贸大学副教授邢小强提出关于促进北京民生科技创新的建议，建议如下：第一，加强民生科技路线图的规划与布局，从民生科技创新特质出发，运用技术路线图的理论与方法，针对北京市重点民生科技领域的技术、经济、环境与社会特征并结合各利益相关者的创新资源、能力、战略选择与交互作用归纳与构建相应的创新模式，基于实物期权思维建立技术发展路径不确定条件下的技术选择策略，提高北京市民生科技创新的长期与综合效益。第二，加大对民生科技投入力度，坚持以民为本、服务发展的原则，围绕北京市发展中的民生事业，依靠民生科技解决民众最直接、最现实的需求问题，依靠科技进步改善民生、完善市政设施、提高城市生活质量和产业生产效率，服务最广大的人民群众。第三，增强对民生科技创新的制度支持。包括城市发展战略、法律制度、科研评价体制、科研经费管理机制等方面。第四，加快民生科技成果的转化。政府有责任和义务引导企业强化新技术、新产品的平民化应用，对于服务惠民的中小型科技企业要同大企业一样给予大力扶持，制定财政、信贷和税收等优惠政策，建立一套鼓励民生科技发展的激励机制，在项目立项时给予更多关照。

六、科技奖项

国家科学技术奖是衡量各地区科技创新水平和重大成果产出水平的重要指标之一。2014 年度，北京共有 82 个项目获国家科学技术奖，其中包括特等奖 1 项、一等奖 6 项、二等奖 75 项，占全国通用项目获奖总数的 32.3%。82 个项目包括：国家自然科学奖 18 项、国家技术发明奖 15 项、国家科技进步奖 49 项。2014 年度唯一的国家最高科学技术奖获奖者和自然科学奖一等奖均出自北京；象征原始创新能力和水平的国家自然科学奖和技术发明奖的获奖总数占全国授奖总数的 1/3。

其中影响较大的国家科技进步奖二等奖项有：北京邮电大学、中卫星空移动多媒体网络有限公司等单位联合完成的“星地融合广域高精度位置服务关键技术”；由北京中科三环高技术股份有限公司、中国钢研科技集团有限公司等5家单位联合完成的“稀土永磁产业技术升级与集成创新”项目；由北京市农林科学院等单位完成的“西瓜优异抗病种质创制与京欣系列新品种选育及推广”项目。

参考文献：

北京市人民政府、北京市发展和改革委员会、首都科技网、北京市科学技术委员会等网站，百度网站新闻栏目、《科学时报》等。

（作者：陈剑，北京改革和发展研究会会长、研究员；毛雪峰，北京改革和发展研究会秘书处主任、经济师）

北京城市建设和管理

孟 斌 尹 芹

2014年是全面贯彻落实党的十八届三中全会精神、全面深化改革的第一年，进入新时期新阶段，北京已成为现代化国际大都市，经济社会发展活力、综合竞争力、国际影响力持续增强。但在长期快速发展中，也积累形成了比较明显的“城市病”，解决体制性结构性矛盾，缓解发展不平衡、不协调、不可持续的问题更为迫切。面对新时期首都发展的形势和任务，必须准确把握战略定位，深刻认识阶段性特征，咬定目标不放松，解决问题不懈怠，探索创新特大城市可持续发展的体制机制，努力把首都建设好、管理好、发展好。

一、重要学术会议简介

2014年3月22日，第四届中国低碳发展论坛暨《中国低碳发展报告（2014）》发布会在北京清华大学召开。与会学者认为，我国的低碳发展孕育着重要变革，在全球产业分工和国内产业结构相对固化的大背景下，经济增速的下调是经济低碳化的契机，有助于产业结构转型和节能目标的实现；专家表示，要发挥绿色发展与低碳发展的协同效应，推动雾霾治理和新型城镇化建设。

为了推进绿色建筑与建筑节能工作，建设资源节约型、环境友好型社会，2014年3月27日至30日，第十届“国际立体绿化与新型城建论坛”在北京国际会议中心召开。会议中，绿色建筑生态低碳城市建设的领导和国内外专家一起交流互动，实地考察了北京经典的立体绿化工程，探讨了生态修复和城市湿地等新技术的应用。学者们普遍认为，传统城市建设造成严重污染，生态、低碳、宜居新型城市建设在我国呈迅速发展态势，屋顶绿化、墙体绿化是建设美丽城市的重要举措。

2014年6月17日，“中德城市与区域可持续发展国际研讨会”在中国科学院地理科学与资源研究所召开。来自中科院地理资源所、德国柏林自由大学、宁波大学、内蒙古师范大学、广州地理所、西南林业大学等高校院所的专家学者出席会议，并进行了深入的讨论和交流。会上，柏林自由大学原副校长Gerhard O. Braun教授、地理资源所董锁成研究员分别作主题报告，报告内容丰富，创新性强，对推进我国发展方式转型，促进循环发展、绿色发展和低碳发展，以及生态文明建设具有重要的理论指导和实践意义。

2014年7月1日至2日，由北京环境科学学会和北京市自然科学基金委员会、北京市环境保护科学研究院、国家城市环境污染控制工程技术研究中心、国家环境保护工业废水污染控制工程技术（北京）中心联合主办的“2014北京·城市环境国际学术研讨会”在北京新大都饭店隆重召开。来自国内外科研机构的44名知名专家围绕大气污染防治、水与生态环境保护、场地修复与固废处置等主题进行了学术交流。

2014年7月5日，“新型城镇化与流动人口社会融合论坛2014”在北京中国人民大学举行。论坛上发布流动人口社会融合状况分析调查，倡议推进流动人口数据开发和共享，卫计委流动人口司与中国人民大学社会转型与社会治理协同创新中心签署数据开发分析合作协议，来自中国人民大学、北京大学、中国社会科学院、美国约翰·霍普金斯大学等国内外48个教学科研机构约200余名专家学者与会。

2014年8月18日至22日，由北京市人民政府台湾事务办公室和北京市科学技术协会共同主办的“2014京台大城市水资源管理论坛”在北京永兴花园饭店举办。本次论坛分为三个分论坛，分别是“京台节能减排与区域性雾霾论坛”“京台大城市综合减灾应急管理论坛暨首都圈巨灾应对高峰论坛”“京台大城市水资源管理论坛”，本次活动将继续推进京台两地乡镇对接和基层农民的交流互助，举办京台农业技术培训，还将举办“京台休闲观光农业研讨会”。

2014 年 11 月 7 日，城市中国计划在北京中关村皇冠假日酒店举办了 2014 年年度学术论坛。本届年度的主题是：“中国城镇化：远见、战略与行动”，演讲嘉宾来自国家发改委、国务院发展研究中心、中规划院等政府（学术）机构和世界银行、经合组织等国际组织，麦肯锡公司、中投发展等中外企业，以及国内外各大高校、知名财经评论人等。

在北京全面推进现代化进程的重要阶段，首都北京将更加坚持和强化四个核心功能，着力推动五个之都建设，举力做好四个服务。同时，北京城市病治理、房价调控、遏制“摊大饼”式发展已迫在眉睫；打破“一亩三分地”思维定式，合理布局产业，扩大环境容量生态空间，形成京津冀及环渤海区域协同发展态势已是国家战略要求。立足当前，展望未来，首都土地供给压力日益增大，急需进行土地资源的优化配置。2014 年 11 月 28 日至 29 日，首都经济贸易大学围绕“首都土地利用与住房保障”这一主题 在北京商务会馆举办论坛研讨，论坛邀请了土地资源管理、房地产领域的知名专家学者做专题报告，相关部门领导，高等院校、科研院所等单位的研究人员也积极探讨首都住房保障等问题，为加快建设首善之区而出谋划策。

为进一步加强数字城市专业委员会在全国各地智慧城市建设中的中坚力量，轨道交通学组于 2014 年 12 月 16 日至 18 日在北京举办了“中国城市轨道交通可持续发展论坛”，会议围绕全国智慧城市建设基本情况、城市轨道交通发展趋势及城市轨道交通综合监控系统的发展等问题进行了深入研讨。

城市群是我国经济社会发展的战略增长极，主宰着国家经济发展的命脉，也主导着新型城镇化的未来。但我国城市群在选择与培育过程中出现了一系列亟待解决的现实问题，需要从科学的角度提出推进城市群健康发展的技术路径和科学方案。为此，中国地理学会、中国城市百人论坛和中国科学院地理科学与资源研究所于 2014 年 12 月 20 日在北京市举办了“2014 中国城市群发展高端论坛”。

2014 年 12 月 21 日，由清华大学建筑学院、莫斯科建筑大学、北京城市实验室和北京清华同衡规划设计研究院联合主办的“大数据时代的城市空间发展研究学术研讨会”在清华大学举行。来自俄罗斯、美国、日本、中国 20 多个城市 100 多个单位的近 400 位学者和学生代表参加了研讨会，研讨会涉及城乡规划、城市地理、城市经济、城市管理、信息技术等多个领域，旨在促进我国城市空间规划定量研究发展。会议交流的学术问题引起城乡规划领域广泛的关注与积极的反馈，普遍认为研讨会面向智慧城市规划建设及大数据时代，交流与探讨城市空间规划发展的定量化研究，具有鲜明的时代特色和重要的现实意义，有助于促进城乡规划领域技术学科的发展。

为了贯彻落实《国家新型城镇化规划》精神，科学引导和促进城镇化投融资创新战略。中国投资协会于 2014 年 12 月 27 日至 28 日在北京召开了“2014 中国城镇化投资论坛暨全国城镇化示范试点峰会”。城镇化是未来中国经济社会全面健康持续发展的重要战略和核心战略，投资城镇化将是中国企业最大的投资机会。《国家新型城镇化规划》提出了人的城镇化，城市群和小城镇建设，产业升级及产业兴城，城乡一体化，绿色城市、智慧城市和人文城市，城镇化投融资机制改革，城镇化示范试点等新型城镇化发展目标和具体任务，同时也绘制了城镇化投资的宏伟蓝图。大会核心议题为中国城镇化投资建设模式创新与示范试点，重点开展了城镇化建设与投融资模式的研讨和推介及城镇化投融资项目的展示和对接，并配合协助国家发改委、国家住建部等部委关于城镇化示范试点工作的开展。

二、重要学术论著简介

《北京建设世界城市与京津冀一体化发展》（祝尔娟，社会科学文献出版社）①是北京市教委社科重点项目暨北京市社会科学基金项目的最终成果，是以祝尔娟教授为核心的都市圈研究团队三年来的研究结晶，部分成果已经被相关政府部门所采纳。以研究背景、理论探讨、实证分析、战略研究和突破口选择为基本内容，对首都经济圈的发展目标、首都圈发展定位、北京新机场新航程建设实例、北京建设世界城市与国际化进程、京津冀资源环境及承载力状况、产业发展与升级、城市群规模结构与空间结构、区域一体化进程及协调机制等问题进行了多角度、多层面的深入研究。

《北京市新型城市化研究》（张英洪，社会科学文献出版社）②从维护和发展农民权利入手探讨新型城市化，提出走以人为本的新型城市化道路。书中分析了北京市新型城市化中农民土地权益发展、城乡一体化背景中北京户籍制度改革、北京市增加农民财产性收入及如何实现农民工市民化等问题。推进新型城市化，一方面要改革农村集体所有制，维护和实现农民的财产权，另一方面要改革城乡二元体制，维护和实现农民的平等权，保障进城农民享有公民权利，实现市民化。走新型城市化道路，就是要维护和发展农民在农村的财产权，同时实现进城农民的市民化。

《大学校园北京城》（陈瑾羲，清华大学出版社）[③]关注大学校园与北京城市空间的关系。书中详细分析了旧城大学校园空心化、远郊区分校园、校园区交通拥堵及校园空间割裂等问题。在大量实地调研的基础上，系统探讨了当代北京城大学校园的现状、类型与特征，归纳了北京城大学校园的四大问题，而后分析问题并论述了问题形成的原因与机制，进而针对问题提出了改进策略。

《城魅：北京提升城市文化软实力的人文途径》（秦红岭，华中科技大学出版社）[④]从一个特殊的视角——城市规划的人文维度，思考大城北京走向世界城市的进程，保持并提升城市文化软实力。城市文化软实力的提升是北京建设世界城市的一个关键性发展指标，而作为一项政府职能、公共政策和城市设计艺术的城市规划，在城市文化软实力的构建中起着独特而重要的作用。本书就北京城市文化软实力提升这一命题，着力研究文化与经济、文化与城市建设相互交融背景下，如何充分发挥北京城市规划在提升城市文化软实力方面的重要作用。

《城市旅游形象定位及其影响因素研究——以北京市为例》（田大江，旅游教育出版社）[⑤]将城市旅游形象定位研究置于多学科理论视野之中，采用跨学科交叉分析、文献分析、文本挖掘等理论研究与专家深度访谈、问卷调查、案例对比研究等实证分析相结合的方法，操作过程中注重采用模型分析、影响因素解析、意象地图分析等定性研究与空间分析、主成分分析、方差分析、数理统计等定量研究相配合的方法，对城市旅游形象定位及其影响因素进行了全面研究，为形成北京在21世纪全球视野中自身独特的旅游形象定位和清晰的旅游发展战略，真正实现北京城市旅游的可持续发展奠定重要的理论和实践基础。

《北京：由传统国都到中国式世界城市》（薛凤旋、刘欣葵，社会科学文献出版社）[⑥]融合了历史学、地理学、城市规划、统计学、社会学等学科的研究手法，是一部独特的北京城市发展研究著作，附有约200份图表和24幅珍贵照片资料，参考价值很高。书中对中国城市的性质、北京的崛起、明清时代的北京、城市环境与旧城保护及城市住房等问题进行了分析，本书通过全面回顾新中国成立以来北京的城市规划理念、城市发展形态、城市经济、人口变化、住房、交通、环境、旧城保护和社会区等发展情况，回答了“北京是个怎样的城市？北京到底有多独特？北京的文化根在哪里？”等问题。

《城乡一体化蓝皮书：中国城乡一体化发展报告（北京卷）（2013—2014）》（北京联合大学北京学研究基地 社会科学文献出版社）[⑦]分析了北京城乡一体化的新进展，尤其是北京城乡一体化面临的困境和问题。报告中评价了北京市区县城乡一体化水平、分析了北京市商品住宅价格形成及影响因素等问题。报告中提到，2013 年，城乡一体化问题突出的表现为城乡收入差距仍处于拉锯状态；公共服务均等化仍显不足；农村人力资本积累不足，制约经济社会发展；农村地区生态环境问题依然突出，2014 年应加大城乡一体化领域的创新力度，同时应保持城乡一体化政策良好的连续性。此外，本报告对京津冀协同发展背景下促进北京城乡一体化发展等问题也进行了思考。

《京津冀蓝皮书：京津冀发展报告（2014）——城市空间优化与质量提升》（文魁、祝尔娟，社会科学文献出版社）[⑧]是京津冀三地学者共同的研究成果，选取的“城市空间优化与质量提升”论题对于京津冀区域发展和城市建设布局有重要的指导意义。随着社会经济改革的深入，首都的可持续发展与周边省市的协调发展关系越来越紧密，迫切需要将京、津、冀作为区域一体化整体考虑。报告中涉及首都城市功能定位，环境、产业布局、人口流动等相关领域问题。

三、北京城市建设

1. 世界城市建设

在全球化背景下，随着中国经济社会的高速发展和中国城市化的快速推进，建设世界城市已成为中国近200座城市未来发展的目标。北京、上海、广州、深圳等城市也提出或趋向于建设“世界城市”或“全球城市”。在中国，建设世界城市存在一种现实化的需求，它是打破原有城市框架与局限，重新规划、设计城市格局的需求，是城市急剧扩大、功能升级换代的需求。但这一发展道路与西方发达国家不同，是具有中国特色的城市国际化的发展之路。对此，围绕中国特色世界城市建设的路径问题，众多学者进行了大量的研究。

王垚和年猛根据北京城市发展的优势和特色，提出以自主创新促进北京建设世界城市的特色路径，即以率先建设成为“世界创新型城市”为突破口，通过引领世界创新跻身于世界城市行列，最终通过北京的“示范效应”实现国家创新战略。据此构建顶层设计框架：一是通过优化完善城市多元创新体系，提升首都自主创新能力；二是通过自主创新调整经济结构、转变经济发展方式，提升首都竞争力；三是通过引领世界创新，不断提升北京在世界城市体系中的地位和作用，逐步步入世界城市的行列[9]。陈可石等为北京在京津冀协同发展进程中建设世界城市提出了一条可参考的文化路径，即以文化产业为核心动力，通过调整北京及京津冀区域产业、人口及空间结构等措施，推动北京建设具有文化特色的多中心网络化世界城市区域[10]。

一些学者从产业的角度，对北京世界城市的建设进行研究，提出对策。王江等针对北京市高端服务业的发展现状，及其与建设世界城市关系等进行研究，探究了北京市高端服务业发展中存在的问题并提出解决对策。除此之外，还将北京与其他世界城市高端服务业发展情况进行比较分析，提出以发展高端服务业带动北京世界城市建设的对策：扩展城市服务功能，为高端服务业提供良好发展环境；建设京津冀都市经济圈，增强高端服务业辐射效应；明确产业发展重点，促进特色优势高端服务业发展；加强世界城市合作，拓展高端服务业发展空间；鼓励引导高端服务业发展，增加本土服务品牌竞争力[11,12]。吕宁从旅游业角度出发，实证分析了北京建设世界旅游目的地中的休闲功能性问题。在论述城市休闲对北京建设世界旅游目的地战略意义的基础上，提出对策建议，认为应梳理休闲要素，明确发展思路；倡导全民休闲，放眼世界旅游；注重生态建设，优化城市形象；创新城市发展，引领休闲时尚[13]。

此外，还有学者从世界城市的“世界性”展现方面，讨论了北京城市建设的定位问题。例如，黄璇和任剑涛认为，北京在地理与历史意义上已经是世界城市，但在经济、政治与现代文化的意义上，北京还必须经过艰苦的城市建设过程，才能成为完整意义上的世界城市。换言之，在城市的比较视野中，北京建设世界城市，需要经历一个从城市发展与管理的主观定位到客观认可的转变过程，才能保证北京从一座普通的城市上升为一座国家意义的大都市，再升华为引领世界城市发展趋势的世界城市[14]。

2. 文化中心城市建设

在对文化中心城市的建设方面，公共文化建设是重点之一。何丹等认为城市公共文化设施的分布格局会受到区域经济、历史遗留和政策因素的影响。北京文化设施在空间分布上具有中间多而集聚、边缘少而分散、区际差异大、集中程度高、沿环线从内到外递减分布的特征。北京有特殊的历史地位和文化功能，应当全面探讨这些因素对其公共文化设施空间分布的影响效应[15]。除了对北京市公共文化设施的建设，还应注意公共文化艺术的品质，分析发现，新中国成立以来，北京作为全国的文化中心城市，城市雕塑或公共艺术随着北京城市文化发展定位的转变，实现了从单一性向多样化的文化和美学转变，构建了不同的城市文化和城市公共艺术空间，但在数量尤其是质量上，北京的公共艺术与全国文化中心城市的地位和具有世界影响力文化中心城市相比尚有较大差距，未来的公共艺术在国家文化中心城市和国际文化大都市建设中应有更大作为[16]。

文化产业、文化贸易是文化中心城市建设的另一个重要问题。武晓荣和乔东亮对当前国际文化贸易的发展态势以及北京发展文化贸易的优势和存在的问题进行系统分析，探索了世界城市背景下北京发展文化贸易的新策略，这对促进北京文化贸易以发展，提升北京文化影响力具有战略意义[17]。还有学者通过研究北京密云县发展农业文化创意产业的实践，提出了密云县“科技—生态—文化—服务”四轮驱动的农业文化创意产业模式。认为提高科技水平、加强生态文明建设和文化建设、促进资源聚集、开发可持续产业是发展农业文化创意产业的重要内容[18]。

北京已经是中国的国家文化中心，但与发达国家文化中心城市相比，北京还只是发展中国家的文化中心。唐莹莹和赵宗分析了发达国家文化中心城市建设的经验，认为高度的文化自觉、宽松的文化环境、严肃的文化法制、成熟的文化市场、主打的文化品牌和市民的文化共享等经验对北京具有重要启示，北京在坚持中国特色社会主义文化发展道路的前提下，如果能够加强国际文化交流，应该能发展得更好[19]。

3. 智慧城市建设

智慧城市是以互联网、物联网、电信网、广电网、无线宽带网等网络组合为基础，以智慧技术高度集成、智慧产业高端发展、智慧服务高效便民为主要特征的新型城市形态。自 2009 年初 IBM 提出“智慧地球”发展理念以来，“智慧城市”在全球的发展方兴未艾。北京市政府提出到 2015 年“智慧北京”的发展目标是信息化整体发展达到世界一流水平，从“数字北京”向“智慧北京”全面跃升。

“北京市东城区智慧城区评价指标体系研究”课题组以我国“十二五”时期信息化发展指数为基础，构建了智慧城市发展指数，并以北京市建设智慧城市为例，测算了北京市及其16个区县智慧城市（区）的发展水平。测算结果显示：北京智慧城市建设尚处于发展起步阶段，建设智慧北京任重而道远；但随着近年来北京市智慧城市发展水平加速提升，“十二五”时期北京智慧城市建设目标经过努力是可以实现的[20]。

丛雅静以2013年对北京市居民进行的智慧北京建设过程中智能应用满意度电话抽样调查为基础，针对北京市居民在教育、交通、医疗、日常出行、安全感等信息化技术应用方面的调查结果，对不同性别、年龄、受教育程度和收入群体的满意度差异进行了统计分析，并进一步探讨了北京市居民智慧城市满意度的影响因素。根据分析结果发现：北京市民对智慧城市建设的评价较高，比较满意和非常满意的达到四成以上。分组别看，不同群体对智慧城市建设的评价存在明显差异，个别群体对智慧城市建设的评价有待提高[21]。

张立超等人从智慧城市的理念出发，以城市风险理论为指导，对影响城市风险的各类诱发因素进行系统剖析，从生态本底、物质资源、经济运行和社会组织等4个层面建立城市风险来源的金字塔式分析框架，提出智慧城市建设的基本运作思路；随后结合北京智慧城市建设的实践经验，进一步构建智慧城市视野下的城市风险识别系统，以期为我国智慧城市建设提供理论参考[22]。

4. 城乡一体化与新农村建设

城乡一体化是城市化发展的高级阶段，政府通过统筹规划整体布局、城乡分区功能定位、一体化建设管理和均等公共服务，建立一体化体制机制，发挥市场机制，促进城乡市场要素相互融合、优势互补和互促互进，消除城乡二元结构，逐步达到城乡人口、经济、社会、生活、生态和制度相互融合和持续协调发展，从而使城乡居民生产、生活、居住方式和生活理念根本转变，实现城乡居民平等国民待遇、等值生活质量和共享社会文明。北京作为首都城市和世界大城市，城镇化率远高于全国城镇化水平，最具有条件率先在其行政区域内实现城乡一体化。

北京城乡一体化已经到了加速发展的关键阶段，宏观方面，曾宪植从“三农”，即农民、农业、农村三方面来考虑，认为城中村改造、新城及小城镇建设和新农村建设的发展对策应该有所区别，各有侧重、针对性强，只有这样才能形成良好、健康的发展格局[23]。

微观方面，王岱等人从都市农业角度出发，认为统筹城乡一体化发展，加快新型城镇化进程的重要举措之一就是促进都市农业可持续发展。根据都市农业可持续发展能力时间变化轨迹刻画和空间分异格局归纳的两个视角，构建了北京市县域都市农业可持续发展水平评价指标体系，以期为北京都市农业的科学发展提供科学支撑[24]。李功越等人则从生产要素配置角度出发，认为市场机制对城乡生产要素配置的基础作用愈来愈明显，依靠信息通信技术（ICT）实现要素互动是实现市场对城乡要素配置的主要手段之一。以北京城乡ICT终端产品运用情况和ICT终端产品入网情况等数据进行实证分析，提出要着力加强ICT终端建设，推动ICT在农村农业应用基础设施建设；加强农民文化素质培养，不断提高农民互联网使用率，最后加强优惠政策措施制定，鼓励社会力量参与农业信息化建设的对策建议[25]。

5. 新型城镇化建设

城镇化是中国现代化进程中一个基本问题，当前，我国正处在城镇化的新时期、新阶段。2014年中共中央、国务院印发的《国家新型城镇化规划（2014—2020年）》明确指出，“要紧紧围绕全面提高城镇化质量，快转变城镇化发展方式，以人的城镇化为核心，有序推进农业转移人口市民化”。北京作为人口超过2000万的特大城市，在城镇化发展新阶段同样不可避免地存在诸多问题，对此学者们以北京为研究对象做了大量学术研究。

常艳在《城市化发展历程回顾与新型城市化发展趋势分析——以特大城市北京为例》一文中总结了新中国成立以来城市化经历的三个阶段，对北京城市化发展所面临的问题作出了发展预测趋势判断并给出了相关对策建议[26]。

胡宝荣等人则从农村集体土地所有权及其附属使用权角度出发，研究“地权”与“新型城镇化”的问题。学者们以北京高碑店村为例，对城乡结合部的就地城镇化进行分析，发现在就地城镇化的进程中，高碑店村“产业先行”的推进模式和“协商民主”的治理机制，让老百姓掌握了城镇化的主动权，变“被动城镇化”为“主动城镇化”，不失为城乡结合部就地城镇化的一种可以借鉴的经验[27]。

崔向华认为2010年北京启动的城乡结合部50个重点村改造，对土地、户籍、社保等制度因素的重组，初步改变了人随地转的城镇化模式，使得本地农民成为拥有土地资产的新市民。这些实践总结出："城镇化质量与市民化水平不高的原因"源于以土地所有制形式为基础划分城乡造成的新老二元结构问题，使市民化与土地脱钩，实现城镇化模式由被动向主动的转变，将是未来中国新型城镇化的合理路径选择[28]。

6. 生态文明建设

生态城市是符合可持续发展理念的当代城市发展的理想模式。随着城市人口和规模地不断扩大，北京城市发展过程中人与自然矛盾日趋尖锐化，以实现城市社会、经济和自然生态系统均衡协调发展为目的生态城市建设对北京城市的可持续发展有着广泛而深刻的现实意义，符合北京当前发展的实际需要。

冯刚在《北京城市发展中的生态社区建设研究》一文中提到，要想提高城市治理能力，需要以生态城市为目标，以新型城镇化建设、老旧小区改造、新城发展、城乡结合部城中村改造为契机，以生态社区建设为着力点，实现城市发展模式的转型，构建起城市可持续发展的基础。生态城市的建设需逐步建设好城市建筑节能系统、可再生能源系统、公共空间和绿地系统、垃圾污水循环处理利用系统及社会人文等七大系统[29]。

罗楠怡基于马克思主义理论视角并结合国内外生态城市规划建设理论、实践成果和北京城市发展实际情况，进一步探索研究生态城市的概念、内涵、建设的目标和原则，并以此为理论依据，提出北京生态城市规划建设的评价方法和具体的实践路径。作者认为生态城市建设是解决北京城市经济社会发展与生态环境保护间矛盾的需要，是提升北京国际城市形象、素质和城市生产力水平的需要，生态城市建设有助于全面提高市民的生活质量，实现经济社会的全面发展[30]。

王丽方认为，北京城市建设快速铺开的同时，在建成环境的人性化、城市空间的优美宜人方面存在不少问题，从建设绿色慢行网和噪声防治两个方面，探讨打造宜居北京的应对之道[31]。学者们有关生态城市的一系列研究表明，积极推进生态城市规划建设，将城市社会、经济发展的压力控制在资源环境可承受的范围内是北京落实科学发展观、构建和谐社会、建设宜居城市和满足群众迫切需要的必然路径。

7. 地下空间建设

进入21世纪，我国大城市地下空间的建设速度非常快，其中，北京每年的新增地下空间建设规模超过300万平方米。伴随着地下空间开发和利用的不断发展，地下空间成为城市建设新的热点区域。

地下交通是地下空间建设的重要方面。随着地铁线路的加密和增加，建设难度和运营补贴也迅速加大。乐贵平等人提出在北京发展和建设城市地下公共交通的设想，并对其可行性及优势进行了分析。地下公共交通可与大运量的地铁骨干交通和地面公共交通共同组成立体交通系统，可加快解决和改善北京交通拥堵现状[32]。还有学者分析到，在新一轮商务区地下空间的规划和建设中，出现了专门用于联系地块地下车库与地面道路的地下交通环廊，这类工程在联系并整合商务核心区地下停车资源的同时又能有效减少地面道路交通负荷，是改善商务区交通与环境的重要措施之一。他们以北京丽泽金融商务区规划建设的地下交通环廊方案为例，说明其对适应商务区发展、缓解交通拥堵和优化商务区路网具有重要意义，并为其他城市商务区发展地下交通环廊提供了有益的参考和借鉴[33]。

地下空间的社会阶层及防灾减灾等问题是地下空间建设的另一重要方面。例如，李君甫等调查发现，地下室居民阶层构成比较复杂。他们包括专业技术人员阶层、办事人员阶层、个体工商户阶层、商业服务业员工阶层、产业工人阶层、城乡无业失业半失业者阶层。尽管地下室住户包含六个社会阶层，但他们的经济社会地位差距不是很大，基本都属于社会的中中层、中下层和下层，但真正属于底层的并不多。数量可观的中下社会阶层住进地下室，说明城市的住房建设和住房政策乃至社会治理都还需要反思和调整[34]。陈珺等认为，在地下空间开发利用的蓬勃发展之时，对于灾害的防范更应警惕。由于相对独特的空间特征，地下空间的灾害类型与防治要求通常会比地面空间更为复杂。学者们借鉴国外地下空间的防灾经验，结合北京城市地下空间灾害类型特征，主要针对火灾和洪灾的防治问题，从规划、设计、管理等几个方面提出北京城市地下空间防灾的问题与建议，为提升北京地下空间的防灾能力和建设更安全的地下空间环境探索可行的路径[35]。还有学者以北京中关村丰台科技园的地下空间为例，进行了精细化设计，初步构建了控规和地下空间设计导则共同控制地区建设的精细化编制体系，为建立成熟的城市立体化规划体系提供了参考[36]。

四、北京城市管理

1. 城市病治理

城市病是伴随城市发展或城市化进程，在城市内部产生的一系列经济、社会和环境问题，主要有城市环境质量恶化、住宅和交通拥挤、城市贫民区的出现和犯罪率上升等。城市病的本质是城市资源和环境的承载力与城市化发展规模的匹配度失衡，是城市经济、社会、文化、生态发展失调的反映。城市病治理是城市管理的重要方面之一。

城市病测度指标研究是城市病治理的首要问题。石忆邵初步构建了测度中国城市病的指标体系，并以北京、上海、广州3个城市为例进行实证分析。结果显示：就城市病总指数而言，北京市最大；各类城市病在3个城市中存在明显差异性；北京的环境污染与风险指数明显高于上海和广州；广州的住房贫困指数略高于北京和上海[37]。李天健等学者从自然资源短缺、生态环境污染、城市交通拥堵、居民生活困难、公共资源紧张及公共安全弱化6个城市病的主要表现入手，共选取了48个指标，运用主成分分析法，对2006年至2010年北京市城市病的演变进行分类评价和综合评价。结果表明，北京市城市病的综合情况以及其中的自然资源短缺、公共资源紧张、公共安全弱化这3个方面都呈现逐年好转的趋势，而城市交通拥堵和居民生活困难两方面呈恶化趋势，生态环境污染的情况先有好转后开始恶化[38]。

城乡接合部是城市病治理的关键地带。面对城乡接合部的治理压力，北京市启动了重点村建设、村庄社区化管理和社区网格化管理等治理探索，这些治理探索体现了协同政府、合作网络、消费者需求和智慧管理等网络化治理理念。袁振龙认为，中国正处于城市化加速阶段，城乡接合部治理必须从城乡接合部地区居民群众的需求出发，着力打破城乡二元管理体制和政府部门各自为政的格局，形成共同治理城乡接合部的格局，大力引导社会力量和市场力量参与城乡接合部的服务管理工作，不断将各类服务管理资源引入城乡接合部，进一步完善城乡接合部网络化治理格局[39]。此外，城市病的治理要借鉴国外先进经验[40]，要注重京津冀城市问题的协同关系[41]。

2. 城市交通问题管理

对城市交通的管理主要集中在两方面，一方面是地面交通问题，如孙柏瑛基于京沪典型案例的比对调查，分析了大都市城郊地区黑车治理的路径选择，作者提到，大都市城郊地区“黑车”治理，其实质是更深层次的出租行业管理制度的建设、变革问题，应推动现有出租车公司逐步由实体经济组织向自治组织转变，打破营运权公司垄断，并突破户籍限制，从根本上实现客运市场运行有序的目标[42]。

另一方面是地下交通问题，如赵光华、乐贵平对地下交通环廊和地下公共交通的探讨[32,33]。再如甄茂成以北京市商务办公空间为研究对象，重点分析了2008年前后商务办公空间格局和集聚程度随轨道交通变化情况，并进一步探讨不同发展阶段轨道交通换乘站点对商务办公空间集聚程度的影响机制，在一定程度上对评价轨道交通基础设施的建设情况具有重要意义[43]。

3. 城市人口管理

人口管理是城市管理的重要任务之一。首先，从人口时空变化角度分析北京市人口结构及预测情况。李晓壮通过梳理新中国成立以来北京人口结构变迁历程，归纳分析了当前北京人口结构阶段性特征，在此基础上，提出优化北京人口结构，构建“人口均衡型社会”的对策建议[44]。梁昊光等利用第五次和第六次人口普查数据，分析北京全域乡镇街道尺度人口空间变化格局特征，并借助CA-MAS模型对未来城市人口格局进行情景模拟，以期增进对北京人口时空动态的认识，为北京城市管理决策和宏观调控提供科学参考。研究表明，为实现北京人口空间布局优化，应着力促进就业与居住相协调，推动区域间公共资源均等化，规划多中心组团发展[45]。

其次，从人口管理和数量方面进行调控。胡兆量认为制订符合实际的人口规模指标要依据北京发展的特殊规律。北京发展的特殊性是首都地位带来的超强集聚力，可以从天时、地利和人口三方面分析北京的超强集聚力。控制北京人口规模的根本途径是遵循北京的发展规律，尽可能地控制和分散城市的功能和项目[46]。王文杰在分析首都人口资源环境现状的基础上，提出当前北京城市管理中存在的突出问题，并从人口疏解、环境治理、监测体系三个方面提出相关意见建议，旨在正确把握首都市情和发展的阶段性特征，稳妥推进人口规模调控，促进人口资源环境协调发展[47]。陆杰华在人口调控方面还强调居住证制度的影响[48]。

最后，城市人口的管理还应注重制度保障。王平分析了现有社会保障制度体系缺乏弹性、开放度、转移困难等情况下，新北京人面临的社会保障权益缺失、受损，社会保障关系混乱等问题，并探索了改进方案[49]。冯晓英以北京市为例，对特大城市流动人口权利保障的困境与出路进行了探讨[50]。

4. 城市应急与灾害管理

经济社会的快速发展伴随着社会转型的加剧，首都城市安全面临的挑战和考验更加严峻，安全需求和压力不断加大。尽管北京市应急管理工作全国领先，且近年来突发事件形势总体平稳，没有重大突发事件发生，但是，面对新形势和新挑战，北京市应急管理工作需进一步改进与完善。

李辉在分析北京市现行应急管理体制现状、主要问题的基础上，提出适时建立应急管理首都体制，将城市运行监测中心纳入市应急体系，按不同区域调整北京区县突发事件预防处置权限，将基层应急管理工作与网格化管理相结合等进一步改革与完善北京市现行应急管理体制的对策建议，以适应当前的新形势和新要求[51]。高萍等以北京市为例，在分析地震应急管理机制现状基础上，对街道社区应急管理机制建设提出了新的思路和建议，对促进我国街道社区地震应急管理机制建设的规范化和标准化具有重要借鉴[52]。周爱华等以北京城区长期避难场所为研究对象，计算城区各街道对避难场所的可达性。结果表明：北京城区长期避难场所空间布局不均衡，局部过于密集，服务重叠率严重；五环以内区域基本可满足居民的长期避难需求，但五环以外绝大部分区域为避难盲区；已建成避难场所仅能供城区 16% 的人口进行避难，人口配置缺口较大，总体上不能满足居民的避难需求[53]。

5. 城市管理对策

2014 年北京市政府工作报告中指出，要健全城市管理体制，提高城市管理水平，尤其要加强市政设施运行管理、交通管理、环境管理、应急管理，推进城市管理目标、方法、模式现代化。具体措施第一是，全面开展城乡环境综合整治行动，提高城乡环境质量；第二，完善城市交通建设，持续改善市民出行条件；第三，深化城市管理体制改革，加强城市服务管理。坚持精细化、人性化和智能化的城市管理理念，积极创新服务管理方式，努力解决突出问题，展现整洁有序、清新亮丽的城市形象，让城市更加宜居、社会更加有序、生活更加便利，让服务保障的成果不断巩固、惠及全市人民[54][55][56]。

注：

①祝尔娟：《北京建设世界城市与京津冀一体化发展》，社会科学文献出版社，2014 年版。

②张英洪：《北京市新型城市化研究》，社会科学文献出版社，2014 年版。

③陈瑾羲：《大学校园北京城》，清华大学出版社，2014 年版。

④秦红岭：《城魅：北京提升城市文化软实力的人文途径》，华中科技大学出版社，2014 年版。

⑤田大江：《城市旅游形象定位及其影响因素研究——以北京市为例》，旅游教育出版社，2014 年版。

⑥薛凤旋、刘欣葵：《北京：由传统国都到中国式世界城市》，社会科学文献出版社，2014 年版。

⑦北京联合大学北京学研究基地：《城乡一体化蓝皮书：中国城乡一体化发展报告（北京卷）（2013—2014）》，社会科学文献出版社，2014 年版。

⑧文魁、祝尔娟：《京津冀蓝皮书：京津冀发展报告（2014）——城市空间优化与质量提升》，社会科学文献出版社，2014 年版。

⑨王垚、年猛：《以自主创新促进中国特色世界城市建设的路径探讨——以北京市为例》，《经济体制改革》，2014 年第 1 期。

⑩陈可石、王龙、邓婷婷：《京津冀协同发展视角下北京建设世界城市的文化路径——巴黎经验的启示》，《商业时代》，2014 年第 28 期。

⑪王江、魏晓欣：《建设世界城市背景下北京高端服务业发展探讨》，《商业时代》，2014 年第 10 期。

⑫王江、魏晓欣：《北京与其他世界城市高端服务业发展的比较研究》，《经济体制改革》，2014 年第 3 期。

⑬吕宁、黄晓波：《城市休闲的功能性研究——以北京建设世界旅游目的地为例》，《城市发展研究》，2014 年第 3 期。

⑭黄璇、任剑涛：《世界城市的“世界性”展现——以北京的城市建设定位为例》，《中国行政管理》，2014 年第 1 期。

⑮何丹、张景秋、孟斌：《北京市中心城区公共文化设施空间分布研究》，《资源开发与市场》，2014 年第 1 期。

⑯李建盛：《北京公共艺术与首都城市文化建设》，《北京联合大学学报》（人文社会科学版），2014 年第 2 期。

⑰武晓荣、乔东亮：《世界城市背景下北京文化贸易现状分析与对策研究》，《北京联合大学学报》（人文社会科学版），2014 年第 3 期。

⑱蒋和平、江晶、王有年：《北京密云县发展农业文化创意产业的研究》，《北京农学院学报》，2014年第2期。

⑲唐莹莹、赵宗：《发达国家文化中心城市建设的经验及对北京的启示》，《北京联合大学学报》（人文社会科学版），2014年第2期。

⑳“北京市东城区智慧城区评价指标体系研究”课题组：《智慧城市发展指数研究——北京市智慧城市发展指数测算与实证分析》，《调研世界》，2013年第11期。

㉑丛雅静、蔡宁：《北京智慧城市评价研究——基于3263位市民的电话调查》，《电子政务》，2014年第12期。

㉒张立超、刘怡君、李娟娟：《智慧城市视野下的城市风险识别研究——以智慧北京建设为例》，《中国科技论坛》，2014年第11期。

㉓曾宪植：《北京率先形成城乡一体化新格局的途径与对策》，《新视野》，2014年第4期。

㉔王岱、蔺雪芹、刘旭等：《北京市县域都市农业可持续发展水平动态分异与提升路径》，《地理研究》，2014年第9期。

㉕李功越、刘伟：《ICT推动城乡一体化发展的作用机理及实证研究》，《生态经济》，2014年第1期。

㉖常艳：《城市化发展历程回顾与新型城市化发展趋势分析——以特大城市北京为例》，《理论月刊》，2014年第9期。

㉗胡宝荣、李强：《城乡结合部与就地城镇化：推进模式和治理机制——基于北京高碑店村的分析》，《人文杂志》，2014年第10期。

㉘崔向华：《市民化与土地脱钩——北京城乡结合部新型城镇化问题思考》，《国际城市规划》，2014年第4期。

㉙冯刚、王汇：《北京城市发展中的生态社区建设研究》，《城市管理与科技》，2014年第4期。

㉚罗楠怡：《北京生态城市建设研究》，首都师范大学，2014。

㉛王丽方：《打造绿色和谐宜居北京》，《北京人大》，2014年第5期。

㉜乐贵平、崔玉萍、杨圣超等：《北京市建设地下公共交通的探讨》，《城市发展研究》，2014年第10期。

㉝赵光华、牛鸿雁：《国内外商务区地下交通环廊案例分析与启示》，《地下空间与工程学报》，2014年第S1期。

㉞李君甫、戚丹、柴红侠：《北京地下空间居民的社会阶层分析》，《人文杂志》，2014年第3期。

㉟陈珺、王科、吴沫镝：《北京地下空间防灾的问题与建议》，《地下空间与工程学报》，2014年第S1期。

㊱杨天姣、吕海虹、苏云龙等：《北京中关村丰台科技园地下空间精细化设计》，《解放军理工大学学报》（自然科学版），2014年第3期。

㊲石忆邵：《中国“城市病”的测度指标体系及其实证分析》，《经济地理》，2014年第10期。

㊳李天健：《城市病评价指标体系构建与应用——以北京市为例》，《城市规划》，2014年第8期。

㊴袁振龙：《大城市城乡接合部地区的网络化治理——以北京城乡接合部为对象》，《新视野》，2014年第1期。

㊵张莉：《国外城市治理八个启示》，《人民论坛》，2014年第24期。

㊶赵弘：《北京大城市病治理与京津冀协同发展》，《经济与管理》，2014年第3期。

㊷孙柏瑛、符丽丽：《大都市城郊地区黑车治理的路径选择——基于京沪典型案例的比对调查分析》，《新视野》，2014年第1期。

㊸甄茂成、张景秋、朱海勇：《北京轨道交通换乘站点对办公空间集聚的影响》，《地理科学进展》，2014年第4期。

㊹李晓壮：《北京人口结构的变迁及优化》，《国家行政学院学报》，2014年第6期。

㊺梁昊光、刘彦随：《北京市人口时空变化与情景预测研究》，《地理学报》，2014年第10期。

㊻胡兆量：《北京城市人口膨胀的原因及控制途径》，《城市问题》，2014年第3期。

㊼王文杰：《对科学管理首都人口资源环境的思考与建议》，《调研世界》，2014年第8期。

㊽陆杰华：《浅议居住证制度与人口调控》，《人口与计划生育》，2014年第12期。

㊾王平：《“新北京人”社会保障制度安排现状与改进》，《知识经济》，2014年第7期。

㊿冯晓英：《特大城市流动人口权利保障的困境与出路——以北京为例》，《探索与争鸣》，2014年第1期。

㊿李辉：《关于进一步改革完善北京市应急管理体制的思考》，《科技管理研究》，2014 年第 4 期。

㊾高萍、齐乐、徐国栋等：《我国街道社区地震应急管理机制研究——以北京市街道社区为例》，《灾害学》，2014 年第 3 期。

㊸周爱华、张景秋、付晓：《北京城区长期避难场所空间布局研究》，《安全与环境学报》，2014 年第 3 期。

㊹2014 年市政府重点工作：http：//zhengwu. beijing. gov. cn/zwzt/zfgz/default. htm。

㊺2014 年北京市政府工作报告：http：//zhengwu. beijing. gov. cn/zwzt/2014gzbg/default. htm。

㊻推进北京发展和管理工作 5 点要求：http：//zhengwu. beijing. gov. cn/zwzt/xjpjhjs/default. htm。

（作者：孟斌，北京联合大学研究员；
尹芹，北京联合大学硕士生）

2014 年北京社科基金项目成果综述

尹　岩　肖　龙

2014 年初，为实现与国家社科基金项目接轨，推动北京社科研究工作向更宽更深领域发展，“北京市哲学社会科学规划项目”正式更名为“北京市社会科学基金项目”。同年起，北京市社会科学基金项目的经费总投入也相应加大，比去年同期增长 27%，单个项目资助力度也有所提高，以吸引更多的专家学者为首都科学发展建言献策，使北京社科基金项目更加适应全国政治中心、文化中心、国际交往中心、科技创新中心战略定位的需求，为建设国际一流和谐宜居之都、做好北京城市管理工作、推动京津冀协同发展切实发挥出思想库和智囊团作用。

2014 年北京社科基金项目紧密围绕党的十八大和十八届三中全会精神，习近平总书记系列重要讲话精神、习近平总书记对北京工作做出的重要批示和在北京考察时的重要讲话精神，以及市委第十一届三次、四次、五次全会精神，坚持解放思想、实事求是、与时俱进、求真务实，坚持基础研究和应用研究并重，以学科建设和学术长远发展的基础性问题研究为基础，以国内外学术前沿问题和制约首都可持续发展的重要问题和群众关心的热点难点问题为主攻方向，引领广大社科研究工作者深入研究和阐释首都科学发展的重大理论和现实问题，推出了一批立意高远、视野开阔，有理论影响、有学术创新、价值厚重的研究成果，进一步提升了北京社科基金项目的影响力。

一、2014 年结项项目基本情况

2014 年，共有 256 项北京社科基金项目通过验收获准结项。其中 55 个项目成果因得到较好的应用和转化而获准免于鉴定结项，占结项总数的 22%；201 个项目成果经专家鉴定获准结项。其中，获优秀等级的 105 项，占结项总数的 41%；良好等级的 60 项，占结项总数的 23%；合格等级的 36 项，占结项总数的 14%。

从已结项目的类别看，有特别委托项目 1 项、重点项目 40 项、一般项目 135 项、青年项目 49 项、预立项项目 31 项。

从成果形式看，已结项目最终成果形式仍以研究报告、专著和论文集为主，其中 166 个项目以研究报告形式结项，占 64. 8%；39 个项目以专著形式结项，占 15. 2 %；51 个项目以论文集或其他形式结项，占 20%。

从学科分布看，已结项目覆盖了北京市社会科学基金项目的全部学科领域，其中结项数量最多的是经济·管理学科共 90 项。该学科的研究领域较广，基本涵盖了经济学和管理学等相关学科的方方面面，研究重点主要集中在交通综合治理、产业升级及创新发展、社会应急管理、新能源发展与节能环保、文化创意产业发展、农产品安全及都市农业转型、京津冀区域一体化发展等方面；科社·党建·政治学学科的项目结项数量为 40 项，位居各学科第二。研究关注点主要集中在对“中国梦”、社会主义核心价值观、中国特色社会主义道路、党的群众路线教育、党的领导与执政建设、人民代表大会制度等方面的研究和阐释；余下依次为社会学学科 30 项，研究重点围绕人口控制与疏解、老龄化问题、社会管理与社区发展、流动人口社会融入等问题开展研究和探讨，提出解决问题的思路与方法；法学学科 26 项，主要研究从法制政府和法治社会建设出发，加强对知识产权、食品安全、废弃物管理、谣言传播、劳动争议处置等问题的立法研究和制度建设，以促进社会和谐健康发展；综合学科 21 项，在世界城市建设、文化“走出去”战略、城市绿色发展、城市文化建设等方面，做了集中研究和探讨；语言·文学·艺术学科 12 项。这些学科的项目研究领域也非常广泛，除了对语言、文字和词汇进行基础性研究之外，对服装服饰、戏曲舞蹈和绘画史等相关艺术学科也进行了深入系统的研究和探讨，取得了有一定学术价值的研究成果；教育学学科 12 项，研究的关注点主要集中于儿童语言能力的培养与发展、北京教育国际化问题、预防中小学生意外伤害等方面；城市学学科 11 项，研究集中在首都安全战略、城市污染治理、数字城市和健康城市建设等方面；历史学学科 8 项，研究彰显北京特色和地域文化，以历史文物保护、城区寺观变迁和传统节日文化研究为主要内容，同时也加强了北京的政治史、教育史、建置沿革史等方面的专史研究工作；哲学学科结项数量为 6 项，主要研究成果有《中国特色社会主义道路的历史意义》《西方激进平等主义正义观研究》等。

从成果的应用转化情况看，2014 年已结项目成果内容丰富、质量较高，成果的学术价值和应用价值也得到了较好的体现。大多数项目均能坚持正确政治导向，用马克思主义的立场、观点和方法开展研究，涌现出一批研究质量过硬、学术价值较高、创新意识较强、转化应用较好的研究成果。如，有 17 项成果获北京市第十三届哲学社会科学优秀成果奖，有 5 项成果获北京市第十一届优秀调查研究成果奖；有 25 项成果获得有关领导批示，其中不乏获得国家领导人的批示；32 项成果被相关党政机关和企事业单位采纳应用；此外，还有 60 部专著出版、659 篇论文发表等。

为促进项目研究成果应用和转化，市社科规划办不断拓展渠道，宣传推介研究成果：全年共编发《成果要报》40 期，内容涉及“中国梦”、社会主义核心价值观、依法治国、京津冀协同发展、城市病治理、生态文明建设等重大理论和现实问题，获市级以上领导批示 24 人次；向决策部门报送 70 余篇项目成果和专家建议；还有一些对策建议通过《人民日报内参》、市政府《中办专报》等渠道上报中央有关部门，如《人民日报内参》刊登了首都经济贸易大学叶堂林副教授、祝尔娟教授的项目研究成果《完善治理机制 推进京津冀生态环境共建》，得到张高丽同志批示等；全年资助 14 项专著类成果出版，这些成果在其研究领域中具有学术领先和补白的意义，如《中国马克思主义大众化研究：历史进程和基本经验》《北京休闲农业升级研究》等；此外，市社科规划办还编辑出版《北京市社会科学基金项目优秀成果选编（第四辑）》《2014 北京市社会科学基金项目阶段成果选编》和《北京市哲学社会科学研究基地成果选编（2014）》等，择优推介项目优秀成果 217 篇。

二、2014 年结项项目成果概述

总体来看，多数基础理论类项目能够以新思路、新视角得出新观点、新结论；多数应用对策类项目能够积极研究和回答经济社会发展中的重点、热点和难点问题。尤其是获“优秀”鉴定等级的成果，坚持理论联系实际，坚持学术观点和科研方法创新，深入实际开展调研，呈现出反映学术前沿、体现时代精神、符合实践要求的特点。主要体现在：

1. 注重学术创新，推出一批有创见、有深度的研究成果

深厚的学术积淀和学术创新是北京市社会科学基金项目研究成果不断推陈出新的源泉。2014 年北京市社会科学基金项目又推出了一批重要的基础理论研究成果，这些成果在深入挖掘和梳理历史资料的基础上，厘清了事物发展脉络，对正本清源、解疑释惑具有重要的学术价值，一定程度上体现了北京社科基金项目研究的引领示范作用。

（1）研究突显北京地域特色，成果具有填补空白的价值

北京市社会科学院王岗研究员主持的“北京专史集成”研究，历经 6 年，完成了《北京政治史》《北京建置沿革史》《北京风俗史》《北京教育史》《北京文学史》《北京宗教史》《北京商业史》《北京手工业史》《北京著述史》《北京交通史》《北京民族史》《北京水利史》等 12 部专史共计 509 万字，由人民出版社陆续出版。该项研究的系列成果占有大量重要史料，视野广阔，研究深入，澄清了很多后人对古代知识的误解。其中，《北京风俗史》《北京教育史》《北京宗教史》《北京手工业史》《北京著述史》《北京民族史》和《北京水利史》，是首次系统编写成卷，其中很多对北京历史文化进行分科研究的内容都属首次，填补了北京史研究领域的空白。北京市文物局陈晓苏编审主持的“1949 年以来北京城区寺观变迁研究”，利用 1951 年北京市第一批文物古建筑普查档案资料，以及 1958 年、1984 年的北京地区文物普查资

料，对1949年以来北京寺观的变迁进行全面梳理，系统整理出新中国成立以来北京旧城内寺观建筑形制的变化、附属文物的变迁、存废情况、使用功能的改变等历史脉络及其发展状况，填补了以往研究史料的空白。北京印刷学院王艳云教授主持的“北京绘画图史研究”，借鉴和运用社会学、人类学方面的研究成果和研究方法，首次将北京绘画发展历史从远古贯穿至当代，其中在北京绘画资料的收集和整理、发展体系的构建等方面具有开拓意义。其研究成果《北京绘画图典》全书23万字，配图2000多幅，以图史结合、图文并行、图文互补的方式，展现了研究的学术性和探索性。北京中医药大学李良松教授主持的“房山石经医药养生语词的考释研究”，在对550余部北京房山云居寺石刻佛教大藏经进行分析梳理的基础上，采录、节选了30部涉及医药养生的经论进行考证、补残和探释，其中有27个词条为各种佛教词典及相关工具书所未曾载录的，系该研究首次诠释，对正本清源、解惑析疑具有重要的学术价值。

（2）研究引入新视角，成果具有开拓性

清华大学刘敬东教授主持的“两个世界与历史理念：张力与结构——一种历史观念的考察”，基于理念与现存两个世界的内在张力与历史理念的动力结构这一特定的视角，对近代以来特别是从康德、黑格尔理性自由之历史理念到马克思实践批判之历史观的变革逻辑进行考察，提出的“两个世界的内在张力与历史理念的动力结构”解释框架，立意新颖、见解独特，对深化马克思世界历史理论研究提供了有益借鉴和启示。北京第二外国语学院常耀华教授主持的“甲骨文旅行刻辞研究”，将旅游学引入古文字研究领域，为古文字学研究引入新视角，为上古旅游文化研究找到新资料，为甲骨学及古文字学研究开拓了新领域，具有稀缺性和抢救意义。北京航空航天大学文军教授主持的“中国文学典籍英译词典编纂：理论与实践”，最终成果为一部60余万字的词典，收录了清末1911年以前的文学英译462条，是国内第一部全面反映中国文学典籍英译历史的工具书。清华大学朱安东副教授主持的“马克思主义视野中的刘易斯拐点：理论、历史与现实”，从马克思主义理论的角度来分析“刘易斯拐点”的世界历史意义。对世界经济未来发展做出判断，填补了国内外学术界在这方面的研究空白，为更好地实现我国经济发展方式转变提供了理论依据和政策支持。北京外国语大学顾钧副教授主持的“第一批美国留学生在北京1929—1949”，运用大量一手外文资料，较为详尽地叙述了首批美国留学生和学生团体在北京的学术活动，如费正清与中国学者的交往等，其中不乏以往研究中未曾注意到的细节，从源头上厘清了美国汉学的发展脉络，加深了学界对美国汉学史、北京文化史以及中美关系史的认识。北京舞蹈学院金浩副教授主持的“戏曲舞蹈研究”，形成了《戏曲舞蹈知识手册》等一系列研究成果，兼具资料性、学理性和可操作性，对于深入认识把握戏曲舞蹈、建构中国古典舞学科理论以及中国古典舞作品的创作具有重要意义。

2. 注重实证研究，推出一批致力于服务决策的研究成果

研究成果为决策服务是北京社科基金应用类研究课题设立的初衷。在结项项目成果中，不乏通过扎实开展实地调研和观察，获取第一手客观材料，并针对北京社会经济发展过程中出现的重点、难点和热点问题进行分析研究，揭示其发展规律的研究成果，体现出北京社科基金项目研究成果的学术水平、应用价值和社会影响不断提升。

（1）研究聚焦重点难点热点问题，成果助力经济社会发展

清华大学边兰春教授主持的“北京旧城保护中的人口疏解与文化重建问题研究”，以大量实地考察和国外先进经验为基础，通过比较北京市不同的拆迁方式，把人口疏解与文化重建结合起来进行探讨，超出了以往研究中纯建筑式思考的藩篱，对旧城保护与文化重建具有重要指导意义。中共北京市委党校尹志刚教授主持的“白发浪潮第一波——北京城乡首批独生子女家庭风险及制度规避研究”，通过调研搜集了大量基础资料，将两代人的关系纳入到研究当中，用代际比较发现问题，所提出的改进社区服务的对策建议具有建设性和参考价值，也为该领域后续研究打下基础。中国人民公安大学彭知辉副教授主持的“网络社会中的信息传播与组织动员机制研究：以北京地区网络集群事件为研究对象”，摆脱了传统的先入为主的网络群体性事件研究模式，从中立角度对网络集群事件的传播与生成模式进行了客观研究，进而提出了引导、应对网络集群事件的具体措施，其研究视角与内容均有创新意义。首都社会经济发展研究所王力丁研究员主持的“首都安全战略研究”，从宏观发展格局战略高度系统研究了首都城市安全发展理论，并将首都安全战略与相关部门工作有机结合，提出的理论观点、对策建议被多家党政机关采纳吸收，为首都安全

实践提供了有益指导。

（2）成果进入决策视野，在实践中得到转化应用

对外经济贸易大学林汉川教授主持的“北京市高科技企业加快发展国际知名品牌战略研究”的专题报告《外资侵蚀我国民族品牌》，于2012年10月得到时任国务院副总理王岐山的批示；部分对策建议得到中国轻工工艺品进出口商会等单位的参考采纳。首都经济贸易大学丁芸教授主持的“促进北京市文化创意产业发展的财税政策研究”，从多方面对北京市文化创意产业发展的脉络做出了透彻分析，并结合现状为推动北京市文化创意产业发展提出了具有建设性的财税对策，其阶段性成果《促进北京文化创意产业发展五条建议》得到李源潮同志批示，并为北京市相关部门工作提供了参考借鉴。北京市社会科学院杨维凤副研究员主持的“北京市与周边中小城市的区域经济合作研究”，探讨了大都市与中小城市区域经济合作的新模式，为京津冀区域经济合作提供了新视角与新思路，其阶段性成果《“首都经济圈”建设中的主要问题与对策建议》得到郭金龙同志批示，为北京市统筹解决首都经济圈问题和制定相关政策措施发挥了作用。清华大学彭宗超教授主持的“北京市社会群体性突发事件应急管理机制研究”的系列研究成果得到了有关领导的重视，其中，《我国社会矛盾自我调节机制的构建及其政策建议》被国家社科基金项目《成果要报》采用，并得到中央有关领导的批示；《关于北京居民地铁恐怖风险认知水平的调查分析与政策建议》被北京社科基金项目《成果要报》采用，得到王安顺同志的批示，要求北京市应急办会同有关部门作进一步研究；《关于乌鲁木齐打砸抢烧事件的初步看法与政策建议》《清华一些教师对深入开展民族团结宣传教育活动的思想反映》等成果被中宣部《舆情摘报》采用。北京第二外国语学院李小牧教授主持的“首都文化走出去政策措施研究”，形成了《构建北京文化贸易出口促进政策措施体系》《各国政府文化管理规制比较研究》等一系列研究成果，其中部分成果被文化部文化体制改革领导小组办公室采纳；关于“北京从五个方面建设统一开放文化市场”的观点得到杨晓超副市长的批示。首都师范大学石国亮副教授主持的“‘中国梦’在青年群体中的传播路径与分层策略研究”，使用分层分析方法对“中国梦”在青年群体中的传播进行实证研究，针对不同职业的青年提出了开展“中国梦”传播的分层传播策略，其阶段性成果被北京社科基金项目《成果要报》采纳，并得到市委常委、宣传部长李伟同志批示。

（3）紧密围绕现实需求，提出解决问题的思路和对策

中国人民大学魏娜教授主持的“北京市编外行政辅助人员规模及管理研究”，提出了规范编外行政辅助人员管理的总体思路，以及编外行政辅助人员管理的“10个药方”等具体政策建议，得到北京市机构编制委员会办公室参考采纳。外交学院高飞教授主持的“国际组织总部与北京世界城市建设研究”，总结了世界国际组织总部较为密集城市发展过程中的经验和教训，就北京在建设世界城市过程中如何吸引符合城市建设方向的国际组织总部落户提出了具有针对性的意见和建议，成果具有较强的参考价值。中国人民大学周祝平副教授主持的“北京市老年人长期照料服务产业发展研究”，为老龄化成本研究开辟了一条经济学和人口学相结合的路径，其成果具有较强的前瞻性和针对性，所提出的相关政策建议被国家卫生和计划生育委员会计划生育家庭发展司采纳。中国劳动关系学院姜颖教授主持的“集体劳动争议处理的法律制度研究”中的部分观点和对策建议被人力资源和社会保障部参考采纳，用于指导集体劳动争议机制建设工作。首都医科大学李宁教授主持的“基于临床路径的慢性乙肝相关病种质量管理模式研究”设计出一套科学的患者诊疗模型，获得北京医院协会2013年度优秀医院管理科研成果奖，并在北京佑安医院得到实际应用。北京市农村经济研究中心范子文研究员主持的“北京市休闲农业提档升级的对策研究”，围绕休闲农业提档升级这一主题，重点研究了产业升级的内容、实现路径和保障机制，提出遵循休闲农业发展规律，从北京郊区的实际出发，把景观升级、产品升级、文化升级、规模升级、组织升级、营销升级等，作为北京休闲农业升级和转型的重点方略，对北京休闲农业的升级发展具有较强的现实指导意义。

（4）注重实证研究，成果兼具学理性和可操作性

首都经济贸易大学马慧教授主持的“以云技术及评价推动北京信息资源配置效率提升的研究”，构建了多维度的治理框架，将信息资源浪费问题纳入综合治理的体系中进行研究，研究重点关注雾霾治理体系中的管理维度，为“推行能效标志和节能低碳产品认证”提供支撑方案和实施路径。其阶段性成果获得3项实用新型专利授权和2项软件著作权，相关研究成

果获得北京市第十二届哲学社会科学优秀成果一等奖、北京市精品教材等奖项。中央财经大学马海涛教授主持的“北京市交通可持续发展研究：基于财税政策角度的分析”，将北京交通可持续发展问题研究放在北京“世界城市”建设战略中统筹考虑，既有现行政策评价，又涉及新政策取向，既有严谨的定量分析，又提出具有可操作性的政策建议，在研究视角、研究内容、研究结论等方面均有创新。北京林业大学李华晶副教授主持的“北京市高新技术企业绿色创业导向与路径优化研究”，提出并厘清了绿色创业导向的内涵架构，挖掘出高新技术企业绿色创业导向的关键驱动因素，揭示了“绿色成长”的内在机制，有助于推动绿色创业理论的进一步完善和创新。北京联合大学陶秋燕教授主持的“北京市高端产业园区企业网络化成长行为研究”，以复杂性系统科学理论为基本分析框架，将多学科交叉融合，建立企业与网络环境主动适应、共生成长的动态行为模型，研究北京高端产业聚集园区内企业的动态成长行为，具有理论创新和学术价值。

三、获奖成果概述

在 2014 年由北京市委市政府举办的“北京市第十三届哲学社会科学优秀成果奖”和“北京市第十一届优秀调查研究成果奖”评奖中，共有 22 项北京市社会科学基金项目获得奖项。其中，17 项成果获得“北京市第十三届哲学社会科学优秀成果奖”，包括特等奖 1 项，一等奖 3 项，二等奖 13 项。特别值得一提的是，由首都师范大学赵敏俐教授主持的北京市社会科学基金项目成果《中国诗歌通史（十一卷本)》荣获特等奖，这是北京社科基金项目首次获得北京市哲学社会科学优秀成果特等奖。5 项成果获得“北京市第十一届优秀调查研究成果奖”，包括一等奖 3 项（占一等奖总数的 15%)，二等奖 1 项，优秀奖 1 项 。

在获奖成果中，5 项为重大项目成果，9 项为重点项目成果，8 项为一般项目成果。这些成果的共同点在于：一是研究选题或关注理论前沿、或关注社会焦点，具有前瞻性和针对性；二是基础类研究注重学术创新，体现出研究者朴实的学风和深厚扎实的学术功底，通过挖掘史料、精心梳理，获得重要的学术发现，体现了较高的研究水准；三是应用类研究成果体现出研究者深入实际开展调查研究的扎实学风，以一手的数据资料和大量的文献资料为依据，为解决经济社会发展中的重点和难点问题献计献策，体现出北京市社会科学基金项目成果服务社会、服务现实、服务决策的作用不断加强。这些获奖成果还呈现出以下特点：

1. 鸿篇巨制，立意高远，填补相关学术研究空白

首都师范大学赵敏俐教授主持完成的《中国诗歌通史（十一卷本)》，课题组在瞄准中国诗歌通史研究无人问津且已具备写作条件的情况下，组织力量开展全面系统、深入扎实的学术探索和研究，历时八年，全力投入，形成了一部“打通古代诗歌与现代诗歌的断限，打通汉民族诗歌与少数民族诗歌的界域”，全面展示诗、词、曲、史诗等中国各类体式的诗歌史著作，填补了中国诗歌通史研究的空白。又如北京市文物研究所宋大川研究员主持完成的《北京考古史（十一卷本)》，课题组致力于填补中国考古学史研究缺乏以省、市、自治区的所有考古发现为研究对象的考古史的研究空白，以北京市考古发现以来主要是新中国成立六十年来的考古成就为研究对象，对北京市的考古史进行总结，对所有的考古发现进行评述，建立了北京地区的考古编年体系，以丰富的史料、深入的分析和客观的论述，全面展示北京考古的辉煌成就，并借此究明古代北京考古学文化的历史变迁，探讨考古学文化的地域性、时间性特征。

2. 视野开阔，贯注学术积累，形成重要理论观点

如由首都师范大学邹华教授主持完成的《北京审美文化史》，集三位学者研究之积累，以上古至明清的北京审美文化为对象，以周口店北京猿人的文化审美意识的萌芽为研究起点，首次全程梳理了北京审美文化从石器时代直到明清时期的历史变迁与发展，探讨了审美文化流变过程的美学规律和特点。鉴定专家认为“研究首次提出‘北京审美文化三边构架和三点轮动’的理论观点，视野开阔，展现了北京审美文化的地域特色，具有重要的学术价值。”中央财经大学孙宝文教授主持完成的《网络虚拟货币研究》，针对迅猛发展的网络虚拟货币这一新生的支付工具和交易媒介现象，以及虚拟货币对社会经济活动产生的影响，从一个全新的视角对网络虚拟货币的性质、运行过程、经济影响、法律属性、征税标准、风险监管等进行了全面系统的研究，建立了一套以虚拟货币运行过程为基础的理论分析框架，设计出按照虚拟货币的运行过程和类型来判定虚拟货币性质的原理。北京开放大学李哲教授主持完成的《国际资本流入中国银行

部门行为与影响研究》，以较为开阔的研究视野，一改以往对国际资本进入银行部门的行为研究总是相对分离的研究路线，构建了结合宏观环境和战略管理分析的“宏观环境—企业战略—财务结构—银行绩效”研究框架，拓展了新的研究领域：即不仅仅要研究引资，更重要的是研究引资的效果和影响。该研究基于1996—2008年十三年间中国银行部门的财务数据和进入银行部门的外资数据，深入探讨和分析了外资渗透中国银行部门的行为规律和特点，为政府和银行部门制定金融开放政策提出了建议。鉴定专家认为该成果“开辟了该领域崭新的研究思路”。

3. 突出问题意识，系统回答重大理论与现实问题

首都经济贸易大学张强教授主持完成的《首都城市化进程中城乡一体化问题研究》，瞄准城乡一体化这一现阶段中国和北京发展与改革的重大问题，系统地回答和阐释了城乡一体化的理论内涵及首都在率先实现城乡一体化进程中所面临的新问题，厘清了新时期北京市率先形成城乡一体化新格局的目标及其战略重点、路径和主要任务，在对现阶段首都北京体制机制改革进程判断的基础上，提出制度创新的重点领域和思路，为解决北京实现城乡一体化的突出难点——缩小城乡收入差距和城乡人地关系制度问题，提供了路径措施和学理支撑。研究提出的有关“北京城乡一体化的空间格局战略设想”和“‘十二五’时期发展的建议”，得到时任市委书记刘淇、副市长吉林和市委常委牛有成等领导的批示，并批转给市发改委和市农委，促进了首都圈规划编制和“十二五”规划编制工作指导思想的确立。北京工商大学魏中龙教授主持完成的《北京市城乡居民收入差距问题研究》，运用居民收入满意度的理论，首次对北京城乡居民收入满意度进行了探索性的研究，对北京市城乡居民收入分配格局做出了全面、客观的评判。鉴定专家认为：研究通过入户调查，获取了所需的第一手数据，创新性地提出了缩小北京市城乡居民收入差距、形成合理收入分配格局的对策建议，研究成果对服务北京市经济社会发展相关政策的制定具有重要的现实意义。

4. 瞄准决策需求，发挥参谋助手作用

大部分应用类研究项目，能够坚持围绕大局、突出重点、服务决策、注重实践的原则和方向，加强理论与实践的融合，深入实际开展调查研究，为破解市委市政府亟须解决的重大问题和北京社会经济发展中的难点、热点问题建言献策，有效发挥了北京社科基金项目的智库作用。如首都社会经济发展研究所王鸿春研究员主持完成的《治理PM2.5国际经验及对我市的启示》，针对北京市近年来面临的“躲不开、绕不过”的PM2.5污染难题，围绕北京市大气中PM2.5的形成机理、传输规律，借鉴国际上的治理经验进行深入研究，提出了相关对策建议，为北京市控制PM2.5污染，改善空气质量状况以及出台治理PM2.5的相关政策起到重要借鉴作用。该成果是我国第一项系统研究国外治理PM2.5经验的研究报告，特别是通过对北京及其周边地区不同天气类型的PM2.5的生成规律和跨域传输规律进行的科学观测和分析，为有针对性地控制PM2.5产生和区域联防联控提供了科学依据，填补了该项研究的空白。研究成果两次获得时任市委书记刘淇批示，并先后得到时任副市长洪峰、市委书记郭金龙、市长王安顺和副市长张工等同志批示。北京市政府研究室孙进军同志主持完成的《北京建设国际一流旅游城市的比较研究》，瞄准市委市政府提出的建设中国特色世界城市的战略决策，将加快建设国际一流旅游城市作为研究目标。首次提出并系统阐述了国际一流旅游城市的概念和主要特征，并将北京与纽约、伦敦、东京、巴黎等国际一流旅游城市进行深入比较，查找差距，提出北京建设国际一流旅游城市的总体思路、主要方向和基本原则，为北京建设中国特色世界城市提供了有力支撑。该研究成果得到了时任副市长丁向阳的高度评价。国家统计局北京调查总队总队长李纲同志主持完成的《北京人均GDP超1万美元后经济社会发展趋势研究》，针对2012年北京人均GDP达到13857美元的新起点，总结国外发达城市人均GDP超过1万美元后，在经济增长、产业结构、消费投资、科技创新、人口就业、居民收入、医疗保障等领域的经济社会发展经验，结合十八届三中全会全面深化改革的决定，分析了北京人均GDP超过1万美元后主要经济、社会发展领域的变化趋势，并提出相关政策建议，为北京“调结构”“转方式”提供了借鉴和参考。

附表 1：

北京市社会科学基金项目成果荣获
北京市第十三届哲学社会科学优秀成果奖名单

（按获奖名单顺序排列）

序号	项目编号	项目名称	项目负责人	所在单位	获奖成果名称	获奖等级
1	04BJBWY037	中国诗歌通史	赵敏俐	首都师范大学	中国诗歌通史（十一卷本）	特等奖
2	11ZDB14	马克思主义大众化研究：历史进程和基本经验	崔耀中	中共北京市委讲师团	中国马克思主义大众化研究：历史进程和基本经验	一等奖
3	07AeJG174	虚拟货币及其运行机制研究	孙宝文	中央财经大学	网络虚拟货币研究	一等奖
4	12LSA001	北京考古史	宋大川	北京市文物研究所	北京考古史	一等奖
5	09AbKD075	首都市民价值观调查模型建设研究	杨　奎	北京市社会科学院	首都市民价值观调查模型建设研究	二等奖
6	06BaZX025	北京审美文化研究	邹　华	首都师范大学	北京审美文化史	二等奖
7	07BeJG191	外资进入中国银行部门行为研究	李　哲	北京开放大学	国际资本流入中国银行部门行为与影响研究	二等奖
8	11ZDA01	北京依靠创新转变经济发展方式的思路与对策研究	李　涛	中央财经大学	关于在中关村国家自主创新示范区内建立政策性“中关村银行”的建议	二等奖
9	09BaJG251	北京市城乡居民收入差距问题研究	魏中龙	北京工商大学	北京市城乡居民收入差距问题研究	二等奖
10	12KDB022	首都公共文化服务均等化：定量评估与对策研究	王洛忠	北京师范大学	我国基本公共文化服务：指标体系构建与地区差距测量	二等奖
11	10BeFX094	在京外国人犯罪的规律分析与对策研究	于志刚	中国政法大学	在华外国人犯罪的刑事法律应对	二等奖
12	08AaLS035	北京专史集成——北京交通史	王　岗	北京市社会科学院	北京交通史	二等奖
13	08AaLS035	北京专史集成——北京水利史	王　岗	北京市社会科学院	北京水利史	二等奖
14	07AeWY038	延庆县古村落壁画调查与研究	范学新	延庆县文物管理所	北京延庆古代寺观壁画调查与研究	二等奖
15	10BaWY090	当代中国电影声音艺术与技术研究	姚国强	北京电影学院	电影声音艺术与录音技术：历史、创作与理论	二等奖
16	06AgCS011	北京城市雕塑规划发展与首都文化建设	李建盛	北京市社会科学院	公共艺术与城市文化	二等奖
17	11ZDA05	医改背景下的首都农村卫生人力资源配置研究	王晓燕	首都医科大学	北京市村级卫生人力资源配置标图信息兜底调查报告	二等奖

注：《北京交通史》《北京水利史》分别是“北京专史集成”的系列研究成果之一，其作者分别是北京市社会科学院的孙冬虎、吴文涛。“北京专史集成”的项目负责人是北京市社会科学院的王岗。

附表 2：

北京市社会科学基金项目成果荣获
北京市第十一届优秀调查研究成果奖名单

（按获奖名册顺序排列）

序号	项目编号	项目名称	项目负责人	所在单位	获奖成果名称	获奖等级
1	10AbJG333	北京建设国际一流旅游城市的比较研究	孙进军	北京市政府研究室	北京建设国际一流旅游城市的比较研究	一等奖

续表

序号	项目编号	项目名称	项目负责人	所在单位	获奖成果名称	获奖等级
2	12JGB031	北京人均 GDP 超 1 万美元后经济社会发展趋势研究	李　纲	北京市统计局	北京人均 GDP 超 1 万美元后经济社会发展趋势研究	一等奖
3	11ZDA05	医改背景下的首都农村卫生人力资源配置研究	王晓燕	首都医科大学	医改背景下首都农村卫生人力资源配置研究	一等奖
4	12ZHA002	治理 PM2.5 国际经验及对我市的启示	王鸿春	首都社会经济发展研究所	治理 PM2.5 国际经验及对我市的启示	二等奖
5	09ZDA06	首都城市化进程中城乡一体化问题研究	张　强	首都经济贸易大学	首都城市化进程中城乡一体化问题研究	优秀奖

（作者：尹岩，北京市社科规划办成果处处长；肖龙，北京市社科规划办成果处副处长）

附：

2014 年度中国十大学术热点

《光明日报》理论部　《学术月刊》编辑部　中国人民大学书报资料中心

热点 1　社会主义核心价值观的培育和践行

入选理由：社会主义核心价值体系与社会主义核心价值观的研究一直是近几年来学术界关注的重大理论与实践问题。2014 年的研讨主要聚焦于“社会主义核心价值观的培育和践行”上，相关的研究大致从以下几方面展开：1. 社会主义核心价值观的内涵解析，包括社会主义核心价值观如何体现社会主义的本质属性，社会主义核心价值观与社会主义核心价值体系的关系，对“三个倡导”具体内容的解读，尤其注重其与传统价值观念和资本主义核心价值观之间关系的辨析。2. 培育和践行社会主义核心价值观的意义，主要是社会主义核心价值观为“中国梦”提供价值支承；引领社会思潮，支配整个社会领域的各种价值规范；推进国家治理体系和治理能力现代化的精神保障等。3. 培育和践行社会主义核心价值观的路径和机制，主要包括宣传引导，特别强调弘扬传统文化对培育社会主义核心价值观的积极意义；制度建设，强调将社会主义核心价值观教育渗透到各行各业的规章制度中去；个体教育，特别强调学校思想政治理论课要探索新媒体教育手段的运用，和符合青少年思维方式的教学方法。

【专家点评】2014 年围绕社会主义核心价值观的培育和践行，发表了许多有分量有影响的研究成果，产生了巨大的社会反响。但从总体上看，我国社会主义核心价值观的研究，还处于需要进一步深化和发展的阶段，还有很大的拓展空间。学界应充分发挥多学科交叉研究优势，坚持理论与实践、传统与现实相结合，依据中国特色社会主义建设实践的客观需求，深入挖掘社会主义核心价值观所蕴含的中华优秀传统文化资源，积极借鉴国外优秀文明成果，科学揭示社会主义核心价值观基本理念的本质诉求，为社会主义核心价值观的培育和践行提供基本遵循和具体要求。这是深化社会主义核心价值观研究亟待解决的重大理论问题和实践课题。

（点评人：吴潜涛，清华大学马克思主义学院教授）

热点 2　依法治国与国家治理现代化

入选理由：十八届三中全会将“完善和发展中国特色社会主义制度，推进国家治理体系和治理能力现代化”作为改革的总目标，十八届四中全会对全面推进依法治国作出重大部署。2014 年，围绕依法治国与国家治理现代化问题的学术探讨及研究成为热点，学者们发表了大量文章，其讨论主要集中在以下几个层面：1. 对“治理”理论的学术史梳理和内涵解读，强调治理主体上的多元参与，治理机制的法治化，治理理念的理性化，治理对象的公共性等。2. 关于“国家治理”的内涵，对此学术研究有不同的侧重，一种强调社会的作用即社会自主性的治理；一种强调国家的作用即国家主导下的治理；更多学者指出，作为全面深化改革的总目标，国家治理说到底是国家主导下的国家与社会的协商与合作。3. 国家治理现代化包括国家治理体系现代化与治理能力现代化两个方面内容。前者指中国特色社会主义制度，后者指制度执行能力，国家治理体系和治理能力现代化是一个有机整体。4. 依法治国是推进国家治理体系与治理能力现代化的有效保障：强调依法治国就是要实现依法执政、依法行政、公民有序参与立法、建设法治文化；研究依法治国与坚持党的领导、人民当家做主的辩证统一关系；突出“依宪治国”在国家治理中的基础作用。

【专家点评】依法治国与国家治理现代化问题，引起了学术界的深度关注。一方面，依法治国既是推进国家治理体系和治理能力现代化的必然要求，也是现代国家治理体系的必要组成部分。另一方面，依法治国的问题，不仅仅是一个法学领域的问题，更是一个政治学领域的问题，也是经济学、社会学、公共管理学等其他相关学科需要给予高度关注的问题。在当下以及未来的一段时间内，与依法治国有关的一系列问题，如法治与人治、法治与德治、民主与法治等等，都有可能形成一些新的研究热点。

（点评人：桑玉成，上海市社会科学界联合会教授）

热点3　儒家思想的政治哲学解读

入选理由：儒家传统对今日中国之制度设计有哪些可资借鉴的思想资源？对儒家思想的政治哲学解读成为2014年学术界的一个研究热点。目前国内的研究主要集中在以下几个方面：1. 对儒家政治哲学的构建，这方面的研究主要围绕儒家政治哲学的特质、使命、概念和方法等主题展开。2. 对儒家政治伦理思想的阐释，对儒家政治伦理化与伦理政治化的互动，以及“民为邦本”“为政以德”“尊贤任能”“廉政勤政”等理念进行了深入探讨。3. 对儒家经典进行政治哲学的诠释，这方面的研究主要集中在对《尚书》《春秋》等经典文本中的政治思想进行深度挖掘。4. 对历代思想家的学说、观点进行政治哲学的解析，这方面的研究主要是对孔子、孟子、荀子、董仲舒、二程、朱熹等人政治思想的关注和评析。5. 对儒家思想与理想政治形态及社会治理关系的探讨，这方面的研究主要集中在儒家王道政治理想的现代意义、儒家思想与国际秩序的构建关系上。

【专家点评】当前，挖掘儒家思想理论的创新成果与面对当代问题的实际需要相比，显得非常不足和薄弱，尤其是在儒家基本义理和社会科学及社会政策结合方面。这有待于学术界持续不懈的努力。儒家政治哲学研究的开展，在儒家思想理论创新方面带了个好头，但仍需要在中国政治哲学史的开掘和当代儒家政治哲学理论建构两方面做更多的研究投入。期待儒家政治哲学的研究为解决当代广义社会政治领域的问题提供更多的历史与哲学智慧。

（点评人：彭永捷，中国人民大学哲学院教授）

热点4　微时代的文化传播与话语表达

入选理由：随着互联网和移动技术的发展，我们进入了一个以微博、微信为代表的双向互动的微时代。传播方式的变革促发了人的生活方式、审美趣味、精神状况等的转型，其后果与走向引起了越来越多学者的关注。目前的研究主要集中在文化层面，尤其是以“微”为特色的文化传播和话语表达。1. 对表征微时代特征的碎片化生活方式和“微文化”进行归纳与阐释。学者们普遍认为，基于互联网文化的微时代，人们的交往、工作、娱乐都呈现出有碎片化状态的趋势，也呈现出跨阶层、跨地域、跨平台等特征，而网络时代的快节奏和即时性酝酿了“微文化”的产生，文化产品和文化消费变得便捷、多样化。2. 关注微时代的文化传播和话语表达机制。有学者从作为微文化载体的机器和移动互联网技术的变革，以及网络文化的生产来探讨微时代文化传播的逻辑，指出多元话语和差异表达开始越来越多地占据公共文化空间，而媒介话语表达机制也正在走向“微主体化”“无地方化”“强社交化”。3. 反思微时代文化传播和话语表达背后的精神与社会问题。学者们在看到微文化积极的一面的同时，也指出其喧嚣浮躁、疏离虚无、自我怀疑乃至自我消解的时代症候，需要人们对此种文化现象保持一分警惕。

【专家点评】今天，“微”已经成为理解我们这个时代的一个关键词。以移动互联网为技术基础的新传播方式，即微传播，不仅改变了人们的生活方式和交往方式，同时也带来了国家治理、社会治理的一系列新课题。因此，这个选题不但具有很高的学术价值，同时也与老百姓的日常生活紧密相关，对它的思考和深入研究也有助于国家治理能力的现代化。这是一个接地气的、扎根于现实生活的真正的前沿问题。

（点评人：陶东风，首都师范大学文学院教授）

热点5　中国经济新常态与国家发展战略转型

入选理由：2014年，虽然世界经济走出了经济危机，但增长乏力，不平衡没有消除，产业创新仍待探索。从中国自身发展进程而言，自从2012年GDP

规模超过日本成为世界第二大经济体以后，由大求强的战略目标历史地提上了议程，提高经济增长的质量与效益成为核心主题。学界对新常态的研究涵盖了多方面的主题，包括如何看待增长率的下降，如何形成创新驱动发展的新增长模式，如何实现国民经济三次产业的结构升级，如何提高消费在经济增长中的拉动作用，如何使投资在增长中继续发挥关键作用，如何培育新的比较优势继续发挥出口对增长的支承作用，如何形成产业组织新特征，如何使经济增长从依靠要素成本优势，转向依靠人力资本质量与技术进步，如何形成统一透明规范有序的市场环境，如何推动低碳型发展方式，如何化解因增长率下降而显现的各种潜在风险，如何从刺激性政策调控转变为市场决定资源配置和更科学的宏观调控，等等。这些主题构成了中国经济新常态研究的丰富内涵。

【专家点评】由于中国经济发展进入了一个新阶段，以新常态思维探索发展转型的主题是必要的。在2014 年 11 月北京 APEC 会议上，习近平同志系统论述了中国经济新常态下的新增长、新结构、新动力与新风险。在 12 月中央经济工作会议上，习近平又全面分析了新常态的九大特征，并指出“认识新常态，适应新常态，引领新常态，是当前和今后一个时期我国经济发展的大逻辑”。认识国内外经济新常态历史性变化的内涵，形成适应新常态发展所需要的战略与政策，并在新常态发展中赢得主动，成为中国经济学界的中心议题。

（点评人：张幼文，上海社会科学院世界经济研究所研究员）

热点 6　中国社会治理体制创新

入选理由：十八届三中全会首次用“社会治理”来代替“社会管理”（“社会管理”的提法从十六大报告开始至十八大报告一直沿用），仅一字之差，却具有重大意义。与社会管理相比，社会治理更强调主体多元、关系平等、方式灵活以及手段综合。中国的社会治理创新有别于西方，具有自身的理论特质和实践模式。当前，社会开放性所带来的全球风险、社会危机以及新型社会治理力量的兴起，迫切需要中国创新社会治理体制予以回应。对“社会治理体制创新”的理论意涵、现实路径进行深入探讨，将有助于充分化解社会矛盾、实现社会公正、激发社会活力、促进社会和谐。2014 年有关“社会治理体制创新”的研究情况大致如下：1. 从中国治理文化的特殊性、治理情境的复杂性，以及治理内容的内生性等维度，揭示中国社会治理的本土特质。2. 对社会治理方式、制度、体系的宏观论述。涉及社会治理体制创新的主体关系及能力、关键环节、核心议题、基本依据、实践路径等方面，深刻剖析了“一主多元”“社会协同”“源头治理”“依法治理”“基层自治”“社会共治”“服务型政府建设”等社会治理方式的有效性和基本路径。3. 将社会治理的思维应用于相对微观的领域和实际操作层面，发掘在网络社会、城市/农村社区、社会工作实务、企业劳动关系、突发公共事件等具体情境中，社会治理理念的实现机制，以及其中蕴含的新特点、新价值，使中国社会治理创新的理论更加深入和丰富。

【专家点评】2014 年是全面深化改革的元年，也是创新社会治理体制机制的重要节点。鉴于此，各个学科都从其独特的视角关注、解读和研究中国式社会治理理论体系及其应用价值。面对中国社会结构和社会组织形式发生了深刻变化的新形势，社会学学界则以社会学的话语体系，从微观、中观和宏观层面重点论述了创新中国社会治理体制机制对于推进国家治理体系和治理能力现代化目标的理论意义和现实作用。不过，迄今，中国社会治理理论和实践的研究还仅仅处于起步阶段，下一步有待于拓展和深入研究的命题还很多，包括提升社会治理科学化水平与依法治国的内在关系研究；推进多层次多领域依法治理的理论基础、基本内容与现实路径研究；社会规范在社会治理法治化中的定位与作用研究，等等。

（点评人：陆杰华，北京大学社会学系教授）

热点 7　甲午战争与东亚历史进程

入选理由：1894 年爆发的甲午战争，对中国和东亚历史产生了深刻的影响。研究甲午战争，有利于深入了解中国政治、经济、文化等的变革，也有利于明晰日本历史的转折和东亚历史进程的演变，具有深刻的现实意义。目前研究情况大致如下：1. 甲午战争爆发前的形势研究。学者们分析了甲午战争爆发时的世界局势，中国国内政治体制落后，中国和藩属国朝贡体系的变化，日本资本主义发展和战略战备计划等形势，论证了甲午战争爆发的必然性，驳斥了甲午战争突发论。2. 甲午战争军事情况研究。涉及甲午战争中中日军事力量、战略、战术的比较，清朝陆海军的评价，甲午战争的情报问题。总结了甲午战争失败的政治、经济、文化、军事原因。3. 甲午战争对中国的影响。学者们着重分析了甲午战争对近代中国国力、政治体制、经济形势、思想文化等的冲击和长远影响。面对新形势，总结战争经验、吸取教训尤为重要，诸如发展国力、杜绝腐败、实现强国梦想，避免战争，减少战争带来的人类灾难，等等。学者们进行了不同的思考。4. 甲午战争对东亚历史进程的影响。甲午战争使中朝宗藩关系终结，日本的经济实力、军事实力空前膨胀，心理基础、意识形态、对世界的认识发生重大改变，欧美和日本等在华势力掀起瓜分中国的狂潮，日俄争夺朝鲜，中朝两国民族危机空前严重。

【专家点评】1894 年日本挑起的中日甲午战争，对中国以及东亚历史进程产生了重大影响。中国的战败和《马关条约》的签订，使自 1840 年鸦片战争后开始的中国半殖民地化进程进一步加深。战争也促进了中华民族的觉醒。正是以甲午战争为契机，孙中山发起成立“兴中会”，提出了“振兴中华”的口号，康有为、梁启超领导了戊戌变法运动。从此，中国人民的救亡图存、谋求民族复兴的伟大斗争进入了一个新的历史时期。与此同时，日本借助甲午战争的胜利，尤其是向中国掠夺的巨额赔款，迅速走向了向外侵略扩张的军国主义道路，并取代西方殖民者成为中国和东亚各国人民最凶恶的敌人，成了第二次世界大战的策源地。铭记历史，才能面向未来，更加珍惜世界和平。

（点评人：郑大华，中国社会科学院近代史研究所研究员）

热点 8　老龄化背景下的养老服务体系优化

入选理由：在养老保障领域，20 世纪 90 年代以来，学界主要以资金制度为研究对象，而对服务机制探讨不够充分。在当前养老保障资金制度建设已取得较大进展的同时，如何在老龄化背景下，通过优化养老服务体系来增强养老资源的可及性成为学界的重要议题。研究议题主要包括：1. 澄清对养老服务的认识误区。基于实地调研，学者们主要澄清了“将居家养老等同于家庭养老”“将社区养老等同于机构养老”“将机构养老等同于市场化养老”等误区；2. 考察养老服务体系建设的国际经验和教训。重点总结了美国、英国、德国、瑞典、荷兰、加拿大等国家养老服务构建的经验与教训。3. 完善养老服务结构体系。重点探讨了三类养老服务方式的功能定位、互动配合、协同推进等内容。4. 优化养老服务责任体系。以传统“孝道”文化为基础，着眼于政府、社会、国民个人等主体在养老服务体系改革与发展中的责任分割，具体勾勒了政府财政、社会组织、民间资本、家庭与个人的责任内容、承责路径和方式。

【专家点评】老龄化形势严峻，养老服务需求巨大，养老服务体系建设任务紧迫而繁重。正是在这样的背景下，学界以高度的社会责任感集中且深入地研究养老服务体系的建设及其优化，硕果累累，成绩斐然；而且其中的不少研究成果已经在养老服务的实践中得到转化。当然，这一研究还有进一步拓展和深化的空间。特别是需要开阔视野，将养老服务放到更广阔的背景下予以研究。如联系养老保险制度改革探究资金与服务的关系，在全面深化改革的大潮中研究有助于，养老服务发展的配套政策和多部门合力机制，借助互联网、物联网的迅猛发展来建设并优化养老服务网络体系，按照依法治国的理念明晰养老服务责任体系，等等。我们期待着养老服务的理论研究和实践探索齐头并进、相得益彰。

（点评人：童星，南京大学政府管理学院教授）

热点 9　教育综合改革背景下招生考试制度的理性探究

入选理由：以高考和中考为代表的学校招生考试制度，不仅关涉社会公正和教育公平，而且对基础教育各阶段的教育质量、对社会人才选拔和个体成长产生极大影响，因而既是受公众持续关注的社会热点，又是学界十分重视的教育理论、教育实践与教育政策研究的学术交汇点。学者们基于以往的实践变革和理论探究，在 2014 年聚焦如下几个方面进行了更深层次的探究：1. 在继续探讨招生考试制度之社会功能的同时，更加强调招考制度改革的育人价值，更加关注其对学生成长、人才培养和选拔的导向与激励。除了强调国家的政策性推动外，还强调高校招生考试的自主权和学生的自主选择。依此破解招考难题，才能更好地将万千学子争过的“独木桥”变成合理选拔人才、促进学生学习、维护公平公正的“立交桥”。2. 反思自主招生与异地高考政策，借鉴历史经验和国外人才选拔方式，提出高校要引入多元化的评价、选拔和录取机制，实现高中学业水平考试、大学招生录取与综合素质评价的“三位一体”，并建构理论模型为政策实践提供有效路径。3. 针对生源渠道差异（尤其是基础教育质量差异）和名额分配制度（如分省定额制）等的利弊，以及其原因等问题展开深入研究。学者们提出了严控部属高校属地招生计划比例，提高中西部和人口大省的录取率，增加农村学生上重点高校的人数，或在遵循国家利益最大化、兼顾考试公平与区域公平，以及生源多样化等原则的基础上，采取分层调控的办法。4. 针对考试科目能否选择、考试能否一年多次、文理是否分科、是否加大高校自主招生比例、是否减少高考加分项目和分值等具体问题展开学理探索。

【专家点评】作为连接基础教育与高等教育的关键环节，人们常用“牵一发而动全身”来形容高考改革的敏感和复杂。以高考为核心的考试招生制度，对提升文化教育水准、维护教育公平和社会稳定、促进社会阶层流动具有重要的作用，其改革不仅一直是教育界关注的热点，而且经常成为全社会关注的焦点。2014 年 9 月国务院出台《关于深化考试招生制度改革的实施意见》，更是有充分理由将招生考试制度改革作为 2014 年中国十大学术热点之一。这次改革是恢复高考 37 年来最全面最系统的改革，是教育综合改革中最重要最复杂的改革。对于高考这么一项影响重大、万众瞩目的重要制度，2014 年是一个转折点，以往新闻报道多、理论研究相对较少，一般议论多、深入分析相对较少，零星探讨多、系统研究相对较少这种“三多三少”的局面开始改变。

（点评人：刘海峰，厦门大学考试研究中心教授）

热点 10　边疆民族问题研究

入选理由：边疆民族问题一直以来都是关系到国家安全和边疆稳定的重大理论和实践问题。近年来，随着国际形势与中国区域经济政治地位发展的变化，边疆民族问题越来越成为社会热点，在学术界也引起广泛争论。关于边疆民族问题的讨论主要集中在以下几个方面：1. 从理论层面深刻阐述了边疆、民族、民族关系等基本概念的内涵，在此基础上探索性地提出了很多新的知识范式与理论模式，为国家解决边疆民族问题提供智力支持；2. 从历史的角度，主要是从边疆地区社会史及国家历史观的角度系统梳理了边疆问题的历史脉络，以及过去历朝各代的边疆政策实践；3. 从现实的角度，从政治、经济、文化、社会与生态等多方面，观察边疆地区民族问题的现状，总结有益的地方经验，并针对出现的问题提出对策建议；4. 跨学科的参与，对这一问题的探讨已不再局限于民族学、史学、人类学、社会学、国际关系研究、政治学等学科，都从不同维度呈现这个问题，为边疆问题的学术研究开拓了新的领域，带来了新的观点与见解，从而深化了对于边疆民族问题的学术理解与解释，在一定程度上起到了促进边疆民族问题研究的引导性作用。

【专家点评】解读中国统一多民族国家的发展规律与历代治理边疆的成败得失，阐明中国统一多民族国家形成的必然性与合理性，并为民族团结提供学理依据，为解决边疆社会经济发展过程中所凸现的问题提出对策建议，凡此种种，均呼唤着新的边疆研究范式的登场。本年度的边疆民族问题研究既是对边疆现实情势的回应，也是对一些新的研究方法的深化及再开拓。

（点评人：于逢春，中国社会科学院边疆研究所研究员）

（原载《光明日报》2015 年 1 月 14 日第 14 版）

2014 年理论学术研究观点要览

经济学篇

中国经济正面临着“新常态”

着力推进改革、开放和创新

中国经济正面临着“新常态”，其突出表征为经济增长减速换挡，经济发展方式转向质量与效率型，产业链向高端迈进，高水平引进来、大规模走出去同步发生，中等收入群体成为稳定内需的主体，多样化消费渐成主流，中小企业和新业态成为增长新亮点。对于中国经济“新常态”的定位，不同的学者提出各自的看法。有的学者认为，中国适应经济“新常态”，最重要的是抓住时机，坚定不移地推进结构改革，使我们经济的内在活力、经济增长的潜力进一步得以焕发，从而使中国经济在健康、持续的轨道上向前发展。有的学者认为，新常态下必须着力推进改革、开放和创新三项关键任务，发挥好中国经济的韧性、潜力和回旋空间。改革激发新活力，开放释放新推力，创新重塑新动力，三者相互关联、互为支承，是实现新常态下经济社会发展目标的必然途径。

空间城市化与人口城市化并不对称

人的城市化才是新型城市化的核心

随着我国新型城镇化的快速推进，我国城市空间较改革开放之初扩大了两三倍，城镇化率也达到了

53.7%。但是，空间城市化与人口城市化并不对称，有些城市的快速扩张甚至带来了“城中村”和“城市贫民区”问题。如何评价中国目前的城镇化程度？如何实现真正的城市化？一些学者认为，中国有2.6亿农民工，户籍问题把他们挡在了享受城市化成果之外。如果挤掉水分的话，我国只有36%的城镇化率，离发达国家70%的城镇化率还有很大差距。有的学者指出，我国“土地城镇化”快于“人口城镇化”问题突出，一些地方盲目拉大城市框架，滥占耕地、乱设开发区，不断扩大城市面积，造成失地农民的数量大增，不仅危及国家的粮食安全，而且势必进一步加剧解决“三农”问题的难度。中国城镇化还遭遇诸多困扰，对城市居民而言，“堵车、污染、内涝、房贵”等大城市困扰多多，对农民而言，“被上楼”“半城市化”等问题也仍待解决。人的城市化才是新型城市化的核心。

收入分配改革有望真正破局

实现社会共享财富分配途径

收入分配改革已历经十余年时间，随着收入分配改革细则分批出台，人们关注收入改革如何在现实中落地。有的学者认为，初次分配环节的改革不仅要涉及政府、企业与个人之间利益分配关系的调整，还要涉及劳资关系、劳工成本与就业问题，它必然要触动30多年来已经形成甚至相对固化的既有利益格局。过去十年来我国整个财富分配格局并非一成不变。GDP这块蛋糕主要划分为三块，一块是资本所得，一块是劳动所得，一块是国家所得即税收。过去十多年，国家税收提升得比较快，劳动报酬提升方面相当滞后，不仅企业职工收入增长缓慢，而且机关事业单位的工资也已经多年未见调整，这就是大多数人感觉不到收入分配改革成效的原因所在。目前借助于反腐的势头，把高管薪酬改革再次提上议事日程，这个时机抓得是比较好的。对于收入分配改革如何推进，有的学者认为，一是要坚持利益分配适度均衡原则，二是要积极稳妥推进，三是要打好初次分配、再分配、第三次分配同步调整的组合拳。初次分配格局调整的关键在提低限高，再分配格局调整的关键在于用更大力度促进公平，第三次分配则要对慈善公益事业形成有力的激励机制，这是促进社会财富在自愿基础上实现社会共享的财富分配途径。

混合所有制并非中国所特有

发展混合所有制应分类实施

国企改革的焦点集中在界定国企功能、发展混合所有制经济、企业内部改革、完善监管体制和解决历史遗留问题等方面。对于国企混合所有制改革，理论界争议较大，一些人认为这是否会迎来新一波“私有化”。有的学者认为，公有制和私有制相混合的混合所有制并非中国所特有，混合所有制是现代市场经济重要的企业产权组织形式，坚持市场化导向的改革中，也应当借鉴。有学者认为，在以后一段时间内，将会出现混合所有制改制的高潮，出现民营经济组团与国有企业相融合的现象；国有企业将退出一部分竞争领域，转型升级到产业链更高的层次去。也有的学者认为，当前发展混合所有制经济有三方面的重要作用：一是有利于实行政企分开；二是有利于激活国有资本活力，扩大国有资本的影响力；三是有利于企业走出国门，按国际规则开拓海外资源和产品市场。有的学者认为，发展混合所有制应分类实施，以竞争与非竞争性质作为分类的基本原则，将现在的国有企业分为公益、保障、竞争三类。在竞争领域，国家没有必要去经营实体企业，还要承担竞争风险。但国有资本可以根据具体情况参股竞争性企业，从中获得的红利用于国计民生。在竞争领域，国有资本并不应该从所有竞争性领域完全退出。

（作者孙咏梅为中国人民大学经济学院副教授）

社会学篇

八项规定减轻了社会治理压力

教育活动提升了社会整合能力

有学者指出，“八项规定”与“六项禁令”，以自上而下的方式为官场立规。执政党的自我净化活动与普通百姓的热切愿望密切结合，取得了前所未有的执政实效，规约了国家治理现代化建设背景下的官员行为，也在某种程度上减轻了社会治理的压力。作风建设与群众路线教育实践活动，除进一步强化了八项规定与六项禁令实施的成果外，还通过对形式主义、官僚主义、享乐主义与奢靡之风的检视，进一步拉近了党员与群众的血肉联系，缓解了一度存在的官民矛盾，强化了人民群众的认同心理，使中国社会在经济下行的压力下，保持了高度凝聚力。因此，人民群众才希望此项令人拍手称道的制度配置，会持之以恒地上下贯彻，而不要像一阵飓风那样。

城镇化与居住证制度有助于农民工市民化

农民对土地价值的关怀抑制了落户积极性

有学者指出，在土地价值日益升值的大背景下，农民进入城镇的观望心理上升了。虽然2014年放开了城镇、小城市与一些中等城市的入户限制，但并没有多少农民工愿意就近就地“落户为城镇居民”，甚至于许多大学生上学也不愿转户口，虽然进城落户并不以上缴宅基地、承包地和集体土地收益分配权为前提，但农民工仍然以继续观望来回报当地政府的“改革红利”预期。到城镇与当地中小城市买房的农民增加了，在农村与城市之间来回迁徙的“两栖人”增加了，到城市去消费的农民也增加了，这可能是城镇化的本质含义，而是否落户已并不重要。在大城市与特大城市高筑了落户篱笆的前提下，就业机会、教育资源与医疗资源的布局不均，是农村之推力与城市之拉力的主要动力生产机制。“推”“拉”力量的此消彼长，正在重新形成人口流动的新常态。居住证制度的实施，除在大城市与特大城市对部分流动人口具有吸引力外，在绝大多数中等城市是缺少制度配置力的。中国社会的迅速变化，使制度配置与制度需求之间的张力再一次拉开了。

中国人口总和生育率已下降到极低水平

“单独二孩”并未打开生育的“机会之窗”

有学者指出，中国人口的总和生育率已经下降到极低水平了。2010 年第六次人口普查得到的总和生育率为 1.18。“六普”还发现北京市的总和生育率仅仅为 0.70，上海市为 0.74，整个东三省都在 0.75 左右。这就使原来广为流传的 1.18 的总和生育率水平的说法不攻自破。从世界各国来看，1.18 的总和生育率水平，属于“极低”范畴，比绝大多数欧洲国家都要低。在这种情况下，“单独二孩”政策的放开，给整个社会以极大希望去打开生育的“机会之窗”，但截至目前，获批生育二孩的数量仅仅为 62 万人，与政策预期的 200 万相比，存在很大差距。这引起了学界与政府各部门的广泛热议。有学者认为，生育率水平的持续走低，会进一步加速中国未来的老龄化进程。

政府投入的医保补助逐年提高

但个人负担额度依然没有降低

有学者指出，中国的医疗体制改革，经过多年推进之后，取得了重大进展。对此，一部分学者认为，改革在很大程度上已经解决了群众的“看病难”与“看病贵”问题，但另外一些学者则坚持认为“看病难”与“看病贵”问题仍然比较严重。在争论中发现，从 2009 年到 2013 年，全国财政医疗卫生支出累计达 30682 亿元，年均增长 24.4%，但政府投入的迅速增加却并未减轻个人的直接医疗负担。有学者认为，财政新增投入的大部分流向了医院、医生、药房和制药企业，但对患者的服务支出则相对较低。另外，药品集中招标采购中还存在“采购价格越高、获利越多”的药价虚高问题。所以，与民生问题密切相关的医疗体制改革，会继续成为社会关注的重点话题。

（作者张翼为中国社会科学院社会学研究所副所长）

政治学篇

战略上谋划国家治理体系现代化

推进国家治理的专业化和职业化

2014 年，中国的政治学研究很大程度上是围绕“国家治理”这一主题展开的。学者们对一些基本概念进行了研究，比如“治理”“国家治理体系”和“国家治理能力”等等。有学者认为，国家治理体系是一个制度体系，包括国家的行政体系、经济体系和社会体系。

围绕如何推进国家治理体系和治理能力现代化，有学者认为，必须发挥党和中央政府在治理体系中协调各方的作用，加强顶层设计，从战略上谋划国家治理体系的现代化。也有学者提出，需要进一步放权和分权，让治理主体发挥更大作用，以民主责任制建设为方向完善治理结构，并健全国家治理过程中的负反馈调节机制，发展决策咨询系统健全协商民主，提高公共政策决策质量，通过培养职业政治家、职业文官、职业法官等推进国家治理的专业化和职业化。有学者认为国家治理的目标是实现国家统一性、均等化和法治化。

总的来说，关于“国家治理”这一主题展开的研究基本上还是宏观性的，微观领域的具体研究相对欠缺。政治学研究应当为解决现实的政治问题服务，围绕国家治理体系和治理能力现代化有很多现实性的问题需要解决。

中国在政治实践中形成协商民主

中国的协商民主有五种主要形式

围绕协商民主的价值、内涵和实现形式，众多研究者进行了详尽的分析和探讨。有学者比较了中国协商民主和西方协商民主产生的不同背景，在西方，协商民主理论是在反思选举民主理论的基础上产生的，是在反思投票民主弊端的过程中产生的。在中国，协商民主却是在政治实践中形成的，不管是中央层面的政治协商会议或者是基层的民主恳谈，都是具体的政治实践。在中国的政治实践过程中，一直就有协商民主的传统，当然，实践中的这些协商民主既有成功的经验需要总结和推广，也有许多问题需要进一步思考和解决。

有学者认为，协商民主就是一种决策和管理过程中的民主，协商民主强调公民要通过各种形式参与到公共政策和公共管理的过程当中，实现协商共治。在中国协商民主有五种主要形式：一是在社会基层层面，要建立起协商民主的制度，这样的制度在涉及公共利益的时候，有公民可以直接参与协商；二是在政协层面上有政党和界别的代表参与其中，他们去反映民意并进行对话协商；三是在政党层面上，各个党派的成员参与其中，通过自己党派出的代表，与执政党对话协商；四是在国家层面上，那就是人民代表，以及人民代表聘请的一些会外的民意人士，去和政党或政府的领导进行协商；五是互联网将成为协商民主的重要平台。

反腐败需要专业的具体制度设计

最好的制度要以法律的形式呈现

2014 年政治学研究还有一个热点话题就是反腐败，政治学研究主要围绕腐败产生的原因和如何防治腐败展开。学者们基本上认为，腐败产生的原因主要是机制和制度不健全，当前反腐败的难题是难以对掌握权力的各级一把手实施有效的监督和制约。反腐败需要决心和勇气，更需要专业的反腐败具体制度的设计和有效运行。有学者认为，最好的制度要以法律的形式呈现。中央一手继续保持反腐高压态势，一手要加快制度建设。加强反腐立法建设，加快权力公开、党务公开等相关方面立法进程，使权力依法行使、依法运行，形成“不能腐”的制度笼子。

必须指出的是，2014 年反腐败的实践比反腐败的研究更为成效卓著、引人瞩目。在过去的一年，我国的反腐败斗争取得了巨大进展，积累了丰富经验，中国新一代领导人也向世人展示了打击腐败的决心和力度。

（作者张宁为北京大学国家治理协同创新中心助理研究员）

哲学篇

维护和扩大马克思主义学术话语权

重建中国的哲学社会科学话语体系

哲学社会科学学术话语权是当代意识形态话语权的重要组成部分，而马克思主义学术话语权则是中国哲学社会科学话语体系建设的核心问题。有学者认为，我们现在面临的马克思主义学术话语权的弱化，既是因为西方学术思潮的强大，也和我们对马克思主义的把握不当有关。西方消解马克思主义学术话语权的主要方式是制造意识形态和学术的割裂，用“细小叙事”消解“宏大叙事”，用个人生存意义的“生活界”否定以生产方式为基础的历史客观规律。这就意味着，只有超越西方学术思想，才能在引领学术发展上获得一席之地。维护和扩大马克思主义学术话语权，必须对现有学科进行前提性批判，确定学科研究对象；确立哲学社会科学学术判断的客观坐标，建立相应的核心学术话语；把价值评价建立在科学论证的基础上，确立哲学社会科学学术研究的基本方法和学术评价标准。

从学术视角分析当前意识形态乱象

强调牢牢掌握意识形态工作话语权

“意识形态工作是党的一项极端重要的工作。”有学者指出，西方意识形态向我国的渗透已经从思想观点层面演化为具体的理论和学说，集中表现为：经济领域的“私有制优越论”，政治领域的“告别革命论”“国际接轨论”“政治多元论”，思想文化领域的“马克思主义过时论”“意识形态多元论”“主流意识形态消解论”，社会领域的公共知识分子思潮、历史虚无主义思潮等。有学者提出当前意识形态领域出现了一些新动向：恶意炒作我国思想领域热点话题，否定我国基本制度；蓄意歪曲“中国梦”的精神实质，间隙公民情感和国家精神；炮制社会事件质疑责难国家治理，企图削弱国家统治合法性；挑拨民族关系、破坏我国民族聚合力，搅乱当前安定有序的发展环境。学者们指出，当前的意识形态乱象，同西方意识形态的传播和渗透具有相当的隐蔽性有密切关系，但归根结底是由于一些地方、部门和领域，对于消解主流意识形态的社会思潮没有理直气壮地斗争，对于媒体失之于管理导致的。必须牢牢掌握意识形态工作的领导权、管理权、话语权，任何时候都不能旁落。

坚定道路自信、理论自信、制度自信

不做西方学术的“传声筒”“留声机”

党的十八届四中全会指出：依法治国，首先是依宪治国；依法执政，关键是依宪执政。这句话引起了个别学者的曲解和误读，认为它蕴含的精神就是要搞“宪政”。对此，有学者明确指出，经过西方学者的反复阐释和演绎，“宪政”现在已经成为一个意识形态色彩十分鲜明、具有特定含义的名词，人们一提到“宪政”这个词就会自觉不自觉地跟着西方观点走，很容易落入西方的意识形态话语陷阱，因此还是不用为好。学者们指出，鼓吹“宪政”，乃至故意歪曲党的领导与法治之间的关系，实际上是要用西方的法治理念和法治模式否定我国宪法，及其确立的制度和原则，进而否定中国共产党的领导和社会主义制度。绝大多数学者认为，在民主法治建设问题上，必须坚定道路自信、理论自信、制度自信，保持政治定力，对于西方好的东西要积极吸收借鉴，但决不能照抄照搬，做西方学术的“传声筒”“留声机”。

全球化和社会主义是辩证关系

推动世界社会主义复兴和发展

如何认识全球化和社会主义之间的关系，是当代国际共产主义运动中一个极为重要的问题。有学者认为，资本主义的“全球化”实际上意味着“世界上的工人们相互竞争”，甚至是“彼此斗争”；要抵制资本主义的“全球化”，需要实现工人阶级全球化和马克思主义全球化。有学者认为，二战后形成的世界社会主义阵营是全球化的一种社会主义模式，社会主义和资本主义两种制度的竞争同时也是两种全球化类型的竞争。有学者提出，全球化和社会主义之间是一种辩证关系：都是适应社会化大生产的需要出现并成熟起来的；直到20世纪初期社会才发展到允许二者变成现实的可能性；马克思列宁主义学说所依据的就是社会主义是一个全球化的制度，向这个全球化制度进行的跳跃即社会主义革命的世界性。

（作者李建国为中国社会科学院马克思主义研究院副研究员）

伦理学篇

社会主义核心价值观走向实施

传统道德研究升华并放眼世界

2013年底，中央办公厅印发《关于培育和践行社会主义核心价值观的意见》。2014年，学者们研究的重点由前期规范论证转向为对社会主义核心价值观实施途径的研究。这包括社会主义核心价值观在各民族的认同、社会主义核心价值观与城市治理、社会主义核心价值观与精神文明建设等等。

2014年9月24日，国家主席习近平在纪念孔子诞辰2565周年国际学术研讨会的讲话中提出：“对传统文化中适合于调理社会关系和鼓励人们向上向善的内容，我们要结合时代条件加以继承和发扬，赋予其新的含义。”这将传统道德问题研究推向了一个新的境界。中国传统道德延续至今，其价值不言而喻，因而需要我们“直面道德传统”。另一方面，正如儒学不仅是中国的，也是世界的，传统道德的价值更体现在它对解决世界问题的意义。

微时代特别需要培育虚拟自我的网络伦理意识

网络社会不是独立于现实社会之外的虚幻天国

信息技术的快速发展和广泛应用使网络世界与现实世界深度交融，互联网正在成为悄无声息影响经济政治社会的重要力量，身在“网”中的人们的思想观念、行为方式也不断突破现实和传统中的伦理范畴，新的伦理问题出现。大数据时代、自媒体的盛行给人们带来了空前的便利，但同时带来了隐私被侵犯等网络问题。有学者强调，微时代特别需要培育虚拟自我的网络伦理意识。也有学者指出，网络虽然有其特殊性，但网络社会不是独立于现实社会之外的虚幻天国，本质上它是现实社会的延伸，是延伸了的现实社会。网络问题的解决需要网络社会和现实社会、法律和道德、个人和社会的共同努力。

超越对立思维构建生态文明价值观

城市应让我们诗意栖居和留住乡愁

2014年生态文明领域研究成果众多。除了引进西方学术界观点、挖掘中国传统思想资源之外，在基础研究方面，有学者提出生态文明价值观的构建必须超越人类中心主义环境伦理学与非人类中心主义环境伦理学的对立；应当包括人与自然和谐相处、生态幸福和环境正义三个方面。就现实实践而言，有学者从探讨生态文明建设与人的日常生活的关系入手，研究如何构建与人的生活密切相关的生态文明，城市如何能够让我们诗意栖居和留住乡愁。

（作者郭清香为中国人民大学哲学院副教授）

党史学篇

重要党史人物仍是研究富矿

2013年12月是毛泽东诞辰120周年，由此引发的毛泽东研究的一个新高潮一直延续到2014年。有学者以朱毛红军与古田会议研究的一些论著为例，对毛泽东研究中的随意性问题阐述了自己的立场和观点，指出只有占有可信的资料，论断有据，全面、准确运用、解读史料，才能避免主观随意性，才能写出信史。2014年是“三线”建设战略决策作出50周年。有学者考察了以毛泽东为核心中央领导集体作出三线建设战略决策来龙去脉，认为这个战略决策基本正确，很有战略眼光，其历史和现实意义已为实践所证明，失误也必须引以为鉴。

2014年是邓小平诞辰110周年，由中央文献研究室编辑出版的《邓小平文集》（1949—1974）、《邓小平传》（1904—1974）等著作，披露了一些新史料，对推动深化邓小平研究意义重大。有学者对邓小平晚年的思想进行了研究，指出邓小平强调要理直气壮地坚持四项基本原则，政治体制改革必须坚持社会主义方向；指出贫富悬殊、两极分化可能导致的严重后果等，对现实具有重大指导意义。2014 年也是任弼时诞辰 110 周年。有学者考察了解放战争时期任弼时在中共中央决策层的工作和贡献，指出任弼时以敏锐的洞察力、坚定的原则精神、细致周密的观察和思考，在党的第一代中央领导集体中发挥着重要作用。

对于王明的研究，有新的重要进展。郭德宏编的《王明年谱》，充分吸收了 20 多年来国内外出版、发表的有关论著的成果，披露了大量一手材料，对许多问题提供了新看法，如：关于顾顺章叛变的问题，关于向忠发被捕的细节问题，关于王明到莫斯科担任中共驻共产国际代表的问题，关于王明两次中毒的问题等。《王明年谱》在充分呈现王明“错误一生”的同时，并没有因此而忽略王明的一些正确立场、观点和行为。

党与传统文化的关系受到关注

有学者从传统学术流变的角度，来分析五四新文化运动中中国人为什么接受了社会主义学说。五四新文化运动诸多健将借助西学的阐释，通过尊墨抑儒、以墨攻儒，墨学压倒儒学，成为当时的时代潮流。由于墨学反映广大劳动人民特别是农民阶级的利益，主张人人平等，勇于使用暴力反抗压迫，成为中国传统文化中能够与西方社会主义学说对接的传统学术流派，尊墨抑儒这种传统学术上的巨变为中国人接受社会主义学说提供了适宜的文化土壤，使得社会主义学说在中国的立足与发展具备了文化上的可行性。有学者通过梳理认为，党对待传统文化，从革命思维和行为下的激烈否定、基本否定，到执政思维和行为下的理性看待，再到新世纪的高度评价，既反映了时代主题的变换，也反映了党思想认识的与时俱进。

马克思主义中国化的历史起点有了新结论

有学者指出，学界对“中国化”起点之所以产生分歧，主要原因在于对“中国化”标准缺乏共识。早期马克思主义中国化必须具备四项条件：理论传播、中共创立、实践活动和具有中国特色的理论形态。中共二大具备了这四项条件，成为早期马克思主义中国化的历史起点。有学者也指出，中共二大是党关于群众问题认识的第一次飞跃。中共二大建设“群众党”的探索，不仅实现了中共的生存和壮大，更实现了对于社会底层的多数人的发动和解放，对群众路线的形成和发展具有奠基性意义。

莫斯科中山大学的创建有新解读

1925 年秋创办的莫斯科中山大学，曾经为中共和国民党培养了一大批重要的政治干部和军事人才，在中苏两国关系史、共产国际与中共关系史、国共两党关系史，以及中国革命史上占有比较重要的地位。然而，有关这所学校创建主体的问题一直存在着似是而非，甚至彼此对立的解读。有学者指出，在苏联经济状况比较困难，人民生活比较困苦的情况下，俄共（布）和苏联政府仍然提供了巨额资金和大量人力、物力创建莫斯科中山大学，反映了其国际主义精神。

革命时期的学生运动有新见解

有学者考察了“五四”到“五卅”期间的学生运动，认为学生运动高涨本身就是国家权威缺失的一种表现，同时社会各界对学生运动亦经历了一个由同情、支持到反对、利用、支持等多重态度兼而有之的发展过程。有学者认为，一二九运动既是一场政治性质的运动，也具有思想运动的特质。从思想史的角度看，民族主义与马克思主义是一二九运动内在的思想动力，但占主导地位的还是马克思主义。学生对中国共产党建立联合战线主张的理解与运用，以及学生自我身份认同的调整是影响一二九运动内容与走向的重要思想因素。

红军长征的原因有了新说法

有学者指出，红军长征的原因，是党这一时期革命模式选择的必然结果，即革命动员与土地革命模式的选择，产生了“打土豪”经济，最后出现了过度动员与苏区经济危机问题，决定了在 1934—1935 年之际的失败。有学者指出，苏区内部大规模肃反是第五次“反围剿”失败的内部因素之一，国民党围剿方法的调整则是中央苏区第五次“反围剿”失败的外部原因之一。有学者对红军长征的进程做了研究，指出中央红军在贵州的四个多月特别重要。在当时极端复杂而险恶的环境中，中央红军面对众多不确定因素之所以能突破国民党军重围，从被动转入主动，有两个重要原因：一是坚持从实际出发，果断灵活调整行进方向；二是强大的精神力量。

关于党的两个历史决议的研究更加深入

有学者对 1945 年和 1981 年党的两个历史决议与中共党史研究的关系作了探讨，指出两个历史决议及其形成过程，完善了中共党史研究的思想原则，规范了党史研究的学术准则，提供了科学的认识论和方法论。两个历史决议都来之不易，都是付出沉重代价之后，集中全党智慧制订出来的，必须加倍珍惜。有学者对起草党的第二个历史决议的思想史料进行了整理和研究，为廓清起草历史决议的思想发展史的脉络，还历史本源作了较全面的梳理。

以社会史为基础深化中共党史研究成为学术生长点

对于如何深化中共党史研究，2014年党史学者作了诸多尝试和探索。有学者提议用“新革命史”范式提升党史研究，有学者认为有必要探究中共党史研究新视阈和表述体系，有学者支持党史专家张静如提出的以社会史为基础深化中共党史研究的思想，这方面取得的成果最多、成就最大。学者们尤以新中国成立初期（1949—1956）这一社会转型时期为研究的着力点，围绕旧城改造、城市民主改革运动、私立学校的接管改造、政治语言的传播与习得、统购统销等出现了一批研究新成果。比如：北京辅仁大学是新中国成立后政府正式接办的第一所教会大学。针对辅仁大学事件是新中国“轰轰烈烈地收回接受外国津贴学校运动”的起点的说法，有学者指出，事实并非如此，辅仁大学事件不是新中国成立初期中共对教会大学的政策出现变化的结果，而是教会撤资后政府不得已而为之的举措。北平解放后，辅仁大学的天主教办学精神逐渐褪去。为维系辅仁的天主教办学精神，教会方面选择以停止提供办学经费向学校和政府施压，最终酿成事端。

（作者分别为中央党校党史教研部教授李庆刚、硕士研究生李攀）

法学篇

什么样的中国是“法治中国”

“法治中国”是2014年的热词。为了深化对于法治中国的认知，今年《人民论坛》《江西社会科学》等刊物都组织了关于法治中国的专题研讨，多名学者参与其中。有学者认为，法治中国的基本要求和标志可以概括为8个要点：（1）人大民主科学立法，（2）执政党依法依宪执政，（3）政府依法行政，（4）社会依法治理，（5）法院依法独立公正司法，（6）法律监督体系完善，（7）法律服务机制健全，（8）法治文化繁荣昌盛。这8个要点涉及法治中国的各个方面。有学者提出，法治中国是一个整体性的战略构想，既包括将中国建设成为一个现代法治国家的价值追求，也包括不同层次的法治建设实践；既包括良善法治制度的历时性积累，也包括全面建设法治目标的战略构想。法治中国建设是价值目标、制度结构和基本进路在实践中有机统一的整体安排。

法治积极回应国家治理现代化

国家治理体系与国家治理能力的现代化是最近一两年的政治主题。2014年，法学界对这个主题进行了全面的回应。有学者认为，法治对于当代中国的国家治理，既可以提供正当性的支承，也可以满足国家治理对于有效性的需要。有学者研究了司法在国家治理中的功能，认为司法是国家治理体系的有机组成部分，司法作为微观社会矛盾纠纷的灵敏显示器和社会治理状态的预警机，为法治的发展提供了反思机制，可以发挥制度变革的“微调器”功能。有学者从行政法的角度对国家治理体系现代化进行回应，认为国家治理体系现代化要求发挥政府管理、市场机制和社会自治各自的作用，行政法的任务应从控制政府权力转向限制政府权力。还有学者认为，应当从善治的角度研究国家治理能力的现代化，努力打造一个民主的、法治的、公正的、廉洁的、高效的国家治理体系。

应当强调法治之下的改革

对于法治与改革的关系，有学者侧重于研究改革之变，认为改革涉及社会公众，是顶层设计，是目标；法治指向法律的实施，是底线。有学者强调法治之基，认为改革中的法治是动态的、变迁的法治。深化改革，意味着改变规则和治理方式，而整个政治共同体要负担由此产生的法治成本。让法治为改革的有序展开及合法性提供基础，让法治巩固改革的成果；同时，也让改革促进法律的完善。还有学者认为，“法治改革”的说法是不正确的，用“法制改革”或“法律改革”更为妥当。另有学者强调法治包括了不能改变的若干特征：首先，法治意味着规则之治，与人治和自由裁量相对应；其次，法治意味着良法之治，良法的判断只能适用价值评价标准，因此要承认和尊重不同的法治模式；最后，法治要求法律的平等实施，即尊重主体平等、空间平等和时间平等。

“法治体系”建设成为一个新的目标

在以前的权威文件与法学理论中，一般强调法律体系。党的十八届四中全会提出，全面推进依法治国的总目标是建设中国特色社会主义法治体系。法治体系建设成为一个新的目标。法治体系主要包括法律规范体系、法治实施体系、法治监督体系、法治保障体系等内容。针对社会主义法治体系，有学者通过阐述“治理”一词，描绘出国家治理体系的应有之义，进而得出国家治理体系的基础与保障系统是中国特色社会主义法治体系这一结论，并在此基础上，提出法治体系的基本框架，这个框架包括：（1）依法执政是法治体系的核心与灵魂，（2）法律体系是法治体系的前提和基础，（3）法治国家、法治政府、法治社会一体建设是法治体系运行的途径与机制，（4）司法制度是法治体系的重要载体和保障。有学者在法治体系的框架下，专门论述了法治国家、法治政府、法治社会一体建设的基本理论，阐述了法治国家、法治政府与法治社会之间的相互关系。

宪法实施还需要政治力学

2014年是我国“五四宪法”颁布60周年的纪念年，关于“五四宪法”的回顾与反思引起了法学界的重视。与十八届四中全会强调宪法实施、宪法监督同步出现的，是法学界对于宪法实施的高度关注。有学者从宪法和一般法律的差异着眼，探讨了宪法实施的特殊性，认为，一般法律是约束个体的，虽然法律最终还是为了保障每个人都有合适的安全和自由，但是，绝大多数一般法律都是以公民义务的形式体现出来，公民一旦违反了法律义务，法律是要追究的。相比之下，宪法的目的和形式都是保障人民权利。

正是由于宪法的目的是为了保障人民权利，所以要把实施宪法的一部分职能交给人民。有学者认为，在我国的宪法文本中，有32个条款还需要进一步实施，还需要加强实施。对于这种观点，另有学者认为，各个宪法条款的实施状况如何，应当有更具体的判断标准，应当进一步探索宪法实施的政治力学。

司法改革问题上出现了若干新观点

2014年的法学研究中，在司法改革的问题上出现了若干新的观点。有学者质疑法官绩效考核制度，认为该制度背后的“规训逻辑”与司法规律形成了尖锐的冲突，对法官的实质理性构成了严重的伤害。因而，现有的法官绩效考核制度并不成功，如果要有效地解决司法腐败和司法不公的问题，必须另辟蹊径，寻找法官管理的新形式，应该建立一种以程序约束为中心的法官管理和培养模式。还有学者对司法独立提出了新的观点，认为不能把“人民法院独立审判”当作一个孤立的事物，不能只看到“人民法院”及其“独立审判”，相反，要看到人民法院永远都是政权体系中的一个组成部分。人民法院的独立审判，就相当于一个零部件在一个机械系统中按照自己的轨道、频率、方向独立地运转。

（作者为首都经济贸易大学法学院院长喻中）

文化学篇

好的文艺作品应该把社会效益放在首位

今年，习近平总书记在文艺座谈会上的讲话引起了巨大的反响。习近平强调，一部好的作品，应该是把社会效益放在首位，同时也应该是社会效益和经济效益相统一的作品。有学者指出，有一段时间我们很重视文艺作品的市场化，过于急功近利导致出现一些偏差，目前文艺工作发展需要把文艺自身的追求和市场结合更好。文艺创作者是文化的推动者、传播者，在创作之前，不能就从媚俗和迎合市场的角度考虑，而应考虑创作市场化运作之后带来的社会影响，文艺作品涉及对未来一代人和大众的精神影响，要有一种价值观的自我认识。

有学者认为，文艺的贡献主要有两个功能，一个是提升人民的精神需求，二是满足人们的精神需求。其中，精英文化偏向提升需求，大众文化偏向满足需求。文艺创作不是孤芳自赏，要面向社会，面向读者，提升受众的精神层次，满足受众的精神需求。从市场的角度看，市场很容易偏向满足当下的感官需求，这种需求的娱乐性比较强，购买冲动更强，却往往把握不住分寸。目前市场上缺乏有追求、雅俗共赏的作品。

互联网文化产业的发展速度超出了想象

2014年研究显示，中国文化产业正在发生巨大的变化，整体看，整个中国的产业都发生着巨大变化。有学者指出，从数字电视到视频、体育、娱乐宝，预计在明年上半年，中国移动互联网将会取代PC网，成为主要的收入来源。在这个背景下，传统文化产业正在搬到互联网上。根据测算，到2015年底，互联网文化产业的市场价值将占到文化产业的70%左右。体验类的文化产品，包括电影演出等，大概占10%，并且还有成长空间。传统文化产业，传统媒体和工艺美术等等，预计占20%。这是按照目前对互联网企业市场价值的评估得出的判断。

文化产业跨界融合成为未来发展的核心方向

今年，政府对文化传媒产业政策的一个重要方向，是促进文化产业和其他行业的融合发展，也就是跨界融合或跨行业的融合。具体来讲，跨界融合指在服务业各个领域里尽可能促进融合，然后再用创业设计提升和改造传统制造产品，也就是加强服务业生产线，这是中国文化产业未来发展的一个核心方向。

为什么说跨界融合是未来发展的一个核心方向？学者指出，凡是高端的产业，都包含很多创意设计。中国产业要提升，一方面要加强服务业，服务业中文化产业市场空间会大一些；另一方面，所有产业都要有创意，从餐饮一直到各种包装、消费品、日常用品等，都是可以通过与文化创意设计的融合来得到提升。学者认为，现在文化传媒产业跨界融合一般需要产业发展到很高的水平才可能实现，目前中国也在走跨界融合的路子，但速度依然较慢。

设立知识产权法院具有标志性意义

今年下半年，北京等地设立知识产权法院，这具有标志性意义。知识产权法院是法院的一种，其裁判的案件都是知识产权案件，包括专利、商标、版权、域名，以及不能归到其他类别的反垄断案件。有学者指出，建立知识产权法院的重要意义，有三个方面。其一就是确保知识产权裁判的一致性，只有法律裁判的一致性，才能确保程序正义和保护著作权人的利益。其二是明确了知识产权的重要性，有利于提升人们知识产权保护的意识。其三是提供了专业化的知识产权案件处理的法律机构，逐渐提高知识产权领域的专业司法水平。十八届四中全会在依法治国方面的指导思想逐渐落实到文化领域，会对保护知识产权具有重要推动作用。

（作者为北京大学文化产业研究院副院长陈少峰）

新闻与传播学篇

新媒体以其强烈的替代性依存理念影响着当下社会

以互联网为代表的网络新生力量急速发展的同时正改变着当下中国社会格局，亦不同程度地影响着现实社会的媒介文化。有学者认为，网络时代传播方式已然发生了重大的改变，从人际传播、大众传播、分众传播、交互传播、沉浸传播的发展过程推动了传播学理论的思考与创新。不仅如此，互联网等新技术变革支承的传播实践，正在改变当前人类社会的基本逻辑，各种领域的社会关系进入一个持续的重塑过程。科技的发展使民众不只是信息的消费者，相反，在一些突发性事件中普通民众可以把自己的所见、所想以最简短、快捷的方式传递给他人，网络民意由此走进现实，呈现出对现实的干预能力。有学者认为，在此背景下，完全依附于传统媒体报道的时代已然褪色，新媒体以其强烈的替代性依存理念影响着当下社会。当下的网络化社会，是一个崭新的社会形态，而不是以往媒介功能的扩大。

报网互动、媒体融合指向的都是新工具

媒体融合与报网互动成为业界讨论的热点。学者认为，媒体的核心任务是提供信息，无论是报纸、广播、电视，还是网站、APP、微博、微信、户外LED屏，都只是工具。其实，报网互动也好，媒体融合也好，指向的都是新工具。有学者认为，当前，除了资本运营外，媒体融合的主要工具就是建设和运营网站、APP、微博、微信。有的传统媒体在这方面表现不凡，粉丝众多，影响力甚至超越了纸媒本身。然而，这样的转型是不是一条成功的路子？未来的媒体形态是否就是如此？目前下结论为时尚早。市场瞬息万变，工具更迭的速度也令人眼花缭乱，如果跟风走、片面追求工具，很容易耽搁了作为媒体本质的内容信息。在人人都是媒体、每个媒体都需要内容的现实之下，传统媒体应该有理由、有信心输出升级版内容——当然，不是通常意义的一篇新闻报道，而是业内人士所说的“内容产品化，产品服务化”。

网络规范和治理机制亟须跟进

网络的低门槛、低成本，以及相对自由等特征赋予了每一位公民传播的权利，然而新媒体的传播内容不仅给公众塑造了一个新的公共意识空间，更是在一定程度上影响，甚至改变着公众的认知。因此，网络规范和治理机制也要跟上。学者指出，面对信息源不确定、社会性媒介自身内容失衡、内容产权置空、内容价值链断裂，以及内容转移风险等隐患，都需要建构新媒体内容治理机制等相关应对措施。

有学者认为，正确对待新闻源主体对新闻事业的发展极其重要，即在积极汲取活跃的新闻源主体传播资源的同时，需要正确定位活跃的新闻源主体的社会角色。事实上，活跃的新闻源主体更类似于当下的网络舆论领袖，他们掌握了一定的话语权，他们既是普通民众的“发声人”，更是民众意向的“引导人”，在某种程度上甚至可能扮演着网络事件的“挑衅者”，而这恰恰需要网络制度或规则及时出台予以约束。

（作者为江西师范大学新闻传播学院教授李春雷）

（原载《北京日报》2014年12月29日第22、23版）

从东方战场寻找答案

——中外学者关于抗日战争研究的新进展、新观点

上篇：中国学者近五年来的抗战史研究

近五年来，抗日战争史研究在领域和深度上不断扩展，临近纪念抗战胜利70周年，抗战研究迎来了又一次高潮。在研究热点上，近年来对中国共产党领导的抗战、抗战时期的社会经济生活、侵华日军罪行的档案史料整理公布与研究、中国战场在世界反法西斯战争的作用和地位的研究，有了进一步的深入和加强。

关于抗日民族统一战线

统一战线及统一战线形式下的群众组织和群众运动是我党扎根、发展的重要途径；我党利用国际有利因素化解了国共关系的危机，巩固了抗日民族统一战线。

关于抗日民族统一战线问题，近年来学术界对其建立及特点和作用进行了较深入的研究。蒋建农指出，共产国际和苏联对中国抗日民族统一战线的形成、发展、坚持和巩固，发挥了至关重要的积极作用。黄道炫认为抗战初期中共在华北的发展壮大除了武装斗争的直接推动外，统一战线及统一战线形式下的群众组织和群众运动是其扎根、发展的另一重要途径。

国共关系依然是研究的持续关注点。段炼认为，第二次国共合作实现以后，中国共产党放弃武力推翻国民党政权的政策，采用新的和平斗争武器，来处理与国民党的关系，以保存和发展自己，这个武器就是民主政治。邓野提出1944—1946年是国共两党关系的政治转型时期，集中体现为联合政府与一党训政的对立，其实质就是国共第二次合作的分离时期。黄玲认为抗战期间，中国共产党在应对三次国共关系严重危机过程中，逐步改变了封闭时期对国际关系的认识，学会独立自主地判断国际形势，不仅继续发展了与苏联和共产国际的长期关系，也开始探索与美英等国的交往，最后通过利用国际有利因素化解了国共关系的危机，巩固了抗日民族统一战线。

关于正面战场和敌后战场

八路军在太原失守前的抗日应为正面战场作战；敌后战场是日本侵华战争遭到彻底失败的主要原因之一。

关于正面战场和敌后战场的划定。除了传统上国共分别主导正面、敌后战场的认知外，学界有一些新的看法，戚厚杰认为八路军参加了太原会战的全部作战，并参与了会战的组织指挥，与国民党军队混合编组，共同指挥，共同战斗，同处于一个战场。所以八路军在太原失守前的抗日应为正面战场作战。汤重南还认为，中国抗战除正面战场与敌后战场之外，还存在一个国际战场，应该加强对中国抗战国际战场的研究。

关于两个战场的地位问题，学者对中共领导的敌后战场作用和地位给予了肯定。胡德坤认为，中国共产党领导的敌后战场是将日本拖入中日持久战泥潭而不能脱身的主要原因之一，同时也是日本侵华战争遭到彻底失败的主要原因之一。于耀洲认为国民党的正面战场是战略防御阶段的主要战场；进入相持阶段后，尽管其地位与作用下降了，但仍然是对日作战的重要战场。

关于中共军事战略和八路军对日作战方面。彭厚文认为抗战时期中国共产党发展华中的战略方针主要出于三方面的考虑：一是希望八路军在保卫武汉的作战中，能够起到战略上的配合和支持作用，进一步提高八路军的军事地位，扩大八路军的政治影响。二是华中具有重要的战略地位和广阔的发展前景。三是准备在鄂豫皖边区建立中共未来的战略后方。关于国民党抗战的军事战略，余子道认为蒋介石开辟淞沪会战的目的和意图是多方面的：一是军事战略上为牵制日军华北战场的进攻；二是为了保护上海地区的经济政治利益。三是为了捍卫首都南京和守卫长江。四是以淞沪会战推进外交战略的实施。

关于抗战时期的经济政策

在中共革命影响下，晋西北乡村内部社会经济结构及运行模式发生一定变化。

关于抗日根据地的经济形态。岳厚谦、张文俊认为在中共革命影响下，晋西北乡村内部社会经济结构及运行模式发生一定变化，但据兴县14村调查材料发现，其主要经济形态依然是传统的“中农化”的自耕农型小农经济，只不过是“中农化”趋向更加彰显而已。

抗战时期中国共产党的经济政策体现着统一战线的要求，服务于全民族抗战大局。黄正林认为在陕甘

宁边区的减租运动过程中，中共及时调整政策，对地方惯性和实际情形表示认可，推动了减租政策的落实。史新恒则提出了抗战期间晋察冀边区政府解决“三农”问题的“多予”“少取”“放活”的政策。王志芳通过研究发现中共政权力量介入下的晋绥边区农村经济发生一系列变化：贫雇农取代地主、富农成为占有土地最多的阶级；通过变工互助运动，农村由个体家庭生产逐渐转向集体性生产；阶级结构由地主、富农与贫雇农占多数转化为以中农为主。

关于抗战时期的外交关系

在走向政治大国的过程中，中国决不只是一个被动的受提携的角色。

近几年，随着一批新的档案资料的开放，如中国第二历史档案馆的部分档案材料、斯坦福大学蒋介石日记、宋子文档案的披露，抗战时期的对外关系研究取得了较为丰硕的研究成果。

与以往学界强调同盟国对中国国际地位的提升作用不同的是，王建朗、胡德坤著《太平洋战争爆发后国民政府外交战略与外交政策》一书突出了对抗战后期中国外交自主性的分析。书中认为在走向政治大国的过程中，中国决不只是一个被动的受提携的角色，而是有着自己的积极思考和筹划，这一思考从太平洋战争爆发后不久便已开始。中国大国地位的确立与英美的帮助有重要的关系，但所有的一切都是建立在中国人民英勇抵抗了绝大部分日本侵略军这一事实之上的。

吴景平通过对蒋介石日记的解读，考察1938年国民党对日和战态度，他认为蒋介石等国民党高层在对日和战态度方面时有反复。蒋作为战时体制中最高、最后的决策者，虽然对战局也有过消极的看法，对于外来的调停有过幻想，也不反对与日方进行虚与委蛇的接触，但最终守住了抵抗侵略、拒绝投降的底线，从而为国民党政权的主体部分留在抗日营垒起到了十分重要的作用。

中国共产党对美政策方面，张玫认为中共在抗日战争初期提出加强与美国接触，以及呼吁建立以美国为主要对象的反日国际统一战线，就是希望在自身力量相对较弱的情况下，利用美国与日本在太平洋地区的矛盾冲突，以及美国与南京国民政府之间的关系，实现美国支持中国抗战，抵制国民党发动的反共活动，遏制国内的投降情绪，促使反日战争取得胜利。

关于抗战时期侵华日军的暴行

日本殖民者利用近代垄断企业进行经济掠夺的方式较为隐蔽，但掩盖不了其鲜明的殖民侵略性质。

抗日战争中中国人民的损失与侵华日军的暴行，是抗战研究中不可或缺的重要内容。近年来，国内外有关侵华日军罪行的档案资料陆续发现公布和整理出版，为研究提供了便利。

关于日军侵略罪证的问题，《铁证如山》一书收录89件档案日军留下的侵华证据，涉及侵华日军强征“慰安妇”、向731部队“特别移送”人员、残酷奴役劳工、对中国军民实施暴行等内容。日本学者笠原十九司追溯和考证了日本社会对南京大屠杀的“争论”历史，指出了南京大屠杀否定派所持论据的破绽与矛盾，对部分日本人的近代历史观进行了批判。

关于日本对华经济侵略，学界一致认为其不亚于战争破坏。王键认为，与侵华日军的直接经济掠夺相比，日本殖民者利用近代垄断企业进行经济掠夺的方式较为隐蔽，台湾拓殖株式会社攫取了大量的经济资源，充当了日本侵华战争的经济帮凶，具有鲜明的殖民侵略性质。

（“上篇”由中央党史研究室光新伟撰文）

下篇：外国学者近十年来的抗战史研究

近十年海外学界不断突破西方学者重视二战欧洲战场和太平洋战场而忽略中国抗战研究的局限，在中国抗战的历史地位、政治与人物、军事与外交、社会经济与文化等诸多领域，涌现出一批持论公允、内容翔实、视角新颖的英文著作。

关于中国抗战的整体研究

首提“代理人战争”说法，中国盟友身份得到西方社会和学界重视。

英国牛津大学拉纳·米特教授的《中日战争1937—1945：为生存而战》一书被西方学界视为中国抗日战争总体研究的突破性成果。作者认为：在第二次世界大战的反法西斯战场上，中国作为欧美盟友独立抗敌，苦苦支撑，在二战中扮演了至关重要的角色，起到了巨大作用，但这一盟友却长久以来没有得到西方社会和学界重视。

2012年美国学者佛朗哥·迈克瑞的新著《帝国在南中国的冲突：同盟国代理人与日本的战争（1935—1941）》把中国抗战置于全球战略下，探讨了1941年太平洋战场开辟之前中国在南方对日本的抵抗。作者首次提出了“代理人战争”这一说法。代理人战争，意为中国在抗战中扮演的是同盟国代理人的角色。同盟国（尤其是苏联和英国）希望中国在南方拖住日军，使其无暇北侵苏联和南下到达英属东南亚和印度，于是他们积极支援中国抗战。在这一战略中，香港成为接受外援的关键，其便利在于它有通往长沙的铁路，作者认为不能把战时的香港孤立地看成是英国的殖民地，而应该把它和中国南方看成一个统一的战区，因为它是该战区的后勤基地。

2013 年曼彻斯特大学讲师穆尔的《记录战争：士兵笔下的日本帝国》一书揭示了中、日、美三国士兵的思想和情感如何受到上级官员和国家的操控，书中通过士兵的日记，分析了国家话语、大众传媒和军队对士兵战争认识的影响，讨论了宣传工作如何动员士兵及动员工作的得失。该书在研究方法上的最大特点在于“旧史料的新用法”，其材料几乎全部来自于抗战时期中国、日本、美国士兵的日记、书信、明信片和回忆录。

关于战时政党与人物研究

越来越多地关注中共与其他政治力量的合作与冲突，对中国领袖（比如蒋介石、毛泽东）的认识，西方学界也跳出了冷战思维的影响。

在关于国民政府的研究著作中，剑桥大学汉学教授方德万于 2003 年出版的《中国的民族主义和战争（1925—1945）》是近年来欧美学界涌现出的代表性著作，也是影响最大的著作。该书认为，以往西方学界在论述抗战期间中国政府的作用时，多强调中美关系的作用，作者却认为应该从中国的内部寻找答案，因此他关注国民党的军事史和战争史，将其作为国民党历史的中心。有评论指出，该书的特点在于“国际化的视角、长程的历史观与内部取向的历史观”。

关于抗战中的中国共产党研究，近年来西方学界越来越多地关注中共与其他政治力量的合作与冲突。2011 年加拿大学者赖小刚的《胜利的跳板：山东省与中共军事财政力量的壮大（1937—1945）》一书用 12 章解释了抗战时期中共是如何在山东取得胜利的。作者认为中共在山东的成功既有社会、经济、财政、政治和军事多方面的因素，也与日本、中共、国民党的战略有关，是抗战时期中国内部不同力量博弈的结果。

对于中国领袖（比如蒋介石、毛泽东）的认识，西方学界也跳出了冷战思维的影响，出现了一些重要的著作。2003 年乔纳森·芬比的《最高统帅：蒋介石及其丧失的中国》是第一部完整的英文版蒋介石传记。2007 年哈佛大学费正清研究中心研究员陶涵的《蒋介石与现代中国》一书中描述了蒋介石的一生，毛泽东研究也出现了几部比较重要的著作。2010 年美国学者吕蓓卡·卡尔的《二十世纪中的毛泽东与中国简史》、2012 年俄裔学者潘赞夫等的《毛泽东真实的故事》都对战时毛泽东的活动和思想有专门描写和分析。

关于战时军事与外交研究

认为中国抗日战争的重要性在于打开了中共的胜利之门，突破了以中美和中苏关系为主的研究视角，关注战时的中英、中日、中加等关系。

2011 年，方德万等主编的《为中国而战：中日战争军事史论文集（1937—1945）》，收入论文 20 篇，其中马克·佩蒂在《龙的子孙：战争的起源》一文中认为中日战争不是偶发事件，而是由日本侵华政策发展与中国内政形势所决定的；方德万在《历史长河中的中日战争》中认为，中国抗日战争的重要性在于打开了中共的胜利之门，而不是其在二战中的重要性；美国学者罗纳德·斯佩克特在《世界史语境中的中日战争》一文中认为毛泽东倡导的人民战争是中国对战争史的巨大贡献。

以往的战时中外关系研究以中美和中苏关系为主，学者们把重点放在西方国家和人物怎样影响中国抗战和中国革命上，放在美国为什么“失去了中国”上。最近的研究视野有所突破，开始关注战时各国在华关系，关注战时的中英、中日、中加等关系。如 2011 年英国学者弗兰克·麦克林恩的《缅甸战役：从灾难走向胜利（1942—1945）》关注中英在缅甸合作抗日的史实；2012 年佛朗哥·迈克瑞的文章《为中国提供布朗式轻机枪：中加关系的起源和影响（1941—1949）》梳理了中加关系，认为二战前两国并无外交，20 世纪 40 年代初为应对法西斯，加拿大在美国的影响下开始援助中国武器，希望中国守住香港，美国参战后，两国联盟的意义不再明显。

除了中国和西方的关系史，另外一个重要的方面就是战时中日关系史，当然，抗日战争本身就是一个大的中日关系，不过这一关系主要是指“对抗”的关系，“合作”也是战时中日关系的一个重要领域。一直以来，因为政治原因，战时的中日合作是一个比较敏感的课题。在这一方面，加拿大英属哥伦比亚大学历史系卜正民教授做了开创性的尝试，他的著作《通敌：战时中国的日本代理和中国精英》，探讨了日本占领长江中下游之后，当地沦陷之后的复杂社会现实。作者选取了嘉定、镇江、南京、上海、崇明等地，关注了当地的日本政权，以及为日本人服务的中国人的历史。

关于抗日战争研究总体趋向

总之，西方学界近年来对“欧洲中心观”进行了反思，并对中国抗日战争史进行了多视角的重建。

综上所述，近十年来西方学界的中国抗日战争研究有以下新动向。一是新意义与多视角。比如《上海1937：扬子江畔的斯大林格勒》将淞沪会战界定为“城市战的开始”，《帝国在南中国的冲突：同盟国代理人与日本的战争（1935—1941）》将中国在南方的抗战赋予了“代理人战争”的意义，认为中国是同盟国的代理人。这两本书的论述视角也追求多元化，视角的多维性能最大限度地还原历史的真实性。二是新史观。近年来海外学界不断突破重视二战欧洲战场和太平洋战场而忽略中国抗战研究的局限，开始普遍认识到中国抗战在第二次世界大战中的重要地位，对“欧洲中心观”进行反思，并对中国抗日战争史进行重建。三是小人物的战争史。西方学界关注以前被忽视、甚至是无名无姓的小人物，比如战争下的普通战士、普通妇女、普通工人、普通百姓，关心他们的生死、生活和思想。李丹柯教授的《重庆回声：战时的中国妇女》就是从“个人生命经验的微观角度，重新书写抗战”的代表著作。

（“下篇”由华东师范大学历史学系刘本森撰文）

附篇：2014年北京抗战史研究新成果

北京抗战史研究在2014年涌现出一批重要论著，提出了一些新观点、新论述，大大推动了北京抗战史的研究。

汇总统计北京地区抗战时期人口伤亡总数

《北京市抗日战争时期人口伤亡和财产损失》集全市党史、档案、文物、地方志等8个部门（系统）2700多人、10年之功，运用人口学、统计学、社会学、文化学、经济学等学科理论和田野调查、实证考据等方法，经过修订再次隆重面世。此项成果用具体事实来反映当年的民族灾难，揭露日军反人类的罪行。如：第一次汇总统计北京地区抗战时期人口伤亡总数为17045人，其中，直接伤亡13422人，间接伤亡3623人，另有60068人确知被日军抓捕当劳工或被俘捕，但无法确定死、伤情形，有待进一步调查研究。此外，第一次汇总、研究了北京经济、文物、教育、劳工等损失。书中还附录14件珍贵历史资料和清晰的大事记供读者了解历史的脉络和直击历史的真相。

对卢沟桥事变期间张自忠所作所为的新考察

卢沟桥事变标志着日军全面侵华的开始。事变期间，身为第29军所部第38师师长、天津市市长的张自忠究竟有怎样的表现？他的所作所为又有怎样的苦衷，以致他一度蒙受“汉奸”的骂名而无法辩白？时至今日，学术界在谈到这段历史时，仍然无法作出恰当的评价。张皓详细查阅相关史料，梳理了张自忠这段时间的史实。张自忠服从军长宋哲元之命，留守平津，与日方周旋。一方面力图维持冀察政务委员会，另一方面则掩护第29军撤离。史实表明，卢沟桥事变期间张自忠的所作所为，是力争在国家领土不失的前提下维护第29军的地位，这才是他“忍痛含垢，与敌周旋”的良苦用心。

研究南口战役对国共两党抗日战略的重大影响

南口战役是卢沟桥事变后北平地区正面战场最后一战，对华北抗日正面战场的形成具有举足轻重的地位。由于各种原因，战役细节及重要性未能得到充分展示。张皓的《以空间换时间：蒋介石对南口会战的部署及战略意图》一文，从当时的最高军事统率蒋介石的决策入手，指出蒋介石部署南口会战的战略意图是以空间换时间，以平绥线的作战牵制日军速沿平汉线、津浦线南下。由于蒋介石未能调集充足的兵力，也未能解决指挥系统混乱、嫡系部队与杂牌部队之间矛盾等一系列问题，但是通过南口会战，华北抗日正面战场形成。

张皓还认为南口战役对中共中央开辟华北敌后抗日根据地的战略决策也有重大影响。在南口战役展开前后，中共中央根据形势的变化，思考和决策“究竟华北哪些地方适合于开展游击战争”，最后决定以太行山脉为中心，与管涔山脉、吕梁山脉、太岳山脉互为依托。按此，八路军有序开进，中共中央实现了以山西为中心建立抗日根据地的战略构想。

沦陷史研究：关注沦陷区民众的复杂社会心态

2014年，沦陷时期北平研究得到了学界的广泛关注。

比如：谢荫明、周进的《沦陷时期北平社会心态研究》通过剖析北平沦陷八年内社会阶层、群体的心态异同，揭示在民族面临特殊变动的景况下，大部分民众丧失了民族尊严和生存空间，最初的“危亡意识”促使民众向“反抗意识”转变，这种“抗争心态”是沦陷后北平社会心理的中坚，但同时由于日伪政府对社会的高压政策，大部分民众存在着无奈的消极“隐忍心态”，以及极少数卖国投敌汉奸的反动逆流“奴化心态”。

（“附篇”由中共北京市委党史研究室周进、乔克撰文）

阅读延伸

抗日战争研究若干论争

关于西安事变的主角与解决方针

有关西安事变，过去认为在张学良、杨虎城中，张学良是主角，最近有的研究认为，事变的主角是杨虎城而非张学良，而杨虎城身边工作的共产党人，对于杨发动兵谏、逼蒋抗日的行动，起到了重要的推动作用。学者认为，共产党人对张学良的影响是积极的，是导致西安事变和平解决的重要因素。他们的作为，有功于中华民族，有功于抗日战争，这都是不容否定的历史事实。

关于中国抗日战争的起点和终点

关于中国抗日战争的起点。最具有代表性的有两种说法：1931 年说和 1937 年说。有学者认为，这里涉及有关"抗日战争"和"抗日战争时期"的不同概念问题。说中国抗日战争从 1931 年"九一八"抗战算起是可以的，但抗日战争时期应从 1937 年"七七"抗战算起。

关于中国抗日战场的划分

长期以来，大家一直认为中国的抗日战争只有正面战场和敌后战场两个战场，有学者认为，中国的抗日战争还有第三个战场，即中缅印战场，这个战场是由中、美、英三国共同领导的，具有双重属性，既是中国抗日战争的一部分，也是国际反法西斯战争的一部分。

关于豫湘桂战役是否是"大溃败"

长期以来，人们几乎达成一种"共识"，即认为豫湘桂战役是一次"大溃败"，甚至称该战为"豫湘桂大溃败"。有学者认为，抗战后期的国民党战场在牵制、打击日军，并最终在打败日本侵略者的过程中发挥了重大作用。有学者认为，豫湘桂战役有力支援、配合了盟军在太平洋战场的作战，也支援、配合了敌后战场，大大减轻了华北、华中共产党抗日根据地的压力。

关于国共军事合作有无共同纲领

有关两党第二次合作有无统一纲领的问题，过去认为并无统一的纲领，现在一些学者认为《抗战建国纲领》是两党合作的纲领，中国共产党的《抗日救国十大纲领》同它是统一的，中国共产党对其是自觉执行的；另一些学者则认为，抗日战争时期的三民主义是两党合作的重要基础和共同纲领。

（原载《北京日报》2015 年 4 月 13 日第 20 版）

2014 年改革热词

新常态

2014 年 5 月，习近平在考察时首次提出"新常态"。年底的中央经济工作会议从九个方面细化阐述，将新常态作为中国经济发展的"大逻辑"。容忍经济增速放缓、正视产业结构矛盾，政府在经济社会发展层面多了客观认识的理性，多了从容应对的自信，同时也有了在新的"常态"中厚积薄发的成熟心态。

权力清单

有了权力清单，对于政府来说，"法无授权不可为""法定职责必须为"；对于市场主体和人民群众则"法无禁止即可为"，从而理顺政府与市场、社会的关系。

一元公司

商事登记制度改革以来，全国新登记企业出现井喷式增长，"一元公司"成了松绑民营经济的代名词。数据显示，今年上半年全国新登记企业 168 万户，同比增长 57%，新登记私营企业从业人员 1009 万人，同比增长 43%。

简政放权

继之前取消和下放 7 批共 600 多项行政审批等事项之后，2014 年 11 月，国务院印发《关于取消和调整一批行政审批项目等事项的决定》，涉及 200 余事项，有利于降低企业投融资成本、减轻企业负担，加快建立透明诚信的市场秩序。

公车改革

为管住"车轮上的铺张"，中办、国办 7 月公布了《关于全面推进公务用车制度改革的指导意见》和《中央和国家机关公务用车制度改革方案》，新车改迅速引爆舆论热点。

媒体融合

中央全面深化改革领导小组第四次会议审议通过《关于推动传统媒体和新兴媒体融合发展的指导意见》，提出着力打造一批新型主流媒体，建成几家拥有强大实力和传播力、公信力、影响力的新型媒体集团。

打破“一考定终身”

国务院于9月印发《关于深化考试招生制度改革的实施意见》，此次高考改革，重点是探索“两依据、一参考”多元录取机制，目的在于探索多元评价，打破“一考定终身”。

依宪治国

习近平在关于《中共中央关于全面推进依法治国若干重大问题的决定》的说明中指出：“依法治国，首先是依宪治国；依法执政，关键是依宪执政。”今年12月4日成为首个国家宪法日。

司法责任制

完善司法责任制，既赋予法官、检察官相应的职权，又落实法官、检察官的办案责任，强化监督制约。推行主审法官责任制、合议庭办案责任制、主任检察官办案责任制，打破层层审批的行政化做法，“让审理者裁判，由裁判者负责”。

司法公开

在司法改革中，司法公开已经成为社会认识一致、改革阻力小、实践效果好的良策。审判流程公开、裁判文书公开、执行信息公开三大平台建设取得扎实成效，多地法院正借助网络、市场等手段，以信息公开力推司法公开，提高司法公信力。

幸福指数

幸福指数就是指把主观幸福感作为一项指标，通过运用专门的测量工具去获得人们主观幸福感的数量化结果。随着经济发展，人们对幸福指数的关注日益加强。

统一城乡户口登记

国务院7月30日公布《关于进一步推进户籍制度改革的意见》，中国实行了半个多世纪的“农业”和“非农业”二元户籍管理模式将退出历史舞台，“农转非”“蓝印户口”等名词将成为历史。

APEC蓝

2014年北京雁栖湖畔APEC会议留下的除了达成的各项成果，还有令人称赞的蓝天白云。在“APEC蓝”的背后，是华北地区采取的一系列史上最严措施保障。如何让“APEC蓝”持续下去，是各界关心和探讨的热点话题。

（原载《北京日报》2014年12月29日第21版）

·科研课题·

概　　述

本栏目记述2014年度4个国家级社会科学研究申报说明、课题指南、招标选题，10个国家级和部级（北京地区）及7个北京市级单位在人文社会科学方面的申报公告、通知和已通过评审获准立项的课题，这些课题涉及20多个学科及其众多研究领域，包括重大项目、重点项目、一般项目、青年项目、资助项目等，以及这些课题的项目名称、承担单位、项目负责人、项目来源、成果形式及完成的时间等内容；记述北京地区部分高校、科研单位承担的国家级、省部级社会科学研究项目及部分院校校级社会科学研究项目等内容。这些信息反映了北京社会科学研究的概貌及2014年度社会科学研究的重点和特点。

2014年度国家社会科学基金项目申报说明

一、申报国家社科基金项目的指导思想是，高举中国特色社会主义伟大旗帜，以邓小平理论、“三个代表”重要思想、科学发展观为指导，深入贯彻落实党的十八大和十八届三中全会精神，贯彻落实习近平总书记系列讲话精神，坚持解放思想、实事求是、与时俱进、求真务实，坚持以重大现实问题为主攻方向，坚持基础研究和应用研究并重，构建哲学社会科学创新体系，发挥国家社科基金示范引导作用，推动哲学社会科学为党和国家工作大局服务、为社会主义文化大发展大繁荣服务。

二、《国家社科基金项目2014年度课题指南》围绕习近平总书记系列讲话、十八届三中全会和全国宣传思想工作会议提出的一系列新思想、新论断、新举措，拟定了一批重要选题，放在各学科突出位置，相关学科要结合自身的特点和优势申报重点课题，着力推出有分量有深度的研究成果。

三、申报国家社科基金项目，基础研究要力求具有原创性、开拓性和较高的学术思想价值，应用研究要具有现实性、针对性和较强的决策参考价值，着力推出体现国家水准的研究成果。

四、课题申请人须具备下列条件：遵守中华人民共和国宪法和法律；具有独立开展研究和组织开展研究的能力，能够承担实质性研究工作；具有副高级以上（含）专业技术职称（职务），或者具有博士学位。不具有副高级以上（含）专业技术职称（职务）或者博士学位的，可以申请青年项目，但必须有两名具有正高级专业技术职称（职务）的同行专家书面推荐。青年项目申请人和课题组成员的年龄均不超过35周岁（1979年3月1日后出生）。课题组成员或推荐人须征得本人同意并签字确认，否则视为违规申报。申请人可以根据研究的实际需要，吸收境外研究人员作为课题组成员参与申请。全日制研究生不能申请。具备申报条件的在职博士生（博士后）从所在工作单位申请。

五、课题申请单位须符合以下条件：在相关领域具有较雄厚的学术资源和研究实力；设有科研管理职能部门；能够提供开展研究的必要条件并承诺信誉保证。以兼职人员身份从所兼职单位申报国家社科基金项目的，兼职单位须审核兼职人员正式聘用关系的真实性，承担项目管理职责并承诺信誉保证。

六、课题申报范围涉及23个学科，须按照《国家社科基金项目申报数据代码表》填写《申请书》。跨学科研究课题要以"靠近优先"原则，选择一个为主学科申报。教育学、艺术学、军事学单列学科的申报分别由全国教育科学规划办、全国艺术科学规划办、全军社科规划办另行组织。

七、《国家社科基金项目2014年度课题指南》条目分范围性条目和具体题目两类。范围性条目只规定研究范围和方向，申请人要据此自行设计具体题目，没有明确的研究对象和问题指向的申请不予受理和立项；依据具体题目申报的选题，应选择不同的研究角度、方法和侧重点，题目的文字表述可做适当修改。只要符合《课题指南》的指导思想和基本要求，各学科均鼓励申请人根据研究兴趣和学术积累申报自选课题（包括重点课题）。自选课题与按《课题指南》申报的选题在评审程序、评审标准、立项指标、资助强度等方面同样对待。无论是按《课题指南》拟定的选题还是自选课题，课题名称的表述应科学、严谨、规范、简明，一般不加副标题。

八、2014年度国家社科基金项目继续实行限额申报，限额指标另行下达。各地社科规划办、在京委托管理机构和申请单位要着力提高申报质量，适当控制申报数量，特别是要减少同类选题重复申报。

九、申报课题的资助额度为：重点项目40万元，一般项目和青年项目20万元。申请人应按照《国家社科基金管理办法（2013年5月修订）》和《国家社科基金项目经费管理办法》的要求，根据实际需要编制科学合理的经费预算。

十、国家社科基金项目的完成时限，基础理论研究一般为3~5年，应用对策研究一般为2~3年。

十一、为避免一题多报、交叉申请和重复立项，确保申请人有足够的时间和精力从事课题研究，2014年度国家社科基金项目申请作如下限定：（1）课题负责人同年度只能申报一个国家社科基金项目，且不能作为课题组成员参与其他国家社科基金项目的申请；课题组成员同年度最多参与两个国家社科基金项目申请；在研国家级项目的课题组成员最多参与一个国家社科基金项目申请。（2）在研的国家社科基金项目、国家自然科学基金项目及其他国家级科研项目的负责人不能申请新的国家社科基金项目（结项证书标注日期在2014年3月1日之前的可以申请）。（3）申请国家自然科学基金项目及其他国家级科研项目的负责人同年度不能申请国家社科基金项目，其课题组成员也不能作为负责人以内容相同或相近选题申请国家社科基金项目。（4）申请教育部人文社会科学研究一般项目的负责人同年度不能申请国家社科基金项目。（5）凡以在研或已结项的各级各类项目为基础申请国家社科基金项目，须在《申请书》中注明所申请项目与已承担项目的联系和区别，且不得以内容基本相同的同一成果申请多家基金项目结项。（6）凡以博士学位论文或博士后出站报告为基础申报国家社科基金项目，须在《申请书》中注明所申请项目与学位论文（出站报告）的联系和区别，申请鉴定结项时提交学位论文（出站报告）原件。（7）不得以已出版的内容基本相同的研究成果申请国家社科基金项目。

十二、申报课题须按照新修订的《国家社科基金项目申请书》（2013年12月版）要求，如实填写材料，并保证没有知识产权争议。凡存在弄虚作假、抄袭剽窃等行为的，一经发现查实，取消三年申报资格；如获立项即予撤项并通报批评。为保证申报评审的公正性和严肃性，评审会议召开前申报单位或个人不得以任何名义走访、咨询学科评审组专家或邀请学科评审组专家进行申报辅导。凡行贿评审专家者，一经查实将予通报批评；如获立项即予撤项，五年内不得申报国家社科基金项目。凡在国家社科基金项目申报和评审中发现严重违规违纪行为的，除按规定进行处理外，均被列入不良科研信用记录。

十三、申报课题全部实行同行专家通讯初评，初评采用《活页》匿名方式，《活页》论证字数不超过四千字，要按《活页》中规定的方式列出前期相关研究成果。

十四、课题负责人在项目执行期间要遵守相关承诺，履行约定义务，按期完成研究任务；获准立项的《国家社科基金项目申请书》视为具有约束力的资助合同文本。最终成果实行匿名通讯鉴定，鉴定等级予以公布。除特殊情况外，最终研究成果须先鉴定、后出版，擅自出版者视为自行终止资助协议。

十五、项目申报材料从我办网站下载，或向受理单位索取。《申请书》经所在单位审查盖章后，报送各地社科规划办或在京委托管理机构。

十六、各地社科规划办、在京委托管理机构和基层科研管理部门要加强对申报工作的组织和指导，严格审核申报资格、前期研究成果的真实性、课题组的研究实力和必备条件等，签署明确意见。

十七、各省（区、市）社科规划办受理当地的课题申报，新疆生产建设兵团社科规划办受理兵团的课题申报，中国社会科学院科研局受理本院的课题申报，中央党校科研部受理中央国家机关及在京直属单位的课题申报，教育部社科司受理中央各部委所属在京普通高等院校的课题申报，全军社科规划办受理军队系统（含地方军队院校）的课题申报。全国社科规划办不直接受理个人申报。

十八、各地社科规划办、在京委托管理机构和基层科研管理部门要按规定做好申报数据录入、打印报表和《申请书》《活页》的汇总报送等工作。从今年开始，全国社科规划办公室将建立国家社科基金项目电子申报档案，申报材料须提交电子版《国家社科基金项目申请书》（WORD 文件格式，不包括《活页》）。各地社科规划办、在京委托管理机构要按申报单位和申请人分类汇总后，将电子版《申请书》统一刻录成光盘，随同纸质版申请材料一同报送我办。

十九、课题申报时间为 2013 年 12 月 10 日至 2014 年 3 月 1 日。各省（区、市）和新疆生产建设兵团社科规划办、在京委托管理机构须于 2014 年 3 月 10 日前，将汇总并认真校对的《申请书》中“数据表”数据发至我办邮箱（npopss@ vip. 163. com），并确保电子数据和《申请书》中“数据表”一致；3 月 15 日前将纸质版《申请书》和《活页》、电子版《申请书》光盘、统计表报送至我办，逾期不予受理。

马克思主义 · 科学社会主义

1. 坚持和发展中国特色社会主义研究
2. 中国特色社会主义的“特色”研究
3. 中国特色社会主义道路、理论体系、制度研究
4. 中国特色社会主义道路自信、理论自信、制度自信研究
5. 中国特色社会主义的实践特色、理论特色、民族特色、时代特色研究
6. 中国梦的重大意义、科学内涵、精神实质、实践要求研究
7. 中国梦与中国道路、中国精神、中国力量研究
8. 中国梦宣传教育研究
9. 巩固马克思主义在意识形态领域的指导地位研究
10. 巩固全党全国各族人民团结奋斗的共同思想基础研究
11. 坚定信仰信念与解决好世界观、人生观、价值观这个总开关问题研究
12. 培育和践行社会主义核心价值观研究
13. 增强国家文化软实力研究
14. 弘扬中华优秀传统文化与实现中华民族伟大复兴研究
15. 中华优秀传统文化与中国特色社会主义研究
16. 继承中华传统文化精髓与加强全社会思想道德建设研究
17. 中华文化与中华民族的精神追求、精神基因、精神标志研究
18. 改革开放前后两个三十年的关系研究
19. 改革开放是党在新的时代条件下带领全国各族人民进行的新的伟大革命研究
20. 改革开放的成功实践和全面深化改革必须长期坚持的重要经验研究
21. 全面深化改革的重大意义和指导思想研究
22. 全面深化改革的总目标研究
23. 全面深化改革必须坚持“三个进一步解放”研究
24. 全面深化改革必须坚持“六个紧紧围绕”研究
25. 全面深化改革必须牢固树立进取意识、机遇意识、责任意识研究
26. 全面深化改革必须增进改革的系统性、整体性、协同性研究
27. 全面深化改革必须坚持社会主义市场经济改革方向研究
28. 全面深化改革与中国特色社会主义政治发展道路研究
29. 全面深化改革与中国特色社会主义文化发展道路研究
30. 全面深化改革与中国特色社会主义和谐社会发展道路研究

31. 全面深化改革与中国特色社会主义生态文明发展道路研究

32. 全面深化改革与中国特色社会主义富国强军发展道路研究

33. 中国特色社会主义理论体系形成和创新发展研究

34. 中国特色社会主义宣传教育研究

35. 中国特色社会主义文化发展与中国共产党文化自觉自信研究

36. 中国特色社会主义道德文化体系及其社会功能研究

37. 中国特色社会主义理论体系的学科建设研究

38. 中国特色社会主义理论体系的学理基础研究

39. 中国特色社会主义理论体系与其他社会思潮比较研究

40. 中国特色社会主义道路的世界意义研究

41. 毛泽东思想及其在马克思主义中国化进程中的地位与作用研究

42. 邓小平理论及其在马克思主义中国化进程中的地位与作用研究

43. "三个代表"重要思想及其在马克思主义中国化进程中的地位与作用研究

44. 科学发展观及其在马克思主义中国化进程中的地位与作用研究

45. 新形势下做好意识形态工作研究

46. 社会主义核心价值观的凝练研究

47. 用社会主义核心价值观引领当代中国社会思潮研究

48. 传统文化和时代精神相结合视野下构建社会主义核心价值体系研究

49. "三个自信"与中国特色社会主义和共产主义理想信念教育研究

50. 马克思主义中国化、时代化、大众化研究

51. 当代中国马克思主义发展与创新的规律和机制研究

52. 马克思主义中国化的国际影响和世界意义研究

53. 国外对马克思主义中国化问题研究评析

54. 马克思主义学说史研究

55. 马克思主义发展的基本规律研究

56. 马克思主义基本原理的科学体系和当代价值研究

57. 马克思主义人本思想的历史演进及理论成果研究

58. 马克思主义经济理论与社会主义市场经济体制研究

59. 马克思主义不同流派发展史研究

60. 马克思恩格斯关于资本主义生态批判理论研究

61. 马克思主义关于落后国家社会发展的重要著作和基本理论研究

62. 马克思主义在不同国家和地区的发展史研究

63. 马克思恩格斯的国家政权建设思想与20世纪社会主义的教训研究

64. 马克思恩格斯研究未来社会的科学方法论研究

65. 马克思主义"人的全面发展"理论与当代中国"人的发展"问题研究

66. 马克思主义绿色发展观研究

67. 基于最新文献的马克思重要文本再研究

68. 马克思主义妇女观在中国的实践研究

69. 马克思主义无神论研究

70. 历史唯物主义视阈下当代中国社会转型研究

71. 实施马克思主义理论研究和建设工程的成就与经验研究

72. 科学社会主义的逻辑起点和基本范畴研究

73. 科学社会主义学科建设研究

74. 我国全面深化改革的动力研究

75. 经济全球化背景下中华文化复兴研究

76. 中西文化激荡下中国文化变迁研究

77. 文化体制改革的意识形态属性与产业属性之间关系研究

78. 西方民主输出与我国意识形态安全研究

79. 当前社会思潮和倾向对人们思想的影响及对策研究

80. 西方意识形态的渗透及我国对策研究

81. 中西价值观比较视阈下我国当代核心价值观构建研究

82. 中外意识形态领域的管理及其比较研究

83. 综合国力竞争与不同制度模式不同价值观的博弈研究

84. 中国国家形象创新与发展战略研究

85. 培育良好社会心态的评价标准研究

86. 生态文明建设评价指标体系研究

87. 生态文明建设与环境竞争力提升研究

88. 推进生态文明建设重大理论与实践问题研究

89. 社会系统工程与“五位一体”总体设计研究

90. 当代社会思潮对青年思想行为的影响及对策研究

91. 大学生思想政治教育系统化研究

92. 高校思想政治教育实效性研究

93. 思想政治教育环境变化对人的思想和行为的影响研究

94. 思想政治教育新方法、新载体和新途径研究

95. 思想政治教育中的人文关怀和心理疏导研究

96. 当代大学生马克思主义观教育链研究

97. 近代国民素质的提高与人的现代化研究

98. “一国两制”与中国特色社会主义研究

99. 和谐世界观与和谐世界战略研究

100. 军队思想政治工作模式构建与创新研究

101. 马克思“人的自由全面发展”学说与中国共产党宗旨意识研究

102. 工人阶级理论的学术史考察

103. 国际社会对中国发展道路和发展模式的各种认识辨析

104. 当代资本主义发展的最新动向和趋势研究

105. 当代资本主义发展的历史走向与世界格局变动及我国应对方略研究

党史 · 党建

1. 中国共产党的奋斗史与中华民族伟大复兴的中国梦研究

2. 坚持党要管党、从严治党研究

3. 坚守共产党人精神追求和防止精神上“缺钙”问题研究

4. 坚持党性与人民性相统一研究

5. 坚持正确用人导向和建立科学有效选人用人机制研究

6. 健全以民主集中制为核心的党内制度体系研究

7. 贯彻落实中央“八项规定”和加强作风建设研究

8. 开展党的群众路线教育实践活动和解决“四风”问题长效机制研究

9. 贯彻整风精神开展批评与自我批评研究

10. 健全不敢腐的惩戒机制、不能腐的防范机制、不易腐的保障机制研究

11. 听党指挥、能打胜仗、作风优良的强军目标研究

12. 全面深化改革与完善党的领导体制、执政方式研究

13. 党的群众路线理论与实践发展创新研究

14. 加强党的纯洁性建设研究

15. 执政党的意识形态建设规律研究

16. 新的历史条件下党员干部坚定理想信念研究

17. 网络信息化条件下巩固党在意识形态领域的主导权研究

18. 新形势下执政党建设与参政党建设及其相互关系研究

19. 国际视野下党的执政能力建设研究

20. 党内民主和党的政治安全研究

21. 健全党员民主权利保障制度研究

22. 应对“四大考验”和“四个危险”研究

23. 党的纪律检查工作双重领导体制具体化、程序化、制度化研究

24. 完善党务公开制度研究

25. 健全反腐倡廉法规制度体系研究

26. 健全改进作风常态化制度研究

27. 规范并严格执行领导干部工作生活保障制度研究

28. 完善干部考核评价机制研究

29. 改进优秀青年干部培养选拔机制研究

30. 增强全党理论学习氛围和理论学习实效性研究

31. 新形势下党的思想建设中加强马克思主义无神论教育研究

32. 加强党员领导干部思想道德建设问题研究

33. 充分发挥干部教育培训在学习型党组织建设中的作用研究

34. 改革开放以来党的集中教育活动研究

35. 密切联系群众的动力机制和实现机制研究

36. 完善党内组织生活研究

37. 批评和自我批评常态化制度化研究

38. 网络信息在反腐倡廉建设中的作用研究

39. 干部清正、政府清廉、政治清明的实现途径研究

40. 加强党的领导干部政治忠诚和政治纪律研究

41. 创新基层党建工作和夯实党执政的组织基础研究

42. 服务型基层党组织建设研究

43. 新形势下党政机关、国有企业、社区、科研院所党组织建设研究（分专题）

44. 新型城镇化进程中农村党建研究

45. 非公有制经济组织中的党组织作用研究

46. 优化党员队伍结构研究

47. 提高军队党的建设科学化水平研究

48. 中国共产党推进马克思主义中国化、时代化、大众化的历程研究

49. 中国共产党历史的分时期综合性研究及相互关系研究

50. 中国共产党专题史研究

51. 中国共产党的重大决策、重大事件、重要会议、重要人物研究（分专题）

52. 中国共产党中央领导集体形成史研究

53. 中国共产党制度建设史研究

54. 中国共产党与共产国际关系史研究

55. 新中国成立以来党领导社会主义现代化建设的历史经验研究

56. 新中国成立以来党领导教科文卫和社会福利事业的历史经验研究（分专题）

57. 新中国成立以来党加强马克思主义理论建设的历史经验研究

58. 新中国成立以来党领导哲学社会科学事业的历史经验研究

59. 新中国成立以来党领导马克思主义无神论教育的历史经验研究

60. 新中国成立以来党的知识分子政策及其历史经验研究

61. 新中国成立以来党处理民族、宗教关系的历史经验研究

62. 新中国成立以来党处理阶级阶层关系的历史经验研究

63. 新中国成立以来党推进统一战线工作的历史经验研究

64. 新中国成立以来党处理中央和地方关系的历史经验研究

65. 新中国成立以来党推进国防和军队现代化建设的历史经验研究

66. 新中国成立以来党推动实现祖国统一大业的历史经验研究

67. 新中国成立以来党维护国家主权和领土完整的历史经验研究

68. 新中国成立以来党处理同周边国家关系的历史经验研究

69. 新中国成立以来党处理同大国关系的历史经验研究

70. 新中国成立以来党在国际上处理和发展党际关系的历史经验研究

71. 中国共产党在社会主义初级阶段基本路线形成与发展研究

72. 中国共产党领导的改革开放史研究

73. 毛泽东生平和思想研究

74. 邓小平生平和思想研究

75. 抗美援朝研究

76. “两弹一星”精神研究

77. 新中国时期的中苏关系研究

78. 新中国时期的中美关系研究

79. 中国共产党领导的多党合作和政治协商制度形成和发展研究

80. 中国共产党对台方略研究

81. 中国共产党治藏方略研究

82. 中国共产党治疆方略研究

83. 中共党史资料的收集、整理与研究

84. 中国共产党红色遗产的传承、保护和利用研究

85. 提高中共党史研究科学化水平与加强学科建设研究

86. 党的执政风险与历史周期率研究

87. 中国共产党历史的主题和主线、主流和本质研究

88. 马克思主义历史观、方法论与中共党史研究

89. 党的建设基本理论和学科建设研究

90. 对围绕中国共产党历史的错误史观、错误思潮和错误论点的评析

哲学

1. 中华民族伟大复兴中国梦的哲学基础研究

2. 实现中国梦与坚持人民主体地位研究

3. 弘扬中华优秀传统文化与培育民族精神研究

4. 中国特色社会主义是科学社会主义理论逻辑和中国社会发展历史逻辑的辩证统一研究

5. 加强顶层设计和摸着石头过河都是推进改革的重要方法研究

6. 解放思想与实事求是的关系研究

7. 增强忧患意识和加强底线思维研究

8. 经济基础决定上层建筑与发挥经济体制改革牵引作用研究

9. 经济基础与上层建筑、经济建设与意识形态工作的辩证关系研究

10. 全面深化改革的本质要求和内在规律研究

11. 凝聚改革共识和形成改革合力研究

12. 经济持续健康发展与社会公平正义的哲学研究

13. 坚持人民主体地位与紧紧依靠人民推动改革研究

14. 中国特色社会主义道路的哲学基础研究

15. 马克思主义群众观与党的群众路线研究

16. 弘扬中华优秀传统文化与增强国家文化软实力研究

17. 提高文化开放水平与推动中华文化走向世界研究

18. 邓小平哲学思想研究

19. 马克思主义意识形态理论和我国意识形态建设研究

20. 社会信息化条件下我国意识形态建设研究

21. 当代中国利益结构与变动趋势的哲学研究

22. 世界科技创新发展趋势与我国创新驱动发展战略研究

23. 马克思主义公平正义理论及其当代价值研究

24. 历史唯物主义与当代中国重大现实问题研究

25. 马克思主义中国化哲学新范畴研究

26. 马克思主义哲学与传统形而上学研究

27. 马克思主义哲学与虚无主义研究

28. 马克思主义哲学创新问题研究

29. 马克思的创新思想研究

30. 马克思主义需要理论研究

31. 唯物辩证法与历史辩证法研究

32. 历史唯物主义视阈中的政治哲学研究

33. 历史规律与历史主体研究

34. 历史必然性与目的论研究

35. 俄苏马克思主义哲学形态研究

36. 国际视野中的马克思恩格斯哲学思想研究

37. 国外马克思主义哲学专题研究

38. 坚持古为今用、去粗取精、去伪存真对待传统文化研究

39. 中国优秀传统文化及其当代价值研究

40. 中国古代儒家思想中的道德追求、道德境界和道德养成研究

41. 中国传统哲学与世界观人生观价值观研究

42. 中国哲学新出土文献研究

43. 近现代思潮中的中国哲学发展和转型问题研究

44. 中国经学著作及中国经学史研究

45. 西方哲学史（断代、国别）研究

46. 东方哲学史（国别）研究

47. 当代国外哲学思潮、流派和前沿问题研究

48. 外国重要哲学家著作编译研究

49. 西方社会政治哲学与社会发展研究

50. 现代西方哲学家与政治的关系研究

51. 当代中国道德建设实践中的重大问题研究

52. 公民道德建设和道德实践养成问题研究

53. 生态文明建设中的伦理问题研究

54. 伦理学基础理论研究

55. 中国伦理思想史研究

56. 当代中外伦理思潮研究

57. 科技创新与生态文明研究

58. 科技传播与国民素质研究

59. 科学技术思想史研究

60. 科学哲学与技术哲学的基本理论与问题研究

61. 科学技术与社会（STS）的理论与问题研究

62. 哲学社会科学创新体系建设研究

63. 当代中国休闲文化的美学研究

64. 民族审美文化研究

65. 中国传统美学的传承与创新研究

66. 中西审美感研究

67. 西方心理美学研究

68. 逻辑学与当代哲学的关系研究

69. 逻辑哲学主要分支研究

70. 逻辑哲学重要问题研究

71. 中国逻辑史的分阶段研究

72. 逻辑学的社会文化功能研究

73. 新兴哲学学科研究

74. 当代无神论思潮研究

75. 科学无神论与当代神秘主义研究

理论经济

1. 以科学发展为主题推动我国经济持续健康发展研究

2. 尊重经济规律与转变经济发展方式研究

3. 稳中求进、稳中有为与统筹稳增长、调结构、促改革研究

4. 全面深化改革面临的国际环境分析

5. 我国经济发展的新阶段和新趋势研究

6. 发挥市场在资源配置中的决定性作用和更好发挥政府作用研究

7. 宏观经济政策保持连续性、稳定性与提高针对性、协调性研究

8. 坚持社会主义市场经济改革方向研究

9. 释放改革红利问题研究

10. 发挥经济体制改革牵引作用研究

11. 完善的社会主义市场经济体制的主要标志和评价体系研究

12. 中国特色社会主义基本经济制度的完善和发展研究

13. 全面深化改革背景下政府、市场与社会的关系研究

14. 建设全国统一开放、有序竞争的市场体系研究

15. 市场化改革与资源配置效率最大化和效率最优化研究

16. 全面深化改革与完善现代市场体系研究

17. 全面深化改革与完善宏观调控体系研究

18. 全面深化改革与完善开放型经济体系研究

19. 加快转变经济发展方式研究

20. 加快建设创新型国家研究

21. 推进创新驱动发展研究

22. 工业化、信息化、城镇化、农业现代化同步推进研究

23. 工业化、城镇化与农村土地产权制度改革研究

24. 统筹城乡发展与中国特色新型城镇化道路研究

25. 区域一体化与经济协调发展研究

26. 我国区域开发的战略升级研究

27. 中国城市经济发展转型研究

28. 破除城乡二元结构与形成新型工农城乡关系研究

29. 实施主体功能区制度研究

30. 土地产权制度改革与土地金融发展的制度基础和经济效应研究

31. 完善城镇化健康发展体制机制研究

32. 城乡要素平等交换和公共资源均衡配置研究

33. 新型城镇化助推县域经济发展的机制与体系研究

34. 城乡一体化的国际经验及中国道路研究

35. 建立系统完整的生态文明制度体系研究

36. 推动绿色发展、循环发展、低碳发展研究

37. 雾霾治理与区域经济结构升级研究

38. 我国海洋生态文明建设与海洋开发总体布局研究

39. 我国绿色能源发展研究

40. 我国经济转型升级若干重大问题研究

41. 我国经济结构变动跟踪研究

42. 中国经济升级版的衡量标准与动力机制研究

43. 坚持公有制主体地位与发挥国有经济主导作用研究

44. 全面深化改革与增强国有经济活力、控制力、影响力研究

45. 公益性国有企业的经营目标、企业行为与政府监管问题研究

46. 深化国有企业改革研究

47. 发展混合所有制经济研究

48. 支持非公有制经济健康发展研究

49. 全面深化改革与激发非公有制经济活力和创造力研究

50. 完善产权保护制度研究

51. 建立公平开放透明的市场规则研究

52. 完善金融市场体系研究

53. 深化科技体制改革研究

54. 完善文化经济政策研究

55. 改进预算管理制度研究

56. 改革生态环境保护管理体制研究

57. 深化税收制度改革研究

58. 赋予农民更多财产权利研究

59. 构建开放型经济新体制研究

60. 新时期我国沿边开放的理论、实践与战略调整研究

61. 加快自由贸易区建设研究

62. 建立健全现代文化市场体系研究

63. 构建现代公共文化服务体系研究

64. 健全促进就业创业体制研究

65. 形成合理有序的收入分配格局研究

66. 中等收入阶段生产率提升研究

67. 中等收入阶段的城镇化和工业化研究

68. 西部地区传统制造业转型升级研究

69. 我国流通产业升级与产业治理机制创新研究

70. “城市社会”背景下的中国城市化道路研究

71. 我国公共福利制度及其改革研究

72. 生态经济数量分析方法及其在中国的应用研究

73. 资本配置效率和通胀的关系研究

74. 防止要素闲置和满足有效需求的生产要素市场发展研究

75. 人口大国的工业化与产业演进研究

76. 从企业层面认识实体经济与虚拟经济关系问题研究

77. 教育公平、社会流动性和长期经济增长研究

78. 世界经济波动对中国经济的影响研究

79. 国家赶超与合作机制研究

80. 新兴经济国家经济发展道路研究

81. 西方国家金融危机、债务危机与资本主义制度弊端的分析

82. 世界经济格局演变与我国发展战略调整研究

83. 经济危机理论比较研究

84. 经济全球化历史研究

85. 马克思主义经济学基础理论时代化发展研究

86. 马克思经济学在中国的创新发展研究

87. 马克思主义经济思想史研究

88. 马克思主义经济思想主要流派研究

89. 西方马克思主义经济思想研究

90. 中国古代经济思想和经济价值观研究

91. 中国近代经济思想和经济价值观研究

92. 近代中国城市化的演进与新型城乡关系的形成研究

93. 我国初期工业化模式与路径研究

94. 新中国的城镇化道路研究

95. 中国少数民族地区经济发展史研究

96. 中国农户支出结构的历史变迁及其原因分析

97. 中外城市化历史比较研究和专题研究

98. 世界近现代经济史主要问题研究

99. 西方大国近现代经济发展研究

应用经济

1. 宏观政策要稳、微观政策要活、社会政策要托底有机统一研究

2. 宏观调控目标制定和政策手段运用机制化研究

3. 完善发展成果考核评价体系研究

4. 统一市场准入制度与制定负面清单研究

5. 提高国有资本收益上缴公共财政比例研究

6. 完善国有资本经营预算制度研究

7. 推进国内贸易流通体制改革研究

8. 健全城乡发展一体化体制机制研究

9. 公共服务均等化与城乡一体化研究

10. 价格改革相关问题研究

11. 深化投资体制改革研究

12. 深化科技体制改革与建设国家创新体系相关问题研究

13. 优化国有资本配置问题研究

14. 完善国有资产监管体制问题研究

15. 建立事权和支出责任相适应的制度研究

16. 中国（上海）自由贸易试验区离岸金融中心发展研究

17. 中国（上海）自由贸易试验区负面清单管理模式研究

18. 放宽投资准入与构建开放型经济新体制研究

19. 资本回报率与中国经济格局的变动研究

20. 国有资本授权经营体制改革研究

21. 区域政策创新与区域协调发展机制研究

22. 我国海洋经济发展战略研究

23. 国际产业分工格局演变下我国产业竞争优势转型问题研究

24. 构建现代产业新体系进程的跟踪研究

25. 加快发展现代服务业研究

26. 建立健全防范和化解产能过剩长效机制研究

27. 不同行业产能绝对过剩、结构过剩、周期过剩分析研究

28. 健全优胜劣汰市场化退出机制与完善企业破产制度研究

29. 技术—经济范式转换与可再生能源产业技术创新研究

30. 智能服务的理论、技术及产业化研究

31. 促进新能源发展的运营模式和政策创新研究

32. 中小企业服务体系创新研究

33. 物联网服务新业态研究

34. 提高我国国际分工地位与金融产业科技互动模式研究

35. 知识产权保护与自主创新问题研究

36. 构建新型农业经营体系与创新农业经营方式研究

37. 现阶段完善农业支持政策体系研究

38. 农村土地承包经营权流转研究

39. 农业支持保护体系与农业补贴制度研究

40. 新型农业经营主体构建与农业现代化研究

41. 发展农村合作经济研究

42. 粮食主产区利益补偿机制研究

43. 改革农村宅基地制度研究

44. 农村产权流转交易公开、公正、规范运行研究

45. 惠农政策实施效果跟踪研究

46. 加快农村转移人口市民化的相关政策研究
47. 发展农村股份合作经济问题研究
48. 发展家庭农场问题研究
49. 农业要素市场化及其分配研究
50. 生物转基因技术对我国农业生产安全的影响和对策研究
51. 我国粮食安全指标体系建设研究
52. 农产品价格形成机制研究
53. 农村基础设施投资公平性研究
54. 建立城乡统一的建设用地市场研究
55. 新型城镇化过程中农村转移人口的土地问题研究
56. 兼顾国家、集体、个人的土地增值收益分配机制研究
57. 土地租赁、转让、抵押二级市场研究
58. 城乡一体化与中国土地政策改革研究
59. 土地流转与农业经营方式转变研究
60. 土地产权流转与发展农村新型合作组织研究
61. 完善农村土地承包制度研究
62. 跨区域城市发展协调机制研究
63. 城市综合承载能力研究
64. 新型城镇化质量和效益研究
65. 新型城镇化的金融支持研究
66. 我国城市群发展问题研究
67. 我国城市新区发展问题研究
68. “城市病”的防范与治理问题研究
69. 新型城镇化的成本与效益分析
70. 符合中国国情的住房保障和供应体系研究
71. 新型城镇化与房地产市场和政策的关系研究
72. 我国保障性住房问题研究
73. 划定生态保护红线研究
74. 国土空间开发保护制度研究
75. 资源有偿使用制度和生态补偿制度相关问题研究
76. 重大生态安全风险识别、管控与应急处理研究
77. 外来物种入侵对我国生态安全的影响和对策研究
78. 吸引社会资本投入生态环境保护的市场化机制研究
79. 可再生能源城市建设的理论与方法研究
80. 碳金融发展研究
81. 中小城市低碳发展的融资路径研究
82. 林权改革与森林碳汇交易机制协调发展研究
83. 生态脆弱区生态保护的成本效益分析
84. 碳锁定及解锁路径研究
85. 中日韩碳排放交易统一市场研究
86. 美国气候政策对我国参与国际气候谈判的影响研究
87. 健全社会保障财政投入制度和预算制度研究
88. 划转部分国有资本充实社会保障基金问题研究
89. 建立充分发挥中央和地方两个积极性的现代财政制度研究
90. 中国公共财政建设定量研究
91. 我国现行财政体制对区域经济发展影响研究
92. 一般性转移支付增长机制研究
93. 城乡一体化过程中的财政战略研究
94. 推进不同地区基本公共服务均等化问题研究
95. 地方政府性债务问题研究
96. 扩大政府购买公共服务问题研究
97. 财政收入增长与经济增长关系变化趋势研究
98. 提高财政资金利用效率问题研究
99. 推进财政预决算公开问题研究
100. 完善地方税体系研究
101. 构建地方收入体系问题研究
102. 税收优惠政策的规范管理研究
103. 个人所得税制改革相关问题研究
104. 完善我国税收制度顶层设计研究
105. 我国中速增长期限的税收收入预测研究
106. 政策性金融机构改革问题研究
107. 人民币汇率市场化形成机制研究
108. 发展普惠金融问题研究
109. 健全多层次资本市场体系研究
110. 民间资本设立金融机构相关问题研究
111. 货币存量与国内生产总值比例问题研究
112. 人民币资本项目可兑换问题研究
113. 加快存款利率市场化问题研究
114. 我国金融流动性问题与对策研究
115. 我国地方金融体系改革与发展研究
116. 防止我国商业银行过度集中问题研究
117. 金融经济服务实体经济相关问题研究
118. 我国外汇储备投资模式创新研究
119. 互联网金融相关问题研究
120. 互联网金融与中小企业融资模式创新研究
121. 深化基础设施建设投融资体制改革研究

122. 加快民间资本进入基础设施和公用事业建设领域研究

123. 非常规货币政策与大宗商品价格走势研究

124. 影子银行相关问题研究

125. 建立和发展社区银行问题研究

126. 建立巨灾保险制度研究

127. 我国社会保险制度改革的重点研究

128. 建立存款保险制度研究

129. 农业保险制度研究

130. 新型农村社会养老保险的社会经济效果研究

131. 保险业系统性风险与金融稳定研究

132. 保险资金参与社会保障问题研究

133. 人口结构变动对我国劳动市场及社会保障的影响研究

134. 人口结构变动对我国经济发展影响研究

135. 生产效率与劳动力市场的动态机制研究

136. 就业友好的社会保障制度研究

137. 我国人力资本与经济转型升级的关系研究

138. 未来劳动力供求总量及结构变化趋势研究

139. 我国劳动关系协调机制运行的有效性与国际比较研究

140. 养老保障政策与财政支出能力的关系研究

141. 发展老龄服务产业研究

142. 我国养老金缺口问题及对策研究

143. 农民工市民化的成本与收益研究

144. 完善再分配调节机制研究

145. 收入分配制度改革相关问题研究

146. 多渠道增加居民财产性收入研究

147. 我国工资合理增长机制研究

148. 逐步形成橄榄型分配格局研究

149. 我国劳资关系发展的范式选择研究

150. 收入差距代际传递变动趋势的实证研究

151. 公共部门薪酬制度改革研究

152. 人力资本产权激励与收入分配政策研究

153. 推动企业及个人对外投资机制研究

154. 扩大对港澳台地区的开放合作研究

155. 我国对外投资与产业转移问题研究

156. 增强我国服务业出口能力研究

157. 我国文化对外贸易研究

158. 全球化背景下中国企业海外经营的国际环境比较研究

159. 美丽中国建设与旅游业健康发展研究

160. 我国国内旅游需求变化趋势与对策研究

统计学

1. 建立国家统一的经济核算制度研究

2. 利率市场化对金融机构影响的统计研究

3. 我国信息消费的统计测度研究

4. 我国金融资源配置的统计分析及效率评价方法研究

5. 最优退休年龄统计测度方法研究

6. 资源环境约束下全要素生产率增长研究

7. 我国财政支出效果的统计评价方法研究

8. 定性数据的统计分析理论与应用研究

9. 空间统计方法及其在社会经济领域的应用研究

10. 抽样检验方法标准化研究

11. 特殊领域和特殊问题的统计调查研究

12. 我国国民经济核算体系修订的若干问题研究

13. 增加值贸易核算的理论与方法研究

14. 统计数据资源的规划、建设、共享与管理研究

15. 大数据背景下政府统计应对与改进研究

16. 统计工作网络化研究

17. 结构异质条件下中国能源绩效的统计测度方法研究

18. 地区经济发展与债务承载能力统计测度方法研究

19. 受限因变量统计建模理论与应用研究

20. 非线性季节模型及其应用研究

21. 政府统计调查方法的相互衔接与效率研究

22. 政府统计与民间统计的关系研究

23. 信息化社会背景下统计法修订问题研究

24. 大数据理论与统计信息安全问题研究

25. 大数据背景下统计学理论和方法创新研究

政治学

1. 中国梦与中华民族伟大复兴的政治内涵、政治基础和政治目标研究

2. 中国梦与巩固最广泛的爱国统一战线研究

3. 坚持党的领导、人民当家做主、依法治国有机统一研究

4. 推进国家治理体系和治理能力现代化研究

5. 积极稳妥推进政治体制改革研究

6. 坚持和完善人民代表大会制度研究

7. 坚持和完善中国共产党领导的多党合作和政治协商制度研究

8. 坚持和完善民族区域自治制度
9. 坚持和完善基层群众自治制度
10. 巩固和发展最广泛的爱国统一战线研究
11. 发展更加广泛、更加充分、更加健全的人民民主研究
12. 全面深化改革背景下理顺中央与地方事权关系研究
13. 全面深化改革与政府职责作用研究
14. 简政放权与深化行政审批制度改革研究
15. 优化政府组织结构研究
16. 深化公务员分类改革研究
17. 加快事业单位分类改革研究
18. 建设法治政府和服务型政府研究
19. 推进协商民主广泛多层制度化发展研究
20. 健全基层选举、议事、公开、述职、问责等机制研究
21. 构建决策科学、执行坚决、监督有力的权力运行体系研究
22. 推行地方各级政府及其工作部门权力清单制度研究
23. 探索实行官邸制研究
24. 完善各类人才顺畅流动制度体系研究
25. 科学发展观与中国特色社会主义政治发展道路研究
26. 中国特色社会主义政治的历史渊源与现实基础研究
27. 科学社会主义基本原则与中国特色社会主义政治发展道路研究
28. 中华民族文化传统与中国特色社会主义政治发展道路研究
29. 中国特色社会主义政治优势及其实现机制研究
30. 中国基本国情政情与人民民主发展的关系研究
31. 中国特色社会主义政治制度优势的构成和运行机理分析
32. 坚持共产党人信仰与推进中国特色政治建设实践研究
33. 新时期党的意识形态安全与政权安全研究
34. 党的执政方式与群众路线教育的关系研究
35. 全心全意为人民服务宗旨意识的制度建设研究
36. 党的作风建设与执政能力建设的关系研究
37. 密切联系群众制度化与中国特色人民民主政治研究
38. 党风与社会风气的互动关系研究
39. 党的群众路线与国家有效治理的关系研究
40. 网络虚拟社会条件下加强党的执政能力建设研究
41. 健全和完善反腐败的高效协同体制机制研究
42. 中央巡视制度与廉政建设研究
43. 健全人民代表大会的监督权及其行使机制研究
44. 完善人民政协的协商治理功能及其实现机制研究
45. 加强民主党派建设和提高参政议政能力研究
46. 强化基层协商民主和治理的制度建设研究
47. 拓展和完善人民群众有序参与政治的途径和机制研究
48. 完善重大决策咨询制度与中国特色新型智库建设研究
49. 新时期我国政府与市场关系发展的理论研究
50. 实现社会公平正义和共同富裕的治理机制研究
51. 建设创新型政府的理论与制度研究
52. 中国特色行政管理体制理论与实践研究
53. 深化政府审批制度改革与转变政府职能研究
54. 创新行政管理方式和提高政府治理能力研究
55. 深化政府管制与市场准入制度改革研究
56. 政府创造安全公平法治的市场环境与依法监管市场研究
57. 政府部门职能机制整合与深化大部门制改革研究
58. 简政放权与政府机构编制改革研究
59. 廉洁政府建设的理论与长效机制研究
60. 加快推进公共资源交易市场化改革研究
61. 勤俭从政与政府行政成本研究
62. 强化政府公信力与执行力研究
63. 责任政府建设与行政问责长效机制研究
64. 效能政府建设与深化政府绩效管理研究
65. 深化政务公开与决策透明化研究
66. 深化地方政府职能转变研究
67. 新型城镇化进程中的政府职能及其实现途径研究
68. 土地流转和农业现代化进程中的基层政府职能研究

69. 新型城镇化背景下的基层民主与治理研究

70. 同步推进新型城镇化和农业现代化与乡村治理创新的关系研究

71. 新时期政府与社会关系的基本特点和机制创新研究

72. 建立健全政府向社会力量购买公共服务机制研究

73. 政府向社会力量购买公共服务与事业单位改革的衔接机制研究

74. 我国经营性公有财产的政治功能研究

75. 政府的养老保障职能和实现机制国际比较研究

76. 深化户籍制度改革与推进新型城镇化研究

77. 促进社会公平正义的政府管理制度创新研究

78. 实现社会财富公平分配的政府公共政策与长效机制研究

79. 社会保障制度创新和发展中的政策协调研究

80. 领导干部政治情操修养与公民道德素质相互促进关系研究

81. 中央督导工作与干部管理体制研究

82. 健全和完善干部教育制度研究

83. 公务员考试选拔制度和程序规范化、法治化研究

84. 构建有效管用、简便易行的选人用人机制研究

85. 人才政策绩效评估与协同创新研究

86. 创新和改善我国信访制度和信访工作研究

87. 工会组织建设与完善企事业单位民主管理制度研究

88. 共青团的社会、政治功能和机制创新研究

89. 21 世纪妇女参政新趋势研究

90. 重大突发性公共危机中的志愿者服务管理研究

91. 深化事业单位内部治理结构和运行机制改革研究

92. 社会组织在生态文明建设中的作用机制研究

93. 农村民间组织发展及管理问题研究

94. 政府管理社会组织的体制机制国际比较研究

95. 我国城市管理的规范化、法治化研究

96. 依法进行城市拆迁与维护社会政治稳定问题研究

97. 生态文明建设中的社会矛盾解决机制和政策调整研究

98. 生态文明建设与农村贫困治理相互促进的政府职能研究

99. 我国公众民主意识发展研究

100. 我国公众利益表达机制研究

101. 我国公民政治认同的伦理基础研究

102. 边疆民族地区反恐维稳的长效机制研究

103. 边疆民族地区宗教与政治稳定的关系研究

104. 边疆民族地区公民有序政治参与研究

105. 边疆民族地区城市社区治理研究

106. 网络背景下公民的国家认同研究

107. 网络虚拟社会治理与保障国家政治安全研究

108. 网络监督与良性政治生态构建研究

109. 中国特色科技产业创新园区管理模式研究

110. 我国自由贸易区的政府管理体制机制研究

111. 完善我国公民国籍管理制度研究

112. 中国特色侨务理论和政策创新研究

113. “一国两制”在香港、澳门的实施与完善研究

114. “一国两制”与海峡两岸关系发展研究

115. 巩固深化两岸和平发展的政治基础研究

116. 台湾民意与政党政治的发展趋势研究

117. 《中华人民共和国香港特别行政区基本法》与香港政治发展研究

118. 香港政党、社会组织与香港政治发展的关系研究

119. 澳门社会团体在协商治理中的地位和功能研究

120. 西方国家票决民主制度的内在机理研究

121. 中国传统政治思想现代转型的价值重构研究

122. 西方现当代政治思想流派、价值和范式跟踪研究

123. 比较政治学理论建构和发展研究

法学

1. 依法治国首先是依宪治国、依法执政关键是依宪执政研究

2. 全面推进科学立法、严格执法、公正司法、全民守法研究

3. 依法治国、依法执政、依法行政共同推进研究

4. 法治国家、法治政府、法治社会一体建设研究

5. 坚持依法治国和以德治国相结合研究

6. 建立科学合理、规范有序的司法权利运行机制研究

7. 人民代表大会制度理论和实践创新研究

8. 健全宪法实施监督机制和程序研究

9. 法治建设指标体系和考核标准研究

10. 建立权责统一、权威高效的行政执法体制研究

11. 推进综合行政执法改革研究

12. 司法管理体制改革研究

13. 依法独立公正行使审判权检察权研究

14. 司法管辖制度与中国法院体系改革研究

15. 涉法涉诉信访依法终结制度研究

16. 非法证据排除规则研究

17. 审判委员会制度改革研究

18. 完善司法人员分类管理制度研究

19. 法官、检察官、人民警察职业保障制度研究

20. 优化司法职权配置与健全司法权力运行机制研究

21. 法治中国理论与实践研究

22. 司法公信力研究

23. 司法公开相关问题研究

24. 严格规范减刑、假释、保外就医程序研究

25. 完善人权司法保障制度研究

26. 健全社区矫正制度研究

27. 国家司法救助制度相关问题研究

28. 律师执业权利保障机制与违法违规执业惩戒制度研究

29. 反腐败体制机制创新和制度保障研究

30. 知识产权法院相关问题研究

31. 农户宅基地用益物权研究

32. 房地产税立法研究

33. 自媒体对司法的影响及其应对研究

34. 深化法学教育改革的理论与实践研究

35. 中国古代法治与吏治研究

36. 中国古代契约制度及契约文化研究

37. 中国古代司法文明研究

38. 中国近代法学家的学术移植与创新问题研究

39. 租界法制与中国法制近代化研究

40. 新中国法制建设若干重大史实专题研究

41. 当代英美法系之变迁研究

42. 当代中国区域法治发展的理论与实践研究

43. 依宪治国的体制机制研究

44. 西方宪政民主问题研究

45. 协商民主法律制度研究

46. 健全权力制约和监督体系研究

47. 基层政权建设法律问题研究

48. 政治法的基本原理和框架体系研究

49. 经济发展、社会公正与中国土地制度改革研究

50. 中国少数民族语言权利研究

51. 法治视角下的自媒体意见表达与法律规制研究

52. 法治政府建设的重点与路径研究

53. 法律激励理论与机制研究

54. 严格规范公正文明执法研究

55. 行政程序法立法问题研究

56. 行政执法与司法有效衔接机制研究

57. 重大行政决策程序法律制度研究

58. 重大行政决策风险评估机制研究

59. 政府采购法律规范体系化研究

60. 财产申报及公示制度的中外比较研究

61. 城镇化过程中集体土地征收补偿制度研究

62. 户籍制度改革的法律问题及其对策研究

63. 完善行政复议制度研究

64. 政府信息公开的诉讼问题研究

65. 行政公益诉讼研究

66. 现代大学制度与大学章程研究

67. 政府购买公共服务法律问题研究

68. 基本医疗保障法律制度研究

69. 保障性住房法律问题研究

70. 公民权利保障视角下小产权房法律问题研究

71. 中美涉老法律制度比较研究

72. 民法典编纂与民事单行法律制定、修改研究

73. 民商法司法解释问题研究

74. 中国财产法体系结构研究

75. 所有制与所有权的关系研究

76. 国土空间开发法律问题研究

77. 填海造地的物权法律制度研究

78. 土地承包经营权法律问题研究

79. 环境侵权研究

80. 食品药品侵权研究

81. 基因隐私的法律规制与人权保障研究

82. 医患纠纷的立法与司法问题研究

83. 医疗责任保险法律制度研究

84. 国家创新体系中的知识产权制度研究

85. 文化产权交易法律问题研究
86. 反不正当竞争中的知识产权问题研究
87. 物联网技术的知识产权问题研究
88. 数字出版中的著作权问题研究
89. 网络环境中的商标制度研究
90. 行业法治基础理论研究
91. 金融控股公司法律制度研究
92. 非上市公司的场外交易问题研究
93. 全面深化经济体制改革与法律制度创新研究
94. 经济安全的法治保障研究
95. 中国自由贸易区重大法律问题研究
96. 中国（上海）自由贸易试验区法制问题研究
97. 地方债务治理的法治化路径研究
98. 土地增值利益分配制度研究
99. 我国遗产税立法研究
100. 金融改革与金融法制创新问题研究
101. 民间融资市场治理与风险防范的法律问题研究
102. 互联网金融法律问题研究
103. 证券法修订研究
104. 行业垄断法律规制研究
105. 体育产业的法律规制研究
106. 军队国有资产管理体制改革法律问题研究
107. 美丽中国与环境法治研究
108. 环境权与环境义务的法理研究
109. 自然遗产保护的法律问题研究
110. 环境退化防治法的基本理论和体系构建研究
111. 完善中国湿地保护法律制度研究
112. 基于生态系统的海洋环境保护立法研究
113. 北京及周边省区市环境污染治理的法制协调机制研究
114. 上海合作组织能源俱乐部法律机制研究
115. 环境司法研究
116. 中国特色环境公益诉讼理论和实践问题研究
117. 转型时期犯罪现象及其控制研究
118. 刑法中禁止重复评价研究
119. 轻罪刑事政策研究
120. 犯罪概念的但书规定研究
121. 抽象危险犯的立法研究
122. 法治反腐机制研究
123. 仇恨犯罪治理研究
124. 城市犯罪的防卫空间研究
125. 依法加强网络社会治理研究
126. 网络谣言治理法律制度研究
127. 大数据时代网络信息安全问题研究
128. 信息网络犯罪行为刑法规制研究
129. 海域交通事故犯罪研究
130. 犯罪记录查询制度研究
131. 量刑反制定罪研究
132. 死刑执行程序规范化研究
133. 刑民交叉法律问题研究
134. 审判权、检察权依法独立行使的制度完善研究
135. 刑事司法统计制度研究
136. 刑事错案实证研究
137. 职务犯罪赃款赃物追回机制研究
138. 涉台审判实践与司法协助实证研究
139. 证据立法研究
140. 技术侦察取证规则研究
141. 司法鉴定体制改革研究
142. 废止劳动教养制度后对违法犯罪行为的惩治和矫正法律研究
143. 监所管理体制改革研究
144. 公职律师制度研究
145. 中国民事诉讼制度演进研究
146. “枫桥经验”与社会纠纷解决机制研究
147. 我国在国际法发展中的立场与话语权研究
148. 国内法治与国际法治的互动研究
149. 我国法律外交战略研究
150. 国际人权对话与合作机制研究
151. 中外反恐立法比较研究
152. 安理会决议在中国执行问题研究
153. 建设海洋强国背景下的海法体系构建研究
154. 中国南海管辖海域权益维护研究
155. 海洋强国战略与东海争端冲突法律问题研究
156. 北极航线与中国国家利益的法学研究
157. 跨太平洋伙伴关系协议（TPP）相关法律问题研究
158. 世界贸易组织中国涉诉案件的法律分析
159. 上海合作组织框架下贸易投资便利化法律机制研究
160. 国际商法统一实体规则适用问题研究
161. 知识产权法律全球化的政治经济学研究

162. 跨界河流开发利用的国际环境法律问题研究

社会学

1. 坚持把民生工作和社会管理工作作为社会建设两大根本任务研究
2. 全面深化改革与促进社会公平正义、增进人民福祉研究
3. 建立以权利公平、机会公平、规则公平为主要内容的社会公平保障体系研究
4. 中国特色社会主义民生理论与实践研究
5. 创新社会治理体制研究
6. 重大决策社会稳定风险评估机制研究
7. 深化社会体制改革研究
8. 推进城乡基本公共服务均等化研究
9. 改进社会治理方式研究
10. 激发社会组织活力研究
11. 建立更加公平可持续的社会保障制度研究
12. 健全社会保障管理体制和经办服务体系研究
13. 完善城乡均等的公共就业创业服务体系研究
14. 就业失业监测统计制度研究
15. 收入分配调控体制机制和政策体系研究
16. 劳动关系协调机制创新研究
17. 深化医药卫生体制改革相关问题研究
18. 社会征信体系建设研究
19. 机关事业单位养老保险制度改革研究
20. 全面建设小康社会的难点问题研究
21. 社会治理的理论和机制研究
22. 创新立体化社会治安防控体系研究
23. 我国新社会群体研究
24. 我国社会体制改革实践研究
25. 当前中国社会秩序的价值基础及其重建研究
26. 社会治理创新与民生事业发展研究
27. 当代中国地方治理与人口流动变化研究
28. 转变社会发展方式研究
29. 科学发展观视阈下的发展代价问题研究
30. 创新有效预防和化解社会矛盾体制研究
31. 扩大利益交汇点与凝聚社会共识研究
32. 社会矛盾理论研究
33. 民生理论研究
34. 社会阶层理论及实证研究
35. 我国社会景气与社会信心研究
36. 我国社会转型的政治社会学研究
37. 我国城市人口文化消费与社会差异研究
38. 社会体制转型下的劳资矛盾与利益协调机制研究
39. 改革开放以来我国社会流动研究
40. 我国农村生态体系变迁的环境社会学研究
41. 中国社会学的文化自觉与诠释学研究
42. 我国公民文明礼仪素质养成研究
43. 虚拟社会中公民修养与社会担当研究
44. 与市场化社会机制相适应的价值文化研究
45. 社会思潮产生、发展、演变的进程和规律研究
46. 互联网对社会情绪、社会心态的影响及引导机制研究
47. 国家认同与民族认同研究
48. 公民意识与公共参与研究
49. 社会巨变背景下的社会情绪研究
50. 当代中国青年信仰问题研究
51. 新型城镇化的社会学研究
52. 城镇新移民问题与社会治理创新研究
53. 居住空间调整与城乡社会服务体系建设研究
54. 不同区域新型城镇化模式研究
55. 美丽中国或美丽城市评估指标与战略研究
56. 城市智能化与智慧城市建设的社会学研究
57. 新型城镇化与公共政策体系建构研究
58. 我国城乡社区一体化的实践与理论研究
59. 城市化进程中农民市民化问题研究
60. 面向职业群体社会生活的城市社会治理创新研究
61. 传播心理与城市化的关系研究
62. 新型城镇化进程中土地流转的社会风险研究
63. 城乡居民收入差距问题研究
64. 新型城镇化建设与农村发展关系研究
65. 新生代农民工的身份认同问题研究
66. 村落变迁与新型农村社区研究
67. 我国社会企业的发展现状及趋势研究
68. 我国社会治理创新及其对公共服务和社会事业的影响研究
69. 政府主导的公共服务供给市场化、社会化路径研究
70. 边疆地区的新型城镇化与社会治理研究
71. 社会性别视野下的空巢女性老人健康养老研究
72. 计划生育政策对中国社会的影响研究
73. 我国社会动员模式及其效用研究

74. 社会转型背景下的集体行为与社会氛围研究
75. 社会治理创新背景下的维权与维稳关系研究
76. 生态文明视阈下的环境意识与环境行动研究
77. 网络社会参与机制研究
78. 我国网络社会治理创新研究
79. 转型时期中国公益事业发展研究
80. 性别视角下的社会变迁研究
81. 民间组织的管理与服务规范研究
82. 社会服务的国际比较研究
83. 基层社会治理实践的规范化建设研究
84. 虚拟社会治理与社会协同问题研究
85. 社会政策与经济政策的区别及整合研究
86. 特殊群体成员后代生活教育保障问题研究
87. 城市流动儿童心理健康状况及其发展促进研究
88. 大学毕业生的生活境遇与社会态度研究
89. 青年消费行为与生活方式变化趋势研究
90. 残疾人就业问题研究
91. 食品安全与企业社会责任问题研究
92. 土地流转与农民增收研究
93. 大学毕业生就业质量研究
94. 社会政策与农民工的尊严感研究
95. 慈善事业的社会认同研究
96. 我国慈善事业的监管体制研究
97. 国有企业改革与工业组织新共同体形成机制研究
98. 国有企业转型过程中的技术变迁研究
99. 市场转型时期国有企业的劳动过程与生产体制研究
100. 社会学视野下的族群关系调查
101. 我国跨境民族地区的社会保障问题研究
102. 民族传统文化的社会功能研究
103. 民族地区特困人群生存状况的调查与研究
104. 民族地区生态移民的社会适应性研究
105. 少数民族地区宗教活动的社会学研究
106. 民俗信仰相关问题研究
107. 反腐倡廉和我国家庭文化关系研究
108. 中国式家族企业相关问题研究
109. 婚姻家庭的社会性研究
110. 现代化中的“人本位”和“家本位”比较研究
111. 当代中国家庭问题与家庭社会政策研究
112. 农民工流动家庭模式及其风险应对机制研究
113. 老年长期护理服务体系建设研究
114. 我国养老模式、问题及政策配套体系研究
115. 城乡社区养老模式与服务机制研究
116. 现代化背景下的本土社会心理学研究
117. 我国社会工作价值伦理研究
118. 我国现阶段社区社会工作队伍研究
119. 社会工作视角下失独父母的社会融入问题研究
120. 社会工作视角下城市社区精神卫生服务体系建设研究
121. 社会工作、社会组织与社会治理的协同创新研究
122. 社会工作与特殊人群管理研究
123. 社会工作的社会认同研究
124. 社会工作促进社会服务业发展的作用研究
125. 社会工作方法的发展史研究
126. 国企工会福利传统与企业社会工作发展研究
127. 农民集中居住的生活质量问题研究
128. 社会创新的动力与制度环境研究
129. 新生代农民工的婚恋模式研究
130. 不同社会群体的婚姻家庭价值观研究
131. 社会分配差异对家庭关系和家庭稳定性的影响研究
132. 社会性别视角下的社会治理政策研究
133. 中国社会学的社会行动史研究
134. 中国特色社会学话语体系研究
135. 国外社会建设相关经验研究
136. 韦伯与中国文化研究

人口学

1. 坚持计划生育的基本国策研究
2. 创新人口管理与改革户籍制度研究
3. “单独”二胎政策与促进人口长期均衡发展研究
4. 渐进式延迟退休年龄政策研究
5. 农业转移人口市民化研究
6. 建立社会养老服务体系研究
7. 应对人口老龄化挑战相关问题研究
8. 构建农村留守儿童、妇女、老年人关爱服务体系研究
9. 城乡生育水平差异研究
10. 不同规模城市生育水平差异研究

11. 妇女年龄别生育率变动研究
12. 死亡率变动趋势及成因研究
13. 人口预期寿命延长趋势研究
14. 21 世纪我国人口预测与人口转变研究
15. 内在人口自然增长率变动研究
16. 国际人口出生率新变动研究
17. 老年人口消费问题研究
18. 城乡老年人口生活来源比较研究
19. 城市“以房养老”和社区养老模式研究
20. 家庭养老功能弱化问题研究
21. 农村留守老年人口状况调查研究
22. 推迟养老金支付问题研究
23. 养老金社会统筹问题研究
24. 老年人口健康研究
25. 老年与子女、孙子女代际关系研究
26. 老年家庭调查研究
27. 劳动年龄人口变动对经济发展影响研究
28. 第二次人口红利研究
29. 从属比（抚养比）变动趋势与预测研究
30. 工资合理增长与调整机制研究
31. 教育结构与就业问题研究
32. 大学生就业难问题研究
33. 劳动力市场整合与社会政策包容性研究
34. 人口迁移流动下的社会保障改革研究
35. 人口城市化阶段性特征研究
36. 新型城镇化过程中的人口合理分布问题研究
37. 农民工融入城市问题研究
38. 人口城镇化与土地城镇化的关系研究
39. 人口与资源、环境可持续发展研究
40. 人口学视阈下新型城镇化相关问题研究
41. 边疆少数民族人口问题研究
42. 我国牧区妇女生育水平及生育意愿的调查研究
43. 离婚率升高问题研究
44. 结婚率变动问题研究
45. 家庭稳定性问题研究
46. 家庭发展趋势问题研究
47. 残疾人健康问题研究
48. 华侨人口特征和融入问题研究
49. 国际人口迁移研究

民族问题研究

1. 中国梦与构建中华民族共有精神家园研究
2. 中国梦与增强民族自豪感自信心研究
3. 中华民族伟大复兴进程中的国家民族建构研究
4. 贯彻党的民族政策与保障少数民族合法权益研究
5. 巩固和发展平等团结互助和谐的社会主义民族关系研究
6. 支持少数民族和民族地区发展的政策研究
7. 扶持人口较少民族发展研究
8. 推进兴边富民行动研究
9. 加快沿边重点口岸、边境城市等开放的政策措施研究
10. 落实边疆民族地区人才支持计划研究
11. 维护新疆、西藏及其他藏区稳定和发展研究
12. 民族区域自治制度的“中国特色”研究
13. 宪法、民族区域自治法与自治条例关系研究
14. 正确处理中央和地方关系与自治区自治条例研究
15. 民族工作全面纳入法制化轨道研究
16. 自治州、自治县自治条例功能与作用的实证比较研究
17. 新疆地区自治州、自治县制定自治条例调查研究
18. 全面正确贯彻落实民族政策与密切联系群众研究
19. 社会治理与服务中的少数民族合法权益保障研究
20. 民族团结进步教育与公民道德建设研究
21. 援助西藏与全面建成小康社会研究
22. 援助新疆与全面建成小康社会研究
23. 全面建成小康社会与东西部发展差距预测研究
24. 西部地区经济社会发展中生态文明建设的现状研究
25. 西部地区资源环境承载能力监测预警机制研究
26. 西部生态脆弱地区划定生态保护红线研究
27. 少数民族人口在全国城乡分布研究（基于“六普”数据）
28. 少数民族地区城乡发展一体化体制机制研究
29. 新型城镇化进程中的民族交往研究
30. 东部城市少数民族聚居性社区调查研究（3～5 个城市）
31. 少数民族民营企业类型及其发展现状研究

32. 少数民族地区民营企业职工族别构成调查研究

33. 西部地区国有企业吸纳当地少数民族就业调查研究

34. 西部地区国有企业惠民措施调查研究

35. 西藏地区便民警务站建设与社会稳定研究

36. 新疆地区基层（乡镇、社区）维护社会稳定研究

37. 少数民族聚居村寨“村官”调查研究

38. 少数民族地区牧民流动人口就业问题研究

39. 少数民族地区双语教学师资问题研究

40. 少数民族地区构建现代公共文化服务体系研究

41. 少数民族文化是中华文明重要组成部分研究

42. 中国民族学的学科理论创新发展研究

43. 少数民族文字珍善本的搜集、整理和研究

44. 民族国家建构与国家民族整合的理论与实证研究

45. 中国少数民族史（志）研究

46. 边疆民族地区科学无神论宣传教育研究

47. 少数民族妇女在边疆稳定中的作用研究

国际问题研究

1. 中国梦与推动建设持久和平、共同繁荣的和谐世界研究

2. 引导国际社会全面客观认识中国梦研究

3. 中国走和平发展道路的战略选择研究

4. 统筹国内国际两个大局、完善外交总体布局研究

5. 维护我国主权、安全、发展利益研究

6. 构建不冲突、不对抗、相互尊重、合作共赢的新型大国关系研究

7. 按照亲、诚、惠、容的理念推进周边外交研究

8. 尊重各国人民自主选择发展道路权利问题研究

9. 双边、多边、区域次区域开放合作研究

10. 我国实施自由贸易区战略研究

11. 建设丝绸之路经济带研究

12. 建设21世纪海上丝绸之路研究

13. 筹建亚洲基础设施投资银行研究

14. 我国有效参与国际宏观经济政策协调机制研究

15. 马克思主义战争与和平观及其当代价值研究

16. 时代性质、时代问题和时代主题研究

17. 全球贫富差距现状及发展趋势研究

18. 科技革命和经济全球化背景下生产资料私有制与产品全球化基本矛盾研究

19. 国际金融危机现状及发展趋势研究

20. 当代资本主义与社会主义相互关系研究

21. “三个世界划分”理论的当代意义研究

22. 中国外交的基本理论与政策研究

23. “韬光养晦”与“有所作为”的关系研究

24. 我国对外人文交流的现状及作用研究

25. 人民币国际化进程中外汇储备管理研究

26. 未来10～15年中美经济发展格局变化及我国应对战略研究

27. 中俄全面战略协作伙伴关系研究

28. 中美新型大国关系研究

29. 中欧务实合作机制研究

30. 中国“走出去”战略在非洲面临的风险及对策研究

31. 中国与拉丁美洲经贸关系研究

32. 经济全球化背景下的中国产业安全研究

33. 中国海外投资的国家战略规划与风险防范研究

34. 21世纪国际发展援助及中国的角色研究

35. 中国开拓“两洋”出海大通道战略问题研究

36. 东海、南海等涉及我国领土主权和海洋权益争端相关问题研究

37. 深海采矿规章制定与我国海区油气资源开发问题研究

38. 中国参加极地开发的理论及实践研究

39. 中国民间外交研究

40. 中、美、日三边关系研究

41. 中国—东盟自由贸易区建设面临的问题研究

42. 中国与新兴市场国家和发展中国家的团结合作研究

43. 中国与周边国家的互联互通建设研究

44. 中国东北亚次区域合作战略与对策研究

45. 中印领土争端问题研究

46. 中国NGO参与全球治理的战略与策略研究

47. 境外非政府组织在我国的现状及作用研究

48. “全球治理”问题研究

49. 全球多边主义与区域主义研究

50. 全球治理体系的演变及发展中国家地位和作用研究

51. 欧盟经济政策与世界经济格局研究
52. 新兴经济体与世界格局研究
53. 新兴国际协调机制及应对研究
54. 美国“亚太再平衡”战略研究
55. 美国国家安全战略研究
56. 美国“棱镜”等监控计划对国际关系的影响研究
57. 美国军事思想与军事战略研究
58. 美国经济政策与世界经济格局研究
59. 美国债务问题研究
60. 美国“巧实力”与公共外交战略调整研究
61. 英国外交战略研究
62. 欧盟外交战略研究
63. 日本价值观外交研究
64. 俄罗斯外交战略研究
65. 印度外交战略研究
66. 伊朗外交战略研究
67. 朝鲜半岛核问题研究
68. 上海合作组织相关问题研究
69. 博鳌亚洲论坛相关问题研究
70. 安理会改革问题研究
71. 世界银行相关问题研究
72. 国际货币基金组织相关问题研究
73. 二十国集团相关问题研究
74. 国际组织中的政治势力集团分析
75. 中东北非伊斯兰政党上台及其对中国的影响研究
76. 大国围绕叙利亚危机的博弈及其对中东局势的影响研究
77. 全球经济金融治理机制研究
78. 全球企业并购与国际直接投资的变化方向研究
79. 全球经济周期问题研究
80. 全球自由、开放、非歧视的多边贸易体系建设研究
81. 世界各国对转基因技术的政策和法律研究
82. 石油、粮食、水等资源安全问题研究
83. WTO与TPP等自由贸易谈判研究
84. 亚洲区域经济一体化与跨区域合作研究
85. 全球气候变化谈判与清洁能源的前景研究
86. 经济全球化背景下的人权问题研究
87. 国际移民和难民问题研究
88. 毒品扩散和跨国犯罪问题研究
89. 海权争端中的国际法研究
90. 越南、古巴、朝鲜、老挝特色社会主义研究
91. 拉美、非洲和亚洲相关国家左翼思潮研究
92. 全球非执政共产党现状及发展趋势研究
93. 前苏联知识分子政策与国家兴衰研究
94. “金融战”与苏联解体研究
95. 互联网与颜色革命研究
96. 国际话语体系研究
97. 西方媒体在国际关系中的角色与作用研究
98. 西方文化霸权研究
99. 伊斯兰世界与西方的文化差异与矛盾研究
100. 全球主要智库对中长期世界格局的判断研究
101. 冷战以来美国主要思想家、政治家、战略家的“和平观”研究
102. 中医药走向世界战略研究
103. 新中国外交史研究
104. 当今国际政治理论思潮研究

中国历史

1. 中华民族伟大复兴的历史进程研究
2. 唯物史观与中国特色社会主义理论体系研究
3. 唯物史观与中国历史发展道路研究
4. 唯物史观与中国近代社会性质研究
5. 唯物史观在近代中国的传播研究
6. 唯物史观与中国实证史学关系研究
7. 中国国家起源问题研究
8. 中华民族形成史研究
9. 中国古代国家认同与社会治理研究
10. 中国古代道德规范研究
11. 中国古代移民史研究
12. 中国古代生态思想研究
13. 敦煌学学术史研究
14. 中国古代“丝绸之路”与华夏文明传播研究
15. 汉唐时期“丝绸之路”交通与贸易变迁研究
16. 中国古代海上“丝绸之路”研究
17. 历史时期边疆地区城市发展与社会变迁研究
18. 长江流域古代文明进程研究
19. 历史时期少数民族的活动与环境变迁研究
20. 魏晋隋唐以来地方志编纂及相关文献遗存研究
21. 谣谶与十六国北朝政治、社会变迁研究
22. 明清时期江西填湖广、湖广填四川研究
23. 明清以来江淮海地区经济发展与社会变迁

研究

24. 琉球历史与东亚国际秩序研究

25. 晚清、民国时期经学衰退史研究

26. 中国近代海权意识研究

27. 民国时期国人关于民族复兴的研究

28. 民国时期中国知识界关于社会主义道路的研究

29. 民国时期历史教科书与历史教学研究

30. 晚清和民国时期立宪和宪政运动教训研究

31. 晚清民国时期中国国家权力机关的重构研究

32. 近代以来中央与地方财政分权制度研究

33. 中国近代城市兴衰与社会发展研究

34. 中国近现代教育发展研究

35. 民国学术史研究

36. 20 世纪“新史学”流派学术成就研究

37. 近代中外之间关于领土和疆界问题谈判交涉研究

38. 近代来华外国顾问研究

39. 近现代中日关系的历史症结与历史观研究

40. 20 世纪川藏地区社会经济变迁研究

41. 五四时期的社团与中国共产党创建关系研究

42. 广东军政府研究（1917—1922）

43. 毛泽东与中国共产党建国方略的形成与实践研究

44. 中国特色社会主义宪法形成史研究

45. 中国协商民主制度历史发展研究

46. 新中国国防战略思想史研究

47. 新中国大学教育发展史研究

48. 新中国土地制度研究

49. 改革开放以来城市发展与社会变迁研究

50. 新中国金融制度与国民经济关系研究

51. 中国与“二战”后世界秩序的构建研究

52. “台独”发展史研究

53. 中美建交后双方在涉台问题上的互动关系研究

54. 《告台湾同胞书》发表以来两岸关系发展史研究

55. 新中国方志编纂史

世界历史

1. 中国梦与世界各国人民追求幸福生活梦想的历史比较研究

2. 全球化与全球史理论研究

3. 后现代史学与后现代史学家研究

4. 古代东西方世界的国际关系理论与实践比较研究

5. 世界古代经典文献的汉译与研究

6. 中世纪欧洲经济与社会新史料整理、翻译与研究

7. 南海、东海岛屿的外国史料（含地图）收集、整理与研究

8. 世界历史上大国边疆治理研究

9. 历史知识和文学艺术在民族国家建构中的作用研究

10. 近代以来西方传媒社会作用的历史研究

11. 发达国家社会治理理论与实践的历史考察

12. 近代以来主要国家经济发展过程中社会道德问题研究

13. 当代世界重大问题的历史渊源研究

14. “二战”后对战败国条约安排与执行的历史研究

15. “二战”后美国与亚太关系的历史研究

16. 中亚国别史研究

17. 外国农民和乡村历史的变迁研究

考古学

1. 旧、新石器文化过渡遗存研究

2. 史前社会复杂化的考古学研究

3. 夏商周时期中原与周边考古学文化研究

4. 古代城镇的考古学研究

5. 古代宗教遗存的考古学研究

6. 中国考古学史研究

7. 军事考古学研究

8. 流散国外的中国文物资料整理与研究

9. 外国考古学研究

10. 生物考古及相关问题研究

11. 考古地理信息系统构建研究

12. 大遗址保护与展示相关问题研究

宗教学

1. 中国梦与中国文化传统中的信仰精神研究

2. 马克思主义宗教观基本理论研究

3. 中国特色社会主义宗教理论研究

4. 积极引导宗教发挥正能量作用研究

5. 积极引导宗教与当代社会及其文化相适应研究

6. 中国宗教文化软实力及公共外交作用研究

7. 无神论学科体系建设研究

8. 科学无神论与宗教信仰自由研究

9. 科学无神论与抵御境外宗教渗透研究
10. 宗教与海洋文化关系研究
11. 世界政教关系研究
12. 宗教与当代中国外交研究
13. 中国政教关系史及其特色研究
14. 中外关系中的宗教因素研究
15. 亚洲社会政治与宗教关系研究
16. 我国宗教信仰人群的调查与分析
17. 我国新兴社会阶层的宗教信仰状况研究
18. 新型城镇化过程中的宗教变迁研究
19. 宗教与现代社会生态关系研究
20. 宗教与当代中国经济关系研究
21. 我国宗教多元发展现状研究
22. 依法治国与宗教管理研究
23. 当代中国宗教管理的新思路、新举措研究
24. 宗教组织的社会服务与慈善事业研究
25. 宗教与科学关系的历史及现状研究
26. 民族文化与宗教关系研究
27. 宗教文化艺术的历史及现状研究
28. 宗教经典、档案及重要文献的整理与翻译
29. 世界佛教发展历史与现状研究
30. 佛教思想历史及现状研究
31. 佛教与中国传统文化研究
32. 基督教与国际政治关系研究
33. 基督教思想文化在中外社会发展中的意义与作用研究
34. 基督教在当代中国城镇、农村与少数民族地区的传播研究
35. 梵蒂冈和世界天主教最新发展及对我国的影响研究
36. 世界伊斯兰教现状及其政治影响研究
37. 伊斯兰教新兴教派及其对中国的影响研究
38. 当代伊斯兰教在我国的传播新特点研究
39. 道教礼仪与我国民俗传统研究
40. 我国民间信仰的管理问题研究
41. 我国民间信仰及其国内外影响研究
42. 新兴宗教及其对我国的影响研究
43. 我国少数民族宗教发展历史与现状研究
44. 台港澳宗教及其政治参与研究

中国文学

1. 文学的使命与中国梦研究
2. 加强文学艺术产品创作生产的引导研究
3. 坚持马克思主义在文学创作与批评中的指导地位研究
4. 文学创作与批评中的历史虚无主义问题研究
5. 当代文艺评论与文艺思潮研究
6. 马克思主义文学理论中国化的发展历程及其经验研究
7. 建设中华优秀传统文化传承体系研究
8. 中国古代文学与弘扬优秀传统文化研究
9. 提高文化开放水平与中国文学走向世界问题研究
10. 文学的正负能量与创作主体义利观研究
11. 文学创作与批评中的人性人道主义问题研究
12. 古代分体文学研究
13. 历代著名作家作品研究
14. 出土文献与传世文学文献研究
15. 中国古代多元文化与多民族文学研究
16. 中国古代思想史与文学思潮研究
17. 中国古代审美意识研究
18. 中国现当代文学的文献整理与研究
19. 列宁主义与中国新文学思潮百年书话研究
20. 鲁迅在中国现代文学中的经典地位研究
21. 20世纪左翼文学研究
22. 作家地域特征性研究
23. 中国现当代红色文学经典的审美特征研究
24. 新文学伦理叙事与中国现代伦理观的构建研究
25. 全球化背景下文学的传承与创新研究
26. 媒介融合中的中国当代文学新趋势研究
27. 华文文学的变异与融通研究
28. 中国近代翻译文学史研究
29. 当代文化中的网络文学研究
30. 作家纪念馆与文学传播研究
31. 传记文学研究
32. 影视文本的文学性研究

外国文学

1. 外国文学与现代化及公民道德建设研究
2. 外国文学与国民教育研究
3. 外国文学与人文主义研究
4. 国外文学教育与国家认同研究
5. 我国与周边国家文学关系研究
6. 当前外国文学的若干重要问题反思（如生态批评、女权主义、少数族裔文学、后殖民主义、文学心理学等）
7. 外国重要作家、作品研究（以古典为主）

8. 外国重要文艺思想、流派研究

语言学

1. 推广和规范使用国家通用语言文字研究

2. 中国境内语言类型特征及语言普遍现象研究（汉语、各少数民族语言）

3. 中国濒危语言有声语档建设的理论与实践研究

4. 现代通用汉字的历史读音研究

5. 声调类型学研究

6. 汉语的域外传播研究

7. 现代汉语常用词的构成理据及其历史源流研究

8. 句法和语义的互动关系研究

9. 汉语词类的新探索和特殊小类研究

10. 汉语常用句式的句法语义新研究

11. 虚词的语义结构与语用功能研究

12. 方言研究数字化基础建设研究

13. 汉语方言特征研究（区、片、边界点等）

14. 与汉语方言音韵层次相结合的音韵学研究

15. 近代汉语官话语音研究与北京话历史音变研究

16. 汉语的起源与形成研究

17. 上古汉语形态与谐声字关系研究

18. 汉藏历史比较语言学研究

19. 阿尔泰语系三大语族亲缘、接触关系的历史研究

20. 藏区语言生态调研

21. 基于语料库的出土上古文献语言研究

22. 手语语料库建设和神经机制研究

23. 儿童语言发展的心理学与神经语言学研究

24. 语言治疗标准与汉语语言能力评估研究

25. 当代英汉/汉英平行语料库的创建与应用研究

26. 我国外语能力标准研究

27. 基于使用的语言学与语言习得

28. 切合中国外语学习者的教学理论与方法研究

29. 切合外国汉语学习者的教学理论与方法研究

30. 双语对比与翻译研究

新闻学与传播学

1. 中国梦宣传教育与全方位传播研究

2. 牢牢掌握意识形态工作领导权、管理权、话语权研究

3. 新闻宣传坚持党性与人民性相统一研究

4. 正面宣传与舆论斗争研究

5. 大宣传工作理念和格局研究

6. 舆论引导的“时、度、效”问题研究

7. 宣传思想文化工作改革创新研究

8. 增强主流媒体的传播力公信力影响力研究

9. 外宣工作创新研究

10. 推进国际传播能力建设研究

11. 加强国际传播话语体系建设研究

12. 我国对外传播的效果分析研究

13. 边疆省区国际传播能力建设研究

14. 改善网络舆论生态研究

15. 网上舆论斗争的特点、规律及应对策略研究

16. 互联网信息保护与推行实名制研究

17. 涉腐网络舆情收集、研判、处置、引导机制研究

18. 网络谣言及其治理问题研究

19. 加强和改进网络内容建设研究

20. 加强马克思主义新闻观教育研究

21. 媒体社会责任与传播正能量研究

22. 党管媒体原则的理论与实践研究

23. 我国媒体管理体制机制创新研究

24. 正面引导和依法管理相结合的网络舆论工作格局研究

25. 传统媒体和新兴媒体融合发展研究

26. 新闻发布制度化研究

27. 严格新闻工作者职业资格制度与规范传播秩序研究

28. 理顺内宣外宣体制研究

29. 中国特色社会主义新闻理论体系研究

30. 中国特色社会主义新闻学核心理念和核心概念研究

31. “宣传”与“新闻”的异同研究

32. 重要国有传媒企业探索实行特殊管理股制度研究

33. 大数据背景下的新闻传播发展研究

34. 传统媒体数字化转型策略研究

35. 媒介视野下当代中国和外部世界的结合研究

36. 世界主要新闻媒体发展现状与趋势研究

37. 深度报道的中外比较研究

38. 媒介融合背景下的视听媒介研究

39. 我国省级卫星电视频道发展研究

40. 全球化背景下电视节目创新研究

41. 全球气候变化和环境传播研究

42. “新丝绸之路”与中亚发展的传播学研究
43. “美丽中国”对外传播研究
44. “官媒”互动机制研究
45. 新媒体时代新闻传播教育发展研究
46. 新闻传播与艺术的关系研究
47. 中国传统文化与现代文化融合传播研究
48. 媒介文化价值与实现机制研究
49. 传播学本土化研究
50. 海外华文报刊与中国文化传播研究
51. 国学与现代传媒的互动研究
52. 民族媒体现代化发展途径研究
53. 党报在多媒体条件下的主体角色研究
54. 基于我国经济规模的财经类大报发展模式研究
55. “群众办报”研究
56. 新媒体环境下的报纸发展趋势研究
57. 社会化媒体的影响及管理研究
58. 国外社会化媒体传播技巧研究
59. 大众传媒与公众风险感知研究
60. 新媒体对外传播研究
61. 新媒体法制建设研究
62. 政府新媒体传播技巧研究
63. 新媒体与健康传播研究
64. 新媒体环境下道德舆论的引导机制与策略研究
65. 新媒体环境下的公益传播研究
66. 新媒体环境下的新闻报道叙事研究
67. 新媒体技术与伦理研究
68. 新媒体与风险沟通研究
69. 新媒体与环境传播研究
70. 网络舆论场与社会舆论场互动机制研究
71. 新闻网站对外传播研究
72. 移动互联网条件下新闻传播新动向新趋势研究
73. 网络时代个人信息保护问题研究
74. 青少年网络行为及其影响研究
75. 微信与舆情研究
76. 微信与绿色网络环境研究
77. 微博公共事件研究
78. 微信的传播功能研究
79. “大V”微博传播研究
80. 近代以来日本人在华新闻活动研究
81. 中国近代新闻思想研究
82. 穆青精神的现实影响及其传承研究
83. 出版集团股份制状况与发展研究
84. 中国出版业图书品种迅猛增长与图书质量分析
85. 中国民营书业的发展与政策研究
86. 当前出版业书号管理研究
87. 数字出版发展的国际趋势与我国数字出版战略研究
88. 数字环境下的学术传播平台质量控制研究
89. 政治出版物的互联网阅读行为研究
90. 我国新闻传播教育问题研究
91. 互联网时代大众传媒中的性别平等问题研究

图书馆、情报与文献学

1. 加强国家信息安全研究
2. 境外信息网络监控对我国信息安全的挑战及应对措施研究
3. 各级图书馆发展的社会支撑体系研究
4. 跨系统区域图书馆联盟建设与发展实证研究
5. 图书馆在推进职业素养教育与培训中的作用研究
6. 图书馆开展数字人文项目相关问题研究
7. 发挥基层图书馆推动全民阅读的作用研究
8. 城镇化建设中的农村公共阅读服务体系研究
9. 面向图书馆的电子书服务模式与服务平台研究
10. 基于信息觅食理论的数字图书馆学科服务模式创新研究
11. 图书编目的变革与创新研究
12. 新型书目框架的研发与实验研究
13. 图书馆资源组织中的数据关联机制研究
14. 基于关联数据的数字图书馆动态服务组合研究
15. 图书馆服务定位和建设策略研究
16. 基于物联网环境的图书馆数据管理与信息服务共享技术研究
17. 网络时代战略情报研究的理论、方法和组织架构研究
18. 全球中文网站基本情况研究
19. 网络舆情视角下非常规突发事件应急管理机制研究
20. 面向供应链管理的企业竞争情报运作模式和实施策略研究
21. 影响情报分析的非智力心理因素及其调节

研究

22. 大数据环境下情报学理论体系研究

23. 大数据环境下的信息管理学科内涵创新研究

24. 大数据的发展趋势与创新管理研究

25. 大数据环境下情报分析方法与工具集成研究

26. 大数据时代情报数据融合与分析技术研究

27. 面向大数据的知识组织方法体系及其应用模式研究

28. 大数据环境下知识的自组织机制研究

29. 大数据环境下数据耕耘模型研究

30. 我国科研成果开放获取战略及政策研究

31. 科研数据管理关键技术与服务机制研究

32. 科研“E 化”环境下的数据管理研究

33. 网络环境下的跨学科科学家协作行为与特征分析

34. 新型城镇化进程中的信息化问题研究

35. 创新型城市建设过程中图书情报机构的变革与作用研究

36. 我国图书情报学科知识结构及演化动态研究

37. 我国地区间数字鸿沟调查及解决对策研究

38. 图书出版与文化安全战略研究

39. 学科网络信息深度聚合框架创新研究

40. 信息服务法律制度研究

41. 人机交互环境下文献数据库用户心智模型动态演变研究

42. 网络用户信息搜索认知模型研究

43. 社交网络中基于用户的知识组织研究

44. 移动互联网用户信息利用行为研究

45. 网络信息资源的用户评价与分享行为研究

46. 面向主题的网络信息追溯与长期保存研究

47. 网络资源聚合单元分类体系的构建与评估研究

48. 创新领军人才的个性化知识服务研究

49. 面向社交网络的个性化知识服务研究

50. 产业融合背景下数字内容产业成长的动力机制与创新模式研究

51. 面向学科网络信息资源聚合的语义相关性研究

52. 面向功用的科技信息深度语义挖掘研究

53. 我国声像遗产的抢救与保护策略研究

54. 面向区域创新的信息资源管理与优化研究

55. 基于信息生态视角的信息资源协同研究

56. 信息消费与信息资源产业发展研究

57. 信息消费与知识产权研究

58. 信息消费法律政策环境研究

59. 社会化媒体环境下的信息质量研究

60. 个人信息利用与安全管理研究

61. 学术信息的时序多维可视化研究

62. 基于智能移动终端的知识传播与学习能力实证研究

63. 科技知识转移提升科技成果转化效果的实证研究

64. 基于全球科技态势的战略性新兴产业预测研究

65. 我国政府出版物的产生、管理和服务机制研究

66. 国外政府数据开放政策研究

67. 近代工业遗产档案的整理与开发研究

68. 智慧城市背景下数字档案资源建设研究

69. 数字档案资源生态安全与风险管理研究

70. 档案在集体记忆建构中的价值与介入方式研究

71. 面向政府决策的档案知识库构建研究

72. 军民融合式档案工作发展策略研究

73. 全球数字化转型背景下我国文件档案信息集成管理与集成服务模式研究

74. 业务驱动模式中的电子文件管理流程与方法研究

75. 档案密级鉴定研究

体育学

1. 体育与人的全面发展研究

2. 体育的国家地位与社会责任研究

3. 我国体育改革与发展研究

4. 体育的价值与功能研究

5. 新中国体育思想基础与制度框架研究

6. 中外体育社会科学发展比较研究

7. 中外体育思想比较研究

8. 中国体育与奥林匹克研究

9. 体育学学科体系研究

10. 改革开放以来我国体育的成功经验与教训研究

11. 新时期我国体育行政职能转变研究

12. 体育道德与廉政风险研究

13. 新型城镇化进程中体育发展研究

14. 社会建设与体育社会组织发展研究

15. 我国体育法规研究

16. 中外体育法学比较研究
17. 体育科技协同创新研究
18. 我国公民体育意识研究
19. 我国三大球项目发展与振兴研究
20. 运动项目竞技水平、社会普及与产业发展联动机制研究
21. 我国体育标准化研究
22. 公民体育权利与公共体育服务保障研究
23. 公民体质与社会安全研究
24. 政府职能转变与公共体育服务体系建设研究
25. 政府购买公共体育服务方式与运行机制研究
26. 我国城乡体育基本公共服务体制机制改革创新研究
27. 公共体育服务建设标准体系研究
28. 社会发展与公民体育参与研究
29. 体育社会组织培育与发展研究
30. 城市社区体育"自治"与社会发展关系研究
31. 公共体育服务内容体系研究
32. 全球化与体育文化传播研究
33. 球迷文化研究
34. 体育非物质文化遗产研究
35. 世界体育文化多样性发展研究
36. 运动健康传播研究
37. 体育休闲娱乐的文化价值研究
38. 网络信息化对体育的影响研究
39. 重大体育赛事不同国家媒体报道的比较研究
40. 奥林匹克文化研究
41. 全民健身的政策法规研究
42. 城市社区体育相关问题研究
43. 乡村体育相关问题研究
44. 全民健身与人口素质研究
45. 全民健身的区域特点研究
46. 不同人群体育需求与参与研究
47. 休闲体育与生活质量改善研究
48. 我国体育公园的建设与发展研究
49. 竞技体育价值研究
50. 我国大型体育赛事改革与创新研究
51. 我国竞技体育可持续发展创新研究
52. 国际职业体育发展及其对我国的影响研究
53. 运动员和教练员职业道德研究
54. 体育商业化和职业化研究
55. 反对和禁止兴奋剂研究
56. 先进运动训练理论与方法的引进、借鉴及创新研究
57. 青少年体育后备人才培养研究
58. 大型体育赛事风险管理研究
59. 运动员职业技能教育研究
60. 体育产业发展政策研究
61. 体育产业资源优化与结构布局战略研究
62. 大型体育场馆的利用与开发研究
63. 我国体育用品制造业技术革新与产业升级研究
64. 中国体育品牌研究
65. 我国体育服务业发展战略研究
66. 我国体育产业园区研究
67. 体育消费相关问题研究
68. 休闲运动的开发与推广研究
69. 青少年体育振兴规划研究
70. 学校体育与教育制度改革研究
71. 青少年体质健康研究
72. 我国青少年运动等级标准研究与制订
73. 保护青少年运动权益研究
74. 体育干预青少年犯罪研究
75. 学校体育竞赛制度研究
76. 体育与德育、智育关系研究
77. 体育游戏对少年儿童成长的影响研究
78. 我国残疾学生体育教育与体质健康研究
79. 民族传统体育项目志
80. 区域民族民间体育研究
81. 我国传统体育文化资源开发研究
82. 民族传统体育国际交流与传播研究
83. 现代化进程与民族传统体育传承研究

管理学

1. 国有企业完善现代企业制度研究
2. 市场监管体系改革研究
3. 经济稳定增长与注重供给管理研究
4. 供给侧的宏观经济管理研究
5. 我国国家资产负债表风险管理研究
6. 国有企业公司法人治理结构研究
7. 国有企业职业经理人制度研究
8. 企业异质性理论与我国出口战略研究
9. 商业生态系统与企业平台战略研究
10. 企业战略认知与价值观管理研究
11. 国有企业信息披露制度研究
12. 公司治理与企业社会责任理论的整合性研究
13. 大数据对企业战略决策和经营活动的影响

研究

14. 网络条件下的企业组织创新行为研究

15. 企业创新网络中的知识吸收与扩散研究

16. 基于云经济的企业管理创新研究

17. 基于社会网络的创业行为研究

18. 绿色创业与企业绿色管理问题研究

19. 民营企业代际传承问题研究

20. 民营企业人才培养及劳动力培训问题研究

21. 企业新生代员工管理问题研究

22. 企业价值观管理与情感管理研究

23. 中国企业国际化过程中的跨文化管理研究

24. 中国参与全球价值链战略研究

25. 中国物质流分析与资源产出率测算研究

26. 全国社会保险基金风险管理与政府责任研究

27. 中等收入阶段劳动力供给问题研究

28. 老龄产业管理与核算方法研究

29. 在华境外非政府组织管理研究

30. 公办事业单位与主管部门理顺关系和去行政化问题研究

31. 优化行政区域划分相关问题研究

32. 省直接管理县（市）体制改革研究

33. 机构编制管理科学化、规范化、法制化研究

34. 社会协同发展的区域性府际合作模式研究

35. 政府流程再造和效能提升研究

36. 公共安全体系建设相关问题研究

37. 互联网管理领导体制改革研究

38. 国家安全体制和国家安全战略研究

39. 建立全社会房产、信用等基础数据统一平台研究

40. 推动形成统一规范的口岸管理体制研究

41. 气候变化与防汛抗旱的战略管理研究

42. 公共部门绩效管理评价体系研究

43. 公共部门人力资源管理研究

44. 地方债务审计及风险管理研究

45. 户籍制度改革的顶层设计与局部实验研究

46. 我国应急管理文化传统的演变与发展研究

47. 我国公共政策执行过程研究

48. 大数据时代的公共安全与风险治理研究

49. 公共价值伦理在政策制定中的地位与作用研究

50. 基层公务员行为模式与激励机制实证研究

51. 我国事业单位劳动价值的衡量与比较研究

52. 地方公务员薪酬与福利待遇实证研究

53. 我国 MPA 教育中的公共领导力提升研究

54. 国际廉政体制模式比较研究

55. 世界各国质量安全监管制度比较研究

56. 住宅工程质量管理与验收制度研究

57. 健全国有文化资产管理体制研究

58. 基本公共文化服务标准化、均等化研究

59. 国有经营性文化单位转企改制相关问题研究

60. 推动文化企业跨地区、跨行业、跨所有制兼并重组研究

61. 小微文化企业发展研究

62. 我国文化消费与文化产业发展研究

63. 我国文化资源的保护与产业化问题研究

64. 完善公共文化服务指标体系研究

65. 引导民间资本投资文化产业研究

66. 知识产权保护、网络创新与增长方式转变研究

67. 知识产权运用、保护与技术创新激励机制研究

68. 创新驱动发展下的科技战略与管理政策研究

69. 新媒体环境下的电子化社会治理模式研究

70. 信息体验市场消费者行为研究

71. 网络消费市场消费者行为研究

72. 分领域信息化绩效评估的理论、方法与实证研究

73. 推进以公平和质量为重点的教育改革发展研究

74. 考试招生制度改革相关问题研究

75. 境外优秀人才回国或来华创业发展战略研究

76. 统筹城乡义务教育资源均衡配置研究

77. 现代职业教育体系研究

78. 教育统筹权与学校办学自主权研究

79. 完善我国基本药物供应保障体系的政策研究

80. 最严格的覆盖全过程的食品药品安全监管制度研究

81. 完善中医药事业发展政策和机制研究

82. 药品生产流通销售全过程管理的实证研究

83. 重大突发公共卫生事件应急管理研究

84. 我国大范围雾霾天气与公共健康研究

85. 家庭医疗体系构建与医保支付制度的衔接研究

86. 我国医疗器械监管安全评价指标体系研究

87. 医保付费机制创新与公立医院改革研究

88. 医疗体制改革与民营医院发展研究

89. 健康服务业放宽准入与改进监管研究
90. 公共财政体制改革和预算管理创新研究
91. 优化财政支出结构与控制“三公”经费问题研究
92. 深化税收制度改革与完善国、地税征管体制研究
93. 中央和地方政府债务管理及风险预警机制研究
94. 财政审计促进财税改革研究
95. 扩大营业税改征增值税试点研究
96. 国有企业财务预算等重大信息公开研究
97. 完善我国金融宏观审慎管理对策研究
98. 金融机构市场化退出机制研究
99. 建立宏观审慎管理框架下的外债和资本流动管理体系研究
100. 股票发行注册制研究
101. 利率市场化后的央行基准利率问题研究
102. 我国金融机构倒闭和退出机制研究
103. 我国汇率市场化问题研究
104. 网络金融监管制度研究
105. 信贷资产证券化及风险防范研究
106. 加快发展民营金融机构研究
107. 公司债券市场改革与金融体系改革研究
108. 资本项目开放对人民币汇率与金融稳定的影响研究
109. 人民币国际化进程中外汇储备管理研究
110. 影子银行交叉传染风险度量机制研究
111. 我国上市公司股利决策与投资效率研究
112. 我国支付清算市场创新与改革研究
113. 供应链金融与中小企业融资模式创新研究
114. 垄断性行业价格形成机制及管理研究
115. 价格管理的理论和政策研究
116. 城市建设管理创新研究
117. 提高城市土地利用率研究
118. 城市建设投融资机制研究
119. 智慧城市发展的技术经济测评理论与方法体系创新研究
120. 农民工住房问题的城乡联动效应研究
121. 完善住房公积金制度研究
122. 城市管理与城市效率提升路径研究
123. 城市综合承载力测算及提升路径研究
124. 城市垃圾减量化管理模式研究
125. 食品分配与粮食安全问题研究
126. 建立农村产权流转交易市场研究
127. 国有林区经营管理体制改革研究
128. 环境污染第三方治理研究
129. 国家自然资源资产管理体制研究
130. 完善自然资源监管体制研究
131. 编制自然资源资产负债表与生态环境损害责任终身追究制研究
132. 建立国家公园体制研究
133. 资源税改革研究
134. 我国环境绩效管理体系研究
135. 跨区域减排的技术经济优化路径及政策模拟研究
136. 欠发达地区现代交通运输体系构建研究
137. 全国内河航道建设养护管理体制研究
138. 区域生态文化保护与旅游发展研究
139. 我国旅游业发展战略研究
140. 中国旅游业国际地位的评价与提升研究
141. 公民出境文明旅游和塑造国家良好形象研究
142. 深化军事体制编制调整改革研究
143. 健全军费管理制度研究
144. 构建中国特色现代军事力量体系研究
145. 优化军队规模结构研究
146. 深化军队院校改革研究
147. 健全军事人力资源制度研究
148. 兵役制度、士官制度、退役军人安置制度改革研究
149. 推动军民融合深度发展研究
150. 国家核心安全需求与军队现代化建设研究
151. 军队组织形态现代化研究
152. 军队信息化建设研究
153. 国防动员应急预警管理机制研究
154. 比较管理理论与跨文化管理实践研究
155. 学科交叉与管理学方法论研究

（全国哲学社会科学规划办公室供稿）

2014 年度国家社会科学基金项目立项课题（北京地区）

一、马列·科社

重点项目

项目名称	负责人	工作单位	预期成果	完成时间
中国特色御灾模式研究	李雪峰	国家行政学院应急管理培训部	专著 研究报告	2016. 12. 31
中国模式研究	孙劲松	中共中央党校科学社会主义教研部	专著	2017. 12. 30

一般项目

项目名称	负责人	工作单位	预期成果	完成时间
中国特色社会主义分配制度的实践特性及效率效应研究	曹永栋	对外经济贸易大学思想政治理论课教学科研部	专著	2017. 6. 30
工人的主体性建设与劳动解放研究	彭恒军	中国劳动关系学院科研处	专著	2016. 12. 31
中国梦对青年大学生文化认同的引领研究	朱效梅	清华大学马克思主义学院	研究报告	2018. 12. 31
完善中国省域生态文明建设评价指标体系研究	吴明红	北京林业大学人文社会科学学院	专著	2016. 12. 31
中国、越南和苏联马克思主义民族化比较研究	陈明凡	清华大学马克思主义学院	专著	2018. 6. 30
新自由主义思潮对中国改革开放的影响研究	朱安东	清华大学马克思主义学院	专著	2017. 7. 31
大型开放式网络课程条件下思想政治教育模式创新研究	刘　震	清华大学马克思主义学院	专著 论文（集）	2017. 12. 31
中国特色社会主义国际话语权研究	路克利	中国人民大学马克思主义学院	专著	2017. 2. 28
马克思主义无神论与抵御境外宗教渗透研究	左　鹏	北京科技大学马克思主义学院	论文（集） 研究报告	2017. 12. 31
中国国家形象创新与发展战略研究	乔　旋	对外经济贸易大学国际关系学院	论文（集） 研究报告	2017. 12. 31
当代中国马克思主义发展与创新的规律和机制研究	谭扬芳	中国社会科学院马克思主义研究院	专著	2016. 12. 31
马克思主义无神论中国化研究	习五一	中国社会科学院马克思主义研究院	专著	2018. 12. 30
中国特色社会主义的价值解读	李海青	中共中央党校马克思主义理论教研部	专著	2017. 12. 30
中西价值观比较视阈下我国当代核心价值观构建研究	张学森	中共中央党校科研部	专著	2017. 12. 30
在新自由主义世界中古巴社会主义建设研究	张登文	北京市社会科学院科学社会主义研究所	专著	2016. 12. 30
中国特色社会主义道路的世界意义研究	许　峰	北京联合大学	专著	2016. 12. 30
港澳台青少年中华传统价值观认同研究	李本友	北京广播电视大学门头沟分校	专著 论文（集）	2016. 12. 31

青年项目

项目名称	负责人	工作单位	预期成果	完成时间
理解史视域中的历史唯物主义研究	沈江平	中国人民大学马克思主义学院	专著	2017.9.30
中间阶层对农村社会治理的作用和参与机制研究	刘　洋	农业部农村经济研究中心	论文（集） 研究报告	2017.6.30
实践哲学视域下的中国特色社会主义理论体系研究	李双套	中共中央党校	专著	2016.6.30
生态文明竞争力评价指标体系研究	郭兆晖	中共中央党校经济学教研部	专著	2016.12.31
当代资本主义劳资关系与国家调节研究	蒋　茜	中共中央党校马克思主义理论教研部	专著	2016.12.30
20世纪西方马克思主义的历史观研究	武晓超	中共中央党校科学社会主义教研部	论文（集） 研究报告	2016.12.31
社会转型期意识形态建设问题研究	唐爱军	中共中央党校马克思主义理论教研部	专著	2016.12.30
中西比较视阈下我国当代核心价值观构建研究	张　源	中共中央党校科学社会主义教研部	研究报告	2017.6.1
当代中国人的精神世界重建问题研究	王海滨	中央党校马克思主义理论教研部	专著	2017.2.1
构建和完善我国协商民主体系及其运行机制的案例研究	孙照红	北京市社会科学院	专著	2016.12.31

二、党史·党建

重点项目

项目名称	负责人	工作单位	预期成果	完成时间
深化党的建设制度改革研究	郭大成	北京理工大学	论文（集） 研究报告	2016.12.31

一般项目

项目名称	负责人	工作单位	预期成果	完成时间
改革开放以来中国共产党领导自然灾害救助工作的历史经验	赵朝峰	北京师范大学马克思主义学院	专著	2017.12.30
新中国成立以来中国共产党发展对外党际关系的历史经验研究	余科杰	外交学院基础教学部	专著	2018.7.1
《中国季刊》视角下的海外中共党史研究（1960—2010）	管永前	北京外国语大学中国海外汉学研究中心	专著	2017.12.31
国家治理视域下的执政党建设与参政党建设相互关系研究	贾小明	中央社会主义学院	专著	2018.6.30
新时期构建多主体多向度群众工作模式研究	杨久华	中共交通运输部党校	专著 研究报告	2017.12.15
民族区域自治制度形成过程中的内蒙古因素研究	李国芳	中共中央党校中共党史教研部	研究报告	2016.12.30
党内规章与国家法律关系研究	张立伟	中共中央党校政法教研部	专著	2016.12.15
抗美援朝空战及其对空军发展的影响研究	王叶红	空军指挥学院	研究报告	2015.7.30

续表

项目名称	负责人	工作单位	预期成果	完成时间
改革开放条件下培育党的学习文化研究	韩玉芳	中共北京市委党校政治学教研部	专著	2018. 5. 30

青年项目

项目名称	负责人	工作单位	预期成果	完成时间
现代国家构建视角下的中国共产党治疆方略研究	孔新峰	国家行政学院政治学教研部	研究报告	2016. 12. 31
中国第一颗原子弹研制与“两弹一星”精神研究	聂文婷	中共中央党校中共党史教研部	专著	2017. 12. 31

三、哲学

重点项目

项目名称	负责人	工作单位	预期成果	完成时间
基于最新文献的马克思重要文本再研究	聂锦芳	北京大学哲学系	专著	2018. 5. 5
所有权与正义——走向马克思政治哲学	张文喜	中国人民大学哲学院	专著	2017. 12. 31
斐洛全集的翻译与综合研究	王晓朝	清华大学人文学院哲学系	译著 论文（集）	2018. 12. 31
生态文明建设中的伦理问题研究	卢　风	清华大学哲学系	专著	2017. 12. 31
生态学整体论—还原论争论及其解决路径研究	肖显静	中国社会科学院哲学研究所	专著	2017. 12. 31
时间哲学研究	尚　杰	中国社会科学院哲学研究所	专著	2017. 12. 31
绿色技术范式与生态文明制度研究	赵建军	中共中央党校哲学教研部	专著	2016. 12. 30

一般项目

项目名称	负责人	工作单位	预期成果	完成时间
黑格尔与当代法国马克思主义的理论嬗变研究	夏　莹	清华大学人文学院哲学系	专著	2017. 2. 10
王船山与中国近代实践观的转型研究	冯　琳	中国人民大学书报资料中心	专著	2017. 12. 31
来华耶稣会士白晋《易经》手稿研究	张西平	北京外国语大学中国海外汉学研究中心	专著	2017. 12. 30
从和制汉语的角度考察中国传统哲学对日本近代哲学概念的影响研究	孙　彬	清华大学外国语言文学系	专著 研究报告	2017. 6. 30
古注十三经整理与研究	王丰先	北京大学哲学系	专著	2018. 12. 30
逻辑的起源研究	王　路	清华大学人文学院哲学系	专著	2017. 6. 30
相对论的一阶逻辑基础研究	陈　磊	北京师范大学哲学与社会学学院	论文（集）	2019. 12. 31
中国近代道德革命研究	郭清香	中国人民大学哲学院	论文（集）	2017. 9. 30
梅洛—庞蒂中期哲学研究	宁晓萌	北京大学哲学系	专著	2017. 8. 31
全球正义视域下的道德距离问题研究	刘曙辉	中国社会科学院马克思主义研究院	专著	2017. 12. 30

续表

项目名称	负责人	工作单位	预期成果	完成时间
世界主义全球正义研究	杨通进	中国社会科学院哲学研究所	专著	2017. 12. 30
马克思主义中国化与中国的现代性建构研究	张 琳	中共中央党校中国马克思主义研究基金会	专著	2017. 3. 1
当代中国利益结构转型的哲学研究	彭劲松	中共中央党校研究室	专著 研究报告	2017. 5. 1
当代物理主义世界观研究	叶 峰	首都师范大学政法学院哲学系	专著	2018. 12. 31

青年项目

项目名称	负责人	工作单位	预期成果	完成时间
超越私人——马克思公人思想及其规范意义研究	谭清华	中国人民大学马克思主义学院	论文（集）	2017. 9. 30
汉代《洪范》五行学研究	程苏东	北京大学中国语言文学系	专著	2016. 2. 20
先秦道家物德论研究	叶树勋	清华大学国学研究院	专著	2017. 9. 1
柏拉图《高尔基亚》的翻译与研究	李致远	中国人民大学文学院	译著 论文（集）	2018. 9. 30
无处不在的语境敏感性与意义研究	李麒麟	北京大学哲学系	专著	2018. 1. 1
组合范畴语法 CCG 的逻辑语义研究	满海霞	北京科技大学外国语学院	专著	2018. 8. 30
卢梭平等观在清末民初思想界的引入和诠释研究（1895—1919）	文 雅	中央财经大学	专著	2016. 12. 30
马克思的辩证法与黑格尔的辩证法之比较研究	唐芳芳	中国社会科学院马克思主义研究院	专著	2017. 8. 31
两汉经学的演变逻辑研究	任蜜林	中国社会科学院哲学研究所	专著 论文（集）	2017. 12. 31
现代化转型期的价值冲突与社会主义核心价值观建设研究	张溢木	北京建筑大学文法学院	专著	2016. 12. 30
罗尔斯与桑德尔之争及其中国当代语境研究	朱慧玲	首都师范大学政法学院	专著	2018. 7. 1
马克思辩证法的实践本质研究	黄志军	首都师范大学政法学院	专著	2018. 7. 1
审美趣味变迁与文化权力演变关联性研究	黄仲山	北京市社会科学院	专著	2017. 6. 30

四、经济理论

重点项目

项目名称	负责人	工作单位	预期成果	完成时间
马克思宏观经济数理模型的系统构建研究	白暴力	北京师范大学	专著	2017. 12. 30
平均利润率趋于下降规律与经济危机研究	谢富胜	中国人民大学经济学院	论文（集） 研究报告	2019. 9. 30
第三次工业革命与我国经济发展战略调整研究	贾根良	中国人民大学	专著	2016. 12. 1

续表

项目名称	负责人	工作单位	预期成果	完成时间
我国人力资本要素内涵式演进与国际经济竞争新优势培育研究	赵春明	北京师范大学经济与工商管理学院	研究报告	2016. 12. 30
以绿色技术创新推动生态文明建设的长效机制与政策研究	魏巍贤	对外经济贸易大学国际经济贸易学院	论文（集） 研究报告	2018. 9. 30
我国经济增长的结构性减速、转型风险与国家生产系统效率提升路径研究	袁富华	中国社会科学院经济研究所	专著	2017. 5. 20
以政府职能转变促进经济发展方式转换研究	胡家勇	中国社会科学院经济研究所	专著	2017. 12. 30

一般项目

项目名称	负责人	工作单位	预期成果	完成时间
马克思市民经济理论研究	沈　越	北京师范大学	论文（集）	2016. 12. 31
西方后马克思主义经济思想研究	常庆欣	中国人民大学马克思主义学院	论文（集） 研究报告	2016. 11. 30
纳入结构变化因素的内生增长理论研究	康丽丽	清华大学社会科学学院	论文（集） 专著	2017. 12. 31
转变经济发展方式下的城镇化质量提升与消费结构优化耦合研究	胡若痴	对外经济贸易大学国际经济研究院	专著	2016. 12. 30
创新驱动视角下农业经济发展方式转变能力成长的关键问题研究	刘丽伟	北京大学光华管理学院	研究报告	2017. 6. 30
气候变化下农民的农业收入波动及其对我国粮食安全影响研究	贾利军	北京理工大学	论文（集） 研究报告	2017. 12. 30
城市化进程中欧洲国家的社会住房政策研究	李　罡	中国社会科学院欧洲研究所	专著	2016. 12. 31
政府行为对服务业生产率的影响研究	李勇坚	中国社会科学院财经战略研究院	专著 研究报告	2016. 12. 31
中国道路视阈下的计划经济史研究	程连升	中共中央党校中共党史教研部	研究报告	2016. 12. 31
高成本阶段我国经济实现可持续增长对策研究	谢鲁江	中共中央党校经济学教研部	专著	2016. 12. 30
债务的可持续度量指标及其促进经济增长内生机制的分析与比较研究	田新民	首都经济贸易大学经济学院	论文（集）	2017. 6. 30
纺织产业对外贸易隐含碳评估及贸易低碳发展路径选择研究	姚　蕾	北京服装学院	专著 研究报告	2017. 9. 30
城乡一体化的国际经验及中国道路研究	张　强	首都经济贸易大学城市经济与公共管理学院	专著 研究报告	2017. 12. 31
对中国不同发展阶段减排目标的碳排放权分配机制研究	王　钰	首都经济贸易大学经济学院	论文（集） 研究报告	2017. 6. 30
城乡时空置换及低碳休闲旅游养老利用机制研究	刘　啸	北京联合大学	论文（集） 研究报告	2016. 12. 31
特大城市产业再集聚模式及其空间效应研究	周明生	首都经济贸易大学经济学院	专著 研究报告	2017. 7. 31
上下游非完全垄断的纵向结构与纵向控制交易合约研究	董烨然	首都经济贸易大学经济学院	论文（集）	2017. 12. 31

青年项目

项目名称	负责人	工作单位	预期成果	完成时间
劳动价值理论视野下的中国宏观经济和产业结构动态分析研究	赵　峰	中国人民大学经济学院	专著 论文（集）	2017. 6. 30
开放转型背景下我国出口贸易就业偏向效应研究	陈　昊	对外经济贸易大学国际经济研究院	论文（集）	2017. 4. 1
清代的“小差”税关研究	丰若非	中国社会科学院经济研究所	专著	2017. 12. 30
西方国家金融危机与制度弊端分析研究	郑联盛	中国社会科学院金融研究所	专著 论文（集）	2016. 6. 30
基于全球生产网络构建的我国民营跨国公司成长机制及实证研究	张海波	中国社会科学院财经战略研究院	研究报告	2016. 6. 30
基于个体行为调整视角的老龄化经济影响传导机制研究	蒯鹏州	北京工商大学商学院	专著	2017. 6. 15
基本公共服务均等化与农村公立医院医生激励研究	董香书	首都经济贸易大学经济学院	研究报告	2017. 6. 30

五、应用经济

重点项目

项目名称	负责人	工作单位	预期成果	完成时间
基于效率提升的农业支持政策传导机制与路径优化研究	张领先	中国农业大学	专著 研究报告	2016. 12. 31
产业升级与环境管制提升路径互动研究	李　钢	中国社会科学院工业经济研究所	专著	2016. 12. 31
推进我国工业创新驱动发展研究	吕　铁	中国社会科学院工业经济研究所	专著 研究报告	2017. 6. 30
推进工商注册制度便利化研究	甘　霖	国家工商行政管理总局	专著 研究报告	2016. 6. 30
国有资本授权关系及实现模式研究	谢志华	北京工商大学	研究报告	2017. 6. 30
多元主体权益均衡目标下土地增值收益分配机制研究	王　文	首都经济贸易大学城市经济与公共管理学院	专著	2016. 12. 31

一般项目

项目名称	负责人	工作单位	预期成果	完成时间
基于京津冀协同的首都城市群发展研究	戴宏伟	中央财经大学	专著 研究报告	2017. 10. 31
促进我国可再生能源发展的体制机制和政策创新研究	张素芳	华北电力大学经济与管理学院	论文（集） 研究报告	2017. 12. 30
促进生态文明建设的环境金融制度体系构建研究	蓝　虹	中国人民大学环境学院	专著 研究报告	2017. 2. 20
完善我国农村土地股份制制度设计研究	谭　峻	中国人民大学公共管理学院	专著 研究报告	2017. 9. 30
政府购买公共服务的质量控制体系研究	姜爱华	中央财经大学	专著 研究报告	2017. 3. 1

续表

项目名称	负责人	工作单位	预期成果	完成时间
小学教育投入和受益的匹配机制及房产税问题研究	任　强	中央财经大学	专著	2017. 12. 31
我国煤炭资源税改革的收入分配效应研究	庞　军	中国人民大学环境学院	论文（集） 研究报告	2016. 12. 31
基于“影子银行”渠道的房地产泡沫与系统性金融风险关系研究	张宝林	北京林业大学经济管理学院	论文（集） 研究报告	2017. 6. 30
债务通缩、跨部门债务风险传染及其对宏观经济的冲击影响研究	李俊峰	中央财经大学	论文（集） 研究报告	2016. 12. 31
居民收入流动性规范判断研究	王海港	中央财经大学经济学院	论文（集） 研究报告	2016. 6. 30
经济转型期技术创新的制度影响因素研究	吴延兵	中国社会科学院经济研究所	论文（集） 研究报告	2016. 12. 31
户籍制度改革的成本与收益研究	屈小博	中国社会科学院人口与劳动经济研究所	专著 研究报告	2016. 2. 20
农民工市民化的成本与收益研究	单菁菁	中国社会科学院城市发展与环境研究所	研究报告	2016. 6. 30
气候容量对城镇化发展影响实证研究	朱守先	中国社会科学院城市发展与环境研究所	专著 研究报告	2017. 6. 30
中国对外贸易中的隐含资源环境要素流动问题研究	郭朝先	中国社会科学院工业经济研究所	专著 论文（集）	2016. 8. 30
区域经济一体化背景下海峡两岸农业分工与合作研究	赵一夫	中国农业科学院农业经济与发展研究所	论文（集） 研究报告	2016. 6. 1
增强我国服务业出口能力的对策研究	李　俊	商务部国际贸易经济合作研究院	专著	2015. 12. 31
市场化背景下农户、企业和国家粮食储备体系及其对粮价影响的研究	徐伟平	农业部信息中心	研究报告	2016. 6. 30
社会网络视角的家庭农场演化机制研究	徐振宇	北京工商大学经济学院	研究报告	2017. 6. 30
老龄化条件下我国城市社区商业模式研究	陈立平	首都经济贸易大学工商管理学院	专著	2016. 12. 31
我国社会性弱势群体基本权益实现的财政投入机制研究	姜　竹	北京工商大学经济学院	研究报告	2017. 7. 30
我国基础设施建设项目多元化市场融资模式的关键路径设计研究	马若微	北京工商大学经济学院	研究报告	2017. 6. 30
存款保险定价的理论建模与实证研究	张金宝	北京第二外国语学院	论文（集） 研究报告	2016. 12. 31
中国双边服务贸易出口潜力及贸易壁垒研究	黄满盈	首都师范大学管理学院	论文（集）	2016. 12. 31

青年项目

项目名称	负责人	工作单位	预期成果	完成时间
微观视角下中国（上海）自由贸易试验区的贸易效应研究	王丽丽	对外经济贸易大学国际经济研究院	论文（集）	2017. 12. 31
当代我国代际职业流动成因及对策研究	朱　晨	中国农业大学经济管理学院	论文（集） 研究报告	2016. 6. 30

续表

项目名称	负责人	工作单位	预期成果	完成时间
我国收入代际流动的趋势、机制与政策分析	杨奇明	北京大学国家发展研究院	论文（集）	2016. 12. 30
中国（上海）自由贸易试验区服务业负面清单管理模式研究	谢 谦	中国社会科学院经济研究所	论文（集） 研究报告	2016. 6. 30
未来劳动力供求总量及结构变化趋势研究	向 晶	中国社会科学院人口与劳动经济研究所	研究报告	2016. 12. 31
新型城镇化与房地产市场协调发展及政策研究	杨 慧	中国社会科学院财经战略研究院	论文（集） 研究报告	2015. 12. 31
我国粮食价格波动与政府调控政策研究	韩 磊	中国社会科学院农村发展研究所	论文（集） 研究报告	2016. 6. 30
基于环境嵌入的农民专业合作社治理及其优化研究	邵 科	农业部管理干部学院	研究报告	2016. 12. 31
跨区域农业转移人口市民化条件下公共品的供给和财政融资设计研究	李 鹏	国家信息中心	论文（集） 研究报告	2016. 6. 30
适应土地规模经营新趋势的新增农业补贴方式研究	韩 洁	农业部管理干部学院	专著 论文（集）	2016. 12. 30
基于公平和效率准则下农民工公共服务供给标准研究	王东升	中国标准化研究院	研究报告	2016. 10. 30
金融监管协调机制的国际比较研究与中国路径选择研究	钟 震	中国人民银行金融研究所	研究报告	2016. 7. 31
互联网金融发展对传统金融业的影响研究	王亮亮	中国人民银行金融研究所	论文（集） 研究报告	2016. 1. 30
我国劳动者过度劳动问题及其政府规制研究	孟续铎	中国劳动保障科学研究院	论文（集） 研究报告	2017. 6. 30
我国制造业内外资企业竞合博弈与市场势力问题研究	杨 振	中共中央党校经济学教研部	论文（集） 研究报告	2016. 6. 30
我国非正规就业市场的进入机制、收入效应与功能定位研究	李晓曼	首都经济贸易大学劳动经济学院	专著 研究报告	2017. 6. 30

六、统计学

重点项目

项目名称	负责人	工作单位	预期成果	完成时间
我国国民经济核算体系修订的若干问题研究	许宪春	国家统计局	专著 研究报告	2016. 12. 31

一般项目

项目名称	负责人	工作单位	预期成果	完成时间
中国卫生卫星账户体系研究	何 静	北京中医药大学管理学院	研究报告	2017. 12. 31
贝塔的新估计及其在资本资产定价模型中的应用研究	徐 军	北京师范大学国民核算研究院	研究报告	2016. 12. 31
我国购买力评价（PPP）测算方法和实践研究	余芳东	国家统计局	专著 研究报告	2017. 6. 30
中国低碳经济统计数据库及其量化模型研究	廖明球	首都经济贸易大学经济学院	研究报告	2017. 7. 1

青年项目

项目名称	负责人	工作单位	预期成果	完成时间
考虑能源回弹效应的制造业节能减排效果研究	杨晓华	北京工商大学经济学院	研究报告	2016. 6. 30

七、政治学

重点项目

项目名称	负责人	工作单位	预期成果	完成时间
推进协商民主广泛多层制度化发展研究	张　峰	中央社会主义学院	专著	2016. 12. 31
政府部门职能机制整合与积极稳妥实施大部门制研究	宋世明	国家行政学院	专著 研究报告	2016. 6. 30
中国特色民间外交理论与实践研究	李进军	中共中央对外联络部	专著 研究报告	2015. 12. 31

一般项目

项目名称	负责人	工作单位	预期成果	完成时间
当代西方政治思想中的国家理论跟踪研究	庞金友	中国政法大学政治与公共管理学院	论文（集）	2017. 9. 30
反恐维稳背景下边疆民族地区维稳战略研究	梅建明	中国人民公安大学	专著 研究报告	2016. 12. 31
基于国家能力理论视角的国家治理能力现代化研究	张长东	北京大学政府管理学院	论文（集） 研究报告	2017. 6. 1
内涵式大部制改革中政府职能深度整合研究	王湘军	中国政法大学政治与公共管理学院	专著	2017. 10. 1
生态文明建设中的环境冲突及其解决机制研究	任丙强	北京航空航天大学	专著 论文（集）	2018. 12. 31
构建合作型监管治理理论新范式研究	杨炳霖	中国政法大学政治与公共管理学院	专著	2016. 12. 30
市场化改革中公共服务有效提供模式及监管机制研究	吕维霞	对外经济贸易大学公共管理学院	专著	2017. 12. 30
政府向社会力量购买公共服务与事业单位改革的衔接机制研究	句　华	北京大学政府管理学院	研究报告	2017. 7. 1
公务员分类录用面试的科学性研究	李英武	中国人民大学心理学系	专著 研究报告	2016. 7. 1
两岸关系和平发展视阈中两岸青年价值观比较研究	石　勇	中国社会科学院台湾研究所	研究报告	2016. 12. 1
香港特别行政区基本法与行政长官选举制度研究	朱世海	中央社会主义学院港奥台教研室	研究报告	2015. 10. 30
新中国重大疫病防控中的政府协同及实现机制研究	王冠中	首都师范大学政法学院	研究报告	2017. 6. 30

青年项目

项目名称	负责人	工作单位	预期成果	完成时间
社会选择理论视阈下西方国家票决民主制度的内在机理研究	聂智琪	北京师范大学哲学与社会学学院	专著	2017. 12. 31
政治学视角下的网络意见人物研究	张萌萌	对外经济贸易大学国际关系学院	专著	2017. 6. 1
美国对两岸谈判的影响力研究	张　华	中国社会科学院台湾研究所	研究报告	2016. 2. 1
国家治理现代化进程中的治安治理研究	钟金燕	中央编译局	专著 论文（集）	2017. 6. 30
民主投票机制与社会阶层收入分配的比较政治分析	郇　雷	中共中央党校科学社会主义教研部	研究报告	2016. 6. 30
体现生态文明要求的地方党政领导政绩考核研究	马　丽	中共中央党校党的建设教研部	论文（集） 研究报告	2017. 3. 1
我国失独家庭的政策支持机制研究	孔祥利	中共北京市委党校公共管理教研部	论文（集） 研究报告	2017. 3. 1

八、法学

重点项目

项目名称	负责人	工作单位	预期成果	完成时间
国家主义法律观研究	张志铭	中国人民大学法学院	论文（集）	2017. 9. 30
中国古代司法文明及其当代意义研究	张晋藩	中国政法大学法律史学研究院	专著	2017. 10. 30
人民代表大会制度理论实践创新研究	王振民	清华大学法学院	论文（集） 研究报告	2017. 12. 31
新型城镇化进程中的农村土地经营权信托流转制度研究	徐海燕	对外经济贸易大学法学院	论文（集） 研究报告	2017. 12. 31
涉外民事关系法律适用法实施研究	齐湘泉	中国政法大学国际法学院	专著	2016. 12. 31
社会法总论重大理论问题研究	余少祥	中国社会科学院法学研究所	专著	2017. 12. 30

一般项目

项目名称	负责人	工作单位	预期成果	完成时间
法治反腐背景下境外追逃问题研究	张　磊	北京师范大学刑事法律科学研究院	专著	2017. 6. 30
秦汉法律编纂研究	徐世虹	中国政法大学法律古籍整理研究所	专著	2017. 8. 31
合作行政与行政民营化问题研究	赵　宏	中国政法大学比较法学研究院	专著 论文（集）	2017. 6. 1
后劳教时代的轻罪刑事政策研究	郭理蓉	北京师范大学	专著	2017. 7. 31
反腐风暴下的贪污贿赂犯罪刑事对策研究	郑延谱	北京师范大学法学院	专著 研究报告	2016. 12. 31
司法独立与司法问责机制研究	陈卫东	中国人民大学法学院	专著 研究报告	2016. 12. 30
转型时期民事诉讼架构下的司法公开研究	毕玉谦	中国政法大学民商经济法学院	专著	2018. 6. 30
公安监所管理体制改革研究	毕惜茜	中国人民公安大学	专著 研究报告	2017. 12. 30

续表

项目名称	负责人	工作单位	预期成果	完成时间
环境犯罪的刑事追诉机制研究	赵旭光	华北电力大学人文与社会科学学院	专著	2017. 9. 30
刑事案件并案与分案处理程序研究	张泽涛	中央民族大学法学院	专著	2016. 12. 31
P2P 互联网金融商业模式的法律规制与监管体系构建研究	孙艳军	北京大学光华管理学院	专著 论文（集）	2016. 12. 31
构建知识产权侵权惩罚性赔偿制度研究	和育东	北京化工大学文法学院	专著	2016. 6. 30
网络交易平台提供者商标侵权问题研究	杜　颖	中央财经大学	专著	2016. 12. 31
第二次世界大战期间被掠文物返还的法律问题研究	王云霞	中国人民大学法学院	专著	2017. 8. 31
面向国际争端管控的南海资源共同开发的国际法问题研究	孔庆江	中国政法大学国际法学院	专著 研究报告	2017. 6. 30
《跨太平洋伙伴关系协议》（TPP）知识产权问题研究	丛立先	北京外国语大学法学院	专著	2017. 12. 30
依法治国视野下人大预算决算审查监督制度改革法律问题研究	李卫刚	对外经济贸易大学法学院	论文（集） 研究报告	2017. 12. 31
行政诉讼预防性保护制度研究	罗智敏	中国政法大学法学院	论文（集） 研究报告	2017. 12. 30
风险规制的行政法原理研究	王贵松	中国人民大学法学院	专著	2018. 12. 31
被追诉人的自主性辩护权研究	陈学权	对外经济贸易大学法学院	专著	2017. 9. 1
俄罗斯社会转型期民法法典化研究	鄢一美	中国政法大学民商经济法学院	论文（集） 研究报告	2016. 12. 31
创新与监管博弈视角下我国网络借贷平台公司的法律规制研究	赵　玲	对外经济贸易大学法学院	论文（集） 研究报告	2017. 1. 31
破产法视野中的财税问题研究	徐阳光	中国人民大学法学院	专著	2016. 12. 31
公用型资源产品价格法律规制研究	史际春	中国人民大学法学院	论文（集）	2016. 12. 31
人权的普遍性与主体性问题研究	黄金荣	中国社会科学院法学研究所	专著	2018. 3. 1
光绪三十二年《刑律草案》整理与研究	孙家红	中国社会科学院法学研究所	研究报告	2017. 12. 30
“公平、合理和无歧视”专利许可规则的构建与适用研究	赵启杉	中国社会科学院法学研究所	专著 研究报告	2016. 12. 31
国际条约在中国法律体系中的地位分析与制度设计研究	戴瑞君	中国社会科学院国际法研究所	研究报告	2016. 6. 30
政府信息公开的诉讼问题研究	杨伟东	国家行政学院法学部	专著	2017. 7. 31
依法独立公正行使检察权研究	石少侠	国家检察官学院	论文（集）	2017. 8. 31
财产申报与公示制度的中外比较研究	崔英楠	北京联合大学	专著	2016. 12. 31
北京及周边省区市大气污染治理法制协调机制研究	高桂林	首都经济贸易大学法学院	专著	2017. 12. 30
当前我国农地融资中的法律政策冲突及立法选择研究	李　蕊	北京农学院	论文（集） 研究报告	2017. 12. 31
清算机构场外金融衍生产品集中清算风险监管制度研究	陈兰兰	北方工业大学文法学院法律系	专著	2017. 9. 1

青年项目

项目名称	负责人	工作单位	预期成果	完成时间
中国私法学的哲学和经济学基础研究	熊丙万	中国人民大学经济学院	专著	2017.5.1
腐败犯罪及其防治对策研究	彭新林	北京师范大学刑事法律科学研究院	专著	2017.6.30
职务犯罪赃款赃物追回的证据制度研究	初殿清	北京航空航天大学	专著	2017.12.31
地方债务治理的商事司法审查路径研究	沈朝晖	清华大学法学院	研究报告	2016.12.30
基督教文学中疑难案件的法学问题研究	刘阳阳	中国政法大学	专著	2017.3.1
新出中、日藏敦煌吐鲁番法制文献与唐代律令秩序研究	赵　晶	中国政法大学法律古籍整理研究所	专著	2017.6.30
法国宪法监督的实效化路径研究	王　蔚	中国政法大学法学院	专著	2016.12.1
生态文明视野下环境行政处罚制度创新研究	严厚福	北京师范大学法学院	研究报告	2017.6.30
刑事司法业务考评对程序性法律后果的冲击与反制研究	印　波	北京师范大学刑事法律科学研究院	论文（集） 研究报告	2017.12.31
民法错误论的继受与本土化研究	王天凡	北京航空航天大学	专著	2017.12.31
民事实体法中的证明责任研究	张家骥	北京航空航天大学人文与社会科学高等研究院	专著	2017.12.31
环境私主体治理的法律问题研究	杜　辉	中国人民大学法学院	专著	2017.9.30
检察环节刑事错案成因与对策的实证研究	董　坤	最高人民检察院检察理论研究所	专著	2017.3.10
行政审批制度改革中的成本收益分析机制研究	金成波	中共中央党校政法教研部	专著	2016.5.1
中国共产党纪律的规范研究	石　伟	中共中央党校报刊社	专著	2016.12.31
海洋强国战略与中日东海争端冲突中的法律问题研究	刘　涛	海军军事学术研究所	研究报告	2015.12.1
大数据背景下电子商务消费者个人信息保护法律问题研究	鞠　晔	北京联合大学	研究报告	2016.12.31
城乡居民基本养老保险制度一体化立法研究	范　围	首都经济贸易大学劳动经济学院	专著	2016.12.31
我国金融反恐法律机制研究	王剑波	首都经济贸易大学法学院	专著 研究报告	2017.6.30

九、社会学

重点项目

项目名称	负责人	工作单位	预期成果	完成时间
转型期中国矛盾纠纷的动态监测与多元化解机制研究	陆益龙	中国人民大学社会与人口学院	专著	2017.8.31
现代化背景下的本土社会心理学研究	方　文	北京大学社会学系	专著 论文（集）	2016.12.30
发展过程中的社会景气与社会信心研究	李汉林	中国社会科学院社会发展战略研究院	专著	2016.12.31

续表

项目名称	负责人	工作单位	预期成果	完成时间
当代中国社会治理的价值取向与体制创新研究	王道勇	中共中央党校科学社会主义教研部	研究报告	2016. 6. 30

一般项目

项目名称	负责人	工作单位	预期成果	完成时间
理论自觉视角下的国家认同与民族认同研究	奂平清	中国人民大学社会与人口学院	论文（集）	2016. 12. 30
基于姓氏空间分布的人口迁移研究	陈家伟	北京师范大学系统科学学院	论文（集） 研究报告	2017. 12. 31
农村面源污染的社会学特性以及农户环境意识和行动研究	饶　静	中国农业大学人文与发展学院发展管理系	专著	2016. 12. 31
劳工政策评估模型构建与“政府主导”的劳动关系模式研究	吴清军	中国人民大学劳动人事学院	研究报告	2016. 12. 30
当代中国农民价值观变迁研究	董磊明	北京师范大学哲学与社会学学院	专著	2018. 12. 1
职业生涯视角下的大学毕业生就业质量研究	黄敬宝	中国青年政治学院经济管理学院	专著 论文（集）	2017. 7. 31
流动儿童高级情感的影响因素与促进研究	刘　霞	北京师范大学心理学院	研究报告	2017. 6. 30
大学生社交网络的不当使用及其心理需要缺陷机制研究	刘翔平	北京师范大学心理学院	论文（集） 研究报告	2016. 12. 20
抗逆力视角下处境不利青少年自我分化发展及培养路径研究	安　芹	北京理工大学人文与社会科学学院	论文（集） 研究报告	2017. 12. 31
少数民族地区宗教活动的社会学研究	梁永佳	中国农业大学人文与发展学院社会学系	专著	2016. 12. 31
我国扶贫类 NGO 公信力研究	钟　玲	中国农业大学人文与发展学院	研究报告	2016. 12. 31
社会权利视角下我国残疾人就业问题研究	乔庆梅	中国人民大学劳动人事学院	专著	2017. 8. 30
劳教制度废止背景下社会工作融入社区矫正研究	熊贵彬	中国青年政治学院社会工作学院	专著 研究报告	2017. 8. 31
中外空中交通管理体制比较研究	刘　浩	北京航空航天大学	专著 研究报告	2015. 6. 30
农村义务教育阶段弃学留守儿童角色转换研究	潘　璐	中国农业大学人文与发展学院	研究报告	2016. 12. 31
老年人的健康风险的社会决定因素、风险链及其管理研究	方黎明	对外经济贸易大学保险学院	论文（集）	2017. 6. 30
社会空间视域下的政府信任研究	邹艳辉	中国社会科学院社会发展战略研究院	研究报告	2017. 6. 30
我国社会养老服务体系建设存在的主要问题与政策配套体系研究	青连斌	中共中央党校科学社会主义教研部	专著	2017. 6. 30
国外社会建设的推进模式与中国的路径选择研究	刘金伟	北京工业大学人文社会科学学院	专著	2016. 6. 30
基于人力资本的我国代际收入流动机制与公共政策研究	黎　煦	首都经济贸易大学劳动经济学院	专著 研究报告	2016. 12. 31

青年项目

项目名称	负责人	工作单位	预期成果	完成时间
“蚁族”移动互联网使用行为与社会稳定问题研究	廉　思	对外经济贸易大学	论文（集） 研究报告	2016. 11. 30
中庸价值观与泛文化普遍价值观的结构与功能比较研究	韦庆旺	中国人民大学心理学系	研究报告	2017. 12. 31
协同治理与“三社联动”机制建构研究	方　舒	中央财经大学	专著	2017. 6. 30
民国时期西康省的政权建设、族群关系与刘文辉的边疆策略研究	王　娟	北京大学历史系	专著 研究报告	2017. 6. 30
社会共识形成和作用机制研究	高文珺	中国社会科学院社会学研究所	专著	2017. 12. 31
文化符号消费和生产视角下的转型时期阶层分化的文化建构研究	孟　蕾	中国社会科学院社会学研究所	研究报告	2017. 12. 31
民国时期劳工社会学的学科建构与当代意义研究	闻　翔	中国社会科学院社会学研究所	研究报告	2016. 12. 31
新工人的社区生活形态与劳资关系的地方性差异研究	汪建华	中国社会科学院社会学研究所	研究报告	2017. 12. 31
社会流动视角下的农民阶层分化与社会关系构建研究	李　升	北京工业大学人文社会科学学院	论文（集） 研究报告	2017. 5. 31
政府购买服务背景下社会组织专业人才生长机制及培育路径研究	陈书洁	首都经济贸易大学劳动经济学院	专著	2017. 7. 1
社会保障制度公平的机理与机制研究	江　华	首都经济贸易大学劳动经济学院	专著 研究报告	2016. 8. 31

十、人口学

重点项目

项目名称	负责人	工作单位	预期成果	完成时间
首都圈人口空间格局优化及生态环境压力疏解研究	童玉芬	首都经济贸易大学劳动经济学院	专著 研究报告	2017. 7. 1

一般项目

项目名称	负责人	工作单位	预期成果	完成时间
中国城市老年人与成年子女代际支持研究	刘　岚	北京大学人口研究所	论文（集）	2016. 12. 31
老年人口的健康不平等问题及解决机制研究	焦开山	中央民族大学民族学与社会学学院	研究报告	2016. 6. 30
中国流动人口社会保障制度协调机制研究	贾洪波	北京航空航天大学公共管理学院	专著 研究报告	2016. 12. 31
中国计划生育政策对生育意愿的影响研究	王存同	中央财经大学	研究报告	2017. 6. 30
人口流动背景下大城市的婚配特点及其影响研究	高　颖	北京师范大学社会发展与公共政策学院	专著 研究报告	2017. 12. 31
城市第一代独生子女家庭亲子财富流转研究	伍海霞	中国社会科学院人口与劳动经济研究所	研究报告	2016. 6. 30

续表

项目名称	负责人	工作单位	预期成果	完成时间
公办养老机构转制研究	王莉莉	中国老龄科学研究中心	研究报告	2016. 12. 31
中国老年人生活自理能力纵向研究	伍小兰	中国老龄科学研究中心	研究报告	2016. 6. 30
婚龄性别比与家庭稳定性关系研究	刘中一	中国人口与发展研究中心	论文（集）	2017. 6. 30

青年项目

项目名称	负责人	工作单位	预期成果	完成时间
人口预期寿命延长趋势研究	李　婷	中国人民大学社会与人口学院	研究报告	2017. 9. 30
1980 年以来我国人口生育意愿变迁研究	窦东徽	中央财经大学	论文（集） 研究报告	2016. 9. 1
跨界民族人口统计分析与调查研究	沈　思	中央民族大学统计系	论文（集） 研究报告	2016. 12. 30
人口年龄结构、人力资本与中国创新增长的关系研究	张　鹏	中国社会科学院经济研究所	论文（集） 研究报告	2016. 12. 31
基于 LEE—CARTER 模型的中国模型生命表拓展研究	黄匡时	中国人口与发展研究中心	研究报告	2016. 3. 1
农村失能老人家庭的现实需求、发展困境及应对策略研究	闫　萍	中共北京市委党校社会学教研部	研究报告	2017. 6. 1
新生代流动人口的居留意愿研究	盛亦男	首都经济贸易大学劳动经济学院	研究报告	2016. 12. 31

十一、民族问题研究

重点项目

项目名称	负责人	工作单位	预期成果	完成时间
民族地区文化产业发展的商业模式创新研究	胥悦红	中央民族大学管理学院	专著	2017. 10. 31

一般项目

项目名称	负责人	工作单位	预期成果	完成时间
清代新疆维吾尔地区经济政策与法规研究	王东平	北京师范大学历史学院	论文（集）	2018. 2. 28
《布顿佛教史》蒙文译本研究	乌力吉巴雅尔	中央民族大学中国少数民族语言文学学院	专著	2017. 12. 31
草原文明与农耕文明的互动与文化传播研究	邢　莉	中央民族大学文学与新闻传播学院	专著 论文（集）	2017. 12. 12
蒙古族服饰文化的多学科研究	苏日娜	中央民族大学文学与新闻传播学院	专著	2017. 2. 1
中央支持民族地区财政政策效果评价与调整方向研究	张冬梅	中央民族大学经济学院	专著	2017. 12. 31
西夏草书研究	孙颖新	中国社会科学院世界宗教研究所	专著	2017. 7. 30
当代中国东南沿海地区跨国穆斯林移民的本土性和全球化研究	马　艳	中国社会科学院民族学与人类学研究所	专著	2017. 3. 1

续表

项目名称	负责人	工作单位	预期成果	完成时间
清朝政府、达赖和班禅喇嘛及蒙古首领给历辈察罕诺门汗的文告整理、翻译与研究	仁青卓玛	中国藏学研究中心	专著	2017.6.1
《满蒙藏嘉戎维语五体字书》研究	晓　春	北京市社会科学院	专著	2016.12.30

青年项目

项目名称	负责人	工作单位	预期成果	完成时间
东部城市流动彝族人的组织与群体行动研究	刘东旭	中央民族大学	专著	2016.12.1
法兰西民族—国家研究——理论争论与实际建构	陈玉瑶	中国社会科学院民族学与人类学研究所	专著	2016.12.31
西部地区新型城镇化进程中的少数民族流动人口问题研究	杜　娟	中国社会科学院民族学与人类学研究所	专著	2017.10.30

十二、国际问题研究

重点项目

项目名称	负责人	工作单位	预期成果	完成时间
中美经贸关系中的国有企业问题研究	屠新泉	对外经济贸易大学中国世界贸易组织研究院	论文（集） 研究报告	2016.12.31
跨太平洋伙伴关系协定（TPP）与国际经济秩序的发展方向研究	李向阳	中国社会科学院亚太与全球战略研究院	研究报告	2016.6.30
东海、南海等涉及我国领土主权和海洋权益争端相关问题研究	肖天亮	国防大学科研部编研部	研究报告	2016.10.20

一般项目

项目名称	负责人	工作单位	预期成果	完成时间
建设南方“丝绸之路经济带”的地缘经济政治环境研究	王志民	对外经济贸易大学思想政治理论课教学科研部	专著	2017.6.30
全球化背景下国际话语体系与中国话语国际化战略研究	梁凯音	对外经济贸易大学思想政治理论课教学科研部	论文（集）	2017.12.31
东亚安全秩序与周边命运共同体建设研究	孙学峰	清华大学社会科学学院	专著	2018.6.30
“丝绸之路经济带”与欧亚联盟关系研究	李　兴	北京师范大学政府管理学院	论文（集） 研究报告	2017.7.1
中国企业在欧美发达国家并购投资中的风险防范研究	李莉文	北京外国语大学英语学院	专著	2017.4.30
亚太主要区域贸易协定的生产网络效应与中国对策研究	庄　芮	对外经济贸易大学国际经济研究院	专著	2016.12.30
粮食金融化与我国粮食安全战略研究	温铁军	中国人民大学可持续发展高等研究院	专著 研究报告	2016.12.31
中美国际经济制度战略与新型大国关系研究	李　巍	中国人民大学国际关系学院	专著	2016.12.1

续表

项目名称	负责人	工作单位	预期成果	完成时间
21 世纪“海上丝绸之路”建设的周边政治环境研究	周方冶	中国社会科学院亚太与全球战略研究院	专著	2016. 12. 31
中东欧国家在“丝绸之路经济带”战略构想中的地位与风险评估研究	刘作奎	中国社会科学院欧洲研究所	研究报告	2016. 12. 31
全球环境治理体系研究	朱留财	环境保护部环境保护对外合作中心	专著 研究报告	2017. 6. 30
新中国外交决策机制变迁研究	孙东方	中共中央党校国际战略研究所	专著 研究报告	2017. 3. 1

青年项目

项目名称	负责人	工作单位	预期成果	完成时间
中国 NGO 参与全球治理的战略与策略研究	吕晓莉	北京师范大学	专著	2017. 1. 28
中国战略性矿产资源国际话语权研究	徐铭辰	北京大学国际关系学院	专著 研究报告	2017. 9. 1
日本加入 TPP 后的东亚生产网络及中国的地位与合作空间研究	孙　瑾	中央财经大学国际经济与贸易学院	论文（集） 研究报告	2017. 6. 1
美国军事战略转变与我国的对策研究	左希迎	中国人民大学国际关系学院	专著	2017. 6. 30
新安全观视野下新兴国家参与全球治理的制度性权力建构及其路径选择研究	任　琳	中国社会科学院世界经济与政治研究所	研究报告	2015. 12. 31
中国参与全球气候变化谈判的地缘政治经济博弈模拟及战略研究	吴　静	中国科学院科技政策与管理科学研究所	论文（集） 电脑软件	2016. 12. 31
国际非法移民治理比较研究	陈积敏	中共中央党校国际战略研究所	专著	2016. 12. 31
中国周边关系视域下的国际河流问题研究	韩爱勇	中共中央党校国际战略研究所	专著	2016. 12. 31
中日斗争指导方针问题研究	杨艺霖	军事科学院外国军事研究部	研究报告	2016. 2. 18
北极地区国际组织建章立制及中国参与路径研究	肖　洋	北京第二外国语学院	专著	2017. 12. 31
国际贸易对中国碳排放及其效率的影响与政策研究	郭志超	北京工商大学经济学院	研究报告	2017. 6. 30

十三、中国历史

重点项目

项目名称	负责人	工作单位	预期成果	完成时间
抗战时期国共军队研究	王奇生	北京大学历史学系	研究报告	2017. 12. 31
新视域中的唐代社会经济研究	牛来颖	中国社会科学院历史研究所	专著	2017. 12. 31
元代江南镇戍体系研究	刘　晓	中国社会科学院历史研究所	专著	2017. 12. 31

一般项目

项目名称	负责人	工作单位	预期成果	完成时间
民国时期法家研究史论	宋洪兵	中国人民大学国学院	专著 论文（集）	2017.9.30
晏阳初平民教育史研究	孙邦华	北京师范大学教育学部	专著	2017.10.30
澳洲保皇会研究	李海蓉	清华大学人文学院历史系	专著	2018.1.30
秦封泥分期与秦职官郡县重构研究	刘　瑞	中国社会科学院考古研究所	专著 论文（集）	2016.6.30
近代日本政府的中国留日学生政策研究	徐志民	中国社会科学院近代史研究所	专著	2017.12.30
蒋介石政权的琉球、钓鱼岛政策研究	褚静涛	中国社会科学院近代史研究所	专著	2017.6.30
宋代的药品生产与政府管理研究	韩　毅	中国科学院自然科学史研究所	专著	2017.6.30

青年项目

项目名称	负责人	工作单位	预期成果	完成时间
秦汉城乡关系的社会史考察	孙闻博	中国人民大学国学院	专著	2019.6.30
欧美学界宋史研究的历史脉络研究	孙　健	北京外国语大学海外汉学研究中心	专著	2017.8.31
近代海河治理与天津港口变迁研究	王长松	对外经济贸易大学公共管理学院	专著	2017.12.31
元代朱子易学研究史	谢　辉	北京外国语大学中国海外汉学研究中心	专著	2017.4.1
“矿监税使”与晚明社会阶层及利益诉求研究	方　兴	国家开放大学	专著	2017.6.29
蒙元时期的“海上丝绸之路”研究	李鸣飞	中国社会科学院历史研究所	专著	2017.5.30
明清华南沿海盐场社会变迁研究	李晓龙	中国社会科学院近代史研究所	专著	2016.12.31
社会制度转型背景下的清代华北地区粮价研究	马国英	中国社会科学院经济研究所	专著	2017.12.30
晚清女子教育与女性形象建构研究	秦　方	首都师范大学历史学院	专著	2017.7.1
秦汉官员问责及其机制研究	刘晓满	首都师范大学历史学院	专著	2017.7.1
唐至北宋司法政务运行机制研究	张　雨	北京联合大学	专著	2017.12.31
清代职官管理制度与治官思想研究	常越男	北京市社会科学院满学研究所	专著	2016.12.31

十四、世界历史

一般项目

项目名称	负责人	工作单位	预期成果	完成时间
拉丁美洲现代化进程中的民众主义研究	董经胜	北京大学历史学系	专著	2018.12.30
美国儿童福利法建构的历史考察(1890—1930)	柴　英	中国人民大学	专著	2017.12.30
普鲁士行政制度的现代化研究	徐　健	北京大学历史学系	专著	2017.6.30
1930年代美国大平原的土地沙化及其治理研究	高国荣	中国社会科学院世界历史研究所	专著	2018.6.30

续表

项目名称	负责人	工作单位	预期成果	完成时间
19 世纪欧洲浪漫主义史学思想研究	王利红	北京联合大学	专著	2017. 9. 30
10—16 世纪中国与西方国际关系理论与实践比较研究	张云筝	北京信息科技大学人文社科学院	专著	2017. 12. 30
希腊“东方化时代”研究	李永斌	首都师范大学历史学院	专著	2018. 12. 31

青年项目

项目名称	负责人	工作单位	预期成果	完成时间
战后苏美对战败国日本条约安排与执行的影响（1945—1956）	赵玉明	中国社会科学院俄罗斯东欧中亚研究所	专著 研究报告	2017. 8. 30
日本“东洋史学”研究	王广生	中国国家图书馆	专著	2017. 6. 30

十五、考古学

重点项目

项目名称	负责人	工作单位	预期成果	完成时间
中国北方游牧与农耕民族交融的考古学研究	魏　坚	中国人民大学历史学院考古文博系	专著	2018. 12. 31
殷周金文集成·续补	曹淑琴	中国社会科学院考古研究所	工具书 电脑软件	2016. 12. 30

一般项目

项目名称	负责人	工作单位	预期成果	完成时间
内蒙古锡林郭勒盟伊和淖尔 1 号墓研究报告	王晓琨	中国人民大学历史学院	研究报告	2017. 9. 30
汉唐时期青藏高原丝绸之路的考古学研究	仝　涛	中国社会科学院考古研究所	专著	2016. 12. 31
唐大明宫太液池遗址考古发掘报告	龚国强	中国社会科学院考古研究所	研究报告	2015. 12. 30

青年项目

项目名称	负责人	工作单位	预期成果	完成时间
新疆北部史前人类遗骸的生物考古学研究	张林虎	中国人民大学历史学院	研究报告	2019. 8. 30
楼兰考古与中外文化交流研究	陈晓露	中国人民大学历史学院考古文博系	专著	2016. 12. 31
郑州老奶奶庙遗址与东亚现代人的出现问题研究	曲彤丽	北京大学考古文博学院	研究报告	2017. 12. 31
夏商时期晋陕冀地区的生业与社会研究	常怀颖	中国社会科学院考古研究所	专著	2016. 12. 30
广鹿岛贝丘遗址的动物考古学研究	吕　鹏	中国社会科学院考古研究所	研究报告	2016. 12. 31

十六、宗教学

重点项目

项目名称	负责人	工作单位	预期成果	完成时间
旅欧中国移民基督教研究	曹南来	中国人民大学哲学院	专著 研究报告	2017. 8. 31
宗教学理论探新	金　泽	中国社会科学院世界宗教研究所	专著	2016. 12. 31
梵蒂冈和世界天主教最新发展及对我国的影响研究	王美秀	中国社会科学院世界宗教研究所	专著	2018. 2. 1
印度宗教与政治的关系研究	邱永辉	中国社会科学院世界宗教研究所	专著	2017. 12. 30

一般项目

项目名称	负责人	工作单位	预期成果	完成时间
地论学派研究	圣　凯	清华大学人文学院	专著	2016. 12. 30
唐代汉语景教文献的义理研究	朱东华	清华大学人文学院哲学系	专著	2018. 6. 30
犹太教与现代以色列国家的关系及其演变研究	王　宇	北京大学外国语学院	专著	2017. 12. 31
藏族地区尼众宗教信仰人群调查与分析研究	德吉卓玛	中国藏学研究中心	专著	2017. 12. 15
华北地区宗教信仰人群的调查与分析研究	杨靖筠	北京联合大学	研究报告	2017. 12. 31

青年项目

项目名称	负责人	工作单位	预期成果	完成时间
李道谦与全真教宗教认同的建构研究	宋学立	中国社会科学院科研局	专著	2017. 12. 30
11—14 世纪汉藏印佛教互动背景中的夏鲁寺艺术遗存研究	杨鸿蛟	中国藏学研究中心	专著	2017. 3. 1

十七、中国文学

重点项目

项目名称	负责人	工作单位	预期成果	完成时间
日本学人所撰“中国文学史”研究(1882—2002)	段江丽	北京语言大学人文学院	专著 研究报告	2018. 12. 31
中华古今骈文通史	谭家健	中国社会科学院文学研究所	专著	2016. 12. 31

一般项目

项目名称	负责人	工作单位	预期成果	完成时间
20 世纪中国左翼文学的谱系学研究	刘　勇	北京师范大学文学院	专著	2017. 12. 30
“十七年”中国乡村文学社会学研究	路文彬	北京语言大学人文学院	专著	2017. 3. 10
网络文学的经典化与“主流文学”的重建研究	邵燕君	北京大学中国语言文学系	专著	2017. 6. 30

续表

项目名称	负责人	工作单位	预期成果	完成时间
中国戏曲的数字化生存与传播研究	杨　燕	中国传媒大学	专著 研究报告	2017. 2. 28
北平燕京大学、辅仁大学的民间文学及民俗学研究（1937—1949）	岳永逸	北京师范大学文学院	专著	2017. 12. 30
现代中国歌谣学学术史	万建中	北京师范大学文学院	专著	2017. 11. 25
维吾尔民间叙事诗口头传统研究	阿不力奇木	中央民族大学维吾尔语言文学系	专著	2017. 7. 7
清代达斡尔族乌钦《莺莺传》与满文、汉文《西厢记》关系研究	吴　刚	中国社会科学院民族文学研究所	专著	2016. 12. 31
陶渊明作品互文性研究	范子烨	中国社会科学院文学研究所	专著	2018. 10. 1
国内六家鲁迅纪念馆的历史和现状研究（1951—2016）	葛　涛	北京鲁迅博物馆	专著 研究报告	2017. 12. 31
中国诗学的天文与数理维度研究	李瑞卿	北京第二外国语学院	专著	2017. 12. 30
宋词与舞蹈之关系研究	刘　航	首都师范大学中国诗歌研究中心	专著	2019. 2. 27
21 世纪以来中国对当代美国文论的接受状况与反思研究	胡燕春	首都师范大学文学院	专著	2017. 12. 31

青年项目

项目名称	负责人	工作单位	预期成果	完成时间
清末民初文艺学关键词研究	吴泽泉	中国青年政治学院中文系	专著	2018. 12. 30
唐宋转型视野下的散文演变研究	谢　琰	北京师范大学	专著	2017. 12. 31
清升平署戏曲文献著录与研究	熊　静	北京大学信息管理系	专著	2017. 12. 31
知识分类与中国近代学术体系的重建研究	文　韬	中央美术学院	专著	2018. 2. 16
中国现代格律诗的诗学渊源研究	王晓云	中国传媒大学	专著	2017. 3. 31
晚唐齐梁诗风研究	张一南	中国社会科学院文学研究所	专著	2016. 12. 31
元代文人会社与文学演变关系研究	谷春侠	中国地方志指导小组办公室	专著	2017. 12. 31
三家《诗》辑佚史研究	马　昕	中国社会科学院文学研究所	专著	2016. 12. 31
建构藏族文艺批评史的纲要与路径研究	意　娜	中国社会科学院民族文学研究所	专著	2017. 12. 31
台语民族跨境族源神话及其信仰体系研究	李斯颖	中国社会科学院民族文学研究所	研究报告	2017. 12. 30
宋代诗选与诗学考论	陈　斐	中国艺术研究院文化发展战略研究中心	专著	2016. 7. 1
津派作家与天津都市文化研究	陈　艳	中国现代文学馆	专著	2017. 12. 31
中国当代文学中的北京想象与社会主义城市文化研究	丛治辰	中共中央党校文史教研部	专著	2016. 12. 31
汉唐乐府学典籍研究	郭　丽	首都师范大学文学院	专著	2017. 10. 1

十八、外国文学

重点项目

项目名称	负责人	工作单位	预期成果	完成时间
德国小说发展史	李昌珂	北京大学外国语学院德语系	专著	2018. 12. 31

一般项目

项目名称	负责人	工作单位	预期成果	完成时间
解释学与西方文学观念的现代转型研究	王业伟	中央民族大学外国语学院	专著	2017. 9. 1
日本中国学京都学派与民国学术界研究	钱婉约	北京语言大学人文学院	专著	2018. 7. 1
梅列日科夫斯基创作中的古代文化形象研究	武晓霞	北京航空航天大学	专著	2017. 12. 31
艾丽斯·门罗小说“新现实主义”研究	耿力平	北京外国语大学英语学院	专著	2017. 8. 30
美国犹太女作家研究	郑　丽	北京航空航天大学	专著	2017. 12. 30
德国古典诗哲的启蒙路径及其中国资源研究	叶　隽	中国社会科学院外国文学研究所	专著	2017. 12. 31
希伯来叙事与民族认同研究	钟志清	中国社会科学院外国文学研究所	专著	2018. 12. 31
伊迪丝·华顿、亨利·詹姆斯与文学市场研究	李　晋	首都师范大学外国语学院英文系	专著	2019. 7. 1

青年项目

项目名称	负责人	工作单位	预期成果	完成时间
英国文学公共领域研究（1640—1726）	霍盛亚	中央财经大学	专著	2017. 6. 1
20 世纪中国与芬兰文学关系研究	李　颖	北京外国语大学欧洲语言文化学院	专著	2019. 9. 30
梵语、巴利语、汉语中的佛经譬喻故事对比研究	范晶晶	北京大学外国语学院	专著 译著	2017. 2. 1
中国文学在西班牙的翻译与传播研究	程弋洋	北京大学外国语学院西葡语系	专著	2017. 12. 31
索尔仁尼琴创作中的道德意识与政治理念研究	许传华	北京第二外国语学院	专著	2016. 12. 30
唐纳德·金与美国的东方文学研究	冯新华	首都师范大学文学院	专著	2019. 7. 1

十九、语言学

重点项目

项目名称	负责人	工作单位	预期成果	完成时间
面向国家安全的汉语方言大数据库建设研究	刘晓海	北京语言大学语言科学院	研究报告 电脑软件	2017. 12. 30
东南亚汉语传播的国别比较研究	吴应辉	中央民族大学国际教育学院	论文（集）	2017. 12. 30
七种明清《方言》校注本整理集成	华学诚	北京语言大学人文学院	专著	2016. 12. 31

续表

项目名称	负责人	工作单位	预期成果	完成时间
蒙古语族语言语料库研制（蒙古、达斡尔、土族语部分）	包玉柱	中央民族大学学报编辑部	专著 工具书	2018. 12. 30
历史语法视角下的青海甘沟话语法研究	杨永龙	中国社会科学院语言研究所	专著 其他	2018. 12. 31
汉语语用标记形成机制的多视角研究	方　梅	中国社会科学院语言研究所	专著	2018. 6. 30
论元选择中的显著性和局部性研究	胡建华	中国社会科学院语言研究所	论文（集）	2017. 12. 31

一般项目

项目名称	负责人	工作单位	预期成果	完成时间
认知语法框架下汉英主题结构的标记性比较研究	王义娜	北京航空航天大学	论文（集）	2017. 6. 30
认知语料库语言学视阈下的英汉话语隐喻对比研究	孙　亚	对外经济贸易大学英语学院	专著	2017. 6. 30
中国现当代文学的译介模式研究	李　越	北京语言大学外国语学院	专著	2017. 6. 30
汉语方言连调音系格局研究	吴永焕	中国人民大学文学院	专著	2018. 9. 30
中国西北边境地区语言生态个案研究	郭风岚	北京语言大学中国周边语言文化协同创新中心	论文（集） 研究报告	2017. 12. 31
生成语法框架下汉语布洛卡氏失语症患者的句法障碍研究	崔　刚	清华大学人文学院外文系	专著	2018. 9. 1
16—20世纪初域外汉语语法观研究	魏兆惠	北京语言大学人文学院	研究报告	2016. 12. 31
面向自然语言处理的话语连贯研究	李佐文	中国传媒大学	论文（集） 研究报告	2017. 12. 31
律部佛典语法研究	朱冠明	中国人民大学文学院	专著	2018. 6. 30
《穆卡迪玛特阿勒—阿达布》词典蒙古语研究	色音巴雅尔	中央民族大学蒙古语言文学系	专著	2017. 12. 30
现代维吾尔语生成语法研究	力提甫·托乎提	中央民族大学维吾尔语言文学系	专著 工具书	2017. 12. 30
中国第一历史档案馆藏清代哈萨克文文书语言结构研究	杜山那里·阿不都拉西	中央民族大学哈萨克语言文学系	专著	2018. 9. 1
面向第二语言习得的汉语句法复杂度测评指标研究	冯丽萍	北京师范大学汉语文化学院	研究报告	2016. 12. 31
藏缅语族方式状语语法形式的类型及历时演变研究	闻　静	北京华文学院	专著	2016. 9. 30
英汉同声传译中的认知负荷研究	秦小雅	北方工业大学文法学院英语系	专著 研究报告	2017. 8. 31
中华传统服饰文化艺术翻译研究	张慧琴	北京服装学院外语系	专著	2017. 4. 30
汉语通用社会称谓的使用现状调查与国人称谓观念变迁研究	刘永厚	北京第二外国语学院	专著	2017. 12. 31
汉语儿童情态系统的早期习得研究	张云秋	首都师范大学文学院	专著	2017. 6. 30
汉语失语症患者语块结构缺损研究	李美霞	北京第二外国语学院	专著	2017. 12. 20
现代汉语主观量构式研究	杨玉玲	首都师范大学国际文化学院	专著	2017. 6. 30

青年项目

项目名称	负责人	工作单位	预期成果	完成时间
型式语法视角下中国科学家学术英语语法隐喻的大型双语语料库研究	董　敏	北京航空航天大学	论文（集） 电脑软件	2017. 12. 31
《说文解字》疑难释义丛考	孟　琢	北京师范大学文学院	专著	2017. 12. 31
基于众源方式的《中国英语词典》编纂与使用研究	秦晓惠	北京科技大学外国语学院	专著	2017. 12. 31
维吾尔语韵律与语法接口信息结构研究	王海波	中国社会科学院民族学与人类学研究所	专著 研究报告	2016. 12. 30
外国留学生汉语书面语词汇进步模式研究	张江丽	北京华文学院专修部	论文（集） 研究报告	2017. 12. 31
基于字体分类的甲骨卜辞缀合研究	莫伯峰	首都师范大学文学院	专著 研究报告	2017. 7. 1

二十、新闻学

重点项目

项目名称	负责人	工作单位	预期成果	完成时间
“新新媒介”环境下的报纸发展趋势及转型研究	王君超	清华大学新闻与传播学院	专著	2017. 6. 30
数字环境下我国图书出版业的商业模式重构研究	刘　军	对外经济贸易大学出版社	专著	2017. 12. 31
基于大数据的视听传播效果研究	周　勇	中国人民大学新闻学院	专著	2016. 12. 31
广告产业中国模式的理论建构研究	陈　刚	北京大学新闻与传播学院	专著 研究报告	2016. 12. 31
中国学术图书质量分析与学术出版能力建设研究	谢寿光	中国社会科学院社会科学文献出版社	专著 研究报告	2016. 12. 31
我国主流媒体融合发展研究	王庚年	中国国际广播电台	专著	2016. 5. 1

一般项目

项目名称	负责人	工作单位	预期成果	完成时间
新媒体语境下的新闻叙事研究	曾庆香	中国传媒大学	专著	2017. 12. 30
我国国际传播话语体系建设的理论创新研究	李继东	中国传媒大学	专著 研究报告	2016. 12. 30
政府话语权与国际规则之关系研究	刘小燕	中国人民大学新闻学院	专著	2018. 12. 30
青少年移动互联网使用行为及其影响研究	刘胜枝	北京邮电大学	专著	2017. 6. 30
新媒体环境下的中国主流媒体声誉管理研究	高贵武	中国人民大学新闻学院	论文（集） 研究报告	2017. 6. 30
新媒体环境下的传媒与司法关系问题研究	姚广宜	中国政法大学	专著	2017. 12. 31
我国社交媒体著作权保护研究	朱鸿军	中国社会科学院新闻与传播研究所	专著	2016. 12. 30
二战后日本战犯审判新闻史料的整理与研究	郭传芹	国家图书馆	专著	2016. 12. 31

续表

项目名称	负责人	工作单位	预期成果	完成时间
全球化趋势下我国数字出版产业发展战略研究	聂震宁	北京印刷学院	专著 研究报告	2016. 12. 31
新媒体时代个人信息保护问题研究	郑文明	首都经济贸易大学文化与传播学院	专著 研究报告	2018. 6. 30

青年项目

项目名称	负责人	工作单位	预期成果	完成时间
中国对欧传播效果与策略研究	甘　露	中国传媒大学	专著	2017. 3. 31
微博“大V”的圈子与互动效果研究	庞云黠	中央财经大学	专著	2017. 12. 30
社交媒体对当代青年政治参与的影响与引导机制研究	卢家银	中国青年政治学院新闻与传播系	研究报告	2017. 6. 30
媒介融合背景下的视听文本叙事研究	冯宗泽	中国传媒大学	专著 研究报告	2016. 6. 30
社会化媒体中公共事件话语框架及其演化机制研究	张　伦	中国科学院大学人文学院新闻传播学系	论文（集） 研究报告	2016. 12. 31
主流媒体对外传播的新媒体策略研究	刘　滢	新华通讯社新闻研究所	研究报告	2016. 12. 31
对华文化战略下近代日本人在华北的办报活动与舆论宣传战研究	李杰琼	北京工商大学艺术与传媒学院	专著 研究报告	2017. 7. 1
我国广播的数字化转型策略研究	张晓菲	北京人民广播电台	专著 研究报告	2016. 6. 30
网络谣言的形成原因与治理对策研究	陈国战	首都师范大学文化研究院	专著	2018. 6. 10

二十一、图书馆、情报与文献学

重点项目

项目名称	负责人	工作单位	预期成果	完成时间
大数据环境下的计算型情报分析方法与技术研究	李广建	北京大学	研究报告	2017. 8. 31
面向大数据的单元信息组织体系研究	倪晓建	首都图书馆	研究报告 工具书	2016. 6. 30

一般项目

项目名称	负责人	工作单位	预期成果	完成时间
《十三经注疏》版本研究	张丽娟	北京大学哲学系	专著	2017. 7. 1
大数据环境下公安情报学理论体系研究	彭知辉	中国人民公安大学公安情报学系	研究报告	2017. 12. 31
面向知识服务的健康知识组织体系构建研究	侯　丽	中国医学科学院医学信息研究所	论文（集） 研究报告	2016. 12. 31
机构科研数据管理关键技术和服务机制研究	崔宇红	北京理工大学图书馆	论文（集） 研究报告	2017. 6. 30
英文版中国学术期刊的国际影响力评价与发展策略研究	范爱红	清华大学图书馆	论文（集） 研究报告	2017. 3. 31

续表

项目名称	负责人	工作单位	预期成果	完成时间
清代整理中医药文献研究	杨东方	北京中医药大学	专著	2017. 12. 31
基于组织的电子文件管理成熟度模型研究	钱　毅	中国人民大学	研究报告	2016. 9. 30
图书馆电子书服务模式及平台研究	谢　强	国家图书馆	研究报告	2016. 6. 30
大数据环境下的科技信息潜在语义挖掘技术优化与比较研究	崔运鹏	中国农业科学院农业信息研究所	研究报告 电脑软件	2016. 12. 31
基于事实型科技大数据的情报分析方法及集成分析平台研究	曾　文	中国科学技术信息研究所	专著 研究报告	2017. 6. 30
科学数据用户相关性标准与使用模式实证研究	王　健	中国农业科学院农业信息研究所	研究报告	2016. 12. 31
旅游资源信息的语义标注与相关性研究	彭　晖	北京第二外国语学院	论文（集） 电脑软件	2016. 12. 31
云数字档案馆风险评估指标体系研究	徐　华	北京联合大学	论文（集） 研究报告	2018. 9. 10

青年项目

项目名称	负责人	工作单位	预期成果	完成时间
高校图书馆全媒体服务推广模式及运行保障机制研究	刘　兰	北京师范大学图书馆	论文（集） 研究报告	2017. 9. 30
面向政府决策的档案知识库构建研究	牛　力	中国人民大学信息资源管理学院	论文（集） 研究报告	2017. 9. 30
乾嘉四大藏书家研究	刘　鹏	国家图书馆	专著	2017. 12. 31
公共图书馆出版物国际交换研究	李　伟	国家图书馆	研究报告	2017. 12. 31
大数据时代科技成果信息资源的个性化推荐服务研究	李晓慧	中国科学技术信息研究所	专著 研究报告	2015. 12. 31
大数据时代情报分析的支撑环境研究	蔡　超	中国人民解放军总装备部科技信息研究中心	研究报告 电脑软件	2016. 6. 30

二十二、体育学

一般项目

项目名称	负责人	工作单位	预期成果	完成时间
西方国家体育政策发展趋向研究	于洪军	清华大学	研究报告	2017. 12. 30
基于 GIS 技术学生体质健康信息服务体系构建研究	杨绛梅	中国地质大学（北京）体育部	论文（集） 研究报告	2017. 10. 30
我国职业网球管理体制机制创新研究	胡亚斌	国家体育总局网球运动管理中心	专著 研究报告	2016. 9. 30
中国职业体育政策法规研究	胡利军	国家体育总局体育科学研究所	专著 研究报告	2016. 7. 31
竞技体育科技成果向全民健身指导服务转化的研究	郭建军	国家体育总局体育科学研究所	专著 研究报告	2016. 12. 30
构建我国学校体育考试制度一体化体系的研究	刘海元	首都体育学院	论文（集）	2016. 6. 20

续表

项目名称	负责人	工作单位	预期成果	完成时间
中外幼儿体育制度研究	郝晓岑	首都体育学院管理与传播学院	论文（集） 研究报告	2016.2.28

青年项目

项目名称	负责人	工作单位	预期成果	完成时间
我国大型体育场馆国有资产深化改革研究	李艳丽	北京体育大学	研究报告	2017.5.31
公共服务背景下城市自发性体育组织发展研究	吴建忠	北京体育大学	研究报告	2017.2.26

二十三、管理学

重点项目

项目名称	负责人	工作单位	预期成果	完成时间
中国式企业管理的熔合与创新机制研究	王利平	中国人民大学商学院	专著	2017.10.1
基于风险防范的地方性政府债务审计研究	宋　常	中国人民大学商学院	研究报告	2017.9.30
我国上市公司资产质量研究	卢　闯	中央财经大学	研究报告	2017.7.1
编制自然资源资产负债表与生态环境损害责任终身追究制研究	孙宝厚	中华人民共和国审计署	研究报告	2017.2.17
企业环境资源与价值报告研究	周守华	中国会计学会	专著 研究报告	2016.12.31
构建现代军事人力资源制度体系研究	欧建平	国防大学军队建设与军队政治工作教研部	专著 研究报告	2016.12.31
国防金融战略研究	秦　天	国防大学科研部	研究报告	2015.12.31

一般项目

项目名称	负责人	工作单位	预期成果	完成时间
创新驱动发展下中国科技人才战略的决策要素、路径选择与政策创新研究	黄海刚	对外经济贸易大学	论文（集） 研究报告	2016.12.30
金字塔型控股集团的多层级公司治理与内部资本市场研究	马　忠	北京交通大学经济管理学院	专著	2017.12.31
粮食应急储备网络运作机理与模型优化研究	侯云先	中国农业大学经济管理学院	研究报告	2016.12.31
网络购买行为中我国传统零售业线上线下经营模式选择及策略研究	陈红华	中国农业大学经济管理学院	论文（集） 研究报告	2016.12.30
新职业生涯时代组织职业生涯管理的内容结构及其作用机制研究	周文霞	中国人民大学劳动人事学院	论文（集） 研究报告	2017.9.30
我国城镇化进程中流动人口就业质量的评价与提升路径研究	苏丽锋	对外经济贸易大学	论文（集）	2017.5.30
社会治理视角下的工会社会协同能力评估研究	任国友	中国劳动关系学院安全工程系	专著	2016.12.31

续表

项目名称	负责人	工作单位	预期成果	完成时间
基于数据挖掘的地方政府廉政建设评价指标体系研究	杜治洲	北京航空航天大学	研究报告	2016. 12. 31
我国房地产市场健康综合评价指标体系设计及实证研究	叶剑平	中国人民大学公共管理学院	研究报告 电脑软件	2017. 2. 20
现代职业教育中企业责任的实现机制与评价研究	霍丽娟	北京师范大学国家职业教育研究院	论文（集） 专著	2016. 8. 30
二、三级综合医院适宜规模研究	雷海潮	中国医学科学院医学信息研究所	论文（集） 研究报告	2016. 8. 30
基于城乡人口变化的中小学布局优化模型及政策路径研究	林文棋	清华大学建筑学院	专著 电脑软件	2017. 12. 31
中国企业海外投资税务筹划研究	王素荣	对外经济贸易大学国际商学院	专著 论文（集）	2015. 12. 31
面向金字塔底层市场的包容性创新及政策研究	邢小强	对外经济贸易大学国际商学院	论文（集）	2017. 12. 31
我国高技术企业通过跨国技术战略联盟进行多维“跨边界”学习与风险防御机制研究	杨震宁	对外经济贸易大学国际商学院	论文（集）	2017. 6. 30
交通需求管理政策的环境影响、行为激励及政策体系改善研究	马　骅	中国石油大学（北京）地球科学学院	研究报告	2016. 6. 30
基于行为模拟实验的环境冲突风险治理中风险沟通作用机制研究	詹承豫	中国政法大学政治与公共管理学院	专著 研究报告	2017. 12. 31
全球分工新体系下的中国旅游业国际地位评估与提升研究	金　准	中国社会科学院财经战略研究院	专著	2016. 3. 31
医保付费机制创新与公立医院改革研究	朱恒鹏	中国社会科学院经济研究所	论文（集） 专著	2017. 5. 1
新型城镇化背景下农村能源需求结构与供给模式研究	王　飞	农业部农业生态与资源保护总站	论文（集）	2016. 5. 30
网络社会的基础特性及其公共治理策略研究	何　哲	国家行政学院公共管理教研部	专著	2016. 6. 30
城乡发展一体化视野下市管县体制与省直管县（市）体制的比较研究	刘承礼	中央编译局	研究报告	2016. 12. 30
基于情景构建的非常规突发事件应急预案研究	曹海峰	国家行政学院应急管理培训中心	研究报告	2016. 6. 30
网络环境下边疆民族地区群体性事件风险防范与应急管理长效机制研究	张小明	国家行政学院应急管理培训中心	研究报告	2016. 5. 30
我国大学生入伍选择影响因素、效用及服役稳定性研究	赵晓闻	防化学院研究生处	研究报告 工具书	2017. 6. 30
研发指数构建与应用评价研究	崔也光	首都经济贸易大学会计学院	专著	2017. 6. 10
基于第三方风险动态监控平台的知识产权质押融资模式研究	鲍新中	北京联合大学	专著 研究报告	2016. 12. 31
国有企业高管腐败行为治理研究	范合君	首都经济贸易大学工商管理学院	研究报告	2016. 6. 30
生态文明视域下国家低碳创新体系建设研究	陆小成	北京市社会科学院	专著	2016. 12. 30
我国特大城市土地市场效率与政府调控效果研究	张　杰	首都经济贸易大学城市经济与公共管理学院	专著 研究报告	2016. 12. 31

续表

项目名称	负责人	工作单位	预期成果	完成时间
基于公共选择理论的社会资本举办医疗机构路径选择与评价研究	孟　开	首都医科大学	研究报告	2017. 12. 31
“半强制”股利政策的经济后果研究	李　伟	北京第二外国语学院	研究报告	2016. 12. 31
价值链视角下轻资产运营非线性成长研究	穆林娟	北京工商大学商学院	研究报告	2017. 6. 30
企业关系网络、输入型和内生型内部控制缺陷防扩散机制研究	王海林	首都经济贸易大学会计学院	专著 研究报告	2017. 6. 30
深化公立医院改革情景下我国远程医疗管理模式研究	佘镜怀	首都经济贸易大学工商管理学院	专著 研究报告	2017. 7. 1
我国生命临终关怀模式的管理研究	李义庭	首都医科大学	研究报告	2017. 12. 31

青年项目

项目名称	负责人	工作单位	预期成果	完成时间
基于新实证产业组织理论的石油工业管制政策效果研究	周　末	对外经济贸易大学国际商学院	论文（集） 研究报告	2017. 12. 31
社区全科团队服务绩效激励机制研究	李永斌	中国医学科学院医学信息研究所	研究报告	2016. 12. 31
新型城镇化背景下城市存量建设用地再开发模式及管控策略研究	张　杨	中国人民大学公共管理学院	专著 论文（集）	2016. 9. 30
基金家族特质对基金投资行为及绩效影响研究	王　珏	对外经济贸易大学国际商学院	论文（集）	2016. 12. 31
“社区活力”指数构建与应用研究	蓝煜昕	清华大学公共管理学院	论文（集） 研究报告	2017. 3. 1
我国旅游产业效率的影响机理与提升战略研究	韩元军	中国旅游研究院	专著 论文（集）	2017. 6. 10
公办事业单位取消行政级别研究	丁晶晶	中国人事科学研究院	研究报告	2017. 7. 1
我国外汇储备海外股权投资策略研究	尤　苗	中共中央党校国际战略研究所	专著	2016. 12. 31
优势民营企业参与武器装备科研生产政策支持研究	王伟海	国防大学国防经济研究中心	论文（集） 研究报告	2016. 12. 31
民营企业融入装备建设领域研究	李晓松	中国人民解放军总装备部科技信息研究中心	专著 研究报告	2016. 4. 30
我国科技服务业自主创新体系国际化发展模式与政策选择研究	朱相宇	北京工业大学	研究报告	2016. 12. 31
大数据时代网络突发事件社会情绪演变的治理模式研究	庞　宇	中共北京市委党校公共管理教研部	专著	2016. 6. 30

（全国哲学社会科学规划办公室供稿）

教育部办公厅关于做好全国教育科学“十二五”规划2014年度课题组织申报工作的通知

教办厅函〔2014〕43号

各省、自治区、直辖市教育厅（教委）、教育科学研究院（所）、教育科学规划领导小组办公室，新疆生产建设兵团教育局，解放军总参谋部军训部、全军军事教育科学规划办公室，部属各高等学校，部内各司局、各直属单位：

为深入贯彻落实党的十八大、十八届三中全会精神以及《国家中长期教育改革和发展规划纲要（2010—2020年）》，经全国教育科学规划领导小组批准，决定于2014年7月25日—9月20日开展2014年度课题申报工作。本年度只设重点招标课题指南（见附件1），其他类别课题不设指南，由申请人自拟课题名称。国家重点课题沿用纸质文本申报方式；其他类别课题采取网上申报与纸质文本申报并用的方式。课题组织申报办法详见附件2。网上申报具体办法详见全国教育科学规划领导小组办公室网站（http://onsgep.moe.edu.cn）。

附件：

全国教育科学“十二五”规划2014年度课题组织申报办法

教育部办公厅

2014年7月18日

全国教育科学“十二五”规划2014年度课题组织申报办法

一、申报教育科学规划课题的指导思想是，高举中国特色社会主义伟大旗帜，以邓小平理论、“三个代表”重要思想、科学发展观为指导，深入贯彻落实党的十八大和十八届三中全会精神，贯彻落实习近平总书记系列讲话精神，以《国家中长期教育改革和发展规划纲要（2010—2020年）》的重大理论和现实问题为主攻方向，解放思想，实事求是，大力推进理论创新、制度创新和方法创新，发挥全国教育科学规划课题的示范引导作用，推动教育科学为教育事业发展服务、为人力资源强国建设服务。

二、申报基础研究课题要力求具有原创性、开拓性和较高的学术思想价值；申报应用研究课题要具有现实性、针对性和较强的决策参考价值，着力推出体现国家水准的研究成果。

三、课题申请人须具有副高级以上专业技术职务；不具备副高级以上专业技术职务的，须由两名具有正高级专业技术职务的同行专家书面推荐。青年项目申请人和课题组成员的年龄均不超过35周岁（1979年7月25日之后出生）。课题组成员或推荐人须征得本人同意并签字确认，否则视为违规申报。申请人可以根据研究的实际需要，吸收境外研究人员作为课题组成员参与申请。在读的全日制研究生不能申请，具备申报条件的在职博士生（博士后）从所在工作单位申请。

四、课题承担单位必须符合以下条件：在相关领域具有较雄厚的学术资源和研究实力；设有科研管理的职能部门；能够提供开展研究工作的必要条件并承诺信誉保证。

五、本年度只设重点课题指南（见附件），其他类别课题不设指南。申报重点课题的，其名称须与指南保持一致，不得自行更改或添加副标题；需参加现场答辩，不参加答辩视为自动放弃。其他类别课题由申请人自拟课题名称，鼓励开展反映国家需要和国际趋势的前瞻性、创新性课题研究，不支持以编译著作、编写教材、编写丛书、编写工具书为直接目的的课题研究。

六、课题实行同行专家初评和专家会议集中复评方式。中小学和幼儿园系列申报基础教育学科课题，以及西部地区的课题申请人申报课题，实行单列单评，并给予一定比例的立项数量倾斜。

七、全国教育科学规划涉及14个学科。依照《评审书》列出的学科分类代码填写相应学科，跨学科课题根据“尽量靠近”原则选定一类学科进行申报。国防军事教育课题申报评审工作由全军军事教育科学规划办公室负责另行组织。

八、本年度全国教育科学规划课题继续实行限额申报，限额指标另行下达。各省级教育科学规划领导小组办公室、教育部直属高校和部内司局、直属单位要着力提高申报质量，适当控制申报数量，特别是要减少同类选题重复申报。

九、申报课题的资助额度为：国家社科基金教育学重点课题为 30 万元、一般课题为 18 万元，青年基金课题为 15 万元；教育部重点课题为 3 万元、教育部青年专项为 2 万元。申请人要根据《全国教育科学规划课题成果鉴定结题细则》和《国家社会科学基金项目经费管理办法》的要求，确定申报课题类别，并根据实际需要编制合理科学的经费预算。

十、全国教育科学规划课题的完成时限，原则上要求在 1—3 年完成，最迟在 5 年内完成。

十一、为避免一题多报、交叉申请和重复立项，确保申请人有足够的时间和精力从事课题研究，对课题申请作如下限定：（1）课题负责人同年度只能申报一个全国教育科学规划课题，且不能作为课题组成员参与全国教育科学规划课题的申请；非课题负责人同年度最多只能作为两个全国教育科学规划课题的课题组成员进行申请。（2）在研的国家社科基金项目、国家自然科学基金项目、教育部人文社会科学课题及其他国家级科研项目的负责人不能申请新的全国教育科学规划课题（结题证书标注日期在 2014 年 7 月 25 日之前的可以申请，需附证明）。（3）申请国家自然科学基金项目、国家社科基金项目及其他国家级科研项目的负责人同年度不能申请全国教育科学规划课题，其课题组成员也不能作为负责人以内容相同或相近选题申请全国教育科学规划课题。（4）凡以已结项的各级各类项目为基础申请全国教育科学规划课题，须在《申请书》中注明所申请项目与已承担项目的联系和区别，且不得以内容基本相同的同一成果申请多家基金项目结项。（5）凡以博士学位论文或博士后出站报告为基础申报全国教育科学规划课题，须在《申请书》中注明所申请项目与学位论文（出站报告）的联系和区别，申请鉴定结项时提交学位论文（出站报告）原件。

十二、申请人应如实填写申请材料，并保证没有知识产权争议。凡存在弄虚作假、抄袭剽窃等行为的，一经发现查实，取消三年申报资格；如获立项即予撤项并通报批评。

十三、课题负责人在项目执行期间要遵守相关承诺，履行约定义务，按期完成研究任务；获准立项的《全国教育科学规划课题申请书》视为具有约束力的资助合同文本。最终成果实行结题鉴定制度，鉴定等级予以公示。除特殊情况外，国家社科基金项目的最终研究成果须先鉴定、后出版，擅自出版者视为自行终止资助协议。

十四、全国教育科学规划课题申报采用三级审核管理制度。第一级为“申报者所在单位”（如学校、院系、科研院所等），第二级为“省部级管理部门”（含各省级教育规划办、教育部直属高校和直属单位），第三级为“全国教育科学规划领导小组办公室”（以下简称全规办）。各级管理机构要加强对课题申报工作的组织和指导，严格审核申报资格、前期研究成果的真实性、课题组的研究实力和必备条件等，签署明确意见。各级科研管理部门不得收取任何申报评审费用。全规办不直接受理个人申报。

十五、2014 年国家重点课题沿用纸质文本申报方式；其他类别课题采取网上申报与纸质文本申报并用的方式，具体办法详见全规办网站（http：//onsgep. moe. edu. cn）。

申请书文本须经所在单位审查盖章后，报送至省部级管理部门，最后由省部级管理部门审核盖章后报全规办。

十六、申请书文本要求统一用计算机填写、A3 纸双面印制、中缝装订。报送我办的纸质材料包括：（1）审查合格的重点课题《评审书》一式 8 份（原件 1 份，复印件 7 份）；其他类别课题《评审书》一式 2 份（原件 1 份，复印件 1 份），活页 6 份。《评审书》原件请在首页的右上角注明，以便识别。（2）加盖公章的用统一表格制作的申报数据汇总表。同时报送上述材料的电子版到指定邮箱。

十七、申报时间为 2014 年 7 月 25 日起至 9 月 20 日止，逾期不予受理。

办公室咨询电话：010 － 62003471，62003307；电子邮箱：qgb@ nies. net. cn；邮政编码：100088；地址：北京市海淀区北三环中路 46 号全国教育科学规划领导小组办公室。

（全国教育科学规划领导小组办公室供稿）

2014年度全国教育科学规划重点招标课题指南

1. 教育现代化的动态监测及政策调适研究
2. 推进教育管办评分离研究
3. 升学考试制度改革试点跟踪与评估研究
4. 应用技术型高校标准体系研究
5. 中小学生综合素质评价研究
6. “五科融合”推进立德树人研究
7. 娱乐文化对未成年人思想道德品质的影响与对策研究
8. 特殊教育支持保障体系研究
9. 职业教育校企合作双主体办学的治理结构、实现途径和政策研究
10. 高校毕业生就业质量评价体系及实现高质量就业路径研究
11. 聚焦深化教育综合改革中的青少年体育问题及对策研究
12. 大中小学生艺术素质标准研制和评价研究
13. 非通用语种人才培养研究
14. 国际组织人才培养和选送研究
15. 教育信息化与大型开放式网络课程（MOOCS）战略研究

（全国教育科学规划领导小组办公室供稿）

全国教育科学“十二五”规划2014年度课题评审结果（北京地区）

课题批准号	课题类别	课题名称	姓名	工作单位
AJA140003	国家重点	职业教育校企合作双主体办学的治理结构、实现途径和政策研究	杨　进	教育部职业技术教育中心研究所
AIA140005	国家重点	高校毕业生就业质量评价体系及实现高质量就业路径研究	张凤有	全国高校学生信息咨询与就业指导中心
AFA140006	国家重点	非通用语种人才培养研究	丁　超	北京外国语大学
ACA140009	国家重点	教育信息化与大型开放式网络课程（MOOCS）战略研究	陈　丽	北京师范大学
BDA140027	国家一般	美国AP课程研究	刘克文	北京师范大学
BGA140030	国家一般	国际视域下的中国MOOCS战略研究	许海霞	教育部教育发展研究中心
BFA140040	国家一般	校园安全立法基本问题研究	石连海	国家教育行政学院
BFA140045	国家一般	中国地方政府教育治理结构和机制研究	鲍传友	北京师范大学
BFA140046	国家一般	学前教育公共财政投入机制及政策影响研究	宋映权	北京大学
BJA140063	国家一般	以效果为导向的职业教育质量标准研究	唐以志	教育部职业技术教育中心研究所
BLA140068	国家一般	中学营养教育的构建及其实证研究	柴巍中	北京大学
BEA140076	国家一般	新时期中小学家庭教育立德树人的综合研究	傅国亮	教育部关心下一代工作委员会
BHA140087	国家一般	中小学学科教学关键问题实践研究	刘月霞	教育部基础教育课程教材发展中心
BIA140108	国家一般	高等教育理论创新的条件、路径与方法研究	蒋　凯	北京大学

续表

课题批准号	课题类别	课题名称	姓名	工作单位
BHA140114	国家一般	新学校中小学语文主题学习课程研究	李希贵	北京十一学校
COA140119	国家青年	哈佛大学与中国早期教育交流史研究（1879—1937）	林　伟	首都师范大学
CFA140123	国家青年	义务教育优质资源扩大模式研究	高　莉	北京师范大学
CFA140125	国家青年	大学生就业难问题研究	王　重	中国教育科学研究院
CMA140129	国家青年	推进民族地区义务教育均衡发展研究	袁　梅	中央民族大学
CMA140131	国家青年	新疆小学阶段大规模双语教育实施效果的实证分析	吴瑞林	北京航空航天大学
CFA140134	国家青年	从类型学到分类学：我国高等学校分类体系重构	王　楠	首都师范大学
CFA140135	国家青年	推进管办评分离构建高校附属学校治理模式研究	张　爽	首都师范大学
CBA140149	国家青年	预防青少年焦虑的“认知疫苗”：注意偏向矫正训练在线系统的设计与作用	杨智辉	北京林业大学
CBA140150	国家青年	0～3 岁儿童自我控制发展及影响因素的追踪研究	王兴华	北京师范大学
CCA140153	国家青年	深度融合视角下的基础教育信息化评估研究	曹培杰	中国教育科学研究院
CCA140154	国家青年	基于大数据学习分析技术的大学生适应性调节学习技能的评价与干预策略的实证研究	郑兰琴	北京师范大学
CLA140158	国家青年	中国传统手工艺文化中的美育价值研究	臧小戈	中国政法大学
CEA140168	国家青年	学校制度生活促进教师专业道德发展的发生机制与实践模式研究	傅淳华	北京师范大学
CEA140170	国家青年	教育信息化背景下德育教师信息技术应用能力研究	王　囡	北京开放大学
CEA140171	国家青年	艺术教育的道德人格培养原理研究：以音乐教育为中心	王　玲	北京航空航天大学
CIA140178	国家青年	高校青年教师职业成功研究	郭　名	北京交通大学
CIA140185	国家青年	主体重构对高校双向学生评教及有效性的影响机制研究	孔海宁	首都经济贸易大学
CIA140193	国家青年	我国重大教育舆情事件的演变及影响研究	田　凤	中国教育科学研究院
DMA140213	教育部重点	国家少数民族教育政策执行状况评估研究	王颖颖	教育部民族教育发展中心
DMA140214	教育部重点	多元文化背景下的中国古代文学教育——中国汉族与少数民族教育互动研究的视角	罗世琴	中国政法大学
DFA140216	教育部重点	基于品牌协同的应用技术型大学特色资源类型识别与转化机制研究	王　恒	北京联合大学
DFA140222	教育部重点	简政放权与推进教育管办评分离的制度改革设计研究	刘业进	首都经济贸易大学
DCA140229	教育部重点	智能感知技术在中小学作业减负中的应用研究与实践探索	孙　波	北京师范大学
DCA140230	教育部重点	基于教育大数据的学习分析工具设计与应用研究	武法提	北京师范大学
DCA140233	教育部重点	教育信息化多源异类数据稳定匹配优化研究	张李勇	北京航空航天大学

续表

课题批准号	课题类别	课题名称	姓名	工作单位
DCA140238	教育部重点	泛在学习环境中数字资源聚合模式及推荐机制研究	王　楠	北京邮电大学
DCA140239	教育部重点	基于情感计算的学习助理研究	刘　菁	首都师范大学
DJA140252	教育部重点	面向现代产业体系的校企协同技术技能积累机制实现路径研究	王　秦	北京联合大学
DLA140260	教育部重点	学校武术教育对青少年自我同一性与社会化进程影响的研究	李印东	北京体育大学
DEA140263	教育部重点	娱乐文化对6～15岁儿童道德品质的影响与对策研究	张志坤	首都师范大学
DHA140270	教育部重点	基于学习科学的友善用脑课堂教学实践研究	时　龙	北京教育科学研究院
DIA140319	教育部重点	全国师范大学教师“流动现状”与“合理流动模式”研究：基于学术生态建设视角	佟庆伟	首都师范大学
EGA140348	教育部青年	中等职业教育毕业生在劳动力市场上的中长期表现——基于跟踪数据的研究	梁　彦	教育部教育发展研究中心
EFA140356	教育部青年	教育决策者的科研采信动力分析：基于知识管理的视角	莫蕾钰	中国矿业大学（北京）
EEA140388	教育部青年	关系视域下课堂师生对话的教育性实现机制研究	郭　冰	北京教育学院
EHA140389	教育部青年	学区化管理背景下中小学校协同发展机制研究	王玉国	中国教育科学研究院
EIA140400	教育部青年	当代大学生的基层岗位择业取向及引导策略分析	代　懋	北京航空航天大学
EIA140401	教育部青年	应用型大学的开放性组织形态及实践研究	陈霞玲	国家教育行政学院
EIA140406	教育部青年	资源视角下的大学国际化推进路径研究	薛　珊	国家教育行政学院
EEA140422	教育部青年	创新高中体验式生涯教育的研究与实践	杜　鹏	北京市和平街第一中学

（全国教育科学规划领导小组办公室供稿）

2014年度国家社会科学基金艺术学项目申报公告

《2014年度国家社会科学基金艺术学项目课题指南》（以下简称《课题指南》）经文化部和全国艺术科学规划领导小组批准，即日发布，全国艺术科学规划领导小组办公室同时开始受理2014年度国家社会科学基金艺术学项目申报。现将申报工作的有关事项公告如下：

一、2014年度国家社会科学基金艺术学项目申报工作的指导思想是：高举中国特色社会主义伟大旗帜，以邓小平理论、“三个代表”重要思想、科学发展观为指导，深入贯彻落实党的十八大和十八届三中全会精神，贯彻落实习近平总书记系列讲话精神，坚持解放思想、实事求是、与时俱进、求真务实，坚持以重大现实问题为主攻方向，坚持基础研究和应用研究并重，努力构建艺术科学体系，为党和国家工作大局服务，为推动社会主义文化大发展大繁荣、建设社会主义文化强国服务。

二、申报2014年度国家社会科学基金艺术学项目，要围绕习近平总书记系列讲话、党的十八届三中全会和全国宣传思想工作会议提出的一系列新思想、新论断、新举措，紧密联系我国改革开放与中国特色社会主义建设特别是全面深化改革、完善和发展中国特色社会主义制度、推进国家治理体系和治理能力现代化进程中的文化艺术建设实践，以重大理论和现实问题为中心，坚持基础研究和应用对策研究相结合，推进、完善中国特色社会主义艺术科学体系建设，深化、拓展我国文化建设实践中的重大现实问题研究。基础研究要力求具有原创性、开拓性和较高的学术思想价值，应用研究要具有现实性、针对性和较强的决策参考价值，努力推动传统学科、新兴学科和交叉学科健康发展，力求居于学科前沿，避免低水平重复，着力推出代表国家水平的艺术科学研究成果。

三、国家社会科学基金艺术学项目申请人须具备下列条件：遵守中华人民共和国宪法和法律；具有独立开展研究和组织开展研究的能力，能够承担实质性研究工作；具有副高级以上（含）专业技术职称（职务），或者具有博士学位。

重点项目的申请者，须是完成过省、部级以上同专业研究课题的负责人（需在申报中提供完成过的省、部级以上同专业研究课题的证明材料）；

一般项目的申请者，须在与申报项目相关研究领域的核心期刊发表相关研究论文至少3篇（须在申报中注明论文发表的题目、期刊名称及时间）；

不具有副高级以上（含）专业技术职称（职务）或者博士学位的，可以申请青年项目，但必须有两名具有正高级专业技术职称（职务）的同行专家书面推荐。青年项目申请人和课题组成员的年龄均不超过35周岁（1979年3月31日后出生）。

申请人填报项目课题组成员或推荐人有关信息资料前，必须征得本人同意，否则视为违规申报。申请人可以根据研究的实际需要，吸收境外研究人员作为课题组成员参与申请。全日制研究生不能申请，具备申报条件的在职博士生（博士后）从所在工作单位申请。

文化部文化艺术科学研究项目的申请资格参照以上要求。

四、国家社会科学基金艺术学项目承担单位必须符合以下条件：在相关领域具有较雄厚的学术资源和研究实力；设有科研管理职能部门；能够提供开展研究的必要条件并承诺信誉保证。以兼职人员身份从所兼职单位申报国家社会科学基金艺术学项目的，兼职单位须审核兼职人员正式聘用关系的真实性，承担项目管理职责并承担信誉保证。

五、《2014年度国家社会科学基金艺术学项目课题指南》条目分范围性条目和具体题目两类。范围性条目只规定研究范围和方向，申请人要据此自行设计具体题目，没有明确的研究对象和问题指向的申请不予受理和立项；依据具体题目申报的选题，应选择不同的研究角度、方法和侧重点，题目的文字表述可做适当修改。只要符合《课题指南》的指导思想和基本要求，各学科均鼓励申请人根据研究兴趣和学术积累申报自选课题（包括重点课题）。自选课题与按《课题指南》申报的选题在评审程序、评审标准、立项指标、资助强度等方面同样对待。无论是按《课题指南》拟定的选题还是自选课题，课题名称的表述应科学、严谨、规范、简明，一般不加副标题。

为进一步突出重点，针对我国艺术科学各门类学科理论体系建设中的薄弱环节、我国文化建设中亟待研究回答的重大理论与实践问题，《2014年度国家社会科学基金艺术学项目课题指南》确定了若干重点领域和优先研究方向，为全国艺术科研机构、科研人员和社会各界有关人士提供研究参考，优先研究方向的申报课题一经获准立项，可根据研究工作的实际需求，适度放宽资助额度。

跨学科课题应根据主要研究内容按照“靠近优先”原则，选择一个为主的学科进行申报，并在《申报、评审书》“学科分类”栏中，注明主要涉及的学科。

属于下列情况之一的，不予立项：

1. 编著或一般性的译著；

2. 教材编写和一般性的工作研究；

3. 以编纂丛书为目的；

4. 已立过项的选题，且此次申报论证中又无新的研究内容。

六、本年度国家社会科学基金艺术学项目设置重点项目、一般项目、青年项目；同时，设立文化部文化艺术科学研究项目。国家社会科学基金艺术学项目面向全社会，文化部文化艺术科学研究项目原则上面向文化系统人员所申报的课题以及研究内容紧密围绕国家和地方文化艺术建设实际、亟须开展的研究课题。

申请人要依据《国家社会科学基金项目经费管理办法》和《全国艺术科学规划课题管理办法》的相关规定和本通知的要求申报课题。申请资助经费要有合理的预算，根据研究工作的实际需要并根据管理办法中的有关规定提出。

七、国家社会科学基金艺术学项目的完成时限，自课题批准立项之日起计算，基础理论研究一般为3至5年，也可根据研究工作的实际需要适当延长；应用对策研究类课题应根据所研究问题的紧迫性和时效性确定完成的时间，一般应在2—3年内完成。

八、为避免一题多报、交叉申请和重复立项，确保申请人有足够的时间和精力从事课题研究，2014年度国家社会科学基金艺术学项目申请作如下限定：(1) 课题负责人同年度只能申报一个国家社科基金艺术学项目，且不能作为课题组成员参与其他国家社科基金艺术学项目的申请；课题组成员同年度最多参与两个国家社科基金艺术学项目申请；在研国家级项目的课题组成员最多参与一个国家社科基金艺术学项目申请。(2) 在研的国家社科基金项目（含艺术学项目）、国家自然科学基金项目、文化部文化艺术科学研究项目及其他国家级科研项目的负责人不能申请新的国家社科基金艺术学项目（结项证书标注日期在2014年3月31日之前的可以申请，需附证明）。(3) 申请国家自然科学基金项目及其他国家级科研项目的负责人同年度不能申请国家社科基金艺术学项目，其课题组成员也不能作为负责人以内容相同或相近选题申请国家社科基金艺术学项目。(4) 申请教育部人文社会科学研究项目的负责人同年度不能申请国家社科基金艺术学项目。(5) 凡以在研或已结项的各级各类项目为基础申请国家社科基金艺术学项目，须在《申报、评审书》中注明所申请项目与已承担项目的联系和区别，且不得以内容基本相同的同一成果申请多家基金项目结项。(6) 凡以博士学位论文或博士后出站报告为基础申报国家社会科学基金艺术学项目，须在《申报、评审书》中注明所申请项目与学位论文（出站报告）的联系和区别，申请鉴定结项时提交学位论文（出站报告）原件。(7) 与已出版的内容基本相同的研究成果不得申请国家社会科学基金艺术学项目。

九、2014年度国家社会科学基金艺术学项目全面实行网上申报，不再接受纸质申请材料报送。请申请人登录全国艺术科学规划项目申报管理系统（系统路径为：文化部网站主页→文化科技司→全国艺术科学规划项目申报管理系统；也可直接输入网址：http://119.255.27.41)，按照有关说明注册账号并提交申报材料。

申请人要如实填写申报材料，保证申报内容的真实性且不涉及知识产权争议；凡发现弄虚作假等违规申报者，经查实后，取消3年申报资格，如获准立项即作撤项处理并通报批评。为保证项目申报和评审工作的公正性和严肃性，评审期间，申报单位或申请人均不得以任何名义走访、咨询学科评审组专家或邀请学科评审组专家进行申报辅导。凡行贿评审专家的，一经查实，将予以公开通报批评；如获立项，一律撤项，5年之内不得申报国家社会科学基金艺术学项目。凡在国家社会科学基金艺术学项目申报和评审中发现严重违规违纪行为的，除按规定进行处理外，均被列入不良科研信用记录。

十、所有申报项目将通过资格审查、同行专家通讯初评和终评等程序。资格审查和评审工作严格按照《全国艺术科学规划课题管理办法》及本通知的规定进行，同行专家通讯初评采用“活页”匿名方式，“活页”论证字数不超过四千字，注明申报课题的名称，并不得出现申请人、课题组成员姓名和申请人所在单位名称等有关信息，否则不予评审。项目评审坚持公平、公正原则，保证质量，宁缺毋滥。评审结果报全国艺术科学规划领导小组审批后公示。申报课题落选原因不予解释。

十一、如课题获准立项，申请人填写立项通知书回执后，由申报系统形成的《申报、评审书》即成为有约束力的资助合同文本。项目负责人在项目执行期间要遵守相关承诺，履行约定义务，按期完成研究任务。项目研究的最终成果将实行匿名通讯鉴定制度。除特殊情况外，计划出版的成果须先鉴定后出版，违反规定擅自出版者视为自行终止资助协议；经批准同意出版的成果出版后须报送全国艺术科学规划领导小组办公室2套样书。

十二、2014年度国家社会科学基金艺术学项目实行3级申报制度。各单位科研管理部门作为初级管理单位，要做好申报组织及申报材料的审核把关工作，根据本通知及有关规定严格审核《申报、评审书》的所有栏目内容，特别是严格审核申报资格，前期成果的真实性，选题、课题设计与论证的科学性及可行性，课题组的研究实力和完成任务的必备条件等，签署明确意见，承担信誉保证。如违规申报，申请人所在单位将被通报批评。申请人所在单位上一年的国家社会科学基金艺术学项目按时完成率低于70%的，本年度申报课题数不得超过其上一年度申报课题总数的70%；按时完成率低于60%的，本年度不得申报。

除北京市外的各省、自治区、直辖市艺术科学规划领导小组办公室或文化厅（局）科教处（或艺术科研管理部门）作为中级管理单位，受理本行政区划内的课题申报。中级管理单位要加强组织和指导，认真审核，严格把关，努力提高申报质量。

为保证全国艺术科学规划的延续性和立项项目的结项率，各受理单位及有关单位科研管理部门，要切实加强领导，对历年立项项目的完成情况进行全面检查和清理，提供必要条件，确保项目如期完成。在此基础上，开展2014年度国家社会科学基金艺术学项目申报工作的宣传、组织、管理和指导工作。要认真负责地做好账号管理、项目审核提交、《申报项目名单》报送等工作，确保网上申报按期完成。

全国艺术科学规划领导小组办公室委托文化部民族民间文艺发展中心承担在京单位的课题申报及各地申报材料的受理及初审工作。全国艺术科学规划领导小组办公室不直接受理申报。

十三、课题申报相关文件材料，包括《2014年度国家社会科学基金艺术学项目课题指南》、《国家社会科学基金项目经费管理办法》、《全国艺术科学规划课题管理办法》、《全国艺术科学规划历年立项课题汇编》等，均同时在文化部网站（http：//www.mcprc.gov.cn）和全国哲学社会科学规划办公室网站（http：//www.npopss-cn.gov.cn）发布，请申请人自行查询、下载。

十四、申报时间从即日起至2014年3月31日止，逾期系统关闭不予受理。请各省、自治区、直辖市受理单位于2014年3月31日前在全国艺术科学规划项目申报管理系统中完成本级资格审查及项目提交，并将系统生成的本地区的《申报项目名单》打印盖章后报送至文化部民族民间文艺发展中心。

文化部民族民间文艺发展中心地址：北京市东城区北河沿大街83号，邮政编码：100009。

联系人及电话：邱邑洪010－84019554。

特此公告。

附件：《2014年度国家社会科学基金艺术学项目课题指南》

全国艺术科学规划领导小组办公室

2014年1月13日

（全国艺术科学规划领导小组办公室供稿）

2014年度国家社会科学基金艺术学项目课题指南

《2014年度国家社会科学基金艺术学项目课题指南》的指导思想是：高举中国特色社会主义伟大旗帜，以邓小平理论、“三个代表”重要思想、科学发展观为指导，深入贯彻落实党的十八大、十八届三中全会精神和习近平总书记系列讲话精神，坚持解放思想，实事求是，与时俱进，求真务实，坚持以重大现实问题为主攻方向，坚持基础研究与应用研究并重，努力构建艺术科学体系，为党和国家工作大局服务，为推动社会主义文化大发展大繁荣、建设社会主义文化强国服务。

申报2014年度国家社会科学基金艺术学项目，要围绕习近平总书记系列讲话、党的十八届三中全会和全国宣传思想工作会议提出的一系列新思想、新论断、新举措，紧密联系我国改革开放与中国特色社会主义建设特别是全面深化改革、完善和发展中国特色社会主义制度、推进国家治理体系和治理能力现代化进程中的文化艺术建设实践，以重大理论和现实问题为中心，坚持基础研究和应用对策研究相结合，推进、完善中国特色社会主义艺术科学体系建设，深化、拓展我国文化建设实践中的重大现实问题研究，着力推出代表国家水平的艺术科学研究成果。

为进一步突出重点，针对我国艺术科学各门类学科理论体系建设中的薄弱环节、我国文化建设中亟待研究回答的重大理论与实践问题，本《课题指南》确定了若干重点领域和优先研究方向（以＊标注），为全国艺术科研机构、科研人员和社会各界有关人士提供研究参考，具备相应学术积累、学术资源和研究实力的申请者可在相关的范围和方向下自行拟定题目，其中优先研究方向的申报课题一经获准立项，可根据研究工作的实际需求，适度放宽资助额度。基础研究要具有创新性和开拓性，应用研究要具有现实性、针对性和时效性；鼓励艺术科学体系建设重要领域、方向与我国文化建设重大现实问题研究的集体攻关项目，鼓励这些研究领域与方向中优势学术资源的整合；努力推动传统学科、新兴学科和交叉学科健康发展，力求居于学科前沿，避免低水平重复。除重要的基础研究外，鼓励以高水平的论文和研究报告作为最终研究成果进行申报。

为切实提高规划水平和研究水平，2014 年度国家社会科学基金艺术学项目的评审立项要与学科建设、队伍建设、基地建设、人才培养及科研结构调整、合理布局结合起来，加强协同攻关，加强整合创新。在选题上应注意处理好几个方面的关系：

1. 注意处理好总结历史、研究现实以及准确把握未来三者之间的关系，努力使研究项目体现出科学性、时代性与前瞻性。

2. 注意处理好理论和实践统一的关系，防止理论与实践脱节的倾向。

3. 注意处理好共性与个性的关系，既要认真开展对当前艺术学发展有普遍指导意义的课题研究，也要针对本学科领域和本地区存在的特殊问题，深入开展个案研究和实证性研究。

4. 在数量和质量上注意做到缩短战线，控制规模，注重立项课题的质量，杜绝低水平重复选题，切实提高全国艺术科学研究的整体水平。

5. 在研究方法上，提倡运用现代科技手段，提倡定性研究与定量研究、理论研究与实证研究相结合，实现研究方法的科学性、规范性和严谨性。

根据突出重点、兼顾一般、控制规模、提高质量的要求，本年度项目将对我国文化建设实践中的重大现实问题研究给予重点关注，推出一批有代表性和重要社会影响的应用对策研究项目，以充分发挥项目的决策咨询功能，更好地为社会主义文化建设大局服务。同时，对在学科建设方面具有填补空白意义的基础理论研究、民族民间艺术研究等集体攻关课题以及边远贫困地区和少数民族地区特别是西部地区艺术研究给予一定倾斜。

艺术基础理论研究

当代中国化马克思主义艺术理论研究*

中国当代艺术理论与艺术批评重大问题研究*

中国艺术学方法论研究

中国艺术史观与方法研究

中国传统艺术体系分类研究

中国现代艺术体系研究

当代中国艺术的伦理问题研究

中国近现代艺术史研究

地方艺术史研究

新中国成立以来艺术发展研究

新时期艺术学理论发展研究*

中国少数民族艺术研究

艺术生态研究

艺术学新兴学科研究

20 世纪中外艺术理论家及其思想研究

中国与西方艺术哲学比较研究

亚洲民间艺术比较研究

戏剧（含曲艺、木偶、皮影、杂技、魔术）研究

梅兰芳表演体系研究*

中国现实主义导演风格流派研究

中国各剧种史论研究

中国戏曲改编史研究

中国戏剧演出史研究

中国戏剧批评通史研究

20 世纪戏曲学术史研究

中国戏曲作曲及演奏技法研究

地方戏剧生态研究

社会环境变化对声腔剧种传承发展的影响研究

戏曲文献文物研究

中国戏剧（曲艺、木偶、皮影、杂技、魔术）艺术家、剧本研究

戏曲艺术传承方式研究

戏曲艺术发展路径研究

中国现当代小剧场话剧发展研究

中国舞台剧的叙事模式研究

音乐剧本土化研究

当代戏剧舞台美术研究

戏剧受众与文化影响研究*

戏剧传播研究

中国地方曲种研究*

曲艺老艺人口述史研究

濒危曲种保护与传承研究

民间曲艺发展问题的对策研究

木偶戏、皮影戏、杂技、魔术史论研究

电影、广播电视及新媒体艺术研究

中国电影改编史研究

中国动画发展史研究

中国电影评论史研究

中国电影技术发展史研究

中国电影艺术家研究

中国电影理论体系分类研究

中国电影、电视剧、动画创作现状与传播方式研究*

中国影视动画作品中的核心价值观研究*

新世纪西部电影创作现状研究

新世纪农村电影创作现状研究

数字艺术对动漫艺术创新的影响研究
不同动画受众群对动画类型的选择研究
文化科技融合视野下的新媒体艺术发展研究
电影观众心理研究
电影、电视剧批评的理论与方法研究
当代电视娱乐栏目的文化取向研究
电影产业深化改革的方向与路径研究*
中国电影海外市场竞争策略可行性研究
中国电视剧海外营销与传播研究
中外电影比较研究
中外电影院线建设与影院运营研究
外国电影艺术创作及理论研究
广播艺术研究

音乐研究

中国古代音乐史长编
中国近现代音乐史研究
历史民族音乐学研究
中国传统音乐民间术语系统研究*
中国传统音乐声腔研究*
区域音乐研究
传统音乐活态传承与保护研究
现当代作曲技法与技术理论研究
中国当代音乐作品与音乐家研究
中国歌剧、音乐剧发展研究
音乐社会学研究
中国音乐文化产业研究
音乐传播研究
广播影视音乐研究
西方音乐史研究
当代学术思潮下的西方音乐研究

舞蹈研究

中国舞蹈文化史研究*
中国传统舞蹈形态研究
中国传统民间舞蹈文化传承研究
中国现当代舞蹈发展与创新研究
中国当代舞剧理论与实践研究
中国舞蹈艺术的表演体系研究*
新媒体技术与舞蹈创作研究
舞蹈批评的独立价值与社会影响研究
社区舞蹈的功能与价值研究*
舞蹈的产业化与市场研究
音乐剧舞蹈的表演与训练研究
东方文化圈舞蹈比较研究
西方当代舞蹈创作思潮与方法研究

美术研究

中国绘画史重构研究*
中国雕塑史研究
中国古代书论画论研究
中国古代壁画研究
美术遗产与地域文化研究
中国民间美术学方法论研究
民族地区民间美术研究
中国现实主义美术研究
地域文化对当代中国油画创作的影响研究
中国版画研究
中国漫画研究
中国水彩画研究
视觉艺术的图像方式与图像语言研究
高科技在美术领域中的应用研究
美术批评研究
美术馆、博物馆艺术国际交流研究
中国古代书法史长编
现代书法研究
摄影艺术研究
中国现当代美术的海外收藏与传播研究
当代中国艺术品市场问题与对策研究
中外艺术品市场政策法规比较研究*
中外美术交流与比较研究
世界视野中的中国美术研究*
外国美术史（国别史、断代史、艺术家个人）研究
外国现当代美术史研究

设计艺术研究

中国设计艺术史研究
中国设计思想研究
中国染织设计历史与方法研究
区域文化与设计文化形态研究
中国少数民族造物设计研究
民间艺术与民族特征的设计研究
中国设计思想及设计理论创新研究*
基于可持续发展的生态价值观和设计方法研究
中国设计管理研究
20 世纪中国著名设计艺术家研究
节约型社会的设计理论与实践研究
设计艺术批评研究
设计艺术与社会心理研究

中国非物质文化遗产中的视觉设计元素传承与创新研究

中国书籍装帧与插图创作现状研究

交互设计在中国传统图案中的应用研究

国内外3D动画技术在传统产业中的创新价值与发展趋势的研究

产品设计评价体系研究

基于服务设计理念的地域文化旅游产品系统研究

当代中国文化会展中的多媒体设计实践研究

中国民族服装服饰的发展趋势研究

中国古代建筑在亚洲的影响及文化融合研究

建筑遗产展示设计研究

地域文化与地域建筑形式语言研究

全球化背景下的景观设计与地域文化特性研究

城镇化进程中的景观设计研究*

非物质文化遗产保护与旅游文化小镇规划设计研究

中外设计产业竞争力比较研究*

艺术文化综合研究

中国特色社会主义文化制度研究

中国文化安全体系构建研究*

新媒体时代的国家文化管理体制改革和创新研究*

国家文化创新绩效评价及对策研究

社会主义市场经济条件下文化艺术的分类管理研究

公共文化服务体系建设协调机制研究

公共文化服务数字化、社会化研究

公共文化服务标准化、均等化研究*

城镇化进程中构建我国农村公共文化服务体系的路径研究

文化志愿服务的模式研究

博物馆的公共教育功能及实施策略研究

促进居民文化消费的政府公共文化投入策略研究

我国大众文化消费结构调查与研究

非物质文化保护与中国现代化的关系研究

非遗保护下的生产性保护基地与文化产业的关系研究

非物质文化遗产文化生态保护区的规划与建设研究

中国传统艺术活态传承机制研究

激发我国公民艺术创造活力的体制机制和政策研究

文化产品评价体系研究

文化艺术赞助机制及政策研究

国有文化资产管理体制与运营方式研究

公益性文化事业单位深入改革创新机制研究

国有文化企业法人治理结构及经营管理机制研究

全国艺术院团建设标准与评估体系研究

民营艺术表演团体现状调查与研究

艺术经济学微观基础的理论体系建构研究

艺术经济史与文化产业发展研究

文化产业融资平台建设研究

民族地区特色文化产业发展研究

中国动漫产业集群创新竞争模式研究

艺术品鉴证体系建构及产业发展模式研究

艺术产品的产权交易研究

文化市场监管体制机制建设研究

网络文化发展对社会文化生活的影响研究

我国文化艺术行业的人才队伍现状与对策研究

基于文化共享工程网络的文化艺术传播研究

我国艺术产品的国际传播与国际贸易研究

东亚文化交流重大项目、机制、平台设置研究

世界各国文化法律、文化政策比较研究

世界文化思潮及文化热点问题研究

（加“*”的为优先研究方向）

（全国艺术科学规划领导小组办公室供稿）

2014年度国家社会科学基金艺术学重大项目招标公告

经文化部和全国艺术科学规划领导小组批准，2014年度国家社会科学基金艺术学重大项目面向全国公开招标，现将有关事项公告如下：

一、招标单位

全国艺术科学规划领导小组办公室。

二、招标对象

主要包括文化行政机关、文化艺术研究领域重点研究机构、高等院校以及社科研究机构等。投标要以单位名义进行，多单位联合投标须确定一个责任单位。鼓励跨地区、跨单位联合投标，鼓励理论工作部

门与实际工作部门合作开展研究。

三、招标工作的指导思想

高举中国特色社会主义伟大旗帜，以邓小平理论、“三个代表”重要思想、科学发展观为指导，深入贯彻落实党的十八大和十八届三中全会精神，贯彻落实习近平总书记系列讲话精神，坚持解放思想、实事求是、与时俱进、求真务实，大力推进艺术学理论创新，坚持以重大现实问题为主攻方向，坚持基础研究和应用研究并重，努力构建艺术科学体系，发挥国家社科基金示范引导作用，着力推出具有重大学术创新价值和文化传承意义的标志性研究成果，为党和国家工作大局服务，为推动社会主义文化大发展大繁荣、建设社会主义文化强国服务。

四、招标数量和资助强度

本批重大项目招标共发布 11 个选题，每个招标选题原则上只确定一项中标课题。资助强度根据研究的实际需要确定，一般为每项 60—80 万元。对于研究周期长、经费投入大、带有工程性质的重大选题，可单独编制经费预算；如获中标，将根据研究进展情况和完成质量，立项两年后经专家评估合格予以滚动资助。

五、投标资格要求

（一）投标责任单位须具备下列条件：

1. 在艺术学科领域具有雄厚的研究实力和学术积累。

2. 设有负责科研管理工作的职能部门。

3. 能够提供开展重大课题研究的良好条件。

（二）投标者须具备下列条件：

1. 首席专家须具有中华人民共和国国籍，具有较高的政治素质；在艺术科学研究领域具有深厚的学术造诣、公认的学术成就和丰富的前期研究成果，社会责任感强，学风优良；具有正高级专业技术职务或局级以上（含）领导职务，承担实质性研究工作并担负科研组织指导职责。投标重大项目的首席专家只能为一名。课题组成员在专业背景、知识结构、研究专长等方面应对应项目研究内容，合理配置，体现交叉特征和互补性。

2. 在研的国家社科基金重大项目、马克思主义理论研究和建设工程重大项目、教育部人文社会科学重大项目、国家出版基金项目及其他国家级重大科研项目的课题负责人，不能作为首席专家参加本次投标。

3. 首席专家只能投标一个项目，且不能作为子课题负责人或课题组成员参与本次投标的其他课题。子课题负责人只能参与一个投标课题，课题组成员最多参与两个投标课题。

六、投标课题要求

1. 投标者须按本通知发布的《2014 年度国家社会科学基金艺术学重大项目招标选题》投标，自选课题不予受理。投标者须按《2014 年度国家社会科学基金艺术学重大项目投标书》的规定内容和要求填写申报材料。投标书文本要简洁、规范、清晰，不加附件。

2. 投标课题要突出研究重点，体现有限目标，课题设计不宜过于宽泛，避免大而全，子课题数量一般不超过 5 个。

3. 投标者要熟知国内外相关领域研究前沿和动态，除必要的学术史梳理外，应着重对同类课题研究状况和他人研究成果做出分析评价，阐明投标选题的价值和意义。

4. 投标者须具备扎实的研究基础和丰富的相关前期研究成果，投标书要重点介绍首席专家近年来在相关研究领域的学术积累和学术贡献、同行评价和社会影响等方面的情况。

5. 投标者要树立鲜明的问题意识和创新意识，在框架设计、研究思路、主要内容、基本观点、研究方法等方面，体现投标者创新的学术思想、独到的学术见解和可能取得的突破。

6. 项目完成时间根据研究工作的实际需要确定，一般应在 5 年左右完成，部分研究任务艰巨、规模较大、周期较长的课题可分期完成，完成时限不作统一规定。

7. 预期研究成果的规模和数量应科学合理，确保质量和学术水准，多出精品力作，避免重复出版；最终成果为大型文献典籍整理、多卷本专著、系列丛书等形式的，应注意编纂体例的科学性和统一性。

七、投标纪律要求

1. 投标责任单位和首席专家要加强审查把关，切实把好政治方向关和学术质量关。各地中级管理单位要从选题设计、课题论证、首席专家、前期研究成果、科研团队和责任单位等方面进行详细审查，合格者予以上报。

2. 投标者要弘扬严谨求实、注重诚信的优良学风，自觉坚持公平竞争的原则，严格遵守国家社科基金项目管理规定。凡有弄虚作假、抄袭剽窃等违规违纪行为的，一经查实，即取消参评资格；如已获中标，一律撤项，首席专家5年内不得申报国家社科基金项目。

3. 子课题负责人和课题组成员必须征得本人同意，子课题负责人必须在投标书上签字，否则视为违规申报。中标后，子课题负责人一般不得变更。

4. 投标者可提出2名以内建议回避评审专家，我办将根据评审工作的实际情况予以考虑。

八、程序及时间安排

1. 2014年度国家社会科学基金艺术学重大项目实行3级申报制度。除北京市外的各省、自治区、直辖市艺术科学规划领导小组办公室或文化厅（局）科教处（或艺术科研管理部门）作为中级管理单位，受理并审核本行政区划内的投标课题申报并汇总、报送《2014年度国家社科基金艺术学重大项目投标材料汇总表》。全国艺术科学规划领导小组办公室委托文化部民族民间文艺发展中心承担在京单位的投标课题申报及各地申报材料的受理及分类汇总工作。全国艺术科学规划领导小组办公室不直接受理申报。

2. 投标者请登录文化部网站（http：//www.mcprc.gov.cn）查阅、下载本公告、招标选题、投标书等申报文件（路径：文化部网站主页→文化科技司→艺术科研→国家社科基金艺术学项目）。投标书一律用计算机填写、A3纸双面印制中缝装订，经责任单位审核盖章，由各地中级管理单位审核汇总后，于2014年3月10日前（邮寄以邮戳时间为准）统一报送至文化部民族民间文艺发展中心，逾期不予受理。

各地中级管理单位报送的材料包括：（1）审查合格的纸质投标书一式6份，其中1份原件、5份复印件；（2）每项投标书的电子文本1份（文件格式为.doc）；（3）投标材料汇总表1份（请严格按照表格样式制作，文件格式为.xls）。投标书电子文本和汇总表电子表格请通过电子邮件发至全国艺术科学规划领导小组办公室邮箱（ysghb809@163.com）。

3. 全国艺术科学规划办对投标书进行资格审查，并组织专家对通过资格审查的投标课题进行评审，提出建议中标课题名单。

4. 建议中标课题名单经全国艺术科学规划领导小组审批后，在文化部及全国社科规划办网站上公示一周，对未被提出异议者下达立项通知书。

九、通讯地址及联系人

文化部民族民间文艺发展中心地址：北京市东城区北河沿大街83号，邮政编码：100009。

联系人及电话：邱邑洪010－84019554。

特此公告。

附件：

一、2014年度国家社会科学基金艺术学重大项目招标选题

二、《2014年度国家社会科学基金艺术学重大项目投标书》

三、2014年度国家社会科学基金艺术学重大项目投标材料汇总表

全国艺术科学规划领导小组办公室

2014年1月13日

（全国艺术科学规划领导小组办公室供稿）

2014年度国家社会科学基金艺术学重大项目招标选题

1. 中国当代艺术批评重大问题研究
2. 戏曲艺术当代发展路径研究
3. 互联网语境中中外音乐交互影响研究
4. 现当代舞蹈的传播与跨文化研究
5. 城镇化进程中民族传统美术现状与发展研究
6. 中外设计产业竞争力的比较研究
7. 国家文化治理能力和体系现代化建设研究
8. 国家基本公共文化服务标准体系建设研究
9. 构建现代文化市场体系研究
10. 新兴城市文化流动与文化创新研究
11. 中国文化艺术“走出国门”战略与策略研究

（全国艺术科学规划领导小组办公室供稿）

国家社会科学基金艺术学“十二五”规划2014年度项目（北京地区）

项目名称	负责人	负责人所在单位	批准号	项目类别	预期成果形式	计划完成时间
戏曲艺术当代发展路径研究	谢柏梁	中国戏曲学院	14ZD01	国家重大项目	专著	2016.7.31
国家文化治理能力和体系现代化建设研究	祁述裕	国家行政学院	14ZD04	国家重大项目	专著、研究报告、其他	2016.7.31
中国文化艺术“走出国门”战略与策略研究	林　一	北京大学	14ZD06	国家重大项目	专著、论文集、研究报告	2016.7.31
体制改革背景下戏剧（艺术）管理制度建设	刘彦君	中国艺术研究院	14AB002	国家重点项目	论文	2016.12.30
中国电影编年史研究（1905—2014）	周　涌	中国传媒大学	14AC003	国家重点项目	专著	2016.12.31
中国传统音乐声腔研究	姚艺君	中国音乐学院	14AD004	国家重点项目	专著	2019.6.1
现当代舞蹈的传播与跨文化研究	欧建平	中国艺术研究院	14AE005	国家重点项目	专著	2017.12.30
传统服饰中的“中国元素”及创新设计研究	刘元风	北京服装学院	14AG006	国家重点项目	论文	2016.11.15
城镇化进程中民族传统美术现状与发展研究	邱春林	中国艺术研究院	14AG007	国家重点项目	专著	2017.12.30
国家文化治理能力和体系现代化建设研究	景小勇	中央文化管理干部学院	14AH008	国家重点项目	专著	2017.12.30
国家基本公共文化服务标准体系建设研究	刘惠平	文化部全国公共文化发展中心	14AH009	国家重点项目	研究报告	2017.12.30
新时期以来中国艺术思潮的现代性研究	李世涛	中国艺术研究院	14BA014	国家一般项目	专著	2017.6.30
近代宫廷戏曲档案文献研究	杨连启	中国艺术研究院	14BB022	国家一般项目	专著	2017.6.30
电影学学科建设研究	赵正阳	中国电影艺术研究中心	14BC027	国家一般项目	专著	2016.12.31
当代电视娱乐栏目的文化取向研究	郑向荣	中国传媒大学	14BC032	国家一般项目	论文	2015.12.30
中国电影评论思想研究（1977—2012）	吴冠平	北京电影学院	14BC033	国家一般项目	专著	2018.6.30
先秦金石乐器及其铭文与乐的礼制化问题研究	陈双新	北京语言大学	14BD035	国家一般项目	研究报告	2018.12.31
西汉江都王刘非墓出土礼乐器考古	王子初	中国艺术研究院	14BD036	国家一般项目	研究报告	2016.12.31
新世纪中国歌剧音乐剧创作研究	傅显舟	北京戏曲艺术职业学院	14BD047	国家一般项目	论文	2016.12.31
国际视野下中国社区舞蹈的功能与价值研究	刘晓真	中国艺术研究院	14BE049	国家一般项目	专著	2017.12.31

续表

项目名称	负责人	负责人所在单位	批准号	项目类别	预期成果形式	计划完成时间
美欧机构所藏宋代绘画研究	赵权利	中国艺术研究院	14BF054	国家一般项目	专著	2017. 12. 31
作为空间叙事文本的中国传统园林艺术	方晓风	清华大学	14BG079	国家一般项目	专著	2018. 4. 30
中国少数民族防染工艺文化研究	贾京生	清华大学	14BG082	国家一般项目	研究报告	2017. 12. 31
山西传统民居营造技艺调查与研究	薛林平	北京交通大学	14BG083	国家一般项目	专著	2017. 12. 31
中国手工产业生态状况调研与地方政策建议	江　黎	中央美术学院	14BG084	国家一般项目	研究报告	2016. 12. 30
公共文化事业投入绩效评估体系研究	董大胜	审计署	14BH089	国家一般项目	专著	2016. 12. 31
文化集群跨区域网络构建与治理创新研究	高红岩	北京交通大学	14BH091	国家一般项目	专著	2017. 8. 31
国家文化创新绩效评价与对策研究	兰　静	中国艺术科技研究所	14BH092	国家一般项目	研究报告	2016. 10. 31
艺术品鉴证体系建构及产业发展模式研究	查振科	中国艺术研究院	14BH095	国家一般项目	专著	2017. 12. 31
当代中国艺术史研究方法研究	禹　洁	北京大学	14CA097	国家青年项目	专著	2016. 12. 31
新媒体艺术的本体观念及其趋向研究	姜　申	北京师范大学	14CC109	国家青年项目	专著	2018. 9. 1
香港电影文化的对外传播研究	康　宁	北京电影学院	14CC110	国家青年项目	专著	2016. 7. 16
当下传统音声形态中的“曲子”积淀研究	郭　威	中国艺术研究院	14CD113	国家青年项目	专著	2017. 8. 15
交融与协变——白马人面具舞蹈研究	王阳文	中央美术学院	14CE115	国家青年项目	专著	2017. 12. 1
山西元明清时期寺观壁画与造像研究	刘　科	北京大学	14CF123	国家青年项目	专著	2017. 8. 31
十七世纪荷兰视野中的中国艺术	孙　晶	北京大学	14CF124	国家青年项目	专著	2017. 8. 31

批准号释义：

一、“14”——2014年度。

二、第一个英文字母分别代表：ZD——国家重大项目；A——国家重点项目；B——国家一般项目；C——国家青年项目。

三、第二个英文字母分别代表：A——艺术基础理论研究；B——戏剧（含曲艺、木偶、皮影、杂技、魔术）研究；C——电影、广播电视及新媒体艺术研究；D——音乐研究；E——舞蹈研究；F——美术研究；G——设计艺术研究；H——艺术文化综合研究。

四、最后二或三位数字为序号。

（全国艺术科学规划领导小组办公室供稿）

2014 年度教育部在京高校国家社会科学基金重大项目（第一批、第二批、第三批）

批准号	首席专家	课题名称	责任单位
14ZDA001	陶文昭	习近平总书记系列重要讲话思想精髓研究	中国人民大学
14ZDA002	艾四林	习近平总书记系列重要讲话的理论创新研究	清华大学
14ZDA007	冯秀军	实现中华民族伟大复兴中国梦研究	中央财经大学
14ZDA011	王浦劬	推进我国国家治理体系现代化研究	北京大学
14ZDA018	王敬波	国家治理体系现代化与法治政府建设研究	中国政法大学
14ZDA025	高明华	发展混合所有制经济研究	北京师范大学
14ZDA028	李俊生	深化税收制度改革与完善地方税体系研究	中央财经大学
14ZDA035	胡必亮	中国新型城镇化：五个维度协同发展研究	北京师范大学
14ZDA044	李建军	金融排斥、金融密度差异与信息化普惠金融体系建设研究	中央财经大学
14ZDA047	陈梦根	政府债务管理及风险预警机制研究	北京师范大学
14ZDA053	关世杰	增强中国对外传播文化软实力深度研究	北京大学
14ZDA055	胡智锋	中国影视文化软实力提升的战略与策略研究	中国传媒大学
14ZDA056	郭镇之	中华文化的海外传播创新研究	清华大学
14ZDA064	温铁军	作为国家综合安全基础的乡村治理结构与机制研究	中国人民大学
14ZDA082	赵春明	加快劳动力要素自由流动的对外贸易战略转型研究	北京师范大学
14ZDB017	吴国盛	世界科学技术通史研究	北京大学
14ZDB084	王邦维	中国“东方学”学术史研究	北京大学
14ZDB102	陈保亚	基于中国语言及方言的语言接触类型和演化建模研究	北京大学
14ZDB141	王立彦	生态价值补偿标准与环境会计方法研究	北京大学
14ZDB143	杨立华	环境污染群体性事件及其处置机制研究	北京航空航天大学
14ZDB003	李景林	中国传统价值观变迁史	北京师范大学
14ZDB066	郭英德	中国古代散文研究文献集成	北京师范大学
14ZDB083	王向远	“东方学”体系建构与中国的东方学研究	北京师范大学
14ZDB086	方维规	西方早期中国文学史纂及其影响研究	北京师范大学
14ZDB157	刘翔平	儿童阅读障碍的认知机制及其干预研究	北京师范大学
14ZDB160	陈英和	中国儿童青少年思维发展数据库建设及其发展模式的分析研究	北京师范大学
14ZDB171	李建会	生物哲学重要问题研究	北京师范大学
14ZDB170	任　海	我国体育治理体系和治理能力现代化研究	北京体育大学
14ZDB116	张西平	梵蒂冈藏明清天主教文献整理与研究	北京外国语大学
14ZDB099	陈双新	《通用规范汉字表》8105 字形音义源流研究	北京语言大学
14ZDB009	彭　林	《仪礼》复原与当代日常礼仪重建研究	清华大学

续表

批准号	首席专家	课题名称	责任单位
14ZDB142	杨　锐	中国国家公园建设与发展的理论与实践研究	清华大学
14ZDB149	俞　乔	医保费用分配及监控的大数据研究	清华大学
14ZDB154	江铭虎	汉语非字面语言大脑加工的神经机制研究	清华大学
14ZDB028	王子今	秦统一及其历史意义再研究	中国人民大学
14ZDB038	刘凤云	盛京城考古与清代历史文化研究	中国人民大学
14ZDB078	李　今	汉译文学编年考录及数据库建设（1896—1949）	中国人民大学
14ZDB122	贾根良	外国经济思想史学科建设的重大基础理论研究	中国人民大学
14ZDB123	刘元春	从“大缓和”到“大衰退”的西方宏观经济学理论与政策的大反思	中国人民大学
14ZDB120	陈斌开	转型发展新阶段中国经济增长动力研究	中央财经大学
14ZDB105	李锦芳	新发现民族古文字调查研究与数据库建设	中央民族大学
14ZDB114	丁　宏	少数民族海外华人研究	中央民族大学
14ZDB117	班班多杰	藏传佛教思想史资料选编暨藏传佛教思想史论	中央民族大学
14ZDC008	冯玉军	完善以宪法为核心的中国特色社会主义法律体系研究	中国人民大学
14ZDC014	潘剑锋	审判中心视角下的刑事、民事和行政诉讼制度改革研究	北京大学
14ZDC017	王　轶	民法典编纂重大疑难问题研究	中国人民大学
14ZDC019	蒋大兴	社会主义市场经济中的公共商行为及其规制——勘定政府与国企的契约边界研究	北京大学
14ZDC021	张新宝	互联网安全主要问题立法研究	中国人民大学
14ZDC024	熊文钊	文化法治体系建设研究	中央民族大学

（高校社科管理中心白晓供稿）

2014 年度教育部人文社会科学研究一般项目（北京地区）

序号	学科门类	学校名称	项目类别	项目名称	项目批准号	申请人
1	管理学	北方工业大学	青年基金项目	内、外部利益相关者视角下的公司品牌研究：概念、维度和作用机制	14YJC630167	杨一翁
2	交叉学科/综合研究	北方工业大学	青年基金项目	流体细节动画建模技术研究	14YJCZH200	张凤全
3	交叉学科/综合研究	北京大学	规划基金项目	城市化的生态效应评估与模拟：模型和实证研究	14YJAZH037	季　曦
4	交叉学科/综合研究	北京大学	规划基金项目	以社会生态学理论为基础的青少年伤害预防机制研究	14YJAZH102	余小鸣
5	交叉学科/综合研究	北京大学	青年基金项目	改革开放以来电视媒体建构国家意识形态的策略研究	14YJCZH039	顾亚奇
6	交叉学科/综合研究	北京大学	青年基金项目	清末新式国文教育研究——学科构建、文体想象与知识转型的互动	14YJCZH107	陆　胤

续表

序号	学科门类	学校名称	项目类别	项目名称	项目批准号	申请人
7	经济学	北京大学	青年基金项目	京津冀地区服务业空间分工效应及优化研究	14YJC790136	席强敏
8	历史学	北京大学	规划基金项目	唐后期以皇权为主导的制度变迁研究	14YJA770017	叶　炜
9	社会学	北京大学	青年基金项目	社区社会工作者双重身份实践研究——以内蒙古 B 市为例	14YJC840035	谢冰雪
10	统计学	北京大学	青年基金项目	基于贝叶斯网络多主体模型的农户土地流转决策机制研究	14YJC910002	谷　彬
11	新闻学与传播学	北京大学	规划基金项目	日本动漫在中国的传播研究	14YJA860005	李常庆
12	新闻学与传播学	北京大学	青年基金项目	大规模开放在线课程的社会网络和社区研究	14YJC860035	叶韦明
13	管理学	北京第二外国语学院	青年基金项目	家庭企业终极股东的社会资本控制研究——基于组织惯例演化视角	14YJC630043	郭　斌
14	管理学	北京第二外国语学院	青年基金项目	披露动机、策略与风险信息功能研究：基于风险预警与牟利工具视角	14YJC630215	周婷婷
15	国际问题研究	北京第二外国语学院	青年基金项目	二十国集团框架下的中美合作与竞争	14YJCGJW002	顾国平
16	国际问题研究	北京第二外国语学院	青年基金项目	欧盟气候话语权建构及对中国的启示研究	14YJCGJW009	柳思思
17	民族学与文化学	北京第二外国语学院	规划基金项目	日本城市化进程中文化建构的调查研究	14YJA850004	侯　越
18	语言学	北京第二外国语学院	规划基金项目	大学英语课堂互动形成性评估模式研究	14YJA740050	杨　华
19	语言学	北京第二外国语学院	青年基金项目	《孙子兵法》国人英译本海外接受研究	14YJC740041	李　宁
20	法学	北京工商大学	规划基金项目	城市公共空间商业化利用法律制度研究	14YJA820024	吕来明
21	管理学	北京工商大学	青年基金项目	油品升级成本分摊背景下的双合作博弈策略研究	14YJC630114	孙红霞
22	管理学	北京工商大学	青年基金项目	两栖理论视角下中国企业 FDI 均衡与公司价值关系研究	14YJC630165	杨　阳
23	经济学	北京工商大学	规划基金项目	我国城镇化进程中失地农民的就业问题研究	14YJA790057	王　轶
24	经济学	北京工商大学	规划基金项目	混合所有制背景下国有资本运营效率的衡量、优化与保障研究	14YJA790066	徐丹丹
25	管理学	北京工业大学	青年基金项目	核型结构产业集群多网络建模及应用研究	14YJC630035	付　韬
26	外国文学	北京工业大学	规划基金项目	美国自然主义叙事诗学与文本模式研究	14YJA752005	黄越华
27	管理学	北京航空航天大学	规划基金项目	中国互联网企业生态圈战略转型：组织双元能力视角	14YJA630045	欧阳桃花
28	交叉学科/综合研究	北京航空航天大学	青年基金项目	网络政治传播机制、模式与治理策略研究	14YJCZH064	贾哲敏

续表

序号	学科门类	学校名称	项目类别	项目名称	项目批准号	申请人
29	艺术学	北京航空航天大学	青年基金项目	中原美术史研究	14YJC760012	宫万琳
30	管理学	北京化工大学	规划基金项目	英国贫困治理政策的演变及对当代中国反贫困的启示研究	14YJA630032	刘　杰
31	教育学	北京化工大学	规划基金项目	从健康到审美：美学视域下的体育教学	14YJA880004	陈　波
32	经济学	北京化工大学	规划基金项目	环境友好的产业协转移理论和政策研究	14YJA790030	刘安国
33	管理学	北京交通大学	规划基金项目	新媒体下高校出版物（含连续出版物）推广和营销的研究	14YJA630016	贾慧娟
34	法学	北京警察学院	青年基金项目	量刑失衡：存在、归因与克服	14YJC820002	蔡曦蕾
35	外国文学	北京科技大学	青年基金项目	罗伯特·库弗元小说创作中的“虚”与“实”	14YJC752012	李　琳
36	语言学	北京科技大学	青年基金项目	中外儿童性启蒙绘本多模态语篇特点及教育效果比较分析	14YJC740047	梁雅梦
37	管理学	北京理工大学	规划基金项目	动态模糊环境下应急预案评价研究	14YJA630019	鞠彦兵
38	外国文学	北京理工大学	规划基金项目	现实与陌异：德语现实主义小说中非范式元素研究	14YJA752006	姜爱红
39	管理学	北京联合大学	青年基金项目	环境治理导向的我国城市生态预算模式和实现路径研究	14YJC630199	张艳秋
40	交叉学科/综合研究	北京联合大学	规划基金项目	基于孤独症儿童有声语料分析的语言治疗研究	14YJAZH077	王　梅
41	交叉学科/综合研究	北京联合大学	规划基金项目	清代直省满城在其依附城市形态演变过程中所起作用及留存历史印迹研究	14YJAZH107	张　威
42	交叉学科/综合研究	北京联合大学	规划基金项目	社会网络视角下农业文化遗产保护与旅游发展中的社区利益协调研究—以云南哈尼梯田为例	14YJCZH129	时少华
43	交叉学科/综合研究	北京联合大学	规划基金项目	中原地区史前农业形成和发展的环境背景研究——以洛阳盆地为例	14YJCZH207	张俊娜
44	教育学	北京联合大学	规划基金项目	融合教育背景下建构学校积极行为支持系统的研究	14YJC880040	刘宇洁
45	教育学	北京联合大学	规划基金项目	民国初期大学制度研究（1912—1927）	14YJC880080	王文杰
46	语言学	北京联合大学	规划基金项目	中国手语空间隐喻加工神经机制的ERP研究	14YJC740104	姚登峰
47	管理学	北京林业大学	规划基金项目	考虑产品质量抽检的随机MJSP嵌入式仿真与风险决策研究	14YJC630030	樊　坤
48	交叉学科/综合研究	北京林业大学	规划基金项目	北京市森林生态安全评价与预警调控研究	14YJCZH106	鲁莎莎
49	经济学	北京联合大学	青年基金项目	我国森林保险政策实施效果评价与优化对策研究	14YJC790022	邓　晶
50	艺术学	北京联合大学	规划基金项目	新型城镇化进程中的农耕景观保护与更新研究——以浙江地区为例	14YJA760006	郭　巍
51	艺术学	北京联合大学	青年基金项目	具有中国艺术精神的当代生态雕塑研究	14YJC760049	史钟颖

续表

序号	学科门类	学校名称	项目类别	项目名称	项目批准号	申请人
52	社会学	北京联合大学	规划基金项目	基于社区治理背景下城市社区权力秩序的重构研究	14YJA840006	李　旭
53	法学	北京联合大学	规划基金项目	美国社区听证对中国的借鉴研究	14YJA820009	黄凤兰
54	法学	北京师范大学	青年基金项目	网络链接行为的刑法规制	14YJC820034	刘　科
55	管理学	北京师范大学	规划基金项目	新型城镇化背景下闲置土地生成机制与治理研究	14YJA630057	王宏新
56	管理学	北京师范大学	青年基金项目	我国大学社会捐赠筹资管理研究	14YJC630067	李胜兰
57	交叉学科/综合研究	北京师范大学	规划基金项目	农业环境政策对农业面源污染控制研究	14YJAZH048	刘瑞民
58	交叉学科/综合研究	北京师范大学	规划基金项目	孤独症儿童面部表情识别的干预辅具设计与应用研究	14YJAZH051	刘艳虹
59	交叉学科/综合研究	北京师范大学	规划基金项目	促进儿童发展的数字化学习资源评估体系研究	14YJAZH081	王文静
60	交叉学科/综合研究	北京师范大学	青年基金项目	五四知识分子的身份塑造研究	14YJCZH090	林分份
61	教育学	北京师范大学	规划基金项目	知识内化机制视角下的大规模网络开放课程（MOOC）对学生学习方式的影响研究	14YJA880027	阚　维
62	教育学	北京师范大学	规划基金项目	教育行政职能转变与教育行政权力界限研究	14YJA880091	余雅风
63	教育学	北京师范大学	青年基金项目	智慧教室的智能模型与评估工具研究	14YJC880025	李葆萍
64	教育学	北京师范大学	青年基金项目	基于学习分析的远程学习者在线学习参与度评估模型与分析工具研究	14YJC880028	李　爽
65	教育学	北京师范大学	青年基金项目	教育信息化背景下中小学卓越教师成长的机制和路径研究	14YJC880055	桑国元
66	教育学	北京师范大学	青年基金项目	思维教学共同体促进小学阶段教育均衡的实证研究	14YJC880117	赵国元
67	教育学	北京师范大学	青年基金项目	民国时期社会教育变迁的制度分析	14YJC880119	周慧梅
68	经济学	北京师范大学	规划基金项目	外资进入与服务业工资差距——基于中国城镇个人与行业匹配数据的实证研究	14YJA790001	蔡宏波
69	经济学	北京师范大学	规划基金项目	中国进口商品技术结构及其对经济发展方式转变的影响研究	14YJA790058	魏　浩
70	经济学	北京师范大学	青年基金项目	制度环境、公司治理与会计信息可比性	14YJC790147	杨　丹
71	历史学	北京师范大学	规划基金项目	同光年间湘淮分野与晚清权力格局变迁（1862—1895）	14YJA770011	邱　涛
72	社会学	北京师范大学	青年基金项目	业主维权运动与城市基层治理模式研究	14YJC840001	陈　鹏
73	心理学	北京师范大学	规划基金项目	早期家庭风险环境对儿童心理发展的影响及作用机制	14YJA190006	李燕芳
74	心理学	北京师范大学	青年基金项目	多元环境交互背景下学校群体隔离对流动儿童学校适应的影响	14YJC190026	张云运

续表

序号	学科门类	学校名称	项目类别	项目名称	项目批准号	申请人
75	新闻学与传播学	北京师范大学	规划基金项目	高校出版物质量监督检查体系构建研究	14YJA860012	吕建生
76	艺术学	北京师范大学	规划基金项目	基于系统科学方法的钢琴教学法研究	14YJA760033	王海波
77	语言学	北京师范大学	规划基金项目	我国中学生英语写作中思辨能力表现研究	14YJA740004	陈则航
78	中国文学	北京师范大学	青年基金项目	地方传说与北京精神：都市民间叙事的当代传续与生产模式研究	14YJC751018	康　丽
79	管理学	北京石油化工学院	青年基金项目	消费者对绿色酒店低碳计划的支付意愿及其影响因素研究——以北京市为例	14YJC630146	谢　婷
80	法学	北京外国语大学	青年基金项目	警察暂时性人身限制权的体系和合理规制	14YJC820083	郑　曦
81	外国文学	北京外国语大学	规划基金项目	公正与尊严——乔治·奥威尔的人文观	14YJA752013	王小梅
82	中国文学	北京外国语大学	青年基金项目	《中华帝国全志》研究	14YJC751052	张明明
83	经济学	北京信息科技大学	规划基金项目	我国银行业系统性风险预警模型研究	14YJA790068	徐文彬
84	管理学	北京印刷学院	青年基金项目	小微文化企业发展研究	14YJC630176	余　博
85	语言学	北京邮电大学	规划基金项目	基于评价理论的多维情感语料库建设及其细粒度情感语义研究	14YJA740006	崔晓玲
86	语言学	北京语言大学	规划基金项目	句式“结构—语义—功能”参量互动机制类型学研究	14YJA740005	陈　忠
87	语言学	北京语言大学	规划基金项目	现代汉语语篇难度级差及应用研究	14YJA740031	田　然
88	语言学	北京语言大学	青年基金项目	汉语超音段形态研究	14YJC740083	王丽娟
89	交叉学科/综合研究	北京中医药大学	规划基金项目	清代中医古籍训诂研究	14YJAZH036	黄作阵
90	马克思主义/思想政治教育	北京中医药大学	青年基金项目	马克思早期宗教批判思想文本研究	14YJC710041	王良滨
91	管理学	对外经济贸易大学	规划基金项目	社会资本、企业能力与企业国际化绩效：CEO 特征的调节机制	14YJA630028	刘传志
92	管理学	对外经济贸易大学	规划基金项目	环境不确定性、组织冗余与企业生存：资源依赖理论的视角	14YJA630056	王分棉
93	管理学	对外经济贸易大学	规划基金项目	上市公司参与影子银行业务的动机、后果与监管政策研究	14YJA630097	郑建明
94	管理学	对外经济贸易大学	青年基金项目	适老性农业对新型城镇化进程中农民养老的社会保障功能研究——实验政策的方法	14YJC630213	周　娟
95	交叉学科/综合研究	对外经济贸易大学	规划基金项目	企业互联网金融发展路径及风险防范研究——基于平台经济视角	14YJAZH035	黄健青
96	交叉学科/综合研究	对外经济贸易大学	青年基金项目	极端市场风险下投资者决策行为模式研究	14YJCZH167	谢海滨
97	经济学	对外经济贸易大学	规划基金项目	人力资本对创业活动的影响研究	14YJA790020	李长安

续表

序号	学科门类	学校名称	项目类别	项目名称	项目批准号	申请人
98	经济学	对外经济贸易大学	规划基金项目	通货膨胀下的资产配置问题研究	14YJA790075	佘　湄
99	经济学	对外经济贸易大学	青年基金项目	信息不对称环境下金融控股公司管控模式研究：作用机制与效果评估	14YJC790041	郭锐欣
100	经济学	对外经济贸易大学	青年基金项目	产业地理与美国对华贸易政策的政治经济学分析	14YJC790127	王　颖
101	经济学	对外经济贸易大学	青年基金项目	腐败与经济增长非线性关系的研究：基于要素质量视角	14YJC790135	席　丹
102	新闻学与传播学	对外经济贸易大学	规划基金项目	市场化环境下我国大学出版社的学术出版研究	14YJA860010	刘　红
103	新闻学与传播学	对外经济贸易大学	规划基金项目	高校哲学社会科学期刊评价体系研究	14YJA860024	于友伟
104	语言学	对外经济贸易大学	规划基金项目	基于需求分析优化商务英语人才培养模式	14YJA740028	史兴松
105	语言学	对外经济贸易大学	青年基金项目	面向中国学生的英语动词语法错误自动检查研究	14YJC740006	陈　功
106	语言学	对外经济贸易大学	青年基金项目	多语种背景下侵权法标准法律英语翻译研究：基于中欧侵权法的比较	14YJC740082	王乐兵
107	政治学	对外经济贸易大学	规划基金项目	突发性网络舆情的演变规律及应对策略	14YJA810009	熊光清
108	政治学	对外经济贸易大学	青年基金项目	中国地方政府财政“软约束”行为研究	14YJC810015	叶　静
109	管理学	华北电力大学	青年基金项目	供销突发事件不对称信息下供应链的双边激励模型与契约研究	14YJC630187	张　欢
110	管理学	清华大学	规划基金项目	控制权理论：中国企业绩效差异的经验性解释	14YJA630054	王安富
111	管理学	清华大学	青年基金项目	新兴产业浮现中的技术演化路径研究	14YJC630071	李　欣
112	管理学	清华大学	青年基金项目	技术示范与政策试验：我国新能源汽车示范工程的政府作用研究	14YJC630186	张汉威
113	交叉学科/综合研究	清华大学	青年基金项目	开放空间系统的城市设计管理研究：以热岛减缓为导向	14YJCZH140	唐　燕
114	教育学	清华大学	青年基金项目	利益相关者视野中的中职学生资助政策实证研究	14YJC880081	王喜雪
115	新闻学与传播学	清华大学	规划基金项目	记录与继承：中国传统文化保护与传承研究	14YJA860003	雷建军
116	新闻学与传播学	清华大学	规划基金项目	我国少儿图书出版现状调查分析与研究	14YJA860026	宗俊峰
117	管理学	首都经济贸易大学	青年基金项目	股东间合作机制、终极控制权与上市公司绩效关系研究	14YJC630040	关　鑫
118	管理学	首都经济贸易大学	青年基金项目	企业弱势员工参与边缘化问题研究	14YJC630183	詹　婧
119	交叉学科/综合研究	首都经济贸易大学	青年基金项目	政府购买公共服务中的激励问题研究	14YJCZH050	何　晴
120	经济学	首都经济贸易大学	规划基金项目	农业资源生态功能的生态补偿标准依据研究	14YJA790092	邹昭晞

续表

序号	学科门类	学校名称	项目类别	项目名称	项目批准号	申请人
121	经济学	首都经济贸易大学	青年基金项目	新型城镇化下城市群的多中心发育评估与功能优化研究	14YJC790132	吴　康
122	经济学	首都经济贸易大学	青年基金项目	家庭治理、代际传承与会计信息质量研究	14YJC790173	张馨艺
123	历史学	首都经济贸易大学	青年基金项目	唐代盐业生产、管理与流通的空间格局研究	14YJC770018	李青淼
124	统计学	首都经济贸易大学	规划基金项目	我国居民廉政感知指数的调查实验研究	14YJA910005	朱梅红
125	哲学	首都经济贸易大学	青年基金项目	陆佃思想研究	14YJC720005	杜　晓
126	中国文学	首都经济贸易大学	规划基金项目	中国现代通俗小说发生发展机制研究	14YJA751022	司新丽
127	交叉学科/综合研究	首都师范大学	规划基金项目	语言知识驱动的社会化媒体在线消费观点分析与推荐研究	14YJAZH046	刘丽珍
128	教育学	首都师范大学	青年基金项目	弱势儿童学前教育扶助有效机制的比较研究	14YJC880088	夏　婧
129	社会学	首都师范大学	青年基金项目	社会生长机制与干预策略研究——以艾滋病防治领域为例	14YJC840024	乜　琪
130	语言学	首都师范大学	青年基金项目	基于大规模语料库的北京话词汇新分布研究	14YJC740087	王伟丽
131	中国文学	首都师范大学	青年基金项目	沦陷北平的文化地层（1937—1945）	14YJC751047	袁一丹
132	体育科学	首都师范大学	青年基金项目	义务教育阶段学生体育素养养成模式构建与实证研究	14YJC890016	鹿志海
133	体育科学	首都师范大学	青年基金项目	我国青少年体力活动行为的社会生态模型构建	14YJC890025	王　超
134	管理学	首都师范大学	青年基金项目	新型农村合作医疗基金运行风险量化管理实证研究	14YJC630095	马聘宇
135	交叉学科/综合研究	首都师范大学	规划基金项目	医学专家决策智慧资源的管理、转化、传播与传承模式的应用研究	14YJAZH083	王悦华
136	哲学	首都师范大学	青年基金项目	临床伦理咨询对我国构建和谐医患关系的对策研究	14YJC720016	梁立智
137	政治学	首都师范大学	规划基金项目	事业单位的法人分类与治理结构研究：基于组织功能分化与重构的视角	14YJA810002	管仲军
138	管理学	首都师范大学	规划基金项目	新媒体公共文化服务合作治理研究	14YJA630011	高慧军
139	新闻学与传播学	中国传媒大学	青年基金项目	国外反腐败传播研究：理论、策略与案例	14YJC860010	姬德强
140	新闻学与传播学	中国传媒大学	青年基金项目	“全球南方”视野下的拉美传播及中国思考	14YJC860039	张志华
141	新闻学与传播学	中国传媒大学	青年基金项目	中国对日宣传历史经验、现实困境与创新策略	14YJC860041	赵新利
142	艺术学	中国传媒大学	规划基金项目	20世纪前半期的中国设计批评研究	14YJA760018	芦　影
143	交叉学科/综合研究	中国地质大学（北京）	青年基金项目	地质遗产科学价值的评价方法与实证研究	14YJCZH176	许　涛

续表

序号	学科门类	学校名称	项目类别	项目名称	项目批准号	申请人
144	管理学	中国科学院大学	青年基金项目	双因素内生技术机制：气候变化集成建模与减排政策研究	14YJC630029	段宏波
145	交叉学科/综合研究	中国科学院大学	规划基金项目	呼伦贝尔地区鲜卑墓葬的年代构建与文化交流	14YJAZH074	王彩旗
146	交叉学科/综合研究	中国科学院大学	青年基金项目	华光礁Ⅰ号瓷器产地与商贸路线研究	14YJCZH013	陈　岳
147	经济学	中国科学院大学	青年基金项目	非线性混频数据模型及其在经济中的应用	14YJC790120	王　霞
148	法学	中国农业大学	青年基金项目	国际法框架下转基因产业可持续发展研究	14YJC820085	周　超
149	管理学	中国农业大学	规划基金项目	鲜活农产品电子商务供应链管理研究	14YJA630036	吕建军
150	交叉学科/综合研究	中国农业大学	规划基金项目	我国生态敏感区有机农产品生态补偿计量方法及联动补偿机制研究	14YJAZH109	赵桂慎
151	交叉学科/综合研究	中国农业大学	青年基金项目	民国前期海河流域水利规划建设研究（1912—1937）	14YJCZH187	尹北直
152	马克思主义/思想政治教育	中国农业大学	规划基金项目	新中国建立初期中共领导的农村妇女运动对性别文化的影响	14YJA710026	王冬梅
153	法学	中国青年政治学院	青年基金项目	两岸四地合同法区域整合之困境及对策研究	14YJC820025	金　晶
154	交叉学科/综合研究	中国青年政治学院	青年基金项目	汉语多义词分布式表示的研究与应用	14YJCZH196	翟剑锋
155	法学	中国人民大学	青年基金项目	指导性案例规划确定的理论及实证研究	14YJC820011	邓矜婷
156	管理学	中国人民大学	规划基金项目	社会转型中基于网络信息的社会经济实时监测预警研究	14YJA630075	许　伟
157	管理学	中国人民大学	青年基金项目	中国情境下的领导行为与员工建言行为	14YJC630128	王小华
158	交叉学科/综合研究	中国人民大学	青年基金项目	高校出版队伍建设研究	14YJCZH073	李开龙
159	教育学	中国人民大学	规划基金项目	基于 WAP 移动技术的成人高等教育管理信息平台的建设	14YJA880034	李　刚
160	经济学	中国人民大学	青年基金项目	社会保障政策与主观幸福感：基于中国的微观实证研究	14YJC790156	叶茂亮
161	历史学	中国人民大学	青年基金项目	宗教改革与德国近代医学起源研究	14YJC770046	周施廷
162	中国文学	中国人民大学	规划基金项目	马克思恩格斯（1844 年 8 月 28 日之前）的批评理论	14YJA751036	张永清
163	管理学	中国石油大学	青年基金项目	基于采购组合拍卖机制的智能采购决策研究	14YJC630179	禹春霞
164	教育学	中国石油大学	青年基金项目	全日制专业学位研究生学业参与及其影响机制研究	14YJC880059	石卫林
165	法学	中国政法大学	规划基金项目	新中国婚姻家庭法的历史与理论研究	14YJA820011	金　眉
166	法学	中国政法大学	规划基金项目	司法鉴定服务合同研究	14YJA820023	刘　鑫
167	交叉学科/综合研究	中国政法大学	自筹经费项目	文学叙事与儿童阅读研究	14YJEZH001	金莉莉

续表

序号	学科门类	学校名称	项目类别	项目名称	项目批准号	申请人
168	社会学	中国政法大学	规划基金项目	革命政党与乡村社会：中国共产党的早期组织形态研究	14YJA840016	应 星
169	新闻学与传播学	中国政法大学	青年基金项目	大数据时代电视节目评估体系变革研究	14YJC860009	黄 金
170	交叉学科/综合研究	中华女子学院	规划基金项目	流动儿童多元社会认同整合机制及对其社会融入影响的追踪研究	14YJAZH084	王中会
171	艺术学	中华女子学院	规划基金项目	农村女性传统手工艺市场化开发的限制与策略研究	14YJA760062	朱利峰
172	语言学	中华女子学院	青年基金项目	汉语同义动词同义关系远近的分析方法与等级划分	14YJC740023	付 娜
173	管理学	中央财经大学	规划基金项目	我国商业银行信贷产证券化道德风险管控研究	14YJA630014	郭建鸾
174	管理学	中央财经大学	规划基金项目	基于“中国情境”的供应链管理理论发展研究	14YJA630034	刘晓红
175	管理学	中央财经大学	青年基金项目	中国上市公司代理问题与股价崩盘风险研究	14YJC630069	李小荣
176	管理学	中央财经大学	青年基金项目	中国公共政策执行中的基层官员行为及其影响因素研究：理论构建与实证分析	14YJC630209	智 强
177	交叉学科/综合研究	中央财经大学	青年基金项目	基于模糊集和证据理论的碳捕集与封存项目安全风险评价	14YJCZH041	郭 健
178	教育学	中央财经大学	规划基金项目	基于创新人才培养的大学数学科研互动机制研究	14YJA880081	徐 颖
179	经济学	中央财经大学	规划基金项目	时变列维 LIBOR 市场模型的粒子滤波估计及利率衍生品定价	14YJA790048	宋 斌
180	经济学	中央财经大学	青年基金项目	会计盈余和 GDP：政府主导型经济、货币供给管制与会计盈余信息含量的宏观视角研究	14YJC790051	黄益建
181	经济学	中央财经大学	青年基金项目	最低工资对中国城镇居民收入分配的影响研究	14YJC790056	寇恩惠
182	经济学	中央财经大学	青年基金项目	IPO 价格管制与承销商声誉机制的有效性：理论与实证	14YJC790101	宋顺林
183	经济学	中央财经大学	青年基金项目	后金融危机时代中国保险业系统性风险研究：基于传染性的测度	14YJC790118	王丽珍
184	新闻学与传播学	中央财经大学	青年基金项目	国家治理现代化视域下的舆情治理创新	14YJC860001	陈 端
185	历史学	中央民族大学	规划基金项目	明代都司卫所管理体制研究	14YJA770010	彭 勇
186	历史学	中央民族大学	青年基金项目	近代化视野下晚清理学的流变与价值研究	14YJC770039	张晨怡
187	艺术学	中央音乐学院	青年基金项目	赚曲研究——基于数据的实证分析	14YJC760076	于韵菲

（高校社科管理中心白晓供稿）

2014 年度教育部哲学社会科学研究重大攻关项目（北京地区）

项目批准号	项目名称	单位	项目负责人
14JZD016	中国资本账户开放进程安排和风险防范研究	中央财经大学	张礼卿
14JZD019	电子商务发展趋势及对内外贸易发展的影响机制研究	中央财经大学	孙宝文
14JZD027	我国商业养老保险制度体系与运行机制研究	北京大学	郑　伟
14JZD043	高考改革试点方案跟踪与评估研究	北京师范大学	钟秉林
14JZD049	哲学社会科学学术话语体系创新研究	中国人民大学	靳　诺
14JZD052	新时期学校国防教育和学生军事训练工作体系建设研究	中央财经大学	陈　波

（高校社科管理中心白晓供稿）

2014 年度教育部哲学社会科学研究后期资助项目（北京地区）

项目批准号	项目名称	单位	项目负责人
14JHQ008	法律与文学：可能性及其研究视角	中国政法大学	刘　星
14JHQ012	区域一体化公共治理的理论基础	北京师范大学	汪　波
14JHQ015	我国基础教育生产效率研究	首都师范大学	薛海平
14JHQ022	区域产业升级的路径选择与金融支持研究——基于碳排放约束视角	北京工商大学	李　丽
14JHQ033	讲述记忆认同——走马镇民间故事讲述研究	中央民族大学	林继富
14JHQ035	卢梭《论科学与文艺》研究	中国人民大学	刘小枫
14JHQ037	新世纪以来中国电影产业的改革与发展	清华大学	尹　鸿
14JHQ038	行书史论	首都师范大学	何学森

（高校社科管理中心白晓供稿）

2014 年度北京市社会科学基金项目

序号	项目编号	项目名称	项目负责人	申报学科	项目类别	信誉保证单位
1	14ZDA01	互联网经济基础理论创新研究	李 涛	经济·管理	重大项目	中央财经大学
2	14ZDA02	全球价值链重塑下北京创新驱动发展格局研究	章文光	经济·管理	重大项目	北京师范大学
3	14ZDA03	中国特大城市就业增长与经济发展的平衡性研究	纪 韶	经济·管理	重大项目	首都经济贸易大学
4	14ZDA04	社会化媒体公众话语权体系重构	肖永亮	综合	重大项目	北京师范大学
5	14ZDA05	法治评估的基础理论研究	朱景文	法学	重大项目	中国人民大学
6	14ZDA06	司法改革问题研究	陈光中	法学	重大项目	中国政法大学
7	14ZDA07	法学成长中的方法与知识谱系	舒国滢	法学	重大项目	中国政法大学
8	14ZDA08	中国共产党作风建设史	王民忠	科社·党建·政治学	重大项目	中共北京市委党校
9	14ZDA09	共产党员理想信念教育的历史进程与基本经验研究	王树荫	科社·党建·政治学	重大项目	北京师范大学
10	14ZDA10	近代以来“中国梦”的历史演进及其内在逻辑研究	冯秀军	科社·党建·政治学	重大项目	中央财经大学
11	14ZDA11	七至十三世纪汉藏与多民族文明关系史	谢继胜	历史学	重大项目	首都师范大学
12	14ZDA12	定窑遗址发掘报告编纂与研究	秦大树	历史学	重大项目	北京大学
13	14ZDA13	黄老道家思想新研究	曹 峰	哲学	重大项目	清华大学
14	14ZDA14	古希腊罗马伦理思想史	王晓朝	哲学	重大项目	清华大学
15	14ZDA15	世界文学与中国现代文学	王 宁	语言·文学·艺术	重大项目	清华大学
16	14ZDA16	近代北京地区高等教育发展史	孙邦华	教育学	重大项目	北京师范大学
17	14ZDB17	《北京大辞典》编纂	段柄仁	历史学	重大项目	北京市地方志编纂委员会办公室
18	14ZDB18	北京食品安全输入性风险的防控机制研究	谭向勇	经济·管理	重大项目	北京工商大学
19	14ZDB19	北京市培育和践行社会主义核心价值观研究	韩振峰	科社·党建·政治学	重大项目	北京交通大学
20	14ZDB20	梅兰芳生前文献搜集、整理与《梅兰芳全集》编纂	傅 谨	历史学	重大项目	中国戏曲学院
21	14ZDB21	中国故事：中华文明五千年	崔耀中	历史学	重大项目	北京市社会科学界联合会
22	14ZDA22	调整疏解非首都核心功能研究	孙久文	综合	重大项目	中国人民大学

续表

序号	项目编号	项目名称	项目负责人	申报学科	项目类别	信誉保证单位
23	14ZDA23	京津冀区域协调发展研究——全面推进中的战略重点研究	祝尔娟	综合	重大项目	首都经济贸易大学
24	14ZDA24	北京城市建设中的古都风貌保护对策研究	张大玉	历史学	重大项目	北京建筑大学
25	14ZDA25	北京人口规模调控决策研究	袁吉富	社会学	重大项目	中共北京市委党校
26	14ZDA26	北京市城乡社区社会治理机制研究	沈　原	社会学	重大项目	清华大学
27	14CSA001	基于低影响开发城市建设的雨水系统模式创新及其配套政策研究	李俊奇	城市学	重点项目	北京建筑大学
28	14CSA002	北京城市空间与日常生活	孟　斌	城市学	重点项目	北京联合大学
29	14CSB003	生态文明视域下北京城市公共空间的优化管理研究	张守连	城市学	一般项目	北京建筑大学
30	14CSB004	北京塔林的历史文化与保护利用研究	许　政	城市学	一般项目	北京建筑大学
31	14CSB005	地下综合交通枢纽防恐应急策略研究	赵东拂	城市学	一般项目	北京建筑大学
32	14CSB006	北京公建与住宅小区多种水资源利用模式及优化对策研究	王俊岭	城市学	一般项目	北京建筑大学
33	14CSB007	北京特大型城市治理体系与治理能力现代化研究	谭日辉	城市学	一般项目	北京市社会科学院
34	14CSB008	机动车减排政策研究	张　燕	城市学	一般项目	首都社会经济发展研究所
35	14CSB009	北京大型购物场所的空间景观与消费文化研究——以王府井百货大楼为例	徐　敏	城市学	一般项目	首都师范大学
36	14CSB010	基于 ESDA 的北京市人口空间分布影响因素与格局优化研究	吕　晨	城市学	一般项目	中国科学院大学
37	14CSB011	北京市生活垃圾处理“邻避”现象分析及相关补偿问题研究	张　越	城市学	一般项目	中国农业大学
38	14CSB012	北京市城市安全与城市反恐策略研究	周　明	城市学	一般项目	中国人民公安大学
39	14CSC013	北京远郊轨道枢纽站区与周边土地一体化开发机制研究	王　晶	城市学	青年项目	北京建筑大学
40	14CSC014	北京居住、就业用地形成机理与缓解交通拥堵政策研究	焦朋朋	城市学	青年项目	北京建筑大学
41	14CSC015	北京城市形态演变与未来紧凑发展模式研究	何　丹	城市学	青年项目	北京联合大学
42	14CSC016	北京宜居城市建设机制与实施对策研究	杨　波	城市学	青年项目	北京市社会科学院
43	14CSC017	北京非正规经济空间结构演变规律研究	张　磊	城市学	青年项目	中国人民大学
44	14CSB018	文化规划视角下北京建筑遗产保护模式及人文价值评价研究	秦红岭	城市学	一般项目	北京建筑大学

续表

序号	项目编号	项目名称	项目负责人	申报学科	项目类别	信誉保证单位
45	14CSA019	北京健康社区评价指标体系和建设路径研究	白　波	城市学	重点项目	北京市科学技术研究院
46	14CSB020	北京会展业提升城市品牌的镜鉴和策略研究	刘　洋	城市学	一般项目	北京国际会议展览业协会
47	14FXA001	清代官民冲突研究	林　乾	法学	重点项目	中国政法大学
48	14FXA002	网上交易与消费者权益保护	申卫星	法学	重点项目	清华大学
49	14FXA003	国际环境立法的伦理基础研究	林灿铃	法学	重点项目	中国政法大学
50	14FXB004	北京市民事司法实践中的诉权滥用及其法律规制研究	相庆梅	法学	一般项目	北方工业大学
51	14FXB005	晚清资政院研究	李启成	法学	一般项目	北京大学
52	14FXB006	金融担保创新中的疑难法律问题研究	刘保玉	法学	一般项目	北京航空航天大学
53	14FXB007	京津冀一体化进程中的法律问题与制度建构	张瑞萍	法学	一般项目	北京交通大学
54	14FXB008	外空安全国际法治与外交战略研究	王国语	法学	一般项目	北京理工大学
55	14FXB009	北京市检察机关知识产权犯罪专业化办案模式研究	刘　科	法学	一般项目	北京师范大学
56	14FXB010	未成年人刑事司法的社会支持机制研究	史立梅	法学	一般项目	北京师范大学
57	14FXB011	公物法视野下的博物馆法律地位研究	焦晋林	法学	一般项目	北京市文物局
58	14FXB012	首都外来人口规模调控的法律问题研究	陈　勇	法学	一般项目	北京政法职业学院
59	14FXB013	北京市健康服务法律对策研究	霍增辉	法学	一般项目	北京中医药大学
60	14FXB014	大数据背景下的政府数据开放及其法律保障机制研究	吕廷君	法学	一般项目	中共北京市委党校
61	14FXB015	北京市警务公开法治研究	高文英	法学	一般项目	中国人民公安大学
62	14FXB016	北京市运行非法证据排除规则实证研究	马明亮	法学	一般项目	中国人民公安大学
63	14FXB017	北京市政治敏感区域中涉恐人员异常行为动态监控与积分预警研究	吴绍忠	法学	一般项目	中国人民公安大学
64	14FXB018	刑事证明模式视角下的冤假错案防治	褚福民	法学	一般项目	中国政法大学
65	14FXB019	我国小微企业知识产权战略研究	冯晓青	法学	一般项目	中国政法大学
66	14FXC020	北京旅游业规范化与消费者保护问题研究	岳业鹏	法学	青年项目	北京化工大学
67	14FXC021	京郊农村土地产权交易制度研究	吴文嫔	法学	青年项目	北京交通大学
68	14FXC022	量刑权规范机制研究	蔡曦蕾	法学	青年项目	北京警察学院
69	14FXC023	死刑案件的法律援助质量研究——以北京市为调研样本	张佳华	法学	青年项目	北京科技大学

续表

序号	项目编号	项目名称	项目负责人	申报学科	项目类别	信誉保证单位
70	14FXC024	京郊集体建设用地流转收益分配制度研究—基于机制设计理论	罗瑞芳	法学	青年项目	北京市社会科学院
71	14FXC025	互联网虚拟社会的法律治理体系研究	于雯雯	法学	青年项目	北京市社会科学院
72	14FXC026	大数据环境下网络舆论监督规制与人格权保护研究	刘召成	法学	青年项目	首都师范大学
73	14FXC027	北京农村医疗保障制度中的政府购买服务法律问题研究	孟彦辰	法学	青年项目	首都医科大学
74	14FXC028	法律视野下的首都乡村医生执业问题研究	刘炫麟	法学	青年项目	首都医科大学
75	14FXC029	民法中证据规范的解释与适用：以北京市法院裁判为例	王　雷	法学	青年项目	中国青年政治学院
76	14FXC030	北京市计划生育法治研究	伏创宇	法学	青年项目	中国青年政治学院
77	14FXC031	专家辅助人制度研究	房保国	法学	青年项目	中国政法大学
78	14FXC032	基于国际经验完善我国农业转基因生物安全立法研究	于文轩	法学	青年项目	中国政法大学
79	14FXC033	北京市涉罪未成年人司法处理与权利保护研究	王贞会	法学	青年项目	中国政法大学
80	14FXC034	北京市城市空间开发利用法律问题研究	薄燕娜	法学	青年项目	中国政法大学
81	14FXC035	证券期货欺诈行为执法标准研究	缪因知	法学	青年项目	中央财经大学
82	14FXB036	京津冀地区碳排放权交易法律机制研究	谭柏平	法学	一般项目	北京工业大学
83	14FXB037	北京市对外承包工程企业外派劳务法律问题研究	乔慧娟	法学	一般项目	北方工业大学
84	14FXB038	北京市生态补偿法律制度研究	童光法	法学	一般项目	北京农学院
85	14JGA001	基于大数据的企业财务预警理论与方法研究	朱建明	经济・管理	重点项目	中央财经大学
86	14JGA002	开放视角下的中国货币政策框架的重构	刘元春	经济・管理	重点项目	中国人民大学
87	14JGA003	现代农业经营与建设主体研究	朱信凯	经济・管理	重点项目	中国人民大学
88	14JGA004	马克思的平均利润率下降趋势的数量分析	谢富胜	经济・管理	重点项目	中国人民大学
89	14JGA005	“新经济思想史”研究	贾根良	经济・管理	重点项目	中国人民大学
90	14JGA006	首都全面深化社会信用体系建设研究	吴晶妹	经济・管理	重点项目	中国人民大学
91	14JGA007	北京科技创新驱动发展研究——适宜技术研发与科技成果转化的视角	刘凤良	经济・管理	重点项目	中国人民大学
92	14JGA008	深化北京市教育财政体制改革研究	王善迈	经济・管理	重点项目	北京师范大学
93	14JGA009	资源共享与首都经济圈协调发展研究	王玉海	经济・管理	重点项目	北京师范大学

续表

序号	项目编号	项目名称	项目负责人	申报学科	项目类别	信誉保证单位
94	14JGA010	京津冀会展业战略布局与协同发展研究	刘大可	经济·管理	重点项目	北京第二外国语学院
95	14JGA011	国有企业集团总部职能与管理控制研究	王　斌	经济·管理	重点项目	北京工商大学
96	14JGA012	“碳泄漏”对京津冀碳密集型产业发展的影响及对策研究	郭　毅	经济·管理	重点项目	北京工商大学
97	14JGA013	大数据背景下的信息安全风险评估与对策研究	方德英	经济·管理	重点项目	北京工商大学
98	14JGA014	北京市产业升级与产业安全研究	何维达	经济·管理	重点项目	北京科技大学
99	14JGA015	北京传统技艺类非物质文化遗产旅游活化与消费者参与研究	石美玉	经济·管理	重点项目	北京联合大学
100	14JGA016	北京新型农民合作社联合社运行机制研究	李瑞芬	经济·管理	重点项目	北京农学院
101	14JGA017	北京动漫产业国际化成长战略与路径研究	曹淑艳	经济·管理	重点项目	对外经济贸易大学
102	14JGA018	互联网金融创新的监管体系研究	廖　理	经济·管理	重点项目	清华大学
103	14JGA019	金融驱动京津冀协同发展研究	巩云华	经济·管理	重点项目	首都经济贸易大学
104	14JGA020	北京市区域医疗服务体系整合的管理模式研究	张　柠	经济·管理	重点项目	首都医科大学
105	14JGA021	北京区域医疗服务体系整合研究：分级诊疗视角	管仲军	经济·管理	重点项目	首都医科大学
106	14JGA022	基于北京市地理分布的空间抽样设计研究	金勇进	经济·管理	重点项目	中国人民大学
107	14JGB023	社会资本与中国阶层流动性研究	杨汝岱	经济·管理	一般项目	北京大学
108	14JGB024	首都援藏：上市公司、金融市场与区域经济之互动模式	王立彦	经济·管理	一般项目	北京大学
109	14JGB025	京郊旅游发展的生态保护效应与生态补偿机制研究	冯　凌	经济·管理	一般项目	北京第二外国语学院
110	14JGB026	北京文化演出业与旅游业结合研究	马爱萍	经济·管理	一般项目	北京第二外国语学院
111	14JGB027	首都动漫产业对外文化传播的策略研究	陈淑姣	经济·管理	一般项目	北京电子科技职业学院
112	14JGB028	文化距离、董事会资本对北京文化创意企业 FDI 模式影响的研究	方　刚	经济·管理	一般项目	北京服装学院
113	14JGB029	北京市出租车市场管制下的租金耗散与管制改革	孟　昌	经济·管理	一般项目	北京工商大学
114	14JGB030	人力资本优势对北京市共享式增长目标的促进效应与优化机理研究	余向华	经济·管理	一般项目	北京工商大学
115	14JGB031	税制改革对北京市产业结构优化的影响研究	史明霞	经济·管理	一般项目	北京工商大学
116	14JGB032	北京地区网络媒体社会责任评价体系建构与实施机制研究	高丽华	经济·管理	一般项目	北京工商大学

续表

序号	项目编号	项目名称	项目负责人	申报学科	项目类别	信誉保证单位
117	14JGB033	大数据背景下北京市信息安全风险评估与管理机制研究	吕俊杰	经济·管理	一般项目	北京工商大学
118	14JGB034	北京互联网零售业发展研究	罗朝能	经济·管理	一般项目	北京工商大学
119	14JGB035	北京国企混合所有制改革：多元股权制衡、董事会治理与整合信息披露研究	王仲兵	经济·管理	一般项目	北京工商大学
120	14JGB036	京津冀地区 PM2.5 污染控制政府绩效评估模式的构建	李云燕	经济·管理	一般项目	北京工业大学
121	14JGB037	基于绿色供应链生命周期分析的城市垃圾减量化管理模式研究	崔铁宁	经济·管理	一般项目	北京工业大学
122	14JGB038	首都高校大学生创新素质提升路径研究	李　进	经济·管理	一般项目	北京工业职业技术学院
123	14JGB039	北京市大气污染多元协作治理机制研究	杨立华	经济·管理	一般项目	北京航空航天大学
124	14JGB040	京津冀地区重点监控企业环境信息披露评价研究	刘学之	经济·管理	一般项目	北京化工大学
125	14JGB041	首都影视产业基于文化多样性的竞争力提升策略研究	高红岩	经济·管理	一般项目	北京交通大学
126	14JGB042	北京市电动汽车商业运营模式创新研究	刘颖琦	经济·管理	一般项目	北京交通大学
127	14JGB043	北京市出租车牌照拍卖机制研究	佟　琼	经济·管理	一般项目	北京交通大学
128	14JGB044	北京市国有资本收益质量评价研究	崔永梅	经济·管理	一般项目	北京交通大学
129	14JGB045	城市功能疏解背景下北京市大学生就业问题研究——基于行业就业吸纳能力视角	赵　杨	经济·管理	一般项目	北京交通大学
130	14JGB046	雾霾污染的经济分析与京津冀三方联动治理合作机制研究	李慧凤	经济·管理	一般项目	北京联合大学
131	14JGB047	北京市公益林保险运行机制与实施效果评价	秦　涛	经济·管理	一般项目	北京林业大学
132	14JGB048	北京市居民绿色出行行为影响因素研究	陈　凯	经济·管理	一般项目	北京林业大学
133	14JGB049	创新集群、治理规则与首都创新驱动发展研究	郑飞虎	经济·管理	一般项目	北京师范大学
134	14JGB050	京津冀区域能源消耗与节能政策研究	赵　楠	经济·管理	一般项目	北京师范大学
135	14JGB051	北京高校与企业协同创新中智力资本转化路径研究	张小红	经济·管理	一般项目	北京石油化工学院
136	14JGB052	京津冀一体化背景下都市型现代农业发展战略研究	苗润莲	经济·管理	一般项目	北京市科学技术研究院
137	14JGB053	信息化对北京城乡一体化的影响效应及推进策略研究	李　瑾	经济·管理	一般项目	北京市农林科学院
138	14JGB054	首都互联网行业发展及其影响的实证研究	齐福全	经济·管理	一般项目	北京市社会科学院

续表

序号	项目编号	项目名称	项目负责人	申报学科	项目类别	信誉保证单位
139	14JGB055	昌平南口新风带生态服务功能对北京城区的应用价值研究	丁　军	经济·管理	一般项目	北京市社会科学院
140	14JGB056	环境心理学视角下的北京居民生态消费行为研究	宋泽宁	经济·管理	一般项目	北京外国语大学
141	14JGB057	中关村虚拟孵化器的云创业服务平台研究	吕　波	经济·管理	一般项目	北京物资学院
142	14JGB058	基于创新驱动的首都地方高校间科技管理协同发展模式研究	闫　健	经济·管理	一般项目	北京信息科技大学
143	14JGB059	碳排放约束下冷链食品多级库存协同控制策略研究	田肇云	经济·管理	一般项目	北京信息科技大学
144	14JGB060	北京市文化创意产业链升级模式研究——基于知识管理的视角	周秀玲	经济·管理	一般项目	北京信息科技大学
145	14JGB061	“北京市政务微信的定位与微政务发展策略研究”	杨学成	经济·管理	一般项目	北京邮电大学
146	14JGB062	北京市健康服务业发展战略与模式研究	侯胜田	经济·管理	一般项目	北京中医药大学
147	14JGB063	北京市产业和要素分配结构的决定因素、效率评估和政策影响	钱震杰	经济·管理	一般项目	对外经济贸易大学
148	14JGB064	中国服务业改革对北京现代制造业企业生产效率的影响测度及异质性考察	周念利	经济·管理	一般项目	对外经济贸易大学
149	14JGB065	交通一体化和京津冀都市圈经济发展研究	杨杭军	经济·管理	一般项目	对外经济贸易大学
150	14JGB066	京津冀地区农村能源消费及替代能源利用模式与政策研究	张彩庆	经济·管理	一般项目	华北电力大学
151	14JGB067	决定北京城乡消费水平的关键因素及其作用机制研究	吴忠群	经济·管理	一般项目	华北电力大学
152	14JGB068	产学研协同创新中智力资本转化路径研究	张　娟	经济·管理	一般项目	华北电力大学
153	14JGB069	O2O 商业模式下第三方支付平台的顾客体验研究	赵　冰	经济·管理	一般项目	首都经济贸易大学
154	14JGB070	供应链金融服务于北京市“三农”的创新模式设计	何向军	经济·管理	一般项目	首都经济贸易大学
155	14JGB071	基于互联网金融的小微企业融资模式创新机制研究	陈蔚珠	经济·管理	一般项目	首都经济贸易大学
156	14JGB072	负面清单管理模式下加快北京服务贸易升级的战略研究	王佃凯	经济·管理	一般项目	首都经济贸易大学
157	14JGB073	市场结构快速变迁下的中小银行风险研究	周　晔	经济·管理	一般项目	首都经济贸易大学
158	14JGB074	提升首都影视产业竞争力研究——基于产业绩效的视角	金雪涛	经济·管理	一般项目	中国传媒大学
159	14JGB075	完善京郊设施蔬菜保险制度研究	杨汭华	经济·管理	一般项目	中国农业大学
160	14JGB076	北京市各收入阶层居民成活成本指数研究及其与消费价格指数的比较	范志勇	经济·管理	一般项目	中国人民大学

续表

序号	项目编号	项目名称	项目负责人	申报学科	项目类别	信誉保证单位
161	14JGB077	严格控制特大城市人口规模背景下北京市农业转移人口的市民化研究	陈明生	经济·管理	一般项目	中国政法大学
162	14JGB078	价格水平规制视角下的北京市保障房顶层设计研究	陈俊华	经济·管理	一般项目	中央财经大学
163	14JGB079	区域协同视角下的京津冀都市圈地方政府大气污染协作治理研究	崔　晶	经济·管理	一般项目	中央财经大学
164	14JGB080	北京市大企业税收遵从行为研究	樊　勇	经济·管理	一般项目	中央财经大学
165	14JGB081	首都政府采购网络防腐策略研究	韩文英	经济·管理	一般项目	中央财经大学
166	14JGB082	北京市政府购买公共服务“模块化嵌入式”财政监督机制创新——基于风险管理导向的研究	杨燕英	经济·管理	一般项目	中央财经大学
167	14JGB083	北京市人口转变与经济发展方式转型关系研究	赵文哲	经济·管理	一般项目	中央财经大学
168	14JGB084	北京市政府债务管理及风险预警机制研究	王　鑫	经济·管理	一般项目	中央财经大学
169	14JGB085	北京大气污染防治投资与环境政策设计：基于实物期权视角的研究	余冬平	经济·管理	一般项目	中央财经大学
170	14JGB086	新型城镇化背景下北京市农村转移劳动力就业问题研究	李凤梅	经济·管理	一般项目	中央民族大学
171	14JGC087	北京文化旅游目的地竞争力研究	周红利	经济·管理	青年项目	北京财贸职业学院
172	14JGC088	突发事件背景下城市旅游形象的测评与提升研究	陈　倩	经济·管理	青年项目	北京第二外国语学院
173	14JGC089	TPP框架下中关村高新科技企业技术创新的国际共生路径研究	郭　斌	经济·管理	青年项目	北京第二外国语学院
174	14JGC090	北京市养老与健康服务业发展模式创新研究	李　彬	经济·管理	青年项目	北京第二外国语学院
175	14JGC091	基于居住福利理论下的北京市保障性住房政策实施要点研究	戚瑞双	经济·管理	青年项目	北京电子科技职业学院
176	14JGC092	俘获型治理下北京服务外包业价值链升级微观机制研究：组织双元性视角	邓春平	经济·管理	青年项目	北京工商大学
177	14JGC093	北京市人口结构变化对经济效应的一般均衡分析	孙红霞	经济·管理	青年项目	北京工商大学
178	14JGC094	京津冀大气污染行业协同减排机制研究	刘　嘉	经济·管理	青年项目	北京化工大学
179	14JGC095	北京市交通需求管理政策评估：基于出行链和群决策的方法	李　静	经济·管理	青年项目	北京交通大学
180	14JGC096	北京地区小额信贷机构可持续发展的内在机制及其影响因素研究	李雅宁	经济·管理	青年项目	北京联合大学
181	14JGC097	电商双边市场供应链融资与北京小微企业融资体系优化研究	徐　鲲	经济·管理	青年项目	北京联合大学
182	14JGC098	北京农产品电子商务创新模式研究：专业合作社视角	吴春霞	经济·管理	青年项目	北京农学院

续表

序号	项目编号	项目名称	项目负责人	申报学科	项目类别	信誉保证单位
183	14JGC099	生态系统服务经济估值	白瑞雪	经济·管理	青年项目	北京师范大学
184	14JGC100	北京市人口老龄化对产业结构调整的影响	徐建炜	经济·管理	青年项目	北京师范大学
185	14JGC101	基于服务业差异的京津冀一体化“塌缩”问题研究	李建华	经济·管理	青年项目	北京石油化工学院
186	14JGC102	北京市城乡居民消费水平演进及成因研究	崔校宁	经济·管理	青年项目	北京外国语大学
187	14JGC103	云计算环境下电子商务协同推荐安全问题研究	张海军	经济·管理	青年项目	北京物资学院
188	14JGC104	基于文化根植性的北京地区小微企业能力跃迁研究	崔　瑜	经济·管理	青年项目	北京信息科技大学
189	14JGC105	企业质量文化建设成熟度评价体系研究——以北京市制造型企业为例	白　莹	经济·管理	青年项目	北京信息科技大学
190	14JGC106	北京市农村基础设施需求与统筹城乡配置研究	苑德宇	经济·管理	青年项目	对外经济贸易大学
191	14JGC107	基于首都城市战略定位的北京零售业商业模式创新研究	张磊楠	经济·管理	青年项目	对外经济贸易大学
192	14JGC108	促进京津冀地区能源密集型产业清洁化转型的差别电价机制研究	王建军	经济·管理	青年项目	华北电力大学
193	14JGC109	北京市碳排放权交易机制研究	张金良	经济·管理	青年项目	华北电力大学
194	14JGC110	京津冀地区跨域治霾企业利益协调机制研究	孔海宁	经济·管理	青年项目	首都经济贸易大学
195	14JGC111	环境规制政策对京冀地区经济一体化的影响路径研究	申　萌	经济·管理	青年项目	首都经济贸易大学
196	14JGC112	自贸区货币金融中心发展的理论与实证研究	赵　然	经济·管理	青年项目	首都经济贸易大学
197	14JGC113	信息经济学视域下的北京市科技型中小企业技术竞争情报服务模式研究	张丽玮	经济·管理	青年项目	首都经济贸易大学
198	14JGC114	北京市城乡居民大病保险基金支付能力测算及风险评估研究	马骋宇	经济·管理	青年项目	首都医科大学
199	14JGC115	北京市属国有企业改革的环境与战略协同演进研究	陆园园	经济·管理	青年项目	中共北京市委党校
200	14JGC116	北京地区生物质能源有效利用对水环境改善效果的动态模拟评价	闫晶晶	经济·管理	青年项目	中国地质大学（北京）
201	14JGC117	北京市产学研合作创新中的知识协同过程研究	李玲娟	经济·管理	青年项目	中国科学院大学
202	14JGC118	延迟退休对北京市社会养老保险体系的影响研究	李时宇	经济·管理	青年项目	中国人民大学
203	14JGC119	“环境移民”及相关政策的经济学分析	刘相波	经济·管理	青年项目	中国人民大学
204	14JGC120	北京市舒缓中小企业融资困境的策略研究	马光荣	经济·管理	青年项目	中国人民大学

续表

序号	项目编号	项目名称	项目负责人	申报学科	项目类别	信誉保证单位
205	14JGC121	北京市地方金融风险管理体系研究	马郑玮	经济·管理	青年项目	中国石油大学（北京）
206	14JGC122	新型城镇化进程中北京居民消费低碳化的发展路径研究	王会娟	经济·管理	青年项目	中央财经大学
207	14JGB123	京津冀 PM2.5 排放的驱动因素及协同减排模式研究	张永安	经济·管理	一般项目	北京工业大学
208	14JGB124	“智慧能源”视角下大气污染治理和北京能源产业优化协同发展研究	迟远英	经济·管理	一般项目	北京工业大学
209	14JGB125	城乡居民医疗服务需求与医疗保险研究——以北京为例	许敏敏	经济·管理	一般项目	北京工商大学
210	14JGB126	基于价格机制的北京市清洁能源协同发展研究	王风云	经济·管理	一般项目	北京石油化工学院
211	14JGB127	北京新型农业经营主体培育研究	赵海燕	经济·管理	一般项目	北京农学院
212	14JGB128	北京特殊老龄群体长期照护服务体系研究及绩效评估	刘亚娜	经济·管理	一般项目	首都师范大学
213	14JGB129	北京市政府购买公共服务交易规范研究	倪东生	经济·管理	一般项目	北京物资学院
214	14JGB130	北京高新企业实施信息化管理的风险度量和治理研究	王凡林	经济·管理	一般项目	首都经济贸易大学
215	14JGB131	基于人力资本的我国代际收入流动机制与公共政策研究	黎　煦	经济·管理	一般项目	首都经济贸易大学
216	14JGB132	京津冀多中心城市网络的发育与功能优化研究	吴　康	经济·管理	一般项目	首都经济贸易大学
217	14JGB133	基于生产者责任延伸制的北京汽车报废回收体系构建研究	周永强	经济·管理	一般项目	首都经济贸易大学
218	14JGA134	京津冀产业疏解——承接问题研究	王大树	经济·管理	特别委托项目	北京大学
219	14JGA135	以金融改革创新推动京津冀协同发展研究	霍学文	经济·管理	重点项目	北京市金融管理局
220	14JGA136	京津冀一体化背景下的对外文化贸易发展模式协同创新研究	李嘉珊	经济·管理	重点项目	北京第二外国语学院
221	14JGB137	公共政策分析视角下北京市低碳经济发展的问题与对策	马　静	经济·管理	一般项目	财政部财政科学研究所
222	14JGB138	媒介融合下的竞争冲突与机制创新研究——以北京市为例	杨　玲	经济·管理	一般项目	首都经济贸易大学
223	14JGB139	加强农村基层服务型党组织建设研究	刘陈德	经济·管理	一般项目	北京市党的建设研究会
224	14JGB140	北京国有企业品牌建设的实践与探索	赵林华	经济·管理	一般项目	北京市国资委
225	14JGB141	首都国家对外文化贸易基地运行机制创新研究	李小牧	经济·管理	一般项目	北京第二外国语学院
226	14JYA001	高校通识教育改革实施效果研究	李曼丽	教育学	重点项目	清华大学

续表

序号	项目编号	项目名称	项目负责人	申报学科	项目类别	信誉保证单位
227	14JYA002	以科学研究支撑高质量本科教育的理论与实践研究	周光礼	教育学	重点项目	中国人民大学
228	14JYA003	北京市中小学集团化办学的内部治理结构及其引导政策研究	程凤春	教育学	重点项目	北京师范大学
229	14JYB004	首都大学生境遇性危机的心理评估模型及实施方案研究	张宏宇	教育学	一般项目	北京工商大学
230	14JYB005	高校外籍师生突发事件管理及其应对机制的研究	吴文英	教育学	一般项目	北京工业大学
231	14JYB006	北京市属高校毕业生国际能力评估研究	刘　扬	教育学	一般项目	北京航空航天大学
232	14JYB007	北京市“名校办分校”工程的实施与路径选择研究	尹玉玲	教育学	一般项目	北京教育科学研究院
233	14JYB008	工科大学人文社会科学学科建设与发展研究	许　放	教育学	一般项目	北京科技大学
234	14JYB009	北京市政府购买学前教育服务研究	周　玲	教育学	一般项目	北京理工大学
235	14JYB010	首都高校大学生创业精神培育路径研究	姜素兰	教育学	一般项目	北京联合大学
236	14JYB011	学校背景下小学语文学习困难学生的评估和干预模式研究	张　旭	教育学	一般项目	北京联合大学
237	14JYB012	跨文化背景下来华留学生心理健康状况研究	刘　巍	教育学	一般项目	北京青年政治学院
238	14JYB013	首都高校国际化与中国文化“走出去”	文　君	教育学	一般项目	对外经济贸易大学
239	14JYB014	京津冀协同下在京高校发展路径及政策制定	梁淑红	教育学	一般项目	华北电力大学
240	14JYB015	多元文化经验对创造性的促进效应研究	师保国	教育学	一般项目	首都师范大学
241	14JYB016	北京市流动人口随迁子女后义务教育供需状况与政策选择	胡玉萍	教育学	一般项目	中共北京市委党校
242	14JYB017	纪实影像与北京乡土教育	秦瑜明	教育学	一般项目	中国传媒大学
243	14JYB018	青少年暴力犯风险评估工具与矫正项目开发	杨　波	教育学	一般项目	中国政法大学
244	14JYB019	基于“经济公平”的小学教育融资机制研究：海淀区的案例	任　强	教育学	一般项目	中央财经大学
245	14JYB020	北京市青少年社会规则意识发展状况与教育对策研究	辛志勇	教育学	一般项目	中央财经大学
246	14JYB021	北京市维吾尔族务工人员随迁子女学校适应状况调查研究：基于教育人类学的视角	海　路	教育学	一般项目	中央民族大学
247	14JYC022	北京市“3+2”中高职衔接模式的经费需求研究	刘云波	教育学	青年项目	北京大学
248	14JYC023	不同运动强度下引发的情绪状态对大学生学习效果影响的实验研究	李鑫楠	教育学	青年项目	北京工商大学

续表

序号	项目编号	项目名称	项目负责人	申报学科	项目类别	信誉保证单位
249	14JYC024	MOOC 学习质量研究：基于用户体验视角	安哲锋	教育学	青年项目	北京工业大学
250	14JYC025	京津冀地区高等职业教育专业布局优化研究：基于服务区域产业发展的视角	杨振军	教育学	青年项目	北京教育科学研究院
251	14JYC026	北京中小学生网络行为对其心理发展的影响研究	沈彩霞	教育学	青年项目	北京教育学院
252	14JYC027	以科技接受模式探讨北京小学生使用电子书包态度之纵贯研究	江丰光	教育学	青年项目	北京师范大学
253	14JYC028	北京市高等教育扩张与教育机会公平问题研究	董丽霞	教育学	青年项目	北京师范大学
254	14JYC029	北京市流动儿童的学校环境对其问题行为的影响及作用机制	李燕芳	教育学	青年项目	北京师范大学
255	14JYC030	基于成熟度模型的基础教育信息化发展水平评估指标体系研究——以北京市中小学为例	李　青	教育学	青年项目	北京邮电大学
256	14JYC031	高校教师绩效激励对工作压力感的影响研究	盛龙飞	教育学	青年项目	首都经济贸易大学
257	14JYC032	北京教育现代化评价指标体系及推进路径研究	高丙成	教育学	青年项目	中国教育科学研究院
258	14JYB033	基于质量视角的北京市幼儿园教师培养模式综合改革研究	康晓伟	教育学	一般项目	首都师范大学
259	14JYB034	北京市中学生性别角色与体质健康的关系及干预策略研究	陈少青	教育学	一般项目	首都师范大学
260	14JYB035	北京高校青年教师心理特征研究	李兰巧	教育学	一般项目	北京青年政治学院
261	14JYB036	思想政治教育学科建设与课程建设有机衔接研究	宇文利	教育学	一般项目	北京大学
262	14JYB037	青年马克思主义者培养的理论与实践问题研究	倪邦文	教育学	一般项目	中国青年政治学院
263	14JYB038	高校思想政治教育基地化育人模式研究	王　芳	教育学	一般项目	北京化工大学
264	14JYB039	高职学生思想行为特点及其教育模式研究	赵　锋	教育学	一般项目	北京电子科技职业学院
265	14JYB040	研究生群体的心理问题特点及应对机制研究	赵丽琴	教育学	一般项目	北京工业大学
266	14JYB041	微文化生态下大学生社会主义核心价值观的培育研究	刘　芳	教育学	一般项目	首都医科大学
267	14JYB042	基于社会主义核心价值观的大学生宿舍育人功能研究与实践	高　东	教育学	一般项目	北京农学院
268	14JYB043	大学本科生导师基本工作标准设计研究	罗朝能	教育学	一般项目	北京工商大学
269	14JYB044	“中国梦”主题教育与高校思政课课堂教学契合研究——以“中国近现代史纲要”为例	哈战荣	教育学	一般项目	中央财经大学

续表

序号	项目编号	项目名称	项目负责人	申报学科	项目类别	信誉保证单位
270	14JYB045	首都高校辅导员职业发展环境研究	卜春梅	教育学	一般项目	华北电力大学
271	14JYB046	中外学生趋同化管理中思想政治教育主导性作用研究	丁文阁	教育学	一般项目	北京语言大学
272	14JYB047	基于搜索大数据的大学生价值取向研究	熊义志	教育学	一般项目	清华大学
273	14JYB048	基于事业单位分类改革背景下高等医学院校教师资源配置因素及激励机制研究	曹文军	教育学	一般项目	首都医科大学
274	14JYB049	北京高校青年科研人才成长机制研究	吴　剑	教育学	一般项目	首都体育学院
275	14JYC050	高校治理结构与教师工作绩效的关系研究	于水波	教育学	青年项目	北京联合大学
276	14KDA001	国际危机与中国海外利益保护问题研究	徐正源	科社·党建·政治学	重点项目	中国人民大学
277	14KDA002	社会主义协商民主制度的北京实践研究	杨积堂	科社·党建·政治学	重点项目	北京联合大学
278	14KDA003	改革开放以来北京高校党建史	姚小玲	科社·党建·政治学	重点项目	北京航空航天大学
279	14KDA004	北京市防范处置群体性事件的对策研究——基于国内外相关经验的比较	戴长征	科社·党建·政治学	重点项目	对外经济贸易大学
280	14KDA005	互联网舆论场域与文化领导权	张广生	科社·党建·政治学	重点项目	中国人民大学
281	14KDB006	当代中国社会思潮对大学生思想行为的影响及对策研究	王秀彦	科社·党建·政治学	一般项目	北京工业大学
282	14KDB007	马克思劳动视域下的正义观及对北京和谐劳动关系建设的意义	王代月	科社·党建·政治学	一般项目	北京航空航天大学
283	14KDB008	参政党推进首都治理现代化研究	孙瑞华	科社·党建·政治学	一般项目	北京社会主义学院
284	14KDB009	关于加强对区政府权力运行制约监督的研究	赵中原	科社·党建·政治学	一般项目	北京市人大理论研究会
285	14KDB010	人大制度与时俱进的北京实践	王维国	科社·党建·政治学	一般项目	北京市人大理论研究会
286	14KDB011	土地股份合作制是集体土地所有制重要实现形式——以京郊为例	解　安	科社·党建·政治学	一般项目	清华大学
287	14KDB012	改革开放以来“乡村治理”视域下北京乡村医疗发展的实践研究	张旭平	科社·党建·政治学	一般项目	首都医科大学
288	14KDB013	新媒体时代公共舆论的作用机理与北京市舆论引导策略研究	任远喆	科社·党建·政治学	一般项目	外交学院
289	14KDB014	中国特色的马克思主义女权理论	宋少鹏	科社·党建·政治学	一般项目	中国人民大学
290	14KDB015	首都文化生态与先进文化之都建设研究	哈战荣	科社·党建·政治学	一般项目	中央财经大学

续表

序号	项目编号	项目名称	项目负责人	申报学科	项目类别	信誉保证单位
291	14KDB016	北京市社会治理中公众利益吸纳机制研究	周晓丽	科社·党建·政治学	一般项目	中央民族大学
292	14KDC017	代表制在协商民主中的地位和作用研究	段德敏	科社·党建·政治学	青年项目	北京大学
293	14KDC018	议题设置视角下北京市政府的网络影响力研究	柳思思	科社·党建·政治学	青年项目	北京第二外国语学院
294	14KDC019	信息技术最新发展对意识形态工作的影响及对策	徐志栋	科社·党建·政治学	青年项目	国防大学科研部
295	14KDC020	当代美国的阶级关系：结构、特征与发展趋势	蔡万焕	科社·党建·政治学	青年项目	清华大学
296	14KDC021	城镇化对中国转型期贫富差距的影响研究	孙　爽	科社·党建·政治学	青年项目	中共北京市委党校
297	14KDC022	党的理论工作者与《正处》的传播研究（1957—1960）	欧阳奇	科社·党建·政治学	青年项目	中国人民大学
298	14KDA023	人民代表大会制度的北京实践	席文启	科社·党建·政治学	特别委托项目	北京市人民代表大会制度理论研究会
299	14KDA024	新时期援藏工作实践与思考	马新明	科社·党建·政治学	重点项目	北京市对口支援和经济合作领导小组西藏拉萨指挥部
300	14KDA025	全面深化改革坚持和发展中国特色社会主义研究	艾四林	科社·党建·政治学	重点项目	清华大学
301	14KDB026	十八大以来首都意识形态领域新形势新动向新任务研究	陈之昌	科社·党建·政治学	一般项目	前线杂志社
302	14KDA027	中国特色社会主义文化传播的理论与实践研究	郝立新	科社·党建·政治学	重点项目	中国人民大学
303	14KDA028	理论、历史、现实三重维度下的核心价值研究	周良书	科社·党建·政治学	重点项目	北京师范大学
304	14KDB029	坚持中国特色社会主义民主政治道路与制度——自觉抵制西方“宪政民主”	韩振峰	科社·党建·政治学	一般项目	北京交通大学
305	14KDA030	公民社会思潮的发展演变及其应对策略研究	彭庆红	科社·党建·政治学	重点项目	北京科技大学
306	14KDA031	唯物史观与中国近现代史评价研究	李松林	科社·党建·政治学	重点项目	首都师范大学
307	14KDA032	新自由主义在中国	孙熙国	科社·党建·政治学	重点项目	北京大学
308	14LSA001	出土唐代政务文书汇释及研究	刘后滨	历史学	重点项目	中国人民大学
309	14LSA002	隋唐五代基本史料编年考证	孟宪实	历史学	特别委托项目	中国人民大学
310	14LSA003	民国时期北平市长与北平城市发展	吕和顺	历史学	重点项目	北京市档案局
311	14LSA004	建立数字化北京地下文物数据库研究	李伟敏	历史学	重点项目	北京市文物局

续表

序号	项目编号	项目名称	项目负责人	申报学科	项目类别	信誉保证单位
312	14LSA005	北京民族与宗教史探源	赵文芝	历史学	重点项目	北京市政协
313	14LSA006	共和国十七年北京市民家庭生活研究（1949—1966）	梁景和	历史学	重点项目	首都师范大学
314	14LSA007	历代中医妇科学经典理论脉络研究	许　昕	历史学	重点项目	首都医科大学附属北京中医医院
315	14LSB008	卢沟桥事变史料全编	徐　勇	历史学	一般项目	北京大学
316	14LSB009	儒家家族伦理的日本本土化及影响研究	江新兴	历史学	一般项目	北京第二外国语学院
317	14LSB010	北京官式彩画遗产数字化保护与传承研究	齐学君	历史学	一般项目	北京电子科技职业学院
318	14LSB011	北京花丝镶嵌制作技艺传承与保护研究	章梅芳	历史学	一般项目	北京科技大学
319	14LSB012	京津冀文化认同的历史演变	张连城	历史学	一般项目	北京联合大学
320	14LSB013	明清时期京津冀地区生态环境变迁研究	赵　亮	历史学	一般项目	北京林业大学
321	14LSB014	朝鲜《燕行录》的北京孔庙国子监文献整理与研究	庾　华	历史学	一般项目	北京市文物局
322	14LSB015	北京近现代人文社科学术期刊媒介生态研究（1911—1949）	范继忠	历史学	一般项目	北京印刷学院
323	14LSB016	抗战时期留平史家群体研究	牛润珍	历史学	一般项目	中国人民大学
324	14LSB017	甲午战争影像志	罗存康	历史学	一般项目	中国人民抗日战争纪念馆
325	14LSC018	北京地区金代陵墓的考古学研究	丁利娜	历史学	青年项目	北京市文物局
326	14LSB019	美国对外宣传与文化外交史史料整理与研究综述	翟　韬	历史学	一般项目	首都师范大学
327	14SHA001	北京城乡基本公共服务均等化研究	赵　霞	社会学	重点项目	中国农业大学
328	14SHA002	北京市社区心理建设研究	辛自强	社会学	重点项目	中央财经大学
329	14SHB003	基于中外比较的社区治理体系与治理能力建设评估体系研究	萧鸣政	社会学	一般项目	北京大学
330	14SHB004	北京郊区留守儿童社会化环境分析	苟天来	社会学	一般项目	北京农学院
331	14SHB005	京郊农村社区居家养老模式及服务机制研究	李宝龙	社会学	一般项目	北京农学院
332	14SHB006	首都智慧养老服务模式研究	徐志立	社会学	一般项目	北京青年政治学院
333	14SHB007	北京市大学生社区工作者队伍现状及发展对策研究	袁光亮	社会学	一般项目	北京青年政治学院
334	14SHB008	北京外国人管理问题研究	邢爱芬	社会学	一般项目	北京师范大学
335	14SHB009	基于北京市老年人口状况的延迟退休路径选择研究	李汉东	社会学	一般项目	北京师范大学
336	14SHB010	社交网络中谣言的数据溯源与监控对策	倪　静	社会学	一般项目	北京石油化工学院
337	14SHB011	公平与可持续视野下的首都发展型社会救助研究	江树革	社会学	一般项目	北京市社会科学院

续表

序号	项目编号	项目名称	项目负责人	申报学科	项目类别	信誉保证单位
338	14SHB012	“单独两孩”政策实施初期北京市妇产医疗卫生服务供需关系研究	茅倬彦	社会学	一般项目	国家人口计生委科学技术研究所
339	14SHB013	北京青年公共文化空间研究	张　凯	社会学	一般项目	国家图书馆
340	14SHB014	北京市流动儿童的微观社会融合：特点、影响因素与作用机制	李　虹	社会学	一般项目	清华大学
341	14SHB015	基于大数据的北京市突发事件网络舆情可视化研究	武　装	社会学	一般项目	首都经济贸易大学
342	14SHB016	基于医务人员心理资本视角的员工压力管理研究	于丽玲	社会学	一般项目	首都医科大学
343	14SHB017	劳教制度废止后社会工作融入社区矫正“北京模式”研究	熊贵彬	社会学	一般项目	中国青年政治学院
344	14SHB018	面向北京城乡的线上线下社区协同养老模式与机制研究	左美云	社会学	一般项目	中国人民大学
345	14SHB019	北京市流动人口基本公共卫生服务可及性分析及服务模式研究	郭　静	社会学	一般项目	中国人民大学
346	14SHB020	北京市“三非”外国人管控机制创新研究	张　杰	社会学	一般项目	中国人民公安大学
347	14SHB021	北京市重大突发事件心理援助体系建设研究	王丽莉	社会学	一般项目	中国政法大学
348	14SHB022	人口疏解趋势下的北京市流动人口服务管理问题及应对策略	李程伟	社会学	一般项目	中国政法大学
349	14SHB023	在京农民工二代城市适应现状、成因及干预研究	王中会	社会学	一般项目	中华女子学院
350	14SHB024	影响民族间文化沟通的社会心理机制：以北京为例	吴　莹	社会学	一般项目	中央民族大学
351	14SHC025	北京市农村社区治理机制创新的阶层基础研究	陈　锋	社会学	青年项目	北京工业大学
352	14SHC026	北京市居家养老服务的成本项目及成本标准研究	谢晓霞	社会学	青年项目	北京航空航天大学
353	14SHC027	社会创新视角下的中国社会企业运行模式研究	余晓敏	社会学	青年项目	北京师范大学
354	14SHC028	北京城市居住空间分异的社会结构分析与对策研究	李晓壮	社会学	青年项目	北京市社会科学院
355	14SHC029	北京市涉拆迁类群体访的实证考察与对策研究	常秀娇	社会学	青年项目	北京市社会科学院
356	14SHC030	北京市外来人口规模动态监测方案研究	刘亚文	社会学	青年项目	对外经济贸易大学
357	14SHC031	政府与体育社会组织关系与职能的借鉴研究	邢晓燕	社会学	青年项目	首都体育学院
358	14SHC032	患者信任度与患者就医选择行为关系研究	杨　佳	社会学	青年项目	首都医科大学
359	14SHC033	社会记忆下的城中村空间秩序研究	陈　晨	社会学	青年项目	中国青少年研究中心
360	14SHC034	北京城市社区治理的多元模式研究	胡宝荣	社会学	青年项目	中国人民公安大学

续表

序号	项目编号	项目名称	项目负责人	申报学科	项目类别	信誉保证单位
361	14SHC035	转型期社会冲突事件中的媒体角色与公众认知	邓　力	社会学	青年项目	中国政法大学
362	14SHC036	北京市空巢老人健康养老需求与多元养老模式构建研究	郝　佳	社会学	青年项目	中央财经大学
363	14SHC037	北京大学生就业质量及影响因素研究	黄　锐	社会学	青年项目	中央民族大学
364	14SHC038	北京市新生代农民工群体性事件研究	柴　玲	社会学	青年项目	中央民族大学
365	14SHC039	城市贫困人口医疗保障之“北京模式”研究	杨　慧	社会学	青年项目	中央民族大学
366	14WYA001	外国文学译介编年考录（1896—1949）	李　今	语言·文学·艺术	重点项目	中国人民大学
367	14WYA002	秦汉印章封泥文字编	赵平安	语言·文学·艺术	重点项目	清华大学
368	14WYA003	海峡两岸词汇的差异与融合	刁晏斌	语言·文学·艺术	重点项目	北京师范大学
369	14WYA004	《燕行录》北京史料类编	漆永祥	语言·文学·艺术	重点项目	北京大学
370	14WYA005	中日传统工艺美术的现代转型与可持续发展比较研究——以北京地区考察为重点	赵云川	语言·文学·艺术	重点项目	北京服装学院
371	14WYA006	北京商务人才外语沟通能力的语言学理论基础研究	王立非	语言·文学·艺术	重点项目	对外经济贸易大学
372	14WYA007	北京剧场文化生态研究	施旭升	语言·文学·艺术	重点项目	中国传媒大学
373	14WYA008	北京传统戏曲舞台美术与文化生态研究	曹　林	语言·文学·艺术	重点项目	中国戏曲学院
374	14WYA009	达斡尔族区域音乐文化研究	张天彤	语言·文学·艺术	重点项目	中国音乐学院
375	14WYB010	中国当代艺术的国际化与本土化	时胜勋	语言·文学·艺术	一般项目	北京大学
376	14WYB011	北京老旧社区人文景观环境建设研究	靳　超	语言·文学·艺术	一般项目	北京建筑大学
377	14WYB012	北京城中轴线设计美学价值研究	张　帆	语言·文学·艺术	一般项目	北京理工大学
378	14WYB013	设计服务在“北京美丽乡村”创建中的体系研究	张继晓	语言·文学·艺术	一般项目	北京林业大学
379	14WYB014	义务教育阶段学生识字量发展研究	温红博	语言·文学·艺术	一般项目	北京师范大学
380	14WYB015	现代语言技术体系研究	张　政	语言·文学·艺术	一般项目	北京师范大学
381	14WYB016	新媒体与新电影美学：北京电影产业发展与技术创新研究	王　炎	语言·文学·艺术	一般项目	北京外国语大学

续表

序号	项目编号	项目名称	项目负责人	申报学科	项目类别	信誉保证单位
382	14WYB017	俄罗斯地铁文化建设成就对人文北京建设的启示	蔡　晖	语言·文学·艺术	一般项目	北京外国语大学
383	14WYB018	基于满汉平行语料库的清中前期北京话时体标记研究	王继红	语言·文学·艺术	一般项目	北京外国语大学
384	14WYB019	网络文化与治理：建构北京市文化创意产业面向未来的新竞争力	云国强	语言·文学·艺术	一般项目	北京语言大学
385	14WYB020	基于名词、动词、形容词的汉语韵律形态研究	王丽娟	语言·文学·艺术	一般项目	北京语言大学
386	14WYB021	现代文学作家跨文化体验的个案研究——老舍在英国的跨文化体验之于其创作风格的生成机制	李东芳	语言·文学·艺术	一般项目	北京语言大学
387	14WYB022	双宾构式句法语义接口整合研究	林　艳	语言·文学·艺术	一般项目	北京语言大学
388	14WYB023	北美汉学界对中国现代女作家的研究（1960—2010）	张　浩	语言·文学·艺术	一般项目	北京语言大学
389	14WYB024	“学术走出去”战略背景下北京高校学术生产与传播的现状、问题与对策的实证研究	冯海颖	语言·文学·艺术	一般项目	对外经济贸易大学
390	14WYB025	基于语料库的北京知名品牌英译研究与中国优秀文化传播	徐　珺	语言·文学·艺术	一般项目	对外经济贸易大学
391	14WYB026	北京市新型城镇化进程中文化的作用及其影响机制研究	李　霁	语言·文学·艺术	一般项目	国家行政学院
392	14WYB027	高等美术基础教育改革发展研究	李　睦	语言·文学·艺术	一般项目	清华大学
393	14WYB028	中国汉字艺术设计教育研究	陈　楠	语言·文学·艺术	一般项目	清华大学
394	14WYB029	马克思主义文化领导权理论及其对当代大众文化的启示	孙士聪	语言·文学·艺术	一般项目	首都师范大学
395	14WYB030	“北漂”群体影视形象研究	郑以然	语言·文学·艺术	一般项目	首都师范大学
396	14WYB031	日文北京文史资料的整理、翻译、研究与利用	丁　曼	语言·文学·艺术	一般项目	外交学院
397	14WYB032	机构新闻翻译情境下国家身份建构的功能与认知研究	徐　英	语言·文学·艺术	一般项目	外交学院
398	14WYB033	金代王文郁《新刊韵略》文献整理及相关韵书研究	张民权	语言·文学·艺术	一般项目	中国传媒大学
399	14WYB034	外国人“洋腔洋调”的消解策略研究	侯亚光	语言·文学·艺术	一般项目	中国传媒大学
400	14WYB035	北京郊区农村体育文化建设研究	邓毅明	语言·文学·艺术	一般项目	中国农业大学
401	14WYB036	都市听觉文化研究	王　敦	语言·文学·艺术	一般项目	中国人民大学
402	14WYB037	日本所存辽代高僧燕京纯慧大师非浊佚失文献的整理与研究	李铭敬	语言·文学·艺术	一般项目	中国人民大学

续表

序号	项目编号	项目名称	项目负责人	申报学科	项目类别	信誉保证单位
403	14WYB038	近代戏曲美学思想的形成与演变研究	陈友峰	语言·文学·艺术	一般项目	中国戏曲学院
404	14WYB039	陈洪绶版画研究	邵　彦	语言·文学·艺术	一般项目	中央美术学院
405	14WYB040	藏文网络舆情话题跟踪技术研究	胥桂仙	语言·文学·艺术	一般项目	中央民族大学
406	14WYC041	语料库语言学视野下的网络文学研究	苏　祺	语言·文学·艺术	青年项目	北京大学
407	14WYC042	北京市儿童二语习得年龄和最终成效的关系研究	薛　锦	语言·文学·艺术	青年项目	北京第二外国语学院
408	14WYC043	基于知识图谱的电影学前沿及其演进分析	李　婧	语言·文学·艺术	青年项目	北京电影学院
409	14WYC044	北京非物质文化遗产的数字化展示与公共服务创新研究	吕燕茹	语言·文学·艺术	青年项目	北京工商大学
410	14WYC045	汉语限定词短语真伪性问题之研究	王洪磊	语言·文学·艺术	青年项目	北京航空航天大学
411	14WYC046	张光宇与北京装饰学派研究	张玉花	语言·文学·艺术	青年项目	北京化工大学
412	14WYC047	翻译质量评估：基于历时复合语料库的研究	赵秋荣	语言·文学·艺术	青年项目	北京科技大学
413	14WYC048	北京重要农林文化遗产保护与发展研究	李　飞	语言·文学·艺术	青年项目	北京林业大学
414	14WYC049	北京网络电影文化研究	唐宏峰	语言·文学·艺术	青年项目	北京师范大学
415	14WYC050	拉丁美洲媒体中的北京形象分析	何晓静	语言·文学·艺术	青年项目	北京外国语大学
416	14WYC051	北京市外语战略规划的思考与对策研究	张天伟	语言·文学·艺术	青年项目	北京外国语大学
417	14WYC052	新中国成立初期北京的通俗文艺改造（1949—1957）	张　霖	语言·文学·艺术	青年项目	北京外国语大学
418	14WYC053	京味小说翻译及其在英语世界的传播	王颖冲	语言·文学·艺术	青年项目	北京外国语大学
419	14WYC054	首都动画品牌塑造管理研究	张　宏	语言·文学·艺术	青年项目	北京印刷学院
420	14WYC055	改革开放30年来北京话语音变迁研究	韩沛玲	语言·文学·艺术	青年项目	对外经济贸易大学
421	14WYC056	首都“世界城市”语言生活建设	董　洁	语言·文学·艺术	青年项目	清华大学
422	14WYC057	3D打印技术对当代工艺美术手工价值影响研究	王晓昕	语言·文学·艺术	青年项目	清华大学
423	14WYC058	《今昔物语集》的东亚比较文学研究	高　阳	语言·文学·艺术	青年项目	清华大学
424	14WYC059	基于国际化视角的中国广告语言特点与创新研究	万凯艳	语言·文学·艺术	青年项目	首都经济贸易大学

续表

序号	项目编号	项目名称	项目负责人	申报学科	项目类别	信誉保证单位
425	14WYC060	抗战时期北京的都市文化空间	袁一丹	语言·文学·艺术	青年项目	首都师范大学
426	14WYC061	万历、乾隆内廷承应戏曲比较研究	王春晓	语言·文学·艺术	青年项目	外交学院
427	14WYC062	金代中都文学活动编年	王　永	语言·文学·艺术	青年项目	中国传媒大学
428	14WYC063	区域社会史视野下的北京香会研究	张青仁	语言·文学·艺术	青年项目	中央民族大学
429	14WYB064	云南境内三大佛教壁画图像体系比较研究	安　佳	语言·文学·艺术	一般项目	北京服装学院
430	14WYB065	中国民族服饰博物馆古代纺织品研究	谢　静	语言·文学·艺术	一般项目	北京服装学院
431	14WYB066	北京明清宅园造景设计艺术研究	谢明洋	语言·文学·艺术	一般项目	首都师范大学
432	14WYB067	路头戏音乐编创方式研究	袁　环	语言·文学·艺术	一般项目	中国音乐学院
433	14WYB068	中国京剧悲剧史	谢柏梁	语言·文学·艺术	一般项目	中国戏曲学院
434	14WYB069	京剧三小戏剧目整理及喜剧性美学研究	王九成	语言·文学·艺术	一般项目	中国戏曲学院
435	14WYB070	中国古典文学经典《山海经》的视觉影像化研究	刘言韬	语言·文学·艺术	一般项目	北京电影学院
436	14WYB071	京津冀地区传统金属手工艺业态研究与行业信息数据库建设	韩　澄	语言·文学·艺术	一般项目	北京联合大学
437	14ZHA001	基于领导决策的档案知识库建设	张　斌	综合	重点项目	中国人民大学
438	14ZHA002	我国古文献装帧工艺传承与保护的研究	张美芳	综合	重点项目	中国人民大学
439	14ZHA003	首都乡村医患关系研究——以信任理论为基础	王晓燕	综合	重点项目	首都医科大学
440	14ZHA004	改革开放以来中国海外形象研究	宁一中	综合	重点项目	北京语言大学
441	14ZHA005	北京地区传统环境营造技艺的生态性分析及其保护与发展研究	周浩明	综合	重点项目	清华大学
442	14ZHB006	新媒体环境下北京市食品安全危机传播的应对策略研究	路　鹏	综合	一般项目	北京工商大学
443	14ZHB007	北京老龄群体言语障碍现状及康复对策研究	刘红艳	综合	一般项目	北京工商大学
444	14ZHB008	自媒体时代网络青年意见领袖研究	马映红	综合	一般项目	北京青年政治学院
445	14ZHB009	北京市大气污染监控预警体系建立研究	董　洁	综合	一般项目	北京市科学技术研究院
446	14ZHB010	北京 12049 件医疗纠纷案例大数据研究	范　贞	综合	一般项目	北京卫生法学会
447	14ZHB011	明清小说与北京城市文化研究	彭利芝	综合	一般项目	首都经济贸易大学

续表

序号	项目编号	项目名称	项目负责人	申报学科	项目类别	信誉保证单位
448	14ZHB012	北京中医医院中医肝病学术流派传承体系研究	刘 汶	综合	一般项目	首都医科大学附属北京中医医院
449	14ZHB013	北京高铁暴力袭击风险与情景构建研究	靳高风	综合	一般项目	中国人民公安大学
450	14ZHC014	机关事业单位养老保障制度改革的经济效应、福利效应及精算评价	乔 杨	综合	青年项目	北京工商大学
451	14ZHC015	北京微博客使用者的交往行为与阶层互动研究	陈静茜	综合	青年项目	北京交通大学
452	14ZHC016	首都公安机关涉警网络舆情导控机制研究	佟志伟	综合	青年项目	北京警察学院
453	14ZHC017	生态文明视角下北京市殡葬行业绿色消费模式政策研究	亓 娜	综合	青年项目	北京社会管理职业学院
454	14ZHC018	基于虚拟仿真技术的北京皮影戏保存与保护研究	王圣华	综合	青年项目	北京信息科技大学
455	14ZHC019	北京市大型公共体育场馆运营管理研究	陈文倩	综合	青年项目	首都体育学院
456	14ZHC020	北京市体育非物质文化遗产挖掘整理与保护传承研究	张长念	综合	青年项目	首都体育学院
457	14ZHC021	顾客满意视域下北京城乡体育公共服务一体化研究	梁金辉	综合	青年项目	首都体育学院
458	14ZHC022	移动互联网时代北京市政府形象传播与媒体沟通策略研究	黄 河	综合	青年项目	中国人民大学
459	14ZHA023	首都发展规律及趋势分析研究	李国平	综合	特别委托项目	北京大学
460	14ZHB024	京津冀地区武术文化传承与发展研究	孟 涛	综合	一般项目	首都体育学院
461	14ZHB025	北京市突发公共事件中的主流媒体运用与舆论引导策略研究	王 擎	综合	一般项目	北京工商大学
462	14ZXA001	西方正义伦理思想研究	龚 群	哲学	重点项目	中国人民大学
463	14ZXA002	我国经济制度的正义完善研究	刘敬鲁	哲学	重点项目	中国人民大学
464	14ZXA003	中国哲学历史观研究	章伟文	哲学	重点项目	北京师范大学
465	14ZXA004	阿多诺道德哲学研究	罗松涛	哲学	重点项目	北京师范大学
466	14ZXA005	社会主义核心价值体系和后现代主义思潮关系研究	杨生平	哲学	重点项目	首都师范大学
467	14ZXA006	生态文明建设试点示范区实践的哲学研究	郇庆治	哲学	重点项目	北京大学
468	14ZXB007	北京科技社会组织发展研究	张风帆	哲学	一般项目	北京工业大学
469	14ZXB008	中国特色社会主义的哲学依据与理论创新研究	赵义良	哲学	一般项目	北京航空航天大学
470	14ZXB009	“京校十条”科技哲学基础研究	崔伟奇	哲学	一般项目	北京化工大学
471	14ZXB010	复杂系统科学理论视域下“大数据”的特征及其哲学意蕴	董春雨	哲学	一般项目	北京师范大学
472	14ZXB011	现代中国哲学史中的方法论研究	高海波	哲学	一般项目	清华大学

续表

序号	项目编号	项目名称	项目负责人	申报学科	项目类别	信誉保证单位
473	14ZXB012	信念伦理与国家认同	吴　俊	哲学	一般项目	清华大学
474	14ZXB013	当代公民道德意志品质研究	沈永福	哲学	一般项目	首都师范大学
475	14ZXB014	新媒体环境下大学生社会主义核心价值观教育研究	田　霞	哲学	一般项目	中国矿业大学（北京）
476	14ZXC015	社会发展视域中人的局限性研究	刘志洪	哲学	青年项目	北方工业大学
477	14ZXC016	马克思公平正义思想及其当代价值	李　旸	哲学	青年项目	北京大学
478	14ZXC017	国家治理行为的道德合理性与有效性博弈问题研究	谢惠媛	哲学	青年项目	北京航空航天大学
479	14ZXC018	中西比较视阈下首都公民诚信价值观培育研究	向　征	哲学	青年项目	北京市社会科学院
480	14ZXC019	社会主义核心价值观践行规律研究	张瑞芬	哲学	青年项目	北京市思想政治工作研究会
481	14ZXC020	北京白云观医药养生文化挖掘与利用研究	裘　梧	哲学	青年项目	北京中医药大学
482	14ZXC021	叙事医学在构建医患信任中的作用研究	孙咏莉	哲学	青年项目	首都医科大学
483	14ZXC022	中西比较视域下社会主义核心价值观认知认同机制研究	黄　杰	哲学	青年项目	中共北京市委党校
484	14ZXC023	张九成心学思想研究	李春颖	哲学	青年项目	中国政法大学

（北京市哲学社会科学规划办公室供稿）

北京市教育委员会2015年度社科计划重点项目批准立项项目

项目编号	项目名称	承担单位	项目负责人	成果形式	拟完成时间
SZ201510005001	京津冀PM2.5排放的驱动因素及协同减排模式研究	北京工业大学	张永安	论文	2016.12
SZ201510005002	“智慧能源”视角下大气污染治理和北京能源产业优化协同发展研究	北京工业大学	迟远英	研究报告	2016.12
SZ201510005003	京津冀地区碳排放权交易法律机制研究	北京工业大学	谭柏平	研究报告	2016.12
SZ201510009004	北京市对外承包工程企业外派劳务法律问题研究	北方工业大学	乔慧娟	专著	2017.12
SZ201510011005	城乡居民医疗服务需求与医疗保险研究——以北京为例	北京工商大学	许敏敏	研究报告	2017.12
SZ201510011006	北京市突发公共事件中的主流媒体运用与舆论引导策略研究	北京工商大学	王　擎	研究报告	2017.12
SZ201510012007	云南境内三大佛教壁画图像体系比较研究	北京服装学院	安　佳	专著	2017.12
SZ201510012008	中国民族服饰博物馆古代纺织品研究	北京服装学院	谢　静	研究报告	2017.12

续表

项目编号	项目名称	承担单位	项目负责人	成果形式	拟完成时间
SZ201510016009	文化规划视角下北京建筑遗产保护模式及人文价值评价研究	北京建筑大学	秦红岭	研究报告、论文	2017. 12
SZ201510017010	基于价格机制的北京市清洁能源协同发展研究	北京石油化工学院	王凤云	研究报告	2017. 12
SZ201510020011	北京新型农业经营主体培育研究	北京农学院	赵海燕	专著、研究报告	2017. 12
SZ201510020012	北京市生态补偿法律制度研究	北京农学院	童光法	研究报告	2017. 12
SZ201510028013	美国对外宣传与文化外交史史料整理与研究综述	首都师范大学	翟　韬	论文、研究报告	2017. 12
SZ201510028014	北京特殊老龄群体长期照护服务体系研究及绩效评估	首都师范大学	刘亚娜	论文集	2017. 12
SZ201510028015	北京明清宅园造景设计艺术研究	首都师范大学	谢明洋	专著	2017. 12
SZ201510028016	基于质量视角的北京市幼儿园教师培养模式综合改革研究	首都师范大学	康晓伟	研究报告	2017. 12
SZ201510028017	北京市中学生性别角色与体质健康的关系及干预策略研究	首都师范大学	陈少青	研究报告	2016. 12
SZ201510037018	北京市政府购买公共服务交易规范研究	北京物资学院	倪东生	专著、研究报告	2017. 12
SZ201510038019	北京高新企业实施信息化管理的风险度量和治理研究	首都经济贸易大学	王凡林	研究报告	2017. 12
SZ201510038020	基于人力资本的我国代际收入流动机制与公共政策研究	首都经济贸易大学	黎　煦	专著	2017. 12
SZ201510038021	京津冀多中心城市网络的发育与功能优化研究	首都经济贸易大学	吴　康	研究报告、论文集	2017. 12
SZ201510038022	基于生产者责任延伸制的北京汽车报废回收体系构建研究	首都经济贸易大学	周永强	研究报告	2017. 12
SZ201510046023	路头戏音乐编创方式研究	中国音乐学院	袁　环	研究报告	2017. 12
SZ201510049024	中国京剧悲剧史	中国戏曲学院	谢柏梁	专著	2017. 12
SZ201510049025	京剧三小戏剧目整理及喜剧性美学研究	中国戏曲学院	王九成	专著	2017. 12
SZ201510050026	中国古典文学经典《山海经》的视觉影像化研究	北京电影学院	刘言韬	研究报告	2017. 12
SZ201511417027	京津冀地区传统金属手工艺业态研究与行业信息数据库建设	北京联合大学	韩　澄	专著、研究报告	2016. 12
SZ201511626028	北京高校青年教师心理特征研究	北京青年政治学院	李兰巧	研究报告、论文	2016. 12

*北京市教育委员会2014年评出的2015年度社会科学计划批准立项重点项目。

（北京市教育委员会科学技术与研究生工作处供稿）

北京市教育委员会 2015 年度社科计划面上项目批准立项项目

项目编号	项目名称	承担单位	项目负责人	成果形式	拟完成时间
SM201510005001	一种基于概念地图的发明过程机理的描述方法	北京工业大学	任海英	专著、论文	2017. 12
SM201510005002	网络谣言的生成条件与治理对策研究	北京工业大学	鞠春彦	研究报告、论文	2016. 12
SM201510005003	敦煌壁画的创作运用及衍生品开发研究	北京工业大学	孙晓丽	论文、作品	2016. 12
SM201510005004	面向两化融合的北京市战略性新兴产业发展模式与政策选择研究	北京工业大学	乔小勇	研究报告、论文	2016. 12
SM201510005005	快捷便利的传统饮茶方式研究与推广——户外便携式茶台设计	北京工业大学	张　屏	论文、实物、	2016. 12
SM201510005006	京津冀绿色交通下的北京市政府和私家车主的博弈研究	北京工业大学	袁永科	研究报告、论文	2016. 12
SM201510005007	北京文化生态与首都演艺产业发展	北京工业大学	李　博	研究报告	2016. 1
SM201510005008	外来务工者大量居留的城乡社区治理研究	北京工业大学	李阿琳	专著、论文	2016. 12
SM201510005009	北京市电动汽车商业模式研究	北京工业大学	韩新伟	研究报告、论文	2016. 12
SM201510005010	传统景泰蓝与日本七宝烧工艺比较研究	北京工业大学	张福文	论文、作品	2015. 12
SM201510005011	社会治理视角下北京社会组织能力建设研究	北京工业大学	李晓婷	论文	2016. 12
SM201510005012	英汉政治讲话中情感话语对比研究	北京工业大学	李　耸	研究报告	2017. 12
SM201510005013	未成年人刑事诉讼制度建构与完善研究	北京工业大学	沈玉忠	研究报告、论文	2016. 12
SM201510005014	京津冀都市圈产业转移的生态补偿问题研究	北京工业大学	姜　伟	论文、研究报告	2016. 12
SM201510005015	北京高校科技成果转化的创新模式研究	北京工业大学	韩晓明	论文、研究报告	2016. 12
SM201510009001	北京市服务贸易结构测算与评价	北方工业大学	白小伟	论文	2017. 12
SM201510009002	北京产业结构调整促进 PM2. 5 减排的效应及路径研究	北方工业大学	齐　园	论文	2017. 12
SM201510009003	北京市大学生思想政治理论网络学习共同体的构建研究	北方工业大学	王洁敏	论文	2017. 12
SM201510009004	日本大学英语教育研究	北方工业大学	王立峰	论文	2017. 12
SM201510009005	移动互联时代的版权保护	北方工业大学	尚志红	论文	2017. 12
SM201510009006	当代城市广场设计的研究与思考——以北京市为例	北方工业大学	吕品秀	论文	2017. 12
SM201510011001	京津翼跨界环境污染治理成本分摊策略研究：基于合作博弈角度	北京工商大学	孙红霞	专著	2017. 12

续表

项目编号	项目名称	承担单位	项目负责人	成果形式	拟完成时间
SM201510011002	理财产品信息披露国际规则的本土化研究	北京工商大学	颜 苏	论文	2016.12
SM201510011003	以顾客体验为导向的零售服务设计策略研究	北京工商大学	周 兴	研究报告、论文	2016.12
SM201510011004	基于社会性别的视角构建女大学生体态语优化体系的研究	北京工商大学	魏 静	论文、其他	2016.12
SM201510011005	体育运动对大学生身心发展的影响——以北京高校为例	北京工商大学	史明政	论文集	2016.12
SM201510011006	基于社会网络的中关村产业集群成长机制研究	北京工商大学	黄婉秋	研究报告、论文	2016.12
SM201510011007	首都大学生二语发展可变性的跟踪研究——动态系统理论的视角	北京工商大学	田 莉	论文	2016.12
SM201510011008	北京市属高校英语教师专业发展现状和对策研究	北京工商大学	张艳华	研究报告	2016.12
SM201510011009	首都居民家庭资产配置的行为选择与优序偏好研究	北京工商大学	乔云霞	论文	2016.12
SM201510012001	服装设计的知识产权保护研究	北京服装学院	张红玲	论文	2016.12
SM201510012002	中国佛教雕塑造型研究	北京服装学院	关立新	研究报告、论文	2016.12
SM201510012003	中英服装设计师培养机制比较研究	北京服装学院	王德庆	研究报告、论文	2016.12
SM201510005001	MOOC 对教育出版的影响及其版权问题研究	北京印刷学院	叶文芳	研究报告、著作、论文	2016.12
SM201510005002	中国文化核心价值观在当代的构建研究	北京印刷学院	张 佩	研究报告、著作、论文	2015.12
SM201510005003	全媒体时代出版企业数字化发展研究	北京印刷学院	李宝玲	研究报告、著作、论文	2016.12
SM201510005004	出版传媒类上市公司绩效评价研究	北京印刷学院	吴仁群	研究报告、著作、论文	2016.12
SM201510005005	玩味京城纸品设计研究	北京印刷学院	王 愉	研究报告、著作、论文	2016.12
SM201510016001	可持续发展背景下市域城乡协调发展评价研究	北京建筑大学	万冬君	研究报告、论文	2017.12
SM201510016002	巴黎建筑文化对外传播对北京建筑文化传播的启示和借鉴	北京建筑大学	侯平英	研究报告、论文	2016.12
SM201510016003	中国传统营造技艺类非物质文化遗产保护体系研究	北京建筑大学	马全宝	调查报告、论文	2017.12
SM201510016004	北京市服刑人员未成年子女社区救助模式研究	北京建筑大学	杨 娜	研究报告、论文	2016.12
SM201510017001	北京市 FDI 与就业结构耦合机制研究	北京石油化工学院	刘丽艳	研究报告、论文	2016.12
SM201510017002	内在视角下的社会组织生存策略研究——以北京市大兴区部分民营非企业为例	北京石油化工学院	赵春燕	研究报告、论文	2015.12
SM201510017003	回迁补偿过程中家庭道德失范现象的现状分析及对策研究——以北京大兴区为例	北京石油化工学院	贾雪丽	研究报告、论文	2016.12

续表

项目编号	项目名称	承担单位	项目负责人	成果形式	拟完成时间
SM201510020001	城乡收入差距的时空演变规律与驱动机制研究	北京农学院	夏　龙	论文、研究报告	2017. 12
SM201510020002	都市生态体育的可持续发展价值研究	北京农学院	王　珊	论文、调研报告	2017. 12
SM201510020003	北京市农村网络化管理与服务的运行机制研究	北京农学院	罗雪原	论文、调研报告	2017. 12
SM201510020004	基于知识共享的北京市农业科技成果转化机理及其优化体系研究	北京农学院	申　强	论文、调研报告	2017. 12
SM201510025001	我党卫生工作群众路线的实践与创新研究（1927—1949 年）	首都医科大学	冯　萱	研究报告、论文	2017. 12
SM201510025002	北京市慢性病社会经济风险预测与治理研究	首都医科大学	李　颖	研究报告、论文	2017. 12
SM201510025003	西方经典文学传承的医学人文精神探究	首都医科大学	黄一瑜	研究报告、论文	2017. 12
SM201510025004	北京地区医学院校体能不达标学生现状与对策研究	首都医科大学	周　莉	研究报告、论文	2017. 12
SM201510025005	北京市远郊区医学成人学历教育管理机制的研究与实践	首都医科大学	刘　扬	研究报告、论文	2017. 12
SM201510028001	纳西语方言声调的调查分析与历史比较	首都师范大学	李子鹤	研究报告、论文	2017. 12
SM201510028002	北京话词汇多维研究	首都师范大学	王伟丽	论文	2017. 12
SM201510028003	北京市传统媒体盈利模式变革与电子商务化转型研究	首都师范大学	罗　赟	研究报告、论文	2016. 12
SM201510028004	秦汉行政思想研究	首都师范大学	刘晓满	研究报告、论文	2017. 12
SM201510028005	转型国家经济政策与社会政策整合的政治分析	首都师范大学	杨山鸽	论文	2017. 12
SM201510028006	北京市社会组织培育与管理研究	首都师范大学	乜　琪	论文	2016. 12
SM201510028007	不同情境中个体的亲社会行为：可识别受害者效应及内在心理机制研究	首都师范大学	邢淑芬	论文	2017. 12
SM201510028008	艺术视野下的舞蹈作品类型研究	首都师范大学	胡　伟	专著	2016. 12
SM201510028009	本土化电子音乐教学在基础音乐教育中的效能辩证研究	首都师范大学	宋璐璐	研究报告、教材	2017. 12
SM201510028010	北京地区艺术品市场与管理专业人才培养现状调查与研究	首都师范大学	英爱平	研究报告、论文	2016. 12
SM201510028011	北京市义务教育阶段学生艺术素质测评体系建构研究	首都师范大学	段　鹏	研究报告、论文	2017. 12
SM201510028012	胜任传统文化教育的小学教师培养保障研究	首都师范大学	刘峻杉	论文	2016. 12
SM201510028013	利用绘本阅读有效开展幼儿园主题活动的实践研究	首都师范大学	张　迪	研究报告、论文	2016. 12
SM201510028014	北京外来移民的城市空间体验及其对城市形象建构研究	首都师范大学	郑以然	研究报告、论文	2016. 12
SM201510028015	北京市中小学教师对健康教育的认知与课堂实践状况调查研究	首都师范大学	贾宝剑	研究报告、论文	2016. 12
SM201510028016	国内外在线信息素质教育比较研究	首都师范大学	王　莲	论文	2017. 12

续表

项目编号	项目名称	承担单位	项目负责人	成果形式	拟完成时间
SM201510028017	北京市属高校内涵式发展战略研究	首都师范大学	李　娟	研究报告	2016. 12
SM2011510029001	水域安全教育对小学生预防溺水效果的实验研究	首都体育学院	于　荣	研究报告、论文	2015. 12
SM2011510029002	体育社会组织建设研究：京、沪、苏三地的考察	首都体育学院	汪　流	研究报告、论文	2016. 12
SM2011510029003	北美和欧洲老年体育政策研究	首都体育学院	湛　冰	研究报告、论文	2017. 12
SM2011510029004	体力活动对中老年人跌倒危险因素影响的研究	首都体育学院	陈晓红	论文	2016. 12
SM2011510029005	项目管理在中小学体育教师培训中的应用研究	首都体育学院	刘　沛	研究报告	2016. 12
SM201510034001	汉语言文化的海外传播研究	北京第二外国语学院	朱　麟	专著、论文	2016. 12
SM201510034002	基于语料库的汉日否定成分构词功能对比研究	北京第二外国语学院	李　莉	研究报告	2017. 12
SM201510034003	北京新型城镇化体育公共服务多元供给研究	北京第二外国语学院	刘　满	研究报告、论文	2016. 12
SM201510034004	科学技术与社会主义价值观关系研究	北京第二外国语学院	李永乐	专著、论文	2016. 12
SM201510034005	北京服务企业集团化发展模式、财务资源配置与绩效研究	北京第二外国语学院	李　伟	研究报告	2016. 12
SM201510034006	对比视阈下的汉语话语标记认知研究	北京第二外国语学院	潘先军	论文	2017. 12
SM201510037001	基于互联网金融视角的北京地区小微企业融资问题研究	北京物资学院	牛瑞芳	研究报告	2016. 12
SM201510037002	上海国际金融中心建设与人民币国际化对北京金融业发展的影响——北京与上海金融产业竞争力比较研究	北京物资学院	陶　冶	专著、研究报告、论文	2016. 1
SM201510037003	北京地区食品供应链社会责任研究	北京物资学院	陈　娟	研究报告、论文	2016. 12
SM201510037004	与制造业联动视角下的物流服务创新绩效研究	北京物资学院	田　雪	著作、论文	2016. 12
SM201510037005	基于模式创新的北京市城市共同配送实施策略与实证研究——以商圈集群型和校园快递型为例	北京物资学院	温卫娟	研究报告、论文	2015. 12
SM201510037006	北京市物流专业人员英语水平与国际化需求的差距与对策研究	北京物资学院	任丽丽	研究报告、论文	2016. 12
SM201510037007	北京流通产业监管体制创新法制保障研究	北京物资学院	吴长军	研究报告	2015. 12
SM201510038001	京津冀协同发展中的首都功能定位与产业分工研究	首都经济贸易大学	周　伟	研究报告	2016. 12
SM201510038002	延安时期中共推进马克思主义理论学习的历史经验研究	首都经济贸易大学	成林萍	研究报告、论文	2016. 12
SM201510038003	新媒体条件下的政府传播与公信力提升策略研究	首都经济贸易大学	王靖华	专著、论文	2016. 12

续表

项目编号	项目名称	承担单位	项目负责人	成果形式	拟完成时间
SM201510038004	基于北京市财政可持续性的政府投融资体系研究	首都经济贸易大学	黄芳娜	研究报告	2015. 12
SM201510038005	我国文化创意企业估值问题研究——基于企业知识资产价值贡献视角	首都经济贸易大学	赵　琼	研究报告	2016. 12
SM201510038006	媒体对北京市城镇居民廉政感知影响的实验调查研究	首都经济贸易大学	朱梅红	研究报告、论文	2016. 12
SM201510038007	网络集体行动与首都网络环境治理研究	首都经济贸易大学	李先知	研究报告	2016. 12
SM201510038008	知识型员工天职取向对工作绩效的影响研究	首都经济贸易大学	王默凡	专著	2016. 12
SM201510038009	基于大数据的管理会计信息化研究	首都经济贸易大学	王海洪	研究报告、论文	2016. 12
SM201510038010	基于移动互联网的北京零售业服务开发与创新模式研究	首都经济贸易大学	邱　琪	研究报告、论文	2016. 12
SM201510038011	政府补贴对京津冀协同治霾绩效影响及有效性研究	首都经济贸易大学	孔海宁	研究报告	2016. 12
SM201510038012	叙事文体学视角下中国现当代文学英译研究	首都经济贸易大学	郝　莉	论文	2016. 12
SM201510038013	文化触变与中国英语教育变迁研究	首都经济贸易大学	赵海燕	专著、研究报告	2016. 12
SM201510038014	职业教育视角下北京市劳动力层次优化问题研究	首都经济贸易大学	毛艾琳	研究报告	2017. 12
SM201510046001	中国传统器乐形态分析与研究	中国音乐学院	傅利民	论文	2017. 12
SM201510046002	世界顶级乐谱制作软件 Finale 的应用开发与研究	中国音乐学院	高松华	工具书	2016. 12
SM201510046003	明代礼仪制度用乐研究	中国音乐学院	任方冰	专著	2017. 12
SM201510046004	《注大家龙笛要录谱》研究	中国音乐学院	严　薇	论文	2016. 12
SM201510046005	中国西南、西北对歌的比较研究：以甘肃岷县、广西龙州/平果对歌为个案	中国音乐学院	肖　璇	研究报告	2016. 12
SM201510049001	戏曲动画武戏设计研究	中国戏曲学院	马　驰	论文	2017. 12
SM201510049002	新视角下的京剧司鼓及打击乐演奏教学研究	中国戏曲学院	范庆涛	论文	2017. 12
SM201510049003	京剧武旦表演传统技法研究	中国戏曲学院	李亚莉	教材	2017. 12
SM201510049004	京剧打击乐的戏剧功能	中国戏曲学院	邹德旺	专著	2017. 12
SM201510049005	中国戏曲舞蹈科范研究	中国戏曲学院	张　莹	论文	2017. 12
SM201510050001	新媒体时代网络字幕组的跨文化传播研究	北京电影学院	谭　慧	论文	2017. 12
SM201510050002	完善艺术院校治理结构研究	北京电影学院	童启富	研究报告、论文	2017. 12
SM201510050003	影视制片预算编制及决算管理	北京电影学院	郁笑丰	专著	2017. 12
SM201510050004	影视艺术“慕课”课程建设研究	北京电影学院	陈　兰	研究报告、论文	2017. 12
SM201510050005	北京和香港合拍片研究	北京电影学院	康　宁	专著	2017. 12
SM201510050006	数字影像时代的影视演员创作及训练研究	北京电影学院	周　冰	专著	2017. 12

续表

项目编号	项目名称	承担单位	项目负责人	成果形式	拟完成时间
SM201510050007	基于体感交互技术的儿童游戏体验设计研究	北京电影学院	叶　风	论文	2017.12
SM201510050008	电影配乐产业研究	北京电影学院	刘　捷	研究报告	2017.12
SM201510051001	美国现代舞霍顿技术体系教学研究	北京舞蹈学院	李珊珊	教材	2016.12
SM201510051002	中国舞基础训练中“圆法”及其易变研究	北京舞蹈学院	安团结	教材	2017.12
SM201510051003	舞蹈身心开发训练方法实践与体系建构——以舞蹈社会服务功能发挥为目的	北京舞蹈学院	顾　丽	研究报告、论文	2015.12
SM201510051004	中国古典舞形式发轫研究	北京舞蹈学院	田　湉	研究报告、论文	2015.12
SM201510051005	2015年北京市现代舞者艺术生存境况研究	北京舞蹈学院	毛　毳	研究报告	2016.12
SM201511232001	我国发展生产性服务业存在的问题与对策分析	北京信息科技大学	孙　凯	论文、调研报告	2016.12
SM201511232002	基于消费者行为的北京市零售业商业模式创新研究	北京信息科技大学	王　慧	研究报告、论文	2016.12
SM201511232003	产业升级的理论内涵与评价指标体系研究	北京信息科技大学	张　舒	论文	2016.12
SM201511232004	在线评论对C2C电子商务消费者购买行为的影响研究	北京信息科技大学	杜惠英	研究报告	2016.12
SM201511232005	“北京皮影”的新媒体传播研究	北京信息科技大学	王圣华	论文	2016.12
SM201511232006	马克思经济学与西方经济学比较视域下的社会主义意识形态建设研究	北京信息科技大学	赵雅沁	专著	2016.12
SM201511232007	语言功能与认知：韩礼德与兰盖克理论体系的研究与跨语言比较分析	北京信息科技大学	吕国燕	研究报告、论文	2016.12
SM201511232008	“基于问题的二语学习”主体的自我协商研究	北京信息科技大学	丁晓蔚	专著、研究报告	2016.12
SM201511417001	境外膜拜团体的研究状况对北京市反邪教的启示与借鉴	北京联合大学	范宝祥	研究报告、论文	2015.12
SM201511417002	京津冀高端制造业区域协同创新研究	北京联合大学	高书丽	研究报告、论文	2016.12
SM201511417003	大数据背景下北京网络消费者信息安全综合法律保护机制研究	北京联合大学	鞠　晔	论文、研究报告	2016.12
SM201511417004	基于李氏朝鲜汉籍资料的三山五园研究	北京联合大学	张　雨	研究报告	2016.12
SM201511417005	残疾人高等教育招生考试改革研究与实践	北京联合大学	边　丽	研究报告、论文、其他	2017.12
SM201511417006	融合教育背景下北京市特殊教育教师准入制度研究	北京联合大学	郭　楠	研究报告	2016.12
SM201511417007	北京动漫原创品牌建设与国际化战略研究	北京联合大学	崔亚娟	研究报告	2016.12
SM201511417008	清代畿辅驻防城在其所依附城市中的历史遗存研究	北京联合大学	张　威	研究报告、论文	2016.12
SM201511417009	推进首都高校公共艺术教育对策研究	北京联合大学	赵思童	论文、调研报告	2015.12

续表

项目编号	项目名称	承担单位	项目负责人	成果形式	拟完成时间
SM201511417010	京津冀协同发展背景下统一开放的人力资源市场体系构建研究	北京联合大学	何　勤	研究报告、论文	2016.12
SM116262015001	文化的笔墨传承——书法教育与青少年成长	北京青年政治学院	王振波	论文	2016.12
SM116262015002	基于利益相关者的高职院校治理结构研究	北京青年政治学院	李志强	研究报告、论文	2016.12
SM116262015003	唐代诗歌中的少年儿童生活研究	北京青年政治学院	张靖华	专著	2017.12
SM116262015004	北京市青少年禁毒问题研究	北京青年政治学院	胡　剑	专著、论文	2016.12
SM116262015005	北京新贫困老年妇女的社会工作介入研究	北京青年政治学院	高连云	研究报告、论文	2016.12
SM116262015006	媒介化生存状态下的青少年价值观的引导研究——以传播社会学为视角	北京青年政治学院	崔丽华	研究报告、论文	2016.12
SM201551638001	普惠金融发展路径研究——基于小微企业融资的视角	北京财贸职业学院	宋　羽	专著	2015.12
SM201551638002	北京市电子商务与物流企业运营整合对策研究	北京财贸职业学院	张　伦	研究报告	2015.12
SM201551638003	微时代职业院校财经类专业教师培训创新研究	北京财贸职业学院	寻云杰	研究报告	2015.12
SM201551638004	互联网金融模式下商业银行创新研究	北京财贸职业学院	乔　睿	论文	2015.12
SM201551638005	北京智慧旅游城市建设研究	北京财贸职业学院	刘雁琪	研究报告	2015.12
SM201510858001	美国社区学院语言教学研究及其启示	北京电子科技职业学院	廖　华	论文	2016.12
SM201510858002	制造业物流供应链协同研究制造业物流供应链协同研究	北京电子科技职业学院	张　彤	研究报告、论文	2016.12
SM201510858003	京味儿传统元素在现代文化创意产品设计中的应用研究	北京电子科技职业学院	李根京	研究报告、其他	2016.12
SM201510853001	基于激励理论的高职教师管理理念和管理机制研究	北京工业职业学院	胡喜平	研究报告、论文	2015.12
SM201512448001	北京家庭农场发展研究	北京农业职业学院	汪海燕	研究报告、论文	2016.12
SM201512448002	北京生态涵养区低碳旅游发展路径研究	北京农业职业学院	秦志红	研究报告、论文	2016.12
SM201550061001	中国特色现代学校治理体系理论与实践研究——以北京市基础教育大规模集团化学校治理为例	北京教育学院	杨志成	研究报告、论文	2016.12
SM201550061002	日本小学科学教育对公民科学素质形成的作用	北京教育学院	孟令红	研究报告、论文	2017.12
SM201550061003	高校科研绩效评价体系建设——基于科研激励的视角	北京教育学院	刘文娜	研究报告、论文	2016.12
SM201551160001	学前教育网络课程教学活动的交互设计及其实现——基于学习分析视角	北京开放大学	彭海蕾	研究报告、论文	2017.12

续表

项目编号	项目名称	承担单位	项目负责人	成果形式	拟完成时间
SM201551160002	远程学习者情感体验设计研究	北京开放大学	韩　斌	研究报告、论文	2016. 12
SM201551160003	基于学习分析的移动学习自适应学习系统设计与研究	北京开放大学	李　祎	研究报告、论文	2017. 12
SM201514075001	高等职业教育可持续发展研究	北京劳动保障职业学院	冯琦琳	研究报告、论文	2015. 12
SM201514073001	商业银行职业经理人激励约束机制研究	北京经济管理职业学院	牛国良	研究报告、论文	2015. 12
SM201514073002	北京高职院校现代职业教育体系建设研究	北京经济管理职业学院	赵国忠	研究报告、论文	2016. 12

* 北京市教育委员会2014年评出的2015年度社会科学计划批准立项面上项目。

说明：北京市教育委员会从1996年开始设立人文社会科学研究计划项目。2003年开始该计划项目分为重点项目和面上项目，重点项目同时列入北京市哲学社会科学规划项目，与北京市哲学社会科学规划办公室联合立项并实施管理。2007年依据《北京市市级教育经费项目支出预算管理办法（试行）》的规定，北京市教委、北京市财政局联合印发了《北京市属高等学校科学研究项目管理办法（暂行）》，（以下简称《管理办法》）。根据新的《管理办法》，规范了项目类别，北京市教委人文社会科学研究计划项目更名为社科计划项目。北京市教育委员2015年度社科计划批准立项项目198项，其中重点项目28项，面上项目170项。

（北京市教育委员会科学技术与研究生工作处供稿）

2014年度北京市调查研究重点课题

题目	主持人
一、常委会统筹课题	
调整疏解非首都核心功能研究	
传承北京城市历史文脉研究	
加快形成与世界城市相匹配的城市管理能力研究	
提高首都生活性服务业品质研究	
发展节水农业和农业结构调整研究	
推动京津冀协同发展研究	
实施人口规模调控政策措施研究	
二、市级领导同志调研课题	
健全人大讨论、决定重大事项制度研究	杜德印
以法治精神推动首都城市治理体系与治理能力现代化研究	杜德印
围绕首都全面深化改革若干问题开展联合调研	吉林、沈宝昌
落实纪委监督责任问题研究	叶青纯
支持自主创新的金融综合改革战略研究	李士祥
新形势下首都统战工作创新发展的思路与对策研究	牛有成

续表

题目	主持人
首都生态文明体制改革研究	牛有成
首都高层次党外人士培养及安排使用工作机制与策略	牛有成
北京市年度法治建设状况研究	赵凤桐
北京市流动人口总量规模动态监测体系建设研究	赵凤桐
做好全面深化改革形势下的机关党建工作研究	赵凤桐
京津冀协同发展的现状、挑战与对策研究	赵凤桐
公安机关基层党建工作研究	傅政华
基于“三规合一”的城市规划模式研究	陈　刚
十八大以来首都意识形态领域新形势新动向研究	李　伟
关于改进和完善符合首都特点的干部考核评价体系研究	姜志刚
落实和扩大高校办学自主权研究	苟仲文
北京建设科技创新中心政策研究	苟仲文
关于首都地区强化全民国防教育，增强国防观念的调查与思考	高东璐
北京市房屋租赁地方立法问题研究	梁　伟
关于建立北运河流域水污染综合治理的研究	柳纪纲
市人大在涉法涉诉信访新机制中职能作用研究	唐　龙
全民健身法律法规实施情况的调研	孙康林
提升商务领域生活性服务业品质研究	程　红
以区域科技合作推动京津冀协调发展研究	张　工
首都治理现代化中的法治特点和法治模式研究	戴均良
集约利用集体经营性建设用地，扩大乡镇统筹试点工作研究	林克庆
北京市停车综合管理与执法研究	张延昆
社会办医问题研究	杨晓超
京津冀协同发展的有关重大问题思考	洪　峰
北京市平原地区林木资源管护问题研究	夏占义
关于北京市传统村落保护的调研	陈　平
关于中小学生体质健康状况的调研	陈　平
关于地下水资源保护与利用的调研	赵文芝
关于职工带薪休假制度落实情况的调研	赵文芝
关于推进社区养老服务业发展的调研	赵文芝
关于提高提案质量的调研	闫仲秋
关于改革完善北京市场流通体系问题的调研	闫仲秋
关于发挥首都科技优势，推进首都创新大联盟的调研	闫仲秋
关于审判权运行机制的调查研究	慕　平
检察官办案责任制研究	池　强
三、各民主党派市委主委调研课题	
关于在我市建立知识产权法院的调研与建议	傅惠民

续表

题目	主持人
推动设计走进美丽乡村促进生态服务型产业发展	葛剑平
关于在北京建立国家土地银行研究员的建议	王永庆
北京能源安全战略研究与分析	庞丽娟
关于加强政府统筹基本医疗服务、激活非基本医疗服务，促进北京市健康服务业发展调查研究	于文明
加快创新集群建设优化首都发展战略布局	李昭玲
北京市全面深化改革若干问题的调研	马大龙
京台农产品质量安全比较研究	蔡国雄
四、部委办局区县调研课题	
如何严格党内生活	夏尚武
深化教育综合改革研究	线联平
基础教育系统教师思想状况调查研究	刘　建
中小学教师评价标准研究	唐立军
关于加快我市职业农民培养的研究	王孝东
北京共青团“青年群众”大调研工作	常　宇
妇女社会组织争取政府购买房屋的现状分析和实践探索	马兰霞
关于建立首都市民公共文明行为规范体系的思考	滕盛萍
关于调整不符合首都战略定位的产业研究	张建东
中关村创新文化研究	闫傲霜
高端科技人才培养的绩效研究	杨伟光
基督教场所管理模式与探索	池维生
北京市少数民族流动人口的服务与管理	牛　颂
北京建筑业企业转型问题研究	杨　斌
北京市建设工程质量管理条例制定相关问题研究	杨　斌
北京市房地产经纪服务地方标准研究	杨　斌
首都交通运行规律及治理措施研究	周正宇
北京市优势产业扩大开放研究	卢　彦
京津冀协同发展视角下的口岸一体化发展研究	许　康
北京深化旅游综合改革研究	宋　宇
首都开展周边外事工作的现状与建议研究	赵会民
国外防治大气污染经验借鉴研究	赵会民
政府法律顾问制度研究	刘振刚
依法行政考核社会公众评价体系科学化研究	刘振刚
深化检务公开，提升检察执法公信力研究	甄　贞
北京市基层社会治理模式研究——以“参与式”民主协商为例	李万钧
关于进一步完善我市社区矫正制度的思考	于泓源
基于市场决定性作用的财政支出责任研究	李颖津
北京市城乡就业失业状况监测评价体系研究	张欣庆、张祖德

续表

题目	主持人
建立城乡统一的建设用地市场探索	魏成林
关于探索推进本市街道乡镇环境保护监管体制创新的研究	陈　添
水资源资产化和水权交易制度研究探讨	聂玉藻
北京市农村用水管理对策研究	金树东
激发全社会力量投入文化建设专题研究	陈　冬
全面深化改革背景下的审计策略研究	吴素芳
京津冀环保政策执行审计研究	吴素芳
完善中关村高新技术企业税收优惠政策研究	杨志强
关于北京地税系统政治思想建设的实践与思考	刘江平
推进工商登记改革和市场监管体系及监管方式改革，促进首都经济繁荣发展	杨艺文
推进首都安全预防控制体系研究	张树森
北京市新闻出版广播影视版权贸易与管理研究	王野霏、杨培丽
推进北京市新闻出版广播影视体制机制创新研究	李春良
北京国家数字出版基地运行机制研究	王野霏
北京市集体球类项目发展现状及对策研究	李颖川
北京综合发展评价体系研究	王文杰
建立人口资源环境监测评价体系研究	李　纲
深化园林绿化改革问题研究	邓乃平
北京市知识产权（专利）转化运用问题研究和对策建议	汪　洪
关于加快推进旧城保护和改造，推动核心区可持续发展的研究	杨柳荫
东城区深化城市管理体制改革，理顺区街管理体制研究	张家明
京津冀协同发展视野下西城区调整疏解非首都核心功能的对策研究	王　宁
西城区提升城市精细化管理水平的思考	王少峰
大都市发展进程中的人口问题研究	程连元
朝阳区城市管理能力及管理现代化研究	吴桂英
海淀区人口调控探索与实践	隋振江
中关村核心区聚焦创新的制度改革与政策优化研究	孙文锴
关于丰台区全面深化改革若干问题的思考	李超钢
丰台区产业功能提升研究	冀　岩
关于实施全面深度转型高端绿色发展战略，建设国家级绿色转型发展示范区的研究	牛青山
关于如何破解人口资源环境难题，推动石景山区高端绿色发展的研究	夏林茂
深入开展党的群众路线教育实践活动，努力实现“新城新业新生活”的房山梦	刘　伟
科学构建“三二一”空间布局，走新型城市化之路	祁　红
关于加快推进新型城镇化与城乡一体化建设的实践与思考	王云峰
全面落实新一轮北京城市副中心发展规划，加快建设功能完备的北京城市副中心思考	岳　鹏
密切联系群众长效机制建设的研究与思考	王　刚
顺义区关于推进地方政府治理能力现代化的实践与思考	卢映川

续表

题目	主持人
关于推动新区产业转型升级的调查研究	李长友
关于抓落实、建机制、强督查的实践与思考	谈绪详
关于践行党的群众路线大力加强干部作风建设的实践与思考	齐　静
加快推进怀柔新型城镇化建设的思考	常　卫
平谷区生态文明建设课题研究	张吉福
农村基础设施和公共服务设施长效管理机制课题研究	姜　帆
对加强基层党组织建设，提高社会治理水平的研究	汪先永
密云县生态环境建设的实践与思考	王海臣
关于抓好教育实践活动，以优良的党风政风凝聚起改革发展正能量的思考	李志军
关于加快推进延庆会展经济发展的对策研究	李先忠

（中共北京市委研究室供稿）

2014年度北京市人大常委会调查研究课题

2014年北京市人大常委会主任、副主任重点调研课题

序号	题目名称	负责人	工作单位	预期成果形式	计划完成时间
1	健全人大讨论、决定重大事项制度研究	杜德印	北京市人大常委会	调研报告	12月
2	北京市房屋租赁地方立法问题研究	梁　伟	北京市人大常委会	调研报告	12月
3	建立北运河流域水污染综合治理长效机制的研究	柳纪纲	北京市人大常委会	调研报告	12月
4	市人大在涉法涉诉信访新机制中的职能作用研究	唐　龙	北京市人大常委会	调研报告	12月
5	全民健身法律法规实施情况的调研	孙康林	北京市人大常委会	调研报告	12月

2014年北京市人大常委会重点调研课题

序号	题目名称	责任部门	负责人	计划完成时间
1	筹备市第四次人大工作会议的调研	研究室牵头相关厅办室配合	黄石松	12月
2	市人大常委会主任会议质量和实效研究	办公厅	张　清	12月
3	我市教科文卫体领域新兴服务业发展状况的调研	财经办	王　琪	12月

2014年北京市人大专门委员会及常委会工作机构调研课题

序号	题目名称	申报部门	负责人	计划完成时间
1	规范性文件审查处理工作机制研究	办公厅	李福祥	12月
2	涉法涉诉信访改革过程中若干问题的研究	办公厅	闫景联	12月

续表

序号	题目名称	申报部门	负责人	计划完成时间
3	本市行政执法情况的调研报告	法制办	姜俊梅	12 月
★4	修订实施工会法办法的调研	内务司法办公室	袁　芳	12 月
★5	修订养犬管理规定的调研	内务司法办公室	袁　芳	12 月
6	“实施妇女权益保障法办法”实施情况的调研	内务司法办公室	尹玲珍	12 月
7	依法规范司法权运行机制的调研	内务司法办公室	赵志健	12 月
8	本市行政诉讼相关情况研究	内务司法办公室	王　玲	12 月
9	完善北京市城市公用事业财政补贴机制的调研	财政经济办公室	陈京朴	12 月
★10	修订旅游管理条例的调研	财政经济办公室	程晓君	12 月
11	我市食品安全行政执法工作情况的报告	财政经济办公室	程晓君	12 月
12	北京市精神卫生条例实施情况的调研	教科文卫体办公室	张秀芳	12 月
★13	制定基本住房保障条例的调研	城建环保办公室	何春禄	12 月
14	城建环保领域行政执法工作情况的调研	城建环保办公室	郭普金	12 月
15	本市农村集体经济组织立法的研究	农村办公室	徐再城	12 月
★16	制定气象灾害防御条例的调研	农村办公室	刘景才	12 月
17	完善北京市水土保持立法研究	农村办公室	杨　瑞	12 月
★18	修订北京市公园条例的调研	农村办公室	杨　瑞	12 月
19	中国传统文化在首都全国文化中心建设中的地位和影响	民族宗教侨务办公室	武高山	12 月
20	修订《北京市少数民族权益保障条例》的立项调研	民族宗教侨务办公室	武高山	12 月
21	海外华侨在京权益保护立法情况研究	民宗侨办	吴宝华	12 月
22	加强北京市人大外事工作的探索与研究	民宗侨办	吴宝华	12 月
23	改进市人民代表大会简报工作研究	研究室	田洪俊	12 月
24	各省市人大常委会开展特定问题调查、专题询问等监督方式的研究	研究室	李正斌	12 月
25	改进市人民代表大会会议公开工作研究	研究室	李正斌	12 月
26	机关干部队伍结构分析与优化调整研究	人事室	轩德祥	12 月

（带★号题目为法规立项论证项目）

2014 年市人大常委会委托调研课题

序号	题目名称	委托部门	协助调研部门
1	健全人大讨论、决定重大事项制度研究	北京市社科规划办	研究室
2	健全人大讨论、决定重大事项制度研究	北京市社科联	研究室
3	北京市房屋租赁地方立法问题研究	北京市社科规划办	研究室城建环保办公室
4	关于加强预算监督，进一步推动预算管理制度建设研究	北京市社科规划办	研究室财政经济办公室

2014 年市人大常委会专题调研课题

序号	题目名称	分 工	责任部门	负责人
1	关于改进预算管理制度的专题调研	牵头部门	财政经济办公室预算工委	赵巨鹏
		参与部门	教科文卫体办公室	孙世超
			农村办公室	安 钢
			城建环保办公室	郭普金

（北京市人大常委会研究室艾淑英供稿）

2014 年度北京市社会科学界联合会立项课题

2014 年度决策咨询课题

序号	项目编号	项目名称	首席专家	所在单位	预期成果形式	计划完成日期
1	2014SKLJZ001	“京津冀协同发展研究”的历史、现状与趋势	祝尔娟	首都经济贸易大学	研究报告	2014. 12
2	2014SKLJZ002	以法治精神推动首都城市治理体系与治理能力现代化研究	史际春	中国人民大学	研究报告	2014. 12
3	2014SKLJZ003	新时期首都人大工作贯彻党的群众路线着力点研究	黄石松	北京市人大常委会研究室	研究报告	2014. 12
4	2014SKLJZ004	西城区社会治理研究	古 波	西城区社会科学界联合会	研究报告	2014. 12
5	2014SKLJZ005	首都非公有制企业参与发展混合所有制经济研究	李曦辉	中央民族大学	研究报告	2014. 12
6	2014SKLJZ006	京津冀协同发展的现状、挑战与对策研究	李国平	北京大学	研究报告	2014. 12
7	2014SKLJZ007	首都非物质文化遗产保护的现状、挑战与对策研究	邓丽丽	北京非物质文化遗产发展基金会	研究报告	2014. 12
8	2014SKLJZ008	北京文化的国际传播策略研究	韩 震	北京外国语大学	研究报告	2014. 12
9	2014SKLJZ009	首都新型城镇化进程中的农民土地权益保障研究	贾 康	北京财政学会	研究报告	2014. 12
10	2014SKLJZ010	首都推进协商民主制度化发展研究	陈 剑	北京改革和发展研究会	研究报告	2014. 12
11	2014SKLJZ011	首都古都风貌保护机制研究	金良浚	北京城市发展研究院	研究报告	2014. 12
12	2014SKLJZ012	京津冀城市群城市布局和空间结构研究	李国平	北京城市经济学会	研究报告	2014. 12
13	2014SKLJZ013	京津冀生态环境保护合作机制研究	李佐军	北京城乡创新发展博士研究会	研究报告	2014. 12
14	2014SKLJZ014	京津冀区域交通一体化研究	郭继孚	北京城市科学研究会	研究报告	2014. 12
15	2014SKLJZ015	京津冀生态环境保护合作机制研究	谢高地	北京城市科学研究会	研究报告	2014. 12

续表

序号	项目编号	项目名称	首席专家	所在单位	预期成果形式	计划完成日期
16	2014SKLJZ016	首都住房保障体系建设的现状与对策研究	周毕文	北京房地产业协会	研究报告	2014. 12
17	2014SKLJZ017	京津冀协同发展中首都的功能定位与产业分工研究	王玉海	北京师范大学	研究报告	2014. 12
18	2014SKLJZ018	京津冀协同发展中首都的功能定位与产业分工研究	骆中钊	北京城市发展研究院	研究报告	2014. 12
19	2014SKLJZ019	调整疏解非首都核心功能研究	陈为邦	北京城市发展研究院	研究报告	2014. 12
20	2014SKLJZ020	调整疏解非首都核心功能研究	赵　莉	北京市委党校	研究报告	2014. 12
21	2014SKLJZ021	首都社会治理架构研究	赵孟营	北京师范大学	研究报告	2014. 12
22	2014SKLJZ022	首都社会治理架构研究	石秀印	中国社会科学院	研究报告	2014. 12
23	2014SKLJZ023	首都生态文明体制改革研究	陆小成	北京市社会科学院	研究报告	2014. 12
24	2014SKLJZ024	首都生态文明体制改革研究	李　波	北京师范大学	研究报告	2014. 12
25	2014SKLJZ025	北京市人大讨论、决定重大事项制度研究	徐永利	北京联合大学	研究报告	2014. 12
26	2014SKLJZ026	北京市人大讨论、决定重大事项制度研究	蒋劲松	中央财经大学	研究报告	2014. 12
27	2014SKLJZ027	首都网络文化环境研究	王晓红	中国传媒大学	研究报告	2014. 12
28	2014SKLJZ028	首都网络文化环境研究	邢建毅	北京市互联网信息办公室	研究报告	2014. 12
29	2014SKLJZ029	北京市地面交通和轨道交通适应性发展研究	欧国立	北京交通大学	研究报告	2014. 12
30	2014SKLJZ030	财政资金对首都全国文化中心建设的保障、支撑与引导作用研究	童　伟	中央财经大学	研究报告	2014. 12
31	2014SKLJZ031	红十字组织在推进首都治理体系和治理能力现代化进程中的地位与作用研究	王振耀	北京师范大学	研究报告	2014. 12
32	2014SKLJZ032	调整疏解非首都核心功能与京津冀协同发展研究	杨开忠	北京大学	研究报告	2014. 12
33	2014SKLJZ033	首都区域化党建工作格局研究	戴焰军	中共中央党校	研究报告	2014. 12
34	2014SKLJZ034	首都区域化党建工作格局研究	靳连芳	北京市委党校	研究报告	2014. 12
35	2014SKLJZ035	首都党外高层次人才培养与安排使用研究	王英偶	北京社会主义学院	研究报告	2014. 12
36	2014SKLJZ036	财政对市属文化院团发展的支撑与引导政策研究	童　伟	中央财经大学	研究报告	2015. 5
37	2014SKLJZ037	财政对北京电视台、北京电台发展的支撑与引导政策研究	喻国明	中国人民大学	研究报告	2015. 5
38	2014SKLJZ038	财政对北京电视台、北京电台发展的支撑与引导政策研究	段　鹏	中国传媒大学	研究报告	2015. 5

（北京市社会科学界联合会科研工作部供稿）

2014年度青年社科人才资助项目

序号	项目编号	项目名称	负责人	所在单位
1	2014SKL001	亚里士多德《欧德谟伦理学》研究	刘　玮	中国人民大学
2	2014SKL002	马克思主义分析学派的伦理学研究方法辨析	张　霄	中国人民大学
3	2014SKL003	内幕交易与操纵市场民事责任研究	缪因知	中央财经大学
4	2014SKL004	微博意识形态斗争的规律与策略研究	李艳艳	北京联合大学
5	2014SKL005	网络时代社会主义核心价值观传播研究	张梓轩	北京交通大学
6	2014SKL006	日常生活维度的社会主义核心价值观认同研究	沈江平	中国人民大学
7	2014SKL007	大数据时代个人信息的刑法保护	吴沈括	北京师范大学
8	2014SKL008	中西核心价值观培育机制的比较研究	黄　杰	中共北京市委党校
9	2014SKL009	老子的道德系统论与社会主义核心价值观	刘峻杉	首都师范大学
10	2014SKL010	中国参与国际体系的文化安全动力机制研究	李晓燕	中国政法大学
11	2014SKL011	北京市居民生活节能途径与对策研究	魏　楚	中国人民大学
12	2014SKL012	北京市企业应对国际贸易壁垒的策略体系	王孝松	中国人民大学
13	2014SKL013	北京生产性服务贸易发展与制造业国际竞争力提升	蔡宏波	北京师范大学
14	2014SKL014	北京房地产税改革研究：基于纳税人负担角度	李　升	中央财经大学
15	2014SKL015	京津冀城市群的产业集聚与大气污染：现状、机理与对策	杜雯翠	首都经济贸易大学
16	2014SKL016	北京市残疾人同步小康的实现路径及对策研究	廖　娟	首都师范大学
17	2014SKL017	北京市农村转移人口的宅基地退出机制研究	刁琳琳	中共北京市委党校
18	2014SKL018	老龄化会影响科技创新吗?	姚东旻	中央财经大学
19	2014SKL019	北京科技成果转化的金融服务协同发展研究	吴翌琳	中国人民大学
20	2014SKL020	金融量化投资模型的不确定性研究及其应用	李　勇	中国人民大学
21	2014SKL021	北京市学龄前流动儿童的发展和教育环境状况	李燕芳	北京师范大学
22	2014SKL022	北京国际音乐节的发展性研究	张　璐	北京师范大学
23	2014SKL023	暴恐事件的媒介“镜像”与首都反恐传播对策	孟　盈	中国政法大学
24	2014SKL024	用设计促进首都和谐的润滑效果研究	姜　申	北京师范大学
25	2014SKL025	北京市中小学学校课程制度创新研究	李红恩	中国教育科学研究院
26	2014SKL026	北京健康教育渠道研究：新媒体与保健知识传播	张　迪	中国人民大学
27	2014SKL027	北京高学历流动人口的流迁意愿与动力机制研究	吴　军	中共北京市委党校
28	2014SKL028	非物质文化遗产促进城市社区文化建设研究	梁君健	清华大学
29	2014SKL029	北京旧城更新中的文化重建：大栅栏的案例	李阿琳	北京工业大学
30	2014SKL030	北京老年居民体育锻炼的公共健康政策研究	于洪军	清华大学

（北京市社会科学界联合会学术活动部供稿）

2014 年度北京市中国特色社会主义理论体系研究中心立项课题

序号	项目名称	负责人	承担部门	项目来源	预期成果形式	立项时间	计划完成时间
1	贯彻群众路线要两手抓两手硬	张连伟		研究中心重大课题	文章	2014 年	2014 年
2	中西方核心价值观有何不同	韩　震		研究中心重大课题	文章	2014 年	2014 年
3	实现中国梦：当代中国青年的庄严责任	郑水泉 韩　宇		研究中心重大课题	文章	2014 年	2014 年
4	以社会主义核心价值观引领社会发展	李欣平 （马志刚）		研究中心重大课题	文章	2014 年	2014 年
5	坚持以零容忍态度惩治腐败——深入学习贯彻习近平同志在十八届中央纪委三次全会上的重要讲话	邵景均		研究中心重大课题	文章	2014 年	2014 年
6	国家软实力源自国家的道路、理论和制度	韩　震		研究中心重大课题	文章	2014 年	2014 年
7	我们应该成为什么样的公民	戴木才		研究中心重大课题	文章	2014 年	2014 年
8	让雷锋精神成为每一个中国人心里的道德丰碑	甘纪抒 （颜晓峰）		研究中心重大课题	文章	2014 年	2014 年
9	关于系统反腐的几点思考	邵景均		研究中心重大课题	文章	2014 年	2014 年
10	捧出一颗心来服务群众	北京市委市政府理论学习中心组（署名）		研究中心重大课题	文章	2014 年	2014 年
11	马克思主义学术大众化及其路径和方式	韩　震		研究中心重大课题	文章	2014 年	2014 年
12	处理好改革和发展的关系——深入学习贯彻习近平总书记关于促进经济持续健康发展的重要论述	李欣平 （马志刚）		研究中心重大课题	文章	2014 年	2014 年
13	大学在当代最根本的价值	夏文斌		研究中心重大课题	文章	2014 年	2014 年
14	全面推进依法治国	李欣平 （马志刚）		研究中心重大课题	文章	2014 年	2014 年
15	中国道路视野下的决策创新	沈传亮		研究中心重大课题	文章	2014 年	2014 年
16	坚持依法治国和以德治国相结合	崔耀中 （马志刚）		研究中心重大课题	文章	2014 年	2014 年
17	怎样科学对待传统文化	李德顺		研究中心重大课题	文章	2014 年	2014 年
18	正确认识党的领导和社会主义法治的关系	张　峰		研究中心重大课题	文章	2014 年	2014 年
19	培育和践行社会主义核心价值观必须着眼于先进性	韩　震	北京外国语大学	市委宣传部委托课题	文章	2014 年	2014 年

续表

序号	项目名称	负责人	承担部门	项目来源	预期成果形式	立项时间	计划完成时间
20	当代中国发展的清晰价值坐标	公方彬	国防大学	市委宣传部委托课题	文章	2014 年	2014 年
21	培育和践行社会主义核心价值观的基本途径	孙熙国	北京大学	市委宣传部委托课题	文章	2014 年	2014 年
22	相信和依靠群众是培育和践行社会主义核心价值观的根本	马峻峰		市委宣传部委托课题	文章	2014 年	2014 年
23	社会主义核心价值观教育：立德树人的必由之路	吴潜涛		市委宣传部委托课题	文章	2014 年	2014 年
24	邓小平的制度文明建设思想	秦　宣	中国人民大学	市委宣传部委托课题	论文	2014 年	2014 年
25	邓小平关于社会主义必然代替资本主义的创造性论述——纪念邓小平同志诞辰 110 周年	徐崇温	中国社科院	市委宣传部委托课题	论文	2014 年	2014 年
26	邓小平与中华民族伟大复兴的中国梦	石仲泉	中央党史研究室	市委宣传部委托课题	论文	2014 年	2014 年
27	“抓住时机，发展自己”思想的再认识——重温邓小平南方谈话	徐志宏	中国人民大学	市委宣传部委托课题	论文	2014 年	2014 年
28	学习邓小平政治体制改革思想，积极稳步推动政治体制改革	徐鸿武	国家行政学院	市委宣传部委托课题	论文	2014 年	2014 年
29	当前我国理论界的主要发展态势和若干研究倾向	王怀超	中央党校	市委宣传部委托课题	论文	2014 年	2014 年
30	十八大以来首都意识形态领域新形势新动向	辛向阳	中国社科院	市委宣传部委托课题	论文	2014 年	2014 年

（北京市中国特色社会主义理论体系研究中心供稿）

部分高校、科研等单位承担国家或省部级社会科学研究项目及院校级社会科学研究项目

北京大学

2014 年度承担国家级、省部级社会科学研究项目

序号	项目内容	项目负责人	承担部门	项目分类、类别	项目来源	预期成果形式	计划完成日期
1	推进我国国家治理体系现代化研究	王浦劬	北京大学政府管理学院	国家社会科学基金、重大项目	全国哲学社会科学规划办公室	专著	2017. 12
2	增强中国对外传播文化软实力深度研究	关世杰	北京大学新闻与传播学院	国家社会科学基金、重大项目	全国哲学社会科学规划办公室	专著	2017. 12

续表

序号	项目内容	项目负责人	承担部门	项目分类、类别	项目来源	预期成果形式	计划完成日期
3	生态价值补偿标准与环境会计方法研究——基于发展水平与功能区划的梯度差异	王立彦	北京大学光华管理学院	国家社会科学基金、重大项目	全国哲学社会科学规划办公室	专著	2017. 12
4	世界科学技术通史研究	吴国盛	北京大学哲学系	国家社会科学基金、重大项目	全国哲学社会科学规划办公室	专著	2017. 12
5	中国"东方学"学术史研究	王邦维	北京大学外国语学院	国家社会科学基金、重大项目	全国哲学社会科学规划办公室	专著	2017. 12
6	基于中国语言及方言的语言接触类型和演化建模研究	陈保亚	北京大学中国语言文学系	国家社会科学基金、重大项目	全国哲学社会科学规划办公室	专著	2017. 12
7	我国商业养老保险制度体系与运行机制研究	郑　伟	北京大学经济学院	国家社会科学基金、重大项目	全国哲学社会科学规划办公室	专著	2017. 12
8	高考改革试点方案跟踪与评估研究	文东茅	北京大学教育学院	国家社会科学基金、重大项目	全国哲学社会科学规划办公室	专著	2017. 12
9	中国特色残疾人事业研究	陈　功	北京大学人口研究所	国家社会科学基金、重大项目	全国哲学社会科学规划办公室	专著	2017. 12
10	基于最新文献的马克思重要文本再研究	聂锦芳	北京大学哲学系	国家社会科学基金、重点项目	全国哲学社会科学规划办公室	专著	2017. 12
11	现代化背景下的本土社会心理学研究	方　文	北京大学社会学系	国家社会科学基金、重点项目	全国哲学社会科学规划办公室	专著	2017. 12
12	抗战时期国共军队研究	王奇生	北京大学历史学系	国家社会科学基金、重点项目	全国哲学社会科学规划办公室	专著	2017. 12
13	德国小说发展史	李昌珂	北京大学外国语学院	国家社会科学基金、重点项目	全国哲学社会科学规划办公室	专著	2017. 12
14	广告产业中国模式的理论建构研究	陈　刚	北京大学新闻传播学院	国家社会科学基金、重点项目	全国哲学社会科学规划办公室	专著	2017. 12
15	大数据环境下的计算型情报分析方法与技术研究	李广建	北京大学信息管理系	国家社会科学基金、重点项目	全国哲学社会科学规划办公室	专著	2017. 12
16	使市场在资源配置中起决定性作用和更好发挥政府作用研究	平新乔	北京大学经济学院	国家社会科学基金、重点项目	全国哲学社会科学规划办公室	专著	2017. 12
17	推进我国基层协商民族制度话的对策研究	燕继荣	北京大学政府管理学院	国家社会科学基金、重点项目	全国哲学社会科学规划办公室	专著	2017. 12
18	中国古代营造文献中的制度和思想研究	方　拥	北京大学考古文博学院	国家社会科学基金、重点项目	全国哲学社会科学规划办公室	专著	2017. 12
19	古注十三经整理与研究	王丰先	哲学系	国家社会科学基金、一般项目	全国哲学社会科学规划办公室	专著	2018. 12
20	梅洛—庞蒂中期哲学研究	宁晓萌	哲学系	国家社会科学基金、一般项目	全国哲学社会科学规划办公室	专著	2017. 8
21	创新驱动视角下农业经济发展方式转变能力成长的关键问题研究	刘丽伟	光华管理学院	国家社会科学基金、一般项目	全国哲学社会科学规划办公室	研究报告	2017. 6
22	基于国家能力理论视角的国家治理能力现代化研究	张长东	政府管理学院	国家社会科学基金、一般项目	全国哲学社会科学规划办公室	专题论文集、研究报告	2017. 6

续表

序号	项目内容	项目负责人	承担部门	项目分类、类别	项目来源	预期成果形式	计划完成日期
23	政府向社会力量购买公共服务与事业单位改革的衔接机制研究	句　华	政府管理学院	国家社会科学基金、一般项目	全国哲学社会科学规划办公室	研究报告	2017.7
24	P2P互联网金融商业模式的法律规制与监管体系构建研究	孙艳军	政府管理学院	国家社会科学基金、一般项目	全国哲学社会科学规划办公室	专著、专题论文集	2016.12
25	中国城市老年人与成年子女代际支持研究	刘　岚	人口所	国家社会科学基金、一般项目	全国哲学社会科学规划办公室	专题论文集	2016.12
26	拉丁美洲现代化进程中的民众主义研究	董经胜	历史系	国家社会科学基金、一般项目	全国哲学社会科学规划办公室	专著	2018.12
27	普鲁士行政制度的现代化研究	徐　健	历史系	国家社会科学基金、一般项目	全国哲学社会科学规划办公室	专著	2017.6
28	犹太教与现代以色列国家的关系及其演变研究	王　宇	外国语学院	国家社会科学基金、一般项目	全国哲学社会科学规划办公室	专著	2017.12
29	秦汉神仙信仰与近年考古图像的图文关系研究	朱　浒	考古文博学院	国家社会科学基金、一般项目	全国哲学社会科学规划办公室	专著	2017.12
30	网络文学的经典化与"主流文学"的重建研究	邵燕君	中文系	国家社会科学基金、一般项目	全国哲学社会科学规划办公室	专著	2017.6
31	《十三经注疏》版本研究	张丽娟	哲学系	国家社会科学基金、一般项目	全国哲学社会科学规划办公室	专著	2017.7
32	汉代《洪范》五行学研究	程苏东	中文系	国家社会科学基金、青年项目	全国哲学社会科学规划办公室	专著	2016.2
33	无处不在的语境敏感性与意义研究	李麒麟	哲学系	国家社会科学基金、青年项目	全国哲学社会科学规划办公室	专著	2018.1
34	我国收入代际流动的趋势、机制与政策分析	杨奇明	国家发展研究院	国家社会科学基金、青年项目	全国哲学社会科学规划办公室	专题论文集	2016.12
35	民国时期西康省的政权建设、族群关系与刘文辉的边疆策略研究	王　娟	社会学系	国家社会科学基金、青年项目	全国哲学社会科学规划办公室	专著、研究报告	2017.6
36	中国战略性矿产资源国际话语权研究	徐铭辰	国际关系学院	国家社会科学基金、青年项目	全国哲学社会科学规划办公室	专著、研究报告	2017.9
37	郑州老奶奶庙遗址与东亚现代人的出现问题研究	曲彤丽	考古文博学院	国家社会科学基金、青年项目	全国哲学社会科学规划办公室	研究报告	2017.12
38	清升平署戏曲文献著录与研究	熊　静	信息管理系	国家社会科学基金、青年项目	全国哲学社会科学规划办公室	专著	2017.12
39	梵语、巴利语、汉语中的佛经譬喻故事对比研究	范晶晶	外国语学院	国家社会科学基金、青年项目	全国哲学社会科学规划办公室	专著、译著	2017.2
40	中国文学在西班牙的翻译与传播研究	程弋洋	外国语学院	国家社会科学基金、青年项目	全国哲学社会科学规划办公室	专著	2017.12
41	出土战国至汉初简帛所见人物名号汇释与研究	王　辉	中文系	国家社会科学基金、青年项目	全国哲学社会科学规划办公室	专著	2017.5
42	古代专制制度考察	马克垚	北京大学历史学系	国家社会科学基金、后期资助项目	全国哲学社会科学规划办公室	专著	2017.5

续表

序号	项目内容	项目负责人	承担部门	项目分类、类别	项目来源	预期成果形式	计划完成日期
43	出土文献《五行》《诗论》与先秦学术思想史的重构	常　森	北京大学中国语言文学系	国家社会科学基金、后期资助项目	全国哲学社会科学规划办公室	专著	2017.6
44	股权让与基础理论研究	张双根	北京大学法学院	国家社会科学基金、后期资助项目	全国哲学社会科学规划办公室	专著	2017.6
45	中外旧约章补编（清朝）	郭卫东	北京大学历史学系	国家社会科学基金、后期资助项目	全国哲学社会科学规划办公室	专著	2017.6
46	英语使用者语言态度与认同	高一虹	北京大学外国语学院	国家社会科学基金、后期资助项目	全国哲学社会科学规划办公室	专著	2017.6
47	马克思经济学的现代转化	方　敏	北京大学经济学院	国家社会科学基金、后期资助项目	全国哲学社会科学规划办公室	专著	2017.6
48	晚清民间视野中的西方形象	王　娟	北京大学中国语言文学系	国家社会科学基金、后期资助项目	全国哲学社会科学规划办公室	专著	2017.6
49	传世石涛款作品真伪考	朱良志	北京大学哲学系	国家社会科学基金、后期资助项目	全国哲学社会科学规划办公室	专著	2017.6
50	“一国两制”台湾模式	李义虎	北京大学国际关系学院	国家社会科学基金、成果文库立项	全国哲学社会科学规划办公室	专著	2016.6
51	分配危机与经济法规制	张守文	北京大学法学院	国家社会科学基金、成果文库立项	全国哲学社会科学规划办公室	专著	2016.6
52	中国残疾预防对策研究	郑晓瑛	北京大学人口研究所	国家社会科学基金、成果文库立项	全国哲学社会科学规划办公室	专著	2016.6
53	《燕行录》北京史料类编	漆永祥	北京大学中国语言文学系	北京市社会科学基金、重点项目	北京市哲学社会科学规划办公室	专著、其他	2017.12
54	生态文明建设试点示范区实践的哲学研究	郇庆治	北京大学马克思主义学院	北京市社会科学基金、重点项目	北京市哲学社会科学规划办公室	研究报告、论文集	2016.12
55	晚清资政院研究	李启成	北京大学法学院	北京市社会科学基金、一般项目	北京市哲学社会科学规划办公室	专著	2017.12
56	卢沟桥事变史料全编	徐　勇	北京大学历史系	北京市社会科学基金、一般项目	北京市哲学社会科学规划办公室	其他（史料集）	2014.8
57	基于中外比较的社区治理体系与治理能力建设评估体系研究	萧鸣政	北京大学政府管理学院	北京市社会科学基金、一般项目	北京市哲学社会科学规划办公室	研究报告	2015.7
58	社会资本与中国阶层流动性研究	杨汝岱	北京大学经济学院	北京市社会科学基金、一般项目	北京市哲学社会科学规划办公室	论文集	2016.12

续表

序号	项目内容	项目负责人	承担部门	项目分类、类别	项目来源	预期成果形式	计划完成日期
59	首都援藏：上市公司、金融市场与区域经济之互动模式	王立彦	北京大学经济学院	北京市社会科学基金、一般项目	北京市哲学社会科学规划办公室	研究报告	2015. 12
60	中国当代艺术的国际化与本土化	时胜勋	北京大学中国语言文学系	北京市社会科学基金、一般项目	北京市哲学社会科学规划办公室	研究报告	2017. 12
61	北京市“3＋2”中高职衔接模式的经费需求研究	刘云波	北京大学教育学院	北京市社会科学基金、青年项目	北京市哲学社会科学规划办公室	研究报告	2013. 4
62	代表制在协商民主中的地位和作用研究	段德敏	北京大学政府管理学院	北京市社会科学基金、青年项目	北京市哲学社会科学规划办公室	专著	2017. 7
63	语料库语言学视野下的网络文学研究	苏　祺	北京大学外国语学院	北京市社会科学基金、青年项目	北京市哲学社会科学规划办公室	研究报告	2015. 12
64	马克思公平正义思想及其当代价值	李　旸	北京大学马克思主义学院	北京市社会科学基金、青年项目	北京市哲学社会科学规划办公室	专著	2016. 6
65	生态文明建设试点示范区实践的哲学研究	郇庆治	北京大学马克思主义学院	北京市社会科学基金、重点项目	北京市哲学社会科学规划办公室	专著	2016. 6
66	定窑遗址发掘报告编纂与研究	秦大树	北京大学考古文博学院	北京市社会科学基金、重大项目	北京市哲学社会科学规划办公室	专著	2016. 6
67	北京市社会资本现状及对经济增长的影响渠道分析	崔　巍	北京大学经济学院	北京市哲学社会科学基地一般项目	北京市哲学社会科学规划办公室	论文、研究报告	2016. 6
68	北京市农产品批发市场提档升级创新研究	章　政	北京大学经济学院	北京市哲学社会科学基地重点项目	北京市哲学社会科学规划办公室	论文、研究报告	2016. 6
69	城市化的生态效应评估与模拟：模型和实证研究	季　曦	北京大学经济学院	教育部哲学社会科学一般项目	教育部	论文	2017. 12
70	以社会生态学理论为基础的青少年伤害预防机制研究	余小鸣	北京大学医学部	教育部哲学社会科学一般项目	教育部	论文、研究报告	2017. 12
71	改革开放以来电视媒体建构国家意识形态的策略研究	顾亚奇	北京大学艺术学院	教育部哲学社会科学一般项目	教育部	专著、论文、研究报告	2017. 12
72	清末新式国文教育研究——学科构建、文体想象与知识转型的互动	陆　胤	北京大学哲学系	教育部哲学社会科学一般项目	教育部	专著、论文	2017. 12
73	京津冀地区服务业空间分工效应及优化研究	席强敏	北京大学政府管理学院	教育部哲学社会科学一般项目	教育部	论文、研究报告	2017. 12
74	唐后期以皇权为主导的制度变迁研究	叶　炜	北京大学历史学系	教育部哲学社会科学一般项目	教育部	专著	2017. 12
75	社区社会工作者双重身份实践研究——以内蒙古B市为例	谢冰雪	北京大学社会学系	教育部哲学社会科学一般项目	教育部	专著	2017. 12
76	基于贝叶斯网络多主体模型的农户土地流转决策机制研究	谷　彬	北京大学光华管理学院	教育部哲学社会科学一般项目	教育部	论文、研究报告	2017. 12
77	日本动漫在中国的传播研究	李常庆	北京大学信息管理系	教育部哲学社会科学一般项目	教育部	专著	2017. 12

续表

序号	项目内容	项目负责人	承担部门	项目分类、类别	项目来源	预期成果形式	计划完成日期
78	大规模开放在线课程的社会网络和社区研究	叶韦明	北京大学深圳研究生院	教育部哲学社会科学一般项目	教育部	论文、研究报告	2017.12
79	我国商业养老保险制度体系与运行机制研究	郑　伟	北京大学经济学院	教育部哲学社会科学重大项目	教育部	专著	2017.12
80	高考改革试点方案跟踪与评估研究	文东茅	北京大学教育学院	教育部哲学社会科学重大项目	教育部	专著	2017.12
81	历史唯物主义与中国道路	杨学功	中国特色社会主义理论体系研究中心	教育部人文社会科学重点研究基地重大项目	教育部	专著	2017.12
82	中国特色社会主义价值观念研究	李翔海	中国特色社会主义理论体系研究中心	教育部人文社会科学重点研究基地重大项目	教育部	专著	2017.12
83	古代近东传记文献与传记文学研究	李　政	东方文学研究中心	教育部人文社会科学重点研究基地重大项目	教育部	专著	2017.12
84	鄂东方言词语探源	孙玉文	中国语言学研究中心	教育部人文社会科学重点研究基地重大项目	教育部	专著	2017.12
85	基于出土文献的上古汉语词汇与语法研究	胡敕瑞	中国语言学研究中心	教育部人文社会科学重点研究基地重大项目	教育部	专著	2017.12
86	学区房、择校与城市义务教育财政体制改革	哈　巍	教育经济研究所	教育部人文社会科学重点研究基地重大项目	教育部	专著	2017.12
87	中国艺术中的文人意识研究	朱良志	美学与美育研究中心	教育部人文社会科学重点研究基地重大项目	教育部	专著	2017.12
88	西方美学史1—2卷	彭　锋	美学与美育研究中心	教育部人文社会科学重点研究基地重大项目	教育部	专著	2017.12
89	启蒙与人性论的嬗变	尚新建	外国哲学研究所	教育部人文社会科学重点研究基地重大项目	教育部	专著	2017.12
90	奥古斯丁时间概念研究	徐龙飞	外国哲学研究所	教育部人文社会科学重点研究基地重大项目	教育部	专著	2017.12
91	行政法视野下的公众参与研究	王锡锌	宪法与行政法研究中心	教育部人文社会科学重点研究基地重大项目	教育部	专著	2017.12
92	公共服务动机理论的验证、比较与应用	王浦劬	政治发展与政府管理研究所	教育部人文社会科学重点研究基地重大项目	教育部	专著	2017.12

续表

序号	项目内容	项目负责人	承担部门	项目分类、类别	项目来源	预期成果形式	计划完成日期
93	明清科举制与官僚社会	郭润涛	中国古代史研究中心	教育部人文社会科学重点研究基地重大项目	教育部	专著	2017.12
94	两汉魏晋南北朝宫禁制度研究	陈苏镇	中国古代史研究中心	教育部人文社会科学重点研究基地重大项目	教育部	专著	2017.12
95	近代日本中国书志学的研究与译介	陈　捷	中国古文献研究中心	教育部人文社会科学重点研究基地重大项目	教育部	专著	2017.12
96	我国东部地区产业升级政策研究：基础数据平台建设与效应评价	张晓波	中国经济研究中心	教育部人文社会科学重点研究基地重大项目	教育部	专著	2017.12
97	夏商周考古学术体系的建立	孙庆伟	中国考古学研究中心	教育部人文社会科学重点研究基地重大项目	教育部	专著	2017.12
98	皖南地区早期铜冶金的技术与社会	宫希成	中国考古学研究中心	教育部人文社会科学重点研究基地重大项目	教育部	专著	2017.12
99	青年流动人口的城市适应：生存策略、整合技术和亚文化实践	刘　能	中国社会与发展研究中心	教育部人文社会科学重点研究基地重大项目	教育部	专著	2017.12
100	西部地区城镇化进程中的文化格局变迁："藏彝走廊"多个地点的历史—人文区位学考察	王铭铭	中国社会与发展研究中心	教育部人文社会科学重点研究基地重大项目	教育部	专著	2017.12
101	中国特色马克思主义"五位一体"总体布局研究	郭建宁	马克思主义学院	教育部各类专项项目、普及读物	教育部	专著	2015.12
102	跨学科背景下研究生的心理特点及应对措施——以北京大学前沿交叉学科研究院为例	魏　朋	前沿交叉学科研究院	教育部各类专项项目、思政专项	教育部	论文	2015.12
103	高校马克思主义学院建设标准研究	陈占安	马克思主义学院	教育部各类专项项目、专项委托	教育部	研究报告	2015.12
104	文化生态保护区建设和城镇化进程中非遗保护机制与政策研究	高丙中	社会学系	教育部各类专项项目、专项委托	教育部	研究报告	2015.12
105	推进中外人文交流合作研究—中印人文交流合作	王邦维	北京大学外国语学院	教育部各类专项委托项目	教育部	研究报告	2015.12
106	推进中外人文交流合作研究—中美人文交流合作	王缉思	北京大学国际战略研究院	教育部各类专项委托项目	教育部	研究报告	2015.12

（北京大学社会科学部供稿）

中国人民大学

2014 年度承担国家级、省部级社会科学研究项目

序号	项目名称	负责人	所属单位	项目分类	项目来源单位	预期成果形式	计划完成日期
1	中国财政分权、地方政府行为与经济增长	贾俊雪	财政金融学院	国家社会科学基金项目国家哲学社会科学成果文库	全国哲学社会科学规划办公室	专著	2016.9
2	中国经济改革的经验及其理论启示	张　宇	经济学院	国家社会科学基金项目国家哲学社会科学成果文库	全国哲学社会科学规划办公室	专著	2014.11
3	近代中国宗教文化史研究	何建明	哲学院	国家社会科学基金项目国家哲学社会科学成果文库	全国哲学社会科学规划办公室	专著	2016.9
4	鲁迅与俄国	孙　毅	文学院	国家社会科学基金项目国家哲学社会科学成果文库	全国哲学社会科学规划办公室	专著	2016.9
5	秦统一及其历史意义再研究	王子今	国学院	国家社会科学基金项目、重大项目	全国哲学社会科学规划办公室	专著	2019.10
6	外国经济思想史学科建设的重大基础理论研究	贾根良	经济学院	国家社会科学基金项目、重大项目	全国哲学社会科学规划办公室	专著、论文集	2019.7
7	汉译文学编年考录及数据库建设（1896—1949）	李　今	文学院	国家社会科学基金项目、重大项目	全国哲学社会科学规划办公室	专著、数据库	2019.9
8	盛京城考古与清代历史文化研究	刘凤云	清史所	国家社会科学基金项目、重大项目	全国哲学社会科学规划办公室	专著、研究报告、工具书	2019.12
9	从“大缓和”到“大衰退”的西方宏观经济学理论与政策的大反思	刘元春	经济学院	国家社会科学基金项目、重大项目	全国哲学社会科学规划办公室	专著、论文集、研究报告	2019.12
10	习近平总书记系列重要讲话思想精髓研究	陶文昭	马克思主义学院	国家社会科学基金项目、重大项目	全国哲学社会科学规划办公室	论文、研究报告	2016.9
11	作为国家综合安全基础的乡村治理结构与机制研究	温铁军	农业与农村发展学院	国家社会科学基金项目、重大项目	全国哲学社会科学规划办公室	论文、研究报告	2016.12
12	达茂旗敖伦苏木古城的考古调查与研究（重大委托子课题）	魏　坚	历史学院	国家社会科学基金项目、重大项目	中国社科院考古所	专著、论文	2015.8
13	中高速增长阶段收入分配调整与产业结构升级研究	刘凤良	经济学院	国家社会科学基金项目、重点项目	全国哲学社会科学规划办公室	专著、论文	2016.6
14	中华优秀文化核心经典的海外传播路径与形式创新研究	温海明	哲学院	国家社会科学基金项目、重点项目	全国哲学社会科学规划办公室	专著、论文	2016.10
15	中华传统美德的继承创新与实现中国梦研究	肖群忠	哲学院	国家社会科学基金项目、重点项目	全国哲学社会科学规划办公室	专著、论文	2016.12
16	基于风险防范的地方性政府债务审计研究	宋　常	商学院	国家社会科学基金项目、重点项目	全国哲学社会科学规划办公室	研究报告	2017.9
17	中国式企业管理的融合与创新机制研究	王利平	商学院	国家社会科学基金项目、重点项目	全国哲学社会科学规划办公室	专著	2017.10
18	基于大数据的视听传播效果研究	周　勇	新闻学院	国家社会科学基金项目、重点项目	全国哲学社会科学规划办公室	专著	2016.12

续表

序号	项目名称	负责人	所属单位	项目分类	项目来源单位	预期成果形式	计划完成日期
19	旅欧中国移民基督教研究	曹南来	哲学院	国家社会科学基金项目、重点项目	全国哲学社会科学规划办公室	专著、研究报告	2017.8
20	中国北方游牧与农耕民族交融的考古学研究	魏　坚	历史学院	国家社会科学基金项目、重点项目	全国哲学社会科学规划办公室	专著	2018.12
21	转型期中国矛盾纠纷的动态监测与多元化解机制研究	陆益龙	社会与人口学院	国家社会科学基金项目、重点项目	全国哲学社会科学规划办公室	专著	2017.8
22	国家主义法律观研究	张志铭	法学院	国家社会科学基金项目、重点项目	全国哲学社会科学规划办公室	专题论文集	2017.9
23	第三次工业革命与我国经济发展战略调整研究	贾根良	经济学院	国家社会科学基金项目、重点项目	全国哲学社会科学规划办公室	专著	2016.12
24	平均利润率趋于下降规律与经济危机研究	谢富胜	经济学院	国家社会科学基金项目、重点项目	全国哲学社会科学规划办公室	专题论文集、研究报告	2019.9
25	所有权与正义——走向马克思政治哲学	张文喜	哲学院	国家社会科学基金项目、重点项目	全国哲学社会科学规划办公室	专著	2017.12
26	我国房地产市场健康综合评价指标体系设计及实证研究	叶剑平	公共管理学院	国家社会科学基金项目、一般项目	全国哲学社会科学规划办公室	研究报告、软件	2017.2
27	新职业生涯时代组织职业生涯管理的内容结构及其作用机制研究	周文霞	劳动人事学院	国家社会科学基金项目、一般项目	全国哲学社会科学规划办公室	专题论文集、研究报告	2017.9
28	基于组织的电子文件管理成熟度模型研究	钱　毅	信息资源管理学院	国家社会科学基金项目、一般项目	全国哲学社会科学规划办公室	研究报告	2016.9
29	新媒体环境下的中国主流媒体声誉管理研究	高贵武	新闻学院	国家社会科学基金项目、一般项目	全国哲学社会科学规划办公室	专题论文集、研究报告	2017.6
30	政府话语权与国际规则之关系研究	刘小燕	新闻学院	国家社会科学基金项目、一般项目	全国哲学社会科学规划办公室	专著	2018.12
31	律部佛典语法研究	朱冠明	文学院	国家社会科学基金项目、一般项目	全国哲学社会科学规划办公室	专著	2018.6
32	汉语方言连调音系格局研究	吴永焕	文学院	国家社会科学基金项目、一般项目	全国哲学社会科学规划办公室	专著	2018.9
33	内蒙古锡林郭勒盟伊和淖尔1号墓研究报告	王晓琨	历史学院	国家社会科学基金项目、一般项目	全国哲学社会科学规划办公室	研究报告	2017.9
34	美国儿童福利法建构的历史考察（1890—1930）	柴　英	书报资料中心	国家社会科学基金项目一般项目	全国哲学社会科学规划办公室	专著	2017.12
35	民国时期法家研究史论	宋洪兵	国学院	国家社会科学基金项目、一般项目	全国哲学社会科学规划办公室	专著、专题论文集	2017.9
36	中美国际经济制度战略与新型大国关系研究	李　巍	国际关系学院	国家社会科学基金项目、一般项目	全国哲学社会科学规划办公室	专著	2016.12
37	粮食金融化与我国粮食安全战略研究	董筱丹	农业与农村发展学院	国家社会科学基金项目、一般项目	全国哲学社会科学规划办公室	专著、研究报告	2016.12
38	社会权利视角下我国残疾人就业问题研究	乔庆梅	劳动人事学院	国家社会科学基金项目、一般项目	全国哲学社会科学规划办公室	专著	2017.8
39	劳工政策评估模型构建与“政府主导”的劳动关系模式研究	吴清军	劳动人事学院	国家社会科学基金项目、一般项目	全国哲学社会科学规划办公室	研究报告	2016.12

续表

序号	项目名称	负责人	所属单位	项目分类	项目来源单位	预期成果形式	计划完成日期
40	理论自觉视角下的国家认同与民族认同研究	奂平清	社会与人口学院	国家社会科学基金项目、一般项目	全国哲学社会科学规划办公室	专题论文集	2016. 12
41	公用型资源产品价格法律规制研究	史际春	法学院	国家社会科学基金项目、一般项目	全国哲学社会科学规划办公室	专题论文集	2016. 12
42	破产法视野中的财税问题研究	徐阳光	法学院	国家社会科学基金项目、一般项目	全国哲学社会科学规划办公室	专著	2016. 12
43	风险规制的行政法原理研究	王贵松	法学院	国家社会科学基金项目、一般项目	全国哲学社会科学规划办公室	专著	2018. 12
44	第二次世界大战期间被掠文物返还的法律问题研究	王云霞	法学院	国家社会科学基金项目、一般项目	全国哲学社会科学规划办公室	专著	2017. 8
45	司法独立与司法问责机制研究	陈卫东	法学院	国家社会科学基金项目、一般项目	全国哲学社会科学规划办公室	专著、研究报告	2016. 12
46	公务员分类录用面试的科学性研究	李英武	心理学系	国家社会科学基金项目、一般项目	全国哲学社会科学规划办公室	专著、研究报告	2016. 7
47	我国煤炭资源税改革的收入分配效应研究	庞　军	环境学院	国家社会科学基金项目、一般项目	全国哲学社会科学规划办公室	专题论文集、研究报告	2016. 12
48	完善我国农村土地股份制制度设计研究	谭　峻	公共管理学院	国家社会科学基金项目、一般项目	全国哲学社会科学规划办公室	专著、研究报告	2017. 9
49	促进生态文明建设的环境金融制度体系构建研究	蓝　虹	环境学院	国家社会科学基金项目、一般项目	全国哲学社会科学规划办公室	研究报告、专著	2017. 2
50	西方后马克思主义经济思想研究	常庆欣	马克思主义学院	国家社会科学基金项目、一般项目	全国哲学社会科学规划办公室	专题论文集、研究报告	2016. 11
51	中国近代道德革命研究	郭清香	哲学院	国家社会科学基金项目、一般项目	全国哲学社会科学规划办公室	专题论文集	2017. 9
52	王船山与中国近代实践观的转型研究	冯　琳	书报资料中心	国家社会科学基金项目、一般项目	全国哲学社会科学规划办公室	专著	2017. 12
53	中国特色社会主义国际话语权研究	路克利	马克思主义学院	国家社会科学基金项目、一般项目	全国哲学社会科学规划办公室	专著	2017. 2
54	新型城镇化背景下城市存量建设用地再开发模式及管控策略研究	张　杨	公共管理学院	国家社会科学基金项目、青年项目	全国哲学社会科学规划办公室	专著、专题论文集	2016. 9
55	面向政府决策的档案知识库构建研究	牛　力	信息资源管理学院	国家社会科学基金项目、青年项目	全国哲学社会科学规划办公室	专题论文集、研究报告	2017. 9
56	楼兰考古与中外文化交流研究	陈晓露	历史学院	国家社会科学基金项目、青年项目	全国哲学社会科学规划办公室	专著	2016. 12
57	新疆北部史前人类遗骸的生物考古学研究	张林虎	历史学院	国家社会科学基金项目、青年项目	全国哲学社会科学规划办公室	研究报告	2019. 8
58	秦汉城乡关系的社会史考察	孙闻博	国学院	国家社会科学基金项目、青年项目	全国哲学社会科学规划办公室	专著	2019. 6
59	美国军事战略转变与我国的对策研究	左希迎	国际关系学院	国家社会科学基金项目、青年项目	全国哲学社会科学规划办公室	专著	2017. 6
60	人口预期寿命延长趋势研究	李　婷	社会与人口学院	国家社会科学基金项目、青年项目	全国哲学社会科学规划办公室	研究报告	2017. 9

续表

序号	项目名称	负责人	所属单位	项目分类	项目来源单位	预期成果形式	计划完成日期
61	中庸价值观与泛文化普遍价值观的结构与功能比较研究	韦庆旺	心理学系	国家社会科学基金项目、青年项目	全国哲学社会科学规划办公室	研究报告	2017.12
62	环境私主体治理的法律问题研究	杜　辉	法学院	国家社会科学基金项目、青年项目	全国哲学社会科学规划办公室	专著	2017.9
63	中国私法学的哲学和经济学基础研究	熊丙万	法学院	国家社会科学基金项目、青年项目	全国哲学社会科学规划办公室	专著	2017.5
64	劳动价值理论视野下的中国宏观经济和产业结构动态分析研究	赵　峰	经济学院	国家社会科学基金项目、青年项目	全国哲学社会科学规划办公室	专著、专题论文集	2017.6
65	柏拉图《高尔吉亚》的翻译与研究	李致远	文学院	国家社会科学基金项目、青年项目	全国哲学社会科学规划办公室	译著	2018.9
66	超越私人——马克思公人思想及其规范意义研究	谭清华	马克思主义学院	国家社会科学基金项目、青年项目	全国哲学社会科学规划办公室	专题论文集	2017.9
67	当代中国人的精神世界重建问题研究	王海滨	哲学院	国家社会科学基金项目、青年项目	全国哲学社会科学规划办公室	专著	2017.2
68	理解史视域中的历史唯物主义研究	沈江平	马克思主义学院	国家社会科学基金项目、青年项目	全国哲学社会科学规划办公室	专著	2017.9
69	西方新闻专业主义研究	郭庆光	新闻学院	国家社会科学基金项目、特别委托项目	全国哲学社会科学规划办公室	专著、论文	2019.9
70	马克思主义新闻观研究	郑保卫	新闻学院	国家社会科学基金项目、特别委托项目	全国哲学社会科学规划办公室	专著、论文	2016.9
71	国家社科基金决策咨询点	郑功成	劳动人事学院	国家社会科学基金项目、特别委托项目	全国哲学社会科学规划办公室	专著、论文	2016.8
72	慈善事业法研究	郑功成	劳动人事学院	国家社会科学基金项目、特别委托项目	全国哲学社会科学规划办公室	研究报告	2016.6
73	几个流行的民主化理论命题证伪	杨光斌	国际关系学院	国家社会科学基金项目、特别委托项目	全国哲学社会科学规划办公室	专著、论文	2016.4
74	《互联网信息服务法》立法研究及草案起草	王利明	法学院	国家社会科学基金项目、特别委托项目	全国哲学社会科学规划办公室	专著、论文	2016.4
75	社会阶层问题研究	李路路	社会与人口学院	国家社会科学基金项目、特别委托项目	全国哲学社会科学规划办公室	专著、论文	2016.4
76	马克思的分配正义观念	段忠桥	哲学院	国家社会科学基金项目、后期资助项目	全国哲学社会科学规划办公室	专著、论文	2016.12
77	南宋临安城复原研究	刘　未	历史学院	国家社会科学基金项目、后期资助项目	全国哲学社会科学规划办公室	专著、论文	2015.12

续表

序号	项目名称	负责人	所属单位	项目分类	项目来源单位	预期成果形式	计划完成日期
78	中国地权制度的变革与反思	程雪阳	法学院	国家社会科学基金项目、后期资助项目	全国哲学社会科学规划办公室	专著、论文	2016. 12
79	西方当代美学的全球化面相	张　法	哲学院	国家社会科学基金项目、后期资助项目	全国哲学社会科学规划办公室	专著	2014. 12
80	《老子》之道及其当代诠释	林光华	国学院	国家社会科学基金项目、后期资助项目	全国哲学社会科学规划办公室	专著	2015. 6
81	论公民福利权利之基础	杨伟民	社会与人口学院	国家社会科学基金项目、后期资助项目	全国哲学社会科学规划办公室	专著	2014. 6
82	村镇金融服务关键技术及系统研发与示范	赵锡军	财政金融学院	国家科技支撑计划课题	科技部	专著、论文	2016. 12
83	组织行为	刘　军	商学院	国家自然科学基金项目、国家杰出青年科学基金	国家自然科学基金委员会	专著、论文	2019. 12
84	特征、规律与前景……老龄社会的人口学基础研究	翟振武	社会与人口学院	国家自然科学基金项目、重大项目	国家自然科学基金委员会	专著、论文	2019. 12
85	企业的融资约束与融资策略研究	姜付秀	商学院	国家自然科学基金项目、重点项目	国家自然科学基金委员会	专著、论文	2019. 12
86	医疗分诊分流系统的设计与优化	王晓芳	商学院	国家自然科学基金项目、优秀青年科学基金项目	国家自然科学基金委员会	专著、论文	2017. 12
87	汉语口语产生中的认知年老化及其神经机制	张清芳	心理学系	国家自然科学基金项目、面上项目	国家自然科学基金委员会	专著、论文	2018. 12
88	人格特征、制度感知及关系网利用对移民企业家与原籍国业务往来的影响研究	MAJID GHORBANI	商学院	国家自然科学基金项目、面上项目	国家自然科学基金委员会	专著、论文	2018. 12
89	复杂理论视角下的电子商务创业企业组织创新研究	SHANWANG	商学院	国家自然科学基金项目、面上项目	国家自然科学基金委员会	专著、论文	2018. 12
90	医疗健康网站信息可信度与质量控制研究	周晓英	信息资源管理学院	国家自然科学基金项目、面上项目	国家自然科学基金委员会	专著、论文	2018. 12
91	出行链视角下的大城市居民出行方式选择机理研究	杨励雅	公共管理学院	国家自然科学基金项目、面上项目	国家自然科学基金委员会	专著、论文	2018. 12
92	不同入学制度下城市基础教育中的群分和同群效应研究	曹淑江	教育学院	国家自然科学基金项目、面上项目	国家自然科学基金委员会	专著、论文	2018. 12
93	寻找缩小我国居民收入差距的最有效手段	岳希明	财政金融学院	国家自然科学基金项目、面上项目	国家自然科学基金委员会	专著、论文	2018. 12
94	中国进城农民工同乡同行扎堆创业现象的发生与发展机制研究	郑风田	农业与农村发展学院	国家自然科学基金项目、面上项目	国家自然科学基金委员会	专著、论文	2018. 12
95	我国农村可再生能源消费的影响因素与激励政策研究	仇焕广	农业与农村发展学院	国家自然科学基金项目、面上项目	国家自然科学基金委员会	专著、论文	2018. 12

续表

序号	项目名称	负责人	所属单位	项目分类	项目来源单位	预期成果形式	计划完成日期
96	跨越贸易壁垒目标下中国企业对外直接投资行为研究	王孝松	经济学院	国家自然科学基金项目、面上项目	国家自然科学基金委员会	专著、论文	2018. 12
97	求同还是存异？创业合法化行为与机会识别行为对新创企业商业模式设计及绩效的影响研究	郭　海	商学院	国家自然科学基金项目、面上项目	国家自然科学基金委员会	专著、论文	2018. 12
98	基于多阶段差别规模效应的服务大规模定制模式下供应链调度优化研究	姚建明	商学院	国家自然科学基金项目、面上项目	国家自然科学基金委员会	专著、论文	2018. 12
99	品牌形象、来源国形象和自我形象对消费者品牌偏好的影响机制研究	庞　隽	商学院	国家自然科学基金项目、面上项目	国家自然科学基金委员会	专著、论文	2018. 12
100	政治关联影响公司价值的媒体报道渠道——基于媒体情绪指标构建的研究	许　荣	财政金融学院	国家自然科学基金项目、面上项目	国家自然科学基金委员会	专著、论文	2018. 12
101	中国企业中多层次领导力模型的追踪研究	王小华	商学院	国家自然科学基金项目、面上项目	国家自然科学基金委员会	专著、论文	2018. 12
102	合作型人力资源管理系统的内容结构及其对个体和组织绩效的作用机制研究——员工组织内社会网络的视角	苏中兴	劳动人事学院	国家自然科学基金项目、面上项目	国家自然科学基金委员会	专著、论文	2018. 12
103	任人唯亲的董事会文化与独立董事更迭的“逆淘汰”	郑志刚	财政金融学院	国家自然科学基金项目、面上项目	国家自然科学基金委员会	专著、论文	2018. 12
104	社会资本、资源依赖与公司控制权问题研究	赵　晶	商学院	国家自然科学基金项目、面上项目	国家自然科学基金委员会	专著、论文	2018. 12
105	非对称随机波动建模及其在金融风险管理中的应用研究	张　波	统计学院	国家自然科学基金项目、面上项目	国家自然科学基金委员会	专著、论文	2018. 12
106	注意控制的神经网络机制研究	温晓通	心理学系	国家自然科学基金项目、青年科学基金项目	国家自然科学基金委员会	专著、论文	2017. 12
107	多人交互模式下结果反馈评价的脑机制及其发展研究	买晓琴	心理学系	国家自然科学基金项目、青年科学基金项目	国家自然科学基金委员会	专著、论文	2017. 12
108	城市化对产业结构及收入分配的影响研究	赵丽秋	劳动人事学院	国家自然科学基金项目、青年科学基金项目	国家自然科学基金委员会	专著、论文	2017. 12
109	福利向左，责任向右？——基于消费者责任视角的中国能源排放足迹研究	陈占明	经济学院	国家自然科学基金项目、青年科学基金项目	国家自然科学基金委员会	专著、论文	2017. 12
110	风险交流对个体流感大流行期间自我保护行为选择的影响机制研究	钟　玮	公共管理学院	国家自然科学基金项目、青年科学基金项目	国家自然科学基金委员会	专著、论文	2017. 12
111	货币供应区域异质影响下房价和通货膨胀的联动机制研究	余华义	公共管理学院	国家自然科学基金项目、青年科学基金项目	国家自然科学基金委员会	专著、论文	2017. 12

续表

序号	项目名称	负责人	所属单位	项目分类	项目来源单位	预期成果形式	计划完成日期
112	中国农村家庭多维动态贫困研究	尤　婧	农业与农村发展学院	国家自然科学基金项目、青年科学基金项目	国家自然科学基金委员会	专著、论文	2017. 12
113	中国收入差距分析的新视角：机会不均等与收入不平等	宋　扬	经济学院	国家自然科学基金项目、青年科学基金项目	国家自然科学基金委员会	专著、论文	2017. 12
114	城镇化和老龄化下的中国城镇养老保险改革研究——基于社会福利的视角	李时宇	财政金融学院	国家自然科学基金项目、青年科学基金项目	国家自然科学基金委员会	专著、论文	2017. 12
115	小客车摇号政策的福利及行为影响分析：以北京为例	秦　萍	经济学院	国家自然科学基金项目、青年科学基金项目	国家自然科学基金委员会	专著、论文	2017. 12
116	财政转移支付对经济发展影响的微观机制——基于企业、家户和县级财政数据的研究	马光荣	财政金融学院	国家自然科学基金项目、青年科学基金项目	国家自然科学基金委员会	专著、论文	2017. 12
117	DSGE 宏观金融建模及政策模拟分析	马　勇	财政金融学院	国家自然科学基金项目、青年科学基金项目	国家自然科学基金委员会	专著、论文	2017. 12
118	“省直管县”改革、地方政府行为与政策效应	刘勇政	财政金融学院	国家自然科学基金项目、青年科学基金项目	国家自然科学基金委员会	专著、论文	2017. 12
119	传统企业向价值共创型企业转型：利用信息系统构建商业生态圈	WENYU DU	商学院	国家自然科学基金项目、青年科学基金项目	国家自然科学基金委员会	专著、论文	2017. 12
120	基于用户生成内容的新型市场竞争智能分析方法的研究	张　瑾	商学院	国家自然科学基金项目、青年科学基金项目	国家自然科学基金委员会	专著、论文	2017. 12
121	业绩评价指标研究	张　博	商学院	国家自然科学基金项目、青年科学基金项目	国家自然科学基金委员会	专著、论文	2017. 12
122	标准化视角下企业标准与技术创新战略的交互机制研究	刘小鲁	经济学院	国家自然科学基金项目、青年科学基金项目	国家自然科学基金委员会	专著、论文	2017. 12
123	如何促进企业创新？来自金融危机的视角	肖　刚	汉青高级经济与金融研究院	国家自然科学基金项目、青年科学基金项目	国家自然科学基金委员会	专著、论文	2017. 12
124	资本市场发展与企业资本结构动态调整	黄继承	财政金融学院	国家自然科学基金项目、青年科学基金项目	国家自然科学基金委员会	专著、论文	2017. 12
125	累积投票制度与投资者保护：基于中国上市公司的研究	何　青	财政金融学院	国家自然科学基金项目、青年科学基金项目	国家自然科学基金委员会	专著、论文	2017. 12

续表

序号	项目名称	负责人	所属单位	项目分类	项目来源单位	预期成果形式	计划完成日期
126	具有交互固定效应的部分线性动态面板数据模型的统计推断：理论研究及其应用	章永辉	经济学院	国家自然科学基金项目、青年科学基金项目	国家自然科学基金委员会	专著、论文	2017.12
127	收益管理定价机制下多种类型消费者选择模型的理论估计和实证检验	陈祎伟	商学院	国家自然科学基金项目、青年科学基金项目	国家自然科学基金委员会	专著、论文	2017.12
128	促进绿色经济发展的智慧型生态城市：中欧比较研究	陶　然	经济学院	国家自然科学基金项目、国际合作与交流项目	国家自然科学基金委员会	专著、论文	2017.8
129	应对老龄化社会研究学术研讨会	左美云	信息学院	国家自然科学基金项目、国际合作与交流项目	国家自然科学基金委员会	专著、论文	2014.12
130	中国工商管理研究前沿国际研讨会	刘　军	商学院	国家自然科学基金项目、国际合作与交流项目	国家自然科学基金委员会	专著、论文	2015.5
131	中国管理研究国际学会2014年年会	郭　海	商学院	国家自然科学基金项目、国际合作与交流项目	国家自然科学基金委员会	专著、论文	2014.12
132	国家自然科学基金经济科学“十三五”规划战略研究	袁　卫	统计学院	国家自然科学基金项目、专项项目	国家自然科学基金委员会	专著、论文	2015.9
133	基于网络的药物——靶标相互作用预测的模型研究	张拔群	统计学院	国家自然科学基金项目	清华大学	专著、论文	2018.12
134	政治家后援会对日本政治发展的影响	朱晓琦	国际关系学院	教育部留学归国人员科研启动基金项目	教育部	专著、论文	2017.12
135	布朗肖文学本体论研究	汪　海	文学院	教育部留学归国人员科研启动基金项目	教育部	专著、论文	2017.12
136	中国城市不同所有制企业中的户籍歧视：双重选择模型的应用	宋　扬	经济学院	教育部留学归国人员科研启动基金项目	教育部	专著、论文	2017.12
137	社会化媒体使用对老年人社会关系构建的影响研究	潘曙雅	新闻学院	教育部留学归国人员科研启动基金项目	教育部	专著、论文	2017.12
138	用于乳制品风险污染物快速检测的光学阵列传感分析技术	龙　峰	环境学院	教育部留学归国人员科研启动基金项目	教育部	专著、论文	2017.12
139	年龄、时期和队列视角下中国的人口转变	李　婷	社会与人口学院	教育部留学归国人员科研启动基金项目	教育部	专著、论文	2017.12
140	声音中丰富属性的分析与检索的研究	金　琴	信息学院	教育部留学归国人员科研启动基金项目	教育部	专著、论文	2017.12

续表

序号	项目名称	负责人	所属单位	项目分类	项目来源单位	预期成果形式	计划完成日期
141	Is technical analysis useful in predicting the option prices?	郭　彪	财政金融学院	教育部留学归国人员科研启动基金项目	教育部	专著、论文	2017.12
142	美剧的中国受众之研究	陈　阳	新闻学院	教育部留学归国人员科研启动基金项目	教育部	专著、论文	2017.12
143	按照特征表示人的俄语名称在契诃夫语篇中的使用分析	陈晓慧	外国语学院	教育部留学归国人员科研启动基金项目	教育部	专著、论文	2017.12
144	当代新加坡华语电影的空间与认同	陈　涛	文学院	教育部留学归国人员科研启动基金项目	教育部	专著、论文	2017.12
145	地方政府官员绩效与职业流动性研究	乔　梁	国际关系学院	教育部留学归国人员科研启动基金项目	教育部	专著、论文	2017.12
146	马克思恩格斯（1844 年 8 月 28 日之前）的批评理论	张永青	文学院	教育部人文社会科学项目、规划项目	教育部	专著、论文	2017.6
147	基于 WAP 移动技术的成人高等教育管理信息平台的建设	李　刚	继续教育学院	教育部人文社会科学项目、规划项目	教育部	专著、论文	2017.6
148	社会转型中基于网络信息的社会经济实时监测预警研究	许　伟	信息学院	教育部人文社会科学项目、规划项目	教育部	专著、论文	2017.6
149	卢梭《论科学与文艺》研究	刘小枫	文学院	教育部人文社会科学项目、后期资助项目	教育部	专著、论文	2016.12
150	欧债危机背景下欧盟成员国的对华政策与中欧关系发展	陈志敏	国际关系学院	教育部人文社会科学项目、基地重大项目	教育部	专著、研究报告	2017.7
151	新世纪欧盟对非洲援助的政治导向问题研究	刘青建	国际关系学院	教育部人文社会科学项目、基地重大项目	教育部	专著	2017.7
152	我国老年人流迁与异地养老研究	姚　远	社会与人口学院	教育部人文社会科学项目、基地重大项目	教育部	研究报告	2017.7
153	中国生育政策研究	陈友华	社会与人口学院	教育部人文社会科学项目、基地重大项目	教育部	专著、研究报告	2017.7
154	中国金融市场中的群体行为与交易秩序研究	刘少杰	社会与人口学院	教育部人文社会科学项目、基地重大项目	教育部	专著、研究报告	2017.7
155	从“单位组织”到“社会组织”——社会转型背景下的组织制度变迁	李路路	社会与人口学院	教育部人文社会科学项目、基地重大项目	教育部	专著、研究报告	2017.7

续表

序号	项目名称	负责人	所属单位	项目分类	项目来源单位	预期成果形式	计划完成日期
156	民法总则重大疑难问题研究	米新丽	法学院	教育部人文社会科学项目、基地重大项目	教育部	专著	2017.7
157	中国金融市场体系完善过程中的政府与市场关系研究	张　杰	财政金融学院	教育部人文社会科学项目、基地重大项目	教育部	专著	2017.7
158	财政可持续性研究	贾俊雪	财政金融学院	教育部人文社会科学项目、基地重大项目	教育部	专著、研究报告	2017.7
159	人民币汇率问题的政治经济学研究	王晋斌	经济学院	教育部人文社会科学项目、基地重大项目	教育部	研究报告	2017.7
160	中国特色的政治伦理研究	戴木才	哲学院	教育部人文社会科学项目、基地重大项目	教育部	专著	2017.7
161	当代生命伦理学研究	邱仁宗	哲学院	教育部人文社会科学项目、基地重大项目	教育部	专著	2017.7
162	导入测试项目	强博文	科研处	教育部人文社会科学项目、基地重大项目	教育部	专著	2017.7
163	金融风险测度与管理若干前沿问题研究	张　波	统计学院	教育部人文社会科学项目、基地重大项目	教育部	研究报告	2017.7
164	《中国国民经济核算体系》更新扩展及传播应用研究	高敏雪	统计学院	教育部人文社会科学项目、基地重大项目	教育部	专著、研究报告	2017.7
165	苏联新闻体制变迁史研究	赵永华	新闻学院	教育部人文社会科学项目、基地重大项目	教育部	研究报告	2017.7
166	新传媒时代新闻活动主体关系研究（新闻主体论）	杨保军	新闻学院	教育部人文社会科学项目、基地重大项目	教育部	专著	2017.7
167	中国刑事诉讼法的现代转型	刘计划	法学院	教育部人文社会科学项目、基地重大项目	教育部	专著	2017.7
168	刑事庭审的中国问题与出路	李学军	法学院	教育部人文社会科学项目、基地重大项目	教育部	专著、论文、研究报告	2017.7
169	期货期权市场法律制度研究	叶　林	法学院	教育部人文社会科学项目、基地重大项目	教育部	专著	2017.7
170	中国的社会救助体系研究	郑新业	经济学院	教育部人文社会科学项目、基地重大项目	教育部	研究报告	2017.7

续表

序号	项目名称	负责人	所属单位	项目分类	项目来源单位	预期成果形式	计划完成日期
171	清代“大一统”观念与王朝政治再研究	杨念群	清史所	教育部人文社会科学项目、基地重大项目	教育部	专著	2017.7
172	清代货币结构体系与财政货币化（1644—1911）	何　平	财政金融学院	教育部人文社会科学项目、基地重大项目	教育部	专著	2017.7
173	隋唐道教类书文献及思想研究	王宗昱	哲学院	教育部人文社会科学项目、基地重大项目	教育部	专著	2017.7
174	当代伊斯兰思想研究	王宇洁	哲学院	教育部人文社会科学项目、基地重大项目	教育部	专著	2017.7
175	中国模式与中国发展道路研究	侯衍社	党委宣传部	教育部人文社会科学项目、基地重大项目	教育部	专著	2017.7
176	马克思主义发展史基础理论研究	梁树发	马克思主义学院	教育部人文社会科学项目、基地重大项目	教育部	专著	2017.7
177	中国人口老龄化与老龄问题	杜　鹏	社会与人口学院	教育部人文社会科学项目、普及读物项目	教育部	专著、论文	2015.6
178	从小康走向富裕	黄卫平	经济学院	教育部人文社会科学项目、普及读物项目	教育部	专著、论文	2015.6
179	中国制造的全球布局	刘元春	经济学院	教育部人文社会科学项目、普及读物项目	教育部	专著、论文	2015.6
180	宗教改革与德国近代医学起源研究	周施廷	历史学院	教育部人文社会科学项目、青年项目	教育部	专著、论文	2017.6
181	社会保障政策与主观幸福感：基于中国的微观实证研究	叶茂亮	汉青高级经济与金融研究院	教育部人文社会科学项目、青年项目	教育部	专著、论文	2017.6
182	高校出版队伍建设研究	李开龙	出版社	教育部人文社会科学项目、青年项目	教育部	专著、论文	2017.6
183	中国情境下的领导行为与员工建言行为	王小华	商学院	教育部人文社会科学项目、青年项目	教育部	专著、论文	2017.6
184	指导性案例规则确定的理论及实证研究	邓矜婷	法学院	教育部人文社会科学项目、青年项目	教育部	专著、论文	2017.6
185	普选条件下香港政党政治前景及利弊分析	王英津	国际关系学院	教育部人文社会科学项目、委托项目	教育部	专著、论文	2014.12

续表

序号	项目名称	负责人	所属单位	项目分类	项目来源单位	预期成果形式	计划完成日期
186	推进中外人文交流合作研究	杨慧林	文学院	教育部人文社会科学项目、应急项目	教育部	专著、论文	2015. 3
187	哲学社会科学学术话语体系创新研究	靳　诺	学校办公室	教育部人文社会科学项目、重大课题攻关项目	教育部	专著、论文	2017. 12
188	中国大学生就业战略研究	郑功成	劳动人事学院	教育部人文社会科学项目、重大委托课题	教育部	专著、论文	2015. 3
189	高校哲学社会科学研究评价指南	刘大椿	哲学院	教育部人文社会科学项目、重大委托课题	教育部	专著、论文	2014. 12
190	高校思想政治理论课教学重点难点问题答案	何虎生	马克思主义学院	教育部人文社会科学项目、专项任务项目	教育部	专著、论文	2014. 12
191	经济理论与经济管理（经济热点）	方福前	经济学院	教育部人文社会科学项目、专项任务项目	教育部	专著、论文	2015. 12
192	经济建设编辑室智库专刊	刘元春	经济学院	教育部人文社会科学项目、专项任务项目	教育部	专著、论文	2017. 12
193	教育部直属单位领导班子综合评价指标体系研究	张成福	公共管理学院	教育部人文社会科学项目、专项任务项目	教育部	专著、论文	2017. 10
194	教育部社科委哲学学部2014年度活动经费	郭　湛	哲学院	教育部人文社会科学项目、专项任务项目	教育部	专著、论文	2017. 10
195	职业化视角下高校辅导员准入、培养、考核、发展机制研究	布　超	体育部	教育部人文社会科学项目、专项任务项目	教育部	专著、论文	2017. 6
196	促进研究生群体学术自律与诚信建设问题研究——以京鄂滇地区高校为例	徐　飞	哲学院	教育部人文社会科学项目、专项任务项目	教育部	专著、论文	2015. 9
197	中国共产党培育践行社会主义核心价值观的发展历程与基本经验研究	李玉峰	马克思主义学院	教育部人文社会科学项目、专项任务项目	教育部	专著、论文	2016. 6
198	党的理论工作者与毛泽东思想传播研究（1949—1966）	欧阳奇	马克思主义学院	教育部人文社会科学项目、专项任务项目	教育部	专著、论文	2016. 6
199	高校人文社科网建设经费2014	陈　健	出版社	教育部人文社会科学项目、专项任务项目	教育部	专著、论文	2015. 11
200	北京教育基本公共服务水平评价研究	杜子芳	统计学院	北京市教育科学规划重点项目	北京市教育科学规划办公室	论文、研究报告	2016. 6

续表

序号	项目名称	负责人	所属单位	项目分类	项目来源单位	预期成果形式	计划完成日期
201	基于不同学科特点的研究生培养改革方案设计研究	宋远方	商学院	北京市教育委员会共建项目	北京市教育委员会	专著、论文	2014.6
202	北京坛庙文献与文化研究	梁继红	信息资源管理学院	北京市教育委员会共建项目	北京市教育委员会	专著、论文	2014.6
203	全媒体时代加强意识形态工作若干问题研究	徐志宏	马克思主义学院	北京市教育委员会共建项目	北京市教育委员会	专著、论文	2014.6
204	2014. 科学研究与研究生培养共建项目—科研基地（马克思主义研究基地）	秦　宣	马克思主义学院	北京市教育委员会共建项目	北京市教育委员会	专著、论文	2014.6
205	2014. 科学研究与研究生培养共建项目—科研基地（人文北京研究基地）	冯惠玲	信息资源管理学院	北京市教育委员会共建项目	北京市教育委员会	专著、论文	2014.6
206	2014. 科学研究与研究生培养共建项目—科研基地（社会建设研究基地）	翟振武	社会与人口学院	北京市教育委员会共建项目	北京市教育委员会	专著、论文	2014.6
207	北京市“十三五”时期科技成果转化机制研究	许　伟	信息学院	北京市科委项目	北京市科学技术委员会	专著、论文	2015.4
208	以区域科技合作推动京津冀协调发展研究	文余源	经济学院	北京市科委项目	北京市科学技术委员会	研究（咨询）报告	2014.8
209	推进法治中国建设研究	冯玉军	法学院	北京市社科联项目决策咨询项目	北京市社会科学界联合会	研究报告、论文（集）	2015.11
210	首都建设全国文化中心研究	王琪延	继续教育学院	北京市社科联项目决策咨询项目	北京市社会科学界联合会	研究报告、论文（集）	2015.11
211	以法治精神推动首都城市治理体系与治理能力现代化研究	史际春	法学院	北京市社科联项目决策咨询项目	北京市社会科学界联合会	研究报告	2014.11
212	财政对北京电视台、北京电台发展的支撑与引导政策研究	喻国明	新闻学院	北京市社科联项目决策咨询项目	北京市社会科学界联合会	研究报告	2015.1
213	北京健康教育渠道研究：新媒体与保健知识传播	张　迪	新闻学院	北京市社科联项目青年社科人才资助项目	北京市社会科学界联合会	研究报告、论文（集）	2015.6
214	金融量化投资模型的不确定性研究及其应用	李　勇	汉青高级经济与金融研究院	北京市社科联项目青年社科人才资助项目	北京市社会科学界联合会	研究报告、论文（集）	2015.6
215	北京科技成果转化的金融服务协同发展研究	吴翌琳	统计学院	北京市社科联项目青年社科人才资助项目	北京市社会科学界联合会	研究报告、论文（集）	2015.6
216	北京市企业应对国际贸易壁垒的策略体系	王孝松	经济学院	北京市社科联项目青年社科人才资助项目	北京市社会科学界联合会	研究报告、论文（集）	2015.6
217	北京市居民生活节能途径与对策研究	魏　楚	经济学院	北京市社科联项目青年社科人才资助项目	北京市社会科学界联合会	研究报告、论文（集）	2015.6

续表

序号	项目名称	负责人	所属单位	项目分类	项目来源单位	预期成果形式	计划完成日期
218	日常生活维度的社会主义核心价值观认同	沈江平	马克思主义学院	北京市社科联项目青年社科人才资助项目	北京市社会科学界联合会	研究报告、论文（集）	2015.6
219	马克思主义分析学派的伦理学研究方法辨析	张　霄	哲学院	北京市社科联项目青年社科人才资助项目	北京市社会科学界联合会	论文	2015.6
220	亚里士多德《欧德谟伦理学》研究	刘　玮	哲学院	北京市社科联项目青年社科人才资助项目	北京市社会科学界联合会	论文	2015.6
221	移动互联网时代北京市政府形象传播与媒体沟通策略研究	黄　河	新闻学院	北京市哲学社会科学规划项目、青年项目	北京市哲学社会科学规划办公室	论文集	2016.6
222	北京非正规经济空间结构演变规律研究	张　磊	公共管理学院	北京市哲学社会科学规划项目、青年项目	北京市哲学社会科学规划办公室	研究报告、论文集、其他	2015.12
223	北京市舒缓中小企业融资困境的策略研究	马光荣	财政金融学院	北京市哲学社会科学规划项目、青年项目	北京市哲学社会科学规划办公室	研究报告	2015.12
224	“环境移民”及相关政策的经济学分析	刘相波	汉青高级经济与金融研究院	北京市哲学社会科学规划项目、青年项目	北京市哲学社会科学规划办公室	论文集	2016.12
225	延迟退休对北京市社会养老保险体系的影响研究	李时宇	财政金融学院	北京市哲学社会科学规划项目、青年项目	北京市哲学社会科学规划办公室	论文集	2016.7
226	党的理论工作者与《正处》的传播研究（1957—1960）	欧阳奇	马克思主义学院	北京市哲学社会科学规划项目、青年项目	北京市哲学社会科学规划办公室	论文集	2017.4
227	《资本论》与中国特色社会主义	庄忠正	马克思主义学院	北京市哲学社会科学规划项目研究基地项目、青年项目	北京市哲学社会科学规划办公室	论文集	2016.10
228	城市基层社会治理与基层政权建设研究	张建明	学校办公室	北京市哲学社会科学规划项目研究基地项目、特别委托项目	北京市哲学社会科学规划办公室	研究报告	2017.12
229	北京市流动人口非正规就业状况研究	杨　凡	社会与人口学院	北京市哲学社会科学规划项目研究基地项目、一般项目	北京市哲学社会科学规划办公室	研究报告	2017.6
230	社区视角的流动人口社会融入研究	王玉君	社会与人口学院	北京市哲学社会科学规划项目研究基地项目、一般项目	北京市哲学社会科学规划办公室	研究报告	2017.12

续表

序号	项目名称	负责人	所属单位	项目分类	项目来源单位	预期成果形式	计划完成日期
231	文化解释视角下的信任结构与北京社会治理研究	徐尚昆	哲学院	北京市哲学社会科学规划项目研究基地项目、一般项目	北京市哲学社会科学规划办公室	研究报告	2016.6
232	中国特色社会主义宗教理论体系研究	何虎生	马克思主义学院	北京市哲学社会科学规划项目研究基地项目、重点项目	北京市哲学社会科学规划办公室	专著	2016.12
233	北京矛盾纠纷动态监测与维稳机制研究	陆益龙	社会与人口学院	北京市哲学社会科学规划项目研究基地项目、重点项目	北京市哲学社会科学规划办公室	研究报告	2016.12
234	日本所存辽代高僧燕京纯慧大师非浊佚失文献的整理与研究	李铭敬	外国语学院	北京市哲学社会科学规划项目、一般项目	北京市哲学社会科学规划办公室	专著	2017.12
235	都市听觉文化研究	王　敦	文学院	北京市哲学社会科学规划项目、一般项目	北京市哲学社会科学规划办公室	论文集	2017.12
236	北京市流动人口基本公共卫生服务可及性分析及服务模式研究	郭　静	社会与人口学院	北京市哲学社会科学规划项目、一般项目	北京市哲学社会科学规划办公室	研究报告、论文	2015.12
237	面向北京城乡的线上线下社区协同养老模式与机制研究	左美云	信息学院	北京市哲学社会科学规划项目、一般项目	北京市哲学社会科学规划办公室	研究报告	2015.12
238	抗战时期留平史家群体研究	牛润珍	历史学院	北京市哲学社会科学规划项目、一般项目	北京市哲学社会科学规划办公室	论文集	2016.12
239	中国特色的马克思主义女权理论	宋少鹏	马克思主义学院	北京市哲学社会科学规划项目、一般项目	北京市哲学社会科学规划办公室	论文集	2016.12
240	北京市各收入阶层居民成活成本指数研究及其与消费价格指数的比较	范志勇	经济学院	北京市哲学社会科学规划项目、一般项目	北京市哲学社会科学规划办公室	研究报告	2015.9
241	更加尊重市场规律，更好发挥政府作用	卫兴华	经济学院	北京市哲学社会科学规划项目、预立项项目	北京市哲学社会科学规划办公室	论文	2014.6
242	把握科学的思想方法	陶文昭	马克思主义学院	北京市哲学社会科学规划项目、预立项项目	北京市哲学社会科学规划办公室	论文	2014.6
243	以市场化改革推动首都金融业稳健发展	涂永红	财政金融学院	北京市哲学社会科学规划项目、预立项项目	北京市哲学社会科学规划办公室	论文	2014.6
244	深化改革中政府和市场关系的再权衡与新抉择	孙咏梅	经济学院	北京市哲学社会科学规划项目、预立项项目	北京市哲学社会科学规划办公室	论文	2014.6

续表

序号	项目名称	负责人	所属单位	项目分类	项目来源单位	预期成果形式	计划完成日期
245	调整疏解非首都核心功能研究	孙久文	经济学院	北京市哲学社会科学规划项目、重大项目	北京市哲学社会科学规划办公室	研究报告	2015.10
246	法治评估的基础理论研究	朱景文	法学院	北京市哲学社会科学规划项目、重大项目	北京市哲学社会科学规划办公室	专著	2015.12
247	基于北京市地理分布的空间抽样设计研究	金勇进	统计学院	北京市哲学社会科学规划项目、重点项目	北京市哲学社会科学规划办公室	研究报告	2017.12
248	互联网舆论场域与文化领导权	张广生	国际关系学院	北京市哲学社会科学规划项目、重点项目	北京市哲学社会科学规划办公室	研究报告	2016.8
249	北京科技创新驱动发展研究——适宜技术研发与科技成果转化的视角	刘凤良	经济学院	北京市哲学社会科学规划项目、重点项目	北京市哲学社会科学规划办公室	专著	2015.12
250	首都全面深化社会信用体系建设研究	吴晶妹	财政金融学院	北京市哲学社会科学规划项目、重点项目	北京市哲学社会科学规划办公室	研究报告	2015.10
251	中国特色社会主义文化传播的理论与实践研究	郝立新	哲学院	北京市哲学社会科学规划项目、重点项目	北京市哲学社会科学规划办公室	专著、论文	2015.12
252	隋唐五代基本史料编年考证	孟宪实	国学院	北京市哲学社会科学规划项目、重点项目	北京市哲学社会科学规划办公室	其他	2016.12
253	外国文学译介编年考录(1896—1949)	李　今	文学院	北京市哲学社会科学规划项目、重点项目	北京市哲学社会科学规划办公室	专著	2016.12
254	以科学研究支撑高质量本科教育的理论与实践研究	周光礼	教育学院	北京市哲学社会科学规划项目、重点项目	北京市哲学社会科学规划办公室	研究报告	2015.12
255	我国古文献装帧工艺传承与保护的研究	张美芳	信息资源管理学院	北京市哲学社会科学规划项目、重点项目	北京市哲学社会科学规划办公室	研究报告、其他	2016.3
256	出土唐代政务文书汇释及研究	刘后滨	历史学院	北京市哲学社会科学规划项目、重点项目	北京市哲学社会科学规划办公室	论文集	2017.6
257	国际危机与中国海外利益保护问题研究	徐正源	国际关系学院	北京市哲学社会科学规划项目、重点项目	北京市哲学社会科学规划办公室	论文集	2015.3
258	我国经济制度的正义完善研究	刘敬鲁	哲学院	北京市哲学社会科学规划项目、重点项目	北京市哲学社会科学规划办公室	专著	2016.11
259	西方正义伦理思想研究	龚　群	哲学院	北京市哲学社会科学规划项目、重点项目	北京市哲学社会科学规划办公室	论文集	2016.12

续表

序号	项目名称	负责人	所属单位	项目分类	项目来源单位	预期成果形式	计划完成日期
260	基于领导决策的档案知识库建设	张　斌	信息资源管理学院	北京市哲学社会科学规划项目、重点项目	北京市哲学社会科学规划办公室	研究报告	2015. 8
261	“新经济思想史”研究	贾根良	经济学院	北京市哲学社会科学规划项目、重点项目	北京市哲学社会科学规划办公室	研究报告	2016. 6
262	马克思的平均利润率下降趋势的数量分析	谢富胜	经济学院	北京市哲学社会科学规划项目、重点项目	北京市哲学社会科学规划办公室	论文集	2015. 12
263	现代农业经营与建设主体研究	朱信凯	农业与农村发展学院	北京市哲学社会科学规划项目、重点项目	北京市哲学社会科学规划办公室	研究报告	2015. 12
264	开放视角下的中国货币政策框架的重构	刘元春	经济学院	北京市哲学社会科学规划项目、重点项目	北京市哲学社会科学规划办公室	专著、研究报告	2015. 6
265	北京市家庭居民能源消费模式及节能途径研究	魏　楚	经济学院	北京市自然科学基金项目、面上项目	北京市自然科学基金委员会	专著、论文	2016. 12

2014 年度校级社会科学研究项目

序号	项目名称	负责人	所属单位	项目分类	预期成果形式	计划完成日期
1	文艺复兴哲学著作的翻译和研究	吴功青	哲学院	明德青年学者计划	译著、论文	2016. 12
2	密尔的《功利主义》研究	杨伟清	哲学院	明德青年学者计划	专著	2016. 12
3	景观建筑临界部位柔化设计研究	李宇宏	艺术学院	明德青年学者计划	论文、研究报告	2016. 12
4	异质社交网络中信息传播及节点影响力分析研究	牛　力	信息资源管理学院	明德青年学者计划	专著、论文	2016. 12
5	新媒体与社会运动：社交媒体的社会动员机制研究	李　彪	新闻学院	明德青年学者计划	论文、研究报告	2016. 12
6	认知构式视野下的汉语情态补语句习得与教学研究	张　璐	文学院	明德青年学者计划	论文	2016. 12
7	诗化的庶道：现代西方中国城市书写的审美之维	陈　倩	文学院	明德青年学者计划	论文	2016. 12
8	20 世纪美国文学中的城市形象研究	尹　星	外国语学院	明德青年学者计划	专著、论文	2016. 12
9	时间序列分析中尖峰问题的基础理论研究	金　阳	统计学院	明德青年学者计划	论文	2016. 12
10	农民工城镇融入的路径和机制研究	王玉君	社会与人口学院	明德青年学者计划	专著、论文	2016. 12
11	分析师关注与资本市场信息效率	许年行	商学院	明德青年学者计划	论文	2016. 12
12	破解“创业的合法性悖论”：制度理论、资源基础理论和组织生态理论的整合视角	郭　海	商学院	明德青年学者计划	专著、论文	2016. 12

续表

序号	项目名称	负责人	所属单位	项目分类	预期成果形式	计划完成日期
13	信仰转型背景下的乡村公共物品供给研究	阮荣平	农业与农村发展学院	明德青年学者计划	论文、研究报告	2016.12
14	谁才是第一小提琴手——基于MEGA2年鉴版《德意志意识形态》的马恩分担问题研究	陈 浩	马克思主义学院	明德青年学者计划	论文	2016.12
15	中国共产党史学史研究	耿化敏	马克思主义学院	明德青年学者计划	专著、论文、工具书	2016.12
16	清代物价波动背景下的河工经费研究（1644—1840）	刘文远	历史学院	明德青年学者计划	专著、论文	2016.12
17	生物考古学视角下的东西方人群早期交流——以新疆北部地区为例	张林虎	历史学院	明德青年学者计划	专著、论文	2016.12
18	中国劳动关系政策转型与政策评估模型的构建——基于劳动力市场化和劳工权益维护的维度	吴清军	劳动人事学院	明德青年学者计划	论文	2016.12
19	基于消费者责任视角的能源消耗与温室气体排放研究	陈占明	经济学院	明德青年学者计划	论文	2016.12
20	出口经历、企业异质性与市场进入的路径依赖	赵 勇	经济学院	明德青年学者计划	论文	2016.12
21	我国大学毕业生跨地区就业流动的特点及影响因素研究	潘昆峰	教育学院	明德青年学者计划	论文、研究报告	2016.12
22	基于GTAP模型的全球碳足迹核算和欧美碳关税政策分析	庞 军	环境学院	明德青年学者计划	论文	2016.12
23	中国古代小说中的身体观念与文学书写研究	李萌昀	国学院	明德青年学者计划	专著、论文	2016.12
24	人民币国际化的政治基础研究	李 巍	国际关系学院	明德青年学者计划	专著、论文	2016.12
25	中国对拉美能源战略及海外投资利益保护研究	崔守军	国际关系学院	明德青年学者计划	专著、论文	2016.12
26	中国城市房价的时空联动机制研究	余华义	公共管理学院	明德青年学者计划	专著、论文、研究报告	2016.12
27	刑事错案的制度性治理	李奋飞	法学院	明德青年学者计划	专著、论文	2016.12
28	人民币国际支付结算体系及人民币离岸金融中心法律制度探析	胡天龙	法学院	明德青年学者计划	论文	2016.12
29	面向大数据的人民币国际化进程与政策效应跟踪体系与应用分析	戴稳胜	财政金融学院	明德青年学者计划	专著、译著、论文、研究报告	2016.12

（中国人民大学科研处关晓斌供稿）

清华大学

2014年度承担国家级、省部级社会科学研究项目

序号	项目名称	负责人	承担部门	项目分类、类别	项目来源单位
1	习近平总书记系列重要讲话的理论创新研究	艾四林	马克思主义学院	国家社会科学基金、重大项目	全国哲学社会科学规划办公室

续表

序号	项目名称	负责人	承担部门	项目分类、类别	项目来源单位
2	中华文化的海外传播创新研究	郭镇之	新闻学院	国家社会科学基金、重大项目	全国哲学社会科学规划办公室
3	汉语非字面语言大脑加工的神经机制研究	江铭虎	人文学院	国家社会科学基金、重大项目	全国哲学社会科学规划办公室
4	《仪礼》复原与当代日常礼仪重建研究	彭　林	人文学院	国家社会科学基金、重大项目	全国哲学社会科学规划办公室
5	中国国家公园建设与发展的理论与实践研究	杨　锐	建筑学院	国家社会科学基金、重大项目	全国哲学社会科学规划办公室
6	医保费用分配及监控的大数据研究	俞　樵	公管学院	国家社会科学基金、重大项目	全国哲学社会科学规划办公室
7	传统媒体与新兴媒体融合发展研究	陈昌凤	新闻学院	国家社会科学基金、重点项目	全国哲学社会科学规划办公室
8	海洋权益研究	刘江永	社科学院	国家社会科学基金、委托项目	全国哲学社会科学规划办公室
9	斐洛全集的翻译与综合研究	王晓朝	人文学院	国家社会科学基金、年度项目	全国哲学社会科学规划办公室
10	生态文明建设中的伦理问题研究	卢　风	人文学院	国家社会科学基金、年度项目	全国哲学社会科学规划办公室
11	人民代表大会制度理论实践创新研究	王振民	法学院	国家社会科学基金、年度项目	全国哲学社会科学规划办公室
12	“新新媒介”环境下的报纸发展趋势及转型研究	王君超	新闻学院	国家社会科学基金、年度项目	全国哲学社会科学规划办公室
13	中国梦对青年大学生文化认同的引领研究	朱效梅	马克思主义学院	国家社会科学基金、年度项目	全国哲学社会科学规划办公室
14	中国、越南和苏联马克思主义民族化比较研究	陈明凡	马克思主义学院	国家社会科学基金、年度项目	全国哲学社会科学规划办公室
15	新自由主义思潮对中国改革开放的影响研究	朱安东	马克思主义学院	国家社会科学基金、年度项目	全国哲学社会科学规划办公室
16	大型开放式网络课程条件下思想政治教育模式创新研究	刘　震	马克思主义学院	国家社会科学基金、年度项目	全国哲学社会科学规划办公室
17	黑格尔与当代法国马克思主义的理论嬗变研究	夏　莹	人文学院	国家社会科学基金、年度项目	全国哲学社会科学规划办公室
18	从和制汉语的角度考察中国传统哲学对日本近代哲学概念的影响研究	孙　彬	外文系	国家社会科学基金、年度项目	全国哲学社会科学规划办公室
19	逻辑的起源研究	王　路	人文学院	国家社会科学基金、年度项目	全国哲学社会科学规划办公室
20	纳入结构变化因素的内生增长理论研究	康丽丽	社科学院	国家社会科学基金、年度项目	全国哲学社会科学规划办公室
21	东亚安全秩序与周边命运共同体建设研究	孙学峰	社科学院	国家社会科学基金、年度项目	全国哲学社会科学规划办公室
22	澳洲保皇会研究	李海蓉	人文学院	国家社会科学基金、年度项目	全国哲学社会科学规划办公室
23	地论学派研究	圣　凯	人文学院	国家社会科学基金、年度项目	全国哲学社会科学规划办公室

续表

序号	项目名称	负责人	承担部门	项目分类、类别	项目来源单位
24	唐代汉语景教文献的义理研究	朱东华	人文学院	国家社会科学基金、年度项目	全国哲学社会科学规划办公室
25	生成语法框架下汉语布洛卡氏失语症患者的句法障碍研究	崔　刚	外文系	国家社会科学基金、年度项目	全国哲学社会科学规划办公室
26	英文版中国学术期刊的国际影响力评价与发展策略研究	范爱红	图书馆	国家社会科学基金、年度项目	全国哲学社会科学规划办公室
27	西方国家体育政策发展趋向研究	于洪军	体育部	国家社会科学基金、年度项目	全国哲学社会科学规划办公室
28	基于城乡人口变化的中小学布局优化模型及政策路径研究	林文棋	建筑学院	国家社会科学基金、年度项目	全国哲学社会科学规划办公室
29	先秦道家物德论研究	叶树勋	人文学院	国家社会科学基金、年度项目	全国哲学社会科学规划办公室
30	地方债务治理的商事司法审查路径研究	沈朝晖	法学院	国家社会科学基金、年度项目	全国哲学社会科学规划办公室
31	“社区活力”指数构建与应用研究	蓝煜昕	公管学院	国家社会科学基金、年度项目	全国哲学社会科学规划办公室
32	近年出土黄老思想文献研究	曹　峰	人文学院	国家社会科学基金、成果文库入选项目	全国哲学社会科学规划办公室
33	钓鱼岛归属考：事实与证据	刘江永	社科学院	国家社会科学基金、成果文库入选项目	全国哲学社会科学规划办公室
34	理性、自由与实践批判——康德、黑格尔与马克思：两个世界的内在张力与历史理念的动力结构	刘敬东	马克思主义学院	国家社会科学基金、成果文库入选项目	全国哲学社会科学规划办公室
35	北宋晚期的政治体制与政治文化	方诚峰	人文学院	国家社会科学基金、后期资助项目	全国哲学社会科学规划办公室
36	中观哲学导论	胡伟希	人文学院	国家社会科学基金、后期资助项目	全国哲学社会科学规划办公室
37	21 世纪中日战略关系研究	刘江永	社科学院	国家社会科学基金、后期资助项目	全国哲学社会科学规划办公室
38	马克思主义经济学：一个进化的阐释	孟　捷	社科学院	国家社会科学基金、后期资助项目	全国哲学社会科学规划办公室
39	马克思的教育思想及其意义	田毅松	人文学院	国家社会科学基金、后期资助项目	全国哲学社会科学规划办公室
40	博物馆陈列艺术中的叙事性研究	吴诗中	美术学院	国家社会科学基金、后期资助项目	全国哲学社会科学规划办公室
41	全球化的中国“声音”	董　洁	外文系	国家社会科学基金、中华学术外译项目	全国哲学社会科学规划办公室
42	WTO 知识产权协议在中国的实施（法文版）	冯术杰	法学院	国家社会科学基金、中华学术外译项目	全国哲学社会科学规划办公室
43	《〈巴黎手稿〉研究——马克思思想的转折点》（英文版）	韩立新	人文学院	国家社会科学基金、中华学术外译项目	全国哲学社会科学规划办公室
44	线性经济理论与中国经济的大道路径	李帮喜	社科学院	国家社会科学基金、中华学术外译项目	全国哲学社会科学规划办公室
45	作为空间叙事文本的中国传统园林艺术	方晓风	美术学院	国家社会科学基金、艺术学项目	全国艺术科学规划办公室

续表

序号	项目名称	负责人	承担部门	项目分类、类别	项目来源单位
46	中国少数民族防染工艺文化研究	贾京生	美术学院	国家社会科学基金、艺术学项目	全国艺术科学规划办公室
47	“从洛桑到北京”第九届国际纤维艺术双年展暨学术研讨会	林乐成	美术学院	国家艺术基金项目	全国艺术科学规划办公室
48	记录与继承：中国传统文化保护与传承研究	雷建军	新闻学院	教育部人文社会科学研究、规划项目	教育部
49	新兴产业浮现中的技术演化路径研究	李　欣	公管学院	教育部人文社会科学研究、规划项目	教育部
50	开放空间系统的城市设计管理研究：以热岛减缓为导向	唐　燕	建筑学院	教育部人文社会科学研究、规划项目	教育部
51	控制权理论：中国企业绩效差异的经验性解释	王安富	社科学院	教育部人文社会科学研究、规划项目	教育部
52	利益相关者视野中的中职学生资助政策实证研究	王喜雪	公管学院	教育部人文社会科学研究、规划项目	教育部
53	技术示范与政策试验：我国新能源汽车示范工程的政府作用研究	张汉威	公管学院	教育部人文社会科学研究、规划项目	教育部
54	我国少儿图书出版现状调查分析与研究	宗俊峰	出版社	教育部人文社会科学研究、规划项目	教育部
55	新世纪以来中国电影产业的改革与发展（后期资助）	尹　红	新闻学院	教育部人文社会科学研究、后期项目	教育部
56	马克思主义理论学科发展状况研究	艾四林	马克思主义学院	教育部人文社会科学研究、专项项目	教育部
57	钓鱼岛归属真相——谎言揭秘（以证据链的图为主）	刘江永	社科学院	教育部人文社会科学研究、专项项目	教育部
58	推进中外人文交流合作研究——中日人文交流合作	刘江永	社科学院	教育部人文社会科学研究、专项项目	教育部
59	中国开设大学先修课程的理论与实践研究	王殿军	清华大学附中	教育部人文社会科学研究、专项项目	教育部
60	教育部名刊工程清华大学学报	仲伟民	清华学报	教育部人文社会科学研究、专项项目	教育部
61	体育强国视阈下德国体育政策研究	刘　波	体育部	国家体育总局课题	国家体育总局
62	西方国家竞技体育政策发展趋向研究	于洪军	体育部	国家体育总局课题	国家体育总局
63	科技型中小企业创新资源获取及中央财政支持政策研究	李纪珍	经管学院	科技部国家软科学计划	科技部
64	科技创新政策体系框架设计研究	梁　正	公管学院	科技部国家软科学计划	科技部
65	需求侧创新政策国际经验与实践研究	刘　立	社科学院	科技部国家软科学计划	科技部
66	科技创新治理现代化的路径研究	吴金希	社科学院	科技部国家软科学计划	科技部
67	学生身体活动定量化跟踪与评价系统的研究	刘静民	体育部	北京市教育科学规划课题	北京市教育科学规划办公室
68	黄老道家思想新研究	曹　峰	人文学院	北京市哲学社会科学项目	北京市哲学社会科学规划办公室

续表

序号	项目名称	负责人	承担部门	项目分类、类别	项目来源单位
69	古希腊罗马伦理思想史	王晓朝	人文学院	北京市哲学社会科学项目	北京市哲学社会科学规划办公室
70	世界文学与中国现代文学	王　宁	外文系	北京市哲学社会科学项目	北京市哲学社会科学规划办公室
71	北京市城乡社区社会治理机制研究	沈　原	社科学院	北京市哲学社会科学项目	北京市哲学社会科学规划办公室
72	高校通识教育改革实施效果研究	李曼丽	教研院	北京市哲学社会科学项目	北京市哲学社会科学规划办公室
73	网上交易与消费者权益保护	申卫星	新闻学院	北京市哲学社会科学项目	北京市哲学社会科学规划办公室
74	秦汉印章封泥文字编	赵平安	人文学院	北京市哲学社会科学项目	北京市哲学社会科学规划办公室
75	北京地区传统环境营造技艺的生态性分析及其保护与发展研究	周浩明	美术学院	北京市哲学社会科学项目	北京市哲学社会科学规划办公室
76	互联网金融创新的监管体系研究	廖　理	金融学院	北京市哲学社会科学项目	北京市哲学社会科学规划办公室
77	全面深化改革坚持和发展中国特色社会主义研究	艾四林	马克思主义学院	北京市哲学社会科学项目	北京市哲学社会科学规划办公室
78	北京市流动儿童的微观社会融合：特点、影响因素与作用机制	李　虹	社科学院	北京市哲学社会科学项目	北京市哲学社会科学规划办公室
79	现代中国哲学史中的方法论研究	高海波	人文学院	北京市哲学社会科学项目	北京市哲学社会科学规划办公室
80	高等美术基础教育改革发展研究	李　睦	美术学院	北京市哲学社会科学项目	北京市哲学社会科学规划办公室
81	土地股份合作制是集体土地所有制重要实现形式——以京郊为例	解　安	马克思主义学院	北京市哲学社会科学项目	北京市哲学社会科学规划办公室
82	信念伦理与国家认同	吴　俊	马克思主义学院	北京市哲学社会科学项目	北京市哲学社会科学规划办公室
83	中国汉字艺术设计教育研究	陈　楠	美术学院	北京市哲学社会科学项目	北京市哲学社会科学规划办公室
84	首都“世界城市”语言生活建设	董　洁	外语系	北京市哲学社会科学项目	北京市哲学社会科学规划办公室
85	《今昔物语集》的东亚比较文学研究	高　阳	外语系	北京市哲学社会科学项目	北京市哲学社会科学规划办公室
86	3D打印技术对当代工艺美术手工价值影响研究	王晓昕	美术学院	北京市哲学社会科学项目	北京市哲学社会科学规划办公室
87	当代美国的阶级关系：结构、特征与发展趋势	蔡万焕	马克思主义学院	北京市哲学社会科学项目	北京市哲学社会科学规划办公室
88	北京网民舆情风险感知与矛盾化解研究	刘新传	公管学院	北京市哲学社会科学、基地项目	北京市哲学社会科学规划办公室
89	中国古代应急准备文化的演进及启示	刘宝霞	公管学院	北京市哲学社会科学、基地项目	北京市哲学社会科学规划办公室

（清华大学文科建设处刘金梅供稿）

北京师范大学

2014 年度承担国家级、省部级社会科学研究项目

序号	项目名称	负责人	承担部门	项目分类、类别	项目来源单位	预期成果形式	计划完成时间
1	发展混合所有制经济研究	高明华	经济与工商管理学院	国家社会科学基金、重大项目	全国哲学社会科学规划办公室	专著、研究报告	2017. 12
2	中国新型城镇化：五个维度协同发展研究	胡必亮	经济与资源管理研究院	国家社会科学基金、重大项目	全国哲学社会科学规划办公室	专著、论文（集）	2016. 9
3	政府债务管理及风险预警机制研究	陈梦根	国民核算研究院	国家社会科学基金、重大项目	全国哲学社会科学规划办公室	研究报告、论文	2016. 9
4	加快劳动力要素自由流动的对外贸易战略转型研究	赵春明	经济与工商管理学院	国家社会科学基金、重大项目	全国哲学社会科学规划办公室	专著、报告	2016. 12
5	中国传统价值观变迁史	李景林	哲学与社会学学院	国家社会科学基金、重大项目	全国哲学社会科学规划办公室	专著、论文集	2019. 12
6	中国古代散文研究文献集成	郭英德	文学院	国家社会科学基金、重大项目	全国哲学社会科学规划办公室	资料集、论文集	2019. 12
7	“东方学”体系建构与中国的东方学研究	王向远	文学院	国家社会科学基金、重大项目	全国哲学社会科学规划办公室	专著、论文集、资料集	2019. 12
8	西方早期中国文学史纂及其影响研究	方维规	文学院	国家社会科学基金、重大项目	全国哲学社会科学规划办公室	专著	2019. 12
9	儿童阅读障碍的认知机制及其干预研究	刘翔平	心理学院	国家社会科学基金、重大项目	全国哲学社会科学规划办公室	论文集、研究报告	2018. 7
10	中国儿童青少年思维发展数据库建设及其发展模式的分析研究	陈英和	心理学院	国家社会科学基金、重大项目	全国哲学社会科学规划办公室	论文集、研究报告、数据库	2018. 12
11	生物哲学重要问题研究	李建会	哲学与社会学学院	国家社会科学基金、重大项目	全国哲学社会科学规划办公室	专著、论文集	2019. 12
12	马克思宏观经济数理模型的系统构建研究	白暴力	经济与工商管理学院	国家社会科学基金、重点项目	全国哲学社会科学规划办公室	专著	2017. 12
13	我国人力资本要素内涵式演进与国际经济竞争新优势培育研究	赵春明	经济与工商管理学院	国家社会科学基金、重点项目	全国哲学社会科学规划办公室	研究报告	2016. 12
14	推进我国资本市场的改革、规范和发展研究	胡海峰	经济与工商管理学院	国家社会科学基金、重点项目	全国哲学社会科学规划办公室	研究报告、论文	2016. 9
15	莱布尼茨科学与文化著作编译及研究	刘孝廷	哲学与社会学学院	国家社会科学基金、重点项目	全国哲学社会科学规划办公室	译著、专著	2017. 12
16	人生礼仪传统的当代重建与传承研究	萧　放	文学院	国家社会科学基金、重点项目	全国哲学社会科学规划办公室	专著、研究报告、工具书	2019. 12
17	教育信息化与大型开放式网络课程（MOOCS）战略研究	陈　丽	教育学部	国家社会科学基金“十二五”规划教育学、重点项目	全国教育科学规划领导小组办公室	专著、论文集、研究报告、政策建议报告	2016. 12
18	智能感知技术在中小学作业减负中的应用研究与实践探索	孙　波	教育学部	全国教育科学“十二五”规划教育部、重点项目	全国教育科学规划领导小组办公室	专著、研究论文、研究报告、电脑软件	2017. 12

续表

序号	项目名称	负责人	承担部门	项目分类、类别	项目来源单位	预期成果形式	计划完成时间
19	基于教育大数据的学习分析工具设计与应用研究	武法提	教育学部	全国教育科学“十二五”规划教育部、重点项目	全国教育科学规划领导小组办公室	研究论文、电脑软件、研究报告	2017.8
20	改革开放以来中国共产党领导自然灾害救助工作的历史经验	赵朝峰	马克思主义学院	国家社会科学基金、一般项目	全国哲学社会科学规划办公室	专著	2017.12
21	相对论的一阶逻辑基础研究	陈　磊	哲学与社会学学院	国家社会科学基金、一般项目	全国哲学社会科学规划办公室	专题论文集	2019.12
22	马克思市民经济理论研究	沈　越	经济与工商管理学院	国家社会科学基金、一般项目	全国哲学社会科学规划办公室	专题论文集	2016.12
23	贝塔的新估计及其在资本资产定价模型中的应用研究	徐　军	国民核算研究院	国家社会科学基金、一般项目	全国哲学社会科学规划办公室	研究报告	2016.12
24	法治反腐背景下境外追逃问题研究	张　磊	刑事法律科学研究院	国家社会科学基金、一般项目	全国哲学社会科学规划办公室	专著	2017.6
25	后劳教时代的轻罪刑事政策研究	郭理蓉	刑事法律科学研究院	国家社会科学基金、一般项目	全国哲学社会科学规划办公室	专著	2017.7
26	反腐风暴下的贪污贿赂犯罪刑事对策研究	郑延谱	法学院	国家社会科学基金、一般项目	全国哲学社会科学规划办公室	专著、研究报告	2016.12
27	基于姓氏空间分布的人口迁移研究	陈家伟	系统科学学院	国家社会科学基金、一般项目	全国哲学社会科学规划办公室	专题论文集、研究报告	2017.12
28	当代中国农民价值观变迁研究	董磊明	哲学与社会学学院	国家社会科学基金、一般项目	全国哲学社会科学规划办公室	专著	2018.12
29	流动儿童高级情感的影响因素与促进研究	刘　霞	心理学院	国家社会科学基金、一般项目	全国哲学社会科学规划办公室	研究报告	2017.6
30	大学生社交网络的不当使用及其心理需要缺陷机制研究	刘翔平	心理学院	国家社会科学基金、一般项目	全国哲学社会科学规划办公室	专题论文集、研究报告	2016.12
31	人口流动背景下大城市的婚配特点及其影响研究	高　颖	社会发展与公共政策学院	国家社会科学基金、一般项目	全国哲学社会科学规划办公室	专著、研究报告	2017.12
32	清代新疆维吾尔地区经济政策与法规研究	王东平	历史学院	国家社会科学基金、一般项目	全国哲学社会科学规划办公室	专题论文集	2018.2
33	“丝绸之路经济带”与欧亚联盟关系研究	李　兴	政府管理学院	国家社会科学基金、一般项目	全国哲学社会科学规划办公室	专题论文集、研究报告	2017.7
34	晏阳初平民教育史研究	孙邦华	教育学部	国家社会科学基金、一般项目	全国哲学社会科学规划办公室	专著	2017.10
35	20世纪中国左翼文学的谱系学研究	刘　勇	文学院	国家社会科学基金、一般项目	全国哲学社会科学规划办公室	专著	2017.12
36	北平燕京大学、辅仁大学的民间文学及民俗学研究（1937—1949）	岳永逸	文学院	国家社会科学基金、一般项目	全国哲学社会科学规划办公室	专著	2017.12
37	现代中国歌谣学学术史	万建中	文学院	国家社会科学基金、一般项目	全国哲学社会科学规划办公室	专著	2017.11

续表

序号	项目名称	负责人	承担部门	项目分类、类别	项目来源单位	预期成果形式	计划完成时间
38	面向第二语言习得的汉语句法复杂度测评指标研究	冯丽萍	汉语文化学院	国家社会科学基金、一般项目	全国哲学社会科学规划办公室	研究报告	2016. 12
39	现代职业教育中企业责任的实现机制与评价研究	霍丽娟	教育学部	国家社会科学基金、一般项目	全国哲学社会科学规划办公室	专题论文集、专著	2016. 8
40	美国 AP 课程研究	刘克文	教育学部	国家社会科学基金“十二五”规划教育学、一般项目	全国教育科学规划领导小组办公室	专著、研究论文、研究报告	2017. 12
41	中国地方政府教育治理结构和机制研究	鲍传友	教育学部	国家社会科学基金“十二五”规划教育学、一般项目	全国教育科学规划领导小组办公室	专著、论文、研究报告	2017. 12
42	社会选择理论视阈下西方国家票决民主制度的内在机理研究	聂智琪	哲学与社会学学院	国家社会科学基金、青年项目	全国哲学社会科学规划办公室	专著	2017. 12
43	腐败犯罪及其防治对策研究	彭新林	刑事法律科学研究院	国家社会科学基金、青年项目	全国哲学社会科学规划办公室	专著	2017. 6
44	生态文明视野下环境行政处罚制度创新研究	严厚福	法学院	国家社会科学基金、青年项目	全国哲学社会科学规划办公室	研究报告	2017. 6
45	刑事司法业务考评对程序性法律后果的冲击与反制研究	印　波	刑事法律科学研究院	国家社会科学基金、青年项目	全国哲学社会科学规划办公室	专题论文集、研究报告	2017. 12
46	中国 NGO 参与全球治理的战略与策略研究	吕晓莉	政府管理学院	国家社会科学基金、青年项目	全国哲学社会科学规划办公室	专著	2017. 1
47	唐宋转型视野下的散文演变研究	谢　琰	文学院	国家社会科学基金、青年项目	全国哲学社会科学规划办公室	专著	2017. 12
48	《说文解字》疑难释义丛考	孟　琢	文学院	国家社会科学基金、青年项目	全国哲学社会科学规划办公室	专著	2017. 12
49	基于本体推理演化的语义级中文校对模型研究	姜　赢	珠海分校	国家社会科学基金、青年项目	全国哲学社会科学规划办公室	论文集、电脑软件	2016. 12
50	高校图书馆全媒体服务推广模式及运行保障机制研究	刘　兰	图书馆	国家社会科学基金、青年项目	全国哲学社会科学规划办公室	专题论文集、研究报告	2017. 9
51	新媒体艺术的本体观念及其趋向研究	姜　申	艺术与传媒学院	国家社会科学基金艺术学项目、青年项目	全国艺术科学规划办公室	研究报告、专著	2018. 9
52	交融与协变——白马人面具舞蹈研究	王阳文	艺术与传媒学院	国家社会科学基金艺术学项目、青年项目	全国艺术科学规划办公室	专著	2017. 12
53	义务教育优质资源扩大模式研究	高　莉	教育学部	国家社会科学基金“十二五”规划教育学、青年项目	全国教育科学规划领导小组办公室	研究报告、专著	2017. 6
54	0—3 岁儿童自我控制发展及影响因素的追踪研究	王兴华	教育学部	国家社会科学基金“十二五”规划教育学、青年项目	全国教育科学规划领导小组办公室	研究论文、专著、研究报告、其他	2018. 12

续表

序号	项目名称	负责人	承担部门	项目分类、类别	项目来源单位	预期成果形式	计划完成时间
55	基于大数据学习分析技术的大学生适应性调节学习技能的评价与干预策略的实证研究	郑兰琴	教育学部	国家社会科学基金“十二五”规划教育学、青年项目	全国教育科学规划领导小组办公室	专著、研究论文、研究报告	2017.12
56	学校制度生活促进教师专业道德发展的发生机制与实践模式研究	傅淳华	教育学部	国家社会科学基金“十二五”规划教育学、青年项目	全国教育科学规划领导小组办公室	专著、译著、研究论文、研究报告	2018.9
57	现代西方公共行政思想简史	孙　宇	政府管理学院	国家社会科学基金、后期资助项目	全国哲学社会科学规划办公室	专著	2014.12
58	担保物权实现论	刘　璐	法学院	国家社会科学基金、后期资助项目	全国哲学社会科学规划办公室	专著	2014.8
59	巴赫金马克思主义语言哲学研究	张　冰	外国语言文学学院	国家社会科学基金、后期资助项目	全国哲学社会科学规划办公室	专著	2014.9
60	香港电影史研究	张　燕	艺术与传媒学院	国家社会科学基金、后期资助项目	全国哲学社会科学规划办公室	专著	2015.5
61	中国当代寻根文学思潮论	熊修雨	文学院	国家社会科学基金、后期资助项目	全国哲学社会科学规划办公室	专著	2015.12
62	中国道路与国外发展模式比较研究	施雪华	政府管理学院	国家社会科学基金、特别委托项目	全国哲学社会科学规划办公室	专著	2016.4
63	全球价值链重塑下北京创新驱动发展格局研究	章文光	政府管理学院	北京市哲学社会科学规划项目、第四批重大项目	北京市哲学社会科学规划办公室	专著	2015.6
64	社会化媒体公众话语权体系重构	肖永亮	艺术与传媒学院	北京市哲学社会科学规划项目、第四批重大项目	北京市哲学社会科学规划办公室	研究报告	2015.8
65	共产党员理想信念教育的历史进程与基本经验研究	王树荫	马克思主义学院	北京市哲学社会科学规划项目、第四批重大项目	北京市哲学社会科学规划办公室	专著	2015.12
66	近代北京地区高等教育发展史	孙邦华	教育学部	北京市哲学社会科学规划项目、第四批重大项目	北京市哲学社会科学规划办公室	专著	2016.12
67	中国哲学历史观研究	章伟文	哲学与社会学学院	北京市哲学社会科学规划项目、重点项目	北京市哲学社会科学规划办公室	专著	2017.12
68	阿多诺道德哲学研究	罗松涛	哲学与社会学学院	北京市哲学社会科学规划项目、重点项目	北京市哲学社会科学规划办公室	专著	2016.12

续表

序号	项目名称	负责人	承担部门	项目分类、类别	项目来源单位	预期成果形式	计划完成时间
69	海峡两岸词汇的差异与融合	刁晏斌	文学院	北京市哲学社会科学规划项目、重点项目	北京市哲学社会科学规划办公室	专著	2016.6
70	深化北京市教育财政体制改革研究	王善迈	经济与工商管理学院	北京市哲学社会科学规划项目、重点项目	北京市哲学社会科学规划办公室	研究报告	2016.7
71	资源共享与首都经济圈协调发展研究	王玉海	资源学院	北京市哲学社会科学规划项目、重点项目	北京市哲学社会科学规划办公室	研究报告	2015.12
72	北京市中小学集团化办学的内部治理结构及其引导政策研究	程凤春	教育学部	北京市哲学社会科学规划项目、重点项目	北京市哲学社会科学规划办公室	专著、研究报告	2016.12
73	文化历史中的北京国际形象研究	沈庆利	北京文化发展研究基地	北京市哲学社会科学规划项目、重点项目	北京市哲学社会科学规划办公室	专著	2016.12
74	北京外国人管理问题研究	邢爱芬	法学院	北京市哲学社会科学规划项目、一般项目	北京市哲学社会科学规划办公室	研究报告	2016.12
75	北京市检察机关知识产权犯罪专业化办案模式研究	刘　科	刑事法律科学研究院	北京市哲学社会科学规划项目、一般项目	北京市哲学社会科学规划办公室	研究报告	2016.6
76	创新集群、治理规则与首都创新驱动发展研究	郑飞虎	经济与工商管理学院	北京市哲学社会科学规划项目、一般项目	北京市哲学社会科学规划办公室	研究报告	2016.8
77	京津冀区域能源消耗与节能政策研究	赵　楠	国民核算研究院	北京市哲学社会科学规划项目、一般项目	北京市哲学社会科学规划办公室	研究报告	2016.7
78	未成年人刑事司法的社会支持机制研究	史立梅	法学院	北京市哲学社会科学规划项目、一般项目	北京市哲学社会科学规划办公室	专著	2016.12
79	基于北京市老年人口状况的延迟退休路径选择研究	李汉东	政府管理学院	北京市哲学社会科学规划项目、一般项目	北京市哲学社会科学规划办公室	研究报告	2015.12
80	义务教育阶段学生识字量发展研究	温红博	教育学部	北京市哲学社会科学规划项目、一般项目	北京市哲学社会科学规划办公室	研究报告	2015.12
81	现代语言技术体系研究	张　政	外国语言文学学院	北京市哲学社会科学规划项目、一般项目	北京市哲学社会科学规划办公室	研究报告、论文集	2016.6
82	复杂系统科学理论视域下“大数据”的特征及其哲学意蕴	董春雨	哲学与社会学学院	北京市哲学社会科学规划项目、一般项目	北京市哲学社会科学规划办公室	专著	2017.5
83	北京市各区县基础教育发展指数	杨　娟	首都教育经济研究基地	北京市哲学社会科学规划项目、一般项目	北京市哲学社会科学规划办公室	研究报告	2016.12

续表

序号	项目名称	负责人	承担部门	项目分类、类别	项目来源单位	预期成果形式	计划完成时间
84	首都高校办学质量的效益研究：基于多产出成本方程的分析	侯龙龙	首都教育经济研究基地	北京市哲学社会科学规划项目、一般项目	北京市哲学社会科学规划办公室	研究报告	2016.10
85	北京文人笔记研究	张智华	北京文化发展研究基地	北京市哲学社会科学规划项目、一般项目	北京市哲学社会科学规划办公室	专著	2016.12
86	生态系统服务经济估值	白瑞雪	经济与资源管理研究院	北京市哲学社会科学规划项目、青年项目	北京市哲学社会科学规划办公室	研究报告、专著	2017.12
87	北京市人口老龄化对产业结构调整的影响	徐建炜	经济与工商管理学院	北京市哲学社会科学规划项目、青年项目	北京市哲学社会科学规划办公室	研究报告	2016.12
88	以科技接受模式探讨北京小学生使用电子书包态度之纵贯研究	江丰光	教育学部	北京市哲学社会科学规划项目、青年项目	北京市哲学社会科学规划办公室	论文集	2016.9
89	北京市高等教育扩张与教育机会公平问题研究	董丽霞	教育学部	北京市哲学社会科学规划项目、青年项目	北京市哲学社会科学规划办公室	研究报告	2016.6
90	北京市流动儿童的学校环境对其问题行为的影响及作用机制	李燕芳	脑与认知科学研究院	北京市哲学社会科学规划项目、青年项目	北京市哲学社会科学规划办公室	研究报告	2016.6
91	社会创新视角下的中国社会企业运行模式研究	余晓敏	社会发展与公共政策学院	北京市哲学社会科学规划项目、青年项目	北京市哲学社会科学规划办公室	专著	2016.9
92	北京网络电影文化研究	唐宏峰	艺术与传媒学院	北京市哲学社会科学规划项目、青年项目	北京市哲学社会科学规划办公室	研究报告、论文集	2015.12
93	2019世园会与北京城市文化品格的提升	宋明晏	北京文化发展研究基地	北京市哲学社会科学规划项目、青年项目	北京市哲学社会科学规划办公室	专著	2016.12
94	高考改革试点方案跟踪与评估研究	钟秉林	教育学部	教育部哲学社会科学研究重大课题、攻关项目	教育部社科司	专著、论文、研究报告	2017.9
95	高校内部权力运行制约和监督体系研究	李　季	审计处	教育部哲学社会科学研究重大课题、委托项目	教育部社科司	研究报告	2016.12
96	全面深化高校哲学社会科学科研领域综合改革的意见	刘复兴	教育学部	教育部人文社会科学研究专项任务委托项目（科研诚信与学风建设）、重大课题	教育部社科司	研究报告	2016.3
97	美国社区听证对中国的借鉴研究	黄凤兰	法学院	教育部人文社会科学研究规划基金项目	教育部社科司	著作、论文	2014.7

续表

序号	项目名称	负责人	承担部门	项目分类、类别	项目来源单位	预期成果形式	计划完成时间
98	新型城镇化背景下闲置土地生成机制与治理研究	王宏新	中国社会管理研究院	教育部人文社会科学研究规划基金项目	教育部社科司	论文、咨询报告	2014.7
99	促进儿童发展的数字化学习资源评估体系研究	王文静	脑与认知科学研究院	教育部人文社会科学研究规划基金项目	教育部社科司	著作、论文、评估报告、评估标准	2014.7
100	农业环境政策对农业面源污染控制研究	刘瑞民	环境学院	教育部人文社会科学研究规划基金项目	教育部社科司	论文	2014.7
101	孤独症儿童面部表情识别的干预辅具设计与应用研究	刘艳虹	教育学部	教育部人文社会科学研究规划基金项目	教育部社科司	论文、电子出版物、干预辅具、指导手册	2014.7
102	教育行政职能转变与教育行政权力界限研究	余雅风	教育学部	教育部人文社会科学研究规划基金项目	教育部社科司	论文、咨询报告	2014.7
103	知识内化机制视角下的大规模网络开放课程（MOOC）对学生学习方式的影响研究	阚　维	教育学部	教育部人文社会科学研究规划基金项目	教育部社科司	著作、论文	2014.7
104	外资进入与服务业工资差距——基于中国城镇个人与行业匹配数据的实证研究	蔡宏波	经济与工商管理学院	教育部人文社会科学研究规划基金项目	教育部社科司	论文、咨询报告	2014.7
105	中国进口商品技术结构及其对经济发展方式转变的影响研究	魏　浩	经济与工商管理学院	教育部人文社会科学研究规划基金项目	教育部社科司	论文	2014.7
106	同光年间湘淮分野与晚清权力格局变迁（1862—1895）	邱　涛	历史学院	教育部人文社会科学研究规划基金项目	教育部社科司	著作	2014.7
107	早期家庭风险环境对儿童心理发展的影响及作用机制	李燕芳	脑与认知科学研究院	教育部人文社会科学研究规划基金项目	教育部社科司	论文	2014.7
108	高校出版物质量监督检查体系构建研究	吕建生	出版集团	教育部人文社会科学研究规划基金项目	教育部社科司	著作、论文、咨询报告	2014.7
109	基于系统科学方法的钢琴教学法研究	王海波	物理系	教育部人文社会科学研究规划基金项目	教育部社科司	著作、论文	2014.7
110	我国中学生英语写作中思辨能力表现研究	陈则航	外国语言文学学院	教育部人文社会科学研究规划基金项目	教育部社科司	论文	2014.7
101	网络链接行为的刑法规制	刘　科	刑事法律科学研究院	教育部人文社会科学研究青年基金项目	教育部社科司	著作、咨询报告	2014.7

续表

序号	项目名称	负责人	承担部门	项目分类、类别	项目来源单位	预期成果形式	计划完成时间
102	我国大学社会捐赠筹资管理研究	李胜兰	对外联络办公室	教育部人文社会科学研究青年基金项目	教育部社科司	论文	2014.7
103	“五四”知识分子的身份塑造研究	林分份	文学院	教育部人文社会科学研究青年基金项目	教育部社科司	著作	2014.7
104	民国时期社会教育变迁的制度分析	周慧梅	教育学部	教育部人文社会科学研究青年基金项目	教育部社科司	著作、论文	2014.7
105	思维教学共同体促进小学阶段教育均衡的实证研究	赵国庆	教育学部	教育部人文社会科学研究青年基金项目	教育部社科司	著作、论文	2014.7
106	基于学习分析的远程学习者在线学习参与度评估模型与分析工具研究	李　爽	教育学部	教育部人文社会科学研究青年基金项目	教育部社科司	论文、软件工具	2014.7
107	智慧教室的智能模型与评估工具研究	李葆萍	教育学部	教育部人文社会科学研究青年基金项目	教育部社科司	论文	2014.7
108	教育信息化背景下中小学卓越教师成长的机制和路径研究	桑国元	教育学部	教育部人文社会科学研究青年基金项目	教育部社科司	著作、论文	2014.7
109	制度环境、公司治理与会计信息可比性	杨　丹	经济与工商管理学院	教育部人文社会科学研究青年基金项目	教育部社科司	论文	2014.7
110	业主维权运动与城市基层治理模式研究	陈　鹏	中国社会管理研究院	教育部人文社会科学研究青年基金项目	教育部社科司	论文	2014.7
111	多元环境交互背景下学校群体隔离对流动儿童学校适应的影响	张云运	中国基础教育质量评价与提升协同创新中心	教育部人文社会科学研究青年基金项目	教育部社科司	论文、咨询报告	2014.7
112	地方传说与北京精神：都市民间叙事的当代传续与生产模式研究	康　丽	文学院	教育部人文社会科学研究青年基金项目	教育部社科司	论文、论文集	2014.7
113	组织管理学视野下的高校学生工作组织机构研究	应中正	辅导员基地	教育部人文社会科学研究专项任务项目（高校思想政治工作）二类课题	教育部社科司	论文	2014.7
114	高校实践育人机制研究	刘川生	辅导员基地	教育部人文社会科学研究专项任务项目（高校思想政治工作）一类课题	教育部社科司	论文	2014.7

续表

序号	项目名称	负责人	承担部门	项目分类、类别	项目来源单位	预期成果形式	计划完成时间
115	法治中国与社会主义国家治理能力现代化建设研究	马振清	马克思主义学院	教育部人文社会科学研究专项任务项目（中国特色社会主义理论体系研究）	教育部社科司	著作、论文	2014.7
116	城镇化进程中传统节庆习俗现状及其保护	董晓萍	文学院	教育部人文社会科学研究专项委托项目（我国文化生态保护与实践探索研究）	教育部社科司	专著	2014.7
117	区域一体化公共治理的理论基础	汪　波	政府管理学院	教育部哲学社会科学研究后期资助项目一般项目	教育部社科司	专著	2014.7
118	社会主义核心价值观与我们的生活	吴向东	哲学与社会学学院	教育部哲学社会科学研究普及读物项目	教育部社科司	普及读物	2014.7
119	中国反腐败新观察	赵秉志	刑事法律科学研究院	教育部哲学社会科学研究普及读物项目	教育部社科司	普及读物	2014.7
120	识字与写字	王　宁	文学院	教育部哲学社会科学研究普及读物项目	教育部社科司	普及读物	2014.7
121	北京市义务教育优质资源扩大模式研究	高　莉	教育学部	北京市教科规划重点课题（优先关注）	北京市教育科学规划领导小组办公室	研究报告、专著	2017.6
122	信息化条件下北京市中小学学生学习方式变革实验研究	王本陆	教育学部	北京市教科规划重点课题（优先关注）	北京市教育科学规划领导小组办公室	研究报告、论文	2017.7
123	首都基础教育内涵发展与质量提升策略研究	程凤春	教育学部	北京市教科规划重点课题（优先关注）	北京市教育科学规划领导小组办公室	研究报告、专著	2017.12
124	单独两孩人口政策调整后北京市学前教育应对政策研究	洪秀敏	教育学部	北京市教科规划重点课题（优先关注）	北京市教育科学规划领导小组办公室	研究报告、论文	2017.6
125	职业教育专业集群研究	和　震	教育学部	北京市教科规划重点课题（优先关注）	北京市教育科学规划领导小组办公室	研究报告、专著	2016.12
126	高考语文主观题计分方法改革研究	温红博	教育学部	北京市教科规划重点课题	北京市教育科学规划领导小组办公室	研究报告、论文	2016.6
127	幼儿园科学教育内容框架体系的前瞻性研究	高潇怡	教育学部	北京市教科规划重点课题	北京市教育科学规划领导小组办公室	研究报告、论文	2017.6

续表

序号	项目名称	负责人	承担部门	项目分类、类别	项目来源单位	预期成果形式	计划完成时间
128	文化接受度对来华留学生规模、结构的影响分析：基于门槛效应的研究	曲如晓	经济与工商管理学院	北京市教科规划重点课题	北京市教育科学规划领导小组办公室	研究报告、专著	2016.10
129	基于在线行为数据挖掘的远程学习者在线学习投入评价与预测研究	李　爽	教育学部	北京市教科规划重点课题	北京市教育科学规划领导小组办公室	研究报告、论文	2016.12
130	北京市中小学生体质分级预警机制建构与管理研究	甄志平	体育与运动学院	北京市教科规划青年专项课题	北京市教育科学规划领导小组办公室	研究报告、论文	2016.5
131	"能量理论"视域下教师轮岗交流政策实施研究	叶菊艳	教育学部	北京市教科规划青年专项课题	北京市教育科学规划领导小组办公室	研究报告、论文	2017.6
132	智慧学习环境下大学生自我调节能力培养策略的实证研究	郑兰琴	教育学部	北京市教科规划青年专项课题	北京市教育科学规划领导小组办公室	研究报告、论文	2017.6
133	北京市中小学师生对智慧教室环境感知研究	李葆萍	教育学部	北京市教科规划青年专项课题	北京市教育科学规划领导小组办公室	研究报告、论文	2016.12

2014 年度校级社会科学研究项目

序号	项目名称	负责人	承担部门	项目分类、类别	计划完成时间
1	中国共产党与国家治理现代化研究	孙秀民	马克思主义学院	文科自主科研重大项目	2016.9
2	中国共产党执政面临的风险与考验及其应对策略研究	马振清	马克思主义学院	文科自主科研一般项目	2016.9
3	中国特色社会主义制度的理论认同与实践发展	徐　斌	马克思主义学院	文科自主科研一般项目	2016.9
4	现代民事诉讼中的法院权力体系研究	郭　翔	法学院	文科自主科研一般项目	2016.9
5	儿童法治理念教育绘本编写研究	贺　丹	法学院	文科自主科研一般项目	2016.9
6	诚实信用原则在网络空间治理中的新发展	宋　刚	法学院	文科自主科研一般项目	2016.9
7	证券监管行政法问题研究	张　红	法学院	文科自主科研一般项目	2016.9
8	法律文化在法律发展中的作用研究	夏　扬	法学院	文科自主科研一般项目	2016.9
9	TPP 对中国知识产权保护的影响及对策研究	张桂红	法学院	文科自主科研一般项目	2016.9
10	民事检察监督制度实施状况实证研究	刘荣军	法学院	文科自主科研一般项目	2016.9
11	体育赛事电视转播权法律问题研究——国际法与比较法的视角	裴　洋	法学院	文科自主科研一般项目	2016.9
12	世界贸易组织中国涉诉案件法律分析	廖诗评	法学院	文科自主科研一般项目	2016.9
13	中国古代律令中的官吏治理策略与规范	吴海航	法学院	文科自主科研一般项目	2016.9
14	我国城市生活垃圾治理法律制度研究	冷罗生	法学院	文科自主科研一般项目	2016.9
15	古籍版本学的理论与实践	邓瑞全	古籍与传统文化研究院	文科自主科研一般项目	2016.9

续表

序号	项目名称	负责人	承担部门	项目分类、类别	计划完成时间
16	中国古代汉语天主教文献整理与研究	毛瑞方	古籍与传统文化研究院	文科自主科研一般项目	2016.9
17	北宋欧阳修、苏轼文人集团研究	张文澍	古籍与传统文化研究院	文科自主科研一般项目	2016.9
18	先秦两汉格言的时代变迁	史杰鹏	古籍与传统文化研究院	文科自主科研一般项目	2016.9
19	中国古代史部典籍存佚总目（含数据资源建设）	周少川	古籍与传统文化研究院	文科自主科研一般项目	2016.9
20	国际比较项目（ICP）理论与中国实践研究	邱　东	国民核算研究院	文科自主科研重大项目	2016.9
21	首都科技创新发展指数研究——基于创新生态系统的研究	杜勇宏	国民核算研究院	文科自主科研重点项目	2016.9
22	孔子学院动态资源库建设及发展方略研究	程　龙	汉语文化学院	文科自主科研重点项目	2016.9
23	海外中小学汉语教学研究	王学松	汉语文化学院	文科自主科研重点项目	2016.9
24	海外中小学中华文化教学研究	李炜东	汉语文化学院	文科自主科研重点项目	2016.9
25	中国资本市场投资者保护研究：机制创新与效果评价	崔学刚	经济与工商管理学院	文科自主科研重大项目	2016.9
26	我国系统性金融风险度量及预警机制研究	胡海峰	经济与工商管理学院	文科自主科研重点项目	2016.9
27	气候变化与中国外贸可持续发展研究	曲如晓	经济与工商管理学院	文科自主科研重点项目	2016.9
28	财产性税收的财富分布及收入分配效应研究	杨澄宇	经济与工商管理学院	文科自主科研重点项目	2016.9
29	一分为三的中国传统思维及其在管理学领域的实证研究	李　海	经济与工商管理学院	文科自主科研重点项目	2016.9
30	中国商品进口定价权问题研究	魏　浩	经济与工商管理学院	文科自主科研一般项目	2016.9
31	中国上市公司企业家能力研究	万　峰	经济与工商管理学院	文科自主科研一般项目	2016.9
32	基于多层次线性模型的文化创意企业动态能力研究	焦　豪	经济与工商管理学院	文科自主科研一般项目	2016.9
33	企业绿色创新行为的影响因素与形成路径研究——从管理者环境态度与压力感知的视角	申嫦娥	经济与工商管理学院	文科自主科研一般项目	2016.9
34	财经素养教育对消费者金融决策行为的影响研究	苏　淞	经济与工商管理学院	文科自主科研一般项目	2016.9
35	中国工业环境绩效演变及其影响因素研究	刘一萌	经济与资源研究院	文科自主科研一般项目	2016.9
36	北京产业调整和小城镇融合发展研究	邵　晖	经济与资源研究院	文科自主科研一般项目	2016.9
37	成本—效果（CEA）、成本—效益（CBA）经济学方法在大气污染治理中的应用及效果—以雾霾（PM10、PM2.5）为例	王　诺	经济与资源研究院	文科自主科研一般项目	2016.9
38	新时期中国城市群的空间重构特征及其动力机制研究——以武汉城市群为例	郑艳婷	经济与资源研究院	文科自主科研一般项目	2016.9
39	合作行为与草场退化治理的实验经济学研究	周晔馨	经济与资源研究院	文科自主科研一般项目	2016.9
40	下川遗址石制品原料产地调查研究	杜水生	历史学院	文科自主科研一般项目	2016.9

续表

序号	项目名称	负责人	承担部门	项目分类、类别	计划完成时间
41	基于学科能力的历史课程内容标准研究	郑 林	历史学院	文科自主科研一般项目	2016.9
42	中国古代史学思想特征研究	汪高鑫	历史学院	文科自主科研一般项目	2016.9
43	朱希祖与民国史学	周文玖	历史学院	文科自主科研一般项目	2016.9
44	清代北方人水矛盾及其调节——以永定河流域为中心	王培华	历史学院	文科自主科研一般项目	2016.9
45	出土文献与《诗经》研究	晁福林	历史学院	文科自主科研一般项目	2016.9
46	笔记小说与隋唐五代城市研究	宁 欣	历史学院	文科自主科研一般项目	2016.9
47	国民党和国民政府档案中新四军史料的整理与研究	邱 涛	历史学院	文科自主科研一般项目	2016.9
48	国民政府维护西藏主权的斗争（1927—1949）	张双智	历史学院	文科自主科研一般项目	2016.9
49	古代中国与西方史学重大历史理论问题研究	易 宁	历史学院	文科自主科研一般项目	2016.9
50	古代埃及与中国：外交婚姻比较研究	王海利	历史学院	文科自主科研一般项目	2016.9
51	法国旧制度下的济贫观念与救助措施	庞冠群	历史学院	文科自主科研一般项目	2016.9
52	德意志民族主义史学研究	孙立新	历史学院	文科自主科研一般项目	2016.9
53	精神卫生法的效果评价研究	梁小云	社会发展与公共政策学院	文科自主科研一般项目	2016.9
54	预防接种异常反应补偿政策成本及社会收益的系统动力学模型	胡晓江	社会发展与公共政策学院	文科自主科研重点项目	2016.9
55	北京市社区居家老年长期照护服务需求研究	萨支红	社会发展与公共政策学院	文科自主科研重点项目	2016.9
56	基于农村社区的老年抑郁预防适宜技术研究	屈智勇	社会发展与公共政策学院	文科自主科研重点项目	2016.9
57	城市社区治理体制创新：公共服务信息化与国际经验整合	王新松	社会发展与公共政策学院	文科自主科研一般项目	2016.9
58	西方当代戏剧理论与实践中的互联文化主义研究	曹雷雨	外国语言文学学院	文科自主科研一般项目	2016.9
59	论创新型法语语言文化教育教学	刘 芳	外国语言文学学院	文科自主科研一般项目	2016.9
60	系统功能语法与大学外语高水平教学的内容改革框架	彭宣维	外国语言文学学院	文科自主科研重点项目	2016.9
61	中国学生英语专业读写能力发展研究：以北京师范大学外文学院英文系新增课程“读写课”教学为例	孙迎晖	外国语言文学学院	文科自主科研一般项目	2016.9
62	大众文化与当代中日之间相互认知研究	王志松	外国语言文学学院	文科自主科研一般项目	2016.9
63	语篇体裁类型学视角下的知识建构研究	于 晖	外国语言文学学院	文科自主科研一般项目	2016.9
64	当代俄罗斯反法西斯战争文学研究	张 冰	外国语言文学学院	文科自主科研一般项目	2016.9
65	清代译学思想史研究	张 政	外国语言文学学院	文科自主科研重点项目	2016.9
66	布莱克早期诗画合体艺术研究	章 燕	外国语言文学学院	文科自主科研一般项目	2016.9
67	大学生思辨能力培养及发展模型构建研究——以北京师范大学拔尖类学生为例	祝 珣	外国语言文学学院	文科自主科研一般项目	2016.9

续表

序号	项目名称	负责人	承担部门	项目分类、类别	计划完成时间
68	心理弹性视角下的艾滋孤儿干预研究——基于 fMRI 脑成像的干预效果评估	林丹华	心理学院	文科自主科研一般项目	2016.9
69	社会地位和主观幸福感研究	张西超	心理学院	文科自主科研一般项目	2016.9
70	中国大学生生涯决策影响因素及干预模型研究	侯志瑾	心理学院	文科自主科研一般项目	2016.9
71	主观幸福感的神经机制研究	胡思源	心理学院	文科自主科研一般项目	2016.9
72	病理性哀伤的早期识别和干预	王建平	心理学院	文科自主科研一般项目	2016.9
73	社会情绪选择理论视域下社会比较对主观幸福感的影响	王大华	心理学院	文科自主科研一般项目	2016.9
74	儒家心理资产与工作倦怠的关系：自我效能的中介作用	李庆安	心理学院	文科自主科研一般项目	2016.9
75	小学生工作记忆与自动化图式对心算策略的影响的研究	刘儒德	心理学院	文科自主科研一般项目	2016.9
76	国际反恐重大现实问题研究	刘志伟	刑事法律科学研究院	文科自主科研重大项目	2016.9
77	刑法的人格解释原理	袁　彬	刑事法律科学研究院	文科自主科研重点项目	2016.9
78	死刑错案比较研究	蒋　娜	刑事法律科学研究院	文科自主科研重点项目	2016.9
79	刑事一体化的现实建构	黄晓亮	刑事法律科学研究院	文科自主科研一般项目	2016.9
80	刑事司法中困境未成年人的国家监护制度研究	廖　明	刑事法律科学研究院	文科自主科研一般项目	2016.9
81	中国社区矫正组织模式研究——以司法衔接与社会支持为切入点	苏明月	刑事法律科学研究院	文科自主科研一般项目	2016.9
82	刑事审级制度原理的跨学科分析	王　超	刑事法律科学研究院	文科自主科研一般项目	2016.9
83	通过国际刑事司法合作打击跨国文物贩运	张　磊	刑事法律科学研究院	文科自主科研一般项目	2016.9
84	社交媒体时代的大众文化传播机制研究	张洪忠	艺术与传媒学院	文科自主科研重大项目	2016.9
85	全球化视阈下亚洲电影产业竞争力与创作影响力研究	张　燕	艺术与传媒学院	文科自主科研重点项目	2016.9
86	新媒体时代的影像生产、传播与文化研究	陈晓云	艺术与传媒学院	文科自主科研重点项目	2016.9
87	电影内容预期评估的理论方法与模型建立	王宜文	艺术与传媒学院	文科自主科研一般项目	2016.9
88	范本教育与个性养成——书法教育的理念与方法	邓宝剑	艺术与传媒学院	文科自主科研一般项目	2016.9
89	20 世纪中国与俄苏现实主义美术比较研究	于安东	艺术与传媒学院	文科自主科研一般项目	2016.9
90	拉班学术思想在中国的教学与实践	肖向荣	艺术与传媒学院	文科自主科研一般项目	2016.9
91	国家级"非遗"校园集体舞	金千秋	艺术与传媒学院	文科自主科研一般项目	2016.9
92	类型学视角下汉语方言程度范畴研究	荣　晶	文学院	文科自主科研一般项目	2016.9
93	中国现代"革命文学"的谱系与结构研究	李　怡	文学院	文科自主科研一般项目	2016.9
94	中国古代文评专书全编	郭英德	文学院	文科自主科研一般项目	2016.9
95	中国学派的田野理论与方法	万建中	文学院	文科自主科研一般项目	2016.9

续表

序号	项目名称	负责人	承担部门	项目分类、类别	计划完成时间
96	北京礼仪文化传统及其当代重建研究	萧　放	文学院	文科自主科研一般项目	2016.9
97	汉语听觉语句加工中的母语经验、韵律及语义的脑认知机制	许小颖	文学院	文科自主科研一般项目	2016.9
98	中国当代文学海外传播路径创新与效果评估研究	刘洪涛	文学院	文科自主科研重点项目	2016.9
99	中小学语文国学经典教育现状调研及国学基本教材的编撰	张燕玲	文学院	文科自主科研重点项目	2016.9
100	中国当代大众文化史（1949—2012）	张　宁	文学院	文科自主科研一般项目	2016.9
101	汉字构型演化数字平台开发与应用	王　宁	文学院	文科自主科研重大项目	2016.9
102	当代学术语境中的实用主义研究	王成兵	哲学与社会学学院	文科自主科研重点项目	2016.9
103	中国哲学史上的体系性著述研究	李祥俊	哲学与社会学学院	文科自主科研重点项目	2016.9
104	转型中国：伦理基础变迁及其重建	晏　辉	哲学与社会学学院	文科自主科研重点项目	2016.9
105	完善村级治理机制研究	董磊明	哲学与社会学学院	文科自主科研一般项目	2016.9
106	辅广著作的辑佚整理及思想研究	田智忠	哲学与社会学学院	文科自主科研一般项目	2016.9
107	国家认同建构中的历史记忆问题研究	吴玉军	哲学与社会学学院	文科自主科研一般项目	2016.9
108	中学政治课学科能力提升策略研究	李晓东	哲学与社会学学院	文科自主科研一般项目	2016.9
109	当代西方政治代表理论的跟踪研究	聂智琪	哲学与社会学学院	文科自主科研一般项目	2016.9
110	渊源与演进：早期儒学脉络中荀子道德哲学	王　楷	哲学与社会学学院	文科自主科研一般项目	2016.9
111	直觉逻辑的一阶逻辑系统研究	陈　磊	哲学与社会学学院	文科自主科研一般项目	2016.9
112	知道行动的哲学分析与逻辑描述	郭佳宏	哲学与社会学学院	文科自主科研一般项目	2016.9
113	社会主义核心价值观的认同机制研究	王　葎	哲学与社会学学院	文科自主科研一般项目	2016.9
114	运动教育模式在大学体育课程教学中的应用研究	高　嵘	体育与运动学院	文科自主科研重点项目	2016.9
115	新《国家学生体质健康标准》（2014修订版）背景下对学生体能与体质关系的研究	孙　璞	体育与运动学院	文科自主科研重点项目	2016.9
116	我国校园足球运动可持续发展战略研究	郎　健	体育与运动学院	文科自主科研重点项目	2016.9
117	中国武术思想文化研究	屈国锋	体育与运动学院	文科自主科研重点项目	2016.9
118	基于动作发展学的3—6岁幼儿体操教学内容创新和体系建构的实验研究	查　萍	体育与运动学院	文科自主科研一般项目	2016.9
119	武术教育教学原理与实践研究	杜晓红	体育与运动学院	文科自主科研重点项目	2016.9
120	超越“信息主义”：媒介素养教育的文化向度	班建武	教育学部	文科自主科研一般项目	2016.9
121	家庭教育研究的“道”与“术”——以《道德经》四组范畴为方法论基础探索家庭教育学理论反思与学科建设的发展路径	陈建翔	教育学部	文科自主科研一般项目	2016.9
122	教师区域网络教研中知识进化模型及特点研究——从知识协同建构的视角	陈　玲	教育学部	文科自主科研一般项目	2016.9
123	我国幼儿园教师专业伦理规范研究	冯婉桢	教育学部	文科自主科研一般项目	2016.9

续表

序号	项目名称	负责人	承担部门	项目分类、类别	计划完成时间
124	“单独二孩”人口政策调整后学前教育应对政策研究：以北京市为例	洪秀敏	教育学部	文科自主科研一般项目	2016.9
125	当代大学生教育公平观研究——中日比较	姜星海	教育学部	文科自主科研一般项目	2016.9
126	平板电脑为终端的 1∶1 数字化创新教学研究	李葆萍	教育学部	文科自主科研一般项目	2016.9
127	STEM 教育视角下中小学科学创新教学模式研究	李艳燕	教育学部	文科自主科研一般项目	2016.9
128	中芬合作开展自闭症儿童技术辅助教学和干预的研究	刘艳虹	教育学部	文科自主科研一般项目	2016.9
129	基于知识地图的教师微培训方式与效果研究	马　宁	教育学部	文科自主科研一般项目	2016.9
130	学校场域下的教师学习模式研究：北京市两所学校的实证研究	裴　淼	教育学部	文科自主科研一般项目	2016.9
131	教育督导人员专业化管理制度国际比较研究	王　璐	教育学部	文科自主科研一般项目	2016.9
132	基于 M-learning 的师生共读经典文学作品之模型建构与实证研究	吴　娟	教育学部	文科自主科研一般项目	2016.9
133	基于教学自主的教师专业发展状况研究	姚计海	教育学部	文科自主科研一般项目	2016.9
134	新媒体技术支持下的 STEM 教育模式与学习环境的设计研究	张进宝	教育学部	文科自主科研一般项目	2016.9
135	以学习为中心的中小学校长领导力研究	赵德成	教育学部	文科自主科研一般项目	2016.9
136	基于大数据学习分析技术的大学生适应性调节学习技能的评价方法和干预研究	郑兰琴	教育学部	文科自主科研一般项目	2016.9
137	职业教育制度的经济分析（1904—1949）	周慧梅	教育学部	文科自主科研一般项目	2016.9
138	KM 图教学应用评价研究	周　颖	教育学部	文科自主科研一般项目	2016.9
139	中国学校研究	顾明远	教育学部	文科自主科研重大项目	2016.9
140	大学生失业危机引发重大社会危机的可能性及防范机制研究	洪成文	教育学部	文科自主科研重大项目	2016.9
141	中国地方政府教育治理结构和机制研究	鲍传友	教育学部	文科自主科研重点项目	2016.9
142	中小学内部治理结构创新完善与办学质量提升研究	程凤春	教育学部	文科自主科研重点项目	2016.9
143	提升师范生信息化教学能力的学科微课程资源开发研究	董　艳	教育学部	文科自主科研重点项目	2016.9
144	“十三五”期间幼儿教师的供给及其影响因素	杜　屏	教育学部	文科自主科研重点项目	2016.9
145	城镇化进程中农村教师心理韧性调查与促进研究	李　琼	教育学部	文科自主科研重点项目	2016.9
146	促进城市生活垃圾减量化的可持续消费教育实践共同体的建设与研究——以北京市学校社区垃圾处置的跨界管理体系运营为例	田　青	教育学部	文科自主科研重点项目	2016.9
147	电子书包中基于大数据的学生个性化信息挖掘与应用研究	武法提	教育学部	文科自主科研重点项目	2016.9

续表

序号	项目名称	负责人	承担部门	项目分类、类别	计划完成时间
148	中小学学生学习力与学科建设研究	郑 葳	教育学部	文科自主科研重点项目	2016.9
149	中外政治发展模式比较研究	施雪华	政府管理学院	文科自主科研重点项目	2016.9
150	基于社会网络关系的智能专家遴选与推荐平台建设	耿 骞	政府管理学院	文科自主科研重点项目	2016.9
151	2014中国民生发展报告——民生中国梦	唐任伍	政府管理学院	文科自主科研重大项目	2016.9
152	中国城市社区公共安全治理指标体系构建	王宏新	中国社会管理研究院	文科自主科研一般项目	2016.9
153	社会治理人才研究	游祥斌	中国社会管理研究院	文科自主科研一般项目	2016.9
154	基于定性比较分析方法的社会治理创新案例研究	刘 冰	中国社会管理研究院	文科自主科研一般项目	2016.9
155	社会治理的组织与模式研究	陈 鹏	中国社会管理研究院	文科自主科研一般项目	2016.9
156	部分国家和地区政府购买社会公共服务研究	张汝立	中国社会管理研究院	文科自主科研一般项目	2016.9
157	中国共产党与国家治理现代化研究	孙秀民	马克思主义学院	文科自主科研重大项目	2016.9

（北京师范大学社科处刘娜供稿）

中央民族大学

2014年度承担国家级、省部级社会科学研究项目

序号	项目名称	负责人	承担部门	项目分类、类别	项目来源单位	预期成果形式	计划完成时间
1	藏传佛教思想史资料选编暨藏传佛教思想史论	班班多杰	哲学与宗教学学院	国家社会科学基金、重大项目	全国哲学社会科学规划办公室	专著	2017.12
2	少数民族海外华人研究	丁 宏	民族学与社会学学院	国家社会科学基金、重大项目	全国哲学社会科学规划办公室	专著	2017.12
3	新发现民族古文字调查研究与数据库建设	李锦芳	民族学与社会学学院	国家社会科学基金、重大项目	全国哲学社会科学规划办公室	专著	2017.12
4	《中国民族志》（英文版）	杨圣敏	民族学与社会学学院	国家社会科学基金、中华外译项目	全国哲学社会科学规划办公室	译著	2016.12
5	蒙古语族语言语料库研制（蒙古、达斡尔、土族语部分）	包玉柱	期刊社	国家社会科学基金、重点项目	全国哲学社会科学规划办公室	专著、工具书	2018.12
6	东南亚汉语传播的国别比较研究	吴应辉	国院教育学院	国家社会科学基金、重点项目	全国哲学社会科学规划办公室	专题论文集	2017.12
7	民族地区文化产业发展的商业模式创新研究	胥悦红	管理学院	国家社会科学基金、重点项目	全国哲学社会科学规划办公室	专著	2017.12
8	老年人口的健康不平等问题及解决机制研究	焦开山	民族学与社会学学院	国家社会科学基金、一般项目	全国哲学社会科学规划办公室	研究报告	2016.12
9	《布顿佛教史》蒙文译本研究	乌力吉巴雅尔	蒙文系	国家社会科学基金、一般项目	全国哲学社会科学规划办公室	专著	2017.12
10	蒙古族服饰文化的多学科研究	苏日娜	期刊社	国家社会科学基金、一般项目	全国哲学社会科学规划办公室	专著	2017.2

续表

序号	项目名称	负责人	承担部门	项目分类、类别	项目来源单位	预期成果形式	计划完成时间
11	中央支持民族地区财政政策效果评价与调整方向研究	张冬梅	经济学院	国家社会科学基金、一般项目	全国哲学社会科学规划办公室	专著	2017. 12
12	维吾尔民间叙事诗口头传统研究	阿不力奇木	维吾尔语言文学系	国家社会科学基金一般项目	全国哲学社会科学规划办公室	专著	2017. 7
13	解释学与西方文学观念的现代转型研究	王业伟	外国语学院	国家社会科学基金、一般项目	全国哲学社会科学规划办公室	专著	2017. 9
14	现代维吾尔语生成语法研究	力提甫·托乎提	维吾尔语言文学系	国家社会科学基金、一般项目	全国哲学社会科学规划办公室	专著、工具书	2017. 12
15	中国第一历史档案馆藏清代哈萨克文文书语言结构研究	杜山那里·阿不都拉西	维吾尔语言文学系	国家社会科学基金、一般项目	全国哲学社会科学规划办公室	专著	2018. 9
16	刑事案件并案与分案处理程序研究	张泽涛	法学院	国家社会科学基金、一般项目	全国哲学社会科学规划办公室	专著	2016. 12
17	草原文明与农耕文明的互动与文化传播研究	邢　莉	新闻与传播学学院	国家社会科学基金、一般项目	全国哲学社会科学规划办公室	专著、专题论文集	2017. 12
18	《穆卡迪玛特阿勒—阿达布》词典蒙古语研究	色音巴雅尔	蒙文系	国家社会科学基金、一般项目	全国哲学社会科学规划办公室	专著	2017. 12
19	跨界民族人口统计分析与调查研究	沈　思	理学院	国家社会科学基金、青年项目	全国哲学社会科学规划办公室	专题论文集、研究报告	2016. 12
20	东部城市流动彝族人的组织与群体行动研究	刘东旭	世界民族学人类学研究中心	国家社会科学基金、青年项目	全国哲学社会科学规划办公室	专著	2016. 12
21	民国初期北京地区中国画研究	赵盼超	美术学院	国家社会科学基金、后期资助项目	全国哲学社会科学规划办公室	专著	2016. 12
22	朝鲜寓言拟人传记文学研究	李　岩	少数民族语言文学系	国家社会科学基金、后期资助项目	全国哲学社会科学规划办公室	专著	2016. 12
23	清江流域土家族“打喜”仪式研究	王　丹	宣传部	国家社会科学基金、后期资助项目	全国哲学社会科学规划办公室	专著	2016. 12
24	布依语参考语法	周国炎	少数民族语言文学系	国家社会科学基金、后期资助项目	全国哲学社会科学规划办公室	专著	2016. 12
25	蒙古语喀喇沁土语语言接触个案研究	包玉柱	期刊社	国家哲学社会科学成果文库	全国哲学社会科学规划办公室	专著	2016. 12
26	朝鲜中古文学批评史研究	李　岩	少数民族语言文学系	国家哲学社会科学成果文库	全国哲学社会科学规划办公室	专著	2016. 12
27	推进民族地区义务教育均衡发展研究	袁　梅	教育学院	全国教育规划项目（国家级）	全国哲学社会科学规划办公室	专著	2016. 12
28	民族区域自治制度与国家安全、治理体系和能力现代化与中国软实力研究	巫　达	民族学与社会学学院	教育部人文社科重点基地重大项目	教育部	研究报告	2016. 12
29	民族事务领域新型智库建设与应用研究	宋　敏	校办	教育部人文社科重点基地重大项目	教育部	论文	2016. 12

续表

序号	项目名称	负责人	承担部门	项目分类、类别	项目来源单位	预期成果形式	计划完成时间
30	近代化视野下晚清理学的流变与价值研究	张晨怡	历史文化学院	教育部人文社科、青年项目	教育部	专著	2016.12
31	明代都司卫所管理体制研究	彭　勇	历史文化学院	教育部人文社科、一般项目	教育部	专著	2016.12
32	讲述记忆认同——走马镇民间故事讲	林继富	新闻与传播学学院	教育部人文社科、后期资助项目	教育部	专著	2015.12
33	北京市中学“内地新疆、西藏班”办学现状与对策研究	何　伟	理学院	北京教育规划、重点项目	北京市教育规划办公室	论文	2016.12
34	北京市新生代农民工群体性事件研究	柴　玲	民族学与社会学学院	北京市社会科学基金项目	北京市哲学社会科学规划办公室	专著	2016.12
35	影响民族间文化沟通的社会心理机制：以北京为例	吴　莹	民族学与社会学学院	北京市社会科学基金项目	北京市哲学社会科学规划办公室	专著	2016.12
36	城市贫困人口医疗保障之“北京模式”研究	杨　慧	民族学与社会学学院	北京市社会科学基金项目	北京市哲学社会科学规划办公室	专著	2016.12
37	新型城镇化背景下北京市农村转移劳动力就业问题研究	李凤梅	管理学院	北京市社会科学基金项目	北京市哲学社会科学规划办公室	专著	2016.12
38	北京市社会治理中公众利益吸纳机制研究	周晓丽	管理学院	北京市社会科学基金项目	北京市哲学社会科学规划办公室	专著	2016.6
39	北京大学生就业质量及影响因素研究	黄　锐	管理学院	北京市社会科学基金项目	北京市哲学社会科学规划办公室	专著	2016.9
40	北京市维吾尔族务工人员随迁子女学校适应状况调查研究：基于教育人类学的视角	海　路	教育学院	北京市社会科学基金项目	北京市哲学社会科学规划办公室	专著	2015.12
41	藏文网络舆情话题跟踪技术研究	胥桂仙	信息工程学院	北京市社会科学基金项目	北京市哲学社会科学规划办公室	专著	2016.4
42	区域社会史视野下的北京香会研究	张青仁	世界民族学人类学研究中心	北京市社会科学基金项目	北京市哲学社会科学规划办公室	专著	2016.12
43	社会转型期清真寺犯罪控制功能研究	李思川	法学院	司法部项目	司法部	研究报告	2016.12
44	民族地区师范院校双语教师培养培训机制建设研究	林　玲	教育学院	教育部民族教育项目	教育部	专著	2016.12
45	中美少数民族学生数学学习的比较研究	梁　芳	理学院	教育部民族教育项目	教育部	论文	2016.12
46	中外民族教育政策比较研究	吴明海	教育学院	教育部民族教育项目	教育部	专著	2016.12
47	少数民族学生心理特点及学习规律研究——以中央民族大学新疆、西藏籍学生为个案	常永才	教育学院	教育部民族教育项目	教育部	专著	2016.12
48	高校作曲教学中中国少数民族题材作品创作与研究	斯琴朝克图	蒙文系	教育部民族教育项目	教育部	专著	2016.12
49	藏传佛教对学校教育的影响研究	周润年	藏学院	教育部民族教育重大项目	教育部	专著	2016.12

续表

序号	项目名称	负责人	承担部门	项目分类、类别	项目来源单位	预期成果形式	计划完成时间
50	《专利代理惩戒规则》（试行）立法后评估	雷明光	法学院	国家知识产权局	国家知识产权局	论文	2016. 12
51	中央与民族自治地方政府间财政关系研究	王玉玲	经济学院	国家民委民族问题研究	国家民族事务委员会	专著	2014. 12
52	新时期武陵山片区经济社会协同发展路径与政策创新研究	刘璐琳	管理学院	国家民委民族问题研究	国家民族事务委员会	专著	2014. 12
53	东部城市流动彝族人的组织与群体行动研究	刘东旭	世界民族学人类学研究中心	国家民委民族问题研究	国家民族事务委员会	专著	2014. 12
54	西南地区非物质文化遗产保护研究——以大理白族为例	王军杰	教务处	国家民委民族问题研究	国家民族事务委员会	专著	2014. 12
55	缅北民族冲突的走势及其对中国西南边疆安全与治理的影响研究	王阳林	理学院	国家民委民族问题研究	国家民族事务委员会	专著	2014. 12
56	维吾尔族大学生就业状况调查及对策分析	付春晓	理学院	国家民委民族问题研究	国家民族事务委员会	专著	2014. 12
57	2013 民族理论政策研究热点综览	吴玉刚	中国民族理论与民族政策研究院	国家民委民族问题研究	国家民族事务委员会	专题研究报告	2014. 12
58	宗教因素对民族关系影响研究	孙　婷	管理学院	国家民委民族问题研究	国家民族事务委员会	专著	2015. 5
59	中亚民族关系与冲突研究译丛	何克勇	国际交流与合作处	国家民委民族问题研究	国家民族事务委员会	专著	2014. 4
60	民族地区社会组织培育机制创新研究	车　峰	管理学院	国家民委民族问题研究	国家民族事务委员会	专著	2014. 4
61	武陵片区苗族建筑艺术的保护与传承——绥宁大园古苗寨个案研究	赵秀琴	宣传部	国家民委民族问题研究	国家民族事务委员会	专著	2015. 5
62	民族地区普通中学学生的文化认同、族际互动心理状况与民族团结教育的革新	常永才	教育学院	国家民委民族问题研究	国家民族事务委员会	专著	2015. 5
63	民族院校大学生就业质量评价指标体系研究	褚　萍	就业处	国家民委民族问题研究	国家民族事务委员会	专著	2014. 4
64	新时期民族地区双语教育现状与问题的实证研究	李红霞	博物馆	国家民委民族问题研究	国家民族事务委员会	专著	2016. 4
65	2014 世界民族问题跟踪研究	庄晨燕	世界民族学人类学研究中心	国家民委民族问题研究	国家民族事务委员会	专著	2015. 5
66	社会组织参与民族地区职业教育作用研究	江　波	人事处	国家民委民族问题研究	国家民族事务委员会	专著	2015. 5
67	少数民族传统文化信息资源库研究	丁　宏	民族学与社会学学院	国家民委民族问题研究	国家民族事务委员会	专著	2015. 7
68	中国跨界民族研究动态	王　军	中国民族理论与民族政策研究院	国家民委民族问题研究	国家民族事务委员会	专著	2015. 7

续表

序号	项目名称	负责人	承担部门	项目分类、类别	项目来源单位	预期成果形式	计划完成时间
69	武陵山片区少数民族留守儿童教育问题研究——以湖南省麻阳苗族自治县为典型调研	乌小花	中国民族理论与民族政策研究院	国家民委民族问题研究	国家民族事务委员会	专著	2015.9
70	汉语国际传播背景下中亚地区汉语传播可持续发展策略研究	格桑央京	国际教育学院	国家民委民族问题研究	国家民族事务委员会	专著	2015.9
71	使民族团结运转起来——从民族问题视角研究民族团结进步创建活动理论	何修良	校办	国家民委民族问题研究	国家民族事务委员会	专著	2015.9
72	社会转型期大学生的民族认同与国家认同意识调查——基于定性和定量的综合性研究	祁进玉	民族学与社会学学院	国家民委民族问题研究	国家民族事务委员会	专著	2015.9
73	2014北京市科技行政法制相关问题研究	张步峰	法学院	北京市科学技术委员会	北京市科学技术委员会	论文、研究报告	2015.12

2014年度校级社会科学研究项目

序号	项目名称	负责人	承担部门	预期成果形式	计划完成时间
1	中国少数民族语言文学和文献的传承和数字化	阿不都热西提·亚库甫	中国少数民族语言文学学院	数据库、网站等	2014.12
2	中国少数民族语文政策理论研究	戴庆厦	中国少数民族语言文学学院	研究报告	2014.12
3	少数民族濒危语言保护研究规范与实践	李锦芳	中国少数民族语言文学学院	研究报告等	2014.12
4	少数民族语言本体研究	姜镕泽	中国少数民族语言文学学院	论文集、专著	2014.12
5	新疆少数民族语言有声调查与数据库建设	张定京	中国少数民族语言文学学院	研究报告等	2014.12
6	《新中国语言政策演变对新疆语言生活的影响研究》的补充研究	王远新	中国少数民族语言文学学院	研究报告	2014.12
7	胡仁·乌力格尔流派和传承人研究	朝格吐	中国少数民族语言文学学院	研究报告	2014.12
8	中国少数民族语言信息结构	胡素华	中国少数民族语言文学学院	研究报告等	2014.12
9	青海省河南蒙古族自治县蒙古语调查研究	敖特根其其格	少数民族语言文学系	研究报告	2014.12
10	青海藏区藏族所用汉语特征的调查	蒋建设	少数民族语言文学系	研究报告	2014.12
11	彝语新平、楚雄方言格助词研究	杨 波	少数民族语言文学系	研究报告	2014.12
12	南方少数民族题材电影专题研究	王利萍	少数民族语言文学系	研究报告	2014.12
13	胡仁·乌力格尔与汉族曲艺种类之关系研究	好比斯嘎拉图	蒙古语言文学系系	研究报告	2014.12

续表

序号	项目名称	负责人	承担部门	预期成果形式	计划完成时间
14	古代维吾尔语民间诗歌及谚语研究	热孜娅·努日	维吾尔语言文学系	专著	2014.12
15	哈萨克族阿肯阿依特斯及其传承特点（以新疆阿勒泰地区富蕴县为例）	娜斯拉·阿依拖拉	哈萨克语言文学系	研究报告	2014.12
16	法国存在主义文学的中韩译评比较研究	金　艳	朝鲜语言文学系	专著	2014.12
17	吐鲁番地区回鹘文题记调查与研究	李　刚	少数民族语言文学系	调研报告	2014.12
18	语言保持与语言传承——以中国北方四小民族青少年语言调查材料为例	曹　波	少数民族语言文学系	研究报告	2014.12
19	佤族双语使用历史与现状研究	董秀玲	少数民族语言文学系	研究报告	2014.12
20	彝语腊罗话程度表达形式调查研究	李　晶	少数民族语言文学系	研究报告	2014.12
21	藏缅语族语言弱化音节研究	王　玲	少数民族语言文学系	研究报告	2014.12
22	“松紧”的实验研究	李立宁	少数民族语言文学系	论文	2014.12
23	西盟佤族祭词研究	叶黑龙	少数民族语言文学系	研究报告	2014.12
24	中蒙边境地区蒙古语言文字信息化建设研究——以内蒙古自治区呼伦贝尔市新巴尔虎右旗为个案	杨媛媛	少数民族语言文学系	研究报告	2014.12
25	现代媒体与布依族语言文字保护研究	杨　菁	少数民族语言文学系	研究报告	2014.12
26	吐鲁番地区博物馆馆藏回鹘文文献调查研究	张巧云	少数民族语言文学系	研究报告	2014.12
27	禄劝彝族苗族自治县县彝文《丧葬经》整理与研究	李绍华	少数民族语言文学系	研究报告	2014.12
28	类型学视角下的彝语腊罗话动词语法范畴研究	周廷升	少数民族语言文学系	学术论文	2014.12
29	新世纪少数民族汉语小说研究	王　敏	少数民族语言文学系	研究报告	2014.12
30	蒙文格斯尔传说比较研究——青海与巴林地区文本为例	迎　春	蒙古语言文学系系	研究报告、论文	2014.12
31	蒙藏两个民族风马旗信仰比较研究	阿雅拉古	蒙古语言文学系系	研究报告	2014.12
32	汉族演义小说《薛刚反唐》在蒙古族地区的传播调查	包撒仁其木格	蒙古语言文学系系	研究报告、论文	2014.12
33	卫拉特蒙古机智人物故事研究	韩慧光	蒙古语言文学系系	研究报告	2014.12
34	基于语音声学参数的土族语重音研究	韩国君	蒙古语言文学系系	论文	2014.12
35	维吾尔语和日语情态系统对比研究	赛丽塔提·哈力克	维吾尔语言文学系	论文及语料	2014.12
36	轮台土语研究	热依汉丽·图尔迪	维吾尔语言文学系	论文集	2014.12
37	现代维吾尔语中的有定性研究	祖农·纳司尔丁	维吾尔语言文学系	研究报告	2014.12
38	维吾尔语和撒拉语共同词语的词源学研究	吐拉买提·艾木都拉	维吾尔语言文学系	研究报告	2014.12

续表

序号	项目名称	负责人	承担部门	预期成果形式	计划完成时间
39	在传统语法中的维吾尔语词类与生成句法框架内的维吾尔语语类比较研究	阿力木江	维吾尔语言文学系	研究报告	2014. 12
40	尼合迈德·蒙加尼作品研究	杜曼·加合甫	哈萨克语言文学系	研究报告	2014. 12
41	现代维吾尔语推导逻辑关系体系研究	米日班·吐尔逊	哈萨克语言文学系	研究报告	2014. 12
42	改革开放后中国朝鲜语词汇变化研究	沈海兰	朝鲜语言文学系	研究报告	2014. 12
43	中韩现代主义文学比较研究	赵勇淑	朝鲜语言文学系	专著	2014. 12
44	民族地区模式识别技术应用研究	郑　睿	信息工程学院	专著等	2014. 12
45	哈尼梯田水稻遗传资源及传统知识的民族生态学研究	成　功	生命与环境科学学院	论文、研究报告	2015. 12
46	内蒙古草原鸟类生物基因多态性及其适应全球气候变化的进化意义研究	张淑萍	生命与环境科学学院	论文	2015. 12
47	西藏及四省藏区人口发展差距的定量化研究	蔡果兰	理学院	研究报告	2014. 12
48	我国西北地区产业结构升级与社会充分就业问题研究	马胜春	理学院	研究报告	2014. 12
49	从计量模型的角度探索民族学生的内地培养模式	王　兢	理学院	研究报告	2014. 12
50	民族地区义务教育阶段数学学业成就的计量模型研究	苏傲雪	理学院	研究报告	2014. 12
51	少数民族地区农村留守老人经济供养现状分析及预测研究	苏宇楠	理学院	研究报告	2014. 12
52	云南省瑞丽市缅甸人聚居区调查	胡　琰	民族学与社会学学院	报告	2014. 12
53	企业技术进步与部门间关系结构：基于“一汽轿车”的个案研究	王旭辉	民族学与社会学学院	报告	2014. 12
58	产权视角下的湖泊开发与保护	柴　玲	民族学与社会学学院	报告	2014. 12
55	经济人类学在工商领域的应用研究	施　琳	民族学与社会学学院	报告	2014. 12
56	贵州仡佬族文化旅游资源保护与开发研究	李劲松	民族学与社会学学院	报告	2014. 12
57	民族旅游消费空间的社会建构——基于四川省西昌市安哈镇的个案研究	董　研	民族学与社会学学院	报告	2014. 12
58	关中地区汉人社会丧葬习俗的历史人类学考察	马　赛	民族学与社会学学院	报告	2014. 12
59	北京高校大学生的民族认同与国家认同意识调查研究	祁进玉	民族学与社会学学院	报告	2014. 12
60	社会工作专业硕士（MSW）培养模式研究——基于三所典型高校的拓展个案分析	卫小将	民族学与社会学学院	报告	2014. 12
61	厌恶情绪与群际关系	吴　莹	民族学与社会学学院	报告	2014. 12
62	西藏传统铜佛造像制作工艺研究	袁凯铮	民族学与社会学学院	报告	2014. 12
63	散杂居满族家谱现状调研——以山东省青州市北城社区为例	刘明新	民族学与社会学学院	报告	2014. 12

续表

序号	项目名称	负责人	承担部门	预期成果形式	计划完成时间
64	中国考古遗址人群下颌骨的体质人类学研究	李海军	民族学与社会学学院	论文集	2014. 12
65	西藏夏鲁寺壁画制作材料及工艺研究	马赞峰	民族学与社会学学院	报告	2014. 12
66	职业晋升中的性别不平等——基于中国综合社会调查数据的实证分析	秦广强	民族学与社会学学院	报告	2014. 12
67	北京市六类贫困人口医疗保障项目的发展变化及实施效果研究	杨　慧	民族学与社会学学院	报告	2014. 12
68	日喀则地区藏族陶器制作技艺保护与传承调查研究	朱　萍	民族学与社会学学院	报告	2014. 12
69	云南藏族地区“社区影像民族志”活动与传统文化保护与传承研究	朱靖江	民族学与社会学学院	报告	2014. 12
70	吐蕃赞普王权神话研究	张亚辉	民族学与社会学学院	报告	2014. 12
71	少数民族地区的饮食人类学探究	杨青青	民族学与社会学学院	报告	2014. 12
72	烟台历史文化名城的保护研究	张薇薇	民族学与社会学学院	报告	2014. 12
73	跨越市场的中间人——对跨界民族角色地位的新探索	朴光星	民族学与社会学学院	报告	2014. 12
74	居民的休闲娱乐活动与城市公共空间的使用与建设——以 F 市老城区为例	良警宇	民族学与社会学学院	报告	2014. 12
75	构建民族社会工作理论研究框架——文化连续体、交叠共识与结构耦合	郑文换	民族学与社会学学院	报告	2014. 12
76	民族区域自治制度的完善与发展	关　凯	民族学与社会学学院	报告	2014. 12
77	少数民族散工的社会网络与劳动力市场分层——基于社会管理的视角	黄志辉	民族学与社会学学院	论文集	2014. 12
78	少数民族人口的城镇化状况及其发展趋势——基于“五普”和“六普”数据的比较研究	焦开山	民族学与社会学学院	报告	2014. 12
79	社会学热点问题研究	代堂平	民族学与社会学学院	报告	2014. 12
80	西鄂尔多斯濒危药用植物蒙古沙冬青种质资源保存与生态适宜性研究	阿里穆斯	中国少数民族传统医学研究院	研究报告等	2014. 12
81	明清北京地区少数民族宗教汉文史料搜集与整理	刘泳斯	哲学与宗教学学院	研究报告	2014. 12
82	哲学史上的三次“哥白尼革命”思想研究	常　宏	哲学与宗教学学院	专著	2014. 12
83	当代天主教宗教对话理论	高　喆	哲学与宗教学学院	专著	2014. 12
84	马克思哲学与形而上学问题	刘　梅	哲学与宗教学学院	专著	2014. 12
85	有线电视创新转型的康卡斯特模式	杨晓凌	文学与新闻传播学院	研究报告	2014. 12
86	北京牛街回族民俗适应性研究	王卫华	文学与新闻传播学院	研究报告	2014. 12
87	《论语》核心词汇的英译研究	高志强	文学与新闻传播学院	研究报告	2014. 12
88	中国当代文学之“民族形式”研究	毕　海	文学与新闻传播学院	研究报告	2014. 12
89	齐己年谱	王秀林	文学与新闻传播学院	研究报告	2014. 12
90	事件结构与现代汉语虚词的互动研究	谢成名	文学与新闻传播学院	论文集	2014. 12

续表

序号	项目名称	负责人	承担部门	预期成果形式	计划完成时间
91	中国开放源代码运动参与者的参与动机研究	范小青	文学与新闻传播学院	研究报告、其他	2014. 12
92	自媒体语境下民族主题网络舆情研究	杨　超	文学与新闻传播学院	研究报告	2014. 12
93	社区司法研究——以民族社会为视野	王　琪	法学院	论文	2014. 12
94	少数民族地区被害人司法救助制度研究	李　扬	法学院	论文	2014. 12
95	民族刑事政策的反思与重构	闫永安	法学院	论文	2014. 12
96	行政法中不确定法律概念的司法审查	刘志峰	法学院	论文	2014. 12
97	物权行为理论之可继受性再思考	唐　勇	法学院	论文	2014. 12
98	网络舆情监管法制化研究	史艳丽	法学院	论文	2014. 12
99	知识产权侵权诉讼举证责任研究	熊文聪	法学院	论文	2014. 12
100	知识产权质权实行规则研究	刘阅春	法学院	论文	2014. 12
101	中外民族事务管理机构比较研究	傅景亮	管理学院	研究报告	2014. 12
102	心理资本视角下我校大学生职业生涯发展能力培养研究	刘李豫	管理学院	研究报告	2014. 12
103	内部控制、外部审计与资本成本：理论分析与经验证据	盛庆辉	管理学院	论文集、其他	2014. 12
104	西部民族地区特色企业集群培育及其经济效益研究	叶　华	管理学院	研究报告	2014. 12
105	新型城镇化背景下民族地区农村转移劳动力就业问题研究	李凤梅	管理学院	研究报告	2014. 12
106	涉及民族因素突发事件预警预防机制研究	卢小平	管理学院	研究报告	2014. 12
107	企业家信仰对食品安全问题的影响：基于道德约束的中介效应研究	谢作渺	管理学院	研究报告	2014. 12
108	城市少数民族流动人口服务管理体系建设研究	孙　婷	管理学院	研究报告	2014. 12
109	重大科技工程协同创新模式与机制研究	贺新闻	管理学院	研究报告、其他	2014. 12
110	民族地区社会组织培育机制创新研究	车　峰	管理学院	研究报告	2014. 12
111	10至11世纪华北地区的边界、族性与忠诚——辽代的越境之举	曹　流	历史文化学院	著作翻译	2014. 12
112	碑刻、史传与文集：对唐代幽州节度使刘济的三种解读	蒋爱花	历史文化学院	发表论文	2014. 12
113	希腊化文化研究	崔丽娜	历史文化学院	论文等	2014. 12
114	“勤求民隐”下的钦差之死：嘉庆十三年的“广兴案”	崔　岷	历史文化学院	专题论文	2014. 12
115	《冈志》沈抄本与草稿本对照研究	丁慧倩	历史文化学院	研究报告	2014. 12
116	西域南海史地考证及相关问题	钟　焓	历史文化学院	论文	2014. 12
117	烟瘴史料辑录及研究	赵　桅	历史文化学院	文献整理	2014. 12
118	晚清知识群体与近代中国社会变迁	张晨怡	历史文化学院	论文集	2014. 12
119	20世纪30年代哈密事变中民族关系的矛盾与调适研究	赵逸研	历史文化学院	论文	2014. 12

续表

序号	项目名称	负责人	承担部门	预期成果形式	计划完成时间
120	从远西奇器图说看中国传统科技的近代化起步	孙　超	历史文化学院	研究报告	2014. 12
121	17—18 世纪卫拉特（准噶尔）与清朝、俄国的关系	盛肖霞	历史文化学院	论文	2014. 12
122	清实录烟瘴史料辑编	段阳萍	历史文化学院	整理汇编、校对	2014. 12
123	明代贵州建省对贵州发展的影响	唐　莉	历史文化学院	调研报告等	2014. 12
124	顿渐之争对吐蕃佛教的影响	周　拉	藏学研究院	论文	2014. 12
125	藏传佛教博东派历史人物研究	次仁达瓦	藏学研究院	论文	2014. 12
126	西方译学理论概述	那加才旦	藏学研究院	论文	2014. 12
127	论《诗镜》在蒙古地区的传播	完代克	藏学研究院	论文	2014. 12
128	元代汉藏科教文化交流	央　珍	藏学研究院	论文	2014. 12
129	《释库如意珍宝》有关藏王聂赤赞普的记载	杨毛措	藏学研究院	论文	2014. 12
130	21 世纪藏语中篇小说的文化透视	增宝当周	藏学研究院	论文	2014. 12
131	清乾隆时期京师藏传佛教寺院的特殊作用	张子新	藏学研究院	论文	2014. 12
132	试论吐蕃王朝时期的翻译事业及其对藏族文化的影响	仁乃杰	藏学研究院	论文	2014. 12
133	民族分裂活动中的宗教因素研究	王冬丽	马克思主义学院	研究报告	2014. 12
134	东北少数民族地区小康社会建设进程研究	孟凡东	马克思主义学院	研究报告	2014. 12
135	当代中国文化创新的总体性辩证法	刘　然	马克思主义学院	研究报告或其他	2014. 12
136	网络外交发展前沿研究	王　军	马克思主义学院	研究报告	2014. 12
137	中国社会主义市场经济条件下产能过剩问题研究	陶　玉	马克思主义学院	研究报告	2014. 12
138	第三代人权观视角下边疆少数民族权力保障研究	马东亮	马克思主义学院	研究报告、论文	2014. 12
139	国家治理现代化中道德与法律关系的平衡问题研究	韩克芳	马克思主义学院	论文集等	2014. 12
140	创新要素对促进少数民族文化发展的价值与实践研究	师英杰	马克思主义学院	研究报告	2014. 12
141	后马克思主义民族问题：差异性与文化身份认同	宝艳园	马克思主义学院	论文集等	2014. 12
142	马克思主义中国化的国际影响与世界意义研究	宫玉涛	马克思主义学院	研究报告	2014. 12
143	社会主义核心价值观与新媒体发展研究	王金磊	马克思主义学院	研究报告	2014. 12
144	网络空间中的价值世界——网络行动与价值选择的关联机制研究	邵士庆	马克思主义学院	研究报告	2014. 12
145	马克思的社会形态理论及其当代意义	田志亮	马克思主义学院	研究报告	2014. 12
146	晚年马克思的民族思想研究	王晓红	马克思主义学院	研究报告	2014. 12
147	澄清马克思的“必然王国”概念——从马克思与汉娜·阿伦特相关思想的比较入手	邓明艳	马克思主义学院	研究报告	2014. 12

续表

序号	项目名称	负责人	承担部门	预期成果形式	计划完成时间
148	改革开放以来中国共产党领导人的经济思想及其传承与创新	苏海舟	马克思主义学院	研究报告	2014.12
149	反恐国际话语意识形态研究	王云芳	马克思主义学院	研究报告	2014.12
150	民族院校大学生理想信念教育时效性研究——以中央民族大学为例	刘　涛	马克思主义学院	研究报告	2014.12
151	文化回应教学理论在内地西藏班的应用研究	许丽英	教育学院	研究报告或论文	2014.12
152	民族地区双语教育现状与问题研究——以新疆蒙古族、哈萨克族学校双语教育为个案	袁　梅	教育学院	研究报告	2014.12
153	北京高校少数民族大学生自主发展的行动与效果研究	夏仕武	教育学院	论文集等	2014.12
154	民族院校本科学生发展的影响因素探究——从就读经验的角度	白　华	教育学院	研究报告或其他	2014.12
155	畲族民歌的传承与发展	雷桂榕	教育学院	论文集等	2014.12
156	藏族和汉族儿童的民族刻板印象	高　兵	教育学院	其他	2014.12
157	渝东南民俗文化空间建构	崔鸿飞	教育学院	其他	2014.12
158	产业承接背景下民族地区城镇化模式优化的动态研究	舒燕飞	经济学院	论文和研究报告	2014.12
159	西北民族地区乡村旅游产业发展的投融资体系研究	侯志茹	经济学院	研究报告	2014.12
160	民族地区牧民就地（就近）特色城镇化研究	刘云喜	经济学院	研究报告	2014.12
161	互联网技术推动下民族地区农村金融市场发展问题研究	郭利华	经济学院	研究报告	2014.12
162	新型城镇化建设的融资方式研究	侯超惠	经济学院	研究报告	2014.12
163	西部地区产业结构升级的资金要素性质研究	王　博	经济学院	研究报告	2014.12
164	中国少数民族特需商品旅游购物市场开发研究	王润球	经济学院	研究报告	2014.12
165	上海合作组织框架下的能源多边合作机制的建设——以“新丝路”为视角	谢文心	经济学院	研究报告	2014.12
166	资源环境产权论民族地区利益实现	张冬梅	经济学院	研究报告、论文	2014.12
167	中国“走出去”企业的社会责任问题研究	喆　儒	经济学院	研究报告、论文	2014.12
168	中国领先制造类企业全球采购能力建设的案例研究	周　英	经济学院	研究报告	2014.12
169	基于民族视角的少数民族聚居区产业定位问题研究	吕志燕	经济学院	研究报告	2014.12
170	云南临沧边境经济合作区中小企业对外合作模式研究	田东霞	经济学院	研究报告、论文	2014.12
171	继承与创新：杰克·凯鲁亚克的俳句创作研究	邓建新	外国语学院	论文	2014.12

续表

序号	项目名称	负责人	承担部门	预期成果形式	计划完成时间
172	民族高校英语教育对于中国民族文化的国际传播能力建设研究——以中央民族大学为例	刘雪莲	外国语学院	论文	2014.12
173	国内高校中华图书外译现状调查与分析	刘　立	外国语学院	论文	2014.12
174	英语陈述句尾音上扬在中国大学生中的使用情况及其社会差异调查	王如利	外国语学院	论文	2014.12
175	从后殖民主义的视角探析申采浩的小说《龙与龙的激战》的后殖民性	崔有学	外国语学院	论文	2014.12
176	少数民族大学生请求策略语用研究——以蒙、藏、维、哈萨克族学生为例	李　凤	外国语学院	论文	2014.12
177	方言与方言翻译研究：回顾与展望	姜　静	外国语学院	论文	2014.12
178	名词化在英语写作中的使用策略研究	李　盛	外国语学院	论文	2014.12
179	华裔美国文学的记忆空间与审美特征	张蓝予	外国语学院	论文	2014.12
180	路易斯·厄德里克小说创伤书写研究	杨　恒	外国语学院	论文	2014.12
181	李翊云短篇小说研究	冯元元	外国语学院	论文	2014.12
182	程式研究视野下的非裔美国民俗文学	朱小琳	外国语学院	论文	2014.12
183	二十世纪西方音乐中的犹太裔作曲家研究	王婷婷	音乐学院	论文或专著	2014.12
184	音乐专业少数民族学生思想状况调查研究	韩宇则	音乐学院	研究报告	2014.12
185	鼓圈活动对大学新生入学适应及建立团队归属感的研究	张　弩	音乐学院	研究报告	2014.12
186	中国少数民族合唱教学演唱研究	陈昌宁	音乐学院	论文集	2014.12
187	少数民族音乐元素在中国现代音乐创作中的应用研究	于　洋	音乐学院	研究报告	2014.12
188	威廉·舒曼晚期交响曲的创作技法研究	闫晓宇	音乐学院	专著	2014.12
189	苗族民间舞蹈	崔月梅	舞蹈学院	其他	2014.12
190	中国古典舞基本功训练钢琴曲集	费　翔	舞蹈学院	其他	2014.12
191	中国民族舞蹈文化纲要	朴永光	舞蹈学院	其他	2014.12
192	中国民族服饰艺术——“袍”文化的礼仪时尚艺术	李　洁	美术学院	专著	2014.12
193	民族文化时尚创新设计	蒋彦婴	美术学院	专著	2014.12
194	西南少数民族印染工艺研究	魏　莉	美术学院	研究报告、专著	2014.12
195	贵州少数民族靛染技艺研究	周　莹	美术学院	论文	2014.12
196	艺术设计专业深入民族地区综合实践教学体系研究	徐　进	美术学院	论文等	2014.12
197	少数民族居住空间的装饰艺术研究	郭传菁	美术学院	论文	2014.12
198	网络社会环境艺术的民族经验转换	刘向华	美术学院	研究报告等	2014.12
199	面向美国的“输出型”汉语师资模式培养研究	江傲霜	国际教育学院	其他	2014.12
200	国际汉语教材研究方法初探	吴　峰	国际教育学院	研究报告	2014.12

续表

序号	项目名称	负责人	承担部门	预期成果形式	计划完成时间
201	美国名校汉语典型教学模式研究	谷 凌	国际教育学院	其他	2014. 12
202	国际汉语推广背景下的汉语国际教育硕士入学考试研究	罗 莲	国际教育学院	研究报告	2014. 12
203	汉语口语教学模式的构建研究	孙晓明	国际教育学院	研究报告	2014. 12
204	案例库动态建设及其他在汉语国际教育硕士培养中的运用研究	央 青	国际教育学院	其他	2014. 12
205	文化传播需求评估框架构拟	李朝辉	国际教育学院	其他	2014. 12
206	民族健身操的创编原理及可持续发展研究	李俊怡	体育学院	研究报告	2014. 12
207	基于球迷消费行为的我国职业足球超级联赛品牌建设研究	侯会生	体育学院	研究报告	2014. 12
208	吴氏太极拳文化研究	王晓芳	体育学院	研究报告	2014. 12
209	澳大利亚原住民健康问题研究述评——基于批判性医学人类学的视角	韩俊红	世界民族学人类学研究中心	研究报告	2014. 12
210	族群交往与冲突平复：对墨西哥印第安城镇圣克里斯托瓦的民族志研究	张青仁	世界民族学人类学研究中心	论文集	2014. 12

（中央民族大学科研处供稿）

中国政法大学

2014 年度承担国家级、省部级社会科学研究项目

序号	项目名称	负责人	承担部门	项目分类、类别	项目来源单位	预期成果形式	计划完成时间
1	国家治理体系现代化与法治政府建设研究	王敬波	法治政府研究院	国家社会科学基金、重大项目	全国哲学社会科学规划办公室	专著、论文	2016. 7
2	中国古代司法文明及当代意义研究	张晋藩	法律史研究院	国家社会科学基金、重点项目	全国哲学社会科学规划办公室	专著	2017. 10
3	涉外民事关系法律适用法实施研究	齐湘泉	国际法学院	国家社会科学基金、重点项目	全国哲学社会科学规划办公室	专著	2016. 12
4	建立健全资源有偿使用制度和生态补偿制度研究	曹明德	民商经济法学院	国家社会科学基金、重点项目	全国哲学社会科学规划办公室	专著、论文	2016. 12
5	以媒介融合推动新型传播体系的构建研究	宋建武	新闻与传播学院	国家社会科学基金、重点项目	全国哲学社会科学规划办公室	专著、研究报告	2016. 12
6	《中华人民共和国精神卫生法》实施中的强制措施与权益保障研究	杨甫德	证据科学研究院	国家社会科学基金、重点项目	全国哲学社会科学规划办公室	论文集、研究报告	2019. 5
7	当代西方政治思想中的国家理论跟踪研究	庞金友	政治与公共管理学院	国家社会科学基金、一般项目	全国哲学社会科学规划办公室	专题论文集	2017. 9
8	内涵式大部制改革中政府职能深度整合研究	王湘军	政治与公共管理学院	国家社会科学基金、一般项目	全国哲学社会科学规划办公室	专著	2017. 10
9	构建合作型监管治理理论新范式研究	杨炳霖	政治与公共管理学院	国家社会科学基金、一般项目	全国哲学社会科学规划办公室	专著	2016. 12
10	秦汉法律编纂研究	徐世虹	法律古籍整理研究所	国家社会科学基金、一般项目	全国哲学社会科学规划办公室	专著	2017. 8

续表

序号	项目名称	负责人	承担部门	项目分类、类别	项目来源单位	预期成果形式	计划完成时间
11	合作行政与行政民营化问题研究	赵　宏	比较法学研究院	国家社会科学基金、一般项目	全国哲学社会科学规划办公室	专著、专题论文集	2017.6
12	转型时期民事诉讼架构下的司法公开研究	毕玉谦	民商经济法学院	国家社会科学基金、一般项目	全国哲学社会科学规划办公室	专著	2018.6
13	面向国际争端管控的南海资源共同开发的国际法问题研究	孔庆江	国际法学院	国家社会科学基金、一般项目	全国哲学社会科学规划办公室	专著、研究报告	2017.6
14	行政诉讼预防性保护制度研究	罗智敏	法学院	国家社会科学基金、一般项目	全国哲学社会科学规划办公室	专题论文集、研究报告	2017.12
15	俄罗斯社会转型期民法法典化研究	鄢一美	民商经济法学院	国家社会科学基金、一般项目	全国哲学社会科学规划办公室	专题论文集、研究报告	2016.12
16	新媒体环境下的传媒与司法关系问题研究	姚广宜	新闻与传播学院	国家社会科学基金、一般项目	全国哲学社会科学规划办公室	专著	2017.12
17	基于行为模拟实验的环境冲突风险治理中风险沟通作用机制研究	詹承豫	政治与公共管理学院	国家社会科学基金、一般项目	全国哲学社会科学规划办公室	专著、研究报告	2017.12
18	基督教文学中疑难案件的法学问题研究	刘阳阳	外国语学院	国家社会科学基金、青年项目	全国哲学社会科学规划办公室	专著	2017.3
19	新出中、日藏敦煌吐鲁番法制文献与唐代律令秩序研究	赵　晶	法律古籍整理研究所	国家社会科学基金、青年项目	全国哲学社会科学规划办公室	专著	2017.6
20	法国宪法监督的实效化路径研究	王　蔚	法学院	国家社会科学基金、青年项目	全国哲学社会科学规划办公室	专著	2016.12
21	回归工程的人文本性——现代工程批判	张秀华	马克思主义学院	国家社会科学基金、后期资助	全国哲学社会科学规划办公室	专著	2016.8
22	中国古代石刻法律文献叙录	李雪梅	法律古籍整理研究所	国家社会科学基金、后期资助	全国哲学社会科学规划办公室	专著、工具书	2016.3
23	恢复性司法与儒家伦理	单　纯	人文学院	国家社会科学基金、后期资助	全国哲学社会科学规划办公室	专著	2015.12
24	《公共文化服务保障法》立法研究及草案起草	马怀德	法治政府研究院	国家社会科学基金、特别委托	全国哲学社会科学规划办公室	研究报告	2014.12
25	历史性共同标准的达成——张彭春与世界人权宣言（英文版）	孙平华	外国语学院	国家社会科学基金、中华学术外译项目	全国哲学社会科学规划办公室	专著	2015.12
26	多元文化背景下的中国古代文学教育——中国汉族与少数民族教育互动研究的视角	罗世琴	人文学院	全国教育科学、教育部重点项目	全国教育科学规划办公室	论文、研究报告	2017.8
27	中国传统手工艺文化中的美育价值研究	臧小戈	人文学院	全国教育科学、国家青年项目	全国教育科学规划办公室	专著、论文	2017.9
28	刑事诉讼庭前会议制度研究	卞建林	诉讼法学研究院	教育部人文社会科学、重点研究基地重大项目	教育部	专著	2017.7

续表

序号	项目名称	负责人	承担部门	项目分类、类别	项目来源单位	预期成果形式	计划完成时间
29	刑事简易程序规范化改革实证研究	李本森	诉讼法学研究院	教育部人文社会科学、重点研究基地重大项目	教育部	专著	2017.7
30	印度法系及其与中华法系的比较研究	高鸿钧	法律史学研究院	教育部人文社会科学、重点研究基地重大项目	教育部	专著	2017.7
31	以保障儿童人权为导向建构国家监护制度研究	夏吟兰	人权研究院	教育部人文社会科学、重点研究基地项目	教育部	专著、论文集、立法建议	2017.7
32	司法证明过程的机理与规制	吴洪淇	证据科学研究院	高等学校全国优秀博士学位论文作者专项资金资助项目	教育部	专著、论文	2017.12
33	法律与文学：可能性及其研究视角	刘　星	法学院	教育部哲学社会科学研究、后期资助项目	教育部	译著	2016.12
34	革命政党与乡村社会：中国共产党的早期组织形态研究	应　星	社会学院	教育部人文社会科学研究、规划项目	教育部	论文	2017.7
35	新中国婚姻家庭法的历史与理论研究	金　眉	民商经济法学院	教育部人文社会科学研究、规划项目	教育部	著作	2017.7
36	司法鉴定服务合同研究	刘　鑫	证据科学研究院	教育部人文社会科学研究、规划项目	教育部	著作	2017.7
37	大数据时代电视节目评估体系变革研究	黄　金	新闻与传播学院	教育部人文社会科学研究、青年项目	教育部	论文、咨询报告	2017.7
38	文学叙事与儿童阅读研究	金莉莉	人文学院	教育部人文社会科学研究、自筹项目	教育部	著作	2017.7
39	人文社会科学成果评奖机制研究	柳经纬	比较法学研究院	教育部人文社会科学研究、专项任务项目	教育部	研究报告	2014.12
40	当代西方学者关于《资本论》研究的新特点与新趋势	郇丽华	马克思主义学院	教育部人文社会科学研究、专项任务项目	教育部	著作	2016.7
41	TCO 认证和 FSC 认证治理机制的政治经济分析——以中国 IT 产业和森林工业为例	任洪生	政治与公共管理学院	教育部、留学回国人员科研启动基金项目	教育部	论文	——
42	我国网络用户原创视频传播监管创新研究	黄　金	新闻与传播学院	教育部、留学回国人员科研启动基金项目	教育部	研究报告	——

续表

序号	项目名称	负责人	承担部门	项目分类、类别	项目来源单位	预期成果形式	计划完成时间
43	中文版消极情绪调节期待量表的修订及其在中国人群中的应用	王国芳	社会学院	教育部、留学回国人员科研启动基金项目	教育部	论文	——
44	网络语言的创新与规范化研究	王　云	科学技术教学部	国家语言文字工作委员会科研项目	教育部	论文集	2016. 7
45	全国性法律在特别行政区的适用问题研究	焦洪昌	法学院	教育部、特别委托项目	教育部	总报告、分报告	2016. 10
46	特区法院违基审查与香港基本法的实施	姚国建	法学院	教育部、特别委托项目	教育部	总报告、分报告	2016. 4
47	香港青年政治力量对政制发展和政府管治的影响评估与对策——定性定量分析	陈咏华	法学院（博士后）	教育部、特别委托项目	教育部	总报告、分报告	2016. 4
48	消费者合同法研究	刘承韪	比较法学研究院	霍英东教育基金会、青年教师基金项目	教育部	论文、专著	2017. 2
49	交通事故案件中油漆类证据的问题研究	王元凤	证据科学研究院	北京市科技新星计划项目	北京市科学技术委员会	数据库、论文、专利等	2017. 12
50	司法改革问题研究	陈光中	诉讼法学研究院	北京市社会科学基金、重大项目	北京市哲学社会科学规划办公室	专著	2016. 12
51	法学成长中的方法与知识谱系	舒国滢	法学院	北京市社会科学基金、重大项目	北京市哲学社会科学规划办公室	专著	2016. 6
52	清代官民冲突研究	林　乾	法律史学研究院	北京市社会科学基金、重点项目	北京市哲学社会科学规划办公室	专著	2016. 12
53	国际环境立法的伦理基础研究	林灿铃	国际法学院	北京市社会科学基金、重点项目	北京市哲学社会科学规划办公室	专著	2017. 7
54	严格控制特大城市人口规模背景下北京市农业转移人口的市民化研究	陈明生	商学院	北京市社会科学基金、一般项目	北京市哲学社会科学规划办公室	研究报告、论文集	2016. 12
55	刑事证明模式视角下的冤假错案防治	褚福民	证据科学研究院	北京市社会科学基金、一般项目	北京市哲学社会科学规划办公室	研究报告	2016. 12
56	我国小微企业知识产权战略研究	冯晓青	民商经济法学院	北京市社会科学基金、一般项目	北京市哲学社会科学规划办公室	专著	2016. 8
57	青少年暴力犯风险评估工具与矫正项目开发	杨　波	社会学院	北京市社会科学基金、一般项目	北京市哲学社会科学规划办公室	研究报告	2016. 6
58	北京市重大突发事件心理援助体系建设研究	王丽莉	政治与公共管理学院	北京市社会科学基金、一般项目	北京市哲学社会科学规划办公室	研究报告	2016. 4
59	人口疏解趋势下的北京市流动人口服务管理问题及应对策略	李程伟	政治与公共管理学院	北京市社会科学基金、一般项目	北京市哲学社会科学规划办公室	研究报告	2015. 2

续表

序号	项目名称	负责人	承担部门	项目分类、类别	项目来源单位	预期成果形式	计划完成时间
60	北京市环境风险治理行政决策中科学咨询活动的法律规范	赵 鹏	法治政府研究院	北京市社会科学基金、一般项目	北京市哲学社会科学规划办公室	研究报告	2016. 12
61	中法行政诉讼比较研究	张 莉	法治政府研究院	北京市社会科学基金、一般项目	北京市哲学社会科学规划办公室	论文集	2016. 12
62	专家辅助人制度研究	房保国	证据科学研究院	北京市社会科学基金、青年项目	北京市哲学社会科学规划办公室	专著	2015. 12
63	基于国际经验完善我国农业转基因生物安全立法研究	于文轩	民商经济法学院	北京市社会科学基金、青年项目	北京市哲学社会科学规划办公室	研究报告、其他	2016. 5
64	北京市涉罪未成年人司法处遇与权利保护研究	王贞会	诉讼法学研究院	北京市社会科学基金、青年项目	北京市哲学社会科学规划办公室	专著	2016. 12
65	北京市城市空间开发利用法律问题研究	薄燕娜	比较法学研究院	北京市社会科学基金、青年项目	北京市哲学社会科学规划办公室	专著	2016. 12
66	转型期社会冲突事件中的媒体角色与公众认知	邓 力	新闻与传播学院	北京市社会科学基金、青年项目	北京市哲学社会科学规划办公室	研究报告	2017. 12
67	张九成心学思想研究	李春颖	国际儒学院	北京市社会科学基金、青年项目	北京市哲学社会科学规划办公室	专著	2016. 2
68	法观念现代化与女性权利保护——以反家暴法为中心	王新宇	法学院	国家法治与法学理论研究项目、一般课题	司法部	专著	2016. 10
69	我国刑事涉案财产处置程序研究	洪道德	刑事司法学院	国家法治与法学理论研究项目、一般课题	司法部	专著	2016. 12
70	羁押巡视制度在中国监狱司法实践中的适用	赵珊珊	刑事司法学院	国家法治与法学理论研究项目、中青年课题	司法部	论文	2016. 9
71	依法治国背景下培养法治思维的法律修辞研究	张 清	外国语学院	国家法治与法学理论研究项目、专项任务	司法部	论文	2016. 12

（中国政法大学科研处魏雯、曲欣供稿）

2014 年度重要横向课题（省部级单位委托研究项目）

序号	项目名称	负责人	承担部门	项目级别	项目来源单位	预期成果形式	计划完成时间
1	外事认证办法（草案）的评估和论证	杜新丽	国际法学院	省部级	外交部	研究报告	2015. 7
2	促进出生人口性别结构平衡管理条例研究	何 兵	法学院	省部级	国家卫生和计划生育委员会	研究报告	2015. 5
3	国外能源立法动态情况跟踪研究（电力）	胡继晔	法和经济学研究中心	省部级	国家能源局	研究报告	2015. 3
4	环境法律制度整合与完善	胡 静	民商经济法学院	省部级	环境保护部	研究报告	2015. 3
5	关于涉港澳台司法协助机制的调研	黄 进	国际法学院	省部级	最高人民法院	研究报告	2014. 6

续表

序号	项目名称	负责人	承担部门	项目级别	项目来源单位	预期成果形式	计划完成时间
6	中国特色仲裁基本理论问题研究	黄　进	国际法学院	省部级	国务院法制办	研究报告	2016.9
7	关于被盗掘考古类文化财产返还的法律问题	霍政欣	国际法学院	省部级	国家文物局	研究报告	2014.9
8	自贸区专利支撑政策研究	来小鹏	民商经济法学院	省部级	国家知识产权局	研究报告	2014.12
9	《专利权转让管理办法》研究	来小鹏	民商经济法学院	省部级	国家知识产权局	研究报告	2015.5
10	《广州知识城知识产权保护和服务综合改革总体方案》研究	来小鹏	民商经济法学院	省部级	国家知识产权局	研究报告	2015.6
11	国土资源部门协助执行人民法院涉矿判决或裁定制度研究	李显冬	民商经济法学院	省部级	国土资源部	研究报告	2015.8
12	主要国家和地区市场监管机构和制度研究	刘俊生	政治与公共管理学院	省部级	国家工商总局	研究报告	2016.6
13	在华境外非政府组织综合执法监督机制研究	刘　力	国际法学院	省部级	民政部	研究报告	2014.10
14	修订《医院投诉管理办法》(试行)	刘　鑫	证据科学研究院	省部级	国家卫生和计划生育委员会	研究报告	2015.12
15	慈善事业立法的基本框架研究	马怀德	法治政府研究院	省部级	民政部	研究报告	2014.3
16	土地监察重大法律问题研究	马怀德	法治政府研究院	省部级	国土资源部	研究报告	2014.10
17	北京市行政执法体制改革研究	马怀德	法治政府研究院	省部级	北京市人大常委会法制办	研究报告	2014.7
18	行政执法监督理论研究	马怀德	法治政府研究院	省部级	国务院法制办公室	研究报告	2015.4
19	消极比赛与操纵比赛治理研究	马建川	政治与公共管理学院	省部级	国家体育总局	研究报告	2015.9
20	《街道办事处工作条例》立法研究	潘小娟	政治与公共管理学院	省部级	民政部	研究报告	2014.12
21	惩治网络诽谤的刑法问题及执法与立法建言	曲新久	刑事司法学院	省部级	中共中央宣传部	研究报告	2014.6
22	酌定量刑情节在死刑认定中的适用	曲新久	刑事司法学院	省部级	最高人民检察院	研究报告	2015.12
23	见义勇为认定体系	曲新久	刑事司法学院	省部级	中宣部	研究报告	2014.12
24	竞争政策在经济政策体系中的地位	时建中	民商经济法学院	省部级	商务部	研究报告	2014.12
25	《零售商供应商公平交易管理办法》立法后评估及《零售商供应商公平交易管理条例》草案建议稿课题研究	时建中	民商经济法学院	省部级	商务部	研究报告	2014.7

续表

序号	项目名称	负责人	承担部门	项目级别	项目来源单位	预期成果形式	计划完成时间
26	主要国家竞争法律制度比较研究	时建中	民商经济法学院	省部级	国家工商行政管理总局	研究报告	2015. 12
27	监督受托人委托协议示范文本研究	时建中	民商经济法学院	省部级	商务部	研究报告	2015. 3
28	新闻媒体内部运行管理机制	宋建武	光明新闻传播学院	省部级	中共中央宣传部	研究报告	2014. 9
29	关于环境污染侵权责任法律适用问题	王灿发	民商经济法学院	省部级	最高人民法院	研究报告	2014. 12
30	司法公正评价标准研究	王称心	法学院	省部级	最高人民法院	研究报告	2014. 1
31	行政复议行政诉讼法律问题研究	王传丽	国际法学院	省部级	工业和信息化部	研究报告	2014. 12
32	行政执法监督理论研究和实践活动项目	王敬波	法治政府研究院	省部级	北京市人民政府法制办	研究报告	2014. 12
33	依申请公开制度行政法理论	王敬波	法治政府研究院	省部级	北京市政府办公厅	研究报告	2015. 1
34	专利导航视角下的产业规划编制方法研究	王　玲	商学院	省部级	国家知识产权局	研究报告	2014. 11
35	《药品管理法》法律责任研究	王青斌	法治政府研究院	省部级	国家食品药品监督管理总局	研究报告	2015. 5
36	关于金融案件审判疑难问题的调研	王卫国	民商经济法学院	省部级	最高人民法院	研究报告	2014. 12
37	广播影视依法行政考核制度研究	王　蔚	法学院	省部级	国家新闻出版广电总局	研究报告	2014. 11
38	国外公务员录用报考条件研究	薛刚凌	法学院	省部级	人力资源与社会保障部	研究报告	2014. 2
39	政治法律类、宗教类社会组织界定研究	严　挺	政治与公共管理学院	省部级	民政部	研究报告	2014. 10
40	广播电视采编播人员职业规范项目	阴卫芝	光明新闻传播学院	省部级	国家新闻出版广电总局	研究报告	2014. 8
41	广播电视节目管理法律制度完善研究项目	阴卫芝	光明新闻传播学院	省部级	国家新闻出版广电总局	研究报告	2015. 6
42	体育彩票法律制度研究	尹志强	民商经济法学院	省部级	国家体育总局	著作	2015. 4
43	《北京市行政程序条例》法规预案研究	应松年	法治政府研究院	省部级	北京市人大常委会	研究报告	2014. 11
44	文化走出去补贴规避国际贸易争端	余　丽	国际法学院	省部级	中共中央宣传部	研究报告	2015. 7
45	新加坡增值税法律及法规文本	翟继光	民商经济法学院	省部级	财政部	研究报告	2015. 12
46	视听新媒体执法问题研究	张　楚	科学技术教学部	省部级	国家新闻出版广电总局	研究报告	2014. 12

续表

序号	项目名称	负责人	承担部门	项目级别	项目来源单位	预期成果形式	计划完成时间
47	著作权的限制和例外研究	张　今	民商经济法学院	省部级	国家新闻出版广电总局	调研报告、论文	2014. 12
48	知识产权综合执法机制在我国产业发展中的作用调查分析项目	张　南	民商经济法学院	省部级	国家知识产权局	研究报告	2014. 12
49	中欧知识产权合作三十周年研究	张　南	民商经济法学院	省部级	国家知识产权局	研究报告	2015. 2
50	食品药品监管工作在公共安全治理体系下的战略地位研究	赵　鹏	法治政府研究院	省部级	国家食品药品监督管理总局	研究报告	2015. 11
51	我国异地商会登记与管理政策调研及建议	赵旭东	民商经济法学院	省部级	民政部	研究报告	2014. 12

2014 年度校级社会科学研究项目

序号	项目名称	负责人	承担部门	项目分类、类别	预期成果形式	计划完成时间
1	民事诉讼专家辅助人制度研究	毕玉谦	民商经济法学院	校级人文社会科学规划项目	论文、著作	2014. 7
2	保险公司市场退出制度的构建与适用	薄燕娜	比较法学研究院	校级人文社会科学规划项目	著作	2014. 7
3	技术与社会变迁——马克思技术思想研究	傅　扬	马克思主义学院	校级人文社会科学规划项目	论文	2014. 7
4	专业社会工作方法在社区矫正应用效果的循证研究	郭伟和	社会学院	校级人文社会科学规划项目	研究报告	2014. 7
5	美国历史上的法学教育改革及其启示	胡晓进	法学教育与评估中心	校级人文社会科学规划项目	论文	2014. 7
6	完善我国知识产权司法鉴定制度研究	李祖明	民商经济法学院	校级人文社会科学规划项目	研究报告	2014. 7
7	国家治理中的司法策略与纠纷解决	栗　峥	诉讼法学研究院	校级人文社会科学规划项目	研究报告	2014. 7
8	调查方法的认知研究	刘萃侠	社会学院	校级人文社会科学规划项目	论文、研究报告	2014. 7
9	农村法律援助问题研究	刘晓兵	法学院	校级人文社会科学规划项目	专著	2014. 7
10	《易传》形成与秦汉典籍研究	刘　震	人文学院	校级人文社会科学规划项目	专著	2014. 7
11	假品诱惑与消费者的假品认知对消费者假品购买意愿影响的研究	马克态	商学院	校级人文社会科学规划项目	研究报告	2014. 7
12	“世界体系马克思主义”的唯物史观革命研究	宋朝龙	马克思主义学院	校级人文社会科学规划项目	论文	2014. 7

续表

序号	项目名称	负责人	承担部门	项目分类、类别	预期成果形式	计划完成时间
13	西方学者重建《资本论》研究的批判与反思	郃丽华	马克思主义学院	校级人文社会科学规划项目	专著	2014.7
14	当代西方论证结构理论研究	王建芳	人文学院	校级人文社会科学规划项目	论文	2014.7
15	突发事件心理援助体系建设研究——以北京市为例	王丽莉	政治与公共管理学院	校级人文社会科学规划项目	论文、研究报告	2014.7
16	德性与利益——西方早期现代商业社会理论研究	王　楠	社会学院	校级人文社会科学规划项目	论文	2014.7
17	虚假诉讼问题之研究	肖建华	诉讼法学研究院	校级人文社会科学规划项目	专著	2014.7
18	企业异质性与中国汽车出口结构转型升级研究	杨丽花	商学院	校级人文社会科学规划项目	论文、研究报告	2014.7
19	意向性——现象学与分析哲学的比较研究	张浩军	人文学院	校级人文社会科学规划项目	专著	2014.7
20	我国社会保障基金管理法的基础理论研究——从信托法的视角分析	赵廉慧	民商经济法学院	校级人文社会科学规划项目	专著	2014.7
21	大数据时代传统媒体内容产品生产研究	毕秋灵	光明新闻传播学院	校级人文社会科学青年项目	研究报告	2014.7
22	声纹鉴定意见表述形式及法庭认知研究	曹洪林	证据科学研究院	校级人文社会科学青年项目	论文	2014.7
23	文学市场与作家职业身份的自我建构——以华兹华斯为例	管　雯	外国语学院	校级人文社会科学青年项目	研究报告	2014.7
24	张九成心学思想研究	李春颖	国际儒学院	校级人文社会科学青年项目	专著	2014.7
25	清代律例发展与边疆社会治安问题研究	李典蓉	法律史学研究院	校级人文社会科学青年项目	论文	2014.7
26	全球治理背景下构建“和谐法律语言”学术共同体相关问题研究	王　芳	外国语学院	校级人文社会科学青年项目	论文	2014.7
27	增值税立法若干基本问题研究	翁武耀	民商经济法学院	校级人文社会科学青年项目	论文或专著	2014.7
28	胡塞尔生活世界理论的美学内涵及其效应	徐文贵	人文学院	校级人文社会科学青年项目	论文	2014.7
29	文学中的法律——与法理学有关的问题、方法和意义	许慧芳	外国语学院	校级人文社会科学青年项目	论文	2014.7
30	宋代“刑统”新探	赵　晶	法律古籍整理研究所	校级人文社会科学青年项目	论文、著作	2014.7

（中国政法大学科研处韩冰供稿）

中央财经大学

2014 年度承担国家级、省部级社会科学研究项目

序号	项目名称	负责人	所属机构	项目分类、类别	项目来源单位	预期成果形式	计划完成时间
1	转型发展新阶段中国经济增长动力研究	陈斌开	经济学院	国家社会科学基金、重大项目	全国哲学社会科学规划办公室	研究或咨询报告	2017. 12
2	实现中华民族伟大复兴中国梦研究	冯秀军	马克思主义学院	国家社会科学基金、重大项目	全国哲学社会科学规划办公室	研究或咨询报告	2016. 12
3	金融排斥、金融密度差异与信息化普惠金融体系建设研究	李建军	金融学院	国家社会科学基金、重大项目	全国哲学社会科学规划办公室	研究或咨询报告	2016. 12
4	深化税收制度改革与完善地方税体系研究	李俊生	财政学院	国家社会科学基金、重大项目	全国哲学社会科学规划办公室	研究或咨询报告	2016. 12
5	医保费用科学分配及有效监控的技术方法研究	褚福灵	保险学院	国家社会科学基金、重点项目	全国哲学社会科学规划办公室	研究或咨询报告	2017. 12
6	信息网络技术对市场决定资源配置的影响研究	欧阳日辉	中国发展和改革研究院	国家社会科学基金、重点项目	全国哲学社会科学规划办公室	研究或咨询报告	2017. 12
7	建设现代预算制度研究——基于制约和监督权力运行的视角	李　燕	财政学院	国家社会科学基金、重点项目	全国哲学社会科学规划办公室	研究或咨询报告	2016. 12
8	公共政策与改革协同研究	施青军	政府管理学院	国家社会科学基金、重点项目	全国哲学社会科学规划办公室	研究或咨询报告	2016. 11
9	面向公共安全事件的网络社会治理机制	王天梅	信息学院	国家社会科学基金、重点项目	全国哲学社会科学规划办公室	研究或咨询报告	2016. 12
10	我国上市公司资产质量研究	卢　闯	会计学院	国家社会科学基金、重点项目	全国哲学社会科学规划办公室	研究或咨询报告	2017. 7
11	政府购买公共服务的质量控制体系研究	姜爱华	财政学院	国家社会科学基金、一般项目	全国哲学社会科学规划办公室	研究或咨询报告	2017. 3
12	基于京津冀协同的首都城市群发展研究	戴宏伟	经济学院	国家社会科学基金、一般项目	全国哲学社会科学规划办公室	研究或咨询报告	2017. 10
13	居民收入流动性规范判断研究	王海港	经济学院	国家社会科学基金、一般项目	全国哲学社会科学规划办公室	研究或咨询报告	2016. 6
14	网络交易平台提供者商标侵权问题研究	杜　颖	法学院	国家社会科学基金、一般项目	全国哲学社会科学规划办公室	专著	2016. 12
15	债务通缩、跨部门债务风险传染及其对宏观经济的冲击影响研究	李俊峰	金融学院	国家社会科学基金、一般项目	全国哲学社会科学规划办公室	研究或咨询报告	2016. 12
16	小学教育投入和受益的匹配机制及房产税问题研究	任　强	财政学院	国家社会科学基金、一般项目	全国哲学社会科学规划办公室	专著	2017. 12
17	中国计划生育政策对生育意愿的影响研究	王存同	社会发展学院	国家社会科学基金、一般项目	全国哲学社会科学规划办公室	研究或咨询报告	2017. 6
18	微博“大 V”的圈子与互动效果研究	庞云黠	文化与传媒学院	国家社会科学基金、青年项目	全国哲学社会科学规划办公室	研究或咨询报告	2017. 12
19	英国文学公共领域研究（1640—1726）	霍盛亚	外国语学院	国家社会科学基金、青年项目	全国哲学社会科学规划办公室	研究或咨询报告	2017. 6

续表

序号	项目名称	负责人	所属机构	项目分类、类别	项目来源单位	预期成果形式	计划完成时间
20	日本加入TPP后的东亚生产网络及中国的地位与合作空间研究	孙　瑾	国际经济与贸易学院	国家社会科学基金、青年项目	全国哲学社会科学规划办公室	研究或咨询报告	2017.6
21	1980年以来我国人口生育意愿变迁研究	窦东徽	社会发展学院	国家社会科学基金、青年项目	全国哲学社会科学规划办公室	研究或咨询报告	2016.9
22	协同治理与"三社联动"机制建构研究	方　舒	社会发展学院	国家社会科学基金、青年项目	全国哲学社会科学规划办公室	专著	2016.6
23	卢梭平等观在清末民初思想界的引入和诠释研究(1895—1919)	文　雅	马克思主义学院	国家社会科学基金、青年项目	全国哲学社会科学规划办公室	专著	2016.11
24	欧洲私法一体化研究	张　虹	保险学院	国家社会科学基金、后期资助	全国哲学社会科学规划办公室	研究或咨询报告	2015.12
25	中国经济增长转型与技术进步的经济分析	王　玺	税务学院	国家社会科学基金、后期资助	全国哲学社会科学规划办公室	研究或咨询报告	2015.6
26	代议法导论	蒋劲松	法学院	国家社会科学基金、后期资助	全国哲学社会科学规划办公室	研究或咨询报告	2015.6
27	"笔部队"和侵华战争:对日本侵华文学的研究与批判	张润晗	外国语学院	国家社会科学基金、中华外译	全国哲学社会科学规划办公室	研究或咨询报告	2016.12
28	非光滑高维非线性系统的全局分岔、混沌动力学及应用	杨凤红	应用数学学院	国家自然科学基金、面上项目	国家自然科学基金委员会	研究或咨询报告	2018.12
29	货币总量转向信用总量:全球虚拟经济与实体经济背离机理与宏观政策应对	苏　治	统计学院	国家自然科学基金、面上项目	国家自然科学基金委员会	研究或咨询报告	2018.12
30	非一致双曲系统稠性及相关问题研究	梁　超	应用数学学院	国家自然科学基金、面上项目	国家自然科学基金委员会	研究或咨询报告	2018.12
31	中国典型地域水、能源和粮食系统的关联动力学模型构建与实证研究	李桂君	管理科学与工程学院	国家自然科学基金、面上项目	国家自然科学基金委员会	研究或咨询报告	2018.12
32	中国城市保障性住房供给研究:基于人口结构、地方预算与财富效应的多维视角	陈俊华	管理科学与工程学院	国家自然科学基金、面上项目	国家自然科学基金委员会	研究或咨询报告	2018.12
33	基于高频数据的金融市场间信息溢出与风险传染的微观机理、动态模型及其应用	刘向丽	金融学院	国家自然科学基金、面上项目	国家自然科学基金委员会	研究或咨询报告	2018.12
34	配音演员的声音对广告效果的影响——基于机器学习的声音广告研究	王　毅	商学院	国家自然科学基金、面上项目	国家自然科学基金委员会	研究或咨询报告	2018.12
35	鲜活农产品价格波动:非对称传递,福利效应与政策选择	于爱芝	经济学院	国家自然科学基金、面上项目	国家自然科学基金委员会	研究或咨询报告	2018.12
36	财政政策波动性的测度、影响机理、决定因素及政策含义——理论、模拟与经验证据	王立勇	统计学院	国家自然科学基金、面上项目	国家自然科学基金委员会	研究或咨询报告	2018.12

续表

序号	项目名称	负责人	所属机构	项目分类、类别	项目来源单位	预期成果形式	计划完成时间
37	谦卑型领导的自我构念及其认知神经机制	张红川	社会发展学院	国家自然科学基金、面上项目	国家自然科学基金委员会	研究或咨询报告	2018. 12
38	基于交易费用理论的我国医药卫生体制协同改革模式研究	王文娟	政府管理学院	国家自然科学基金、面上项目	国家自然科学基金委员会	研究或咨询报告	2018. 12
39	最优再保险理论研究及其在金融中的应用	池义春	中国精算研究院	国家自然科学基金、面上项目	国家自然科学基金委员会	研究或咨询报告	2018. 12
40	基于多重预期与不确定性的货币政策和金融市场非线性关系研究	朱小能	中国金融发展研究院	国家自然科学基金、面上项目	国家自然科学基金委员会	研究或咨询报告	2018. 12
41	国企高管行政级别与公司财务决策：理论与实证	梁上坤	会计学院	国家自然科学基金、青年项目	国家自然科学基金委员会	研究或咨询报告	2017. 12
42	融资约束与中国企业在全球价值链中的升级：影响、机制及对策	胡　翠	国际经济与贸易学院	国家自然科学基金、青年项目	国家自然科学基金委员会	研究或咨询报告	2017. 12
43	保险市场系统性风险识别、度量和评估研究：理论模型与实证检验	王丽珍	保险学院	国家自然科学基金、青年项目	国家自然科学基金委员会	研究或咨询报告	2016. 12
44	增值税收入的税率弹性、福利效应及简并税率结构的模拟分析	寇恩惠	税务学院	国家自然科学基金、青年项目	国家自然科学基金委员会	研究或咨询报告	2017. 12
45	计划生育政策改革及其对中国人力资本发展影响的研究——基于“单独二孩”新政的夫妻合作博弈理论和实验分析	杨帆征	中国人力资本与劳动经济研究中心	国家自然科学基金、青年项目	国家自然科学基金委员会	研究或咨询报告	2017. 12
46	人口预期寿命、退休政策如何影响职业选择——基于中国人力资本投资的视角	于　丽	中国人力资本与劳动经济研究中心	国家自然科学基金、青年项目	国家自然科学基金委员会	研究或咨询报告	2017. 12
47	思维方式对幸福感影响机制研究：基于压力知觉矛盾性视角的跨层次模型	姜　峰	商学院	国家自然科学基金、青年项目	国家自然科学基金委员会	研究或咨询报告	2017. 12
48	会计盈余与 GDP：会计盈余信息含量的宏观视角研究	黄益建	会计学院	国家自然科学基金、青年项目	国家自然科学基金委员会	研究或咨询报告	2017. 12
49	市场竞争、公司治理结构变迁及其经济后果：基于“准自然实验”的研究	肖土盛	会计学院	国家自然科学基金、青年项目	国家自然科学基金委员会	研究或咨询报告	2017. 12
50	“影子银行”部门最优债务期限结构的决定机制研究——基于不对称信息的视角	魏　旭	金融学院	国家自然科学基金、青年项目	国家自然科学基金委员会	研究或咨询报告	2017. 12
51	大宗商品资产战略配置模型研究	尹力博	金融学院	国家自然科学基金、青年项目	国家自然科学基金委员会	研究或咨询报告	2017. 12
52	城市有机更新中土地再开发复杂决策的支持方法研究	王　昊	管理科学与工程学院	国家自然科学基金、青年项目	国家自然科学基金委员会	研究或咨询报告	2017. 12

续表

序号	项目名称	负责人	所属机构	项目分类、类别	项目来源单位	预期成果形式	计划完成时间
53	不确定条件下既有建筑节能改造 EPC 项目多阶段投资决策研究	黄志烨	管理科学与工程学院	国家自然科学基金、青年项目	国家自然科学基金委员会	研究或咨询报告	2017. 12
54	考虑公平关切行为的供应链优化与协调研究	陈俊霖	管理科学与工程学院	国家自然科学基金、青年项目	国家自然科学基金委员会	研究或咨询报告	2017. 12
55	社会网络中社团结构内部隐藏模式和动态演化机理研究	李慧嘉	管理科学与工程学院	国家自然科学基金、青年项目	国家自然科学基金委员会	研究或咨询报告	2017. 12
56	生命周期视角下气候变化影响基础设施的风险评估与应对决策方法研究	汪 涛	管理科学与工程学院	国家自然科学基金、青年项目	国家自然科学基金委员会	研究或咨询报告	2017. 12
57	领域知识驱动下的金融数据流异常模式研究	李爱华	管理科学与工程学院	国家自然科学基金、青年项目	国家自然科学基金委员会	研究或咨询报告	2017. 12
58	公司财务困境预警模型研究：基于财务波动信息的区间数据刻画方法	关 蓉	统计学院	国家自然科学基金、青年项目	国家自然科学基金委员会	研究或咨询报告	2017. 12
59	平滑转换状态非线性长记忆过程的建模方法及应用研究	邓 露	统计学院	国家自然科学基金、青年项目	国家自然科学基金委员会	研究或咨询报告	2017. 12
60	复发事件的均值模型和纵向数据的分位数回归的统计与推断	刘玉涛	统计学院	国家自然科学基金、青年项目	国家自然科学基金委员会	研究或咨询报告	2017. 12
61	社交网络组织结构与信息传播功能的群表示研究	张占利	应用数学学院	国家自然科学基金、青年项目	国家自然科学基金委员会	研究或咨询报告	2017. 12
62	信用卡负债和违约的内生性关联：理论研究及规律挖掘	马景义	统计学院	国家自然科学基金、青年项目	国家自然科学基金委员会	研究或咨询报告	2017. 12
63	应对老年化社会研究学术研讨会	王 俊	财政学院	国家自然科学基金、青年项目	国家自然科学基金委员会	研究或咨询报告	2014. 12
64	隐藏网数据库爬取策略研究	王 焱	信息学院	国家自然科学基金、应急管理项目	国家自然科学基金委员会	研究或咨询报告	2015. 12
65	非线性发展方程的可积性分析及孤子理论的解析研究	薛玉山	应用数学学院	国家自然科学基金、应急管理项目	国家自然科学基金委员会	研究或咨询报告	2015. 12
66	经济科学“十三五”发展战略规划	李海峥	中国人力资本与劳动经济研究中心	国家自然科学基金、应急管理项目	国家自然科学基金委员会	研究或咨询报告	2014. 12
67	第五届几何、动力学与可积系统国际会议	孙 鹏	中国经济与管理研究院	国家自然科学基金、国际（地区）合作与交流项目	国家自然科学基金委员会	研究或咨询报告	2014. 12
68	国防支出与经济增长的理论拓展和实证研究	侯 娜	国防经济与管理研究院	国家自然科学基金、国际（地区）合作与交流项目	国家自然科学基金委员会	研究或咨询报告	2017. 12

续表

序号	项目名称	负责人	所属机构	项目分类、类别	项目来源单位	预期成果形式	计划完成时间
69	带竞争的分枝过程的随机流和分枝粒子系统	马儒刚	应用数学学院	国家自然科学基金、专项基金项目	国家自然科学基金委员会	研究或咨询报告	2015. 12
70	新时期学校国防教育和学生军事训练工作体系建设研究	陈　波	国防经济与管理研究院	教育部人文社会科学研究、重大课题攻关项目	教育部	研究或咨询报告	2017. 6
71	电子商务发展趋势及对内外贸易发展的影响机制研究	孙宝文	信息学院	教育部人文社会科学研究、重大课题攻关项目	教育部	研究或咨询报告	2017. 6
72	中国资本账户开放进程安排和风险防范研究	张礼卿	金融学院	教育部人文社会科学研究、重大课题攻关项目	教育部	研究或咨询报告	2017. 6
73	社会身份及其表征对信任的影响	辛自强	社会发展学院	教育部人文社会科学研究、研究基地重大项目	教育部	论文集	2017. 7
74	变额年金的定价与风险管理	徐景峰	中国精算研究院	教育部人文社会科学研究、研究基地重大项目	教育部	研究或咨询报告	2017. 6
75	基于大数据的车辆风险分析与定价模型研究	王天梅	信息学院	教育部人文社会科学研究、研究基地重大项目	教育部	研究或咨询报告	2017. 6
76	国家治理现代化视域下的舆情治理创新	陈　端	文化与传媒学院	教育部人文社会科学研究、一般项目	教育部	研究或咨询报告	2016. 12
77	后金融危机时代中国保险业系统性风险研究：基于传染性的测度	王丽珍	保险学院	教育部人文社会科学研究、一般项目	教育部	研究或咨询报告	2016. 12
78	最低工资对中国城镇居民收入分配的影响研究	寇恩惠	税务学院	教育部人文社会科学研究、一般项目	教育部	研究或咨询报告	2016. 12
79	会计盈余和 GDP：政府主导型经济、货币供给管制与会计盈余信息含量的宏观视角研究	黄益建	会计学院	教育部人文社会科学研究、一般项目	教育部	研究或咨询报告	2016. 12
80	时变列维 LIBOR 市场模型的粒子滤波估计及利率衍生品定价	宋　斌	管理科学与工程学院	教育部人文社会科学研究、一般项目	教育部	研究或咨询报告	2016. 12
81	基于创新人才培养的大学教学科研互动机制研究	徐　颖	法学院	教育部人文社会科学研究、一般项目	教育部	研究或咨询报告	2016. 12
82	基于模糊集和证据理论的碳捕集与封存项目安全风险评价	郭　健	管理科学与工程学院	教育部人文社会科学研究、一般项目	教育部	研究或咨询报告	2016. 12

续表

序号	项目名称	负责人	所属机构	项目分类、类别	项目来源单位	预期成果形式	计划完成时间
83	中国公共政策执行中的基层官员行为及其影响因素研究：理论构建与实证分析	智 强	政府管理学院	教育部人文社会科学研究、一般项目	教育部	研究或咨询报告	2016. 12
84	中国上市公司代理问题与股价崩盘风险研究	李小荣	财政学院	教育部人文社会科学研究、一般项目	教育部	研究或咨询报告	2016. 12
85	基于“中国情境”的供应链管理理论发展研究	刘晓红	商学院	教育部人文社会科学研究、一般项目	教育部	研究或咨询报告	2016. 12
86	我国商业银行信贷资产证券化道德风险管控研究	郭建鸾	商学院	教育部人文社会科学研究、一般项目	教育部	研究或咨询报告	2016. 12
87	IPO价格管制与承销商声誉机制的有效性：理论与实证	宋顺林	会计学院	教育部人文社会科学研究、一般项目	教育部	研究或咨询报告	2016. 12
88	道德教育如何以美德应对情境压力——基于当代心理学道德实验的反思	陈文娟	马克思主义学院	高校思政课专项课题	教育部	研究或咨询报告	2017. 12
89	高校思想政治理论课教学重点难点问题答案	李 娟	马克思主义学院	高校思政课专项课题	教育部	研究或咨询报告	2014. 11
90	辅导员胜任力与大学生学业成就相关性研究	才立琴	保险学院	思政专项课题	教育部	研究或咨询报告	2015. 12
91	干部选拔工作的中国特色、成功经验与改进路径研究	罗海元	政府管理学院	中特理论专项课题	教育部	研究或咨询报告	2016. 12
92	贝叶斯弹性高位密度方法在复杂数据的研究	李 丰	统计学院	留学归国人员科研启动基金项目	教育部	研究或咨询报告	2016. 12
93	地方政府、资源错配与中国多重失衡	陈斌开	经济学院	霍英东基金会青年基金项目	教育部	研究或咨询报告	2017. 2
94	北京市社区心理建设研究	辛自强	社会发展学院	北京市社会科学基金、重点项目	北京市哲学社会科学规划办公室	论文集	2017. 7
95	基于大数据的企业财务预警理论与方法研究	朱建明	信息学院	北京市社会科学基金、重点项目	北京市哲学社会科学规划办公室	研究或咨询报告	2016. 12
96	互联网经济基础理论创新研究	李 涛	经济学院	北京市社会科学基金、重点项目	北京市哲学社会科学规划办公室	研究或咨询报告	2016. 12
97	近代以来“中国梦”的历史演进及其内在逻辑研究	冯秀军	马克思主义学院	北京市社会科学基金、重点项目	北京市哲学社会科学规划办公室	研究或咨询报告	2016. 12
98	首都文化生态与先进文化之都建设研究	哈战荣	马克思主义学院	北京市社会科学基金、一般项目	北京市哲学社会科学规划办公室	研究或咨询报告	2017. 6
99	北京市青少年社会规则意识发展状况与教育对策研究	辛志勇	社会发展学院	北京市社会科学基金、一般项目	北京市哲学社会科学规划办公室	专著	2016. 12
100	基于“经济公平”的小学教育融资机制研究：海淀区的案例	任 强	财政学院	北京市社会科学基金、一般项目	北京市哲学社会科学规划办公室	研究或咨询报告	2016. 12

续表

序号	项目名称	负责人	所属机构	项目分类、类别	项目来源单位	预期成果形式	计划完成时间
101	北京大气污染防治投资与环境政策设计：基于实物期权视角的研究	余冬平	国防经济与管理研究院	北京市社会科学基金、一般项目	北京市哲学社会科学规划办公室	研究或咨询报告	2016. 6
102	北京市政府债务管理及风险预警机制研究	王　鑫	会计学院	北京市社会科学基金、一般项目	北京市哲学社会科学规划办公室	研究或咨询报告	2017. 6
103	北京市人口转变与经济发展方式转型关系研究	赵文哲	经济学院	北京市社会科学基金、一般项目	北京市哲学社会科学规划办公室	研究或咨询报告	2016. 6
104	北京市政府购买公共服务“模块化嵌入式”财政监督机制创新——基于风险管理导向的研究	杨燕英	政府管理学院	北京市社会科学基金、一般项目	北京市哲学社会科学规划办公室	研究或咨询报告	2017. 4
105	首都政府采购网络防腐策略研究	韩文英	信息学院	北京市社会科学基金、一般项目	北京市哲学社会科学规划办公室	研究或咨询报告	2016. 12
106	北京市大企业税收遵从行为研究	樊　勇	税务学院	北京市社会科学基金、一般项目	北京市哲学社会科学规划办公室	研究或咨询报告	2015. 12
107	区域协同视角下的京津冀都市圈地方政府大气污染协作治理研究	崔　晶	政府管理学院	北京市社会科学基金、一般项目	北京市哲学社会科学规划办公室	论文集	2016. 6
108	价格水平规制视角下的北京市保障房顶层设计研究	陈俊华	管理科学与工程学院	北京市社会科学基金、一般项目	北京市哲学社会科学规划办公室	论文集	2016. 4
109	加强和改善党对全面深化改革的领导	王春玺	马克思主义学院	北京市社会科学基金、一般项目	北京市哲学社会科学规划办公室	论文	2014. 3
110	北京市空巢老人健康养老需求与多元养老模式构建研究	郝　佳	保险学院	北京市社会科学基金、青年项目	北京市哲学社会科学规划办公室	研究或咨询报告	2016. 12
111	证券期货欺诈行为执法标准研究	缪因知	法学院	北京市社会科学基金、青年项目	北京市哲学社会科学规划办公室	专著	2017. 6
112	新型城镇化进程中北京居民消费低碳化的发展路径研究	王会娟	统计学院	北京市社会科学基金、青年项目	北京市哲学社会科学规划办公室	研究或咨询报告	2016. 4
113	互联网经济发展对北京市就业影响与对策研究	张川川	经济学院	北京市社会科学基金、基地项目	北京市哲学社会科学规划办公室	研究或咨询报告	2016. 12
114	北京市发展跨境电子商务的问题与对策研究	霍　达	国际经济与贸易学院	北京市社会科学基金、基地项目	北京市哲学社会科学规划办公室	研究或咨询报告	2016. 10
115	基于电商平台的北京山区有机谷认养模式研究	李　军	财经研究院	北京市社会科学基金、基地项目	北京市哲学社会科学规划办公室	研究或咨询报告	2016. 12
116	引领京津冀公共服务协同发展的财政合作机制研究	赵国钦	财经研究院	北京市社会科学基金、基地项目	北京市哲学社会科学规划办公室	专著	2016. 12
117	互联网企业的外资股权与自主技术创新——基于微观企业数据与专利数据的实证研究	李　兵	国际经济与贸易学院	北京市社会科学基金、基地项目	北京市哲学社会科学规划办公室	研究或咨询报告	2016. 1
118	京津冀应对气候变化公共资金机制研究	陈　波	财经研究院	北京市社会科学基金、基地项目	北京市哲学社会科学规划办公室	研究或咨询报告	2015. 12
119	论宪法的国事管理权规范	蒋劲松	法学院	北京市社会科学基金、专项项目	北京市哲学社会科学规划办公室	研究或咨询报告	2015. 12

续表

序号	项目名称	负责人	所属机构	项目分类、类别	项目来源单位	预期成果形式	计划完成时间
120	国际贸易影响收入不平等的程度和机制研究	林发勤	国际经济与贸易学院	北京市自然科学基金、青年项目	北京市自然科学基金委员会	研究或咨询报告	2015.12
121	中国企业员工的反馈规避行为：表现形式、影响因素和影响效果	王 震	商学院	北京市自然科学基金、青年项目	北京市自然科学基金委员会	研究或咨询报告	2015.12
122	以学为本的本科教育质量评价体系研究	林光彬	中国精算研究院	北京市教育科学规划项目、重点项目	北京市教育科学规划领导小组办公室	研究或咨询报告	2016.12
123	基于 MOOC 理念的新型在线课程教学模式研究与实践	冯海旗	信息学院	北京市教育科学规划项目、一般项目	北京市教育科学规划领导小组办公室	研究或咨询报告	2016.12
124	在京农村籍大学生制度信任对学业投入的影响	张 梅	社会发展学院	北京市教育科学规划项目、青年项目	北京市教育科学规划领导小组办公室	研究或咨询报告	2017.12
125	美国研究型大学如何评价课堂教学质量——基于常春藤8所盟校的实证研究	聂建峰	行政机关	北京市教育科学规划项目、青年项目	北京市教育科学规划领导小组办公室	研究或咨询报告	2017.6

（中央财经大学科研处供稿）

对外经济贸易大学

2014 年度承担国家级、省部级社会科学研究项目

序号	课题名称	负责人	承担部门	项目分类、类别	项目来源单位	预期成果形式	计划完成时间
1	以绿色技术创新推动生态文明建设的长效机制与政策研究	魏巍贤	国际经济贸易学院	国家社会科学基金、重点项目	全国哲学社会科学规划办公室	研究报告、专题论文集	2018.9
2	新型城镇化进程中的农村土地经营权信托流转制度研究	徐海燕	法学院	国家社会科学基金、重点项目	全国哲学社会科学规划办公室	专题论文集、研究报告	2017.5
3	中美经贸关系中的国有企业问题研究	屠新泉	中国 WTO 研究院	国家社会科学基金、重点项目	全国哲学社会科学规划办公室	专题论文集、研究报告	2016.12
4	数字环境下我国图书出版业的商业模式重构研究	刘 军	出版社	国家社会科学基金、重点项目	全国哲学社会科学规划办公室	专著	2017.12
5	中国居民家庭金融行为和财属不平等研究	吴卫星	金融学院	国家社会科学基金、重点项目	全国哲学社会科学规划办公室	论文	2017.12
6	中国企业海外投资税务筹划研究	王素荣	国际商学院	国家社会科学基金、一般项目	全国哲学社会科学规划办公室	专著、专题论文集	2015.12
7	面向金字塔底层市场的包容性创新及政策研究	邢小强	国际商学院	国家社会科学基金、一般项目	全国哲学社会科学规划办公室	专题论文集	2017.12
8	我国高技术企业通过跨国技术战略联盟进行多维“跨边界”学习与风险防御机制研究	杨震宁	国际商学院	国家社会科学基金、一般项目	全国哲学社会科学规划办公室	专题论文集	2017.12

续表

序号	课题名称	负责人	承担部门	项目分类、类别	项目来源单位	预期成果形式	计划完成时间
9	依法治国视野下人大预算决算审查监督制度改革法律问题研究	李卫刚	法学院	国家社会科学基金、一般项目	全国哲学社会科学规划办公室	专题论文集、研究报告	2017.12
10	被追诉人的自主性辩护权研究	陈学权	法学院	国家社会科学基金、一般项目	全国哲学社会科学规划办公室	专著	2017.9
11	创新与监管博弈视角下我国网络借贷平台公司的法律规制研究	赵　玲	法学院	国家社会科学基金、一般项目	全国哲学社会科学规划办公室	专题论文集、研究报告	2017.9
12	建设南方"丝绸之路经济带"的地缘经济政治环境研究	王志民	思想政治理论课教学科研部	国家社会科学基金、一般项目	全国哲学社会科学规划办公室	专著	2017.6
13	中国特色社会主义分配制度的实践特性及效率效应研究	曹永栋	思想政治理论课教学科研部	国家社会科学基金、一般项目	全国哲学社会科学规划办公室	专著	2017.6
14	全球化背景下国际话语体系与中国话语国际化战略研究	梁凯音	思想政治理论课教学科研部	国家社会科学基金、一般项目	全国哲学社会科学规划办公室	专题论文集	2017.12
15	亚太主要区域贸易协定的生产网络效应与中国对策研究	庄　芮	国际经济研究院	国家社会科学基金、一般项目	全国哲学社会科学规划办公室	专著	2016.12
16	转变经济发展方式下的城镇化质量提升与消费结构优化耦合研究	胡若痴	国际经济研究院	国家社会科学基金、一般项目	全国哲学社会科学规划办公室	专著	2016.12
17	老年人的健康风险的社会决定因素、风险链及其管理研究	方黎明	保险学院	国家社会科学基金、一般项目	全国哲学社会科学规划办公室	专题论文集	2017.7
18	市场化改革中公共服务有效提供模式及监管机制研究	吕维霞	公共管理学院	国家社会科学基金、一般项目	全国哲学社会科学规划办公室	专著	2017.6
19	中国国家形象创新与发展战略研究	乔　旋	国际关系学院	国家社会科学基金、一般项目	全国哲学社会科学规划办公室	专题论文集、研究报告	2017.12
20	认知语料库语言学视阈下的英汉话语隐喻对比研究	孙　亚	英语学院	国家社会科学基金、一般项目	全国哲学社会科学规划办公室	专著	2017.12
21	我国城镇化进程中流动人口就业质量的评价与提升路径研究	苏丽锋	教育与开放经济研究中心	国家社会科学基金、一般项目	全国哲学社会科学规划办公室	专题论文集	2017.6
22	创新驱动发展下中国科技人才战略的决策要素、路径选择与政策创新研究	黄海刚	中国开放经济与国际科技合作战略研究中心	国家社会科学基金、一般项目	全国哲学社会科学规划办公室	专题论文集、研究报告	2016.12
23	微观视角下中国（上海）自由贸易试验区的贸易效应研究	王丽丽	国际经济研究院	国家社会科学基金、青年项目	全国哲学社会科学规划办公室	专题论文集	2017.12
24	开放转型背景下我国出口贸易就业偏向效应研究	陈　昊	国际经济研究院	国家社会科学基金、青年项目	全国哲学社会科学规划办公室	专题论文集	2017.4
25	近代海河治理与天津港口变迁研究	王长松	公共管理学院	国家社会科学基金、青年项目	全国哲学社会科学规划办公室	专著	2017.12
26	"蚁族"移动互联网使用行为与社会稳定问题研究	廉　思	公共管理学院	国家社会科学基金、青年项目	全国哲学社会科学规划办公室	专题论文集、研究报告	2016.11

续表

序号	课题名称	负责人	承担部门	项目分类、类别	项目来源单位	预期成果形式	计划完成时间
27	基金家族特质对基金投资行为及绩效影响研究	王 珏	金融学院	国家社会科学基金、青年项目	全国哲学社会科学规划办公室	专题论文集	2016. 11
28	政治学视角下的网络意见人物研究	张萌萌	国际关系学院	国家社会科学基金、青年项目	全国哲学社会科学规划办公室	专著	2017. 9
29	基于新实证产业组织理论的石油工业管制政策效果研究	周 末	国际商学院	国家社会科学基金、青年项目	全国哲学社会科学规划办公室	专题论文集、研究报告	2016. 12
30	《网络安全法》立法研究及草案起草	梅夏英	法学院	国家社会科学基金、特别委托项目	全国哲学社会科学规划办公室	研究报告	2014. 12
31	全球价值链与中国贸易竞争力研究	葛 赢	国际经济贸易学院	国家自然科学基金、重点项目	国家自然科学基金委员会	论文、专著、研究报告	2019. 12
32	基于环境规制的污染密集型产业区际转移理论与实证研究	尹建华	国际商学院	国家自然科学基金、面上项目	国家自然科学基金委员会	研究报告、论文、专著	2018. 12
33	新兴市场企业并进型对外直接投资的多层面影响因素与绩效研究：基于组织并行视角	李自杰	国际商学院	国家自然科学基金、面上项目	国家自然科学基金委员会	论文	2018. 12
34	产业结构引导、融资结构选择与资本配置效率	张新民	国际商学院	国家自然科学基金、面上项目	国家自然科学基金委员会	论文、研究报告	2018. 12
35	董事投票行为研究：影响因素与经济后果	祝继高	国际商学院	国家自然科学基金、面上项目	国家自然科学基金委员会	研究报告、论文	2018. 12
36	“地球人”兼“当地人”：消费者全球当地导向对文化杂合产品评价的影响	郭晓凌	国际商学院	国家自然科学基金、面上项目	国家自然科学基金委员会	论文	2018. 12
37	负面公司联想事件与企业应对策略的影响机制和边界条件：多渠道背景下的双重视角研究	谢 毅	国际商学院	国家自然科学基金、面上项目	国家自然科学基金委员会	论文	2018. 12
38	官员异质性、社会信任与企业资源配置	雷光勇	国际商学院	国家自然科学基金、面上项目	国家自然科学基金委员会	论文	2018. 12
39	线上渠道交互对线下渠道绩效的影响：基于双路径的理论和实证研究	薛佳奇	国际商学院	国家自然科学基金、面上项目	国家自然科学基金委员会	研究报告、论文	2018. 12
40	碳排放权拍卖理论与应用	王明喜	国际经济贸易学院	国家自然科学基金、面上项目	国家自然科学基金委员会	论文、研究报告	2018. 12
41	中国 IPO 营销、承销关系网络与新股发行定价机制	邵新建	国际经济贸易学院	国家自然科学基金、面上项目	国家自然科学基金委员会	论文、专著、研究报告	2018. 12
42	金融创新背景下流动性危机诱发机制的微观基础研究	薛 熠	国际经济贸易学院	国家自然科学基金、面上项目	国家自然科学基金委员会	论文、研究报告	2018. 12
43	不确定环境下的社会网络影响扩散序贯决策优化研究	倪耀东	信息学院	国家自然科学基金、面上项目	国家自然科学基金委员会	论文	2018. 12
44	基于网络理论的金融传染与投资者行为研究	肖欣荣	金融学院	国家自然科学基金、青年项目	国家自然科学基金委员会	论文、研究报告	2017. 12

续表

序号	课题名称	负责人	承担部门	项目分类、类别	项目来源单位	预期成果形式	计划完成时间
45	银行间市场系统流动性风险形成与演化机制	曹诗男	金融学院	国家自然科学基金、青年项目	国家自然科学基金委员会	论文	2017.12
46	网络社交媒体、投资者行为与市场效率研究	董　毅	金融学院	国家自然科学基金、青年项目	国家自然科学基金委员会	论文	2017.12
47	基于极值信息的收益率时序建模及其应用研究	谢海滨	金融学院	国家自然科学基金、青年项目	国家自然科学基金委员会	论文、专著	2017.12
48	无转移支付的匹配问题机制设计研究：理论建模与实验分析	颜建晔	金融学院	国家自然科学基金、青年项目	国家自然科学基金委员会	论文	2017.12
49	非参数与半参数回归方程组的计量经济理论及其应用	王　芸	国际经济贸易学院	国家自然科学基金、青年项目	国家自然科学基金委员会	论文	2017.12
50	抵押借贷与资产价格——基于异质性信念的研究	王　勇	国际经济贸易学院	国家自然科学基金、青年项目	国家自然科学基金委员会	论文、研究报告	2017.12
51	带有阈值结构的空间计量模型的理论及应用	邓　莹	国际经济贸易学院	国家自然科学基金、青年项目	国家自然科学基金委员会	论文	2017.12
52	机场与航空公司的纵向合作——基于纳什议价模型的理论及实证研究	杨杭军	国际经济贸易学院	国家自然科学基金、青年项目	国家自然科学基金委员会	论文	2017.12
53	管理者管理教练行为对员工主动工作行为的影响机制研究——基于组织和个体层面的跨层次分析	卢　苏	国际商学院	国家自然科学基金、青年项目	国家自然科学基金委员会	研究报告、论文	2017.12
54	审计事务所交互作用机制研究——基于企业集团非统一审计视角	刘雪娇	国际商学院	国家自然科学基金、青年项目	国家自然科学基金委员会	研究报告、论文、专著	2017.12
55	中国私募证券投资基金的业绩、另类投资与制度突破	崔　鑫	国际商学院	国家自然科学基金、青年项目	国家自然科学基金委员会	论文	2017.12
56	税收对居民收入流动性的动态作用机理及福利效应研究	崔景华	公共管理学院	国家自然科学基金、青年项目	国家自然科学基金委员会	论文	2017.12
57	基于技能习得理论的反馈有效性调节机制研究	杨颖莉	英语学院	国家自然科学基金、青年项目	国家自然科学基金委员会	论文	2017.12
58	云计算模式下信息系统应用对企业组织能力的影响机制研究——基于组织双元性的视角	李　亮	信息学院	国家自然科学基金、青年项目	国家自然科学基金委员会	论文	2017.12
59	随机矩阵/数组形式高维数据的充分降维：统计理论、方法及其应用	薛　原	统计学院	国家自然科学基金、青年项目	国家自然科学基金委员会	论文、专著	2017.12
60	环境不确定性、组织冗余与企业生存：资源依赖理论的视角	王分棉	国际商学院	教育部人文社会科学规划基金项目	教育部社科司	论文、研究报告	2017.6
61	上市公司参与影子银行业务的动机、后果与监管政策研究	郑建明	国际商学院	教育部人文社会科学规划基金项目	教育部社科司	论文、研究报告	2016.12

续表

序号	课题名称	负责人	承担部门	项目分类、类别	项目来源单位	预期成果形式	计划完成时间
62	通货膨胀下的资产配置问题研究	余　湄	金融学院	教育部人文社会科学规划基金项目	教育部社科司	论文、研究报告	2017.7
63	突发性网络舆情的演变规律及应对策略	熊光清	国际关系学院	教育部人文社会科学规划基金项目	教育部社科司	论文	2016.12
64	企业互联网金融发展路径及风险防范研究——基于平台经济视角	黄健青	信息学院	教育部人文社会科学规划基金项目	教育部社科司	论文	2017.4
65	人力资本对创业活动的影响研究	李长安	公共管理学院	教育部人文社会科学规划基金项目	教育部社科司	论文	2017.1
66	基于需求分析优化商务英语人才培养模式	史兴松	英语学院	教育部人文社会科学规划基金项目	教育部社科司	论文	2017.12
67	社会资本、企业能力与企业国际化绩效：CEO特征的调节机制	刘传志	出版社	教育部人文社会科学规划基金项目	教育部社科司	论文	2017.6
68	市场环境下我国大学出版社的学术出版研究	刘　红	出版社	教育部人文社会科学规划基金项目	教育部社科司	论文	2016.2
69	高校哲学社会科学期刊评价体系研究	于友伟	学术刊物编辑部	教育部人文社会科学规划基金项目	教育部社科司	论文	2015.2
70	腐败与经济增长非线性关系研究：基于要素质量视角	席　丹	金融学院	教育部人文社会科学青年基金项目	教育部社科司	论文	2016.1
71	极端市场风险下投资者决策行为模式研究	谢海滨	金融学院	教育部人文社会科学青年基金项目	教育部社科司	论文	2016.6
72	适老性农业对新型城镇化进程中农民养老的社会保障功能研究	周　娟	保险学院	教育部人文社会科学青年基金项目	教育部社科司	论文	2017.12
73	信息不对称环境下金融控股公司管控模式研究：作用机制与效果评估	郭锐欣	保险学院	教育部人文社会科学青年基金项目	教育部社科司	论文	2017.12
74	多语种背景下侵权法标准法律英语翻译研究：基于中欧侵权法的比较	王乐兵	法学院	教育部人文社会科学青年基金项目	教育部社科司	论文、研究报告	2017.7
75	中国地方政府财政“软约束”行为研究	叶　静	国际关系学院	教育部人文社会科学青年基金项目	教育部社科司	论文	2016.12
76	面向中国学生的英语动词语法错误自动检查研究	陈　功	英语学院	教育部人文社会科学青年基金项目	教育部社科司	研究报告、软件	2017.2

续表

序号	课题名称	负责人	承担部门	项目分类、类别	项目来源单位	预期成果形式	计划完成时间
77	产业地理与美国对华贸易政策的政治经济学分析	王　颖	研究生院	教育部人文社会科学青年基金项目	教育部社科司	论文	2016. 12
78	深化人民币汇率形成机制改革研究——基于 WTO 规则的视角	丁志杰	中国 WTO 研究院	教育部重点研究基地重大项目	教育部社科司	论文、研究报告	2016. 7
79	新一代国际经贸规则的构建及中国的因应策略研究	石静霞	中国 WTO 研究院	教育部重点研究基地重大项目	教育部社科司	论文、研究报告	2016. 12
80	网络学习共同体对高校学习型班集体建设效用的实证研究	王宇航	英语学院	教育部专项任务研究项目	教育部社科司	论文	2015. 12
81	北京商务人才外语沟通能力的语言学理论基础研究	王立非	英语学院	北京市社会科学基金、重点项目	北京市哲学社会科学规划办公室	专著	2016. 12
82	北京市防范处置群体性事件的对策研究——基于国内外相关经验的比较	戴长征	国际关系学院	北京市社会科学基金、重点项目	北京市哲学社会科学规划办公室	研究报告、论文集	2016. 7
83	北京动漫产业国际化成长战略与路径研究	曹淑艳	信息学院	北京市社会科学基金、重点项目	北京市哲学社会科学规划办公室	研究报告	2016. 6
84	“学术走出去”战略背景下北京高校学术生产与传播的现状、问题与对策的实证研究	冯海颖	英语学院	北京市社会科学基金、一般项目	北京市哲学社会科学规划办公室	论文集	2017. 6
85	基于语料库的北京知名品牌英译研究与中国优秀文化传播	徐　珺	英语学院	北京市社会科学基金、一般项目	北京市哲学社会科学规划办公室	专著	2016. 12
86	交通一体化和京津冀都市圈经济发展研究	杨杭军	国际经济贸易学院	北京市社会科学基金、一般项目	北京市哲学社会科学规划办公室	研究报告	2016. 12
87	北京市产业和要素分配结构的决定因素、效率评估和政策影响	钱震杰	金融学院	北京市社会科学基金、一般项目	北京市哲学社会科学规划办公室	论文集	2016. 12
88	中国服务业改革对北京现代制造业企业生产效率的影响测度及异质性考察	周念利	中国 WTO 研究院	北京市社会科学基金、一般项目	北京市哲学社会科学规划办公室	论文集	2016. 4
89	首都高校国际化与中国文化“走出去”	文　君	党委办公室	北京市社会科学基金、一般项目	北京市哲学社会科学规划办公室	专著	2017. 7
90	北京市农村基础设施需求与统筹城乡配置研究	苑德宇	国际经济贸易学院	北京市社会科学基金、青年项目	北京市哲学社会科学规划办公室	研究报告	2016. 4
91	基于首都城市战略定位的北京零售业商业模式创新研究	张磊楠	国际商学院	北京市社会科学基金、青年项目	北京市哲学社会科学规划办公室	研究报告、论文集	2015. 8
92	北京市外来人口规模动态监测方案研究	刘亚文	统计学院	北京市社会科学基金、青年项目	北京市哲学社会科学规划办公室	研究报告	2016. 8
93	改革开放 30 年来北京话语音变迁研究	韩沛玲	中国语言文学学院	北京市社会科学基金、青年项目	北京市哲学社会科学规划办公室	研究报告	2017. 12

续表

序号	课题名称	负责人	承担部门	项目分类、类别	项目来源单位	预期成果形式	计划完成时间
94	打造高标准对外开放环境，促进北京市产业转型升级	林桂军	国际经济贸易学院	北京市教委中央高校重大科技成果转化项目	北京市教育委员会	论文、研究报告	2015.12
95	高校国际科技合作的现状、问题与发展战略研究	夏友富	中国开放经济与国际科技合作战略研究中心	2013 教育部科技委战略研究重大课题	教育部科技委	研究报告	2014.11
96	中国签订双边投资协定投资促进效应分析与优化策略研究	太　平	国际经济研究院	教育部专项委托项目	教育部社科司	论文	2017.7
97	公投制度对未来香港制度发展的影响	廉　思	公共管理学院	教育部专项委托项目	教育部社科司	研究报告	2015.12
98	韩国古代寓言创作与《庄子》	郝君峰	外语学院	第48批教育部留学回国人员科研启动基金	教育部（中国）留学服务中心	论文或研究报告	2017.12
99	双边匹配问题的机制设计研究	颜建晔	金融学院	第48批教育部留学回国人员科研启动基金	教育部（中国）留学服务中心	论文或研究报告	2017.12
100	金融一体化与宏观审慎性政策分析	余昌华	金融学院	第48批教育部留学回国人员科研启动基金	教育部（中国）留学服务中心	论文或研究报告	2017.12
101	中国税负归宿实证分析	周　波	国际经济贸易学院	第48批教育部留学回国人员科研启动基金	教育部（中国）留学服务中心	论文或研究报告	2017.12
102	北京上市公司治理绩效与国企混合所有制改革问题研究	郭　敏	金融学院	北京市社会科学基金、重点项目（基地）	北京市哲学社会科学规划办公室	研究报告	2017.12
103	北京上市公司会计国际趋同效果研究	吴　革	国际商学院	北京市社会科学基金、一般项目（基地）	北京市哲学社会科学规划办公室	研究报告	2017.12
104	北京企业财务管理职能转型问题研究	王秀丽	国际商学院	北京市社会科学基金、一般项目（基地）	北京市哲学社会科学规划办公室	研究报告	2017.12
105	北京企业并进型对外直接投资行为的多层面影响因素与绩效研究	李自杰	国际商学院	北京市社会科学基金、一般项目（基地）	北京市哲学社会科学规划办公室	论文集	2017.12
106	高校师德建设与人才培养质量的实证研究	李　芳	教务处	北京市教育科学规划、青年项目	北京市教育科学规划办公室	论文	2016.8
107	我国食品安全责任强制保险的法律构造研究	于海纯	法学院	国家法治与法学理论研究项目	司法部	专著	2016.12
108	北京高科技企业的国际研发网络构建与创新能力提升研究	吴剑峰	国际商学院	北京市教委共建项目	北京市教育委员会	论文	2017.12

2014 年度校级社会科学研究项目

序号	项目名称	负责人	承担部门	项目分类、类别	预期成果形式	计划完成时间
1	我国机构投资者行为与监管研究	江　萍	国际经济贸易学院	学术创新团队	论文、专著	2017. 12
2	公司治理与财务状况质量研究创新团队	钱爱民	国际商学院	学术创新团队	论文、专著	2017. 12
3	网络、信息与投资者行为研究	肖欣荣	金融学院	学术创新团队	论文、专著	2017. 12
4	基于公平可持续的社会保障研究创新团队	王亚柯	保险学院	学术创新团队	论文、专著	2017. 12
5	统计前沿理论与应用	刘立新	统计学院	学术创新团队	论文、专著	2017. 12
6	商务认知创新团队：商务语言语法中的高层转喻	陈香兰	英语学院	学术创新团队	论文、专著	2017. 12
7	中国语言文学的世界影响力研究	邓如冰	中国语言文学学院	学术创新团队	论文、专著	2017. 12
8	跨文化团队忠诚与信任的交互作用研究	于景涛	外语学院	一般项目	论文	2016. 12
9	高等学校第三方评估机制建设研究	王报平	学科建设办公室	一般项目	论文	2016. 12
10	社交媒体危机传播话语分析	王　彦	英语学院	一般项目	论文	2016. 12
11	首都高校体育安全现状调查与风险防范研究	王　洋	体育部	一般项目	论文	2016. 12
12	《米德尔马契》女主人公多萝西娅成长研究	王淑芳	英语学院	一般项目	论文	2016. 12
13	“意思⇔文本”模式下积极型法汉学习词典的建构	王新霞	外语学院	一般项目	论文	2016. 12
14	我国新型城镇化进程中农民工市民化对策研究	王慧英	公共管理学院	一般项目	论文	2016. 12
15	基于感知价值视角的互联网保险消费者购买意愿研究	白　薇	保险学院	一般项目	论文	2016. 12
16	进口贸易与 FDI：服务业的实证研究	刘东升	国际经济贸易学院	一般项目	论文	2016. 12
17	女性体育娱乐节目的表征与价值取向研究	刘良超	体育部	一般项目	论文	2016. 12
18	我国外向型经济中“小微型企业”空心化现象的实证研究	刘　英	统计学院	一般项目	论文	2016. 12
19	我国部署高校教育资本配置效率研究	刘经纬	财务处	一般项目	论文	2016. 12
20	多状态 Markov 模型在精算学中的应用研究	孙立娟	保险学院	一般项目	论文	2016. 12
21	社会变迁背景下农村春节文化民俗传承困境与保护——以湘南 S 村为个案	李江华	体育部	一般项目	论文	2016. 12
22	微信公众平台在高校大数据环境下的应用研究	李欢欢	党委宣传部	一般项目	论文	2016. 12
23	我国最低工资标准的经济效应——基于个人、产业和区域均衡发展的视角	周　波	国际经济贸易学院	一般项目	论文	2016. 12

续表

序号	项目名称	负责人	承担部门	项目分类、类别	预期成果形式	计划完成时间
24	企业家社会资本对企业创新战略选择影响机制研究	孟　源	校长办公室	一般项目	论文	2016. 12
25	女性董事与公司价值关系研究——基于我国上市公司数据的实证研究	赵秀芝	国际商学院	一般项目	论文	2016. 12
26	财产保险公司经营成本的国际比较研究	郝君富	保险学院	一般项目	论文	2016. 12
27	我国知识产权司法保护制度的完善与提高——以知识产权法院的设立为起点	相　靖	国际经济研究院	一般项目	论文	2016. 12
28	近五年国产纪录片构建中国形象研究：2010—2014	哈嘉莹	中文学院	一般项目	论文	2016. 12
29	理性开放金融市场与跨境监管合作问题研究	袁长军	金融学院	一般项目	论文	2016. 12
30	商务环境中亚洲留学生的英语可理解度研究	高　超	英语学院	一般项目	论文	2016. 12
31	语言服务驱动中国企业全球化的应用研究	崔启亮	英语学院	一般项目	论文	2016. 12
32	并购重组中的对赌协议能保护公众投资者的利益吗？	韩慧博	国际商学院	一般项目	论文	2016. 12
33	中国企业“走出去”之虚拟团队的构建及管理模式研究	于晓丹	信息学院	青年项目	论文	2016. 12
34	中国对外投资企业转让定价策略的理论与实证研究	马湘君	国际经济贸易学院	青年项目	论文	2016. 12
35	公私合作视角下的城乡居民大病保险供给模式研究	王　琬	保险学院	青年项目	论文	2016. 12
36	非参数分位数回归模型中变点问题研究	王景乐	统计学院	青年项目	论文	2016. 12
37	人民币、企业生产率与对外直接投资	田　巍	国际经济贸易学院	青年项目	论文	2016. 12
38	当前中国国家治理中的意识形态碎片化问题研究	余艳红	国际关系学院	青年项目	论文	2016. 12
39	文学媒介及其对人的塑造功能研究	陈　敏	外语学院	青年项目	论文	2016. 12
40	功能训练对大学生体适能促进模式研究	郭兰兰	体育部	青年项目	论文	2016. 12
41	全球价值链视角下的金融异质性与企业“走出去”问题的研究	吕　越	中国世界贸易组织研究院	WTO 专项	论文	2016. 12
42	区域贸易协定的理论基础研究——基于非均衡增长的分析	殷晓鹏	国际经济贸易学院	WTO 专项	论文	2016. 12
43	对手违约风险对金融衍生产品价格的影响	王兴春	国际经济贸易学院	新进青年教师科研启动项目	论文	2016. 12
44	中国金融不稳定性的计量研究	王　妍	统计学院	新进青年教师科研启动项目	论文	2016. 12
45	共同基金参与公司治理的逻辑：支持大股东还是管理层？——基于共同基金参与上海家化和格力电器公司治理的案例研究	王　珏	金融学院	新进青年教师科研启动项目	论文	2016. 12

续表

序号	项目名称	负责人	承担部门	项目分类、类别	预期成果形式	计划完成时间
46	劳动合同法的理论源流探究——以当代社会思潮的演变为脉络	太　月	保险学院	新进青年教师科研启动项目	论文	2016. 12
47	中国文化产业的投融资问题研究	冯仕亮	公共管理学院	新进青年教师科研启动项目	论文	2016. 12
48	连续状态分枝过程的谱系研究	毕洪伟	保险学院	新进青年教师科研启动项目	论文	2016. 12
49	中国特色社会主义道路与历史唯物主义方法论的新发展	吕红霞	思政部	新进青年教师科研启动项目	论文	2016. 12
50	高校体育赛事商业赞助影响因素研究——以羽毛球赛事为例	吕　轶	体育部	新进青年教师科研启动项目	论文	2016. 12
51	基于图像和文本融合的图像情感理解	刘宁宁	信息学院	新进青年教师科研启动项目	论文	2016. 12
52	中国企业基于顾客的品牌战略转型研究	刘　鑫	英语学院	新进青年教师科研启动项目	论文	2016. 12
53	创新竞争的反垄断法规制研究	江　山	法学院	新进青年教师科研启动项目	论文	2016. 12
54	“保护的责任”规范的传播与中国的应对策略研究	邱昌情	国际关系学院	新进青年教师科研启动项目	论文	2016. 12
55	全球价值链上的产业结构及特质	余心玎	国际经济贸易学院	新进青年教师科研启动项目	论文	2016. 12
56	中国新媒体政治实证研究	张萌萌	国际关系学院	新进青年教师科研启动项目	论文	2016. 12
57	国际投资法制的新发展及中国缔结投资条约的对策研究	陈正健	法学院	新进青年教师科研启动项目	论文	2016. 12
58	所有制结构、研发创新与企业出口决定：基于新制度经济学视角	陈福中	国际经济贸易学院	新进青年教师科研启动项目	论文	2016. 12
59	家庭背景影响教育公平的区域比较研究	范静波	公共管理学院	新进青年教师科研启动项目	论文	2016. 12
60	随机环境中的非紧邻随机游动	周　珂	统计学院	新进青年教师科研启动项目	论文	2016. 12
61	宪法框架内的表达自由	郑海平	法学院	新进青年教师科研启动项目	论文	2016. 12
62	安德鲁·林克莱特批判理论对当代国际关系研究的意义	赵　洋	国际关系学院	新进青年教师科研启动项目	论文	2016. 12
63	影子银行视角下的上市公司金融性投资行为研究	胡聪慧	国际商学院	新进青年教师科研启动项目	论文	2016. 12
64	违约损害赔偿的类型区分	姜　龙	法学院	新进青年教师科研启动项目	论文	2016. 12
65	伊朗现代女性文学研究	姜　楠	外语学院	新进青年教师科研启动项目	论文	2016. 12
66	基于自适应 Lasso 和稳健加权 Lp 回归的参数估计和变量选取	秦　磊	统计学院	新进青年教师科研启动项目	论文	2016. 12
67	外语财经类高校学生心理危机预警及干预研究	贾　烜	文化艺术教研部	新进青年教师科研启动项目	论文	2016. 12

续表

序号	项目名称	负责人	承担部门	项目分类、类别	预期成果形式	计划完成时间
68	对外传播视域下的英语财经新闻报道	钱晶晶	英语学院	新进青年教师科研启动项目	论文	2016.12
69	基于国内价值链的省际间碳泄漏与碳减排责任分解研究	郭　琳	国际经济贸易学院	新进青年教师科研启动项目	论文	2016.12
70	社会治理制度创新的理论范式与经验分析	程波辉	公共管理学院	新进青年教师科研启动项目	论文	2016.12
71	葡萄牙语熟语文化研究	廖怡然	外语学院	新进青年教师科研启动项目	论文	2016.12
72	中国共产党生态文明体制改革的传统文化支撑	濮　灵	思政部	新进青年教师科研启动项目	论文	2016.12
73	中国女作家作品英译（1979—2010）研究	付文慧	英语学院	学术出版资助	专著	2015.12
74	侵权法上私人妨碍制度研究	刘　丽	英语学院	学术出版资助	专著	2015.12
75	国外对华反补贴案例研究	杨荣珍	中国世界贸易组织研究院	学术出版资助	专著	2015.12
76	长期护理保险理论与实践研究：聚焦老龄人口长期照料问题	荆　涛	保险学院	学术出版资助	专著	2015.12
77	煤炭产品的完全成本及其补偿机制研究	高殿军	继续教育学院	学术出版资助	专著	2015.12
78	科技与金融的结合及在我国发展的路径选择研究	邱兆祥	离退休人员工作处	离退休教师科研专项	论文	2016.12
79	贸易统计方法、制度及专题研究	贾怀勤	离退休人员工作处	离退休教师科研专项	论文	2016.12
80	中国特色社会主义国际经贸理论构建	薛荣久	离退休人员工作处	离退休教师科研专项	论文	2016.12
81	区制转换模型和我国地方债与经济增长非线性关系的研究	陈志鸿	国际经济贸易学院	杰出青年学者培育计划	论文	2016.12
82	基于合同设计的供应链信息分享机制与协调管理研究	赵映雪	国际经济贸易学院	杰出青年学者培育计划	论文	2016.12
83	高科技企业国际研发网络构建与自主创新力提升的关系研究	吴剑峰	国际商学院	杰出青年学者培育计划	论文	2016.12
84	基于异质性的相关产业外资技术溢出和国内企业生产率关系研究	李　瑜	国际商学院	杰出青年学者培育计划	论文	2016.12
85	网络突发事件的演变规律及应对机制研究	熊光清	国际关系学院	杰出青年学者培育计划	论文	2016.12
86	进化叙事与伦理想象	金　冰	英语学院	杰出青年学者培育计划	论文	2016.12
87	中国式IPO询价制的运作机理研究	邵新建	国际经济贸易学院	优秀青年学者培育计划	论文	2017.12
88	拍卖中卡特尔的稳定性及有效拍卖设计	曹小勇	国际经济贸易学院	优秀青年学者培育计划	论文	2017.12
89	基于消费者对比购买过程视角的决策行为研究：消费者个体认知特征的调节作用	孙　瑾	国际商学院	优秀青年学者培育计划	论文	2017.12

续表

序号	项目名称	负责人	承担部门	项目分类、类别	预期成果形式	计划完成时间
90	供应链制造柔性如何应对环境变化的研究	杨　柳	国际商学院	优秀青年学者培育计划	论文	2017. 12
91	Realized GARCH 类模型在 VIX 预测与衍生品定价中的应用	王天一	金融学院	优秀青年学者培育计划	论文	2017. 12
92	博弈论在现代经济金融理论与实践中的广泛应用	颜建晔	金融学院	优秀青年学者培育计划	论文	2017. 12
93	随机过程在股票期权与风险模型中的应用	栾娜娜	保险学院	优秀青年学者培育计划	论文	2017. 12
94	城市公用事业规制革新的社会经济福利效应研究	郭　蕾	公共管理学院	优秀青年学者培育计划	论文	2017. 12
95	网络空间威慑与数字时代的国家安全战略研究	董青岭	中国语言文学学院	优秀青年学者培育计划	论文	2017. 12
96	经济发展方式转变与政府经济治理转型的法治理论与对策研究	冯　辉	法学院	优秀青年学者培育计划	论文	2017. 12
97	中国当代文学的海外影响力研究	胡少卿	中文学院	优秀青年学者培育计划	论文	2017. 12
98	社会变迁下的武术文化记忆与传承研究	王智慧	体育部	优秀青年学者培育计划	论文	2017. 12

（对外经济贸易大学科研处供稿）

中国传媒大学

2014 年度承担国家级、省部级社会科学研究项目

序号	项目名称	负责人	承担部门	项目分类、类别	项目来源单位	预期成果形式	计划完成时间
1	“全球南方”视野下的拉美传播及中国思考	张志华	新闻传播学部—新闻学院	教育部人文社会科学研究、青年项目	教育部社会科学司	著作	2015. 12
2	《清华大学藏战国竹简》《诗经》类文献综合研究	姚小鸥	文法学部—文学院	教育部人文社会科学研究、重点项目	教育部社会科学司	专著、研究报告	2017. 12
3	20 世纪前半期的中国设计批评研究	芦　影	广告学院	教育部人文社会科学研究、一般项目	教育部社会科学司	论文	2017. 3
4	北京电视媒体的视频内容价值拓展现状与策略创新	段晶晶	广告学院	省级人文哲学社会科学基金、重点项目	北京市哲学社会科学规划办公室	研究报告、论文	2015. 12
5	北京剧场文化生态研究	施旭升	艺术学部—艺术研究院	省级人文哲学社会科学基金、重点项目	北京市哲学社会科学规划办公室	专著	2016. 12
6	北京市新媒体人才培养体系研究	赵子忠	协同创新中心—新媒体研究院	省级人文哲学社会科学基金、重点项目	北京市哲学社会科学规划办公室	研究报告	2015. 12

续表

序号	项目名称	负责人	承担部门	项目分类、类别	项目来源单位	预期成果形式	计划完成时间
7	北京市主流媒体的媒体融合策略研究	王 昕	协同创新中心—新媒体研究院	省级人文哲学社会科学基金、重点项目	北京市哲学社会科学规划办公室	研究报告	2015.12
8	财政对北京电视台、北京电台发展的支撑与引导政策研究	段 鹏	广播电视研究中心	省级人文哲学社会科学基金、重点项目	北京市哲学社会科学规划办公室	研究报告	2015.1
9	藏文化题材纪录片的国际传播	张 龙	新闻传播学部—电视学院	国家民族事务委员会、青年项目	国家民族事务委员会	研究报告	2014.12
10	出版权和制作权分开问题研究	刘大年	文法学部—文学院	国家新闻出版署、重点项目	国家新闻出版总署	研究报告	2016.6
11	当代电视娱乐栏目的文化取向研究	郑向荣	艺术学部—戏剧影视学院	国家社会科学基金、一般项目	全国哲学社会科学规划办公室	专著	2015.12
12	公共文化服务保障法	范 周	协同创新中心—文化发展研究院	国家社会科学基金、一般项目	全国哲学社会科学规划办公室	研究报告	2014.12
13	观赏文明研究	杨 杰	艺术学部—艺术研究院	国家社会科学基金、重点项目	全国哲学社会科学规划办公室	专著	2018.12
14	广播电视国际传播路径与策略研究——从“中国梦”出发	段 鹏	广播电视研究中心	国家广电总局部级社科研究、一般项目	国家新闻出版广电总局	研究报告	2015.12
15	国家文化创新“十三五”规划与国家文化创新工程项目选题论证	范 周	协同创新中心—文化发展研究院	文化部、一般项目	文化部	研究报告	2015.12
16	国外反腐败传播研究：理论、策略与案件	姬德强	广播电视研究中心	教育部人文社会科学研究、青年项目	教育部社会科学司	著作、论文	2017.3
17	汉语字母词自监测研究	侯 敏	文法学部—文学院	国家语言文字委员会、一般项目	国家语言文字委员会	研究报告	2014.12
18	互联网众包模式下的中国语言地图网研制	何 伟	文法学部—文学院	国家语言文字委员会、一般项目	国家语言文字委员会	研究报告、电脑软件	2017.10
19	纪实影像与北京乡土教育	秦瑜明	新闻传播学部—电视学院	省级人文哲学社会科学基金、一般项目	北京市哲学社会科学规划办公室	专著	2015.12
20	加强主播队伍建设对于提升广播电视影响力的价值研究	胡智锋	学报	国家广电总局部级社科研究、一般项目	国家新闻出版广电总局	研究报告	2016.7
21	家庭用户对有线数字电视智能机顶盒需求抽样统计调研	段 鹏	广播电视研究中心	国家广电总局部级社科研究、一般项目	国家新闻出版广电总局	研究报告	2015.12
22	金代王文郁《新刊韵略》文献整理及相关韵书研究	张民权	文法学部—文学院	省级人文哲学社会科学基金、重点项目	北京市哲学社会科学规划办公室	论文集	2016.12

续表

序号	项目名称	负责人	承担部门	项目分类、类别	项目来源单位	预期成果形式	计划完成时间
23	金代中都文学活动编年	王　永	文法学部—文学院	省级人文哲学社会科学基金、青年项目	北京市哲学社会科学规划办公室	专著	2016. 12
24	马克思主义新闻观研究	高晓虹	新闻传播学部—电视学院	国家社会科学基金、一般项目	全国哲学社会科学规划办公室	研究报告	2016. 12
25	媒介融合背景下的视听文本叙事研究	冯宗泽	艺术学部—动画与数字艺术学院	国家社会科学基金、青年项目	全国哲学社会科学规划办公室	专著、研究报告	2016. 6
26	媒介融合背景下中国广播电视舆论引导能力研究	段　鹏	广播电视研究中心	国家社会科学基金、重点项目	全国哲学社会科学规划办公室	专著	2016. 12
27	美国州级高等教育规划研究——对北京的启迪与借鉴	王景枝	新闻传播学部—传播研究院	省级人文哲学社会科学基金、重点项目	北京市教育科学规划办公室	系列论文	2016. 12
28	面向自然语言处理的话语连贯研究	李佐文	外国语学院	国家社会科学基金、一般项目	全国哲学社会科学规划办公室	论文集、结项报告	2017. 12
29	民族语译制与国家安全战略研究——以新疆西藏地区为例	麻争旗	外国语学院	国家新闻出版广电总局、一般项目	国家新闻出版广电总局	研究报告	2015. 12
30	农民专业合作社开展信用合作的研究	曲小刚	经济与管理学院	农业部社科研究、一般项目	农业部	研究报告	2014. 12
31	全球化语境下中国影视文化软实力提升的理念与路径	胡智锋	学报	文化名家暨“四个一批”人才工程项目	中共中央宣传部	学术报告	2016. 12
32	社会主义核心价值观与中国动画产业发展之关系	王冀中	艺术学部—动画与数字艺术学院	国家广电总局部级社科研究、一般项目	国家新闻出版广电总局	研究报告	2016. 12
33	社交电视国际发展趋势与技术政策研究	段　鹏	广播电视研究中心	国家广电总局部级科技研究、重点项目	国家新闻出版广电总局	研究报告	2014. 12
34	首都网络文化环境研究	王晓红	新闻传播学部—电视学院	北京市社会科学联合会重点项目	北京市社会科学界联合会	研究报告	2014. 12
35	提升首都影视产业竞争力研究——基于产业绩效的视角	金雪涛	经济与管理学院	省级人文哲学社会科学基金、一般项目	北京市哲学社会科学规划办公室	专著	2016. 12
36	外国人“洋腔洋调”的消解策略研究	侯亚光	文法学部—对外汉语教育学院（留学生院）	省级人文哲学社会科学基金、一般项目	北京市哲学社会科学规划办公室	其他	2015. 9
37	万光泰音韵学稿本校译	张民权	文法学部—文学院	教育部人文社会科学研究、一般项目	教育部社会科学司	专著	2015. 12
38	王志系列丛书（新闻传播理论、新闻采访、人物专访研究）	王　志	新闻传播学部—新闻学院	文化名家暨“四个一批”人才工程一般项目	中共中央宣传部	专著	2015. 6

续表

序号	项目名称	负责人	承担部门	项目分类、类别	项目来源单位	预期成果形式	计划完成时间
39	网络语言对话语权、社会情绪、价值观的影响研究	隋　岩	新闻传播学部—电视学院	国家社会科学基金、重点项目	全国哲学社会科学规划办公室	系列论文、专著、研究报告	2017.12
40	我国国际传播话语体系建设的理论创新研究	李继东	广播电视研究中心	国家社会科学基金、一般项目	全国哲学社会科学规划办公室	专著、研究报告	2016.12
41	新媒体公共文化服务合作治理研究	高慧军	经济与管理学院	教育部人文社会科学研究、一般项目	教育部社会科学司	著作、论文	2017.2
42	新媒体环境下广播电视战略转型研究	高福安	经济与管理学院	国家新闻出版广电总局部级社科研究、重点项目	国家新闻出版广电总局	研究报告	2016.7
43	新媒体前沿发展报告	胡正荣	广播电视研究中心	教育部人文社会科学研究、一般项目	教育部社会科学司	研究报告	2015.12
44	新媒体语境下的新闻叙事研究	曾庆香	新闻传播学部—新闻学院	国家社会科学基金、一般项目	全国哲学社会科学规划办公室	专著	2017.12
45	有声媒体语言监测研究（共建）	侯　敏	文法学部—文学院	国家语言文字委员会、一般项目	国家语言文字委员会	研究报告	2015.12
46	政府网站语言文字使用状况监测与研究	段　鹏	广播电视研究中心	国家语言文字委员会、重点项目	国家语言文字委员会	研究报告	2015.12
47	中国电影编年史研究（1905—2014）	周　涌	艺术学部—戏剧影视学院	国家社会科学基金、重点项目	全国哲学社会科学规划办公室	专著	2016.12
48	中国对欧传播效果与策略研究	甘　露	新闻传播学部—传播研究院	国家社会科学基金、青年项目	全国哲学社会科学规划办公室	专著	2017.3
49	中国对日宣传历史经验、现实困难与创新策略	赵新利	广告学院	教育部人文社会科学研究、青年项目	教育部社会科学司	著作、论文	2016.6
50	中国广播电视新闻人才发展战略研究——以媒介融合为背景	刘　昶	新闻传播学部—新闻学院	教育部人文社会科学研究、重大项目	教育部社会科学司	专著、研究报告	2017.12
51	中国广播影视对非洲传播的路径与模式研究	龙小农	新闻传播学部—传播研究院	国家广电总局部级社科研究、一般项目	国家新闻出版广电总局	研究报告	2015.12
52	中国现代格律诗的诗学渊源研究	王晓云	文法学部—文学院	国家社会科学基金、青年项目	全国哲学社会科学规划办公室	专著	2017.3
53	中国影视文化软实力提升的战略与策略研究	胡智锋	学报	国家社会科学基金、重点项目	全国哲学社会科学规划办公室	研究报告	2016.12

2014 年度校级社会科学研究项目

序号	项目名称	负责人	承担部门	项目分类、类别	预期成果形式	计划完成时间
1	中国英文权威学术期刊的国际化发展研究——基于对 SSCI，A&HCI 期刊的调研	蔡　静	传媒教育国际联盟总部学院	一般培育项目	研究报告	2015.12

续表

序号	项目名称	负责人	承担部门	项目分类、类别	预期成果形式	计划完成时间
2	三维交互技术在实物装置艺术中的应用研究	陈文娟	艺术学部动画与数字媒体艺术学院	一般培育项目	系列论文、研究报告	2015. 12
3	社会转型期医疗议题的主流媒体话语生产与传播路径研究	陈欣钢	新闻传播学部电视学院	一般培育项目	系列论文、研究报告	2015. 12
4	中外网络视频节目比较研究	陈莹峰	党委校长办公室	一般培育项目	研究报告	2015. 12
5	“限娱令”对我国省级卫视节目类型多样性影响的实证研究	程静薇	经济与管理学院	一般培育项目	研究报告	2015. 12
6	新世纪我国重要广播电视政策解读与未来政策走向研究	邓文卿	文科科研处	一般培育项目	研究报告	2015. 12
7	思维与言说——中国古代文学的象喻传统研究	刁生虎	文法学部	一般培育项目	系列论文、研究报告	2015. 12
8	中小型城市台全媒体转型模式研究	付晓光	新闻传播学部电视学院	一般培育项目	系列论文	2015. 12
9	澳门地区广播电视与新媒体舆论环境及传播策略研究	甘罗嘉	研究生院	一般培育项目	研究报告	2015. 12
10	融媒体时代广播商业模式研究	高永亮	广播产业研究所	一般培育项目	系列论文、研究报告	2015. 12
11	提升我国主流媒体跨媒体新闻报道叙事能力研究	顾　洁	新闻传播学部电视学院	一般培育项目	系列论文	2015. 12
12	英文经典阅读对英语教学的辅助研究	郭　新	外国语学院	一般培育项目	系列论文	2015. 12
13	中外真人秀节目比较研究	郭瑛霞	党委组织部	一般培育项目	系列论文、研究报告	2015. 12
14	高校毕业生就业质量报告影响研究——以中国传媒大学部分专业为例	韩　伟	就业指导中心	一般培育项目	研究报告	2015. 12
15	高校内部审计“免疫系统”功能实现路径研究	胡　佩	审计处	一般培育项目	系列论文、研究报告	2015. 12
16	反腐败传播：国外模式与中国问题	姬德强	广播电视研究中心	一般培育项目	系列论文、研究报告	2015. 12
17	新世纪中国家庭伦理剧研究	贾　佳	传媒教育国际联盟总部学院	一般培育项目	系列论文、研究报告	2015. 12
18	欧洲“小语”国家语言文化传播与跨文化适应问题研究——以荷兰、匈牙利为例	蒋佳惠	外国语学院	一般培育项目	系列论文	2015. 12
19	数据新闻在中国媒体的应用与实践	金梅珍	教务处	一般培育项目	系列论文、研究报告	2015. 12
20	后差序时代的婚恋焦虑——以近十年来中国大陆婚恋家庭类电视剧为例	李汇群	媒介与女性研究中心	一般培育项目	系列论文、研究报告	2015. 12
21	OTT TV 冲击下省级卫视基于价值共创理论的商业模式创新研究——以湖北卫视为例	李珍晖	经济与管理学院	一般培育项目	著作、研究报告	2015. 12

续表

序号	项目名称	负责人	承担部门	项目分类、类别	预期成果形式	计划完成时间
22	加强中国电视国际传播话语体系建设研究	李　智	新闻传播学部电视学院	一般培育项目	系列论文	2015.12
23	我国高校财务风险管理研究	连长嵩	财务处	一般培育项目	著作、研究报告	2015.12
24	新时期中国电视媒体“走出去”战略研究	梁　岩	国际交流与合作处	一般培育项目	著作、研究报告	2015.12
25	英语在我校非通用语专业教学中的应用研究	林　薇	外国语学院	一般培育项目	系列论文	2015.12
26	全媒体的社交化用户体验研究	刘　萍	新闻学院	一般培育项目	系列论文、研究报告	2015.12
27	质疑的力量：电视人物访谈策略与风格研究	刘书峰	中国广播电视年鉴编辑部	一般培育项目	著作、研究报告	2015.12
28	魔幻电影的类型化研究	刘思佳	艺术学部艺术研究院	一般培育项目	系列论文	2015.12
29	大卫·波德维尔与当代电影理论研究的格局及趋势	刘　亭	艺术学部戏剧影视学院	一般培育项目	研究报告	2015.12
30	APP 广告发展及传播效果研究	刘　伟	协同创新中心新媒体研究院	一般培育项目	系列论文	2015.12
31	微电影创作与发展研究	刘兆杰	艺术学部戏剧影视学院	一般培育项目	著作、研究报告	2015.12
32	中国广播电视对非传播路径与模式研究	龙小农	新闻传播学部传播研究院	一般培育项目	研究报告	2015.12
33	文化创意产业译著丛书	宁晶晶	文化创意园管委会	一般培育项目	著作、研究报告	2015.12
34	基于文化资源的新型城镇化发展战略研究	齐　骥	协同创新中心文化发展研究院	一般培育项目	系列论文、研究报告	2015.12
35	当代译制二十年（1995—2012）	齐雨菡	外国语学院	一般培育项目	系列论文	2015.12
36	中国传媒大学学生课外体育俱乐部构建模式及发展方向的实践研究	石　磊	体育部	一般培育项目	研究报告	2015.12
37	经济视域下城市音乐产业化对音乐创作的影响	宋　迪	艺术学部音乐与录音艺术学院	一般培育项目	系列论文、研究报告	2015.12
38	中外合作办学与传媒高等教育国际化创新机制研究	宋　奇	传媒教育国际联盟总部学院	一般培育项目	系列论文、研究报告	2015.12
39	中国电影喜剧表演艺术家研究	孙德元	艺术学部戏剧影视学院	一般培育项目	系列论文、研究报告	2015.12
40	治理能力现代化背景下的公共外交研究	唐妮娜	党委校长办公室	一般培育项目	系列论文、研究报告	2015.12
41	中国主流媒体国际传播及影响力研究	田　田	文法学部	一般培育项目	系列论文	2015.12
42	环境新闻舆论研究	王德平	研究生院	一般培育项目	研究报告	2015.12
43	纪录片影像叙事特征研究	王　婧	艺术学部戏剧影视学院	一般培育项目	研究报告	2015.12
44	面向新闻传播学科的信息资源聚合与推送服务方法研究	王日花	图书馆	一般培育项目	系列论文、研究报告	2015.12

续表

序号	项目名称	负责人	承担部门	项目分类、类别	预期成果形式	计划完成时间
45	《电影大师系列》译著：《科恩兄弟》《科波拉》《伊斯特伍德》《比利·怀尔德》《伍迪·艾伦》	王　田	文科科研处	一般培育项目	研究报告	2015. 12
46	网络公共事件的视觉修辞创新研究	王文渊	国际交流与合作处	一般培育项目	系列论文	2015. 12
47	新媒体环境下高校职能部门管理工作的可视化研究	王艳峰	研究生院	一般培育项目	系列论文、研究报告	2015. 12
48	“标识歌曲”研究：对国歌、校歌、会歌、队歌、企业歌曲等的音乐传播综合考察与批评	魏晓凡	艺术学部艺术研究院	一般培育项目	系列论文	2015. 12
49	高校官方微博开设与运行机制研究——以中国传媒大学特色官方微博建设为例	武　楠	党委宣传部	一般培育项目	系列论文、研究报告	2015. 12
50	基于 Maya 的全息动画研究	夏旺盛	艺术学部动画与数字媒体艺术学院	一般培育项目	系列论文	2015. 12
51	新媒体环境下我国广播电台改革与发展研究	严文明	后勤管理处	一般培育项目	研究报告	2015. 12
52	移动互联网时代电视传播模式创新研究	杨凤娇	新闻传播学部电视学院	一般培育项目	系列论文	2015. 12
53	新型城镇化“文化治理”的国际研究	杨剑飞	协同创新中心文化发展研究院	一般培育项目	系列论文	2015. 12
54	基于视觉心理学理论的光环境设计研究	杨荣誉	艺术学部戏剧影视学院	一般培育项目	系列论文、研究报告	2015. 12
55	类型电影中的身体语言	杨　扬	艺术学部戏剧影视学院	一般培育项目	著作、研究报告	2015. 12
56	传播学视阈下的外宣翻译研究——以跨文化传播中的汉译法为例	尹明明	外国语学院	一般培育项目	系列论文、研究报告	2015. 12
57	新中国播音创作史论研究	喻　梅	播音主持艺术学院	一般培育项目	著作、研究报告	2015. 12
58	新高等学校会计制度下高校教育成本核算探究	张丛丛	财务处	一般培育项目	研究报告	2015. 12
59	交互媒体时代中国电视文艺发展动态研究	张　晗	艺术学部戏剧影视学院	一般培育项目	著作、研究报告	2015. 12
60	我国 OTC 广告创作及传播活动的特性研究	张　豪	中国传媒大学广告学院	一般培育项目	系列论文、研究报告	2015. 12
61	中国日语教师的教育观和日语专业学习者学习观的比较研究	张佩佩	国际交流与合作处	一般培育项目	系列论文、研究报告	2015. 12
62	好莱坞外裔导演创作研究	张　涛	学科建设办公室	一般培育项目	研究报告	2015. 12
63	基于文本、机构、效果的动画片暴力研究	张　燕	经济与管理学院	一般培育项目	系列论文	2015. 12
64	旅行与现代性：中国游记文本的文化分析	张一玮	文法学部	一般培育项目	系列论文、研究报告	2015. 12

续表

序号	项目名称	负责人	承担部门	项目分类、类别	预期成果形式	计划完成时间
65	实用和声学技法研究	张　盈	艺术学部音乐与录音艺术学院	一般培育项目	系列论文、研究报告	2015.12
66	当代马克思主义传播经验研究——基于政治象征理论的分析	赵　波	文法学部思政部	一般培育项目	系列论文、研究报告	2015.12
67	“中国梦”与国产电视剧创作研究	赵　晖	艺术学部戏剧影视学院	一般培育项目	著作、研究报告	2015.12
68	中国对日传播创新机制研究	赵新利	广告学院	一般培育项目	系列论文	2015.12
69	大数据时代网络隐私法律保护比较研究	周丽娜	国际交流与合作处	一般培育项目	系列论文、研究报告	2015.12
70	大学生发展影响因素研究：基于中国传媒大学案例分析	周廷勇	高教所	一般培育项目	研究报告	2015.12
71	身体戏剧理论研究	周夏奏	文法学部	一般培育项目	系列论文、研究报告	2015.12
72	融媒体背景下广播电视媒体的传播策略研究	朱传欣	艺术学部戏剧影视学院	一般培育项目	系列论文	2015.12
73	基于新媒体传播技术的微课程交互式学习空间研究	宋　凯	文科科研处	一般培育项目	研究报告	2015.12
74	高校科研管理数字化体系构建研究	闫磊凡	文科科研处	一般培育项目	著作、研究报告	2015.12
75	网络语言安全与语言监测方法研究	邹　煜	国家语言资源监测与研究有声媒体中心	机构培育项目	著作、研究报告	2015.12
76	国际新闻传播学科、艺术学科发展报告	罗　青	传媒教育国际联盟总部学院	机构培育项目	著作、研究报告	2015.12
77	影视艺术大数据创新研究	潘　皓	协同创新中心脑科学与智能媒体研究院	机构培育项目	系列论文、研究报告	2015.12
78	我国电视剧生产现状及发展策略研究	司　若	艺术学部戏剧影视学院	重点培育项目	著作、研究报告	2015.12
79	当代中国青少年电视剧消费状况调查	张　磊	广播电视研究中心	重点培育项目	著作、研究报告	2015.12
80	消费经济视域下的新世纪中国商业广告设计研究	舒　怡	中国传媒大学广告学院	重点培育项目	系列论文、研究报告	2015.12
81	体育文化教程	李　强	体育部	重点培育项目	系列论文、研究报告	2015.12
82	影视跨文化研究	马建丽	外国语学院	重点培育项目	系列论文、研究报告	2015.12
83	视听艺术传播	李飞雪	新闻学院	重点培育项目	系列论文、研究报告	2015.12
84	中文人文社会科学学术期刊评价体系研究	赵　均	学报编辑部	重点培育项目	系列论文、研究报告	2015.12
85	类型化与产业化：当代语境中的电视剧艺术生产	彭文祥	艺术学部	重点培育项目	系列论文、研究报告	2015.12
86	中日韩电视剧产业发展现状比较研究	李胜利	艺术学部戏剧影视学院	重点培育项目	系列论文、研究报告	2015.12

续表

序号	项目名称	负责人	承担部门	项目分类、类别	预期成果形式	计划完成时间
87	京剧文化哲学	施旭升	艺术学部艺术研究院	重点培育项目	系列论文、研究报告	2015. 12
88	符号中国	隋　岩	电视学院	重点培育项目	系列论文、研究报告	2015. 12
89	纪录片解说词的时间表达研究	蒋成峰	文法学部汉语国际教育学院	重点培育项目	系列论文、研究报告	2015. 12
90	时装品牌橱窗设计	李　楠	戏剧影视学院	重点培育项目	系列论文、研究报告	2015. 12
91	音乐传播中的反馈机制研究	刘晓飞	艺术学部音乐与录音艺术学院	重点培育项目	系列论文、研究报告	2015. 12
92	十世纪西方文学经典中的自由主题研究	耿　波	文法学部	重点培育项目	系列论文、研究报告	2015. 12
93	社会化媒体企业商业模式创新研究	窦毓磊	经济与管理学院	重点培育项目	系列论文、研究报告	2015. 12
94	中国传媒大学“保一工程”指标体系	沈　浩	新闻传播学部新闻学院	特别委托项目	系列著作	2015. 12

（中国传媒大学文科科研处供稿）

中国农业大学

2014 年度承担国家级、省部级社会科学研究项目

序号	项目名称	负责人	承担部门	项目分类、类别	项目来源单位	预期成果形式	计划完成时间
1	鲜活农产品电子商务供应链管理研究	吕建军	经济管理学院	教育部人文社会科学研究项目	教育部	论文、研究报告	2016. 12
2	民国前期海河流域水利规划建设研究（1912—1937）	尹北直	思想政治教育学院	教育部人文社会科学研究项目	教育部	论文、专著或论文集	2016. 12
3	中国特色社会主义话语体系构建研究	陈东琼	思想政治教育学院	教育部人文社会科学研究项目	教育部	论文、研究报告	2015. 12
4	马克思、恩格斯科技创新与制度创新协同演化思想及其在当代中国的发展	刘　巍	思想政治教育学院	教育部人文社会科学研究项目	教育部	论文	2016. 7
5	新中国建立初期中共领导的农村妇女运动对性别文化的影响	王冬梅	思想政治教育学院	教育部人文社会科学研究项目	教育部	论文等	2016. 9
6	国际法框架下转基因产业可持续发展研究	周　超	人文与发展学院	教育部人文社会科学研究项目	教育部	著作、论文	2016. 12
7	我国生态敏感区有机农产品生态补偿计量方法及联动补偿机制研究	赵桂慎	资源与环境学院	教育部人文社会科学研究项目	教育部	论文	2017. 12
8	北京市生活垃圾处理“邻避”现象分析及相关补偿问题研究	张　越	经济管理学院	北京市社会科学基金项目	北京市哲学社会科学规划办公室	研究报告	2015. 12

续表

序号	项目名称	负责人	承担部门	项目分类、类别	项目来源单位	预期成果形式	计划完成时间
9	北京郊区农村体育文化建设研究	邓毅明	体育与艺术教学部	北京市哲学社会科学规划项目	北京市哲学社会科学规划办公室	研究报告	2016. 12
10	完善京郊设施蔬菜保险制度研究	杨汭华	经济管理学院	北京市哲学社会科学规划项目	北京市哲学社会科学规划办公室	研究报告	2016. 12
11	北京城乡基本公共服务均等化研究	赵　霞	经济管理学院	北京市哲学社会科学规划项目	北京市哲学社会科学规划办公室	研究报告	2015. 12
12	粮食应急储备网络运作机理与模型优化研究	侯云先	经济管理学院	国家社会科学基金	全国哲学社会科学规划办公室	研究报告	2017. 12
13	农村面源污染的社会学特性以及农户环境意识和行动研究	饶　静	人文与发展学院	国家社会科学基金	全国哲学社会科学规划办公室	专著	2016. 12
14	我国耕地资源休养生息战略及其保障机制研究	孔祥斌	资源与环境学院	国家社会科学基金	全国哲学社会科学规划办公室	研究报告	2016. 7
15	当代我国代际职业流动成因及对策研究	朱　晨	经济管理学院	国家社会科学基金	全国哲学社会科学规划办公室	论文集、研究报告	2016. 6
16	我国扶贫类 NGO 公信力研究	钟　玲	人文与发展学院	国家社会科学基金	全国哲学社会科学规划办公室	研究报告	2016. 12
17	农村后义务教育阶段弃学留守儿童角色转换研究	潘　璐	人文与发展学院	国家社会科学基金	全国哲学社会科学规划办公室	研究报告	2017. 9
18	少数民族地区宗教活动的社会学研究	梁永佳	人文与发展学院	国家社会科学基金	全国哲学社会科学规划办公室	专著	2016. 12
19	基于效率提升的农业支持政策传导机制与路径优化研究	张领先	信息与电气工程学院	国家社会科学基金	全国哲学社会科学规划办公室	研究报告、专著	2016. 12
20	网络购买行为中我国传统零售业线上线下经营模式选择及策略研究	陈红华	经济管理学院	国家社会科学基金	全国哲学社会科学规划办公室	研究报告、专著	2016. 12

（中国农业大学科学技术发展研究院张红伟供稿）

中国地质大学（北京）

2014 年度承担国家级、省部级社会科学研究项目

序号	项目名称	负责人	承担部门	项目分类、类别	项目来源单位	预期成果形式	计划完成时间
1	产业空间布局的资源环境效应：基于对地方政府规制的研究	雷　平	人文经管学院	国家自然科学基金、面上项目	国家自然科学基金委员会	论文、研究报告	2018. 12
2	全球价值链背景下我国制造业转型升级策略研究	吴三忙	人文经管学院	国家自然科学基金、应急项目	国家自然科学基金委员会	论文、研究报告	2015. 7
3	“四项工程”培育社会主义核心价值观的创新实践研究	沙淑清	人文经管学院	首都大学生思想政治教育研究课题、委托课题	北京市教工委	论文、研究报告	2015. 12
4	“铜矿资源—产业”发展系统动力学模型研究	安海忠	人文经管学院	国土资源部重点实验室开放基金课题	国土资源部信息中心	论文、研究报告	2014. 4

续表

序号	项目名称	负责人	承担部门	项目分类、类别	项目来源单位	预期成果形式	计划完成时间
5	北京市碳减排潜力与政策支撑研究	葛建平	人文经管学院	北京市教委共建项目、北京高等学校青年英才计划	北京市教育委员会	论文、研究报告	2015.12
6	国土资源管理科学化水平评价研究	赵连荣	人文经管学院	企事业委托	国土资源部信息中心	论文、研究报告	2014.6
7	国外矿产资源供应风险评价理论和方法跟踪研究	沙景华	人文经管学院	国土资源部、地质调查项目	中国地质调查局发展研究中心	论文、研究报告	2016.6
8	矿产地质勘查标准应用现状调研及应用效果评价	杜国银	人文经管学院	国土资源部、地质调查项目	中国地质调查局发展研究中心	论文、研究报告	2015.6
9	我国矿产资源重点市（县）勘查开采情况及其管理队伍现状调查	高孝伟	人文经管学院	国土资源部、地质调查项目	国土资源部油气资源战略研究中心	论文、研究报告	2015.6
10	我国绿色矿业发展研究	雷涯邻	人文经管学院	国土资源部、地质调查项目	中国地质调查局	论文、研究报告	2015.12
11	北京地区生物质能源有效利用对水环境改善效果的动态模拟评价	闫晶晶	人文经管学院	北京市社会科学基金、青年项目	北京市哲学社会科学规划办公室	论文、研究报告	2016.7
12	地质遗产科学价值的评价方法与实证研究	许　涛	人文经管学院	教育部人文社会科学研究、规划项目	教育部	论文、研究报告	2017.12
13	矿业权价款评估管理规程体系研究	曹希绅	人文经管学院	国土资源部、地质调查项目	国土资源部油气资源战略研究中心	论文、研究报告	2015.4
14	松辽盆地晚白垩世轮藻生物地层划分与对比	张翼翼	外国语学院	国家自然科学基金、青年基金项目	国家自然科学基金委员会	论文	2016.12
15	基于GIS技术学生体质健康信息服务体系构建研究	杨绛梅	体育部	国家社会科学基金、一般项目	全国哲学社会科学规划办公室	论文、著作	2016.12
16	地学哲学再研究——为了“找矿突破战略行动”	朱　训 张秀荣	思政学院	国家社会科学基金、重大委托项目	国家社会科学规划办公室	论文、专著	2016.3
17	社会主义核心价值观思想渊源探究	杨峻岭	思政学院	教育部人文社科研究、高校思想政治理论课专项项目	教育部社会科学司	论文	2017.12
18	思想政治理论课传承民族精神的教学策略研究	王燕晓	思政学院	首都大学生思想政治教育研究课题、一般课题	北京市教工委	论文	2016.5
19	首都部分行业类高校廉政文化建设情况调查研究	马海军	思政学院	北京教委共建项目	北京市教工委	报告	2014.4

2014 年度校级社会科学研究项目

序号	项目名称	负责人	承担部门	项目分类、类别	预期成果形式	计划完成时间
1	黄河几字湾经济区能值评价	徐春骐	人文经管学院	中央高校基本业务费	论文、研究报告	2016
2	基于 Agent 的原油期货市场交易策略优选与仿真	安海忠	人文经管学院	中央高校基本业务费	论文、研究报告	2015
3	基于 Bottom-Up 模型的城市生活源固废资源化关键技术选择	张　华	人文经管学院	中央高校基本业务费	论文、研究报告	2016
4	基于地缘经济的中国进口 LNG 贸易战略研究	檀学燕	人文经管学院	中央高校基本业务费	论文、研究报告	2015
5	全球能源上市公司股东共持关系网络研究：基于复杂网络理论	安海忠	人文经管学院	中央高校基本业务费	论文、研究报告	2015
6	优化青年教师成长发展的制度环境	石云龙	人文经管学院	中央高校基本业务费	论文、研究报告	2016
7	优秀导师基金——中国矿业企业社会责任和财务绩效关系研究	沙景华	人文经管学院	中央高校基本业务费	论文、研究报告	2015
8	中国产业间隐含资源流动网络变化规律研究	安海忠	人文经管学院	中央高校基本业务费	论文、研究报告	2015
9	新媒体话语中的中国梦：语言学视角	于　洋	外国语学院	中央高校基本业务费	论文	2016.12
10	以“艰苦朴素、求真务实”为特色，构建中国地质大学（北京）教师思想政治建设体系	邹世享	思政学院	中央高校基本业务费	论文、著作	2016.12

［中国地质大学（北京）科技处供稿］

北京科技大学

2014 年度承担国家级、省部级社会科学研究项目

序号	项目名称	负责人	承担部门	项目分类、类别	项目来源单位	预期成果形式	计划完成时间
1	马克思主义无神论与抵御境外宗教渗透研究	左　鹏	马克思主义学院	国家社会科学基金、一般项目	全国哲学社会科学规划办公室	论文集、研究报告	2017.12
2	外语学习困难学生的干预研究	官　群	外国语学院	国家社会科学基金、一般项目	全国教育科学规划办公室	论文	2016.10
3	组合范畴语法 CCG 的逻辑语义研究	满海霞	外国语学院	国家社会科学基金、青年项目	全国哲学社会科学规划办公室	专著	2018.7
4	基于众源方式的《中国英语词典》编纂与使用研究	秦晓惠	外国语学院	国家社会科学基金、青年项目	全国哲学社会科学规划办公室	专著	2017.12
5	编码复制框架理论视角下翻译对现代汉语的影响——基于历时语料库（1900—1949）的研究	赵秋荣	外国语学院	国家社会科学基金、青年项目	全国哲学社会科学规划办公室	专著、研究报告	2015.12
6	学前教育成本核算、成本分担与收费定价研究	张曾莲	东凌经济管理学院	国家社会科学基金、青年项目	全国教育科学规划办公室	专著、论文	2015.6
7	罗伯特·库弗元小说创作中的“虚”与“实”	李　琳	外国语学院	教育部人文社会科学研究、规划项目	教育部	著作	2017.7

续表

序号	项目名称	负责人	承担部门	项目分类、类别	项目来源单位	预期成果形式	计划完成时间
8	中外儿童性启蒙绘本多模态语篇特点及教育效果比较分析	梁雅梦	外国语学院	教育部人文社会科学研究、规划项目	教育部	著作、论文	2017. 12
9	当代大学生马克思主义宗教观教育链研究	刘丽敏	马克思主义学院	教育部人文社会科学研究、规划项目	教育部	专著	2017. 12
10	大学毕业生思想政治理论状况研究	陆　俊	马克思主义学院	教育部人文社会科学规划项目（专项）	教育部	咨询报告	2015. 2
11	2013 年全国学生资助工作绩效考评	曲绍卫	中国教育经济信息网管理中心	教育部人文社会科学规划项目（专项）	教育部	报告、公报	2014. 8
12	高校巡视监督体系创新及运行机制研究	宋　伟	马克思主义学院	教育部人文社会科学规划项目（专项）	教育部	论文、咨询报告	2015. 7
13	大学生党员全媒体思想引领平台的构建与实践	于成文	党政部门	教育部人文社会科学规划项目（专项）	教育部	论文	2014. 12
14	教育部高校哲学社会科学学报名栏建设项目《思想教育研究》	彭庆红	马克思主义学院	教育部人文社会科学研究、规划项目	教育部	研究报告	2017. 6
15	2030 年我国学龄人口变化趋势预测分析	杨晓明	中国教育经济信息网管理中心	全国教育科学“十二五”规划教育部重点课题	全国教育科学规划办公室	研究报告、论文	2015. 9
16	北京市产业升级与产业安全研究	何维达	东凌经济管理学院	北京市社会科学基金、重点项目	北京市哲学社会科学规划办公室	研究报告、论文集	2016. 12
17	公民社会思潮的发展演变及其应对策略研究	彭庆红	马克思主义学院	北京市社会科学基金、重点项目	北京市哲学社会科学规划办公室	论文集	2015. 3
18	京津冀钢铁企业低碳排放对北京市大气环境质量影响研究	张　群	东凌经济管理学院	北京市社会科学基金、重点项目	北京市哲学社会科学规划办公室	研究报告、论文集	2016. 8
19	北京花丝镶嵌制作技艺传承与保护研究	章梅芳	冶金与生态工程学院	北京市社会科学基金、一般项目	北京市哲学社会科学规划办公室	专著	2016. 12
20	依托项目、基于微课及电子学档的大学英语翻转课堂模式研究	李晓东	外国语学院	北京市教育科学规划项目、一般项目	北京市教育社会科学规划办公室	研究报告、专著	2017. 12
21	工科大学人文社会科学学科建设与发展研究	许　放	文法学院	北京市社会科学基金、一般项目	北京市哲学社会科学规划办公室	专著	2014. 6
22	环保企业商业模式与企业绩效研究——以京津冀环保企业为例	王　旭	东凌经济管理学院	北京市教育科学规划项目、一般项目	北京市哲学社会科学规划办公室	研究报告、论文集	2016. 12
23	死刑案件的法律援助质量研究——以北京市为调研样本	张佳华	文法学院	北京市社会科学基金、青年项目	北京市哲学社会科学规划办公室	研究报告	2016. 6

续表

序号	项目名称	负责人	承担部门	项目分类、类别	项目来源单位	预期成果形式	计划完成时间
24	翻译质量评估：基于历时复合语料库的研究	赵秋荣	外国语学院	北京市社会科学基金、青年项目	北京市哲学社会科学规划办公室	研究报告	2017.8
25	北京企业低碳供应链构建中碳减排责任划分与成本分摊	朱晓宁	东凌经济管理学院	北京市社会科学基金、青年项目	北京市哲学社会科学规划办公室	研究报告、论文集	2015.12
26	基于成本视角的学前教育学费定价研究	张曾莲	东凌经济管理学院	北京市教育科学规划项目、青年项目	北京市教育科学规划办公室	研究报告、论文	2015.12
27	《科技规划纲要》中期评估专项研究	孙雍君	文法学院	科技部委托项目	科技部	研究报告	2014.12
28	文物保护科学的学科体系与重要科学问题凝练研究	潜　伟	冶金与生态工程学院	文化遗产保护领域科学和技术研究课题（重点课题）	国家文物局	研究报告	2015.7
29	基于原位分析的金属文物科学认知与保护关键技术研究	陈坤龙	冶金与生态工程学院	文物保护科技优秀青年研究计划课题	国家文物局	研究报告	2019.8
30	2014年度《技术性贸易壁垒经济影响年度调查》抽样分析方法	胡　波	东凌经济管理学院	国家WTO/SPS通报咨询中心软科学研究项目	国家质量监督检疫总局	研究报告	2015.3
31	跨国公司研发全球化配置下在华知识产权控制行为及对策研究	俞文华	文法学院	国家知识产权局软科学研究项目	国家知识产权局	研究报告	2015.12
32	我国两院院士专利数据统计分析研究	俞文华	文法学院	国家知识产权局软科学研究项目	国家知识产权局	研究报告、论文	2015.12
33	高校思想理论动态研究	彭庆红	马克思主义学院	北京市教工委宣传思想委托课题	北京市教工委	思想理论动态专报	2015.12
34	2014年北京高校意识形态信息分析与工作策略研究	彭庆红	马克思主义学院	北京市教工委首都大学生思想政治教育研究课题	北京市教工委	研究报告	2015.2
35	基于低碳经济理论的北京工业固体废弃物管理模式研究	戴淑芬	东凌经济管理学院	北京市科委委托研究项目	北京市科委	研究报告	2014.12
36	北京青年农民调研	许　斌	文法学院	共青团北京市委员会委托项目	共青团北京市委员会	研究报告	2014.6

（北京科技大学科学研究与发展部李静供稿）

北京交通大学

2014年度承担国家级、省部级社会科学研究项目

序号	项目名称	负责人	承担部门	项目分类、类别	项目来源单位	预期成果形式	计划完成时间
1	中国道路的国内意义和国际价值研究	韩振峰	人文学院	国家社会科学基金、特别委托项目	全国哲学社会科学规划办公室	论文、成果要报	2016.4

续表

序号	项目名称	负责人	承担部门	项目分类、类别	项目来源单位	预期成果形式	计划完成时间
2	金字塔型控股集团的多层级公司治理与内部资本市场研究	马　忠	经济管理学院	国家社会科学基金、一般项目	全国哲学社会科学规划办公室	专著、论文	2017.6
3	山西传统民居营造技艺调查与研究	薛林平	建筑与艺术学院	国家社会科学基金、艺术学专项	全国哲学社会科学规划办公室	专著、论文	2017.12
4	文化集群跨区域网络构建与治理创新研究	高红岩	经济管理学院	国家社会科学基金、艺术学专项	全国哲学社会科学规划办公室	专著、研究报告、论文	2017.12
5	高校青年教师职业成功研究	郭　名	经济管理学院	国家青年基金项目	全国教育科学规划办公室	专著	2017.12
6	研究生网络行为研究	屈晓婷	校内其他部门	教育部人文社会科学研究、专项项目	教育部	研究报告、论文	2015.12
7	新媒体下高校出版物（含连续出版物）推广和营销的研究	贾慧娟	校内其他部门	教育部人文社会科学研究、规划项目	教育部	专著、研究报告、论文	2016.6
8	北京市培育和践行社会主义核心价值观研究	韩振峰	人文学院	北京市社会科学基金、重大项目	北京市哲学社会科学规划办公室	研究报告、论文集	2016.6
9	首都影视产业基于文化多样性的竞争力提升策略研究	高红岩	经济管理学院	北京市社会科学基金、一般项目	北京市哲学社会科学规划办公室	研究报告	2016.12
10	北京市电动汽车商业运营模式创新研究	刘颖琦	经济管理学院	北京市社会科学基金、一般项目	北京市哲学社会科学规划办公室	研究报告	2016.6
11	北京市出租车牌照拍卖机制研究	佟　琼	经济管理学院	北京市社会科学基金、一般项目	北京市哲学社会科学规划办公室	研究报告	2015.12
12	北京市国有资本收益质量评价研究	崔永梅	经济管理学院	北京市社会科学基金、一般项目	北京市哲学社会科学规划办公室	研究报告、其他	2016.5
13	城市功能疏解背景下北京市大学生就业问题研究——基于行业就业吸纳能力视角	赵　杨	经济管理学院	北京市社会科学基金、一般项目	北京市哲学社会科学规划办公室	专著	2015.12
14	京津冀一体化进程中的法律问题与制度建构	张瑞萍	法学院	北京市社会科学基金、一般项目	北京市哲学社会科学规划办公室	研究报告	2016.4
15	北京市交通需求管理政策评估：基于出行链和群决策的方法	李　静	经济管理学院	北京市社会科学基金、青年项目	北京市哲学社会科学规划办公室	研究报告、论文集	2016.12
16	京郊农村土地产权交易制度研究	吴文嫔	法学院	北京市社会科学基金、青年项目	北京市哲学社会科学规划办公室	研究报告、论文集、其他	2017.12
17	北京微博客使用者的交往行为与阶层互动研究	陈静茜	语言与传播学院	北京市社会科学基金、青年项目	北京市哲学社会科学规划办公室	研究报告	2016.12
18	高校思想政治教育实效性提升的阻碍因素和克服途径研究	林建成	人文学院	北京市社会科学基金、基地项目	北京市哲学社会科学规划办公室	专著	2016.10
19	社会主义核心价值观融入高校思想政治教育全过程研究	王晓青	经济管理学院	北京市社会科学基金、基地项目	北京市哲学社会科学规划办公室	研究报告、论文集	2016.10

续表

序号	项目名称	负责人	承担部门	项目分类、类别	项目来源单位	预期成果形式	计划完成时间
20	京津冀一体化发展背景下城市物流设施研究	高 杰	经济管理学院	北京市社会科学基金、基地项目	北京市哲学社会科学规划办公室	研究报告	2016.10
21	基于京津冀协同发展的城市配送仿真研究	鲁晓春	经济管理学院	北京市社会科学基金、基地项目	北京市哲学社会科学规划办公室	研究报告	2016.10
22	北京市居家药品逆向物流研究	林自葵	经济管理学院	北京市社会科学基金、基地项目	北京市哲学社会科学规划办公室	研究报告	2016.10
23	京津冀一体化下面向集装箱供应链整合的ICT平台架构研究	常 丹	经济管理学院	北京市社会科学基金、基地项目	北京市哲学社会科学规划办公室	研究报告	2016.10
24	京津冀交通协同发展的组织机构设计研究	王 超	经济管理学院	北京市社会科学基金、基地项目	北京市哲学社会科学规划办公室	研究报告	2016.10
25	北京市地面公共交通财政补贴机制与方法研究	欧国立	经济管理学院	北京市社会科学基金、基地项目	北京市哲学社会科学规划办公室	研究报告	2016.10
26	北京市信息产业安全监管问题研究	关晓兰	经济管理学院	北京市社会科学基金、基地项目	北京市哲学社会科学规划办公室	研究报告	2016.10
27	京津冀一体化下的北京市产业升级研究	卜 伟	经济管理学院	北京市社会科学基金、基地项目	北京市哲学社会科学规划办公室	研究报告	2016.10
28	双重属性视阈下北京市文化创意产业安全问题研究	张 娜	经济管理学院	北京市社会科学基金、基地项目	北京市哲学社会科学规划办公室	研究报告	2016.10
29	“十三五”时期首都社会动员（志愿服务）创新发展研究	屈晓婷	校内其他部门	政府购买社会组织项目、一般项目	北京市社工委	研究报告	2015.5
30	北京市地面交通和轨道交通适应性发展研究	欧国立	经济管理学院	决策咨询	北京市社会科学界联合会	研究报告	2014.11
31	网络时代社会主义核心价值观传播研究	张梓轩	语言与传播学院	青年社科人才	北京市社会科学界联合会	论文、研究报告	2015.11

2014 年度校级社会科学研究项目

序号	项目名称	申请人	学 院	项目类别	项目来源	预期成果形式	计划结项时间
1	北京旅游标识英译的规范化研究——基于文化视角	王建荣	语言与传播学院	自由探索项目	北京交通大学	论文、研究报告	2016.12
2	基于思维科学的汉西口译教学模式及教学法研究	赵 挺	语言与传播学院	自由探索项目	北京交通大学	论文、研究报告	2016.1
3	中美网络媒体治理政策与法律比较研究	董媛媛	语言与传播学院	自由探索项目	北京交通大学	论文、研究报告	2016.10
4	从经典出发，文化产业的新策略——视觉文化下的文学作品电影改编研究	卢 忱	语言与传播学院	自由探索项目	北京交通大学	论文、专著	2015.12
5	二语学习者多模态学习能力差异对其显性和隐性知识发展和转化模式影响的研究	秦 琴	语言与传播学院	自由探索项目	北京交通大学	论文	2015.12
6	基于模糊语言学的大学英语教学与测试研究	冯 蕾	语言与传播学院	自由探索项目	北京交通大学	论文、专著、研究报告	2015.11

续表

序号	项目名称	申请人	学　院	项目类别	项目来源	预期成果形式	计划结项时间
7	基于开放 API 的微博数据获取及传播规律研究	陈　杰	语言与传播学院	自由探索项目	北京交通大学	论文、研究报告	2015. 12
8	流动学前儿童语言教师生活史研究	尹　静	语言与传播学院	自由探索项目	北京交通大学	论文、调查报告	2016. 2
9	数字环境下的中外版权制度改革研究	文卫华	语言与传播学院	自由探索项目	北京交通大学	论文	2016. 1
10	非暴力沟通模式的作用机理和方法创新研究	樊　登	语言与传播学院	自由探索项目	北京交通大学	论文	2016. 1
11	互联网环境下中国纪录片的传播机制研究	赵艳明	语言与传播学院	自由探索项目	北京交通大学	论文	2016. 1
12	一线城市微博客使用者的网络交往行为研究	陈静茜	语言与传播学院	自由探索项目	北京交通大学	论文	2016. 1
13	汉语（不）礼貌行为的语用学研究：多模态和多方交际的视角	夏登山	语言与传播学院	自由探索项目	北京交通大学	论文	2015. 12
14	晚清西学翻译与新学的构建	卢明玉	语言与传播学院	自由探索项目	北京交通大学	论文	2014. 9
15	大学英语课堂多模态话语分析	朱　静	语言与传播学院	自由探索项目	北京交通大学	论文	2015. 12
16	认知语言学视角下的日语动词研究	张亚峰	语言与传播学院	自由探索项目	北京交通大学	论文	2016. 1
17	我国百年名校校园体育文化的传承与发展研究	赵　暘	体育部	自由探索项目	北京交通大学	论文、专家建议	2016. 4
18	知识社会学在意识形态工作中的应用研究	闫长丽	人文学院	自由探索项目	北京交通大学	论文、研究报告	2016. 1
19	中国共产党党性和人民性一致性研究——兼论服务型政党建设	宋　颖	人文学院	自由探索项目	北京交通大学	论文、专家建议	2016. 9
20	中国梦背景下行业大学传统文化教育研究	孔德立	人文学院	自由探索项目	北京交通大学	论文	2016. 1
21	内蒙古自治区科左后旗旅游发展规划基础研究	商立媛	经济管理学院	自由探索项目	北京交通大学	规划文本	2015. 10
22	自贸区综合物流体系运营模式设计	刘景利	经济管理学院	自由探索项目	北京交通大学	论文、研究报告	2016. 6
23	基于自贸区的综合物流体系构建研究	张欣颖	经济管理学院	自由探索项目	北京交通大学	论文、研究报告	2016. 5
24	企业集团多层治理与内部资本市场的关系研究	赵　杨	经济管理学院	自由探索项目	北京交通大学	论文	2017. 5
25	动车组司机职业心理素质测评平台设计与开发	李　静	经济管理学院	自由探索项目	北京交通大学	论文	2016. 12
26	供应链相容性对企业竞争优势的影响	汤敏聪	经济管理学院	自由探索项目	北京交通大学	论文	2015. 12

续表

序号	项目名称	申请人	学　院	项目类别	项目来源	预期成果形式	计划结项时间
27	不同发展路径指向的大学生实践能力素质模型构建及分类培养方案的信息化形态实现研究	文映春	经济管理学院	自由探索项目	北京交通大学	论文、研究报告	2015. 11
28	政府规制视角下的在线旅游企业成长研究	陈怡宁	经济管理学院	自由探索项目	北京交通大学	研究报告	2015. 12
29	基于超边际分析的运输组织结构研究	段建强	经济管理学院	自由探索项目	北京交通大学	研究报告	2015. 12
30	国内外高校人才培养模式对比研究	杨　玲	经济管理学院	自由探索项目	北京交通大学	论文、研究报告	2015. 12
31	高校经济管理类人才德育培养体系研究——以北京交大经济管理学院为例	李义明	经济管理学院	自由探索项目	北京交通大学	培养方案、论文	2015. 12
32	基于我国客运市场需求分析的高铁服务营销策略研究	左　莉	经济管理学院	自由探索项目	北京交通大学	研究报告	2015. 12
33	结合大数据技术的新型指数编制方法研究	荆竹翠	经济管理学院	自由探索项目	北京交通大学	论文	2015. 12
34	新时期高校意识形态工作面临的挑战及对策研究	李世珍	经济管理学院	自由探索项目	北京交通大学	论文、研究报告	2015. 12
35	真实盈余管理行为决定因素与经济后果研究	李远慧	经济管理学院	自由探索项目	北京交通大学	研究报告	2015. 12
36	政府政策对中小企业创新绩效的作用研究	魏　炜	经济管理学院	自由探索项目	北京交通大学	论文、建议报告	2015. 12
37	脆弱性视角下地铁运营事故致因机理研究	陈明利	经济管理学院	自由探索项目	北京交通大学	论文、研究报告	2015. 12
38	顾客感知价值对再制造企业产品竞争优势的影响机理研究	王雅璨	经济管理学院	自由探索项目	北京交通大学	论文和课题	2016. 3
39	电子政务协同治理智能决策：模型构建与分析	王　英	经济管理学院	自由探索项目	北京交通大学	论文	2016. 1
40	计量经济模型选择与压缩估计研究	卯光宇	经济管理学院	自由探索项目	北京交通大学	论文	2016. 1
41	中国债券市场货币政策效应研究	陈芬菲	经济管理学院	自由探索项目	北京交通大学	论文	2015. 12
42	基于时空间行为的地下空间导向标识系统发展规律研究	张　野	建筑与艺术学院	自由探索项目	北京交通大学	论文、专家建议	2017. 4
43	基于城市交通的中国城市智慧发展研究	张　纯	建筑与艺术学院	自由探索项目	北京交通大学	论文、研究报告	2017. 5
44	我校理工类专业毕业生就业满意度调研	陈劲松	建筑与艺术学院	自由探索项目	北京交通大学	论文、研究报告	2016. 3
45	“南满铁路”南段沿线近现代城市与建筑研究	郭华瞻	建筑与艺术学院	自由探索项目	北京交通大学	论文、研究报告	2015. 12
46	基于信息技术（BIM）的绿色建筑部品体系研究	陈泳全	建筑与艺术学院	自由探索项目	北京交通大学	论文、研究报告	2016. 1

续表

序号	项目名称	申请人	学　院	项目类别	项目来源	预期成果形式	计划结项时间
47	铁路运输监管法律制度研究	罗冠男	法学院	自由探索项目	北京交通大学	论文	2016. 1
48	大数据知识产权保护问题研究	杨　军	法学院	自由探索项目	北京交通大学	论文	2016. 2
49	著作权主体身份确认与权利归属研究	陈明涛	法学院	自由探索项目	北京交通大学	专著	2016. 1
50	汉武帝时期法律文化研究	李巍涛	法学院	自由探索项目	北京交通大学	论文、专家建议	2017. 6

（北京交通大学人文社会科学处供稿）

首都师范大学

2014 年度承担国家级、省部级社会科学研究项目

序号	项目名称	负责人	承担部门	项目分类、类别	项目来源单位	预期成果形式	计划完成日期
1	易代之际文学思想研究	左东岭	文学院	国家社会科学基金、重大项目	全国哲学社会科学规划办公室	专著	2019. 12
2	《剑桥俄罗斯文学》（九卷本）翻译与研究	林精华	文学院	国家社会科学基金、重大项目	全国哲学社会科学规划办公室	专著、译著、研究报告	2019. 12
3	语言大数据挖掘与文化价值发现	周建设	文学院	国家社会科学基金、重大项目	全国哲学社会科学规划办公室	研究报告、电脑软件	2017. 10
4	新中国重大疫病防控中的政府协同及实现机制研究	王冠中	政法学院	国家社会科学基金、一般项目	全国哲学社会科学规划办公室	研究报告	2017. 6
5	《中国诗歌史通论》（日文版）	李均洋	外国语学院	国家社会科学基金、学术外译项目	全国哲学社会科学规划办公室	专著	2016. 12
6	宋词与舞蹈之关系研究	刘　航	文学院	国家社会科学基金、一般项目	全国哲学社会科学规划办公室	专著	2019. 2
7	21 世纪以来中国对当代美国文论的接受状况与反思研究	胡燕春	文学院	国家社会科学基金、一般项目	全国哲学社会科学规划办公室	专著	2017. 12
8	中国双边服务贸易出口潜力及贸易壁垒研究	黄满盈	管理学院	国家社会科学基金、一般项目	全国哲学社会科学规划办公室	论文集	2016. 12
9	汉语儿童情态系统的早期习得研究	张云秋	文学院	国家社会科学基金、一般项目	全国哲学社会科学规划办公室	专著	2017. 6
10	伊迪丝·华顿、亨利·詹姆斯与文学市场研究	李　晋	外国语学院	国家社会科学基金、一般项目	全国哲学社会科学规划办公室	专著	2019. 7
11	当代物理主义世界观研究	叶　峰	政法学院	国家社会科学基金、一般项目	全国社会科学规划办公室	专著	2018. 12
12	希腊“东方化时代”研究	李永斌	历史学院	国家社会科学基金、一般项目	全国哲学社会科学规划办公室	专著	2018. 12
13	现代汉语主观量构式研究	杨玉玲	国际文化学院	国家社会科学基金、一般项目	全国哲学社会科学规划办公室	专著	2017. 6
14	后果主义理论研究	解本远	政法学院	国家社会科学基金、后期资助项目	全国哲学社会科学规划办公室	专著	2016. 2

续表

序号	项目名称	负责人	承担部门	项目分类、类别	项目来源单位	预期成果形式	计划完成日期
15	网络谣言的形成原因与治理对策研究	陈国战	文化研究院	国家社会科学基金、青年项目	全国哲学社会科学规划办公室	专著	2018. 6
16	罗尔斯与桑德尔之争及其中国当代语境研究	朱慧玲	政法学院	国家社会科学基金、青年项目	全国哲学社会科学规划办公室	专著	2018. 7
17	马克思辩证法的实践本质研究	黄志军	政法学院	国家社会科学基金、青年项目	全国哲学社会科学规划办公室	专著	2018. 7
18	汉唐乐府学典籍研究	郭　丽	文学院	国家社会科学基金、青年项目	全国哲学社会科学规划办公室	专著	2017. 10
19	基于字体分类的甲骨卜辞缀合研究	莫伯峰	文学院	国家社会科学基金、青年项目	全国哲学社会科学规划办公室	专著、研究报告	2017. 7
20	晚清女子教育与女性形象建构研究	秦　方	历史学院	国家社会科学基金、青年项目	全国哲学社会科学规划办公室	专著	2017. 7
21	秦汉官员问责及其机制研究	刘晓满	历史学院	国家社会科学基金、青年项目	全国哲学社会科学规划办公室	专著	2017. 7
22	唐纳德·金与美国的东方文学研究	冯新华	文学院	国家社会科学基金、青年项目	全国哲学社会科学规划办公室	专著	2019. 7
23	从类型学到分类学：我国高等学校分类体系重构	王　楠	教育学院	国家社会科学基金、教育学青年项目	全国教育科学规划办公室	专著、论文、研究报告	2017. 12
24	推进管办评分离构建高校附属学校治理模式研究	张　爽	教育学院	国家社会科学基金、教育学青年项目	全国教育科学规划办公室	专著、研究论文、研究报告	2017. 6
25	哈佛大学与中国早期教育交流史研究（1879—1937）	林　伟	教育学院	国家社会科学基金、教育学青年项目	全国教育科学规划办公室	专著、研究论文、研究报告	2017. 12
26	习近平总书记系列教育论述学习读本	张　雪	教育学院	教育部人文社会科学研究、重大委托项目	教育部社科司	读本	2014. 6
27	全国师范大学教师“流动现状”与“合理流动模式”研究：基于学术生态建设视角	佟庆伟	人事处	全国教育科学规划教育部、重点课题	全国教育科学规划办公室	论文、研究报告	2017. 12
28	娱乐文化对 6 ~ 15 岁儿童道德品质的影响与对策研究	张志坤	初等教育学院	全国教育科学规划教育部、重点课题	全国教育科学规划办公室	论文、研究报告	2017. 12
29	基于情感计算的学习助理研究	刘　菁	教育技术系	全国教育科学规划教育部、重点课题	全国教育科学规划办公室	论文、研究报告	2017. 12
30	语言知识驱动的社会化媒体在线消费观点分析与推荐研究	刘丽珍	信息工程学院	教育部人文社会科学研究、规划基金项目	教育部社科司	论文、软件著作权	2016. 12
31	《中国近代史纲要》教学中的价值提升研究	黄延敏	马克思主义教育学院	教育部人文社会科学研究、一般项目	教育部社科司	系列论文、研究报告	2017. 12

续表

序号	项目名称	负责人	承担部门	项目分类、类别	项目来源单位	预期成果形式	计划完成日期
32	慢性病儿童家庭抗逆力的生成过程与应对机制研究	冯　跃	政法学院	教育部人文社会科学研究、一般项目	教育部社科司	著作	2016. 11
33	高校贫困生学生骨干的培养模式研究	王　洵	生命科学学院	教育部人文社会科学研究、一般项目	教育部思政司	论文	2015. 2
34	国际化背景下大学生思想政治教育创新发展研究	李慧琳	马克思主义教育学院	教育部人文社会科学研究、一般项目	教育部思政司	论文	2015. 12
35	行书史论	何学森	文学院	教育部人文社会科学研究、后期资助项目	教育部社科司	专著	2016. 6
36	我国基础教育生产效率研究	薛海平	教育学院	教育部人文社会科学研究、后期资助项目	教育部社科司	专著	2015. 10
37	社会组织的生长机制与干预策略研究——以艾滋病防治领域为例	乜　琪	政法学院	教育部人文社会科学研究、青年基金项目	教育部社科司	论文	2016. 12
38	沦陷北平的文化地层(1937—1945)	袁一丹	文学院	教育部人文社会科学研究、青年基金项目	教育部社科司	著作、论文	2017. 1
39	基于大规模语料库的北京话词汇新分布研究	王伟丽	文学院	教育部人文社会科学研究、青年基金项目	教育部社科司	论文	2017. 1
40	弱势儿童学前教育扶助有效机制的比较研究	夏　婧	学前教育学院	教育部人文社会科学研究、青年基金项目	教育部社科司	论文	2017. 2
41	大学生音乐内隐知识研究	蒋　聪	音乐学院	教育部、一般项目	教育部国际合作与交流司	论文	2017. 12
42	抗战期间日本战俘之心态演变研究——以根据地反战同盟为中心	殷志强	历史学院	教育部、一般项目	教育部国际合作与交流司	论文	2017. 9
43	历史学科模型研究	徐　蓝	历史学院	教育部、一般项目	教育部	论证报告	2014. 7
44	数学学科模型研究	王尚志	首都基础教育发展研究院	教育部、一般项目	教育部	论证报告	2014. 7
45	何处是归处？——晚清女性教育经验及身份认同	秦　方	历史学院	教育部、一般项目	教育部国际合作与交流司	专著	2017. 2
46	网络学习环境对学生身心健康的影响与干预实证研究	王　陆	教育技术系	教育部、一般项目	教育部科技司	计算机软件、论文论著、研究报告	2017. 2
47	语言产业视野下的语言康复行业	李　艳	文学院	国家语委、一般项目	国家语言文字委员会	研究报告	2015. 12

续表

序号	项目名称	负责人	承担部门	项目分类、类别	项目来源单位	预期成果形式	计划完成日期
48	语言产业经济贡献度研究	陈 鹏	政法学院	国家语委、一般项目	国家语言文字委员会	研究报告	2017. 1
49	社会组织协商民主政策建议研究	石国亮	政法学院	民政部、一般项目	民政部	研究报告	2014. 6
50	中澳人权技术合作2013—2014年度项目	石国亮	政法学院	民政部、一般项目	民政部	研究报告	2014. 6
51	材料力学性能测试技术专利	许志晋	管理学院	国家知识产权局、一般项目	国家知识产权局	研究报告	2014. 12
52	七至十三世纪汉藏与多民族文明关系史	谢继胜	美术学院	北京市社会科学基金、重大项目	北京市哲学社会科学规划办公室	专著、其他	2015. 9
53	共和国十七年北京市民家庭生活研究1949—1966	梁景和	历史学院	北京市社会科学基金、重点项目	北京市哲学社会科学规划办公室	专著	2017. 6
54	唯物史观与中国近现代史评价研究	李松林	马克思主义教育学院	北京市社会科学基金、重点项目	北京市哲学社会科学规划办公室	论文集	2015. 4
55	社会主义核心价值体系和后现代主义思潮关系研究	杨生平	政法学院	北京市社会科学基金、重点项目	北京市哲学社会科学规划办公室	论文集	2016. 7
56	城乡学校一体化管理改革评价研究	张 爽	教育学院	北京市社会科学基金、一般项目	北京市哲学社会科学规划办公室	专著、研究报告	2015. 12
57	基础教育课程与儿童价值观养成研究	朱晓宏	教育学院	北京市社会科学基金、一般项目	北京市哲学社会科学规划办公室	研究报告	2017. 12
58	马克思主义文化领导权理论及其对当代大众文化的启示	孙士聪	文学院	北京市社会科学基金、一般项目	北京市哲学社会科学规划办公室	专著	2016. 6
59	北京大型购物场所的空间景观与消费文化研究——以王府井百货大楼为例	徐 敏	文学院	北京市社会科学基金、一般项目	北京市哲学社会科学规划办公室	研究报告	2016. 9
60	多元文化经验对创造性的促进效应研究	师保国	教育学院	北京市社会科学基金、一般项目	北京市哲学社会科学规划办公室	论文集	2017. 5
61	北漂群体影视形象研究	郑以然	文化研究院	北京市社会科学基金、一般项目	北京市哲学社会科学规划办公室	论文集	2015. 6
62	当代公民道德意志品质研究	沈永福	政法学院	北京市社会科学基金、一般项目	北京市哲学社会科学规划办公室	专著	2016. 12
63	当代北京艺术品市场生态研究	吴明娣	美术学院	北京市社会科学基金、一般项目	北京市教育委员会、北京市哲学社会科学规划办公室	专著、论文	2016. 12
64	19世纪法国的社会危机及社会重建研究	倪玉珍	历史学院	北京市社会科学基金、一般项目	北京市教育委员会、北京市哲学社会科学规划办公室	著作、论文	2016. 1
65	北京市中小学校长专业发展的制度体系研究	傅树京	管理学院	北京市社会科学基金、一般项目	北京市教育委员会、北京市哲学社会科学规划办公室	研究报告、论文	2016. 12

续表

序号	项目名称	负责人	承担部门	项目分类、类别	项目来源单位	预期成果形式	计划完成日期
66	土地征收补偿制度研究——以北京市为中心	蔡乐渭	政法学院	北京市社会科学基金、一般项目	北京市教育委员会、北京市哲学社会科学规划办公室	专著	2016. 12
67	中国电影舆论传播研究	凌　燕	文学院	北京市社会科学基金、一般项目	北京市教育委员会、北京市哲学社会科学规划办公室	专著、研究报告、论文	2015. 12
68	必须重视中国近代史宣传教育	黄延敏	马克思主义教育学院	北京市社会科学基金、一般项目	北京市哲学社会科学规划办公室	论文	2014. 6
69	大数据环境下网络舆论监督规制与人格权保护研究	刘召成	政法学院	北京市社会科学基金、青年项目	北京市哲学社会科学规划办公室	研究报告	2016. 5
70	抗战时期北京的都市文化空间	袁一丹	文学院	北京市社会科学基金、青年项目	北京市哲学社会科学规划办公室	论文集	2017. 6

2014 年度校级社会科学研究项目

序号	项目名称	负责人	承担部门	项目分类	预期成果形式	计划完成日期
1	三全音错觉研究——以北京被试为例	蒋　聪	音乐学院	学校社会科学项目、一般项目	论文	2015. 6
2	国家转型视角下的中国政府能力发展	项　冶	政法学院	学校社会科学项目、一般项目	论文	2015. 6
3	实践概念与辩证法的嬗变	黄志军	政法学院	学校社会科学项目、一般项目	论文	2015. 6
4	金融化进程的中国特点研究	张　敏	政法学院	学校社会科学项目、一般项目	论文	2015. 6
5	失独家庭救助策略研究——以北京市为例	乜　琪	政法学院	学校社会科学项目、一般项目	论文	2015. 6
6	受教育权司法保护：中国教育诉讼的发展	刘兰兰	政法学院	学校社会科学项目、一般项目	论文	2015. 6
7	重大工程项目社会稳定风险评估研究	陈晓正	管理学院	学校社会科学项目、一般项目	论文	2015. 6
8	中美研究型大学博士生学术职业认同比较研究	刘　帆	教育学院	学校社会科学项目、一般项目	论文	2015. 6
9	职前教师的专业身份认同研究	张　倩	教育学院	学校社会科学项目、一般项目	论文	2015. 6
10	我国义务教育阶段“在家上学”的实证研究	何　颖	教育学院	学校社会科学项目、一般项目	论文	2015. 6
11	战后德国文学中的跟风者形象	安　尼	外国语学院	学校社会科学项目、一般项目	论文	2015. 6
12	英语韵律习得的规律与特点研究——影响中国大学生英语语音语调能力的问题分析与探讨	智　娜	外国语学院	学校社会科学项目、一般项目	论文	2015. 6

续表

序号	项目名称	负责人	承担部门	项目分类	预期成果形式	计划完成日期
13	论系统功能语言学在日汉翻译研究中的作用	王珍珍	外国语学院	学校社会科学项目、一般项目	论文	2015.6
14	语义场理论与俄语词汇教学研究	徐东辉	外国语学院	学校社会科学项目、一般项目	论文	2015.6
15	二战时期的日本近代诗——“国民诗人”与“抵抗诗人”	金雪梅	外国语学院	学校社会科学项目、一般项目	论文	2015.6
16	近代中西交汇中的文化翻译与措词	孙　岳	外国语学院	学校社会科学项目、一般项目	论文	2015.6
17	当代俄罗斯选举活动与选举制度研究	官晓萌	外国语学院	学校社会科学项目、一般项目	论文	2015.6
18	新手中学外语教师实践性知识发展研究	崔琳琳	外国语学院	学校社会科学项目、一般项目	论文	2015.6
19	“丑”的元素在动画形象中的分析	冯璐菲	美术学院	学校社会科学项目、一般项目	论文	2015.6
20	书法传统的继承与发展	孙学峰	中国书法文化研究院	学校社会科学项目、一般项目	论文	2015.6
21	小学书法教材中的楷体规范字书写研究	姜　栋	初等教育学院	学校社会科学项目、一般项目	论文	2015.6
22	幼儿无字绘本双语阅读情况分析	郑　勋	初等教育学院	学校社会科学项目、一般项目	论文	2015.6
23	现代汉语传承语素与后起语素对比研究	李　瑞	国际文化学院	学校社会科学项目、一般项目	论文	2015.6
24	语篇的人际连贯问题研究	王　璐	大学英语教研部	学校社会科学项目、一般项目	论文	2015.6
25	德国大学外国留学生事物管理的实践与启示	李慧琳	马克思主义教育学院	学校社会科学项目、一般项目	论文	2015.6
26	向世界讲述“美国梦”	翟　韬	历史学院	学校社会科学项目、一般项目	论文	2015.6
27	澳大利亚殖民时期“干旱说”研究	乔　瑜	历史学院	学校社会科学项目、一般项目	论文	2015.6
28	北京先进典型的培育与宣传研究	李基礼	马克思主义教育学院	学校社会科学项目、一般项目	论文	2015.6
29	西汉中后期遣策与死亡文化变迁综合研究	田　天	历史学院	学校社会科学项目、一般项目	论文	2015.6
30	清代咏物词研究	蔡　雯	文学院	学校社会科学项目、一般项目	论文	2015.6
31	中国特色社会主义民生观研究	韩文乾	马克思主义教育学院	学校社会科学项目、一般项目	论文	2015.6
32	不同就学途径学前一年流动儿童学习情况的比较研究	史　瑾	学前教育学院	学校社会科学项目、一般项目	论文	2015.6
33	教师实践性知识的理论研究	康晓伟	学前教育学院	学校社会科学项目、一般项目	论文	2015.6
34	伦理的修辞：北平沦陷时期周作人的三套笔墨（1937—1945）	袁一丹	文学院	学校社会科学项目、一般项目	论文	2015.6

续表

序号	项目名称	负责人	承担部门	项目分类	预期成果形式	计划完成日期
35	陶渊明诗歌与玄学关系研究	赵　翔	文学院	学校社会科学项目、一般项目	论文	2015.6
36	幼儿行为抑制能力发展的神经机制	梁九清	学前教育学院	学校社会科学项目、一般项目	论文	2015.6
37	我国0—3岁婴幼儿情绪共情和认知共情发展特点	黄鬻青	学前教育学院	学校社会科学项目、一般项目	论文	2015.6
38	作为一种社会资本的网络谣言研究	陈国战	文化研究院	学校社会科学项目、一般项目	论文	2015.6
39	公共文化服务领域的政府职能研究	蒋　璐	文化研究院	学校社会科学项目、一般项目	论文	2015.6
40	报业集团的媒介融合发展路径研究——以浙报集团为例	罗　赟	文学院	学校社会科学项目、一般项目	论文	2015.6
41	世界城市：第六代电影人对北京的影像表达	郑以然	文化研究院	学校社会科学项目、一般项目	论文	2015.6
42	基于严格对应的纳西语语音史研究	李子鹤	文学院	学校社会科学项目、一般项目	论文	2015.6
43	跨学科儿童文学教育与师范生专业成长：基于儿童研究的视角	陈苗苗	青年教育艺术研究所	学校社会科学项目、一般项目	论文	2015.6
44	商代长篇铭文篇章结构资料辑考	姚苏杰	文学院	学校社会科学项目、一般项目	论文	2015.6

（首都师范大学社科处李志成供稿）

首都经济贸易大学

2014年度承担国家级、省部级等社会科学研究项目

序号	项目名称	负责人	承担部门	项目分类、类别	项目来源单位	预期成果形式	计划完成时间
1	中国碳市场成熟度、市场机制完善及环境监管政策研究	王文举	经济学院	国家社会科学基金、重大项目	全国哲学社会科学规划办公室	专著、论文	2016.12
2	集体劳动争议预防与处理机制的系统化构建研究	冯喜良	劳动经济学院	国家社会科学基金、重大项目	全国哲学社会科学规划办公室	专著、论文	2017.12
3	首都圈人口空间格局优化及生态环境压力疏解研究	童玉芬	劳动经济学院	国家社会科学基金、重点项目	全国哲学社会科学规划办公室	专著、论文集	2017.7
4	多元主体权益均衡目标下土地增值收益分配机制研究	王　文	城市经济与公共管理学院	国家社会科学基金、重点项目	全国哲学社会科学规划办公室	专著	2016.12
5	北京及周边省区市大气污染治理法制协调机制研究	高桂林	法学院	国家社会科学基金、一般项目	全国哲学社会科学规划办公室	专著	2017.12
6	国有企业高管腐败行为治理研究	范合君	工商管理学院	国家社会科学基金、一般项目	全国哲学社会科学规划办公室	研究报告	2016.6
7	特大城市土地市场效率与政府调控效果研究	张　杰	城市经济与公共管理学院	国家社会科学基金、一般项目	全国哲学社会科学规划办公室	研究报告、专著	2016.12
8	研发指数构建与应用评价研究	崔也光	会计学院	国家社会科学基金、一般项目	全国哲学社会科学规划办公室	专著	2017.6
9	对中国不同发展阶段减排目标的碳排放权分配机制研究	王　钰	经济学院	国家社会科学基金、一般项目	全国哲学社会科学规划办公室	论文集、研究报告	2017.6

续表

序号	项目名称	负责人	承担部门	项目分类、类别	项目来源单位	预期成果形式	计划完成时间
10	特大城市产业再集聚模式及其空间效应研究	周明生	经济学院	国家社会科学基金、一般项目	全国哲学社会科学规划办公室	专著、研究报告	2017.7
11	债务的可持续度量指标及其促进经济增长内生机制的分析与比较研究	田新民	经济学院	国家社会科学基金、一般项目	全国哲学社会科学规划办公室	论文集	2017.6
12	基于人力资本的我国代际收入流动机制与公共政策研究	黎　煦	劳动经济学院	国家社会科学基金、一般项目	全国哲学社会科学规划办公室	专著、研究报告	2016.12
13	新媒体时代个人信息保护问题研究	郑文明	文化与传播学院	国家社会科学基金、一般项目	全国哲学社会科学规划办公室	专著、研究报告	2018.6
14	老龄化下我国城市社区商业模式研究	陈立平	工商管理学院	国家社会科学基金、一般项目	全国哲学社会科学规划办公室	专著	2016.12
15	城乡一体化的国际经验及中国道路研究	张　强	城市经济与公共管理学院	国家社会科学基金、一般项目	全国哲学社会科学规划办公室	专著、研究报告	2017.2
16	企业关系网络、输入型和内生型内部控制缺陷防扩散机制研究	王海林	会计学院	国家社会科学基金、一般自选项目	全国哲学社会科学规划办公室	专著、研究报告	2017.6
17	深化公立医院改革情景下中国远程医疗管理模式研究	佘镜怀	工商管理学院	国家社会科学基金、一般自选项目	全国哲学社会科学规划办公室	专著、研究报告	2017.7
18	上下游非完全垄断的纵向结构与纵向控制交易合约研究	董烨然	经济学院	国家社会科学基金、一般自选项目	全国哲学社会科学规划办公室	论文集	2017.12
19	中国低碳经济统计数据库及其量化模型研究	廖明球	经济学院	国家社会科学基金、一般自选项目	全国哲学社会科学规划办公室	研究报告	2017.7
20	城乡居民基本养老保险制度一体化立法研究	范　围	劳动经济学院	国家社会科学基金、青年项目	全国哲学社会科学规划办公室	专著	2016.12
21	新生代流动人口的居留意愿研究	盛亦男	劳动经济学院	国家社会科学基金、青年项目	全国哲学社会科学规划办公室	研究报告	2016.12
22	社会保障制度公平的机理与机制研究	江　华	工商管理学院	国家社会科学基金、青年项目	全国哲学社会科学规划办公室	专著、研究报告	2016.8
23	政府购买服务背景下社会组织专业人才生长机制及培育路径研究	陈书洁	劳动经济学院	国家社会科学基金、青年项目	全国哲学社会科学规划办公室	专著	2017.7
24	我国非正规就业市场的进入机制、收入效应与功能定位研究	李晓曼	劳动经济学院	国家社会科学基金、青年项目	全国哲学社会科学规划办公室	专著、研究报告	2017.6
25	我国金融反恐法律机制研究	王剑波	法学院	国家社会科学基金、青年自选项目	全国哲学社会科学规划办公室	专著、研究报告	2017.6
26	基本公共服务均等化与农村公立医院医生激励研究	董香书	经济学院	国家社会科学基金、青年自选项目	全国哲学社会科学规划办公室	研究报告	2017.6

续表

序号	项目名称	负责人	承担部门	项目分类、类别	项目来源单位	预期成果形式	计划完成时间
27	依法治国、落实税收法定原则的路线图研究	郝如玉	财政税务学院	国家社会科学基金、特别委托项目	全国哲学社会科学规划办公室	研究报告	2017. 6
28	中国金融机构破产的理论探索与制度构建	张世君	法学院	国家社会科学基金、后期资助项目	全国哲学社会科学规划办公室	著作	2015. 12
29	媒体在科学传播中作用发挥机制研究——媒体人激励	刘文川	劳动经济学院	国家软科学、专项任务项目	科技部	研究报告	2015. 10
30	主体重构对高校双向学生评教及有效性的影响机制研究	孔海宁	工商管理学院	全国教育科学“十二五”，国家青年项目	全国教育科学规划办公室	专著、研究论文、研究报告	2017. 6
31	简政放权与推进教育管办评分离的制度改革设计研究	刘业进	城市经济与公共管理学院	全国教育科学“十二五”、教育部重点项目	全国教育科学规划办公室	研究论文、研究报告	2016. 9
32	我国居民廉政感知指数的调查实验研究	朱梅红	统计学院	教育部人文社会科学研究、规划基金项目	教育部	论文、研究报告	2016. 12
33	陆佃思想研究	杜　晓	马克思主义学院	教育部人文社会科学研究、规划基金项目	教育部	论文、专著	2017. 6
34	中国现代通俗小说发生发展机制研究	司新丽	文化与传播学院	教育部人文社会科学研究、规划基金项目	教育部	论文、研究报告	2016. 12
35	股东间合作机制、终极控制权与上市公司绩效关系研究	关　鑫	工商管理学院	教育部人文社会科学研究、青年基金项目	教育部	论文	2016. 12
36	企业弱势员工参与边缘化问题研究	詹　婧	劳动经济学院	教育部人文社会科学研究、青年基金项目	教育部	专著、论文、研究报告	2016. 12
37	政府购买公共服务中的激励问题研究	何　晴	财政税务学院	教育部人文社会科学研究、青年基金项目	教育部	研究报告、论文	2017. 3
38	农业资源生态功能的生态补偿标准依据研究	邹昭晞	工商管理学院	教育部人文社会科学研究、青年基金项目	教育部	论文、研究报告或专著	2017. 8
39	新型城镇化下城市群的多中心发育评估与功能优化研究	吴　康	城市经济与公共管理学院	教育部人文社会科学研究、青年基金项目	教育部	论文	2017. 7
40	家族治理、代际传承与会计信息质量研究	张馨艺	会计学院	教育部人文社会科学研究、青年基金项目	教育部	论文、研究报告、专著	2016. 12
41	唐代烟叶生产、管理与流通的空间格局研究	李青淼	城市经济与公共管理学院	教育部人文社会科学研究、青年基金项目	教育部	论文、研究报告	2017. 6

续表

序号	项目名称	负责人	承担部门	项目分类、类别	项目来源单位	预期成果形式	计划完成时间
42	农业供应链成员之间信息交流的影响因素研究	彭广茜	工商管理学院	教育部留学回国人员科研启动基金、科研启动基金项目	教育部	研究报告	2015.12
43	中国特大城市就业增长与经济发展的平衡性研究	纪　韶	劳动经济学院	北京市社会科学基金、重大项目	北京市哲学社会科学规划办公室	专著	2016.12
44	京津冀区域协调发展研究——全面推进中的战略重点研究	祝尔娟	城市经济与公共管理学院	北京市社会科学基金、重大项目	北京市哲学社会科学规划办公室	研究报告	2015.12
45	金融驱动京津冀协同发展研究	巩云华	金融学院	北京市社会科学基金、重点项目	北京市哲学社会科学规划办公室	研究报告	2015.12
46	O2O商业模式下第三方支付平台的顾客体验研究	赵　冰	工商管理学院	北京市社会科学基金、一般项目	北京市哲学社会科学规划办公室	研究报告	2016.12
47	供应链金融服务于北京市“三农”的创新模式设计	何向军	安全与环境工程学院	北京市社会科学基金、一般项目	北京市哲学社会科学规划办公室	研究报告	2017.9
48	基于互联网金融的小微企业融资模式创新机制研究	陈蔚珠	工商管理学院	北京市社会科学基金、一般项目	北京市哲学社会科学规划办公室	研究报告	2016.6
49	负面清单管理模式下加快北京服务贸易升级的战略研究	王佃凯	经济学院	北京市社会科学基金、一般项目	北京市哲学社会科学规划办公室	研究报告	2016.12
50	市场结构快速变迁下的中小银行风险研究	周　晔	金融学院	北京市社会科学基金、一般项目	北京市哲学社会科学规划办公室	研究报告	2016.12
51	基于大数据的北京市突发事件网络舆情可视化研究	武　装	信息学院	北京市社会科学基金、一般项目	北京市哲学社会科学规划办公室	研究报告	2016.12
52	媒介融合下的竞争冲突与机制创新研究——以北京市为例	杨　玲	出版社	北京市社会科学基金、一般项目	北京市哲学社会科学规划办公室	研究报告	2016.12
53	明清小说与北京城市文化研究	彭利芝	文化与传播学院	北京市社会科学基金、一般项目	北京市哲学社会科学规划办公室	研究报告	2017.6
54	基于国际化视角的中国广告语言特点与创新研究	万凯艳	国际学院	北京市社会科学基金、青年项目	北京市哲学社会科学规划办公室	基础研究	2016.9
55	京津冀地区跨域治霾企业利益协调机制研究	孔海宁	工商管理学院	北京市社会科学基金、青年项目	北京市哲学社会科学规划办公室	研究报告	2016.12
56	环境规制政策对京冀地区经济一体化的影响路径研究	申　萌	经济学院	北京市社会科学基金、青年项目	北京市哲学社会科学规划办公室	研究报告	2017.1
57	自贸区货币金融中心发展的理论与实证研究	赵　然	金融学院	北京市社会科学基金、青年项目	北京市哲学社会科学规划办公室	研究报告	2017.1
58	信息经济学视域下的北京市科技型中小企业技术竞争情报服务模式研究	张丽玮	信息学院	北京市社会科学基金、青年项目	北京市哲学社会科学规划办公室	专著	2017.12
59	高校教师绩效激励对工作压力感的影响研究	盛龙飞	劳动经济学院	北京市社会科学基金、青年项目	北京市哲学社会科学规划办公室	研究报告	2016.4
60	北京CBD定福庄传媒走廊产业集群升级研究	蒋三庚	金融学院	北京市社会科学基金、基地一般项目	北京市哲学社会科学规划办公室	研究报告	2016.12

续表

序号	项目名称	负责人	承担部门	项目分类、类别	项目来源单位	预期成果形式	计划完成时间
61	京津冀一体化背景下北京 CBD 产业融合发展研究	张　弘	经济学院	北京市社会科学基金、基地一般项目	北京市哲学社会科学规划办公室	研究报告	2016. 12
62	新一轮京张合作与跨省生态补偿研究	张贵祥	城市经济与公共管理学院	北京市社会科学基金、基地一般项目	北京市哲学社会科学规划办公室	研究报告	2016. 12
63	京津冀跨区域碳交易市场的机制设计与影响评估研究	闫云凤	经济学院	北京市社会科学基金、基地一般项目	北京市哲学社会科学规划办公室	研究报告	2016. 12
64	北京城市治理能力评价与提升研究	邬晓霞	城市经济与公共管理学院	北京市社会科学基金、基地一般项目	北京市哲学社会科学规划办公室	研究报告	2016. 12
65	北京 CBD 高端服务业集聚与首都经济圈产业结构升级	贺小丹	经济学院	北京市社会科学基金、基地青年项目	北京市哲学社会科学规划办公室	研究报告	2016. 12
66	中日社会救助制度比较研究	吕学静	劳动经济学院	民政部一般项目	民政部	研究报告	2014. 6
67	最低生活保障城乡统筹问题研究	江　华	工商管理学院	民政部部级课题	民政部	研究报告	2014. 6
68	流通业商品分类与代码编制规划	牛东来	信息学院	商务部流通行业标准项目	商务部	行业标准	2014. 12
69	保险增长与经济周期互动规律研究	张玉春	统计学院	中国保监会部级研究课题	中国保监会	研究报告	2015. 12
70	基于遗产旅游的北京文化产业研究——方法、路径与战略	张祖群	工商管理学院	国家旅游局旅游业青年专家培养计划	国家旅游局	研究报告	2017. 12
71	第三次全国经济普查指标设计效果分析	纪　宏	统计学院	第三次全国经济普查资料开发应用课题	国务院第三次全国经济普查领导小组办公室	研究报告	2015. 6
72	环境规制对区域就业与人口流动的影响路径研究	申　萌	经济学院	第三次全国经济普查资料开发应用课题	国务院第三次全国经济普查领导小组办公室	研究报告	2015. 6
73	我国烟草税现状及其完善对策研究	蔡秀云	财税学院	国家烟草专卖局委托项目	国家烟草专卖局	研究报告	2015. 12
74	集体劳动争议处理机制研究	范　围	劳动经济学院	中国法学会部级法学研究自选课题	中国法学会	论文、咨询报告	2015. 12
75	北京市产业空间结构体系构建与城市空间转型研究	田新民	经济学院	北京市教育委员会科研计划、社科重点	北京市教育委员会	研究报告、论文	2015. 12
76	企业价值观对企业可持续战略及其绩效的影响研究	张映红	工商管理学院	北京市教育委员会科研计划、社科重点	北京市教育委员会	专著、论文	2016. 12
77	北京大学生体育锻炼行为的特征和干预研究	蒋　薇	体育部	北京市教育委员会科研计划、社科重点	北京市教育委员会	研究报告、论文、其他	2016. 1

续表

序号	项目名称	负责人	承担部门	项目分类、类别	项目来源单位	预期成果形式	计划完成时间
78	不同空间尺度北京市农村居民点用地变化驱动机制研究	刘正恩	城市经济与公共管理学院	北京市教育委员会科研计划、社科面上	北京市教育委员会	研究报告	2015. 12
79	银行业非利息收入结构及其风险防范研究	周　晔	金融学院	北京市教育委员会科研计划、社科面上	北京市教育委员会	研究报告、论文	2015. 12
80	准则变更、会计信息质量与投资者利益保护	尹世芬	会计学院	北京市教育委员会科研计划、社科面上	北京市教育委员会	研究报告、论文	2015. 12
81	我国企业员工乐观解释风格对工作绩效的影响研究	崔佳颖	工商管理学院	北京市教育委员会科研计划、社科面上	北京市教育委员会	专著、论文、研究报告	2015. 12
82	基于分层线性模型的北京市城镇居民幸福指数的追踪研究	郭洪伟	统计学院	北京市教育委员会科研计划、社科面上	北京市教育委员会	研究报告	2015. 12
83	北京市高校流行文化趋势及其引领机制研究	王　颖	马克思主义学院	北京市教育委员会科研计划、社科面上	北京市教育委员会	论文	2015. 12
84	“生态大我”与生态批评的构建	朱利华	外语系	北京市教育委员会科研计划、社科面上	北京市教育委员会	专著	2015. 12
85	中国现代文学中北京书写与想象的研究	司新丽	文化与传播学院	北京市教育委员会科研计划、社科面上	北京市教育委员会	研究报告、论文	2015. 12
86	省级部门行政成本现状、成因与治理：基于北京市的研究	何　晴	财政税务学院	北京市教育委员会科研计划、社科面上	北京市教育委员会	研究报告、论文	2015. 12
87	新媒体情境下北京老字号品牌怀旧营销策略研究	黄苏萍	工商管理学院	北京市教育委员会科研计划、社科面上	北京市教育委员会	研究报告、论文	2015. 12
88	城乡一体化进程中体育公共服务均等化模型构建与路径选择研究	杨　华	体育部	北京市教育委员会科研计划、社科面上	北京市教育委员会	研究报告	2015. 12
89	企业视觉传达的传播效应及对企业文化构建的研究	李　毅	文化与传播学院	北京市教育委员会科研计划、社科面上	北京市教育委员会	专著	2015. 12
90	企业信息化投资决策风险管理与效益研究	武　装	信息学院	北京市教育委员会科研计划、社科面上	北京市教育委员会	专著、研究报告、论文	2014. 12
91	基于北京财政可持续发展的土地财政治理研究	史兴旺	财政税务学院	北京市教育委员会科研计划、社科面上	北京市教育委员会	研究报告	2015. 12
92	促进京津冀协同发展的财政政策研究	姚东旭	财政税务学院	北京市属高校创新能力提升计划项目、创新能力提升计划项目	北京市教育委员会	研究报告	2017. 12

续表

序号	项目名称	负责人	承担部门	项目分类、类别	项目来源单位	预期成果形式	计划完成时间
93	北京市重大劳动人事争议预防与处理机制研究	冯喜良	劳动经济学院	北京市属高校创新能力提升计划项目、创新能力提升计划项目	北京市教育委员会	研究报告	2017.12
94	北京高校大学生法制宣传教育现状调研与对策研究	孙善学	马克思主义学院	北京市教育科学规划、委托项目	北京市教育科学规划办公室	研究报告	2014.10
95	中小学生道路交通事故风险分析与险情教育方法	缪明月	城市经济与公共管理学院	北京市教育科学规划、青年专项课题	北京市教育科学规划办公室	研究报告、论文	2017.1
96	“京津冀协同发展研究”的历史、现状与趋势	祝尔娟	城市经济与公共管理学院	北京市社科联决策咨询应用研究	北京市社会科学界联合会	研究报告	2015.12
97	京津冀城市群的产业集聚与大气污染：现状、机理与对策	杜雯翠	经济学院	北京市社科联青年社科人才资助项目	北京市社会科学界联合会	研究报告	2015.11
98	首都非核心功能疏解及其在津冀布局研究	段　霞	城市经济与公共管理学院	专项调研项目	北京市发展和改革委员会	研究报告	2014.10
99	“十三五”时期缓解资源环境矛盾，构建可持续发展城市	段　霞	城市经济与公共管理学院	重大项目	北京市发展和改革委员会	研究报告	2015.9
100	思想政治理论课教学模式创新与实效性探索	成林萍	马克思主义学院	高校思想政治理论课专项研究课题	北京市教育工作委员会	研究报告	2015.6
101	高校网络思想政治教育话语权的建构研究	王　颖	马克思主义学院	首都大学生思想政治教育研究支持课题	北京市教育工作委员会	研究报告	2016.6
102	优秀传统文化对大学生中国精神培育的积极作用研究	杜　晓	马克思主义学院	首都大学生思想政治教育研究支持课题	北京市教育工作委员会	论文	2015.12
103	财经高校大学生第二课堂参与现状及培养体系研究	李娟婷	工商管理学院	首都大学生思想政治教育研究支持课题	北京市教育工作委员会	研究报告、论文	2015.10
104	基于心理契约理论视角下的高校师德考核机制研究	邸燕茹	宣传部	高校思想政治理论课专项研究课题	北京市教育工作委员会	论文、咨询报告	2015.10
105	专业青年教师从事大学生班级管理胜任力及评价指标体系研究	丁志艳	信息学院	首都大学生思想政治教育研究支持课题	北京市教育工作委员会	研究报告、论文	2015.3
106	基于SWOT模型的首都高校外地贫困生就业形势分析与指导策略研究	周从周	团委	首都大学生思想政治教育研究支持课题	北京市教育工作委员会	研究报告、论文	2015.3
107	周期性公司DCF估值模型的框架重建及实证研究	陈　蕾	财政税务学院	中国博士后科学基金、特别资助	中国博士后基金	研究报告	2015.12
108	流动人口的居留意愿及其影响效应研究	盛亦男	劳动经济学院	中国博士后科学基金、面上一等	中国博士后基金	研究报告	2014.12

续表

序号	项目名称	负责人	承担部门	项目分类、类别	项目来源单位	预期成果形式	计划完成时间
109	非正规就业市场的进入决策、收入效应与功能定位研究	李晓曼	劳动经济学院	中国博士后科学基金、面上二等	中国博士后基金	研究报告	2016.9
110	京津冀地区双酚A大气源清单建立与排放特征分析	陈　源	安全与环境工程学院	北京市优秀人才培养资助项目	北京市委组织部	期刊论文	2016.8
111	北京市家庭金融实证研究	赵大萍	金融学院	北京市优秀人才培养资助项目	北京市委组织部	研究报告	2016.12
112	京津冀一体化过程中的产业转移与就业弹性测算	方明月	经济学院	北京市优秀人才培养资助项目	北京市委组织部	论文	2016.12
113	运用空间—产业因子解析京津冀区域产业协同发展的研究	田　峥	国际经济管理学院	北京市优秀人才培养资助项目	北京市委组织部	学术论文发表，国内外学术会议宣讲，数据库及程序	2017.1
114	京津冀协同发展中的税收协调机制与实现路径研究	刘　翔	财政税务学院	北京市优秀人才培养资助项目	北京市委组织部	研究报告	2017.1
115	新常态下反腐败与经济增长的关系研究	陈建先	经济学院	北京市优秀人才培养资助项目	北京市委组织部	论文、研究报告	2018.12
116	京津冀一体化背景下北京空港综合保税区监管机制的完善与创新	李璐玲	法学院	北京市优秀人才培养资助项目	北京市委组织部	论文	2017.12
117	大数据背景下Berkson测量误差模型的统计推断及其应用分析	张赛茵	统计学院	北京市优秀人才培养资助项目	北京市委组织部	论文	2017.12
118	京津冀区域协同下统筹法律与政策治理北京大气污染研究	郭锦鹏	文化与传播学院	北京市优秀人才培养资助项目	北京市委组织部	论文、研究报告	2018.4
119	北京市人口老龄化与环境污染：机理、影响与对策	杜雯翠	经济学院	北京市优秀人才培养资助项目	北京市委组织部	论文、著作	2016.6
120	北京城市治理能力的评价与提升对策研究	邬晓霞	城市经济与公共管理学院	北京市优秀人才培养资助项目	北京市委组织部	研究报告	2017.12
121	直辖体制下区县基本公共服务增量供给差异研究——以北京为例	李林君	财政税务学院	北京市优秀人才培养资助项目	北京市委组织部	研究报告	2016.12

2014年度校级社会科学研究项目

序号	项目名称	负责人	承担部门	项目分类、类别	预期成果形式	计划完成时间
1	公共危机事件下群决策中的动态博弈研究	杨　静	安全与环境工程学院	首都经济贸易大学科学研究、规划项目	研究报告、论文	2014.12
2	信息服务业对首都经济的带动作用研究	周　伟	城市经济与公共管理学院	首都经济贸易大学科学研究、规划项目	研究报告	2014.12
3	劳动争议处理制度研究	徐丽雯	法学院	首都经济贸易大学科学研究、规划项目	论文、研究报告	2014.12

续表

序号	项目名称	负责人	承担部门	项目分类、类别	预期成果形式	计划完成时间
4	北京银行业面向新生代员工的导师式领导风格研究	关　鑫	工商管理学院	首都经济贸易大学科学研究、规划项目	论文	2014.12
5	高耗能行业二次能源绿色优化调度研究——以钢铁行业为例	孔海宁	工商管理学院	首都经济贸易大学科学研究、规划项目	论文	2014.12
6	供应链上组织之间信息交流的影响因素研究	彭广茜	工商管理学院	首都经济贸易大学科学研究、规划项目	研究报告、论文、其他	2014.12
7	来华留学生跨文化适应下的文化习得研究	覃俏丽	国际学院	首都经济贸易大学科学研究、规划项目	研究报告、论文	2014.12
8	新中国内部控制制度发展演进研究	杨　鹏	会计学院	首都经济贸易大学科学研究、规划项目	论文	2014.12
9	基于客户体验的北京金融业服务创新研究	刘妍芳	金融学院	首都经济贸易大学科学研究、规划项目	研究报告	2014.12
10	我国“交强险制度”的设计与完善	张小红	金融学院	首都经济贸易大学科学研究、规划项目	研究报告	2014.12
11	创新驱动新动力形成机理与实现路径研究	陈　江	经济学院	首都经济贸易大学科学研究、规划项目	研究报告	2014.12
12	我国高新技术企业对外直接投资逆向技术效应研究	于晓云	经济学院	首都经济贸易大学科学研究、规划项目	研究报告	2014.12
13	我国农村劳动力的就业方式选择和收入差距研究	黎　煦	劳动经济学院	首都经济贸易大学科学研究、规划项目	论文、研究报告	2014.12
14	马克思按劳分配理论视域下的我国收入分配改革	何绍铭	马克思主义学院	首都经济贸易大学科学研究、规划项目	研究报告	2014.12
15	中国特色社会主义现代化战略思想研究	张晓萍	马克思主义学院	首都经济贸易大学科学研究、规划项目	研究报告	2014.12
16	基于北京市城镇居民公共服务满意度调查的政府绩效评估研究	姚丽芳	统计学院	首都经济贸易大学科学研究、规划项目	研究报告、论文	2014.12
17	目的论在翻译实践中的应用模式	索绪香	外语系	首都经济贸易大学科学研究、规划项目	论文	2014.12
18	后“9·11”时代中美高等教育国际化政策与实践比较研究	王　鹏	外语系	首都经济贸易大学科学研究、规划项目	研究报告、论文	2014.12
19	新媒体环境下北京城市形象传播的路径选择研究	谭宇菲	文化与传播学院	首都经济贸易大学科学研究、规划项目	论文、研究报告	2014.12
20	影响首都经济贸易大学学生学习状态的主要因素及其干预研究	马　力	学生处	首都经济贸易大学科学研究、规划项目	专著、论文	2014.12
21	财经类专业大学生薪酬预期影响因素研究	魏华颖	劳动经济学院	首都经济贸易大学科学研究、规划项目	论文	2014.12
22	微媒体中未知语言知识自动获取的研究	徐天晟	信息学院	首都经济贸易大学科学研究、规划项目	专著、论文、计算机软件	2014.12
23	基于多主体行为模型的供应链协调机制仿真及优化	赵灿灿	安全与环境工程学院	首都经济贸易大学科学研究、青年项目	论文	2014.12
24	基于特征的业务过程模型高效查询	闫志强	信息学院	首都经济贸易大学科学研究、青年项目	研究报告、论文	2014.12
25	公共管理大类本科生转业行为的影响因素研究	崔高鹏	城市经济与公共管理学院	首都经济贸易大学科学研究、青年项目	研究报告	2014.12

续表

序号	项目名称	负责人	承担部门	项目分类、类别	预期成果形式	计划完成时间
26	农村继承习惯与妇女权益保护问题	李晓娟	法学院	首都经济贸易大学科学研究、青年项目	论文	2014. 12
27	基于3G终端的移动智能服务关键技术研究	陆文婷	工商管理学院	首都经济贸易大学科学研究、青年项目	论文、计算机软件	2014. 12
28	投资者异质信念、股权再融资行为与财富效应	卿小权	会计学院	首都经济贸易大学科学研究、青年项目	论文	2014. 12
29	中国上市公司业绩预告披露选择研究	张馨艺	会计学院	首都经济贸易大学科学研究、青年项目	研究报告、论文	2014. 12
30	人民币汇率深化改革路径选择：基于BBC模式的实证考察	陈奉先	金融学院	首都经济贸易大学科学研究、青年项目	研究报告、论文	2014. 12
31	替代率视角下职工基本养老保险待遇政策改革研究	孙　博	劳动经济学院	首都经济贸易大学科学研究、青年项目	论文、研究报告	2014. 12
32	北京地区劳动者工作时间与工作疲劳蓄积度问题研究	詹　婧	劳动经济学院	首都经济贸易大学科学研究、青年项目	研究报告	2014. 12
33	基于Lorentz空间中的伪圆纹曲面及S^4中共形曲面论的研究	范林元	统计学院	首都经济贸易大学科学研究、青年项目	论文	2014. 12
34	Knight不确定环境下基于多主观概率的稳健决策模型研究	陶桂平	统计学院	首都经济贸易大学科学研究、青年项目	论文	2014. 12
35	“英国议会制辩论”训练下师、生三维协同效应生成模式研究	马　丹	外语系	首都经济贸易大学科学研究、青年项目	研究报告	2014. 12
36	A. S. 拜厄特创作现实观探究	姚成贺	外语系	首都经济贸易大学科学研究、青年项目	论文	2014. 12
37	语域理论视角下的微博语言研究	李培涛	文化与传播学院	首都经济贸易大学科学研究、青年项目	论文	2014. 12
38	防火墙策略评估技术研究	孙茂华	信息学院	首都经济贸易大学科学研究、青年项目	研究报告、论文	2014. 12

（首都经济贸易大学科研处供稿）

北京工商大学

2014年度承担国家级、省部级社会科学研究项目

序号	项目名称	项目负责人	承担部门	项目分类、类别	项目来源	预期成果形式	计划完成日期
1	国家治理视角下的国有资本经营预算制度研究	谢志华	商学院	重大项目	全国哲学社会科学规划办公室	研究报告	2017. 12
2	粮食安全目标下市场起决定作用的粮食价格形成机制研究	李朝鲜	经济学院	重大项目	全国哲学社会科学规划办公室	研究报告	2017. 6
3	国有资本授权关系及实现模式研究	谢志华	商学院	重点项目	全国哲学社会科学规划办公室	专著	2016. 12
4	我国基础设施建设项目多元化市场融资模式的关键路径设计研究	马若微	经济学院	一般项目	全国哲学社会科学规划办公室	研究报告	2016. 12

续表

序号	项目名称	项目负责人	承担部门	项目分类、类别	项目来源	预期成果形式	计划完成日期
5	社会网络视角的家庭农场演化机制研究	徐振宇	经济学院	一般项目	全国哲学社会科学规划办公室	专著	2016. 12
6	价值链视角下轻资产运营非线性成长研究	穆林娟	商学院	一般项目	全国哲学社会科学规划办公室	专著	2016. 12
7	我国社会性弱势群体基本权益实现的财政投入机制研究	姜　竹	经济学院	一般项目	全国哲学社会科学规划办公室	研究报告	2016. 12
8	基于个体行为调整视角的老龄化经济影响传导机制研究	蒯鹏州	商学院	青年项目	全国哲学社会科学规划办公室	专著	2016. 12
9	考虑能源回弹效应的制造业节能减排效果研究	杨晓华	经济学院	青年项目	全国哲学社会科学规划办公室	研究报告	2016. 12
10	国际贸易对中国碳排放及其效率的影响与政策研究	郭志超	经济学院	青年项目	全国哲学社会科学规划办公室	研究报告	2016. 12
11	对华文化战略下近代日本人在华北的办报活动与舆论宣传战研究	李杰琼	艺传学院	青年项目	全国哲学社会科学规划办公室	研究报告	2016. 12
12	可行联盟合作对策支付分配策略研究	孙红霞	商学院	青年科学基金项目	国家自然科学基金委员会	研究报告	2017. 12
13	外包与云计算情境下 IT 业务匹配研究：适应性结构化理论视角	邓春平	商学院	面上项目	国家自然科学基金委员会	研究报告	2017. 12
14	普惠金融视角下新型农村金融机构的目标偏离及其治理机制研究	张正平	经济学院	面上项目	国家自然科学基金委员会	研究报告	2018. 12
15	国家自然科学基金项目复审及重大研究计划管理办法的立法问题研究	赵　颖	法学院/马克思主义学院	专项基金项目	国家自然科学基金委员会	研究报告	2015. 12
16	混合所有制背景下国有资本运营效率的衡量、优化与保障研究	徐丹丹	经济学院	规划基金项目	教育部	专著	2017. 7
17	我国城镇化进程中失地农民的就业问题研究	王　轶	经济学院	规划基金项目	教育部	专著	2017. 7
18	油品升级成本分摊背景下的双合作博弈策略研究	孙红霞	商学院	青年基金项目	教育部	专著	2017. 7
19	两栖理论视角下中国企业 FDI 均衡与公司价值关系研究	杨　阳	商学院	青年基金项目	教育部	专著、研究报告	2017. 7
20	城市公共空间商业化利用法律制度研究	吕来明	法学院/马克思主义学院	规划基金项目	教育部	研究报告	2017. 7
21	区域产业升级的路径选择与金融支持研究——基于碳排放约束视角	李　丽	经济学院	后期资助项目	教育部	研究报告	2017. 7
22	北京食品安全输入性风险的防控机制研究	谭向勇	经济学院	重大项目	北京市哲学社会科学规划办公室	研究报告	2017. 8

续表

序号	项目名称	项目负责人	承担部门	项目分类、类别	项目来源	预期成果形式	计划完成日期
23	国有企业集团总部职能与管理控制研究	王斌	经济学院	重点项目	北京市哲学社会科学规划办公室	研究报告	2017.8
24	“碳泄漏”对京津冀碳密集型产业发展的影响及对策研究	郭毅	经济学院	重点项目	北京市哲学社会科学规划办公室	研究报告	2017.8
25	大数据背景下的信息安全风险评估与对策研究	方德英	计算机与信息工程学院	重点项目	北京市哲学社会科学规划办公室	专著、研究报告	2017.8
26	北京市出租车市场管制下的租金耗散与管制改革	孟昌	经济学院	一般项目	北京市哲学社会科学规划办公室	研究报告、论文集	2016.12
27	人力资本优势对北京市共享式增长目标的促进效应与优化机理研究	余向华	经济学院	一般项目	北京市哲学社会科学规划办公室	研究报告	2016.12
28	税制改革对北京市产业结构优化的影响研究	史明霞	经济学院	一般项目	北京市哲学社会科学规划办公室	研究报告	2016.12
29	北京地区网络媒体社会责任评价体系建构与实施机制研究	高丽华	艺传学院	一般项目	北京市哲学社会科学规划办公室	研究报告	2016.12
30	大数据背景下北京市信息安全风险评估与管理机制研究	吕俊杰	商学院	一般项目	北京市哲学社会科学规划办公室	研究报告、论文集	2016.12
31	北京互联网零售业发展研究	罗朝能	外语学院	一般项目	北京市哲学社会科学规划办公室	研究报告、其他	2016.12
32	北京国企混合所有制改革：多元股权制衡、董事会治理与整合信息披露研究	王仲兵	商学院	一般项目	北京市哲学社会科学规划办公室	专著	2016.12
33	俘获型治理下北京服务外包业价值链升级微观机制研究：组织双元性视角	邓春平	商学院	青年项目	北京市哲学社会科学规划办公室	研究报告	2016.12
34	北京市人口结构变化对经济效应的一般均衡分析	孙红霞	商学院	青年项目	北京市哲学社会科学规划办公室	研究报告	2016.12
35	首都大学生境遇性危机的心理评估模型及实施方案研究	张宏宇	体育部	一般项目	北京市哲学社会科学规划办公室	研究报告	2016.12
36	不同运动强度下引发的情绪状态对大学生学习效果影响的实验研究	李鑫楠	体育部	青年项目	北京市哲学社会科学规划办公室	研究报告	2016.12
37	北京非物质文化遗产的数字化展示与公共服务创新研究	吕燕茹	艺传学院	青年项目	北京市哲学社会科学规划办公室	研究报告	2016.12
38	新媒体环境下北京市食品安全危机传播的应对策略研究	路鹃	艺传学院	一般项目	北京市哲学社会科学规划办公室	研究报告、论文	2016.12
39	北京老龄群体言语障碍现状及康复对策研究	刘红艳	外语学院	一般项目	北京市哲学社会科学规划办公室	研究报告、其他	2016.12
40	机关事业单位养老保障制度改革的经济效应、福利效应及精算评价	乔杨	经济学院	青年项目	北京市哲学社会科学规划办公室	研究报告	2016.12
41	电商发展新趋势及对北京零售企业发展的影响机制研究	孙永波	商学院	重点项目	北京市哲学社会科学规划办公室	研究报告	2016.12

续表

序号	项目名称	项目负责人	承担部门	项目分类、类别	项目来源	预期成果形式	计划完成日期
42	基于食品安全评价的首都中央厨房企业内部控制评价研究	何玉润	商学院	一般项目	北京市哲学社会科学规划办公室	研究报告	2016. 12
43	北京津冀协同发展背景下首都流通服务业空间布局优化对策研究	张　予	文科实践中心	青年项目	北京市哲学社会科学规划办公室	研究报告	2016. 12
44	北京市易腐农产品供应链视角下农户联盟利益分配机制研究	梁　鹏	经济学院	一般项目	北京市哲学社会科学规划办公室	研究报告	2016. 12
45	新常态下中国实现包容性发展的理论与战略	邸玉娜	经济学院	重点项目	北京市哲学社会科学规划办公室	研究报告	2016. 12
46	文化影响力理论构建	魏海香	法学院/马克思主义学院	重点项目	北京市哲学社会科学规划办公室	研究报告	2016. 12
47	思想政治理论课课堂教学吸引力、感染力提升研究	王鲁娜	法学院/马克思主义学院	一般项目	北京市教工委	研究报告	2015. 12
48	我国农产品批发市场发展及农产品网络促销研究	徐振宇	经济学院	一般项目	农业部	研究报告	2015. 12
49	糖料市场、贸易及产业政策研究（2014）	刘晓雪	经济学院	一般项目	农业部	研究报告	2015. 12
50	财政部会计名家培养工程	谢志华	商学院	重点项目	财政部	研究报告	2015. 12
51	区域性保险法人机构的发展与监管研究	王绪瑾	经济学院	一般项目	中国保险监督管理委员会	研究报告	2015. 12
52	小微企业发展状况研究	田　芬	经济学院	一般项目	国家统计局	研究报告	2015. 12
53	我国金融控股公司风险法律制度研究	李　晗	法学院/马克思主义学院	一般项目	中国法学会	研究报告	2015. 12
54	城乡居民医疗服务需求与医疗保险研究——以北京为例	许敏敏	经济学院	重点项目	北京市教育委员会	研究报告、论文	2017. 12
55	北京市突发公共事件中的主流媒体运用与舆论引导策略研究	王　擎	艺传学院	重点项目	北京市教育委员会	研究报告、论文	2017. 12
56	京津冀跨界环境污染治理成本分摊策略研究：基于合作博弈教务	孙红霞	商学院	面上项目	北京市教育委员会	研究报告、论文	2017. 12
57	理财产品信息披露国际规则的本土化研究	颜　苏	法学院/马克思主义学院	面上项目	北京市教育委员会	研究报告、论文	2017. 12
58	以顾客体验为导向的零售服务设计策略研究	周　兴	艺传学院	面上项目	北京市教育委员会	研究报告、论文	2017. 12
59	基于社会性别的视角构建女大学生体态语优化体系的研究	魏　静	体育部	面上项目	北京市教育委员会	研究报告、论文	2017. 12
60	体育运动对大学生身心发展的影响——以北京高校为例	史明政	体育部	面上项目	北京市教育委员会	研究报告、论文	2017. 12
61	基于社会网络的中关村产业集群成长机制研究	黄婉秋	经济学院	面上项目	北京市教育委员会	研究报告、论文	2017. 12

续表

序号	项目名称	项目负责人	承担部门	项目分类、类别	项目来源	预期成果形式	计划完成日期
62	首都大学生二语发展可变性的跟踪研究——动态系统理论的视角	田　莉	外国语学院	面上项目	北京市教育委员会	研究报告、论文	2017.12
63	北京市属高校英语教师专业发展现状和对策研究	张艳华	外国语学院	面上项目	北京市教育委员会	研究报告、论文	2017.12
64	首都居民家庭资产配置的行为选择与优序偏好研究	乔云霞	经济学院	面上项目	北京市教育委员会	研究报告、论文	2015.12

2014 年度校级社会科学研究项目

序号	项目名称	项目负责人	承担部门	项目分类、类别	预期成果形式	计划完成日期
1	意识提升活动对学习者产出性词汇应用能力产生影响的行动研究	王秀珍	外国语学院	人文社科类青年教师科研启动基金项目	论文	2016.6
2	我国最优财政规则研究	邓　磊	经济学院	人文社科类青年教师科研启动基金项目	论文	2016.6
3	非英语专业研究生英语写作语篇分析	田　芳	外国语学院	人文社科类青年教师科研启动基金项目	论文	2016.6
4	主管机关海难救助报酬请求权研究	刘长霞	法学院/马克思主义学院	人文社科类青年教师科研启动基金项目	论文	2016.6
5	纳税人情绪、征管方情绪劳动与税收遵从	许　评	经济学院	人文社科类青年教师科研启动基金项目	论文	2016.6
6	北京周边地区肉牛废弃物处理对牛肉质量安全影响问题影响	孙宁宁	经济学院	人文社科类青年教师科研启动基金项目	论文	2016.6
7	不同运动强度下引发的情绪状态对大学生学习效果影响的实验研究	李鑫楠	体育与艺术教学部	人文社科类青年教师科研启动基金项目	论文	2016.6
8	基于服务设计理念的可持续生活资讯平台设计	何思倩	艺术与传媒学院	人文社科类青年教师科研启动基金项目	论文	2016.6
9	多元成分数据判别分析方法及其应用研究	郭丽娟	经济学院	人文社科类青年教师科研启动基金项目	论文	2016.6
10	面向智慧城市的健康医疗服务设计研究	盛　铖	艺术与传媒学院	人文社科类青年教师科研启动基金项目	论文	2016.6
11	中国隐性存款保险制度的显性化研究	谢雪燕	经济学院	人文社科类青年教师科研启动基金项目	论文	2016.6
12	传统画意与创意摄影	孔宇欣	艺术与传媒学院	人文社科类学术专著出版资助项目	专著	2016.6
13	基于胜任特征的辅导员队伍建设研究	吕素香	学生处	人文社科类学术专著出版资助项目	专著	2016.6
14	社会符号学视域下《红楼梦》文化内容的英译——以杨译本和霍译本为例	刘　婧	外国语学院	人文社科类学术专著出版资助项目	专著	2016.6
15	京津冀流通业与区域经济协同发展研究	李　丽	经济学院	人文社科类学术专著出版资助项目	专著	2016.6

续表

序号	项目名称	项目负责人	承担部门	项目分类、类别	预期成果形式	计划完成日期
16	我国上市公司高管团队内部薪酬差距研究	李春玲	商学院	人文社科类学术专著出版资助项目	专著	2016.6
17	半殖民主义语境下的断裂“报格”：北方小型报先驱《实报》与报人管翼贤	李杰琼	艺术与传媒学院	人文社科类学术专著出版资助项目	专著	2016.6
18	青少年自杀心理危机研究：理论、评鉴与实务	张宏宇	体育与艺术教学部	人文社科类学术专著出版资助项目	专著	2016.6
19	广告仪式传播：符号资本、情感能量与神话宪章的构建	高丽华	艺术与传媒学院	人文社科类学术专著出版资助项目	专著	2016.6
20	英语语法探索与运用	梁桂霞	外国语学院	人文社科类学术专著出版资助项目	专著	2016.6
21	失地农民融入城市社区中的利益冲突及法律调整	董　彪	法学院/马克思主义学院	人文社科类学术专著出版资助项目	专著	2016.6
22	优质与特色——美国文理学院研究	蒋盛楠	教育研究中心	人文社科类学术专著出版资助项目	专著	2016.6
23	新型城镇化中的转移人口迁移决策与社会融入问题研究	蒯鹏州	商学院	人文社科类学术专著出版资助项目	专著	2016.6
24	中国传统方志艺文志研究	马春晖	图书馆	人文社科类学术专著出版资助项目	专著	2016.6
25	北京城市发展与零售业态适应性的关系研究	王　勇	商学院	首都流通业研究基地2014年度项目	论文	2016.6
26	北京市零售业顾客参与服务创新的整合管理研究	彭艳君	商学院	首都流通业研究基地2014年度项目	论文	2016.6
27	产业共生视角下首都流通业与制造业协同发展研究	李　丽	经济学院	首都流通业研究基地2014年度项目	论文	2016.6
28	大数据时代的零售业技术创新研究	易　芳	经济学院	首都流通业研究基地2014年度项目	论文	2016.6
29	大数据时代零售行业统计变革研究	祝金甫	经济学院	首都流通业研究基地2014年度项目	论文	2016.6
30	大数据时代全渠道消费者行为研究	薛　红	计信学院	首都流通业研究基地2014年度项目	论文	2016.6
31	大数据时代消费者的品牌认知研究	公克迪	艺传学院	首都流通业研究基地2014年度项目	论文	2016.6
32	大数据时代消费者购买行为的变化	张运来	商学院	首都流通业研究基地2014年度项目	论文	2016.6
33	大数据推动零售业组织方式创新	邸玉娜	经济学院	首都流通业研究基地2014年度项目	论文	2016.6
34	电商冲击下首都零售企业可持续发展的资本结构选择与优化	葛红玲	经济学院	首都流通业研究基地2014年度项目	论文	2016.6

（北京工商大学科学技术处王葳供稿）

北京工业大学

2014年度承担国家级、省部级社会科学研究项目

序号	项目名称	负责人	所属单位	项目分类	预期成果形式	计划完成日期
1	大学英语国家级精品资源共享课建设	刘宇慧	外语学院	教育部人文社会科学项目	研究报告、论文	2015.12
2	新兴产业浮现中的技术演化路径研究	李　欣	经管学院	教育部人文社会科学项目	研究报告、论文	2017.7
3	美国自然主义叙事诗学与文本模式研究	黄越华	艺术设计学院	教育部人文社会科学项目	研究报告、论文	2017.9
4	创新型人才培养与高校教学改革研究——基于不同群体对大学生学习观理解	郭广生	高等教育研究所	国家社会科学基金项目	研究报告、论文	2016.12
5	基于“投入—产出”的专业学位质量评估模型的构建与实证研究	李　娟	经管学院	国家自然科学基金面上项目	研究报告、论文	2018.12
6	碳排放权市场特性、定价机理与政策模拟设计研究	曾诗鸿	经管学院	国家自然科学基金面上项目	研究报告、论文	2018.12
7	国外社会建设的推进模式与中国的路径选择研究	刘金伟	人文学院	国家社会科学基金项目	研究报告、论文	2016.6
8	社会流动视角下的农民阶层分化与社会关系构建研究	李　升	人文学院	国家社会科学基金项目	研究报告、论文	2017.5
9	当代中国乡村基层协商民主的实践研究——以北京郊区农村为例	丁　云	马克思主义学院	北京市社会科学规划项目	研究报告、论文	2016.12
10	生态文明建设基本原则的哲学研究	李东松	马克思主义学院	北京市社会科学规划项目	研究报告、论文	2015.12
11	核型结构产业集群多网络建模及应用研究	付　韬	实验学院	教育部人文社会科学项目	研究报告、论文	2016.12
12	新世纪以来北京市转居农民就业状况调查	宋国恺	人文学院	北京市社会科学规划项目	研究报告、论文	2015.3
13	我国反补贴政策产业救济效果评估体系与方法研究	乔小勇	经管学院	国家社会科学基金项目	研究报告、论文	2015.2
14	特大消费型城市循环经济发展模式构建及其评价研究——以北京为例	李艳梅	循环经济研究院	北京市社会科学规划项目	研究报告、论文	2015.4
15	首都高校应用型创新人才培养的协同机制研究	金保华	高等教育研究所	北京市社会科学规划项目	研究报告、论文	2015.12
16	基于学生学习投入与学科竞争力的首都高等教育质量评价研究	苏林琴	高等教育研究所	北京市社会科学规划项目	研究报告、论文	2015.12
17	运动数据在二维动画创作中的应用研究	吴伟和	艺术设计学院	教育部人文社会科学项目	研究报告、论文	2015.12
18	首都高校应用型创新人才培养的协同机制研究	金保华	高等教育研究所	北京市社会科学规划项目	研究报告、论文	2015.12
19	基于学生学习投入与学科竞争力的首都高等教育质量评价研究	苏林琴	高等教育研究所	北京市社会科学规划项目	研究报告、论文	2015.12
20	基于碳户籍管理方法的北京中心城区交通拥堵综合治理研究	赵立祥	经管学院	北京市社会科学规划项目	研究报告、论文	2015.12

续表

序号	项目名称	负责人	所属单位	项目分类	预期成果形式	计划完成日期
21	北京市低碳经济实现路径选择研究——基于民用车辆使用控制视角	赵立祥	经管学院	北京市自然科学基金面上项目	研究报告、论文	2016. 12
22	北京社会治理体制创新研究	唐　军	人文学院	北京市社科规划项目	研究报告、论文	2015. 12
23	空间城镇化与国家权力：河北两个镇的比较研究	李阿琳	人文学院	教育部人文社会科学项目	研究报告、论文	2015. 12
24	跨越式发展背景下西藏战略性支撑产业发展的政策与对策研究	杨犇犇	经管学院	教育部人文社会科学项目	研究报告、论文	2015. 12

（北京工业大学科发院人文处张爱民供稿）

北京林业大学

2014 年度承担国家级、省部级社会科学研究项目

序号	项目名称	负责人	承担部门	项目类别	项目来源单位	预期成果形式	计划完成时间
1	完善中国省域生态文明建设评价指标体系研究	吴明红	人文学院	国家社会科学基金项目	全国哲学社会科学规划办公室	专著	2016. 12
2	基于“影子银行”渠道的房地产泡沫与系统性金融风险关系研究	张宝林	经管学院	国家社会科学基金项目	全国哲学社会科学规划办公室	论文、专题报告	2017. 6
3	基于风险区划的中国森林火灾险费率厘定研究	秦　涛	经管学院	国家自然科学基金项目	国家自然科学基金委员会	论文	2017. 12
4	市民化进程中新生代农民工的职业选择与收入差距研究：基于样本自选择的校正	汪　雯	经管学院	国家自然科学基金项目	国家自然科学基金委员会	专著	2017. 12
5	竞合网络对 C2C 市场网络零售商的创业绩效影响研究	尤薇佳	经管学院	国家自然科学基金项目	国家自然科学基金委员会	论文、专题报告	2017. 12
6	本土化需求驱动企业破坏性创新的机制研究	程　鹏	经管学院	国家自然科学基金项目	国家自然科学基金委员会	论文	2018. 12
7	基于生态视角的林业企业社会责任信息披露研究	张卫民	经管学院	国家林业局林业软科学研究项目	国家林业局	论文、专题报告	2015. 12
8	设计服务在“北京美丽乡村”创建中的体系研究	张继晓	艺术设计学院	北京市社会科学基金项目	北京市哲学社会科学规划办公室	论文	2016. 10
9	明清时期京津冀地区生态环境变迁研究	赵　亮	人文学院	北京市社会科学基金项目	北京市哲学社会科学规划办公室	专著	2016. 12
10	北京重要农林文化遗产保护与发展研究	李　飞	人文学院	北京市社会科学基金项目	北京市哲学社会科学规划办公室	论文、报告	2016. 12
11	北京市居民绿色出行行为影响因素研究	陈　凯	经管学院	北京市社会科学基金项目	北京市哲学社会科学规划办公室	论文	2016. 9
12	我国森林保险政策实施效果评价与优化对策研究	邓　晶	经管学院	教育部人文社科研究项目	教育部社会科学司	论文	2016. 12
13	具有中国艺术精神的当代生态雕塑研究	史钟颖	艺术设计学院	教育部人文社科研究项目	教育部社会科学司	论文、报告	2016. 12

续表

序号	项目名称	负责人	承担部门	项目类别	项目来源单位	预期成果形式	计划完成时间
14	考虑产品质量抽检的随机MJSP嵌入式仿真与风险决策研究	樊　坤	经管学院	教育部人文社科研究项目	教育部社会科学司	论文	2017.6
15	高校研究生党支部社会服务功能研究	宋吉红	水保学院	教育部人文社科研究项目	教育部社会科学司	论文	2015.12
16	北京市森林生态安全评价与预警调控研究	鲁莎莎	经管学院	教育部人文社科研究项目	教育部社会科学司	论文、专著	2016.12
17	新型城镇化进程中的农耕景观保护与更新研究——以浙江地区为例	郭　巍	园林学院	教育部人文社科研究项目	教育部社会科学司	论文、报告	2017.12

2014 年度校级社会科学研究项目

序号	项目名称	负责人	承担部门	项目类别	预期成果形式	计划完成时间
1	住房视角下的农民工市民化的社会融入研究	贾　薇	经管学院	北京林业大学科技创新计划项目	论文	2014.12
2	集体林区林权流转机制研究	安　欣	经管学院	北京林业大学科技创新计划项目	专著、论文	2014.12
3	森林资源利用统计与评价研究	翟　祥	经管学院	北京林业大学科技创新计划项目	论文、专著	2014.12
4	中国工程企业“走出去”的非市场风险与策略研究	余吉安	经管学院	北京林业大学科技创新计划项目	论文	2014.12
5	中国林业区域发展模式经营效率及影响因素分析	姜雪梅	经管学院	北京林业大学科技创新计划项目	发表文章和形成报告	2015.12
6	林木生物质能源企业经营战略研究：基于战略性新兴产业发展的视角	陈　凯	经管学院	北京林业大学科技创新计划项目	论文	2014.12
7	就业质量提升视角下非农就业研究	李　强	经管学院	北京林业大学科技创新计划项目	论文等	2014.12
8	林产品供应链优化管理研究	瞿　华	经管学院	北京林业大学科技创新计划项目	论文	2014.12
9	我国森林保险运行机制与制度设计研究	邓　晶	经管学院	北京林业大学科技创新计划项目	论文、研究报告	2014.12
10	农林类英语学术语篇的语类特征分析	刘　真	外语学院	北京林业大学科技创新计划项目	2—4 篇论文，其中至少一篇 CSSCI 期刊论文	2014.12
11	基于语篇衔接理论的本土化广告多模态意义分析	颜贤斌	外语学院	北京林业大学科技创新计划项目	论文	2014.12
12	跨文化交际视角下的商务日语研究	范婷婷	外语学院	北京林业大学科技创新计划项目	论文	2014.12
13	移动辅助语言学习环境下的自主交互研究	蒋耀熠	外语学院	北京林业大学科技创新计划项目	论文	2014.12
14	北京地区养老院家具设计研究	朱　婕	材料学院	北京林业大学科技创新计划项目	文章、设计方案、外观专利	2015.12

续表

序号	项目名称	负责人	承担部门	项目类别	预期成果形式	计划完成时间
15	北京历史上的公共园林对当今城市园林建设的影响	王丹丹	园林学院	北京林业大学科技创新计划项目	论文 2 篇	2015. 12
16	面向家庭生态环境建设的“绿植管家”互动媒体应用设计与开发	蔡东娜	艺术设计学院	北京林业大学科技创新计划项目	论文、应用程序、软件著作权或外观形象设计权	2015. 12
17	维多利亚小说里的自然科学	罗　灿	外语学院	北京林业大学科技创新计划项目	论文、专著	2015. 12
18	行业仿真训练系统设计方法研究与实践	罗　岱	艺术设计学院	北京林业大学科技创新计划项目	论文、系统、软件著作权	2015. 12
19	中国重要林业文化遗产保护与发展研究	李　飞	人文学院	北京林业大学科技创新计划项目	论文	2016. 3
20	语言接口与中国英语学习者二语能力的发展	李　芝	外语学院	北京林业大学科技创新计划项目	论文	2015. 12
21	中国森林生态史研究	张连伟	人文学院	北京林业大学科技创新计划项目	论文	2015. 12
22	现代微景观环境设计的文化内涵研究	刘　冠	艺术设计学院	北京林业大学科技创新计划项目	论文或专著、实物样品	2015. 12
23	苏珊·桑塔格文艺思想的变迁及其中国接受	朱红梅	外语学院	北京林业大学科技创新计划项目	专著、论文、研究报告	2015. 12
24	基于非物质文化遗产“京绣”的产品创新再设计研究	石　洁	艺术设计学院	北京林业大学科技创新计划项目	专著、论文样品	2015. 12
25	“橘中戏 3.0”的设计、实践与产品化策略研究	上官大堰	艺术设计学院	北京林业大学科技创新计划项目	论文	2015. 12
26	中国木质家具国际市场势力研究	程宝栋	经管学院	北京林业大学科技创新计划项目	论文	2015. 12
27	城市边界空间景观设计研究	关丹旸	艺术设计学院	北京林业大学科技创新计划项目	（1）核心期刊发表 2 篇以上相关研究论文；（2）与课题相关的设计方案 1 份；（3）制作设计模型一套	2015. 12
28	中国禅宗思想与后现代雕塑相结合的研究	史钟颖	艺术设计学院	北京林业大学科技创新计划项目	专著或论文发表、作品发表、实物样品	2015. 12
29	不动产统一登记制度背景下的林权登记问题研究	魏　华	人文学院	北京林业大学科技创新计划项目	论文、调研报告	2015. 12
30	匹配视角下的大学生就业能力缺口、社会关系网络与就业质量研究	宋洪峰	经管学院	北京林业大学科技创新计划项目	论文	2015. 12
31	集体林权流转市场结构及驱动力研究	谢　屹	经管学院	北京林业大学科技创新计划项目	论文	2014. 12
32	基于用户体验的林业装备外观设计研究	冯　乙	艺术设计学院	北京林业大学科技创新计划项目	论文样品	2015. 12

续表

序号	项目名称	负责人	承担部门	项目类别	预期成果形式	计划完成时间
33	抽象化符号语汇在景观设计中的应用	张晓燕	艺术设计学院	北京林业大学科技创新计划项目	论文	2015. 12
34	统计方法下的《名公书判清明集户婚门》	范　辉	人文学院	北京林业大学科技创新计划项目	论文	2016. 7
35	基于最终需求的中国木制品业快速增长的动力源泉分析	秦光远	经管学院	北京林业大学科技创新计划项目	核心期刊论文	2016. 7
36	买方对二手房中介服务行为影响的实验研究	张　洋	经管学院	北京林业大学科技创新计划项目	论文	2016. 6
37	非资源消费型野生动物旅游风险感知研究	丛　丽	经管学院	北京林业大学科技创新计划项目	论文	2016. 7
38	模块化网络组织利益形成与分配研究	孙凤娥	经管学院	北京林业大学科技创新计划项目	论文	2016. 7
39	儒家友德的当代审视	揭　芳	人文学院	北京林业大学科技创新计划项目	论文	2016. 7
40	中国林业巨灾风险评估体系与管理策略研究	顾雪松	经管学院	北京林业大学科技创新计划项目	论文	2016. 7
41	未成年人犯罪刑事法律保护体系研究	庄乾龙	人文学院	北京林业大学科技创新计划项目	论文	2016. 7
42	数字时代背景下的移动媒体与品牌设计研究	胡贤明	艺术设计学院	北京林业大学科技创新计划项目	论文	2016. 7
43	森林公园数字化导视系统设计与研究	秦　龙	艺术设计学院	北京林业大学科技创新计划项目	论文	2016. 7
44	公私利益兼顾下的农民土地增值收益分配机制研究	巩前文	经管学院	北京林业大学科技创新计划项目	论文	2016. 7
45	晚唐五代黄河流域森林资源分布与政区演化相关性研究	郎　洁	人文学院	北京林业大学科技创新计划项目	论文	2016. 8
46	高校行政管理人员心理与行为模式对工作成效影响研究	延晓康	经管学院	北京林业大学科技创新计划项目	论文	2016. 3
47	辽河源国家森林公园导视系统设计	韩静华	艺术设计学院	北京林业大学科技创新计划项目	论文	2015. 5
48	基督教文学研究与翻译	南宫梅芳	外语学院	北京林业大学科技创新计划项目	译著、论文	2016. 9

（北京林业大学科技处张力供稿）

首都体育学院

2014 年度承担国家级、省部级社会科学研究项目

序号	项目名称	负责人	承担部门	项目分类、类别	项目来源单位	预期成果形式	计划完成时间
1	构建我国学校体育考试制度一体化体系的研究	刘海元	体育教育训练学院	国家社会科学基金、一般项目	全国哲学社会科学规划办公室	研究报告	2016. 6
2	中外幼儿体育制度研究	郝晓岑	管理与传播学院	国家社会科学基金、一般项目	全国哲学社会科学规划办公室	研究报告	2016. 2
3	京津冀地区武术文化传承与传播研究	孟　涛	武术与表演学院	北京市社会科学基金、一般项目	北京市哲学社会科学规划办公室	研究报告	2016. 6

续表

序号	项目名称	负责人	承担部门	项目分类、类别	项目来源单位	预期成果形式	计划完成时间
4	北京高校青年科研人才成长机制研究	吴　剑	运动科学与健康学院	北京市社会科学基金、一般项目	北京市哲学社会科学规划办公室	研究报告	2016. 6
5	基于新媒体背景下职业体育赛事品牌传播体系的研究	张宏伟	管理与传播学院	北京市社会科学基金、基地项目	北京市哲学社会科学规划办公室	研究报告	2016. 2
6	基于体育院校服务社会残疾人体育赛事志愿者培养体系研究	毕学翠	体育教育训练学院	北京市社会科学基金、基地项目	北京市哲学社会科学规划办公室	研究报告	2015. 12
7	移动互联网时代的体育营销	赵晶晶	管理与传播学院	北京市社会科学基金、基地项目	北京市哲学社会科学规划办公室	论文集	2016. 5
8	北京市大型公共体育场馆运营管理研究	陈文倩	管理与传播学院	北京市社会科学基金、青年项目	北京市哲学社会科学规划办公室	研究报告	2015. 12
9	北京市体育非物质文化遗产挖掘整理与保护传承研究	张长念	武术与表演学院	北京市社会科学基金、青年项目	北京市哲学社会科学规划办公室	研究报告	2016. 10
10	顾客满意视域下北京城乡体育公共服务一体化研究	梁金辉	管理与传播学院	北京市社会科学基金、青年项目	北京市哲学社会科学规划办公室	研究报告	2016. 12
11	政府与体育社会组织关系与职能的借鉴研究	邢晓燕	管理与传播学院	北京市社会科学基金、青年项目	北京市哲学社会科学规划办公室	研究报告	2015. 12
12	我国青少年体力活动行为的社会生态模型构建	王　超	运动科学与健康学院	教育部人文社会科学研究、规划项目	教育部	论文	2017. 6
13	义务教育阶段学生体育素养养成模式构建与实证研究	鹿志海	体育教育训练学院	教育部人文社会科学研究、规划项目	教育部	研究报告、论文	2016. 3
14	体育锻炼促进大学生身心和谐发展研究	李鸿江	体育教育训练学院	中共北京市委教育工作委员会战略课题、北京哲学社会科学规划一般项目	北京市教工委、北京市哲学社会科学规划办公室	研究报告	2016. 6
15	“国家高水平体育后备人才基地”认定办法及评估指标体系研究	叶　伟	武术与表演学院	国家体育总局体育哲学社会科学研究、一般项目	国家体育总局	研究报告	2015. 9
16	久坐少动行为与人体健康状况的关系及影响因素	周志雄	体育教育训练学院	国家体育总局体育哲学社会科学研究、一般项目	国家体育总局	研究报告	2015. 9
17	国外运动项目发展体系的政策、组织与实施研究	邢晓燕	管理与传播学院	国家体育总局体育哲学社会科学研究、一般项目	国家体育总局	研究报告	2015. 9
18	我国优秀青少年竞走运动员“速度—技术”关系及规范技术模式研究	李厚林	体育教育训练学院	国家体育总局科研项目	国家体育总局	研究报告、论文	2016. 6
19	健身场地/设施促进城市青少年健身运动效果的 GIS 分析	王　超	运动科学与健康学院	国家体育总局科研项目	国家体育总局	论文	2016. 6
20	全身振动训练对绝经后女性脂肪代谢影响的研究	叶　鸣	运动科学与健康学院	国家体育总局科研项目	国家体育总局	研究报告、论文	2016. 6
21	高原训练对优秀静水竞速项目运动员全年机能发展特征影响的研究	吴　昊	运动科学与健康学院	国家体育总局科研项目	国家体育总局	研究报告	2014. 12

（首都体育学院科研处罗笛供稿）

外交学院

2014 年度承担国家级、省部级社会科学研究项目

序号	项目名称	负责人	承担部门	项目分类、类别	项目来源单位	预期成果形式	计划完成时间
1	新中国成立以来中国共产党发展对外党际关系的历史经验研究	余科杰	基础部	国家社会科学基金、一般项目	全国哲学社会科学规划办公室	著作	2018.7
2	国际金融监管机制变革的政治分析	曲 博	国际关系研究所	霍英东教育基金会项目	教育部霍英东教育基金会	研究报告	2017.2
3	新媒体时代公共舆论的作用机理与北京市舆论引导策略研究	任远喆	外交学系	北京市社会科学基金、一般项目	北京市哲学社会科学规划办公室	研究报告	2015.12
4	日文北京文史资料的整理、翻译、研究与利用	丁 曼	外语系	北京市社会科学基金、一般项目	北京市哲学社会科学规划办公室	研究报告	2017.4
5	机构新闻翻译情境下国家身份建构的功能与认知研究	徐 英	英语系	北京市社会科学基金、一般项目	北京市哲学社会科学规划办公室	著作	2016.7
6	万历、乾隆内廷承应戏曲比较研究	王春晓	基础部	北京市社会科学基金、青年项目	北京市哲学社会科学规划办公室	著作	2017.5
7	21 世纪海上丝绸之路上的东南亚城市外交	查 雯	国际关系研究所	北京市社会科学基金、一般项目	北京市哲学社会科学规划办公室	研究报告	2016.12

2014 年度校级社会科学研究项目

序号	项目名称	负责人	承担部门	项目分类、类别	预期成果形式	计划完成时间
1	公共外交视阈下中国体育参与外交发展的策略研究	王洪飞	基础教学部	外交学院中央高校基本科研业务费专项资金项目	研究或咨询报告	2015.11
2	中国高铁走进中东欧面临的机遇、挑战与对策	佟 巍	科研处	外交学院中央高校基本科研业务费专项资金项目	研究或咨询报告	2015.12
3	中国参与全球能源治理的路径选择：与国际能源机构关系发展模式研究	马 妍	研究生部	外交学院中央高校基本科研业务费专项资金项目	研究或咨询报告	2015.11
4	市场开放与管制放松对中国股票市场稳定性的影响：基于反馈交易的视角	毛羽丰	国际经济学院	外交学院中央高校基本科研业务费专项资金项目	研究或咨询报告	2015.11
5	中美亚太海权竞争及其影响	凌胜利	国际关系研究所	外交学院中央高校基本科研业务费专项资金项目	论文	2015.7
6	地区倒逼国家：地区驱动的非洲内部治理	赵晨光	中国外交理论研究中心	外交学院中央高校基本科研业务费专项资金项目	论文	2015.12
7	我国矿产资源物权体系构建研究	潘皞宇	国际法系/国际法研究所	外交学院中央高校基本科研业务费专项资金项目	研究或咨询报告	2015.11
8	菲律宾的人治政府与对华政策的演变	查 雯	国际关系研究所	外交学院中央高校基本科研业务费专项资金项目	研究或咨询报告	2015.12
9	网络恐怖主义犯罪的刑事法应对研究	焦 阳	国际法系/国际法研究所	外交学院中央高校基本科研业务费专项资金项目	研究或咨询报告	2015.12
10	印度战略文化对其国家安全战略的影响	周 慧	英语系	外交学院中央高校基本科研业务费专项资金项目	研究或咨询报告	2015.12

续表

序号	项目名称	负责人	承担部门	项目分类、类别	预期成果形式	计划完成时间
11	外交转型背景下的中俄伙伴关系研究	刘　莹	国际关系研究所	外交学院中央高校基本科研业务费专项资金项目	研究或咨询报告	2015.12
12	论中国海外投资利益保障机制的构建——基于经济外交的研究视角	李　锋	国际经济学院	外交学院中央高校基本科研业务费专项资金项目	研究或咨询报告	2015.11
13	当代美国的中国法研究	李红勃	国际法系/国际法研究所	外交学院中央高校基本科研业务费专项资金项目	研究或咨询报告	2015.12
14	大数据时代高校图书馆功能定位与服务拓展	尤　永	图书馆	外交学院中央高校基本科研业务费专项资金项目	论文	2015.11
15	“一带一路”下周边能源外交：基于中国实践的决策模式与战略选择	闫世刚	国际经济学院	外交学院中央高校基本科研业务费专项资金项目	研究或咨询报告	2015.11
16	“再平衡”战略下美国南海政策的调整及限度	任远喆	外交学与外事管理系	外交学院中央高校基本科研业务费专项资金项目	研究或咨询报告	2015.11
17	“一带一路”建设中的印度因素：地缘政治视角的考察	林民旺	国际关系研究所	外交学院中央高校基本科研业务费专项资金项目	研究或咨询报告	2015.12
18	中国经济发展“新常态”下对外开放及外交战略研究	张慧莲	国际经济学院	外交学院中央高校基本科研业务费专项资金项目	研究或咨询报告	2016.11
19	从规范扩散到规范生成：国际组织与国际规范倡导	吴文成	学报编辑部	外交学院中央高校基本科研业务费专项资金项目	专著	2016.12
20	从流行文化影响力解析美国文化外交在其公共外交中的作用	张晓立	英语系	外交学院中央高校基本科研业务费专项资金项目	专著	2016.12
21	中国—欧盟经贸关系长期趋势与合作创新研究	刘曙光	国际经济学院	外交学院中央高校基本科研业务费专项资金项目	专著	2016.12
22	杂糅的不列颠性：英国离散小说中的国家身份研究	吴庆军	英语系	外交学院中央高校基本科研业务费专项资金项目	专著	2017.8
23	互联网视阈下传统文化对中国外交的价值与影响研究	王　立	基础教学部	外交学院中央高校基本科研业务费专项资金项目	研究或咨询报告	2016.11
24	中国特色大国经济外交理论与实践	竺彩华	国际经济学院	外交学院中央高校基本科研业务费专项资金项目	研究或咨询报告	2016.12
25	国际危机决策案例分析	王　帆	国际关系研究所	外交学院中央高校基本科研业务费专项资金项目	专著	2016.12
26	地方政府在领事保护中的作用研究	夏莉萍	外交学与外事管理系	外交学院中央高校基本科研业务费专项资金项目	专著	2016.12
27	外交学院网络写作中心（OWL）的构建	范秀云	英语系	外交学院中央高校基本科研业务费专项资金项目	研究或咨询报告	2015.7
28	中外科研创新项目“全过程”管理比较——面向外交学院的应用研究	徐小红	外交学与外事管理系	外交学院中央高校基本科研业务费专项资金项目	研究或咨询报告	2015.7
29	中美货币政策的协同及政治经济学分析	张慧莲	国际经济学院	外交学院中央高校基本科研业务费专项资金项目	研究或咨询报告	2015.7
30	中国企业海外投资政治风险研究	张翠珍	国际经济学院	外交学院中央高校基本科研业务费专项资金项目	研究或咨询报告	2015.7

续表

序号	项目名称	负责人	承担部门	项目分类、类别	预期成果形式	计划完成时间
31	国际形势与中国外交	王春英	外交学与外事管理系	外交学院中央高校基本科研业务费专项资金项目	研究或咨询报告	2015.7
32	清代赦宥制度研究	闵冬芳	国际法系/国际法研究所	外交学院中央高校基本科研业务费专项资金项目	研究或咨询报告	2016.6
33	日文北京文史资料的整理、翻译、研究与利用	丁　曼	外语系	外交学院中央高校基本科研业务费专项资金项目	研究或咨询报告	2016.6
34	东亚粮食安全进程中的中美分歧与合作研究	崔海宁	亚洲研究所	外交学院中央高校基本科研业务费专项资金项目	研究或咨询报告	2016.6
35	英语写作翻转课堂教学模式构建	范秀云	英语系	外交学院中央高校基本科研业务费专项资金项目	研究或咨询报告	2016.6
36	网络谣言的生成机制、传播路径与治理对策研究	欧　亚	外交学与外事管理系	外交学院中央高校基本科研业务费专项资金项目	研究或咨询报告	2016.12
37	面向知识管理的网络协同办公管理模式研究	宗　薇	信息中心	外交学院中央高校基本科研业务费专项资金项目	研究或咨询报告	2016.6
38	中国武术文化在来华留学生中传播的现状与发展对策研究	周庆杰	基础教学部	外交学院中央高校基本科研业务费专项资金项目	研究或咨询报告	2016.6
39	中印边界问题的现状、发展趋势及对策研究	林民旺	国际关系研究所	外交学院中央高校基本科研业务费专项资金项目	研究或咨询报告	2015.12
40	战略共识与中美地区安全危机管理	陈志瑞	学报编辑部	外交学院中央高校基本科研业务费专项资金项目	研究或咨询报告	2015.12
41	文化研究中的文学、理论及民主批评	赵　冰	英语系	外交学院中央高校基本科研业务费专项资金项目	研究或咨询报告	2015.5
42	强国崛起、战争诸因与“修昔底德迷思”	李隽旸	中国外交理论研究中心	外交学院中央高校基本科研业务费专项资金项目	研究或咨询报告	2015.5
43	地方参与公共外交的非物质性诉求分析	李　慧	国际交流中心	外交学院中央高校基本科研业务费专项资金项目	研究或咨询报告	2015.5
44	创新证券市场的税法规制研究	张春燕	国际法系/国际法研究所	外交学院中央高校基本科研业务费专项资金项目	研究或咨询报告	2015.5
45	日本海洋国家战略：思想源流、当代实践及其政策意涵	苗　吉	亚洲研究所	外交学院中央高校基本科研业务费专项资金项目	研究或咨询报告	2015.5
46	中国企业跨国并购研究：基于公司治理的角度	张文佳	国际经济学院	外交学院中央高校基本科研业务费专项资金项目	研究或咨询报告	2015.5
47	非洲在中国整体外交战略布局中的定位分析	聂文娟	国际关系研究所	外交学院中央高校基本科研业务费专项资金项目	研究或咨询报告	2015.12
48	“经济崛起时期”中国与美国双边经济关系研究——与日本经验的比较	邓　鑫	国际经济学院	外交学院中央高校基本科研业务费专项资金项目	研究或咨询报告	2016.5
49	经济外交工具的使用与成效分析	徐小红	外交学与外事管理系	外交学院中央高校基本科研业务费专项资金项目	研究或咨询报告	2016.12
50	联合国安理会决议实施问题研究	王　佳	国际法系/国际法研究所	外交学院中央高校基本科研业务费专项资金项目	研究或咨询报告	2016.5
51	外交学院双校区运营财务报销运行机制研究	李连芳	财务处	外交学院中央高校基本科研业务费专项资金项目	研究或咨询报告	2014.12

续表

序号	项目名称	负责人	承担部门	项目分类、类别	预期成果形式	计划完成时间
52	外交人才人格类型的心理学研究	宗　敏	基础教学部	外交学院中央高校基本科研业务费专项资金项目	论文	2014.12
53	外交学院图书馆专业化学科服务体系建设	张燕莉	图书馆	外交学院中央高校基本科研业务费专项资金项目	研究或咨询报告	2015.1
54	外交学院科研发展面临的问题及其应对	陈海花	科研处	外交学院中央高校基本科研业务费专项资金项目	研究或咨询报告	2015.1

（外交学院科研处供稿）

国家行政学院

2014 年度承担国家级社会科学研究项目

序号	项目名称	负责人	承担部门	项目分类、类别	项目来源单位	预期成果形式	计划完成时间
1	文化治理能力和体系现代化建设研究	祁述裕	社会和文化教研部	国家社会科学基金、重大项目	全国哲学社会科学规划办公室	专著、研究报告、其他	2018.12
2	政府部门职能机制整合与积极稳妥实施大部门制研究	宋世明	公共管理教研部	国家社会科学基金、重点项目	全国哲学社会科学规划办公室	专著、研究报告、	2016.6
3	中国特色御灾模式研究	李雪峰	应急管理培训中心	国家社会科学基金、重点项目	全国哲学社会科学规划办公室	专著、研究报告、	2016.12
4	网络社会的基础特性及其公共治理策略研究	何　哲	公共管理教研部	国家社会科学基金、一般项目	全国哲学社会科学规划办公室	专著	2016.6
5	政府信息公开的诉讼问题研究	杨伟东	法学教研部	国家社会科学基金、一般项目	全国哲学社会科学规划办公室	专著	2017.7
6	网络环境下边疆民族地区群体性事件风险防范与应急管理长效机制研究	张小明	应急管理培训中心	国家社会科学基金、一般项目	全国哲学社会科学规划办公室	研究报告	2016.5
7	基于情景构建的非常规突发事件应急预案研究	曹海峰	应急管理培训中心	国家社会科学基金、一般项目	全国哲学社会科学规划办公室	研究报告	2016.6
8	现代国家构建视角下的中国共产党治疆方略研究	孔新峰	政治学教研部	国家社会科学基金、青年项目	全国哲学社会科学规划办公室	研究报告	2016.12
9	《公共文化服务保障法》立法研究及草案起草	祁述裕	社会和文化教研部	国家社会科学基金、特别委托	全国哲学社会科学规划办公室	研究报告	已结项

2014 年度院级社会科学研究项目

序号	项目名称	负责人	承担部门	项目分类、类别	项目来源单位	预期成果形式	计划完成时间
1	简政放权背景下县域治理体系和治理能力研究	袁金辉	研究生院		国家行政学院	研究报告1份或者教学案例1个、论文2篇（核心期刊）	2015.6
2	推进法治社会建设研究	魏　宏	法学教研部		国家行政学院		2015.6
3	全面深化改革背景下的社会治理创新研究	易丽丽	公共管理教研部		国家行政学院		2015.6
4	我国特色文化资源保护和利用研究	高宏存	社会和文化教研部		国家行政学院		2015.6

（国家行政学院项纪旸供稿）

中国青年政治学院

2014 年度承担国家级、省部级社会科学研究项目

序号	项目名称	负责人	承担部门	项目分类、类别	项目来源单位	预期成果形式	计划完成时间
1	职业生涯视角下的大学毕业生就业质量研究	黄敬宝	经济管理学院	国家社会科学基金、一般项目	全国哲学社会科学规划办公室	专著、论文集	2017. 7
2	劳教制度废止背景下社会工作融入社区矫正研究	熊贵彬	社会工作学院	国家社会科学基金、一般项目	全国哲学社会科学规划办公室	专著、研究报告	2017. 8
3	社交媒体对当代青年政治参与的影响与引导机制研究	卢家银	新闻传播学院	国家社会科学基金、青年项目	全国哲学社会科学规划办公室	研究报告	2017. 6
4	清末民初文艺学关键词研究	吴泽泉	中国语言文学系	国家社会科学基金、青年项目	全国哲学社会科学规划办公室	专著	2018. 12
5	两岸四地合同法区域整合之困境及对策研究	金　晶	法学院	教育部人文社会科学研究、规划基金项目	教育部	著作、论文	2017. 7
6	汉语多义词分布式表示的研究与应用	翟剑锋	计算机教学与应用中心	教育部人文社会科学研究、规划基金项目	教育部	著作、论文	2017. 7
7	执行和解协议的救济机制研究	孔金萍	法学院	教育部留学回国人员科研启动基金	教育部	论文集	2015. 12
8	劳教制度废止后社会工作融入社区矫正“北京模式”研究	熊贵彬	社会工作学院	北京社会科学基金、一般项目	北京市哲学社会科学规划办公室	研究报告、论文集	2016. 12
9	北京市计划生育法治研究	伏创宇	法学院	北京社会科学基金、青年项目	北京市哲学社会科学规划办公室	研究报告	2016. 6
10	民法中证据规范的解释与适用：以北京市法院裁判为例	王　雷	法学院	北京社会科学基金、青年项目	北京市哲学社会科学规划办公室	研究报告	2015. 6
11	刑法规范目的理论及其实务影响研究	何庆仁	法学院	司法部国家法治与法学理论研究、中青年项目	司法部	论文	2016. 12
12	建立健全新闻出版行业治理体系研究	孙广厦	公共管理系	新闻出版课题	国家新闻出版广电总局	研究报告	2016. 9
13	网络社团监管对策研究	沈健平	中国语言文学系	民政部“中国社会组织建设与管理”理论研究部级课题	民政部	研究报告	2014. 12
14	社会组织促进就业问题研究	周小舟	国际交流处	民政部“中国社会组织建设与管理”理论研究部级课题	民政部	研究报告	2014. 12
15	高校校规的自治边界	伏创宇	法学院	中国法学会部级法学研究课题、自选课题	中国法学会	论文、研究报告	2015. 12
16	网络金融消费违约救济研究	金　晶	法学院	中国法学会部级法学研究课题、自选课题	中国法学会	论文、研究报告	2015. 12

2014 年度校级社会科学研究项目

序号	项目名称	负责人	承担部门	项目分类、类别	预期成果形式	计划完成时间
1	哈耶克思想研究	尚新力	中国马克思主义学院	一般项目	专著、论文	2015. 6
2	阶层利益固化问题研究	李　伟	中国马克思主义学院	一般项目	论文	2015. 6
3	20 世纪 90 年代以来我国马克思文本解读路径研究	黄皖毅	中国马克思主义学院	一般项目	论文	2015. 6
4	返乡女性农民工小城镇迁移意愿与迁移困境研究	赵　莉	社会工作学院	一般项目	论文	2015. 6
5	我国农村养老保障政策的绩效评估研究	吴丽丽	社会工作学院	一般项目	论文	2015. 6
6	共青团工作视野下的青年社会组织发展影响因子与对策研究	马　灿	社会工作学院	一般项目	论文	2015. 6
7	志愿服务影响大学生就业能力的路径研究	李燕平	社会工作学院	一般项目	论文	2015. 6
8	我国国家主席制度研究	马　岭	法学院	一般项目	论文	2015. 6
9	现代大学法治：以校规为载体的考察	伏创宇	法学院	一般项目	论文	2015. 6
10	少年事件处遇模式比较研究	程　捷	法学院	一般项目	论文	2015. 6
11	分枝过程的泛函极限定理	赵　娟	经济管理学院	一般项目	论文	2015. 6
12	基于粗糙集理论的数据挖掘技术在 CRM 中的应用	张丽莉	经济管理学院	一般项目	论文	2015. 6
13	创意产业发展的要素禀赋研究	徐丽艳	经济管理学院	一般项目	论文	2015. 6
14	开放条件下我国农产品物流金融模式研究	王微微	经济管理学院	一般项目	论文	2015. 6
15	原创文化类节目的价值观研究	苏　媛	新闻传播学院	一般项目	论文、研究报告	2015. 6
16	媒体跨文化传播研究	戚　鸣	新闻传播学院	一般项目	论文	2015. 6
17	突发危机事件报道框架下的《中国新闻》	李永健	新闻传播学院	一般项目	论文	2015. 6
18	比较视野中的创伤报道伦理框架	李青藜	新闻传播学院	一般项目	论文	2015. 6
19	新闻评论的情境化结构研究	杜　涛	新闻传播学院	一般项目	论文	2015. 6
20	社会组织在协商民主体系构建中的作用及实现路径研究	彭　彦	公共管理系	一般项目	研究报告	2015. 6
21	我国大学生领导力开发的理论与现状研究	白　洁	公共管理系	一般项目	论文	2015. 6
22	试论网络文艺的消费主义历史观	张　跳	中国语言文学系	一般项目	论文	2015. 6
23	梁启超“全人格”思想研究	魏万磊	中国语言文学系	一般项目	论文	2015. 6
24	时间性在中国古代文学中的诗意展现	刘国民	中国语言文学系	一般项目	论文	2015. 6
25	中韩影像中的青少年的罪与罚——以《全民目击》与《诗》为中心	李宏伟	中国语言文学系	一般项目	论文	2015. 6
26	他山之石，抑或唐突西施？——美国学者黄卫总论薛宝钗之检讨	井玉贵	中国语言文学系	一般项目	论文	2015. 6

续表

序号	项目名称	负责人	承担部门	项目分类、类别	预期成果形式	计划完成时间
27	塞林格研究	何玉蔚	中国语言文学系	一般项目	论文	2015.6
28	中国当代都市语言喜剧研究——以冯小刚为个案	桂　琳	中国语言文学系	一般项目	论文	2015.6
29	中国文化对外传播策略及效果研究	张　捷	外国语言文学系	一般项目	论文	2015.6
30	美国青少年小说中的创伤书写	杨　春	外国语言文学系	一般项目	论文	2015.6
31	英国詹姆斯一世后期戏剧研究	吴琳娜	外国语言文学系	一般项目	专著、论文	2015.6
32	二语习得理论建构的哲学问题	高海龙	外国语言文学系	一般项目	论文	2015.6
33	当代青年亚文化的批评话语研究	陈　敏	外国语言文学系	一般项目	论文、研究报告	2015.6
34	青少年早期训练与身体素质敏感期的相关研究	张春燕	体育教学中心	一般项目	专著、论文	2015.6
35	不同运动处方对提高男大学生身心素质的实验研究	贾宝华	体育教学中心	一般项目	论文、研究报告	2015.6
36	影响高校散打运动开展因素的分析	樊　蕊	体育教学中心	一般项目	论文	2015.6
37	大学生运动损伤医疗费用的调查研究	朱宇虎	后勤管理办公室	一般项目	论文、研究报告	2015.6
38	国家民生工程——棚户区改造地方政策比较研究	樊新民	离退人员	一般项目	论文	2015.6
39	我国未成年人前科封存制度之完善	王　新	研究生处	一般项目	论文	2015.6
40	夏威夷对华檀香木贸易之兴衰研究	王　华	党委组织部	一般项目	论文	2015.6
41	当前社会认知中的直接直觉进路研究	赵　猛	中国马克思主义学院	青年教师学术创新支持计划	论文	2016.3
42	高校思想政治理论课实效性问题研究	徐先艳	中国马克思主义学院	青年教师学术创新支持计划	论文	2016.3
43	亚里士多德的政治概念	李　涛	中国马克思主义学院	青年教师学术创新支持计划	论文	2016.3
44	受教育水平与老年痴呆的关系研究	杨蓉蓉	社会工作学院	青年教师学术创新支持计划	论文	2015.3
45	中国夫妻婚姻质量和稳定性综合预测模型研究——一项追踪研究	琚晓燕	社会工作学院	青年教师学术创新支持计划	论文	2015.3
46	美国涉华纪录片中的中国青年形象研究	申　洁	法学院	青年教师学术创新支持计划	论文	2016.3
47	卢梭公意理论与政治立法实践研究——基于法律哲学与社会理论双重视角的考察	张国旺	法学院	青年教师学术创新支持计划	论文	2016.3
48	执行和解协议的救济机制研究	孔金萍	法学院	青年教师学术创新支持计划	论文	2016.3
49	合同法区域整合之困境及对策研究——以两岸四地区域经济一体化为视角	金　晶	法学院	青年教师学术创新支持计划	论文	2016.3
50	多目标企业间的效仿与追逐	朱　丹	经济管理学院	青年教师学术创新支持计划	论文	2016.3
51	基于强关系弱关系理论的社交媒体传播影响力研究	周　巍	新闻传播学院	青年教师学术创新支持计划	论文	2016.3

续表

序号	项目名称	负责人	承担部门	项目分类、类别	预期成果形式	计划完成时间
52	新媒体环境下青年群体推进公共外交开展的传播路径研究	张薇薇	新闻传播学院	青年教师学术创新支持计划	论文	2016. 3
53	从神学个人主义到世俗个人主义——论加尔文的政治思想与古典自由主义	何　涛	公共管理系	青年教师学术创新支持计划	论文	2016. 3
54	全球化时代博物馆政府资助模式比较研究	赵　菁	中国语言文学系	青年教师学术创新支持计划	研究报告	2016. 3
55	论明清时期“旌义”的政治理念及其实践	向　静	中国语言文学系	青年教师学术创新支持计划	论文	2016. 3
56	“山姆大叔”眼中的“中国佬”——1848 年至 1943 年美国媒体对于青年华人的形象建构	杨　博	外国语言文学系	青年教师学术创新支持计划	论文	2016. 3
57	技巧啦啦操对女大学生自信及团队凝聚力影响的实验研究	顾克娟	体育教学中心	青年教师学术创新支持计划	论文、研究报告	2016. 3
58	青少年社区服务体系建设的研究——以北京社区青年汇为例	漆光鸿	校长办公室	青年教师学术创新支持计划	论文	2016. 3
59	近十五年国内青年研究领域学科演进、前沿热点以及知识基础分析	张　琳	图书馆	青年教师学术创新支持计划	论文	2016. 3
60	心理资本与大学生就业关系问题研究——基于北京地区高校开展的实证研究	祝　军	学生工作部	青年教师学术创新支持计划	论文	2016. 3

（中国青年政治学院科研处供稿）

中国劳动关系学院

2014 年度承担国家级、省部级社会科学研究项目

序号	项目名称	负责人	项目分类、类别	预期成果形式	计划完成日期
1	工人的主体性建设与劳动解放研究	彭恒军	国家社会科学基金项目	专著	2016. 12
2	社会治理视角下的工会社会协同能力评估研究	任国友	国家社会科学基金项目	专著	2016. 12
3	财富逆转移引发特大城市弱势群体公共危机的演化路径与预警	周　超	北京市自然科学基金项目	专著	2016. 12
4	专题式教学的深化与思想政治理论课教学体系的建构——以“中国近现代史纲要”课为例	陈　超	北京市教工委首都大学生思想政治教育课题	专著	2016. 12

（中国劳动关系学院科研处陈邓海供稿）

中国社会科学院

2014 年度承担国家社会科学基金项目

序号	项目名称	项目类别	项目负责人	工作单位
1	习近平总书记关于中国道路系列重要论述研究	重大项目	吴　波	马研院
2	推进城镇化的重点难点问题研究	重大项目	魏后凯	城环所
3	丝绸之路经济带建设与中国边疆稳定和发展研究	重大项目	邢广程	边疆中心

续表

序号	项目名称	项目类别	项目负责人	工作单位
4	全球经济治理结构变化与我国应对战略研究	重大项目	张宇燕	世经政所
5	扩大我国服务业对外开放的路径与战略研究	重大项目	夏杰长	财经院
6	《古象雄大藏经》汉译与研究	重大项目	李景源	哲学所
7	应用逻辑与逻辑应用研究	重大项目	杜国平	哲学所
8	中国古文书学研究	重大项目	黄正建	历史所
9	《宋会要》的复原、校勘与研究	重大项目	陈智超	历史所
10	《地图学史》翻译工程	重大项目	卜宪群	历史所
11	新中国治水史	重大项目	王瑞芳	当代中国所
12	汉魏洛阳故城宫城南区考古发掘报告	重大项目	钱国祥	考古所
13	山东博物馆珍藏甲骨文的整理与研究	重大项目	宋镇豪	历史所
14	多卷本断代汉语语法史研究	重大项目	杨永龙	语言所
15	功能—类型学取向的汉语语义演变研究	重大项目	吴福祥	语言所
16	公共经济学理论体系创新研究	重大项目	杨志勇	财经院
17	现代国家治理体系下我国税制体系重构研究	重大项目	高培勇	财经院
18	数位典藏的理论探讨和软件平台建设及其实践语言研究	重大项目	徐世璇	民族所
19	国际智库当代中国研究数据库与重要专题研究	重大项目	张树华	情报院
20	社会法总论重大理论问题研究	重点项目	余少祥	法学所
21	跨太平洋伙伴关系协定（TPP）与国际经济秩序的发展方向研究	重点项目	李向阳	亚太与全球院
22	我国经济增长的结构性减速、转型风险与国家生产系统效率提升路径研究	重点项目	袁富华	经济所
23	以政府职能转变促进经济发展方式转换研究	重点项目	胡家勇	经济所
24	产业升级与环境管制提升路径互动研究	重点项目	李　钢	工经所
25	推进我国工业创新驱动发展研究	重点项目	吕　铁	工经所
26	殷周金文集成·续补	重点项目	曹淑琴	考古所
27	发展过程中的社会景气与社会信心研究	重点项目	李汉林	社发院
28	中国学术图书质量分析与学术出版能力建设研究	重点项目	谢寿光	文献出版社
29	历史语法视角下的青海甘沟话语法研究	重点项目	杨永龙	语言所
30	汉语语用标记形成机制的多视角研究	重点项目	方　梅	语言所
31	论元选择中的显著性和局部性研究	重点项目	胡建华	语言所
32	中国近代工厂制度与劳资关系研究	重点项目	高超群	经济所
33	经济思想史的知识社会学研究	重点项目	杨春学	经济所
34	宗教学理论探新	重点项目	金　泽	宗教所
35	梵蒂冈和世界天主教最新发展及对我国的影响研究	重点项目	王美秀	宗教所
36	印度宗教与政治的关系研究	重点项目	邱永辉	宗教所
37	新视域中的唐代社会经济研究	重点项目	牛来颖	历史所
38	元代江南镇戍体系研究	重点项目	刘　晓	历史所

续表

序号	项目名称	项目类别	项目负责人	工作单位
39	中华古今骈文通史	重点项目	谭家健	文学所
40	生态学整体论—还原论争论及其解决路径研究	重点项目	肖显静	哲学所
41	时间哲学研究	重点项目	尚　杰	哲学所
42	人权的普遍性与主体性问题研究	一般项目	黄金荣	法学所
43	光绪三十二年《刑律草案》整理与研究	一般项目	孙家红	法学所
44	“公平、合理和无歧视”专利许可规则的构建与适用研究	一般项目	赵启杉	法学所
45	国际条约在中国法律体系中的地位分析与制度设计研究	一般项目	戴瑞君	国际法所
46	21 世纪“海上丝绸之路”建设的周边政治环境研究	一般项目	周方冶	亚太与全球院
47	中东欧国家在“丝绸之路经济带”战略构想中的地位与风险评估研究	一般项目	刘作奎	欧洲所
48	全球分工新体系下的中国旅游业国际地位评估与提升研究	一般项目	金　准	财经院
49	医保付费机制创新与公立医院改革研究	一般项目	朱恒鹏	经济所
50	城市化进程中欧洲国家的社会住房政策研究	一般项目	李　罡	欧洲所
51	政府行为对服务业生产率的影响研究	一般项目	李勇坚	财经院
52	经济转型期技术创新的制度影响因素研究	一般项目	吴延兵	经济所
53	户籍制度改革的成本与收益研究	一般项目	屈小博	人口所
54	农民工市民化的成本与收益研究	一般项目	单菁菁	城环所
55	气候容量对城镇化发展影响实证研究	一般项目	朱守先	城环所
56	中国对外贸易中的隐含资源环境要素流动问题研究	一般项目	郭朝先	工经所
57	汉唐时期青藏高原丝绸之路的考古学研究	一般项目	仝　涛	考古所
58	唐大明宫太液池遗址考古发掘报告	一般项目	龚国强	考古所
59	当代中国马克思主义发展与创新的规律和机制研究	一般项目	谭扬芳	马研院
60	马克思主义无神论中国化研究	一般项目	习五一	马研院
61	西夏草书研究	一般项目	孙颖新	宗教所
62	当代中国东南沿海地区跨国穆斯林移民的本土性和全球化研究	一般项目	马　艳	民族所
63	城市第一代独生子女家庭亲子财富流转研究	一般项目	伍海霞	人口所
64	社会空间视域下的政府信任研究	一般项目	邹艳辉	社发院
65	1930 年代美国大平原的土地沙化及其治理研究	一般项目	高国荣	世历所
66	德国古典诗哲的启蒙路径及其中国资源研究	一般项目	叶　隽	外文所
67	希伯来叙事与民族认同研究	一般项目	钟志清	外文所
68	我国社交媒体著作权保护研究	一般项目	朱鸿军	新闻所
69	秦封泥分期与秦职官郡县重构研究	一般项目	刘　瑞	考古所
70	近代日本政府的中国留日学生政策研究	一般项目	徐志民	近代史所
71	蒋介石政权时期的琉球、钓鱼岛政策研究	一般项目	褚静涛	近代史所
72	清代达斡尔族乌钦《莺莺传》与满文、汉文《西厢记》关系研究	一般项目	吴　刚	民文所

续表

序号	项目名称	项目类别	项目负责人	工作单位
73	陶渊明作品互文性研究	一般项目	范子烨	文学所
74	世界主义全球正义研究	一般项目	杨通进	哲学所
75	两岸关系和平发展视阈中两岸青年价值观比较研究	一般项目	石　勇	台湾所
76	新安全观视野下新兴国家参与全球治理的制度性权力建构及其路径选择研究	青年项目	任　琳	世经政所
77	清代的“小差”税关研究	青年项目	丰若非	经济所
78	西方国家金融危机与制度弊端分析研究	青年项目	郑联盛	金融所
79	基于全球生产网络构建的我国民营跨国公司成长机制及实证研究	青年项目	张海波	财经院
80	中国（上海）自由贸易试验区服务业负面清单管理模式研究	青年项目	谢　谦	经济所
81	未来劳动力供求总量及结构变化趋势研究	青年项目	向　晶	人口所
82	新型城镇化与房地产市场协调发展及政策研究	青年项目	杨　慧	财经院
83	我国粮食价格波动与政府调控政策研究	青年项目	韩　磊	农发所
84	夏商时期晋陕冀地区的生业与社会研究	青年项目	常怀颖	考古所
85	广鹿岛贝丘遗址的动物考古学研究	青年项目	吕　鹏	考古所
86	法兰西民族—国家研究——理论争论与实际建构	青年项目	陈玉瑶	民族所
87	西部地区新型城镇化进程中的少数民族流动人口问题研究	青年项目	杜　娟	民族所
88	人口年龄结构、人力资本与中国创新增长的关系研究	青年项目	张　鹏	经济所
89	社会共识形成和作用机制研究	青年项目	高文珺	社会学所
90	文化符号消费和生产视角下的转型时期阶层分化的文化建构研究	青年项目	孟　蕾	社会学所
91	民国时期劳工社会学的学科建构与当代意义研究	青年项目	闻　翔	社会学所
92	新工人的社区生活形态与劳资关系的地方性差异研究	青年项目	汪建华	社会学所
93	战后苏美对战败国日本条约安排与执行的影响(1945—1956)	青年项目	赵玉明	俄欧亚所
94	维吾尔语韵律与语法接口信息结构研究	青年项目	王海波	民族所
95	李道谦与全真教宗教认同的建构研究	青年项目	宋学立	科研局
96	蒙元时期的“海上丝绸之路”研究	青年项目	李鸣飞	历史所
97	明清华南沿海盐场社会变迁研究	青年项目	李晓龙	近代史所
98	社会制度转型背景下的清代华北地区粮价研究	青年项目	马国英	经济所
99	晚唐齐梁诗风研究	青年项目	张一南	文学所
100	元代文人会社与文学演变关系研究	青年项目	谷春侠	地方志
101	三家《诗》辑佚史研究	青年项目	马　昕	文学所
102	建构藏族文艺批评史的纲要与路径研究	青年项目	意　娜	民文所
103	台语民族跨境族源神话及其信仰体系研究	青年项目	李斯颖	民文所
104	马克思的辩证法与黑格尔的辩证法之比较研究	青年项目	唐芳芳	马研院
105	两汉经学的演变逻辑研究	青年项目	任蜜林	哲学所

续表

序号	项目名称	项目类别	项目负责人	工作单位
106	美国对两岸谈判的影响力研究	青年项目	张　华	台湾所
107	苏联共产党基层党组织建设研究	后期资助项目	李　燕	世经政所
108	空间分工、专业化与集聚经济	后期资助项目	苏红键	城环所
109	二十世纪中国考古学论著总目（1900—1999）	后期资助项目	张文辉	考古所
110	中国上古的帝系构造	后期资助项目	吴　锐	历史所
111	宗教经济诸形态及其社会影响	后期资助项目	何　蓉	社会学所
112	法国旧制度末期的税收、特权和政治	后期资助项目	黄艳红	世历所
113	苏联城市住房史（1917—1937）	后期资助项目	张　丹	世历所
114	福柯的"异托邦"思想研究	后期资助项目	张　锦	外文所
115	现代汉语互文研究	后期资助项目	徐赳赳	语言所
116	中国近世道教送瘟仪式研究	后期资助项目	姜守诚	哲学所
117	唯物史观与"五朵金花"研究辨析	后期资助项目	曹守亮	当代中国所
118	汉代赦免制度研究	后期资助项目	邬文玲	历史所
119	近代中国的不吸纸烟运动研究	后期资助项目	刘文楠	近代史所
120	新中国建国方略的理论与实践研究	后期资助项目	于化民	近代史所
121	中国传统舆图绘制研究	后期资助项目	成一农	历史所
122	《清朝续文献通考·经籍考》研究	后期资助项目	李立民	历史所
123	网络文学价值取向研究	后期资助项目	陈定家	文学所
124	国家所有权的行使与保护研究	成果文库	孙宪忠	法学所
125	从数量型到质量型人口红利——劳动力素质对产业升级的影响研究	成果文库	李　钢	工经所

2014 年度中国社会科学院国情调研项目

序号	项目名称	项目类别	主持人	工作单位
1	新型城镇化调研（10 个相关研究所）	重大	赵胜轩 李　扬	院部
2	关于调整经济结构、化解产能过剩问题调研	重大	李　平	数技经所
3	关于建立监测和防范互联网金融风险机制调研	重大	王国刚 杨　涛	金融所
4	增强我国服务业出口能力调研——以北京、上海、深圳等十大服务业出口基地为核心	重大	赵　瑾	财经院
5	关于中国（上海）自由贸易试验区推进情况调研	重大	廖　凡	国际法所
6	关于落实和构建"丝绸之路经济带"调研子项目一：中国西部地区"丝绸之路经济带"建设情况调研	重大	罗京辉 江时学	欧洲所
	关于落实和构建"丝绸之路经济带"调研子项目二：构建丝绸之路经济带的安全环境研究	重大	朴键一 张　洁	亚太所
	关于落实和构建"丝绸之路经济带"调研子项目三：张掖绿洲与丝绸之路经济带研究	重大	魏明孔	经济所
	关于落实和构建"丝绸之路经济带"调研子项目四：打造"丝绸之路经济带"可再生资源走廊的战略前景——宁夏可再生能源产业发展现状、战略前景与实现路径调研	重大	潘家华	城环所

续表

序号	项目名称	项目类别	主持人	工作单位
7	关于党建工作中重大理论和现实问题研究——西北农村基层组织严重弱化问题的实证研究	重大	林燕平	数技经所
8	党的作风建设常态机制研究	重大	邓纯东 陈志刚	马研院
9	关于推进惩治腐败机制建设研究	重大	孙壮志	监察局
10	关于社会管理和社会保障体系建设调研	重大	王春光 房莉杰	社会学所
11	城市养老服务体系建设调研	重大	张展新 王　桥	人口所
12	我国基层社会治理创新调研	重大	王苏粤 葛道顺	社发院
13	关于加强民族地区经济社会文化发展，反对民族分裂情况的调研子项目一：边疆民族地区经济社会文化发展、反对民族分裂的形势与对策调研	重大	邢广程 李国强	边疆中心
13	关于加强民族地区经济社会文化发展，反对民族分裂情况的调研子项目二：国际视野下的我国民族区域自治与国家认同：问卷调研与对策选择	重大	赵文洪	世历所
13	关于加强民族地区经济社会文化发展，反对民族分裂情况的调研子项目三：基于少数民族语言网络媒体的社会舆情管理与监控的调查研究	重大	周学文 龙从军	民族所
14	干部选拔任用机制与党政人才培养研究	重大	黄晓勇 潘晨光	研究生院
15	陕西洋县生态保护与农村经济协调发展模式调研	重大	王昌海 孙若梅	农发所
16	环境保护与经济发展的协调推进机制	重大	李　钢	工经所
17	生态文明建设绩效考核与自然资源资产负债表编制情况调研	重大	史　丹 高培勇	工经所
18	档案资源、利用、安全体系建设调研	考察	施鹤安	办公厅
19	新型城镇化建设中文化保护问题调研	考察	王子豪	科研局
20	事业单位改革中的干部管理问题调研	考察	张冠梓	人事局
21	我国开放型经济转型升级面临的机遇和挑战	考察	王　镭 周云帆	国际局
22	新形势下老年学习活动阵地和文体社团建设情况考察	考察	刘　红	离退局
23	四川等地贯彻落实《惩防体系》特色经验的实践考察	考察	王晓霞	监察局
24	社会性别预算试点及相关政策执行情况考察	考察	闫　坤	机关党委
25	我国海洋经济发展与海洋权益维护现状与分析	考察	崔建民 闫小娜	机关党委
26	西部地区扶贫开发及相关经济社会发展问题考察	考察	钱　伟	机关党委
27	大数据时代的知识定制服务	考察	李春华 杨　齐	图书馆
28	西藏学术发展状况调查	考察	李红岩	杂志社

续表

序号	项目名称	项目类别	主持人	工作单位
29	加快黑龙江省沿边经济发展调研	院级基地	李永全 姜　毅	俄欧亚所
30	“两型综改区”对全国两型社会建设引领示范作用调研	院级基地	沈志渔	工经所
31	内蒙古城镇化中农牧民的社会调适与文化重建	院级基地	罗红光	社会学所
32	中部地区加快经济转型升级问题调研——郑州航空港对中原经济区腾飞的引领作用研究	院级基地	彤新春 赵学军	经济所
33	企业职工个人持股情况调研	院级基地	黄速建	工经所
34	丝绸之路经济带中的宁夏发展战略研究	院级基地	方　勇 张进海	民族所
35	红色文化与当代文化创新——围绕保定地区的调研	所级基地	刘跃进	文学所
36	巴林右旗蒙古族口头与非物质文化遗产现状调查	所级基地	斯钦巴图	民文所
37	21 世纪的柯尔克孜族口头史诗传统与变迁——对阿合奇县及周边地区《玛纳斯》史诗传统的调查	所级基地	阿地里· 居玛吐尔地	民文所
38	临洮河谷区域文化遗产数据信息管理平台建设	所级基地	刘　政	考古所
39	古代商於地区的历史文化	所级基地	卜宪群	历史所
40	涞源县社会历史文化资源的调查、开发利用与保护	所级基地	杜继东	近代史所
41	城镇化建设中的文化传承与创新——台儿庄优化城市文化生态促进发展转型国情调研	所级基地	高士华	近代史所
42	现代化进程中传统文化、现代文化的基本状况——对甘肃文县的调研	所级基地	赵文洪	世历所
43	“治国必治边，治边先稳藏”重要战略思想在西藏贯彻落实情况调研——以日喀则为例	所级基地	孙宏年	边疆中心
44	三沙市海上执法体系建设	所级基地	李国强	边疆中心
45	我国综合教育改革情况研究——对山东潍坊的调研	所级基地	谢地坤	哲学所
46	孟中印缅经济走廊之南传佛教情势分析研究——以云南德宏为例	所级基地	郑筱筠	宗教所
47	城市历史文化资源管理现状调研——以山东武城为例	所级基地	王玉巧	图书馆
48	保定农村农业现代化情况典型调查数据	所级基地	隋福民	经济所
49	无锡“新市民”家庭经济情况典型调查数据库	所级基地	赵学军	经济所
50	营口市老边区汽保工业园区发展调研	所级基地	刘戒骄	工经所
51	浙江省开化县可持续发展路径考察	所级基地	黄速建	工经所
52	农产品产地流通成本问题研究	所级基地	田　侃	财经院
53	新型城镇化与农业现代化协调发展研究——以湖南洞口县为例	所级基地	依绍华	财经院
54	海宁制造业企业微观调查	所级基地	都　阳	人口所
55	我国养老服务体系与政策研究——四川省成都市郫县调研	所级基地	王　桥	人口所
56	普惠金融实践与创新——对浙江新昌的跟踪调查	所级基地	曾　刚	金融所
57	山东乳山中小企业融资状况考察	所级基地	杨　涛	金融所
58	城市化过程中基层治理结构转型问题调查	所级基地	党国英	农发所
59	浙江省湖州市家庭农场发展考察	所级基地	张　军	农发所

续表

序号	项目名称	项目类别	主持人	工作单位
60	典型城市碳排放总量控制政策案例调研	所级基地	庄贵阳	城环所
61	市民化背景下的北京城区核心街道综合治理调研	所级基地	魏后凯	城环所
62	用法治思维和法治方法化解纠纷	所级基地	陈 甦	法学所
63	浙江法院阳光司法指数	所级基地	田 禾	法学所
64	泸水县边境合作区建设与发展的法律问题	所级基地	黄 晋	国际法所
65	汽南社区网络化养老模式研究	所级基地	赵克斌	社会学所
66	江苏太仓市常丰社区创新社会治理调研	所级基地	王春光	社会学所
67	贫困山区的扶贫战略、教育与民族文化发展调研	所级基地	王苏粤	社发院
68	科尔沁蒙古族萨满文化调查研究	所级基地	色 音	民族所
69	宁夏永宁县闽宁镇东西协作扶贫机制研究	所级基地	方 勇	民族所
70	寓协商于监督之中	所级基地	房 宁	政治学所
71	云南省开远市城乡统筹发展状况与政府职能研究	所级基地	贠 杰	政治学所
72	现代化进程中的传播生态和地方文化建设的基本状况：对浙江缙云县的调研	所级基地	赵天晓	新闻所
73	新型社会组织健康发展状况调研系列之一——新型社会组织参与社会治理的情况调研	所级基地	余 斌	马研院
74	文化事业与文化产业如何协调发展	所级基地	张小平	马研院
75	从郑州国际物流园的建设看中欧关系的务实发展	所级基地	周 弘	欧洲所
76	深圳前海特区模式综合影响研究	所级基地	郭立军	亚太院
77	广西柳州汽车城人力资源调查	所级基地	赵 芮	研究生院
78	乡村治理体系与治理能力建设研究——对四川省雅安市荥经县天凤乡追踪调研	所级基地	董礼胜	研究生院

2014 年度中国社会科学院创新工程重大研究项目

序号	项目名称	项目类别	首席专家	单位
1	当代各种社会思潮的最新动态研究与批判	重大项目	魏小萍	哲学所
2	十八届三中全会决定研究——中国改革开放（制度创新）的历史进程与发展战略	重大项目	高培勇	财经院
3	转变经济发展方式与中国资源、能源、粮食安全战略、产能过剩和国家债务问题研究	重大项目	史 丹	财经院
4	促进经济发展方式转变的创新和改革研究	重大项目	汪红驹	经济所
5	长寿风险管理与养老保障体系研究	重大项目	郭金龙	金融所
6	加强社会建设、完善社会治理和健全社会保障体系研究—基于激励机制的视角	重大项目	朱恒鹏	经济所
7	全面建成小康社会过程中的社会转型问题研究	重大项目	张 翼	社会学所
8	南北合作、南南合作与全球经济治理研究	重大项目	李东燕	世经政所
9	欧盟在全球治理中的地位和作用	重大项目	江时学	欧洲所
10	世界社会主义运动的历史经验和新发展	重大项目	姜 辉	情报院
11	资本主义经济金融化与世界金融危机研究	重大项目	栾文莲	马研院

（中国社会科学院朱丽雅供稿）

国务院发展研究中心

2014 年度承担国家级、省部级社会科学研究项目

序号	项目名称	负责人	承担部门	项目分类、类别	项目来源单位	预期成果形式	计划完成时间
1	APEC 经济体贸易增加值核算的政策含义与对策研究	赵晋平	对外经济研究部	国家自然科学基金、应急管理项目	国家自然科学基金委员会	论文、研究报告	2015. 3
2	“十三五”时期我国经济社会发展若干重大问题的政策研究	李善同	发展战略与区域经济研究部	国家自然科学基金、应急管理项目	国家自然科学基金委员会	论文、研究报告	2015. 7
3	“十三五”时期国民经济风险评估与防控对策	魏加宁	宏观经济研究部	国家自然科学基金、应急管理项目	国家自然科学基金委员会	论文、研究报告	2015. 7
4	经济转型时期中国的区域间产业转移：观察、机制与对策	刘云中	发展战略与区域经济研究部	国家自然科学基金、面上项目	国家自然科学基金委员会	论文、研究报告	2018. 12
5	应对老年化社会研究学术研讨会	许召元	产业经济研究部	国家自然科学基金、国际（地区）合作与交流项目	国家自然科学基金委员会	论文、研究报告	2014. 12
6	基础研究的投入机制研究	吕　薇	技术经济研究部	国家自然科学基金、专项基金项目	国家自然科学基金委员会	论文、研究报告	2015. 7

2014 年度主要软科学项目

序号	课题名称	部门	负责人
1	“十三五”预研究：“十三五”期间我国经济社会发展若干重大问题研究	中心跨部门	李　伟
2	以公私合作制推动城市建设研究	办公厅	石　光
3	国家高新区政策绩效评估与发展转型研究		龙海波
4	促进我国文化产业发展的体制机制和政策研究		来有为
5	改革推进方式研究	宏观经济研究部	魏加宁
6	编制国家资产负债表		余　斌
7	支撑未来中国经济增长的新战略性区域研究	发展战略和区域经济研究部	侯永志
8	全球价值链视角下中国国内价值链分工研究		刘云中
9	金融干预下的城镇化：动机、影响与对策		卓　贤
10	京津冀及周边地区大气污染防治机制研究		张永生
11	甘肃“丝绸之路”经济带研究		侯永志
12	杭州市“十三五”发展战略研究		侯永志
13	丝绸之路经济带战略构想的内涵及国际影响力研究		刘云中
14	“十三五”天津经济社会发展战略研究		宣晓伟
15	农村集体所有制实现形式研究	农村经济研究部	叶兴庆
16	人口流出与就近城镇化政策研究		何宇鹏
17	引入农产品目标价格制度的理论、方法与政策研究		秦中春
18	农业转移人口就近市民化的路径与政策研究		金三林
19	农村土地金融的制度与模式研究		王　宾
20	“十三五”现代农业发展阶段判断研究		王　宾
21	农业法制建设与政策调研		徐小青

续表

序号	课题名称	部门	负责人
22	新世纪以来我国垄断性行业改革评价及进一步改革思路	产业经济研究部	赵昌文
23	原材料工业“十三五”发展战略研究		赵昌文
24	资源安全与可持续：塑造中国2020和2030的国际国内议程		赵昌文
25	铁路政府监管及公共服务研究		赵昌文
26	化解产能过剩矛盾长效机制研究		赵昌文
27	绿色发展的体制、机制与政策研究	技术经济研究部	吕　薇
28	全球科技创新中心发展规律研究		吕　薇
29	上海建设全球科技创新中心战略研究		吕　薇
30	核电重大专项科技平台共享的国际经验及实证分析		吕　薇
31	构建开放型经济新体制问题研究	对外经济研究部	赵晋平
32	我国推进跨境基础设施互联互通的投融资机制研究		罗雨泽
33	社会政策重点领域改革研究	社会发展研究部	葛延风
34	低生育水平下的中国生育政策研究		张冰子
35	促进民办教育健康发展研究		佘　宇
36	打破分割和封锁，建设全国统一市场	市场经济研究所	任兴洲
37	社会流动性、机会均等与经济增长		邵　挺
38	国有资本管理体制改革研究	企业研究所	马　骏
39	中国互联网安全产业发展战略研究		陈小洪
40	地方金融监管体制构建	金融研究所	张承惠
41	应收账款债券流转业务		张承惠
42	新时期中国环境监管体制研究	资源与环境政策研究所	高世楫
43	中国地质工作的宏观形势与制度环境研究		谷树忠
44	“十三五”及中长期页岩气开发问题研究		高世楫

（国务院发展研究中心办公厅科研处郭巍供稿）

中共中央编译局

2014年中央编译局社科基金资助项目名单

类别	申报人	课题名称	最终成果
A类	黄晓武	意大利新左翼思潮及其当代发展研究	专著
	周红云	社会创新的实证研究	专著
B类	霍　娜	阿拉伯世界对“中国兴起”的报道分析及对策研究	系列研究报告
	王　瑾	文化的力量——大国兴起的文化视角	专著
	杨须爱	马克思恩格斯民族理论经典文献在中国的传播历史及研究	专著
	王　浩	中国推动金砖国家参与改善全球金融治理的战略研究	专著
	康晓强	建立健全社会组织参与协商民主建设的体制机制研究	专著

续表

类别	申报人	课题名称	最终成果
C 类	唐　婧	德国网络媒体对“中国全面深化改革”的报道研究	论文
	晏　荣	戈尔巴乔夫时期苏联社会整合问题初探	论文
	易小明	转型时期埃及的左翼政党	论文
	冯潇然	后查韦斯时期的“21 世纪社会主义”	论文
	古明明	限权与赋权——近年来越南的国家机构改革及其对中国的启示	论文
	张　静	特卡乔夫与马克思恩格斯关于俄国革命道路的论争	论文
	李　劲	京津冀区域生态治理中的公众参与研究	论文
	张丽琴	德国走出危机的另一种解读	论文
	才凤伟	社会治理视野下城市移民的公共参与研究	论文
	鲍传健	金砖国家发展战略比较研究：资源、制度与治理	论文
	李砚忠	灾害应对、风险分担与政府治理现代化	论文
	李增元	城镇化中的“城乡一体型”农村社区社会治理研究	论文
	孟宪良	人大代表参与社会治理模式的比较分析	论文
	孙召鹏	城市社区治理模式的区域差异性研究——基于浦东、江汉和锦江模式的微观解剖	论文
	柳　宁	国民党对马克思主义传播的影响研究——以第一次国共合作时期为背景	论文
	詹　珩	网络政治参与对国家治理体系的重构作用	论文

（中共中央编译局供稿）

国家发展和改革委员会宏观经济研究院

2014 年度院级重点课题

序号	课题名称	负责人	承担单位	预期成果形式	计划完成时间
1	财税体制改革研究	宋　立 王　蕴	经济研究所	研究报告	2014. 12
2	促进混合所有制经济发展研究	臧跃茹	经济研究所	研究报告	2014. 12
3	加强市场监管体系研究	郭丽岩	经济研究所	研究报告	2014. 12
4	中国服务业对外开放战略研究	王海峰	对外经济研究所	研究报告	2014. 12
5	我国房地产市场风险研究	任荣荣	投资研究所	研究报告	2014. 12
6	地区间建立横向生态补偿制度研究	贾若祥 高国力	国土与地区经济研究所	研究报告	2014. 12
7	建立更加公平可持续的社会保障制度研究	谭永生 关　博	社会发展研究所	研究报告	2014. 12
8	生态文明建设背景下我国能源发展转型研究	王仲颖 张有生	能源研究所	研究报告	2014. 12
9	我国交通运输体制深化改革的若干问题研究	张国强	综合运输研究所	研究报告	2014. 12
10	全面深化政府管理体制改革研究	银温泉 姬鹏程	经济体制与管理研究所	研究报告	2014. 12
11	建立我国经济体制改革监测评价制度研究	孙长学 李建新	经济体制与管理研究所	研究报告	2014. 12

（国家发展和改革委员会宏观经济研究院丁刚供稿）

中共北京市委党校

2014年度承担国家级、省部级社会科学研究项目

序号	项目名称	负责人	承担部门	项目分类、类别	项目来源单位	预期成果形式	计划完成时间
1	改革开放条件下培育党的学习文化研究	韩玉芳	政治学教研部	国家社会科学基金、一般项目	全国哲学社会科学规划办公室	专著	2018. 5
2	我国失独家庭的政策支持机制研究	孔祥利	公共管理教研部	国家社会科学基金、青年项目	全国哲学社会科学规划办公室	研究报告	2017. 3
3	基于大数据时代网络突发事件社会情绪演变的社会治理模式研究	庞　宇	工商管理教研部	国家社会科学基金、青年项目	全国哲学社会科学规划办公室	专著	2016. 6
4	农村失能老人家庭的现实需求、发展困境及应对策略研究	闫　萍	社会学教研部	国家社会科学基金、青年项目	全国哲学社会科学规划办公室	研究报告	2017. 6
5	中国共产党作风建设史	王民忠	校部	北京市社会科学基金、重大项目	北京市哲学社会科学规划办公室	专著	2015. 6
6	北京人口规模调控决策研究	袁吉富	校部	北京市社会科学基金、重大项目	北京市哲学社会科学规划办公室	研究报告	2015. 12
7	依法加强互联网宣传思想工作管理及正向引导策略构建研究——以微博为主要研究对象	金英君	政治学教研部	北京市社会科学基金、一般项目	北京市哲学社会科学规划办公室	研究报告	2015. 12
8	新时期社会主义法治权威建设研究	季桥龙	法学教研部	北京市社会科学基金、一般项目	北京市哲学社会科学规划办公室	专著	2015. 12
9	防止利益冲突制度的科学化研究	顾　阳	党史党建教研部	北京市社科基金研究基地一般项目	北京市哲学社会科学规划办公室	研究报告	2015. 12
10	北京市失能老人家庭照护者的社会支持研究	闫　萍	社会学教研部	北京市社科基金研究基地一般项目	北京市哲学社会科学规划办公室	研究报告	2017. 12
11	大数据背景下的政府数据开放及其法制保障机制研究	吕廷君	图书馆	北京市社会科学基金、一般项目	北京市哲学社会科学规划办公室	专著	2016. 6
12	北京市流动人口随迁子女后义务教育供需状况与政策选择	胡玉萍	社会学教研部	北京市社会科学基金、一般项目	北京市哲学社会科学规划办公室	研究报告	2017. 9
13	北京市属国有企业改革的环境与战略协同演进研究	陆园园	工商管理教研部	北京市社会科学基金、青年项目	北京市哲学社会科学规划办公室	专著	2016. 6
14	城镇化对中国转型期贫富差距的影响研究	孙　爽	图书馆	北京市社会科学基金、青年项目	北京市哲学社会科学规划办公室	研究报告	2016. 12
15	调整疏解非首都核心功能研究	赵　莉	决策咨询部	北京市社科联项目	北京市社会科学界联合会	研究报告	2014. 11
16	首都区域化党建工作格局研究	靳连芳	党史党建教研部	北京市社科联项目	北京市社会科学界联合会	研究报告	2014. 12

续表

序号	项目名称	负责人	承担部门	项目分类、类别	项目来源单位	预期成果形式	计划完成时间
17	中西核心价值观培育机制的比较研究	黄　杰	哲学教研部	北京市社科联青年社科人才资助项目	北京市社会科学界联合会	研究报告	2016. 6
18	北京市农村转移人口的宅基地退出机制研究	刁琳琳	经济学教研部	北京市社科联青年社科人才资助项目	北京市社会科学界联合会	调研报告	2015. 6
19	北京高学历流动人口的流迁意愿与动力机制研究	吴　军	社会学教研部	北京市社科联青年社科人才资助项目	北京市社会科学界联合会	调研报告	2015. 6
20	北京市六大高端产业功能区融合发展研究	谢天成	经济学教研部	北京市自然科学基金青年科学基金项目	北京市自然科学基金委员会	研究报告	2015. 12
21	“十三五”时期加强首都人口调控和服务管理研究	侯亚非	社会学教研部	北京市发改委“十三五”规划前期研究重大课题	北京市发改委	调研报告	2015. 4
22	新城城镇化过程中城市气质塑造与保护研究	吴　军	社会学教研部	全国党校系统重点调研课题	中央党校	调研报告	2015. 12
23	大数据时代的国家治理法治化问题研究	吕廷君	图书馆	全国党校系统重点调研课题	中央党校	调研报告	2015. 12
24	治理能力视阈下北京市新建社区党组织建设研究	田　栋	党史党建教研部	全国党校系统重点调研课题	中央党校	调研报告	2015. 12

2014 年度校级社会科学研究项目

序号	项目名称	负责人	承担部门	项目分类、类别	预期成果形式	计划完成时间
1	《资本论》中的正义观研究	童　萍	哲学教研部	学科建设项目	论文	2015. 12
2	马克思生态哲学思想及其当代价值研究	李　劲	哲学教研部	学科建设项目	论文	2015. 12
3	全球价值链视角下的京津冀区域产业对接协作问题研究	王兆宇	经济学教研部	学科建设项目	论文	2015. 12
4	北京公共服务均等化与房地产价格问题研究	王振锋	经济学教研部	学科建设项目	论文	2015. 12
5	西方学界政党与民众关系研究的梳理与评价	何　军	政治学教研部	学科建设项目	论文	2015. 12
6	“中国梦”对当代价值与行为预期的重复作用——“大时代”与“小时代”的融合点	龚文婧	政治学教研部	学科建设项目	论文	2015. 12
7	中国共产党反腐倡廉体制机制建设研究	元跃旗	党史党建教研部	学科建设项目	论文	2015. 12
8	中国共产党执政理念创新研究	张玉宝	党史党建教研部	学科建设项目	论文	2015. 12
9	大数据背景下的应急决策创新研究	杨　旎	公共管理教研部	学科建设项目	论文	2015. 12
10	公共政策制定中的政治参与	郭志平	公共管理教研部	学科建设项目	论文	2015. 12

续表

序号	项目名称	负责人	承担部门	项目分类、类别	预期成果形式	计划完成时间
11	大数据时代下如何提高领导干部信息安全意识与能力的研究	李　颖	公共管理教研部	学科建设项目	论文	2015. 12
12	深度剖析阻碍我国企业技术创新的几大根本因素	刘治兰	工商管理教研部	学科建设项目	论文	2015. 12
13	全球一体化背景下的战略管理理论新发展研究	孙玉秀	工商管理教研部	学科建设项目	论文	2015. 12
14	司法改革的热点和难点问题	季桥龙	法学教研部	学科建设项目	论文	2015. 12
15	法律的博弈分析	赵晓琦	法学教研部	学科建设项目	论文	2015. 12
16	当代中国社会组织研究的前沿理论综述	吴　军	社会学教研部	学科建设项目	论文	2015. 12
17	中华文化体的三个历史阶段：理解近代中国社会转型的一种视角	潘建雷	社会学教研部	学科建设项目	论文	2015. 12
18	外语教师提升教学能力的途径探究	汪　消	外语教研部	学科建设项目	论文	2015. 12
19	人文学科在干部培训教学中的功用	洪坚毅	外语教研部	学科建设项目	论文	2015. 12
20	图书馆助力党校思想库发挥作用研究	赵婧文	图书馆	学科建设项目	论文	2015. 12
21	新型城镇化进程中发挥基层党组织作用研究	靳连芳	党史党建教研部	决策咨询项目	调研报告	2015. 12
22	政府与社会组织合作治理机制研究——以北京市红十字会为观察对象	郗爱红	工商管理教研部	决策咨询项目	调研报告	2015. 12
23	大数据时代的法治政府和服务型政府建设	吕廷君	图书馆	决策咨询项目	调研报告	2015. 12
24	控制北京人口过快增长的决策研究	侯亚非	社会学教研部	决策咨询项目	调研报告	2015. 12
25	中国参与全球治理研究	张曙光	政治学教研部	青年项目	论文	2015. 12
26	公平正义的政策达成——北京市住房保障政策的价值取向研究	孙一平	政治学教研部	青年项目	论文	2015. 12
27	北京市建立健全党员干部作风建设长效机制的对策与途径研究	田　栋	党史党建教研部	青年项目	论文	2015. 12
28	大数据背景下基于“情景构建”的首都突发公共事件的网络舆论引导机制研究	庞　宇	工商管理教研部	青年项目	论文	2015. 12
29	城乡基本公共服务均等化“规律”研究	孙　爽	图书馆	青年项目	论文	2015. 12

（中共北京市委党校供稿）

北京市社会科学院

2014 年度承担国家级、省部级社会科学研究项目

序号	项目名称	负责人	项目类别	预期成果形式	计划完成日期
1	在新自由主义世界中古巴社会主义建设研究	张登文	国家社会科学基金、一般项目	专著	2016. 12

续表

序号	项目名称	负责人	项目类别	预期成果形式	计划完成日期
2	《满蒙藏嘉戎维语五体字书》研究	晓　春	国家社会科学基金、一般项目	专著	2016. 12
3	生态文明视域下国家低碳创新体系建设研究	陆小成	国家社会科学基金、一般项目	专著	2016. 12
4	清代职官管理制度与治官思想研究	常越男	国家社会科学基金、青年项目	专著	2016. 12
5	构建和完善我国协商民主体系及其运行机制的案例研究	孙照红	国家社会科学基金、青年项目	专著	2016. 12
6	审美趣味变迁与文化权力演变关联性研究	黄仲山	国家社会科学基金、青年项目	专著	2017. 6
7	我国科技服务业自主创新体系国际化发展模式与政策选择研究	朱相宇	国家社会科学基金、青年项目	研究报告	2016. 12
8	全球视野下中国道路的内生特性研究	郭万超	国家社会科学基金、委托项目	研究报告	2015. 12
9	公平与可持续视野下的首都发展型社会救助研究	江树革	北京市社会科学基金、一般项目	研究报告	2015. 12
10	昌平南口新风带生态服务功能对北京城区的应用价值研究	丁　军	北京市社会科学基金、一般项目	研究报告	2016. 3
11	北京特大型城市治理体系与治理能力现代化研究	谭日辉	北京市社会科学基金、一般项目	研究报告	2015. 12
12	首都互联网行业发展及其影响的实证研究	齐福全	北京市社会科学基金、一般项目	研究报告	2015. 12
13	中西比较视阈下首都公民诚信价值观培育研究	向　征	北京市社会科学基金、青年项目	研究报告	2015. 12
14	北京宜居城市建设机制与实施对策研究	杨　波	北京市社会科学基金、青年项目	研究报告	2016. 3
15	互联网虚拟社会的法律治理体系研究	于雯雯	北京市社会科学基金、青年项目	研究报告	2015. 12
16	北京市涉拆迁类群体访的实证考察与对策研究	常秀娇	北京市社会科学基金、青年项目	研究报告	2016. 3
17	京郊集体建设用地流转收益分配制度研究	罗瑞芳	北京市社会科学基金、青年项目	研究报告	2016. 3
18	北京城市居住空间分异的社会结构分析与对策研究	李晓壮	北京市社会科学基金、青年项目	研究报告	2016. 12
19	中国内生经济转型理论研究	韩忠亮	北京市社会科学基金、重点项目	专著	2016. 12
20	《北京专史集成》第二批	王　岗	北京市社会科学基金、重点项目	专著	2015. 12
21	基于郭店楚简的早期儒家心性论问题研究	孙　伟	北京市社会科学基金、重点项目	专著	2017. 12
22	北京市低碳社区建设与可持续发展研究	赵　清	北京市社会科学基金、青年项目	研究报告	2016. 3
23	北京社区工作的实务模式研究	于燕燕	北京市社会科学基金、重点项目	研究报告	2016. 5

续表

序号	项目名称	负责人	项目类别	预期成果形式	计划完成日期
24	北京经济发展与环境保护的互动机制创新研究——基于世界城市建设的视角	刘小敏	北京市社会科学基金、一般项目	研究报告	2016. 12
25	京津冀文化产业协同发展研究	赵雅萍	北京市社会科学基金、青年项目	研究报告	2016. 5
26	大数据运用与首都社会主义核心价值观培育研究	杨　奎	北京市社会科学基金、一般项目	研究报告	2016. 12

2014 年度院级社会科学研究项目

序号	课题名称	课题负责人	承担部门	项目类别	预期成果形式	计划完成时间
1	北京市与周边区域市场化生态补偿机制研究	刘　薇	经济所	重点项目	研究报告	2014. 12
2	“城市病”治理的国际比较研究——基于京津冀低碳发展的思考	陆小成	市情中心	重点项目	专著	2014. 12
3	历史文脉传承与北京城市发展	王建伟	历史所	重点项目	专著	2014. 12
4	北京市基础设施建设投资融资改革和定价机制研究	杨　松	经济所	重点项目	研究报告	2014. 12
5	北京和谐宜居之都建设实现路径与政策支持研究	王德利	经济所	重点项目	专著	2014. 12
6	北京市社区治理机制创新研究	沈　原	社会学所	重点项目	研究报告	2014. 12
7	提高首都生活型服务业品质研究	袁　蕾	城市所	重点项目	研究报告	2014. 12
8	首都城乡一体化农村集体土地开发政策研究	许传玺	法学所	重点项目	研究报告	2014. 12
9	发展节水型农业中的问题与农业种植业结构调整研究	魏　巍	经济所	重点项目	研究报告	2014. 12
10	北京城市生活史	张艳丽	历史所	重点项目	专著	2014. 12
11	北京特大城市治理体系与治理能力现代化研究	谭日辉	城市所	重点项目	研究报告	2014. 12
12	构建适应首都城市功能的产业体系研究	张佰瑞	城市所	重点项目	研究报告	2014. 12
13	北京人口管理体制机制创新研究	姚　兵	综治所	重点项目	研究报告	2014. 12
14	北京中轴线历史文化资源挖掘与利用研究	王　岗	历史所	重点项目	研究报告	2014. 12
15	新形势下财政科技项目及经费管理改革研究	张　耘	管理所	重点项目	专著	2014. 12
16	政府向社会力量购买服务与推动事业单位改革研究	施昌奎	管理所	重点项目	专著	2014. 12
17	北京文化体制改革关键问题研究	陈　镭	文化所	重点项目	专著	2014. 12
18	新时期少数民族文化传承与发展研究——以满族为例	晓　春	满学所	重点项目	专著	2014. 12
19	首都应急体系和应急管理机制研究	熊　炎	综治所	重点项目	研究报告	2014. 12
20	文化中心城市发展战略研究	王林生	文化所	重点项目	研究报告	2014. 12

续表

序号	课题名称	课题负责人	承担部门	项目类别	预期成果形式	计划完成时间
21	北京经济史	高福美	历史所	重点项目	专著	2014. 12
22	北京市西北生态带（昌平）生态修复战略研究	丁　军	经济所	重点项目	研究报告	2014. 12
23	中国与古巴建设社会主义的基本经验比较研究	张登文	科社所	重点项目	研究报告	2014. 12
24	北京城乡结合部社会治理模式研究	李　洋	社会学所	重点项目	研究报告	2014. 12
25	“城市病”的综合治理研究	齐　心	城市所	重点项目	研究报告	2014. 12
26	北京国际交往中心建设研究	刘　波	外国所	重点项目	研究报告	2014. 12
27	首都城市治理的标准化战略及实现路径研究	罗　植	管理所	重点项目	研究报告	2014. 12
28	公共知识分子与社会稳定的关系研究	万　川	综治所	重点项目	专著	2014. 12
29	网络时代的知识产权保护研究——以北京为重点	于雯雯	法学所	重点项目	研究报告	2014. 12
30	中国内生增长理论研究	韩忠亮	市情	重点项目	著作	2014. 12
31	国际经验视域下当代中国核心价值观培育与传播创新	郭万超	传媒所	重点项目	研究报告	2014. 12
32	行政法视野下的京津冀大气污染合作治理研究	陶品竹	法学所	青年项目	动态综述、研究报告、论文	2014. 12
33	开放条件下的熊彼特增长模型在中国产业创新发展中的实证研究	唐　勇	经济所	青年项目	动态综述、研究报告、论文	2014. 12
34	北京社区照顾专业化配置研究	李金娟	社会学所	青年项目	动态综述、研究报告、论文	2014. 12
35	基于城乡一体化的北京新城发展研究	袁　蕾	城市所	青年项目	动态综述、研究报告、论文	2014. 12
36	法律视域下集体经济股份制改革研究——以北京市为例	罗瑞芳	法学所	青年项目	动态综述、研究报告、论文	2014. 12
37	环境司法中的刑事、行政交叉问题研究	张　苏	法学所	青年项目	动态综述、研究报告、论文	2014. 12
38	互联网虚拟社会的法律治理体系研究	于雯雯	法学所	青年项目	动态综述、研究报告、论文	2014. 12
39	中外诚信制度比较研究	向　征	科社所	青年项目	动态综述、研究报告、论文	2014. 12
40	城市文化软实力建设中美学与文艺的新发展	杨　震	文化所	青年项目	研究报告、系列论文	2014. 12
41	北京市涉拆迁类群体访的实证考察与对策研究	常秀娇	法学所	青年项目	动态综述、研究报告、论文	2014. 12
42	提升北京城市基础设施建设水平和完善功能体系研究	杨　松	经济所	一般项目	系列论文	2014. 12
43	南口新风带对北京城区生态服务功能的价值研究	丁　军	经济所	一般项目	系列论文	2014. 12
44	新型城镇化进程中北京农村集体土地流转影响因素研究	王朝华	经济所	一般项目	系列论文	2014. 12

续表

序号	课题名称	课题负责人	承担部门	项目类别	预期成果形式	计划完成时间
45	京津冀区域一体化研究	梁昊光	经济所	一般项目	系列论文	2014.12
46	基于技术创新的清洁能源发展战略研究	温晓红	经济所	一般项目	系列论文	2014.12
47	产业升级规律与北京产业升级实践比较研究	凌　宁	经济所	一般项目	系列论文	2014.12
48	村镇发展动力机制研究：以北京市顺义区为例	方　方	经济所	一般项目	系列论文	2014.12
49	基于创新主体评价的绿色发展与科技创新战略研究	刘　薇	经济所	一般项目	系列论文	2014.12
50	环境约束下的京津冀产业升级研究	杨维凤	经济所	一般项目	系列论文	2014.12
51	北京市经济增长与生态环境协调性评价研究	王德利	经济所	一般项目	系列论文	2014.12
52	北京市可持续发展目标下的环境污染问题研究	姚腾霄	经济所	一般项目	系列论文	2014.12
53	北京大数据产业生态系统培育研究	王　忠	经济所	一般项目	系列论文	2014.12
54	城市劳动力资源约束下经济增长研究	年　炜	经济所	一般项目	系列论文	2014.12
55	非物质文化遗产文化品牌研究——以北京为例	景俊美	经济所	一般项目	系列论文	2014.12
56	北京市农民专业合作社发展中的若干问题研究	魏　巍	经济所	一般项目	系列论文	2014.12
57	北京生产性服务业发展水平提升研究	邓丽姝	经济所	一般项目	系列论文	2014.12
58	后金“五大臣”研究——以额亦都、扈尔汉为例	常越男	满学所	一般项目	系列论文	2014.12
59	民国时期满蒙文词典个案研究	晓　春	满学所	一般项目	系列论文	2014.12
60	新史料与清代鄂尔多斯历史研究	哈斯巴根	满学所	一般项目	系列论文	2014.12
61	辛亥革命后京旗家族命运研究——以叶赫颜扎家族为例	杨　原	满学所	一般项目	系列论文	2014.12
62	清末北京阅报讲报社考	王鸿莉	满学所	一般项目	系列论文	2014.12
63	理性与民主导向下的行政决策程序研究	成协中	法学所	一般项目	系列论文	2014.12
64	中国财产法体系结构的具体问题研究	王伟伟	法学所	一般项目	系列论文	2014.12
65	中国传统价值观认同度研究	王　洁	法学所	一般项目	系列论文	2014.12
66	北京市社会稳定若干问题研究	张真理	法学所	一般项目	系列论文	2014.12
67	虚假宣传构成欺诈之认定	马一德	法学所	一般项目	系列论文	2014.12
68	欧洲专利局案例法制度研究	刘　蕾	法学所	一般项目	系列论文	2014.12
69	产业融合发展与北京产业升级研究	张佰瑞	城市所	一般项目	系列论文	2014.12
70	生态社区建设国际比较研究	赵　清	城市所	一般项目	系列论文	2014.12
71	北京“城市病”的治理机制研究	于燕燕	城市所	一般项目	系列论文	2014.12

续表

序号	课题名称	课题负责人	承担部门	项目类别	预期成果形式	计划完成时间
72	北京城乡统筹十年——回顾与展望	柴浩放	城市所	一般项目	系列论文	2014. 12
73	生态文明建设评价指标体系研究	齐　心	城市所	一般项目	系列论文	2014. 12
74	社会组织参与城市社区治理的路径研究	谭日辉	城市所	一般项目	系列论文	2014. 12
75	文化创意空间理论与北京文化创意产业发展研究	赵继敏	城市所	一般项目	系列论文	2014. 12
76	北京青年消费行为与生活方式趋势研究	宋　梅	城市所	一般项目	系列论文	2014. 12
77	虚假民事诉讼的治理研究	杨锦炎	综治所	一般项目	系列论文	2014. 12
78	城市基层社会治理的可行性路径研究	马晓燕	综治所	一般项目	系列论文	2014. 12
79	个人收入分配制度改革与维护社会稳定的关系研究	万　川	综治所	一般项目	系列论文	2014. 12
80	传谣意愿与暴力惩罚的内在关联研究	熊　炎	综治所	一般项目	系列论文	2014. 12
81	社会治理体制创新研究	殷星辰	综治所	一般项目	系列论文	2014. 12
82	人口新二元结构对首都社会稳定的影响研究	姚　兵	综治所	一般项目	系列论文	2014. 12
83	食品安全刑法立法研究	左袖阳	综治所	一般项目	系列论文	2014. 12
84	社会服务管理资源优化配置研究	袁振龙	综治所	一般项目	系列论文	2014. 12
85	宗教信仰与社会治理研究	于丽娜	综治所	一般项目	系列论文	2014. 12
86	北京剧场新生代研究	高　音	文化所	一般项目	系列论文	2014. 12
87	产业融合视角下的首都文化创意产业研究	陈　镭	文化所	一般项目	系列论文	2014. 12
88	文化阐释与城市文化建设	李建盛	文化所	一般项目	系列论文	2014. 12
89	北京城市文化与文学及传播	傅秋爽	文化所	一般项目	系列论文	2014. 12
90	我国新媒体发展研究	刘　瑾	文化所	一般项目	系列论文	2014. 12
91	沦陷区	陈玲玲	文化所	一般项目	系列论文	2014. 12
92	北京现代文化与民族国家建构	季剑青	文化所	一般项目	系列论文	2014. 12
93	北京都市空间与历史资源整合	许苗苗	文化所	一般项目	系列论文	2014. 12
94	首都文化软实力关键问题研究	晏　晨	文化所	一般项目	系列论文	2014. 12
95	北京历史文化名城保护的历史与实践研究	黄仲山	文化所	一般项目	系列论文	2014. 12
96	网络文化传播与创意城市建设	陈红玉	文化所	一般项目	系列论文	2014. 12
97	晚清京师学术文化研究	程尔奇	历史所	一般项目	系列论文	2014. 12
98	“中国梦”的历史溯源及支撑经验研究	赵雅丽	历史所	一般项目	系列论文	2014. 12
99	十二生肖文化研究	王　岗	历史所	一般项目	系列论文	2014. 12
100	清代京畿区域学术文化研究	刘仲华	历史所	一般项目	系列论文	2014. 12
101	北京全真教史系列研究——以金代与明初为中心	郑永华	历史所	一般项目	系列论文	2014. 12

续表

序号	课题名称	课题负责人	承担部门	项目类别	预期成果形式	计划完成时间
102	“燕京八绝”再研究	章永俊	历史所	一般项目	系列论文	2014.12
103	民国北京文化环境研究（1912—1949）	王建伟	历史所	一般项目	系列论文	2014.12
104	北京经济史研究	高福美	历史所	一般项目	研究报告	2014.12
105	北朝时期幽州士族家学与家风研究	许　辉	历史所	一般项目	系列论文	2014.12
106	“就业导向”下的职业教育发展与改革	赵苏阳	外国所	一般项目	系列论文	2014.12
107	后金融危机时代国际安全形势新变化与国家安全战略	张　丽	外国所	一般项目	系列论文	2014.12
108	日本城市发展与城市病治理	张　暄	外国所	一般项目	系列论文	2014.12
109	完善特大型城市的管理	邱莉莉	外国所	一般项目	系列论文	2014.12
110	市民参与生态文明建设国际比较研究	白志刚	外国所	一般项目	系列论文	2014.12
111	人权与国际关系	刘　波	外国所	一般项目	系列论文	2014.12
112	现阶段北京社会结构与社会建设问题研究	李　洋	社会学所	一般项目	研究报告	2014.12
113	流动人口社区公共服务需求与提供	韩嘉玲	社会学所	一般项目	系列论文	2014.12
114	城市化与社会建设研究	曹婷婷	社会学所	一般项目	系列论文	2014.12
115	公平与可持续视野下的社会政策比较研究	江树革	社会学所	一般项目	系列论文	2014.12
116	北京市大龄青年的择偶观研究	马　丹	社会学所	一般项目	系列论文	2014.12
117	城市化进程中的少数民族适应研究	包路芳	社会学所	一般项目	专著	2014.12
118	城市病：社会治理与文明转型之痛	李伟东	社会学所	一般项目	系列论文	2014.12
119	治理能力现代化和公众参与	缪　青	社会学所	一般项目	系列论文	2014.12
120	新时期北京社会治理创新研究	冯晓英	社会学所	一般项目	系列论文	2014.12
121	政府绩效评估创新研究——基于企业绩效的借鉴	吴向阳	管理所	一般项目	系列论文	2014.12
122	北京低碳创新驱动与世界城市建设研究	陆小成	管理所	一般项目	系列论文	2014.12
123	北京公共服务市场化改革路径研究	施昌奎	管理所	一般项目	系列论文	2014.12
124	促进区域间科技协同创新的政策研究	毕　娟	管理所	一般项目	系列论文	2014.12
125	北京科技贡献率测算研究	李志斌	管理所	一般项目	系列论文	2014.12
126	基于利益均衡视角的社会建设创新研究	鄢圣文	管理所	一般项目	系列论文	2014.12
127	京津冀协同发展背景下的北京科技功能定位研究	张　耘	管理所	一般项目	系列论文	2014.12
128	大型企业投资决策绩效评价体系实证研究	李江涛	管理所	一般项目	系列论文	2014.12
129	北京市食品安全监管体制改革研究	门玉峰	管理所	一般项目	系列论文	2014.12

续表

序号	课题名称	课题负责人	承担部门	项目类别	预期成果形式	计划完成时间
130	以绩效管理加快政府职能转变路径研究	董丽丽	管理所	一般项目	系列论文	2014. 12
131	北京城市交通与城市空间布局的相互关系研究	庞世辉	管理所	一般项目	系列论文	2014. 12
132	社区治理视域内的协商民主研究	张洪武	科社所	一般项目	系列论文	2014. 12
133	新自由主义与古巴的社会主义建设	张登文	科社所	一般项目	系列论文	2014. 12
134	“中国梦”视域下中国特色社会主义核心价值观的培育研究	陈界亭	科社所	一般项目	系列论文	2014. 12
135	保持党的纯洁性与建设“三型”政党的关系研究	刘冀瑗	科社所	一般项目	系列论文	2014. 12
136	中国协商民主体系建设现状及完善路径研究	孙照红	科社所	一般项目	系列论文	2014. 12
137	北京市惩治腐败与廉政文化建设研究	尤国珍	科社所	一般项目	系列论文	2014. 12
138	改革的系统性、整体性、协同性与坚持、发展中国特色社会主义研究	左宪民	科社所	一般项目	系列论文	2014. 12
139	关于当前文化艺术发展繁荣的若干问题的思考	张　宁	科社所	一般项目	系列论文	2014. 12
140	党的思想路线与群众路线建设研究	杨　奎	科社所	一般项目	系列论文	2014. 12
141	北京市民政治价值观研究	刘　蕾	科社所	一般项目	系列论文	2014. 12
142	早期儒家心性论问题研究——以《郭店楚简》为视角	孙　伟	哲学所	一般项目	系列论文	2014. 12
143	社会信用体系建设与消费文化研究	刘　东	哲学所	一般项目	系列论文	2014. 12
144	科技伦理学研究	程倩春	哲学所	一般项目	研究报告	2014. 12
145	西方科学文化的中国化研究	郝　苑	哲学所	一般项目	系列论文	2014. 12
146	启蒙、人性与人道主义研究	杜丽燕	哲学所	一般项目	系列论文	2014. 12
147	王阳明心学的当代实践研究	刘伟见	哲学所	一般项目	系列论文	2014. 12
148	柏拉图哲学中的神话	王双洪	哲学所	一般项目	系列论文	2014. 12
149	希腊哲学中几个关键问题研究	王玉峰	哲学所	一般项目	系列论文	2014. 12
150	传统道德思想研究	梁劲泰	哲学所	一般项目	研究报告	2014. 12
151	梅洛—庞蒂与萨特现象学比较研究	李婉莉	哲学所	一般项目	系列论文	2014. 12
152	基于最终需求分析的北京节能减排重点及路径研究	刘小敏	市情调研中心	一般项目	系列论文	2014. 12
153	北京收入分配结构现状及趋势研究	李晓壮	市情调研中心	一般项目	系列论文	2014. 12
154	首都微信空间传播机制与监管治理研究	李　茂	市情调研中心	一般项目	系列论文	2014. 12
155	北京、上海和广东文化“走出去”比较研究	田　蕾	市情调研中心	一般项目	系列论文	2014. 12
156	建设特色小城镇、推进新型城镇化研究	唐　鑫	市情调研中心	一般项目	系列论文	2014. 12

续表

序号	课题名称	课题负责人	承担部门	项目类别	预期成果形式	计划完成时间
157	文化创意产业转型发展研究	郭万超	传媒所	一般项目	系列论文	2014. 12
158	政府采购支持北京科技创新	孙天法	图书信息中心	一般项目	系列论文	2014. 12
159	“城市病”形成机理及对策研究	辛章平	城编	一般项目	系列论文	2014. 12
160	“京津冀一体化”的历史考察	孙冬虎	历史所	一般项目	研究报告	2014. 12
161	文化产业升级版研究	沈望舒	文化所	一般项目	系列论文	2014. 12
162	学术的方向——当前学术研究动态及走势分析（第二辑）	牛金莉	社科编	一般项目	系列论文	2014. 12
163	吴稚晖和勤工俭学运动	陈清茹	社科编	一般项目	系列论文	2014. 12
164	近代北京水灾与城市变迁	吴文涛	历史所	一般项目	系列论文	2014. 12
165	大陆法系不能犯主客观之争及其学术价值研究	张　苏	法学所	一般项目	系列论文	2014. 12
166	试论满语和鲜卑、柔然、契丹语词汇的关系	戴光宇	满学所	一般项目	系列论文	2014. 12
167	北京史学（2014）	王　岗	历史所	皮书项目	论文集	2014. 12
168	中外人文精神研究（2014）	杜丽燕	哲学所	皮书项目	论文集	2014. 12
169	外国问题研究论丛（2014）	刘　波	外国所	皮书项目	论文集	2014. 12
170	满学论丛（2014）	赵志强	满学所	皮书项目	论文集	2014. 12
171	中国道路与传媒论丛（2014）	郭万超	传媒所	皮书项目	论文集	2014. 12
172	马克思主义中国化研究论丛（2014）	杨　奎	科社所	皮书项目	论文集	2014. 12
173	中国区域经济发展报告（2014—2015）	梁昊光	经济所	皮书项目	编著	2014. 12
174	北京公共服务发展报告（2014—2015）	施昌奎	管理所	皮书项目	编著	2014. 12
175	北京文化发展报告（2014. 2015）	李建盛	文化所	皮书项目	编著	2014. 12
176	北京社会发展报告（2014. 2015）	李伟东	社会学所	皮书项目	编著	2014. 12
177	北京经济发展报告（2014. 2015）	杨　松	经济所	皮书项目	编著	2014. 12
178	中国社区发展报告（2014. 2015）	于燕燕	城市所	皮书项目	编著	2014. 12
179	北京法治发展报告（2014. 2015）	许传玺	院	皮书项目	编著	2014. 12
180	北京社会治理发展报告（2014—2015）	殷星辰	综治所	皮书项目	编著	2014. 12
181	中国总部经济发展报告（2014—2015）	赵　弘	院	皮书项目	编著	2014. 12

（北京市社会科学院科研处供稿）

北京市档案局

2014 年度承担省部级以上社会科学研究项目

序号	项目名称	项目负责人	承担部门	项目来源	预期成果形式	计划完成日期
1	民国时期北平市长与北平城市发展研究	吕和顺	北京市档案局	国家档案局	研究报告、论文、研究著述、史料专辑	2015. 12

续表

序号	项目名称	项目负责人	承担部门	项目来源	预期成果形式	计划完成日期
2	档案编研开发策略与实证研究	马素萍	北京市档案局	国家档案局	研究报告、编辑出版编研成果	2015.12
3	电子文件元数据分类与方案设计对策研究	陶水龙	北京市档案局	国家档案局	研究报告、行业规范	2015.12
4	北京市电子档案全程管理对策研究	刘月娥	北京市档案局	国家档案局	研究报告、行业规范	2015.12
5	社交媒体平台上档案利用创新模式研究	王　健	中国人民大学信息资源管理学院 北京市档案馆	国家档案局	研究报告、论文	2015.4
6	发电企业档案工作集团化管控体系研究	阎成文	大唐国际发电股份有限公司	国家档案局	研究报告	2015.7

2014 年度北京市档案局社会科学研究项目

序号	项目名称	负责人	承担单位	预期成果形式	计划完成时间
1	民国时期北平市长与北平城市发展研究	吕和顺	北京市档案局	研究报告、论文、研究著述、史料专辑	2015.12
2	档案编研开发策略与实证研究	马素萍	北京市档案局	研究报告、编辑出版编研成果	2015.12
3	电子文件元数据分类与方案设计对策研究	陶水龙	北京市档案局	研究报告、行业规范	2015.12
4	北京市电子档案全程管理对策研究	刘月娥	北京市档案局	研究报告、行业规范	2015.12
5	地方“特色档案”宣传与利用研究	胡家文 张颖毅	东城区档案局	研究报告、编辑出版编研成果	2015.12
6	档案数字资源利用模式及安全问题对策研究	李　军	朝阳区档案局	研究报告	2016.12
7	新时期基层社保所档案管理中的问题与对策研究	张保忠	昌平区档案局	研究报告	2015.12
8	区县承担重大活动档案管理研究	王万福	延庆县档案局	研究报告、规范性文件	2015.12
9	社交媒体平台上档案利用创新模式研究	王　健	中国人民大学信息资源管理学院 北京市档案馆	研究报告、论文	2015.4
10	面向政府决策的档案利用与知识服务体系研究	牛　力	中国人民大学信息资源管理学院	研究报告、论文	2015.12
11	大数据时代数字档案馆信息服务研究	王　顺	北京联合大学应用文理学院	研究报告、论文	2015.12
12	发电企业档案工作集团化管控体系研究	阎成文	大唐国际发电股份有限公司	研究报告	2015.7
13	大中型民营跨国集团公司档案管理模式和信息资源建设规范化管理的对策研究	吴健康	汉能控股集团有限公司	研究报告	2016.6

（北京市档案局科教处胡晓燕供稿）

中共北京市委讲师团

2014 年度承担省部级社会科学研究项目

序号	项目名称	负责人	承担部门	项目类别	项目来源单位	预期成果形式	计划完成时间
1	新形势下基层理论宣讲工作现状及对策研究	贺亚兰	北京市委讲师团	北京市社会科学基金、重点项目	北京市哲学社会科学规划办公室	研究报告	2016. 2

（中共北京市委讲师团刘小丰供稿）

· 获奖成果 ·

概　　述

本栏目记述北京市第十三届哲学社会科学优秀成果奖获奖成果目录及特等奖、一等奖成果简介；记述北京市优秀调查研究成果奖名单；记述北京地区 24 个高校、科研单位获国家、省部级人文社会科学研究成果奖获奖情况，以及获特等奖、一等奖成果简介。获奖成果的记述，包括成果名称、主要作者、奖项名称、颁奖单位、成果形式、获奖等级等内容。这些信息反映出北京地区社会科学研究领域的最新成果和理论贡献。

北京市第十三届哲学社会科学优秀成果奖获奖成果目录及特等、一等奖成果简介

一、优秀成果奖目录

特　等　奖

（4 项　排名不分先后）

语言文学 2 项

1. 中国诗歌通史（十一卷本）　专著　首都师范大学　赵敏俐　人民文学出版社　2012 年 6 月
2. 中国散文通史（十二卷本）　专著　北京师范大学　郭英德　安徽教育出版社　2013 年 1 月

教育学 1 项

3. 中国教育大百科全书（四卷本）　工具书　北京师范大学　顾明远　上海教育出版社　2012 年 12 月

法学1项

4. 法律、资源与时空建构：1644—1945年的中国（五卷本） 专著
中国人民大学 张世明 广东人民出版社 2012年8月

一等奖

（40项 排名不分先后）

马克思主义理论2项

1. 中国当代社会史 专著 北京师范大学 张静如 湖南人民出版社 2011年12月
2. 中国马克思主义大众化研究：历史进程和基本经验 专著
中共北京市委讲师团 课题组 中国人民大学出版社 2013年6月

哲学3项

3. 苯教史纲要 专著 中央民族大学 才让太 中国藏学出版社 2012年11月
4. 自由摹状词理论研究 专著 首都师范大学 冯艳 人民出版社 2012年3月
5. 心灵秩序与世界历史——奥古斯丁对西方古典文明的终结 专著
北京大学 吴飞 生活·读书·新知三联书店 2013年2月

社会学2项

6. 西方社会运动理论研究 专著 中国人民大学 冯仕政 中国人民大学出版社 2013年4月
7. 以利为利：财政关系与地方政府行为 专著 北京大学 周飞舟 上海三联书店 2012年2月

经济学7项

8. 大金融论纲 专著 中国人民大学 陈雨露 中国人民大学出版社 2013年3月
9. 网络虚拟货币研究 专著 中央财经大学 孙宝文 中国人民大学出版社 2012年2月
10. “十二五”前期价格上涨趋势和主要影响因素研究 专著
北京工商大学 李朝鲜 经济科学出版社 2013年6月
11. 中国对外开放史（三卷本） 专著
对外经济贸易大学 孙玉琴 对外经济贸易大学出版社 2012年12月
12. 中国期货市场的规范和发展 专著 首都经济贸易大学 祝合良 社会科学文献出版社 2012年11月
13. 希腊古代经济史（上、下编） 专著 北京大学 厉以宁 商务印书馆 2013年6月
14. 论古典经济学的市民性质 论文 北京师范大学 沈越 《经济研究》 2013年5月第5期

政治学2项

15. 共同体的进化 专著 中国人民大学 张康之 中国社会科学出版社 2012年5月
16. 冷战与新中国外交缘起1949—1955 专著 北京大学 牛军 社会科学文献出版社 2013年1月

教育学4项

17. 中国近现代教科书史 专著 首都师范大学 石鸥 湖南教育出版社 2012年12月
18. 全球化时代的高等教育：市场的挑战 专著 北京大学 蒋凯 北京大学出版社 2013年2月
19. 美、英、日、印四国学前教育体制的比较研究（上、下） 著作
北京师范大学 霍力岩 北京师范大学出版社 2013年3月
20. 北京教育史 专著 北京师范大学 俞启定 学苑出版社 2011年12月

法学 3 项

21. 当代中国私法进程　专著　中国政法大学　柳经纬　中国法制出版社　2013 年 4 月
22. 刑法客观主义与方法论　专著　清华大学　周光权　法律出版社　2013 年 6 月
23. 批判民法学的理论建构　专著　北京大学　薛军　北京大学出版社　2012 年 1 月

历史学 4 项

24. 秦汉社会意识研究　专著　中国人民大学　王子今　商务印书馆　2012 年 9 月
25. 中古医疗与外来文化　专著　北京大学　陈明　北京大学出版社　2013 年 3 月
26. 春秋战国的社会变迁（上、下）　专著　北京师范大学　晁福林　商务印书馆　2011 年 9 月
27. 北京考古史　专著　北京市文物研究所　宋大川　上海古籍出版社　2012 年 12 月

管理学 5 项

28. 综合交通运输体系研究——认知与建构　专著　北京交通大学　荣朝和　经济科学出版社　2013 年 5 月
29. 会计报表的缺陷与重构—以会计报表衍生体系为基础的企业信息体系再造　专著
北京工商大学　谢志华　人民出版社　2012 年 10 月
30. 中国企业转型升级若干问题的调研报告　专著
对外经济贸易大学　林汉川　企业管理出版社　2013 年 6 月
31. 北京中心城人口疏解与新城发展机制研究　专著
首都经济贸易大学　赵秀池　经济科学出版社　2011 年 10 月
32. 面向世界城市的北京发展趋势研究　专著　北京大学　李国平　科学出版社　2012 年 5 月

语言文学 2 项

33. 基于单字的现代汉语词法研究　专著　北京大学　王洪君　商务印书馆　2011 年 9 月
34. 中华古文论释林（十卷本）　古籍整理　北京师范大学　李壮鹰　北京大学出版社　2012 年 1 月

艺术学 · 新闻传播学 4 项

35. 政治传播——历史、发展与外延　专著　中国传媒大学　段鹏　中国传媒大学出版社　2011 年 11 月
36. 中国现代美术之路　专著　中央美术学院　潘公凯　北京大学出版社　2012 年 10 月
37. 当代中国艺术学研究（1949—2009）　专著　北京大学　王一川　中国社会科学出版社　2012 年 12 月
38. “艺术学科门类增设研究”调研报告　调研报告
中央音乐学院　王次炤　教育部委托课题　2013 年 3 月

交叉学科 · 综合 2 项

39. 意义——当代神学的公共性问题　专著　中国人民大学　杨慧林　北京大学出版社　2013 年 5 月
40. 中国古今官德研究（四册）　专著　北京市社会科学院　谭维克　北京出版社　2012 年 4 月

二　等　奖

（160 项　排名不分先后）

马克思主义理论 7 项

1. 历史唯物主义的理论本质和发展形态　论文
中国人民大学　郝立新　《中国社会科学》　2012 年 3 月第 3 期
2. 论网络思想政治教育研究的深化　论文
中央财经大学　胡树祥　《学校党建与思想教育》　2011 年 12 月第 12 期

3. 问道：改革开放以来的社会思潮和青年思想政治教育研究　专著
清华大学　林泰　中国社会科学出版社　2013年6月
4. 现代思想政治教育课程论　专著　北京大学　宇文利　北京大学出版社　2012年9月
5. 首都市民价值观调查模型建设研究　专著　北京市社会科学院　杨奎　人民出版社　2013年3月
6. 中国视野　专著　北京市社会科学院　左宪民　上海人民出版社　2011年10月
7. 历史方位认知与党建理论创新　专著　中共北京西城区委党校　周善红　中共党史出版社　2012年8月

哲学11项

8. 存在与实体——亚里士多德《形而上学》Z卷研究（Z 1—9）　专著
中国人民大学　聂敏里　华东师范大学出版社　2011年12月
9. 重建历史唯物主义历史总体观　专著　中国人民大学　张文喜　中国人民大学出版社　2013年6月
10. 文化与政治—西方马克思主义研究　专著　中国人民大学　欧阳谦　中国人民大学出版社　2012年5月
11. 认知视野中的情感依赖与理性、推理　论文
中国政法大学　费多益　《中国社会科学》　2012年8月第8期
12. 信息主义及其哲学探析　专著　中国青年政治学院　肖峰　中国社会科学出版社　2011年10月
13. 北京审美文化史　专著　首都师范大学　邹华　北京大学出版社　2013年6月
14. 善恶抉择　专著　北京航空航天大学　谢惠媛　北京大学出版社　2011年9月
15. 东正教圣像史　专著　北京大学　徐凤林　北京大学出版社　2012年1月
16. 计算主义：一种新的世界观　专著　北京师范大学　李建会　中国社会科学出版社　2012年12月
17. 文化民族性问题研究　专著　中共北京市委党校　童萍　人民出版社　2011年9月
18. 孔子庙附享的历史演变　论文　北京市文物局　孔喆　《孔子研究》　2011年7月第4期

社会学8项

19. 老龄社会与和谐社会　专著　中国人民大学　邬沧萍　中国人口出版社　2012年9月
20. 中国自杀率下降趋势的社会学分析　论文
中央财经大学　张杰　《中国社会科学》　2011年9月第5期
21. 德国体育研究　专著　清华大学　刘波　北京体育大学出版社　2012年2月
22. 流动儿童社会融合的代际传承　论文　北京大学　周皓　《中国人口科学》　2012年2月第1期
23. 生存的基础——农业的社会学特性与政府责任　专著
中国农业大学　朱启臻　社会科学文献出版社　2013年6月
24. 人口有序管理的国际经验与中国实践——基于流动人口服务管理的视角　论文
中共北京市委党校　尹德挺　《人口与经济》　2012年3月第2期
25. 自然人、剩余生产力与“善恶同体”的社会——卢梭《二论》的“社会”意向　论文
中共北京市委党校　潘建雷　社会理论学报（香港）　2011年12月（上）、2012年12月（下）
26. 引航——大学生关注的七个热点问题解读　社科普及读物
中共北京市委教育工作委员会　王达品　北京出版社　2013年6月

经济学25项

27. 中国产业安全问题研究　专著　北京交通大学　李孟刚　社会科学文献出版社　2013年1月
28. 国际资本流入中国银行部门行为与影响研究　专著
北京开放大学　李哲　对外经济贸易大学出版社　2011年7月
29. 关联交易与代理问题　专著　中国人民大学　叶康涛　新华出版社　2011年11月
30. 中国地方政府规模和结构优化研究　专著　中国人民大学　郭庆旺　中国人民大学出版社　2013年3月

31. 美国学派：推进美国经济崛起的国民经济学说 论文
中国人民大学 贾根良 《中国社会科学》 2011 年 7 月第 4 期

32. 地方政府竞争和经济增长—基于我国省级面板数据的空间计量经济学研究 专著
中国人民大学 周业安 中国人民大学出版社 2013 年 6 月

33. Robust Estimation In Inverse Problems Via Quantile Coupling 论文
中国人民大学 田茂再 中国科学 2012 年 5 月

34. 中国近代银行制度变迁及其绩效研究 专著
中央财经大学 兰日旭 中国人民大学出版社 2013 年 6 月

35. 关于在中关村国家自主创新示范区内建立政策性"中关村银行"的建议 调研报告
中央财经大学 李涛 北京市哲学社会科学规划办公室 2011 年 7 月

36. 北京市城乡居民收入差距问题研究 专著 北京工商大学 魏中龙 经济科学出版社 2012 年 10 月

37. Effects of High-speed Rail and Air Transport Competition on Prices, Profits and Welfare 论文
对外经济贸易大学 杨杭军 Transportation Research Part B 2012 年 12 月

38. 中国国民收入的要素分配份额研究 专著 对外经济贸易大学 钱震杰 中国金融出版社 2011 年 8 月

39. 中国制造业集聚与对外贸易：微观经济视角的分析 专著
对外经济贸易大学 邓慧慧 中国经济出版社 2012 年 9 月

40. 论马克思的三种正义概念——也谈资本占有剩余价值在什么意义上是不符合（或符合）正义的 论文
清华大学 孟捷 《中国人民大学学报》 2013 年 1 月第 1 期

41. 缩小我国贫富差距的理论与对策研究 专著
首都经济贸易大学 郝如玉 经济科学出版社 2011 年 9 月

42. 国有股权、环境不确定性与投资效率 论文
首都经济贸易大学 申慧慧 《经济研究》 2012 年 7 月第 7 期

43. 中国经济增长的产业结构效应和驱动机制 专著 北京大学 张辉 北京大学出版社 2013 年 3 月

44. 金融市场全球化下的中国金融监管体系改革 专著
北京大学 曹凤岐 经济科学出版社 2012 年 10 月

45. New York City Cab Drivers' Labor Supply Revisited: Reference-Dependent Preferences with Rational-Expectations Targets for Hours and Income 论文 北京大学 孟涓涓 *The American Economic Review* 2011 年 8 月

46. 上市公司大小股东关系：基于共生理论的研究 专著
北京工业大学 杨松令 中国经济出版社 2012 年 8 月

47. 中国外贸依存度和失衡程度的重新估算 论文
北京师范大学 李昕 《中国社会科学》 2013 年 1 月第 1 期

48. 个人所得税改善中国收入分配了吗——基于 1997—2011 年微观数据的动态评估 论文
北京师范大学 徐建炜 《中国社会科学》 2013 年 6 月第 6 期

49. 北京市新型城镇化问题研究 专著
北京市农村经济研究中心 郭光磊 中国社会科学出版社 2013 年 3 月

50. 促进北京市城镇居民收入增长的对策研究 调研报告
国家统计局北京调查总队 王军 北京市统计局、国家统计局北京调查总队 2013 年 1 月

51. 企业异质性与中国出口省际失衡研究 专著 中共北京市委党校 马相东 人民出版社 2012 年 3 月

政治学 9 项

52. 中国共产党与当代中国文化发展研究 专著 中国人民大学 杨凤城 中共党史出版社 2013 年 4 月

53. 网络空间威慑：报复是否可行 论文
对外经济贸易大学 董青岭 《世界经济与政治》 2012 年 7 月第 7 期

54. Ancient Chinese Thought, Modern Chinese Power　专著
清华大学　阎学通　普林斯顿大学出版社　2013 年 5 月
55. 中国的协商治理与人权实现　论文
北京大学　王浦劬　《北京大学学报》(哲学社会科学版)　2012 年 11 月第 6 期
56. 国际关系理论——从政治思想到社会科学　专著　北京大学　宋伟　上海教育出版社　2011 年 12 月
57. 我国基本公共文化服务：指标体系构建与地区差距测量　论文
北京师范大学　王洛忠　《经济社会体制比较》　2013 年第 1 期
58. 比较视野下中国现代化问题研究　专著　中共北京市委党校　马占稳　人民出版社　2011 年 9 月
59. 中共党史研究的人文性问题——兼论反思的"人文史观"　论文
中共北京市委党校　侯且岸　中共党史研究　2012 年 11 月第 11 期
60. 中共北方区委历史　专著　中共北京市委党史研究室　谢荫明　中共党史出版社　2013 年 5 月

教育学 17 项

61. 亲子沟通与儿童学业成就　专著　中华女子学院　池丽萍　北京师范大学出版社　2013 年 6 月
62. 有关大学章程认识的若干问题　论文　中国人民大学　秦惠民　《教育研究》　2013 年 2 月第 2 期
63. 新学校十讲　专著　北京市十一学校　李希贵　教育科学出版社　2013 年 1 月
64. 初中学校差异教学策略　专著
北京市海淀区教育科学研究所　吴颖惠　北京师范大学出版社　2012 年 5 月
65. 中国工程教育：国家现代化进程中的发展史　专著
清华大学　王孙禺　社会科学文献出版社　2013 年 4 月
66. The Formulation and Transition of China's Education Policy from 1978 to 2007: A Policy Discourse Analysis（中国教育政策的形成和变迁——一种政策话语分析）　专著
清华大学　文雯　Foreign Language Publications, The Ohio State University（俄亥俄州立大学外文出版社）　2013 年 5 月
67. Neural Correlates of Binding Features within-or Cross-dimensions in Visual Conjunction Search: An fMRI Study　论文　首都师范大学　魏萍　*NeuroImage*　2011 年 7 月
68. 严格科学地实现素质教育——教师的专业　论文
首都师范大学　宁虹　《教育研究》　2012 年 11 月第 11 期
69. 学生成绩提高的原理与策略——义务教育生产函数分析　专著
首都师范大学　薛海平　北京大学出版社　2011 年 11 月
70. 学校师生冲突的成因分析与对策研究——以微观政治社会学为理论视角的研究　专著
首都师范大学　田国秀　首都师范大学出版社　2012 年 11 月
71. 教育的"技术"发展史　论文　北京大学　郭文革　《北京大学教育评论》　2011 年 7 月第 3 期
72. 中国学前教育发展报告　专著　北京师范大学　庞丽娟　北京师范大学出版社　2012 年 1 月
73. 民办教育分类管理探讨　论文　北京师范大学　王善迈　教育研究　2011 年第 12 期
74. 中国特殊教育教师培养研究　专著　北京师范大学　王雁　北京师范大学出版社　2012 年 3 月
75. 我国义务教育阶段学生核心素养模型的建构　论文
北京师范大学　辛涛　《北京师范大学学报》(社科版)　2013 年第 1 期
76. 论教育发展方式的转变　论文　北京教育科学研究院　褚宏启　《教育研究》　2011 年 10 月第 10 期
77. 吴正宪教育教学文丛（四册）　专著
北京教育科学研究院　吴正宪　华东师范大学出版社　2013 年 1 月

法学 15 项

78. 短缺证据与模糊事实——证据学精要　专著　中国人民大学　何家弘　法律出版社　2012 年 11 月
79. 建设公正高效权威的社会主义司法制度研究（四卷本）　专著　中国人民大学　陈卫东　中国人民大学出版社　2013 年 3 月
80. 在华外国人犯罪的刑事法律应对　论文　中国政法大学　于志刚　《中国社会科学》　2012 年 6 月第 6 期
81. 追索海外流失文物的法律问题　专著　中国政法大学　霍政欣　中国政法大学出版社　2013 年 2 月
82. 现代财产法的理论建构　论文　中国政法大学　王卫国　《中国社会科学》　2012 年 1 月第 1 期
83. 《世界人权宣言》研究　专著　中国政法大学　孙平华　北京大学出版社/全国哲学社会科学规划办公室　2012 年 8 月
84. 建筑物区分所有权　专著　中央财经大学　陈华彬　中国法制出版社　2011 年 8 月
85. DNA 证据研究　专著　对外经济贸易大学　陈学权　中国政法大学出版社　2011 年 8 月
86. 不动产登记法研究　专著　清华大学　程啸　法律出版社　2011 年 8 月
87. 《侵权责任法》的基础构建与主要发展　论文　北京航空航天大学　龙卫球　《中国社会科学》　2012 年 12 月第 12 期
88. 法治的代价：法律经济学原理批判　专著　北京大学　凌斌　法律出版社　2012 年 12 月
89. 大学法治与权益保护　专著　北京大学　湛中乐　中国法制出版社　2011 年 8 月
90. 关于中国现阶段慎用死刑的思考　论文　北京师范大学　赵秉志　《中国法学》　2011 年 12 月第 6 期
91. 宋代禁约制度研究　专著　北京市社会科学院　万川　云南人民出版社　2012 年 8 月
92. 未成年人团伙犯罪研究　专著　北京市社会科学院　姚兵　中国人民公安大学出版社　2012 年 3 月

历史学 15 项

93. 中国与拜占庭帝国关系研究　专著　清华大学　张绪山　中华书局　2012 年 4 月
94. 秦西汉印章研究　专著　清华大学　赵平安　上海古籍出版社　2012 年 12 月
95. 北魏政治史（全九册）　专著　首都师范大学　张金龙　读者出版集团甘肃教育出版社　2011 年 11 月
96. 中世纪西欧基督教文化环境中“人”的生存状态研究　专著　首都师范大学　刘城　北京师范大学出版社　2012 年 3 月
97. 汉代监狱制度研究　专著　首都师范大学　宋杰　中华书局　2013 年 3 月
98. 河南早期刻画符号研究　专著　首都师范大学　袁广阔　科学出版社　2012 年 6 月
99. 《春秋》与“汉道”——两汉政治与政治文化研究　专著 北京大学　陈苏镇　中华书局　2011 年 9 月
100. 早期丝绸之路探微　专著　北京师范大学　杨共乐　北京师范大学出版社　2011 年 9 月
101. 四库全书馆研究　专著　北京师范大学　张升　北京师范大学出版社　2012 年 3 月
102. 姚广孝史事研究　专著　北京市社会科学院　郑永华　人民出版社　2011 年 7 月
103. 北京交通史　专著　北京市社会科学院　孙冬虎　人民出版社　2012 年 12 月
104. 北京水利史　专著　北京市社会科学院　吴文涛　人民出版社　2013 年 4 月
105. 梁启超传（上、下）　专著　北京市文学艺术界联合会　解玺璋　上海文化出版社　2012 年 10 月
106. 北京延庆古代寺观壁画调查与研究　专著　北京市文物局　范学新　北京燕山出版社　2012 年 12 月
107. 《苏日中立条约》与二战时期的中国及远东　专著　中国人民抗日战争纪念馆　曹艺　社会科学文献出版社　2012 年 4 月

管理学 17 项

108. 建设绿色大学，促进低碳发展——北京交通大学节约型校园建设模式　专著　北京交通大学　刘伊生　北京交通大学出版社　2012 年 10 月

109. 基本养老保险制度分析与评估——基于养老金水平的视角　专著
中国人民大学　李珍　人民出版社　2013年6月
110. 农民工住房：理论、实践与政策　专著　中国人民大学　吕萍　中国建筑工业出版社　2012年1月
111. 中国农民专业合作社运行机制与社会效应研究——百社千户调查　专著
中国人民大学　孔祥智　中国农业出版社　2012年4月
112. 董事网络与独立董事治理　专著　中央财经大学　陈运森　经济科学出版社　2013年4月
113. 北京市大兴区第三产业发展现状及趋势预测　专著
北京印刷学院　王关义　经济管理出版社　2011年7月
114. 企业内部控制系统——构建·运行·评价　专著
北京工商大学　杨有红　北京大学出版社　2013年2月
115. 从报表看企业——数字背后的秘密　专著
对外经济贸易大学　张新民　中国人民大学出版社　2012年7月
116. Testing the Moderating Effects of Toolkits and User Communities in Personalization: The Case of Social Networking Service　论文　对外经济贸易大学　王永贵 *Decision Support Systems*　2013年4月
117. 天禄琳琅研究　专著　清华大学　刘蔷　北京大学出版社　2012年9月
118. 上市公司终极股东双重控制链的生成及其演化机制——基于组织惯例演化视角的分析框架　论文
首都经济贸易大学　高闯　《管理世界》　2012年11月第11期
119. 中国生猪价格波动与调控机制研究　专著　北京农学院　何忠伟　中国农业出版社　2013年6月
120. 世界管理思想史　专著　北京师范大学　唐任伍　重庆大学出版社　2011年12月
121. 3G/4G时代中国移动通信业竞争与监管　论文
北京邮电大学　夏俊　*Telecommunications Policy*　2012年8月第7期
122. 外资机构在促进中关村创新发展中的作用研究　调研报告
北京市科学技术情报研究所　吴循　中关村科技园区管理委员会委托课题　2013年6月
123. 论中国土地政策参与宏观调控的传导机制——一个基于修正的IS-LM模型的理论诠证　论文
中共北京市委党校　刁琳琳　《中国土地科学》　2012年12月第12期
124. 水生态文明建设的区域合作机制研究　调研报告
北京市水务局　马东春　北京市水务局　2012年12月

语言文学15项

125. 分裂的想象　专著　中国人民大学　杨庆祥　北京大学出版社　2013年6月
126. 20世纪俄罗斯文学：思潮与流派（理论篇）　专著
北京外国语大学　张建华　外语教学与研究出版社　2012年10月
127. 语料库翻译学探索　专著　北京外国语大学　王克非　上海交通大学出版社出版　2011年12月
128. 汉译英翻译能力研究　专著　北京外国语大学　马会娟　北京师范大学出版社　2013年4月
129. 类型学视野的汉语名量词演变史　专著　北京语言大学　张赪　北京大学出版社　2012年8月
130. 现代汉语韵律与语法的互动关系研究　专著　北京语言大学　周韧　商务印书馆　2011年10月
131. 当代中国文艺学研究（1949—2009）　专著
首都师范大学　陶东风　中国社会科学出版社　2011年12月
132. 甲骨拼合续集　专著　首都师范大学　黄天树　学苑出版社　2011年12月
133. 陶渊明传　专著　北京大学　钱志熙　中华书局　2012年8月
134. 杜登德汉大词典　工具书　北京大学　赵登荣　北京大学出版社　2013年3月
135. 《浮士德博士》［德］托马斯·曼著　译著　北京大学　罗炜　上海译文出版社　2012年3月
136. 汉字学新论　专著　北京师范大学　李运富　北京师范大学出版社　2012年5月

137. 混血的生长：二十世纪八十年代（1976—1985）对西方现代派文学的接受　专著
北京联合大学　王德领　中国社会科学出版社　2011 年 8 月
138. 词语学要义　专著　北京航空航天大学　卫乃兴　上海外语教育出版社　2011 年 11 月
139. 三家子满语语音研究　专著　北京市社会科学院　戴光宇　北京大学出版社　2012 年 10 月

艺术学 · 新闻传播学 13 项

140. 古物新知　专著　清华大学　尚刚　生活 · 读书 · 新知三联书店　2012 年 9 月
141. 谁在网络中呼风唤雨：网络舆情传播的动力节点和动力机制研究　专著
中国人民大学　李彪　人民日报出版社　2011 年 11 月
142. 论群体传播时代个人情绪的社会化传播　论文
中国传媒大学　隋岩　《中国传媒大学学报》　2012 年第 12 期
143. 对中国问题剧传统的反思　专著　中央戏剧学院　陈敏　中国戏剧出版社　2012 年 7 月
144. 电视剧叙事艺术研究　专著　北京师范大学　张智华　中国电影出版社　2013 年 4 月
145. 电影声音艺术与录音技术：历史、创作与理论（第一辑）、（第二辑）　专著
北京电影学院　姚国强　中国电影出版社　2011 年 9 月、2012 年 5 月
146. 文化现代性的视觉表达：观看、凝视与对视　专著　北京大学　吴靖　北京大学出版社　2012 年 3 月
147. 宋代古琴音乐研究　专著　中央音乐学院　章华英　中华书局　2013 年 3 月
148. 中日韩古典舞蹈比较　专著　北京舞蹈学院　苏娅　文化艺术出版社　2012 年 8 月
149. 银幕上的乡土中国　专著　中国农业大学　李焕征　中国农业大学出版社　2013 年 6 月
150. 公共艺术与城市文化　专著　北京市社会科学院　李建盛　北京大学出版社　2012 年 1 月
151. 舞台上的新中国　专著　北京市社会科学院　高音　中国戏剧出版社　2013 年 6 月
152. 转向——中国电视生活服务节目之变迁　专著　北京电视台　于烜　清华大学出版社　2013 年 4 月

交叉学科 · 综合 8 项

153. 预防接种异常反应补偿机制研究　调研报告
中央财经大学　王俊　国家卫生计生委疾病预防控制局委托课题　2013 年 6 月
154. 发展测度论中国的实践与思考　专著　中国人民大学　彭非　中国社会出版社　2012 年 4 月
155. 医学人文学导论　专著　北京大学　张大庆　科学出版社　2013 年 4 月
156. 卫拉特高僧拉布紧巴 · 咱雅班第达研究　专著
中央民族大学　叶尔达　社会科学文献出版社　2012 年 8 月
157. 八次危机：中国的真实经验 1949—2009　专著　中国人民大学　温铁军　东方出版社　2013 年 1 月
158. 北京市村级卫生人力资源配置标图信息兜底调查报告　专著
首都医科大学　吕兆丰　北京出版社　2012 年 10 月
159. 工业遗产的保护与利用——创意经济时代的视角　专著
北京市科学技术情报研究所　张京成　北京大学出版社　2013 年 1 月
160. 信访立法可行性研究工作报告　调研报告
北京市信访矛盾分析研究中心　张宗林　北京市信访矛盾分析研究中心　2013 年 5 月

（北京市哲学社会科学优秀成果评奖委员会办公室供稿）

二、特等奖、一等奖成果简介

特 等 奖

《中国诗歌通史》（十一卷本）（专著）

首都师范大学 赵敏俐

人民文学出版社 2012年6月出版

《中国诗歌通史》是由首都师范大学赵敏俐、吴思敬教授主持，国内10余位著名学者参加的国家社会科学基金重点项目，经过近8年的精心编撰，2011年4月29日通过专家鉴定，2012年人民文学出版社出版。该成果共计11卷，分别是先秦卷、汉代卷、魏晋南北朝隋代卷、唐五代卷、宋代卷、辽金元卷、明代卷、清代卷、现代卷、当代卷和少数民族卷，每卷70多万字，总字数约819万。它贯通古今，包容汉民族诗歌和各少数民族诗歌，是迄今为止规模最大的一部名副其实的“中国诗歌通史”，它的研究和完成，具有重要的学术意义和文化意义。该通史叙述的范围包括古今中国各民族所有诗歌文体。该通史将中国诗歌按历史发展分为10卷，再增列少数民族诗歌1卷。每一卷内部，同样按照历史时期诗歌发展的时间线索，分别对诗、词、曲等各类诗体的发展演变过程进行详细的描述，综合展现中华民族诗歌的总体风貌。本成果为国家社会科学基金重点项目，全国哲学社会科学规划办2012年1月16日在《光明日报》“甘露无声润学林——2011年国家社科基金项目成果综述”一文中，将本成果作为2011年度全国哲学社会科学最具代表性成果予以介绍，称其为“它折射出2011年国家社科基金项目成果的亮丽风景”。2013年本成果获得政府出版奖提名奖。2014年，本成果获得了由岳麓书院、凤凰网、凤凰卫视联合主办的“首届全球华人国学大典国学成果奖”。

赵敏俐，男，1954年生，文学博士，内蒙古赤峰市人。现为首都师范大学文学院教授、博士生导师，教育部人文社会科学重点研究基地——首都师范大学中国诗歌研究中心主任，国家级重点学科中国古代文学学科带头人，首都师范大学中国国学教育学院院长，日本广岛大学客座教授。主要研究方向为中国古代诗歌、先秦两汉文学、中国古代文化。主要著作有《两汉诗歌研究》《文学传统与中国文化》《汉代诗歌史论》《先秦君子风范》《周汉诗歌综论》、《汉代乐府制度与歌诗研究》、《20世纪中国古典文学研究史》（合著）、《中国古代歌诗研究——从〈诗经〉到元曲的艺术生产史》（合著）、《中国诗歌通史》（主编兼汉代卷著者）、《中国诗歌史通论》（主编）等。

（首都师范大学社科处李志成供稿）

《中国散文通史》（十二卷本）（著作）

北京师范大学 郭预衡、郭英德

安徽教育出版社 2013年1月出版

郭预衡教授、郭英德教授主编，数十位学者通力合作撰写的12卷本《中国散文通史》，不仅填补了中国散文史研究领域的空白，为数千年中国散文史提供第一部完整的通史著作，而且有助于完整地认识中国古今散文的变迁以及整个中国文学的整体面貌，进而把握当今和未来中国散文的发展趋势。第一，该书篇幅宏大，内容丰富。目前已出版的20多部中国散文史中，字数最多，一是郭预衡教授独撰的《中国散文史》（157万字）；二是漆绪邦教授主编的《中国散文通史》（150万字）。而这套12卷本《中国散文通史》，总字数425万，在篇幅上大大超过以往的散文史著作。在现有的中国散文史中，绝大多数只讲古代散文，只有刘衍教授等合著的《中国散文史纲》（53万字），从先秦叙述到20世纪80年代。而《中国散文通史》则延伸到20世纪90年代，内容比《中国散文史纲》远为丰富详赡。第二，该书体例创新，通贯古今。《中国散文通史》采用全新的撰写体例，即“以时分卷，按类结构，依人展开”。“以时分卷”，指全书12卷，依据中国散文的历史发展过程，参照传统的文学分期习惯，依10个时段分卷，列为先秦、汉代、魏晋南北朝、隋唐五代、宋金元、明代、清代、近代、现代（2卷）、当代（2卷）各卷。“按类结构”，指在每一卷中，大致以论说文、记叙文、抒情文等若干文类为序，按文体依次分成若干章。“依人展开”，指在每一章中，大略按时代先后分为若干时期，依次评述这一时期该文体的代表作家和代表作品，具体而生动地展现该时期每一种文体的基本特色和嬗变轨迹。第三，该书材料丰富，论述深刻。《中国散文通史》吸纳了许多考古发现和文献整理的最新成果，以及海内外大量最新的学术论著，在丰富的原始资料和研究成果的基础上，有力地推进了学术研究的进展。

郭英德，男，北京师范大学文学院教授，中国古典文献学专业博士生导师，兼任北京师范大学文艺学研究中心副主任，复旦大学中国古代文学研究中心学术委员会委员，北京大学中国古典文献学研究中心学术委员会委员，中国社会科学院文学研究所《文学遗产》杂志编委等。1996 年被评为北京市“培养跨世纪理论人才百人工程”入选者，2000 年被评为国家教育部人文社会科学跨世纪优秀人才。曾任意大利那不勒斯东方大学亚洲系访问教授，日本京都外国语大学中文系客座教授，香港大学教育学院访问学者。主要研究方向：中国古代文学史，中国古典文献学，中国古典戏曲，中国古代文化。

（北京师范大学社科处刘娜供稿）

《中国教育大百科全书》（四卷本）（工具书）

北京师范大学　顾明远

上海教育出版社　2013 年 4 月出版

《中国教育大百科全书》是我国第一部专业性的教育百科全书。该书有以下基本特色：1. 着眼于中国教育改革和发展的基本点。针对当前我国教育还不甚适应国家经济、社会发展和人民群众接受良好教育要求的现状，通过多角度解析中国教育方针、《国家中长期教育改革和发展规划纲要（2010—2012 年）》等政策精神，系统阐述了构建中国特色社会主义现代教育体系的理论和实践，为教育改革和发展指点方向。2. 充分展现国内外教育研究的优秀成果。该书注重教育研究的原创性，倡导深入实践、立足国情的探索。在教育社会学、教育经济学、教育心理学、教育技术学、课程论、教学论、教育研究方法等内容中，都能看到中国学者研究的丰硕成果，展现了中国教育研究的学术创新品质。全书大批条目的释文中均同时介绍中外教育发展的内容和学科研究的前沿成果，在比较和对照中体现东西方教育的特点和差异，为解决中国教育问题提供启示与借鉴。3. 科研的工具，教学的助手。该书不仅汇聚教育学科的精深理论，而且收录了与教育教学实践密切相关的内容，兼具知识性和实用性，是教育研究人员、中小学教师、教育管理者和关注教育人士的案头常备用书。4. 便于阅读，易于查找。全书 700 余万字，1100 余条条目，设计有多种索引和附录。“分类条目表”以教育学分支学科为框架，读者即使不清楚具体的条目名称，也可从分类条目表中检索到自己的所需，并从宏观上了解教育学科概貌。5. 教育专科工具书中的一部力作。《中国教育大百科全书》集中展现了建国六十多年尤其是改革开放三十多年来我国教育科学的研究成果以及国际教育研究前沿，选目和释文尽量反映新思想、新观点，并突出了教育学科群日益丰富的时代特点。

顾明远，男，博士生导师、学者、教育家，1929 年出生于江苏江阴，毕业于苏联莫斯科列宁师范学院教育系。1998 年获曾宪梓师范教育一等奖，1999 年被北京市授予“人民教师”称号。代表作品有《鲁迅的教育和实践》《比较教育》《比较教育学》《教育学》等。现任中国教育学会会长、教育部社会科学委员会副主任等职。1991 年获全国优秀教师称号并获政府津贴及证书。《战后苏联教育研究》获国家教委人文社会科学研究优秀成果奖励办公室（教委社会科学司）颁发的人文社会科学研究优秀成果一等奖，《中国教育大系》获国家图书奖提名奖。《比较教育导论》获北京市第五届哲学社会科学优秀成果一等奖，《教育大辞典》获全国第二届教育科学优秀成果一等奖。《民族文化传统与教育现代化》获北京市第六届哲学社会科学优秀成果一等奖。《教育大辞典》获吴玉章奖一等奖，《国际教育新理念》获北京市第七届哲学社会科学优秀成果二等奖。《中国教育的文化基础》获教育部第四届高等学校哲学社会科学优秀成果一等奖。他主编的两部大型工具书《世界教育大系》和《世界教育大事典》，被誉为传世精品。

（北京师范大学社科处刘娜供稿）

《法律、资源与时空建构：1644—1945 年的中国》（五卷本）

中国人民大学　张世明

广东人民出版社　2012 年出版

《法律、资源与时空建构：1644—1945 年的中国》（第一至五卷），系张世明个人独著。写作历时 17 年，总计 300 多万字，分为导论卷、边疆民族卷、军事战争卷、司法场域卷、经济开发卷，在某种程度上可以说构成一部独力完成的新“清史”。在本书中，作者力图寻求以下诸方面的一些通则：一是学科之间的通则，不满足于单纯的所谓跨学科综合研究，致力知识型研究、探讨史学和法学等学科的底层语法规则。二是古今之间的通则，鉴古而知今。作者倡导的总体史研究固然在内容上强调多学科交叉的综合研究，但并非如通常人所想象的那样是包罗万象的历史。它与其说以内容上的综合型为特征，不如说是在揭橥一种以古今互视为研究趋向的方法。三是极力追求法律演变的规则，但不是采取结构主义的取向，而是力图将法律规则历史化。这种理解把历史与现实联系起来，在历史的时间和空间中理解法律。作者认为，对讲求情理法的中国特色法律的研究本身应该是情理法兼备的研究。本书按照费肯杰的推参阐述方法进行比较史学、中西汇通的研究作业，在借鉴吉尔兹文化阐释学的深度描写的方法的同时使得一种地方性知识能够趋向于一般理论。该书已经获得北京市法学会首届首都法学优秀成果特等奖等奖项。

张世明，男，1966 年生，2000 年获中国人民大学法学院攻读法学博士学位，2002 年晋升为中国人民大学教授、博士生导师。曾在德国马克斯普朗克知识产权、竞争法和税法研究所和弗赖堡大学法律系经济法研究所、美国普林斯顿高等研究院从事学术研究，现任教于中国人民大学法学院经济法教研室。曾获全国高等学校科学研究优秀成果奖（人文社会科学）二等奖、吴玉章基金科研一等奖等学术奖项，主要著作有《经济法学理论演变研究》（2002、2009）、《经济法基础文献会要》（主编，2012），并有英语、德语、法语关于法律研究方面的译著出版。

（中国人民大学科研处张玉洁供稿）

一 等 奖

《中国当代社会史》（著作）

北京师范大学　张静如、王树荫等

湖南人民出版社　2011 年 12 月出版

全书按照历史发展的时间顺序，将 1949 年至 2008 年的历史分为五卷研究，每卷分别从经济、政治、教育科技文化、阶级与阶层、社会组织和社会团体、家庭、社会生活和社会习俗、社会心理和社会意识、社会问题和社会保障等诸多方面展现新中国成立以来不同历史时期、不同社会方面发展变化的情况，全景式地研究了中国当代社会的全部风貌，探寻整个中国社会发展变化的轨迹。

其主要创新表现在以下三个方面：第一，社会史研究理念新；第二，写作体例新，该书依据学界关于当代中国历史分期的成熟划分，结合各卷作者研究所长，吸收学界前期积淀，对于中国当代社会历史做出了一个全面、概括性的描述；第三，史料的运用“新”和“广”。《中国当代社会史》的出版是学术界又一有分量的研究成果，具有重要的学术价值。第一，拓展了社会史研究的视域，为中共历史和当代中国史研究奠定了基础。第二，实事求是地触及和研究了当代中国的历史敏感问题和疑难问题，贯彻了实事求是的历史主义原则。该丛书没有回避“文化大革命”这个特殊年代的社会变迁和社会生活，以平实客观的叙事方式、中性严谨的学术话语为我们展现了“文化大革命”时期纷繁复杂的社会镜像。

张静如，男，研究生学历，北京师范大学马克思主义学院教授、博士生导师，北京师范大学高校党建研究中心主任。曾任全国中共党史学会副会长、李大钊研究会副会长、北京中共党史学会会长、国务院学位委员会学科评议组成员、国家哲学社会科学基金学科评议组成员、北京市政协委员。中央马克思主义理论研究和建设工程“加强党的执政能力建设研究”项目首席专家。发表学术论文 300 多篇，出版了《李大钊同志革命思想的发展》《北洋军阀统治时期的中国社会》《国民政府统治时期的中国社会》《中国共产党思想史》《毛泽东思想概论》《中共党史学》《唯物史观与中共党史学》《中国共产党通史》等 40 余部专著和教材。主持的“中共党史博士点教育教学改革与建设”项目获 2001 年北京市教育教学成果奖。1988 年 9 月获北京市高校系统“教书育人先进工作者”称号。1997 年 7 月被评为北京师范大学先进党员标兵。2006 年 7 月被评为北京师范大学优秀共产党员。

王树荫，男，1958 年 9 月生，北京师范大学马克思主义学院院长、教授、博士生导师、博士后合作导师，北京市高等学校（青年）学科带头人，首批入选北京市哲学社会科学“百人工程”，北京市教育创新标兵、北京市教学名师，教育部马克思主义理论研究和建设工程项目“中国共产党思想政治教育史”第一首席专家、北京市精品课程《中国共产党思想政治教育史》负责人。2000 年以来，出版专著、主编教材 15 部（套），发表学术论文 100 多篇，其中全文转载 20 篇。获北京市第十一届哲学社会科学优秀成果奖一等奖（合作）、第十二届哲学社会科学优秀成果二等奖、第六届高等学校科学研究优秀成果三等奖等奖励。主持马克思主义理论研究和建设工程教育部高等学校哲学社会科学重点教材编写课题、教育部哲学社会科学研究重大课题攻关项目；主持国家社会科学基金项目 2 项、教育部项目 3 项、北京市哲学社会科学重点项目 1 项等。

（北京师范大学社科处刘娜供稿）

《中国马克思主义大众化研究：历史进程和基本经验》（专著）

中共北京市委讲师团　课题组

中国人民大学出版社　2013 年 6 月出版

《中国马克思主义大众化研究：历史进程和基本经验》系北京社科基金重大项目成果，由中国人民大学出版社出版。该书由“中国马克思主义大众化研究”课题组共同执笔完成，市委宣传部副部长、巡视员、北京市社科联副主席崔耀中任首席专家，并承担主要写作及统稿任务。

该书具有较高的学术水平，得到国内许多知名专家的高度评价。有专家认为，“该书是到目前为止在这一问题中研究最系统、最有见地的科学成果”。该书被评为北京市哲学社会科学优秀成果一等奖，其前期部分成果在《人民日报》《光明日报》等刊物上发表。该书紧扣历史实践，突出问题意识，由马克思主义大众化历史进程和基本经验两个大部分组成，在重视历史经验的规律性总结的同时，科学回答了当前有关的重大的理论和实践问题，为新形势下进一步推进探索和创新马克思主义大众化的路径和方式提供了新的思路。此外，该书重视马克思主义大众化历史进程中的重要讲话、重要会议、重大事件等基本素材的挖掘、整理和使用，突出各个历史阶段上的马克思主义大众化的标志性事件和成果，也使得写作成果具有文献的意义和价值。

该书由“中国马克思主义大众化研究”课题组共同执笔完成，成员包括崔耀中、吴倬、程恩富、郭建宁、秦宣、倪德刚等，崔耀中任首席专家，并承担部分写作及统稿任务。

崔耀中，男，1955 年 5 月生，政治学专业研究生学历，中共北京市委宣传部副部长、巡视员、北京市社科联副主席。主持完成 2007 年度国家社科基金重大课题“我国主流网站建设的发展战略研究”、2011 年度北京市社科基金重大项目“中国马克思主义大众化研究”，获北京市哲学社会科学优秀成果一等奖；主持创编 50 集大型电视系列片《正道沧桑——社会主义 500 年》《中国故事——中华文明五千年》等；发表理论、新闻、文学作品 500 余万字。主持创办宣讲家网站、百姓宣讲、《大讲堂》等。

（中共北京市委讲师团刘小丰供稿）

《苯教史纲要》（专著）

中央民族大学　才让太等

中国藏学出版社　2012 年

该书第一次详细梳理了苯教文献关于世续苯教即原始苯教的零星记载，考察了古代象雄周边的政治和地理环境，追踪了源自冈底斯山的古代文明与周边古代文明之间的互动轨迹和传播路径，提出了藏族文明的起源是古代苯教，苯教的起源是古代象雄文明，而古代象雄文明的起源是冈底斯山地区的古代文明，这个文明远远早于佛教在青藏高原的传播。

因为佛经文献的影响，藏学界对象雄的认识仅仅局限在公元七世纪佛教传入吐蕃时期的象雄，其疆域只有如今西藏西部的阿里一带，本书作者通过对苯教原始文献的发掘和利用，为学术界提供了一个更加宽阔的象雄的地理概念，即远古的象雄包括了以穹窿银城为中心的里象雄、以当惹琼宗为中心的中象雄和以琼波六峰山为中心的外象雄三个部分，这三个象雄的地理范围囊括了几乎整个今天的西藏自治区的地理范畴。

通过敦煌文献和后世的有关文献，本书作者试图重新勾勒雍仲苯教的发展和演变，辛绕弥沃的传记以及对后世的影响，确认了辛绕弥沃的存在以及在苯教历史上的地位，通过对大食沃摩隆仁和象雄沃摩隆仁之间的分裂的分析，阐释了沃摩隆仁的产生及其因为受到佛教影响而产生演变，和沃摩隆仁的概念的完善进一步完成了雍仲苯教临终关怀的最后形成。

才让太，男，1958 年 9 月生，曾先后在青海省海南藏族自治州民族师范学校、青海民族学院少语系任教。1987 年 3 月至 2006 年 7 月，在中国藏学研究中心从事苯教研究。2006年7月至今，在中央民族大学藏学研究院任教，并担任院长，教授，博士生导师。专业特长：藏族宗教史研究。出版《苯教史纲要》等专著，主编《苯教文献丛书》（藏文版，共四部）、《诺尔布丛书》（藏文版，共三部）等丛书。先后用藏、汉、英、意大利文发表学术论文40余篇，获得省部级科研成果奖励五次。

（中央民族大学科研处供稿）

《自由摹状词理论研究》（著作）

首都师范大学　冯　艳

人民出版社　2012年3月出版

像"《红楼梦》的作者"、"引起水星轨道摄动的那颗行星"等短语被称为限定摹状词。限定摹状词可分为空的和非空的两类。弗雷格、罗素等人都对限定摹状词有所研究并提出其摹状词理论，他们的研究在逻辑哲学领域备受关注。由于弗雷格、罗素等人的理论侧重从经典逻辑角度来处理限定摹状词，而经典逻辑包含存在假设，不能处理包含空词项的语句，这使得他们对限定摹状词的处理有很大局限性。20世纪50年代，一个新兴的哲学逻辑分支——自由逻辑得以产生。自由逻辑抛弃了经典逻辑的存在假设，允许空词项作为语句中合式的项出现，为限定摹状词研究提供了新的逻辑工具。在自由逻辑的基础上，逻辑学家提出多个自由摹状词理论的系统，开辟了限定摹状词研究的新天地。

冯艳副教授的《自由摹状词理论研究》一书阐明了自由摹状词理论产生的理论背景和逻辑基础，对自由摹状词理论的历史发展进行了系统、全面的考察，并在原有理论基础上积极进行理论创新，提出新的逻辑理论。此前，国内外还没有学者对自由摹状词理论进行如此系统、深入和全面的综合研究，此项研究填补了该领域的空白，具有重要的理论意义和应用价值。

冯艳，女，1975年9月生，河北省沧州市人，北京大学哲学博士，现为首都师范大学文学院副教授，中国逻辑学会应用逻辑专业委员会副秘书长。主要研究方向：哲学逻辑与逻辑哲学、语义学。在《哲学研究》《哲学动态》等刊物发表学术论文十余篇，其中代表性论文有《一个自由模态的摹状词理论LFM-DTK》《自由逻辑中的存在问题》等。出版专著《自由摹状词理论研究》、《常用汉字语义研究》（上、下册），出版译著两部，参编著作三部。主持或参加国家社科基金项目、教育部项目多项。成果《自由摹状词理论研究》入选2011年度《国家哲学社会科学成果文库》。著作《自由摹状词理论研究》获得北京市第十三届哲学社会科学优秀成果奖一等奖。

（首都师范大学社科处李志成供稿）

《心灵秩序与世界历史——奥古斯丁对西方古典文明的终结》（专著）

北京大学　吴　飞

上海三联书店　2013年2月出版

本书是以奥古斯丁的《上帝之城》为主要线索，对奥古斯丁基督教思想的一个全面研究。作者认为，在罗马城陷落之际，奥古斯丁重新整合古典哲学资源与基督教信仰，全面颠覆了西方古典的文明理想，在宇宙观、人性论、历史哲学、政治哲学等几个领域都改写了西方思想，塑造了中世纪乃至现代西方思想的基本形态。本书的重点，是通过对奥古斯丁总体哲学框架，特别是其时间理论、善恶观念的分析，来把握他最微观的人性观和最宏观的世界历史之间的关系。而其难点则在于，由于《上帝之城》规模浩大，头绪纷繁、内容极为丰富，研究者往往很难以一个或几个概念来把握其总体内容。作者尝试从时间理论入手，切入其人性观和历史观，把奥古斯丁研究中的两个传统结合起来，试图从总体上把握奥古斯丁的基督教哲学。

吴飞，男，1973年生，河北肃宁人，北京大学哲学系教授、副系主任、博士生导师。主要研究领域是基督教哲学、宗教人类学，已出版著作《浮生取义——对华北某县自杀现象的文化解读》、《麦芒上的圣言》、《自杀与美好生活》等，译有《上帝之城》等。曾被评为北京大学十佳教师。

（北京大学社会科学部供稿）

《西方社会运动理论研究》（著作）

中国人民大学　冯仕政

中国人民大学出版社　2013年4月出版

社会运动研究在西方是一个横跨社会学、政治学、经济学、传播学等多个学科的专业领域，其理论成果对研究中国社会中的动乱、运动、革命、群体性事件以及政治秩序和社会稳定等问题具有重要的参考价值。本书在充分掌握第一手文献的基础上，在国内首次仔细地梳理西方社会运动研究中各主要理论流派的发展脉络和基本理念，以及因此而来的分析思路、理论假设和概念框架，同时揭示各个流派的优长、局限和彼此间的批判与继承关系，是对西方社会运动研究成果的一个全景式检阅。全书共七章。第一章是全书的导论和总纲。第二章讨论集体行为论。第三章讨论资源动员论。第四章讨论政治过程论。其理论内容涉及政治机会结构、国家政治与社会运动的关系、社会运动对策略的选择与国家的应对、社会运动的结局和影响等问题。第五章对这些内容进行系统的梳理和阐发。第六章所讨论的新社会运动论则属于西欧传统。本章首先回顾马克思主义的阶级斗争理论，然后从理论兴起和议程、代表性理论和人物等方面对新社会运动论进行介绍。第七章是对全书的收束，内容包括总结西方社会运动研究的演变规律，指出西方社会运动研究的最新发展趋势，并结合当前中国社会转型的实际，展望西方社会运动研究在中国社会研究中的应用前景。

冯仕政，男，1974 年生，重庆市忠县人。2001 年中国人民大学社会学系博士毕业并留校任教，现为中国人民大学社会与人口学院社会学系教授。主要从事政治社会学、组织社会学、社会分层与流动、社会治理与政治秩序等领域的研究。在《社会学研究》和美国《亚洲研究学刊》等刊物上发表论文 20 余篇，著有《再分配体制的再生——杰村的制度变迁》《当代中国的社会治理与政治秩序》《西方社会运动理论研究》等书。主持国家社科基金和省部级课题多项工作。曾获北京市第八届哲学社会科学优秀成果二等奖、霍英东教育基金高等院校青年教师奖（研究类）、高等教育国家级教学成果奖等奖励。入选北京市新世纪社科理论人才“百人工程”和教育部新世纪优秀人才支持计划。

（中国人民大学科研处张玉洁供稿）

《以利为利：财政关系与地方政府行为》（专著）

北京大学　周飞舟

上海三联书店　2012 年 2 月出版

这是一本从社会学视角研究地方政府行为的专著。作者利用近十年间的实地调研资料，采用文献分析和个案分析的方法，从地方税收、农民负担、土地财政和城市化等与政府行为密切相关的领域研究地方政府行为的特点，对于理解当代的经济社会发展、“中国模式”以及宏观经济社会政策具有重要的参考意义。本书的核心观点“土地、财政、金融三位一体的城市化模式”是对理解当前中国发展道路的理论补充，在“比较优势”理论、“地方竞争”理论、“锦标赛”理论的基础上丰富了对于中国经济增长和社会发展道路的理解。在学术价值方面，本书以社会学的研究方法、从财政的视角切入对地方政府行为进行了实证研究，填补了社会学领域内政府行为研究的一项空白。

周飞舟，男，1968 年生，山东桓台人，北京大学社会学系教授、博士生导师。研究方向：发展社会学、经济社会学、中国社会史。1998 国务院发展研究中心与中共中央政策研究室合作的“农科教改革与发展战略研究”课题组成员，研究项目为国家自然科学基金资助项目“我国农科教改革与发展战略研究”，该项目获发展研究一等奖。著有《制度变迁和农村工业化：包买制在清末民初手工业发展中的历史角色》等，发表论文数十篇。

（北京大学社会科学部供稿）

《大金融论纲》（著作）

中国人民大学　陈雨露、马勇

中国人民大学出版社　2013 年出版

在对 2008 年国际金融危机进行全面反思的基础上，《大金融论纲》明确提出并全面论证了“大金融”命题，为系统重建金融和实体经济共同稳定发展的新型理论框架奠定了重要基础。《大金融论纲》所提出的“大金融”理论体系，强调宏观理论和微观理论的系统整合，金融和实体经济的和谐统一，一般规律和“国家禀赋”的有机结合。这种理论和现实紧密融合的思想和做法，有助于以一种更加全面、系统和贴近现实的方法论来构建新的金融理论框架，并形成对一国长期金融发展具有重要指导意义的政策指南。较之已有研究，《大金融论纲》具有以下三个方面的理论贡献：一是基于“大金融”命题提出了新的金融学方法论；二是从“效率性—稳定性—危机控制能力”三个基本维度构建了新的理论分析框架；三是结合中国的“国家禀赋”特征，提出了新的“大金融”发展战略。前两个方面的贡献有助于形成和推动新的、更具解释力的金融分析理论、原则与方法，而第三个方面的贡献则为中国在未来全面构建高效而稳定的新型金融体系提供了“蓝图式”的政策设计。

陈雨露，男，籍贯广东澄海（今汕头市），1966年11月生于河北藁城，中国人民大学财政金融学院教授、经济学博士、博士生导师，现任中国人民大学校长，曾任北京外国语大学校长，兼任中国国际金融学会副会长，中国金融学会副秘书长、常务理事，中共北京市第九届党代会代表。代表性学术著作有《国际收支均衡分析》《现代金融理论》《国际金融》《现代金融》《风险管理实务》《货币与金融经济学前沿》《货币理论与政策》《货币经济学手册》等。曾获全国优秀青年教师奖，霍英东教育基金优秀教师奖，专著《国际资本流动的经济分析》获北京市第五届哲学社会科学优秀成果一等奖，专著《欧元与国际货币竞争》获安子介国际贸易优秀著作奖。

（中国人民大学科研处张玉洁供稿）

《网络虚拟货币研究》（专著）

中央财经大学　孙宝文

中国人民大学出版社　2012年2月出版

随着互联网技术的迅猛发展和经济一体化进程的加快，网络经济中诞生了新的支付工具与交易媒介：电子货币与网络虚拟货币。迅猛发展的网络虚拟货币，对商品购买、金融支付、电子商务、货币流通等社会经济活动产生了广泛而深刻的影响，成为了学界与政府部门的关注焦点。从而，以网络经济为切入点对虚拟货币展开研究，具有重要的理论意义和现实价值。

本研究的核心是建立起一个关于虚拟货币的运行过程与性质判定的分析框架。在此基础上，对虚拟货币的产生与发展状况、虚拟货币的定义与分类、虚拟货币的运行过程和性质、虚拟货币的需求和供给机制、虚拟货币对于现实经济系统的影响、虚拟货币面临的法律问题、虚拟货币面临的风险和监管等进行了研究，并进一步对虚拟货币的发展进行了展望。

本研究的主要创新之处是建立了一套以虚拟货币运行过程为基础的理论分析框架，具体包括：第一，提出了一套全新的虚拟货币分类与命名体系，特别是提出并区分了单向支付工具与双向支付工具，它能够有效地判定虚拟货币的性质。第二，系统分析了虚拟货币的运行过程和性质，提出了交易媒介的充分必要条件。第三，用潜在剩余收益和交易费用权衡折中原理分析了虚拟货币有关交易关系和契约结构的经济学意义。第四，提出了个体性财富和社会性财富、分存性财富与统存性财富的区分，并以此为基础分析了虚拟货币的法律属性和风险。

孙宝文，男，1964年9月出生，河北平泉人，教授，博士生导师。1986年7月毕业于东北大学计算机科学系无线电技术专业，获工学学士学位。1989年毕业于东北大学计算机应用专业，获工学硕士学位。2004年毕业于中央财经大学国民经济学专业，获经济学博士学位。现任中央财经大学科研处处长、校学术委员会委员、校学位委员会委员、教育部电子商务专业教学指导委员会委员、北京市经济学研究总会理事、财政部教材编审委员会委员。1998年被评为北京市优秀青年骨干教师，2005年入选教育部“新世纪优秀人才支持计划”。

（中央财经大学科研处供稿）

《“十二五”前期价格上涨趋势和主要影响因素研究》（专著）

北京工商大学　李朝鲜

经济科学出版社　2013年6月出版

本书主要介绍了“十二五”前期我国价格上涨趋势的经济背景，选择了影响我国价格总水平上涨较为突出的有代表性的典型市场进行研究，如货币市场、劳动力市场、房地产市场、农产品市场、金属市场、能源市场、物流市场等，运用大量图表、文字和数据详细阐述了各分市场目前的价格波动状况、未来价格趋势等，并以价格为因变量对影响各市场价格波动的因素作了具体实证分析。最后，就如何控制各分市场的价格波动、防止价格过快增长提出了相应的政策建议。

本书对“十二五”前期价格上涨趋势和主要影响因素分析的研究，有助于进一步把握我国市场的基本情况，发现反映我国价格总水平的各分市场之间的联动作用，预测各分市场乃至我国价格总水平的未来波动趋势。在中国社会主义市场经济不断完善和全球经济一体化的背景下，本书的研究成果可以为宏观经济管理部门的工作提供理论支撑，为政府完善宏观价格调控机制提供指导方向，以加快建设以价格为核心的市场经济体系。

李朝鲜，男，四川人，1958年9月出生，1976年8月参加工作，经济学博士，教授，博士生导师，享受国务院政府特殊津贴专家。曾任北京商学院统计系副主任、主任，财经系主任；北京工商大学经济学院院长，教务处处长等职。兼任国家商务部市场运行调控专家、国内贸易部有突出贡献的科学技术管理专家；中国商业统计学会常务理事、全国市场调查研究会常务理事、北京市统计学会常务理事；获评北京市属市管高校高层次人才、北京市拔尖人才、北京市高等学校学科带头人。主要研究方向为宏观经济统计分析、商业景气分析与预警研究、价格波动研究、现代服务业量化研究。目前主持国家社科基金重大项目1项，主持并完成国家社科基金重点项目1项，一般项目3项，其他省、部级项目5项，横向课题5项；发表论文66篇，出版专著12部；获北京市哲学社会科学优秀成果一等奖一项、二等奖三项。

（北京工商大学科学技术处供稿）

《中国对外开放史》（三卷本）（著作）

对外经济贸易大学　孙玉琴等

对外经济贸易大学出版社　2012年12月出版

本书内容涵盖从两汉至今两千余年的中国对外开放史。第一卷内容为从两汉到鸦片战争前中国古代的对外开放史。主要包括各个时期对外开放社会经济基础；中国对外开放孔道的形成、发展与转移；各时期对外开放政策及其演进及绩效。近代部分主要涉及各阶段被迫输入型及自主性对外开放政制度的演进。第二卷为近代中国的对外开放史。主要包括近代对外经济贸易制度变迁；利用外资与对外贸易的变化；不同时期对外开放的宏观经济效应。第三卷为新中国对外开放史。以1978年改革开放为界分为两部分，第一部分为新中国成立后前30年对外开放的历程，主要对新中国成立后至改革开放前对外经济关系发生发展的背景、过程、效果等方面进行梳理和分析。第二部分为改革开放以来的对外开放史，主要研究对外开放政策的演变，重点探讨了对外贸易体制改革、利用外资、对外投资及对外经济援助政策的变迁，对外经贸方式、规模、结构的变化及成效，并对对外开放与贸易增长、经济增长的关系进行实证分析。本书的研究不仅有助于丰富中国对外开放研究的文化宝库，而且为相关的理论研究提供了一定的实证基础，有助于对外开放、国际经济学理论的深化。本书同时有助于推动对外开放社会共识的形成，以有益于进一步提高我国对外开放水平、建设开放型经济体系。

孙玉琴，女，籍贯北京，1965年10月生，1986年9月至1989年6月首都师范大学历史系（经济史专业）硕士研究生。1989年7月任教于对外经济贸易大学。2000年9月—2004年12月于对外经济贸易大学国际经济贸易学院（国际贸易专业），博士研究生。专业特长为经济史、贸易与经济增长方向。现出版有多部专著、教材及研究论文，其中具有代表性的有《中国对外体制改革的效应——贸易制度创新与贸易增长、经济增长研究》《中国对外贸易史》等。

（对外经济贸易大学科研处供稿）

《中国期货市场的规范与发展》（专著）

首都经济贸易大学　祝合良

社会科学文献出版社　2012年11月出版

期货市场因其具有价格导向和风险转移的经济功能而成为现代市场体系的重要组成部分。在中国期货市场二十多年的发展过程中，既有成功的经验，也有失败的教训。如何进一步规范和发展中国的期货市场，更好地发挥期货市场应有的经济功能，是中国经济发展和市场体系建设过程中需要认真研究的重大问题，更是期货界关注的重大问题。基于这样的现实需求，本书对中国期货市场的规范与发展进行了协同研究。

该书认为，从理论与历史相结合的角度来看，随着中国经济的不断发展和国际竞争力的不断提高，中国期货市场在国民经济发展中的地位将进一步提升，期货市场的价格发现功能和套期保值功能将进一步完善。目前我国期货市场在国际期货市场上的影响力仍相对有限，必须加快发展我国期货市场，增强我国对大宗商品的“话语权”。为了防范中国期货市场的操纵的行为，需要加强中国期货市场的规范与监管工作。如可以建立“双通道”风险预警系统以有效地加强我国商品期货市场的风险管理。要加大对期货交易违法犯罪行为的规制，构建开放条件下的中国期货市场监管体制。为此，要消除制约我国期货市场发展的不利因素，政府要采取措施促进中国期货市场的发展，提高中国期货市场的国际竞争力。

祝合良，男，1966年8月出生，湖南衡阳人，现为首都经济贸易大学经济学院二级教授，博士生与博士后导师，产业经济学学科负责人。现为首都经济贸易大学科研处处长，兼任首都经济贸易大学中国流通研究院院长，中国品牌研究中心主任、中国黄金市场研究中心主任。主要从事流通经济、黄金产业与期货市场、品牌运营与管理方面的教学与研究工作。主持过国家自然科学基金、国家社会科学基金、商务部委托项目、教育部出国留学基金、北京市社科基金和北京市教委人文社会科学基金、北京市委组织部优秀人才专项基金项目等20余项课题的研究工作。现已出版各类著作26部，发表论文105篇。代表性著作有：《开放条件下的中国工业化》《中国期货市场的规范与管理》《现代商业经济学》《期货市场理论与实践》《期货市场精要》《黄金市场投资精要》《战略品牌管理》等。

（首都经济贸易大学科研处供稿）

《希腊古代经济史》（上、下编）（专著）

北京大学　厉以宁

商务印书馆　2013年6月出版

本书是一部以希腊古代经济史为考察对象的专著，分上下两编。上编研究希腊城邦制度的兴起和解体，下编研究三个希腊化王朝（安提柯王朝、塞琉古王朝、托勒密王朝）的建立和衰亡过程。本书认为，希腊城邦社会在世界史上是独一无二的，自由民中的贵族和平民之间的矛盾始终是城邦社会的基本矛盾。本书还分析了希腊文化和东方文化的部分融合，产生了希腊化文化。本书的特点之一是时空范围广阔，上起公元前3000年的爱琴文明，下抵公元30年埃及托勒密王朝为罗马所灭；而空间范围则囊括地中海周围，甚至东到印度河流域。另外一个特点就是内容广泛，是熔经济、政治、社会等于一炉的全面的古代希腊的历史。本书的最大特点，就是它不只是综合各家研究成果、对希腊古代历史的全面讲述，而且是根据具体材料，精心研究的重大理论创新之作。

厉以宁，男，1930年生，江苏仪征人，著名经济学家，中国经济学界泰斗。北京大学社会科学学部主任，北京大学光华管理学院名誉院长、博士生导师，中国民生研究院学术委员会主任，中国企业发展研究中心名誉主任。七、八、九届全国人大常委，七届全国人大法律委员会副主任，八、九届财经委员会副主任；第十、十一届全国政协常委、经济委员会副主任，第十二届全国委员会常务委员会委员。主持了《证券法》和《证券投资基金法》的起草工作，曾获“孙冶方经济学奖”、“金三角”奖、国家教委科研成果一等奖、环境与发展国际合作奖（个人最高奖）、第十五届福冈亚洲文化奖——学术研究奖（日本）、第二届中国经济理论创新奖等。因论证倡导我国股份制改革，被尊称“厉股份”。世界公仆领袖联谊会指导老师，中国经济年度人物终身成就奖。

（北京大学社会科学部供稿）

《论古典经济学的市民性质——马克思市民理论再探讨》（论文）

北京师范大学　沈　越

《经济研究》　2013年第5期发表

论文是沈越教授从事30多年的马克思市民理论研究的系列成果之一。提出并证明以往将古典经济学的性质视为资产阶级的，也源于误译。论文的主要创新和学术价值是：第一，首次提出并证明古典经济学及西方经济学的基本性质是市民的（或中产阶级的），推而广之，西方主流意识形态基本性质也应该是市民的。第二，分析了原著中市民等级（中产阶级）概念在商品经济社会的历史地位。这从源头上澄清了以往将其划归资产阶级范畴中的错误，进而将阶级斗争扩大化的根源。第三，把后马克思主义划分为西方、俄苏和日本马克思主义三大分支。因中国马克思主义原来是俄苏马克思主义的一个分支，中译本的误译来自俄译本。第四，分析了将市民误译为资产阶级的原因。第五，发现马恩没有使用过“商品经济”概念，其著作中与之等值的是“市民经济”等概念。第六，将马克思的“市民化”（verbürgert）理解为一个国家现代化在制度上的演进过程。第七，提出资本主义与社会主义都是市民社会的特定历史形式观点，前者是西方现代化的具体形式，后者则是中国实现现代化的具体形式。第八，提出市民社会与资本主义之间的三重关系：一是从历史和逻辑上讲，市民社会都是资本主义的前提；二是资本主义发展促成了西方现代市民社会的形成；三是马克思生前并未出现的现象，即市民社会又是制衡资本主义盲目发展的重要力量。第九，提供了正确翻译马恩著作中市民与资产阶级术语、并便于操作的技术路径。

沈越，男，北师大经管学院教授，博士生导师。北京市经济学总会常务副会长、秘书长；中华外国经济学说研究会副秘书长（分管学术研究工作）；北京市跨世纪理论人才“百人工程”人选；中国友好和平发展基金会理事。荣誉与奖励：1. 北京市第二届哲学社会科学中青年优秀成果奖（1992）。获奖项目：马克思市民经济思想研究。获奖成果：1）《资产阶级权利应译为市民权利》，《天津社会科学》1986 年第 4 期，《新华文摘》1986 年 11 期全文转载；2）《马克思市民经济思想初探》，《经济研究》1988 年第 2 期；3）《市民社会辨析》，《哲学研究》1990 年第 1 期。2. 北京市第六届哲学社会科学优秀成果二等奖（2000）。获奖项目：德国社会市场经济理论研究。获奖成果：《德国社会市场经济探源》，北京师范大学出版社 1999 年版。

（北京师范大学社科处刘娜供稿）

《共同体的进化》（专著）

中国人民大学　张康之、张乾友

中国社会科学出版社　2012 年 5 月出版

《共同体的进化》是一部通过对共同体的演进史进行历史考察并努力发现人类社会走向的研究著作，该书试图从共同体的视角去审视当前人类所面临的困境，以及走出困境的出路。该书努力追求社会科学研究视角的转换，希望从“共同体”而不是“社会”的视角出发去重新审视人类历史。研究发现，与人类历史的农业社会、工业社会和后工业社会相对应的有三种共同体形式，它们分别是“家元共同体”、“族阈共同体”和“合作共同体”。通过这一概念创新，发现了人类社会治理是与共同体的性质一致的。在历史上，家元共同体的解体和族阈共同体的生成过程也是以风险社会的形式出现的，通过社会革命和管理型社会治理模式的建构，人类走出了风险状态，从而进入了工业社会凯歌行进的历史时期。现在，人类之所以再一次进入风险社会，是因为工业社会正在受到后工业化和全球化的冲击，这意味着人类正在走向后工业社会。在这一次历史转型过程中，必然要实现族阈共同体的解体和合作共同体的生成。合作共同体的建构意味着社会治理模式的变革，是一场通过服务型政府建设去营造一个和谐和合作的社会的过程。所形成的研究结论是：近代以来的资产阶级政治学和哲学理论对于工业社会及其族阈共同体的建构是具有积极意义的，但是，随着工业社会发展到了顶峰后，随着人类呈现出后工业化的迹象后，这些理论的缺陷也就暴露了出来，因而，需要通过合作治理理论的提出去解决人类当前所遇到了诸多问题。本书努力去对合作治理理论加以规划，努力去发现合作治理理论转化为合作行动的可能性。

张康之，男，江苏铜山县人，1957 年 9 月生，中国人民大学公共管理学院教授，教育部长江学者特聘教授，享受国务院政府特殊津贴，发表学术论文 400 多篇，出版专著、教材 20 多部。主要从事公共行政学、政治学和组织理论研究，开拓了中国的行政伦理学科，提出了“服务型政府理论”，对“任务型组织”和“合作制组织”作出了开创性研究。

（中国人民大学科研处张玉洁供稿）

《冷战与新中国外交的缘起 1949—1955》（专著）

北京大学　牛　军

社会科学文献出版社　2012 年 1 月出版

本书作者为国际关系学院牛军教授，主要研究 1949—1955 年中华人民共和国（以下简称新中国）对外政策的提出、发展和形成等与冷战之间的互动关系。该书研究的是一个跨学科的课题，在研究方法上将历史学的方法与国际政治的有关研究方法相结合，在严谨、充分地展示历史进程的同时，借助国际政治研究中的中层理论如决策理论、认同理论、国际关系的层次分析等，重点分析了该时期的重大事件，揭示新中国外交思想、对外政策、对外关系等与冷战进程之间的相互影响，特别是对东亚地区冷战格局的重大影响。这本书利用国内外多边的最新档案，对一些重要的历史事实做了新的考证、补充，并对一些历史事件作出了新的解释。

牛军，男，北京大学国际关系学院外交学与外事管理系教授，副系主任，中美关系史研究会秘书长，北京太平洋国际战略研究所特约研究员。研究领域：中国外交决策研究、中华人民共和国对外关系。著有《从延安走向世界：中国共产党对外关系的起源》，该书 1992 年由福建人民出版社出版，获《第七届中国图书奖》和 1991—1992 年度《华东地区优秀政治理论图书一等奖》。该书已译成英文，由美国 Eastern Bridge 出版公司出版。发表论文《中国崛起：梦想与现实之间的思考》等数十篇。

（北京大学社会科学部供稿）

《中国近现代教科书史》（上下册）（专著）

首都师范大学　石　鸥

湖南教育出版社　2012 年 12 月出版

这部百余万字的巨著，以 1949 年为界分上下两册，视域宏阔地呈现了中国近现代中小学教科书发展的全过程。上册系统阐述1840—1949年中小学教科书发展过程，有“国门开放与西学教科书之引进（1840—1896）、中国近现代教科书之开端（1897—1911）、中国现代教科书之定型（1912—1927）、教科书审定制度的确立和特色教科书（1903—1927）、教科书的模式化时期（1927—1937）、国统区和沦陷区的教科书（1937—1949）、共产党领导的根据地教科书（1927—1949）”七章内容。下册系统阐述1949—2010年中小学教科书发展过程，有“新中国初期的教科书（1949—1957）、教科书的放权探索与品质提升（1958—1966）、新中国教科书之变异（1966—1976）、教科书的恢复与发展（1976—1986）、教科书多样化的制度启动与实践探索（1986—2000）、教科书的繁荣发展时期（2000—2010）、少数民族文字教科书的发展”七章内容。全书在研究视角、资料发掘、框架构建、线索梳理以及一些重要问题的分析等方面都颇有创意，呈现出的三个特点尤为突出：

1. 翔实的第一手史料。2. 全方位的研究视角。3. 图文并茂，可读性强。

石鸥，男，1956年7月出生于湖南省新宁县。1996年评聘为教授，曾任教育部湖南师大基础教育课程中心主任、湖南师大教科院院长、教务处长、研究生处长、研究生教育学院院长。现任首都师范大学教育学院特聘教授、博士生导师，国家基础教育课程教材专家工作委员会委员，全国教育实验研究会副理事长，全国教学论专业委员会副主任委员，教育部教育学专业指导委员会委员，享受国务院政府特殊津贴，国家级教学名师。主要从事课程教学、基础教育课程改革等研究，其教科书研究成果在全国引起了较大的学术反响。主持国家级精品课程一门，获教育部高等学校教学成果一等奖1次。

（首都师范大学社科处李志成供稿）

《全球化时代的高等教育：市场的挑战》（专著）

北京大学　蒋　凯

北京大学出版社　2013年2月出版

本书主要采用理论分析和国际比较方法，辅以实地调研和访谈，对高等教育市场、民营化、分权、问责制和跨境高等教育的内涵、类型、特征进行了细致的阐述，考察了上述高等教育政策和实践的理论基础和推动力量，结合有关理论对各项政策和实践的影响、存在的问题及其限度进行了深入的分析。书中深入系统地研究了全球化对高等教育政策和实践的影响，探讨了各政策之间的内在联系，分析了这些政策和实践的影响以及存在的问题和限度，并提出了一些具有原创性的学术观点，立足于发展中国家研究者的立场，在批判性分析的视野下，融合理论分析与比较研究，揭示全球化时代高等教育发展的主要趋势，开辟了全球化与高等教育研究的一种新路径。

蒋凯，男，北京大学教育学院副教授，院长助理、教育与人类发展系系主任，兼任中国教育学会中青年教育理论工作者分会副理事长、比较教育分会理事、全国高等教育学专业委员会副秘书长暨理事、全国教育基本理论专业委员会委员、“香港大学—斯普林格比较教育研究丛书”国际顾问编委。入选教育部“新世纪优秀人才支持计划”，获霍英东教育基金会青年教师基金，获选中美富布赖特访问研究学者。主要研究领域为高等教育原理、比较高等教育、教育基本理论。在《教育研究》、《北京大学学报》（哲社版）、Asia Pacific Journal of Education等期刊发表论文六十余篇，主编中英文书籍多部。曾获教育部第六届高等学校科学研究优秀成果奖（人文社会科学）三等奖、北京市第五届教育科学研究优秀成果奖一等奖等奖励。

（北京大学社会科学部供稿）

《美、英、日、印四国学前教育体制的比较研究》（上、下）（著作）

北京师范大学　霍力岩等

北京师范大学出版社　2013年3月出版

《美、英、日、印四国学前教育体制的比较研究》（上、下）是国内首次对国外学前教育体制问题的系统研究，在问题研究与国别研究相结合、方法研究与指标研究相结合、循证研究与因素分析相结合、个案研究与比较研究相结合、基础研究和应用研究等方面做出了积极贡献，为我们了解世界其他国家学前教育体制的发展和经验提供了丰富翔实的材料。本书主要在三个方面体现出创新性。第一，研究问题的选择具有创新性。该著作是以学前教育体制为研究对象进行系统的比较研究。研究问题的选择具有创新之处。著作选择四个有代表性国家的学前教育体制问题进行系统的比较研究，并将四国学前教育体制的重要经验与我国学前教育的现实结合起来，对我国学前教育事业的发展提出政策建议，具有开拓性和创新性，具有较高的理论价值。第二，比较分析框架的建构和运用具有创新性。基于对国内外特别是国际权威教育政策体系和学前教育指标体系的分析比较，著作中建构了一个包括性质、地位、价值与功能，办学体制与机构类型，管理体制模式，财政投入模式，师资建设模式5个方面，相对完整又可以操作的包括三级指标的学前教育体制比较分析框架，并在研究中自觉地运用这一比较分析框架展开系统研究，得出了关于各国学前教育体制的有价值的结论，更得出了四国学前教育体制比较研究后的有价值的结论。第三，主要研究结论具有创新性。在对四国各自学前教育体制进行系统的描述和解释的基础上，著作对四国学前教育体制的具体类目进行并置、比较和分析，着重从学前教育的性质，学前教育的地位，学前教育的功能；学前教育的办学体制和机构类型，多元主体办学的具体特点；中央政府与地方政府在学前教育管理权限的分配，学前教育主管部门与相关部门职权划分；中央与地方政府学前教育财政投入分担模式，学前教育经费来源，学前教育财政预算，学前教育财政投入总量的变化趋势；幼儿教师的身份定位，幼儿教师的工资待遇和社会地位，幼儿教师培养和资格制度，幼儿教师的在职培训等方面得出关于四国学前教育体制不同模式及其各自特点的研究结论。

霍力岩，女，北京师范大学教授，博士生导师，幼儿教育专家。参加编著的高校文科教材《比较教育》获全国高校优秀教材国家二等奖；独立编著的高校文科教材《学前教育评价》获北京师范大学优秀教材二等奖。

（北京师范大学社科处刘娜供稿）

《北京教育史》（专著）

北京师范大学　俞启定

学苑出版社　2011年12月出版

全书50万字，上溯远古，下迄共和国建立前夕，按历史阶段分为10章。是迄今为止最为全面系统的研究北京教育史的专著。

首先是作为千年古都的“首善”之区，教育事业虽未见得总是最先进的，但始终是处于全国领头和辐射地位。这里有全国最高学府兼有教育行政功能的国子监和国子学（清末则是京师大学堂），只有在京师才有的各种官办专业学校，北京地方学校也是高度发达，书院、社学、私学一应俱全，办学条件比较优越，科举取士的倾斜也是明显的。总之，北京教育受中央政权控制和关照的色彩更浓厚，教育实施注重规范性、高标准，以体现对全国的示范性。民国建立后，北京成为新文化运动的中心和“五四”爱国运动的策源地，教育改革全面开展，蔡元培在北京大学的改革在全国产生了重大影响，北京的高等教育在全国名列前茅。古代北京的另一重要特色是一直处于中华多民族杂居的地理位置，是中土与塞外各民族沟通交汇的重要枢纽。特别是在作为首都的大部分时间（辽、金、元、清），北京是在少数民族政权治下。处于民族间政治斗争和文化融会旋涡的中心，北京的教育事业必然具有受多民族影响的开放性、融会性。例如辽金元具有民族区别又有共性之处的科举措施，金代的女真学、元代的蒙古学、清代的八旗学校等，都是与传统中土学校（国子学、地方儒学）同时并举的民族特色学校，相互间又多有融会贯通的举措。可谓当今以“包容”自豪的北京精神之滥觞，这也是了解和研究北京教育史的重要意义之所在。

俞启定，男，教授，博士生导师。研究领域：中国教育史、职业技术教育学。1981年研究生毕业于北京师范大学教育系，于国内首批获得教育学硕士学位和博士学位。中国职业技术教育学会理事、科研工作委员会常务理事。主编《中国教育简史》多媒体教材包，2001年获北京市高等教育教学成果一等奖。其中《源远流长的中国教育》VCD系列光盘，先后获第四届全国优秀教育音像制品一等奖和第三届国家音像制品奖。按专题结构改编“中国教育简史”网络课件，2007年被评为国家精品课程。

（北京师范大学社科处刘娜供稿）

《当代中国私法进程》（专著）

中国政法大学　柳经纬

中国法制出版社　2013年4月出版

本书不同于一般的私法（民商法）学论著，并非对具体民商事法律制度构建的探讨，而是一部基于私法的特定视角关注和思索当代中国法治问题的论著。作者从民商事立法、民商事司法解释、公众权利意识的觉醒和维权行动、法人制度和土地权利制度的演变以及民法学理集结研究和对西方私法的借鉴等多个层面，以翔实的文献资料，对中共十一届三中全会以来私法制度、私法理念和私法秩序的发展演变过程，进行了深入细致的梳理，从一个侧面为读者展示了当代中国法治发展的历程以及存在的问题。

作者充分肯定了当代中国改革开放以来私法的巨大进步。在私法制度上，立法机关先后制（修）定了婚姻法、继承法、民法通则、合同法、特权法、侵权责任法以及公司法、票据法、保险法、海商法、证券法、信托法等民商事法律，彻底改变了“无法可依”的状态，各项民商事法律制度基本形成。在私法价值理念上，逐渐摒弃了对私权神圣和私法自治（契约自由）的批判态度，并且随着立法的进步，逐步确立了私权神圣和私法自治的理念。在私法秩序上，通过私法理念对民事司法的渗透和公众权利意识的逐渐增强，有力地促进了私法秩序的形成。

然而，作者通过对当代中国社会现实的观察，也表示了对私法未来存在的某种“不确定性”的担忧。例如，《物权法》的颁行并不能有效遏制城市化进程中的暴力拆迁行为。中国虽然建立了较为健全的私法制度，但未能形成良好的私法秩序。在中国这样一个缺乏私法传统的社会，公权力的强大与私权的弱小，仍然是一个客观的存在。当代中国私法伴随着改革开放得以兴起和发展，是改革开放的产物。因此，私法的未来，最终仍有赖于体制改革尤其是政治体制改革的不断前行！

（北京市哲学社会科学优秀成果评奖委员会办公室供稿）

《刑法客观主义与方法论》（专著）

清华大学　周光权

法律出版社　2013年6月出版

周光权教授的《刑法客观主义与方法论》一书对刑法客观主义如何影响方法论进行了深入研究，并对某些具体问题的研究路径进行了深入思考。这种兼顾体系性思考与问题性思考的研究进路，将问题性解决放置于客观化、精巧化、实质化的体系性理论研究之中，凸显出刑法基本立场与方法论问题的重要性。本书的创新在于：1. 凸显刑法的基本立场与刑法方法论的重要意义。刑法客观主义至少强调三点：客观构成要件的绝对重要；必须先客观后主观；心可能将传统上对主观要素的判断还原为对客观要素的判断。由此，客观归责论在方法论上的合理性就得以凸显。强调先客观判断必须优先进行，肯定客观归责理论的理论价值，除能够保证理论自身的圆满融洽之外，还能够使某些错案的防止有依托。上述主张都不只是一种理论上的表态，而是涉及坚持法治观念的问题。2. 刑法客观主义方法论在刑罚适用中具有同样重要意义。在刑罚论上客观主义主张一般预防和报应论，据此，刑罚的目的是一般预防，刑罚正当化的根据在于报应。客观主义中的禁止不利评价原则，包括了禁止定罪上的重复评价和过度评价；也包括禁止量刑上的不利宣告和重复评价。3. 贯彻刑事一体化的理念。本书将刑法基本立场、方法论和程序法杂糅在一起进行研究，源于本人对刑事程序法的特殊情结，以及在实务部门挂职锻炼的经历。而在刑法学上，如果不考虑刑事诉讼本书主要从刑法客观主义与证据运用部分进行了展开。本书指出，对于非法证据排除，通常的思路是根据刑事诉讼法的规定进行研究。但是，如何实现刑法基本立场的转变，以及程序观、证据意识的转变，杜绝非法证据在今后继续出现至关重要。对属于刑法和刑诉法交错的领域的非法证据排除问题，从刑法学角度进行思考，会有新的收获。

总起来讲，本书倡导刑法客观主义理念，对于中国刑法学的完善具有重要意义；本书紧密结合司法实务分析问题，倡导刑事一体化理念，对于刑法学研究方法的多元发展具有启发性；本书提倡对具体问题的解决，问题意识深厚，对于司法实务上处理相关疑难问题能够提供有益的指导。

（北京市哲学社会科学优秀成果评奖委员会办公室供稿）

《批判民法学的理论建构》（专著）

北京大学　薛　军

北京大学出版社　2012年1月出版

全书分为四个主要部分，分别关注并且系统介绍了社会变迁与民法理论范式的转变、法律行为的基础理论问题、人格权基础理论研究和民法典编纂的理论问题等。第一编中对中国民法的主流话语模式进行了反思和批评；第二编主要讨论了法律行为的合法性问题，作为立法概念的法律行为以及作为学理概念的法律行为的区分问题，以及相应的法律行为立法模式，还对法律行为理论作了知识考古学分析，以及处理了在汉语法律术语中的译名选择问题；第三编讨论了人格权的基本理论模式，一般人格权以及关于法人人格权问题，人格的保护是法律体制的根本任务；第四编讨论了理想层面上的民法典编纂的价值基础问题，也就是说我们的民法典应该表现出何种鲜明的价值判断。

薛军，男，1974 年生，江苏如皋人，北京大学法学院教授、博士生导师，北京大学法学院民法研究中心、竞争法研究中心研究人员。意大利 Trento 大学法学院“中国法”课程特聘教授。湖南大学法学院罗马法系研究中心执行主任。研究领域为民法、商法、比较法、罗马法，2009 年获司法部优秀论文二等奖，著有《批判民法学的理论建构》、译著《埃塞俄比亚民法典》、《学说汇纂》（第 48 卷）、《意大利法概要》、《罗马政制史》（第 1 卷）等，发表论文数十篇。

（北京大学社会科学部供稿）

《秦汉社会意识研究》（著作）

中国人民大学　王子今

商务印书馆　2012 年 9 月出版

《秦汉社会意识研究》注重多层面多角度考察秦汉社会意识，研究内容包括：“秦德”——秦汉社会政治意识考察的一个标本；秦代专制主义体制与“忠”的社会意识导向；《吕氏春秋》“大忠”“至忠”宣传与秦代“忠”观念的社会普及；汉代社会政治思想体系中“忠”的地位；汉代社会意识中的“和合”观；《太平经》“和合”意识探讨；汉代“得民和”理念的社会意识史分析；汉代儒学的神学色彩及其社会影响；秦汉时期法家的命运；“四皓”故事与道家的关系；汉代早期道教对社会政治生活的参与和干预；《焦氏易林》的社会思想史研究；汉代民间的“苍天”崇拜；汉代民间的西王母崇拜；论秦汉雍地诸畤中的炎帝之祠；汉代“蚩尤”崇拜；秦汉人的乡土意识；秦汉社会的“富贵”观；睡虎地《日书》甲种“以见君上数达”解；秦汉镇墓方式及其意识背景；汉代社会的向学意识与读书生活；战国秦汉时期商学和兵学对社会意识的综合影响；西汉长安的太学生运动。在研究方法方面，《秦汉社会意识研究》重视传世文献资料和考古文物资料的结合。有关汉代社会意识中“忠”的地位的讨论，发掘了汉碑资料中有关“忠”的信息；有关西王母崇拜和“蚩尤”崇拜的社会意识表现，也取用了汉代画像中的信息；有关汉代民间“苍天”崇拜以及睡虎地《日书》甲种“以见君上数达”的论述，则以出土简牍资料与文献资料相结合；对于秦汉镇墓方式及其意识背景的分析，利用了画像资料以及镇墓兽、镇墓俑及石刻文字等多种文物资料。

王子今，男，河北武安人，1950 年 12 月生。西北大学历史系毕业，历史学硕士。现任中国人民大学国学院教授、博士生导师，国务院学位委员会第六届学科评议组历史学组成员。学术兼职：中国秦汉史研究会顾问，中国河洛文化研究会副会长，中国岩画学会副会长，北京大学历史学系兼职教授。曾任中共中央党校文史教研部教授，北京师范大学历史系教授，香港科技大学人文学院访问教授。出版《秦汉交通史稿》《秦汉区域文化研究》《睡虎地秦简〈日书〉甲种疏证》《古史性别研究丛稿》《秦汉社会史论考》《秦汉时期生态环境研究》《秦汉边疆与民族问题》《秦汉称谓研究》等学术专著 30 余种，发表学术论文 620 余篇。

（中国人民大学科研处张玉洁供稿）

《中古医疗与外来文化》（专著）

北京大学　陈　明

北京大学出版社　2013 年 3 月出版

本书以中古时期的医疗与外来文化的关系为论述核心，讨论医学领域中的宗教交流、外来的医学理论和药物、医方与中医的密切互动、世俗社会通过医事对胡人及外来宗教的态度、丝绸之路的医药交流与贸易等问题。这些问题的深入探究可以增进对中外医学文化关系史的认识，加深对中古时期的中医发展、社会生活和宗教文化多层面的理解，并且有助于建构中古日常社会生活史和物质文化史的新面貌。本书史料宏富，对细节之详尽考证与微观的精细研究贯穿全书始末，体现了作者跨学科研究的良好意识以及扎实沉潜的学风。本书不仅吸收了国内以“内史”为主的医学史研究优点，又深入开拓了“由外及内”的研究新格局；同时对全球医疗史的研究，提供了中古中国与域外医学文化关系研究的新篇章，为日渐兴盛的生命医疗史研究做出了力所能及的贡献。

陈明，男，湖南人，北京大学外国语学院南亚系教授、系主任、博士生导师。其研究领域是东方医学文化史，印度文化与文学，佛经语言与文献。他撰有三部学术专著及发表学术论文五十余篇。论文研究方向是印度古代医学文献。学术兴趣延伸到梵汉佛教文献的对勘研究，以及印度古代文学对中国的影响。著有《印度梵文医典〈医理精华〉研究》《殊方异药：

出土文书与西域医学》《敦煌出土胡语医典〈耆婆书〉研究》等。

（北京大学社会科学部供稿）

《春秋战国的社会变迁》（上、下）（专著）

北京师范大学 晁福林

高等教育出版社 2011年9月出版

华夏文明的产生、发展和演变是中国古代史研究中的重大课题。在近四十载的学术生涯中，晁福林教授始终勉力从宏观角度勾勒中华文明的进程，试图对华夏文明的发展有总体性的了解。全书探讨的主要问题有：1. 春秋战国时期社会政治历史的演进。主要研究了春秋战国时期社会政治历史的发展变迁，并将这一变迁追溯至西周晚期的“共和行政”来予以梳理。2. 春秋战国时期社会经济的发展与社会生活的进步。主要分析了春秋战国时期社会生产力发展的具体表现，目的是进一步探讨春秋战国时期的社会形态。3. 春秋战国时期社会性质的演变。重点探讨了春秋战国时期土地赋税制度的变化，以及宗族与社会阶层的变化。4. 春秋战国时期社会结构与社会制度的变动。本书探讨了春秋战国时期郡县制、军制、礼制的变化，意在阐明由宗法社会向编户齐民时代过渡时期社会结构与制度方面的特点。全书的主要研究特点是：进一步剖析春秋战国时期的社会形态。将春秋战国社会置于华夏文明发展的总体脉络当中进行研究，揭示春秋战国社会的独特性和在中国历史发展过程中的作用、影响。注重理论探讨。本书涉及春秋战国时期社会形态的研究。在以往的研究中，一种现象是对历史普遍性模式的追求，强调共性、规律性，但是难以在普遍模式与中国具体历史事实之间找到有机关联。本书在研究中，尽力破除模式对历史解释的束缚。重点研究了春秋战国时期生产力的发展以及田制方面的变化，说明了由宗法封建制向地主封建制转变的社会基本动因。

晁福林，男，中国著名先秦史专家，教授，博士生导师。北京师范大学历史学院教授，兼任苏州大学社会学院历史学系教授。并担任国务院历史学科评议组成员。主要研究方向为中国古代史先秦史，“无奴派”五家（黄现璠、张广志、胡钟达、沈长云、晁福林）之一 。主张中国历史没有经过奴隶社会，认为夏商为氏族封建制社会，西周和春秋为宗法封建制社会，战国后逐渐进入地主封建制社会，对中国先秦社会性质进行了深入探讨，见解独到，突破“五种生产方式”的束缚，很有启发意义。《先秦民俗史》一书获北京市第七届哲学社会科学优秀成果二等奖；《先秦社会形态研究》一书获第三届郭沫若中国历史学奖提名奖；主编的《中国古代史》教材被评为2006年北京高等教育精品教材。

（北京师范大学社科处刘娜供稿）

《北京考古史》（专著）

北京市文物研究所 宋大川

上海古籍出版社 2012年12月出版

《北京考古史》的立意于2010年初步提出，2011年开始组织从事北京考古的一线工作者们着手编写，2012年初获得北京市哲学社会科学规划项目重点项目的立项支持，2012年底完成并在上海古籍出版社出版。

一、研究意义：截至目前，国内外关于考古史的研究较少，其中国外具有代表性的为保罗·G. 巴恩所著《剑桥插图考古史》，国内关于全中国的考古史研究以阎文儒先生所著《中国考古学史》为代表，关于区域性考古史的研究以拱玉书先生所著《西亚考古史（1842—1939）》、刘俊勇先生所著《大连地区考古学史研究（1895—2005）》为代表，另外还有以单个遗址为研究对象的《殷墟考古史》（段振美著）、以某个历史阶段为研究对象的《中国史前考古学史研究（1895—1949）》（陈星灿著）。上述关于考古学史的研究要么是概要性的，主要以重要考古发现为研究对象；要么以某一地区、某一阶段、某一遗址为研究对象，缺乏以省、市、自治区的所有考古发现为研究对象的考古史。本课题致力于填补中国考古学史研究方面的空白，进而向人们展示古代北京的政治、经济、文化等社会社会生活的方方面面，阐述历史发展、进步的规律，同时对于深入了解和研究北京地区的古代民族、文化特征和年代分期都具有重要意义。《北京考古史》有助于更好地认识北京考古工作的发展过程，同时也能在回顾与前瞻、反思与总结中不断明确北京考古未来的发展方向。

二、主要内容、基本思路、研究方法：本课题以北京市考古发生以来主要是建国六十年来的考古成果为研究对象，分为史前考古、商周考古、春秋战国考古、汉代考古、魏晋南北朝隋唐考古、辽代考古、金代考古、元代考古、明代考古、清代考古等10卷系统地对北京市的考古史进行总结，对所有的考古发现进行评述，总结每个时期的阶段特点，从而建立起北京地区的考古编年体系，以丰富的史料、深入的分析和客观的论述，帮助读者正确理解北京考古学的形成、发展和繁荣，全面展示北京考古的辉煌成就，并借此究明古代北京考古学文化的历史变迁，探讨考古学文化的地域性、时间性的特征。

三、重点、难点和创新之处：经过几十年的发展历程，北京的考古资料浩如烟海，如何对这些资料进行系统的梳理、整合并进行研究，对课题组成员是一个巨大的挑战。不但如此，目前北京地区的考古编年体系还没有完全建立起来，如何对资料的性质和年代进行把握也是一种考验。

本课题的创新之处在于，集合一个省、市、自治区的考古学者对本地区所有的考古发现以史学的视角加以观察、评述，既是一个地区的考古通史，又可以作为断代史，不但能为今后的考古工作提供借鉴，而且可以尽可能地厘清以前考古工作中存在的种种疑问与悬案。

（北京市哲学社会科学优秀成果评奖委员会办公室供稿）

《综合交通运输体系研究——认知与建构》（专著）

北京交通大学　荣朝和

经济科学出版社　2013 年 5 月出版

该书 2013 年由经济科学出版社出版，是教育部哲学社会科学研究重大课题攻关项目“中国综合交通运输体系研究”的最终成果。该书从分析运输业发展的历史进程、世界交通运输领域发生的主要变化以及我国运输业发展与改革目前面临的主要问题入手，通过建立包括经济时空分析、公共管理和系统论等学科的分析框架，深入探讨了综合交通运输及其体系的本质与演变趋势，并在深化认知和广泛国际对比的基础上提出了包括基础设施、运营及服务、企业及组织和政策及体制四个层面的综合交通运输体系建构思路。该书对于推进我国交通体制改革，深化交通政策研究，改进交通规划方法等方面都具有重要意义。

荣朝和，1953 年生，北京交通大学经济管理学院教授、博士生导师。中国铁道学会经济专业委员会委员、中国地理学会经济地理专业委员会委员、《中国铁道科学》编委会委员、《交通运输系统工程与信息》编委会委员、高校铁路特色专业教学指导委员会委员、国务院学位委员会学科评议组成员、北京市学位委员会学科评议组成员。从事运输经济理论与政策、产业组织理论的教学和科研工作。主持多项国家自然科学基金、国家社会科学基金和省部级重大研究项目，最近 10 年发表约百篇论文，出版多部著作和教材，曾分别获北京市哲学社会科学优秀成果奖、铁道部科技进步奖、铁道部优秀教材奖，主讲国家级精品课程《运输经济学》，并获国家教学成果二等奖。

（北京交通大学人文社会科学处供稿）

《会计报表的缺陷与重构——以会计报表衍生体系为基础的企业信息体系再造》（专著）

北京工商大学　谢志华

人民出版社　2012 年 11 月出版

人们常感受现行的会计报表难以读懂，会计报表的有用性难以满足预期需要。为什么在发达国家看懂会计报表已经成为一种全民的需求？我们面临的困境是：一方面，人人都有了读懂会计报表的现实需求；另一方面，会计报表晦涩难懂，更为重要的是即便读懂了现用的会计报表，仍然不能满足报表使用者的全部需求，会计报表确实必须进行改革。尽管会计报表一直在进行改进，但时至今日，以资产负债表、利润表和现金流量表为主体的会计报表，从满足会计信息用户特别是全民需求的角度看，仍然存在七大缺陷。会计报表只有针对这七大缺陷进行实质性的变革，才能真正发挥其应有的作用。

本书正是针对现用会计报表的缺陷，对会计报表体系进行重构，并且找到了会计报表的衍生规律。掌握和利用这种规律，重构会计报表体系，才使得会计报表不仅能够满足会计信息用户的要求，而且实现会计报表通俗易懂、识读简便的境界。更令人欣喜的是，循着会计报表的衍生规律，人们可以自行创造满足个性需要的报表。

该书出版以来，在实务界及学术界具有很大的反响，许多企业依据该书的思路来加强或构建以决策为核心的企业会计信息管理模式。

谢志华，男，湖南益阳人，北京工商大学党委常委、副校长，会计学教授，博士生导师，享受国务院特殊津贴专家，财政部“会计名家”人选，财政部管理会计咨询专家、商务部内贸专家和政策专家，教育部工商管理学科指导委员会副主任委员。主要研究领域为：国有资产管理与国企改革、公司治理及其实现模式、资本经营与投资评价、企业经营者收益分配的理论与方法、预算整合与整合预算、基于风险识别与控制的会计报表体系构建等，研究成果处于全国先列，并为数家大型国有企业实践广泛应用。在《会计研究》《审计研究》等刊物上发表论文300多篇，出版书籍著作达40多本，含专著8本。其中《会计报表的缺陷与重构》获得北京市哲学社会科学优秀成果一等奖。

（北京工商大学科学技术处供稿）

《中国企业转型升级若干问题的调研报告》（专著）

对外经济贸易大学　林汉川等

企业管理出版社　2013年出版

该报告聚焦中国企业转型升级战略中提升企业国际化经营与中小企业竞争力两项重大问题，通过调查研究，撰写了15篇对我国企业转型升级具有前瞻性战略性和针对性可操作性的调查研究报告。其中第一部分包括中国工业绿色转型的国际经验借鉴与发展策略；当前我国外商直接投资方式的新变化及对策；加快改善我国企业不合理出口贸易结构选择与对策建议；我国企业对外直接投资绩效影响因素与战略选择；当前国外对华贸易壁垒的新趋势和应对措施；我国机床企业通过海外并购促进产品升级的新鲜经验及其推广策略；外资侵蚀我民族品牌加剧与民族产业发展需予支持的调研报告；国际品牌成长驱动因素实证研究等内容。第二部分主要包括我国小微企业面临的严峻困境及战略转型；珠三角中小企业国际化经营环境影响因素与对策；发展“新三板”市场创建我国高技术企业融资新平台；完善中小企业集合债融资创新模式；创新与完善小额贷款公司破解小微企业融资难；发展融资租赁促进中小企业转型升级；中小型房地产企业面临风险与应对策略等内容。该调研报告已被多位中央领导批示或被相关部门所采纳，为“推动我国企业转型升级，提升国际竞争力”这一重大战略决策提供了高质量的智力支持，为政府决策提供了创新性的政策思路与解决方案。

林汉川，1949年2月生，经济学博士，博士生导师，享受国务院政府津贴专家。现任对外经济贸易大学校长顾问、特级教授、校学术委员会副主任、校学位委员会副主任，兼任中国工业经济学会副理事长等职。已公开发表论文200多篇，出版专著教材20多部，其中在《中国社会科学》《经济研究》《管理世界》等权威期刊发表80多篇；已主持或完成11项国家级项目，教育部重大课题攻关项目1项；获得孙冶方经济科学奖、北京市委市政府人文社科一等奖、蒋一苇企业改革与发展学术基金优秀著作奖、武汉市政府社科优秀成果一等奖、湖北省政府人文社科二等奖、商务部优秀成果二等奖，以及国家级优秀教学成果二等奖、北京市政府优秀教学成果一等奖、全国教学科学优秀成果奖等省部级以上科研与教学奖励23项；有多篇研究报告得到中央领导批示，或被国家社科基金《成果要报》采用。

（对外经济贸易大学科研处供稿）

《北京中心城人口疏解与新城发展机制研究》（专著）

首都经济贸易大学　赵秀池

经济科学出版社　2011年10月出版

该著作的主要内容及主要观点包括：1. 对北京市中心城与新城的优质公共资源配置现状分析。2. 北京市人口分布现状和人口疏解情况分析。3. 北京中心城功能疏解现状和疏解机制。4. 新城成长机制和制约北京中心城人口疏解的主要因素。5. 香港与美国的经验借鉴。6. 实现北京中心城人口和功能疏解的政策建议。（1）疏解原则：政府引导、市场机制；先建后疏，区域平衡；先近后远，居业联动；旧城固守，新城增量。（2）疏解重点：外来人口是中心城人口疏解的重点；北京中心城应重点疏解教育、医疗等城市功能；完成中心城与新城功能的对接。（3）政策建议：通过高标准建设新城，均衡配置优质公共资源，疏解北京中心城人口和功能；加大中心城向外的推力；增强新城的吸引力。

该专著源于北京市社科联重点决策咨询课题“加快推进优质公共资源均衡配置，促进城市中心区人口和功能疏解”的最终课题成果。曾被评为北京市优秀调研成果，并得到时任北京市市长郭金龙同志及北京市住建委、北京市住房保障办公室等相关领导的批示。相应建议也已纳入《北京市十二五规划》、《加大力度缓解交通拥堵工作的意见》以及各专项规划中。

赵秀池，女，1965年6月出生，河北省辛集市人。首都经济贸易大学教授，曾任土地资源与房地产管理系系主任。主要研究领域为城市经济、房地产经济。先后主持北京市西城区重点商务楼宇效能研究、北京市东城区“十二五”人口疏解专项规划及申请式疏散研究、北京地区青年教师住房保障研究、核心区保护性改造研究、加快推进优质公共资源均衡配置促进城市中心区人口和功能疏解等多项课题。出版《北京中心城人口疏解与新城发展机制研究》《房地产营销师教程》《物业管理理论与实务》等多部著作，发表《北京市优质公共资源配置与人口疏解研究》《经济适用房良性循环机制研究》《粮价 盐价与房价调控的比较》《北京中心城人口与功能疏散的国际经验借鉴》等数十篇论文。

（首都经济贸易大学科研处供稿）

《面向世界城市的北京发展趋势研究》（专著）

北京大学　李国平

科学出版社　2012 年出版

本书由李国平、王立、孙铁山、刘霄泉、曹红阳、吴爱芝等人编著完成，本书为全景展现未来北京，开展了诸多分析预测工作，以期为北京市及其相关部门制定世界城市发展战略、首都经济圈发展战略、区域经济社会发展战略等提供决策支持。书中分别从经济社会发展，人口、资源、环境，城市空间发展等方面对北京城市发展现状进行分析，并对北京建设世界城市的发展趋势进行判断。本书的主要创新和学术价值体现为以下三个方面，一是系统阐述了北京建设世界城市的经济模式和空间模式，二是系统研究了北京市域及京津冀区域协同发展问题，三是采用了多学科的综合研究视角和研究方法。

李国平，男，1961 年生，黑龙江省拜泉县人，北京大学政府管理学院教授、博士生导师，城市与区域管理系主任，现兼任中国区域科学协会秘书长、中国地理学会副秘书长、北京市人民政府顾问。主要从事经济地理学的研究与教学工作。1999 年以来，在教学与教学研究领域内获得国家高等教育教学成果二等奖、北京市高等教育教学成果一等奖、北京大学优秀教学奖等在内的各项奖励 6 项。编著面向 21 世纪课程教材《经济地理学》。主持国际合作项目两项，国家自然科学基金、国家软科学研究项目各一项，北京市软科学研究项目以及国家教委项目十余项，参与国家重大研究项目多项。在《地理科学》《地理研究》等刊物上发表数十篇学术论文。

（北京大学社会科学部供稿）

《基于单字的现代汉语词法研究》（专著）

北京大学　王洪君

商务印书馆　2011 年出版

本书收录了王洪君先生 1994 年至 2011 年发表的 18 篇论文，论文大多发表在本领域核心刊物上。本次结集出版，在每篇论文后增加了补记，说明各篇论文的写作背景、写作过程、主要思路和必要的补正。以单字为研究基点，全书分为语法词法、语音词法、理论阐述与在对外汉语教学中的应用三大部分。本书从理论上阐述了不同语言中语音、语法两层面各自单位层级中的最小交汇点，并在语法语词语音等方面都有所创新。本书为语言学理论、汉语本体研究、汉语信息处理、对外汉语研究等多领域的研究者提供了有益的启示。本书所提出的淡化汉语词与非词的界线、基于单字控制汉语词法、基于音节数和组合/黏合/等立结构控制汉语节律模式等观点，在汉语信息处理学界得到了一定的重视。

王洪君，女，1951 年生，江苏淮安人，北京大学中文系语言学教研室主任、教授、博士生导师，中国语言学会理事，《语言研究》编委，《语言学论丛》编委，1990. 8—1991. 8 美国哈佛大学哈佛燕京学社访问学者。研究领域：理论语言学（音系学、历史语言学和汉语方言比较，汉语语言学），著有《汉语非线性音系学》等，曾获北京市第六届哲学社会科学优秀成果著作一等奖。

（北京大学社会科学部供稿）

《中华古文论释林》（十卷本）（古籍整理）

北京师范大学　李壮鹰（主编）

北京大学出版社　2011 年 10 月出版

本书是一部大型的中国古代文论选注，全书以时代为序，精心选注了一系列在中国文学史和文学理论批评史上发生过较大影响经典论著，釐为《先秦两汉卷》《魏晋南北朝卷》《隋唐五代卷》《北宋卷》《南宋金元卷》《明代上卷》《明代下卷》《清代上卷》《清代下卷》《近代卷》等十册。本书的创新点和学术价值体现在以下几个方面：1. 选文视野宽阔，取材宏富。立足于中华民族传统文化的大背景，从中国人特有文学观念出发，于经史子集中钩稽出大量的有关文学内涵和特质的深刻论述。选取了散见于各种话语和文本中的文论资料。从而扩大了古代文论的研究视野。2. 考文审慎，重视校勘。本书在选、释文本时，首先以文献版本源流介绍和文字的考订校勘为基础。尤其对中古以前的文论文献，不仅尽量挑选善本，而且对重要的异文进行详细的考订并列出校记，以帮助读者对元典原意的斟酌揣摩，在审慎的比勘中求得定谳。注释精详，注重理论剖析。各卷对每篇文论元典的解说，分理论评述、文义疏证和附录文献三部分，理论评述简要概括本文版本源流、思想背景和文论观点。文义疏证不止于疏通文字，而是在疏通文字的基础上把力量放在对理论精神和思想内涵的阐发上。对与元典文本中提出的一些重要的概念和命题，注释者从文字考源、语义追溯、史实的辩证、论理的剖析等等角度进行了详尽的阐发，力图把隐于概念之中的真实的意蕴、深刻的思想开掘出来。以论带史，高屋建瓴。把文论选读与文论史的研究结合起来，在每一卷前都设有长篇“前言”，站在每一个时代的制高点，概述本时期社会历史文化的背景，详细而深入地评述当时的社会思潮、文人心态、文学创作的情况和文学思想的发展脉络。

李壮鹰，男，北京师范大学文学院教授、博士生导师。多年来致力于中国古典诗学的研究，迄今出版学术著作七种，发表论文近百篇。其中《诗式校注》（齐鲁书社 1986）出版后曾受到中国国务院古籍整理领导小组的表彰，在美、日、韩等国汉学界引起广泛重视；《中国诗学六论》（齐鲁书社 1989）在日本被选入大学院东洋文化史专业必读书目，在韩国被选为博士研究生的讲读教材，1987 年应邀赴日进行学术讲演，1990 年再度应邀去日本与各国学者共同研究禅学二年。论文如《“乐”考》、《诗歌与音乐》（获刊物优秀奖）等等，都在国内外学术界有较大影响。

（北京师范大学社科处刘娜供稿）

《政治传播——历史、发展与外延》（专著）

中国传媒大学　段　鹏

中国传媒大学出版社　2011 年 11 月出版

段鹏教授所著《政治传播：历史、发展与外延》从政治传播的历史入手分析，进而详尽阐释了政治传播学发展脉络，厘清了政治传播与大众传播、宣传与说服、效果与测量等诸多关键概念，并从政治传播角度为我国政府改进对外传播现状提出了因应策略。

社会效益：

本书对政治传播学这一新闻传播学科中的新兴领域做出了系统化的阐述，在国内政治传播研究领域首次使用焦点小组访谈法并发掘使用了一手的独家访谈资料与大量新闻传播史上的典型事例。全书理论性与实用性兼备，提出的观点被国内各类书刊大量引用，为我国政治传播学的发展作出了重要的总结，具有相当的理论价值与现实意义。

段鹏，男，1974 年 12 月生，北京人。1993 年 9 月进入北京广播学院电视系（新闻系）学习。1997 年 6 月获免试硕士生资格并参加工作，1998 年在北京广播学院攻读新闻理论硕士，2000 年 6 月正式留校任教。现任中国传媒大学传播专业委员会主任、文科科研处处长、社会化媒体研究中心主任、教授、博士生导师。出版著作：《广播电视传媒公信力研究》《传播学基础：历史框架与外延（第二版）》《中国广播电视国际传播策略研究》等；发表论文：《试论转型期的中国广播新闻》《从节目构成要素分析台湾电视娱乐节目的特点》《媒介融合背景下提升我国广播电视舆论引导能力的策略分析》。

（中国传媒大学文科科研处供稿）

《中国现代美术之路》（专著）

中央美术学院　潘公凯

北京大学出版社　2012 年 10 月出版

对 20 世纪中国美术的反思性研究是从 1980 年代开始的，其中内地美术界，台湾和欧美学术界研究的侧重点各有不同。各自的研究均已经为当下的思考积累了丰富的史实基础，但与此同时，其中亦存在着一大共同的疑惑和问题：在对“现代性”的判定上还没有跳出“现代即西方，传统即中国”的思维模式，将中国的现代美术等同于西方现代主义美术在中国的推演，而忽视了中国 20 世纪美术的主体部分——传统演进、中西融合和大众美术等富有中国特色的形态。在我们看来，中国美术的现代性主要体现在艺术家对 20 世纪中国特定的社会矛盾、民族危机和精神文化氛围以创造性的艺术形式加以应对的“自觉”上，艺术家对中国现代情境的“自觉”，就是传统与现代的分界点。我们将这种“自觉”看成是传统向现代转型的标志。在此基础上对 20 世纪中国现代美术作系统的梳理，并把“传统主义”、“融合主义”、“大众主义”和“西方主义”策略下的实践，理解为具有中国特色的现代美术形态。

通过对 20 世纪中国美术“现代性”的研究辨析，

可以使我们对西方现代主义美术的价值标准是否具有普适性作出合理的判断。正如不同国家和地域的社会经济形态的现代化道路各不相同一样，不同民族文化的现代转型也不可能重复一个模式。20 世纪的中国应该有自己的现代美术，它不是西方现代主义的翻版，而应是在具体的历史语境之中，美术家们对时代巨变所作出的“自觉”回应。

潘公凯为著名艺术家、美术理论家、美术教育家，曾先后担任中国美术学院、中央美术学院院长。其作品《融》曾参加第五十四届威尼斯双年展，《风荷图》、《雪莲图》参加第五十六届威尼斯艺术双年展；潘公凯的水墨作品尺幅巨大、气势磅礴、格调高雅、意境深远，既保有了传统文人画笔墨书写的精妙趣味，又与现代建筑展示空间形成绝佳的融合互动，具有独特的现代审美情趣和艺术张力，堪称中国传统大写意水墨艺术向现代化转型的代表与典范。曾在纽约、旧金山、西雅图、圣地亚哥、密歇根、巴黎、威尼斯、布拉格、东京、香港、澳门、台北、北京、上海、广州、成都、西安、杭州等世界各地最重要的美术馆举办个人展览，作品被各大博物馆、艺术机构、私人藏家大量收藏。著有《中国绘画史》《限制与拓展》《潘天寿绘画技法解析》《潘天寿评传》《中国现代美术之路》等，主编《现代设计大系》《潘天寿书画集》《中国美术 60 年》《潘天寿全集》等大型画册丛书，在人文社科界影响巨大。

（中央美术学院科研处供稿）

《当代中国艺术学研究》（1949—2009）（专著）

北京大学　王一川

中国社会科学出版社　2012 年出版

本书由王一川主编、郭必恒副主编，概要论述中华人民共和国成立六十年间中国艺术学科发展状况，以改革开放时代中国艺术学科发展状况为重点，并对国民艺术素养问题进行了探讨。该成果以艺术学升门前通行的 8 个二级学科为基础，加上 3 个相关二级学科，系统论述了艺术学 11 个二级学科的发展状况，有助于读者了解新中国成立六十年中国艺术学基本发展脉络，感受当代中国艺术学的独特风貌。书中提出当代中国艺术学发展五阶段论，有利于更清晰地呈现当代中国艺术文化的发展线索，以及中国人在艺术创作、接受及评价等方面的变化过程，对重新审视过去六十年艺术发展和艺术学科发展具有史论结合的分析价值。

王一川，男，1959 年生，四川沐川人，北京大学艺术学院院长、教授、博士生导师，2000 年入选教育部第三批“跨世纪优秀人才培养计划”，2004 年被列为教育部“首批新世纪百千万人才工程国家级人选”，2006 年入选教育部“长江特聘学者”，中国文艺理论学会副会长，中华美学学会副会长兼任审美文化委员会主任，中国高校影视联盟副主任委员，北京电影家协会副主席。曾获教育部人文社会科学优秀著作奖及北京市哲学社会科学优秀成果奖，著有《修辞论美学：文化语境中的 20 世纪中国文艺》《艺术学原理》等数十本著作。

（北京大学社会科学部供稿）

《艺术学科门类增设研究》（调研报告）

中央音乐学院　王次炤

教育部委托课题　2013 年 3 月出版

将艺术学从一级学科提升为门类是自 2002 年以来艺术学科共同探讨的重要问题。艺术学科门类增设研究项目是以 2010 年国务院学位委员会、教育部“学科学位授予和人才培养学科目录”的修订和调整工作为契机，以艺术学科门类增设和相关一级学科、二级学科的设置为研究内容，展开学科调整工作的调研和论证。课题组在大量前期工作和调研的基础上，结合中国高等教育的发展现状和未来趋势，经过充分论证，形成了以下 2 份咨询报告。

一、《艺术学门类增设说明》：该文从艺术学的学科属性、发展历史和现状、提升为门类的理由等三大方面展开论述，认为：艺术学是一门研究人类以艺术方式把握世界的独特规律的学科。艺术在人类发展历史上源远流长，在当代更是人类文化的重要方面和人类文明的重要体现，在国家、民族文化建设和精神文明建设中起着其他文化样式难以替代的重要作用。主要理由如下：

1. 艺术学学科具有独特的人文价值，如果从属于文学的一级学科，既不能科学表述本学科的功能和作用，又易导致文学思维统摄限制视听思维的各类艺术，不利于艺术学学科的建设。

2. 艺术学的学科内涵丰富，专业众多，原学科设置没能正确地反映其发展规模、水平和学科属性。

3. 原学科分类与国际规范不相适应，不利于国内学科内部的交流，更不利于国际间的学术交流，严重制约了学科的创新能力和创新性人才的培养。

二、《一级学科设置说明》：该报告对艺术学理论、音乐与舞蹈学、戏剧与影视学、美术学与设计学等4个一级学科的设置情况做了详细说明，分别从以下八个方面展开支撑性论述：本学科简要概况、本学科培养目标、本学科的主要研究方向及研究内容、本学科的理论和方法论基础、社会对本学科的中远期需求情况及就业前景、本学科的主要支撑二级学科、密切相关的现行一级学科、增设一级学科的原因和理由。

上述两份报告得到了国务院学位办、教育部研究生与学位司的采纳。根据报告，国务院学位办的"学位授予和人才培养学科目录"修订工作中做出了相应决策，艺术学获批成为独立学科门类。这两份报告及其所推动的艺术学门类和学科设置的实践意义体现在："它是我国高等教育史学科建设史和人才培养史上的一件具有里程碑意义的大事，是21世纪中华民族伟大复兴历史进程中艺术自觉、艺术自信、艺术自强的一项重大举措。"经过十余载的努力，艺术学终于告别文学"托管"而"自立门户"，从哲学思维科学层面上充分肯定了艺术在促进人的全面自由发展中的独特地位和作用，结束了艺术学类本科生、硕士生、博士生毕业授予文学学位的历史，为学科建设和人才培养搭建了更广阔的平台，提供了更大的自由性，也迎来了新的挑战。

（北京市哲学社会科学优秀成果评奖委员会办公室供稿）

《意义——当代神学的公共性问题》（著作）

中国人民大学　杨慧林

北京大学出版社　2013年出版

《意义：当代神学的公共性问题》为作者主编的"人文学科关键词研究丛书"之第一卷，被列入"十二五国家图书出版规划项目""国家出版基金项目"等。本书试图将"西方文论"置于更广义的人文学背景，从中凸显其学理线索、问题意识和思想进路，以激发中国学人的进一步思考。本书分别从"当代人文学术的'意义'问题"、"'意义'问题的跨文化读解"、"'诗性智慧'的'意义'同构"和"'意义'追寻的现实情境"等四个维度入手，试图探究宗教学与一般人文学术的相互关联和相互启发，通过与当代西方的神学研究直接对话，梳理一种"关于基督教的'非宗教'诠释"，并借助其"意义结构"凸显宗教与神学所包含的公共性问题。由此作者特别提出：在理解的基础上"破执"，不仅可以摆脱任何"中心话语"的束缚，也将在体制化的信仰形态之外，真正揭示宗教的文化意蕴。本书于2013年由北京大学出版社出版后，很快在国内外学界引起反响。《文艺研究》在2014年第3期"理论专题"刊有一组笔谈文章（包括孙郁《无意义的意义》等），对本书以及整套丛书给予了较多肯定。英国学者David Jasper在牛津大学出版的A&HCI检索刊物*Literature & Theology* 2014年第1期"书评"栏，介绍作者与本书相应的英文成果。台湾学者林鸿信也发表书评《不可消解的他者为意义的源头》，见《比较文学与世界文学》2013年第4期（同文另见《中华读书报》），高度评价本书，并认为"《意义》的出版'事件'将衍生丰富的意义"。

杨慧林，男，1954年2月出生于北京。中国人民大学文学硕士、哲学博士，1990年以后留校任教。主要从事西方文艺理论和宗教学领域的教学与研究，主讲课程"西方文艺理论史"曾获北京市优秀教学成果一等奖（2004）、国家级优秀教学成果二等奖（2005）、国家级精品课程（2009）、国家级教学团队（2009）等奖项，2006年被评为北京市高等学校教学名师。代表性学术著作有《神学诠释学》（2001）、《基督教的底色与文化延伸》（2002）、《西方文论概要》（2003）、《在文学与神学的边界》（2012）、《西方文论概览》（2013）、*Christianity in China: the work of Yang Huilin*（2004）、*China, Christianity and the Question of Culture*（2014）等。

（中国人民大学科研处张玉洁供稿）

《中国古今官德研究》（四册）（专著）

北京市社会科学院　谭维克

北京出版社　2012年4月出版

2010年5月，受中共北京市纪委和市委宣传部委托，北京社科院承担了"中国古今官德研究"课题。课题负责人谭维克院长和纪检组长殷爱平率课题组反复讨论，最终形成4点共识：1. 本项目名称为："中国古今官德研究"；2. 本项目的基本原则是：以史为鉴，立足当代；3. 总体思路是：对中国传统官德进行多角度研究；4. 本项目成果形成是四本书，分别是：《史说官德》《大道官德》《为官史鉴》《申论官德》，即史、论、例、申。1.《史说官德》是对官德进行"史"的研究。即从文献学的角度，给出中国传统文化中官德思想发展的文献地图，最突出的特点在于文献相对完整、全面，是一部文献资料翔实的作品。也可以说，是中国传统文化中官德思想的微型工具书。2.《大道官德》从中国哲学的角度，对官德进行"论"的研究。在古代中国，思想学说和宗教教义主要指儒释道法。大道指最高道德理想。道德属实践理性，为官之道德需要在日常执政中践行。这便决定了《大道官德》一书必须在特定的政治制度、司法体系以及社会结构中探讨儒、释、道、法官德思想。3.《为官史鉴》由经典案例组成，也是一本微型工具书。如果说《史说官德》的特点是"全"，那么《为官史鉴》的特点则是"精"。二十五史中19史有《循吏列传》，共涉及循吏240人左右。10部正史有《酷吏列传》，涉及酷吏110人左右。《为官史鉴》从二十五史中精选清官23名，贪官18名，酷吏6名，共47例加以剖析，"以史为镜，可以知兴替；以人为鉴，可以明得失。"4.《申论官德》指现代行政道德，即现代官德。现代官德主要指中国共产党倡导的官德。

新型官德从中国共产党的历史走来，同时也承载着中国上下五千年的文化传统。新型官德既是根据地传统的传人，也是中国传统文化的传人。因此，新型官德的形成和培育，须汲取这两大传统的营养。《申论官德》对历史文献进行了抽丝剥茧式的分析，从中概括出新型官德的六个方面：为民、忠诚、务实、公正、清廉、修己。其中有传统文化的要素，也有新时代的新理念。更重要的是，这些要素均被在新的时代赋予与时代相符合的内涵。本书也系统阐释了新型官德的培育方式和路径。

（北京市哲学社会科学优秀成果评奖委员会办公室供稿）

附：

北京市哲学社会科学优秀成果奖评选条例

第一章　总则

第一条　为进一步繁荣发展哲学社会科学事业，鼓励哲学社会科学工作者以马克思主义为指导，高举中国特色社会主义伟大旗帜，全面贯彻落实科学发展观，为首都经济建设、政治建设、文化建设和社会建设服务，根据中共北京市委、北京市人民政府《关于以中共北京市委、北京市人民政府名义表彰奖励工作的管理规定》（京发〔1996〕21号，以下简称《规定》），特制定本条例。

第二条　中共北京市委、北京市人民政府设立北京市哲学社会科学优秀成果奖，作为对全市哲学社会科学优秀成果的市级奖励。

第三条　北京市哲学社会科学优秀成果奖每两年评选一次。

第四条　根据《规定》要求，北京市哲学社会科学优秀成果奖评选工作由中共北京市委宣传部、北京市教育委员会、北京市人力资源和社会保障局共同承办。

第二章　评选范围

第五条　哲学社会科学研究成果，凡符合下列条件之一者均可参加评奖：

（一）北京市哲学社会科学研究和教学单位（包括北京市与中央各部委双管单位）、学术团体、民办社会科学研究机构、政策研究机构、实际工作部门的研究成果；

（二）中央、国家机关和军队系统在京单位研究北京历史和现状的研究成果；

（三）以北京市单位为主，有北京市以外单位参加的研究成果。

第六条　参加评选的哲学社会科学研究成果的主要形式包括：专著、译著、论文、社科普及读物、工具书、古籍整理作品、调研报告。

第七条　已获得省部级以上奖励的哲学社会科学研究成果（不包括民间奖励），不在参评之列。

第三章　奖励等级和标准

第八条　北京市哲学社会科学优秀成果奖设特等奖、一等奖、二等奖。

第九条　获北京市哲学社会科学优秀成果奖的研究成果，须具备以下条件：

（一）高举中国特色社会主义伟大旗帜，以马克思列宁主义、毛泽东思想、邓小平理论、"三个代表"重要思想、科学发展观为指导；

（二）在本学科研究领域有新观点、新论证、新方法或对改革开放和社会主义现代化建设事业有较高应用价值；在宣传党的创新理论、阐释解答人民群众关心的热点难点问题、传播普及人文社会科学知识方面产生良好社会效果。

第十条　获北京市哲学社会科学优秀成果奖特等

奖的研究成果，除须具备第九条规定的条件外，还必须具备下列条件之一：

（一）理论上有重大创新；

（二）对本学科建设有重大贡献或对改革开放和社会主义现代化建设事业有重大应用价值。

第四章 组织领导、程序和纪律

第十一条 评奖工作由北京市哲学社会科学优秀成果评奖委员会负责。市评奖委员会委员由中共北京市委宣传部会同各有关部门协商提名，报请中共北京市委、北京市人民政府批准后组成。

市评奖委员会的职责是：

1. 根据本条例规定，制定评奖工作实施细则；

2. 选聘市评奖委员会各学科评选小组的成员，领导各学科评选小组的工作；

3. 评出获奖成果，并公布获奖名单；

4. 决定评奖工作中的其他重大事项。

第十二条 市评奖委员会下设系统评奖委员会和若干学科评选小组。系统评奖委员会受市评奖委员会委托，组织开展本系统初评工作。学科评选小组由本学科的专家、学者组成，主要职责是评选本学科报送市评奖委员会终评的成果。

第十三条 评奖工作的程序是：作者申请、单位推荐、系统初评、学科评选小组评选、市评奖委员会终评。

第十四条 市评奖委员会、系统评奖委员会及各学科评选小组在评选过程中，以成果质量为依据，坚持公正、公平的原则、少数服从多数的原则和回避制度，通过民主评议，采用无记名投票方式确定获奖成果。

第十五条 经市评奖委员会终评的获奖成果，向社会公示。

第十六条 北京市社会科学界联合会承担市评奖委员会办公室的职责，负责评奖的日常工作。

第十七条 严肃申报和评奖工作纪律。对弄虚作假的申报者，取消其参评资格；对违反评奖纪律的人员，取消其参加评奖工作资格并予以通报批评。

第五章 奖励、奖励撤销和经费

第十八条 对获奖成果以中共北京市委、北京市人民政府的名义给以表彰奖励，并颁发获奖证书和奖金。

第十九条 对伪造材料、弄虚作假、骗取奖励的成果，经有关部门核实后，报中共北京市委、北京市人民政府批准，按规定程序撤销其奖励，并予以通报批评。

第二十条 评奖所需经费，由北京市社会科学界联合会编制预算，市财政拨款，专款专用。

第二十一条 本条例由北京市哲学社会科学优秀成果评奖委员会负责解释。

第二十二条 本条例自发布之日起施行。

（北京市哲学社会科学优秀成果评奖委员会办公室供稿）

北京市优秀调查研究成果奖名单
（2012—2013 年度）

序号	课题名称	承担课题部门	负责人	执笔人	成果形式	获奖等级
1	形成首都共识——北京作为发展中城市转型发展的战略思考	北京市委研究室	王　强	王强、蔡兵、刘翠兰、李志高、石红亮	研究报告	一等奖
2	北京市民城市管理满意度调查	北京市委研究室	王　强	徐舟、王卫东	研究报告	一等奖
3	提高市人民代表大会会议质量研究	北京市人大	黄石松	李媛、田洪俊、史昊、刘军	研究报告	一等奖
4	中关村示范区一区多园统筹发展机制研究	北京市政府研究室	周立云	王明兰、王仁华、刘晓峰、王敬媛、曲闻	研究报告	一等奖
5	北京建设国际一流旅游城市的比较研究	北京市政府研究室	孙进军	牛振华、宋伟琦、孙进军、李福升、闫畅	研究报告	一等奖

续表

序号	课题名称	承担课题部门	负责人	执笔人	成果形式	获奖等级
6	关于首都城市发展若干问题的联合调研	北京市政协	孙新军 陈　熙	陈熙、杨清柏、高林宇、袁晓希、杨海波	研究报告	一等奖
7	北京市青年流动大学毕业生群体调研	北京团市委	常　宇	刘震、郭文杰、张庆武等	研究报告	一等奖
8	北京市"十二五"时期转变经济发展方式战略研究	北京市发展改革委	赵　磊	王颖捷、隆学文、林恩全、张晨光、王敏俊	研究报告	一等奖
9	面向2030年的首都水战略研究	北京市科委	李国平	李国平、何明、佘钟夫、张星、蔡满堂、马亚西、刘翊、黎念青	研究报告	一等奖
10	城市规划视角下缓解北京交通拥堵对策研究	北京市规划委	王　飞 郑　皓 石晓冬 漆　凯	胡波、杨明、张晓东、王姗、李涛、史妍萍、黄莹、邓博、黄斌、林静	研究报告	一等奖
11	建立北京市重大规划、重大政策、重大项目人口评估机制研究	北京市人口计生委	刘　志	张金霞、杨临明、赵力	研究报告	一等奖
12	关于全市重点地区涉稳问题的调研报告	北京市公安局	李　东 张伟刚	市公安局课题组	研究报告	一等奖
13	北京市应对老龄化战略思考和政策建议	北京市民政局	李万钧	杨宝山、梁艳、俞金铭、万婷婷、高小龙、王伟	研究报告	一等奖
14	关于加强我市总部企业税源建设的思考	北京市地税局	杨志强	常海龙、饶梦阳、王勇超	研究报告	一等奖
15	北京人均GDP超过1万美元后经济社会发展趋势研究	北京市统计局	李　纲	潘建民、于秀琴、李萍、丁文斌、刘立功、谢黎、黄思宁、黄毅、刘陆芳	研究报告	一等奖
16	大力发展生活性服务业不断提升人民群众生活水平——关于推动西城区社区生活性服务业发展的思考与构想	北京市西城区	王　宁	刘化杰、郭新、朱长合	研究报告	一等奖
17	关于朝阳区实施文化强区战略的研究	北京市朝阳区	程连元	李波	研究报告	一等奖
18	新机场建设背景下南中轴区域发展研究	北京市丰台区	李超钢	区委区政府研究室	研究报告	一等奖
19	特大型城市产业发展和人口规模调控研究	北京市社科联	史秋秋 陈　剑 崔新建	陈剑	研究报告	一等奖
20	医改背景下首都农村卫生人力资源配置研究	北京市社科规划办	王晓燕	王晓燕、吕兆丰、彭迎春、张柠、刘炫麟、韩优莉、孟雨	研究报告	一等奖
21	关于推进营业税改征增值税制度改革试点的调研	北京市委研究室	胡雪峰	胡雪峰、朱柏成、金旭毅	研究报告	二等奖
22	加强和改进市人大代表建议工作调研报告	北京市人大	市人大代表联络室课题组	陶世欣、闫明新、黄玉清、王亚杰、古龙元	研究报告	二等奖

续表

序号	课题名称	承担课题部门	负责人	执笔人	成果形式	获奖等级
23	南街村工业大院为什么能够长期存在	北京市政府研究室	周立云	刘永强、蔡少庆、韩振华	研究报告	二等奖
24	关于推进北京世界文化遗产保护与完善的调研	北京市政协	陈平 葛剑平	李大治	研究报告	二等奖
25	关于推进首都城乡一体化发展的联合调研	北京市政协	孙新军 陈熙	陈熙、郝红专、杨清柏、王新尚、高林宇	研究报告	二等奖
26	党的十六大以来北京市违纪违法案件剖析报告	北京市纪委	王海平	倪紫剑、刘永强、毛百战、翟军、钟成、祖智君、李柏	研究报告	二等奖
27	改进和完善市属高校党委书记和校长选任工作机制研究报告	北京市委组织部	闫成	张彤军、刘勇、缪劲翔、郭胜亚、程岳、端木杰、杨海林、胡佩尧	研究报告	二等奖
28	“十二五”以来首都文化战略研究情况的调研报告	北京市委宣传部	崔耀中	冀永义	研究报告	二等奖
29	民主监督难题的症结所在及其破解之道	北京市委统战部	闵克	孙林、周淑真	研究报告	二等奖
30	关于健全完善本市政务服务管理体制机制的调研报告	北京市编办	刘云广	左铭飞、陈奇瑞、梁艳、杨志勇	研究报告	二等奖
31	北京社会心态调查研究	北京市委社工委	张坚	张青之、朱俊颖、张胸宽、陈珊、聂品、王慧、石孟磊、汤冬玲、张丽华、康悦	研究报告	二等奖
32	新世纪以来影响首都高校稳定的突出问题及对策研究	北京市委教育工委、市教委	李中水	蒋广学、 杨俊义	研究报告	二等奖
33	北京市职工队伍发展状况研究——北京市第七次职工队伍状况调查总报告	北京市总工会	曾繁新 王北平	何广亮、张磊、刘幽燕、高媛、张鹏、孙越	研究报告	二等奖
34	加快“六高四新”高端产业功能区发展建设相关研究	北京市发展改革委	张建东	洪继元、徐逸智、张莉、景乐、陈克祥	研究报告	二等奖
35	关于加强北京市中小企业创业投资引导基金管理的研究	北京市经济信息化委	梁胜	荆甫智、魏颍、陆晓宁、赵卫东、黄蕾、张菁	研究报告	二等奖
36	如何发挥北京产学研合作中产业主导作用	北京市经济信息化委	姜贵平	唐建国、林绍福、叶强、赵慕兰、邵翔、左刚、罗曙霞、白万豪	研究报告	二等奖
37	北京城市功能区建设与人口资源环境协调发展研究	北京市规划委	王飞 郑皓	胡波、杨明、和朝东、彭珂、朱洁、加雨灵、郭睿、穆蕊、邓博、	研究报告	二等奖
38	关于公交线网优化问题研究	北京市交通委	刘小明	刘小明、王兆荣、赵震、刘雪杰	研究报告	二等奖
39	北京市地方立法领域分布及政府规章立法需求研究	北京市政府法制办	刘振刚	金国坤、陈翔、韩景峰	研究报告	二等奖
40	北京创业环境问题研究——从首都发展阶段特征看北京创业政策取向	北京市人力资源与社保局	张欣庆 张祖德	王岚、周立今、苏育	研究报告	二等奖
41	社会资本进入北京都市型现代农业问题研究	北京市农业局	赵根武	赵根武、唐衡、肖勇、黄生斌、王梁	研究报告	二等奖

续表

序号	课题名称	承担课题部门	负责人	执笔人	成果形式	获奖等级
42	关于加强城市精细化管理的研究	北京市东城区	杨柳荫	石利生、周慧萍、罗荣、王海伟、赵蕊、赵端、贾峥	研究报告	二等奖
43	新型城镇化战略下朝阳区城乡结合部管理创新研究	北京市朝阳区	吴桂英	赵毅、徐舟、陈庆华、冒小飞、李宏平、杨文淼、张帆、张睿、高卫明、赵俊	研究报告	二等奖
44	三山五园历史文化景区建设研究报告	北京市海淀区	隋振江	张启兵、王申、李德平、李继锋	研究报告	二等奖
45	丰台区适度人口容量研究	北京丰台区	冀　岩	区委区政府研究室	研究报告	二等奖
46	石景山区打造首都经济新的增长极战略研究	北京市石景山区	夏林茂	夏林茂、文献、种磊、赵恩国、李月萍、齐忠、任成文	研究报告	二等奖
47	治理 PM2.5 国际经验及对我市的启示	北京市首都所	王鸿春	王鸿春、张燕、王跃思、甘敬、袁世保、王莉莉、唐贵谦	研究报告	二等奖
48	北京黑车问题及治理对策	北京市社科院	殷星辰	殷星辰	研究报告	二等奖
49	城市化背景下北京市农村集体建设用地入市问题研究	北京市农研中心	郭光磊	任玉玲、刘睿文	研究报告	二等奖
50	西红门镇城乡结合部工业大院改造试点研究	北京市农研中心	郭光磊	季虹、贺潇	研究报告	二等奖
51	关于当前反腐败斗争形势有关情况的分析	北京市纪委	李振奇	倪紫剑	研究报告	三等奖
52	省级政府部门执行力问题研究报告	北京市委组织部	刘春锋	王泳、朱洲、于晓静	研究报告	三等奖
53	北京市文化立法情况调研报告	北京市委宣传部	严力强	谭一鸣	研究报告	三等奖
54	关于我市涉众型经济犯罪案件情况的调研报告	北京市委政法委	闫满成	李宁	研究报告	三等奖
55	关于推进社会服务管理网格化工作的调研报告	北京市委社工委	王　翔	赵小卫、唐志华、杨国林	研究报告	三等奖
56	加强市直机关党务干部队伍建设研究	北京市直机关工委	杨公鼎	徐斌、林伟华、符孟侠、邹建业、高聚文、李正生	研究报告	三等奖
57	北京市“十二五”时期教育改革和发展规划中期评估研究	北京市委教育工委、市教委	线联平	雷虹、杨小敏、高兵	研究报告	三等奖
58	关于首届北京农业嘉年华活动的调查	北京市委农工委、市农委	刘福志	张宏图、夏胜银	研究报告	三等奖
59	非京籍妇女发展状况调研	北京市妇联	赵津芳	韩桂华、李静、赵知维、唐蕊	研究报告	三等奖
60	首都公民道德形象调查分析报告	北京市首都文明办	陈　冬	尹学龙、李建国、万安伦、葛艳、廖珺	研究报告	三等奖
61	北京市服务业转型升级路径研究	北京市发展改革委	隆学文	王颖捷、林恩全、张晨光	研究报告	三等奖
62	公共租赁住房后期管理政策研究	北京市住房和建设委	邹劲松	季如进、林鹏、孔令君	研究报告	三等奖
63	轨道交通建设阶段加强运营安全风险控制制度研究	北京市交通委	刘　缙	刘缙、孙红军、王光	研究报告	三等奖
64	总部企业在京发展研究及对策建议	北京市商务委	卢　彦	蔡小军	研究报告	三等奖

续表

序号	课题名称	承担课题部门	负责人	执笔人	成果形式	获奖等级
65	特大城市人口规模调控研究（以北京为例）	北京市人口计生委	刘　志	张金霞、张炜、赵力	研究报告	三等奖
66	统筹外事资源服务企业“走出去”	北京市外办	赵会民	李中州、敬瑞	研究报告	三等奖
67	深化中关村人才特区建设的体制和政策研究	北京市中关村管委会	程　岳	程岳、张苗苗、来有为	研究报告	三等奖
68	结合北京实际、践行群众路线，探索建设新型少数民族低收入群体生活保障制度	北京市民委	牛　颂	司永成、傅欣	研究报告	三等奖
69	关于扩大首都文化消费的研究报告	北京市文资办	张慧光	唐宁翔、江卉	研究报告	三等奖
70	北京文化创意人才事业发展对政府扶持的需求调研	北京市文资办	赵　磊	蔡新颜、萧鸣政、	研究报告	三等奖
71	关于涉众型经济犯罪案件的调查研究	北京市高级法院	朱　江	赵瑞罡	研究报告	三等奖
72	检察机关在刑事诉讼中保障辩护人、诉讼代理人诉讼权利机制研究	北京市检察院	甄　贞	闫俊瑛、侯晓焱、张倩、邓洪涛、黄福涛	研究报告	三等奖
73	北京市社会组织建设与管理调研报告	北京市民政局	李万钧	杨宝山、梁艳、俞金铭、万婷婷、高小龙、王伟	研究报告	三等奖
74	关于推进基本公共法律服务的思考	北京市司法局	于泓源	康志龙	研究报告	三等奖
75	关于统筹建立多元化公共投融资体系的研究	北京市财政局	李颖津	李颖津、张宏宇、张军、裴赓、路伟	研究报告	三等奖
76	北京人力资源服务业发展研究报告	北京市人力资源与社保局	张欣庆 张祖德 任建新	董小华	研究报告	三等奖
77	浅析“智慧国土”及难点问题解决思路	北京市国土资源局	谢俊奇	李建林、张克锋、樊雅婷、郭虎、王晨、杨松毓	研究报告	三等奖
78	关于编制北京市环境总体规划的研究	北京市环保局	陈　添	宋强、郑希伟、张婷	研究报告	三等奖
79	北京文艺演出实施低票价惠民服务政策研究	北京市文化局	陈　冬	常林、蒋淑媛、薛晓金、白莲	研究报告	三等奖
80	关于北京市保障性住房的研究	北京市审计局	吴素芳	祖誉文	研究报告	三等奖
81	健全信用监管体系 完善信用监管机制建设信用社会首善之区	北京市工商局	杨艺文	杨艺文、祝京涛、华欢军	研究报告	三等奖
82	研究模式，总结经验，建立城市精细化管理标准化体系	北京市质监局	赵长山	赵长山、赖东、施昌奎、吴惠敏	研究报告	三等奖
83	首都广播电视全媒体发展研究	北京市广电局	李春良 刘志远 杨培丽	石鸿印、王建、何公明、景兵、石群峰、韩霁凯等	研究报告	三等奖
84	关于深化集体林权制度改革问题研究	北京市园林绿化局	邓乃平	王　军	研究报告	三等奖

续表

序号	课题名称	承担课题部门	负责人	执笔人	成果形式	获奖等级
85	基于互联网销售药品监管政策研究	北京市食药监管局	丛骆骆	曾伟、刘洪杰、李艳霞、岳敏	研究报告	三等奖
86	石景山区转型发展的经验与启示研究	北京市石景山区	荣　华	荣华、富大鹏、赵恩国、李月萍、齐忠、张德俊、陈雯卿、田丽媛、谢立军、任成文	研究报告	三等奖
87	创新农村集体资产信托化经营管理 全面激发农村集体经济活力	北京市门头沟区	韩子荣	占永谦、李晓冉、刘伟	研究报告	三等奖
88	关于落实“四化”同步战略 加快房山跨越发展的思考	北京市房山区	刘　伟	宋春福、李鹏飞、张斌	研究报告	三等奖
89	通州区打造首都城市副中心的思考与实践	北京市通州区	岳　鹏	毕小京、简晓虹	研究报告	三等奖
90	推进北京国际航空中心核心区建设路径研究	北京市顺义区	王　刚	柳亚辉	研究报告	三等奖
91	昌平区区域文化建设战略研究	北京市昌平区	侯君舒	侯君舒	研究报告	三等奖
92	关于完善大兴区与北京经济技术开发区一体化发展机制的研究	北京市大兴区	李长友	杨春光、左乐恩、王伟	研究报告	三等奖
93	加快重点小城镇建设步伐，努力推进城乡一体化实现新发展	北京市怀柔区	齐　静	宋德春、董少波、杜金喆	研究报告	三等奖
94	大都市郊区城镇化的路径探索	北京市平谷区	张吉福	白云兵、孙靖	研究报告	三等奖
95	关于加强我县矿产资源利用与保护的调研报告	北京市密云县	王玉江	王玉江	研究报告	三等奖
96	关于进一步深化生态文明发展战略的研究	北京市延庆县	李志军	吕桂富、杨国柱、盛德林	研究报告	三等奖
97	北京今后五年立法需求与重点任务	北京市委党校	金国坤	金国坤、宋冰、王丽霞、李秀梅、吕廷君、牟效波、王轩、傅强、季桥龙	研究报告	三等奖
98	北京宜居之都建设理论与实践研究	北京市社科院	王德利	王德利	研究报告	三等奖
99	符合首都实际的保障性住房体系和商品房体系研究	北京市社科联	史秋秋 胡海峰 崔新建	胡海峰	研究报告	三等奖
100	首都城市化进程中城乡一体化问题研究	北京市社科规划办	张　强	张强、陈飞、章浩、李青淼、彭文英、孟素洁、刘容江、刘洪银、安静文、叶齐茂	研究报告	三等奖

（中共北京市委研究室供稿）

部分高校、科研单位获国家或省部级人文社会科学研究成果奖

北京大学

序号	成果名称	主要作者	奖项名称	颁奖单位	成果形式	获奖等级
1	心灵秩序与世界历史——奥古斯丁对西方古典文明的终结	吴　飞	北京市第十三届哲学社会科学优秀成果奖	中共北京市委、北京市人民政府	专著	一等奖
2	以利为利：财政关系与地方政府行为	周飞舟	北京市第十三届哲学社会科学优秀成果奖	中共北京市委、北京市人民政府	专著	一等奖
3	希腊古代经济史	厉以宁	北京市第十三届哲学社会科学优秀成果奖	中共北京市委、北京市人民政府	专著	一等奖
4	冷战与新中国外交的缘起1949—1955	牛　军	北京市第十三届哲学社会科学优秀成果奖	中共北京市委、北京市人民政府	专著	一等奖
5	全球化时代的高等教育：市场的挑战	蒋　凯	北京市第十三届哲学社会科学优秀成果奖	中共北京市委、北京市人民政府	专著	一等奖
6	批判民法学的理论建构	薛　军	北京市第十三届哲学社会科学优秀成果奖	中共北京市委、北京市人民政府	专著	一等奖
7	中古医疗与外来文化	陈　明	北京市第十三届哲学社会科学优秀成果奖	中共北京市委、北京市人民政府	专著	一等奖
8	面向世界城市的北京发展趋势研究	李国平	北京市第十三届哲学社会科学优秀成果奖	中共北京市委、北京市人民政府	专著	一等奖
9	基于单字的现代汉语词法研究	王洪君	北京市第十三届哲学社会科学优秀成果奖	中共北京市委、北京市人民政府	专著	一等奖
10	当代中国艺术学研究（1949—2009）	王一川	北京市第十三届哲学社会科学优秀成果奖	中共北京市委、北京市人民政府	专著	一等奖
11	现代思想政治教育课程论	宇文利	北京市第十三届哲学社会科学优秀成果奖	中共北京市委、北京市人民政府	专著	二等奖
12	东正教圣像史	徐凤林	北京市第十三届哲学社会科学优秀成果奖	中共北京市委、北京市人民政府	专著	二等奖
13	流动儿童社会融合的代际传承	周　皓	北京市第十三届哲学社会科学优秀成果奖	中共北京市委、北京市人民政府	论文	二等奖
14	中国经济增长的产业结构效应和驱动机制	张　辉	北京市第十三届哲学社会科学优秀成果奖	中共北京市委、北京市人民政府	专著	二等奖
15	金融市场全球化下的中国金融监管体系改革	曹凤岐	北京市第十三届哲学社会科学优秀成果奖	中共北京市委、北京市人民政府	专著	二等奖

续表

序号	成果名称	主要作者	奖项名称	颁奖单位	成果形式	获奖等级
16	New York City Cab Drivers' Labor Supply Revisited: Reference-Dependent Preferences with Rational-Expectations Targets for Hours and Income	孟涓涓	北京市第十三届哲学社会科学优秀成果奖	中共北京市委、北京市人民政府	论文	二等奖
17	中国的协商治理与人权实现	王浦劬	北京市第十三届哲学社会科学优秀成果奖	中共北京市委、北京市人民政府	论文	二等奖
18	国际关系理论——从政治思想到社会科学	宋　伟	北京市第十三届哲学社会科学优秀成果奖	中共北京市委、北京市人民政府	专著	二等奖
19	教育的"技术"发展史	郭文革	北京市第十三届哲学社会科学优秀成果奖	中共北京市委、北京市人民政府	论文	二等奖
20	法治的代价：法律经济学原理批判	凌　斌	北京市第十三届哲学社会科学优秀成果奖	中共北京市委、北京市人民政府	专著	二等奖
21	大学法治与权益保护	湛中乐	北京市第十三届哲学社会科学优秀成果奖	中共北京市委、北京市人民政府	专著	二等奖
22	《春秋》与"汉道"——两汉政治与政治文化研究	陈苏镇	北京市第十三届哲学社会科学优秀成果奖	中共北京市委、北京市人民政府	专著	二等奖
23	陶渊明传	钱志熙	北京市第十三届哲学社会科学优秀成果奖	中共北京市委、北京市人民政府	社科普及	二等奖
24	杜登德汉大词典	赵登荣	北京市第十三届哲学社会科学优秀成果奖	中共北京市委、北京市人民政府	工具书	二等奖
25	《浮士德博士》［德］托马斯·曼著	罗　炜	北京市第十三届哲学社会科学优秀成果奖	中共北京市委、北京市人民政府	译著	二等奖
26	文化现代性的视觉表达：观看、凝视与对视	吴　靖	北京市第十三届哲学社会科学优秀成果奖	中共北京市委、北京市人民政府	专著	二等奖
27	医学人文学导论	张大庆	北京市第十三届哲学社会科学优秀成果奖	中共北京市委、北京市人民政府	专著	二等奖

特等奖、一等奖成果简介

《心灵秩序与世界历史——奥古斯丁对西方古典文明的终结》（见第 801 页）
《以利为利：财政关系与地方政府行为》（见第 802 页）
《希腊古代经济史》（上、下编）（见第 805 页）
《冷战与新中国外交的缘起 1949—1955》（见第 806 页）
《全球化时代的高等教育：市场的挑战》（见第 807 页）
《批判民法学的理论建构》（见第 809 页）
《中古医疗与外来文化》（见第 810 页）
《面向世界城市的北京发展趋势研究》（见第 814 页）
《基于单字的现代汉语法研究》（见第 814 页）
《当代中国艺术学研究》（1949—2009）（见第 816 页）

（北京大学社会科学部供稿）

中国人民大学

序号	成果名称	主要作者	奖项名称	颁奖单位	成果形式	奖励等级
1	法律、资源与时空建构：1644—1945年的中国（五卷本）	张世明	北京市第十三届哲学社会科学优秀成果奖	中共北京市委、北京市人民政府	专著	特等奖
2	意义——当代神学的公共性问题	杨慧林	北京市第十三届哲学社会科学优秀成果奖	中共北京市委、北京市人民政府	专著	一等奖
3	大金融论纲	陈雨露	北京市第十三届哲学社会科学优秀成果奖	中共北京市委、北京市人民政府	专著	一等奖
4	秦汉社会意识研究	王子今	北京市第十三届哲学社会科学优秀成果奖	中共北京市委、北京市人民政府	专著	一等奖
5	西方社会运动理论研究	冯仕政	北京市第十三届哲学社会科学优秀成果奖	中共北京市委、北京市人民政府	专著	一等奖
6	共同体的进化	张康之	北京市第十三届哲学社会科学优秀成果奖	中共北京市委、北京市人民政府	专著	一等奖
7	短缺证据与模糊事实——证据学精要	何家弘	北京市第十三届哲学社会科学优秀成果奖	中共北京市委、北京市人民政府	专著	二等奖
8	建设公正高效权威的社会主义司法制度研究（四卷本）	陈卫东	北京市第十三届哲学社会科学优秀成果奖	中共北京市委、北京市人民政府	专著	二等奖
9	基本养老保险制度分析与评估——基于养老金水平的视角	李　珍	北京市第十三届哲学社会科学优秀成果奖	中共北京市委、北京市人民政府	专著	二等奖
10	农民工住房：理论、实践与政策	吕　萍	北京市第十三届哲学社会科学优秀成果奖	中共北京市委、北京市人民政府	专著	二等奖
11	中国农民专业合作社运行机制与社会效应研究——百社千户调查	孔祥智	北京市第十三届哲学社会科学优秀成果奖	中共北京市委、北京市人民政府	专著	二等奖
12	八次危机：中国的真实经验1949—2009	温铁军	北京市第十三届哲学社会科学优秀成果奖	中共北京市委、北京市人民政府	专著	二等奖
13	发展测度论中国的实践与思考	彭　非	北京市第十三届哲学社会科学优秀成果奖	中共北京市委、北京市人民政府	专著	二等奖
14	有关大学章程认识的若干问题	秦惠民	北京市第十三届哲学社会科学优秀成果奖	中共北京市委、北京市人民政府	论文	二等奖
15	中国地方政府规模和结构优化研究	郭庆旺	北京市第十三届哲学社会科学优秀成果奖	中共北京市委、北京市人民政府	专著	二等奖
16	美国学派：推进美国经济崛起的国民经济学说	贾根良	北京市第十三届哲学社会科学优秀成果奖	中共北京市委、北京市人民政府	论文	二等奖
17	地方政府竞争和经济增长——基于我国省级面板数据的空间计量经济学研究	周业安	北京市第十三届哲学社会科学优秀成果奖	中共北京市委、北京市人民政府	专著	二等奖
18	关联交易与代理问题	叶康涛	北京市第十三届哲学社会科学优秀成果奖	中共北京市委、北京市人民政府	专著	二等奖
19	Robust Estimation In Inverse Problems Via Quantile Coupling	田茂再	北京市第十三届哲学社会科学优秀成果奖	中共北京市委、北京市人民政府	论文	二等奖
20	历史唯物主义的理论本质和发展形态	郝立新	北京市第十三届哲学社会科学优秀成果奖	中共北京市委、北京市人民政府	论文	二等奖

续表

序号	成果名称	主要作者	奖项名称	颁奖单位	成果形式	奖励等级
21	老龄社会与和谐社会	邬沧萍	北京市第十三届哲学社会科学优秀成果奖	中共北京市委、北京市人民政府	专著	二等奖
22	谁在网络中呼风唤雨：网络舆情传播的动力节点和动力机制研究	李　彪	北京市第十三届哲学社会科学优秀成果奖	中共北京市委、北京市人民政府	专著	二等奖
23	分裂的想象	杨庆祥	北京市第十三届哲学社会科学优秀成果奖	中共北京市委、北京市人民政府	专著	二等奖
24	存在与实体——亚里士多德〈形而上学〉Z卷研究（Z 1—9）	聂敏里	北京市第十三届哲学社会科学优秀成果奖	中共北京市委、北京市人民政府	专著	二等奖
25	重建历史唯物主义历史总体观	张文喜	北京市第十三届哲学社会科学优秀成果奖	中共北京市委、北京市人民政府	专著	二等奖
26	文化与政治——西方马克思主义研究	欧阳谦	北京市第十三届哲学社会科学优秀成果奖	中共北京市委、北京市人民政府	专著	二等奖
27	中国共产党与当代中国文化发展研究	杨凤城	北京市第十三届哲学社会科学优秀成果奖	中共北京市委、北京市人民政府	专著	二等奖

特等奖、一等奖成果简介

《法律、资源与时空建构：1644—1945年的中国》（五卷本）（见第798页）

《西方社会运动理论研究》（见第801页）

《大金融论纲》（见第802页）

《共同体的进化》（见第806页）

《秦汉社会意识研究》（见第810页）

《意义——当代神学的公共性问题》（见第817页）

（中国人民大学科研处张玉洁供稿）

清华大学

序号	成果名称	主要作者	奖项名称	颁奖单位	成果形式	获奖等级
1	刑法客观主义与方法论	周光权	北京市第十三届哲学社会科学优秀成果奖	中共北京市委、北京市人民政府	著作	一等奖
2	不动产登记法研究	程　啸	北京市第十三届哲学社会科学优秀成果奖	中共北京市委、北京市人民政府	著作	二等奖
3	天禄琳琅研究	刘　蔷	北京市第十三届哲学社会科学优秀成果奖	中共北京市委、北京市人民政府	著作	二等奖
4	The Formulation and Transition of China's Education Policy from 1978 to 2007: A Policy Discourse Analysis（中国教育政策的形成和变迁——一种政策话语分析）	文　雯	北京市第十三届哲学社会科学优秀成果奖	中共北京市委、北京市人民政府	著作	二等奖
5	中国工程教育：国家现代化进程中的发展史	王孙禺	北京市第十三届哲学社会科学优秀成果奖	中共北京市委、北京市人民政府	著作	二等奖

续表

序号	成果名称	主要作者	奖项名称	颁奖单位	成果形式	获奖等级
6	论马克思的三种正义概念——也谈资本占有剩余价值在什么意义上是不符合（或符合）正义的	孟　捷	北京市第十三届哲学社会科学优秀成果奖	中共北京市委、北京市人民政府	论文	二等奖
7	秦西汉印章研究	赵平安	北京市第十三届哲学社会科学优秀成果奖	中共北京市委、北京市人民政府	著作	二等奖
8	中国与拜占庭帝国关系研究	张绪山	北京市第十三届哲学社会科学优秀成果奖	中共北京市委、北京市人民政府	著作	二等奖
9	问道：改革开放以来的社会思潮和青年思想政治教育研究	林　泰	北京市第十三届哲学社会科学优秀成果奖	中共北京市委、北京市人民政府	著作	二等奖
10	德国体育研究	刘　波	北京市第十三届哲学社会科学优秀成果奖	中共北京市委、北京市人民政府	著作	二等奖
11	古物新知	尚　刚	北京市第十三届哲学社会科学优秀成果奖	中共北京市委、北京市人民政府	著作	二等奖
12	Ancient Chinese Thought, Modern Chinese Power	阎学通	北京市第十三届哲学社会科学优秀成果奖	中共北京市委、北京市人民政府	著作	二等奖

特等奖、一等奖成果简介

《刑法客观主义与方法论》（见第809页）

（清华大学文科建设处刘金梅供稿）

北京师范大学

序号	成果名称	主要作者	奖项名称	颁奖单位	成果形式	获奖等级
1	中国教育大百科全书	顾明远	北京市第十三届哲学社会科学优秀成果奖	中共北京市委、北京市人民政府	工具书	特等奖
2	中国散文通史（十二卷）	郭英德	北京市第十三届哲学社会科学优秀成果奖	中共北京市委、北京市人民政府	著作	特等奖
3	春秋战国的社会变迁（上、下）	晁福林	北京市第十三届哲学社会科学优秀成果奖	中共北京市委、北京市人民政府	著作	一等奖
4	美、英、日、印四国学前教育体制的比较研究	霍力岩	北京市第十三届哲学社会科学优秀成果奖	中共北京市委、北京市人民政府	专著	一等奖
5	中华古文论释林（十卷本）	李壮鹰	北京市第十三届哲学社会科学优秀成果奖	中共北京市委、北京市人民政府	著作	一等奖
6	论古典经济学的市民性质	沈　越	北京市第十三届哲学社会科学优秀成果奖	中共北京市委、北京市人民政府	论文	一等奖
7	北京教育史	俞启定	北京市第十三届哲学社会科学优秀成果奖	中共北京市委、北京市人民政府	专著	一等奖
8	中国当代社会史	张静如	北京市第十三届哲学社会科学优秀成果奖	中共北京市委、北京市人民政府	专著	一等奖

续表

序号	成果名称	主要作者	奖项名称	颁奖单位	成果形式	获奖等级
9	计算主义：一种新的世界观	李建会	北京市第十三届哲学社会科学优秀成果奖	中共北京市委、北京市人民政府	著作	二等奖
10	中国外贸依存度和失衡程度的重新估算	李　昕	北京市第十三届哲学社会科学优秀成果奖	中共北京市委、北京市人民政府	论文	二等奖
11	汉字学新论	李运富	北京市第十三届哲学社会科学优秀成果奖	中共北京市委、北京市人民政府	著作	二等奖
12	中国学前教育发展报告	庞丽娟	北京市第十三届哲学社会科学优秀成果奖	中共北京市委、北京市人民政府	著作	二等奖
13	世界管理思想史	唐任伍	北京市第十三届哲学社会科学优秀成果奖	中共北京市委、北京市人民政府	著作	二等奖
14	我国基本公共文化服务：指标体系构建与地区差距测量	王洛忠	北京市第十三届哲学社会科学优秀成果奖	中共北京市委、北京市人民政府	论文	二等奖
15	民办教育分类管理探讨	王善迈	北京市第十三届哲学社会科学优秀成果奖	中共北京市委、北京市人民政府	论文	二等奖
16	中国特殊教育教师培养研究	王　雁	北京市第十三届哲学社会科学优秀成果奖	中共北京市委、北京市人民政府	专著	二等奖
17	我国义务教育阶段学生核心素养模型的建构	辛　涛	北京市第十三届哲学社会科学优秀成果奖	中共北京市委、北京市人民政府	论文	二等奖
18	个人所得税改善中国收入分配了吗——基于1997—2011年微观数据的动态评估	徐建炜	北京市第十三届哲学社会科学优秀成果奖	中共北京市委、北京市人民政府	论文	二等奖
19	早期丝绸之路探微	杨共乐	北京市第十三届哲学社会科学优秀成果奖	中共北京市委、北京市人民政府	著作	二等奖
20	四库全书馆研究	张　升	北京市第十三届哲学社会科学优秀成果奖	中共北京市委、北京市人民政府	著作	二等奖
21	电视剧叙事艺术研究	张智华	北京市第十三届哲学社会科学优秀成果奖	中共北京市委、北京市人民政府	著作	二等奖
22	关于中国现阶段慎用死刑的思考	赵秉志	北京市第十三届哲学社会科学优秀成果奖	中共北京市委、北京市人民政府	论文	二等奖
23	薄弱学校的教学改进研究	胡定荣 李先平 黄晓青 张素元 马国红	2014年国家级基础教育教学成果奖	教育部	教案	二等奖
24	基于学生发展的多学科教师合作的校本研究模式的构建与实践	梁　威 卢立涛 何光峰 胡　进 张丽娜	2014年国家级基础教育教学成果奖	教育部	教案	二等奖
25	运用教育创新理论大幅提升农村语文、英语教学质量的研究	何克抗 余胜泉 吴　娟 马　宁 陈　玲	2014年国家级基础教育教学成果奖	教育部	教案	二等奖

特等奖、一等奖成果简介

《中国散文通史》（十二卷本）（见第797页）
《中国教育大百科全书》（四卷本）（见第798页）
《中国当代社会史》（见第799页）
《论古典经济学的市民性质——马克思市民理论再探讨》（见第805页）
《美、英、日、印四国学前教育体制的比较研究》（上、下）（见第807页）
《北京教育史》（见第808页）
《春秋战国的社会变迁》（上、下）（见第811页）
《中华古文论释林》（十卷本）（见第814页）

（北京师范大学社科处刘娜供稿）

中央民族大学

序号	成果名称	主要作者	奖项名称	颁奖单位	成果形式	获奖等级
1	苯教史纲要	才让太	北京市第十三届哲学社会科学优秀成果奖	中共北京市委、北京市人民政府	专著	一等奖
2	卫拉特高僧拉布紧巴·咱雅班第达研究	叶尔达	北京市第十三届哲学社会科学优秀成果奖	中共北京市委、北京市人民政府	专著	二等奖

特等奖、一等奖成果简介

《苯教史纲要》（见第800页）

（中央民族大学科研处供稿）

中国政法大学

序号	成果名称	主要作者	奖项名称	颁奖单位	成果形式	获奖等级
1	当代中国私法进程	柳经纬	北京市第十三届哲学社会科学优秀成果奖	中共北京市委、北京市人民政府	专著	一等奖
2	《世界人权宣言》研究	孙平华	北京市第十三届哲学社会科学优秀成果奖	中共北京市委、北京市人民政府	专著	二等奖
3	现代财产法的理论建构	王卫国	北京市第十三届哲学社会科学优秀成果奖	中共北京市委、北京市人民政府	论文	二等奖
4	在华外国人犯罪的刑事法律应对	于志刚	北京市第十三届哲学社会科学优秀成果奖	中共北京市委、北京市人民政府	论文	二等奖
5	追索海外流失文物的法律问题	霍政欣	北京市第十三届哲学社会科学优秀成果奖	中共北京市委、北京市人民政府	专著	二等奖
6	认知视野中的情感依赖与理性、推理	费多益	北京市第十三届哲学社会科学优秀成果奖	中共北京市委、北京市人民政府	论文	二等奖

特等奖、一等奖成果简介

《当代中国私法进程》（见第808页）

（中国政法大学科研处谭义供稿）

中央财经大学

序号	成果名称	主要作者	奖项名称	颁奖单位	成果形式	获奖等级
1	网络虚拟货币研究	孙宝文	北京市第十三届哲学社会科学优秀成果奖	中共北京市委、北京市人民政府	专著	一等奖
2	董事网络与独立董事治理	陈运森	北京市第十三届哲学社会科学优秀成果奖	中共北京市委、北京市人民政府	专著	二等奖
3	关于在中关村国家自主创新示范区内建立政策性“中关村银行”的建议	李　涛	北京市第十三届哲学社会科学优秀成果奖	中共北京市委、北京市人民政府	论文	二等奖
4	建筑物区分所有权	陈华彬	北京市第十三届哲学社会科学优秀成果奖	中共北京市委、北京市人民政府	专著	二等奖
5	论网络思想政治教育研究的深化	胡树祥	北京市第十三届哲学社会科学优秀成果奖	中共北京市委、北京市人民政府	论文	二等奖
6	预防接种异常反应补偿机制管理研究	王　俊	北京市第十三届哲学社会科学优秀成果奖	中共北京市委、北京市人民政府	论文	二等奖
7	中国近代银行制度变迁及其绩效研究	兰日旭	北京市第十三届哲学社会科学优秀成果奖	中共北京市委、北京市人民政府	专著	二等奖
8	中国自杀率下降趋势的社会学分析	张　杰	北京市第十三届哲学社会科学优秀成果奖	中共北京市委、北京市人民政府	论文	二等奖
9	谁为农村独生子女家庭养老	丁志宏	第六届人口科学优秀成果奖	中国人口学会	专著	二等奖
10	中国人口生育意愿变迁：1980—2011	侯佳伟	第六届人口科学优秀成果奖	中国人口学会	论文	二等奖

特等奖、一等奖成果简介

《网络虚拟货币研究》（见第803页）

（中央财经大学科研处供稿）

对外经济贸易大学

序号	成果名称	主要作者	奖项名称	颁奖单位	成果形式	获奖等级
1	中国对外开放史	孙玉琴 赵崔莉 申学锋 曲　韵 孙　倩 李玉梅等	北京市第十三届哲学社会科学优秀成果奖	中共北京市委、北京市人民政府	专著	一等奖
2	中国企业转型升级若干问题的调研报告	林汉川 蓝庆新 韩　晶 林洲钰 王分棉等	北京市第十三届哲学社会科学优秀成果奖	中共北京市委、北京市人民政府	专著	一等奖
3	从报表看企业——数字背后的秘密	张新民	北京市第十三届哲学社会科学优秀成果奖	中共北京市委、北京市人民政府	专著	二等奖

续表

序号	成果名称	主要作者	奖项名称	颁奖单位	成果形式	获奖等级
4	Testing the moderating effects of toolkits and user communities in personalization: The case of social networking service	王永贵等	北京市第十三届哲学社会科学优秀成果奖	中共北京市委、北京市人民政府	论文	二等奖
5	Effects of High-speed Rail and Air Transport Competition on Prices, Profits and Welfare	杨杭军等	北京市第十三届哲学社会科学优秀成果奖	中共北京市委、北京市人民政府	论文	二等奖
6	DNA证据研究	陈学权	北京市第十三届哲学社会科学优秀成果奖	中共北京市委、北京市人民政府	专著	二等奖
7	中国国民收入的要素分配份额研究	钱震杰	北京市第十三届哲学社会科学优秀成果奖	中共北京市委、北京市人民政府	专著	二等奖
8	中国制造业集聚与对外贸易：微观经济视角的分析	邓慧慧	北京市第十三届哲学社会科学优秀成果奖	中共北京市委、北京市人民政府	专著	二等奖
9	网络空间威慑：报复是否可行	董青岭 戴长征	北京市第十三届哲学社会科学优秀成果奖	中共北京市委、北京市人民政府	论文	二等奖

特等奖、一等奖成果简介

《中国对外开放史》（三卷本）（见第804页）

《中国企业转型升级若干问题的调研报告》（见第813页）

（对外经济贸易大学科研处供稿）

中国传媒大学

序号	成果名称	主要作者	奖项名称	颁奖单位	成果形式	获奖等级
1	政治传播——历史、发展与外延	段　鹏	北京市第十三届哲学社会科学优秀成果奖	中共北京市委、北京市人民政府	专著	一等奖
2	论群体传播时代个人情绪的社会化传播	隋　岩	北京市第十三届哲学社会科学优秀成果奖	中共北京市委、北京市人民政府	论文	省级二等奖

特等奖、一等奖成果简介

《政治传播——历史、发展与外延》（见第815页）

（中国传媒大学科研处供稿）

中国农业大学

序号	成果名称	主要作者	奖项名称	颁奖单位	成果形式	获奖等级
1	人类生存基础——农业特性与政府责任	朱启臻	北京市第十三届哲学社会科学优秀成果奖	中共北京市委、北京市人民政府	专著	二等奖
2	银幕上的乡土中国	李焕征	北京市第十三届哲学社会科学优秀成果奖	中共北京市委、北京市人民政府	专著	二等奖

（中国农业大学科学技术发展研究院张红伟供稿）

北京交通大学

序号	成果名称	主要作者	奖项名称	颁奖单位	成果形式	获奖等级
1	综合交通运输体系研究——认知与建构	荣朝和	北京市第十三届哲学社会科学优秀成果奖	中共北京市委、北京市人民政府	著作	一等奖
2	建设绿色大学，促进低碳发展——北京交通大学节约型校园建设模式	刘伊生	北京市第十三届哲学社会科学优秀成果奖	中共北京市委、北京市人民政府	著作	二等奖
3	中国产业安全问题研究	李孟刚	北京市第十三届哲学社会科学优秀成果奖	中共北京市委、北京市人民政府	著作	二等奖

特等奖、一等奖成果简介

《综合交通运输体系研究——认知与建构》（见第 812 页）

（北京交通大学人文社会科学处供稿）

首都师范大学

序号	成果名称	主要作者	获奖名称	颁奖单位	成果形式	获奖等级
1	中国诗歌通史（十一卷本）	赵敏俐	北京市第十三届哲学社会科学优秀成果奖	中共北京市委、北京市人民政府	著作	特等奖
2	自由摹状词理论研究	冯　艳	北京市第十三届哲学社会科学优秀成果奖	中共北京市委、北京市人民政府	著作	一等奖
3	中国近现代教科书史	石　鸥	北京市第十三届哲学社会科学优秀成果奖	中共北京市委、北京市人民政府	著作	一等奖
4	甲骨拼合续集	黄天树	北京市第十三届哲学社会科学优秀成果奖	中共北京市委、北京市人民政府	著作	二等奖
5	当代中国文艺学研究（1949—2009）	陶东风	北京市第十三届哲学社会科学优秀成果奖	中共北京市委、北京市人民政府	著作	二等奖
6	北京审美文化史	邹　华	北京市第十三届哲学社会科学优秀成果奖	中共北京市委、北京市人民政府	著作	二等奖
7	北魏政治史（全九册）	张金龙	北京市第十三届哲学社会科学优秀成果奖	中共北京市委、北京市人民政府	著作	二等奖
8	中世纪西欧基督教文化环境中“人”的生存状态研究	刘　城	北京市第十三届哲学社会科学优秀成果奖	中共北京市委、北京市人民政府	著作	二等奖
9	汉代监狱制度研究	宋　杰	北京市第十三届哲学社会科学优秀成果奖	中共北京市委、北京市人民政府	著作	二等奖
10	河南早期刻画符号研究	袁广阔	北京市第十三届哲学社会科学优秀成果奖	中共北京市委、北京市人民政府	著作	二等奖
11	Neural correlates of binding features within-or cross-dimensions in visual conjunction search：An fMRI study	魏　萍	北京市第十三届哲学社会科学优秀成果奖	中共北京市委、北京市人民政府	论文	二等奖
12	严格科学地实现素质教育——教师的专业	宁　虹	北京市第十三届哲学社会科学优秀成果奖	中共北京市委、北京市人民政府	论文	二等奖
13	学生成绩提高的原理与策略——义务教育生产函数分析	薛海平	北京市第十三届哲学社会科学优秀成果奖	中共北京市委、北京市人民政府	著作	二等奖

续表

序号	成果名称	主要作者	获奖名称	颁奖单位	成果形式	获奖等级
14	学校师生冲突的成因分析与对策研究——以微观政治社会学为理论视角的研究	田国秀	北京市第十三届哲学社会科学优秀成果奖	中共北京市委、北京市人民政府	著作	二等奖

特等奖、一等奖成果简介

《中国诗歌通史》（十一卷本）（见第 797 页）

《自由摹状词理论研究》（见第 801 页）

《中国近现代教科书史》（上下册）（见第 806 页）

（首都师范大学社会科学处李志成供稿）

首都经济贸易大学

序号	成果名称	主要作者	奖项名称	颁奖单位	成果形式	获奖等级
1	中国期货市场的规范与发展	祝合良	北京市第十三届哲学社会科学优秀成果奖	中共北京市委、北京市人民政府	专著	一等奖
2	北京中心城人口疏解与新城发展机制研究	赵秀池	北京市第十三届哲学社科优秀成果奖	中共北京市委、北京市人民政府	专著	一等奖
3	缩小我国贫富差距的理论与对策研究	郝如玉	北京市第十三届哲学社会科学优秀成果奖	中共北京市委、北京市人民政府	专著	二等奖
4	国有股权、环境不确定性与投资效率	申慧慧	北京市第十三届哲学社会科学优秀成果奖	中共北京市委、北京市人民政府	论文	二等奖
5	上市公司终极股东双重控制链的生成及其演化机制——基于组织惯例演化视角的分析框架	高 闯	北京市第十三届哲学社会科学优秀成果奖	中共北京市委、北京市人民政府	论文	二等奖
6	首都人口与环境关系——理论与实证研究	童玉芬	第六届人口科学优秀成果奖（专著类）	国家卫生和计划生育委员会、中国人口学会	专著	一等奖
7	西方发达国家的家庭政策及对我国的启示	盛亦男	第六届人口科学优秀成果奖（论文类）	国家卫生和计划生育委员会	论文	二等奖
8	“六普”报告的婴儿死亡率误差和实际水平的评估	黄荣清	第六届人口科学优秀成果奖	国家卫生和计划生育委员会、中国人口学会	论文	二等奖
9	海归回流：知识溢出及门槛效应	杨河清	第六届人口科学优秀成果奖	国家卫生和计划生育委员会、中国人口学会	论文	二等奖
10	首都城市化进程中城乡一体化问题研究	张 强	北京市第十一届优秀调查研究成果优秀奖	中共北京市委员会	研究报告	三等奖

特等奖、一等奖成果简介

《中国期货市场的规范与发展》（见第 804 页）

《北京中心城人口疏解与新城发展机制研究》（见第 813 页）

《首都人口与环境关系——理论与实证研究》(专著)

首都经济贸易大学　童玉芬

中国劳动社会保障出版社　2012年8月出版

全书是一本专门研究北京人口与环境关系的专著。该书在对北京市人口变动特点、北京市资源环境基础以及二者之间存在的主要矛盾和关系进行了定性及理论机制分析的基础上，不仅研究了北京人口变动对环境的影响机制和影响后果，也反过来研究了环境对人口的制约和作用，构建了研究特大城市人口与环境关系的完整的理论框架，同时还研究了人口与资源环境的协调性问题，最后提出了一系列的政策性建议。在研究北京市人口对环境影响时，主要选择了能够表征北京市资源与环境方面最重要的，同时也是与人口关系最紧密三个因素：碳排放、生态足迹和水资源，分别采用了一定的定量实证模型，分析并测度了北京市人口变动因素对上述环境因素变化中的作用程度与后果。在研究环境对北京市人口影响方面，作者从分析了决定北京市人口承载力的主要影响因素，并分别采用多目标规划中的可能度—满意度方法以及系统动力学模拟方法，对北京市的人口综合承载力和水资源人口承载力进行了研究。并且结合北京市的人口预测结果，进一步分析了未来的人口超载情况，以及可能产生的后果和问题。然后，本研究运用灰色关联分析法构建出人口与资源环境交互作用的关联度模型和耦合度模型，揭示了北京市人口与资源环境系统耦合的主要因素。并采用主成分法对北京市人口、经济和环境系统进行了综合评价。最后该书提出了关于北京市协调人口、资源、环境的一系列政策建议。

童玉芬，女，汉族，1999年北京大学毕业，法学博士。现为首都经济贸易大学二级教授，博士生导师，首都经济贸易大学劳动经济学院副院长，首都经济贸易大学人口经济研究所所长，国家社会科学基金资助期刊、CSSCI期刊《人口与经济》主编，兼任中国人口学会常务理事，北京市人口学会副会长，中国人力资源开发研究会常务理事，中国人资源开发研究会人才测评分会副会长等社会职务。多年来致力于人口学、人口与资源环境可持续发展、人口与劳动就业、农村劳动力空间转移流动等方面研究。主持或作为主要成员承担过多项国家级、省部级以及国际基金项目。出版学术著作10余部，公开发表学术论文100余篇。研究成果曾多次独立获得国家人口和计生委一等将、二等奖和三等奖、北京市哲学社会科学二等奖、新疆维吾尔自治区哲学社会科学优秀成果二等奖、三等奖等，2008年获得“北京市高校优秀共产党员”称号。

（首都经济贸易大学科研处供稿）

北京工商大学

序号	成果名称	主要作者	奖项名称	颁奖单位	成果形式	获奖等级
1	“十二五”前期价格上涨趋势和主要影响因素研究	李朝鲜	北京市第十三届哲学社会科学优秀成果奖	中共北京市委、北京市人民政府	著作	一等奖
2	会计报表的缺陷与重构——以会计报表衍生体系为基础的企业信息体系再造	谢志华	北京市第十三届哲学社会科学优秀成果奖	中共北京市委、北京市人民政府	著作	一等奖
3	北京市城乡居民收入差距问题研究	魏中龙	北京市第十三届哲学社会科学优秀成果奖	中共北京市委、北京市人民政府	著作	二等奖
4	企业内部控制系统 构建·运行·评价	杨有红	北京市第十三届哲学社会科学优秀成果奖	中共北京市委、北京市人民政府	著作	二等奖

特等奖、一等奖成果简介

《“十二五”前期价格上涨趋势和主要影响因素研究》(见第803页)

《会计报表的缺陷与重构——以会计报表衍生体系为基础的企业信息体系再造》(见第812页)

（北京工商大学科学技术处供稿）

北京工业大学

序号	成果名称	主要作者	奖项名称	颁奖单位	成果形式	获奖等级
1	非参数和半参数模型中的经验似然	薛留根	2014高等学校优秀成果奖（科学技术）	教育部	著作	二等奖
2	上市公司大小股东关系：基于共生理论的研究	杨松令	2014北京市第十三届哲学社会科学优秀成果奖	中共北京市委、北京市人民政府	著作	二等奖

（北京工业大学科发院人文处张爱民供稿）

国家行政学院

序号	成果名称	组长	奖项名称	颁奖单位	成果形式	获奖等级
1	国务院“取消和下放行政审批事项、激发企业和市场活力”政策措施落实情况第三方评估报告	陈宝生	第四届优秀科研咨询成果奖	国家行政学院	咨询报告	特等奖
2	政府信息公开主要问题研究	杨伟东	第四届优秀科研咨询成果奖	国家行政学院	著作	一等奖
3	新一轮事业单位改革“纯化”取向的反思	刘小康	第四届优秀科研咨询成果奖	国家行政学院	论文类	一等奖
4	全面深化干部人事制度改革研究报告	魏礼群	第四届优秀科研咨询成果奖	国家行政学院	咨询报告	一等奖
5	社会管理的法治思维	韩春晖	第四届优秀科研咨询成果奖	国家行政学院	著作	二等奖
6	公共部门危机管理（修订版）（教材）	张小明	第四届优秀科研咨询成果奖	国家行政学院	教材	二等奖
7	地方政府间公共服务合作机制	尹艳红	第四届优秀科研咨询成果奖	国家行政学院	著作	二等奖
8	我国农村转移人口市民化的财政支出测算与时空分布研究	张占斌等	第四届优秀科研咨询成果奖	国家行政学院	论文	二等奖
9	中国应急预案体系建设的四个基本问题	钟开斌	第四届优秀科研咨询成果奖	国家行政学院	论文	二等奖
10	层层失守：猪肉质量监管的困局	胡颖廉	第四届优秀科研咨询成果奖	国家行政学院	论文	二等奖
11	历代中央政府治藏方略的演变传承	黄　伟	第四届优秀科研咨询成果奖	国家行政学院	论文	二等奖
12	促进新疆人口分布合理性研究	张国玉	第四届优秀科研咨询成果奖	国家行政学院	论文	二等奖
13	南疆基层干部调研报告	孔新峰	第四届优秀科研咨询成果奖	国家行政学院	咨询报告	二等奖
14	国家电子政务发展报告2013	王益民	第四届优秀科研咨询成果奖	国家行政学院	咨询报告	二等奖
15	《方案》制定得好，更要贯彻落实好	王满传	第四届优秀科研咨询成果奖	国家行政学院	咨询报告	二等奖
16	突发事件与制度变迁动力机制研究	李　明	第四届优秀科研咨询成果奖	国家行政学院	著作	三等奖
17	制度领导	李　拓	第四届优秀科研咨询成果奖	国家行政学院	著作	三等奖

续表

序号	成果名称	组长	奖项名称	颁奖单位	成果形式	获奖等级
18	中国社会体制改革：战略与对策	丁元竹	第四届优秀科研咨询成果奖	国家行政学院	著作	三等奖
19	网络时代的政府革新	王彬彬	第四届优秀科研咨询成果奖	国家行政学院	著作	三等奖
20	中国发展新阶段与模式转型	王小广	第四届优秀科研咨询成果奖	国家行政学院	著作	三等奖
21	英国地方政府治理：中央集权主义的分析视角	宋雄伟	第四届优秀科研咨询成果奖	国家行政学院	论文	三等奖
22	传统媒体的新媒体转型：误区、问题与可能的路径	郭全中	第四届优秀科研咨询成果奖	国家行政学院	论文	三等奖
23	地方社会管理新设机构探索：经验特征与分析	易丽丽	第四届优秀科研咨询成果奖	国家行政学院	论文	三等奖
24	城乡两元文明共生的中国特色城镇化模式——基于新能源革命、民族文化与“三高技术”的三维分析	张孝德	第四届优秀科研咨询成果奖	国家行政学院	论文	三等奖
25	公立医院改革“管办分开”的实践争议	胡　薇	第四届优秀科研咨询成果奖	国家行政学院	论文	三等奖
26	政府购买公共服务的学理因由、典型模式与推进策略	李军鹏	第四届优秀科研咨询成果奖	国家行政学院	论文	三等奖
27	论我国社会保障管理体制的改革与完善	叶响裙	第四届优秀科研咨询成果奖	国家行政学院	论文	三等奖
28	论突发事件预警体系的行动导向	董泽宇	第四届优秀科研咨询成果奖	国家行政学院	论文	三等奖
29	社会质量测量维度与城市社区创新——基于深圳市的实证分析	李勇等	第四届优秀科研咨询成果奖	国家行政学院	论文	三等奖
30	欧美国家大部制的实际操作、基本特征及取向观察	舒绍福	第四届优秀科研咨询成果奖	国家行政学院	论文	三等奖
31	基于社会资本构建灾害防救多元参与机制	邹积亮	第四届优秀科研咨询成果奖	国家行政学院	论文	三等奖
32	竞争上岗司处科三级公务员核心胜任力框架体系及测评方法研究	胡月星	第四届优秀科研咨询成果奖	国家行政学院	咨询报告	三等奖
33	通过产业国际转移化解我国过剩产能的对策建议	董小君	第四届优秀科研咨询成果奖	国家行政学院	咨询报告	三等奖
34	关于公路可持续发展的顶层设计建议	王　伟	第四届优秀科研咨询成果奖	国家行政学院	咨询报告	三等奖
35	德国社会保险自治管理机制：历史嬗变、改革及其启示	李志明	第四届优秀科研咨询成果奖	国家行政学院	咨询报告	三等奖
36	代拟《关于贯彻落实〈国务院关于推进文化创意和设计服务与相关产业融合发展的若干意见〉的实施意见》草案	祁述裕	第四届优秀科研咨询成果奖	国家行政学院	咨询报告	三等奖
37	吸取拉美教训，破解城市二元结构难题	樊继达	第四届优秀科研咨询成果奖	国家行政学院	咨询报告	三等奖
38	关于加强应急体制整体设计的建议	游志斌	第四届优秀科研咨询成果奖	国家行政学院	咨询报告	三等奖

（国家行政学院项纪旸供稿）

中国青年政治学院

成果名称	主要作者	奖项名称	颁奖单位	成果形式	获奖等级
信息主义及其哲学探析	肖　峰	北京市第十三届哲学社会科学优秀成果奖	中共北京市委、北京市人民政府	专著	二等奖

（中国青年政治学院科研处供稿）

中国社会科学院

序号	成果名称	作者	奖项名称	颁奖单位	成果形式	获奖等级
1	商代史（十卷）	宋镇豪	第三届中国出版政府图书奖	国家新闻出版广电总局	专著	
2	新中国经济学史纲	张卓元等	第三届中国出版政府图书奖	国家新闻出版广电总局	专著	
3	中华人民共和国国家历史地图	中华人民共和国国家历史·地图集编纂委员会	第三届中国出版政府图书奖	国家新闻出版广电总局	专著	
4	超越人口红利	蔡　昉	第三届中国出版政府图书奖	国家新闻出版广电总局	专著	
5	社会主义通史（八卷）	王伟光	第三届中国出版政府图书奖	国家新闻出版广电总局	专著	
6	毛泽东著作辞典	李　捷	第三届中国出版政府图书奖	国家新闻出版广电总局	专著	
7	中华民国史	李　新	第三届中国出版政府图书奖	国家新闻出版广电总局	专著	
8	费·陀思妥耶夫斯基全集	陈　燊	第三届中国出版政府图书奖	国家新闻出版广电总局	专著	
9	元典章	陈高华 张　帆 刘　晓等	第三届中国出版政府图书奖	国家新闻出版广电总局	专著	
10	现代汉语词典（第6版）	中国社会科学院语言研究所词典编辑室	第三届中国出版政府图书奖	国家新闻出版广电总局	工具书	
11	马克思主义中国化史	梅荣政	第三届中国出版政府图书奖	国家新闻出版广电总局	专著	提名奖
12	当代中国民生	李培林等	第三届中国出版政府图书奖	国家新闻出版广电总局	专著	提名奖
13	子弟书全集	黄仕忠 李　芳 关瑾华	第三届中国出版政府图书奖	国家新闻出版广电总局	专著	提名奖
14	皮书数据库	社会科学文献出版社	第三届中国出版政府图书奖网络出版物奖	国家新闻出版广电总局	专著	提名奖
15	中国妇女通史	陈高华 童芍素	第三届中国出版政府图书奖	国家新闻出版广电总局	专著	提名奖
16	东方哲学史（五卷本）	徐远和 李甦平 周贵华 孙　晶	第三届中国出版政府图书奖	国家新闻出版广电总局	专著	提名奖
17	清代学术源流	陈祖武	第三届中国出版政府图书奖	国家新闻出版广电总局	专著	提名奖

续表

序号	成果名称	作者	奖项名称	颁奖单位	成果形式	获奖等级
18	世界历史	武　寅 于　沛 吴恩远等	第三届中国出版政府图书奖	国家新闻出版广电总局	专著	提名奖
19	中国特色社会主义理论体系研究	徐崇温	第三届中国出版政府图书奖	国家新闻出版广电总局	专著	提名奖
20	塞万提斯学术史研究	陈众议	第三届中国出版政府图书奖	国家新闻出版广电总局	专著	提名奖
21	新华字典：双色本（第11版）	中国社会科学院语言所	第三届中国出版政府图书奖	国家新闻出版广电总局	工具书	提名奖
22	奢华之色——宋元明金银器研究	扬之水	第三届中国出版政府图书奖	国家新闻出版广电总局	专著	提名奖

获奖成果简介

《商代史》（著作）

中国社会科学院历史研究所　宋镇豪

中国社会科学出版社　2010年10月出版

《商代史》全书分为十一卷。第一卷，导论，总述商朝的年代、人口构成、地理生态、政治疆域变化、行政区划、社会文化及周边状况。第二卷，研究商代世系与《史记·殷本纪》的历史关系。第三卷，研究商族起源与先商社会变迁。第四卷，研究商代国家与社会构成。第五卷，探讨商代的都邑邦鄙形态。第六卷，研究商代的社会制度与礼俗。第七卷，探讨商代社会的经济与科技。第八卷，研究商代宗教与祭祀。第九卷，探讨商代的军事与战争。第十卷，研究商代地理与周边的方国及其关系。第十一卷，研究商代的遗民与商灭亡的历史教训。

“商代史”是重建中国上古史的重要一环，是世界至今尚未失落的东方古文明的起始阶段；商朝制度又下启中国古代典章制度演进的先河，对世界文明发展史的研究具有典型意义。但长期以来这一研究一直属于空白。中国社会科学院历史研究所的专家集体撰写的这部《商代史》，不仅是国内外学术界的首创，而且突破了传统史学撰述的格局，代表了当代商史研究领域的最新水平。本书全面整合甲骨金文学、古文字学、文献学、考古学、民族学、人口学、历史地理学、古代科学技术史的研究成果，多层面多视角勾勒复杂纷纭、生动具体的历史表象，捕捉商代历史流程中的运作系统，总结其社会的内在特征和时代演进规律，具有集大成性、多学科性和后续性，将推动21世纪商代史、中国通史研究继续深入，创造新的辉煌。《商代史》是国家“十一五”重点研究课题，中国社会科学院重大研究项目。

宋镇豪，男，历史学硕士，中国社会科学院学部委员，第十一届全国政协委员，中国社会科学院历史研究所研究员、先秦史研究室主任，中国社会科学院古代文明研究中心专家委员会委员，中国社会科学院研究生院历史系教授、博士生导师，北京大学文博学院教授、博士生导师，中国殷商文化学会副会长兼秘书长，中国先秦史学会副会长。中国社会科学院有突出贡献的中青年专家，享受国务院颁发的政府特殊津贴。专著《夏商社会生活史》《中国春秋战国习俗史》《中国饮食史·夏商卷》《中国风俗通史·夏商卷》等，主编《甲骨文献集成》《百年甲骨学论著目》，合著《早期奴隶制社会比较研究》《中国古代文明与国家形成研究》等。

《新中国经济学史纲》（著作）

中国社会科学院经济研究所　张卓元等

中国社会科学出版社　2012年8月出版

该书系统地梳理了1949年新中国成立到2011年新中国经济学研究的进展与成果，展现了新中国经济发展的轨迹及其特点。该书将新中国经济学发展的60多年分为两个阶段：一是1949—1978年建立社会主义制度和探索社会主义建设的阶段即改革开放前阶段；二是从1979年到现在建设中国特色社会主义阶段即改革开放后阶段。

该书认为，在改革开放前阶段，我国实行社会主义计划经济体制，经济学领域占主流地位的是传统的社会主义理论。同时也提出了一些标新立异的观点，比如，计划与市场问题、价值规律作用问题、所有权与经营权分离问题、物质利益元问题、生产价格问题等方面都具有远见卓识的观点。这说明改革开放前中国经济学界也有理论创新。

该书认为，在改革开放阶段，中国经济学界真正迎来了百家争鸣和理论创新的春天。中国经济学家在马克思主义指导下，在党的解放思想、实事求是思想路线指引下，理论联系实际，大胆探索，勇于创新，做出了一系列富有理论价值和实践意义的研究成果，并逐步形成中国特色社会主义理论体系。举其要者有：社会主义初级阶段理论、对外开放理论、社会主义基本经济制度理论、按劳分配和按其他生产要素分配相结合理论、中国式经济增长理论、渐进式改革理论等。这期间经济研究的一个重要特点是：充分吸收现代经济学既有成果，特别是有关市场经济一般规律的科学概括以及发达国家对市场经济运行调节与管理的经验，许多应用经济学像雨后春笋般发展起来。

张卓元，男，中国当代经济学家、中国社会科学院学部委员、中国社会科学院经济研究所研究员、所长，博士生导师，国务院学位委员会、经济学学科评议组成员，中国价格学会、中国物资流通学会、中国成本研究会、中国城市经济学会、中国财政学会副会长，孙冶方经济科学基金会秘书长。

1954年9月—1983年7月在中国（社会）科学院经济研究所工作，历任研究实习员、助理研究员、副研究员、研究员，《经济研究》编辑部副主任、主任。1983年7月起，任中国社会科学院财贸经济研究所研究员、所长；1993年12月调中国社科院工业经济研究所任所长、研究员、博士生导师；1995年9月调中国社科院经济研究所任所长、研究员、博士生导师，《经济研究》主编。

《中华人民共和国国家历史地图集》（地图集）

中华人民共和国国家历史·地图集编纂委员会编

中国社会科学出版社 2012年6月出版

《中华人民共和国国家历史地图集》是1981年国务院批准编制的五种国家地图集（自然、普通、经济、农业、历史）中的一种，是继谭其骧先生主编的《中国历史地图集》（8册本）之后又一具有里程碑意义的鸿篇巨制。全图集分为三册，共1300幅历史地图和20个专题图组。由于各专题图组在内容和组图上均具有独立性，序册划分和收图在内容上都不具承接或先后排列之意义，故每册均可单独成册，分别出版。

该图集有400余幅图和6个专题图组，全面系统地反映了中国从史前时期至1949年的历史自然地理和历史人文地理的发展过程。全册包括民族、人口、都市、城市遗址与布局、气候、自然灾害等历史图组和序图。其中有些图幅附有文字说明。图集总序、本册序言、总编例、目录和各图组前言、编例等附有英文，最后附有古地名索引。全册总共300多页。

1981年，国家决定编纂《中华人民共和国国家历史地图集》，由中国社会科学院主办，1982年成立历史地图集编纂委员会，张友渔任主任，谭其骧、夏鼐、侯仁之、史念海、翁独健任副主任，谭其骧为总编纂。1992年，谭其骧逝世后，由林甘泉、邹逸麟、高德为总编纂助理三人小组，代行总编纂职权。张友渔逝世后，由汝信、王忍之先后任编委会主任。

中国社会科学院的历史研究所、近代史研究所、考古研究所、民族研究所、世界宗教研究所，中国科学院的地理研究所，复旦大学，北京大学，陕西师范大学，浙江大学，中国军事博物馆等单位的有关专家承担了图集的编稿工作。还有其他单位的数十位专家参加协作。在图集编绘的30余年中，作为主要编纂与作者的张友渔、谭其骧、夏鼐、翁独健、史念海、刘宗弼、陈可畏、周维衍、卢勋、尹达、文焕然、壬北辰、颜真之、庄为矶、潘素兰、祝启源、祝培坤、萧之兴、刘昌诚等近20位同志中途去世。

《超越人口红利》（著作）

中国社会科学院 蔡 昉

社会科学文献出版社 2011年9月出版

《超越人口红利》是作者多年研究人口问题的总结和集合，全书以“刘易斯转折点”为主要讨论内容，全面而综合地论述了正在消失的“人口红利”对中国经济进一步发展的影响，并就中国应采取的对策提出了可供参考的建议。该书紧密结合中国的发展实践，以定性和定量结合的方式研究中国的人口问题。

作者从劳动力供给、城市化、中等收入陷阱等多个角度来分析人口红利终结对中国经济增长和社会发展的影响。从人口因素预测了中国经济进入了一个新的发展阶段。

由于“刘易斯转折点”的到来和“人口红利”的消失，中国必将面临诸多严峻挑战，中国只有成功应对这些挑战，才能突破潜在的“陷阱”，全面实现建设小康社会的宏伟目标。“人口红利”的消失，对于中国来说究竟有怎样的政策含义？我们该如何避免陷入中等收入陷阱？就相关议题，作者给出了具有说服力的分析和解答，并提出了对策性建议。

蔡昉，男，1956 年生，先后毕业于中国人民大学、中国社会科学院研究生院，经济学博士。现任第十二届全国人民代表大会常务委员会委员、农业与农村委员会委员，中国社会科学院副院长、党组成员，中国社会科学院学部委员、学部主席团成员，兼任国家“十三五”规划专家委员会委员，《劳动经济研究》杂志主编。主要研究领域包括：中国经济改革、经济增长、就业与劳动力迁移、收入分配和贫困等，著有《破解中国经济发展之谜》《超越人口红利》《从人口红利到改革红利》等，主编年度系列《中国人口与劳动问题报告》。还先后三次在中央政治局集体学习中就中国就业问题和“十二五”规划等问题进行讲解。1998 年获国家级“有突出贡献的中青年专家”称号。2009 年被评为“影响新中国 60 年经济建设的 100 位经济学家”之一。近年还获张培刚发展经济学优秀成果奖、中国软科学奖、中国发展百人奖、中国农村发展研究奖、中华人口奖、孙冶方经济科学奖和国家出版图书奖等。是中国共产党第十七次、第十八次全国代表大会代表。

《社会主义通史》（八卷）（著作）

中国社会科学院　王伟光

人民出版社　2011 年 4 月出版

《社会主义通史》较为系统地总结了社会主义作为思想、运动和实践的历史经验。特别是该书序言中，对社会主义思想、运动和实践进行了总体剖析，从马克思主义世界观、方法论的高度给予“什么是社会主义，怎样建设社会主义”以哲学阐述。

《社会主义通史》是迄今为止这一研究领域较为全面系统的著述，填补了国内对社会主义思想和运动史进行系统研究的空白，是科学社会主义研究领域的一部力作。

王伟光，男，祖籍山东省海阳市，1950 年 2 月出生于辽宁丹东。现任中国社会科学院院长、学部主席团主席，博士生导师、教授，中国社会科学院学部委员。曾任中央党校副校长。中国共产党第十七届中央候补委员、第十八届中央委员。中国辩证唯物主义研究会会长，马克思主义理论研究和建设工程咨询委员会委员、首席专家。荣获国务院颁发的“做出突出贡献的中国博士学位获得者”荣誉称号，享受政府特殊津贴。

他长期从事马克思主义理论和哲学，以及社会主义改革开放和现代化建设中重大理论与现实问题的研究，近年来致力于中国特色社会主义理论体系的研究。主持多项国家哲学社会科学基金项目。出版学术专著 30 余部，主要有：《社会主义矛盾、动力与改革》《社会生活方式论》《政治体制改革论纲》《控制论、信息论、系统科学与哲学》《经济利益、政治秩序和社会稳定》《利益论》《创新论》《“三个代表”重要思想研究》《科学发展观的研究与实践》《社会主义和谐社会的理论与实践》《效率、公平、和谐——论新时期人民内部矛盾与社会主义和谐社会》《科学发展观基本问题》《社会主义和谐社会理论基本问题》《王伟光自选集》《王伟光讲习录》《党校工作规律研究》《社会矛盾论》。主编的著作主要有《马克思主义基本问题》《“三个代表”重要思想概论》《建设社会主义新农村的理论与实践》《科学发展观概论》《社会主义通史》（八卷本）。译著主要有《历史与阶级意识》《西方政治思想概论》。在《人民日报》《光明日报》《求是》等国家级报纸杂志上发表论文 400 余篇。多篇论文为《新华文摘》转载。

《毛泽东著作辞典》（工具书）

中国社会科学院　李　捷

浙江人民出版社　2011 年 12 月出版

《毛泽东著作辞典》由中国社会科学院副院长、中央文献研究室原副主任李捷担任主编，中央文献研究室第一编研部主任唐洲雁、原主任熊华源担任副主编。国内著名毛泽东研究专家逄先知、金冲及、杨胜群、侯树栋、杨春贵、李君如、庄福龄等担任顾问，广泛邀请来自中央国家机关、全国各高校、党校、干部学院、社科院、军队院校和学术团体且对毛泽东著作和思想确有研究的专家学者 160 余人撰写条目。堪称是一部全面、准确、系统反映毛泽东著作和思想研究成果的精品工具书。

该书以两个“历史决议”和党的历次重要文件精神为指导，全面反映毛泽东在各个历史时期公开发表的重要著作的时代背景、思想内容和版本沿革等方面的情况；系统反映不同时期编辑出版的毛泽东著作集（包括建国前）的基本内容和编辑出版情况；扼要反映国内外学术团体、研究机构和学者对毛泽东著作的编辑、翻译、研究等方面的情况；同时还增加了有关毛泽东思想的综合条目20余条，以便读者全面掌握毛泽东思想的科学体系和基本内容。

该书共收词条1234条，内容长短不一，均依毛泽东著作的篇幅多少及其重要程度而定。其中重点辞条约占20%，一般辞条约占70%，小辞条约占10%，共计100万字左右，是一部内容丰富且重点突出的中型辞书。该书是国家新闻出版总署“十一五”重点出版项目、国家出版基金资助项目。

李捷，男，1955年2月生，山东平阴人，现任《求是》杂志社社长。曾任中共中央文献研究室副主任，中国社会科学院副院长、当代中国研究所所长，研究员，博士生导师。长期从事马克思主义中国化、毛泽东生平和思想、中共党史、中华人民共和国史、中国特色社会主义重大理论和现实问题研究。著有《毛泽东对新中国的历史贡献》《李捷自选集》《国史静思录》《毛泽东与新中国的内政外交》等多部专著，主持编辑《建党以来重要文献选编》《建国以来毛泽东军事文稿》等多部中共文献资料，《毛泽东传》的主要撰写者之一。在《求是》《人民日报》《光明日报》等国家级报刊发表《坚定不移走中国特色社会主义道路》《百年追梦与民族自强》《“一面旗帜、一条道路、一个理论体系”是党和国家发展的根本》等百余篇有重大影响的论文。马克思主义理论研究和建设工程《中国近现代史纲要》《史学概论》和《马克思恩格斯列宁历史理论经典著作导读》首席专家。

《中华民国史》（著作）

中国社会科学院近代史研究所　李　新

中华书局　2011年出版

《中华民国史》分为《中华民国史》（全十六册）、《中华民国史大事记》（全十二册）、《中华民国史人物传》（全八册）等三个部分。该书以重大历史事件为核心，按“中华民国的创立和南京临时政府统治时期”“北洋政府统治时期”“南京国民政府统治时期”的历史时段，分为十二卷十六册。中华民国作为中国历史上一个近现代重要的时期，对于20世纪前半叶的中国产生了深远和持久的影响。从1912年1月1日中华民国临时政府在南京成立开始，中国便开启了中华民国史，中间经过国民党改组成立、二次革命、北洋政府时期，南京国民政府成立、黄金十年建设、抗日战争再到第二次国共内战（解放战争），最后国民党失利败退台湾岛……这构成了中华民国38年来的全部历史阶段。该书着重勾画民国的发展历程，以及得到的重要历史教训和启发。

该书吸取编年体史书的优点，以“大事突出，要事不漏”为取材原则，围绕民国时期各阶段统治政权的活动这一中心，逐年、逐月、逐日并以大事、要事的重要程度，编排1905年至1949年间发生的历史大事；选取民国年间，政治、经济、军事、外交、文化、科技等领域的代表人物近千人，撰写人物简传。

李新，男，中国历史学家。原名李忠慎。1918年9月15日出生于四川省荣昌县安富镇（现属重庆市）。1934年考入重庆川东师范学校，积极从事进步学生运动和救亡活动。1938年初，李新约集同志数人，毅然由万县步行去延安，入陕北公学。后历任晋冀鲁豫中央局青委书记、军调部北平执行部整军小组中校组员、华北大学正定分校主任等职。中华人民共和国成立后，参与筹办中国人民大学，曾任校党委副书记。1960—1962年，他担任中国文字改革委员会秘书长、党组副书记。1960年被授予教授职称。1962年在中国科学院近代史研究所任研究员。1976年后，历任中国社会科学院近代史研究所党委副书记、副所长、中华民国史研究室主任及现代史研究室主任、中共中央党史研究室副主任，并兼中共全国党史学会副会长、中共党史人物研究会副会长、中国现代史学会理事长等职。从1980年起他还担任第五、六、七届全国政协委员。1986年被邀为亚洲历史学会会员。

李新在中国革命史、中共党史和中华民国史等史学领域造诣很深。主要代表作有《中国新民主主义革命简史》《中国革命史的几个问题》《中国新民主主义革命史讲话》等，与他人合著并担任主编的有《中国新民主主义革命时期通史》（四卷本）等。80年代末期主编两套大型史书：《中国革命史》（全书十二卷）和《中华民国史》（全书十三卷）。《中国新民主主义革命时期通史》获国家教委颁发的优秀教材一等奖，《中华民国史》获1988年全国优秀图书奖。

《费·陀思妥耶夫斯基全集》(作品集)

中国社会科学院外国文学研究所　陈　燊

河北教育出版社　2010 年 1 月出版

费·陀思妥耶夫斯基在俄国文学史中是与列夫·托尔斯泰相媲美的伟大现实主义作家，在世界文学领域，则与莎士比亚、歌德、巴尔扎克等文豪齐名。他创作中的某些思想和他独创的某些文学艺术手法，对20 世纪的外国现实主义、现代主义文学创作起到重大深远影响。该书收入他的全部作品，每部作品都有详细的题解，全面阐述了作者从开始构思这一作品到创作完成的整个过程，以及该作品发表后的社会反响和有关评论。书中的“作家日记”“题解”“文论”等中文译著均为首次面世。

陈燊，男，1921 年生。浙江温州人。1956 年毕业于北京大学俄语系。历任中国社会科学院外国文学研究所副研究员、研究员、俄苏文学博士生导师，《外国文学研究资料》丛书、《二十世纪欧美文论》丛书主编。1952 年开始发表作品。1979 年加入中国作家协会。著有专集《同异集》，编辑作品集《欧美作家论列·托尔斯泰》《西欧美学史论集》（合作）、《外国文学研究资料》丛书，出版图书 70 余种，2500余万字。另外还发表、出版了关于列·托尔斯泰·屠格涅夫、陀思妥耶夫斯基的论文多篇或论文集。其作品获新闻出版署全国首届优秀外国文学图书特别奖、中国社会科学院 1977 年—1991 年优秀科研成果奖。

《元典章》(文书汇编)

中国社会科学院历史研究所　陈高华等点校

中华书局·天津古籍出版社　2011 年 3 月出版

《元典章》全名《大元圣政国朝典章》，是一部元代前、中期法令文书的汇编。其中正文六十卷，收录文书年代自元宪宗七年（丁巳年，1257）始，至仁宗延祐七年（1320）止，分诏令、圣政、朝纲、台纲、吏部、户部、礼部、兵部、刑部、工部十大类。后附新集不分卷，全称《新集至治条例》，收录文书下限延至英宗至治二年（1322），主要是仁宗延佑后期到英宗至治二年之间的文书，分国典、朝纲、吏部、户部、礼部、兵部、刑部、工部八大类，部分内容与前集有重复。各大类以下，又分门、目，目下排列具体文书。新集之后，又附《都省通例》一条。《元典章》不署撰人，一般认为它是元代中期地方官府与民间书坊商贾合作编纂的产品。元朝长期没有颁行法典，官府日常行政和司法工作主要使用历年积累下来的单行法规、条令和案例。随着时间推移，需要对这些单行条文进行汇集、筛选、分类，编辑成书，以方便使用。《元典章》应当就是地方官府与书商合作编纂的这样一种法令文书汇编。编纂目的，在官府则可存以备检，满足工作之便，在书商则因这类书有市场需求，可借以销售牟利。书中所收文件，字数多少不一，发布机构高低不等，涵盖内容也有显著的广、狭之分。大到诏书、条画一类“布告全国，咸使闻知”的普效性文件，小到某个具体民事或刑事案件的审判文书，皆分门别类，荟于一编。由于元代缺乏一部系统记载国家机构设置和运行机制的政书，现存各种汇辑当时法令条文的“公文书”就成为研究元代制度的首要参考资料。在这些“公文书”中，论及篇幅之大、内容之丰富、资料之原始，皆无出《元典章》之右。

《元典章》现存年代最早的版本为元建阳书坊刻本，明末常熟毛氏汲古阁旧藏，清代归于内廷斋宫。1925 年，此本由民国清室善后委员会在故宫发现，后运往台湾，1976 年由台湾“国立故宫博物院”影印出版。1908 年，清朝“修订法律馆”将董康从日本抄回的《元典章》稿本（所抄系清代杭州丁氏八千卷楼藏书）刊行于北京，由著名法学家沈家本作跋，世称沈刻本。沈刻本讹误丛生，又有大段脱漏，质量不佳。1931 年，史学家陈垣用在故宫发现不久的元刻本对沈刻本进行校勘，并参校其他数种抄本，成《沈刻〈元典章〉校补》十卷，包括札记六卷、阙文三卷、表格一卷。另将沈刻本的错误分门别类，归纳其错误性质与致误原因，成《〈元典章〉校补释例》六卷。

陈高华，男，汉族，1938 年 3 月生，浙江温岭人。现为中国社会科学院历史研究所研究员、博士生导师、《中国史研究动态》主编。兼任中国元史研究会会长。被授予“有突出贡献的中青年专家”称号；获国务院政府特殊津贴；2006 年被中国社会科学院授予学部委员称号；2007 年被国务院聘为中央文史研究馆馆员；全国古籍保护工作专家委员会成员全国古籍整理出版规划领导小组成员。主要研究方向元史，兼攻明史、中国绘画史。著作有《元史研究论稿》《宋辽金画家史料》《明代哈密、吐鲁番资料汇编》《中国经济通史·元代经济》卷（与史卫民合作）、《中国政治制度通史·元代》卷（与史卫民合作)、《20世纪中国社会科学——历史学卷》(合著、主编)、《中国古代史史料学》(合著)等。论文有《元代盐政及其社会影响》《元代的审判机构和审判程序》《旧本〈老乞大〉书后》《关于明代吐鲁番的几个问题》等;整理古籍《人海诗区》《滋溪文稿》等。

《现代汉语词典》(第6版)(工具书)

中国社会科学院语言研究所词典编辑室编

商务印书馆 2012年6月出版

作为我国首部现代汉语规范型语文词典,《现代汉语词典》自编写之初至今,已经走过了58年的历程。1978年第1版出版以来,这部久享盛誉的汉语辞书为全社会的语文应用和国家的文化事业做出了重要贡献,在社会语言生活中始终受到广泛关注。《现代汉语词典》多次获得国家级等奖项:第1版、第2版获得第一届国家图书奖、中国社会科学院1977年—1991年优秀科研成果奖,第3版获得第二届国家辞书奖一等奖、第四届吴玉章人文社会科学一等奖,第5版获得第一届中国出版政府奖图书奖,第6版获得第三届中国出版政府奖图书奖。

《现代汉语词典》第6版的修订遵循《现代汉语词典》引导规范的一贯宗旨,在全面正确贯彻以往国家有关语言文字和科学技术等方面的规范和标准的同时,还注意吸收和反映近些年来国家语委组织专家学者制定、修订的有关字形、字音等方面的规范标准的最新成果;力求反映近些年来词汇发展的新面貌和相关研究的新成果。除了常规性的增、删、改外,还对一些以往历次修订尚未触及的问题进行了系统的调查研究和处理。

《现代汉语词典》第6版依照规范标准审慎确定字形、字音;对字头的简繁、正异关系进行了梳理;增加单字600多个(以地名、姓氏人名及科技用字为主),共收各类单字13000个。增收新词语和其他词语近3000条,增补新义400多项,删除少量陈旧的词语和词义,共收条目69000余条。

中国社会科学院语言研究所词典编辑室 是我国较早建立的从事辞书编纂工作的专门机构,成立于1956年,当时的中心任务是编辑《现代汉语词典》。

1956年2月,国务院发布关于推广普通话的指示,并责成中国科学院语言研究所(1977年后为中国社会科学院语言研究所)编好以确定现代汉语词汇规范为目的的中型现代汉语词典。为完成这一任务,当年由语言研究所部分人员和原新华辞书社、中国大辞典编纂处共40人组成了语言研究所词典编辑室,由当时的语言研究所副所长吕叔湘先生兼任主任并任《现代汉语词典》主编。1961年丁声树先生接任主任和主编工作。《现代汉语词典》始编于1958年,完稿于1964年,并于1960年和1965年由商务印书馆排印“试印本”和“试用本”。1978年,《现代汉语词典》正式出版,在社会上产生了广泛影响,受到好评。短短15年时间,在我国大陆地区印行两千余万册,在日本、韩国、新加坡、中国香港等国家和地区也有不同版本印行。由于《现代汉语词典》在推广普通话、促进现代汉语规范化和在社会主义文化建设中所起的积极作用,1993年12月获中国社会科学院优秀科研成果奖,1994年1月获新闻出版署颁发的国家图书奖。

词典编辑室继《现代汉语词典》后,还相继编写出版了《现代汉语小词典》《倒序现代汉语词典》《现代汉语词典·补编》。1988年以来,词典编辑室开始编写《现代汉语大词典》,并对《现代汉语词典》进行修订。《现代汉语词典》及其系列工具书均由商务印书馆出版。《新华字典》(原新华辞书社编、词典编辑室曾两次修订)和《汉语词典》(原中国大辞典编纂处编)也由商务印书馆出版。近几年,词典编辑室的编辑人员还编写出版了其他一些词典,主要有《新编汉语词典》《古今汉语实用词典》《中学语文词典》《反义词词典》《汉语新词新义词典》等。

1993年8月开始修订《现代汉语词典》,1996年7月出版修订本,1997年荣获国家辞书奖一等奖。1995年开始再次修订《新华字典》,1998年5月出版修订本,1999年荣获国家辞书奖特别奖。

(中国社会科学院办公厅刘玉杰供稿)

国家发展和改革委员会宏观经济研究院

序号	课题名称	奖项名称	负责人	承担单位	成果形式	获奖等级
1	我国宏观税负研究	2013 年度国家发展和改革委员会优秀研究成果奖	许　生	经济研究所	研究报告	二等奖
2	跨太平洋伙伴关系协定（TPP）趋势、影响及战略对策	2013 年度国家发展和改革委员会优秀研究成果奖	吴涧生	对外经济研究所	研究报告	二等奖
3	新形势下我国就业问题研究	2013 年度国家发展和改革委员会优秀研究成果奖	谭永生	社会发展研究所	研究报告	二等奖
4	我国集体土地征收补偿问题研究	2013 年度国家发展和改革委员会优秀研究成果奖	陈　伟	经济体制与管理研究所	研究报告	三等奖
5	我国全民医保制度整合与优化设计研究	2013 年度国家发展和改革委员会优秀研究成果奖	孙长学	经济体制与管理研究所	研究报告	三等奖

（国家发展和改革委员会宏观经济研究院丁刚供稿）

中共北京市委党校

序号	成果名称	主要作者	奖项名称	颁奖单位	成果形式	获奖等级
1	论中国土地政策参与宏观调控的传导机制——一个基于修正的 IS-LM 模型的理论诠证	刁琳琳	北京市第十三届哲学社会科学优秀成果奖	中共北京市委、北京市人民政府	论文	二等奖
2	比较视野下中国现代化问题研究	马占稳	北京市第十三届哲学社会科学优秀成果奖	中共北京市委、北京市人民政府	专著	二等奖
3	企业异质性与中国出口省际失衡研究	马相东	北京市第十三届哲学社会科学优秀成果奖	中共北京市委、北京市人民政府	专著	二等奖
4	人口有序管理的国际经验与中国实践——基于流动人口服务管理的视角	尹德挺	北京市第十三届哲学社会科学优秀成果奖	中共北京市委、北京市人民政府	论文	二等奖
5	中共党史研究的人文性问题——兼论反思的“人文史观”	侯且岸	北京市第十三届哲学社会科学优秀成果奖	中共北京市委、北京市人民政府	论文	二等奖
6	文化民族性问题研究	童　萍	北京市第十三届哲学社会科学优秀成果奖	中共北京市委、北京市人民政府	专著	二等奖
7	自然人、剩余生产力与“善恶同体”的社会——卢梭《二论》的“社会”意向	潘建雷	北京市第十三届哲学社会科学优秀成果奖	中共北京市委、北京市人民政府	论文	二等奖
8	北京今后五年立法需求与重点任务	金国坤	北京市第十一届“优秀调查研究成果”	中共北京市委、北京市人民政府	调研报告	优秀奖
9	地方政府与驻地中央机构的互动——以“央视大火”的应急处置过程为例	孔祥利	全国行政学院系统第三届优秀科研成果奖	国家行政学院	论文	论文类一等奖
10	中国行政文化现状、变迁机制及发展趋势	鄯爱红	全国行政学院系统第三届优秀科研成果奖	国家行政学院	论文	论文类一等奖
11	论“大利”之作为“中华共识”——兼及“西式功利主义”与中国“大利主义”之比较	张耀南	全国行政学院系统第三届优秀科研成果奖	国家行政学院	论文	论文类二等奖

续表

序号	成果名称	主要作者	奖项名称	颁奖单位	成果形式	获奖等级
12	不动产保有税与城市土地利用关系研究——基于中国房产税改革背景的理论与实证分析	刁琳琳	全国行政学院系统第三届优秀科研成果奖	国家行政学院	著作	著作类一等奖
13	公共产权收入问题研究	贾小雷	全国行政学院系统第三届优秀科研成果奖	国家行政学院	著作	著作类二等奖
14	党内基层民主建设风险管理研究	刘汉峰	全国党校系统第十届优秀科研成果奖	中央党校	论文	一等奖
15	企业绩效与企业变革的决定因素：从社会发展各阶段角度分析	王　昊	全国党校系统第十届优秀科研成果奖	中央党校	著作	二等奖
16	北京市人口发展的新特点和新挑战	尹德挺	全国党校系统第十届优秀科研成果奖	中央党校	论文	三等奖

全国行政学院系统第三届优秀科研成果一等奖成果简介

《地方政府与驻地中央机构的互动——以“央视大火”的应急处置过程为例》（论文）

中共北京市委党校　孔祥利

《中国行政管理》　2012 年第 6 期发表

地方政府与驻地中央机构之间的关系是中国行政体制改革的重点和难点问题。其中，实现两者在公共危机中的有效协同，更是当代社会风险加剧背景下须优先讨论和回答的现实问题。论文以“央视大火”的应急处置过程为例，运用整体政府理论，分析地方政府与驻地中央机构的互动过程，探讨互动过程中的合作困境，并提出了对策建议。主要观点如下：（1）基于危机生命周期理论，从风险预防与应急准备、监测与预警、应急处置和救援三个阶段，仔细探究了“央视大火”应急处置中地方政府与驻地中央机构的互动过程及其重点难点。（2）行政“碎片化”是导致地方政府与驻地中央机构互动“难”之根源，而行政“碎片化”又源于条块体制、部门本位主义、沟通机制欠缺以及制度性程序性保障缺失等因素影响。（3）破解地方政府与驻地中央机构之间的互动难题，核心在于强化“跨界合作”的治理理念。要从依法规范条块关系、推行整体性治理、重视关键人物的作用、推动信息共享等关键点入手，促进两者良性互动，达成对公共危机的有效治理。论文产生了一定的社会影响，获得中共北京市委党校北京行政学院优秀科研成果奖励。

孔祥利，中共北京市委党校公共管理教研部副教授，北京大学政府管理学院政治学理论专业博士、清华大学公共管理学院博士后，主要研究方向为地方政府治理、社会组织研究。主持国家社科基金青年项目《我国失独家庭的政策支持机制研究》和北京市哲学社科规划项目《北京慈善事业运营管理模式研究》等课题；出版专著《中国公益创新评估体系研究》，另有《中国大城市城乡结合部政府治理研究》曾获北京市科委博士论文专项资助，现已获北京市社科理论著作出版资助；在《中国行政管理》、《东南亚研究》等核心期刊发表学术论文 20 余篇，其中 1 篇获湖南省青年社科优秀论文三等奖，1 篇荣获全国行政学院系统优秀科研成果一等奖，多篇被人大复印资料转载或索引。

《中国行政文化现状、变迁机制及发展趋势》（论文）

中共北京市委党校　鄱爱红

《新视野》　2014 年第一期发表

主要从组织文化与社会文化两个维度，围绕行政理念、行政道德和行政方式三个方面，对中国行政文化现状、变迁原因和机制、发展趋势以及新型行政文化培育有路径进行了全面的阐述，从深度与广度上推进了当前行政文化的研究。提出了一些新的观点。（1）将中国当前行政文化的现状概括为“多元与多变”，具体表现为行政理念的多元并存，行政道德的矛盾冲突以及行政方式由传统到现代的过渡。（2）行政文化的变迁是一个自然过程，也是一个自觉过程。经济、社会与文化发展是行政文化变迁的宏观背景，干部制度、绩效考评及信息技术的发展是行政文化变迁的现实机制。（3）基于现实的、理论的和逻辑的考量，对中国行政文化的发展趋势进行了预测。以人为本将成为社会主义新型行政道德的基本原则，行政方式正处在从传统向现代的过渡变迁之中，其中最为明显的是行政方式的科学化趋势。该文曾在中国行政体制改革研究会行政文化委员会第二届行政文化论坛交流发言；被中共中央党校《党政干部参考》（2014年第2期）和中国人民大学复印报刊资源《公共行政》（2014年第5期）全文转载。

鄯爱红，女，毕业于中国人民大学，获博士学位，现为北京行政学院工商管理（领导科学）教研部主任，教授，主要从事行政文化、行政伦理公务员职业道德、领导干部素质和能力的教学与研究。发表相关领域学术论文100余篇，主持并完成《当代中国行政伦理实证研究》等多项国家级和北京市课题，出版《品德论》《公务员行为规范》《行政伦理学》《可持续发展的伦理视角》等专著，其中，《品德论》与《可持续发展的伦理视角》获北京市社会科学优秀成果二等奖。入选北京市社会科学理论人才百人工程，国家百千万人才北京市级人选。兼任中国伦理学会常务理事、中国领导人才研究会常务理事、中国行政文化研究会理事、北京市领导科学学会秘书长等职。

《不动产保有税与城市土地利用关系研究——基于中国房产税改革背景的理论与实证分析》（专著）

中共北京市委党校　刁琳琳

北京燕山出版社　2013年12月出版

不动产税收和城市土地利用均是我国当前城市发展的重要命题，已有研究分别在西方公共财政学和城市经济学领域沿循两条相对独立的主线进行。本书的研究重点并非土地利用本身，也不在于不动产税制设计，而是关注中国城市土地配置中的税制决定因素，即解释不动产税自身及税制体系变化如何导致特定的土地利用变化，聚焦两者间相互作用的机理、机制与实证，寻求两者关系研究的契合。研究试图对以下问题做出回答：（1）不动产税与城市土地利用的关系如何？（2）不动产税是否影响、如何影响以及在多大程度上影响城市土地配置的方式和效率？（3）中国房产税“改良”能否有效抑制房价，它与土地出让制度、土地利用规制之间存在怎样一种协调和选择关系？（4）税制变迁如何促进土地市场化、改进土地供给制度和政府土地出让方式？在研究方法层面，通过构建不动产税条件下城市土地利用模型分析税收产生的影响，并进行计量检验。其中，税收效果的经济分析与城市土地利用模型的有效结合是关键。

刁琳琳（1983— ），女，山东青岛人，中共北京市委党校经济学部讲师，中国人民大学土地规划中心兼职研究员。2011年毕业于中国人民大学攻读土地资源管理系，获博士学位，2009年至2010年英国剑桥大学土地经济系联合培养博士。主要研究方向为国土与城乡规划、土地政策、区域经济政策和城市空间经济。近五年来，先后主持国家社科基金项目、国家留学基金项目、北京市哲学社科规划项目、北京市自然科学基金项目、全国行政学院科研合作项目等10余项省部级以上课题，2次获美国林肯土地政策研究院研究基金项目；在国内CSSCI期刊、国际学术会议等学术平台发表论文30余篇；获北京市第十三届社科优秀成果奖二等奖、全国行政学院第三届优秀科研成果著作类一等奖。

《党内基层民主建设风险管理研究》（论文）

中共北京市委党校　刘汉峰

《北京社会科学》　2012年第4期发表

党内基层民主建设是当前党建领域中的前沿热点问题，具有较高的理论价值和实践意义。在党内民主风险的管理问题上，系统剖析归纳的研究成果并不多见。本文以层次分析法为基本方法，从系统论的风险管理观出发，对党内基层民主的风险进行了梳理、归纳、分类，这在当前的同类研究中具有较强的开创意义。论文紧紧围绕风险管理这个核心要素，对党内基层民主建设过程中可能或已然出现的各种风险进行了剖析和认定，文中提出了一个重要的问题是风险的系统性问题，如何把握和研究这种系统性，是全面认识和控制风险的基本前提和条件。由此，对系统性风险和非系统性风险进行了分类分析，其中重点分析了系统性风险中的导向性风险、体制性风险、竞聚性风险和交互性风险。并在分析的基础上，针对上述风险源和风险系统提出了社会价值体系对于系统性风险的调控和柔化的作用，就社会价值层面面临的风险挑战其危害性、影响力等进行了探讨。论文发表后受到学术研究机构关注，中国人民大学复印报刊资料2012年第11期全文转载。2014年获全国党校系统优秀科研成果一等奖。

刘汉峰，北京市人，北京党建研究基地研究员，北京大钊学社监事会监事，北京科社学会理事。主要从事党的建设理论教学与研究。曾主持完成北京市“十一五”重点规划项目《北京市党内基层民主创新研究》和中组部重点课题《党内民主文化建设研究》。在《中共党史研究》《北京日报》《前线》《中国特色社会主义研究》《北京社会科学》《北京党史》《执政党建设研究》《桂海论丛》《新视野》《北京行政学院学报》等报刊发表多篇学术论文。科研成果曾获北京市第九届、第十二届哲学社会科学优秀成果二等奖，全国党校系统第九届、第十届优秀科研成果奖二等奖、一等奖，2010年度中组部党的建设调研成果优秀奖，北京市创先争优理论征文三等奖等。

（中共北京市委党校供稿）

北京市社会科学院

序号	成果名称	主要作者	奖项名称	颁奖单位	成果形式	获奖等级
1	中国古今官德研究（四册）	谭维克	北京市第十三届哲学社会科学优秀成果奖	中共北京市委、北京市人民政府	专著	一等奖
2	首都市民价值观调查模型建设研究	杨　奎	北京市第十三届哲学社会科学优秀成果奖	中共北京市委、北京市人民政府	专著	二等奖
3	中国视野	左宪民	北京市第十三届哲学社会科学优秀成果奖	中共北京市委、北京市人民政府	专著	二等奖
4	宋代禁约制度研究	万　川	北京市第十三届哲学社会科学优秀成果奖	中共北京市委、北京市人民政府	专著	二等奖
5	未成年人团伙犯罪研究	姚　兵	北京市第十三届哲学社会科学优秀成果奖	中共北京市委、北京市人民政府	专著	二等奖
6	姚广孝史事研究	郑永华	北京市第十三届哲学社会科学优秀成果奖	中共北京市委、北京市人民政府	专著	二等奖
7	北京交通史	孙冬虎	北京市第十三届哲学社会科学优秀成果奖	中共北京市委、北京市人民政府	专著	二等奖
8	北京水利史	吴文涛	北京市第十三届哲学社会科学优秀成果奖	中共北京市委、北京市人民政府	专著	二等奖
9	三家子满语语音研究	戴光宇	北京市第十三届哲学社会科学优秀成果奖	中共北京市委、北京市人民政府	专著	二等奖
10	公共艺术与城市文化	李建盛	北京市第十三届哲学社会科学优秀成果奖	中共北京市委、北京市人民政府	专著	二等奖
11	舞台上的新中国	高　音	北京市第十三届哲学社会科学优秀成果奖	中共北京市委、北京市人民政府	专著	二等奖
12	北京黑车问题及治理对策	殷星辰	北京市优秀调研报告奖	北京市人民政府	调研报告	二等奖
13	北京宜居之都建设理论与实践研究	王德利	北京市优秀调研报告奖	北京市人民政府	调研报告	优秀奖

特等奖、一等奖成果简介

《中国古今官德研究》（四册）（见第817页）

（北京市社会科学院科研处供稿）

北京市档案局

序号	成果名称	主要作者	奖项名称	颁奖单位	成果形式	获奖等级
1	电子文件元数据自动采集与智能分析实证研究	姜　伟 王　健 班翊坤等	国家档案局优秀科技成果奖	国家档案局	研究报告	二等奖
2	基于 RFID 技术的法院智能化管理系统	陈　锐 王利军 王旸等	国家档案局优秀科技成果奖	国家档案局	研究报告、智能化系统	二等奖
3	机关档案室制定和实施《文件材料归档范围和文书档案保管期限表》的问题与对策研究	李　军 陈冬梅 袁领娣等	国家档案局优秀科技成果奖	国家档案局	研究报告	三等奖

（北京市档案局科教处胡晓燕供稿）

中共北京市委党史研究室

成果名称	主要作者	奖项名称	颁奖单位	成果形式	获奖等级
中共北方区委历史	中共北京市委党史研究室	北京市第十三届哲学社会科学优秀成果奖	中共北京市委、北京市人民政府	著作	二等奖

（中共北京市委党史研究室熊根琪供稿）

中共北京市委讲师团

项目名称	主要作者	奖项名称	颁奖单位	成果形式	获奖等级
中国马克思主义大众化研究：历史进程和基本经验	崔耀中等	北京市第十三届哲学社会科学优秀成果	中共北京市委、北京市人民政府	著作	一等奖

特等奖、一等奖成果简介

《中国马克思主义大众化研究：历史进程和基本经验》（见第 800 页）

（中共北京市委讲师团刘小丰供稿）

·学术活动·

概　述

本栏目记述2014年度北京地区哲学社会科学各大学科的重要学术活动简况，包括国内和国际的理论研讨会、纪念座谈会、学术年会、学术论坛、学术报告会、学术讲座以及调查研究、社科普及活动等学术活动。简介包括活动主题、主办协办单位、参与单位、主要出席人士、主要观点、主要成果等内容。

马克思主义　科学社会主义

首都理论界培育和践行社会主义核心价值观研讨会　1月2日，中共北京市委宣传部、北京市中国特色社会主义理论体系研究中心、北京市社会科学界联合会共同举办“首都理论界培育和践行社会主义核心价值观研讨会”。中共北京市委宣传部副部长崔耀中出席并讲话。市社科联党组书记韩凯主持会议。北京外国语大学韩震，国防大学公方彬，中国人民大学马俊峰，北京大学孙熙国，中国社科院罗文东，北京师范大学石中英，首都师范大学王淑芹，首都精神文明建设委员会办公室主任滕盛萍等在研讨会上发言。各区县委、工委宣传部门有关负责人，市属社科理论单位代表等近百人参加了研讨会。

与会专家指出，积极培育和践行社会主义核心价值观，对于巩固马克思主义在意识形态领域的指导地位、巩固全党全国人民团结奋斗的共同思想基础，对于促进人的全面发展、引领社会全面进步，对于集聚全面建成小康社会、实现中华民族伟大复兴中国梦的强大正能量，具有重要现实意义和深远历史意义。

与会专家一致认为，实现中华民族伟大复兴的中国梦，不仅在于经济的迅猛发展及中国硬实力的崛起，而且需要思想观念的突破和价值理念的升华。作为建设社会主义文化强国的关键环节和基础工程，弘扬社会主义核心价值观，是坚持中国道路，弘扬中国精神，凝聚中国力量，实现中国梦想的内在要求和重要保证。坚持以先进的社会主义理想信念为核心，抓住世界观、人生观、价值观这个总开关，才能在全社会牢固树立中国特色社会主义共同理想，为实现中国梦而弘扬中国精神、汇聚中国力量。

（北京市中国特色社会主义理论体系研究中心供稿）

培育和践行社会主义核心价值观座谈会　1月4日，培育和践行社会主义核心价值观座谈会在京召开。中共中央政治局常委、中央书记处书记刘云山出席会议并讲话，强调培育和践行社会主义核心价值观是凝魂聚气、强基固本的战略任务，是提升国家文化软实力的根本举措，要认真贯彻习近平总书记系列讲话精神，切实抓好《关于培育和践行社会主义核心价值观的意见》的落实，着力建设中华民族共有精神家园，推动形成奋发向上、崇德向善的强大力量。

刘云山指出，社会主义核心价值观倡导的富强、民主、文明、和谐，自由、平等、公正、法治，爱国、敬业、诚信、友善，明确了国家、社会、公民三个层面的价值目标、价值取向、价值准则，是社会主义核心价值体系的凝练表达。培育和践行社会主义核心价值观，有利于更好地弘扬共同理想、凝聚精神力量、建设道德风尚，使我们国家、民族、人民在思想和精神上强起来。

刘云山指出，培育和践行社会主义核心价值观，重在认知认同、做到知行统一。要深入开展宣传教育，使“三个倡导”日益深入人心，着力增强人们的价值判断力和道德责任感。要坚持从小抓起，融入国民教育全过程，贯穿到学校教育、家庭教育、社会教育的各个环节和各个方面。要以优秀传统文化为根基，弘扬中华文化思想精华、道德精髓，努力做到以文化人、以文育人。要扎实开展形式多样的主题实践活动，加强对道德领域突出问题的专项整治，形成人人参与、人人实践的生动局面。要把核心价值观的要求体现到各方面政策制定和实施之中，形成正确政策导向和良好社会环境。

刘云山强调，党风促政风、带民风，党员干部作出表率就是鲜明的导向和最有说服力的教育。要引导党员干部带头践行社会主义核心价值观，坚定理想信念、保持良好道德情操，做时代先锋、社会楷模。重德是我们党选人用人的一个重要原则，要把践行核心价值观情况作为考核评价、选拔任用干部的重要依据，形成以德为先的用人导向。

中共中央政治局委员、中宣部部长刘奇葆主持座谈会。中共中央政治局委员、国务院副总理刘延东出席会议。中组部常务副部长陈希，国家发改委副主任朱之鑫，教育部部长袁贵仁，共青团中央书记处第一书记秦宜智，人民日报社社长张研农，河北省委常委、宣传部部长艾文礼，广东省委常委、宣传部部长庹震作了发言。

（参见《人民日报》2014 年 1 月 5 日第 1 版）

中共中央关于培育和践行社会主义核心价值观的意见理论学习研讨会　1 月 15 日，北京市社会科学院科学社会主义研究所召开学习“中共中央关于培育和践行社会主义核心价值观的意见”理论学习研讨会。座谈会由科社所所长杨奎主持，他首先简要介绍了“中共中央关于培育和践行社会主义核心价值观的意见”的主要内容和指导意义，希望大家结合自己的研究方向展开研讨。张登文、张洪武、张宁、左宪民、刘冀瑗、刘蕾、尤国珍、陈界亭、向征分别作出发言，杨奎所长作了最后总结。通过举办培育和践行社会主义核心价值观主题座谈会，全所同志感觉收获颇多。大家纷纷表示，今后要进一步加强核心价值观的学习和研究，争取早出成果、出好成果，为培育和践行社会主义核心价值观贡献自己的一份力量。

（北京市社会科学院科研处供稿）

社会主义核心价值观与中华优秀传统文化学术研讨会　为深入学习贯彻习近平总书记关于弘扬中华优秀传统文化的系列重要讲话，日前，由儒学与中华文化复兴协同创新中心主办、山东大学儒学高等研究院承办的“社会主义核心价值观与中华优秀传统文化——学习习近平总书记系列重要讲话精神学术研讨会”在京召开。来自中国社会科学院、清华大学、北京大学、北京师范大学、武汉大学、山东大学、中国孔子研究院等高校和科研单位的 20 多位专家学者围绕会议主题进行了深入的研讨。

中央社会主义学院党组书记叶小文指出，弘扬中华优秀传统文化与培育社会主义核心价值观，是当前我们发展社会主义市场经济必须高度重视的重大课题。促进经济社会健康发展必须有效地解决市场经济既排斥道德又要求道德的道德悖论。深入挖掘和阐发中华优秀传统文化讲仁爱、重民本、守诚信、崇正义、尚和合、求大同的时代价值，可以为化解市场经济道德悖论独辟蹊径。

自由、平等是市场竞争和现代社会的核心理念，也是社会主义核心价值观的重要内容。山东大学儒学高等研究院曾振宇教授认为，中国哲学与文化传统的自由思想源远流长，中国传统文化当中有丰沛的积极意义上的自由精神。中国孔子研究院院长杨朝明教授认为，先秦原始儒学与现代社会有着无法割裂的亲和力和契合点，先秦儒学中的自由、民主、平等和德性精神值得我们深入开掘与研究。只有从源头活水孔子那里讲起，才能把握好儒学的真精神。

教育部社科司司长张东刚结合教育部《完善中华优秀传统文化教育指导纲要》的主要精神，强调需要从爱国、处世、修身三个层面来凝练中国优秀传统文化教育的主要内容，通过这三个层面的教育使孩子有自信、懂自尊、能自强，使他们有天下兴亡、匹夫有责的家国情怀，有仁爱共济、立己达人的社会关爱精神，从个人修养来说，要知荣辱，守诚信，敢创新。

武汉大学国学院院长郭齐勇在书面发言中呼吁：在优秀传统文化的传承方面，各级教育行政部门应有自觉，且应有作为。除了家教之外，中小学基础教育在国民人性、人格的养成上是最为重要的环节。国民教育中应增加国学教育的内涵。国学教育的核心则是中华民族的精神信念、价值观念与人格情操的教育。小学生应多学一点蒙学读物、家训、古典诗词与论文的名篇，小学高年级学生可以适当读一点《四书》《史记》选录。

与会学者从儒家美德伦理的角度对社会主义核心价值观的进一步完善作了积极探讨。清华大学哲学系曹峰教授认为，社会主义核心价值观是中国走向文明大国的重要标志，拥有这种核心价值观的当代中国人有着崇高理想、远大胸怀。清华大学哲学系唐文明教授认为，倡导社会主义核心价值观应重视中华优秀传统文化中具有积极意义的价值理念，仁爱、孝道等美德在儒学中有着极其重要的地位，在社会主义核心价值观中也应该有所体现。

与会者一致认为，坚持古为今用，推陈出新，有扬弃地予以继承，有创造地加以传承，是繁荣发展中华优秀传统文化的重要方针。在现代社会，不同学科、不同部门领域的交叉与协同合作是创造创新的必要途径。儒学与中华文化的传承创新是一项极其复杂的系统工程，涉及很多知识领域，这就需要不同学科、不同高校、不同部门的合作协同。

儒学与中华文化复兴协同创新中心于2012年9月组建，主要牵头单位有山东大学、清华大学和北京师范大学。

（参见《光明日报》2014年4月7日第5版）

新形势下意识形态的有效治理研究理论研讨会 4月25日，《中国特色社会主义研究》杂志社和中国传媒大学马克思主义传播与大众化研究中心共同召开“新形势下意识形态的有效治理研究”理论研讨会暨选题策划会，编辑部和与会专家学者共同探讨了在当前形势下加强和改善意识形态工作的重要意义、突出问题和治理对策。与会专家认为，意识形态工作关系党的前途命运和国家的长治久安，关系民族的凝聚力和向心力，是当前党的一项极其重要的工作，必须学习贯彻习近平总书记在全国宣传思想工作会议上的讲话精神，必须牢牢把握意识形态工作的方向、目标、任务和治理策略。无论主流媒体还是高校研究机构，对此责任重大。经过研讨，会议形成了“互联网环境下我国意识形态安全”、“新形势下提升国家主流媒体意识形态传播能力的方法与途径”、“比较视野下的中外意识形态领域管理方式”等研究宣传题目。

（《中国特色社会主义研究》杂志社供稿）

价值体系和核心价值观研究论坛 5月7日，由北京市社会科学院主办，科学社会主义研究所承办“核心价值体系与核心价值观研究”论坛召开。本次论坛的主讲专家为中国政法大学人文学院院长、博士生导师李德顺。论坛分为主题报告、讨论交流两个阶段，由北京社会科学院院长谭维克主持。李德顺围绕“价值体系和核心价值观研究”主题，重点从价值与价值观问题的重要性、价值与价值观的含义、如何把握社会主义核心价值观的基本内容、如何凝练社会主义核心价值观、培育社会主义核心价值观等方面来阐述。论坛主持人谭维克对李德顺教授的报告给予了高度的评价，充分肯定了本次论坛的理论与现实意义。他指出，价值与价值观问题是当前巩固马克思主义在意识形态中的指导地位、巩固社会主义共同理想基础的重大问题，全院科研工作者要从坚持“三个自信”，实现“中国梦”的高度展开广泛而深入的研究。

（北京市社会科学院科研处供稿）

社会主义核心价值观与立德树人理论研讨会 5月15日，在习近平总书记考察北京大学并发表重要讲话之后，北京大学举办了以“社会主义核心价值观与立德树人”为主题的理论研讨会。此次研讨会秉承北京大学“五四”理论研讨会的传统，邀请了来自中央有关部门、全国部分高校的理论专家、知名学者和北大师生代表等200余人，在英杰交流中心阳光大厅围绕会议主题展开深入研讨。会议由北京大学党委宣传部部长蒋朗朗主持。党委书记朱善璐在致辞中介绍了习近平总书记考察北大及学校学习贯彻总书记重要讲话精神的相关情况。中央党史研究室副主任李忠杰，中央文献研究室副主任孙业礼，中国文学艺术界联合会副主席、书记处书记夏潮，《人民日报》政治文化部主任杜飞进，西南大学党委书记黄蓉生，山东师范大学党委书记商志晓，武汉大学马克思主义学院院长佘双好，北京大学马克思主义学院党委书记孙熙国，北京大学国际关系学院教授潘维，北京大学中文系教授韩毓海等校内外嘉宾在会上作了主题发言。

（北京大学社科部供稿）

首届学习习近平系列重要讲话学术论坛 5月20日，“学习习近平系列重要讲话学术论坛（2014）——马克思主义视野下的国家治理暨《之江新语》研讨会”在中国社会科学院学术报告厅举行。研讨会由中国社会科学院马克思主义研究院、浙江出版联合集团和广西师范大学出版社集团有限公司主办。来自中国社科院、中央党校、中央文献研究室、国家行政学院、中央编译局、北京大学、中国人民大学、浙江海洋学院等单位的 50 名专家学者出席了研讨会。

与会者围绕国家治理理论的马克思主义源流、《之江新语》中的治理理念、中国特色社会主义与国家治理现代化、社会主义核心价值观在国家治理体系中的作用以及公共服务、和谐社会、社会主义市场经济、生态文明与国家治理体系、国家治理体系的国际比较等主题，展开了热烈深入的研讨。

中国社科院党组书记、院长王伟光在书面发言中指出，习近平讲话中的马克思主义哲学思想和学好用好马克思主义哲学对于坚持和发展中国特色社会主义有着重要意义。他认为，认真学习和熟练运用马克思主义哲学是我们党的优良传统，习近平总书记系列讲话是运用马克思主义立场观点方法分析、认识、解决问题的典范。马克思主义立场观点方法，是共产党人观察和解决一切问题的政治上的望远镜和显微镜，是我们党解决当前和今后一个时期关系党和国家工作全局的一系列重大理论和现实问题的哲学依据，是全党思想统一、行动一致的最根本的思想基础。深入学习贯彻习近平总书记系列重要讲话精神，最根本的是学习讲话贯穿的思想精髓即科学的世界观方法论，学会用马克思主义的立场观点方法认识问题、分析问题和解决问题，不断提高马克思主义理论素养和运用马克思主义处理问题的能力。

中纪委驻中国社科院纪检组组长张英伟认为，马克思主义研究院举办“学习习近平系列重要讲话”等系列学术论坛，有利于坚持学术研究的正确方向，有利于丰富和发展中国特色社会主义理论、推进中国特色社会主义伟大实践，有利于促进学术交流，提升学术研究的水平，有利于促进中国特色社会主义理论的学习和宣传。

（参见《光明日报》5 月 22 日第 16 版）

当代中国马克思主义最新成果论坛　6 月 11 日，北京市社会科学院举办了当代中国马克思主义论坛，本次论坛主讲人是中央党校原副校长李君如，题目为“当代中国马克思主义最新成果”。论坛由本院周航副院长主持，全院人员参加了论坛。李君如认为习近平总书记十八大以来发表的系列讲话内容涉及面丰富，思想深刻，语言有特点，很值得我们好好学习。这些讲话是当代中国马克思主义的最新成果，对我们当前的工作和今后的发展都有重大的、直接的指导意义。

（北京市社会科学院科研处供稿）

首都理论界召开学习《习近平总书记系列重要讲话读本》座谈会　6 月 26 日，中共北京市委宣传部、北京市中国特色社会主义理论体系研究中心、北京市社会科学界联合会共同举办“首都理论界学习《习近平总书记系列重要讲话读本》座谈会”。北京市委宣传部副部长崔耀中出席并讲话。市社科联党组书记韩凯主持会议。北京外国语大学韩震，北京师范大学王炳林，中国政法大学马怀德，中国社会科学院辛向阳，北京大学郭建宁，中国人民大学秦宣，《前线》杂志社社长陈之昌，《大学生》杂志社社长崔新建等在座谈会上发言，各区县委、工委宣传部门有关负责人，市属社科理论单位代表、市社科联代表等近百人参加了座谈会。

与会专家指出，党的十八大以来，习近平总书记发表的一系列重要讲话，是新的历史条件下我们党治国理政的行动纲领，是坚持和发展中国特色社会主义的最新理论成果，是我们实现中华民族伟大复兴中国梦的强大思想武器。中宣部组织编写的《习近平总书记系列重要讲话读本》，全面准确阐述了习近平总书记系列重要讲话的重大意义、科学内涵、精神实质和实践要求，阐述了讲话提出的一系列重大战略思想和重大理论观点，我们一定要以高度的政治自觉抓好《习近平总书记系列重要讲话读本》的学习，切实用讲话精神武装头脑、指导实践、推动工作。

会议提出，首都广大理论工作者应担当起思想引领重任，带头推动讲话精神学习贯彻向纵深发展，在服务科学决策、推出精品成果、服务人民群众、凝聚社会共识等方面加大工作力度，切实承担起建设“四个中心”和国际一流和谐宜居之都的历史使命，积极稳妥、扎实有效地把全面深化改革推向前进。

（北京市中国特色社会主义理论体系研究中心供稿）

北京市科社学会纪念邓小平诞辰 110 周年研讨会　7 月 19 日，北京市科学社会主义学会和中国人民大学马克思主义学院在中国人民大学联合召开纪念邓小平诞辰 110 周年研讨会。会议由北京市科学社会主义学会许耀桐主持。中央文献研究室研究员、北京市科社学会副会长张贺福作主题报告，发言的题目是：《从习近平同志系列重要讲话看邓小平同志对民族复兴作出的历史性贡献》。中国人民大学马克思主义学院讲师路克利作了《当代西方学界中国特色社会主义研究若干观点》的发言。

（摘自《北京市社科联所属社会组织2014年活动概览》）

马克思主义中国化论坛·2014 7月8日，为进一步加强对党的十八届三中全会和习近平总书记系列重要讲话精神的研究阐释，中共北京市委宣传部、北京市中国特色社会主义理论体系研究中心、北京市社会科学界联合会、北京大学马克思主义学院、清华大学马克思主义学院、中国人民大学马克思主义学院、北京师范大学马克思主义学院在北京大学联合举办“马克思主义中国化论坛·2014”。北京市委宣传部副部长、北京市中国特色社会主义理论体系研究中心常务副主任崔耀中，北京大学党委副书记、马克思主义学院院长于鸿君出席论坛并致辞。北京市社会科学界联合会党组书记、常务副主席、北京市中国特色社会主义理论体系研究中心常务副主任韩凯主持论坛。

此次论坛由北京市中国特色社会主义理论体系研究中心办公室和北京大学马克思主义学院承办。国家行政学院教授许耀桐、中央党校教授辛鸣、北京大学马克思主义学院党委书记孙熙国、北京大学教授郭建宁、《教学与研究》主编秦宣、清华大学教授肖贵清、北京师范大学教授马振清、中共北京市委党校决策咨询部主任赵莉相继作主题发言，分别围绕中国特色社会主义制度的完善、中国现代国家治理体系的建构、北京城市治理现代化等相关问题进行了深入探讨。在京部分高校的马克思主义学院院长，北京大学、清华大学、中国人民大学、北京师范大学部分师生代表，论坛征文作者代表，有关专家学者和理论工作者等100余人参加了论坛。

崔耀中指出，深入研究阐释中国特色社会主义制度与国家治理现代化，对于我们深刻领会和准确把握十八届三中全会精神实质，进一步把全市学习贯彻习近平总书记系列重要讲话精神引向深入，推动首都建设国际一流的和谐宜居之都具有十分重要的意义。要在深刻理解中国特色社会主义制度的内涵、特征及优势的基础上，把对国家治理现代化的研究与首都全面深化改革的研究结合起来，强化首善意识，增强问题意识，树立担当意识，坚持以实践基础上的理论创新推动制度创新，提高党科学执政、民主执政、依法执政水平，为实现两个百年的目标作出更大更好的贡献。

与会专家认为，要把对中国特色社会主义制度和国家治理现代化的研究摆在重要位置，从不同学科和学科综合的角度，为党和政府顶层设计提供智力服务，履行好哲学社会科学思想库、智囊团的作用，集中推出一批有价值、有分量的研究成果。

（北京市中国特色社会主义理论体系研究中心供稿）

全国纪念邓小平同志诞辰110周年学术研讨会 8月21日，中共中央政治局常委、中央书记处书记刘云山在京出席全国纪念邓小平同志诞辰110周年学术研讨会并讲话，强调要认真学习贯彻习近平总书记在纪念邓小平同志诞辰110周年座谈会上的重要讲话精神，深刻认识邓小平同志的历史地位和卓越贡献，学习弘扬邓小平同志的崇高风范，不断深化对邓小平理论的研究阐释，为夺取中国特色社会主义新胜利、实现中华民族伟大复兴的中国梦凝聚强大精神力量。

刘云山指出，邓小平理论是中国特色社会主义理论体系的开创之作，是指引我们胜利前进的伟大旗帜。新形势下深化邓小平理论研究，要紧紧围绕中国特色社会主义这个主题，引导人们增强道路自信、理论自信、制度自信，坚定实现中华民族伟大复兴的中国梦的信念信心；始终坚持党的思想路线，解放思想、实事求是、与时俱进、求真务实，不断推进实践基础上的理论创新；深入总结改革开放的成功实践和宝贵经验，更好地凝聚全面深化改革的共识，坚定不移把改革开放伟大事业推向前进；着眼于巩固全党全国各族人民团结奋斗的共同思想基础，推动全社会大力培育和弘扬社会主义核心价值观，更好地凝魂聚气、强基固本；准确把握马克思主义执政党建设规律，深入研究党的建设面临的新情况新问题，全面推进党的建设新的伟大工程。

刘云山强调，深化邓小平理论研究，要与研究马克思列宁主义、毛泽东思想结合起来，与研究“三个代表”重要思想、科学发展观结合起来，与研究阐释习近平总书记系列重要讲话精神结合起来，推动用马克思主义中国化最新成果武装全党、教育人民。要紧密结合全面深化改革新的伟大实践，深入研究阐释党的十八大和十八届三中全会提出的重大理论观点、重大决策部署，推出一批高质量的研究成果，为全面深化改革提供理论支撑。要坚持以实际问题为中心，敢于正视问题、敏锐发现问题、主动聚焦问题，研究回答全局性、战略性、前瞻性重大问题，在推动解决问题过程中不断取得新的认识成果。

（参见《北京日报》2014 年 8 月 22 日第 1 版）

纪念邓小平同志诞辰 110 周年学术研讨会　9 月 2 日，由中共中央文献研究室、中国中共文献研究会联合主办的“纪念邓小平同志诞辰 110 周年学术研讨会”在京召开。来自全国各地的 100 多位专家学者深入学习研讨习近平总书记在纪念邓小平同志诞辰 110 周年座谈会上的重要讲话，从各个方面探讨了邓小平同志的历史功绩和邓小平理论的历史地位。中央文献研究室主任、中国中共文献研究会会长冷溶在会上作主题发言。11 位专家作大会发言。中央文献研究室副主任、中国中共文献研究会副会长陈晋主持会议。

与会同志一致认为，习近平总书记的重要讲话高度评价了邓小平同志和邓小平理论的历史地位和历史功绩，从信念坚定、热爱人民、实事求是、开拓创新、战略思维、坦荡无私等方面深刻阐述了邓小平同志的崇高精神风范，号召全党坚定中国特色社会主义道路自信、理论自信、制度自信，在实现“两个一百年”奋斗目标、实现中华民族伟大复兴的中国梦的征程上奋勇前进。讲话饱含着全党全国人民对邓小平同志的深厚感情，饱含着继往开来推进党和国家事业发展的责任担当，具有很强的理论性、战略性、指导性。

冷溶在发言中指出：习近平总书记的讲话对邓小平同志波澜壮阔的一生，对他在革命、建设、改革各个历史时期的贡献作出了高度概括和精辟论述。指出，新民主主义革命时期，邓小平同志为党领导的民族独立和人民解放事业建立了卓越功勋，是中华人民共和国的开国元勋之一；在社会主义革命和建设时期，邓小平同志为胜利完成社会主义革命、探索我国社会主义建设道路作出了杰出贡献；在改革开放新时期，邓小平同志成为党的第二代中央领导集体的核心，为开创中国特色社会主义作出了历史性贡献。

冷溶指出，学习习近平总书记这篇重要讲话，给人印象最深的是他关于邓小平同志崇高风范的六个方面概括。即：信念坚定、热爱人民、实事求是、开拓创新、战略思维、坦荡无私。这六个方面，是邓小平同志精神的高度凝练和集中反映，一下子把小平同志的伟人形象立了起来。习近平总书记对这六个方面一一作了阐述，强调邓小平同志这些“崇高鲜明又独具魅力的革命风范”，永远是我们当代中国共产党人应当具备的政治品格。习近平总书记讲邓小平同志的精神，第一条就是信念坚定。这是邓小平同志一生最鲜明的政治品格。在上世纪八十年代末九十年代初世界社会主义运动出现严重挫折的情况下，中国的社会主义能够坚持下来，马克思主义的旗帜能够继续举起来，首先就在于邓小平同志的信念坚定。那么，这种坚定的马克思主义信念表现在哪里呢？习近平总书记后面讲的五条精神品格就是具体体现。在阐述了这六个方面的精神品格后，习近平总书记指出：“邓小平同志最鲜明的思想和实践特点，就是从实际出发、从世界大势出发、从国情出发，始终坚持我们党一贯倡导的实事求是、群众路线、独立自主。”这是对邓小平同志的精神最为深刻的概括。只有像邓小平同志这样做了，发扬了他的这些精神，才能算得上是一个坚定的马克思主义者，才能把我们党的事业继续推向前进。

冷溶强调，从毛泽东到邓小平，再到今天，我们党的历史是一个连续的、不断发展的整体。对我们党的辉煌历史要维护好，对我们党的领袖要维护好，对老一辈无产阶级革命家们要维护好。去年，在纪念毛泽东同志诞辰 120 周年座谈会上，习近平总书记发表重要讲话，旗帜鲜明地高度评价了毛泽东同志。今年，在纪念邓小平同志诞辰 110 周年座谈会上，他再次发表重要讲话，又旗帜鲜明地高度评价了邓小平同志。这两篇讲话的发表，是对有关毛泽东和邓小平同志的各种错误观点的有力回击，对统一全党思想、凝聚共识起到重要作用。

与会专家学者从不同的角度和不同的领域，阐述了邓小平同志的历史贡献和邓小平理论历史地位。主要包括：关于坚持和发展中国特色社会主义；关于邓小平与改革开放；关于邓小平对社会主义市场经济理论的重大贡献；关于邓小平治国理政的战略和艺术；关于邓小平与我军战略指导思想的转变；关于如何学习邓小平的战略智慧；关于如何正确评价毛泽东和邓小平两位历史伟人的关系，等等。

与会专家认为，邓小平同志和他那一代共产党人，用毕生的实践诠释了什么是共产党人的精神追求，为全党树立了典范。邓小平同志的革命风范同他开创的中国特色社会主义和创立的邓小平理论一样，都是他留给我们的政治遗产，是他留给我们最宝贵的精神财富。今天，我们纪念邓小平同志，第一位的就是要坚持、继承和发扬好这些政治遗产和精神财富。

此次学术研讨会共收到论文60余篇，同时，还特别邀请国内知名学者撰写文章11篇。这些论文对邓小平生平和思想进行了广泛的研究和探讨，反映了现阶段学术界关于邓小平和邓小平理论研究的新思考、新成果。

（中央文献研究室科研管理部胡昌勇供稿）

第三届全国高校马克思主义学院院长论坛　9月13日，第三届全国高校马克思主义学院院长论坛在北京大学举行。北京大学党委书记朱善璐，北京大学党委副书记、纪委书记、马克思主义学院院长于鸿君，教育部社会科学司副司长徐艳国和中宣部理论局领导等出席会议并讲话。来自全国60多所高校的马克思主义学院院长参加了本次论坛。会议由北京大学马克思主义学院党委书记、执行院长孙熙国主持。本次论坛由北京大学马克思主义学院主办，主题为研讨“高等学校马克思主义学院建设标准”。北京大学马克思主义学院原院长、教育部“高校马克思主义学院建设标准”课题组负责人陈占安，山东大学马克思主义学院院长王韶兴，西南大学马克思主义学院党委书记王文余作了主题发言。与会院长围绕高校马克思主义学院建设要求和评估指标进行了热烈讨论。据悉，自1992年北大成立全国高校首个马克思主义学院以来，目前全国已有200多个高等院校成立了马克思主义学院。教育部已委托北京大学等几所高校研究制定《高等学校马克思主义学院建设标准》，就马克思主义学院建设中的组织管理、学科建设、教育教学、人才队伍建设、硬件建设、社会服务等提出规范性标准和评价指标。

（参见《光明日报》2014年9月22日第11版）

首都理论界学习十八届四中全会精神座谈会　10月30日上午，中共北京市委宣传部、北京市中国特色社会主义理论体系研究中心、北京市社会科学界联合会共同举办“首都理论界学习十八届四中全会精神座谈会”，市委宣传部长崔耀中出席并讲话，张峰、邓纯东、陈甦、辛鸣、焦洪昌、冯玉军、梁迎修、许传玺等在座谈会上发言，市社科联党组书记韩凯主持会议。与会者一致认为，党的十八届四中全会是在我国全面建成小康社会决定性阶段和全面深化改革攻坚期召开的一次重要会议，全会审议通过的《关于全面推进依法治国若干重大问题的决定》，明确提出了依法治国的一系列新观点、新举措，是新形势下全面推进依法治国的纲领性文件，必将对我国全面建成小康社会和全面深化改革起到重要的保障作用。崔耀中在讲话中强调，全市宣传思想战线和社科理论界要充分认识十八届四中全会的重大意义，整体把握、深刻领会全会的精神实质，加强宣传阐释，创新宣传形式，做好面向群众的理论传播工作，积极投身全面推进依法治国伟大实践，为实现中华民族伟大复兴中国梦、实现党和国家的长治久安贡献智慧和力量。各区县委、工委宣传部门有关负责人，市属社科理论单位负责人，有关专家学者和理论工作者近百人参加。

（北京市社会科学界联合会研究室供稿）

《邓小平文集（1949—1974）》暨《邓小平传（1904—1974）》座谈会　近日，由邓小平思想生平研究会主办的《邓小平文集（1949—1974）》暨《邓小平传（1904—1974）》座谈会在北京召开。中央文献研究室主任冷溶出席座谈会，副主任卓松盛主持座谈会。中央党校、中央党史研究室、军事科学院等有关部门的领导和专家学者共80余人参加座谈会。

《邓小平文集（1949—1974）》和《邓小平传（1904—1974）》是在纪念邓小平同志诞辰110周年之际，经中央批准，由中央文献研究室编辑和撰写的，在全国出版发行后，引起了强烈的社会反响。

座谈会上，杨胜群、闫建琪分别介绍了《邓小平传（1904—1974）》和《邓小平文集（1949—1974）》两部著作的基本情况，8位专家作了发言。大家从不同角度，对两部著作所展现的内容和思想、出版后所产生的影响和意义进行了评述和论析。大家认为，《邓小平文集（1949—1974）》反映了这一时期邓小平同志关于新中国经济、政治、文化建设和民族、统战工作及党的建设等方面的重要思想，特别反映了他对中国社会主义建设道路的深入思考和艰辛探索，是《邓小平文选》的重要补充，对于深入学习邓小平理论，了解邓小平同志开创中国特色社会主义的历史和理论渊源，具有重要意义。《邓小平传（1904—1974）》全面反映了邓小平在为民族独立、人民解放和社会主义建设事业不懈奋斗和探索的过程中建立的不朽功勋和作出的卓越贡献，深刻展现了一代伟人崇高的精神世界和思想风范，对于深入研究和宣传邓小平同志的思想、业绩、品德和作风，研究和宣传中国革命、建设和改革的历史，具有重要意义。

（参见《光明日报》2014年10月25日第7版）

第五届世界社会主义论坛　近日，中国社会科学院世界社会主义研究中心和中联部当代世界研究中心联合主办的“第五届世界社会主义论坛：社会主义是人类历史发展的必然归宿暨世界社会主义研究中心成立二十周年”国际学术研讨会在北京举行。与会者围绕社会主义是人类发展的必然、世界左翼运动和思潮等议题进行了研讨。

与会者认为，世界社会主义的发展进程是人类为摆脱不平等不公正不合理的剥削制度、实现更好社会制度的探索进程，是工人阶级和人民大众为求得自身解放和全人类解放的奋斗进程。中国共产党坚持把马克思主义基本原理同中国国情和时代特征相结合，走出了一条国家富强、民族振兴、人民幸福的中国特色社会主义道路，为世界社会主义事业发展作出重要贡献。

（参见《人民日报》2014年11月14日第7版）

社会主义核心价值观与青年学术研讨会　11月14日，《中国特色社会主义研究》杂志社，中国青年政治学院中国马克思主义学院及党委宣传部联合主办了“社会主义核心价值观与青年”学术研讨会，来自中央编译局、中国人民大学、首都师范大学、中国青年政治学院近20名专家学者分别从世界社会主义运动发展来看价值观的培育、青年价值观的认同机制、社会主义核心价值观与思想政治理论课建设、青年价值观的塑造与社会环境的优化、互联网对青年价值观的影响、当前核心价值观需要说明的几个问题、苏东国家政党转型与青年价值观变化、法治精神与社会主义核心价值观、核心价值观在青年中的传播途径等角度进行了讨论。与会学者认为，青年的价值取向决定了未来整个社会的价值取向，青年是社会发展的生力军，必须让核心价值观不仅成为广大青年的价值取向，重塑青年主导信仰和政治认同，更成为他们的行为追求，从知行合一上下功夫。会议指出，要进一步加强社会主义核心价值观相关理论的研究，进一步加强社会主义核心价值观的比较研究，进一步加强社会核心价值观的践行研究。

（《中国特色社会主义研究》杂志社供稿）

完善和发展中国特色社会主义政治制度研讨会　11月16日，北京市科学社会主义学会和北京市政治学行政学学会在北京师范大学举办2014学术前沿论坛《完善和发展中国特色社会主义政治制度》主题专场。有来自北京大学等十几所高校、科研单位的专家学者80余人出席会议。会上徐鸿武、闫志明、许耀桐、姜汉斌、辛向阳、刘熙瑞、王寿林、郭凤海等专家围绕主题和十八届四中全会精神作了重点发言。

（摘自《北京市社科联所属社会组织2014年活动概览》）

2014年度马克思主义传播与大众化论坛　12月20日，2014年度“马克思主义传播与大众化论坛”在中国传媒大学召开。中央编译局副局长魏海生、中国传媒大学副校长胡正荣出席会议并致辞。围绕“社会主义核心价值观传播”这一主题，来自中央编译局、中国社科院、中国教育电视台、中广联等单位近50位学界、业界专家学者进行了讨论。

围绕论坛主题，与会者从三个层面进行了研讨和交流。

业界方面，中国教育电视台副台长吕学武、《中国广播电视学刊》常务副主编周然毅、河北人民广播电台台长王智，分别从中国教育电视台案例、讲好中国故事、创新传播形态等角度，通过自身实践，对在传播社会主义核心价值观过程中，如何发挥媒体的作用，提出了值得推广的做法和经验。

学界方面，中国传媒大学副校长吕志胜从高校使命的角度，中央编译局马列主义文献信息部副主任张忠耀从国外对社会主义核心价值观与中国形象认知的角度，中国传媒大学艺术学部党委书记兼副学部长彭文祥从影视剧艺术生产的角度，西北大学新闻传播学院院长杨立川从意识形态的家庭传播仪式的角度，中国传媒大学广告学院教授初广志从公益广告的角度，中国伦理学会秘书长孙春晨从生活化路径的角度，对社会主义核心价值观的传播进行了思考。这些不同角度的切入，为进行社会主义核心价值观传播体系建设，提供了有益的视角。

教学实践方面，中国传媒大学文法学部思政部教授马成瑶、李淑文、副教授李静霞等，分别从理论、实践、载体等角度，就如何优化高校思想政治课教学效果，有效传播社会主义核心价值观，进行了发言。

（中国传媒大学文科科研处供稿）

社会主义核心价值观学术研讨会　11月26日，由外交学院基础教学部主办的“社会主义核心价值观研讨会”在展览路校区国际交流中心举行。会议特别邀请了中共中央编译局季正矩研究员、北京大学孙代尧教授、中央民族大学杨宗丽教授与会。

王帆副院长首先代表外交学院致欢迎词。他强调，社会主义核心价值观的学习宣传目前正在全国范围积极开展，外交学院作为外交部直属唯一一所专门培养中国外交外事人才的高等学府，长期以来，一直坚持把以德树人、以德育人放在首位。

在研讨会的第一阶段，季正矩首先围绕社会主义核心价值观作了主题发言；孙代尧围绕社会主义核心价值观的立足点等几个需要研究重要问题作了阐释；杨宗丽结合“爱国、敬业、诚信、友善”等与青年学生息息相关的内容，对社会主义核心价值观作了客观而精辟的阐发。

研讨会的第二阶段由基础教学部教师分别作主题发言。张迅副教授围绕社会主义核心价值观的时代特征与现代意义，对社会主义核心价值观进行分析阐释。余科杰教授结合十八届四中全会关于全面推进依法治国若干重大问题的决定，对社会主义核心价值观内涵中的法治问题作了深入剖析并发表了独到见解。随后，基础教学部其他教师也分别从各学科教学实际，畅谈了倡导和培育社会主义核心价值观的意义。

最后，基础教学部主任王立教授作了总结发言。他指出培养具有坚定的马克思主义信仰的外交外事人才是基础教学部教师义不容辞的责任和义务，希望基础教学部的所有老师将研究成果带到实际教学工作中。

（外交学院科研处供稿）

学习习近平总书记关于中国梦重要论述暨《中国梦学习读本》出版座谈会 11月27日，中共北京市委宣传部、市委讲师团联合举办的“学习习近平总书记关于中国梦重要论述暨《中国梦学习读本》出版座谈会”在京召开。首都社科单位、北京出版集团、千龙网、宣讲家网等有关单位负责人，各区县、工委宣传部门代表以及来自首都高校的专家学者40余人与会。市委讲师团团长贺亚兰主持会议。

《中国梦学习读本》由市委宣传部、市委讲师团共同组织有关专家设计体例框架，北京大学、中国人民大学、北京师范大学等专家学者参与编写，北京出版社出版。全书以中国梦为研究主题，对国家富强、民主法治、文明中国、和谐社会、美丽中国、祖国统一、世界和平、中国道路、党的领导等九方面进行了详尽阐释。

座谈会上，与会领导和专家学者围绕中国梦进行了充分研讨和交流。大家认为，中国梦是党和人民的奋斗目标和精神动力，是个历史性任务和思想指引。对于这个总题目的完整把握，需要我们作出历史和逻辑，理论与实践的双重说明和判断，需要从学理层面到政治层面，再到实践层面的多层次阐释与研读。这实际上就是总体性观照的要求。这是个重大的理论课题，一个有着丰富的内在规定性关系的重大理论课题。大家认为，中国梦的宣传既要反映宏大主题，又要立足实际，贴近现实热点问题，充分回应社会各界广泛关切。

（中共北京市委讲师团刘小丰供稿）

深入学习党的十八届四中全会精神理论研讨会 12月6—7日，为深入学习和领会党的十八届四中全会精神，推进中国特色社会主义理论与实践研究，由北京马克思主义理论研究与传播基地与北京市社会科学院科社所共同举办了“深入学习党的十八届四中全会精神理论研讨会”。北京马克思主义理论研究与传播基地特邀研究员、北京大学马克思主义学院闫志民教授，北京市社科院科社所原所长李贺林、科社所所长杨奎、副所长张登文、左宪民等科研人员参加研讨。研讨会由杨奎主持。闫志民从坚持和发展中国特色社会主义的角度，深入阐释了十八届四中全会召开的理论意义、现实背景和创新亮点。随后李贺林、张登文、左宪民、张洪武分别发言。

（北京市社会科学院科研处供稿）

中国马克思主义论坛 12月20日，为深入学习贯彻党的十八届四中全会精神，中央党校中国马克思主义研究基金会和中央党校培训部在北京共同主办“中国马克思主义论坛2014暨中央党校培训部学员论坛”。

论坛以“全面推进依法治国：目标、理念与路径”为主题。相关领域的知名专家和在中央党校培训部学习的党政领导干部，围绕“法治国家建设”“法治政府建设”“法治社会建设”三个论题分别发表专题演讲。与会者认为，中国特色社会主义法治道路是在我国国体政体、历史传承、文化传统、经济社会发展基础上长期发展的结果。全面推进依法治国，要坚持法治国家、法治政府、法治社会一体建设。

（参见《人民日报》2014年12月22日第4版）

毛泽东与中国道路学术研讨会 12月26日，“毛泽东与中国道路”学术研讨会暨毛泽东思想生平研究会在北京召开。来自中央纪委、中央组织部、中央党校、中央文献研究室、中央党史研究室、中国社会科学院、人民日报社、国防大学、军事科学院、北京大学、中国人民大学等部门的领导和专家学者及毛泽东亲属代表共 100 余人参加会议。中央文献研究室主任、中国中共文献研究会会长冷溶出席会议并讲话。中央文献研究室副主任、中国中共文献研究会副会长陈晋主持会议。中央文献研究室原主任逄先知，中央党史研究室副主任张树军，国防大学原副政委李殿仁，中央党校原副校长李君如，中央纪委驻文化部纪检组原组长李洪峰，军事科学院军事历史和百科研究部部长曲爱国等在会上发言。中央组织部原部长张全景，人民日报社原社长邵华泽，国家行政学院原党委书记、常务副院长魏礼群，中央文献研究室原副主任金冲及、杨胜群、陈群，人民日报社原副总编辑梁衡等出席会议。

冷溶指出，习近平总书记在纪念毛泽东同志诞辰 120 周年座谈会上的重要讲话，高度评价了毛泽东同志的历史功绩和毛泽东思想的历史地位，阐明了正确评价历史人物的原则和态度，系统阐述了毛泽东思想活的灵魂的基本内涵和时代要求，强调必须毫不动摇走党和人民在长期实践探索中开辟出来的正确道路，把中国特色社会主义伟大事业继续推向前进。讲话内涵丰富、思想深刻，具有很强的理论性和指导性。这次研讨会把主题确定为“毛泽东与中国道路”，就是为了进一步学习习近平总书记重要讲话精神，深切缅怀毛泽东同志的丰功伟绩，深入研究毛泽东同志为探索适合中国国情的社会主义革命和建设道路付出的艰苦努力以及取得的理论成果。

冷溶指出，习近平总书记在讲话中深刻论述了毛泽东同志与开创中国特色社会主义道路的关系，强调毛泽东同志对适合中国情况的社会主义建设道路进行的艰苦探索，“是党和人民在历史新时期把握现实、创造未来的出发阵地”；毛泽东同志的奋斗和探索，“为我们探索建设中国特色社会主义的道路积累了经验和提供了条件”；毛泽东思想教育了几代中国共产党人，它培养的大批骨干，“为新的历史时期开创和建设中国特色社会主义发挥了重要作用”。

冷溶指出，习近平总书记讲话的一个理论亮点，就是深刻地、系统地阐述了毛泽东思想的活的灵魂及其与中国特色社会主义的关系。纵观我们党在革命、建设、改革的各个历史时期，无论是探索和开辟新民主主义革命道路、社会主义革命和建设道路，还是中国特色社会主义道路，始终贯穿着实事求是、群众路线、独立自主这样一条主线。这条主线是我们党全部理论和实践的立足点，是我们党不断从挫折中觉醒、不断从胜利走向胜利的根本原因。习近平总书记从毛泽东思想活的灵魂的这三个基本方面来阐述毛泽东思想，立意高远，深刻揭示了毛泽东思想的科学内涵和现实意义。这对于我们深刻理解毛泽东思想与中国特色社会主义理论体系一脉相承、继承发展的关系，正确把握改革开放前后两个三十年的关系，具有重要指导意义。

冷溶对毛泽东思想生平研究会成立五年来的工作给予充分肯定，同时对研究会下一步工作提出希望。一是要认真组织学习习近平总书记系列重要讲话精神，使研究会成为宣传贯彻习近平总书记系列重要讲话精神的重要基地；二是要着眼党和国家工作大局，不断深化毛泽东思想生平的研究，使研究会成为研究毛泽东生平思想的学术高地；三是要凝聚研究队伍，创新工作方式，使研究会成为宣传和维护毛泽东同志光辉领袖形象的坚强阵地。

出席这次会议的代表结合学习习近平总书记系列重要讲话，围绕“毛泽东与中国道路”这一主题，进行了专题发言和讨论。与会者认为，毛泽东等老一辈革命家为实现中华民族伟大复兴付出了他们全部的智慧和心血，我们要以崇高的使命感和责任感，怀着对毛泽东同志无限敬仰的心情，倍加努力地工作，用伟人的思想风范激励全党全国各族人民为实现“两个一百年”目标和中华民族伟大复兴的中国梦而奋斗。

会议还召开了毛泽东思想生平研究会会员代表大会和理事会议，回顾了研究会五年来的工作，审议通过了研究会章程修正案，选举出新一届毛泽东思想生平研究会领导机构，陈晋当选为毛泽东思想生平研究会会长。

（中央文献研究室科研管理部胡昌勇供稿）

哲学（含自然辩证法、逻辑学、伦理学、美学）

黄枬森学术思想研讨会　1 月 12 日，由北京大学哲学系、马克思主义哲学研究中心主办的黄枬森学术思想研讨会暨“黄枬森项目”启动仪式在北京大学人文学苑举行。北京市海淀区政协主席、哲学系系友会长彭兴业，“黄枬森项目”捐赠人、陕西帮建置业有限公司董事长王建良，中共北京市委党校校务委员袁吉富，中共中央编译局秘书长杨金海，北大哲学系主任王博以及来自中国社会科学院、中共中央党校、中共中央编译局、北京大学、中国人民大学的专家学者和黄枬森先生家属等50余人出席仪式。“黄枬森与北京大学马克思主义哲学学科发展”项目是集教学、科研与学术资助为一体的综合项目，旨在专门推动北京大学马克思主义哲学学科的建设与发展。

（北京大学社科部供稿）

国外马克思主义哲学现状理论研讨会　近日，由中央党校哲学教研部举办的“国外马克思主义哲学现状理论研讨会”在中央党校召开。60多位专家学者紧紧围绕“国外马克思主义哲学现状”主题进行了深入研讨。

中央党校哲学部侯才教授认为，要重视现代西方著名哲学家海德格尔对马克思的评价。他指出，海德格尔一方面高度评价马克思对历史本质的深刻把握，另一方面又消极地将马克思主义列入虚无主义行列。而实际上，马克思对异化和资本货币统治的揭示正是对虚无主义根源的揭示，从而也是对摆脱虚无主义之路径的探索。北京大学哲学系仰海峰教授指出，对西方马克思主义哲学的理解要充分参照西方社会变迁，从卢卡奇、马尔库塞、弗洛姆等人关注的主体与人学问题到以阿尔都塞为代表的结构与主体哲学批判，从以法兰克福学派为代表的工具理性批判到以罗兰巴特、鲍德里亚等为代表的消费社会批判，理论主题变迁与西方社会现实变迁息息相关，对二者关系的考察，有助于我们思考当代中国的有关问题。中央编译局周凡研究员重点介绍了美国学者罗伯特·塔克尔和艾伦·伍德所解读的马克思，指出他们眼中的马克思“是反对正义的，并不谴责资本主义为不正义”。中央编译局孔明安研究员重点探讨了国外马克思主义哲学“问题域”，认为意识形态问题、拜物教问题、劳动价值论、发展问题、空间问题、国家问题、政治与经济的关系、生活世界与生存、技术异化、人的解放等问题，尤其需要我们重新深入思考。中央党校哲学部丁东红教授以奥康纳《自然的理由》为例，说明马克思唯物史观在生态主义运动中的理论基础作用。她认为，奥康纳的生态学马克思主义理论是发人深思的，生态文明不仅是马克思主义新的生长点，而且已经成为人类文明的基础和人类可持续发展最重要的价值理念。北京大学马克思主义学院郇庆治教授从怎样认识生态马克思主义、马克思主义与生态哲学的关系角度介绍了生态马克思主义的新进展，并强调指出考察马克思与生态文明建设之间的关系，实际上就是回答生态文明的必要性和可能性问题。

（参见《光明日报》2014年1月25日第7版）

纪念张岱年先生诞辰105周年学术研讨会　6月2日，由北京大学哲学系等单位主办的“‘古典中国哲学的通见、睿智和精义’——纪念张岱年先生诞辰105周年学术研讨会”在北京大学人文学苑成功举办。

陈鼓应、牟钟鉴等与会学者深情地回忆了张岱年先生的人格和学问境界，通过不同的视角展现了张岱年先生的哲学和哲学史研究在中国现代学术上的地位。

本次会议既关注张岱年先生对中国哲学的整体性思考和洞察，同时也立足于中国哲学研究的新进展和当代哲学发展的新趋势，努力对古典中国哲学的通见、睿智和精义作一些新的有力的阐发。为此，与会学者具体围绕“文化的普遍性和差异性与古典中国哲学的通见”“古典中国哲学的睿智、思维方式、主要观念和学说的精义”“古典中国哲学的开放和通融”“中国文明、文化与古典中国哲学”“当代中国社会生活与古典中国哲学的角色”“哲学的当前趋势与古典中国哲学的回应”等议题展开讨论。

在讨论中，与会学者回顾了中国哲学史学科的建立和发展的历史，肯定了中国哲学史学科在现代中国哲学乃至现代哲学研究中的基础性地位和以冯友兰先生、张岱年先生为代表的老一代学者对于中国哲学史学科建立和发展作出的巨大贡献，同时也提出了当前学科建设中遇到的若干问题与挑战，并以哲学与哲学史、创作与解释、范式比较与综合创新等问题为重点，对中国哲学的未来路向展开了有理据、有共识、有价值的辩论和展望。

（参见《光明日报》2014年6月3日第16版）

哲学与当代社会中澳哲学研讨会　6月19日，“哲学与当代社会”中澳哲学会议在中国社会科学院举行。会议由中国社会科学院、澳大利亚人文科学院主办，中国社会科学院国际合作局、哲学研究所承办。会议的主题为“哲学与当代社会”。

中国社会科学院副院长李扬与澳大利亚人文科学院院长莱斯利·约翰逊出席会议并签署了双边交流合作协议。

中国社会科学院哲学所所长谢地坤、国际合作局副局长周云帆出席会议。澳大利亚国立大学教授梅·约翰、阿兰·哈耶克，新南威尔士大学副教授赖蕴慧，中国社会科学院哲学研究所研究员张志强、王柯平、王齐、杨通进，清华大学人文学院哲学系教授邹广文分别从不同研究视角切入作主题发言。会议由中国社会科学院哲学研究所所长谢地坤主持。来自中国社会科学院、北京大学、清华大学的 30 余名青年学者和学生代表参加了会议。

会上，中澳学者从哲学传统与哲学精神、马克思主义哲学中国化与当代中国发展、当代哲学比较研究、哲学在当代的作用与命运等方面展开了深入研讨。

中国社会科学院哲学研究所研究员张志强作了题为“礼俗、政教与文明国家——当前中国哲学研究的新趋向及其思想关切”的发言。他通过分析近年来中国哲学史研究出现的三种新趋向，即经学研究的全面复兴、礼学研究成为经学研究的重镇、儒释道三教关系研究逐渐成为重新整合中国哲学史研究的新领域，认为这三种新趋向背后，实际上与当代中国所面临的三种时代问题相互呼应。

中国社会科学院哲学研究所研究员王柯平作了题为“效政与整合性转化”的发言。他认为，在全球化背景下的中国发展，包含了传统与现代的整合性转化。他试图探索在社会主义中国化和政治文化的背景下，在我国建立效政的可行性。认为传统文化中的仁政概念需要在全球化背景下，根据社会需要进行整合转化并重新构想和创新。

澳大利亚国立大学教授梅·约翰作了题为“中国传统哲学的新观点：以朱熹为例”的发言。他认为，要理解中国传统与现代哲学，必须要理解传统儒学。传统儒学是中国几千年哲学经典中最重要的部分。发言旨在通过深入了解中国佛教哲学，进一步了解儒学。通过了解中国佛教思想来揭示儒学及其当代遗产的重要性。通过讨论朱熹理学思想的重要观点，并将理学思想与东亚佛教经典中的大乘起信论相联系，并讨论二者的关系。

新南威尔士大学副教授赖蕴慧作了题为“比较知识论：知识、学习以及践行之知”的发言。发言揭示了潜藏在中国哲学中的本质和知识相关假设，旨在对中国哲学的这些思考研究，增进中西方的交流。

（中国社会科学院办公厅刘玉杰编辑、哲学所科研处供稿）

政治哲学与当代中国学术研讨会　由中国人民大学哲学院政治哲学研究中心、《中国人民大学学报》编辑部共同主办的“政治哲学与当代中国”学术研讨会日前在北京召开。来自南开大学、吉林大学、复旦大学、武汉大学、香港中文大学等高校及科研机构的 30 多位专家学者参加了此次会议，与会学者围绕政治哲学研究对重大现实问题的关注、推动政治哲学在我国的发展，展开了深入研讨。

中国社会已经进入新的转折期，妥善协调各方面利益关系，实现社会公平正义，构建社会主义和谐社会，需要高超的政治智慧，也需要清醒明晰的政治理念。有的学者在文本与现实的互动中挖掘马克思正义理论的思想资源，认为与西方自由主义的正义理论相比，马克思以共同体利益和社会性为指向的正义理论，在分配问题上秉持的平等主义立场，更有助于解析、回答和化解当前我国社会存在的贫富差距过大等问题。有的学者认为，由于在现代社会生活中存在着多重共同体，如公民共同体、合作性共同体和团结性共同体等，因此，在分配问题上应坚持一种多元复合平等和多元性的分配正义原则。有的学者指出，正义应是形式正义和实质正义的结合，它不仅要求适用规则做到“类似的情况类似对待，不同的情况不同对待”，而且要求对规则适用的相似性和差异性进行道德上的追问，追问其是否道德上的“应得”。

在当下我国理论界，有关政治哲学的强势话语显然来自现当代西方政治哲学，对其予以批判性的考察与反思，借鉴吸收其合理的理论成果，对于当代中国马克思主义政治哲学的建构而言是一项必要的工作。针对卡尔·施密特关于政治就是区分敌我的观点，有的学者指出这是一种缺乏思想史和政治史辨析所导致的褊狭结论：从政治思想史的角度看，现代政治思想是一种妥协性的、旨在达成共识的政治思想，并不寻求从辨认敌我出发构想国家的建构与政治的运行；从政治史的角度看，政治也是一种旨在促使利益冲突各方达成政治妥协的行动，而不是一种辨认敌我、扶友损敌、你死我活的全输全赢行径。有的学者辨析了当代西方四种有代表性的分配正义理论——诺奇克的自由至上的正义论、罗尔斯的公平至上的正义论、科恩的平等至上的正义论和德沃金的责任至上的正义论，认为它们都无法成功地解释正义直觉中的两种核心成分——人道和公平。

总之，本次研讨会为马克思主义政治哲学、中国政治哲学、西方政治哲学之间的对话提供了平台。从当代中国的现实问题出发，与会学者或者深入挖掘马克思主义文本资源，拓展马克思主义政治哲学的当代性；或者考察西方政治哲学的源流，辨析当代西方政治哲学各流派在自由、平等、权利等问题上的理论得失；或者梳理中国政治哲学传统，阐释中国传统政治哲学的特质。所有这些，都为提炼符合时代要求的政治理念、建构当代马克思主义政治哲学提供了思想资源和致思范式。

（参见《光明日报》2014 年 7 月 30 日第 16 版）

陈来先生《仁学本体论》研讨会 9 月 15 日，由《哲学门》杂志、《中国哲学史》杂志联合举办的“陈来先生《仁学本体论》研讨会”在北京大学举行，来自清华大学、北京大学、复旦大学、南开大学、中国社会科学院等国内一流高校和研究机构的十几位中西哲学研究专家围绕陈来最新哲学著作《仁学本体论》一书的贡献与价值展开讨论。清华大学人文学院哲学系教授陈来参与讨论，并对与会学者提出的相关问题进行了回应。学者们指出，中华民族的伟大复兴必然迎来儒学的繁荣发展，作为民族哲学的儒学应积极面对时代和社会的变化、调整与挑战，面对中华民族的新发展，开拓出新的辩证吸收西方文化、发扬中华民族精神的儒家哲学，并从儒家立场对世界和人类的普遍性问题给出指引。《仁学本体论》正是这样一部著作，它是中国哲学“接着讲”的当代典范，这样一部著作的出现具有其时代必然性。该书以中国立场、中国价值为核心，从仁本体的角度历史性地吸收了儒家哲学的优秀内容，讲清楚了中华民族哲学上的历史传统与文化积淀；同时，面对西方哲学与文化，该书并不是机械地套用西方概念、范畴解释中国思想，而是在“中国文化主体”的前提下，再定义“自由、平等、公正”等西方价值，提出“仁统四德”“以仁为体，以和为用”等哲学观点，面对当代挑战，尝试解决当代中国乃至世界的价值问题，从哲学上讲清楚了中国文化面对现代世界的价值所在。与会学者们希望中国哲学界的研究者能够以此书的出版为契机，以此书展现的方法与问题意识为榜样，进一步开拓中国哲学的研究，弘扬中华优秀传统文化，为时代问题的解决贡献中国哲学的力量。

（清华大学文科建设处刘金梅供稿）

第四届中日哲学论坛 9 月 20—21 日，第四届中日哲学论坛在中国北京外国语大学召开。论坛由中国社会科学院哲学研究所和日本哲学会主办，中华日本哲学会和北京日本学研究中心协办。以日本哲学会前会长野田启一、现会长饭田隆为中心的日方代表团 18 人、以中国社会科学院哲学研究所所长谢地坤为中心的中方代表团 30 人参加了论坛。

论坛开幕式由中国社会科学院哲学研究所东方哲学研究室主任孙晶和日本庆应义塾大学教授纳富信留主持。中国社会科学院哲学研究所所长谢地坤、日本哲学会会长饭田隆等分别致开幕词。

开幕式之后进行了基调演讲。谢地坤作了题为“新艺术的希望之光或假象——简论阿多诺的艺术哲学”的演讲。饭田隆作了题为“在与近代西洋音乐吸收的比较中看日本近代哲学”的演讲。

论坛围绕“中日哲学思维方式及其在现代社会中的应用”这一主题进行了三场分科讨论会。第一分科会以“中日传统思想及其在全球化时代的发展”为议题，中国社会科学院哲学研究所研究员单继刚发表了论文《马克思哲学在中国的名称》，日本庆应义塾大学教授纳富信留发表了论文《柏拉图哲学“理念”在现代日本》，中国社会科学院的王歌发表了论文《返乡与开端——海德格尔的荷尔德林阐释及其中的中国概念》、刘一虹发表了论文《苏非主义与中国传统思想——苏非主义在中国的演变》、陈霞发表了论文《谈庄子关于“遗忘”的哲学思想》，中国国家外国专家局陈化北发表了论文《朱子的理气说与安藤昌益的真气说》等。这些论文主要是考察在全球化背景下中日传统思想面对西方思想而进行的回应。

第二分科会以“哲学如何解答现代亚洲和世界的问题——变化的社会及人类的生存条件”为议题，中国社会科学院的杜国平发表了论文《自然语言中对逻辑析取的比较分析》、段伟文发表了论文《论网络空间的自我伦理》、唐热风发表了论文《经验、信念和自由王国》、蔡肖兵发表了论文《理解“大数据”》、王齐发表了论文《克尔凯郭尔的基督教哲学思想及其启示》，日本的长崎综合科学大学木村博发表了论文《农与伦理——以梁漱溟和江渡狄岭来看东亚地区共同体的可能性》、东北大学座小田丰发表了论文《“故乡”的根源性和自然的可能性——以黑格尔的耶拿“自然哲学”构想为线索》等。这些论文主要涉及哲学在现代东亚中的具体实践与应用，探求如何用哲学来改善生活实践。

第三分科会为“青年学者论坛”，由辽宁大学哲学与公共管理学院院长王国坛和日本立命馆大学教授伊势俊彦主持。中国社会科学院的员俊雅发表了论文《人类存在和现实世界：关于科西克的人文马克思主义》、何博超发表了论文《亚里士多德的哲学修辞术》、王艳秀发表了论文《“正当优先于善”的道德形而上学前提》、张桂娜发表了论文《自然法的复兴与未来俄罗斯社会秩序的重建——伊万·伊里因的法律意识思想探析》等。这些论文主要探讨了哲学对现代东方社会的重建与应用，以及近代以来东西方之间的哲学对话与交流。

（中国社会科学院办公厅刘玉杰编辑、哲学所科研处供稿）

公共性与公共领域国际学术研讨会　10月8日，“中国社会科学论坛：‘公共性与公共领域’国际学术研讨会暨《东西哲学年鉴》首届编委会会议”在北京大学举行。研讨会由中国社会科学院哲学研究所、德国柏林自由大学哲学系主办，北京大学哲学系、清华大学人文学院、歌德学院北京分院协办。

中国社会科学院哲学研究所所长谢地坤指出，为了促进东西方哲学交流，增进国际学界对中国哲学发展状况的了解，推动中国哲学走向世界，中方决定和德方合作创办以中、英、德三种语言出版发行的国际刊物《东西哲学年鉴》。目前该杂志已成功申获欧盟刊号，国际版由德国德古意特出版社出版发行，此次学术研讨会的主题就是该杂志第一期的主题。

研讨会围绕“公共性与公共领域”展开，共分为七个议题，分别是公共领域与全球化、公共领域中的现实问题、公共领域的哲学基础问题、东方文化中的公共领域问题、公共领域与伦理、公共领域与民主、公共领域及其问题。中方学者主要从中国传统文化和当代中国社会历史现实的视角回应该问题。比如，中国社会科学院哲学研究所研究员李存山的论文《先秦儒家在公共领域对“忠信”的重视》，从中国传统哲学的背景出发，认为先秦儒家在公共领域特别重视“忠信”，就是强调执政者对臣民要忠诚或诚信，才能实现治国目标。秦以后在“三纲”的语境下，“忠”的道德义务只被用于臣而不可用于君，以至“忠信”的特殊意义废而不讲，这正反映了儒家“德治”思想在君主制下所处的困境。在现代民主法治社会，执政者如何以身作则，从而提升其公信力或信任度，仍是必须重视而亟待解决的问题。中国人民大学教授马俊峰提交的论文《语境、视角和方式：研究“公共性”应注意的几个问题》认为，哲学层面的公共性研究，要注意东西方语境和学科视角的差别，要有一种自觉的批判精神和民主启蒙意识，力求找准当代中国的真问题，为实现中国现代化起到应有的作用。

外方学者主要从西方文化背景和社会现实出发，阐述了对“公共性和公共领域”问题的认识。比如德国吉森大学教授里贾纳·克莱德提交的论文《数字领域、公共平台与交往权力：对政治学商谈模型的辩护》针对当前人们对政治学中商谈模型的批判，指出商谈模型有助于平衡理想主义和现实主义、传统媒体和所谓数字化的公共领域、和平商谈和暴力反抗之间的张力，特别是阿伦特使用过的“交往暴力”概念揭示了未来参与公共领域和数字空间的可能性。

（中国社会科学院办公厅刘玉杰编辑、哲学所科研处供稿）

方东美哲学思想研讨会　日前，由北京师范大学人文宗教高等研究院、中华书局共同主办的“纪念方东美先生诞辰115周年暨方东美哲学思想研讨会”在北京师范大学举行。许嘉璐、陈鼓应、成中英等来自海内外的近20位专家学者出席了会议。

本次研讨会以“方东美哲学思想研究”为主题，围绕“方东美与中国哲学精神、中国文化精神的建立”“方东美与中国现代哲学”“方东美对儒道佛的研究”和“方东美论人生哲学”等议题进行主旨演讲和研讨对话，深入地、多角度地分析方东美先生的哲学思想及其在中国哲学和中国文化中的作用，共同研究和探讨方东美先生的哲学智慧，对于传承中国文化与哲学，具有重要意义。

方东美先生是中国现代史上具有国际影响的著名哲学家。他以弘扬中华文化的精神价值为学术主旨，始终以开放的胸襟对待中国传统文化的各种思想流派，力图贯穿古今、统摄诸家之学。作为亲历20世纪上半叶西学东渐给中国文化带来巨大冲击的学者，方东美先生立足中国传统文化，在中西比较语境下，对中国传统哲学做了深度挖掘和现代转换，将中国哲学定位于生命哲学，从道德、认知、审美、宗教等不同角度来思考人生境界问题，融通中西，体贴生命，高扬理想。

（参见《光明日报》2014年11月4日第16版）

全国哲学社会科学话语体系建设理论研讨会　近日，中央党校、中国社会科学院联合主办的“全国哲学社会科学话语体系建设理论研讨会”在北京召开。与会者围绕如何提高我国哲学社会科学的学术话语创新能力、如何构建当代中国哲学社会科学话语体系、如何增强中国在世界上的国际话语权等议题进行了研讨。

与会者认为，加强哲学社会科学话语体系建设是哲学社会科学工作者面临的一项重大战略课题。哲学社会科学工作者要以强烈的责任感和使命感，加快话语体系建设，切实增强哲学社会科学的世界影响力。这是一项长期工作，也是一项系统工程，必须通过多学科、跨领域的协同研究，同向发力，形成话语体系建设的联动合力。

据悉，全国哲学社会科学话语体系建设协调会议制度运行近一年来，通过设立课题、召开理论研讨会等方式，已取得一些重要成果。

（参见《人民日报》2014年11月14日第7版）

逻辑学的发展和社会互动论坛　11月29日，“北京市社科联2014年学术前沿论坛逻辑学专场”在北京师范大学京师学堂第三会议室顺利召开。本次论坛的主题为“逻辑的发展和社会互动”，旨在介绍逻辑学发展的最新动向和成果以及逻辑学与社会之间的互动。北京逻辑学界许多研究者纷纷作了自己的报告。

（摘自《北京市社科联所属社会组织2014年活动概览》）

政治学（含思想政治工作、党建、统战）

2014清华两岸论坛　1月17日，以“中共十八届三中全会以后的两岸发展与两岸关系”为主题的“2014年清华两岸论坛”在清华大学公共管理学院举行。论坛由清华大学公共管理学院台湾研究所主办。论坛分为两部分，第一部分专题发言环节由公共管理学院台湾研究所所长刘震涛主持。台湾当局前行政院大陆委员会主任委员陈明通、国民党国政研究基金会内政组政策委员周继祥分别就当前影响两岸关系的重要因素，台湾政党政治与2014年台湾地方选举问题进行了报告。公共管理学院副院长巫永平分析了十八届三中全会之后大陆政经体制改革的方向及其对两岸关系发展的可能影响，副教授郑振清分析了两岸民意结构变化对两岸关系的影响，指出推动对两岸共同事务进行共同治理的必要性和可行路径。第二部分清华—台大研究生学术交流环节由郑振清主持，来自清华大学公共管理学院的4位研究生和国立台湾大学国家发展研究所的5位研究生就东亚威权政党转型比较、中国政治体制改革、经济改革与发展、两岸产业合作与发展、台资企业管理、大陆党政关系对政府改革的影响、中央—地方关系等诸多问题进行了专题发言和讨论。巫永平、台大教授周继祥、康奈尔大学政治学博士周嘉辰在总结时指出，两岸交流与互信的建立需要耐心与信心，并期待清华、台大两校继续开展高水平的学术交流与合作。台大国家发展研究所所长陈明通教授带领台大师生30余人参加，来自清华大学社科学院、经管学院的20多位师生参与此次论坛。

（清华大学文科建设处刘金梅供稿）

两岸各界人士交流座谈会　2月19日，全国政协在钓鱼台国宾馆举办两岸各界人士多元参与、广泛接触的座谈会，畅叙和平发展，热议交流合作，“一家亲”、“中国梦”成为这“春天里的聚会”的主题词。

“两岸同胞一家亲，谁也不能割断我们的血脉。”中共中央总书记习近平18日在会见中国国民党荣誉主席连战及随访的台湾各界人士时说的这句话，在座谈会上被发言者多次引用。

台湾妇女界代表、国民党中评会主席团主席蔡玲兰回忆起1990年第一次来大陆的经历时动情地说：“当时，我们拜会了上海市妇联、北京市妇联和全国妇联。真是两岸一家亲！虽然是第一次见面，却能毫无距离感地话家常，那是一种血浓于水的感情。”

“我的家乡在海峡西岸的福建，我是闽南人，从生活点滴里深深感受着两岸情感的联结与融合。”中国青年企业家协会副会长许晓曦讲述了个人事业发展与两岸交流的关系。他说，自己与台湾同胞在事业往来中见证了两岸交流合作“落地生根，散叶开花”，“事业一盘棋，生活一家亲”成为大家的共同体认。

座谈会上，一股温情流淌，更有激情在荡漾。“中国梦是两岸同胞共同的梦，需要大家一起来圆梦。”习近平总书记前一天的话语，导引出两岸与会人士在这交流时刻的诚挚呼求。

“我心中的台湾梦就是两岸永久和平发展的梦，两岸互补双赢的梦，两岸年轻一代都以中国为荣的梦。”台湾鸿海集团总裁郭台铭在发言中用山东方言说道，大家都开怀地笑了。会议间歇，他向记者道出了原委，因为外婆是山东人，他小时候最先学的就是山东话。这位知名企业家直言：“台湾的前途与中国梦不但息息相关，而且是不可分割的。”

"中国梦是全体中华民族的共同梦想。"台湾佛光山开山宗长星云法师在发言中提出，中国梦就是要团结，要进步，要创新，要发展。

推动两岸关系和平发展，就是在促进中华民族的伟大复兴。座谈会上，与会人士从各自领域积极建言献策，言辞恳切，饱含美好的冀望。

作为媒体界的代表，新华社副总编辑彭树杰提出，媒体应恪守客观、公正专业立场，做两岸关系和平发展的守望者和"促进派"。他还从拓宽合作领域、参与公益事业等方面就深化两岸媒体交流合作提出了具体建议。

"两岸民间互信与社会融合，应从村、里做起。"台湾村里长联谊会总会长郭云辉认为，两岸关系能否持续和平发展，关键在是否得到两岸主流民意和广大民众的坚定支持。两岸交流互动不能忽视基层。他建议大陆方面多邀请台湾基层民众来访，以助于消除误解、化解歧见、凝聚共识。

蔡玲兰则说："在两岸和平发展的大时代，两岸妇女姐妹决不能缺席，要深化全方位交流合作，为两岸关系和平发展注入更多妇女的'柔实力'。"她还提出了具体的建议，如推动以家庭为核心的两岸妇女交流合作计划，持续开展两岸妇女主题的公益活动等。

许晓曦作为青年代表提出，两岸新一代应接过推动两岸关系和平发展的接力棒，在共同体认和传承中华优秀文化中积累共识、增进感情，在创新合作模式、提升合作层次、探索制度安排等方面做出有益的探索和努力。

短短两个小时左右的座谈，与会人士显然都意犹未尽。"习总书记的讲话，让我印象深刻。中华民族创造了伟大的文化，两岸人民要共同努力，传承、传播我们的文化。同时，文化是两岸民众交往很好的媒介，对两岸关系发展的影响非常正面。"台北故宫博物院前任院长周功鑫在接受新华社记者采访时说。

"这次来大陆，收获很大。习总书记的讲话令人非常感动，也非常激动。他站在中华民族的高度上，对台湾人民说的话真挚、恳切。两岸关系的发展，纵然会遇到困难，但以我们中国人的智慧，一定能够解决。两岸同胞携手，一定能走得更远，飞得更高！"高雄市农会理事长萧汉俊对记者说。

中共中央政治局常委、全国政协主席俞正声同中国国民党荣誉主席连战一起出席了座谈会并发表讲话。"大陆和台湾是我们的共同家园，把这个美好家园维护好、建设好是我们的共同愿望。我们要努力促进中华民族伟大复兴的中国梦更加深入人心。"俞正声的讲话语重心长。

连战则用一个比喻表达对两岸关系发展的愿望——"破蛹而出变成漂亮的蝴蝶张开翅膀"，这与他身后巨幅水墨画上花团锦簇的牡丹花似乎是一种契合，让人充满无限美好的想象。

（参见《北京日报》2014 年 2 月 20 日第 3 版）

当今世界格局与我国安全发展战略学术研讨会　3 月 4 日，由中国社会科学院世界社会主义研究中心和社科文献出版社共同举办的《2013—2014 世界社会主义黄皮书》发布暨"当今世界格局与我国安全发展战略"学术研讨会在京举行。中央顾问委员会原秘书长李力安、中组部原部长张全景、中央政策研究室原副主任卫建林出席会议并致辞。中国社会科学院原副院长、世界社会主义研究中心主任、《2013—2014 世界社会主义黄皮书》主编李慎明发来书面讲话。研讨会由中国社科院世界社会主义研究中心副主任、马克思主义研究院院长邓纯东主持。《2013—2014 世界社会主义黄皮书》对当今世界范围的社会主义思潮、理论、运动与制度作了多视角、深层次的研究讨论，反映了世界社会主义研究领域的最新发展动态。

来自中央有关部委、京内外有关科研机构及高校的专家学者围绕大会议题进行了讨论。

（中国社会科学院办公厅刘玉杰供稿）

海峡两岸工会论坛　4 月 15 日，第八届"2014 海峡两岸工会论坛"在北京举行。今年的论坛主题是"两岸职工一家亲、携手共圆中国梦"，来自海峡两岸的 200 余位工会干部参加了论坛。

本届论坛得到台湾工会的积极响应，参会人员涵盖了地方工会、产业工会、职业工会、企业工会和重要劳动组织。40 位代表在论坛发言，就两岸工会与职工如何进一步加强交流合作、共同推动两岸关系和平发展积极建言献策。

中华全国总工会副主席、书记处第一书记、中国职工交流中心会长陈豪致开幕辞，对论坛的举行表示热烈祝贺。全总近年来着力打造海峡两岸工会交流平台，并在厦门建立了海峡两岸职工交流基地，2013 年共有 200 余个工会团队、近 4000 余人次职工在两岸间走访互动。"海峡两岸工会论坛"从 2006 年至今已举办 8 届，其中两届论坛在台湾举办。论坛不断凝聚两岸工会共同致力于推进两岸关系和平发展的共识，已成为两岸工会交往的有效机制。

（参见《人民日报·海外版》2014年4月16日第3版）

北京市中小学校党组织作用调研　4—5月，北京市教育学会开展了“北京市中小学校党组织作用发挥情况”及“北京市中小学校教师思想状况”两个专题的大规模调研，共向全市十七个区县的各类中小学校发放调查问卷9000余份。

中小学党组织作用发挥情况调研旨在了解全市中小学校党组织建设的总体特点和发挥作用的优势及经验，发现存在的有代表性的问题及深层次原因，为市委教育工委进一步明确中小学校党组织的定位和作用，充分发挥党组织在保障和推进基础教育综合改革、培育和践行社会主义核心价值观中的重要作用，提供参考依据。中小学教师思想状况调研旨在通过对北京市中小学教师的政治素养、理性信念、专业理念与师德情况进行全面调研和深入分析，形成加强北京市中小学教师思想教育工作的意见和建议，促进教师队伍建设。

这项调研是由北京市教育学会普教系统党建研究会完成。

（北京市教育学会刘琳、李文骞供稿）

香港白皮书座谈会　6月25日，“一国两制在香港的实践——香港白皮书”座谈会今天在京举行。来自北京各大高校、科研院所及智库的港澳研究专家共计约70人参会，会议就全面准确理解“一国两制”和白皮书等问题进行了深入探讨。

专家们认为，以白皮书这种形式和表述来阐述“一国两制”，其核心要素、精神实质、具体原则，都与以往中央长期实行的“一国两制”方针是一脉相承、一以贯之的。“白皮书”是具有鲜明而突出的历史意义和现实意义的重要文件。一方面，对于“一国两制”在香港的实践遇到的新情况和新问题以及有些人的模糊认识和片面理解，白皮书适时地作出了正面回应，起到正本清源、拨乱反正的作用。另一方面，白皮书对“一国两制”实践探索过程中积累的经验教训和现实启示进行了总结、梳理和阐释，为未来继续前行提供了借鉴和指导。

专家们提出，中央对港的全面管治权是实质性、可操作的，白皮书对高度自治也没有任何忽略。白皮书中的“监督权”并非“新概念”，中央拥有对香港高度自治权的监督权力具有充分的法理基础、宪法和法律基础，中央对特区高度自治权的监督权力是中央享有对香港的全面管治权的应有之义。

座谈会由全国港澳研究会主办，北京大学港澳研究中心、清华大学港澳研究中心协办。

（参见《人民日报》2014年6月26日第4版）

政党与青年国际学术研讨会　7月7日，“政党与青年”（Political Parties and Youth）国际学术研讨会在中国青年政治学院图书馆会议室举行。本次研讨会由中国青年政治学院中国马克思主义学院与德国罗莎·卢森堡基金会共同主办，来自德国和校内外的20余名嘉宾学者齐聚一堂，共同探讨左翼政党如何激发青年政治热情的相关话题。

研讨会共分为两个阶段。第一个阶段由李伟教授主持，来自基金会的研究员马库斯·哈维尔博士和斯特凡·卡铭仁博士就“青年政治教育在德国：多元化左翼运动、左翼党及罗莎·卢森堡基金会面临的挑战与实践”进行主题发言。第二阶段为学术研讨交流阶段。肖峰教授在发言中谈到，在中国同样面临青年对政治、政党不感兴趣的现实，并将这种现象上升为“政党排斥或政治排斥”的理论层面。

随后，就青年教育的课程设置、青年融入等问题，新农村发展研究院常务副院长陈涛、青少年研究院青年研究所所长沈杰、公管系主任柴宝勇以及中国马克思主义学院秦国伟博士、吴学凡博士分别作交流探讨。

（中国青年政治学院科研处供稿）

第十二届中德人权研讨会　7月13—14日，第十二届中德人权研讨会在北京举行。与会中德专家学者围绕“国际法与人权保障”的主题，就国际法如何保护各国主权和各国公民权利、人权国际公约如何与本国的具体情况相结合等议题进行深入探讨，坦诚交流，达成了广泛共识。全国政协原副主席、中国人权发展基金会理事长黄孟复，国务院新闻办公室副主任崔玉英等出席开幕式并致辞。

黄孟复指出，中德人权对话机制为推动两国人权法治建设搭建了一个具有公共性、开放性、互动性的交流平台，对促进两国人权事业发展产生了积极影响。他强调，加强人权保障需要秉持正确的态度和原则，最重要的是要把人权普遍性与各国特殊性相结合，把国际法与国内法相结合，把尊重国家主权与维护人权相结合。

会议还举行了“以二战历史为鉴，反对战争、维护人权”的主旨演讲。与会代表深刻分析了战争践踏人权的深刻教训，阐述反对战争、维护和平的正义主张，呼吁国际社会以史为鉴，珍爱和平，维护人权。

中德人权研讨会由中国人权发展基金会、中国国际交流协会、德国艾伯特基金会共同主办，是中德两国总理签署的《法律交流与合作协议》中的项目之一，自1999年已成功举办了12届。

（参见《人民日报》2014年7月15日第22版）

中古两党首届理论研讨会　9月10日，中共中央政治局委员、北京市委书记郭金龙在北京出席中古两党首届理论研讨会开幕式，并发表题为《改革开放与中国共产党》的主旨讲话。古巴共产党中央政治局委员、哈瓦那市委第一书记洛佩斯也在会上发表了主旨讲话。

郭金龙说，本次研讨会以“共产党在中国改革开放和古巴经济社会模式更新进程的应有作用”为主题开展深入交流，有利于增进两党互学互鉴，推进两国社会主义建设。中国共产党是改革开放事业的领导核心。坚持党的领导，立足本国国情，统筹兼顾、稳中求进，以人为本，是改革开放事业不断发展的重要经验。社会主义没有统一模式，需要根据本国实际探索符合国情的社会主义道路；社会主义也没有一成不变的模式，需要根据时代变化不断调整创新。当前，中国正站在全面深化改革的新的历史起点上，需要总结自身经验，也愿借鉴包括古巴在内的其他国家的经验。

洛佩斯说，古中关系具有战略性，党际关系是双边关系的重要支撑，当前古中关系处于历史最好时期。此次理论研讨会必将进一步加深两党相互了解，促进治国理政经验交流。古方愿与中方共同努力，推动两国关系全面发展。

开幕式结束后，郭金龙会见了洛佩斯一行。

（参见《北京日报》2014年9月11日第1版）

第三届台胞社团论坛　9月12日，第三届台胞社团论坛在北京人民大会堂举行。中共中央政治局常委、全国政协主席俞正声出席论坛开幕式并致辞。

受习近平总书记委托，俞正声代表中共中央，对台胞社团论坛的举办表示热烈祝贺。他说，台胞社团论坛既是台胞社团交流不断深化的见证，也是两岸关系行稳致远的写照。本届论坛以“深化交流合作、促进和平发展”为主题，充分表达了台湾同胞对两岸关系发展前景的热切期盼，体现了台胞社团的使命担当。

俞正声指出，两岸关系和平发展是两岸同胞扩大共同利益的过程、增进相互信任的过程、共创美好未来的过程。我们理解台湾同胞由于复杂的历史和现实原因而形成的心态。时间造成的隔阂需要时间来化解。我们有信心有恒心有耐心，秉持“两岸一家亲”的理念，用精卫填海的毅力填平心壑，用春风化雨的善意化解心结，推动两岸关系和平发展成为不可阻挡、不可逆转的潮流。希望广大台胞社团充分发挥扎根民间、联系乡亲的优势，多为两岸民间交流搭建连心桥，多为两岸同胞交流合作注入正能量，厚植两岸关系和平发展的民意基础。

俞正声强调，大陆和台湾经济优势互补、共同发展，是我们最希望看到的。台湾经济要向上提升，有效解决民生问题，同大陆建立更紧密的经济联系是最好的选择。我们愿意优先让台湾产业到大陆市场布局，优先让台湾同胞分享大陆发展机遇。我们真诚地希望和台湾同胞在密切合作中共同发展。希望广大台胞社团多做工作，传递积极信号，提振大家信心，推动两岸经济合作更上一层楼，强化两岸关系和平发展的经济联结。

俞正声指出，青年是民族的希望，也是两岸的未来。实现中华民族伟大复兴的中国梦，需要海峡两岸一代又一代的有志青年接续奋斗。我们相信，广大台湾青年一定能够认识到，两岸关系和平发展与他们的前途息息相关。希望广大台胞社团对台湾青年多加帮助、善加引导，为两岸青年相向而行创造条件，不断为两岸关系和平发展培育新生动力。

中国国民党荣誉副主席林丰正在致辞中代表国民党对台胞社团论坛的举办表示祝贺。他说，两岸同属中华民族，两岸都是炎黄子孙。只要两岸都把“两岸和平发展”当成一条正确的路，是一条走对的路，只要大家不惧艰苦勇往直前，相信一定能够把两岸和平发展这条路走得更稳健、走得更快速。

开幕式前，俞正声会见了林丰正及出席论坛的部分代表。万鄂湘、林文漪和全国台联名誉会长张克辉等参加会见并出席论坛开幕式。

（参见《人民日报》2014年9月13日第4版）

第七届北京人权论坛　9月17日，由中国人权研究会和中国人权发展基金会联合举办的第七届北京人权论坛在北京开幕。本届论坛的主题为“中国梦：中国人权事业的新进展”，来自联合国以及30余个国家和地区的人权高级官员、专家学者和相关国家驻华使节代表等逾百人出席了论坛。

中国人权研究会会长罗豪才在致辞中说，中国梦的深厚渊源在于人民，根本归宿也在于人民。中国梦是包含着人权理念、人权诉求、人权价值观的社会目标和愿景。为了更好地实现中国梦，中国进一步全面深化改革，创新体制机制，促进人权保障制度现代化建设；持续满足人民群众不断增长的各项需求，推动民生保障转型升级；积极作为，深化人权理论研究，拓展人权跨文化国际交流的广度和深度。

中国人权发展基金会理事长黄孟复在致辞中表示，国际社会要坚决捍卫世界和平，反对用暴力解决争端，共筑人权事业发展的基石；国际社会要致力于实现共同发展，为保障各项人权奠定坚实基础；国际社会要共同打击恐怖主义这一人类公敌。

国务院新闻办公室主任蔡名照在致辞中指出，中共十八大后，习近平总书记提出了“实现中华民族伟大复兴的中国梦”。中国梦就是要实现国家富强、民族振兴、人民幸福，让每个人都能发展自我和奉献社会，共同享有人生出彩的机会，共同享有梦想成真的机会，共同享有平等参与、平等发展的机会。围绕“两个一百年”的奋斗目标，中国连续出台了一些涉及人权保障的新举措，人民的经济社会文化权利得到进一步实现，公民权利和政治权利得到有效保障，人权法治保障迈出重要步伐，全社会人权意识不断增强，国际人权交流合作取得新进展。

在开幕式和上午的大会发言中，联合国人权高专办人权条约司司长易卜拉欣·萨拉马，乌兹别克斯坦国家人权中心主任阿克曼·萨义多夫，荷兰人权研究所所长汤姆·茨瓦特等十多位代表作了发言。

作为北京人权论坛的新话题，反恐怖与人权保障引起了专家学者热烈讨论。不少与会代表认为，当前世界恐怖主义活动猖獗，而中国也面对着“疆独”、“藏独”、法轮功甚至全能神等极端势力或邪教组织的非人道恐怖行为，这需要深刻认识到反恐与人权保障形势的严峻性。而如何在反恐过程中贯彻人权保障也成为关注的焦点。

自2008年以来，北京人权论坛已连续成功举办6届。每届论坛均有上百名来自世界多个国家、地区及国际组织的政府官员和专家学者参加，就国际人权领域的重大问题进行坦诚交流和深入讨论。本届论坛为期两天，于18日闭幕。

（参见《人民日报·海外版》2014年9月18日第4版）

新时期中国的政治发展学术研讨会　10月31日上午，新加坡国立大学东亚研究所所长郑永年在外交学院国际交流中心举行的“新时期中国的政治发展”学术研讨会上，以《中国改革发展的新局面》为题，面向外交学院全体师生作了一场主题报告。郑教授在主题报告中指出，党的十八大以来，中国的国家领导人继往开来，对国内改革进行了长期规划。首先，习近平主席在以往改革取得成绩的基础上，加强了中央的权威，更加强调协调性和制度化。其次，党中央开始了大规模反腐行动，取得了一定的成绩。

主题报告结束后，进入研讨环节。外交学系、国际关系所、亚洲研究所、科研处的专家学者和博士、硕士研究生与郑教授就党治与法治的关系、加强对权力的监督、社会力量与精英政治、中产阶级及央地关系等问题展开了深入探讨。

下午，郑永年教授赶赴沙河校区图书馆报告厅，为沙河校区师生作了一场以《国际地缘政治新格局》为题的讲座。郑教授以美国、中国、日本和俄罗斯等四个主权国家为线索，分析了东亚地区地缘政治的演变及其现状。讲座结束后，现场听众就当前国际格局、东亚地区国际关系发展趋势等热点问题与郑教授展开了互动。

（外交学院科研处供稿）

依法治国与廉政治理学术研讨会　为了深入学习领会十八届四中全会精神，进一步加强和推进党风廉政建设与反腐败工作的理论研究，10月31日，北京科技大学举办“依法治国与廉政治理”学术研讨会。来自北京大学、中国矿业大学（北京）和本校的廉政研究学者、纪检监察工作人员以及部分博士研究生参加了此次研讨会。研讨会由本校廉政研究中心承办，马克思主义学院院长彭庆红主持研讨会。

会上，彭庆红介绍了本次研讨会召开的背景及目的。本校纪委副书记、监察室主任曲雁重点介绍了学校纪委开展工作的基本情况，指出学校始终高度重视廉政研究工作，希望通过研讨会方式进一步促进高校纪检监察工作的理论创新。北京大学纪委副书记、医学部党委副书记兼纪委书记孔凡红介绍了北京大学纪委相关工作情况，并对当前如何形成“不敢腐、不能腐、不想腐”的反腐败工作机制发表看法与见解；中国矿业大学（北京）纪委办公室干部周嫒结合自身工作，谈了当前高校党风廉政建设的工作体会并对通过理论创新指导纪检监察实务工作充满企盼。

随后，与会青年学者代表结合党的十八届四中全会《中共中央关于全面推进依法治国若干重大问题的决定》的内容从不同的研究视角进行了主题发言。最后，与会专家学者围绕会议主题进行了深入、广泛的交流。同时，与会专家学者就定期举办学术研讨会、推出一批研究成果等意见与建议达成共识，以此努力推动廉政理论研究与纪检监察实践工作的相互促进。

（北京科技大学科学研究与发展部李静供稿）

全国党校系统学习贯彻党的十八届四中全会精神理论研讨会　日前，“全国党校系统学习贯彻党的十八届四中全会精神理论研讨会暨第十届科研评奖颁奖会”在中央党校召开。中央党校副校长张伯里作主题讲话，副校长徐伟新主持会议，副校长赵长茂宣读中央党校校委关于第十届科研评奖表彰的决定。教育长王东京，校委委员、组织部部长黄宪起出席会议；校委委员、科研部主任梁言顺作会议总结；11 位与会代表在会上作了交流发言。来自全国 48 家省级、副省级党校和 3 家科研基地主管科研工作的副校长等有关负责同志和学者代表，中央党校各直属单位负责同志，中央党校科研部有关工作人员等 160 余人参加会议。

张伯里指出，党的领导是中国特色社会主义最本质的特征，是社会主义法治最根本的保证，是对于全面推进依法治国的科学判定和必然选择，是领会四中全会《决定》精神必须牢牢把握的根本点。社会主义法治建设的一条基本经验，就是要把党的领导贯彻到依法治国全过程和各方面。在交流环节，11 位与会代表紧紧围绕依法治国必要性和重要性、依法治国总体目标和内在要求，对依法治国的努力方向和工作重点等方面展开讨论。代表们一致认为，全面推进依法治国，是事关我们党执政兴国的一个全局性问题。这次中央全会专题研究全面推进依法治国问题，标志着我国法治建设进入了一个新阶段，具有重大而深远的意义。

会上，共有 15 家党校荣获优秀科研工作组织奖，6 家党校荣获科研工作进步奖，7 家党校荣获课题项目中标奖，133 项科研成果荣获优秀科研成果奖，56 位党校系统工作者荣获优秀科研管理工作奖。

（参见《光明日报》2014 年 11 月 24 日第 10 版）

首届全国高校马克思主义学院院长高端论坛　11 月 24 日，首届全国高校马克思主义学院院长高端论坛暨清华大学思想政治教育专业创建 30 周年纪念大会在清华大学主楼后厅举行。教育部副部长李卫红、团中央书记处书记傅振邦、北京市教工委副书记郑萼出席会议。清华大学党委书记陈旭出席会议，校党委副书记邓卫主持会议。来自全国近百所高校的马克思主义学院院长、特邀专家学者和清华思政专业毕业校友参加了大会。李卫红代表教育部对大会召开表示祝贺，并向全国高校马克思主义理论学科领域的教育工作者致以问候。李卫红肯定了清华大学在加强马克思主义理论学科建设、加强思政课建设、开展学术研究和人才培养等方面取得的成果和发挥的引领示范作用，肯定了清华大学对马克思主义理论学科建设和发展的责任感、使命感。李卫红强调，加强马克思主义学院建设，要站在战略和全局高度认识马克思主义学院的地位和作用，把马克思主义学院建设成为马克思主义理论教学、研究、宣传和人才培养的坚强阵地，把加强自身建设作为建强马克思主义学院的重要基础。李卫红希望各高校共同努力，为推动马克思主义理论研究和建设，推动高校马克思主义学院建设作出新的更大贡献。郑萼代表北京市委教工委对清华大学在思政课建设和思政教师队伍建设等方面作出的努力和贡献表示感谢。她总结了北京高校思想政治教育工作在队伍建设、科学研究、工作水平、育人成效等方面取得的成绩，并针对思政课建设提出了推进教材体系、教师队伍建设、教学模式、理论研究四方面“立体化”的工作要求。她表示，希望清华在高校思想政治教育领域继续发挥示范和引领作用，带动北京市和全国高校深化思想政治教育改革取得新的成绩。陈旭代表学校向到会嘉宾表示欢迎并对各级领导和各位专家的支持、各兄弟院校的协同合作以及各位校友的关心表示感谢。陈旭回顾了 30 年来清华大学思想政治教育学科的建设发展历程。她指出，清华大学具有学习、研究、宣传马克思主义的光荣传统，思想政治教育专业在长期建设中同样形成了许多优良传统，马克思主义学院在人才培养、科学研究、社会服务等方面取得了丰硕成果，以林泰、刘美珣、李润海、朱育和等老师为代表的思政课教师有理想、有信仰，有责任、有担当，有爱心、讲奉献，为学校思想政治教育做出了重要贡献。陈旭指出，未来二三十年是我国实现“两个一百年”奋斗目标的关键时期，也是清华大学建设世界一流大学的关键时期。我们要始终坚持立德树人，坚持价值塑造、能力培养、知识传授“三位一体”的教育模式，培养有抱负、有思想、有远见、有担当的时代英才。要坚持以高水平的学术研究为支撑，以马克思主义理论学科建设为平台，积极探索中国特色社会主义的发展道路。清华大学将一如既往地支持马克思主义理论研究和学科建设，大力推进马克思主义学院的重点建设工作。清华大学马克思主义学院老教师代表林泰在发言中回顾了自己参与学校马克思主义思想政治教育学科复建的经历和感受，老教师代表刘美珣从自己多年从教经历出发提出了有关学科发展的建议。北京大学党委副书记、马克思主义学院院长于鸿君代表兄弟院校发言。北京第二外国语大学党委书记冯培代表学院校友，表达了对马克思主义学院的祝福。会上还举行了“社会主义核心价值观协同创新中心”的揭牌仪式，李卫红、傅振邦、陈旭和教育部社科司司长张东刚、东北大学党委书记杨晓慧共同为协同创新中心揭牌。杨晓慧代表协同单位讲话。同期，举行了“信仰·信念·信心——清华学子学习思想政治理论课成果丛书”以及《高校马克思主义理论学科发展报告（2013)》的首发式。清华大学马克思主义学院院长艾四林，清华大学马克思主义学院教授、《高校马克思主义理论学科发展报告(2013)》主编吴潜涛分别介绍了该丛书和报告的编写情况。陈旭、张东刚分别向现场学生和各高校马克思主义学院院长代表赠书。下午，首届全国高校马克思主义学院院长高端论坛拉开序幕。会上，教育部社科司副司长徐艳国出席论坛并讲话，清华大学、中国人民大学、北京师范大学、复旦大学、武汉大学、东北师范大学、南开大学、中山大学等校马克思主义学院院长在会上发言，就高校马克思主义学院建设及马克思主义理论学科发展的目标、成绩、不足与对策等进行深入研讨。在会上，还就马克思主义学院院长高端论坛长效机制问题进行了讨论，决定将“全国高校马克思主义学院院长高端论坛”秘书处设在清华大学，清华大学、北京大学、中国人民大学等10所高校马克思主义学院为论坛主席单位，清华大学马克思主义学院院长艾四林担任秘书长。“全国高校马克思主义学院院长高端论坛”作为教育部社科司的工作平台，每年将召开年会，并分专题召开各类研讨会。清华大学是马克思主义理论学科创始单位之一，1984年首批招收思想政治教育专业第二学士学位生，1987年首批招收硕士研究生，1990年首批获硕士学位授权点，1996年首批获博士学位授权点，并于2002年被评为北京市重点学科。2006年获马克思主义理论一级学科博士学位授权点。2008年7月6日，清华大学马克思主义学院在原马克思主义研究中心和人文社科学院等相关单位的基础上正式成立。学院高度重视思想政治理论课教学工作，大力推进思想政治理论课改革，不断创新手段和方法，取得了突出的成绩，在学校思想政治教育中发挥了主渠道、主阵地作用，在全国高校思想政治理论课教育教学中走在前列。30年来，清华大学思想政治教育专业以及马克思主义理论专业已毕业了二学位生400余名，硕士生500余名，博士生100余名，其中既有政界栋梁、学术精英，也有工商名流、军中将才，还有扎根基层、献身边疆的英才，为我国改革开放和社会主义现代化建设作出了突出贡献。

（清华大学文科建设处刘金梅供稿）

中国共产党与传统文化学术研讨会 为深入学习贯彻习近平总书记关于中国传统文化的系列讲话精神，进一步推动中国共产党与传统文化的学术研究，加强北京市科研基地—中国共产党与中国文化建设创新研究平台建设，首都师范大学马克思主义教育学院与中国人民大学中国共产党历史与理论研究院共同主办的中国共产党与传统文化学术研讨会于12月6—7日在北京召开。

研讨会首先介绍了本校自建校以来在推动国内外文化交流、传统文化研究和传播的基本情况。著名党史专家石仲泉教授、著名的思想政治教育学家杨瑞森教授、学习出版社董俊山社长、中国人民大学中国共产党历史与理论研究院杨凤城教授分别就“中国共产党与传统文化”“弘扬中国传统文化四题”“中国共产党是中华优秀传统文化的忠实继承者和弘扬者”“中国共产党对待中国传统文化的认识历程及现实启示”作了专题学术报告。

与会专家围绕“中国共产党与传统文化”这一主题，对中国共产党在不同阶段对待传统文化的态度、传统文化与马克思主义中国化、传统文化与执政党建设、传统文化与社会主义核心价值观、传统文化与两岸和平发展、传统文化与中华民族伟大复兴、中国共产党对传统文化的改造和保护、现代化进程中的传统文化的保护与开发等专题进行了热烈讨论。与会专家一致认为，本次学术研讨会是国内首次以“中国共产党与传统文化”为主题召开的专题学术研讨会，对搭建中国共产党与传统文化研究的学术平台，深化中国共产党与传统文化研究具有重要的意义。

（首都师范大学社科处李志成供稿）

北京市党校系统学习贯彻党的十八届四中全会精神理论研讨会　　12 月 12 日，“北京市党校系统学习贯彻党的十八届四中全会精神理论研讨会暨科研颁奖会”在京召开。会议主题是“深入学习贯彻党的十八届四中全会精神，进一步发挥党校在教育培训、理论研究和智库建设中的主阵地作用，不断提高党校系统的教学、科研和决策咨询水平”。中共北京市委党校常务副校长王民忠出席并讲话，中央党校科研部副主任倪德刚特邀出席。市委党校副校长韩久根宣读了《关于对北京市党校、行政学院系统 2012—2013 年度优秀科研工作组织奖、优秀科研成果奖、优秀科研管理工作者奖等获奖单位、成果和个人进行表彰的决定》。市委党校副校长李燕奇主持会议。来自市委党校、海淀区委党校、石景山区委党校、东城区委党校、西城区委党校、丰台区委党校、顺义区委党校的 8 位专家紧扣会议主题，并结合自身工作实际，从依法治国的关键是依法执政、培育领导干部法治思维的认识与思考、领导干部要用“四个必须”涵养法治精神、依法治国视域下的依规治党等视角作了主旨发言。本次会议 150 余人参加，收到论文 55 篇，部分优秀论文将在《北京行政学院学报》（增刊）刊发。

（中共北京市委党校供稿）

人民共和国党报论坛第十一届（2014）年会　　12 月 14 日，“人民共和国党报论坛”第十一届（2014）年会在中国传媒大学举行。来自人民日报、新华社、中央电视台、《中国经济周刊》杂志等 19 家媒体，中国传媒大学、复旦大学、清华大学、南开大学、浙江大学等 22 所高校及相关科研机构、学术期刊的百余位专家、学者出席。中国传媒大学袁军副校长代表学校致辞，中国传媒大学新闻学院刘昶院长、中国传媒大学党报党刊研究中心常务副主任张晓红主持全体会。新华社《中国记者》杂志执行总编辑文璐、中国传媒大学党报党刊研究中心顾问、亚洲传媒研究中心学术委员会委员王武录担任全体会点评专家。

本届年会的主题是“传统媒体与新兴媒体融合发展背景下的党报”。带着忧患意识，带着“忧劳可以兴国，逸豫可以亡身”的人文情怀，与会代表围绕年会主题，就党报等传统媒体如何在媒介融合大潮中主动出击，在融合发展中获得新的生机与活力，在新的传播形态下，更好体现党报引领社会舆论的强大能力等问题，作了演讲和交流。

（中国传媒大学文科科研处供稿）

第八届廉政研究论坛　　12 月 16 日，中国社会科学院反腐倡廉蓝皮书发布会暨第八届廉政研究论坛在京举行。会议发布了“反腐倡廉蓝皮书”年度报告——《中国反腐倡廉建设报告 No. 4》。廉政研究论坛紧紧围绕贯彻落实党的十八届四中全会精神和十八届中央纪委第三、四次全会精神，聚焦“法治反腐”主题，就法治反腐的相关理论问题、制度与机制建设以及路径载体建设等，展开了研讨。中国社会科学院院长、党组书记、中国廉政研究中心名誉理事长王伟光出席会议并致辞。中国廉政研究中心理事长李秋芳作了题为“抓紧创造反腐格局深刻变化的充要条件”的主旨报告。中央纪委驻中国社会科学院纪检组组长、党组成员、中国廉政研究中心理事长张英伟主持会议并作总结讲话。

发布会和论坛由中国社会科学院中国廉政研究中心主办，中国社会科学院办公厅、科研局、监察局、社会科学文献出版社承办，北京市纪检监察学会协办。中央纪委、中央国家机关纪工委、最高人民检察院反贪污贿赂总局的有关同志出席会议。来自北京、河南、湖南、贵州、重庆等省（市）纪委的有关负责同志，来自山西、四川、贵州、新疆等地方社会科学院以及中国社会科学院的 80 余位专家学者参加会议，20 余位廉政研究专家在会上发言。

（中国社会科学院办公厅刘玉杰供稿）

习近平党建理论研讨会　　12 月 19 日，北京哲学社会科学党建研究基地、中共北京市委党校党史党建教研部、中共北京市委党校基层党校工作处共同举办了“习近平党建理论研讨会”。会议由中共北京市委党校副校长、校马克思主义理论研究中心常务副主任、北京哲学社会科学党建研究基地主任韩久根主持。与会代表 60 多人，收到参会论文近 50 篇。围绕“学习习近平党建思想，推动京津冀党建工作创新”主题，与会学者从不同角度进行了交流讨论。北京党校党史党建教研部靳连芳教授以“要求之严前所未有、纪律约束力度前所未有、作风建设深入具体前所未有、一抓到底决心之大前所未有、反腐力度之大前所未有”这五个“前所未有”概括了习近平党建举措的新特征；河北党校党建教研部主任孟庆云从“清醒认识、准确判定、正本清源、安身立命、综合布局、政策支撑”六个方面阐述了习近平总书记参加并指导河北省委常委班子专题民主生活会的党建意义；天津党校党建研究所常务副所长杨彧以“关于中央八项规定实施两周年的思考”为题，从“以上率下、长抓不懈、标本兼治、坚持零容忍、有力落实、运用管用的治理方法”等方面对习近平党风廉政建设思想进行了总结、归纳。

（中共北京市委党校供稿）

经济学

首届家庭消费促进经济发展研讨会 日前，由中央财经大学经济学院主办的首届“家庭消费促进经济发展”学术研讨会在京举行。来自北京大学、清华大学、中国人民大学和上海财经大学等十余所重点院校的专家学者参加了此次会议。

此次学术研讨会分专题研讨和圆桌讨论两个部分。专题研讨从以下几个角度分析了中国消费需求不足的原因及其影响：

经济增长、人口结构的影响。山西财经大学杭斌教授基于习惯形成的视角分析了经济增长过程中储蓄率上升的原因，广东外语外贸大学的易行健教授考察了家庭收入上升对居民互联网消费的影响，湖南师范大学刘子兰教授研究了收入增长对居民消费结构的影响，上海财经大学汪伟副教授从理论上分析了计划生育政策与中国家庭储蓄的关系。研究发现，经济增长和人口结构转变是中国居民储蓄率上升、消费结构快速转变的重要原因。

住房市场与居民储蓄的影响。浙江工商大学赵卫亚教授从住宅产权角度论述了我国城镇家庭住宅的财富效应，清华大学谢洁玉博士研究住房价格上涨对居民的影响发现，住房价格上升会导致拥有住房的家庭的消费上升，但会遏制不拥有住房的家庭的消费。

金融市场与居民消费的影响。西南财经大学尹志超教授研究了金融可得性对居民消费的影响，中国人民大学陈彦斌教授分析了利率管制政策对消费需求的影响，中央财经大学陈斌开副教授考察了金融抑制下的利率管制政策对城镇居民消费的影响。研究发现，金融发展有利于启动居民消费，利率市场化是启动中国居民消费的重要手段。

劳动力市场的影响。西南财经大学的徐舒副教授和邹红副教授分别就失业、退休对居民消费的影响进行了研究，中央财经大学张琼博士则基于投入产出表考察了中国能源消费的影响因素。研究表明，中国劳动力市场特征是可能构成中国消费不足的重要因素。

圆桌讨论主要围绕家庭消费未来研究方向和中国消费需求未来走势展开，专家们从理论和政策等角度深入交流了各自的研究和思考，并一致认为，中国消费需求不足是一个值得长期研究的问题，它不仅可以推动消费理论的进一步发展，还可以为中国经济发展方式转型提供研究基础。同时，中国消费不足与其他国家存在显著的差异，因此，中国消费不足的原因必然包含某些“中国特色”的因素，相关研究也需要更加关注中国特色。最后，中国消费需求不足主要出现在2000年以后，研究这种消费需求不足需要关注2000年以来的结构性转型。

（参见《光明日报》2014年1月1日第5版）

第二届领航中国金融行业创新发展高峰论坛 1月9日，清华大学五道口金融学院联合金融界网站主办第二届“清华五道口金融家大讲堂·领航中国金融行业创新发展高峰论坛”。中国证监会原主席周道炯、中国银监会原副主席蔡鄂生、国家税务总局原副局长许善达、国务院发展研究中心原副主任侯云春、中国银行业协会专职副会长杨再平、中国银监会政策研究局副局长李文泓、中国保监会办公厅副巡视员施红、中国保险行业协会秘书长王治超、工信部信息化推进司副司长董宝青、中国金融在线集团董事长兼CEO赵志伟等近50位专家出席论坛。论坛主题为“金融改革再出发”，论坛上，中小金融企业如何借改革的春风“再出发”等成为本届论坛嘉宾们热议的话题。清华大学五道口金融学院常务副院长廖理在论坛上发言表示，随着整个行业竞争逐渐加剧，金融机构如何打造自己的核心竞争力就显得至关重要，包括人才的竞争、市场的竞争以及国际化的竞争，这更需要管理者、行业组织以及金融单位共同研究、学习、探讨，找到一条适合自己的可行之路。论坛除了专家学者的报告之外，还举行了由银行、保险、证券、基金、期货、贵金属、信托、外汇等十大行业评选出的70个奖项组成的“2013领航中国金融行业年度评选颁奖典礼”。第二届领航中国金融业创新发展高峰论坛较第一届规模更大，规格更高。出席论坛的嘉宾从去年的8个行业扩大到今年的10个行业。同时，今年的话题也更丰富和新颖，涉及金融投资、互联网金融、创新机制以及文化建设等新话题。

（清华大学文科建设处刘金梅供稿）

服务贸易与投资国际研讨会 1月10日，服务贸易与投资国际研讨会在对外经济贸易大学举行。会议围绕“国际服务贸易与投资的最新趋势及政策”展开探讨和分析。商务部世界贸易组织司副司长洪晓东、服务贸易处一等商务秘书汪震、政策研究室世界经济处副处长彭敬，澳大利亚阿德莱德大学专业学部部长Findlay教授，韩国前贸易部长、首尔国立大学朴泰镐教授等嘉宾出席本次研讨会。对外经济贸易大学国际经济贸易学院院长洪俊杰教授主持开幕式。

Findlay教授在研讨会上作题为“世界服务贸易与投资的最新趋势”主旨演讲，对世界服务贸易的发展现状做出全面的分析；洪晓东副司长就“中国服务贸易与投资的最新趋势”作主题演讲；彭敬副处长详细介绍“全球价值链中的服务贸易”；朴泰镐教授对韩国服务贸易的发展现状做相关介绍，并针对如何提高服务业发展水平提出自己的看法。参会各方就中国和世界服务业市场开放所面临的问题和现阶段采取的政策措施进行讨论，提出许多建设性意见。

（对外经济贸易大学科研处供稿）

中国—保加利亚经贸论坛 1月14日，中国国际贸易促进委员会和保加利亚大使馆14日共同举办了“中国—保加利亚经贸论坛”，来自酒类、纺织、高科技和旅游等行业共150多家企业的近300名代表参与论坛。

保加利亚总统普列夫内利耶夫表示，保加利亚与中国有着传统友好关系，过去10年来，保中双边贸易额增长近4倍；未来5年内，这个数据应该翻一番。贸促会副会长于正说，中国将鼓励和支持有实力的中国企业加快对保加利亚的投资步伐，并将保加利亚作为开拓欧盟市场的桥头堡。

（参见《人民日报》2014年1月15日第22版）

“新三起来”工作座谈会 近日，北京市召开新农村建设领导小组（扩大）会暨“新三起来”工作座谈会，市委常委牛有成、副市长林克庆参加会议。今年，本市将以“新三起来”为总抓手，全面深化农村改革。

将土地流转起来、资产经营起来、农民组织起来的“新三起来”，去年在全市推开，大大激发了“三农”新活力。随着“新三起来”工作的开展，本市先后出台了农村土地承包经营权确权登记颁证试点、扶持农民合作社发展、集体林权抵押贷款、农业保险保单质押贷款等一系列配套措施，各区县也出现了一批具有代表性的先进典型。

会议要求，今年要以“新三起来”为总抓手，全面深化农村改革。要推进农村承包地有序向现代农业园区、专业大户、家庭农场、农民合作社、农业企业等新型经营主体流转，发展多种形式规模经营。要探索农村土地集体所有制实现形式，落实集体所有权、稳定农户承包权、放活土地经营权，有序实现承包权和经营权分置并行，加快农村集体土地承包经营权确权登记颁证。要探索农村闲置农宅有组织的盘活利用试点。要深化集体产权制度改革，保障农民集体经济组织成员的权利，探索股东进退机制和股权管理办法。要进一步强化农村“三资”管理，建立公开、公正、规范运行的农村产权流转交易市场。同时支持农村发展合作经济，鼓励建立联合社，支持财政项目资金直接投向符合条件的合作社，支持财政补助形成的资产转交合作社持有和管护。

（参见《北京日报》2014年1月14日第2版）

2013—2014年北京经济形势分析会 1月16日，由北京市社会科学院主办，中共北京市委研究室、北京市发展和改革委员会、北京市统计局协办，北京市社会科学院经济学所承办的“2013—2014年北京经济形势分析会”召开。与会专家就十八届三中全会后北京经济改革与发展、2013年经济形势分析及2014年经济发展预测等主题作了充分的讨论。大会由经济学所副所长杨松主持，北京晚报、京华时报、首都之窗、中国经济网等媒体第一时间分别作了相关报道。本院赵弘副院长的发言主题是“治理‘城市病’要抓住关键，多管齐下”。北京市统计局夏沁芳副局长的发言主题是“北京经济整体运行形势分析与预测”。此外，北京市社会科学院经济所丁军副研究员、北京市经济信息中心经济研究部刘岚芳主任分别发言。本院经济所副所长梁昊光作总结发言。

（北京市社会科学院科研处供稿）

第十八届中国资本市场论坛 1月17日，由中国人民大学金融与证券研究所、《中国证券报》、华融证券股份有限公司、《资本市场》杂志社联合举办的第18届（2014）中国资本市场论坛暨CCTV中国人民大学上市公司社会责任研究基地挂牌仪式在中国人民大学逸夫会议中心召开，主题是“互联网与金融变革”，400余人参加会议。本次论坛除大会主题演讲外，分为两个模块展开讨论：“竞争与重构：互联网金融蓄势待发”；“改革与开放：资本市场发展新动力”。中国人民大学金融与证券研究所围绕本次论坛主题，组织了十几位专家撰写了2014中国资本市场研究报告《互联网与金融变革》。

（中国人民大学科研处关晓斌供稿）

首届人民金融年会 1月20日，由人民日报社经济社会部与人民网联合举办的首届人民金融年会在北京召开。本届年会以“大改革时代的挑战与机遇”为主题，来自监管部门、金融机构、行业协会与学界的代表，围绕制度变革、金融创新、新技术革命与金融等热点话题深入探讨，审视和谋划中国金融业的变革与突破，共同求解未来的可持续繁荣之道。

金融是现代经济的核心，改革是金融发展的动力，金融棋活全盘皆活。人民日报社副总编辑米博华在致辞中表示，作为主流媒体，人民日报、人民网承担着传播金融改革理念、解读金融改革政策、推促金融改革进程的时代重任。要在传统媒体与新兴媒体融合中，在官方声音与民间声音呼应中，坚定地为金融改革鼓与呼，有力引领舆论，凝聚社会共识，提振市场信心，让更多的人理解、支持和参与金融改革。

根据专家评审、网络投票的综合结果，年会评选出“2013中国金融年度人物”、“2013中国金融年度人物团队奖”等。

（参见《人民日报》2014年1月21日第4版）

中国食品安全电子商务高层研讨会 2月22日，由北京工商大学经济学院召开的中国食品安全电子商务高层研讨会在北京工商大学学术报告厅举行。商务部、农业部、国家粮食局和北京市有关部门领导以及实业界、学术界专家50余人到会。新华社、经济日报多家媒体记者来到会议现场采访。在研讨会上，商务部聂林海副司长充分肯定了《2013—2014年中国食品（农产品）电子商务发展报告》，认为农产品电子商务的发展要解决当前存在的法律法规、诚信体系、标准、农产品冷链物流等问题，选择适应中国国情的农产品电子商务模式。农业部市场与信息化司张国处长认为，要认真研究农产品电子商务如何在发展中保证安全，探讨发展电子商务对促进农民增收、加快农产品流通作用，特别提升传统的农产品流通方式和交易方式上的巨大的作用。北京市商务委副主任申金升认为，农产品电子商务应认真思考三个方面问题：（1）农产品电子商务发展到现在主要的客户群体。（2）主要商品品类。（3）在市场上空间分布的地理特征。农产品社区电子商务模式是一个发展趋势。阿里巴巴研究中心高级研究员张瑞东介绍了2013年“光棍节”350亿元销售情况，介绍了农村电商的“沙集模式”“特色馆模式”“遂昌模式”，从中探讨了农产品食品安全与电子商务相互关系。京东集团张建设主任介绍了京东在农产品电商方面所做工作：一是对接农业和食品，包括种粮大户、家庭农场，合作社和龙头企业。二是提倡城乡的双向对流。三是提供网络技术服务，提供“京保贝供应链”服务。国务院发展研究中心国际部研究员程国强、原国家工商总局副局长李建中都谈到了，食品安全过程中的“无知”“无良”“无能”等问题，并对其原因进行了分析。

中国工程院院士，北京工商大学校长孙宝国作了总结性发言，谈了他对食品安全电子商务看法：在谈到食品安全时，他说，我国食品安全整体形势和状况是“稳定向好”，应该肯定，对于食品安全存在的问题必须发展的看，辩证的看。食品不安全在中国对消费者、公众心理上造成的“惊吓”大于对生理上造成的伤害，有的是“惊吓”出病来的，食品安全的宣传要解决“无知”的问题；对于食品安全的标准问题，他认为，一定要在确保安全的前提下制定科学合理的标准，标准不是越严越好，也不是越严越先进。目前我国禁止使用各种瘦肉精，是我国现阶段的中国国情决定。我国是小农经济，农户养猪较多，“休药期”很难控制。而目前美国、加拿大仍然在使用瘦肉精，美国第二代瘦肉精不仅猪饲料可以使用，牛饲料也可以使用，而且美国与欧盟对瘦肉精使用的要求也是不同的；食品（农产品）电子商务是一个发展趋势，发展中存在一些问题，但不可能因为存在问题而不发展。对于食品电子商务而言，诚信是一个基础，尤其是对卖家来讲，真实性、安全性很多问题都需要我们来解决。

（北京工商大学科学技术处供稿）

电子商务在经济增长中的作用研讨会 日前，由中国社会科学院主办的“电子商务——新的生产力”研讨会在京召开，30多位国内知名经济学家齐聚一堂，纵论电子商务在经济发展新时期的模式和趋势。

与会专家认为，电子商务将成为未来我国经济增长的重要引擎。中国信息经济学会常务理事梁春晓指出，2012年，中国电子商务经济体规模为8.2万亿元。他预测，到2020年，中国电子商务经济体规模预计接近50万亿元，约为2010年的10倍。未来十年，我国经济增长的主要引擎，将从“外需+WTO”转向“内需+互联网”。中国社科院财经战略研究院李勇坚指出，依据有关测算结果，中国的消费乘数约为1.5，即最终消费每增加1亿元，可以使GDP增加1.5亿元。2013年，中国电子商务网络零售拉动经济增长1.91%。因而，电子零售行业存在着明显的规模效应，随着规模不断扩大，其效率将不断提升。预计到2020年，电子零售行为将拉动经济增长5.48个百分点，成为拉动经济增长的主导力量。

与会学者特别强调，电子商务将撬动巨大的税收规模。电子商务零售业在快速发展的同时，创造了电子商务生态圈的大量新增产业和产值，也带动了批发制造业、原材料加工等行业的快速发展，其对上下游产业的发展有巨大的经济杠杆作用，可以撬动远大过网络零售本身的税收规模。

与会者同时指出，尽管电商发展为社会创造了巨大的经济价值，但是在工业经济体系下，市场竞争的规则基本上被发达的欧美国家制定。我国如果遵循原有道路走下去，始终只能处于跟随状态，处于价值链的低端。因此，建议把发展互联网经济、发展中小企业电子商务放在国家战略层面予以考虑，给予明确的扶持政策，改变目前“轻扶持，重监管”的情况。国家应创新互联网时代政府治理的新理念、新思路，在工商管理、税收、市场监管等方面保持宽松的政策环境。

（参见《光明日报》2014年3月2日第7版）

区域经济发展战略研讨会 3月6日，由福建师范大学和国务院发展研究中心管理世界杂志社、中国社会科学院社会科学文献出版社等单位联合主办的“2014年《中国省域竞争力蓝皮书》发布暨区域经济发展战略研讨会”在中国社会科学院举行。会议的主题是：区域协调发展的体制机制创新。出席会议的有中国社会科学院副院长李培林研究员，国务院发展研究中心副主任韩俊研究员，中国社科院学部委员、中国区域经济学会理事长金碚研究员，中国社科院数量经济与技术经济研究所副所长李雪松研究员，中国社科院城市与竞争力研究中心主任倪鹏飞研究员，求是杂志社政治编辑部主任常光民，国务院发展研究中心管理世界杂志社竞争力部主任苏宏文等，以及蓝皮书主编、福建师范大学原校长李建平教授，中国区域经济学会副理事长、福建省新闻出版广电局党组书记李闽榕教授。会议由中国社会科学院社会科学文献出版社社长谢寿光主持。

（中国社会科学院办公厅刘玉杰供稿）

第四届瑞穗基金金融论坛 3月15日，第四届“瑞穗基金金融论坛”在对外经济贸易大学开幕。论坛邀请中日专家共同探讨中日经济金融领域的热点问题。对外经济贸易大学的副校长赵忠秀教授、日本瑞穗银行常务执行董事菅野晓先生分别致辞。

日本瑞穗综合研究所部长长谷川克之就全球货币流动和日本经济做主题演讲；日本瑞穗银行股份有限公司证券部次长大类雄司就债券市场发展作演讲；最后，中国银行国际金融研究所副所长宗良以“中国银行业‘请进来’与‘走出去’”为题作演讲。与会嘉宾及参会师生与主讲专家在互动环节就大家关心的一些研究问题进行深入的交流和沟通。

（对外经济贸易大学科研处供稿）

结构转型与经济增长学术论坛 3月16日，清华大学经济管理学院“思想·创新院庆系列学术论坛——结构转型与经济增长”举行。中央财办经济专家王志军、方星海，中国人民银行货币政策司副司长姚余栋，清华大学经济管理学院副院长、经济系弗里曼讲席教授和系主任白重恩，经济系教授鞠建东等作为嘉宾，与在场观众分享和探讨了对中国经济结构转型和增长的思考。王志军、方星海和姚余栋均毕业于清华大学经济管理学院。论坛由鞠建东主持。王志军在题为《对结构转型的一点思考》的演讲中细致分析了经济结构转型的目的、动力和判断标准。他指出，结构转型的目的在于使国家形成新的增长活力和竞争优势，动力在于经济发展，类型分为自我培育型（如美国的IT产业转型）和输入型（例如其他国家的IT产业转型），他提出了政府与市场结合、发展与改革结合、改良与创新结合的理念以推进中国的经济转型。方星海结合大量生动案例指出，中国应该有效地利用国内的市场规模、外汇储备和建设能力，引入外国先进技术，并通过在国外建设工业园区等方式解决产能过剩的问题。白重恩展示了在“投资中的扭曲和经济结构问题”方面的研究成果，通过简单的理论模型解释了当前社会中同时存在的资本成本高、投资回报低、投资率高、教育回报低等现象。鞠建东阐释了对“全球价值链与中国的经济结构调整”的理解，并提出了全球价值链时代可能产生的经济学革命。最后，嘉宾与到场观众进行互动，详细解答了观众有关政府投资、货币政策等方面的问题。在全球化的今天，正经历着“增长速度换挡期”、“结构调整阵痛期”和“前期政策消化期”三期叠加的中国经济，在结构转型和增长方面正面临着全新的机遇和挑战。清华大学经济管理学院在建院30周年之际，邀请经济系相应领域的教授和校友共同探讨中国经济转型和增长问题，具有重要意义。本次活动作为清华大学经济管理学院30周年院庆“思想·引领”系列学术论坛之一，深入分析了中国在结构转型与经济增长中的机遇与挑战，为中国的经济发展提供了卓有见地的思路。

（清华大学文科建设处刘金梅供稿）

国际经济政策与治理研讨会 3月20—21日，中国社会科学院与英国学术院在京共同举办“国际经济政策与治理”研讨会。来自英国、美国及国际组织的知名经济学家出席会议。中国社会科学院副院长李扬、财政部副部长朱光耀、国务院发展研究中心副主任张军扩、全国工商联副主席、北大教授林毅夫等中方专家与会发言。王伟光对斯特恩的到访表示欢迎，并与斯特恩就中国社会科学院与英国学术院共同举办的“国际经济政策与治理”研讨会进行了交流。王伟光说，今后双方还可以在历史、考古、政治学、文学理论和文学批评等人文社会科学其他领域加强交流与合作。斯特恩表示希望进一步加深英国学术院与中国社会科学院的关系。两院可以在世界历史、思想史、文学、考古等多领域开展合作，举办系列研讨会。

中国社会科学院世界经济与政治研究所所长张宇燕、城市发展与环境研究所所长潘家华、国际合作局局长王镭，英国伦敦政治经济学院亚洲研究中心主任阿塔尔·侯赛因等参加了会见。

（中国社会科学院办公厅刘玉杰供稿）

日益增长的不平等：原因和后果学术演讲会 3月25日，2001年诺贝尔经济学奖得主、哥伦比亚大学教授、清华大学名誉教授约瑟夫·E·斯蒂格利茨（Joseph E. Stiglitz）到访清华大学公共管理学院，并作了题为《日益增长的不平等：原因和后果》的演讲。斯蒂格利茨就最近美国及其他国家越来越明显的不平等问题进行分析，探讨这种不平等背后的原因及其导致的后果。他认为，不平等在不同的国家背景下有着很大的差别，这种不公平不仅是经济方面的问题，还包括政策和政治方面的问题。他还详细分析了政策对不公平的影响。斯蒂格利茨指出，银行家制造了通胀而不顾社会稳定。过去央行都是被银行家操纵，他们只考虑自己关心的问题，而不考虑社会的稳定性。他呼吁银行家能够对就业进行关心。斯蒂格利茨认为在增长和平等之间不应该打折扣，各点之间应该互相促进，所以增长越快，稳定性应该越高，平等的现象也就越多，各方面应该是能够互益的。随后，三位特约评论家就斯蒂格利茨的演讲进行了点评。清华大学国情研究院院长、公共管理学院教授胡鞍钢认为，根据统计数据，中国的不公平程度已经开始缓慢下降，但是要想使这个数据进一步下降，就需要更多的研究和分析。人文学院教授汪晖指出，中国在改革之初起点很低，尤其是当时的社会平等度很低。但是现在社会的主旨是更加公平。中国作为世界第二大经济体，我们的社会应该超过美国成为一个最有公平性的社会，这对我们来说是很大的挑战。国务院发展研究中心研究员丁宁宁则以实例说明，要真正纠正一个不平等的过程是非常困难的。斯蒂格利茨还与现场观众就政策法规、市场经济以及教育的不平等等话题进行了全方位的交流和探讨。近300人参加了此次演讲会。

（清华大学文科建设处刘金梅供稿）

中国现代化进程中的实体经济与虚拟经济论坛 3月27日，首都经济贸易大学与芝加哥大学北京中心联合主办的2014年度经济论坛“中国现代化进程中的实体经济与虚拟经济”，在首经贸大学举办。与会人员多达300人。新华社、经济参考报、美国侨报、新浪网、香港经济导报等媒体对论坛进行了采访、报道。

本届论坛邀请了芝加哥大学布斯商学院金融学泰斗罗伯特·艾力伯（Robert Aliber）教授，住建部政策研究中心原主任、研究员、首经贸大学兼职教授陈淮，国务院发展研究中心社会发展部副部长、研究员、首经贸大学兼职教授李建伟，首经贸大学原校长、博士生导师文魁教授，美国西北大学商学院教授、首经贸大学兼职教授薛雨川等国内外专家会同朝阳区 CBD 辖区内多家大型企业高管就“中国现代化进程中的实体经济与虚拟经济”面临的各种问题和可能的解决之道进行了研讨。

（首都经济贸易大学科研处张嘉艳供稿）

MIT 创新与创业学术讲座　4 月 8 日，美国国际集团（AIG）董事、美国麻省理工学院（MIT）前常务副校长特雷莎·斯通（Theresa Stone）女士访问清华大学五道口金融学院，并以“MIT 创新与创业”为题发表演讲。清华大学五道口金融学院副院长康以同主持活动。斯通回顾了麻省理工学院在创新与创业方面多年间的发展轨迹及取得的成绩，分享了麻省理工学院在大学层面对创新创业的支持，并由此解析 MIT 如何形成特有的创业文化，支持教师、学生、及校友投身创业，实现最新科技成果的转化，并形成良性的科技创新创业的生态系统。随后她回答了关于创业、在线教育及职业发展等方面的问题。到场听众包括清华大学五道口金融学院互联网金融实验室、在线教育中心工作人员及部分学生。特雷莎·斯通现任美国国际集团董事，2007—2011 年期间任麻省理工学院常务副校长，负责大学财务、资本项目、人力资源等事务。她此前曾在摩根斯坦利、联储银行（Richmond）、保险业和传媒业任职。

（清华大学文科建设处刘金梅供稿）

公共预算与国家治理能力提升学术研讨会　4 月 12 日，全国政府预算研究会成立大会暨“公共预算与国家治理能力提升”学术研讨会在中央财经大学举行。为推进政府预算的跨学科研究，搭建政府预算研究领域专家学者沟通交流的平台，促进高校与高校之间、高校与决策部门之间的协同创新研究，由中央财经大学联合国内相关高校、地方人大、政府部门，发起成立群众性学术研究团体——全国政府预算研究会。来自中央财经大学、上海财经大学、中南财经政法大学、东北财经大学、江西财经大学、山东财经大学、西南财经大学、中国人民大学、厦门大学、武汉大学、中国社会科学院、财政部科研所、黑龙江省人大、湖北省统计局等单位的专家学者 50 余人参加了本次研讨会。与会专家学者围绕预算与国家治理、预算与地方治理、构建政府预算理论体系、国家治理比较研究以及国家治理和区域治理比较研究等多个议题进行了交流和探讨。认为今后应多开展跨学科研究的尝试，倡导跨学科研究不是为了学科之间的资源争夺，应该强化协同创新的导向。全国政府预算研究会顾问、西南财经大学副校长马骁认为全国政府预算研究会的成立必将载入财政学发展的史册。

（中央财经大学科研处供稿）

资本市场专题讲座　4 月 16 日，清华五道口金融家大讲堂“资本市场专题”2014 首场讲座在主楼后厅开讲。中国证监会创新监管部主任、研究中心主任、北京证券期货研究院执行院长祁斌作题为《改革之年资本市场的改革与创新——多层次资本市场的视角》的演讲。祁斌首先与大家分享了他对互联网金融的思考。他表示，中国互联网金融的井喷式发展与中国金融和社会实际密不可分，我国金融服务的缺失与滞后、互联网与移动互联网的跨越式发展、平民文化的崛起共同催生了互联网金融的蓬勃发展。互联网金融对于中国金融业和资本市场的总体影响是正面的，将增加竞争、改进服务、完善监管。互联网金融的监管重点在于鼓励规范发展而非扼杀。随后，祁斌就沪港通、交易所竞争、我国股市是否与经济增长背离三个热点话题进行了讨论。祁斌将沪港通评价为“一小步背后的一大步”，在宏观上不仅有利于推动人民币国际化，而且将促进香港和内地资本市场融合，形成更深更大更稳定的市场，并最终走向沪深港台大中华交易平台，形成世界金融的一极。通过对纽交所和纳斯达克历史的比较，祁斌指出，沪深交易所走向竞争是发展的必然，折射了大国经济不断转型升级、传统产业和新兴产业交替领跑的深层次变化，将有利于提高市场效率和交易所服务水平。祁斌还谈道，股市表现与经济增长质量并“不背离”，我国股市反映出我国企业盈利能力不强、经济增长质量不高。在谈及资本市场改革与创新重点时，祁斌认为，中国正面临推动经济增长和转型、改善民生、化解金融风险、迎接国际化挑战等问题，这些既是中国资本市场的挑战，也是机遇。资本市场改革与创新的重点在于多层次资本市场建设、股票发行注册制改革、完善创新机制、激发行业活力和对外开放。祁斌在总结了大国的兴起和衰落历史后指出，保持文化的先进性、保持文明的开放性是大国崛起的规律。东方民族通过自我革新迈开现代化步伐是可行的。我国目前处于人均 GDP6000 美元的发展阶段，涌现出的许多问题是时代的必然，具有不可逾越性，需要我们客观看待。中国经济正处于关键十年，这十年里中国要突破中等收入陷阱，而在完善体制、给市场更多空间的前提下，中国一定能够实现伟大复兴。最后，祁斌以“从我做起，从现在做起”的赠言结束了本场讲座。资本市场专题系列讲座由清华大学五道口金融学院、北京大学光华管理学院主办，并得到了中国证监会、北京证券期货研究会的特别支持。讲座吸引了各大高校师生和金融业界人士的高度关注，到场观众包括清华北大在校生、清华金融 EMBA、校友和来自证监会、财政部、金融媒体的校外人士。

（清华大学文科建设处刘金梅供稿）

人民币汇率走势分析会　4 月 24 日，《清华金融评论》第二期道口形势分析会在清华大学金融学院召开，会议采用闭门研讨形式，主题为“人民币汇率走势分析与形成机制改革”。本期会议邀请了迪威格投资咨询有限公司董事长孙晓凡，国家外汇管理局原副局长刘鸿儒，金融教育基金会理事长魏本华，香港致富证券首席经济学家肇越，中国银行战略发展部副总经理宗良等业内专家学者参与研讨，清华大学五道口金融学院校友办主任、《清华金融评论》杂志副主编张伟主持会议。研讨会共进行了大约 3 个小时，首先由嘉宾就“人民币汇率走势分析与形成机制改革”的主题作开放式演讲，每人约十五分钟；开放式演讲之后，专家学者进行自由讨论和交流；最后，针对当前热点话题，进入观点交锋环节。会议针对人民币汇率走势进行了深刻分析与讨论，为人民币汇率形成机制改革建言献策。针对最近人民币贬值，各位嘉宾发表了自己的看法，普遍认为谈人民币汇率问题离不开三个重要原因或者背景：一是我国经济的基本面；二是目前资本项目环境；三是汇率形成机制。短期内汇率贬值是受到经济下调影响，但长期看还是持乐观态度。此外，当前人民币汇率波动从 1% 扩大到 2%，正逢汇率改革窗口期。从历史角度来看一国的汇率改革，日本、德国的经验可以作为我国汇率改革的经验借鉴。嘉宾还对“中间价”及其引发的政府与市场关系问题进行了探讨，普遍认为市场化是大方向，但需要循序渐进，短期内应符合我国的国情，进行渐进式改革。主持人也甄选了《清华金融评论》微信公众平台上的一些粉丝提问，现场嘉宾一一做了解答。张伟表示，“道口形势分析会”旨在通过闭门会议的方式更深入的研讨业界最顶尖的问题。同时，他表示，道口形势分析会的研讨成果会有两个路径来延伸，一个是作为政策制定者的内参材料，起到建言献策的目的；另一个是部分内容在《清华金融评论》杂志上公开发表，为读者解读政策、引发思考。

（清华大学文科建设处刘金梅供稿）

三大洲国际贸易政策 2014 年会　5 月 9—10 日，由对外经济贸易大学，英国华威大学与加拿大西安大略大学共同举办的“三大洲国际贸易政策 2014 年会”在对外经济贸易大学召开。会议邀请到数十位国内外知名学者参加，其中包括加拿大西安大略大学 John Whalley 教授，英国华威大学 Dennis Novy 教授等。

会议主要涉及贸易集团、出口贸易、国际化生产与市场扩张、贸易和开放型宏观经济、贸易和金融实况、贸易壁垒以及贸易和开放型宏观经济等议题，来自牛津大学、对外经济贸易大学、南开大学、浙江大学的多位教授分别作题为“经济危机，财务成本与出口利润”“生产力溢价、国内市场进入壁垒和中国企业的多站式销售”“重置城市网络”等主旨演讲。

（对外经济贸易大学科研处供稿）

多边贸易体制的前景讲座　5 月 19 日，世界贸易组织总干事罗伯托·阿泽维多（Roberto Azevêdo）先生来访对外经济贸易大学，并作题为“后巴厘谈判议程的确定与多边贸易体制的前景”的主题演讲，500 余名中外师生到会听取演讲，并与阿泽维多进行充分交流。

本次活动由中国世界贸易组织研究会和对外经济贸易大学共同主办，是新任世界贸易组织总干事首次访华的重要行程之一。阿泽维多夫人 Maria Nazareth Farani Azevêdo、世界贸易组织总干事办公室主任 Timothy John YEEND、法律顾问 Ae Gyoung JUNG 随行访问。对外经济贸易大学施建军校长出席活动并致辞，商务部部长助理王受文、中国世界贸易组织研究会会长孙振宇、中国驻 WTO 大使俞建华出席活动。

（对外经济贸易大学科研处供稿）

国际金融监管新动向及对亚洲市场影响讲座　5 月 20 日，香港证券及期货事务监察委员会（证监会）副行政总裁、投资产品部和国际及中国事务执行董事张灼华来到清华五道口金融家大讲堂“资本市场专题”讲座，作题为《国际金融监管新动向及对亚洲市场影响》的演讲。张灼华首先简单介绍了国际金融监管改革的各方参与主体，主要包括制订整体监管改革思想的二十国集团（G20），负责具体技术环节的金融稳定委员会（FSB），制订具体标准的国际组织，如巴塞尔委员会、国际证监会组织、国际保险监督联会，以及各类国际组织的下属会员机构，即区域性或国家监管机构。张灼华指出，金融危机后二十国集团的改革范畴，主要集中于加强银行系统抵御危机的能力、识别全球具有系统重要性的银行及保险公司并对他们施加更高的资本要求、将影子银行的风险转化成抵御危机的力量和建立更安全的场外衍生工具市场四个方面。她以香港为例，介绍了香港对卖空交易、信贷评级机构的监管方式，并提到2008年金融危机时，香港是当时没有实施有关限制的少数成熟市场之一，市场运作正常，显示香港对于卖空监管制度的成熟有效。张灼华也提出当前国际金融监管存在的若干问题。如当前国际金融监管标准受欧美主导，场外衍生工具合约中央结算平台的监管（CCP）等等。她认为这种现象如不改善，将会阻碍亚洲场外衍生品市场发展，因此中国有必要在有关全球监管改革的讨论中发声，建议香港积极参与国际监管标准的制定。讲座结束后，张灼华与现场观众进行了互动，详细解答了听众提出的关于 RQFII、内地企业香港上市等有关问题。张灼华积极推动内地与香港的金融合作，就中国内地资本市场改革的各项政策和规则与相关监管机构和政府部门紧密沟通。她也是发展香港离岸人民币业务及人民币投资产品的主要推动者之一。

（清华大学文科建设处刘金梅供稿）

亚太经合组织妇女与经济论坛　5月23日，为期3天的2014年亚太经合组织（APEC）妇女与经济论坛23日在京闭幕。来自亚太经合组织各经济体的300余位政界、工商界和学术界代表围绕“凝聚女性力量 繁荣亚太经济”的主题深入讨论，形成并通过了《亚太经合组织妇女与经济论坛声明》。

国务院妇女儿童工作委员会副主任、全国妇联副主席宋秀岩在闭幕式上表示，本届论坛内容丰富，成果显著。与会各方进一步明确绿色发展是实现“平衡、包容、可持续、创新增长”目标的战略选择。妇女作为亚太经济发展的重要推动力，在实现绿色发展方面不可或缺。

各经济体交流分享促进彼此妇女经济赋权的政策和成果后达成共识：政策支持是妇女经济赋权的重要保证。在宏观政策规划和决策中应更加注重倾听妇女声音，从制度上为妇女平等参与经济发展和平等受益于经济发展创造更多机会。

论坛通过的《亚太经合组织妇女与经济论坛声明》，为推进各经济体妇女之间增进了解、扩大共识、加深友谊、加强合作提出了行动建议。

声明作为本次论坛的成果文件将提交亚太经合组织领导人非正式会议。

（参见《人民日报》2014年5月24日第4版）

第八届中国上市公司市值管理高峰论坛　5月24日，“第八届中国上市公司市值管理高峰论坛”在清华大学五道口金融学院多功能厅举行。本次论坛由中国上市公司市值管理研究中心、清华大学五道口金融学院和新浪网共同主办。中国企业发展与改革研究会会长宋志平、证监会上市部副主任周健男、中国上市公司协会副会长兼秘书长安青松、清华大学五道口金融学院副院长康以同、著名经济学家吴晓求等众多专家学者出席了本届论坛。本届论坛是在国务院颁布《关于进一步促进资本市场健康发展的若干意见》（以下简称新“国九条”），明确提出“鼓励上市公司建立市值管理制度”后的第一个全国范围学术性研讨会。与会嘉宾围绕“权威解读新国九条积极推进制度建设”主题，结合证监会主席肖钢5月19日提出的“抓紧研究推出上市公司市值管理制度”要求，从市值管理的制度性建设着眼，在市值管理理论和实践走过近十年后，全面系统地探讨在新的历史机遇市值管理的趋势和实践方法。随着“市值管理”首次被写入资本市场顶层制度设计的国家级文件，市值管理实践进入全新阶段。如何将市值管理与中国资本市场财富创造相结合？市值管理将如何推动和深化国有上市公司的改革？市值管理需要什么样的制度建设和组织保障？吴晓求提出，制度建设是市值管理之纲，理念转型是市值管理之魂。与会专家建议，证券监管部门尽快出台上市公司市值管理制度建设指引，中国上市公司协会在适当时候组织上市公司市值管理制度建设经验交流会，国资管理部门尽快将市值纳入考核体系，上市公司、特别是国有控股上市公司大胆推行股权激励计划；证券监管部门放松或有条件放松对股权激励计划的无异议备案制，有关方面加强监管，谨防不良行为干扰上市公司市值管理实践。

（清华大学文科建设处刘金梅供稿）

第六届中国人民大学国际统计论坛　5月24—25日，“第六届中国人民大学国际统计论坛”在中国人民大学举办。来自国内外400多名统计学界专家学者、国家统计系统专家学者，以及各高校师生出席会议，就统计学科的前沿问题及最新研究成果展开研讨。本届论坛由中国人民大学、北京大学、中国统计学会、国家统计局科研所、中国人民大学中国政府统计研究院、美国康涅狄格大学、泛华统计协会、首都经贸大学和中央财经大学九家单位联合主办，由中国人民大学统计学院和应用统计科学研究中心承办。来自北卡罗来纳大学、哥伦比亚大学、台湾辅仁大学、北京大学、复旦大学、南开大学、山东大学等70余所境内外高校的统计学者在6个分会场就19项统计学专题进行了交流。

（中国人民大学科研处关晓斌供稿）

国际经济与金融学会（中国）第六届年会　5月28—29日，由对外经济贸易大学金融学院和中国国际金融学会联合主办的国际经济与金融学会（中国）第六届年会暨2014国际学术会议在对外经济贸易大学举行。对外经济贸易大学党委书记王玲，国际经济和金融学会会长、范德比尔德大学马瑞尔·科卢奇尼（Mario Crucini），国际经济和金融学会（中国）会长俞肇熊分别致辞，国内外近百名专家学者参加会议。

哈佛大学讲座教授埃尔赫南·赫尔普曼（Helpman，Elhanan）进行题为“贸易与不均等”的演讲。对外经济贸易大学副校长林桂军教授以“政策因素与中国在全球价值链中的参与”为题进行演讲。

会议期间，来自美国、加拿大、英国、丹麦、希腊、日本、澳大利亚、中国香港和澳门等世界各地国际经济学的顶级专家们就“中国对外贸易”“贸易保护”“贸易与环境”“FDI与跨国公司”“贸易成本”“贸易和税收”“金融市场与贸易”“贸易政策”“开放宏观经济”“中国宏观经济”等国际经济学的学术前沿问题进行深入交流与研讨，来自国际经济学领域10多位顶级SSCI期刊的主编与专家学者进行了互动交流。

（对外经济贸易大学科研处供稿）

稳步推进中国金融国际化学术讲座　5月28日，原中国人民银行行长、全国社会保障基金理事会理事长戴相龙作客清华五道口金融家大讲堂“资本市场专题”讲座，在主楼后厅带来了题为《稳步推进中国金融国际化》的演讲。戴相龙讲述了他所理解的中国金融国际化的概念，用客观数据说明中国金融国际化是中国经济崛起、对外开放的客观需要，具有历史必然性。最后就当前中国是否具备金融国际化的条件展开论述，他指出当前我国已经满足了不少客观条件要求，金融国际化提上议程并非操之过急。戴相龙多次指出金融国际化是一个体系的国际化，不是金融的某个具体环节、具体企业的国际化。指导思想是坚持中国特色，但又要保持与国际标准的协调，循序渐进，最终实现人民币币值长期稳定，利率、汇率市场化的目标，在全世界树立起对人民币的信心。他认为人民币国际化是金融国际化的核心，而金融企业国际化则是载体，我国在参与国际事务上有发言权是金融国际化的保障。戴相龙与大家重点探讨了人民币国际化这一话题，分析了实现人民币国际化需要的条件，并将整个过程划分为三个阶段。谈及当前中国金融企业时，戴相龙认为我国的金融公司规模仍然很小，与世界领先企业仍有很大差距，因此企业自身做大做强，尝试综合经营、跨国经营，大力发展我国资本市场的任务迫在眉睫。讲座结束后，戴相龙与现场观众进行了互动，详细解答了听众的提问。

（清华大学文科建设处刘金梅供稿）

后巴厘进程与中国国际研讨会　5月29日，“后巴厘进程与中国：中国在结束多哈谈判和复兴WTO中的作用”国际研讨会在北京举行。本次研讨会由国际贸易和可持续发展中心（ICTSD）、中国世界贸易组织研究会和对外经济贸易大学中国世界贸易组织研究院共同主办。ICTSD总裁梅林德出席开幕式并致辞。

研讨会以“WTO巴厘岛一揽子协定取得成功后，多哈回合和WTO的未来，特别是中国如何解读当前形势并做出回应”为主题，与会嘉宾畅所欲言，相互交流，并展开热烈讨论。WTO副总干事易小准、WTO秘书处代表、中国世界贸易组织研究会会长孙振宇、商务部官员、财政部官员、美国驻华大使代表、欧盟驻华代表团代表、英国驻华大使、瑞典驻华大使、秘鲁驻华大使、中国农业部农业贸易促进中心等近30位嘉宾出席研讨会，并作主题发言。

（对外经济贸易大学科研处供稿）

沪港通与香港资本市场发展前瞻学术讲座　6月9日，香港交易及结算所（香港交易所）集团行政总裁李小加在清华大学五道口金融学院为学院师生及校外来宾带来题为《沪港通与香港资本市场发展前瞻》的演讲。李小加表示，在过去的20年中，国际资本通过香港流入中国，如今国内资本积累已经完成，中国资本会在未来 20 年里对外开放、走向世界，沪港通则是中国市场与国际市场间一次有意义的互联互通。李小加高度评价了沪港通的推出。他分析，中国资本市场开放的一大问题在于国内的规则、法律自成一体，国外投资者与国内规则难以适应，市场融合因此受阻。沪港通的设计有效解决了规则差异问题，香港交易所与上海交易所之间形成大通道，个人与券商结算后由中国证券登记结算有限公司统一结算出境，实现最小化流量，过程中券商并不出境，因此两地交易者均可以按照其习惯进行交易。沪港通以最小的制度成本，换取了最大的市场成效。李小加强调，沪港通使得用人民币购买港股得以实现，通过中登结算减少人民币过境量，有效避免了洗钱。李小加介绍了沪港通的特点：即交易总量过境，实现最大价格发现；结算净量过境，实现最小跨境流动；人民币境外换汇，实现资本全程回流；结算交收全程封闭，实现风险全面监控；本地原则为主，主场规则优先；结构高度对称，利益高度一致；收入平均分享，实现互利共赢；实行初期额度管控，引导市场适应节奏；试点模式结构灵活，可供未来扩容、扩量、扩市。李小加总结道，沪港通的设计使得香港证监会与中国证监会承担了更为巨大的责任。李小加预计沪港通将有助于激活 A 股市场，推动内地资产的进一步优化配置，扩大中国资本市场规模，利于中国资本市场未来发展。讲座结束后，李小加与现场听众关于 A 股 H 股溢价折价、上市制度、商品期货市场建设等问题进行了交流讨论。李小加于 1984 年毕业于厦门大学外文学院英语专业，曾任《中国日报》社记者；后赴美学习，先后获得美国阿拉巴马大学新闻系硕士学位和哥伦比亚大学法学院博士学位；曾就职于达维律师事务所、布朗伍德律师事务所、美林证券，2003 年任摩根大通中国区主席，2009 年成为首位具有内地背景的香港交易所集团行政总裁。

（清华大学文科建设处刘金梅供稿）

2014 年北京蓝皮书系列新闻发布会暨学术研讨会　6 月 9—10 日，由北京市社会科学院和社会科学文献出版社联合举办的“2014 年北京蓝皮书系列新闻发布会暨学术研讨会”在京举行，正式发布了由本院编撰，社会科学文献出版社出版的《北京公共服务发展报告（2013—2014）》《北京社会治理发展报告（2013—2014）》《北京社会发展报告（2013—2014）》《北京文化发展报告（2013—2014）》《北京经济发展报告（2013—2014）》《中国区域经济发展报告（2013—2014）》六本蓝皮书。北京市社会科学院党组书记、院长谭维克，社会科学文献出版社社长谢寿光，总编助理、皮书研究院执行院长蔡继辉，皮书分社社长邓泳红出席了发布会。参与发布的六本蓝皮书的主编做了主题发言，解读了 2013—2014 年度北京公共服务、经济、社会、文化等方面发展的热点事件和面临的挑战，展望了 2014 年新形势下的北京经济、社会、文化等发展的新动向。应邀出席会议的肖广岭教授、李红武副教授、胡向明教授、何群教授、孙久文教授、李国平教授对本院这六本皮书的出版作了精彩的专家点评及深度剖析，提出了非常有建设性的意见和建议。谢寿光在发布会上讲话认为北京系列蓝皮书通过二十几年的研创出版，内容质量不断提升，研究阵容不断壮大。他在肯定皮书出版成绩的同时还对北京蓝皮书系列的进一步编撰提出了希望和要求。本院蓝皮书系列的发布引起了社会的广泛关注，新浪网、搜狐网、网易新闻、财经网、中国网、北京晚报、新京报、人民网、中国新闻网等多家媒体对发布会进行了报道。

（北京市社会科学院科研处供稿）

第一届中欧税收发展国际学术研讨会　6 月 16—17 日，以“相同的挑战，不同的对策”为主题，由中央财经大学国际税务研究中心与财政部财政科学研究所、奥地利维也纳经济大学联合主办的第一届中欧税收发展国际学术研讨会在北京召开。来自亚洲开发银行、财政部、国家税务总局、维也纳经济大学国际税法研究所、财政部科学研究所、国家税务总局税收科学研究所、北京国家会计学院、北京大学、人民大学、武汉大学、中山大学、中央财经大学以及大型会计师和律师事务所、大型跨国企业的各界代表参加了此次会议。此次中欧国际税收发展学术对话是在“International Tax Fireside Chat（FSC）”的基础上发展而来，中央财经大学国际税务研究中心在已经成功搭建中美国际税收学术对话机制的基础上，尝试与国内外有影响的学术机构合作，协同创新建立中欧国际税收学术交流平台，以更好地展示学术成果并阐明国家立场，推进国际税收合作和国际经济秩序的改善。此次会议分别就“2030 年的中国和欧洲：经济发展与税收格局”“中国跨国企业的全球化——税收的应对之策”“外商在华直接投资——税收问题是否是障碍”“增值税改革——中国未竟的事业”“二十国峰会和经合组织的税收改革方案——国际税收的新框架”、“国际税收发展对中国税收政策改革的影响”等六个议题展开讨论。

（中央财经大学科研处供稿）

金融工程与风险管理国际研讨会 6月27日，由中央财经大学统计与数学学院和首都经济贸易大学统计学院共同举办的“2014金融工程与风险管理国际研讨会”在中央财经大学开幕。中外统计学届的专家学者参与了本次研讨会，首经贸大学统计学院4位中青年骨干教师在研讨会上作了学术报告。

诺贝尔经济学奖获得者拉斯·皮特·汉森作了题为“假设错误下的修正”的邀请报告。当天下午，汉森教授来到首经贸大学做了系列报告。在接下来的分会场会议中，会议内容多达20多个主题，包括“金融工程与统计模型”“金融时间序列分析”“网络学习和云计算”“不确定性和市场风险”“高频金融数据中的统计”等多方面的内容。

（首都经济贸易大学科研处张嘉艳供稿）

第三届中国消费金融学术研讨会 6月28日，第三届中国消费金融学术研讨会在清华大学五道口金融学院召开。本届研讨会由清华大学中国金融研究中心、《经济研究》编辑部和清华大学五道口金融学院共同主办，邀请了来自国内外高校的百余名代表参与研讨。金融学院常务副院长廖理代表主办方介绍了金融学院的历史、消费金融的发展以及此次研讨会活动的重大意义。中国社会科学院经济研究所所长兼《经济研究》主编裴长洪就消费金融领域的发展形势以及宏观调控等话题进行了主题演讲。中国社会科学院经济研究所研究员、《经济研究》常务副主编郑红亮对于《经济金融》消费金融专辑做了简要的介绍，并肯定了“消费金融专辑”在消费金融领域的作用。参加本届中国消费金融学术研讨会的共有19篇论文。论文在研讨会上都进行了充分的讨论，经过修改过的质量较高的论文将会被收录在2014年《经济研究》消费金融专刊上。

（清华大学文科建设处刘金梅供稿）

中国经济增长与周期（2014）高峰论坛 6月28—29日，由中国社会科学院经济研究所、《经济研究》杂志社、《经济学动态》杂志社，首都经济贸易大学、中国经济增长与周期研究中心、中国经济实验研究院，以及香港经济导报社等单位联合主办的“中国经济增长与周期（2014）高峰论坛”（经济增速换挡与经济发展转型暨中国城市生活质量指数发布会）在北京召开。来自政府部门、高等院校和社会科学研究机构的50多位专家学者及师生代表共计200余人参加论坛。

论坛围绕“经济增速换挡与经济发展转型”展开学术讨论，与会者认为，目前国家宏观经济短期下行压力较大，中长期前景乐观。虽然换挡期的经济增长速度有所降低，但增长质量将明显提高。针对经济下行压力，应实行更加有利于中长期增长的政策措施，促进经济持续健康发展。为此，应把京津冀协同发展、长江经济带建设、丝绸之路经济带建设等集稳增长、转方式、调结构、促改革、惠民生于一体，带有全局联动性的中长期重大举措具体化和精细化为年度措施，使短中长期政策措施相互衔接，开创我国经济发展新局面。

（首都经济贸易大学科研处张嘉艳供稿）

亚洲基础设施互联互通投融资研讨会 6月29日，由博鳌亚洲论坛主办的“亚洲基础设施互联互通投融资研讨会”在北京举行，近30个国家以及国际组织的159位政府官员、专家学者以及企业界人士出席了会议。

此次会议就加强亚洲地区基础设施投融资合作的问题取得了进一步共识：第一，亚洲地区基础设施的互联互通，既是地区经济一体化发展的必然趋势，也是亚洲各经济体实现可持续增长的新驱动力。进一步加强亚洲各经济体的基础设施建设并实现互联互通，是后金融危机时代亚洲各经济体面临的共同任务和共同目标；第二，应该以创新的思维和方式来解决亚洲基础设施建设普遍存在的资金瓶颈问题；第三，建立亚洲基础设施投资银行不仅势在必行，而且可行。

（参见《人民日报》2014年6月30日第22版）

金融市场改革与监管国际研讨会 6月30日到7月1日，由中央财经大学国际金融研究中心、中国社会科学院世界经济与政治研究所、欧洲经济政策研究中心（CEPR）和日内瓦国际关系及发展高等学院联合主办的“金融市场改革与监管国际研讨会”在中央财经大学举行。来自欧洲、美国、香港和国内高校、科研机构和监管部门的专家学者，以及中央财经大学师生共计60余人参加了此次会议。来自国内外的十几位学者在会上分别介绍了他们的最新研究成果。这些成果代表了最新的国际学术前沿动向，主题包括全球金融周期、影子银行、银行风险承担、欧洲大萧条、银行业泡沫、财政问题、系统性风险、资本流动、地方政府债务、外商直接投资等。与会学者还围绕美国、欧洲和中国的相关政策经验，就巴塞尔协议Ⅲ、利率管制、银行监管、地方政府债务、金融自由化的顺序、资本账户开放、货币国际化等问题展开了热烈的讨论。国内外知名财经媒体，如财新传媒、凤凰周刊、华尔街日报、金融时报等全程参与了会议，并进行跟踪报道。

（中央财经大学科研处供稿）

中国地方税改革国际研讨会　7月11日，由中央财经大学税务学院主办、乾元中利国际税务咨询（北京）有限公司协办的中国地方税改革国际研讨会暨2013/2014中国税收发展报告发布会在中央财经大学中财大厦举行。来自美国印第安纳大学、旧金山州立大学、财政部科研所、国家税务总局科研所、中国社科院财经战略研究院、湖北省地税局、山东省地税局、海南省地税局、中国人民大学、中国政法大学、北京大学、东北财经大学、中央财经大学的各界代表以及《税务研究》《国际税收》和《中国税务报》等媒体代表参加了此次研讨会。此次研讨会分别就“地方税改革的国际趋势”“财税改革视野下的地方税改革”“环境保护税改革”“消费税改革”等四个问题进行了分析和探讨。美国印第安纳大学Joyce Man教授、John Mikesell教授、中国社会科学院财经战略研究院院长高培勇、中央财经大学税务学院汤贡亮教授、东北财经大学李晶教授、湖北省地方税务局副局长肖绪湖、北京第二外国语学院计金标教授、中国政法大学财税法研究中心主任施政文、美国旧金山州立大学Janey Wang博士等专家、学者分别参与了讨论。大会还发布了最新成果《2013/2014中国税收发展报告——中国地方税改革研究》，该报告是《中国税收发展报告》的第四集。

（中央财经大学科研处供稿）

宏观经济形势分析研讨会　日前，由中央党校经济学部主办的《中国经济观察》出版10周年暨宏观经济形势分析研讨会在中共中央党校举行。王东京、贾康、李晓西、党国英、王佳宁、顾海兵、姜波、荆林波、刘春雷等30多位专家学者汇聚一堂，就中国当前宏观经济形势进行了深入研讨。

关于经济形势，有专家指出，上半年是缓中取稳，一季度7.4%，二季度也是一个企稳的特征，全年7.5%左右的经济发展速度应该悬念不大。微刺激、弱刺激已经在起作用，下半年最大的可能性是重复前两年先低后高的表现，GDP增速7%～8%成为“新常态”，政策效应在下半年会进一步体现。配套改革方面，如财税改革中的“营改增”已经有基本共识，但资源税改革有难度，因为资源税改革要把价格机制覆盖到煤炭，从煤到电要理顺价格关系，牵一发要动全身。此外财税配套改革还有消费税、房地产税和环境税等的改革也很紧迫和重要。

关于改革，有专家认为，改革是需要空间的，适当的降速可以为改革提供空间。“强刺激”已经给我们的经济带来相当大的后遗症，导致经济结构更加畸形，产能更加过剩，房地产价格暴涨，企业的债务率达到一个高水平。中国改革开放30多年的调整经验证明，两三年时间适当降幅调整，去杠杆、去泡沫、去产能，是中国完全可以承受的。

鉴于目前供给过剩的问题，有专家认为，必须提倡消费创新。但制约消费的因素很多，第一个是农产品价格，农产品价格会影响恩格尔系数，从而影响百姓的职业选择和消费行为。影响消费创新的第二大因素是老百姓现有的居住方式。应考虑通过多种形式的创新，提高住房对消费的带动作用。

（参见《光明日报》2014年8月2日第5版）

APEC环境产品和服务公私对话会议　8月11日，由对外经济贸易大学主办的“亚太经合组织（APEC）第一次环境产品和服务公私伙伴关系对话会议”在北京饭店国际会展中心召开。本次会议以可再生及清洁能源（RCE）贸易与投资公私对话为主题，来自14个APEC经济体的资源、能源、贸易领域的政府官员、企业界领袖和专家学者等90多名代表参加会议。

对外经济贸易大学副校长赵忠秀代表学校致开幕词。商务部国际经贸关系司张少刚司长，APEC贸易和投资委员会主席、澳大利亚贸易与外交部长助理John Larkin博士，国家能源局新能源司梁志鹏副司长，中国循环经济协会可再生能源专业委员会李俊峰主任出席会议并讲话。对外经济贸易大学国际关系学院副教授、国际低碳经济研究所副所长王波博士主持开幕式并发言。

对外经济贸易大学国际低碳经济研究所在赵忠秀教授的带领下，自2011年开始与商务部和APEC合作，承担RCE贸易投资政策研究等相关课题。2012年成功举办APEC RCE成功投资案例研讨会，相关研究报告由APEC秘书处出版，得到相关方面的肯定。今年再次承担APEC第一次环境产品和服务公私合作伙伴关系对话会，成为对外经济贸易大学科研国际化的一个新亮点，是对APEC关于环境产品与服务国际规则制定的直接贡献。

（对外经济贸易大学科研处供稿）

舒兰市经济发展战略研讨会 8月29日，由北京市社会科学院传媒所举办的舒兰经济发展研讨会在院六层会议室召开，会议由郭万超副研究员主持。吉林省舒兰市人民政府市长李富民、市委常委、副市长崔彦磊带领经济技术合作局和粮食局正副局长一行共六人参加了会议。与会的专家还有北京市社科联副巡视员王彦京、北京道源咨询有限公司总经理高明亮、北京市社科院城市所齐心研究员、中国社会科学院经济研究所李芳芳博士、北京市社会科学院赵玉宏博士等人。会议就如何提高“舒兰大米”品牌知名度与美誉度，拓展“舒兰大米”的全国中高端市场，如何发展舒兰市的休闲旅游产业等问题展开讨论，与会专家提出了很多切实可行的建议和对策。舒兰市与会领导表示，此次研讨会对他们启发很大，希望在以后的具体操作中能进一步得到各位专家的智力支持。

（北京市社会科学院科研处供稿）

P2P网贷与传统银行的竞争、合作与监管研讨会 8月28日，《清华金融评论》第五期道口形势分析会在清华大学五道口金融学院召开，会议采用闭门研讨形式，主题为“P2P网贷与传统银行的竞争、合作与监管”。本期会议邀请了宜信公司首席战略官陈欢、网信金融首席运营官何珊、银监会创新部综合处处长蒋则沈、91金融联合创始人吴文雄、中国农业银行总行资产负债管理部资负委办公室处长于东智及社科院金融所银行研究室主任曾刚参与研讨。会议就我国P2P网贷发展现状，中外P2P网贷发展异同及未来P2P网贷发展、监管方向进行了分析与讨论。嘉宾们以“P2P网贷与传统银行的竞争、合作与监管”为主题做了开放式演讲和讨论交流，并针对当前热点话题展开观点交锋。2008年金融危机之后，传统信贷一直处于下降趋势，新型网络借贷如雨后春笋般涌现并迅速增长。陈欢谈及P2P在英、美两国发展的异同时指出，英美P2P行业呈现愈加细分化、成熟化特点。其不同点在于美国注重去担保，不提供任何担保和保障，而英国则设立类似于风险准备金基金，保障网络信贷借款人的利益。同时，他认为，在中国开展P2P业务，面临来自市场、客户的众多挑战，建立P2P监管是当务之急。何珊指出，互联网与金融的结合有两大方向，一是互联网与金融技术导向上的合作；二是互联网与金融服务将进行进一步深度融合。在技术导向上，要提升传统金融服务的便捷度。未来互联网金融相较于传统金融的附带优势：第一，互联网金融数据基础广，可降低信息不对称；第二，依托流量和用户量，开发客户的成本非常低；第三，传播成本低；第四，用户体验好，产品的服务和便利性强。互联网金融对传统金融的三大改进在于，对客户资源的再开发和分享、盈利、分成及对风险定价优势的提升。由于互联网金融业态还没有定性，需要以包容的心态来对待。其次就是提高P2P行业的违约成本，防止互联网金融欺诈。吴文雄认为互联网金融是借助互联网工具提高了信息的匹配速度。当需求出现时，能更快速地匹配到金融机构。同时互联网强大的数据分析、整理能力为银行征信系统的建立和发展奠定基础。但他也指出，虽然互联网使更多的金融交易变得更快、成本更低，且愈加普及，但是离金融普惠的概念尚远。他还强调，P2P平台需要强化数据的获取以及清洗能力。挖掘和清洗个人资产、社会化网络上所存留的数据对P2P行业风控非常重要。谈及P2P监管，吴文雄称，在行业内形成一定的规范和规则，引导、帮助用户及投资人，从而使平台更健康地发展。于东智认为，P2P行业与传统金融行业相比，其信用更高。互联网金融为商业银行转型发展提供好的渠道与契机，让商业银行在为客户服务时，能利用互联网思维做金融。商业银行已经开始介入P2P模式的探讨。P2P行业需要建立监管体系，完成以下几个方面的工作，第一，建立创新风控机制，保护融资能力；第二，建设自律性组织和统一的行业标准，做好投资者风险测评工作；第三，尽快出台法律法规，规范平台的准入和退出，建立资金安全的保障体系；第四，规范担保公司资质，进行严格的审查资质监管；第五，规范第三方机构系统；第六，建立风险具体的机制，沉淀数据的专有账户进行跟踪的监管。曾刚指出，P2P发展不仅仅是互联网技术层面的创新，更多是因为金融空白（包括监管和管制上），致使P2P顺理成章成为一种约束相对较少的新金融方式。P2P 应该是一个直接融资的手段、方法，未来应该把它放的更大，而不仅仅是覆盖某一个领域或者某一类人群，这也意味着对监管提出更多的挑战，找对监管的时间点至关重要，过早或过晚都会产生问题。蒋则沈指出，P2P 的初衷是在共同的信用风险环境和征信体系中，使用现成的信用评分体系，借助互联网技术，以更低的运营成本，给予借款人更优惠的借贷利率，给予资金出借人更高的投资回报。通过这种方式与传统的金融机构形成市场定位上的错位，从而争取到发展的空间。基于 P2P 行业的互联网属性，P2P 面临着新课题，即如何判断和解决行业在淘汰和竞争失利过程中承担的金融风险，其是否会对投资者产生致命的影响。未来 P2P 行业的监管要有底线，其根本导向在给予投资者适度保护，而不是无条件保护。《清华金融评论》道口形势分析会为每月一期的闭门研讨，深度探讨和解读重要政策及热点话题，旨在为政策制定者建言献策，为经济金融界专家学者搭建交流对话平台，通过闭门会议的方式更深入地研讨业界最顶尖的相关问题。同时，分析会的研讨成果会作为政策制定者的内参发挥建言献策的作用，同时相关内容将在《清华金融评论》杂志上做公开发表，为读者进行政策解读。

（清华大学文科建设处刘金梅供稿）

中国能源国际合作论坛 2014　9 月 4—5 日，“中国能源国际合作论坛 2014”在中国人民大学举办。来自中国、美国、韩国、菲律宾、泰国等多个国家的专家学者，以及政界、业界、学界代表和 APEC 21 个经济体的能源代表等 100 余人出席论坛。会议期间，中国人民大学党委书记靳诺会见了土库曼斯坦驻华大使齐纳尔·鲁斯捷莫娃女士。论坛以“跨越能源文化差异 促进国际能源合作”为主旨，就“中韩能源合作”“中俄能源合作”“中美能源合作”三大议题分别展开讨论。与会人士一致同意在学术层面达成“跨越能源文化差异 促进国际能源合作”共同宣言。会议期间中国人民大学国际能源战略研究中心发布了《中国能源国际合作报告 2013/2014：能源文化的国际视野比较》。

（中国人民大学科研处关晓斌供稿）

第六届海峡两岸会计学术研讨会　9 月 5 日，由中国会计学会、台湾政治大学会计系、对台会计合作与交流基地主办，首都经济贸易大学会计学院承办的“第六届海峡两岸会计学术研讨会”在京召开，来自海峡两岸的近百名会计专家和学者到会。

此次会议的主题是“会计准则与公司治理”，共安排了八场主题报告和六个分组讨论。在主题报告环节，多名专家学者从会计准则、财务报道、企业社会责任与公司治理、评价准则与会计准则等角度入手，分享自己的研究成果和心得体会；分组讨论中，40 名来自海峡两岸的学者围绕主题报告了自己的论文。

海峡两岸会计学术研讨会是在中国会计学会和台湾政治大学会计系的倡导下，从 2009 年开始举办的，研讨会每年一次，采用“大陆两届、台湾一届”的办会机制。

（首都经济贸易大学科研处张嘉艳供稿）

亚太自由贸易研讨会　由太平洋经济合作理事会国际秘书处主办，对外经济贸易大学承办的“亚太自由贸易研讨会”于 9 月 8 日在对外经济贸易大学举行。来自 PECC 成员国及地区的约 40 余位专家、代表出席会议。对外经济贸易大学副校长林桂军代表学校致辞并作主题发言，副校长赵忠秀及部分师生参加会议。中国太平洋经济合作全国委员会会长唐国强大使对研讨会的召开表示祝贺，印尼贸易部副部长 Bayu Krishnamurti 介绍了印尼经济发展以及该国参与区域经济一体化的情况。

研讨会分为三个议题进行：亚太全球价值链之概述和政策意涵，对通往亚太自贸区之路作何期待以及亚太自贸区的经济影响力。中国商务部国际经贸关系司陈超处长，美国东西方中心主席、PECC 前任主席 Charles Morrison，澳大利亚阿德莱德大学教授、澳大利亚 PECC 副主席 Christopher Findlay，经纶国际经济研究院学术研究副总裁、前世贸组织首席经济学家 Patrick Low，新西兰奥克兰大学 APEC 中心 Robert Scollay 教授，以及来自日本、韩国、哥伦比亚、印尼、新加坡等国（地区）及亚洲开发银行研究所的专家分别作了发言。

（对外经济贸易大学科研处供稿）

银行业服务绿色化国际研讨会　9 月 17 日，由中央财经大学财经研究院气候与能源金融研究中心和剑桥大学可持续领导力研究院（CISL）联合举办的“银行业服务绿色化”国际研讨会在京召开。此次研讨会汇集了来自巴克莱银行、德意志银行、摩根大通、荷兰合作银行、西太平洋银行、中国人民银行、中国银监会、国家开发银行、四大国有银行、兴业银行、浦发银行、北京银行、中粮集团以及相关NGO组织的30多位国内外资深专家和学者，主要围绕“巴塞尔协议Ⅲ是否缺失环境风险?”和“绿色供应链金融”两大议题，就银行业如何实现绿色化进行了深入探讨。本次研讨获得了银行业环境倡议（BEI，Banking Environment Initiative）的支持，BEI由若干大型跨国银行的首席执行官创立，致力于推动银行业为可持续发展服务。BEI主席代表、巴克莱Jeremy Wilson副总裁最后主持了跨国银行与国内银行及监管部门的对话讨论，与会专家表达了共同愿景：通过银行业最佳经验分享和监管部门的经验风向，在全球范围内共同努力促进银行业服务的绿色化。

（中央财经大学科研处供稿）

国际能源经济学会（IAEE）第四届亚洲大会 中国科学院科技政策与管理科学研究所和中国地质大学（北京）共同主办，由中科院政策所能源与环境政策研究中心和中国地质大学（北京）人文经管学院联合承办，中国科学院学术会堂和中国地质大学（北京）国际会议中心、召开国际能源经济学会（IAEE）第四届亚洲大会。400余位中外学者参会。国家能源委员会专家委员会主任、国家能源局原局长张国宝，中国科学院党组副书记方新，清华大学原副校长何建坤，中国科学院副院长李静海，国家自然科学基金委员会副主任何鸣鸿，中国地质大学（北京）副校长雷涯邻，国际能源经济协会主席Wumi Iledare，新加坡国立大学能源研究所Beng Wah ANG教授，加拿大多伦多大学Adonis J. Yatchew教授，中国科学院科技政策与管理科学研究所所长王毅参加大会。会议交流内容涉及能源与经济增长、能源与环境、能源与气候变化、能源安全、能源效率、能源市场、能源投融资、能源技术创新、能源需求管理、化石能源发电及其清洁利用、非常规能源发展、可再生能源发展、能源密集行业的减排潜力及减排成本、碳排放交易与能源规划等议题。

［中国地质大学（北京）科技处供稿］

公证制度与市场经济国际研讨会 9月27—28日，由司法文明协同创新中心主办公证制度与市场经济国际研讨会在中国政法大学学院路校区举行。本次国际研讨会由法国公证人高等理事会和中国政法大学公证法学研究中心联合承办，会议主办方邀请了来自法方的法国公证人高等理事会国际部主任、法国公证、农业、空间与环境研究所所长等出席会议并发表主题演讲。中国政法大学副校长、司法文明协同创新中心联席主任张保生，中国政法大学公证法学研究中心主任马宏俊等参加了会议。

张保生代表主办方欢迎来自中法公证理论和实务界的专家，指出本次国际研讨会的召开是庆祝中法建交50周年的系列活动之一，是去年11月17日在中国政法大学与法国公证人高等理事会共建“中国政法大学公证法学中心”揭牌仪式时由法国驻华大使馆法律参赞吕妍婧女士提议举行的庆祝中法建交50周年的学术活动。张保生介绍了中国政法大学以及司法协同创新中心的基本情况，并将公证法学研究中心作为司法协同创新中心组成部分共同完成相应职责。

（中国政法大学科研处郭丰琪供稿）

中国上市公司投资者保护论坛 9月26日，由北京工商大学国有资产管理协同创新中心主办的中国上市公司投资者保护论坛暨会计投资者保护指数（AIPI2014）发布会在北京召开。到会主要人员：商务部原副部长、中国商业联合会会长张志刚，中国注册会计师协会原秘书长丁平准，副校长谢志华、科技处处长杨有红，商学院党总支书记欧阳爱平，在京高校教师代表，《证券日报》等在京新闻媒体、《会计研究》等专业期刊代表、上市公司代表、投资机构代表，校内老师代表等120人。

主要学术内容与学术观点总结：我国目前的宏观经济运行稳中趋缓，经济下行压力很大，上市公司盈利困难，在这种背景下，会计投资者保护指数更应发挥更大的作用。同时，证券市场改革在推进，发行制度由批准制、核准制、保荐制最终向注册制演进，发行制度的市场化程度将不断地提高，在此外部独立第三方的评价与治理尤为重要，会计投资者保护指数在资本市场中发挥着越来越大的作用。从上市公司的情况来看，近年投资者保护呈V字形，有触底回升的态势，但会计投资者保护形势不容乐观。从分值来看，会计信息质量、内部控制质量、外部审计质量呈稳定上升趋势，而管理控制质量和财务运行质量逐年下降。与2013年相比，2014年中国上市公司投资者保护程度略有上升，中国上市公司的会计投资保护水平依然不高。

中国投资者保护指数简介：在北京市教委专项资金及国家社科基金、教育部社科项目等的资助下，北京工商大学依托会计优势学科，组建了以谢志华、杨有红为首的会计投资者保护团队，成立了全国高校首个投资者保护研究中心，开展了会计投资者保护的深入研究，发表了一系列相关研究成果。2011 年 1 月和 11 月、2012 年 10 月、2013 年 9 月及 2014 年 9 月，投资者保护项目组四次发布项目成果：中国上市公司会计投资者保护指数（AIPI2010、2011、2012、2013、2014），在国家相关部门、学术界和企业界引起了较强的反应，被社会称为“上市公司会计投资者保护的晴雨表”。

指数连续五年从会计角度对上市公司投资者保护程度进行评价，该体系将为评价投资者保护程度提供重要的基础数据，对中小投资者、政府监管部门、上市公司以及金融中介等具有重要的参考价值。

（北京工商大学科学技术处供稿）

中国与拉美：投资机遇与企业社会责任国际学术会议

10 月 16 日，中国社会科学院拉丁美洲研究所和美国美洲协会共同举办的“中国与拉美：投资机遇与企业社会责任”国际会议在北京举行。会议是中国社会科学院拉丁美洲研究所和美国美洲协会第五次联合举行的。会议得到了国务院发展研究中心世界发展研究所和 CAF—拉丁美洲开发银行的支持。

会议在中国社会科学院学术报告厅举行，来自外交部、中联部等政府部门的官员，中国社会科学院、国务院发展研究中心及国内著名研究机构和高等院校的专家学者，拉丁美洲国家驻华使节，国有大型企业和活跃在拉丁美洲的民营企业的高管，以及国内新闻媒体界人士等近 200 多人出席了会议。

会议主要围绕拉美能源的未来及中拉投资机遇和企业社会责任等议题进行。会议共分三个单元：

第一单元主要围绕“如何加强中拉整体务实合作”“中拉能源、投资和金融合作所面临的机遇和挑战”等问题进行。

外交部拉美司司长沈智良认为，加强中拉合作不仅是时代的要求，也符合双方的利益。未来双方需要创新合作方式，加强各领域务实合作，提升中拉国际合作水平。

智利驻华大使贺乔治认为，智利虽然缺少化石能源，但正致力于开发可再生能源，希望能吸引更多中国企业投资该领域。

国家开发银行前副行长刘克崮认为，中拉合作的新阶段具有三个特点：互补互利、互信互助、全面多元。中拉在能源合作中应加强建立双边和多边合作机制，从多方面推进双方的投资合作。

第二单元主要围绕“拉丁美洲国家的能源改革”“中拉能源合作面临的问题和未来发展方向”等议题进行。

墨西哥驻华使馆经济参赞何塞·阿尔韦托·利马斯认为，墨西哥正在推进的能源改革对于降低能源成本、为相关企业和消费者带来收益，以及促进经济增长具有重大意义，希望中国企业能够抓住机遇，参与其中。

联合国拉美经委会代表吉娜·卡瓦列罗表示，中拉能源合作有很多机遇，拉丁美洲需要中国的资金，希望与中国企业在开发利用可再生能源等领域合作，并走出一条可持续发展的合作道路。

中国社会科学院拉丁美洲研究所研究员、西南科技大学拉美和加勒比研究中心主任吴国平认为，墨西哥能源改革实质是一场能源革命，对其政治、经济和社会都将产生重大影响。中国企业参与墨能源领域建设应寻找适宜的外方合作伙伴，清醒认识墨能源改革公开和潜在的挑战，注意融入当地社会。

第三单元是“相互投资与企业社会责任——中拉经验比较”，主要涉及外国投资的原则、企业社会责任等问题。

秘鲁驻华大使胡安·卡洛斯·卡普尼亚伊认为，履行社会责任是企业投资活动的重要组成部分，是企业投资可持续的体现和保障，并有利于促进投资项目所在地的整体发展。但这不仅是企业需要履行的责任，同样也是东道国政府和社团需要承担的责任。

中国石油天然气集团公司经济技术研究院研究员王亚娜介绍，中石油在拉丁美洲投资过程中注重加强与东道国的技术合作、确保项目所在地的环保安全、支持项目所在地社区能力建设，致力于做一个负责任的投资者。

中国社会科学院拉丁美洲研究所副研究员孙洪波以中石油和雷普索尔公司为例，对它们在拉美履行社会责任的情况进行了比较。他认为，中拉投资合作是中拉关系的重要支柱，而中国企业在拉美的履责情况关系到中拉投资合作的未来发展。与国际大跨国公司相比，中国企业对履行社会责任的理念和认知有待提升，对履行社会责任的宣传应更加主动，履责过程应更系统化、专业化、清晰化。

（中国社会科学院办公厅刘玉杰编辑、拉美所科研处供稿）

北京经济体制改革的经验与启示研讨会　10月17日，为总结北京经济体制改革的历史经验，破解当前改革难题，中共北京市委党史研究室、中共北京市委全面深化改革领导小组办公室、中共北京市委前线杂志社联合举办“北京经济体制改革的经验与启示”研讨会。首都理论界专家学者、相关部委办局和区县领导、论文作者代表共100余人参加会议。整个研讨会，主题突出，观点鲜明，内容全面，引起与会同志的积极反响。会议关于北京经济体制改革历史和深化改革对策的研究和探讨，将为推动北京市全面深化改革发挥积极作用。

（中共北京市委党史研究室王艳杰供稿）

2014年中国国际贸易学科发展论坛　10月17—19日，由全国高校国际贸易学科协作组主办，中央财经大学国际经济与贸易学院承办的“第十三届全国高校国际贸易学科协作组会议暨2014年中国国际贸易学科发展论坛”在中央财经大学举行。来自中国大陆、台湾地区等地的150余所高校和研究机构，9家出版社，10余家杂志社的450多名国际贸易领域的专家学者出席了此次大会。中央财经大学校长王广谦和对外经济贸易大学副校长林桂军分别在开幕式上致辞。商务部政策研究室主任沈丹阳、国务院发展研究中心办公厅主任隆国强、商务部驻上海特派员办事处特派员张国庆、中央财经大学副校长李俊生、中央财经大学副校长赵丽芬、湖南大学经济与贸易学院院长张亚斌、南开大学研究院副院长、中国APEC研究院院长盛斌、对外经济贸易大学国际经济贸易学院院长洪俊杰及与会代表出席了开幕式。大会对全国高校国际贸易学科协作组设立“青年论坛”“博士生招聘平台”“学科协作信息平台”，继续推动制定“国际商务专业学位培养标准”等工作计划进行了说明。

（中央财经大学科研处供稿）

首届中国民族地区金融发展论坛　10月18日，由中央民族大学经济学院、中国金融出版社和中国金融杂志社主办，中央民族大学经济学院和发展规划处承办的首届中国民族地区金融发展论坛暨民族地区高校金融学科联席会成立大会在中央民族大学开幕。来自我国民族地区的13所高校的金融学科负责人和专家学者及在京相关国家机关、金融机构、新闻媒体、高校的代表近90人参加了会议。

中央民族大学党委常委、副校长青觉代表学校向莅临首届中国民族地区金融发展论坛及民族地区高校金融学科联席会成立大会的各位专家学者、各位领导、各位同学致辞，他强调，会议选题紧扣民族地区最急需解决的金融问题，充分体现了民族地区高校服务民族地区经济社会发展的职能。多位嘉宾也从理论上解读了研究民族地区金融的重要性，并让与会代表分享了他们的相关研究成果。

与会代表一致认为，民族地区金融有着与东部、发达地区不同的特殊性，应借此成立专门的机构，对民族地区金融问题开展合作研究，联合攻关，为民族地区经济金融和社会发展出谋划策。会议决定，民族地区高校金融学科联席会议的常设机构是“中国民族地区金融发展论坛”秘书处，秘书处设在中央民族大学经济学院，“论坛”实行轮值主席制。

（中央民族大学科研处供稿）

企业社会责任与中国发展国际学术研讨会　10月18—19日，“企业社会责任与中国发展国际学术研讨会（2014）”在中国传媒大学举办。本次研讨会由中国传媒大学广告学院和国家广告研究院主办，公共关系系和公关舆情研究所承办。中国传媒大学副校长吕志胜，校学术委员会副主任、国家广告研究院院长丁俊杰，中国国际公共关系协会副会长赵大力，全国公益广告创新研究基地秘书长刘林清在开幕式上分别致辞。

本次研讨会重点关注了企业社会责任的理论发展，当前企业责任营销的方式、经验与问题，企业社会责任的边界等问题。参会人士围绕这些问题进行了深入讨论，并分享了他们的最新研究成果。

本次会议是对2012年“企业社会责任与中国发展国际学术研讨会”成果的继承与发展，力求更加切合当前中国经济与社会发展的理论及实践需要，得到学术界和业界的广泛关注。参加本次会议的有来自东北石油大学、北京服装学院、上饶师范学院等高校的国内外专家学者，有来自迪思传媒集团、伟达（中国）公关顾问有限公司、蓝色光标传播集团、友拓传播机构、北京尚诚同力国际品牌管理顾问公司、晴朗一州传播机构等公司的高级管理人员，他们向大会汇报了实践中的最新案例。

（中国传媒大学文科科研处供稿）

新视角下的中法公共财政：现状与前景国际研讨会　10月20—21日，由中央财经大学财政学院、中央财经大学中国财政发展协同创新中心、公共财政国际基金会主办，《法国财政研究》杂志协办的“新视角下的中法公共财政：现状与前景”国际研讨会在本校召开。来自法国、摩洛哥王国、突尼斯共和国的外方专家 11 人，中央财经大学、中国人民大学、中国社科院财经战略研究院、海关总署等机构的专家学者 50 余人参加了本次研讨会。与会专家学者就中法公共财政管理改革、中法政府预算管理决策机制、中法政府预算执行中的控制机制建设、财政监督体制转型、政府间财政关系、税制改革与资源共享等话题展开热烈研讨。中央财经大学财政学院院长马海涛、公共财政国际基金会主席、《法国财政研究》杂志主编、巴黎第一大学（先贤祠·索邦大学）米歇尔·布维耶教授、波尔多第四大学讲师阿兰·巴黑昂特先生、中央财经大学李燕教授、公共财政国际基金会秘书长、巴黎第一大学玛丽·克里斯蒂娜·艾斯克拉桑教授、中央财经大学温来成教授、摩洛哥王国财务总长、公共财政国际基金会成员努尔丁·本索达先生、中央财经大学肖鹏副教授、巴黎第一大学讲师、公共财政国际基金会研究院艾米丽·穆瓦桑、摩洛哥王国国库公共会计司主任、法国罗纳—阿尔卑斯大区审计法院院长凯瑟琳·德凯索女士、中国人民大学孙玉栋教授、突尼斯斯法克斯大学奈基·巴固教授、海关总署国际司何彤处长先后进行了主题发言。

（中央财经大学科研处供稿）

第二届烟草税与烟草经济高层政策研讨会　10 月 23 日，对外经济贸易大学举行第二届“烟草税与烟草经济”高层政策研讨会。本次研讨会由财政部税政司和世界卫生组织主办，对外经济贸易大学国际经济贸易学院承办。来自财政部、世界卫生组织、国家税务总局、国家卫生和计划生育委员会、农业部、中国社会科学院、中国控烟协会、中国疾病预防控制中心、比尔与梅林达·盖茨基金会、美国疾病预防控制中心（USCDC）、联合国开发计划署（UNDP）等机构的国内外专家、学者以及政府官员参加会议。

世界卫生组织驻华代表处项目官员 Angela Pratt 博士，中国控烟协会许桂华副会长，对外经济贸易大学国际经济贸易学院院长洪俊杰出席开幕式并分别致辞。研讨会上，来自国内外高校和研究机构的从事烟草税与烟草经济研究项目的课题组分别展示和汇报各自的研究成果。世界卫生组织烟草与慢性病控制经济部负责人 Ayda Yurekli 博士，世界卫生组织高级经济学家 Mark Goodchild、加州大学伯克利分校 Hu Tehwei 教授分别介绍了世界各国在烟草税政策与管理方面的经验及实证研究结果，并对中国烟草税政策和管理提出建议。

（对外经济贸易大学科研处供稿）

地域经济转型与创新设计发展论坛　11 月 1 日，清华大学美术学院举办主题为“地域经济转型与创新设计发展论坛”的工业设计高峰论坛。论坛包括地域经济转型与创新设计发展论坛、学术论文发表、工业设计系教学与科研发展圆桌会议以及设计师之夜。上午，学术论文发表在清华大学美术学院 B405 室举行。老师和同学们展示了在设计教育与设计实践各方面的成果。下午，在清华大学美术学院 A301 报告厅举行了地域经济转型与创新设计发展论坛，论坛由美术学院副院长马赛主持。党委书记李功强致辞，表示工业系为社会输送了大批人才，并表达了对工业系蓬勃发展的美好祝愿。中国工程院院士程京作了题为《从未病到已病》的演讲，比利时设计委员会专家希尔克·威利克与蒂米垂·甘高夫介绍了比利时设计学院的基本概况，展示了以“人”为本以及绿色环保的设计理念。国际设计研究协会主席李康普，阐释了从建立知识到使用知识的过程，并提出了未来的设计将是用户自己为自己而设计的趋势。美术学院展示艺术所所长洪麦恩展示了自己多年来积累的优秀案例。海尔创新设计中心高级设计经理孔志介绍了卡萨帝在智能家电方面的成果。上汽通用造型总监斯蒂芬·尤穆介绍了作为一个交通工具设计师所必备的条件。在论坛最后的嘉宾对话环节中，程京、马赛、赵超、希尔克·威利克等针对广西工业设计发展现状以及未来可能的发展方向进行了探讨。在论坛进行的同时，工业设计系教学与科研发展圆桌会议、设计师之夜在 A 区多功能厅举行。

（清华大学文科建设处刘金梅供稿）

2014 互联网金融企业高峰论坛　11 月 14 日，由中央财经大学科技园在孵企业狮吼网主办，中央财经大学科技园、中央财经大学科技金融产业园协办的以“对抗、融合、共赢”为主题的 2014 互联网金融企业高峰论坛在中央财经大学学术会堂举办。近 400 位互联网金融企业的代表参加了此次论坛。本次论坛旨在以新金融为背景，聚焦行业热点，集思广益，由互联网金融业界著名企业创始人分享经验与得失，为促进互联网金融行业的健康发展共同建言献策。论坛分为主题演讲和高端对话两个环节，线上线下同步直播，内容丰富多彩。翼龙贷董事长王思聪、91 金融创始人许泽玮、玖富 CEO 孙雷、原始会 CEO 陶烨、人人投创始人郑林分别作了主题演讲。会上，中国人民大学金融法研究所副所长杨东、易通贷 CEO 康文、我爱卡董事长涂志云、闪银联合创始人李昊等众多来自学术界、互联网和金融业的优秀代表，就互联网金融进入 2.0 时代、新型金融环境下的机遇与挑战、互联网思维下的金融创新等相关问题进行了广泛交流。当前，中国互联网金融的发展已经进入到由爆发到井喷再到变革的一个关键阶段，新兴互联网金融产品频频进入人们的视野，互联网创新金融模式的增多，不仅仅是多种融资方式的简单替代，更是促进金融市场向成熟高效演变的重要助力。

（中央财经大学科研处供稿）

中国生态经济学学会成立 30 周年庆典暨 2014 年学术年会　11 月 15—16 日，中国生态经济学学会成立 30 周年庆典暨 2014 年学术年会在北京林业大学举行。来自全国各地、各行业、各单位的约 150 名专家、学者汇聚一堂，共度三十周年庆典，共言生态经济发展。

15 日上午，中国生态经济学学会成立 30 周年庆典暨 2014 年学术年会在本校图书馆五层报告厅拉开帷幕，曾经担任或正在担任中国生态经济学学会主要领导职务的中国社会科学院原副院长滕藤、国务院发展研究中心顾问石山、林业部原副部长刘广运、国家林业局原副局长李育材、安徽省人大常委会原副主任季昆森、农业部政策法规司原司长郭书田、中国社会科学院荣誉学部委员王松霈，以及本校校长宋维明，中国社会科学院农村发展研究所所长、中国生态经济学学会第八届理事会常务副理事长李周，副理事长孙若梅出席大会。中国生态经济学学会第八届理事会秘书长于法稳主持开幕仪式及庆典活动。

会上，北京林业大学校长宋维明代表学校致辞。他回顾了本校与中国生态经济学学会之间的合作渊源，对学会把庆典及年会活动选择在本校举办所体现的双方信任与友谊表示感谢，并期待双方未来进一步深化合作。

李周在致辞中，介绍了 30 年前中国生态经济学学会成立的历史背景，以及学会成立以来所开展的研究、交流和普及活动，这些都为促进我国生态经济研究，推动我国生态经济建设，解决我国生态经济问题，创建我国生态经济学做出了开拓性贡献。

滕藤和刘广运分别讲话，他们指出，在当前大力推进生态文明建设中，生态经济学的重要性日益突显，生态文明是一个时代，生态经济是一个核心，实现保护生态环境与经济发展相协调是我国经济发展新常态中的关键问题。会上，中国生态经济学学会副理事长孙若梅宣读了“中国生态经济学学会授予石山先生、叶谦吉先生终身贡献奖”的决定，滕藤为两位获奖者本人或代表颁发奖杯与证书。石山先生发表了获奖感言，会上还播放了叶谦吉先生的讲话视频。开幕式后，环境保护部南京环境研究所所长高吉喜向大会做了《生态文明建设与生态红线划定》的主题报告，中国科学院地理科学与资源研究所董锁成研究员做了《国际丝绸之路经济带资源环境与可持续发展模式》的主题报告。15 日下午，参会代表分成四个分论坛，就“城镇化”“现代农业与生态农业”“生态经济理论与方法”和“美丽乡村建设与环境保护”四个专题进行讨论。16 日上午，中国生态经济学学会 2014 年年会举行闭幕式。会上，王松霈作了《中国生态经济学学会 30 周年成就与展望》专题发言，季昆森作了《提高资源产出率是建设生态文明的重要途径》专题报告，山西省晋中市委常委、统战部长孙光堂作了《生态庄园经济——发展现代农业的一条新路》专题报告，新疆财经大学经济学院任群罗教授做了《启动南水西调工程，促进新疆经济发展与社会稳定》报告。随后，各分论坛代表向大会做了专题讨论汇报。

（北京林业大学科技处张力供稿）

中国成本研究会 2014 年年会　11 月 21 日，由中国成本研究会主办的 2014 年年会在首都经济贸易大学召开。本次年会主题为“发展与改革的成本度量”。本次成本研究会年会的举办受了到国内学者专家以及财务实践者的广泛关注与支持，来自国家研究机构、高等学校、中央企业和民营企业的 300 多人参加了此次研讨会。

会议分为开幕式、大会主题演讲和分会场讨论三个组成部分。主题演讲大会分为 2015 年的宏观经济政策走向、成本费用管控的行业应用研究、环境绩效及环境成本研究、我国政治经济环境治理成本研究、经济体制改革及结构调整的成本分析研究五个主题。在主题演讲大会上，中国成本研究会秘书长、中国社会科学院财政经济战略发展研究院高培勇院长，中国成本研究会副会长、清华大学于增彪教授，中国成本研究会副会长、中国船舶工业集团公司周明春总会计师，中国成本研究会常务理事、首都经济贸易大学纪委书记杨世忠教授，分别就各自研究的成果做主题演讲。

（首都经济贸易大学科研处张嘉艳供稿）

第十四届中国 MBA 发展论坛　11 月 22 日，第 14 届中国 MBA 发展论坛暨北大光华 MBA20 周年庆典在北京大学邱德拔体育馆开幕，国内外知名学者、商界精英齐聚北大，以“新管理新思维：面向中国 MBA 发展新十年”为主题，在庆祝北京大学光华管理学院 MBA 项目成立 20 周年的同时，深入讨论管理教育在中国未来发展的新思路。本次活动由北京大学光华管理学院、中国 MBA 发展论坛委员会联合主办，来自全国 130 余所商学院校的教师及学生代表参与了本次论坛。

主论坛由北京大学光华管理学院党委书记冒大卫主持。北京大学常务副校长刘伟发表开幕致辞。光华管理学院名誉院长、著名经济学家厉以宁以“MBA 的毕业生应该有洞察改革前景的能力”为题发表了演讲。全国工商管理专业学位研究生教育指导委员会（简称全国 MBA 教指委）副主任委员、清华大学经济管理学院院长钱颖一代表全国 MBA 教指委致辞。

中国 MBA 发展论坛肇始于光华管理学院，在经过 14 年的发展，在北大光华 MBA 项目 20 年生日之时中国各院校 MBA 代表们得以再次相聚光华，讨论未来 MBA 教育的创新发展模式。本次论坛在主论坛以外，另设置 MBA 教育、创新主题、公益主题、文化产业、新汽车能源等八场分论坛，同时将举行隆重的闭幕式和颁奖仪式，为年度优秀 MBA 联合会及优秀个人颁奖。

（北京大学社会科学部供稿）

第三届中国国有企业改革与治理学术研讨会　11 月 22 日，中国国有企业改革与治理学术研讨会在京举行。会议由中国企业管理研究会、中国管理现代化研究会公司治理专业委员会、中国社会科学院管理科学与创新研究中心、安徽财经大学国有企业治理研究中心、北京工商大学国有资产管理协同创新中心、首都经济贸易大学国际比较管理研究院主办，首都经济贸易大学工商管理学院承办。

来自国内 20 多所知名大学、研究机构的专家学者以及《管理世界》《经济管理》等国内著名期刊主编参加了本次会议。大会邀请国务院国资委企业改组局副局长吴同兴作特邀报告。专家学者们以“国企发展混合所有制”为题作了发言。在大会最后，与会专家学者以国资国企改革的系统设计为主题，从新视角入手，着重探讨国资体制调整与国企创新联动，对国企改革提出了新的想法与新的视角。

中国国有企业改革与治理学术研讨会自 2012 年起已成功举办两届。

（首都经济贸易大学科研处张嘉艳供稿）

金融风险高层论坛暨《中国金融风险报告》蓝皮书发布会　11 月 22 日，由首都经济贸易大学、中国社会科学院金融研究所主办，首经贸大学金融风险研究院、金融学院承办的金融风险高层论坛暨《中国金融风险报告》蓝皮书发布会在北京落下帷幕。本次会议旨在聚焦我国金融发展与风险管理，关注我国金融风险年度状况和热点金融问题，深度剖析我国金融风险的核心问题，促进首经贸大学金融学科发展，更好地服务于金融决策部门，服务于社会，服务于国家智库建设。

来自政府研究机构、高等院校、企业等机构著名的经济学、金融学界的专家和学者，以及首经贸大学金融学院全体教师和部分研究生参加了会议。本次大会发布了《中国金融风险报告》蓝皮书，对中国金融风险进行了全方位的分析与研判，以期探索有效解决中国金融风险的策略，推动中国金融行业可持续发展。

（首都经济贸易大学科研处张嘉艳供稿）

中国国际金融学会学术年会暨 2014《国际金融研究》论坛　11 月 28 日，“中国国际金融学会学术年会暨 2014《国际金融研究》论坛”在对外经济贸易大学召开。

论坛以“再平衡格局下的全球经济与金融”为主题，对外经济贸易大学校长施建军、中国银行副行长任德奇分别致开幕辞，财政部副部长朱光耀、中国社会科学院副院长李杨、中国银行行长陈四清、原中国人民银行副行长马德伦、中国银行首席经济学家曹远征、对外经济贸易大学校长助理丁志杰、北京师范大学钟伟教授、中国人民大学财政与金融学院副院长赵锡军分别就世界经济形势、全球进入新常态、新常态下的中国金融业等问题作主题演讲。

此次会议由中国国际金融学会、对外经济贸易大学主办，中国银行国际金融研究所、《国际金融研究》编辑部、对外经济贸易大学金融学院承办，中国证券报、金融时报、经济日报、中证网、搜狐网、和讯网等媒体进行了宣传报道。

（对外经济贸易大学科研处供稿）

第六届亚太经济与金融论坛　11月28—29日，由中央财经大学金融学院主办，中国社会科学院世界经济与政治研究所国际金融研究中心、澳大利亚国立大学中国经济项目、《世界经济》杂志编辑部和《国际经济评论》杂志编辑部协办，中央财经大学国际金融研究中心承办的“第六届亚太经济与金融论坛”在中央财经大学举行。本届论坛主题为“中国经济的崛起及其对世界的影响”。来自澳大利亚、韩国、日本、泰国、印度尼西亚、英国、中国香港地区和大陆的20多位大会演讲嘉宾，以及来自国内高校、科研机构、金融机构、新闻媒体的专家学者共计200余人参加了此次论坛。论坛分设“中国经济的崛起及其增长前景”“中国经济崛起对世界经济的影响”“人民币国际化：前景及其影响”“全球金融治理的主要问题和政策议程”等专题讨论，来自北京大学、清华大学、复旦大学等全国高校和科研机构的32位作者代表宣读了论文。亚洲基础设施银行多边临时秘书处秘书长金立群、原国家外汇管理局副局长魏本华、中国社会科学院世界经济与政治研究所国际金融研究中心主任高海红、日本东京大学经济学教授Masahiro Kawai、印度尼西亚大学经济学教授Anwar Nasution、泰国发展研究院杰出研究员Chalongphob Sussangkarn、法国巴黎银行（中国）有限公司董事总经理陈兴动等围绕当前全球金融治理热点话题展开演讲和讨论。

（中央财经大学科研处供稿）

中国流通发展与改革高峰论坛　11月29日，由中国市场学会、中国商业经济学会、中国社会科学院财经战略研究院、中国流通30人论坛（G30）联合主办，首都经济贸易大学中国流通研究院承办的“庆祝建国65周年中国流通发展与改革高峰论坛”在首都经济贸易大学举行。国内10多所高校领导与专家，全国流通领域有关协会、研究机构、企业等单位共300多人参加本次大会。

本次高峰论坛围绕解读最新流通政策，弘扬推广流通先进理念与研究成果，探讨流通产业的热点问题、行业发展趋势展望、流通渠道创新等主题展开深层次探讨。本次高峰论坛还公布了近五年来影响和推动中国流通领域改革发展的五大学术奖项：优秀著作奖、优秀教材奖、优秀论文奖、优秀研究报告奖和学术贡献奖。为推动中国流通界学术研究的持续创新发展，打造未来行业研究的领军队伍，中国流通产业界顶级专家智库中国流通30人论坛（G30）在会上成立了由流通学术界青年优秀专家组成的青年论坛。29日下午，G30青年论坛与中国社科院财经战略研究院合作举办了中国流通经济发展改革青年论坛。

本次高峰论坛的成功举行不仅为政府主管部门、政策研究咨询机构、学术界和实业界提供了分享政策信息和研究成果的良机，而且为未来10—20年中国流通经济理论研究和实践创新奠定了开放平台和中坚团队。

中国流通三十人论坛（G30）成立于2009年11月28日，是由中国顶级流通专家自发组织成立的流通学术论坛，旨在加快中国流通学术进步，探索流通产业前沿课题，为振兴和发展民族流通产业而竭尽所能。

（首都经济贸易大学科研处张嘉艳供稿）

中国宏观经济论坛（2014—2015）　12月1日，由中国人民大学国家发展与战略研究院、中国人民大学经济研究所、中国诚信信用管理有限公司联合主办的“中国宏观经济论坛（2014—2015）”在中国人民大学逸夫会议中心举行。中国人民大学副校长伊志宏，中国人民大学经济学院教授胡乃武，中国社会科学院学部委员、财经战略研究院院长高培勇，中国人民大学经济研究所联席所长毛振华，国务院研究室宏观司副司长孙国君，中国国际经济交流中心经济研究部副主任张永军、人事处处长刘凤良，国家发展与战略研究院执行院长兼经济研究所联席副所长刘元春等专家学者出席论坛。新华社、中国新闻社等20余家社会媒体对论坛进行了采访报道。会议发布的报告指出，2014年是中国大改革与大调整拉开序幕的一年，也是中国宏观经济沿着“新常态”轨迹持续发展的一年。2015年将是中国大改革与大调整全面展开的一年，使“新常态”的四大典型特征进一步持续。

（中国人民大学科研处关晓斌供稿）

跟踪误差与全球资本配置学术演讲会　12月3日，清华大学经济管理学院特邀诺贝尔经济学奖获得者、斯坦福大学商学院金融学荣退教授迈伦·斯科尔斯（Myron S. Scholes）发表题为“跟踪误差与全球资本配置（Tracking Error and Global Asset Allocation）”的演讲。清华大学经济管理学院副院长、经济系系主任、弗里曼讲席教授白重恩主持讲座。斯科尔斯分析了动态资产分配策略中的跟踪误差（Tracking Error）问题，介绍并分析了关于市场是否是有效的争论。斯科尔斯就大家关注的问题与参会师生进行了交流互动。迈伦·斯科尔斯（Myron S. Scholes）1941年出生于加拿大。1969年获芝加哥大学经济学博士学位。1969年—1974年执教于麻省理工学院，1974年—1983年执教于芝加哥大学，1983年—1996年执教于斯坦福大学并于1996年荣誉退休。迈伦·斯科尔斯被誉为现代期权理论之父，他是期权定价公式布莱克—斯科尔斯公式（Black-Scholes）的创立者，并由此与美国哈佛大学教授 Robert C. Merton 一起于1997年荣获诺贝尔经济学奖。布莱克—斯科尔斯公式目前已被广泛地运用于证券定价、期权定价等方面，具有极强的指导性，这为衍生金融商品交易市场的迅猛发展铺平了道路，也在一定程度上使衍生金融工具成为投资者良好的融资和风险防范手段。

（清华大学文科建设处刘金梅供稿）

WTO 法与中国论坛　近日，“WTO 法与中国论坛暨2014年中国法学会世界贸易组织法研究会年会”在北京举行。论坛主题为“区域贸易协定与 WTO 多边贸易规则”。

与会者指出，中国是 WTO（世界贸易组织）的坚定支持者和积极参与者，模范遵守 WTO 规则，对 WTO 发展发挥了积极作用。加入 WTO 后，中国信守承诺，为保证有关法律、法规、规章符合 WTO 协议并在全国得到统一实施，积极修改、制订相关法律法规。目前，中国在运用 WTO 争端解决机制过程中仍存在一些问题，主要表现为：对规则不完全了解制约了自身权利行使，国内法律法规与 WTO 规则仍有矛盾之处，参与 WTO 争端解决机制的专业人士缺乏等。这就需要进一步完善法律法规，加快国内立法与国际衔接，以减少争端；提高司法水平，争取与 WTO 争端解决机制要求相适应；健全政府、行业协会、企业联动机制，及时发现和解决问题；培养争端解决专才，研究、推动 WTO 规则完善，努力在 WTO 框架中拥有更多话语权。

（参见《人民日报》2014年12月3日第7版）

资产评估新发展国际论坛　12月5—7日，资产评估新发展国际论坛在北京举办。本届论坛由中国资产评估协会指导，首都经济贸易大学和美国评估师协会（ASA）主办，中南财经政法大学 MBA 学院、厦门大学评估研究中心、国际企业价值评估分析师协会（IACVA）协办。来自美国、俄罗斯、澳大利亚、德国、印度、韩国、斯洛文尼亚、日本、加纳等十余个国家和地区的40余位国际来宾，200余位中国的评估专家学者参加本届论坛。

在论坛主题报告环节，Lee P. Hackett 先生、张国春先生、Stephen H. Penman 教授、中南财经政法大学汪海粟教授分别作主题报告。分论坛环节主要围绕“并购重组价值评估”和“资产评估新业务、新领域”两个主题展开。在论坛圆桌论坛环节中，来自高校、资产评估机构、证券日报等单位的代表对资产评估行业发展、学科建设和人才培养进行了深入研讨。

经过一天半的研讨，专家学者们形成共识，应从宏观和国际视野下思考资产评估行业的发展。当前资产评估行业面临着新的机遇和挑战，资产评估理论界和学术界应搭建国际化的合作平台，积极思考新形势下并购重组市场发生的变化，变革传统的价值评估方法和手段，提升市场化估值能力，做好新业务，新领域价值评估，更好地服务于国家经济建设。

（首都经济贸易大学科研处张嘉艳供稿）

2014中国金融论坛暨第五届《金融研究》论坛　12月6日，由中国金融学会、中国人民大学主办，《金融研究》杂志社、中国人民大学经济学院、中国人民大学国际货币研究所共同承办的“2014中国金融论坛暨第五届《金融研究》论坛”在中国人民大学举行。中国人民银行副行长潘功胜，中国社会科学院学部委员、副院长李扬，中国人民大学党委常务副书记张建明，中国人民银行研究局局长陆磊，中国社会科学院金融研究所所长王国刚，中国人民大学经济学院院长张宇，以及《金融研究》2013年度优秀论文获奖作者出席本次论坛。本次金融论坛的举行，将对全国金融领域的研究和方法起到引领效果，也将对我国金融业改革发展发挥积极的促进作用。

（中国人民大学科研处关晓斌供稿）

丝绸之路经济带：构建与发展学术研讨会 12月6日，“丝绸之路经济带：构建与发展”学术研讨会在中央民族大学召开。本次研讨会由国家民委国际交流司、中央民族大学经济学院、中国社科院民族学人类学研究所《民族研究》杂志社共同主办，是中央提出建设“丝绸之路经济带”战略背景下，为深化对“丝绸之路经济带”的认识，促进学术界相关领域的学术交流，为相关机构提供思想和学术成果的一次学术盛会。本次研讨会邀请到国内“丝绸之路经济带”研究的相关专家以及中央民族大学经济学院的学者共计110余位。

本次大会42位专家、学者分别围绕：(1)“丝绸之路经济带总体构建与发展”；(2)“丝绸之路经济带与西部省区市发展”；(3)“丝绸之路经济带与民族经济发展”；(4)“丝绸之路经济带与国际贸易”；(5)“海上和草原丝绸之路及茶马古道”；(6)“多学科视角下的丝绸之路经济带”等六个主题展示了自己的观点。

大会主旨发言结束后，中央民族大学经济学院院长张丽君发布了成立“中国丝路经济研究中心”与定期举办“中国丝路经济”论坛的倡议。提出中央民族大学经济学院决定成立“中国丝路经济研究中心”，该中心将以求真务实的作风、开放的姿态、合作的精神，积极推动丝绸之路多民族跨区域创新研究，边疆及沿边地区经济社会新型发展研究，东中西部地区一体化研究，以及丝绸之路经济带相关国家的经济与社会研究。与此同时，为积极促进丝路经济研究的深入发展，倡议学界及有关部门整合资源，共同合作，定期举办“中国丝路经济”论坛。作为该论坛的倡议者，中央民族大学经济学院将于明年适当时间和有关单位共同举办首届国际中国丝路经济论坛。

（中央民族大学科研处供稿）

第四届北大经济国富论坛 2014年12月7日，第四届“北大经济国富论坛”在北京大学经济学院学术报告厅举行，此次论坛的主题为“新常态、新机遇、新挑战：重构经济增长新动力”。论坛由北京大学经济学院党委书记、副院长章政主持，来自政府、学界、产业界、媒体和在校学生等300余位代表莅临论坛。北京大学经济学院院长孙祁祥作开幕致辞，她首先对与会的嘉宾、学者及社会各界的莅临表示衷心感谢，同时根据此次论坛“新常态”的主题发表了演讲。北京大学常务副校长刘伟作了题为“经济新常态下的宏观调控和体制改革”的演讲。原国家外经贸部副部长、原博鳌亚洲论坛理事、秘书长龙永图作了题为“新常态下的对外开放战略”的演讲，他提出要以创新的精神，从结构调整方面来对对外开放的两个重要领域国际贸易和国际投资进行改革。上海市委常委、上海市人民政府常务副市长屠光绍以上海市为样本，探讨了“上海的新常态、新机遇和新挑战”这一主题。

（北京大学社科部供稿）

第十四届中国经济论坛 10月10日，由人民日报社、国务院国资委共同指导，《中国经济周刊》杂志社、国资委新闻中心联合主办的第十四届中国经济论坛在北京举行。

本届论坛以“新常态 可持续”为主题，中国经济论坛学术委员会主席、著名经济学家厉以宁，科技部副部长张来武做主旨演讲。第十一届全国人大常委会副委员长周铁农、人民日报社副社长张建星、国务院国资委秘书长阎晓峰出席开幕式。

张建星表示，当前中国经济已经进入新常态，速度上从高速增长转为中高速增长，结构上经济结构不断优化升级，要素驱动、投资驱动已经转向创新驱动。要适应新常态，必须善于发现新机遇，努力寻找新动力，用有效的措施把创新发展起来。

本届论坛还进行了“中国—丹麦零碳对话”、“中国企业的全球化战略”及“新型城镇化的中国路径”三场高端峰会，中外嘉宾分别就环境问题、中国企业走出去、新型城镇化等与“新常态 可持续”密切相关的主题，进行了深入的探讨和交流。

（参见《人民日报》2014年12月11日第4版）

首届财富管理展望论坛 12月11日，“首届财富管理展望论坛”在中国人民大学举行。陈雨露校长致辞；青岛市金融工作办公室主任白光昭介绍了青岛市财富管理金融综合改革试验区建设推进情况；财政金融学院庄毓敏教授代表课题组进行报告解读；与会专家学者结合实务经验和行业特点进行了交流。论坛发布了《中国财富管理报告2014》，这是国内第一份由学术研究机构编撰、系统研究中国财富管理理论和实践问题的智库报告。

（中国人民大学科研处关晓斌供稿）

公司治理与发展混合所有制研讨会　12月14日，由北京师范大学经济与工商管理学院、北京师范大学公司治理与企业发展研究中心与和讯网联合主办的“第九届中国公司治理论坛暨公司治理与发展混合所有制研讨会”在北京举行。国务院国有重点大型企业监事会主席季晓南，国务院国资委企业改组局局长李冰，中国证监会研究中心副主任黄明，国务院国资委宣传局副巡视员金思宇，中共中央党校国际战略研究所所长韩保江，中国企业管理研究会理事长、中国社科院工业经济研究所副所长黄速建，北京大学校长助理黄桂田，中国人民大学经济学院院长张宇，国家审计署执法审计局副局长涂莹，北京师范大学经济与工商管理学院副院长张平淡，和讯网副编辑韩明，以及来自国务院国资委新闻中心、北京西城区国资委、中国企业社会责任评价中心、中国农业银行、中国工商银行、中国银行、中国人民保险集团公司、中国交通建设股份有限公司、北京控股集团公司、招商银行、北京恒华伟业科技股份有限公司等国有企业和民营企业代表100余人参加了本次会议。

会议发布了《中国上市公司企业家能力指数报告2014》和《中国上市公司自愿性信息披露指数报告2014》，这是高明华教授主持完成的“中国公司治理分类指数报告系列”的第10部和第11部报告。两个报告以国际上先进的公司治理规范为评价标准，同时考虑中国国情，从总体、行业、所有制、地区、上市板块等方面，对中国全部上市公司的企业家（CEO）能力和自愿性信息披露水平进行了全方位评价和有效性分析，这种评价对于提升中国企业的公司治理水平，促进混合所有制发展具有重要指导价值。高明华教授作了“公司治理与发展混合所有制”的主题报告，提出必须通过强化公司治理，实现依法治企，这是混合所有制取得成功的制度保障；必须健全市场体系，尤其需要大力发展经理人市场，以此实现对企业负责人外部监督与自我约束的高度契合。

（北京师范大学社科处刘娜供稿）

第三届金砖国家财经论坛　12月15日，第三届金砖国家财经论坛在北京举行。本次论坛以“创新引领发展 互补促进合作”为主题，深入分析金砖国家开发银行的作用与营运模式，探讨以工业技术革新带动金砖国家结构转型，进而加强金砖国家在金融、贸易、技术创新等领域的互补性合作。会议认为，金砖国家是新兴市场国家和发展中国家大家庭的重要组成部分，是维护世界和平、促进共同发展的积极力量。

本次论坛由经济日报社主办、中国经济网承办。金砖国家政府官员、知名学者、企业家和媒体高层人士出席论坛。

（参见《人民日报》2014年12月16日第21版）

2014首都现代服务业发展论坛　12月20日，由北京工商大学商学院和中国商经协会共同承办的2014首都现代服务业发展论坛在北京工商大学召开。北京市商务委员会副主任申金升，京东集团政策研究室主任张建设，中央财经大学中国互联网经济研究院院长孙宝文，北京工商大学国际交流与合作处处长何明珂、商学院院长王国顺、党总支书记欧阳爱平及北京工商大学部分教授、MBA学员、学术型研究生等180人到会。

会议围绕零售商O2O融合、大数据应用、按需定制、社区物流体系建设、产业链互联网化、微电商等话题进行了交流互动。达成的学术观点为线上线下融合发展将是服务企业战略转型的重要途径，消费的互联网化将向产业链互联网化推进，电子商务将是解决“三农”问题的新方向，物流服务的地位将会显著上升，大数据应用将有力推动个性化、部落化定制等。

在主题演讲环节，三位特邀嘉宾分别作了主题演讲。申金升的演讲主题是“首都商贸流通业的未来发展”，演讲内容包括如何认识商贸流通业在北京经济社会发展中的地位和作用，北京商贸流通业面临的问题和未来发展方向等。张建设的演讲主题是“电子商务的再认识”，演讲内容包括我国电子商务的发展现状、存在的主要问题及未来发展趋势。孙宝文的演讲主题是“电子商务促进经济转型和现代服务业发展”，演讲内容包括电子商务与农业转型、电子商务与制造业升级、电子商务与服务业提升、互联网经济与企业商业模式创新等。

对话环节由何明珂主持，三位特邀嘉宾和王国顺、庞毅、冯中越教授等主办方嘉宾及参会的师生，围绕零售商O2O融合、大数据应用、按需定制、社区物流体系建设、产业链互联网化、微电商等话题进行了交流互动。大家普遍认为，线上线下融合发展将是服务企业战略转型的重要途径，消费的互联网化将向产业链互联网化推进，电子商务将是解决“三农”问题的新方向，物流服务的地位将会显著上升，大数据应用将有力推动个性化、部落化定制等。

首都现代服务业发展论坛是现代服务业发展的一

次盛会，论坛汇聚了来自政界、学界、业界的各方声音，对互联网时代商贸流通业发展及企业战略转型问题进行了深入探讨，并结合电子商务的发展态势，提出了政策建议和企业实践指南，必将对北京服务业的发展与创新起到积极推动作用。

（北京工商大学科学技术处供稿）

第十三届WTO与中国学术年会 12月18日，第十三届WTO与中国学术年会在对外经济贸易大学召开。本届年会由国际贸易和可持续发展中心、中国世界贸易组织研究会、对外经济贸易大学中国世界贸易组织研究院联合主办。来自国际组织、政府机构、国内外科研院所的150多位专家学者出席会议。

本届年会以“中国经济新常态和世界贸易体制新发展”为主题全面展开，对外经济贸易大学校长施建军、中国世界贸易组织研究会会长孙振宇、国际贸易和可持续发展中心总裁Ricardo Melendez-Ortiz和英国驻华大使馆经济贸易事务公使衔参赞Catherine Webb先后致辞，国务院发展研究中心党组成员、办公厅主任隆国强，商务部政研室主任沈丹阳应邀分别以“经济新常态下，中国对外开放战略的思考”“APEC全球价值链合作对中国的意义”为题作主旨发言。年会设四个主题分场。

（对外经济贸易大学科研处供稿）

中国全面小康论坛 12月22日，第九届中国全面小康论坛在京召开《小康》杂志对其发布的78.1的中国小康综合指数进行了解读。当天，来自全国各地的专家学者围绕“县域经济和小康社会”的主题，针对土地流转、宅基地抵押等热点问题进行了深入交流，对工业化和城镇化中出现的城中村改造和生态问题进行了详细探讨。当天还颁发了“2014中国全面小康十大示范县市”奖项，江阴市、德清县、双流县等地分获此荣誉。

该论坛是求是杂志社批准举办的，主办单位小康杂志社副社长赖惠能认为，现在全国各地已进入全面建成小康社会的倒计时，搭建官产学交流的平台，就是为探讨小康社会的常项标准，吸收各地的差异化经验。

（参见《人民日报》2014年12月23日第10版）

第十六届北大光华新年论坛 近日，以“文化重塑与经济转型”为主题的第十六届北大光华新年论坛在北京大学开幕。本届论坛聚焦中国经济发展的软实力与硬实力，探讨以创新创业精神重塑文化优势，以经济平稳转型引导结构升级，释放双重动力，筑梦复兴之路。

在主题演讲环节，厉以宁发表了题为《论蓝领中产阶级的成长》的报告。他指出，中国经济现阶段劳动力成本的上升和熟练劳动力供给不足间的矛盾已愈发突出。随后，他介绍了二元劳工市场理论及其在市场经济条件下的作用，分析了蓝领中产阶级成长的重要意义并就如何缩小二元劳工市场的差距、怎样形成职业技术教育体系及如何实现社会垂直流动渠道的通畅提出了具体意见。

（参见《北京日报》2014年12月29日第20版）

第三届领航中国金融行业创新发展高峰论坛 12月25日，由金融界网站主办、清华大学五道口金融学院做学术支持的“第三届领航中国金融行业创新发展高峰论坛”在北京开幕。论坛以“移动互联网与金融新生态”为主题，从法规、监管、行业、机构等角度，共同探讨移动互联网与金融的发展。清华大学五道口金融学院副院长曹泉伟，国务院参事、国务院发展研究中心金融研究所名誉所长夏斌，中国证券监督管理委员会创新业务监管部副主任王欧，中国保险监督管理委员会政策研究室副主任舒高勇，中国银行业监督管理委员会业务创新监管协作部主任助理李志磊，中国证券业协会副会长兼秘书长王旻等以及来自各金融机构的领导嘉宾参与了本次论坛。曹泉伟在开幕式上发表致辞演讲。他表示，中国的投资者现在对资产增值保值的需求越来越强烈。从政策层面看，混业经营在未来将是大势所趋，银行、保险、基金、信托、包括小贷和第三方理财公司都在从事资管业务，在这个大资产管理时代，互联网金融也会拥有自己的一席之地，金融业不是一个极端排外的行业，往往需要你中有我，我中有你才能获得更多的客户，提供更全面的服务，因此我们看到传统金融在互联网化，互联网金融则服务于传统金融，不断优化其服务手段和业务深度。由金融界网站主办的“领航中国金融高峰论坛”今年已是第三届，论坛设置了主论坛、圆桌论坛和评选颁奖环节，吸引了金融业界的广泛关注。

（清华大学文科建设处刘金梅供稿）

2014税收筹划与法律高峰论坛 12月26日，由中央财经大学税收筹划与法律研究中心、中国税务咨询师（CTC）管理办公室联合举办的“2014 税收筹划与法律高峰论坛暨中国税务咨询师年会”，在中央财经大学学术会堂举行。本次论坛共有来自全国各地税务机关、企业、院校、社会中介等单位 200 余人参会，汇集中国财税界高端人士，共谋国家治理与财税改革，共议税收筹划与经济热点。会议由国务院参事、中央财经大学税务学院副院长刘桓主持，国家税务总局税收科学研究所副所长靳东升，人社部职业技能鉴定中心副主任、中国职协常务副会长毕结礼，中国财税法研究会会长、北京大学法学院教授刘剑文，中央财经大学税务学院党总支书记杨志清、中央财经大学税收筹划与法律研究中心主任蔡昌、中国税务咨询师管理办公室主任张国军等相继致辞。中央财经大学副校长李俊生，国务院发展研究中心研究员倪红日，中国政法大学财税法研究中心主任施正文，中瑞岳华税务师事务所合伙人、总经理宫滨等专家学者进行了主题演讲。与会专家分别就“营改增”效应与税制改革、汇算清缴与税负控制策略等多个议题展开了讨论和交流。此次大会由中央财经大学税收筹划与法律研究中心主办。该中心以“财税研究服务于社会”为基本理念，汇集了财税界精英和知名人士，为财税教育事业服务，同时也为税收公益事业服务。

（中央财经大学科研处供稿）

社会学（含人口学）

中国社会保障 30 人论坛 2014 年会　2 月 22—23 日，中国社会保障 30 人论坛 2014 年会在京举行。来自中国社会科学院、国务院发展研究中心、中共中央党校、国家行政学院、中国人民大学、北京大学、清华大学、北京师范大学、南京大学、浙江大学等 70 余所高校的专家学者及民政部、人力资源和社会保障部、财政部、国家发改委、国家审计署等部门的相关人员约 200 人围绕“建立公平、可持续的社会保障制度”主题展开深入研讨。中国人民大学校长陈雨露出席并发言，窦玉沛、王东进、王建伦、陈传书、宋晓梧等出席年会并作主旨报告。与会专家们分别对如何优化现行养老保险制度、医疗保险制度、社会救助制度、社会福利制度以及促进养老服务的发展提出了建议。

（中国人民大学科研处关晓斌供稿）

国际劳工组织中国青年就业研讨会　4 月 2 日，由国际劳工组织（ILO）发起，中国人民大学中国就业研究所承办的“国际劳工组织中国青年就业研讨会”在京举行，本次是首次由 ILO 发起，中国政府机构、工会和雇主组织代表三方共同参加，探讨中国青年就业问题的国际研讨会。国际劳工组织、人力资源和社会保障部、中华全国总工会、中国企业联合会、共青团中央和中华全国青年联合会的领导与专家，中国人民大学和对外经贸大学等其他高校的专家与学者参加研讨会，围绕青年就业的政策与实践这一主题互动交流。研讨会开幕式由国际劳工组织北京局局长德美尔先生主持。中国人民大学劳动人事学院院长、中国就业研究所所长曾湘泉介绍了中国就业研究所开展的长期就业战略研究和短期就业形势分析的情况。

（中国人民大学科研处关晓斌供稿）

中德社会保障发展论坛　近日，中德社会保障发展研讨会暨德国社会史展览举行。

在活动中，中国社会保险学会会长王建伦介绍了中国社会保障制度的发展，重点回顾了企业职工养老保险改革历程。德国联邦劳动与社会事务部副部长阿斯穆森介绍了德国的社会保障制度的发展，以及当前德国社会保障制度改革面临的主要问题，中国人民大学教授郑功成分析了中国社会保障改革面临的主要问题。

在活动现场，嘉宾与在校学生互动交流。阿斯穆森在回答同学提问时指出，德国目前也存在养老双轨制、延迟退休的情况，民众也有反对声音。专家表示，发达国家也存在逐步走向公平的过程。德国作为较早发展现代社会保障的国家，120 多年的历程可以为我国社保制度的改革提供十分重要的借鉴。

郑功成教授提出，与前一个改革时期相比，新时期的社会保障改革顶层设计，需要建立一个能够维护国家长治久安和不断增进人民福祉的长久稳定机制，因此，要合理地选择适合中国国情的制度模式。

此次活动由中国人民大学中国社会保障研究中心和德国艾伯特基金会共同举办。

（参见《人民日报》2014 年 4 月 17 日第 11 版）

拉丁美洲住房保障和供应体系：中拉学者的视角国际研讨会　4 月 27 日，中国社会科学院拉丁美洲研究所在京召开了“拉丁美洲住房保障和供应体系：中拉学者的视角”国际研讨会暨《住房政策：拉丁美洲城市化的教训》一书的发布式。来自联合国拉美经委会、拉丁美洲开发银行、拉美驻华使馆的代表、国内外有关专家学者及媒体人士共约100余人参加了会议。会议开幕式由中国社会科学院拉美所副所长王立峰主持，拉美所所长郑秉文教授、住建部政策研究中心主任秦虹教授、北京市保障性住房建设投资中心副总经理李持缨先生、中国社会科学院财经战略研究院城市与房地产研究室主任倪鹏飞教授、联合国拉美经委会可持续发展和人居处主任里卡多·霍尔丹在开幕式上做了主旨演讲。

（中国社会科学院办公厅刘玉杰供稿）

中国社会治理论坛 5月18日，第四届中国社会治理论坛在北京师范大学举行。本届论坛根据党的十八届三中全会提出的新思想、新要求、新部署，以创新社会治理体制为主题，集中研讨社会治理创新的理论和实践问题。论坛由北京师范大学中国社会管理研究院、中共北京市委社会工作委员会、中国社会科学院社会学研究所、中国社会工作协会、清华大学社会科学学院联合主办。中国社会管理研究院院长、国务院研究室原主任、国家行政学院原党委书记魏礼群主持开幕式。中国社会治理论坛是中国社会管理研究院持续建设的重要品牌活动之一，也是建设中国特色的、新型的、一流的智库的重要依托，已经连续成功举办三届。本届论坛以“创新社会治理体制”为题意义重大。中共中央党校常务副校长何毅亭，中国社会科学院院长王伟光，北京师范大学党委书记刘川生，校长董奇，副校长曹卫东、杨耕等众多领导和专家出席本届论坛。

“服务国家战略和社会发展需要是北师大的重要职责，也是北师大创建世界一流大学的内在要求。”刘川生在讲话中高度评价了中国社会管理研究院成立三年来取得的成就，表示学校“将继续支持研究院面向世界、面向未来、面向现代化，创建具有一流水准的智库型研究机构”。第十一届全国政协副主席李金华在论坛上指出，“我们要充分认识创新社会治理体制的重大意义，必须切实维护最广大人民群众的根本利益。全面深化改革的总目标是完善和发展中国特色社会主义制度，推进国家治理体系和治理能力现代化，其中一个重要目标和任务，是推进社会治理体系和治理能力现代化”。他认为，中国社会管理研究院每年一届的论坛已经成为一个具有示范辐射能力的重要品牌和平台，“希望大家在这里充分交流、凝聚共识、形成合力，共同开拓中国特色社会主义社会治理创新之路”。

（北京师范大学社科处刘娜供稿）

社区福利与养老体系建设研讨会 5月18日，由北京市社会科学院城市所、北京社区研究基地主办的第三届“中日韩社区福利论坛：社区福利与养老体系建设”在北京市社会科学院召开，会议邀请了日本社区福祉大学野口定久教授、罗佳研究员、金圆景研究员，日本中京大学野口典子教授，韩国首尔大学曹兴植教授，韩国忠北大学尹相龙教授，中国人民大学夏建中教授，北京大学刘继同教授，中央财经大学的王修晓副教授，上海大学顾骏教授等社区领域的相关专家在研讨会上作主题发言。北京市社会科学院院长谭维克为大会致辞，北京社区研究基地首席专家戚本超为大会作总结发言，北京市社会科学院城市所研究员于燕燕主持了此次会议。中国社会科学出版社、《社会福利》杂志社的工作人员参与了会议的媒体宣传工作。北京市社会科学院城市所、综治所、社会学所，北京城市学院等相关研究人员出席了论坛。围绕会议主题“社区福利与养老体系建设”，中日韩三国的专家从人口老龄化给社会、政治、经济造成的严峻挑战出发，分别从微观、中观、宏观三个层面对议题进行了研讨。总之，第三届“中日韩社区福利论坛”既是对上两次年会议题的深化，又是对中日韩三国社会福利与养老体系建设采取的不同做法、取得的经验和存在的问题进行的一次学术交流，其交流成果将有助于“中国社区福利计划与养老体系建设”课题的深入开展。

（北京市社会科学院科研处供稿）

全球化视野下的社会工作与研究学术研讨会 5月23日，“全球化视野下的社会工作与研究”（Social Work Practice and Research under the Setting of Globalization）学术讨论会在中国青年政治学院举行。研讨会由本校社会工作学院与北卡罗来纳大学教堂山分校社会工作学院共同主办。会议邀请了来自北卡大学的郭申阳教授、Mimi Chapman 教授和 Gina Chowa 教授担任主题演讲嘉宾。本校党委常委、副校长陆玉林出席开幕式并致欢迎词，来自北京地区社会工作院系的负责人、专业教师和社工学生等80余人参加了研讨会。

与会专家的发言回应了中国面临的流动人口、青少年发展和扶贫等多个议题。

（中国青年政治学院科研处供稿）

首届国家环境与健康研讨会　由中国环境科学学会主办的首届国家环境与健康研讨会，近日在京召开。与会专家针对环境与健康的现状及问题、相关立法及管理、环境与健康风险评估、综合监测等问题，交流最新科研成果，提出有关政策建议。

环保部环境规划院王金南研究员在报告中指出，如果全国城市PM10达到新空气质量二级标准，每年将减少4.76万人过早死亡，产生健康效益511亿元。如果PM10达到新空气质量一级标准，将每年减少20.86万人过早死亡，产生额外健康效益2122亿元。复旦大学公共卫生学院阚海东教授在报告中指出，在2013年1月我国大面积雾霾事件中，全国交通和健康的直接经济损失保守估计约230亿元，损失最大的省市主要分布在东部和京津冀区域。

（参见《人民日报》2014年6月14日第10版）

残障与发展论坛（2014）　6月28日，由中国人民大学残疾人事业发展研究院、北京市残疾人联合会联合主办的“残障与发展论坛（2014）”在中国人民大学举行。中国残联党组书记、理事长鲁勇，国务院扶贫办副主任郑文凯，中国残联副理事长程凯与来自全国残联系统、民政部门、扶贫部门的有关领导及北京大学、北京师范大学、南京大学、浙江大学等多所高校的专家学者120多人出席论坛。中国人民大学党委书记靳诺在论坛开幕前会见了出席论坛的嘉宾。党委常务副书记张建明为论坛致辞，郑功成教授主持了论坛开幕式与主旨报告会。本届论坛主题为“残障与发展：残疾人同步小康与农村扶贫”。

（中国人民大学科研处关晓斌供稿）

2014年世界体育社会学大会　7月10日，以“体育社会学与社会变革中的挑战”为主题的2014年世界体育社会学大会暨中国体育社会科学年会在北京大学举行。来自全世界20余个国家和地区、中国大陆50多所高校的专家和学者，教育部、国家体育总局的领导以及媒体代表等300余人齐聚一堂，在3天的会议中举行专题报告、学术交流等活动，就体育、全球化与国家认同，体育、政治和政策，老年化与体育等20余个话题展开深入的探讨与交流。来自英国的国际体育社会学学会主席伊丽莎白·派克（Elizabeth Pike）女士、副主席史蒂夫·杰克逊（Steve Jackson）先生及国际体育社会学执委，教育部体育卫生与艺术教育司司长王登峰，国家体育总局政法司副司长刘岩，北京大学常务副书记、副校长张彦，北京体育大学校长、党委书记杨桦，首都体育学院院长钟秉枢等领导和嘉宾出席开幕式。

（北京大学社会科学部供稿）

应对老龄化发展论坛　7月16日，“2014应对中国老龄化发展论坛”暨“儿女孝心工程”研讨会在北京举行。国家发改委社会发展司副司长郝福庆表示，发展养老产业不是仅仅建养老院或是搞养老地产，应重点提高社区服务和居家服务，形成以居家养老为基础的养老服务体系。

全国老龄委办公室副主任闫青春表示，目前，养老服务业发展存在两个问题：一是政策操作问题。中央出台的政策是根据全国的实际来制定的，因此有一些指标、任务、目标不可能很具体很量化。二是二元化体制并存问题。公办养老机构，政府给予经费，而民办的就要依靠自己的力量。政府对于民营养老机构的资助有所不足，这就造成了竞争的不平衡。解决上述问题，必须深化改革，政府转变职能，向改革要动力，要红利。

此次论坛由中国新闻社、《中国新闻周刊》主办。

（参见《人民日报》2014年7月17日第11版）

第二届中新社会治理高层论坛　7月28日，第二届中新社会治理高层论坛在京举行。中共中央政治局委员、中央政法委书记、中央综治委主任孟建柱，新加坡副总理兼国家安全统筹部长及内政部长张志贤出席开幕式并发表主旨讲话。

孟建柱指出，科学有效的社会治理，是人民幸福安康、社会和谐稳定、国家长治久安的重要保障。法治是人类文明的重要成果。孟建柱强调，中国政府高度重视社会治理。十八大以来，以习近平同志为总书记的中共中央明确提出了建设法治中国的宏伟目标。十八届三中全会从完善和发展中国特色社会主义制度，推进国家治理体系和治理能力现代化的战略高度，把依法治理确定为社会治理的基本方式。中国将更好地运用法治思维和法治方式调整利益关系、规范社会行为，不断提升社会治理科学化、现代化水平。

孟建柱就深入推进中新社会治理交流合作，特别是坚持依法治理、建设法治社会提出四点建议：坚持交流互鉴，共享社会治理法治化经验；坚持务实合作，共同推进法治社会建设；坚持突出重点，共同破解社会治理难题；坚持完善机制，提升社会治理交流合作水平。

张志贤在讲话中介绍了新加坡在社会治理方面的理念和做法，表达了加强两国在社会治理领域交流合作的愿望。

论坛开幕式前，孟建柱会见了张志贤和新方参加论坛的部分代表。

（参见《人民日报》2014年7月29日第3版）

首届中国慈善论坛 8月16日，首届中国慈善论坛在京举行。全国人大常委会副委员长陈昌智出席会议并讲话。

陈昌智在讲话中指出，政府在完善公共服务的同时，应进一步转变职能，简政放权，引导、整合社会资源和慈善力量，形成政社之间的良性互动，切实维护困难群众的生存权益，守住人民群众基本生活的安全底线。

陈昌智强调，慈善组织是慈善事业的重要载体，公信力则是慈善组织生存、发展的生命线。慈善组织必须完善内部治理结构，规范项目运作，提高资源使用效率，依法依规披露信息，坚持阳光慈善、透明慈善、高效慈善，以实际行动赢得捐赠者、受助者和管理者的信赖，才能真正实现"取之于社会，服务于社会"的核心价值，才能有效保障慈善事业的生命力，实现可持续发展。

（参见《人民日报》2014年8月17日第4版）

亚太经合组织促进精神健康创新合作研讨会 8月20—21日，"亚太经合组织促进精神健康创新合作研讨会"在北京大学英杰交流中心召开。会议由亚太经合组织（APEC）主办，亚太经合组织生命科学创新论坛和北京大学共同承办，中国国家卫生和计划生育委员会协办，北京大学人口研究所执办。来自亚太地区的澳大利亚、加拿大、智利、中国、美国等17个APEC经济体，中国国家卫生和计划生育委员会及世界卫生组织的官员、学者、专家共同参加了会议。研讨会由美国国务院东亚和太平洋事务局高级科学顾问、杰斐逊科学研究员迈克尔·克朗博士和北京大学人口研究所所长、APEC生命科学创新论坛领导委员会成员郑晓瑛博士共同主持。北京大学副校长李岩松、中国国家卫生和计划生育委员会疾病预防控制局副局长王斌到会并致辞。

（北京大学社科部供稿）

第十届社会保障国际论坛 9月13日，由中国社会保障30人论坛、韩国社会政策学会、日本社会政策学会东亚部会主办，中国人民大学中国社会保障研究中心承办的第十届社会保障国际论坛在京举行。来自中、日、韩、美、德、法、英、意等10多个国家120多所高校及研究机构的300多位专家学者，围绕"当代社会保障发展的机遇与挑战"主题展开了深入研讨。论坛分为养老保险、医疗保障、社会救助、社会福利、国际养老保险比较、社会保障覆盖、护理保障、综合、青年、教学、中国专题等13个分论坛。中国人民大学校长陈雨露、中国社会科学院副院长蔡昉、中国医疗保险研究会会长王东进等出席论坛并为论坛致辞。论坛组织委员会主席、中国人民大学教授郑功成主持论坛开幕式，并与日本福祉大学教授野口定久、韩国社会政策学会会长具仁会、中国社科院美国所所长郑秉文先后为本届论坛作了主旨报告。

（中国人民大学科研处关晓斌供稿）

中外就业政策研讨会 9月17日，"中外就业政策研讨会"在首都经济贸易大学召开。此次会议由人力资源和社会保障部国际劳动保障研究所和首都经济贸易大学劳动经济学院共同举办。国际劳工组织研究司副司长穆扎木·马穆德，国际劳动保障研究所所长莫荣，以及来自中国人民大学、北京工业大学等多所高等院校和科研机构的近20位专家学者和130多位师生代表出席了会议。

会议主旨就劳动就业及其他相关领域的热点、焦点理论问题进行国际交流和讨论。多位专业学者分享了对于国内外宏观政策、经济增长和就业趋势等方面丰硕的研究成果和独到观点，与会者就专家的发言纷纷提出自己的想法和问题，并进行深刻的讨论。此次会议对于中国就业政策与形势进行学术交流，为研究和制定新就业政策提供了国际交流平台。

（首都经济贸易大学科研处张嘉艳供稿）

公益事业与包容性发展圆桌会议 9月26日，由对外经济贸易大学国际经济伦理研究中心与瑞士驻华大使馆、中华慈善总会、商道纵横联合主办的"公益事业与包容性发展"圆桌会议在对外经济贸易大学举行。对外经济贸易大学副校长林桂军、瑞士驻华大使Mr. Jean-Jacques de Dardel出席开幕式并致辞。相关政府机构负责人、国内外知名公司、学术机构及非政府组织代表出席研讨会。

在主题演讲环节，中国通用技术咨询投资公司董事长刘德冰、中华慈善总会新闻办主任刘芳、京东集团企业社会责任部高级总监马丽波、北京丰瑞博闻教育咨询有限公司董事马海燕、联合国世界粮食计划署中国办公室主任 Brett Rierson、沛丰中国咨询顾问 Kaj Malden、深圳市显君设计有限公司创始人郭显君、北京大学对外汉语教育学院周守晋教授分别作主题演讲。对外经济贸易大学国际经济伦理中心主任刘保成主持开幕仪式。中央电视台英语频道主持人李东宁主持圆桌会议。

（对外经济贸易大学科研处供稿）

中国诚信体系建设研讨会 日前，由中共中央党校经济学部、中国中小企业协会、沃德文化硅谷资产运营有限公司联合主办的“中国诚信体系建设研究专题研讨会”在中央党校召开。出席会议的专家介绍了中央党校经济学部与中国中小企业协会联合完成的课题报告《信誉行为规制体系建设研究》，系统分析了当前我国诚信体系建设存在的问题，如信用中介服务业不发达、信用信息系统不健全、失信监管和惩戒机制缺失等，并提出了大数据时代诚信体系建设路径，即以大数据平台为基础的现代信誉行为规制体系建设。具体来说，就是通过互联网、物联网、信联网“三网合一”，借助现代通讯技术、现代识别技术、现代运输技术、现代管理技术，将所有物流、人流、信息流、资金流混合成为“信誉流”，建立失信预警系统、企业行为标识终身追踪系统、产品品质标识终身追踪系统、企业行为空间与行业自律系统，从而对失信行为进行预先控制和过程控制，实现信誉行为管理的科学化。

与会学者还对信誉行为规制体系的结构进行了分析，认为信誉行为规制体系由四大体系构成：即社会道德规范系统、国家法律系统、行业规章系统、行为信息定位系统。其中行为信息定位系统又包括两大定位平台，即产品品质标识终身追踪信息系统平台、企业资质标识终身追踪信息系统平台，这是信誉行为规制体系建设的核心。

（参见《光明日报》2014 年 10 月 4 日第 6 版）

科技进步与经济社会发展研讨会 近日，为了充分借鉴历史经验，推进科技创新和发展方式转变，同时也为了拓展社会科学与自然科学的交流和协同创新，中国科技史学会科技与经济社会发展史分会筹委会、中国社会科学院中国现代经济史研究中心、中国社会科学院新中国历史经验研究中心、中国社会科学院世界经济史研究中心、中国经济史学会中国现代经济史专业委员会、中国经济史学会世界经济史专业委员会在京召开“科技进步与经济社会发展”研讨会。来自中共中央党校、中央文献研究室、国家发改委、中国社会科学院、中国科学院、清华大学、北京大学、中国人民大学、复旦大学、南开大学、中央财经大学、北京理工大学等单位的 60 余位学者，从经济发展和社会变迁的角度来探讨科技进步的作用，并就如何进一步巩固马克思主义唯物史观在史学领域的指导地位进行交流。会议由中国社会科学院当代中国研究所副所长武力主持。

与会专家认为，科技进步推动了经济发展，并改变了人们的生活方式和思维方式，从而引发了整个社会的变迁与进步。对中国产业结构与经济发展方式演变的探讨是会议的重点议题。大家认为在社会主义发展中大国的基本国情下，新中国产业结构经历了“优先重工业发展阶段”“产业均衡发展阶段”“重化工业重启阶段”等历史过程。伴随着产业结构的演变，经济发展方式在不同阶段也有所不同，未来既需要克服人均资源不足、环境脆弱等不利因素，又可以发挥大国经济的优势，尽快完成经济发展方式转变和产业结构优化升级。在此过程中，要着力从市场需求、创新资源、产业经济分布、政策衔接和科技评价等五大关键渠道不断促进科技与经济紧密结合。

（参见《光明日报》2014 年 10 月 5 日第 5 版）

第三届中国—法国“后西方社会学”国际研究中心会议 10 月 18—19 日，由北京大学社会学系承办的第三届中国—法国“后西方社会学”国际研究中心会议在北京大学英杰交流中心举行。来自中国和法国的 30 余位社会学者参加了此次会议。

中国—法国“后西方社会学”国际研究中心是由法国国家科研中心和中国社会科学院领衔成立的一个国际性社会学学术研究合作平台，包括北京大学在内的数家中国和法国高校社会学院系加入了这一学术研究合作平台。中心的主旨是通过中法两国社会学家的合作研究，探索一条在社会研究过程中超越西方中心主义和东方中心主义的新道路，以期形成一种能够将东方和西方的视野融合起来的新社会学概念和理论框架。

此次会议的具体主题是“社会学知识的构建”。

中共中央候补委员、中国社会科学院副院长李培林，中国社会科学院社会学研究所所长陈光金、法国国家科研中心 Laurence Roulleau-Berge 教授，韩国首尔大学社会学系的韩相震教授等，以及来自中国和法国的7位博士研究生围绕会议的主题在会上发表了演讲或评论。与会学者对会议作了高度评价，殷切期待中心在加强中法两国社会学家学术交流、推进“后西方社会学”的研究方面展开更进一步的活动。

（北京大学社会科学部供稿）

妇女发展与家庭和谐论坛 10月22日，“妇女发展与家庭和谐”论坛在京举办。本次论坛由北京市妇联和市社科联首次联合推出，旨在整合双方资源优势，为妇女理论和婚姻家庭研究搭建一个更为广阔的学术推进和合作交流平台。市妇联党组副书记、副主席陈玲，市社科联党组副书记、副主席、秘书长梁立新出席论坛并致辞。

主题研讨阶段，北京大学法学院教授马忆南重点从婚姻法切入论述了当前立法和司法实践中对家庭财产共享和分享保护的缺失以及改善的空间。北京大学社会学系教授佟新从政治经济学、劳动经济学、女权主义理论、劳动社会学、关怀经济学等不同角度系统梳理了平衡工作和家庭的研究理论，阐述了各种理论的基本观点和局限所在，并就如何更好地平衡工作和家庭，充分享受具有精神意义的生活进行了深入探讨。全国妇联妇女研究所研究员蒋永萍从单独二胎政策谈起，强调生育模式的转变更有可能对妇女发展与性别平等产生负面影响。重视支持妇女的发展和社会性别视角的分析是家庭政策的关键价值取向。只有以性别公正为基本理念，通过家庭政策的利益与价值导向，推动男主女从、男外女内的传统家庭模式向男女平等和谐互利共赢的现代家庭模式的转变，才能更好地建设家庭，增强家庭的发展能力，发挥家庭政策促进社会发展的功能和作用。

家庭领域中女性的传媒再现与建构是当下的热点议题。中华女子学院院长刘利群选取纪实类传播内容（新闻与谈话节目）、虚构类传播内容（影视剧）以及广告三个分析维度，运用议程设置理论、话语分析理论、意识形态理论以及消费社会理论等相关理论，考察媒介如何再现与建构家庭领域中女性的角色与形象，女性与其他家庭成员的社会关系，以及女性的权力与地位等问题，认为完善并创新媒介所反映的家庭领域中的女性，将有助于创建家庭和谐，推进性别平等的社会文化。专题研讨阶段，与会者围绕构建和谐家庭的理念和途径、家庭教育的现状分析及特征规律研究、社会环境对妇女发展与家庭和谐的影响分析等3个专题进行了热烈深入的交流。

全国妇联宣传部部长王卫国，首都文明办副主任卜秀均，市妇联副主席王淑存出席论坛。市妇联副主席周志军，中华女子学院党委书记、教授李明舜分别主持论坛开幕式和论坛专题研讨。来自各大专院校妇女问题研究机构的专家学者，各党派团体妇委会、女性团体和社会妇女组织的代表，市妇联所属各研究会成员以及各区县妇联150余人参加了论坛。

（北京市社会科学界联合会学术活动部供稿）

全国首届民族社会学理论与实践主题学术研讨会 11月8—9日，中央民族大学民族学与社会学学院在中协宾馆举办了全国首届“民族社会学理论与实践”主题学术研讨会，共计有来自全国26所高校及相关机构的50余名代表参加了本次会议。

本次会议的主旨发言为北京大学的马戎教授和中央民族大学的杨圣敏教授。马戎教授在题为“族群分层、文化区隔与语言应用模式”的发言中，回顾了社会学“族群分层与流动”的研究，强调中国的族群分层与流动研究应借鉴西方的学术成果，但必须从实际国情出发，避免“路径依赖”。杨圣敏教授在题为“民族学与社会学研究：理论导向还是问题导向?”的发言中，讨论了民族研究要坚持理论导向还是问题导向这一重要的研究思路问题。

来自新疆师范大学、中国社会科学院、新疆石河子大学及中央民族大学的专家学者在会议中围绕宗教信仰与宗教工作、语言使用、语言适应与族际交往等内容展示了各自研究的最新成果，并从学科定位、研究视角等角度就民族社会学的学科建设提出了众多引人思考的问题。

（中央民族大学科研处供稿）

社会保障在解决平等和促进中国的可持续发展中的作用学术讲座 11月13日，联合国驻华协调员兼联合国开发计划署驻华代表诺德厚到访清华大学公共管理学院，并发表了题为“社会保障在解决平等和促进中国的可持续发展中的作用”的主题演讲。清华大学公共管理学院教授王有强主持讲座，副院长孟波与来自校内外约30名学生参加了讲座。诺德厚先生首先介绍了中国、亚太地区乃至世界范围的收入差距情况的统计数据，然后从结果平等和机会平等阐述了平等的含义。他指出，各个国家和国际的数据显示，许多国家的不平等已经达到令人担忧的水平，而且越来越多的证据表明不平等有害于经济的增长。最后，他总结了联合国发展署为解决不平等问题设立的三个解决方案框架。演讲结束后，到场师生与诺德厚进行了热烈的讨论。诺德厚是贝宁公民，1986 年至 1990 年曾就读于清华大学建筑系建筑学本科，获得清华大学建筑学学士学位，后赴美国卡内基梅隆大学学习公共政策与管理专业，获得硕士学位。今年 4 月 7 日，诺德厚先生正式就任联合国系统驻华协调员兼联合国开发计划署驻华代表。

（清华大学文科建设处刘金梅供稿）

公平和发展——资本与人本论坛　近日召开的“公平和发展——资本与人本论坛”上，《21 世纪资本论》作者、法国巴黎经济学院教授托马斯·皮凯蒂发表了题为“21 世纪的资本”的演讲；美国夏威夷大学经济学教授、东西方中心资深研究员安德鲁·梅桑发表了题为“低生育率是问题吗？人口老龄化、抚养和消费”的演讲；中国社科院副院长蔡昉发表了题为“人口红利：供给视角和中国经验”的演讲。在三个主题演讲之后，由美国加州大学伯克利分校老龄经济和人口研究中心主任罗纳德·李教授围绕“公平和发展：资本与人本”议题进行了圆桌讨论。

论坛由《经济导刊》、中国社科院、北大国家发展研究院、美国加州大学伯克利分校老龄经济和人口研究中心、美国东西方中心联合举办。

（参见《北京日报》2014 年 11 月 24 日第 18 版）

民盟第五届民生论坛　11 月 29 日，由民盟中央社会委员会和民盟北京市委员会共同主办的民盟第五届民生论坛在北京举行。全国人大常委会副委员长、民盟中央主席张宝文出席论坛并讲话。

张宝文指出，我国国民经济持续高速增长创造了当代世界最多的新增就业岗位，在短短 30 年间解决了数以亿计的农村转移劳动力和城镇新增劳动力的就业问题。这是了不起的巨大成就。我们还必须清醒地看到，农民工就业质量不高，大学毕业生难以找到满意的合适岗位，劳动者报酬总体上偏低，就业领域中存在的就业不平等、劳动关系失范、劳资冲突加剧等现象，表明新时期的就业问题依然严峻，所面临的形势更加复杂。针对上述问题，特别需要借助全面深化改革的东风，将就业优先战略纳入法治轨道。

他强调，国家确立就业优先战略，绝不是权宜之计，而是始终维系国计民生长远发展的重大制度安排，它应当始终处于治国理政的重点领域、核心环节，在任何时候都不能掉以轻心。

（参见《人民日报》2014 年 11 月 30 日第 4 版）

第四届国民收入分配与企业薪酬制度改革高峰论坛　12 月 10 日，由国务院国资委研究中心和中国人民大学中国社会保障研究中心联合主办，中华薪酬网承办的“第四届国民收入分配与企业薪酬制度改革高峰论坛”在中国人民大学举行。论坛顾问、中国人民大学原党委书记程天权，原全国人大常委、全国人大财经委员会副主任贺铿，全国人大常委、中国人民大学中国社会保障研究中心主任郑功成，国务院国资委研究中心主任楚序平，国务院国资委企业分配局局长李燕斌以及来自政界、学界、企业界的代表 300 多人出席了本次论坛。与会专家指出：国有企业薪酬改革的思路，一是健全中央企业薪酬的分配激励约束机制，二是实行分级分类管理，三是坚持效益导向与注重公平相结合，四是加强国资监管的薪酬分配的新机制。

（中国人民大学科研处关晓斌供稿）

首届城市社会学前沿研究暨学科建设研讨会　12 月 13 日，由中央民族大学民族学与社会学学院、天津社会科学院社会学所、中国社会学会城市社会学专业委员会联合主办，中央民族大学民族学与社会学学院承办的首届“城市社会学前沿研究暨学科建设研讨会”在中央民族大学召开。来自清华大学、北京大学、南开大学、同济大学、中央民族大学、中国社会科学院、北京社会科学院、天津社会科学院等全国 50 余所高校和科研机构的 90 余名学者，以及《社会学研究》等多家学术期刊和媒体代表参加了本次会议。

本届研讨会以大会主旨发言、大会发言、主题报告和专题研讨等多种形式，以“学科建设”“新型城镇化与政策转型”“城市治理与社区建设”“城市社会问题与公共服务”“城市空间与权力”“城市风貌与遗产保护”“城市流动人口与嵌入式发展”等多项专题，对城市社会学的理论前沿、经验研究和学科建设议题进行了深入研讨。

（中央民族大学科研处供稿）

首都社会建设与社会诚信论坛 12月13日，由北京交通大学北京社会建设研究院承办的第三届“首都社会建设与社会诚信论坛”在北京科学会堂举办，本次论坛的主题是“社会诚信的理念、制度与践行”。最高人民法院审判委员会副部级专职委员、二级大法官、执行局局长刘贵祥，市委社会工委副书记、市社会办副主任张坚，全国道德模范刘洪安等出席了本次论坛。北京交通大学党委副书记、北京社会建设研究院院长颜吾佴主持本次论坛。

张坚代表北京市社工委、社会办对本次论坛的召开表示祝贺。也希望本次论坛为新形势下加快推进社会诚信的建设提供更加有效的决策参考和智力支持。

刘贵祥、北京交通大学人文社会科学学院副教授杨德才、北京市委社会工委研究室主任岳金柱围绕本次论坛的主题分别作了“失信被执行人制度的实践探索”、“社会诚信理念的逻辑思考”、“加快推进诚信体系建设的几点思考”的专题报告。论坛还特别邀请到第四届全国道德模范——诚实守信模范、河北省保定市“油条哥”餐饮管理有限公司经理刘洪安做了事迹报告。论坛最后由北京交通大学法学院学生会主席卫金韬向全校学生发起“诚信从我做起”的倡议。

来自中国人民大学、北京工业大学、北京城市学院、北京交通大学等高校的专家学者、研究生、本科生代表参加了本次论坛。全国多家知名媒体对我校承办的此次论坛予以报道。

（北京交通大学人文社科处供稿）

社会治理现代化与政府职能转变学术研讨会 12月16日，《中国特色社会主义研究》杂志社与北京师范大学中国社会管理研究院联合举办了“社会治理现代化与政府职能转变”学术研讨会，来自国家发改委、民政部、北京市社工委等相关负责人以及中国人民大学、北京师范大学、上海财经大学、国家行政学院等高等院校和研究机构的专家学者围绕“社会公共服务的统筹协调机制”“特大城市社会建设组织模式”“社会治理现代化的中国经验”“信息化与政府组织结构变革”“完善基本公共服务体系”“推进基本公共服务均等化和全覆盖”等热点问题展开讨论。与会专家学者以社会治理的基础理论和科学研究方法为基石，针对社会治理体制和机制、政府协同治理模式、基层社区治理创新等提出了有建设性的对策建议。

（《中国特色社会主义研究》杂志社供稿）

第七届健康中国论坛 12月26日，由健康时报社、清华大学健康传播研究所主办的第七届健康中国论坛在北京举行。本届论坛主题是“医药健康产业：融合与新生”，这同时也是健康时报创刊15周年的主题纪念活动。十一届全国人大财政经济委员会副主任委员高强、人民日报社社长杨振武、国家卫计委副主任王国强、中华全国新闻工作者协会党组书记翟惠生等出席开幕式。

论坛同时发布了2014年度“中国十大健康新闻”。经组委会初选、业内专家推荐、广泛征求读者意见等，论坛还全面梳理了医药卫生、健康领域，推选出年度特别荣誉奖、榜样人物、年度人物、健康风尚人物、健康促进卓越院长、新媒体建设示范医院等。

健康中国论坛是健康时报发起的年度品牌活动，此前已成功举办六届，成为我国医药卫生健康领域领导、专家、行业协会、主流传媒、产业界广泛参与，资源整合及提升的一个高端平台，产生了良好的社会反响。

（参见《人民日报》2014年12月27日第4版）

劳动关系理论与方法国际学术研讨会 12月27日，由中国社会学会劳动社会学专业委员会与北京工业大学人文社科学院联合举办“劳动关系理论与方法国际学术研讨会”吸引了国内外130余名专家学者与会，围绕当前劳动关系研究的理论与方法前沿问题展开了探讨与交流。会议的举办，对于推进劳动关系研究具有积极的意义。

（北京工业大学科发院人文处张爱民供稿）

法 学

中国法治发展与展望研讨会 2月24日，由中国社会科学院法学研究所和社会科学文献出版社主办的“2014年《法治蓝皮书》发布暨中国法治发展与展望研讨会”在中国社会科学院学术报告厅举行。会上发布了《中国法治发展报告No.12 法治蓝皮书(2014)》。蓝皮书回顾总结了2013年度中国法治发展的成效和仍存在的不足，对2014年中国法治发展形势进行了预测，从立法、人权保障、反腐败法治，犯罪形势、证券法律责任、知识产权法院设立、工业园区规范、公共卫生、慈善法治等角度分析了中国法治发展的有关问题。蓝皮书推出5篇法治指数测评报告:《中国政府透明度指数报告（2013）》《中国司法透明指数报告（2013）》《浙江法院阳光司法指数报告（2013）》《中国海事司法透明度指数报告（2013）》《中国检务透明度指数报告（2013）》。出席发布会的有蓝皮书的主编、中国社会科学院学部委员、法学所所长李林研究员，中国社会科学院法学研究所国际法研究所联合党委书记、副所长陈甦研究员，浙江省高级人民法院党组副书记、副院长朱深远等。出席发布会的还有来自教育部、商务部、国家质量监督检验总局，辽宁省、浙江省、河南省、海南等等来自地方法治部门的领导和专家，有央视、中国网，人民日报等系列的媒体。

（中国社会科学院办公厅刘玉杰供稿）

立法协商制度座谈会　2月28日，北京市人大常委会法制办公室与北京市政协社法委召开立法协商制度座谈会。会上，与会人员提出，为进一步贯彻落实党的十八届三中全会决定关于深入开展立法协商的要求，按照市委关于开展立法协商工作的要求，将制定《北京市大气污染防治条例》过程中开展立法协商的经验制度化，拟对立法协商工作的范围、程序等加以规范。双方提出了规范工作流程的初步意见，并商定由市政协有关部门研究起草建议稿，市人大常委会主任会议进行研究，在充分沟通、达成共识后报市委。

（北京市人大常委会研究室艾淑英供稿）

联合国安理会与国际刑事法院关系国际研讨会　3月10日，由中国政法大学司法文明协同创新中心与加州大学艾文分校法学院（University of California, Irvine School of Law）共同主办、中国政法大学法学院承办的联合国安理会与国际刑事法院关系国际研讨会在北京召开。

参加会议的有哥斯达黎加前驻联合国常驻代表布鲁诺·斯塔格诺大使，国际刑事法院法官席尔维亚·费尔南德斯法等，以及来自中国政法大学和哈佛大学等学校的著名专家、学者40余人。中国政法大学副校长、司法文明协同创新中心协同联席主任张保生教授参加了本次研讨会，并在开幕式上以英文致辞。

本次研讨会按照内容分为四节，分别为：（1）国际刑事法院最新进展；（2）安理会与国际刑事法院关系；（3）美国、区域组织及成员国对国际刑事法院合作的政策；（4）俄罗斯、中国学者对国际刑事法院合作问题的思考。包括布鲁诺·斯塔格诺大使、席尔维亚·费尔南德斯法官在内共14位专家学者发表专题演讲，每一专题演讲后中外专家均进行了深入探讨和交流。

（中国政法大学科研处郭丰琪供稿）

企业关闭重组中劳动争议处理法律适用问题研讨会　4月3日，由中国劳动关系学院法学系主办的“企业关闭重组中劳动争议处理法律适用问题研讨会”在中工大厦举行。来自中国人民大学、清华大学、中国政法大学、首都经济贸易大学、北京联合大学、北京物资学院和中国劳动关系学院等高校的专家学者，和来自政府、社会团体等各界共40余名嘉宾参加了本次研讨会，本院沈琴琴副院长出席了会议。她在致辞中认为此次会议的召开回应了我国经济发展和劳动关系现实的需求，并希望会议能够对企业关闭重组中劳动者权益保障做出积极的理论探索和社会贡献。会议由本院法学系主任姜颖主持。

中华全国总工会工运研究所劳动关系与法规研究室副研究员王亚非作了“企业重组引发劳动争议的现状”的报告。他结合广州东莞市企业重组实践调研报告，介绍了在企业重组过程中涉及劳动者权益存在的主要问题及相关劳动争议的突出特点。会议围绕企业关闭重组中劳动争议处理的现行法律适用及存在的问题，以及解决问题的对策建议等议题展开研讨。大家认为，在经济结构调整和市场竞争加剧的背景下，今后企业关闭重组的社会问题不仅不可避免甚至会不断出现，劳动关系及劳动者权益必然受到较大的冲击和影响，呼吁立法机关应及时解释、修订和完善相关法律，在社会主义市场经济建设中，切实加强劳动者权益保护。

（中国劳动关系学院科研处陈邓海供稿）

互联网金融法律风险防范研讨会　4月13日，由中央财经大学法学院金融法研究所与北京市金融发展促进中心联合举办的互联网金融法律风险研讨会在中央财经大学学术会堂召开。本次会议以“互联网金融发展中的非法集资风险防范”为主旨，探讨了互联网金融潜在的多种风险及其相应监管原则。

会议由中央财经大学法学院郭华教授作了主旨发言。出席会议的专家有北京市金融工作局党组书记霍学文、北京市金融工作局副局长沈鸿、互联网金融千人华尔街分会秘书长蔡凯龙、公安部经济犯罪侦查局研究处处长杨书文、中国人民大学法学院副院长杨东、中央电视台专职调查记者杨璞玉、中央民族大学法学院教授邓建鹏、中国经济体制改革研究会研究员陆琪等司法界、学界及企业人士。本次研讨会为促进北京市各项金融业务的发展提供了交流平台。与会专家通过交流和探讨，为互联网金融的发展提供了可以借鉴的法律风险防范的思路，也为其监管制度的成形提供了有益的指引。

（中央财经大学科研处供稿）

首届全国法学研究高端论坛 5月11日，北京大学法学院110周年系列院庆活动之“首届全国法学研究高端论坛”，在北京大学凯原楼学术报告厅举办。国内20多所知名法律院校和研究机构的科研管理负责人、专家学者及知名学术期刊的主编、编审参加了论坛。本届论坛主题为“学术评价标准”，上午议题“学术评价的实质标准”，下午议题为“学术评价的形式标准”。在为期一天的论坛中，与会学者，相互交流经验，深刻分析问题，寻求解决方案和改革方向。经过与会学者的共同努力，本届论坛达成了关于法学研究的基本共识。作为主办方，北京大学法学院希望将论坛打造为拓展法律院校、研究机构和学术期刊的交流渠道，推动法学研究健康发展的高端平台，与法学研究共同体的各个成员一起，为我国法学研究和法治进步持续提供重要支持和贡献。

（北京大学社科部供稿）

加拿大自然资源管理与法制：当前面临的挑战国际论坛 5月7日，“加拿大自然资源管理与法制：当前面临的挑战”国际论坛于北京开幕。本次国际论坛由中国政法大学—蒙特利尔大学中加法律研究中心、中国政法大学国际法学院与中国矿业联合会联合主办。加拿大驻华公使Sarah Taylor、中国政法大学校长黄进、蒙特利尔大学副校长Geneviève Tanguay出席开幕式并致辞；商务部美大司司长江山、中国矿业联合会副会长陈先达、中国航天科工集团副法律总顾问王耀国等应邀出席此次论坛开幕式。

本次国际论坛是首次以加拿大自然资源管理与法制为专题的国际法律论坛，举办此次论坛的目的是就加拿大自然资源管理与法制所面临的机遇挑战法律问题进行研讨，使中国法学和工商企业界加深了解加拿大有关自然资源的政策法规与投资前景，拓展与加拿大政府与民间在经济、文化和法学领域的交流，进而推动中加两国间深层合作。会议中专家学者们进行了精彩的发言和激烈的讨论，达到了会议的预期目的，并取得了良好学术交流效果。

（中国政法大学科研处郭丰琪供稿）

空间安全与空间活动的长期与可持续性问题研讨会 5月25日，由中国政法大学主办的空间安全与空间活动长期与可持续性问题国际学术研讨会在政法大学昌平校区逸夫楼召开。

来自美国、意大利、比利时、印度、菲律宾的外国学者和来自香港大学、中国政法大学等单位的多名国内学者，以及中国空间法学会秘书长张振军、外交部条法司专门从事空间条法工作的商震博士到场参会。

本次研讨会的开幕式由刚刚组织了“曼弗雷德·拉赫斯”国际空间法模拟法庭亚太区赛的中国政法大学国际法学院国际法研究所所长郭红岩主持。会议首先由中共中国政法大学委员会委员、常委、副校长张桂林致辞。张桂林表示，目前，在国内法学界，对于国际空间法的研究还较少，但国际上对于外太空的利用所带来的现实问题却不断增多，因而对于国际空间法的研究具有重要的现实意义。同时，国际空间法作为一门新兴学科，其发展对于中国政法大学的学科发展也有着重要的作用。张桂林表示将继续支持对空间法学的教学、研究和实践活动，并希望中国政法大学的学者们加强对空间法的研究，为把中国从空间大国建设成空间强国做出重大贡献。

（中国政法大学科研处郭丰琪供稿）

2014年中韩行政法论坛 5月22日，由中国行政法学研究会、法治政府协同创新中心和韩国法制研究院共同主办的“2014年中韩行政法论坛”在北京举行，本次会议主题为“行政审判和行政诉讼”，共有来自中国和韩国的30多位专家学者参加。会议开幕式由中国政法大学法学院院长、中国行政法学研究会秘书长薛刚凌主持。中国行政法学研究会名誉会长、中国政法大学终身教授应松年、韩国法制研究院院长李源和中国行政法学研究会会长、中国政法大学副校长兼法治政府研究院院长马怀德分别致开幕词。

应松年在致辞中表示本次会议的举行是一次历史的巧合，恰逢中国和韩国都在启动本国的行政诉讼法修改。他希望以本次会议为契机，挖掘两国在行政诉讼实施多年以后所存在的共同性和差异性。接着，李源回顾了中韩两国自1992年建交以来在经济、文化等方面的诸多合作，而此次中韩行政法论坛是法律领域交流合作的重要活动。他希望本次会议能够为中韩两国之间的法制交流与合作发挥积极作用。最后，马怀德回顾了本次中韩行政法论坛的发起和筹备过程以及中韩两国行政法学者的学术交流历史，他希望以本次会议为契机，进一步加强中韩行政法学术的交流，并期待与韩国法制研究院建立长期的合作关系。

（中国政法大学科研处郭丰琪供稿）

第三届公司法司法适用高端论坛　5月11日，第三届公司法司法适用高端论坛在北京邮电大学科技大厦召开。来自全国高校、科研机构的学者和全国人大法工委、大型企业等单位的实务工作者共160多位嘉宾参加了论坛。

本次论坛由中国商法学研究会、最高人民法院民二庭、中国政法大学商法研究中心主办，我的律师网协办，论坛主题为“资本制度改革与公司法的司法适用”。论坛在主题视频和回顾视频中开始，中国商法学会会长王保树、最高人民法院民二庭庭长宋晓明、中国政法大学校长黄进、国务院法制办工交商事法制司司长张建华、全国人大常委会法工委经济法室主任王超英、国家工商行政管理总局法规司司长姜天波、中国政法大学民商经济法学院院长王卫国等出席开幕式，王保树、宋晓明、黄进、张建华、姜天波、王卫国先后代表主办方和与会嘉宾为大会致辞。开幕式由中国商法学研究会副会长、中国政法大学民商法经济法学院副院长赵旭东主持。

（中国政法大学科研处郭丰琪供稿）

《北京市行政程序条例》立法研讨会　5月28日，由北京市人大常委会法制办公室、北京市行政法学会和中国政法大学法治政府研究院共同主办的“《北京市行政程序条例》立法调研会”在北京举行。全国人大法工委行政法室巡视员张世诚、北京市人大常委会法制办公室主任李小娟，副主任王德林、处长熊菁华，以及北京市各有关行政机关和各区县政府法制办公室的领导及相关工作人员共计40余人应邀参加了研讨会。会议主要围绕《北京市行政程序条例》的制定展开，分别从其立法的必要性、可行性和紧迫性，对行政程序法的认识、《北京市行政程序条例》要解决的问题及主要内容三个方面展开研讨。

开幕式由中国政法大学终身教授、北京市行政程序立法研究课题组负责人应松年主持，应松年从中国行政程序立法的必要性和现实路径以及拟解决的难点与重点问题，特别是北京作为首善之区立法的重要性和示范意义作了简要说明，中国政法大学王万华教授代表课题组对本次调研会拟讨论的议题从背景、目的、内容等方面作了全面深入的介绍。

（中国政法大学科研处郭丰琪供稿）

第三届中国竞争政策论坛　5月21—23日，由国务院反垄断委员会专家咨询组、美国律师协会反垄断法分会和对外经济贸易大学竞争法中心联合主办的第三届“中国竞争政策论坛”在北京举行。来自国务院反垄断委员会15家部委成员单位的负责人和8个国家竞争执法机构的部长级官员，以及国内外的知名企业家、律师、经济学家、法官等业内人士代表共300余人出席会议。

商务部副部长房爱卿，国务院反垄断法委员会专家咨询组组长、国务院法制办前副主任张穹，美国联邦贸易委员会主席Edith Ramirez，对外经济贸易大学校长施建军出席论坛并致开幕词。

本届论坛是一次专业性强的大型国际交流活动。论坛既是我国反垄断法实施六年来国内最高规格的一次会议，也是美国律师协会反垄断法分会在华的首次学术会议。

（对外经济贸易大学科研处供稿）

民主与法治学术交流研讨机制启动会　5月27日，北京市人民代表大会制度理论研究会和北京市委党校近日共同召开“民主与法治学术交流研讨机制（北京）”启动会，并举行学术交流研讨机制合作备忘录签字仪式。会议就整合市人大与市委党校资源和力量，加强人民代表大会制度理论研究的必要性和可行性进行了研究和讨论。会议指出，研究会秘书处和市委党校政治学教研部共同建立的民主与法治学术交流研讨机制，为促进人民代表大会制度理论研究搭建平台，进一步发挥两家研究和教学机构的作用，实现优势互补，推动人大制度重要理论问题研究。一方面，要发挥好研讨会的学术交流作用，调动人大制度理论研究的积极性，争取形成实质性、有价值的成果。另一方面，要将交流研讨机制打造成传播人大制度理论和人大工作的重要渠道，提高社会对人大制度本质特征和内在优势的认知度。此外，要发挥党校的自身优势，可以尝试将人民代表大会制度、民主法治思维、依法治国理念结合人大工作实践纳入到党校案例教学课程之中，探索理论指导实践的新形式。

（北京市人大常委会研究室艾淑英供稿）

2014年中美行政法国际研讨会 6月14—15日，由中国行政法学研究会、法治政府协同创新中心主办的中美行政法国际研讨会在北京举行，本次研讨会分为“行政程序法”“行政诉讼法”和“行政复议法”三个研讨单元，共有来自中国和美国的近50名著名专家学者参加。

会议开幕式由中国政法大学副校长兼法治政府研究院院长、中国行政法学研究会会长马怀德主持，中国行政法学研究会名誉会长、中国政法大学终身教授应松年和美国哥伦比亚大学法学院教授彼得·斯特劳斯分别致开幕词。应松年表示，本次会议恰逢重大历史机遇，中国的行政诉讼法经历20多年实践，正在面临大修，行政复议法也准备启动修改。同时，中国也正在紧锣密鼓地推动制定适合中国情况的行政程序法。他希望以本次会议为契机，挖掘两国在行政诉讼制度、行政复议制度以及行政程序制度方面的共同性和差异性。接着，斯特劳斯回顾了中美两国行政法学界的交流合作历程。他希望本次会议能够为中美两国之间的法制交流与合作发挥积极作用。

（中国政法大学科研处郭丰琪供稿）

中欧对话：法治建设论坛 由中国国家行政学院和欧盟共同举办的“2014中欧高层论坛——中欧对话：法治建设”于6月12—13日在中国国家行政学院召开，本次论坛以“法治建设”为总主题。国家行政学院副院长杨克勤和欧盟驻华代表团临时代办卡门·卡诺女士出席论坛开幕式并致辞，中国法学会副会长及学术委员会主任张文显和爱尔兰公共行政学院培训、发展与咨询部主任艾丹·霍恩作主题演讲。法学教研部主任胡建淼主持开幕式。

杨克勤在致辞中表示，法治既是人类文明发展的共同成果，也是各国人民的共同追求。中国一直高度重视法治和法治建设，改革开放以来始终把经济建设、社会发展与法治建设共同推进。经过30多年的建设和发展，中国的法治建设取得了重大进展。依法治国成为治国的基本方略，形成了中国特色社会主义法律体系。他指出，法治建设是一个没有止境的事业，随着人类文明程度的提高，人们对法治的要求会越来越高，深入探讨法治的内在要求和法治建设的规律，才能为法治建设提供持久的动力。国家行政学院围绕教学、科研、咨询工作，积极扩大法学在政府治理中的作用，先后成立了国家行政学院行政法研究中心、国家行政学院政府法治咨询研究中心，为中央国家机关，地方政府等有关机构建言献策，并深入开展法学理论研究和实践交流。

杨克勤指出，2013年11月，中共中央通过的《关于全面深化改革若干重大问题的决定》对中国全面深化改革作出战略部署，将“法治中国建设”确立为新的历史时期中国法治建设的新目标，明确提出法治中国建设必须坚持依法治国、依法执政、依法行政共同推进，坚持法治国家、法治政府、法治社会一体建设。本次论坛亦紧紧围绕法治建设这一主题。中欧双方专家将从公开和透明的治理、执法体制变革和公权与私权的分界和平衡三个维度开展广泛而深入的交流。

卡门·卡诺在致辞中表示，此次论坛将进一步推动行政学院和欧盟方面的沟通和交流，法治建设对于加强各国之间在平等和守法基础上，更好地参与国际活动，都是非常重要的。尤其是在中国面临着快速的社会变化的环境下，通过举办这样的论坛，能够帮助欧洲人民同中国人民相互了解和相互信任，推动中欧之间贸易、人文、政治方面的交流，使欧盟和中国在更多的领域进行务实合作。

中国政法大学副校长马怀德，国家行政学院法学教研部主任胡建淼，国家行政学院国际部主任董青，意大利国家行政学院教授玛利亚·费拉雷塞、英国管理学院委员会企业治理主管、英国索尔福德大学教授贾刘等多位中外官员和专家学者进行了主题报告和专题研讨。来自国内外150名学者参加了此次论坛。

（国家行政学院项纪旸供稿）

中美政府采购投诉处理法律实践研讨会 7月5日，为了支持我国政府采购法律实践的发展和有关学术研究，经商财政部政府采购办公室，由中央财经大学中国政府采购研究所主办的“中美政府采购投诉处理法律实践专题研讨会”在中央财经大学召开。美国乔治华盛顿大学的丹尼尔·戈登副院长、财政部政府采购管理办公室李亘处长及其同事、中财法学院曹富国老师、于文豪老师和吴晓丹老师、北京科技大学的崔英老师、河南招标服务采购有限公司的陈振立董事长及其同事以及本校从事政府采购（法）学习和研究的博士和硕士研究生等30多人参加了会议。与会专家就中美两国政府采购投诉法律实践问题进行研讨。我国政府采购法已经实施了十多年，积累了丰富的实践经验，同时也面临着许多法律改革与实践的现实命题。为支持我国政府采购法律改革与政策发展，中央财经大学公共采购研究所将在财政部及有关省市政府、机构等支持下，定期举办这种小型专题研讨会，围绕法律实践和改革中的难点和热点问题进行专题研讨。此次研讨会得到了河南省政府采购与招标服务公司的协助。

（中央财经大学社科处供稿）

国家治理的现代化与软法国际研讨会　近日，北京大学法学院软法研究中心、北京外国语大学法学院举办的“国家治理的现代化与软法国际研讨会”在北京召开。

与会者指出，软法具有较强的生命力和适应性。国家治理现代化，要求国家治理组织结构现代化、治理方式方法现代化。近年来，各地社区在治理实践中越来越多运用自治公约、组织章程、乡规民约等软法规范来协调关系、化解纠纷。软法规范在社会生活中有效发挥作用，成为重要治理手段。

与会者指出，应注意健全各行业规章制度，完善市民公约、乡规民约、行为守则等行为规范，把软法与人们日常生活联结起来。软法规范之间可能会有矛盾和冲突，但由于软法本身在制定、修改、实施等方面较为灵活，程序比较简便，可依靠更充分协商、更广泛参与、更公开程序来化解矛盾。应通过各种方式将软法规范融入生活，让人们在实践中感知它、运用它。

（参见《人民日报》2014年8月3日第5版）

互联网金融的司法保障及相关法律问题研讨会　8月2日，由最高人民法院研究室、最高人民法院民二庭主办，中央财经大学法学院、金融服务法研究中心承办，百度公司协办的“互联网金融司法保障及相关法律问题研讨会”在中央财经大学学术会堂召开。最高人民法院审判委员会副部级专职委员胡云腾到会并讲话。最高人民法院研究室副主任郭锋、民二庭副庭长刘竹梅，中国人民银行金融消费权益保护局副巡视员朱红，北京大学法学院教授甘培忠，以及来自最高人民检察院、“一行三会”等金融监管部门、地方人民法院及人民检察院、互联网金融行业、高校及科研机构的专家、学者50余人出席了会议。胡云腾专委在讲话中指出，最高人民法院对互联网金融问题非常重视。最高法院研究室和中央财经大学法学院合作完成的前期成果，获得了周强院长、沈德咏常务副院长等领导同志的充分肯定。为了进一步解决司法实践中与互联网金融相关的各类纠纷案件的法律适用问题，最高人民法院决定，将“互联网金融的司法保障及相关法律问题”作为重大课题立项研究。北京大学彭冰教授、中央财经大学区域经济与金融发展研究中心主任孟祥轶、最高人民检察院研究室法律应用研究处宋丹检、浙江省高级人民法院民二庭章恒筑庭长、人民银行金融消费者权益保护局朱红副巡视员、民生银行总行法律与合规事务部总经理陈珺、百度公司政策研究部主任苏静分别进行了主题发言。

（中央财经大学科研处供稿）

质量法制与诚信建设论坛　9月2日，2014年中国“质量月”系列活动——“质量法制与诚信建设”论坛在北京会议中心举行。该论坛由中国防伪行业协会和对外经济贸易大学产品质量与安全法制研究中心联合举办，来自国家质检总局，全国人大法工委、经济委，中国人民银行，地方质监系统的领导和有关协会，对外经济贸易大学等高校师生200多人参加论坛。

中国法学会行政法学研究会会长应松年，美国康涅狄格大学法学院教授Sachin S. Pandya，国家质检总局总工程师刘兆彬，《经济日报》前总编艾丰，海尔集团家电产业副总裁、首席质量官任贤全，对外经济贸易大学产品质量与安全法制研究中心主任、法学院李俊教授先后发表演讲。

本次论坛是国家质检总局、中宣部、公安部等37个部委联合举办的2014年全国“质量月”启动仪式及质量经验交流活动的重要组成部分，产生了广泛的社会影响。

（对外经济贸易大学科研处供稿）

中国民法典编纂学术研讨会　9月14日，由中国民法学研究会主办的中国民法典编纂学术研讨会在中国人民大学法学院召开。本次研讨会以“加快民法典制定 促进法律体系完善”为主题，魏振瀛、王利明、孙宪忠、姚红、李仕春等学者与会，《人民日报》《光明日报》《法制日报》《人民法院报》《检察日报》《中国青年报》《北京青年报》和《南方都市报》等报社记者到会采访报道。中国民法学研究会秘书长、中国人民大学法学院王轶主持会议。与会的诸位专家们在发言与交流中充分肯定了民法典制定的必要性，强调应加快研究和完善民法体系。

（中国人民大学科研处关晓斌供稿）

第四届全国劳动法实践教学研讨会 9月27日，由中国劳动关系学院主办的“第四届全国劳动法实践教学研讨会”在北京校区中工大厦举行。来自中国人民大学、北京大学、清华大学、中国政法大学、南京大学、华东政法大学等13所高校学者，以及来自政府部门、工会领域、律师事务所等各界人士，和本校法学系部分教师共50余人参加了本次研讨会。

学校李德齐院长出席研讨会并致开幕词。在致辞中，李院长代表学院对各位嘉宾的到来表示欢迎，并充分肯定了本次研讨会对应用型劳动法人才的培养、工会干部的培育以及劳动法制建设的积极意义与影响。中国社会法学会副会长兼秘书长、北京大学法学院叶静漪教授宣布了“中国社会法学会劳动法实践教学专业委员会”的成立，并宣读委员会成员名单。本校法学系主任姜颖当选为副主任委员。

会议中，与会人员就“劳动法律人才的素质能力与实践需求”“劳动法案例教学”“劳动法诊所教学”“劳动法实践教学的模式与反思”四个主题，进行了精彩的发言和热烈的讨论。中国法学会社会法学研究会常务副会长、中国人民大学法学院林嘉教授做了大会总结发言，对代表的发言与讨论给予了肯定和高度评价，同时提出了劳动法实践教学应当以卓越法律人才培养为目标

本次研讨会，既加强了各高校劳动法实践教学的交流，也对于更好地培养应用型劳动法律人才，提高劳动法实践教学水平，扩大本校劳动法特色专业的影响产生积极的意义。

（中国劳动关系学院科研处陈邓海供稿）

电动车立法研讨会 9月24—28日，清华大学法学院副院长余凌云率课题组成员，分赴北京多个区县开展了电动车立法系列调研活动。北京市、区（县）两级的质检、工商、环保、城管、交管、交通委和法制办等有关部门和单位的负责同志参加了本次系列调研。同时参加调研活动的还有世界卫生组织驻华代表处的高级项目官员。本次系列调研由清华大学法学院公法研究中心和北京市人民政府法制办公室共同主办，在昌平区、海淀区、东城区和北京市法制办共举办四场研讨会。会议主要探讨了电动两轮车、电动三轮车以及其他类型的电助力交通工具在中国的使用情况以及对其在立法、执法过程中遇到的问题。各区县的政府工作部门负责人立足于本部门的管理职责和执法实践，介绍了当前电动车在生产、销售和交通安全管理等环节所存在的问题，并提出了改进建议。会议期间，余凌云介绍了开展电动车立法问题的研究背景以及前期取得的相关研究成果，并和与会人员就超标电动车的定性与管理方案、电动车铅酸电池的使用与回收、各行政管理部门间的职责划分等方面进行了热烈讨论。经过为期四天的研讨会议，本次系列调研活动取得了预期成果。

（清华大学文科建设处刘金梅供稿）

第五届罗马法·中国法与民法法典化国际研讨会 第五届“罗马法·中国法与民法法典化”国际研讨会于9月26—27日在中国政法大学学院路校区举办。

本届会议由中国政法大学罗马法与意大利法研究中心、中国法典化和法学人才培养研究中心、中国政法大学比较法学研究院、意大利罗马第一大学、意大利罗马第二大学主办，亚洲比较法学会、中国政法大学法律硕士学院承办。国内外的170余位学者、法官参加了本次会议。组委会意方主席桑德罗·斯奇巴尼、意大利众议院议员雷纳达·布恩诺、中国法学会民法学会会长王利明、中国民法学会副会长孙宪忠、最高人民法院审判委员会委员杜万华等分别就民法典的制定、不动产登记制度、司法审判的功能、遗产继承制度等做大会发言。中国政法大学校长黄进、意大利驻华大使白达宁特到会致辞祝贺大会的召开。该会议议题是“权利与救济——从罗马法到中国法”。具体议题包括：（1）权利客体（公众物、公有物、共用物、私有物）；（2）债的担保；（3）遗产继承；（4）司法裁判的作用。

（中国政法大学科研处郭丰琪供稿）

侵犯知识产权犯罪实务问题研讨会 10月31日，由北京市人民检察院、清华大学法学院、北京市法学会诉讼法学研究会联合举办，清华大学法学院中国司法研究中心承办的“侵犯知识产权犯罪实务问题”专题研讨会在清华大学法学院举办，北京市人民检察院副检察长苗生明参加会议。清华大学法学院副院长张建伟主持会议并致欢迎词。在两个“主旨报告”中，北京市海淀区检察院副检察长刘惠向与会者报告了该院办理侵犯知识产权罪的总体情况、法律适用难

点；清华大学法学院中国司法研究中心主任周光权就认定侵犯知识产权罪中的法秩序统一性原理、犯罪数额的认定等问题进行分析。在“交流发言”环节，清华大学法学院副教授崔国斌就“刑、民交叉”中的知识产权犯罪，尤其是刑法和知识产权法对复制发行的不同解释发言；朝阳检察院公诉二处检察官蒋家棣就知识产权刑事案件中的侵权鉴定问题进行交流；北京市人民检察院第二分院二审监督处检察官张茜对侵犯知识产权案件证据审查疑难问题进行专门探究；清华大学法学院博士生乌仁图雅就认定知识产权犯罪的中、日比较发言；北京市检察院法律政策研究室检察官刘丽娜则专门分析了侵犯知识产权犯罪“违法所得数额”的认定方法。清华大学法学院讲师王钢在“自由讨论”环节对侵犯知识产权罪的刑法解释方法提出了独到见解。在点评环节，中国人民大学法学院教授刘明祥、北京市人民检察院公诉一处处长王新环、中国青年政治学院副院长林维先后就侵犯知识产权罪的认定、刑法独立性、侵犯知识产权罪立法的科学化发表了精彩的评论意见。最后，苗生明作研讨会总结，进一步提炼了问题，并对侵犯知识产权罪中立法与司法的错位等问题进行了深入分析，提出了解决司法难题的诸多独立见解。

（清华大学文科建设处刘金梅供稿）

国际法的机遇与挑战：危机、秩序、法治国际学术研讨会 11 月 15—16 日，由中国社会科学院主办、国际法研究所承办的中国社科论坛暨第十一届国际法论坛“国际法的机遇与挑战：危机、秩序、法治”国际学术研讨会于在北京举行。来自联合国国际法委员会、美国、德国、加拿大、意大利、瑞典、芬兰、日本等国家和国际组织的知名专家学者，以及全国人大外事委员会、最高人民法院、国务院法制办、外交部、环境保护部、中国社会科学院、北京大学、清华大学、中国人民大学、中国政法大学、对外经济贸易大学、北京师范大学、外交学院、武汉大学、山东大学、复旦大学、吉林大学、厦门大学、上海财经大学等国家机关、高等院校和研究机构的众多专家学者参加了会议。会议对当前国际法面临的机遇与挑战进行了深入交流。

中国社会科学院法学研究所、国际法研究所联合党委书记陈甦研究员主持论坛开幕式。国际法研究所所长陈泽宪研究员分别在论坛开幕式和闭幕式上致辞。

（中国社会科学院办公厅刘玉杰供稿）

2014 年中国资本市场法治论坛 11 月 15 日，由中国人民大学商法研究所主办的“2014 年中国资本市场法治论坛：依法治国背景下的国有企业改革与国有资产保护”在中国人民大学举行。最高人民法院审判委员会专职委员、二级大法官、执行局局长刘贵祥，国务院国资委监事会主席季晓南，全国人大法工委咨询委员、中国国际贸易仲裁委员会荣誉仲裁员、原全国人大法工委经济法室主任魏耀荣，最高人民法院民二庭庭长张勇健，全国人大法工委经济法室副主任杨合庆，全国人大法工委民法室原副主任扈纪华，最高人民法院民四庭法官奚向阳，中国人民大学常务副校长、中国法学会副会长、中国民法学研究会会长王利明等专家学者出席会议。与会专家从立法论和解释论角度对国有企业治理创新、国有企业决策问责机制、国企高管激励与约束机制的创新、发展混合所有制经济、国有企业社会责任、国有企业“走出去”中的法律风险及对策等议题进行了深入探讨，并提出了多项公平可行的立法建议。

（中国人民大学科研处关晓斌供稿）

中国药品法律改革论坛 11 月 20 日，清华大学法学院药事法研究所“中国药品法律改革论坛”在法学院模拟法庭举行。论坛邀请了众多医药领域资深人士参与，部分专家在会上作了发言。国家药典委员会秘书长张伟从法律体系的角度对药品管理法修订提出了建议，美国药品研发与制药企业协会（PHRMA）主席伊恩·里德则从国际化的角度对药品监管提出了自己的看法。非处方药协会名誉会长白慧良、中国化学制药工业协会执行副会长潘广成分别从行业实践出发提出药品管理法修订中应当考虑的问题。“药品监管法制改革研究计划”第二期报告人则就课题研究成果向与会专家作了报告。参加论坛的嘉宾还有国家食品药品监督管理总局药品审评中心原主任张象麟、国家食品药品监督管理总局药品化妆品注册管理司化学药品处处长董江萍、国家食品药品监督管理总局法制司综合处处长罗杰、中国外商投资企业协会药品研制和开发行业委员会（RDPAC）执行总裁卓永清等。

（清华大学文科建设处刘金梅供稿）

追逃追赃与国际刑事司法协助学术研讨会 12 月 1 日，中国社会科学院国际法研究所国际刑法研究中心在北京举行“追逃追赃与国际刑事司法协助”学术研讨会。来自中国社会科学院国际法研究所、中国社会科学院法学研究所、北京大学、中国人民大学、中国政法大学、北京师范大学、北京外国语大学、中国青年政治学院、山东大学、最高人民检察院、公安部等高校、研究机构和实务部门的60余位专家学者参加了会议。

研讨会开幕式由中国社会科学院国际法研究所国际刑法研究中心主任樊文副研究员主持，中国刑法学会常务副会长、国际刑法学协会中国分会副主席、中国社会科学院国际法研究所所长陈泽宪研究员致开幕词。中国政法大学刑事司法学院于志刚教授、北京师范大学刑事科学研究院黄风教授、中国青年政治学院副院长林维教授等专家学者主持讨论。与会人员就追逃追赃的法律根据、实务现状与问题，追逃追赃的国际刑事司法协助问题展开了讨论。

（中国社会科学院办公厅刘玉杰供稿）

价格改革与价格法修改研讨会　12月12日，由中国政法大学研究生院主办的“价格改革与价格法修改”研讨会在北京市西城区召开。该会议是与“规范市场价格行为立法研究”课题联动的重要会议，得到了国家发改委价格司的大力支持。原全国人大财经委法案室主任朱少平，以及北京师范大学法学院副教授贺丹等专家学者出席了此次会议。会议由中国政法大学民商经济法学院教授刘继峰主持。

刘继峰对价格改革与价格法修改的基本情况作了介绍。他指出，我国现行价格法自1998年实施至今走过了十六年历程，已暴露出一些问题，因此修改法律已经势在必行。十八届四中全会以来，党和政府对于市场与政府的关系已经有了明确的改革方向，这为价格法的修改确立了良好的基调。中国政法大学规范市场价格行为立法研究课题组也做了大量工作，希望通过这次会议能够对推进价格改革有所帮助。

在自由讨论环节，国家发改委价格司政策法规处侯守礼、国家发改委价格监督检查与反垄断局法制工作处干部万江，中国人民大学法学院副教授孟雁北等专家学者对于价格法修改以及课题组的相关成果的问题进行了交流，提出了自己的建议。

（中国政法大学科研处郭丰琪供稿）

法治中国的健康与环境议题研讨会　12月4日，“多方参与和创新路径：法治中国的健康与环境议题”研讨会在中国传媒大学举行。此次研讨会由中国传媒大学媒介与公共事务研究院、中国公共关系协会政府公共关系委员会联合主办，由研究院下属健康与环境传播研究所承办。中外各界人士近200人参加大会。

会议围绕“健康与环境保护的多方参与”“机动车排放政策的实践与挑战”“工业技术进步的重要作用”三个话题，分别组织了圆桌讨论。此次研讨会不仅极具创新性地将健康与环境两个议题联合探讨，同时还举行了由环保部宣教中心、中国传媒大学媒介与公共事务研究院联合主办的“2014环境保护中的多方参与与创新路径年度工作坊”。来自全国20余省市自治区、直辖市近40名环保系统领导干部参加了这一公益工作坊，并对2014年环境传播进行回顾总结。

（中国传媒大学文科科研处供稿）

审判中心与直接言词原则研讨会　12月23日，由中国政法大学2011计划司法文明协同创新中心主办的“审判中心与直接言词原则研讨会”在北京召开。来自最高人民法院、最高人民检察院、中国政法大学、北京大学等50多名专家学者、实务人员参加了本次研讨会。

2014年10月23日中国共产党十八届四中全会通过的《中共中央关于全面推进依法治国若干重大问题的决定》中明确指出要“推进以审判为中心的诉讼制度改革”，说明推进以审判为中心的诉讼制度改革是当前司法改革的一项重要任务，本次研讨会是结合学习和贯彻决定、推进司法改革而召开的。

会议开幕式上，中国政法大学副校长、司法文明协同创新中心联席主任张保生致辞，中国政法大学终身教授、司法文明协同创新中心学术委员会主任陈光中作了重点发言。与会代表围绕审判中心议题进行了深入、全面的、富有建设性的讨论。

（中国政法大学科研处郭丰琪供稿）

全面深化改革与推进依法治国座谈会　12月29日，由国家行政学院科研部主办的“全面深化改革与推进依法治国”座谈会在本院召开。国家行政学院副院长杨克勤出席座谈会并讲话。

杨克勤在讲话中指出，党的十八大报告提出了全面建成小康社会，三中全会提出了全面深化改革，四中全会提出了全面推进依法治国，这“三个全面”是有机统一的顶层设计和整体部署。全面建成小康社会的奋斗目标是一条主线，为了实现这个目标，我们必然要全面深化改革，逐步实现国家治理体系和治理能力的现代化，实现这一目标就必然要求全面推进依法治国，提高各个领域的法治化水平，善于用法治思维和法治方式治国理政，建设中国特色的社会主义法治体系，建设社会主义法治国家。我们要在全面深化改革的框架内全面推进依法治国，而全面深化改革又要有法治的支撑和保障，要在法治的轨道上进行。所以，要围绕全面建成小康社会这一主线，一手抓改革，一手抓法治，两轮驱动，两翼齐飞。

中国政法大学终身教授张晋藩，中国政法大学法学院副院长焦洪昌，北京理工大学法学院教授谢晖，中央民族大学法学院教授熊文钊，全国政协委员、国家行政学院政治学教研部教授刘峰，国家行政学院科研部教授许耀桐、经济学教研部主任张占斌、法学教研部主任胡建淼等院内外专家作了精彩发言。国家行政学院科研部副主任王德颖主持座谈会，副主任焦利作总结。

《人民日报》《光明日报》、中央电视台、《新华文摘》《中国社会科学文摘》《法制日报》《检察日报》、人民网、中国经济网等多家媒体参加了座谈会。治国理政的大战略大思路大手笔，蕴含着战略思维、辩证思维、创新思维、底线思维，标示着我们党对建设中国特色社会主义规律的把握更加自觉、更加成熟，也更加激励我们为全面建成小康社会、实现中华民族伟大复兴的中国梦而努力奋斗。

（国家行政学院项纪旸供稿）

中国法治文化创新论坛　近日，文化中国网主办的“中国法治文化创新论坛”在北京举行。与会者结合巴湘所撰《法经》的出版，就如何培育全民守法文化氛围进行了研讨。

与会者认为，全面推进依法治国，必须弘扬社会主义法治精神，建设社会主义法治文化。法治文化是法治社会呈现的文化状态和精神风貌。培育法治文化是全面推进依法治国的内在要求，是科学立法、公正司法、严格执法的内在动力，也是全民守法的内在因素。建设社会主义法治文化，关键是增强全社会厉行法治的积极性和主动性，形成守法光荣、违法可耻的社会氛围，使全体人民成为社会主义法治的忠实崇尚者、自觉遵守者、坚定捍卫者。

（参见《人民日报》2014 年 12 月 26 日第 7 版）

精神卫生条例立法后评估专家研讨会　年内，市人大常委会教科文卫体办公室召开《北京市精神卫生条例》立法后评估专家研讨会。参加会议的北京大学、中国政法大学、中国卫生法学会、安定医院、回龙观医院等单位精神卫生法专家认为，在立法后评估时要理清与国家精神卫生法的关系，做好与上位法的衔接，同时检验法规的实施效果与立法的预期是否一致，摸清法规在运行层面存在哪些问题，并研究解决问题的途径。如果对上述条例进行修订，应注重增强本市精神卫生服务的可及性和精神康复的普遍性，进一步明确和细化各政府部门的职责，把握好精神障碍患者的利益与公共利益的关系。

（北京市人大常委会研究室艾淑英供稿）

历史学（含中共历史、中外史、考古）

全国首届影像史学学术研讨会　1 月 10 日，“全国首届影像史学学术研讨会”在北师大历史学院举行。会议依托北京师范大学历史影像实验教学和影像史学的成果，探讨了影像历史研究和数字化、国际化及新媒体背景下传统历史学研究和影像化传播相结合的路径和课题。来自全国包括台湾辅仁大学在内的 11 所高校的影像史学专家和中央电视台等国内 9 家一线影像媒体从业高管共计 40 余人参加了研讨会。“全国首届影像史学研讨会”在北师大历史影像研究中心举行，集中体现了北京师范大学历史学院近年来积极开展历史影像教学和科学研究的成果。中共北京市委宣传部副部长崔耀中和直属部门的理论专家参加了研讨会。随着影像记录历史的广度和深度不断增加、技术手段不断成熟，影像成为记录社会生活的重要手段，影像资料成为历史研究的重要对象。为鼓励大学文科院系的学生提高创新和就业能力，国家先后出台了一系列加强文科实验教学政策，鼓励在传统文科院系开设试验课程。北师大影像史学正是在历史影像实验教学基础上结出的成果。首届全国“影像史学”学术研讨会的召开为历史学研究和教学打开了新视窗。影像史学专家的研究和探索为影像史学研究搭建了新的学术交流平台。“全国影像史学”学术研讨会的召开不仅为更好地讲述中国故事打开了新视角，对促进历史学研究创新和中国文化深度传播，进一步加强中国文化在国际文化传播中的地位都具有重要的学术和现实意义。

（北京师范大学社科处刘娜供稿）

《新中国经济学史纲》出版座谈会 3月23日，由中国社会科学出版社主办的中国特色社会主义经济学话语体系建设暨《新中国经济学史纲》出版座谈会在京举行。来自中国社会科学院、国家发改委、国家行政学院、中国人民大学、北京师范大学等单位的专家学者，围绕新中国经济学60多年的发展历程，就如何构建中国特色社会主义经济学话语体系等问题进行了探讨。与会专家表示，当前，构建中国特色社会主义经济学话语体系对于向世界介绍中国道路和中国经验，不仅十分必要且具有重要意义。中国特色社会主义经济学理论体系是新中国经济学60多年发展的主要成果，也是构建中国特色社会主义经济学话语体系的核心内容。其中，社会主义市场经济理论是一个不可或缺的重要组成部分。如何将传统中国的经济学理论与西方经济学理论融合起来，形成一个有机统一的理论体系，将是这一话语体系建设的重要任务。

该书是首部对新中国成立60多年经济学研究成果进行系统梳理的著作。于2013年修订出版，并获得中国出版界最高奖项——第三届中国出版政府奖。中国社会科学院副院长李扬认为建设中国特色社会主义经济学话语体系刚破题，包括政府与市场的关系等许多问题需要经济学者们去探索和解释。

（中国社会科学院办公厅刘玉杰供稿）

殷商文化东传美洲新证学术演讲 4月11日，由北京大学哲学系、北京大学道家研究中心主办的"道家学术讲堂"第七讲在北京大学第二教学楼举行。南京大学历史系教授范毓周先生担任主讲，讲题为"殷商文化东传美洲新证"。洛阳老子学会、北大师生及各界友人数百人出席演讲。

殷人东渡美洲是近年中外学术界普遍关注的一个重要问题，为深入研究，范毓周教授于2001年在美国文明起源探索与研究基金会的资助下亲赴墨西哥进行考古调查，获得大量一手文献和图像、实物资源，并以此为基础提出"从甲骨文东传墨西哥看商代文化对新大陆的影响"的殷人东渡美洲新证。

范教授指出，墨西哥城的国家人类学博物馆和塔巴斯科的毕尔霍摩萨的拉文达公园陈列的玉圭及毕尔霍摩萨市立博物馆库藏的石磬上所刻文字，形体结构与殷虚出土的甲骨文正相一致，而玉圭所载内容可能是商王室始祖、十二位商王及其旁系进入中美洲后三代首领的氏族传承谱系。不仅文字与实物相符，而且也与史料相符。此外，墨西哥奥尔梅克文化中心出土的石雕人像的跽坐方式和面部特征也与殷墟出土的玉器中的玉人相似。

（参见《光明日报》2014年4月22日第16版）

《中国文化发展史》新书发布暨学术研讨会 北京师范大学历史学院、山东教育出版社共同主办的"《中国文化发展史》新书发布暨学术研讨会"近日在京举行。与会者就该书的编纂过程和出版意义、中华文化发展的内在动因、新形势下中华文化的传承和创新等进行了研讨。

《中国文化发展史》由著名文化史研究专家龚书铎（已故）任总编辑、众多专家学者历时10余年精心打磨完成。全书分为先秦卷、秦汉卷、魏晋南北朝卷、隋唐卷、宋元卷、明清卷、晚清卷、民国卷。与会者指出，该书以中国文化的发生为开端，呈现了中国文化发展的全貌，阐释了中华民族数千年来物质文明与精神文明共同进步和交互推进的过程，揭示了中国文化的深层底蕴和深刻内涵，展现了中国文化的主流发展趋向和巨大魅力。全书结构严谨齐备，内容丰富深刻，史料丰富翔实，学术视野宏通，研究视角独到，形式清新悦目，是一部体现深厚功力、具有鲜明特色的中国文化史"大书"。同时，该书从社会与文化、多元文化的渊源与趋同、文化碰撞和交流、中西文化冲突和融合等视角对中国文化发展的历史进程进行了深入探讨，揭示了中国文化发展的内在动因和一般规律。

（参见《人民日报》2014年4月13日第5版）

社会转型视角下的明清鼎革学术研讨会 4月25—28日，北京市社会科学院满学所与北京大学明清研究中心于北京共同举办了"社会转型视角下的明清鼎革"学术研讨会。来自韩国高丽大学、韩国庆北大学、澳门大学、中国社科院、国家清史编纂委员会、北京大学、中国人民大学、中央民族大学、故宫博物院、山东大学、浙江大学、苏州大学、云南大学、西北大学、黑龙江大学、长春师范大学、辽宁大学、辽宁社科院、河北大学、北京市社科院等多家单位的专家学者50余位参加本次会议，提交论文48篇。国内外学者围绕明清之际的社会变革问题进行了深入、广泛的讨论，涉及民族学、历史学、文学、语言学等多个学科。北京市社科院院长谭维克参加了这次会议，在大会闭幕式上致辞，指出"此次会议是国内外首次从社会转型的视角探讨明清鼎革的学术研讨会，会议主题很有新意，具有重要的学术价值”。此外，谭院长总结了满学所历年主办学术会议的成绩，认为会议“对于深化学术探讨、加强学术交往，都是很有必要的”。

（北京市社会科学院科研处供稿）

《历史视野下的中华民族精神》新书发布暨学术研讨会　4月26日，由北京师范大学历史学院与广东人民出版社共同举办的《历史视野下的中华民族精神》新书发布暨学术研讨会在北京师范大学召开。北京市社会科学界联合会党组书记韩凯，北京师范大学资深教授刘家和，中央民族大学历史系教授陈梧桐，中国社会科学院学部委员廖学盛，中国社科院世界历史研究所所长张顺洪，《历史研究》主编李红岩，北京市哲学社会科学规划办公室副主任李建平，国家出版基金规划管理办公室综合处处长刘兰肖，北京师范大学历史学院院长杨共乐、副院长李帆，历史学院教授吴怀祺、陈其泰、郑师渠、晁福林、张昭军，洛阳师范学院教授郭红娟，广东人民出版社总编辑卢家明等30余人参加了会议。

《历史视野下的中华民族精神》由北京师范大学历史学院教授郑师渠、史革新主编，是国家社会科学基金重大项目“弘扬与培育中华民族精神研究”的研究成果之一。该书全面系统研究中华民族精神的历史发展脉络，从历史的角度对这一具有重要现实意义的问题进行了深入探索，既是属于研究中国历史文化的学术著作，有助于丰富与深化学术界的既有研究；同时，又具有重要的现实意义和应用价值，有益于人们，尤其是相关领导部门，在更好地理解中华民族精神的内涵、历史发展及其现状的基础上，进一步形成弘扬与培育中华民族精神的自觉。本书出版后，在学术界和社会上均产生了较大影响。与会专家对《历史视野下的中华民族精神》给予了较高的评价，指出，该书凝结了诸位作者10年心血，系统全面地从历史视角探索、研究民族精神，清楚地把握了民族精神的时代脉络，并在民族精神的分期、弘扬民族精神的途径等问题上提出了独到见解。

（参见《光明日报》2014年4月30日14版）

第一次世界大战与十月革命学术讨论会　4月30日，北京市国际共运史学会在中国人民大学召开“第一次世界大战与十月革命”学术研讨会，90余名学会会员参加了研讨会。会议由中国社会科学院、中央编译局、北京大学、中国人民大学、中共中央党校等单位的学者作了主题发言，分别围绕历史教科书、第一次世界大战与革命环境、苏联第一次改革等议题进行了深入探讨，尤其是正值第一次世界大战爆发100周年围绕人类如何吸取战争教训进行了讨论。

（摘自《北京市社科联所属社会组织2014年活动概览》）

《阎崇年集》暨《清朝开国史》出版座谈会　5月15日，北京市社科院与北京新闻出版广电局、北京市社科联、中央电视台“百家讲坛”栏目等相关部门联合举办的《阎崇年集》暨《清朝开国史》出版座谈会在中国紫檀博物馆召开。北京市社科院谭维克院长出席座谈会并致辞，对《阎崇年集》和《清朝开国史》的出版表示祝贺，并对阎崇年先生毕生致力于史学研究，为提升北京市社会科学院的影响力作出重大贡献表示感谢。《阎崇年集》共25卷900余万字、2000张图片，囊括阎崇年先生全部畅销书和重要学术著作。其中120万字的《清朝开国史》单行本是阎崇年先生的最新学术力作，以重大历史事件为经，贯穿讲述努尔哈赤起兵反明，建立清王朝迁都至北京这一时期的历史发展大势。

（北京市社会科学院科研处供稿）

世博会与设计史：产品与政治学术讲座　5月27日和29日，应清华大学美术学院艺术史论系和世界艺术史研究所之邀，世界著名设计史家、美国德雷克塞尔大学媒体艺术与设计学院教授大卫·瑞兹曼（David Raizman）来清华大学美术学院讲学。瑞兹曼所著《现代设计史》是关于西方设计史发展的经典之作，被翻译成多国语言，其中文版（第一版和第二版）不仅对国内设计史研究产生了重大影响，也被众多高校引为教材。瑞兹曼在美院举办了两场学术讲座，分别由艺术史论系主任陈岸瑛和世界艺术史研究所所长张夫也担任学术主持。在《世博会与设计史：产品与政治》这场讲座中，瑞兹曼从世博会所涉及的全球化、和平竞争、技术进步和设计艺术这四个主题出发，深刻分析了世博会并非仅仅是产品展销会，而是各种话语和意识形态角逐的场域。讲座“我的设计观：历史，进步与批评”共涉及三个层面的内容：第一，设计的发展与历史和社会环境息息相关，设计产品与一般商品的区别在于，它与文化、社会和意识形态有更多的关联；第二，研究设计史，不仅应研究知名设计师，也应该研究无名的设计史；第三，可以从科技进步、用户体验、经济转型、社会变迁等角度入手进行设计批评。《装饰》和《艺术设计研究》杂志对瑞兹曼进行了专访。在访问期间，瑞兹曼还与来自各院校的青年教师座谈，交流设计史论教学研究心得。瑞兹曼此行还参观了美院2014年研究生毕业作品展，肯定了同学们的才华和想象力。

（清华大学文科建设处刘金梅供稿）

新史料、新方法与唐史研究新趋势学术论坛 5月31日，首都师范大学历史学院主办“新史料、新方法与唐史研究新趋势”学术论坛在京举办。来自中国社会科学院、北京大学、清华大学、南开大学、中国人民大学、北京师范大学、中央民族大学、首都师范大学、中国政法大学、北京理工大学、国家开放大学、装甲兵工程学院、陕西师范大学、辽宁大学、故宫博物院、国家图书馆、国家博物馆、文物出版社、中国社会科学出版社、河北省社科院等十几所高校及科研单位的70余位学者和研究生参加了本次学术论坛。

本次论坛主要包括3场主题发言和自由论坛发言两个议程。北京大学历史系荣新江教授、陕西师范大学杜文玉教授、河北省社科院孙继民教授、文物出版社葛承雍教授、南开大学王利华教授、首都师范大学王永平教授、北京大学李志生教授、陕西师范大学薛平拴教授、中国社会科学院黄正建研究员、中央民族大学李鸿宾教授、陕西师范大学王双怀教授、辽宁大学耿元骊教授等12名学者分别进行了主题发言。与会学者围绕新出墓志与唐史研究、文物图像与历史互证、环境史与唐史研究、全球史与唐史研究、唐代妇女史、唐代族群问题、唐代社会经济研究、武则天研究、网络与唐史研究等论题各抒己见，提出了不少唐史研究的新史料和新方法。在之后的自由论坛环节，学者们就会上提到的一些问题进行了热烈讨论和交流，学者们对问题独到的见解给人以启迪。

（首都师范大学社科处李志成供稿）

第三届当代中国史国际高级论坛 6月26日，由中国社会科学院当代中国研究所主办的“中国道路与中国梦”——第三届当代中国史国际高级论坛在京举行。受中国社会科学院党组成员、当代中国研究所所长荆惠民委托，副所长张星星致开幕词。来自中共中央党校、中国社会科学院、军事科学院、中国人民大学、中国科学院——清华大学国情研究中心，以及美国华盛顿大学、美国马里兰大学、俄罗斯科学院、法国加布里埃·佩里基金会、法国全球科学研究中心、新加坡国立大学、澳大利亚墨尔本理工大学、新西兰奥克兰大学、塞尔维亚现代史研究所、越南翰林社科院等国内外科研机构的专家学者，从政治、经济、外交、军事、文化、历史等多角度，对“中国道路”与“中国梦”两大主题进行了研讨。

中国社会科学院世界历史研究所原所长于沛出席会议。中国社会科学院当代中国研究所副所长张星星、武力分别主持会议。

（中国社会科学院办公厅刘玉杰供稿）

北平抗战在全国抗战中的地位与作用学术研讨会 7月19日，中共北京市委党史研究室召开“北平抗战在全国抗战中的地位与作用”学术研讨会，学习习近平总书记在纪念全民族抗战爆发七十七周年仪式上的重要讲话精神，推动和加强北平抗战史研究，以历史事实驳斥日本右翼言论。中国社科院近代史研究所、首都师范大学、中国人民抗日战争纪念馆、北京市社科联有关专家学者，部分区县党史部门及焦庄户地道战遗址纪念馆负责人应邀出席。市委党史研究室主任谢荫明，副主任陆兵、李明圣和相关人员参加研讨。大家认为，北平抗战史内容丰富，应进一步加强对这段历史的研究，客观评价北平抗战在全国抗战中的地位与作用。

（中共北京市委党史研究室陈丽红供稿）

一战和二战历史回顾：教训和启示国际学术研讨会 7月26日，为纪念第一次世界大战爆发100周年和第二次世界大战爆发75周年，“一战和二战历史回顾：教训和启示”国际学术研讨会在北京召开。会议在国务院新闻办公室的大力支持下，由中国社会科学院、中国人民解放军军事科学院主办，中国社会科学院世界历史研究所、中国社会科学院欧洲研究所、中国人民解放军军事科学院军事历史和百科研究部承办。出席会议的代表有来自俄罗斯、法国、英国、美国、德国、波兰、匈牙利、保加利亚、塞尔维亚、捷克、荷兰、墨西哥、马来西亚、韩国、日本、印度、尼日利亚等10多个国家的20多位外国学者，以及国内中国社会科学院、中国人民解放军军事科学院、北京大学、国防大学、中国人民大学、北京师范大学、武汉大学、同济大学、首都师范大学等科研院所的200余名专家学者。国务院新闻办公室副主任崔玉英、中国社会科学院副院长李培林和中国人民解放军军事科学院副院长何雷出席会议并致辞。

中国社会科学院副院长李培林在致辞中指出，两次世界大战给世界人民带来了深重的灾难，留下了惨痛的历史教训。第一次世界大战历时4年零3个月，有33个国家15亿人口参战，其中1000多万人死亡，财产损失2700亿美元。第二次世界大战历时6年，先后有61个国家和地区、17亿人口卷入这次战争。因战争而死亡的人口达到5120万人，造成物资总损失达40000亿美元，甚至出现了对犹太人的种族灭绝和南京大屠杀这样的惨剧。

从世界历史发展的角度看，两次世界大战留给我们的教训和启示是深刻的。我们要认识到，帝国主义国家殖民扩张和相互争霸所造成的长期不公正、不合理的国际秩序是两次世界大战爆发的深层原因。军事集团的形成和对峙是世界大战爆发的重要前提；频繁的地区性危机和局部战争是世界大战的危险信号；对国际形势与自身实力的误判会造成极其严重的后果；放任狂热的极端民族主义蔓延只会加速战争的到来。

历史是最好的教科书。我们不能忘记历史，我们必须尊重历史，任何歪曲和篡改历史的做法，都是不可接受的。第二次世界大战的胜利是世界人民反抗法西斯的伟大胜利。反法西斯战争胜利的成果是战后国际秩序和当前世界和平发展的基础，任何试图动摇、改变甚至否定反法西斯战争胜利成果的企图，都是不能容忍的，都应该受到国际社会的谴责。

与会专家学者围绕着“两次世界大战爆发的原因和背景”“两次世界大战的历史记忆与历史叙述”“两次世界大战与世界格局演变”和“两次世界大战的启示与世界和平发展”等主题进行了讨论。与会专家认为，两次世界大战是20世纪的重大历史事件，给世界人民带来了深重灾难，给人类文明造成了空前浩劫，也对世界格局的发展变化产生了深远影响，回顾和总结两次世界大战的经验教训，对于发展好世界各国特别是各大国之间的关系、维护世界和平、促进人类共同进步具有重要的借鉴意义。

（中国社会科学院办公厅刘玉杰编辑、世界历史所郭远英供稿）

第二届马克思主义史学理论论坛　7月26—27日，中国社会科学院第二届马克思主义史学理论论坛在北京举行。本届论坛的主题为“中国特色社会主义与马克思主义史学理论建设”。来自中央党校、中央文献研究室、中央党史研究室、中国社科院以及北京大学、中国人民大学、北京师范大学、南开大学、华中师范大学等40余家科研院所和高等院校的70余位专家学者出席了会议。中国史学会会长张海鹏、中国社科院秘书长高翔分别致辞，中国社科院原副院长朱佳木为本届论坛发来贺信。与会学者就在新的时代条件下如何正确解读马克思主义经典原著、唯物史观基本原理如何与历史研究实际相结合、唯物史观与历史学各分支学科建设和理论体系构建、马克思主义与中国优秀传统文化的关系、历史虚无主义思潮新形态评析、新形势下中国马克思主义史学发展需要突破的关键性问题，以及中国当代史学工作者的历史使命等问题展开了热烈讨论。大家认为，新的历史条件下，面临不同文明、不同文化间的交流日益深化、争夺文化发展话语权和文明发展制高点的斗争日益激烈的复杂环境，中国马克思主义史学既需要对其90多年的发展历程，对中华民族的发展史，乃至整个人类历史作出梳理与总结，也需要对诸如中国道路、中国特色社会主义、中华文化的民族特色和理论品格等重大现实问题作出富有历史底蕴和时代特色的探索和回答。这是时代赋予马克思主义史学工作者的历史使命，也是中国马克思主义史学新的学术增长点。

中国社会科学院马克思主义史学理论论坛由中国社会科学院马克思主义理论学科建设与理论研究工作领导小组主办，中国社会科学院当代中国研究所承办。其学术影响力不断扩大，日益成为中国马克思主义史学研究领域中的高规格学术交流平台，研究、宣传和弘扬马克思主义史学理论的重要窗口。

（参见《光明日报》2014年8月13日第14版）

清史专家阎崇年进机关讲座　8月29日，北京市直机关青年公务员读书大讲堂举办第四讲，来自北京市直机关各单位的近300名青年公务员，聆听了北京社会科学院研究员、“百家讲坛”主讲人阎崇年的精彩讲座。

读书大讲堂在位于朝阳门桥西北角的新闻出版大厦举行，讲座现场座无虚席，甚至搬来上百个小板凳作为加座，才满足了聆听者的需要。这一讲，阎崇年以“清朝开国历史的当代启示”为主题，与青年们展开交流。他言语风趣，引经据典，带领听众走到了历史深处。讲座结束后，他还耐心解答了大家的问题。

读书大讲堂活动由北京市委市直机关工作委员

会、北京市新闻出版广电局主办，商务印书馆、中华书局协办。据大讲堂组织者介绍，该项活动举办以来，每讲都受到了青年公务员的欢迎，尤其这一场，报名人数远超场地所限。

据悉，接下来大讲堂将继续通过邀请名家导读、开展读书交流等形式，服务并引导机关青年干部认真读书学习、开阔文化视野、全面增强素质。

（参见《北京日报》2014年8月30日第5版）

第十四届国史学术年会 近日，中国社会科学院当代中国研究所、中华人民共和国国史学会联合主办的“第十四届国史学术年会”在北京举行。与会者围绕邓小平与改革开放、中国道路的历史思考、运用唯物史观科学解读国史等问题进行了研讨。

与会者指出，运用唯物史观科学解读国史，必须认清新中国成立以来65年历史发展的主题、主线和主流。国史研究一头连着历史、一头连着现实，不但具有重大学术意义，而且具有重大现实意义。这对国史研究的学术担当精神提出了更高要求。国史研究应根据中国社会基本矛盾和主要矛盾的变化发展，紧紧围绕我们党对“什么是社会主义、怎样建设社会主义”“建设什么样的党、怎样建设党”“实现什么样的发展、怎样发展”等一系列历史重大课题的理论思考与实践探索，深刻总结历史经验，揭示我国走中国特色社会主义道路的历史必然性。

（参见《人民日报》2014年9月26日第7版）

第一次世界大战中的法国海军讲座 9月14日，应北京师范大学历史学院邀请，法国国家海军史研究中心首席专家、知名学者亚历山大·谢尔东-杜普莱教授（Alexandre Sheldon-Duplaix）为北京师范大学师生作了题为“第一次世界大战中的法国海军”的学术讲座。该讲座系纪念第一次世界大战爆发100周年的专题学术讲座，杜普莱教授征引了大量珍贵的文字和图片史料，视角独到，分析深刻，引发了听众的浓厚兴趣。杜普莱教授是法国国家海军史知名学者，尤其以研究远东海军史见长。他曾就读于巴黎政治学院和索邦大学等多所著名高等学府，1999年进入法国海军部历史研究中心，从事远东地区海军史、冷战史、海军兵器史等方面的研究。

（北京师范大学社科处刘娜供稿）

两岸学者共话世界史论坛 日前，中国民主促进会中央委员会、叶圣陶研究会联合主办的“两岸学者共话·世界史”论坛在北京举行。与会者围绕世界史研究的重要意义、大陆和台湾世界史学科发展状况、世界史研究面临的主要问题等议题进行了研讨。

与会者指出，在经济全球化背景下做好世界史研究工作，既是我们更加深入理解世界的客观需要，也是表达我们对世界的看法、让世界了解中华文化的重要渠道。近二三十年来，两岸世界史研究在质与量上都有长足进步，学术水准不断提高，国际交流更为常态化，为中国理解世界、世界了解中华文化作出了积极贡献。

与会者指出，世界史研究已经成为中国史学大家庭中一个非常重要的成员，促进了中国史学整体发展。世界史研究目前已进入前所未有的发展期，研究对象覆盖面相比过去大大拓宽，研究时段也基本完整，呈现出选题和方法多样化、史料丰富化、研究深入化、交流国际化等特点。但是世界史还是一门年轻的学科，在发展中还有许多问题需要进一步解决。比如，研究队伍规模还不能满足研究和教育的需要；研究领域还不够宽泛，不能很好体现“世界史”的学科含义；研究人员外语能力还不够，对外国社会文化也缺乏深入了解；整个社会对世界史研究的重视程度不够，等等。面对这些问题，两岸学者应加强合作，共同推进世界史研究深入发展。

（参见《人民日报》2014年9月26日第7版）

首届全国经济史学博士后论坛 近日，“首届全国经济史学博士后论坛”在中国社会科学院举行，论坛主题为“中国经济发展道路的历史探索”。

本届论坛由中国社会科学院、全国博士后管理委员会、中国博士后科学基金会主办，由中国社会科学院博士后管委会、中国社会科学院经济研究所、北京大学经济学院社会经济史研究所、中南财经政法大学经济学院、云南大学中国经济史研究所承办，《中国经济史研究》编辑部协办。来自中国社会科学院、北京大学、清华大学、南开大学、中国人民大学、中南财经政法大学等国内20余家博士后流动站的56位博士后参加论坛，中国社会科学院副院长李扬出席论坛并致辞。

参加论坛的博士后研究领域涉及理论经济学、历史学、管理学、法学等多个学科，提交的论文跨越古今中外，围绕中国经济发展史中的重大问题进行研究，论述的主题集中于劳动就业、“三农”问题、城镇化、土地制度、财税体制、市场物价、货币金融等方面。论坛根据与会学者提交的论文，分为现代经济史、近代经济史及古代经济史三个单元进行讨论，每个单元由7位博士后报告论文，专家进行点评，与会学者进行了讨论。

（参见《光明日报》2014年10月13日第7版）

全国广播电视史学研讨会　10月18日，“广播电视史学：机遇与挑战”学术研讨会在中国传媒大学召开。本次研讨会由中国传媒大学、中国新闻史学会主办，中国传媒大学新闻传播学部新闻学院、文科科研处、现代传播杂志社承办，哈艳秋教授担任会议发起、组织和统筹工作。来自全国各高校、研究机构、广播电台、电视台等单位70余名与会代表参加研讨会。中国传媒大学副校长袁军，中国新闻史学会会长程曼丽出席开幕式并致辞。中国传媒大学文科科研处处长段鹏、新闻传播学部党委副书记刘自雄参加会议。新闻传播学部副学部长兼新闻学院院长刘昶主持开幕式。会议表示，中国传媒大学是最早开展广播电视史教学和研究的高校，并取得丰硕成果，目前已成为这一研究方向的重镇。

（中国传媒大学文科研处供稿）

司法制度的传统与变革学术研讨会　10月18日，由中国政法大学法学院法律史研究所主办的“司法制度的传统与变革”学术研讨会在中国政法大学昌平校区举行。参加本次会议的有来自清华大学、北京师范大学、中国政法大学比较法研究院、法律史学研究院、法律古籍整理研究所等近30位在司法改革研究领域上颇有建树的专家学者。部分法律史专业硕博研究生也参加了此次会议。会议由法学院法律史研究所所长崔林林主持。她代表主办方欢迎各高校的专家，她指出在新一轮司法改革的背景下，对司法传统与变革之间的交互关系模式所进行的研究非常有价值。中国政法大学博士生导师曾尔恕致辞，表达了对本次研讨所寄予的厚望，同时也对到会的新朋老友表示欢迎。

本次学术研讨会在新一轮司法改革即将启动的背景下召开，专家们本着开放多元的心态，坚持严谨踏实的学术作风，百家争鸣，集思广益，对社会变迁之下司法传统与变革之间的关系进行了卓有成效的探讨，为司法改革的纵深推进在历史经验以及理论论证层面提供了智力支持，同时也拓宽了法律史学术研究的视野。

（中国政法大学科研处郭丰琪供稿）

“一带一路”暨人大考古学科建设研讨会　10月18日，中国人民大学历史学院考古文博系“一带一路”暨人大考古学科建设研讨会召开，来自全国各大高校考古学科及全国相关考古研究所的专家学者汇聚一堂，对“一带一路”国家战略与考古学科发展的关系，对人大考古学科未来的学科建设问题，进行了研讨。中国人民大学党委副书记马俊杰首先致辞，并谈了对“一带一路”国家战略意义的理解。历史学院院长黄兴涛、考古文博系主任魏坚、四川大学历史学院院长霍巍、河南省文物考古研究院院长贾连敏随后致辞。与会学者发表了学术报告。

（中国人民大学科研处关晓斌供稿）

魏晋南北朝史的新探索国际学术研讨会　近日，由中国魏晋南北朝史学会主办，中国社会科学院历史研究所魏晋隋唐史研究室承办的“魏晋南北朝史的新探索国际学术研讨会暨中国魏晋南北朝史学会第十一届年会”，在北京召开。来自日本、美国、中国大陆和港台地区的100余位学者参加会议。

与会学者不仅对传统文献进行了深入的挖掘、考证、辨析，同时也利用新出土的碑刻、简牍资料，对老问题进行新研究，这是本次研讨会的突出特点。大家采用传统考据及其与实地田野调查相结合等方法，对“魏晋南北朝时期的制度与社会”“魏晋南北朝时期社会思潮与社会变迁”“魏晋南北朝时期的民族与国家”“魏晋南北朝史研究的新资料、新视野、新方法”等议题进行了新的探索。其中，汉末三国之际的政治史研究仍然是学者关注的热点。十六国北朝时期的制度研究是本次会议讨论的重要内容，涉及了这一时期的中央官制、地方行政制度、军事制度、爵制等，儒学思想研究也受到学者的重视。

本次会议还选举产生了以楼劲为会长的新一届理事会。新一届理事会表示，他们会一如既往地做好服务工作，为魏晋南北朝史学界同仁提供更多学术沟通和交流的机会。

（参见《光明日报》2014年11月5日第11版）

面向世界的艺术史学术座谈会　11月7日，“面向世界的艺术史——对话奚静之先生”学术座谈会在清华大学美术学院举办，庆贺艺术史论系建系元老、著名外国美术史专家奚静之先生 80 华诞。艺术史论系和世界艺术史研究所联合主办本次座谈会。奚静之和邵大箴夫妇莅临座谈会，出席座谈会的还有清华大学美术学院院长鲁晓波、党委书记李功强、党委副书记邹欣，北师大艺术与传媒学院原副院长王贵胜，中国艺术研究院研究员曹小鸥，清华大学美术学院雕塑系教授胥建国、许正龙，绘画系副主任周爱民，史论系教师杨阳、陈池瑜、陈彦姝、章锐、郭秋惠，以及十余名史论系学生代表。世界艺术史研究所所长张夫也担任座谈会的学术主持。会议在史论系主任陈岸瑛的欢迎词中拉开帷幕，鲁晓波发表感言，并与邹欣一同向奚静之先生献花。与会者回忆了与奚静之先生相处的点点滴滴，包括先生在求学之路上给予的帮助、其严谨学风对自身的影响等等。遥想峥嵘岁月，奚静之先生也颇多感慨，她回忆了艺术史论系成立之初的面貌、面临的困境以及逐步形成规模的过程，同时也对史论系教师现在所取得的教学科研成果给予了充分肯定。与会者还探讨了史论系的发展前景，提出要放眼看世界，加强国际交流，引进外来优秀人才，并提出了学科融合等新的构想。奚静之，江苏常州人。1960 年毕业于苏联列宾美术学院美术史论系，回国任教于中央工艺美术学院共同课教研室，教授外国美术史及艺术概论。长期担任清华大学美术学院（原中央工艺美术学院）艺术史论系主任、教授、博士生导师。主要著作有《俄罗斯苏联美术史》《俄罗斯美术史话》《俄国巡回展览画派》《列宾——俄罗斯写实大师》《远方的白桦林：俄罗斯美术散论》《俄罗斯美术十六讲》《俄罗斯美术史》《欧洲绘画史》（合著）、《外国美术名家传》（合著）、《奚静之文集》等。1977 年学院恢复招生后，奚静之作为学院“党的领导小组”成员倡议史论教研组集体编写《中国工艺美术简史》，协助《装饰》复刊，并于1983 年创建艺术史论系。因《俄罗斯苏联美术史》一书，被俄罗斯艺术科学院授予“学术成果及国际文化交流贡献奖”。曾获俄罗斯文化部普希金纪念章，并授予圣彼得堡列宾美术学院荣誉教授证书。2013 年，被中国美术家协会评为七十五岁以上“卓有成就的美术史论家”。

（清华大学文科建设处刘金梅供稿）

晚更新世现代人年代研究研讨会 11 月 19 日，“晚更新世现代人年代研究”研讨会于北京邮电会议中心会议楼举行。本次会议由北京大学考古文博学院副院长吴小红组织并主持，与会者包括旧石器时代考古学者、新石器时代考古学者、第四纪年代研究学者以及考古文博学院研究生等 20 余人。本次会议安排报告 10 个，分为考古组与科技组，其中考古组七个报告，科技组三个报告。

考古组以 Ofer Bar-Yosef 教授、王幼平教授、侯亚梅、赵凌霞、宋艳花、杜水生等学者分别以其所研究的遗址为案例，探讨考古遗存，特别是晚更新世石叶、细石器类型文化的出现与发展的时间等考古年代学问题。科技组共有三位学者作报告，主要侧重光释光测年技术的讨论。城市与环境学院周力平教授、张家富老师及宝文博分别作报告。

本次研讨会持续近六小时，会议气氛轻松和谐，但提出的问题也很尖锐。各位学者对晚更新世现代人的年代学问题，特别是石叶、细石器遗存等在中国的出现与发展时间等关键论题进行了较为充分的交流与探讨，系一次考古学者与年代学家合作讨论的有益实践。

（北京大学社科部供稿）

中国古代法律文献整理研究学术研讨会 11 月 21—22 日，中国政法大学法律古籍整理研究所、中国法律史学会法律古籍整理专业委员会在京举办“中国古代法律文献整理研究”暨中国政法大学法律古籍整理研究所成立三十周年纪念学术研讨会。来自北京大学、清华大学、中国人民大学、华东政法大学、西北政法大学、香港中文大学、台湾地区中研院历史语言研究所等境内外学术机构的 40 余位学者出席此次研讨会。

此次研讨会共收到会议论文 34 篇，发表 22 篇，主题涉及从先秦至晚清的各种出土、传世法律文献，与会学者分别来自中国大陆、香港、台湾地区以及日本、德国等，专业背景涵盖法学、史学、考古、文学等领域。此次研讨会的召开，进一步加强了中国政法大学法律古籍整理研究所与境内外学术机构、同仁之间的学术交流，扩大了中国政法大学传统法律史学科以及新兴中国史学科的学术影响。

（中国政法大学科研处郭丰琪供稿）

第五届近代中外关系史国际学术讨论会 11 月 22—23 日，“战争与外交：第五届近代中外关系史国际学术讨论会”在北京举行。会议由中国社会科学院近代史研究所中外关系史研究室、北京大学历史系联合主办。来自中国大陆、台湾、香港以及日本、韩国、丹麦等国家或地区的近70名学者出席，共收到论文58篇。开幕式上，中国社会科学院近代史研究所所长王建朗、北京大学历史系王元周教授、台湾东华大学吴翎君教授、复旦大学历史系金光耀教授作大会发言。中国社会科学院近代史研究所中外关系史研究室主任张俊义主持了开幕式。会议围绕着“战争与外交”的主题，对两次鸦片战争、甲午战争、第一次世界大战、抗日战争和解放战争等不同时段的中外关系展开了讨论。

（中国社会科学院办公厅刘玉杰供稿）

中国当代艺术史方法论的思考和创新学术讨论　11月26日，著名艺术批评家、理论家高名潞教授应清华大学美术学院艺术史论系邀请，在美术学院做了关于“中国当代艺术史方法论的思考和创新”的学术讲座。艺术史论系主任陈岸瑛担任学术主持。本次讲座围绕高名潞对中国当代艺术史方法论的思考，向在场师生系统阐释了不同于西方再现理论的意派理论。高名潞首先从现代性概念出发，认为国内外批评家对中国当代艺术史的叙述主要基于政治现代性和美学现代性的二元对立，而事实上，20世纪中国艺术的逻辑却并非单一、线性的历史叙事，我们应从多元共生、交叉整一的现代性视角来切入研究。高名潞以“无名画派”为例，阐释了多元视角的必要性。高名潞讲述了西方以“再现”（Representation）为核心的艺术理论与西方艺术发展史的关系。他对中国当代艺术史上的“极多主义”和“公寓艺术”进行了阐释。高名潞指出，意派理论尝试融合过去与当代，放弃简单的二元叙事，建立一个复杂的叙事。提问环节，高名潞与在场师生围绕当代艺术的定义及中国当代艺术发展前景等问题进行了交流。陈岸瑛作点评总结。高名潞是美国哈佛大学博士、美国匹兹堡大学建筑与艺术史系研究教授、天津美术学院与四川美术学院特聘教授。高名潞致力于当代艺术批评及其理论研究，其著作《意派论：一个颠覆再现的理论》《“无名”：一个悲剧前卫的历史》等对中国当代艺术理论产生了重要影响。

（清华大学文科建设处刘金梅供稿）

哀悼死难同胞，弘扬爱国主义精神座谈会　12月12日，中共北京市委党史研究室举办“哀悼死难同胞，弘扬爱国主义精神”座谈会。中共北京市委宣传部、共青团北京市委、北京市档案馆、中国人民抗日战争纪念馆、平西和平北抗战纪念馆、清华大学校史研究室、相关区县党史部门负责人、抗战史研究专家及相关媒体共30余人参加。会议开始，大家起立为抗日战争时期中国死难同胞进行默哀。会议介绍了“北京地区抗日战争时期人口伤亡和财产损失调查”资料搜集、统计研究的总体情况和最新进展，并发布《北京地区抗日战争时期人口伤亡和财产损失调查》一书。大家认为，缅怀死难同胞，揭露历史真相，是为了弘扬民族精神，以史鉴今，不让历史的悲剧重演，让人们更加珍爱和平，珍惜国家独立和民族富强，推动人类的和平发展。

（中共北京市委党史研究室周进供稿）

清史研究所研究百年学术史国际研讨会　12月13—14日，由中国人民大学清史研究所、《清史研究》编辑部共同主办的“清史研究百年学术史”国际研讨会在京召开。会议汇聚了日本名古屋大学、御茶之水女子大学、意大利那不勒斯东方大学、韩国首尔科技大学、澳门大学历史系以及南京大学、四川大学、厦门大学、中国社科院、第一历史档案馆等海内外多所高校研究机构的50余名学者，光明日报、中国社会科学报、中华读书报等媒体列席参加了会议。大会共分为“通史研究”“经济·社会史研究”“法律·疆域·舆图研究”“政治·中外关系史研究”“档案文献·思想文化研究”“海外清史研究”等六场专题讨论和一场“百年清史研究史”项目专场讨论。会议对未来发展提出有建设性的展望，推动了“百年清史学术史”项目的进展。

（中国人民大学科研处关晓斌供稿）

第十一届海峡两岸先秦两汉学术研讨会　12月13—14日，由北京师范大学文学院古代文学研究所主办的“第十一届海峡两岸先秦两汉学术研讨会”在本校举行，来自中国社会科学院、台湾辅仁大学、北京大学、北京师范大学、中国人民大学、南开大学、厦门大学、湖南大学、西北师范大学、南京师范大学等35个单位的60余位学者应邀参加了研讨会。此次研讨会的召开不仅对先秦两汉学术研究的进一步发展将起推动作用，也加强了海峡两岸的学术交流，对整个学术生态环境的良性发展都是有益的。

（北京师范大学社科处刘娜供稿）

教育学 心理学

高校国防教育课程与学科建设研讨会 1月9日，由首都师范大学军事教研室承办的高校国防教育课程与学科建设研讨会在本校召开。北京高校关于军事课教学、国防教育的十余位专家出席了会议。

本次会议围绕"当前国防教育课程与学科建设的背景、内容、存在的主要问题与对策"这个主题进行了研讨。本校武装部部长孙建简要介绍了本校武装部在开展军训和国防教育工作方面的基本情况。本校武装部副部长徐惠汇报了本校国防教育课程与学科建设方面的探索与思考。各高校的专家进行了充分的研讨发言。

北京高校军事课教学指导委员会委员教学组组长曲涛在会上指出，首师大关于国防教育课程和学科的思考的报告是一次全面深入的阐述。其他高校的专家也紧贴国防建设要求和国防教育工作现状，客观分析了存在的问题和原因，并提出了很好的意见和措施。下午，与会专家一起听取了海军指挥学院冯梁教授的《当前南海安全形势报告及其对策思考》报告。

（首都师范大学社科处李志成供稿）

新媒体与新闻专业教育研讨会 3月9日，由中国传媒大学协同创新中心新媒体研究院主办、高校新媒体教学联盟（"新盟"）承办的"新媒体与新闻专业教育研讨会"在综合实验楼举办。美国弗吉尼亚州立大学副教授、新闻系的学科领军人、美国新闻与传播教育协会（AEJMC）广电新闻组的主席 Tim Bajkiewicz，美国南卡罗来纳大学教授、报纸新闻专家 Scott Farrand，以及美国南卡罗来纳大学新闻与大众传播学院终身教授、博士生导师、长江讲座教授、美国《大众传播与社会》学刊主编魏然出席会议。国内12所新媒体新闻相关高等院校的20多位院长、系主任参加了会议。

本次会议以"传播中西新媒体教育理念，汇聚中外新闻教学经验，探讨新媒体与新闻专业教育思路"为主题，就新媒体环境下新闻专业的教育教学现状、教学方法、教育理念等问题进行了深入探讨。

本次"新媒体与新闻专业教育研讨会"是高校新媒体教学联盟（"新盟"）自2014年1月15日成立以来针对"新盟"成员开办的首个高端研讨，为新媒体与新闻的高等教育方面提供了学习、借鉴的思路和方法，更好地促进东西交流、加深我国新闻专业高等教育与海外高校的交流。

（中国传媒大学文科科研处供稿）

新闻传播学学科建设与研究生培养研讨会 3月27日，首都师范大学新闻传播学学科建设与研究生培养研讨会在京召开。来自清华大学、中央财经大学、北京电影学院、北京印刷学院、天津师范大学等高校学者，中国新闻出版研究院、文物出版社等新闻出版机构专家以及本校文学院领导、文学院新闻传播学科教师及研究生共50余人参加了本次会议。大家围绕当前师范类高校新闻传播学学科建设及研究生培养问题进行了探讨。

本院文学院文化产业系主任包晓光主持了开幕式。文学院副院长马自力代表学院讲话，他对本院新闻传播学学科建设给予肯定并提出了希望。中国新闻出版研究院副院长刘拥军的学术讲演"新闻从业人员资格管理有关问题"，提出中国新闻从业人员应具备政治底线意识与理论扎根意识。清华大学哲学系资深教授肖鹰的学术讲演以"新媒介时代的新闻叙事"为题，从哲学和美学角度深入探讨了技术媒介对新闻传播的影响。中央财经大学教授谭云明、本校文学院文化产业系副教授秦勇作了点评。在嘉宾研讨环节，天津师范大学图书馆馆长赵雅文、北京电影学院赵玉忠教授、本校文化产业教研室主任李艳对各自学校的新闻传播学研究生培养的特点及存在的问题发表了见解。

（首都师范大学社科处李志成供稿）

首届全国法学教育论坛 近日，首届全国法学教育高端论坛在北京大学召开，本届论坛由北京大学法学院主办，核心议题为课程改革，主要涉及案例教学课程、实务实习课程及论文写作课程三方面内容。与会专家建议，应改变法学教育重研究轻教学的教育评估体系。

与会代表认为，法学教育改革应当全面回应社会需求，围绕国家司法改革的需要和国际化人才培养展开，并且体现教育体制去行政化的方向，使各法学院校在教改中选择体现各院校自身特点和实际的改革路径和发展模式。

（参见《人民日报》2014年4月8日第4版）

在文明的废墟中——大学和人文的价值学术讲座 4月15日，清华大学外语系博士生导师陈永国教授在中国地质大学（北京）教五楼为本校师生带来了“在文明的废墟中，大学和人文的价值”的主题讲座。中国地质大学（北京）外国语学院教师、学生以及2014年校新教师参加了讲座。讲座现场气氛活跃。

陈教授围绕“人为什么要成为人，人怎样才能成为人”两个问题展开讨论，阐释了教育是人性的至善、普世的至善，提出了高等教育存在的问题和现代教育的目标，用名言“凡事勿过度”来衡量高等教育，提倡学术上的宽容精神、批判学生的狂妄野心。陈教授也鼓励青年学生和教师学会合理利用教学资源，培养自身的综合能力。

讲座的最后，陈永国教授展现出了对当代教育的信心，期望教师和同学们在现有的教育体制下享受“美”的自由王国。讲座结束后，本校教师与陈教授展开了激烈的讨论：建议教育的改善要从基础抓起，强调家庭教育的重要性，提倡在接触自然中得到感悟。

［中国地质大学（北京）科技处供稿］

首届中美教育交流发展峰会　日前，由美国剑桥国际教育集团和北京诺林国际教育咨询有限责任公司联合举办的首届中美教育交流发展峰会在京举行，与会嘉宾就高等教育国际化、中外合作办学、中美教育发展趋势等进行研讨。

在谈到中外合作办学时，宁波诺丁汉大学华长慧教授的发言引发不少在场嘉宾的共鸣。“改革开放以来，我国的中外合作办学始于高等教育，今天正在向高中段教育乃至整个基础教育延伸。”他强调，中外合作办学应坚持办学的优质性原则、开放性原则、互补性原则、辐射性原则、规范性原则，在实际教学活动展开后，应鼓励和尝试小班化、互动性、研究式等为主的教学方式。

曾任马萨诸塞州教育部委员的Dr. David P. Driscoll则用诸多数据向来宾介绍了该州公立教育的情况，以及如何对多项教学质量数据对比分析，挖掘有效的激励学生进步的方法。他的发言引发了很多来自美国高中的代表的讨论。

（参见《人民日报·海外版》2014年4月18日第16版）

首届案例开发与教学研讨会　4月25日，由清华大学五道口金融学院和加拿大毅伟商学院联合发起、清华大学五道口金融学院中国金融案例中心主办的首届“案例开发与教学研讨会”举行。研讨会开启了知名高校在案例开发与教学领域的互动交流新模式，受到来自北京大学光华管理学院、清华大学经济管理学院、中国人民大学商学院、对外经济贸易大学国际商学院、北京化工大学经济管理学院、中国传媒大学MBA学院，以及银河证券、科尔尼咨询、《经理人》杂志等机构专家学者们的积极支持。清华大学五道口金融学院常务副院长廖理、党委副书记赵岑出席。廖理在致欢迎辞时表示，“案例建设受到学院理事会的大力支持，是学院的一项重要工作，学院鼓励教授们与案例助理合作开发案例，也欢迎社会各界包括学界和业界人士积极参与”。赵岑介绍了学院的最新发展和中国金融案例中心的建设工作，并诚挚邀请案例界的朋友常来五道口做客。毅伟商学院案例中心（毅伟商学院出版社）中国总监李姣介绍了毅伟在案例开发和教学方面的经验，并和与会人士进行了热烈讨论。研讨会上，清华大学五道口金融学院硕士生导师、银河证券战略研究部副总经理杜书明分享了对上市公司进行研究分析和撰写研究报告的方法。科尔尼咨询公司高级咨询顾问赵耀讲解了如何对企业遇到的问题进行解构和探讨。《经理人》杂志兼《公司金融》杂志主编陈振烨介绍了财经调查的过程和方法。专家们对受邀参会表示感谢，并表示今后将积极参与此类互动。

（清华大学文科建设处刘金梅供稿）

现代中文教育与人才培养新思路专题学术研讨会　5月7—8日，由北京大学中国语言文学系主办的“现代中文教育与人才培养新思路”专题高端学术研讨会在北京大学人文学苑举行。会议邀请了来自复旦大学、南京大学、中国人民大学、清华大学、中山大学等全国15所高校的文学院院长和中文系主任与会。在两天的学术研讨中，与会专家学者就目前中文院系的学科发展、队伍建设、学术管理、人才培养和学术研究等问题进行深入切磋，为共同推进中文学科的未来发展交流经验、寻求共识。

与会代表首先参加了“精神的魅力——王瑶与二十世纪中国学术”研讨会的开幕式，共同向王瑶先生等为中文学科发展贡献毕生精力的老一辈中文学科领衔学人致以崇高的敬意。会议由本校中文系党委书记金永兵主持。北京大学副校长刘伟出席会议并致开幕词。在两天会期内，主要议题有：现代中文学科走向与队伍建设；中文学术研究与人才培养思路；学科建设、教学改革与学术交流等。各个学校都根据议题内容介绍了自己学校中文学科的概况，并提出所存在的问题，寻求解决方案。与会代表以共同的中文人身份分析当下中文学科的现状和问题，并互相取长补短、达成共识，希望通过大家共同的努力来促进中文学科的繁荣。

（北京大学社科部供稿）

走班制教学观摩交流活动　近年来，走班制教学成为高中课改的一个新潮。走班制教学如何实施，会给师生带来怎样的挑战与变化？5月8日、5月29日，北京市教育学会高中教育研究分会会员校校长、教学干部和一线教师，在理事长刘长铭校长的带领下，分别来到率先实行走班改革的北京大学附属中学，倾听校长报告，开展对话交流，参观教学环境，观摩课堂教学。

多元选择：让学生成为自己的主人。选学院、选导师、选书院、选课程、选活动……在北大附中，学校为学生提供了多元选择的环境，“选择”是学生的必修课。学生在选择的过程中，可以学会认识自己、思考事情、承担责任。在走班制下，学生可自主规划选择适合自己的课程，逐渐养成自订计划、自主学习的习惯。学生自主组织活动，个性张扬的背后，是自主意识的觉醒和自主能力的提升，而这离不开贯穿在学校各环节的自主选择与自主管理。

北大附中提出学生不是学校的过客，而要把学校建成学生自己的地方：学生可以在专业教室学习，在书院活动室休闲交流，在讨论室开展小组讨论，在图书馆自修，在网络版报纸上评论互动……北大附中的校园生态有四个突出特点——规章制度、多元选择、全校互动、自助自主。其中，规章制度改变以前人盯人的管理方式，用制度约束人，学生高一入学就要开始了解学校生活的各种规则；而全校互动主要指跨年级、跨学院选课以及跨年级、跨书院的活动。

（北京市教育学会鲁青供稿）

第二届京师高中教育高峰论坛　5月10—11日，北京师范大学第二届京师高中教育高峰论坛在北京市第十二中学举办，教育部基础教育二司郑富芝司长，中国教育学会会长、国家教育考试指导委员会委员钟秉林，北京师范大学陈光巨副校长，来自全国各地的知名高中校长、普通高中多样化发展国家级实验区学校校长、国内外知名高中教育研究专家170余人出席了论坛。北京市联合国教科文组织协会兰宏生主席出席并致辞。

第二届京师高中教育高峰论坛以“新一轮高考制度改革与高中教育内涵发展”为主题，并设“新一轮高考制度改革：理念、政策与价值取向”“高中学业水平考试和综合素质评价：国际经验与本土实践”“高中新课程方案实施与未来改革探索”“新一轮高考改革与普通高中课程建设”四个分论坛主题。本次论坛由北京师范大学主办，由中国教育学会高中教育专业委员会、中国教育报刊社、北京市教育科学研究院和北京市联合国教科文组织协会协办，由北京师范大学教育学部、高中教育研究中心、中国基础教育质量监测协同创新中心、本科生招生办公室、国内合作办公室，北京市第十二中学等单位具体承办。陈光巨副校长在讲话中指出：当前，世界范围内的普通高中教育改革风起云涌，高中教育的价值日趋凸显，高层次人才培养的竞争从高等教育领域进一步延伸到高中教育阶段。北京师范大学高中教育研究中心将进一步整合研究力量、搭建研究平台，发挥北师大在高中教育研究领域的优势资源，更好地参与高中教育的政策制定、理论研究和实践指导，为我国高中教育的改革与发展作出更大的贡献。

本次论坛是在党的十八届三中全会召开以来、三中全会明确提出一系列高考制度改革措施的背景下召开的，具有重要的理论和实践意义。恢复高考30余年，高等教育已由精英教育阶段向大众化教育阶段转化，高考制度改革已成为当前我国教育改革所面临的重要任务。十八届三中全会决定明确指出要推进考试招生制度改革，逐步推行普通高校基于统一高考和高中学业水平考试成绩的综合评价多元录取机制；探索全国统考减少科目、不分文理科、外语等科目社会化考试一年多考；推行初高中学业水平考试和综合素质评价。新高考制度构建的统一高考与高中学业水平考试成绩相结合的综合评价多元录取机制，有利于促进高中教育多样化发展、高中学生个性发展，增加高校招生的多元选择性，必将带来高中教育、高校人才选拔模式的改革；全国统考减少科目、不分文理科等高考科目改革方案，必将带来高中课程方案的改革和高中生学习方式的转变。本次论坛针对以上热点、焦点问题深入讨论，围绕现实问题提出了一系列的策略和思路，对于深刻理解国家政策，深化高中教育改革，推动高中内涵式发展，充分发挥衔接高中教育与大学教育的纽带作用，回应国家重大需求，深化高中教育领域改革探索与实践创新具有重要意义。

（北京师范大学社科处刘娜供稿）

中国休闲体育论坛　5月19日，为期4天的第3届中国休闲体育·北京论坛在首都体育学院落幕。本届论坛以“国民健康与休闲体育教育”为主题，来自全国近50所院校的80名专家学者参加。

首都体育学院院长钟秉枢表示，健康是伴随人类发展的永恒主题，本届论坛紧扣国家发展战略和休闲体育发展前沿，明确了休闲体育教育与国民健康的双向共赢关系。

国家体育总局对外体育交流中心副主任公治民作了《国家治理现代化的体育休闲》报告，认为体育治理应纳入社会休闲治理体系。他表示，体育是归于政府公共事务治理，还是社会公益、非营利非政府治理，或是营利性私益性事务治理，直接影响体育的现代化。

沈阳体育学院副院长李杰凯提出，传统观念中的体育似乎总与“艰苦训练”“激烈竞争”“争金夺银”等词语联系在一起，但实际上运动项目的基本规律除致胜规律外，还有致趣规律，因此不应忽视体育的娱乐功能。

此外，中国人民大学休闲经济研究中心主任王琪延表示，落实带薪休假制度是休闲产业发展的重要保证；作为休闲产业的核心组成部分，我国运动休闲产业还有不小的提升空间。

本届论坛由中国高等教育学会体育专业委员会主办。

（参见《北京日报》2014年5月20日第16版）

黉门对话如何培养博士生的创新能力论坛　5月20日，由北京大学研究生院主办的黉门对话第三期“如何培养博士生的创新能力：理论、实践与国际经验”在北京大学教育学院举行。此次活动由教育学院中国博士教育研究中心组织和承办。对话嘉宾包括原德国卡塞尔大学国际高等教育研究中心主任、国际著名高等教育专家泰希勒（Ulrich Teichler）教授、美国西雅图华盛顿大学研究生教育研究中心主任内拉德（Maresi Nerad）教授、美国威斯康星大学麦迪逊分校尼尔森（Adam Nelson）教授、北京大学中国博士教育研究中心主任陈洪捷教授。四位专家分别就有关专题进行了简要演讲。嘉宾之间的精彩对话以及与听众的热烈讨论还涉及了关于博士生创新能力的诸多问题，如文化传统、国别差异、制度因素、专业学位与学术学位的差异、导师的作用、培养要求的透明化、博士毕业生的职业发展等等，大大拓宽了关于博士生创新能力培养问题的讨论视域。北京大学研究生院常务副院长严纯华院士作为本期黉门对话主持人参与了发言和讨论，并对博士生创新能力培养问题发表了见解。

（北京大学社科部供稿）

2014中国EAP行业峰会　6月5—6日，2014中国EAP行业峰会在北京大学中关新园1号楼召开。会议由中央财经大学社会发展学院心理学系、中国科学院心理研究所、中国心理学会、国际EAP协会中国分会等联合举办。峰会举办期间，中央财经大学社会发展学院还派出志愿者前往会场参与会务工作。EAP，通常被译为员工支持计划，它是企事业单位、政府机构为其员工所设置的一套系统心理支持项目，旨在协助解决员工及其家庭成员所面临的工作生活困扰、促进身心健康、提升心理资本、提高工作效能，从而促进组织的和谐发展与绩效提升。EAP因其在心理咨询、素质提升、管理顾问、危机干预等多方面提供综合有效帮助的独特优势，成为应用心理学领域最具发展前景的模式之一。现任国际EAP协会中国分会副主席、社会发展学院心理学系主任赵然在会上作了题为“国际EAP形势发展报告”的报告，与会专家、学者就EAP行业发展趋势、EAP与职场关系、EAP服务以及EAP与签约咨询师的关系等问题进行了探讨和交流。

（中央财经大学科研处供稿）

2014北京教育督导与评价研讨会　6月18日，北京2014教育督导与评价研讨会在工大建国饭店举行。本次研讨会由国务院教育督导委员会办公室、北京市教育委员会、北京市人民政府教育督导室主办，北京市国际教育交流中心、北京工业大学高等教育研究所承办，以“现代教育治理与教育督导改革”为主题。教育部副部长刘利民、北京市副市长杨晓超出席会议并致辞。教育部督导办主任何秀超，教育部教育发展研究中心主任张力，市委教育工委副书记、市教委主任线联平，市委教育工委副书记、市政府教育督导室主任唐立军等领导出席会议并做主题演讲。国家教育咨询委员会委员陶西平等十多位专家学者，就当前教育治理与教育督导改革领域内的重点、热点话题进行交流研讨。来自全国30个省市人民政府教育督导部门领导、督学，部分教育专家等200多人参加会议，各省市教育督导工作的代表和大家一起分享教育督导的理论研究、政策举措和实践探索。

（北京工业大学科发院人文处张爱民供稿）

2014全国高校体育教育专业学生基本功大赛——校长论坛　7月16日，2014全国高校体育教育专业学生基本功大赛——校长论坛在首都体育学院召开，本次大会由本校副校长王凯珍主持，校长钟秉枢致辞。

24所高校的校级领导参加了本次论坛，并围绕4个不同议题分成4个小组分别展开讨论，并且每一个小组邀请一位专家型领导做嘉宾主持。大会确定的4个议题分别是：促进高等体育教育专业人才培养质量、高等体育教育专业国内外发展比较、体育教师能力素养与学生体质促进、高等体育教育专业建设与全民体育发展。这些议题都是最能反映当今我国高校体育教育专业发展的理论前沿问题，也是当今国家与社会非常关注的问题。

与会人员发表了自身对高校培养应用型体育人才、改善提高教育人才自身素质、综合考虑高等体育教育专业建设和创设学校体育文化氛围的看法，并交流了彼此观点。此次大会是迄今为止校级领导参加人数最多、办会规格最高的一次。并且，此次大会办会模式的创新更加体现了学术探讨的重要性，这可以更有效地扩大“校长论坛”在全国的学术影响力，对我国高校体育教育专业未来建设与发展具有重要的“思想库”的作用，有利于推进新时期下我国高校体育教育专业的改革与创新。

（首都体育学院科研处罗笛供稿）

2014年中国高校教师人权法教学研讨会　8月15—22日，中国政法大学人权研究院在北京成功举办了“中国高校教师人权法教学研讨会”。来自全国17个省市自治区的32所高校的42位教师参加了研讨会。

会议期间，中国政法大学人权研究院班文战教授做了名为“中国高校人权法教学的目的、内容和方法”和“实体权利的研究与教学”的两个专题讲座，中国社科院国际法研究所孙世彦研究员做了名为“国际人权法律制度”“人权资料的搜索和使用”和“《公民及政治权利国际公约》规定的权利和义务”的三个专题讲座，中国社科院法学研究所李步云教授、中国政法大学诉讼法学研究院樊崇义教授、中国政法大学法学院焦洪昌教授和中国政法大学民商法学院夏吟兰教授分别做了名为“人权原理与中国人权发展战略”“刑事司法与人权保障”“宪法与人权保障”和“妇女人权的法律保护”的专题讲座，民间机构“同语”负责人徐玢女士、君方律师事务所律师刘巍女士和荷兰阿姆斯特丹大学及莱顿大学法律人类学博士研究生朱静姝女士联合做了关于性倾向与性别认同法律权益保障问题的专题讲座。

（中国政法大学科研处郭丰琪供稿）

《生命现象的偶然与必然》学术报告会　9月5日，北京市教育学会生物教学研究会召开《生命现象的偶然与必然》学术报告会。会上南加州大学医学院朱钦士先生从宇宙大爆炸娓娓道来，在漩涡星系壮丽照片中结束，围绕生命元素的起源、生物大分子RNA到DNA的进化、细胞运作的分子机制，以及对外星球的生命的猜想等方面，向与会教师展示了生命的美丽与奥秘。两个半小时深入浅出的学术报告给老师们极大的启发，解决了老师们很多与“生命起源、生物分子进化”等方面的困惑。全市教研员及教师300余人参加了报告会。

（北京市教育学会荆林海、李文鸾供稿）

第六届世界大学女校长论坛　9月6日，第六届“世界大学女校长论坛”上午在人民大会堂开幕，全国妇联主席沈跃跃出席开幕式并致辞。来自54个国家和地区的200多位大学女校长出席论坛。

本届论坛以“女性·教育·领导力”为主题。在3天的论坛中，与会嘉宾将通过分论坛、圆桌会议、专题报告会、沙龙等形式，就青年女性领导力的培养与创新、大学女校长与女性领导力的提升、组织交流互鉴与女性领导力的共同发展等议题进行研讨与交流。

陈至立、全国政协副主席林文漪、教育部副部长李卫红等出席开幕式。

（参见《人民日报》2014年9月7日第2版）

第九届新闻与传播心理研讨会　9月13—14日，第九届全国新闻与传播心理研讨会暨中国社会心理学会传播心理专业委员会第六届年会在中国传媒大学召开。副校长袁军、胡正荣出席会议。中国传媒大学新闻传播学部部长高晓虹，中国社会心理学会会长杨宜音，中国新闻史学会会长程曼丽等参加会议。

本次会议由中国社会心理学会传播心理专业委员

会与中国传媒大学共同主办，中国传媒大学新闻传播学部新闻学院承办。大会共收到学术论文 70 篇，有来自全国多所高等院校、研究机构和媒介机构的 80 余位代表参加。与会学者围绕“新闻与传播心理研究的多元视野”这一主题，通过两场大会报告、四场分论坛研讨，就传统媒体和新兴媒体融合的背景，探讨了新闻与传播心理研究的变化、传播心理学的学科界限、学科价值，以及欧洲新闻与传播心理学的发展，国际媒介心理学研究的前沿等问题，研究整体呈现出国际视野、多元视角和多样化的研究方法等特点。

（中国传媒大学文科科研处供稿）

慕课浪潮下如何创新教学模式研讨会　9 月 24 日，外交学院英语系在展览路校区举办了“慕课浪潮下如何创新教学模式研讨会”。本次会议邀请了教育部全国高校教师网络培训中心首席策划、首届全国高校微课教学比赛总策划段露航博士做主旨发言，英语系 30 多位教师参加了此次研讨会。

段博士主要从微课的理念、设计原则以及评价标准三个方面，结合具体实例生动地进行了阐释和讲解。之后，本系许宏晨副教授做了题为“慕课背景下的外语教师定位及发展”的发言。他首先回顾了传统外语教师教育的基本情况，并结合慕课的实际情况，分析了传统教师教育的优势和弊端。之后，他进一步分析了慕课的优势和弊端，以及其对外语教育可能产生的影响。在此基础上，他提出要发挥慕课优势和外语教师面授的优势，让外语教师在慕课背景下能够找到恰当的自我定位并确定更加适合自身情况的发展方向。

随后，英语系多位老师就讲座内容与段露航博士进行了深入细致的讨论，不仅了解了慕课和微课的基本原理和设计方法，而且还结合教学实际总结出一些切实可行的方法，有利于进一步提升外交学院的英语教学水平。

（外交学院科研处供稿）

首都基础教育改革创新论坛　10 月 8 日，“首都基础教育改革创新论坛”在首都师范大学举行。论坛以“超越传统经验—激活实践智慧—服务基础教育”为主旨，全面总结学校 60 年来为首都基础教育改革所做的努力，探讨未来发展思路。

本次论坛为期一天，分两个阶段举行：上午为主论坛；下午 4 个主题性分论坛，分论坛的主题分别为“U—S 共同体教师培养：反哺、超越与激活”、“U—D 合作推进区域基础教育改革与发展”、“面向小学，研究小学，服务小学”和“学前教育创新与发展”。本校紧跟国内外教师教育改革前沿，在从“师范教育”到“教师教育”范式转变过程中，针对“传统教师教育自封闭、内循环，难以有效指导中小学具体实践；而丰富的中小学实践限于经验的路径依赖，难以生成专业化的教师教育理论”等重大问题，从“开放、合作和实践”的指导思想到“双通道”的共同体建设，再到教师教育课程改革，最终实现师范生专业素养的提升。

本校与北京市 11 个区县签署了推进区域教育发展的合作协议，致力于探索“大学—区域—中小学”合作的教育发展模式，全面促进了区域教育整体规划与改革、学校特色与品牌建设、教师专业发展等方面的工作，服务首都基础教育，推动首都基础教育优质均衡发展。基于“顶天”“立地”的基础教育服务战略，本校与北京市、教育部联合成立了“首都教育政策与法律研究院”“中国教育政策评估与研究中心”。

（首都师范大学社科处李志成供稿）

教育部社会科学委员会教育学与心理学学部 2014 年度研讨会　10 月 10 日，由教育部社会科学委员会教育学与心理学学部召集、北京师范大学发展心理研究所承办的“教育部社会科学委员会教育学与心理学学部 2014 年度研讨会”在本校召开。本校董奇校长，教育部社科司规划处徐青森处长，教育部社会科学委员会心理学委员，以及来自北京师范大学、北京大学、华东师范大学、东北师范大学、华中师范大学、西南大学、陕西师范大学等全国 28 所高校的心理学学科带头人参加了会议。本校发展心理学研究所所长、教育部长江学者方晓义和副所长陈英和主持会议。

董奇代表学校对各位专家的到来表示欢迎，并就心理学如何通过深化综合体制改革，创新科研体制，以更好地为国家和社会服务等问题进行了发言。徐青森处长介绍了当前开展科研领域综合改革的背景、现状以及存在的困难和问题。本校资深教授、教育部社会科学委员会委员兼教育学和心理学部召集人林崇德从完善理论联系实际的机制、推动协同创新的机制、深化科研评价综合改革、促进科研与人才培养的深层互动、完善科研资源支持和成果转化等 8 个方面谈了推进心理学领域综合改革的看法。随后，与会专家结合我国心理学发展的现状，围绕高校哲学社会科学科研领域综合改革中的重大理论和实践问题展开了深入、热烈的研讨，并就成立高校心理学联盟的事宜达成了初步的一致意见。本次研讨会主题明确、意义重大，进一步明确了我国心理学发展的理念和思路，指出我国心理学研究需要立足于解决重大问题，并根据解决重大问题的需要开展基础或应用研究。同时，专家们就心理学科研领域的体制和机制改革问题提出了具有建设性的意见和建议。

（北京师范大学社科处刘娜供稿）

第五届世界比较教育论坛 10月17日，由北京师范大学主办，教育部人文社会科学重点研究基地北京师范大学国际与比较教育研究院、教育部国别区域研究培育基地北京师范大学国际教育研究中心中国教育学会比较教育分会共同承办的第五届世界比较教育论坛在北京师范大学英东学术会堂举行。来自美国、英国、德国、法国、加拿大、日本、俄罗斯、瑞典、澳大利亚、南非、芬兰、中国等20多个国家以及中国香港和中国台湾地区的著名专家、学者、教师、学生等260余人参加了这次盛会。论坛开幕式上，北京师范大学董奇校长，中国教育学会名誉会长、北京师范大学资深教授顾明远，美国哥伦比亚大学国际与跨文化教育系主任、北美比较与国际教育学会前主席吉塔·斯坦纳—卡姆西教授分别致辞。本届论坛的主题是“全球教育改革：国际化·区域化·本土化”，旨在围绕这些热点问题为中外学术同行搭建一个交流思想、解决问题、分享经验的平台。论坛邀请了八位比较教育国际知名教授进行主题发言，主要有中国教育学会比较教育分会会长、世界比较教育协会联合会副会长、北京师范大学王英杰教授，美国哥伦比亚大学国际与跨文化教育系主任、北美比较与国际教育学会前主席吉塔·斯坦纳—卡姆西教授，全球教育合作伙伴关系首席执行官、多伦多大学卡伦·芒迪教授，法语区比较教育学会会长、法国安第列斯·圭亚那大学多米尼克·格鲁教授，上海师范大学张民选教授，世界比较教育学会联合会前会长、新加坡南洋理工大学国立教育学院李荣安教授，俄罗斯联邦教育科学部社会学研究中心副主任亚历山大·阿列费耶夫教授，英国社会科学院成员、英国国际比较教育协会前主席、北京师范大学名誉教授、英国苏塞克斯大学基思·勒温教授。分论坛主题包括国际教育测试与基础教育质量监测，国际学校、国际课程与国际人才培养，跨境教育与学生流动，中外合作办学与学位联授、互授，国际组织与全球教育治理，ICT与教育国际化，教育国际化与教师发展以及比较教育与教育国际化。32个分会场的参会人员分别就各分主题进行了发言，并就相关议题进行了学术研讨。

世界比较教育论坛是北京师范大学主办、北京师范大学国际与比较教育研究院承办的高水平国际会议，旨在推进我国比较教育学科与国外同行的交流，推动我国比较教育学科的发展。该论坛每三年举办一届，迄今已经分别于2002年、2005年、2008年和2011年举办了四届。每届论坛都会有来自世界各国的比较教育知名学者和专家来参加会议，在国际比较教育界产生了很大的影响，已经成为国际比较教育界三年一次的盛会，是中外比较教育学者交流的重要平台，也是国际社会了解中国教育的重要窗口。

（北京师范大学社科处刘娜供稿）

北大—斯坦福论坛 10月20—21日，主题为“大学与知识创新和经济发展”的北大—斯坦福论坛在北京大学斯坦福中心举行。北京大学校长王恩哥、斯坦福大学教务长约翰·艾切曼第出席开幕式并致辞。开幕式由北京大学教育学院名誉院长、中国教育发展战略学会执行会长闵维方主持。来自中国、美国、俄罗斯、瑞典、芬兰等近20个国家和地区以及联合国教科文组织的近百位专家学者共聚一堂，围绕“大学对创新的作用及大学创新的影响因素”“高等教育国际化”“大学排名与创新性教学及研究产出的测量”和“培养创新型人才的课程设置”四个论题进行探讨。

（北京大学社科部供稿）

大学工程教育与教学国际研讨会 近日，经济全球化背景下的大学工程教育与教学国际研讨会在京举行。来自美国、德国、法国、日本、瑞典、芬兰、波兰、巴基斯坦、越南等12个国家的20余名大学校长、工学院院长、教授以及来自我国国内相关政府部门、高校、研究院所和企业的200余人参加了会议。

2008年金融危机爆发后，各国纷纷把目光从以金融业为代表的虚拟经济转向以信息通信、先进制造、尖端材料、生物科技为代表的高科技实体经济。经济的转型需要更多的工程技术人才，尤其是既具有实践操作能力，又具有理论创新能力的卓越工程师人才。各国对卓越工程师的需求都呈现出显著上升的态势。为了满足这一需求，当代的工程教育不仅要面临全球化时代下先进工程实践带来的挑战，同时还需要充分探索和融合文化的多样性。在此背景下，北京工业大学与爱尔兰国立都柏林大学联合召开此次会议，旨在深入探讨全球化背景下大学工程教育所面临的挑战和机遇，为与会高校提供一个收集见解，交流思想和共享成果的平台。

（参见《光明日报》2014 年 10 月 21 日第 13 版）

2014 北京音乐教育国际论坛　10 月 23 日，由首都师范大学举办的"音乐教育国际论坛"正式拉开帷幕。本次论坛分为中国、美国、德国三个主题发言单元，并设立了特邀专家与参会代表进行互动环节，为专家学者和与会代表的交流提供了平台。在"中国专家主题发言"部分，中央音乐学院音乐教育学院院长高建进、福建师范大学音乐学院王耀华教授以及首都师范大学音乐学院副院长周世斌分别做了专题报告。《让音乐属于每一个中国人》《学校音乐教育中的民族音乐传承》《本世纪中国基础音乐教育改革的回顾、反思与创新探索》的报告主题，引起了与会者的共鸣。

在"外国专家主题发言"单元，美国伊利诺伊大学香槟校区音乐教育的荣誉教授珍妮特·雷维尔·巴雷特阐释了《音乐课标的当代指南》；加利福尼亚大学洛杉矶分校的音乐教育教授陈莉莉对《儿童音乐和创造思维教育》进行了研究；美国东华盛顿大学音乐系主任茜拉·伍德沃德博士的《音乐的交流特质：文化传承的早期习得》为音乐教育研究者提供了思路。来自德国汉堡音乐与戏剧大学的勋海尔教授做了《多种族群体的音乐实践》的报告，对德国音乐教育的历史以及不同种族的人进行音乐活动情况进行了分析介绍；克劳迪亚·切拉绍维兹博士在《德国学校音乐教育现状—模式—展望》的报告中，介绍了德国学校音乐教育的现状等。

（首都师范大学社科处李志成供稿）

第八届中日创业教育国际研讨会　11 月 8 日，由中央财经大学商学院与日本大阪商业大学联合举办的第八届中日创业教育国际研讨会在中央财经大学举行。日本大阪商业大学经济学部部长前田启一、商学科孙飞舟教授、原敏晴教授、中岛嘉孝教授、柴田孝副教授、崔圭皓副教授、林幸治副教授以及中央财经大学商学院的多位教授出席了本次研讨会。中央财经大学商学院院长王瑞华以及大阪商业大学经济学部部长前田启一分别致开幕词。会上来自两校的 12 位学生进行了创业研究与实践报告的展示。中日双方的专家、学者对展示的成果进行了点评和建议，相互探讨了在本次创业教育国际研讨会上的收获以及这一年来双方在创业教育领域的进步与发展。中日创业教育国际研讨会在创业教育领域中，跨国界、求发展、谋共赢的学术交流活动，顺应当今全球化国际形势，从点滴做起、为世界经济复苏添砖加瓦的务实创新活动。

（中央财经大学科研处供稿）

全国高校哈萨克语教材建设研讨会　11 月 15 日，由中央民族大学主办的"2014 全国高校哈萨克语教材建设研讨会"在中央民族大学召开。来自中央民族大学、新疆大学、伊犁师范学院、新疆维吾尔自治区语言文字工作委员会、新疆教育出版社、哈萨克斯坦古米廖夫欧亚大学等单位的 30 名专家学者出席了会议。哈萨克斯坦共和国阿拜师范大学副校长阿克托丽肯·吐尔逊汗·库丽萨尔耶夫娃一行 3 人、古米廖夫欧亚大学博士生沃丽卡列席了会议。

此次会议的主题"为新时代哈萨克语专业教材编写的要求""哈萨克语专业教材编写新思想""教材中体现的新教学法""哈萨克语专业教材编写中的经验与问题""教材中课文的选材问题""教材结构设计与安排""教材习题设计与安排和语言与文化的关系及其设计安排"。

开幕式上，中央民族大学副校长宋敏首先肯定了哈萨克语言文学系专门举办教材建设研讨会议具有重要意义，指出非母语语言类教学过程中教材的关键性、重要性，希望专家学者进一步做好专业教材的编写工作，打开中国哈萨克语言文学专业教材的新的局面。张定京教授做了题为《哈萨克语系列教材当前的编写状况》报告。报告从哈萨克语教材建设缘起、建设目标与实施情况、实施进程、阶段性成果和存在的问题五个方面详细地介绍和总结了中央民族大学哈萨克语言文学系 2012 年以来哈萨克语教材建设的情况和今后努力的方向。与会专家学者也畅所欲言，从高校、出版界和翻译界不同角度共同探讨目前哈萨克语教材面临的机遇和挑战，积极为哈萨克语教材建设出谋划策。

（中央民族大学科研处供稿）

思想政治教育学科发展研讨会　首都师范大学政法

学院思想政治教育系于11月26日在本校国际文化大厦举办了思想政治教育学科发展研讨会。会议邀请马克思主义理论与思想政治教育学科创始人之一、中山大学郑永廷教授主讲，政法学院院长陈新夏出席了研讨会，思政系主任王淑芹主持和点评，思政系全体老师参与了此次研讨。王淑芹从教师结构、学科传统以及学科发展规划这三个方面介绍了思想政治教育学科发展的基本情况。

郑永廷也从三个方面谈了自己的看法。首先，在马克思主义理论一级学科的高度，表达了对思想政治教育二级学科良好发展前景的乐观判断；其次，系统介绍了思政学科在全国的整体布局和发展状况，肯定了首都师大思政系的建设成绩和较好的全国排名，也指出了其由于地域等各种因素而导致的发展弊端；最后，针对上述弊端给出了相应的建议。他认为，必须以赶超层次更好的学校为目标，以学科评估为关键抓手，加强团队合作以形成学科建设合力，在比较思想政治教育等特色方向上实现更大突破。他还强调，在协同创新与跨学科研究中要有清晰的学科意识，要准确把握思政学科的基础和重点，争取在主导性问题上有所作为。同时，要努力形成理论教育的新形态，以改变学生浏览式学习与碎片化思维的状况，从而提高他们的学科认同度。

（首都师范大学社科处李志成供稿）

高校思想政治教育创新发展论坛　11月27—28日，由教育部思政司指导，全国高校思想政治教育研究会主办，北京师范大学承办的纪念思想政治教育学科设立30周年暨高校思想政治教育创新发展论坛在北京师范大学举办。中共中央政治局委员、国务院副总理刘延东在会前给全国高等学校思想政治教育研究会回信，充分肯定了思研会成立以来所发挥的积极作用，并对思研会下一步建设发展提出了明确要求。教育部党组副书记、副部长杜玉波出席会议并讲话。教育部思政司司长冯刚，解放军总政治部宣传部副部长张常银，教育部社科司副巡视员陈矛，全国高校思想政治教育研究会会长、北京师范大学党委书记刘川生，全国高校思想政治教育研究会顾问徐文良，以及研究会副会长郑永廷、张再兴、张雪、胡树祥、黄蓉生等出席活动。

杜玉波强调，要深入学习贯彻刘延东副总理回信精神，进一步推动思想政治教育理论创新，加强和改进新形势下大学生思想政治教育工作，并提出了四点要求：一是要把立德树人作为思想政治教育研究的基本导向，二是要把回应重大理论现实问题作为思想政治教育研究的根本路径，三是要把指导服务实践作为思想政治教育研究的主要任务，四是要把网络文化建设作为思想政治教育研究的重要内容。刘川生在工作报告中总结了研究会在推动思想政治教育学科建设中发挥的积极作用，提出了今后的工作任务：坚持党的领导，以社会主义核心价值观引领学科发展方向；坚持人才强会，以队伍建设保障学科健康发展；坚持问题导向，以改革创新精神提升思想政治教育工作水平；坚持自我完善，以优良服务促进学科发展。会议围绕高校思想政治教育创新发展主题进行了学术交流、论坛研讨等活动。大会还表彰了优秀成果评选获奖代表和先进工作分会。

（北京师范大学社科处刘娜供稿）

北京师范大学基础教育合作办学平台首届教学研讨会　11月27—28日，北京师范大学基础教育合作办学平台首届教学研讨会在北京师范大学附属实验中学举行。北京师范大学资深教授、中国教育学会名誉会长顾明远，教育部基础教育课程教材发展中心副主任刘月霞，北京市中加学校校长、教育部资源建设委员会专家组成员王本中，北京师范大学附属实验中学校长蔡晓东，北京师范大学教务处处长、教育学部教授郑国民、北京师范大学国内合作办公室主任屈浩等出席了开幕式。来自北京师范大学合作办学平台40余所学校的校长、教师140人参加了此次研讨会。开幕式上，顾明远指出，在当前教育改革创新的大背景下，举办教学研讨会具有非常重要的意义，希望教师们借助此类教学研讨的平台，进行多种形式的学习与交流，不断提高自身教学能力，探索课程创新与改革。北京师范大学基础教育合作办学平台教学研讨会是北京师范大学基础教育对外合作办学部联合北京师范大学直属附校，围绕课堂教学开展的品牌项目之一，主要注重教学经验的分享，共同探讨教学、课程改革。

（北京师范大学社科处刘娜供稿）

社会心理与道德建设论坛　11月30日，北京市社会心理学会在北京师范大学举办“2014北京市社会心理学会学术前沿论坛”。论坛以“社会心理与道德建设”为主题，由北京市社会心理学会理事长、北京师范大学心理学院许燕教授主持，内容分别是：北京大学心理系侯玉波教授“网络世界中围观者对典型不道德行为的心理许可”、中国政法大学社会学院杨波教授“暴力犯循证矫正的实证研究”、北京师范大学心理学院寇彧教授“道德彰显与滑坡：社会情境的力量”、中国科学院心理研究所张建新研究员“社会心理研究中的社会阶层考量”。参加论坛的专家学者、会员与研究生共200多人。大家对学术报告的评价：追寻科学前沿，关注社会问题，体现研究精神。

（摘自《北京市社科联所属社会组织2014年活动概览》）

社会情感学习与基础教育质量提升国际学术研讨会 12月3—4日，由教育部教师工作司和联合国儿童基金会主办、教育部小学校长培训中心和北京师范大学教育学部承办的“社会情感学习与基础教育质量提升”国际学术研讨会在北京师范大学英东学术会堂演讲厅举行。教育部教师工作司黄贵珍处长、教育部国际合作与交流司杨灿灿女士、北京师范大学陈光巨副校长、联合国儿童基金会驻华副代表 Tim Sutton、教育处处长 Margo O. Sullivan 女士及教育处专家郭晓平博士出席了开幕式。参与会议的国内外专家、学者及一线教育工作者共计170余人。开幕式由教育部小学校长培训中心主任、教育学部副部长毛亚庆主持。开幕式上，教育部教师工作司综合处黄贵珍处长指出，在大力推进教育公平、提高教育质量过程中，“社会情感学习”项目作为中国教育部和联合国儿基会2011—2015周期的教育合作项目，受到教育部高度重视。教育部小学校长培训中心依托北京师范大学雄厚的学科和师资力量，为该项目有效顺利地实施奠定了坚实的基础。本次会议期间，与会代表们从不同角度以多样的方式对社会情感学习这一话题进行深刻探讨和互动，大家分享了不同国家和地区背景下获得的经验，深化了对社会情感学习的作用、理念框架、影响因素和学校实施途径的理解。教育部黄贵珍处长在闭幕式上充分肯定了会议成果，并对与会专家、代表的积极参与和辛勤付出表示由衷的赞赏和诚挚的谢意。同时，她希望大家再接再厉，坚定方向，继续为项目的实施、为中国的基础教育质量提升群策群力。我们相信，社会情感学习项目在中国进一步的发展定将对基础教育质量提升起积极而重要的作用。

（北京师范大学社科处刘娜供稿）

中国高等教育的创新进程讲座 12月4日，应教育部国家教育发展研究中心和北京师范大学的邀请，上海纽约大学美方校长杰弗里·雷蒙（Jeffrey Lehman）访问了本校。北京师范大学校领导周作宇、国际交流合作处副处长肖铠会见了雷蒙，双方就两校合作、高等教育创新以及教育国际化等问题进行了深入探讨。下午，雷蒙在京师学堂京师厅举行了题为“中国高等教育的创新进程”的主题讲座。杰弗里·雷蒙是国际著名的高等教育界领军人物。曾担任密歇根大学法学院院长、康奈尔大学第11任校长，以及北京大学国际法学院的创始院长。雷蒙是2011年中国政府“友谊奖”获得者；2012年入选首批中央“外专千人计划”；2012年12月5日，参加了习近平总书记主持召开的外国专家座谈会；2014年在“我与外教”全国征文大赛暨“我最喜爱的外教”评选活动中，雷蒙获评为中国十大功勋外教之一。在讲座中，杰弗里·雷蒙提到，在过去的25年中，中国的高等教育经历了飞跃式的增长，并确立了建设一批世界知名研究型大学的奋斗目标。总结中国高等教育改革发展的经验，雷蒙认为随着世界的国际化程度越来越高，国家交往越来越密切，教育与文化会跨越国界并越来越紧密的互相影响与发展。在世界多元化发展的趋势中，文化的个性与差异一定是教育国家化应该关注的问题。高等教育的创新，是世界社会经济一体化的需求，也是让中华文化走向世界的需要。雷蒙还在讲座中阐述了建设世界一流大学应该关注的核心问题。

（北京师范大学社科处刘娜供稿）

网络与新媒体专业教育论坛 12月5日，由中国传媒大学广告学院、国家广告研究院主办，广告学院新媒体系承办的“网络与新媒体专业教育发展论坛”在中国传媒大学召开，吕志胜副校长出席会议并致辞。来自60所高校的100余位专业负责人和教师齐聚论坛，紧密围绕“定位与创新：网络与新媒体专业建设研讨”主题，对新媒体教育应该往何处去，新媒体人才应该如何培养进行了研讨。

吕志胜在致辞中从国家战略的高度阐述了网络与新媒体专业的重要性及其发展的重要机遇。他说，近年来，国家在信息传媒领域强化了改革的顶层设计，网络强国和媒体融合已上升到国家战略层面。开设网络与新媒体专业，符合国家整体战略，符合产业人才需求，符合传媒教育趋势，具有很好的发展前景。

国家广告研究院院长丁俊杰作书面致辞。他指出，网络与新媒体是一个复合型、增长快的新兴专业，各个院校在开办这个专业时，既要从自身院校的优势出发形成专业特色，同时希望各院校能通过此次论坛平台互相交流和切磋，就专业建设的基本问题达成共识。

（中国传媒大学文科科研处供稿）

2014教科书研究高峰论坛　12月6—7日，“2014教科书研究高峰论坛”在首都师范大学东校区召开，这是继2013年“2013年首都教育论坛·教科书研究”举办之后，本校又一次召开的两岸四地教科书研究的学术会议。

本校周建设副校长出席论坛开幕式，并致欢迎辞。他结合硕士、博士的培养谈了自己的意见，希望教科书的编制、研究和评论都取得重要的进展。中国教育科学研究院院长、教育部基础教育课程教材中心主任田慧生就“基础教育课程与教材改革新趋势”做了专题解读。在一天半的会议期间，中国台湾、香港、澳门地区和大陆的学者分别就教科书发展、教科书制度、教科书的功能、作用与研制作了高效率高水平的报告，并进行了广泛的交流。

来自中国台湾、香港、澳门地区以及中国教育科学研究院、教育部基础教育课程教材发展中心、上海交通大学、湖南师范大学、南京师范大学、山东师范大学、南通大学、浙江师范大学等30余家高校与出版部门、教育期刊的专家学者、编辑人员约80余人参加了此次学术会议。与会代表在会议期间饶有兴味地参观了教育学院石鸥教授的教科书陈列室，并给予高度的评价。论坛结束后，港澳台的教科书研究学者和教育学院课程与教材研究所的老师、研究生们就教科书研究的深化问题，进一步交换了意见。

（首都师范大学社科处李志成供稿）

全国部分院校社会体育专业发展研讨会　12月6—7日，由首都体育学院休闲与社会体育学院主办的社会体育发展研讨会在京召开。来自全国30多所院校的70余名专家、学者参加了会议。本校副校长骆秉全出席了会议。会议由休闲与社会体育学院院长李相如主持。

李相如首先介绍了此次会议召开的背景，此次会议是《国务院关于加快发展体育产业促进体育消费的若干意见》（国发〔2014〕46号，以下简称《意见》）颁布后，国内首次举办的相关研讨会。骆秉全在致辞中指出，定位和培养目标模糊是一些院校社体专业发展困难的主要原因。他分享了自己在其他院校调研时的体会，以湖北商学院的马术管理方向、河北体育学院的高尔夫管理方向为例，说明了特色在专业发展中的重要性。

通过讨论，代表们一致认为，以市场为导向进行培养方案改革，提高学生的知识结构和能力与市场需求的匹配度，是解决社体专业发展困境的关键途径。教育部公布了难就业的15个专业，社会体育指导与管理专业被亮起红牌，社体专业的发展遭遇挑战；国务院发布了上述意见，全民健身上升为国家战略，为社体专业的发展带来了巨大机遇。在机遇和挑战并存的形势下，社体专业发展研讨会恰逢其时。此次研讨会有利于我国体育院校抓住国家产业新政带来的巨大机遇，促进社体专业健康、有序发展。

（首都体育学院科研处罗笛供稿）

中日韩高等教育国际学术研讨会　12月8日，中国人民大学亚洲研究中心、教育学院共同举办了“中日韩高等教育国际学术研讨会”。中国人民大学副校长洪大用出席会议开幕式并致辞。日本东京大学高等教育研究院主任小林雅之，日本文部省高等教育政策顾问、同志社大学高等教育研究中心主任山田礼子，日本龙谷大学文学研究生院教授林美辉，韩国高丽大学师范学院教育学系教授卞基溶，韩国延世大学教育学院教授李炳植，以及教育学院院长秦惠民等学者参加研讨会。与会学者就大学治理、教师发展、教育质量保障等相关议题进行了讨论。

（中国人民大学科研处关晓斌供稿）

幼儿运动能力发展与幼儿园健康领域教育研讨会　12月12日，首都师范大学学前教育学院幼儿园课程研究所在校举办了题为“幼儿运动能力发展与幼儿园健康领域教育研究”的专题研讨会。

会议主要内容是邀请北京师范大学体育教育学吴升扣博士进行题为“幼儿静态平衡能力、粗大动作发展水平及其促进的研究”的学术讲座。吴升扣运用美国Tecscan足底压力测试平板技术和TGMD—2评估工具，分别研究了幼儿静态平衡能力与粗大动作发展特点、幼儿粗大动作与静态平衡能力的关系，并基于这些特点的研究，设计了韵律性身体活动，考察其对幼儿静态平衡能力和粗大的促进作用。吴升扣指出，3—6岁是幼儿动作发展的关键时期，此阶段进行运动干预将对幼儿相应能力的提高有着积极影响；男女生间的静态平衡能力和粗大动作发展水平没有显著的差异，但女童静态平衡能力表现出优于男童的趋势，而男童的操作性动作能力表现出优于女童的趋势；反复的练习是促进幼儿动作发展的必经之路，在韵律性身体活动中必须以核心动作为基本内容，采用重复、变异等方式，使幼儿获得相关动作经验，建立正确的动作基模；研究所设计的韵律性身体活动在提高幼儿平衡能力、粗大动作发展方面要优于以往的韵律性身体活动。

与吴升扣讲座内容相呼应，赴广州参加幼儿园健康领域教育研讨会的谷长伟老师及两位研究生代表蔚佳、王先妹分别介绍了参会内容和心理体会，并对幼儿园健康领域教育、体育活动的设计和实施提出了各自的独到见解。

（首都师范大学社科处李志成供稿）

2014年中国外语教育高层论坛　“中国外语教育高层论坛”于12月14日在首都师范大学举行。本次会议由北京外国语大学中国外语教育研究中心、首都师范大学外国语学院和北京师范大学外国语言文学学院共同主办，论坛主题为“考试招生制度改革与高考英语改革”。来自教育部考试中心、教育部教育发展研究中心、北京外国语大学、北京师范大学、首都师范大学、华东师范大学、广东外语外贸大学、广东外语艺术职业学院、北京教育考试院、上海教育考试研究院、浙江教育考试研究院等机构和高校的几十位专家、学者及全国部分省市的教研员应邀与会。会议还邀请了10多名北京市中小学名师发展工程英语骨干教师。北京市部分高校、北京市教科院等几十名代表旁听会议。

中国外语教育研究中心主任、北京外国语大学校长助理王文斌主持开幕式，北外副校长孙有中致辞。教育部考试中心副主任刘建达、教育部教育发展研究中心教育体制改革研究室主任王烽、华东师范大学邹为诚和北京外国语大学中国外语教育研究中心副主任韩宝成教授在论坛上分别作了题为“基于标准的测评与英语改革”“高考英语改革的政策逻辑”“从国际比较的视野看中国基础英语课程、评价和教材难度”“高考改革与高考英语考试的目标、内容与方法”的主旨发言。与会代表还就新形势下高考英语改革、外语能力测评体系建设、课程标准制定、教师专业发展等问题进行了探讨与交流，一致认为高考英语改革在追求公平性的同时，更应注重科学性。

（首都师范大学社科处李志成供稿）

2014全国中学历史教学高端学术会议　为了更好地推进全国中学历史教学改革的不断深入，促进高端历史教师的培养与发展工作，由首都师范大学基教院主办的“2014年全国中学历史教学高端学术会议”于12月19—20日在本校北一区国际文化大厦报告厅召开。学校副校长孟繁华、教育部基教研中心教学处研究员何成刚、全国历史教学专业委员会理事长李伟科、北师大历史学院教授郑林、本校历史学院教授叶小兵、基教院常务副院长张景斌等，以及来自全国16个省市，18所高校、科研院所和培训教研机构的高校教师、研究人员、中学骨干教师等共计140名代表及嘉宾参加了本次学术会议。会议由本校基教院副院长王海燕主持。

本次会议秉承“平等参与，广泛交流，深度对话，共同成长”的会议宗旨，通过“主题论坛”“同课异构”“圆桌会谈”“走进前线”等方式，“以课论道”“以研会友”，就中学历史教育中的核心——教学立意的选择与确立德等问题进行研究解读，心得分享。孟繁华代表学校向大会代表致欢迎辞。基教研中心何成刚代表教育部基础教育课程研究中心向大会致辞。中学历史教学届的前辈——原全国历史教学专业委员会秘书长、首师大于友西教授代表与会嘉宾对大会致辞，并对与会者提出了殷切的期望。本次会议为广大中学历史教育研究工作者搭建起交流的新平台以及成长的新空间，也成为本校引领基础教育发展的新探索。

（首都师范大学社科处李志成供稿）

首届全国高等书法教育论坛　12月23日，首届全国高等书法教育论坛在首都师范大学学生活动中心开幕。论坛由中国书法家协会主办，中国书法家协会教育工作委员会执行主办，本校中国书法文化研究院、东南大学中国书法研究院、长春大力纳米技术开发有限公司联合承办。本次论坛旨在推动当代中国高等院校书法教育的发展，凝聚力量、广泛团结和组织全国高等院校书法教育工作者，提升教育学术研究和艺术创作水平，服务于全国高等书法教育，发现和培养高等书法教育的尖端人才，使其成为聚合高等优秀书法人才的平台。

教育部副部长刘利民，中国文联副主席杨承志，中国书协分党组书记、秘书长陈洪武，中国书协副主席申万胜，教育部语用司司长姚喜双，中国教育学会副会长郭振有，四川大学校长谢和平，本校纪委书记潘亮，原国家行政学院副院长周文彰，东南大学艺术学院院长王廷信，书画频道董事局主席王平，中国教育部语用司文字处处长孟庆瑜，中国书协教育工作委员会副主任苗培红、曾来德、王岳川、杨广馨，秘书长王元军，本次论坛论文评审委员黄惇、张金梁、祁小春、任平、黄君、张天弓，《中国书法》杂志主编朱培尔，《书法报》社长舟恒划，吉林省书协副主席刘成，长春大力纳米技术开发有限公司总经理孙伟，以及来自全国八十多所高校的书法学科负责人、学生代表、社会其他各界人士等共计400余人出席论坛开幕式。

（首都师范大学社科处李志成供稿）

2014创新学习方式　促进教育变革论坛　12月25日，由教育信息技术协同创新中心（北京师范大学）和北京市门头沟区教育委员会主办，松果阳光（北京）教育科技有限公司承办的“创新学习方式促进教育变革”论坛顺利举办。国家教育咨询委员会委员、国家总督学顾问、联合国教科文组织协会世界联合会副主席、亚太地区联合国教科文组织协会联合会名誉主席陶西平，清华大学副校长谢维和，北京师范大学副校长陈光巨，教育信息技术协同创新中心副主任黄荣怀，首都师范大学副校长孟繁华，《中国教育报》总编辑翟博，北京市教委副主任付志锋，门头沟区委书记韩子荣，门头沟区委教工委书记何渊、门头沟区教委主任李永生等领导参加论坛。区教委副主任李东梅主持论坛。来自北京、云南、陕西、山西等地近600余名中小学老师参加了论坛。陈光巨和何渊代表主办方作致辞发言。李永生代表门头沟教委做了项目总结报告，详细介绍了近年来门头沟教育改革创新发展的成效以及“运用思维规律，提升师生学习力”项目的探索、推进、创新、提升及展望。

（北京师范大学社科处刘娜供稿）

全新思维与世界科普教育发展走向讲演会　12月26日，联合国教科文组织卡林加奖获得者李象益教授在清华大学美术学院A301报告厅给全院研究生做了题为《全新思维与世界科普教育发展走向》的学术报告。报告会上，李象益和同学们分享他从事科普工作几十年总结的理论和经验，从现代科普教育的基本特征谈起，分析了移动互联网背景下的教育变革，剖析了科学素养与全新思维的关系，介绍了国内外科普教育中的思想和方法，并用实例和道具与现场的研究生们进行互动，现场气氛热烈。报告最后，李象益对清华大学美术学院提出了殷切希望，希望学院紧跟世界科学教育发展新趋势，加强科普教育根本目标和理念建设，他认为，清华美院必将在科普高层人才培养的行列中，发挥独特的引领作用。报告由清华大学美术学院副院长张敢主持，近200名师生到场聆听了报告。李象益是中国自然科学博物馆协会名誉理事长，曾任中国科技馆馆长、中国科协普及工作部部长等职。2013年李象益荣获联合国教科文组织颁发的“卡林加奖”，该奖是世界科普领域最高奖，被誉为科普诺贝尔奖，每年世界评选一人。李象益是该奖项自1952年设立以来获得该奖项的第一位中国人。

（清华大学文科建设处刘金梅供稿）

民族学　宗教学

全球命运共同体视野下的世界民族冲突与治理创新研讨会　1月9日，由中央民族大学中国少数民族研究中心、国家社科基金重大项目“后冷战世界民族冲突与治理研究”课题组联合主办的“‘全球命运共同体’视野下的世界民族冲突与治理创新研讨会”在中央民族大学举行。中央民族大学副校长宋敏出席会议并致欢迎辞。来自清华大学、中国政法大学、天津师范大学、兰州大学、中共中央党校、中国社科院民族学与人类学研究所、中国社科院民族经济与政治研究所的8位校外专家及课题组成员王军副教授、严庆教授、马东亮副教授、王建娥研究员做了专题发言。中央民族大学科研处处长游斌教授、民族学与社会学学院潘蛟教授、朴光星副教授，世界民族学人类学研究中心主任包智明教授，中央民族大学期刊社社长贾仲益教授，以及世界民族学人类学研究中心青年教师及部分研究生出席会议。

此次研讨会旨在讨论当今中国的内政外交需求，提出国际民族冲突及其治理的理念和思路。同时，对国家社科基金重大招标项目“后冷战世界民族冲突与治理研究”的进展情况提出评估性指导意见。

（中央民族大学科研处供稿）

社会转型与中国民族问题学术研讨会　11月15—16日，由中央民族大学马克思主义学院中国民族理论与民族政策研究院主办的“社会转型与中国民族问题”学术研讨会。此次研讨会围绕“社会转型与民族理论”“社会转型与民族问题治理理念、路径”“社会转型与民族问题治理实践”“民族问题解决的制度自信与区位实践"4个主题展开。来自全国20所高校及相关研究机构的40余名专家学者参加了会议。

国家民委政策研究室张谋副主任做了主旨发言。他从政治高度、理论深度与实践前沿等不同方面呈现了他对本次中央民族工作会议的理解，获得了与会者的好评。与会专家学者围绕"社会转型与中国民族问题"这个主题，对宏观、中观和微观各个议题展开了热烈讨论，形成学科思路方法交相辉映的局面，突破了传统民族理论研究的视域，达成了新的学术共识和研究方向，为民族理论研究提供了有待拓展的新领域和新议题。

（中央民族大学科研处供稿）

城市科学

新型城镇化与文化建设专题研讨会　1月16日，"新型城镇化与文化建设专题研讨会"暨《新型城镇化与文化发展研究报告》新书首发仪式在北京友谊宾馆贵宾楼举行。文化部文化产业司司长刘玉珠，文化部公共文化司司长张永新，《光明日报》经济部主任童怀，光明日报出版社副总编辑高迟，《经济日报》理论部副主任吕立勤，国家行政学院社会与文化部主任、文化政策与管理研究中心主任祁述裕，中国社会科学院文化研究中心副主任贾旭东，文化部文化产业司政策法规处处长赵建军，中国传媒大学文科科研处处长段鹏等相关领域专家学者出席了研讨会。研讨会由文化部文化产业司巡视员孙若风主持。

"新型城镇化与文化建设"课题是由文化部委托中国传媒大学协同创新中心文化发展研究院组织开展的国家热点问题专项研究课题。课题组组长、文化发展研究院院长范周指出，课题成果《新型城镇化与文化发展研究报告》力求以新型城镇化与文化发展关系的探讨为出发点，从城镇化与文化产业、文化消费的关系，从新型城镇化与"中国梦"的实现逻辑，新型城镇化的"新市民""新空间""新治理""新指标"等不同维度，对新型城镇化与文化建设进行充分探讨。本课题研究团队由文化发展研究院10名教师组成，历时一年时间，先后赴日本东京、韩国首尔、新加坡、中国香港和台湾等地重点考察，并对国内相关省市各类型城镇化建设开展驻点"田野式调查"，在此基础上就新型城镇化进程中的文化发展问题进行了探讨。

（中国传媒大学文科科研处供稿）

落实习近平总书记关于北京工作的重要批示精神专家研讨会　2月20日，北京市社科联党组书记韩凯主持召开贯彻落实习近平总书记关于北京工作的重要批示精神专家研讨会，叶文虎、金良浚、文魁、丁元竹、陈剑、刘勇、段霞、盛继洪等8位专家学者围绕习近平总书记关于北京工作的重要批示给首都工作带来的机遇、新时期首都工作的重点和着力点、社科联如何更好发挥决策咨询作用等进行了交流研讨。市委办公厅副主任程勇出席会议。市委办公厅信息处、市社科联相关部室负责同志参加会议。

（北京市社会科学界联合会研究室供稿）

中国发展高层论坛2014年会　由国务院发展研究中心主办的"中国发展高层论坛2014年会"于3月22—24日在北京钓鱼台国宾馆举行。本届论坛的主题为"全面深化改革的中国"，论坛围绕新型城镇化与城乡统筹发展、财税体制改革与发展转型、构建公平而可持续的社会保障体系、构建开放型经济新体制等重要议题及经济社会发展和改革开放中的近20个热点问题进行了深入的研讨。出席会议的外方代表有国际货币基金组织总裁拉加德、亚洲开发银行行长中尾武彦、经合组织秘书长古利亚、论坛外方主席卡特彼勒公司董事长欧博赫曼、诺贝尔经济学奖获得者斯蒂格利茨等来自国际组织、跨国公司的领导人和国际知名学者约400人。来自国内有关部委、企业和学术界的代表约400人参加了会议。

中共中央政治局常委、国务院总理李克强会见了论坛境外主要代表。中共中央政治局常委、国务院副总理张高丽出席了论坛开幕式并发表了主旨演讲。第十二届全国政协副主席、中国人民银行行长周小川、第十届全国政协副主席徐匡迪、论坛主席、国务院发展研究中心主任李伟、财政部部长楼继伟、外交部党委书记、副部长张业遂、商务部国际贸易谈判代表兼副部长钟山等部委领导和北京市市长王安顺、湖北省省委书记李鸿忠和国务院发展研究中心副主任刘世锦、韩俊、张军扩、张来明，党组成员、办公厅主任隆国强等作了发言或主持了相关会议。

（国务院发展研究中心办公厅科研处郭巍供稿）

2014京津冀蓝皮书新闻发布会　3月25日，由首都经济贸易大学和社会科学文献出版社共同举办的"2014京津冀蓝皮书"新闻发布会在京举行。京津冀城市研究的专家学者及新华社、《人民日报》《光明日报》《经济日报》、北京电视台等20多家新闻媒体参加了会议。

会上正式发布了《京津冀发展报告（2014）——城市群空间优化与质量提升》的最新研究成果和重要观点，与会专家就“京津冀城市群空间分布”“北京城市功能疏解与空间优化”“天津城市功能疏解与空间优化”“河北省城镇体系与空间布局”“京津冀城市群增长点”等问题进行了深入的探讨。社会科学文献出版社总编辑杨群，北京市社科规划办副主任李建平，经济日报内参部主任孙世芳，北京市社科联党组书记、常务副主席韩凯分别讲话，对《京津冀蓝皮书》的研究成果给予了充分肯定，并提出了进一步研究建议。

京津冀蓝皮书是由首都经济贸易大学牵头、联合京津冀三地专家通力合作的系列性研究成果。京津冀蓝皮书始终坚持“稳中求变，变中求精”的原则，每年围绕一个主题，对京津冀地区的发展状况和发展态势进行综合分析和前瞻性预测。这些系列性的研究成果，对长期关注和研究京津冀的理论工作者和三地政府决策部门，具有重要的参考价值和理论指导。

（首都经济贸易大学科研处张嘉艳供稿）

习总书记在北京考察重要讲话研讨会　3月26日，北京市社科院经济所召开了学习“习总书记在北京考察重要讲话研讨会”。会议由本院经济所梁昊光副所长主持，本院赵弘副院长参会，经济所全体科研人员围绕首都产业发展、人口调控、交通拥堵、城市文化等主题进行了深入的研讨。梁昊光首先传达了习近平总书记在北京考察时的重要讲话内容，并强调了讲话对京津冀协同发展的重大意义。他指出，中共中央总书记、国家主席习近平专题听取京津冀协同发展工作汇报，强调实现京津冀协同发展，是面向未来打造新的首都经济圈、推进区域发展体制机制创新的需要，是上升到国家战略层面的重大问题。“首都经济圈”的规划将以三个省级行政区建制进行跨行政区域资源整合和功能协作，成为优化国家发展区域布局，优化社会生产力空间结构，打造新的增长极，形成新的经济发展方式的需要，意味着首都经济圈的区域合作和京津冀一体化进入实质性阶段，为加快成为现代化的新型首都经济圈提供了战略契机。杨松副所长发言表示，习近平总书记对北京城市发展提出了要“疏解非首都城市核心功能”，“调整低端产业”等重要指示，必须下决心对城市中心区商品交易市场进行调整和清理。

（北京市社会科学院科研处供稿）

北京市社科院主办京津冀协同发展论坛　4月24日，由北京市社会科学院主办的“京津冀协同发展论坛”在北京市社会科学院召开。来自中国社会科学院、国家发改委国土开发与地区经济研究所、天津社会科学院、河北省社会科学院、南开大学、河北经贸大学及北京市社会科学院的专家教授围绕主题进行了发言。会议分开幕式与主题论坛两部分。开幕式由周航副院长主持，谭维克院长致辞，赵弘副院长做主题发言。主题论坛由本院赵弘副院长主持并做精简点评，国家发改委国土开发与地区经济研究所所长肖金成、天津社会科学院党组成员兼副院长王立国、河北省社会科学院党组成员副院长杨思远、河北经贸大学副校长武义青、中国社会科学院工业经济研究所工业布局与区域经济研究室主任陈耀、南开大学经济研究所副所长刘刚等专家学者分别就京津冀世界级城市群、京津保生态廊道建设、京津冀协同发展框架下的创新扶贫、京津冀区域经济一体化、京津冀协同发展的产业经济以及京津冀协同发展的思路与对策等问题做了主题发言。

（北京市社会科学院科研处供稿）

新型城镇化与可持续发展高层论坛　4月24日，清华大学公共管理学院主办，清华大学中国发展规划研究中心、21世纪传媒联合承办的“新型城镇化与可持续发展高层论坛”召开。本校副校长谢维和出席开幕式并致辞，中央财经领导小组办公室副主任、清华大学中国发展规划研究中心主任杨伟民，全国人大常委、民进中央副主席辜胜阻，全国政协委员、国家开发银行原监事长姚中民等十余位嘉宾应邀出席论坛并发表主题演讲。清华大学公共管理学院党委书记孟庆国和公共管理学院教授、中国发展规划研究中心常务副主任王有强分别主持了上午和下午的论坛。杨伟民发表了题为《对城镇化要有历史耐心》的主题演讲。他指出，城镇化发展是一场马拉松，对城镇化要有历史耐心。他表示，城镇化发展是否健康要看在资金、环境等方面是否可持续，要着力解决人、地、钱三个主要问题。辜胜阻指出，新型城镇化要体现六大新意即新方向、新目标、新方式、新路径、新动力，要与工业化、信息化、农业现代化“四化同步”，实现产城融合。姚中民提出，要创新新型城镇化的投融资模式，发挥开发性金融支持新型城镇化的骨干作用。财政部财政科学研究所所长贾康就公共财政与我国新型城镇化发展提出了系列建议。国家发展和改革委员会城市和小城镇中心主任李铁从新型城镇化的制度性变革角度谈了自己的观点。国务院发展研究中心研究员、清华大学中国发展规划研究中心学术委员会常务副主任李善同，福建省发展和改革委员会副主任孟芊，清华大学建筑学院城市规划系顾朝林教授和吴唯佳教授，清华大学建设管理系郑思齐教授，东盛科技董事长郭学家等嘉宾分别围绕区域发展、地方实践、土地利益、京津冀协同发展、公共服务供给、产业发展模式等新型城镇化相关主题发表了演讲。近200名政府官员、专家学者、金融投资家、企业家及学校师生参加了本次论坛。

（清华大学文科建设处刘金梅供稿）

区域发展与城镇化学术研讨会　4月26日，由中国区域科学协会和中国人民大学主办，中国人民大学经济学院和中国区域科学协会区域经济学专业委员会协办的“2014年中国区域科学协会理事换届大会暨区域发展与城镇化学术研讨会”召开。来自中国人民大学、北京大学、清华大学、南开大学、国家发改委、国家自然科学基金委、中国社科院、四川大学、复旦大学、浙江大学等高校及科研机构120余位区域科学领域的专家学者参加了会议研讨。本校常务副校长王利明在开幕式前会见了协会主要领导成员。与会专家学者围绕“区域发展与城镇化”作了主题报告。全体与会代表对第五届理事会候选人进行表决并予以通过，新组建的第五届常务理事会批准通过了区域经济学、空间经济学、空间分析、城市经济、区域可持续发展等15个专业委员会正式成立，并举行了授牌仪式。

（中国人民大学科研处关晓斌供稿）

第四届CAF-ILAS国际研讨会　4月28日，由中国社会科学院拉丁美洲研究所和CAF—拉丁美洲开发银行共同举办的“第四届CAF-ILAS国际研讨会”在北京召开。这次研讨会的主题是“从非正规性到发展：中国和拉丁美洲的城市化、创业及竞争力”。来自国内外政界、学界和企业界的专家学者及媒体人士共200多人参加了研讨会。

中国社会科学院拉美研究所所长郑秉文主持了开幕式。中国社会科学院副院长、中国拉丁美洲学会会长李捷，中国第九、第十届全国人大常委会副委员长、中拉友好协会会长成思危，CAF—拉丁美洲开发银行执行主席恩里克·加西亚，中国银行首席经济学家、中国拉美学会副会长曹远征，OECD发展研究中心主任佩西尼等出席开幕式并发表讲话。

研讨会分4个单元，分别为“跨越‘陷阱’：中拉关系深化的新机遇”高峰对话、“拉丁美洲的创业：从基本生存型到生产力变革型”、“拉丁美洲和中国的城镇化和住房政策：一种对比视角”和“拉美经济前景：服务于发展的物流业和竞争力”。

外交部部长助理张昆生发表了专题演讲，对中拉关系未来发展前景进行了展望。

1. 跨越“陷阱”：中拉关系深化的新机遇。在高峰对话单元，伦敦经济学人集团驻中国首席代表许思涛与加西亚就新形势下的中拉关系发展进行了对话。加西亚主席详细解释了拉美发展进程中出现的“中等收入陷阱”、“初级产品陷阱”和“非正规性陷阱”的问题，并就此提出了未来中拉关系全面合作的新机遇。

2. 创业：从基本生存型到生产力变革型。CAF—拉丁美洲开发银行公共政策效应测评协调人、高级经济学家丹尼尔·奥特加，国务院发展研究中心办公厅主任隆国强，哥伦比亚安第斯大学希梅娜·潘娜，中国社会科学院工业经济研究所研究员王钦等围绕“拉丁美洲的创业：从基本生存型到生产力变革型”这一主题进行了讨论。

3. 城镇化与住房政策：拉丁美洲和中国的对比视角。墨西哥国立自治大学教授贝亚特里斯、中国社会科学院财经战略研究院副研究员汪德华、美国宾夕法尼亚大学设计学院客座教授罗哈斯、中国社会科学院拉丁美洲研究所社会研究室主任房连泉副研究员围绕“城镇化与住房政策：拉丁美洲和中国的对比视角”这一主题进行了讨论。

4. 拉美经济前景：服务于发展的物流业和竞争力。OECD发展研究中心美洲办公室经济学家塞巴斯蒂安介绍了OECD发展报告《拉美经济前景：服务于发展的物流业和竞争力》的主要内容和核心观点，中国进出口银行国际业务部总经理助理舒畅、联合国拉美经委会国际贸易和一体化部主任奥斯瓦尔多、CAF—拉丁美洲开发银行战略事务部主任赫尔曼，中国社会科学院拉丁美洲研究所研究员吴国平围绕这份报告展开了讨论。

（中国社科院办公厅刘玉杰编辑、拉美所科研处供稿）

2014京津冀协同发展研讨会 5月29日，为深入贯彻落实习近平总书记重要指示精神，为深化区域协调发展提供理论支持和对策建议，北京市社科联、天津市社科联、河北省社科联在京联合召开京津冀协同发展研讨会。

本次研讨会是京津冀社科界通力合作、推动三地协同发展的一项重要举措。研讨会共收到征文130篇，吸引了来自中央有关部门和三地高校、科研机构、社会组织的100余位专家学者参与研讨，提出具体意见建议近百条，研讨会也得到中共北京市委、市政府相关决策部门的关注和参与，取得了三地社科界深入合作的良好开局。

一、底蕴丰厚，学脉相承

京津冀地缘相接、人缘相亲，地域一体、文化一脉，具有得天独厚的融合发展基础。20世纪80年代起，三地社科界专家学者就已开展京津冀协同发展研究并取得初步成果。2006年，三地社科联创办京津冀协同发展论坛，每年举办一次，汇集了一批研究专家，形成了一批重要成果。习近平总书记于2月26日针对京津冀协同发展作出重要指示后，北京市社科联主要负责同志带队，分别于3月11日、19日赴天津市社科联、河北省社科联调研，共商三地社科界合作事宜，希望借助天津、河北社科联力量，充分挖掘三地社科研究资源。在北京市社科联的积极倡议下，三地社科联经过认真磋商，决定在以往论坛的基础上继续联合举办对策研讨会，三地轮流承办，小规模、高层次，协同组织、服务决策。北京市社科联承办2014年首次研讨会，以“京津冀协同发展的展望与思考”为主题，盘点近年来京津冀协同发展方面丰富的研究资源，组织三地社科界专家学者开展深度交流，为三地党委政府建言献智。

研讨会得到了领导的高度重视。前期准备过程中，市社科联两次向市委宣传部报告，得到市委常委、宣传部长李伟充分肯定。市委宣传部副部长崔耀中代表市委宣传部在研讨会上致辞，对三地社科联工作者积极开展科研协作，履行好思想库、智囊团作用予以肯定，同时希望三地社科界加强沟通、互通有无，合理配置资源，深化对京津冀协同发展的研究，为政府顶层设计提供智力服务。

二、群贤毕至，观点纷呈

为开好本次研讨会，三地社科联组织开展了征文活动，得到社科界广大专家学者的积极参与和踊跃投稿。国务院参事、中国科学院牛文元研究员，南开大学副校长佟家栋教授，河北省发改委宏观经济研究所副所长高智研究员，中国规划协会副会长、北京城市科学研究会理事长邱跃教授，天津商业大学校长刘书瀚教授，河北经贸大学副校长武义青研究员，北京市社会科学院副院长赵弘研究员，中国民航大学校长吴桐水教授，河北农业大学经贸学院院长赵帮弘教授等专家学者都提交了征文并在研讨会上进行主题发言。主题发言亮点纷呈，既有在顶层设计面提出的重构区域功能、优化城市布局、扩大生态空间、建设一体化交通体系、增加清洁能源、建立体制机制的战略框架，以及“规划一张图”“交通一体化”“产业一条龙”“公服一联通”“生态一齐治”“遗产一起保”的发展构想，又有针对推动区域经济一体化、打造跨地区国家产业价值链、促进农业协同发展、建立低碳发展模式、探索航空交通一体化、加速雾霾治理的生态合作等具体工作领域的对策建议，是对近年来国内京津冀协同发展领域研究成果的高端集成，具有较高的理论价值和较强的实践意义。

本次研讨会主题发言的最大特点，就是专家学者自觉打破自家“一亩三分地”的思维定式，想得多的不再是地区本位，而是国家战略全局，讲得多的不再是要什么产业、要多少利益，而是合作共赢、利益共享，习近平总书记指示精神在社科研究领域吹过了一阵新风。

三、深度对话，积极发言

在下午的专题研讨中，三组专家学者分别就京津冀区域产业对接协作、京津冀区域规划与协同战略、京津冀生态科技文化合作与新兴城镇化等主题进行深度对话，共同探讨新形势下三地合作发展的新机遇、新领域、新对策和新机制，全面推动三地在经贸、能源、金融、科技、生态、人文等方面的交流与合作。在探讨京津冀区域规划与协同战略以及产业发展布局时，三地专家一致认为，京津冀的协同发展和产业分工，应以各自的现实基础、创新优势、市场潜力以及在产业链的地位为核心，而不是简单地按照行政区域进行高端、中端、低端的产业分工定位，产业发展要由互补性的分工转变为整合性的分工，按照市场规律从整体上调整京津冀产业布局。

研讨会上，激烈的思想碰撞也时有发生。有的专家认为，当前京津冀协同发展面临的国际、国内环境并不宽松，应当冷静看待、按规律办事；有的专家认为，京津冀的问题看似城市之间关系的问题，实则是城乡差距问题，不能只关注少数中心城市的规模大小、数量多少、地位轻重，而忽视了它们所根植的更大空间；有的专家认为，京津冀的问题不能仅从经济利益、产业布局等角度解决，三地的文化认同对于形成区域合作的凝聚力、区域发展的创新力、区域建设的推动力也具有至关重要的作用，这就赋予京津冀协同发展以全新的人文内涵。在面对面的交流交锋中，专家学者们获取了新的研究资讯，开拓了新的研究领域，结识了新的研究伙伴，为三地社科界进一步合作开展调查研究、课题攻关和决策咨询奠定了良好基础。

四、全面合作，共建共赢

研讨会期间，三地社科联进一步研究了合作事宜，决定本着“资源共享、优势互补、协作创新、合作共赢”的基本原则，构建学术研讨、课题研究、信息服务“三位一体”的合作格局，为加快推进京津冀协同发展贡献力量。一是举办京津冀协同发展研讨会，坚持集纳高端、深度交流、切中实际，为政府顶层设计提供相应理论支撑。二是合作开展京津冀协同发展决策咨询课题研究，进一步整合三地社科资源，合理分工筹划，推出一系列有借鉴价值的研究成果，提高社科界在京津冀协同发展重大决策中的影响力。三是编发信息《京津冀协同发展专家建议》，通过集纳专家学术观点，推介课题研究成果，反映政策最新动向，统揽多方研究资源，加强学界对党委政府的咨询服务。学术研讨、课题研究、信息服务的组织工作由三地社科联按期轮值，协同配合，首期工作由北京市社科联承担。

在此基础上，三地社科联拟探索建立京津冀社科界多边协同发展机制，更广泛地推动学术交流研讨、课题联合攻关、资源共建共享，争取一加一大于二、一加二大于三的社会效益，力求使三地社科界协同发展成为京津冀协同发展战略框架的重要组成部分。

（参见《北京社科联》2014 年第 3 期）

侯仁之与北京城学术研讨会　7 月 4 日，由北京市社会科学界联合会和北京史研究会主办、北京联合大学北京学研究所和北京大学历史地理研究中心承办的“大师与古都——侯仁之与北京城”展览暨学术研讨会在北京社科活动中心举行。来自北京大学、北京联合大学的专家学者和社会各界人士约 120 余人参加会议。侯仁之先生是我国著名的历史地理学家、中国科学院院士，是我国现代历史地理学的主要开创者之一，在历史地理学理论研究和北京城市历史地理、西北沙漠历史地理、地理学史、加入世界遗产公约等实践领域贡献卓著。本次活动，旨在感怀侯仁之先生与古都北京的深厚情缘，纪念他研究北京历史地理的巨大成就，秉承他严谨求实、经世致用、热心科普的治学精神，学习他孜孜不倦、言传身教、教书育人的高尚品格，以此在首都社科界积极倡导一种“北京情怀”，引导社科研究者们立足北京的学术高地，循着大师开辟的道路，面向世界，面向未来，为实现“中国梦”增光添彩，为古都北京的发展做出新的贡献。

北京市社科联党组书记、常务副主席韩凯在致辞中指出，2014 年 2 月，习近平总书记在北京调研发表的重要讲话，明确了首都城市的功能定位，并对北京的城市规划、文化传承、文物保护、环境治理、民生改善提出诸多期许，要求把北京的城市治理提高到国家治理体系和能力现代化的高度来加强实施。北京发展呼唤大师，时代创新需要学术。北京建设一流的和谐宜居之都，需要社科界和社科专家学者建言献策，予以知识和智力支持，尤其需要像侯仁之先生这样以北京为终身研究方向的学术大师，指点迷津，解析难题。

学术研讨会上，侯仁之先生的长女侯馥兴以“回忆父亲侯仁之”为题作了发言。北京大学历史地理研究中心主任唐晓峰、北京史研究会会长李建平、北京市社会科学院研究员尹钧科、北京大学历史地理研究中心副教授岳升阳、北京联合大学北京学研究所所长张宝秀先后作了题为“侯仁之与北京历史地理研究”“侯仁之与北京城”“侯仁之与《北京历史地图集》”“老骥伏枥，心系北京——回忆晚年侯仁之”和“侯仁之与北京学”的主题发言。多位与会嘉宾作自由发言。

（北京市社会科学界联合会学术活动部供稿）

2014 京津冀空间协同发展论坛　7 月 10 日，为贯彻落实中央关于京津冀协同发展的指示精神，为期一天的“京津冀空间协同发展论坛——新时期城镇群转型发展之路”在京举行。此次论坛由北京城市科学研究会、北京城市规划学会、中国城市规划学会区域规划与城市经济学术委员会共同主办，天津城市规划学会、河北城市规划协会协办，北京城市科学研究会、北京城市规划学会“城镇化与区域发展战略研究学术委员会”具体承办。来自京津冀三地城乡规划、城市科学研究管理部门及科研单位的领导、专家、学者共 150 余人齐聚一堂，共同研讨解决难题的途径。

北京城市科学研究会邱跃理事长为论坛致开幕

辞，他强调了京津冀区域协同发展的必要性，希望各机构从不同角度发挥作用，加强三地的协同发展。中国城市规划学会耿宏兵副秘书长、北京城市规划学会朱铁华秘书长分别主持主题论坛和专题论坛。

中科院地理研究所研究员、中国城市规划学会副理事长樊杰和中国城市规划设计研究院副院长、两会城镇化与区域发展战略学术委员会主任王凯分别做了题为“京津冀协同发展战略与规划的一些新思考”和“京津冀空间协同规划布局的思考”的主题报告。来自两市一省的专家嘉宾邱跃、陈锋、肖金成、张京祥、吴唯佳、杜立群、师武军、邢天河等就报告内容展开了精彩点评，观点鲜明，见解独到，会场气氛热烈。

清华大学建筑学院教授吴唯佳、中规院城建所副所长杜宝东、北规院研究室副主任何永、清华同衡规划设计研究院副总卢庆强、中规院交通院副总全波、北规院高级工程师龙瀛、中规院研究一室徐颖等专家分别从区域协同发展与规划、京津冀发燕尾服的问题、区域生态问题、交通布局模式、人口密度与空气质量、世界城市发展经验借鉴等多重视角作了专题报告；天津市规划院研究中心总规划师范小勇、河北省规划院总规划师崔建甫就区域协同发展背景下的天津规划设想和河北省新型城镇化思考与参会者进行分享和交流。

本次论坛汇聚了来自京津冀三地的专家学者的智慧，对京津冀区域在城市快速发展建设过程中面临的经济、社会、人口、资源、环境等突出问题做出高度关注和研究分析。报告内容全面丰富，通过各抒己见、百家争鸣，从不同角度提出了京津冀协同发展的思路。论坛促进了区域内各地区的相互了解，共享了各专业院所的部分科研成果，充分发挥了城科会、规划学会作为学术组织的交流平台作用。

经与会专业人士一致通过，论坛还发起了“京津冀区域协同发展共同倡议”。倡议提出：坚持生态优先为前提，推进产业结构调整，建设绿色、可持续的人居环境；坚持区域一体、协同发展的原则，谋求城镇体系、区域空间、重大基础设施的协同发展与布局；破除阻碍区域人口和要素自由流动的体制壁垒和制度障碍，推进多种形式的跨地区合作；建立跨区域规划的编制与实施工作的新体制、新机制。旨在凝聚共识，发挥优势，共同做好协同发展的各项工作。

（参见《北京社科联》2014 年第 4 期）

斯土斯民：环境历史中的城市与乡村国际学术研讨会

7 月 15 日，由中国人民大学生态史研究中心、德国慕尼黑大学蕾切尔·卡森环境与社会中心联合主办的“斯土斯民：环境历史中的城市与乡村”国际学术研讨会在中国人民大学召开。来自中国、美国、加拿大、英国、荷兰、瑞典、日本等国家不同学科领域的 60 余位专家学者参加了会议。

中国人民大学校长陈雨露、德国慕尼黑大学蕾切尔·卡森环境与社会中心主任克里斯多夫·毛赫和中国人民大学历史学院院长黄兴涛分别在开幕式致辞。陈雨露高度肯定了国内外环境史研究的意义与价值，指出乡村与城市是农耕文明诞生以来人类社会繁衍、发展的两个基本场所，也是人类与自然界不断妥协、对抗与交流的栖息地，二者在自然与文化的各个层面上发生着复杂的交互作用。从环境史的角度探讨城市与乡村关系，将会使我们对人与自然之间的历史产生新的叩问与反思，为正处于城市化进程中的当代中国社会提供一种历史性的借鉴。

本次会议分主题演讲和专题讨论两个阶段。曾任美国历史学会主席、美国环境史学会主席的威斯康星大学杰出教授威廉·克罗农为大会作了题为“都市的种种自然：环境史中的城市与乡村”的演讲。他强调，作为本次会议主题的城市和乡村不仅是相互依存的客观存在，也是某种具有文化意蕴的范畴，在环境史研究中使用这些范畴时，需要对其进行有效反思。结合自己在《自然的大都市：芝加哥与大西部》一书中的研究，他讲述了 19 世纪的芝加哥如何在同腹地之间进行不断的自然资源交换中成长为一个国际性大都市的过程，并指出从环境史角度理解城市与乡村关系，需要在时间、空间和思想维度上打破城市和乡村边界，发掘二者之间密不可分的生态与文化关联，建立人工与自然环境之间的双向联系。

与会学者围绕“环境的特性”“物质的循环”“规划城与乡”“权力关系”四个专题，进行了为期两天的讨论。涉及的问题包括在城市化和现代化进程中关于环境认知与归属感中存在的冲突，围绕食物、能源交换和废品处理等形成的城乡物质循环系统的演变及其对城乡关系的影响，政府、市民、农民等不同行为主体在认知和行为等方面对城乡环境的塑造，连接城乡的不同等级的权力在城乡变动中发挥的作用及其联系等。大家还就一些延伸问题，如自然观念的文化建构与解构，史料选择和使用中的价值判断和道德诉求，自然灾害和疾病对城市和乡村的影响，中西传统生态观念的差异等，进行了交流和讨论。

中国人民大学生态史研究中心主任夏明方在会议总结时指出，面对城市化进程中出现的一系列问题，需要重新思考和发现乡村与自然的价值，重新思考人与自然之间的关系，缺少现代性反思的盲目的城市化终将导致人与自然的割裂。通过发掘中国古老哲学中的生态价值以及吸取西方城市化进程的经验教训，将为我国尚在进行的城市化建设提供生态角度的历史借鉴。

（参见《光明日报》2014 年 7 月 16 日第 14 版）

新型城镇化的科学基础与长远战略论坛　7 月 16 日，“新型城镇化的科学基础与长远战略”论坛在北京市社会科学院二楼报告厅举行。本次论坛由周航副院长主持，主讲专家为本院经济所特聘所长、博士生导师、长江学者刘彦随。刘彦随从国际、国内的大形势分析入手，以“新型城镇化的科学基础与长远战略”为核心，分别从城镇化的内涵、透视“乡村病”、城镇化建设模式、城镇化长远战略和城镇化典型案例等六个方面，做了主题报告。刘彦随界定了城镇化与新型城镇化的定义，指出了我国快速城镇化过程中存在着一些明显特征与问题。我国的城镇化主要表现为动态性、必然性、综合性和目标性等特点。具体到新型城镇化，则体现在城乡统筹、城乡一体、产城互动、节约集约、生态宜居、和谐发展等层面。不过，在快速城镇化的道路上，我国城镇化呈现出总体上升、波动大，数量虚高、质量差，主题报告结束后，本院科研人员纷纷提出问题、表达研究观点，与刘彦随互动讨论、深入交流，刘彦随对研究人员所提问题进行了耐心、细致、系统、全面的解答。

（北京市社会科学院科研处供稿）

第三届中国新型城镇化峰会　7 月 22 日，由发展中国论坛（CDF）与国家行政学院新型城镇化研究中心联合主办的第三届中国新型城镇化峰会在京举行。此次峰会以“居村农民就近城镇化”为主题，与会专家学者围绕我国就近城镇化的背景、问题、意义、建议等展开深入探讨。全国人大农业与农村委员会委员、中国社科院学部委员张晓山，农业部农村经济体制与经营管理司司长张红宇，国家发改委经济研究所副所长宋立，财政部财政科学研究所副所长刘尚希，CDF 副主席、浙江农林大学中国农民发展研究中心常务副主任王景新，民革中央宣传部副部长、民革中央“三农”委员会副主任蔡永飞等 30 余位专家学者出席会议。

与会专家一致认为，就近城镇化可以多渠道化解我国农业转移落户城镇困难问题，减缓大城市承受的巨大人口压力，优化城市结构，推动大中小城市和小城镇协调发展，是我国新型城镇化道路和战略的丰富和完善。宋立指出，应积极推进双轨式的就近城镇化。目前我国城镇化进入一个双速推进的新阶段，即劳动力的城镇化进入减速阶段，消费者的城镇化进入加速阶段。而本地劳动力的城镇化要想带动本地消费者的城镇化，必须有相应的产业支撑。王景新、蔡永飞认为，就地城镇化的实质在于农民的生产、生活及基本公共服务的方式和水平达到城镇标准，而非户籍或居住地的变动，即实现农业转移人口就近城镇化的关键在于公共服务均等化。张红宇建议，应高度重视现代农业发展，在四化同步发展过程中保持农业的基础地位，保护农民的利益，实现城乡要素平等交换和公共资源均等配置。

（参见《人民日报·海外版》2014 年 6 月 23 日第 4 版）

人的城镇化研讨会　8 月 31 日，“中国城市百人论坛”成立大会暨“人的城镇化”研讨会在京召开。第十届全国政协副主席、中国工程院主席团名誉主席徐匡迪，第十一届全国政协副主席、农工党中央原常务副主席陈宗兴，中国社会科学院院长、学部主席团主席王伟光，原国家建设部部长、国际欧亚科学院（北京）秘书长汪光焘，两院院士、清华大学教授吴良镛出席会议。徐匡迪作主旨演讲，王伟光在会上致辞。徐匡迪和王伟光等共同为论坛成立揭牌。中央财经领导小组办公室副主任杨伟民、中国社会科学院副院长蔡昉在会上作主旨演讲。全国人大财经委员会副主任辜胜阻、中国社会科学院副院长李培林出席会议。国务院参事、中国科学院可持续发展战略研究组组长牛文元作会议总结发言。

会议由中国城市百人论坛和中国城市经济学会主办。来自中央相关部委、中国科学院、中国社会科学院、中国工程院、北京大学、清华大学、中国人民大学等著名高校及科研院所的“中国城市百人论坛”首批成员参加会议。与会者围绕会议主题及论坛工作进行了深入交流研讨。

（中国社会科学院办公厅刘玉杰供稿）

人本城市：为人而设计工作坊研讨会　9 月 8—20

日，清华大学美术学院与斯坦福大学人文科学学院联合举办主题为“人本城市：为人而设计”工作坊，旨在通过体验式学习探索人本设计方法以应对城市所面临的挑战。斯坦福大学人文科学学院城市研究项目狄兰德·陈（Deland Chan）、凯威·苏（Kevin Hsu）和清华大学美术学院信息系副主任付志勇共同出任指导老师，来自两校的24名高年级本科与博硕研究生，所学专业包括城市研究、信息艺术设计、工业设计、国际关系、计算机科学、土木与环境工程，学生们在两周的探索工作坊中，把北京作为城市实验室进行体验式学习，探索加强可持续发展和提高生活质量的策略。六支团队的项目涉及食品系统、住宅能源、电动汽车、自行车生计、土地利用和公共设施。在这次工作坊中，设计师团队接触了国内外可持续发展专家；用步行、骑行和公共交通等不同方式，走访了许多街坊邻里；并与北京市民们沟通交流，了解他们的生活情况。他们锻炼了观察能力，实践了城市社会学家威廉姆·怀特（William Whyte）和珍·哥海（Jan Gehl）所提出的设计思路，去解读城市生活。工作坊的参与者们还利用如“移情映射”等为北京当地环境量身定制的“设计思维”工具开展研究工作。这次的经验展示了体验式学习的优势，“通过直接与北京当地的人和环境的接触，学生在学术研究中，获得了一个独有的‘解读’城市的机会”。狄兰德·陈（Deland Chan）解释说，“通过研究真实的当地问题和社会需求，结合理论性的教育理念，我们的学生从中受益匪浅。”在这个时代，很多设计项目都是国际性的。它们汇集了来自不同文化背景和具有不同生活体验的参与者。本次工作坊是一个模拟性的“原型”，帮助学生们对未来职业生涯中可能遇到的跨文化合作项目做好准备和训练。跨文化的合作，不仅仅是把来自不同国家的同学们放到同一个团队。教授们还需要围绕“可持续发展”这个概念来为大家建立共同的术语用词。他们鼓励学生们不仅要重视结果，也要注重调研的过程。团队成员必须从多个角度来发现问题和寻找解决的可能。作为本次工作坊的延续，部分学生将继续参与到接下来的10周合作项目——国际城市化研讨课中。在这个项目中，团队将与北京的社区合作组织一起开发可持续发展的项目。通过主题为“人本城市”的讨论，并接触具有创造性思维的当地人和参与者，三位教师希望社会发展能够转变为发展更加可持续的模式：不但借鉴了过去的经验，同时利用现代科技，并优先考虑人类，社区，以及它们与环境的关系。9月20日下午，两校的六支团队在清华大学美术学院B413教室汇报了他们的研究成果。9月25—30日，作品参与在中华世纪坛举办的北京国际设计周智慧城市版块的展示。

（清华文科建设处刘金梅供稿）

京津冀协同发展战略思考论坛　9月17日，北京市社会科学院在本院举办京津冀协同发展战略思考论坛。本次论坛主讲人是和君创业咨询集团总裁李肃，他是我国最早介入管理咨询和投资银行领域的专家之一。此次论坛题目为“京津冀协同发展战略思考”，由赵弘副院长主持，全院科研人员参加了论坛。李肃从三个方面展开了演讲：一是阐述了京津冀一体化发展的三个历史阶段，二是分析了京津冀地区发展的六个难点，三是提出了京津冀协同发展的四大战略思考。这次论坛由管理所承办。

（北京市社会科学院科研处供稿）

京津冀协同发展专家座谈会　9月28日，市社科联与市委办公厅信息综合室联合举办了“京津冀协同发展”专家座谈会。北京大学秘书长杨开忠、北京交通发展研究中心郭继孚主任、首都经济贸易大学首都经济研究所所长祝尔娟、北京城市发展研究院专家委员会陈为邦主任、北京师范大学王玉海教授、北京市委党校决策咨询部主任赵莉等11位承担市社科联“京津冀协同发展”决策咨询课题研究的首都社科界专家学者，介绍了各自课题的研究进展情况与阶段性成果，并与来自市委研究室、市委宣传部、市发改委、市交通委、市规划委、市环保局、市水务局、市国土局等实际工作部门的同志进行了交流研讨。市社科联党组书记韩凯、市委研究室副主任王强、市委办公厅信息综合室主任周家雷参加会议。会议由市社科联党组副书记梁立新主持。

一、进一步厘清发展思路

1. 正确认识京津冀三地各自的“难”“忧”“急”。祝尔娟提出：（1）对北京而言主要是“难”。一方面要功能疏解，另一方面要保持经济发展持续性。（2）对天津而言主要是“忧”。一是发展主要依靠大项目、大企业、外资企业支撑，如果项目跟进出现问题，经济能否持续令人担忧；二是重化工业比重比较大，资源环境、生态环境矛盾比较尖锐；三是处于工业化后期集聚、极化阶段，与周边城市竞争多于合作。（3）对河北而言主要是“急”。一是看到北京功能疏解的契机，急于承接，但现有城市的产业、公共服务、配套能力以及生态环境等方面的吸引力和承接力明显不足；二是像沧州等一些城市，急于上大项目，扩大开发区规模，这种加快发展的冲动与当前中国的经济形势，以及保持平稳发展、更加追求质量、追求水平的新常态不相适应；三是重化工业和生态环境的矛盾突出，同时生态涵养区如何在保护生态环境的前提下实现经济发展、实现居民收入提高也亟待解决。

2. 理性看待京津冀三地定位的差异。王玉海提出：（1）北京倾向于“首都经济圈”，以北京为核心形成由内而外的圈层经济发展格局；（2）天津倾向于“环渤海地区”，旨在突出天津的交通枢纽和在整个北方的经济中心地位；（3）河北倾向于“京津冀一体化”，目的是跟进京津，分享京津冀一体化尤其是社会福利的好处，突出其在京津冀整体中资源环境方面的价值地位。

3. 要转变思想观念。赵莉提出：（1）北京应树立机遇意识，正确看待“得与失”，借助京津冀协同发展机遇实现自身转型升级；河北应树立“共赢和自主发展”思维，积极主动寻找北京市场发展带来的机会；（2）忙于研究解决协同发展中涉及人的各项政策；（3）要遵循“政府引导，市场主导”的基本原则；（4）转变落差大影响合作、北京二产小辐射力小、“大树底下不长草”的错误认识。

4. 关注资源配置。中央财经大学副教授陈红霞提出：资源配置的效率和水平决定了经济发展的速度和质量，区域的协同发展归根到底应当通过资源配置来实现。京津冀协同发展中应关注资源配置问题，尤其在现阶段应以公共服务和社会保障公平来推动劳动力市场一体化建设。

二、明确区域城市功能定位，体现差异化

1. 天津、河北的功能定位要明确。杨开忠提出：（1）提升天津的功能定位，体现高端化、国际化，将天津建成国际金融市场中心、高技术产业基地，并在天津设立自贸园区；（2）河北要绿色崛起，支持河北曹妃甸新区、正定新区和渤海新区上升为国家级新区，支持石家庄发展成区域贸易中心城市、沧州做大做强；支持河北把太行山和燕山集中连片的贫困区纳入到这次国家的顶层设计中，呼吁中央加大对河北的财政转移力度。

2. 要发挥三地比较优势，促进城市功能向周边地区转移。北京大学教授李国平提出：（1）充分发挥北京的科技文化资源优势，重点发展总部研发设计功能，推动创新成果在天津、河北产业化，带动天津制造业服务业融合发展，河北制造业转型升级，促进三地功能互补与合作；（2）逐步促进食品饮料、纺织服装等劳动密集型制造业，以及批发物流等服务业向周边地区合理转移，带动周边地区就业和经济发展；（3）争取中央对京津冀区域发展的统筹协调和政策支持，建设京津冀发展专项基金和融资平台，针对跨区域产业合作项目探索制定税收分享和产值分析政策。

3. 京津冀三地应分层、错位发展。祝尔娟提出：（1）北京要围绕四个功能定位，在“瘦身”中实现蝶变。下决心疏解非核心功能，破解大城市病问题，同时要实现疏解后的提升。通过区域联合，如京津冀金融合作、京津冀区域大物流等方式，提升城市的产业层次和在区域乃至世界的影响力和控制力；要在功能疏解中提升科技的引领性，真正发挥北京在整个区域的核心城市带动作用。（2）天津要主动融入，借力北京，联合河北，在区域协同发展中实现自己的战略目标。天津最重要的战略目标是建设北方经济中心、航运中心，再加上制造业的基础支持才有可能真正实现。天津应借助与北京开展金融合作打造金融中心；通过联合北京和河北共同建设发展自贸区、打造贸易中心；通过加强京津冀港口群和机场群的合作，实现各种交通体系无缝链接，推进综合性、立体性交通枢纽建设；制造业应在做大存量的基础上，把部分不适宜的向河北转移，提升带动性和对周边的影响力。（3）河北要完善基础设施、公共服务、生态环境，提升吸引力，吸纳承接京津产业和功能。应着力建设几个大城市，如石家庄、保定、唐山、廊坊、沧州、邯郸，要想办法把这些区域节点城市发展起来，形成区域副中心，带动当地同时承接北京，从根本上缓解北京的压力。

三、积极稳妥调整疏解非首都核心功能

1. 要注重发挥市场机制的作用。杨开忠提出：（1）要进一步明确首都城市性质和基本的功能清单；（2）着力推进空间的一体化，发挥市场机制在首都功能疏解和提升中的决定性作用；（3）实施“北京都市圈”发展计划。

2. 政治中心功能不能弱化。中央财经大学副教授陈红霞提出：在北京非首都核心功能疏解过程中，政治中心的职能以及政治机构的集中只能强化不能弱化。从国外首都圈的发展来看，首都政治职能的集中以及政府机构的集中与其他功能的疏解并不存在矛盾。

3. 要避免“保姆型经济”。王玉海提出：（1）北京应从“守住容量、调整存量、引导增量”出发，疏解首都非核心功能；（2）警惕经济发展中的边缘化和“保姆型经济”危险，即单纯的服务经济，体现为围绕居民衣食住用行的全面服务，没有核心产业支撑，也没有创新引领。

4. 要处理好中心城区和郊区的功能关系。李国平提出：中心城区应主要承担首都的四个服务功能，即政治、科技、文化、国际交往等首都功能，即政治、科技、文化、国际交往等首都功能，以及金融、商务服务等高端服务功能，而其他经济功能和城市公共服务功能应向郊区转移。

四、进一步优化城市布局与空间结构

1. 以产业集群调整产业空间布局。王玉海提出：（1）应以产业集群为基础，通过“点、线、面、体”四个层面来促进产业空间布局调整；（2）选择毗邻地区作为推进京津冀新产业空间再造的突破口，可先选择启动北京东部京津冀产业发展集群带的规划，把园区和产业集群连接起来，再考虑一张图规划三地产业布局。

2. 对各类开发区和新区进行统筹规划。陈红霞提出：一是使政策能够实现有效的衔接和对接，提高新区的运行效率；二是明确新区定位，使新区之间能够形成良性竞争；三是规避新区未来可能出现的城市病隐患。

3. 关注农村地区。首都经济贸易大学教授张强提出：城市之间是由大片的乡村地区连接起来的，根据北京、天津和河北城镇化发展阶段，现阶段应把政策和建设的重点转向县域经济和农村地区，通过发展欠发达地区，提升消费能力，拉动经济持续发展。

五、高度重视交通与生态问题

1. 建设轨道交通网络支撑京津冀产业一体化。郭继孚提出：京津冀协同发展的实质是要使三地的产业形成一个联系紧密、优势互补、融合互动、内生发展的现代产业体系，高速公路无法满足这种产业体系的交通需求，要建设轨道交通支撑京津冀产业一体化，建设“轨道上的京津冀”，并利用好轨道交通的枢纽站空间开发，将城市建在轨道交通站的周边。与此同时，通过改变北京城市空间的免费利用现状，控制小汽车使用率，推动公共交通实现智能化、精细化管理，逐渐解决北京交通拥堵问题。

2. 将生态问题上升到国家层面。北京环境保护科学研究院裴厦建议：（1）划定京津冀统一的生态红线；（2）国家加大对京津冀重要生态功能区、脆弱区等区域生态建设的支持力度；（3）成立京津冀生态补偿协调小组，加强国家和三地之间就生态补偿问题的交流和协商；（4）尽快建立一个由京津冀共同出资的生态补偿专项基金，用于重大生态环境建设项目的支出；（5）建立由国家财政转移支付和市场机制相结合、多种形式并存的生态补偿机制；（6）树立国家生态文明建设的典型和模范。

3. 建立生态补偿长效机制。北京博士城乡发展研究会会长魏云提出：（1）做到责权匹配，激发基层政府的监督力量和责任；（2）建立有效的激励和惩罚机制，体现个体性差异和贡献的区别；（3）将生态补偿与经济发展水平相挂钩，切实保障民生；（4）拓宽资金来源，不能只靠财政转移支付，还要拓展社会的资助，包括私人企业、国际组织、慈善组织等。

（参见《北京社科联》2014 年第 5 期）

城市病综合治理研究论坛　9 月 30 日，北京市社会科学院城市所承办“城市病综合治理研究”论坛在院二楼会议室召开。北京市社会科学院副院长赵弘主持了会议，城市所副所长齐心代表城市所在大会上作了主旨发言。城市所、管理所、市情研究中心的六名科研骨干作主题发言。城市所及相关研究所和职能处室的 100 多名科研及管理人员参加了此次会议。赵弘副院长充分肯定了城市所精心筹办“城市病治理研究”会议的积极态度，并从“城市病”发生的复杂现实原因与解决方案的可操作性方面集中点评了七位发言人的相关论点，同时向年轻学者提出如何进一步作好论坛发言的宝贵建议。通过这次论坛提供的平台，城市所、管理所等科研人员围绕着城市病研究形成的诸多理论流派和实践案例展开了深入的探讨。关于“城市病”的治理方案不乏仁者见仁、智者见智的诸多观点，但在加强城市科学的系统建设、区域治理体系的构建、公共服务的有效供给等方面，七位发言人都相对达成共识并在各自的领域有所见地。总之，这次有效汇集了我院各研究所科研骨干对“城市病”研究的最新动态，加强了院内科研人员的学术交流和相互合作与沟通。

（北京市社会科学院科研处供稿）

第五届北京城市发展战略论坛　10 月 12 日，马克思主义学院与北京市自然辩证法研究会在北工大共同主办了第五届北京城市发展战略论坛暨 2014 年北京市自然辩证法研究会年会。参加本次论坛会议的有北京市科协学会部代表、北京工业大学马克思主义学院领导、北京市自然辩证法研究会的理事长、副理事长、常务理事、理事、会员以及北京工业大学马克思主义学院的青年学生等 60 余人。

本次论坛的开幕式由北京市自然辩证法研究会副理事长、北京工业大学马克思主义学院院长李东松主持。北京工业大学人文学院、马克思主义学院党委书记杨茹和北京市自然辩证法研究会理事长王鸿生分别致辞。本次论坛共有 12 位专家，分别围绕“北京近年来生态文明建设情况”“首都功能定位需要处理好十大关系”等主题进行发言。

（北京工业大学科发院人文处张爱民供稿）

人民日报社主办京津冀协同发展论坛　11 月 26 日，由人民日报社主办，以“推进协同发展，加速产业融合”为主题的京津冀协同发展论坛在北京开幕。全国人大常委会副委员长陈昌智、人民日报社社长杨振武等出席开幕式并致辞。人民日报社总编辑李宝善主持开幕式。

陈昌智在致辞中说，推动京津冀协同发展，是中共中央、国务院在新的历史条件下作出的重大决策部署和重大国家战略，是一项事关京津冀长远发展和人民福祉的重大决策。目前应着重在加强顶层设计、促进产业一体化、加强生态环境保护、构建便捷的交通网络等方面下功夫。应由中央层面作出规划，增强规划的刚性。京津冀应通过产业链的合理分工，发挥各自的优势，差别化发展，使区域经济深度融合。三地应紧密携手，共同构筑起区域生态环境安全防护体系。应加快构建快速、便捷、高效、安全、大容量、低成本的互联互通综合交通网络，为京津冀协同发展提供坚实的基础和保障条件。

杨振武在致辞中表示，扎实推进京津冀协同发展，是优化国家发展区域布局、优化社会生产力空间结构、打造新的经济增长极、形成新的经济发展方式的重大举措，对于全面建成小康社会、实现中华民族伟大复兴中国梦具有重要意义。习近平总书记对推进京津冀协同发展提出着力加强顶层设计、着力加强对协同发展的推动等七点重点要求。我们主办京津冀协同发展论坛，希望通过搭建主管部门、地方政府、产业主体、专家学者、新闻媒体之间的交流对话平台，发挥“扬声器”“连心桥”“催化剂”作用，用交流凝聚共识，用思想联通三地，用智慧助力发展，共同托起京津冀美好的明天。

论坛开幕式上，交通运输部副部长冯正霖，北京市委常委、常务副市长李士祥，河北省委常委、常务副省长杨崇勇，天津市委常委、滨海新区区委书记、区长宗国英，先后致辞。来自国家发改委、中科院、中国社科院、国务院发展研究中心等单位的专家学者，京津冀三省市有关部门和市、区县负责人，园区、企业代表，围绕交通一体化与共享机制建设、产业转移对接与转型升级、生态环境共治共建与资源优化配置等话题进行深入坦诚的交流。

（参见《人民日报》2014 年 11 月 26 日第 1 版）

第二届京津冀制造业协同发展学术研讨会　11 月 22—23 日，“第二届京津冀制造业协同发展学术研讨会”在北京工业大学召开。研讨会由北京工业大学经济管理学院主办，会议主题为“京津冀制造业产业结构调整及产业协同绿色发展研究”。来自京津冀政府、高校和科研院所等研究领域的 130 位专家学者参会。

京津冀协同发展是重大国家战略，中央高度重视，已经成立了高规格的专家咨询委员会，为科学决策提供智力支持。北京为协调京津冀一体化发展，设立了区域协同发展改革领导小组，同时增设了 14 个京津冀区域协同发展专项小组。天津、河北的领导也非常重视，纷纷围绕京津冀区域一体化发展进行调研、协商和规划。京津冀制造业协同发展是京津冀协同发展的重要组成部分。在制造业领域，积极探索京津冀区域制造业产业协同发展、优势互补、产业对接及污染防治、减排的有效途径，聚集区域制造业协同发展，探索“1 + 1 + 1 > 3”的共赢之路。会议期间，部分专家学者进行了主题演讲或专题报告，汇集专家智慧，共享研究成果，增强京津冀三地制造业相关企业协同合作和良性互动，推动京津冀制造业协同绿色发展的战略部署落到实处。

（北京工业大学科发院人文处张爱民供稿）

特大城市治理发展高层论坛　12 月 6 日，由首都经济贸易大学主办，首经贸大学特大城市经济社会发展研究院、北京市哲学社会科学 CBD 发展研究基地、首经贸大学科研处联合承办的特大城市治理发展高层论坛在京举行。来自美国马里兰大学、中国人民大学、北京邮电大学、北京联合大学、北京物资学院、中国人民银行政策研究室专家学者参加了高层论坛。高层论坛对特大城市的研讨内容也吸引了来自北京的11家国家级和市级媒体的报道关注。

与会专家学者及首经贸大学师生围绕特大城市治理发展，从北京“大城市病”、养老服务发展、宜居治理、农民工职业流动、人防工程综合整治以及特大城市发展国际经验等方面进行了研讨。

（首都经济贸易大学科研处张嘉艳供稿）

新型城镇化进程中的土地财政和公共服务问题学术研讨会　12月6日，由中财—鹏元地方财政投融资研究所、中央财经大学财政学院和中央财经大学中国财政发展协同创新中心共同举办的“新型城镇化进程中的土地财政和公共服务问题”学术研讨会在中央财经大学举行。来自国务院发展研究中心、中国社会科学院、财政部科研所、山东省财政厅科研所、中国人民大学、上海财经大学、东北财经大学、中南财经政法大学、江西财经大学、广东财经大学、首都经济贸易大学、中央财经大学和鹏元资信评估有限公司的专家学者70余人参加了本次研讨会。研讨会由中财—鹏元地方财政投融资研究所执行所长温来成主持，中央财经大学财政学院院长、中财—鹏元地方财政投融资研究所所长马海涛、鹏元资信评估有限公司总裁赉悦分别致辞。中国社会科学院财经战略研究院院长高培勇、厦门大学研究生院副院长陈工、中国人民大学财政金融学院院长郭庆旺、上海财经大学公共经济与管理学院副院长刘小兵、中南财经政法大学财税学院院长陈志勇、中国人民大学财政系主任吕冰洋、中国人民大学公共管理学院党委副书记崔军、东北财经大学财税学院周波教授、江西财经大学财税与公共管理学院程岚、首都经济贸易大学财税学院副院长蔡秀云教授、国务院发展研究中心信息中心副处长段柄德、山东省财政科研所副所长刘仲川等专家、学者，分别就“中国新型城镇化进程中的土地财政和公共服务”“土地财政问题的现状”“加快房地产税改革”“地方政府土地融资改革”等问题进行了探讨和交流。

（中央财经大学科研处供稿）

首都圈发展高层论坛　12月13日，由首都经济贸易大学主办的“2014首都圈发展高层论坛”在北京商务会馆召开。来自京津冀三地的高校、科研机构及政府部门人员共130人参会。

与会专家学者围绕“协同创新”这一主题，分别探讨了京津冀协同发展的战略使命、中国新型城镇化综合区划与京津冀城市群协同发展、中国城市行政等级与规模增长、京津冀科技创新一体化战略、京津冀协同发展的顶层设计与结构创新、京津创新驱动发展示范区建设、京津冀产业协同创新、京津冀交通体系协同建设、京津冀协同发展中的利益博弈与机制创新、京津冀物流一体化水平测算、京津冀协同发展的核心问题及重大突破、首都功能定位与疏解、京津冀科技协同创新、西方协同创新理论等问题。

（首都经济贸易大学科研处张嘉艳供稿）

城市国际化论坛　12月19—20日，由首都经济贸易大学主办的2014年城市国际化论坛在北京召开。论坛紧扣十八大后政治经济体制改革的核心问题及发展动向，围绕“全球化与信息化时代城市大数据的分析与应用”这一主题，聚焦于城市人口、空间、交通、志愿者服务和贫困等方面大数据的研析，以探索在全球化和信息化时代借助于大数据解决城市发展烦恼，完善公共治理与服务、推进大数据辅助决策的科学性和前瞻性问题，寻求符合城市复杂巨系统发展规律、解决城市病的新方法与新出路。

本次论坛分为开幕式、主题研讨、闭门专题研讨三个主要环节。开幕式由首都经济贸易大学城市经济与公共管理学院院长段霞主持，首都经济贸易大学党委书记柯文进致欢迎辞，解放军国际关系学院前政委李尔柄教授代表专家委员发言。在论坛主题研讨的第一阶段，中国“千人计划”专家、美国亚利桑那州立大学公共管理学院终身教授、中国人民大学公共管理学院副院长蓝志勇在“大数据视阈下的城市治理与公共决策：挑战与机遇”的发言中指出，大数据来临是信息技术发展的必然结果。现代公共决策对大数据提出了数据质量、形式、相关性、兼容性和使用价值等核心要求，希望与会者借助大数据技术革命，着力推进公共决策可视化，推动城市市政管理和治理创新。2013年MIT科技评论全球杰出青年创新者得主、微软亚洲研究院主管郑宇以“城市计算：用大数据应对城市中的大挑战”为题，以公共交通刷卡记录作为大数据管理、挖掘、分析依据，诠释了大数据解决大城市大挑战（3B：Big city，Big challenges，Big data）的科学思路。主题研讨的第二阶段，北京市城市规划设计研究院高级工程师、剑桥大学高级访问学者龙瀛博士，中国科学院地理科学与资源研究所、资源环境与信息系统国家重点实验室王江浩博士，首都经济贸易大学城市经济与公共管理学院吴康博士及中国城市规划设计研究院，高级工程师李栋博士，分别针对公交刷卡、志愿者、城市 PM2.5 的人口暴露及位置微薄的城市大数据进行了分析与实际案例的探讨，提出了大模型作为区域和城市研究的新范式。

12 月 20 日上午，以城市研究共同体（URC）的四个研究小组为基础，与会代表针对地方政府治理研究、社会发展与公共治理研究、城市经济与战略规划、城市治理与环境保护四个研究主题进行深度讨论。与会人员承诺将紧紧追踪城市国际化领域的热点问题，继续深化城市国际化相关问题的研究与交流，更好地为首都建设国际一流的和谐宜居之都乃至全国城市的国际化发展献智献策。

来自北京、上海、河北、辽宁、宁夏、湖南等地，清华、北大、人大、东北大学、政法、外交学院、北方交大、中财、对外经贸、河北财经、宁夏大学、南京国际关系学院、长沙市委党校、马里兰大学等 16 所高校，中国科学院、中国社科院、中国城市规划设计院、北京城市规划设计院、北京社科院、北京市科学研究院、微软亚洲研究院等 10 家研究机构，北京市委研究室、北京市政协科技委、北京市市政市容管委会、北京市哲学社科规划办公室、北京市城管执法局、档案局、统计局等 11 家政府机构，来自北京公益机构自律吧、北京乐平基金会、北京发行集团、新浪财经等 10 家公共组织与企业，共计 103 名注册代表和 30 多名研究生参加了本次论坛。

（北京市社会科学界联合会学术活动部供稿）

首都功能定位与人口发展论坛　12 月 14 日，由北京市社科联主办、北京市人口学会承办、北京市人口研究所协办的“2014 · 学术前沿论坛人口学会专场：首都功能定位与人口发展”学术论坛在中共北京市委党校召开。来自国务院发展研究中心、北京大学、中国人民大学、中国社会科学院、首都经济贸易大学、北京市人口研究所（中共北京市委党校社会学教研部）等近百名学会成员参加了本次学术论坛。

本次论坛深化了“首都功能定位与人口发展”的研究与交流。学者们在学术上基本达成共识，即未来北京流动人口继续增加的趋势不可避免，北京前瞻性地修改城市规划不仅迫切而且可行，而如何具体操作层面则见仁见智，还需要进行更多的思考和研究。

（摘自《北京市社科联所属社会组织 2014 年活动概览》）

城镇化与特大城市社会治理论坛　12 月 21 日，2014 年前沿论坛社会学会声场在清华大学举行。来自中国社会科学院、北京大学、中共中央党校、北京师范大学、中央财经大学、国家行政学院、中华女子学院、北京城市学院、中国人民大学、清华大学等单位的 150 余名学者和会员代表出席了会议。会议由中国社会学学会会长、北京市社会学学会会长、清华大学社会科学院院长李强主持。会议紧紧围绕“城镇化与特大城市社会治理”的议题，由翟振武教授、龚维斌教授、陈光金研究员和李强教授分别作了题为“城镇化与特大城市人口管理”“特大城市公共安全与应急管理”“经济新常态时期的社会发展”和“社会治理与清河实验”的发言。

（摘自《北京市社科联所属社会组织 2014 年活动概览》）

京津冀生态涵养区协同发展试验区调研　12 月，中共北京市委员会改革办公室对同属生态涵养区的平谷区、蓟县、三河市、兴隆县四地共建试验区进行调查研究。形成“京津冀生态涵养区协同发展试验区研究报告”，明确了试验区“三个示范区”的定位：京津冀生态合作示范区、生态宜居示范区、生态友好型产业发展示范区；规划了生态环保、生态产业、社会事业协同发展的路径；共同开展以泃河流域为重点的全面生态合作；“一带两园三基地”（即“平三蓟金三角”新型发展带，京津冀生态旅游休闲大观园和京津冀生态健康养老大乐园，京东创新综合产业基地、国际陆港商贸流通基地、京东文化创意产业基地）的产业布局；以及教育、医疗的合作。并对试验区的设立和建设提出了对策建议。

（中共北京市委研究室首都所课题组供稿）

城乡接合部地区农转居安置问题调研　12 月，中共北京市委改革办就城乡接合部地区农转居安置问题进行了调研。调研在分析城乡接合部存在的“转居率低、应转未转人数多”问题及其成因的基础上，提出了“积极化解存量，避免新的增量”的总体思路和建立严格限期销账制度，开展征地补偿款使用专项清查、追缴和清欠工作，以财政支出为主解决转居安置资金不足问题，统筹解决转居指标落实难题，研究制定整建制转居相关配套政策，依法保障转居农民的“三权一福利”，严格落实“逢征必转、逢转必保”政策和属地责任等七个方面的政策建议。调研还对城乡接合部9万多超转人员的生活保障问题提出了相应的措施建议。

（中共北京市委研究室于海永供调）

语言学　文学

王安忆文学专场讲坛　3月11日，由北京师范大学国际写作中心、文学院主办的“文学的春意”北师大国际写作中心春季系列活动之一“国际文学讲坛之王安忆专场”在北京师范大学教九楼举行。著名作家、复旦大学中文系教授王安忆以“小说的生活”为主题，与北师大师生进行了对谈。活动由北京师范大学国际写作中心主席、主任莫言主持。北京师范大学文学院院长过常宝，中国当代文学研究会理事蒋原伦，北京师范大学文学院副院长、教授张清华，北京师范大学文学院副教授、诗歌批评家谭五昌，北京师范大学国际写作中心副主任、文学院副教授梁振华作为嘉宾出席本次对谈。

（北京师范大学社科处刘娜供稿）

先锋的道路：余华创作三十年研讨会　3月14日，由北京师范大学国际写作中心、北师大文学院主办的北京师范大学驻校作家余华先生入校仪式暨“先锋的道路：余华创作三十年研讨会”在京师大厦会议室举行。在著名作家、国际写作中心主任莫言先生的主持下，著名作家余华与活动嘉宾、北师大师生进行了精彩对谈和讨论。出席本次活动的嘉宾有：北京师范大学校长董奇，北京师范大学副校长曹卫东，北京师范大学文学院院长过常宝，北京师范大学资深教授童庆炳，北京师范大学文学院副院长、教授张清华，北京师范大学国际写作中心副主任、文学院副教授梁振华，美国青年作家约翰·兰多夫·桑顿等。

（北京师范大学社科处刘娜供稿）

历史记忆与文化书写：欧阳江河创作三十年研讨会　3月16日，北京师范大学驻校诗人欧阳江河先生入校仪式暨“历史记忆与文化书写：欧阳江河创作三十年研讨会”在本校举行。北京师范大学副校长曹卫东，著名作家、北京师范大学国际写作中心主任莫言，中国作家协会副主席、书记处书记李敬泽，著名作家、北京师范大学驻校作家余华；北京师范大学国际写作中心国际青年驻校作家约翰·兰多夫·桑顿，上海交通大学中文系教授何言宏，首都师范大学文学院教授吴思敬，著名诗歌评论家唐晓渡，中国艺术研究院研究员刘雪枫，著名诗人林莽，著名诗人、中央美术学院人文学院教授西川，著名诗人、北京大学文学院教授臧棣，著名诗人、翻译家、日本关西科技大学教授田原，著名诗人翟永明，首都师范大学文学院教授王光明，中国人民大学文学院教授程光炜，中国社科院研究员刘福春，著名诗人侯马，著名诗人潇潇，著名诗人赵野，中央民族大学文学院教授敬文东，北京大学中文系副教授姜涛，首都师范大学文学院教授张桃洲，首都师范大学文学院副教授孙晓娅，中国人民大学文学院副教授杨庆祥，著名诗人、北京师范大学文学院教授任洪渊，北京师范大学文学院院长过常宝，北京师范大学文学院教授张柠，北京师范大学文学院副教授谭五昌，北京师范大学文学院副院长、国际写作中心执行主任张清华，北京师范大学国际写作中心副主任梁振华等出席入校仪式。与会诗人、学者、评论家围绕欧阳江河三十年的创作展开研讨。

（北京师范大学社科处刘娜供稿）

《中华辞赋》创刊座谈会　26日下午，《中华辞赋》创刊座谈会在北京梅地亚新闻中心举行。该刊由中国作家协会主管、中国作家出版集团主办，是国内唯一公开出版发行的辞赋类期刊。

文化界知名学者、诗赋专家李栋恒、李东东、周笃文、李文朝、郑伯农、张同吾以及来自人民日报、新华社、光明日报、中国文化报、文艺报等媒体的近百名嘉宾参加了座谈会。

中国作家协会副主席、中国作家出版集团党委书记、中华辞赋杂志社社长何建明；《中华辞赋》总编辑、新华社原副总编辑闵凡路在会上讲话。何建明社长指出，《中华辞赋》公开发行，为诗赋作者搭建了一个新的平台，为辞赋文学发展开辟了新的天地。杂志秉承弘扬传统文化、传承辞赋经典、繁荣辞赋创作、服务现代生活的宗旨，愿与诗赋界全体同仁一道同心戮力，用辞赋和诗词曲联文学形式讴歌以爱国主义为中心的民族精神，以改革开放为中心的时代精神，鼓舞各族人民凝心聚力，攻坚克难，共圆民族复兴、国家富强、人民幸福的中国梦。闵凡路总编辑说，历史悠久的辞赋文学，在新时代重又焕发勃勃生机。《中华辞赋》新刊以发表辞赋创作和评论为主，同时兼顾诗词、楹联、散曲作品。我们提倡古赋为体，今辞为用，继雅开新，容正求变。师古而不泥古，创新而不离经，提倡新语句、新意境、新思想，让广大读者爱看、读懂、能诵、易记。辞赋唯有与时代同行，与国家人民共命运，方可不负重托，为今人后世创作出更多脍炙人口的优秀作品。

（参见《光明日报》2014 年 3 月 27 日第 9 版）

徐亚男大使系列翻译讲座　3 月至 5 月，外交部徐亚男大使莅临外交学院，为全院师生作了有关联合国翻译、十八届三中全会决定的翻译及中译英的问题与挑战等一系列讲座与交流。

徐亚男大使曾任外交部翻译室主任，中国驻特立尼达和多巴哥大使，联合国总部翻译和编辑司中文处处长等职务，有着非常丰富的翻译经验。在与师生交流过程中，徐大使结合自己在联合国和翻译室的经历，向师生们讲述了联合国复杂的组织结构；联合国与外交部翻译室的区别；当今口译的趋势及同传与交传的语言处理能力和笔记能力；以《中共中央关于全面深化改革若干重大问题的决定》为例具体分析了党的文件翻译的特点、难点及重点；以生动翔实的例子从背景知识和总体把握、中国特有的概念、新词汇和文学素养等方面阐述了造成理解困难的主要因素；总结了造成表达方面困难的因素：对号入座、中英文用词差异、中英文的句法差异和背景文化差异。

（外交学院科研处供稿）

翻译研究与教学研讨会　5 月 18 日，为了加强翻译专业建设，增进与兄弟院校翻译专业同行的交流与合作，外交学院英语系和翻译研究中心在京举办了“翻译研究与教学研讨会”。来自北京外国语大学、北京对外经济贸易大学、北京航空航天大学、国际关系学院、中央民族大学等多所高校的翻译研究及教学领域的知名专家以及外交学院担任翻译教学的资深教授和骨干教师出席了本次研讨会。

本次研讨会的主题是“新形势下的翻译研究与教学：理念、方法与创新”，具体议题包括：口笔译理论与实践、课程体系、教材、师资队伍的现状与问题、创新型教学方法和翻译人才培养模式探究、翻译教学与翻译市场以及其他与翻译口笔译教学与实践相关的议题。

英语系系主任石毅首先介绍了一线学科建设与教学的情况；外交部翻译室副主任、外交学院兼职教授任小萍以“MTI 口译教学实践中语言能力的培养”为题作了主旨发言；外交学院英语系雷宁副教授结合自己的教学与一线工作的经验深入探讨了译员敏感性的培养问题；对外经济贸易大学前欧盟高级口译员项目中心主任陈延军副教授就“翻译专业本科教学与硕士教学衔接”进行了详尽说明。此外，中央民族大何克勇教授、国际关系学院英语系主任王文华教授等还就著作翻译、口译、视译教学等进行了探讨。

（外交学院科研处供稿）

手势语在第二语言学习和教学中的作用学术讲座
5 月 27 日下午，美国内华达大学拉斯维加斯分校教育学院博士生导师 Steve McCafferty 教授在中国地质大学（北京）为学校师生带来“手势语在第二语言学习和教学中的作用”主题讲座。中国地质大学（北京）外国语学院教师和学生参加了讲座并进行了探讨。

McCafferty 教授系统介绍了手势语对于外语学习和教学的重要性，讲解了手势语的具体定义、分类、特点，不同文化背景下手势语使用空间的区别，详细解释了该领域重要的“生长点假说”，并从社会符号学的角度讲解手势语的作用。在此基础上，进一步讨论了手势语在双语学习、外语课堂教学以及多模式外语教学中的应用。McCafferty 教授在系统介绍手势语和外语学习的同时，时常穿插很多生动的外语教学视频，声情并茂地讲解手势语对外语学习和教学的影响，从而利于广大师生的理解。讲座结束后，本校老师结合本身的教学经验积极地讨论手势语对于教师教育以及学生外语学习的重要性，进一步加深了手势语对于外语学习和教学的理解。

［中国地质大学（北京）科技处供稿］

满通古斯语族语言研究系列著作出版座谈会　近日，中国社会科学院科研局和中国社会科学出版社联合主办的“满通古斯语族语言研究系列著作出版座谈会暨学术研讨会”在北京举行。满通古斯语族语言研究系列著作，是中国社会科学院民族文学研究所朝克研究员经过 30 余年的田野调查、搜集整理、潜心研究而撰写完成的，包括《满通古斯语族语言词源研究》《满通古斯语族语言研究史论》和《满通古斯语族语言词汇比较》三部著作。

与会者认为，该系列著作对我国满通古斯语族语言的词源关系、发展历史、基本词汇的系统比较做了较为全面的整理和研究，代表了该研究领域的前沿水平，将对阿尔泰语系诸语言乃至东北亚诸民族语言以及历史文化的研究产生推动作用。这些著作的出版对于保护和发展少数民族的历史文化，具有重要意义。

（参见《人民日报》2014年8月3日第5版）

当代中国文论：反思与重建高级学术研讨会　9月13—14日，中国社会科学杂志社、中国文学批评研究会主办的“当代中国文论：反思与重建”高级学术研讨会在北京召开。中国社会科学院副院长张江教授作主题发言，中国社会科学院秘书长、中国社会科学杂志社总编辑高翔研究员致辞。来自中国社会科学院、北京大学、清华大学、复旦大学、南京大学、四川大学、上海交通大学、北京师范大学、福建省社会科学院、华中师范大学、江西师范大学、湖南师范大学、扬州大学等科研院所和高校的30多位当代文学理论研究专家、学者与会。会议就“西方文论的困境及其对我国文学实践的阐释有效性问题”“当代中国文论的反思与重建”“文论话语”等专题展开研讨。

（中国社会科学院办公厅刘玉杰供稿）

中国与埃及作家对谈研讨会　9月23日，由北京师范大学国际写作中心、北京外国语大学阿拉伯语系联合主办的“全球语境·东方主题·女性书写：中国与埃及作家对谈”研讨会在京师大厦第五会议室举行。埃及当代著名女作家纳娃勒·赛阿达维女士，美国杜克大学阿拉伯文学教授米丽安·库克女士，著名诗人、北京师范大学驻校诗人欧阳江河先生，著名诗歌评论家唐晓渡先生，翻译家、《世界文学》主编高兴先生，诗人从容女士、潇潇女士、蓝蓝女士等国内著名诗人和学者出席了本次活动。本次研讨会由北京师范大学国际写作中心副主任梁振华和北京外国语大学阿拉伯语系主任薛庆国联合主持。纳娃勒·赛阿达维女士是埃及著名的女作家，社会活动家。从1957年开始发表文学作品，1971年开始发表非虚构类专著，迄今著作已达50余部，主要关注埃及女性的生活境遇，揭露社会底层、特别是乡村的愚昧陋习，力图改变埃及社会一些不科学、不健康的习惯和观念，可以说是一位国际影响最大的阿拉伯女性作家。

（北京师范大学社科处刘娜供稿）

中国古代散文国际学术研讨会　10月12—14日，由首都师范大学文学院与中国古代散文学会联合主办的“中国古代散文国际学术研讨会暨中国古代散文学会第十届年会”举行。众多专家学者围绕“中国散文的古今通观”这一主题，对散文理论和研究方法、散文的文学性、散文的源流以及各时期散文研究中存在的问题等，进行了讨论、交流。

首都师范大学党委书记张雪认为，此次会议对于中国古代散文研究必将起到积极的推动作用，也将进一步促进海内外学术文化的广泛交流。本次会议参会学者达130余位，共收到学术论文近110篇。其中熊礼汇、许东海、洪本健、曹虹、谢飘云、赵伯陶、郭英德、杨庆存、王基伦、莫道才、钟涛、刘湘兰等12位学者受邀作大会主题报告，他们从不同的角度对古代散文的相关概念、书写策略、文化品格、研究方法以及不同时代不同作者的风格特征等问题，进行了细致而全面的研究。此外全部学者都参与了分会场的小组讨论。小组讨论分为“理论方法与通论组”“先唐组”“唐宋组”“元明清组”等四个组类，与会学者围绕本次会议的主题及对应专题，进行了探讨。

此次会议既有散文理论的宏观探讨，也有关于作家、作品或文体的微观研究，涉及的时代从先秦到当代，时间跨度长，地域范围广，其中既有老一辈学者的深邃探究，也有新一代研究者的新锐思想，充分体现了今日散文研究的兴盛。会议的系列成果将以论文集的形式出版。

（首都师范大学社科处李志成供稿）

语言与我们的生活讲座　10月18日，在中关村图书大厦举办“语言与我们的生活——百姓系列科普讲座”。本次讲座邀请了首都师范大学儿童语言学专家张云秋教授就儿童学习外语的最佳年龄、儿童学习外语的优势、可能存在的问题以及家长如何辅助孩子成功学习外语与百姓生活切实相关的问题，讲述了自己的看法。本次科普讲座是中共北京市委宣传部、北京市社科联“2014北京社会科学普及周”活动之一。

（摘自《北京市社科联所属社会组织2014年活动概览》）

百年文学理论研究中的中国话语学术研讨会　10月17—19日，中国文艺理论学会第十二届年会在北京举行。此次会议由中国文艺理论学会主办、北京师范大学文艺学研究中心承办。此次学术研讨会的主题为“百年文学理论研究中的中国话语”，共有来自全国高校及科研单位的200多名学者参加了此次大会。

开幕式上，北京师范大学副校长曹卫东，中国文艺理论学会副会长、复旦大学中文系朱立元，北京师范大学文艺学研究中心主任李春青分别致辞。会上，中国社会科学院副院长张江、北京师范大学程正民教授、华东师范大学方克强教授、陕西师范大学尤西林教授、上海交通大学夏中义教授、浙江大学徐岱教授、首都师范大学陶东风教授、厦门大学黄鸣奋教授、江西师范大学傅修延教授、上海交通大学王杰教授、中国社科院党圣元教授和同济大学王鸿生教授先后发言，他们分别从各自的学术研究出发，对百年来中国文学理论的发展进行了深入探讨。围绕着文艺理论未来展望、“文艺学”学科反思、文艺美学研究、古代文论研究、西方文论研究、中国近代文论研究、现代文论研究、当代文艺问题研究等几个讨论主题，分别设置了六个分会场，即十八个小组讨论单元进行了讨论。

（北京师范大学社科处刘娜供稿）

中国少数民族语言文学学科的国际接轨问题学术研讨会　10月27日，中国少数民族语言文学学科的国际接轨问题学术研讨会在北京中央民族干部学院召开。本次会议主要交流的是中央民族大学北京市共建项目“北京市少数民族语言文学研究及与国际接轨问题研究”的阶段性成果。参加会议的分别来自中国社会科学院民族文学研究所、中国社会科学院民族学与人类学研究所、黑龙江大学、内蒙古大学、延边大学、新疆师范大学、西南民族大学、西北民族大学等科研院所和兄弟院校及专家学者共50余人。

项目负责人、中央民族大学教育部长江学者特聘教授、中国少数民族语言文学学院院长阿不都热西提作了题为“中国少数民族语言文学研究的国际视野”的发言，对共建项目的申请、调研情况、研究成果及下一步计划做了详细的介绍。

在为期一天的会议中，各位学者就我国少数民族语言文学学科的对外交流现状、与海外知名专家学者的科研合作、开展符合国际规范的研究、进一步深化和推动我国少数民族语言文学研究等重要问题进行了探讨。

（中央民族大学科研处供稿）

讲述中国与对话世界：莫言与中国当代文学国际学术研讨会　10月24—25日，“讲述中国与对话世界：莫言与中国当代文学国际学术研讨会”在北京师范大学国际写作中心京师学堂举行。研讨会由北师大国际写作中心和文学院共同主办，北京师范大学副校长杨耕，国际写作中心主席、主任莫言，资深教授童庆炳出席会议。出席会议的嘉宾有中国社会科学院副院长张江、著名作家贾平凹、毕飞宇、邱华栋、艾伟等，著名翻译家杜特莱、马苏菲、吉田富夫、朴宰雨，著名学者陈晓明、陆建德、陈众议、吴义勤、孙郁、孟繁华、白烨、朱寿桐、王尧、洪治纲等，本校专家有蒋原伦、邹红、刘勇、张清华、张柠、赵勇等，还有其他来自国内外众多高校、研究机构的数十名相关专家参加了会议。开幕式由文学院院长过常宝主持，杨耕在致辞中高度肯定了研讨会召开的重要意义，对“讲述中国与对话世界”的主题进行了独特而深刻的阐释，同时，回顾了北京师范大学中文学科的百年历史，特别是改革开放以来中文学科在教学科研、人才培养和社会服务等方面取得的杰出成就。他指出，莫言先生是在中华文化历经沧桑之后出现的伟大复兴的背景上成长的，所以他的作品同时也包含和代表着中国当代社会的全部印记，包含着丰富而复杂的当代中国的经验，他的讲述是中国人的讲述，是在讲述中国的故事，同时也是在全球化时代对世界人民讲述的中国故事，因此也必然是一种世界视野的对话。中国社会科学院副院长张江在致辞中表示，中国文学“讲述中国与对话世界”是海内外学者、作家共同关注的问题，这种双向的需要为双方的对话和交流搭建了桥梁。我们既要思考何为优秀的“世界语境中的中国文学”的审美现实、阅读方式和评价标准，思考一部伟大的文学作品如何既能讲述中国文化、地域文化、东方文化、民间经验，又要思考如何来传达人文主义思想、人类视野和不同民族之间的对话诉求。本校资深教授童庆炳先生，作家代表贾平凹先生，外国专家代表、法国艾克斯—马赛大学杜特莱教授分别致辞。

（北京师范大学社科处刘娜供稿）

2014“汉学与当代中国”座谈会　10月28—30日，由文化部和中国社会科学院主办、中国艺术研究院和中外文化交流中心承办、国家图书馆协办的2014“汉学与当代中国”座谈会在京举行。中共中央政治局委员、中央书记处书记、中宣部部长刘奇葆在座谈会期间与汉学家代表进行座谈。文化部部长蔡武，中宣部副部长、外宣办主任、国新办主任蔡名照，中国社会科学院院长王伟光，中宣部副部长黄坤明，文化部副部长董伟、丁伟，中国社会科学院副院长张江、李扬、李培林，中国艺术研究院院长王文章，国家图书馆馆长韩永进出席会议。

来自全球17个国家的20位知名汉学家及14位中国专家学者出席本次座谈会。与会的中外学者围绕“中国梦与当代中国价值追求”“中华传统文化的当代阐释”“中国现当代作品的翻译与传播”“汉学发展的走向与未来”等四个议题进行探讨。

（中国社会科学院办公厅刘玉杰供稿）

第一届马克思主义文艺理论论坛　11月23日，中国社会科学院第一届“马克思主义文艺理论论坛”暨“马克思主义文艺理论与中国文学发展”研讨会召开。论坛由中国社会科学院马克思主义理论学科建设与理论研究工作领导小组主办，中国社会科学院文学研究所承办。中国社会科学院副院长、党组成员、论坛主席张江出席会议并致辞。

张江说，马克思主义文艺理论与文学批评在我国已有近百年历史，取得了不少成绩和收获，出现了许多有代表性的观点和有影响的理论家。进入21世纪以来，马克思主义文艺理论“中国化”成为理论界提出的新任务，马克思主义文艺理论研究也提出了一些有价值的研究成果。

张江同时指出，总体上看，这些年的马克思主义文艺理论研究并不太让人满意。当前我国马克思主义文艺理论与文学批评主要存在以下几个方面的问题：第一，研究后备力量严重不足。第二，新时期以后，当代西方各种新潮理论被大量引入，大批富有才华的年轻学者将学术兴趣与精力集中在外来的所谓新理论、新见解上，客观上冷落了马克思主义文艺研究。第三，量化的学术体制是造成我国马克思主义文艺理论研究与批评力量贫弱的原因之一，学术研究有数量无质量，重复研究多，学术创新少，称赞叫好多，反思批判少。第四，缺乏“问题意识”，丧失了马克思主义文艺学术研究本有的现实品性和批判精神。第五，重理论轻批评，丧失了马克思主义文艺批评的热情与勇气。第六，对马克思主义文艺理论原典著作学习不够，对马克思主义文艺理论经典作家的理论研究不够，对不同的马克思主义文艺理论流派辨析不够，对我国马克思主义文艺理论优秀成果也没有很好总结，缺乏理论自觉，更没有理论自信。以上所有问题的造成，与当下有些人对马克思主义文艺理论的理论价值与指导意义重视不够，甚至在思想深处根本上否定马克思主义的理论指导密切相关。这才是目前我国马克思主义文艺理论与文学批评乱象丛生的真正原因。

张江强调，中国是个大国，这些年经济搞上去了，文艺文化建设、精神家园建设也应该迎头赶上。马克思主义作为我们从事社会主义各项建设的理论指南，尤其不能无所作为。党的十八大报告中提出“一定要坚持社会主义先进文化前进方向，树立高度的文化自觉与文化自信，向着建设社会主义文化强国宏伟目标阔步前进”的目标，是历史赋予我们的伟大使命，也是党交给文艺工作者义不容辞的光荣任务。

“中国社会科学院马克思主义文艺理论论坛”于2014年7月创办，旨在推进我国马克思主义文艺理论与文学批评的学术研究，加强马克思主义文艺思想在我国文艺工作中的重要影响与指导作用。

中国社会科学院文学研究所党委书记刘跃进、所长陆建德出席会议。中国社会科学院文学研究所副所长高建平主持会议开幕式，文学所研究员丁国旗主持全天会议讨论。来自中国社会科学院、北京大学、中国人民大学、南京大学、四川大学、中国艺术研究院等全国各地科研院所和高校的中青年马克思主义文艺理论家及文学批评家30余人参加了本次会议。

论坛围绕“马克思主义文艺理论的核心价值”“马克思主义文艺理论的‘中国化’成就”“马克思主义文艺理论与中国特色社会主义文艺理论话语体系建构”“马克思主义文学批评的当代发展”等议题进行了研讨。

（中国社会科学院办公厅刘玉杰编辑、文学所科研处供稿）

中国文学走向世界论坛　11月26日，北京市文艺学会举办，“中国文学走向世界”论坛。来自北京市社科院、首都师范大学等单位的专家学者张泉、李建盛、张志忠、孙晓娅、王家平、徐小斌结合各自研究成果对如何向世界讲好中国故事、国外中国新文学研究的奋勉与现状、当代中国诗歌的世界影响、鲁迅在海外的传播进行了演讲。之后，学者之间就“中国文学走向世界”的问题进行了对话交流。在京高校师生50余人参加了论坛。这是“2014·学术前沿论坛文艺专卖”。

（摘自《北京市社科联所属社会组织2014年活动概览》）

第二届人文社会科学翻译研讨会　12月11日，首都师范大学外国语学院举办第二届人文社会科学翻译研讨会。中山大学外国语学院区鉷教授、中央编译局译审童孝华教授、四川外国语大学高翻学院廖七一教授、中国艺术研究院研究员刘静、外交学院英语系武波教授、本校外国语学院李均洋教授和刘珩教授分别做了主旨发言。

区鉷做开场报告，他探讨了翻译的社会学研究，认为应该把翻译作为一种社会现象来研究，研究范围应涵盖翻译对社会与译者的影响。接下来，童孝华从翻译实践的角度探讨了中央文献翻译的基本策略，认为政治文献的翻译要有国际考量、主体考量、内容考量和政治考量。随后，刘珩阐述了人类学与翻译的关系，探讨了人类学民族志的翻译并厘清了文化概念下的翻译。

在典籍与文化翻译专场，廖七一阐述了接受语境与典籍外译，他从文化典籍的类型、文化势差与文化交流、文化心态与他者形象和翻译策略与传播媒介四个方面进行了抽丝剥茧般的讲解。随后，刘静探讨了中国昆曲对外译介需求，呼吁广大翻译工作者能够深化研究目光，使中国传统文化能够真正走出去。武波的报告题目是中国文化特质及经典之传译，他讨论了《易》经的翻译，认为做翻译要讲究显性与隐性的“道”。接下来，李均洋谈论了中国传统文化在日本，阐述了作为东亚共通语的汉诗文日译，认为汉文汉诗在近代以后通过翻译文化依然焕发着生机，成为文化交流的源泉。

（首都师范大学社科处李志成供稿）

首届中国非通用语发展论坛　12 月 20 日，首届“中国非通用语战略发展高端论坛暨北京外国语大学新型智库建设研讨会”20 日在京举行。本届论坛围绕“非通用语发展战略”这一主题，针对非通用语高端人才培养模式、非通用语教学研究分布、非通用语智库建设等热点问题展开深入讨论，展示了我国非通用语教学研究领域的最新理论和成果。

（参见《人民日报》2014 年 12 月 21 日第 4 版）

2014 年青年学者学术论坛　12 月 25 日，首都师范大学文学院举办首届青年学者学术论坛。本次论坛旨在集聚北京市各高校不同学术背景的优秀青年学者，就中国文学、外国文学、语言学、文字学、影视文学等学科的前沿研究和热点领域展开交流与讨论。本次活动由本校文学院主办，除文学院的青年教师外，论坛还吸引了中国社会科学院、北京外国语大学、中央民族大学、首都经济贸易大学、北方工业大学等高校青年学者的积极参与。文学院刘胤逵老师分享和介绍他们的专业学术成果及教学经验。各高校青年老师分别进行了自我介绍，并对自己目前的研究和关注领域发表了自己观点并提出了疑问。各专业教师代表分别进行了专题报告。文学院汉语言文字学教研室张富海老师作了有关清华简研究的报告；中国社会科学院外国文学研究所徐乐研究员结合自己对于俄罗斯文学的研究，提出了文学与民族性的重要关系，希望通过对俄罗斯文学的研究来回馈中国文化研究，这对于中国文化的构建具有重要意义。文学院戏剧影视文学专业教师程马志远进行了专业作品的展示，结合电影、广告和微电影的制作和研究，对电影与大众文化观念和价值观之间的关系发表了自己的观点。与会教师对三位老师的报告进行了全面而深入的讨论，本次青年学者论坛在热烈的气氛下结束。

（首都师范大学社科处李志成供稿）

文化　艺术（含民俗）

第二届行政文化论坛　近日，中国行政体制改革研究会行政文化委员会主办的“第二届行政文化论坛”在北京举行。与会者以“党的十八届三中全会与行政文化建设”为主题，围绕中国特色社会主义行政文化建设的理论和实践、行政文化与行政体制改革、中外行政文化理论和实践的对比借鉴等问题进行了研讨。与会者提出，公共行政组织与干部教育培训机构应积极宣传和践行中国特色社会主义行政文化，增强公共行政人员的文化自觉。

（参见《人民日报》2014 年 1 月 3 日第 7 版）

2014 第十一届中国文化产业新年论坛　1 月 11—12 日，以“文化的力量：文化市场与改革红利”为主题的 2014 第十一届中国文化产业新年论坛在北京大学开幕。本届论坛由北京大学主办，北京大学文化产业研究院、国家文化产业创新与发展研究基地、中共海淀区委宣传部、海淀区文化发展促进中心共同承办。北京大学副校长李岩松，九届、十届全国政协常委、北京大学文化产业研究院院长叶朗分别为论坛致辞。第十一届全国政协副主席厉无畏，国家新闻出版广电总局副局长、国家版权局副局长阎晓宏，国家行政学院教授周文彰，中共北京市委宣传部副部长张淼，北京大学文化产业研究院副院长陈少峰，世界城市文化论坛发起人保罗·欧文斯等出席主论坛并做主题演讲，北京大学文化产业研究院副院长向勇担任了开幕式及主论坛的议程主席。

（北京大学社科部供稿）

《中国影视文化软实力研究》丛书发布暨座谈会 3月28日上午，中国传媒大学第一个国家出版基金项目成果“中国影视文化软实力研究丛书”发布暨座谈会在校图书馆举行。中共中国传媒大学党委书记陈文申到会致辞，并给受聘为中国传媒大学传媒艺术与文化研究中心顾问、学术委员的专家颁发了证书。本校吕志胜副校长、蔡翔校长助理以及各学部、各职能部门的相关领导出席了会议。

“中国影视文化软实力研究”丛书由中国传媒大学“长江学者”特聘教授、传媒艺术与文化研究中心主任胡智锋担任总主编，丛书共12部著作300余万字，是迄今中国影视文化研究领域体量最大的学术成果，也是该领域第一个国家出版基金项目、第一个“十二五”国家重点图书出版规划项目。

该丛书的成功推出，既是协同创新精神的充分体现，也是协同创新的标志性成果。这对于推进该领域的科研团队与智库建设，推动中国影视文化建设的发展与繁荣，提升中国影视文化软实力，都具有重要的理论学术意义、决策咨询意义与文化建设意义。

（中国传媒大学文科科研处供稿）

中国传统文化讲座 4月29日，许嘉璐在英东学术会堂以“传统道德与当今世界”为题，为广大师生作报告。这是北京师范大学“中国优秀传统文化”系列讲座的首场报告。系列讲座旨在深入学习贯彻习近平总书记系列讲话精神，准确把握传统文化的时代价值，提升管理干部的人文素养。据悉，该系列讲座本年拟举办十讲。报告会由本校党委书记刘川生主持，校长董奇、党委副书记王炳林出席报告会。

“我们所建构弘扬的伦理道德不能离开中华五千年的文明，而在屋子里造出来，否则那是人造花，根本活不了；也不能从国外把花掐下来，插到我们自己土地上；它只能在自己的土地上萌生”。第九、第十届全国人大常委会副委员长，北京师范大学人文宗教高等研究院、中国文化院院长许嘉璐，以深入浅出的比喻，阐述了自己对传统文化伦理道德的思考。最后，刘川生指出，“加强道德建设、繁荣中华传统文化是北师大责无旁贷的时代使命！许嘉璐先生的讲座视野开阔、见解独到，是一次对传统文化非常好的普及和推广，也对高校提出了任务与要求。我们要进一步增强我们的责任意识，发挥学科优势和资源优势，努力在研究和弘扬中华传统文化、培育和践行社会主义核心价值观中发挥积极作用”。

（北京师范大学社科处刘娜供稿）

文化艺术科普讲座 4月30日，由北京市文艺学会、北京市社科联等单位联合举办的“文化艺术科普讲座”开讲。全年共举办12场，听众有1000余人。讲座分别在中关村图书大厦、东城区图书馆、北京工业大学耿丹学院举办。选题有：《文海观潮：如何现实，如何文学、汉字的文化价值和审美特征》《从北京体育场馆变迁看城市发展》《民国时期思想意识与学术文化的西风东渐》《明清汉语在海外的传播》《古代礼乐的现代价值》《发展社会经济与社会企业》《走进塔克拉玛干沙漠》等。

（摘自《北京市社科联所属社会组织2014年活动概览》）

微时代的文化与艺术学术研讨会 5月8—9日，首都师范大学文化研究院与文艺研究杂志社、科德学院联合召开“微时代的文化与艺术”学术研讨会。文化研究院常务副院长、首席专家陶东风主持开幕式。本校纪委书记潘亮、《文艺研究》副主编陈剑澜、科德学院院长王万良分别致辞。南京大学艺术研究院院长周宪、中国传媒大学传媒艺术与文化研究中心主任胡智锋、北京大学艺术学院陈旭光、国家新闻出版广电总局发展研究中心电影所所长刘汉文、中国社会科学院研究员毛崇杰、南开大学文学院周志强、文化研究院微文化研究中心主任汪民安为大会做主题发言。

本次研讨会具有年轻学者多、学科跨度大、学术观点新的显著特色。在为期两天的十场分论坛中，与会学者就大视野中的微文化、微时代的微媒体、微时代的微文艺、微时代的微电影、微时代的中国传统文化、微时代的审美思考、微消费与微生活、微时代的亚文化等论题各抒己见。在闭幕式上，陈剑澜将本次研讨会的理论成果总结为四个方面：建构微时代的概念体系、剖析微表达的社会意义、阐释微时代的美学理解、展望微政治的民主前景。

“微时代”“微文化”是本校文化研究院在国内

率先提出的学术议题。至今为止，研究院围绕此议题举办了多次学术活动，并成立了“微文化研究中心”，形成学术品牌。本次研讨会是对文化研究院既有成果的巩固和拓展。未来文化研究院还将继续深化该领域的研究。

（首都师范大学社科处李志成供稿）

首届中国家书文化论坛　5月13日，首届中国家书文化论坛在京举行。论坛由北京民生文化艺术基金会、中国人民大学博物馆和中国人民大学教育基金会联合主办，中国人民大学家书文化研究中心和抢救民间家书项目组委会承办。参会的百余位专家、学者及家书捐赠者围绕“家书、家风与社会主义核心价值观”这一主题进行了讨论。同时还对家书文化的内涵与外延、家书文化的抢救与传承、如何看待传统家书的价值以及当前形势下抢救民间家书的重要意义等议题进行了探讨。

（中国人民大学科研处关晓斌供稿）

畅安百年——王世襄老人纪念座谈会　5月20日下午，为纪念著名文物专家、收藏家王世襄（1914—2009）先生诞辰一百周年，“畅安百年——王世襄老人纪念座谈会”在清华大学美术学院举办。院学术委员会主任尚刚主持座谈会。与会专家通过回忆与王世襄老人交往的种种轶事，高度评价了王世襄老人传奇的一生和高尚的人格，肯定了他对文物、古玩、工艺美术、画论等方面所做的巨大贡献。此次活动得到了社会各界的广泛关注。其中文博界的与会者包括：原文化部副部长、原故宫博物院院长郑欣淼，考古学专家杨泓，古玩鉴定专家张德祥，古典家具专家田家青，书画鉴定家萨本介，著名文物专家朱家溍之女朱传荣，著名画家黄苗子之子黄大刚，文物摄影家孙之常，中国艺术研究院教授王亚雄，北京大学中文系副教授王风等。出版界与会专家包括：原三联书店总经理董秀玉、燕山出版社社长赵衡等。企业家包括：中国嘉德国际拍卖有限公司董事、副总裁寇勤，大家之家红木家具总经理林锐群等。与会者还有与王世襄先生结缘的工艺大师，如竹刻名家朱小华、圆雕竹刻家王新明等。出席座谈会的还有清华大学美术学院副院长马赛，艺术史论系主任陈岸瑛、书记陈池瑜，视觉传达艺术设计系主任赵健，《装饰》杂志主编方晓风，基础教研室教授唐薇，工艺美术系教授周剑石等。

（清华大学文科建设处刘金梅供稿）

东亚汉学研究会第五届国际学术年会　5月23—24日，为迎接中国传媒大学校庆60周年、国家孔子学院创办10周年，由中国传媒大学文法学部汉语国际教育学院、孔子学院处与东亚汉学研究学会共同主办，日本长崎大学协办的“东亚汉学研究会第五届学术年会暨中国文化价值与国际汉学研究国际学术研讨会”在中国传媒大学举办。本校胡正荣副校长出席开幕式。来自日本和中国台湾、香港、澳门等国家和地区数10所高校、研究机构的知名学者和博士生80余人参加会议。

本届研讨会共设10场主题研讨，就中国文化价值与国际汉学研究、梳理与确立中国文化核心价值、中国文化走出去的传播手段与方法，以及汉语教学的教材、教法与实践等问题，进行发言和深入探讨。其中，日本长崎大学的连清吉教授、台湾淡江大学的周彦文教授、台湾师范大学的李幸玲教授以及中国传媒大学图书馆馆长张晶分别围绕日本汉学、宋诗与古代诗词、佛教禅宗演变及思维方式等主题发言。

此次会议是中国传媒大学汉语国际教育学院成立以来承办的第一次大型国际学术会议，是中国传媒大学以实际行动学习和落实十八大和十八届三中全会精神、推动中华文化走向世界的积极努力。会议不仅对推动中国传媒大学的国际化办学将产生积极的促进作用，也有助于推动东亚各国、各地区汉学研究，为东亚各国汉学研究者深入认识中国，了解中国，开展汉学相关的学术研究和交流提供了平台。

（中国传媒大学文科科研处供稿）

跨文化语境中的专业沟通：理论与实践国际研讨会　6月7—8日，由对外经济贸易大学主办的“跨文化语境中的专业沟通：理论与实践”国际研讨会在本校举行，来自国内外150多位专家和学者出席本次大会。对外经济贸易大学副校长赵忠秀为大会致辞，中国专门用途英语（ESP）学会会长、北京外国语大学副校长孙有中，亚太专门用途语言与专业沟通协会会长、香港城市大学 Vijay BHATIA 教授致开幕词。

本届国际研讨会共有8位国内外的知名专家作主旨发言。主旨发言之后，与会代表分别在4个会场进行专题发言和热烈讨论，主要讨论的话题包括：专业沟通的跨文化、跨学科研究，专门用途英语（ESP）/专门用途语言（LSP）的研究和应用，语言教学（培训）人员与业界的合作，专业沟通与课程/

教材的设计和商务语言的研究与教学。大会闭幕式由ESP学会会长、北京外国语大学副校长孙有中主持。

（对外经济贸易大学科研处供稿）

第二届国际文化管理·2014年会 7月12日，由对外经济贸易大学主办的第二届国际文化管理·2014年会在本校举行。本次旨在促进中外高校文化领域学者、文化企业家、文化行政管理者、文化非政府组织管理者之间的国际交流，构建国际合作平台，推动文化管理学科和文化创意产业的发展。对外经济贸易大学副校长赵忠秀、公共管理学院院长彭向刚以及多名国内外知名学者出席本次会议。对外经济贸易大学文化与休闲产业研究中心主任吴承忠主持会议。

会议包括“全球化中的文化政策与文化规划”与“名家对话”两个部分。在下午举行的分论坛中，会议代表就“文化经济与创意经济”“文化体制、文化法规与文化管理教育”“国际期刊学术发表 ”“文化遗产与旅游休闲管理 ”“国际文化贸易与文化产业管理”“文化经济与文化外交”“文化经济和旅游经济”九个专题分别开展演讲与交流。

（对外经济贸易大学科研处供稿）

文化与国际汉语教育可持续发展高级讲习班 7月15—17日，由孔子学院总部/国家汉办、世界汉语教学学会主办，北京师范大学汉语文化学院承办的“文化与国际汉语教育可持续发展高级讲习班”在北京师范大学召开。第九届、十届全国人大常委会副委员长、世界汉语教学学会会长许嘉璐，北京师范大学党委书记刘川生，孔子学院总部副总干事、国家汉办副主任、世界汉语教学学会副会长马箭飞出席开班仪式并致辞。讲习班主讲嘉宾由来自世界11个国家的15位著名汉学家、孔子学院外方院长构成，来自国内87所高校的汉语国际教育专业教师、博士和硕士研究生，以及世界汉语教学学会的会员近300人参加了此次讲习班。

刘川生在致辞中指出，在中外双方共同努力下，国际汉语推广事业蓬勃发展，为满足各国民众学习汉语需求、增进中外人民了解和友谊作出了积极贡献。希望孔子学院继续扩大汉语教学规模，为深化文化交流提供平台，在展示真实中国、推动多元文明包容互鉴方面发挥积极作用。许嘉璐为讲习班做开场讲座。许先生指出目前对外汉语教学面临“缺职业教师”“缺传教士精神” “缺中华文化”三个挑战，强调“语言文字教学是入门，中华文化传播是根本”，并提出了“热爱中华、坚定信念、迎接挑战”的殷切希望。本次讲习班以“文化与国际汉语教育可持续发展”为主题，采取专题演讲和互动问答的形式展开深入研习。专家们见解独到，深入浅出地阐释世界各国对中华文化及汉语教学的最新研究成果。

（北京师范大学社科处刘娜供稿）

第一届中国诸子学论坛 近日，由北京师范大学历史学院等单位主办的“百家争鸣新论题”学术研讨会暨第一届中国诸子学论坛，在北京师范大学举行。来自海内外20余所大学的诸子学研究中坚和新锐学者60余人同堂讨论。

先秦诸子百家争鸣，奠定了中国古代学术思想的主轴，至今仍然深刻地影响着国人。然而由于古籍散佚，学术兴废，当时所争鸣的论题，虽或有再兴于后世如宋明者，但多数却被弃置。断简残章，乏人问津，未得弘扬，令人遗憾。晚近以来的学术研究，多继宋明人之论，对于百家争鸣的个别重要论题有所探究，加以出土文献之助，心、性、道、德、仁、义、法、知、学等观念、范畴，哲学、史学、伦理、政治、经济等领域已经有不少学者进行了研究，成果颇丰。然而受限于哲学、思想之殄域，文史哲之区划，过去的研究都只是局部而非全盘性的。那些尚未进入今人研究视野，或虽进入然而讨论不多的百家争鸣论题，尚待发掘、弘扬。譬如所谓文明进步、软实力等等，其实不过是夷夏观念、文武之道论在新时期的变幻。

本次研讨会上，80余岁的北京师范大学资深教授刘家和先生重新诠释《老子》，批评黑格尔对《老子》的误解和贬低，将会议定位于在中西比较的视域下来研究先秦的百家争鸣。本次会议每位报告人演讲完毕后均有专门的评议人质疑辩难，还有集体讨论，故会场内和而不同，往复问答，言之有理，持之有故，热情洋溢，激昂澎湃，百家争鸣，百花齐放。学者所论战国诸子气观念，阴阳观念，金木水火土五行与仁义礼智圣五行观念，“类”观念，“型”观念，“德”论，“物”论，“闻道”论，君亲关系问题，君臣关系问题，黄帝形象问题，富民与教民问题，学派问题，“古公迁岐”的儒道解释差别等问题，均引起了与会学者的兴趣，推进了“百家争鸣新论题”的研究。

（参见《光明日报》2014年7月22日第16版）

中国传统文化的传承与弘扬论坛　7月30日，北京市社会科学院举办以“中国传统文化的传承与弘扬”为主题的论坛。论坛由本院文化研究所承办，赵弘副院长主持，院全体科研人员参加。赵弘在主持论坛时指出，院长论坛的举办目的在于为活跃本院学术氛围、调动科研人员的积极性。本次选择“中国传统文化的传承与弘扬”这一主题是为了思考新时代条件下，传统文化的传承面临的困境、方式与路径等一系列问题。文化研究所李建盛研究员、杨震博士、晏晨博士、季剑青副研究员、黄仲山博士、王林生博士、陈镭博士等从不同角度对传统文化的内涵及其在现代条件下的弘扬和发展进行了阐释。在哲学层面，李建盛、杨震、晏晨等分别阐释了传统文化“传”与“统”的关系。在城市发展层面，季剑青、黄仲山、王林生等分别阐释了文化记忆、话语体系、“文化城市”与城市发展的关系。在传播层面，陈镭以“传统文化的传承与现代传播”为题，阐释了传统文化如何融入现代的商品生产并进行生产性的传承和传播的问题。发言结束后，赵弘对以上发言进行了点评。

（北京市社会科学院科研处供稿）

多学科视角下的文化研究研讨会　9月6日，首都师范大学外语学院翻译教育基地举办“多学科视角下的文化研究”研讨会。本次会议由英文系刘珩教授召集并主持，外语学院院长封一函出席并致欢迎辞。出席此次会议的专家有中国人民大学赵旭东教授、四川大学徐新建教授、清华大学张小军教授、中央民族大学潘蛟教授、复旦大学潘天舒教授和四川大学吕红亮教授，他们分别就“后文化自觉时代的物质观”“文化经济学与中国社会”“考古学文化”“民族志实践及其文化后果”以及“地方道德世界中的‘污名化’与‘病耻感’”等话题发表精彩演讲并与现场师生通过提问和点评进行互动。英文系教师连煦和秦晓星作为发言人也作了精彩的报告。

本次会议的初衷是为了开放文化考察的视野，汲取不同学科的视角、观点、问题意识和知识范式，以丰富我们自身跨学科研究的“自觉意识”。与会学者提出中国传统文化要“走出去”根本上是一个翻译的问题，而人类学近百年来事实上也在从事一种跨越族群的翻译事业，因此将二者并置起来，作为“翻译人类学”加以研究是完全可能并且切实可行的。本次会议是外语学院未来交叉学科研究深入开展的一个良好开端。

（首都师范大学社科处供稿）

我的汉学之路学术研讨会　近日，由北京大学国际汉学家研修基地（IACS）主办的“国际汉学研究回顾与前瞻：我的汉学之路”学术研讨会在京举行。曾经在北大留学或研修，现已成为国际著名资深汉学家的法国的白乐桑教授、英国的吴芳思女士、德国的罗梅君教授、斯洛伐克的高利克教授、瑞士的胜雅律教授、美国的田浩教授、日本的稻畑耕一郎教授等来自美国、德国、法国、英国、西班牙、斯洛伐克、日本、新西兰、蒙古国、韩国、泰国等11个国家的30位知名汉学家出席了会议。他们在为期两天交流研讨中共同回忆了在北大读书、研究的生活，介绍了其所在国家的汉学研究现状以及他们自己的汉学研究情况，并就“国际汉学”的内涵界定、国际汉学的区域差异、汉学研究的对象与方法、汉学研究中理论与考据的关系等重要学术命题，进行了深入的研讨和展望。

中央文史研究馆馆长、北京大学国际汉学家研修基地主任袁行霈表示，汉学的发展史是由一代代汉学家个人的学术史积累而成的，每一位汉学家的学术历程及其成就都有可能成为汉学史的一部分。与会学者的研究领域涵盖文、史、哲、考古、法律等多个学科，以文会友，以友辅仁，必将对国际汉学研究有所推进。

（参见《光明日报》2014年9月16日第13版）

世界著名博物馆巡礼讲座　9月17日，首都博物馆馆长、北师大历史学院郭小凌教授在北京师范大学新图书馆三层报告厅带领同学们巡礼了承载人类群体记忆，珍藏文化艺术瑰宝的世界各大著名博物馆。讲座包括了博物馆的定义和分类、世界博物馆历史线索、中国博物馆历史与现状、世界著名博物馆概说四部分内容。郭老师首先综合分析了维基百科、国际博协和中国文化部关于博物馆的定义，从历史价值、社会职能、物理形态等方面为博物馆定性。并强调了博物馆、图书馆作为家庭和学校之外的第三公共文化空间，不仅是历史文化的展示窗口、对外文化交流的平台，也是提升个人素质的高雅休闲、文化消费场所。根据馆藏内容和展览方式差异，博物馆大致分为社会历史类、自然科学类、文化艺术类和综合类。那么，何以称得上是一流的博物馆呢？郭老师指出，世界著名博物馆的首要标准是文物藏品精品多，覆盖面广，包括一些仅存的精品；其次，馆舍的面积与设备设施条件，科研与文保技术水平，展陈内容与形式设计，观众量与观众服务水准等也是重要的参数。目前世界最著名或排名处于前列的博物馆大都是艺术类博物馆，如巴黎卢浮博物馆、伦敦大英博物馆、圣彼得堡艾尔米塔什博物馆、纽约大都会博物馆和梵蒂冈博物馆等。郭老师特意以大家较为不熟悉的梵蒂冈博物馆为例，来介绍它的众多精致藏品。该馆收藏着众多欧洲文艺复兴晚期、巴洛克艺术时代的杰作和古希腊罗马、洛可可等时期的文物精品，为世界绝大多数博物馆所无可比拟。其中以雕塑《拉奥孔与他的儿子》最为闻名，郭老师亦展示了《观景楼的阿波罗》《英雄躯体 》《克尼杜斯的阿芙洛狄忒》等著名雕塑，并逐一分析了其创作历史背景和美学价值；随后介绍了收藏着乔托、达·芬奇等画家旷世奇作的绘画展览馆和米开朗琪罗呕心沥血创作的西斯廷小教堂；最后赏析了拉斐尔绘画厅中最为绚丽的君士坦丁厅和《雅典学院》。

（北京师范大学社科处刘娜供稿）

文化传统与绿色经济——2014 年北京洪堡论坛　文化传统与绿色经济——技术创新、产业增长与绿色“流动”2014 年北京洪堡论坛于 9 月 19—21 日在对外经济贸易大学举行。论坛由洪堡基金会和对外经济贸易大学主办，对外经济贸易大学国际低碳经济研究所（IILCE）承办，德国欧洲经济研究院（ZEW）、德国哈勒大学（MLU）、德国弗劳恩霍夫研究院（FhG）材料力学研究所、上奥地利应用科学大学（FH-OOE）作为合作方共同支持此次论坛。

对外经济贸易大学校长施建军致欢迎辞。论坛历时三天，参会嘉宾包括国内经济、环境等领域专家，和洪堡学者 70 余人、国际知名学者 40 余人。与会专家各抒己见，从多个领域多角度全方位地探讨了发展绿色经济与可持续经济的路径，对多个相关议题发表真知灼见。

北京洪堡论坛成立于 2013 年 11 月，是洪堡基金会区域性会议的一部分，隶属“中欧市长论坛”。“中欧市长论坛”是欧盟主席巴罗佐与李克强总理共同签字决定举办的。北京洪堡论坛致力于成为长期合作的重要基地，为所有参会的洪堡学者和杰出科学家、政治家在亚洲甚至全球提供长远的视角。

（对外经济贸易大学科研处供稿）

近代中国的文化政治与知识建构国际高端对话暨学术论坛　9 月 22—23 日，第二届“思想与方法”国际高端对话暨学术论坛在北京师范大学举行。本届论坛邀请了包括王汎森、罗志田在内的 20 余名中外知名学者参加，议程分为高端对话和学术论坛两个部分。会议首日的高端对话在英东学术会堂举行，王汎森先生和罗志田教授就“近代中国的文化政治与知识建构”这一主题发表讲演。他们回顾和分析了中国历史上时空观念的流变与发展，进行了一场关于地方、国家、世界，过去、现在、未来的学术对话。之后，德国哥廷根大学汉学讲座教授、东亚系主任施耐德（Axel Schneider）教授和法兰西科学院人文及政治学院院士巴斯蒂（Marianne Bastid-Bruguière）夫人，分别对两人的发言做了精湛的点评，为对话打开了新的维度。王汎森先生长期致力于中国明清到近代的思想与文化问题研究，是海内外闻名的思想史家。罗志田主要研究中国近代文化史、中外关系史，是该领域当前最有影响的历史学家之一。在京师大厦第六会议厅举行的学术论坛中，与会的 20 多位学者以圆桌对话的形式，围绕会议主题展开讨论。来自德国、法国、日本、中国大陆、台湾、香港的学者畅抒己见，从“帝国”“民族”“科学”“自然”“恋爱”和“文学批评”等不同角度出发，在学术史、思想史、文化史、文学史、文学批评史各个领域内进行细致地梳理，试图展现出中国近代思想风气的变迁，社会历史的发展。一个值得关注的相似点是，他们的研究中都呈现出对具体概念不约而同的重视和对概念史这一研究方法的运用。同时，与会学者们没有忘记在具体学科的研究方法和方向上的反思，在讨论环节内他们互相切磋，就中国近代史的热点话题和重要概念不断展开观点的交锋和对话，针对彼此的研究提出建议，为彼此的研究打开了思路。

（北京师范大学社科处刘娜供稿）

梦蝶庵与自然思想学术讲座　9 月 26 日，日本著名设计师黑川雅之应清华大学美术学院世界艺术史研究所所长张夫也的邀请，在美院 A301 报告厅作题为《梦蝶庵与自然思想》的专题讲座。讲座吸引了来自清华大学、北京林业大学、北京工业大学等多所院校的近五百名师生参加。讲座由张夫也主持。黑川雅之将建筑设计与道家的混沌理论很好地融合在一起，为大家阐述了建筑与天、地、人的和谐共存的关系以及如何处理建筑与自然沟通的方法。他以梦蝶庵为例，通过对树、风、土石、流水等各种自然元素与人的关系的巧妙处理将建筑与自然完美地融合在一起。讲座之后黑川雅之还与学生进行了互动，反响强烈。讲座结束之后，张夫也和黑川雅之进行了对话，就设计生态、设计师的职责、设计师与企业的关系、设计与消费等问题进行了更加深入细致的探讨，黑川雅之对张夫也所提出的设计生态的概念十分感兴趣，并表示目前日本还没有开始系统地研究设计生态；张夫也也表达了对我国目前设计生态失衡现状的忧虑；对于设计师的职责与设计的自由这二者的关系问题，黑川雅之认为，设计师应该促进消费，引导时尚，这也是促进经济发展、国家富裕的手段。此次是黑川雅之第二次来清华大学美术学院举办讲座，再一次将他的设计观念和设计方法与广大师生进行了交流和沟通，促进了国内对黑川雅之设计的认识和了解，加强了中日文化的交流。

（清华大学文科建设处刘金梅供稿）

魅力北京中轴线讲座　10月10日，北京市哲学社会科学规划办公室副主任、北京史研究会会长李建平应北京师范大学图书馆“专家讲座”之邀为北京师范大学师生作了题为“魅力北京中轴线”的讲座。李建平首先指出，中轴线凝聚了北京这座城市文化历史发展的精髓，它不仅仅是北京城市的脊梁，更是关于北京人文历史、道德教化、风俗民情乃至社会发展的一条文化命脉。这条长达7.8千米的中轴线南起永定门，北至钟鼓楼，主体建筑平衡对称、高低有别、错落有序，是世界城市建设历史上最杰出的城市设计范例之一。建筑大师梁思成这样赞美这条中轴线：“北京独有的壮美秩序就由这条中轴线的建立而产生，前后起伏，左右对称的体形或空间分布都是以这中轴为依据的；气魄之雄伟就在这个南北引申，一贯到底的规模。”近年来，北京中轴线成为《中国世界文化遗产预备名单》中的热门。李建平认为，中轴线将北京具有表征的地标性文化实体与历史文化内涵结合在一起，叙说了北京这座城市的精髓所在，体现出了北京文化乃至中华文化的巨大张力，充分诠释了联合国教科文组织提出“线性文化遗产”的无限魅力，申遗无可争议。但遗憾的是，部分建筑遭到破坏而失去了其原有的神韵，加之我们也还未能完全诠释中轴线玄妙之处，申遗工作中对此还有待进一步的考证和遗迹的修复。讲座后，李建平就同学提出的“北京城西北角的元城墙为何缺一块”“怎样保护古建筑才能有利于文化发展”“古建筑的开发和保护如何统一”“古城修复是否有悖于申遗条例”等问题做出了精彩的解答。

（北京师范大学社科处刘娜供稿）

毛泽东诗词与中华古典诗词的文化历史渊源研讨会　10月18日，在习近平总书记主持召开文艺工作座谈会并发表重要讲话之后，中国毛泽东诗词研究会和中华诗词学会在北京联合举办“毛泽东诗词与中华古典诗词的文化历史渊源及深远影响”学术研讨会暨中国毛诗会第十四届年会。中央文献研究室主任、中国中共文献研究会会长冷溶，求是杂志社社长、中国毛泽东诗词研究会会长李捷，中央文献研究室副主任、中国毛泽东诗词研究会常务副会长陈晋，中华诗词学会会长郑欣淼，以及逄先知、郑伯农、董学文、吴欢章等近百位专家学者，毛泽东的亲属毛新宇等参加研讨。

中共中央文献研究室主任、中国中共文献研究会会长冷溶在研讨会开幕时作了题为“学习习近平总书记文艺工作座谈会重要讲话，把毛泽东诗词研究会的工作提高到新的水平”的讲话。他指出，习近平总书记10月15日主持召开文艺工作座谈会并发表重要讲话，是我国社会主义文化建设中的一件大事。讲话从实现“两个一百年”奋斗目标、实现中华民族伟大复兴中国梦的高度，深刻阐明了文艺的重要地位和作用以及文艺工作者所担负的历史使命和责任。讲话对党在社会主义文艺战线上的基本要求做了全面阐述，特别强调文艺要坚持为人民服务、为社会主义服务这个根本方向。讲话立意高远，思想深刻，极具现实针对性，为繁荣发展文艺事业明确了任务、指明了方向。中国毛泽东诗词研究会是专门从事毛泽东等老一辈革命家诗词研究宣传的全国性学术团体，习近平总书记的这篇讲话对我们开展好今后工作具有重要指导意义。研究会当前的一项重要任务，就是要组织广大会员学习好理解好这篇重要讲话精神，把毛泽东诗词的研究和宣传普及事业推向一个新的阶段。

中央文献研究室副主任、中国毛泽东诗词研究会常务副会长陈晋在开幕致辞中说，习近平总书记在文艺工作座谈会上的讲话，主题是强调坚持以人民为中心的创作导向，提出“社会主义文艺，从本质上讲，就是人民的文艺”。这个提法，更加明确和深化了我们对毛泽东在延安文艺座谈会上提出文艺“为什么人”这个最根本问题的理解。毛泽东诗词是以人民为中心创作导向的典范，是习近平总书记提出的用现实主义精神和浪漫主义情怀观照现实生活的典范，是传承和弘扬中华优秀传统文化和美学精神的典范，是当代中国进行诗教的优秀教材。习近平总书记关于文艺工作的讲话，对毛泽东诗词研究具有重要指导意义。

与会专家认为，毛泽东的诗词极具魅力，深刻地影响着当代中国人的精神世界，散发着郁勃的生机和活力，代表着中国共产党人的理想信念和全国各族人民寻求民族伟大复兴的执着追求，是我们共产党人最可宝贵的精神食粮，是凝聚和代表时代精神的文学精华。在习近平总书记的许多重要讲话中，毛泽东的诗句随手拈来，引用得恰到好处，给人们以极大的鼓舞。党的十八大以来，习近平总书记反复强调要大力推动中国优秀传统文化的传承，大力倡导社会主义核心价值观，大力弘扬中国共产党人的宝贵精神财富。在10月15日召开的文艺工作座谈会上，他再次强调“要结合新的时代条件传承和弘扬中华优秀传统文化”，“把社会主义核心价值观生动活泼、活灵活现地体现在文艺创作之中”。毛泽东诗词无疑是集中国古典诗词英华和当代中国共产党人精神风范的有力载体。毛泽东诗词与中华古典诗词的关系，最主要的体现在诗词的精神、境界的继承和创新中。大家认为，毛泽东诗词研究宣传事业将迎来一个新的高潮。

与会专家表示，习近平总书记在文艺工作座谈会上的重要讲话与毛泽东文艺思想一脉相承，又结合新的历史条件发展了毛泽东的文艺思想。他讲“文艺作品只有高原没有高峰”，诗词创作也有这个问题。习近平总书记讲话明确提出，广大文艺工作者要以更多的优秀作品弘扬中国精神、凝聚中国力量，鼓舞全国各族人民朝气蓬勃迈向未来。这个要求是对全国文学艺术界讲的，作为毛泽东诗词研究者，更要以此为目标，为鞭策，在深入研究宣传毛泽东等老一辈革命家诗词，弘扬他们的精神风范等方面多做工作，为实现中国梦不断激发正能量。

中国毛泽东诗词研究会是1994年12月成立的。再过两个多月，毛诗会就走过了整整20年的历程。20年来，中国毛诗会召开了十四届学术年会、三届国际学术研讨会和一些中小型专题研讨会；参与组织拍摄了《独领风骚》和《指点江山》两部影响很大的电视文献纪录片；编辑出版了《毛泽东诗词研究丛刊》《井冈山道路和毛泽东诗词》等多部论文集和会刊《毛泽东诗词研究》，取得了丰硕的研究成果，为繁荣社会主义文化发展、弘扬社会主义核心价值观作出了重要贡献。

据悉，本次研讨会共收到论文165篇，有60多篇论文提交会议参加了研讨。为鼓励推动、不断深化毛泽东诗词研究，本次研讨会还设立了“首届中国毛泽东诗词研究会优秀论文奖”，吴欢章、胡国强、黄玉杰、王生、李琦、王凌等六位学者提交的论文获得该奖。

（中央文献研究室科研管理部胡昌勇供稿）

吴冠中艺术与艺术思想研究 10月24日上午，“吴冠中艺术与艺术思想研究——博士后研究成果报告会”在清华大学美术学院举行。清华大学吴冠中艺术研究中心主任刘巨德担任学术主持，研究中心副主任、秘书长卢新华主持会议。美术学院党委副书记、研究中心副秘书长邹欣，研究中心副主任、学术委员会委员、首批研究员钟蜀珩、王秦生、赵士英、杨国昌、荆鹏举、李大钧、陈瑞林、张夫也、陈池瑜、聂跃华、周爱民等以及校内外师生、专家学者70余人出席了报告会。四位博士于洋、王洪伟、仝朝晖、王伯勋分别报告了自己研究主题和内容，与会专家学者就报告的内容展开了研讨。此次报告会不仅是清华大学吴冠中艺术研究中心的博士后研究成果汇报会，同时也为相关研究领域的校内外博士和研究人员提供了一个相互交流探讨的平台。人民艺术家吴冠中先生被誉为中国现当代最具有开创性的一代艺术大家，为我国文化艺术和艺术教育事业的发展做出了不可磨灭的贡献；他一生艺术成就与贡献极高、极丰，而个人生活与追求却极简、极纯。他的艺术、艺术道路和理论及思想对中国现当代美术都产生了深远的影响。与会专家学者普遍认为研究吴冠中艺术及艺术思想，不仅是分析我们这个民族如何在这个时代诞生出这样的伟大的艺术家，对当下促进产生更多德艺双馨的文艺名家，实现艺术创作由“平原”到“高峰”也具有积极的意义。

（清华大学文科建设处刘金梅供稿）

民族精神的重构与文化发展学术研讨会 近日，由黑龙江出版集团主办、中国政法大学和中国新闻出版集团协办、黑龙江教育出版社承办的“民族精神与文化发展学术研讨会暨《民族精神与文化主题书系》出版座谈会”在中国政法大学召开。本次会议的主题是“民族精神与文化发展”，与会学者围绕民族精神、文化发展、社会主义核心价值观与中华民族的伟大复兴展开了讨论。

关于中华民族主体与身份认同的关系，中国政法大学终身教授李德顺指出，民族精神的根基在于民族主体的定位，中华民族是包括 56 个民族及其祖先以及港澳台和海外华人在内的总称，我们需要具有宽广的胸怀和深远的历史眼光，对中华民族的来历、现状和将来作总体的理解。中国人民大学马俊峰教授提出，民族精神产生于民族文化自觉意识产生之后，它的基础是民族国家的形成。在当下谈民族精神的建设，更要强调寻找中华民族的共同的主体性。这就需要把中华民族置身于人类的大家庭中，在与世界其他民族的并列、交往、竞争和合作中构建自身的民族意识。

有关中华民族文化与中国传统文化的关系是本次研讨会探讨的热点之一，与会者们主要从三个方面力图厘清这一问题：一是儒家文化与中国传统文化的关系；二是中国古代传统与现代社会发展的关系；三是民族精神家园建设与提升文化软实力的关系。《哲学研究》副主编鉴传今认为，很多学者对儒家文化的研究只局限于部分典籍，而没有看到社会生活、政治体制和制度也是一种文化形式。民族精神的传统阐释与当今生活有脱节之处，解决这一问题的关键在于找到民族精神之根。中国社会科学院孙伟平教授也指出，民族精神与文化发展的研究主要以建设中国特色社会主义文化强国与提升文化软实力为宗旨。

中华民族文化与社会主义的关系是本次座谈会讨论的重点，它涉及建设民族精神共同家园和弘扬社会主义核心价值观的关系、中华民族当代文化建设与马克思主义的关系等问题。李德顺教授指出，在建设社会主义核心价值体系的过程中，首先需要明确的是社会主义的主体。不能把社会主义核心价值体系儒家化，也不能把社会主义核心价值观仅仅看作是教化，而应将之看作是国家深化改革的思想根基和理念表达。北京大学聂锦芳教授认为，民族精神和文化不仅仅是一种精神观念，它更关乎当前的时代和实践。因此，应当从马克思主义的广阔的世界历史眼光出发，将民族精神和文化发展与当前社会的改革结合起来。最高人民检察院王松苗博士尤其提出民族精神与文化发展的方向要注重法治精神的渗透，文化家园的建设需要提升法治的品质。

（参见《光明日报》2014 年 10 月 24 日第 10 版）

华特迪士尼及皮克斯动画大师约翰·拉塞特讲座　10 月 30 日，华特迪斯尼及皮克斯动画工作室首席创意官、华特迪士尼幻想工程首席创意顾问约翰·拉塞特在中国传媒大学综合实验楼，举办了题为“成功动画背后的秘密”的讲座。国家新闻出版广电总局宣传管理司司长高长力、文化部文化产业司动漫处处长宋奇慧、华特迪士尼公司执行副总裁兼大中华区行政总裁张志忠、中国传媒大学副校长兼艺术学部部长廖祥忠出席讲座。来自教育部高等学校动画、数字媒体专业教学指导委员会的多位委员，全国 38 家高校、35 家企业和 30 余家媒体代表，以及中国传媒大学艺术学部动画与数字艺术学院 150 多名师生参加讲座。

讲座前，廖祥忠副校长与约翰·拉塞特先生就今后双方合作进行了会谈。廖副校长介绍了中国传媒大学动画教育开展情况以及承担教育部全国高校动画、数字媒体专业教指委的工作开展情况。约翰·拉塞特先生表示，华特迪士尼公司和皮克斯工作室将定期派遣动画艺术家来中国传媒大学讲学，并邀请中国传媒大学师生赴美访问。他希望以教指委和中国传媒大学为桥梁，积极支持中国动画教育事业的未来发展，推动实现中美动画产业的共赢局面。

（中国传媒大学文科科研处供稿）

首届音乐产业高端论坛　11 月 6 日，在国家新闻出版广电总局的指导下，由中国传媒大学主办、国家音乐产业促进工作委员会和中国传媒大学音乐与录音艺术学院联合承办的“2014（北京）首届中国音乐产业高端论坛”在中国传媒大学举行，来自政府部门、行业协会、业界精英、学界专家以及国外知名教授等近 200 名各界代表齐聚一堂，共同商讨中国音乐产业的现状与未来，为音乐产业的发展献计献策。国家新闻出版广电总局出版管理司巡视员朱启会、副司长许正明，国家新闻出版广电总局规划发展司副司长李德臣，国家音乐产业促进工作委员会会长毛凤昆，中国传媒大学党委书记陈文申、副校长袁军等出席并致辞。

本次论坛力邀诸多业内专家，针对数字音乐创新模式、音乐制作、音乐演出、音乐版权、音乐编辑、人才培养等六个板块展开专题研讨，并首次权威发布《2014 中国音乐产业发展报告》。该报告是在国家新闻出版广电总局出版管理司的策划和指导下，在国家音乐产业促进工作委员会的组织和协助下，由中国传媒大学音乐与录音艺术学院赵志安教授为项目负责人，组织全校 30 余位教师和研究生组成项目组撰写完成。报告针对中国音乐产业发展的现状和趋势，在对音乐产业的创作、生产、出版、发行、营销等产业链的各环节进行数据调查分析的基础上，揭示2013年度中国音乐产业的总产值超过游戏、动漫、影视等其他娱乐产业，达到2716.56亿元，已成为拉动文化产业发展的重要引擎。

（中国传媒大学文科科研处供稿）

社科研究人员如何提高国学素养论坛　11月13日，北京市社会科学院国学研究中心主任刘伟见作题为“社科研究人员如何提高国学素养”的专题讲座。论坛由院党组书记、院长谭维克主持，全体科研人员参加。刘伟见从社科研究人员提高国学素养的意义入手，阐述了近年来弘扬优秀传统文化的社会背景，认为社科研究人员提高国学素养可以明辨社会科学发展态势，拓展研究视域，领略文化使命。刘伟见从传统国学、现代国学大师对国学的楷定、当代国学研究的误区等角度对国学概念进行了辨析，提出以国学大师马一浮“楷定国学”的内涵作为国学界定的标准，并根据新时代条件下自己对国学概念做了界定。根据自己对国学多年的研究，刘伟见提出了社科研究者提高国学素养的基本路径。

（北京市社会科学院科研处供稿）

中华优秀传统文化与中国特色社会主义理论体系学术研讨会　12月9日，中国特色社会主义研究杂志社与北京大学马克思主义学院联合举办了“中华优秀传统文化与中国特色社会主义理论体系”学术研讨会，来自北京大学、中国人民大学、北京师范大学、中共中央党校、首都经贸大学等10余名专家学者分别从弘扬社会主义核心价值观必须立足于中华传统文化的基本精神、中华优秀传统文化与马克思主义、中华优秀传统文化与中国特色社会主义理论体系的逻辑建构、中华优秀传统文化的创造性转化和创新性发展、文化自信与文化传承、中华优秀传统文化与现代国家治理等方面进行了热烈讨论。与会学者一致认为，中华优秀传统文化是我们民族的“根”和“魂”，不忘本来才能开辟未来，善于继承才能更好创新，中华优秀传统文化必须立足于当今中国特色社会主义的实践进行创造性转化和创新性发展，为治国理政提供有益启示，成为涵养社会主义核心价值观的源泉；中国特色社会主义理论体系要吸收中华优秀传统文化的精髓、价值理念、鲜明特色，进行理论的创新与发展，增强中国道路的理论自信、文化自信和价值观自信。

（中国特色社会主义研究杂志社供稿）

中国社会科学论坛（2014年·文学）——现代社会中的史诗传统　11月14—15日，“中国社会科学论坛（2014年·文学）——现代社会中的史诗传统”在京举行，会议由中国社会科学院主办，中国社会科学院民族文学研究所、国际史诗研究学会承办。

德国波恩大学教授卡尔·赖希尔，芬兰文学学会民俗档案馆馆长、赫尔辛基大学民俗学教授劳里·哈维拉提，中国社会科学院民族文学研究所所长朝戈金分别作了题为“人亡歌息之后：口头史诗的未来”“现代欧洲社会的史诗传统”“佛教对口头叙事的影响：以蒙藏史诗《格萨（斯）尔》为例”的主旨报告。

芬兰图尔库大学民俗学教授帕卡·哈卡米斯作了题为“芬兰民间传统中流行的技术乌托邦概念”的报告；荷兰莱顿大学亚洲研究学院东南亚语言学的奥奈·恩格尔霍芬作了题为“修补破损的故事：在荷兰摩鹿加流亡社区中建立叙事认同”的报告；英国卡迪夫大学詹姆斯·赫加蒂作了题为“史诗化叙事——南亚文献中的天堂与地狱”的报告。

关于亚美尼亚史诗研究有两位学者发表了自己的观点，一为俄罗斯—亚美尼亚斯拉夫大学阿扎特·叶吉阿扎良的“亚美尼亚文化中的亚美尼亚史诗”，一为加州大学洛杉矶分校彼得·考的“亚美尼亚史诗英雄‘小穆格尔’在后苏维埃时代的亚美尼亚共和国的反响”。

来自伊朗的麦赫瑞·巴盖里发现，在波斯民族史诗中反复出现“父弑息子”的主题，这与古代伊朗宇宙起源神话的主要情节完全一致。她报告的题目即为“一个在波斯民族史诗中反复出现的主题”。

美国俄亥俄州立大学马克·本德尔教授的报告题目为“纪念碑与纪念馆：以黔东南苗族史诗为个案”。

中国社会科学院民族文学研究所的三位研究人员诺布旺丹、斯钦巴图、阿地里·居玛吐尔地都作了大会发言。诺布旺丹的题目是“《格萨尔》史诗的文本范型转换：从英雄史诗到佛教化叙事”；斯钦巴图报告的题目为“北京木刻本《格萨尔》与佛教关系论”；阿地里·居玛吐尔地的发言题目是“居素普·玛玛依和柯尔克孜史诗”。

北京大学的陈岗龙，西北民族大学的阿布都外力·克热木，新疆师范大学的曼拜特·吐尔地也在会上发了言。

来自中国、美国、荷兰、芬兰、伊朗、德国、英国等国家的专家学者，探讨了欧亚史诗的多样性，包括中国“三大史诗”、苗族和维吾尔族的史诗传统在当下的存续状态，以及中外学界的应对策略。作为一种古老的口头传统或文类样式，史诗如何面对被现代观念充斥的当下社会，如何在现代语境中维持自身的生命力与生存动力是国际史诗学界共同需要思考的重要议题。

（中国社会科学院办公厅刘玉杰编辑、民文所高荷红供稿）

首届中俄合唱文化研究国际会议　首都师范大学音乐学院主办的“首届中俄合唱文化研究国际会议”于11月17—18日在北京举行。

“首届合唱文化研究国际会议”分三部分执行。第一部分“俄罗斯专家报告”：分别由俄罗斯国家格涅辛音乐研究院国际学术交流处处长、著名俄罗斯音乐分析理论家、钢琴家查理格拉兹卡娅教授的“当今世界合唱的走向、风格与技术”；俄罗斯莫斯科柴可夫斯基音乐学院跨学科专业理论系教授、系主任哈罗巴娃博士的“20世纪末21世纪初俄罗斯作曲家大型合唱体裁创作综述”；俄罗斯国家文化部直属“尤罗夫无伴奏合唱团”艺术总监（1981—1991）、著名指挥家，俄罗斯国家格涅辛音乐研究院指挥系教授沙罗金的“俄罗斯著名作曲家斯维里道夫的合唱创作”；以及莫斯科师范大学音乐学院博士答辩委员会秘书长、师范教育博士、儿童音乐教育家索罗金娜教授的“现代俄罗斯中小学音乐教师培养体系”专题内容组成。第二部分“中方专家报告”：分别由中央音乐学院指挥系教授、著名指挥家杨鸿年先生的主题发言“中国合唱指挥教学与人才培养的困惑与展望”；中国合唱协会副理事长、中国音乐学院指挥系首任系主任、著名指挥家吴灵芬教授的“中国高等音乐院校合唱指挥硕士研究生培养方案”；上海音乐学院音乐分析学青年学者李鹏程博士的“潘德列茨基合唱作品对其音乐风格演变的影响”；首都师范大学音乐学院副教授邵晓勇博士的“跨学科视阈下的合唱音乐文化诠释”；以及国家艺术教育委员会委员、中国教育学会音乐分会合唱学术委员会主任陈家海教授的“当下中国高师合唱指挥教学的现状”和中国音乐家协会高校联盟合唱委员会会长，著名指挥家阎宝林教授的“合唱指挥教学中前瞻意识与传统功夫的辩证互为”专题内容组成。第三部分为“中俄专家学者的报告研讨”：出席研讨的专家还有《人民音乐》杂志原副主编于庆新、音乐教研员代表、研究生等，主要研讨涉及“当下中国合唱教学与人才培养问题”“中小学学校音乐教育中合唱教学的课时及内容”，以及“合唱作品的文化诠释及表演理论研究落实与展望”等话题。

（首都师范大学社科处李志成供稿）

中国索引学会2014年年会暨学术研讨会　11月20日，由北京大学图书馆承办的“2014年中国索引学会年会暨学术研讨会”在图书馆北配楼报告厅召开。此次会议的主题为“学术著作书后索引编纂”，来自国内外近80名会员代表出席了本次大会。刘苏南副理事长主持大会开幕式，朱强馆长代表北京大学图书馆致欢迎辞，中央编译局魏海生副局长代表学会主管单位发表致辞，杨光辉常务副理事长代表常务理事会做了2014年度工作报告。

在研讨会中，来自不同领域的学者向全体与会人员汇报相关领域研究成果。美国索引协会前主席Frances S. Lennie作了题为“西文书后索引的结构与组织综述”的报告；中国索引学会副理事长、南京大学信息管理学院叶继元教授作了题为“中文图书书后索引编制的问题、原因及其对策”的报告；剑桥大学出版社常务董事Mandy Hill作了“大数据时代的新挑战——来自剑桥大学出版社的观点”的报告；中华书局有限公司编辑孟庆媛作了“略谈《三松堂全集》（第三版）的索引编制”的报告；复旦大学历史系教授傅德华作了“编著《戴克林将军画传》书后索引刍议”的报告。

（北京大学社科部供稿）

学习贯彻习近平总书记文艺座谈会重要讲话精神、开展积极健康文艺批评研讨会　11月22日，由中国社会科学院与人民日报社联合主办的“学习贯彻习近平总书记文艺座谈会重要讲话精神、开展积极健康文艺批评”研讨会暨人民日报《文学观象》专栏作者座谈会在北京召开。中国社会科学院院长、党组书记王伟光，《人民日报》总编辑李宝善，中宣部副部长黄坤明出席会议并讲话。中国社会科学院副院长、党组成员张江主持会议。《人民日报》副总编辑陈俊宏、中国文联副主席杨承志、中国作协副主席李敬泽、福建省政协副主席南帆出席会议。

王伟光在讲话中指出，当前，思想文化界和文学艺术界正在掀起深入学习贯彻习近平总书记在文艺工作座谈会上的讲话精神的热潮。我国文学艺术事业进入繁荣发展的历史新时期。但是，也要清醒认识到，在我国文学创作中也存在着有数量缺质量、有“高原”缺“高峰”的现象，存在着道德缺失、低俗盛行、欲望膨胀、依附市场、拜金主义、善恶不分、抄袭模仿、千篇一律以及机械化生产、快餐式消费等问题。作为党中央直接领导的国家哲学社会科学研究机构，作为党在意识形态领域的重要阵地，中国社会科学院有责任、有义务针对当前文学创作和文学研究中的重大理论现实问题，组织专家学者进行深入研究、客观分析、科学回答，敢于和及时发出正确的声音，切实发挥解疑释惑、正本清源、引领潮流的作用，努力让文学创作真正回到人民中来，从对市场的依附中解脱出来。在《人民日报》创办《文学观象》专栏，是我国文学界特别是文学评论界的一件大事，是贯彻党的文艺工作方针的重要举措。在创办近一年的时间里，《文学观象》已刊出21辑，在文艺界和社会上引起强烈反响，得到中央领导同志和中央有关部门的充分肯定，受到广大读者的普遍欢迎，成为文学批评界的一个知名品牌。

李宝善表示，《文学观象》栏目办得很成功，影响很大，发挥了其应有的作用。张江同志主持的系列对话，直面文学创作当中的深层问题，真正运用历史的、人民的、艺术的、美学的观点，针砭时弊，分析解剖了当下文学领域的重要现象和问题。对于今后的文艺批评工作，李宝善提出三点希望：第一，文艺批评就得要批评。文艺批评应该有好说好，有坏说坏，该褒扬的褒扬，该批评的批评。第二，批评要更多地针对作品。衡量一个时代的文艺成就最重要的是看作品，多出作品是文艺工作的中心任务，文艺批评也是如此。第三，批评要尊重和遵循文艺规律。文艺评论有责任引导作家沉下心来，真正遵循文艺规律，按照文艺规律本身的要求去打磨精品力作，这样才能有助于出大作品。

黄坤明指出，为了深入贯彻习近平总书记的讲话精神，进一步办好《文学观象》栏目，他提出四点建议：一要坚定方向。以鲜明的导向坚持马克思主义文艺观，充分体现大美、真美、中国之美，与时代性、人民性紧密结合。二要关注文艺思潮。要把关注文艺思潮和创新文艺理论进一步结合起来，要善于发现苗头性和思潮性问题，有针对性地加以引导、评论，促进创作导向更加健康、更加符合实际。三要凝聚优秀的作家、评论家，扩大队伍，进一步拓展平台和影响力，为整个评论战线和阵地创造经验。四要创新方式，提高质量，进一步开拓思路，探索风格和规律，在选题内容、风格语言、版式等各方面有所改进。

张江在会议总结时表示，与会领导对《文学观象》给予了充分肯定，提出了严格要求，让进一步办好《文学观象》有了更加明确的方向。今后，要在延续“立场鲜明、导向突出”特色的基础上，深入切入文学现象，团结更多优秀文学批评家、理论家，进一步把这个栏目做大做强，为中国文艺事业的繁荣发展作出应有的贡献。

据介绍，《文学观象》栏目由中国社会学科学院与《人民日报》自2014年1月起共同开设，中国社会科学院副院长张江主持，文学界知名学者、作家广泛参与。该栏目就当前我国文学发展中的重要现象、热点话题和焦点问题，以对话形式进行探讨和辨析，有的放矢地开展深入有力的文学批评与理论研究。

来自中宣部、人民日报社、中国文联、中国作协等单位的有关领导，著名作家陆天明、周大新以及来自中国社会科学院、北京大学、清华大学、中国人民大学、复旦大学、北京师范大学、上海交通大学等高校和科研院所的学者、评论家40余人参加了座谈会。

（中国社会科学院办公厅刘玉杰编辑、文学所科研处供稿）

首届中华藏书文化论坛　12月27日，由民盟中央文化委员会、华宝斋富翰文化有限公司等联合主办的“藏书文化传播体系建设工程启动仪式暨首届中华藏书文化论坛”于27日下午在全国政协礼堂举行。全国政协副主席、民盟中央常务副主席陈晓光出席。

“藏书文化”传播体系建设工程是聚集藏书、品书、读书为一体，以“传承中华文化经典，读而藏、藏而传”为宗旨，以“中华藏书会”为核心，“中华百部经典藏书”、中华藏书文化论坛、《藏书》杂志、地方书院、藏书文化园为传播载体，开展原典文化讲坛、“中华古籍百部经典”进校园、藏书文化行等系列公益活动的一项系统工程。

（参见《人民日报》2014年12月28日第4版）

2014中欧文化高峰论坛：迈向后2015的可持续世界　11月27—28日，由中国世界政治研究会、欧盟发展与合作总司、中国社会科学院欧洲研究所等单位联合举办的“2014中欧文化高峰论坛：迈向后2015的可持续世界”在北京举行。

欧盟委员会国际合作与发展委员内文·米米察表示，中国在很多领域都提前实现了联合国千年发展的目标，对全世界的可持续发展做出了贡献。内文·米米察说，值得注意的是，目前全球仍有 12 亿人口处于极度贫困中，还有 8 亿人仍然忍受饥饿，7 亿多人还没有安全的饮用水，这些都是各方需要携手面对的挑战。

中国社会科学院院长王伟光在论坛上致辞，他指出，中欧高峰论坛从创办以来，已经为中欧之间的人文交流、平等对话作出了自己独有的贡献。他表示，迈向后 2015 年可持续的世界这一主题无论是对中国还是欧洲，都有很强的现实意义和针对性。

王伟光表示，学无止境、思无尽头，跨文化交流的意义，其实就是要取人之长、补己之短，一方面继承和发扬自己的优秀传统和思想文化资源。另一方面是通过超越傲慢的交流，实现真正的平等和互惠。

论坛上，意大利前总理莱塔、欧洲国际跨文化研究院院长阿兰李比雄、中国社会科学院副院长蔡昉等出席会议。会议围绕经济、社会、环境的可持续性、中欧新型城镇化道路、清洁能源等问题进行了交流。

论坛还首度在中欧文化高峰论坛这一平台上为中欧的地方政府与企业搭建了对话平台，围绕着中欧新型城镇化道路的借鉴与比较、中欧环保与生态技术合作等主题开展了中欧市长圆桌对话等活动。

（中国社会科学院办公厅刘玉杰编辑、欧洲所科研处供稿）

当代主旋律行业题材电视剧创作透视研讨会　11 月 28 日，中国传媒大学与河北省审计厅主办，中国传媒大学艺术学部承办的“当代主旋律行业题材电视剧创作透视——以电视剧《国家审计》为例”大型研讨会在中国传媒大学国际交流中心举行。

中宣部文艺局局长汤恒，中国文艺评论家协会名誉主席李准，中国文艺评论家协会主席、中央文史馆馆员仲呈祥，原中国电视剧制作中心副主任、中央电视台审片组组长王伟国，国家新闻出版广电总局宣管司副司长、中国电视艺术委员会副主任兼秘书长王丹彦，中国艺术研究院影视艺术研究所所长丁亚平，北京师范大学传媒与艺术学院院长周星，北京大学艺术学院副院长陈旭光，中国文艺评论家协会副主席、《中国艺术报》社长向云驹，中国文艺评论家协会副主席、《当代电视》主编张德祥，中国电影艺术研究中心当代电影杂志社社长皇甫宜川，《人民日报》专家组成员范永昌，《人民日报》内参部副主任袁永君、评论部主编刘琼，《文艺报》评论部主任高小立以及中国传媒大学知名电视剧研究专家曾庆瑞、刘晔原、彭文祥、刘书亮、李胜利、张宗伟等专家学者出席研讨会。

与会专家认为，行业题材电视剧需要解决行业知识的普及化、审美化的问题，既是行业精神的传递，也是中国精神的传达。电视剧《国家审计》不仅成功地塑造了以徐咏萍为代表的当代审计人形象，还成功地通过艺术形式，普及审计知识与观念，让审计意识转化为公民意识。

（中国传媒大学文科科研处供稿）

第六届中国民族文化产业发展论坛　12 月 28 日，第六届中国民族文化产业发展论坛在中国传媒大学国际交流中心开幕。论坛由中国传媒大学、民盟中央法制委员会、中小企业合作发展促进中心和中国法学交流基金会共同主办，全国政协民族和宗教委员会、中国民主同盟中央委员会、中国法学会等单位支持协办。吕志胜副校长出席论坛。

本届论坛的主题为“全媒体时代民族文化产业发展：国际传播与法治建设”。本届论坛下设两个分论坛，首次突破讨论框架的限制，打通政府、学界和业界的分隔，为各界人士搭建思想交流和观点碰撞的平台，开拓视野、创新思维，全方位探讨民族文化经济发展的路径与方向。

（中国传媒大学文科科研处供稿）

文化传承与文化创新论坛　12 月 28 日，“2014·学术前沿论坛北京市历史学会专场”在北京师范大学主楼举行，有来自北京史学界的数十位专家、学者及研究生参加。本次论坛主题为“文化传承与文化创新”。北京市社科院王岗研究员、中国人民大学孟广林教授和北京师范大学张昭军教授围绕主题分别作了题为“对北京断代史研究的几点认识”“中西人文精神及其当代价值”和“全球史与中国史研究”的学术报告；北京师范大学历史学院的张皓教授、汪高鑫教授和董立河教授分别对上述报告作了点评；其他与会专家、学者也进行了发言交流。

（摘自《北京市社科联所属社会组织 2014 年活动概览》）

北京诗词学会举办多次诗词讲座　北京诗词学会

2014年自4月1日至12月23日在京民大厦礼堂举办了多次诗词讲座。讲座由北京诗词学会副会长赵永生主持。聘请了诗词学会理事张力夫；副秘书长李树先；中华诗词学会常务理事、北京学会副会长董澍等主讲。内容涉及：《诗之格调》《浅谈诗词剧作中的常见问题》《什么是美?》《莲澍诗话》等。各次都有来自北京市各区县诗词学会、诗社、干休所的会员、诗友400~500人参加。

北京诗词学会自成立以来，开展诗词讲座培训已经坚持20多年，深受广大诗友的欢迎。学会的每位会长、副会长和各位编辑老师，始终坚持为基层诗社和广大会员讲课，身体力行普及祖国传统诗词文化。

（北京诗词学会陆奇供稿）

管理学（含人才学、信息学）

市场化和改革趋势推动下的丰台人才队伍建设研讨会 2月21日，由北京市社科院管理所举办的“市场化和改革趋势推动下的丰台人才队伍建设”研讨会在本院召开，中共北京市丰台区委组织部副部长、干教人才组组长等同志出席会议，北京市社会科学院管理所和部分所（中心）研究人员参加，研讨会由管理所所长施昌奎主持。会议围绕“人才队伍建设”的主题，从十八届三中全会以来我国人才发展面临的重大问题出发，全面深化改革，探讨市场化和改革趋势推动下的丰台人才队伍建设思路。根据会议议程安排，管理所鄢圣文博士进行了主题发言。各与会人员就主题发言展开了讨论。丰台区委组织部董明月副部长认为，在改革趋势推动下，丰台区要把握新形势下区域产业发展对人才和人才发展的需求，找准下一步人才工作的方向，为更有针对性的制定人才政策，实施更有竞争力的人才战略寻求智力支持。

（北京市社会科学院科研处供稿）

大数据时代的商业模式创新研讨会 3月23日，清华大学经济管理学院建院30周年“思想·引领”系列学术论坛之“大数据时代的商业模式创新”在经济管理学院舜德楼举行。清华大学经济管理学院市场营销系教授、系主任赵平，市场营销系教授姜旭平、陈煜波、胡左浩，清华校友、IBM大中华区电子商务部战略总监毛春景，百度商务搜索部高级产品经理戎文晋等作为嘉宾，就其最新研究成果和实践探索，从大数据时代的顾客洞察、在线消费行为分析、精准营销与商业模式创新等角度与在场听众展开深入交流和互动。论坛由赵平主持，姜旭平作题为“大数据时代的消费行为分析与增值服务”的报告。毛春景从实践的角度发表了题为“认知计算与精准营销”的演讲。在演讲中，他以案例的方式介绍认知计算的发展及其为精准营销带来的变化，希望为精准营销这一个古老话题领域注入新鲜的气息。陈煜波从全球互联的时代背景出发，阐明了社会互动是全球互联时代市场变革与商业创新的重要因素。他结合自己的研究指出，大数据能够使企业更好地洞察顾客和进行商业创新，并举例说明了通过对大数据的挖掘发现发达国家与发展中国家在发展潜在客户上的区别。戎文晋从企业实践的角度阐释了大数据在搜索营销中的实践。胡左浩分析了互联网时代的厂家营销模式，认为企业应该转向以价值共创为核心的按需定制营销模式；而互联网时代的商家营销模式，应该向以提升客户体验为核心的全渠道零售模式转型。他还提出了数字化零售与实体店零售的融合，通过多种渠道与顾客互动的全渠道零售模式和通过提供一体化无缝式全流程体验的全渠道零售。最后，嘉宾们解答了现场听众关于大数据发展和商业模式创新的相关问题。继计算机、互联网后，人类正在进入“大数据时代”，大数据正开启一次重大的时代转型。在诸多领域，大数据浪潮正在引发颠覆性创新。商业模式的创新将是企业价值主张上的创新，也是企业洞悉客户、增强竞争力的绝佳机会。值清华大学经济管理学院建院三十周年之际，探讨大数据时代的顾客洞察、在线消费行为分析、精准营销与商业模式创新，以及企业在“大数据时代”背景下的发展战略和营销策略，对学术研究和实践探索具有指路标式的作用。

（清华大学文科建设处刘金梅供稿）

国家治理能力现代化与社会治理创新论坛 4月9日，北京市社会科学院举办了国家治理能力现代化与社会惠泽创新论坛。论坛由许传玺副院长主持，院处以上干部和全体科研人员参加了论坛。本次论坛由本院综治所承办，综治所所长殷星辰作了题为“国家治理能力现代化与社会治理创新”的学术报告。结合自己对十八届三中全会精神的学习体会，殷星辰指出，推进国家治理体系和治理能力现代化是我党执政理念和治国方略的重大转变，具有重大的现实意义和深远的历史意义，它表明我党将彻底抛弃计划经济模式在政治、经济、社会、文化等领域的残余，向建立现代政党制度和现代国家制度启航。由于与政府、市场相对独立的社会是我国改革开放后产生的新生事物，社会改革的顶层设计还没有完成，以及社会领域目前问题较多等原因，社会治理创新将成为下一步全面深化改革的重头戏。就如何创新社会治理，提升国家治理能力殷星辰也谈了自己的想法。殷星辰发言结束后，本院学者于燕燕、李伟东、郭万超、张登文、鄢圣文等人与其展开讨论和互动。

（北京市社会科学院科研处供稿）

创新人才培养国际论坛　5月5日，创新人才培养国际论坛暨北京大学“燕京学堂”（Yenching Academy）启动仪式在北京大学英杰交流中心举行。来自中国大陆以及香港和台湾地区、美国、加拿大、英国、德国、比利时、墨西哥、南非、澳大利亚、新西兰、日本、韩国、越南等国家和地区的45所高校的30余名校长及副校长出席了本次论坛，其中包括北京大学、复旦大学、中国人民大学、北京师范大学、浙江大学、武汉大学、中山大学等大陆高校代表以及斯坦福大学、芝加哥大学、伯克利加州大学、伦敦政治经济学院、柏林自由大学、东京大学、新加坡国立大学、墨尔本大学，香港大学、台湾大学等多所著名高校代表。论坛过后，举办了北京大学“燕京学堂”启动仪式，正式揭开了“燕京学堂”扎根中国、面向世界，建设“中国学”学科、培养“中国学”人才的序幕。

（北京大学社科部供稿）

环境管理战略转型及生态文明建设路径学术研讨会　5月12日，中国特色社会主义研究杂志社、北京能源发展研究基地、华北电力大学人文社科学院联合举办了“京津冀雾霾治理一体化学术沙龙暨环境管理战略转型及生态文明建设路径”学术研讨会，与会专家学者围绕环境管理模式的转变与完善、社会主义生态文明建设的路径和体制机制等主题，分别从京津冀雾霾成因和防控机制、大气污染防治及环保立法与政策、多中心环境治理模式等方面进行了研讨，提出要尽快建立环保责任机制和利益联动机制，严格执行现有环保法、逐步完善环保法；要以政府为主导，加大环境治理投入，强化多元主体参与，强化环境治理政策中的民主参与、信息公开、提高法律执行的效率；要通过国家层面的顶层设计，构建科学的环境管理机制和体制，达成政府、企业、公民三位一体的联动机制，形成中国生态文明建设强劲动力，为生态文明建设提供可靠保障。

（中国特色社会主义研究杂志社供稿）

食品安全风险交流中美研讨会　5月13日，由中央财经大学法学院食品药品法研究中心、美国耶鲁大学法学院中国法中心联合举办的“食品安全法风险交流中美研讨会”在北京召开。

参加本次研讨会的有来自美国耶鲁大学、哈佛大学、罗格斯大学、荷兰阿姆斯特丹大学、美国食品药品监督管理局（FDA）等机构的专家学者，中方有来自北京大学、中国人民大学、中国传媒大学、国家行政学院、中国社会科学院、中国政法大学、华东政法大学、北京农学院、中央民族大学、北京社会科学院、台湾高雄大学等机构的学者，实务部门有来自国家食品药品监督管理总局、国家食品安全风险评估中心、北京市食品药品监督管理局、吉林省食品药品监督管理局、陕西省食品药品监督管理局、中国食品安全报、南方周末、新京报、新华社、北京益仁平中心、北京盈科律师事务所等单位的专家。中央财经大学法学院有关专家、学生共计60余人，参加了此次国际研讨会。

研讨会聚焦食品安全风险交流制度，从法学、心理学、管理学、新闻传播学等多学科展开，以实务、学界、媒体与非政府组织等多视角，分别就食品安全风险交流制度的构建、专家角色与风险交流、公众认知与风险交流、媒体角色与风险交流等内容展开了讨论。

（中央财经大学科研处供稿）

推进国家治理现代化理论研讨会　6月5日，国家行政学院第二届科学报告会暨推进国家治理现代化理论研讨会开幕。本届报告会以党的十八届三中全会和习近平总书记系列重要讲话精神为指导，深入研讨如何完善和发展中国特色社会主义制度，推进国家治理体系和治理能力现代化。本院党委书记、副院长陈宝生出席开幕式并作主旨演讲。副院长洪毅，纪委书记杨文明，副院长陈立、杨克勤，党委委员、办公厅主任李季，以及来自中央、地方和行政学院系统的150余名专家学者出席了开幕式。杨克勤主持了开幕式。

陈宝生在讲话中指出，要深刻认识十八届三中全会提出的“完善和发展中国特色社会主义制度，推进国家治理体系和治理能力现代化”这个全面深化改革总目标的重大意义。这是我们中国共产党新的觉醒、新的长征、新的革命。这个总目标打通了5000年的文明史，打通了100多年的近代史，打通了我们六十多年社会主义革命建设史，打通了30多年改革史，也打通了中外政治发展史。对我们党来说是又一次马克思主义国家理论和执政党理论的重大创新，是新的觉醒。近代以来，特别是辛亥革命之后，关于建立一个什么样的国家制度？怎么样治理这个古老的国家？我们做过多方面的探索，在多条道路上进行了试错。历经千辛万苦，我们找到了一条道路，这就是有中国特色的社会主义道路。三中全会确定全面深化改革的总目标，这可以说又开始了一次新的长征。今天改革进入到攻坚期。推进治理体系和治理能力现代化是社会主义制度的自我完善和自我发展，是自己革自己的命。这是一个长期的、艰难的过程，是一项复杂的系统工程，是一场新的革命。

陈宝生强调，推进国家治理现代化，贯彻落实好全面深化改革的总目标，这是国家行政学院今后长期的主要任务。学院所有学科、全体同志和各个方面都要把推进治理体系和治理能力现代化作为我们教学、科研的核心任务全面推进。要重点研究治理内涵、治理能力要素、治理理论体系、治理现代化的衡量标准等问题，为治理体系和治理能力现代化出力献策。陈宝生还提出了开展国家治理现代化研究需要注意的一些问题。要不偏离方向，不吊高胃口，不急于求成，不失序失范。一切从实际出发，一切经过试点，一切经过统筹，一切经过法规，一切围绕公正。

开幕式后，报告会举行了总论坛，总论坛分为五个单元。最高人民法院副院长江必新、中国社会科学院副院长李培林、国务院发展研究中心副主任刘世锦、中央编译局世界发展战略研究部主任何增科、文献翻译部主任杨雪冬、国家行政学院公共管理教研部主任薄贵利、法学教研部主任胡建淼、决策咨询部主任慕海平、社会和文化教研部副主任马庆钰、政治学教研部教授褚松燕等专家学者，围绕会议主题分别作了专题学术演讲。《人民日报》、人民网、光明网、中国新闻网、财新网、《中国社会科学报》等多家媒体报道了开幕式和总论坛的盛况。

总论坛之后，各分论坛相继召开。经过精心遴选，报告会有60多项最新研究成果在会上发布，涉及行政管理、经济管理、行政法学、领导科学、社会管理以及应急管理等多个领域。

（国家行政学院项纪旸供稿）

第七届中美公共管理国际学术研讨会 6月6日，由中国人民大学公共管理学院、美国罗格斯大学公共事务与管理学院、中国行政管理学会和美国公共行政学会共同举办的第七届中美公共管理国际学术研讨会在中国人民大学开幕。本次研讨会以“跨世纪全球公共治理改革：回顾与展望”为主题。来自中国大陆、美国、英国、新加坡、澳大利亚等十多个国家和地区的140多名学者参会。美国公共行政学会前会长、罗格斯大学公共事务与管理学院院长马克·霍哲，美国公共行政学会前会长Steven Kelman，中国人民大学公共管理学院副院长蓝志勇分别就美国公共管理的新趋势、政府改革中的重大问题、西方和中国的绩效评估、中国建设现代治理体系和现代治理能力的努力等问题作了主题报告。

（中国人民大学科研处关晓斌供稿）

档案前沿论坛 6月24日，北京市档案学会档案学基础理论与业务建设学术委员会在京举办“档案前沿论坛”。为帮助本市档案学会会员更好地了解档案学理论前沿，解决档案利用中的法律问题，加强会员间的沟通交流，市档案学会档案学基础理论与业务建设学术委员会举办了此次讲座，邀请中国人民大学档案馆研究馆员张世林作题为“档案利用案例的法律分析”的专题授课。张世林从档案利用的法律意义、档案利用的相关法律、档案利用案例分析等3方面进行了讲授，结合案例重点解读了档案物质与信息安全的保护、档案开放与隐私权的保护、档案开放与著作权的保护、机关档案室利用、出具档案证明五个问题。他还留出专门时间与参会人员就工作中遇到的档案开放与隐私保护、档案利用证明出具等问题进行了深入探讨。市档案学会会员共计72人参加了讲座。

（北京市档案局科教处胡晓燕供稿）

首届国家治理高峰论坛 6月26日，《国家治理》周刊创刊启动仪式暨首届国家治理高峰论坛在京举行。全国政协副主席齐续春出席，对《国家治理》周刊的创刊表示祝贺。

人民日报社社长杨振武在致辞中指出，宣传好、服务好推进国家治理体系和治理能力现代化，是思想理论战线和新闻宣传部门的重要职责。人民日报作为党中央机关报，人民论坛作为一份权威高端的思想理论刊物，更是责无旁贷。我们要着眼于营造良好氛围、提供智力支持，着眼于增进共识、凝聚力量，认真抓好宣传报道和相关工作。创办《国家治理》周刊，就是深入贯彻落实十八届三中全会精神和习近平总书记系列重要讲话精神，宣传和服务推进国家治理体系和治理能力现代化的一次全新探索，一项具体举措。

杨振武表示，国家治理体系和治理能力现代化是一个重大问题，也是一个崭新命题。办好《国家治理》周刊，必须坚持高起点、高标准、高水平。要增强政治意识，牢牢把握正确舆论导向，既不以西方为标准，又勇于打破不合时宜的观念束缚；要坚持问题导向，抓住推进国家治理体系和治理能力现代化中的重大理论和实际问题，努力推出高质量的成果、提出有价值的建议；要注重发挥优势，汇聚专家学者，瞄准学术前沿，为广大读者提供优秀精神文化产品，为实际工作提供思想理论参考。

人民日报社总编辑李宝善、中国行政体制改革研究会会长魏礼群、中共中央党史研究室副主任李忠杰、人民日报社副社长张建星等出席。

由人民日报社主管，人民论坛主办的《国家治理》周刊是我国首家专注研究与传播国家治理体系与治理能力的期刊。创刊启动仪式之后，举行了以“治理现代化与文明的跨越”为主题的首届国家治理高峰论坛。会议还发布了“首届中国治理经验创新100佳”课题成果。

（参见《人民日报》2014年6月27日第2版）

智慧档案馆建设研讨会　8月7日，智慧档案馆建设研讨会召开。会上，清华大学档案馆薛四新根据2013年国家档案局和北京市档案局立项的“智慧档案馆的关键要素研究”科研课题的研究进度，围绕项目进展、阶段成果、观点讨论和后续工作等方面，对智慧档案馆的内涵和外延以及宏观的技术框架进行了汇报。信息化处就新馆智能化建设工作的进展和面临的问题进行了汇报。陶水龙指出：智慧档案馆的研究工作可从学术角度入手，应深入结合北京市档案信息化发展的现状和总体要求，在研究中切实厘清智慧档案馆与数字档案馆之间的并存和相互支援关系。徐玉伟指出：在下一步新馆建设工作中，要进一步明确并细化楼宇空间分配问题，根据空间分配方案对强弱电点位安排、安防布控结构等进行详细设计和施工。吕和顺指示：智慧档案馆与数字档案馆建设均为新馆建设和我市档案信息化发展的重点工作，务必尽快通过科学的研究活动确定智慧档案馆与数字档案馆之间的关系，开展研究的过程中要注重与国家、北京市的相关要求紧密结合，要接地气、能实践，切实将科研平台转化为局（馆）进行智慧档案馆建设的决策智囊；进一步加快新馆智能化建设方案的设计进度，按照新馆建设施工的总体进度安排，集局（馆）之力完成新馆智能化设计各相关节点，确保工程建设按期完成。

（北京市档案局科教处胡晓燕供稿）

农政与发展系列讲座　自2011年9月起，中国农业大学举办“农政与发展”系列讲座，在周四下午固定时间开讲。讲座以搭建学术交流平台、汇聚学界思想精华为己任，形成了一个具有广泛影响力的学术活动品牌。截至2014年年底，讲座已成功开办58讲，共有60位学者开讲。演讲者均为社会学、人类学、政治学、法学、传播学、经济学、政治经济学、哲学等领域的顶尖学者，包括美国艺术与科学院院士、耶鲁大学教授詹姆斯·C. 斯科特，斯坦福大学教授詹姆斯·弗格森，耶鲁大学教授杰弗里·C. 亚历山大，英国社会科学院院士、牛津大学教授芭芭拉·哈里斯—怀特，清华大学教授汪晖，复旦大学教授邓正来等。该讲座在全国高校与研究机构中引起了强烈的反响，被评价为中国目前最高水平的系列学术活动。

“农政与发展”系列讲座涉及社会学、人类学、政治学、经济学、历史学、政治经济学等多个学科，内容主要包括以下几个方面的主题：

1. 粮食安全、食品体制与农业方式转型：涉及全球农业资本主义的发展和农业方式的变革、世界粮食体制与农政问题、绿色革命在当今时代的延伸及其政治经济问题、可持续农业运动等内容。

2. 土地制度、土地政治：各国的土地制度、斗争与改革，以及农地变迁过程中的政治问题，特别是小农的境遇问题。

3. 全球化、贫困与发展：市场对社会和政治的影响、农村商品化、农政变迁中的社会性别、全球化背景下的乡村转型、后发国家面对的挑战和机会、气候变化与代际公正。

4. 社会与文化变迁：涉及素质文化、宗教问题与“信用”的生产、地方性手工艺的变迁与遭遇、国家与乡村社会关系的变迁、宗教与科学的论争以及文化创伤、社会团结与道德责任等。

5. 研究农政问题的理论视角：“日常政治”、农政变迁的政治经济学、关于分配的新政治学、“家户”的概念和框架、劳工阶级理论、生计框架等。

（中国农业大学科研院社科处张红伟、吴惠芳供稿）

危机管理：如何应对新的威胁学术讲座　10月10日，荷兰前外交大臣、前莱顿大学教授、著名危机管理学者、2015年全球网络空间会议荷兰政府特使乌里尔·罗森塔尔（Uri Rosenthal）到访清华大学公共管理学院应急管理研究基地，并在学院报告厅作题为“危机管理：如何应对新的威胁?”的公开演讲。演讲会由公共管理学院院长、应急管理研究基地首席专家薛澜主持，公共管理学院副院长、应急管理研究基地主任彭宗超，北京市科学技术研究院院长丁辉以及来自校内外的60多名听众出席了报告会。此次报告会也拉开了应急管理研究基地十周年系列学术活动的序幕。讲座之后，罗森塔尔与应急管理研究基地成员一起就薛澜领衔的国家自然科学基金非常规突发事件应急管理研究重点支持项目“新时期中国应急管理体系的顶层设计和模式重构”以及应急管理基地未来发展等问题作了深入沟通。

（清华大学文科建设处刘金梅供稿）

第七届中国战略管理学者论坛　10月10—11日，由“中国战略管理学者论坛”执行委员会主办，对外经济贸易大学国际商学院承办的第七届“中国战略管理学者论坛”暨国际商务学会（AIB）中国分会2014年会在对外经济贸易大学举行。此次年会汇聚近150位国内外战略管理和国际企业管理领域的专家、学者，参会机构达到60余家。对外经济贸易大学副校长林桂军致欢迎辞。

在主题发言阶段，对外经济贸易大学范黎波教授着眼于跨国公司在华并购战略研究，分享雀巢公司在中国的战略并购经验；上海太太乐食品有限公司总经理荣耀中结合自身的创业经历进行经验分享，突出战略制定和执行的重要性；天津财经大学校长李维安系统地介绍网络治理的特征、范围和职能，并预测其未来的发展方向；华南理工大学教授蓝海林从企业特有优势角度介绍中国企业如何实施国际化战略；俄亥俄州立大学教授OdedShenkar，向与会者展示中国企业在海外市场的投资情况，并总结中国企业海外并购存在的问题。

主题演讲之后，参加年会的战略管理学者分成九个分论坛进行论文宣读和交流。

（对外经济贸易大学科研处供稿）

第三届中国档案学博士论坛　10月18—19日，由中国人民大学信息资源管理学院、《档案学通讯》杂志社、中国档案学会共同举办的第三届中国档案学博士论坛在中国人民大学召开。国家档案局局长杨冬权、中国人民大学党委副书记吴付来、中国人民大学信息资源管理学院冯惠玲教授等出席论坛并致辞。本届博士论坛以“回望经典：中外档案学的比较与借鉴”为主题，吸引了来自中国大陆、中国台湾、美国、印度等海内外160余名嘉宾、博士生导师和博士生参加。整个论坛分为“经典回望”“中外比较”“当代成就”和“自由发言”四个版块。围绕“中外档案学的发展环境与理论贡献”“欧美档案学对我国档案学基础理论研究的影响”等专题展开讨论。

（中国人民大学科研处关晓斌供稿）

大数据与公共风险治理论坛　10月25日，“大数据与公共风险治理论坛”在清华大学公共管理学院一层报告厅举行。来自清华大学、山东大学、中国科学院、中央政法委、国家安全生产应急指挥中心、北京市安全生产监督管理局、中国网舆情频道、360公司等30余家单位的百余名应急管理理论研究与实践领域的专家学者与实践领导参加了本论坛交流。论坛开幕式由清华大学公共管理学院副院长、应急管理研究基地主任彭宗超主持。公共管理学院党委副书记谢矜在开幕式上致辞。论坛上半场和下半场分别由北京市安全生产监督管理局应急处副处长李怀冰和清华大学公共管理学院应急管理研究基地副主任曹峰主持。本论坛由清华大学公共管理学院主办，应急管理研究基地、2003级MPA院友承办，中国网舆情频道、清华大学公共管理学院院友办、创新发展与公共治理协同创新中心协办，是公共管理学院建院14周年、2003级MPA入校10周年、应急管理研究基地成立10周年系列活动之一。

（清华大学文科建设处刘金梅供稿）

第一届管理·创新·发展（MID2014）国际学术会议　10月25—26日，由北京交通大学经管学院工商管理分院承办的全国经济管理院校工业技术学研究会第十二届学术年会暨第一届“管理·创新·发展”

（MID2014）国际学术会议在北京交通大学举行。

大会由北京交通大学经济管理学院张明玉书记主持，陈峰副校长、全国经济管理院校工业技术学研究会曾小春理事长、徐寿波院士和张秋生院长分别致辞。开幕式后，来自 Duke 大学的 Arie Lewin 教授，清华大学的陈劲教授，Birmingham 大学 Eric Yipeng Liu 教授分别做了主题报告。会议还设置了三个平行分论坛进行学术交流。

第一届“管理·创新·发展”（MID2014）国际学术会议共收到论文 280 多篇，分别来自国内外 30 多个大学及科研机构，包括西安交通大学、北京交通大学、上海理工大学、华北电力大学、山东科技大学等高校。经过几轮的审稿，最后来自海内外 130 篇论文被会议录用发表。大会议题涉及“同质化时代的商业模式创新与转型研究”“现代化管理科学与工程理论及方法创新研究”“超竞争环境下的企业战略定位与可持续发展研究”“物流与供应链理论与模式创新研究”等 8 个研究领域的各个方面，是工业技术经济学与工商管理研究领域的一场盛宴，为各位专家和学者最新的研究成果和创新技术提供了一个展示的舞台。

（北京交通大学人文社科处供稿）

借助工商系统内外部管理信息，提高监管和服务效能研讨会　10 月 28 日，由北京市工商行政管理学会在京组织召开借助工商系统内外部管理信息，提高监管和服务效能研讨会。有关政府管理部门负责人共 50 余人到会。与会同志围绕信息在管理中应用的必要性及存在的问题，信息的归集方式、应用方式、应用领域，需要完善的制度、措施等问题进行了研讨。研讨会形成的研究报告提出两点基本认识：一是通过大数据在管理中的直接应用，将以往政府管理部门主要依靠自身现场检查发现问题的管理模式，转为充分借助社会信息发现问题的管理模式，提高发现市场秩序问题的能力，提高市场秩序控制力。二是通过大数据的间接应用，从单一的政府强力监管，转为政府监管与市场约束相结合，提高管理的有效性。研究报告对工商管理部门监管方式改革进行了前瞻性的探索，引起工商局领导重视。研究报告在 11 月 22 日《中国工商报》刊登。

（北京市工商行政管理学会左京生供稿）

深化北京住房公积金制度改革调研　10 月，中共北京市委改革办围绕我市公积金制度改革工作进行了专题调研，摸清了北京住房公积金管理基本情况，指出了在保障制度公平性、提高公积金使用效率、加强资金增值和抗风险能力等方面的问题，提出了提高住房公积金缴存比例与职工个人贷款最高限额，充分发挥住房公积金制度保障作用；完善监管机制，保障住房公积金制度有效运行；提升综合服务能力，切实维护职工权益的工作思路，以及就中央事权健全完善法规制度，努力实现应缴尽缴；明晰住房公积金功能定位，政策制定向中低收入者倾斜；适当拓宽资金使用渠道，合理分配增值收益等建议。

（中共北京市委研究室胡晓丹供稿）

全球治理与国家治理学术研讨会　中国共产党第十八届三中全会首次提出加强国家治理体系和治理能力的现代化建设，强调推动社会治理体制的改革和创新，近年来，国家主席习近平在 G20 峰会、博鳌论坛、APEC 峰会等一系列国际会议和论坛上也多次提出推动全球经济治理改革的主张和建议。国家治理和全球治理成为当前中国内政和外交的两个鲜明着力点，探索国家治理和全球治理在学理和实践上的互动关系，并且思考如何推动国内和国际两个大局的统筹发展，成为当前学术界的关注焦点。在此大背景下，11 月 22 日，由中国政法大学全球化与全球问题研究所主办的“全球治理与国家治理”研讨会在北京召开，来自中国政法大学、清华大学、中国人民大学、吉林大学等十多家高校、科研单位和杂志社的 30 多位领导和专家学者与会。会议就“全球治理与国家治理的互动”和“中国在全球治理与国家治理中的选择与对策”两个专题，从学理和实践两个层面就国家治理和全球治理的关系展开讨论。

（中国政法大学科研处郭丰琪供稿）

首届大数据与应用统计国际会议　11 月 29 日，首届大数据与应用统计国际会议在中国人民大学举办。会议由中国人民大学、兰州商学院、中国科学院、北京大学、首都师范大学联合主办，得到了国家统计局等政府部门的重视及国内众多所高校和研究机构的支持。来自国内外统计学界、国家统计系统的专家学者及各高校师生出席会议，就大数据与应用统计前沿问题和最新研究成果展开研讨。会议主要涉及大数据分析国际前沿研究问题、应用统计中大数据分析问题，特别是大数据统计理论、方法、最新研究成果及其在基因学、天文学、宇宙学、流行病学、经济金融学、生命科学和工程学等领域中的应用，以及大数据分析人才培养问题等。会议展示了统计学科的发展趋势和研究成果，促进了国际统计学者之间的相互交流与合作。

（中国人民大学科研处关晓斌供稿）

全国比较管理学术研讨会 12月13日，全国比较管理学术研讨会在京举行。会议由中国企业管理研究会比较管理专业委员会、中国社会科学院管理科学与创新研究中心、复旦大学东方管理研究院、上海外国语大学跨文化管理研究中心、首都经济贸易大学国际比较管理研究院主办，首都经济贸易大学工商管理学院承办。

来自中国社科院、清华大学、北京大学、中国人民大学、中央财经大学、对外经贸大学、天津财经大学、华东理工大学、西北大学、南京理工大学、东北财经大学、安徽财经大学、首都经济贸易大学等20多所大学的专家学者参加了本次会议。

当前，中国经济正处于转型期和阵痛期，同时也是中国经济战胜重重困难、克服经济陷阱的关键期。与会专家从各自的研究领域出发，探讨了比较管理、制度工作、圈子理论等管理学研究范式在互联网、企业管理和国家创新体系建设中的应用。与会人员希望能够借助本次研讨会的契机，从实践和理论上对中国经济转型的成功路径进行深入探讨，贡献各自的学术智慧。

（首都经济贸易大学科研处张嘉艳供稿）

国际档案理事会东亚地区分会2014年研讨会 12月16—17日，国际档案理事会东亚地区分会2014年研讨会在北京召开。会议由国家档案局主办，北京市档案局（馆）协办。此次研讨会的主题为“档案专业的挑战——危机还是机会”。开幕式上，国家档案局局长杨冬权致辞，市政府秘书长李伟代表市长王安顺向与会嘉宾表示热烈欢迎。国家档案局副局长杨继波主持开幕式。

研讨会上，北京市局（馆）长吕和顺作了题为“信息化发展给档案工作带来的挑战与机遇”的报告。他指出，信息化的发展给传统档案工作理念、职责、方式和档案信息安全等多方面带来了严峻挑战，同时也给档案工作带来难得的发展机遇，档案部门一是要以更新理念为先导，科学谋划档案工作；二是要以资源建设为核心，建设丰富的档案信息资源体系；三是要以数字档案馆建设为抓手，开创档案工作新局面；四是要以信息安全为准绳，构建牢固的档案信息安全管理体系。档案部门只有积极采取有效措施，才能推动档案工作转型升级。来自韩国、蒙古国、印尼、日本，中国香港和澳门以及全国各省、市、自治区的100余名档案工作者参加了研讨会。其中，北京、香港，以及国际档案理事会秘书处、韩国、加拿大的6位档案专家，交流了应对档案专业挑战的深刻思考和宝贵经验。

（北京市档案局科教处胡晓燕供稿）

第八届中青年社科理论人才百人工程学者论坛 12月20日，由中共北京市委宣传部、北京市社会科学界联合会、北京市哲学社会科学规划办公室联合主办，北京青年政治学院承办的第八届北京中青年社科理论人才“百人工程”学者论坛在北京会议中心举行。中共北京市委宣传部巡视员崔耀中出席论坛并讲话，北京青年政治学院党委书记楚国清致辞，北京市社会科学界联合会党组书记韩凯、北京市哲学社会科学规划办公室主任王祥武分别主持论坛上下半场。来自清华大学、北京大学、中国人民大学、北京师范大学、首都师范大学、对外经济贸易大学、首都经济贸易大学的“百人工程”学者和高校师生代表130余人参加了论坛。

论坛聚焦社会主义核心价值观，以深入贯彻党的十八大、十八届三中、四中全会和习近平总书记系列重要讲话精神为指导，围绕“社会主义核心价值观：构筑共有精神家园 实现中华民族伟大复兴”的主题开展研讨，以切实推进首都高校、社科界弘扬和践行社会主义核心价值观中重大理论和现实问题的研究，为着力建设中华民族共有精神家园、实现中华民族伟大复兴的中国梦提供强大思想动力和精神支撑。

论坛上，北京大学马克思主义学院院长郭建宁教授，中国人民大学国学院袁济喜教授，首都经济贸易大学工商管理学院蔡红教授，清华大学党委宣传部副部长张瑜，首都师范大学出版社总编辑、政法学院哲学系杨生平教授，北京师范大学哲学与社会学学院吴玉军教授、对外经济贸易大学英语学院副院长许德金，北京青年政治学院党委副书记祝文燕分别就“用社会主义核心价值观凝聚民族复兴强大力量”“友善：中华人伦关系之纽带”“行走中的思考：改革开放背景下的中国旅游与社会主义核心价值观的实践养成”“对高校培育践行社会主义核心价值观的方法论的思考”“外输内修，刚柔并济——关于社会主义核心价值观入心化行的对策思考”“培育和践行社会主义核心观，提升国民国家认同感的战略举措”“全球化与社会主义核心价值观的构建与传播”“高校社会主义核心价值观教育的实现途径探索”进行主题演讲。

（北京市社会科学界联合会学术活动部供稿）

综合（含新闻、国际关系、其他）

中国国际问题高级讲坛 2014　1月4—7日，由中国人民大学国际关系学院主办、全国高校国际政治研究会协办的“中国国际问题高级讲坛 2014”举行。此次讲坛的主题是“中国外交新十年”，来自全国40多所高校和研究机构的100多名国际关系学者和研究生参加了此次讲坛。国际关系学院副院长金灿荣教授主持了开幕式，国际关系学院院长陈岳教授做了主题致辞，中国现代国际关系研究院院长季志业、中国人民解放军少将兼国防大学教授朱成虎、中国国际问题研究所所长曲星、国际关系学院时殷弘教授等多位专家做了主题报告。

（中国人民大学科研处关晓斌供稿）

当前中日关系及中国对日战略选择研讨会　近日，国家社科基金资助期刊《现代国际关系》组织召开了“当前中日关系及中国对日战略选择”专题研讨会，来自中国社科院、北京大学、清华大学、中国人民大学、国际关系学院、国防大学、军事科学院、海军信息化专家咨询委员会、中央党校、中共党史研究室、中国现代国际关系研究院等单位近30位专家学者参加了研讨会。与会专家学者以安倍参拜“靖国神社”为切入点，就中日关系的一些深层次问题进行了热烈讨论，提出了许多很有见地的理论观点。

与会专家认为，安倍参拜“靖国神社”既有国际大背景影响，也有日本国内原因，更与安倍个人因素相关。国际力量格局发生巨大变化，特别是中国崛起，导致日本失落感与危机感加重；近年来日本国内右翼势力抬头，右倾思潮泛起，为安倍参拜“靖国神社”提供了社会基础；安倍个人具有极右理念与信仰，试图带领日本改变战败国地位，成为政治大国和“正常”国家；中国崛起引起一些国家的负面反弹，则使安倍认为有机可乘。

与会专家指出，安倍参拜“靖国神社”是日本社会右倾化的集中体现。安倍自以为得计，其实得不偿失，引起国内外普遍反对：在国内，安倍虽有右翼势力追捧，但反对声音居多；国际上，安倍参拜“靖国神社”引发一片反对之声，陷入孤立状态。总之，安倍参拜“靖国神社”及其右翼立场是在开历史倒车，注定不得人心。

（参见《光明日报》2014年1月20日第11期）

首届中国传播能力建设创新与发展学术研讨会

3月18日，由中国传媒大学、武汉大学、清华大学和厦门大学主办，中国传播能力建设协同创新中心承办的首届“中国传播能力建设”创新与发展学术研讨会在中国传媒大学图书馆举行。中国传媒大学校长苏志武出席会议并致辞，学校领导刘利群、高福安、胡正荣、廖祥忠出席会议。来自武汉大学、清华大学、厦门大学、中华全国新闻工作者协会、新华社、中国社会科学院、中国艺术研究院、中国人口与发展研究中心、新疆维吾尔自治区广电局、央视索福瑞收视率调查公司以及中国传媒大学的专家学者共计50余人参与了本次研讨。

苏志武校长在致辞中指出，在信息网络全球化的背景下，加强国家传播能力建设具有重要的战略意义。随着互联网尤其是移动互联网的普及，多种新媒体形态应运而生，不仅对传统媒体的技术平台、组织结构和经济来源等产生重要影响，也对我国经济、政治、社会、文化产生着重要作用。互联网已经成为当前舆论斗争的主战场。

（中国传媒大学文科科研处供稿）

性别传播的国际发展与中国实践研讨会　4月18日，“性别传播的国际发展与中国实践”研讨会暨联合国教科文组织国际传播发展计划结项会在中国传媒大学举行。会议由中国传媒大学媒介与女性研究中心主办，文科科研处协办。联合国教科文组织驻华代表处信息与传播项目官员安卓先生出席会议并致辞。本校党委副书记兼媒介与女性研究中心主任刘利群出席会议并做主题发言。

安卓先生在致辞中首先祝贺联合国教科文组织国际传播发展计划项目“提升中国大众传媒的性别意识”圆满结项。他指出，国际传播发展计划是联合国教科文系统中唯一一个致力于动员国际社会力量来促进发展的多边计划，该计划为那些与媒体相关的项目提供支持，同时也致力于媒体的能力建设。与该计划结合，联合国教科文组织推出了“媒体性别敏感指标”，以推进各级媒体架构以及新闻报道中的均衡平等。

刘利群作为项目负责人，以“提升大众传媒性别意识的前提和逻辑”为题作了主题演讲。她提出，提升大众传媒性别意识的前提，是需要对中国大众传媒意识的整体现象和状态，有足够清醒的认识和理性客观的判断；提升大众媒体性别意识背后的逻辑，则包括培养更多有担当的传媒教育工作者。

（中国传媒大学文科科研处供稿）

第二届经济外交研讨会 4月22日下午，第二届经济外交研讨会在外交学院展览路校区国际交流中心举行。会议由外交学院副院长江瑞平和国际经济学院刘曙光教授主持。来自外交部国际经济司、国家发展改革委员会等部委，中国社会科学院、国务院发展研究中心、中国国际问题研究所、中央党校等专业研究机构，以及外交学院、清华大学、北京大学、武汉大学等高校的20多名专家和学者参加了会议。

外交部国际经济司刘劲松副司长做了主旨发言。与会专家和学者对经济外交的内涵与外延、中国经济外交制度创新、中国特色大国经济外交、深化改革与经济外交、丝绸之路经济带研究、构建互利共赢的周边能源外交战略等多项议题展开了热烈的研讨。在中国经济外交制度创新议题中，有关专家建议国家安全委员会在经济外交方面担当更大的角色，由其决策我国能否使用经济外交策略以及使用何种经济外交策略。在中国经济外交理念创新议题中，有关专家认为经济外交要与国内经济改革与转型实现良性互动，要用自身资源服务于国内利益，国内发展更高于国际责任。在对外援助机构改革问题议题中，有关专家认为部门分工可更专业化、考虑经济利益与政治利益的合理使用。

在讨论发言环节，与会专家和学者进行了坦诚交流，部分专家和学者作了补充发言。外交学院副院长江瑞平做了总结发言，建议成立中国经济外交研究会，为经济外交领域的政策实践部门和学界之间搭一个平台，使中国经济外交理论研究和政策实践的发展不断推陈出新，阔步向前。

（外交学院科研处供稿）

和平共处五项原则发表60周年研讨会 4月30日，中国社会科学院国际研究学部在京举行纪念“和平共处五项原则”发表60周年研讨会。中国社会科学院副院长李扬出席会议并讲话。李扬说，60年前，周恩来总理在出访印度、缅甸时，提出了“互相尊重主权和领土完整、互不侵犯、互不干涉内政、平等互利、和平共处”为内容的和平共处五项原则。此后，这一原则相继被万隆会议、不结盟运动乃至联合国所接受，成为国际关系的公认准则。60年来，中国坚持按照和平共处五项原则处理国家间关系，在外交上取得巨大成绩，经济总量位居世界第二，国际地位大幅度攀升，可以说这得益于对五项原则的坚持和运用。李扬指出，近年来，中国所处的国际环境发生很大变化。这些变化，为中国的发展提供了新的挑战与机遇。中国更加重视与周边国家的关系，同时倡导与美国建立新型大国关系，并提出新型国家安全观。习近平总书记提出的一系列处理新形势下我国对外关系和参与国际事务的新思想，值得我们认真学习研究。未来，中国坚持走和平发展的道路不会动摇。要保证和平发展的环境，需要捍卫国家核心利益，处理好复杂的周边和国际关系，积极参与创建新的国际规则和体系。在新的历史时期，我们既要总结和平共处五项原则的历史经验，更要对新的周边环境和国际环境进行深入研究，与时俱进，在继续坚持和平共处五项原则的基础上，结合我国外交实践，提出和制定符合我国中近期战略利益的政策和原则。

国际研究学部主任张蕴岭主持会议。国际研究学部副主任周弘、欧洲研究所所长黄平、日本研究所所长李薇、俄罗斯东欧中亚研究所所长李永全出席会议。

来自国际研究学部各研究所、北京大学、中国国际问题研究所的专家学者，围绕和平共处五项原则的意义、新时期和平共处五项原则的继承和发展、新时期的中国外交战略等议题，展开讨论。

（中国社会科学院办公厅刘玉杰供稿）

2014亚欧国家中国经济社会发展基本经验研修班 5月14日至6月3日，由商务部主办，国务院发展研究中心公共管理与人力资源研究所承办的2014年亚欧国家中国经济社会发展基本经验研修班成功举办。6月3日，研修班举行结业式，中心国际合作局局长程国强出席会议并讲话，公共管理与人力资源研究所副所长李兰做了项目总结发言，孟加拉国公共管理部高级助理秘书沙卡尔也代表各国学员在结业式上发言。结业式由国际合作局副局长兰炜班主持。与会有关领导向各国学员颁发了结业证书。

此次研修班共有来自孟加拉、东帝汶、格鲁吉亚、吉尔吉斯斯坦、马尔代夫、缅甸和尼泊尔的13名政府官员参加。在北京期间，研修班举办系列讲座，由国务院发展研究中心的有关领导和专家向各国学员系统介绍中国的基本国情和发展经验，中国改革开放和经济社会发展相关领域的主要进程和经验，以及全面深化改革的主要内涵和举措。研修班还组织各国学员赴北京、成都、郑州等地实地考察中西部地区经济社会发展的情况，并与地方有关领导进行了座谈和交流。研修班还组织学员与国务院发展研究中心的研究人员座谈，就经济社会发展中的主要问题进行了交流。在研修班专门组织的研讨会上，各国学员代表分别介绍了本国国情和发展状况，并进行了相互交流。

（国务院发展研究中心办公厅科研处郭巍供稿）

乌克兰危机与大国博弈讲座　5月24日，北京市科学社会主义学会在北京市委党校召开学术讲座，由北京市科学社会主义学会会长许耀桐主持，中国社会科学院中国边疆史地研究中心主任、研究员、普希金奖章获得者邢广程主讲，题目是“乌克兰危机与大国博弈”。邢广程围绕当前乌克兰事件，深入探讨了乌克兰危机的来龙去脉和危机产生的深层根源，因乌克兰危机而形成的西方阵营和俄罗斯之间的利益博弈，以及乌克兰危机的出路和对我国的启示。邢广程最后指出，中国有可能会获得一个比较长的战略机遇期，并强调，中国一定要保持稳定，如果国家一乱，国家主权和领土完整就很难加以保证。

在主体演讲结束后的互动环节中，大家就如何看待苏联解体，乌克兰危机对我国的影响等当前热点问题进行了提问和发言，邢广程——做了精彩的回答。出席讲座的社科工作者60余人。

（摘自《北京市社科联所属社会组织2014年活动概览》）

和平共处五项原则提出60周年座谈会　5月20日，由中共中央党校国际战略研究所举办的“和平共处五项原则”提出60周年座谈会在京召开，来自中共中央党校、中国人民大学、外交学院、中国国际问题研究所以及外交部和中联部等多家单位的专家学者汇聚一堂，就“和平共处五项原则”提出的历史背景、曾发挥的历史作用，以及新形势下“和平共处五项原则”对维护世界和平、促进人类共同发展的重大现实指导意义进行了讨论。

与会者一致认为，新的形势要求我们丰富和发展“和平共处五项原则”精神，以奋发有为的姿态不断开创中国外交新局面，为实现中华民族伟大复兴缔造和平有利的国际环境。

（参见《人民日报》2014年5月21日第22版）

亚太地区的安全与合作国际学术研讨会　5月27日，为期两天的第二届“亚太地区的安全与合作”国际学术研讨会27日在北京开幕。研讨会由中国国际战略学会和香港陈复生基金共同主办，中国国际问题研究基金会协办。来自20多个国家的60余名前政要、知名人士和专家学者出席了研讨会。

中国人民解放军副总参谋长兼中国国际战略学会会长孙建国海军上将在研讨会开幕式上发表演讲说，中国作为负责任的亚太大国，一直谋民富而不称霸、结友邦而交睦邻，始终是亚太持久和平的维护者、互利合作的推动者、共同繁荣的践行者。中国将坚持“亲、诚、惠、容”周边外交理念和共同、综合、合作、可持续的亚洲安全观，坚持公道正义，按事物本身的是非曲直对待周边事物、处理国与国关系，坚定不移地维护网络、海洋等各领域的主权安全和发展利益。希望与会代表及各国进一步增进战略互信，秉持公道正义，尊重历史事实，共同维持二战胜利成果和战后国际秩序，携手维护亚太安全，着力促进共同发展。

（参见《人民日报》2014年5月28日第21版）

中国与邻国：推进共同繁荣与发展国际学术研讨会　5月27—28日，由中国社会科学院主办，中国社会科学院国际合作局、亚太与全球战略研究院承办的中国社会科学论坛（2014年）“中国与邻国：推进共同繁荣与发展”国际学术研讨会在北京举行。来自中国、俄罗斯、蒙古国、韩国、日本、菲律宾、马来西亚、新加坡、印度尼西亚、越南、老挝、柬埔寨、缅甸、孟加拉国、斯里兰卡、印度、尼泊尔、巴基斯坦、阿富汗、吉尔吉斯斯坦、塔吉克斯坦、哈萨克斯坦、乌兹别克斯坦等23个国家的60多位专家学者参加研讨会。会议从政策愿景、经济合作、安全合作、人文交流及智库合作等方面，就如何推进中国与周边邻国共同繁荣发展的问题进行了深度研讨。中国社会科学院院长王伟光、柬埔寨合作与和平研究所主席西里武亲王、全国人大外事委员会主任委员傅莹出席开幕式并作主旨发言。开幕式由中国社会科学院副院长李扬主持。

（中国社会科学院办公厅刘玉杰供稿）

密苏里大学新闻学院博导团学术沙龙 6月6日，国际教授工作室之“密苏里大学新闻学院博导团”学术沙龙在中国传媒大学举行。本次沙龙由传媒高等教育国际联盟秘书处、文科科研处主办，新闻传播学部协办。密苏里大学新闻学院副院长 Fritz Cropp 带领该校新闻学、传播学、广告与战略传播等领域的多位博士生导师来中国传媒大学进行学术交流和合作探讨，中国项目主任章于炎陪同来访。中国传媒大学胡正荣副校长出席会议。中国传媒大学新闻传播领域各研究所、学科方向的博士生导师、研究员代表参加会议。本次沙龙也是中传—密苏里联合推动英文学术期刊编辑的项目研讨会议。

学术沙龙由中美双方学者根据各自研究兴趣及方向进行探讨并确定联合英文学术期刊的主题和编辑团队。双方在新闻文化研究、媒介与女性研究、战略传播等领域展开讨论，并就 Glenn Leshner 教授媒介心理学联合实验室建设达成合作意向。这一联合实验室将在2013年“媒介研究的实验方法”国际教授工作室建设的实验室基础上，进一步推动定量媒介心理学研究。

（中国传媒大学文科科研处供稿）

第二届中韩公共外交论坛 6月12日，第二届中韩公共外交论坛在北京举行。中国外交部部长王毅、韩国外交部部长尹炳世分别向论坛致贺信，中国外交部部长助理刘建超、韩国驻华大使权宁世出席开幕式。中国公共外交协会会长李肇星、韩国国际交流财团理事长柳现锡等出席并致辞。

与会者一致认为，应继续扩大两国各领域、各层次交流，吸引和动员两国社会各界力量广泛参与公共外交合作，不断增进两国人民相互认知和友好感情，夯实两国关系发展的民意基础。

（参见《人民日报》2014年6月13日第21版）

中美学者战略对话会 6月14日，由外交学院国际关系研究所主办的“构建中美新型大国关系：内涵与路径”中美学者战略对话会在外交学院举行。来自美国的波士顿大学、弗吉尼亚军事学院、佐治亚大学、维拉诺瓦大学和美国天主教大学等美方学者与来自中国外交部美大司、清华大学、中国人民大学、现代国际关系研究院、上海社科院、国际问题研究所和外交学院等中方专家学者共约30人参加对话会。

会议开幕式由外交学院国际关系研究所所长卢静主持。中国外交部美大司蔡伟副司长、外交学院副院长王帆、美国弗吉尼亚军事学院克利福德·基拉科菲（Clifford Kiracofe）教授先后致辞。此次对话会上，中美学者围绕中美新型大国关系的概念与内涵、当前中美关系的特点与未来发展、中美在东亚的地区合作、中美战略互信等相关问题进行了坦诚、热烈并深入的探讨。双方一致认为：构建中美新型大国关系意味着应该打破旧思维、旧范式，寻求新的思考与解决方式；中美双方应该寻求在亚太地区的利益重合点，并做相应的政策调整从而促进亚太地区稳定和中美关系的良性发展；尽管中美之间战略互信不足，但加强沟通与交流有助于双方增信释疑；中美两国存在巨大的“合作潜力”，可以在中东、东南亚、东北亚、非洲等地区，以及网络安全、气候变化等领域展开务实合作。

（外交学院科研处供稿）

全球治理与世界秩序学术研讨会 6月15日，由外交学院国际关系研究所主办的“全球治理与世界秩序”学术研讨会在外交学院展览路校区国际交流中心举行。这是外交学院国际关系研究所建所30周年系列学术活动之一。参加研讨会的有来自外交部政策规划司、中联部研究室、中央编译局、中国人民大学、中国政法大学、中国国际问题研究所、中国社科院、中国传媒大学、上海社科院、北京外国语大学、南开大学、吉林大学、国际关系学院和外交学院等机构的20余名专家学者。

外交学院国际关系研究所所长卢静主持了开幕式，外交部政策规划司周剑参赞和外交学院副院长王帆分别致辞。周参赞在致辞中表示，外交学院作为我国外交外事人才培养的重要基地，为国家的外交事业输送了大量人才，国际关系研究所作为学院的重要研究机构，发表了许多很有影响力的研究成果，也对我国外交发挥了很好的政策建言的智库作用，他对此表示感谢，也祝贺国际关系研究所建所30周年。外交学院副院长王帆在致辞中首先感谢与会领导和专家对国际关系研究所建所30周年活动的大力支持，随后他简要地向与会专家介绍了国际关系研究所30年的光辉历程，并指出了国际关系研究所今后的发展方向，最后他诚恳希望国内外同行能够一如既往地支持外交学院国际关系研究所的发展。开幕式上，中联部研究室副主任栾建章发表了“全球治理与世界秩序”的主旨发言，他主要从格局与定位、治理与秩序、理论与实践三个角度探讨了全球治理与世界秩序的问题，并重点在中国新型特色大国外交如何开展，中国如何更好地参与全球治理，推动世界秩序建设等问题上发表了自己的看法。

在随后的专题讨论中，国内外知名学者分别就全球治理新倡议、世界秩序新理念和中国参与全球治理与世界秩序构建等问题发表观点。

（外交学院科研处供稿）

第三届世界和平论坛　6月21日，第三届世界和平论坛在清华大学举行。国务委员杨洁篪出席开幕式并发表主旨演讲。

杨洁篪表示，建设一个更加美好的亚洲，需要为地区安全与合作开辟新思路、探索新办法、推出新举措。前不久，习近平主席在亚洲相互协作与信任措施会议第四次峰会上倡导共同、综合、合作、可持续的亚洲安全观，凝聚了亚洲国家共识，丰富发展了安全合作理念，增添了亚洲及世界安全合作动力，对增进地区国家互信与协作、实现本地区乃至世界的持久和平与共同发展，意义重大，影响深远。

杨洁篪强调，中国将践行亚洲安全观，坚定不移走和平发展道路。中国坚持在和平共处五项原则基础上深化同世界各国的友好合作，坚持弘扬丝绸之路精神，坚持通过和平方式解决国家间的分歧和争端，坚持为解决地区热点问题发挥建设性作用。中国始终是促进亚洲和世界和平与发展的坚定力量。我们愿与各国一道，继续为亚洲与世界的持久和平与共同繁荣做出更大贡献。

论坛主席、前国务委员唐家璇在开幕式上致辞。

论坛主题为“追求共同安全：和平、互信、责任”，包括多位外国前政要、知名智库学者在内的中外来宾约500人出席。

（参见《人民日报》2014年6月22日第2版）

2014中国传播论坛　6月28日，由教育部人文社科重点研究基地——广播电视研究中心、社会科学文献出版社主办，协同创新中心协办的“2014中国传播论坛：‘国际话语体系与国际传播能力建设’研讨会暨首部《中国国际传播发展报告》发布会”在中国传媒大学新图书馆召开。中国传媒大学副校长、广播电视研究中心主任胡正荣出席并主持会议。来自业界和学界的近百名专家学者与会，围绕会议主题进行研讨。

胡正荣在致辞中指出，此次研讨会期间发布的《中国国际传播发展报告（2014）》（国际传播蓝皮书）由广播电视研究中心组织，汇聚了从事国际传播实务的政府部门、主流媒体、教育文化以及其他信息传播机构的领导、专家与国内外知名学者，共同编撰而成，是中国乃至全球第一部研究中国国际传播发展情况的专业权威报告。我们力图把这本书打造成搭建政府、业界和学界交流的学术平台，融通中外国际传播理论创新的平台，构建一个体现当代中国价值的诠释体系。该蓝皮书计划每两年出版一次，期待此书能够成为政府决策的思想库、业界实操的数据库以及学术研究和广大传媒爱好者学习和讨论的资料库。

社科文献出版社副社长胡鹏光在致辞中表示，此次与广播电视研究中心合作出版这一具有里程碑意义的国际传播蓝皮书，不仅丰富了本社的皮书系列，而且填补了国内外在这一研究领域的空白。

（中国传媒大学文科科研处供稿）

首届国际高端传媒学术期刊主编论坛　6月28日，由中国传媒大学主办，《现代传播》编辑部与中国传媒大学新闻传播学部承办，中华国际传播学会与天津师范大学新闻传播学院协办的“首届国际高端传媒学术期刊主编论坛”在北京中传国际交流中心举办。中国传媒大学廖祥忠副校长出席会议。来自美国、新加坡、中国台湾和香港等国家和地区的著名学术期刊的主编、编辑及中国传媒大学相关学部领导、职能单位负责人、中青年教师50余人参加论坛。论坛由“长江学者”特聘教授、《现代传播》主编胡智锋主持。

廖祥忠在致辞中对传媒类学术期刊在传媒学术与传媒学科发展中的重要地位和作用给予了高度评价，同时他还向各位参会人员介绍了中国传媒大学60年的发展情况以及文科科研的发展情况，并充分肯定了《现代传播》35年来在学术与学科上的重要作用。

在论坛演讲环节中，胡智锋主编、香港《传播与社会》主编罗文辉，新加坡《亚洲传播学报》主编郝晓鸣，台湾《中华传播学会会刊》主编林富美，中国社会科学院新闻与传播研究所所长、《新闻与传播研究》主编唐绪军，《新华文摘》总编喻阳，《国际新闻界主编》陈力丹，《新闻大学》主编黄芝晓，

《新闻记者》主编刘鹏以及《中国编辑》编审祝晓风分别从刊物的办刊理念、发展历程、办刊经验、未来方向等方面进行了主题发言。

（中国传媒大学文科科研处供稿）

丝绸之路经济带媒体合作论坛 7月2日，以“丝路联通梦想 媒体共促发展”为主题的丝绸之路经济带媒体合作论坛在北京人民大会堂开幕。全国政协副主席李海峰、人民日报社社长杨振武、俄塔社总编辑马拉特·阿布哈金、土库曼斯坦驻华大使齐纳尔·鲁斯塔莫娃等出席开幕式并致辞。人民日报社总编辑李宝善主持开幕式。

李海峰在致辞中说，去年9月，习近平主席在哈萨克斯坦纳扎尔巴耶夫大学发表重要演讲，提出共同建设丝绸之路经济带的战略构想，为新时期亚欧各国进一步深化合作勾勒了宏伟蓝图，为进一步促进各国及区域发展提供了崭新机遇。中国希望同沿途各国一道，不断增进互信、巩固友好、加强合作，以新的形式把互利合作不断推向新的历史高度，共同建设好丝绸之路经济带。

杨振武在致辞中表示，讲好丝绸之路新故事，共创丝绸之路新辉煌，需要媒体人共同努力。媒体要发挥增进各国相互了解的窗口作用，客观报道丝绸之路沿途各国的真实状况；发挥促进各国民心相通的桥梁作用，有效推动丝绸之路沿途各国的团结合作；发挥推进各国友好往来的纽带作用，培育丝绸之路沿途各国人民的友谊之花。

丝绸之路经济带媒体合作论坛由人民日报社主办，设丝绸之路经济带城市发展研讨会和丝绸之路经济带媒体合作论坛圆桌对话会两个分论坛。来自中国、俄罗斯、哈萨克斯坦、吉尔吉斯斯坦、土库曼斯坦、塔吉克斯坦、乌兹别克斯坦、印度、巴基斯坦、伊朗、土耳其等10多个国家的近百名政府官员、外交使节、主流媒体代表，围绕“平等互利 合作共赢”“媒体助力 共筑梦想”“区域发展 交流互惠”三个议题畅所欲言、坦诚交流。与会中外主流媒体代表将签署丝绸之路经济带媒体合作论坛联合宣言。

（参见《人民日报》2014年7月3日第1版）

政务微信：政府公信力提升的新路径专家研讨会 7月13日，由中国传媒大学媒介与公共事务研究院主办的“政务微信：政府公信力提升的新路径”专家研讨会暨《政务微信发展年度分析报告2013》成果共享研讨会在中国传媒大学国际交流中心举行。全国政协外事委员会副主任、原国务院新闻办公室副主任、中国传媒大学媒介与公共事务研究院名誉院长王国庆，中国公共关系协会政府公共关系委员会主任委员、中国传媒大学媒介与公共事务研究院中国新闻发言人研究中心主任、原公安部宣传局局长兼新闻发言人武和平，腾讯公司政府事务部总经理刘勇等相关领域专家及新华社、中新社等媒体代表一同参加了研讨会，共同研讨了新形势全媒体背景下政务微信新闻的现状及前景等相关主题。

会上发布了《政务微信发展年度分析报告2013》成果。报告显示，目前全国政务微信发展总量已接近6000家，进入迅猛发展阶段。自2013年9月12日，带“国务院”头衔的官方微信——“国务院公报”入驻微信之后，中国外交部、国家统计局等中央政府也纷纷开通微信，引发社会各界关注；以公安部、共青团、政府办、税务、检务、文物旅游等领域为代表，政务微信在地域和层级上均实现了突破性发展。

（中国传媒大学文科科研处供稿）

《人民日报》新媒体论坛暨法人微博创办两周年研讨会 7月22日，人民日报社新媒体论坛暨法人微博创办两周年研讨会在京举行，交流媒体微博运营经验，探讨移动互联网的新机遇和媒体融合的新课题。

人民日报社社长杨振武，国家互联网信息办公室副主任任贤良出席会议并讲话。人民日报社副总编辑马利主持会议。

会上，杨振武介绍了人民日报社加快推进媒体融合发展的总体目标和主要措施。他说，在新起点上推动媒体融合，要有“本领恐慌”的紧迫感，有“不甘人后”的使命感，运用新思维、驾驭新载体、采取新手段，真正掌握融合发展的新本领。要用互联网思维办媒体、抓融合、促发展。紧紧依靠机制创新，引进新的基因，催生化学变化。要始终坚持“内容为王”，以内容优势赢得发展优势。同时，高度重视技术的引领和驱动作用，不断以新技术新应用引领融合发展，走出一条内容和技术双轮驱动的融合发展之路。要树立开放共享的意识、借力发展的意识，通过跨界协作、合作共赢，实现更好更快发展。

杨振武强调，我们要抓紧变革，也要始终坚守。通过融合发展，要更好满足用户的需求，但绝不能迎合庸俗、低俗的趣味；要形成平等交流的氛围，但绝不能模糊是非善恶的界限；要创新引导舆论的方式，但绝不能丧失党和人民的立场。面对快速传播和信息失真的矛盾、表达观点和观点极端化的矛盾、传递情感和情绪泛化的矛盾，主流媒体要努力做纷繁信息的过滤器、偏激情绪的缓释剂、国民心态的压舱石。

2012 年 7 月 22 日凌晨，《人民日报》法人微博在北京特大暴雨中紧急上线。截至今天，在人民网、新浪网、腾讯网粉丝总数超过 4610 万，位列所有媒体微博账号第一。仅在新浪平台，粉丝总量就达 2200 万，单条微博的平均转评数达 5000 次，开博以来总阅读量超过 200 亿次。

人民网、新华网、中国网络电视台和百度、360、新浪等互联网企业负责人，以及清华大学、中国人民大学等高校的专家学者参加研讨会。

（参见《人民日报》2014 年 7 月 23 日第 4 版）

第二届 20 国智库论坛　9 月 3 日，第二届 20 国（G20）智库论坛在中国人民大学开幕。这是继 2013 年中国人民大学重阳金融研究院领衔发布全球首份 20 国智库共同声明之后，实现的全球首个 20 国智库年会机制。论坛以“大金融与综合增长的世界”为主题，来自 G20 成员国的 30 多名智库学者就“G20 与综合增长战略”“金融改革与全球治理”“G20 与中国”等三大议题展开讨论。开幕式由中国人民大学副校长伊志宏主持，来自中国、俄罗斯、美国、印度、日本、欧盟等 20 国集团成员重要智库与世界银行、国际货币基金组织、联合国等国际组织的专家学者，以及政界、业界、学界代表等 100 余人出席。美国前总统吉米·卡特，全球中小企业联盟主席、联合国工业发展组织前总干事、重阳金融研究院外籍高级研究员卡洛斯·马格里诺斯作论坛主旨演讲，中国人民大学校长、中国人民银行货币政策委员会委员、重阳金融研究院院长陈雨露作开幕式致辞。

（中国人民大学科研处关晓斌供稿）

国家软实力与中国外交讲座　9 月 5 日，美国哈佛大学费正清东亚研究中心前主任、著名社会学家和汉学家、《邓小平时代》一书作者傅高义应邀来到外交学院，在沙河校区为学院师生作了题为“国家软实力与中国外交”讲座。讲座前，外交学院院长秦亚青、副院长王帆等会见傅高义，双方就学术合作等问题进行了交流。随后，秦亚青主持讲座。

傅高义从自身对中国发展变化的认识开始，分析了当前国际关系的转型和转型期的中国软实力。傅高义 1973 年作为美国科学代表团成员第一次来中国，看到了当时中国贫穷且封闭的状况。自 20 世纪 80 年代以来，随着中国改革开放的不断推进，中国社会面貌发生了很大变化，90 年代末开始，中国迅速发展。在过去的几年中，中国实现了迅速崛起。中国崛起使得美国这个世界超级大国无法再像以前一样统治世界事务。中美力量对比发生的变化影响到国际关系的稳定性，但未来不论中国还是美国成为世界经济第一，都需要双方的合作。在当前国际关系转型期，习近平主席和奥巴马总统作为中美两国领导人要加强对话，这样有助于双方建立信任。中国随着国力增长也在不断加强国家软实力建设，在转型期，中国的对外宣传显得尤其重要。CCTV 和国家汉办在让世界了解中国方面做了很多工作。傅高义还对中国对外宣传工作提出了坦率的建议，希望增加更多灵活和务实的方式。他认为，中国随着国力增长能够在国际组织中发挥更大作用。在随后的互动环节，傅高义就学生提出的当前中日关系、西藏问题、中美软实力等问题进行了交流。

（外交学院科研处供稿）

媒体融合：互联网时代的新机遇与新挑战高端研讨会　9 月 12 日，为了响应习近平总书记关于媒介融合国家战略讲话精神，顺应时代潮流，在互联网时代的新挑战与新机遇面前，担负起历史重任，中国传媒大学在国际交流中心举办了“媒体融合——互联网时代的新机遇与新挑战”高端研讨会。40 多位中国传媒大学校内外知名专家、学者参加会议。

袁军副校长在致辞中指出，媒体融合是全球传媒业发展的重要趋势，被视为国际性的热点与前沿课题。中国传媒大学建校 60 年来，为中国新闻传播界培养了大批高层次人才，为党和国家的传媒事业以及社会经济发展做出了重要贡献。为了响应习总书记的讲话精神，充分发挥在传播领域、互联网领域的学科优势，中国传媒大学创建了互联网信息研究院，致力于为互联网发展战略与开创媒体融合新局面提供技术支持、理论支持与人才支持，并将以此为基石，开展多方合作，探索媒体融合背景下的人才培养新模式，以及具有前瞻性与科学性的专业设置，大胆创新招生机制。

胡正荣副校长总结了国内传统媒体面对互联网冲击的三种应对做法。新华社技术局副局长陈明祥指出，媒体融合本质是依赖信息技术在行为上的变革，包括新闻媒体的创新，不仅仅是多媒体的一个简单叠加，更要以发行为导向、以产品为导向。人民网副总裁官建文从媒体融合的概念入手，指出媒体融合还应包括媒体与非媒体的融合，即媒体外的融合，这将是媒体融合面临的新机遇与新挑战。

廖祥忠副校长在总结讲话中指出，我们对媒体融合的认识应该提升到更高的层次。整个社会在融合、行业在融合，媒体融合只是其中的一个环节。学者们对媒体融合的研究应当放到整个人类社会的融合背景下进行，必须有这种大的宏观思维，我们才能够想到未来媒体融合的走向是什么。随后，他指出，具有强大公信力的传统媒体与新兴媒体的融合将对社会发展产生巨大的推动力。最后，廖校长总结了传媒大学研究媒体融合的优势，阐述了建立互联网信息研究院这个平台的意义，希望以后有更多机会与社会各界的专家学者共同探讨此类课题。

（中国传媒大学文科科研处供稿）

第十届中俄大众传媒发展国际学术研讨会 9月18日，由中国传媒大学新闻传播学部、中国人民大学新闻与社会研究中心、莫斯科大学新闻系等单位联合主办，新闻传播学部传播研究院承办的“第十届中俄大众传媒发展国际学术研讨会”在中国传媒大学举办。作为新闻传播学部庆祝中国传媒大学建校60周年重要学术活动之一，本次研讨会共邀请了来自中俄两国十几所大学、官方科研机构以及传媒业界的专家学者等共计50多人参会。

本次研讨会的主题为“国际传播与国家发展”，共分“国际舆论引导与国家形象建构”和“国际话语权与国际传播战略”两个分会场。与会者宣读了提交的学术论文，并回答了现场听众的提问。会议论文主题丰富，涉及我国对外传播、特别是对俄传播的战略问题、俄罗斯传媒发展的新动向、俄乌矛盾背景下的区域媒体舆论斗争、中俄国家形象与公共外交的策略比较、中俄对外传播的媒体个案研究等当前中俄大众传播领域的热点议题。

“中俄大众传媒发展国际学术研讨会”是中俄学者在大众传媒研究领域开展学术交流与合作的平台。从2005年开始，由莫斯科大学、中国传媒大学和中国人民大学每年轮流举办，至今已成功举办九届，是我国新闻传播学界开展国际学术交流的一个知名品牌。本届研讨会的举办既是对中国传媒大学建校60年来在国际传播研究领域成果的一次集中展示，同时也是一次促进中俄传媒业界、学术界对话的重要机遇，对促进中俄友好、推动跨国学术和文化交流合作具有积极意义。

（中国传媒大学文科科研处供稿）

全媒体时代的绿色营销论坛 9月21日，2014首届中国传媒与品牌官联席大会暨全媒体时代的绿色营销论坛在中国传媒大学举行。此次会议由中国传媒大学MBA学院、中国传媒与品牌官联席会、中国互联网新闻中心、中华经济发展交流协会联合主办。会议由第一财经频道主持人韩瑛珂主持。

中国传媒大学副校长廖祥忠在致辞中指出，绿色营销是实现经济可持续发展的重要途径。企业通过绿色营销及相关社会活动与消费者沟通，能够提高美誉度，树立负责任的“企业公民”的良好形象，为品牌带来长久的增值效应。

全国人大财经委原副主任、九三学社中央副主席、国家统计局原副局长贺铿在致辞中表示，互联网技术的发展普及，传统媒体和新媒体的融合，为用户提供最便捷的信息传播和沟通方式。传统的营销传播模式在社会化媒体和移动互联网时代面临着巨大挑战，富有远见和勇气的企业开始直面这种挑战，并付诸大胆的行动和天翻地覆的变革。

中国企业联合会原执行副会长、《经济日报》原总编辑冯并在致辞中表示，新旧媒体的融合是未来发展趋势，要结合新闻传播规律与科技发展规律，才能发挥媒体正确的社会作用。

在沙龙环节，与会者分别就企业可持续发展途径和全媒体时代的社会化营销等议题展开了探讨。

（中国传媒大学文科科研处供稿）

移动互联网时代：让档案活起来学术论坛 9月25日，北京市档案学会和北京数字科普协会在北京科技活动中心联合举办“移动互联网时代：让档案活起来”学术论坛。国家档案局副局长、中央档案馆副馆长李明华，北京市档案局副局（馆）长李立军、陶水龙和学会理事长陈乐人出席。论坛围绕在当今网络化时代，如何充分挖掘档案资源，依托现代互联网传播的有效途径、借助现代信息技术手段，加强档案资源的文化传播，更好地服务社会、服务大众等内容进行了学术交流。陈乐人和数字科普协会理事长柳纯录分别致辞，对双方加强交流与合作并共同举办学术论坛表示祝贺。李明华、李立军，中国人民大学信息资源管理学院教授王健，市地方志编纂委员会办公室副主任、方志馆馆长侯宏兴，清华大学清城睿现数字科技研究院副院长孙慧皎分别作了题为“以档案专题的当代性表达，及时发出有质量的声音”“北京市档案信息资源整合共享的实践与展望”“社交媒体平台上档案利用的创新模式”“从数字方志馆建设展望地情资料应用的新途径”“圆明园数字复原研究与文化遗产地资源利用”的学术演讲。在互动交流环节，北京师范大学计算机学院院长周明全、《中国档案报》原总编辑郭海缨和工信部教育考试中心总工程师沈林兴，也就互联网时代与档案资源的文化传播发表了真知灼见。局（馆）有关处室和部分区县档案局（馆）、高校的相关人员参加了活动。

（北京市档案局科教处胡晓燕供稿）

第二届中国—中东欧论坛　10月16—17日，由中国社会科学院主办、中国社会科学院俄罗斯东欧中亚研究所承办的“第二届中国—中东欧论坛”在北京举行。来自中国和中东欧国家的专家学者、部分中东欧国家驻华使节共80余人参加了论坛。与会人员就“欧盟东扩10周年”“中东欧转型25周年”以及“近年来中国与中东欧国家关系”进行了深入的讨论。

来自中东欧国家的三位学者主要讨论了中欧四国（即维谢格拉德集团四国）入盟后的问题。匈牙利著名政治学家、考文纽斯大学教授阿格阿提拉认为，虽然与西欧国家还存在差距，也因为危机的冲击而产生诸多不确定性，但入盟后的中欧国家无论在政治、经济以及国际地位上都有显著的提升，在今后，危机对于中东欧国家来说或许是一个常态。斯洛伐克科学院政治学所研究员尤拉依·马鲁夏克认为，维谢格拉德集团的成立和发展不仅为这些国家顺利加入欧盟加分，在地区事务以及帮助巴尔干国家入盟问题上也起到了积极作用。斯洛伐克科学院政治学所研究员弗拉基米尔·戈涅茨以捷克和斯洛伐克为例，探讨了“中欧重建”和“回归欧洲”问题。

在中方学者的关切中，既有对整个区域进行的讨论，也有对巴尔干地区所作的分析，还有对波兰进行的国别探讨，更有关于当前乌克兰危机产生影响的论述，以及从能源视角进行的剖析。国务院发展研究中心欧亚社会发展所研究员周东耀专门谈论了乌克兰危机对中东欧经济复苏的影响。他认为，尽管中东欧国家在西方和俄罗斯的制裁与反制裁中两面受夹，但中东欧国家经济的发展趋向最终还将取决于欧盟的总体发展，以及西方和俄罗斯之间在乌克兰等问题上的博弈结果。

在中东欧国家转型议题上，存在地区和国别两个层面。在地区层面，国内外学者们主要就转型的理论、宏观特征、经济转型、政治转型以及民族问题进行了讨论。其中，斯洛伐克前总理、泛欧大学教授扬·恰尔诺古尔斯基对中东欧国家转型25周年的经验与教训进行了总体分析。在国别案例的讨论中，基本每个中东欧国家都有涉猎，学者们也多从各国的特殊性来切入，捷克和斯洛伐克的转型受到了与会学者较大的关注。

与会学者对中国与中东欧国家的关系发展与前景有深厚的兴趣，都看好当前的合作态势及发展前景。中共中央对外联络部六局局长赵磊以丝绸之路经济带建设为背景，讨论了中国与中东欧合作及党际交往发挥的作用。罗马尼亚科学院世界经济研究所研究员尤利娅·莫妮卡·奥尔勒—辛卡伊认为中国与中东欧关系能否最大化不仅取决于双方，而且深受中国与欧盟、西欧大国关系的影响。

（中国社会科学院办公厅刘玉杰编辑、
俄罗斯东欧中亚所科研处供稿）

十八大以来中国外交理论发展研讨会　10月17日，外交学院当代中国外交研究中心在外交学院展览路校区举办了“十八大以来中国外交理论发展研讨会”。数十位来自外交部、中联部、清华大学、国际关系学院、现代国际问题研究院、四川外国语大学、当代世界杂志社等院校、单位以及本院的专家学者参加了此次会议。

此次会议旨在总结外交领域的理论创新成果、更好地推动外交学学科建设。会上，外交学院当代中国外交研究中心主任张历历首先介绍了外交学院关于十八大以来中国外交理论发展的研究情况。随后，与会的专家学者从不同的视角出发，作主旨发言。现代国际问题研究院的李凯研究员从周边外交、经济外交等七个层面阐述了中国外交的新发展；清华大学赵可金教授从中国外交的心态、姿态、理念和行为四大视角总结了十八大以来的“动力型”外交的转型；国际关系学院赵晓春教授以“中国外交在连续性与稳定性基础上实现创新”为题作了发言；外交学院苏浩教授从“顶层设计”、文化与文明等方面总结了十八大以来的外交成果。此外，来自外交部、中联部的同志分别就一线的外交实践创新和政党外交发展作了论述，外交学院夏莉萍教授、任远喆副教授等分别从领事、海洋外交视角阐述了中国外交的创新发展成果。

在最后自由讨论与总结发言环节，与会专家还就中国外交所面临的机遇与挑战作了深入探讨。与会专家学者对十八大以来中国外交取得的创新成果给予了充分肯定。

（外交学院科研处供稿）

第二届中国传媒公信力论坛 10月17日，由北京师范大学影视传媒系和北师大传播效果实验室联合举办的第二届中国传媒公信力论坛举行。论坛由著名学者于丹教授主持，张洪忠教授发布了北师大影视传媒系985经费支持项目《微信社会资本对集体行为的影响》第一期研究结果，这是我国首份从社会资本角度对微信社会影响开展的分析。清华大学、浙江大学、四川大学、中国科学院大学、阿联酋大学人文与社会科学学院、香港中文大学、香港城市大学、中国传媒大学、西华师范大学的专家学者参与了研讨。

（北京师范大学社科处刘娜供稿）

中韩学术论坛 近日，由北京大学、韩国成均馆大学联合主办的中韩学术论坛在北京大学举行。据了解，两校之前在经济管理、信息科学、儒学研究等多领域有着深厚的合作基础，论坛的举办为双方提供了进一步增进相互理解与交流的平台。论坛中，两校学者围绕“东北亚地域秩序与韩半岛”“中韩文化交流”开展热烈深入的研讨。之后举行的中韩学术论坛纳米分论坛在北大纳米化学研究中心举行，来自中韩两国近30名学者参加了这一分论坛。论坛期间，成均馆大学代表团成员还访问了北大物理学院量子材料科学中心，并与信息科学学院、工学院、经济学院、政府管理学院、法学院、中文系等院系进行了交流。

（参见《光明日报》2014年10月24日第13版）

体育与和平：中国与非洲的视角研讨会 11月1日，“体育与和平：中国与非洲的视角”研讨会在外交学院沙河校区举行。卢旺达大使、刚果大使、马里大使等非洲驻华使团和外交学院相关领导就此次主题进行了探讨。来自新华社、《中国青年报》《北京青年报》等媒体的记者报道了此次活动。

会上，非洲多个国家的驻华使节踊跃发言，畅谈体育在促进人与人之间交流，加深中非间友谊以及促进和平上发挥的重要作用。外交学院非洲研究中心主任唐晓以1957年苏丹在尚未和中国建交的前提下派出国家足球队到中国访问比赛为例，生动阐释了足球在中非体育交流和中非外交中的先驱地位和桥梁作用。非洲研究中心副主任李旦的发言简要介绍了外交学院法语专业和法语专业开展对非研究、交流与合作的情况；体育对外交流研究中心主任周庆杰回顾了中非间的体育交流历程以及近年中国与非洲之间的体育交流的新发展，他指出体育在促进中非友好、合作与发展等方面也将发挥更加重要的作用；非洲使团足球俱乐部秘书长Mr. Rémy M’Batna Krazidi、外交学院足球队代表杨晖副教授分别结合各自体育实践谈了体育如何促进中非关系的发展。

研讨会结束后，非洲使团足球俱乐部与外交学院足球队进行了一场友谊赛，布隆迪大使和刚果大使也参与了球赛。

（外交学院科研处供稿）

中国传媒业的发展进路与关键论坛 11月5日，北京市社会科学院举办主题为“媒介融合是一场革命——中国传媒业的发展进路与关键”论坛。本次论坛主讲人为中国人民大学新闻学院副院长、教授、长江学者、博士生导师喻国明，论坛由院党组成员、副院长赵弘主持，科研处和传媒研究所共同承办，全院科研人员参加。来自国务院发展研究中心、中国人民解放军总政治部、北京电视台、中国艺术品交易所、东方财经、北京新媒体协会等单位的代表也参加了论坛。喻国明认为，媒体融合不仅涉及媒介本身大发展的问题，更大程度上要使媒介业跟上社会发展、技术发展和时代发展的步伐。媒体融合转型最重要的是要应用“互联网思维”。媒介融合对传统媒体有很大的冲击。传统媒介面临着深刻性、革命性的转型改变。即使是革命性的改变，也需要有试验阶段，要有逻辑过渡，一定要奔着未来正确的目标和路径方向，而不是简单地按照工作惯性来延长。

（北京市社会科学院科研处供稿）

2014年北京论坛 11月7日，北京论坛开幕式在钓鱼台国宾馆芳菲厅举行。国务院副总理刘延东，教育部部长袁贵仁，国务院副秘书长江小涓，教育部副部长、联合国教科文组织第37届大会主席郝平，北京市委常委、教育工委书记苟仲文，北京大学校长、中科院院士王恩哥等嘉宾出席开幕式。北京大学党委书记、校务委员会主任朱善璐主持开幕式。300余名来自世界各国的学者专家与各界领袖在秋高气爽的时节聚会北京，共论文明的和谐与繁荣。本届北京论坛的主题是“中国与世界：传统、现实与未来”，关注中国与世界共同发展的历史与机遇，探讨文明的和谐与共同繁荣的中国经验。国务院总理李克强为论坛发来贺信，联合国秘书长潘基文发来视频致辞。本次北京论坛为期三天，举办九场分论坛和两个专场，分别探讨国际关系、国家治理、汉学研究、新型城镇化等议题。

（北京大学社科部供稿）

TPP与RCEP：竞争性与互补性国际研讨会　11月10日，由中国社会科学院亚洲研究中心主办，世界经济与政治研究所承办的第四届亚洲研究论坛“TPP与RCEP：竞争性与互补性”国际研讨会在北京召开。来自韩国、日本、缅甸、新加坡、新西兰、越南、孟加拉、马拉西亚、印度等国的外方学者以及来自中国社会科学院、南开大学、对外经贸大学、国家发改委、商务部政策研究室等机构的专家学者参加了论坛。中国社会科学院副院长李扬出席会议并致辞。

与会专家学者围绕“跨太平洋伙伴关系协定（TPP）的谈判难点、影响及前景展望”“区域全面性经济伙伴协定（RCEP）的进展、影响及发展路径”“TPP与RCEP：竞争性与互补性”以及“亚太区域一体化路径选择”四个专题进行了深入研讨。

TPP谈判的难度及前景如何？新西兰奥克兰大学教授罗伯特·斯考利认为，TPP涉及一系列高标准贸易投资的规则，如市场准入、原产地规则、知识产权保护、国有企业标准等。这些高标准存在一定程度的“边界过渡”，TPP模式有可能会超越亚太地区一体化的可接受边界。

关于RCEP的发展，印度尼赫鲁大学教授达尔认为，RCEP对待市场一体化应有一个循序渐进的过程，经济合作是RCEP的支柱，应该具有包容性，这有助于缩小发展鸿沟。中国社会科学院世界经济与政治研究所副研究员李春顶认为，RCEP有可能会比TPP更早缔结，或许能够实现2015年按时完成谈判；通过CGE模型的测算，中国加入RCEP受益的比例更高。中国APEC研究院院长、南开大学研究生院副院长盛斌对RCEP谈判按时完成持怀疑态度，他认为RCEP目前谈判进程的评估比较慢，比想象的要慢。服务贸易、产品贸易、监管性的问题，投资、竞争政策、知识产权等方面也没有完全达成一致意见。

日本政策研究大学高级研究员川崎研一通过计量模型测算得出，TPP和RCEP的经济效应存在一定的相互抵消，但TPP和RCEP最终带来的影响都是积极的，两者总的经济效应是增加收入。韩国学者认为，在规则设定、市场开放上，RCEP需要更大的突破。

通过不同国家、机构学者们的深入讨论，深化了各方对亚太地区区域一体化发展的认识和理解，也促进了不同智库、学术机构间的合作与沟通，为各国政府部门和政策制定者提供了宝贵的建议。

（中国社会科学院办公厅刘玉杰编辑、世经政所郗艳菊供稿）

2014北京学术前沿论坛　11月15日，“2014北京学术前沿论坛”在北京师范大学举行。论坛由北京师范大学和北京市社会科学界联合会共同举办，主题为“中国梦：社会主义核心价值观与首都治理体系建设”，并首次聚焦“大城市治理问题”。论坛邀请了哲学、法律、经济、传媒等不同学科领域的知名专家，力求从多学科、多角度探讨首都在实现城市战略定位的过程中遇到的挑战及解决策略。北京师范大学党委书记刘川生，北京市社科联党组书记、常务副主席韩凯，北京师范大学副校长杨耕，北京市社科联党组副书记梁立新，及30多个学会的代表出席会议。

社会主义：花开东方任重道远

价值观与民族精神国家哲学社会科学重点创新基地首席专家张曙光教授从康有为的《大同书》说起，在勾勒康有为“救苦救难，救国救民”的理想中，阐释了《大同书》所追寻的“人类公理”的理想社会，正是中国源远流长的大同理想及传统价值观的深刻体现，实际上它既有中国社会理想特色，又有西方空想社会主义色彩的世界。张曙光教授深刻分析了选择社会主义导致的中国社会的巨大历史张力，阐明了社会主义与中国特色对一个落后的东方大国的特殊意义。

法治城市：要有维护和谐价值的证据规则

中国政法大学副校长、中国司法文明协同创新中心执行主任张保生提出书本上的法律完善固然重要，但行动上的法律执行正确更是实现司法公正的保障。他从证据法的四个价值支柱谈起，阐明了证据规则在维护和谐价值方面的重要性。证据法必须坚持准确，因为准确认定事实是实现司法公正的前提；必须坚持公正，因为公正是证据制度的首要价值；必须坚持和谐，求真、求善；必须坚持效率，因为是用纳税人的钱提供诉讼补贴，要保证富人和穷人在诉讼中的平等对抗地位。

城市与人：全球化下的杂合与传统

北京师范大学长江学者方维规教授以“时代，杂合，传统”为题，站在全球化的时代背景下，探讨了现代世界与城市的产生以及现代人在城市中的命运。他指出，一味强调越界、杂合的价值观，强调包容、共存的认同意识，存在着继续遮蔽认同的真实语境及其政治和经济背景，遮蔽社会和经济差距及不平等的危险，而且它不能解释传统的认同意识为何比杂合观念更为坚实、更有抵抗力。这意味着，杂合与传统的关系值得我们深思。

首都治理：面对现代化的物质文明与精神文明建设

中国传媒大学教授、长江学者胡智峰以“提升首都影视文化软实力的几点思考”为题，阐释了首都影视文化软实力的提升对于城市精神、城市形象、城市实力及城市潜力来说意义重大，并从战略与策略的角度进行了深入分析。

学术前沿论坛由北京市社会科学界联合会和北京师范大学联合主办。自2001年创办以来，论坛以“立足学术前沿，把握时代脉搏，聚焦民生国是，探讨发展思路”为宗旨，以北京雄厚的文化底蕴和优质的学术资源为依托，先后围绕“小康社会”“和谐社会”“科学发展”“中国梦”四大主题举办主论坛14场和分论坛319场，编辑出版《学术前沿论丛》14套，已经成为首都哲学社会科学繁荣发展的重要学术品牌，成为首都哲学社会科学界集中展示最新研究成果、推动学术创新的年度盛会。2014年，除了主论坛外，同时还有12场分论坛在北京师范大学举行。

（参见《北京社科联》2014年第6期）

创新与发展：媒体融合战略高端研讨会　11月22日，由中国新闻出版传媒集团、中国传媒大学联合主办，中国传媒大学新闻传播学部承办的“创新与发展：媒体融合战略高端研讨会”在中国传媒大学新国际交流中心举行。与会专家、学者与业界人士一致认为，新媒体带来的机遇大于挑战，应建立媒体融合退出机制，加快推进媒体融合发展，抢占新媒体平台，壮大主流思想舆论。

中国记协书记处书记王冬梅、国家新闻出版广电总局宣传管理司司长高长力出席会议并作主题发言。中国传媒大学副校长蔡翔、新闻传播学部部长高晓虹出席会议。论坛由中国传媒大学传媒艺术与文化研究中心主任、《现代传播》主编、教育部“长江学者”特聘教授胡智锋主持。来自传媒学界的专家学者、传媒业界的负责人，以及中国传媒大学师生100多人参加研讨会。

会议主要讨论了以下几个话题：（1）坚持“内容为主”　变挑战为机遇，（2）引入退出机制　重视数据新闻，（3）树立“粉丝”概念　观念层面实现融合。

本次研讨会围绕习近平总书记在中央全面深化改革领导小组第四次会议上就媒体融合发表的重要讲话精神，力求全方位解读媒体融合战略的重大意义，深入交流与探讨媒体融合改革创新之路。研讨会分为三个主题论坛，包括“政策机遇——媒体融合战略的深度解读”“多元实践——打造新型融合媒体的创新路径”和“传媒教育——契合媒体融合战略下的协同发展”。

（中国传媒大学文科科研处供稿）

媒体融合与新闻传播学科发展研讨会　11月22日，“媒体融合与新闻传播学科发展研讨会”在北京大学新闻与传播学院召开。中华全国新闻工作者协会名誉主席、人民日报社原社长、北京大学新闻与传播学院原院长邵华泽，新华社总编室主任、新华社与北京大学共建新闻与传播学院共建小组副组长刘思扬，北京大学副校长李岩松等共同出席开幕式。开幕式由北京大学新闻与传播学院院长陆绍阳主持。来自中国人民大学、清华大学、复旦大学、中国传媒大学等高校新闻传播院系以及中国社会科学院新闻所的专家学者参加了研讨会。本次研讨会围绕着媒体融合时代的新闻传播学科发展以及媒体融合的理论与实践两大议题展开。与会专家学者共聚一堂各抒己见，积极建言献策，热烈讨论了媒体融合大背景下传媒行业的发展和高校人才培养等相关问题。与会学者认为，新闻传播学科必须顺应时代的变化与国家发展的重大需求，实现创新发展。面对媒体生态的变化，一定要深刻理解互联网技术的本质，厘清互联网对传媒行业和学科发展的影响；必须改变观念，处理好“变”与“不变”的关系，推动学科整体转型。

（北京大学社科部供稿）

准确认识今天的世界·院长论坛　11月26日，由北京市社会科学院外国所主办的院长论坛在本院二楼多功能会议厅举行。前驻法外交大使、外交学院院长吴建民为全院科研人员做了题为“准确认识今天的世界”的精彩报告。谭维克院长主持了本次论坛。周航副院长、许传玺副院长出席了本次论坛活动。报告中，吴建民大使结合自己多年外交工作的实践经验，通过大量丰富生动的例子，深入浅出地分析了中国与当今世界的关系，以及世界的发展趋势。他提出，当今世界变化了，时代变化了，中国人必须要准确地认识世界，把握世界大势，看清楚世界上的大问题。在全球化背景下的国家发展要树立大战略、大利益意识。吴建民最后提出，要看清楚和平发展、合作共赢的世界发展潮流。今天的世界谁举起战争的旗帜谁就会倒霉，谁举起和平的旗帜谁就可以走得很顺利。只要我们始终不渝地走和平发展道路，我们就可以实现宏观的改革目标、国富民强的发展目标。在吴建民主题报告之后，本院科研人员与吴建民进行了互动交流。

（北京市社会科学院科研处供稿）

媒体转型与卓越新闻人才培养模式创新论坛　11月29日，由中国青年政治学院和中国搜索联合主办，新闻传播学院承办的“新融合，新思维，新发展——媒体创新与卓越新闻人才培养模式创新”论坛在本校举行。来自美国以及海峡两岸近百位专家学者、业界领袖汇聚一堂，共同探讨媒体转型的新变化、新问题和培养人才的新方法、新模式。

（中国青年政治学院科研处供稿）

首届北阁对话年会　12月2—3日，由北京大学国际战略研究院主办、中国人民外交学会提供合作的首届“北阁对话”年会在北京大学举行。参加对话的人士包括澳大利亚前总理陆克文、美国前常务副国务卿佐利克、印度前国家安全顾问梅农等12位外国前政要、战略家，以及国内相关领域主要智库的负责人和专家学者。本次年会的主题确定为“国际安全形势与中国”。全国政协副主席、中国人民银行行长周小川和外交部副部长李保东分别以“世界经济趋势与中国的经济形势”以及“中国在全球治理中的作用”为题发表了演讲。北京大学国际战略研究院计划以后每年举办一次“北阁对话”，将之逐步打造成一个高端智库平台，促进国内外国际战略界同行之间的交流与合作，准确研判世界安全局势，助力中国国际角色的扮演，推动世界的和谐稳定与共同发展。

（北京大学社科部供稿）

2014中国新媒体传播学年会　12月5—7日，由中国网络传播学会主办、中国传媒大学新闻传播学部新闻学院承办的2014中国新媒体传播学年会在中国传媒大学国际交流中心举行。年会主题为“断裂与重构·融合与创新：互联网思维的传播学逻辑”，来自全国各地高校、研究机构以及媒体等260位代表与会，是学会历年规模最大的一次学术盛会。

大会主题演讲环节由清华大学新闻与传播学院党委书记金兼斌主持。中国传媒大学文科科研处处长段鹏、北京大学新闻与传播学院院长陆绍阳、台湾台南艺术大学陈龄慧、美国斯坦福大学国际发展研究中心研究院暨英国北安普敦大学艺术与科学学院严军琦，分别以《我国舆情环境与新媒体平台建设》《互联网思维：从因果性到关联性》《互联网与素人政治》及《互联网研究的社会动力学视角》为题发表演讲。

本届年会共设8个分论坛，代表们围绕社会化媒体研究、新兴媒体与文化、网络社会、媒体融合、新兴媒体管理、大数据与新闻报道、网络舆情研究和网络传播政治经济学研究等主题展开学术探讨。

（中国传媒大学文科科研处供稿）

全球国际关系理论与中国学派国际学术研讨会　12月8日，“全球国际关系理论与中国学派”国际学术研讨会在外交学院召开，外交学院院长秦亚青，国际研究协会主席、美利坚大学阿米塔夫·阿查亚（Amitav Acharya），以及来自英属哥伦比亚大学、北京大学、中国社科院、外交学院等多位国际关系领域的知名学者与会，就全球国际关系理论与国际关系理论中的中国学派议题展开探讨。

阿米塔夫·阿查亚与秦亚青先后发表主旨讲话，与会专家学者就相关议题进行了深入交流，围绕一系列理论问题展开了深入探讨。此次国际学术研讨会为与会中外学者就全球国际关系理论与中国学派议题的讨论与相互学习提供了一个良好的平台。

（外交学院科研处供稿）

第十届中韩思想库年度对话会议　12月11—13日，由外交学院外交学系及学院的战略与和平研究中心，与韩国的“韩中思想库网络”共同举办的第十届中韩思想库年度对话会议在本院举行。该年度对话会议由外交学系的苏浩教授和韩国韩中思想库网络李泰桓会长共同牵头，自2005年举办至今已十年整。今年会议的主题是“巩固中韩全面战略伙伴关系”。中方参加对话会的代表来自战略学会、军事科学院、国际问题研究院、现代国际关系研究院、中央党校、社科院全球战略与亚太研究院、国务院发展研究中心世界发展研究所、国务院发展研究中心对外经济部、商务部国际贸易经济合作研究院以及外交学院的政策研究人员；韩方参会代表是来自前韩国统一部副部长、前陆军中将和少将，以及其他韩国智库和知名大学的学者。会议以“巩固中韩全面战略伙伴关系”为主题，分就以下四个议题展开深入对话和讨论：一、新安全观与东北亚安全结构；二、朝鲜核问题及“萨德”问题上中国、美国与韩国的立场；三、中韩关于朝鲜半岛信任进程与统一问题上的合作；四、中韩经济合作新动态：亚洲基础设施投资银行、自贸协定与“一带一路”。来自中韩两国的专家学者围绕这些议题积极坦诚地发言和讨论，有观点的融合，也有思想的交锋。

（外交学院科研处供稿）

国家、民族与地缘政治：国际传播理论创新研讨会 12月13日，由教育部人文社科重点研究基地——中国传媒大学广播电视研究中心和传播政治经济学研究所联合举办的“国家、民族与地缘政治：国际传播理论创新研讨会”在中国传媒大学国际交流中心召开。

中国传媒大学长江学者特聘教授、《现代传播》主编胡智锋，新闻传播学部副学部长刘昶，媒介与公共事务研究院院长董关鹏和《文化纵横》杂志社副主编陶庆梅受邀进行了专场点评，从理论、实践和价值观等角度，就国际传播理论创新发表了真知灼见。赵月枝教授、龙耘教授、张磊和周亭副研究员分别担任了专场主持。

本次会议得到国家哲学社会科学重大项目“国际传播发展新趋势与加快构建现代传播体系研究”，教育部人文社科重点研究基地重大项目“基于广播电视与新媒体的中国国际传播力建设研究”，以及教育部人文社会科学研究项目“新媒体前沿发展报告”的支持，是一次小规模、高效率学术研讨的有益尝试。与此同时，来自北京、上海、浙江、江西等地共50余名师生旁听了本次会议。

（中国传媒大学文科科研处供稿）

中韩关系讲座 12月18日，在全国人大常委会副秘书长曹卫洲的陪同下，韩国国会议长郑义和率团到访外交学院沙河新校区，并发表了题为“中韩关系”的演讲。

演讲由外交学院院长秦亚青主持。郑义和在演讲中指出，21世纪是文明时代，是人文时代，要实现朝鲜半岛和平统一，要实现东北亚繁荣稳定，离不开全人类的共同努力，离不开亚洲各国的贡献，要本着“利者，义之和也”来实现。

郑议长对中国取得的成就表示高度赞赏，同时指出中国的发展离不开东北亚的和平与稳定，而地区和平稳定的最大课题就是朝鲜半岛统一问题，韩方希望与中方一道积极推进朝核问题的解决。他最后表示，世界关注东北亚，关注中国，中国是负责任的大国。历史的真正胜利者不是在战争中打败别国的国家，而是能带动人类历史朝着和平发展的国家，他坚信21世纪的中国会发挥这样的作用。他鼓励大家抓住这个难得的大好机遇，为国家、为世界和平与发展做出贡献，成为永久和平与繁荣的主角。

秦院长在总结发言中指出，郑议长名字里“义”“和”两个字概括了中国儒家的大智慧，并以鲁迅弃医从文为例，指出郑议长弃医从政的做法契合中国古语所云“下医医病，中医医人，上医医国”。秦院长还引用了武侯祠对联中的“自古知兵非好战”，以诠释大国责任与世界和平。

（外交学院科研处供稿）

中非关系研讨会 12月18日，外交学院法语国家研究中心与非洲研究中心联合在外交学院国际交流中心举办了《发展中国与非洲新型全面合作关系》新书发布会暨中非关系研讨会，出席会议的主要人员有参与该书撰写的中方作者、外交学院非洲研究中心和法语国家研究中心主任唐晓和齐建华教授、国开行国际合作处代表、前驻加蓬大使李福顺等。

齐建华首先对支持《发展中国与非洲新型全面合作关系》一书出版的各方表示感谢，还感谢了来自各个单位所有参与撰写此书的研究人员、翻译人员以及认真辛勤审核书稿的大使。之后，齐建华对今后深化中非关系研究的努力方向提出了自己的思路。接下来，外交学院非洲研究中心主任唐晓、社科院西亚非所非洲研究室主任贺文萍、北京浩天信和律师事务所李正宁律师、现代国际关系研究院非洲研究室主任徐伟忠等专家学者分别从公共外交的视角、未来发展中应考虑法语国家研究中心的特色与定位、“现实需要”等视角对中非关系发表了看法。

李福顺认为，关于中非关系研究一是要“接地气儿”，更实用，更广泛，特别要考虑到规模发展很迅速的民营企业，研究机构既可以把他们当成合作伙伴，又可以当成服务对象。二是需要更深入了解非洲，扩大中国在非洲的人文影响力，培养对非洲深入了解的人才，重视中非文化教育的交流。

（外交学院科研处供稿）

中国知识产权外交：理论与实践学术研讨会　12月19日，由外交学院对外交流与外事管理基地主办的“中国知识产权外交：理论与实践”学术研讨会在外交学院国际交流中心举行。来自国家知识产权局、中联部、中国新闻出版研究院、商务部国际贸易经济合作研究院、中国国际问题研究院、中央党校国际战略研究所、中央财经大学和南开大学等单位以及我院的数十位专家学者参加了此次会议。

在上午以“国际局势分析与展望”为专题的会议中，中联部政策研究室处长李双武首先从国际秩序变革、中国与世界的关系以及中国的国际地位变化等方面对当前国际形势进行了阐述。中国国际问题研究院陈须隆研究员分别从全球发展、国际安全和大国战略关系三个角度总结了国际形势发展的新趋势，同时分析了我国目前的国际处境。中国新闻出版研究院范军副院长详细介绍了我国版权输出的现状、版权产业的发展，以及版权保护面临的国际与国内问题。

在下午以“知识产权外交与各国合作”为专题的会议中，中央党校战略研究所熊洁博士对知识产权国际制度构建的重要性作了阐述；国家知识产权局保护协调司梁心新副处长和国际合作司孙宏霞副处长也分别就知识产权强国建设的重要性和紧迫性以及我国知识产权国际合作的现状作主旨发言。

本次研讨结合我国知识产权问题的理论研究和工作实践，为学者们充分探讨开展知识产权外交的路径和理念提供了良好的平台，并提出了宝贵的经验。

（外交学院科研处供稿）

国际体系转换背景下的朝鲜半岛与东北亚研讨会　12月20日，由中国政法大学政治与公共管理学院主办，中国政法大学朝鲜半岛研究中心承办，韩国国际交流财团协办的“国际体系转换背景下的朝鲜半岛与东北亚”学术研讨会在中国政法大学（昌平校区）国际交流中心成功召开。主办方邀请了中国社会科学院、中国现代国际关系研究院、北京大学、中国政法大学等高校的20余位相关领域的著名专家参加了研讨会。

研讨会开幕式由中国政法大学朝鲜半岛研究中心执行主任韩献栋主持。会议伊始，中国政法大学政治与公共管理学院院长常保国、中国政法大学朝鲜半岛研究中心主任戚保良分别致辞。常保国积极评价并肯定了朝鲜半岛研究中心所取得的成果，并表达了对各位专家学者的感谢。戚保良对朝鲜半岛研究中心过去一年来取得的成果和进行的活动进行了总结。

为了保证研讨的质量，本次研讨会改变了过去常用的模式，按照指定一名专家主题发表、两名专家指定评论、其他专家参与讨论的方式进行，取得了极佳的效果，受到了与会专家的高度评价。

（中国政法大学科研处郭丰琪供稿）

中阿经济文化交流学术研讨会　近日，中国社科院世界文明比较研究中心主办的“建设新丝绸之路——中阿经济文化交流学术研讨会”在北京举行。会议就中国与阿拉伯国家的交流与合作展开交流，着重探讨我国主要原油进口来源国情况和中国与沙特阿拉伯之间的能源文明现状，分析中沙能源供需和发展趋势，建议双方建立一种基于石油又超越石油、基于贸易又超越贸易和基于双边又超越双边的合作共赢关系。

与会者指出，丝绸之路是历史上横贯欧亚大陆的贸易交通线，是对世界不同文明及其相互关系进行比较研究的一个最好样本。中外文明互相影响、互相渗透，各个不同文明的和平共存、相互借鉴、相互尊重、共同发展才是世界文明发展的正道。

（参见《人民日报》2014年12月22日第7版）

“一带一路”与亚洲命运共同体研讨会　12月26日，“一带一路与亚洲命运共同体”研讨会暨外交学院亚洲研究所成立十周年系列活动在北京钓鱼台召开。

中国外交部钱洪山部长助理、中国常驻东盟使团杨秀萍大使、外交部外交政策咨询委员会委员吴建民大使出席开幕式。此外，中国企业联合会、中国—东盟商务理事会等产业界代表以及新华社、中央电视台等媒体代表共百余人参加了会议。

钱洪山在发言中指出，“一带一路”是亚洲腾飞的两大翅膀，以经济合作为主轴，以人文交流为支撑，以开放包容为理念，通过实施政策沟通、设施联通、贸易畅通、资金融通、民心相通，积极主动地发展与沿线国家的经济合作伙伴关系，共同打造政治互信、经济融合、文化包容的利益共同体和命运共同体。推进“一带一路”建设的过程就是逐步实现亚洲命运共同体的过程。他充分肯定了亚洲研究所成立十年来在推进亚洲区域合作中发挥的重要政策咨询作用，并对亚洲研究所下一步工作提出具体要求。

开幕式后举行了高端论坛，外交部外交政策咨询委员会委员吴建民大使、中国社科院日本研究所副所长杨伯江和中国南海研究协同创新中心执行主任朱锋分别就国际和亚洲地区形势、中日关系和南海问题发表了演讲。随后，与会学者受邀参加“一带一路与亚洲命运共同体”研讨会，就“一带一路与亚洲命运共同体”的重要意义、观念基础和实践活动，从政治安全、经济和社会人文三个方面展开深入探讨。

目前，外交学院亚洲研究所是“东亚思想库网络”和“中国—东盟思想库网络”的中国国家协调单位，也将作为即将成立的“中日韩思想库网络”的中国国家协调单位。它服务中国外交大战略，发展定位是“全球视野下的亚洲研究，学术根基上的高端智库”。

（外交学院科研处供稿）

2014年缅甸政局与对外关系研讨会　12月27日，由外交学院亚洲研究所、云南大学缅甸研究中心和广西大学中国—东盟研究院共同主办的“第一次中国—东盟思想库网络基地联席会议暨2014年缅甸政局与对外关系”研讨会在外交学院国际交流中心召开。来自外交部、中联部、国家开发银行、中缅友好协会、中国国际友联、中央党校、中国国际战略研究基金会、中国社科院、北京大学等单位的60余人参会。外交部亚洲司副司长洪亮出席会议并发表主旨演讲。

洪亮介绍了亚洲区域合作的总体形势，指出周边是中国外交的优先方向，而东南亚则是优先中的优先。亚洲研究所搭建的中国—东盟思想库网络，为国内相关研究机构和智库提供了一个很好的平台，各单位应发挥各自优势，做好智库外交和公共外交，共同为中国外交服务。

外交学院副院长江瑞平表示，随着中国—东盟思想库网络的正式启动以及国内各基地的陆续建立，中国—东盟思想库网络的国内外机制建设已基本成型。希望国内各基地充分利用好这一平台，加强内部协作和国际交流，共同为中国—东盟合作献计献策。

（外交学院科研处供稿）

“档案见证北京”文化系列讲座　北京市档案学会为大力宣传档案文化，弘扬“北京精神”，每月15日准时在东城区图书馆进行“档案见证北京”文化系列讲座，全年举办12场，听众达1800余人。

1月15日，“档案见证北京”文化系列讲座新年首场讲座开讲。北京市档案学会邀请中国档案学会副理事长、研究馆员邹爱莲以《明清时期的诰命与敕命》为题，拉开了2014年首场讲座的序幕。主讲人针对近年来影视、戏曲等文艺作品中，经常出现皇帝“圣旨”或颁发圣旨场面的戏说情节，以及现社会上流传的所谓“圣旨”，一般多为皇帝封赠官员及其先人、妻室的诰命与敕命的现象，通过国内档案馆、博物馆、图书馆等系统深入调研，以中国第一历史档案馆馆藏档案为依托，系统解读了明清诰命敕命的产生及沿袭、诰命敕命封赠制度、诰命敕命蕴含的历史文化价值以及社会上流散明清诰命敕命的真假是非。讲座吸引了150余名听众到场，中国档案学会在京中央会员单位和我局（馆）部分处室的同志也参加了讲座。

2月15日，“档案见证北京”文化系列讲座今年第二讲举行。担任主讲嘉宾的是北京史地民俗学会副会长兼秘书长、研究员常华，本期主题是“文化名人与北京西山”。北京西山自隋唐以来，便是佛道儒三教同尊之圣地，文人骚客吟咏不尽的佳绝。“山以贤称，境缘人胜”，是一部既凝固又鲜活的历史，是北京自然景观和人文景观结合最好的地方。历史的沉淀、人文的熏陶给这块古有的风水宝地平添很多的神秘，使它与大都市的浮躁形成强大的反差。讲座主要从西山摩崖石刻、西山诗词歌赋、西山别墅宅园和西山陵园墓葬等四个方面阐述了近代文化名人与西山结下的不解之缘。西山是作家、诗人、书法家、画家等艺术家们养精蓄锐的“加油站”，究竟有多少文化名人饱餐过西山的精神食粮、得到过西山的身心庇护，实在是难以统计。常华认为，要真正了解西山，得用毕生的经历和心情去品味、去研究，才有可能把她读懂、读透。自然风光、宗教气氛、人生况味，一起糅和成西山文化所特有的清幽、空灵之美。讲座吸引了120余名市民听众到场聆听。

3月15日上午，市档案学会举办“档案见证北京”文化系列讲座第三讲：大内档案解读清宫八大疑案。中国第一历史档案馆副馆长、中国档案学会档案文献编纂委员会主任、清宫史研究会副秘书长、研究馆员李国荣继上次讲座解读清宫给后世留下的清前期四大疑案之后，当日再次通过珍贵的档案文献、大量的历史照片客观真实地解读了清朝中后期四大疑案。他就乾隆皇帝到底有何身世之谜；同治皇帝是否死于天花之症；慈安太后是否为慈禧太后所害；光绪皇帝与慈禧太后先后归西是巧合还是另有玄机等疑案，为大家做出了详细的分析论述。讲座持续两个小时，主讲人生动翔实的解读吸引了全场百余名听众，整个报告厅座无虚席。

4 月 15 日上午，“档案见证北京”文化系列讲座今年第四讲举行。本次讲座的主讲嘉宾是北京城市规划学会名誉理事长赵知敬先生，他以“北京城市规划与规划管理”为题，用通俗易懂的语言，简单明了的解读，把城市规划中最基本的知识告诉大家。他认为城市规划的根本目的是服务于社会，服务于人民，服务于城市建设。他从历史上城市的形成谈到了近现代城市的规划与建设，讲座内容既有历史的纵深感，又让听众感到与现实生活息息相关。讲座还涉及了“大北京”规划催生的“京津冀区域协同发展”，以及合理的城市规划能缓解城市空气污染，智慧城市建设规划将为生活提供便利等话题。举办这场讲座的初衷就是为了让更多市民了解城市规划，参与到城市规划当中来，这样才能使规划更直接更好地为市民百姓生活服务。现场听众也称赞“档案见证北京”系列讲座的选题不单单是讲述历史真相，同时也关注社会现实，关注北京城市规划的发展，通过历史观照现实。讲座吸引了到场的近百名听众。

5 月 15 日上午，市档案学会举办的“档案见证北京”文化系列讲座第五讲举行。本期嘉宾、市档案学会原副秘书长杨玉昆以《刘乃沂：贪腐人生 魂断天桥》为题，通过档案文献史料和视频资料，解读了一个国民党高级军官如何沦为贪官污吏命丧北平的可耻过程。抗战胜利后，国民党政府在接收敌伪物资中严重贪腐，变接收为“劫收”，一批接收大员热衷于占房子、抢车子、夺金子、捞票子、玩婊子等贪腐丑行，海军上校刘乃沂便是其一。讲座通过对刘乃沂贪腐案的分析解读，揭示了国民党走向失败的历史必然，无疑对我们开展党的群众路线教育实践活动，加大惩治贪腐力度具有很强的现实教育意义。此次讲座主题贴近当今“反腐”话题，现场近百名听众反响强烈，很多听众对习近平总书记在十八大报告中“将反腐败斗争进行到底”的讲话记忆犹新，坚决拥护新一届领导集体的执政作为。“档案见证北京”系列讲座以其独特的魅力吸引着越来越多的听众参与其中，除了几年来一直按时聆听讲座的一批老听众外，还有一些年轻的大学生听众慕名而来。

6 月 15 日，“档案见证北京”文化系列讲座第六讲举行。主讲嘉宾为北京史研究会副会长、北京市地方志编纂办公室副主任谭烈飞。他以“从《北京人物志》的编纂解读北京人物”为题，介绍了《北京人物志》经过十几年的编纂，业已完成。全志分为人物传略、人物表、人物名录三部分，其中涉及的从周公奭到公元 2000 年间籍贯在北京地区或者在北京地区留下深刻印记的政治、经济、文化等领域的重要人物达 1500 余人。人物传略中，又分为 8 类：政治类、教育类、科技类、文学艺术类、新闻出版（广播电视）类、医疗卫生类、体育类、社会类。讲座重点解读了在编纂过程中，这些人物是如何认定、如何选取、又是如何记述的，而人文荟萃的北京，作为人物志中选取的北京人物又带有不同凡响的区域特点，谭烈飞同志选取一些特色人物的特点与现场听众分享了在编审中的见闻，并就一些感兴趣的话题与听众进行了交流。到场的 70 余名听众表示，“档案见证北京”讲座的选题非常切合实际，贴近百姓的关注点，在图书馆这样优雅的环境中聆听讲座已经成为了一种精神上的享受。

7 月 15 日，“档案见证北京”文化系列讲座今年第七讲在东图举行。首都经济贸易大学副教授袁家方以“文化沃土琉璃厂”为题，讲述了琉璃厂与老北京人割舍不断的文化情结，认为正是这片文化沃土哺育了一代代学子，托举起中国近二、三百年间的文化与科技巨匠；讲述了琉璃厂、厂甸地名的由来，琉璃厂书市、文化街的形成、发展及特点，厂甸的商业奇观、春节庙会的文化狂欢等令人难忘的老北京文化。而这些传统文化在“速成文化”发展的今天，日渐淡出人们的视线，年轻一代很少会对字号上的讲究、匾额上的风光、楹联上的形象、术业上的修行有所了解。令人欣慰的是到场的听众中除了两鬓斑白的老北京，也有不少年轻朋友。这场讲座让更多热爱、怀念老北京文化的听众深入感受到非物质文化遗产带来的感动。琉璃厂如许多北京古老地标性建筑一样，见证了这座城市的沧桑变化，它们对北京城市文化发展做出了不可磨灭的贡献。此次讲座吸引了包括新华社办公厅和北京新奥集团组织的单位人员等百余名听众到场。

8 月 15 日，“档案见证北京”文化系列讲座今年第八讲举行。本讲由文献处副调研员沙敏担任主讲，她以“邵飘萍夫妇的新闻救国梦”为题，以馆藏档案为依托，介绍了一代报人邵飘萍的传奇一生。邵飘萍，一个在中国百年新闻史上迸发着夺目光彩的名字，他用自己的鲜血捍卫了新闻自由的理想，他是被冯玉祥誉为“飘萍一支笔，胜抵十万军”的著名记者，他创办的《京报》始终以“探究事实不欺读者”为新闻报道的第一信条，被称为“五四”运动的号手。他也曾被毛泽东称为“对自己影响很大，一个具有热烈理想和优良品质的人”。沙敏同志从毛泽东对邵飘萍的高度评价讲起，将百年前那一幕幕生动的画面呈现在公众眼前，大家一同沉浸在这位以新闻为武器、针砭时弊、敢于表达公正舆论的文化战士坎坷而短暂的一生中。最后的提问互动环节更是将本次讲座推向了高潮，现场气氛十分热烈。近百名听众聆听了当天的讲座，文献处组织本处人员参加。

9月15日，“档案见证北京”文化系列讲座今年第九讲如期开讲。本期讲座的主题是“共和国标志的诞生”，由《中国档案》杂志副主编、研究馆员刘守华主讲。讲座通过解密原始档案并加以梳理，用通俗易懂的语言向现场听众一一揭开了共和国标志诞生过程中的史实。讲座首先介绍了国旗的征集、筛选及确定主要过程，并选取多幅极具特点的国旗征集稿图片进行展示说明；其次揭秘了国徽为何在开国大典之后诞生的原委，分别介绍以梁思成和张仃为代表的两个设计组的设计方案及其设计寓意；最后讲述了“义勇军进行曲”由代国歌到国歌的漫长之路等。

10月15日，作为“2014北京社会科学普及周”百场讲座的一部分，市档案学会“档案见证北京”文化系列讲座举行。本次百场讲座主题是“弘扬中华优秀传统文化，培育和践行社会主义核心价值观”。《北京志·档案志》原副主编杨红军主讲：“周令钊：共和国形象的设计者”，介绍了我国著名美术家周令钊先生的一系列作品：新中国开国大典天安门城楼上悬挂的毛主席像，是第一次向全中国、全世界正式公开中华人民共和国国家主席形象；人民币被誉为国家名片，其设计制作、印刷工艺是一个国家综合国力的象征；大量的珍藏佳作无偿捐赠给国家，甚至还有无法计数的作品实体永远留在祖国大地上……讲座运用珍贵丰富的多种载体资料，讲解了周令钊先生当年绘制毛主席画像以及担当或参与国徽、人民币、国庆游行活动等设计过程的细节和鲜为人知的奥秘。

11月15日，今年“档案见证北京”文化系列讲座第11讲举行。本期主讲人是指导一处处长陈俐，他以馆藏珍贵档案和照片文献为证，诠释了何其巩充满传奇色彩的一生。何其巩一生立身行事，讲人格、重操守。他就任北平市长期间，不畏艰难，创建了新市政，重视教育、救济贫民、发展医疗卫生事业、逐步实施市政基础工程建设；他反对独裁，积极参加反蒋的中原大战，抨击时弊，艰难求索；他积极拥护共产党，反帝爱国，坚决主张抗日，走教育救亡之路，即使被捕也不屈服。八年抗战期间，他身处沦陷的北平，敌伪利诱不能动其心，日本宪兵队的监狱未能改其志。在民族大义问题上，他不仅自己保住民族气节，还冒险劝导吴佩孚避免掉进日本人的陷阱。在最后出路的选择上，他拒绝南逃，用实际行动，迎接北平解放。作为民国首任北平市长，何其巩在北京发展史上留下了足以启迪后人的施政业绩；作为中国大学校长，在我国高等教育发展史上留下了可圈可点的一页；作为政治社会活动家，在中国近代史上也占有一席之地。陈俐同志的精彩演讲受到了全场近百名市民听众的欢迎。

12月15日，今年“档案见证北京”文化系列讲座最后一讲举行。本期讲座由我馆史料处副研究馆员鹿璐主讲“彭家珍刺杀良弼案始末”。彭家珍青年时期即受文天祥、黄宗羲等人的思想影响，具有强烈的民族主义观念，1911年加入同盟会。中华民国成立后，以良弼为首的满洲贵族组织宗社党，妄图复辟清朝。彭家珍于1912年1月26日暗藏炸弹，炸死良弼，却不幸被一弹片飞伤后脑，于次日凌晨牺牲。清末彭家珍刺杀良弼一案，坊间有诸多传闻，既有历史学家的多种记述，也有姚锡光、冯自由、汪精卫等人为彭撰写传略中的叙述，以及案发当时报章的纷纭报道。究竟彭刺杀良弼的真实情形如何呢？主讲人以馆藏有关彭家珍档案文献为依托，经过深入研究考据，披露了这一重大事件的历史背景、涉及的主要人物和彭家珍刺杀良弼的详细过程，以及此案对加速清王朝灭亡的影响。讲座受到了全场百余名市民听众的欢迎，现场还发放了2015年讲座年历片。

（北京市档案局科教处胡晓燕供稿）

2014年社科普及工作总结 2014年，社科普及部在社科联党组领导下，深入学习贯彻党的十八大、十八届三中、四中全会精神和习总书记系列讲话，以及考察北京工作时的重要讲话精神，宣传贯彻落实中央《关于培育和践行社会主义核心价值观的意见》，按照全市宣传部长会议精神和《北京市2014年宣传思想文化工作要点》安排部署，根据年初社科联制定的折子工程项目，着眼弘扬人文精神、传播人文思想，普及社科知识，提升市民层次，不断健全社科普及工作网络格局，加强顶层设计，丰富社科普及活动内容，增强社科普及活动效果，在全体同志的共同努力下，较好地完成了全年工作任务，社科普及工作迈上新台阶。现将2014年完成的主要工作汇报如下：

一、推进实施社科普及品牌活动，社科普及工作质量效果不断提高

紧紧围绕坚持和发展中国特色社会主义主题、实现中华民族伟大复兴中国梦目标、“三个倡导”基本内容，坚持“三贴近”原则，推进实施北京社会科学普及周、周末社区大讲堂、系列科普讲座、科普进基层等品牌活动，持之不懈地宣传社会主义核心价值体系，普及人文社科知识，努力在推动马克思主义大众化，繁荣和发展首都哲学社会科学，丰富人民精神文化生活、提高城市文明程度等方面用劲发力，进一步激发、凝聚了广大市民群众为建设国际一流的和谐宜居之都、实现中华民族伟大复兴的中国梦做出贡献的热情、力量。

一是社科普及周活动有声有色，强势推进。10月中下旬，以“弘扬中华优秀传统文化，培育和践行社会主义核心价值观”为主题，与市委宣传部、市委社会工委、市科委、市科协联合，成功举办“2014北京社会科学普及周”并取得良好效果。社科普及部在社科联党组领导下，发挥具体牵头组织单位作用，细致谋划，创新方法，使本届活动紧扣主题，凸显特色，形式多样，实效增强。活动中，“核心价值观巡展活动”“两个一百”活动收效显著，“我倡议、我践行”活动更加使核心价值观普及向实践延伸，“党史讲堂”进一步助力强化效果，通过开展主题展览、社科知识讲座、专家咨询、社科普及进基层等一系列活动，大力弘扬主旋律，传播正能量，凝聚人心鼓舞干劲。

社科普及周期间，组织社科类讲座近百场，直接受众近两万人次；开展进基层活动六次（顺义区赵全营镇、朝阳区来广营地区、亚运村街道，北京建工集团崇文门工地、石景山社会福利院、海淀区打工子弟学校——冷泉小学）；开展核心价值观巡展活动七次（启动式及进基层活动）；向群众免费发放社科类图书近万册。从活动现场反馈信息及群众反响看，本届活动是一次圆满成功的社科文化普及活动，对市民践行社会主义核心价值观、提高北京城市文明程度等产生了广泛而积极的影响。

二是北京周末社区大讲堂活动不断创新更受欢迎。今年，我们从两方面进一步创新大讲堂工作。一方面，调整充实了讲课专家队伍。以“专业知识扎实，讲课经验丰富，热心公益事业”为建设目标，通过学会、民办社科研究机构、高校和专家推荐，遴选出近200名中青年优秀社科普及专家，形成了比较固定的讲课专家队伍。另一方面，紧扣群众关心的热点难点问题，及时调整补充讲座内容，特别增加了有关群众路线教育和核心价值观方面的内容，使得讲座更具时效性。正因为大讲堂扎根基层，紧密结合群众需求，把主动权交给群众，所以越来越受到京城百姓的欢迎，各区县对大讲堂工作热情很高，原则上要求2014年每个区县至少举办20场讲座，但实际远远超过这个数字，全年共举办讲座462场，其中西城区全年讲座次数达54场。

三是系列科普讲座活动数量增加质量提升。充分调动所属各社会组织的积极性、主动性，扩大组织参与度和人群覆盖面，提升讲座的社会影响力。2014年，北京市社科联所属社会组织申报社科普及系列讲座457场，经过社科普及专家委员会评审，有效场次为397场，讲座内容涉及历史、政治、经济、文化、教育、保健等，内容丰富。依据《北京市社会科学界联合会社会组织重点资助项目管理办法（试行）》，对北京史研究会等30家社会组织的322场讲座进行了资助。各社会组织除完成资助场次外，又自主完成多场讲座，截至目前，2014年实际开展讲座达到500余场，其中北京史研究会讲座次数达49场。

四是党史讲堂影响增大、效果显著。“党史讲堂”是由中国中共党史学会、北京市社科联联合主办的有关时事政治、党的建设、党的历史类活动，自2012年举办以来，社会影响力不断扩大，已成为北京市社科普及活动的重要组成部分。2014年以来，分别在朝阳区来广营乡、北京会议中心和东城区第一图书馆举办了《从党的生动历史看“群众路线是党的生命线”》《在惩治腐败中加强警示教育》和“学习贯彻《中国共产党章程》”的辅导报告。来自市属各单位机关干部、社区居民参加了上述活动。

二、创新和推进“四个一”工程，社科普及工作基础更加坚实

2014年年初，对社科普及工作思路进行了调整，创新推出并不断推进“四个一”工程，为后续开展

社科普及工作进一步打好基础，积蓄力量。

一是调研报告基本完成。委托北京师范大学专业团队成立课题组，就北京地区社科普及工作现状、大众人文素质状况、社科理论政策传播方法，以及其他省区市社科普及立法情况等进行综合调研。目前，调研报告业已完成。报告将为加强首都社科普及工作研究、制定一个时期社科普及工作规划和社科普及立法等项工作打好基础、探寻规律、提供依据。

与调研报告同时进行的还有社科普及立法工作调研。上半年，分别赴四川、重庆和辽宁等省（市）社科联进行调研，学习成功经验，借鉴有效方法，开拓工作思路。经过调研，

形成了“关于拟修订《北京市科学技术普及条例》有关情况的说明及建议”，该文件明确提出了修订该条例的必要性、可行性和拟修改的内容。目前该文件已上报北京市政府法制办公室。

二是注重推出社科普及产品。在党组领导关心下，社科普及部协调信息中心对2014年周末社区大讲堂和系列科普讲座录像资料进行编辑，拟精选100部讲座视频作为网上课堂资料。目前，此项工作正在抓紧开展。

三是社科普及示范基地建设不断推进。在以往已建立的15个社科普及试验基地的基础上，重点解决从“泛”到“范”的问题。通过与基层对接、调研，我们今年新建立了亚运村街道、来广营地区、赵全营镇3个示范基地，挖掘各基地的文化特色，同时邀请相关学会和专家参与，着力建成社会公益型、百姓接受型的示范基地，探索在首都经济社会建设中发挥社科普及功能和作用的途径。比如，在今年的社会科学普及周期间，依托上述3个新建示范基地，开展社科知识普及进基层活动，采取“共同搭台，百姓唱戏”的方式，充分发挥基地作用，调动其开展活动的积极性。再如，将上述基地原有的品牌讲堂（赵全营的“全赢讲堂”、来广营的“道德讲堂”、亚运村的“文明讲堂”等）纳入到社科普及工作中，今年我们将“党史讲堂”和“民主”讲座分别带到社科普及示范和试验基地，产生了良好的社会效益。

四是探寻社科普及工作骨干培训工作途径。年初我们计划，有效利用北京市社科活动中心现有资源，固定一个社科知识普及讲堂，有计划地分批对系列科普讲座各学会联络员、周末社区大讲堂各区县联络员和社科普及试验（示范）基地联络员这三支骨干队伍进行工作培训。通过培训提高他们对社科普及工作的思想认识、社科知识水平和组织协调能力，从而为达到提高大众人文社科素质的目的奠定队伍基础。经过与有关专家座谈，始终没有解决谁来讲，讲什么，以及有效组织方式的问题，这一活动没有实质性推进。

三、积极做好其他相关工作

2月27日，市委宣传部、市委社会工委、市科委和市社科联联合召开“培育和践行社会主义核心价值观座谈会暨2014·北京社科普及工作交流会”，弘扬社会主义核心价值观，启动北京周末社区大讲堂、系列科普讲座和科普试验基地活动，研讨和交流工作经验。市社科联党组书记韩凯致辞并布置2014年北京市社科普及工作，市委宣传部副部长崔耀中出席会议并讲话。来自各区县委宣传部分管大讲堂工作的副部长、联络员，有关社会组织负责人、联络员，科普基地单位负责人和新闻媒体记者等70余人参加会议。

5月28日，北京市社科联与西城区委宣传部、西城区社科联联合主办，牛街街道工委、办事处承办的“2014·社科知识普及进社区活动”举办。这次活动的特点：一是紧密结合当前形势，从不同侧面宣传、培育、践行社会主义核心价值观。二是为落实北京市政协委员有关大力宣传、营造“社会治理、人人参与”氛围的提案，专门邀请市社科院研究员殷星辰为社区干部、居民作《国家治理能力现代化与社会治理创新》的讲座。三是活动同时也是2014年北京市科技周的重要组成部分。光明日报、科技日报、北京科技报等媒体记者和西城区牛街街道各社区干部、居民120余人参加活动。

9月28日，为深入探讨社科普及工作在新形势下的有效发展路径，召开了社科普及网络宣传理论与实践研讨会。来自中国传媒大学、首都经贸大学、中国科学院大学等传媒方面的专家，以及千龙网、市科协科普网、宣讲家网等网络负责人受邀参与研讨，社科联党组书记韩凯主持会议，60余人参会。与会专家就如何利用网络做好社科普及工作各抒己见，分别就社科普及的内容、对象、做法、形式、效果等具体问题展开讨论。

今年以来，积极配合市委宣传部做好《中国故事——中华文明五千年》专题片的创作工作。截至目前，该片文学脚本已定稿，已经进入到实际拍摄阶段。

（北京市社会科学界联合会社科普及部供稿）

首都社科专家边疆行活动　四月，市社科联组织首都专家学者和部分所属学会赴西藏开展“首都社科专家边疆行活动”，为西藏发展建言献智，并与北京市博物馆学会、拉萨市牦牛博物馆等单位在拉萨市举办“博物馆建设与民族地区城市发展”学术论坛。韩凯同志主持论坛。

拉萨市牦牛博物馆于5月18日国际博物馆日正式开馆，它不仅是北京市对口支援拉萨市的一项重要文化创意项目，更是中华民族特色文化建设的一项重要举措和藏文化保护地的一项标志性工程。论坛上，牦牛博物馆馆长吴雨初介绍了对口文化项目的建设情况。西藏自治区文物局副局长、西藏博物馆馆长曲珍同志系统介绍了自治区文物保护、博物馆建设和总体发展情况。中国国家博物馆社教部马先军副主任、中国民族文化宫博物馆馆长们发延等6位专家分别从“博物馆对发展西部地区城市文化产业的带动作用”、“民族博物馆与民族文化遗产保护”、“博物馆公益讲解在城市文化建设的作用”和“博物馆在促进民族身份认同、文化理解方面的作用”等方面进行了专业探讨，论坛取得了多项建设性成果。新华社、拉萨市电视台等多家新闻媒体进行了现场报道。

（北京市社会科学界联合会研究室供稿）

·机　　构·

概　　述

本栏目记述了6个2014年新建立的北京市哲学社会科学研究基地。在已刊机构补充介绍中，记述了5所高校和1个科研单位新增机构介绍，以及1所高校机构变化，1所高校领导成员变更情况。

2014年新建立的北京市哲学社会科学研究基地

首都工程教育发展研究基地

首都工程教育发展研究基地是依托北京工业大学建立的北京市哲学社会科学研究基地。2014年2月24日经北京市哲学社会科学规划办公室和北京市教育委员会批准成立。基地定位于着力加强工程教育领域的理论研究与实践探索，促进高质量各类型工程技术、管理人才的培养，产生高质量的理论成果，促进首都高校在工程教育研究领域与国内外的合作与交流，推动首都新型高端智库建设，促进首都科学发展。研究领域和方向主要包括工程人才培养模式研究、工程教育评价与国际研究、工程教育实践研究等。基地的发展建设目标是基于首都经济社会发展对工程技术和人才的需求，围绕“卓越工程师教育培养计划”“专业学位研究生教育综合改革试点”等高等工程教育的重大改革项目开展理论和实践问题研究，构建专业学位人才培养研究与实践体系；参与工程教育改革试点学科或专业、试验基地等方面的教学实践活动；采取多种形式促进工程教育领域的国内外学术交流；建立以“工程教育”为主要研究方向的硕士点，培养专门从事工程教育研究和管理的高级专门人才。致力于将研究基地打造成理论与实践研究平台，学术交流平台，人才培养平台，决策咨询平台，工程教育信息共享平台。

基地负责人：郭广生

电话：67396375

传真：67396375

地址：北京市朝阳区平乐园100号北京工业大学

邮编：100124

首都互联网经济发展研究基地

首都互联网经济发展研究基地是依托中央财经大学建立的北京市哲学社会科学研究基地。2014年6月25日经北京市哲学社会科学规划办公室和北京市教育委员会联合批准成立。基地主要研究领域包括互联网经济、互联网金融、电子商务、大数据管理决策等四个方面。主要研究目标是：通过解析互联网经济内部、互联网经济与传统经济之间的联系，论证互联网经济相关理论存在的现实依据，深入揭示中国互联网经济结构特征、产业演进的规律及机理；深入研究互联网经济下金融体系的特征和运行规律，发掘探索互联网融资模式与融资策略，同时结合金融工程理论、博弈论和激励理论，完善互联网金融服务决策体系与风险监管机制，构建互联网金融理论体系；基于国内外电子商务的发展现状，分析首都电子商务主流业态的演化路径、电子商务促进首都产业结构升级的动力机制与影响因素，电子商务促进产业结构调整演化路径，提出电子商务推动首都产业结构升级的制度安排和政策手段；研究基于社会化媒体的企业众包机制设计与协同共生发展机制，建立基于网络大数据的企业生态系统模型、企业生态网络运作分配机制，探究企业群体的共生/竞争协同演化规律；探索多重关系下UGC对企业绩效与消费决策的影响机制，构建互联经济下的企业管理创新理论体系。

基地负责人兼首席专家：孙宝文

电话：62289070

传真：62289070

地址：北京市海淀区学院南路39号中央财经大学

邮编：100081

北京物流信息化研究基地

北京物流信息化研究基地是依托北京交通大学建立的北京市哲学社会科学研究基地。2014年6月25日经北京市哲学社会科学规划办公室和北京市教育委员会联合批准成立。基地主要借助北京交通大学现有信息理论与技术国际研究中心（简称ICIR）来开展一系列科研工作，ICIR是由北京交通大学和英国雷丁大学共同创办的学术研究机构，现已成为信息管理、物流管理等学科领域具有国际影响力的教学科研基地。ICIR主要围绕信息管理理论与服务科学、新兴IT技术下的物流管理与工程两大领域开展学术研究与人才培养。基地发挥ICIR的研究优势，凝聚国内外前沿学术思想，针对北京物流信息化重大理论与现实的问题，根据北京市社会发展和民生改善的要求，面向北京市城市发展需求培养物流信息化人才等开展工作。在物流服务资源配置研究、新型物流服务业态研究、智慧空间与智慧物流研究以及云计算技术在物流产业应用等方向进行学术研究与人才培养。致力于为构建适合北京发展战略的智慧物流提供智力支持，为北京市政府物流领域重大决策建言献策，切实成为党和政府工作的智囊团和思想库。

基地负责人兼首席专家：张真继

电话：51688511

传真：51688511

地址：北京市海淀区西直门外上园村3号北京交通大学

邮编：100044

民族舞蹈文化研究基地

民族舞蹈文化研究基地是依托北京舞蹈学院建立的北京市哲学社会科学研究基地。2014年6月25日经北京市哲学社会科学规划办公室和北京市教育委员会联合批准成立。研究基地以“民族舞蹈文化信息资源与理论研究中心、民族舞蹈人才培养中心、民族舞蹈文化创意与传播中心”为目标，以民族舞蹈文化传承与保护研究、民族舞蹈理论体系研究、民族舞蹈教育研究体系研究、民族舞蹈创意与文化传播研究为主要研究领域，围绕民族舞蹈文化传承与发展的重点问题、前沿问题和难点问题进行综合研究，充分发挥首都文化资源优势，强化理论研究与社会服务，助力首都公共文化服务体系建设和国家文化软实力建设。同时，以基地建设作为平台，对面临濒危的各民族传统舞蹈文化进行挖掘、整理、传承与保护，形成大协作机制，建设以北京舞蹈学院为中心辐射全国、全世界的民族舞蹈文化研究学术网，提升民族舞蹈文化研究的学术影响力。

基地负责人：邓佑玲

基地首席专家：吕艺生

电话：68935811

传真：68935811

地址：北京市海淀区万寿寺路1号北京舞蹈学院

邮编：100081

京津冀协同发展研究基地

京津冀协同发展研究基地是依托北京国际城市发展研究院建立的北京市哲学社会科学应用对策研究基地。2014年7月30日经北京市哲学社会科学规划办公室批准成立。是第一个在民办机构建立的北京市哲学社会科学研究基地，是一个跨学科、专业化、开放型的研究平台，通过聚集相关专业研究者，发挥独立、客观、公正、持续的科学精神和创新方法，立足北京发展和京津冀协同发展实践，以首都可持续发展与京津冀协同发展重大现实问题为主攻方向，加强对全局性、战略性、前瞻性问题开展研究和咨询，搭建开放式协作创新平台、区域化合作交流平台、专业化决策咨询平台和信息化成果转化平台，努力成为推动北京发展和京津冀协同发展的重要思想库和智囊团。

研究基地的建设任务主要包括：一是建设国内一流的京津冀协同发展文献信息数据中心，全面收集、整理、研究和提供国内外京津冀研究领域具有参考和借鉴价值的文献、信息，定期发布京津冀经济社会发展权威数据。二是汇集百名专家研究出版“京津冀协同发展研究文库”丛书，邀请100位相关专业研究者，围绕京津冀协同发展的100个重大问题出版100本专著。三是形成京津冀协同发展三大研究成果，编制并发布“京津冀指数”，形成《京津冀协同发展指数报告》《京津冀年鉴》《中国临空经济发展报告》等研究成果。四是每年召开国际城市论坛京津冀协同发展年会，组织京津冀三地相关专业领域的专家学者就京津冀协同发展展开学术交流，形成研究成果，供政府决策参考。五是承担政府及相关部门委托的重大研究课题，为京津冀协同发展提供决策咨询和智力支持。

基地负责人：连玉明

电话：85992967

传真：85992967

地址：北京朝阳区金台西路2号北京邮政2030信箱

邮编：100026

北京文化安全研究基地

北京文化安全研究基地是依托北京印刷学院建立的北京市哲学社会科学研究基地。2014年10月24日经北京市哲学社会科学规划办公室和北京市教育委会员联合批准成立。研究基地以产业发展提升国家文化软实力、实现国家文化安全为目标，重点研究国家文化安全背景下的文化产业安全与创新发展问题。下设三个研究领域：即文化安全与文化产业安全研究、文化产业创新管理研究和文化产业数字化发展研究。其中，文化安全与文化产业安全研究主要包括：国家文化软实力提升战略、国家公共文化服务体系建设、文化产业安全评价体系、文化产业安全预警机制、文化产业政策与规制、文化市场监管。文化产业创新管理研究主要包括：文化产业转型升级、文化金融服务创新、文化产业体制改革、文化企业发展战略、文化企业管理创新、文化产业（企业）竞争力评价。文化产业数字化发展研究主要包括：文化资源数字化、网络文化安全与监管、文化产品数字版权管理与保护、文化企业信息化管理。

研究基地围绕国家文化安全与文化产业发展的重点问题、热点问题和难点问题，坚持理论与实践结合、文化与产业结合、文化与科技结合，努力服务于北京世界城市和先进文化之都建设，提升北京在维护国家文化安全、加速文化强国建设中的地位与作用。

基地负责人：刘益

电话：60227800

传真：60227800

地址：北京市大兴区兴华大街2段1号北京印刷学院

邮编：102600

（北京市哲学社会科学规划办公室供稿）

已刊机构补充介绍

北京大学

2014年新增机构

新媒体研究院、国家竞争力研究院

2014年6月25日，新媒体研究院、国家竞争力研究院成立大会暨2014新媒体论坛在北京大学正大国际会议中心举行。中华全国新闻工作者协会名誉主席邵华泽教授，全国政协常委、经济委员会副主任、原工信部部长李毅中等出席了会议。来自清华大学、中国人民大学、中国传媒大学等院校的专家学者，产业界著名企业领导及校内部分相关职能部门、院系领导等200余人出席会议。会议由北京大学新媒体研究院院长谢新洲教授主持。在成立大会上，北京大学常务副校长刘伟代表北京大学宣读了关于成立新媒体研究院和国家竞争力研究院的决定，并宣布两院成立。

海洋研究院海洋战略研究中心

2014 年 6 月 25 日，海洋研究院海洋战略研究中心成立大会在英杰交流中心举办。北京大学副校长、海洋研究院院长陈十一，社科部部长、哲学系主任王博，以及来自法学院、信息管理系、经济学院、光华管理学院、政府管理学院、新闻与传播学院、外国语学院、历史学系、医学部、药学院以及工学院等十多个院系的代表出席了会议。陈十一主持会议并宣布北大海洋研究院海洋战略研究中心成立。他说，海洋技术、海洋科学解决的是海洋发展的具体问题，海洋战略研究中心解决的是海洋发展的宏观问题，北大应发挥基础学科研究、跨学科研究的优势，为建设海洋强国提供智力支持。海洋战略研究中心由法学院李鸣教授担任主任，历史系包茂红教授担任副主任。

（北京大学社会科学部供稿）

清华大学

2014 年 10 月，根据中共教育部党组〔2014〕124 号文件，任命邱勇为中共清华大学委员会常务副书记，杨斌为中共清华大学委员会常委。

（清华大学文科建设处供稿）

中国政法大学

2014 年新增机构

县域法治研究中心

县域法治研究中心，是中国首家专门致力于县域法治理论与实践研究的学术机构，由中国政法大学与山东省青州市人民政府合作建立，2014 年 1 月正式成立。此前，中国政法大学县域法治（青州）研究中心于 2013 年 4 月成立。

中心聘请西南政法大学俞荣根教授、北京大学贺卫方教授、山东大学齐延平教授、中国政法大学王天华教授、山东师范大学程汉大教授、美富国际律师事务所合伙人满运龙博士、天津天一律师事务所主任李有华律师、江苏东南律师事务所张成明律师等任研究员。

中心每年举办一次“全国县域法治高端论坛”。“首届全国县域法治高端论坛”，以“依法治国语境下的县域法治”为主题，已于 2013 年 4 月 29 日—5 月 2 日在古城青州成功举办，《中国政法大学学报》《战略与管理》发表了李树忠、杨玉圣、尹洪阳、王树国、俞荣根等提交论坛的论文，该论坛文集即将结集为《依法治国与县域法治》（李树忠、王树国、尹洪阳主编）。

自 2013 年起，该中心与社会科学文献出版社合作，主持编纂《学术共同体文库》（中国政法大学县域法治研究中心主办，杨玉圣主编）。

该中心首次把“县域法治”作为一个学术命题引入到法学界，将集合理论界和实务部门的研究力量，对县域治理领域有学术价值和现实意义的课题，展开深入系统的综合研究。

该中心在与山东省青州市人民政府合作创办中国政法大学县域法治（青州）研究中心的基础上，中心争取用三年左右的时间，在全国有代表性的县/市/区分别成立四到五个中心，从理论、实践、个案研究与经验推广等方面，全面推进“县域法治”研究。

中心主任：李树忠

国家预防灾害法治保障研究中心

国家预防灾害法治保障研究中心成立于 2014 年 1 月。研究中心共包括 10 余名专兼职研究人员，由法理学、法史学和其他部门法学等领域的学者和校内外对国家预防灾害法治保障有浓厚兴趣的教师和博士研究生组成。

预防灾害的法治保障是国家治理体系的重要组成，用法治思维和法治方式预防灾害，以此推进国家治理体系的不断完善和提高治理能力的现代化水平，是本中心研究的核心战略使命。

中心将以自然法理论为基础，以我国预防灾害法律体系的完善为起始，以国内外灾害防治管理实践为依托，以构建我国预防灾害法治保障之融贯系统为最终目标，实现“预防灾害法治保障之中国梦”。

中心主任：曹义孙

现代新精英研究中心

现代新精英研究中心成立于 2014 年 1 月。该中心依托于继续教育学院。中心包括 10 余名来自高校教学科研单位以及社会教育机构的专家、学者。研究中心致力于整合校内外教育研究及实践领域的相关资源，注重学术研究及实践应用。

中心的宗旨是：适应社会发展趋势，更新教育教学观念，探寻精英成就途径，激发行动引发学习，发挥潜能提升素养，推动实现职场梦想。

中心的使命是：以提升大学生职业素养为核心，研究现代职场人士成功规律，推动大学生素质教育，促进学生由"校园人"向"职场精英"的转变。

中心主任：解廷民

公法与治理研究中心

公法与治理研究中心成立于2014年1月。中心共包括10余名专兼职研究人员。研究人员既有来自高校和科研机构的学者，也有来自相关实务部门的法官，有利于实现跨学科的研究，并有利于推动产学研结合，将中心的研究成果顺利地转化为应用型成果，为相关实践提供指导。

中心致力于公法与治理问题的统一思考与研究，这与国际上有关治理问题的研究方向相一致，也与现代中国推进国家治理体系和治理能力现代化的总需求相契合，由此有助于拓展治理理论的深度和广度，在采纳国际视野的同时，也能从中国的实践出发，为国际和国内相关研究做出独特的贡献。

中心的宗旨是：成为中国政法大学在公法和治理问题方面的研究平台，成为我国有关各类治理问题的法学研究专家库和咨询服务机构。

中心的使命是在中国现代化进程中，通过独立客观的学术思考和理论研究，对公法领域中日益复杂和重要的治理问题予以观察和探讨，并在全球化的背景下，为国家为社会提出应对治理问题的法律对策和建议。

中心主任：张树义

朝鲜半岛研究中心

朝鲜半岛研究中心成立于2014年1月。中心共包括30余名专兼职研究人员。研究人员由中国政法大学、吉林大学、复旦大学、外交学院等高校以及中国现代国际关系研究院、中国国际友好联络会和平与发展研究中心、外交部国际问题研究所、中国军事科学院、中国社会科学院研究东北亚的专家学者组成，集中了我国最优秀的朝鲜半岛和东北亚问题专家。

中心的研究突破了既往的以学科分类为主线的研究传统，遵循地域学的研究思路和方法，注重综合研究和交叉研究，研究领域涉及外交安全、政治发展、经济、法律与社会心理等方面。

中心的宗旨是：成为中国政法大学在东北亚和朝鲜半岛地区研究的平台，成为我国在东北亚和朝鲜半岛问题上具有重要影响力的智库。

中心主任：戚保良

金融创新与互联网金融法制研究中心

金融创新与互联网金融法制研究中心成立于2014年4月8日。中心共包括20余名专兼职研究员。研究人员既有来自高校和科研机构的学者，也有来自相关金融监管部门及实务部门的领导，有利于实现交叉学科研究，这种结构有利于推动产学研结合，将中心的研究成果顺利地转化为应用型成果和我国相关部门的立法意见。

中心的宗旨是：成为中国政法大学金融创新与互联网法制研究领域的多学科协同研究的平台，成为我国金融创新与互联网法制研究的权威的专家库和咨询服务机构，建设成国家金融创新与互联网法制研究基地。

中心的使命是对互联网技术与金融结合的金融创新过程中出现的金融风险的防范与控制的法律问题进行研究，为国家提出应对金融创新与互联网金融的风险提出对策和建议。

中心主任：李爱君

欧洲研究中心

中国政法大学欧洲研究中心成立于2014年11月。欧洲研究中心共包括20余名专兼职研究人员，主要由校内从事欧洲法律、经济和政治研究、从事欧盟成员国国别法研究的学者以及其他来自境内外从事欧洲研究的著名学者组成。

中心的宗旨是：以我校优势学科欧盟法为核心，整合我校欧洲研究的师资，形成一支能够对欧洲问题进行跨学科研究的学术团队，积极推动和实践"中欧之间法治国家对话"和"中欧高级别人文交流对话"，着重培养一批能够深入了解欧洲一体化发展以及欧盟法的专业人才，为深化和加强中欧战略合作伙伴关系建言献策。

中心的主要职责是：第一，进一步强化我校欧盟法学科的特色，保持在国内的领先地位。第二，积极推动我校欧洲政治、经济和法律的跨学科研究，有计划地资助出版相关研究成果，为国家的对欧政策提供服务。第三，积极开展与国内其他高校欧洲研究中心以及欧洲学者之间的学术交流，建立多种形式的学术合作机制，合理组织和安排中欧学者间的互访、教学和研究等活动。第四，发动和组织我校欧洲研究人员积极申请中欧高等教育合作项目及其他欧盟项目，为我校欧洲研究的可持续发展提供支持。第五，努力拓宽信息渠道，完善信息网络，积极为我校及国内从事欧洲研究与教学人员和实务界提供相关服务。

中心主任：张彤

历史社会学与中共党史研究中心

中国政法大学历史社会学与中共党史研究中心成

立于 2014 年 11 月。中心共包括 10 余名专兼职研究人员。研究人员既有来自高校和科研机构的学者，也有来自相关实务部门的领导、学者型官员，有利于实现交叉学科研究。

中心致力于以社会学和人类学等多学科的方法，利用地方社会史和中共党史的材料，推进对历史社会学和中共党史的研究，使其成为国内用新视野和新方法研究中共党史的前沿研究平台。

中心将建设国内独特的中共党史资料库。从 1980 年代起，中央档案馆与 18 个省档案馆合作，分 18 省编纂了革命历史文件汇集，这是研究早期中共党史的必备材料，但国内学界至今没有任何一家单位把它们收集齐备。而本研究中心将在成立后的短时期内将其全部收集齐备，使之成为国内研究中共早期党史尤其是地方早期党史最权威的资料中心。

中心主任：应星

（中国政法大学科研处韩冰供稿）

中央财经大学

2013 年新增机构

中国互联网经济研究院

中国互联网经济研究院于 2013 年 12 月 12 日成立，是中央财经大学直属科研机构，同时也是电子商务交易技术国家工程实验室成员单位——互联网经济与金融研究中心，还是北京市教育委员会和北京市哲学社会科学规划办公室批准成立的北京市哲学社会科学重点研究基地—首都互联网经济发展研究基地。

研究院自成立以来，秉承“开放、平等、协同、共享、创新”的互联网精神，汇聚校内外各方研究力量，打破职务、职称、学历的层次限制，积极组建协作、共享的跨学科研究团队。中国互联网经济研究院围绕互联网经济理论、互联网金融、电子商务、大数据等四个研究方向，追求“学术研究要顶天，服务社会要落地”的研究宗旨，承担了国家科技支撑计划、国家自然科学基金、国家社会科学基金、教育部社会科学研究、北京市社会科学基金等多项重大和重点课题研究工作，取得了一系列创新性的研究成果。还承担了国家发展和改革委员会、首钢集团等政府、企业的课题研究工作，服务于政府决策和企业发展，成为政府和企业的智库。

中国互联网经济研究院积极探索科研管理体制改革，坚持“以项目为纽带，出成果与培养人才并重”的原则，建立“不求所有、但求所用”的科研人员聘任管理模式，释放制度变革的红利，激发科研人员的创新活力。

院长：孙宝文

（中央财经大学科研处供稿）

对外经济贸易大学

2014 年新增机构

中国影视产业研究中心

中国影视产业研究中心成立于 2014 年，是由对外经济贸易大学国际商学院 EMBA 中心、中国电视剧制片人协会、中国导演工作委员会、中国编剧工作委员会、中国演员工作委员会、中国电影发行协会共同发起设立的影视产业高端研究机构。中心整合各发起人单位、业内研究机构、上市公司的智力资源，致力于奠定影视产业行业研究和咨询服务的龙头地位，为中国影视产业的持续、健康发展和国际化接轨做出贡献。

中心以社会服务为主，主要研究内容包括：中国影视产业年度报告；中小影视企业发展战略与资本运营咨询；影视项目收益风险管控；影视主创人员工作室运营咨询与培训；影视产业票房和收视率终端数据研究等。

中心主任：周煊，联系电话：64493586

万科区域经济与城市化发展研究中心

万科区域经济与城市化发展研究中心成立于 2014 年，是由对外经济贸易大学国际经济贸易学院与万科集团外部合伙人毛大庆先生（原万科企业集团高级副总裁，北京区域本部首席执行官，北京万科企业有限公司董事长）携手共建的非实体性研究机构，旨在为中国区域经济与城市化协同发展以及商业地产投资分析提供决策咨询。

中心将秉持“互利互惠、友好协商、相互促进、共同发展”的原则，充分发掘各方的优势资源，开展长期性、针对性、实质性战略合作。中心致力于开展中国城市运营与商业地产发展的课题研究，为区域经济发展及城镇化建设提供专业服务，并积极开展与第三方的战略合作，以期成为我国区域经济协同发展的人才培养基地和智库。

中心主任：梁蓓，联系电话：64493605

大数据与在线供应链金融应用研究中心

大数据与在线供应链金融应用研究中心成立于

2014年，是非实体性的研究机构。中心的宗旨是通过校企合作，凝聚产学研人才，研究大数据背景下的在线供应链金融服务与供应链电子商务集成创新服务领域中的关键技术与问题，为企业电子商务转型及产融结合提供个性化的咨询服务与解决方案，为政府对在线供应链金融方面的监管提供法律、政策等理论支撑。

中心研究方向包括：在线供应链金融的基本理论及业务模式研究；在线供应链金融中的电子商务、物流与金融；在线供应链金融的信用与风险管理研究；在线供应链金融应用环境与政策法规研究；电子商务与供应链集成服务平台的规划与设计研究；在线供应链金融系统中的技术支撑体系研究；在线供应链金融中的大数据生态体系研究；在线供应链金融中的大数据挖掘、托管、交易、流通与营销方法。

中心主任：秦良娟，联系电话：64493116

金融战略与量化研究中心

对外经济贸易大学金融战略与量化研究中心成立于2014年，是非实体性的研究机构，旨在依托对外经济贸易大学在国内外相关领域的学术与社会资源，结合中国面临的重大经济体制改革、金融改革与创新的历史机遇，结合自然科学与社会科学的研究思维，兼容交叉学科的理论与实践研究优势，基于对数据的分析开展资产定价、量化投资、金融战略、信用评估、风险管理、经济复杂性等前沿领域的量化研究，引领量化研究的创新性思维，建立适合我国国情的金融战略与政策制定仿真模型与风险评估体系。中心将广泛与金融机构、金融监管部门及相关部委合作，以构建中国金融领域的顶尖智库为目标，为中国金融市场产品创新与资产定价提供量化方法，为促进中国金融体系的健康发展做出最大的努力，为中国金融决策提供量化依据。

中心主任：吴卫星，联系电话：64492670

商法统一化研究中心

对外经济贸易大学商法统一化研究中心成立于2014年，是学校与商务部条法司联合成立的非实体性科研机构，商务部条法司为中心的科学研究和人才培养等提供资金支持。中心的成立是我校与商务部的合作成果，体现了我校在国际法重点学科建设以及智库建设方面的进展。研究中心的首要任务在于紧密跟踪两大国际商事立法组织的动态，并有效组织国内各方面力量的协同研究，力争在国际商事立法中发出中国的强音；通过组织和整合学术研究力量，尽可能有效解决中国参与国际商事立法的持续性问题。

中心主任：石静霞，联系电话：64495038

（对外经济贸易大学科研处供稿）

北京工业大学

2014年之前新增机构

马克思主义学院

马克思主义学院成立于2011年3月，是直属学校领导的二级教学科研机构，同时也是本校马克思主义理论、科技哲学学科点的依托单位。学院主要承担全校本科生和研究生思想政治理论课的教学任务，马克思主义理论研究以及马克思主义理论和科技哲学学科的研究生培养任务。

马克思主义学院2014年共有专任教师30人。其中教授5人，副教授18人，具有高级职称的教师共23人，占全体教师的76.7%；具有博士学位的16人，占53.3%；研究生以上学历占96.7%。

学院下设马克思主义原理、中国特色社会主义理论、中国近现代史、德育教研室以及自然辩证法等5个教研室。学院现有马克思主义理论一级学科硕士点和科学技术哲学二级学科硕士点，有在校硕士生36人。2011年9月获得马克思主义理论一级学科硕士点，自2012年开始按一级学科招生。

马克思主义理论一级学科主要研究方向：1. 马克思主义基本原理；2. 马克思主义中国化研究；3. 思想政治教育。

科学技术哲学二级学科主要研究方向：1. 科学、技术与社会研究；2. 工程伦理学；3. 生态哲学与可持续发展问题研究。

行政负责人：李东松，联系电话：67392817

高等教育研究所

高等教育研究所成立于2006年6月，是一个集教育科学研究、教育政策咨询、高教研究与管理、教育学术交流为一体的高等教育科学研究机构。2007年首批招生高等教育学硕士研究生10人，现在读硕士生40人，毕业50人。2008年，“高等教育学”二级学科成为北京市重点建设学科，2011年获批教育学一级学科硕士学位授权。2014年，获批“教育硕士”专业授权。高等教育研究所现有硕士生导师21人，其中兼职导师16人、专任教师6人，其中具有博士学位的6人、有高级专业技术职称的5人。

近年来，高教所承担国家社科基金、全国教育科学规划、教育部人文社科项目、教育部科技委重大战略研究课题、北京市教育科学规划、北京市哲社课题等各级各类项目近 60 余项，发表论文 160 余篇，向教育部科技委、北京市教委提供专家建议、调研报告近 20 份。2008 年、2011 年、2014 年分别获中国高教学会第二届、第三届、第四届全国优秀高等教育研究机构荣誉称号。2011 年、2014 年分别获北京市高教学会优秀教育研究机构荣誉称号。科研成果获国家级、省部级以及中国高等教育学会等各类奖励 20 余项。每年举办和承办国际、国内学术会议 1 ~ 2 次。

主要研究方向为：高等教育与大学管理、高等工程教育、学生事务管理、大学教学论、现代教育技术。

行政负责人：肖念，联系电话：67396386

教育部发展战略研究（培育）基地——
地方高水平大学发展战略研究中心

2013 年 8 月 13 日，北京工业大学地方高水平大学发展战略研究中心正式获批教育部战略研究培育基地，实现本校文科类教育部重点实验室建设新突破。北京工业大学地方高水平大学发展战略研究中心是目前唯一一个落户在地方大学的教育部战略研究培育基地，基地主任由校长郭广生担任。这也是本校为了落实中央领导关于建设中国特色新型智库讲话精神的重要举措。自 2006 年教育部启动战略研究基地的建设工作，截至目前教育部战略研究基地共 15 个（含培育基地）。北京工业大学地方高水平大学发展战略研究中心于 2012 年 6 月正式揭牌成立；2012 年 12 月，组织召开“地方高水平大学发展峰会”，来自全国各地的 30 余所地方大学参加会议并一致通过《地方高水平大学发展峰会宣言》，为地方高水平大学发展战略研究中心的组建奠定了组织、运行机制方面的基础。

主要研究方向为：地方高水平大学发展战略研究、地方高水平大学科技创新与区域经济互动研究、区域创新人才培养模式与机制研究、地方高水平大学科技创新的体制机制研究。

行政负责人：郭广生、肖念，联系电话：67396386

北京市哲学社会科学研究基地——
首都工程教育发展研究基地

2011 年 10 月，在北京市教育委员会指导下，基于首都经济社会发展对工程技术和人才的需求，依托北京工业大学，联合北京邮电大学、北京交通大学、华北电力大学、北京信息科技大学、北京石油化工学院等单位，成立了“首都高等工程教育研究中心”，这是一个跨学科、跨单位合作，专门从事高等工程教育理论与实践研究工作的科学研究机构。“首都高等工程教育研究中心”在机制方面的有效运转、良好的科研合作关系，为筹备“首都工程教育发展研究基地”奠定了坚实的基础。

2014 年 2 月 24 日，北京市哲学社会科学规划办公室、北京市教育委员会联合发布了“关于建立首都工程教育发展研究基地的决定”（京社科规划文〔2014〕9 号），标志着以本校为依托单位建立的“首都工程教育发展研究基地”正式成为北京市哲学社会科学研究基地，从而使依托本校建立的北京市哲学社会科学研究基地达到 3 个。

“首都工程教育发展研究基地”获批，为本校乃至首都搭建了提高工程教育质量、综合理工科优势推动人文社科发展的研究平台和基地。

主要研究方向为：工程人才培养模式研究、工程教育评价与国际研究、工程教育实践研究等。

行政负责人：郭广生、肖念，联系电话：67396386

循环经济研究院

北京工业大学循环经济研究院是致力于循环经济研究的跨学科研究机构，成立于 2005 年 4 月。依托学校多学科优势，建有一支跨学科的、实力雄厚的专兼职研究队伍。2006 年“构建有中国特色的循环经济理论与技术支撑体系”创新团队，获得北京市人才强教学术创新团队；2007 年率先在“人口、资源与环境经济学”专业硕士培养中设立循环经济研究方向，实行多学科联合培养方案；2008 年“资源、环境及循环经济”交叉学科荣获北京市重点学科；2010 年与材料学院联合获得教育部首批“资源循环科学与工程”本科专业；2012 年获批教育部首个“资源环境与循环经济交叉学科”专业（博士、硕士招生）；2012 年起参与由材料学院牵头的“首都资源循环材料协同创新中心”建设。与政府相关部门、各高校科研机构、社会行业各界等建立了广泛的联系，成为国内外有一定影响力、一流研究水平的循环经济研究机构，为建成北京工业大学多学科交叉研究基地，培养复合型创新人才提供支撑。

主要研究方向为：循环经济理论与实践、资源环境经济综合评价、城市矿产回收利用、生态文明发展战略等。

行政负责人：吴玉锋，联系电话：67396234

（北京工业大学科发院人文处张爱民供稿）

中国青年政治学院

2014 年机构变化

5 月新成立机构：中央团校教育培训学院、信息化工作办公室

5 月撤销机构：中央团校轮训部

5 月原新闻与传播系更名为新闻传播学院

（中国青年政治学院科研处供稿）

北京市社会科学院

2013 年新增机构

传媒研究所

传媒研究所是根据中央网络安全和信息化领导小组办公室主任、中央宣传部副部长、国家互联网信息办公室主任鲁炜（时任中共北京市委常委、宣传部长、副市长）的指示精神，经北京市机构编制委员会办公室（2013）88 号文正式批准成立的研究机构。该所同时挂“北京市文化创意产业研究中心”牌子。2012 年 5 月 23 日，中共北京市委常委会通过的《“人文北京”行动计划2012 年度折子工程》中明确指出：发挥北京市文化创意产业研究中心平台作用，加大对文化创意产业理论和发展实践的研究。

该机构的主要职责是开展首都传媒理论与应用对策以及文化创意产业研究。同时，发挥原有研究优势，开展中国道路、中国宏观经济、城市发展等领域的研究。该所作为博士后工作站点与北京大学、清华大学、中国传媒大学等合作招生全脱产博士后研究人员，目前设立“文化创意产业”“互联网与新媒体”“传媒经济”“跨文化传播”等研究方向。

（北京市社会科学院科研处供稿）

· 大 事 记 ·

2014 年

1 月

2 日 新年伊始，7 件来自台湾的文物和艺术品入藏中国人民抗日战争纪念馆。

最受关注的两件捐赠品一大一小。

小件儿是尊雕塑，是全国台联会长汪毅夫替台湾国民党荣誉主席连战捐赠的，由台湾著名雕塑大师杨英风创作的“正气”雕塑。

此次入藏抗战馆的作品为铜质品，只比成人巴掌大一圈儿，是杨英风 1976 年创作完成的。抗战馆文物保管处工作人员介绍，“正气”是杨英风在花莲太鲁阁期间，体验到台湾山脉在拔地而起后的惊心动魄，尤其山壁的锐动，感觉到唯有以“正气磅礴凛然”才足以形容，从而激发了创作灵感。

大件儿是一对儿文物。捐赠者是台湾抗日志士亲属协进会首任理事长林光辉，他将其曾祖父林朝栋任二品道员时使用的功名牌首次从台湾带到大陆。这两件文物的历史可以追溯到清光绪年间。在现场，记者看到这两块功名牌保存完整，红底金字写着“尽先前选用道”字样。林光辉介绍，林朝栋身为二品顶戴道员，出行时，十几名衙役高举功名牌在前开道。这两块功名牌为其中的一部分。

抗战馆专家说：“这位林朝栋很多人并不熟悉，其实他就是栋军领导人。这支部队曾参与中法战争、施九缎事件等大小战役，规模随林朝栋屡建功勋而日渐扩充，至 1895 年全盛时期，共有十营，成为台湾中部最具战力的部队。甲午战争后，台湾因马关条约割让给日本，栋军成为台湾主要战力之一。”

抗战馆馆长沈强透露，抗战馆将通过建设台湾专题展厅，充分挖掘文物资料背后的故事，扩大对外宣传力度，有力抨击日本右翼势力否认侵华历史的言行。预计该展厅将于 2015 年建成并对外开放。

4 日 第三届中国出版政府奖在京揭晓并颁奖。《中国共产党历史 · 第二卷》等 56 种图书获图书奖，《纳米研究》等 20 种期刊获期刊奖，《新世纪强军路》等 20 种作品获音像电子网络出版物奖，《中国标准草书大典》等 10 种作品获印刷复制奖，《剪纸的故事》等 10 种作品获装帧设计奖。

中国出版政府奖是我国新闻出版行业的最高奖，每三年评选一次。本届评奖全国共有 475 家出版单位报送了参评图书，占全国可申报单位总数的 82%，参与出版单位数量为历届最高。

除了图书奖、期刊奖、音像电子网络出版物奖、印刷复制奖以及装帧设计奖外，辽宁人民出版社等 50 家单位荣获了先进出版单位奖，于华刚等 70 名个人荣获第三届中国出版政府奖优秀出版人物奖。此外，还有 229 种优秀出版物奖得提名奖。

5 日 50 集大型电视系列片《正道沧桑：社会主义 500 年》自 2013 年 12 月 23 日起在中央电视台 2 套黄金时段开始新一轮热播，受到全国各地的广泛关注。

据悉，该片重新播出后，同名图书再次热销，播出当日北京市各新华书店就销售了两千多套，书店渠道、团体订户进货量激增，几次脱销、再版。

该片由北京市委宣传部、市委讲师团、北京电视台联合打造，集中了首都社科专家、媒体从业人员、党政机关干部等各方骨干力量 100 多人，共同创作完成。作为一部全景式展现社会主义 500 年波澜壮阔历程的史实大片，再现了社会主义从空想到科学、从理论到实践、从一国实践到多国发展的历史画卷。

《正道沧桑：社会主义500年》图书用不到30万字的篇幅讲述了长达500年的社会主义发展史，90余年的中国共产党接力探索的奋斗史，涵盖了社会主义发展进程中的重要人物、重要事件和重大理论，兼具理论性与故事性。

7日　第九次全国社会主义学院院长会议在北京召开。全国人大常委会副委员长、民进中央主席、中央社会主义学院院长严隽琪出席并讲话。

严隽琪围绕学习贯彻中共十八届三中全会精神，就社会主义学院工作提出4点意见：一是要进一步凝聚政治共识，始终坚持“社院姓社”，引导党外代表人士增强对中国特色社会主义的道路自信、理论自信、制度自信。二是要进一步夯实人才基础，不断提高党外代表人士的综合素质和履职能力，引导党外代表人士服务全面深化改革的目标任务。三是要进一步提供理论支持，紧紧围绕统一战线和多党合作事业的中心任务，力争涌现出一批具有相当代表性、权威性和影响力的学术成果。四是要进一步加强自身建设，着力解决制约发展的突出矛盾和问题，坚定不移地向着正规化建设的目标不断迈进。

近日　百多位专家学者历时15年编撰，中国社会科学院最新科研成果之一——《中国文学通史》(12卷本)推出。该丛书由该院荣誉学部委员张炯、邓绍基、郎樱任总主编，共600万字。

据介绍，该书贯通古今，将历代中国各民族各地区的文学都纳入编写的视野，包括当代56个民族的文学和港澳台地区的文学，并论述了各民族各地区文学发展过程中相互影响的关系。同时将古今各种文体，包括古代神话、歌谣、史诗、历史纪事、小说、散文、戏曲和当今的童话、小品、随笔、杂文、科幻小说、电影文学以及历代文学理论都纳入通史书写。

9日　北京市政协原主席，国家语言文字工作委员会原主任委员刘导生同志因病医治无效，在京逝世，享年101岁。

刘导生同志病重期间和逝世后，中央有关领导同志以不同方式表示慰问和哀悼。昨天上午，刘延东、郭金龙、王安顺、杜德印、吉林等前往北京医院为刘导生同志遗体送别。

刘导生同志1913年2月出生于江苏省丰县，1929年秋参加革命工作，1935年加入中国共产党。抗战期间从事党的新闻宣传工作。抗战胜利后，先后在华东局、团中央、中科院工作。“文化大革命”期间受到迫害。

1978年到北京市工作后，刘导生同志先后担任市委常委、宣传部部长，市委书记（当时设有第一书记）等职务，1983年当选市政协主席。1986年，刘导生同志担任国家语言文字工作委员会主任委员。

刘导生同志亲属、生前友好、中央和北京市相关部门负责同志也前往送别，或以各种方式表示慰问。

17日　为进一步深化英语专业建设内涵，提高英语专业教育质量，北京市教委于2012年启动了英语专业群建设，并决定成立北京市高校英语类专业群专家委员会和专业群教学协作委员会，负责对英语类专业群涉及的北京高校相关本科专业的教学工作进行研究、指导、评估、服务等。

北京市高校英语类专业群专家委员会和教学协作委员会成立大会暨第一次全体会议于今天在首都师范大学国际文化大厦召开，由外国语学院承办。

北京市教委高教处副处长金红莲宣读了两委成立通知和委员名单，北京市教委委员兼高教处处长黄侃致辞，并向两委全体委员颁发聘书。

（首都师范大学社科处李志成供稿）

2月

8日　中国社会科学院党的群众路线教育实践活动总结会议在京召开。中国社会科学院院长、党组书记王伟光作总结讲话，中央第20督导组组长马馼代表中央第20督导组讲话，中国社会科学院副院长、党组副书记赵胜轩主持会议。

出席会议的还有中国社科院副院长、党组成员李捷、张江、李扬、李培林，中央纪委驻院纪检组组长、党组成员张英伟，秘书长、党组成员高翔，以及中央第20督导组成员。

会上，赵胜轩传达了中央领导同志的重要批示。办公厅、科研局、人事教育局、马克思主义研究院、信息情报研究院负责同志分别就教育实践活动整改落实的有关制度规定作说明。

中国社会科学院院长助理、副秘书长，院属各单位主要负责同志及职能部门有关同志200余人参加会议。

（中国社科院办公厅刘玉杰供稿）

10日　为适应新的形势，充分发挥职能作用，中共北京市委党史研究室决定恢复《北京党史》期刊编委会，并召开第一次全体会议。市委党史研究室主任谢荫明，副主任陆兵、李明圣、陈志楣，副巡视员温卫东及各处室负责人参加会议。会议明确了《北京党史》期刊编委会恢复后的人员组成。大家围绕如何办好《北京党史》期刊进行讨论，提出兼顾学术性和可读性、突出北京特色、注重前沿热点、着眼长远与做好当下相结合、挖掘利用好各类研究资源、组织好研讨活动等意见和建议。谢荫明强调，编委会要定期召开会议，对办刊重大事项进行决策，对期刊内容进行点评指导，解决办刊的重点难点问题，进一步发挥刊物的窗口平台作用，扩大刊物的社会影响力。

（中共北京市委党史研究室乔文魁供稿）

12 日　在李克强总理和匈牙利总理欧尔班见证下，中国社会科学院院长王伟光代表中国社会科学院与匈牙利科学院院长巴林卡斯·约瑟夫在人民大会堂共同签署两院新的科学合作协议。签字仪式后，院长王伟光出席李克强总理为欧尔班总理举行的欢迎晚宴。

（中国社科院办公厅刘玉杰供稿）

13 日　北京市委常委会召开扩大会议，用一天时间再次深入学习、深刻领会习近平总书记对北京市工作的重要指示精神，研究各项措施，坚决贯彻落实总书记的重要指示要求。市委书记郭金龙主持会议。

会议传达了习近平总书记、李克强总理、张高丽副总理对北京市加快推进京津冀及周边地区大气污染防治工作的重要批示，听取了本市贯彻落实总书记 1 月 24 日对北京市工作作出的重要批示精神的初步想法汇报。

市领导紧密结合各自工作实际，就贯彻落实好总书记对北京工作重要批示精神进行了深入交流。

郭金龙指出，总书记的重要批示对北京工作提出了新的要求，具有鲜明的时代特征和里程碑意义。总书记的指示就是我们的工作纲领。我们要认真学习领会、坚决贯彻落实。

郭金龙强调，学习贯彻好总书记重要批示精神，重点要在全面深化改革上进一步统一认识，在新时期首都城市的战略定位上进一步统一认识，在解决好人口问题上进一步统一认识，在推进京津冀协同发展上进一步统一认识，坚决维护首都和谐稳定。

19 日　中华宗教文化交流协会理事会在北京召开，来自海内外的 100 多位代表与会，会议推选产生了新一届理事会。

全国政协副主席、中国佛教协会名誉会长帕巴拉·格列朗杰活佛出任协会名誉会长，中国佛教协会会长传印长老、中国道教协会会长任法融道长、中国伊斯兰教协会会长陈广元阿訇、中国天主教爱国会主席兼主教团副主席房兴耀主教、中国基督教三自爱国运动委员会主席傅先伟长老应邀担任协会顾问。

中华宗教文化交流协会是具有法人地位的全国性非营利性社会组织和依法登记的社团法人，自 2005 年成立以来，协会成功举办了三届世界佛教论坛、两届国际道教论坛、两届中美基督教高峰论坛及中印尼伊斯兰教文化展演等一系列大型宗教文化交流活动。

20 日　上午，首都师范大学与石景山区教育战略合作协议签约仪式在石景山区人民政府举行。这是本校落实北京市委、市政府关于“加大市级优质资源整合力度、构建北京新教育地图”指示精神，在石景山探索区域教育合作、助推高端绿色发展的新举措。北京市委常委、教工委书记苟仲文，市教委主任线联平，市教工委常务副书记刘建，市政府教育督导室主任唐立军，市教委副主任付志峰，市教委委员李奕等市领导出席活动。石景山区政府各级领导，本校党委书记张雪、副校长孟繁华、基教院副院长王海燕以及有关高校领导等参加了签约仪式。签约仪式由石景山常务副区长田利跃主持。

学校副校长孟繁华、石景山区副区长杨东启就本校与该区的教育合作，共同签署了合作协议。在签约仪式上，北京师范大学、北师大附属中学、清华附小也分别与石景山区政府、区教委签署了合作协议。

（首都师范大学社科处李志成供稿）

同日　人民日报社主管主办杂志《国家人文历史》创刊 100 期庆典举行。人民日报社副社长何崇元与专家学者、读者代表共同出席了活动。

《国家人文历史》（原名《文史参考》）2010 年 1 月创刊，从“真相、趣味、良知”到“人文家国、历久弥新”，杂志始终秉承文化自觉、文化自信、文化自强的使命，在历史与现实之间寻找人文精神的支点，坚持以历史的视角解读新闻，用人文的精神关怀时代。4 年多来，杂志推出了《党史重大事件亲历者说》《中南海前传》《我们的户口与命运》等脍炙人口、发人深省的报道。

25 日　上午，故宫研究院发布了近几年将开展的 11 项科研与出版项目，其中“故宫博物院藏殷墟甲骨文整理与研究”“故宫藏先秦有铭青铜器研究”等项目最为引人注目。

世界现存殷墟甲骨共有 13 万片，北京故宫博物院藏有约 22463 片，占世界的 18%，属于世界第三大甲骨收藏单位。已经启动的“故宫博物院藏殷墟甲骨文整理与研究”项目将在6至10年内，完成全部整理研究工作，培养一批甲骨研究人才。“故宫藏先秦有铭青铜器研究”也将启动。据统计，已知流传至今的先秦带铭文青铜器资料约有1.5万件，其中北京故宫现藏1600件，是目前存世博物馆中收藏最多的，台北故宫亦藏有铭文青铜器440余件。北京故宫去年提出两岸故宫合作，对所藏的2000余件青铜器及其铭文做综合考察研究，目前已得到台北故宫博物院的积极回应，这将成为两岸故宫第一个大型文物研究合作项目。

故宫博物院博士后科研工作站当天也举行了揭牌仪式，这是全国博管会有史以来批准的首批建立在文博单位里的博士后工作站。

同日　著名大学排名机构 Quacquarelli Symonds（简称“QS”）发布了2014年度世界大学学科排行榜。北京师范大学教育学科进入世界前50强，与曼彻斯特大学并列排名全球第43位。

（北京师范大学社会科学处刘娜供稿）

27日　下午，十二届全国人大常委会第七次会议经表决通过了两个决定，分别将9月3日确定为中国人民抗日战争胜利纪念日，将12月13日确定为南京大屠杀死难者国家公祭日。

28日　台湾高雄第一科技大学陈政任、廖宏章和蔡匡忠三位教授，应邀到中国劳动关系学院安全工程系就职业安全卫生专业课题进行了学术交流访问，安全工程系教师及部分学生参加了交流会。安全工程系主任孟燕华教授对三位教授的到来表示欢迎，并介绍了本校安全工程系职业安全卫生专业的现状及发展方向。三位教授分别以“台湾新高产业的灾害回顾”“硅烷的危害特性与研究上的挑战 ”“特殊气体供应系统”和“科技厂房火灾特性及消防设计之未来发展”为主题介绍了高雄第一科技大学在职业卫生方向的研究课题及最新成果。

（中国劳动关系学院科研处陈邓海供稿）

3月

7日　北京市社科联召开青年社科人才科研工作座谈会。中共北京市委研究室副主任胡雪峰作了“学习习近平总书记关于北京工作的指示精神和北京市情发展”的市情辅导报告。市社科联学术部负责同志通报了2014年“青年社科人才资助项目”的立项、中期检查和结项等相关工作安排。市社科联党组副书记梁立新总结讲话。来自首都高校、研究院所的近百名青年社科学者参加了座谈会。

（北京市社科联学术活动部供稿）

同日　云南省政府金融办党组书记、主任刘光溪一行6人到清华大学五道口金融学院，与金融学院常务副院长廖理及相关部门负责人会谈，双方签署了战略合作框架协议。根据协议内容，云南省政府金融办聘请金融学院为云南沿边金融综合改革试验区金融工程研发实验中心（中国·泛亚金融工程院）的智力支持单位；金融学院将充分利用业内和学界资源，组成专业研究团队，运用科学的研究方法，为云南省金融办提供咨询支持。金融学院每年还将推荐部分博士后到中国·泛亚金融工程院博士后工作站实习或就业，支持中国·泛亚金融工程院人才工作站建设。双方将在普惠金融、沿边金融等课题研究领域展开合作，共同助推云南沿边金融综合改革试验区建设和昆明区域性国际金融中心建设。

（清华大学文科建设处刘金梅供稿）

13日　北京市社科联召开了“2014·学术前沿论坛”工作协调会。上午围绕“学术前沿论坛主题专场研讨”的议题，各主题论坛承办方分别介绍了三生共赢论坛、中国经济学前沿论坛、城市国际化论坛、北京文化论坛、首都教育论坛、首都旅游发展论坛、首都现代服务业发展论坛、北京社会建设论坛的举办情况，并和与会专家进行交流。下午围绕学术前沿论坛主论坛选题，北京大学的欧阳哲生、郁庆治教授，中国人民大学的郑风田教授，中央民族大学王建民、李曦辉教授，以及北京师范大学的朱光明、沈越、董立河教授等专家交流发言。市社科联党组书记、常务副主席韩凯，副书记孟春利、梁立新与会。

（北京市社科联学术活动部供稿）

15日　《光明日报》文化艺术中心暨中心第一届学术委员会成立。

《光明日报》总编辑何东平出席座谈会，他指出：《光明日报》是目前中央新闻单位刊登文化艺术作品版面较多、投入编辑记者力量较多的媒体。2012年元旦，根据中央关于发展社会主义先进文化的精神，我们创办了《光明日报》文化周末版，每周为读者提供8个彩印的文化艺术精粹版面，两年多来受到读者的广泛关注和好评。《光明日报》文化艺术中心的成立，就是要坚持文艺“为人民服务、为社会主义服务”的正确方向，坚持“百花齐放、百家争鸣”方针，依托《光明日报》主体业务，建造一个高端文化艺术学术研究、展示平台，以创新的思维，结合新科技、新媒体、新方式，为广大读者的文艺欣赏、为艺术家的文艺创作，做好服务，做好传播。

19 日　北京师范大学中国基础教育质量监测协同创新中心公布全国首套区域教育质量健康状况“体检指标”，在全国首次提出区域教育质量健康体检的概念，为全面转变以应试教育为指挥棒、以分数论“英雄”的教育质量评价观提供新思路。

（北京师范大学社科处刘娜供稿）

同日　由文化部牵头成立的国家公共文化服务体系建设协调组在京召开第一次全体会议，标志着国家层面的公共文化服务协调机制正式运转。中央 20 个部门将合力“啃”十八届三中全会提出的促进基本公共文化服务标准化均等化这块“硬骨头”。

其他 19 个协调组成员单位是中宣部、中央编办、中央文明办、发展改革委、教育部、科技部、财政部、人力资源和社会保障部、国家质检总局、新闻出版广电总局、体育总局、国家文物局、国务院扶贫办、全国总工会、共青团中央、全国妇联、中国残联、中国科协、国家标准委。协调组主要任务是负责全国公共文化服务体系建设重大事项的协商和部署。

协调组成立后，将协调推进重大公共文化服务法规、政策、标准的制定、实施和考核。将尽快制定国家公共文化服务保障标准，启动《公共文化服务保障法》等立法工作。另一工作重点是建立稳定的公共文化服务保障机制。此外，协调组还将统筹实施公共文化服务重大工程，以及以贫苦地区为突破口促进公共文化服务均等化发展。

同日　全国党史研究室主任会议在北京召开。这次会议的主要任务是，深入学习贯彻党的十八大、十八届二中、三中全会精神和习近平总书记系列重要讲话精神，总结 2013 年的党史工作，部署 2014 年的工作任务，深化和突出中国特色社会主义的历史研究。中央党史研究室主任曲青山在会上作了讲话。

中央党史研究室和各省、自治区、直辖市及副省级城市、新疆生产建设兵团等党史部门负责同志，中央党校党史教研部、总政编研室、军科军事历史研究所、中国浦东干部学院、井冈山干部学院、延安干部学院等有关领导共约 160 人出席会议。

22 日　上午，美国第一夫人米歇尔·奥巴马女士（Michelle Obama）到访北京大学，抵校后前往北大斯坦福中心围绕“海外学习和文化交流的意义与愿景”发表了演讲，并与青年学生开展交流活动。美国新任驻华大使马克斯·鲍卡斯（Max Baucus）及其夫人，外交学会副会长陈乃清及外交部礼宾司副司长张艳玲陪同到访。北京大学校务委员会主任朱善璐、校长王恩哥、副校长李岩松陪同接待。在会谈中，朱善璐主任、王恩哥校长对米歇尔一行的到访表示热烈欢迎，并向她介绍了北京大学即将启动的“燕京学堂”计划。“燕京学堂”计划倡导从跨学科的背景出发，聚集国际化的顶尖师资和一流学生，力求在全球语境下深化对中国的人文及社会科学研究。校领导还高度赞赏米歇尔对推进“十万强计划”（100000 Strong Initiative）的实施、支持美国学生到中国留学所做的积极努力。

（北京大学社科部供稿）

24—25 日　全国文化体制改革工作会议在京召开。会议强调，要深入学习贯彻党的十八大和十八届三中全会精神，学习贯彻习近平总书记系列重要讲话精神，按照中央全面深化改革的总体部署，把抓落实作为深化文化体制改革的工作重点，紧紧围绕建设社会主义核心价值体系、建设社会主义文化强国，推进文化体制机制创新，推动社会主义文化大发展大繁荣。

中共中央政治局委员、中宣部部长、中央文化体制改革和发展工作领导小组组长刘奇葆，中共中央政治局委员、国务院副总理、中央文化体制改革和发展工作领导小组副组长刘延东出席会议并讲话。

刘奇葆强调，要认真学习贯彻中央精神，明确目标方向，增强责任担当，加快完善文化管理体制和生产经营机制，促进基本公共文化服务标准化、均等化，提高文化产业规模化、集约化、专业化水平，重视和发展民族民间文化，提高文化开放水平，努力实现中央确定的改革任务。

刘延东要求，要高举改革旗帜，增强改革信心决心，把思想和行动统一到中央精神上来。认真落实《深化文化体制改革实施方案》，统筹推进各项重点任务，全面深入推进文化改革发展。进一步加强组织协调、深入调查研究、释放政策红利，真抓实干，形成推动改革发展的强大合力。

25 日　由外交学院亚洲研究所中日韩合作研究中心主办的“中日韩合作媒体交流会”在钓鱼台举行。来自外交部亚洲司、中韩合作秘书处、国务院发展研究中心、国家海洋局、中国传媒大学、现代国际关系研究院等 20 余单位的官员和专家学者，以及来自中、日、韩三国 14 家媒体的新闻记者参会。与会代表就中日韩合作的现状与问题、中日韩三国媒体的责任以及如何进一步推动三国媒体合作，增进三国人民之间的了解与信任展开深入讨论，取得了良好的效果。

外交学院常务副院长秦亚青出席会议并作重要讲话，他指出媒体在当代国际社会中的重要作用无可置疑。媒体不仅是信息交流沟通的工具，也承载着社会化和教育功能。事实证明，越是在三国关系的艰难时刻，媒体的作用就越加突出，希望在今后能同三国媒体朋友们加强合作，为进一步深化三国合作贡献力量。

国家海洋局海洋发展战略研究所贾宇副所长、SK中国副总裁刘智平、中国—东盟环境保护合作中心周国梅副主任分别就三国在海洋开发与保护、能源合作、环保领域的合作现状作了简要介绍。随后三国媒体与专家学者进行了深入交流，与会专家学者回答了中日韩三国记者的提问，并就中日韩大气污染防治、海洋资源共同开发、文化与教育合作等问题展开热烈讨论。中日韩合作秘书处秘书长岩谷滋雄作总结发言，他表示三国合作的成功经验证明，民间合作在某种程度上可以不受政治关系的影响，对于化解国家间矛盾、推动各领域务实合作起到积极的推动作用。

（外交学院科研处供稿）

同日　在中法建交50周年和中国国家主席习近平访问法国之际，光明日报社与中国外文局联手主办“在中国最有影响的十部法国书籍”和“在法国最有影响的十部中国书籍”评选活动，揭晓仪式在光明日报社举行。《论法的精神》《社会契约论》《茶花女》《悲惨世界》《高老头》《约翰·克里斯朵夫》《红与黑》《小王子》《基度山伯爵》《旧制度与大革命》入选“在中国最有影响的十部法国书籍”；《论语》《孙子兵法》《道德经》《易经》《水浒》《西游记》《骆驼祥子》《鲁迅小说集》《酒国》《家》入选“在法国最有影响的十部中国书籍”。

27日　“纪念乌克兰著名诗人谢甫琴科诞辰200周年暨我国著名外国文学翻译家戈宝权诞辰100周年”圆桌会议在京召开。会议由中国社会科学院国际合作局与乌克兰大使馆主办，中国社会科学院俄罗斯东欧中亚研究所承办。中国社会科学院俄罗斯东欧中亚研究所所长李永全、乌克兰驻华大使焦明出席会议并致辞。2014年适逢乌克兰著名诗人塔拉斯·谢甫琴科诞辰200周年，联合国教科文组织将今年定为“谢甫琴科年”，世界各地纷纷开展相关纪念活动。

（中国社科院办公厅刘玉杰供稿）

同日　日前，在中国法学会召开的2014年“百名法学家百场报告会”活动组委会会议上，活动组委会主任、中国法学会会长王乐泉指出，现实迫切需要各级领导干部转变执政理念、高度重视运用法治思维和法治方式深化改革、化解矛盾，要认真做好“法治中国建设”这篇大文章。

王乐泉指出，建设法治中国，是党中央从战略和全局高度，对新时期中国特色社会主义法治建设的新部署、新要求。开展“双百”活动，就是要推进法治中国建设，要不断提高各级党委政府转变执政理念、树立法治思维的能力。

王乐泉表示，当前深化改革处在攻坚期，结构调整处于阵痛期，各种矛盾和问题盘根错节。社会上各种思潮激荡，西方法学理论和法学观念不断冲击我们既有的体系。要从各级领导干部最关心的问题入手，认真调查研究，从法理角度进行解读，为领导干部决策提供依据。要从当前的热点难点问题着手，全面辩证分析，为领导干部遇事找法、解决问题用法提供参考。要积极参与依法行政专题的宣讲，让各级领导干部做有法律意识的执政者，促进政府依法、科学、民主决策，继而带动全社会形成学法守法用法的良好氛围。

同日　北京市社科联召开所属社会组织秘书长联席会议，市社科联党组书记韩凯传达习近平总书记在北京考察工作时的讲话精神并部署2014年度所属社会组织工作。会议公布了社科联2014年拟为社会组织办的十件实事，并计划以制订适合由社会组织承担的公共服务目录和适合承担公共服务的社会组织目录为重点，以分类评估和达标测评为抓手，推动所属社会组织加强参与社会治理的能力。中共北京市委社会工委、市民政局相关负责同志到会并分别介绍社会组织与社会建设情况、社会组织年检工作政策等。所属社会组织秘书长150余人参加。

（北京市社科联研究室）

27—31日　中国劳动关系学院安全工程系邀请美国工业卫生协会（AIHA）资深专家James L. Unmack和Joseph F Kukla来到学校，开展了为期5天的美国注册工业卫生师（CIH）海外专业资格培训及专业学术交流活动。职业卫生教研室全体教师，相关专业部分教师全程参加了此次培训交流活动，系主任孟燕华主持了活动。

专业资格培训与学术交流活动，紧紧围绕美国注册工业卫生师资格能力的培训为中心，以职业危害阈限值、个体防护、毒理学、职业危害分析化学、通风、噪声与振动控制、辐射防护及工业卫生伦理等近30余项科目，对学员展开培训教育。参加此次资格培训与学术交流的学员，还有国家安监总局安全生产科学研究院职业危害研究所、美国通用电气公司（GE）亚太区环境健康与安全总监、GE公司亚洲区健康与安全经理、美国康菲石油中国有限公司卫生安全与环境总监、摩托罗拉、ABB跨国公司等国家科研机关、驻中国的国际著名企业或公司的相关专业工作人员、研究人员。

（中国劳动关系学院科研处陈邓海供稿）

4月

2日　上午，北京市政府举行2011—2013年度长城友谊奖颁奖仪式，15位外国专家获此殊荣。市长王安顺会见获奖外国专家，并为他们颁奖。

王安顺感谢各位专家为推动北京经济社会发展，以及北京与世界的沟通、交流与合作做出的贡献。他简要介绍北京经济社会发展情况后说，北京正在全力建设科技创新中心，需要引进更多的优秀人才和智力资源。希望各位专家把北京作为“第二故乡”，继续关心、支持北京的建设发展。同时，也帮助我们推动更多的北京企业和中国文化走向世界。

长城友谊奖是北京市政府授予在京外国专家的最高荣誉称号。1999年开始设立，目前已有176位外国专家获此殊荣。

同日　中国社会科学院监察局、郭沫若纪念馆在郭沫若纪念馆西展厅共同举办了“《甲申三百年祭》发表70周年——反腐倡廉话甲申”主题展览开幕式。中国社会科学院监察局、郭沫若纪念馆和中国社会科学杂志社等单位参加了开幕式。中央纪委驻中国社会科学院纪检组组长、中国社会科学院党组成员张英伟参加开幕式，并发表讲话。

（中国社科院办公厅刘玉杰供稿）

7日　2014中国—东盟文化交流年在北京开幕，国务院副总理刘延东与东盟轮值主席国缅甸副总统年吞共同出席。

刘延东在致辞中指出，在中国与东盟战略伙伴关系第二个十年伊始，我们以文化对话方式开启双方友好关系的新旅程意义重大而深远。中方愿以文化为纽带，与东盟方携手努力，深化人文交流，夯实友好合作的民意和社会基础，共同编织合作共赢的锦绣画卷。

开幕式前，刘延东会见了东盟秘书长黎良明及东盟各代表团团长。

同日　记者从北京市文物局获悉，北京全市2826项普查登记文物，除个别不便于安装者，已全部完成挂牌工作，为今后加强完善保护奠定基础。

根据2012年底完成的第三次全国文物普查成果，北京市各区县共登记不可移动文物3840处。其中普查登记文物（尚未列为文物保护单位的不可移动文物）2826项，约占不可移动文物总数的73.6%。

2012年开始，北京市文物系统开始实施普查登记文物挂牌保护项目，涉及所有区县，包括街区、远郊区县，乃至深山区。文物标志牌为不锈钢材质，尺寸为30cm×42cm，安装数量、安装位置、安装方法等，根据普查登记文物的性质及实际情况来决定，分为墙面安装和不锈钢支架安装等不同方式。北京市文物局介绍，截至目前，除遗址、墓葬、石刻等部分不便于安装的项目，已完成普查登记文物的挂牌保护工作。

同时，北京市按照要求，通过公函和网络公开两种方式，对普查登记项目文物进行了公布，向相关项目的管理使用单位（无明确管理使用单位的告知相关街道、乡镇或居委会、村委会）进行了告知。

9日　由国家文物局主办，中国考古学会、中国文物报社承办的2013年度全国十大考古新发现评选结果在京揭晓。国家文物局副局长童明康，中国考古学会理事长王巍，考古学家李伯谦、刘庆柱出席发布会并答记者问，《中国文物报》主编曹兵武主持发布会。

2013年度全国十大考古新发现为：陕西宝鸡石鼓山西周墓地；湖北随州文峰塔东周墓地；山东沂水纪王崮春秋墓葬；湖南益阳兔子山遗址；四川成都老官山西汉木椁墓；河南洛阳新安汉函谷关遗址；陕西西安西汉长安城渭桥遗址；江苏扬州曹庄隋唐墓（隋炀帝墓）；四川石渠吐蕃时代石刻；江西景德镇南窑唐代窑址。

（中国社科院办公厅刘玉杰供稿）

同日　由中国社会科学院人口与劳动经济研究所主办、社会科学文献出版社协办的《中国经济增长与发展新模式》发布会在京举行。来自中国社会科学院、澳大利亚国立大学、北京大学国家发展研究院、中国经济改革研究基金会国民经济研究所、复旦大学、天津大学等单位的40余位专家学者参加会议。中国社会科学院人口与劳动经济研究所所长蔡昉、中国社会科学院农村发展研究所所长李周参加发布会并发言。

《中国经济增长与发展新模式》一书由社会科学文献出版社和澳大利亚国立大学（ANU）出版社共同出版，书中对近年来由于劳动力短缺及真实工资迅速上涨给资源和收入分配、自然环境、经济增长率、储蓄率、投资率与国际资本流动等方面带来的一系列新问题进行了探讨，与会学者通过对中国人口结构的变化、中国储蓄情况、工业和农业的发展情况、中国的绿色增长前景等提出了一系列颇有见地的新思路。

（中国社科院办公厅刘玉杰供稿）

15日　海峡两岸中华传统文化交流基金会在京宣布，将联合台湾财团法人二十一世纪基金会、台湾并购与私募股权协会等机构，筹划组建“海峡创新银行”。

据悉，筹建“海峡创新银行”的目的是更好地协助台资企业解决在大陆“融资难、融资慢”等问题，同时通过这一平台，为两岸企业开展海外合作提供金融支持和服务。在定位上，“海峡创新银行”希望成为一家突破传统银行业务模式的新型银行，强调“两个创新”，即服务对象主要是两岸创新型中小企业，以及银行自身在金融手段、业务模式和产品设计上着力创新。

在当天的筹建研讨会上，两岸与会人士就“海峡创新银行”的创新内容、筹建方向、业务结构设计、风险控制、选址及发起企业选择等议题进行了深入的交流。

据介绍，海峡两岸中华传统文化交流基金会2013年10月在香港主办“两岸企业海外合作发展圆桌会议”，与会的两岸20多家企业形成了筹建“海峡创新银行”的共同倡议，呼吁两岸合组创新类银行。

17日　由北京师范大学人文宗教高等研究院和中国文化院共同主办的“中华文化与品德教育”研讨会开幕。第九、第十届全国人大常委会副委员长，人文宗教高等研究院、中国文化院院长许嘉璐，北京师范大学党委书记、校务委员会主席刘川生，教育部港澳台事务办公室常务副主任赵灵山等出席开幕式。

（北京师范大学社科处刘娜供稿）

19日　中国地方志指导小组在京召开第五次全国地方志工作会议。中共中央政治局常委、国务院总理李克强作出重要批示。中共中央政治局委员、国务院副总理刘延东出席并接见部分与会代表并发表重要讲话。中国社会科学院院长、中国地方志指导小组组长王伟光出席会议并作《发扬成绩，谋划长远，奋力书写地方志事业发展新篇章》工作报告。中国社会科学院副院长、中国地方志指导小组常务副组长李培林作《全国地方志事业发展规划纲要（2014—2020）》说明和会议总结报告。中央档案馆馆长、国家档案局局长、中国地方志指导小组副组长杨冬权部署有关工作。军事科学院副院长、中国地方志指导小组副组长何雷主持会议。

会议总结第四次全国地方志工作会议五年来的工作，分析当前地方志事业发展形势，明确地方志事业奋斗目标和今后五年的工作任务，并审议《全国地方志事业发展规划纲要（2014—2020）》（草案）。

中国地方志指导小组成员，各省（自治区、直辖市）、新疆生产建设兵团、全军、武警部队、计划单列市的分管领导和地方志工作机构负责人，以及国务院部委局史志机构代表参加会议。

（中国社科院办公厅刘玉杰供稿）

21日　北京市档案局与莫斯科市档案总局在京签署档案领域合作协议。市档案局局长吕和顺与莫斯科市档案总局局长马内金签署档案领域合作协议，协议旨在共同发展北京市和莫斯科市的档案工作，研究两市的历史关系，推广现代信息技术，交换档案专家、档案信息和档案复制件，开展档案科研、出版和展览项目。此协议是双方继1999年签署建立合作关系协议后，为进一步巩固和发展双方关系，互学互鉴在档案领域的先进经验，共同推动两市档案事业发展，而进行的深入、全面合作的又一有益尝试。按照此前合作协议规定，双方隔年开展互访。马内金带队的莫斯科市档案总局代表团于4月21日至4月26日来京访问，就档案数字化工作等与市档案馆、中央第一历史档案馆进行深入交流。

（北京市档案局科教处胡晓燕供稿）

22日　上午，由中国文化部、中国文联、中国残联共同主办，中国美术家协会、中国书法家协会等单位协办的“大美华夏—人道主义的呼唤”暨首届全国助残美术作品展启动仪式在中国盲文图书馆举办。中国文联副主席、中国美协副主席、中央文史馆常务副馆长、清华大学美术学院名誉院长冯远出席开幕仪式并致辞。文化部副部长董伟、中国书法家协会主席张海、中国美术馆副馆长马书林、著名书法家申万盛、著名画家解永全等百余人出席了开幕仪式。冯远、张海现场捐赠了为本次活动精心创作的作品。清华大学美术学院绘画系博士生参与了展览的策划活动。冯远表示，这次展览将汇集目前中国书画界最有代表性的一批书画家的作品，这是书画艺术家们对中国残疾人事业奉献的一份爱心，他希望有更多的书画艺术家加入进来，通过一点一滴的努力，共同推动社会的文明进步。此次活动还得到了刘大为等百余名国内最具影响力的书画家的支持，老一辈书画家李铎、欧阳中石、沈鹏也积极捐献作品。此次启动仪式首先面向全国艺术家征集作品，同时还包括部分残疾人的作品；之后将举办慈善拍卖会，所得善款将全部用于贫困地区残疾人所需的盲人阅读室等文化设施及服务的投入。

（清华大学文科建设处刘金梅供稿）

23 日　日前，记者从北京市文资办了解到，本市已编制完成全国首个省级文创产业空间布局规划，即《北京市文化创意产业功能区建设规划（2014 年至 2020 年）》，首次明确提出了全市文创产业错位发展的空间格局。据了解，到 2020 年，本市将在平原地区规划建设 20 个文创功能区，形成特色化、差异化、集群化的发展态势。

规划提出，构建“一核、一带、两轴、多中心”的空间格局和“两条主线带动、七大板块支撑”的产业支撑体系。

“一核”指的是以首都功能核心区为空间载体的“中心城文化核”；“一带”指的是以中关村海淀园和石景山园为核心，向东延伸至朝阳电子城，向南延伸至丰台科技园、大兴国家新媒体产业基地和亦庄开发区的“文化科技融合带”；“两轴”指的是沿长安街的东西轴和沿城市中轴线的南北轴，东西轴着重提升“北京创造”中文创产业的数量和质量，南北轴着重提升“北京服务”中文创产业的生产性服务业功能；“多中心”是指以功能区和分片区为中心，辐射带动周边区域文创产业发展的重要节点，如天竺文化保税区、中国乐谷片区等。

“两条主线”指的是文化科技融合、文化金融融合两大主线，重点规划建设文化科技融合示范功能区、动漫网游及数字内容功能区、文化金融融合功能区。

“七大板块”指的是文化艺术、传媒影视、出版发行、设计服务、文化交易、会展活动、文化休闲七大板块，包括天坛—天桥核心演艺功能区、CBD—定福庄国际传媒产业走廊功能区等 17 个功能区。今年，本市计划率先启动天竺文化保税功能区、CBD—定福庄国际传媒产业走廊功能区、北京国家数字出版基地等重点功能区和分园区建设。

24 日　下午，中国人民对外友好协会（简称“全国友协”）与清华大学社会科学学院合作框架协议签署。全国友协秘书长李希奎、清华大学副校长邱勇出席座谈会并参加签字仪式。全国友协人事工作部副主任宗林红、清华大学社科学院副院长李颖分别代表双方签署协议。中国人民对外友好协会成立于 1954 年，是从事民间外交事业的全国性人民团体，代表中国人民在国际社会和世界各国广交深交朋友，奠定和扩大中国与世界各国友好关系的社会基础，致力于全人类团结进步的事业。全国友协和清华大学相关部门负责人参加活动。

（清华大学文科建设处刘金梅供稿）

同日　2014 年北京市社会科学界和自然科学界联席会议专家顾问会议召开。中国社科院学部委员田雪原、程恩富，中国科学院院士沈岩、何祚庥，知名学者叶文虎、杨开忠、吴季松等两界专家顾问，市社科联党组书记韩凯，市科协党组书记夏强，市社科联党组副书记孟春利，市科协副主席田文等出席会议。会议由北京市社科联主席满运来主持。与会顾问充分肯定了两界联席会议 2013 年工作，并就作为 2014 两界联席工作重点的京津冀协同发展进行了交流和探讨，提出了一些有价值的意见和建议。部分专家顾问还提交了书面意见。

（北京市社科联学术活动部供稿）

26 日　下午，美国华盛顿大学副教务长玛丽·林斯特荣（Mary Lidstrom），副教务长杰弗里·瑞丁格（Jeffrey Riedinger），副教务长保罗·杰尼（Paul Jenny）和微软公司政府事务总管德丽·舒玫可（Delee Shoemaker）等一行到访清华大学美术学院。院长鲁晓波、信息艺术设计系主任徐迎庆、国际合作与交流办公室主任臧迎春等会见了来宾。鲁晓波首先对华盛顿大学和微软公司联合组团到访学院表示欢迎，并向其简要介绍了学院的基本概况、交叉学科发展情况和国际合作情况。接着，林斯特荣介绍了华盛顿大学的基本情况，并表示希望借此机会加强与学院在跨学科人才培养等多领域的合作。舒玫可表示，微软公司将利用其研发优势，不断加强与学院在未来项目中的合作。徐迎庆向来宾们展示了信息艺术设计系的交叉科研项目和成果，并作了较为全面的介绍。此次会谈增进了彼此的了解，双方对进一步开展合作充满期待。

（清华大学文科建设刘金梅供稿）

28 日 北京市新疆和田指挥部有关人员，将第七批指挥部移交进馆档案的最后批次押运来京，在北京市档案局整编处和保卫处的协助下将其运送至档案周转库暂存。5 月 4 日，保管处有关同志对这批档案进行了认真清点，将其顺利入库。至此，我市第七批新疆和田指挥部共移交文书档案 3076 件、数码照片档案 513 张。这些档案真实记录了刘淇、郭金龙、王安顺等市委市政府领导赴和田检查指导援建工作情况，体现了中共北京市委市政府领导对和田人民的满腔关爱之情；全面反映了和田指挥部机关全体干部以及每年 200 多位我市党政干部、教师、医生和其他领域专家援疆工作的全过程，体现了援疆干部对和田人民的深情厚谊。和田指挥部本着对党和人民高度负责的历史责任感，以完整收集、科学整理、安全保管、按时移交为目标，积极努力地做好援建档案工作，同时很好地完成了市档案局与市对口支援办共同提出的“援建档案三年移交一次”的任务。

（北京市档案局科教处胡晓燕供稿）

29 日 “生态梦，我们行”——第二届百所高校“六·五”世界环境日主题活动推进会在北京林业大学举行，中国生态文明研究与促进会会长、第十一届全国政协副主席陈宗兴出席仪式，并为大学生暑期实践活动的团队授旗。环境保护部部长周生贤致信祝贺。中国生态文明研究与促进会常务副会长祝光耀出席仪式并讲话，中国光大集团副董事长、光大国际有限公司行政总裁陈小平致辞。

中国生态文明研促会生态文明研究院在本校成立，校长宋维明、北京东方园林股份有限公司董事长何巧女与中国生态文明研究与促进会会长、第十一届全国政协副主席陈宗兴、中国生态文明研究与促进会常务副会长祝光耀为“中国生态文明研究与促进会生态文明研究院”揭牌。

（北京林业大学科技处张力供稿）

同日 五四青年节前夕，中共中央政治局委员、国务院副总理刘延东到北京林业大学考察，刘延东参观标本馆，观看学校发展成就展，并观摩了大学生创新创意体验活动。刘延东向青年学生致以节日问候。她强调，高等学校要立足各自实际，深化综合改革，提高人才培养质量，提升科技创新能力，为经济社会发展做出更大贡献。国务院有关部门、教育部、国土资源部和国家林业局等有关负责同志陪同考察。

（北京林业大学科技处张力供稿）

4 月 由中共北京市委党史研究室牵头，天津、河北、山西、内蒙古、辽宁、吉林、黑龙江、山东、河南、陕西、甘肃等省、区、市委党史部门通力合作编著的《中共北方区委历史》正式出版发行。该书以中国共产党创建和大革命时期北方党组织及领导机关为研究对象，以李大钊等北方早期共产党人的活动为核心，按照历史发展脉络，以事件、运动为专题，围绕建立和发展北方党组织、推动和实现北方国共合作、组织开展国民革命运动、策应北伐战争等革命历程，系统阐述并科学总结了中共北方（京）区委的历史功绩。

（中共北京市委党史研究室陈丽红供稿）

5月

近日 由中共中央党校主管，中国领导科学研究会、中央党校出版社主办，中共中央党校出版社出版的综合性理论月刊《中国领导科学》杂志 2014 年 4 月正式创刊，创刊座谈会在中央党校举行。十一届全国人大常委会副委员长司马义·铁力瓦尔地，中央党校常务副校长何毅亭，中央组织部原部长张全景，中央党校副校长张伯里，国防大学原政委、上将赵可铭，国家行政学院原副院长、中国领导科学研究会常务副会长唐铁汉，国防大学原副校长、中国领导科学研究会常务副会长许志功，中国人民大学原党委书记、中国领导科学研究会顾问马绍孟等出席会议，来自中国领导科学界的专家学者 100 余人参加了座谈会。

中央党校常务副校长何毅亭在发言中指出，我们党是中国特色社会主义事业的坚强领导核心，党的领导和党的建设是国家治理体系的基础。习近平总书记强调，只有以提高党的执政能力为重点，尽快把我们各级干部、各方面管理者的思想政治素质、科学文化素质、工作本领都提高起来，国家治理体系才能更加有效运转。也就是说，推进国家治理体系和治理能力现代化，对党的领导和党的建设提出了新课题新要求，迫切需要哲学社会科学特别是领导科学界来认真研究和作答。《中国领导科学》的创刊，为这种研究和解答提供了重要平台和重要动力。他还对办好《中国领导科学》提出了三点希望：坚持正确立场；坚持问题导向；坚持改革创新。

张全景、许志功、唐铁汉、马绍孟等在会上讲话。中央党校国际战略研究所所长韩保江、中央党校办公厅副主任段宝平等读者和作者代表发言。中国领导科学杂志社社长兼总编辑白占群介绍了杂志的创刊情况和办刊设想。中央党校副校长、《中国领导科学》杂志编委会主任张伯里主持座谈会并讲话。

（参见《光明日报》2014 年 5 月 1 日第 6 版）

4 日　青年节，中共中央总书记、国家主席、中央军委主席习近平来到北京大学考察。王沪宁、刘延东、李源潮、栗战书、郭金龙和中央有关部门负责同志参加上述活动。

北京大学是我国新文化运动的中心和五四运动的策源地。习近平一直关心着北京大学改革发展和师生学习工作生活情况，近年来多次来这里考察调研。

习近平强调指出，党中央做出了建设世界一流大学的战略决策，我们要朝着这个目标坚定不移前进，不断深化教育体制改革。办好中国的世界一流大学，必须有中国特色。各级党委和政府要高度重视高校工作，始终关心和爱护学生成长。要全面深化改革，营造公平公正的社会环境，不断激发广大青年的活力和创造力。要强化就业创业服务体系建设，支持帮助学生们迈好走向社会的第一步。教师承担着最庄严、最神圣的使命，要时刻铭记教书育人的使命，以人格魅力引导学生心灵，以学术造诣开启学生的智慧之门。

总书记的讲话，在师生们心中引起强烈共鸣，大家表示一定不辜负总书记的关怀和嘱托。习近平离开学校时，热情的师生簇拥着争相向总书记问好，习近平向大家频频挥手致意。火一样的青春活力涌动在春天的北大校园。

（北京大学社科部供稿）

5 日　上午，台湾中信金控大陆执行长陈进福一行到访清华大学五道口金融学院，就捐资助学事宜与学院常务副院长廖理、党委副书记赵岑以及相关人员会谈。廖理首先介绍了学院在师资、教学、科研等方面的基本情况及发展方向，介绍了即将成立的清华大学国家金融研究院，《清华金融评论》学术期刊及中国金融案例中心，他表示希望和中信这样的大型金融机构建立合作关系。陈进福表示，集团非常重视与金融学院的合作，对学院在教学、科研领域的项目非常看好，希望设立奖学金、讲席教授等捐资助学项目，也希望和清华的合作更踏实、更长远。校基金会、台研所等部门参与座谈。台湾中信金控，全称为中国信托金融控股公司。成立于 1991 年 5 月 17 日，企业总部设于台湾台北市，全球员工人数超过一万人。旗下包括中国信托商业银行公司、中国信托综合证券公司等九家子公司。其中中信银行是台湾最国际化的金融机构。

（清华大学文科建设处刘金梅供稿）

8 日　教育部高等学校动画、数字媒体专业教学指导委员会主任委员会议在北京电影学院召开。副主任委员兼秘书长、中国传媒大学副校长廖祥忠，副主任委员北京电影学院孙立军、清华大学吴冠英、北京理工大学丁刚毅教授、武汉理工大学朱明健教授，副秘书长北京电影学院李剑平、中国传媒大学黄心渊教授等，以及中国传媒大学艺术学部动画与数字艺术学院、北京电影学院动画学院多位青年骨干教师以及秘书处工作人员等 20 余人出席会议。

此次会议讨论了由教指委主任委员、中国传媒大学校长苏志武牵头，廖祥忠副校长组织实施完成的《动画、数字媒体专业本科教学质量国家标准》第八稿方案和动画、数字媒体专业教指委 2014 年度工作计划。会议由廖祥忠副校长主持。

（中国传媒大学文科科研处供稿）

9 日　北京林业大学人文学院与北京市海淀区司法局开展合作共建，校党委书记吴斌和北京市海淀区区委副书记、政法委书记刘长利共同为“北京林业大学法律援助工作站”以及“北京林业大学法学实习基地”揭牌。北京市海淀区司法局局长与北京林业大学人文学院院长共同签署合作共建协议。

（北京林业大学科技处张力供稿）

18 日　全国政协常委、中国佛教协会副会长班禅额尔德尼·确吉杰布上午在北京西黄寺中国藏语系高级佛学院接受了第十届“拓然巴”高级学衔获得者、第二届“智然巴”中级学衔获得者和高级学衔评审委员会高僧的朝拜。

朝拜前，班禅在僧乐队的引领和僧众的簇拥下，瞻仰了六世班禅衣冠冢——清净化成塔并敬献哈达，之后步入高级佛学院阳光楼大厅举行佛事活动。朝拜活动开始后，高级佛学院院长嘉木样活佛等高僧代表僧众向班禅分别敬献了曼扎和象征佛陀身、语、意的佛像、经书和佛塔，班禅逐一为僧众摸顶赐福，祝愿“拓然巴”高级学衔获得者和“智然巴”中级学衔获得者精进修持、护国利民。

中国藏语系高级佛学院于 5 月 5 日至 18 日在北京西黄寺举行了藏传佛教第十届高级学衔授予和第二届中级学衔授予活动。经过 10 天辩经考试和 2 天的论文答辩，来自格鲁派、噶举派的 11 名考僧荣获“拓然巴”高级学衔，来自觉囊派的 23 名考僧荣获“智然巴”中级学衔。

藏传佛教新型学衔制度创立于 2004 年，是由藏传佛教界人士发起，继承藏传佛教寺庙学经考试模式，结合现代教育方法，旨在培养藏传佛教高素质僧才的学衔教育制度。截至目前，从高级佛学院荣获“拓然巴”高级学衔的共有110名僧人，荣获“智然巴”中级学衔的共有84名僧人。

20日　上午，由“2011计划”司法文明协同创新中心下属中国政法大学证据科学研究院主办的“司法文明指数”研讨会在北京举行。来自中国政法大学、最高人民检察院、中国社会科学院法学所、浙江大学、西南政法大学、中国人民公安大学、哈尔滨工业大学、北京交通大学、东南大学的40多位专家学者参会。司法文明协同创新中心联席主任、中国政法大学证据科学研究院名誉院长张保生作了“世界法治指数及其对中国法治评估的借鉴意义”的主题报告。

（中国政法大学科研处王培供稿）

24—25日　为纪念著名哲学家、哲学史家、国学泰斗张岱年先生诞辰105周年、逝世10周年，由北京大学哲学系、清华大学人文学院主办，中国社会科学院哲学研究所、中国文化书院、中华孔子学会、张岱年学术研究会和河北师范大学张申府张岱年研究中心协办的“古典中国哲学的通见、睿智和精义——纪念张岱年先生诞辰105周年”学术研讨会在北京大学人文学苑成功举办。来自北京大学、清华大学、中国社会科学院等单位近70名学者济济一堂，同襄盛会。

在会议开幕式上，北京大学社会科学部部长、哲学系主任王博和清华大学人文学院院长万俊人代表主办单位发表了热情洋溢的致辞。陈鼓应、牟钟鉴等先生深情地回忆了张岱年的人格和学问境界，并说明了在北京大学设立“张岱年讲座”的计划。清华大学陈来教授、中国社科院李存山教授、北京大学王中江教授等在大会上发言，通过不同的视角展现了张岱年先生的哲学和哲学史研究在中国现代学术上的地位。本次会议既关注张岱年先生对中国哲学的整体性思考和洞察，同时也立足于中国哲学研究的新进展和当代哲学发展的新趋势，努力对古典中国哲学的通见、睿智、实质和精义作一些新的有力的阐发。

（北京大学社科部供稿）

30日　40余件珍贵的抗战文物入藏中国人民抗日战争纪念馆。其中包括一份刊登了《开罗宣言》内容的《麻省春田联合日报》。这份报纸再次从法理上证明了钓鱼岛是中国领土的一部分。

此次入藏抗战馆的文物史料包括：飞虎队军大衣，在中国抗日战场上用过的美国红十字会急救箱，刊载中国抗战信息或二战重要新闻的美国《檀香山报》《麻省春田联合日报》《星期天新闻报》、美军陆战队《星条日报》、美国《生活》杂志、《时代》周刊、《美国陆军周刊》等报纸、期刊，盟军在诺曼底战场上使用过的头盔、军用水壶，美军等盟军在二战中使用的子弹套等武器装备。

抗战馆文物保管部负责人介绍，这些获赠的文物中，一份1943年12月2日出版的《麻省春田联合日报》最为珍贵。这份泛黄的英文报纸上，刊登了《开罗宣言》的内容，明确了台湾和钓鱼岛为中国领土。“它从法理上再次证明钓鱼岛是属于中国的。”

这些珍贵的史料和文物由旅美作家、《金山时报》专栏作家招思虹捐赠。为了征集到这些文物资料，她跑遍美国东西海岸，通过购买、竞拍、地摊淘宝等方式将一些散落民间不为人关注的珍贵资料搜集到了一起。抗战馆副馆长李宗远表示，将深入挖掘这些文物史料的内在价值，在抗战馆的基本陈列、专题展览和学术专著中，充分利用和宣传展示好这些文物史料，最大限度地发挥文物的效能。

同日　中国文艺评论家协会成立大会在京举行。大会选举产生了中国文艺评论家协会第一届理事会理事和负责人，仲呈祥当选中国文艺评论家协会主席，李准被推选为协会名誉主席。中宣部副部长黄坤明，中国文联党组书记、副主席赵实参加了成立大会。

中国文艺评论家协会是由文艺评论家、文艺评论工作者组织和关心支持文艺评论工作的相关单位自愿组成，按照章程开展活动的全国性、联合性、非营利性社会团体组织，接受中国文联和民政部的指导。

6月

5日　6月5日是世界环境日，环保部在北京举办公众开放日活动，邀请百余名来自社区、高校和文化界的代表，参观环保部环境发展中心。

环保部宣教中心主任贾峰向公众代表介绍了我国当前环境污染和发展面临的多重矛盾。公众代表随后参观了二公式英污染控制重点实验室、标准样品研究所等实验室以及环境影视演播室。

“向污染宣战，需要我们每个人的努力。”贾峰说，中国节能中心等单位调查研究表明，家用电器处于伺服状态或不及时关闭，一年耗电量可达130度左右，照此计算，全国4亿家庭要多耗520亿度电，发这些电需要燃烧煤炭1664万吨，会产生巨大的污染。公众向污染宣战并不一定很“惨烈”，只需要采取出门前拔一下插头等行动。

6日　由北京师范大学主办，孔子学院/国家汉办、国家外国专家局和北京市社会科学界联合会支持，首都文化创新与文化传播工程研究院承办的“文化‘走出去’：中国当代文化的价值凝聚与国际传播路径”国际论坛举行。

（北京师范大学社科处供稿）

同日　《中国哲学思潮发展史》首发式在中国人民大学举行。这本书是中国人民大学教授张立文主持的“国家社科基金重点项目”研究最终成果，由人民出版社出版，全书45章，近200万字，是作者积50年之学养，历时8年完成的著作。与会专家学者认为，这部著作本着中国哲学“自己讲”“讲自己”的文化自信，紧扣核心话题、诠释文本、人文语境3大规则，展开对先秦、两汉、魏晋南北朝、隋唐、宋元明清以至当代哲学思潮的考察和梳理，勾勒出中国哲学思潮的历史发展脉络，探讨了中国哲学各阶段思潮如何体现时代精神精华、中国哲学思潮未来走向以及中国哲学的当代理论形态，展现了中国哲学研究的新面相。

首发式由人民出版社和中国人民大学哲学院、孔子研究院主办。

9日　中国文化管理协会休闲文化产业委员会日前在京成立。该委员会由文化部主管，主要职能是制定休闲文化产业标准，为我国休闲文化产业提供政策咨询和信息服务，为各级政府决策提供智库支持。今后，该委员会将密切关注国际休闲文化产业发展与研究的进程，以建立中外学术交流平台，促进我国休闲文化产业走向世界。

同日　6月9日是“国际档案馆日”，市档案馆首次面向社会公众开放档案特藏库，包括进入中国档案文献遗产名录的《剿抚澎台机宜》和《京张路工撮影》在内的58件珍贵档案有望首次揭开面纱。

《剿抚澎台机宜》反映的是1678年福建总督姚启圣的幕僚宋淏关于清政府剿抚澎台地区的策略建议；《京张路工撮影》记叙的是中国自主设计和修建的第一条铁路京张铁路沿线各站点、主要路段实景以及通车典礼情况。

珍贵档案还包括1948年12月中国人民解放军东北野战军关于入城部队“约法八章”布告，1999年4月时任北京市市长刘淇同志签名的北京市承办2008年第29届奥林匹克运动会申请书原件等。

10日　“中国美协油画艺委会、动漫艺委会换届暨美术教育委员会成立大会”在京召开，会上成立了第四届油画艺委会、第二届动漫艺委会、第一届美术教育委员会并于6月30日向受聘委员颁发聘书。中国美协本着最广泛团结优秀人才，对中国美术事业长远部署、高端设计的原则，会上聘任第四届油画艺委会委员43人，第二届动漫艺委会委员23人，成立美术教育委员会并聘任第一届委员28人。清华大学美术学院教授袁运甫受聘为动漫艺委会名誉主任，教授吴冠英为动漫艺委会副主任；绘画系教授王宏剑受聘为油画艺术委员会副主任，绘画系主任郑艺受聘为油画艺术委员会委员；教授张敢受聘为美术教育委员会副主任。

（清华大学文科建设处刘金梅供稿）

11日　下午，清华大学人文学院在新斋104会议室举行2014年清华大学伟伦特聘访问教授聘任仪式。本年度受聘学者为台湾学界法国哲学的代表性学者、台湾新竹清华大学副教授于治中。院长万俊人为于治中颁发聘书并致辞，院党委书记罗钢代表学院赠送了纪念品。仪式由副院长彭刚主持，院务会成员参加了聘任仪式。此次，于治中受聘清华大学人文与社会科学高等研究所，开设课程解读法国著名后现代哲学家福柯的《词与物》，受到听课师生好评。代表人文与社会科学高等研究所出席仪式的人文学院中文系主任王中忱高度评价了于治中的教学与研究工作，称其填补了清华大学人文学院在法国哲学、特别是福柯研究的空白。于治中在受聘感言中表示，从海峡两岸清华大学的渊源到本次访问与清华大学师生的可贵交流，都使他感到荣幸，期待以后能有更多的机会参加到两岸清华大学人文学科的学术交流与相互促进中来。

（清华大学文科建设处刘金梅供稿）

16日　著名的社会活动家，九三学社的杰出领导人，中国共产党的亲密朋友，中国人民政治协商会议第九届全国委员会副主席，九三学社第十届中央委员会常务副主席、第十一届中央委员会名誉副主席王文元同志，因病于2014年6月16日17时08分在北京逝世，享年83岁。

18日　记者从北京市统计局获悉，据2013年度人口抽样调查数据显示，2013年年底北京市常住人口为2114.8万人，其中常住户籍人口为1312.1万人，占常住人口的62%，常住外来人口为802.7万人，占常住人口的38%。

据介绍，与2012年相比，北京市常住人口增加了45.5万人，增速为2.2%；其中，常住户籍人口增加了16.6万人，增速为1.3%，常住外来人口增加了28.9万人，增速为3.7%。

分功能区看，城市功能拓展区人口最多，达到1032.2万人，占48.8%；其次是城市发展新区，常住人口为671.5万人，占31.7%；首都功能核心区和生态涵养发展区人口相对较少，分别为221.2万人和189.9万人，所占比重分别为10.5%和9%。

分区县看，朝阳区的人口最多，常住人口为384.1万人，其次是海淀区，常住人口为357.6万人；门头沟区的人口最少，只有30.3万人。但从常住人口密度来看，核心区人口最稠密，每平方公里超过了2万人，西城区为每平方公里25787人，东城区为每平方公里21715人。

北京市统计局相关负责人介绍，人口迁徙流动的原因主要划分为经济型原因和社会型原因两类。经济型原因包括务工经商、工作调动、学习培训等；社会型原因包括随迁家属、投亲靠友、婚姻嫁娶、拆迁搬家等。2013年，从常住外来人口离开户口登记的原因看，务工经商所占比重高达66.8%，随迁家属和学习培训的比例分别为11.2%和7.1%，而其他原因如投亲靠友、婚姻嫁娶等比例均不足5%。

同日　市人大常委会大气污染防治执法检查组赴亦庄专题调研机动车排放污染控制和油气回收情况。执法检查组实地查看了油气回收装置运转及日常检查维修管理情况，参观了流动污染源排放与控制展厅和机动车排放实验室，了解机动车排放控制技术和检测技术情况。执法检查组认为，机动车尾气已成为对细颗粒物贡献率最大的本地污染源，本市机动车保有量巨大且将继续增长，必须采取更加严格的控制措施。（1）坚持机动车污染物排放总量控制，针对提出的污染物总量削减目标，要进行具体分解，全面推进提高在用车排放标准、老旧车辆淘汰、发展新能源汽车、油气回收等措施，保证提出的减排目标真正实现。（2）加强在用车监管，重点是柴油车、重型车以及出租、公交、邮政、环卫等车辆，严格年检制度和日常检测，严厉治理年检中的不规范行为。（3）加强对过境重型车辆的监管，结合京津冀区域联防联控工作，积极开展联合执法。（4）完善执法机制，针对查处违法行为程序长、外地车辆执法难等问题要系统研究。（5）营造公共参与良好氛围，发动群众力量，畅通公众监督渠道。（6）进一步提高油品质量。

（北京市人大常委会研究室艾淑英供稿）

25日　经中国教育部批准，由北京交通大学主办的“2014年第十一届服务系统和服务管理国际学术年会”（简称ICSSSM 2014），在北京举行。来自全球15个国家和地区的200余名学者参会，其中国外学者40余名。开幕式由大会主席、香港中文大学教授蔡小强主持，大会主席、北京交通大学校长宁滨代表主办方致欢迎词，大会主席、清华大学陈剑教授介绍了ICSSSM会议的历史和发展。出席开幕式的还有迈阿密大学工程管理学院院长、美国工程院院士James M. Tien教授和宾夕法尼亚州立大学Robin G. Qiu教授等。

ICSSSM是国际范围内服务系统和服务管理领域中重要的学术会议之一。自2003年以来，已经连续召开了10届，吸引了众多国际著名学者参会。会议曾在北京、香港、上海、天津、日本、厦门、澳大利亚、成都、法国和重庆等地举行。

（北京交通大学人文社科处供稿）

26日　由人民日报社主管、人民论坛杂志社主办的《国家治理》周刊创刊启动仪式暨首届国家治理高峰论坛在京举行。全国政协副主席齐续春、人民日报社社长杨振武以及来自中央党校、国家行政学院、中国社科院、北京大学等院校及研究机构的40余位知名专家与会研讨。

《国家治理》是我国首家以治理为主题的主流期刊，是贯彻落实十八届三中全会精神的重要载体。周刊突出调查、评价、服务三大特色，突破传统纸媒的概念和内涵，是具有全新办刊理念、全新商业模式的智库型现代全媒体。

27日　由中国人民大学主办的“丝绸之路经济带的建设与未来”十二国智库论坛在校世纪馆开幕。这是在中国国家主席习近平2013年9月提出共同建设“丝绸之路经济带”倡议后，中国智库首次召集经济带沿国智库参与的研讨会，来自中国、俄罗斯、中亚五国、伊朗等国的学者就加速资源整合，加强文化认同，促进亚欧及世界经济平稳健康发展进行对话。校长陈雨露，巴基斯坦驻华大使马苏德·哈立德，伊朗驻华大使马赫迪·萨法里，前中国驻伊朗大使华黎明，俄罗斯联邦外交部外交学院副院长亚历山大·卢金作开幕式致辞与主旨演讲。开幕式由伊志宏副校长主持。

（中国人民大学科研处李素萍供稿）

28日　“北京市党员教育示范基地”在北京经济技术开发区党群活动服务中心正式挂牌，主题展

《我们共产党人》同时开幕。中共北京市委常委、组织部部长姜志刚出席基地启用仪式，中共北京市委党史研究室主任谢荫明、副主任陆兵陪同观看主题展。《我们共产党人》展览分“信仰铸就坚强”“真理指引方向”“理想凝聚力量”三个部分，以党在不同时期的主要任务为历史脉络，展现共产党人在不同历史阶段为信仰而奋斗的事迹与风貌。

（中共北京市委党史研究室宋传信供稿）

同日　和平共处五项原则发表60周年纪念大会在人民大会堂隆重举行。国家主席习近平出席大会并发表题为《弘扬和平共处五项原则　建设合作共赢美好世界》的主旨讲话，深刻阐述和平共处五项原则的历史性贡献和重大现实意义，强调中国将继续做弘扬和平共处五项原则的表率，同国际社会一道，推动建设新型国际关系和持久和平、共同繁荣的和谐世界。

国务院总理李克强主持大会。张德江、俞正声等党和国家领导人与缅甸总统吴登盛、印度副总统安萨里共同出席。

中共中央、全国人大、国务院、全国政协有关部门负责人，有关人民团体、学术机构和高校代表，各国驻华使节、国际组织驻华代表等约700人参加。

纪念大会开始前，习近平还与吴登盛、安萨里共同会见了出席纪念和平共处五项原则发表60周年座谈会的中缅印三国代表。

7月

1日　下午，我国著名书画艺术家、清华大学美术学院教授（原中央工艺美术学院院长）常沙娜在北京今日美术馆举办“花开敦煌——艺术研究与应用展”，这是她首次完整呈现六十多年来工作的重要记录。本次展览由中国对外文化交流协会、中国美术家协会、清华大学美术学院等单位共同主办。中国文联党组成员、副主席、书记处书记左中一，中国文联副主席、中国美协主席刘大为，中国文联副主席、中央文史馆副馆长、清华大学美术学院名誉院长冯远，中国对外文化交流协会副会长董俊新，著名老艺术家韩美林，中国美术馆馆长范迪安，清华大学美术学院党委书记赵萌，副院长苏丹、马赛，北京服装学院院长刘元风，清华大学美术学院师生、校友，以及各界人士300余人出席开幕式。常沙娜表示，创造设计必须让更多人广泛应用，现在政府提倡建设“一带一路”的战略构想，将丝绸之路从过去带到了现在，并给了“一带一路”更多的现实意义。因此，以敦煌美学艺术当作国家对国际间推广经济贸易发展，是最直接简单的方式。展品包括常沙娜少女时期的老照片、20世纪在敦煌临摹的作品、历代图素分析及20世纪50年代由林徽因指导下创作的景泰蓝等工艺设计作品近250件，多数作品均为第一次呈现在国内众人面前。同时，每组照片下还配有文字介绍，记录了这位艺术家一生的事迹，以及她与敦煌之间难解的情缘。

（清华大学文科建设处刘金梅供稿）

同日　由首都师范大学电子文献研究所与北京艺术博物馆联合建设的数字文献实验室正式成立。这是我国首家针对古籍数字化而建成的科研实验室，设于长河北岸万寿寺的中心建筑万寿阁三层。

宫辉力校长致辞，北京艺术博物馆张树伟馆长、韩占明书记，首都师范大学电子文献研究所尹小林所长、中国诗歌研究中心赵敏俐主任、文学院马自力院长、中国易学研究院邓瑞全教授等出席了成立仪式。

数字文献实验室依托本校电子文献研究所的研发实力和数据基础，整合北京艺术博物馆的文献资源，旨在建成具备一流的理念、一流的技术、一流的设备、一流的成果的古籍文献数据资源中心。目前，数字实验室可以快捷而高效地完整实现从线装古籍到当代新式纸质出版物及不同载体电子出版物的全套流程。

下午四点，数字文献实验室喜迎首批学术团体，由美国东亚图书馆协会组织的古籍鉴定与保护高级研修班近30位学者前来参观访问。

（首都师范大学社科处李志成供稿）

2日　由中国社科院社会科学文献出版社、首都体育学院共同主办的体育蓝皮书《中国体育产业发展报告（2014）》发布会在京举行。

发布会上，体育蓝皮书主编、首都体育学院校长钟秉枢等专家学者就体育管理与体育治理、竞赛表演与职业体育、世界杯与中国足球未来发展、京津冀一体化与体育事业协同发展、生态体育旅游产业等热点话题进行了分析和讨论。社科文献出版社社长谢寿光对体育蓝皮书的未来进行了展望。

中国体育报常务副总编辑张乐年、致公党中央宣传部副部长范承玲，深圳市瀚翔生物医疗电子有限公司等各界人士出席了发布会并参与讨论。

（首都体育学院科研处罗笛供稿）

3—4日　北京市与天津市、河北省档案局在京联合召开档案事业协同发展工作会议。经过共同磋商，三地档案局就档案事业协同发展的各项事宜达成共识，初步形成了档案事业协同发展框架协议。协议旨在贯彻落实习近平总书记听取京津冀协同发展专题汇报时的重要讲话精神及京津冀协同发展总体要求，加快推进京津冀档案事业协同发展，更好地服务于京津冀协同发展国家战略大局。协同发展坚持“需求导向，资源共享，优势互补，共赢发展”原则，范围涵盖三地各级档案局（馆）。为更好地推进三地档案事业协同发展，三地档案局建立了联席会议制度，明确了日常办事机构和决策落实机构。此次会议是三地档案事业协同发展的良好开端，三地档案局主要领导和主要业务部门负责人出席了会议。

（北京市档案局科教处胡晓燕供稿）

4日　由外交学院主办的“建设中国—东盟命运共同体研讨会暨中国—东盟思想库网络启动大会”在北京钓鱼台召开。来自中国与东盟十国的近百名官学界代表与会。中国—东盟思想库网络泰国国家协调员皮内提，中国—东盟思想库网络中国国家协调员、外交学院常务副院长秦亚青分别在开幕式中致辞。外交学院副院长江瑞平主持开幕式。出席本次会议的嘉宾还包括柬埔寨、马来西亚、缅甸和泰国驻华大使，中国与东盟各国驻华使馆官员以及中国—东盟思想库网络各国国家协调员。

中国外交部部长助理刘建超出席开幕式并发表主旨演讲，他在发言中表示中国领导人提出携手建设更为紧密的中国—东盟命运共同体是顺应当今时代潮流、符合现实发展的必然选择。中国与东盟必须携手同心，同呼吸，共命运，才能共同保持地区整体增长势头，维护亚洲和平稳定。与会代表从政治安全、经济和社会人文三方面深入探讨了构建中国—东盟命运共同体的观念基础和实践活动，并就如何推进命运共同体建设提出了切实可行的政策建议。

（外交学院科研处供稿）

8日　今年是北京台盟组织成立65周年，日前，台盟市委召开座谈会，回顾北京台盟组织光辉历程，推动台盟组织更好地服务首都发展。全国政协副主席、台盟中央主席林文漪，台盟中央副主席黄志贤，中共北京市委常委、统战部部长牛有成，市政协副主席、台盟市委主委蔡国雄（微博）出席。

牛有成代表中共北京市委致贺词，充分肯定了北京台盟组织的光荣历史和重要贡献，他说，中共北京市委将坚定不移地贯彻“长期共存、互相监督、肝胆相照、荣辱与共”方针，不断推进多党合作和政治协商的制度化、规范化、程序化。希望台盟市委进一步发挥优势，认真履职，为首都经济社会和谐发展、实现祖国和平统一做出更大贡献。

13日　由中国社会科学院劳动与社会保障研究中心和社会科学文献出版社共同举办的《社会保障绿皮书：中国社会保障发展报告（2014）》发布会暨“十三五”社会保障发展研讨会日前在北京举行。与会专家围绕我国医疗卫生体系、儿童福利、工伤保险、养老服务、教育服务等问题展开深入探讨，一致认为当前我国基本公共服务供给不足、质量不高、发展不平衡、体制机制不健全等问题十分突出，实现基本公共服务均等化的目标任重道远。

党的十八届三中全会不仅提出了建立更加公平可持续的社会保障制度的新目标，而且对于大力发展社会保障服务提出了新要求。2014年版的《社会保障绿皮书》正是以“社会保障与社会服务”为主题，围绕该领域中的重大问题进行全方位的研究。绿皮书指出，要建设更高水平的社会保障制度，必须高度重视与之相关的社会服务体系建设。

14日　中共中央政治局常委、中央书记处书记刘云山14日出席全国优秀年轻干部培养选拔工作座谈会并讲话，强调培养选拔优秀年轻干部是事关党和国家事业长远发展的根本大计，要深入贯彻习近平总书记系列重要讲话精神，认真落实好干部标准，以培养锻炼为基础，以选准用好为根本，以从严管理为保障，改进创新培养选拔方式，努力建设一支高素质的优秀年轻干部队伍，为实现中华民族伟大复兴的中国梦提供坚强组织保证。

中共中央政治局委员、中央组织部部长赵乐际主持会议。

各省、自治区、直辖市党委组织部部长，中央和国家机关各部委、各人民团体，各中管金融企业、部分国有骨干企业和高等学校党委（党组）分管负责同志等参加会议。

同日　北京市委教育工委、北京市教委召开与民盟、民进市委的对口联系座谈会，通报近期首都教育改革发展的主要情况。市委常委、教育工委书记苟仲文出席并讲话。

为充分发挥民主党派参政议政、民主监督的作用，自2004年以来，市委教育工委、市教委与民盟、民进北京市委建立了对口联系机制。10年来，对口联系机制不断完善，协商民主水平不断提高，促进了党和政府教育工作决策的科学化、民主化。

苟仲文说，当前，首都教育改革进入攻坚期和深水区，任务十分繁重。这些问题的解决，需要包括民盟、民进在内的各方力量集思广益、建言献策，共同做好各项改革措施的设计与实施，确保改革取得实效。在今后的工作中，教育系统将继续深入贯彻落实党的十八大、十八届三中全会精神和习近平总书记系列重要讲话精神，充分发挥民盟、民进在推进协商民主中的重要作用，把对口联系这项制度坚持好，不断完善双向互动工作机制，定期听取民主党派的意见建议，增加沟通，增进共识，以实际行动推动统一战线和多党合作事业发展，推动首都教育事业科学发展。

15 日　上午，北京古都学会成立大会暨第一次会员大会在北京市社会科学院举行。中共北京市委宣传部、北京市政协文史委、北京市社科联、北京市哲学社会科学规划办、北京日报社、北京市文史馆、朝阳区文委、门头沟区文委等单位的领导同志以及来自北京大学、中国人民大学、北京师范大学、首都师范大学、北京联合大学、北京市文物研究所、北京市社会科学院、中国古都学会的专家学者和《北京日报》《光明日报》等在京媒体代表 60 余人参加了成立大会。北京市社科院历史所所长王岗作为北京古都学会首任会长对学会的相关情况进行了说明。中共北京市委宣传部副部长崔耀中发表讲话。他指出，古都学会的成立有助于整合各界力量，进一步推动北京古都学术文化研究。他希望研究古都文化要关注现实，让古都学会为当前北京的经济社会发展以及构建宜居之都做出贡献。要以古都学会为载体与平台，向社会大众普及、传播北京古都历史文化，不断提高民众文化素质，努力为弘扬北京文化，建设首善之区，培育和养成社会主义核心价值体系发挥应有的作用。

（北京市社科院科研处供稿）

18 日　清华大学美术学院举行叶喆民先生九十华诞庆祝活动。院党委书记李功强、副书记邹欣、副院长张敢、史论系建系元老奚静之先生、史论系主任陈岸瑛、党支部书记陈池瑜、副主任陈彦姝、陶瓷系副主任章星以及史论系校友、叶喆民先生学生、在校学生代表 30 余人参加活动。活动由史论系教授张夫也主持。与会者纷纷表达对叶喆民老先生的浓浓敬意和生日祝福。叶先生将新出版的《中国书法史论》赠予史论系，并动情发表九十感言。叶喆民先生 1924 年生于北京，满族，毕业于北京大学，是我国著名陶瓷史和书法史家。自幼随父叶麟趾教授学习陶瓷，在故宫博物院从陈万里、孙瀛洲二位先生，赴全国各大窑址考察。1977—1985 年首先发现并认定汝窑窑址。1978 年从故宫调入中央工艺美术学院，其后转入新成立的史论系，同时兼在北京大学、中央美术学院等高校讲授中国陶瓷史、中国书法史，多次赴国外讲学，被国家民委会评选为“民族优秀艺术家”，被中国美术家协会评选为“卓有成就的美术史论家”。叶喆民先生著有《中国古陶瓷科学浅说》《中国陶瓷史纲要》《中国古陶瓷文献备考》《寻瓷访古漫记》《汝窑聚珍》《隋唐宋元陶瓷通论》《中国书法史通论》《饮流斋说瓷译注》《中国陶瓷史》等十余部专著及论文百余篇，80 岁后仍笔耕不辍，其主编的《中国磁州窑》于 2011 年获第二届中国出版政府奖提名奖。

（清华大学文科建设处刘金梅供稿）

30 日　中共党史故事动漫片《小淘气长征记》首次在北京电视台卡酷少儿频道播出。该动漫片以长征为题材，共 26 集，由市委党史研究室与大业传媒集团漫奇妙动漫公司联合制作完成。该片的播出，对于加强青少年党史教育，创新党史宣传教育方式，弘扬社会主义核心价值观，传承长征精神，具有重要意义。

（中共北京市委党史研究室曹楠供稿）

8 月

11 日　下午，北京市互联网信息办公室组织召开学习贯彻《即时通信工具公众信息服务发展管理暂行规定》（以下简称《规定》）座谈会，市网信办相关负责人、陌陌、米聊等即时通信工具运营企业负责人、专家学者、业内人士等参会。

会议集体学习了《规定》，听取了各单位的工作汇报，进行了座谈交流，陌陌、米聊等北京属地即时通信工作运营企业负责人表示，国家互联网信息办公室出台《规定》，不仅有助于规范即时通信工具公众信息服务，更重要的是为整个即时通信工具市场的健康发展和公平竞争提供了法律保障，作为提供此项服务的主要运营企业，认真贯彻落实好《规定》，是必须承担的社会责任，也是企业生存发展的必然要求。

24 日　由中国与全球化智库（CCG）和社会科学文献出版社出版的《国际人才蓝皮书：海外华侨华人专业人士报告（2014）》发布会日前在北京举行。该报告研究了中国海外专业人士群体的概况，对其数量规模、地域分布和现状特点进行了基础性研究。据蓝皮书显示，目前在海外的华侨华人专业人士群体接近 400 万人，其中超过一半出生于中国大陆，分布地域以美国、加拿大、澳大利亚、日本、新加坡等国居多，具有“大集中、广分散”的特点。行业分布以高新技术、教育、金融等领域为主，他们具有较高层次的知识结构和技能水平，经济实力强且具有较深厚的文化底蕴。

该报告是国内首次发布的针对海外华侨华人专业人士的研究报告。其中，专题篇深入分析华侨华人专业人士具备的智力资源，研究了海外专业人士社团形成、地域分布、现状、特点、面临的挑战以及未来发展的新趋势，探讨其对中国发展的意义和贡献。政策篇则详细介绍了一些国家如何制定和修订侨民政策、人才引进政策、移民政策和国籍制度等，以期对中国制定相关政策有所参考和借鉴。

26 日　为期三天的 2014 中国互联网大会在京开幕。本次大会以“创造无限机会——打造新时代经济引擎”为主题，议题涵盖移动互联网、互联网金融、可穿戴设备、大数据、云计算等 20 余个板块。会上，政府部门、中外互联网企业、专家学者等代表，就互联网如何更好地在推动科技创新、产业升级和经济发展中发挥重要引擎角色进行深入交流和探讨，回顾梳理中国互联网产业发展 20 年取得的成果，展望未来发展趋势。

据悉，截至今年 6 月底，我国光纤接入用户达到 5393 万户，互联网网民目前达到 6.32 亿，其中手机网民达到 5.27 亿，网站总数突破 350 万个，中国已成为全球互联网发展的重要组成部分。

28 日　中国作家协会在京举行文学界培育和践行社会主义核心价值观座谈会。中国作协主席铁凝在会上宣读倡议书。与会的老中青作家、评论家纷纷表示，要充分发挥文学作品在传播、弘扬核心价值观中的独特作用，用充满阳光和正能量的作品吸引读者、引导社会，自觉做社会主义核心价值观的培育者、弘扬者和践行者。

《倡议书》倡议全国文学工作者自觉肩负起文学工作者的神圣使命，坚持以人民为中心的创作导向，努力奉献更多的优秀精神食粮，积极做核心价值观的模范践行者。《倡议书》号召全国文学工作者共同行动起来，用手中的笔书写民族百年梦想，用文学的力量激励每个人奋发前进，为中华民族共有精神家园不断注入生机与活力。

座谈会上，京津冀 60 余位文学界人士在倡议书签名板上签名，签下文学工作者对文学事业和社会公众的庄严承诺。

9月

3 日　中国中共文献研究会邓小平思想生平研究分会在北京召开成立大会。中共中央文献研究室主任、中国中共文献研究会会长冷溶出席大会并致贺词。中共中央文献研究室等中央有关部门负责人、邓小平同志亲属代表、邓小平同志原身边工作人员及有关专家学者等 100 余人出席。

（中央文献研究室科研管理部胡昌勇供稿）

3—5 日　北京市社科联党组书记韩凯、副书记梁立新分别带队，组织首都社科界专家学者到河北省张家口市、唐山市、秦皇岛市开展“京津冀协同发展”主题调研。调研组分别与三市发改委等部门进行了座谈交流，举办了“张家口市生态环境建设专家建言会”，并到崇礼县、张北县、怀来县、曹妃甸工业区、中关村海淀园秦皇岛分园等进行了实地调研。

（北京市社科联研究室供稿）

6 日　孔子学院总部和中国人民大学共同主办的第四届世界汉学大会在中国人民大学开幕，中共中央政治局委员、国务院副总理刘延东出席开幕式并会见海外汉学家代表。本届大会主题为“东学西学·四百年”，意在继续扩展汉学的外延，跨越传统文化和政治经济等学科主题，从多角度回顾东西方交流 400 多年的学术传统。教育部部长袁贵仁、国务院副秘书长江小涓、教育部副部长郝平、孔子学院总部总干事许琳、中国人民大学校务委员会主任靳诺等出席开幕式。国际哲学协会联合会主席德莫特·莫兰，国际比较文学学会主席汉斯·伯顿斯，法国索邦大学校长巴泰雷米·若贝尔，美国哈佛大学傅高义教授，俄罗斯国家科学院米亚斯尼科夫教授，原德国杜塞尔多夫海因里希·海涅大学校长阿冯斯·腊碧士等，以及 30 多位驻华使节代表出席开幕式。大会期间，世界汉学大会理事会宣布成立，常设在中国人民大学。中国人民大学杨慧林教授担任理事会主席，大会还设立了青年汉学博士生论坛。校长陈雨露主持开幕式。

（中国人民大学科研处李素萍、关晓斌供稿）

同日　上午，以色列前总理巴拉克访问清华大学公共管理学院，学院院长薛澜会见了巴拉克。参加会见的还有公共管理学院副院长巫永平、孟波和教授崔之元。薛澜首先向巴拉克介绍了学院的基本情况，巴拉克就学生培养、留学生项目、学院师资队伍等问题进行了详细询问。随后，双方就彼此关心的问题进行了深入交谈。巴拉克此次访华是应中国人民外交学会的邀请。外交学会亚非拉部主任张承刚、调研员杜敏陪同巴拉克访问清华大学公共管理学院。

（清华大学文科建设处刘金梅供稿）

7日　瑞典著名诗人、小说家、文学评论家、瑞典学院院士、前诺贝尔文学奖评委会主席谢尔·埃斯普马克和夫人、瑞典著名传记文学作家莫妮卡·劳利曾应北京师范大学国际写作中心主席、主任莫言邀请，发表题为《当代瑞典诗歌与世界》和《文学传记的艺术》的主题演讲，并与在场师生深入探讨文学问题。演讲由莫言主持，著名作家、翻译家，瑞典笔会理事兼国际秘书陈迈平任翻译。出席活动的还有北京师范大学文学院的各位老师及300余名学生参加了活动。谢尔·埃斯普马克曾多次获得包括薛克（Schuck）文学批评奖、贝尔曼（Bellman）诗奖、凯格伦（Kellgren）奖、九人团（De Nio）大奖在内的各种国际文学奖项。截至2012年，他已出版十一本诗集、八部小说、七本评论集（其中最著名为《诺贝尔文学奖：选择标准的探讨》）。2012年，其长篇小说总集《失忆的年代》被翻译介绍到中国。谢尔·埃斯普马克是一位学问渊博的作家，对中国的历史和现实有深入了解。在演讲中，他为中国文学爱好者介绍了当代瑞典诗歌的历史、现状及其世界影响。

（北京师范大学社科处刘娜供稿）

9日　21时，著名哲学家、哲学史家、哲学教育家、北京大学哲学社会科学资深教授汤一介先生因病医治无效，在北京逝世，享年88岁。

汤一介先生逝世后，习近平、李克强、张德江、俞正声、刘云山、张高丽、马凯、王沪宁、刘延东、刘奇葆、李源潮、张春贤、赵乐际、胡锦涛、李鹏、朱镕基、温家宝、吴官正、李长春、杨晶、万鄂湘、胡启立、罗豪才等党和国家领导人对先生逝世表示沉痛哀悼，向家属表示亲切慰问并敬献花圈。

11日、12日下午，第八届全国政协常务委员、第九届全国政协副主席罗豪才，教育部副部长李卫红代表教育部和部长袁贵仁分别来到设在北大人文学苑的灵堂吊唁。

15日上午9时，汤一介先生遗体告别仪式在北京八宝山殡仪馆东礼堂举行。社会各界人士上千人专程前来送别，吊唁队伍绵延数百米。上午10时，汤先生遗体离开告别大厅，一代大师就此远去。胡启立、郝克明夫妇及刘胜玉、陈进玉、李忠杰、苟仲文等中央相关部门、北京市领导，朱善璐、王恩哥等校领导，许智宏、周其凤等老领导以及欧阳中石、余敦康、杨辛、袁行霈、严家炎、叶朗等著名学者，北大师生，社会各界人士参加了汤一介先生遗体告别仪式。

（北京大学社科部供稿）

同日　美国新经济思维研究院总裁罗强森（Robert Johnson）、资深院士特纳勋爵（Lord Adair Turner）、及资深顾问徐林倩丽一行访问清华大学五道口金融学院。院长吴晓灵接待来宾，教授周皓等参加接待。吴晓灵与罗强森等深入探讨金融学院与新经济思维研究院在学术研究方面的合作前景，双方一致同意，将开展制度层面的研究合作，从宏观框架出发，对货币政策、央行职能、金融机构监管设计等进行探讨。新经济思维研究院成立于2009年，总部设在美国纽约。其顾问委员会拥有六位诺贝尔经济学奖获得者。此外还有众多来自学术界的经济学家，以及全球和区域经济重要组织的智囊团。新经济思维研究院还与包括清华大学在内的多所世界顶级名校建立了合作关系。

（清华大学文科建设处刘金梅供稿）

17日　中国工商银行总行私人银行部副总经理徐卫东一行四人到访清华大学五道口金融学院，就未来国内私人银行业务发展方向与财富管理领域的学术研究等课题洽谈战略合作意向。学院常务副院长廖理，高级培训中心、《清华金融评论》编辑部等部门相关领导参加了会谈。廖理首先代表学院对工商银行私人银行部一行的来访表示欢迎，并介绍了学院成立两年来在教学、研究、与金融机构战略合作等方面取得的进展。他同时表示，学院致力于推动中国金融实践的专业化，也希望与大型金融机构进行深度合作。徐卫东介绍了中国工商银行私人银行部目前管理的资产规模近7000亿，为高净值客户提供全方位的服务。双方对高净值财富管理的本土实践、健全相关法律法规、市场培育、科研合作等领域的深度合作进行了充分探讨，并提出了下一步合作的具体方式。

（清华大学文科建设处刘金梅供稿）

17—19日　北京市社科联党组书记韩凯、副书记梁立新分别带队，组织首都社科界专家学者到河北省石家庄市、保定市、廊坊市、沧州市开展“京津冀协同发展”专题调研。调研组与省发改委及各地相关部门进行了座谈交流，考察了各地城市规划情况，并到永清经济开发区、渤海新区、国际服装城、英利集团、黄骅北汽集团等地进行了实地调研。

（北京市社科联研究室供稿）

19日　北京诗词学会授予房山区孤山口小学“中华诗教先进单位”称号，房山区文联副主席刘月辉主持会议。中华诗词学会副会长、北京诗词学会会长张桂兴、中华诗词学会副秘书长兼办公室主任沈华维、北京诗词学会常务副会长李增山，房山区文联主席史长义，秘书长赵思敬，房山区教委干部卢威艳，房山区韩村河镇党委宣传部长史春艳、镇长助理赵廷全，房山区诗词学会会长颜景河、副会长冯绍邦、林宗源，秘书长姜玉卉出席授牌仪式。

北京诗词学会常务副会长李增山宣读了关于授予房山区孤山口小学“中华诗教先进单位”称号的决定。房山区孤山口小学长期重视中华传统诗词教学与传播，积极营造诗教环境，坚持诗教与教学相结合，通过读诗、背诗、写诗、画诗、唱诗、舞诗等形式，普及诗词基本知识，培养创作热情，95%以上高年级学生达到145首诗词背诵目标。学校创办《诗刊》(月刊)、《诗韵》(每学期一期)。连续6年获得国家级德育课题研究先进实验校称号，2012年跻身全国百所德育示范学校之列。

(北京诗词学会陆奇供稿)

20日　上午，中国广告博物馆开馆暨新馆落成仪式在中国传媒大学广告学院举行。中国广告博物馆开馆展也同时开幕。这是中国传媒大学建校六十周年校庆献礼的重要活动之一。国家工商总局广告司司长张国华，国家工商总局前广告司司长刘保孚，中国传媒大学校长苏志武、副校长吕志胜，朝阳区委宣传部副部长丰春秋，中国广告博物馆馆长丁俊杰、副馆长刘立宾、秘书长黄升民等嘉宾出席揭幕仪式。

到场领导与嘉宾一同参观了中国广告博物馆，并欣赏了中国广告博物馆开馆展暨赵琛藏品展“浮光掠影，广告流年——赵琛藏品展”和“汽车轮子上的中国梦——中国汽车广告奖获奖作品展”。

(中国传媒大学文科科研处供稿)

23日　由邓小平思想生平研究会主办的《邓小平文集（1949—1974）》暨《邓小平传（1904—1974）》座谈会在北京召开。中央文献研究室主任冷溶出席座谈会，副主任卓松盛主持座谈会。中央党校、中央党史研究室、军事科学院等有关部门的领导和专家学者，共80余人参加座谈会。

《邓小平文集（1949—1974）》和《邓小平传（1904—1974）》是在纪念邓小平同志诞辰110周年之际，经中央批准，由中央文献研究室编辑并撰写的。

座谈会上，杨胜群、闫建琪分别介绍了《邓小平传（1904—1974）》和《邓小平文集（1949—1974）》两部著作的基本情况，8位专家作了发言。大家从不同角度，对两部著作所展现的内容和思想、出版后所产生的影响和意义进行了评述和论析。

与会专家认为，《邓小平文集（1949—1974）》反映了这一时期邓小平同志关于新中国经济、政治、文化建设和民族、统战工作及党的建设等方面的重要思想，特别反映了他对中国社会主义建设道路的深入思考和艰辛探索，是《邓小平文选》的重要补充，对于深入学习邓小平理论，了解邓小平同志开创中国特色社会主义的历史和理论渊源，具有重要意义。大家认为，《邓小平传（1904—1974）》全面反映了邓小平在为民族独立、人民解放和社会主义建设事业不懈奋斗和探索的过程中建立的不朽功勋和做出的卓越贡献，深刻展现了一代伟人崇高的精神世界和思想风范，对于深入研究和宣传邓小平同志的思想、业绩、品德和作风，研究和宣传中国革命、建设和改革的历史，具有重要意义。

(中央文献研究室科研管理部胡昌勇供稿)

24日　中共北京市委宣传部、北京市中国特色社会主义理论体系研究中心、北京市社科联举办河岸茶座第一期（西方话语权下的理论陷阱）。市委宣传部副部长、市中国特色社会主义理论体系研究中心常务副主任崔耀中，市社科联党组书记、市中国特色社会主义理论体系研究中心常务副主任韩凯，中国社会科学院美国研究所所长黄平，北京大学中国与世界研究中心主任潘维，北京大学中国语言文学系教授韩毓海，《北京师范大学学报》（社科版）主编蒋重跃，著名文化评论人刘仰，北京出版集团人文社科图书出版事业部总编辑吕克农，市委宣传部理论处处长张际，市中国特色社会主义理论体系研究中心秘书长、办公室主任李翠玲和市委宣传部、研究中心办公室的同志参加会议。

(北京市中国特色理论研究中心供稿)

27日　庆祝孔子学院建立10周年暨首个全球“孔子学院日”启动仪式在孔子学院总部举行。国家主席习近平、国务院总理李克强致信祝贺。国务院副总理刘延东宣读中央领导贺信并致辞。启动仪式由教育部部长袁贵仁主持。刘延东副总理触亮发光球，正式启动首个全球“孔子学院日”。中国人民大学陈雨露校长应邀出席启动仪式。

(中国人民大学科研处李素萍供稿)

10 月

6 日　上午 9：00，“走过 60 年——首都师范大学建校 60 周年纪念大会”在学校北一区体育馆隆重举行。解放军总后勤部政委刘源、全国政协经济委员会副主任岳福洪、教育部副部长刘利民、中国人民银行副行长胡晓炼、中国人民大学党委书记靳诺等本校知名校友，及来自全国各地的 100 多所高校的领导、来自美国、香港的校友代表、来自首都基础教育优秀校友代表、第四届、第五届校友理事会理事和青年校友会理事、学校历届老领导、师生代表以及京疆学院领队代表、学员代表共 2000 余人出席了纪念大会。清华大学、北京大学等 130 余所高校也向大会发来了贺信、贺电。

宫辉力校长代表学校致欢迎辞。大会现场播放了校庆电视专题片《春华秋实》。

（首都师范大学社科处李志成供稿）

7 日　欧洲管理发展基金会官方通报对外经济贸易大学国际商学院正式通过 EQUIS 国际认证，成为中国大陆地区第 12 家获得此认证的院校。对外经济贸易大学是第 1 所获得 EQUIS 认证的财经类院校。

EQUIS（European Quality Improvement System），即欧洲质量改进体系，是一个以认证为形式，专为高质量的商学院设立的针对全球商学院进行的认证制度。获得 EQUIS 国际认证，标志着对外经济贸易大学的办学质量得到国际教育界认可。

（对外经济贸易大学科研处刘娜供稿）

10 日　由中共北京市委宣传部、中共北京市委社会工委、北京市科委、北京市科协、北京市社科联联合举办的“2014 北京社会科学普及周”在北京大观园开幕。市委宣传部副部长崔耀中出席开幕式并讲话，市科委委员王建新，市科协党组副书记、副主席景晓东和市社科联党组书记韩凯、王都伟等出席。本次社科普及周活动以“弘扬中华优秀传统文化，培育和践行社会主义核心价值观”为主题，开幕式分为主会场区、展览咨询区和现场体验区三个板块，吸引了近 500 名社区群众参加。

（北京市社科联研究室供稿）

11 日　中国人民抗日战争纪念馆致函清华大学党委，对清华大学美术学院展示艺术研究所在“抗日战争全面爆发 77 周年”纪念日活动和“纪念中国人民抗日战争暨世界反法西斯战争胜利 69 周年”活动中所做的工作表示感谢。7 月 7 日，党和国家领导人将到中国人民抗日战争纪念馆，同首都各界代表一起，隆重纪念全民族抗战爆发 77 周年。9 月 3 日是中国人民抗日战争暨世界反法西斯战争胜利 69 周年纪念日。当天上午，党和国家领导人习近平、李克强、张德江、俞正声、刘云山、王岐山、张高丽等来到中国人民抗日战争纪念馆，与首都各界代表一起，向抗战烈士敬献花篮。以上两项纪念活动标准高、要求严、任务重。清华大学美术学院展示艺术研究所是中国人民抗日战争纪念馆展陈设计单位，因此，北京市委宣传部和抗战纪念馆指定展示艺术研究所指导北京清尚公司第九设计工程部对馆内展陈进行全面维修、整改。接到任务后，展示艺术研究所立即勘察现场、指定严谨施工组织计划，依据有关技术标准、规范和安全管理规定，对景观、雕塑、沙盘、多媒体、展线等多项内容进行了维护和整改。在主展线的调整中增加了部分关于抗日民族统一战线和敌后抗战的图片。在尾厅增加了有关中国坚定不移走和平发展道路，维护世界和平，实现中华民族伟大复兴的中国梦，造福中国人民，造福世界人民的论述及相关图片。展示艺术研究所以精湛的专业水平高质量地完成了任务，保证了两项纪念活动的顺利举行。

（清华大学文科建设处刘金梅供稿）

13 日　北京海外交流协会第六届理事会 2014 年年会于日前召开，80 余名海外理事和近 40 名国内理事参会，40 余名海外嘉宾列席。

会议增补了 18 名海外理事、常务理事和副会长，选举北京市人民政府侨务办公室主任刘春锋为协会第六届理事会常务副会长。

刘春锋做了协会第六届理事会 2014 年年度工作报告。

刘春锋表示，在过去一年，协会发挥侨务优势支持北京经济社会发展，取得了显著的工作成效。今后，协会要与北京的发展脉搏同频共振，进一步做好为侨胞服务工作，凝心聚力，立足北京全国政治中心、文化中心、国际交往中心、科技创新中心的城市战略定位，支持北京构建“高精尖”产业机构，疏解非首都核心功能，推进北京落实“京津冀”协同发展战略，为北京新一轮的建设发展做出应有贡献。

18 日　第六届“黄达—蒙代尔经济学奖”颁奖仪式暨“2014 年中国财政金融青年学者论坛”在中国人民大学举行。本次大会由中国人民大学中国财政金融政策研究中心主办。中国金融学会名誉会长、中国人民大学老校长黄达，中国人民大学常务副校长王利明出席颁奖仪式并为获奖者颁奖。复旦大学刘瑞明博士（获奖论文《国有企业的双重效率损失与经济增长：理论和中国的经验证据》）、上海财经大学孙楚仁博士（获奖论文《异质性企业组织与贸易的若干研究》）、中国人民大学马勇博士（获奖论文《金融稳定与宏观审慎：理论框架及在中国的应用》），获得第六届“黄达——蒙代尔经济学奖”。颁奖仪式结束后，首届“中国财政金融青年学者论坛”正式启动。

（中国人民大学科研处关晓斌供稿）

21 日　中国华侨历史博物馆落成典礼举行。中国侨联主席林军致辞时表示，要把博物馆打造成弘扬爱国主义精神的阵地，海内外侨胞凝心聚力的家园，中外文化交流的平台。

1960 年，著名爱国侨领、中国侨联首任主席陈嘉庚先生捐款 50 万元人民币，倡议兴建中国华侨历史博物馆。2005 年国家重启兴建，海内外侨界反响热烈。捐款、捐物者超过 5000 人，累计捐款 4000 多万元人民币，捐赠藏品 1.4 万多件。各级政府先后投资 3 亿元。

博物馆坐落于北京市东直门内北小街，总建筑面积 1.2765 万平方米。

为庆祝落成，除了基本陈列展，博物馆还特别推出了“馆藏书画摄影展”“司徒家族艺术展”“侨乡国画艺术展”等 3 个临时展览。其中，基本陈列展共展出 800 余件藏品和近千张照片，旨在帮助观众全面了解华侨华人的历史文化及对住在国和祖籍国的贡献。

同日　下午，联合国儿童基金会驻华代表麦吉莲·梅尔索普（Gillian Mellsop）、联合国儿童基金会全球创新中心总干事莎拉德·萨普拉（Sharad Sapra）、联合国儿童基金会驻华办事处新闻与合作处处长桑塔·布鲁门（Shantha Bloemen）一行到访清华大学美术学院，院长鲁晓波、信息艺术设计系主任徐迎庆会见了来宾。鲁晓波首先对麦吉莲一行来访表示欢迎并向对方介绍了学院历史、发展情况及针对儿童开展的科研项目，麦吉莲简单介绍了联合国儿童基金会驻华办公室的历史，萨普拉介绍了创新部门的历史、发展方向并对徐迎庆教授负责的盲人触觉显示器项目给予高度评价和期待。随后，双方针对儿童基金会提交的合作意向书中的合作方向及合作领域部分展开讨论。通过此次会谈，双方对进一步展开合作充满期待。

（清华大学文科建设处刘金梅供稿）

22 日　中共北京市委宣传部、北京市中国特色社会主义理论体系研究中心、北京市社科联举办河岸茶座第二期（国家治理体系现代化），市委宣传部副部长、市中国特色社会主义理论体系研究中心常务副主任崔耀中，市社科联党组书记、市中国特色社会主义理论体系研究中心常务副主任韩凯，中国社科院欧洲研究所所长黄平，《环球时报》总编辑胡锡进，凤凰卫视出版中心主笔玛雅，中国人民大学重阳研究院执行副院长王文，《北京日报》副总编辑伍义林，前线杂志社副总编辑祁金利，北京出版集团人文社科图书出版事业部总编辑吕克农，市委宣传部理论处处长张际，市中国特色社会主义理论体系研究中心秘书长、办公室主任李翠玲和市委宣传部、研究中心办公室的同志参加会议。

（北京市中国特色理论研究中心供稿）

同日　为期两天的 2014 年教育监测与评估国际研讨会在北京师范大学开幕，来自数十个国家和国际组织的专家代表，以及国内各省市 150 余名人员参加了本次研讨会。会议由中国基础教育质量监测协同创新中心、教育部基础教育质量监测中心与法国学校系统评估委员会联合举办。今年的教育监测与评估国际研讨会以“学生学业成绩的影响因素分析”为中心议题。校长董奇在开幕致辞中指出，本次会议的重要意义是比对各国的研究并进行经验的分享，深入分析影响学生发展与学习质量的因素，以提升基础教育质量检测的水平。该研讨会每两年一届，在中国和法国轮流举办。

（北京师范大学社科处刘娜供稿）

24 日　下午，中共中央政治局原常委、国务院原总理、清华大学经济管理学院首任院长、顾问委员会名誉主席朱镕基及夫人劳安，中共中央政治局委员、国务院副总理刘延东在钓鱼台国宾馆亲切会见了参加清华大学经济管理学院顾问委员会 2014 年会议的顾问委员。参加会见的有清华大学经济管理学院顾问委员会主席、凯雷集团联合创始人兼联合首席执行官大卫·鲁宾斯坦（David M. Rubenstein）、美国史带集团公司董事长兼首席执行官、AIG 前董事长兼首席执行官莫里斯·格林伯格（Maurice R. Greenberg）等 21 位顾问委员会海外委员，有周小川、陈元、楼继伟、刘鹤、李荣融、刘明康、顾秉林、王大中、赵纯均、马云等中方委员。教育部部长袁贵仁，清华大学校长、学院顾问委员会副主席陈吉宁，清华大学党委书记陈旭，经济管理学院院长钱颖一等一同参加了会见。今年的顾问委员会会议是自清华大学经济管理学院顾问委员会2000年成立以来的第15次年度会议。今年是清华大学经济管理学院建院30周年，也是顾问委员会成立的第15个年头，顾问委员会在清华大学经济管理学院的快速发展和国际化进程中起到了重要作用。在一个多小时的会见中，朱镕基认真听取了委员的发言。苹果公司首席执行官蒂姆·库克（Tim Cook）在发言中说，“学院的领导对学院的发展是非常重要的。我认为清华大学经济管理学院是世界上最棒的学院之一。”伟创力集团首席执行官迈克尔·迈克纳曼（Mike McNamara）在发言中赞赏清华x-lab（清华x-空间）的发展，他呼吁顾问委员们对清华x-lab予以更多的资金或者其他资源的支持，帮助清华的年轻学生创业发展。阿里巴巴集团执行主席马云表示自己特别荣幸能够做清华大学经济管理学院顾问委员会的委员，他说：“做清华大学经济管理学院的顾问委员不仅仅是帮助年轻人，对于我本人也是巨大的学习机会。”会见最后，朱镕基讲话，肯定了学院这几年的发展和成绩。他说：“今天清华大学经济管理学院和经济管理学院的顾问委员会取得这样大的成绩，我真是感到无比的骄傲。”他对顾问委员们和学院领导为学院发展做出的贡献表示感谢，并寄语大家继续努力，将清华大学经济管理学院越办越好。此前，中共中央政治局常委、中央纪委书记王岐山会见了清华大学经济管理学院顾问委员会海外委员。王岐山、朱镕基、刘延东等还与出席清华大学经济管理学院顾问委员会2014年会议的顾问委员们合影。

（清华大学文科建设处刘金梅供稿）

同日　中共中央政治局常委、中央纪委书记王岐山在中南海紫光阁会见清华大学经济管理学院顾问委员会海外委员。王岐山指出，载着13亿中国人民的航船，其走向必然引起世界关注。观察一个国家，可以从宏观出发，分析其现实和历史的政治、经济、社会、文化、教育；亦可从微观入手，通过一次重要会议判断其发展方向。刚刚闭幕的十八届四中全会，对全面推进依法治国作出总体部署。依法治国必然要求依规治党。拥有8600多万党员的执政党纪律问题，关乎人心向背和国家民族命运。中共十八大以来，党中央坚持从严治党，深入推进党风廉政建设和反腐败斗争，得到党内和广大人民群众的衷心拥护。这仅仅是新的开端，党风廉政建设和反腐败斗争永远在路上，必须强化监督执纪问责，踩着不变的步伐，持之以恒坚持下去。一个廉洁的政府和风清气正、规则公平的市场，是最好的投资软环境。希望海外委员整合国际优势资源，在微观上为清华大学经济管理学院做出探索，在宏观上为中国教育事业发展做出示范。清华大学经济管理学院顾问委员会主席、凯雷集团董事总经理鲁宾斯坦等海外委员表示，愿继续为中国经济发展和教育事业做出积极努力。国务院副总理刘延东参加会见。

（清华大学文科建设处刘金梅供稿）

29日　下午，南非农村发展与土地改革部部长古吉莱·恩昆蒂访问清华大学公共管理学院和清华大学中国农村研究院。中央农村工作领导小组副组长、办公室主任，清华大学中国农村研究院院长陈锡文在清华大学公共管理学院会晤了恩昆蒂一行，并就两国农村发展及改革问题进行了深入交流。陈锡文对恩昆蒂一行的到来表示热情欢迎，并就恩昆蒂关心的土地问题从农地转为城镇建设用地、土地流转、农村宅基地制度改革等方面介绍了中国近年来的土地改革实践。恩昆蒂感谢陈锡文的细致讲解，阐释了南非土地改革的思路，指出南非土地改革也存在类似问题，中国农地流转经验对南非土地改革有很大的借鉴意义。中国国际扶贫中心副主任谭卫平，世界银行高级农业经济学家、农研院学术委员会委员李果等陪同来访。国务院发展研究中心农村经济研究部副部长、农研院院长助理何宇鹏，公共管理学院院长、农研院学术委员会副主任薛澜，清华大学国情研究院院长、农研院学术委员会副主任胡鞍钢等参加了会见。

（清华大学文科建设处刘金梅供稿）

30日　联合国副秘书长兼应急事务协调总干事瓦莱丽·阿莫斯女士到访中国传媒大学，并发表题为“全球人道主义援助中的领导力与沟通”的主题演讲。此次演讲拉开了中国传媒大学“全球领导力与传播”系列高端讲座的序幕。

“全球领导力与传播”系列高端讲座由本校媒介与公共事务研究院、新闻传播学部和外国语学院共同发起，旨在全面推进中国传媒大学学者、学生与国际政界、商界、传媒界高层的实质性互动，打造创新性、国际化、共享型学术与实践交流的高端平台。讲座拟每年邀请八到十位在国际舞台上的政、商、媒或学界高端人士来校访问，并将演讲内容结集成册，向社会公开出版发行。

（中国传媒大学文科科研处供稿）

31日　“第六届人力资本与劳动市场国际研讨会暨2014年中国人力资本报告发布会”在中央财经

大学学术会堂召开。会上，中央财经大学中国人力资本与劳动经济研究中心（CHLR）对外发布了《中国人力资本报告2014》（以下简称《报告》）。这是国内第一套科学、系统地定量描述中国人力资本分布及发展的报告。《报告》基于中心（CHLR）“中国人力资本的测量及人力资本指标体系的构建”项目，由国家自然科学基金及中央财经大学专项资助。该项目研究旨在建立中国第一套科学、系统的人力资本指数，定量描述中国人力资本的分布及发展动态；为更深入地研究人力资本及其在中国经济发展中的作用提供综合度量指标；在实践上为政府的相关重大经济社会决策提供定量依据；同时为中国人力资本的度量方法和指标成为国际人力资本指标体系的一部分，人力资本作为国民账户的一部分纳入到我国国民财富的衡量体系提供前期工作。《报告》由中心（CHLR）主任、美国佐治亚理工大学经济学院教授李海峥于会上发布，包括中、英文报告和中文附录三部分，相比于2013版，《报告》主要更新内容包括：新增加计算了山西、青海、内蒙古、新疆、西藏、云南、福建、河北和宁夏人力资本，基本构建形成中国国家层面及31个省级层面人力资本面板数据库；计算了香港、台湾地区1985—2010年人力资本；应用OECD的方法估算并发布全国以及各省1985—2010年固定资本存量。

（中央财经大学科研处供稿）

同日　上午，清华大学社会科学学院与四川省巴中市人民政府战略合作框架协议签约仪式在清华大学丙所会议室举行。清华大学党委副书记史宗恺，巴中市委副书记、市长周喜安，清华大学社会科学学院党委书记史志钦等出席签约仪式。史宗恺代表清华大学对周喜安一行的到访表示欢迎。他说，清华大学与四川省已经签署了省校战略合作协议，清华大学社会科学学院与巴中签署战略合作协议是落实省校战略合作的重要一步，将为校地合作带来新的机遇，清华大学要在站在国家的高度，继续为四川积极输送人才，为巴中市的发展不断提供支持与助力。周喜安介绍了巴中市的情况，对清华大学长期以来对革命老区巴中经济社会发展的支持和帮助表示感谢。他说，巴中地处山区，工业发展滞后，经济总量小，要实现经济加速增长，需要承接大量产业转移；巴中园区和新区建设规模初具，要实现传统产业转型升级，突出特色，提升品质，需要强有力的科技支撑；巴中是国家重点扶贫区域，与全国同步实现全面小康，既要发展致富，更要提升人文素养，需要科技文化人才支撑。巴中与清华大学社会科学学院签署战略合作协议，标志着校地交流合作进入实质性阶段。希望清华大学社会科学学院作为省校战略合作协议巴中对口院部，在人文社科方面支持巴中经济社会发展的同时，牵头协调促进清华大学应用技术成果向巴中转移并实现产业化。巴中将全力支持配合相关工作的开展，实现合作共赢。史志钦说，清华大学社会科学学院含政治学系、社会学系、科学技术与社会研究所等。学院在科学技术哲学、心理学等学术领域聚集了一大批国内外著名专家学者，并形成了一定的教学特色和学术优势。史志钦表示，学院作为省校战略合作协议的巴中对口院部，与巴中深化合作前景广阔，对未来院地合作取得丰硕成果充满信心。今后将采取鼓励优秀毕业生到巴中工作、帮助巴中培养人才和科技创新等实实在在的措施，支持巴中经济社会发展。清华大学社会科学学院党委副书记张成岗和巴中市副市长袁闻聪代表双方签署协议。根据协议，双方将在优秀青年教师挂职锻炼、设立学生社会实践基地、干部人才培训提升、决策咨询服务和课题研究、人力资源支持和人才引进、推进新型城镇化、远程教育、关爱留守妇女儿童社会问题等方面开展合作。巴中市副市长涂虹，市组织部、教育局等相关部门负责人，清华大学研究生工作部副部长林成涛、社会科学学院各相关系所负责人等参加了活动，社会科学学院副院长李正风主持了签约仪式。近年来，清华大学社会科学学院坚持理论与实践并举，实行“引进来，走出去”战略。为增强社会服务功能的同时，整合学院优势资源，拓展学生培养方式，塑造了复合创新人才，先后与河北、贵州等地的一些县（市）人民政府等签署战略合作协议，搭建校地合作平台。

（清华大学文科建设处刘金梅供稿）

同日　上午，天津市科委主任赵海山，天津滨海新区区委常委、中心商务区管委会主任郑伟铭等一行19人访问清华大学五道口金融学院。学院常务副院长廖理、党委书记兼副院长聂风华接待来宾，并举办座谈会。科研院院长周羽，副院长王治强、左传长出席了座谈会。座谈会上，廖理向各位来宾介绍了学院的历史沿革、战略定位、组织架构、师资队伍、教学项目、学生工作、学术平台、战略合作等基本情况。郑伟铭着重介绍了天津滨海新区中心商务区功能定位、规划布局、产业定位以及招商优势等情况，并就共建清华大学天津金融学院提出了愿望与设想。郑伟铭提到，清华大学五道口金融学院是国内顶尖的金融研究机构，天津于家堡是创新型金融聚集地，希望双方能够联合起来，共同解决自贸区金融的开发及创新等问题。赵海山在总结中说，希望双方能够明确目标，设计好工作机制，形成初步的合作方案，以利于工作的进一步推动。赵海山此次来访是落实今年9月1日清华大学与天津市签署的市校战略合作协议。根据协议，清华大学与天津市将建立长期战略合作关系，加强在战略咨询、产学研结合、人才引进及培养等方面的合作。

（清华大学文科建设处刘金梅供稿）

10月　著名历史地理学家侯仁之先生学术成果手稿征集进馆。侯仁之先生是中国历史地理学的奠基人之一，开创了沙漠历史地理研究的新领域，同时对北京历史地理的研究做出巨大贡献，解决了北京城市起源、城址变迁等诸多重要问题。1980年当选为中国科学院地学部院士，1999年获何梁何利科学与技术成就奖，同年美国地理学会授予他“乔治·戴维森勋章”。2013年10月22日在北京逝世，享年102岁。侯仁之先生的百年人生留下了大量学术成果和研究心得。为使这些精神财富能够继续传承和发挥更大的价值，侯先生的家人主动联系北京市档案馆表达捐赠意愿，经过协商决定，家人将侯先生生前毕生积累的学术成果和研究心得原始手稿、日记、笔记、书信、照片、录音录像等全部档案资料分期分批捐赠本馆，并签署了《档案资料捐赠意向书》。10月27日，征集处已将首批侯仁之先生77件学术成果手稿征集进馆，这部分手稿是侯仁之先生20世纪60年代至90年代，形成的大量重要研究著作、文章、讲座亲笔稿原件，包括由侯先生主编的《北京历史地图集》数次手稿，十分珍贵。

（北京市档案局科教处胡晓燕供稿）

11月

4日　北京市社科联、北京市科协共同举办“北京自然科学界与社会科学界联席会议2014高峰论坛”，主题为“京津冀协同发展——北京面临的机遇与挑战”，市社科联党组书记韩凯主持。中国社会科学院学部委员程恩富、中国工程院院士李京文、中国工程院院士尹伟伦、北京大学教授杨开忠等两界专家作主题发言，分别从区域发展、空间格局、产业分工、环保协同等不同学科视角聚焦京津冀协同发展，提出对策建议。市科协党组书记夏强、两界联席会议顾问和有关专家学者80余人参加。

（北京市社科联研究室供稿）

5日　《北京法治发展报告（2014）》新闻发布会在北京市社会科学院608会议室举行。北京市信访办、北京政法职业学院、北京市海淀区人民法院和北京市海淀区人民检察院等合作单位的作者代表、法律出版社的代表和来自北京日报、检察日报、北京晚报、北京青年报、首都之窗和千龙网等10余家媒体的记者出席了发布会。本院副院长许传玺和法学所全体成员参加会议，法学所副所长张真理主持会议。会议共三个议题。一是由主创团队介绍《北京法治发展报告（2014）》的编撰情况并作重点推介。二是媒体自由提问。三是研讨2014年法治热点问题及《北京法治发展报告（2015）》编纂思路。5日当晚，法制晚报用一整版进行了专题报道。北京晚报、千龙网等也第一时间刊文报道，中国新闻网、新民网和青岛网络电视台等网站争相转载。

（北京市社科院科研处供稿）

同日　北京古都学会古村镇专业委员会成立大会在北京市社科院十层会议室召开。来自北京市社科规划办、北京市地方志办公室、北京市门头沟区人大、北京市朝阳区文委、北京市昌平区文委、北京市文物研究所、北京师范大学、北京联合大学、北京市永定河文化研究会的专家学者参加了会议。大会由北京古都学会副会长、北京市社科院历史所副所长刘仲华主持。大会首先由北京古都学会会长王岗介绍了古村镇专业委员会的成立经过。吴文涛主任、首席专家尹钧科、北京联合大学原校长张妙弟、北京联合大学副校长张宝秀、北京地方志编委会研究室主任谭烈飞、北京师范大学历史学院院长杨共乐、北京文物研究所原所长齐心、门头沟区人大常委会副主任谭杰、永定河文化研究会会长张广林、北京文物研究所宋大川研究员、昌平区文委主任杨广文相继发言。大家一致认为，北京古都学会设立古村镇专业委员会对于研究、保护和开发利用北京的古村镇必将起到积极的推动作用。

（北京市社科院科研处供稿）

7日　第二届“亚太食品安全治理圆桌会议”在中国人民大学举行。会议由食品安全治理协同创新中心、中国人民大学法学院共同主办，会议主题为“转基因与食品安全治理”。中国人民大学常务副校长、食品安全治理协同创新中心主任王利明致开幕辞；国家食品药品监督管理总局食品安全监管一司巡视员毕玉安与中国人民大学法学院院长、食品安全治理协同创新中心常务副主任韩大元分别致辞。来自国内外高校和科研机构的专家参加了本次圆桌会议。与会专家指出，对于转基因问题，政府、学界和社会各界应从各自领域出发寻求转基因食品问题跨学科的互动交流和协同创新，这将有助于食品安全治理体系的探索和建设。与会专家呼吁，亚太地区有关国家（地区）及相关国际组织应当加强合作，分享亚太地区转基因问题的有益经验，在不同的社会背景下寻求共同的治理原则。

（中国人民大学科研处关晓斌供稿）

10日　亚太经合组织（APEC）第22次领导人会议周期间，残疾人主题活动在北京会议中心举行。国家主席习近平夫人彭丽媛和印度尼西亚总统夫人伊莉娅娜、加拿大总理夫人劳琳等，国务委员王勇及教育部、民政部、人力资源和社会保障部、国家卫生计生委等有关国家部委领导出席本次残疾人主题活动。残疾人主题活动以“促进残疾人共享经济社会发展成果”为主题。中国残疾人联合会和北京大学主办，中国残联国际部、北京大学国际合作部、北京大学人口研究所联合承办残疾人主题活动“促进残疾人共享经济社会发展成果论坛”，APEC生命科学创新委员会委员、北京大学人口研究所所长郑晓瑛担任论坛主席。中国残疾人联合会主席张海迪致开幕辞。北京大学校长、中科院院士王恩哥出席论坛并发表“教育促进残疾人发展”主题演讲。

（北京大学社科部供稿）

20日　北京市党史工作会议在北京会议中心召开。中共北京市委、北京市政府各部委办局，各区县委，各直属企事业单位主管领导和党史部门负责人，党史学界专家学者共160余人参加会议。中共中央党史研究室副主任李忠杰，市委常委、组织部部长姜志刚出席会议并讲话。市委党史研究室主任谢荫明作工作报告。会议总结了近年来全市党史工作情况，表彰了“北京市2011—2014年度党史部门先进集体和先进工作者”。姜志刚在讲话中，要求全市党史部门深入学习贯彻习近平总书记系列重要讲话精神，提高对党史工作重要性的认识，准确把握党史工作的正确方向，自觉增强做好新形势下党史工作的责任感、使命感。要紧紧围绕首都改革发展的新形势新任务深化党史研究，紧紧围绕干部群众需求开展党史教育，紧紧抓住重大契机做好党史宣传，更好地把“以史鉴今、资政育人”这一根本任务落到实处。各级党委要以对历史负责的态度，认真落实党要管党、从严治党的要求，切实加强对党史工作的领导。要充分发挥党史部门在全局工作中的服务作用，构建“大党史”的工作格局。加强党史部门领导班子和干部队伍建设，加强党史工作的办公条件、工作经费等基础保障，努力使北京的党史工作始终走在全国的前列。

（中共北京市委党史研究室乔文魁供稿）

22日　“中国文学批评研究会”成立大会在北京举行。中国社会科学院院长、党组书记王伟光，中宣部副部长黄坤明，中国文学批评研究会会长、中国社会科学院副院长、党组成员张江出席会议并讲话。中国社会科学院秘书长、党组成员高翔在会上宣读中央国家有关部门关于同意成立“中国文学批评研究会”的批复文件。中国文联副主席杨承志、中国作协副主席李敬泽到会宣读贺信。中国作协书记处书记阎晶明、福建省政协副主席南帆出席会议。

王伟光在讲话中说，文艺评论是文艺活动的有机组成部分，文艺批评理论是文艺理论不可或缺的重要内容，文学批评是一切时代文艺创作健康发展的重要条件。无论是革命战争年代，还是社会主义建设时期，我们党都始终高度重视文艺评论工作，将其作为领导文艺工作的有效方法和重要手段。改革开放以来，我国文艺事业得到进一步繁荣发展。但是，也必须承认，文艺创作包括文学创作中还存在一些不容忽视的突出问题。面对这些问题，需要我们开展积极健康的文艺评论和文学批评，运用历史的、人民的、艺术的、美学的观点评判和鉴赏作品，向作家和艺术家指出病症、揭示病源、开出“药方”；需要我们给读者和大众以正确的引导，使他们更好地把握优秀作品的精髓，养成积极向上的阅读和欣赏趣味，不断提高全社会的审美水平。这是成立中国文学批评研究会的宗旨所在，也是中国文学批评研究会工作的价值所在。

黄坤明指出，习近平总书记在文艺工作座谈会上的重要讲话，成为今后我国文艺工作和文艺事业发展的重要纲领性文件。中国文学批评研究会的成立，是贯彻落实文艺工作座谈会精神的一项实际举措，也为加强和改进文艺评论提供了一个重要的工作平台。它的成立必将对加强文学批评队伍建设、推动评论繁荣发展起到积极的促进作用。黄坤明对文艺评论工作提出四点意见：一要牢牢把握文学批评的正确方向。无论在任何复杂的话语场域和理论环境下，都要把马克思主义作为主心骨。二要大力推动基础理论研究。努力创造具有时代特征的当代文艺理论评论文体，积极构建中国特色社会主义文艺思想、美学和话语体系，形成新的理论格局和新的批评气象。三要坚持融入时代、融入实际。四要提倡有批评的批评。

张江表示，习近平总书记在文艺工作座谈会上的讲话中强调要高度重视和切实加强文艺评论工作，要用历史的、人民的、艺术的、美学的观点评判和鉴赏作品，倡导说真话，讲道理，营造开展文艺批评的良好氛围。以此为指导，中国文学批评研究会成立以后，今后一个时期的工作重点将放在以下三个方面：第一，借助现实生活，推动文学创作、文学消费健康发展。第二，立足文学实践，构建中国特色的文学批评理论体系。第三，重塑批评精神，营造风清气正的文学批评氛围。总而言之，成为一个学术思想的发源地，一个学术新风的发源地，这既是我们创办这个协会的初衷，也是我们努力追求的目标。

会上公布了中国文学批评研究会首届领导机构名单：张江担任中国文学批评研究会会长；朱立元、程光炜、南帆、陈晓明、李敬泽任副会长；高建平为秘书长；张政文、白烨为副秘书长。

（中国社科院办公厅刘玉杰编辑、文学所科研处供稿）

23日　由中国人民大学主办的“中国人文社会科学论坛2014”在中国人民大学逸夫会堂举行。论坛的主题是“法治中国：推进国家治理体系和治理能力现代化”，旨在进一步落实十八届四中全会精神，推进国家治理体系现代化。最高人民法院原院长肖扬，中国法学会副会长、学术委员会主任张文显，国务院法制办公室副主任袁曙宏，教育部社会科学司副巡视员陈矛，中国人民大学校长陈雨露，北京大学常务副校长吴志攀，中国人民大学常务副校长王利明等专家学者和学生380余人参加开幕式。

（中国人民大学科研处李素萍供稿）

25日　清华大学台湾研究院成立大会暨首届清华两岸论坛在北京举行，两岸各界人士、专家学者百余人与会。

国务院台办主任张志军在揭牌仪式上表示，希望清华大学台湾研究院加强具有前瞻性、引领性的研究，为推动两岸经济合作做出积极贡献。

海协会会长陈德铭、前会长陈云林，台湾海峡交流基金会前董事长江丙坤，清华大学校长陈吉宁等出席了成立大会。

清华大学台湾研究院的前身是清华大学台湾研究所，海峡两岸关系协会常务副会长郑立中出任首任院长。他表示，清华台研院将致力成为理论深化、实践创新和人才培养的新型涉台研究智库。

同日　下午，海淀区区委书记隋振江、区长孙文锴一行到访清华大学五道口金融学院，校长陈吉宁、副校长杨斌会见了隋振江、孙文锴一行。金融学院常务副院长廖理、党委书记兼副院长聂风华、党委副书记赵岑等参加会见。廖理首先介绍了国内互联网金融的兴起与发展态势，以及学院起步较早的互联网金融实验室的科研状况及研究成果，包括基础研究、量化研究及互联网金融媒体项目的蓬勃发展。廖理表示，学院与一大批互联网金融创业企业保持了密切联系，为这些创新创业项目提供了理论依据和智力支持。陈吉宁表示，互联网金融在国内有很好的发展机遇，发展态势迅猛，要充分发挥清华大学五道口金融学院的学科优势和地缘优势，发挥集聚效应，促进互联网金融产业的发展壮大。隋振江表示，清华大学及清华大学五道口金融学院聚焦互联网金融产业发展，契合了海淀区域经济社会发展的重点，海淀区委区政府十分重视并大力支持。希望以清华大学五道口金融学院为中心形成互联网金融的产业增长带，带动海淀传统金融产业转型，并建设新型金融产业中心。海淀区政府办、金融办、东升镇政府、清华大学校办等有关负责人参加了座谈。

（清华大学文科建设处刘金梅供稿）

26日　下午，北京市社会科学院发起成立的、以综治研究所为依托的首都社会治安综合治理研究会第二次会员大会在本院学术报告厅召开，参加大会的会员共56人，院党组书记、院长谭维克出席大会并讲话。大会审议通过了研究会第一届理事会工作报告、第一届监事会工作报告和对研究会章程的修改，选举产生了新一届理事会、监事会，谭维克被选举为研究会名誉会长，首都综治办副主任许继慧当选新一届会长，综治研究所殷星辰所长、袁振龙和姚兵副所长分别当选为研究会常务副会长、秘书长和副秘书长。谭维克在会上发表了讲话，充分肯定了研究会第一届理事会、监事会的工作，对研究会今后的工作提出了殷切希望和要求，相信，研究会将会对我市平安建设和综治工作发挥重要的理论支撑作用。

（北京市社科院科研处供稿）

同日　下午，由北京师范大学国际写作中心和北京师范大学文学院主办的“跨越文化的思考与超越性别的书写：北京师范大学驻校作家严歌苓入校仪式暨学术研讨会”在京师大厦第一会议室召开。会议由北京师范大学国际写作中心主席、主任莫言主持，北京师范大学校务委员会主席刘川生、资深教授童庆炳、文学院院长过常宝、国际写作中心执行主任张清华、著名诗人欧阳江河、著名作家格非、周晓枫等出席会议。刘川生书记在致辞中回顾了北京师范大学独特的人文传统和悠久的文学创作传统以及推动中国文学能走向世界的理念。严歌苓女士作为著名的华裔作家，在中外文学交流中产生了重要影响，在中国乃至世界文坛成就斐然。希望严歌苓女士在驻校期间弘文励教，培养北师大文学人才，推动中国文学走向世界，让世界更多的了解中国文学。刘川生为严歌苓颁发驻校作家聘书，童庆炳为严歌苓颁发了兼职教授及作家导师聘书。此次严歌苓驻校，对文学创作方向硕士研究生进行相关指导，履行作家导师的职责。同时，将有机会和全校学生进行更加深入的文学交流。

（北京师范大学社科处刘娜供稿）

30日　由北京师范大学国际写作中心、文学院主办的“向着无边的诗与思想之路：北京师范大学驻校诗人西川入校仪式暨创作三十年研讨会”在京师大厦三层第六会议室举行。会议由北京师范大学国际写作中心执行主任张清华主持，北京师范大学文学院院长过常宝、教授任洪渊、首都师范大学教授、著名诗歌理论家吴思敬，著名诗人欧阳江河、翟永明、周庆荣，韩国东亚大学教授金龙云、金慈恩等出席了会议。西川对在座嘉宾的到来表示了感激，并指出鞭策和鼓励是持续写作的永动力，保持工作状态是克服写作虚无感的有效办法。“我尝到了写作的甜头，迎来了友谊、鼓励、鞭策和机会。”西川希望能借成为驻校诗人这个机会，更深入地理解驻校的含义，写作的意义。

（北京师范大学社科处刘娜供稿）

11月，根据中共中央党史研究室的统一部署，中共北京市委党史研究室在北京市档案馆和各区县党史部门的协助下，重新修订出版《北京市抗日战争时期人口伤亡和财产损失》，着重对市、区县及专题调研报告的档案资料来源与引用、统计标准、数据核算、文字表述、注释等进行了规范、查核、补充和完善。全书由市级总报告、各区县和个案调查专题报告、资料、大事记四部分组成，共57.3万字，附有40幅珍贵历史图片、14件重要档案文献资料。

（中共北京市委党史研究室周进供稿）

12月

2日　由北京市人力资源和社会保障局主办，首都师范大学承办的“北京学者计划基础科学专家委员会成立暨第一次工作会议”在学校北一区国际文化大厦召开。出席本次会议的专家、领导有中国科学院白以龙、陈难先、陈运泰等21名院士，“北京学者计划”入选者本校校长宫辉力、数学科学学院院长方复全，北京市人力资源和社会保障局徐志军副局长、专家与博士后工作处李维处长；另外“北京学者计划基础科学专家委员会”（以下称“专家委员会”）成员单位领导参加了会议。

会议讨论并通过了《北京学者计划基础科学专家委员会章程》、增补了专家委员和成员单位名单；选举姜伯驹院士为专家委员会主任委员，选举吴岳良院士、翟明国院士为专家委员会副主任委员，选举本校邱运华副校长为专家委员会秘书长兼任专家委员会办公室主任。

（首都师范大学社科处李志成供稿）

同日　北京市社会科学界联合会第六次代表大会在北京会议中心召开。中共中央政治局委员、北京市委书记郭金龙出席大会并作重要讲话，市委常委、宣传部部长李伟宣读了《关于北京市第十三届哲学社会科学优秀成果奖的表彰决定》并在闭幕式上讲话。会议认真总结了市社科联第五次代表大会以来的工作，规划了今后五年的工作；选举市政协副主席、党组副书记沈宝昌为市社科联第六届委员会主席，选举了21位副主席、95位常委、229位委员；聘请王大明、陶西平、满运来为名誉主席；选举产生了第三届监事会；审议通过了市社科联第五届委员会工作报告、社科联章程修正案和第二届监事会工作报告，圆满完成了各项议程。

中央有关部门和北京市领导徐惟诚、龙新民、王大明、李伟、梁伟、程红、沈宝昌、石仲泉、满运来、陶西平等同志出席有关活动。来自市社科联所属168家社会组织、市属社科理论单位、首都高校系统、党校系统、市级领导机构的研究室系统、部队系统、有关委办局和区县社科工作机构的393名代表出席会议。（详见“北京市社会科学界联合会第六次代表大会专题”）

（《北京市社会科学年鉴》编辑部供稿）

2—3日　北京市第十三届哲学社会科学优秀成果奖颁奖，并对部分获奖成果进行宣传展示。2日开幕的北京市社会科学界联合会第六次代表大会上由中共北京市委常委、宣传部长李伟宣读了《关于表彰“北京市第十三届哲学社会科学优秀成果奖”的决定》。2—3 日，在市社科联第六次代表大会期间对历届部分优秀获奖成果进行了集中展示。之后，市社科联党组书记、市评奖委员会副主任委员韩凯率市评奖办人员赴中国人民大学、北京师范大学等多所高校为北京市第十三届哲学社会科学优秀成果奖获奖人员颁发证书及奖金。

（北京市社科联学术活动部供稿）

5 日　顾明远先生联合陶西平、王佐书、戴家干、魏久明、张道诚的信件《万间小屋，万方福田——请克强总理关注青春期性健康教育，支持青爱工程》获国务院总理李克强同志的批示。

（北京师范大学社科处刘娜供稿）

7 日　第三届世界华文教育大会在北京开幕，国务委员杨洁篪会见了出席大会的代表。

杨洁篪充分肯定发展海外华文教育的重要意义，高度评价海外华侨华人社会、广大华文教育工作者和全国各级侨务部门、侨务工作者为华文教育繁荣发展做出的重要贡献。他希望侨务工作者和海内外华文教育工作者深入领会习近平主席在会见第七届世界华侨华人社团联谊大会代表时的重要讲话精神，全面推动新时期华文教育转型升级，使华文教育为弘扬中华文化、讲好中国故事、传播好中国声音、促进中外友好发挥更大的积极作用。

国务院侨务办公室主任裘援平在开幕式上作主题报告，国务院侨务办公室和中国海外交流协会邀请的来自 50 多个国家和地区近 600 位代表出席大会。

8 日　中国波兰青年学生交流会在外交学院展览馆校区国际交流中心举行。本次交流会主题为“与世界对话——青年、文化、理想”，旨在加深中波学生友谊、建立国际视野，以及启发双方从新的角度思考当代青年遇到的问题。参与交流活动的有团中央国际联络部刘凯副处长，外交学院外事办公室张瑞老师、团委李哲老师，波兰学生联合会主席团，中国高校国际交流社团联谊会代表和外交学院学生代表。

交流活动由外交学院前学生会主席李松主持。外交学院学生代表朱冠臻和波兰学生联合会主席卢卡兹分别介绍了学生活动概况。相互了解之后，在场青年代表开始了自由交流环节，中波双方都对对方学生活动以及学校间合作的相关内容很感兴趣，相互询问了对方的活动内容和学生活动经验，交流了关于资金、架构和成员组成等具体实施方面的心得，相互学习、互相借鉴。随着气氛逐渐融洽，双方学生交流的内容也逐渐拓展，不仅聊到了双方对对方国家的印象，也聊到了两国风土人情、学生文体活动、学校媒体和大学入学考试等轻松有趣的话题。

交流活动一共进行了一个半小时，李松最后进行总结发言后，两国同学互相交换了礼物并一起合影留念，整场交流活动落下了帷幕。

（外交学院科研处供稿）

10 日　下午原中共中央政治局常委、国务院副总理李岚清莅临首都师范大学，为师生作了一场题为知识分子和文化修养的讲座，与本校师生分享了他对中国传统文化传承与发扬的思索以及对人生的感悟，并寄语本校师生要不断提升自身文化修养，继承和发扬中华优秀传统文化。

中央社会主义学院党组书记、第一副院长叶小文，国家外文局局长周明伟，原文化部副部长赵维绥，高等教育出版社党委书记宋永刚，中国科学院力学所研究员、中国科学院院士吴承康，国家新闻出版广电总局监管中心副主任、高级编辑金文雄出席了讲座。

（首都师范大学社科处李志成供稿）

15 日　国家文化产业创新实验区在北京市朝阳规划艺术馆揭牌，这标志着全国首家也是目前唯一的国家级文化产业创新实验区正式在京启动建设。揭牌仪式由中共北京市委常委、宣传部长李伟主持。文化部党组成员、部长助理刘玉珠宣读了《文化部关于同意建设国家文化产业创新实验区的复函》。文化部部长蔡武，中共北京市委副书记、市长王安顺共同为实验区揭牌并致辞，朝阳区区长吴桂英代表实验区承载单位发言。中国传媒大学校长苏志武应邀出席揭牌仪式。

历时两年多，经过多轮修改和完善，国家文化部正式行文批复同意以 CBD—定福庄区域为核心，建立国家文化产业创新实验区，以文化产业改革探索区、文化经济政策先行区和产业融合发展示范区为建设目标，探索中国文化产业的创新升级之路。

（中国传媒大学文科科研处供稿）

17 日　保护母亲河行动实施 15 周年总结交流活动在北京林业大学举行，北京林业大学获“保护母亲河行动特别贡献奖”。全国人大常委会副委员长沈跃跃、全国政协副主席罗富和、团中央书记处第一书记秦宜智、全国人大环境与资源保护委员会副主任王云龙、全国政协人口资源环境委员会副主任凌振国、环境保护部总工程师万本太、水利部副部长刘宁、国家林业局副局长张永利、解放军总政治部组织部副部长蔡善飞、交通银行副行长寿梅生等领导出席活动。

18日　第三届吴玉章人文社会科学终身成就奖在中国人民大学世纪馆颁奖。本届终身成就奖分别授予著名伦理学家、中国人民大学罗国杰教授，著名教育学家、北京师范大学顾明远教授，著名经济学家、中国人民大学黄达教授。

19日　下午，由中宣部、中国记协组织的“好记者讲好故事”演讲比赛优秀演讲人全国巡讲会首站在中国传媒大学举办。来自人民日报、新华社、中国国际广播电台、地方广播电视台、东南网等10位记者分享了他们在工作中的经历和感悟。中宣部新闻局新闻协调小组副组长张毅在巡讲会上致辞，中国传媒大学副校长袁军与巡讲团进行了会谈。

当天下午的“好记者讲好故事”全国巡讲首站同时也在中国记协和北京市举办，分别面向中央主要新闻单位、北京市新闻单位。中国传媒大学作为在京新闻院校的代表承办了巡讲团走进新闻院校的首站活动。来自清华大学、中国人民大学、中国传媒大学三所学校100余位国际新闻传播硕士，以及中国传媒大学新闻传播学部其他专业150余位研究生、本科生，共同聆听了优秀记者们的从业经历和职业感悟。

（中国传媒大学文科科研处供稿）

20日　第五届钱端升法学研究成果奖颁奖大会暨第五届中国法治论坛在中国政法大学学院路校区举行，教育部社科司司长张东刚等出席并为获奖代表颁奖。第五届钱端升法学成果研究奖暨第五届中国法治论坛于3月正式启动，经过严格的评奖程序，共评选出获奖成果45项，其中一等奖2项，二等奖6项，三等奖20项，提名奖17项。第五届中国法治论坛，以“法治与国家治理现代化”主题，陈光中、胡建淼、韩大元、刘剑文、施天涛教授分别作了主题报告，与会代表进行了专题研讨，来自高校、法院、行政机关的代表围绕法学研究、审判实践等中的热点问题共话法治与国家治理现代化之路。

（中国政法大学科研处郭丰琪供稿）

22日　由国务院侨务办公室、华侨大学及社会科学文献出版社共同举办的《华侨华人蓝皮书：华侨华人研究报告（2014）》发布会在京举行。

据介绍，《华侨华人蓝皮书（2014）》分人口分布篇、财富变化篇和投资发展篇，对华人在海外的人口分布概况、财富累积情况进行了调查，并探讨了华商回国投资面临的发展问题。

蓝皮书指出，在人口分布方面，目前欧洲的华侨华人已由20世纪50年代的1万余人增长到250万人，其中法、英两国华侨华人总量居欧洲各国之首；在财富变化方面，近年来，华商来自高新技术产业、商贸业和消费品制造业的财富比率明显提高，来自金融业和重化工业的财富比率则逐渐下降；在投资发展方面，华商回国投资主要集中在珠三角、环渤海等经济圈，但还面临招商机制不完善、引资项目趋同以及第二代华侨华人对祖国认同减弱等问题。

26日　上午，“见证抗战——纪念抗日战争胜利七十周年京津冀档案文献展”展览大纲专家论证会召开。首都博物馆抗战史专家李铁虎、中国抗日战争纪念馆专家张量、北京党史研究室处长周进以及本馆退休处长刘苏参加了会议。会上，筹展组向各位与会专家介绍了展览筹备情况，并结合展览大纲，就展览结构和内容进行了说明。各位专家对展览的选题和前期大量档案资料的搜集工作予以肯定。随后，专家们梳理了抗战历史脉络，提供了最新研究成果，从展览主题、大纲结构与材料选择、展览具体内容把握等方面进行了多维度、多视角的剖析，为展览脚本的进一步修改与完善提出了意见和建议。

（北京市档案局科教处胡晓燕供稿）

28日　清华大学美术学院与北京大学六院、北京市残疾人康复服务指导中心、北京市孤独症儿童康复协会、北京正在关怀科技有限公司共同成立的“孤独症儿童康复训练研究室”发布了互联网产品“VB-MAPP评测助手”。该产品得到了中国残疾人联合会的认可，并于近日组织了56家机构进行学习试用。VB-MAPP是一套国际公认的评估孩子的语言和行为能力的评估理论体系，可以帮助确认妨碍孩子学习和语言进步的障碍，为老师给孩子定制个别化干预目标提供标准和方向。该产品的出现，大大提升了孤独症专业评估的效率，增强了评估工作的科学性和易用性，并可高效的覆盖更大范围的人群，让更多的儿童得到专业准确的评估，为孩子后续的康复训练的科学开展奠定了基础。该产品同时将孤独症儿童的专业评测价格由以往的3500元左右大幅降低至1000元以下，有效地减轻了孤独症儿童的家庭负担。在评测过程中，“VB-MAPP网络辅助评估系统”可以快速地收集数据，建立个人档案，组成数据库，形成大数据体系，对指导家长在家对患儿进行正确的康复训练、科学研究和政府决策均有重大的意义。

（清华大学文科建设处刘金梅供稿）

同日　《中国绿色减贫指数报告（2014）》发布

会在北京举行。该报告是由北京师范大学中国扶贫研究中心主任张琦及其团队经过3年时间的研究完成的。国务院扶贫开发领导小组副组长、办公室主任刘永富和著名经济学家李晓西教授为本书撰写了序言。发布会上，北京师范大学中国扶贫研究中心主任张琦介绍了该报告的主要研究成果。北京师范大学校学术委员会副主任李晓西、中共中央政策研究室经济局局长冯海发、国务院扶贫办中国国际扶贫中心副主任黄承伟、北京师范大学中国收入分配研究院执行院长李实、中国人民大学可持续发展高等研究院副院长汪三贵、经济日报内参部主任孙世芳、经济理论与经济管理杂志副主编杨万东、经济研究参考杂志社社长兼总编辑高进水、光明日报理论部主编张雁等专家对《中国绿色减贫指数报告2014》进行了精彩点评。有关研究机构、媒体代表共20余人参加了发布会。该报告首次将绿色发展和减贫融为一体，提出了绿色减贫新理念。报告在借鉴联合国人类发展指数、经合组织的绿色增长指标以及中国绿色发展指数等成果基础上，根据中国多维贫困特点，首次构建了中国绿色减贫指数。

（北京师范大学社科处刘娜供稿）

29日　最近，中国社科院举办2014年度创新工程重大科研成果发布会，分专题介绍了人文基础和应用对策研究的重大成果。在重大理论和现实问题研究方面，推出了《中国社会科学院经济体制改革系列研究报告》《全面深化改革二十论》等19项优秀成果，其中，《中国社会科学院经济体制改革系列研究报告》受到高度评价，并体现到国家的有关政策举措中，被称为全面深化改革“参考书”；在重大人文基础研究成果方面，发布了《新大众哲学》《简明世界史读本》等10项重大成果。这些重大研究成果的发布，充分体现了中国社科院作为高端智库的重大作用和科研水平。

30日　中国社会科学院社会发展战略研究院在北京召开《中国社会发展年度报告（2014）》新闻发布会。发布会由社会发展战略研究院党委书记王苏粤主持。社会发展战略研究院院长李汉林、中国社会科学出版社社长赵剑英出席发布会并分别致辞。

2014年，社会发展战略研究院在总结2012年、2013年社会发展状况调查的基础上，继续组织开展了“社会态度与社会发展状况”的大型社会调查，依据科学抽样和统计分析方法，对全国总体的社会经济发展状况进行系统评估，并形成《中国社会发展年度报告（2014）》，该报告包括《中国社会景气与社会信心研究报告》《社会包容状况》《国际比较：中国社会发展阶段分析》《中国城市居民生活质量研究报告》《中国城市居民工作环境研究报告》《政府社会责任研究报告》《公众对政府的信任研究报告》《社会治理绩效评估报告》《权益保护与基层参与研究报告》《中国城市居民社区参与研究报告》《民众的环境满意度研究报告》《中国城市均等化评估研究报告》等十二个分报告。

社会发展战略研究院研究员葛道顺、社会发展战略研究院副研究员高勇、中国劳动关系学院副教授吴建平等先后对十二个分报告进行介绍发布。

一是社会景气与社会信心。2014年社会景气指数为100.84，对总体事项的信心指数为100.78。这意味着，民众对社会发展现状的满意度不断提升，对未来的发展趋势信心充足、预期良好。

二是社会的包容状况。在2014年，中国城市总体社会包容指数为64.6，与2013年、2012年相比略有下降，但继续保持稳定态势。

三是中国社会发展的国际比较。2014年中国的社会发展综合指数为0.240，在124个国家中排名93位。

四是中国城市居民的社会质量。2014年中国城市居民生活满意度分值62.83分，城市居民对生活现状基本满意。2014年城市居民的总体信心度分值为82.14分，城市居民对未来生活有较大的信心。

五是城市居民的工作环境。2014年中国城市居民的工作环境指数为63.07，总体满意度良好。

六是城市基本公共服务的满意度。2014年，公众对各类基本公共服务比较满意，对于基本公共服务六个类别的满意度评价分布与2012年和2013年大致相当，都是对基础设施的满意度最高，平均得分为68.4分；而对环境质量的满意度最低，平均得分57.5分，但相比于前两年有较大提升，说明公众比较认可政府这一年来在环境保护方面的努力。

七是对政府的信任。2014年城市居民对政府的信任得分为69.58，城市居民对政府持比较信任的状态。其中，2014年城市居民对各职能政府的信任得分为66.14分，2014年城市居民对各级政府的信任得分为76.45分。与2013年相比，各方面均略有提高。

八是政府的社会责任。2014年的调查发现，受访者对政府社会责任满意状况较好，公众感知的政府社会责任履行情况总体较好，51.7%受访者表示满意（60~100分）。并且，受访者对未来3年政府社会责任信心较足，91.2%受访者认为政府社会责任未来3年将变好（67～100分）。

九是社会治理状况。2014年度社会治理绩效的平均得分为61.75分；社会治理的绩效是微观层面明显好于中观层面，中观层面又略好于宏观层面。

十是权益保护与基层参与。2014年，公众对于依法治国的信心有显著提升。超过一半的公众认为政府的依法行政水平将会在未来有提高。

十一是环境满意度。2014年我国的环境满意度总体得分为61.42分，与2013年相比（59.53分），满意度提高了1.89分。

十二是社区参与。2014年，在社区参与方面存在的主要问题是，城市居民普遍参与率不高，发展不平衡，社区参与的程度不深，参与的形式不够丰富，目标层次较低。

来自人民网、新华网、北京电视台、《北京晚报》《北京日报》《中国社会科学报》、中国社会科学网、中国网（中文、英文）、《中国青年报》《北京晨报》、中国新闻社、中国新闻网、中国新闻出版网、《中国新闻出版报》《学习时报》《中国社会报》《中华读书报》《求是》、光明网、搜狐网、新浪网（新闻中心）、北青网、中央人民广播电台、凤凰网、和讯网、中研网等40多家媒体参加发布会。

（中国社科院办公厅刘玉杰编辑、社会发展战略研究院综合办公室供稿）

12月　《中国共产党北京历史大事记》（2001—2012）出版发行。该书延续了前三册大事记编写的形式，内容上记录了新世纪以来北京市委带领全市人民进行改革开放、科学发展的历程、成就和经验，丰富了新时期北京党史的资料基础。

（中共北京市委党史研究室王锦辉供稿）

·附　　录·

概　　述

本栏目记述2014年北京市社会科学理论著作出版基金资助情况，包括每部著作的推荐单位、著作名称、申请人、出版社等；记述北京地区14所院校和1所科研单位2014年人文社会科学研究基本情况统计，包括研究人员情况、课题研究情况和研究成果情况。

北京市社会科学理论著作出版基金资助情况一览表

2014年上半年（总第44批）批准资助著作名单

编号	推荐单位	著作名称	申请人	出版社
1	北京大学	莱蒙托夫研究	顾蕴璞	北京大学出版社
2	北京大学	新中国60年外国文学史研究	韩加明	北京大学出版社
3	北京大学	新中国60年外国文论研究	周小仪	北京大学出版社
4	北京大学	十八世纪法国戏剧中的中国形象研究	罗　湉	北京大学出版社
5	北京信息科技大学	主体、想象与表达——1949—1966年工农兵写作的历史考察	谢保杰	北京大学出版社
6	北京大学	新世纪第一个十年小说研究	邵燕君	北京大学出版社
7	北京外国语大学	儒学西传欧洲研究导论	张西平	北京大学出版社
8	北京师范大学	评价文体学	彭宣维	北京大学出版社
9	北京大学	语篇语义框架研究	高彦梅	北京大学出版社
10	北京大学	日本文言助动词用法例释	潘金生	北京大学出版社
11	清华大学	北宋晚期的政治体制与政治文化	方诚峰	北京大学出版社
12	北京大学	政教存续与文教转型——近代学术史上的张之洞学人圈	陆　胤	北京大学出版社

续表

编号	推荐单位	著作名称	申请人	出版社
13	北京大学	两岸税法比较研究	刘剑文	北京大学出版社
14	北京市社会科学院	中美听证制度研究	许传玺	北京大学出版社
15	北京大学	保险资金运用风险管控研究	朱南军	北京大学出版社
16	北京市社会科学院	“道”与“幸福”：荀子与亚里士多德伦理学比较研究	孙　伟	北京大学出版社
17	北京大学	刑事误判问题研究	陈永生	北京大学出版社
18	中国人民大学	中国财政分权、地方政府行为与经济增长	贾俊雪	中国人民大学出版社
19	中国人民大学	他乡·故乡——拉美华人社会百年演变研究（1847—1970）	刘叶华	中国人民大学出版社
20	北京师范大学	社会情感学习与学校管理改进	毛亚庆	北京师范大学出版社
21	北京交通大学	我国经济发展方式转变的就业效应研究	王宁西	北京交通大学出版社
22	北京交通大学	著作权主体身份确认与权利归属研究	陈明涛	北京交通大学出版社
23	对外经济贸易大学	北魏石刻楷书构形研究	杨　宏	对外经贸大学出版社
24	人民出版社	霍布斯政治哲学新释	洪　琼	对外经贸大学出版社
25	对外经济贸易大学	同一控制下的企业合并会计方法研究	史玉光	对外经贸大学出版社
26	北京交通大学	境外资本进入中国传媒市场——行为、影响与政策	闻　学	北京大学出版社
27	中国人民大学	国际法上自卫权实施机制	余民才	中国人民大学出版社
28	北京市社会科学院	儒释道疏观	王文元	北京燕山出版社

2014年下半年（总第45批）批准资助著作名单

（排名不分先后）

序号	推荐单位	著作名称	申请人	出版社
1	北京大学	传世石涛款作品真伪考	朱良志	北京大学出版社
2	北京大学	产权视角下的企业创新绩效分析	高　歌	北京大学出版社
3	北京师范大学	美国性别批评理论研究：从肖沃尔特到巴特勒	王　楠	北京大学出版社
4	北京大学	训诂方法论	徐　刚	北京大学出版社
5	北京大学	六朝声律与唐诗体格	杜晓勤	北京大学出版社
6	北京大学	背过身去的大娘娘——地方民间传说生息的动力学研究	陈泳超	北京大学出版社
7	中国人民大学	马克思主义基本原理专题研究	张雷声	中国人民大学出版社
8	中国人民大学	社会偏好理论与社会合作机制研究——基于公共品博弈实验的视角	周业安	中国人民大学出版社
9	中国人民大学	高等教育成本管理研究	武　雷	中国人民大学出版社
10	中国政法大学	反垄断法域外适用制度研究	戴　龙	中国人民大学出版社
11	中国人民大学	美国学派与美国19世纪内需主导型工业化道路研究	贾根良	中国人民大学出版社
12	中国人民大学	人民币汇率制度选择的政治经济学	王晋斌	中国人民大学出版社
13	中国人民大学	中国马克思主义哲学传播史研究	庄福龄	中国人民大学出版社
14	中央财经大学	信贷约束与农村非正规金融研究：基于农户融资的视角	赵建梅	中国人民大学出版社
15	中央财经大学	解读自杀——中国文化背景下的社会心理学研究	张　杰	中国人民大学出版社
16	中央财经大学	基于网络众包机制的企业创新模式研究	涂　艳	中国人民大学出版社

续表

序号	推荐单位	著作名称	申请人	出版社
17	北京师范大学	人民调解制度研究	徐胜萍	北京师范大学出版社
18	北京师范大学	民国时期乡村教育问题研究	朱汉国	北京师范大学出版社
19	北京师范大学	元明清北京官方学术传承、诠释与文化认同	姜海军	北京师范大学出版社
20	北京师范大学	中国绿色减贫指数研究	张　琦	北京师范大学出版社
21	首都师范大学	信息时代课堂深层扩展阅读研究	孙　众	首都师范大学出版社
22	北京交通大学	基于胜任素质的轨道交通司机安全性评价与管理研究	叶　龙	北京交通大学出版社
23	首都师范大学	倾听能力的演化：华兹华斯诗歌研究	朱　玉	北京大学出版社
24	北京市委宣传部	中国故事——中华文明五千年		北京出版社
25	首都经济贸易大学	中国特大城市前沿理论研究	王稼琼	首经贸大学出版社

（北京市社会科学理论著作出版基金办公室供稿）

北京地区社科研究单位（部分）2014 年人文社会科学研究基本情况统计

北京大学 2014 年人文社会科学研究基本情况统计表

学科门类	研究人员情况						课题研究情况				研究成果情况		
	合计	教授	副教授	讲师	助教	初级	合计	基础研究	应用研究	其他	出版著作	发表论文	获奖成果（省部级及以上）
	1478	593	570	292	20	3	1525	824	694	7	372	2658	27
管理学	87	36	33	17	1	0	181	96	84	1	21	319	2
马克思主义	20	10	5	5	0	0	31	24	7	0	25	158	1
哲学	80	42	31	6	1	0	35	32	3	0	14	87	1
逻辑学	6	4	2	0	0	0	0	0	0	0	2	9	0
宗教学	13	7	5	1	0	0	8	8	0	0	4	30	1
语言学	173	46	82	45	0	0	49	35	14	0	20	134	2
中国文学	77	40	30	7	0	0	40	40	0	0	52	263	1
外国文学	122	40	42	36	4	0	15	14	1	0	10	78	1
艺术学	26	15	10	1	0	0	47	27	19	0	12	112	1
历史学	89	54	28	7	0	0	50	45	5	1	46	214	3
考古学	44	23	14	7	0	0	92	45	47	0	4	19	0
经济学	181	79	70	31	1	0	255	143	112	0	19	304	4
政治学	81	41	27	13	0	0	84	44	40	0	11	60	1
法学	113	50	36	27	0	0	170	52	117	0	48	357	3
社会学	66	34	20	11	0	1	191	93	98	1	26	246	3
民族学	1	0	1	0	0	0	8	3	5	0	1	10	0
新闻学与传播学	20	11	8	1	0	0	79	31	47	1	22	65	1

续表

学科门类	研究人员情况						课题研究情况				研究成果情况		
	合计	教授	副教授	讲师	助教	初级	合计	基础研究	应用研究	其他	出版著作	发表论文	获奖成果（省部级及以上）
图书、情报、文献学	158	31	60	57	9	1	71	37	34	0	17	122	0
教育学	47	17	22	7	0	1	104	50	53	1	15	50	2
统计学	8	2	4	2	0	0	1	0	1	0	0	0	0
心理学	9	3	4	2	0	0	0	0	0	0	0	0	0
体育学	57	8	36	9	4	0	14	5	7	2	3	21	0

说明：本表格中数字依照2014年度统计年报数据。

（北京大学社会科学部供稿）

中国人民大学2014年人文社会科学研究基本情况统计表

学科门类	研究人员情况						课题研究情况				研究成果情况		
	合计	教授	副教授	讲师	助教	初级	合计	基础研究	应用研究	其他	出版著作	发表论文	获奖成果（省部级及以上）
	1652	589	643	407	13	0	4523	1509	2914	100	379	3254	34
管理学	300	77	119	97	7	0	997	203	769	25	52	477	4
马克思主义	36	18	11	7	0	0	123	82	41	0	15	158	1
哲学	78	43	24	11	0	0	196	137	57	2	19	249	4
逻辑学	0	0	0	0	0	0	0	0	0	0	0	0	0
宗教学	12	5	7	0	0	0	43	22	21	0	6	46	0
语言学	128	17	52	57	2	0	73	51	21	1	26	68	1
中国文学	61	27	23	11	0	0	91	64	26	1	18	107	0
外国文学	22	8	7	7	0	0	10	9	1	0	6	20	0
艺术学	70	15	20	34	1	0	39	29	9	1	23	83	0
历史学	108	44	37	26	1	0	149	105	44	0	19	181	1
考古学	8	2	2	4	0	0	50	24	21	5	6	42	0
经济学	360	145	138	77	0	0	1090	255	813	22	69	759	7
政治学	76	37	28	11	0	0	157	57	98	2	18	120	2
法学	127	58	55	14	0	0	455	159	282	14	51	321	3
社会学	60	28	25	7	0	0	405	114	286	5	16	191	8
民族学	0	0	0	0	0	0	2	0	2	0	1	4	0
新闻学与传播学	50	21	18	11	0	0	159	57	98	4	9	152	1
图书、情报、文献学	48	16	24	8	0	0	127	35	88	4	6	61	0
教育学	40	11	14	13	2	0	129	50	73	6	9	65	1
统计学	26	14	10	2	0	0	183	38	140	5	9	63	1
心理学	6	2	2	2	0	0	40	16	21	3	1	81	0
体育学	36	1	27	8	0	0	5	2	3	0	0	6	0

（中国人民大学科研处供稿）

中央民族大学 2014 年人文社会科学研究基本情况统计表

学科门类	研究人员情况						课题研究情况				研究成果情况		
	合计	教授	副教授	讲师	助教	初级	合计	基础研究	应用研究	其他	出版著作	发表论文	获奖成果（省部级及以上）
	1004	203	265	456	53	27	436	255	181	0	136	984	2
管理学	52	14	18	18	1	1	45	11	34	0	30	54	0
马克思主义	14	4	7	3	0	0	9	7	2	0	4	27	0
哲学	28	9	3	13	2	1	9	8	1	0	3	7	0
逻辑学	0	0	0	0	0	0	0	0	0	0	0	0	0
宗教学	7	3	2	2	0	0	12	11	1	0	0	14	1
语言学	139	21	40	69	8	1	60	47	13	0	16	150	1
中国文学	75	24	16	31	1	3	33	32	1	0	14	138	0
外国文学	43	3	11	26	3	0	2	2	0	0	1	13	0
艺术学	215	24	42	105	33	11	9	6	3	0	26	68	0
历史学	38	15	12	11	0	0	20	19	1	0	2	52	0
考古学	7	0	3	4	0	0	8	7	1	0	3	11	0
经济学	71	20	25	26	0	0	30	13	17	0	9	85	0
政治学	14	2	5	7	0	0	18	12	6	0	4	38	0
法学	63	13	22	23	0	5	37	14	23	0	5	42	0
社会学	32	8	9	13	1	1	32	13	19	0	4	89	0
民族学	69	27	12	28	0	2	58	30	28	0	7	133	0
新闻学与传播学	26	4	7	14	1	0	3	2	1	0	0	14	0
图书、情报、文献学	41	2	9	29	1	0	1	0	1	0	0	4	0
教育学	41	6	10	22	1	2	34	19	15	0	4	34	0
统计学	1	0	0	0	1	0	8	0	8	0	1	7	0
心理学	1	0	0	1	0	0	0	0	0	0	0	0	0
体育学	27	4	12	11	0	0	8	2	6	0	3	4	0

（中央民族大学科研处供稿）

中国政法大学 2014 年人文社会科学研究基本情况统计表

学科门类	研究人员情况						课题研究情况				研究成果情况		
	合计	教授	副教授	讲师	助教	初级	合计	基础研究	应用研究	其他	出版著作	发表论文	获奖成果（省部级及以上）
	964	292	406	249	10	7	380	48	332	0	157	1012	11
管理学	47	10	21	16	0	0	23	2	21	0	14	25	0
马克思主义	45	4	13	24	4	0	9	2	7	0	1	25	0
哲学	32	9	16	7	0	0	6	4	2	0	4	46	1
逻辑学	7	3	4	0	0	0	0	0	0	0	1	2	0

续表

学科门类	研究人员情况						课题研究情况				研究成果情况		
	合计	教授	副教授	讲师	助教	初级	合计	基础研究	应用研究	其他	出版著作	发表论文	获奖成果（省部级及以上）
宗教学	3	2	0	1	0	0	0	0	0	0	0	5	0
语言学	76	13	41	20	0	2	16	1	15	0	11	36	0
中国文学	15	3	7	5	0	0	6	2	4	0	1	16	0
外国文学	16	2	4	10	0	0	3	1	2	0	4	25	0
艺术学	8	2	3	3	0	0	4	1	3	0	2	3	0
历史学	19	4	10	5	0	0	1	1	0	0	4	19	0
考古学	0	0	0	0	0	0	0	0	0	0	0	0	0
经济学	34	14	13	7	0	0	8	1	7	0	5	10	0
政治学	44	21	18	5	0	0	12	4	8	0	7	36	0
法学	451	180	197	70	2	2	266	24	242	0	90	631	10
社会学	17	5	6	6	0	0	7	2	5	0	3	24	0
民族学	0	0	0	0	0	0	0	0	0	0	0	0	0
新闻学与传播学	28	5	12	10	0	1	15	3	12	0	4	74	0
图书、情报、文献学	58	8	8	38	3	1	0	0	0	0	0	5	0
教育学	13	1	5	7	0	0	2	0	2	0	1	19	0
统计学	3	0	0	2	0	1	0	0	0	0	0	0	0
心理学	14	4	9	1	0	0	2	0	2	0	1	9	0
体育学	34	2	19	12	1	0	0	0	0	0	4	2	0

（中国政法大学科研处谭义供稿）

对外经济贸易大学2014年人文社会科学研究基本情况统计表

学科门类	研究人员情况						课题研究情况				研究成果情况		
	合计	教授	副教授	讲师	助教	初级	合计	基础研究	应用研究	其他	出版著作	发表论文	获奖成果（省部级及以上）
	943	183	353	341	44	22	986	287	699	0	193	1531	14
管理学	201	34	81	68	9	9	298	82	216	0	42	386	3
马克思主义	41	6	9	15	9	2	21	10	11	0	2	35	0
哲学	2	0	1	0	0	1	1	1	0	0	1	8	0
逻辑学	0	0	0	0	0	0	0	0	0	0	0	0	0
宗教学	0	0	0	0	0	0	0	0	0	0	0	0	0
语言学	163	24	69	66	4	0	55	37	18	0	39	151	0
中国文学	17	1	12	4	0	0	18	17	1	0	5	52	0
外国文学	30	7	10	10	3	0	14	12	2	0	5	17	0
艺术学	4	0	1	2	0	1	0	0	0	0	2	9	0
历史学	1	1	0	0	0	0	8	8	0	0	2	10	0

续表

学科门类	研究人员情况						课题研究情况				研究成果情况		
	合计	教授	副教授	讲师	助教	初级	合计	基础研究	应用研究	其他	出版著作	发表论文	获奖成果（省部级及以上）
考古学	0	0	0	0	0	0	0	0	0	0	0	0	0
经济学	303	77	112	104	5	5	357	48	309	0	53	531	8
政治学	28	3	15	10	0	0	22	8	14	0	6	59	1
法学	74	24	21	28	0	1	108	37	71	0	23	111	2
社会学	1	0	1	0	0	0	12	2	10	0	1	9	0
民族学	0	0	0	0	0	0	0	0	0	0	0	0	0
新闻学与传播学	4	0	2	2	0	0	14	3	11	0	2	15	0
图书、情报、文献学	21	0	6	11	1	3	2	0	2	0	0	11	0
教育学	13	1	1	6	5	0	31	10	21	0	4	83	0
统计学	17	4	2	10	1	0	19	9	10	0	4	11	0
心理学	0	0	0	0	0	0	0	0	0	0	0	0	0
体育学	23	1	10	5	7	0	6	3	3	0	2	33	0

（对外经济贸易大学科研处供稿）

中国地质大学2014年人文社会科学研究基本情况统计表

学科门类	研究人员情况						课题研究情况				研究成果情况		
	合计	教授	副教授	讲师	助教	初级	合计	基础研究	应用研究	其他	出版著作	发表论文	获奖成果（省部级及以上）
	199	15	69	89	19	7	187	35	152	0	13	107	0
管理学	44	7	20	15	1	1	105	10	95	0	1	14	0
马克思主义	12	2	6	4	0	0	10	4	6	0	3	23	0
哲学	5	1	3	1	0	0	1	0	1	0	1	3	0
逻辑学	0	0	0	0	0	0	0	0	0	0	0	1	0
宗教学	0	0	0	0	0	0	0	0	0	0	0	0	0
语言学	52	1	16	19	12	4	18	13	5	0	0	0	0
中国文学	4	0	2	1	1	0	1	1	0	0	0	0	0
外国文学	7	0	2	5	0	0	0	0	0	0	0	15	0
艺术学	0	0	0	0	0	0	0	0	0	0	0	0	0
历史学	0	0	0	0	0	0	0	0	0	0	1	0	0
考古学	0	0	0	0	0	0	0	0	0	0	0	0	0
经济学	20	1	8	11	0	0	29	2	27	0	5	29	0
政治学	1	0	0	1	0	0	3	1	2	0	1	0	0
法学	11	0	4	7	0	0	9	2	7	0	0	0	0
社会学	2	0	0	2	0	0	1	1	0	0	0	0	0
民族学	0	0	0	0	0	0	2	0	2	0	0	0	0

续表

学科门类	研究人员情况						课题研究情况				研究成果情况		
	合计	教授	副教授	讲师	助教	初级	合计	基础研究	应用研究	其他	出版著作	发表论文	获奖成果（省部级及以上）
新闻学与传播学	0	0	0	0	0	0	0	0	0	0	0	0	0
图书、情报、文献学	5	0	1	2	1	1	0	0	0	0	0	0	0
教育学	10	1	2	6	1	0	5	0	5	0	1	21	0
统计学	3	0	0	3	0	0	0	0	0	0	0	0	0
心理学	1	1	0	0	0	0	2	0	2	0	0	1	0
体育学	22	1	5	12	3	1	1	1	0	0	0	0	0

［中国地质大学（北京）科技处供稿］

北京科技大学2014年人文社会科学研究基本情况统计表

学科门类	研究人员情况						课题研究情况				研究成果情况		
	合计	教授	副教授	讲师	助教	初级	合计	基础研究	应用研究	其他	出版著作	发表论文	获奖成果（省部级及以上）
	448	67	158	221	2	0	715	432	283	0	38	478	0
管理学	45	13	11	21	0	0	135	69	66	0	9	152	0
马克思主义	26	5	13	8	0	0	68	37	31	0	1	25	0
哲学	8	2	5	1	0	0	15	9	6	0	1	21	0
逻辑学	0	0	0	0	0	0	0	0	0	0	0	0	0
宗教学	0	0	0	0	0	0	0	0	0	0	0	0	0
语言学	82	4	25	53	0	0	63	56	7	0	10	59	0
中国文学	4	0	4	0	0	0	4	4	0	0	2	8	0
外国文学	19	1	5	13	0	0	5	5	0	0	3	24	0
艺术学	22	1	8	13	0	0	7	2	5	0	0	4	0
历史学	2	0	1	1	0	0	9	5	4	0	0	9	0
考古学	10	4	3	3	0	0	11	5	6	0	0	6	0
经济学	75	24	34	17	0	0	182	132	50	0	6	44	0
政治学	2	0	0	2	0	0	21	6	15	0	4	19	0
法学	21	2	10	9	0	0	30	12	18	0	0	29	0
社会学	8	2	3	3	0	0	46	24	22	0	1	36	0
民族学	0	0	0	0	0	0	0	0	0	0	0	0	0
新闻学与传播学	8	2	0	6	0	0	1	0	1	0	0	0	0
图书、情报、文献学	63	4	12	45	2	0	3	2	1	0	0	2	0
教育学	7	2	1	4	0	0	97	53	44	0	1	33	0
统计学	2	1	0	1	0	0	2	1	1	0	0	2	0

续表

学科门类	研究人员情况						课题研究情况				研究成果情况		
	合计	教授	副教授	讲师	助教	初级	合计	基础研究	应用研究	其他	出版著作	发表论文	获奖成果（省部级及以上）
心理学	3	0	1	2	0	0	14	10	4	0	0	2	0
体育学	41	0	22	19	0	0	2	0	2	0	0	3	0

（北京科技大学科学研究与发展部供稿）

北京交通大学 2014 年人文社会科学研究基本情况统计表

学科门类	研究人员情况						课题研究情况				研究成果情况		
	合计	教授	副教授	讲师	助教	初级	合计	基础研究	应用研究	其他	出版著作	发表论文	获奖成果（省部级及以上）
	838	156	273	371	23	15	1438	476	962	0	50	411	3
管理学	299	78	99	108	8	6	684	174	510	0	11	86	2
马克思主义	31	10	10	10	1	0	41	22	19	0	8	69	0
哲学	11	3	4	1	3	0	5	3	2	0	1	4	0
逻辑学	0	0	0	0	0	0	1	0	1	0	0	0	0
宗教学	0	0	0	0	0	0	0	0	0	0	0	0	0
语言学	133	7	45	74	7	0	54	27	27	0	8	43	0
中国文学	6	0	2	3	1	0	2	1	1	0	0	1	0
外国文学	4	1	2	1	0	0	0	0	0	0	0	0	0
艺术学	57	7	14	35	1	0	121	33	88	0	8	57	0
历史学	3	1	2	0	0	0	1	0	1	0	0	0	0
考古学	0	0	0	0	0	0	0	0	0	0	0	0	0
经济学	120	29	39	50	0	2	316	99	217	0	4	35	1
政治学	22	5	10	7	0	0	26	20	6	0	1	2	0
法学	37	5	12	18	1	1	42	16	26	0	5	73	0
社会学	4	0	2	1	1	0	19	10	9	0	0	2	0
民族学	1	0	1	0	0	0	5	3	2	0	1	4	0
新闻学与传播学	9	1	1	7	0	0	24	13	11	0	1	22	0
图书、情报、文献学	46	2	10	31	0	3	1	1	0	0	0	0	0
教育学	11	5	4	2	0	0	39	13	26	0	0	3	0
统计学	1	0	1	0	0	0	30	27	3	0	2	10	0
心理学	4	0	1	2	0	1	16	9	7	0	0	0	0
体育学	39	2	14	21	0	2	11	5	6	0	0	0	0

（北京交通大学人文社会科学处供稿）

中央财经大学2014年人文社会科学研究基本情况统计表

学科门类	研究人员情况						课题研究情况				研究成果情况		
	合计	教授	副教授	讲师	助教	初级	合计	基础研究	应用研究	其他	出版著作	发表论文	获奖成果（省部级及以上）
	1092	263	416	353	46	14	1475	284	1191		169	1029	10
管理学	238	55	91	82	7	3	388	49	339		30	265	2
马克思主义	21	6	10	5			40	25	15		1	33	
哲学	13	4	4	5			4	2	2			1	
逻辑学	4		4				11	10	1				
宗教学							2	1	1			1	
语言学	59	7	24	24	2	2	7	1	6		5	15	
中国文学	18	8	3	4	2	1	5	5			3	13	
外国文学	13	1	4	8			1	1			7	16	
艺术学	16	1	2	7	6		17	5	12		2	17	
历史学	5	2	2	1			3	3			4	4	
考古学													
经济学	434	136	169	113	12	4	577	76	501		60	365	3
政治学	11		4	7			4	2	2		1	14	
法学	68	14	26	27	1		103	32	71		22	82	1
社会学	28	7	12	5	4		68	8	60		8	20	2
民族学							1	1					
新闻学与传播学	18	1	5	10	2		23	10	13		4	51	
图书、情报、文献学	20	3	4	11		2	8		8		4	13	
教育学	36	4	6	18	7	1	96	23	73		3	68	1
统计学	35	6	17	12			82	23	59		7	9	
心理学	20	3	8	7	2		19	5	14		6	24	1
体育学	35	5	21	7	1	1	16	2	14		2	18	

（中央财经大学科研处供稿）

北京林业大学2014年人文社会科学研究基本情况统计表

学科门类	研究人员情况						课题研究情况				研究成果情况		
	合计	教授	副教授	讲师	助教	初级	合计	基础研究	应用研究	其他	出版著作	发表论文	获奖成果（省部级及以上）
	338	46	171	118	2	1	146	79	67	0	35	140	15
管理学	83	18	44	21			29	10	19			6	
马克思主义	9	2	5	2			4	3	1			6	
哲学	15	2	9	4			12	11	1		3	5	
逻辑学													

续表

学科门类	研究人员情况						课题研究情况				研究成果情况		
	合计	教授	副教授	讲师	助教	初级	合计	基础研究	应用研究	其他	出版著作	发表论文	获奖成果（省部级及以上）
宗教学													
语言学	63	5	29	29			15	15			2	56	
中国文学													
外国文学	12	1	11				9	9				13	
艺术学	59	5	24	28	2	0	28	2	26	0	28	3	
历史学													
考古学													
经济学	31	4	20	7			7	2	5				
政治学													
法学	16	1	8	7			23	19	4			17	
社会学													
民族学													
新闻学与传播学													
图书、情报、文献学													
教育学													
统计学													
心理学	16	3	7	6			13	7	6		2	8	
体育学	34	5	14	14	0	1	6	1	5			26	15

（北京林业大学科技处张力供稿）

中国传媒大学 2014 年人文社会科学研究基本情况统计表

学科门类	研究人员情况						课题研究情况				研究成果情况		
	合计	教授	副教授	讲师	助教	初级	合计	基础研究	应用研究	其他	出版著作	发表论文	获奖成果（省部级及以上）
	1297	203	371	661	60	2	1444	362	1082	0	193	1386	2
管理学	214	25	65	114	8	2	38	8	30	0	8	50	0
马克思主义	11	3	4	3	1	0	11	8	3	0	1	4	0
哲学	15	2	4	9	0	0	0	0	0	0	0	4	0
逻辑学	0	0	0	0	0	0	0	0	0	0	0	0	0
宗教学	0	0	0	0	0	0	1	0	1	0	0	3	0
语言学	163	19	47	89	8	0	62	23	39	0	14	85	0
中国文学	41	6	25	10	0	0	32	20	12	0	12	92	0
外国文学	19	1	4	12	2	0	0	0	0	0	8	24	0
艺术学	369	68	82	198	21	0	228	58	170	0	55	478	0
历史学	7	2	2	3	0	0	0	0	0	0	1	2	0

续表

学科门类	研究人员情况						课题研究情况				研究成果情况		
	合计	教授	副教授	讲师	助教	初级	合计	基础研究	应用研究	其他	出版著作	发表论文	获奖成果（省部级及以上）
考古学	0	0	0	0	0	0	0	0	0	0	0	0	0
经济学	28	6	6	14	2	0	7	2	5	0	5	32	0
政治学	11	3	2	6	0	0	8	4	4	0	1	13	0
法学	18	2	4	11	1	0	6	3	3	0	1	8	0
社会学	9	1	1	7	0	0	22	10	12	0	5	32	0
民族学	2	1	0	1	0	0	2	2	0	0	0	1	0
新闻学与传播学	315	61	102	138	14	0	913	188	725	0	70	526	2
图书、情报、文献学	18	0	6	11	1	0	3	2	1	0	1	1	0
教育学	30	1	7	20	2	0	100	27	73	0	10	24	0
统计学	0	0	0	0	0	0	4	3	1	0	0	1	0
心理学	1	0	0	1	0	0	3	2	1	0	0	0	0
体育学	16	2	10	14	0	0	4	2	2	0	1	6	0

（中国传媒大学文科科研处供稿）

首都经济贸易大学2014年人文社会科学研究基本情况统计表

学科门类	研究人员情况						课题研究情况				研究成果情况		
	合计	教授	副教授	讲师	助教	初级	合计	基础研究	应用研究	其他	出版著作	发表论文	获奖成果（省部级及以上）
	786	137	299	306	31	13	1109	159	950	0	115	691	10
管理学	176	30	66	65	10	5	448	45	403	0	44	175	3
马克思主义	11	4	6	1	0	0	13	9	4	0	7	64	0
哲学	9	2	3	3	0	1	5	4	1	0	0	1	0
逻辑学	0	0	0	0	0	0	0	0	0	0	0	0	0
宗教学	0	0	0	0	0	0	0	0	0	0	0	0	0
语言学	57	4	12	39	1	1	16	8	8	0	0	11	0
中国文学	24	1	11	12	0	0	15	11	4	0	2	8	0
外国文学	6	1	2	2	1	0	2	2	0	0	0	2	0
艺术学	7	0	1	4	0	2	0	0	0	0	1	3	0
历史学	0	0	0	0	0	0	0	0	0	0	0	0	0
考古学	0	0	0	0	0	0	0	0	0	0	0	0	0
经济学	291	66	128	90	6	1	393	32	361	0	37	248	5
政治学	4	1	2	1	0	0	3	1	2	0	0	1	0
法学	49	8	16	23	1	1	66	24	42	0	15	57	0
社会学	18	5	5	7	0	1	50	4	46	0	2	20	2
民族学	0	0	0	0	0	0	0	0	0	0	0	0	0

续表

学科门类	研究人员情况						课题研究情况				研究成果情况		
	合计	教授	副教授	讲师	助教	初级	合计	基础研究	应用研究	其他	出版著作	发表论文	获奖成果（省部级及以上）
新闻学与传播学	25	3	9	10	2	1	16	5	11	0	1	16	0
图书、情报、文献学	25	2	11	7	5	0	3	0	3	0	0	0	0
教育学	33	3	7	20	3	0	23	4	19	0	2	48	0
统计学	26	6	10	9	1	0	45	7	38	0	3	21	0
心理学	1	0	1	0	0	0	0	0	0	0	0	0	0
体育学	24	1	9	13	1	0	11	3	8	0	1	16	0

（首都经济贸易大学科研处供稿）

北京工商大学2014年人文社会科学研究基本情况统计表

学科门类	研究人员情况						课题研究情况				研究成果情况		
	合计	教授	副教授	讲师	助教	初级	合计	基础研究	应用研究	其他	出版著作	发表论文	获奖成果（省部级及以上）
	547	60	193	248	42	4	558	71	487	0	76	711	4
管理学	115	14	35	54	12	0	215	16	199	0	19	175	3
马克思主义	16	0	7	7	2	0	7	4	3	0	3	22	0
哲学	9	1	3	3	2	0	0	0	0	0	0	5	0
逻辑学	0	0	0	0	0	0	0	0	0	0	0	0	0
宗教学	0	0	0	0	0	0	0	0	0	0	0	0	0
语言学	60	1	19	40	0	0	5	1	4	0	3	68	0
中国文学	9	0	7	2	0	0	4	2	2	0	3	17	0
外国文学	7	1	0	4	2	0	2	1	1	0	0	3	0
艺术学	50	2	8	33	7	0	52	8	44	0	7	43	0
历史学	1	0	0	0	0	1	0	0	0	0	0	0	0
考古学	0	0	0	0	0	0	0	0	0	0	0	0	0
经济学	135	30	67	35	2	1	152	9	143	0	16	156	1
政治学	4	0	0	2	2	0	1	0	1	0	2	4	0
法学	50	6	17	20	5	2	47	9	38	0	8	46	0
社会学	0	0	0	0	0	0	5	3	2	0	0	0	0
民族学	0	0	0	0	0	0	0	0	0	0	0	0	0
新闻学与传播学	23	3	6	13	1	0	33	7	26	0	9	63	0
图书、情报、文献学	10	0	3	7	0	0	0	0	0	0	0	2	0
教育学	19	1	4	11	3	0	24	10	14	0	4	62	0
统计学	9	0	7	2	0	0	8	1	7	0	2	10	0

续表

学科门类	研究人员情况						课题研究情况				研究成果情况		
	合计	教授	副教授	讲师	助教	初级	合计	基础研究	应用研究	其他	出版著作	发表论文	获奖成果（省部级及以上）
心理学	2	1	0	0	1	0	0	0	0	0	0	0	0
体育学	28	0	10	15	3	0	3	0	3	0	0	35	0

（北京工商大学科学技术处供稿）

中共北京市委党校、北京行政学院社会科学队伍统计表

学科门类	按职称划分					按最后学历划分					按最后学位划分	
	小计	正高	副高	中级	初级	研究生	本科生	大专生	中专生	其他	博士	硕士
	154	27	53	62	12	139	14	0	0	1	77	39
哲学	14	4	6	4	0	14	0	0	0	0	11	3
经济学	17	3	9	5	0	17	0	0	0	0	13	2
政治学	15	5	3	7	0	15	0	0	0	0	11	1
党史党建	17	5	6	6	0	17	0	0	0	0	9	4
公共管理	13	3	5	5	0	12	0	0	0	1	6	6
工商管理	8	1	3	4	0	8	0	0	0	0	5	2
法学	12	2	4	6	0	12	0	0	0	0	7	4
社会学	14	3	8	3	0	14	0	0	0	0	11	2
语言文学	8	0	4	3	1	8	0	0	0	0	0	5
历史学	1	1	0	0	0	1	0	0	0	0	0	1
图书、情报、文献学	16	0	4	9	3	10	6	0	0	0	2	6
其他学科	19	0	1	10	8	11	8	0	0	0	2	3

注：该表统计截止时间为 2014 年 12 月底，参公人员不包括在内。

（中共北京市委党校、北京行政学院科研处供稿）

北京市社会科学院 2014 年人文社会科学研究基本情况统计表

学科门类	研究人员情况						课题研究情况				研究成果情况		
	合计	研究员	副研究员	助理研究员	实习研究员	初级	合计	基础研究	应用研究	其他	出版著作	发表论文	获奖成果（省部级及以上）
	155	24	73	58	0	0	176	74	102	0	41	579	10
文化所	13	2	5	6	0	0	16	6	10	0	3	93	2
历史所	17	5	9	3	0	0	16	16	0	0	2	33	3
哲学所	11		8	3	0	0	11	11	0	0	5	41	0
经济所	19	1	12	6	0	0	24	0	24	0	7	123	0
科社所	12	2	5	5	0	0	13	13	0	0	0	34	2
社会学所	12	1	5	6	0	0	13	2	11	0	3	21	0
城市所	13	3	5	5	0	0	15	0	15	0	3	35	0
外国所	6	1	4	1	0	0	8	1	7	0	1	36	0

续表

学科门类	研究人员情况						课题研究情况				研究成果情况		
	合计	研究员	副研究员	助理研究员	实习研究员	初级	合计	基础研究	应用研究	其他	出版著作	发表论文	获奖成果（省部级及以上）
满学所	8	1	3	4	0	0	8	8	0	0	2	4	1
管理所	12	2	6	4	0	0	14	0	14	0	4	53	0
综治所	9	3	4	2	0	0	13	7	6	0	6	32	2
市情调研中心	9		3	6	0	0	7	1	6	0	3	25	0
法学所	12	2	4	6	0	0	15	9	6	0	2	49	0
传媒所	2	1	0	1	0	0	3	0	3	0	0		0

（北京市社会科学院科研处供稿）